西北大学名师大家学术文库

李仪祉全集 上

李㽔 主编

西北大学出版社
·西安·

图书在版编目(CIP)数据

李仪祉全集／李昷主编. —— 西安：西北大学出版社，2022.7

ISBN 978-7-5604-4896-1

Ⅰ.①李… Ⅱ.①李… Ⅲ.①李仪祉—全集 Ⅳ.①Z427.6

中国版本图书馆 CIP 数据核字（2021）第 271009 号

李仪祉全集

主　　编	李　昷
出版发行	西北大学出版社
地　　址	西安市太白北路 229 号
邮　　编	710069
电　　话	029-88302590
网　　址	http：//nwupress.nwu.edu.cn
E-mail	xdpress@nwu.edu.cn
经　　销	全国新华书店
印　　刷	陕西博文印务有限责任公司
开　　本	787 毫米×1092 毫米　1／16
插　　页	6
印　　张	109
字　　数	2100 千字
版　　次	2022 年 7 月第 1 版　2022 年 7 月第 1 次印刷
书　　号	ISBN 978-7-5604-4896-1
定　　价	580.00 元

如有印装质量问题，请与本社联系调换，电话 029-88302966。

《西北大学名师大家学术文库》
编辑出版委员会

主　任　王亚杰　郭立宏
副主任　常　江　赖绍聪
编　委（按姓氏笔画排序）

马　来　马　健　马　锋　马朝琦
王旭州　王思锋　田明纲　付爱根
吕建荣　李　军　杨　涛　杨文力
吴振磊　谷鹏飞　宋进喜　张志飞
张学广　范代娣　岳田利　周　超
赵　钢　胡宗锋　徐哲峰　栾新军
郭　琳　郭真华　彭进业　雷晓康

本书编写顾问委员会

山 仑　蒋 超　康绍忠　吕 娟　张建民
王 玎　张晓明　李 星　马 来　严伟民
李正义　王民权　尚永亮　党怀斌　王建军

本书编写委员会

主　编　李 昺
副主编　孙 强
编　者　刘 顺　王晓斌　张和平　任 平
　　　　　王雯雯　来思君　赵长安　马 正
　　　　　于 媛　井亚莉

李仪祉,生于一八八二年二月二十日,卒于一九三八年三月八日

一九一一年,李仪祉第一次留学时在德国柏林留影

一九二八年,李仪祉任华北水利委员会主席时在北京拍摄全家照

一九三四年,李仪祉(左四)在洛惠渠工地

一九三五年一月九日,李仪祉(第一排左三)会见外国水利工程专家

《西北大学名师大家学术文库》
序　言

西北大学是一所具有丰厚文化底蕴和卓越学术声望的综合性大学。在近一百二十年的发展历程中,学校始终秉承"公诚勤朴"的校训,形成了"发扬民族精神,融合世界思想,肩负建设西北之重任"的办学理念,致力于传承中华灿烂文明,融汇中外优秀文化,追踪世界科学前沿。学校在人才培养、科学研究、文化传承创新等方面成绩卓著,特别是在中国大陆构造、早期生命起源、西部生物资源、理论物理、中国思想文化、周秦汉唐文明、考古与文化遗产保护、中东历史,以及西部大开发中的经济发展、资源环境与社会管理等专业领域,形成了雄厚的学术积累,产生了中国思想史学派、"地壳波浪状镶嵌构造学说""侯氏变换""王氏定理"等重大理论创新,涌现出了一批蜚声中外的学术巨匠,如民国最大水利模范灌溉区的创建者李仪祉,第一座钢筋混凝土连拱坝的设计者汪胡桢,第一部探讨古代方言音系著作的著者罗常培,中国函数论的主要开拓者熊庆来,五四著名诗人吴芳吉,中国病理学的创立者徐诵明,第一个将数理逻辑及西方数学基础研究引入中国的傅种孙,"曾定理"和"曾层次"的创立者并将我国抽象代数推向国际前沿的曾炯,我国"汉语拼音之父"黎锦熙,丝路考古和我国西北考古的开启者黄文弼,第一部清史著者萧一山,甲骨文概念的提出者陆懋德,我国最早系统和科学地研究"迷信"的民俗学家江绍原,《辩证唯物主义和历史唯物主义》的最早译者、第一部马克思主义哲学辞典编著者沈志远,首部《中国国民经济史》的著者罗章龙,我国现代地理学的奠基者黄国璋,接收南海诸岛和划定十一段海疆国界的郑资约、傅角今,我国古脊椎动物学的开拓者和奠基人杨钟健,我国秦汉史学的开拓者陈直,我国西北民族学的开拓者马长寿,《资本论》的首译者侯外庐,"地壳波浪状镶嵌构造学说"的创立者张伯声,"侯氏变换"的创立者侯伯宇等。这些活跃在西北大学百余年发展历程中的前辈先贤们,深刻彰显着西北大学"艰苦创业、自强不息"的精神光辉和"士以弘道、立德立言"的价值追求,筑铸了学术研究的高度和厚度,为推动人类文明进步、国家发展和民族复兴做出了不可磨灭的贡献。

在长期的发展历程中,西北大学秉持"严谨求实、团结创新"的校风,致力于培养有文化理想、善于融会贯通、敢于创新的综合型人才,构建了文理并重、学科交叉、特色鲜明的专业布局,培养了数十万优秀学子,涌现出大批的精英才俊,赢得了"中华石油英才之母""经济学家的摇篮""作家摇篮"等美誉。

二〇二二年,西北大学甲子逢双,组织编纂出版《西北大学名师大家学术文库》,以汇聚百余年来做出重大贡献、产生重要影响的名师大家的学术力作,充分展示因之构筑的学术面貌与学人精神风骨。这不仅是对学校悠久历史传承的整理和再现,也是对学校深厚文化传统的发掘与弘扬。

文化的未来取决于思想的高度。渐渐远去的学者们留给我们的不只是一叠叠尘封已久的文字、符号或图表,更是弥足珍贵的学术遗产和精神瑰宝。温故才能知新,站在巨人的肩膀上才能领略更美的风景。认真体悟这些学术成果的魅力和价值,进而将其转化成直面现实、走向未来的"新能源""新动力"和"新航向",是我们后辈学人应当肩负的使命和追求。编辑出版《西北大学名师大家学术文库》正是西北大学新一代学人践行"不忘本来、面向未来"的文化价值观,坚定文化自信、铸就新辉煌的具体体现。

编辑出版《西北大学名师大家学术文库》,不仅有助于挖掘历史文化资源、把握学术延展脉动、推动文明交流互动,为西北大学综合改革和"双一流"建设提供强大的精神动力,也必将为推动整个高等教育事业发展提供有益借鉴。

是为序。

《西北大学名师大家学术文库》编辑出版委员会

编辑说明

二〇一九年上半年，西北大学出版社约稿，拟在《西北大学名师大家学术文库》中推出《李仪祉全集》，以系统收录李仪祉先生学术著作、论文等。几经商讨，是年十二月，经由山仑院士、蒋超教授推荐，西北大学出版社申请，《李仪祉全集》获得国家出版基金立项资助。这应是本书出版的缘由。

一八八二年二月二十日，李仪祉先生出生于陕西省蒲城县马湖乡富原村，少立郑白治水宏愿，学贯中西报效家国。一九二五年上半年，时任陕西省教育厅厅长、水利局局长，并被委任代理西北大学校务，是年十一月十三日，"北京政府"正式任命其为国立西北大学校长（上海《申报》一九二五年十一月十三日载："北京通电各省衙门钧鉴临时执政令教育总长章士钊呈国立西北大学校长傅铜恳请辞职傅铜准免本职此令任命李协（仪祉）为国立西北大学校长此令京蒸印"）。其间，李仪祉先生为西北大学编写教材、授课、创建实验室，并赴平、津、沪、宁为西北大学建校筹款。为了壮大西北大学师资队伍、提高教学质量，李仪祉先生专门挑选自己的学生、优秀的水利专才，充任西北大学教授，给学生讲课。此后，李仪祉先生因致力于全国水利事业，辞去西北大学校长职务，前后历任华北水利委员会主席、导淮委员会总工程师、中国水利工程学会会长、黄河水利委员会委员长、陕西省建设厅厅长等职，开展治黄、导淮、整运、开渠，其足迹遍布全国十七省地，特别是他殚精竭虑于陕西省"关中八惠"建设，办教育，撰著述，育人才，治水害，兴水利，真可谓为民生疾苦日理万机，鞠躬尽瘁，死而后已。

一九三八年三月八日，李仪祉先生逝世。正值日寇侵略，国难当头。此时李先生的学生、陕西省水利局局长孙绍宗及诸位弟子，惟恐在战乱期间将恩师的手稿遗失，于是组织团队，在一九四〇年九月，把先生原存底稿及征集到的遗作，按其内容，编排为十三册，油印（石印）一百份，保存下来（后李仪祉先生一大箱手稿确实遗失）。

现出版发行的李仪祉先生著作主要有：一九五一年十二月台湾"中华丛书委员会"印行的《李仪祉全集》，和一九八八年十一月水利电力出版社出版的《李仪祉水利论著选集》两个版本。此次出版的《李仪祉全集》，主体是按照十三册石印本《李仪祉

先生遗著》编辑而成,其与上述两个版本的区别在于:

(1)内容丰富。"中华丛书委员会"印行的《李仪祉全集》收录专业文章九十一篇,函电十件,家书六封,杂文十二篇,序言一篇,日记三段;水利电力出版社出版的《李仪祉水利论著选集》收录专业文章一百零二篇,不包含函电、家书、杂文、序言及日记等内容。此次出版的《李仪祉全集》收录全部专业文章二百零九篇(包括数篇未写完文章),函电一百三十八件,家书十七封,杂文三十八篇,日记七段,序言十八篇。

(2)体量庞大。"中华丛书委员会"印行的《李仪祉全集》为七十余万字;水利电力出版社出版的《李仪祉水利论著选集》为六十三万八千字。此次出版的《李仪祉全集》为二百一十万字。

(3)著作珍贵。《水功学》是李仪祉先生的一部重要著作,在当时影响极大,对于水利专业教学是万不可缺的。该书曾在《河海月刊》上连载,并由西安和记印书馆、商务印书馆出版发行。为给后世留下历史记忆,特保留其原著风貌,作为代表作,此次编辑的《李仪祉全集》将其影印后一并收录。

需要说明的是,石印本《李仪祉先生遗著》稀见,因年代久远,印刷质量粗劣,存在字迹模糊不清等诸多问题,编辑整理工作难度极大,编辑过程中有针对性地做了以下处理:

(1)关于错讹。有两方面情形,一是手稿有错,一是刻工出错。后者刻错,辨认相对较易;前者有误,加之墨迹污渍,辨认困难重重。后经多方搜集资料,参考另文,始做出相对正确之判断。

(2)关于行文。彼时语言表述以及用字习惯,与现今有很大不同。例如,李仪祉先生文章中使用"海拔"一词,按当时说法为"拔海";有的句子,初看疑似有错,后经反复推敲,丝毫弗误,完全是行文正常用法。因此,此次出版的《李仪祉全集》所用语言、历史称谓以及时代习惯用语等,与今行文相悖者,则保持原貌,以示史实。请读者于此应予以注意。

(3)关于外文。文中使用有德、英原文,尤其是德文,错误较多,不排除原稿、刻工等因素,更因时过近百年,该母语有的地方已发生变化。此次出版的《李仪祉全集》把文中出现的单词、语句、称谓等发往德国,请该国有关人士予以校对。虽说已纠错,但结果并不尽如人意,希望有识读者予以指正。

(4)关于图片。文中插图,除译文外,大都为手绘,考虑重新制图,不能过于精细,悖离原著,故此次出版的《李仪祉全集》保留手绘图,意在保持李仪祉先生手书原貌,只将原图中手写文字改为印刷体,便于读者识别。但仍有数张图中文字无法辨认,尤其有两幅图模糊不清,只能保持原貌,放于文中仅供读者参阅。

(5)关于表格。此次出版的《李仪祉全集》,除《李仪祉先生遗著》原有表格依规范进行处理外,根据内容所需,或增加表格,或将表格改为文字叙述,以利于读者阅读。但仍有几处表格重新录入而未按规范处理,深以为憾。

(6)关于数字。《李仪祉先生遗著》文中数字有阿拉伯数字、罗马数字、汉字数字等,混合使用且非常随意。此次出版的《李仪祉全集》,正文叙述中的大量数字使用汉字数字表示,而在图、表、计算公式等处使用阿拉伯数字、罗马数字表示,对此做局部统一,故在同一文中仍可见几种数字表示之情形。

(7)关于诗歌戏剧。《李仪祉先生遗著》第十、十一合订两册,分别是李仪祉先生所写之诗歌、戏剧,此次编辑时未收录。

编辑出版《李仪祉全集》是一件重要而极有意义的事情,其出版之目的在于彰显先生之学问,弘扬先生对学科奠基之功劳,对社会民生及国家建设之勋绩,同时光大其精神,嘉惠学林,泽被后世,促进学术事业发展。

本书编写委员会
二〇二二年四月

凡　　例

(1)正文中所用繁体字、异体字均改为简体字；无句读者增加现代标点符号以断句。

(2)正文中各章内容编排以时间先后为序，时间信息不全者次之，无时间信息者置于最后。但是，禀伯父书、禀父亲书、致胞兄书、致妻书的顺序自成体系，未加调整，不出校记。

(3)正文中涉及的行政区划、人名地名、政府机构、官守执掌、人物称谓、方言俚语，以及所用计量单位等，仅个别处进行订正或简释，一般均保留原貌而未加改动。

(4)正文中所用历代纪元在其后用括号加注公元纪年表示，不出校记。

(5)石印本及原稿中不合行文规范的字、词、句，一律保留时代原貌。

(6)石印本及原稿因字形相近所致的印制错误，迳做改正，不出校记。

(7)石印本及原稿中有所违碍的字句，以"■"代替，不出校记。

(8)编辑时使用符号"〈〉"表示改错别字；"[ ]"表示补脱字；"(?)"表示存疑字；"▢"表示污损字；"( )"表示原文如此；"( )"内用楷体表示订正或简释。

《李仪祉全集》总目录

第一部分　水利概论 ……………………………………………………… /1
　五十年来中国之水利 ……………………………………………………… /3
　北五省旱灾之主因及其根本救治之法 …………………………………… /29
　德国水官制 ………………………………………………………………… /33
　工程上的社会问题 ………………………………………………………… /34
　工程家之面面观 …………………………………………………………… /41
　中华民国水利机关组织拟议 ……………………………………………… /43
　中华民国水利行政组织拟议 ……………………………………………… /46
　农田水利之合作 …………………………………………………………… /51
　农田水利讲义 ……………………………………………………………… /55
　我国的水利问题 …………………………………………………………… /59
　十年来的中国水利建设 …………………………………………………… /66

第二部分　水功学术 ……………………………………………………… /89
　黄壤论 ……………………………………………………………………… /91
　土积计算截法 ……………………………………………………………… /93
　潮汐论 ……………………………………………………………………… /102
　森林与水功之关系 ………………………………………………………… /107
　电力探水器 ………………………………………………………………… /112
　法国度量衡之新规定 ……………………………………………………… /115
　土压力 ……………………………………………………………………… /116
　固体物质在水中的行动——测量流水 …………………………………… /130

治河略论 /139
修堨计划之讨论 /148
探水样器 /149
沟洫 /150
中国旧式之防洪堰 /174
河流试验 /176
论涸湖垦田与废田还湖 /182
西北各省应厉行沟洫之制 /185
请令西北行政长官厉行沟洫之制以免旱荒而减河患案 /187
治水本论 /187
利用洪水与蓄水地下 /192
水功基础 /196
请建议国民政府筹设大规模材料试验场案 /225
请中央研究院评议会提请吾国地质学专家注重实用地质学之研究案 /226
水功讲义目录 /227
修整耕地及开挖沟洫实施办法 /229
灌溉技术 /230
黄土 /231
灌溉用水之分配 /232
荒溪之制驭 /233
水土经济之研究与实施 /234

第三部分 西北水利 /235

答渭北各界欢迎会演讲水利 /237
再论引泾 /240
考察龙洞渠报告 /245
陕西渭北水利工程局引泾第一期报告书 /247
我之引泾水利工程进行计划 /283
呈报京沪旅行所办公文 /285
勘察泾谷报告书 /287
请拨庚子赔款以兴陕西引泾水利说帖 /290
陕西渭北水利工程局第二期报告书 /291

引泾第一期工程计划大纲	/306
呈请辞退建设厅长专办水利事宜	/311
无定河织女泉水渠说略	/312
请恢复郑白渠设立水力纺织厂渭北水泥厂恢复沟洫与防止沟壑扩展及渭河通航事宜呈	/313
为呈明调查陕北各河水利情形及开发意见请鉴核施行由	/322
陕西水利工程之急要	/324
组织西北防旱研究会	/332
救济陕西旱荒议	/332
救济西北旱灾之拟议	/334
引泾水利工程之前因与进行之近况	/335
陕西省民国二十年建设事业计划大纲	/337
泾惠渠工程报告	/340
陕西省水利上应要做的许多事情	/352
泾惠渠管理管见	/354
对渭北人民切切实实说几句话	/355
泾惠渠管理章程拟议	/356
函国民政府救济水灾委员会陈述陕灾状况并请振修第二期泾惠渠工程	/363
陕西省推广凿井灌溉之计划	/365
导渭之真谛	/367
西北灌溉工程局组织大纲	/369
请省府通令墓地植树	/370
兴修陕北水利初步计划	/371
陕西省水利行政大纲	/373
一年来之陕省水利	/375
陕西水利工程十年计划纲要	/380
泾惠渠第六次水老会议训话	/382
西北农工水利文化史略	/383
西北水利之展望	/386
全国经济委员会兴办西北灌溉事业与地方政府合作办法	/388
陕西之灌溉事业	/389
蓄水	/409
西北水利问题	/419

西北畜牧意见书 /456
整理秦岭山下各水 /457
第二渭惠渠 /459
倡办三渠民众教育议 /460
巩固西北边防策 /461
巩固西北边防策略 /463
巩固西北边防策上蒋委员长书 /471

第四部分 黄河水利 /475

黄运交会之问题 /477
黄河之根本治法商榷 /480
议辟黄渭航道 /496
为筹划黄渭航轮呈 /498
为报告测勘黄渭航道呈 /499
治黄研究意见 /500
免除山东水患议 /502
小清河航道整理管见 /506
三省会派工程师往德国做治导黄河试验之缘起 /508
洛口猛涨时发表治黄谈话 /510
力争黄河水利委员会经费电 /511
治黄关键 /511
黄河水利委员会开幕典礼中答词 /512
谈治黄进行状况 /513
黄河治本之探讨 /514
请测量黄河全河案 /529
黄河水利委员会工作计划 /530
导治黄河宜注重上游请早期派人测量研究案 /535
请由本会积极提倡西北畜牧以为治理黄河之助敬请公决案 /537
关于治导黄河之意见 /538
治理黄河工作纲要 /540
治黄意见 /544
函德国恩格尔斯教授关于黄河质疑之点 /546

黄河上游视察报告 /551
黄河水文之研究 /558
豫省河堤远距原因之推测 /570
鲁省河堤近距原因之推测 /571
宋以前河堤之概况 /571
宋以后河防沿革摘录 /572
关于治河之准备 /577
巩固堤防策 /578
研究黄河流域泥沙工作计划 /581
黄河流域土壤研究计划 /584
利津以下筑堤不如巩岸论 /586
电经委会建议黄水入苏补救办法 /589
黄河水患原因及其急切补救办法 /589
黄河流域之水库问题 /591
免除大河以北豫鲁冀九县水患议 /594
治河罪言 /599
后汉王景理水之探讨 /601
本年董庄决口救济水患之失机 /605
固定黄河河床先从改除险堤入手议 /608
固定黄河河床应以何水位为标准 /611
培修堤防法 /616
黄河治本计划概要叙目 /618
濮阳杂记 /625
韩城潼关间黄河滩地之保护法 /634
整理平汉路黄河铁桥上游河槽计划 /639
纵论河患 /642
论德国堵塞决口法 /644
黄河修防自给论 /647
电经委会开黄花寺民埝原文 /648
黄河地质 /648
黄河应行兴革事 /661

第五部分　华北水利 /663

 顺直水利委员会改组华北水利委员会之旨趣 /665
 永定河改道之商榷 /667
 说明灌溉讲习班之旨趣 /671
 指导永定河上游民众兴办灌溉工程办法 /672
 华北导淮黄河三委员会有联合工作之需要 /674
 华北之水道之交通 /675

第六部分　江淮水利 /687

 上新河江堤合龙记 /689
 太湖东洞庭山调查记 /690
 化兵为工之意见 /695
 导淮委员会工务处勘察日记 /696
 导淮委员会工务处查勘队日记 /708
 导淮兵工民工之管理及编制方法 /721
 开展杭垣附郭及城内航道之研究 /724
 对于改良杭海段塘工之意见 /730
 陕南水利要略 /743
 汉江上游之概况及希望 /745
 汉水上游之水运 /764
 淮河流域之水道交通 /770
 整理洞庭湖之意见 /773
 审查华阳河流域整理工程计划大纲之意见 /776
 对于华阳河流域整理工程计划之意见 /779
 对于襄河防洪治本初步计划之审查意见 /780
 对于整理东太湖水利工程计划之审核意见 /781
 关于废田还湖及导淮先从入海着手之意见 /782
 对于治理扬子江之意见 /784
 对于上车湾裁弯取直工程之意见 /802
 视察导淮工程后发表概念 /803
 一月间遨游记 /804
 如何救四川之饥馑 /812

视察四川灌县水利及川江航道报告 ……………………………………… /813

第七部分　农村建设 ……………………………………………………… /839
　　重农救国策 ………………………………………………………………… /841
　　恢复陕西农村的意见 ……………………………………………………… /848
　　陕西灾情与农村经济破产原因及状况报告 ……………………………… /850
　　我们须要提倡西北农村建筑 ……………………………………………… /852
　　如何利用土地 ……………………………………………………………… /854
　　农村与国家 ………………………………………………………………… /856
　　古代之市与今之大市 ……………………………………………………… /859
　　清理耕地之工作 …………………………………………………………… /861
　　论如何建设农村及培植建设农村之人才 ………………………………… /861

第八部分　水功学 ………………………………………………………… /863

第九部分　水利教育 ……………………………………………………… /1243
　　工程学生与新中国 ………………………………………………………… /1245
　　水利道路工程技术传习所改组水利道路工程专门学校宣言书 ………… /1247
　　水利道路工程专门学校章程 ……………………………………………… /1248
　　水利道路工程专门学校学科说明 ………………………………………… /1250
　　西北农林专校水利组规划 ………………………………………………… /1251
　　学生勤业教授课程考核细则 ……………………………………………… /1257
　　在武功农专之演词 ………………………………………………………… /1258
　　应将工程及水文记载赠予武功农校水利组条谕 ………………………… /1260

第十部分　学术译文 ……………………………………………………… /1261
　　土压力之新理论 …………………………………………………………… /1263
　　通用流速算式之误点 ……………………………………………………… /1270
　　推算流量之新法及其应用之经验 ………………………………………… /1277
　　水理学之大革命 …………………………………………………………… /1289
　　湖之停蓄 …………………………………………………………………… /1298
　　中国水利前途之事业 ……………………………………………………… /1306

海港之新发展 ··· /1309
　　卫乐赫-司徒培液体计算 ··· /1315
　　灌溉有无自动方法之可能 ··· /1344
　　中国现有之生产力 ··· /1345
　　弯曲河道挟沙之大模型试验 ··· /1349
　　波河之水文及其治导方略 ··· /1364
　　关于变迁河床河流治导之模型试验 ··· /1373
　　日本水利略述 ·· /1381
　　水土经济 ·· /1391
　　水之家政 ·· /1409
　　复式横断面渠中之水流 ·· /1415
　　凿深井之在中国 ·· /1416
　　德国学者说易 ·· /1417
　　黄河及其治导 ·· /1419

第十一部分　信函翻译 ··· /1421
　　译莫贡内来函 ·· /1423
　　方修斯之子 Klaus Franzius 来函照译 ·· /1424
　　译魏凯 Hans Weicker 来函 ··· /1425
　　重庆德国领事会佘福来先生来函照译 ·· /1426

第十二部分　附录 ·· /1429
　　附录一　公文函电 ·· /1431
　　附录二　自述家书 ·· /1514
　　附录三　工程日记 ·· /1583
　　附录四　人物旧事 ·· /1651
　　附录五　悼文 ·· /1675
　　附录六　铭序 ·· /1682
　　附录七　遗嘱年表 ·· /1698

后记 ·· /1709

目　　录（上）

第一部分　水利概论 /1
　　五十年来中国之水利 /3
　　北五省旱灾之主因及其根本救治之法 /29
　　德国水官制 /33
　　工程上的社会问题 /34
　　工程家之面面观 /41
　　中华民国水利机关组织拟议 /43
　　中华民国水利行政组织拟议 /46
　　农田水利之合作 /51
　　农田水利讲义 /55
　　我国的水利问题 /59
　　十年来的中国水利建设 /66

第二部分　水功学术 /89
　　黄壤论 /91
　　土积计算截法 /93
　　潮汐论 /102
　　森林与水功之关系 /107
　　电力探水器 /112
　　法国度量衡之新规定 /115
　　土压力 /116
　　固体物质在水中的行动——测量流水 /130

治河略论 /139
修堨计划之讨论 /148
探水样器 /149
沟洫 /150
中国旧式之防洪堰 /174
河流试验 /176
论涸湖垦田与废田还湖 /182
西北各省应厉行沟洫之制 /185
请令西北行政长官厉行沟洫之制以免旱荒而减河患案 /187
治水本论 /187
利用洪水与蓄水地下 /192
水功基础 /196
请建议国民政府筹设大规模材料试验场案 /225
请中央研究院评议会提请吾国地质学专家注重实用地质学之研究案 /226
水功讲义目录 /227
修整耕地及开挖沟洫实施办法 /229
灌溉技术 /230
黄土 /231
灌溉用水之分配 /232
荒溪之制驭 /233
水土经济之研究与实施 /234

第三部分　西北水利 /235

答渭北各界欢迎会演讲水利 /237
再论引泾 /240
考察龙洞渠报告 /245
陕西渭北水利工程局引泾第一期报告书 /247
我之引泾水利工程进行计划 /283
呈报京沪旅行所办公文 /285
勘察泾谷报告书 /287
请拨庚子赔款以兴陕西引泾水利说帖 /290
陕西渭北水利工程局第二期报告书 /291

引泾第一期工程计划大纲 …………………………………………………… /306

呈请辞退建设厅长专办水利事宜 …………………………………………… /311

无定河织女泉水渠说略 ……………………………………………………… /312

请恢复郑白渠设立水力纺织厂渭北水泥厂恢复沟洫与防止沟壑扩展及
　　渭河通航事宜呈 ………………………………………………………… /313

为呈明调查陕北各河水利情形及开发意见请鉴核施行由 ………………… /322

陕西水利工程之急要 ………………………………………………………… /324

组织西北防旱研究会 ………………………………………………………… /332

救济陕西旱荒议 ……………………………………………………………… /332

救济西北旱灾之拟议 ………………………………………………………… /334

引泾水利工程之前因与进行之近况 ………………………………………… /335

陕西省民国二十年建设事业计划大纲 ……………………………………… /337

泾惠渠工程报告 ……………………………………………………………… /340

陕西省水利上应要做的许多事情 …………………………………………… /352

泾惠渠管理管见 ……………………………………………………………… /354

对渭北人民切切实实说几句话 ……………………………………………… /355

泾惠渠管理章程拟议 ………………………………………………………… /356

函国民政府救济水灾委员会陈述陕灾状况并请振修第二期泾惠渠工程 … /363

陕西省推广凿井灌溉之计划 ………………………………………………… /365

导渭之真谛 …………………………………………………………………… /367

西北灌溉工程局组织大纲 …………………………………………………… /369

请省府通令墓地植树 ………………………………………………………… /370

兴修陕北水利初步计划 ……………………………………………………… /371

陕西省水利行政大纲 ………………………………………………………… /373

一年来之陕省水利 …………………………………………………………… /375

陕西水利工程十年计划纲要 ………………………………………………… /380

泾惠渠第六次水老会议训话 ………………………………………………… /382

西北农工水利文化史略 ……………………………………………………… /383

西北水利之展望 ……………………………………………………………… /386

全国经济委员会兴办西北灌溉事业与地方政府合作办法 ………………… /388

陕西之灌溉事业 ……………………………………………………………… /389

蓄水 …………………………………………………………………………… /409

西北水利问题 ………………………………………………………………… /419

西北畜牧意见书 /456
整理秦岭山下各水 /457
第二渭惠渠 /459
倡办三渠民众教育议 /460
巩固西北边防策 /461
巩固西北边防策略 /463
巩固西北边防策上蒋委员长书 /471

第四部分 黄河水利 /475

黄运交会之问题 /477
黄河之根本治法商榷 /480
议辟黄渭航道 /496
为筹划黄渭航轮呈 /498
为报告测勘黄渭航道呈 /499
治黄研究意见 /500
免除山东水患议 /502
小清河航道整理管见 /506
三省会派工程师往德国做治导黄河试验之缘起 /508
洛口猛涨时发表治黄谈话 /510
力争黄河水利委员会经费电 /511
治黄关键 /511
黄河水利委员会开幕典礼中答词 /512
谈治黄进行状况 /513
黄河治本之探讨 /514
请测量黄河全河案 /529
黄河水利委员会工作计划 /530
导治黄河宜注重上游请早期派人测量研究案 /535
请由本会积极提倡西北畜牧以为治理黄河之助敬请公决案 /537
关于治导黄河之意见 /538
治理黄河工作纲要 /540
治黄意见 /544
函德国恩格尔斯教授关于黄河质疑之点 /546

黄河上游视察报告 …… /551
黄河水文之研究 …… /558
豫省河堤远距原因之推测 …… /570
鲁省河堤近距原因之推测 …… /571
宋以前河堤之概况 …… /571
宋以后河防沿革摘录 …… /572
关于治河之准备 …… /577
巩固堤防策 …… /578
研究黄河流域泥沙工作计划 …… /581
黄河流域土壤研究计划 …… /584
利津以下筑堤不如巩岸论 …… /586
电经委会建议黄水入苏补救办法 …… /589
黄河水患原因及其急切补救办法 …… /589
黄河流域之水库问题 …… /591
免除大河以北豫鲁冀九县水患议 …… /594
治河罪言 …… /599
后汉王景理水之探讨 …… /601
本年董庄决口救济水患之失机 …… /605
固定黄河河床先从改除险堤入手议 …… /608
固定黄河河床应以何水位为标准 …… /611
培修堤防法 …… /616
黄河治本计划概要叙目 …… /618
濮阳杂记 …… /625
韩城潼关间黄河滩地之保护法 …… /634
整理平汉路黄河铁桥上游河槽计划 …… /639
纵论河患 …… /642
论德国堵塞决口法 …… /644
黄河修防自给论 …… /647
电经委会开黄花寺民埝原文 …… /648
黄河地质 …… /648
黄河应行兴革事 …… /661

第一部分　水利概论

五十年来中国之水利

（一九二一年）

目次：①浚治；②商港；③灌溉排疏及防海；④水力。

吾国水利，以言灌溉则魏史起，秦郑国、李冰，汉郑当时，白公、召信臣等伟功隆绩，存者几希，亡者泰半。以言治导则元贾鲁、郭守敬，明潘季驯，清靳辅等规划成法，继作无人，荡然坠地；以言槽挽则贯彻南北、彪炳历史之运河，行将湮废；以言功利，则今所用水轮，犹不殊唐宋砲碾，而如欧美水利硕计，尚无所闻。然则方之古史，且相形见绌，较之五十年前，宁有增进。然数十年来，水利发展固所未有，而其地位关系，则远非前代所可比拟，故犹有可论者焉。

所谓水利在今日之地位，关系者何？曰自汽船之用日增，而河道之修治乃为急务。自外邦之通商日盛，而海港之开辟为不可缓。自生民之生齿日繁，农产之出品日见其不给，而灌溉之法不可不舍旧图新，泛滥之泽灾不可不力图防范。自工艺之发皇日盛，动力之价额日高，而不能不作利用水力之谋。故数十年来，吾国水利虽成绩殊罕，而动机日多。今日之动机，即他日成功之母，故不可不为论述其大纲，以为他日文献之征也。

水利之关于农，关于工，关于商，关于交通，无所在而不为要图，故水利之兴不兴，直视其国之文野。近世欧美无不积极扩拓，而富强随之，吾国处兹时会，宁能裹足不前耶？

水之源曰雨，故凡水利事业，无不以考察雨量为先。考察雨量，测候之所事也。吾国水利历史虽古，惜于测验雨量之事，无确切成法可考。清钦天监虽有专官，但司占验七政，于气候实缺。民国后，改为中央观象台，隶属于教育部，始注重测验气候。《观象丛报》于民国五年（一九一六年）始发行，迄今六年耳，惜测验气候，设站未能遍及行省。农工商部于民国二年至民国三年（一九一三年至一九一四年），曾设置观测所于以下各地：北京、济南、太原、绥远、西安、兰州、宁夏、迪化、成都、襄阳、辰州、柳州、南雄、延平、清江浦、金华、丰城、建临、贵阳、云南、开封、兴京、洮南、宁古塔、虎林(吉林)、临江(吉林)、汤原(黑龙江)、嫩江(黑龙江),凡二十八所。

惜以经费无着,不旋踵而停办,良可慨矣。其所定观测之例,录之以备存考:①观察时,定每日上午二时、六时、十时,下午二时、六时、十时。②气压以公厘计。③气温以摄氏度计。④风之强弱以飓(H)、烈(STG)、疾(G)、强(STW)、薰(FB)、柔(VLB)、静七字表之。⑤风之向分十六方位表示。⑥云量从零至十五之比例。⑦水蒸气涨力以公厘计。⑧湿度以零度为最干,百度为最湿。⑨降水量以公厘计。

地方自办观测所者,仅有南通军山之气象台。其他私设雨量站,非无有也,而无统系无定则。外人所设占候所,以徐家汇天文台为最。海关所在,例有雨量测所。徐家汇天文台〔台〕长孚尔克集各处十一年(一九〇〇年至一九一〇年)雨量报告Lapluien Chine编刊成书,而吾国各要埠雨量始略有记载。惟其中雨量站殆八十余所,而足十一年无间断者,仅二十九所。雨量之测必〈渝〉(逾)十年始可为征信!盖旱潦之期,常以十年为轮回也。兹由孚尔克报告书中采择,列表如下。表中之数俱以公厘计之〔第一表,此表中之牛庄、小龟山及佘山(天文台)亦缺一至二年〕。

第一表

单位:公厘

地名	每年平均雨量	寒期	热期	一年中雨量最大者	一月中雨量最大者	一日中雨量最大者	最干年雨量
徐家汇	1161.2	391.9	769.8	1430.4(1906)	324.7(611009)	122.5(811107)	1008.6(1900)
香港	2034.7	543.1	1491.6	2475.4(1902)	684.5(511902)	282.8(8125104)	1416.7(1907)
青岛	718.2	175.9	568.1	915.0(1909)	295.3(711902)	132.3(719106)	445.2(1901)
牛庄	638.2	135.7	502.5	926.0(1903)	648.6(811903)	191.5(8122103)	467.7(1906)
芝罘	587.8	142.7	445.1	955.7(1903)	430.5(711904)	196.9(8116103)	425.7(1906)

续表

地名	每年平均雨量	寒期	热期	一年中雨量最大者	一月中雨量最大者	一日中雨量最大者	最干年雨量
瑍琊岛	752.3	153.9	571.4	989.0（1904）	485.5（711907）	265.4（8117104）	360.7（1901）
佘山	989.4	332.4	657.0	1243.9（1907）	248.8（711907）	120.3（915100）	823.5（1901）
大戢山	1078.0	402.3	672.0	1367.6（1902）	235.1（611909）	152.4（5117100）	858.8（1908）
花鸟山（北岛）	1020.0	355.1	664.9	1563.2（1905）	336.0（811905）	100.7（6124104）	817.1（1902）
小龟山	914.0	319.6	594.4	1032.3（1901）	298.8（711603）	120.7（6124107）	181.7（1904）
佘山（天文台）	912.2	300.0	663.2	125.3（1906）	278.4（811905）	107.9（811107）	803.1（1903）
镇江	1118.6	300.1	818.5	1394.2（1900）	476.1（711901）	254.8（815110）	773.7（1904）
芜湖	1300.7	385.2	915.4	1523.0（1908）	400.9（911606）	317.6（4119105）	572.2（1900）
九江	1610.3	525.9	1084.4	203.2（1910）	606.0（611909）	177.0（6124101）	102.8（1902）
汉口	1112.7	280.5	832.2	1609.1（1909）	533.8（711901）	195.0（7113109）	582.5（1902）
宜昌	1035.8	183.4	752.4	1335.8（1910）	399.8（711906）	181.6（7113110）	642.2（1900） 644.7（1902）
重庆	1024.9	379.9	645.0	1419.7（1903）	291.1（611903）	132.8（618103）	790.2（1902）

续表

地名	每年平均雨量	寒期	热期	一年中雨量最大者	一月中雨量最大者	一日中雨量最大者	最干年雨量
肇波	1331.0	511.9	819.1	1862.0（1901）	397.2（811902）	127.0（8119101）	921.8（1910）
温州	1558.4	474.1	1084.3	2044.4（1908）	453.0（811908）	144.0（71191101）	1129.7（1902）
福州	1514.6	562.9	951.7	2571.8（1906）	685.5（911900）	288.3（9120109）	1122.9（1910）
牛山岛	996.9	289.0	707.9	1284.3（1903）	332.6（811901）	254.0（5123106）	6335.3（1910）
乌邱屿	844.1	197.4	646.7	1113.7（1900）	389.0（611902）	151.2（5123106）	560.0（1910）
厦门	1175.7	330.7	845.0	1645.7（1903）	388.8（811904）	183.6（5118103）	614.8（1910）
东淀岛	1035.0	298.0	737.0	1562.0（1903）	408.7（511902）	172.7（9115105）	695.1（1910）
汕头	1509.5	416.2	1093.3	2318.7（1903）	560.7（611902）	223.4（10128103）	746.1（1910）
东澎岛	1099.4	348.3	731.1	1784.7（1903）	508.5（911003）	162.6（814101）	597.9（1910）
石碑山	1376.3	400.1	976.2	2095.4（1903）	548.1（1011909）	228.6（7126106）	701.6（1910）
三水	1537.9	489.1	1268.8	2160.0（1907）	625.8（911907）	194.0（9114100）	1231.7（1910）
梧州	1339.8	336.2	1003.6	2408.9（1907）	472.2（511907）	134.1（713101）	975.4（1900）

续表

地名	每年平均雨量	寒期	热期	一年中雨量最大者	一月中雨量最大者	一日中雨量最大者	最干年雨量
龙州	1004.3	302.1	702.2	1520.5（1908）	407.3（511904）	144.8（512104）	479.5（1902）
北海（广东）	1985.5	527.1	1458.4	2071.5（1908）	952.9（711900）	319.5（6127103）	423.7（1910）

此外,测验仅及五六年者,亦列一年中雨量平均值如下(第二表)。

第二表

单位:公厘

地名	雨量	地名	雨量	地名	雨量
奉天	598.2	杭州	1543.3	成都	884.6
山后	499.5	北鱼山	1127.9	云南	1098.5
天津	495.9	东涌	799.3	南宁	1186.1
霍邱	1063.9	东犬	1181.7	蒙自	928.1
南京	1118.4	吴淞	1062.3	哈尔滨	564.0
沙市	1218.1	绿葭浜	1127.9	长春	761.7

又据 Père Froc Calendrier Annuaire 上海及香港一八三七年至一九〇二年,各一月之平均雨量如下。表中之数俱以公厘计之(第三表)。

第三表

地名	一月	二月	三月	四月	五月	六月	七月	八月	九月	十月	十一月	十二月
上海	54.6	58.2	81.5	90.6	91.4	169.1	128.4	150.8	119.8	84.0	46.9	29.9
香港	35.8	43.2	74.9	146.8	261.0	270.3	260.1	264.9	240.5	115.2	38.4	26.9

又天津三十年间,每年平均雨量如下(一八九一年至一九二〇年)(第四表)。

第四表　天津每年平均雨量(一八九一年至一九二〇年)

年份/年	雨量/公厘	年份/年	雨量/公厘	年份/年	雨量/公厘
一八九一	724.4	一九〇一	588.7	一九一一	
一八九二	543.6	一九〇二	255.7	一九一二	
一八九三	570.0	一九〇三	405.1	一九一三	
一八九四	747.7	一九〇四	599.7	一九一四	
一八九五	366.8	一九〇五	494.8	一九一五	
一八九六	598.7	一九〇六		一九一六	
一八九七	608.7	一九〇七		一九一七	
一八九八	405.3	一九〇八		一九一八	
一八九九	315.5	一九〇九		一九一九	
一九〇〇	313.6	一九一〇		一九二〇	

吾国之雨,大半由夏期恒风(Summer Monsoon)所携而来。是风恒于清明前达于粤、沪,小暑、处暑间通吹于国之中部(汉口)以及北方各省,秋分节前后又南旋,是后则全国易为冬期恒风(Winter Monsoon)矣。夏期恒风来自海洋,故携水汽多,仅筛于北,再泽于南,故吾国南方多雨,所防者多为潦;北方寡雨,所防者多为旱。冬期恒风来自高陵,携雨故少。此外降雨,亦有因乎暴风者(参观《科学》第二卷第二期竺可桢《论中国雨量》)。吾国雨之分配,既如是其不均,故水旱之灾,辄十余年而一遇。五十年来,旱之为灾最重者,一为清光绪三年至光绪四年(一八七七年至一八七八年),秦、豫、晋三省之旱,赤地数千里,灾黎死亡大半;一为清光绪二十六年(一九〇〇年),秦、豫之旱;一为清宣统元年(一九〇九年)甘省之旱。皆极重大,惜无统计。最近则民国九年(一九二〇年)、民国十年(一九二一年),秦、豫、直、鲁、晋五省之旱,调查报告如下(第五表)。

第五表

项目	省份				
	直隶	河南	山东	山西	陕西
灾区	97县	57县	35县	56县	72县
灾民之数	8736722	4370162	3827380	1616890	1143960

所费中外赈款共计一千八百九十七万二千三百二十二点五五元(第六表),可谓巨灾矣。至若水灾,则江南北各省几于岁有所闻,而其尤甚者,则为清光绪三十一年(一九〇五年)及宣统二年(一九一〇年),淮、沂、泗流域之灾,居民流离失所者不计其数。民国二年(一九一三年)直隶之水灾,继之以民国六年(一九一七年)之巨灾,直隶被水者五十余县,殃及津沽,危及京华。民国七年(一九一八年)鲁、赣、湘、鄂、浙亦各皆灾。本年(民国十年,一九二一年)则苏、皖、鲁又同时被灾。大抵旱灾之见于内地各省,皆为灌溉所不及之地。平时既无其备,一遇凶荒,坐以待毙。水灾之见于南北各省,则淫雨之外,河流治导之缺乏实为其由。盖农之利用水,给水与排水并重,秦、豫之土,专恃天雨,故过于枯燥。江淮之地,沮洳不泻,一遇久霖,灾自不免。至于滨河之域,则又受涨漫决口之冲为患更甚也。

第六表

单位:元

省份	中外赈款	省份	中外赈款
直隶	8752855.54	山东	3037254.84
河南	3662144.77	山西	2415562.40
陕西	1059500.00	甘肃	45000.00

前清末季,于水利事业,未有专司。治河之事,责各省督抚,督抚委道员管理。民国二年(一九一三年)张謇为农工商部总长,始设全国水利局,张即为首任总裁。尔时水利蒸蒸有进益之望。民国三年(一九一四年),张复请设河海工程专门学校于南京,民国四年(一九一五年)是校成立,同时各省亦分设水利局,人渐知水利关系之重。惟是吾国水利,一受制于外强之参与,二受累于内政之不统一,三限于财政之竭蹶,故提倡者虽不乏人,而实施者无几。兹将近五十年来可纪之事实,分类记之如下。

一、浚治

浚治之企划,在使航道之通达,以便内地与外埠之交通。据姚明晖之调查,全国航路状况分为十域〔见《地学》杂志第五十二号,民国三年(一九一四年)第十期〕,列表如下(第七表)。

第七表

单位：里

域	水	大汽船路	小汽船路	帆船路
长江域	长江干流	江口至宜昌 3626	江口至叙州 6400	江口至蛮夷土司 6700
	长江支流岷江		叙州至嘉定 390	叙州至灌口 462
	岷江支流青衣江			嘉定至雅州 270
	岷江支流大金川			嘉定以上 198
	长江支流沱江			泸州至焦沙尾 1155
	长江支流涪江			重庆至絫州 600
	长江支流嘉陵江		重庆以上 294	合州至略阳 1156
	嘉陵江支流渠河			合州至绥定 300
	长江支流乌江			涪州以上 600
	乌江支流芙蓉江			江口以上 90
	乌江支流			彭水以上 120
	长江支流湘江		岳州至湘潭 430	岳州至柳州、郴州 1290
	湘江支流渌江			湘潭至醴陵 150
	长江支流沅江		岳州至常德 780	岳州至镇远 300
	长江支流资江		岳州至益阳 450	岳州至宝庆 1680
	长江支流汉水		汉口至仙桃 360	汉口至汉中 3000
	汉水支流丹江			江口至荆紫关 600
	汉水支流唐白			河口至赊旗店 510
	便河			汉口至沙市 500
	虎渡河			沛市至洞庭湖 300
	长江支流赣江		湖口至南昌 360	湖口至南安 1758
	赣江支流袁江			临江至袁州 360
	赣江支流抚江			南昌至南丰 435
	长江支流上饶江			鄱阳湖至玉山 750
	长江支流鄱江		湖口至饶州 390	湖口至景德 570
	长江支流青弋			芜湖至旌德
	长江支流水阳		芜湖至宁国	太平至广德
	长江支流巢湖		裕溪至芦州 360	裕溪至芦州 200
	长江支流滁河			划口至六合

续表

域	水	大汽船路	小汽船路	帆船路
江浙江淮粤域	运河		镇江至杭州 816	镇江至杭州 816
	黄浦江	江口至上海 36	江口至杭州 486	江口至杭州 486
	吴淞江		上海至湖州 405	上海至湖州 405
	娄江		上海至苏州 240	上海至苏州 240
	浙江		杭州至富阳 90	江口至常山 720
	运河		瓜州(洲)至清江 432	瓜州(洲)至清江 432
	淮河及其支流类		清江至正阳关 810	清江至朱仙镇 1530
	盐河			清江至海州 360
				通州至仙女庙 390
	西江干流及其郁江	香港至广州 282	香港至贵县 1032	香港至百色 2400
	西江支流桂江			梧州至桂林 669
	西江支流盘江		浔州至江口 390	浔州至都江 1440
	西江支流左江			江口至龙州 420
	北江		二水以上 240	三水至宜章 1080
	东江		江口以上 180	江口至龙州 540
江浙粤域之间	甬江	江口至宁波 39	江口至余姚 222	江口至余姚 224
	瓯江	江口至温州 60	江口至处州 330	江口至龙泉 540
	闽江	江口至马尾 54	江口至水口 330	江口至崇安 930
	闽江支流富屯			延平至充泽 38
	木兰溪			涵江司至仙游 90
	九龙江及支流南溪	江口至厦门 33	江口至石码 75	江口至汕头 255
	赣江	江口至汕头 33	江口至汕头 33	江口至潮州 123
白域	白域	大沽至天津 141	大沽至天津 141	大沽至天津 141
	白河上游			天津以上 399
	卫河		天津至德州 385	天津至道口 3599
	漳沱河			天津至正定 600
	永定河			天津以上 300

续表

域	水	大汽船路	小汽船路	帆船路
江淮白域之间	胶莱河			胶州湾至渤海 300
	潍河			河口以上 510
	小清河			河口以上 480
黑域	黑龙江干流	哈巴城南海兰泡 1531	海兰泡至额尔古纳 1494	哈尔罗甫额尔古纳 3025
	黑龙江支流大同江		临江至新城 1400	临江至新城 1400
	黑龙江支流松花江		新城至吉林	新城至辉发河海龙
	混同江干流嫩江		新城至齐齐哈尔	新城至黑尔根 1245
	黑龙江支流乌苏里		哈尔罗甫马尔阔瓦	马尔阔瓦尖凯湖
白域黑域之间	辽河干流	河口至营口 39	河口至双岔 288	河口至通江子 1419
	辽河支流浑口		清江至正阳关 810	双岔至长滩 318
	泺河			河口至热口 600
黄域	黄河干流		草滩至夹马口	氿水至宁夏
	黄河支流渭水			
	总计	5874	19993	53037

由第七表观之,可见全国航路虽五万余里,而通大汽轮者,不过其十分之一有余,通小汽船者,亦不过其三分之一强。宜昌以上,于光绪二十四年(一八九八年)里特尔(Little)始以浅轮利川上驶,次年以船名 Pioneer 者达重庆。民国二年(一九一三年),吾华人始组汽船公司,往来重庆、宜昌间。近则宜昌以上及广东西江上游,更试行法国戴郎伯(Dclamberl)制浅水飞轮 Hydroglisseurs 各水上游平浅者,将可推行此制,以便行旅。吾国河流,若加以治导及渠化之法,其航路之长,必可增加甚多。惟是须与内地工商业并进,不可骤企。目前国人之所急及外人之所参与者,则为以下各航路:①运河;②黄浦;③海河及直隶各河;④西江;⑤淮河;⑥辽河;⑦扬子江。将于次分而论之。至若黄河虽未获航运之益,然为吾国巨患,历代防治所急,则亦特论之。

(一)运河

自海运兴,而运河之地位一失。然汽船未通行时虑海上风涛之险,犹不能不依赖南北惟一交通之要道。观于有清以来,文诰掌故,关乎保护运道者甚繁也。自咸丰五年(一八五五年),黄河北徙横贯运河,而运河始大受其害。当时名臣有以恢复南河故道为言者,莫不以运河为目的;而反对之者,亦以为海航既通,运道之中阻,可无过虑。然海航虽通津沪而致二千余里,燕、鲁、徐、淮间水运窒塞,亦殊与内地民业有碍。且运不治,淮之下游不畅,地方祸害亦甚多。宣统二年(一九一〇年),淮水涨灾,南通张謇始设测量局于清江浦,提倡治运导淮之说。该测量局以数年之功,测量苏境内淮运情况甚详确可恃。民国元年(一九一二年),张氏《导淮计划书》出版。民国三年(一九一四年),张氏与美国红十字会签订二千万美金借款为导治淮运之用。美国红十字会曾派工程师团来考察情形,归后竟无所闻。民国五年(一九一六年),金邦平为全国水利局总裁,复与美国 International Corporation 磋商借款三百万美金,以施由山东境达扬子江之运河工程。经签约后,亦无所闻。

与江苏之测量淮运事业并行者,鲁有潘复,亦测运河于鲁境内。民国六年(一九一七年),熊希龄代表政府复与美国 International Corporation 签订六百万美金之借款,以施直、鲁境内运河,内二百五十万元(？美金)出自日本。民国七年(一九一八年),复有美国工程师结队来华,黎伯莱(Joseph Ripley)为之长,从事测量。一年后(一九一九年),该公司复派工程师弗里满(John R. Freeman)来考察,竣事后回国,及今二年余矣,亦未见所动作。说者以为美国之辅助中国兴工业,如延长之石油,周襄之铁路,皆半途中辍,殆美国人士性情然也。

运河之疏治既成画饼。民国九年(一九二〇年),张謇被任江苏运河工程督办,设局于扬州。由本省地税厘金,每岁筹百万元,以为治运之用,今正在进行中。至全运之管理法,由北通州至杨村归京兆尹,直隶境内归直隶省长,山东境内归山东水利局,江苏境内大江北归江苏运河工程局,大江南归江南水利局,浙江境内归浙江水利协会,事权甚不统一也。

(二) 黄浦

黄浦上承湖泽,下连江海,流域约三万一千平方公里。海潮上可八十公里,至西太湖以上。吴淞大潮高于低水面三公尺,小潮高于低水面二公尺又半,小潮差约一点五公尺。上海大潮高于低水面二点七五公尺,小潮高于低水面二公尺,小潮差约一点二公尺。自上海辟为通商巨埠,各国商货云集。而外洋巨舰不能入浦,辄泊于吴淞口外。缘吴淞下四十公里有沙浅,名仙滩(Fairy Flat,即铜沙),江浦会合处口内外,昔亦各有沙槛。内、外二沙槛之间,黄浦右岸亦有淤滩锐伸,名野鸡角(Pheasant Point),凡此皆足为航运之碍,且黄浦犹增淤不止,故为上海商务计,中外人士早蒿目视之矣。

清光绪二年(一八七六年)即有人建议浚浦,未果。光绪十五年至光绪十七年(一八八九年至一八九一年)曾浚治之,未获大效。效·戴莱克(J.de Rijke)亦昔之建议者,于光绪二十三年(一八九七年)再视黄浦之情势较昔更劣。■■乱后,外人与清政府议和(一九〇一年),以浚浦之事附于和约,附款第十七条,设黄浦河道局。以上海道、税务司、领事团代表二、洋商总会代表二、船业代表二、公共租界工部局代表一、法租界工部局代表一,以及各国进出黄浦口货物年逾二十万吨者各派一代表组之,经费由地税、房税、船税、关税及中政府,与各有关系外邦捐相等之款筹充。未及实行,即中政府拟取回自办。光绪三十一年(一九〇五年)改立新约,设局以上海道及税务司监督之。中政府年指关余银关平四十六万两,以二十年为期,共九百二十万两,为浚浦经费。

效·戴莱克被举为总工程师,光绪三十二年(一九一〇年)开工寨(Coughisland)之歧流,但留岛东北一路,浚除内沙。宣统二年(一九一〇年)二功俱竣。同年淞口大坝长七千五百五十公尺亦成,而外沙遂消。四年之功,遂令黄浦于低水时,最低水深达六点五公尺,航槽之宽二百一十公尺有余。先是,瑞澂被派为浚浦总办。宣统元年(一九〇九年),宣言须结束局务,于是效·戴莱克于宣统二年(一九一〇年)去职,海德生(Hugo von Heidenstam,瑞典人)继之,一切局务,移归道署。

宣统二年(一九一〇年)终结算,用过之费已达上海银九百一十二万五千三百八十四两,盖每年增加经费四百一十五万两也。光绪三十四年(一九〇八年),商借四百五十万两,即以政府所允之关平银九百二十万两,合上海银一千零一十二万四千八百一十两作抵。于是至宣统三年(一九一一年),浚浦工作至极缩减。海德生详阅已往浦工,知前所浚之航槽于宣统二年(一九一〇年)十月至宣统三年(一九一一年)四月之间,复渐有淤浅之象,其入口亦缩狭甚多。是年所用之款,仅关平三十一万七千九百六十三两,内二十四万一千五百二十八两以还利息者。计自开办至是年终,共用经费关平六百四十四万三千三百四十九两。海德生以为善治黄浦由吴淞至江南制造厂共需六百万两,分摊十年为之始可奏效。

宣统二年(一九一〇年)之末,上海洋商总会图赓续浚浦计划,因公使团请于北京政府,至民国元年(一九一二年)批准,改河道局为浚浦局。五月十五日实行浚浦税,关税征收百分之三,免税之货物征收千分之一点五,以充浚浦经费。浚浦局组织法,以上海交涉使、税务司、理船厅及有航务五国,各推一员,中国商会推一员,凡六人为咨议组织之。于是决议用海德生之计划扩展浚浦之功事。计裁切野鸡角、浚深原浚航槽(Astraea Channel),凡浚土四百万立方码,筑顺水长坝于吴淞口内之东,淤出岸田甚多。

计自开办至民国七年(一九一八年),所收浚浦税状况,列于第八表。至浚浦之事功,上所述计划,于民国二年(一九一三年)终已就其大半。航槽低水之时,已能得七点三公尺之水深,宽一百八十公尺。民国三年(一九一四年)裁切野鸡角之功告竣,顺水坝成,增加浚功约一百万立方码、吃水二十八英尺之船可以出入无阻。民国四年(一九一五年),购海龙浚机、海鲸吸泥机及泥船等事。由民国四年(一九一五年)至今,大抵皆推展浚泥工事于浦东及上海市以上。此外则详测黄浦及扬子江河身流况及潮汐情形,研究其治法。民国六年(一九一七年),《扬子湾研究报告》出版。民国七年(一九一八年),《黄浦流水情形报告》出版,又《上海商港发展计划》出版。民国十年(一九二一年),召集五国工程师讨论改良上海商港事,详后。

第八表

单位:两

年份	项目
民国元年(一九一二年)	五月起每月约收 42000.00
民国二年(一九一三年)	全年共收 508470.74
民国三年(一九一四年)	全年共收 448753.63
民国四年(一九一五年)	全年共收 438693.08
民国五年(一九一六年)	全年共收 472911.62
民国六年(一九一七年)	全年共收 481155.35
民国七年(一九一八年)	全年共收 471488.93

民国元年(一九一二年),浚浦局所订条约第七款云:"浚浦局权限之所及,应以黄浦及扬子江向上,海潮之所及为界。在此界内洪水线间,不得浚浦局之允许,不能自由有所建设影响河流之物。"民国五年(一九一六年)复订涨滩升科章程九条,凡沿浦公地出售,均由该局主持。论者以为主权旁落,其弊甚多。民国十年(一九二一年),江苏省议会议决呈请取消浚浦局暂行章程,未知可如愿以偿否也。

(三)海河及直隶各河、海河

自海运通乃为重要航路,自天津辟为商埠,而其地位乃与上海之黄浦相埒。惟是河上承永定,挟沙甚多,故河床湮淤甚速。清光绪十六年(一八九〇年)后,日见淤浅,至光绪二十四年(一八九八年),有时轻舰亦不能上驶至天津。运河既废,所恃者海上交通以委输南北货物,海河若塞,其为害可想而知。而外人有通商关系者,尤不能漠视,于是光绪十六年(一八九〇年)设立海河治导委员会,以领事团领袖、海关道、海关委员,并举戴林德(M.de Linde)为顾问组之,庚子■■之变停废。光绪二十七年(一九〇一年)改组复设,以临时行政处派员一(天津市归还中政府后,以海关道代之)、领事团派员一、海关委员（只有发言权）及有租界各国领事代表（英国则以工部局长为代表）、天津总商会长、轮船公司公举代表合组之。海河于治导以前，弯曲甚多，由天津至河口长七十七点五公里，其直道不过四十五点五公里耳，其所以窒厄航船之故湮淤而外，厥惟居民任意开渠引水以事灌溉，海河之水被泄而不足以济航运矣。治导之第一步，即建闸于最大三渠之口，以限制泄水，继则裁切最甚陡弯四处，于是海河航路减为长五十八公里。

光绪十六年（一八九〇年），天津五六月间低水时平均潮汐差为零点零九五公尺，至民国八年（一九一九年），则一点八六公尺。海河横断面积在清光绪二十九年（一九〇三年）为二百三十平方公尺，至民国八年（一九一九年）则为五百九十平方公尺矣。光绪十六年（一八九〇年），航行全窒。民国八年（一九一九年），吃水四点九公尺之船可以上达天津无碍矣。

海河上游，每经一次洪涨，必淤一次，故浚渫之事，常不可废。所浚之泥，用唧器放泄于各租界周围低地，而沮洳之田，变为高壤者亦多矣。

清光绪三十一年（一九〇五年），河中已不可行驰吃水深于越过大沽门槛沙之船。光绪三十二年（一九〇六年）始兴工，穿槽过大沽沙槛。其初拟用辊耙除沙，既乃决用吸水浚泥机。光绪三十四年（一九〇八年），大沽沙槛水深三公尺余，民国八年（一九一九年），则过四点六公尺矣。

会中经费，由中政府每年担任六万三千两，余则俟船只载货税，计自开办以来所费共七百余万两。

直隶境内之大河凡六：曰蓟运，曰北运，曰永定，曰大清，曰子牙，曰南运。其中惟蓟运于北塘（距大沽口上约十六公里）入海，余五者则皆会于天津一隅入海河。五河之中，南运北运为航路要道，大清、子牙亦可通航，惟永定（亦称浑河），流猛沙多有类黄河，无舟楫之便，而常虞溃决之灾。五河流域面积及流量，据顺直水利委员会报告如下（第九表）。

第九表

河名	流域面积/平方英里	流量/立方公尺
白河（即北运）于箭杆河交叉口上	7430	3115
白河于箭杆河交叉口下	844	355
永定河	20431	5000
大清河	8272	3408

续表

河名	流域面积/平方英里	流量/立方公尺
漳沱河	9650	4050
子牙河（子牙上游）	2844	1192
卫漳河（南运下游）	9870	4145
共计	59341	21324

五河流域面积共约六万平方英里，即约十八万平方公里，其中有十三万平方公里为山地，高屋建瓴，每当汛涨之际，流势甚猛。计海河容泄之量最大者，不过每秒八百五十立方公尺，而每一河洪水流量无不大于是，永定且六倍过之。海河所可泄者不过五河总量百分之十五。昔者分泄洪涨恃各减河，如北运之筐儿港、青龙湾，南运之兴济、捷地、马厂等。减河周旋容纳，恃南、北二泊，东、西二淀。而淀泊逐年淤淀，清康熙、雍正、乾隆间曾大施疏浚，道光、咸丰以后，河工废弛。各河正身无一不淤，减河无一不塞，永定河尤淤淀，高出民田二丈余。南、北二泊，东、西二淀，几成平陆。同治十年（一八七一年）前后，即屡遭水患。洪氏既灭，兵革暂息，曾国藩、李鸿章前后莅直，无不以治河为急务，如马厂、减河、永定、芦（卢）沟桥、金门闸功，皆当时政绩也。然军兴以来，国库空虚，故未有根本措施，洪水之灾，未可消泯也。至各河与海河之关系，虽同为给水之源，而永定因挟沙过多，实害多而利少。所赖者北运、大清二清流，足以少刷之耳。北运上承潮白，说者以为今之箭杆河，本白河故道，后因给水济运，故遏之使流向通州，改称潮白。民国元年（一九一二年），潮白于通州上四十里之李遂镇决口，入箭杆河，北出塘口，后筑堰以遏之，挽归故道。民国七年（一九一八年）大水复决，而势成难挽。是年各河无不涨水，直隶被灾五十余县，天津租界行舟。于是中外人士始汲汲图治，熊希龄被任督办京畿一带水灾善后事宜，筹赈之暇，兼思防惠未来，乃组织顺直水利委员会，集中外专家商讨治水之策，测量各河地形流量，以为施治之基。今测量之事，行将告竣。至其计划至柔斯（Rose）君来会，而乃决定。柔斯谓为抒宝坻水患计，为航运计，为天津卫生计，皆有挽回北运之必要。挽回之法，以开牛牧屯为宜，使箭杆河回入北运。但即挽回，亦不能减永定之危患，欲永除其患，惟有另辟尾闾，直接放之入海耳。挽运之工程估计需五百二十三万五千四百八十元，而现有预备事项经费不过一百七十一万五千三百三十四元，是尚需三百五十二万零一百四十六元。柔斯之意，赞同者多，惟海河工程师平爵内（Pincione）以为改永定河道出北塘，永定之沙虽免淤海河，而北塘口淤，海溜携送，仍必为大沽口病。若筑长海坝以防之，费且不赀。但柔斯之意，以为舍此无第二法也，现正从事预备实行之计划。

至会中他项功绩,已成者为天津天主堂及三岔河裁弯取直,竣工于民国七年(一九一八年)。天津筑堤,由南开至陈塘湾,竣工于民国九年(一九二〇年)。马厂减河开浚,始于民国九年(一九二〇年),行将完工。九宣闸改建,估价七万元。

会中经费,由政府允拨前、后二次,共三百五十六万二千九百五十三元,支配于挽运、三岔河、新开河、天津堤功及测量等事。

(四)西江

上承洪水,发源于滇密迩曲靖城,经黔、桂、粤诸省,长约二千公里,至三水分为数岐,绕出澳门,东西入海,与北江、东江合灌广州三角州(洲)。船只吃水一点五公尺者,于最干时犹能上驶达梧州,过此则仅通民船及平底电船。小艇可直达贵州、兴义。流域面积约三十三万九千平方公里,其支流若右江、容江、清河、化江、柳江、桂江、绥江等,大抵皆可通舟楫而利灌溉,固吾国西南最要之流水也。惟是三江注海处三角洲日淤日增,居民见有浅沙,即筑石坝基围以事耕种,水道见逼,淤无所泄,则益推而前。故入海之口愈远(唐时西江由四会入海,今四会之下,沃野千里)而降度愈缓,不惟航路有碍,抑且上承诸支流,类皆出于峻谷高岭,故盛涨之际,水不能泄,辄肇泽灾。清末有议开新兴河以杀水势者,有主张尽拆石坝刨去沙田者,究以经费有限,形势所格,未有丝毫效力。民国三年(一九一四年)大水,为灾甚巨,于是始谋疏治之策,任谭夏衡为督办,延浚浦局工程师查勘水道情形。民国四年(一九一五年)又大水,海德生乃荐奥里维考拿(G.W.Olivecrona)为总工程师,专司测勘。奥氏之计划,修缮已有堤防以范洪水之势,筑堤于西江、北江之间(三水上下),估费一千一百三十七万香港元,分摊六年。后奥氏又计划治珠江,增槽深低潮下至四十九公尺,址宽二十公尺,缩狭河身,塞支流以整一自广州港入海之江流,估费二百八十一万七千香港元。

关乎广东治水之报告及今有下列三种:

(1)一九一五年西江测量报告。

(2)广州港入口治导计划。

(3)北江治导之研究计划及估价。

谭氏去,曹汝英继之。民国八年(一九一九年),政府允拨百万元为广东治水用,后由督军拨六万元。是年十二月兴工筑堤,长约十四公里。塞数支流,设防洪闸于马色。民国九年(一九二〇年),又出报告一种。民国九年至民国十年(一九二〇年至一九二一年)之功,大半谋至北江及筑闸以防护广州。

(五)淮河

淮源自桐柏,经洪泽,昔者独流入海。自黄河南徙夺淮而淮病,自黄河复北徙舍淮而淮之故道塞。河徙而北，固为徐、扬之幸，而淮失尾闾，亦为苏、皖腹心之灾。故自清咸丰兰仪决口以后，苏人士无不汲汲于导淮，其尤著者，前有丁显，后有张謇。丁氏倡于清兵氛初戢，元气大衰之后，言者谆谆，听者藐藐。张氏倡于清政失纲之际，民国肇始之期，民穷财匮，政局紊乱，故亦难骤期成功。然其苦心经营，设测量局，成计划书，功虽未竣，后又继之者必为百世福。兹约略述其计划如下（见张氏著《江淮水利施工计划书》）：

言导淮者众矣，有主归江者，有主归海者，有主分入江海者。张氏以全部入海，则下游灌溉缺乏可虞，全部入江，则运河下游加之归江各坝，实不足以容纳淮及淮相连皖北各河最大涨水（据江淮水利局实测为每秒至一万二千五百立方公尺），故拟修理归江各河坝，改旧式苇坝为滚水堰及活动堰，计活动堰四，滚水堰六，以洪湖来源最大之水量（每秒一万二千五百立方公尺）百分之五十六（每秒七千立方公尺），由三河、高邮、邵伯等湖经归江各坝入江，其余水量百分之二十四（每秒三千立方公尺）由张福河、废黄河入海，又百分之二十（二千五百立方公尺）留存洪湖，以补平时灌溉之不给。其入海之道利用旧黄河坝为南岸，涟水以西借用盐河，涟水以东另筑新堤。甸湖以下，则旧槽深，可用大关之盐河，建双层闸，限制淮水循盐河北行。至里运河高邮上两岸闸坝，亦拟设法整理，使运河[水]小时不致碍及航务，以杨庄为淮运相会之点。

（六）辽河

辽河源于蒙古多伦努尔（内蒙古多伦诺尔）之西南，经奉天至营口入海，实关外商货委输惟一要道。十余年来，河道失修，日就淤浅，致碍航务，近只可通小船三百余公里耳。于是货物向之需航运者，大半为铁道所夺，非舍贱而趋贵，实因水路艰阻，有以致之也。清光绪时，徐世昌督东三省，曾派工程师勘测，未及筹办。光绪三十四年（一九〇八年）大水，双台子冲成巨河，总督锡良复派英工程师秀思（W.R.Hughes）查勘，知辽河受害最要者为双台子河口，分泄辽水有五分之三，致本流处处搁浅，主张于双台子口设堰拦水，大水时仍可分泄入双台子河。建新式水闸，浚深辽河一切浅滩，购挖泥机及保鸭岛之侵坍。双台子口堰功竟后，宣统三年（一九一一年）复大水，堰毁。民国二年（一九一三年），省议会曾反对辽河工事。民国三年（一九一四年），复由牛庄海关监督与牛庄领事团商订继续辽河工程。是年亦经大总统批准，加捐税，以助经费。

辽河下游工事：一为筑东坝以刷沙，二塞东、西港汊，三保护鸭岛。东、西二港汊，已封之于民国五年（一九一六年）。东坝长约十点五公里，潮时深约六点三尺，将继之兴工。民国七年（一九一八年）秀思卒，且经费不敷，工事停顿。民国八年（一九一九年），美人伏赛（P.N.Fawcett）任辽河下游工程师，日人阿莱（T.Arai）任上游工程师。阿莱因火车出险毙命，奥喀萨畸（Okazak）继之。下游工事，自此之后进行甚速。东坝筑出海四千五百英尺，其全身二万英尺，已筑高四英尺。是年计用石一万九千三百五十四方，由民国五年(一九一六年)至是年，共用石七万一千六百七十三方。计算民国十一年(一九二二年)，可购马力甚强之浚机以事浚渫，则牛庄港深于寻常高水位下可达二十六英尺，而海舰可以入口矣。据测验结果，知自民国八年(一九一九年)以来，因坝功之力，可刷沙一百五十万方。若顺是以往，稍助以浚渫，则深二十六英尺、宽五百英尺之航路，可以常保。上游工事，数年来不外浚挖，无其他发展，惟其工程师近注意研究应开通唐家窝铺(双台子河口处)至三汊河三十英里之河道，或塞双台子河口。民国九年(一九二〇年)来，牛庄至唐家窝铺测量工事正在进行。

(七)扬子江

扬子江为吾国第一航川，流长五千余公里，流域面积一百九十五万平方公里，最大流量每秒七十万八千八百七十一立方英尺(一九一五年南京所测)，平均流量每秒二十九万四千立方英尺，其发源处高出海面四千九百公尺，其在西藏高原降落尚缓，六百五十公里不过六十公尺。由藏原下抵四川，南麓则降落甚骤，约二百五十公里降二千一百公尺。巴唐至叙府一千六百余公里，降落至二千四百五十公尺，叙府下始通民船，历重庆至宜昌则降落又渐。然重庆、宜昌之间，有三峡之险，是为航运之碍，近亦通小汽轮及浅水飞轮，宜昌下则汽航大通。

扬子江通航地位重要若是，历来虽有涨淹毁岸之弊，然未为人所大注意也。荆、宜之间，地势低洼，下流水势陡急，前清时，时肇大灾，故有万城堤以防之。数十年来，仅有防护功事，未有其他大工也。汉江为长江之最要支流，汉阳入江之口狭小，而其上汉川、沔阳、天门各境，皆地势低衍，时被泛滥，亦因有堤防，清同治、光绪间曾大事修理。以江之全体论之，则向需治理者甚少，故古闻有治河者矣，未闻有治江者也。

然扬子江挟沙之多，虽逊于黄河，而其关系于江之本身实亦甚大。沿途停积，岛屿丛生，港汊分歧，已为航路大病，而浮沙处处浅可胶舟，尤为司舵者所深虞。水涨时，可通吃水二十八至三十英尺之船，由崇明达汉口，而低水时，则浅沙甚多，成为暗礁，有浅至七八英尺者。江口之三角洲，已成大岛，留有南、北二道以通航。而南道有仙滩，北道有佘山、崇明之浅，皆仅有水深二十一英尺，使海船不能入口，故为航运之趋向所迫，昔之人虽不言治江，而今之江有不能不治之势。

且也，因水道之失律，故奔突左右，时有毁岸之虞，尤甚者为南通州沿岸。据南通保坍会报告，由宣统元年(一九〇九年)至民国四年(一九一五年)，坍削之地，共计三十一方里五百零五亩四十七方丈三方步，若无法以止之，势且危及通城。于是邑之人憬之，设立保坍会，举张謇为会长，先后曾延外国工程师数人测勘，卒延荷兰工程师〈德〉(戴)莱克(浚浦局昔总工程师效·戴莱克之孙)施护救之策。计划由天生港至任家港筑楗十二,以逼溜而护岸,每楗之费约需万元,经费由南通沿岸江中涨滩地税筹之。民国九年(一九二〇年),第七、第八两楗筑成复毁,而〈德〉(戴)莱克亦复卒于疫。于是复延美国工程师莱恩(E.W.Lane)继之,民国十年(一九二一年),第九、第十两楗完工。

惟筑楗之策,只可保全一部,而根本之图仍非治江不可。同时外人以扬子江航业阻碍,大有越俎代庖之势。于是张氏复于民国十年(一九二一年)发起治江讨论会,初拟联合川、湘、鄂、赣、皖、苏各省共图策划,既不见骤合,乃召集江苏沿江九县开会,以为缩小之计划,然反对之者仍不少。甚矣图治之难也!张氏之计划,除江、淮、运外,尚有串场河,亦其硕谋远略之一也。盖旧串场河自海门、吕四经南通、如皋、泰县、东台、盐城至阜宁入射阳湖,年久失修,东台以上,湮废甚多。民国三年(一九一四年),张任全国水利局总裁,曾派员详加勘测。民国十年(一九二一年),政府议裁兵,张复主张以裁兵开河。其计划吕四至东台角斜一段仍旧,角斜以北另辟一港,经盐城、阜宁、涟水、灌云、陈家港止,长凡四百七十一里,估费二百万元。沿河设闸十座,以通消息。惜裁兵之举不果行,故仍未能着手。

(八) 黄河

黄河流长约四千公里(今五千四百六十四公里),流域面积一百五十六万平方公里(今七十五万平方公里)。流量于低水时,每秒一千零七十立方公尺,高水时四千二百二十立方公尺,最大洪水时,每秒六千八百立方公尺(据一九一二年津浦铁路黄河桥施工处测量)。发源之地高出海面约四千二百至四千五百公尺。鄂陵、扎陵二湖,为河源之所自出,高出海面四千一百公尺。河入甘肃西境,已出高原界。由甘西至兰州二千四百公里,河床由二千四百五十降为一千五百八十公尺,至兰州始通舟楫。由兰州至潼关一千九百余公里,河床降落高出海面仅三百余公尺,其间亦通浅筏,但仅可下驶,水势陡急,不能上航也。河出成皋,两岸始无束缚,开封以下,地势平衍。河南北冲突,迁徙不一,为吾国巨患。

河之变迁屡矣,而言数十年来之历史,则清咸丰五年(一八五五年)铜瓦厢决口,实为其新纪元。决口后,河夺大清(即济河)横贯运河于张秋,至利津入海。时清方用兵征洪,未暇河事,而决口遂不复在。济河受黄水建瓴之势,冲刷遽为深广,然洪涨之际,辄泛滥于直隶各地,而昔日之南河故道渐淤塞为平地。兵寝以后,有主张恢复淮徐故道者,如文彬、丁宝桢辈,有积极反对者,如胡家玉、李鸿章等。卒之以决口太宽、故道太高,无力挽回,而胡家玉复奏兴东省堤工,河道遂定。然同治十年(一八七一年)河决〈浑〉(郓)城侯家林,河复侵入南旺,然旋即合龙,未为巨灾。同治十二年(一八七三年),东明石庄漫口,河复南趋。时两江总督李宗羲力请堵口,黄河堤工,先后经丁宝桢、陈士杰、张耀等修筑已备,惟河水挟沙甚多,淤床极速。故昔之大清深入地内者,不数年复成河址高于平地之状。光绪十年(一八八四年)后河屡决。光绪十三年(一八八七年),复决于郑州,溜趋东南,自豫而皖,东省黄河断流。光绪十四年(一八八八年),郑工合龙,河复由利津入海。是后至清末,犹复六决。民国二年(一九一三年)复决濮阳,民国十年(一九二一年)复决宫家坝,口门宽二百余丈。时国库如洗,至今未能堵塞,而利津一带,尤为泽国。闻将借款兴工,尚未成事实。黄河于山东境内,有河务局管理,平时守护分为三游,所有工程,不外培堤厢埽,而以经费支绌,致土秸等料不能完备,一遇淫雨成灾,束手无救,良可慨已。

河之为中国巨患诚然矣,然其大利亦有不可掩者。何则?河水挟沙淤积,浅海则渐成平陆,今之山东平原,即可认为河之冲积也。使无黄河,则劳山尤为孤立一海岛也。抑其为患之烈,辄至漂泊十数县,故亦不宜不亟图挽救之策。然历来施于河之治功多矣,迄无成效者何耶?筑堤无学理之研究,守护无完善之方法,官弁无奉公之才德耳!苟欲根本图治,一为实施科学的研究,二为当改变其河务组织,洗清积弊,力谋更新始可。外人建议者,多以培植森林,减其挟沙之量,为治河之不二法门,不知森林与气候与河道之关系,皆系欧洲五十年前之陈言,迄今实验所得,已知其不可深恃(见《河海月刊》第三卷第六期余著《森林与水工之关系》)。且黄河流域大半系黄壤,农田肥美,焉能尽变为森林。若山岭之地,石质暴露,则又非黄河挟沙之所自来。余尝考黄河之性质,以为限制其挟沙诚要矣,然限制之法不在培植森林也。河之患在鲁,而其挟沙之源则在陇、秦、晋、豫四省之黄壤田原。试观黄之支流出于黄壤区域者,无弗混浊可知也。黄壤田原大抵俱经垦种,斩削成阶段之形,诚能以有力之政策,责成各地方官督令农民于其田之下畔,各种矮柳一行,则淫潦之时,田中排水,其黄沙为柳所拦滤。其利有三:①流入黄河支流之沙可大减;②农田不致朘削日低;③矮柳之利以为杯棬,所获者无算。不伤农,不劳民,不损国库,轻而易举,较之森林不为多乎,且可普及。然河不治,则仍难收其效也。鄙意以为应设总局,统辖郑州以下至海口之河流,实行潘季驯以坝治溜、以溜攻沙之旨,使河常有适宜之横断面以泻水行沙。至若洪涨之时,亦不妨分水灌田,以减水势而利农民。夫洪涨灌田,在欧洲多有行之者,独吾国人则深畏之,有言之者,多掩耳而走,是亦未知其可以行之之法故也。

二、商港

吾国海港,大半多以通商条约关系,权操外人之手,殊可慨也,亦有完全处于租借占据势力之下者。五十年来,商务日益发展,港务之发皇者亦不少,惟吾国人则深感不自由之痛苦,兹约述之如下。

(一) 福州港

福州位于闽江出海处,距海三十四英里,为前清道光二十二年(一八四二年)所开五口之一。闽江为天然河流,自昔未加整理工程,故沙洲弥望,大为航行之梗。民国七年(一九一八年),该埠商人有鉴于是,始提议设立工程局,俾吃水十六七尺之海轮得以畅行至该埠,估计经费约需九十万元。旋得政府及外团之赞同,于海常各关征收水利附捐及船钞,并由省款内年拨一万八千元以为辅助,预计工程可于三年内竣事。翌年三月三日起附捐与船钞均实行开征,未几即聘工程师施行工程于江之两岸,筑引堤束水使刷深河床。以闽江水流之迅疾,故可免另用浚河机器也。按福州港居上海、香港之中心,闽江又为该省土产输出之孔道,他日港工告成,海轮得以直溯上游,该埠贸易之发展,当即操券而待矣。

(二) 上海

上海位于黄浦江下游。浚浦之事,已见于上。自海德生为浚浦局总工程师,其所司虽为浚浦,而其目光则远注全球。海氏之意,以为上海若开拓得力,使外洋巨舰得直入无阻,则其位置,顿成世界主要商港,前途发皇不可限量。故该局年来测验探察之事,不遗余力。又详拟改良港口计划数端,或浚深现扬子江口,或于杭州湾开港通埠,或于吴淞外另辟一港。民国十年(一九二一年)十月,由海总工程师延六国工程师〔美布腊克(W.M.Black)、英巴尔麦(E.Palmer)、荷兰何达佛(P. Ott de Aries)、法贝利(B. P.Ryster)、日本广井勇及瑞典赫乃尔(P.Gr.Mornell)代表中国〕会议改良上海商港事,取决方针,卒取浚深扬子江现口一策。于是浚浦之事,行告结束,改局称为港务工程局,另拟章程,以征收货税(有税之货物,按关税征百分之一;无税之货物,按关税征二百分之一;由沪运往他处之货物,按关税征收四百分之一)为局费。浚浦局一切财产概移交新局,又扩大其权限甚多。以浚深港槽,添置港内一切应有设备为义务,目下正在进行中。其组织法,以政府派员为局长,以当地海关及铁路代表、本埠船舶业代表、贸易业代表,或市参事会代表为局员。又,民国十年(一九二一年)政府任张謇为吴淞商埠督办,现正在经营中。

(三) 大连湾

大连湾本一渔村,面积三十余万方里。昔时我国用为军港,西距旅顺三十海里,迤北由南满铁路以联(连)贯内地。咸丰十年(一八六〇年),曾为英、法联军所占领,于是大连之名,著闻于世。光绪二十四年(一八九八年)租借于俄国,俄人乃投巨金建设商港。先填砌海岸,造码头,期铁路航轮联(连)接为一气。继又创造船坞,供修缮轮舰之用,而道路、自来水等,莫不次第奋兴。惟功未及半,一九〇〇年,日、俄战起,工事中止。翌年由日本继承俄之租借权,乃奋力经营,设海务局以主其政。港中所建防浪堤计长一万二千九百二十一尺,回抱其内之海面,约有七百英亩。轮船碇泊之码头驳岸,延长约六千五百尺,防浪堤内水深自十六尺乃至三十尺。现商务蒸蒸日上,已握东三省进出口货之牛耳矣。

(四)胶州湾

胶州湾,一称青岛,自昔即为船舶避风之所。自前清光绪甲午(一八九四年)以后,列强谋我甚亟,适山东曹州教案发生,德国遂遣兵舰三只,突入胶州湾,占领其地。光绪二十四年(一八九八年)订租借胶州湾之约。德人锐意经营,港务日盛。欧战发生,日本遂于民国三年(一九一四年)十一月攻取青岛而占领之,踵事建设,亦无日稍暇。按胶州商港,分为大、小二港,小港在青岛市之西侧,为停泊渔舟及避风船之所;大港在市之西北,海中原有矶石排列如圆圈,乃于其间筑海坝连成圆形之港。向南有缺口宽二百八十公尺,水深十公尺。其右为停泊商轮之处,筑有码头三。其一长七百五十公尺,其二各长五百五十公尺。码头沿岸平均水深为九点五公尺。左侧为停泊军舰之所。是处原有小岛,今建机器厂于其上,并筑铁路以资联络。停泊军舰之码头,计长一千公尺,沿岸水深凡十公尺五。今日本拟于左侧第一码头之南,加以浚渫,并增筑泊船处。第二码头之北,增筑第三码头。大港北部拟加以填筑,以为他日增设码头之用。

(五)旅顺口

旅顺口,一名亚销港,昔为北洋海军根据地,有炮台二十余座。港口向南,广三百余尺,东为黄金山,西为老虎尾,如二螯交抱。然全港分东、西二港,东港长约四百公尺,宽二百七十公尺,水深三十余尺;西港面积三倍东港,然水深不逾二十余尺,冬季不冰,故为良港。清光绪甲午(一八九四年)之役,旅顺为日本所陷,精锐尽丧,旋租借于俄。俄政府拟拨款百兆卢布,以开设东港,未竣而日俄战事发生。事平,旅顺乃租借于日本,由南满铁道公司募集之资本内,拨一部分以充经营商港之费。其经营方法,乃以东港为海军所用之港,西港创辟为商港,沿岸造码头并浚深海底,以便多泊船只也。

(六)营口

营口,即奉天之牛庄商埠也,在奉天省城南三百一十六里。挖辽河下游,距海口凡三十里。咸丰八年(一八五八年),因英、法同盟军之役,订辟为商埠。同治元年(一八六二年），外人始设商店。奉锦兵备道由锦州移驻于此，以弹压滋事■■，并设海防同知，英国亦设领事衙门。是时东三省之土产，均运输至营口，故水路则帆樯云集，陆路则车驮载道。当一九〇〇年，注册之风船无虑四万。光绪甲午（一八九四年）以后，商业益盛，日、俄二国均设领事。但以日、俄战后，日人势力渐盛，商业受其倾轧。又因大连开埠，南满、京奉二铁道次第通轨，商业中心逐渐移于大连。辽河年久失修，双台子决口不堵，水量缺乏，牛庄商务遂至一蹶不振。民国三年（一九一四年），辽河工程局设立，以恢复牛庄商务为目的，其所有计划工作，已见前辽河节。

（七）龙口

山东龙口，为我国自辟商埠之一，位于渤海南岸，山东半岛之北侧，为黄县属地。昔系一片荒凉，不过春间有三五渔舟，点缀于烟波浩渺之中。自清光绪甲午（一八九四年）盛宣怀为烟台道，始置广济小轮，航行于烟台羊角沟间（寿光县属），遂以此为下碇处。嗣因营口、大连日形发达，山东蓬、黄、胶、莱等属，贸迁赴满者，日渐繁多。该口因与营口仅一衣带水之隔，遂有外人轮船，自此南北直行，以便行旅。此外尚有沿海一带风船，往来接续不断，由是商业户口与日俱增。民国三年（一九一四年），乃由政府下令开辟为商埠，由商人组织兴筑公司，建设钢筋混凝土码头，并购置浚泥机船浚渫海底，以便巨轮进泊，他日设备完竣，亦北方一重要商港也。

（八）烟台

烟台，一名芝罘，位于山东半岛之北侧，由芝罘山地颈沿岸凹入，迤逦与崆峒列岛相接成一海港。昔时仅为渔户聚居之村落，自清咸丰八年（一八五八年）北京条约成，始订辟为商埠。一八六二年三月实行开港，嗣后商务年盛一年，今已为山东重要之商港。往来沪、津之海轮，至此停泊。港之东北，遥对大海，因无岛屿为之屏蔽，故东北风盛，港内船只均受其颠簸。又因沿岸皆浅滩，商货均借驳船以起卸，一遇风浪，即致停顿。如一九一三年，患风之日达三十三日有半，故深为航业商货之累。一九〇〇年以后，西人商会有鉴于此，乃有建筑海坝之主张，旋于一九一三年五月，设海港工程局，以税务司为之长，聘海港专家里支（O. C. A. von Lidlh de Tonde）及爱司特（B. von Exter）研究方法。一九一四年，最后计划成。一九一五年二月得政府之批准，是年七月一日，开征海关附税及轮船吨位码头税以充经费。工程计划，系自东部塔山起，建筑二千六百英尺之海坝，直立海中，以屏蔽于东北，更于西部筑防浪堤五千八百七十英尺。堤之北端，附筑泊船码头，长凡六百英尺。港以内之海底，凡二百五十英亩，均开掘至平均低水线下二十五英尺。海坝内侧，则较深五英尺。全部工程计划既定，乃于一九一五年三月二十日开始招工投标。是年六月一日期满开视，计得四标。荷京荷兰海港公司(Netherland Harbor Works Co. of Amsterdam)得标,计工程标价凡关平银二百六十七万七千两,合国币四百万元,即以附税向道胜银行抵借款项。六月九日签订建筑合同,八月开始工程。按照合同,此项工程应于四年完竣,旋因一九一七年八月忽起飓风,工程稍受损失,乃将原定计划稍加更改,并增建筑费十六万五千两,延长竣工期间一年有半。一九一五年九月起举墨卡德(C.Peckard)为总工程师。至一九二一年九月十四日全部落成,烟台至潍县之汽车路不日亦可通车。烟台商港之日增兴盛,自可预操左券也。

(九)葫芦岛

葫芦岛位于奉天锦州境连山湾之西南端,斜展入海,为一半岛,距京奉路之连山站凡七英里。临海处断岸壁立,其海颇深,冬不结冰,如遇南风,则潮高可达十四五尺。当日、俄战争以后,大连商务,日趋发达,日本经营■■之势力亦日盛。光绪三十四年(一九〇八年),徐世昌为东三省总督,拟另觅不冻港以与大连为敌。是年,黄开文任奉天劝业道,乃聘英人秀思(Hughes)为总工程师,使调查渤海北部之海岸,卒定葫芦岛为开港地点。宣统三年(一九一一年)正月,东三省总督锡良复与美国资本家订约建筑锦爱铁路,以为陆路之联络。是年四月,测量告竣,顾以估款过巨,未能进行。民国以来,民国九年(一九二〇年)二月由政府令筹商埠经费,由东三省及交通部分任,以周嘉淦为督办,现正在筹划进行中。

此外若大沽亦有筹划商埠之举,未实行,姑不详。

三、灌溉排疏及防海

吾国灌溉之历史虽古,然五十年,实无巨大发展。东南各省水道纵横,有前人渠堰成绩,民间尚可延用不坠。西北各省,则水利荒废甚多,非赖有才、力者为之提倡不可。兹择其事功卓著者记之于下。

(一)■■

松江、辽河二流域,清初禁汉人开垦,光绪四年(一八七八年)始弛禁令。光绪六年(一八八〇年),设移民委员会于吉林,奖励垦荒。自是各省人民往住者甚多,光绪十九年(一八九三年)以新辟之地,增置四县(怀仁、安东、通化、宽甸)。日、俄战后,日人大增,营水田于新民府、长春、开原、关东州等处。清宣统元年(一九〇九年),又于南满铁路附属地内,设胜弘农场,至民国三年(一九一四年),其所营水田已达五千五百余亩(合五百五十余公顷)。

(二)新疆

经年少雨,河流干涸时多。农民所恃者,惟夏令山岭融雪之水耳。清林文忠始教民掘坎井聚水,穿隧道分布。张勤果又创架槽之制,盖土系沙质,渠易漏也。槽以木制,底铺毛毡,以防渗漏。起自山麓,远渡沙漠,以至用水之地,长恒(横)亘数里,居民至今赖之。

(三)河套

黄河灌溉之利,惟见于河套。现五原县境有官渠八道、支渠二十余,为垦务局所建。私渠甚多,今亦皆没收入官。美国教士裴牧师亦在县之东南,开渠八九十里,灌田八百余顷,经营十二年矣。宁夏、宁朔、平罗三县,有清、唐、汉、惠四渠,灌田二万顷。各渠均有闸坝,以司蓄泄。闸之启闭,由水利局规定,以免争执。

(四)陕西

泾河郑、白渠之利,著于秦汉。明时,泾河刷深,白渠身高,已难受水,乃兼用山泉。近则泾水全不入渠,专将泉水灌田,仅数百顷。清同治八年(一八六九年),抚臣刘典以渠道告湮,筹款修理。光绪八年(一八八二年),冯誉骥继之,复加修筑。民国六年(一九一七年)设水利局,局长郭希仁拟恢复泾河水利,测量仲山形势图,开钓儿嘴山峒,长七里余,估工五十余万,以地方秩序不宁,财源无着,至今未果。近有杨叔吉者,仿晋阎锡山办法,组打井队,为人凿井。

(五)河南

水利之可言者,河内史起之功,现未至完全失坠者,有天平、万金二渠,怀庆之九道堰及广济、永利、利丰三渠,与卫辉县之百泉。其为近人所经营者,则天平渠成绩甚著。盖天平渠古已湮废,清光绪初,安邑之民苦旱,始禀请疏浚。然以古渠底高出漳河底四丈多,故以工巨迄未果。光绪三十年(一九〇四年),马吉森采改道之议,组织溥利公司,以财力不继中辍。宣统元年(一九〇九年),袁世凯倡立天平渠灌田股份有限公司。民国二年(一九一三年)渠成,灌田三万余顷,豫南水利以固始为最。民国以来,该县亦设水利分会,绅民吴之缙督率兴修甚力,订有水利章程及四时修守表。

(六)山西

前清时,水利无可述者。民国以来,阎锡山以水利划为六政之一,力事提倡,组织打井队,劝民凿井灌田。其经营之大者,则有广裕、福水两公司。据广裕水利垦牧股份有限公司报告，晋省雁北一带，土性斥卤，又受风沙压积，收成歉薄，欲改良土质，惟有开渠淤田一法。公司以宁武恢河发源处，经翔县、马邑、代县以至山阴为灌溉区域，约地七千余顷，计开干渠六道，支渠五十一道，分渠二百七十四道，地廓三千四百顷，淤成地十三万余顷。若雨水适时，则灌域所有之地，一年全可淤成。

（七）直隶

清林则徐提倡兴修京畿水利甚力。咸丰间，僧格林沁督兵大沽，曾按清初怡贤亲王故迹，捐资在碱水沽兴复营田三千五百四十亩，葛沽营田七百五十亩，挑沟建闸，引用潮水，以资灌溉，民人效之，自行开垦稻田甚多。光绪七年（一八八一年），李鸿章督直，督令地方官民开沟洫、浚泉源、凿井眼，抽调淮军于京津东兴农镇开新河九十里，上接南运减河，于减河两旁开渠引灌。兴农镇以下，又开横河六道，垦田六万亩。

（八）江浙

江北垦殖水利之最大者，为沿海各盐垦公司，大抵皆南通张謇之倡导。其垦法，筑海堤御潮，海堤内则分筑堤围于其间。开渠设闸，泻水灌田，分窊垦种，先种青，次种棉，再种麦，以次变为成熟。及今办理有成效者，有通海垦牧、大豫大有晋、掘港、大丰、泰源等公司。垦地大者十余万亩，小者亦数万亩。

太湖为江南苏、浙二省水利肠胃，有三江（娄江、淞江、东江）通泻入海。年来湖河淤塞，尤以通吴淞江之淀泖湖为最。数十方里之湖面，但余三丈阔之小港，仅可通舟，势如咽喉梗塞，致震泽之水，不能利泻，淫雨之际，辄致泛滥。又浙省杭嘉等属入湖诸水，亦苦其所通经溇不利，浙人久欲开浚，而苏人则以下委米利，来源又畅，故常起〈上〉（水）利上之争持。民国以来，二省人士，组织江浙水利协会，以图融洽，统一治法。继政府设太湖水利工程局，以王清穆为督办，今正在筹划中也。

苏、浙沿海，地势低衍，向恃海塘，以捍潮怒，财赋所关，故清时最注重视之。光绪三年（一八七七年），浙抚梅启昭大事兴筑，仁和、海宁、海塘工程，用款八百余万。太仓、宝山，亦经林则徐、陶澍集捐二十余万两，兴筑土埔，长五千二百余丈，石塘一百九十余丈。海盐县石塘经刘秉璋修理一次，用款十九万余两。民国以来，时有修防，有塘工局分司其事。

四、水力

利用水力以发电，欧美各国以及日本近来蒸蒸日进，惟吾国则尚无所闻。然亦吾国诸河川发源地势之高，内地隔阂之辽远，若欲大兴工业，自非利用水力不可。美国梅罗氏提议以扬子江上游水力生电,可以经营汉口街市及其附近之铁路悉用电力,用最新之机,虽距离长四百英里,可以利用也。三峡之险,本不利于行舟,若凿石筑堰,通闸行船、便利交通之外,所可供工艺之用,当不下于美之尼雅加拉瀑布。若为防御水灾计,为灌溉计,诸水上源,应筑水库者甚多,以其水落发动机械,工业之盛,可遍及全国。

余草此书竟,喟然曰,水可兴国,诚信然矣。德国当一败涂地之后,赔款之巨,几可倾国,然近且益重视水利。本年六月,国会通过收回地方各河渠为国有,力事扩拓。七月闵县(巴伐利亚京城)特开水利博览会,近且谋沟通莱茵、多〈脑〉(瑙)两河之计划。吾国改革以来,亦已十年,而水利界所可述者仅如是,且大半为外人所经营。其为吾国人所自谋者,多徒托空言。噫!可慨也。他日政治改良,国人竞发展其才力,庶有豸乎!余日望之!

北五省旱灾之主因及其根本救治之法

(一九二一年四月载于《河海月刊》四卷一期)

此次北方荒年,无人不知其由于旱。顾何以北方偏多旱灾?在普通人则委之天时,而在研究科学者则不能不探抉其原理。兹分为气候、地理与人事之关系论之。

一、气候之关系

吾国人向来于气候之学多不注意,而不知其关于国计民生甚为密切。迄近数十年,幸有外人于吾国各埠详测气候,由其数十年之结果,而吾国气候之关系,始得有明了之观察。

大气受太阳光热,温度变更,则其密度亦变。此处之气压低,则他处高压之气来补充之而生气流,此人所共知者。设一处之气压低,而周围之气共趋该处,名曰气涡(Cyclone)。气涡多半成旋流,绕一处而转,设空气含湿气甚多,则雨随之。

寻常气流,多由赤道趋往两极,复由两极趋向赤道,如此回环,惟在北太平洋西岸之地,则关于此者甚少。

亚洲大陆广漠,他洲鲜有其比,且内地多封闭不出口之流域,其影响于气候者甚多,加以相邻之大洋与其潮流之功效,实为左右洲内气候之一大原因。

戈壁沙漠收太阳注射之光,返其热于空中,足蒸热空气使之疏动,足使冷空气低降而密缩,其所占地面积甚广,故其影响亦特著。

戈壁沙漠之影响于气候者,可分为一日之循环及一年之循环。一日之循环与本题无关,故不赘。

空气疏动之起点,于每年四月间始于北印度,随太阳而北徙,以入中亚,达其最大之广阔,由 Taurane 低地以及■■,而其□挹之效力,亦达极点。其中心点大约至北纬四十度则过而返,至秋复达印度而消灭矣。

中亚蒸热之期,〈约〉(有)四五个月,由五月至九月,于此期内全区生一久期之大气涡,其路略向右转,因此之故,东亚多南风或东南风及东风。

因气涡之中心点渐移而北,故此等风先始于南方,后乃渐移于北方。此等风皆满盛湿气,故南方雨期在先,而北方在后。广州、上海雨期始于四月,而达其极点于五月,六月、七月两月应为最多雨之期,但实际则不然,因此期间,二地平原受热,其上所过之空气又疏动也。此二月之前如四月、五月及此二月之后如八月、九月,皆为多雨之期,六月、七月两月气流经过该地,惟遇大风暴雨,始得泄其湿气之一部分,其残留者则携往西部,故四川等处六月及七月多雨。若四月、五月、八月、九月在沿海多雨之时,在四川反为晴天,惟五月之终,八月之始,尚有微雨耳。

中国中原之雨向北而移,七月、八月两月在北京及北方各省皆为多雨之期,六月及九月亦有微雨,雨达北方界限,即速返而南。八月及九月为上海、广州第二次多雨之期。上海于九月终已复晴天,而广州则至十月尚有与四月间相同之雨量,十一月及三月在该地亦为晴期。

在亚洲内部空气疏动区域,若夜间放射之热,大于昼间所吸收者,则生大寒,故空气凝密而压力增。由 Taurane 至 Ochotski 海湾,全地面上生一种返气涡(Anticyclone),空气由该区流向四围,其路亦向右,故于全部东亚生西北风流向热带,而其所带之湿气则甚少。中国沿海各地皆于九月间生大变更,北风越过南风,上海于十月间多北风,十月及十一月、十二月在中部及南部中国多晴天,北方则干燥。延长至四月,此月之终其风尚完全为北及西北,此后乃渐转而为东风及东南风。

此等有律之气流,每年一周,于农业关系甚巨,因各地雨期多值其种植需雨之时,大类埃及尼罗河之汛涨以资灌溉。然稍有舛差,则失时误农,旱荒成矣。由各地经验,每隔若干年必有一最湿之年,每隔若干年必有一最干之年,其循环之理或与日中黑斑有关,亦未可知。若遇干年,雨失其时,再来无期。故旱荒亦自然之理,非可如古人归于五行灾异也,此气候之足为旱荒主因者也。

二、地理之关系

考北方直隶平原,古称大陆,大抵为出海未久河道交错之洪积层。太行山脚,则间有黄壤播布。黄河自孟津以下,亦入平原,其土质则黄河之洪积层,惟历山之脚有黄壤散布。可知昔日此大平原之上,亦为黄壤覆盖,后渐为水削去,或因水之侵蚀,此黄壤层讫未完全成立,亦未可知。此平原实为耕种肥沃之土,惟其地势则以平衍之区,当峻岳之脚,潦则山水建瓴而下,泛滥无还,旱则来水无源,顿成斥卤。河南省北部及陕西省北部大抵皆黄土,黄土实最肥富之农壤,惟其层积太厚,性疏而易于渗漉,雨不缺乏,则禾苗之下,常有尺余润土,不需肥料,可以滋长。若久旸则完全干裂,寸草不生,欲挖井灌溉,则井常深至二三十丈至四五十丈,汲挽维艰,且水亦不裕。至于直隶平原山西低洼之域,土多含盐卤,不适于禾稼。多雨则碱性为水洗去,尚可耕种。旱则碱性停留土壤中,亦成不毛,此地理之为荒旱主因者也。

三、人事之关系

查吾国水利之兴甚早,井田之制,肇自成周,雍、豫、冀、梁皆其所设施之地。沟洫之制,近世印、埃、西、美灌溉之法,无出其右。然历代纷争,往往废弛,即如陕西郑国渠,昔日灌田四万余顷,至白渠则二万余顷,至明时则仅二千余顷,及今日则只数百顷耳。河南如西门豹、史起凿漳之迹,今皆无存,其他各省昔日陂池沟渠之兴,亦皆非少,迄今皆废弛过半。官吏玩忽,视若无睹,人民性情,趋于疲惰,一遇饥馑,则老弱死于沟壑,壮者执梃走险。夫复何言?此荒旱之原于人事者也。

四、根本救治之法

以上既一一探抉荒旱之主因,今若不思根本救济,但事赈济,则数年或十余年后,此等荒旱必复再见。

根本救治之法,近人多注重于种树,不知种树固可以增加雨量,而究竟能使缺雨之年不致成旱,则属问题。且吾国农产国也,种树只宜于山岭,不适农田之处。若平衍肥沃,夺其田以种,减稻粱以增木,则何益矣?

北方地势固多高仰,然可利用以灌溉之水,则非少。陕西则滨黄河,其支流若黄甫、九股、窟野、葭芦、无定、秀延、濯、甘阳、金洛、渭,而渭之支流,若金陵、汧、斜雍、阳化、终南、沣、潏、泾、灞、浐等,不下十余。又有汉、丹、滔、冷绕南部,无处不可兴水利。然实际则除泾、渭、汉、丹及渭南诸水,稍资灌溉外,余则废弃。渭北平原有挖井以灌溉者，亦不普及。陕西境内水利之最急者，厥惟渭河流域，泾水既有前人遗迹，修而治之，加以新法，确可使灌溉渭北平原数百里之地，五万余顷之良田，当不难致。若收获有加，即此五万顷田已足陕省民食之大半，其次则整理秦岭以下诸川，使皆为有用之水。惜渭南地狭，使英雄无用武之地，至汉水流域，向来灌溉甚勤，不知有旱灾，惟其渠坝工程尚可改良以事扩充。于河南则黄河贯其北部，其支流有宏农、干头、青龙、广济、沁、洛、氾等水，又有卫、淇、汤、洹绕其北，其在南部者姑无论。河南西北部灌溉实非易事，因地势大抵高阜，而水则行于深狭之谷，惟孟津而下，所谓怀庆府平原，则大可以受灌溉之利。整理沁、卫等河，凿为沟洫，以引导之，怀庆、卫辉可溉其大半，远可及于直隶之大名山东之临清。至于漳水，昔有史起既可以为功，何近人则惮其流急易淤而不敢用？岂今人真不如古人耶？南部淮颍流域，水利本自可观，亦可更事扩充。直隶则古北太行山间之流水更多，若潮白、北运流入北京之凤河、永定、大清之上支十余，子牙之上流滹沱、滏阳及滏阳之上支十余及南运等，大抵皆水高地低，借堤为防，用以灌溉，其势甚便。且太行山间诸水，川谷可以为潴者甚多，潦时蓄水以备旱灾，万世之计也。平原之地，宜多穿沟洫，节节置闸，潦时水有定道，不致泛滥，旱时积蓄有水，不致干竭。

山东诸水之源于历山、泰山、九女山者，若小清河、玉符河、大汶河、小汶河、泗河，皆可为潴山间，凿渠引导。运河之西，若牛头、万福、白花、顺堤等亦可多开沟洫，利用以灌溉曹州府诸地。

吾国河道，若黄河、永定皆为巨流，既不能行舟，又无益于灌溉，实为可惜之至。有事河工者，惮于其害，而不敢言利用，实不思之甚。若果能用于灌溉，其害必亦可减消。

二河两岸皆有堤，若于适当处多开涵洞，使每年阴历正月、二月凌汛期开启涵洞，凿渠引导，使水得由涵洞出以利灌溉，则二河南北所润普远，当不在百里内也。北方多种麦者，春初得此溉润，麦秋自必丰稔。吾愿吾国政争从此息，财政得于一二年后整饬有纲，各省水利局得有专门人才专心筹划，凡可以利用之水，皆治导之而得其用。以水兴农，以水兴工，以水利交通，行之十余年，则即水一端，可以富民，可以富国，又何饥馑之足虞哉！

德国水官制

（一九二一年）

欧战前，水道隶于地方长官下，其建设不外地方利益。欧战后，一九二一年四月一日，水俱交国有，国政府应负责续成已经起始诸工程，其责任皆由国与地方定立合同，以资均守。

普鲁士工部取消后，总区官守立即隶属于国交通部，中下各级官职仍暂归普鲁士管。当国谋收管各水道时，地方反对者甚众，以普鲁士为首，虽邦法院按国意决判，工商各界亦多赞统一管理，然至今仍为议院中一大争点也。

中级官为水道分区 Wasserstressen Direktionen，仍隶省政府。下萨克逊各区为 Münster 及 Hannover 及 Regierungs President 驻 Aurich 管 Ems 下游。又 Bremen 区管 Unter 及 Aussen Weser 地方官属于中级，属于 Münster 者为 Duisburg-Meiderich Ham, Münster, Rheine, Meppen。

各水工专官及 Duisburg 与 Hannover 施航官（航官）属于 Hannover 者为 Osnabnück Minder I u II Hannover I u I Hameln, Hoya Verden 及 Celle，属于下 Ems 者为 Leer 及 Emden。水工专官 Weser 不属于普鲁士诸岸，（Theding Hansen）分归 Braunsshregisches Strassen und Wasserbauamt Holzminden Braunschweg 及 Litpsche Wasserbauamt Blomberg。

为求有关系各界对于水道之提倡及职官之得，一九二五年一月二十六日投国立水道参事会 Reichswasser Strassen Beirat 一及地方水道参事会 Bezirks Wasser Straye Heräte 八（?），凡水道工程关系出于地方范围，有关全国或一大部分，地方水道参事会以闻于国立水道参事会，地方水道参事会则但谋限于地方有关系者。凡所属水道管理、养护、建设及交通已成者或设计者，皆可建议于国立水道管理机关。

地方水道参事会会员如下。

(1) 航业公会、大转运公司 Grosstruchter 公会、制造工会、渔业公会。

(2) 商港及商港公会。

（3）邦立各机关关于工艺、商业、农林 Kammer。

（4）凡有相当收获保障之有关于各地方水道之团体。

（5）工会。

下矣赉西区组织如下。

（1）Weser Ems Wasserstrassen Beirat 管理 Weser-gebiet 至 Bremen，Emsgebiet bis Papenburg 及 Midland-Kanal vom Rhein 至 Peine 兼辖 Lippe-Kanal 及 Dortmund Ems-Kanal。

（2）Tellweise der Elbe-Wasser-Strassen Beirat 管 Elbe 至 Hamburg-Harburg 及 Midland Kanal 由 Leine 至 Burg。

（3）Teilweise der Seewasser-strassen Beirat für Elbe 河口一段 Weser 及 Ems 及河口诸水道兼辖 Hunte-Ems 及 Ems-Jade Kanal。

工程上的社会问题

（一九二四年）

唐虞时代的共工，是中国工程上最古的一个官名。名为共工，可见得是为人民公共之工。当时皇帝的住宅，也不过茅茨土阶，还用得着特设一官吗？共工是为人民而设的。禹卑宫室而尽力乎沟洫，当时的社会主义是何等的光大！自后帝王世袭，天下为私，宫室宗庙，尽善尽美，传衍到后世，工部设官，差不多是专为皇上一家做工程的，而民间事业，一毫不问。

学工程的青年，于求学时代，便应存一济民利物的志愿，日展其所学，便时时想到如何始可供一般人民受得到我的益处。现时工程大学毕业的学生，不是都称为工学士吗？若没有济人利物的志愿，不过是凭本事赚钱，与一般工人又何以异？又何足称士？孟子曰：士何事？士先志。

工程家的事业，是最便于社会谋利益的。因为他做的完全是建设事业，无论大小总是替社会上添个有益的东西。有时候所做的事情很小，而所得的益处很大，是在有心人看得到肯去做耳。

工程家对于社会利益的事业，不出乎下列三种：一居住，二交通，三企业。我且分开讲讲。

一、居住

人民的居住，分在城、在乡二类，在城的盈千盈万人共同生活的关系，在乡的不过百十家或数家的散居，二者性质完全不一样，故又得分别讨论。

城市人民众多，不论贫富聚居一处，都脱离不了共同的关系。譬如一家失火，难免要累及别家；一人染病，难免就要染及别人，所以市政的问题，看得极为重要。但在中国各城市所汲汲办的市政，也不过马路电灯看得上紧些，其余的缺点甚多并有，一般人不十分注意，实在可惜。

市政上最要紧的，就是供给清水、排除污水二事。因为清水是人不可一日离的，污秽是天天发生的，饮食不洁，污秽不除，疾病丛生，死亡增加。这两种事不办，马路电灯再办好，我可以说它没有市政。

固蔽省，且不要论，南京是中国上等的一个都会，水道铁路交通如是便利，又当着交通外洋的一个门户。马路电灯的好坏，我不去论它，只这污水塘中，又是洗便桶，又是洗鱼菜，就够瞧的了。有的人自己买江水、买沙滤，为什么不替一般人想想法子。他们生出疾病，一样可以传染给富贵家的，并且以富贵家子弟身体抵抗力弱，传染得更容易。

刘镇华在西安兼督、省两长，因为督署井水不甜，向我商量要打洋井。适值一个英国人东方铁厂经理伊诺带有探水器（Water Finder），我介绍给刘到督府去探，探得督府千尺之内无佳水，不能打洋井，劝他在西安办一小规模自来水管机器，可给全城。刘见花大钱的事，便摇头不干，他的副官长并且向我说外国人谋利心真重，问他打井他便想乘机卖自来水机器。我说做督军、省长专给自己衙门里想法，想不到一般的人都是吃水艰难，未免眼界也太小了，他惭愧无辞。我盼望我们学工程的出去走到什么地方，为公众牺牲，不要专为有势力的人牺牲。

马路本是公众用的，但是像北京、南京的马路，我觉得专是坐汽车、坐马车人的福，反是步行人的苦。石子荦确，伤脚费鞋，不要说了。每遇汽车过来，冲得马路上尘高三丈，雾迷五里，赶紧蒙面奔避，已来不及，弄得鼻子口里都是灰。哪得胜一条田径，随我散步走得舒服。中国阔人都喜欢坐汽车，不喜欢修路。我盼望我们学工程的要修马路便修好马路，不要专替阔人修汽车路。

房屋更是人居住最切要的。营造工程师所学的，大都是怎样建筑高大的房屋，富丽的装潢，精美的设置。他们成天忙的打样，不是富人的别墅，便是大酒店、大银行的坐落，何曾有人想得到一般穷民的住宅，也替他们计划计划。这些穷家是请不起工程师打样的，但是他们的居住，却是与一般人有很密切的关系。

我们不要远走，就看看赫赫有名的都会。南京城里，多半的人都住些什么样的房子？芦苇的墙壁、茅草的房顶，有门无窗，脚下是潮湿霉污的泥土，宽数尺，长一丈，高多半丈的一个黑洞，一家几口人住在里边，卧床、厨灶、工作地方杂在一处。还有比较好些的砖瓦房，但一考其内容，也强不得若干。住在这等样外国猪栅牛圈不如的房子里，怎样的不生传染病。传染病发生了，富贵的人还觉得这些人恶浊可厌，使他们防疫不胜其防。但是为什么不替他们想想法子呢？中国人好行善的人也不少，但是只知捐办赈济施药舍棺材，为什么不从根本上想法子给一般人减少病源呢？我说这个法子也并不难，也并不是教有钱的人去替无钱的人盖房子，让他们白住，归根还是市政上应当管的一种事。

工程家应当替一般的人计划一种最便宜、适用、合乎卫生的住宅，市政上应当定出一种法律，人民居住的房屋，至减省应当怎么样造，不照所规定的、程式的要处罚他们，如果实在造不起呢，当设法子帮助他们。

城市里面什么地方是应当造房子的，人住的，开商店的，设工厂小作［坊］的，替他们一处一处规划定妥，地主就得按照规划的盖房子，不盖的课重地税，盖不起的公家设立借贷，银行借钱教他盖。愿放弃地主权的，公家收买。公家盖房，房租亦由公家规定，总使一般人民得有安适便宜的房子住，住下了卫生警察也得常常进去调查着，污秽邋遢的还得重重去罚。久而久之，好房子盖得多了，人民也就习惯干净整齐了。一般奸商把持地产，操纵市面滥涨房租，是最可恶的，这都得预防，不要闹成上海的样子。总而言之，为一般人谋利益，全靠一个正直市政厅。北京市政全在修饰表面，给外国人瞧着好看。论到一般人民居住上，莫有得到市政上一点儿利益，但是他们的居住，比较南京好些。这是人民向来的习惯，与政府无关。

替平民居住设想，一宜择地价便宜的地方安插，二要便于他们的职业。房屋计划，也要因其职业有些分别，譬如南京织工最多，他们需要的房屋，就得与他们的事便利。

普通论起来，应注意的点就是不潮湿、光线足、宽畅、水方便。至于暖屋等问题，一时还说不到。

我想世界金银玉帛、珍馐美味，穷人无份也罢了，至于太阳的光和热、空气、水，该是最广的了，因为居住不好，也就享受了不完全，这是怎样说起！

要使居住不潮湿，第一要地址适宜。适宜的地址很多，闲空在那儿不用，硬要教穷民挤居在卑湿霉污的地方，这又怎样说起！第二要排水便利。就以南京而说，民国四年（一九一五年）春我初到江宁，下了四五十天的雨，我看见许多人灶头、床榻都泡在水里,但是扬子江、秦淮河并没有溢出来。水为什么只在人家流?这不是不讲排水的害吗?

南京人家,除去有钱的讲究铺地板以外,砖铺的地,没有不潮,穷家土地更不用说了。但是我想所住的地方,地基稍微高些,周围的水排泄便利,地气自然会干,不致如是潮湿。

我所理想最穷的房屋,是住人的,也得用砖铺地。砖面下架成空格,或用煤渣垫成,让空气流通。

墙至少也是砖砌的。南京的斗子墙本来很好,不过就是砖太坏,其实也不要紧,空砖空心墙,现在欧洲也盛行。省材料,空气流通,不潮湿,冬天屋中生火易暖。熟砖太贵,也有用生砖的。沙子和些洋灰或石灰筑成砖,一样的用,只要表面灰刷得好,也很忍久。黄土筑墙,北方用起来也很好,不过只能当外墙用,墙里用砖或墼(烧土为砖)造的也很适用,不过南京的黄土筑墙不见好。怕是造的不得法,或是土性有异,还得研究。南京地气湿,用黄土筑墙,我想也得用砖或碎石做墙脚。

屋内的排置,至少也得分开住室、工作室、厨房、厕所。室内窗子要做得大,要得合法,纸糊的不要紧,穷是穷也要得个清爽。至于平房、楼房看看当地居民疏密如何,倒无拘定。

地方稍微宽阔点的,最好房屋都分离开,人烟稠密的地方,房屋不得不挨并两列,但是至少也得每家留个后园。

房屋的建筑法,宜保存中国体制,而参用西洋新法之需要于卫生者。至于商业繁盛地方,烟户稠密,中国房式,地面太不经济。再,改用西式房屋,房屋不一定要华丽,但是至穷的房屋也得要外表清雅整齐,样式也要配合地方天然美景,因为一家一户的住宅,都与地方的美观很有关系。中国人向来习惯,喜欢关上自己家门讲美,门外的污浊不管了,这很不对。南京南门大街路东一带房屋,屋墙倒歪,差不多出了垂直线有十余度了。几十家房子相靠的倒歪着,人民便也忍耐不住,有行政之责的,也就看得过眼,真是出乎人情之外。中国的社会上,常常有意外的难题发生,譬如北京办自来水,偏有旧日水夫故意为难,因为拿了他们生计了,甚至于谁家安自来水管,便有许多水夫来打架,教你安不成。马路上用洒路水车去洒,多么快便,偏是旧日的泼水夫还得用着,让他们一瓢一瓢地泼。将来若统要安排水管,免不了一群粪夫又来纠缠。以上种种事情,本来为社会谋利益的,反来引出一部分不利益起来。其实,这些困难问题,并不是工程上应当发生出来的。第一,由于政治纷乱,人民生计太狭。第二,由于主办的人,完全莫有顾虑以新代旧,也当为旧的寻个活路。排除污水不必用铁管,洋灰管、瓷瓦管都经用,有成效。污水排泄出去可于田间开成沟塍,使污水分泄其中。一切排污用具及便溺施备,皆可自己制造。关于以上所述之经济问题,此处姑且不谈,鄙人正拟著《平民居住问题》一书,一切可以评论于此书内。公园也是城市居住上一件很要紧的事。上海偌大商埠,对于人民游遣适性的问题,完全一点也莫有顾虑,不能不怪主持市政的完全都是市侩心肠。西人虽有公园,至今华人不能享同等权利。洋侩心地卑狭,不必怪他,但是闹得上海成了最干枯的地方,实在可惜。公园之最佳者,当推北京为第一。但是中央公园啦,北海公园啦,先农坛公园啦,入门券十六铜枚到一角大洋,一般穷苦百姓,难出得起呀。所以里面游览的,无非是达官、贵人、太太、小姐等。里面的设备,朱栏画榭,也太富丽了,来今雨轩、畅美斋的饭食多贵呀！穷民百姓纵有咬牙齿不怕心疼,花几钱进来看看,一见这儿一摊,那儿一群,都是阔人,他们也自惭形秽,坐也不敢坐,立也不敢立了。我所主张的,倒不是这一类的大公园,我所主张的是多少小公园,分散在各处。德国人所叫□□□□□,日本人呼为广场,随便什么地方,只要有一片空地,便栽些树,铺些草地,种些花,设些板凳,使全城的人,不要走远路,各处就近都有他们可以游散的地方,也不要花钱。大连湾内颇仿此旨。此外在中国各地莫有的,南京就是鼓楼公园一处。

公园里开酒饭馆,设戏场,我极力反对。比方你缝一套崭新雪白夏布大褂,上面画些红红绿绿,同这个差不多。此外小孩公共游戏场、平民学校、医院等问题,也太多了,此处不必多讲。

乡村的居住,多半是属于农家的。他们的土地较宽,野外空旷,住居是比在城内容易舒服得多。但是他们向来的习惯,住居也有许多不合法的地方。因为距城远,很难得有学识的注意。但是我们要想想,这些农民乃是立国根本,也应常到乡里望望看看。他们有多生活不适宜的地方,也替他们想想法子、出出主意。

农民住宅,除去人住的,有牛栅、马厩、鸡栖、豚圈、农具室、堆肥场、米囤、藁间、磨坊、菜圃等,很复杂,若能留心调查,替他研究改良的法子,很有事情可为。

农民的住宅,既如上之复杂,故卫生也很不容易周到,替他们计划,要得注意此点。

最要紧的,也是水的问题。住居地方,有清泉最好。若是水不佳,也可以替他们想想法子贮用雨水,或设堰开渠,引用远处清水。有好水,便是乡村第一幸福。

农民生活最为辛苦。公园娱情的地方,也须得有,或数村合作设备。

庙宇在乡村所关甚要,不可废弃,其关系,一建筑壮美,为涩枯地方一点缀,二为人民聚会地,三为人民每年迎神赛会一娱乐,四过路旅客憩息之所,暂避风雨之地,其益甚多,其弊不过不能解除人民之迷信耳。然果使社会得安宁,迷信有何害乎？庙宇不但不宜废,并且我们还可以研究它的建筑,改良方法,使其美观而适于各种利用。

对乡村居住,不能用城市干涉的政策,但为他们指导,使他们自动改良生活,并且可以贮贷银行,帮助他们发展。至于中国现时的乡村居住状况,将在《平民居住问题》

一书评论之。

二、交通

我最喜欢的是中国南方各省有许多地方(尤以浙江为最)道路用方石版〈板〉铺得很平,并且每隔十里路便设一茶亭。行路的人跑得疲倦的时候,歇歇凉凉,这是多么方便呀。修桥补路在中国本来算大功德事,而能想得到如此周密,办得如此妥善,谁说社会思想在中国不发达呢?

我在德国许多乡下地方游逛的时候也有同样的快感。他们国内马路是周道如砥,三家村都通得到。道路两旁的树木浓荫行人。道旁有记里石,叉〈岔〉路有指路牌,在那儿若干公里走多少分钟都写得明白。危险的地方就有警告,并且各种规则便利行旅无不周到。憩息的地方可供游览的名胜,经营都特别得好。故步行游历到处都是悦目快意。这些福是一般人都享得到的。仿照这些法子在中国各处推行,实为最有公益的事。电话也是各村都通的,公用电话到处都有的,这又是一般人都享得到的利益。铁路是社会上最平等的交通器具,无论贫贱富贵坐在火车走得总是一般快。讲到车中设备,固然免不了头、二、三等之分,但是对于三、四等车也须得顾虑周到。在伦敦三等车,工人车,一样也是坐〈座〉位有垫子,舒舒服服的。在中国不是敞车,〔就是〕闷子车、铁皮车,都是给一般平民坐的。还有坐在车上面的,这是让军阀害的。铁路上赚的钱大半是由三、四等车来的,头、二等客能有多少?应当对三、四等客分外客气些。旅行是苦事,冬天严寒的时候,头、二等车中汽管烘得暖暖的,三、四等车客人让他风里雪里缩成同刺猬一样,谁管他?有点儿说不过去。设备一层规则上尤其要紧。中国社会上恶习甚多,做客出门处处吃亏受气,这些区处一时说不尽。铁路上的积弊更大,欺压平民之事不一而足。我盼我们同学将来到了那个地位,随时调查,功德无量。

水道是最方便、最便宜的交通,能各处提倡多开运道或疏通旧渠,实为利民最大的一件事情。

中国内地里交通不便的地方很多,并且有许多地方上路直是一种危险事,当然是社会进化上一个大妨碍。贵州遭了两年大荒,人民死了大半,外面的人连知道都未曾知道,何论救济?交通闭塞的害如此。中国交通有无量的事业〔需〕工程家去做,目前虽然为军阀所碍,然而我们也得努力自己闯路,为社会做一份事情是一份事情。

三、企业

工程上的大规模企业很多,铁路、河道、水力、工业、灌溉这是最〈著〉(主)要的。

此外小规模的也不少，譬如盖房子租给人住也是一种。别项企业也差不多莫有离得了工程的。但是不算工程上的企业，是算工程辅助的企业，是别人来请工程家计划一部分事的。这些企业有国家办的，有人民合资办的，有独家经理的。讲到社会主义，自然是凡大规模企业，都由国家去办才好，免得养成许多大资本家出来，尾大不掉。但是这个国家的政府第一要聪健稳固，不然反为一部分恶人所〈侵〉(擒)拿利用。譬如中国今日之国有铁路，在这个时候我主张有公正人提倡一般平民出资经营。小企业要根基稳固，一毫不苟做去，逐渐由小企业家合起来共图大的，事事以经营为重，则可立于不败之地。若按鄙人所著《重农救国策·农宪》一篇办理，自然是根本办法，但是那种办法也得先要有稳固可靠政府，目前着手还以由人民之有力分子提倡为宜。我不主张完全打破资本制度而行漫无差等的社会主义，因为人类企业竞争之心是不可少的，有竞争之心才有向上之精神，不然必至社会僵死。譬如在学校里，先生给学生每次考试，不管学生成绩优劣，都批的一样分数，学生谁还肯用功吗？不过我所希望的，要怎样鼓励一般平民都有竞争之心，竞争之机会，社会也就不至于太不平等而常常有活泼的生气，人类的幸福也就可维持永远了。军阀的末运快到了，国人经这多年的巨痛重创，也渐渐地有觉悟了。将来的国家全靠现在的青年，而尤在于学工程的青年。我这一篇演说，就是希望青年工程家不要脑筋里专存下工程上的算术定理，但做机械的事业。要自己知道自己的身份位置在社会中是灵魂，是师导，奋勇尽智地为社会做一般事业。这些事业莫有白做的，做一分便有一分的效力。只要做得合法莫有失败的，而要想达到目的莫有别的法子，[惟有]团结奋励。社会上的领袖，与其作空头领袖，专做罢工打倒的事业，何如提倡一般平民从实力上做起。我想世界上的事，非精神物质相互而成，竭智尽忠可以广大物质，取精用鸿可以增养精神。人人都是有膂力的，都是有精神的，物质到处都是，资本家势力虽大，只要知识界同一般平民合起来，鼓励地做起事来，也何尝不可以与之竞争。所可虑的，青年当求学时代所具服务社会扶助平民一番热心，至离开学校入于世海时候，渐渐消忘，那就不可说了。

工程家之面面观

(一九二六年)

一、工程家的恻隐之心

孟子说恻隐之心,人皆有之,但是能将恻隐之心,发挥尽致,做出来许多不忍人的事业的,莫有再比得及工程家的了。比如赤子匍匐将入井,看见的人都知道赶快去救,但是假如没有人看见,岂不是让他落在井内欲救不及吗?工程家不然,他的恻隐之心,不是临时才可以发生,是事前就会充现的。他造井的时候,就会给井周围做一个栏,使赤子不会趴在井边,用不着你临时才发恻隐之心了。

深则厉,浅则揭,但是遇到河水稍大的时候,这种厉与揭渡河的法子,很容易使人失足坠水。上古的工程家不忍,才用木头横架,造为桥梁,桥造得不好,一样也会出险。后来的工程家,充不忍之心,极力的想法,使桥造得稳固。于是乎木桥、土桥、石桥、铁桥,甚至于一根一件的材料,都要试验一过,务须使它靠得住,不致有意外之虑。现在京汉铁路的黄河铁桥,一般行人的来来往往都无所觉,心以为危,常思改造的,也惟有工程家。

巢居穴处,常受风雨的侵略,猛兽虫蛇的毒害,灾病伤夭的不知有多少人。工程家不忍,才造成房屋,使人得安居无虞。及至现在,什么防火的法、通风的法、温暖的法,空气、阳光都得一一算到。至于建筑坚固,更不待说,务使人住得安安稳稳,疾病不生。工程家多么顾虑得周到呀!

民无水火不生活。但是专就水而论,若是不干净,很容易传染许多的病症,如痢疫等。一般的人,只知道从井口、河中取水供给饮食,传染起病来,常常全城、全国十死八九,医生忙个死,也救不下十之一二。惟有工程家看得到致病之源,不但给大众想法子得水便利,并且淀之、滤之,用化学方法洁净之,防病于未来,消祸于未形。这是多么仁爱呀!

上古的交通，不便极矣。行商负贩，走亲访友，路上多么艰险：陆行怕响马，水行怕水贼，甚至于山中虎豹，水底蛟龙在在都是以为行路之碍。我们只要看看以前的小说，就可知了。自从工程家为人民、为国家把道路整理以来，于是铁道、汽船一日千里，走路的危险小得多了。

洪水泛滥，下民昏垫，这是多么可怕的事呀！上古的时候，多亏一个大工程家大禹王把我们一个整个中华由水里援救出来，但是年湮代远，河道失修，逢遇潦年，冲决泛滥，仍是可怕得很。一个黄河每次决口，人民生命财产损失无计，慈善家忙个死，募捐赈济，能救几何？根本救灾免祸，非要工程家出头不可。

旱魃为虐，赤地千里，穷苦百姓每遇荒年，饿死的不知道有多少！然而有水利的地方，几千年人民享惠无穷，如郑国、李冰、白公、钱镠等大工程家，他们的遗惠，几千年以来，直到如今，还是不废。这个功劳，比尧、舜、文、武、周公都远大得多了。可见工程家恻隐之心，发挥出来，是最大、最广的。总括言之，凡是人民有疾苦危害的地方，都是工程家可以注意、可以为力、可以成功的地方。凡是做工程的人，千万要看得自己责任重大，时时以拯民水火为志，才可以不负工程家一个名称。

工程家思想极细，别人所看不到的地方，他们都能看到。大抵世上的事，都是利害相因。工程家每做一事，不但为人兴利，并且要把害一并除了，完全不能免的，他们就会想出种种方法去防它，或者减轻它。比如开矿，有时免不了危险的沼气，工程家就会想出种种通风的法子及用保险灯。救火队组织使它的祸患可防，万一失慎就有救免的方法。其余各种工程事业，莫有不矜心注意于防免危害的发生的。

二、工程家的社会思想

一般青年学生醉心于德谟克拉西，一切实用科学，都不屑去学，专醉心于文学、哲学，开口以服务社会己任、社会救星自命、改良社会为目的，哪知要为社会尽一番责任，再无工程家易于为力了。自从有了火车、轮船以来，有钱的人尽管去坐头等大餐间，没钱的人尽管三、四等统舱里去将就，但是行路快慢，富人比穷人多不了一分。马路修得光平坦荡，富人、穷人一样的走，电灯照耀街衢，富人、穷人一样的明，自来水分布各处，富人、穷人一样的用。若再能推广扩充起来，于穷苦人方面多用些心，贫富阶级化除得不少哩。

工程家利用资本家为社会做的事业不少。虽然表面看起来，似乎富人利用工程家越发致富，但是我们想想从前中国的富翁，常常把银子埋在地下，为他的子子孙孙慢慢享用不尽。遇见荒年把穷人饿死完，他也不想把银子从土里挖出做利民的事情。有了工程家想法子，引诱资本家把钱拿出来办许多的实业，不但社会上得其实益，穷人生计也添出来了不少的路,这岂不是都是工程家所赐?

三、工程家的爱国

现在热心爱国的青年,都偏重于无益的运动、游行,呼喊打倒帝国主义,看起像轰轰烈烈,其实走的路,去目的愈走愈远。昔日越王勾践要报吴国的仇,十年教训,十年生聚,何曾见他国里的人民,一天一天呼喊着打倒吴国,打倒夫差,然而他们到底把仇报了。这一次上海的五卅纪念,家家铺户门首,贴的是卧薪尝胆,永矢不忘。其实哪一个人卧过一次薪,尝过一次胆?既不能行,说着有何趣味?!实行爱国,惟有工程家做得远大,实行打倒帝国,亦惟工程家能做得结实。现在的帝国主义,无非把我们的实业,被强有力的国侵犯了、夺取了。所恐的是我们学问才力不够。若是我们自己的工程家人数充足,学问才能靠得住,又能结合起来取外人而代之,易如反掌。不去学实在的本领,专在口头上爱国,国愈爱愈糟。专喊着打倒帝国主义,帝国主义愈打愈烈,这不是背道而驰吗?

中华民国水利机关组织拟议

(一九三一年)

机关组织与机器一样,要使机器照目的工作,效率宏大,无用的机器一具也用不着,需要的机器一具也少不得,太多了徒耗能力(煤、电、油、人工等),太少了工作不能满足,或者竟至根本失败。一具机器本身中多一件也要不得,少一件也要不得,要件件有用,才是好机器,机关组织同此一般无二。中华民国自从改革政府以来,事事革新,但是机关组织,还是未能完善,不是太多,就是太少,不然便是彼此冲突。加以燃料也缺,零件也缺。要审察机器好不好,只要问一二年来这些机器的工作在哪里。

别的机关,鄙人不用提起,专就水利机关而论,这两年来,水利机器的工作效率如何呢?但是权限之争,中央与地方,地方与地方,此机关与彼机关,却是纷纷攘攘,各不相下,这都是因为机关组织不完全、不良好的缘故。鄙人有鉴于此,所以草此一篇计划,以为政府的参考,望诸会员悉心讨论,使我们中华民国有一个最完善的水利机关组织,然后可以希望最有宏效的水利工作。

又,本篇虽似乎出乎华北水利讨论会应行讨论范围之外,但是组织为事功之根本,所以希望诸会员加以注意。至于分区组织,则详于华北。

本篇所拟组织之〈著〉(主)要旨趣,在乎中央地方人民都要顾虑周到,使彼此不相抵触而能互相联(连)贯,精神贯注,成一整个的、活泼的、健全的机器。

第一章　中央机关

居乎中央应有一个专辖全国水利之机关,即为:

一、全国水利委员会

本委员会组织如下。

(1)委员长、副委员长各一人,由中央政府特任之。

(2)委员由下列各机关及人员充之。

中央特派委员三人(委员长及副委员长在内)。

建设委员会(或以建设委员会改组全国水利委员会则此项取消)。

交通部。

内政部(卫生归并内政部)。

农矿部。

工商部。

以上各部俱各为当然委员之一。

(3)委员长、副委员长之下分为四司。

航道司:掌整理航道,开辟运河。

沟洫司:掌整理及兴办灌溉、沟洫、排水、防潦各工程。

水电司:掌兴办及整理水电各工程。

总务司:掌本委员司总务事宜。

每司各设司长一人,总务司长兼本委员会秘书长,司之下依需要设科及股。

(4)水利顾问三至六人,聘中外著名专家充任之。

(5)附设全国水利试验场一所。

二、中央特设水利道

凡水利之范围较大事功、最要关系全国或其一部,或河流在两省以上非一省所能负其全责者,由中央特设水利道办理之。

水利道之组织如下。

(1)总办一人,由中央简任之,秘书一至二人为任。

总办之下设下列各处,每处设处长一人,由总办委任之。

设计处。

工程处。

财政处。

总务处(总务处长兼任本道秘书)。

(2)处之下得依需要分设各科,各科长俱由总办委任之。

(3)需要时得聘顾问一至二人。

(4)每道附设水利试验场一所。

三、水利工程区

各水利道所辖之范围较广者,分设水利工程区。

水利区之组织如下。

(1)区长一人,由总办委任之。

区长之下分设四科,每科设科长一人,由区长委任之。

设计科。

工程科。

财政科。

总务科。

(2)科之下依需要分设各股,各股长俱由区长委任之。

第二章 地方机关

一、省水利局

为中央之附(辅)助机关,凡中央机关所不及辖之水利事业,由省水利局举办及管理之。

省水利局之组织如下。

(1)局长一人,由省政府主席与全国水利委员会委员长会衔荐任之。

(2)局长之下分设各科,如水利区制,各科长以下俱由局长委任之。

二、县水利局

(按:此篇先生未拟完)

中华民国水利行政组织拟议

(一九三一年)

善利万物,惟水之功,建国泽民,宜重水政。是以总理《建国大纲》言水利建设者多,是亦今日政府所特注意者也。

顾建设之事,首重组织,组织得当,收效乃宏。然更有先乎组织之事者,则行政之标准是也。兹拟水利行政之标准为列四条。

(1) 凡全国水道,不问大小,悉属国有。

(2) 凡可以通航之水道,由国政府负责经营及开发之。

(3) 凡水道之水,用以给水灌溉、饮料、水力者,由国政府经营管理之,或订立合同,租与承办者,由其经营管理之。

(4) 水利建设,注重政府与人民合作。

本此标准,水利建设,首重交通。其所以必须为国有者,以水道与铁道同,俱为全国之血脉,不能任其割据分裂,阻滞不通也。况乎国民经济日益发展,则水道之应行扩充者甚多,非由中央通盘计划,划一管理,则势分歧。德国欧战后,一九二一年四月一日,毅然议决全国水道统为国有,诚得为治之要。

水利建设,既倚重乎中央,则中央非有专管机关不可。又以水利之事与有关系者甚多,故不宜设部而设一委员会。

一、全国水利委员会

但会中委员非可任意委派也,必择其有切实关系者为委员。故拟会中委员如下。

(1) 中央政府特派委员三人,以其中二人为委员长及副委员长,一人为秘书。

(2) 当然委员五人。

交通部。

内政部。

农矿部。

工商部。

卫生部。

会中行政实权与各部同,与水利关系各部皆为委员,则可免互争权限,纠纷不清。本委员会成立,则一切水利行政及建设之事统移交本会管理。

二、全国水利委员会之职权

全国水利委员会之职权如下。

(1) 管理及整理全国现有之一切大小航道。

(2) 经营新航道。

(3) 督责及指导或自办各省区灌溉、沟洫、水力等事业。

(4) 调查及研究全国之水文及河床地质。

(5) 水上警察归本委员会指挥。

(6) 一切船捐、码头捐、用水捐,凡在国有水道范围之内者,统归本委员会征收管理。

(7) 指导一切与水利有关系之人民团体,赞助政府水利建设。

三、全国水利委员会内组织

全国水利委员会内组织可分为四司。

(1) 航道司:掌整理航道开辟运河等事宜。

(2) 沟洫司:掌整理及兴办灌溉,诸水排水、防潦等事宜。

(3) 水电司:掌理兴办水电各工程事宜。

(4) 总务司:掌本委员会内总务事宜。

每司各设司长一人,司之下依其需要分设各科。

为广育人才起见,本委员会可设一中央水利大学校,延聘硕学以为师资,择其优者,聘为委员会之顾问,并设一水利试验场以供试验之用。

中央主管机关既立,宜将全国水利范围划分为道,即名曰水利道。

四、水利道

全国可分为十七道。

(1) 松辽道:管理松花江辽河流域。

(2) 泺海道:管理泺河及海河流域及由北平至临清一段运河。

(3)黄河下游道:管理黄河口至陕州一段黄河并管山东之小清河,自临清至微山湖之运河及其所附之河湖(徒骇、马颊等河,沁、洛等河,贾鲁河及其他附属之河湖)。

(4)黄河中游道:管理陕州至府谷一段黄河,渭河、汾河、洛河、延河、无定河及其他附属之河湖。

(5)黄河上游道:管理府谷至贵德之黄河,绥远、宁夏、兰州各水利,大通河、洮河及其附属之河湖。

(6)淮河道:管理淮河本干及一切各支流〔由瓜州(洲)至微山湖之运河,通扬运河,串场河、盐河、沂河、沭河、六塘河等河及其所属之一切河湖〕。

(7)扬子江下游道:管理由崇明至汉口之扬子江及其间不在(10)(13)(14)诸条以内诸河湖。

(8)扬子江中游道:管理汉口至重庆之扬子江及其间不在(10)(11)(12)条下各河湖。

(9)扬子江上游道:管理重庆以上至滇康各地,不在(11)条下附属于扬子江诸水。

(10)汉江道:管理汉江全河及其所附属各河湖。

(11)蜀河道:管理岷江、沱江、嘉陵江及其所附属之各河湖。

(12)湘河道:管理湖南境内诸水至洞庭湖。

(13)赣河道:管理江西境内诸水至鄱阳湖。

(14)太湖道:管理太湖及其所属浙西、苏南诸水,并管苏、浙诸海塘。

(15)闽河道:管理福建境内诸水。

(16)珠江道:管理珠江全流域。

(17)滇河道:管理云南境内,不在(9)(16)条下诸河湖。

每道之下,各按地势便利,分为若干管理区。区下有是地工程者,又分为工程段。

每道或数道相合可设水利大学校、水利试验场及低级水利工程学校。

五、商港

水利道之外,沿海著要商港,设特别管理局,直接隶全国水利委员会。分列如下。

(1)广州港(南方大港)。

(2)九龙港。

(3)汕头港。

(4)厦门港。

(5)福州港。

(6)东方大港。

(7)吴淞港。

(8)灌河港。

(9)临洪港。

(10)胶州港,兼管其附近诸河。

(11)威海卫港,兼管其附近诸河。

(12)芝罘港,兼管其附近诸河。

(13)天津港。

(14)北方大港。

(15)秦皇岛。

(16)葫芦岛。

(17)牛庄。

(18)旅顺、大连。

此外,沿海各口渔港及小商港,皆按其道里远近分属于上列各管理区。军港在外。

六、水利道道长

每道之组织设道长一人,由全国水利委员会,呈请国政府简任之,以秘书一人助理。其下分为:

(1)设计处。

(2)工程处。

(3)财政处。

(4)总务处。

处以下得依需要分设各科。

七、水利参事会

每道设一水利参事会,其组织如下。

(1)有关系之省政府(如黄河下游道,山东、河北、河南、江苏为有关系省份)各派参事一人。

(2)全省或大商埠之商会。

(3)航业公会。

(4)转运公会。

(5)渔业公会。

(6)商港管理区。
(7)省政府建设厅。
(8)省政府工商厅。
(9)省政府农矿厅。
(10)地方上有确实相当收入保障有关水利之团体。
(11)各工厂有需水利之团体。

八、水利道之范围

凡一道之水利,由参事会讨论条陈之。其范围之小者,由道长直接执行之;其大者呈全国水利委员会批准执行之,其需款巨大须另筹划者,交国府会议(将来交国会)议决施行之。

九、水利道之职权

(1)整理及养护本道内大小航道及开辟新航道。
(2)整理及养护本道内灌溉工程并经营新灌溉工程。
(3)经营水电事业。
(4)征收各水道船捐、码头捐及其他有关水利之捐税。
(5)管理租赁水权。
(6)研究本道内一切水文及河道地质。

十、水利管理区

各依地势之便设立之,如在黄河中游道,可设为:
(1)渭河航道管理区。
(2)泾河水利管理区,兼管漆、沮等水。
(3)洛河水道管理区。
(4)延榆水道管理区。
(5)汾河水利管理区。

十一、管理区参事会

每区亦可设一区参事会,以本区内有关系之县政府建设局及地方有关水利有相当收入之团体组织之。一区之水利,由区参事会讨论条陈之,由区长呈于道长批准施行之。其范围小者，由区长直接执行之。

十二、水利局改组

凡省县已设之水利局，皆改组之，隶属于水利道水利管理区，或取消以资划一。

十三、水利经费

水利经费，由中央与地方分担之。例如，黄河下游道，每岁经费可由中央付百分之三十，山东担任百分之三十，河南担任百分之三十，河北担任百分之十。又如，最近三中全会议决：兴发西北水利案，经费由中央地方分担，则可以此责任交于黄河中游及上游二道分任办理。

十四、用水捐税标准

用水捐税标准，凡人民用水非营业性质者，如家用饮料、沐浴、洗濯皆免捐税；凡属营业性质者，如航行、灌溉、水硙(磨)、渔业皆有捐税。又，凡依附于水道之营业如港栈起重机等，皆有捐税。

以上拟议，意在统一水政，组织有生气、有魄力之水利机关，以期所用之人，无一不尽厥职，所为之事，无一不见大效。至于全国水利委员会，即可以建设委员会改组之，以免骈枝。刍荛之言，或非全迂，若得水利界同人共同主张，当可望见于实行。

农田水利之合作

(一九三五年)

叙

中国古代农田之制，八夫为井，每夫授田百亩，中为公田，八夫同治公田，公田事毕，乃各治私田，平时守望相助，疾病相扶持。这是极有规律的合作办法。以后井田制废,人各私有其田,于是合作之精神,完全废弛无遗。

古代之水利工程,是附在田制上设施,同时兼顾着道路。自井田废后,此种附丽于田之沟洫制度,亦同时并废。到了周末,于是诸侯各谋充实国力,乃以一国的力量兴办灌溉之利,如郑国之泾渠,史起之漳渠皆是也。

中国民间水利大抵由地方官吏代为兴设,成立后即交人民自管,亦有组织而颇不健全,以致工程废弛,水利日微,甚至全废。如此类者其例甚多,其犹存焉者,则亦不知改良,争水、霸水、偷水、纠纷甚多。此等弊端,惟有合作可以改革。

(1)何谓农田水利?灌溉;排水;沟洫;堤防及护岸;治理河道;整理土地;水力。

(2)农田水利之需要合作。企业增加生产;利益均沾;免除危害;减除纠纷。

(3)如何实施合作?法律;协助;监督;裁判。

一、何谓农田水利?

兹所谓农田水利,是属于农田的或农家企业的种种水利设施(Landwirtchaften Wassebau, Agriculture Hydraulic Engineering)。

寻常关于此项之学术范围,只限于排水及灌溉,然与农业有关者尚有堤防及水库。至于沟洫及整理土地,似乎只限于农业治田之事,但亦与水利有关,故并及之,治理河道亦指其限于农田者言之。

1.灌溉 灌溉以其大小可分为三。

(1)小规模之灌溉:引泉、筑塘、凿井,独家可以经营者。

(2)中等规模之灌溉:引河流或引地下水,非一家所能为力,须合多家或数村为之者。

(3)大规模之灌溉:如泾惠渠、渭惠渠等渠,须要政府之力来经营或合资公司去办者。

2.排水 排水之事向为吾国农人所不注意,其实其重要性不下于灌溉。尤以灌溉之田,排水为尤宜注重。故西人云"无排水即无灌溉"。排水之目的为:

(1)去地土中过分水湿,盖土中水分过多则空气难得流通,土性日趋寒瘠,即田禾不能畅茂。

(2)减除土中碱质。土壤中含有碱质,因灌溉而致碱质上升,有害田禾,若兼有排水设备,则可以洗去碱质。

排水之方法为:

(1)穿排水沟渠,古人名之为浍,使水不致积聚一处,而得畅流入河。

(2)降落地下水面,或浚深河渠,或穿阴井(通于漏水石层)皆所以降落地下水面。

（3）摒降容水。沿山之麓开渠,使山间泻下之水纳于渠中以流出,不致侵入排水区域。

（4）以机器排水。

（5）埋设地下管,或埋石块(华阴所谓游石)以排地中之水。

3.沟洫　沟洫之用在古代或只为排水,然用之于西北黄土地面,可令夏季洪水存蓄于沟洫之中,并由沟洫渗入地下以增裕地下水量。盖西北苦旱,苦于地下水缺乏时多也。关于此项工程,余著论甚多。

4.堤防及护岸　堤防为沿河岸筑高其地址以防御洪水而保护农田,护岸所以防河岸崩塌致农田损失。护岸之法,以石工或梢工直接掩护土岸,以楗工保岸,皆所费甚多。

5.治理河道　河道分歧之处,合而一之,陡弯之处,裁而直之,皆可以增加多少可以垦种之地,而免土地之继续为洪水破坏。又有在山间作坝以拦洪水,以拦沙石滚下,皆所以保护农田也。

6.整理土地　整理土地之事,在改变地貌,使阡陌整齐,道路沟洫井井有条,其目的在乎农耕合理化,在乎增加经济之效率。①使各处所耕之地皆能集中一处。②使各家之地皆有直接交通道路。③使排水灌溉便利,不致乱流。④增加生产。

7.水力　水力之小焉者为水磨,用以榨油、磨面,皆属乎农家之用。水磨散置于一溪之上下游者,每多至三四十处,颇可以合而一之,集中一处,设一水电厂,以供公众之用,其效力可增加百倍。

二、农田水利之需要合作

按以上所论,农田水利范围之广,规模之大,独家不能经营,政府之力弗能普及,非大规模使人民合作举办不可。其目的如下。

1.企业增加生产　作为一种企业以求增加生产。此种企业为最可靠而有基础的:①资本现成(土地、日光、空气、水,皆为现成资本)。②工力有农民本身之力。③所需补助者为金钱之一部分而已。

2.利益均沾　可使利益均沾。以前往往天然地利为强豪所霸据,若实施合作法律,则可使利益均沾,并使水利不致浪费。

3.免除危害　可以免除危害。如洪水之灾,崩岸,泛滥,可借合作而免除,或补救之。

4.减除纠纷　可以减除纠纷。水利上之纠纷最多,皆由于无良好组织及法律保障。旱则争水,潦则以邻为壑,惟合作可以减除此等弊病。

三、如何实施合作？

1. 法律　国家须特定此项法律、水律、水利合作律。

水利合作社在德国分为三种。

(1) 由各参加者全体一致而组织合作社。

(2) 由参加者多数决议通过而强迫少数之不同意者组合作社。

(3) 强迫合作，不论赞成及反对者之多寡。

合作社之组织可以下列诸事为目的。

(1) 二等、三等水道之养护及为改良水领及防灾之治理工事。

(2) 护岸。

(3) 保持水之清洁。

(4) 排水及灌溉之设施及养护。

(5) 改良芜土(Verfehnung)。

(6) 二等、三等河道及其河岸之建设，以求达(1)至(5)之目的者。

(7) 一等河道之养护及河岸之建筑，以求达(1)至(5)之目的者。

(8) 河道、航道及筏道之改良。

(9) 水库之建设。

(10) 自来水之设置。

(11) 妨碍洪水道之障碍袪除。

(12) 蓄水。

(13) 为改良土地之淤田、冲田工作。

(14) 利用都市污水以利农业。

2. 协助

(1) 法律上之协助：政府宜颁布协助农田水利之法律，使国家银行投资协助以上所述诸举。如在日本有所谓助成法，此外并与以种种便利。

(2) 行政上之协助：在日本对于耕地整理之特点有以下各端。①官署簿书可以供其查阅及抄写。②免除登记费。③国有地无偿支付。④不增加地租。⑤给予补助金或助成金。⑥事业资金无担保贷给。⑦强制编入。

(3) 技术上之协助：测量、设计、估算等，政府机关可以核准人民请求时代为办理，不收手续费。

3. 监督　在德国水利协会只设一监督机关监督之，但其重要职员之变动，行政之改革，须受监督机关之核允。

4.裁判　关于水利上种种纠纷,应由水利机关与法庭合组裁判厅以解决之。

农田水利讲义

(一九三五年,庐山暑期训练团用)

农田水利为水利工程之一端,其目的是能利用地面上、地面下之水,以为农田增加生产之用,以补天然雨水之不足。关于是项工程之学术,名曰农田水利工程学,非此处所能尽述。本讲义所论,不过农田水利工程之梗概而已。农田水利工程应包括两种工程,一为灌溉工程,一为排水工程。两种工程互相依借,故欧洲水利家有言"无排水即无灌溉工程",向来视为农田水利之金科玉律。

两种工程以外,更有一种亦不可忽视,即蓄水工程是也。灌溉施于农田水量之不足,排水施于农田水量之过剩,但若加以蓄水工程,则又可以调节二者之间,使灌溉以前有蓄水,则灌溉水量不致过分不足,使排水以前有蓄水,则应排之水亦不致过多,且排出去之水仍可以蓄而供灌溉。今欧洲各国甚至于都市沟渠及工厂中所排出之水,皆谋利用以灌溉,可见水之可宝也。

灌溉若无排水以救济之,则土壤含水过多,失之于过冷而植物不能茂育,且将使土壤中碱质日盛,根本变为沼泽或斥卤。且土壤中之水亦必常流动,始可有利植物。若有灌溉而无排水,则土壤中之水,不易流动矣。

我国向来注重灌溉而于排水则忽略之,故沮洳斥卤之地占地面甚多。至于蓄水,则仅有极小之堰塘,而无大规模之水库。

蓄水又分为两种,一为地面上蓄水,一为地面下蓄水。向来无论中外,只知注重地面上蓄水,近则以欧洲学者之证明,知地下蓄水,更甚要于地上蓄水。地下蓄水本为天然已有,各处地下水,或凿井汲出,或泌泉流出,以供农田、航道、饮水及工厂等用,无非是地下蓄藏之水。地下蓄水之量,可以人工增裕之。

吾国地面广大,气候相殊,农产相异,故农田水利之设施,或专重灌溉,或专重排水,或二者并重,或须蓄水,或不须蓄水,及灌溉、排水、蓄水之应用何方法,视乎以下各因子:①地形;②气候;③土壤;④农产物。

因地形之不同,致我国农地分别为五种:①山地;②原阜地;③冲积地;④盆地;

⑤大平原地。

1.山地　山地之开垦,大抵皆用人工制成阶地。阶地有须筑畔成之者,如晋、湘、蜀等山地,多半能引山间泉源,或溪沟之水以供灌溉,不足则筑塘以蓄雨水以助之。若西北之黄土山地,则不用筑畔墙,但削成阶级式,亦有用版筑法成之者,间有可以引溪沟之水以供灌溉者,泉源则绝无仅有,故普通皆为旱地。其排水之天然坡度甚足,无须如何设施。黄土山地,则以土厚渗水甚深,并无排水需要。

2.原阜地　西北黄土高原之处,地下水面深至数百尺,地面为河流冲削成极深之沟涧,故引用地面上及地面下之水皆为极难。天旱时收获全无,排水更不需要。间有筑池塘蓄水者,大抵以为牲畜饮料之用。

3.冲积地　河流两岸淤积之地,多半肥美,地下水面甚浅,河流亦易引溉。更有掘地而泉即涌出不竭者,如黄河沿岸之瀵(郃阳),渭河沿岸之潮皆是类也。若滨河设有堤防,则排水常为至重要之问题。沿江两岸有许多湖泊,为天然蓄水大库。

4.盆地　地势周围高而中间低平,如四川成都平原,新疆天山南北盆地。或山谷所出之河流,或山上融雪之水,皆可以开渠引溉,纵横交贯,成为最富之区,此为设施大规模灌溉最宜之地。排水应与灌溉并行重视。但如新疆之地则水流不能通海,只可排之于盐湖。

5.大平原地　冀、豫、鲁及皖、苏北部数千里平原,河流纵横,然而引用溉田者甚少,用以行舟者多,以排水不善,致沙碱地面积甚广。

因气候及雨量之不同,各地植物生长期大相悬殊,请视第一表。

第一表

地名	霜降末日	霜降始日	植物生长期/日数	全年雨量/公厘	每日平均分处雨量/公厘
厦门	无	无	365	1248	3.4
昆明	2月20日	11月27日	280	1040	3.7
汉口	3月3日	11月30日	271	1263	4.6
杭州	3月5日	11月19日	258	1505	5.8
南通	3月8日	11月19日	255	976	3.8
上海	3月15日	11月22日	251	1162	4.6
青岛	3月24日	11月20日	241	649	2.7
济南	3月22日	11月2日	225	529	2.4
天津	3月31日	11月5日	218	548	2.5

续表

地名	霜降末日	霜降始日	植物生长期/日数	全年雨量/公厘	每日平均分处雨量/公厘
西安	3月28日	10月25日	211	518	2.4
兰州	3月27日	10月24日	211		

由第一表可以见中国北部雨量之缺乏及需要灌溉之切。

但以土壤及农产物之不同，华北多种麦黍，华南多种粳稻，其需要水量又大不相同。种水稻的需水量，大于麦黍者十倍，所以灌溉之事，反普遍于华南多雨之地。

一、灌溉之法

灌溉之方法分为下列两种。

1.重力法　重力法又分为二。

（1）作水领法：筑堰拦河，开渠引水，使水自流入田中，如泾惠渠、渭惠渠等渠之制。

（2）利用洪水灌溉：如宁夏、绥远之黄河灌溉，不须筑堰，但于河水位增高时引入渠中以灌地。

2.起水法　用人力、畜力或机器之力汲取地面上（河、渠、湖、塘）之水或地下之水（宽井、管见）以灌农田。其所用之器具，有下列各种。

（1）桔槔、辘轳、戽子、天平戽子、练戽（翻戽）、筒车（水车）水蜗、戽轮、水轮、涡轮，种类繁多，用人力、畜力或风力。近亦有用柴油机或电机之力施于练戽或水车者，其起水之高由一至八公尺。

（2）水泵、人力水泵，其效与（1）下所述各器相差无几，故鲜用之。水浅之处反不如用翻车、水车等，故其用宜于用动力机器之力，汲取较深之水（十公尺以上）。汲上之水，有用连管洒筒直接洒于田中如降雨者，亦有先使水积于一潭中，再以渠引之入田者。

灌溉所用之水，除含酸性、碱性之水直接害稼，含铁养分过多足以塞堵壤隙者外，皆可施用于灌溉。有和肥料于水中以灌溉者，则必使植物所需主要之营养料如钙、磷酸、钾里、氮等，不可或缺，此法奥国用之最多。又用此法必使水量常可继续，不然，肥料多而水不能继，则反以害稼。

灌溉又分为地面上灌溉与地面下灌溉。以上所述，皆属于地面上者。地面下灌溉法有二。

（1）埋罐管于地面下，使水由管通入罐管以达植物之根，为灌溉最完善之法，但费亦极大,故只可用于园艺而不能普施之于农田。

(2)以堰抬河水之面,使滨河之地,其地下水面因之抬高以接近植物之根层,荷兰多用之。

二、排水之法

滨河者宜整理河流,使河中洪水能以顺轨速泄,不致泛滥潴积。若沿河筑有堤防,则堤内农田排水沟渠系统,堤身上之闸门涵洞,必使整齐灵通。洪水时期较久,水汇至堤之下端不能即时排泄者,则用机器之力以宣泄之(扬子江两岸最宜于是注意)。又淤灌之法,或用虹吸,或用闸渠引河中含泥之水,以淤灌沙碱地,施之于黄河两岸之地,本极可行,但欲行此法,亦须先将排水系统做好,方能行之有利无弊。

三、蓄水之法

蓄水之方法分为两类。

(1)地面上蓄水,大之则择山谷相宜处设大水库,小之则敦劝农人就其所耕之地,多设堰塘。

(2)广开沟洫,使雨水渗入地中,蓄之于地下。此法近日欧美各国始竞相提倡,吾国西北诸省,宜大力推行。

此外更有一事,亦须推行于吾国者,即防止土壤冲刷是也,盖耕地表面一层为最可宝贵者。据美国农业部调查,该国以未早实行防止冲刷之故,致有六兆公亩之耕地变为无用。又每年地面冲刷所刷去之氮、磷酸及钾里等质,价值在二百兆美元,等于每年农产收获所入之二十倍。我国地面广阔,尤以西北之地冲刷甚烈,其损失当不止此。美国以用机器耕种之故,不能完全采用坂式之阶田制,而采用陂式之阶田制,每一阶之地畔,宽其脚而坦其坡,畔内开一沟以聚水,是法与余所拟沟洫之制不谋而合。

本篇略举我国农田水利应行注意之大略,以时间短促未能详尽,至以为歉。

我国的水利问题

（一九三六年完成，教育部教育播音，一九三七年五月十九日至五月二十六日分四次播出）

第一讲　我国水利的历史

诸位听众，鄙人应教育部之聘，借中央广播无线电台同大家谈谈中国水利的问题，预备分作四次讲演。今天所要讲的是《水利在一个国家中的重要和中国水利发展的历史》。

诸位，孟子说的：民非水火不生活。小而一个家庭，大而一个国家，都凭着水火工作活动和发展。但是火还容易操纵，而水却是不容易。有时候水太缺乏，便成了旱灾；有时候水来得太多，便成了水灾。水旱成了灾，不但人民受大害，国家亦蒙了绝大的损失，并且常常酿成了政治上很大的危机。所以无论哪一个文明的国家，莫有不把治水当作治国一项最重要的事。

讲起治来，我们中国莫有一个人不知道四千年前有一个大禹王。大禹王的世系和事功，可以从《史记·夏本纪》略见一斑。他的治水成绩可以在《禹贡》一书略见一斑。可是考证古史的人，往往说《禹贡》是后人伪造的，因而连有莫有夏禹那个人，有莫有禹治水那回事都怀疑起来了。他们的最大根据，便是最近在河南安阳县挖出来不少甲骨文，证明了殷朝即商朝，果然曾经有那么回事，但是关于夏朝的却从来莫有挖出来任何一片东西可以证明的。可是甲骨文未经发现以前，有些考据家不是连关于商朝的《尚书》上所载的事都不承认吗？不幸我们还莫有发现夏朝的东西，这便能作莫有夏禹那个人的证据吗？

古代文字不完全，许多古人事迹由于传说，或者用结绳等笨法记述的，不能保存长久，所以孔子也感到夏、殷两代的礼文献不足征的苦处。可是我敢说，由于传说或他种方法的记载，大禹那种人格是无可置疑的。我们需要那种人格给我们做个最先的模范，好像莫有大禹和后稷两人，我们的民族就不会发展到后来的样子。大禹不但给我们祖先平治了江、淮、河、济的水患,又开通了九州的道路,辨别了土性,分配了贡赋,这在现在人认定四千年前我们还是野蛮民族是决不可能的,然而何贵乎有圣人呢?由周到汉初,记载大禹事迹的书有三十四种,以孟子所传的最为亲切有味,这些不会是凭空杜撰的,并且大禹治水的理法,颇合乎近代科学,也不是随便伪[造]得来的。

按着孟子讲的话,禹、稷合作,才能人民平土而居,教民稼穑,树艺五谷。所以中国的水利问题,从古到今撇不开农业。沟洫是为农田灌溉和排水。治泽水是为农田消除水患。陂九泽是为农田蓄水。通九道是为运销农产物。有些人疑惑《禹贡》中爱用九字,如九州、九山、九川、九泽、九江、九河等,认为有点不通,不知那时的九字,正以代替"多"的意义,如后来的"百"字、"万"字一样,这是朱桂莘先生所说的。

农田水利到了周代才发达极盛。殷代的农作物主要是黍,其次是禾麦及米。周代除了黍稷以外,稻、粱、菽、麦、蔴都是主要作物。周时的官制有遂人,便是管井田、开沟洫、修道路的。有稻人,便是管理水田的。蓄水的叫做潴,挡水的叫做防,输水的叫做沟,平均水量的叫做遂。水到了田间停在沟塍间的叫做列,排水的叫做浍,灌溉排水的事情能完备了。

周室衰微了,诸侯各自为政,各图富强。郑国有蒍贾、子产,楚国有孙叔敖,都是办水利得到了很好的成绩的。到了周末,秦国大规模的开发水利,于是关中有郑国开的渠,蜀中有李冰开的渠,都是很伟大的规模。李冰的渠便是今日,还好好存在的四川灌县都江堰,灌溉成都平原十一县水田五万顷。郑国的渠虽然后来坏了,到了汉代,由白公代修,到了清朝初年又废了。可是现在的泾惠渠,又可继续郑国的传统了。

秦朝因为水利修明,农功昌盛,所以增加了力量,统一了全中国,后来又赶走了胡人,在宁夏一带开渠引黄河的水垦辟农田,给我们中华民族建立了国防的基础。

汉代也是我们民族发扬的一个时期,除过在宁朔经营水利屯垦之外,远如河西一直到了敦煌、湟中、金城,即使现在的青海都开辟了不少的农田水利,作为屯垦防边之用。边防既然巩固,在内地各省也都仿着已成模范,引水治田,树立了我们中国以农立国的基础。

至于水运的工作,我们除利用天然河流作运道以外,最大的工程有汴河由开封通泗县,大运河由杭州通天津,灵渠越过海阳山脊通湖南、广西,这都是世界上著名的。汴河已经是消泯无踪,运河也等于全废。这个原因是农业国家,水运也只限于农产物,农产物常不能走得太远。欧洲每开一道运河,便有许多的工厂沿着运河设立。我们的大运河,春秋吴国原不过为开一条路与齐、楚等国交通,后来历隋、唐、元、明,渐渐开辟成一条南北直通的运道,都是为着漕粮,毫无一点工业上的关系。所以漕粮改了海运,运河便只可作区部的农产物交通。此外东南各省有不少的内河,大多都是人工开的,也只有农运的价值。

利用水力做工,在我国发展也最早,大概汉时已有,唐时水〈硙〉(磨)之风已经是盛行。但是水力的用途也只限于农事上,如磨麦、榨油、升水灌溉等事。水电的工程至今日还不能发达,原因我们不是工业发达的国家。

今天所讲的就此停止,下次于五月二十一日接着讲《西北水利问题》。

第二讲　西北水利问题

上一回即本月十九日所讲的,已说明了我国西北几省的水利,在国防上占有如何的重要性,自秦代以至如今,莫有不重视的。西北二字包括着陕西、甘肃、绥远、宁夏、青海和新疆六省。

陕西适于农耕的土地,以渭河流域为最优良,其次为汉江流域。渭河两岸平原面积甚广,只是每年雨量不多,所以动辄遭遇旱灾。遇了大饥年,流■蜂起,说不定便动摇了国本。至于将来的外患,〈著〉(主)要仍在西北。我们居中策应,抵抗强敌,关中最是要地。所以在关中兴水利,改良农业,充实国力民力,实在是今日不可再缓之图。

最近五年以来,由全国经济委员会和陕西省政府不断的努力,已经造成了泾惠渠及渭惠渠,还有洛惠渠也将要成了。三惠渠都在渭河的北岸,灌溉沿渭河自郿县到朝邑共十二县的地,约有二百万亩。北岸要继续发展的还有汧惠渠、耀惠渠及第二渭惠渠三个渠,若是成功了,又可增加灌溉一百万亩地。渭河南岸向来有秦岭山流下来的水十余道,灌溉面积只有十数万亩地。若统加以整理,也可以增加到一百余万亩。关中有了四五百万亩灌溉之田,再加以农事改良,便可以使民康物阜了。将来铁路通到汉中和成都之后,汉江流域、岷江流域和渭河流域联络一气,便可以使西北穷瘠之地,成为中国富强之基础。

甘肃的水利主要在河西甘、凉、肃一带,其次是黄河沿岸,又其次是洮河及泾河、渭河流域,其次是大夏河流域。灌溉面积莫有的确统计,泾、渭、洮、夏面积都不甚广,发展不容易,难得有大规模的计划。沿黄河两岸向来用水轮灌溉,也只有四五万亩地。若是在黄河上游或者大通河上筑一个堰发生水电,可以使青海、甘肃向来用水轮的,都改成电机抽水灌溉,那么,可以使人民省了不少的力量而扩充灌溉不少的地,并且有余的电力,用在发展工业,用在发展黄河上的航轮,可以使甘、青两省成为很殷富的地方。黄河的上游,无论用蒸汽机关、内燃机关行船,我敢说都是难望成功的。只有用电力牵引,行驰浅水船筏,可望成功。所以我对甘、青两省水利建设的希望,是以发展水电作为前提的,农业、畜牧、工业及交通要同时并进的。

河西的地和新疆省天山南北的地,青海省柴达木盆地的地,都是引用山上溶解流下来的雪水或泉水灌溉的。这些地方水源受了天然的限制，又受天气的约束，难得尽量发展。春季和夏初感到水量不足，但是有时还发暴涨，淹害民田，这些旧有灌溉可统一改良及整理，最要紧的是多修蓄水库，多蓄水。还有沙质河床可修地下堰，减少水量的漏损。这种堰筑在河底的下面，横挡河床的地下流水，在南非洲用得很多，西北沙漠之地正可仿效。

宁夏由中卫到平罗，黄河两岸引用黄河的水灌溉，自秦汉以来，到了民国共开有八大干渠，灌溉七十余万亩。但是宁夏黄河两岸，可以灌溉的地，至少不下三百万亩。黄河水面太低，便引不到渠内，引到也流得不畅，所以不能大量的灌溉。我的计划是要在金积县青铜峡口造一道跨河钢桥，桥矶中间要安上活动堰，堰上黄河水面的高低可以由人力及机器之力操纵。那么，由桥的两端引水入干渠，再由干渠分入旧有各渠并扩充新渠，那么，宁夏灌溉的地，可以增加到三百万亩以上，并且旧日许多灌溉上的弊病和人民的劳力都可以减轻许多了。

绥远灌溉的地以后套面积为最大，计算总可以有八百万亩，但是现在只灌溉不到一百余万亩，还是随着水涨水落不定。水小之年只能灌溉三分之一，水大之年还要遭水灾。原因是十大干渠都是由黄河开口，引水不能操纵。若是由磴口附近筑堰，另开一总干渠，同现在的公路平行，直达乌梁素海子，再通入黄河。那么，再由总干渠通到旧有各渠并扩充新渠，便可以达到八百万亩灌溉地面，这样一来，绥远何愁不富？

甘肃、宁夏、绥远，是我国边防最重要的地，水利发展了，同时将包头通宁夏，经玉门关再达新疆的铁路完成了，再由宁夏经甘肃庆阳、陕西邠县到咸阳也修成一条铁路，与陇海铁路相连，同时沿着铁路线发展工商等业，西北便可成一整个的经济区域。人民富强，用强厚的国力屯垦，外患自然可以莫有了。

第三讲　黄河怎么老是闹灾

黄河，人都说是中国的大患，因为在下游三省河南、河北、山东常常决口的缘故。决口的原因是，河床高出两岸平地，到了洪水时期，堤防不能范围，便漫溢堤顶，或者冲破堤身。每年修防的费用，要费到五六十万元；每次决口之后堵筑工料费，要费到近百万元或数百万元。至于被灾的人民生命财产的损失，更不可以数计。光是政府和人民办赈的费用，每次大灾之后，便是数百万元至千余万元，诚哉是大患。

黄河自出了河南孟津，南岸尚有广武山挡着，北岸便有堤。若是无堤，黄河的洪水便可以汇合沁河、卫河的洪流一直泛滥到天津。过了荥泽，两岸地势都是平衍，若不是有堤防范，向北可以泛滥河北大平原，向南可以泛滥河南、安徽、江苏三省。黄河在数十年以前，由河南兰封县向东南流经过徐州府淮安县向东出海。自清咸丰五年

(一八五五年)铜瓦厢决口,改道东流由山东利津县入海。在山东境十里铺即大运河以下,南岸多山,所以向南决口的机会少,向北决口的机会多。十里铺以上两岸决口的机会,可说是相等。北岸幸而有个金堤,尚可以防范,所以每次黄河北岸决口,在十里铺以上的,泛滥的水便顺着金堤流去,到了陶城埠即是十里铺的对岸,仍归入黄河,这是黄河下游的大概形势。

中国自汉代以后河患越多,每次泛滥,不但人民受重大损失,也常常影响到政治和国家的安危,所以治河一事自古及今莫有不重视的。但是治河的方法,可以讲,经过一千余年莫有多少改进。后汉时王景治河,算大禹以后最有成绩的。王景以后历宋、元、明、清数代,黄河莫有根本治过,都不过是筑堤、堵口或开几道减河,免害一时而已。

开减河疏水,在明代及清初用得还多,现在的黄河可以说莫有减河,有减河也都封锁得牢固。比如河南的贾鲁河,兰封的黄河故道,山东的徒骇、马颊等河,都用堤坝严密,因为各省的人民都是畏河如虎,防范惟恐不密。惟一的防御河患方法,只有将堤防筑得愈高愈厚,可是人事尽到十分,还免不了溃决,屡成大患,这是很伤心的一件事。

要根本治河,第一先要维持现在的局面,使河不要改道,一面国家要用很大的力量去做以下各事。

(1)按着德国恩格尔斯教授的指示固定中水河床,使河流有一定不移的道路,同时保护滩地,使河不致冲成浪沟。

(2)凡是有险工的地方,要用丁坝或顺坝逼大溜远离堤根。

(3)弯曲太陡的地方要裁弯取直,改良河的流势。

(4)两岸堤相离太远的地方要添修翼堤,引导河流不离正路。

黄河河床淤积的泥沙,每次洪水便可以冲洗下去,挟带入海,河槽所以不致完全淤塞,全赖洪水之力。所以古人说河不可分,分开了河流,冲刷泥沙的力量便弱了,力弱了便将泥沙挟带不动,越淤越实了。这是明代潘季驯的治河名言。我们要固定河床,免除险工,裁弯取直,添筑翼堤,都是为的使河流有正路,集中它的力量刷深河槽。可是洪水又有大小之别,非常洪水无论堤防怎样的高厚坚固,仍有不能防范之时。所以潘季驯又主张疏水,疏水的意思就是用减河,将实在容纳不下的洪水量分疏出去,使由减河排泄入海。这是与河流的主力莫有妨碍的。分水有害而无利,疏水有利而无害,这又是治河不可不知道的。

疏水须有坚固的石坝或闸,畅通的减水道路。可以疏水的地方,一是贾鲁河,二是兰封故道疏水向南流,三是长垣开闸疏水顺着金堤至陶城埠仍归黄河,四是由齐河开闸疏入徒骇河。凡是减河两岸的地又可多开沟洫,比方河南的豫东水道计划,使洪水能多得些容纳的道路,同时可以有利农田。减河放出来的水,只有肥美的泥质,却莫有害农田的沙子,这是要人明白的。

近来山东、河南试办虹吸管引黄河的泥水淤灌两岸的碱地,要办的得法,当然对于一部分农田是有益的,但是不能指望虹吸管对于治河有什么效益。因为虹吸管吸出来的水量太少得有限了,若办得不好,又反将河底的沙子吸引起到农田里,反而是害。

再讲起黄河航道的问题,也是一般人注意的。我以为黄河要治到同扬子江一样通行大轮,无论如何是莫有希望的。将来治导以后,河有定槽,河槽有相当的深度,或者几百吨的小轮船可以行于河南、山东之间,至于广武以上,豫、晋两省之间,潼关以上,秦、晋两省之间,以及黄河上游绥、宁、甘、青数省,只好多多开发水电,用电力牵引行驶木船或皮筏,使内地货物流通,也就够了。水电厂可在三门设一处,壶口设一处,河曲设一处,金积设一处,大通河口设一处。水电用途:一是灌溉,二是工业,三是交通。三者要统筹计划,同时并进的。

至于黄河上游做植林、防沙、灌溉等工程,对于下游防止河患也有不少的帮助。同时对于国民经济建设是最需要的,应一致努力进行。

第四讲　导淮合治江

上一次我讲过了黄河的水利问题,今天再讲讲华中最大的两个水利问题,一个是导淮,一个是治江。

淮河自河南桐柏山发源,本来是独流入海,与扬子江、黄河及现在被黄河侵占了的济河,称为四渎。自宋代神宗时候,黄河改了道向南流(宋神宗时并无黄河改道南流事,此处有误),到了宿迁以下夺了淮河的路,由那时起至清代咸丰五年(一八五五年)止,整整的占据了自淮阴杨庄至入海数百里的淮河正路。待至黄河最末次改道北流,这数百里的入海淮河故道完全淤成平地了,从此淮河失了入海之路,乃由洪泽湖分两道南流,一是蒋坝的三河,一是杨庄的运河,两道在邵伯镇以下会合,又分作几路归入扬子江中。因是,淮河竟变成扬子江一个支流。

淮河的水加入运河于江北十余县却是有利的,一是航运需要的水不致缺乏,二是江北八县完全靠运河的水灌溉农田。可是遇了淮河暴涨,洪泽湖容纳不下,入江各口宣泄不及,便冲开运河堤防,泛滥成了大灾。

导淮的事,便是要防止淮水泛滥的灾,同时要顾到农田灌溉及运河航道的利益。自从民国十八年(一九二九年)导淮委员会成立,研究各方的关系,定了一个导淮工程计划,这个计划包括下列各事。

（1）要利用洪泽湖做一个拦洪的机关，使淮河洪水得在洪泽湖停蓄一部分，然后有节制的分两路宣泄：第一路是由三河入江；第二路是由张福河流到杨庄，其中一部分归入海，一部分仍由运河南流入江。为完成这个使命，须自三河上端，即洪泽湖蒋坝镇处筑一道活动堰，又将张福河开宽开深，使水由湖中能畅流的东流，却又在杨庄筑一道活动堰，以操纵入海的水量。

（2）开拓入江及入海两条洪道。入江的洪道即是三河，经过高宝湖至扬州的六闸，两岸筑堤，使洪水有定路；入海的洪道，即是旧日的黄河故道，也即是旧日的淮河故道，开通后使一部分洪水东流入海。

（3）要保持及扩充农田灌溉的利益。为完成这个使命，洪泽湖停蓄的水可以增加灌溉水量，运河的两岸堤防修筑完固。并将东堤上所有的水闸，统加以改良整理，使农人用水莫有不足或者过多的苦痛，同时三河有了定路，高宝湖也可以涸垦成田，增加二百万亩的良田。

（4）为改良运河的航路。要将运河完全渠化，所以在邵伯镇、杨庄、窑湾等处修新式船闸，使运河的水增加深度，可以通行九百吨的轮船。

这样一来，于江苏固有大利，但是对于淮河的中流，安徽地方，也得顾到，不使有害。所以民国二十年（一九三一年）江淮大水之后，便利用工赈的机会，在皖筑成了长千余里的淮河大堤。后来接续着挖通了张福河，运河三个船闸也于最近筑成了，三河的活动堰工程，也在积极进行。同时，江苏省政府也于两年之中，挖通了导淮入海的一条大路。

导淮工程以后，因为淮河洪水入江有了节制，故对于扬子江下游也有相当的利益。但是整个的扬子江，水灾和水利，问题还很大着哩。要解决这些问题，便是扬子江水利委员会的使命。

扬子江最大的利益便是航运，可是我觉得扬子江航道虽然冬春水枯的时候，有大轮不通的苦痛，但大体论之，这条航道，本来也够好的了。再要怎样去改良它，花的钱无数，而得到的利益却很有限。所以我的意见，治江的事，还是要着重在防御洪水，保障农田，并整理两岸灌溉及排水事业以增加农产。至于沿江各省的内河航道，也可尽加开通整理，以便于运销各地的农产物。

为防止扬子江洪水泛滥，政府曾于民国二十一年（一九三二年）筑成了上起沙市、下至江阴两岸的大堤。这个大堤以后若保护管理得法，寻常洪水可以不致再使泛滥，但是若遇了非常大洪水，如民国二十年（一九三一年）的，却也难保。为防御非常洪水计，还须要利用沿江两岸湖泊，作停蓄洪水的机关。这些湖泊以洞庭湖为最大，其次便是湖北、安徽的许多湖泊。要利用这许多湖泊，第一，须要沿湖筑堤；第二，要做通入湖泊的闸及滚水堰，使江洪入湖可以由人操纵；第三，要整理排水道路，使湖水可以按时排去，同时湖中停蓄的水量可以供给沿湖农田灌溉。至于许多无关蓄洪的沼泽地面，有了排水的好方法，也都可以涸垦成为良田。这便是鄙人对于治江的主张。

扬子江水灾最严重的地方，是汉口上、下各数百里，这显然是受了汉江洪水的影响。所以要治江还得治汉。汉江两岸也有不少湖泊，应与扬子江两岸湖泊用同一方法治理。汉江上游及其他扬子江支流修筑水库，也是可以考虑研究的。

防洪最要紧的还是报汛一事。以后关于各河流域的雨量及流量，还得格外注意，使报汛方法完善无缺，每逢大水要来，使人民在四十八小时或至少二十四小时以前便都知道，有所防备，自然所受损失可以少得多了。

十年来的中国水利建设[①]

民国十六年（一九二七年）国民政府奠都南京之后，首先注意于各项建设人才之教育。时中央大学成立在于首都，并入已经有十三年历史的河海工科大学，成立工学院土木工程学系，注意于水利工程。其他著名各大学，如广州之中山，北平之清华，天津之北洋，杭州之浙江，亦皆于水功一门，特别着重。此外各地方所设学院，或专科学校，培植水利工程人才的也有多处。及今十年，水利工程界，仍感觉专门人才非常缺乏，由此可见这十年中水利建设进步的一般。

政府初定后数年，各地方未能十分统一，一切建设进行，自不免困难。民国十七年（一九二八年）建设委员会成立，接收天津顺直水利委员会，改组为华北水利委员会，即遇许多阻力，至二年之久，尚不能放手工作。扬子江水道整理委员会，以航运关系隶属于交通部，于测量航道以外，未能他展。上海以有浚浦局，天津以有海河工程局，受不平等条约束缚，大权旁落。上海新设之市政府港务局及天津华北水利委员会，工作亦受限制。民国十八年（一九二九年）建设委员会先后成立东方大港及北方大港筹备处，从事测绘等事，同年导淮委员会成立，隶属国民政府，即本以前十余年之

[①] 石印本虽收此文，但仅有一页余。一九三七年七月商务印书馆发行之中国文化建设协会所编之《十年来的中国》，其中三一七至三六四页刊载本文，犹见石印本所缺甚多。

测验成绩,研究设计,一年而计划告成。黄河水利委员会及广东治河委员会,亦于是年发表,黄河水利委员会以内战搁浅,广东治河委员会初亦未有若何发展。

自全国水利局裁撤,全国水政时感不能统一之苦。民国二十年(一九三一年)华北水利委员会及扬子江水利委员会改隶于内政部,是年扬子江流域突遭洪水,肇历来未有之奇灾,于是组织水灾救济委员会,属国民政府。民国二十二年(一九三三年)黄河决口,水灾重大,于是黄河水灾委员会成立,同时又成立黄河水灾救济委员会,两水灾救济委员会,皆于灾弭之后裁撤,由全国经济委员会设水利处,接办其未竟之事。又以施行海河放淤计划,故在天津成立一整理海河委员会。当时水利行政极不统一,于是全国呼吁统一水利行政之声甚高,卒于民国二十三年(一九三四年)国府明令,以全国经济委员会为统一水利行政机关,内设一水利委员会,一切水利机关及各省水利局或由建设厅主办之水利事业,皆统属于经济委员会。

自后广东大港及北方大港两筹备处及整理海河委员会先后裁撤,全国经济委员会之未能统一者,仍有浚浦局属外交部及海河工程局。

各水利机关,除两水灾救济委员会及整理海河委员会,为应时而生,实施工作,不无稍缓外,其他皆于起首数年,着重测验工作。至于实施建设,则在民国二十年(一九三一年)以后,盖中央及地方渐臻一致,合力共济,致故水利建设发展甚多。兹择概要分节列表于下,然挂漏在所难免。

一、治导工程

(一)导淮工程

昔黄河夺淮而淮淤,及其北徙而淮废,淮域良田,为水旱交灾者,垂八十余年矣。导淮纷议,至民国十八年(一九二九年)始成立委员会,完成江海分疏之大计。当于运河中建船闸七,使长江、黄河间九百吨之巨轮,终年通航,复于淮河至海口建船闸四,并助于活动坝,可自皖北腹地,航达苏北之灌河口及临洪口,并利用洪泽湖拦洪蓄水,可灌至苏北里下河及滨海盐垦各区计地二千万亩,其自山东南来诸水,则以微山湖为归宿,俾输水至徐海各属,亦可溉地二千万亩。年来择其缓急,先后施工,将见淮域每年增收三百二十七元、三百七十元、四百三十三元之食粮,可操左券,而航运等副产,尚为(？未)计及,兹将实施工程,分述之①。

1.建邵伯船闸　江都邵伯镇。黄河、长江间通航。此闸为长江入运河之第一闸,新式重门,上下闸门处两侧之闸墙,与闸底连成一片,全用钢筋混凝土建筑,闸室两侧为斜坡式,连底部均用块石嵌砌,所以节费也。闸门及开关机,用钢制,最大水级为七点七公尺。一九三四年二月至一九三六年。六十九万六千元。

2.建淮阴船闸　淮阴城西新引河中。黄河、长江间通航。此闸亦为新式重门安全通航机关,结构与邵伯船闸大致相同,最大水级为九点二公尺。自一九三四年春先开新引河,至是年八月始兴闸工。一九三四年春至一九三六年秋。七十五万元。

3.建刘涧船闸　宿迁刘老涧中运河之旁。黄河、长江间通航。此闸结构与淮阴、邵伯二船闸大致相同,最大水级为九点二公尺,吃水二公尺,载重九百吨之船,南自淮阴船闸,经此可至陇海铁路。一九三四年四月至一九三六年七月。七十万六千元。

4.建高邮船闸　高邮城西。黄河、长江间通航。此闸为高邮诸湖及运河通航之用,较邵伯船闸为小,最大水级为三公尺。一九三五年六月至一九三六年四月。六万七千元。

5.整理运河西堤　高邮、宝应诸湖东边。黄河、长江间通航。此堤旧时闸洞及缺口甚多,湖河通连,若不分别整理堵筑,则邵伯、淮阴二船闸不能操纵水位,故先后进行,以至完工。一九三四年十二月至一九三五年八月。二十四万三千元。

6.筑三河活动坝　洪泽湖入三河之口,即周门。通航及操作洪湖水位。此坝为导淮工程计划江海分疏与灌溉行之主要关键,全坝分六十孔,每孔宽十公尺,洞高五点五公尺,坝基及坝墩均用混凝土建筑,门系钢制,各自活动,启闭敏捷,足资操纵湖水,未免下游水旱之灾及冲刷入海水道与航行之用,曾分十二工区先后进行。一九三五年六月十二日开工。估价一百万元。

7.筑杨庄活动坝　淮阴船闸西偏之废黄河中。通航及操作洪湖水位。此坝为调节入海水道之泻量及运河水位之用,共分九孔,每孔宽十公尺,高六点六公尺,坝基、坝墩及公路桥,均用钢筋混凝土建筑,用赖生钢板桩为坝墙,以备将来入海水道增阔时,增建坝孔之用,坝门及操作机件,均用钢制,各个活动,启闭自如。一九三五年十一月一日至一九三七年六月十五日。钢板桩费六万元,坝门及操纵机英金九千三百一十二镑,坝价二十九万五千三百三十点七八元。

---

① 本文以下所述各工程全部内容所及,原均由表格述之,其有工程名称、所在地点、缘由、工程计划及成绩、开工日期、完工日期、经费来源及数目、备考等。因表格过大,跨页过多,读者阅读不便,故稍加编辑,去掉表格,录其原文,兹按工程名称、位置、缘由、工程计划及成绩、开工日期至完工日期、经费来源及数目、备考等为顺序叙之。

(二)整理海河治标工程及龙凤河节制闸工程与南运河下游疏浚工程

海河上游,有五大支流,曰北运、曰永定、曰大清、曰子牙、曰南运,皆于天津会入此河以出海,而尤以永定河之浊流,挟带泥沙过多,致海河节节淤塞,凡吃水八尺以上之轮船,不能直驶天津,须在塘沽辗转驳运,每年耗费约三百万元,而各河汇流,亦因之宣泄不畅,商务农业,交受其困。一九二八年始组设整理海河委员会,办理此河治标事宜,拟订工程计划,在使永定泥水,不直注于此河,而使经屈家店操纵机关之调节,导致北宁路以东之塌河淀及其北部之洼地停淤,然后由金钟河入海河,以免此河淤塞。而停淤区域,亦因以变美地。此工程分为三期进行,略述于后,而龙凤河节制闸工程及南运河下游疏浚工程以附入焉。(海河工程局工程未采入)

● 第一期工程

1.建北运河船闸　屈家店北运河中。通航。建节制闸后,北运河船只不能通行,故先建船闸,用混凝土建筑,闸门及启闭机关与吊桥则用钢制。一九三〇年六月二十一日至一九三〇年十月十四日。二十五万九千一百元。

2.建进水闸　北运河东岸新引河进口处。引永定河混水入放淤区。此闸可分永定河大部混水,使流入放淤区域沉淀,闸分六孔,各宽六公尺,用混凝土建筑,闸门用钢制,每门备起重机二架,置于钢筋混凝土机架之上,司启闭,并用均重铊,以减轻启闭力量,闸上复建钢筋混凝土桥,以利交通。一九三〇年十二月十一日至一九三一年九月十四日。三十七万七千七百七十六元。

3.建节制闸　屈家店永定河中。限定永定河混水下注海河。此闸为限制永定河混水下注,并分泄上游清水而设,分六孔,各宽五点八公尺,其结构与运河闸大致相同。一九三一年十月一日至一九三二年五月十五日。二十五万八千五百六十八元。

4.建泄水闸　芦新河中。排泄放淤区域积水。放淤区域积水,由此闸导入泄水河,再经金钟河入海,闸分十二孔,各宽二点六公尺,闸墩用用钢架及混凝土建筑,闸门用木制,高二点九公尺。闸墩上安设木板,为置启闭机械之用。一九三〇年十月六日至一九三二年一月十四日。二十六万五千元。

5.建平津汽车路钢筋混凝土桩桥及北仓混凝土桥　新开河及北仓二处。利交通。一九三〇年七月至一九三二年十月。桩桥费七万三千八百八十四元,北仓桥费五千一百零七元。

6.开新引河　屈家店附近。排淤水。此河为分泄永定河混水,达于放淤区域而设,长四点四公里,最大流量为每秒七百立方公尺以上。一九三一年四月至一九三一年六月。二十五万九千一百五十元。

7.增培北运河堤　屈家店附近。防洪。堤长二十五点九公里,分三段进行。一九三一年四月至一九三一年七月。二十一万二千元。

第一期中较小工程之未列入以上者共费三百七十六万八千六百零四元。

● 第二期工程

1. 塌河淀围堤及缸管涵洞　塌河淀放淤区。防水及排水。一九三四年十一月至一九三四年十二月。十万三千零十六点五元。

2. 建泄水闸　金钟河中。排积水。此闸为排放淤区积水之用,分八孔,其结构与芦新河泄水闸大致相同。一九三四年十月至一九三五年一月。十二万六千七百三十一元。

3. 筑二五号桥拦水堤　北宁铁路。防水。一九三四年二月至一九三四年十二月。五千八百八十点七元。

4. 筑引水河分界堤　放淤区南堤。一九三四年十一月至一九三五年二月。六万零九百五十三点四八元。

5. 疏浚永定河三角淀中泓　三角淀中西杜家场至河口。排水。一九三四年伏汛,三角淀中永定河南趋,决南堤,入西河,放淤工程失效,乃疏浚中泓。一九三四年十一月至一九三五年一月。十五万二千一百六十八点八七元。

6. 疏浚新引河　新引河。排水。一九三五年一月至一九三五年二月。二万二千一百二十五点零九元。

第二期中较小工程之未列入以上者共费五十一万五千一百五十七点七八元。

● 第三期工程

1. 筑二二号房子滚水坝及涵洞　二二号房子附近。宣泄永定河洪水。坝长七十公尺,用混凝土建筑,又于坝之东端筑涵洞一座,以泄积水。一九三五年五月至一九三五年七月。七万三千八百五十二元。

2. 屈家店堵口　屈家店。堵口免灾。堵口后,筑涵洞一座,用六十寸〈经〉(径)皱纹铁管两道,下游皆设自动管门。一九三五年五月十七日至一九三五年六月二十七日。一万一千三百四十九元。

3. 开淀北放淤区域引水河　塌河淀北部。泄积水。沿淀内河流故道,至后麻疙疸村东,转向北河庄、开拖,宽二十公尺,长六公里。一九三五年五月十六日至一九三五年六月二十六日。二万一千一百一十二点二五元。

4. 临时疏浚三角淀中泓　三角淀中六道沟起。排水。一九三五年春汛,冲毁中泓,改趋南泓,即须疏浚中泓,分三段进行,共拖工十七万零七百八十三公方。一九三五年六月十五日至一九三五年七月七日。五万一千五百七十二点九一元。

5. 建泄水闸　新开河欢坨村北广仁堂。泄积水,旧闸附近。该处为淀南、淀北两水汇流之区,为补助金钟河泄水闸泻量之不足,故设闸一座,闸分六孔,各宽四公尺,用混凝土建筑,闸门用钢制,高三点三公尺,用绞车司启闭。一九三五年十月七日至一九三五年十二月二十二日。十万七千元。

第三期中较小工程之未列入以上者共费三十二万八千三百二十三元。

1.建龙凤河节制坝　龙凤河龙凤桥口。救济该河流域水灾。建闸后,当北运河水位高于龙凤河口水位时,即可闭闸,以防侧灌,若龙凤河水位高于北运河时,则随时启闸泄水,以免沉灾,闸分八孔,各宽四公尺,泻水量为每秒一百一十二立方公尺,用混凝土建筑,闸门用钢制,并用绞车一辆,来往于钢筋混凝土机架钢轨之上,司启闭。一九三五年四月二十日至一九三五年七月三十一日。十四万五千四百一十四元。

2.疏浚南运河下游　由靳官屯减河口至天津金钢桥运河下口。惠农利航。工长八十八公里,定河床北降为二万二千分之一,河底宽八公尺,水深一点三公尺,分六段施工,用夫三十七万六千工,挖土一百四十五万八千三百二十四方。一九三六年五月十八日至一九三六年七月十三日。三十四万零一十三点五元,由长芦盐运使署在河工捐款拨付。

(三)山东省内各河治导工程

鲁境水利工程,向以运河为较著,惟久废待理,其他各河流,亦有同样情形,兹所采列各工程,仅见端倪耳。

1.疏浚万福河　全河。通航利农。完成土方四百五十万二千五百方,皆征工办理。一九三一年开工。折值费三百六十万二千元。

2.疏浚洙水河　全河。通航利农。征工完成土方三百三十万方。一九三一年开工。折值费二百六十六万四千元。

3.修筑湖埝　通航利农。征工完成土方五十万四千方。一九三一年开工。折值费四十万三千二百元。

4.疏浚赵中河　通航利农。征工完成土方二百六十三万方。一九三二年开工。折值费一百五十七万八千元。

5.疏浚小清河　通航利农。工长三公里,完成土方六万公方。一九三三年二月至一九三五年六月。三万元。

(四)江苏省内各河治导工程

近来江苏省水利工程之振兴,直如雨后春笋,其成绩之佳良,实为全国各省冠,以向为财富之区,又为商业政治之中心。宜其为水利省之模范。兹将其荦荦大端,〈列表于后〉(叙述如下)。(浚浦局工程未采入)

1.导淮入海　自杨庄至套子口。疏浚废黄河并裁弯取直,开新河,恢复海水故道,并利用农隙，征工十六万至二十四万人。原计划河底宽一百二十公尺，两坡一比二点五，两堤距离三百五十公尺，全长一百六十七公里。其初步工程河底宽二十五公尺，河床高度及两坡仍照原计划，在洪泽湖水位高十三点五公尺时，为四百八十五立方公尺，在十五点五公尺时五百五十立方公尺，共须挖土七千一百四十一万一千六百零二公方，截至一九三六年六月，已完成土方七千四百七十万六千七百七十六公方。一九三四年十一月一日至一九三七年十二月。预算数目为八百八十四万二千七百八十六元，经济委员会拨款二百二十万元，江苏省库拨付一千二百万元。各县因征工所用之费在外。

2.疏浚玉、竹、门龙及新洋四港　共完成土方四百五十四万七千六百八十八公方。一九三一年。实发麦粮九千零二十五吨。

3.疏浚沭河及蔷薇河　一九三二年。二十四万元。

4.疏浚六塘河浅段　宿迁椿树底至三岔河口。六塘河间段淤浅，阻碍水流，用民夫九千人。此河疏浚后，可使沂水畅泄入北六塘河，以免沂、沭涨水成一片，工长十四公里，土方三十三万公方。一九三五年三月至一九三五年五月。江苏省库拨款五万二千五百三十元。

5.疏浚柴米河　平墩庄柴米河口至盐河口。年久淤塞，征夫一万一千四百人举办。此河疏浚后，可使沭水一部分畅泄入万公、含养两河而达盐河，以免犯沭，工长二十点五公里，土方五十九万公方。一九三五年三月至一九三五年五月。江苏省库拨款十万五千二百一十四元。

6.疏浚后沭河　南起聂湾北至张渡口。沭河淤塞，泄水不畅，增加疏浚，而功效不著，故续浚，用民夫四千人。蔷薇河、后沭河为沭水正流，经疏浚后，沭水可由后蔷薇河北向畅流，工长十七公里，土方约三十九万公方。一九三五年三月至一九三五年五月。

7.疏浚烧香河　灌云县东北。年久淤塞，几如平陆，征夫一千人举办。此河为沂、沭两河之尾闾，经疏浚后，可使沂、沭畅流入海，正干长二十三公里、土方一百一十二万公方，支流长五点五公里、土方十二万公方。一九三五年三月至一九三五年五月。

8.疏浚镇锡运河　镇江、丹阳、武进、无锡、江阴。年久失修，致亢旱成灾，用工赈办理。一九三四年夏季亢旱，乃自镇江至无锡运河及江阴黄田港，一律挖深至吴淞零点以上一公尺，工一百四十公里，浚土三百二十二万五千三百七十三公方。一九三四年十一月至一九三五年五月，由一九三四年江苏旱灾公债拨付八十万元。

9.疏浚宜溧金丹运河　丹阳、金坛、溧阳、宜兴、高淳。年久失修，致亢旱成灾，用工赈办理。宜溧运河及丹金溧漕河，全长一百七十三公里，计划实行部分为九十四公里，浚土一百三十三万三千六百九十八公方。一九三四年十一月至一九三五年五月。

由一九三四年江苏旱灾公债拨付三十六万元。

10.疏浚赤山湖　溧水、句容、江宁。年久失修,致亢旱成灾,用工赈办理。此工程包括赤山湖及其上游南、北、中、西四河与支流句容河,下游之秦淮河,与支流溧水河工长一百零九公里,浚土八十四万零七百八十七公方,筑堤土方一百零三万七千五百四十九公方。一九三四年十一月至一九三五年五月。由一九三四年江苏旱灾公债拨付四十三万元。

11.玉、竹两港建闸　玉、竹两港下游。蓄溪水,御碱潮。玉、竹两港为里下河归海干道,经工赈疏浚后,应各建钢筋混凝土大闸一座,闸各五孔,宽二点五公尺,设闸门及启闭机械,闸成后,里下河各县一千数百万亩农田可得水利。一九三四年春至一九三五年四月。两闸工费二十二万一千九百六十七元。

12.门龙、何垜两港建闸　门龙、何垜两港下游。蓄溪水,御碱潮。此两港亦为里下河归海干道,经工赈疏浚后,门龙港建十孔混凝土闸三座,何垜港建四孔混凝土闸〈乙〉(一)座,闸门用木制,各宽二点五公尺。一九三三年至一九三四年冬,经济委员会拨款门龙港闸估费三十万零四百元;何垜港闸估费七万零三百八十元。

13.白茆港建闸　白茆港口裁弯取直处。港接长江,常以江潮顶托,使河身淤塞及泛滥成灾,并缺清水,难济干旱。此闸为钢筋混凝土建筑,计分五孔,各宽七点四六公尺,闸门用木制,夹以钢架,并安置齿棍,与启闭机械相衔接,并用均重铊,以平衡闸门重量,俾以启闭,此后可节省疏浚工款,减免水灾损失。

14.吴淞江虞姬墩裁弯取直　吴淞江虞姬墩附近。虞姬墩弯曲淤塞,泄水航运均感不便。新河底宽十六公尺,比降三万分之一,岸坡一比三,计华大砖瓦厂、姚家宅及张家宅共三段,共长三公里余。一九三五年六月一日至一九三五年十月十八日。扬子江水利委员会进行工费十一万八千一百三十七点四元。

(五)浙江省内各河治导工程

浙江各河,以钱塘江为最大,其下游土地,涨坍靡常,急待整理。浙西河道纵横,密如蛛网,大都年久失修;浙东地大物博,而水旱频仍,亦治导河流为先急。兹将十年来之较大工程略述于下。

1.整理南河钱塘江案第一期　萧山、绍兴二县。为江潮山水冲激,致坍涨无常,损失甚巨。于沙头筑挑水坝二座,用以挑溜保坍。一九二八年至一九三一年。由受益田亩征收亩捐二十万元拨付。

2.整理南河钱塘江案第二期　萧山、绍兴二县。为江潮山水冲激,致坍涨无常,损失甚巨。加强第一期二坝工程,增筑 D. H. F. B. E. K.,各坝完成后,涨沙随坝进展淤成平陆,已恢复一九二八年以前情形而有余。一九三二年十一月至一九三四年五月。

由受益田亩征收亩捐四十万元及省库拨付十三万元。

3. 整理杭州附近钱塘江岸　杭州及萧山。江岸土地崩坍,江流易势,轮渡困难。建筑南岸挑水坝三座、北岸挑水坝三座,用以束水刷沙,使江底冲深,两岸淤涨,俾成一有规律之固定河槽,俾钱江轮渡往来便利。一九三一年七月至一九三四年三月。估费二十九万元,由杭州市政府向受益田亩按期分征十分之九,由省库补助十分之一,完工时共费三十八万八千四百九十四点七六元。

4. 开辟桐乡河道　属桐乡县城南。年久淤塞,灌溉失利。开辟新河一道,并裁弯取直一段。一九三二年一月一日至一九三二年四月四日。由浙西水利议事会拨款共费三万一千一百六十七点五九元。

5. 疏浚炉头市河　嘉兴炉头市。年久淤塞,交通不便。疏浚河道及修筑石护岸。一九三二年四月四日至一九三二年五月二十日。费七千四百六十六点五四元。

6. 疏浚机坊港　吴兴县。疏浚淤塞,而淡沉灾。此港南通龙溪,北达小梅口,为西苕溪入太湖之尾闾,浚河筑堤以利宣泄。一九三二年十月十三日至一九三四年五月十二日。费十五万一千二百五十七点二二元。

7. 疏浚平湖泗河支流　平湖、嘉兴、海盐三县。疏浚淤塞,以通潮后。此支流承黄浦江潮汐,利用吐纳,以资蓄泄,分三段进行。一九三四年九月一日至一九三五年二月二十日。费三万八千九百九十二点五八元。

8. 西江建闸　黄岩西门外西江裁弯取直一段中。蓄淡水、御碱潮及排泄山洪。黄岩、温岭二县壤地接连,同在一冲积平原之上,约一百一十万亩,旱潦成灾,息息相关,先筑西江闸以利其东北部。闸分八孔,各宽二点五公尺,用混凝土建筑,闸门用板制,钉以钢条,并安置齿棍与启闭机关相衔接,闸上建石槛。一九三一年十一月十六日至一九三三年六月三十日。费十一万四千九百九十一点六三元,由黄岩受益田亩征收亩捐拨付及省库补助一万元。

9. 金清港建闸　温岭下东乡拉萨汇裁弯取直一段中。蓄淡水、御碱潮及排泄山洪。建闸新金清闸,以利温岭、黄岩两县平原之东南部。此闸用混凝土建筑,分二十二孔,各宽二点五公尺,闸门及启闭机械之结构与西江闸大致相同,闸上建钢筋混凝土桥一座。一九三二年十月一日至一九三五年三月二十八日。费三十六万一千一百三十二点九四元,由温岭、黄岩二县征收亩捐拨付及省库补助三万五千元。

10. 东泌湖复湖筑堤建闸　诸暨县。调节水流及护田。浚湖蓄水,筑堤防潦,建闸用以操纵湖水位。一九三五年十一月开工。费二十万一千八百零五点三三元,除工赈拨助五万元外由地方自筹。

11. 疏浚长水塘河　海宁至海盐。年久淤塞。挖土三十二万三千八百三十八公方。一九三五年二月至一九三五年七月。工赈款七万四千八百九十五点七元。

12.疏浚蒋家潭水道 余杭县。年久淤塞。挖土十五万六千四百六十公方。一九三四年十二月至一九三五年五月。浙西水利费四万六千三百一十三点七六元。

13.疏浚各县河道 杭县、海宁、海盐、余杭、嵊县、江山、富阳各县。年久淤塞。遵照国民劳动服役规则办理各工程,由各县政府招集壮丁,按规定计划办理。挖土一百一十三万六千零一十七公方,土方不给价。

(六)福建省省内各河治导工程

1.疏浚闽江 闽江下游。港道太宽致浅滩偏涨,有碍航行。将原有港道收管五分之一,建筑纵堤,俾港道日渐刷深。堤长一万七千尺,挖沙二十五万零二百六十二点二八公方。一九三五年二月至一九三五年十二月。浚河捐拨用三万六千元。

2.疏浚各县河道 龙溪、晋江、南安、莆田、南靖、同安、漳浦、福清各县。年久失修。冬令劳动服役,浚河、堤筑、重闸、挖塘、建坝等工程。一九三五年十一月至一九三六年三月三十一日。不给工价,杂支由赈务会拨付。

(七)广东省省内各河治导工程

广东省河流之最大者,为东西北三江及韩江,而统名之曰珠江流域,河道纵横,最绕(?饶)水利,近十年来之新建工程成绩亦甚可观。兹录其较大工程于下。

1.西江宋隆活闸及筑围 宋隆水口及平头鹭鸶峡河蛟等处。免除闸内低地之水灾。建闸后,约有一百三十五平方公里之低田可如常耕植,年增收约一百万元。一九二三年一月至一九二七年七月。费三十七万八千七百零九点一八元,由民间筹拨。

2.芦苞活闸各工程 北江芦苞涌口。减轻花县、南海各县水灾。此活闸用以调节芦苞涌流量为主,分四期进行,以至完成。一九二一年三月至一九三五年六月。先后共费一百一十万五千二百四十九点八六元。

3.寒溪水闸 东江东莞县。开拓闸内低地。建闸后,约有八万一千余亩之低田,可耕两造或一造,年增修益五十万元。一九三三年十二月至一九三五年六月。费十八万元,由闸内受益田亩抽收亩捐拨付。

4.沅涌西蓉堡两水闸 西江高要、高明县属泰和、秀闻等十三围。防潦卫田。工程完成后,十三围可免潦患,捍卫田亩九万八千五百亩及一百三十五乡,并可省除内基十五公里之每年养护工程。一九三四年十二月至一九三六年五月。广东治河委员会转借中央款三十四万九千元。

5.韩江下游凿滩 梅河马口、晒禾八门、张河决、教师决、青草、鳗村七滩及汀河石下坝、铲坑二滩。利航运,免水灾。以上各滩,共炸石去石方二千零六十四啡,每年可减少沉船损失十余万元。一九二六年十二月至一九三四年四月。先后费三万六千六百二十七点五元。

6.韩江下游裁弯取直　秀才、崎坎、鲤鱼、鳌头、蓬洞等洲,石厝陇、赤滘东溪埔、吕厝陇等处。利航运,免水灾。各端工程实施后,若遇天旱,每天来往潮汕之数百艘船只可以畅行,又可减去下蓬全区水灾。一九二三年十二月至一九三二年七月。先后费二十万五千六百七十五点七二元。

(八)广西省内各河治导工程

疏浚邕梧河道　南宁至贵县。便利交通。一九三五年十一月开工。费十万元。

(九)云南省内各河治导工程

疏浚省会各河道并修缮堤防　省会各河道。舒畅河流,防御水灾。一九三一年至一九三五年。计滇币十万元。

(十)安徽省内各河治导工程

1.疏浚华阳河　华阳。江水倒灌,宣泄不畅。此河流域横鄂、皖、赣三省,兹疏浚江家埠及吉水附近河身,以利航运而免水灾。一九三五年三月开工。费五千元,原定工款二万元,赈粮二千石。

2.疏浚巢湖　巢县。利航运及灌溉。一九三五年三月开工。费一万五千元,原定工款五千元,赈粮二千七百石。

(十一)江西省内各河治导工程

江西近年来大兴水利,为■■平后,复兴农村之张本。曾有六年水利计划及设八区工程处,分类兴办。〈下表所列〉(叙述如下),仅见其发端耳。

1.整理南州水利　南州。减轻水灾。建箭江口节制闸、□墅港口操纵闸、南州泄水闸,疏浚抚河卜游及修筑抚河东西堤。一九三七年一月十五日开工。预计费一百三十八万元,由银行借款拨付,由受益田亩征捐归还。

2.建抚河两岸水闸涵管　抚河两岸。减轻水灾。红石泄水闸三座,泄水涵管十三道,钢筋混凝土泄水涵洞四道。一九三五年一月至一九三五年四月。费五万元。

3.疏浚顺港　进贤县。缩减航程。由进贤至南昌,水道曲折,滩阻甚多,须开挖河长一千公尺,挖土三万四千二百二十八公方。一九三五年二月至一九三五年三月。土方就地,征工不给资。

4.疏浚广昌河道　便利交通及排洪。开挖土方三千公方,打护沙桩一千六百根。一九三五年三月至一九三五年四月。土方、征工不给资,省库付木桩费五千元。

5.筑赣河护岸　丰城及南昌。保固农田。丰城鸡婆畬花园垱,南昌三家店及富有、富大等圩,均须建石护岸,以资保固。抛石七千五百公方,成挑溜坝五座。一九三五年一月至一九三五年四月。由受益田亩派四万七千五百元。

6.华丰桥蓄水闸　九江。蓄水资灌溉。闸三座,位庐山之阴,即蓄兹山之水,润田四千余亩。一九三五年开工。由经济委员会拨款三千元。

7.兴办抚河流域水利　宜黄、崇仁、金溪、南城、南丰、黎川、广昌等七县。河床淤塞,泛滥成灾。修堤三十五公里,修坡坝一百零五座,浚沟一百六十二公里及开挖水塘等工程,共挖土六十九万一千五百公方。一九三五年一月至一九三五年三月。征工不给资。

8.兴办全省水利　全省。恢复■■农村经济。筑堤、修坡坝、挖蓄水塘、浚沟、设抽水机站、建蓄水库。一九三五年十一月开工。需费六十七万一千四百七十九元,由省库补助三分之一,余由地方摊派。

(十二)湖北省内各河治导工程

建筑金水闸　武昌金口。免防水倒灌成灾。金水流域面积二千四百八十平方公里,禹观山旁建坝及筑泄水闸,于矶山建船闸,以利航行及受益农田九十万亩。一九三三年五月一日至一九三五年四月二十八日。湖北堤工捐款拨付八十八万七千七百四十三点四六元。

(十三)湖南省内各河治导工程

疏浚注滋口引河　由注滋口至洞庭湖。缩少(小)洞庭湖泛滥区域。引河长二点五公里,河底宽三十公尺,两岸坡为一比一点五,使荆江入西湖之水直泄东湖而出。一九三五年十一月开工。由湖南水灾善后委员会拨款二十万元。

二、灌溉工程

(一)绥远(原省级行政区,后撤销,今内蒙古中南部)灌溉工程

绥远省自一九二八年大旱为灾,延长至三年之久,赤地千里,状极凄惨。当局以急兴水利,为防旱根本要图,乃倡议开辟民生渠,规模极为宏大,惟因兴工仓促,各部工程尚有未妥之处,虽经设法整理,仍待继续进行。兹将此渠大略及其他工程〈列表〉(叙述)如下。

1.建筑民生渠　萨、托两县,西起磴口,东至后野场。防旱兴利。干渠一道长七十

二公里,支渠十道,共长七十九公里。桥梁二十座。闸门二十座。一九二八年至一九三二年,费八十万元,由华洋义赈会拨付五十万元,由省库拨付三万元。

2.疏浚旧有渠道　全省,年久淤塞。一九二八年至一九二九年。费十九万元。

(二)宁夏灌溉工程

宁夏位黄河上游,向有十大渠,皆赖黄河之利,可灌溉田七十一万一千亩,故有"天下黄河富宁夏"之谚,近复增辟渠道,其利更普矣。

建筑云亭渠　宁夏、宁朔、平罗三县。引水溉田五十万亩。借惠农渠旧渠桶,展宽至一丈八尺,俾增加水量,并筑长坝于渠口上游,以便引水入渠,渠长一百二十里。一九三四年十二月一日至一九三五年五月一日。费三十七万六千二百三十三元,由经济委员会补助二十万元。

(三)甘肃灌溉工程

甘肃土质肥美,惟地属大陆,雨量稀少,遂致频年荒歉,民不聊生。经济委员会本开发西北之旨,拨款兴修是省水利,为复兴凋敝农村之先务,洮惠渠之工程,为陇右水利之第一章。继之而起者,正方兴未艾也。

建筑洮惠渠　临洮县。引水溉田。由大户李家建闸,开渠引水,由干达支,灌溉临洮南北两川之地三万五千余亩。一九三五年十月十五日开工。估费七万五千元。支渠由人民自开不给资。

(四)陕西灌溉工程

关中素称沃野,且为全国灌溉工程之发源地,但年久失修,又兼雨量稀少,常患旱灾,甚至十年九旱,民生凋敝,臻于极点。近十年来,惨淡经营,整旧谋新,成效大著。兹将其效大工程〈列表〉(叙述)如下。

1.建筑泾惠渠　泾阳、三原、高陵、临潼、醴泉五县。恢复旧渠,开辟新渠,引活水溉田。由泾河谷口,跨河筑堰凿洞引水,经总干渠至社树,分南、北二干渠,又分八大支渠及多数农渠,输水入田中。截至一九三四年止,已灌地五十七万亩,年可征收水捐十八万元,为建筑其他水利工程之用。一九三〇年冬第一期至一九三二年夏;一九三四年第二期至一九三五年夏。第一期费华洋义赈会拨付七十一万五千六百五十六点九七元,檀香山华侨捐十五万元,朱子桥捐水泥二万袋,省库拨付四十八万八千六百四十三点五九元;第二期费华洋义赈会拨付八万九千五百一十三点六二元,上海华洋义赈会拨付四万六千元,全国经济委员会拨付十四万八千三百元,省库拨付三万七千二百六十八元。

2.建筑洛惠渠　澄城、蒲城、大荔、朝邑四县。开辟新渠,引洛水溉田。由澄城三状(？洑)头,筑十坝引水,穿山洞五,过渡槽,至大荔夺井出山达平原,分东干、西干及中干三渠,而中干渠又分中东、中西二渠,复达跌水二十一座,桥梁六十座,涵洞二十五座,斗门七十四座。成后,可灌地五十万亩。一九三四年五月开工。费约一百八十二万元,除省库拨付四十八万元外,[余]均由经济委员会拨付。

3.建筑渭惠渠　郿县、扶风、武功、兴平、咸阳五县。开辟新渠,引渭水灌田,工程分二期进行:第一期工程完成渠道四十公里,大坝一座,引水闸、冲刷闸一座,渠闸泄洪闸一座,渡槽一座,跌水十二座,桥梁三十六座,斗门二十八座。由郿县城北,跨渭河筑大坝,建闸引水;由第一渠行五十三公里至金铁寨,分为第二及第三渠。二渠长二十一公里,三渠长四十公里,又有四渠长二十公里,五渠长十五公里,共可溉地六十七万五千亩,第一期仅能溉田七万亩,余待第二期工成。一九三五年春第一期;一九三六年冬第二期,至一九三六年十二月十五日完工。第一期费一百四十七万元,由银行团息借,由渭惠渠水捐逐年偿还。

4.建筑梅惠渠　郿县、岐山二县。整理旧渠,开辟新渠,引斜谷水溉田。于斜谷中筑流水坝,引水石洞,排洪闸及节刷闸各一座。输水工程,分东、西二干渠及支渠与分水闸、跌水、涵洞、桥梁、斗门等工程。工成后,可溉地二十万六千亩。估费五十三万九千三百六十八点五六元,由经济委员会拨付。

(五)山西灌溉工程

晋省河流除黄河外,以汾河为最大,固有灌溉之利,惟大规模工程尚待进行,然各县修渠凿井之工,随处可见。兹统计全省有渠灌溉者七十四县,共有渠一百零三处,共长一千四百一十二点八公里,共有灌溉面积二百四十五万七千七百三十七公亩,共凿土井三千九百零五口,自流井五十九口,共有灌溉面积五万七千九百八十九公亩。

(六)河北灌溉工程

1.滹沱河工程　平山、获鹿、灵寿各县。开辟新渠,引水溉田。于平山黄壁庄筑堰通水,引入南、北两渠,建引水闸、进水闸、泄水闸,复设抽水厂,抽水灌溉高乡之地,以补流渠灌溉之不足。二期进行,工成后,可溉地三十八万亩。一九三三年十月二十日第一期开工,至一九三五年六月十五日第一期完工。由省农田水利工赈基金项下拨发,估费六十万元。

2.崔兴沽工程　蓟运河右岸崔兴沽。华北水利委员会试验灌溉工程。辟渠引蓟运河水至抽水站,抽水入储水池,沉淀淤泥,然后放入进水渠及分水渠、分水沟等入灌溉地,共灌溉试验场地四千八百七十五亩及邻地十二万亩。一九三三年九月二十日至一九三三年十二月十三日第一期；一九三四年四月二十二日至一九三四年七月一日第二期。费三万三千七百八十七点三一元，由华北水利委员会拨付。

(七)山东灌溉工程

鲁省以黄河河床增高关系，地面低于河水，而至一百七十万亩之多，故当局提倡用虹吸管吸水、淤田及灌溉之计划，分三期进行。第一期淤田，第二期灌溉低地，第三期设抽水机灌溉高地。〈下表所列〉(如下所述)，仅属第一期工程。

1.虹吸淤田及溉田　王家黎行。改良农田，增加收益。修筑涵洞二座、量水门一座、分水闸二座及虹吸口与吸水机等，获益农田至二万四千余亩之多。一九三五年四月开工。省库拨付四千七百四十四元。

2.虹吸淤田及溉田　青城、齐东。改良农田，增加收益。修筑支渠十四公里，泄水渠五公里及分水闸一座，获益田亩三万三千亩。一九三五年四月开工。

(八)河南灌溉工程

1.引黄河水入惠济河　开封、陈留、杞县、睢县、柘城。灌溉农田，便利航运。设虹吸管长九百六十公尺，浚惠济河长一千三百八十八公里，建闸四座、涵洞一百三十道、桥六座，又浚黄惠河长一百二十三点九公里，建桥二十四座、涵洞三十七道，引水渠长八十八点五公里。一九三三年二月至一九三五年七月。

2.凿井　全省各县。供给饮料及农田灌溉。凿模范井二百二十口，普通井九万五千七百二十二口。

(九)安徽灌溉工程

引淠水入芍陂塘　寿县。恢复旧时灌溉工程。引淠水入陂，挖土三千七百八十二市方。一九三五年三月开工。费二千七百五十七元，原定工款一万元，赈粮变价款一万零二百元，由省库拨给。

(十)江苏灌溉工程

设抽水机用电力抽水灌溉田亩及排泄积水　武锡区庞山湖场及凤德区。改进水利，施行模范灌溉。武锡区有戽水站二百八十二处，专用杆线一百五十余里，用电七百瓩，溉田二万五千亩。庞山场有垦熟田亩六百二十七万三千六百九十七市亩，凤德区面积一千六百余亩。一九三五年四月成立。一九三五年建设委员会支出经常费六万四千八百四十六点七九元，临时费七万七千零八十点二三元，收入费四万三千四百八十二点八四元。

(十一)福建灌溉工程

莲炳港工程　长乐县莲炳港。抽水溉田。第一期工程设置四百匹马力抽水机二架于尾道,抽水入总干线,再分中、南、北三线,可灌溉一百万亩之稻田。一九二七年三月第一期,至一九二九年春第一期完。费一百零五万七千一百一十点一三元为第一期工费,用海军名义向殷商息借五十万元为第二期估费。

(十二)广东灌溉工程

1.设抽水机灌溉田亩　阳江、陆丰、防城。增加农产。设机开渠,可灌溉农田一千五百亩,年增收稻粮(梁)一千六百石。一九三五年四月至一九三五年十一月。费四千二百元,又一九三三年及一九三四年设机开渠等费二万七千八百元。

2.设抽水机排泄农田积水　新会第二区华生围、孖州围及番禺、石门、反照。排除过量之水,以利耕植。一九三五年二月至一九三五年五月。费八千五百元,又一九三三年及一九三四年装机排水费一千元。

(十三)广西灌溉工程

广西以往灌溉及防水工程,有广泽、中兴、重兴、复兴、古贤、泗文、派浩、架天车、林洞、基龙滩等坝及香河、大壮、义江等水坝,共溉田二十三万一千四百亩,除民间自行建筑外,省库拨款四万元。

1.恩乐水坝　恩乐同市村。增加农产。蓄水溉田二万亩,每年增谷六百万斤。一九三四年五月开工。省库拨付十万元。

2.青山水坝　荔浦、合江。增加农产。蓄水溉田一万二千亩。一九三四年六月开工。省库拨付三万元,民间派捐三万元。

三、修防工程

(一)湘、鄂、皖、赣、苏、豫、鲁各省江、淮、汉、运诸水修防工程

一九三〇年秋,江、淮、汉、运诸水同时泛滥成灾,政府组织救济水灾委员会,除施行急赈农赈外,分十八区办理工赈,支出现金三百三十九万九千三百六十五点二六元,麦子八万九千一百三十四点五八短吨及麦粉八万七千一百一十八点九九短吨。用费之大,工程之广,可谓空前。就中以修复堤防之工为较多,兹〈列表〉(叙述)如下。

修堤:

1. 长江沿岸　防水灾。堤长一千八百一十一点六六公里,完成土方一千七百一十二万五千九百五十二市方。

2. 赣江沿岸　防水灾。堤长六百三十四公里,完成土方一百四十三万二千八百九十三市方。

3. 淮江沿岸　防水灾。堤长九百四十五点七公里,完成土方六百三十四万六千八百二十九市方。

4. 汉江沿岸　防水灾。堤长三百三十六点八公里,完成土方二百三十三万九千四百七十一市方。

5. 河北运河沿岸　防水灾。堤长二百零八点五公里,完成土方三十八万八千九百四十市方。

6. 河南伊、洛、沙、颖四河沿岸　防水灾。堤长二百零八点五公里,完成土方一百七十八万三千五百五十五市方。

7. 山东运河沿岸　防水灾。完成土方七十六万六千八百二十九市方。

8. 湖南滨湖各处　防水灾。完成土方九百四十二万六千零五十市方。

以上工程均为一九三一年十二月至一九三二年八月。

(二) 豫、冀、鲁各省黄河修防及堵口工程

黄河为吾国之败子,自古迄今,凡修堤堵口工程,动支巨款,而由决口或改道所损失之生命财产已无可数计,近复变本加厉,黄域居民,几无宁日。兹将近十年来修防工程,〈列表〉(叙述)于下。

1. 扈家滩堵口　山东利津。冰凌泮解漫决口门三处,夺溜八成以上,被灾六十余村。在决口处用硬厢及楷料进占两种,因工料不齐失败,及变更计划,修筑护埝及减水柳坝,堵塞各水沟,用工十五万六千人。一九二九年六月十日至一九三〇年七月十五日。费十万六千六百五十四点九一元。

2. 冯楼堵口　河北石头庄。秋泛暴涨,决堤五十余处,以此口为最险。用挂柳枝、挑水坝、铅丝网护岸及挖引河四道堵塞冯楼四沟,用蛮石、大砖及柳把铅丝网,建筑截流坝,以堵塞金门。一九三三年十一月至一九三四年三月十八日。

3. 培修金堤　自山东陶城埠起至河南滑县。加高培厚,以防河灾。堤长一百八十一点六公里,堤顶以高出一九三三年洪水位一点三公尺为度,宽七公尺,内外坡十三收分,估计土方二百一十七万一千八百余公方。一九三五年四月十六日至一九三五年七月二日。费三十三万一千七百六十五元。

4. 培修贯孟堤　自贯台起循华洋堤至吴楼展至孟冈。加高培厚,以防河灾。堤长二十三点七公里,就中十二公里,堤顶宽十公尺宽八公尺(?),临河十三收分,背河十四收分,并分筑翼坝十六道及闸门一座。一九三五年五月至一九三五年十月五日。费二十四万五千五百三十二元。

5.培修小新堤　兰封一带。加高培厚,以防河灾。全堤增高至一九三二年最高洪水位上二公尺,并于临河之面做块石护岸。一九三五年五月二十四日至一九三五年八月二日。费五万二千二百二十三点六六元。

6.沁河口护滩　沁河口西至九堡十二坝。加高培厚,以防河灾。滩长四点五公里,先垫高滩面,俾高出洪水位一尺,临河削坡铺石子,坡脚抛石块。一九三五年七月至一九三五年十月十六日。费三万七千五百四十五点五九元。

7.培修三省大堤　豫、鲁、冀三省。加高培厚,以防河灾。修中牟大堤护岸,培修陈桥迤东大堤,修大车集至石头庄低堤及护岸,整理刘庄及老坝头险工,培修朱口至临濮集大堤,培修黄花寺至十里堡大堤。一九三五年三月二十一日至一九三五年八月十三日。估费六十五万零二百三十一元。

8.贯台堵口　河北长垣。冰汛增涨,决口增深至二十五公尺。于西坝迤上料厂附近,作挑水坝一道,于坝外分溜处作缓溜工程,复修华洋埝及九股路复堤工程。一九三三年十一月十二日至一九三五年四月十一日。费五十一万元。

9.董庄堵口　山东董庄。伏汛决口,鲁西、苏均受重灾。裹护李升屯残埝头,培修江苏坝及圈堤,培修李升屯至苏司庄埝坝,加培朱口至董庄大堤,堵塞口门,修复大堤及民埝。一九三五年十月至一九三六年春。核定费二百六十七万零五百三十四元。

(三)河北修防工程

1.永定河修防　河北省内。修堤防灾。河南岸分五段,河北岸分九段,各设局办理。一九二六年至一九三五年。一九二六年至一九三一年,各费二十四万元;一九二八年至一九三二年,按月拨一万二千五百元;一九三二年至一九三四年,按月拨六千二百五十元;一九三五年费七万三千零五十元。

2.北运、南运、大清、子牙各河修防　河北省内。修堤防灾。各河设河务局办理岁修等工程。由省库河工专款拨付。

3.永定河金门闸堵口　堵口救灾。分全工程为二期进行,第一期一九三○年完工,第二期一九三二年完工。一九二九年第一期,至一九三○年第一期完工;一九三二年第二期完工。费六十三万七千元,第一期;费二十九万九千四百零二元,第二期。

(四)河南修防工程

1.培修卫河堤　河〈北〉(南)省汲城镇至合河镇。修堤防洪。增加卫河容量以防洪水,修堤长一百六十五点九公里,共做土方四十三万零七百二十八公方。一九三五年四月至一九三五年十二月。费二万五千四百一十三元。

2.培修漳河堤　临清以下河道。修堤防洪。堤长五十二点零五公里,平均高三公尺,顶宽四公尺,两坡一比二。一九三五年十二月开工。

3.黄河修防　全省。修堤防洪。一九二八年起年定四十九万六千三百六十元。

(五)陕西修防工程

堵修沣、浐、灞各河堤决口　沣、潏、皂、浐、灞各河。堵口救灾。堵沣河决口八十四个,共土三万五千六百三十三公方;堵潏河决口二十五个,共土八千九百九十三公方;堵皂河决口十一个,共土五百零五公方;堵浐、灞河决口三十四个,共土二万九千二百七十七公方及筑拦水坝、挖引河、浚淤等工程。一九三五年七月至一九三五年九月。

(六)江苏修防工程

1.江北运堤修防　江北运河两岸。修堤防洪。春修夏防,逐年办理。每年定额十万元。

2.江北防黄　铜、沛、丰、邳、宿、沭阳、东灌、泗、涟等县。防堵救灾。设铜山、运河及沂沭尾闾三防区,分头进行,全部土方用征工办理。计筑微湖西堤,又老河堤拓宽蔺家坝口门,抢修运堤,积土裹运河一带,建中运河束水坝及沂沭尾闾工程。

3.江南海〈唐〉(塘)修防　宝山、太仓、松江、常熟。修堤防潮。就险工处,大事修补,并整理残缺,以防坍圯及以前抢险各段,兴土塘外滩坍削者,均改建桩石工。一九三四年至一九三五年。费十万元。

(七)浙江修防工程

1.江海塘修防　绍兴、萧山、杭县、海宁、海盐、平湖各县。修堤防潮。本省塘工,多系鱼鳞石塘,建筑坚固,因年久失修,间段沉坍,当为择要拆筑斜坡塘以资御潮,而保农田。一九三二年至一九三四年。杭海段十六万零六十四点七元;盐平段十二万零七百八十六点七元;绍萧段十八万二千四百零一点三元。

2.岁修江海塘　绍兴、萧山、杭县、海宁、海盐、平湖各县。修堤防潮。修筑石盘潜水坝及抑筑塘身,暨护塘坝北。一九三五年三月至一九三五年七月。费八万一千五百二十二元。

(八)江西修防工程

培修赣、抚两河堤　赣河右岸新淦至南昌一百七十公里,抚河两岸南城崇仁县至南昌约三公里。修堤防洪。堤顶宽三公尺,高出洪水位一公尺,内坡一比二,外坡一比二点五,及堵塞抚河支流之汤家港口及三汊港渡口,完成土方一百九十六万四千七百公方。一九三五年一月至一九三五年三月。征工办理。

(九)湖北修防工程

1.培修江汉干堤　省境内扬子江及襄河两岸干堤。修堤防洪。完成扬子江土工二十八处,石工五十六处,完成襄河土工八十三处,石工三十八处,共培土五百二十八万六千八百五十六公方,用蛮石十六万零四百零八公方。一九三五年一月至一九三五年五月。费一百三十万三千六百八十元。

2.培修荆江大堤　江陵、监理等十数县。修堤防洪。自堆金台至拖茅埠,择险要工段培修。一九三五年一月至一九三五年五月。费九万七千七百元。

3.培修各县民堤　本省各县。修堤防洪。各县民堤分别办理。一九三五年一月至一九三五年五月。估费十四万三千零二十五元。

(十)广东修筑围基工程

粤省治河委员会自一九一九年至一九三三年,修筑东江围基,费五十六万二千五百九十元;自一九二四年至一九三三年,修筑西江围基,费四十九万九千一百五十五元;自一九三二年至一九三三年,修筑北江围基,费七万五千七百四十四元;自一九三一年至一九三三年,修筑潮、梅两属围基,费九万四千七百二十二元。

1.修筑东江围基　山尾及石牛垒、乡围、岭贝围、实勘头围。防洪护田。岭贝围护田三万九千亩;实勘头围护田二万五千三百三十亩。一九三五年二月至一九三五年六月。山尾及石牛垒费五万四千七百元;乡围一万二千九百元;岭贝围二万一千七百二十元;实勘头围一万零五百元。

2.修筑两江围基　秀丽围西头段、罗秀白石革围、网灶围、香山围。防洪护田。秀丽围西头段护田二万一千八百亩;罗秀白石革围护田九万八千五百亩;网灶围护田三百五十亩;香山围护田三千零五十一亩。一九三三年七月至一九三五年六月。费秀丽围西头段三万元;罗秀白石革围十五万九千元;网灶网一千七百元;香山围八千三百元。

3.修筑北江围基　鼎安围。防洪护田。护田约一万五千五百亩。一九三四年十二月开工。费三万零六百元。

四、港埠工程

吾国近十年来之新建设,与时俱增,国际交通之港埠工程,亦本总理遗教,努力推进。虽以经济关系,致北方、东方、南方三大港尚未兴工,而已兴工未成之葫芦岛工程,亦被劫以去,凡属国人,无不痛心。然我民族不愿灭亡,终有复兴之一日,则进行未兴之工程与收复国土,当能一一见诸事实。兹列港埠工程如下,以为他日之券。

1.修治青岛大港、小港船渠前海栈桥等工程　青岛市。便利海轮靠泊及客货上下。港内原有码头四座,岸壁共长三千三百四十九公尺,同时可蘑留一千至八千吨轮船六艘,一千五百至一万吨轮船八艘,六千吨轮船一艘,三千至八千吨轮船七艘,复于第二、第三码头之间,增建第五码头一座,岸壁长一千一百四十公尺。一九三二年七月至一九三六年。费三百八十万元。备考:又修治三万六千四百吨容积之堆栈二万四千七百零一平方公尺及三万八千五百吨容积之仓库二万一千五百零一平方尺。

2.开辟葫芦岛港埠　渤海中连山湾西。便利海轮靠泊及客货上下。海港本身分作五部进行:①挡浪坝;②靠船码头墙;③工作码头;④护岸堤;⑤挖掘港底及港门水道。凿平断冈北部大洼之坝,与半拉山及高梁垛山。一九三〇年七月二日至一九三一年九月十八日。造价筹金六百四十万元。因国难停工,每月由北宁铁路管理局拨盈余五十万元。

3.建筑福建马尾码头　马江之马限至罗星塔间。便利海轮靠泊及客货上下。地当马江要冲,北接平原,西连马尾,工程完成后,吃水二十尺之海轮靠泊码头,便利起卸。一九三五年八月至一九三六年七月。省府向交通银行息借二十万元,不敷由省库拨付。

4.建筑浙江钱江码头　杭州钱塘江岸。便利渡轮靠泊及客货上下。钱江北岸,建钢筋混凝土引桥及栈桥趸船,南岸建洋松引桥及栈桥趸船,各长一公里许,可通汽车及利人行。一九二一年北岸码头开工,一九二四年三月二十一日南岸码头开工,至一九二九年北岸码头完工,一九三四年六月二十八日南岸码头完工。北岸码头费未详;南岸码头费二十一万五千九百三十四点九元。

5.开辟涟云港　江苏海州老窑。便利海轮靠泊及客货上下。在老窑建筑一号码头一座,长三百五十公尺,宽六十公尺,用钢板桩为主墙,并建防浪堤一段,长九百五十公尺,用巨石堆砌。复建二号码头一座,长三百五十公尺,宽五十五公尺。复挖码头至港外航线一道,深在水平下六公尺,以利轮舶通行。一九三三年五月至一九三五年底。包价三百万元,一号码头;包价七十五万元,二号码头。

五、水工试验所工程

水工试验,为设计水利工程时,补助测验及学理之未周,而期待妥善之办法,以免工款虚耗之弊。近代各国多从事于此,以研究各项计划之良窳,而决定取舍,吾国此次工程,尚在萌芽时期也。

  1.建设第一水工试验所 天津、河北。试验水利工利计划。基本设备为清水试验、大试验渠及黄土试验三种及试验厅房屋工程。一九三四年六月一日至一九三五年六月。十一万元由水利机关认捐。

  2.建设中央水工试验所及临时试验所 南京。试验水利工利计划。在中央水工试验所未完成以前,先建临时水工试验所,为应目前实施工程之急需。一九三六年八月开工。费四十万元。

  以上所述,皆为吾国最近十年内水利建设之实施工程,至于全国水利事业,前导淮委员会顾问工程师 O. Franzius 尝有言曰:"中国虽为数千年之古国,而谈到水利事业,实为水利工程家一广大无限之新发展地。"可见吾国水利建设之待为者尚甚多,此十年中之所为,不过其发轫耳。最近中国水利工程学会上行政院一小册,名曰《全国水利建设计划》,包括白河、黄河、扬子江、珠江诸流域之灌溉、水力等计划,以及治导黄河、恢复南北运河诸伟大设施,举皆为吾国民生要图,甚冀其早日实施也。

第二部分 水功学术

黄 壤 论[①]

(鄙人于本校兼授地质学,重录于此,以代口授)

黄壤之性质形状及其于工事之关系

黄壤俗名黄土,兹依《禹贡》名之。德人名之曰 Loess,各国俱因之。美之密西西比(Mississippi)、欧之莱茵(Rhein)二川谷中俱有之,而无如吾华北方之特著。其生成之原或归之水,或归之风,或归之水风和(Theory of Chamberlin and Salisbury),而余则谓因风一说较可信。地质学家如庞贝利(Paphael Pumpelly)及科茵(Clarence King),俱于北华及蒙古考察有素,主张是说,而列希脱芬(F.V.Richthofen)则大阐明之(Aolitische Theorie von Richthofen)。吾华产此既特多,而其关系于殖民、农业、交通、水道者为尤巨,故特著是论。

黄壤自其外状观之,与泥土(Lehm)相类,昔之言地质学者,亦多以泥土目之,然二者实大有别。泥土之生成或由风化,或由动冰,与黄壤异其原也。黄壤之与泥土相类者,质粉细而色褐黄,此外则绝无相同之点。黄壤质坚而脆,且多疏孔,易以吸收水气若海绵然,不若泥土之见水即化为泥也。黄壤之积虽厚,然绝无层垒,惟间若干厚则有姜石一层。姜石者,石灰石及黏土之混合而状如姜,故名之如是(俗名亦曰料姜石)。德人名曰 Loesskindeb 或曰 Loessmännchen,译言黄壤中小儿也(其形多如凸者)。姜石之层多为平衡,其滤水不若黄壤之易,是于黄壤域地势变革大有关焉。黄壤易屺裂,而其裂面常取垂直方向,倾斜之坡于黄壤地域不数睹也。旅行者试由郑州越虎牢达洛阳,乘蹒跚之骡车行于十余丈深之坑道中,则见两面悬崖屹然壁立,有时划然崩裂道路为阻,而所留崖面仍壁立如故;又大谷之中常有四面崩削,独留一柱仍

[①] 十三册石印本中,本文仅有名目而没有正文。此论发表于《河海月刊》一九一八年第二卷第十期。

屹然不坠如塔峙立。其所以能如是者，因壤内含有直立之细孔为草茎芦根之遗迹，壤坚实故不能侵掩其空，雨水入此孔内量自较多，冲而扩之故易致圮裂也。

黄壤之性质如是，故于工业多有关系。北方建筑为省费计常以壤□代砖石，□颇坚，掷地不碎，虽不能胜大压力，而用之于不受压力之壁上实亦相宜。又黄壤板筑，亦坚实可恃。汴洛铁路之堑两旁俱竖立，且削之极平滑，剖面略如下图（原文缺图），盖若作斜坡反易为雨水所侵蚀也。建设者之用意，盖顺黄壤之性为之。铁道初成之后，颇觉此法甚善，然数年以后壁削之面已为风雨斜击，剥落崩损几全与天然粗面无异，则其防护崩落尚为未得法也。

黄壤之化学成分，在吾华者与在莱茵河上者毫无〈以〉（差）异，一沙石灰混合之土质（Sandy Calcareous Clay）也。其质之原状极粉细，拈于二指间可研为极柔绵之粉。若风掀之为尘，播于道上，经马蹄轮铁之摩击，久而失其脆性，则变为真正之泥土。壤中除含植物茎秆遗迹外，并含有陆栖动物遗迹如哺乳动物之骨类，又含陆栖之蜗壳等。

黄壤之延扩及厚积实足惊人。中国北方几全为黄土所掩，其面积之宽，在中国本部内粗计之亦不下六十三万方千米，向亚细亚内部黄壤之踪至乏水之沙漠始绝。向南则为秦岭所屏蔽，越岭而过者甚少，秦岭以东所不能屏蔽者则又播扬甚远，惟高峻之山得免为其所掩，然若山脉忽中断，则黄壤行之更远直达扬子江流域，而江之南岸亦间有其踪迹。若由汉水而下，则因秦岭屏蔽之功，使鄂、蜀及大江以南诸省毫无黄壤可睹。

黄壤之高，在山西之高原达一千八百米，在五台山达二千四百米，在中国西北部有达三千米者。其最厚者据Richthofen所估计约六千米，盖黄壤不独覆于高原山麓，亦有填溢深谷时也。由此观之，黄壤之生成非关于地壳之改状也。盖黄壤之所至，谷则填之，山则掩之，是地壳改状以后之所得也。川流、湖泊，海国之所冲积亦不如是也，其他不必细论。使黄壤因水而成，则必中国北方几经入海而出海，而其历史绝非最近者，以古代生物遗迹可以证之。故Richthofen归其原于风力，谓今日中国内部之黄壤即戈壁之沙漠因风而迁于内部者也。论者或谓黄壤之如是宽且厚，风力究何能至，然试令行于蒙古、西域等地，见每一风起，尘埋蔽日，空气挟沙，怒号飞舞，其力之厚足以颠马仆人，亦不敢忽视风力矣。此等沙漠之质，经风运送至风力稍逊处，则又落于地，渐递至中国内部水草丰润处，则为草所维系得以免其再播迁，后至者覆其上复生长植物，如是愈垒愈高，经千万年以成今日之黄壤。风之所及无垂直之界限，故黄壤得以覆山填谷，若属水成能如是乎？且黄壤中所含生物遗迹，概属陆栖者，无水产者，且常获古代人之遗骸及其器物等，知自有人类历史以来，黄壤尚日增其厚不已也。

黄壤地域缺乏腐殖土（Humus）。以常理论之，黄壤滋生植物又不缺乏雨量，何以不能生腐殖土？此亦由黄壤之生成未终止故也,盖常有新添之黄壤覆于旧壤之表面,故腐殖物不能生存。

黄壤既如是之厚,又易为车马摩击成为尘埃,故黄壤域道路多有陷至两旁地面下十余丈深者,交通上诚一大碍。然吾华民最初多聚居于是,则以其膏腴肥壤,厥田上上,最便农业(易耕而有肥料),且陶复陶穴居处亦易也(今尚有穴居者,盖黄壤中做洞,干燥不畏湿,坚实不畏坍,可省宫室之费也)。

中国川流源自西北者几无不挟有黄沙,其尤著为黄河、淮河、滹沱河,至海则海亦为之黄。黄沙至河流纡平处则堆积而河身愈高,以致冲决改道,故黄壤之关乎中国水道为尤甚,他日有暇,当更推论之。

土积计算截法

(一九一八年)

计算土积之法亦多矣,或简而不精,或精而太繁,求其不繁而且能精,甚不易也。兹以 Winkler 之算法(Winkler, Vortragüberei Eisenbahuban)而作图表以平其差,堤堍之横剖面积,不难用以圆规在表上一量而得,庶几于堤工渠工及铁道等工,不无小助也。

计算土积最粗之法曰中面法(Merthod of Middle Profile)。其法命堤一段之二尽端面积 $\square abcd = A_1$, $\square a'b'c'd' = A_2$,尽端面之距离 $ss' = l$(第一图),则其容积为:

$$V = \frac{A_1 + A_2}{2} l = A_m l \tag{1}$$

$A_m = \frac{A_1}{A_2}$ 为中面积。但依此法算得之结果,未免含差太大。其较精者,为 Winkler 之法,用不等边棱体公式(Formula of Prismaid)。

$$V = \frac{l}{6}(A_1 + 4A_m + A_2) \tag{2}$$

今假设二尽端面俱为梯形(Trapezoid),A_1 之高为 y_1,A_2 之高为 y_2,堤之宽为 b,堤坡斜度为 $1:n$,则:

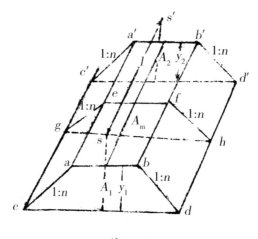

第一图

$$A_1 = by_1 + n y_1^2 \qquad A_2 = by_2 + n y_2^2 \tag{3}$$

式中之 A_m 不应用 $\dfrac{A_1 + A_2}{2}$ 之略,而用准确算法,以 $\dfrac{y_1 + y_2}{2}$ 为 A_m 之高,则:

$$A_m = \frac{b(y_1 + y_2)}{2} + \frac{b(y_1 + y_2)^2}{4} \tag{4}$$

以(3)及(4)等值代入(2)式,则:

$$V = \frac{l}{6}\{3b y_1 + 3b y_2 + 2n(y_1^2 + y_2^2 + y_1 y_2)\} \tag{5}$$

于此式内加入 $n y_1^2 - n y_1^2 + n y_2^2 - n y_2^2$,于其值仍无所更变,则(5)式可变为:

$$V = \frac{l}{6}\{3(by_1 + n y_1^2) + 3(b y_2 + n y_2^2) - n(y_1 - y_2)^2\} \tag{6}$$

即:

$$V = \frac{l}{2}(A_1 + A_2) - \frac{nl}{6}(y_1 - y_2)^2 \tag{7}$$

由此可知用中面法算出土积之结果实太大,含有 $\dfrac{nl}{6}(y_1 - y_2)^2$ 之差。二尽端面之高相差愈多,则此差亦愈大。

令若于(1)式之 A_m,不用 $\dfrac{A_1 + A_2}{2}$ 之粗算法,而用(4)式之准确算法,所算所得之 V 亦不能以无差。试 $n y_1 y_2 - n y_1 y_2$ 加入(5)式,则于其值亦无所更变,而其式变为:

$$V = l\{\frac{b(y_1 + y_2)}{2} + \frac{b(y_1 + y_2)^2}{3} + \frac{n}{12}(y_1 - y_2)^2\} \tag{8}$$

即:

$$V = lA_m + \frac{nl}{12}(y_1 - y_2)^2 \tag{9}$$

由此可知用中面算法，以准确之 A_m 代入，而其结果太小，含有 $\frac{nl}{12}(y_1 - y_2)^2$ 之差。二尽端面之高相差愈多，此差亦愈大。然此法较(7)所示者，已小一半矣。

二处端面若果为梯形，则用不等边棱体公式，可算之准确矣。但地面不尽平衡，多半为斜坡，则其剖平面非梯形也。如第二图 de 为堤之底面，非平衡，而为 $1:m$ 之斜坡。今若以此不规则之四边形，改作 $abc'd'$ 梯形，则含有一差等于 $dd'e$ 三角形面积，盖 $d'e//bc'$，而 $\triangle d'eo = \triangle occ'$ 也。$dd'e$ 三角形面积之大小：① 关乎 y 之高卑；② 关乎 $1:m$ 之陡易。盖 y 愈大，cd 坡愈陡，则是差愈大也。今假设堤二旁坦坡斜度同为 $1:n$ 而求 y 与 $\triangle dd'c$ 大小之关系。

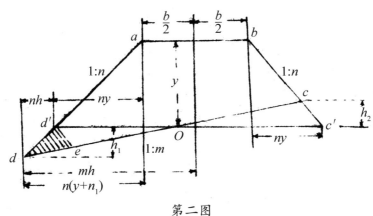

第二图

因 $\triangle d'eo = \triangle occ'$,

故 $\triangle dd'e = \triangle odd' - \triangle oed' = \triangle odd' - \triangle occ'$

$\triangle odd' = (\frac{b}{2} + ny)\frac{h_1}{2}$ $\triangle occ' = (\frac{b}{2} + ny)\frac{h_2}{2}$

而 $h_1 = \frac{b + 2ny}{2(m-n)}$ $h_2 = \frac{b + 2ny}{2(m+n)}$（视第二图自明）

故 $\triangle dd'e = (\frac{b}{2} + ny)^2 \frac{b+2ny}{4(m-n)} - (\frac{b}{2} + ny)\frac{b+2ny}{4(m+n)}$

$= \frac{(b+2ny)^2}{8(m-n)} - \frac{(b+2ny)^2}{8(m+n)}$

$= \frac{1}{8}(b+2ny)^2(\frac{1}{m-n} - \frac{1}{m+n})$

$= \frac{1}{8}(b+2ny)^2(\frac{2n}{m^2 - n^2})$

$$= \frac{1}{4}\left(\frac{n}{m^2-n^2}\right)(b+2ny)^2$$

命 $\triangle dd'e = I$,即:

$$X = \frac{1}{4}\left(\frac{n}{m^2-n^2}\right)(b+2ny)^2$$

$y = 0$,则: $X = \frac{1}{4}\frac{n}{m^2-n^2}b^2$

$y = \infty$,则: $X = \infty$。此式为抛物线形。

例如: $b = 4m, 1:n = 1:2, 1:m = 1:8$,则:

$$X = \frac{2}{15}(m+y)^2$$

$y = 0$,则: $X = \frac{2}{15}m^2$

$y = 2m$,则: $X = \frac{6}{5}m^2$

凡梯形之面积因 y 之增而俱增,其关系可作第三图以表之。盖梯形之面积为:
$A = by + ny^2$

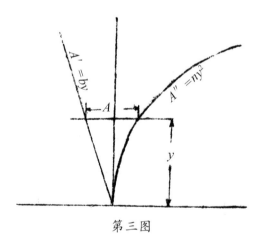

第三图

故可分作二项,为①$A' = by$;②$A'' = ny^2$,而 $A = A' + A''$。

①为直线式,②为抛物线式,并画之于第三图。记已知 y 之高,则梯形面积可于第三图中用规量出为 A,此法名曰面积比例尺(Scale of Profile),用之已久。但土堤之面积不能尽为梯形,欲改作梯须知其差,故特作图表四幅(第四图至第七图)以为检查之用。有此图,凡堤之剖面俱可改作梯形,于面积比例尺,量得其面积。再检下面积差表,以去其差。本图就大半通例,假设堤两旁坡面斜度相等,同为 $1:n$,就大半通例令 $n = 1:1.5, 1:2, 1:3$。

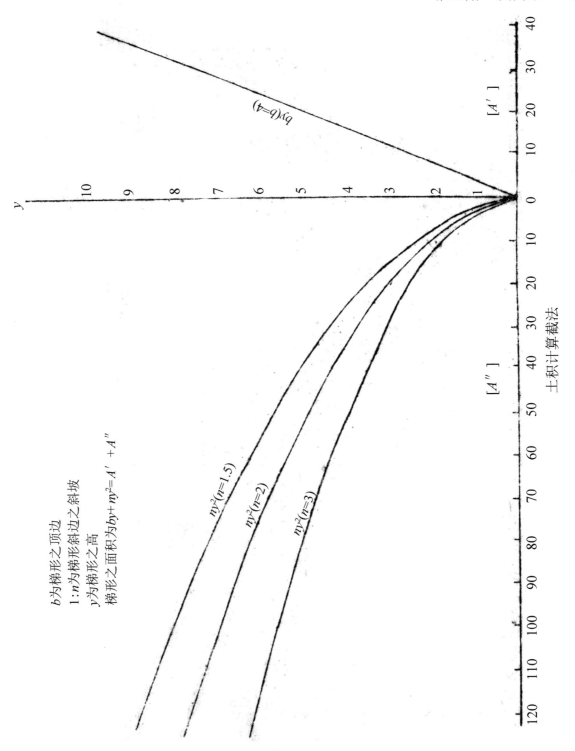

第四图

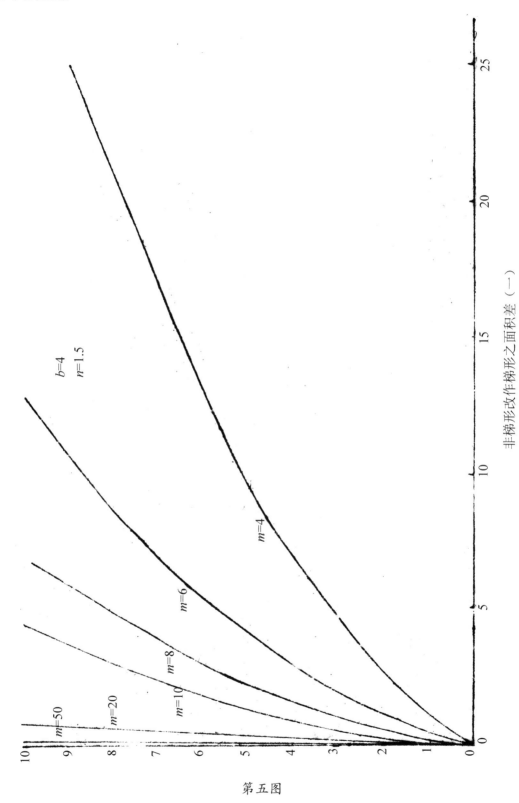

第五图

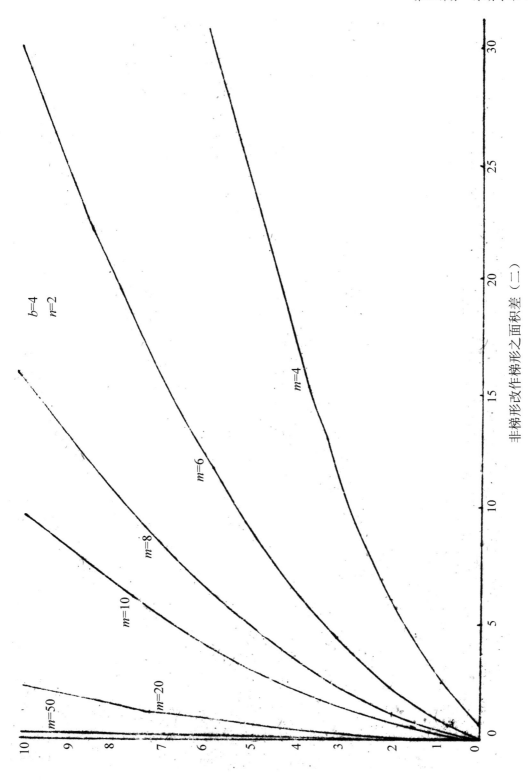

第六图

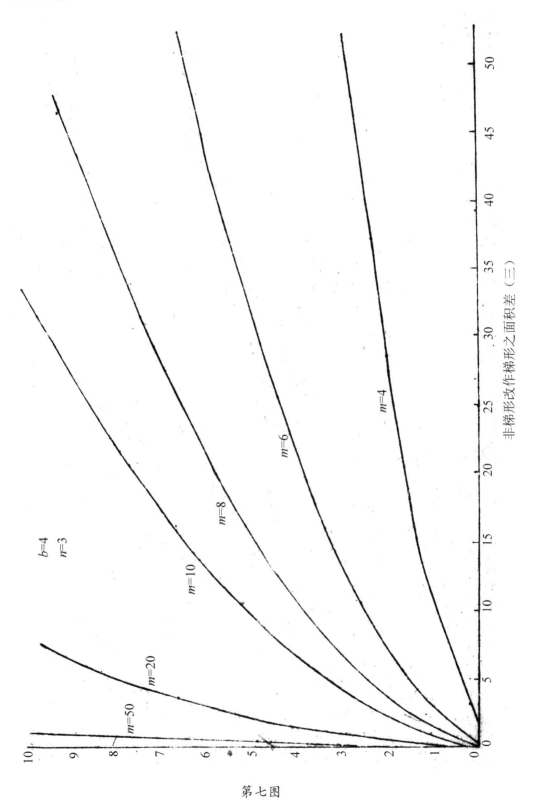

第七图

图中每一曲线皆假设 m 不变,求 X 及 y 两变数之关系。又令 $m=\infty,100,50,20,$ $10,8,4$,以及 n 以得多曲线,用是图者就其所遇情形选用之可也。

$m=\infty$,即堤之面为平衡,故其剖面即本为梯形,即本无差。

$m=n$,则底面与面之一平行,其差 $=\infty$,用图例题:

(1)有堤剖面顶宽 4m,中线高 5m,坡面斜度为 1∶3,求其面积若干(第八图)。法于第四图上 y 轴,度得 $y=5m$,再平衡度得 by 直线,至 $ny^2(n=3)$ 曲线间之距离为 $20+75=95$ sq.m,再于第七图上 y 轴,度得 $y=5m$,平衡量得 y 轴与 $m=8$,曲线间之距离为 16 sq.m,加入 95 sq.m,即堤剖面积为 111 sq.m。

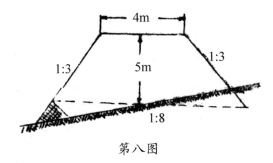

第八图

(2)有铁道堑剖面道宽 4m,中线深为 4.5m,坡面斜度为 1∶1.5,地面斜度为 1∶10,求其面积若干(第九图)。法于第四图 y 轴上度得 $y=4.5m$,再平衡度得 by,其线及 $ny^2(n=1.5)$ 曲线之距离为 $18+30=48$ sq.m,再于第五图上 y 轴上,度得 $y=4.5m$,而平衡度 y 轴与 $m=10$,曲线之距离,为 2.3 sq.m 之差,故堑之剖面面积为 $48+2.3=50.3$ sq.m。

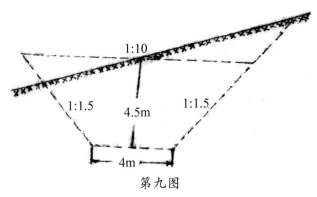

第九图

注意:若堑内有水沟,则水沟之面积 $2g$ 亦须计之。但水沟之面积为 b 变数,故易加入(第十图)。

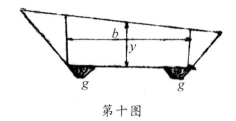

第十图

第四图至第七图 $b=4$m，就铁道之堤宽及普通河流堤之宽，最通用之例也。若 b 变，则第四图至第七图自须另制。坡面之斜度普通用者不出乎 $1:1.5$，$1:2$ 及 $1:3$，多用于河堤之坡，$1:1.5$ 则多用于铁路及寻常道路之坡。

地面斜度自百分之五以上，即可作平衡视之，其差等于 0。由 $1:4$ 至 $1:20$ 可以赅括其他斜度。

潮 汐 论

(一九一九年五月载于《河海月刊》第三卷第六期，参考书 F. W. Otto Schulze, *Seehafenbau*, Bd. I *Esselborn*, *Lehrbuch des Tiefbaus H. Bd*)

一、概论

滨海之处，或通海港汊，常水面时涨时落，一日而二至。沿岸滩地，时没时现，水流方向，时俯时仰，观者莫不不知其为潮汐也。分言之，涨曰潮（Flut），落曰汐（Ebbe），总称之英文曰 Tide，德文曰 Gezeit。涨水最高者名曰高水位（Hochwasser, High Water），常用 H.W. 为省文；落水最低者名曰低水位（Niedrigwasser, Low Water），省书之英文用 L.W.，德文用 N.W.。涨、落二水面之差，名曰潮差（Flutgrösse, Flutwechsel）。涨水至第二次涨水，或落水至第二次落水，所历之时名曰潮候（Flutperiod），通常为月季（月绕一周即阴历一月）之半，即十四日又十二时二十五分十四秒，或十二点四小时。

一地点潮汐之长落，用纵标志之纸上，而以其所历之时，按小时度于横标，所得之曲线，名曰潮汐曲线（Flutkurve, Curve of Tides）。同时各地点水面之高低，按其距离，用纵、横标志之纸上,成起伏之纹,名曰潮波(Flutwellen, Wave of Tides)。

潮汐之原,说者莫不归于日及月对地之吸引力矣。知此理者亦殊,古罗马时 Strabo 及 Plinius 已论及之。其后 Kepler、Newton、Bernoulli 及 Laplace 各有阐解,近世则英人 W. Whewell、J. W. Lubbock 及 G. B. Airy 实地观察,而推究其理尤近,则有下列各著述,考论尤详。

Hugo Lentz, *Flut und Ebbe und die Wirkung des Windes auf den Wasserspiegel*, Hamburg, 1879。

Boguslawski, und Krümmel, *Handbuch der Ozeansgraphie Bd. Ⅱ*, Stuttgart, 1887。

Börgen, *Die Harmonische Analyse der Gezeitenbeobachtungen*, Berlin, 1885。

Tolkmitt-Bubendey, *Grundlagen der Wasserbaukunst*, Zweite Auflage, Berlin, 1907。

惟潮汐之现,随地而异,颇极复杂,故科学昌明至今,尚未能发其密蕴,至为遗憾也。兹先本 Newton 之理论以简单之法说明之。设想地球为完全有弹性之体,其质均匀,而有一引潮之星球如日(第一图),S 适当赤道,则近日之处(图中 A),被引最力,强于地之中心 C。按宇宙引力定律,两物体互引之力,与其质率为正比,而与其距离之平方为反比。命此星球(日)对地中心 C 之引力为 km/a^2(式中 k 为一系数,m 为星球之质率,a 视图),则在 A 点,其被引之力为 $km/(a-R)^2$(R 为地球半径)。故在 A 点引潮之力,为两点引力之差,即:

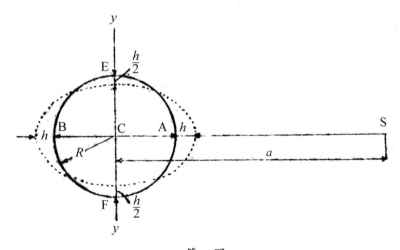

第一图

$$\frac{km}{(a-R)^2} - \frac{km}{a^2} = \frac{km}{a^2}\left[\frac{1}{\left(1-\frac{R}{a}\right)^2} - 1\right]$$

$$= \frac{km}{a^2}\left[\frac{1-1+2\frac{R}{a}-\frac{R^2}{a^2}}{(1-\frac{R}{a})^2}\right]$$

$$= \frac{kmR}{a^3}\left[\frac{2+\frac{R}{a}}{(1-\frac{R}{a})^2}\right]$$

因 $\frac{R}{a}$ 之率甚微小,故可略视而得 A 点生潮之力为 $\frac{2kmR}{a^3}$,即星球引潮之力,与其质率为正比,而与其距离之立方为反比也。同理,凡在地轴 yy 之右方者,其所受该星球之力俱同,而在其左方者则略减。假使地球上各质点因其推移,而能常随星球之吸引,则其径线 AFBE 本认为圆形者,将因是而于 A 及 B 处隆起,而于 E 及 F 处缩扁而成为椭圆,而全地球成为椭圆式之旋体,其轴则最大之径轴是也。A 及 B 处,其隆起之度为 h,而 E 及 F 处,其缩扁之度则为 $\frac{h}{2}$(两极)。设想地球之动,但有推移而无旋转(即设想其不能自绕本轴而转,各质点但平行推移而绕日),则隆起之处,常为向星球及背星球之二面。若地球绕 yy 轴行转至四分之一,则 A 处本为高水位者变为低水位,又进四分之一则又为高水位。故每一处于二十四小时内皆得两次高水位,两次低水位,而同时于地球一周,则潮汐互见。

地球上之潮汐,引之者当不止日、月二星球,而其显然可以为吾人观察者,则惟是二星球。二星球引力之大小可以推测焉。设以地球质点及赤道处之半径命为单位,则:

日之质率为三十一万九千五百;

月之质率为零点零一二五;

日之均中距离为一万一千六百;

月之均中距离为三十;

故二星球引潮之力其比率为:

$$\frac{0.0125}{30^3}:\frac{319500}{11600^3}=2.25:1$$

即月之引潮之力大于日,为二点二五倍也。故月所引之潮为最要,而日之功效则不过增其势或削其势耳。

惟因日居月诸,其对于地球之位常时迁移,故潮汐之大小亦随时变易。若日及月与地立于一直线上或同在地之一方,或各在一方,则日月引力互施而加强。故朔望之潮,其势最强,名曰高潮,一名子午潮(Spring Tide,第二图左面)。若日月之地位与地球成直角形,则日之潮当月之汐,月之潮当日之汐,彼此互削其势焉。故上下弦时,潮势甚弱,名曰浅潮(Tauobenflut, Nippflut, Neaptide,第二图右面)。二潮之间则水面渐落渐涨非骤然也。浅潮水面与寻常水面相差无几,高潮则其差甚著(第三图),潮汐之逐月而生者以是故也。

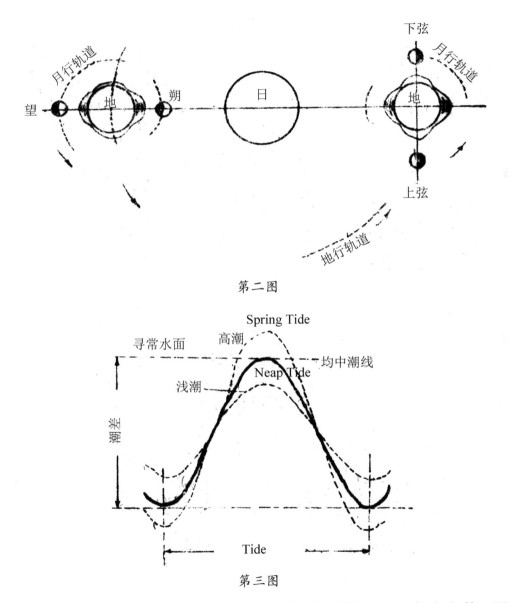

第二图

第三图

但引潮之星球(以月为甚),大半不莅于赤道,故潮势亦逐日而变异焉(第四图)。设引潮之星球居赤道之南,则地球表面隆卑之势,如图中虚线所示;若 A 处居北半球,其潮隆起为 h,则地球转半周后 A 移 A',则其潮势降至 h'。日月之移出赤道也,逐日而变,故逐日潮势长落,亦有一定之律焉。日之偏度于夏、冬二至时最大,为二十三度半,至春、秋二分时则为零。月之偏度于一月内(阴历一月),其变异约二十七又三分之一,周而复始。朔望时为零,而其大小则又每十九年消长于十八度又二分之一及二十八度又三分之二之间,故每年最大之潮,见于春、秋二分朔望之日。

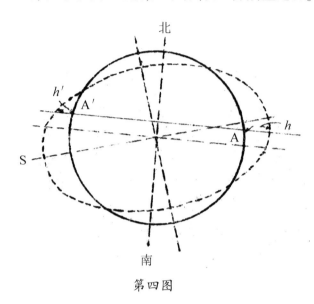

第四图

但地绕日、月绕地之轨道,又非正圆而为椭圆,其引力则与距离平方为反比,故引潮之力,亦随日月距离之时远时近而变,而潮之大小又不能不随之有增减矣。

理论如是,但潮汐之实际长落则甚复杂。盖地球非周围全蔽以水者,陆之交错,海之广狭,在在皆足令潮汐受其影响而不能确随理论之定律。

潮汐之最完全者,为赤道之南大洋中,但其进行遇陆则窒,而变其方向。流至大陆间之潮波,可作赤道南总波之支脉。其至吾处也,已经极长之距离,故高潮非准现于朔望之时,浅潮非准现于上下弦时而常迟二三日者,以是故也。潮波于大洋中进行之速率,尚未能测知也。因吾人所观察者,皆在沿海之岸也。但可知者为潮波之性质与因风而生之波相同,其波起伏相接而不破灭,进行至狭港则波势增,忽遇宽面则又弛,遇渐隆起之地面则渐窒,遇骤高之地面则反激而已。

按理论算式所推得潮差,在大洋中,日潮于日距地面之均中距为零点二五公尺,月潮为零点五五公尺,二者相加为零点八公尺,于数海岛中实际观察,所得若下:

Azoren,一点二公尺;

St. Helena,一公尺;

Ascension,零点六公尺;

Mauritius,一公尺;

R'eunion，一公尺；

Honolulu，零点六公尺；

Tahiti，零点三公尺；

而于 Fidji 海岛，则为二公尺。

森林与水功之关系

（一九一九年）

今也某地某河泛滥，决堤溃渠，田庐淹没，人民为鱼。外邦游客，借箸而筹，罔不曰中国之洪水，由于沿岸之山原无森林也，欲根本去水患，必自培植森林始；吾国士夫亦从而和之曰：森林为治水之惟一要道，森林植则水患从此息矣。今也某地久旸无雨，禾苗尽槁，岁乃洊饥，人民流徙。外邦游客又拍案而呼曰：中国之旱荒，由于缺乏森林也，使森林充足，则雨旸自不致失时，而永无饥馑之患矣；吾国士夫亦随而和之曰：森林为防旱之惟一要策，欲免旱荒，自莫急于培植森林矣。著者窃有所询焉者：

（1）森林必占流域面积百分之若干，则河流始不至于泛滥？

（2）森林必如何分布于一地，则该地始免于旱荒？

（3）森林之所以能防水患，备旱荒者，其理何在？

有曾一深思而熟考之者否？不思其故，但外人云云，则吾亦云云，于是惟见森林之提倡者，而河之治旱之弭，尚不知在于何时也！

雨之降于地面也，其归途凡三：曰径流，直接入河流；曰蒸发，化气入太空；曰渗漉，入地为地下水，发为泉源，入于河。今咎洪水之灾者，必曰径流过多，故水量骤增，河身弗能容也。径流过多，必其渗漉蒸发少也。谓森林可以防洪水，必其功可增蒸发、渗漉之量，而减径流之势也。然考之事实，则殊不然。

按奈司劳威尔亥姆、布来吞克纳、寿马亥、爱倍买耶、里格劳诸家实验，凡地面为死质所掩覆者，足以减蒸发之量，而为活质所掩覆者，则足以增之。在德国布里门沼土试验所得结果，由五月十五日至六月十五日所降之雨，在沼池面上蒸发百分之五十，而在厚十公分沙层掩覆之地面上，则仅百分之九点五。由六月十五日至九月十五日，与上相当之数，为百分之八十与百分之十，其他实验结果，多有与是相类者。爱瑟尔实验得沙层厚一公分,已足减蒸发量三分之一,而地面覆以他物者,其结果如第一表。

第一表

每平方公分地面蒸发	死物掩覆					活物掩覆			
	未覆之地面	覆以石者 1公分厚	蒿稿其厚为			树松桧针薪	马尾松针	檞叶	草莠参
			0.5公分	2.5公分	5公分	5公分	5公分	5公分	
自一八八一年七月十二日至八月十二日	5739公分	1862	2372	1040	57	621	878	630	13902公分
	重量或100%	33	42	18	10	11	15	11	243

由是可见活物掩覆之地面,其蒸发固大于死物掩覆者矣。但森林掩覆之地面,其蒸发量则远不如草卉五谷所掩覆之地面也。黎斯来实验得每日蒸发损失之量:于草地为三点一至七点三公厘,于苜蓿为三点四五至七公厘,于[大]麦为二点七至二点八公厘,于小麦为二点二六公厘,于山芋为零点七四至一点四公厘,而于枞树则为零点五至一点一公厘,于杉檞为零点五至一公厘。一公亩森林中,其蒸发量固多于同面积不毛之田中,然较之草谷所覆之田中,则几减三倍。

树木之为物,其本身能蓄水甚富。据爱倍买耶之实验,八十五年之鱼鳞松,其枝干针叶中,合计可蓄水一千公斤,发育之期,则日放水焉。

哈尔底希计算,每四分之一公亩,千株之林,六个月中(一百八十日发育日期)平均蒸发一百零三公厘,分别计之,则阔叶树木蒸发一百三十五公厘。马就由一八六七至一八七七年实验,得林中蒸发损失之量为一百六十公厘,而林外则为四百九十七公厘。林中有枯叶覆蔽者,其蒸发更减。缪得利(Mittrich)搜集爱倍尔林(Eberwald)十三测站经历五年(一八七五年至一八七九年)之结果,得一平均数,在林中蒸发为一百二十五公厘,在林外蒸发为三百零三公厘。由此推之,林中蒸发不过林外蒸发百分之四十一,但以各站之蒸发器设于林外,非直接当太阳光下,故敢断其比例数当更较小。爱倍买耶由一八六九年至一八七〇年实验得林中蒸发为林外百分之三十六。韩倍克在其所著书中,所举结果相类。格啦维留本、韩倍克之观察平均得下数(第二表)。

第二表

项目	在林中蒸发于阳历				
	六月	七月	八月	九月	平均共计
为林外蒸发/%	35	33	35	40	36

由以上各家实验蒸发一项,林内少于林外草谷之田者远矣。

兹再论渗漉。凡地面覆以死物者,其渗漉多;覆以生物者,其渗漉减,兹举窝尔尼之实验,列表如第三表。

第三表

项目			一八七五年							
			五月	六月	七月	八月	九月	十月	共计	相对比例/%
雨量/立方公分			9386	10866	10077	7526	5491	13369	56715	100
渗漉量	沙	不毛	3909	8104	5838	4506	2920	11488	36765	64.8
		草覆	4	921	0	0	0	7100	8025	14.1
	泥	不毛	0	3731	2463	1863	475	10047	18579	32.7
		草覆	0	0	0	0	0	718	718	12.6
	土	不毛	1486	5009	3422	2398	1615	10946	24876	43.8
		草覆	0	130	130	207	0	4562	5029	8.7

渗漉量以立方公分计,实验面积为一千平方公分,厚半公尺。

至若以森林所覆之地与草所覆之地相比较,则据窝尔尼有如第四表。

第四表

项目		历年(一八八七年至一八九三年)			
		春	夏	秋	冬
雨量	公升	370.2	805.0	540.9	234.4
	%	100	100	100	100
桧林	无叶林/公升	101.0	23.0	46.1	79.3
	掩覆/%	35.4	2.9	8.5	31.2
桧林	有叶林/公升	92.1	17.7	40.0	66.2
	掩覆/%	24.9	2.2	7.4	22.1
鱼鳞松	公升	156.0	30.1	133.3	130.8
	%	42.1	3.8	24.6	51.4
草	公升	197.0	44.5	128.5	148.9
	%	53.2	5.5	23.8	58.5

续表

项目		历年(一八八七年至一八九三年)			
		春	夏	秋	冬
不毛	公升	200.1	288.9	234.4	202.8
	%	59.5	35.9	52.6	79.7

又比劳氏由一八九〇年十一月一日至一八九三年十月三十一日实验得结果如第五表,其实验面积为二平方公尺。

第五表

项目			历年(一八九〇年至一八九三年)			
			(冬)一八九一年至一八九二年	(夏)一八九二年至一八九二年(?)	(冬)一八九二年至一八九三年	(夏)一八九二年
雨量		公升	827.6	1499.6	379.2	1151.0
		%	100	100	100	100
渗漉量/%	沙质	榆	108	47	96	15
		桧	99	77	96	58
		草	92	55	77	35
		不毛	109	58	92	6
	石灰质	榆	89	52	76	20
		桧	80	65	66	37
		草	99	31	79	12
		不毛	101	74	81	54
	黏土质	榆	87	29	64	8
		桧	58	29	46	6
		草	96	18	68	1
		不毛	101	77	75	47
	腐殖土	榆	82	10	74	2
		桧	69	23	45	1
		草	80	24	20	19
		不毛	89	72	84	47

由上二表观之,可见不毛之土,渗漉最多,而森林掩覆,实足以大减渗漉之量也。

雨之归途止于三,今森林之设,既不足以增蒸发、渗漉之量,而反足减损之,则雨之量非大半趋于径流之途乎?岂森林不足以减洪水之量,而反以增之乎?著者以为树木蓄水之容量甚富,故雨之不能损失于蒸发与渗漉者,枝干针叶皆欲蓄而有之,然使大雨如注,枝叶不足以盛之,吸挹之不暇,则舍径流无途焉。洪水多发于久雨或暴雨之期,然则森林是否可以减少久雨或暴雨时之径流?则诚不敢恃矣。惟寻常徐降之雨,大半由枝叶缘树干而达地面,为根土所吸收,不易径流;又寒冬之际,树林地面不致冻冱,雪融之际,不如林外冻冱地面之易于流速也。

径流之行于地面也,常削刷地面上土质,或山谷石砾,挈之入河,以成流水之荷重,沉淀下流,以至河道之纷乱。森林或足以掩护地面,以减少河流之荷重。然按之实际,森林掩护地面之功,远不如草。惟于峻峙之坡面,则灌木丛树较为有功,然坡太陡,则树根亦易圮裂岩土,增益风化之力。若更加以坡面倾注之急流,石裂岩崩,树木亦倾,与砾石相杂,随流而下,则更足以为害河中。京汉铁路恒岁为大雨冲断,究其致祸之由,大抵皆山洪所带树木,触损路身,以致断圮,则森林之于河道,固利害兼之,未可偏于一见也。森林之足以增加雨量,则诚有之。初者英人布兰佛于印度实验之,该处有六万一千方英里之地,森林已斩尽矣,一八七五年乃重加树艺焉。据十四雨量站之报告,一八七五年至一八八五年十年间之雨量,较之一八六七年至一八七五年未恢复森林时之雨量,盖岁增一百七十三公厘焉。米特里希于德国之实验,亦足以证之。罕脑勿省有三千五百公亩无林之田,于一八七七年乃植林焉。一八八二年该地雨量仅为其邻地百分之九十六点三,后林日增,至一八八七年,则其雨量超出邻地为百分之一百零六点八焉。

佛特拉由各处察验,推得阔叶林中之雨量大于无林之地者百分之四点二,针叶林中之雨量,大于无林之地者百分之九点四。

森林区中所以能增加雨量者,由其有低落天气温度之功,保持太空润湿之效,故湿气得易凝结为雨也。但此种功效,惟于山林之地易得,至低原则其效甚微。且需雨者农田也,吾见欧洲植林之处,农田甚稀,即有之,夹杂林隙,其所多得之雨,亦大半为吸水最力之树木所夺,田禾所得之益,庸有几耶?

要之,森林之于治河,之于防旱,容有其益,然勿视为甚可恃。吾非反对森林,吾乃主张积极培植林木者。吾国工业,将日见发皇,所需木材,岂可常恃舶来品。吾国内地山谷之间,不适于农田之旷地甚多,不植林将焉用之?故为国家生计计,非大植森林不可。森林足以治河,足以防旱等语,任人言之,以作森林之鼓吹可也,惟不应屡出诸水工专家之口。今者某地某河为灾,人民有其鱼之厄,询之外客之为我工程顾问者,曰:治本之法无他,培植森林而已。森林之效何时可收?曰:待十余年后。十余年间之水灾,则仍无术可救也。今者某地屡旱,人民转徙沟壑,询之外客为我水利顾问者,曰:防旱之法无他,培植森林而已。林之效,又须于十余年后收之,则十余年间旱荒,仍无法可防也。

治河者当使洪水不为灾,在治导之得术,不当祈灵于森林。防旱者宜尽心力以谋灌溉之普遍,亦不当祈灵于森林。森林足以治河防旱,森林家言之可也,政治家言之可也,一般无水利责任者言之可也,水利专家言之耻也。

电力探水器

(一九二〇年一月载于《河海月刊》第三卷第一期)

探水之深浅者,浅则用杆,深则用绳,此寻常所用之法也,惟是杆与绳,每次须提出重复投下,费时费力,殊多不便。欧洲河工及海上,有用电力探水器者,今译述其法。吾国黄河、大江源远流宽,用此新法,当为适宜也。

器如第一图:A 为悬重,以铁制或以铅制。B 为接触具。悬重 A 以连杆通过套管 E 上,连入 B 中,而以弹簧 D 维持之,令得上下活动。套管 E 以金属柱四上连于金属板 R,另有铜管 M 连于板上。有绝缘之导线两条 K 及 L,通入铜管内,至上端则接为一绳,外用不透水之料包裹之,成为垂线 N,金属板 R 下为一硬橡皮板。橡皮板下则为一铜板 F,连于铜板 F 有一螺挟 G 与 R 绝缘。另有一螺挟,则直接安于 R 上。二导线 K 及 L 各嵌入于一螺挟内。此器投入水内,悬重 A 若触及河底,则其悬系之杆

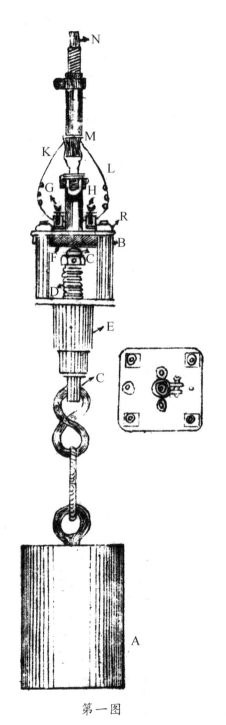

第一图

连一松螺钉头C,以弹簧D之力,上抵铜板F而对合一电流圈。垂绳之铲辘上,附有电铃,即时响振,而人知A重达底矣。于是垂绳稍微提上,铃声复息,于是移探他处。用此法时,每次只需将垂铲辘曲柄稍转,不须全行将器提出,省时省工,已为不少。

戴幕拉氏(De Muralt)又以自动器连于电力探水器上,使器投下之点与岸上定点之距离及投下之深,同时现示于一图表上,而此器之用,乃亦完备。今说明如下:

如第二图及第三图:垂绳铲辘S及距离绳(自岸上连于船上之绳)铲辘X并画图表器,通安置于一铁底板上(第三图)。垂绳由S纵下施于量轮(量绳入水深浅之轮)Ⅰ上。距离绳由X纵下拖于量轮(量去岸距离之轮)Ⅱ上。量轮Ⅰ、Ⅱ之转动,用精制之齿轮及无端螺旋动器 a' 及 a'',传之于二指针 b' 及 b''。二指针之圆盘,各画度数,故视针之所指,而探水处距岸之远近及其深,俱可知矣。更欲将距离深浅,画示于纸上,其法(第三图)在示距离指针轴上,安一圆筒C上绕之,一纸一铅笔尖投其上。筒径之大小,须令距离绳每纵下十公尺,则圆纸筒转动长一公分之段。即将距离之长短,以千分之一比例示于纸上也。在示深浅指针轴上,安二大小相同之滑轮m及n,另有一金属细丝,由滑轮m绕一滑车,行于圆筒C之上;又绕一滑车,环于滑轮n,示深浅指针轴转动,则细丝自m纵下,缠于n细丝,在圆筒C之上,连一滑动件K(第三图、第四图及第五图)安铅笔。故示深浅指针轴,每一转动细丝,则推移而动,因之滑车件K亦移动,而深浅之率,则由铅笔画于圆筒纸上矣。

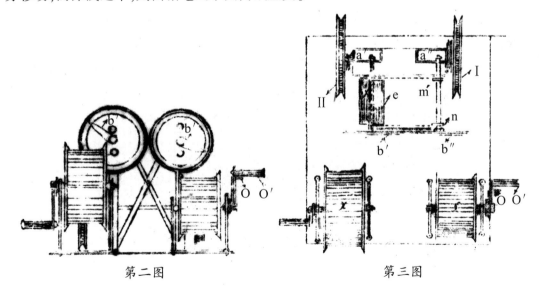

第二图　　　　　　　　　第三图

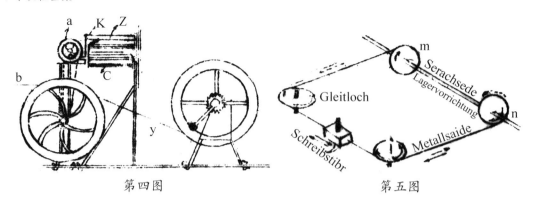

第四图　　　　　　　　　　　第五图

全器安设于船尾板上,船底安一垂直圆筒,使垂绳经过其内入水。垂绳铲辘曲柄 O' 之上,又安一松解器 O。牵之则铲辘离开曲柄,而探水器行于水中,铲辘不致随之而动。

探水手叙述之如下:以预先印就之格纸,缠于圆筒 C 上。于所拟测横剖面两岸上插旗杆以定方向。船自傍岸起,逐渐纵下。距离绳由指针 b' 定其与起点相距之远近,探水器先绞上,令器之下沿恰接触水面。此时图表器与轮辘之联络,先行拆卸,于是旋转二滑轮 m 及 n 及铲辘 C,将铅笔位置配好,令铅笔尖所指距岸上定点远近及该船所在处,水面高皆在图纸上确切无误。于是转紧一切螺旋,令图表器与铲辘之转动相联络,乃起始探水。探者执曲柄 O' 拉紧 O,无使曲柄动。探水器下垂圆筒 C 及铅笔 K 随之而动,迨器达河底,铃声振即放松松解器 O,而绞转曲柄 O',则器复离开河底,而铃声复息,而铅笔亦转向而动,船复前进。而探测之事,依法行之,则图表上铅笔所画之线,如第六图犬牙形,为铅笔所画之线。将其是点 X X 等连之,则为河底之形势。

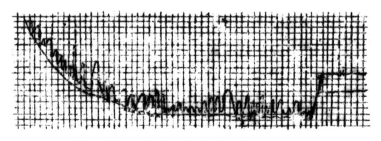

Darstellung der Durch de Muraltschen
Peilapparal Crhaltenen Autzeichnungen

第六图

法国度量衡之新制定

(一九二〇年十二月载于《河海月刊》第三卷第五期)

一九一四年四月三日,法国审定度量衡委员会议已宣布制定度量衡,各单位如下云云。继以战争未遑实行,今和平已复,万机更新,已即厉行所制定者。兹述之如下。

通制采用米突吨秒制(Mètre-tonne-seconde System):量长短以米突,面积以平方米突,容积以立方米突;量地面以阿尔(1Are = 100Square Meters);量水积以司太尔(1Stère = 1Cubic Meter);量液体、谷类及粉质物以里特尔(1Litre = 1Cubic Decimeter)。角之单位以象限百分之一名曰度(Grade),而 Degré(1Degré = R90)、Minute(1Minute = Degré60)、Seconde(1Seconde = Minute60)尚仍旧并行。权金铜石用 Decigram 之倍,即名曰喀喇(Carat)。计时仍旧用时公秒。力之单位曰司典(Sthène),为加于一吨质量,使一秒中可加速每秒一米突所需之力。能之单位曰启罗纠尔(Kilojoule),为一司典之力,顺其方向推移其着点至一米突所需之功,一启罗纠尔于一秒钟所致之效,为一启罗华特(Kilowatt)。压之单位曰辟岩(Pièze),为加于一平方米突有一司典之力之均匀压力。电之单位仍旧,电压用窝尔特(Volt),电量用科龙布(Coulomb),三千六百科龙布为一安倍尔时(Ampère Heure)。量温度以百分度,热之单位曰泰尔米(Thermie),为加一吨质量,其比温等于十五度之水者,在标准气压下,增温一度之热量,千分之一泰尔米曰大喀罗里(1Calorie Grande = 1Milithermie),百万分之泰尔米曰小喀罗里(1Calorie Petite = 1Microthermie),冷造场亦可名千分之一泰尔米曰佛里告里(Frigorie)。量光之强用标准烛,光流用鲁们(Lame),光烛用鲁克司(Luxe)及孚脱(Phot)。旧制之海里(1Nmile = 1852m),启罗格朗姆(1Kilogramm = 0.98Centi Sthène),启罗格朗姆米突(1Kilogrammeter = 0.98Joule)。一马力(1HP = 75kg・m/s)一平方面上一启罗格朗姆之压力(= 0.98Hektopieze),遇困难时仍可配用。

土 压 力

(一九二〇年)

第一图为一土堆,P 为堆上一土粒,G 为土粒之重。P 粒之所以下动及深入堆内者,盖因堆面之摩擦力 T 及土堆之反抗力 N 与 G 重相均也。在此情形,则:

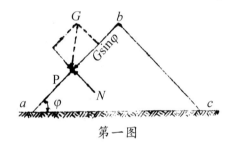

第一图

$N = G\cos\varphi$

$T = G\sin\varphi$

摩擦力之大小(物理)为:

$T = MN$

故:

$G\sin\varphi = MG\cos\varphi$

$M = \dfrac{G\sin\varphi}{G\cos\varphi} = \tan\varphi$

M 为此土之"摩擦系数",φ 为此土之"天然坡角",ab 面为此土堆"天然坡面"。

今取土成堆,若 α 角大于 φ,则 $G\sin\alpha$ 大于 T,土粒不免下滚,至 $\alpha = \varphi$ 为止。

坡角 φ 之大小,关于土质所含水之多寡及土质之种类,据 Engels 试验"沙"之坡角所得:

干沙 ·················· $\varphi = 31°$

潮沙 ·················· $\varphi = 40°$

湿沙 …………………… $\varphi = 29°$

可知同类土质之潮者,凝结力大于较干者,故其坡角亦大于较干者之坡角(第二图)。若水含更次增加,则其坡角反即减小,今将各种土料之坡角列之于下:

干堤土 …………………… $\varphi = 40°$
湿堤土 …………………… $\varphi = 30°$
干黏土 …………………… $\varphi = 40°$
湿黏土 …………………… $\varphi = 20°$
干沙 …………………… $\varphi = 31°$
潮沙 …………………… $\varphi = 40°$
湿沙 …………………… $\varphi = 40°$
湿石粒 …………………… $\varphi = 25°$

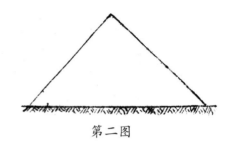

第二图

土压力分为两种,曰"正土压力",曰"反土压力"。今设例以明之:以木墙或铁墙直入土中,防右面土质下倾,或积高右面之土质,则墙右之土压力为"正土压力",此土压力离地面愈深愈大。若墙不坚固,则或第四图之情势,甚至于倾覆。在墙左之土压力为"反土压力",意即抵抗"正土压力"之上力也(第三图、第四图)。

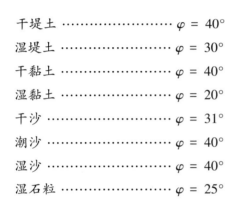

第三图　　　　　　　第四图

哥伦布(Coulomb)对于土压力之设想:第五图为一"保坎"。保坎后部,土量在坡面以下者,与保坎毫无关系;在坡面以上者,则需由保坎阻御其下动。在 abd 之界内,有裂面发现,裂面以下之土尚不至于移动。裂面以上之土量 abc,则必须由裂面下滑。今此 $\triangle abc$ (G) 之土量,所以不能下滑者,盖有保坎及裂面下部土量之反抗力也。

保坎之反抗力为 w_1,裂面下部土量之反抗力为 w_2,此二力之位置,今尚未确定,然其方向已可预知。再此三力(G、w_1、w_2)在相均情势,必交于一点(P),分 G 力为二:一与 w_1 同线(E),一与 w_2 同线(F),则 w_1 须与 E 力相等,w_2 须与 F 相等,否则 G 量必下垂,保坎失其抵抗力。

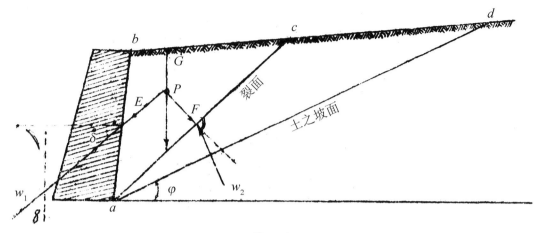

第五图

E 之方向,可由墙之摩擦角而知(若 E 与墙线垂直,所成角度大于 ζ,则 E 力下滑,对于墙面罕有影响——参观《物理学》)。F 之方向,可由墙后土质摩擦角(即坡角 φ)而知(第六图)。若 E 或 F 之方向,与墙或裂面之垂直,成较大于摩擦角 ζ 或 φ 之角度,则各力无相均之可能。因 E 与 w_1 同线,F 与 w_2 同线,故 w_1 与 w_2 之方向与 E 及 F 相同。

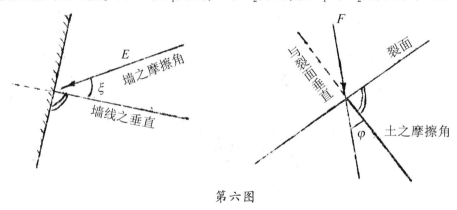

第六图

保坎之反抗力 w_1 最少须等于土量($\triangle abc$)G 之分力 E,裂面下部土量反抗力最少须等于 G 之分力 F。E 力即保坎之土压力。

关于以下试验须注意:仅取墙或保坎之一节而论,故土量 G 之大小为 $\triangle ABC$,保坎节长及土每立方公尺重 g 之积数,为便利起见,限墙长为一公尺。

求 E 力(土压力)之大小。

G、w_1 与 w_2 三力相均时(第七图、第八图),则:

1. $\sum y = 0$

$w_1 \cos\delta + w_2 \cos\omega = G$

$(\varphi + \omega) + 90° - 90° - \varphi = \omega$

故 G 与 w_2 之交角,即坡面与裂面之交角 ω。

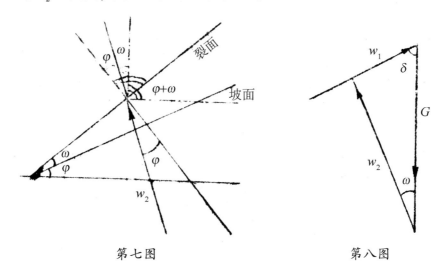

第七图　　　　　　　第八图

2. $\sum x = 0$

$w_1 \sin\delta - w_2 \sin\omega = 0$

$w_2 = \dfrac{w_1 \sin\delta}{\sin\omega}$

$w_1 \cos\delta + \dfrac{w_1 \sin\delta}{\sin\omega} \cos\omega = G$

$w_1 \left(\cos\delta + \dfrac{\sin\delta}{\sin\omega} \cos\omega \right) = G$

$w_1 = \dfrac{G}{\cos\delta + \dfrac{\sin\delta}{\sin\omega} \cos\omega} = \dfrac{G \sin\omega}{\cos\delta \sin\omega + \sin\delta \cos\omega}$

$w_1 = G \dfrac{\sin\omega}{\sin(\omega + \delta)} \tag{1}$

$\dfrac{dw_1}{d\omega} = \dfrac{dG}{d\omega} \dfrac{\sin\omega}{\sin(\omega + \delta)} + G \dfrac{d}{d\omega}\left(\dfrac{\sin\omega}{\sin(\omega + \delta)} \right)$

$\dfrac{d}{d\omega}\left(\dfrac{\sin\omega}{\sin(\omega + \delta)} \right) = \dfrac{\cos\omega \sin(\omega + \delta) - \cos(\omega + \delta) \sin\omega}{\sin^2(\omega + \delta)}$

$= \dfrac{\sin\omega \cos\delta \cos\omega + \cos^2\omega \sin\delta - \sin\omega \cos\omega \cos\delta + \sin^2\omega \sin\delta}{\sin^2(\omega + \delta)}$

$= \dfrac{\sin\delta (\cos^2\omega + \sin^2\omega)}{\sin^2(\omega + \delta)}$

$$= \frac{\sin\delta}{\sin^2(\omega+\delta)}$$

$dG = -\frac{1}{2}\overline{ac}\cdot d\omega\cdot l^m\cdot\gamma_e$〔限于 l^m 墙长为范围,$\gamma_e(t/m^3)$ 为土质每立方公尺之重量 t,单位为吨〕。

$$\frac{dw_1}{d\omega} = -\frac{1}{2}\overline{ac}^2\cdot l^m\cdot\gamma_e\cdot\frac{\sin w}{\sin(\omega+\delta)} + G\cdot\frac{\sin\delta}{\sin^2(\omega+\delta)}$$

使 $\dfrac{dw_1}{d\omega}=0$,则:

$$G = \frac{1}{2}\overline{ac}^2\cdot l^m\cdot\gamma_e\cdot\frac{\sin\omega\sin(\omega+\delta)}{\sin\delta}$$

作一与力角($\triangle w_1 w_2 G$)相似三角形(第九图),以 ac(裂线观第十图)之长作 w_2,则:

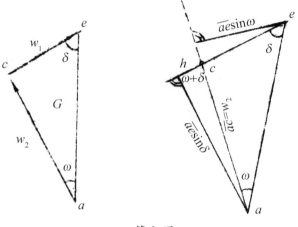

第九图

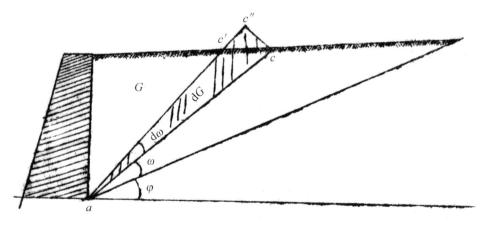

第十图

$$\triangle ace = \frac{1}{2}\overline{ac} \cdot \overline{ae} \cdot \sin\omega$$

$$\overline{ha} = \overline{ae} \cdot \sin\delta$$

$$\sin(\omega + \delta) = \frac{\overline{ha}}{\overline{ac}}$$

$$\overline{ha} = \overline{ac} \cdot \sin(\omega + \delta)$$

$$\overline{ae} = \frac{\overline{ac} \cdot \sin(\omega + \delta)}{\sin\delta}$$

$$\triangle ace = \frac{1}{2}\overline{ac}^2 \cdot \frac{\sin\omega \cdot \sin(\omega + \delta)}{\sin\delta}$$

$$G = \frac{1}{2}\overline{ac}^2 \cdot \frac{\sin\omega \cdot \sin(\omega + \delta)}{\sin\delta} \cdot l^m \cdot \gamma_e$$

$$= \triangle abc \cdot l^m \cdot \gamma_e$$

$$= \triangle ace \cdot l^m \cdot \gamma_e \tag{2}$$

（第十一图）。

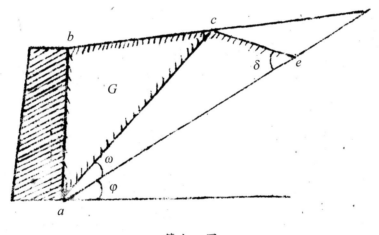

第十一图

第(1)公式内之 w_1，

$$E = w_1 = G\frac{\sin\omega}{\sin(\omega + \delta)}$$

$$E = \frac{1}{2}\overline{ac}^2 \cdot \frac{\sin\omega \cdot \sin(\omega + \delta)}{\sin\delta} \cdot l^m \cdot \gamma_e \cdot \frac{\sin\omega}{\sin(\omega + \delta)}$$

$$= \frac{1}{2}\overline{ac}^2 \cdot l^m \cdot \gamma_e \cdot \frac{\sin^2\omega}{\sin\delta}$$

由第十二图：

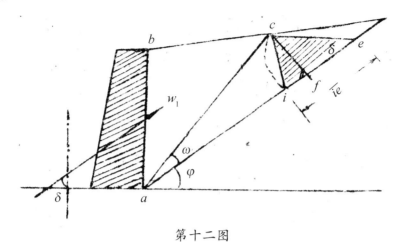

第十二图

$$\overline{ie} = \overline{ce} \quad \triangle eci = \frac{1}{2}\overline{ie} \cdot \overline{cf}$$

$$\overline{cf} = \overline{ac} \cdot \sin\omega$$

$$\overline{ce} = \frac{\overline{cf}}{\sin\delta} = \frac{\overline{ac} \cdot \sin\omega}{\sin\delta}$$

$$\triangle eci = \frac{1}{2}\overline{ac}^2 \cdot \frac{\sin^2\omega}{\sin\delta}$$

故 $E = \triangle eci \cdot l^m \cdot \gamma_e$ （3）

土压力之位置：E 之方向已知（第十三图），今求其与保坎之交点：

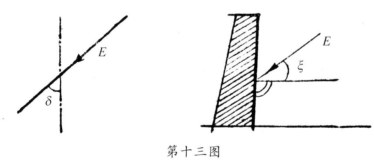

第十三图

分土为多层,则每层之压力：

由 b 至 a 之土压力为 E；

由 b 至 a' 之土压力为 E'；

由 b 至 a'' 之土压力为 E''；

由 b 至 a''' 之土压力为 E'''；

故：由 a'' 至 a''' 之土压力为 $E''' - E''$。

若：a'' 至 a''' 之距离极小,则：$E''' - E''$ 之力点（与墙交点）在 a'' 与 a''' 之中心。

设：$e_3^m \cdot \Delta h^m \cdot l^m \cdot \gamma_e = E''' - E''$

则：$E = E' + (E'' - E') + (E''' - E'') + (E'''' - E''')$

$= \sum [(e \cdot \Delta h \cdot l^m \cdot \gamma_e)]_{e=1}^{e=4}$（第十四图）

若分土为极多之层数，以至于无穷多之层数，则土压力：$E = (123)$ 之面积乘 l^m 乘 γ_e，E 与保坎之焦点至墙根距离 y_0，而得（第十五图）：

$E \cdot y_0 = \sum (E'' - E') \cdot y \quad (m_0 = 0)$

$y_0 = \dfrac{\sum (E'' - E') \cdot y}{E} = \dfrac{\sum (e \cdot \Delta h) \cdot y}{(123) \text{ 之面积}}$

$= (123)$ 面中心点与墙根之距离

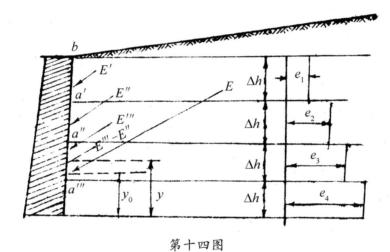

第十四图

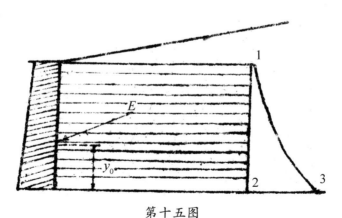

第十五图

依上理，可知 E 之大小既等于 $(\triangle eci \cdot l^m \cdot \gamma_e)$，亦可等于 $[(123) \text{ 面积} \cdot l^m \cdot \gamma_e]$。其与墙之焦点可以 (123) 面之中心焦点之位置求得之（第十六图）。

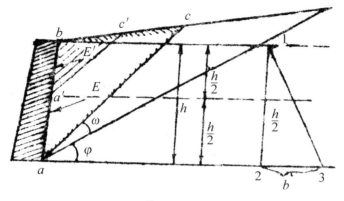

第十六图

设：

$a'c' = \dfrac{1}{2} ac$

则：

$E' = \dfrac{1}{2} \cdot l^m \cdot \gamma_e \cdot (\dfrac{\overline{ac}}{2})^2 \cdot \dfrac{\sin^2\omega}{\sin\delta} = \dfrac{1}{4} E$

令：

(123) 之面积 $\cdot l^m \cdot \gamma_e = E$，故：

$\dfrac{1}{4}$ (123) 之面积 $\cdot l^m \cdot \gamma_e = E'$

$E = \triangle eci \cdot l^m \cdot \gamma_e = \dfrac{1}{2} \overline{ac}^2 \cdot l^m \cdot \gamma_e \cdot \dfrac{\sin^2\omega}{\sin\delta}$

设：(123) 为一三角形，则：

$E = \dfrac{hb}{2} \cdot l^m \cdot \gamma_e$

$E' = (\dfrac{h}{2} \cdot \dfrac{b}{2}) \cdot \dfrac{1}{2} \cdot l^m \cdot \gamma_e = \dfrac{bh}{8} \cdot l^m \cdot \gamma_e$

因 $E' = \dfrac{1}{4} E = \dfrac{1}{4} \cdot \dfrac{bh}{2} \cdot l^m \cdot \gamma_e = \dfrac{bh}{8} \cdot l^m \cdot \gamma_e$，故设定言(123)面之体形成为一三角形。

$\triangle$(123) 底边设 b 之大小：

$E = \triangle eci \cdot l^m \cdot \gamma_e = \triangle$(123) 之面积 $\cdot l^m \cdot \gamma_e$

故：

$\triangle$(123) 之面积 $= \triangle eci$

$$\frac{1}{2} \cdot bh = \triangle eci$$

$$b = \frac{2\triangle eci}{h}$$

土压力图解（第十七图）：

$$E = \triangle eci \cdot l^m \cdot \gamma_e = \frac{1}{2}\overline{ac}^2 \cdot \frac{\sin^2\omega}{\sin\delta}$$

由 e 点作 $\overline{ac}$ 之平行 $\overline{ek}$，则：

$$\overline{bc} = \overline{ek}, \triangle ack = \triangle ace = \triangle abc$$

故 $\overline{ad} : \overline{ac} = \overline{ed} : \overline{ck} = \overline{cd} : \overline{bc} = \overline{cd} : \overline{ge}$

$$\frac{\overline{ad}}{\overline{ae}} = \frac{\overline{ed}}{\overline{ge}} = \frac{\overline{ad} - \overline{ae}}{\overline{ae} - \overline{ag}}$$

$$\overline{ad} \cdot \overline{ae} - \overline{ad} \cdot \overline{ag} = \overline{ae} \cdot \overline{ad} - \overline{ae} \cdot \overline{ae}$$

$$\overline{ad} \cdot \overline{ae} - \overline{ad} \cdot \overline{ae} = \overline{ad} \cdot \overline{ag} - \overline{ae}^2$$

$$\overline{ad} \cdot \overline{ag} = \overline{ae}^2$$

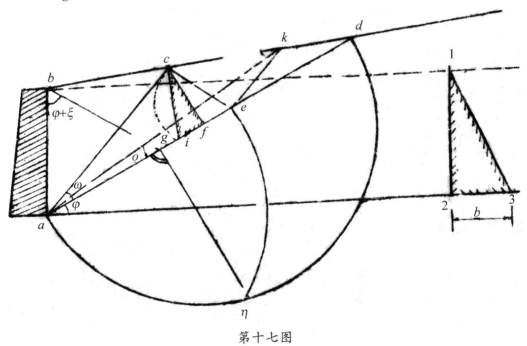

第十七图

以 $\overline{ad}$ 作半径画一半圆，再由 g 作 $\overline{ad}$ 之垂线 $<\overline{g\eta}$（第十八图），则：

$$\overline{ag} \cdot \overline{ad} = \overline{a\eta}^2$$

令：

$\overline{ae} = \overline{ad} \cdot \overline{ag}$

故：

$\overline{ae} = \overline{a\eta}$

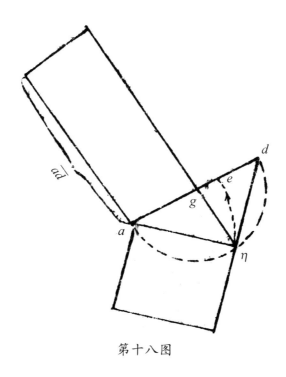

第十八图

图解法：

(1) φ、a、d、ζ、δ 均属已知，先作 $\overline{ad}$ 线，再作 $(\varphi + \zeta)$ 角，于墙之顶点而画 $\overline{bg}$ 线。

(2) 以 $\overline{ad}$ 作直径画圆（半圆）。

(3) 由 g 点画 $\overline{ad}$ 之垂线得 η 点。

(4) 以 a 作中心，$\overline{a\eta}$ 作半径画圆得 e 点。

(5) 由 e 作 $\overline{bg}$ 之平行线得 c。

(6) 以 e 作中心，以 $\overline{ce}$ 作半径画圆得 i 点。（$\triangle eci \cdot l^m \cdot \gamma_e = E$）

(7) 求 $\triangle(123) = \triangle eci$，得 $\overline{23} = b$ 之长。

(8) 求 $\triangle(123)$ 之中心点，得 E 力与墙之交点。

(9) 经此交点画墙线之垂直，再作 ξ 角而得 E 之方向，通常 ζ 大约为 $\frac{3}{4}\varphi$。

土上有其他重量（建筑、石等），则 E 力之大小亦受影响。今试求在此情势之 E 力：

$$G = \frac{\lambda h'}{2} \cdot \gamma_e + p\lambda = \frac{\lambda h'}{2}\left(\gamma_e + \frac{2p}{h'}\right) = \frac{\lambda h'}{2} \cdot \gamma_e$$

（此处 l^m 之墙长今可省去）

$$\gamma + \frac{2p}{h'} = \gamma'$$

$$G = \frac{1}{2}\eta \cdot f \cdot \gamma'$$

$$\frac{w_1}{G} = \frac{\mu}{\eta}$$

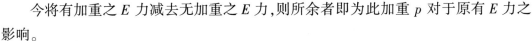

$$w_1 = G \cdot \frac{M}{\eta} = \frac{1}{2} f \cdot \mu \cdot \gamma'$$

故有加重 $[p(t/m^2)]$ 之土压力。

$$E = \frac{1}{2} f \cdot \mu \cdot \gamma' \quad \left(\gamma' = \gamma + \frac{2p}{h'}\right)$$

今将有加重之 E 力减去无加重之 E 力, 则所余者即为此加重 p 对于原有 E 力之影响。

$$E_{\gamma+p} - E_\gamma = \frac{1}{2} f \cdot \mu \cdot \gamma' - \frac{1}{2} f \cdot \mu \cdot \gamma$$

$$= \frac{1}{2} f \cdot \mu \cdot \left(\gamma + \frac{2p}{h'}\right) - \frac{1}{2} f \cdot \mu \cdot \gamma$$

$$= \frac{1}{2} f \cdot \mu \cdot \gamma + \frac{1}{2} f \cdot \mu \cdot \frac{2p}{h'} - \frac{1}{2} f \cdot \mu \cdot \gamma$$

$$= \frac{1}{2} f \cdot \mu \cdot \frac{2p}{h'} = \frac{p}{h'} f \cdot \mu = E_p$$

（或 $E = \frac{1}{2} b \cdot h \cdot \gamma + \frac{p}{h'} f \cdot \mu$）

$$w_1 \gamma = E\gamma = \frac{1}{2} f \cdot \mu \cdot \gamma = \frac{1}{2} h \cdot b \cdot \gamma$$

故：

$$f \cdot u = h \cdot b$$

因之 $E_{\gamma+p} - E_\gamma = \dfrac{p}{h'} \cdot h \cdot b$

此亦可证 E_p 为一四方形之面积（第十九图）。

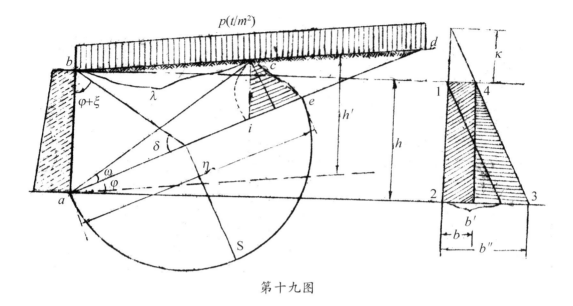

第十九图

$$E_p = \frac{p}{h'}h \cdot b = b' \cdot h \cdot \gamma \qquad \frac{b'}{b} = \frac{h \cdot p}{h \cdot h' \cdot \gamma} \qquad \frac{\kappa}{b'} = \frac{h}{b}$$

$$\kappa = \frac{h \cdot b'}{b} = \frac{h \cdot p}{h' \cdot \gamma}$$

其画法视第十九图至第二十三图。

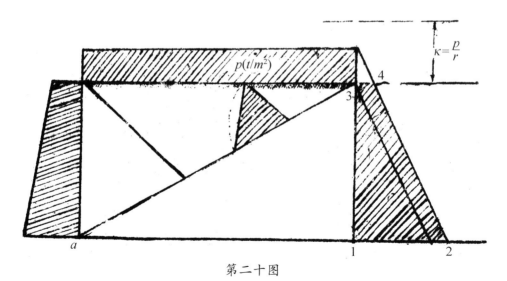

第二十图

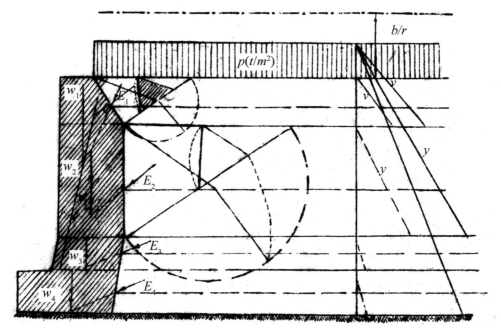

第二十一图

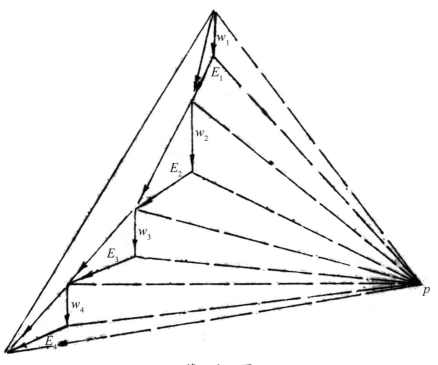

第二十二图

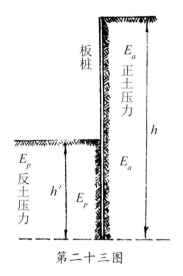

第二十三图

设土面与底面成平行线,则:

$h' = h$

故:

$\kappa = \dfrac{p}{\gamma}$

所得之 E 力为:

$E = (1234) \cdot \gamma$

由(1234)之中心点(重点)引一平行 $a-1-2$ 之线与墙相交,即得 E 力之经过点。

固体物质在水中的行动——测量流水

(一九二〇年)

一、通论

水利工程家能达到他们工作目的,解决它们的各种问题,例如农业、水力与交通问题,在乎他们能否明了涉及它们的各种力量。水的工作影响是由于它的压力、碰力同摩擦力。

水是一种 Zähe 的液体,它的流动与理想液体不同之处,是它有一种内部摩擦力,在大小量流动的情势,例如在深海里(Golfstrom),除风与潮之外,只有内部摩擦力影响水的流动,至于其他外部摩擦,如海底与海岸摩擦,可以是说感觉不到的。在陆地上水的边墙摩擦(底与岸的摩擦)若是愈小愈大。较大的河流,例如 Rhein、Jonau 或其他相似的河流,当大水时候,河槽的摩擦与水的流动影响甚小。他如 Weser、Leine 等的小河,在低水的时期,河槽的摩擦关系较之上者重得很多。河槽的摩擦,可以视为一个极小的水部同硬边因其凸凹不平而发生的碰力。由这种碰力而发生回旋,在水中渐次的传播。一个摩滑的洋灰面同水比较起来,自然粗糙得多。若将这洋灰面放大就像一种有筋脉的物体,水的小部碰在上面同碰入凹龛之中一样。

水的流动可分为三种。①滑:在这种流动,水线在大略的规路各相平行,并与河底平行。②流与③射:在这两种流动,水的路线是螺旋式的,并且有回旋同横流的发生。在"流"的情势,平均速度小于水浪速度,即是 $V < \sqrt{t \cdot g}$。其中 t 是平均水深,$g = 9.81 \mathrm{m/s}^2$,在"射"的情势,平均速度大于水浪速度 $V < \sqrt{t \cdot g}$。

第一种的流动式,关于地下流动,是宜注意的。第二种流动,就是河水普通的流动式。而射流则发现于木筏道、坝前冲床、桥处上游水积面高而由桥墩之中射出。

河水速度,虽槽之切面尽其有规,然其各点之速度,则由岸底以至水面之中部渐次增加。在一个垂直线上得到如第六十九图与第七十图(石印本原文缺图)的速度图。至于此种速度线是否为一个对数线,或抛物线,或椭圆线,尚不明了。在通常水利工程上,这种数学形式是不足以注意的。但是所重要的就是在普通情势(普通河流)水面上的速度是最大,而在河底的速度是大于零。垂直线上的平均速度是 $V_m = \dfrac{F_v}{t}$,其中 F_v 是速度线的面积,t 是速度线的深度。V_m 可以约等于 $0.85 V_0$,计算大约在水面以下 $0.5t$ 至 $0.6t$ 的地位。其中 V_0 是水面上的速度。

在一个河槽切面中将速度相同的点连接起来,就得到如第七十一图(石印本原文缺图)的图形(Isotachen)。这种图形,关于测量河的流量甚为重要(若是将这切面上的一切速度当作高线表示出来,就得到一个"速度山"在切面的上面)。

在物理上所谓水面的流动,在斜平面上,总是一个纵新的延迟降落。水由重力得到它的速度增加,而速度由零增加到一个一定的数值,同时摩擦亦增加,与流速的自乘数成比。自水起始流动以后(例如旱干以后水由泉流出)达到一个时点,河槽摩擦抵抗力如此的大,而使每次流速增加,则亦必产生一个大于进行力的摩擦力。因为这种情形是不可能的,所以由这个时点起,用着均同的流速流下去。

水的内部摩擦因为它的 Zälngkess 性,也是很足重视的。在热度相同的情势下,虽然与速度的大小有关系,可视为到处一样的大,若是水由热而凉,则内部摩擦亦因之而大,反之,水增热则内部摩擦亦因之而小。边墙的摩擦因河槽的种类不同而亦各异。这种边墙摩擦,对于流水速度的进展有极大的关系(若是没有水的内部摩擦,则无从设法推定流水边墙的摩擦抵抗,则水在靠边地所流动缓慢,但在此面直接的附近,即须仍就有其接水之深浅所应有的速度。故水内摩擦并非表示切面以内的流速,乃是一个方法,去陈说边墙摩擦的影响)。

二、均同流动式与流速公式

均同流动式是以相同而不变的流量,与在相随的切面中流速相等为前提。

若是时候充足,金钱有余,则当直接地去测量河中的流速。因为经过实际的测量,方才可以得到流速确实的数量。以前的实施已经证明,凡一切的河流都没有那流动均同的平均流速,但确实有一个一切流速的平均值当作计算的理解。许多名人同专家,费着他们的光阴去求出一个可以适用的平均流速公式,这种工作现在尚进行之中,但是现在已经有了许多那样的公式。去寻这种公式的路途,是要有经验的。从前 Torricelli 尚以为河内水的流速由水面至河底渐次增加,同水从一个桶内流出来一样的情理,若出口的位置距水面愈低流的愈快,以后 Mariotte 才用漂浮试验寻得流速由上往下渐次小的事实。在久期之内,我们尚疑惑是否一个最大的流速,在水面以下稍许的地位,有的时候这种情势也是发现的。

Chezy 与 Eytelwein 之流速公式。第一个不错的流速公式是由 Chezy 求出,由 Eytelwein 求出其中的系数,使其适于应用。Chezy 的公式是:

$$V_m = c\sqrt{t_u \cdot F}$$

其中 t_u 是周深(普通常称为切半径 R), $t_u = \dfrac{F}{u} = \dfrac{水槽切面}{黏水周长}$, $F = \sin\alpha$ 是坡度, c 是一个纯粹的数值。$t_u(R)$ 是一个同周线长度有关系的平均水深,同与水平宽度有关系的平均水深, $t_m = \dfrac{F}{B}$ 是一样的道理。Eytelwein 初步定 c 的值 $c = 50.9$, Chezy - Eytelwein 的流速公式 $V_{w_1} = 50.9\sqrt{t_u \cdot F}$, 现在只有他们的历史价值。假设流速在切面任意各点是一样的大小,我们可以依第七十二图(石印本原文)求出以上的流速公式。惟一的行进力只是水的重力,此力等于水重的旁分力(与此问题有关系的河段的水重,其切面为 F,其长为 L),这个分力必定恰由边墙摩擦同水内部摩擦所消灭。若是水的流动要均同，而流速不至于增长，这个摩擦抵抗是 W_w，水内部的摩擦完全与边墙摩擦的大小有关系，故 $W_i = f(W_w)$。若是水切面是 F，水的比重是 γ，则：

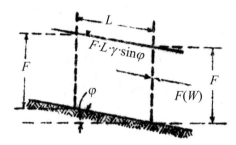

第七十二图（石印本原文）

$$F \cdot L \cdot \gamma \cdot \sin\alpha = W_w + W_i = F(W_w)$$

W_w 的函数同数值是不知道的，只能由经验寻出。现在我们假设：$F(W_w)$ 的变化与以下各项相应：①黏水河槽的面积；②流速的自乘数，或者较佳于此之解说，流速高 $k = \dfrac{v^2}{2g}$；③与一个用试验导出的数值寻出系数 m。我们由此种设想可以得到：

$$W_w = u \cdot L \cdot \frac{v^2}{2g} \cdot m$$

u 是黏水的周长。再由此得：

$$F \cdot L \cdot \gamma \cdot \sin\varphi = u \cdot L \cdot \frac{v^2}{2g} \cdot m$$

或：

$$V = \sqrt{\frac{2g\gamma}{m}} \cdot \sqrt{\frac{F}{u} \cdot \sin\varphi}$$

将 $\dfrac{F}{u} = t_m$，$\sin\varphi = F$，同 $\sqrt{\dfrac{2g\gamma}{m}} = c$ 代入，则得：

$$V_m = c\sqrt{t_u \cdot F}$$

用以上的设想得到合理的公式之中含有周深，在人工渠流，也不便于脱离这个周深。至于式中系数 m 与 c，或者先求 m，再由 m 求 c，或者直接求 c 都是一样，但是在经验上，我们认明不能直接利用 c，因为 c 是一个联合的形式。

研究家将他们以后的进展工作，用在两个问题上：

(1)将这 c 系数的数值设法用公式去表示，以求此公式内之糙度系数。

(2)将周深 $t_u = \dfrac{F}{u}$ 用平均水深 $t_m = \dfrac{F}{B}$ 去代替（第七十三图）（石印本原文），而由此再推展 c 系数，使糙度系数不复用着选择的形式，而以数值固定之。

至于用 t_m 去代替 t_u 是否适宜尚为疑问,但是此法确是一个求简起见,所走的路线总是将多数流速测量,利用最小二次方程的方法表示出来,去求 c 系数,而使此公式给我们一切错误合数愈小愈佳的流速。

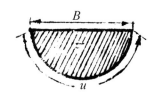

第七十三图(石印本原文)

Hagen、Teubeu、Matakiewicz 与 Bazin 之流速公式。

求 c 的确值,Hagen 与 Teubeu、Matakiewicz 曾先后试之,以 $V = K \cdot F^m \cdot t_m^n$ 为 V 之普通形势。由此:

$$\log V = \log K + m \log F + n \log t_m$$

例如,Matakiewicz 求得 $V = 33.922 F^{0.49} \cdot t_m^{0.923}$。以上诸研究家所得之公式成绩,但是不为其满意,所以 Matakiewicz 自己再寻出一个别的公式。据大概的观察,关于以后流速公式的展进仍需用:$V_m = K \cdot F^m \cdot t_u^n$ 时须注意第八十页的附注(石印本原文),Woltmann 给我们一个第一个流速系数,其后 Bazin 有列新式,对于每种渠渠流,均可利用为:

$$V = \frac{81}{\gamma + \sqrt{t_u}} \cdot t_u \cdot \sqrt{F}$$

式内 γ 为一与糙度相关之经验值。Bazin 用已有之流速测量定此公值,而得第八十六页(石印本原文)之表。

观表内所载糙度数可知所涉及者均为一特别段之河流。

例如:Freiberg 之 Mühlengraber 列入第四级及第六级内。多数此类之实例均已改变其糙度乃自然之理,故于寻出相当的糙度等级乃一困难之事,虽然不能因寻觅适宜之糙度数,只作为 Bazin 公式的缺点。因为一切的流速公式,凡关于糙度更易不同的河流,都是外表或暗中含着糙度系数。例如 Hermanek 渠流公式有七种,关于天然河流最多只有三级(第四级至第六级)。利用公式错误最小者为通常之河流段,与生植草数甚多之河段,盖因此处 γ 之差异较之以前数级为小也。该公式之错点多因同时愿用一切种类之水流。虽然如此,但是 Bazin 公式仍有极高之价值。

给 γ 值作一表格是不适用的,因为我们仍需要用 $\sqrt{t_u \cdot F}$ 去乘。我们应当假定一个基本坡度,例如 $F = 1:10000$,求这坡度的流速 $V_0 = \gamma \sqrt{t_u \cdot F}$ 比较起来有价值些。若是求在别的坡度 F 时,需要先求一个 K 值,然后直接利用计算尺求 $V = K_0 \cdot V_0$,这个 K 对于各种坡度的值也列入该表之内,$F_0 = 1:10000$,则 $K_1 = 100\sqrt{F}$;若 $F' = Sm/km$,则 $K_2 = \sqrt{10S}$。

例如:$F = 1:2500$ 或 $F' = 0.4m/km$,则:

$$K_1 = \frac{100}{\sqrt{2500}} = 2 \qquad K_2 = \sqrt{10 \times 0.4} = 2 \qquad V = 2V_0$$

在两种写式 $F = F'$，自然 $K = K_1 = K_2$，可以直接求出流速之值，不像以前只可以求出某种不便设想的任何系数。

Ganguillet 与 Kutter 之流速公式，此公式极为普遍。Ganguillet 与 Kutter 是瑞士工程师。其原理是，糙度系数不独与周深有关系，而其与坡度有关系。这种设想，也可以用一种方式表示出来。即是给 F^m 一个别的函数，例如 n 同样不用零点五而用其他数去选择。此式还有特处即 c 值，在每一粗糙与每一坡度，若 $t_u = I^m$ 都是不变的。c 当 $t_u < I^m$，每 K_m 之坡度增加则亦增加。在 $t_u = 1$ 则反之减小。在许多河流的实验证明此种，c 的特别情形，是不能无错的。所以这公式必是错误。故在此不过提及之，而不愿介绍。利用这个公式是：

$$V = \frac{23 + \dfrac{1}{n} + \dfrac{0.00155}{F}}{1 + (23 + \dfrac{0.00155}{F}) \dfrac{n}{\sqrt{t_u}}} \cdot \sqrt{t_u \cdot F}$$

此公式的粗度系数（或滑度系数）n 以后 Forchheimer 利用之（其详视后）。

在研究一个特别的河流，以寻觅一个适当的糙度系数为甚困难。尤其于设想方面，较甚于实际。

研究或导治各种均同的河流，可以亦不必用特别的糙度系数。例如，普通式河流，则可依 Bazin 仅用一种糙度级计算。如此则对于此糙度级似不必有求 c 值，并含有一糙度系数之需要。此种设想初由 Siedeck 陈说。彼谓糙度不同正是改变水深的原因。若糙度小则相同之水量，行流较快水的深度也比糙度大的情势浅些。他在他的公式内并且引入河槽的宽，代替周深 t_u 而用平均深度 t_m。他的建议：只周深不足以代表河槽的切面，乃是必需之理。河槽切面 $F = 3\text{gm}$，宽 $b = 3\text{m}$，深 $t = 1\text{m}$ 的周深，是同切面 $b = 2\text{m}$，$t = 1.5\text{m}$ 一样的。在此两种情势 t_u 都是零点六米，但平均深度则不然，一个是一米，一个是一点五米，有两种情势依周深 $t_u = 0.6$ 而论必需都有相同的流速。至于平均水深 t_m 其否适宜的数值是同样的可疑。Siedeck 的公式比较新近。别的专家所求出的公式利用较困难，但是他仍有他的价值，是造出一个新的方法。

Hermanek 流速公式：Hermanek 发展对于天然河流同人造渠的公式，他利用八个不同的糙度等级。其利用的困难仍与 Bazin 者一样，对于天然河同人造渠各有不同的公式。天然河的公式为三式，由河之深度及滑度而区别之。Hermanek 牺牲（?）在 c 值之内加入坡度，这种设想似乎不全近情理。我们若是想到 Hermanek 公式内只有 $\sqrt{F}$，则必承认这最后的建议（即是只坚持系数是零点五），以后观 Lindboe 的公式可以看出不相同的地方,但 Hermanek 的公式在实际上可视为可适用之流速公式。

Hermanek 天然河流流速公式：

(1) $t \leq 1.5\text{m}$, $V = 30.7\sqrt{t_m} \cdot \sqrt{t_m \cdot F}$;

(2) $1.5\text{m} \leq t \leq 6\text{m}$, $V = 34\sqrt[4]{t_m} \cdot \sqrt{t_m \cdot F}$;

(3) $t > 6\text{m}$, $V = (50.2 + 0.5 t_m) \cdot \sqrt{t_m \cdot F}$;

Forchheimer 变更第三公式为：

$$V = 44.5 t_m^{0.1} \cdot \sqrt{t_m \cdot F}$$

Forchheimer 公式的结值同 Hermanek 三公式一样,其中 c 值是：

(1) $30.7\sqrt{t_m}$ ；

(2) $34\sqrt[4]{t_m}$ ；

(3) $50.2 + 0.5 t_m$ 。

求其适用较易仍得 $c \cdot \sqrt{t_m} \cdot \sqrt{F_0}$,同 Bazin 公式一样列于第八十一页至第九十一页之表格内(石印本原文缺表),可以将 F_0 之各总值直接与 Bazin 相比较。

Hermanek 对于人造渠利用 Bazin 的试验值列以下的公式：

$$V = \frac{1}{3}(1 - \frac{t_m}{4b}) \cdot [(6 - m) \cdot 17 \cdot \sqrt[4]{t_m} + 35m] \cdot \sqrt{t_m \cdot F}$$

其中的系数 m 对于人造渠七种滑度等级视第Ⅸ表(石印本原文缺表)。

$(1 - \frac{t_m}{4b})$ 只在窄渠有意义。在 $\frac{t_m}{b} = 0.7$ 的时候则此值甚小,至于可以疏略。在渠之 $t_m < 0.1b$ 者,则 $V = \frac{1}{3}[(6 - m) \cdot 17 \cdot \sqrt[4]{t_m} + 35m] \cdot \sqrt{t_m \cdot F}$,但仍需用 K_1 与 K_2 以求各种流速。现在我们可以很易地比较 Hermanek 与 Bazin 之值。对于窄渠仍需用 $(1 - \frac{t_m}{4b})$ 及乘 c ,在此亦如 Bazin 仍存着同样的困难,去定糙度系数(或在 Hermanek 公式内为滑度系数)。普通河流其 $t_m < 0.1b$ 者,则 $m = 0$,与 $V = 34\sqrt[4]{t_m} \cdot \sqrt{t_m \cdot F}$,与 Hermanek 之中式一样。

要充满第八十八页到第九十一页的表格(石印本原文缺表)。我们并将 Forchheimer 公式 $V = \frac{1}{n} t_u^{0.7} \cdot F^{0.5}$ 加入,经 Forchheimer 确实之试验,可以说" n "同 Ganguillet 与 Kutter 的一样,以至我们未曾将此值同在河与工厂运渠来试验。第八十六页表内〈讲〉(将) n 值写出(石印本原文缺表)。

Lindboe 之流速公式：

$$V = K(m + \frac{t_m}{b})t_m^n F^r$$

其式中 t_m 为平均深，b 为水面宽，F 为坡度，K、m、n、r 均为固定之数值。Lindboe 对于公式亦有所限定，共有四部：由 $F < 0.6$m/km、$F > 0.6$m/km 与 $t < 0.028b$、$t > 0.028b$（约 $t_m < \frac{b}{36}$、$t_m > \frac{b}{36}$）而定之。对于四部又有分析：由 t_m 在 1.12m $< t_m <$ 3.65m 以内及此界以外之值而定之。Lindboe 的公式所以共有七十二个，都适用于天然河流。

第七十四图（石印本原文）为 Lindboe 公式之图解法，求各值甚为简易。此公式尚有数表为 Eckdahl 所说。但此表未取用之，此外尚有别的流速公式，亦不必论及，一切的试验去用简易的方法解决。此问题至现在均未成功，即能之亦多数不过仅限于甚小之利用范围。

现在最好的方法是对于每一河流，甚至对于每一河流之一段求出适宜的 Poseng 公式。例如对于 Weser、Elber 等河均已实行，但是每次需用普通公式，因为关于每河的特别 Posenzfenul 公式尚未有也。最确定之值通例现今可用 Lindboe 达之，其他如按 Forchheimer、Hermanek 与 Bazin，均无不可。

Lindboe 流速公式的 m、b 值见第一表。

第一表

项目	公式一	公式二
$t_m < 1.12$m	$V = 23.37(0.822 - \frac{t_m}{b})t^{0.9} \cdot F^{0.42}$	$V = 8.91(2.293 - \frac{t_m}{b})t^{0.9} \cdot F^{0.42}$
1.12m $< t_m < 3.65$m	$V = 24.11(0.822 - \frac{t_m}{b})t^{0.63} \cdot F^{0.42}$	$V = 8.45(2.293 - \frac{t_m}{b})t^{0.63} \cdot F^{0.42}$
$t_m > 3.65$m	$V = 27.45(0.822 - \frac{t_m}{b})t^{0.53} \cdot F^{0.42}$	$V = 9.62(2.293 - \frac{t_m}{b})t^{0.53} \cdot F^{0.42}$
	0.5m/km $< F <$ 0.6m/km	
	$\frac{t_m}{b} < 0.028$	$\frac{t_m}{b} > 0.028$
$t_m < 1.12$m	$V = 33.86(0.822 - \frac{t_m}{b})t^{0.9} \cdot F^{0.47}$	$V = 11.86(2.293 - \frac{t_m}{b})t^{0.9} \cdot F^{0.47}$
1.12m $< t_m < 3.65$m	$V = 34.94(0.822 - \frac{t_m}{b})t^{0.63} \cdot F^{0.47}$	$V = 12.24(2.293 - \frac{t_m}{b})t^{0.63} \cdot F^{0.47}$
$t_m > 3.65$m	$V = 39.77(0.822 - \frac{t_m}{b})t^{0.53} \cdot F^{0.47}$	$V = 13.94(2.293 - \frac{t_m}{b})t^{0.53} \cdot F^{0.47}$
	各公式之可用范围	
	$b \geq 10$m, $t_m \leq 14$m	$t_m \leq 0.16$m, $F \leq 0.5$m/km

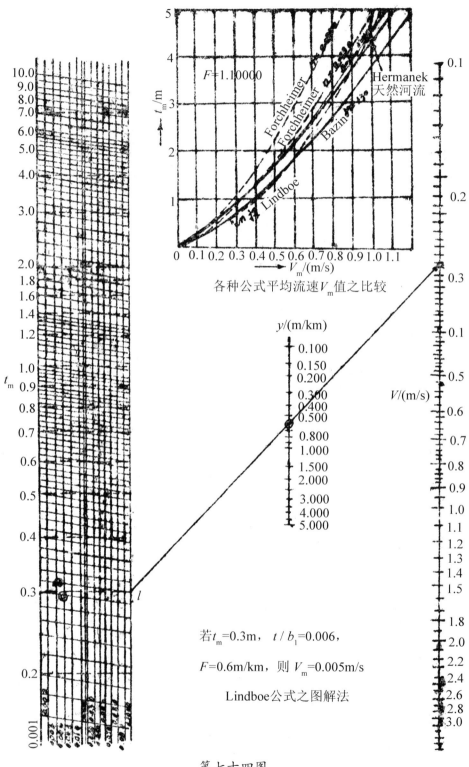

各种公式平均流速 V_m 值之比较

若 $t_m=0.3$m， $t/b_1=0.006$，
$F=0.6$m/km，则 $V_m=0.005$m/s
Lindboe 公式之图解法

第七十四图

治 河 略 论

(一九二一年)

一、沙石之移动

沙石(由最细之沙土以至小石块)较重于水,乘水之流力移动于河水之上下部。此种移动缘由可分两种:其一由于水流冲洗河底河岸之土质之水力。先者由于水之碰力与压力,次者由于流水之碰力与摩擦力。水之冲洗河床力须待考察以得其确实之情势。关于流水之移动力,可用下式求之:

$$R = \alpha \cdot t \cdot J \cdot \frac{t}{m^2} \qquad (\alpha = \frac{a^2 \cdot b \cdot \mu^2}{2g})$$

移动力 R 之大小,关乎河水之深浅与流坡。水深为 t,流坡为 J。水愈深则 R 亦愈大,流坡愈大则 R 亦愈大,若流坡小则须增水深而求较大之移动力(R)。反之,若河水过浅,则须增其流坡方能得较大之移动力。据 Engels 及其他治河家之试验,知 α 乃一小于1但极近于1之数量。再水流愈均,则 α 愈大,多回旋则 α 较小。沙石之移动,在 R 之大小,各种固体(由细沙至石块)均各有相当之移动力。

二、水量

修治河体或利航船,或生水力,须先知该河之水深、水面位置、水流坡度、流速及流量,此外尚需察其各季与历年变易之情势及范围。求水量须知流速、水位及河床断面,求流速须知水深与流坡、水深、水位、流坡、断面,可直接测绘,流速与水量可由所得而计算之(求流速亦可用流量仪)。

三、治河之问题

治河之问题,其一在求河水顺依床路平稳下流,沙石移动,若于水流发生障碍之关系，则须注意之。此种问题发生于不航船之河流，治河之目的在求两岸农业之发展，水力水量之利用。其二在求河水有相当之深浅，在此情势须求沙石移动之顺轨，而于低水及中水位尤应注意。此种问题发生于求航船之河流，吾人须注意流水之冲洗力，至于水之流动，若与冲洗有关，始考察之。

治河非在求水流之均匀，乃在求沙石移动之相称。因河流各段体形之差异，则欲求沙石移动之相称，苟非不均匀之水流及不同之流坡，不可达也。此种问题于航船之河流，重其水深者，务须了解之。

河流时有曲折，曲处之外岸，水流较急，岸质时有冲洗，故多沙石之移动。曲处之里岸，水流较缓，因移动力过小不免于淤积。二曲处之间，移动力亦小，而有浅滩之发现，有碍航船。求沙石移动之相称，可加深二曲间之河底，而去曲处之深壕，即平均水深也。今者治河，时求流坡之均同，实非所宜，其法在求河水移动力相称也。

水流亦当求其均匀，须看在何处，如曲处之流速须求其均同。在壕之上者当减小之，在他部者当加速之。

四、导治航流

导治航流，除于非航流所采用方法之外，则尚须求河水之足深，河水之能足深，在乎沙石下游之顺轨。导治航流，亦须消除该河之灾患。此种问题若取适当，未有不可解决之理。至于求水之足深，时以工程巨大，而成治河困难之问题。今欲解之，则先当注意治河之基本定理，即勿逆水之天性而强之，勿反水性之所近，而求其有利人之能力。治河如待人然，非其所好向者则反抗之。河性之代表，即在流坡，换言之，即其流力。水之流力，即人之志愿，水之物质，即人之身体。志之所向，则身体亦趋之，故治河在求其流力之适合也。未治之河流，流坡极不均匀，而于低水尤甚，高水反之。流坡之各异，由于地势之不同，因其范围甚广，不易于变更。即欲变之，亦为谬事。盖河床形势，经千百年之冲洗，始得今日适合之情况。昔时瑞士之岛诺河部，较高于今日之河床，已越百米，可知河床高低变迁甚巨，则河水对于其各段之流坡，已有自由之选择，其自择者，终非人力之所及也。

若取河流之一段而言之，则导治所取态度，有所不同之处。今有河段，床底或为泥或为沙，其所有之总流坡，可使勿变，而其内各小节之流坡，则可如河床断面之改易而更改之。但极须注意者，即全段之总流坡不可改而为一也。今详明之：

河流多弯曲，二曲之间，为或长或短、或直或微曲之床线，谓之曰过曲。因此处床底凸高，亦名凸处。曲处水深成壕，流坡较小，过曲因床底凸高，而有水位之增高，故其流坡大。曲处底深之故，一面由于顺流之流坡，一面由于自外岸至里岸之横流坡。

曲处之横流坡,发生回旋,再加以碰力,冲洗曲之外岸与外岸边之床底。此种碰力,过曲处罕有之,其所有需要之水深,乃以较大之流坡保持之。

流坡较大,而致过曲床底之冲洗,第一图乃 Strassburg 莱茵河上流水位,水深及凸处底深变易之情势。此处水加高则底凸亦加高,盖水虽加深,而流坡反小也。长期高水时(由五月至八月)底凸加高甚多(负零点三米至正一米),由八月十日至十月十日,水位较前低二米而底凸亦同时低落。水位于十月至十一月升高一米,十一月底又落,底凸高低变易亦随之。大约最大之冲洗力,非在水之极低时,乃在中水至低水时。盖冲洗力非仅关于流坡,乃关于深与坡之乘数也($t \cdot J$)。曲处低壕之情势,适居其反,水位高则壕加深,水位低则沙石淤积。

由上观之,则知治河若加曲处之流坡,则致底壕愈深,减小过曲之流坡,则底凸愈高,故不当阻碍水流之原性,而只可减其原有过度之情势也。

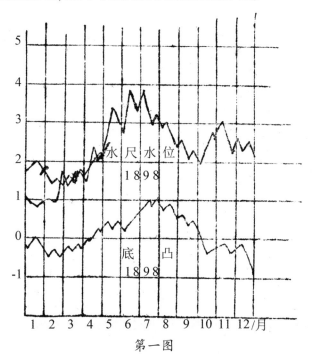

第一图

过曲流坡小,则流速小,曲处流坡大,则流速大。流缓之水,须有较大之河床,流急之水反之。若均其流坡,则曲处水位似当低落,而凸处水位似当加高。今仅限于一总流坡,则水位之变易亦有限(第二图)。此图因求明了,高尺过于实际,河床原有之水面流坡为 1、2、3、4、5、6、7 线,今改之为一总坡,得 a、b、c、d、e、f、g 水面线,而求其于凸处较前为高,如此则曲处之水位依第二图亦必较高,但以总坡之不变,则各坡变易之可能,非保持其流坡中点于原线不可达也。

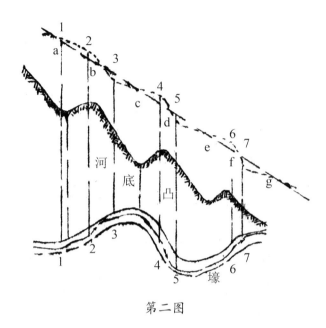

第二图

过曲之流坡既减小,则其所需水深必挖而得之。然此深之能否久存,仍一疑问也。因过曲以前所有较大流坡,尚不足以冲移床底之沙石,而保持凸处之深度,则可知较小之流坡,亦无维持河深之能力。

平均流坡过甚,反致危险,今欲求冲洗力之相称,则反之应加各流速之相差也。

依上法治河,最须注意凸处之降落,不当稍有觉晓。此种情形之发现,似由于冲洗之过度,故过曲床底冲洗过深,可设底枕,勿以其为可疑之举也。过曲水位降落过甚,则上部之水位,亦因之而低,可致其他沙滩或过曲之水位落低过甚,不独未达治河之欲望,且反使治势较劣。故于修治之先,当斟酌凸处上下部底枕之设备,以求其所得之深度。如此则可预定凸处因流坡之增加,每于高水之后,床底仍为所冲洗,而低水时,可无水位降落之忧也。

总之,导治航流第一之条件,在须详察河床弯曲及过曲之流坡,如此可知地势相同处,而每曲因半径之各异,亦得不同之流坡。此种天然之规律,未治与已治之河流俱顺从之,不可不究也。

今有其他问题,即修治河床断面也,或即改变河床断面之应当与否也。河床时改其路线,忽弃曲取直,忽又弃直取曲,可知其河床断面形势亦时受影响。故于设计新流,亦须先取相适之新床形式,同一之河流及地势相同之处,可有极多之床式,然其中之最适宜者非易知也。今欲知之,则须寻求形势均匀久持之河段,其曲处与过曲之断面形式,亦依相适之流坡而得极佳良之态度。此种断面之形式,即为治河之规律式。

导治全河,可先择一段作为试验段,依治河定理及治河家之经验面导治之,察其劣点而除之,可得一较适当之断面式。如此则可省多次不适之工作与费用,所惜者则于此试验段内,曾少有精确之流速、流坡,而其尤要者,即沙石移动之考察也。不然则今者之治河,已早现精良之门径矣。

若仅依理想治河,则终不能达于称足之结果。盖数学公式或因观察过小,或因条件之忽略过多,而不能与天然实际之态度无所相差也,或竟毫不相合也,只于极有限制之观察,可取用数学公式。然其最适合之结果,仍非取之于公式,乃基乎实际之观察也。Teubert 曾以数理求得河床断面形式:今设断面为一抛物线 ρ 为两岸之天然坡角,或由人所修设之岸角 $\cot\rho = m$,则河宽:

$$b = 6m \cdot t_m$$

式内 t_m 为河之平均深,$t_m = \dfrac{2}{3} t$,关于该床之已知数为流坡 J、水量 Q 及 m,所求者为断面面积 F、河宽 b 及平均深 t_m(第三图)。依 Chezy 之公式:

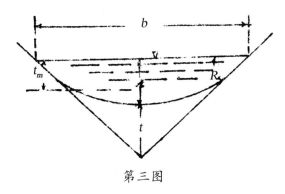

第三图

$$V = c \cdot \sqrt{t_m \cdot J}$$

得:

$$F = \frac{Q}{c \cdot \sqrt{t_m \cdot J}} = b \cdot t_m = 6m \cdot t_m^2$$

则:

$$t_m = \sqrt[5]{\left(\frac{Q}{m \cdot c}\right)^2 \cdot \frac{1}{36J}}$$

式内 c 与 t 相关,须先试验。c 初次假设之大小,由此求得一相近之 t,由此可再得一较确之 c,而又由此求一较佳之 t,至与实情略合为止。因 c 之变易甚缓,则二次之计算已称足。

c 之适当量,若已有其他断面及其或确与否之 c 量考察,始可求得。若已终求河 c 量之工作,则该河之断面所谓已有相称及承认之根据,而于求 c 量之大小,可依 Teubert 之方法,甚为简易。算时可用普通流速公式如 Bazin、Hermanek 内之 c 数,先求得数理相合之断面式,然后再寻之于实际,由二者之差,即得一较适之 c 量,较之不取用数理之公式,易达相称之目的也。依〈Hermanek〉(Forchheimer),$1.5m < t_m \leqslant 6m$,$c = 34\sqrt[4]{t_m}$,则:

$$t_m = (\frac{Q}{204m \cdot \sqrt{J}})^{\frac{4}{11}}$$

在此则无预算之手续。此种算法,亦可用于以预知河床大约可达之航船深度。

第四图至第七图乃表 Weser 河之修治法,先设流急处之通用律断面(第四图之内线),再作同水位而流坡较小之断面(中线与外线),图内下部抛物线之深于 Minden 上部段为三十厘米,下部段为四十五厘米,一切计算均以由 Ender 储水池升高之平均低水位 E.M.K.L.W. 为准。平均低水之升高,据计算所得,由 Münden 至 Minden 为零点三五米至零点二五米,由 Minden 至 Aecu 为零点二五米至零点零五米,床底最窄不过三十米。

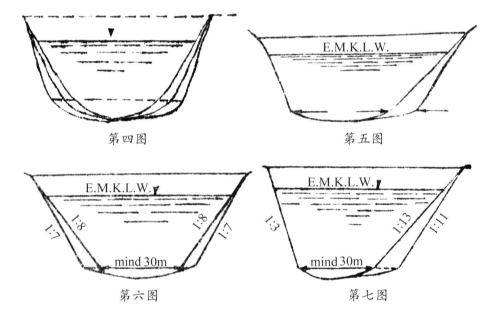

第五图为微曲段之断面及其加宽。

关于曲处亦有不加宽之主张,如 Hague 及其他数治河机关则如此,但于过曲缩小河床,亦不下三十米。第六图与第七图表有秩及无秩各段所设之断面,有秩河段所设两岸岸坡较平于计算所得,无秩段则岸坡较平之一边可再使平之。在 Weser 河所得之经验,为水位由储水池增高数量,不能全达所求低水之增高量,其一部或成地下水,供给两岸农地,而失其原效,计算时亦须注意之。

第八图形式及第一表为 Oder 河之修治法,中水河宽在 Robition(？Robitor)为三十四米,渐次增加,至 Schles Grube 界为九十四米,Warthe(？Warshe)为一百五十米,Schwedt(？Schweit)为一百八十八米,底水河深一米,中水河深一点六二米,床底形势设

为平直，现拟以 Otmachau 及其他储水池增高 Oder 之水位，但亦疑事也。

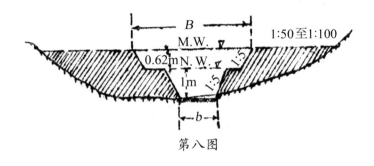

第八图

第一表　Oder 床宽表

单位：米

地名	中水面宽 M.W.	床底宽
Oderbarg 至 Robitor	34	
Cosel	45	
Malapunatg	50	
Glatter Heisse	60	
Weisfrift	83	53
Koftbach	87	53
Schles Grube	94	54
Obra	110	65
Bober	120	70
Görlifter Heisse	135	80
Frankfust	150	90
Warshe	150	94
Schweit	188	132

盖以断面之当改正，故曲弯亦有改变之可能。治河第一效果，可用裁弯取直，或减过甚之弯曲以达之。即设计较甚之错误，对于河流天然之动作，亦不至于有〈极〉（急）切之关系，而使修治之无效果也。工作之困难，乃精确修治已略治之河流，盖其改良水深，非如初步，以 c、t_m 而计算，乃限于 t_m 之单位也。

因高水之河深常足，而其流坡亦较均，故精细修治之设计，须起于低水床，而工程则反之,须于高水床着手。当低水之时,求断面最适合而永久,形式较易。断面形式之永久,关乎水流之方向,断面之内,一切水位所有之流向差异甚少,则其形式永久而适宜,如第九图(作为参考)。

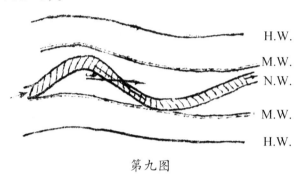

第九图

大河之低水多蜿蜒于中水床中(第九图),水流同向之要求,仅可限于高水与中水,二者冲洗力之性质故亦当相同。河流方向之差异,多由于高水床设治之不适,而其最要之原,由于过宽。高水位之过宽,利于引容高水,然对于低水及中水床之修设,则甚危险。在此情势,须设堤以逼高水,得与中水相同之流向。设堤之时,须注意其对于两岸之无危险,及至水位增高而涉及上游之堤发生危险。由此可知修设地位合宜之高水岸极为重要。除上述之外,尚须免除河岸之倾倒,而增沙石之移动也。

改设中水与低水之断面,必先有已定妥之河岸形式,设定曲处河岸,务求其减少床底成壕之可能。外曲岸之斜坡较陡于他处,壕愈深则坡愈陡,曲处河愈平则回旋愈少,而航船亦较稳,故须平在此之陡岸,但第一步须减少壕深。减壕深则迫曲之内边加深,而移此处之沙石,曲内边之河岸在中水以下,其坡甚平,直达河底。再进之,则或为相接连之沙滩,或于断面之较劣者,岸与滩之间,成以凹道。修床之法,在外曲陡岸之取平,壕深之减少,在内曲边则沙滩之驱除,因之使平岸较陡。设底枕可减壕深,其效果亦即直接冲洗沙滩及河岸之迁移或改易,然后再加以两岸之修整。与求稳固之工程——曲处不须改窄,其改窄为可有之问题,过曲处常有改窄之需要,但吾人须知此种手续并非积极。盖过曲段较之曲处时为甚短,间亦有二曲直接相连而无过曲者,今如设之,乃亦治河之问题也。

似与上论相反者,即:

$$t_m = \sqrt[5]{\left(\frac{Q}{m \cdot c}\right)^2 \cdot \frac{1}{36J}}$$

其意为凸处若流坡最小,则水达极深。依此理想,则此处之流坡,当使其极小,亦可谓过曲之流坡,须小于曲处之流坡。按其所有之流量而得:

$$t_{\max} = \sqrt[5]{\left(\frac{Q}{m \cdot c}\right)^2 \cdot \frac{1}{36J_{\min}}}$$

此结果之能合理,仅限于完全均匀之水流(物理上所谓之理想水流)。然过曲段,在实际则:①水流动不均;②高水时沙石之冲洗及其冲引,与低水时相同之工作,乃极为重要。可知过曲处务求水流之速,流力之大,非能依理想之所得,以极小之流坡可获也。流急床底稍淤之缺点,须以改窄河床取消之,即坚修过曲河床,以求流速之急于曲处,在沙石移动之河流,亦为重要之工作。若河流沙石移动甚少,始可求过曲流坡之减小,在此情势,则过曲之凸底亦罕,其断面之设计,可谓无困难之处。

曲处与过曲之考察,最好以图解之,可知河床之适宜形势,与不适宜者,涉及沙滩之位置也。第十图乃一过曲减窄,曲处加宽之河床。第十一图乃一相反之情况,宽窄置配适当,可使曲处深壕渐次移于河床之中部,而沙滩如长镰式,船由曲处顺行抵过曲,而又顺行至曲处。河床形势不适,则外曲之深壕过长,而直接又起于他岸。水流倾斜,势如渡坝,船不能顺之,故多显深浅不均。沙滩之形势,亦令人注意。因水流方向与河床近成直角,故[中]段床底深凹而生回旋。第十二图乃一适宜之床式,每曲处之断面大于上游,而小于下游曲处之断面,各过曲之断面亦如此。每过曲之断面并小于上游及下游相随之曲处断面,因之各处流坡不同,曲处者较小,过曲处者较大。此法宜于低水及中水位。河内水量亦由两岸地下供给,渐次增加,在高水则此种组织不能决谓其可生效果,而与各处之地势有关。

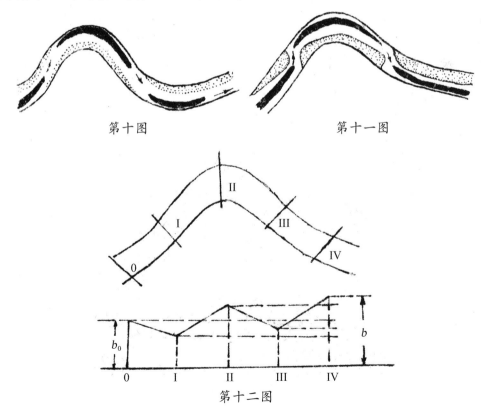

第十图 　　　　　　　　第十一图

第十二图

修楗计划之讨论

(一九二一年十月载于《河海月刊》第四卷第五期)

所寄水楗图及新旧工程说明书,俱一一加之研究。大抵筑楗导水用 Spur,其病多在游溜,楗之下游被侵蚀袭击,即由于此。盖楗身重,水由上流过之,不得不暂避,惟楗底为细沙,则由下游搜空,其势所可及也。欲评判工程及谋救济之方法,须分以下层,质问而答之:①旧工何以败毁?曰楗身下游被水浸刷搜空其底,底盘既失,如重物临于深渊,上游被水力推冲,足以败毁。②楗身下游何以致水浸刷,而搜空其底?曰因有游溜故。③是游溜由何而生?曰水被楗阻,改其方向,楗下水处,因有啜吸(Suction)功用故。④游溜之力可以减免否?曰可。⑤旧工何以游溜为害甚烈?答因督工者但有经验而不明原理故,其楗工不合法处甚多。⑥其要点何在?曰在楗头及楗之两侧腰坡度太陡故。⑦坡度太陡何以更有游溜为厉?曰凡用丁楗不能完全免除,惟在减轻其而使不能为害而已。顾何以能减轻其力?曰惟借楗身摩阻之力以消除之耳。坡陡则溜与楗底沙砾接触也,而其力正富。合格之坡度,须由当地试验而知之,前之工程师于此毫未加意,故有失败者。⑧今之修理计划可以补前失乎?曰新计划仍循旧计划陈迹,不向上游延长与导溜之力因增其效,然楗下啜吸之功用仍如前也,即游溜仍不能免。游溜既不能免,则搜空楗底必仍旧,而新工仍不可恃也。⑨然则鲍惠尔之说然乎?曰其说固自有见地,然如所筑之土囊坝坡度未善,则仍不免于浸刷,不过移游溜着力之点向下游一段耳。⑩如何而始可以为完善之办法?曰上游未必加工,但理其楗身、楗头,令顶坡整齐完善而已,下游当垫平刷深之处,仍用柴排(Mattresses)加修,楗身与原楗成为一气,而用粗细石子将楗头及楗之侧腰抛砌适宜,兹举第六楗为例,如上图(原文缺图)。又楗与岸土连(联)络,须有坚固之方法,旧堤工于此亦忽之。

探 水 样 器

(一九二三年)

予在陕西泾河测验河中含沙之量，自制一器，其式如下：

第一图 A 为水瓶，以白铜制之，内径十公分，口径三公分又半，内高十七公分，容积一公升。B 为底版，二层，径十四公分，厚二公分，以铅或铁为之，所以拖瓶，亦以加重使易入水。版具四孔，以入直杆。C 为直杆，四根，以铁或铜为之，下直，上略曲，贯底版之孔。下端作环以承之，其上曲端先转之向外，如图中虚线所示。纳入瓶乃转之其向内，扣入瓶口缘中。瓶口缘平面，示如第二图，以黄铜制。有孔（十一等）四，以容闭瓶绳。有鹰嘴四（二十二等），以容直杆。瓶纳入后略旋转之，杆套鹰嘴中，而以螺捻 a 紧之。S 为瓶塞，以铅为之，上镶以黄铜版 g，以螺旋 h 紧而为一。黄铜版亦有四孔，与瓶口缘之四孔相当，贯以绳。放大示之，如第三图。绳一端有结，自塞上镶版孔贯入，穿瓶口缘孔，绕其缘而上，四绳总结为一（第一图 n）。瓶塞上之螺旋 h 上端作环，系以绳 m。

用时提紧 n 绳，瓶口自闭，沉全器入水至相当之深，放松 n 绳，而提紧 m 绳，则瓶口自开。初恐水入瓶内不易，故加以 I 绳，略倾其器，但实际可以不需，水自能入瓶内。俟

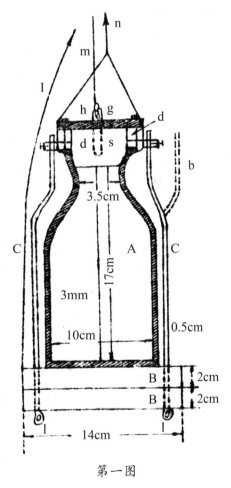

第一图

盛水满复放松 m 绳,而提紧 n 绳,瓶口复闭,随援出水。

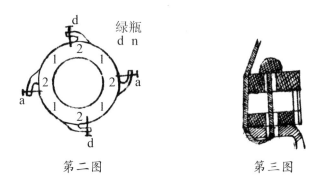

第二图　　　　　　　第三图

沟洫

(一九二五年)

第一章　沟洫之体与用

第一节　何谓沟洫　历史上的沟洫之制

沟洫本是最古的名词。孔子说"禹卑宫室而尽力乎沟洫"。当时的沟洫,想不过是一种治田的方法,小者为沟,大者为洫,而主要皆在排水。因为当时所苦的是洪水,并无灌溉。所以孟子曰"浚畎浍",都是一类的名词。所以禹时的沟洫,不外乎排水沟洫(Drainage Ditches and Canals)。

古时人民稀少,山阜之地,大抵为林木盖蔽,虎豹潜居,所以人民逐水而居,一来取其交通便利,二来取其地土润湿,一遭洪水,便荡析离居。禹平水土,一面随山刊木,"益烈山泽而焚之",都是增广人民居住的需要政策;一面开挖沟渠,使田间的水得以排泄。这就是禹时沟洫的体与用。

后来人文日进,农事愈良。到了周代,行的是井田之制。《周礼》上说:"匠人为沟洫:耜广五寸,二耜为耦,一耦之伐(伐谓伐土),广尺深尺,谓之畎;田首倍之,广二尺,深二尺,谓之遂;九夫为井,井间广四尺、深四尺,谓之沟;方十里为成,成间广八尺、深八尺,谓之洫。方百里为同,同间广二寻、深二仞,谓之浍。"这是完全讲的水道。又遂人:"凡治野,夫间有遂,遂上有径;十夫有沟,沟上有畛;百夫有洫,洫上有涂;千夫有浍,浍上有道;万夫有川,川上有路,以达于畿。"这是讲的水道与道路关系。

由上文看来,由畎遂以至洫、浍,仍是治田之法。等是田间水道,不过有大小之别,沟洫不过总提二字以概其余。它们的用处,据我推想,就不只是排水,而兼有蓄水的功能。为什么呢?周时重要地方不出乎雍梁冀兖,如今山、陕、豫、鲁一带。这些地方,大半地土高厚,雨水缺乏,又何须乎费许多功夫去排水呢?要说是为灌溉呢,既未讲明水的来源,又偌大地面,又哪能到处引水呢?所以我们可以断定这些沟浍,不只是为排水,又不是为引水,而重要在蓄水。所蓄的水哪儿来的?自然是雨雪了,这个就是周代沟洫的体与用。

胡渭《禹贡锥指》鄙薄引水灌溉之利,而归重大禹沟洫之制,所论极有见地。但据鄙人推想,禹时沟洫之功效,不敢定有如胡氏说的那么大,不过为排洪水而已。胡氏所说沟洫的功能,是到周制大发明以后始有的。但为敬仰大禹的同情,沟洫之制,仍称为大禹的制,亦无不可。

第二节 沟洫之变通制

古代沟洫的制度是到了战国以后,随着井田一齐俱废了。所以被废的缘故,大抵有二端:一因人民生齿日增,一夫授田百亩,不敷分配,地归私有,便由人民自由处置,沟洫占地面甚多,所以平除了以拓广田地。二因沟洫纵横,交通不便,所以经过多年战乱,戎马奔驰踩躏,百姓无法修复,公家又不过问,自然就废弛了。到了秦朝统一中国,看看古制已经湮灭,兴复不便,也就痛痛快快废了井田之制,从此沟洫就同归于尽了。

井田之制,后来但有人提倡恢复的,就不免得"迂儒"之讥。实在说起,如今要拘古制,行井田制,等于说梦。但是鄙意以为井田之制虽不可复,沟洫之制,却可采取。

如今耕种的地段,山谷平原、平夷坡陡不一,要仿行古制,划分得四四方方、平平整整,当然是不成功的。鄙人所主张的,不是完全拘泥古法,而在师其大意,做一个平治田地的标准,这就叫沟洫之变通制。究竟是怎样变通法呢?后面第三章再论。

第二章 中国地质土壤的特况与推行沟洫制之适宜

第一节 中国地质之概况

沟洫是中国古代的水利遗蜕,不是外国来的,不是根据最新科学发明的,为什么鄙人还要加以提倡呢?因为中国的地质和土壤,大有特别之处,不与各国相同,所以沟洫制度有推行的需要。兹且说中国地质的大概情形，但是本书所讲沟洫制度，只限于中国北部及中原，所以讲到土壤，也就只限于这一带了。

一、南北分限（以下抄译德国瓦格纳《中国农书》）

中国地面宽广，南北气候和土壤截然不同，南北分部的大隔墙就是秦岭山。秦岭山是由内亚细亚延亘出来到中国，由第三十五纬圈以南分作许多平行山脉，由西向东很宽广的一个大山系。因为它很高（高至四千公尺），又非常的崎岖，可以穿过的口子又少又难行，所以秦岭山成为南北分隔的一个大埝一般，所以它的两方面土壤的分播，以及农事的经营，都受它的影响了。

Richthofen 曾在他的大著《中国》中讲论秦岭山的关系主要如下：

"它将中国分为南北，分为黄河流域与扬子江流域，分做黄壤盖覆了的北方土地与黄壤不到的南方土地，分做一年两季显著变换的气候与一年多次变换的气候。

"北方山川形势是单一的，黄壤由这一山脊扯到那一个，崎岖的山壑，大半俱被它平了。虽然说黄壤盆地中也有被水蜿蜒冲洗成为各处风景上的变换，也不过是很小的出入，若将眼放大在单一的古代沙碛全体，可以当作没有的。山上是秃的，因为黄壤不大适宜于生长树木，岩石上的林木都被居民用尽了。论到农业，北方是麦子、棉花和粟子的出产地。

"南方便完全两样了。有几处例外的姑且不论，可以讲黄壤是完全没有的。山上没有覆盖，它的形状有时连它的岩石都表露出来。山谷大半都是很深的，若有水流出其间，便展布开很肥沃的冲积土壤。山坡常年有青绿而多花，天然生长的灌木类植物盖着。不但是气候较暖，雨量也分配均匀些，都利于生长植物。它们的面积也很广，所以就全体论起来，都供过于求，因为最适宜于生长天然植物的没有被黄壤盖了。论到地土的用途，要紧的就是种稻、种茶、蚕桑、甘蔗、桐油。麦和粟通常也种，但是不如北方的多。

"又有别的情形是南、北两方不同的。在北方耕种黄壤土地，山坡上无论多高，就高到海面上八千尺以上，虽然天气寒冷，还是有成效的。南方耕种则靠近谷底，高出海面二千尺便少有耕种的。惟有西南诸省四川里面一部分，贵州和云南，不但谷底已经高出海面很多，并且为一种红色黏性土壤所覆盖，加以适宜的气候，可与黄壤性质相垺，所以山坡上也有耕种的。但是大概也没有北方耕种所达到那么样的高。再讲到交通上，南、北也截然不同。北方都是宽平大道，南方只有人行小径。北方用骡、马、驴和骆驼驮载拉车，行人往来，货物搬运，都离不了。南方间或有用骡马驮重的，但从来没有用它们拉车的，至于驴和骆驼差不多没有的，用人力时候最多。再讲到水道交通,也是两样。南方除过最远的西南外,都有很繁的天然可以行船的水道,再加上人工开的渠港,网一般的四处通达。北方航运比较少,西北差不多完全没有航运,东北也不过在几条河道上有航运,并且只能航很小的船只,比起南方就少得多了。因为北方的河流,大概经过黄壤区域的多,河床常给沙淤满,哪能通航呢?

"西方直接当着秦岭山的,南北分界最为显然。在渭河两旁,若是地里收完了以后,全境都显出荒漠气象。向南不过走一度远,到汉水上游,便有常青的灌木丛生;有种橘柑,有种棕榈。秦岭山的北麓棉花长得多好,南麓便一点没有了。

"到东方就不然了。秦岭山和它的最偏东而比较很低、很狭的支脉淮山中间,已有平地相隔,而淮山到海岸中间也有很宽广的平地。不用说在这儿南、北就没有在西方分得那么严,南、北二方的特性就有互相侵入的地方。淮山太低并且孤立,不能完全分隔南北,它的西面和南面隔着许多路才有结连的、一部分较高的山。所以在这些地方,南、北相异的情形,不十分显然,山的两方面都是宽广的平原,并且互相连通着。黄河下游的平原由秦岭山的东端绕过,延展于汉水流域,一直翻过了洞庭湖。淮山的东、南、北平原也相接连,所以在此地南、北的特性常常互混着,进了邻区多远,似乎还没有多大的变更。这等情形中最要紧的,就是黄壤常常翻过山顶,散布在山南层,虽然没有多厚,而直展布到鄱阳、洞庭二湖以南的平原,至平原尽处始止。在南方凡是黄壤所到处,还有黄壤所成的冲积层处,都种棉花,同北方一样。而在淮山的北麓,也有种茶的。蚕桑在北方是稀少的,而在山东很偏北一部分却有很可观的蚕桑区。在黄壤所不到可以施灌溉的冲积层,种稻的也很多,尤其是在山东。但是南、北特性在这些地方虽然相混着,我们仍然要把这大平原分开南北。怎样分法呢?我们就要按着水的统系分:大平原一大部分(大约有九十八万平方里)属于黄河,就归给北方;一小部分(约有四万七千三百平方里)属于扬子江,就归给南方,它们的界限是由秦岭山的东端起,先循着汉水的东北分水岭,再沿着淮山的脊,到扬州府以南还留一条黄壤梁,虽然没有多少高,却是分明可以认出扬子江冲积很近的一个北界。由此以东就变为沮洳之地,再接着就是新近出海最肥沃的沿海平原,南北直无界限之可言了。"

以上 Richthofen 在他的书中,已将中国南北关乎风土上、气候上、土壤上、农事上、交通上,分别的,大概讲得清清楚楚,游夏不能赞一辞了。以下所要讲的也不过就南北加以特别研究,而尤注重于土壤情形和它对于农业的关系。

二、秦岭山以北的土壤情形

要明白秦岭山以北的土壤情形和它连带上特别的气候对于农业的影响,非对于该地方的地质发达历史,有较详细的知识不可。

在地史太古世纪,地壳一定有过很剧烈的变动。在这一世纪的下半期,中国尚沉沦于大海中,海中沉淀了很厚的一层(Richthofen叫它做五台层),经过变动时期翻折起来成了很大的山系,地壳因之破裂的不少,生出很长的大断层,到处都有炽流的花岗石质由地球内部冒出。当那个时期,现在秦岭山系的方向和它东向的延展,一定都表现出来了。

到了古世纪,又生成了中国地质上很重要的两大层:一个叫做震旦纪,一个叫做石炭纪。震旦纪在中国展布最广,因而叫做震旦纪,震旦便是中国的名称。按它生成的时期,和欧洲的寒武层(Cambrian)大概是同时沉淀的。按它的成分,可以代表第一大石灰岩系,所有的岩石,以石灰岩为最多,带着灰暗以至深青的颜色,包含有特别的化石。当震旦纪成立的时候,中国地表又有过很大的翻动。沉淀层翻折起来成了山,山又被海水沉没袭击破坏,又成新山,如此循环多少次。大约中国在以前和以后,从来没有完全覆没在海水中,如同震旦纪发展最盛的时期一般。所以震旦纪在中国南方、北方到处都有,除过秦岭山和它以南相连的地面算个例外,因为那时候这些地方大概是一个大岛或舌头形状的一块陆地,并未曾淹没在震旦海中。到了石炭纪起首生成的时期,中国地又沉下海去了,在沉降以前震旦层又翻折了、断离了、破裂了,同时炽热的花岗岩质又从地球内部冒出很多。石炭海曾淹没了中国北部全部,一直到内亚细亚和南方一大部分。现在的秦岭山,直隶的山,西山的霍山和贵州、四川有些岩质较老的山,在那个时候都伸出石炭海中同海岛一般。石炭纪中的三层,炭石灰层(Kohlenkalk Schichtin)、石炭本层(die Eigentliche Steinkohlen Schicht)和炭上沙岩层(der Wberkohlen Sandstein)在震旦纪以后算是展布在中国最广的了,尤其在中国北方最多。石炭纪的末日地层又起了大变动,最显著的就是秦岭山的高起。秦岭山以南,在现在的中国南部,地层顺着西南—东北方折屈起来,因为这样的折层在中国很普通,所以也叫做震旦的折屈。山以北相关联的地方地层许多破裂成块并且推移了位置。在中国北部的海,也渐渐的后退而沉淀出末了一层的炭上沙岩层。北方的阶地,也便以此成功了。这种地面不间断地由甘肃经过陕西、山西到山东,或者一直跨过了辽东半岛,因为大平原还没有到倾陷的时候,太行山的陷落也不过才开端。这时候全部地面是一个大平原,带着许多破裂而现出一种沙漠的气象,向南被一个远过于今日的秦岭的高山隔着,做个分界,由西藏界线起直到南京附近,而在这平原的气候也完全与分界山以南的地方相异,因为湿润的南风完全被隔绝了。

中国北部一切的地质的底子都搭好了,得成现在土地的形势以后,到了中生世纪大平原又有了倾陷之象。这个倾陷不是猛然发生的事端,乃是因地壳变动渐渐地经过了多少千年才完成一个结果。断裂的地方即对着如今的山西,有好几千公尺宽。于是山东西部的山地就同山西的南部分离开了,淮山也离开了伏牛山。这两个分离开了的山海岛一般伸出于正在倾陷的区域中，而一面也跟着一齐下陷。秦岭山从前向东发展，在淮山以东的一段，于是就完全陷下去不见了。那时倾陷区域的东界却不是现在的海岸界线，因为内黄海和南满辽河谷洼，在那时也同在倾陷，所以按它们的成立，也可认为那时平原的一部分。中生世纪比较的结连一起的沉淀在中国北部只可发现很少的面积，我们要知道中国北部的地当古生世纪收束时候已经完全成立，在中生世纪再没有为海水沉没淹过，所以这种现象就无足怪了。

由新生世纪直到如今，在中国北部所演的与地形变迁有关系的势力，和地球内力并行的，要算大气的效力和侵入地内与流于地面的水的效力最多。自从中国北部成了陆地以后，即是从石炭纪以后，便与南方的海隔绝，因为西面有秦岭高墙为界，东面也有同样高的山〈练〉（链）隔着，所以那时的气候，完全是干燥的大陆性质，一年不过短时期有润湿的风吹着，可以起侵蚀岩石的作用而生长植物。后来大平原倾陷了，同时秦岭山崩裂了，它的东西一部分和东南延展的山陷下去了，于是海水乘间而入，充满了现在的大平原全部，成了海湾。于是有碎裂了的和磨损了的山岩的质，有河流挟带的沙泥——因为空气润湿，所以河流也旺大——并有火山喷出的质，都沉淀在这个海湾的底。这个时期，Richthofen 叫它做侵蚀时代（Erosions Periode），因为这时中国北部气候润湿，河流因为坡度陡，水量大，所以深深地冲刷了它们的床址，成了许多很宽的甜水湖泊，比如甘肃展布很宽的红泥土，还有 Richthofen 所指的水成黄壤，都是这类湖泊沉淀成的。

慢慢地，地面在大平原的东南涨起来，又由现在的舟山群岛向山东省东部直到辽东半岛重新有山长高起来，于是中国北部又进了沙漠时代（Steppen Periode）。润湿的海风又被隔绝了，气候又渐渐地变成大陆性质了，湖泊变成盐性的了，久而久之，全埋干了，河流也不旺了。于是由中亚细亚过来包括中国北方全部，连大平原一齐在内都成了一个广大的沙漠，植物生长的很稀少。从此以后，对于地形变迁最掌权的就是风了。那时同现在一样在亚细亚缺少雨泽，水无去路的地方，因为有强烈的风化力，充满了干细的岩质，经风飚起，沙尘弥天的吹向东去，到了离得很远的地方才落下来。这样的经过亿万年，沙尘落地，生长植物，又被沙尘掩盖，又生新的，又被掩盖，循环不已，于是在中国北部长成了新的地面，一切年岁较老的山形都一律被厚的土层埋覆了，有的地方竟厚到六百公尺，已经干涸了的河沟也被填高了。以时代论，沙漠时代与欧洲冰川时代和接续的沙漠时代同一前后。

后来东南上的山系又一次下陷了，海从新侵入，于是演成了今日中国北方的地形和气候。这时便进了黄壤时代（Loess Periode）。雨量又增加了，因而斥卤的沙漠地渐渐被水冲淡，变成了肥沃的黄壤。河里又有水流了，不留停地开抉，它被沙碛〈杜〉（堵）塞了的床址。因此从前的沙漠平原，一变而为奇异的中国北部黄壤区域的景致。

铁森(F. Tiessen)所说的"沟壑复曲,有如迷境,崖土矗立,如壁如柱",真能令看见的人惊奇不置,全世界上再没有同样的了。河流经过黄壤区域的就在河床冲刷,两岸的黄壤质崩坏了倒入河内,到了下游,又填淤在平浅的地,北方黄河便是头一个最显的例,因为它常常迁徙床道,所以它的沙壤,填淤的地方很广,层积很厚。

第二节　中国西北部之地质与土壤

中国西北部的山地也叫做中国北部的阶地,包括山西、陕西北部和甘肃三省。我们前面已经讲过的,在这一大片地方,气候则由东往西,越向前越干燥,越显出大陆性质;土壤则黄壤,因它的各种形态,水冲雨洗所演出的各种地面变象,所影响于耕种、收获、人民的居住疏密、交通的情形,都是很特别的。无论地势高低,总是黄壤为主。一切山的构造都被它多厚的层——有的地方厚到几百公尺——掩盖了,仅能在冲刷出深沟的底,透出黄壤层的陡山坡和很高的山脊,看见一斑。假如没有黄壤,这上面所指的三省地方,就完全是一个山地,表面一定很崎岖的,依着现在的气候情形或者只能够有一小部分可以耕种,可是森林一定很宽广的。

我们先将东面一部分,山西省再加上河北和河南各一部分详细地研究一下,我们就可以把这一段完全当作一个高原看。不过这个高原分做阶段式,并且有个山〈练〉(链)由地里面伸出来。这个山〈练〉(链)的南面一部分先与秦岭平行走,接者顺住经线的方向又向北走。虽然它〈拔海〉(海拔)也很高,但是它的周围比较起来也就不算怎么高,因为有平衡的沉淀层填满了它中间的空,上面再加上黄壤,厚薄不一,一直上了山的高处,所以山的构造真相,都被它埋没的看不出了。在北方对着蒙古有一个长山〈练〉(链)由西南而东北,成了一个大山,隔断了鄂尔多斯(下多用奥尔多斯)。五台山就是这个山的一部,高到三千公尺,山形崎岖之至,居民很少,是很不容易进去的地方。我们为的是评断农业情形,要得一个地面上的概观,我们设想顺着平阳府的纬圈切下去,得一个断面,由此可以把一带连山的构造详细地研究一下。这一带连山全部的纵轴线,一定是花岗岩和片麻岩构成的一个山系,由秦岭的太华山分歧出来,过了黄河延展为中条山,又平行沿着汾河为霍山,达到二千五百公尺高而止。在东面和它平行的有太行山,平均计算高有九百公尺,同高墙一般的做了高地一个边界,下面对着大平原沿着一条线,经过怀庆、卫辉、彰德、顺德、正定和北平几处地方。两条连山之间,填成了两个阶段地。西面的叫做晋原,依靠霍山,石质是彩色沙岩,它下面的底基已经有一千公尺高,它的表面一起伏,〈拔海〉(海拔)有一千五百到一千八百公尺高。晋原的东沿都被短截的小河啮成花边儿一般的突头,下去接着就是较低的东面阶段地。这一段的地表面也是一起一伏的,高不过〈拔海〉(海拔)一千二百公尺,高原沙岩大半都被侵夺了,所以它下面平衡的煤石灰岩层和上面的煤本层常常露出地面。

霍山以西和它平行的又有个峨山,其实就是向西一直到五毒山,一个高原的陡坂。五毒山又是另一个高原东面的陡坂,这个高原先到黄河,过了黄河一直展进了陕西和甘肃两省。霍山以西的高原,它的构造大体同晋原一个样子,底子是平衡的石灰纪层,有些地方高到一千五百公尺,上面为彩色坚硬的沙岩和软的黏土页岩覆盖。

这些高原面积里面又多被流水冲刷得很深。总而言之,从前当沙漠时代被黄壤填充了多少厚,这时也就被冲刷得多少深。到少黄壤时代,雨量加增,有些地方上面覆盖的一层黄壤又被冲刷净尽,露出沙岩。沙岩被风化了的面积,从前一定都有森林充满,然而森林被消除了,这些面积都成了不毛之地,仅仅在它较深处稍可施耕种。所以凡在沙岩风化的地土,出产甚少,居民也稀。有些城市村舍大抵都在沟壑深下处零星分布,所有农业也只限于这些沟壑的底逼窄而很肥沃的冲积土壤。但高原的一大半到现在还是被黄壤覆盖着,那上面的农业,就展布得很宽广,但是它的收成就要看雨水多寡和得时不得时了,好收成总不多得。

有好几处低陷的地面沿着上面所说的区域的中轴线,自北而南,排列成行,阶级一般的依次减少它们〈拔海〉(海拔)的高。黄壤在此等处特别发达,这些盆地从前一定都被水所充满成过湖泊。它们的石灰和盐质的沉淀可以证明,潞村一处至今尚留有盐池。这种盆地计算凡有六处,就中经济上最关紧要的要算太原府(高八百五十公尺)、平阳府(高四百八十公尺)、泽州府(高四百公尺)几处。其中地土最有价值,居民也最稠密,又有个汾河,把这些地方互相连通。这一类的盆地,Richthofen 曾就太原府一处做个例子说得很清晰:太原府平原是由一个湖泊填淤成的可无疑义。因为中国北部山岩崎岖的形状,在被黄壤覆盖以前,已经创作成了,所以我们可以拟度这个盆地在黄壤时期以前,被甜水充满,而由灵石县深沟流出。但这沟后来被黄壤填塞,并且覆盖得很高,由此可想在沙漠时期的气候情形,这里是没有水流出的,湖水没有出路,只得蒸发,慢慢缩小变成盐湖了。经过长久的时期,天空落下来的灰尘和周围山坡冲下来的泥土,被沙漠时代的植物牵系住,土壤于是在空气下增长,便成黄壤,浸没了盐湖。后来又渐渐地变到现在的多雨气候,雨的降落又比蒸发多了,于是湖又长大。每次情形,总而言之湖中水浪,不免冲击黄壤岸坡,使它崩坏成了壁立的陡崖,和现在伊色库一个最近湖泊沉淀最高岸崖的样子一般。再者黄壤质料卷入湖中的一定也不少,它的量大约由湖的周沿渐渐将湖填塞为平地是很够的。

至于西方陕西、甘肃几省的山地,地质构造的情形可以说和东方一样。精确的调查是没有的,然而按着许多游历家记载说地方相似的情形,并且有些地方和东方是完全一致的,所以我们这样断语,大约离事实不远。陕西和甘肃北部的地方也是分为阶段,在其中有些山系伸出。肥沃的地都在河流舍去,深低的盆底和东方是一样的;黄壤为天然出品和人造出品的，基本和东方是一样的；河流离开盆地平原以后，弯弯曲曲穿过很深、很陡的狭谷，和东方也是一样的。

全区域中最低下的一部分，算是渭河平原（三百公尺）。这个平原直接连着山西西南的斜坡地，著名的西安即在其间。同上面所讲的太原情形一样，渭河平原也是从前一个湖填平了的，带着顺长一条的冲积地和形状奇特的黄壤崖埝。地表面的情形大概如下：渭河以北顺着东南到西北的方向，地势台阶式一般一层一层高起，一直高到二千公尺的六盘山。这个山就在黄河弯曲梯形之中横亘西南东北，接连着同一脉、同一方向。我们上面已经提过的山西北部的山系，向西北到兰州府，向北到黄河，有些比较深低的原地，平均一千六百到一千八百公尺高，它的平衡原脊慢慢减少高度，大概和山西西部煤上沙岩层的第二高原是相当的。在此处也和山西是一样的，原上堆的多厚的黄壤层，而在地面倾斜处、坡陡处和河流处便冲刷啮蚀得很深。很宽广的地面也都和我们讲过的山西东部一例变成一种迷境，交通因此非常困难。

我们由此可见西北山地全部的构造，无非是一带断层推移的原地，其中地质不出乎石炭纪的三系。在东南上河南省的山地和甘肃省的西南部，虽然说山的构造比较着较古的岩石多些，但是以大体论，仍同上面所谈的情形无大区别，而土壤以黄壤为主，因此所致地形和农产的特况，更是彼此一般毫无二致。

上面所讲的都是中国西北部地质地形上的观察。用它们来作个基础，我们再进而研究这一部的农壤，按照它们的生成，物理和化学的性质，以前和现在所受的变化和利用的方法。论到中国西北部地质地形的观察和农壤的观察，二者之间关系甚为密切，因为两种观察都是以黄壤为主要目标。论地形，几百平方公里之中，风景同印版一样的一般无二。论农壤，大部分靠它出产的土质，也是除过黄壤无二种。它在中国农业上的关系自古及今都视为主要，和它在四千多年历史中对于中国地土和民族发展的影响一样的大，无怪乎中国人将黄土看得非常贵重，黄河和黄海都是因黄壤得的颜色和名称，而民族始祖也称黄帝，都是因黄壤的关系来的。假如将中国农业地图和地质地图互相比照，就可见农业展布的面积和黄壤是一致的。黄壤到什么地方，人民也就居住到什么地方，黄壤所不到的地方，除过谷地大部分由黄壤冲淤成的冲积地以外，也就是耕种不到的地方。

由沙漠时代的沙漠土壤怎样经雨和流水冲淡了它的盐质以成黄壤，我们前面已经论过了。凡是高出河水面的地土，本来只长沙漠植物，经水漉泻，所含盐质冲解而去，于是土壤都变肥沃了。假若没有这个大变化，中国西北部我敢说还是一片荒凉，可施耕种的地只限于流水经过的水草地。居民一定还是游牧之族，同现在沙漠地情形是一样的。

黄壤的性质，是一种不含石砾、拈在指头中间可以磨细的、含有石灰而黏土较少的、带着棕黄色粉屑的沙质。它有一样特别的性质,若是遇见外力——比方流水——破坏了它的组合力量,那就很大的块积壁直地崩下来,显出垂直的崩面,常至几百公尺高。在这黄壤崖面上可以打洞剿窑,中国现在还有几百万人民在里面居住为家。还有一样特别的性质,就是黄壤里面含着许多细孔,有的部分非常之细,又一部分稍微粗点,按着所含植物的纤维根基分歧,而又带着碳酸石灰质箍子。在这些细孔之间,黄壤也显出疏松的纹理,不似别的土壤——如黏土、泥巴等致密,这些细孔可算是黄壤垂直崩裂的一个原因。还有平衡层累(？里)含有石灰质的僵石,算是黄壤分成平衡台阶的原因。因为有这些性质,所以有黄壤地方演变成中国西北部的一种特别风景,如我们上面所说的。

瓦格纳在青岛大学做教员曾经做过许多实验。实验的事分做两种办法,一种是用天然的黄壤,没有用作农壤的做试样,一种是已经用作农壤的做试样。后面一种又分为曾经过灌溉的,一种是没有经过灌溉的。实验所得的结果,机械分析的数,十二个试验中有八个完全是由细土质成的,只有四个夹杂着很微的石质超过二公厘的直径。这种现象要知道黄壤是风成的,自然无可惊奇。四个有二公厘以上的石质的试样是农壤这些粗粒,大概不是黄壤本来有的,恐怕是肥料中带来的。实验细土质的时候,又把更细的向来认为含黏土的一部分,粒径零点零五公厘以下的再分为二类:一类是尘,即是零点零一至零点零五公厘的沙;一类是最细的成分,粒径更在零点零一公厘以下。这两类除过一种例外,在一切试样中,都要占过全部空气晾干的细土,即土质全体的百分之八十。比较粗大一点的土粒所占的分数不过百分之九点四八与[百分之]二十一点八之间。再比较三种试样中所含零点零一公厘以下最细成分的百分数,可见在灌溉过的黄壤中为最大,没有灌溉过用作农壤的黄壤中次之,天然黄壤中最小。论它们的平均数在天然黄壤中有百分之二十九点六五,没有灌溉过用作农壤的黄壤中有百分之三十七点八二,而在灌溉过的黄壤中有百分之四十一点三六。这个原因显然是因为用作农壤的黄壤经过耕耘施肥,灌溉过的,更加水的帮助,风化更快,所以细的更细了。

化学实验的结果,可见 $Al_2O_3+Fe_2O_3$(三氧化二铝+三氧化二铁)的百分数,和最细沙质的百分数有些与进俱进的性质,可以证得零点零一公厘以下的成分中大部分是黏土了。最高的百分值也是灌溉过的黄壤中。至于石灰的含量在首五种试样中平均是百分之十三点三一五,其次四种是百分之五点二五九,最后三种是百分之九点九二三。由此可见石灰质在天然黄壤中最多,在灌溉过的黄壤中最少。若要把 MgO(氧化镁)的含量加上一起算,这个比例仍是不变的。其次比较高一点的含量就算加里了。它的百分数在零点一九八与零点六九二之间。磷酸的含量在一切试样中都低,氮的含量也是一样,只有第八试样中有百分之零点一的氮。用作农壤的试样六至九中含氮超过百分之零点零八,末三种中只含百分之零点零六。所含腐殖土(Humus)的数也是与上同等的比例,试样六至九中最高,首五种中最低,末三种中居中。关乎水的含量,并没有观察出一定的定律,它的数在百分之二十九点一与百分之三十八点四之间。普通论起可以讲一切试样中所含 CaO(氧化钙)、MgO(氧化镁)、$Al_2O_3+Fe_2O_3$ 和 K_2O(氧化钾)的量,比较德国土壤分析所得的都特别大,而磷酸氮及腐殖土的含量都落于德国所认为佳壤之后。由此可见,干燥区域(中国西北都也属其中)的土壤所含以上各种矿质,比较湿润区域的土壤为多。

黄壤用作农壤,它所受的变更,远不如湿润区域的土壤变更得多,这当然也是气候上的关系。只有灌溉所到的地方,土壤气候得略近于润湿地方的情形,黄壤也就分解得更细,有点像泥土的性质,所以试样六至九所含零点零一公厘的最细成分,含 $Al_2O_3+Fe_2O_3$ 显得特多。还有一种特征也是中国西北部的黄壤地土所独有的,是农田中并不能分别出个庄稼层(Acker-krnme,即是长庄稼的一层土)和地下层,或稍微有一点儿区别,也只能说上层土和下层土罢。在德国若是把地下层的土犁翻上来,是农人所最怕的,把它叫做死土,而在中国尽可放心,下层上翻上来同上层土长庄稼一样的好法,没有一点的妨害。不但此也,中国的农人并且每年要将未用的黄壤特意撒多少在庄稼地面上,当作肥料一般用,在干燥的中国北部有机体的肥料,分解得是非常快的,所残留下的一些腐殖料,都吸收水分充饱了,一点儿没有胶涨性。要含腐殖土最多的,只有在灌溉过的地或者离地下水面很近的地里可以遇见。

黄壤还有一种特性,同别的土壤(如泥土、黏土等)恰恰相反的,是它若有充足的水量加上,有自肥的能力。要不然经过四千多年的庄稼田地,完全不上肥料或者仅些些微微的上一点儿,而生长庄稼并无退步,哪能得够呢。这种现象又如何能实现呢,那可以有两种原因:第一是黄壤的毛细管吸力最大,所以深处壤层所含的养料可以溶解在水里而上升;第二是空气中的阿么尼亚化合质($NH_3 \cdot H_2O$)容易被黄壤吸收,所以不感觉养料的缺乏。但是这个自肥的现象,必须有充足的雨量,使庄稼土层与富有矿质的深处土层之间,能成直接的水柱,按着液体弥散的定律,能将养料送达庄稼层,才得实现。这个道理,由黄壤地土常常泛潮盐霜可以证明。泛潮盐霜大抵在地势深低的农田中,在未用的黄壤地土者离饱和的溶液很近,也是可以有的。由此看来,黄壤的肥沃不肥沃关系于雨量多寡,实比他种土壤为多。若是雨不充足,水只能湿透了上面的干层,快快的就被蒸发了,深处的肥田养料就无法输送上来。中国人的〈观〉(经)验,说是近几百年来,雨量减少了,由历史上考察中国西北部近几百年来所遭的歉岁确实不少。黄壤最大的收获程度只能在深低处,常常能浇上水的地方,例如河旁和以前所讲的湖区平原流水左右,才能达得到的。

要讲黄壤的经营,先应限制最要紧的几种禾稼,至于地土怎样的耕作法,要等到后面才谈得到。但是有一样可以注意的事情,我们不妨提前说起。什么事情呢? 中国到处地方的田地,不论水浇的与非水浇的,都照天然阶段地的样子,同做成一种很不规则的阶田式。在这黄壤区域,也是一样的办法,凡是有天然阶段的,都现成被用作田地了。若是地面成斜坡的,也要把它削成台阶样子。所以每段田地上坡的一边都深削成匣子式,下坡的一边都用土培壅成埝,就作为下一段地的靠背。这一种田地设置不是从原初起按一定规划成的,乃是经过多少年不断的工作逐渐成功的。每年间农人也常常由近旁的天然生长黄壤崖面上挖些土撒在田面上,据中国农人说它的肥田功效,同天空落下的黄土尘埃一样,不过要比天空降落的肥料上厚一点儿。

  中国北方铲除了森林的损失非常之大。在古时候,森林还没有完全消失,雨量来得匀称,不用肥料而能收获的黄壤,可以显得出它的功能。所以那时黄壤区域也算中国最富足的粮库了。到了现在,气候没有准儿,收成成了偶然的希望。遇见了天干之年,完全没有收成,就演出莫大的荒年;遇见了雨水好的年限,收成又非常之多,可以有余,但是究竟不能弥补荒年所不足的。但是雨不失时,黄壤区域〈拔海〉(海拔)到顶高处,仍能收好庄稼,所以黄壤区域仍算中国或者算东亚收成最富足的地方。靠得住收成的,只有水浇的地,但是地价就要比旱地高过十至二十倍。水浇的地只限于河坝中很窄狭的一带冲积地面,水由河里引入田中。也有在湖区平原中用井水浇地的,但须是井不过深,并无盐质才可用。这一等有水利肥沃的地,约占中国西北部全地面积百分之二,其余的庄稼都在灌溉难施的黄土阶段地,凡是黄土盖不了的山坡,只长些野草荆棘之类,不长庄稼。还有一层限制,在高寒的地方,因为冬季长而又冷,所以每年只能收成一次。低暖的地方,可以收两次,收了夏禾,还可以种冬禾。在不大好的地方,夏禾主要是小米、高粱、糜子、甜山芋之类;低暖的地方还可以接着种冬禾,如小麦、大麦、菜籽等类,夏禾则有棉花、高粱、小米、糜子、珍珠米、花生和甜山芋等。

第三节 中国大平原之地质与土壤

  我们上面已经论到,说中国北部大平原是中生纪由中国北部的案地陷落下去的,后来在剥蚀时代,又为山上冲下来的碎石、河里带来的泥沙填满,到沙漠时代,便成了一个荒瘠的沙漠。又说到一直到现在还在继续进行的黄壤时代中,河流对于中国北部地形变更的影响。由现在的情形看起,这块大平原地形的变更,大要全是黄河和它的支流的功绩。黄河的水南北奔走,滚来滚去,所带的泥沙掩埋了大平原的大半,所以它的地面上,都覆着一层黄壤泥,只有山脚跟下和稍高的地势,它的面层仍是原来的黄壤层,没有经过翻动的。黄河既与大平原有如此密切的关系,所以我们要把它的破坏和建设的功能,详细地探论一番。

前二千年前（周代），按着史书的记载，黄河的道路如下：黄河至怀庆府出了中国北部的山地，约当今沁水口以东，东北向卫辉府曲折，沿着卫河的路流至大名府，于是与太行山平行着相距有二十至三十公里的路流到大陆泽，分为数股，由山脚扩展到如今的卫河道，到了现在天津附近又合为一股，大概是由大平原最北一个尖儿，永陵府以东，当北纬四十度处入海。到了前六〇二年，黄河大决口一次，于是历来古道完全变了样儿了。由山西高地流下来的支河所带的丸石沙砾，堆积在平原上，逼得黄河只是向东迁让，分为两股，南股由山东山岭以北约当现今的河道入海，北股循着卫河的道路，由现在的白河口入海。到了一一年，又起了第二次大变迁。北段一股完全舍弃，大名府以上河尚有固定的道路，大名府以下便无定路，整整几百年间游衍于山东以北，入海的口子忽而向南与现今的口子相近，忽而又北迁远近不等。第三次大变迁发生在一一九四年。这一次把向来所走的东北和旧道完全舍弃，由开封开了口，先东流，接着东南流过徐州府，达于洪泽湖的北岸，由淮安府以北入海。这样维持了多少年，到一八五二年，夏天涨水，开封府河的北岸又决了口，以后两年又大冲起来，于是一八五五年又改了道，成了现在的情形。

以上所数的黄河四大变迁，算是几次大决口的结果，所改的道路都维持了几百年。而在这几次大变迁之间，又有许多次小变迁和决口，却是没有很大的影响。要把这些变迁一一列举出来，在这儿可以不必，却是可以注意的是，前第四世纪之中，已经在怀庆府地方决过口。这就是黄河南迁的一种预备，而实际上前二五〇年至一三〇年黄河一部分水已经用过这一条道儿，经过贾鲁河和沙河入了淮河，并且黄河的水也曾借运河入过扬子江。

前二千年到前六百年，黄河在大平原北部所肇的祸大小如何，不可考了，然而推想起来一定也不小，但是它的范围总不出乎北部。后来连南部也牵入范围之内，于是河患就大了。黄河入海的口，或由北部迁到南部，或由南部迁到北部，如一一九四年和一八五二年的故事。大家要想想，当那时候，黄河的下游有五百公里长，改了道儿另寻入海之口，与旧海口相离有四个纬度（四百五十公里）之远，而肇祸的地方都有繁庶的居民，都要跟上一齐迁徙。有许多地方料不到河水骤然波及，无数的人民生命，无数的房舍田产，都卷入洪涛，几千平方公里的肥沃的地顿时变成沙漠，新改的路所过的河渠都失了已往的均势，尤其以运河所受影响为最多，至少航运一时要受停滞。冲着黄河新改的路的地方固然如此，而向来靠河忽然被河舍去的地方所受影响也可想而知。第一是运河的北段因为水量缺乏，直到一八五三年一向受黄河供水不少，黄河一去当然水供给不上了。其次是灌溉，沿河用水灌溉的农田不少，一旦迁徙，不但是河所舍故道几公里宽成为沙碛，而向内多少公里之远一向泽润的农田都变为干燥，要靠天收获了。

试把历来黄河迁徙的道路按着地图去追寻,就可见在大平原之内除过最北端绕着北京一小段地方和西南一部分而外,没有一大段地方从来没有被河水涨漫的或受过祸害的。北部受害更甚,南部因为地方有稍高起来的,所以至今还能保守它的黄壤盖。黄河两条最外的旧道(永平府和淮安府)恰合龙成一个三角形,它的尖儿就是大平原最东一端怀庆府地方,离海有五百公里远,它的底边有六个纬度宽(三十三度至四十度)或七百公里。这个大三角,面积有二十万平方公里,以地质学讲起,就是黄河的冲积丘,黄河流衍其上,经过几千年成了现今的样子。黄河所带沉淀质的多,在世界上一切河流真首屈一指了(估计每年有五百兆立方公尺)。这个沉淀却是最肥沃的,大部分都是剖解了的黄壤,经过河水分歧的灌注,这些黄壤质当然散布在这块冲积丘上是很多很多的了。沙质的损坏是甚微的,因为黏土质常错杂的覆盖在它上面。雨水少了,风原可以把沙质扬起来,但是幸而暑天时候雨水是多的,并无损于地利的肥沃。

　　中国古代的人民,确在四千年以前已经在黄河两岸筑有堤防,防御水患,保护他们的田产,并使河当洪水时候,守着一定的床道,不致散漫。堤防的功用固然可以使水不出槽,但是河水所挟的沙质,都沉淀在河床,而黏土性的土质仍然被输泻在海里面。经过多少时候,河床越积越高,反过来比周围地面高得许多。若使堤防巩固,能抵抗河水的大压力,那就没有什么事,倘有一处抵不住,河水便从此处把堤打开,从高处淌下,连河床中多年所积的沙一并堆淀在平原上。若是把堤的决口能赶快堵塞得住,那么泛滥之灾仍可限制于狭小的地方,若是堵塞不住,河水便舍弃旧日床址,顺着地势卑下的方向,另辟途道。要同莫有堤防一比较,两旁的居民、受河的灾害固然少了,但是有灾便非常之大,并且河的沉淀不似莫有堤防时,沙质同黏土质混合肥沃的利益,而完全是不利农植的沙。因此之故,不但是常常提心吊胆防河决口改道,并且偌大的面积都成了不肥或完全不生长的地。

　　由大平原西南和南面围绕的山中出来的河流不少,都归纳入淮河系中。淮河从前是由淮安入海,但是后来为供给运河的水量,把淮河的水都容收在洪泽和高邮两湖中。这一带地方算中国北部平原——也可以叫做黄原——和南部的扬子江平原——也可以叫做上海平原——毗连的线,它的成立是扬子江和黄河共同的功劳。哪一个影响比较大些,现在很难确断,但是以情势推起来,黄河和淮河共同的作用总占大部分,而东南一角可算作扬子江北岸,只有很少的距离。

　　因为黄河和许多别的河流常常改道,所以大平原上的冲积土壤非常复杂。有的是沙质覆盖的泥土上面,有的是完全最重黏土,而此外又有天然的黄壤层没有被河水沉淀覆盖过的,都用作农地。

　　各色土壤不能够按它们散布的面积划清界限,因为都没有相当的底子。惟是大平原的西南部，在贾鲁河和沙河流域中，还有老黄河的遗址，则都是很宽广的沙面，这些地面或者完全未用于耕种，或者只用于特别农产物如落花生之类。因为黄河在多少千年的历史中，差不多平原中到处都给它一次的或多次的游遍了，所以这一种枯瘠的沙，无规则的散布得各处都是。此外又有因决堤而堆垫成的沙面，沿着现在的和古时的河道成了许多湾洼。这些不能耕种的沙地所占的面积，据识者估算总有大平原全面积百分之十五。还有泽淖地所占面积也非常之大，它的最广远的散布是在东南一带，常有几百平方公里的地面，完全或一部分不能用于农业，我们后面还要详细地讨论这些泽淖。平原的北部有很宽广的盐地，这些地因为地势过低，盐质不能排泄，所以在农业上完全成了无用之地。到冬天天气干燥的时候，在这些地面上，便发现一层盐华，里面有食盐、苏打、苦盐等质，有些地方并有硝质。中国人收聚这宗盐，经过淘滤排去泥质，可得略纯净的盐质。硝泥是造花炮火药所必需的，苏打和苦盐是药材里面很要紧的。瓦格纳曾经分析了许多盐华，得平均，定出它的成分为 26.8% NaCl（百分之二十六点八食盐）、12.4% Na_2CO_3（百分之十二点四苏打）和 50.8% Na_2SO_4（百分之五十点八苦盐）。较好一点的和好的土壤，因为它们特异的生成状态，也不能分划出一定的界限，或者平衡的按着它们面积的展布，或者垂直的按着它们在表壤或下壤中的成分，都是没有一定的次序章法，所以大平原的农壤地图，一定是陆离斑驳，怪好看的。并且这一种没有章法的样子随时可以变更，今天是很好的肥壤，保不定明天堤一决口，河一改道，多少平方公里的地面便成了瘠沙之田了。

大平原的土壤按它的物理和化学性质都是怎么样的复杂，瓦格纳曾经做了许多实验。实验所用的样壤凡有十五个，都是沿津浦铁路由济南、天津、北京等处取得的。实验的方法同实验黄壤是一样的，其结果按它们的物理的组合，这十五种土壤可分为三大组：样壤五至九为第一组，一至四为第二组，十至十五为第三组。这三组样壤所含的石质、沙子和最细土质的成分多寡如第一表。

第一表

组别	石	沙	尘埃及最细质
第一组	5.53%	57.56%	36.91%
第二组	3.78%	34.94%	61.28%
第三组	0.35%	22.90%	76.75%

第三组样壤的组合，因为尚没有经过多少的变迁，所以还与黄壤相近。其他两组变更的就很多了，它们所含的石和沙很多而最细的质很少。

第四节　西北部与大平原推行沟洫制之需要

西北部及大平原两处的地质和土壤，经瓦格纳讲得清清楚楚，归纳一下：第一是西北部山地大抵被黄壤填覆成多厚的层。其中有湖泊的遗蜕、沟洫的繁衍，黄壤性质易于吸收水分，富有毛细管吸力，有自肥性，高至数千尺尚可耕种。第二是大平原地由沙漠变成，为黄壤薄层盖覆，黄河游衍其间，许多好地被黄河决口冲成沙碛。由这两种特别情形，再加以中国北部气候之特别，雨量分配之不均匀，收获之不可恃，都有推行沟洫制之需要。这种需要在西北山地中是注重蓄水，在大平原中是排水、蓄水并重。

为什么要以沟洫蓄水呢？沟洫蓄水是否可能呢？可以分开讨论：现在世上讲求水利，只知道一个灌溉。灌溉水量的供给，不是山泉便是河流，不然便是井水。山泉水量无多，河流引不到高处，灌溉利益，只能限于顺着河流狭长的一片。井水水量亦不多，并且地下水深过四五十尺用普通法便不能引。所以现在竭力推广灌溉事业，所增加的灌溉面积仍是有限得很。黄壤是很好的土壤，要是没有雨水，便完全不收，所以中国人讲靠天收，可是靠天收也得靠得多点。我们看见每逢夏、秋大雨，河流便涨，比平时的水量大个几倍、十几倍以至数十倍不止。这些水都是一时的雨水落在地面上的，难道没有个方法把它留在田间？使它顺着河道一直泻入海中，岂不可惜！要留它在田间，没有别的方法，只有开沟洫。

黄壤之地宜于开沟洫，其理由有三：①黄壤层垒甚厚，吸收水分之量甚大，不至于积水过多，有害禾苗。②黄壤毛细管吸力甚大，渗入深层之水仍可上升，以救济旱时之禾苗。③黄壤挖沟，壁面直立不坠，可以少占地面。有此三宜，故开沟洫甚为易事。

沟洫储蓄水量，不是专在落雨时一时之用，是比较的长久的。孟子说："沟浍皆盈，其涸也可立而待也。"但是沟浍虽然涸了，水则借沟浍之停蓄，渗漉于两旁，储蓄于地内。其理可以第一图明之。

甲

莫有沟洫雨水渗入土内情形

乙

有了沟洫雨水渗入土内情形

第一图

甲图莫有沟洫,雨水只能直渗下去,入土不深。若有地面没耕好,干板平滑,渗漉更少,一大半的水顺着地面流到河中去了。若开有沟洫,则雨水落下,停蓄在沟洫之内,渐渐渗漉,向下并向两旁渗入土内之量,可以增加几倍(乙图)。

黄壤本是很肥美的农壤,田间上过肥料的,自然更肥。西北各地夏正五月麦收之后,便是赤裸裸的地面,一无掩盖。接着七八月间,大雨时行,洗刷地面,肥美壤料被雨水一洗而光,都断送在河流之中,漂流大海,岂不可惜?这种洗刷土壤之量不在少数,洗刷的法子有两种:一是平面洗刷(Sheet Washing),一是冲刷成沟(Gullying)。据美国 Spur.Tex(一九二六年)之试验,百分之二的斜坡地面,没有长什么禾苗而耕耘过的在六个月内降雨二十七点四二英寸,每英亩损失土壤八万一千四百二十二磅。同一情形之下,地面略有草皮遮盖的,每英亩损失土壤二万二千六百四十磅,别处也有同样的试验,结果也相类。

若是开了沟洫,不但雨水不让它直流入河,肥美的土壤也可以不被刷去,留在沟洫之中,这项损失就免去了。

欧美水利家讲求蓄水之法,莫妙于筑水库,也就是中国古时之所谓陂。但是水库容量是聚在一处,仍须分散田间。水库建筑,颇费金钱,水库须有适当地址,才能修筑。若是沟洫,则将水分储田间,不必再行分散。农人各自理其沟洫,不需一些工费,不择地址,到处咸宜,岂不比水库便宜得多了?

我们试计算最大之雨一日一夜,就西北普通大雨之量计,是四十公厘厚约合一寸半。一亩面积六十方丈,共受水九百立方尺,开沟宽二尺、深二尺、长二十二丈五,可以容纳。一亩如是,万亩便能容九百万立方尺,一个小河儿的河量可以完全容纳了。

用沟洫排水,是适宜于河南、河北、山东一带。这一带河流盛涨时,往往河床本身不能容纳,就要决口出槽,泛滥田亩,甚至将肥美田土地冲成沙碛。假如沿河身两旁,顺着地势开成沟洫,脉络相通,盛涨之水,引导出来,分注各沟洫间,不但盛涨可杀,决口可免,而肥沃河水积储沟洫之内,都成农田之益,岂不是一举两得?这种沟洫是排、蓄互用的。

大平原地,一望平衍,尽可纵横开沟布水,毫无困碍。

一般的人一定以为沟洫占地面甚多,不适于实用。我们可以计算一下经济:若水量不足,地面虽宽,收成减色,宽亦何用。比如一亩地被沟洫占了四方丈又五,为全亩百分之七点五,没有沟洫,每亩收上五斗。有了沟洫,每亩因为有加倍的水分,收上十斗,因为面积少了百分之七点五,减少零点七五斗,还有九点二五斗。究竟是哪个有益,哪个有害,不问可知了。

周代沟洫之制大行,行之成效如何,不可考了。若是近时,即如蒲城的杨虎城师长,当他被刘镇华驱逐下野,便自在他的田间开沟,结果收成加倍。这种例子,乡间不少,就是农民不知仿效,官府无人留意,所以不能推行。

第三章 沟洫计划

第一节 高原之沟洫计划

山西及陕西北部、甘肃一带,黄壤往往积成高原,形如几案。其面平衍,四围谷壑。沟洫计划第一要分配停匀,利水归纳;第二要不碍禾稼耕牛的交通。今设数例如下。

一、中高旁俯的地面

例如地势中间为脊,南高北俯,则沟洫布置略如第二图。中间有车路,路面旁有沟,沟通旁支,支又分歧,惟路旁之沟水可通流。其余支歧,皆有终止,以留耕牛之路。

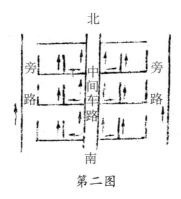

第二图

二、二面依山、二面临壑之地

例如二面依山、二面临壑,则依山为路,路旁一面有沟,沟通旁支,支又分歧,中间亦为路。

沿山脚路旁之沟,必须且广且深,以容纳山面流水。分布支沟,与路交叉之点以桥相通,临壑作沿沟,以收余水。

田间沟洫收容不下的水,难免使它仍归于壑。不过这个归壑的水路,要加修整,使不致冲刷崩溃。再则,壑底要修堰,平成阶级,使水势不致急陡。详见下第三节。

第二节 山坡之沟洫计划(附阶地制)

黄壤依山堆集的大抵成斜坡形,斜坡的度由极坦百分之几以至百分之二十多的都有。中国的农民自古以来早已将这些斜坡治成阶级之式,如第二章第二节所述,要在这些阶田上开沟洫,可如第三图。

第三图

　　阶田三段，自上而下，两旁为坡路，沿田畔退后约五尺许开沿沟，中间分支歧。大抵以地势关系，每一段阶田，皆外俯内仰，沟的坡度自然向外，故沿沟必较宽深。然亦有地段平衡或外仰内俯者，其收水之效更佳。雨势过大，沟洫不能收容的，势必漫溢，由田旁坡道流下，故道旁亦须有沟。

　　中国阶地之制最善，所谓 Horizontal Bench Terrace 者是也。是在他国皆不易通行，而在中国，则行之甚便。一因中国农力耐艰苦，勤于修治，久而自然成功。二因黄土可以壁立，无须坦坡，不占地面。山西、四川阶地制作，颇费工力，亦甚完善。陕西、甘肃则有不甚完善处甚多，凡遇此等处，皆宜劝导农夫，修治其田成完整阶段，再开沟洫，成效必多。

第三节　大平原之沟洫计划

　　大平原弥迤广漠，一望无涯，故沟洫之制尽可自由其式。惟所宜注意者，此项沟洫，兼利排、蓄，故干沟（或名为洫）之上端引河水出，下端仍通入河内。干沟分支亦上下相通，支又分歧通于田间，此种沟洫，也可以兼作灌溉之用（第四图）。干沟于适当处设有门闸，放水、蓄水可自由支配。其由河道引出，或用涵洞，或用门闸，相地制宜，没有一定。洪水之时，放水入沟洫，可以减少河堤危险。汉时王景治河十里立一水门，互相洞注，大见成效。其成法不能详考，其用意大抵不出乎此。

第四图

第四节　谷壑中之沟洫计划

　　西北谷壑可以分做两种。

　　第一是溪壑，为河流之旁支，由山间分出。这种壑不十分长，是水流侵蚀岩石成的,其形式大半是V式。壑底纵线很陡,平时或有涓涓细流,或者完全干涸。遇到发山水的时候,便冲下来许多沙石到河内,这种壑就是德文所谓Wildbache。

山西农民勤苦,遇见这种溪壑,便用石砌横堰,将整壑底做成阶段式。这种法子最好:一堰内为泥土淤平,便成良田,可以耕种;二壑中水势平缓,沙石不致无限制地冲滚而下。四川的治地,也完用此法。陕、甘则不注意于此,实为可惜,凡遇溪壑皆宜仿效此法。

此等壑内,地面狭隘,不必又有什么沟洫。横堰用石料砌做,或用山中木材叠架成功,总以就近取材,愈省愈好。堰式应作平面弧形,凸向上,才可以胜得起堰后的压力。四川的堰都做此式,形如蛛网。若用木材可以平叠横架,也作冖形,凸向上,同弧形一样道理(第五图)。

上阶段水盛满了自必淌下,淌水之处,或用滚水,或设涵闸都可。这种堰初做好后是漏水的,久而久之,堰后泥沙堆平,便不漏水,堰上平地可以耕种了。壑的上面若有沟洫淌下的水,须用石砌跌水床承之。

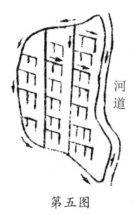

第五图

第二是黄土壑。这种壑为黄土原被水冲刷成的,非常之大,有二三十丈深的,十几里以至数十里路长的,几里路宽的,并且蜿蜒曲折,形状离奇。

这种壑为害非常之大:第一阻碍交通,往往在西北行路每行数十里平路,便须翻一次深壑,一上一下非常困难;第二壑身扩〈长〉(？张)不已,平原愈演愈狭。陕北常有两面深壑,凑头一处,仅留数尺线道一条,也有两面深壑逼得平原仅余宽数里的。

这种壑有制止其发展的需要,不然恐怕再若干年后西北高原都变成沟壑了。制止之法,仍不外乎筑横堰,平缓水势。这种壑底大概已到了不漏水石层,或黏土层。平时也没有流水,就是大雨的时候,高原的水都淌下来,顺着壑底流到河里。要筑横堰也很容易,就用壑内之土,从壑口向上节节筑堰。起首不必过高,五六尺高够了,但须宽厚。要用打堤埝法,层土层硪筑成,里外也成坦坡,水不能翻过,所带之泥土停留堰后,久而自平。等到淤平之后,可以堰上加堰,如第六图中虚线所示,则壑可以逐渐淤高淤平,交通也便利了,淤平之地也可以耕种了,泥土也不至于被流水带到河里去了,水不流出地土也润泽了,其益甚多。

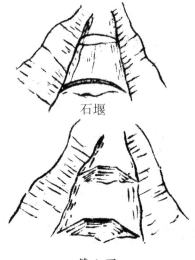

第六图

这种壑内很长很阔,所以淤平之后,地平也很宽阔。初筑堰后,不必设什么沟洫,但种芦苇。等到淤平以后,成了宽平的地,也就可以开成沟洫以蓄水量。沟洫方向以与壑底轴线横交为宜,如第七图、第八图所示。

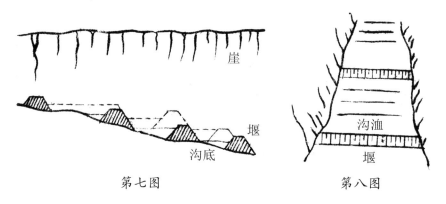

第五节 沟洫与道路

寻常田间沟洫无碍交通,与道路没有关系,惟道路两旁,则须有沟以承接田沟间过剩之水。西北高原通行大路,在平地上的和两旁平地一般高。若遇斜坡,则路身陷下甚深成了胡同,到了雨期,这些胡同也就成了泻水的路。应当一切道路另定路线,使有一定坡度,斜坡过甚之处,用石或三合土铺砌以免冲刷;原有胡同,用土堰塞以蓄水量,久而久之也就淤高淤平,同黄土壑一例看待。

大平原中沟洫兼有引水排水之用，所以难免与道路发生关系。平行者应当使道路循干沟之旁而行，或干道之旁开干沟，遇交叉处须筑桥梁或涵洞过度。此种桥梁以砖石或木为之，涵洞亦可参用皱纹铁管。

第六节　蓄水池窖

沟洫以外可以辅助储蓄雨水的有两种：一是池塘（西北俗名潦池），一为窖。池是择地势低洼处开挖，用黏土垫底，周围种柳树，可以减少蒸发。窖是同打井一般开一直筒，用砖帮砌有丈余深，其下则筑成圆穹，底做成釜底形，也用黏土垫砌，直径约二三十尺，高七八尺，可以容水。西北高原常有用此法储蓄饮水及用水的，应当劝导人民，扩充其数。

第七节　沟洫与树木

田间沟洫之畔，只可植灌木，不宜植大树。田畔可以植树或灌木以固畔埝，壑中可以广植芦苇及果木树，堰废了的胡同道路也可以植芦苇或榆杨等树。总而言之，有了沟洫，地土润泽，到处都可以植树。植树愈多，土中润泽也可以保持得久。这是互相有益的。

第四章　沟洫之维护

第一节　除草

湿润的地方易生长杂草、灌木等类，西北黄壤之区更容易生长荆棘、芦苇之属。这类植物对于沟洫有益处，有损处。益处是灌木之类，附着沟沿以生，可以遮蔽阳光，使沟中之水，受蒸发的损失甚少；损处是滋生太多，充满沟中，减少沟中蓄水之量。鄙人的意思，沟中的草不可不除，并且要除得很早很勤，不要等它们熟老了留下种子。除草器具，可用一尺长镰刀，安于四尺余长柄之上，纳于沟内，可横可竖，以除草根。沟沿可种矮柳，枝条可以编筐篮，或种湖桑，可以育蚕。柳桑生长，自无荆棘生长余地。桑柳之外，草本较高植物，如扫帚菜，植于沟畔也可遮荫阳光于最要时期。

沟中除出之草，翻根晾于沟外，阳光一照，便枯死了。烧成灰烬，撒布土中，亦可增加土肥。

第二节　挖淤

田中的水，还有山坡的水，都流在沟内。这些水冲刷地面，所带的泥质，自然也淤在沟内。每次大雨之后，沟内的水，渗滤已罄，便可用铁锹挑取，撒布田间。须知这些淤质,都是肥料。

第一是黄土之肥,西北各地常见农夫掘取新黄土,或扫取路面之土,撒布田间作为肥料,可见黄土本身有肥。大雨之时,地面松动,黄土质一洗而光,流在河里,所以河水肥田,便是这个缘故。沟洫之用,不但蓄水,并且沟洫这些黄土肥质积在沟内,随时挑出仍为肥田之用,不致损失。

第二是山坡之肥。山坡牧放牛、羊,牛、羊之粪遗留坡面,大雨之时冲刷下来,其肥无比。有了沟洫,这些肥料,都可以积留田间,不然便都冲到河里去了,岂不可惜!

第三是田间之肥。西北农夫于施肥最不讲究,牛、马之粪堆放露天之下,风吹日晒,肥质损失大半,等到撒布田间,有如干土。这是急应改良的。大雨之时,连这一点肥质也都一洗而光,田中之肥所余更有几何?有了沟洫,自可免除这个流弊。

堆肥之地最好用三合土筑底,中低四周高,犹如锅底。四围土墙,顶上搭木枝,蔽以树叶或芦苇,可免风化太快而肥质损失太多。因西北人民堆肥太不讲究,所以附志数语。

第三节　沟洫改善

沟洫的深,以二尺为限,宽广长短没有一定,这是要按收水地面大小计算的。大约沟的面积,占收水地面积百分之一至五十分之一,最大者至二十分之一。若初作沟洫,计算未能适当,则经过大雨之后,可以考察出来。若沟面不足,可以增广增长。若有过余,可以填没一段,使不枉费土地。

大雨之时,农夫须要戴上草笠、穿上蓑衣巡查地畔,沟洫若有冲决,立时培补,这所谓以天下之人治天下之水是也。

第五章　沟洫之关系

第一节　沟洫与农事之关系

沟洫之用可以蓄水,并可以蓄肥,关系于农是最亲切的、最直接的。西北田地,往往有治之不善,年年薄收,若由政府督饬人民开辟沟洫,并好生治其田地,则农收可以倍加。中国工商之事,都说不上同外国竞争,所可以自慰的,土地广大,自己还养活得过自己。但是由这几年来看,不但陕、甘、豫、鲁人民饿死不绝,就是天津、上海也靠外国面粉、稻米生活,这不是太不成话吗?政府和人民还不注意,将来人愈穷,地愈荒,何以立国呢?中国数千年以农立国,要国基稳固非重农不可,要重农非注重沟洫不可。这个计划从小处着眼不过田畴之事,觉得很小,但是从大处着眼,西北高原及冀、豫、鲁、苏、皖大平原已垦之地总计不下十亿亩,每亩能增获一斗,即是一亿石,价值也就是十亿元。民生事业之大,还有过于此者乎?

第二节　沟洫与道路之关系

沟洫对于道路似乎只有妨碍没有益处的,其实不然。田间小沟与道路没有关连(联),不必说了。道路之旁附以沟渠,第一可以排路面之水,第二有了沟渠土质常润,道树容易生长,这不是很大的益处吗?西北道路每于大雨之后,被雨水冲刷成凸凹不平的水沟,不然便停积成很深的潦地,凡是在西北各地旅行过的,想没有忘记了这等困难的。有了沟洫,水有所归,路身常能保持得好好的,这不是更大的益处吗?所以我说道路沟洫是连在一起的事。要一起计划,一起施行,才可使沟洫道路两不相妨而互相济助。

第三节　沟洫与治河之关系

中国的河患以黄河为最大,淮河及永定河次之,其他支流小河为患者也不少。而论它为患的原因,不出两种:一是洪水量过大,冲决堤防,漫溢田野;二是河水挟带泥沙太多,淤塞河床,不利宣泄。这两种病源,若有了沟洫都可除去大半。假使一亩地的沟能收容三百立方尺的水,今以淮河为例,洪泽湖以上流域面积共有二万四千万亩,开设沟洫的面积打上一半,有一万二千万亩,能储水三万六千兆立方尺,可以抵得住民国十年(一九二一年)大水淮河十点钟的最大流量三倍不止。可见有了沟洫,洪水自可防制。至于泥沙,也大半留于沟洫之内,河水带下,自然很少,又何至于淤塞河床呢?河患的根源既去,河患已由农夫耕耨之暇,多施一锸之劳除去大半,所省河工之费岂在少数!而上游水有控制,下游不致决溢,所救的人民田产,又何能以数计?此所以胡渭大斥后世河工之弊而归功于大禹沟洫之制也。

第六章　兴办沟洫与其管理

沟洫之制看来简而易行,其实不易。因为地面广大,人民意见难得一致。第一先要劝导人民,使知沟洫之益及其做法。政府对于农事宜设专官,各县、乡、区仿古田畯啬夫之制,以民为官。先要教导出一大批乡官、农官,然后由这些乡官、农官指导人民在田间开沟洫,各省县建设厅、局加以督责,便能普遍。管理沟洫,也要责成乡官、农官,定出一律的奖惩条例,每年由各县建设局长按定期巡视考成。至于田外之沟渠与道路,由建设局一起设施,一起管理。人民亦可自己定一自治法规,组合团体设施管理,不得公家督责更善。

第七章　沟洫学校

开辟沟洫不需要很深的学问而要普遍，各县至少设四处，每年农隙便开讲，投以简单农学知识、治田、改良土壤及沟洫之做法，并授以计算及简单农事经济之学。农人年在三十岁以下的必须听讲，三十岁以上者随意听讲。聪明的、听讲成绩优良的，得补授乡官与农官。至于讲授教员，可由各县建设局派出。为培植这些人才计，各省宜各设一灌溉沟洫讲习所，令各县建设局派生来学。所教课目除灌溉工学、沟洫制作之外，其他可随地方情形变通增减，总期适合环境、适于实用。这个讲习所最好附设于各省之农业专校，并由中央政府教育及农事当局通令全国农业专门学校，就各地情形加以十分的研究，务使沟洫之制臻于完善，能以普及而垂之永久。

中国旧式之防洪堰

（一九二七年）

洪泽湖之大堤，人人明知其防洪作用矣。然堤以土筑，不能作高堰目之。本文所述之堰，则为高堰性质。堰在陕西榆林县治城以北约五公里处，地名红石峡，榆溪河自北来经之。榆溪为无定河支流，流经榆林城西门外，自出红石峡，河谷顿宽，两岸平畴，宜蔬宜稻，不下千余亩。榆林居民实利赖之。然洪水时至，则全体湮没，此堰即所以防不测之祸也。堰筑于清光绪时，为知事某所筑。余于民国十六年（一九二七年）曾游其处，窃叹创造此工者之颇富于工程知识也。自堰成后，洪水颇有调节。堰下民田不但永免湮没，抑且良田日增。该处河床本宽，居民择其平浅处，先顺水签木桩两行，中填淤土，植柳其上，便成坚堤，堤后渐淤，可以植稻，又自峡中右岸石崖上穿洞引水以溉稍高之地。盖榆林地多沙丘，可耕之地甚寡，故人民经营农田不遗余力也。

筑堰之处在峡之北端，峡谷在是处宽二十余公尺。堰之横断面作梯式。顶长十二公尺，宽四公尺，高十点七五公尺，用沙石及胶灰砌筑，颇为坚固。右岸石崖中穿一洞以过水，洞口径四点五公尺。堰之下游约二十公尺处，即为一双孔石桥，水自洞中出由桥孔经过而为数尺之跌水。堰之左端留以过水之路,以防洪水过高越堰顶。此过水道为于堰顶下作一穹形之孔,洪水可由此孔由崖岸石坡滚下不伤堰也。第一图为红石峡石堰之平面图,第二图为石堰及石桥之鸟瞰,第三图(原文缺图)为堰之上游一面,并可见右岸之石洞,第四图(原文缺图)为自石桥下往上观之。河水在堰上平时仅宽一百余公尺,深半尺,而洪水时则泛滥甚宽。堰之上游河床平衍,两岸弥望皆沙丘也。此堰规模虽小,而地址极佳,亦可以为吾国高堰历史之一谈助云。

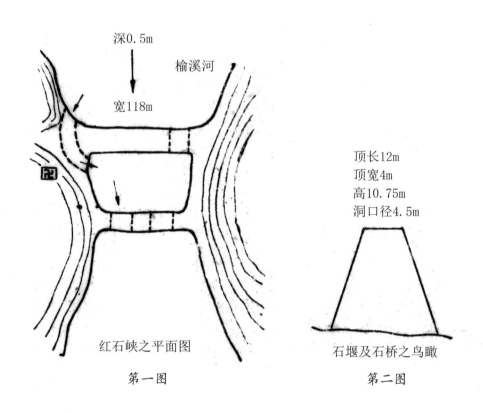

河流试验

(一九三一年)

河流试验是水工试验所一种很重要的试验,因为治河工程范围广大,导治方法视各河之态度而互相差异,往往因取法不适,浪费金钱,成效全无者。治河既不能以数理推定方针,又不当纯依仿造方法以从其事,如此则非"试验"与"经验"难以达于优美之结果。

试验法共有两种,为天然试验和模型试验。二者均极重要,不可忽略。

天然试验乃计划者,将其在理想上之方法实施于所导治河流之一段,观察此导治法对于该河段之影响以证其适当与否,由此经验段得到对于该河各种极有价值之经验与适当之导治法。

模型试验乃仿造天然河流,做一模型,使与自然界相称之水量流过,并在此模型中施行导治方法,视其效果如何。由此模型所得结果,再利用于自然界河流。治河最适宜之手续,当先做该河模型试验,将此模型试验之结果,再用于天然试验段,如此则成效甚为显易。

各国水利专家如 Engels、Freeman、Franzius 等,对于极难导治之黄河均有所主张,以其经验与学识规定导治应取之途径,然彼等仍主重于天然试验同模型试验,曰:如黄河之大,不能不先以试验,求最合宜导治法。

治河问题为我国极重要之问题,其工作至为繁广,故余视河流试验,乃我国水利家极重要而极当先下手之工作,若仅以有限之学识,空发议论,畅言导治良法,难免功效极微。

关于试验河流各种理论可参考 Freeman 之 *Hydraulic Laboratory Practice* 一书。余读 Rohringer 教授对于 Donau 河 Bogyiszló 段模型试验报告,深感试验之价值,故译其文,介绍于我国水利家。

河流试验占水工试验所大部分工作,试验设备大纲可视第一图,其设备为储水池、水箱、试验渠量水段、试验渠、回水渠、沉沙池与抽水机。

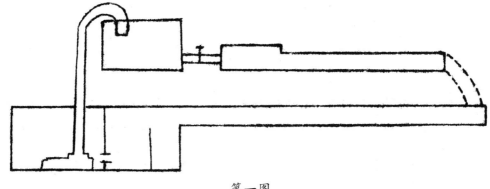

第一图

储水池通连自来水管,将水储入,抽水机将由储水池抽入水箱,水由水箱经水管流入试验渠量水部,再由此流入试验渠。水离试验渠后流入回水渠,由回水渠至沉沙池将由试验渠所带沙子在此沉落,清水经一坝原回储水池。如此循环不已,沉沙池内有滤沙设备之水管,与一特制抽水机接连,除沙时将水抽入储水池,将沙取出,储水池亦有泄水管,可将水设法排出(或用抽水机),以便清理。

一、储水池

储水池的位置,自然要低于试验渠同水箱,若试验渠在地面层,则储水池须深入地中。储水池的大小很为重要,因为它是全体建筑物最贵的一部分,储水池不宜过大而尤不宜过小,其大小须使一切需要水量能由此抽出,而不致使抽水机最后(无水可抽)吸收空气。故储水池之水量须等于试验渠与回水渠水量之和,再加上储水池内最低的水量(就是不使抽水机抽空气的水量)。例如在试验渠,因水渠都很满的情势。

(1)第一试验渠与其量水段一共所容纳的水是四十五立方米;
(2)第一试验渠与其量水段一共所容纳的水是二十五立方米;
(3)拟新加试验渠与其量水段一共所容纳的水是二十五立方米;
(4)回水渠与其量水段一共所容纳的水是二百四十立方米;
共三百三十五立方米。

若是回水渠的渠底比储水池最高水面高,则储水池的容量当为三百三十五立方米。池面最低水量在普通情势回水渠与储水池直接相连,若储水池已满,则回水渠亦已充满了水,如此则储水池最低水量为 $335-240=95m^3$。在第一个情形,我们的储水池可以大约为五百立方米,第二个情形大约是一百五十立方米(第二图)。

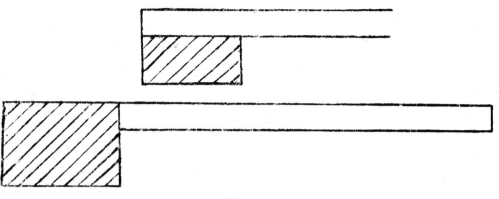

第二图

二、水箱

水箱不宜过小,在一个过小的水箱,若是入水与出水有时有些差异,则发现水压太不均匀。水箱之上部设有多数溢水槽,并有溢水管连储水池。若进水过多,则由溢水槽流入溢水管达储水池。为防制压力差异起见,我们总使进水稍多于出水,使余下的水不断的由溢水槽流出,使压力均匀些,换言之,使水面的高低无所变易。

三、试验渠的量水段

水由水箱先入量水段,这个设备极为重要,因为试验以前先要量所需水量的多少,且使试验水有相当的流量。从前多用校正池,用池内水的容量同流入所需的时间定水的每秒钟的流量。现在水工试验所多半都用量水堰,在每一试验渠起首处均有量水堰。量水堰最适宜的是方形堰口,堰墙直而薄,堰口底平而角锐,与两边之墙平行同宽,堰上之水自由流下。流水层与堰墙间之空处,同管与外界接连。此项极为重要,因其间空气落下之水携出甚多,堰上水面因之降落,使水量公式内之系数 m 增大,得数不确。量水堰两边宜用玻璃墙,可视堰上水流情势及其流动有障碍处。此种堰式已由 Rehlock 证明,为极精确之量水设备计算,此式之量水堰需用下列公式:

$$Q = \frac{2}{3}(0.605 + \frac{1}{10.5 \cdot h_0 - 3} + \frac{0.08}{p} \cdot h_0) \cdot \sqrt{2g} \cdot h \cdot h_0^{\frac{3}{2}}$$

其中 h_0 为上堰水位高低,p 为堰高,b 为堰宽(均以公尺计),Q 为水量,以 m^3/s(立方米/秒)计;此式之精确度依 Rehloek 所计算为百分之零点一至百分之零点二,即于精细之科学试验已称极确。

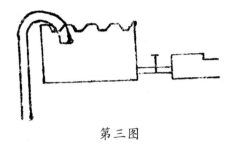

第三图

量水务须精确,为试验极重要之手续,故需用极精细之水尺设备,有时甚至量水有错误,而影响于全部试验之结果者。

堰前之水务须平定,至为重要,若水不平定,即在极精确之水尺设备亦为无用,故须注意于止浪之设备。水经堰后流入试验渠亦需平稳,故亦当于此处设止浪设备。

四、回水渠

回水渠之大小,须有使试验用水能通流之可能。

五、沉沙池

沉沙池须有相当之深度,使沙在此有沉落之可能。沉沙池与储水池以墙分隔上部有水堰,使水由此堰流入储水池。

六、抽水机

抽水机上管,不宜与水箱结连,以免全箱震动。此乃已往水工试验所之经验,宜依第四图之形势设备之。宜取用多数能力不等之抽水机,使所抽水量能与所用者相称。抽水机最好设于原地基上,如第四图,不使地极易于震动,或有碍于试验,且使地板(铁筋混凝土)不经济。

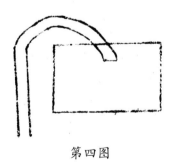

第四图

七、试验渠

试验渠之量水段,因宜固定,不然试验渠务活动,而不宜固定。渠分若干小段,可分可合,试验曲河时在每二段中置一锲(楔)形段,全渠可以随时改变形体易于除去。可用木制,可用铁制,最好看之试验河流,临时造成形体。适合之试验渠,故以木为便利,渠之一切构造均可,所最重要者即使渠不漏水也。

渠之长短,欧洲旧有之渠长不过三十至四十公尺,此长度现已感觉太短。故吾人试验,试若用此长亦未尝不可,然终有感觉过短之时。即起初用长之六十公尺长之渠,或亦不免觉得太短,初步可先以此长度作为试验范围。Engels 介绍渠长最少须一百公尺,若试验范围广大之河流,即数百公尺长,亦不显其为长也。

渠之高度与宽度须以人之身体作主位,使立于渠旁之易人窥视,易于装置模型,故其高不过一公尺,最好为零点六至零点八公尺。其宽度务须使伸出之手加屈腰能达于渠之中间,故其宽度为二公尺左右,若宽度较大于此,则须特在渠上设备架子以便模型工作,起初可用较窄之渠。

八、流量

试验河流所需流量极不一致,以相似律推算,则河槽模型有一个再不能小的限度。我们除了顾及河内种种情势如流量、坡度、糙度等,还需要注意"沙石移动"。模型中所用的沙土也须看模型的大小,保存与自然界的几何相似,换言之,应当将自然界的沙石也照模型的比例缩小,所以在坡度较小的河流,我们在模型之中也当照例用极细微的沙石,甚至在实际上成不能达到的状态。即是或者可以,这种极细微的沙土不免互相黏结,仍失了自然界与模型的相似,而且受流水的影响,在河底造成了波浪式的形体,对于试验的价值极有阻碍。

所以试验河流任河的一段,它的一切态度,都与接连这段的上下段有密切的关系。对于它的结果,也有很大的影响,这种影响也需要顾及,又是一个增加模型范围的缘由。

因为一方面我们要用较大的模型,一方面坡度小而极细微的沙石,不适于试验之用,使我们不能得到自然界与模型应当有的相似程度,使我们的试验甚至于毫无成效。

试验河流,就因为以上的关系,近来不用沙子,而用一种较轻于沙子的物质。用小水量试验不能不如此。此种物质是炭灰,在普通情势,试验河流所需水远少于其他水力试验,或试验坝等所用水量。例如 Donau 河试验之水量,仅为二至七升/秒,而该河实在流量则为五千立方米/秒、Franzius 之 Aller 试验亦略相同，为三升/秒，最多不致超过十升/秒。水工试验所预备充分之水量，多为他种试验之用，河流试验自然以所用流量较大为宜，然为工作困难与经济所限制，其试验需水起初可以一百升/秒为界。

河流试验设备在初步不宜过于求其巨大，如上述用宽二公尺、长六十公尺、水量一百升/秒已为满足，但须注意其有扩充之可能。

试验河流，须使模型与自然界者完全相似，以求极精确而符合之结果，乃自然之理，但是这个程度在实际上绝对不能完全达到。如前所述，我们有时必须使高、宽用不同的缩尺，方能使试验有效。即或高同宽与自然界完全相似，然而有时许多的弯曲也须与相似律相差异，如此则速度亦不复相似，故一切物体上所受水力也完全与自然界者不一样。然而我们仍可由这种试验得到极有价值而可推想于自然界的断决。由已往的经验，我们知道凡在适合于模型的方子，同时也适合于自然界，足以提高河流试验的价值。然河流试验在现在的地步终不如其他试验的切实，河流试验正在研究的时代里头，我们中国若能努力于这个工作，自然可以得到许多的新经验。

试验河流须注意该河之糙度，若在河底铺些洋灰，将使河底坚固，如此河底当较光滑。计算时须用一较低之摩擦力，在河底铺洋灰的法子用时亦多，为的可以确实看出沙子的移动，在何处淤积，在何处冲刷，在洋灰的上部可以用炭灰或相似的物质。

试验河流若用沙子，必须用大小不一而相混合的沙粒，如此试验始能有效。因为在自然界里，河内的冲移物也不是同样的大小，所以由这种冲积物所成的沙滩，是坚固些，因为大沙粒中间的空处都由小沙粒或极细微的质料所填实互相结合起来。试验所用沙粒的大小在零点三至五毫米，大于此或小于此者必须除去。沙子且须洁净，如此始能观察模型内一切现象。若粒一样大，则不能发现沙滩与发现波浪形式的冲积物。

用黄土试验黄土河流，是否有成就，是一个最可疑的问题。因为黄土在水里能使水混浊，不能看见一切。用理想说来，我们可以用沙子来仿效黄土，河沙粒更当小些，至零点一毫米，或最大至二毫米。总之，我们在这尚未试验的时候，能想到试验的乐趣。若是能在这路上往下研究，对于我们中国的水利一定有极大的贡献。

论涸湖垦田与废田还湖

(一九三三年)

湖可废欤？何以许多国家不惜糜亿万金钱以建设人造之湖？盖曲防遏水，无论中西，自古有之。中世之人，或以为病，或以为利，见仁见智，各有其执。自一八五六年法南非常洪水奇灾而后，拿破仑第三尝纳筏赖 Vallés（征文 *Étude sur Les Inondations*，Paris，一八五七年）之建议，倡以人工建设水库以拦洪水，人造之湖遂盛行于法。一八八一年美国政府采用其法于密西西比，一八八三年乌吞贝希（Wüttemberg）邦（尔时尚未并于德）采用其法于石太因拉赫（Steinlach），一八九〇年德国始筑高堰以发电力，其初以工费浩大，尚未敢以为防洪之用也。乃自尹慈（Intze）、费希特（Fecht）、吕格尔（Lüger）等辈倡导于普鲁士防洪委员会，于是水库之足以节制洪量，减除流沙之效，大为人所信。此后二十余年间，德、奥两国所筑水库堰高三十公尺以上者凡三十四所。其他各国，亦复盛行。如法有九所，意有二十所，瑞士有五所，西班牙有二十六所，印度有五所，日本、■■共四所，澳洲三所，英、比、捷克、埃及各二所，其他如挪威、墨西哥、苏俄、阿尔智、特兰斯伐尔（Transvaal）、塔斯满尼恩（Tasmanien）、萨尔笛尼恩（Sardinien）各一所。晚近水库大兴，独推美国，已超德国而过之，而其工程之伟如 Hoover Dam，如 Boulder Dam，尤非他国所可比肩。是其诸库为数一百六十八，虽专以防洪者不过二十，然其他诸用，或工或力，或以给水，要皆兼有节制水流之故。故利用而外，以改善天然水操（Wasserhaushaltung），功不可泯也。反省吾国，人造之湖，若东陂、芍陂之于楚，鉴湖之于越，昔虽有之，乃纯为农事。以之防洪者首惟洪泽湖。其小焉者如榆林之红石峡拦洪堰（另有文述之）亦属仅见。晚近以来水库之所以不兴，因于工业之不盛，但为防洪，人见其不经济也。

湖不可废欤？何以许多国家方孜孜于涸湖以增加农田面积？赖惟·萨尔瓦多（Lévy-Salvador）曾力反对涸湖之举。其言曰："今之人但知图耕地之广，填其湖、沼。湖、沼之用，可以节制洪水而调剂若水，乃并失之。今铁道公路及市街之数日增，皆有沟以导水。水无所聚，皆速归于河，河不能容，欲其不为灾得乎？"然反对者固不乏人，而涸湖之事至晚近而推行愈力。如卜门(Böhmen)之治,三百余年间,面积蹙缩,所余不及十之一。盖半由天然,半由人力。其他如希腊之于高佩湖(Kopais-see),意大利之于阿尔班湖(Albaner-see)及保定泽(Potinische Sümpfe),荷兰之于翠黛湖(Zuidersee),法国之于噶斯可尼(Gascogne),皆涸而垦之。吾国已往之湖泽如楚之云梦,如汉之昆明池,唐之曲江;如越之鉴湖,如东陂,如芍陂,变而为田者不可胜计。最近如洞庭湖面积较昔时缩小仅余三分之一,东太湖三百五十六平方公里之湖面今仅剩一百零一平方公里。其他苏、皖诸类见者尚多。此皆以人力促其淤,然尚未施以排水工作也。若如荷兰人之于翠黛湖,则扬子江所属诸湖不三十年尽变为田矣。国人尚未敢明目张胆与水争地,其行为有如日人之侵华,于湖中另起伪组织,久而实并之矣。樊良湖、金牛湖、华阳湖皆次第与扬子江脱离矣。湖果可以废乎？

蒋介石委员长于民国二十一年(一九三二年)大声疾呼"废田还湖",一年之后其声顿寂,还者谁欤？

洪水之灾世愈降,愈频而愈烈。其原有五：①湖泽湮废。虽无人力以促之,而天然之趋势不可免也。②人口增多,需耕地面积愈大,濒河濒湖之低地,既沃且平,尔不能人令之不垦也。③山岭坡地剪除林木而耕作之,莫之禁也。④道路修治,沟浍增多,水归于河,速而易也。⑤河床淤高,横断面积日削,莫之止也。

本此以往,则自今以后,水灾必更演而更多,有心之人不能不为之忧且虑也。

涸湖垦田与废田还湖二者既绝对相反,而国家似又不能偏倚于一方,盖改善水操,湖决不可涸也。然自欧战以后,各国既感于战时民食之极艰,乘此闲暇之时极力以扩张农地。德国则改良其芜土(Moor Land),垦地至二百二十万公顷,未垦者尚有一百五十万公顷。荷兰翠黛湖之涸垦计划,可增良田十九万四千公顷。法国之噶斯可尼增加八十万公顷。意大利多年之努力,涸湖兴泽,除保定[泽]而外尚有六大区,增加面积九十万公顷,每公顷可养二十余人。欧洲一隅已可增殖八千余万口,吾国亦何尝不然？年来农产日蹙,米麦入口,岁辄数百万石,凡属可垦之良田,扩而充之,谁云不宜？

古之陂潴,专为农事。故需水则潴之可也,需田则涸之可也。乃自陂潴日废,水患日增,人始知其尚有调节洪水之作用。于是涸湖而垦,不得不慎重之也。何湖可涸,何湖必还,殆为今日争议中之最烈者矣。讨论此题必洞悉以下各点：①湖中潴水之容量;②洪水之性质与其久暂;③湖之位置关系;④拦洪保护之面积与垦殖面积之比较;⑤如属人造湖须测估其有效之年数;⑥如属泽池芜地,须估其价值。

(1)天然大湖,或多湖连属,容易甚多,关系于一大河之水操甚巨,如扬子江两岸诸湖,决不可废也。莱茵河之宝丹湖(Bodensee)增高二点九一公尺,潴量一千五百三十七兆立方公尺,可使每秒七千二百立方公尺之大水减至每秒一千一百立方公尺。

如是之湖,何可废之！洞庭湖以今日湖面计之(现存湖面三千七百五十平方公里),犹且一倍于宝丹,然湘人恨不能尽,夷之为南县之继,乌乎可耶？

他国湖泊之类是者,如法国艮佛湖(Genfer-see)之于龙河(Rhône),〈坎〉(加)拿大五大湖之于尼亚加喇(Niagara),德国阿尔流域(Aaregebiet)诸河之于阿尔,柯亥(Kochel)及阿美尔(Ammer)两湖之于伊萨(Isar),皆蓄水节流之最有效者也。

(2)湖之潴水以防洪,不畏洪水峰之高而畏其持久,持久则凡上所言诸极有效之湖,亦皆将失其效。非常之洪,既非湖水能容,则必治导其流以降低洪水位,然其效亦有限耳。至因河流治导以后,洪水位低落而遂利其机以侵垦者,爰必病狂之流也,宜服上刑。

(3)湖之位置,关系颇大。今使 A、B 二流,未有湖时,A 河增加之洪量为 Q,B 河增加之洪量为 Q_1。B 之口 Q_1 先至,而 Q 随之,Q 至而 Q_1 已过,如是则其灾轻。迨 B 河设湖以后,其 Q_1 虽因湖之力而减为 Q_2,及至 B 口,适 Q 同时而至,其下游洪水之量遂为 $Q+Q_2$。如是设湖,所得结果适足以变本加厉而已(第一图)。

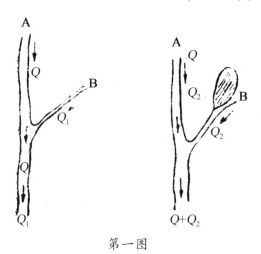

第一图

故汉水设库,不可不于此加之意。以历年经验,二水洪流,汉先江后则轻,汉、江同时而至则重。汉水设库足以参差其时,则可以减轻水患,若两库而适与江洪相值,则大错矣。

然水库与所拟减轻河患之地段相距过远,则其效力减。维因之中央水利局曾研究 Selzkammergutsse 湖之效力用以证明之矣,德国于爱尔贝(Elbe)河上亦有事实之证明。故汉江设库而远在上游,亦颇应加以研究。

(4)人口日增,土地之价值日昂。农事日进,土地之生产日减。故莱茵河道委员会之决议(Zbl,一八九二年)以为莱茵已废之湖不可复也,现存之湖不可扩也。盖水道既治,水灾之面积可减,即有灾,亦不能以一时一地之损失防百年之大计。然此非所论于未治之河,如扬子江,如黄河,其灾区之广漠,又焉可与所垦之区区之地相比?

(5)凡湖无论天然及人造者,鲜有不渐趋于湮废,尤以设库于大河流之旁者湮废愈速。故各国设水库多择山间小水为之。襄河钟祥之拦洪水库计划,以是理绳之,非善计也。凡人造水库不可不详计其寿命。

(6)德国之毅然决然排出芜地之水以放垦者,其地无用,涸而垦之即变为良田也。若涸垦之后,田之价值所增甚微,则须审慎从事。意大利诸大计划中有未能全收效者,以此故也。

至于淖泽遍地,蚊蚋丛生,为人民卫生计以应排水之法,化沮洳为干土,使人民得以奠居。此各情形,在意大利为最严重,其排水工事进展亦最力。

金陵之地,今为首都所在,故旧日池塘,顷平者不少。为市民健康谋,诚应如是。此等池塘于停潴洪水,毫无关宏旨,平之极是。江北及皖北各县沮洳甚多,蚊蚋嘬人可使露筋。其于拦洪亦毫无关系。此皆宜仿意大利之法除去之。

意大利之排水也,分为高渠、中渠及下渠。高渠以排高洪,中渠以排常水,高、中两渠俱不能排以自然尾泻者,则归之下渠,以机器之力排之。

导淮计划于洪泽湖则保留之以利拦洪,于高、宝二湖则涸而垦之。此无他,洪泽之容可以任拦洪之责,而高、宝二湖则平浅无能容,留之徒为民病耳。

惜哉!三河堰之建设,未能以水力发电同时并举也。有此天然之力,则江北及皖北之无用沼泽,可以尽涸之矣。暴洪时至,亦可助其排泄。导淮计划以导淮委员会及苏省当局之力得按计划以进行,何幸如之。独于此点有缺,深望后之能继为之也。

西北各省应厉行沟洫之制

(一九三四年)

黄河流域不是闹水,便是闹旱,但细算起来,实在有些说不下去。比如说,民国二十二年(一九三三年)黄河大水时期,八月间陕州流量达到每秒二万三千立方公尺,算它继续上两天工夫,总流量也不过三千九百七十四兆立方公尺。黄河流域的面积在潼关以上的,打上五十万平方公里,其中属于黄土的,打上十七万平方公里,使洪水总流量分配在这个小面积上,地面上也不过增加了二十三公厘深的水,以洪水延续一日计算，则增加了地面上的水深不过十一公厘余。这十一至二十三公厘的水，尽量地用沟洫引入黄土地面之下，那么黄河就在洪水时期，连一滴水也没有了，又哪儿来的水灾？

又，计算黄河全年的总流量，有四万兆至五万兆立方公尺的水量，若将此水量分配在黄土全面积上，每平方公尺所得的水，有十分之三立方公尺，即是三十公厘深的水，在全年中其效等于零。但若集之有术，用之得当，则黄河全年水量，可以抵三千五百个泾惠渠。每一泾惠渠增加生产以五百万元计，黄河全年水量若能利用，可以增加生产一百七十五万万元；分配在西北四千五百万人口，每人每年约有四百元之利润。

这固然不能完全办到的，但希望能以政治和科学的努力做到百分之二十五，那么每人每年也有百元的利润。但是泾惠渠开不了几个，灌溉渠又不能容纳洪水，只有广开沟洫可以补救。

山坡流下的洪水，要用长沟吸收导入地下。谷道流出的水，要用堰渠引入田中。黄土耕地面所受的雨水，责成各地主治好土地，不许有一滴水流出，过剩的水都纳入沟中。黄土地面根本不需要排水，即[使]须排水，也要排之于地下，不要顺地面而流。这样去做，努力十年，可以希望水灾永不再见，旱灾也可少见。

这样的大事，是需要政治大力去推动的，农业专家和工程专家帮忙的，希望西北各省的政治当局注意于是。

要容纳四十兆公方的水，须挖土方四千兆公方，用一千万壮丁去做，每人每年劳动服务十五日，作土五十公方，八年可以竣工。劳动服务日数加倍，则四年可以竣工。所开之沟平均以半公尺深计，占地面二十兆平方公尺，为全面积千分之十二。今使百亩之旱地，平年每亩收获五斗共五十石，旱年则完全莫有收获。若使百亩之中以一亩二分作沟洫蓄水地下，每年每亩收获增加一斗共五十五石二斗八计，旱地也可保障一部分，使不致全无收获，则亦何乐而不为？

最后要声明的，我所说的沟洫，不是要恢复古代井田的制度，而使要相着地形开沟，容纳坡水、谷水、雨水，一齐蓄在地下，使不受蒸发消耗、不顺着河道消逝而都为生长植物所利用，这才算是达到了目的。

请令西北行政长官厉行沟洫之制以免旱荒而减河患案

(一九三四年)

　　查西北各省屡苦干旱,固属气候不调,而人民不善治地。夏、秋之间时雨盛行,则一任倾泻而下,归壑入河。故黄河之洪水量与含沙量,毫无节制。而农垦地面,毫无收水蓄水之能。故雨过数日仍成干土。沟洫之制创于大禹,盛于成周。其润泽土地减除河患之功,实为重大。不惟古人言水利者多重视之,即今之言水利者如李仪祉亦极力主张。沟洫之外,并于山涧沟壑节节筑堰,蓄水拦沙,并广植森林。西北土厚水深,即黄河本身及其支流,亦可筑堰蓄高水面,以广润泽。果能令西北行政长官皆饬官吏人民,实施此项政策,则西北之旱荒可少,森林可治,而河患可减。一举而三得,岂非要图。

　　办法　西北各省每省由建设厅附设学校以传授沟洫之制及其利益,分往各处,指导人民实行。

治 水 本 论

(一九三四年)

叙

内篇

一、通论

二、河性①

三、治水目的。①农;②渔;③航;④工。

四、治水方法评论。①植木;②防止冲刷;③整理荒溪;④停蓄湖水库、沼泽、池塘、沟洫。

五、我国黄河、扬子江及珠江三大流域施治方针。①黄河流域。②扬子江流域。③珠江流域。

六、中国治水历史

外篇

一、治水原则

(1) 工事准备。

(2) 流泻情形及量法。

(3) 施治河幅及抹线。

(4) 水位。

(5) 河道弯曲。

(6) 河水横断面。

(7) 冲刷力、泥、沙。

(8) 降度泥沙大小、水深及流速之互相关系、河段需要之降度。

(9) 楗之效用。

(10) 漫溢。

(11) 河水及地下水之关系。

二、治水工事

(1) 荒溪工事。

(2) 停蓄工事。

(3) 防止冲刷工事。

(4) 坝、楗工事,潜坝工事,浮坝工事。

(5) 裁弯取直工事。

(6) 堤防工事。

(7) 渠化工事。①堰;②闸。

(8) 治河工事对于河流水操之影响。①水位及水量;②冰;③纵断面;④泥沙;⑤航、筏。

三、治标

---

① 石印本中以下仅载名目而没有内容。

（1）河防。

（2）堵筑。

四、结论

叙

　　治水一事举其大者，决汝汉，排淮泗；举其小者，尽力乎沟洫。二者何以异？然吾人于其小焉者，农夫持锸不终朝而为之，理明事易，曾不劳乎咨询；而于其大焉者则议论纷然，争端肆起，致使当其政者莫知所适从，工以见误，人亦获罪，自汉以后以及于今，其例曷可胜举耶？

　　今之以模型试验水理者，千里之河以数十公尺之型代之，而其结果可与天然毕肖，可见大小之无以异也。于此无争而于彼有争，争者何？曰争于人事。

　　治水易，治人难。水易平，人难平。水终有可治可平之一日，而人则无可治可平之一日，盖利害各异，欲尽人而悦之，不可能也。然舍人而治水，则治水之目的又何在？此治水之所以难也。

　　况复与其事者各有所见，各是其是而非人之是，其状殆类群声之触象，于是纠纷滋矣。

　　其有挟泰西之新水法，擅工程之精艺事，而欲塞因（Sein）、奥多（Oder）之成法径施之于黄河、大江，亦必失败，徒贻河工旧僚以口实。

　　余有见于此作为本论，言其旨曰大、曰简，言其体曰不违水理，言其用曰利用厚生，如此而已。治水者或不以余言为河汉而以施之于河于汉，或不无所补，是所望也。

　　至于泰西各国治水成法，可供吾国人仿效，多因其地理之关系各有所特长。论中下游之治导则普鲁士诸河可为法也。论山溪之制驭则奥与瑞可为师也。论海洋影响所及河口一段之整理，则英、法及北美诸河流可资仿效也。论防止土壤冲刷，则英国及日本今正在努力也。

内篇

一、通论

　　水之在天然界有其一定之〈轨〉（规）则，循其〈轨〉（规）则为循环，为海洋及地面上之流水及止水，为土壤中之壤水，蒸发而为云，降而为雨，复落于地面或径流汇于河川而归于海，或渗漉而复为壤水及地下水，汇为泉源，流于河川而归于海。在此循环途径中，地面上所有动物、植物及矿物赖以生长及化育而各自成一体之内之小循环，惟于矿物界中或竟失其循环。然其损失或可于他处补益之(宇冰学说)。凡此天然之挹注,名之曰天然之操(Natürliche Wasserhaushaltung),而其在人类生活经济中,实于日光及大气皆为不可须臾离者。惟日光及大气少须乎人为,而水则须辅以人功而后能使其经济之效益彰。故凡有文化民族莫不有治水之事及治水之学。

水流河中为其循环途径中之一段,而亦需要人功最多之一段,盖为气为雨在今日之科学技术中,尚未能得人功之助也。

抉井凿泉所需人功至有限也,惟其限于地面上之流水,盛衰消长不一,有时则是以为人利,有时则反是以为人害。人谁不欲趋利而避害?是治河之事为要图矣。

治河既为治水最要之一端,故本书专言之。其所求则使国境内一切地面上之水,得遂其对于人生经济上之效用而已。

第一要务为去水之害,故河岸须固之,横溢须范之,沙石须防之,使沿岸农产民居得以奠定。民力既充,同时沿岸广植树木,则是民有余力,树有余薪,以作根本图治之工作。使河流循一定之途轨,其降度、其弯曲、其广狭深浅,皆不违乎天然之〈轨〉(规)则,而使其水、其所挟泥沙得以畅泻而无窒,夫然后视其适于航也再修治之,以为合乎经济之航道。

所谓河者,地面上流水挟其随时随地所取之固质(沙泥)以趋于海之途也。因其处地之异而别之为山溪、为平原河流、为潮汐河流;因其貌而别之为支流、为干流;因其习惯而称之为江、为河;因其性质之不同而区之为上游、中游及下游。亦有不入于海而归于盐泽者,如弱水、如柴达木河、如天山南北诸水,亦以河名,其原则主要为山中积雪消融流注也。

河中流水之所依名曰河床,因低水、中水及洪水(或曰高水)所及之广狭不同,别曰低水河床、中水河床及洪水河床,或别低水及洪水河床为小河床(Minor Bed)与大河床(Major Bed)。

河床者河流之所自辟也,犹之城门之轨,车轮之所辟也。车轮之动以马之能力,其轨迹马之成绩也。流水之能力显于外者,是为水面之降度,河床者其能力之成绩也。盖惟其有是能力,故可以冲刷其所经之土质而狭之,以是水位愈高则其冲刷力亦愈强。以是之故,在同一地点,因流水之量及其发现之形式(如骤涨或缓涨等)不同,而河床随之有变迁。

惟河中滔滔不息者,非仅水也。盖流水皆挟有泥沙,虽其多寡粗细不同,而完全能免于泥沙之累者殆未有也。其浮游于水中者谓之浮游质(Sinkstoff, Schlicke),其转徙于河底者谓之推移质(Geschiebe),其大者为转石、为丸石、为砾,其细者为粗细等沙。试临水滨,听涛声,或喘渚瀺灂(chán zhuó),或怒响砰訇,其声岂独水为之哉?盖与扬沙舞垛之风声,为大气与沙垛之合作,同一例也。风得沙垛以为武器,摧壁毁木,流水之得泥沙亦然。故水与水击,水与沙击,沙与沙击,水击沙以与河底河岸相击,凡此皆发于流水之能。耗其能而为工,而泥沙或因其能力之超越而远输,或因其不足而停积,而且以为后至流水之扼。故谓河床为流水之所辟,无宁谓为流水与其所挈泥沙之所共辟也。

河床之形态以下列数事定之:曰河流之发展(Laufentwicklung),曰平面(Grundress),曰横断面(Querschnitt),曰纵断面(Längenprofil)。其附于此而属于流水者曰流泻之情形、流量、含沙量等,皆彼此互有关系。而寻常所欲知者则为流水之通性、水位涨落与流域大小暨其形式,及流域中降雨量与其分配情形之关系、水溜对于河岸之侵袭、河床中泥沙之转动与其沉淀、洪水之毁坏之力及任其自然使河流即于荒乱之趋势。此各国治水者之所同也。

二、河性

前章言流水之工本乎其能,是能也在上游者强——降度急、流速大——至中游而渐弛,至下游而至弱。故在上游者可以啮岸走石,多滩、多湍、多瀑,在中游承上游之余力,使渐即碎细之推移质犹可随流以走,不致停积,而啮蚀床址则其力已不足。故大体论之,中游之推移质承乎上游者而更加以琢磨,而无自产之推移质也。其力稍弱则生洲沱、岸舌而致河流成蜿蜒之势。迨其力更弱——降度愈缓、流速愈小——则虽细沙亦不足以输远沉淀无规,而河床增高,蜿蜒益甚,洲渚愈多,歧流散漫犹如黄河之下游。

今之铁路及公路线由山地而远海滨,其在山中则堑多,近海滨则堰多。水道亦然,惟路线尚可以随地形而俯仰,水道则守其惟一就下之势,间有跃流(Wassersprung)终必自力去之而后已。此其所以异也。

水道(河床)中最深之点连之以成线,名之曰溪路(Talweg)。水之主流即循是路而行。河床之宽狭深浅不一致,溪路则或左之或右之,屈曲无定向。在上游及中游常为地质所限制,故河流之主向,即谷之主向,其间小有变迁者,则水啮河床及淤垫之所为也,盖流水之力河底移动沙质之阻力,其间常欲得一均势。设一段水啮蚀河床,则所取之质料必淤垫于下流,于是足以为水之阻而遏其向循之路,使之旁移及淘深其底,水流之方向一变则攻其所当之岸,同时发生垂直之溜,而为港(Wäzen)以攻河床之底。弯曲之处必生横溜,凹处被水侵蚀之料,为横溜所带至斜拖向下之对岸,溜弱流缓,于是停淤。故曰南岸伤则北岸强,窍愈入,舌愈伸,如是不已,自上递演而下,于是河流成蜿蜒之势,至下游而愈演愈甚。其屈曲愈锐而折叠愈繁,相逼愈近,终至为洪水所冲开,是谓天然之取直。

以上所言是河床变迁之生力也，其他如不规则之淤垫、石块、树根之障流，亦可以移溜而崩岸。

河床由上弯度至下弯，中间一段略直，溪路至此而浅，是为过渡段（Übergangsstrecke）。流水所狭之沙，一起一伏，是为沙梁。凡此皆为河底之丘壑。低水之时，水循小槽，水面随河底以升降，略近平行，水位高时，则溢出低水河槽，奔放而下，于是过渡段、沙梁皆当其溜，势如潜堰（Grundwehr）。水溜为其所逼，复左突右奔，以攻其相对之岸，河道任其天然演变则愈陵紊。洪水若挟泥沙太多，则不足以清除旧淤，反加新淤，于是河床积高，卒致两岸之堤不能防范而致冲决改道，为人大患，犹如黄河之下游。

地质上之天然形态对于河流之下游亦有控制之力，如扬子江自宜昌而下至大军山一段名为荆河，以大军山山峡为之扼，复有城陵矶口所泻洞庭湖水益其势，故荆河之降度受天然之控制不能发展，而河床在此段过迂曲特甚。

（按：本文疑似长篇之作，如同前文《十年来之中国水利建设》，但没有找到后面大部分内容）

利用洪水与蓄水地下

（一九三五年）

洪水之来由于雨，或由于山上积雪之融，要皆能将地面上——山上或田塍——所有对于生长植物沃美之料涤荡而去，以入之于河而纳于海。噫！是诚天下之至可惜者也。

洪水之时或即多雨之期，故水在此时不为人恩，而或反为人害。然天时稍旱，虽欲得此水而不可有，于是河枯井竭，苗槁舟搁，国家经济及人民生计大受损矣。西北黄河流域，尤感其困。

洪水在晋、绥诸省，亦有为农民引以灌溉者，然面积极小，以百分计，殊等于零。

余于二十年前即主张以沟洫蓄洪水，惜此事至今尚未能引起国人注意。最近数年则欧人亦颇注意于此问题,尤以在德国为盛,所谓蓄水于地下(Künstliche Anreicherung des Grundwassers):

地下本为蓄水之大库,据 W. Koehne 之估计①,全德国地下水位平均之值,在其最高时期与最近旱干时期相差一点五公尺。以此计算其容量,相当于平均一年雨量之半,共为一百四十一立方公厘,所以供给四十七万零六百九十二平方公里之德国地面,农业、工业、航运,给水莫不资乎是。德国近代蓄水库之建筑可谓极盛,然其容量,全国统计不过一点三立方公厘,不及地下蓄水百分之一。观乎此,地下蓄水之功用,胡可忽视也?

地下蓄水之量,既亦受天时之变异,有丰有啬。救济其失,在如何以人力增裕地下水藏之量,沟洫之制,其一端也。

吾民宜于洪水至时,未入于海之先,竭其智能以利用之,导引以灌溉西北黄土及沙土地面,用之最大也。不能立时利用者,则导而蓄之于地下。其在地下并非损失,而仍能继续全部为吾民所用:①地下水面高则禾苗可以得其滋润,其益较之地面上灌溉尤大。②地下水可以凿井汲引以为灌溉及饮水等用。③地下水渗出地面,泌而为泉,仍为人用。④地下水之流入溪流者,亦增加河水流量,利航、利工、利农,其利仍在。

增裕地下水藏之法,按 G. Trossbach ②之所举,有:

(1)在泉源之处掘深槽及渗漏地层以收泉水入地,使不致随河水而流。

(2)在山坡容易透水之处掘深槽。

(3)地面上有苔藓、母壤及他种不透水之覆掩足以阻水之渗入地下者,除去其层。

(4)增加及扩大已有之渗水区域。

(5)堰堵溪流,开凿横向水沟以引洪水至可以容水之处。

西北之黄壤,层积至厚,容水量至大,西人有以海绵比之者,固天然蓄水之一物也,应极人之所能以之蓄水。

黄土平原与山岭相接处,沿山麓之脚,宜掘深沟以容纳山面流下洪水,如第一图纵断面及第二图平面甲甲。其下坡则纵横开沟如网(丙、丁……壬、癸),使洪水分布于田间,一部分为导溉之用,一部分则渗入土中。黄土层中例有红土层相间错,水之渗下者则积于此等层上。其在最上层者可由毛细管上升仍供植物之吸取,其在下层者亦可泌而为泉。

---

① Koehne,*Das Grundwasserals Nothelferbei Niederschlggsmangel*,*Deutrche wasserwirtscpaft*,1934. Heft 10。

② Trossbach,*Bodenentwässerung und Künstliche Anreicherung des Grundwassers*。

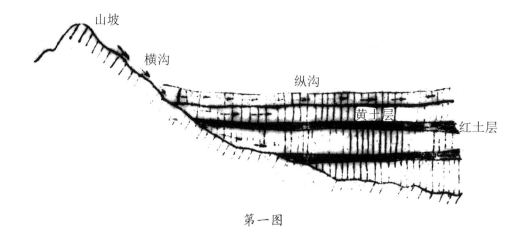

第一图

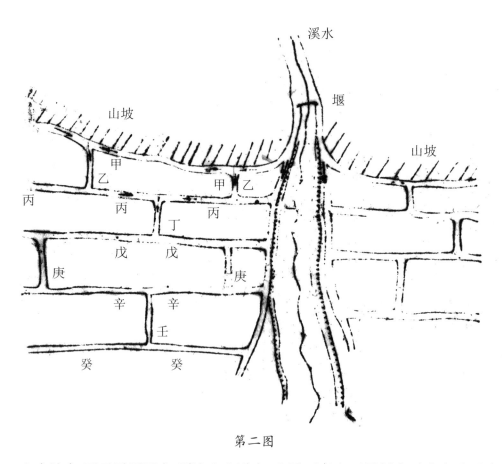

第二图

山内坡水,下无平原可盛,则流入山溪中,山溪两旁之石层低水时水由地下流出,洪水时水由溪中倒流入地。故若溪谷中节节筑横堰,节制其下泻之速,增仰其流水之面,则水之流入地中者加多,如第三图所示。至溪口则更以堰止之,导入横沟,纳于土原之沟洫中，如第二图所示。

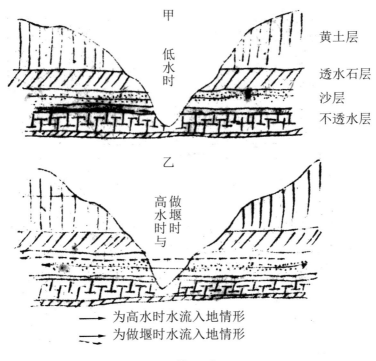

第三图

此种工程在一部分视之极小，在西北全部视之则极大，故其施行也宜利用劳动服务以强施之。劳动服务以筑汽车道路民有怨言，若其功力施之于自所有之田地而年受其实惠，则将乐从惟恐后焉。

此外，陕西、甘肃两省宜以劳动服务施工者，厥惟治地一事。两省田地之不平整，殆为各省之冠，故可宝贵之洪水完全不能利用。山西之汾、沁二河，其情形远优于泾、洛者，未始非其平治田地之功，故劳动服务之力，宜大部施之于治地。

余以为陕、甘两省之任县长者，皆宜令受两个月之训练，教以如何治地、开沟洫，到任以后则以此事委之，使督率人民为之，以课殿最。如此不断，则十年之后，西北之旱灾可抑，而黄河下游之水患可减也。

水 功 基 础

(一九三七年)

1. 水功定义及关于民生之切要(缺)
2. 水功范围及分类(缺)
3. 水之在自然界
   (1) 水之家政。
   (2) 水与土。
4. 地面水(缺)
5. 地下水(缺)
6. 关于水之测验及计算(缺)

水之在自然界

一、水之家政

前既言水之经济方面,与货币相类。经济之雄伟发展,须要最大财源即资本。水之经济其资本何若,试以探讨之。

水之存在可分三部:一部是地面上的,一部是地面下的,一部是空中的。地面上的水量,按之 E. Krüger[①] 为十二亿七千万立方千米(1270mill.km³),按之 O. Krümmel[②] 为十三亿立方千米±一亿立方千米(1300mill. km³±100 mill. km³);地面下之水量按之

---

① *Der Kulturteches Wasserbau*。
② *Handl, der Ozeanographie III. T.* 1907, Stultgart。

M.Delesse[①] 及 I. Soyka[②] 为十二亿七千七百八十九百九十一万立方千米（1278.9mill. km³），是地面上地面下之水量约相等。

空中的水量尚未闻有人估计，空气层之厚为三百至四百千米，雨云（Nimbus）之高为数一百至一千米，层云（Etutus）之高为五百至一千米，积云（Cummulus）之高为一千至四千米，羽云（Zifftus）之高为八千至一万米。

太空温度，每升高一百米减一摄氏度，设海平面上之每年平均温度为三十摄氏度，则升高〈拔海〉（海拔）三千米，其温度已为零摄氏度，其所含水分，亦由三十点一三克减至四点八八克(?)（第一图）。升高五千米，温度减至零下二十摄氏度，所含水分几等于零。五千米厚之空气容积为 $4/3 \times 3.14 \times (6375^3 - 6370^3) = 25.5023$ 亿立方千米，设年平均按 1 立方米含 $5g = 5cm^3$ 之水计之，每立方千米含 10 亿×5＝50 亿立方厘米之水，则空气中所含的水量，共约为十二万七千五百一十一亿立方千米(?)。按 Fritsche 地球表面上，每年蒸发后，降落之水量为四十六万五千三百立方千米，为水藏之二千四百分之一或百分之零点零四，约为上数之一百八十倍（*Zeitschrift für Gewässer Kunde* Ⅲ，354）。（第一表）

第一表　空气中所含的水分至饱和程度（Tolkmitt[③]）

tc	wg	tc	wg	tc	wg
−20	1.06	+12	10.62	+32	33.55
−15	1.59	+14	12.01	+34	37.29
−10	2.30	+16	18.55	+36	41.39
−5	3.36	+18	15.27	+38	45.88
±0	4.88	+20	17.18	+40	50.77
+2	5.58	+22	19.29	+42	56.10
+4	6.37	+24	21.62	+44	61.88
+6	7.26	+26	24.17	+46	68.18
+8	8.26	+28	27.62	+48	78.01
+10	9.37	+30	30.13	+55	83.40

注：wg＝每一 Cum 饱和之空气中所含水分。

---

① *Recherche Sur Lean Bull. de. lasoi. de giol de. France*，1861/62。

② *Die Schwankungen der Grundwasser*，Wien，1888。

③ Tolkmitt，*die Grunde der Wasser Baukunst*。

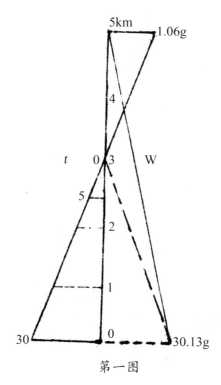

第一图

此外还有由地内新造之水,名曰幼文水(Juvenile Water)。其原因为地里造岩之功用,氢氧二气送发者,以炽热合并为水 Knallgas。

地球以外之水,所谓宇宙水(Cosmos Water)亦时降临地补益水量(Hörliger'sche Welteislehre,李译《宇宙本论》)。

水之资本既如是雄厚,人类及一切生物之生活工作仅用其极微之利息耳。

资本生利赖乎周转,故如许伟大之水藏,Wasser Vorrat 若静时不动,则毫无利息之可得,世界上一切生物死矣。

经营是项营业者,故即为太阳。它用它最大的威权,即热,使得地球里的水,每一时一刻不流动周转,这便是水之循环(Wasserzirkǔlation)。

概论之,水之循环如第二图:水由海上升及于陆地上空中,降于地面,及渗于地下,复流归于海。其由海面上升于空也之为蒸发(Evaporation),其由空中下降之为降雨(Precipitation),其由地面径流入海中为径流(Runoff),其渗入地中也为渗漉(Penetration),但细加分析,都不如是之简单。海面上之蒸发,有仍降于海面者,陆地亦有蒸发,其降落多在陆地。降落之水,大体流归海者,但亦有不能归海者,即无径流。

与吾人有关切者,为陆上降落之水。按之 Hass 地球大陆〔面积一亿四千五百万立方千米(145mill. km³)〕上,每年降落之水共为一千二百二十五亿立方千米

（122500mill.km³），降雨高平均八百五十毫米，其中流归于海者只二百七十二亿立方千米（27200mill. km³），而九百五十三亿立方千米（95300mill. km³）则蒸发。

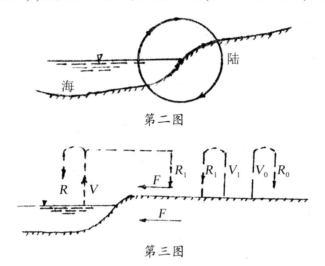

第二图

第三图

如第三图，命 V 及 R 为海面上之蒸发及降水，V_1 及 R_1 为陆面上之蒸发及降水，则按 Brückner：

$V + V_1 = R + R_1$

$V - R = R_1 - V_1 = F$（F 为地面上径流及地面下暗流）

因：$V = F + R$

故：$V > R$

因：$V_1 = R_1 - F$

故：$V_1 < R_1$

此外尚有无径流之地区，蒸发 V_0 及降水 R_0 只限于最小区域，可以不计。

按之 Fritsche 分地面上为四类，统计表其 V、F、R 如第二表。

第二表

部位	面积/km²	V/mm	R/mm	F/mm
全地面	510000000	910	910	—
全海面	361000000	1060	980	—
全陆面	149000000	550	750	200
环海一带陆面	117000000	610	870	260
无径流面	32000000	330	330	—

计算降水、蒸发之量多用高度以毫米计之,名曰降水高度、蒸发高度。降水高度为降水之量,匀积于地面上(假定无任何损失)有若干毫米。同理,蒸发高度为蒸发之量,匀积地面上高若干也。第二表中 F 则亦如是计之。

以上所言为全地球水之周转,其周转为气象上变化之所致,故其水亦名为气象水(Meteoric Water),其出入常持平衡,谓之水之家政。

一流域中水之家政:欲知降水之量有多少,须就一流域中密设雨量站网如下:

第四图 1,2,……,求其每年之平均值为:

$$R = \frac{r_1 + r_2 + r_3 + \cdots + r_8}{8}$$

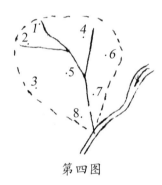

第四图

以流域面积乘之,则得是流域一年所降之水之总量。在法国每一百平方千米约有零点四量雨器,瑞士有零点八八,而在意大利之 Po. 河流域、Vénétie 等地,则于二十万平方千米之中,〔分别〕有量雨器二万、量雨雪器四百五十,每一百平方千米超过一器。英国面积(石印本空白),有量雨器五千;德国面积(石印本空白),有量雨器(石印本空白),中国则有八百八十量雨器。

量蒸发器常与量雨器并设,但量蒸发器为最不易解决之问题。往者人以为天然降落之水分销于三途:一为蒸发逸于空中。二为径流循河流而去。三为渗漉,渗入地中。三途之总量,必与降水之总量相等。此观察实误,即有如是者,亦不过偶尔巧合。有些地方其蒸发一项,常过于降水量,有由流域下游一点河中,于一定时期中(一年)流过之水量超过等时期,该流域所获之雨量,盖亦有为量雨器所不能量之降水,如露、雾等,增加水量亦不在少。

计算一流域中水之家政,有如会计家之持算每一年中求收入支出总结算(Bilanz,Balance)。降水为收入一柱,命之为 R;径流为支出一部,命之为 F;蒸发为支出一柱,命之为 V。余者为节存一柱,如降水为雪,或凝为冰,或渗入土中为地下水;为土壤层之 Hapwasser,或存留于湖泊水库中,命之为 S。此节存者以后仍径流或蒸发而去。在一定时期中，除去本期内之水，亦有先期之降雨，归是期消耗者，命之为 B，则：

$R + B = F + V + S$

即：$R = F + V + (S - B)$

$S - B = R - (F + V)$

节存 - 消耗 = 收入 - 支出

干湿之气，常时变换者，S、B 常可相抵，$S - B = 0$ 即示于一定时期中，收入与支出相抵也。设先期毫无存留水，其消耗完全处于本期中，则无 B，而：

$R = F + V + S$

设因本期内降水甚微无可结存，则：

$R = F + V - B \qquad F + V = R + B$

设完全无降水，则：

$F + V = B$

一年之中在相比较，一定不同，有干有湿，如 $S>B$，则 $V<R-F$，湿。如 $B>S$，则 $V>R-F$，干。然使此等出入不能相抵消，则水之天然家政，终必失其平衡。尚不如是，多年之后，其总结算可使 $S-B=0$。推算者常以五年为一短期，三十年为一大期，推算其变化之迹，有等降水不能直量出，然若径流及雨量与蒸发，能详确测定，则此不能量出之降水，亦可由之推算而出。

如有地方，其雨量有增加之倾向，如在 Paris 有 Flammarion 由一六八九年至一九二〇年之记载推算，其各年序之雨量如第三表。

第三表

年序	雨量高度/mm
1689—1719(30)	489.1
1720—1754(34)	415.1
1773—1797(24)	494.1
1804—1824(20)	502.9
1825—1844(19)	507.6
1845—1872(27)	523.2
1873—1892(19)	534.5
1893—1913(20)	586.0
1914—1925(11)	620.0

亦有地方似日趋干燥之势。究竟此种变化其故何在？是否由森林增减之关系？尚无定论。

水因周转而滋生许多利息，享受这些利息的便是一切生物界，即无生物，亦因水之工作而改作其形式体积（岩石之风化变质，各种次生矿物之生成）（第五图）。

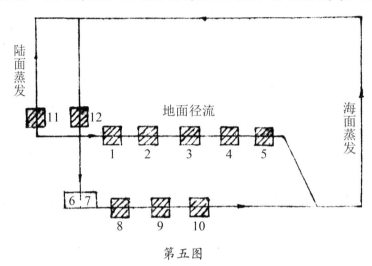

第五图

(1)变更地形，风化岩石，冲刷土〈垠〉(？壤)。

(2)利润植物，供给灌溉。

(3)发生水力，发展工业。

(4)供给航运。

(5)供人类及动物饮料。

(6)生成及改变土〈垠〉(？壤)。

(7)生长植物。

(8)生成及改变矿物。

(9)供给人类饮料。

(10)工业利用。

(11)改变土〈垠〉(？壤)。

(12)影响动、植物生活。

用人力改善水之天然家政，虽不能大有所改革，而就人类生活需用之范围，可以大加改善，对于降水之多寡，虽非人力所能支配，而对于蒸发及径流，则可有所增损。

(1)减少蒸发：地面多令生长植物，挖松土面。

(2)减缓径流：湖泊需水，充裕地下蓄水，设明堰节制河流，暗堰节制地下流水，尽量利用地面及地下之水。

(3)增速径流：治河、排潦、地下排水。

二、水与土

水在其循环路上,除向空中蒸发及由空降落而外,皆不能与土脱离关系,而人生之利用也,亦惟在其与土有关系之一段,故一切水利工程,未有舍土而专言水者也。余故于四年前畅言水土经济,意在深切及广泛研究水与土之关系,以求尽于对人生之利益也(第六图)。

以经济学言之,则水比之金可,土比之原料可也。二者配合,加以工力则生产焉。

理水之能事,在使水与土得其平,故曰禹平水土。"平"之一字,在科学上意义甚深且大,一切一切要办得好,皆非得其平不可。

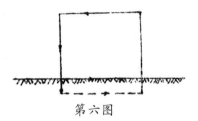

第六图

水与土从表面看起,似乎水动而土静,其实都是动的。其动或为物理的,或化学的。平 Equilibrium, Gleichgewicht 的条件,不但要在其静时要维持(根本说起来无静之时),而正是在动的时候要维持,自然的动作也当可维持平的趋势。但加以人力,使其趋势得到了不少的帮助,而因之有利于人生。

(一)水与土在水功上之重要关系

兹举水功上数例,以见水与土得其平之切要。

(1)水与土之在河流中,河水穿山岭建瓴而下以归于海。其流动由两种力所支配:一为推动力(Antreibende Kraft),即因地重力所致水之本体向下之力;一为泥止力(Hemmende Kraft),即河床上对于流水所生之阻力。二力得其平,则可以水流一致(Schotrend),否则或加速,或缓滞,河床为土所成,故其泥止力及系于其土质状况也。R. Jasmund(*Flussoute Gewässer H. d. I Ⅲ i*)曰:河流纵断面之发展必候流水之力与河底阻力,得其平衡时,始可达一静止期。R. Winkel(*Die Grundlagen der Flussregeling*)曰:每一定之流力,必有其相当土壤性质、土粒大小。

(2)河水中或多或寡,总不免带有泥沙,为流水之累,如行人负荷者然。故英文名曰 Load,溶解于水中而弗能见者为 Invisible Load(可溶于水中之质之类);可见者为 Visible Load,其干细而浮游于水中者,为浮游质(Suspending Material, Schlicke, Schwebstoff)。其重粗而转徙于河底者,为推移质(Rolling Material, Geshiebe)。流水带此负荷,一路下行,以排出之于海,为其工作之一重要部分。其所用之力名曰押转力(Sweeping Force, Schleff Kraft),此力若弱小不足,则推移质不能前行,再小则浮游质亦将沉淀,如此则河床必淤填。反是其力过大,则河床河岸,反被刷蚀。此力之大小,一关于水量之大小,二关于降度之大小,三则视此所负荷之质料粗细如何。若得其平,则河流可维持恒一状态,但天然河流有盈有涸,按季不同,如何适应天然,使河流有则,是治河者之事也。

$S = 1000T \cdot L (\text{kg/m}^2 \quad L \text{ in } m)$

$S_0 = 1000T_0 \cdot L \ (\text{kg/m}^2)$

$S_0 = 1000T_0 \cdot L = 1000d/8 = 125d \ (d \text{ in } m \text{ mayrkkey}), d$ 为土粒径。

(3)上言之理,在计划人工所开之渠,使渠之横断面,降度恰得其宜不淤不蚀,尤为重要,故开渠者所经土质,为设计者所必得悉。

(4)上言之押转力,其极限值 $S_0 = 1000T_0 \cdot L$,故在河岸之处,是力是否可以冲蚀河岸,全视乎 $T > T_0$ 或 $T < T_0$,正视河横断面其式近乎 Quatratic Parabola,但至两岸则转陡,若弯曲之处则凹暗更陡,其深须远过于 T_0,故天然岸土不能与流力持平,而必须他种质料以护岸(第七图)。

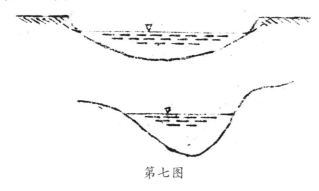

第七图

(5)堤坝。堤坝为土质所成,所以御水,但水渗入堤身或坝身,使失其稳定力,则必致坝坍。故设计堤坝者,其事虽若简单,然非明了水性及水在土中之渗滤(Percolation)情形,不为功也(渭惠渠土坝之失败)。有时堤坝可利用水为之者。

(6)基址工程中,似应属乎土功,而实际属于水功。盖无论何等建筑物,基址稍深,无不遇有地下水(或为静止,或为地下水流),甚至妨碍工事,则须用种种方法(排水、降落地下水面、冻冰法、化学方法,使流体变固),以便做工。隧道工程若遇地下水情形相仿(洛惠渠第五洞)。

(7)土质之不渗透水者,常可用以围筑水道及蓄水池塘等(Tightening Material)。

(8)农业水利所之于土质物理性及化学性,尤为深切。如土之含水量、渗透性、毛管性其所含矿物质因水所起之变化,首须深切研究。灌溉之水所含土质,是否与植土有利或有害。用水之多寡,亦与所施之土质有关系,非明悉不足以言灌溉。有害之矿物质,如盐碱等含在土中,须冲除去。放淤[整理](Colmation)淤田,其水中所含之土质,尤须预先研究分析清楚。

（9）近日欧洲各国所提倡之充裕地下蓄水量，则利用土质之渗透性，使水能深入而容蓄。

（10）沙防工程为近代各国所注意最深工事之一，尤以在日本及美国进步甚力。此项工程为对于降水在地面上直接冲刷之力加以制止，故所需于水与土相关系之工程尤切。

（二）土之定义及分类

土或曰土壤（Soil，Erdboden）。就广义说，凡地面上松地之岩石、质料皆可以名曰为土或土壤；就狭义说，则能施耕作及供生长植物者，名曰土壤，而将前者称为成土物质（Soil Forming Material，Clay，Sand，Loosend Rock Material）。若就土之广泛定义，而按其生成之因分类，可以分别为：

（1）残积土（Residual），是经过风化松圯之后，未经移动，仍留于原地者。其下层即为其母岩（Parent Rocks）。

（2）泥炭土（Moor Land），是植物体腐朽后，与土混淆所成之土壤，大抵存在于旧日沼泽及湿下之地，其中仍有植物构造遗迹之残余。

（3）运积土（Transported Material），分为：①崩积土（Talus），高处风化之岩石崩坠，积存在较低处。②扇状堆土（Alluvial Fan，Alluvial Cone，Schuttkegel），是谷内的沙石土等，为水冲出堆积于谷口之外者。

（4）水积土（Water Deposited Material，Sediment，Water Deposite），分为河成、海成及湖成三种。

（5）冰积土（Glacial Deposite），为冰川所挈带堆积成者。

（6）风积土（Wind Deposite），为风所吹带细尘堆积而成黄土沙丘。

（7）火山性土，由火喷出之质 Volcanic Ash 或流出之 Lava 堆积于陆上或水中成者。

（三）土壤之成因

土壤之成因虽然有种种不同，但是在成土作用中，却都离不了水。

（1）残积土，是由岩石风化后，最原始之土。风化的作用，有物理学的，有化学的，有生物的。物理学的风化作用是：①由于岩石中所含之矿物膨胀率大小不一，一冷一热，便于风化，但雨雪加在岩石面上又蒸发而去，可以增加温度之变化，也就促成了风化作用。②由于水浸入岩石罅隙及纹理，经冻冰涨大水的容积，而将岩石劈松的，这个作用在风化中很重要，这是水的力用以破坏天然岩石的。③化学的风化主要由于

水中含有 CO_2(二氧化碳),以化解岩石中之 SiO_2(二氧化硅),化合质而为可以溶解之碳酸化合质。又无水之原始矿物(Anhydrate)化为有水之化合矿物,正常石变为高陵土。④生物的风化物(腐殖酸亦足以溶解岩石),苔藓等生成,其根足以松解岩石,而其生成亦由于水。

(2)泥炭土,成于沼泽低洼之处,因为水过分的多,才生长繁茂的植物,植物才易于腐朽而成泥炭土,对于此的关系最多。

(3)崩积土,虽然由重力崩坠,但暴雨或融雪,所以增速土之崩坠;谷口所堆积之扇形或锥形土堆,也是一半重力一半水的推力作用合成的,而水力在此用的格外多些。

(4)水积土,完全由于水之搬运,沙或泥随水而行,或为浮游质(Suspending Material, Schlicke),或为推移质(Geshiebe),水力稍平缓便滩下来。河两岸之滩(Foreshore)、河中之洲(Bar-island)、海边之滩(Lees)、洲(Bar)都是如此成的 Littoral Drift。

(5)冰积土,为冰川所运积与水积相等,不过水积有分类的作用(Sorting Action),而冰积则大小土石粒一体堆积。

(6)风积土,虽赖于风,但风积之土须受雨淋,生长植物才可以定着在一个地方,且有许多土是风与水合成的。

(7)火山性土,落积于陆上,赖水定着与风积土相同。积于水下者,更无庸论。

(四)土壤之命名

按土壤粒径之大小以分别名称,普通分为四类:①砾土(Gravel);②沙土(Sand);③泥土(Dird);④埴土(Clay)。

美国 Department of Aysiculture 定土为下列六等(第四表)。

第四表

粒径(ϕ)/mm	外文名称	中文名称
0.000—0.005	Clay	埴土
0.005—0.050	Dird	泥土
0.050—0.250	Fine	细沙
0.250—0.500	Meduim	中沙
0.500—1.000	Coarse Sand	粗沙
1.000—2.000	Fine Gravel	细砾

按 M. Bapecky 分土为七 Cafegorie(第五表)。

第五表

粒径(φ)/mm	外文名称	中文名称
< 0.01	Partoules Docantable	
0.01—0.05	Poussiere	埴土
0.05—0.10	Poussiere Sableuse	沙埴土
0.10—0.30	Sable Tres Fine	甚细沙
0.30—0.50	Sable Fine	细沙
0.50—1.00	Sable Demi Fine	半细沙
1.00—2.00	Sable Grossier	粗沙

按 Ronfod Keithack 则分之六类(第六表)。

第六表

粒径 (φ)/mm	外文名称	中文名称
<0.02	Schleft und Ton	埴土
0.02—0.05	Frir Mo	细坶
0.05—0.10	Grobuo	粗坶
0.10—0.20	Friner Sand	细沙
0.20—0.50	Mitteler Sand	中沙
>0.50	Sand	沙

中国土壤犹如黄土(Löss)所含土粒径之大小,有极细者,故上列诸级,尤不足以尽之。Alfred Scheidig 在其所著 *Der Löss* 中依照 Reichade 之分法而加以细分如第七表。

第七表

胶质泥		垆		坍		沙			
细	粗	细	粗	细	粗	细	中	粗	最粗
0.0002 | 0.0006	0.0006 | 0.002	0.002 | 0.006	0.006 | 0.02	0.02 | 0.05	0.05 | 0.1	0.1 | 0.2	0.2 | 0.5	0.5 | 1.0	1.0 | 2.0

农业对于土壤分析,不但求物理性之显明,尤须注重其化学性。本此以分别土壤,普通不出乎四类。

(1)沙土(Sand),为硅酸(Silicate)类岩石风化削蚀结果〔杂以云母(Mica)沙岩、花岗石、硅岩等〕。

(2)埴土(Clay,Ton),为长石类(硅酸及三氧化二铝、钾、钠等之化合物 Feldspar 及 Zoodal)风化之结果。

(3)钙土(Lime,Kalk),为碳酸钙($CaCO_3$)岩分化而成。

(4)腐殖土(Humus),为有机物(动、植物)腐化之残积。

四类之纯粹者皆无益于农植,但其混合杂以铁、氧等值,则为生长植物之用。黄土即为砂钙及埴之混合物,凡土壤中所含矿物质不能燃烧,所含有机物为可燃者。

Werner 作土壤简明图以概其混合之状如第八图。

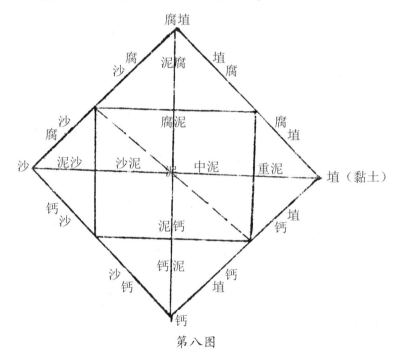

第八图

沙与埴土合为泥(Iehm Loam),埴与钙合为灰泥(Mergel Marl)。

凡质松而空气易于流通者为温性土(Warm Soil),反是为寒性土(Cold Soil),凡易耕作者为轻土(Light Soil),难于耕作者为重土(Hard Soil)。事实上各种土壤皆为粒径大小不一致之混合物。分析土壤者,按各粒径之大小而定其所含百分率。如 Lowdermilk 所定 Löss 之各种粒径百分率如第八表。

第八表

外文名称	粒径(ϕ)/mm	百分率/%
Fine Sand	0.100—0.130	1—2
Very Fine Sand	0.063—0.065	25—28
Siet	0.030—0.033	51—54
Coarse Clay	0.0035—0.004	20

定各种土粒之百分率,用过筛法(Sieve)或浪淘法(Schlämme Verfahren)。以土粒过筛之百分率,可画一曲线如第九图①。

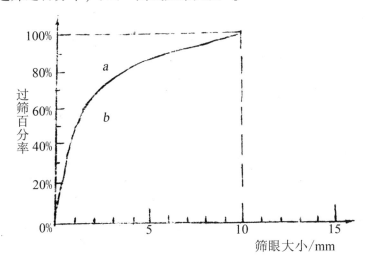

第九图

此曲线分矩形面为二分 a 及 b,则 $k=a/b$,可以定土质混合之情形:$k>1$,则粗粒多;$k<1$,则细粒多。K 之下加以粒径二限之注脚,更为明晰。如 k_{0-10} 为粒径0—10mm 之 k 也。

Scheidig 即以其所制之土粒表以率各种土质。如其所定中国黄土之式如下(第十图、第十一图):

(1)钙土化作用(Calcification)。若石中之 Silicate 其中所含之钙及镁受土壤水中之二氧化碳碳化成碳酸钙及碳酸镁之盐。在雨量不丰区域,此种盐质不能为渗滤水所冲洗,而遗留于土中聚集而为碳酸钙或其他含钙之胶质(Colloid),土中胶质往往为钙离子所饱和(此种现象几遍于中国纬度三十三度以北)。

---

① 《黄河概况及治本探讨》第九五页,有黄河泥沙之同类图。

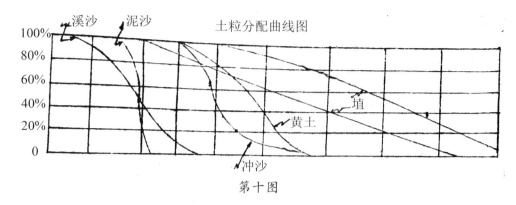

第十图

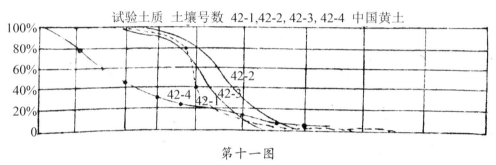

第十一图

（2）盐土化作用（Alkalization）。①干旱区域（Arid Land）潜水含有可溶性盐，潜水上升以后，水分由表面蒸发，盐质遗留土中，例如黄河流域河南、河北地带。②沿海区域受海潮或飓风迫水侵袭，亦使土壤盐化，例如沿海各地。

（3）碱土变质作用（Gedroization）。土壤胶粒中之钙被钠代换，其钙离子被钠离子代换，钠盐质受淡水滤洗则胶粒分散下移于心土。土质变为轻粗白色，最后结果成为变质碱土。

（4）质化作用。灰土（Podzolics），灰化之土壤（Podzolized Soils）上，表面之铁化合物及铝化合物经降水渗滤及溶提，沉积于心土，即表面黏土经溶提而沉积于心土，有机质每能保持铁质成悬体状，灰化极强者一价及二价之阳电子，均已从成土中滤失，使硅质聚集成为硅酸化合物（Silicate Compound）。此种作用现于中国南部最广。

中国土壤按 B. F. Ehaw（*Soil Bul. No. 1. Nat. Geol. Surving, China*）及 J. Thorp（*Geog. Dist of the Import Soils of China. Bul. Geol. Soc. China*, Vol XIV n.2 Nanking, 1935）分为二系及分系如下。

第一系，钙层土及其他石灰性土壤（Pedocal Soils）。

（1）黑钙土类（Black Pedocals）。黑钙土（Black Soils）（外蒙古库伦以北，东至托列伊湖）、发育不完善之黑钙土（Poorly Developed Pedocal）（松潘）、变质黑钙土（Pedocals）（哈尔滨龙江）。

（2）栗钙土类（Chest Nut Earths）。暗栗钙土（Dark Chest Nut Earths）（察哈尔）、发育不完善之栗钙土（Light Chest Nut Earths）（黄土性,渭河及泾河上游六盘山一带）、淡栗钙土及极淡栗钙土（绥远阴山以北察哈尔至外蒙古）、发育不完善之栗钙土及极淡栗钙土（Very Light Chest Nut Earths）（黄土性,山西、陕西、甘肃之黄土层）。

（3）排水不良之钙层土（Poorly Drained Pedocals）。砂礓土（苏北、皖北淮河流域）。

（4）漠境钙土（宁夏、内蒙古、奥尔多斯沙漠区）。灰沙及黄灰沙及石积（Desert Pedocal）、沙丘（Sand Dunes）（陕北奥尔多斯沙漠）。

（5）新近之冲积土及湖或土（Recently Deposited Soil Materials and Hamstrum Deposite）。石灰冲积土（Calcareous Deposite of the Flood Plaine）（河北平原、鲁西）、盐性冲积土（Soils Deposite of Flood Plaine）（河北、山东、江苏、滨海区域）。

（6）碱土（Alkali Soils）。碱盐土混合域（辽河松花江间）。

第二系,淋余土及其他曾经淋溶之土壤（Pedalfer Soils and Other Leached Soils）。

（1）灰化之土壤（Podzolics）。强度灰化之土壤（Strongly Podzolized Soil）（吉林、黑龙江）、潜水灰壤及其相似之土类（Ground Water Podzlics）（吉林、同江、伯力间）、灰棕壤及灰化之棕壤（Grey Brown Soils and Podzolized Brown Soil）（江苏、浙江、福建、安徽、江西、湖南、湖北、陕西、四川诸山中）、灰棕黏盘壤及灰化之棕色黏盘壤（南京、六合、安徽、淮南、诸山、襄阳）。

（2）微呈灰色之土壤（Greyish Soils）。山东棕壤（Shantung Brown Soil）（山东半岛、辽宁）、紫棕壤（Realish Brown Soil）（四川红盆地、滇西）。

（3）红壤（Red Soils）（包含灰化之水稻土及一部分之黑色石灰土）。老年红壤:微度灰化至中度化灰化之老年红壤（Slight to Moderately Podzolized Matured Red Soil）（赣江、湘江各流域、昆明、广西、苍梧、邕宁）、灰化之老年红壤及幼稚红壤（Podzolized Matured and Young Red Soil）（广东、福建、浙江、江苏沿海、鄞江、浙江流域）。

（4）黄壤（Yellow Soils）（包含灰化之水稻土及黑色石灰土）。微度灰化及中度灰化之老年黄壤及幼稚黄壤（Slightly Moderately Podzolized and Young Yellow Soils）（贵州、桂西、浙西）。

（5）新近之冲积土及湖成土（Recently Deposited Alluvial Soil and Hamstring Deposite）。无石灰性冲积土及水稻土（Noncalcareous Deposite and Rice Paddy Soils）（扬子江及淮河冲击带）。

此书中黄壤之名不宜施之 Löss,颇易致混淆。关于黄土之 Löss 之研究者 Richthofen, *China Fübrer für Forschung Sreise*。最近有燕京大学之 Wilson 及 Barbour,

Journal of Science(?) 1926.中美工程师协会月刊①、清华大学之 New、金陵大学之 Lowder Milk(物理分析)、前青岛大学之 Wagner(化学分析,《中国农书》)、Freiberg 之 Scheidig(物理分析)、地质调查所翁文灏及其他。翁文灏对于黄土之化学分析如第九表。

第九表

成分	百分率/%
Si	59—64
$CaCO_3$	14
Al	11
Mg	4
Fe_2O_3	3
Na	2
别质	4

(五)水对于土之作用

1.渗漉(Penetration Versickerung) 降水落于地面,自必有一部分渗入土中。此水实为对于植物生长最重要之一部分,盖以其能为植物之根所吸收而由叶面蒸发,以输送植物应需之养料。叶面蒸发之缓速,视植物体内及体外含水胀差(Spanmings Underschied)之大小。差小则缓,差大则速。落于植物身上之降水,可以平缓此差,而非能直接供植物之用也。

渗漉之水并有流通空气于土壤之功用,盖土壤中已经用过之空气为水通出,新鲜空气得随之而吸入也。而水可于渗漉途中,溶氧以供植物之需,氮气亦由空气因水输入土中。

水之渗入土中是由于重力①,土中因下层面张引力而生之吸引力,亦有助增,而土粒间对于水力之摩擦则与之相反,摩擦力之大小,则关系于土粒间隙之水路(横断面 F)及水所浸濡之土粒周。

命土粒间之空隙(Pore Space)为 P,在同一 P 下(同一 F 下),设 P 有异,则渗透之速度 S 不能相等,隙空愈密小则 S 愈小。

---

① Barbour 之文系综核 Wilson、New 及 Lowder Milk 之研究而成。

在一单位容积中,容平排整列相等土粒(第十二图)。其径为 $d = \dfrac{1}{n}$ 之数为 $Z = n^3$,n 之值,无论为一或许多,每一土粒之容积为:

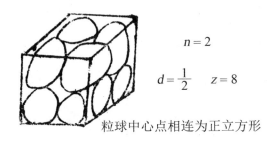

$$n = 2$$
$$d = \dfrac{1}{2} \quad z = 8$$

粒球中心点相连为正立方形

第十二图

$$V_{\frac{1}{n}} = \dfrac{\pi}{6} \cdot \left(\dfrac{1}{n}\right)^3 \qquad \left(V = \dfrac{\pi \cdot d^3}{6}\right)$$

其总容积为:

$$\sum V_{\frac{1}{n}} = Z \cdot \dfrac{\pi}{6} \cdot \left(\dfrac{1}{n}\right)^3 = n^3 \cdot \dfrac{\pi}{6} \cdot \left(\dfrac{1^3}{n^3}\right) = \dfrac{\pi}{6} = 0.524$$

其隙空则为百分之四十七点六,但为一粒球之表面为 $f = d^2 \cdot \pi$,故总表面为:

$$\sum f_{\frac{1}{n}} = Z \cdot \pi \cdot \left(\dfrac{1}{n}\right)^2 = n^3 \cdot \pi \cdot \dfrac{1}{n^2} = \pi \cdot n$$

即粒数愈大,$\sum f$ 愈大也。

$$\dfrac{\sum f}{\sum V} = \dfrac{\pi \cdot n}{\dfrac{\pi}{6}} = 6n$$

该土粒之排列如粒球中心点相连为十二面形(第十三图),则其隙空只有百分之二十四点五,然天然土粒之混合,殊不如此一致也。

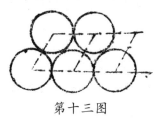

第十三图

Mitscherlich(*Bodenkunde für Land und Forst Wirt*)用湿度方法(Hygroskopizität Fahren)定:

1gr 细沙(Tertiary Sand),有 $1.4 m^2$ 之表面;

1gr Lava Clay,有 $0.67 m^2$ 之表面。

设能知 $\sum f$ 及土粒之比重 s，则假定土粒大小相等，可以推至一定重量 g，土粒之数 Z：

因 $\sum f = d^2 \cdot \pi \cdot Z$ $\qquad \sum V = \dfrac{g}{s} = \dfrac{d^3 \cdot \pi \cdot Z}{6}$

$$\dfrac{\sum V}{\sum f} = \dfrac{\dfrac{g}{s}}{\sum f} = \dfrac{\dfrac{d^3 \cdot \pi \cdot Z}{6}}{d^2 \cdot \pi \cdot Z} = \dfrac{d}{6}$$

$$d = \dfrac{6g}{s \cdot \sum f} \qquad Z = \dfrac{\sum f}{d^2 \cdot \pi}$$

一种土壤之 $\sum f$ 可用浪淘分析法（Schlämmanalyse），将所含各种土粒之成分确定，再本之以定各种土表面在总表面之成分，而因以得其总数。

渗漉之速度按 Darcy 定律：

$$V = k \cdot \dfrac{h}{l}$$

k 系关乎土壤之品质，h 为水压力之高。自水面及渗水之底脚，l 为渗入土粒之深（第十四图）。l 愈长，则所用阻力愈多，而 V 因以减小。k 之值按之各家，由实验室所定者如下：

Seelheim：

$$V = 325 d_m^2 \cdot \dfrac{h}{l}$$

硅沙平均粒径为 d_m，试验二十四小时以内水之温度为十摄氏度。

Hazen：

$$V = 1000 d_w^2 \cdot \dfrac{h}{l}$$

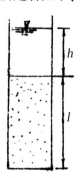

第十四图

d_w 为有效粒径，即土混合可落下百分之十之筛眼大小，水温度十摄氏度。

Slichter：

$$V = \dfrac{6714 d^2 \cdot h}{c \cdot l} \quad (\text{m/s})$$

水温十摄氏度，式中 c 之值，则按罅空 p 而异。

$p = 26\%$　28%　30%　32%　34%　36%　38%　40%　45%　47%
$c = 84.3$　65.9　52.5　42.4　34.7　28.8　24.1　20.3　13.7　11.8

由此式以量得之 V、h 及 l，可以算得 d。所算得 d 之值（Hazen）之与土混合，所觅得之 d_w 相差。

Kröber：

$$V = 149.300 d_m \cdot \left(\frac{h}{900l}\right)^{\frac{8+d_m}{8+2d_m}} \quad (\text{m/s})$$

（罅空增加时，V 之增大较之 $\frac{h}{l}$ 为缓。）

上诸式皆由实验室得来，与实际难期吻合。天然土壤层垒不齐，粗细不匀，应以其最小之土粒径为准。层虽薄亦应如是，此 Hazen 有效粒径之用意也。

土壤中有胶质（Humus、Iron、Oxide），则 V 之减低更甚，上诸式不合用也。

水之渗入土中垂直向下者，几为其全部，旁观者（Horizontal Penetration）只些微耳。此性质在黄土中尤甚，故黄土最适宜于河堤，而沟洫渗溉之效则可疑。又渗漉 s 与蒸发 V 有交互关系，此增则彼减，彼减则此增。第十表为在 Rothamstead（《德国农学报告》，1916 nr. 28）所得结果可以证之。

第十表

平均雨量高度/mm	渗漉/mm(%)	蒸发/mm
596	246(41.3)	350
722	318(44.1)	404
847	435(51.3)	412

渗漉之水，在此所量得为地深一点五米。

又植物生长之期用水甚多，则渗漉之水因之减少。Seelhost 曾做详细测验，于植物发育正盛时期，渗漉之水竟减至于零（Hand Buch der Moorkulter）。

土壤之含水量（Wassergehalt）及含水能力（Capacity for Water Wasser Kapaztiär）。水渗入土中附于土粒之周围，名曰黏膜水（Hygroscopic Das Hygroskopisch；Gebundene Wasser）（第十五图）。按 Mitscherlich 附着于固体土粒、黏膜水，其厚只一分子厚之层（0.25nm），故在上述两种土质，一克土质中应有之黏膜水量为：

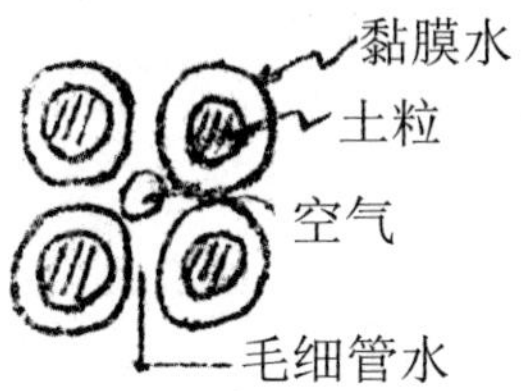

于细沙（Fine Tertiary Sand）：

$1.4 \times 10^6 \times 0.25 \times 10^{-6} = 0.35 \text{C} \cdot \text{mm}$

第十五图
——黏膜水
——土粒
——空气
——毛细管水

Lava Clay：

$967×10^6×0.25×10^{-6}=241.8$ C·mm

由此可见土粒愈细，则附于土粒之黏膜水愈大。设土之比重为二点六，则一克之土有 $\frac{1×1000}{2.6}=385$ C·mm 之容量。凡土之细者当具干燥时，土粒紧相接触，浸入以水则泛胀，盖附于两土粒之黏膜层，相叠而胀也。

命黏膜层之厚为 t，土粒径为 d，则天然之含水量为：

$$W=\frac{(d+2t)^3-d^3}{s·d^3}$$

黏膜水对于植物不能直接应用，因其为土粒表面张力（Surface Tension）吸持甚紧之故（故而称 Fatwasser，Haftwasser）。然土壤之肥沃与否，此水亦颇有关系，故品订土壤者，常以之作标准（Bonilierung）。盖黏膜水之多寡，视乎土壤之总面积 $\sum f$。$\sum f$ 愈大，则植物着根之地愈广，而吸收养分之作用愈宏。

黏膜水之外，渗入土中之水，一部分系为土粒所持而存于罅空中。此种土壤性质名曰含水性（Capacity for Water）。其量 Wc 以土质之容积或重量之百分率表之。Wc 之大小非与罅空之大小成正比，罅空愈大，其吸力反小而令水不能存，盖重力大于吸着力，水经渗而向下也。故沙积力之含水性小，而黏土与腐殖土之含水性反大也（第十六图）。

又 Wc 之值，关乎土粒之高低及土层之情形，轩轾不等。在一土粒之中，其上端含水性为绝对的，其下端之含水性为极大的。绝对值为恒常值，极大值自下向上减小，恒常值至毛管水升高所及之处而终止（*Der Kultur Techniker*，1909. 122）（第十七图）。

第十六图

含水量极大时，充满土粒罅空，植物反不能发育，故此值在农业上无大意义，而绝对含水量即每降雨雪足后，土壤上层所得若在农业界，意义极大。土粒之大小，自与含水量有关，因土粒愈细，其表面愈大，而按高低之层垒亦愈多也。土粒愈细，其吸持水分愈牢，在胶质土壤中，其象尤显。反是，植物根株在土内足以减少含水性，故按 Hernrich（Büedermanns Zentralllatt für Agriturchemic）设含水量少于下列之极限。

钙土小于百分之十点五，泥炭土小于百分之五十一点八，园土小于百分之十六，则植物必萎。

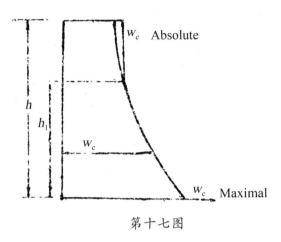

第十七图

土壤中容水之外,即空气 Le 按之 Copecky: Le = P − Wc 不能少过一定之界限,盖植物之根亦须吸收空气也。此界限在农田不小于百分之十,更宜百分之十四;在草田不小于百分之六,更宜百分之八。

土粒极细者,如埴土,其含水含气性俱大而不透水(Impermeable);土粒粗者,其含水含气性较小而透水。

有种土质稍可透水,可有够大之透水性,而微弱之含气性(小于百分之十)名之窒息土(Terres Asphyxiante)。此土含水稍多,则其中应需养气完全消灭而无法新补,在此种土上,水草〔如灯心草(Jonee)〕之类,特别繁茂。

2.毛管水(Kapilar Wasser, Capilar Water) 由物理学知,水对于被其润湿之固体(如玻璃管壁),因其吸引力(Attraction)大于水之凝集力(Cohesion),故水管被提高名曰毛管吸力(Capilarity),其提高水柱之高为 h,名曰毛管水柱之升高(第十八图)。水柱端而之周与其面积之比 $\dfrac{2\pi \cdot r}{\pi \cdot r^2}$ 愈大,则毛管吸力愈大。

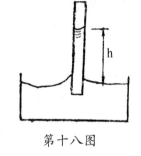

第十八图

水在土中非静止者,非特有横向的循环,而且有竖向的循环。其下降也,为雨后或灌溉后水之下渗(黄土中有竖立之细管,渗入尤易)。其上升也即资毛管之力,此种循环实为生命需要,否则为死土(第十九图)。

土中毛细管之形成,即为土粒周围水膜之余空。此空于土壤含水近于饱和时则变狭,远于饱

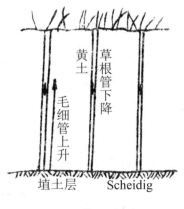

第十九图

和则变阔(第二十图)。

毛管水之高 h，除管半径 r 外，尚与水之温度有关 $h = \dfrac{k}{r}$（mm），如水温在十五摄氏度时，$k = 15$（第十一表）。

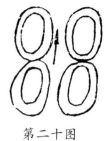

第二十图

第十一表

$t/℃$	h/mm
0	15.4
15	15.0
30	14.6

h 与 t 之关系：

$$h = \frac{15 \times (1 - 0.002t)}{r}$$

故两种不同土粒之径为 d 及 d_1，则 $hd = h_1 d_1$，土中隙空之宽狭，随土粒之径而增减，但 h 因毛细管之狭而增，而其升高之速度 V，则因管之狭而减小。盖管愈狭，则阻力愈大也。毛细管中水之运动，至所有毛细管作用之隙空充满水分为止。按之 Wollny(*Forschung auf Gebiete der Sgrikultur Physik*)，毛细管中水升高之速度 V，在一定管径(约 $d = 0.05—0.10$ mm)达于最大程度。太狭则阻力加增，太宽则毛细管作用又微。Wollny 谓毛管所聚之水可至其饱和程度百分之三十至百分之五十，Meister 在实验室中以长一百厘米、宽二厘米之管，入以各种之土，下端蒙以纱浸入水中一至二厘米所得结果如第十二表。

第十二表

土类	在若干时以后升高			
	0.3h	5.5h	6.5h	21.5h
埴土(Argileux)	340	1100	1150	2000
腐殖土(Humus)	400	1100	1140	1770
园土(Terredejardin)	290	950	980	1610
极细硅(Sable Quartzenxtris Fine)	440	920	970	1170
泥炭土(Tourbeux)	360	500	570	1140

续表

土类	在若干时以后升高			
	0.3h	5.5h	6.5h	21.5h
沙土(Sallenneut)	450	620	669	900
石膏土(Gypseux)	720	400	400	820
粉土(Crayeux)	60	330	540	700

此数虽只示概象,而由此可知,在一定时数以内,细粗土壤如埴土、腐殖土、细硅砂,毛管水之升高,较之粗粒者为速。而在粗粒土壤如沙中,则水之运行尤速。以水运之太易,故此种土壤易干,但含水层过深,则其毛管作用又微。

试验时所用之玻管愈阔,则各管之毛管升高亦愈多,由此可推就地土壤中之毛管水升高,必大于试验所得者。

湿土中毛管水之升高,较之干土中为速。盖土虽干,而其中之空气处处以足为水上行之阻也。至湿土中,则土类已经润湿,可省去一番工作也。久燥之土落雨,初急不得湿,同此理。

美国King(*Physics of Agriculture*)述一事,初觉甚奇:伊在同一土壤于降一次骤雨之后,发现在地面下若干深处,其土反较降雨之前更干,地面上自然湿润,盖土干时,下层之水难于上升,土湿时其上升又显著也(第二十一图)。

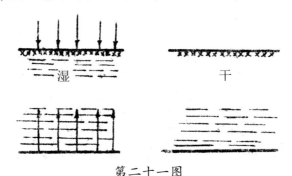

第二十一图

水中含盐,则表面张力因之减低,故毛细管水升高亦减,但其速度则增加若干。土中之盐为升高之水带之上层,水蒸发耗去,而盐质留于地面。

肥壤盐(矿物肥料)施于土中,则随水上升,可供农植受惠。

又土壤深层自有肥料,亦因毛管水上升而达于植物根际。

地面上积水不排,则土壤气闭,毛管水无由上升,故排水工作之重要,在去积潦,而使土内水之循环得以畅行也。

土壤勤于耕作 Sarcage、Binage,则水之循环增畅,植物自易发育。

设毛管之径为 D 及 d,其中升高为 H 及 h,则如第二十二图所示,管径由 D 而变 d,由 d 而变 D,其中水之升高,一视可瞭。

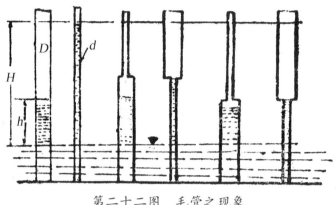

第二十二图　毛管之现象

由此可证,土壤中下层之土,较阔隙孔皆满以水,而上层则仅狭孔可满,故下层土壤蕴水常较多于上层。

(六)毛管吸力与含水量因之互有密切关系——蒸发(Evaperation,Verdunstung)

水由空中降于地面上,渗入土中,除在土中上下循环外,又可复自土面蒸发于空中。按德国《气象学报》(*Meteorologische Zeitschrift*. 1911. 576)统计全球陆面之上:

降雨　　　　十一万二千立方千米
蒸发　　　　八万一千三百六十立方千米
径流　　　　三万零六百四十立方千米

以下论者,注重于湿土面之蒸发。土面与空气直接相接触,其水分蒸发而消失,复由毛管升水以补之,故土之面层为直接蒸发,而土之下层则为间接蒸发。但有层亦有直接蒸发之可能,因有蒸汽张力,上下调匀(Diffusion)之作用也。地面上有生长之植物,则蒸发极大,盖植物取水于土中,而自叶面蒸发也。每生长一千克之植物干质(Matiere Siche)须耗约三百千克之水。按 Vogel 及 Detiner 试验所得如下:

Pied Carré:面积在植物生长期一百零八日内蒸发之水以"Grammes"计(气温十五点二摄氏度):

裸地(赤地)　　　七点零四四

荞麦生长地　　　　二十点六零二
小麦生长地　　　　二十点一六九

又英国(Elwood Mead, *The Relation of Irrigation to Dry Farming Year Book* 1905)以十三年之试验，平均雨量六百五十三毫米所得：

长草之地　渗水一百九十三毫米(百分之二十九)　蒸发四百六十毫米(百分之七十一)

赤地　　渗水五百七十四毫米(百分之八十四)　蒸发七十九毫米(百分之十六)

蒸发所关之因素过多，兹条举如下：

(1)空气之状态〔流动、比较湿度(r)、温度(t)〕。水面或湿土面，饱和之气为风吹去，而补充较干之新气(风来自各方面其燥湿常不同，如渭河流域东北风湿，西南风燥)。令 m 为绝对湿度，M 为饱和量 $r = m/M$，蒸发 V 与 $M-m$ 为正比，r 愈小，则张力之悬差愈大，需要蒸发以调匀愈多。按美国 *Dep. G. Igs. Bulletins*, 284 and 285，由试验所得：

$$\frac{V^{\text{mm}}}{M^{\text{mm}}} = \frac{1}{12.3}$$

蒸发与气温之关系，若以二十五摄氏度时之蒸发为 $V=100$，则随气温而减如第十三表。

第十三表

t/℃	V	t/℃	V
25	100	0	20
20	74	−5	13
15	54	−10	9
10	39	−15	6
5	28	−20	4

由此可见温度高时，V 之增长，较之温度低时为速。按在 Triest 所做试验(*M.d m* Ⅲ, 153)，每摄氏度所增之蒸发如下：

气温每摄氏度增加 V	1/5	5/9	9/13	13/17	17/21	21/25	25/29
其比例为	0.01	0.02	0.05	0.08	0.13	0.19	0.24

Learbar 在印度试验所得（*Breder Mamis Zaitralle für Igrikultur Chenil*, 1914. 533）水面上之蒸发：

$$V = 20(\text{lnat}-1.74)+0.33(\text{lnat}D-1.0)+0.36(\text{lnat}-0.125)$$

其中 V 为二十四小时由之蒸发，以毫米计。D 为比较温度，W 为平均每日风力。Leather 谓算出之结果，与实际测得者相差不过百分之一至百分之二。

（2）降水次数虽密而每次皆微小者，蒸发损失较之降一次大雨为多，盖小雨或仅洒湿地面，而大雨则能渗滤及地下也。

（3）地表形态，亦与蒸发有关（第二十三图）。如命平地之蒸发 $V=100$，则：

波纹地　　　一百二十一
穹窿地　　　一百一十四
毛地　　　　一百零六

（4）地表上之土粒愈细，则其蒸发面积愈大，故 r 亦大。按之 Mitscherlich，见第十四表。

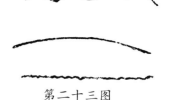

第二十三图

第十四表

土粒粒径(d)/mm	V	土粒粒径(d)/mm	V
0.00—0.07	100.0	0.25—0.50	86.1
0.07—0.11	100.6	0.50—1.00	69.9
0.11—0.17	96.6	1.00—2.00	22.2
0.17—0.25	95.7		

然按之 Sacks，谓土中每一粒皆为水层所裹，厚薄不同，尤以土粒为核，而裹以共心，水膜泡其距土粒较近之水层，对土粒之黏着力（Adhesion）自大于其较远者（第二十四图）。设某处忽遭损失（蒸发），则其水与土粒间之均势骤失，则须有水由他处来以补之。

第二十四图

而外层之水膜因其黏着力较小,必先被牵而去。设土中水分充足,则水之转运无困难。若土干燥,则所有稀薄水层黏着力于土粒,不易分开。假设两种土,其他一切情形皆相等,惟一种土粒甚细而他种则粗,则细者其总面积 $\sum f$,较大与粗者甚多,在同样干湿之下,附于土粒之水层,则薄许多,故其黏着力亦大许多。即在此两种现象,一土面蒸发,一土中水之运补,自较滞缓,故土粒粗者如沙,其蒸发较速于土粒之细者,如埴土。但粗者之蒸发,则不能如细者之持久,其量亦小,因其所含之水少故也,故抵抗蒸发细粒之埴较之粗糙之沙为优。Masure 由试验得以下之结果(E. Risler and G. Wery,*Irrigations Paris*,*J. B. Baillière et Fils*)(第十五表)。

第十五表

各种土质	因蒸发耗水停止需要之时/d	蒸发高度/mm	尚留土内之水不复被蒸发耗损者/%
沙土	3	3.7	2.1
埴土	7	4.3	7.0
腐殖土	3	4.5	41.0
钙土	7	3.6	3.4

由此可见土壤中腐殖土多者,其保留水量愈多,但细粒土保留水分耐久,然非谓植物得其润益即耐久也。盖细粒土之水,很快地减到一定程度,其附粒之水层薄至为植物之根,不能离间其黏着力也,则与植物无异矣。故 Sachs(Sacks)发现一种细粒埴土,其湿度减至百分之八,所种烟苗即萎,而在一种粗粒硅砂土壤,所种之烟苗湿度减至百分之一点五始萎也。

(5)土壤之色亦有关系,色愈暗,蒸发愈烈,如第十六表。

第十六表

色	V
白	100
黄	107
棕	119
灰	125
黑	132

(6)土中含水多则蒸发多,命 W 为含水百分率(饱和程度 Mitscherlich,百分之几),则如第十七表所示。

第十七表

$W/\%$	V	$W/\%$	V
100	100	50	50
90	88	40	40
80	81	30	30
70	70	20	20
60	60	10	10

(7)地下水位之高与蒸发之关系:水面蒸发较小,至土粒增加蒸发面,故地下水面在土地层下蒸发最大,地下水面愈深则蒸发愈减(第二十五图)。

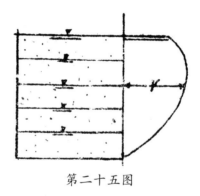

第二十五图

(8)土壤表面含水能力(Water Capacity)愈大,则凝附于表面之水分愈多,故蒸发愈多,故沮洳之地蒸发最烈,而因此发生冷及雾。泥土蒸发甚于沙土,排水之地以其含水能力被减,故蒸发逊于无排水者。排水之地较缓,亦以是故。

(9)蒸发地面小者,其蒸发甚于大者,因大者周围湿气较多也(第二十六图)。

第二十六图

(10)溶解盐类之水,蒸发逊于淡水。按在 Triest 之试验(第十八表)。

第十八表

项目	淡水	海水	差
V	1.03	0.78	0.25
	1.60	1.28	0.32
	2.08	1.71	0.37
	2.80	2.40	0.40

蒸发愈多，其差愈大（由此可知海水盐愈浓，则海面蒸发减少）。

土壤施以肥料，则其蒸发可以减少，同此理。

请建议国民政府筹设大规模材料试验场案

（一九三七年）

一、理由

查制造之品，资乎材料。吾国工艺落后，其主要之因在无材料供给。近来政府提倡国货不遗余力，而考其所谓国货者，十之七八材料仍为舶来，似此国货名是实非，反足为实际国产之损。此非工商之咎，实政府无以协助之过也。查各国对于制造所用材料，鲜不有大规模之试验场，以资试验，精益求精。我国方以国民经济建设号召全国，何可于此根本之图不加之意。拟请本会建议中央仿德国 Groesslichterfeld Versuchsanstalf 制，设立一大规模之试验场，以资研究试验。是否可行，敬祈公决。

二、办法

于扬子江两岸，择适当地址一所，设立一材料试验场。专采取国内原料，加以研究试验。以为制造家之导师。将国内制造之料，加以试验，品题其优劣，使知何如改良。

请中央研究院评议会提请吾国地质学专家注重实用地质学之研究案

(一九三七年)

一、理由

地质学之在我国显有长足之进步,著述及发现较其他各科为特多,此不能不归功于地质专家之努力。惟历来研究多趋重历史地质学及〈故〉(古)生物之鉴定。至我国目前所急切之经济地质学(Economic Geoloy)及工艺地质学(Engineering Gealogy)则进展殊嫌太缓。例如各省有用矿物之调查测量及分析,各处地下水之测验,各地适用于建筑岩石之物理的及化学的试验,土壤技术的研究,等等,皆尚未有人提倡。凡此皆为对于国民经济建设极为重要之基本科学,似不可漠视。拟请本院特别注重加意提倡。是否可行,提请公决。

二、办法

由本院函各地质学研究团体及有名专家,请其共同提倡。

水功讲义目录

(一九三七年)

一、水功定义

二、水功范围及分类

三、水之在自然界

    (一)水之家政

    (二)水与土

四、水事测量

五、分论

    (一)农田水利

        1.灌溉

        2.排水

        3.沟洫及地下蓄水

        4.防洪

    (二)交通水利

        1.整理河道

        2.渠化河道

        3.开凿运河

        4.河港海港

        5.交通机械

    (三)工业水利

        1.水力

        2.水轮

        3.水电厂

六、工程

        1.开渠

2. 浚河

3. 筑堤

4. 筑坝

5. 裁弯

6. 水槛

7. 护岸

8. 护堤

9. 涸泽

10. 放淤

11. 河滩

12. 海滩

七、技术建筑

1. 凿井

2. 凿窖

3. 范泉

4. 涵洞

5. 堰

6. 水库

7. 堤闸

8. 减坝

9. 量堰

10. 船闸

11. 港坞

12. 驳岸

13. 破浪

14. 海塘

八、灌溉技术

九、排水技术

修整耕地及开挖沟洫实施办法

第一章　目的

修整耕地的用意,是要将所有的耕地,都修整得平平整整的,地畔子要高些,能使收雨水,不要使雨水顺着斜坡地面只是往下流,一直流到河里去。

雨水是顶可宝贵的,尤其是山坡儿流下来的水,里面含的肥料甚多。放肥美的水流到河里,流到海里,是太可惜的一件事情。七八月间若是雨水过大,地面上用不着,尽可教水渗在地下面去,后来不下雨的时候,一定可以耐旱。所以修整耕地的目的,就是要各家地里的水,都收得稳稳的,不要使已经到地里水又流到地畔以外去。

斜坡不平的地,要地主人自己不断的努力,将地修得平整,可以收水。

开挖沟洫的目的,是为存蓄雨水的。因为七八月间雨水过大,地面上不免水太多,所以各家的地,修治平整以后,还须顺着地形开几道壕沟。每一道壕沟宽二尺、深二尺,沟离沟五至十丈不等,看所收水量的大小。地面上的水太多,便流到壕沟里渗到地下面去。这样所收的水仍在你的地里,供给你的田禾的根吸收,天稍微旱点,也不大要紧。

比如说每年种麦以前,雨水太广,等到种上了以后,阴历十月间,偏又不下雨。我们陕西的麦苗,要雨要的八、十、三,十月不下雨,麦苗便要干。但是如果你将七八月间过多的水,留存在你的地里面,十月间不下雨,也不至于太干了。

第二章　办法

我们陕西渭河两岸的地,可以分作五种。

第一种是河滩地。地下水分本来多,也靠得住收,用不着多费心。地下水太浅得很了,我们要开沟洫去排水,因为水太多了,还是有损田禾的。华阴一带的农人,有用游石的法,将地面上的土挖起二三尺,底下铺一层河光石,把土又盖上。这便是一种很好的排水之法。凡是水浅的地方都应仿效。但是排水的法子,有时当作灌溉用,因为水排到底下一层,等到上一层干了,水又被毛细管吸上去。这个法子很费工,却是一举两得有利无弊的好法子。水浅的地方很可以仿效的,地里的碱质也可以消除了(第一图)。

第一图

第二种是平原地。地面本来的平的,井水深十余尺到二三十尺,这种地用不着多去修整,却是也要开沟洫的。最好一大片面积(比如说一个到十个平方公里,一个平方公里有一千五百五十亩)的人民,能够联合起来组织一个协会……

(按:此文未写完)

灌溉技术

灌溉制度及方法

灌溉之术甚多,因土壤之性质、地面之坡度、禾稼之种类,以及水量之多寡种种不同,而各有相宜与不相宜。按其方式可别为几大类,各为一派系,而每一派系又可别为若干分系:

一为引溉(Irrigation par Déversement an Rwssellenent)。引水为薄层,缓流于地面。

二为浸溉(Irrigation par Submersion)。水层较厚,停积地面上或流动极缓。

三为渗溉(Irrigation par Infiltration)。以相距等齐之沟渠,分地面为若干顺长之平行地带,水充满沟渠,使渗入两旁土中。

四为排水兼溉(Irrigation avec Association du Drainage)。

五为洒溉(Irrigation par Aspersion)。以洒器(Arrosoir)洒水如雨,遍润地面。是法

也,用水极俭而用工力则甚多。

一、引溉之法

引溉之法又分为四分系,如下:

(1)用平衡小沟引溉。①天然者。②人为者。或斜面天然阶田、人为阶田。

(2)用斜小沟引溉于地面之平衡曲线上,或曰"嘉郎法"(Méthode de Lealants)。

(3)用麦穗法或水啸法(Epis ou Rages)灌溉。

(4)用屋脊法(Ados)灌溉。①天然者。②人为者。③阶级式。

二、浸溉法

(1)天然浸溉法。

(2)人为浸溉法。①简式灌溉。②换水浸溉。

三、渗溉法

(1)用暗沟及堰使水渗入土壤下层。

(2)用明沟及堰使水渗入土中。

四、本灌溉制

本灌溉制亦名彼得生制(Méthode de Petersen)。或灌溉兼排水而行,其法罕用。

(按:此文未写完)

黄　　土

为唤起国内学者注意,研究黄土,草兹篇。

黄土在《禹贡》名曰黄壤,西文则通用德语 Loess 名之。黄土延播在各洲甚广,据第罗(V.Tillo)①(原文未见)之计算,在欧洲占全陆百分之七;北美占百分之五;南美占百分之十;亚洲占百分之三。

至在地球上占全地面之成分,第罗以为百分之四;凯拉克(Keilhack)②(原文未见)以为百分之九点三;柯噶勒(F. Kägler)③(原文未见)以为约占百分之十,而于冲积土壤全面积中则占百分之二十五。

中国西部秦岭以北,东部大江以北,北薄沙漠之地,几全为黄土掩盖之区。计其面积占全国面积百分之二十,而为吾民族最初发祥之地,盖舍游牧而事耕种,弃沙碛而就黄壤,尊渭以播迁,滨汾洛而奠居,其功易,其势顺也。

黄土虽一其名,而种类繁复。按柯噶勒④(原文未见)有直正黄土,有沙黄土,有黄土沙,有水下黄土,有黄泥,有黄壤,有黄淤,有湖淤黄土,有沼淤黄土,种种辨别,盖其生成之异因,性质各有殊也。凡有事工程或农业于黄土区域者,宜辨明之。

(按:此文未写完)

灌溉用水之分配

一渠挟一定之流量以灌田,第一问题即水之如何分配。盖用水必须极经济,用水多寡应不使超过其需要;不使水量损失于无益之溢流,不使损失于无用之渗入深土;水行田面不使过于濡缓致减其功用。

用水之分剂,灌田之久暂,田畦之广纵,应为先决之条件。在此基本工作中,吾人应注重实地经验而勿拘拘于成典。须知是等问题距解决尚远,然以其甚为重要故,吾人必须竭其智能,挟其隐秘,需要工程家及农业家之努力也。

若已知每一公顷之地应用若干水量灌溉,或正在计划之灌溉,则须求知在灌溉时期,假设为由四月至〈十〉(九)月历时一百八十三日,将此量如何分配。

所施于地上之水,应勿使超过其所能吸受之量而无不安之象,故必先考知土壤之绝对含水量(Capacite Absolve de la Terre Paur Leau)……

(按:此文未写完)

荒溪之制驭

卷一

第一章 荒溪者何

　　荒溪者何？秦岭诸峪之水及渭北北山诸水皆是也。其流短，其行峻，其水之涨也骤而弛之也较缓。当其涨也，其力可以挟沙走石，取之于其流域之内，而舍之于下游平浅之处，远之则委之于渭。

　　迨水势缓弛则石止，更弛则沙亦停，于是时水则湛然而清，而其量亦微，涓涓细流矣。

　　石止于途，沙停于坎，久而积聚愈多，迨夏秋水盛，冲洗而下移，故由潼关沿渭河南岸西行，所遇诸水如罗敷，如罗纹，如石堤，如赤水，如修水，如斜水，如沪，如灞，如〈丰〉（沣），其河床中皆满积沙砾。循其河而上溯，则石垒垒矣。

　　故溪之涨也，挟有沙与石者名曰荒溪（Wildbach）。反是，溪之涨也不挟沙与石，或即有之而甚寡不能为人害者，名曰清溪（Giessbach）。

　　秦岭之前若有土原，山中之水出石峪后，流经土原，冲削成深沟，所有石砾已堆于峪口之前，上原沟中流水但带有一路所冲蚀之泥土，零河即其例也，而渭河以北诸水流于沟壑之中者，亦莫不皆然。凡此亦可以荒溪目之。

　　（按：此文未写完）

水土经济之研究与实施

一、何谓水土经济

水土经济（Wasser-und Boden Wirtschaft）云者，合水与土各尽其用，使适宜于发育有益于今世之生物之谓也。水与土之外，为生物之所不可缺者，尚有日光、空气，然于此二者，人力无可施。人力之所可施者，惟于水与土，故但言水土经济。

水与土各有其天然循环之途径。水之循环速而易，而土之循环迟而涩。海水蒸而为云，降而为雨（是为循环之来途），流而为潦，泌而为泉，集为而河，归之于海（是为循环之往途），水之循环也。深谷起而为陵，岩石风化为土，冲蚀为泥沙，随流归之于海，土之循环也。水之循环凭乎土，土之循环因乎水，二者皆天然之势，人力所弗可遏止。人力之所可为者，乃于其循环之途境上，资之以为用耳。譬如火车自西而东，令其空过，不如尽其用以乘载客货耳。

生物之利赖于水于土者，利其循环往途之长而缓。滨海之山，其溪流迅注于海，其岩崩坠于海，于人无所利焉，惟河流之源远而流长者，土原之平易而广阔者，生物乃得利赖之。故天然循环之太急者，常以人力迁缓之。潴、陂、坊、堰，所以迁水之往途也；陇畔、阶畔，所以迁土之往途也。今欲言水土之经济，试一计水土每岁经济之损失。兹且以黄河为例。黄河之于航运，可谓其效等于零者也，水力未有用之者也，然而每岁归于海者，其水量总计六万兆立方公尺，可以当泾惠渠者三千五百[个]，每年损失之量为一百八十五亿元。

（按：此文未写完）

第三部分　西 北 水 利

答渭北各界欢迎会演讲水利

（一九二二年十月一日）

鄙人十七年前亦此地宏道高等学堂一学生也，后学于京师大学堂五年，学于柏林、丹瑟（著者有译但泽）二工科大学五年，主讲水利工程于南京河海工程专门学校七年。今日者旧地重游，辱被欢迎，恭逢盛会，感怍交加。与斯会者或为旧日师友，或为新逢同志，昔时之教诲未忘，异日之切磋甚多，是则鄙人之所大欣幸者也。承不弃，求鄙人一言，略贡芜词，聊以奉答。

水之为利，要途凡三。曰工，有古代传来之水轮砲碾，有近世发明之水力涡轮发电。传力可以及远，曰商，或天然河流治之导之，或另辟漕渠堰之闸之，以利挽输；曰农，注堰渠遂以资灌溉。吾陕目前工商未展，急者惟在农。故兹言水利，但就关于农业者，名曰农业水利。

农业水利为改良农田一端，其目的在增益收获之成数，而增进田亩之价值，改良田之法亦多矣，而皆非水不可。盖植物所需养之矿物，非不能溶解为浆，以供其吸收。植物内含之碳酸，非水不能化为构成植物之碳素，土壤内所必需之空气氧气，非水不能令之周转。由实验知，一斤之谷粒，常需水五百至一千斤以成熟之，故水乏则禾萎，自然之理矣。以少数之收获得自多数之田间，未尝不可以供一家之用而有余。然农田可以改良而不改良，收获可以增加而不增加，于国家大计、社会生活，俱大有损也。

水利之历史甚古，如吾中华、埃及、〈米薮泡太米亚〉（美索不达米亚）、意大利、西班牙诸古国，皆数千年前已有灌溉事业，近世则利用科学及工程学识改良农田之效，愈见宏大。而英人之于印度、美人之于西美，尤为经营不遗余力，其计测之精、建造之宏、管理之良，皆足为吾人所取法焉。

古昔之建设，虽无科学之研究，亦未尝不可著效于一时，然或劳力多而成功少（如汉时之龙首渠卒弗成功），或幸成而旋败（郑白渠、史起邺渠等等皆仅余历史之空名）。今日者幸有科学之资借欧美之成法，不知仿效而犹欲蹈古人之覆辙，非计之得也。

近代各国以人口繁殖，对于改良农田之法，无不注意。鄙人学于德国者也，且就德国言之。

普鲁士注重改良农田,实自一八五六年起,是年始特设官吏四处,直辖农部,管理、提倡农田水利之事,其事务逐年见增。于是,官吏之设置亦加多。至一九〇〇年,官吏之服务于农田水利者,在普鲁士高级者七十一员,中级者八十九员。至一九一二年增至高级者一百一十二员,中级者二百六十三员,共三百七十五员,为政府委任者。其私家服务于是项是业者亦不下三百员。是项人才,皆政府预立学校所培植之专门人才也。

至其事业,据 Wiraw 之调查,一九一二年,普鲁士农田之改良者,由公家及公司所办者,凡六千零二十三处,占有面积五十四万八千八百五十顷,其建设费达二亿三千六百万元。普国地面共不过五百三十二万零五百顷,其用于农业者,不过三百四十五万顷,是数年之间,改良者居百分之十六也,此外尚有私家经营未入调查者甚多。

政府对于农田水利之经费,一八七八年只七千九百五十万元,一八七九年四月,水利律例成,有完善之政府组织。至一九〇七年,其经费达一亿五千九百五十万元。至德国他邦,其农田水利事业之发达亦类此。平均计之,德国每年必有九百至一千余顷之田,由枯瘠变而为肥沃也。

言其成效,一八八五年至一九一〇年,德国全国之收获,由一千八百二十九万八千吨增至二千五百八十一万九千七百六十九吨,即二十五年之后,增加百分之四十。而山芋之收获,由二千五百七十万六千六百四十五吨,增至四千五百九十六万九千四百六十六吨,即增加百分之五十五,而是数年德国人口之增加不过百分之三十。

至美国情形亦略述之。一八七〇年,灌溉计划始成立于格里勒·柯劳拉多(Greely Colorado),是时灌溉不过一千二百顷,其后经营扩充之,力当首推 Mojor Powell。其成效甚速:一八八〇年溉田六万顷,一八九〇年达二十五万五千顷,一九〇〇年达四十五万顷,于是政府人民始知其利之重要。一九〇二年始立垦殖律例(Reclamation Law),其目的专在改良一切农田,而去其水害。此律一成,灌溉之事业愈为发达。一九一〇年,溉田增加十一万七千顷,其共可灌溉之水田,估计四百五十万顷。渠线长共计四十万里,水库六千八百处,容量一百五十五兆立方米突,然其继续经营者方兴未艾也。以上所举二例,见欧美各国对于农田之重视。返视吾国,虽有全国水利局及各省水利分局之设,而成绩甚罕,经营绝无,可愧之至。

今再言渭北水利之着手办法与其将来之希望。陕西水利为今省长所最热心提倡,诸乡君子所同声赞助,亦鄙人所向来素志所在者,故今年蒙省长电召,诸君子督促,即束装驰归。兹来渭北,已于泾、冶、清诸峪略游一周。泾谷妙儿岭地实天然一水库良址,该处山势高陡,谷口狭隘,其上流则迤逦渐宽,潴蓄可望宏富。其两旁山坡,且有密致坚实之沙岩,以供建筑高堰之用。高堰者即古之所谓防,德人称之曰 Taesperre，则谷防之义。盖其用在横筑石墉于河谷中，以防遏全河潴高水面。其用甚普，若灌溉、若水力、若给水等工程，欧美各国用之甚多。泾谷可筑高堰，至高四百英尺以上，堰之后即于低水面下凿山洞横贯妙儿岭山腰，出岳家坡旁以通干渠。高堰之底有水门与河床平，堰之上端亦多设滚水孔，堰顶则为桥，以通河之两岸。山洞及水门皆有闸，以机器启闭。水小时闭水门，水全由山洞入干渠；水大时启水门，放入泾槽。洪流至则有多数之滚水孔以泻之，不致使水高逾堰顶，河底泥沙得自堰底水门冲刷入泾槽。至其建造之程序：①先凿山洞及干支渠若干；②用石土或沙袋作小堰，防遏秋后小水，导之由山洞而出，则筑高堰之地址干涸；③浚治高堰底址，补塞罅源，引出泉眼；④以水泥和沙砾作胶料，以块石作壁料，筑成强固有力不漏水之高堰一座。冬令将堰底做好，则次年水大时亦可无碍工作。干渠方向，可沿高原之址迤逦东北行。架桥逾冶、清、石川诸水，以达于洛，或并逾洛谷以达洛水以东。如是则泾阳、三原、富平、高陵、临潼、渭南、蒲城、大荔、朝邑，皆可灌及。昔郑国渠灌溉四万余顷，今参用新法，扩广灌溉之区域，则五六万顷亦所可及，而泾水之量实可供之。且有水库汪洋一大湖，潦年之水储作旱年之用，当不愁缺水之困。且旧日龙洞，仍可接筑以上连高堰，另一水门以供给之，泉河并济。连西岸者另设一水门，开渠灌溉醴泉，则其利更溥，而冶、清、石川诸水亦可辅助之。干渠甚大，渠底之宽，当在两丈以上，其斜降之率，以流速不致冲刷渠身为准。至泾水泥沙大半沉淀水库之底，不致淤塞。渠中之水并足促航运之用，有湖泊，则渔业亦可经营。专就灌溉之利而言，每亩以极少论，能多收获一元之利，则五万顷，每岁即加生产力五百万元。将来若农人经练有素，善于治田，则千万元之利，当不难得。此种工程，利既伟大而永久，则其创始不可不慎。其工程之巨，较潼关通西安之铁路过之无不及：①山洞长五里，石堰高数百尺，为铁路工程所无；②干渠土工更长于铁路，况有各等支渠；③桥梁工程与铁路较为多且大，固冶、清、石川、洛水诸谷皆宽而深也；④各种建设，如分堰、跌水、倒虹、斗门诸工，繁于铁路之涵洞；⑤管理局所与铁路相差无几；⑥购地多于铁路，故其工费现虽未能确估，然大抵须在四五百万元以上。然以每年获利之多比之，则此工费亦渺乎微矣，况其利在千年，非如建筑房屋须锱铢较利息也。

堰之高究需若干尺，其厚若干尺，水门之面积须若干大，滚水孔须若干高，山洞之横断面若干方尺，干渠之线须经何地，支渠宜若何分配，桥梁若何建筑，凡此皆非有一详备无遗之预备工程以为之基本不可。所谓预备工程者：①测量，分陆测量及水测量二事；②调查；③研究；④计划。此种预备至少须二年为限。因测量之事欲其精详，而量河水流量，亦非短时间可以穷其涨落增减之数。仅此预备期间，将一切所必需知者调查研究清楚而为之计划。一切工程如何做法，皆有详图说明，使施工者按之以行，并确估其经费与将来所获之利益，则集股募款，投资者可必其踊跃。盖其利益较办纱厂及他种营业更大,使人了然于胸,必其成功,投资者尚何疑虑之有?惟是利益宜公诸本地人民,不宜少数资本家所独据,故拟将来设一银行,名曰渭北水利储蓄银行。储金者随时起息,惟工竣以前,不得提取,俟渠成后,所有本息概作为股份,破分红利。如有田者,每亩每年能储一角,则五百万亩每岁即可得五十万元,以开本年之工矣。况储蓄者不限于灌溉所及之地,外籍外省亦无不可。惟小民难于图始,以其见弗及也。

拟于预备工程期内,并时编辑水利白话演说,印行遍发各县传播,庶人人心目中知此事之可行,而可得众擎易举之效。预备工程告竣后,则陇海铁路亦将可修及潼关,于是应用各种机器、工料、轻便铁路、水管、水闸等由外埠运输入陕便利,招工亦易,而工程之动作顺利多矣。

至于将来管理守成法,拟完全仿照美国之制,所供灌溉之水,按所用水量收费,以备偿还股息,并作管理养护等费。法律一项,必详审研究,使其行之久而无弊,尤须设法使其基础稳固,不致为政局变更所摇动。更附设一水利学校,养成管理修理工程各项人才,永久不替。则继起者常有人,而此渠亦可千万年不废矣。凡此诸端,皆陈述大略,至于详细办法,将皆一一厘定规条,以供诸君子之考究。幸常赐教,以督不及。渠功告成,不特为渭北之福,全陕之荣誉也。

再 论 引 泾

(一九二二年)

引泾之事非创于今日,乃吾陕历史最古最有荣誉之事。顾今日之工程,则当与昔日异者厥有二端:一曰古未尝穿山洞,而今日则须穿洞;二曰古之法无蓄水之意,今之法则须兼达蓄水之目的。泾渠之沿革由秦及今凡大变更者七:曰郑渠,曰白渠,曰丰利渠,曰王御史渠,曰广惠渠,曰通济渠,曰龙洞渠。其灌田之效有大者,有小者。今处科学昌明、工业竞进之时代,古人之所未及者,且须图创发之,矧古人已有过去之成绩,而不能恢复之,庸非可耻?故吾辈宁至少以郑渠最大之效自期,不愿以广惠、通济等渠,故步自封也。今将历代泾渠灌溉状况绘略图,并比较其灌溉面积,而以吾所期望之灌溉状况,附于后,阅者可一望了然(第一图)(图缺)。

历代各渠之变迁,除郑、白二渠干渠之线完全不同外,其余各渠大抵因乎白渠,所更张者乃泾水入渠之口耳。最有趣者,每更改一次,入口必须上移若干。郑渠由山口起,河出石谷而入其冲积层,形势骤宽,状若瓠口,故地以是名。郑渠既开于冲积层内,故大半尚属土渠。白渠之口,上移二千三百五十丈,则入石矣。然地名谷口,尚未为深入也。宋丰利渠更上移二百八十丈,元王御史渠更上移五十一丈,明广惠渠更上移一百八十丈,通济渠更上移四十二丈。每上移一次,亦必深入左岸若干(第二图)(图缺),故广惠等渠皆完全凿石,功倍艰难。清代渠口,未再上移。然因旧渠口颓坏,于是更傍左岸凿石,更深入数丈。而泉涌出甚旺,于是喜泉之旺清,恶泾之怒浊,而成拒泾引泉之局势矣。

筛珠、琼珠等泉水之旺,实为特色。有疑其为泾河之水从上游灌入石内,从下游泻出者,其说非是。盖河水顺河床流下,其顺利非常,焉有舍宽坦趋下之路,转入逼狭之石缝哉。若疑其水量何以如是之盛,则试观仲山嵯峨山之形势,状若屏槛,又若匣箱。其北则(？基)野宽展之黄土高原,受雨之面积既广,其水积于其下,遇山岩则流散不易。蕴蓄既富,故一遇得自由泻出之,口则滔滔不绝。此予规测之状,至实际若何,尚待切实研究其地质。泾河岸旁泉水大抵出于石灰岩之间,亦间有出自沙岩者。石灰岩中多粗隙,故水流出更易。若冶谷之水,则大抵出自沙岩或页岩之中,皆为分泌之状。

此种山泉既富,其灌溉之功自不可废。然其量究不足以供广土之用,故拒泾主义仍须舍弃之。历代渠口之所以废,而新渠口之必须移而上也,其故何在?以予考之,大抵有二:河身日刷日深也。堰圮则近渠口之岸同时俱毁也。河身既日深,则必延渠向上若干,始足以与水相接。旧渠岸既毁,则必深入于岸,始足以容渠。至河之刷深,在土床者易,在石床者难。观乎泾河自野孤桥下两岸悬崖十余丈,皆系沙砾丸石间接而成,知其为太古河水冲积,然其石床在钓儿嘴附近亦石灰岩及页岩所成。其石层方向为东北走西南,其倾角三十五度。水既湍急,加以大涨走石之力,倾跌碰击,故石床亦刷蚀深下。

开渠必须筑堰。郑国所筑为借天生大石为骨,以石囤叠垒而成,修筑较坚固。故自秦迄汉历数十年始毁。汉兒宽开六辅渠,益溉郑国高仰之田。云益溉,是郑渠灌溉未全失也。郑渠于清河以南灌溉之田必甚少,因其渠线东走甚长,其分于清河以南者微也。故后汉白公开太白、中白、下白三渠,以益溉醴泉、泾阳、三原、云阳、高陵、栎阳各县之田。渠之分布既广,而灌溉之面积愈普矣。此时郑堰既毁,故上移渠口。然郑渠下淤尚存,故宋梁鼎、陈尧叟上书,言按旧史郑渠原引泾水溉田四万顷,白渠亦引泾水灌田四千五百顷。两渠溉田凡四万四千五百顷,则是白渠所溉者不在郑渠所溉之内也。自汉而后，郑渠就废。唐及五代所因者白渠。然唐永徽中亦溉田三百顷，宋丰利渠溉田三万五千余顷，则是出乎白渠范围之外矣。

郑渠何以能越过冶、清、石川诸水，历史未言筑水桥之法，但言渠渎东径宜秋城北，又东径中山（即今仲山南），又东径舍车宫（当在今冶峪口处），南绝冶谷水。又东径巀嶭山（今嵯峨山），南池阳县故城北。又东绝清水，又东径北原下，浊水注焉（以上见《水经注》）。曰绝冶谷水，绝清水，大抵亦做堰防绝其路，使同归于郑渠耳。当时冶、清诸谷亦未刷深如今之甚，故做堰绝之，亦事实可为，若今日则非筑水桥不可。

堰之制由汉及五代大抵亦仿郑国之法，以石囷为之，名曰石翣，亦名将军翣。曰翣者，盖以其形上狭下宽，形若张扇，故因以得名也。石翣可历数十年不毁，毁则修复不易。故宋时以梢穰笆篱栈木截河为堰，然一年辄毁，岁秋必重修。丰利渠成，始复石翣之制。

古昔之堰，但以遏水入渠而已，无事蓄水，故其高不过丈余，以至二丈或三丈，水可趋顶而过。其制之变迁，列绘于第三图（图缺）。

木堰无论已，石翣之制亦经久不过数十年。其所以易毁之故有三：①无基址；②堰身为松石所积，非凝固为一体；③水得越顶，冲刷甚易。故今日欲筑高堰必须免此三弊。

今再言吾之计划其大纲有四：①凿山洞；②筑高堰；③开渠循郑渠故道；④疏凿白渠故道。

曷以须凿山洞，曰观第二图，可知渠口沿革愈移愈上。清时人之眼光遂注于钓儿嘴（见《三原县志》），今之龙洞渠，虽未全废，然愈引泾则尤须向上凿，而渠身狭隘，现容纳泉水已满坑满谷，若用以纳泾水，则尤须加凿宽深。若凿至钓儿嘴，则径曲弯环。均之凿石也，反不若凿洞之径直矣。且欲循郑渠故道，渠身必较高，而龙洞渠底低。必舍之而另图新道者，亦势使然也。必须筑高堰者，为蓄水用也。所拟用之高堰式，与第四图［图缺］所载美国依答于堰式相仿。可与第三图各堰相比，而知其优劣。其优点在：①能蓄甚大之水量，以为天旱时之用。②基址深固，不易废圮。③用有力之塞门土胶灰砌石块，而成一凝固一体之建筑，不易剥裂。④水不能越堰顶，无推压之虞。⑤设有放水各机关，易于节制水量。此种堰制则完全由科学产生，须极稳固，非旧式可比。

渠线循郑渠故道，所以扩充灌溉之面积。然三白故道，仍须利用，使泾水可入，泉水亦不见废。

第五图［图缺］为引泾筑堰凿洞之大概平面。水自洞中流出，借赵家沟地势设二水门。一归干渠，一由赵家沟退水桥上泻入泾河，大涨时可借以泄洪。然若龙洞渠水不足，亦可于桥上另启一窦，添水入龙洞渠。

岳家坡上,洞线之上掘一井,原为凿洞时数处同时兴工之用。其上开一池,另一水门通一高堰渠。若闭洞之前门,则水由井出可溉较高之田。

低堰系洞凿成后,筑之以遏水入洞,则下游干涸,可兴高堰之工。其后存之,亦可作拦石之用。然石拦之于洞口之上为宜,故于上游另觅形势适当之处做拦石堰。

新渠由赵家沟出东南闸至五桥,则与龙洞渠相距甚近。该处亦做一落水槽,带水门,与龙洞渠相通,以便分泾水入龙洞渠。龙洞渠在泾河岸侧,被水刷蚀,加以渗漏,其势甚险。万一有失,亦可由王桥落水槽供水,使三白不致废弃。更加疏凿,亦裕灌溉。

新渠过王桥则复折向东北,自云阳以北渡冶河,至口山南渡清河,循北原东行,复绕而北径富平之南,荆姚之南,直向而东,以入于洛口。水库地址舍钓儿嘴无可议者。人常言淳化之咸仓可凿开,遏泾水由冶谷而出口,故旧有"打破咸仓,水淹云阳"之说。然经予者察,知其必不可行。按咸仓为淳化县治西十余里高原上一村落,该处有一庙名曰枣化塔庙,庙前左、右各为一支沟,上端(俗名沟脑)相距不过二十余步(俗名鼻梁子)。此二支沟者,一达泾谷,一达冶谷。故临此地者大抵易于误会,谓凿断此梁,则泾水可由冶谷而下,为灌溉用。历来往勘察其地者亦不乏人。仆实地调查高原之地,高于冶水之床(淳化冶旁)不下千尺。所谓鼻梁者虽甚狭细,而泾、冶二水则相距可二十里。且泾水之床(在南胡同下)深于冶水之床(淳化冶旁)亦二三十丈。高原上部虽属土质,而下部则完全坚石(大抵带绿色之沙岩)。若果欲凿咸仓,势必凿二十里之石洞,且不能使泾水归冶,而冶反趋于泾谷矣。故此间来之旧迷信可破除。惟其如此,故测量之事即可以从事实测,无须反复查勘选择库址焉。

渭北平原之面积灌溉可及者,计为三千六百平方启罗米突(英文 Kilometer 音译,即千米),合华亩五百九十七万六千亩。民居道路及高阜去其六之一,亦可得灌溉面积约五百万亩。若水量有余,亦可分一渠于泾西,以溉醴盛,则不止此数矣。

泾河高堰之下须附设一电厂,以为工业用。盖渭北农事最重要者为麦、豆、棉,而稻田甚少。若天雨充足,则农家用水灌溉者甚少。以若大工程,致水废弃无用,殊为可惜。且一年之中,即天旱时,用水者亦不过三个月。其余时期水将归于何用,若有电厂以利用之,则涓滴亦皆生利矣。惟是电厂应兼备蒸汽引擎若干,以备灌溉用水时,以汽力代水力,免致停顿也。水力所生之效率当不下六千马力。冶河亦为发生水力之良地,其峪中跌水甚多,仅口头镇寒门一处,至少之限可得四百马力,鄙人另有他文论之。泾河现时低水面高出海面四百六十米突(公制的别称),赵家沟退水桥高出海面四百四十二米突。今拟令洞底高于低水面六米突,低堰之顶高出低水面十米突。洞线降度为万分之一。洞长三启罗米突,土石各半之,则洞之出口高于赵家沟退水桥二十四点三米突。

高堰之顶令高出海面为五百六十米突。洞之直径为三米突,高堰顶高于洞心实为九十二点五米突。五万顷田以纯为麦田计算之,每昼夜耗水三百万米突之高,则每日需水之量为九百万立方米突。洞之横断面积为七点六平方米突。其流速流量按水之落差或高或低计算如第一表:

第一表

落差/米突	流速/(米突/秒)	每日流量/立方米突
92.5	20.5	2055000
	25.2	15380000
80.0	24.0	11500000
50.0	19.0	1450000

曰(？最)小之量除去损耗以供需要之灌溉量,亦可足用矣。惟是今年天旱,现时流量仅为每秒二十八立方米突。若无蓄积水量,势必至于不继。估计水库容量约有一亿立方米突,可以供给最干旱时期十余日之用。

工费估算:

山洞	石段长一千五百米突	每米突二百元	三十万元
	土段、石砻一千五百米突	每米突五十元	七万五千元
	机器车辆等设备用压汽力凿洞		十万元
			共四十七万五千元
石堰	塞门土胶灰块石构造		
	石积约五十万立方米突	每立方米突三元	二百万元
	机器闸门等设备		三十万元
			共二百三十万元
小堰	二处	各五万元	共十万元
干渠	长三百五十里,断面积约一百平方米突		
		每里连购地皮八千元	共二百八十万元
大桥梁	三处	每处十万元	共三十万元
	其余涵洞越渠桥梁堡壁房舍等		共五十万元
	支渠三条共长三百里	每里连购地皮二千元	共六十万元
	以上总计七百零七万五千元		

上所需款固属甚巨,然若以四五十万元先将山洞凿成,低堰修好,则利用白渠便可溉田四五千顷。然后以此数千顷所得之利徐图他工,则逐渐而进,亦非难事。且人民既见已成之水利,则未得水利而希望者,亦必乐于输助也。

考察龙洞渠报告

(一九二三年)

龙洞渠自四月二十日由惠民桥下溃决后,二十二日予曾视察开口情形,并绘有惠民桥草图,及拟具修改惠民桥为泄水闸一面。又向上游测量各泉于现时渠底之深浅,而记泉水出口处,以为龙渠放干后,断定其究为地下泉,抑龙渠漏水。以本处开工需日,予以事东行,五月十三日复来,指示工人堵口之作法。并悉泾阳知事以惠民桥为山水宣泄之尾闾,恐一旦拆毁利害并见等原因,遂决意将惠民桥升高,所费在千元左右。现时暂将决口堵塞,桥南退水坡筑起,俟麦田收获后,再鸠工兴筑。予抽暇至上游查勘漏水情形如何,盖渠身放水已久,各地是否地下泉,当一目了然也。查勘之后,予作以下之报告。

(1)野狐桥向南,经赵石桥至周家桥一带西岸,旧日向西渗漏,巨细不等。今渠身虽干,而渗漏毫不减少,可断言其为地下水之出口处,而并非由渠身直接渗漏者。此漏水层发现于黄土层中之上层,为凝石层(Conglomerate),由凝石层下直至泾河水面到处皆为细泉(第一图)。

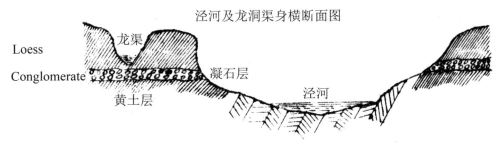

第一图 泾河及龙洞渠身横断面图

龙洞渠渗漏之损失,较之地下水为量甚微。故渠身干涸,而漏水未见减杀也。

(2)以上情形至二龙王庙南边高崖仍相同。

(3)由小暗桥至大王桥西岸石堤,旧日石缝漏水,现水退均不漏。此种漏水处对于渠身甚关重要。盖有渗漏,小者涓滴,大者为细泉,不仅泻多量之水,且水入石堤,势必施其冲刷力,则石堤已受内水之浮力,而其固有之位置能力半为消失。若渠身水压力再增强,则石堤倾颓无疑。此处石堤长三百五十公尺,旧日曾以黄土内镶,现时皆冲去无存,应备胶灰(Cemeut Marta)将石缝详为胶好。

(4)明玉泉及数小泉流水如常,可知其并非渠底漏水。或谓明玉泉与渠身泉为一源,此说予不敢信,因此二泉之出口处在两个不同石缝上。若骤然观察似为一泉,而沿石缝向内推寻,则知其不在一处也。

泉北石堤最为危险。即以现今之渠水,则水已升至极顶。若夏秋之时,则水势必溢出。且此堤厚仅二公尺,而高有七公尺,殊为骇人。况堤底已洗空,则渠之崩颓当不出二年。

补救工程宜建筑拥壁(Retauing Wall),长可五十公尺,高二十公尺,以钢筋三合土成之。如此一则可免石堤倾颓,且可收明玉泉之水而上之,三则渠道直则水流畅,四则泾河水可免冲刷于石上矣(第二图)。

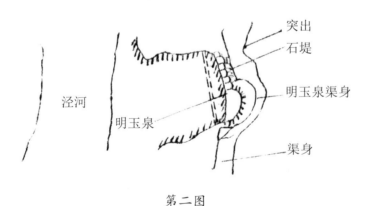

第二图

(5)天涝池一带应急于建筑长土堤。因现时堤身太低,渠水由堤上溢出。天涝池下泉水仍常流,此处应用作井工程补救之。

(6)小退水槽劳泉水仍流,此石堤宜用第三项所述法补修之。

现时背弓井可望封固,着手处在凿开羊线桥下哨眼,再隔住筛珠洞水,使向北流由哨眼泄出,再加工堵好背弓井。

陕西渭北水利工程局引泾第一期报告书

（一九二三年）

引言

陕西渭河两侧之平原，按《禹贡》称为渭汭。据德国地质学家利溪妥芬之考察，其初乃一大湖也。惟此湖昔通海，故含盐卤质。后渐填阏为桑田。其淀质为沙及黄壤，有水挟入者，有风扬播者。然盐质卒不泯，故雍州田称上上，而关中地又号冈卤。数千年来，垦辟种植，土质已转良好，而蒲城、富平、渭南之卤泊，则至今尤为不毛之地。他处若临潼，若大荔，若泾阳、三原，掘井数十尺，犹得碱水，不能灌田。故用井泉甚稀，所希望者，惟引渠灌溉也。

此平原与其谓为渭河两侧平原，无宁谓为渭北平原。盖渭河傍南山南原行，平原之属于渭南者，仅狭长如带，且断且续。而渭以北则广袤数里，计有田可五万余顷。陕西麦、豆、棉花，皆大半取给于此。盖南山地狭人多，稻、粱仅供本地应求。北山地旷人稀，而交通滞塞，形格势禁，欲发兹实力，势惟有先尽此平原经营之。

平原为渭河东西纬贯。其支流网布入渭者六：曰泾、曰冶、曰清、曰浊、曰石川、曰洛。此六水，冶、清、浊、石川，现皆用以灌田。泾，历代用之而今废。洛，汉时曾凿龙首渠，引之不成而罢。泾、洛二水，水量相若。但洛上游处深谷中，下游地势太低，引难得利。他水量皆小。惟泾出谷口，地址高，开渠引之，可溉及远。故历代经营，不遗余力。陕西地上属半沙漠性质，气候又多燥鲜雨，故农者常苦旱，雨稍缺辄成灾。第一表列举历史关内饥年，属于水蝗者仅有，其他不著水蝗者，概由旱致。大饥则死亡枕藉，甚且人相食焉。

第一表 关中饥荒年鉴(雨蝗为灾亦附)

代	年	西历	事实	参考	附注
商	帝辛十有九祀	前一三九二年(?前一○七五年至前一○四六年)	周王宅程三年遭天之大荒	《汲冢》	
周	襄王六年	前六四六年	秦饥,晋闭之余	《左传》	
	赧王元年	前三一四年	渭河绝一日		按:必因酷旱所致
汉	高帝二年	前二○五年	关中大饥+	《史记》	史志中载大饥,民相食,不忍书以+志之,下例推
	昭帝始元元年	前八六年	大雨,渭桥绝	《史记》	
	光武帝建武二年	二六年	关中饥+	《史记》	
晋	惠帝元康元年	二九一年	关中饥	《晋书·五行志》	
	惠帝元康七年	二九七年	关中饥	《晋书·五行志》	
	怀帝永嘉三年	三○九年	秦雍大蝗,又大疾疫兼以饥馑,又为寇贼所杀	《晋书·食货志》	按:蝗亦必因旱致
	愍帝建兴四年	三一六年	大蝗	《晋书·五行志》	
	穆帝永和十年	三五四年	三麦不登,至关西亦然	《晋书·五行志》	
	穆帝永和十一年	三五五年	大蝗	《晋书·五行志》	
	孝武帝太元四年	三七九年	秦大饥	《纲鉴》	
	孝武帝太元十年	三八五年	长安大饥+		
	安帝义熙十一年	四一五年	秦中大旱,赤地千里。昆明池水竭	《魏书·苻坚传》	
南朝	明帝泰始四年	四六八年	普天大疫		

续表

代	年	西历	事实	参考	附注
北魏	孝文帝太和六年	四八二年	雍州大水,蚜蚄害稼		
	孝文帝太和十二年	四八八年	雨,雍旱饥		
	孝明帝孝昌元年	五二五年	雨雹伤禾		
西魏	文帝大统三年	五三七年	关中饥	《周书》	
隋	文帝开皇四年	五八四年	关内饥	《隋书·文帝本纪》	
	文帝开皇六年	五八六年	关中旱	《隋书·文帝本纪》	
	文帝开皇十四年	五九四年	关内诸州旱	《隋书·文帝本纪》	
唐	高祖武德六年	六二三年	关中久雨		
	高祖武德七年	六二四年	大旱		
	太宗贞观元年	六二七年	关内饥		
	高宗总章元年	六六八年	京畿旱饥		
	高宗总章二年	六六九年	诸州四十余饥,关中尤甚		
	武后久视元年	七〇〇年	关内旱	《唐书·五行志》	
	武后久视二年	七〇一年	关内大旱		
	中宗神龙三年	七〇七年	京师旱饥		
	玄宗先天二年	七一三年	京师、岐、陇饥		
	代宗广德元年	七六三年	蚜蚄害稼,关中尤甚		
	代宗永泰元年	七六五年	京师饥		
	顺宗永贞元年	八〇五年	京畿长安等九县山水害稼		
	懿宗咸通九年	八六八年	久雨,关内蝗;秋,关内饥		

续表

代	年	西历	事实	参考	附注
唐	懿宗时		关中大旱	《唐书·食货志》	
	僖宗中和二年	八八二年	关中大饥+		
	昭宗乾宁三年	八九六年	自陇而西迄于襄梁之境,自冬经春饥民多流散	《玉堂闲话》	
宋	太祖开宝八年	九七五年	关中饥旱甚	《宋史·五行志》	
	太宗淳化五年	九九四年	关中水潦民饥	《宋史·五行志》	
	太宗至道二年	九九六年	关西民饥	《宋史·五行志》	
	真宗景德三年	一〇〇六年	陕西饥	《宋史·五行志》	
	真宗大中祥符二年	一〇〇九年	陕西路旱	《宋史·五行志》	
	真宗大中祥符四年	一〇一一年	陕西路旱	《宋史·五行志》	
	真宗大中祥符八年	一〇一五年	陕西路旱	《宋史·真宗本纪》	
	真宗天禧元年	一〇一七年	陕西旱蝗,蝻复生	《宋史·五行志》	
	真宗天禧三年	一〇一九年	利州路饥	《宋史·五行志》	利州今二华、渭南及同朝等地
	真宗天禧四年	一〇二〇年	利州路旱	《宋史·五行志》	
	仁宗明道二年	一〇三三年	陕西蝗	《宋史·仁宗本纪》	
	仁宗宝元二年	一〇三九年	利州路饥	《宋史·五行志》	
	仁宗皇祐四年	一〇五二年	鄜州大水	《宋史·五行志》	
	神宗熙宁元年	一〇六八年	鄜州雨雹	《宋史·五行志》	
	神宗熙宁三年	一〇七〇年	陕西旱	《宋史·五行志》	
	神宗熙宁七年	一〇七四年	陕西久旱,延州蒥保安军饥	《宋史·五行志》	
	神宗熙宁八年	一〇七五年	鄜州雨雹,陕西饥	《宋史·五行志》	
	神宗熙宁九年	一〇七六年	陕西蝗旱	《宋史·五行志》	

续表

代	年	西历	事实	参考	附注
宋	神宗熙宁十年	一〇七七年	鄜州雨雹	《宋史·五行志》	
	神宗元丰二年	一〇七九年	陕西旱	《宋史·五行志》	
	神宗元丰四年	一〇八一年	凤翔府凤州饥	《宋史·五行志》	
	哲宗元符二年	一〇九九年	陕西大水,河溢	《宋史·五行志》	
	徽宗崇宁四年	一一〇五年	秦凤路饥	《宋史·五行志》	秦凤路今醴、咸、乾、武等地
	徽宗宣和五年	一一二三年	秦凤路旱	《宋史·五行志》	
	高宗绍兴十二年	一一四二年	陕西不雨,五谷焦枯,泾、渭、浐、灞皆竭,秦民以饥离散	《宋史·五行志》	
	高宗绍兴三十年	一一六〇年	凤州旱	《宋史·五行志》	
	孝宗淳熙三年	一一七六年	金洋州、兴元府皆旱	《宋史·五行志》	
	孝宗淳熙十年	一一八三年	金州旱	《宋史·五行志》	
	孝宗淳熙十一年	一一八四年	兴元府金洋州旱,兴元尤甚	《宋史·五行志》	
	孝宗淳熙十二年	一一八五年	金州饥	《宋史·五行志》	
	孝宗淳熙十三年	一一八六年	利州路霖雨,败禾稼,种棱,金洋州亦如此	《宋史·五行志》	
	孝宗淳熙十四年	一一八七年	金洋、凤州人乏食	《宋史·五行志》	
	孝宗淳熙十六年	一一八九年	利州诸路霖雨,凤州荐饥	《宋史·五行志》	
	光宗绍熙元年	一一九〇年	凤州霖雨伤禾	《宋史·五行志》	
	光宗绍熙二年	一一九一年	利州久雨伤种麦,凤州记亡麦	《宋史·五行志》	
	宁宗庆元二年	一一九六年	金州大旱	《宋史·五行志》	
	宁宗庆元三年	一一九七年	利州路旱	《宋史·五行志》	

续表

代	年	西历	事实	参考	附注
金	熙宗皇统三年	一一四三年	陕西旱	《金史·五行志》	
	世宗大定十六年	一一七六年	陕西旱蝗	《金史·五行志》	
	章宗明昌三年	一一九二年	绥德州蚄蚄虫生,旱	《金史·五行志》	
	卫绍王崇庆元年	一二一二年	陕西旱	《金史·五行志》	
	卫绍王崇庆二年	一二一三年	陕西大旱	《金史·五行志》	
	宣宗贞祐四年	一二一六年	陕西大蝗,七月旱	《金史·五行志》	
	宣宗兴定元年	一二一七年	延州武县雨、雹,伤稼	《金史·五行志》	
元	世祖至元三年	一二六六年	京兆、凤翔旱	《元史·世祖本纪》	
	世祖至元五年	一二六八年	京兆大旱	《元史·世祖本纪》	
	世祖至元六年	一二六九年	丰州云东胜旱	《元史·世祖本纪》	
	世祖至元二十六年	一二八九年	凤翔屯田大水	《元史·世祖本纪》	
	成宗元贞元年	一二九五年	葭州、咸宁等县旱	《元史·成宗本纪》	
	成宗大德三年	一二九九年	陇、陕蝗	《元史·五行志》	
	成宗大德八年	一三〇四年	扶风、岐山、宝鸡三县旱	《元史·五行志》	
	成宗大德十年	一三〇六年	安西春夏大旱	《元史·五行志》	
	武宗至大二年	一三〇九年	耀、同、华等州蝗	《元史·武宗本纪》	
	英宗至治二年	一三二二年	延安、延长、宜川饥,奉元路饥	《元史·五行志》	
	泰定帝泰定元年	一三二四年	绥德州米脂、清涧、延安饥	《元史·五行志》	
	泰定帝泰定二年	一三二五年	凤翔路饥,延州等郡饥	《元史·五行志》	

续表

代	年	西历	事实	参考	附注
元	泰定帝泰定三年	一三二六年	奉元路饥,关中旱	《元史·五行志》	奉元路即宋永兴路
	泰定帝泰定四年	一三二七年	奉元、醴泉、邠州、淳化等县旱,绥德州旱,奉元路咸阳、兴平、武功、凤翔、岐山蚂蚱害稼	《元史·五行志》	
	泰定帝致和元年	一三二八年	乾州饥;奉元、延安等路饥;凤翔、岐山蝗;无麦苗;武安蝗;长安饥	《元史·五行志》	
	文宗天历元年	一三二八年	陕西大旱	《元史·文宗本纪》	按《元史·文宗本纪》陕自泰定二年至天历元年不雨
	文宗天历二年	一三二九年	奉元耀州、乾州、华州及延安、邠州诸县饥,凤翔大饥,华州蝗	《元史·五行志》	
	顺帝元统元年	一三三三年	泾河大溢,关中大水	《元史·五行志》	
	顺帝元统二年	一三三四年	陕西旱	《元史·五行志》	
	顺帝至正五年	一三四五年	邠州饥	《元史·五行志》	
	顺帝至正六年	一三四六年	陕西饥	《元史·五行志》	
	顺帝至正七年	一三四七年	凤翔、岐山旱	《元史·五行志》	
	顺帝至正十八年	一三五八年	鄜州凤翔、岐山春夏皆大旱	《元史·五行志》	
	顺帝至正十九年	一三五九年	鄜州大疫,凤翔大旱,奉元蝗	《元史·五行志》	
	顺帝至正二十年	一三六〇年	凤翔、岐山蝗	《元史·五行志》	
	顺帝至正二十五年	一三六五年	凤翔、岐山蝗	《元史·五行志》	

续表

代	年	西历	事实	参考	附注
明	太祖洪武二年	一三六九年	陕西大旱饥	《贾志》	
	太祖洪武四年	一三七一年	陕西旱饥,汉中尤甚		
	成祖永乐十年	一四一二年	陇州饥		
	成祖永乐十二年	一四一四年	陇州饥,陕西诸县饥疫	《名山藏》	
	英宗正统三年	一四三八年	陕西大旱饥	《贾志》	
	宪宗成化元年	一四六五年	陕西旱	《贾志》	
	宪宗成化二十年	一四八四年	陕西旱	《二申野录》	
	宪宗成化二十一年	一四八五年	关中连年天旱,十亡八九	《二申野录》	
	孝宗弘治元年	一四八八年	略阳夏大旱	《贾志》	
	世宗嘉靖七年	一九二八年	陕西大旱	《续文献通考》	
	世宗嘉靖九年	一五三〇年	延绥、榆林大饥	《续文献通考》	
	世宗嘉靖十七年	一五三八年	陕西大旱	《续文献通考》	
	世宗嘉靖三十二年	一五五三年	陕西大旱	《名山藏》	
	穆宗隆庆二年	一五六八年	陕西大旱	《贾志》	
	穆宗隆庆六年	一五七二年	延安旱饥	《贾志》	
	神宗万历十年	一五八二年	西延大旱饥	《贾志》	
	神宗万历十三年	一五八五年	凤翔大饥	《贾志》	
	神宗万历十四年	一五八六年	陕西旱	《二申野录》	
	神宗万历十五年	一五八七年	西安大饥	《贾志》	
	神宗万历二十七年	一五九九年	延安旱饥	《贾志》	
	神宗万历四十四年	一六一六年	蓝田蝗,全省大旱	《贾志》	
	神宗万历四十八年	一六二〇年	关中大饥	《贾志》	
	熹宗天启六年	一六二六年	富平旱饥,延长大水	《贾志》	

续表

代	年	西历	事实	参考	附注
明	思宗崇祯二年	一六二九年	米脂大旱	《贾志》	
	思宗崇祯四年	一六三一年	榆林连岁旱,西安大旱	《贾志》	
	思宗崇祯六年	一六三三年	陕西大饥	《二申野录》	
	思宗崇祯七年	一六三四年	全省蝗,大饥	《贾志》	
	思宗崇祯十三年	一六四〇年	陕西大旱	《贾志》	
清	圣祖康熙十八年	一六七九年	凤翔饥		
	圣祖康熙十九年	一六八〇年	凤翔饥		
	圣祖康熙三十年	一六九一年	陕西大饥		
	圣祖康熙三十一年	一六九二年	陕西饥疫		
	圣祖康熙六十年	一七二一年	西、延、凤三府旱		
	宣宗道光二十六年	一八四六年	麦未种		
	宣宗道光二十七年	一八四七年	大旱		
	文宗咸丰二年	一八五二年	大雪		
	德宗光绪三年	一八七七年	大饥		
	德宗光绪四年	一八七八年	大饥		
	德宗光绪十七年	一八九一年	旱		
	德宗光绪十八年	一八九二年	旱		
	德宗光绪二十六年	一九〇〇年	大旱		
	德宗光绪二十七年	一九〇一年	大水		
	宣统二年	一九一〇年	七月霖雨十余日	以上见《泾阳新志》	
	宣统三年	一九一一年	泾水涨溢		

续表

代	年	西历	事实	参考	附注
民国	九年	一九二〇年	大水,泾水大涨		
	十年	一九二一年	旱灾		
	十一年	一九二二年	旱麦未种		
	十二年	一九二三年	春季旱	以上系经历	

以上灾年,据事实可考者,凡一百六十二年。水为灾十五次,蝗为灾十二次,蝗而又旱七次,蝗而又水一次,其他皆旱灾也。史志失载者想不止此。计自商周及今三千年中,约为二十年灾一见。然古代之记载也稀。若以由明至今计之,则五百年中,灾四十八见,则为每十年一次。

观于第一表,可知陕西受旱之频,而饥馑之凶烈,远如明崇祯十三年(一六四〇年),近如清光绪三、光绪四年(一八七七年、一八七八年)两年,人民饿死者泰半。关心民瘼者,能不为之设法预防哉?

惟其地气苦旱也,故陕西水利之急要,较他省为更甚。而历史中,中国灌溉之工程,亦惟陕西为最先。此工程非他,即今日所欲恢复者也。

第一章 引泾之历史

引泾灌田,自秦之郑国起,约当西历前二二〇年。汉中叶,郑渠废弛,赵中大夫白公另开渠。白公以后至清,代有兴革。大抵皆渠口屡上移,其下游悉沿白公旧道。其沿革时代,以及溉田多寡,列入第二表。

第二表　郑白渠施工年鉴

代	年	主工者人名	工程	所得效果	渠名	备考
秦	始皇元年(前二四六年)	郑国	凿泾为渠,自仲山西瓠口东北注洛,长三百余里	溉田四万余顷,亩收一钟	郑国	郑国为韩遣,说秦凿泾意以疲秦,卒为秦利

续表

代	年	主工者人名	工程	所得效果	渠名	备考
汉	元鼎六年（前一一一年）	兒宽	于郑国上游南岸，更开六道小渠	益溉高仰之田	六辅	按此小渠或即自郑干上流支，非另引泾
	太始二年（前九五年）	白公	因郑国之干穿渠引泾，首起谷口，尾入栎阳注渭，长二百里	溉田四千五百顷	白公	按此时郑国所修石堰毁，时已不能引泾入渠。白渠口上移二千七百余步，白渠自五限闸分三支：一入三原，一入高陵，一入泾阳，名三白渠
后秦		苻坚	依郑白旧道，通渠引渍			按此时用工人三万
唐	永徽六年（六五五年）	长孙祥	复修郑白渠，并毁渠上硙碾			按唐时贵要人私设硙碾多妨灌溉利
	开元二年（七一四年）	李元纮	复修郑白渠			
	广德	李西筠	毁撤硙碾			
	大历	黎干	决郑白支渠			郑白渠至此溉田六千余顷
	宝历元年（八二五年）	刘公	修堰及渠，皆从新造			郑白故道犹未尽湮，费时一年许

续表

代	年	主工者人名	工程	所得效果	渠名	备考
宋	淳化		于泾河中造木堰以捍水			泾河中旧有石堰,捍水勘,至此毁坏。修治患工大,故以木代之,用工人一万三千,用梢桩一万一千三百余根
	至道	皇甫造、何亮	修缮水斗门别开渠口	溉田三千八百五十余顷		泾河陡深,渠岸摧毁,故别开渠口,功成。岁使渠官行视岸之缺薄,水之淤真,即行浚治
	咸平	侯可、周良发	凿渠五十余里,筑堰二丈四尺,引泾至三限口	溉田三万余顷	小郑	自郑国至此凡一千三百余年,白渠上游壅淤,故别开渠。然皆平地为渠,未凿石山
	景德三年(一〇〇六年)		修三白渠,以石做堰,积之中流,分为二派:南流仍注泾水,东流酾为二渠			
	康定	雷蔺夫	修治三白渠			费时三十日
	大观二年(一一〇八年)	赵佺	凿石渠长三千一百四十六尺,深者三十八尺,土渠长三千九百七十八尺,深者七十五尺,树木为桩以阻山石	溉田三万五千九十三顷	丰利	

续表

代	年	主工者人名	工程	所得效果	渠名	备考
元	太宗十二年（一二四〇年）	梁泰、郭时	复修三白渠			
	至大元年（一三〇八年）	王倨	于丰利渠上更开石渠，长五十一丈，宽一丈，深五尺		王御史	费时五年，工二十五万三千，每方一尺为一工
	至正三年（一三四三年）	宋东亮、伯颜帖木耳等	穿渠上口四十八处，削平土垒四百五十处，修洪口，疏导水利			设水夫
明	洪武	耿文炳	浚洪堰及渠一万三千余丈			
	永乐	董遛	继修			役夫一万四千四百人，军夫一万五千人
	天顺	项忠等	凿石渠长一里毛分	溉田八百顷	广惠	费时十七年，于王御史渠口上大穿小龙山为洞，此龙洞名之始
	正德十一年（一五一六年）	宵羽中	于王御史、丰利之间凿渠，长四十二丈，深二丈四尺，广一丈二尺		通济	费时一年一月

续表

代	年	主工者人名	工程	所得效果	渠名	备考
清	顺治九年（一六五二年）	金汉鼎	复修广惠			
	康熙八年（一六六九年）	王际有	复修桥堰			费时二月
	雍正五年（一七二七年）	岳钟琪	完堤决阏，计修官堤四千三百五十六尺，石堤一千三百七十三尺，土堤一千八百尺			费银八千两
	雍正七年（一七二九年）		建闸启闭			时犹未尽绝泾水
	乾隆二年（一七三七年）		修坝于龙口北，遏泾勿令淤渠，增修龙洞渠堤，长二千二百六十八丈	溉田七万四千三百二亩		费银五千三百六十三两，至此始堵泾疏泉溉田，限于泾、原、高、礼四县
	乾隆十六年（一七五一年）	毕沅	修堤去淤			因泾水涨冲堤淤渠
	嘉庆	王恭修	修治去淤			费银一万余两
	嘉庆十九年（一八一四年）	秦楠	修治			
	嘉庆二十一年（一八一六年）	秦楠	修堰			因泾水坏堰，费一万五千八百八十五两

续表

代	年	主工者人名	工程	所得效果	渠名	备考
清	道光元年（一八二一年）	朱勋	疏淤二千二百七十丈，修石堤七十五丈			费银二万一千三百八十一两，借帑库修之后由受水民摊归（堤因泾涨冲毁）
	道光三年（一八二三年）	恒亮	补修闸板			费银四百余两（闸板因泾涨毁）
	同治四年（一八六五年）	刘典	重修渠堰石渠五十七丈二尺，土渠一千八百丈			堰因■■毁
	光绪十三年（一八八七年）	温其镛	修堰疏阏			费银二百七十两
	光绪二十四年（一八九八年）	魏光焘	筑堤一丈三尺，修渠二千六百余丈			
	光绪二十七年（一九〇一年）	雷天裕	复修石渠官渠，共长一千九百六十五丈			
	光绪三十四年（一九〇八年）	杨宜	复修惠民桥			费银一千二百四十六两
	宣统二年（一九一〇年）	刘懋官	修渠去淤			
民国	元年（一九一二年）	杨仁山				按是时溉田仅三万余亩

第二表中郑国以后，改修工程之大者凡六次，曰白公、曰小郑、曰丰利、曰王御史、曰广惠、曰通济。其他不过小有修理而已。所以并举之者，以见此渠沿革之历史。而

沿山麓凿渠之不易维持，或患湮阏，或苦崩圮，终无幸免。

堵泾之事，始于清乾隆。然以泉自足，后有谋引泾者，累遭失败。于是言泾不可引者有人，言泾水不能溉田者有人。计图苟安则得，抑数千年古往成迹，又焉可否认耶！

第二章　引泾范围之讨论

今欲言引泾，则先有二问题焉。曰：将仅欲复白公旧迹乎？抑并欲睹郑国全功乎？兹将二渠之主要渠列于第三表。

第三表

项目	郑渠	白渠
水源	引泾兼收冶、清、浊、石川诸水	引泾以外无他水附焉
渠线	起瓠口沿北山下东注洛	起谷口尾入栎阳
面积	四万余顷	四千五百顷

答者必曰：郑渠溉田之效，几且十倍于白渠。苟力所可及，自必恢复郑渠。然试考汉之去秦未远也，其渠迹堰制，必犹未全泯也。白公之才，既知创新，宁不能复古？然则何以视郑渠之敝而不为之恢复也。窃尝思其故矣，非汉力之不及，实苦于水源之不足。盖泾河最低水量实只可以供四千五百顷之灌溉，而不足以为灌溉四万顷之水源也。然则郑国又胡以能之？有疑周制尺小，所谓四万余顷者，实亦不过今之数千顷，或万余顷耳。然《史记·河渠书》所载，郑国说秦凿泾水，自中山西邸瓠口为渠，并北山东注洛（按：并北山即与北山并行，意中山即今仲山）三百余里。以今日里数度之，实相去无几。则又何可证古人四万余顷为虚夸哉。然则郑国之能溉及此数也，必不出乎二途：①泾以外冶、清、浊诸水并用，此则志载已明明言之矣。②瓠口堰必高，所收他水，亦必皆有强固之堰。按明袁化中《泾渠议》，国至秦北山下，视泾河巨石磷磷，约三四里许，而泾水流于其下，堪以做堰。于是立石囷以壅水，每行用一百余囷，凡一百二十行。借天生众石之力以为堰骨，又恃三四里众石之多以为堰势。按此每囷宽广各丈，则行长百余丈。泾谷狭隘，水面绝不如是广。必积升甚高，使可有此数也。是则俨然一巨堰，不仅以之遏水，且以之蓄水矣。袁化中又云：泾流于此，不甚激亦不甚浊。不激，停之功也；不浊，淀之功也。是岂非完全一水库耶？至郑堰何以能为如是之高，数十年而不堕，则半由人力，半由地址之得势。盖古昔泾床，必较今日甚高，而有嶙峋天山之石以为之骨，故堰易就也。白公又何以不如是为之，则袁化中亦

论之矣。曰:盖泾流怒激冲突,漱涤日下,河中石渐吹落,故石囷无着。盖郑国惟恃天生石骨以为巨堰,及郑堰毁石冲损,而白公不复能得良地也。故堰低仅遏水而不能蓄焉。至于其他诸水之有堰,则郦道元《水经注》谓:郑渠南绝冶谷水,又东绝清水,非强固之堰,何以能绝之? 当时诸水河床亦高,易绝且易蓄,然则白公之不复郑渠可以知矣。虑水源之不足,而又处地势所限,不能做巨堰,故不能不舍他诸水而独立也。

郑渠毁,白公不能复之。历唐、宋、元、明、清,弗能复之。今独能复之否? 曰:远移渠口于上以得良址,凿洞代石渠以避怒泾,效欧美成法以筑新堰,广事潴蓄以增水量。则白公所不为,历代所不能为者,今皆优为之也。然欲为之,非先有精确之预备工程不可。此则今日之所正有事,而此次报告之所详及者也。

第三章　引泾预备工程之缘起

民国八年(一九一九年),郭希仁任陕西水利局局长,曾派人测仲山及泾谷形势二万五千分之一平面图。以其比例尺太小,且测时用简略方法,故只可作参考图用。民国十年(一九二一年)陕西饥,三原组织陕西义赈总会,向中外各慈善家募赈,后余赈款十四万奇,应分派于渭北十一县。时饥已过,渭北诸绅商佥谓,与其分散此款,穷民所得甚微,不如以之兴复水利,为久远救荒图。时外人侨陕者亦热心赞助之,遂立渭北水利工程局,举李仲三董其事。款由华洋义赈会保存,陆续拨用。北京华洋义赈总会,由全国水利局顾问方维因咨荐工程师吴雪沧来陕,测勘仲山钓儿嘴地势。吴留该处月余,则由钓儿嘴经越妙儿岭至山外赵家桥,测其水准。有报告书,评凿洞不如修治原渠利,时予教授于南京河海工程专门学校。民国十年(一九二一年),被任陕西水利分局长,未就职,乡里多以水利属望焉。民国十一年(一九二二年)春,今省长刘公,电予归就职。夏,李仲三复来邀予任引泾工程师,予允焉。吴君被治江讨论会召,南旋。予之最始计划,即欲并复白公、郑国二渠,而主张先为确实之测量及调查。

第四章　引泾方法之讨论

及予历勘泾谷上下数十里,仲山内外形势,及历代凿渠遗迹,则所见与吴君歧异,谓引渠必须凿洞,其理由如下。

第一,历代渠口之制,皆凿渠山麓岩石中,而筑石堰于渠口之旁,遏水入渠口。石堰之制,惟郑国用石囷,唐宋以下皆用椿键入石址,而垒石其间,平时小水可以抵御。惟猛涨一至,则堰毁岸崩,而不可收拾。于是继之者必另凿渠,深入崖里,上移渠口,复筑渠焉。及其毁也,则又如前。故由郑国至广惠渠口,上移凡一千九百零三丈,而其移改情形,则相类焉。今修治旧渠,则仍不出乎故剧重演,非长久之策也。

第二,现时龙洞渠,以及上游之广惠渠岸石质,大抵为砾岩及红色页岩,俱极松脆易毁。目下有数处渠岸为水所冲,已濒于危。故此种渠岸,决不可恃。而前人用坚巨石条所砌之石岸,工资极费,亦有时为猛水所冲毁。

第三,泾水猛涨时,非特水势湍悍,且挟有沙砾填塞渠中,辄深丈许,历来以淘浚为苦。故明时因凿广惠而得泉。清因凿得泉愈多,而遂拒泾,省堰之功,避泾之猛与其石砾之害也。

第四,现时石渠有过深狭者,有岸过低者。以盛泉水,已经满溢,加以引泾,何能容之。泾河最小水量,亦大于泉水十五倍。以现渠之降度,必须十余倍之容积。其工费不但甚大,且因地势及石质关系,有不可能之势。

据上数端,故予以为引泾莫如凿洞,其益有五:①洞线直,水易泻,故需断面积小;②洞址高,故渠可引之较高处;③洞口高于河底,沙砾弗能入;④洞之方向,与泾河直交,猛涨至,闭洞闸,开堰闸,洪水弗能袭;⑤洞身远离泾河,可期长久稳固。

余既相钓儿嘴为凿洞地址,又相得赵家沟为洞之出口所在。于赵家沟中另筑堰,为蓄水外库。堰底闸通赵家桥上入泾河,为退水路,亦可通旧渠供灌溉。外库之旁设闸通新干渠。

新干渠之路,大致拟循踪郑国,收容冶、清、浊、石川诸水。

洞成后,且以小堰遏水入洞。疏通旧渠道,灌溉泾阳、醴泉、高陵、三原、临潼数县,为恢复白公渠。

于洞口对岸陡弯山嘴甲-甲处,凿回水洞,使泻余水,使大堰地址全干,乃筑大堰。大堰成后,泾谷数十里成平湖,为内水库。

内外水库储水量不能充裕,复沿干渠及他水谷中,节节设库。

储蓄之水,一得之每年不用水时所节,二得之雨潦时余多者。储蓄分配,务使灌溉之利,除上举数县外,可及富平、蒲城、渭南、大荔等地,为恢复郑国渠。

第五章　预备工程之所事

予既抱以上计划,故所拟定预备工程之应做者为以下各事。

(1) 仲山钓儿嘴形势平面,比例尺二十分之一,以为计划凿洞用。○

(2) 泾谷中水库地址,测量平面五千分之一,谷线纵断面、横断面等,以为计划水库设堰址用。◐

(3) 干渠线,循郑渠方向,东至洛三百里,平面万分之一。◯

(4) 冶、清、浊、石川诸河床上、下有关系段,平面五千分之一。●

(5) 白渠故道,平面万分之一及纵断面,以为修治旧渠之用。◯

(6)堰、闸、桥梁等之各已定地址,平面图五百分之一。●

(7)泾河及他诸水流量,考察其挟沙侵蚀等情形。◐

(8)考察筑堰凿洞等处地质。⊖

(9)量记雨量、蒸发量及其他一切有关系诸事。◐

(10)考察农产物需水多寡及灌溉之适宜方法。◐

以上诸事,除测流量、雨量等,永远继续进行外,余限二年竣功。并为计划一切建筑工程,以待筹款实行。余任斯事,实自民国十一年(一九二二年)九月起。以下所报告,则自民国十一年(一九二二年)九月至民国十二年(一九二三年)六月底,已经进行之事实也。

附注:上所附记号〇为已竟全功者,⊜为已竟功一半者,⊖为已作一部分者,◐为陆续进行者,●为尚未起始者。

第六章　测量队之组织

本局实地测量队,组织于民国十一年(一九二二年)十月二十二日,分为陆、水二队。每队队长一人,测量员共四人,干事一人。民国十二年(一九二三年)一月,加入测量员二人。测量员按工作之繁简,分配调用于二队间,亦随地做调查研究等事,以总工程师指导一切进行方法,期所费省而收功多。测夫有常用者,亦有临时雇用者,共不出十人。测时以职务之不同,又分作分队。

第七章　仲山泾谷形势之说明

仲山者即位于泾、冶二谷之间之山,于秦称中山,唐称钟山,与冶谷以东之嵯峨(秦称巀嶭山)对峙,下临平原若屏障。二山之北,则为黄土所填,充成高原矣。泾之西则为九嵕山,其最高处为顶天寺。兹所述者,但为仲山临泾河之一部分,与引泾事有关系者。

泾河自淳化以下至此,皆处深谷中,两岸俱为石崖,方向曲折甚多,至钓儿嘴则锐曲如舌形(第二幅图可见)(原文未提及第一图)。其方向先东南,继西南,继而略正南。出谷口复东南而下,两岸亦高,其质则为泾河之冲积层,与黄土之覆掩。

仲山临泾处,当泾水曲折二腰中成一尖峰,高出谷底约四百七十公尺,或即命此为钓儿嘴。但多数人以锐曲如舌之处为钓儿嘴。其南则沿泾河延演为张家山。历来龙洞工程大抵取石于此。石为白色鲕粒形石灰岩,迤东则渐低,至妙儿岭最低处,高出钓儿嘴谷底三百四十五公尺,其东则为天黄寺,又一高峰矣。

山之前为坡形之土原,俱经垦种为阶形之田。

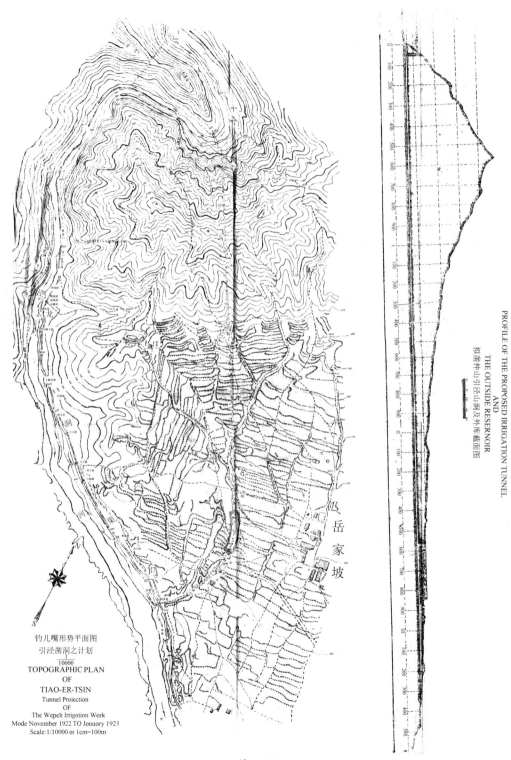

第二图

龙洞渠沿泾河左岸山侧而行。自老龙王庙起,已在谷口之内。老龙王庙处于山麓凸出之阜上,其北为明广惠渠口,其旁为金门。泾河低水至此甚狭,宽仅四公尺许,水深而急。有前人筑堰遗址,石上留圆孔,系植铁桩者。渠口之高,出泾河低水不过一公尺许,但此处做堰甚不易。老龙王庙之南为龙洞渠之正身,皆凿石成者。昔者凿渠为引泾计,乃得泉水十余处。于是堵塞上游,事事引泉焉。

第八章　新计划之大略

予既于引言中述引泾凿洞之优于凿渠矣。美国垦务局局长牛隈尔所著《灌溉学理》有言,亦可证予所见之不谬。其言曰:计划洞工,勿徒震惊于其始费之大,当计及永远之养护费,与渠工相比较而取决焉。渠之处于陡立山坡者,尤多危险。或因山石滑崩而摧毁,或受山上冲下之石砾填塞,若用洞工,则可免此一切危险。由多数工程之经验知,渠址及地位不佳者,其经营维持等费,皆较洞工为甚巨。因洞若计划得法,建筑得宜,实可持之永久也。洞与渠之比较如此,况乎今日之龙洞渠,几经残毁,逼削无地,宁可不变方针耶?

选洞之上口地位,当以堰址为衡。盖做堰处之河床地质,最关切要。若仍做堰于广惠渠口,未尝不可稍缩短洞线之长。但该处河床石质,为红色页岩,片碎不坚,做堰其上,必善漏善圮。做堰下游,则河床过低深,而两岸土石质尤不可以为依据,且岸口复过宽。故乃选洞之上口于泾河锐屈之处,由赵家沟中出口,其长为二千五百六十公尺,此洞名曰"引水洞"。洞之底在上口,定为高四百六十一公尺,高出低水面约一公尺许,其下口高四百六十公尺,其降度实为万分之三点七五(第四表)。洞之断面积十二方公尺,以石功砌做穹形。

泾河锐屈之处山嘴若图形,穿一洞名曰"回水洞",长不过四百公尺。其用有二。

(1)筑高堰之先,可放泾水由洞直穿而过,使堰址常时干枯,以便兴堰工。

(2)堰成之后,可助泄洪水,使堰稳固。洞之断面积亦为十二平方公尺,泾河寻常涨水,可以泻之。

高堰之址,选于引水洞上口之下,回水洞下口之上,河床坚实,山形紧狭之处。引水洞口之下,相距不远处,拟筑低堰,以遏水入引水洞,或回水洞。

高堰之顶,拟筑至位高五百二十公尺,如是则堰身最高之处为七百五十一公尺,其他要点之高相比如第四表。

第四表

地点	位高/公尺	高差(以低于高堰顶计)/公尺
高堰顶	520.00	0.00
低水面引水洞口	460.00	60.00
河床高堰址最深	445.00	75.00
引水洞上口之底	461.00	59.00
引水洞下口之底	460.00	60.00
赵家桥顶	446.75	73.25
赵家桥旧渠底	442.55	77.45
外库堰顶	500.00	20.00
外库底	458.00	62.00
渠首闸底	480.00	40.00

外库之筑，系于赵家沟内，当引水洞出口之前。以石为堰，凿土为池，周围以石工镶砌为壁。池广六十公尺，长二百七十五公尺，底深于外库堰顶四十二公尺，容量六十九万三千立方公尺，中间深两旁渐高。以石工镶砌。外库堰下有底闸。底闸之外，复沿沟底凿槽，通于赵家桥槽底，亦以石工砌之。并于堰下设水电厂一所，可得二千五百马力，且可以减消水势，不致危害堰前渠址。

赵家桥必需改造一新式穹桥。穹有孔上通桥顶。另设一板拍闸门，横其枢轴。覆之则闭桥顶孔，水可由桥上滚入泾河。竖之则遏入泾之路，水由孔流下归旧渠。外库之侧，设渠首闸，通新干渠。闸前渠底位高四百八十五公尺。新干渠之横断面，容水量每秒二十五立方公尺，降度万分之一。

新干渠所行之路，现尚未能决定，因测量未竣故也。大抵循北山高原之下而行。渠首既高，可望灌溉及远。惟泾阳所属之王桥、石桥等处，原上沟壑甚多，渠行其上，难期稳妥。如何变通，尚俟考虑。三原瓦窑头处，原身细薄，长不过三四里。或能斩之而过，直通富平。

水量之计算：泾河流域面积共约四万二千四百七十平方公里。其在甘肃境内收纳支流甚多，故有时涨溢极猛。惟亦不过十余年或数十年一次耳。泾水流量，仅自民国十一年(一九二二年)十月测起，至今年六月计算，得平均流量每秒为二十四立方公尺余，惟所经过时月，皆非洪水时，故平均估其流量，为每秒二十六点五立方公尺，非过估也(按继测本年七月最大水量至每秒一千零五十立方公尺，惟此非常洪水可以除外)。以每秒二十六点五立方公尺计，则每日流量可二百二十六万立方公尺。每年之总流量为七亿八千八百四十万立方公尺。其可实用于灌溉者，折作百分之六十计，约得四百七十三兆立方公尺。

渭北平原可溉之田,约为四百八十八万二千九百七十亩。计除去村镇、坟墓、沟渠所占十分之一,得四百三十九万四千六百七十三亩。又灌溉之地,可分为二大区:清河以南,包括于清、渭二河之间,可疏展古白渠灌溉之,名曰南区;清河以北,包括于清、洛、渭三河之间者,由新干渠灌溉之,名曰北区。计南、北二区之灌溉面积如第五表。

第五表

项目	泾阳、醴泉	三原	高陵	临潼	富平	渭南	蒲城	大荔	华县	合计
亩数	691131	425089	437247	756992	456607	1218392	633998	224730	38784	4882970
折实亩数	622018	382580	393522	681293	410947	1096553	570599	202257	34906	4394675

南区:一百四十二万二千八百八十六亩,即八万七千三百六十一点二公亩,或二十一万五千七百八十二英亩;北区:二百九十七万一千七百八十七亩,即一千八百二十四万六千七百七十二公亩,或四十五万零六百九十五英亩。

向来陕西农人未知量雨。其计雨之大小,以其渗入土之深浅,当农器入土之深浅论之。曰一锄,一耩子,一犁。雨已沾足,深犁不见干土,则曰透了。余半年以来,所得雨量与之相较,所得结果如第六表。

第六表

陕西农人感知雨量	当雨量/mm
一锄	10—20
一犁	20—30
透了	30—40

大抵种禾之先,须得一场透雨。以后田禾正长之际,每月一场犁雨,即可保丰年,或稍歉亦无害田禾。灌溉用水,自必较费,然旧渠因管理不善,致水之虚靡者更多,如王屋一斗,所计算者每日每亩至二点六六立方公尺,实因用水之不得法,非必需若许水也。今分陕西田禾为三种,而按本地气候与农产之关系,为之立灌溉月期及水量表如下(第七表、第八表)。

第七表

冬禾	夏禾	春禾
包括大麦、小麦、豌豆、扁豆、菜籽等类	包括小麦、糜子、高粱、玉米、荞麦等类	包括棉花及各种豆类之种于春日者

第八表　引泾灌溉月期及水量支配表

项目		九月 白露 秋分	十月 寒露 霜降	十一月 立冬 小雪	十二月 大雪 冬至	一月 小寒 大寒	二月 立春 雨水	三月 惊蛰 春分	四月 清明 谷雨	五月 立夏 小满	六月 芒种 夏至	七月 小暑 大暑	八月 立秋 处暑	一年共计	备考
灌溉与需水之高/公厘	冬禾	*50.0	40.0	4.0			40.0		40.0*	*				210.0	*为种植之期
	夏禾	40.0	*						*50.0	40.0		*80.0	60.0	130.0	**为收获之期
	春禾											60.0	**	130.0	
田禾所费水量/兆立方公尺	每日	3.15	1.80	1.80			1.80		2.92	0.90		3.00	1.20		
	每月	94.5	54.0	54.0			54.0		87.7	27.0		93.0	37.2	501.4	
外库下闸常流放水每秒八立方公尺/兆立方公尺	每日 A	20.7	21.4	20.7	21.4	21.4	19.5	21.4	20.7	21.4	20.7	21.4	21.4		
	每月	0.69	同	同	同	同	同	同	同	同	同	同	同	252.3	此水用于电厂并灌溉南区面积二万三千亩
除南区外每月所需水量/兆立方公尺	实需	64.0	36.6	36.6			36.6		59.2	18.3		63.8	27.5	342.6	此为田中所耗之水量
	荒需 B	106.6	61.0	61.0			61.0		98.5	30.5		106.6	45.8	571.0	此为上数除以百分之六十六所得,为水库所应出者
非灌溉期内渠中损失每月兆立方公尺 C					0.05	0.05		0.2			0.3			0.5	水停渠中被晒耗之数
ABC三项相加/兆立方公尺 D		127.3	82.4	81.7	21.9	21.9	80.5	21.5	29.2	51.9	21.0	128.0	67.2	823.8	

续表

项目			九月 白露 秋分	十月 寒露 霜降	十一月 立冬 小雪	十二月 大雪 冬至	一月 小寒 大寒	二月 立春 雨水	三月 惊蛰 春分	四月 清明 谷雨	五月 立夏 小满	六月 芒种 夏至	七月 小暑 大暑	八月 立秋 处暑	一年共计	备考
供水	泾河流量 (立方尺/秒)	实测	40.0	—	27.38	15.49	17.00	16.00	36.00	23.00	24.06					
		估计		25.0								16.5	40.0	30.0		平均为25
	泾水之供给/兆立方公尺	每日	*3.46	*2.16	23.6	13.4	1.47	1.38	3.11	2.85	2.08	*1.38	3.46	2.59		有*号者由上估计数推出
		每月	*103.8	*67.0	70.8	41.5	45.6	38.6	96.4	85.5	64.5	*41.5	*107.2	80.3	842.7	有*号者为由上
ED 三项相较	盈		—	15.9	10.9	19.6	23.7	41.9	74.9	33.7	10.6	20.5		15.1	18.9	
	朒		23.5										20.8			
自十二月起[次年]十一月止按月储蓄之量/兆立方公尺			44.5	29.1	18.2	19.6	43.3	1.4	76.3	42.6	55.2	75.7	54.9	68.0		

注：是表成于六月之末，故六、七二月水量尚为估计。实际所测若不计七月间非常洪水，则于所估相去未远也。

第八表中水量以公厘计高,即平面上水深若干公厘也。与计雨量之高同理,又化为立方公尺计之。除农期灌溉用水外,外库下闸(上闸通新渠,下闸通旧渠)亦须常时流水,以供水电厂之用,其流量定为每秒八立方公尺。此水磨电后即归白渠。白渠沿途相地开湖池,非灌溉期内,流下之水即可分储于各处。上闸外通新干渠,非灌溉期内,可闭渠尾通洛之闸及各支渠闸,使水停渠内,常时静止不流,亦可助蓄水,亦可免坏渠,并可时通舟楫。渠内水之损失,但有晞耗一项。陕西农产,以麦为大宗,棉、豆、小米等次之,故估计冬禾田居百分之五十,春、夏二禾田各居百分之二十五,依是则每岁有:

冬禾田:二百一十九万七千三百三十六亩,即十三万四千九百一十四点四六公亩;

夏禾田:一百零九万八千六百六十八亩,即六万七千四百五十七点二三公亩;

春禾田:一百零九万八千六百六十八亩,即六万七千四百五十七点二三公亩。

按第八表泾河之给水量,与各项耗水之量相较,实尚有盈羡,每年一百八十二兆立方公尺,可作不时之需。又石川河之水固多溉田于上游,而冶、清、浊等水,则总计每秒平均流量当亦不下十立方公尺,每年供水亦可得三百一十五兆余立方公尺,其所溉之田,则在新灌溉区域内,尚未算入。由是可知水匪患不足,特患不能蓄,苟事蓄之,则郑白全功亦何堪恢复之有?水库之容量,第八表内蓄水最大之量,为三月份凡七十六点三兆立方公尺。泾谷总水库测量尚未完全竣事,但其降度大约为千分之二。命水库最高蓄水面高于洞口为 H。水库上达之远为 $L = \frac{1000}{2} \cdot H = 500H$,又以抛物线算式推得堰后蓄水面之宽为 $W = \frac{H^2}{18}$,则蓄水之容量以下式算之为 $c = \frac{2}{3} \cdot W \cdot H \cdot \frac{500}{3} = \frac{2}{3} \cdot \frac{H^2}{18} \cdot H \cdot \frac{500H}{3} = \frac{500H^4}{81}$。若容量须达八十兆立方公尺,则 $H^4 = 81 \times \frac{80000000}{500} = 81 \times 160000 = 12960000$,故 $H = 60m$,得蓄水面之高出洞口为六十公尺。又水库上达之远为 $500 \times 60 = 30000m$,即三十公里。总库之外,外库亦可蓄水一兆立方公尺。沿干渠相地势,节节设池湖,亦可蓄水。干渠本身亦为蓄水之所。冶、清、浊等谷亦可设堰蓄水,是则有待于将来之扩充。

洞闸之流量,按第八表 D 项用水最多者为九月份,凡一百二十七点三兆立方公尺。即每日须出水四点二四兆立方公尺,每秒须有四十九立方公尺之流量。今定为每秒五十立方公尺,洞中最大流水速率限之为每秒五公尺,洞之横断面积定为十二平方公尺,库内水位起落不定,其流速可增减启闸面积以节制之焉。又外库闸下亦有二门,约离库底五公尺为入电厂门,每秒须有八立方公尺之流量。又贴底一门为助退水用。其流量相准,俱用圆门。上闸通干渠者,须有每秒四十二立方公尺之出水量。所需横断面约为四平方公尺。余定为五平方公尺,用直方形悬门。

1.退水路 闻之父老,泾河涨溢之猛,极为可怖。故退水之路,不能使之宽裕。回水洞横断面积十二平方公尺,每秒即可退洪涨六十立方公尺。高堰上设滚水堰,孔下设底闸,俱为退水之路。其应得面积及流量若干,俟有多年测流量之经验,计划高堰时再定之。

2.沙石 泾河洪水时所带之泥沙积于高堰之内,可开底闸泻水冲去。上流酌设石坊,以拦滚石。积之多者,以机器捞取之。

新渠首闸(即外堰上闸)之底高按算式:

$$c = \frac{500H^4}{81}$$

即

$$H = \sqrt[4]{\frac{81}{500} \cdot c}$$

由上式之关系求得各月份库内应有蓄水之高。其最低之水库平面(以后简称库面),高出洞口中线约二十四公尺。设渠首闸底位为四百八十公尺,渠中水深二点五公尺,则其位高为四百八十二点五公尺。高出洞口中线为二十点五公尺,低于最低库面为二点五公尺。水仍得流入渠内以接济其耗损之量。

3.水力 外库中最高水面位,高四百九十八点五公尺,最低水面四百八十四公尺。外库之底深于洞之出口之底二公尺。堰外地址又削下三公尺,设电厂,设水之落差:最大者为四十公尺,最小者为二十五点五公尺;则求得所发生之马力,一为三千二百马力,一为二千零四十马力。

第九章 第一期工费之预算

引泾工事,可分作二期进行。第一期为恢复白渠,灌溉泾、渭两河间各县地亩,凡一万四千余万亩;第二期恢复郑渠,灌溉泾、洛、渭三河间地亩,凡二万九千余万亩,共溉田四万三千九百余万亩。现时测量结果,洞线已定,则凿溉之事即可着手,故先将第一期工费详为估计(内包括凿洞、筑低堰石、砌外渠段及疏拓旧渠四项。第二期工费,须俟测量完竣后为之)。

凿洞

1.引泾洞 长二千五百六十公尺。在岩石内者一千五百公尺。在黄土内者一千零六十公尺。成洞断面积十二平方公尺。开凿断面积十六点五平方公尺。岩石开凿容积二万四千七百五十立方公尺，即八千方。黄土开凿容积一万七千四百九十立方公尺，即五千六百方。砌洞穹壁容面积七千立方公尺。

计开：

凿石：每立方公尺一元七角（日工五角，器具消耗二角，炸药消耗三角，打碎二角，转运五角，合上数）共四万二千零七十五元；

启土：每立方公尺五角五分（日工一日二立方公尺半，每立方公尺二角，器具消耗五分，转运三角，合上数），共九千六百二十元；

木撑：（非全用，险要处之折作上数百分之十）共五千一百七十元；

井工：（一在土积内深一百公尺，二百元；一在石内深五十六公尺，一千八百元）共二千元；

砌洞：（用所开石料三十公分厚，容积七千立方公尺，需水泥胶灰一千四百立方公尺）百分之二十；

石料：五千六百立方公尺；

修石费：修治石料成合洞式之穹形式，每立方公尺十二元，六万七千二百元；

胶灰费：（沙三、水泥一，计沙三百五十方，每方四元；水泥五千六百桶，每桶运至陕二十元）共十一万三千四百元（每立方公尺合八十一元）；

工（九千工转运料物在内）：四千五百元；

压迫空气（钻孔用）及通用机器：十万元；

电灯设备及他项重要机器：十万元；

轻便铁路：四十吨，运至陕每吨一百二十元，四千八百元；

车辆：二十付，运至陕二百元，四千元；

管理费（临时房舍在内）：五万五千元；

以上共计五十万七千七百六十五元（每长一公尺合二百元）。

2. 回水洞　长四百公尺，拟上计算，八万元。

3. 低堰费　共约七千立方公尺，用水泥胶灰砌块石造之。胶灰容积二千一百立方公尺，百分之三十石料，四千九百立方公尺。

石料：开采兼修治每立方公尺平均八元，三万九千二百元；

胶灰：一比二比四（计需水泥四千八百桶，沙砾六百方，每方四元），九万八千四百元；

工：九千，四千五百元；

以上共计十四万二千一百元。

4. 洞口外通赵家桥暂开渠　因水急以石工砌做。渠身上宽四公尺，底宽二公尺，水深二公尺，长九百公尺。因渠在洞口前，地位在地下，深四十公尺。第一期先凿土槽，宽十五公尺，平均深二十二公尺，长一百公尺。一段宽八公尺，平均深二十公尺，长八百公尺。一段连渠身，共须凿土十八万四千五百立方公尺，石工容积（只砌水到之处）一千三百立方公尺。计：

凿土：每立方公尺三角（搬运一切在内），五万五千三百五十元；

石料：一千零四十立方公尺用洞中出料加以修治，每立方公尺五元，五千二百元；

胶灰：二百六十立方公尺，二万一千元；

以上共计八万一千五百五十元。

5.疏拓旧渠　增加其容量一百二十公里（每公里五百元），六万元；

接展渠线：六十公里（土方十五万，每方平均五角），七万五千元；

购地：一千五百亩，每亩二十元，三万元；

加管理费：一万元；

以上共计十七万五千元。

6.洞闸费　引泾洞二闸，回水洞一闸，各五千元，共一万五千元。

7.重修赵家桥设闸　二千元。

总计以上七项，共一百万三千四百一十五元。

第十章　测量之成绩

1.妙儿岭及由原点至赵家桥水准测量　前经吴雪沧工程师测过一次，但未测各点距离。今加复测，并测导线、角度、距离，所得泾河河床及山前各点，与岳家坡原点比较高低，如第三图（原文缺图）。其各要点之位高如下：

岳家坡原点，五百公尺；

泾河低水面（施测时），四百六十公尺；

泾河边，四百六十点九二公尺；

妙儿岭最高处，八百零五点三四公尺；

赵家桥顶，四百四十六点七公尺；

赵家桥旧渠底，四百四十二点五五公尺；

导线距离长三点九公里，两端点直距三千一百五十四公尺。

2.仲山形势测量　成图二千分之一一张，其缩小者如第四图（原文缺图）。占面积六十二平方公里。图以平板仪测之。除妙儿岭导线外，并设三角网，以得固定点。

3.旧渠测量　在泾谷沿山测旧渠实在情形；由野狐桥向上，至广惠渠口为一段，距离长三点五公里。测其渠底及水面水准并横断面。此段中概为石渠。渠线及渠身，宽狭深浅降度，俱极紊乱，盖是渠皆屡残毁，屡经修复。渠口愈改向上游，渠身愈逼入山腹。有多段依石壁为堤，高有至二十余公尺者。有数处为泾河侵蚀坍崩，已频破毁者。又野狐桥至马道桥为一段，长四公里；马道桥至石桥镇为一段，长十公里，测其距离水准。是二段俱为土渠，深浅降度不一律，故水流速度亦不同。最深处有三公尺者，最浅处有一至二公寸者。另有第五图（原文缺图）。

4.干渠路线测量　导线水准，已测二十公里。平板仪已测三十公里，占面积七十八平方公里。成图［第六图］（原文缺图）纵四十公分，阔六十公分，凡十三纸。全图未完。

5.泾谷水库测量　由二龙王庙向上为一段，长四千公尺。二龙王庙向下，至北屯流量站为一段，长五千公尺。共占面积九点一平方公里。以经纬仪根据导线，测山谷形势。以探水器测泾河横断面五十处。绘有五千分之一密图一张［第七图］（原文缺图）。

6.水位记载　已设水则者，有泾河北屯流量站一处，二龙王庙流量站一处，龙洞渠小王桥一处。俱以水准测量，定其零点位高，每日观察之。涨落结果，如第九表。

第九表

时间		地点										
		泾河						龙洞渠			冶河	
		北屯			二龙王庙			小王桥			罗罗潭	
		最高	最低	平均	最高	最低	平均	最高	最低	平均	最高	最低	平均
民国十一年（一九二二年）	11月	0.43	0.12	0.35	0.80	0.70	0.75	1.37	1.40	1.34	0.46	0.39	0.42
	12月	0.31	0.10	0.21	0.86	0.68	0.79	1.39	1.35	1.37	0.53	0.39	0.46
民国十二年（一九二三年）	1月	0.35	0.10	0.24	0.88	0.76	0.80	1.47	1.32	1.40	0.55	0.39	0.46
	2月	0.48	0.18	0.37	1.00	0.80	0.84	1.44	1.34	1.39	0.58	0.38	0.43
	3月	0.68	0.44	0.58	1.08	1.00	1.01	1.58	1.44	1.53	0.40	0.35	0.39
	4月	0.74	0.30	0.49	1.08	0.92	1.01	1.75	1.58	1.64	0.41	0.36	0.39
	5月	0.58	0.24	0.40	1.08	0.78	0.98	1.76	1.75	1.76	0.42	0.32	0.38
	6月	0.25	0.10	0.15									
	7月	8.40	0.20	2.50									

7.泾河流量记载　现注重常测者,为泾河之水,设测站于二龙王庙及北屯,每星期测二次以上。附测者为龙洞渠水。其他冶、清等水,将测其每年最大、最小及寻常水量。自去年以来,适值天旱,水自上游截流浇地,几无空月,故尚未能施测。兹但将已测之泾河流量,列第十表如下。

第十表　泾水流量表

单位:立方公尺/秒

流量	民国十一年（一九二二年）		民国十二年（一九二三年）						
	11月	12月	1月	2月	3月	4月	5月	6月	7月
最大	28.393	16.229	20.550		45.908	58.004	37.455	175.000	1050.000
最小	26.510	14.631	13.202		28.747	23.097	15.635	10.000	12.000
平均	27.380	15.487	17.003	16.003	36.840	33.097	24.061	13.800	500.000

注:以上总平均为24.267立方公尺/秒。

8.雨量记载　本局雨量器,系仿德国亥尔满(Hellmamn)式自制。已设站二所,一在岳家坡,即钓儿嘴处;一在三原。所记载之雨量,并与西安陕西水利分局所记载者,列第十一表。

第十一表　雨量记载

单位:公厘

地点	月份						
	1月	2月	3月	4月	5月	6月	7月
西安	5.6	5.5	9.0	60.5	44.0	70.0	105.0
三原				16.5	41.0	24.9	104.8
岳家坡						25.5	74.0

9.龙洞渠未收泉水及漏失流量测量　本局因龙洞渠未收泉水尚多,漏失者亦不少,曾一一测其流量,以研究该渠是否尚可以增加水量,所得结果,如第十二表所列。

第十二表

地名	性质	流量/(立方公尺/秒)	测法
天姥池下		0.2622	
背弓井	罅漏	0.1221	流速计测
大退水槽下	漏	0.0085	
明玉泉	泉	0.0524	
倒流泉西下	泉	0.1176	水门测
王御史渠口	泉	0.1227	
南端六水合小暗桥西	漏	0.0003	水桶测
大退水槽北	漏	0.0006	水桶测
大王桥西南	漏	0.0002	水桶测
大王桥西北	漏	0.0002	水桶测
大王桥西端	漏	0.0001	水桶测
明玉泉铁桶	漏	0.0003	水桶测
明玉泉北一	泉	0.00004(不计)	水桶测
明玉泉北二	泉	0.0032	水桶测
王御史渠口南一	泉	0.0024	水桶测
王御史渠口南二	泉	0.0037	水桶测
明玉泉北	泉	0.0040	水桶测
王御史口隙	泉	0.0018	水桶测
砾磗沟	泉	0.0008	水桶测
倒流泉下南一	泉	0.0017	水桶测
倒流泉下南二	泉	0.0010	水桶测
倒流泉下北	泉	0.0004	水桶测
老龙王庙后	泉	0.0063	水桶测
总计		0.7125	

依第十二表，若能将各泉及漏失之水，完全收复，所获之水与现渠中水量相比。惟量过小而工巨者，实为不值。惟有数处，流量较大者，可以收之。又是种属仰升泉性质，故龙洞渠中凿之甚深，得泉可流及高处。泉出温度，常在二十三摄氏度左右，故

亦属温泉。

10.龙洞渠流量　设测站于小王桥,每星期测一次,此处平均流量为每秒一点一五立方公尺。又于周家桥测一次,得每秒为零点七五公尺。距上站不过一至二公里。水之损失,已有百分之三十。缘野狐桥至此渠滨,泾水之渗失甚多故也。

11.王屋一斗流量测量　龙洞渠水至此始实行溉田,占旧渠之上游。曾量其过斗之水,为每秒零点五立方公尺。凡过水历七小时,得水量一万二千六百立方公尺。据云,溉田一百五十六亩。准此,则每亩得八十立方公尺。此处之田,每月灌溉一次,则每亩每日费水二百六十六立方公尺。惟灌溉之法不良,常致水损失于道路间。故知实际所需水量,必不如是之多(第十三表)。

第十三表　测量日历表

时期	陆测量队	水测量队	陆、水二队合作
民国十一年(一九二二年)十月二十二日至二十八日			监制测量器具、检查仪器
二十九日			旅行
三十日至三十一日			大概踏勘
十一月一日至十九日	妙儿岭越山导线及水准		
二至四日		安设北屯流量站水尺、水准测量定水尺零点	
六日至七日		安设二龙王庙泾河水尺及龙洞渠水尺、水准测量定水尺零点	
八日		校验流速计	
九日		探旧渠水深及量流速	
十一月十九日至次年一月二十日、二十三日	仲山形势测量		
十一月十日、十七日、二十四日		探泾河水深及量流量	
十一月十三日、二十一日、二十五日至二十九日		沿泾河测导线	

续表

时期	陆测量队	水测量队	陆、水二队合作
十四日			量三角网基线
十五日至十八日			量三角网之角
			测水准
十一月三十日、十二月二日、四月九日、十一日、二十日、二十六日		测泾谷形势	
十二月一日、八日、十五日、二十二日、二十八日	探泾河水深及流量测量		
五日至六日	督曳新船白公号上至二龙王庙流量站		
十二月十二日至十六日		量三角网角及旧渠漏失与未收各泉之水量	
十八日、十九日、二十七日		局内工作	
民国十二年（一九二三年）一月二日至六日		探旧水深及量流量	
八日、九日、十五日、二十二日、二十五日、二十九日		泾河测流量	
十日至十三日、十六日至二十日		泾谷形势测量	
二十一日		踏勘至泾谷深处	
二十三日		局内工作	
二十六日、二十七日、三十日、三十一日		泾谷形势测量	
一月二十一日至二月五日			沿旧渠设固定点、测横断面及中线深至石桥，以及局内工作
六日		测泾河流量	
七日		测旧渠流量	

续表

时期	陆测量队	水测量队	陆、水二队合作
八日至二十六日			寒假
二月二十八日、三月十四日	新干渠导线至觅点及水准		
十五日至二十七日	沿清河导线水准		
二十七日至三十一日	沿仲山脚导线觅点及水准		
四月四日至十九日	新干渠导线距离及角度		
四月十九日至五月一日	沿清河导线及沿山麓导线量距离及角		
五月二日至六月十一日	新干渠导线（距离角度及水准俱在内）		
六月十三日至三十日	局内工作（计算点高及经纬标）		
四月四日至六月十五日	沿干渠导线形势		
十六日至三十日	局内工作（制图）		
二月二十八日至六月二十日		测流量继续进行	

12.灌溉面积　本局依陆军测量局所制图及参考志载，制成灌溉区域图，缩尺三十万分之一，如第八图。灌溉所可及之地，以一·一·一线为界。计可溉之面积在清河与渭河之间者，为南区，凡一百四十二万二千八百八十六亩，合八万七千三百六十一点二公亩。清河与洛河及渭河之间者，为北区，凡二百九十七万一千七百八十七亩，合十八万二千四百六十七点七二公亩，又分县计亩见前。

13.地质　仲山及泾谷岩石，以石灰岩为最普遍。有白色蛙粒形者，为良好工料。有深青色质致密者，多见于泾谷河床。其次则为红色页岩及砾岩，质碎脆，易破裂，易漏水。岩石之走向，大抵为北一百一十八度，西倾角六十度。泾谷之处，多现摺屈之状。至于凿洞筑堰等处，山腹石层，尚待详为考察。

渭北灌溉区域图

我之引泾水利工程进行计划

(一九二四年十月十二日)

诸位董事先生：引泾预备工程已做了两年，各项测量可以告结束了，各项工程计划有了成算，我们不赶紧预备兴工，使这项大工快速实现，更待何时？但是诸位先生想想，我们兴工的款项，还莫有一定着落哩。协自去年夏间直到现在，各方面筹划，如何筹这宗大款子：一是地方人民方面的。曾经屡次用白话演讲，开董事会商讨自动筹款的法子，莫有甚么效果。大家都以为民治民难，地方筹款也非借用官力不可。二是政府方面的。承省长累次表示，对此项工程认为必办，并引为己责。但是既要省政府负筹款之责，必须由省政府经办，若对公立机关便碍难负责。三是外人方面的。经协与华洋义赈总会及亚洲建业公司，累次浃洽，派员来此勘察，对于这项水利都表示热心赞助，却是都离不了下列各条件。①陕西须自己能筹款至少一半；②外方借来之款须有确实担保；③此项借款须经本省省议会通过，本省长官签名，负完全责任。亚洲建业公司总经理曾约协五月间到上海磋商条件，因他不久要回美国，便可在美国募款。协莫有能去的原因，后面再为叙明。华洋义赈总会也于三个月前公函刘省长，请他把需要条款办妥后，派员到北京磋商借款，但至今尚未派员，未派员之故也要在后面叙明。外人借款帮助，俱出至诚，但是为什么一定要有多少条件呢？据他们说有以下各理由：①中国政府对外信用，失得太多。引泾水利是为人民利益最好最大的一样事情，故他们乐助以得令名，但不能不慎审一切。②陕西地方交通不便，兼之军政未能十分统一，地方不是十分稳静，所以教他们完全投资当一种营业办法，他们是不敢放心去做的。③他们要帮忙做此事，便希望此事成功，若无成功希望，老实不客气，一句话便不帮忙！却是怎么样才有成功希望呢？说须得陕西自己先有决心表示。怎么样便是决心表示呢？说陕西须得自己先拿出钱来，若自己一个钱莫有，专仰仗别人，老实不客气，一句话免开尊口。④他们借款给任何省份，不能随便同甚么人说话，只认行政长官一人，这是手续必应如此办的。

外人讲的这些理由协认为充分，其中尤有了颠扑不破的真理，即是我们必须自己努力，人家才肯帮助。西谚说："天助自助的人。"中国俗话说："死狗扶不上墙。"比如一个人家自己盖房子，必先自己尽力出钱，不够再向亲邻去借，才好启口。如自己袖手不动，口里喊说你们大家拿钱出来，替我修房子呀，修好了我还你钱。大家想想这样的人，谁肯拿出一文钱给他用？大小不是一个理吗？

对外人，我们陕西本省是自己，人家是帮助我们的。对一省，我们办水利，县份是自己，其余各县是帮助我们的。有人说你为什么不请求省长把西府罚款拨一大宗来办此事呢？大家也不想想，这宗罚款是好容易来的吗？别的县份人民受累，教我们几县人民享利，心理上怎好安贴？给人口齿上讲起来，怎好意思呢？

所以协筹款办法，始终认定客主之分。主人须自己努力，客然后帮忙，这是天公地道一种办法。协的办法是募水利公债，工款须用多少，十分之六在本省募，十分之四募外债。本省的十分之六内，十分之四在办水利各县募，十分之六在其他各县募。公债条例及保款办法，已在省署议妥，等候时期发表。

本省华洋义赈会所拨引泾专款，经渭北水利工程局预备工程用过的及存留的，一律亦可作为公债。于水利公债条例经省长公布之日起，一同起息，将来成功后，一例本息归还各县。

协之计划之阻碍上面说得明明白白，本地方自动筹款：①力量不足。②民治民难。借外款外人必须本省行政长官负责，但省政府对公立机关碍难负责。本省筹款，省政府亦必须事业由省政府经办始肯负责。这样说起来，渭北水利工程局是公立的，省政府当然不能负责了。诸位董事先生能自己想出一个不靠政府筹款的法子，我们便可独立去做，如不然请下一转语。省长的意思是要将此事交陕西水利局去办，但是水利工程局总办李仲三很不赞成。李总办的意思，是要设一专局，属国立的，由大总统任命替办，也未尝不是一种办法。但协想现在的中央政府无钱无人，多少国立的水利机关如全国水利局，何尝能做一件事？如导淮、如治运、如治江、如太湖水利、如吴淞商埠、如葫芦岛商埠等等，哪一样给做前去呢？独独地放一位大员扩大范围，一事办不动，反不如本省做主踏实去办得好。

李总办的主张很坚，所以累次到北京去运动。第一次适值政变失败了，第二次又去，不想他的性子太急，专局立案的公事尚未上去，他已竟运动起替办来了，又归失败。他自己走错脚步，反疑惑协从中作梗，于是反对引泾交陕西水利分局去办之心愈决。但是他从来也不自己想一个进行的方法及筹款的办法。

近来他不免有意与协为难。如工程上用人，本属协之权限，于是协要用的人他偏不答应；协依靠得力的人，他故意将他黜职。

他此次忽然随胡师长出去打仗去了，也不知曾向董事会请假莫有，到顺德以后忽然来一信，要将引泾之事暂时停顿，等战事结束，他回家再筹款去办。

他的意思无非恐协借他在外暗移权柄,所以出此策。但协向来光明磊落,何能出此。天下事能办就办,不能办便知难而退,何必与人相争。协的意思,华洋义赈会所存引泾专款尚有数万元,再请省长拨给今年本省附加赈款,便可以今冬开工。待水利公债通过省议会后,即可一面在外商量借款,明年起公债便可源源而发,工程自可接济不断。但是根本问题不解决,一步也不能进行。所以亚洲建业公司总经理已经回美国去了,尚未能与浃洽;华洋义赈总会,至今省长未派员去。协对于渭北水利工程局建议则可,主张则有所不能,现预备工程可告终结,值李总办从戎出外,只可将一切交之董事会,自告无罪。以后应行如何办法,请董事会公决。

呈报京沪旅行所办公文

(一九二四年)

呈为京沪旅行所办公务详为报告事。窃协前奉钧谕,往北京、上海一带浃洽水利借款及调查航输事。当于八月十四日由西安动身,二十二日到北京,即往见柯乐文君。由其介绍得识亚洲建业公司经理卫琛君及慎昌洋行代表丁君。与谈渭北水利及黄渭航运二种计划,二君皆甚为欣赞。继又往见华洋义赈会总干事艾敦甫君,洋书记马乐利君,华书记章彦驯君,与谈渭北水利,示求助意。当以该会工程委员会人员,刻值暑假,多未回京,乃定于九月十五日开会。继又由柯乐文介绍,调查汽车厂数家。以华洋义赈会开会期尚远,乃先往上海,道过南京,用打字机印英文《渭北水利报告》五十份。至上海复与卫琛君相会,又晤《弥勒周报》主笔鲍惠尔君,嘱为渭北水利鼓吹。《北京导报》《弥勒周报》已皆著有论文。卫君召集一茶话会,集亚洲建业公司及慎昌洋行诸工程家,参观渭北水利各图表及报告书。经协为之详细解说,群啧啧叹为最有益事。卫君表示,若华洋义赈会未肯担任工款,伊愿竭力助之。惟须有外国工程师往陕,实地调查。乃自济南电召贝克尔来沪相晤商,与同行来陕。议定,复于求新厂、怡和洋行打听开何机器价格。事毕,即复往北京,参与华洋义赈会工程委员会,会期改为九月十七日,会日柯乐文君亦莅会。莅会者□会员五人,审查协所交图表报告书等,亦许为极应做之事。惟会中主要工程师,如柔斯,如塔德,尚在外洋未返,未能通过借款议案。当由协申明,留图书该会,俟数人归,再开会表决。复由柯乐文君介绍意乐洋行经理莫贲内君,与商黄渭航运事。莫君在中国经营机器,承办工程数十年,最近辽河开河机器,即其所办。协与倾谈不下七八次,知其于□□颇有经验,协以向来吾陕所办实业多遭失败,凛凛然惟恐前覆之是继。乃约与同道来陕,亲历黄渭,实地考察,较有把握。承其允肯。在京津又与刘梦锡相遇,述省长盛意,劝其回陕,共约同行。贝克尔及刘梦锡为中美工程师协会会员。十月二日至四日,该会在青岛开会须参与。协虽非会员,借此与中外各工程家把晤,借以宣传吾陕二大计划,乃亦随往。会毕,适值孔子圣诞,迂道往曲阜外谒宫墙。即回京与贝克尔、莫贲内、刘梦锡,十月十日及十一日先后出京来陕。至陕以后,承省长待遇殷渥,诸西人非常感忱,颇愿竭力襄助陕西实业进行。贝君往三原、泾阳调查二次,莫君调查渭河一次,已在省长洞鉴之中,不必赘述。十一月二十一日莫君及刘梦锡乘骡车东行,拟由三河口下调查黄河至陕州。二十二日西安华洋义赈会开会,同贝君往与会,述渭北水利之进行需要。贝君之意,以为以后筹巨款果有把握,以恢复郑渠大功,则应按协所计划做去。若无此力,则可先整修旧渠,筑一低堰,先谋恢复白渠范围。灌溉百余万亩,年限可短,见利虽小而速。实效既见,则筹划大工自易。即以小计划为大计划之张本。经会中取决,按贝君所见做去。惟泾河水涨极猛,而挟沙极多,故昔人惮之而拒泾,此不可不防。经协建议,即用小计划,渠首一段亦须以洞代之,设闸闭洪,贝君亦以为然。惟是项计划,经贝君估计,连下游修拓旧渠道,接展新渠道,亦不下一百五十万。华洋义赈会通过可以借款,兴此工程。惟须省长担负征收水利附加税,以偿借款之责任。卫琛君亦屡来函称须俟贝克尔君报告后乃决定意见,惟有极愿相助之热诚。军事未尽统一,田亩时见鸦片,或足为此事之碍。然须力尽人事以求其成耳。二十三日,协送贝君至潼关,复与莫、刘二君遇,乃嘱梦锡一路招待,协即勘查黄河岸工及龙儿堰水桥工程。二十八日回省。黄河航运之事,仍须候莫君再次报告来,再为详报。渭北水利事,仍望省长极力主持,与华洋义赈会或亚洲建业公司商订借款兴利办法。协亦即往渭北,与彼中要人会商令其辅助省长一致进行,无生分歧之见,怡和洋行开河机器估单,至今未见寄来,求新厂估每日出泥五百立方码之开河机器,须价三十万两,不算运费。慎昌洋行承办□□□□之开河机器,须□□□□□两,□小相若。与莫君商,仍以□小机器先做第一步工程,以长□□为宜。以后再谋其立者。无论开河机器及轮船,□须□□□□□□,求□家特别计划,□求适用。不经□□享有□,□□□□不□□□。□在于此计划审之又慎。仍望省长极力主持,以利交通,以□甫成。呈规章一项,行于陕西之土路,以道济为最适宜,他□非□轻即太重。□□□□,或易□路。候□□当择其样本及价格呈阅。所有局长旅行京沪,办理公务及回省经过各项情形,理合具文呈明,钧座鉴核,□□□□,实为公便。谨呈陕西省长。

勘察泾谷报告书

（一九二四年）

　　渭北灌溉工程，自北京华洋义赈会派总干事梅乐瑞、工程主任塔德等来陕勘察，复于陕省当局为一次之会议，经费问题已大半解决，而预备工程，如测量计划等，均先后告竣，惟泾谷水库测量尚未完备。稽至前年冬，曾进行一段，计费时二月许。由谷口溯河而上，测两岸形势及河中横断面，已达七公里有半，徒以泾河经万山中，两岸尽数齐崖，高至二三百公尺不等，无法前进，而河床既深，水流又急，且乱礁随处皆是，既不能徒涉，又不能乘舟，故是中止。去年冬，复偕员役三十余人，大举入山，沿河两岸，分二队由山顶行，以三角销互测并进，以测河流之曲折距离及两岸之高度。同时察其能达河床处，即测其形势、高度并横断面，然入山后，至前年停测处。复以山险废然而返，徒劳而无功。无已只可由岳家坡起，测导线及水准。沿北山麓而东，复北折，过口字头，至淳化西，越咸仓下至田禾滩，以期绕越人迹罕到不能施测之山谷，而得其上游高度，则将来之高堰筑成，水面是否能淹至淳化等处，并期上游下测或可成功。然测队至田禾滩之鸡头关后，其不能前进之情形，已与上两等，所以泾谷测量一事，终未有美满之结果。然施工之期将近，则泾谷测量愈不可缓，故于本年四月二十八日，同人等偕健仆五六人，携帐篷、干粮复入山，以勘察泾河之趋势，山路之险易及山岩之情形等事，计费时七日，行百余里，仅将观察所及分述如后。

　　由岳家坡北起，过苗家、宗家沟、侯家山西北折，沿山坡行及顶，遇樵夫询入山之路，略知梗概。下山抵齐家山，可望及前年冬停测处。绘图一，摄影一。稍息后，下陡坡至沟底（此沟名十字沟，去年冬大举入山时，诸员役至此而返）。

　　逾时上山，坡更陡，上行不易，每停足休息，即可从事描绘草图。及登山顶至大险，该处位山坡东偏，有土窑，采樵者十余人居之，出作入息，每人日可得柴三百斤，驴骡可到，专事运柴。近旁无泉取水，须至十字沟下方能得。两旁丛树已斩伐殆尽。沿山脊西南行至西猴窝对岸（西猴窝为前年测量所及处），向泾谷口摄影一片，并绘沿河两岸草图，又向北摄影一帧，示泾河在西猴窝上之形势。再北则有深沟为界，不复前行。又折转大险过山脊下过黑林坡,有土窑,采薪及牧羊者居之。乃下深沟至对山上坡,沿半山西北行,可望泾河沿途,描绘地形,又向南摄影一帧,示泾河形势。当上、下二涂沟,始间北行。曲径两旁,山柴丛生,嫩绿可爱,就中以山牡丹、紫荆及刺玫为最芬芳。途过大车崖,该岩高十公尺,为旧日岩石之裂缝,今则下半崩圮成长方形,颇美观。上至山顶,至鹿角顶有土窑数处及水窑一,以天干已枯。沿山径下,绕两山脊至下窗,此处有路可通河底。河岸亦系石灰石,平滑人不易行,沿河上下均可行五百公尺。河宽约四十公尺,对岸山崖光齐,不能行人。洪水遗迹可寻见,约高于常水面五公尺。河旁细泉四处,味与龙洞渠水同。由下窗上山西北行,西折南下,有背炭、放羊之路尚可行,真山中之康庄也。两面加以杂花,实山中之园囿也。数里至一山梁,旁有土窑,为烧木炭人所筑者。此段泾河自西北来,折南折东,又折东北,至河湾有十余处之多,故此梁三面环泾,若半岛然,因名之曰三面水。而奇崖绝竖,直落深渊,实河上之大观也。惜是日风大雾重,致不能视远,又不能摄影为憾。后于巉岩之上,见湢河曲濛濛中,有窑洞二三,足为吾人住处。盖有窑必有人,有人必有通行之路,又足为吾人就易之步骤也。沿途见表面石灰岩尽风化成白色土壤,又见页岩数层。由下窗西北行可至上窗,有烧炭及牧羊者之遗迹。过山腰再下走,即到沙坡。沙坡背后高山之后为黑沟,灌木重生,采樵者以千计,烧炭者亦以千计,名称则又各不同。沙坡有土窑四。东南向顶天寺,沿山土甚肥,林极茂。将来水库成后,水平利舟楫,便运输,则此数千年来人迹不到之穷谷,一变为森林、畜牧、农业场所矣。沙坡之西有深沟,即黑沟之出口。两崖壁立,宽可五公尺,一线通天,因名曰一线天。下雨之时,黑沟之水由此入泾,亦一奇异之瀑布也。沿河岸为极有规则之石灰石构成,坡度三十度,平滑异常,石质坚硬,且极美观,长可二百公尺。摄影一幅,以示石层。然对岸则石松易圮,杂铁质极多,又为立壁。河中石礁耸立,即由崩崖陷落所致。稍东有泉水一处,水甚旺,约有零点零二立方公尺之流量。两岸洪水位遗迹甚显。由沙坡过黑沟、花家窑上山,山甚陡,缘崖而上,得山路。上山越岗,测绘数事,并摄影示泾河之形势。下山西行,抵华山子,有土窑及烧炭、放羊者。再西即下坡,坡逼近泾河,高约一百公尺,水声如万马奔腾,因[之]摄影一。复前行,则路甚小,履崖壁攀柴而过者数处,故极不易行。过此下坡至河底,此处泾河宽一百五十公尺,岸为页岩,对岸则以砾岩及丸石积成,有类似钓儿嘴者,跌水约五公尺以上。岸旁洪水位甚清晰,约高于常水面八公尺。沿河溯流可行八百公尺,由山谷上山,谷中皆黄土,而深山穷谷,人迹罕到。草木之腐烂者均成沃壤,故林木极茂,就中多山桃、倭桑、刺玫及榆、柳等。及上山脊,又可见泾河两岸已有人居处。复沿山脊向南测泾河地势,山极峭,幸有路螺旋而上,刺梅及紫荆夹道,芬芳扑鼻。及巅则见五峰辐射,若人之示其掌,伸其指然,故名之曰五指山。山之三面皆绕泾河,曲水回环,仿佛妙儿岭下之钓儿嘴,而周名兴隆堡,今则堡垣犹有存者。

　　山顶土甚肥,大可数十亩,线之长则三倍之。山上有古庙、古窑、石磨并枯树根一枝,盖旧年之人居处也。下山后至泾河岸,河宽可一百五十公尺,急流在下,溯源可行五百公尺。山以页岩成之,与前处之页岩同为一脉。再上则为洪门,土名"鬼门关",两岸壁立,高至二三百公尺,中为河床,宽仅四五公尺。水流缓而深,盖泾河穿石灰岩而过,质甚坚,不易崩圮,出鬼门关后,骤遇页岩,水蚀风化,至为易易,故峭壁之后,即继之以平坦宽广之河面也。摄影一帧,示洪门形势。由此沿山而上,可望泾河之来,如广惠渠之形象,又摄影示险。

　　复前行,则人迹鲜少,冬青布满。山路则多为野兽驰驱,黄土、树根又多为野猪所松动。然山属黄土,杂以页岩,若阶级然。故山坡虽陡,丛林虽密,尚可行。当过深沟,沟底有窑,为烧炭者之住处。过沟上山西北行,则山坡较平,而丛林倍密,而西峭壁直立,俯临泾河,南望鬼门关,尤见形势。沿山西北行,望有树木数株,路上并有牛、羊足迹,知去人家不远。又过二陵沟,始至白草梁。测形势后,即息于杨姓窑前。

　　白草梁距田禾滩约二十里,目能及之。去年田禾滩测量已至磨子岭,距此仅十余里,且水库之远,必不能至此,故此一段尽可由白草梁上北望,以测泾河之梗概。复摄影一片,示当地形势。故勘察事可由此处停止。况至田禾滩后,须二日始能回岳家坡。此处经北山后,即一日可到。登钻天岭后,可尽览已过形势。由北山之北坡东行,路大而平,为山前人由山中运柴之孔道,清光绪间柏公所创修。山顶摄影一,示此次经过之地形,即返岳家坡。

　　山中路程一览:

　　泾河东岸进山有三要路:①由白王村至徐家山上山,经钻天岭分二路,一路入黑沟上至大险,长约五十里。一路经花家窑至白草梁等处,长约八十里。②由范村、李家北上山,过山腰入大险,至黑林坡,长约五十里。③由苗家过侯家山,走喜峰山之后,至齐家坡,长约二十里。以上三路,为驴、骡运柴运木炭之要道,采樵者及烧炭者必先以人力背负至以上等处,再以畜力运转。此次探谷索取之路,系经齐家坡、大险、黑林坡、大车崖、鹿角顶、下窑、上窑、沙坡、花山子、兴隆堡而至白草梁,能驻扎测队,而取水运输均便处为齐家坡(窖水)、大险(泉水)、下窑(泾河旁甘泉)、沙坡(泾河旁泉水)、兴隆堡(泾河水)及白草梁(窖水)。

　　沿河岩石多半为坚质之石灰石及松质之石灰石,或含铁或含斜长石结晶,并有数层石灰石,已为风化变为白色土质,次则为页岩,有斜形及正方形龟裂二种。

　　野花草则有紫荆、山桃、刺玫、椿、榆、皂角、藤、野葡萄、六不通、山韭菜、山蒜、羊奶草、野牡丹等,动物有蛇、野猪、豹、狼及狐狸。

请拨庚子赔款以兴陕西引泾水利说帖

(一九二四年)

庚子退还赔款有主以兴教育者,有主以筑铁路者,各有其理由,但教育、交通固极重要矣,然实际利厚民生,增殖产力之事,亦不可不注意焉。中国目前之患在于■■,■■之生由于饥馑饥寒所迫,铤而走险,教无所施,法无所绳。故中国古语曰:"既富方谷。"又曰:"仓廪实而知礼义,衣食足而知廉耻,实不易之理也。"中国自庚子以后,债款重重压迫,国家帑库以之虚,人民负担以之重。举凡治导河流兴筑水利之事,皆欲有(?所)为无力而止。于是民国以来,频年旱荒水灾,层见叠出。友邦好义,屡助赈款,而从未得根本去灾免荒之术,失业之民得箪食壶浆,苟全性命,而妻孥牵累,前顾茫茫,仍难做久活之计,不得已则非入伍为兵,即入山为盗。人但见兵盗之为害,而不知其咎仍在执政者不能兴以他项民生之道也。今者各国慷慨好义,退还庚子赔款,其意固欲抒中国之民力,望其脱水火而登衽席也。然此款苟用之不得其当,或掷金于虚牝,或加油于烈火,非徒无益反以为害,是岂列国美意之所存哉!故某等意以为宜用此款于利厚民生,增殖产力之事业,大如苏、皖之导淮疏湖,小如陕省之恢复古渠引泾灌溉,皆为致民富庶清绝益源之要图,望诸达人君子加之意也。

按引泾水利计划经渭北水利工程局测量计划(报告书附呈)及华洋义赈总会总工程师塔德来陕调查估计,第一期工费约需一百五十万元,溉田可一百二十万亩,每亩摊费一元二角五分。现时旱地价至多每亩银八两,合十一元五角。月溉一次之地每亩平均银三十两,合四十三元,是水利成功之后,每亩之地可增价三十余元。旱地丰年每年收麦平均六斗,生棉三十斤。歉岁每亩收麦平均三斗,生棉十余斤,凶岁完全无出。月溉一次之地丰岁每亩收麦十四五斗,生棉一百斤以上。凶歉岁亦每亩收麦八斗以上,生棉八十斤以上。计一百二十万亩之地完全灌溉,平均每亩收麦一石,生棉一百斤,以之种麦便得一百二十万石,以之植棉便得一亿二千万斤。现时麦价每石十四元,将来价落以十元计,生棉之价每斤以一角计,即每年无论种麦种棉俱可获一千二百万元,其增加陕西中部人民生计,防止旱荒,为益非小也。一九二二年秋禾全灭,一九二三年麦收十分之一二。今年亦然,于是百物昂贵,人民生计困险万及。

在丰岁时,使水利所及各县人民襄助巨款以兴此工亦殊非难,惟连遭旱荒之后,人民饥饿交迫,向之募筹,则殊非易。

北京华洋义赈总会对陕西此项事业甚为赞助,已许助借五十万元,其他一百万元仍须陕省政府自筹,惟政府筹款仍须取之民间。集腋成裘,不知何时始可有济。而此项工程则饱经荒旱之人民望其急开,如大旱之望云霓也。倘蒙诸有力君子赞助,使得以庚子退还赔款一小□□拨此项工程之用,则敝省人民愿以下之条件相商:

(1)此款由庚子退还赔款委员会主持交于北京华洋义赈总会,或另指机关委托办理。

(2)款之用途完全由其监督。

(3)此款或作为捐款,或作为借款俱可。

(4)水利二年或三年工竣,每亩收水利注册费三元,计可得二百四十万元。

(5)所助工程若系捐款性质,则所收注册费由庚子退还赔偿委员会会同华洋义赈总会指定作为陕省任何须有益人民之专款。若前□系借款性质,则以注册费作借款利息,担保及债还本息之用。

(6)以上各条,当由陕省省议会认可,省政府负责执行。

如此则此项拨款用而仍存,或以之兴教育,或以之办实业,或以之办交通,仍得听其措置。不过二三年间的人民之获利无穷,灾歉永息,不等办赈衣食充足,■■敛迹。彼此兼利,何善如之？谨此吁请□□□□察。

陕西渭北水利工程局第二期报告书

(一九二四年)

一、引言

渭北地面水利之需要,古代引泾之沿革,渭北水利工程局之组织,引泾计划之大端以及一九二二年后工程局所做一切业务,第一期报告中已详言矣。本期所载录者为各项测量事之总括,工程计划最后之采择,各项工程之设计,工费之改估及工事进行之步骤。上述业务总工程师尽督率指导之责,至于各部之设计则计划工程师须君悌为之,其他职员襄助计划测量之事者有刘辑五、胡竹铭、段仲韬、袁敬亭、孙次玉、王南轩、张子麟、南东耘、胡润民、董康侯、陆丹佑,皆劳绩甚著,所深感也。

(一)地形测量

测量地形始于民国十一年(一九二二年)八月,正渭北水利工程局成立之后,地形测量队以队长一人,测量员二人组织之。民国十二年(一九二三年)春以事务加繁,增加测量员二人,其后又视测务之情形而分为若干分队。兹将自民国十一年(一九二二年)八月至民国十三年(一九二四年)八月二年内工作述之于下。

1.导线　除施测仲山泾谷三角网外,其测量均以经纬仪先测导线。导线之距以网尺或钢链量之。其方向则以方位角、直接角等法量之。然在一导线则用一法以免错误,角度均细读至二十秒。

2.记载　线以拉[丁]文字母,记载测站则以数。

(G)线始于岳家坡沿北山之麓,东迄瓦窑头,长五十点六六公里。

(CI)线始于瓦窑头,上承(C)线,东北行抵富平折面东,经于村至东茯苓村之西百米达抵洛河边,长七十五点三七公里。

以上二线为拟凿干渠之中线,将以灌清河以北、洛河以西之地者也。

(g)线起自赵家沟之南端,与(G)线相接($d_o = G-S$)。循旧渠经王桥、石桥、汉堤洞、三贤闸以迄高陵,长五十二点二公里。自三贤闸测支线抵娄子,长二十四点八公里。

(M)线自岳家坡妙儿岭下抵泾河底,长三十九点一七公里。

(N)线自泾渡沿泾河东北行八点七二公里与(R)线相接。

(R)线自(M)线之北端(即泾河底点)起,西南行十一点一六公里与(H)线相遇。

(K)线自(M)线北端起,沿泾河左岸上溯八点七七公里,渡河沿右岸,再前进十四点五公里而断,续以三角网以测泾谷。

(T)线起于鲁桥镇(C)线之C-157站,沿午渠经西羊至大程与(P)线相接,长六十二点五九二公里。

(TS)线自(C)线之C-99站起,西北行续以(TR)线,经石桥至淳汒折西行至咸仓,二线共长四十五点二四九公里。

3.水准　导线水准相辅而行,测尺细读至公厘止。沿导线每二公里设基点,岳家坡基点为原点,其高出海面设为五[百]公尺,其他基点之高则均自此点推得之。兹将各重要基点之高列第一表于下(计划书中则另有一表详列各基点之位置改正高度以备参考)。

第一表

高度/公尺	位置
500.00	B.M.O. 岳家坡
446.70	赵家桥顶
442.92	B.M. 惠民桥东岸
460.92	B.M. 泾河左岸附近
805.34	妙儿岭最高点
440.93	B.M. 石桥西南关帝庙前石碑上
433.36	B.M. 瓦窑镇南首路西
447.13	B.M. 杨任村北墓碑上
387.53	B.M. 于村北石台上
383.68	B.M. 高陵北门外东石碑上
424.59	B.M. 三原西关西门外桥边石上
422.24	B.M. 三原东关东南门外大桥上
424.91	B.M. 三原本局门首石阶上
369.93	B.M. 栎阳旧渠桥南
359.04	B.M. 交口东北大巷堡西门外石碑上
452.21	B.M. 鲁镇北旧渠西坟场石台上
379.48	B.M. 圈子堡东首庙角上

4.地形　地形测量均以经纬仪、水准仪所测之导线为基础,而以平板仪施测者也。其比例之大小,同高线之差度,视施测之目的而异。仲山平面图比例尺一比二千,同高线差十公尺。绕仲山施工处先测一小三角网,借此三角网之测站与导线之助而测得之,以比定引水各部工程。

5.泾谷形势图　为定堰基及泾库容积,故施测泾谷图如下:

(1)自北屯上迄二龙王庙上四公里之泾河图,面积九点一平方公里,比例尺一比五千,共测横断面五十处,以经纬仪测之。

(2)高堰基址图,长二百四十公尺,宽二百公尺,同高线差一公尺。每开一公尺,测横断面一,以经纬仪测之。

(3) 自妙儿岭上溯泾河,长十五公里,宽三公里之泾谷图,为定泾库之用也。仲山基线即用以为测此图之基线,以三角网及平板仪测之。

(二)干渠测量

自岳家坡以东抵洛河测导线,以备计划灌溉清、洛间地之用,已如上述。

沿此线自岳家坡以东迄仇家三十公里间之平面图,用平板仪以测成者十四纸,面积七十八平方公里。惟高堰不筑,水量不足以供灌溉清洛间地之用,故施即中止。

(三)灌溉地测量

清河南北为泾河水量所能灌及之地,故以平板仪基导线,分区实测成图如下:

清河南灌溉图借沿旧渠导线分导线水准为基础,以平板仪测之,成图五十幅。比例为一千分之一,同高线差二公尺,每幅占面积九点六方里。清河北灌溉图借午渠及计划干渠之导线为基础,成平板图十八幅,比例如前图。

上述二图并合绘成缩图一,比例五千分之一,同高线差如前,为定支渠大势之用。至其详细形势仍可按前图得之也。

(四)旧渠测量

自广惠渠口下迄野狐桥止,渠长三点五公里。均由凿石而成,宽狭深浅至不一律,且有数处范以石堤,颇呈危险。本段所测者为横纵段面及水位。自野狐桥至马道桥,渠长四公里,两岸范以高堤。本段所测者导线与水准自马道桥下迄西贾村,长十公里,已测其距及水准。

上述旧渠测量,除断面图外又成平面图一,比例二百分之一。

(五)其他测量

拦河堰基图,比例二百五十分之一,同高线差一公尺。据此图定拦河及引水洞口。此外于木梳湾及汉堤洞低洼处,测其地势,借作水库为调剂泾河旱潦之用。

(六)水事测量

1. 雨量　水利工程局成立之后设雨量站三处。

(1) 西安站:民国十二年(一九二三年)一月设立。

(2) 三原站:民国十二年(一九二三年)八月设立。

(3) 岳家坡站:民国十二年(一九二三年)六月设立。

所用量雨器为汉孟式。兹将民国十二年至民国十三年(一九二三年至一九二四年)三处降雨量月份列第二表于下(降雨量以公厘计)。

第二表

雨量站	年份	月份											
		一月	二月	三月	四月	五月	六月	七月	八月	九月	十月	十一月	十二月
西安站	一九二三年	5.6	5.5	9.0	60.5	44.0	70.0	105.0	55.5	157.5	35.6		
	一九二四年	5.0	4.8	33.0	4.0	71.0	17.3	61.7	54.0	33.3	144.0	16.8	2.8
三原站	一九二三年					16.5	41.0	24.9	104.8	45.0	71.0	57.0	
	一九二四年	6.0	10.5	9.5		71.5	16.0	62.0	31.0	119.0			
岳家坡站	一九二三年						25.5	74.0	95.7	82.8	4.4		0.5
	一九二四年	3.0	6.5	12.3	1.5	42.8	18.4	47.1	31.0	104.0	108.5	1.5	0.4

民国十三年(一九二四年)八月,饬人携带量雨器记载格式前赴甘肃濒泾各县,设站六处。同时又令行本省濒泾各县派人来局学习记载,携带仪器回县,设站五处。惟甫经成立,呈报记载者寥寥,且多不合适,不可用,故不赘。

兹将新设雨量站各县列下。

(1)属于陕西者淳化、醴泉、邠县、长武、栒邑。

(2)属于甘肃者正宁、环县、庆阳、平凉、泾川、镇原。

2.蒸发　民国十三年(一九二四年)八月设蒸发器于西安及三龙王庙,器为一盆,以苍铅为之,面积一平方公尺,深十六公分,固置于风日不蔽之旷场中。盆之中立八公分高之锐针一,每晨以量杯注水盆中,使与针尖平。杯之容积为已知,故注水若干,即可算得蒸发之量为若干也。二站蒸发之量列第三表之下。

第三表　民国十三年(一九二四年)蒸发量

单位:公分

测量站	一月	二月	三月	四月	五月	六月	七月	八月	九月	十月	十一月	十二月
西安站						22.63	20.84	21.04	9.47	4.31	3.23	
三龙王庙站				21.54	21.58	36.35	33.06	30.23	13.50	8.11	17.87	13.14

观第三表,西安蒸发量较之三龙王庙为小,盖因城市之器风日多阻,不能尽量蒸发也。

3.流量　泾河流量测站有二处,惟大半流量在北屯测得。平时每星期测二次,水发则日测一次,如遇洪涨则因设备未周不克实测,所有流量须自 Rating Curve 推算,所用流速计为泼来氏式。法则于水深十之六处,或十之二与十之八处,测其平均速率。兹将民国十二年(一九二三年)迄民国十三年(一九二四年)泾河流量列于第四表。

第四表

单位:立方公尺

年份	流量	一月	二月	三月	四月	五月	六月	七月	八月	九月	十月	十一月	十二月
一九二三年	最大	20.55		45.91	58.00	37.45	17.50	105.50	935.00	305.00	57.87	40.07	27.20
	最小	13.20		28.75	23.26	15.64	10.00	12.50	21.98	31.50	32.42	26.00	8.16
	平均	17.00		36.84	33.01	24.06	13.80	50.00	347.50	62.85	42.15	29.35	20.80
一九二四年	最大	17.58		51.26	40.11	52.36	29.26	54.86	171.10	76.27	149.83	35.95	28.99
	最小	11.43		27.43	16.27	15.83	10.70	8.99	12.89	14.49	21.68	18.30	16.55
	平均	13.41		36.45	24.78	28.15	16.87	22.92	69.00	28.58	56.17	28.00	21.00

4.含沙量　测量含沙始于民国十三年(一九二四年)六月,法以探水瓶于距河岸数公尺水面下一公尺处取水样而称之得其重,置于一旁而沉淀之,再称干沉沙之重而算其百分数(第五表)。本局所用探水瓶为著者特别计划,其构造法附于篇后。

第五表　泾河含沙量〔民国十三年(一九二四年)〕

单位:%

月份	所含干沙重量	
	平均	最多
六月	0.66	4.32
七月	58.10	22.60
八月	23.12	44.26
九月	0.84	2.49
十月	1.21	6.24

所谓平均者乃本月分数次所得之平均数。

泾河水中除含沙外,每于洪水暴发之时,挟带粗砾,但未之测耳。

二、计划之大概

清河南北可施灌溉者约四万三千顷,或六十六万六千七百七十七英亩(若按一英亩等于六点零七五亩换算疑似此处显然有误,下换算同例,不再注明)简分之可分为二大区:间于清、洛、渭三河之间者曰北区,间于清、泾、渭之间者曰南区。北区面积二百九十七万一千七百八十七亩,或四十五万零六百九十五英亩。南区面积一百四十二万二千八百八十六亩,或二十一万五千七百八十二英亩。禾分三类:一曰春禾,棉花及各种豆类属之;一曰夏禾,小米、糜子、高粱、玉米、荞麦等类属之;一曰冬禾,大麦、小麦、豌豆、扁豆、菜籽等类属之。三禾灌溉时期不同:春禾四月至七月;夏禾七月至九月;冬禾九月至四月。需水不一:春禾二十寸;夏禾二十四寸;冬禾二十寸。泾河水量不足是数。但为防止荒旱,下列水量亦足以敷植物生长之需。

冬禾需水二十一公分或八点五寸。

夏禾需水十八公分或七点五寸。

春禾需水十五公分或五寸。

给水观前雨量表,可知降雨不足以供植物之需。雨泽稀少之季,曾不足以抵地面之蒸发,故于计划之时不之计。

泾河流量记载,迄今只二年耳。上游情形,降雨之量,又不之知。实不足以供计划参考之用。惟闻之父老云:民国十二年、民国十三年(一九二三年、一九二四年)两年,实可谓寻常雨泽稀少之岁,故吾人即本是以计划之矣。泾河洪涨较平时流量几大百倍(用以计划拦河堰及导引洞口者),大旱之年几无涓滴,然不常睹,故亦不之计。

流量曲线即基于过去二年实测流量而作,另有曲线表示每月需水之量及不用水时多余之水之可蓄者。观此可知民国十二年(一九二三年)内所有流量亦只足灌溉渭北全区,仍无剩余以备翌年旱荒之用。然除泾河之外,有他水可以引用否乎?无有也。而泾谷窄狭,高堰虽高,蓄水犹少,实不经济。故暂时放弃建筑高堰计划,专事灌溉清河南区。异日上游另寻水库及水库记载更多之时,再行设法灌溉北区可耳。泾河最小常流每秒为十五立方公尺,适等每月三万一千五百英亩尺。合拟修之木梳湾、汉堤洞蓄水库之水总为四万七千二百八十英亩尺也。蓄水库用以蓄非灌溉期之水,并以调剂逐日水量之变迁。

木梳湾水库依实测所得最高水位可为四百五十八点五公尺,堤顶四百六十点五公尺,面积二百二十万平方公尺,水深七公尺,容积一千五百四十万立方公尺。若蒸发量每月为三十公分,库底铺以胶土,蒸发与渗透二者损失每月总数为一百万立方公尺。计算可用之本为一千四百四十万立方公尺,或一万一千六百五十英亩尺。

汉堤洞面积一百八十八万平方公尺，平均深三公尺，容积五十六五千立方公尺。除去蒸发与渗透二者损失五十六万立方公尺，可用之水为五百一十万立方公尺，或四千一百三十英亩尺。

灌溉地数由前节得每月给水总数：

泾流　　　　　三万一千五百英亩尺
木梳湾水库　　一万一千六百五十英亩尺
汉堤洞水库　　四千一百三十英亩尺
共计　　　　　四万七千二百八十英亩尺

若运水（Conveyance）时之损失为百分之四，则可用之水为二万八千英亩尺。每年七月需水最大，每二英亩约需十四公分，或五点五寸，则平均可灌田 $\frac{28000}{0.46} \times 2 =$ 121739.13 英亩（以旱岁无降雨计）。次为九月，每月每二英亩约需水九公分或三点五寸，可灌 $\frac{28000}{0.29} \times 2 = 193103.45$ 英亩。

每年七月需水虽多，惟半数以上种植冬禾之地犹未耕种。在九月则四分之一种植春禾之田毋庸灌溉，故可用之水以之供清河南区二十万英亩，无虑不足也。

三、各部工程计划之大概

拦河大堰引水洞口位于钓儿嘴（第二幅图）（原文缺图）山洞之下，继以引水石渠，再下注于赵家桥附近之淀沙池。淀沙池左凿土渠引水入木梳湾水库。淀沙池下承以排淤渠，用以排淘淤沙。水自木梳湾库出即入旧渠。须重行放大而引长之。

（一）导引线

1.引水线　系指排水堰、排水山洞、拦河大堰、导引洞、引水石渠、淀沙池、引水土渠及木梳湾水库等部而言。各部之高须视水库水位而定。拦河大堰顶高四百六十点五，其余各部之高均系算出，而作有纵断面图。

2.排水堰　系木石叠置而成，位于拦河大堰之上二百公尺，用以阻上游滚下之物，排之入排水山洞，送之拦河大堰下二百公尺者也。

3.排水山洞　洞之断面积为四公尺与三公尺之积，长二百公尺，用以承排水堰排来之物。洪涨之时，亦以助泄洪，以防大堰顶之没水过深。排水堰及排水洞于建筑大堰时，亦用以排水，以便施工。

(二)拦河大坝

大坝顶宽四公尺,长八十五公尺,为 Ogee 式。底之最宽处为十八公尺,最高处十五点五公尺。上游下部七点五公尺垂直,其上八公尺稍向后倾,为一比八之坡。其最大断面以顶没水四点七公尺而计算得之也。所采断面之积较各水压力所需者为大,使大水时堰后真空不致发生,使后坡入于垂水,免堰为真空发生而受过分之压力也。

大堰前后跟均用深三公尺、宽二公尺之隔断墙(Cut off Wall)。大堰之基入河底石中者一公尺。大堰之下继以方石裙墙,长十公尺、厚一公尺。其下再以乱石铺砌,长十公尺、厚一公尺,以承高速跌水。大堰之下近引水洞口处,留一公尺排沙孔二,以备排去堰前沉沙。另备隧道与堰轴平行,以通行人,且启闭排沙孔门。堰身内部以乱石埋于一比二点五混凝土中制成。其外则包以一比二比四之混凝土,厚一公尺。两端翼以方石墙,墙之顶高须露于最高水面。

1.导引洞口　洞口在大堰左上游二十二点五公尺(洞轴至堰轴)前张蛇口式。石墙下铺石,砌向河槽二十六公尺。其下游之石墙即为大堰翼墙。洞口以一比二比四整块混凝土制之。其上设门架、门帮、启闭机等门,为带滑轮司套内钢门式,宽四公尺、高四点四公尺,启闭以齿轮一组及反重司之。门之前备有插板槽洞,内沿顶高度四百六十六点四公尺,底四百六十二点三公尺,外沿混凝土工及翼墙高度四百七十三公尺,在堰顶水面之上一点八公尺(水面高四百七十一点二[公尺])。引水洞洞中流量每秒四十立方公尺,寻常大水适够应用。流速与引水石渠中等,每秒三公尺,水中携沙甚多,速率过大,恐生侵蚀也。洞长二千七百公尺,在石中者一千五百公尺,在土中者一千二百公尺。断面积十三点四平方公尺。在石中者为马蹄式,马蹄半径为二点零一公尺,周围镶以六英寸厚之混凝土。在土中者为长方式,顶成圆弧形,宽三点七公尺,高四点零二公尺,周修石整砌。洞之纵降为一点五比一千,计算石渠混凝土渠时,客脱氏公式系数 n 采[用]零点零一三。

2.引水石渠　为水自洞中流出后,保持同样流速至淀沙池,故下承石渠,砌以乱石,长五百三十公尺。容积每秒仍为四十立方公尺。客脱氏公式系数 n 采[用]零点零一五。断面形如下:侧面之坡举一折半,底宽三公尺,水面宽六公尺,水深三公尺,纵面坡度为一点八比一千。

3.淀沙池　淀沙池长一百公尺,宽四五公尺,位于赵家桥上一百六十公尺。池之下端置排淤闸,池之下左端另置渠首闸,下接土渠。池之用使水速减少,沙泥下淤。另开排淤闸,以排去之。排沙闸亦可为泻过多之水之用。排淤闸闭,渠首闸开时,水速每秒一英尺,沙泥停淤。渠首闸闭,排淤闸开,则池中速率每秒三点五英尺。在排淤闸前者,犹不止是数,但犹较在洞中为小,有时或须借他力以助排淤也。

渠首闸每秒可容四十立方公尺之水经过，为门五，各广三点五公尺。潜阈较池底为高。门系木质辐形，以辘机启闭之。排淤闸为门三，阈与池底平，启之能使池水生排淤速率（即每秒三点五英尺），门及附属品与渠首闸同。

排淤渠沿赵家沟而下越赵家桥而注于泾河，长约一百三十公尺。排淤闸高四百五十六点三公尺，而赵家桥面高四百四十五点六公尺。故排淤渠两端高差十点七公尺，为长方形石渠。自闸以下每五十公尺间设一跌水（Drops），共二跌水。渠底之广为十一公尺，深则随地而变，坡为二比一百。第二跌水以下至赵家桥，间以递渡式。赵家桥顶两旁翼墙将加倍之，以为是渠之出口。

4.引水土渠　长六百公尺，上承淀沙池，下注木梳湾水库，容积可容四十立方公尺之水经过。计算时客脱公式系数 n 为零点零二二五，坡度一比五千，水速每秒一公尺。其断面式如下，底宽五公尺，侧坡直一比一点五，水深三点七五公尺，水面宽十六点五公尺。渠之下端无闸，容水自由经过。

（三）木梳湾水库

水库之东须筑新堤，顶之高度在四百六十点五、宽四公尺，内坡一比三；外坡一比二，最宽处高十公尺。堤身内中筑心堤，以阻渗透。其顶与高水面平（高水面为四百五十八点五），底入地一公尺，旧堤之顶数处须加高。贴水之面饰如前坡，即作为水库之一面，其东北高地亦加以同样之修饰。

1.退水口　惠民桥畔筑倒虹式退水口三，以泻过多之水，惟附近山沟来水不多，而引水洞来水过多时，又可于排淤闸泻之，故排水口容积计以排四十立方公尺，当觉裕如也。虹吸之喉高度为四百五十八点五公尺，即为库中高水位之高。内端设于水中，其顶通以空气孔，孔之入口与高水位平。虹吸进水部以混凝土造之，为长方式，宽二公尺，高一点五公尺，渐入而为直径四十八英寸之圆形，下接以同径之铁管。虹吸之下承以木槽，跨惠民桥，送之泾河。

2.出水口　木梳湾下需水最多之月每秒以二十立方公尺计，干渠之断面积除容此二十立方公尺之水外，又须顾及寻常大水时送水入汉堤洞水库储蓄之量，故出水口与干渠均每秒以能容二十立方公尺之水经过计算。出水口为直径六十四英寸之铁筋混凝土管二，在堤工之下管之中心高度为四百四十五公尺。管之进水端建塔，塔墙备上、下二列，直径二公尺之圆孔六，以进水。上列中心高度四百五十二点五公尺，下列高度四百四十八点五公尺，以垂直滑门启闭之。水库水面在高度四百五十五点五以上时，启上列，以下则用下列。自堤至塔架木桥，司启闭者即居塔之上。出水管之下为石砌承槽，下凿土渠以入旧渠。两渠之间筑跌水，因高度不同也。

3.均水系　欲知均水系之如何分布可视第三图幅（原文缺图）。旧渠改修即为新干渠。干渠方向与地面坡度垂直,沿干渠每距约三千公尺分支渠,支渠之长随地而异。其方向随坡面下,支渠两旁再分为细支,相距约五百公尺,其准确位置则施设时定之。

(四)工费估值(第六表、第七表)

第六表

序号	项目	每立方公尺费用计洋/元
a	开石及运费	4.00
b	洞中开石及运费	5.00
c	开土及运费	0.30
d	洞中开土及运费	0.45
e	1∶2∶4混凝土	30.00
f	1∶2.2∶5混凝土	26.00
g	1∶2水泥胶灰	42.50
h	1∶3水泥胶灰	34.50
i	整石及1∶2胶灰	21.00
j	方石及1∶2胶灰	17.50
k	乱石及1∶3胶灰	14.00

第七表

序号	项目	费用计洋/元
a	排水洞	
	开石3000立方公尺,每立方公尺以4元计	12000
	塑洞门及启闭机等	20000
	共计	32000
b	排水堰	15000
c	拦河大坝	
	清底	2000
	开石4750立方公尺,每立方公尺以4元计	19000
	1∶2∶4混凝土5210立方公尺,以30元计	156300
	乱石混凝土9400立方公尺,每立方公尺以17.5元计	164500
	裾石工1700立方公尺,每立方公尺以16元计	27200
	翼墙基石工500立方公尺,每立方公尺以17.5元计	87500
	共计	456500

续表

序号	项目		费用计洋/元
d	导引洞		
		开石 25500 立方公尺，每立方公尺以 5 元计	127500
		混凝土镶 5000 立方公尺，每立方公尺以 30 元计	150000
		开土 24000 立方公尺，每立方公尺以 0.45 元计	10800
		石工镶 7200 立方公尺，每立方公尺以 21 元计	151200
		支木	12000
		共计	451500
e	导引洞进口		
		开石 4000 立方公尺，每立方公尺以 4 元计	16000
		混凝土 485 立方公尺，每立方公尺以 30 元计	14550
		石工 5400 立方公尺，每立方公尺以 17.5 元计	94500
		门及启闭机	20000
		共计	145050
f	引水石渠		
		开土 303000 立方公尺，每立方公尺以 0.3 元计	90900
		石工 1590 立方公尺，每立方公尺以 14.5 元计	23055
		共计	113955
g	淀沙池及排沙槽		
		开土 41000 立方公尺，每立方公尺以 0.3 元计	12300
		石工	
		渠首渠 370 立方公尺，每立方公尺以 17.5 元计	6475
		池砌 2470 立方公尺，每立方公尺以 17.5 元计	43225
		排水闸槽 2200 立方公尺，每立方公尺以 17.5 元计	38500
		木盾幅形门，每扇 600 元	4800
		共计	105300

续表

序号	项目	费用计洋/元
h	木梳湾水库	
	购地 3000 亩,每亩 10 元计	30000
	土工	60000
	出水口及排水虹吸	40000
	共计	13000
i	汉堤洞水库	
	购地 2800 亩,每亩 15 元计	42000
	土工	20000
	共计	62000
j	空气压机轻铁轨铁车钻及其他器用	80000
k	燃料	30000
l	行政费	10000
m	房屋料场堆栈旅费等	15000
n	开路	20000
o	旧渠修理引长及购地	100000
p	工程管理以全工程费百分之五计	88500
q	意外以全工百分之五计	88500
	总共计	1936305

(五)第二计划

在此计划中,引水工程须位旧渠口之周三百公尺内,拦河堰轴须在渠口之上二百三十公尺,洞口须在渠口之上三百一十公尺。溯河而上,工程易施。故建筑费可较原计划为小。

1.引水洞　广惠渠口下迄大王桥,旧渠之纵横面太不整齐,且贴近河身常被大水侵入,渗漏缺口处处皆是,山水、滚石随时为患。故须另凿引水洞直抵大王桥,长约一千五百五十公尺,全洞除进水口处四十公尺稍曲外,余为一直线。进水口处弯曲半径为六七公尺,洞之形状大小一如原计划中之洞工。坡度为一点五比一千,每秒能容四十立方公尺之水通过。大王桥旧渠底之高度为四百二十二公尺。新洞接于旧渠为备坡度，故洞口底之高度定为四百四十四点三五公尺，其顶高度定为四百四十八点四五公尺。

2. 拦河堰　堰顶高度须置于四百四十八点五公尺处，其最高处为十五公尺，较原计划之堰只小半公尺耳。堰之长为七十五公尺，故其计算一如原计划。

3. 引水洞门　其式样大小一如原计划。进水口墙及混凝土之顶高度为四百五十五公尺，高出于高水面者一点八公尺。

4. 旧渠整理　引水洞在大王桥下三十公尺处，续以明渠，再下与旧渠相接。旧渠至此无水漫及山石滚入之患，且较易整理。自大王桥至小暗桥约四百公尺，渠身在砾岩中，小暗桥以下则在土中矣。今欲整理之使每秒能容四十立方公尺之水经过，则石砾岩中者断面积须增至宽七点二八公尺、深四公尺，坡度一比五百。左岸开石，右岸拥以拥壁。在土中者整理之使与原计划中引水土渠相同。自小暗桥至两计划出水渠相交之处，长约六千公尺。

5. 淀沙池　欲免沙淤，须于大王桥附近凿石成池，需费极大。

6. 给水　引水点高度既低，水不能至木梳湾，而水库失其效矣。故可用之水只为泾河常流，与汉堤洞蓄水，每月共三万五千五百英亩尺，或灌田十二万五千英亩。

(六)动工步骤

第一步，先凿进口至第二点之洞一段。第二点处横掘通行道，使洞与旧渠泾河相接。如此则工程可两端进行，四个月内工程完竣（洞长三百九十公尺，进口槽十五公尺，通行道二十公尺）。所掘之石上端可积河岸，以造临时堰，下端弃之旧渠或泾河中。

第二步，造临时堰。其高使适足导水入洞，经旧渠入泾河止。其顶高度定在四百四十六公尺处，则水在洞中深一点七公尺，流量约每秒十四点六立方公尺，约水小时泾河流量之数也。临时堰之用，除排干拦河堰址外，工作之时亦可引一部分水入旧渠以灌田，此渭北人民最所希望者也。临时可以乱石堆积，后积土为之。如未能导引全流，可做地沟以助堰基之干，半月竣工。

第三步，造大堰。清址及造堰一，低水期可竣工。

第四步，凿洞工程。同时可自第二点、第三点及出口处四处并举，第三点处亦掘通行道如第二点处，另筑旁道以避泻水。全洞工程可于五百日内竣工。混凝土周镶，开凿之后立时举行。开凿遇泉则用水管导之出渠，周镶工程须于开凿完竣后一个月内竣事。

第五步，第二点通行道安门以排沙，第三点通行道或塞或置门均可。

第二计划可于二年成之，较原计划所须之时几少一半，两年间灌溉而获益当不在此少利,惟大堰全受洪水支配,其后颇易积沙,而又无排水洞以排上流滚下之石,且所灌面积亦小,只为原计划百分之六十二点五而已。本局主张仍用原有计划,但为友邦人士关心渭北工程者参考起见,故详道之。

(七)各部工程估计(第八表)

第八表

序号	项目	费用计洋/元
a	拦河大堰	400000
b	引水洞	280000
c	进出口开凿	12000
d	洞口工程及门	100000
e	整理旧砾岩部	78700
e	整理旧土渠	345000
f	淀沙池排沙槽门等	150000
g	空气压机车轻便铁轨等	60000
h	燃料	15000
i	行政费	5000
j	房屋料场堆栈旅费	7000
k	修道	5000
l	旧渠宽放购地	100000
m	汉堤洞水库	62000
n	工程管理意外以全工十之一	161970
	总共计	1781670

(八)建筑手续

动工建筑之先,第一谋交通运输之道,俾工人之往来,机器材料之输送,皆得便利敏捷。关于外来机件材料,由火车至陕州后,当黄、渭两水能航行时,可即由水道至交口或草滩上陆,就现有之大道,以大车运送直至岳家坡,或可至陕州寻陆路至岳家坡,自岳家坡越妙儿岭至泾谷堰基。山路崎岖,须开始即加修治以利运输。

建筑所需沙石、木料皆将取于当地附近。水泥、钢铁等为本地所缺乏者,将购自上海或汉口,所需机器及铁门等件则将向外洋定购。

建筑方法,人工与机器参合并用,要以金钱及时间之经济为目标。土工所需锹铲、车辆等物,采效率较大之外洋式样仿制之。机器之必需购办者约为汽压机、钻石器、混合机、起重机、铁门与闸门启闭机及其附带机件与他项零星小件。

建筑各部所需时日及何时应做何工,以各种有关联之情形未定,今日尚不能有精确之列程。不过其进行步骤,则可约略述之如下:

(1) 导引建筑之定位;
(2) 土工包括山洞以下之渠工、淀沙池及水库等;
(3) 修治道路建设工场及其他预备工程;
(4) 排水堰及排水洞;
(5) 拦河大堰;
(6) 山洞;
(7) 均水系。

上述顺序并非后者必需待前者完成以后,只需不生阻碍,便可同时并举。即如山洞建筑只需工场设备完成,下游一部分土工事竣,便可开始。至如均水系则自始即可着手,与导引建筑始终并进。总计全部工程动工后,无意外事发生而停阻,当可于四年内告成。

引泾第一期工程计划大纲

(一九二四年)

本局以两年测验之结果,经本局人员之仔细研究及局外有名工程家,如顺直水利委员会(一九一八年成立,一九二八年改组为华北水利委员会)总工程师柔斯、华洋义赈总会总工程师塔德之往来函商,引泾计划较前略有变更,兹将第一期所拟办者叙述如下。

本计划目的在引用泾水以灌溉多数地亩,故首先选堰口地址,其次则引水方法,再次则蓄泄方法,最后则分布方法,今逐条说明之。

一、堰口地址

1.［堰址］　今仍勘定钓儿嘴陡弯地点为堰址。先于泾河西岸山嘴凿穿一洞，名曰回水洞。长二百公尺（华六十丈），断面积十二平方公尺（华一百零八平方尺），有闸启闭。用途：筑大堰时放干河水，平时排沙湾洪。

2.拦石堰　回水洞已成，于其上口之下游做一小堰，名曰拦石堰。拟用石困做之。用途：筑大堰时，回泾流入回水洞，平时拦河底沙石，便由回水洞于大堰下游二百公尺之远流出。回水洞底斜降甚陡，排此类沙石甚易也。

3.大堰　为滚水堰式。作于回水洞上口之下，下口之上。放干河水，块石址深丈余，用水泥混凝石做之。顶长八十五公尺（华二百五十五尺），高十五公尺（华四十五尺）。其断面式视图（原文缺图）中留人行孔道，以便检视。下留二涵洞，以便排沙。两岸设塊。混凝石比例，内骨水泥一分，沙二分，石五分；外表一公尺厚，水泥一分，沙二分，石四分。用途：完全遏平时径流以供灌溉。

二、引水方法

凿山洞引水名曰引水洞。洞上口即在大堰上东岸，下口自赵家沟出，长凡二千七百公尺（华四里七分余）。凿石一千五百公尺，凿土一千二百公尺，断面积十三点四平方公尺。石段砌以六英寸厚之混凝石，土段砌以一英尺厚之石壁。洞之排水量为四十立方公尺（华一千一百二十立方尺），即足以引泾水。除最大洪水时外之全流，并可敷第二期工程灌溉渭北全面积之用也。洞内最大流速，定为每秒三公尺。上口之面设石棍以防石，并设闸以防洪。其制造法并视详图（原文缺图）。洞下口之外长五百三十公尺（华一千六百尺），砌以块石以免冲削。

三、蓄泄之法

洞下口外明渠五百三十公尺下即接一淀沙池，宽四十五公尺（华一百三十五尺）、长一百公尺（华三百尺），下距赵家桥一百六十公尺（华四百八十尺）。地之下端设退水闸，以退水入泾。池之左旁设渠首闸以宣水入渠。淀沙池之用途在减水之流速，以致水内含沙淀落池底，淀满即开退水闸冲洗之。水过多时，亦可用退水闸排减之。退水闸闭时，水之流速在池内每秒只一英尺（不足华一尺）。水过渠首闸，先入木梳湾水库。此处地势低下，二面高地。二面旧渠高堤略加修筑，便成天然水库。由淀沙池渠首闸入库，土架长六百公尺（华一千八百尺），库容量凡一千五百四十万立方公尺。

由此库水归旧渠至汉堤洞，该地有旧日度渠之堤，与现郑白渠堤环接成周，中间低地,恰可为库,其容积凡五百六十五万立方公尺,两库共计二千一百零五万立方公尺。

四、分布方法

第一期先尽清河以南修缮旧渠,接展新渠,使密布于清南。凡可溉及之地,视引泾第一期灌溉区域分水图(原文缺图),其面积约一百二十万亩。

水之需求及供给。渭北灌溉可及之地,凡四百六十六万亩。欲全数灌溉之,以田禾每年需水六寸计之,共需水四百六十六万亩寸(即平面一亩上复一寸深之水量),蒸发渗漏损失在内,每秒二十七立方公尺之河水流量,可以完满供给之。

但泾水流量增减无定(视水量分配图)(原文缺图),田禾需水之期亦不一致,故必须调剂之,使不需灌溉时之水,得储蓄之,以备灌溉时用之用。

大水库一时不能实现,故先备小水库二所,一为木梳湾水库,一为汉堤洞水库。木梳湾水库容量一千五百四十万立方公尺,以泥铺底,以减其渗漏。计其损失于蒸发渗漏者计为一百万立方公尺,则净存一千四百四十万立方公尺。汉堤洞水库容量五百六十五万立方公尺,损失五十五万立方公尺,净存五百一十万立方公尺。二共一千九百五十万立方公尺。泾水最小流量以每秒十五立方公尺计,每月凡三千八百八十八万立方公尺,二共五千八百三十八万立方公尺。渠中损失以百分之四十计,净用于灌溉者,可得三千五百万立方公尺。最大需水时期为阳历七月,每亩需水四十五立方公尺,计可溉地七十二万亩。次于七月者,为阳历九月。每亩需水以二十八立方公尺计,上记水量可溉地一百二十万亩。但七月田禾所占之地,至多亦不过百分之六十,九月冬禾之地至多亦不过百分之七十五,故泾水最小流量加以储蓄,供给清河以南有余无不足也。

五、副计划

在广惠渠上做堰,即于堰之上游凿洞,至小王桥出口,归旧渠,以避上端泾水洪暴,沙石冲淤之险,较前计划省工省时多矣。但其劣点:①不能□用木梳湾水库。②不能设法淀沙。③难得排淤泄洪之完全计划。故未敢决用也。兹略详于《陕西渭北水利工程局第二期报告书》。

六、工程起始两个月工费及办公费预算

洞外明渠暨木梳湾水库上功,拟于本年十一月预备,十二月动工。起始两月,每月先招工人六百名,第三月以后,每月增加至九百名,限六个月竣工。起始完全人工,

俟款凑有成数,即订购机器进行全功。

1.开办费　四千元整。

购钢铁锨二百柄(每柄一元五角)	三百元
铁镢头四百柄(每柄一元五角)	六百元
土车三百五十辆(每辆六元)	二千一百元
以上共三千元	
修缮办公室	五百元
预备工人宿所(土窑)	四百元
杂费	一百元
以上共一千元	
以上开购费共计四千元	

2.起始两个月经常费

(1)工人薪资

每工三角五分,六百名,每月一万八千工	六千三百元
管工费	四百五十元
器具修补费	二百五十元
杂费	二百元
以上共七千二百元	

(2)职员薪俸(表缺)

(3)办公费

文具(绘图材料在内)	十五元
薪炭	十元
邮电	十元
印刷	二十元
制备(模型等在内)	三十五元
杂费	二十元
以上共一百一十元	

七、引泾工程处组织大纲

1.为实行开办引经工程计,设立引泾工程处于钓儿嘴附近,附属陕西水利局。

2.本处以工程事务进行之顺序,图经济之节俭组织分先后二期。

(1)目前经济尚未充裕而工程即图开始,暂时组织如下:

总工程师,陕西水利分局局长兼任;

副总工程师一人;

助理工程师二人,一在办公所,一在工所;

工程绘图员、测量绘图员各一人;

监工兼临时测量员二人;

事务长一人,庶务二人;

会计员一人;

书记员一人。

(2)经济源开工程可图大举另组,如表(表缺)。

3.本处总办公处设于钓儿嘴附近。

4.本处暂行组织期内职员公薪暂定如下:

总工程师	月支公费一百五十元	一百五十元
副总工程师	月支薪水二百元	二百元
助理工程师	月支薪水一百六十元	三百二十元
绘图员	月支薪水四十元	八十元
监工兼临时测量员	月支薪水五十元	一百元
事务长	月支薪水六十元	六十元
庶务员及会计员	月支薪水二十元	六十元
书记员一人	月支薪水四十元	四十元

以上共一千零一十元

呈请辞退建设厅长专办水利事宜

（一九二七年二月二十三日）

呈为呈请辞退建设厅长专办水利以重民生裕国计□。协于本月九日奉到总、副司令委令。内开：为令委事，照得陕局粗定，建设事宜极关紧要，□委该员为建设厅厅长，并刊发关防一颗，文曰"国民军联军驻陕总司令部建设厅厅长"。除状委外，合行检□关防令仰该员即便遵照，刻日任事。仍将就职并领到关防启用日期呈报备查。此令。等因奉此。捧读之下，感怀交集。本应遵命就职，图报知遇。惟查建设事务颇繁，□括宏广，自非有特出才识，不足以胜斯重任。陕中专门人才自海外留学归国，其学业精湛，器识宏伟者，颇不乏人。如严庄、张耘、刘梦锡等皆□□简用。窃愿荐贤以自代也。协自审绵薄，只可任一部分事。水利一项，则数十年来所究心所习，而引泾之事，尤为专注志愿所寄。测量计划已告厥成，若责协以专办水利，得竟其积累微长，或不致有辱厥职。顷承冯总司令面许月拨的款，恢复郑白渠工。此项工款，协于二三年间累次请示省政府及求援助于各方，虽赞评屡屡，而实助者无一。今冯总司令始莅陕境，军事未戢，即允拨巨款，助其成功。诚为难得之殊遇，不可不为吾陕民庆也。而钧座以敬恭桑梓之心，笃瘖疾在抱之念，必尤所深许而赞同之者也。引泾成后，他县水利亦次第兴修，应以农业改良，全陕农产收入自必倍增。建设之事宁有急于是者乎！又查水利设有专官，古今无异。况吾陕郑白之利，历史最先，其功最伟。今欲追踪先哲，恢复古工，使事业不专，则难望功效之著。即征之近事，虽北省改归国民政府后，水利局仍为独立，亦以水利为国计民生要图，不敢轻视也。何妨援以为例，重新□委，俾协得专精赘志，期于有成。则协难□□建设之名，而已做建设中之实事矣。至陕西省水利分局名称，原以隶属全国水利局而得。今吾省既与北京政府断绝关系，则名称亦不可不正。拟请改为陕西省水利局。至协负笈十年，原欲求效力国家，既逢机遇，宁肯坐失？但拳拳之意，欲做实事避空名，欲学得其用，不欲用非所学。协工程学者也，水利之外，工程他事凡协自审才力之所可及者，苟承驱使，□不应命。而建设厅厅长一职，则实非其所长。所请辞退建设厅厅长，专办水利各缘由，出自肺腑，毫无客气。理合具文呈请总、副司令鉴核于准,不胜铭感之至。谨呈国民军联军驻陕总司令于(右任)、副总司令邓(宝珊)。

无定河织女泉水渠说略

(一九二七年八月一日载于《西京日报》)

本渠于无定河之右岸大五沟以上起水,至小沙坪归于正河。起水之处,命名"织女泉",记汾阳王之所过。

无定河流量,曾于石人沟旁测之。测时水位最低,流量为每秒二十二立方公尺,足敷灌溉二万亩水田及居民饮用。每亩每日,以需水一立方又半公尺计,二万亩需水三万立方公尺。兹定渠水横断面为半平方公尺,渠水流速平均为每秒零点七五公尺,每日八万六千四百秒,得水三万二千四百立方公尺,可以敷用。

起水之处为一跌水。河水为一鸡心滩所逼,致水流逼近右岸山根。河址为岩石,右岸之山亦为沙岩,水因逼狭而成湍流。鸡心滩为沙滩片石所积累,甚形老固。左岸之河汊(岔),现时无水,可以为洪水时排泄之用。闻父老言,未曾经验河于此处改道,故择为起水址,可以不用作坝。近右岸又有一巨石,水分为二股,于此石之上端起水,其水甚顺。将来渠水衰弱,或即于此石与岸之间堆一石槛,以增高水势,然目前不需也。又他日渠工成后,逐年修理,心滩边隅,亦可用石修牢,以期永久。进水口即于山崖凿洞,口宽二公尺、高一公尺,安有铁炉(通垆,炉形土墩),以御流石。炉安木闸,以铁杆及螺轮启闭。洪水来时即闭闸,免渠为沙石所淤。水进以后,沿山凿洞,约长二百公尺。水出洞即沿山而流,至王家沟,接合镇子湾所开旧渠。至高石柯沟以下,水即可以灌地。测水准时,以镇子外湾石碑为起点,向上游至起水处,共签三十八橛,向下游至放水处,其签八十橛,中间为人所窃者数橛。

全渠线分为十五水级,每级之中间点,以石土砌为跌水,其长短高低不一。全线共长二十万一千八百六十八公尺,合华度六千三百五十丈,约得三十五里三分。

渠线所跨山沟,大小凡十八,或用底洞,或用石桥,或用木槽或铁槽,或只设涵洞,俱视地势高低,山水大小而定。

怀度沟至小五沟之间,沟之左岸,多为沙梁,渠线过此,可用铁皮筒渡之。此项铁皮筒,上海、天津允元实业公司出售。蒋家沟已有石桥,渠即于其顶面经过,但须另砌水槽。杨家旧渠加高,即可多溉镇子山前之地。

石洞长二百公尺,每公尺五元,共一千元。石渠上端(大五里沟以上)九百公尺,合华尺二百八十丈,每丈三元,共八百四十元。下端(王家沟以上)一千四百公尺,合四百四十丈,每丈亦三元,共一千三百二十元。二共二千二百六十元。土渠共长十七万六千八百六十八公尺,合华里五千五百七十余丈,每丈一元,共五千五百八十元。底水洞工,第一号(大五里沟)五百元,第二号(王家沟)二百元,第三号(石人沟)二百元。桥工,第一号(小沟)三百元,第二号(镇子湾沟)八百元,第三号(党家沟)二百元,第四号(孟家岔沟)二千八百元,第五号(蒋家沟旧不齐加修)二百五十元,第六号(旧石桥加修)一百五十元,第七号(官庄木槽桥)一百四十元,第八号(姬家岭沟)一千五百元。杨家旧渠三百二十丈,升底加堤,并制造山水桥,每丈二元,共六百四十元。跌水十五,共高约二十七公尺半,连水床共需二百二十元。涵洞三,共需三百元。入口设闭口门炉闸等共需二百元。放水口设备,一百六十元。退水槽斗门等设备,五百元。薪工杂费等二千元。共计二万元整(此工图说均存米脂县政府)。

请恢复郑白渠设立水力纺织厂渭北水泥厂恢复沟洫与防止沟壑扩展及渭河通航事宜呈

(一九二七年)

呈为裕国富民,谨陈管见,以资采择事。窃见吾陕近日民生凋敝极矣!公私拮据甚矣!农民几卖子求食,赡赈无方;官吏多枵腹从公,室人交谪,而大敌未摧,征捐不已,民人渴望太平,如溺待援,而失望之程,与时俱进。此则曰"革命尚未成功",凡属国民,何能安枕?其说是也。协所虑者政治设施,举凡一切倾于革命一端,而于增加国家生产,减轻人民苦痛之道,曾无一注意及之者,则不但训政时期,无以见革命之真旨,抑且革命时期,亦将大失国人之信心也!况乎泽已竭矣,鱼又何附?骨已见矣,肉将安取?勤民日少,游士日多,全国饥荒,又胡能免?苏俄今日之政治改革日善,诚有可取法；苏俄已过之惨局，经验已多，又胡可再蹈？协生于此国，长于此乡，救危定难，自愧无才，爱国悯人，亦何能后！谨抒管见，深望实行。于富庶之道，或不无小补焉。

吾陕地土广阔，物产丰饶，任择一端经营之，无弗可获厚利，故人民生活，非病产之不均，实耻货之弃地。以农业论，苟尽心力以为之，收获不难倍蓰；以工业论，产棉最富之区，缕布仰之外方；其他可兴之业，可为之事，触目皆是，乃士尚空谈，民习偷惰，如一家人广大田园，任其荒芜，兄弟袖手，而日惟一衣一饭、此多彼少之是争，宁得谓之智乎！顾吾陕可兴之业多矣，将乌乎始？

总司令若以愚见为可采也，则请于今年罚款之内，拨发百万元以作渭北水利实业之用，以十八万元为水泥厂经费，六十万元作水电纺织厂经费，二十万元作引泾起始开工之需，并一面发行水利公债二百万元，以图竟郑白全功，以渠成后水利注册费作担保。纺织厂成后每年所赢之利，亦可接济水利工费之不足；水泥厂成后可以供给水泥；水利成后每岁所收水捐又可以扩充纺织与水泥及他项营业，并以之发达教育。三者相辅而行，以为全陕富利之基础，庶乎四五年后成效大彰，常病饥寒之陕民，庶乎有苏。不然者，疮痍日多，沉疴莫起，三民主义何日始现？所拟引泾水利注册办法、公债条例及引泾工程水电渠堰计划图二十张，以及渭北水利工程报告书二册附呈。

一、恢复郑白渠

郑白渠始于秦、汉，延及宋、元，皆赖引泾灌溉数万顷地。明季渠坏，屡兴屡废。历清迄今，竟无再起者，殊可惜也。现计划恢复，工程分为二时期。第一期凿洞二千七百公尺，筑堰高十五公尺余，辟蓄水池二所，淀沙池一所，工费二百万元，溉地一百二十万亩，每亩摊费一元六角六分。现时泾原旱地时价每亩至多值银八两，合十一元五角。月溉一次之水地，每亩平均银三十两，合四十三元。是水利成功之后，每亩地价可增加三十余元。旱地丰年每稔收麦平均六斗，生棉三十斤。歉岁每亩收麦平均三斗，生棉十斤，凶岁完全无出。月溉一次之水地，丰岁每亩收麦十四五斗，生棉一百斤以上。凶岁亦每亩收麦八斗以上，生棉八十斤以上。计一百二十万亩之地完全灌溉，平均每亩收麦一石，生棉一百斤，以之种麦，便可得麦一百二十万石；以之植棉，便得生棉〈一百二十万斤〉（一亿二千万斤）。无论产麦产棉，其出息总在每岁一千万元以上，其利济于民生国库岂浅鲜哉？所有工程计划另具报告书二册，图二十张。

二、设立口子头水力纺织厂

吾陕棉之富，与其质料之佳，久已驰名于外，每年棉花运销郑、汉者不下十余万包。交通不便，脚价（运费）昂贵，苛税重重，然辗转往复，花易为布，转至甘肃，商人尚获厚利。若于产棉最富之区,设厂纺织其获利之巨,不卜可知也。而地方人民生计因之以裕,政府税源因之以多,布匹之价因之以低,其便利民生者,又岂一端哉。如此大利,廿余年来纱厂营业,发皇他埠,而吾陕人竟坐视其失,不能不痛惜之矣。设厂之费过昂,则人将以财政拮据为辞,今请从易着手者言之。查泾阳冶河峪口,地名口子头,其内通淳化、三水以达平凉要道。其外即泾阳、三原产棉最盛之区。冶水清而有恒,旱不致瘦缩,潦不致泛滥。自淳化以下,节节水槛瀑布,设置水磨凡三十余处,诚天然小水力厂佳址也。冶水出峪口,其地名寒门。两岸岩石峭立,中留一门,其形狭而高,广可八公尺、高可二十公尺。筑堰堵之,更高其顶至二十五公尺,蓄水于后,可容五万立方公尺。冶水流量最小可每秒二立方公尺,以之发生动力,可得五百匹马力。最干旱时,至少亦可得四百匹马力,以之供五千纺锭,一百五十纺织机,绰乎有余。计是项纺织机器及三百启罗华特(千瓦)水力涡轮及发电机,价值约五十万元,运输与建厂费二十万元,渠堰费五万元,共七十五万元,是厂成矣。成后每年售纱售布收入当不下五十余万元。每年开支之费,购花利息,及各项开支不过三十万元,每年净获可二十余万元。五年以后,可产生一万锭子之大厂,每年获利倍之。纱厂既见盛旺,他项实业稍施指导之劳,皆蔚然而兴矣。

三、设立渭北水泥厂

水泥一物亦名洋灰,为近代建筑所不可少。而吾陕地处边鄙,交通困滞,唐沪等厂,皆远在数千里外。每桶灰价出厂值洋五元者,至陕境脚价非十余元不可。渭北引泾工程计所需洋灰不下四五万桶,即此项,已成工费大宗。若能就地取材,自行制造,则初虽须筹建厂费二十万元,而洋灰价即可低减四分之三。且陇海铁路修入潼关,一路桥基涵洞用洋灰甚多,自必舍贵取廉。而吾陕建筑事业,因有廉价之洋灰,亦必日即发展,则设厂自造洋灰,为尤不可少也。本计划即为引泾大计,于渭北取材较便之处,设立洋灰制造厂,规模亦从小处起,以后发达再行扩充。查渭北若泾(阳)、淳(化)、同(州)、耀(县)、富(平)、白(水)等县山中,所产石灰岩、黏土等洋灰原料甚富。而石灰尤以富平为最优,煤矿亦近,择地设厂,甚为适合。兹将所拟之厂为每日可出十吨之灰量,所用之炉为连续燃烧之立炉,所用机器开列如下:①碎石机一架;②联合磨一架,此磨每星期中三日用以磨碎生料,三日用以磨碎已熟石块,日各工作二十小时;③压石机;④煤料混石润湿机一座;⑤原料蜗运机一座;⑥原料存储柜二座;⑦细料立升机一座;⑧燃料输送机一座;⑨细料存储柜一座;⑩洋灰装桶装袋机;⑪洋灰存储柜;⑫秤量机。

其他不备载。所用原动力,为二百二十五马力之超热蒸汽机关一座,立式水管汽锅一座,附有进水唧器,五千华特(瓦)直流电机一座。

上列机器之价约需美金七八万元,合华币十六万元。加以运输费及建筑费,三十万元可以足用。

每日出货八十桶,每桶出厂作价五元,每月可获一万二千元。

厂中用煤	每月七百二十元
利息	每月一千七百元
准备金	每月八百元
薪水工资	每月五百元
杂费	每月二百八十元
以上每月共四千元	

出入相抵每月可余利八千元。

四、恢复沟洫及防止沟壑扩展计划

1.恢复沟洫之制　查西北之地,大抵因山坡形势,辟作阶级之状,大雨时山水建瓴而下,直泻无遗,其害有二:①水量泥量漫无节制,由地面而沟壑,〈山〉(由)沟壑而支流,由支流而入黄河。以致黄河漫溢,泥沙拥积,冲决为灾,此其足以为害者一也。②田亩之间,肥沃土面为水所浸,以致成不饶之田,且田间无蓄水之处。若日久不雨,便行干燥,禾苗枯死。此其足以为害者二也。为除以上二害,则以复古沟洫之制为宜。其法□□之地,均须督令农人修治平整。三畔高仰,中间略低,沿畔开沟,中间再设纵横十字沟洫,并沿畔植树。如此,则降雨时,上地余水,下地承受,节节收容,使肥沃之质不致消失,而河中之水与沙亦有节制。

2.制止沟壑之扩大　查陕、甘黄土山岭,大多冲成沟壑。平时并无流水,其初不过降雨时冲成浅沟一道,逐渐扩大,愈扩愈深。废有用之地,阻交通之路,为害殊多。欲制止之,当于沟壑之口,无论其为支为干,皆须督令人民择适当地点,以土修筑横堰,则降雨时水势平坦,泥沙即填其后。及填平一段,则复于其上退后若干步,继筑横堰。如此继续为之,堰址日高,壑底日平。其益有四:①可耕种之地因以增多;②横塘可当作桥梁桥跨,沟壑交通困难可除;③水及泥沙既有节制,河患可减;④雨水得积蓄,燥地可资润泽以便造林。〔本人另有《治导黄河意见商榷》,载于民国十二年(一九二三年)《科学杂志》〕

五、渭河通航计划

民国十三年（一九二四年）春，余任陕西省水利分局局长，曾注意黄渭通航事。曾亲自乘民船由草滩至陕州测勘一次，即决黄渭交通有开发之可能。是年秋，又延英人航船专家莫本内及工学硕士刘梦锡复勘一次。三人研究结果，金谓事属可办。兹陇海铁路即通至潼关。黄水急险，不如渭水平稳，且煤、盐等货，大抵皆经自三河口入渭。故缩短计划，改为渭河通航计划，分为第一、第二两步。兹将民国十三年（一九二四年）调查所得及计划大纲，缕述于下。

1. 按渭河之道由西注东，而年年改易。据土人（当地人）所传，及两岸经久两相对，六七里之树木行列皆可征见。河流之宽过三百公尺者甚少，惟洪水时宽可一千公尺。

2. 河身最狭之处为溪河口，宽不过一百英尺。调查时之水流每点钟可流一海里半，水量每秒不过三百立方英尺。有若干段于光绪三十年（一九〇四年）后两岸无所变更，但有多段则故道已完全改易于七里内。

3. 河底。河底之质大半为黄壤，有虚松者，亦有硬结者。为粗沙者凡七段，探水深二十二次，而遇砾石者凡五处。探水深十九次，而遇粗重石块者凡七次。

4. 水溜。每一海里探其水溜，每点钟超过二海里半者大抵无有，仅有一段水浅不及二英尺者过之，查勘时平均流速可拟为二海里。

5. 陡弯。陡弯甚多，其弯度由一百八十度至五十度以下，勘查所到之处，除与直槽移变方向者不计外，凡遇弯五十四处，此种陡弯颇足为航运之碍。

6. 河岸。河岸之质大抵为黄土，或遇溜力汕削成为悬崖，或沙泥涨增成为滩地。计勘察所及，目估涨滩之岸。

深至一英尺者	约居所勘河道百分之二十七
深一至三英尺者	约居所勘河道百分之四十八
深三英尺以上者	约居所勘河道百分之二十五
又汕削之岸：	
深三至六英尺者	约居所勘河道百分之三十七
深六至十英尺者	约居所勘河道百分之四十二
深十至十五英尺者	约居所勘河道百分之十五
深二十五英尺以上者	约居所勘河道百分之五

7. 水深。探水深凡七千余次，记其深浅。亦有未记者，约有四千次。估其长距

如下。

十二至十八英寸以下者	百分之七又半
十八至二十四英寸者	百分之十七
二十四至三十英寸者	百分之二十八
三十至三十六英寸者	百分之十六
三十六至四十八英寸者	百分之七
四英尺以上者	百分之三

由此可见河于低水时,三分之二深逾二十四英寸。又溪河口、胡家窑、龙王庙(东距零口十五里,西距新丰十五里)以下水深不及二十四英寸者只有百分之九。

8.河工。河岸曾未见有何河工之迹,河水任其奔突,未加防御。估计因此失耕之田不下一千三百平方里。三河口冲及他处,坍陷甚多,潼关东门附近,亦异常危险。

9.货物。渭河上下货物不少,大抵为油、煤、盐类西行,棉、皮、药材类东行。兹就调查所得,述之如下。

（1）成箱之煤油：每年由陕州运渭南者有二万箱,运费每箱一元三角五分至一元七角。

（2）棉花包：每包重一百八十至二百二十斤,由沿渭各县运至郑州黄河桥者,每季有六万五千至八万五千包,多用轻船载之。每船平均载重二万斤,运费约洋三百一十元。

（3）煤：煤船由三河口入渭,每年有六千至七千吨,最大煤船可载重八万五千斤（即四十三吨）。由三河口至渭南县需三四十日,每吨运费十元五角。

货捐甚无定率,多半由驻军任意需索。

10.船。现有之船不过驳船,其大小如第一表。

第一表

船类	甲种	乙种	丙种
全长	五十六英尺二寸	六十二英尺	六十四英尺八寸
吃水之处	五十二英尺	五十九英尺	六十一英尺
全宽	二十三英尺	二十四英尺	二十四英尺四寸
吃水之宽	二十英尺	二十一英尺	二十二英尺
中深	三英尺八寸	三英尺十寸	四英尺

运行时，其重笨不堪言喻。必得其四五只以绳牵连，以最高而重者为前驱。水夫拽挽约五十至七十人为一队。近多年来有多数河南小船驶来。该船长约五十尺，宽十尺，吃水十八寸，上有帆桅二，利用风力，较为便捷。

11.第一步工作。

渭河横贯陕境，实为运道之最重要者。如果航道能通至西安附近，因盐、煤来自山西及黄河禹门口，即陇海铁路已达西安，亦难夺航运之利。盖水运脚费甚轻，且免起卸之劳也。惟渭河既有不规律之处，即应稍加修治。一面测量，一面购置挖泥船及定购拖轮，兹将所应购置者分论如下。

(1)购置斗式挖泥机一架，带特别计划之泄水管，装置于特别式之浮船上，须吃水浅而效力大，并须有特别牵引，装置于半英里处，均能抛锚。

(2)乙式汽轮一条，进行角度不得过六十至九十英尺半径之弯弧，吃水不得过二十七英寸。船头亦须特别计划，以便驶入泥沙中，作上卸货物之用。船之中宽，不过二十英尺，排水量至多八十吨，汽机之式亦须特制。

以上二种定货单同时发出，以便同时运到灵宝以上。

12.乙种轮下水定在第一年六月间，即可拖挖泥浮船至三河口以上二英里半处，此浮船届时载有五十吨之挖泥机器。

乙种轮于拖到后，即下驶将下余之挖泥机器运至浮船，此下余之挖泥器约重八十四吨。乙轮将机器完全拖到后，即可行驶三河口草滩之间，载客运货，时正渭河大汛之时也。

13.挖泥机器及乙种汽轮未到以前之半年间，即宜实测三河口，先到渭南胡家窑之航道设立航标，胡家窑以上，以后继续行之。

14.挖泥浮船装设齐备后，应立拖至上流，以便挖去五处大弯，三处浅滩，共约挖泥四十四万立方码。定四个月内竣工，使乙种轮于低水时期亦可通行无阻。

15.第二年甲种拖轮计划妥当，此轮应有一百二十至一百五十吨排水量，船头亦须有驶上泥沙之活动能力。宽以二十二至二十四英尺为限。宜有特别引擎及锅炉，能使空船在缓水中航行每点钟不下十海里，重船在缓水中航行不下九海里。此船计划就即为订购，使第二年一月运到潼关。

16.挖泥机器第二年下半年，第三年上半年继续工作，挖浚指定凸出之河岸六处，更须浚深指定淤浅等处，便刷汕之处槽深四英尺半，淤淀之处深五英尺半，宽各三十英尺，约计出泥可五十万立方码。

17.甲种轮下水后，往来西安三河口间每两星期二次，低水时以胡家窑、龙王庙为其上水码头。乙种轮载煤，驶行禹门口及西安间，低水时仅至龙王庙。

18.钢制或钢骨木板之驳船，按最经济法建造，其重量分为三百担、七百担、一千担三种。所以需此者,缘渭河旧有驳船绝不适用于轮拖也。

19. 胡家窑、龙王庙以上至灞河口,又自灞河口至西安东二十五里之处,再自此处向西经过低地至西安东十里浐河岸,须施测量,继以裁弯取直。灞河口设闸门及放水路,浐河口修给水门放水路,使拖船与钢骨船径自禹门口于低水时可以达此无阻。若更能自上游引浐开渠可通至东门之外,其详细计划须俟测量后为之。

20. 拖轮载客载货,荷重五十五吨,往来西安三河口间,可低减货物价不少。

21. 兴办此工须有专责,通航以后养护之事亦须有恒,最好令陕西水利局始终专司其事。

22. 第一步所需经费:

 (1) 斗式挖泥机连运费约   十万元
 (2) 乙种轮连运费及装设费约   六万五千元
 (3) 测量安设标记约   八千元
   测量船二只连装设   二千元
   标记材料   五千元
 (4) 浚泥工作一百六十万立方码   十二万八千元
 (5) 甲种轮   十一万五千元
 (6) 机价折扣   一万元
 (7) 修机费   一万五千元
 (8) 管理费(两年工程师及各职员薪俸及第一步工费共)   八万元
 以上共五十二万八千元

23. 营业费。乙种轮运煤及挖泥机器至挖泥浮船后,即可行驶上下作营业之用。每年除四星期修理及油漆外,可来回于潼关及胡家窑、龙王庙间一百二十次。

 驶行费:
  引擎室及汽锅每月   一百七十五元
  舱房每月   二百二十五元
  煤及油等每月   四百五十元
  油漆等每月   一百元
  司事工役每月   三十元
 共计每月九百八十元,每年约一万二千元
 收入:

乘客三十位,每位三元(来、去各一百二十次)　　　二万一千六百元
装货十吨(一百五十担),每吨来、往各十元　　　一万六千八百元
共计三万八千四百元
支出：
保险费二厘每年　　　　　　　　　　　　　　　一千二百元
收账旅费每年　　　　　　　　　　　　　　　　一千零五十元
利息八厘每年　　　　　　　　　　　　　　　　四千八百元
驶行费每年　　　　　　　　　　　　　　　　　一万二千元
共计每年支出一万九千零五十元
两抵盈余一万八千九百元

甲轮(拖船)
支出：
驶行费　　　　　　　　　　　　　　　　　　　一万五千五百元
保险费二厘　　　　　　　　　　　　　　　　　二千元
利息八厘　　　　　　　　　　　　　　　　　　八千元
收账旅费及折扣五厘　　　　　　　　　　　　　三千元
共计二万八千五百元
收入：
乘客三十位,每位每次三元(每年来回一百五十次)　二万七千元
装货二十吨,每吨十元　　　　　　　　　　　　六万元
共计八万七千元
两抵盈余五万八千五百元

24.第二步工作。

灞浐运渠之测量需费约一万五千元。

拖轮,每轮计划载运装置之费约十二万元,其行驶费可小于甲轮,而盈余之率可高百分之二十五。

灞浐河上建筑及自龙王庙至灞河,与灞浐运渠之浚土工(约五十万立方码)及灞河堰、闸、水门,浐河滚水堰、给水门,及凿广三十英尺、长二十五里之运渠,其估计须在精密测量之后。其浚机可用吸泥浚机,每立方码之浚费仍可作八分计,机费当在八万元之内,以甲轮拖至工所。

钢壳船定为二种式:一为旁拖式,载重三百五十担者价八千元,七百担者九千五

百元,千担者一万五千元。千担之船系全钢壳,余二者系钢骨木身,木甲板。

轮船须特别计划,可保行驶无碍。轮长一百二十英尺,水线长一百一十五英尺,宽二十五英尺,深四英尺十寸,吃水三英尺。甲板下之容积长六十英尺,宽二十二英尺,深四英尺,而以墙板隔之,并装起重视桅及人力起重机、引擎、锅炉,每时行七海里。如拖千担之钢毅船于每时二海里之水溜中,可行五海里。每轮驾驶每月开销不过六百元,每月盈余不下五千元。

25. 航道通后,护河工程须按时进行,以免沙淤发生,其费可取之航道。

26. 民船行驶已浚河渠中,每载重一担可收费二分。以后营业发达时,人民自动购船营业者亦必不少,皆为税收之源也。公家自备轮船六只,一千担之驳船十只,七百担之驳船五只,则每年收入可在二十五万元以上。

为呈明调查陕北各河水利情形及开发意见请鉴核施行由

(一九二七年)

呈为调查陕北水利情形报告并开发陕北条陈事。窃协此次以米脂、榆林绅民之请,来陕北调查水利,途经三原、同官、肤施等县。于上月十四日到米脂,随即下车测勘无定河上下。同月三十日到榆林,查勘红石崖、黑海子、三汊湾、归德堡等处水利。兹将调查所得,详为报告。查陕北可开发水利者可分为洛水、延水、无定河三流域,惟洛水流域中部以上鄜县、甘泉等地,延水流域安塞、肤施等地,居民鲜少,地多圹废,甚至山洞溪涧极易引致者,亦皆弃而不用。骤言水利,必无应者。盖地不胜耕,旱地少劳而能获,必不肯多劳以事水田也。为开发鄜、延一带计,宜尽先筹划移民垦荒,同时经营林业畜牧。所移之民一召来(招徕)鲁、豫客民,二迁徙绥、米贫民,三安插退伍军人。似宜于延安、鄜县各设一垦殖专局,各设局长一人,局员六人。局员之中一须具农业专门学识,一须具林业专门学识,一须具畜牧专门学识,一须具政治学识,其二则办普通公事,相互助理,以期各尽其职。随拨驻军一连分驻要害各地,专为保护[移]民之用。凡来此地垦荒者,准其三年以内豁免粮赋。并第一年由公家作价给予牛、籽，准其一年之后归还于公，以作继续招垦之用。局费准每月开支各五百元。牛、籽费第一年筹一万元，第二年筹五千元，第三年之后由人民归还之牛、籽价取用，不须再筹。三年以后，即可收粮赋。计三年之中所需公款不过五万元，即可化荒凉之域为繁盛之地。此款可由省库逐年拨给，驻兵给养照向例办理。居民既多，乃为之设学校，兴水利，则一切轻而易举矣。如其可行，请令建设厅筹划办理。又宜君、中部、鄜县、延安一带山中无不宜木，老林未经戕伐者，松柏亦茂，新林则以榆、杨为多。现时中国林木缺乏，价值昂贵，有大兴筑甚至取材异地。将来铁路展至西安，一切建设需材甚多，不早筹划，势必至供不应求。洛水源自保安，下达同、朝，中贯北山，实为将来交通要道。此次查勘所及，见其水量之充裕，河床之整齐实异他河，施以渠化之法，节节建堰投闸，必可为航业之用。而目前若能用以泛泲木排，礁碍之处略加修治，必能大得其益。现山中尚有林木甚广，泲道若通，获利即在目前。俟北山居民既富，农林矿畜出产增盛，再筹划开辟洛河航道，小汽轮可达甘泉。甘泉至肤施一岭之隔，各有小河南北分流，因之开渠设闸，则洛、延二水相通，延长石油自可旺行。此虽一时力所不及，因之可为建设所应预为留意者也。清涧以上绥德、米脂一带，居民繁多，地利甚微。山坡之地以三亩一垧计，每垧所产粟不过七八斗，麦则仅及三斗，每家所耕二三十垧，便为殷实。沟湾陡坡已无间地，灌溉之田则一亩可获二石，故人民视水甚为珍贵，山沟之水行以灌溉，涓滴不留。惟其量甚微，故水田有限，大河之水若无定河、榆溪河则向来鲜用之者，非不欲用，无术引之耳。惟榆林南二十里三汊湾地，引用榆溪河水灌溉不过百余亩，而本地人民有"榆林日销斗金、三汊湾日进斗金"之谚，其利之厚，可想而知。其他各处以桔槔汲用河水者，亦近二三年中始渐行之。人民既知水灌溉之利矣，故米脂、榆林各处试办渠工者有多处，而皆失败。失败之因，工事之失宜，款项之不继有以致之也。查无定河、榆溪河川地甚宽，类皆平坦宽广，无处不可开水地，惟协之意以为先辅助人民已办未成之渠，以求其早成，效益昭著，则他处可以因势利导，不难兴办。所有人民已办未成之渠，其一，为米脂县境之渠，渠已开成二十余里。失败之原因，一进水口失当，二渠线不合。为之勘得米脂县北三十里黄柏谷进水，此处河狭址坚，紧靠山岩不需堰坝，但于山崖凿洞数十步，即沿山脚开渠。至大王沟接镇子人民所开未成之渠，则可灌溉镇子湾以下榆林、米脂无定河右岸之地四十余里，二万五千余亩。更为之测量水准，勘定渠线，估计工费约三万元。其二，为榆林红石崖榆溪河西岸之渠。人民自动兴工，已凿石渠一百二十丈，土渠五十丈。以石工失慎，人民怀疑不前，将致工偾于一篑。为之测量水准，指导做法，行将告成。其下可溉田七八百亩。再加以坝束榆溪冲沙，实可得水田千亩以上。其三，为榆林以北黑海子人民已开渠五里，水未上，款竭而止。此处为榆溪上游，河弯而狭，两旁且束以堤，但以石工砌为坠固水口，设牐防洪。对岸设一雁翅逼水入渠，沿山脚引渠线可越二道河,至牛家梁一带凡二十里,无用沙地皆可变为稻田,不下二万亩,工费约需一万元。其四,刘官塞至归德堡人民曾开渠七八里,未成,款竭而废。查此处所采水口之下约一里余,河身之宽仅三十丈,两岸俱为石崖。榆林各地以沙阜不高,山水极弱,故为之计划于此处筑一梢石混合之滚水堰,高六尺。所开渠道略加修整,即可进水。设桥越沟可溉至归德堡以下凡十五里,可二千亩,工费不过七八千元。惟此处之地概为荒沙,欲以成田须加修治。每亩修治工费亦不下三元,则成田之费亦六千元。而地方人民特别困苦,渠成以后亦不必观望不前。计惟有由公家代垫,成田之后由人民备价收回,或出水租,则共需一万三四千元。其他归德堡以下至鱼河堡可成田二万余亩,镇子湾可成田数千亩。现时公款支绌,人民疲惫,即以所勘数处论,已需五万余元。款何由出,拟与华洋义赈会筹商借款兴办,尚不知能允与否,祈上峰主持翊助则可易为力。又查榆林北十里之红石峡,其上北桥已筑石坝一所,水自坝根石洞流出,流量约每秒六立方公尺,以之修水电厂所费不过四五万元,可得五百匹马力,则榆林一带之工业可以有所资借矣。可由建设厅与陕北镇守使妥商为之,以为地方福利。又由耀县至肤施大路平坦,仅有中部至洛川间深沟二道。亦可改易路线,修治省道,并不费力。调查所及,亦附志之。所有调查陕北水利情形及开发陕北意见,理合呈明。

陕西水利工程之急要

(一九二九年十二月)

民国十五年(一九二六年)关中麦大稔,是年夏西安被围,□□□□,凡八阅月,关中饿毙二万余人。围解后,冯玉祥引军大至,数十万兵师会关中。民国十六年(一九二七年),夏麦薄收,秋禾又薄收。冬,冯军陕军东出河南,时河南饥,冯令在关中各县征发粮食,每县数万石,民已有菜色。民国十七年(一九二八年)大旱,二期之收获俱歉,冬麦不能下种。民国十八年(一九二九年)无粒麦可获,秋禾又失。是年冯玉祥■■■,群集豫西,退入关中。自是年至今,两年之久,陕民在极恶地狱中。各地善士奔走匍匐救济,格于苛政,捍于道路,误机失时,补救甚□。政府初颇注意陕灾,以冯玉祥故,鞭长莫及,于是陕民饿毙者二百余万人,流亡者不计其数。今岁麦收仅三成,秋未全熟,盖之以奇蝗蔽地厚三寸(蝗灾),于是陕饥仍未已。十月二十六日,国军入西安,夫沛然大雨。先是陕民恨冯刺骨,目为旱魃,魃去而雨,万民额手称庆。各地善士□□□□,虽统计未出,当不下数百万元。以如是巨款,犹令陕民饥毙二百余万人,此大可为痛心者也。焦头烂额为上客,曲突徙薪无恩泽(奖赏欠公正),古有良言,今宜引鉴。

关中水利废弛,盖已久矣。民国初年(一九一二年)前教育厅长兼水利局长郭希仁,以引泾之利倡于前,民国十一年(一九二二年)仪祉继其后,测量设计,□□□□二百万元。谋之陕省当道,当道不暇及。谋之一□政府,政府不暇民,谋之社会团体,团体以政治不良,爱莫能助,令人民自谋。人民方面[尚]于重赋苛捐,日惟免死不得,何有余力?于是水利之企图,终不能实现。

使引泾之计早得成功,成其小为者,灌溉一万二千顷,每亩收获二石,即多得谷二百四十万石,可令二百万人不致饿死。成其大焉者,灌溉四万五千顷,即可多得谷九百万石,可使关中无凶年。果如是,凡何劳各地人士之施赈哉。

历来为国者于民生要图鲜加注意,及大饥逼临,瞠目无策,坐视人民之死亡而莫之能救,是岂为政之道哉!

此次关中之饥馑,其原虽不专在乎旱,而旱为其大因,则无疑义。

当时冯之敢于谋取而其部下甘心从之者,以地方不能供食也。奇蝗之生,亦田于旱,仪祉生长关中,四十余年未尝闻蝗,而大蝗忽现于今日,是适有其由来,未可以五行灾异目之也。

救旱无他术,在平时兴修水利而已。前车之覆,后车之鉴,往者不可追,来者犹可及。政府而悯及陕民,不可不注意于此也。各地社会团体欲根本拯救陕民,不可不注意于此也。陕民欲出死入生而自为计,尤不可不注意于此也。仪祉生长忧患,目击乡里丘墟,心伤老幼摧折,心悸神惊,援手无术。哀哉哀矣,后患何弭?爱本以前计划,申述要略。邦人君子,其垂察焉。

一、地理

陕西地理,以天然形势,分为中、北、南三道。人民繁殖以关中道为最,陕南次之,陕北又次之。陕南汉水流域,水利尚兴,故虽旱不饥;陕北人民稀少,地土广漠,居民耕三余一,素有存积,故虽饥不涝。关中则不然。

关中一道凡三十余县,东西由经线一百零六点五度至一百一十点二度,南北自北纬三十四度至三十五点五度。居民无确考,大抵不下五百万。全道又可分为四区:①省西区,由陇县、宝鸡以至西安,地亩肥沃,雨泽较顺,水利亦广,惟地面狭缩。自清末至今,广种鸦片,以致食粮甚少,平时仰给于渭北各县。渭北若饥,粮不西行,此区人民即陷于绝境。此次荒年以武功等县死亡为最多,职是之故。自作之孽,固不可活,然而当道,劝种抽税自肥,罪归孰乎?②渭南区,沿渭河以南至秦岭之麓,西自长安,东至潼关,水泉甚多,水利甚盛。但其地北厄于河,南限于山,狭长一带,苦无余地。故平时耕种,供不应求,仰给渭北。③渭北高原区,为淳(化)、耀(县)、同(州)、白(水)、蒲(城)、大(荔)等十余县。地势高仰,原土黄壤,水泉甚深,不易引溉,农业专恃雨泽。然土广民勤,平时收获有余,故以之供给省西、渭南,有时并输之豫、晋等省。④渭北低原区,为泾阳、高陵、三原、富平、临〈通〉(潼)、渭南等县,东西长约一百一十公里,南北广约三十公里,面积约三千平方公里有余。以地质而论,古为湖泊,渐至平淤,土带卤性。自秦以前,关中多饥岁。秦开郑国渠化斥卤为膏沃,关中自此无凶年。此后各代相继,水利有兴替,地方物产即有盛衰,人民生活亦即因之有安危。地理关系民生,诚可信矣。

二、气候

陕西一省以气候论,秦岭山脊,成为天限。秦岭以上,以山西高原之故,恒风东来,所挈水气为晋境吸收大半,至于陕州,雨量多寡以前未有记载。民国十二年(一九二三年),西安水利局及渭北水利工程处始肇器量雨,三年之久,事因人替,其记载较完全者为民国十三年(一九二四年)。西安[?于民国]十三年(一九二四年)之数较之泾阳,整记之为十与八之比。渭河南、北相比,确如此例。

与关中相近者为河南陕州(北纬三十四度四十八分,东经一百一十度十二分),其气候亦以关中相类。

西安所以较之渭北下雨为多者,以其处秦岭之下,故雨云有□□之效,东风、西风,亦多带雨,渭河以南大抵皆如此,渭河以北则不然,但有越晋改由东北风带来之雨,是以雨量稀微也。以上所举之数年,皆为普通年份,麦秋收获皆不丰。最潦年与最旱年其数相点甚多,惜之长久记载,不能考证。如民国十八年(一九二九年)之大旱,则泾渭几皆涸竭(通远坊当有记载未考),故渭北之旱荒,实大可虑也。

雨量之分配,太不均匀。夏季雨量较多,约占全年雨量的百分之五十九,春季约占百分之十二,秋季约占百分之二十二,冬季只占百分之二。雨之需要在四月为种棉、豆期,麦苗经冬初醒亦赖春雨润之,其次则五月,不雨则春禾将槁,六、七两月为粟米播种之期,九、十两月为种麦之期,需雨尤急。陕西得雨,因乎恒风,例有定时,与农事相应,若稍愆期,则旱灾立见。

旱潦之年,大抵有循环之数。德国气象学家 Richter 以为五年小轮回,十年一大轮回。陕西情形亦有五年小旱,十年大旱之说。就最近若干年而论,光绪三年、光绪四年(一八七七年、一八七八年)关中大饥,人民饿死半数,人相食。光绪十六年(一八九〇年)旱未成灾。光绪二十六年(一九〇〇年)大旱,幸两宫西巡,施赈一千九百余万两,民有饿死者而不多。民国九年(一九二〇年)小旱,民国十八年(一九二九年)大旱。旱荒之频,于此可见矣,论饥馑之重,于最近三百年内,以明崇祯十三年(一六四〇年)、清光绪三年(一八七七年)及民国十八年(一九二九年)为最烈。更稽之于此,由商及今三千余年,见于记载者,旱荒凡一百三十八次,例二十五年一次,蝗灾二十一次,例百余年一次。然蝗之起,皆因乎旱灾之所及,皆以渭北区域为最烈。

三、水利救荒之历史

秦、晋相邻,秦饥则晋闭之籴,历史及今,几成为定列。此次阎锡山尤牢守此例。豫省仰供粮食于秦,自无余粮反哺,故欲救陕荒非陕人自为谋不可也。救荒于□成之后,不如救之于未荒之前。其要不外乎裕源节流,而以裕源为尤要,改善农事,铲除毒卉,兴修水利,皆裕源之法也,而以水利之效为尤大。昔秦未称帝,首谋富强。韩人郑国本韩君旨,欲以疲秦,说秦凿泾水谷,引渠循北山行,绝冶、清、漆、沮诸水放之于洛,溉田四万五千顷,化渭北斥卤之地为膏沃之田,关中自此无凶年,秦国以益富强,可见郑国渠关系于渭北民生之重矣。郑国以石围为堰,高百尺、广六百尺,蓄水之计已为采用。自秦历汉,堰毁渠废。后汉赵中大夫白公,另开渠堰,溉田四千九百顷,盖已舍旧水之意,并弃冶、清、漆、沮而但引泾流而已。时人歌之曰:"举锸为云,抉土为雨,且溉且粪,长我禾黍。"可见其利之溥。虽仅居郑渠十分之一,而人民之利赖相若也。白公渠延之,千余年而不敝。唐时中贵争设水硙(磨)坊灌溉,宋时渠堰坏,改凿丰利渠,元时改凿王御史渠,明时改凿广惠渠,则皆守白公之成规,但改移上水口而已。盖河床刷而愈深,堰口移而欲上。自白公以及广惠,上移四千余公尺。入谷愈深,则凿山逾邃,施功尤不易。故广惠渠之开凿艰难,至今土人(当地人)犹道之津津有味。清时以广惠渠坏,凿洞开岩,得数泉,最大者为丽珠洞。时人以泾水暴涨,常毁渠岸,沙泥常淤渠身,得此泉大慰,乃倡拒泾之说。于是塞老龙王庙下山洞,而专以泉水济灌溉,名其渠曰龙洞渠。然诸泉水量之合,不过每秒一立方公尺许。加以石渠罅隙漏失,至溉田之处,仅得其半,乌可与泾水比,故龙洞渠溉田不过二万余亩。清人惮于兴工,因噎废食,虽有傅介子等力为辟驳,而拒泾已成铁案,郑白之利,失之久矣。民国十一年(一九二二年)时当北五省大旱之后,胡笠僧倡议设渭北水利工程局,谋复引泾,举李仲三董其事。仲三延予归任总工程师,拨赈款五万元,为预备工程经费。为之二年,计测量泾谷地形水准及泾阳、三原、高陵三县地形图,及韩渠导线、各水库地址等图,并常测泾河流量。时助予者为刘辑五、胡竹铭及陆军测量局员若干人,后又得须君悌襄助设计。出版有渭北水利工程中英文第一期及第二期报告。其事固未尝竣,而以胡、刘之战,继之以西安、泾阳等处围城之厄,冯玉祥之叛乱,扰攘数年,前功尽废矣。

四、测量之结果

(一)灌溉区域

全面积可施灌溉者(即引泾水可及之地),共四万三千顷,或六十六万六千七百七十七英亩(一英亩约等于六点一亩),可分为两大区:介于清、浴、渭三河之间者为北区,面积二万九千七百余顷,或四十五万零六百九十六英亩,亦可称之为郑国区;介于泾渭之间者为南区,面积一万四千二百余顷,或二十一万五千一百八十五英亩,亦可称之曰白公渠。工程计划分为两期:第一期但筑回水堰,供溉南区;第二期筑则库蓄水,供溉全域。

(二)泾河流量

曾经施测二年,两年中二月之数,俱以故未测完全,七、八、九三个月中涨水甚猛。民国十二年(一九二三年)之总平均为每秒六十六立方公尺,可以代表普通潦年。民国十三年(一九二四年)之总平均为每秒三十五立方公尺,可以代表普通旱年。

(三)泾水含泥沙量

汉人诗云:"泾水一石,其泥数斗,且溉且粪,长我禾黍。""一石数斗"云者,过甚其词也,然泾水含泥之多,于此可见矣。所含泥质,其极细黄壤,以之润田,不啻施肥,故曰且溉且粪,诚实在情形也(秦陇之山放羊者多,羊粪遗积山坡,暴雨冲下,流入河中,其肥无比)。然有以为禾苗初生,泥水灌溉,常致淤泥压苗,为害甚大,此则不善治田,引水不得法之咎,非泥水之咎也。七、八两月发水时期,泥量特多,且较之黄河及永定河倍多。然测验之时,以水涨过猛,不能及中流,仅于近岸处取水验之,则其平均值难为定准也。洪水时,泥之外,兼有石砾顺河底移动。

泾水之外,冶河流量每秒平均约二立方公尺,清河每秒平均约二立方公尺,漆、沮合流(即石川河),与浊河并,计平均约六立方公尺,数水皆恃泉源供给,而受雨面积不大(冶、清一千二百余平方公里,石川三千八百余平方公里),故其流有恒,施于灌溉,最为适宜。数水合计,略逊于泾河枯水时期之平均流量,若加以堰蓄,则附之径流,郑渠全功可以恢复。

(四)蒸发损失

蒸发损失之量,曾于泾谷三龙王庙置器测之。民国十三年(一九二四年)所得计四月二百一十五公厘,五月二百一十六公厘,六月三百六十四公厘,七月三百三十一公厘,八月三百零二公厘,九月一百三十五公厘,十月八十一公厘,十一月一百七十九公厘,十二月一百三十一公厘。

(五)渭北地质及田禾种类

渭北地质上已言及,盖为黄壤淤积盐湖而成,故有多处土带卤性。渭南、蒲城之交,名卤泊滩,民煮私盐,泾阳、三原、田市、大荔等处,井水多碱。然自数千年耕耘以来,加以郑白沃溉,大抵都成沃土。其土质宜棉、麦,不宜稻,故虽水田亦鲜有种稻者,间亦有之,乃在冶、漆、沮之上游。通常田禾可分为三类:

(1)冬禾,以麦为大宗,豌豆、扁豆、菜籽次之。
(2)春禾,以棉为大宗,芝麻及各种豆类次之。
(3)夏禾,以小米为大宗,玉米、薯蕃、麦、糜子、高粱等次之。

冬禾占耕植地面约百分之五十,春禾约占百分之二十五,夏禾约占百分之二十五。

灌溉时期,冬禾由九月至次年四月,春禾由四月至七月,夏禾由七月至九月。现时地亩之价,旱地(无灌溉者)每亩十至二十元,水池每亩四十至六十元。旱地每亩于普通年份可产麦五六斗,或棉四五十斤,丰年每亩产麦七八斗至一石,或棉七八十斤,凶年则完全无收获。水地每亩普通可产麦一石五斗至二石,或产棉二百斤。

(六)灌溉需水之量

渭北灌溉,既不以种稻,故需水无多,其灌溉之法,用轮次法。灌溉时期,大抵每月须轮溉一次。灌溉性质,于荒旱之年,重在救荒,故贵乎溥而不贵乎丰。盖垂槁之苗,稍得滋润,即可以接雨泽,不然则全枯矣。下种之期,雨泽及时,则可以灌溉补天工,不然则失时矣。

以成例推之,现时龙洞渠流量每秒零点七五立方公尺,可以供溉二万亩。用水不得法,水之耗损者多,若改良之,可以供溉二万五千亩,则是泾水平均最小之量(十三点四)可以供溉四千三百余顷。若加以潴蓄,则民国十三年(一九二四年)之总平均(三十五),可以供溉一万二千顷,民国十二年(一九二三年)之总平均(六十六)可以供溉二万顷。

按照美国灌溉经验,夏禾需水二十四英寸,冬禾需水二十英寸,春禾需水二十英寸。但在渭北，则以上述之理由，可以从廉估计。

冬禾共需水二十一公分，等于八点五英寸，夏禾需水十八公分，等于七点五英寸，春禾需水十五公分，等于六英寸。

每亩以六百平方公尺计，冬禾每亩需水十二点六立方公尺，重一万二千六百公斤，每斗麦重十八公斤。按德国经验每熟禾一公斤，滋长需水三百公斤，则每斗麦需水五千四百公斤。

上举水量，只可成熟干麦二斗许，然以渭北经验，则远过于是。盖灌溉者所以济雨泽之不足，而黄壤之稍得润泽，即可成禾，亦非他种土壤可以一例视之也。夏禾需水十点八立方公尺，重一万零八百公斤，秋禾需水九立方公尺，重九千公斤。又灌溉用水之量，与施用肥料多寡有关，施肥愈富，则需水愈多。现时渭北民由于施肥颇嫌潦草，肥料亦感不足，将来人烟稠密，工业发展，农事改进，灌溉需水当以肥料之增益而加多，初时计划，则暂可勿及。

（七）渭北水利工程局之引泾计划

渭北水利工程局，前拟计划甲种和乙种二种。

甲种计划分两期做，第一期工程概略如下：①凿一长二千七百公尺之引水洞，断面积为十三点四平方公尺，纵降为十分之一点五，洞长之一千五百公尺石岩中，一千二百公尺在黄壤中，在石岩中以混凝土为衣，在黄壤中者以石壁为穹，出水量最大每秒四十立方公尺。洞之进水口处于拦河大堰之上游，有闸门可以机启闭。此洞穿仲山之腹（俗呼钓儿嘴），泾河为弧，洞为之弦。②拦河大堰，所以遏泾水使入引水洞也。顶长八十五公尺，宽四公尺，最深之处高十五公尺。堰身深处留有二孔，有锚启闭，以利涮沙。堰身中横设隧道，与堰轴平行，自河左岸通至右岸，以通堰而行人，且便启闭排沙孔门。堰之建造，用块石混凝土合成，两旁肩墙以方石砌之。③大堰地址所在，河床陡弯，引水洞之对岸，山如舌突。大堰工程之先，先穿舌为一排水洞，长二百公尺，横断面积十二平方公尺。洞口下游，筑一乱石临时堰，回水由排水洞流出，则大堰址干涸，便利做工。以后则用排水洞排泄洪水及堰内积沙。洞以混凝土为衣，亦设闸门，用机启闭。④水自引水洞中流出，经一段石砌明渠，入一淀沙池，池长一百公尺，宽四十五公尺。池之下端置排淤闸，可随时启闭冲洗池内积淤，泻入泾河。灌溉用水，经淀后，由渠首闸入第一水库，名曰水梳湾水库。而闸各分数孔，以割圆式门启闭之。⑤木梳湾水库，东北以高地为界，西南以旧高堤为界，面积二百二十万平方公尺，容积一千五百四十万立方公尺。库周设有退水口，可启门，退水入泾河，有出水口，水由库中经过此口入渠。此库于初成之始，先放泥水盛满，流泥库底，弥封疏漏。⑥渠之容量，每秒三十立方公尺，干渠分支，分注入泾阳、三原、高陵三县并入第二水库，名曰汉地洞水库。⑦汉地洞水库位于泾阳县之汉洞,介于三角形旧渠堤之间,面积一百八十八万平方公尺,容积五百六十五万立方公尺。⑧除以上各工程外,并整理旧日干支各渠,开凿新渠,则督率本地民工为之。以上工费共估计一百九十四万三千九百五十元,然在此时期,则又嫌估计过低。

第二期工程另筑高堰、做大水库,并于冶、清、石川等谷分设水库,以蓄洪水,其水文测量须有三至五年之成绩始可设计。初拟由渭北时水利工程局继续研究,因乱中止,忽忽又六年矣,不胜惋惜。

乙种计划:①沿河穿洞,溯河而上,工程较穿山腹为易施,时间亦可缩短。洞之上口,位于旧广惠渠口上游三百二十公尺处,河之下口,在大王桥长一千五百五十公尺。洞之横断面及出水量同甲种计划中引水洞,其启闭设备亦同前。②拦河堰筑于旧广惠渠口上游二百三十公尺处,堰长七十五公尺、顶宽四公尺半,最深处高十五公尺。③水出洞后流入旧渠,旧渠须加以整理扩充。大王桥附近可设一淀沙池,但地位狭小不易设施,水流过低不能利用木梳湾水库,是其所短。工费估计亦需一百七十八万一千六百七十元,以现时物价估计,当不正是。

五、结论

乡人盼水利之切,以一二百万[元]难于筹措,屡谋以豚蹄祝千钟(代价小而收获丰)之策,或曰四五十万[元]可办,或曰五万元足矣。夫以二百万[亩]或一百二十万[亩]之水田,每亩只摊一元七角,犹以为不廉,而欲以数万元为之,是不足一普通富家草屋之营造,而欲以为百万生灵谋福利。军阀之假殷勤以欺人者,不惜虚耗赈款,以博暂时虚名,如是为之可矣,其实际于民有益与否不顾也。真心为民生计者而亦如是,得勿为淳于髡所笑耶?

今者■■尽除,政府或今将资达西北,西羌之民因不听命,关中为复迫及藩篱□□枢纽,■■善抚其民,固守其地,则环而顾之者莫敢生叛心,北方大局可以永定。残破之余,定在■■、地方合力为之善后,而为裕民生计,永免旱灾,郑白之功,不可患缓也。

组织西北防旱研究会

(一九三〇年)

西北之荒旱屡见,国家进步之一大障碍也。西北全部农耕面积一亿三千五百万亩。每遇大旱,赤地千里,每亩收获损失平均以十元计,共损失十三亿五千万元。人民既蒙如是重大损失,国家及社会赈济损失亦不下数百万元,然而受其实惠者十不得一也。且以有限之国力,慈善之人力,救穷济困之不暇及,又何能言及建设。矧复饥馑连年,政纲失纽,盗贼蜂起,诛不胜诛,小之则乱及社会,大之则危及国家。

(按:此文未写完)

救济陕西旱荒议

(一九三一年)

兹为救济陕西旱荒,特建议数条,谨请省政府裁决施行。

第一为广种苜蓿。查苜蓿为耐旱之植物,人畜皆可食,故美国经营四方,首先广种苜蓿,不惟可供食料,并可改良土质。种苜蓿四五年,改种麦豆,必增收获。关中农人,向来种苜蓿者亦不少,乃近年以来,人性益见劣下,自己田地,以其出产较微,不肯种苜蓿,而惟以偷割别人苜蓿为事,以致被偷割者,年受其累,遂亦改种他禾,而苜蓿种几乎断绝。宜急由政府督饬,令人民广种苜蓿以备旱荒。且苜蓿为牛、马最嗜之品,牛、马为农人必具之力,而乃自绝养畜之源,无怪乎一遇旱年,牲畜无食,只得卖去,以致农耕无力,田事草率,五谷不登,亦其大因。又大宛良马,全恃苜蓿,今中央方在陕改良马政,苜蓿尤为重要。乡间养蜂之业甚盛,蜂之蜜料,以苜蓿、荽子及枣三种花为主,而苜蓿花最长久。近年以来,苜蓿减少百分之九十五,而养蜂之业亦歇矣,故为多加畜力及提倡农民副业,改良马政,亦宜广种苜蓿。兹拟办法数条,祈赐采择。

(1)由各县县长,派人向本县境内有苜蓿之处,采购苜蓿佳种。如县境内苜蓿已绝,得采购于他县,并由建设厅向他省或国外,采佳种散与人民。

(2)凡民家有旱地十亩,即责令以一亩种苜蓿;有五十亩必须以四亩种苜蓿;有百亩必须以八亩种苜蓿,十亩以下种苜蓿多寡任之。

(3)凡种苜蓿之地,除正捐照常征收外,得按亩免去一切附加税。

(4)凡不肯自种苜蓿而偷割别人苜蓿者,处以重罚。不肯听令种苜蓿者,按应种苜蓿亩数,酌量科罚。

第二为劝垦荒地。查大旱数年,人民流离逃窜者多,以致田地荒芜不少。此项荒地,当为定暂行条例,劝人民开垦,以免荒废。去年协对此事,曾拟具办法,提议于省政府政务会议,未见施行。宜查前案再加省察,如有滞碍之处,可加修正,不宜遂搁置之也。该提案大旨,在令有力人民帮助无力人民开垦,利益均分,规定年限,使双方有益。

第三为试办火犁站,以资提倡。查深耕易耨,农之善教。近年以来,农力尽丧,斫木为耜,男推女曳(?拽),勉强治地,耕下之深等于搔痕。肥壤不能上翻,雨水不能深渗,籽种不能深藏,禾苗根浅力弱,稍见风霜,便失抵抗之力。农民畜力农具,一时难望恢复。宜由政府购置火犁数具,每具价值,以三十匹马力须一万五千元计,购置四架,须六万元。再加附带耕器以二千元计,安置木炭代油炉,以四千元计。共须六万六千元。分设四站于渭北及乾、凤等处,代民耕地,收获之后,酌收耕费。成绩若著,再试推广。

以上姑就愚见所及,撮要上陈,以为复兴农村刍尧之献,尚希采纳施行。

救济西北旱灾之拟议

（一九三一年）

西北干旱频见，不自今始。在昔承平之世恃其地土广漠，人民乐业，耕九余三，故可以调剂而不致为灾。旱而为饥，必在乱世，或大乱之后。故古人云，大兵之后必有凶年。良以征发频仍，盗贼遍地，人民流离，土地荒芜，益以荒旱，虽欲不成大饥得乎？

近来外敌日急，国土日危，乃有以注重边防，充实内地，唤起国人之注意。同时更有虑及西北之地干燥少雨，不适于富庶者。

然西北究非不毛之地也，在昔亦曾为富庶之区也，且其蕴藏丰富，为外人所久垂涎。故外人考察西北者踪迹不绝，而谓吾人可以自行放弃，不加爱惜乎？

修明内政，人民安居乐业，祥和之气充溢，嗟怨之声不闻，则灾侵自少发生（读者读至此，必深怪作者生于今日，犹存百年前陈腐之见，作迷信之谈。殊不知古人经验之谈，实具有科学至理，未经探悉直曰为迷信而已。关于此点，作者以后有专论发表，兹不赘）。即偶有水旱亦必不至于民生有何影响［作者于民国十三年（一九二四年）游于淳化，时方亢旱，茅舍之前有老人坐榻而叹曰："天不雨若之何？"予就而询曰："翁家饔食难以继乎？"老人笑曰："吾家八口，食粮可支三年不尽。"曰："然则何忧乎？"曰："事务大了。"盖所谓事务大了者，不外乎征敛横暴，■■纵横也。继此民国十四年（一九二五年）、民国十五年（一九二六年）大稔，使无战事频生、粮食征发殆尽，则又何至于饿死二百余万人］。

关于政治者，固待政府及人民之努力；关于改造天然者，独无可有事。议论者多以为旱干之频见，由于缺乏森林，欲救旱荒，必遍植林。是固不能谓全无关系，然又安能废多数农田，而易以森林乎？且黄土于少数树木类如槐、榆、桐、柏而外，亦不相宜，而干旱无水，种树尤为艰难。故除山岭川谷之外，森林不易实现也。

引泾水利工程之前因与进行之近况

(一九三一年)

泾河为渭河最大一支流,其源远在甘肃。境内支歧为三:一由庆阳府来者,为恒(?桓)河、马连河合流,流最长;一由镇远来者,名阳秋水;一由平凉、泾川来者,为泾河本身。泾川以下又纳二谷水,与前二水总汇于陕西长武。其下又受泉涧无数,最大者为黑水,已达泾阳县之仲山谷口,即历史上二千余年引泾之所由也。

综计谷口以上流域,面积四万余平方公里。陕、甘每〈夫〉(年)雨量,平均在四百公厘。谷口以上之地势多为高原山岭,土质黄土居其大半,树木稀少,平时苦旱。七八月间,大雨时行则泾河盛涨,其势甚强。观乎庄周《秋水》之篇,泾之矫也可知矣。

自战国时,秦纳韩水工郑国之说(二千二百年前),开渠筑堰,引泾循北山行,截冶、清、漆、沮之水,注之于洛,溉田四万五千顷,关中自此无凶年(《汉书·沟洫志》)。后汉赵中大夫白公继其后开白公渠,溉田四千五百顷。嗣后郑国渠废,而白公渠以历代勤加修治,得以保存至清,虽渠口屡次上移,而其下游灌溉之范围,皆白公旧规模也。自清之中叶,谋恢复渠堰不成,乃以凿得山泉供溉田二万余亩自满,于是龙洞渠之名伊始,而引泾之利全失矣。民国八年(一九一九年),郭希仁为陕西省水利局局长,谋复之,派员测一略图。民国十年(一九二一年),陕饥,华洋义赈会派吴南凯测之。民国十一年(一九二二年),余主陕西省水利局事,兼渭北水利工程局总工程师,乃做详细之测量研究,并测渭北数县之地形图,以为干支等渠道设计张本,成渭北水利工程局报告第一期及第二期。继与北平华洋义赈救灾总会借款合办,华洋义赈救灾总会派总干事梅乐里(Mallery)、总工程师塔德(O. J. Todd)往勘之,力为赞许,旋以战事未果行。

民国十七年(一九二八年)、民国十八年(一九二九年)、民国十九年(一九三〇年),陕西大旱三年,酿成千古未有之奇灾,于是引泾之事,中外人士莫不认为根本救灾必不可缓之图。华洋义赈救灾总会为陕西省政府商合办法,陕省政府任四十万元,华洋义赈会捐助四十万元,檀香山华侨捐助十四万元,朱子桥先生捐助洋灰两万袋,中央政府拨助二万元。于去年十一月十六日，由省政府召集受水益五县人民代表开会，成立水利协进会。令各县分担水利公债二十二万五千元，省府担任二十二万五千元，并派张丙昌为协进会监督。工程分上、下二段，上段为泾谷中凿石洞，长三百二十四公尺，拦河堰长约六十公尺，最深处高十五公尺。凿宽旧石渠长三公里（原渠宽狭深浅不一，现统以凿足六公尺宽为度），凿宽旧土渠四公里，开新渠四公里及一切桥梁、涵洞等工程，为华洋义赈会所做。即于去岁十一月开工，至本年五月底，已成者洞工百分之四十，堰工、固埂（Cofferdam）、排水，正做堰址开石之工、石渠工已成百分之五十，旧土渠工已成百分之九十，新渠已成百分之四十五；桥工（滚水桥山水由桥面工滚过）完全改造者二，拆除者三，修缮者二。此其近日进行大概情形也。

此次合作所用计划，与余前订计划异者，前订计划凿山腹洞工长，舍沿河旧石渠之途，令所引泾水与泉水分流，泾水入洞处在今洞口上游二公里处，地势高，泾水引出，有淀水池，有二外库，可以澄清，可以储蓄，故其初步灌溉，可望一万二千顷。此次计划，引水较低，凿短洞，沿旧石渠，泉水河水不分，无澄清及储蓄可能，故其灌溉，只限于五千顷。蓄水问题，将来尚可于上游设法；澄水问题，则无法解决。惟有于泾水稍大时（含泥沙较多时）严闭闸口，并督农民勤挑淤耳。设计以泾水最小流量每秒十三立方公尺为准，加以泉水之量每秒三立方公尺，故洞工渠工，皆以能过水每秒十六立方公尺为准。至改革计划之原因无他，公款有限而望速成耳。

下段承上段之终点（王桥镇），完全为土渠。计干渠共长八十五公里，其上端三公里为总干渠，容量每秒十六立方公尺，渠底宽六公尺，岸坡一比一，渠底倾斜度二千分之一。此下分为北旧干渠达三原，长三十二公里，容量每秒五立方公尺。南新干渠达高陵、临潼，而于交口入渭，长五十公里，容量每秒十一立方公尺。旧渠加以整理，新渠完全另辟。堤工加碱，堤顶可行驶汽车。计自本年一月起测量渠线，四月末开工，截至五月中已成干渠十五公里半，挖土方一万三千二百方，筑堤土方七千二百方，桥梁三、支渠水门四、涵洞三，正建设中。下段工程，余全委之门人孙绳斋工程师为之。绳斋经验宏富，设计缜密，任事不辞劳怨，工程界不可多得之人才也。绳斋另有报告，将与上段报告另披露于专门杂志。

春秋之际，上、下段俱受工人短少之厄。七月中以后，当可多招工人，尽力为之。计全部工程，希望明年三月间完工。上段工费问题早已解决，而下段则尚未完全解决。计干支渠（干渠八十五公里，支渠二百公里）需款在四十六万元，现由省政府拨到十余万元，而人民应任之公债，则以大荒之后，财源缺乏，至今不能派领，故需当局竭力设法。

灌溉地面之分配：计醴泉三千五百亩，泾阳十八万亩，三原十万五千亩，高陵十三万六千亩，临潼七万五千亩，共五十万亩余。但若用水得法，当可增加至七十余万亩。

泾河大蓄水库,余先主于引水洞口下游为之,今计划改革后,下游无复可以设法,且仲山谷狭,本难得最适库址也。本年五月二十四日,复于邠县断泾探得库址。若筑三十公尺之堰,可以容水一百兆立方公尺以上,断泾之下游复有嘴坪(淳化县界),亦可筑堰作库,两库合计,能蓄水二百兆立方公尺以上。加以冶、清、漆、沮等水,郑国之宏规,不难恢复矣。泾河洪水流量甚大,余估寻常年月,亦有每秒三千立方公尺之流量,洪水之容蓄于水库者,其溉田之力,较之清水为大。汉人歌曰:"且灌且粪,长我禾黍。"可以证矣。此二库将继续测勘,以为引泾第二步之计划。

陕西省民国二十年建设事业计划大纲

(一九三一年)

西北为中华之天府,秦、陇、青、新矿源丰富,物产充盈,数千年来蕴而不宣,实为全国富强之厚基,抵制外货之储资。而陕西则为西北之咽喉,故中国欲谋富强,即宜谋开发西北,而开启西北,即宜从陕西入手。惟陕西经十余年之变乱,加以延亘四年久之奇荒,民穷财困,全省无产,欲图振发,非以中央之力,辅以地方之助,共求进行不可。兹略举办法如下。

(1)建设事业之大者,如铁道交通,如黄河大水电厂,如黄渭航道交通,如延长石油矿,由中央积极办理。

(2)范围较小之交通及实业,由省政府积极计划实施,以求与先编理之建国大纲相符,与中央设施相应。

(3)由中央政府奖励提倡国力专家来西北考察研究,实业家来西北投资,经本省政府切实相助,与之合力进行。

办法如此,试再言具属于本省范围应次第举行者。其举行之次第应择其收效极速、利益最溥尽先为之,依次推广,使得于最短期内百废俱举,民生有赖。

一、关于建设事业之财政

拟由省政府集资八百万元,设一陕西省实业银行于西安,并请财政部准其发行纸币如数，以作陕西建设事业之基金。营业发达，再次第推于郑州、兰州、宁夏、肃州（甘肃）、西宁等处，设立分行。凡此数处，皆陕西商人足迹所在，西北货物赖其委输以达东南各省，向来无相当银行，商人汇兑存储，极形困难，以致商业疲滞，难以发展。如本银行得以巩固设施，营业之日趋昌盛，可操左券。而陕西一切建设事业，有此银行以为后援，皆可迎刃而解。

二、关于交通者

除陇海，同成待中央积极设施外，拟由本省从速完成者：

（1）西安至潼关汽车道，长约一百五十公里，拟就现有土道，加以整理。并于冲要之段，铺石渣路面（西安至临潼三十公里，潼关至华阴庙及华山脚二十公里，共需十五万元）。

（2）西安至长武汽车道，长约一百八十公里，暂就土道整理以利陕、甘交通。每公里平均以工费五百元计，约需九万元。

（3）咸阳至同官汽车道，为同耀煤矿委输要道，长约一百一十公里。除咸阳至三原，已有较好之汽车道，尚余三原至同官七十五公里未通，就旧车道整理，使可通行汽车。每公里工费平均以二千元估计，约需十五万元。将来更拟接长此道由三原达交口三十公里，由同官至交口共一百零五公里，铺设轻便铁道，每公里以五千元计，共需五十二万五千元。耀县岔口，可设水电厂一所，以为电驶铁道车辆之用，其设施费尚待研究。

（4）属于（2）（3）二道者，有咸阳渭河桥及修石渡泾河桥二座，为桥梁较大工程，约略估计渭河桥需三十万元，泾河桥需十万元，共四十万元。二桥若修，则以上之汽车道交通可以成永久性质，次乎此者为。

（5）由同官展长汽车道，经中部、肤施、延长、绥德至榆林，长约六百公里。中部为黄帝陵寝所在，延长为石油产区，加以陕北毛绒皮革之转运、垦殖畜牧之推展，此路亦大有价值。山路工程较难，每公里工费平均以五千元计，共需三百万元。

（6）凤翔至城固汽车道，长约二百八十公里，为陕南交通要道。东接西安，南接汉江航道，山路崎岖，每公里平均以六千元估计，约需一百六十八万元。宝鸡渭河桥一座，约需五万元。

（7）其他各县交通道路，当由各县次第兴筑，不在此内。

（8）堰黄谷道。省河南陕州及由禹门口经三河口至渭南航船甚多，水大时可达咸阳。惟河道从来未加整理，行驶困难，以前曾略加估计费款六十万元。可由陕州、渭南之间，行驶小轮拖船，是否可为，尚须再加研究。治渭为治黄之根本要图，当由建设委员会及黄河委员会设计办理。

（9）长途电话，拟先设立西安达潼关、同州、三原、平凉、南郑等处，约需款十五万元。

三、关于工艺者

（1）拟先设立交口一万锭纺纱厂一所，约需一百二十万元。泾阳口子头五千锭水电纺纱厂一所，约需七十万元。两厂设立，每年可获利一百余万元。同时提倡民间家庭织业，其利最溥。纱厂成立以后，再附设榨油厂，以利用棉籽。

（2）西安电厂，初办以一千启罗华特（千瓦）为准，约需三十万元。

（3）西安机器厂，就原有机器厂，加以扩充，以敷制造农具及家庭器具，并修理各厂机器及汽车之用，需款十万元。

（4）黄河龙门水电厂及洛河洑头水电厂，二厂容立，可使关中及晋西广大区域完全电化，尚待研究。

（5）其他工艺如制革厂、织呢厂等，于原动力实现交通便利以后，当自有商人争办，政府但加以提倡可矣。

四、关于水利者

钓儿嘴水利，已由陕西省政府与华洋义赈会以九十七万元合作，其小计划业已开工，估计可溉田一百万亩。中央发行之陕西赈灾公债中四百万元，指明办水利者，即以做引泾之大计划，合泾、冶、浊、漆、沮数水而一之，以恢复郑国渠溉田四万五千顷之规模。款不足，以后可由小计划成功后所获利益补充之。其他各处水利，由地方筹款兴办，渭河之水，拟先由政府购煤油滂浦十具，汲引灌溉，以为民间提倡。每具四马力，连管三百五十元，共需三千五百元。

五、关于农林垦殖者

（1）拟于终南山及华山下，各县地百亩，设立秧苗场及林业试验场二所，开办需款二万五千元。树苗既广，即沿秦岭山而广植森林。凡有山业者，俱强迫施行。

（2）于渭北、渭南各择地一区各百亩，设大规模植棉试验场，开办需款二万元。

（3）于华州购地百亩，设大规模蚕桑试验场，开办需款三万元。以上三试验场之成绩，俱以政府之力，积极使民间推行。

（4）设延、鄜一带垦殖区，以十万元开始招集外方良民。从事畜牧植林及垦荒等事。获利之后，依次推广，使陕北居民繁庶，百业振兴，以后北魏时代之盛。

(5)提倡各县开辟沟洫治田,使雨水不致外溢。改良堆肥,以增农产,当另具详细办法,使各县推行。

六、关于文化者

(1)拟建设陈列馆一所于西安,陈列各国各项机器,以资民人仿效。国内外商品,以资比较。本省物产,说明用途,以资兴发。开办费以十万元起始,逐渐扩充。

(2)拟建设气象台于华山,与国内各大气象台相联络。开办费以五万元起始,逐渐扩充。

(3)推行量雨器于各县,器由建设厅制造,由各县购领。

(4)修复临潼华清池公园,并建设旅馆,工费需十万元。

(5)完成西安革命公园,工费需五万元。

其他建设事业多端,当逐次规划施行。

泾惠渠工程报告

(一九三二年八月)

一、略史

引泾溉田始于秦用韩水工郑国,开渠(前二四〇年)起谷口,沿北山绝冶、清、漆、沮诸水而入于洛,史称溉田四万五千顷,关中自此无凶年。汉太始二年(前九五年),赵中大夫白公以堰毁水不能入渠,乃上移渠口,改渠由谷口东行二百里由栎阳入渭,灌田四千五百顷,改名白公渠,故至今犹称郑白渠。实则郑渠规模早失,自汉而后以及于明,历代虽有改修,大抵皆以堰口毁坏而上移之,凿石成渠,屡易其名,而下游则仍因白公之旧。如宋之丰利渠(大观二年,一一〇八年)、元之王御史渠(至大元年,一三〇八年)、明之广惠渠(天顺中叶,约一四六一年)及通济渠(正德十一年,一五一六年)皆然也。渠口以次上移,入山愈深,因凿石得泉益多。至清乾隆二年(一七三七年),以泾水屡毁渠堤淤渠身,乃筑坝拒泾,专引泉水,政称龙洞渠,于是溉田之数减至七百余顷。而至清季则以渠身罅漏,仅溉田二百顷。民国九年(一九二〇年)华北大旱,士绅议修泾渠。民国十年(一九二一年),华洋义赈会派吴工程师南凯来陕测堪。民国十一年(一九二二年),李协掌水利局详测之,并及渭北数县地形,设甲、乙二种计划,议借款于北平华洋义赈总会。赈会总干事梅乐里、总工程师塔德来陕调查,议有成,以内战旋寝其事。民国十七年(一九二八年)至民国十九年(一九三〇年),陕西大饥,华洋义赈会以根本救灾须兴水利,于民国十九年(一九三〇年)复派工程师来陕筹划引泾。以原甲种计划需款过巨,乃就乙种变通之,计需款约百万元。乃自动捐助四十万元,复由该会募得檀香山华侨捐助十五万元,朱子桥先生捐助洋灰二万袋,陕西省政府担任四十万元,合力为之。上部筑堰、凿洞,石、土渠工程由华洋义赈会担任;下部土渠、桥、闸等工程由陕西省政府担任。民国十九年(一九三〇年)冬,上部工程开始。陕省政府初议发行水利公债五十万元,组织水利协进会,继以人民荒后无力,改由省府拨款。民国二十年(一九三一年)五月开工,今第一期工程已告竣,其余大小支渠工程,希望于一年之内得完成焉。渠成,由陕西省政府政务会议议决易名为泾惠渠。

二、概论

陕西渭北平原以地质考之,古为通海湖泊,故土带卤性。自郑国渠开后,始化为膏沃。东西长约二百二十公里,南北广约三十公里,面积约三千平方公里。泾、冶、清峪、浊峪、漆、沮及洛诸水贯其间。诸水以泾、洛二河为较大,他水皆久为灌溉用。洛水自汉穿龙首渠不成后无再议者,泾渠则自明清之间始废。

渭北土性最宜棉,次麦豆,不适于稻。气候干燥,常苦旱旸,故水利为防灾所最不可少者。

此次引泾工程,较郑国为不足,较白公则有余。其溉田范围以水量有限,仍限于清河以南。受益者有泾阳、高陵、三原、临潼、醴泉五县。将来若能蓄引,增加其量,则架桥逾清河以溉临渭之地,非难事也。工程计划为于旧广惠渠口上游,跨河筑堰,凿左岸山腹为引水洞,至老龙王庙下入旧渠。复拓宽旧渠而整治之,并裁弯取直一段以避泾河之险。至王桥镇以上与旧渠复合,加以整理拓阔,名曰总干渠。至王桥镇以东,分而为二:一为北干渠,循旧渠至三原县治以东入清河;一为南干渠,另开新渠经泾阳治北,至高陵县治以南入渭河。南、北干渠复分大小支渠数十,有循旧渠者,密布如网。

华洋义赈会方面,以塔德为总工程师,安立森副之;陕西省政府方面以建设厅长李协为总工程师,孙绍宗副之。其他两方各职员,列表于后(原文缺表)。

为谋事之统一计,复于民国二十年(一九三一年)夏,合组一渭北水利工程委员会,以李百龄、李协(孙绍宗代)、塔德(安立森代)为委员,并以李赋林为委员会中干事,合谋共济,自此工事进行,愈见顺利。

三、工程报告

(一)水文

泾河源于甘肃。自泾阳仲山谷口计起,其流域面积约四万平方公里。上游歧为二股:西股名泾河,北股名环河。二股至陕、甘交界长武县城附近合流为一,东南流经邠县至断泾入峡,约八十公里至谷口出峡,而达渭北平原,今渠首工程即在于是。

西股水清而北股水浊,盖水流所经过地质不一也。环河流域大抵为黄土及第三系之黏土高原,为沟水所削蚀甚深。黄土复蔽最厚、最广之地,在中国境内殆莫过于此处者。累经地震,原崩土裂,壅遏川谷。经夏季水涨,冲决随流而下,故水含泥非常之多。反是,西股流域中之黄土黏土,早经削蚀甚多,故水中挟泥甚少。干季环河或至涸竭,而西股之水尚源源不绝。泾河之研究虽已数年,而尚不能断言究否可设水库以均蓄水量。按之观测所测,泾流于夏季甚无定律,而于冬、春两季则颇有恒态。夏令洪涨非常猛迅,此时所挟泥沙之量亦大逾常额。去年夏季所测最大含泥量之重,至占水重百分之四十六。以如此泥浊之水,若筑水库以蓄之,则库内必速致淤满而失其容量。是否有法以避免此弊,尚待研究。兹所订灌溉计划之水量为每秒十六立方公尺,其中十四立方公尺引之泾河,二立方公尺得之山泉(第一表)。

第一表　泾河流量表

单位:立方公尺/秒

年份	流量	一月	二月	三月	四月	五月	六月	七月	八月	九月	十月	十一月	十二月
民国十一年(一九二二年)	最大											28.4	16.3
	最小											26.5	14.6
	平均											27.4	16.5
民国十二年(一九二三年)	最大	20.6		45.9	58.0	87.5	17.5	1055.0	985.0	305.0	57.9	40.1	27.2
	最小	13.2		28.7	23.8	15.6	10.0	12.5	21.9	31.5	32.4	26.0	8.2
	平均	17.0	16.0	36.8	33.0	24.1	19.8		347.5	62.9	42.8	29.4	20.8

续表

年份	流量	一月	二月	三月	四月	五月	六月	七月	八月	九月	十月	十一月	十二月
民国十三年（一九二四年）	最大	17.6		51.7	40.1	58.4	29.3	54.9	171.1	76.3	149.8	36.0	29.0
	最小	11.4		27.4	16.3	15.8	10.7	8.1	12.9	14.5	21.7	18.3	16.6
	平均	13.4		36.6	24.8	28.2	16.9	22.9	69.0	28.6	56.2	28.0	21.1
民国十九年（一九三〇年）	最大										77.0	36.6	25.0
	最小										17.5	18.0	16.0
	平均										31.0	24.5	19.0
民国二十年（一九三一年）	最大	17.4	26.7	55.0	24.7	22.5	300.0	2000.0	550.0	145.0	78.0	28.0	24.8
	最小	6.8	11.4	16.9	12.5	8.7	8.0	9.0	13.5	15.0	18.6	21.5	9.0
	平均	12.0	16.0	31.0	16.3	10.8	36.5	81.0	31.9	31.9	25.6	24.2	17.6

泾河流量于夏涨之后，河水降为每秒约二十立方公尺之恒流，至十一月中逐渐减少。十二月内之流量，平均计之为每秒十六至十八立方公尺。一月间流量骤减甚低，盖以结冰之后，水冻不流故，前后数日间流量有减低至每秒六立方公尺甚至每秒五立方公尺者。此时地面亦冱冻，故地下之水为冰所封，亦储蓄地内，迨河水面冰结厚，足以制止其继续结冰，则流量复渐增至每秒十至十二立方公尺以上。地下水亦渐复能达于河。此种情形经过二月至三月之半，流量徐徐增加至每秒二十立方公尺。其间若有数日乍寒或乍暖，则流量亦随之乍减或乍增，但其增减之度，鲜有超过每秒五立方公尺者。

三月之中，泾河流域中天气概暖，上游山岭涧底之冰大概融解。地下之水去其封闭，畅然流出。于是河水顿增，成为春汛（桃汛）。若冬季严寒，冰雪积厚，春季骤暖，则春汛之来常甚猛烈。大概计之，常倍于三月初之流量，而增至每秒四十至六十立方公尺，有时亦遂至每秒一百立方公尺。春汛延长约一星期之久，径流复减低，与十一月下旬初冻之期相等，即每秒二十立方公尺。若遇最干之冬与最湿之冬，此数当然亦有变更而不多也。

四月、五月及六月内，泾水皆见逐次低减。四月间之泾水平均流量，可为每秒十八立方公尺，五月则为每秒十五立方公尺，而六月则减至每秒十二立方公尺。此数月间流量大抵有恒，但偶尔小涨不过每秒一百立方公尺。此等小涨，或挟泥沙，或不挟泥沙，视上游降雨之集中于何处而不一致。去岁六月二十三日，忽来挟泥甚多之骤涨，几达每秒三百立方公尺，但此可以例外视之也。

夏季七、八、九三个月为泾河汛期，与中国其他各河一例。去岁最大洪水达每秒三千立方公尺。渠首之处十分钟内水涨三十英尺,洞中工人仅能逃避,但此尚远未达其最大之程也。由计算推测,最大洪水量几可达每秒一万五千至一万六千立方公尺,但此挟泥沙之洪水不适用于储蓄而供灌溉也,凡此皆须切实加以研究经验以免虚糜。

十月间之平均径流,较他月为高,而间以数次小涨,多有达每秒百立方公尺者。其所挟泥沙,亦不如夏季之甚。

由以上关于泾流之见解,可以知如何利用其水,以为灌溉之用。泾水最小之月,当为一月及六月。一月灌溉不甚需要,水量虽小,亦可供给;六月则成问题。将来对于灌溉需求及泾水流量,经验愈多,或可于现筑固定堰顶上,安设闸板以多储水量以济六月间之不足。

现所拟计划,为每秒十六立方公尺,灌溉五十万至六十万亩之地。关于实地灌溉地亩之多寡,论者不一,要之亦视历年雨量之如何耳。以后由经验可以断定灌溉地亩之究可扩充至若干,使农民不致感供不应求之苦耳。

(二)建筑

建筑工程分上、下二部,上部由华洋义赈会任之,下部由陕西省政府任之。属乎上部者为:①跨于泾河之拦河堰以升高水面而入渠。②引水洞并附有操纵水门。③拓宽旧石渠、土渠增加流量,由每秒二至十六立方公尺。④跨渠桥梁以排山洪利交通。兹分述如下。

1.拦河堰　堰址择定老龙王庙上游广惠旧渠口之上,泾水至此一跌,约二点五公尺,谷深而狭,两岸石壁歧然,为石灰岩及页岩。堰之大小如下。

顶长	六十八公尺
顶宽	五公尺
上游面坡	五分之一比一
下游面坡	一点一比一
最深处高度	九点二公尺
石工容积	四千四百一十三点六立方公尺

堰以混凝土为之,估计需用洋灰一万袋,所以不用石砌者,因合用之石较远,转运不便也。

堰身须足以抵抗夏汛十公尺高之滚水压力及其冲下之走石,故须极牢固。低水之时,水完全收入渠中,以为灌溉之用。堰址工始于民国二十年(一九三一年)春季,先以凿石洞所出之料做围埂于东岸,完成一段堰工,中一孔以备回水。以底泉及夏汛之扰,进行甚缓。至十月间西岸堰工始行起首,由西岸采石做围埝,拦水使从东岸所留孔中放出。惟以河底凸凹不平,砾石零乱,迄难使围埝完全不漏,而堰工困难甚多。至民国二十一年(一九三二年)五月全堰始告成,惟留前址以大水期近未及赶做,而东面两孔则各留三公尺深,以闸板闭之,堰后积淤可以由此洗之,而出孔之底基与引水洞前地基高低相若。

2.引水洞　洞长三百五十九公尺,洞口明渠长二十五公尺,洞之横断面积为十四点八二平方公尺。入洞之口分为三孔,每孔高一点七五公尺,宽一点五公尺。以混凝土镶面,有钢门以齿轮绞盘机司启闭。机安设于门槛上高十五公尺处,超越泾河涨水面上。洞工始于民国二十年(一九三一年)一月之中,并凿二傍隧,通入本洞,同时由六端凿起。由美购印格苏兰压气打钻一架,以供凿石之用,二月始到。岩泉甚多,工作处处受累。黄炸药及不透水药线,四月始到。此后尚称顺利,八月十七日洞乃穿通。凡费凿石工七千二百二十三立方公尺,黄炸药六千二百磅,火药一万零五百磅,雷管一万七千个,不透水药线四万英尺。

口门工程始于民国二十一年(一九三二年)一月,成于同年四月之终。钢门之设计,使闭门后能抵抗十五公尺高之水头压力,且封闭须极严密,以免泥水入洞,而上下滑动贴于紫铜板面以减摩擦。钢门及启闭机器,于五月终安好,六月四日开始回泾河之水入洞入渠,以做试验。至六月二十日放水典礼期,试渠已过百里,溉田千余顷矣。

3.拓宽旧渠

(1)石渠:旧渠宽狭深浅,颇不一律,其长自引水洞出口下接土渠,共一千五百二十公尺,平均宽二点五公尺,经拓宽至六公尺,以容增加之水量,并划一其降度,为一比二百一十三,按和旧渠定之,削直其陡曲。陡曲二处以两新洞一长二十八公尺、一为四十一公尺改直之。凡费凿石工一万八千七百立方公尺。始于民国二十年(一九三一年)一月,成于民国二十一年(一九三二年)四月。漏水之处,以碎石用洋灰胶灰镶砌之。

(2)土渠:上接石渠,下至木梳湾。虽名土渠,而夹杂石砾不少,以下则全属土质。旧渠狭隘而屈曲,概拓宽之以增容水量。惟有一段,渠河侵刷逼近渠身,为渠身稳固计,裁弯取直一段,长三千七百公尺,深二十公尺,土方五十六万一千立方公尺,且多夹杂石砾。用滑车六十架,以皮绳土笼绞土而下。至民国二十一年(一九三二年)四月开挖又遇石底,凡长二百余公尺,以此放水典礼由五月二十日改至六月二十日。此段龄四月三日始通。其后两崖塌陷者二段,皆随修好,而将来仍须另改其两崖坡度也。

华洋义赈会所任土渠工程,下至王桥镇附近为止。共长六千一百五十公尺,渠底宽六公尺,侧坡为一比一,裁弯取直段,渠深过八公尺者,于高出渠底三公尺处,两侧各设一阶,宽二公尺。阶以上两面侧坡为零点一比一,土渠全部,共费土方七十四万立方公尺。

4. 桥梁　上部工程之桥梁与下部异,下部之桥梁以交通为主,而上部之桥梁除西石桥外,则皆以排泄山洪由桥面滚过而入泾河为主要目的,交通乃其次也。

诸桥有旧为岩洞而改建正式桥梁者三座,有由旧桥改建者五座,有仍用旧桥而加以整修者一座(赵家桥),有完全新造者二座(民生桥、朱子桥)。桥之种类,石拱单孔者五座,钢骨洋灰梁板者四座,砖拱单孔者一座,明阔皆六公尺,砖拱双孔者一座,明阔每孔各三公尺。此外涵洞二所。下部工程主要者为渠工。其次则桥梁、涵洞、跌水、渡槽、分水闸、斗门等工。

1)渠工。自王桥镇以西上接华洋义赈会渠工而下,至两仪闸,属总干渠。由两仪闸分为南、北两干渠,北干渠又自汉堤洞分支为中白渠,为支渠中之最要者。支渠众多,拟修之大支渠长在二百公里以上,小支渠长在一千五百公里以上,皆待第二期工程完成之。兹已完工者,为总干渠、南北二干渠及中白渠。

(1)总干渠:长约三百四十三公尺,横断面与上部工程一致,为旧渠拓宽改做。容水量每秒十六立方公尺,最多不得过十八立方公尺。

(2)南干渠:由社树北王桥镇以西分限。分限之处锡以新名曰两仪闸,由此完全另凿新渠,经过泾阳县治北,至高陵县治南入渭河,渠长共四万四千五百六十五公尺。渠底倾斜度由千分之一至二千分之一,容水量自两仪闸起至田村分水闸止,长二十九公里,为每秒十一立方公尺,以一渠段之容水量,按照轮流灌溉制设计,逐次减少,由此分为二大支。南支定为干渠,容水量每秒七立方公尺。北支至高陵县治北,每秒四立方公尺。干渠东南行至三万八千九百六十五公尺处,更分南、北二大支渠,中间一支余水量仅每秒一点五立方公尺而已。南干渠在泾阳县治以西拟不另开新支渠,即用旧有各斗支渠,加以浚拓,但其水则于南干渠架水槽取之北干渠。泾阳以东诸支渠定线,正在进行中。

(3)北干渠:即旧龙洞渠之北限,自两仪闸至汉堤洞之三限闸,长凡十七公里。旧制在此分三限,北限至三原,中限至高陵,南限至泾阳。今改分二支,即以北限仍为北干渠,东北行横穿三原县城,至圪塔雷入清河,全线长三万八千五百公尺。渠底倾斜度由千分之一至四千分之一,容水量每秒五立方公尺。至汉堤洞与中白渠分歧而后,容水量减至每秒一点五立方公尺,至三原东关外减至零点五立方公尺。北干渠虽为旧渠改造,而因年久淤积,两岸隆起,土工并不减省。

(4)中白渠:自汉堤洞分水闸由北干渠分出,沿旧渠中限东行至杨五村,弃故道,东北行入清河,共长二万四千公尺,渠底倾斜度由千分之一至二千分之一,容水量由分水闸至杨五村为每秒三点五立方公尺,由此分出一支,容水量减至每秒二点五立方公尺,又行一万七千三百二十公尺,减为每秒一立方公尺。

2)桥梁、涵洞、跌水、渡槽、分水闸、斗门。

(1)桥梁:属乎南干渠者凡五十四座,计木桥十五座,砖拱桥三十六座,砖礅钢骨洋灰梁板桥三座。属乎北干渠者四十余座,属乎中白渠者三十座,皆以砖木为之。

(2)涵洞:属乎南干渠者六座,属乎北干渠者二座,中白渠工未竣从略。

(3)跌水:属乎南干渠者十一座,属乎北干渠者一座,属乎中白渠者四座。

(4)渡槽:属乎南干渠者三座。

(5)分水闸:分水闸凡四处,各渠入河口亦拟设闸。

(6)斗门:属乎南干渠者三十座,属乎北干渠者二十二座,中白渠工未竣从略。

(三)经济

民国十一年(一九二二年)至民国十四年(一九二五年)关于引泾之测量研究,凡费五万元,由民十华洋义赈会陕西赈余中支拨,此次计划赖有以前根据,得以速见诸事实。此次经济来源,已见诸略史中。其分配五十五万元用以施诸上部工程,四十万元施诸下部工程。而朱子桥所捐助之洋灰两万袋,则大部分用诸上部工程,余以作下部桥梁、涵洞之用。

上部工程初预估如下:

拦河堰	十七万四千六百元
引水洞及口门	四万六千三百元
拓宽石渠及建桥	四万三千三百元
拓宽土渠及建桥	二十一万九千七百元
设备汽车运输等	一万八千五百元
十个月工程经费	四万零二百元
合计五十四万二千六百元	

但开工以后种种困难发生,致不能不超过预算,分叙如下。

(1)为避泾河之险,添加裁弯取直一段,土工费原估为十二万元,两座大桥工费不在内。但开掘之后,遇砾石甚多,工人不肯包工,改为日工。完工之后,土工恐须增至二十一万七千元,连桥工涵洞计之,须增至二十八万五千元(四月中渠底又发现岩石长三百余公尺,工事又增)。

(2)石渠。因原估一段只拟就旧渠宽拓宽做穹弯形,乃因石质不佳,改将石崖削直。复因工人不熟练,工方增加,加以增两座桥梁,工费增至五万八千元。

（3）引水洞。以岩泉众多，原估方价二十元者，平均增为二十六点五元，全部工程恐须增至七万一千元。

（4）拦河堰。完全日工，工费或不致超出。

因种种困难，工程不能如期完竣，故经费亦须增加一倍。现华洋义赈会已以工款不敷，前后由陕西省政府拨助六万元矣。又压车机及炸药为陕西留用作价二万元。第二表为华洋义赈会实支及预算对照表。

第二表 华洋义赈会引泾工程实支及预算对照表

单位：元

工程类别	预算	实支
滚水堰连临时围埝在内	174604.40	130000.00
引水洞连洞门及出口	40308.00	70500.00
石渠一部分加镶面	36100.00	52000.00
石渠桥梁	7200.00	11200.00
土渠（旧渠段）	41006.40	39500.00
土渠（新渠段）	104184.50	200000.00
土渠桥梁（旧渠段）	14500.00	19500.00
土渠桥梁（新渠段）	—	30800.00
第一斗门	—	813.00
土渠加镶面	60000.00	1351.00
修路及临时桥梁	4500.00	9300.00
建筑房屋及修缮	1000.00	3600.00
运输材料	—	4300.00
汽车往来费	3000.00	26000.00
旅行调查	—	3000.00
卫生	—	800.00
测量	3000.00	340.00
办公费	—	3200.00
购粮损失	—	1950.00
兑换损失	—	1416.00

续表

工程类别	预算	实支
电话	4000.00	—
工具及其修理	3000.00	计入工程内
百分之八预备费	40209.86	—
薪给灯火膳用	—	76000.00
杂费	无	无
总计	536613.16	685570.00

下部工程四十万元，本为大约估计。初拟令人民出力合作，但大旱之后，人民逃散者多，至今流亡未归。故以工代赈，不能实行。大多工人，仍招自外方。各渠完成之后，工费大约如下。

(1) 总干渠南干渠

土工	五万元
桥梁	四万三千元
涵洞	六千元
渡槽	五千元
跌水	一万二千元
闸门灰斗	一万三千元
共计	十二万九千元

(2) 北干渠

土工	三万五千元
桥梁	三万元
涵洞	一千五百元
跌水	三百元
闸及斗口	七千元
共计	七万三千八百元

（3）中白渠

土工	一万七千元
桥梁	一万元
跌水	二千元
斗口	四千元
共计	三万三千元

工程未竣，以上所列为约略计算。测量及工程经费不在内也。将来大小支渠若完全候官方为之恐亦超出甚多，兹将开办以来截至本年四月底收支实数列第三表如下。

第三表　渭北水利工程处工款支出统计表

民国二十年（一九三一年）八月一日起民国二十一年（一九三二年）四月十六日止

名称	民国二十年（一九三一年）					民国二十一年（一九三二年）				共数
	八月	九月	十月	十一月	十二月	一月	二月	三月	四月	
行政费	2483.39	2578.98	2890.25	2777.49	3586.17	3131.20	3385.82	3450.22	1670.00	25953.52
测量费	1648.10	1777.00	1710.00	1721.00	1148.00	1963.57	2018.00	2010.10	1050.00	15045.77
总干渠	1007.02	—	922.40	424.60	122.14					2476.16
南干渠	724.40	4413.74	4403.10	4966.49	14873.19	13099.22	15441.24	188.28		58109.66
北干渠	2301.07	5105.50	1771.31	5555.27	9519.29	5138.14	6978.25	2636.02	566.70	39571.55
中白渠	—							11642.25		11642.25
桥梁费	1933.66	2941.71	3514.25	5976.70	34372.11	10872.08	12824.03	24191.00	10876.76	107442.30
发给地价	1705.86	—								1705.86
结存钱（截至四月十六日）	—	—	—							
统计	11803.50	16816.93	15211.31	21421.55	63620.90	34204.21	40647.34	44117.87	14163.46	261947.07

附渭北水利工程处工款收支统计：

旧管（前钓儿嘴水利委员会移交）	八千二百三十元
新收（建设厅发下）	二十八万三千五百元
开除（见上表）	二十六万三千零一十七点零七元
实存	二万八千七百一十二点九三元

四、结论

泾工成后，养护及管理之事至为重要，非委之专门有经验之工程人才不可也。放水之后，新开之渠，有处填埋出地面甚高，若有冲决，不惟毁渠，且有危人民生命田产，须严加管理。上游之渠有岸势高陡者，须防坍陷。石渠石堤，因防御洪水侵入，须增垒甚高，修缮之费，必须充裕准备，以免临时无措手处。幸陕西建设厅已于邠县设水标站，以电话报汛，由泾阳而转之渠首。大水将来，司洞口启闸者，预闭洞口，便汛期之内，滴水不能入洞，则渠身及农田安稳多矣。故邠县水标站须严定章程，永资遵守，不得稍有怠弛。各土渠最好逐渐加以镶面，以免漏失，此工最好于每年十二月、一月、二月中为之，因农田此时需灌溉不急也。现时计划水量，只每秒十六立方公尺，但泾水流量过于此者时月甚久。若能蓄水，自可增加溉田面积不少。惟因泾水涨时，含泥沙太多，故水库难以实施。安立森工程师建议于泾谷多做连锁小堰，如现筑之拦河堰，上下相承，每一堰顶并做活动堰设备，使清水得以储蓄，而泥沙得以冲洗而去。现时之拦河堰，即可作为试验，以待将来之采用。

泾谷于淳化、邠县及长武之间，不乏水库良址，所虑者泥沙耳。若能于长武之上，觅得水库地点，专储蓄泾河（西股）之清水，而舍弃环河浊水，亦一办法。故此次引泾告竣之后，将来扩充计划，仍须继续进行，务须能继郑国之宏规，勿仅以白公自限也。

陕西省水利上应要做的许多事情

(一九三二年十二月)

一、笼统说几句

德人方修斯说:"中国虽已有数千年的历史,论到水利,却还是一个新造之邦,差不多什么事都要从新做起。"这话讲得实在不错。再论到我们陕西,更是生新的了不得。水利的历史,要算陕西最古,然而到现在,古代的工程连踪迹也莫有了。民国二十一年(一九三二年),泾惠渠开成,又何异于二千年前郑国渠初告成功的时候呢?再要讲到其他科学方法的设施,完全还莫有动手。生到中国的人,尤其生到中国的陕西人,特恐不会做事,不肯做事,又何患无可做呢?

打民国肇造起,到现在恍恍惚惚了二十一年。我呢,发已斑了,仅仅的有泾惠渠一点儿小贡献。陕西省水利上应要做的事情,岂止数十倍于泾惠渠,残余的年龄,又如何做得清楚。所以在这《陕西月刊》创刊中,将我心中想得到的陕西水利事业,先开出一个目录来,以后继续月刊中,便逐期逐条讲个大纲,为什么要做,如何做法,做成后有何效果。我的用意,是在使后继之人,能一项一项地继续不断地照我的意思做个圆满,或者比我、我的所见更能周到而伟大。

水利事业,大别为三:一是利于农业的,就是灌溉、排水、改良土地等事;二是利于交通的,就是开辟航道等事;三是利于工业的,就是发展水力等事。陕西水利局要在这个时候先立起一个做事的根基,先下了种子,以后望一切事业自然发展起来,同草木之怒生一般。水利局中分有水政及水功二科,故照此分开目录如下。

二、属于水政的

(1)草拟各项关于水利的法规,供省政府采择公布。

(2)调查及研究各项关于水利的法规实施后之便利与否,随时条陈于省政府请其修正。

(3) 调查全省已有水利事业之利弊得失。

(4) 举办全省用水权注册事宜。

(5) 管理全省已有水利事业。

(6) 做水利事业上之经济筹划及统计。

(7) 管理航运。

(8) 培植水利人才。

三、属于水功的

(一) 属于灌溉的

(1) 完成泾惠渠支渠网,健全泾惠渠操纵机关。

(2) 研究扩展泾惠渠利益方法、水库测量、泾水继续水文测量,做新计划实施。

(3) 研究引洛水灌溉大荔、朝邑等县,探测水库堰址,测量渠线,计划工程实施。

(4) 研究整理禹门口至三河口黄河滩地测量,河道及滩地水文测量,计划筑堤固定河槽、开渠引水等工事实施。

(5) 整理秦岭山阴诸峪水之灌溉,增其效率。

(6) 整理汧、冶、清、浊、石川、漆、沮诸水灌溉,增其效率。

(7) 整理汉江及丹江流域诸水灌溉,增其效率。

(8) 开发洛水及石川上游支流灌溉。

(9) 开发延水、清涧及无定河流域灌溉。

(10) 研究地下水,广凿井泉。

(11) 研究及试验实施高原蓄水之法。

(12) 研究及试验实施修筑谷坊,缮治田地,培植森林,开掘沟洫,指导人民普遍经营。

(13) 研究及改良灌溉器具及方法,并所用工力。

(二) 属于航道的

(1) 测量本省境内渭河全身及其水文,做护岸及开辟航道计划,分期实施。

(2) 测量本省境内汉江全身及其水文,做筑堰设闸、开通航道计划,分期实施。

(3) 测量丹江,做以通丹汉航路计划,分期实施。

(4) 测量汉江其他诸大支流及嘉陵江上游,做二等航道计划,分期实施。

(5)测量洵河、乾祐河,做由汉江逾秦岭直达西京之计划,分期实施。

(6)测量洛河全身,做渭洛通航,至甘泉之航道计划,分期实施。

(7)测量延河及无定河,做黄延及黄榆通航计划,分期实施。

(8)辅助国家做本省境内黄河全身之测量,以通全河航道。

(9)研究航运之方法及其工力,试验航行器具。

(10)研究诸可用山水泲运木排之计划及实施。

(三) 属于水力的

(1)研究计划及实施汉江及其上游各水力场。

(2)研究计划及实施泾、洛二水水力场。

(3)研究计划及实施延河、无定河、清涧三水水力场。

(4)研究计划及实施秦岭山阴诸峪可用之水力场。

(5)研究计划及实施其他可用之小水力场。

(6)研究试验及改良旧日水磨器具。

泾惠渠管理管见

(一九三二年)

泾惠渠第一期工竣以后,第二期工程即应继续进行。以期于一年之内,大小支渠、桥梁、涵闸,臻于完备。现各支渠定线测量,亦垂竣事。本年下届,农事之隙,合政府与人民之力为之,其事当甚易举。第一期工竣后,旧有支渠,加以整理,并引而伸之,灌溉之田,本年可望达十万亩,明年增至三十万亩,后年可望增至六十万至一百万亩。惟是灌溉之效率,欲图大而且善,工程固为其主因,而管理亦实为要事。譬之机器,虽出自名厂,料精件美,然若不善使用,缺乏管理,不但机器之效率难彰,机器本身,亦必受损。故工程虽未全竣,而管理即应善谋其始。

水利之管理,至为繁难。欲求水量配剂之均匀;欲求灌溉面积之最广;欲求水在田间效用之极佳;欲求人民经济之日趋富裕;欲求各项工程之垂于永久。欲达此五项目的,必须缔构一完善有力之组织以推行之,是则协拟议之旨所在也。

管理之组织,宜以农民为主体,而政府设官,居于监督指导之地位。然工程之大,则非由官力为之主持不可。此外尤须注重研究之事,以期将来扩充灌溉之实现。

本拟议之原则,在以此次工程完备后,以水利收入,先立一经济基础,使渭北成一整个的经济区域。其计划:凡可灌溉之田亩,均须注册。以注册收入(约百万元),设一泾惠储蓄银行,以辅助农民经济之发展,渐次及于工商业为目的,每年按灌溉地亩,征收水利储金,约可得三四十万元,储之银行。此外,并无若何捐款或水费,此款仍作为人民所投之资,酌予征息。虽无抽回本金之权,而有借贷优惠之权。水利储金之外,自动储蓄者听。其利息较水利储金为厚,且可抽回本金。银行基金日厚,则以之为各种有利民生之建设事业,如开发水利,举办纺织、榨油、面粉等厂,以推广经济事业于全省。人民富裕,政府收入自然丰裕。水田赋税之增收;各工厂营业税之增收;商贩等营业税之收入。惟是第一经济基础,必须确立,绝对不可于瓜豆才发萌芽时期,便去摘割,自趋死路。故管理章程,一经省府核定以后,必须永远均守。

华洋义赈总会、华北慈善联合会及檀香山华侨,于泾渠最有功德,应永远延之为顾问团体,并请求常派专家指导,襄助本省农工业之发展。

泾惠渠成之后,渭北各县,不得种一株毒卉。若有发现者,宜合全力以驱逐。破坏公益者,使永远不得享泾渠利益。政府亦宜本其禁绝毒卉之本旨,先从渭北各县严行禁绝。

协识短才疏,肩此重任,惟恐所谋不周,有忝厥职。爰述鄙见,以求指正。此次举行放水典礼,来宾皆当世闻人,邦国硕彦,望不弃愚陋,切实赐教! 陕西人民之大幸也。

对渭北人民切切实实说几句话

(一九三二年)

同乡父老兄弟们:

这次我陕西省政府杨主席,不惜数十万金钱,又承华洋义赈救灾总会、华北慈善联合会、檀香山华侨,各助数十万、十余万,合计起来,有百余万元,为我们父老兄弟们,办成了这万古不磨的水利。大家都须向各捐款人,刻骨铭心地感谢!子子孙孙,永远地记着!

这多年的大旱,使我父老兄弟们受苦不堪,庄房田地卖了!人逃散了!地荒了!牛没了!幸而有这一起大工程,大家得做工糊口,不至于完全饿死。人回来了!牛买了!地又种上了!又渐渐有生命了!可见工赈的大益处!

如今好了,以后渠中水量充足,五县的地方,永远再不致遭旱灾了!但是大家记清认清:人家慈善为怀,帮助我们发展农业,永免荒年,是为我们万世的利益。若是我们用之不当,不种麦、棉,反去种鸦片烟,这便是人家为我们谋福利的,反害了我们,并且使我们害人。这种影响,教捐款的人多么失望!寒心!以后谁还肯再做善事吗?

我们渭北向来不种鸦片,但恐得了水利之后,奸民贪图小利,偷着去种,不得不预先警告!我为引泾之事,辛苦多年。如果有借水利而种洋烟,比用钢刀戳了我的心还要厉害!

我在渭北,无一亩田。水利成功,我亦丝毫不忘报。但是,有人偷着种烟,使我精神上受莫大痛苦,这是大家对我应该有的报复吗?

如今对大家说明:以后若有人偷种鸦片一株,便是破坏渠务第一大罪人,便是渭北人民的公敌!我们五县人民,便应合全力,把偷种鸦片的人驱逐出境!把他的地充公!永远是这样严禁着!若此事办不到,则不如请大家痛痛快快把我杀了,我还感激你们哩!

泾惠渠管理章程拟议

(一九三二年)

第一章 总则

第一,泾惠渠之管理,由官民合组为之。

第二,民方以每一斗口为单位,仍依旧例,每斗设水老一人,斗夫一人,另设渠保若干人。

第三，官方由陕西省政府建设厅设泾惠渠管理局于泾阳，设分所于三原、高陵、社树，并设谷口管闸事务所于张家山下，渠上设报汛站于邠县。

第四，各斗水老、斗夫、渠保，听命本局之指挥。

第五，各斗水老每年举行水老会议二次，由会议议决，有建议于管理局请改良关于管理事项之权，有向省政府建设厅弹劾管理局失职之权。

第二章　水老

第六，水老由合斗人民公举斗内年高有德者为之。水老之资格须：①年在四十岁以上者；②有相当田产，以农为业者；③不吸鸦片，私德完善者；④未受刑事处分者；⑤凡曾任官吏军士者，不得被举。

第七，公举水老，由合斗人民每十户举出一代表，由代表用记名投票式公举水老，举定后报告管理局备案。

第八，水老之职权如下：①出席水老会议；②监督斗夫、渠保履行职务；③平解斗内用水纷争。

第九，水老之任期定为三年，任期满后，再被举者，得连任。

第三章　斗夫及渠保

第十，斗夫及渠保由水老就附渠居民中派充之。

第十一，斗夫之职务为保护及启闭斗门。斗门及斗口，若有损坏，立即报于水老及管理局修理之，遇有有意妨害之者，立即报于水老及管理局惩罚之。

第十二，渠保之职务为分任保护渠身，每一渠保各管干渠或大支渠之一面，长五百至一千公尺，由水老酌量情形，由附近居民分任。每二保相接处，插签为界，签式如第一图。凡渠身有冲毁破漏者，立即培补之；有积淤，立即挑挖之；遇有妨害渠身或戕贼渠上树木草面者，立即报于水老及视察员，严加惩罚。若有大工发生，立即报于水老转呈管理局修理之。

第十三，斗夫及渠保之任期无定，其名额由水老报告于管理局备案。

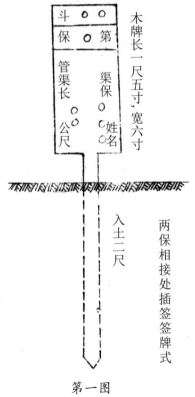

第一图

第四章　养护及修理渠身堤身

第十四，养护及修理渠身，另有详章。

第十五，凡寻常修补，小工由斗内自办之。遇有大工发生，报告管理局修理之，但此限于干渠及头等支渠。

第五章　启闭斗门

第十六，各斗门之启闭时刻，按轮流灌溉法严定时刻，另有章程详定之。

第十七，每启闭斗门时，由上、下二斗水老会同监督斗夫启闭之。

第十八，斗门上加锁钥，由管理局或其分所执掌。开斗以前，由水老领取。

第六章　斗内经费

第十九，斗内经费，由斗内按田亩自筹之，其多寡以能敷开支为准。

第二十，水老每年得支公费五十元。斗夫及渠保，每人每年得各支工费二十元。各员皆农隙治事，公不害私，经费有余存贮，以备工事之需。

第七章　用水纷争

第二十一，凡一斗内，因用水而起之纷争，由水老处息之。不能处息者，报告于管理局解决之。

第二十二，凡此斗与彼斗之纷争，由两斗同时报告于管理局解决之。

第二十三，凡不按规章用水者，另订有罚则。

第八章　管理局

第二十四，泾惠渠管理局设于泾阳县城内。

第二十五，管理局监督管理事项如下。

1.行政事项

(1)引水洞门之启闭。

(2)排水闸(排渠水泄入泾河)之启闭。

(1)(2)二项另置各口管闸所，以专责成。

(3)各斗门之轮流启闭(参观第五章)。

(4)渠堤之养护与修理(参观第四章)。

(5)堰、闸、桥梁、涵洞、跌水、渡槽及附渠各项建筑物之养护与修理。

(6)报汛及沿渠电话之管理。

(7)用水纠纷之处理。

(8)一切关于泾惠渠规章之督率。

(9)灌溉田亩之注册。

(10)注册费及水利储蓄金之征收与保存。

2.研究事项　为改进灌溉事业及扩展灌溉计划计。

(1)渭北诸水(泾、冶、清、浊、漆、沮、洛)之水文测量。

(2)渭北气候之测验。

(3)渭北各县地形之测量。

(4)泾谷水库之探测。

(5)长武以上泾河各支系之分别测量。

(6)渭北灌溉用水方法之试验。

(7)渭北农业及林业之试验与提倡。

(8)渭北水力场之研究与提倡。

(9)渭北农产工艺之研究与提倡。

(10)设立泾惠农工专门学校及中小学校。

(11)渭北农民经济之研究与扶助。

(12)大规模灌溉工程之准备。

以上各项,皆以泾惠经济为泉源,逐次实施。

第二十六,管理局设局长一人,由陕西省政府委任之,局长须以深具水利工程经验之工程师(工科大学毕业,服务水利工程至少五年以上)充之,不合资格者,不得被委。

第二十七,局长以下分为三股:①总务股;②工务股;③财务股。

第二十八,各股之职务如下。

1.总务股　①本局文书事项。②本局庶务事项。③职员任用事项。④处理水利纠纷事项。⑤管理沿渠电话事项。⑥监督人民履行法规事项。⑦其他不属于工务股及财务股二股事项。

2.工务股　①监督全渠及水闸、斗门、桥梁等建筑物之使用事项。②养护及修理全渠工程及建筑物事项。③监督报汛事项。④各种研究事项。

3.财务股　①灌溉田亩之注册事项。②征收注册费及水利储蓄金事项。③本局一切财产保管事项。④本局预算、决算事项。⑤筹设泾惠储蓄银行事项。⑥扶植渭北农民经济事项。

第二十九，各股各设股长一人，股员三至六人，雇员若干人。工务股以其需要，得延聘工程师及助理工程师等特别专务（如银行试验场等另有组织）。

第三十，各股职员俱由局长委任或聘任之。

第三十一，本局得雇用警生六人。

第九章　视察区

第三十二，全渠系分为四视察区。

第三十三，每一视察区各置视察员一人，雇员一人。

第三十四，视察员之职务为分区视察渠务，并随时代管理局就近调查水利纠纷事项。

第三十五，分区划界如第二图。

第三十六，除第四区视察员即住本局外，三原、高陵、社树各设一事务所。

第三十七，视察章程另订定之。

第十章　报汛站

第三十八，邠县设报汛站，置汛夫一人。

第三十九，汛夫职务为视察记录及报告泾河水位之涨落于本局。

第四十，报汛章程另订之。

第十一章　泾谷管闸所

第四十一，泾谷管闸所设于张家山下渠上，置闸夫二人。

第四十二，闸夫职务：①启闭引水洞门。②启闭排水闸。③观察及记录泾河水位涨落。④巡查西石桥以上之渠身及附渠建筑物。如有破损，立即报知所管区视察员，遇有意妨害者，立即报于视察员惩罚之。

第四十三，急要时期由社树事务所加雇人工襄助闸夫。

第十二章　职工薪给

第四十四，局长、各股长、股员及一切办事人员等，酌定薪工，以廉能养家为主，其额由省政府核定之。

第四十五，闸夫、汛夫为专职，酌定工资，由局费开支。

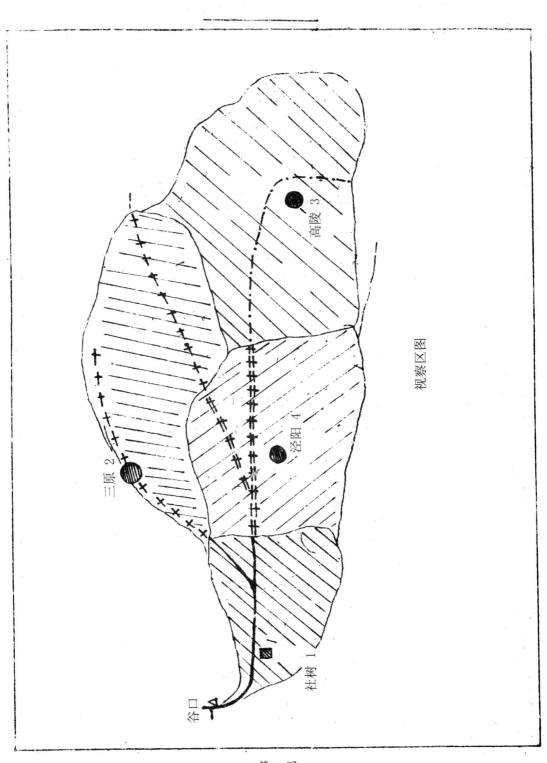

第二图　视察区图

第十三章　管理局经济

第四十六,管理局之收入如下。

(1)灌溉田亩注册收入,于灌溉田亩请求注册立案,每亩收费一(普通禾苗)至十元(菜园、果园等)。

(2)水利储蓄金收入,灌溉田亩每年每亩收五角(普通禾苗)至五元(菜园、果园等),酌定息金。

(3)官产收入。

(4)各种营业收入。

第四十七,管理局筹设泾惠渠储蓄银行于三原,即以注册费为起始基金,并设储蓄柜于渭北各地银行,章程另订之。

第四十八,管理局各项收入,俱交泾惠渠储蓄银行收存,以为拓广水利及他项建设之用。

第四十九,泾惠渠储蓄银行,扶持农民经济之发展。

第五十,泾惠渠储蓄银行,由管理局及水老会共同管理之,其章规另订之。

第五十一,管理局每年经费,由银行利息项下支付。

第五十二,工程经费、研究经费及事业经费,由管理局、水老会共同议决,由银行利息项下支付,呈省政府备案。

第五十三,各项事业发达后,得由红利提百分之五以为管理局全体职工奖金。

第五十四,各项事项发达后,得由每年赢(盈)余提存百分之二十以助政府建设事业费。

第十四章　扶植农民经济

第五十五,泾惠渠储蓄银行成立后,指导敦劝人民储蓄,务使家家有储蓄,人人有储蓄。

第五十六,泾惠渠储蓄银行指导各斗人民设立合作社,以微利贷款于人民,令举办生利事业。

第五十七,泾惠渠储蓄银行代人民购办机器货品之有益于民生者。

第五十八,管理局极力推展各项农业工艺,以利民生。

第十五章　顾问团体

第五十九,管理局礼聘华洋义赈总会、华北慈善联合会及檀香山华侨为永久顾问团体。

第六十，以后有以经济实力扶助泾惠渠之扩展捐助五万元以上者，均得为永久顾问。

第六十一，每一顾问团体各派代表一人，对泾惠渠管理常加指导。

第六十二，渭北经济区域发达后，对顾问团体襄助其慈善事业之推广。

第六十三，顾问对泾惠渠区域农工等业，愿赐指导襄助，欢然接受。

第十六章 禁例

第六十四，第一严禁种植毒卉，有犯者，合全区域人民之力驱逐出境，其地充公。

第六十五，破坏管理章程及损坏渠工等事，另有罚则。

函国民政府救济水灾委员会陈述陕灾状况并请振修第二期泾惠渠工程

（一九三二年）

陕西省自民国十七年（一九二八年）以来，年年歉收。其间以民国十七年（一九二八年）、民国十八年（一九二九年）两年为最烈，饿死者二百余万。当时中央政府，以用兵北方，不暇救济。幸赖中外各慈善大家，竭力营救，得免全为饿殍。其所举工赈之最者，厥惟泾惠渠，第一期工程，幸告成功。当兴工之时，逃亡灾黎，得以重返乡里，做工糊口，全活无算。渠成之后，顿时日溉百顷，惠泽无穷。惟第一期工程虽已告竣，而第二期工程，尚有七大支渠，共长一百四十八里，桥梁一百七十座，涵洞、跌水、渡槽等不下五十座，待修正急。盖干渠告成，所溉面积仅限十万亩。若支渠全成，则可溉面积，达百万亩。故此项工程，须限民国二十二年（一九三三年）夏季以前完成之。

现时用过工款，连华北慈善联合会捐助洋灰十万桶，计约近一百一十万元。华洋义赈会所任上部工程，凡费六十八万五千五百七十元。其中超出原预算之额，由陕西省政府拨助者八万元。下游工程凡用过三十二万元。现存之款，约八万元（其中二万元代陕西省政府借拨华洋义赈会,实存六万元)。而第二期工费,估计尚需二十六万七千一百八十元,工程经费、测量试渠等费,尚不在内。

本年陕西省普遍夏收甚薄。积年荒歉,牛羊籽种,皆系借贷而来。忽遭风霜,继以干旱,每亩所收不足一斗者,所在皆是。于是逃亡于外者,又接踵连迹。拆房卖屋者,又频遇叠见。及今种秋之期将过,雨犹未施,大饿又至,人心惶惶。煎□如此,当然不能向人民筹款,或征民工,以完斯渠。

至于地方政府,对泾惠渠累拨巨款,亦不可谓不尽力。无如地方穷苦,收入无几,以前之款,已经精疲力竭,以后之款,又何可全恃。但若使渠工中途废止,渠惠之利,获十之一,失十之九,未免太可惋惜。

去年陕省之灾,本已不轻。其中山洪暴发,决堤毁田者,亦屡有报告。惟以江淮流域,灾区过广,政府不暇顾及一隅。陕民亦深谅政府,故塞决筑堤,若沣若渭,若〈沈〉(沪)若灞,以及其他渭河护岸工程,皆由地方勉筹工款,未敢向钧会中轻渎一次。惟是本年之灾太巨,泾渠完成之需要甚急,无处可以呼吁,万祈钧会怜而助之。既可俾竟全功,复以鸿施振济,想亦为钧会所乐为也。或者以为钧会之设,专为民国二十年(一九三一年)水灾之救济,而其他可以不预闻焉,则以为误矣。盖致灾之因虽异,而为灾则一。今使政府派人曰,前有猛虎伤人,速救之。其人往,遇有伤于虎者,则竭力救之。而遇有伤于豹、伤于蛇者,则曰非我事也,听其惨死而不之救,此人宁可谓能尽其职而无遗憾乎。夫陕西虽僻处而隅,而同一国民也。惟其处于高亢之地,故所遇之灾,非潦而旱。以此而不能沾政府实惠,于情可谓平乎。

协以菲材,承乏本会,有忝厥职,自愧不遑。惟乡里之人,则纷纷以协救他省之灾,而忘本省之灾,交责不已,协又难以对乡里矣。

今年秋季失时,不能下种,则陕西又罹一非常巨灾,政府当不能漠然视之。救灾工作,除完成泾惠渠工外,以修筑陕南及陕北道路,为工程最适宜,范围最宽广,效力最宏大。将另呈图案,以供采纳。目前最急者惟泾惠渠一事,万祈慨允,不胜盼祷之至。

陕西省推广凿井灌溉之计划

(一九三二年)

一、管理

拟由本省政府组织一"陕西省农田凿井合作事务所",隶属于"国民经济建设运动委员会陕西分会",设正、副所长各一人,总干事一人,职员二至四人。事务所设于陕西省建设厅内。

"陕西省农田凿井合作事务所"之任务如下:

(1) 指导农民组织凿井合作社;

(2) 介绍银行家借款于农民为凿井之用;

(3) 劝导农民开凿灌溉浅井;

(4) 组织凿井队代农民开凿灌溉深井;

(5) 购办凿井机器,试办机器凿井灌溉;

(6) 做关于井水灌溉之研究试验。

正、副所长由国民经济建设运动委员会陕西分会委员中返聘,不支薪水。总干事聘请有办理合作事业经验者充之,其下设司事二至四人,分掌文书、会计及事务。每月开支连办公费以五百元为限。第一年内所有经费暂由建设厅及水利局经费项下撙节开支,以后凿井合作事务发达,再另行筹款。

二、借款

农田凿井合作事务所成立后商量凿井借款,先以一百万元为限。此一百万元中,以九十万元介绍借于农民为凿浅井及人工深井用;以十万元为合作事务所自借为开办机器深井用,其利息担保及还本息法由事务所与银行方面代订合同。

三、凿井

本省凿井事业应为数期举行,每一期为一年。

应凿之井分为如下三类。

(1)浅井。凡沿河低原地凿深五十市尺以内可得甜水以供灌溉者,属乎此类。凿井工力人民可自为之。惟砖箍井筒及设备水车需钱,民力常有不及。今拟于凡可凿灌溉浅井之处,欲劝人民自凿,务使一顷之田有井四眼。第一期内以五百眼为度,可溉一万二千五百亩。每眼贷与农民箍井及水车费二百元,共需十万元。每亩产量每年多获五元,每年多获六万二千五百元。每眼除每年工畜开支五十元,共计二万五千元外,下余三万七千五百元,以还本息,五年还清。

(2)人工深井。较高原地井深在五十尺以上、二百尺以内,可以人力开凿,而升高其水面,使得用水车或人畜力抽水机以引水者,属乎此类。建设厅现有训练精熟之技工数百人,拟扩充训练之组成三百队。其凿井区域先限于沿渭河两岸各县平原三惠渠灌溉区域以外之地。其面积共有若干亩。第一期由三百队一年所凿成功之井以二千五百眼计,每眼工资材料及抽水机器等平均以二百元计,共需五十万元。各井溉地二十五亩,共溉六万二千五百亩。每亩每年受益以五元计,共计三十一万二千五百元。每井每年经济费以五十元计,共十二万五千元。除去下余十八万七千五百元,以还本息,分五年还清。

(3)机器深井。拟沿北山之麓,如邰阳、澄城、白水、蒲城、富平、同官、耀县、高原,距产煤区域甚近之地,以蒸汽机开凿深井,其深可达五百至一千尺以上。其井水之引用亦须仿美国之法,联合多井设管连(联)络,以机器改引。故其设备开凿及汲引皆非人民之力所可及。拟先由政府择地试办一所,功成后供水于农民,而征取相当之水费。如成效卓著,以后推广扩充,自可预卜。

此项凿井工程,可先由政府投资十万元而为之。以二万元为购机器及运费、安设费,六万元为凿井一百眼之凿工费及安设铁管费,一万五千元为安设抽水机器及原动力机器费,五千元为营业基金,共计十万元。百眼井之出水量估计每分钟□□□□□用压气唧水筒机器□井筒四□,管每分钟三百□□□□□,每昼夜溉田三十亩。每半月一轮,溉四百五十亩。一百井,四万五千亩至五万亩。每亩二元。

(按:此文未写完)

导渭之真谛

（一九三三年十二月）

导渭工程处，今在黄河水利委员会指导之下开始工作矣。顾其性质如何？目的何在？工程步骤如何？恐外界不明了者尚多，爰申述之。

一、导渭之范围

导渭除渭河本身外，其重要关系之支流如泾、洛等，皆包括在内，俱相当施以整理。

二、导渭之目的

导渭之目的有三：①在消除黄河水患；②在有益农田；③在整理航道。请分别言之。

1. 何以言消除黄河水患也？　黄河在下游豫、鲁、冀、皖、苏等省为患千余年，历来治河者，多在下游极尽功能，而中上游毫不过问，至河患之源，亦莫能言之也。近年以来，知注重上游者，稍稍有人矣，而多好为空疏不切事实之论。本年八月间之洪水，豫、冀决口三十余处。在此最大洪水时期，据安立森工程师之估计，郑州铁桥，约过水每秒二万立方公尺（八月九日、十日），而其上游渭河在咸阳之流量（八月七日、八日）约有每秒六千立方公尺；泾河同时在张家山最大之洪水量（八月八日），实测为每秒一万二千五百立方公尺，洛河在洑头，每秒亦二千余立方公尺。且以渭河系接近于下游，故洪水之波及豫省猛而捷，若远自甘、宁来，其势平缓多矣。故若能于泾、渭、洛三河谷峡中，觅相当地址，筑停水池，使洪流受节制，缓缓而下，则下游三省河患减轻过半矣。

2. 何以言有益农田也？　先之言导渭者，多注意灌溉事业，或谓草滩可引，或谓郿县可引，或谓宝鸡可引，多支支节节，以溉河滩区部地为目的，惟渭河不加治理，则种种灌溉不能达目的。盖凿渠不免于淤填，洪涨不免于冲毁，故古时引渭之迹，概皆无存。郿县筑堰穿渠引渭，可以溉兴平、咸阳地约六十万亩，工费虽大，尚望可成。由宝鸡山内凿渠引渭，经凤翔汇汧河，溉岐(山)、扶(风)上原，按之陆地测量局五万分之一图断之，颇为难事，即可成功，其工费必大，足惊人。惟思渭河河床之宽，自三河口以上至于宝鸡，约八百里间，概在二至三公里，洪水泛滥，或过此数，而河岸崩毁，河槽迁徙，丧失良田尤多。若泾渭之谷节制洪流，复整理河床，狭其槽，固其岸，更施以堤防，使河水之流限于一槽，河身之宽不逾五百公尺，则两岸良田，受其保障免除泛滥冲毁者，约有三百万亩。山间筑库，蓄水宏富，沿堤设水门回注，加以支流网布，地势之不得便宜者用机溉引，则三百万亩尽成水田，宜稻宜麦，其利不更溥哉？水既节制，沿河原地之稍低者，亦受浸润，减除旱干不少。

3.何以言整理航道也？　渭河原有航运，水大时可及虢镇，水小时仅及交口，而航行之艰阻，费时费力，出人意想。其原因无非以河床无律，水浅而涸也。若如上条言，限其宽，固其岸，一其槽，则河槽自深，则不惟民船无阻，小轮亦可畅行也。若郿县引水修堰，则附以船闸可直达宝鸡，渭河南北出山货物，顺流而下，无困难矣。

三、现时之测量工作

现时测量工作，即为能达以上三目的而求工程上之解决。航空摄影，欲得全河及其两岸形势，并山谷库址情形，以省人力测工之大半。复次，实测渭河、泾河、洛河水库地址及下游引水堰址。再次，测渭河洪水低水纵断面及其横断面及受益田地面积，同时并测各河水文，俟有相当成绩，于是按次设计焉。

四、工程之种类

工程之种类可分十端。

(1)渭河库堰。此种库堰宜特别设计，使兼具停水池及蓄水库之能，并须顾及泥沙，使库内不致填淤，以下二库堰同。

(2)泾河库堰。

(3)洛河库堰。

(4)郿县拦河堰。

(5)引水灌溉渠。

(6)渭河固岸工程。

(7)渭河河床整理(缩狭)工程。

(8)渭河其他支流引用工程。

(9)渭河河堤及水门工程。

(10)渭河两岸灌溉及排水工程。

五、工程步骤

第一步先修库堰,其他工程按上列次序为之。整理河床,需要材料为梢与石。陇海铁路沿岸而行,运石不难。渭河两岸树木不多,梢不足用,宜于未开工之先,速劝种树也。

西北灌溉工程局组织大纲

(一九三三年)

第一,全国经济委员会为兴办西北灌溉工程设立西北灌溉工程局。

第二,西北灌溉工程局即以现泾洛工程局改组之。

第三,西北灌溉工程局为集中力量便利工程进行起见,注重与地方政府合作,其合作办法另订之。

第四,西北灌溉工程局设局长一人,副局长一人,其下得分科治事;职工人员之多寡因所辖工程之范围,临时订定之。

第五,西北灌溉工程局暂设于长安。

第六,工程地点有过远者,得设工程分局。

第七,每成一灌溉工程,由经济委员会与地方政府协商管理办法。

请省府通令墓地植树

(一九三四年八月)

拟定办法八条

窃协每次出乡巡视,所经之地,累累坟墓,到处皆是。此等墓地,或有植树者,则郁然成林,不但土地得其利用,而林丽观瞻,□□□□□□尤多。然大多数之墓,则无树木,一墓所占面积,大小不一。协曾估计陕西一省,人民一千二百万口,每五口一户,共二百四十万户,每户之坟墓占地以四分之一亩计,已有六十万亩,其无主先坟,向无人敢平垦,不在计算之内,约有五十万亩。是等墓地,大抵均在黄壤平原,处山地者占其最少数,成为废地,实可惜也。若得其利出,每亩生产每年以十元计,即□有一千万元之损失。倘使人民夷其祖坟,耕而种之,则必不可能且亦不须。不如利用其地以植树木。陕省本苦树缺乏,气候干燥,如此为之,则而得其益祈提出政务会议,定为法令如下:①凡人民墓地散埋者,每一墓须植一树。茔葬者每茔地面积一平方公尺,须植一树。②凡无主墓地准所在地之耕者,夷平垦种。墓在外人地内者,由地主负责植树。如墓主不植,地主可代植,但其利益归于代植者。③自令出后三年,应植树而无相当长成之树者,夷平其墓。④义冢或公葬地,植树之责归于其经管者。⑤古代坟墓,由所在之县政府分平植树,并妥为管理。⑥墓地植树,任何树木皆可,不限于松柏。⑦墓地之树长成后隔年采伐轮载,采伐之权归于植树主墓主,或地主,或义地及公葬地之经管者。⑧古墓由公家植树者,采伐之权归于公。

兴修陕北水利初步计划

(一九三四年十月十四日载于《西京日报》)

一、榆溪河之水利

榆溪河一名清水河，俗称西河，为无定河支流。源出长城以外，入城后绕榆林城西，略向东南流，经归德堡，至鱼河堡入无定河。此河水利榆绅李子菁，曾集民资兴办，其工程自普惠桥(北桥)下游凿洞，由崖中引河水出洞，经黄土崄，渠身入沙湾，转折作弧形，受小水二道，沿弧弦坝水为田，约数十亩。渠身接弧之下端，复凿山行，或明或暗，凡成石渠一百二十尺。山石俱为沙岩，渠宽四尺，埝顶高于渠底二尺五寸。石渠下复接土渠，长五十丈，水即由此出地灌溉。计工完之日，有坝成之田七百余亩，未坝可成之田，数亦相若。此渠当调查时已成功十之八九。或疑水利不能入田，经以水准仪测验，渠底再加深三寸许，即可畅流。

二、归德堡之水利

此亦引榆溪河。榆溪河自榆林而下，右岸概为高沙，左岸沙地低平，可以耕种。因沙中乏水，地多荒废，故民生甚苦。三汊湾亦为沙地，因得榆溪水利，遂有稻田百余亩，生产丰富，比之此无水利之沙田，实有陶朱(范蠡，引为大富)乞儿之感。民国八年(一九一九年)，曾由榆林筹款，自刘官寨下游凿渠引水，已通至归德堡，因款绌停工。兹将此渠测量大概节述如下：①由水口上七十步起，施测水准，以水面为零，则水口处水面为零下六寸一分，渠底为零上六尺六寸五分，归德[堡]附近已成渠之末端，为零上五尺余，过此地势渐低自零上二尺至零下三尺许。沿渠中间有高至零上三四尺者，有高至一丈七八尺者，水实不能入渠。②若欲继续为之，惟有在水口下五百步处河中，筑一柴石混合之坝。此处河宽十二丈，两岸石质坚固，水亦甚浅，坝高六尺，渠底一律加深，所过旧筑之桥落低，归德堡附近之沟须横跨一桥，则可溉及下游。计刘官寨、归德堡可溉之田,约千亩以上。③工费共五千五百元。浚渠十里,每里以三百元计,需三千元。坝工长十二丈,需一千七百元。桥工需八百元。④此处沙地荒芜,高下不一,水利若兴,非齐加修治不可。修治之费每亩以三元计,即需洋三千元以上。土著甚少,又皆无此财力,应由公家提倡也。李子菁处存有计划。

三、黑海子之水利

榆溪河在长城以北,有广漠之地,为汉人所耕种。山沟之水,概用以灌田,水田甚多。尤家梁一带,经井松生提倡开渠,水益畅旺,人民食利无穷。黑海子在榆溪河上游四十里二道河之长,若由此处开渠,引水沿沙丘之脚下行,可溉至尤家梁以下,长可二十里,成田二万[亩]左右。黑海子居民曾集资开渠三四里,水未入渠,因无款接济废止。兹将此渠大概分述如下:①调查河床,在此处甚高,两岸须筑堤以防水。用水准仪测得水口处水面低于堤内平地四五寸,冬至沙丘过水木槽面,低于水口面五寸许。沿沙丘之脚而行至米家村,经村背走陈家村前,地势较低。若绕村背,则须穿一沙梁,渠底须挖深一丈三尺。此处沙质疏松,须用铁皮水管通过,长约一里。超过沙梁,即为平地,渠须入地三尺以下。则沿沙丘边际而行,可无障碍。②渠身共长二十里,每里以二百元工费计,共需四千。水口处设备需五百元,铁皮管需九百元,共需五千四百元。③榆林水利,此处为最可行,惟居民涣散,人心不一,须由官方提倡,士绅负责督办,则工必易进行。

四、月牙河之水利

月牙河即古圁水,俗名芦河,源出定边县东境,入靖边境,即东北流,绕经长城,东行注入无定河。民国十八年(一九二九年)春夏之交,靖边县长牛庆誉,曾以五百元开阳强畔月牙河水利。计自三月三十一日开工,至六月三日工竣,用夫一千二百零八名,修筑一千三百四十八丈八尺,渠宽六尺、深六尺,灌田二百五十亩。其工程大概系借用旧开之利民渠。利民渠工程系于米家庄下游,阳强畔庄上游之处,筑以坝堤。坝堤之内面左方,挑一退水渠,右方即开为渠口。由渠口引渠东行,与河身并入长城,以达横山县境。新工程除疏浚旧渠外,并于阳强畔庄东南部旧渠之中间,开引新渠。新渠长二百丈,宽八至九尺,深七至八尺。据牛县长报告,渠成以后,渠水只可灌渠南之地。渠北以抵月牙河右岸之地,约一千四百亩尚未普灌。因只有二百亩成田,其余仍系荒沙。若能将荒沙开成沙田,亦可引水灌溉。渠之下游,已入长城,可开左、右二支渠。左渠向东北流,可溉伏龙潭地一千五百亩;右渠向东南流,可溉西海之地七八千亩。伏龙潭地已开者只四五十亩。西海之地较渠水高二丈,尚须计划修理。至此渠所以未能如愿大修者,则财力所限,别无问题。

五、尧民村之水利

黄河流至府谷县东北八十余里处,成一大弯,形如反面S。该处尧民村冯家汇等村,有河川田三千余亩,可引河水以灌溉。民国十九年(一九三〇年)五月,府谷县长赵璧曾有开修新渠计划,其大概如下:①黄河水面(参看附图)(原文缺图)(1)至(5)之差为七丈余。冯家汇川地,比黄河水面高二丈上下,若于(1)处凿河,以通至(2)处,再于(3)处大梁小沟,筑一渡水桥,由洞口引河水穿洞,过渡桥即可引以灌冯家汇等三村之田(图缺)。②灌溉地域,长七里,宽一里又二十五丈,共地约四千亩。平年只种五谷一次。如治成水田,年可增粮五千石以上。③石洞长二里,石质坚硬,色红白相间,洞高五尺、宽六尺,上圆下方,出入口均以砖砌,并设水闸。出口外有大梁小沟,须做砖渡桥,长五十丈。水引入地,须做长约五里之石灰和土水道。洞凿成后,用过二三年,须用条砖石灰钳成砖拱。④各项工料费用,计需洋二万二千二百八十元。拟采公私合办方法,田改水地,每亩暂出洋二元,共筹八千元。砖洞工费六千四百八十元,暂不计入,尚短洋七千八百元,拟由赈款项下开支。⑤凿洞工程每日以二百工计算,约需半年完成。其他露天工程,每日用工人五百,一月即可修竣。

陕西省水利行政大纲

(一九三五年)

陕西省是一个农业省份,也是我们中华民族农业发源之地。然而到了现在,以五十六万方里的土地,农业所养的人,还不足一千二百万,每方里只二十一人,每平方公里只七十人。人口不密,还要闹饥荒。原因:一是地面虽广,耕地却不多(只有五千二百五十万亩,占全面积百分之十七)。二是耕地之中旱地占百分之九十八,水地只占百分之二。三是农作方法太不讲求。四是山地不适于耕种的不知利用。五是工业不发展。

农、工等业出乎今日所谈本题之外,可以不谈,只谈水利。陕西现在灌溉的地亩,连旧有水地及新成之泾惠渠灌溉面积共计一百一十九万二千九百亩。现有灌溉地面:在渭河流域者占百分之五十四点一,在汉江流域者占百分之四十二点六,在潼关以北黄河流域者占百分之三点三。以上面积属于稻田约四十四万三千四百五十六亩,占百分之三十七,属于麦棉的七十四万九千四百四十三亩,占百分之六十三。若要发展水利,因地形及水量的关系,也有个限制。大约估计,完成八惠及整理汉江流域灌溉,可以增加到三百万亩。固定黄、渭河床,增辟灌溉土地,可以增加到二百万亩,共五百万亩。以与已有之水利相总计,在渭河流域可发展到约二百五十万亩(连洛、渭二惠渠在内),在汉江流域可发展到九十万亩,在黄河流域可发展到一百六十万亩。

发展水利的计划:一是创造新的灌溉局面。二是整理旧的渠堰。已经成功的泾惠渠和现在正在施工的渭惠渠及洛惠渠,都是属乎第一类的;将要动工的梅惠渠,以及其他预计的各种渠,都是属乎第二类的。第一类的增加灌溉面积约二百万亩。第二类的若整理得法,亦可增加灌溉面积一百万亩,连旧有灌溉面积共五百万亩,约合乎发展灌溉的极限。

陕西省水利局负着能达到此目的的使命,一面积极地测量、设计、完成大计划,一面实施工程,一面将已成的工程妥为管理。财力不足,则求借助于中央及慈善团体,人才不足,则借才于各大学及专门学校。一面又要与各大学及中央机关合作做研究的事。泾惠渠区域已有此种研究所机关两处,渭惠渠将来要有一大规模的研究机关与西北农林专校合作。

测候气象是水利事业所不可缺少的,陕西省水利局已设有西安二等测候所一所、榆林及汉中三等测候所各一所。设雨量站的共0(若干)县0(若干)站,设水文站0(若干)处,水标站0(若干)处。

各河的水灾又不能不防范,关乎此项仍是利用民力,修守之事,都是督着人民自办。

人民自己的水利及堤防,向来组织颇不完密。现在凡有水利的地方都指导人民设立水利协会。有堤防的地方都设立堤防协会。共已成立协会00(若干)处、分会00(若干)处,堤防协会00(若干)处、分会00(若干)处。

利之所在,人必争之,故水利的纠纷甚多,不能不有完美的法律管理。现行的水利法律,为陕西水利通则,各协会组织规程,堤防修守规章。泾惠渠为政府代人民管理,故规章最严,计有泾惠渠管理章程、养护及修理章程、灌溉章程、水老会组织章程等。

当然,陕西省水利的事,还不止于灌溉和堤防,如固定河槽工程、水电工程、整理航道工程，要做的事甚多，可见我们现在还未能顾及。

最后希望各方常常给我们以援助和指导。

一年来之陕省水利

（一九三五年）

中华民国二十四年（一九三五年）今天开始，民国二十三年（一九三四年）一刹那间已成过去。东北失地，仍沦陷在强暴之手；国际风云，世界大战，又迫在眉睫；蕴藏丰富的西北开发工作，方始萌芽；维持国本救济危亡之恢复农村经济主要政策，推进未久。在这过去的一年中，凡是西北的一切政治事业，都值得我们回顾，都值得我们检阅。水利事业是开发西北最重要工作，是恢复农村经济基本条件。西京所在地的陕西，又是西北各省的重心，本局谨于民国二十四年（一九三五年）的开始，将过去一年之陕西水利，直率坦白地分类缕述，供诸全国社会人士，同时也借作本局今后工作改进或努力的标准。现在将一年的陕西水利工作，分别为工程和行政缕述如次。

一、水利工程

（一）新兴灌溉工程之实施

1.泾惠渠　泾惠渠自第一步工程告竣举行放水后，由本局继续实施第二步工程，于民国二十二年（一九三三年）终大部完成。鉴于此后工作属于管理灌溉者多，属于工程者少，特于民国二十三年（一九三四年）一月，组织泾惠渠管理局，司其事以专责成，并兼任各部工程之设施。全年工作可分灌溉情形、养护及修理、建筑工程与管理情形四部。

（1）灌溉情形：泾惠渠给水量，因各月雨量及农田需要，与泾河水量及含沙量大小关系，月各不同，各干渠降度因地形关系，未得一律，其受含沙量之限制亦异。计全年放水二百三十四日，停水一百三十一日，其中因泾河洪涨，泥沙过大，以及干渠出险，共停水六十一日;秋禾成熟,不须灌溉,停水修理干支渠各项工程七十日。放水期间,每月平均最大给水量约为一万三千八百一十六立方公尺,最小给水量约为每秒九点五立方公尺。灌溉区域,达醴泉、泾阳、三原、高陵、临潼五县,已灌田共五十六万九千九百亩。除虽受水未享实惠地亩外,共约四十五万三千余亩,其中终年皆得灌溉者,占二十九万五千亩以上。因渠道筑成过晚及渠道坡度平坦,受含沙量限制(如南一、北二、北五等支渠及北干渠汉堤洞以下各斗),灌溉次数较少者,约六万余亩。泾惠渠灌溉地之农产,每亩收获量,因农民勤惰关系,同一受水,显有差别。夏禾最丰者,大麦三石,小麦一石七斗,菜籽一石五斗,普通平均大麦一石八斗,小麦、菜籽各一石一斗;秋禾最丰者,棉花近百斤,普通平均四五十斤。

(2)养护与修理:为目前重要工作。计沿干支渠植树护岸,除各村堡发给小渠所植不计外,共植八万三千五百株。用护水法加固渠堤,使各渠岸垫方上部,经水渗垫坚实,以免水量加大,发生溃决,计二十余段。用砖砌坦坡,或签桩铺草实土,修理干支渠堤内坡度;利用含沙量过大,不适灌溉之水,放淤于渠岸外低地。修理干支渠、桥梁、涵洞建筑工程;改建南干渠退水坡,为双级斜坡;修理拦河大坝缺口,改为二公尺单式缺口;改平木梳湾一段土渠两侧坡度;已冲毁之民生桥,改建洋灰渡槽;修理南一、北一、北四支渠建筑物,挖北干渠淤泥等。

(3)新修工程:为完成南一、北一、北四三大支渠未竟土工,并延长南一支渠至泾河岸;建筑各大支渠桥梁及南一支渠与南干各斗支渠道交会之渡槽钻水,建筑北干中白下游及各大支渠斗门二百四十处,以扩大灌溉面积,并督修各斗支渠渠道及分水、跌水、桥梁等建筑物。于总干渠隧洞出口下二公里处,建筑引水闸,以节制洪水;于大麦屯、赵家沟各建退水闸,以防泥沙淤塞山洞及入总干渠。北干渠建渡槽二处,涵洞二处,渠岸滚水数处,以防北面山洪。架设灌溉区环境电话,修筑南一支渠北岸汽车路,以期交通灵活。改建铁制斗门,以免偷水之弊。

(4)重要管理工作:召开水老会议二次,按月分配各斗用水时间,并加以稽核,施行总干渠上游各斗各村灌溉时间水签,日夜派员巡水,严厉执行灌溉章程,调处各斗各村堡间用水纠纷;召集各大支渠水老、斗夫、渠保及民众分别开会,训练用水方法,晓喻用水章程,俾明灌溉手续及应负责任。

2.洛惠渠　洛河为关中大河流之一,经勘验测量后,信引洛为可能,于去年组织引洛工程处,详为实测,拟订初步计划。本年即着手进行滚水坝、干渠线及其一切建筑物定线测量。修筑大荔至洑头(导引点)汽车路,以备材料之运输;建筑总干渠自进水口至义井村一段监工房屋四处;钻掘各段隧洞通风井;详为设计滚水坝及总干渠各项建筑工程;计算各干渠土方,实测洛河水文,拟施工计划之步骤;开凿干渠隧洞;督造滚水坝及衬隧洞石料;开掘临时泄水渠及退水渠;订购应需洋灰;向铁道部商借轻便铁轨,以为干渠土方之运送。于民国二十三年(一九三四年)七月,移交全国经济委员会办理。统计全年实施工程,已完成者:计拦河坝坝基;临时堵水坝;临时泄水渠;总干渠第一、第二、第三、第四及第五各号隧洞,各号隧洞通风井十三眼;总干渠土工,分二十一段施工,共长十四公里余;堵塞张三、合什、阳泉、石马南北各沟;建筑屈里河渡槽,合什沟石拱桥;建筑各段材料储藏栈房;筹备并运输各项应用材料。全部工程预定民国二十五年(一九三六年)夏完成,即可放水灌溉。

3.渭惠渠 渭水灌田,始于汉时,但渠道湮没日久,现无水利可言。民国二十三年(一九三四年)于努力推进泾、洛二渠工程外,即着手进测渭河河道及灌溉区域。溯古成国渠遗迹,起自郿县,终于咸阳,实测一万分一平面图。依据设计,择定导引点于郿县治城上游于家堡,派员钻探坝址地质,依据所测之图,设计拦河坝。拟订干渠及大支渠共长约一百七十公里;过水闸及分水闸五,渡槽一;桥梁、涵洞约一百座,跌水十七处。初步计划告竣,即进行干支渠及各项建筑物之定线测量,于民国二十三年(一九三四年)十二月完竣。由省府以泾、洛、渭三惠渠水捐向沪银行团抵借一百五十万元。详细计划刻已分别核定,本年春即可施工。

4.梅惠渠 工作为整理郿县境各峪口之旧有水利,加以扩充,始于民国二十三年(一九三四年)秋,组织测量队,进行各谷形势及旧有渠道,灌溉区域地形之实测。已测竣者,为斜峪谷口及石头河上游。

5.龙惠渠 龙惠渠工作,即南褒山河堰之整理扩充。民国二十三年(一九三四年)因山河堰用水争讼,纠连不断。经实测褒水流量后,知全部河多半弃于汉江,乃拟订整理计划,呈准省府于民国二十三年(一九三四年)十二月组织测队,开始工作。预定四月测竣,从事设计。同时,清丈旧有灌溉地亩,于民国二十五年(一九三六年)十月,实施初步整理工作。

(二)旧有灌溉工程之整理

本省灌溉水利,古负盛名,近以水政窳败,专管无人,任人民各自为政,平时不知修堰疏渠,旱时用水,则械斗相争,聚讼不决。此风尤以汉南区为最盛。本局有鉴于此,于民国二十三年(一九三四年)夏特设汉南水利管理局,专司其事。关中区各渠堰,由本局直接办理。计指导督率修理者:为城固高堰飞槽;南郑班公堰、拦河堰及复润、芝枝各堰。浚渠:褒水山河各堰全渠道及洞口疏浚修理;五门堰进水口及渠岸之恢复;修理城固导流堰、拦河堰,并开濬水渠等。计拟具整理计划者:为南褒山河堰,湑水河各堰,冶峪,清峪各堰渠等。

(三)关于水利工程之测量勘察设计、研究工作

1.水文测验　继续民国二十二年(一九三三年)办理。为适用及普遍计,特设秦岭山脊以北四处雨量站,以研究渭河南岸各支流之洪涨与渭河洪水之关系。增设无定河及汉江河系雨量站十七处,以谋各河流雨量记载之普及;增设泾河亭口镇、汉江南郑、安康、洵阳、渭河太寅、黄河龙门等水文站,实测各河水文。计雨量站,共设有八十一处,分区派员指导。计水文站本省主要河流,共设永久测站于黄河、洛河、泾河、渭河、汉江等九站,水标站四处;临时测站于褒水、湑水、水文等共三站,研究各期流量含沙水位,以资灌溉、防洪、航道等工程设计之参考。

2.测量工作　属河道测量。民国二十三年(一九三四年)进行者,主要河流为渭河宝鸡峡与郿县至咸阳一段;泾河断泾至亭口镇上游一段;洛河狱头至入渭河口一段,共测导线四百九十余公里,水准约一千一百二十一公里余,一万分一河道地形约一千九百八十平方公里,断面一百一十八处。次要河流为褒水、湑水、石头河各谷口内形势。他项测量,为泾惠渠灌溉地亩地籍测量;汉南各著名堰渠灌溉区域测量;黄河潼关、平民、朝邑河道河岸,以及敷水、沣水、浊峪、红庆等河堤及该段河道测量,阳平镇上、下游渭河河道平面图。

3.勘查工作　为渭、泾二河上游形势及地质;汧阳河陇县至入渭一段河道,并选择引水与防洪坝址;渭河自西安至宝鸡间南北两岸峪口及河道,并调查旧有水利概况;石川河大小白马渠、太平河、沣河、高冠河、镐河、石头河、霸王河、远门河、汤峪河等现有渠堰及灌溉情形;冶峪及清峪二河各堰渠积弊及现况,以作整理之资料。

4.设计工作　已成之计划,为宝鸡峡渭河防洪水库;平民县护岸工程;朝邑县护滩筑堤计划;潼关护岸工程;阳平镇护岸工程及各河堤决口堵塞工程,以及无定河测量。属于初步计划者:为汧惠、梅惠、沣惠、坝惠、耀惠、定惠(无定灌溉工程)、龙惠(南褒山河堰工程)、湑惠(湑水河灌溉工程)等八大惠渠及汉江白堰、鲤鱼堰、铁桥堰等灌溉工程。属于研究者:为泾河断泾至张家山谷口间蓄水防洪水库,以扩大泾惠利益。控制泾河洪涨、汉江航运、渭河护岸及航道、黄河潼关韩城间护滩办法、本省各河流雨量与流量之关系、泾惠渠渠道计划之各项因数研究(如渠身降度、渠岸测坡及横断面之粗糙、渠水流速等),以为他项灌溉工程之参考。

(四)设计并督办各河堤决口堵塞工程

渭河支流,因前岁大水及去年雨量过多,山洪暴发,多数河堤均被冲决。据呈报后,当即分派专员,驰赴勘验设计,督饬各该县人民修复。计有渭南境之赤水、湭水;富县城洛河堤;耀县境内漆水、沮水二河堤;长安县之沣河、浐河、灞河各堤;临潼境内

之韩峪河堤;华阴境内敷水河堤;三原境内之浊峪河堤;汉阴月河河堤;安康城汉江河堤等十三处,均经督饬修理完竣。

二、水利行政

(一)水利单行法规之制定

本年拟定呈准公布施行者,为洪水期内防御水灾办法,平民县移民暂行办法,各县蓄水防旱办法,泾惠渠灌溉地亩水捐分等标准,人民服务水利工程办法。呈准修正者,为陕西省水利协会组织大纲,陕西省堤防协会组织大纲,泾惠渠水捐征收办法,等等。

(二)关于水利纠纷案件之整理

本省农田水利,历史悠久,水权相沿至今,未经确定,值灌溉期间,争相用水,强者得利,良民抱屈,各处有"霸王"之谚,尤以陕南为最盛,关中区次之。共计百余案,重要者为山河堰左右高桥与孙家档案;富平大小白马渠分水洞案;华县、渭南二县人民争引赤水案;三原清峪河八复渠与东里堡案;盩厔、鄠县争引涝水案,均依据陕西省水利通则,按照各该堰古规旧例,参以学理及现在情形,秉公处纠,饬令各该县政府执行在案。

(三)组织水利事业团体暨实施人民服务工役

本省各项水利事业,向乏管理团体,大半操诸豪绅之手,利己害众。去岁呈准水利协会、堤防协会等组织大纲,公布施行,饬令各县长负责指导办理。以此项组织,关于旧有水利事业之管理极为重要,并分派专员赴各县指导组织。计堤防协会业已组织成立者,为沣河、浐河、灞河、赤水、潏水、韩峪河、浊峪河等;水利协会成立者,为褒水、湑水、冷水、廉水、沣河、赤水等。实施人民服务工役者,为堵修浐河光庙段堤决口,疏浚华阴敷水、方山、柳叶、三河河道,堵修浊峪河堤。

(四)实施用水权之登记

确定用水权为根本解决水利纠纷方法,曾经呈准水利事业注册章程,公布施行。以主要河流为纲,次要河流为目,划分全省水利区,分别实施。民国二十三年(一九三四年)进行者,为泾惠渠用水权注册,于十二月一日开始进行;计划施行者,为南褒山河堰注册。以后凭证用水,庶免攘夺之风,按证收费,可除偷漏之弊,亦将来清理粮赋之嚆矢也。

陕西水利工程十年计划纲要①

(一九三五年)

泾渠落成,麦棉产量激增,区域内合作事业风起,昭示农田水利之功绩。洛渠工程,将观厥成,渭渠借款,一言而定,足征国人勖助水利之热心。陕西河流,可引用灌溉者尚多,旧有水利,修整理扩充者实繁。经两年来之调查规划,于民国二十四年(一九三五年)初,提出十年实施计划,作今后努力之准则。期此十年内,使农田水利,普及全省成一模范农田水利区,以为他省之倡。而后及航运,水力等他项水利工程之设施。

一、一九三五年

梅惠、龙惠、沣惠三渠测量设计完成。泾惠渠全部工程完成,洛惠渠兴工中,渭惠渠开始施工。泾惠灌溉面积六十万亩。龙惠渠即南褒山河堰水利整理扩充后之新名,梅惠为郿县境内诸峪水利之总名。

二、一九三六年

完成湋惠渠测量设计,完成渭河宝鸡至郿县、咸阳至潼关间河道测量。洛惠渠工程完成,渭惠渠兴工中,梅惠、沣惠、龙惠三渠同时施工。泾惠渠灌溉面积扩充至七十万亩,洛惠渠灌溉面积五十万亩。湋惠渠即湋水河各堰渠整理之命名。

三、一九三七年

耀惠、灞惠二渠测量设计完成。渭惠、龙惠二渠工程完成,梅惠、沣惠二渠兴工。

---

① 本文在石印本中是以表格显示内容,为使阅读者方便,以此形式收录。

龙惠渠旧有灌溉面积四万二千七百五十亩,增加灌溉面积九万亩;渭惠渠灌溉面积六十万亩;洛惠渠灌溉面积扩充至六十万亩。龙惠渠共灌溉面积约十四万亩;耀惠渠即整理石川河(渼、沮二水),旧有渠道之总称;灞惠渠指浐、灞二河水。

四、一九三八年

清峪、浊峪、冶峪三河及渠堰及定惠渠测量设计完成。梅惠、沣惠二渠完成,耀惠、湑惠、灞惠三渠开始施工。梅惠渠旧有灌溉面积约二万三千八百九十亩,沣惠渠旧有灌溉面积一万五千亩。梅惠渠增灌溉面积二十万亩,沣惠渠增灌溉面积二十三万亩。定惠渠指无定之水利,合清、冶、浊三河水利命名为云惠渠。

五、一九三九年

濂惠、湃惠二渠测量设计完成,并实测渭南、华县、华阴境诸峪之水,设计整理。灞惠、耀惠二渠工程完成,湑惠兴工中,定惠、云惠二渠开始施工。灞惠渠旧有灌溉面积约一万零三百亩,耀惠渠旧有灌溉面积约三万六千亩,云惠渠旧有灌溉面积十二万八千亩。灞惠渠增灌面积二十三万亩,耀惠渠增灌溉面积十七万亩,云惠渠增灌溉面积三万亩。濂惠渠指濂水河之水利。

六、一九四○年

设计濂惠渠,测量冷水、濂水、牧马河、黑水、涝河。定惠、湑惠二渠工程完成,湃惠渠开工,整理渭南、华县、华阴渠堰及排水工事。湑惠渠旧有灌溉面积约六万七千二百五十亩。定惠渠灌溉面积二万亩,湑惠渠增灌溉面积五万亩,渭南华阴等县渠堰增灌溉面积五万亩。

七、一九四一年

测量延河及安康、汉阴、平利、石泉诸水。濂惠渠开工,湃惠渠工程完成,整理冷水、濂水及黑水、涝河诸水渠堰。冷水、濂水旧有灌溉面积四万八千亩,湃惠渠旧有灌溉面积八千六百九十亩,涝河、黑水旧有灌溉面积六千五百亩,濂惠渠旧有灌溉面积九千三百亩。湃惠渠灌溉面积十四万亩,冷水、濂水增灌溉面积三万亩,濂惠渠增灌溉面积一万五千亩,黑水、涝河增灌溉面积五万亩。

八、一九四二年

测量丹江及沔县诸水。整理西乡诸河灌溉及安康、平利、汉阴、石泉诸渠堰,渭河护岸堤防兴工。西乡诸河旧有灌溉面积二万五千七百亩,安康、平利、汉阴、石泉诸河旧有灌溉面积二万八千亩。西乡诸河增灌溉面积三万亩,安康、平利、石泉诸河渠增灌溉面积五万亩。

九、一九四三年

测量汉江及其支流乾祐河及洵河。渭河护岸工程兴工中,整理丹江、沔县诸河水利,并施汉江白马堰工程。丹江旧有灌溉面积二千五百亩,沔县诸河旧有灌溉面积一万七千九百亩。沔县诸河增灌溉面积三万亩,白马堰增灌溉面积五万亩,丹江增灌二万亩。

十、一九四四年

继测汉江。整理渭河航运。

十一、一九四五年

整理汉江及其支流航道并发展汉江流域水电。

泾惠渠第六次水老会议训话

(一九三五年)

兄弟因公,常常东西奔驰,今天水老会议,是与大家见面的一个很好机会,要说两句话。水与地有密切关系。种地的人,管水的人,要时常见面商量。要管水合法,用水得当。假若用水不得当,就是糟蹋这水了。大家对于渠水要看作自己产业,真心爱护,那才可垂之久远。不但自己享利,且能传到子子孙孙,依然享受利益。我国人有一特别不好的习性,就是凡事一过不管,把事业弄得中道废弃或退化。譬如从前郑白渠,引泾灌田开始在二千年前,浇地四万多亩。以后历朝迭坏迭修,浇的地亩逐渐减少。比方好好管理,随时改善,也许至今还能维持原状。所以管水的人,与用水的人,要双方爱护渠道。尤其是对于灌溉章程,大家遵守,方能永远长久。现在受水地亩,和旱地比,已经好得多了,可是还莫到顶好处。对于耕作选种等,年年研究或许将来收获,比现在加多几倍。我们以前的大旱如光绪三年(一八七七年)、光绪二十六年(一九〇〇年)、民国十八年(一九二九年),饿死人民的惨剧,以后再不续演了。又泾惠渠渠水所及,未免太少,现在渭惠渠、洛惠渠二渠,正在逐步工作开渠。以后各渠挨次告成,全陕人民都不至于遭受旱荒,管理得法,然后才能永久。大家爱护,然后管理方能得利。希望各方水老一秉至公,遵章办理,勿使半途颓废。那是兄弟最希望的。

西北农工水利文化史略

(一九三六年五月为西北文物展览会特刊写)

洪积期后,大水时终,戈壁沙碛、冀雍黄壤于焉生成。年候渐转,雨旸时若,植物渐滋,平沙泉润则水草丛生,高阜土宜则树木丰茂,于是野兽潜栖,牛羊茁壮。游牧之民起于西北,蕃殖繁衍,渐图而南,或沿河而下,或逾岭而行。汾渭之郊,伊洛之汭,成聚成都。冲积地带,农事渐兴,教民稼穑,树艺五谷,古圣工事,莫过于是。

唐尧之世,洚水横流,以常理推测,亦不过如晚近江河之巨灾,而其为害所以如彼之烈者,盖以当时人民,皆沿河而处,一遇巨浸,势成全国。崇山穹谷,高原岐阜,则尽为林木,虎咒栖其中,虺蜥藏其内,人类之栖所弗敢及也。

禹益知其然也,故禹治洪水,随山刊木,益烈山泽而焚之。夫然后兽蹄鸟迹,复然远避,人民得以避下就高,奠居乐土。于是高原之地,渐辟而耕,历夏及殷,奄有中土。

低地防潦,高地防旱。禹时沟洫,盖所以去潦,因洪水之后,积淹不除,耕耘难施也。然陂泽障川,堤防之制已开其端。殷人屡受河患,迁都数次,长堤之设当所未有。盖尔时户口未繁,土地广漠,都已简纯,迁徙较之筑堤便实多也。然同时以旱干之故,区田之制,肇于商初。

有周之民东来较后,其先盖滞留于泾渭上游,所据之地尽为黄壤。其于农事早有进展。迨夫公刘之世,辗转之郊,其土肥厚,泉涧滋润,宜黍宜稻,宜桑宜枣,于是农业大进。"流火"之章全美全备矣。其后见侵于狄,逾梁及岐,膴膴周原,大田作稼,更非区区泾川所可媲美,周室遂强,取殷而代。然华族东徙,西陲之地遂为戎狄所据,犹且内侵不已。周室被逼,遂畀其地于秦之先祖,以资藩卫。

周室文物既盛,故农功水利,蔚然勃兴,其制亦详,高黍中稷,河上粳稻,各尽其宜。稻人所掌,以潴蓄水,以防止水,以沟蓄水,以遂均水,以列止水,以浍泻水,以涉扬其芟,灌溉排水之能事,已尽于是。尔时宜稻之地,在西北者当不出乎以下各处:豳(邠)、沣镐、伊洛。(西周、东周)而列封诸侯,各丰其疆,亦尽能事,郑驷、魏起大兴田洫,广事灌溉,叠踵而起。

□□□□努力农事,郑国引泾,大著其效。水工之经验犹多。水利设施□□□□□李冰使蜀,都江设堰。蒙恬定朔,金积开渠,必烈□□□□□,效力壮哉。

汉承平秦,弥重水利,富其王于汉,已兴褒渭之利及其统一宇内,□□□□,商谷遂还,郑□滨足,源泉灌注,陂池交属。郑白之沃,衣麦之源。提封王剸疆场□分。沟塍刻镂,原隰龙鳞,决渠为雨,荷锸成云,通沟大漕,□皆洞可。泛舟山东,控引淮湖。盖灌溉必丰之利,兼而得之,于是关中之富,夫下居六。尤复拓地塞北阴山贺兰,祁连之阳,迤及汉中金域诸郡,渠道纵横,田畴广辟。汉之力亦非弱也。

唐时承平甚久。河患甚稀。守前代之盛现,乏新朝之建树。然而西隅之也。来往经营,招抚花门,绥辑羌戎,西北文物,于□称盛。

□后□李骚乱,宋室颓也。西北之地,久丧于胡。农夫弃耕,牧马□犯,牧之久矣,西北文化之衰,实遭是厄。元祚甚短,未遑多建。

明代山河完整,而政治混淆。边疆之区,未敢多事立功。河套经营亦成画饼。

在清一代怀柔甚远。洮湟、大夏,农利俱兴。后套、宁朔垦溉愈宏,甚至远涉祁连、天山南北,皆成良畴。噫欤盛矣。然独关中水利颇废殆尽。其效何哉?盖由于官守斯地者,无远大之模,仅无过是求耳。

今则党政修明,建国有纲。西北之地,关系国本弥重。朝野同声,期待开发,泾惠告成,追踪郑白,洛惠继之,远驾龙首。渭惠踵起,不下辅国。洮惠、通惠,亦应于西。兹复全国经济委员会,设计六年。关中八惠之完成,汉江诸渠之扩充,延、榆诸水之利用,汾、沁、伊、洛之开发,绥宁诸渠之整理,岷江水电之建设,黄河上游灌溉之改良,以及其他西北水利,刻下在计划之中,异日一一告成。庸非民国一大光明哉。经会诸公,愿其勉之。鄙夫一言,愿为刍献。

西北水利,以其规制,可则为六。宁夏、后套、三湖河,民生渠诸皆积□,凿渠引河水,不堰不闸,兹润甚宽,一制也。甘凉、新疆、柴达木诸盆地,山岭积雪,融流灌注,自然肥田,二制也。永靖、皋兰、靖远诸山河台地,设轮汲水,以资灌溉,三制也。汾、沁、伊、洛沣、渝、浐、灞以及他秦、晋、豫、陇诸水,于峪口之外,引溉平畴,四制也。甘肃诸山河涧之水,治清截引,以溉狭长一带,五制也。泾惠、洛惠、渭惠,应用新法新理,筑堰、通闸、凿渠、设槽,使水有□、有节、有山、有泄,六制也。此非人力之所可强同,亦地势各有其异耳。

以上六制,前五有旧也,最末一者新也。旧制之弊有七:一无永久之工程,故堰则年毁年修。二无正规之渠道,故渠则时浚时没。三无操纵之机关,故旱则水不入渠,潦则泛滥为灾。四无合理之管辖,故废弃之水多而争夺之风竞。五无经济之计算,故所费者多而所得者鲜。六无合作之精神,故田防无效,惟以利己。七无精巧之结构,故水轮水车之制皆粗拙相沿,莫知改革。

今谋扩展西北水利,则应有回守之原则:

一先择交通较便之地为之。交通困塞,农业丰裕,不能运销,反而伤农。

二先择人畜较繁之地为之。人畜寡鲜,有灌溉而无肥,壅无工力,则徒劳而无功。

三先择用力少而助功多之地为之。故必水源充裕,施工不难,而灌溉面积广大,乃计谋之所先应及者也。

四先尽已有之规模整理之,改良之。因人民已有灌溉之知识及经验,其事易举,其效易著也。

五无论创新革故,皆须通经达术、精于科学之士为之。其工事皆应惟新是图,以祛旧弊。然行政者于此大都为人所惑,而不能处置得宜,此人事之所以多难也。

学理惟真是求,不论新旧,而吾华之士恒好以浅薄之识,隔膜之见,肆为夸言,今使一故老学究或浮夸政客入机械之室,跨化验之国,则不出一言,却而走矣。何也?以是等学徒术非吾国之所固有,彼等固无从置其喙也。若令之言水利,则侃侃而谈,颇不相下,似人人可以为大禹矣。然一按其实际,则某山某水,足未尝履其地,目未尝接其影,徒见纸上之缤纷耳。水功之学在乎欧美,以极深之科学为基础,以极精之实验为准绳,各国学者殚力研究,图书杂志充栋汗牛,而在吾国则稍读经世数文,即可以专家自命,庸有此理乎。吾为此文,尤望从政者之有抉择之方也。

西北水利之展望

(一九三六年八月二十三日在西北建设协会第三届年会上讲演词)

来西北游历者,见西北干瘠之状,每云水利不兴,开发西北无有希望。此言固不敢言全是,而西北需要水利,可无疑义。故秦汉开发西北,无不先从水利着手,有清亦然。就今日而言,开发西北当然亦不能例外,但许多水利亦为古做过,今日也不过就古人成绩,择其可以开展者开展之而已。

西北灌溉区域,在潼关以上黄河流域以内者,计有五百四十三万五千七百八十亩,分计之,则为:

1. 黄河本身灌溉 共二百三十万三千五百亩。①甘肃水轮五万二千五百亩;②宁夏诸渠六十三万六千亩;③绥远各渠一百三十一万五千亩;④其他小渠三十万亩。

2. 黄河支流灌溉 共三百一十三万二千二百八十亩。①上游山间十万八千一百五十亩;②大夏河二万一千二百亩;③洮河五万四千七百三十亩;④湟河与洁壹河四十八万三千二百亩;⑤甘宁间山涧十七万零八百亩;⑥绥远黑河系五十四万亩;⑦绥远其他山涧十八万二千亩;⑧秦晋间山涧二万二千亩;⑨汾河九十六万二千亩;⑩渭河甘境三十三万五千亩;⑪渭河陕境二十五万三千二百亩。

西北水利可以扩展到如何程度,向无精密的测算,只可以大略估计如下:

(1)青海、甘肃沿黄河岸之灌溉,若能于上游筑堰发生水电之力,以供沿河之用,西岸台地灌溉面积,庶可以增加十万亩。如此则现在计划中之通惠渠土工可以不兴,可以利用同一电源,洮河灌溉,亦可利润,合计之,庶可增加二十万亩。

(2)宁夏诸渠若能于青铜峡设活动堰以调节水量,同时开拓两岸渠道,庶可灌溉至三百万亩。

(3)绥远后套、三湖河及民生渠大加整理,庶可增加灌溉至四百万亩。

上游灌溉之扩展,亦只可于此数处注力为之。其他山涧灌溉,以地势及水量所限,勉强为之,多劳而无助。

再专就陕西省论之,扩展灌溉,亦只可于渭河及汉江流域多用力。陕北亦有少许河道,特不多耳。陕西现有之灌溉面积连新成之泾惠渠计之,不过一百二十万亩,占全省耕地面积百分之二,占全省耕地面积百分之四(？有误)。其中百分之五十四点一属于渭河流域;百分之四十二点六属于汉江流域;百分之三点三属于潼关以上之黄河支流。灌溉面积中,属于稻田者占全灌溉面积百分之三十七;属于麦、棉者占全灌溉面积百分之六十三。陕西灌溉扩展的可能性亦限于地势及水量,计渭河流域若洛、渭、梅三惠完成,可增一百四十万亩。其他渭河南北诸水普遍整理以后,可增四十万亩,连已有之约七十万亩,共二百五十万亩。汉江流域诸水渠整理以后,可增至五十万亩。以上共三百万亩,可作为最近五六年中之计划。至于整理潼关以上黄河滩地,潼关以西渭河滩地,必先固定河床,次设堤堰,亦增加可耕之地而能施灌溉者,可以二百万亩计(实际尚不止是)。其所费甚大,只可候诸后日。

陕西水利行政计划,先就灌溉中最有利益者,最有把握者为之,依次及其他。所以先之以泾惠者,以古有郑白渠已收千余年之效果,不幸而废弛耳,故可命之为复古。继之以洛惠者,以古有龙首渠,虽不幸而失败,而有辙在先也。渭惠渠则完全创新,而地形与水量,俱较泾惠渠、洛惠渠为优,故去年施工,今年已可观成。泾惠渠以建设于荒年时期,交通又未便,且急于见效,故工程未能坚固。然民国二十一年(一九三二年)放水之后,屡次改良,现已完善,已灌溉六十七八万亩。洛惠渠材料及运输俱较便利,而地形特劣,且跨越数深沟穿过铁〈连〉(镰)山,故有大渡槽(飞渠)二(一长二百一十三英尺,一长四百四十英尺)、隧洞五(第一洞长二百六十五公尺,第二洞长七百七十七公尺,第三洞长五百七十五公尺,第四洞长一百八十四公尺,第五洞长三千零三十七公尺),共计长三千八百三十八公尺余,现全部竣工,惟第五洞尚未通耳。渭惠渠与陇海路平行,故得铁路之助不少。惟河床宽一千公尺,河底情形亦与泾惠渠、洛惠渠异,故堰工为其最大工程。现已成五百公尺之滚水堰及进水闸、退水闸、冲刷闸,跨漆水河长七十二公尺之渡槽亦完工,渠工亦完成四十余公里。泾惠渠之标准水量为每秒十六立方公尺,洛惠渠为每秒十五立方公尺,渭惠渠则为每秒二十立方公尺。盖泾、洛二河水量少,不能不撙节以用,渭河则最小流量亦不下每秒四十立方公尺也。关于灌溉之研究工作,现于泾惠渠有陕西棉产改进会所设之棉业试验场及金陵大学所设之农事试验场。渭惠渠经武功西北农林专校之前而过,将来拟与校方合作,做大规模之灌溉试验及黄土上农作之研究,故其希望最大,西北农学基础,或可以之树立。西北农产问题须农业与水利并肩而进,实则水利之所及有限,即以陕省而论,水利只能解决百分之二至百分之三,而恃农或林以解决者则有百分之九十七至百分之九十八。吾故云开发西北,全靠水利者自能任为一部分是但即此一部分所获亦甚大。观乎近二年中,陕西棉产之发展,多在泾惠渠区域,可以证明之矣。

全国经济委员会
兴办西北灌溉事业与地方政府合作办法

(一九三六年)

第一,全国经济委员会为兴办西北灌溉工程特设西北灌溉工程局,注重与地方政府合作。

第二,兴办工程工款之来源分四种。

(1)全国经济委员会独任者。

(2)地方政府独任者。

(3)地方政府担任全国经济委员会加以补助者。

(4)全国经济委员会与地方政府分任者。

第三,无论(1)(2)(3)(4)某种办法,灌溉工竣后统交地方政府设局管理,每年按灌溉地亩征收水费。

第四,全国经济委员与地方政府及其他关系方面合组一水利经费保管委员会。

第五,水利经费保管委员会设委员若干人,常委三人,常委中全国经济委员会派一人,地方政府派一人,其他关系方面一人。常委与委员俱由地方加以聘任。

第六,水费收入俱由水利经费保管委员会保管其用途,以仍用之于发展地方农功水利事业为原则,有余裕亦可以兴办地方小学教育。

第七,兴办西北灌溉事业,以随铁路交通向西进展为原则,盖交通便利,则工程材料易于运集工所,生产增加亦利于运销也。

第八,人民自办之灌溉工程,俟水利经费充裕时亦可应其请求,由水利经费加以补助,予以指导,俾资整理,其补助之费限年归还经费保管委员会。

第九,水利经费之收入及支出俱按月呈报全国经济委员会及地方政府会府,随时可以稽核。

陕西之灌溉事业

(一九三六年)

一、引言

本篇之意,在使注意陕西灌溉事业者能得一概括之印象,利用新学理以实施灌溉工程,在吾国当以泾惠渠为创举。洛惠及渭惠两渠,则本泾惠渠之经验而为之,但毕竟经验尚太少,尤其是水利工程家不知农学,在未举工程以前又未能得农学家为之指导,都是缺憾。泾惠渠虽已完成,但应当改善之处尚多。洛惠及渭惠二渠将来的成效如何,完全视水利工程家与农学家的合作精神如何。陕西建设年来除水利工程以外,几乎全部精神用在公路及市政建设两方,农业一项绝少进步。余一年以前即主张农业与水利要并肩而进,但以政府实力,人民程度皆有所不及,尚未达所望。泾惠渠区域有两个农事试验场,一个是属于陕西棉产改进会的,一个是金陵大学的。前者专注重于植棉之试验,后者注重于一般作物,正在试验时期,尚未能得到指导农民如何灌溉、如何施肥、如何治田之功用。所以泾惠渠的成效,如今只可说做到百分之三十,尚有百分之七十,一半要望于灌溉方法之改良,一半要望于农事之进步。渭惠渠适经西北农林专门学校之前面而过,将来需要农学家与水利工程家担任起整个的使命来。所以余主张在农专之前办一大规模之灌溉试验场,又思创设一西北水土经济研究所。总而言之,陕西农利,要达到百分之百的成效,恐尚须十年之努力。

二、泛论灌溉

灌溉之事,为设法利用地上之水,补雨水之缺陷,以利植物之生长。

地上之水,包括地面上的如海、湖、河流等水,地面下的地下水流及地水等,统名之曰水藏(Wasser Vorrat,Water Provision)。

向来人认为,地上之水藏,不增不减,永远是一定的,但 Haas 证明了地上之水损失于矿物构成者有百分之五。Hörbigern 认为,水解体,氢气腾空逸出地球重力范围而不返者,每年有百分之二十,须由地球以外补充之。

水藏之量既若有恒,蒸发而为云雾,降落而为雨雪,汇流而为河川,以复入于海,入于地下,谓之水循环(Kreislauf des Wassers, Circulation of Water)。地上生物,皆于水之循环途中,各挹其所需及所能得之量以滋生长,不得则死,得之不充则其生也瘠,得之充则其生也丰,水过其量亦死。

水为生物利用后,仍由透发(Transpiration)复归天空,凝结为雨以返于海。故Krügèr以为生物用地上之水仅用其利息耳,于水藏之资本无损也。如是则生物与矿物之用有信用与赖债之根本相异。水之循环利用以收生产之效,谓之水操(Wasserhaushaltung)。地面上因地形及气候上种种之不相同,使雨泽不能均沾,吾国各地每年雨量由二千五百毫米(广东)以至于零(戈壁)。

雨泽不足之地,除沙漠地及黄土高阜地以外,犹幸有山岭上久积之雪(祁连山、贺兰山、天山、雪山、阴山等),河川中不断之流及地下之蕴藏,可用人工以补天之所不足,是之谓灌溉。

故灌溉所需之水源不一,可分为:

(一)河流

或用其中水、低水,或兼用其洪水。或但用其洪水,如埃及、印度及我国绥远、宁夏诸渠。用河流之水灌溉者,或筑堰穿渠,使水自流入田,或不筑堰但筑排水,领水坝(Indus河及宁夏黄河诸渠),或并领水坝而无之,如后套诸渠(第一图、第二图)。

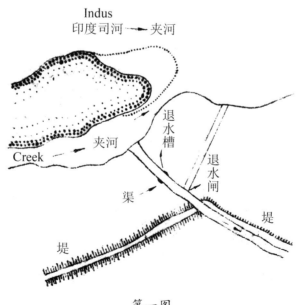

第一图

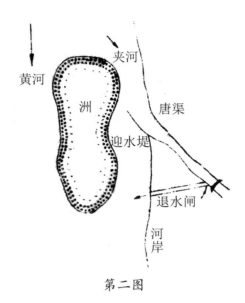

第二图

亦有用人畜力或机力或水力或风力以汲引溉田者。用水力者,如甘肃靖远、皋兰之黄河,陕西石泉、汉阴等处,四川许多地方;用风力如江苏太湖流域及江北;用电机力者,如苏、锡、常等处。用人畜力者,遍于全国,分为水车、水戽、桔槔。

(二) 泉

引泉者或径穿渠引之,或须先用范泉(Quellenfassung)工程,或做大陂潴之,如古之芍陂(安徽)、鉴湖(浙江)等,以利灌溉。

(三) 地下水

地下水源或为地下流水(Untergrundström),或为地水(Grundwasser)。引用之法或凿井以汲之。汲之之法,或用人畜力(水车、桔槔、铲辘),或用机力。一井之水量不充,或合多井为一,以电力汲之(美国)。在荷兰则主要在以活动堰调节地下水面,以为灌溉。

(四) 山岭积雪(Gletcher, Glacier)

我国西北之天山、雪山、祁连山、贺兰山、阴山等皆常有积雪,春暖融注而下,以利灌溉,为利甚溥(新疆天山南北、河西、阿拉善、阿尔泰、柴塔木等处)。地面蒸发过烈,则做阴井以通渠(新疆)。

(五) 山洪

夏季山洪暴发,拦水灌溉,其水至沃。绥远大青山、晋北诸山多有之。又灌溉之方式,可分为地面灌溉(Surface Irrigation)及地面下灌溉(Subterrain Irrigation)。前者为普通所用之法。后者分为二种:一以罐管埋铺地下,通水入内,使罐管透出之水,适及植物之根际。二如荷兰所用之法,调节地下面水,干季需水,则高其水面,使水能以毛细管之力,达于植物根际。湿季则落其水面,使不致水太多。地下灌溉较之地面灌溉,优点甚多:一是水量不受地面蒸发之损失;二是地面不致因灌溉而变动,然其费则甚昂也。又灌溉之种类,可按其施用植物之种类分为:

1. 旱溉(Arid Irrigation)　种麦(需水少)。
2. 湿溉(Humid Irrigation)　种豆、棉(需水次多)。
3. 稻溉(Rice Irrigation)　种水稻(需水最多)。

灌溉有单独施行者,有必须与排水并行者,在欧洲有恒言曰:Ohne Entwässerung, Keine Bewässerung(无排水即无灌溉),但在吾国黄土地带则有不尽然者,此由于黄土有自然排水之力也。

又旧式灌溉与新式灌溉有可得而言者:

中国旧式灌溉引用河水者亦分为二种:一曰一首制(Irrigation Canal with Onehead),一曰多首制(Canal with Many Heads)。一首制如昔时之郑国渠、白公渠、李冰渠等皆是,汉中之山河堰亦然。多首制则如陕西之湑水、冷水、濂水诸堰,宁夏诸渠亦然。新事开辟之泾惠、渭惠、洛惠等渠皆为一首制。印度司河(司丕提河,Spiti River)昔日旧渠,皆为多首制,后英人改为一首制,然亦发现一首制之许多绌点。

(1)一首制需庞大之干渠与渠堤,多首制则分为数渠而渠与堤皆小。

(2)一首制之渠堤如为洪水冲毁,不易修复,一面为水,一面为正长茂盛之田禾,无处取土,多首制则易于修理。

(3)一首制有一部分破坏,则影响全局,多首制则可避免此弊。

(4)一首制上游易于霸占渠水使下游水量不足,多首制则可避免此弊。以此之故,故印度灌溉至今日殆有复古之倾向。然究竟一首制之优点亦甚多,管理系统易于划一,故颇有人主张仍用一首制,而另设辅佐渠以补其失。

多首制不用堰者争端较少,而用堰者则争端甚多。如陕西诸多首制旧渠,往往有下游堰民偷毁上游之堰,以至彼此斗殴,常致死伤人命,故此等渠不如采用一首制。山河堰为一首制,然亦有同样之弊,即下游之人欲浚深上游干渠而上游不肯。上游之人宁湃(湃即退水之义,汉中、巴蜀多用此语)水入河,不肯以多利济下济之人,要之在立法之善与管理之得人耳。

一首制或多首制亦多为地形所限,不能不采取一定之制者,如下游不易引水,则采用一首制;一首制之渠不能及远,则采用多首制。

三、陕西农业概况

陕西现有河流灌溉面积连泾惠渠计之共一百一十九万二千八百九十九亩。其中,百分之五十四点一属于渭河流域;百分之四十二点六属于汉江流域;百分之一点八属于陕北各河流域;百分之一点五属于潦、芝二水(韩城界入黄河)。

以上面积属于稻田者约四十四万三千四百五十六亩,占百分之三十七(汉江流域及秦岭北麓),属于麦棉田者七十四万九千四百四十三亩,占百分之六十三(渭河流域)。

其引水用自然重力者约百分之九十五,用人畜等力及用水轮者百分之五(此为粗估,属于后者灌田以六万亩计),用水轮者多在汉江流域兴安一带。

用地下水灌溉者尚无确切调查,分为凿井、凿泉二种。泉水灌溉大抵已统计于上类,井之数粗估为五千眼,每眼平均溉地以十亩计,约五万亩(兴平、咸阳、长安、泾阳一带)。

陕西全省面积约三亿亩。农耕面积据前农商部统计为五千二百五十万亩,不过为全省面积的百分之十七,按陕西人口比较,每人只有三点五亩[①]。灌溉面积俟渭洛及关中各渠成后,以三百万亩计,又为农耕面积百分之五点七、全省面积百分之一耳(美国灌溉面积为全国面积之百分之二点七)。由是可见,陕西农业之大部分仍恃旱地,而陕西人民之生计,又不能专恃农耕也。

陕西地理以天然区分为三大区,气候及农作物皆因之不同。曰陕中区(旧称关中区,名义不切),曰陕南区,曰陕北区。陕中区农耕地面较广,约占其全面积的百分之六十;陕北、陕南大半为山岭地,不利耕种,平均农耕地不及百分之十,农耕地面又多为坡地,劳多获少。不适于农耕之山岭地又多乏林木,殊为可惜。未垦之荒地,据《中国之经济年鉴》为九十三万五千六百六十亩,大部分在陕北及陕中区之北部。■■平复以后,正可利用屯垦以增加生产之地,陕北各山溪之水亦可利用。又若能将渭河及

---

① 农村复兴委员会之调查,是数年为荒灾。

渭南一九二八年:平均每人五点七亩,中农平均七亩。一九三三年:平均每人四点四四亩,中农平均六点六三亩。

凤翔一九二八年:平均每人二点二八亩,中农平均四点一亩。一九三三年:平均每人二点一六亩,中农平均四点七七亩。

绥德一九二八年:平均每人一点四四垧,中农平均二点六九垧。一九三三年:平均每人一点零四垧,中农平均二点三垧。

据周昌芸等之调查,泾谷原上每⟨PKm⟩(平方千米)一百人,原下三百人,原上每人十六亩,原下每人五点四亩。

黄河施以治导，各荒溪加以制驭，则由河滩及沟壑可以收回之良田当在五百万亩（黄河二百万亩，渭河二百万亩，其他一百万亩），此等良田亦大半可施以灌溉。

今谋开发西北，增加生产，则宜由地方政府在西北做有效之组织，中央政府加以协助，合水利、农功、森林、畜牧各方之力，切实合作定为大计，其目的应如下。

（1）利用移民尽量开垦可耕而未耕之荒地，使农耕面积尽可能地增加。

（2）凡地面上与地面下之水，求尽可能地利用。

（3）五年以内增加灌溉面积，使达到五百万亩，使为全省面积的百分之一点七（治河浚溪所得在内）；十年以内达到八百万亩，使为全省面积之百分之二点八九。

（4）广开沟洫，使有余雨量能深入地内，蕴藏于地面下。

（5）做堰坊以增加地下储蓄。

（6）广植树木以减少风霜对田禾之害，且减少地面蒸发。

（7）灌溉所不及之地，切实清理农耕地面之陇畔（Feldbereinigung），使农事之效力倍增，而雨水能尽量储蓄。

（8）增强农作物之发育（完全视农学家之努力）以变好自然的水操（Natürliche Wasserhaushaltung），使十年以内农产视现在须增加百分之五十。

（9）不适于农耕之地，尽量培植林场及开发牧场，使十年以内每年须有若干木材、若干牛羊毛革出产。

（10）天然产物由政府代人民筹划，如何推销及如何制造为成品运售于外。

按陕西三区情形之殊，不能强之使同。陕中高低平原广大，宜注重农产，麦、棉、大豆宜大量繁殖。陕南山岭重叠，宜注重林产，木材而外，桐油、漆、檞、竹及其他制纸原料，宜大量繁殖。陕北山多地瘠，宜注重牧产、皮革、乳酪，使大量生产。陕南出产大部分以汉口、上海为委。陕中出产则恃陇海铁路及渭黄水运以天津、海州为委。陕北出产则分由邠州正太路及西安陇海路运出。将来需要两条铁路以为此区之出路，一是由正太线之榆次经汾阳、离石、吴堡、绥德而达榆林；一是由陇海之渭南经蒲城、洛川、甘泉、肤施、延长、延川、清涧至绥德与北线相连。如是则陕北之煤油、油母页岩、无量蕴藏之煤，可以开采，毛革、乳酪等工业，可以兴举，而使交通便利，人民安堵，■■无处潜藏，国防可以巩固，其益更莫可胜言也。

四、陕西灌溉之历史

后稷教民稼穑据说是在陕西武功一带开始，及今武功城东有后稷教稼台，城内有姜嫄祠、后稷祠。虽无切实考据，但中国农业文化发源于西北，无可置疑。公刘生地说是在现在的邠县。"大王居邠，狄人侵之"，见于《孟子》。《豳风·七月》"流火"一章,即是邠州当时整个农业之歌谣。邠州居泾河之中流,其西为泾川,与邠州同为肥沃之地,宜黍、稷、菽、稻、梨、枣尤丰。《豳风》"十月获稻",需灌溉者也。可见有周之时,此处水利已盛。盖吾华民族先在黄河上游,文化已舍游牧而进于农艺。黄河及泾渭之洪积带皆为其所经营,后为游牧民族所逼,沿河而东下者先处于汾渭之郊,渐及于河洛江淮。有周之民后数百年始沿泾水而下,为游牧民族逼之不已,遂逾梁及岐,陶复陶穴而居,渐乃昌大。膴膴周原,大田作稼,以致富强,取商而代之,农业水利至是更进于完备。《周礼》"稻人掌稼下地","以潴蓄水,以防止水,以沟荡水,以遂均水,以列舍水,以浍泻水,以涉扬其芟。作田,凡稼泽,夏以水殄草而芟荑之,泽草所生,种之芒种,整个的灌溉及排水工程无不具备"。《周礼》职方氏载雍州、冀州宜黍、稷,未云稻,此指大多数作物而言。今之郿县、盩厔、鄠县、长安、蓝田各县,沿秦岭山下稻田纵横,皆周时建都丰镐旧地,灵台灵囿之所在,当时水利当为九州模范。周既分封诸侯,诸侯各私其国,经营农业各尽其力。故吾华农业至周代而大盛,灌溉之事,如薳掩①、孙叔敖②之于楚,子驷、子产③之于郑,史起④之于魏,载在史籍。郑地沃衍必分割于韩、魏,韩、魏之人水功经验必特富。故后来韩欲疲秦,便命郑国说秦于谷口凿渠引泾,缘北山行绝冶、清、漆、沮诸水而注之洛,溉田四万五千顷。周时之尺当今零点七五尺(零点二三公尺),故四万五千顷约当今二万五千顷。关中斥卤以此化为膏沃而秦以强。秦既获水利之助而知其益,尔时秦地东及崤函,北及朔漠而有上郡,南并巴蜀,故遣李冰为太守,开凿岷江灌成都盆地,遣蒙恬定朔开金积等渠。

汉承秦绪,亦颇见水利之功效,故极力提倡,既引沣注昆明池,又开漕渠⑤由长安至潼关以通舟楫,兼利灌溉。又凿龙首渠引洛穿商颜,灌商颜以东地未成,即今洛惠渠之先驱。郑国渠年久湮废,于是后汉赵中大夫白公又另开渠谷口,渠尾入栎阳,溉田四千五百顷。其所以不能如郑国溉田之多者,大抵郑国只图邀功之多而未计水量之多寡,所谓四万五千顷未必实有其数。白公鉴于郑国之失,实事求是,故小其规模。自此以后,迄于唐末历千余年不败,宋、元、明各有修理,及清初而废,仅引小泉以溉数万亩地,名曰龙洞渠。汉时白公渠而外,其他水利工程亦复不少,其著焉如汉中之山河堰,又名萧曹堰,溉田十万余亩及今不替。其他水利开于秦汉时期者甚多,其久湮

---

① 《左传》芳掩书土田,度山林,鸠薮泽,辨京陵,表淳卤,数强潦,规偃潴,町原防,牧隰皋,井衍沃,量入修赋。
② 孙叔敖作期思之陂,灌雩娄之野,《淮南子》又作芍陂。
③ 《左传》襄十郑子驷为田洫,又襄三十子产使……田有封洫,卢井有伍。
④ 《吕氏春秋》邺有圣令,时为史公。决漳水,灌邺旁。终古斥卤,生之稻粱。
⑤ 郑当时见《汉书·沟洫志》。

废而不可踪迹者为郑国渠,郑当时漕渠①、成国渠、沣渠、蒙笼渠、灵轵渠。

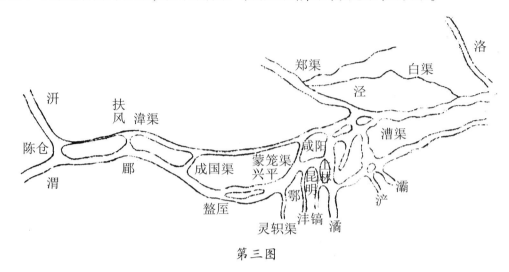

第三图

五、陕西气候及土质

陕西气候之测验,当以西安、汉中及榆林代表三区。西安测候所设于民国二十年(一九三一年),汉中及榆林分所,则始设于民国二十四年(一九三五年)。兹举四年中西安各月之平均温度列于第一表。

第一表 民国二十一年(一九三二年)至民国二十四年(一九三五年)逐月温度统计表

单位:℃

月份	温度														
	一九三二年			一九三三年			一九三四年			一九三五年			四年统计		
	最高	最低	平均	最高	最低	平均	最高	最低	平均	最高	最低	平均	最高	最低	平均
一月	16.5	-12.0	1.3	14.0	-13.0	-2.4	18.0	-12.5	-1.7	10.3	-8.5	1.0	16.5	-13.0	-1.0
二月	16.0	-8.5	1.4	18.5	-11.5	4.0	14.8	-10.4	1.8	30.6	-7.7	3.2	20.6	-11.5	2.1
三月	28.0	-10.3	10.1	26.0	-7.5	7.3	24.0	-6.0	7.7	25.3	-4.0	10.1	28.0	-10.3	8.8
四月	35.0	2.5	16.6	36.5	2.0	14.7	25.2	0.2	12.5	32.7	1.0	14.4	33.0	0.2	14.6
五月	39.0	5.0	22.9	33.5	1.5	20.7	37.0	4.5	22.0	37.0	8.3	19.7	39.0	1.5	21.3
六月	10.3	15.0	28.7	33.7	13.5	28.5	42.5	11.0	26.4	39.6	10.0	26.6	42.5	10.0	27.1

---

① 见第三图(《陕西通志》关中古渠图)。

续表

月份	温度														
	一九三二年			一九三三年			一九三四年			一九三五年			四年统计		
	最高	最低	平均	最高	最低	平均	最高	最低	平均	最高	最低	平均	最高	最低	平均
七月	10.0	18.0	29.1	11.5	17.0	28.4	45.2	18.5	29.0	40.0	14.5	26.0	45.2	14.5	28.3
八月	13.0	18.4	29.2	42.5	14.5	27.1	39.0	15.8	25.4	36.5	17.5	25.6	45.0	14.5	26.0
九月	31.5	8.0	21.6	34.0	10.0	21.3	35.0	11.0	20.9	30.3	6.8	19.9	35.0	6.8	20.8
十月	28.0	0.5	15.8	27.5	-1.0	12.5	23.9	-1.0	11.9	26.3	4.3	13.9	28.0	-1.0	14.0
十一月	24.5	-8.0	8.6	22.0	-4.8	7.8	17.2	-6.3	5.4	17.2	-2.7	6.2	24.5	-8.0	0.9
十二月	11.7	-12.8	1.2	16.0	-6.5	3.1	10.0	-6.5	1.5	12.0	-9.5	-1.6	11.7	-12.0	0.8
全年	39.0	-12.8	15.5	42.5	-13.0	14.1	45.2	-12.5	13.6	40.0	-9.5	13.6	45.0	-13.0	14.3

陕西雨量近三年来雨水尚适时,兹以民国二十二年(一九三三年)、民国二十三年(一九三四年)、民国二十四年(一九三五年)三年各月之雨量平均数列如第二表。

第二表

单位:毫米

一月	二月	三月	四月	五月	六月	七月	八月	九月	十月	十一月	十二月	全年
4.2	9.2	27.2	41.2	46.5	43.4	115.2	98.3	71.1	72.3	31.2	10.1	570.6

是三年中之全年雨量民国二十二年(一九三三年)为五百六十七毫米,民国二十三年(一九三四年)为五百七十九毫米,民国二十四年(一九三五年)则为六百一十三毫米,然民国二十一年(一九三二年)及是年以前之雨量可考者则甚为欹窨。兹举之如第三表。

第三表　民国二十一年(一九三二年)西安雨量

单位:毫米

一月	二月	三月	四月	五月	六月	七月	八月	九月	十月	十一月	十二月	全年
1.0	13.0	9.8	13.5	10.3	25.0	57.5	84.7	54.2	2.5	2.5	0.3	334.6

渭北雨量恒较渭南为歉,如同年之全年雨量。择几县比较如第四表。

第四表

单位：毫米

渭河以南					渭河以北						
盩厔	长安	临潼	渭南	华县	乾县	兴平	咸阳	凤翔	岐山	武功	蒲城
307.5	334.6	393.2	362.0	466.5	299.5	286.7	259.5	233.1	200.6	243.3	268.5

又较高之原雨量较多。如同年中部三百四十四点一毫米，洛川三百三十点七毫米，白水三百五十七点二毫米，陇县三百三十九毫米。

按前第一表之平均数而以十二月至次年二月为冬，三、四、五三个月为春，六、七、八三个月为夏，九、十、十一三个月为秋，则雨量之落于冬季者为百分之四，春季为百分之二十，夏季为百分之四十，秋季为百分之三十。

小麦最要雨之时为九月（播种期，秋分以前）、十一月（长苗期，白露）、四月（发育期，清明），棉花最要雨之时为五月（播种期，立夏以前）及六、七、八三个月，九月以后则不需雨。蒸发之量，冬季平均每日零点九公厘，春季四点四公厘，夏季五点七公厘，秋季一点六公厘，民国二十三年（一九三四年）之蒸发超过雨量几一倍。

每年雨量最感缺乏时为一月及六月，而六月以为植物发育时期，同时蒸发量亦强，故特感困迫。

大旱之年，可使禾苗完全枯死，赤地千里。陕西谷禾收成，分夏、秋二料。夏季收获为小麦、大麦、青豆，为人畜食百分之八十所需赖，不收则为大凶；秋季收为小米、糜子、荞麦，为人食百分之二十所需赖，不收则为小凶。二料全不收则成饥馑。余前曾统计关中饥馑，自商代（前一三九〇年）起至民国二十年（一九三一年），凡经一百六十三次，其中十五次为水潦灾，十二次为蝗灾，七次为蝗兼旱灾，一次为蝗兼潦灾，一百二十八次为旱灾，若并七次计之，为一百三十五次，史志未可考之饥馑，当不止此。

最近之大饥馑为一八七三年、一九〇〇年、一九二八年三年，皆饿死人民无算。

秦岭以南雨量较丰，如民国二十一年（一九三二年）之旱年，南郑雨量总数为五百五十九点三毫米，民国二十二年（一九三三年）为六百八十三点五毫米，民国二十三年（一九三四年）为八百三十点七毫米。

土壤之在陕中区经地质调查所及北平研究院调查甚详（调查全区面积一万六千八百平方公里，原上一万二千二百平方公里，原下四千六百平方公里）。其调查渭河流域之土壤，共分五类：一为红色土，位于秦岭北坡，为棕红色黏壤质，无石灰反应，宜林。二为黄壤，居冲积平原之上，为棕黄至灰黄色之原生或次生黄土，石灰性反应强烈，宜小麦、高粱、棉花，面积占全区三分之二。三为沙苑土，系灰白色粗沙，大部在朝邑、渭南间渭河以北，宜果蔬。四为香河土，位于黄壤土及湿土之间，多壤沙及砂壤性，呈灰黄色及深灰色，含石灰极富，有灌溉之利，农业发达，宜玉米、棉花、小米、小麦、高粱。五为湿土，分布于渭河及其支流，两岸低地为灰白色之沙质或壤砂质，石灰性极强，水分充足，宜水稻、棉花、玉米、小米、高粱，一部分含有碱性。

黄土既占陕西（中、北）之全部，故陕西农业之在黄土区域者，占重要成分，在陕西境内者，大约可分三种：一种为真正 Löss，一种为 Richthofen 之 Seelöss，一种为陕北之 Sandlöss 或 Lösssand。

前者见于渭河谷中之高原，其次见于平原；后者见于榆、绥一带，其成因大抵由风携带自北而南。陕北之 Sandlöss 可称为半生未熟之 Löss，至渭谷则已成熟。风携之质入于水下或为雨水冲下，沉淀湖底则为 Seelöss，后者多含碱质以此故也。

世界农业之建基于 Löss 者有：

黄土 { 中国 / 西域 }　　黑土 { Bess / Arabien / Golizien }　　赭土 { Magdeburget Bürde / 德国中部 / 美国北部 }　　红土 { 波斯 / 印度 }

故 Löss 不能专译为黄土，而其对于农业之沃瘠，亦不能同视之也。

陕西之黄土所以异于他方者，即苟得雨水，虽无充分肥料亦可滋长①。Scheidig 以为黄土有自肥之功能，盖黄土深处水层之下，土质湿润，其中所含矿质已饱和水中而为浓溶液。若雨泽下降，以黄土中垂直之细管，易使土表与深层相联络。于是，按弥散定律（Diffussion Law），溶液之饱和矿质必弥散于全管而上升，以达植物之根。此理确实与否，尚未可定（第四图）。

黄土若遇雨水缺乏，则易致旱灾，故西北灌溉特要。不能灌溉者，则纯恃乎天。

第四图

余于民国二十二年（一九三三年）曾寄中国黄土数样于 Scheidig 供其研究，其第二号取之泾水县为真正黄土，比重二点六三，含钙百分之十，罅疏性百分之四十七点二，黏着系数七点三，毛细管性一百七十八厘米，真正黄土含草根管②在压力

---

① Scheidig, *Der Löss*, S.71。

② 全干之土柱二百五十微米、三百七十六克重，吸收水一百零一克，草根管 Wurzelrohr 姑如此名之，其成因未能确定。

$P=22.8\text{kg/cm}^2$ 之下,渗透率 $K=4\times10^{-4}\text{cm/min}$。同样土特别致密而未经动乱,在压力 $P=3\text{kg/cm}^2$ 之下,得渗透率 $K=6.6\times10^{-5}\text{cm/min}$。按 Atterberg 法试验,见第五表。

第五表　按 Atterberg 法试验列表

序号	比重 S	容积量 L	罅疏性 $n/\%$	罅系数 E	捲性界 R	流性界 F	黏着系数	渗透率 $K/(\text{cm/min})$	毛细管性/cm	含水量/%
2	2.63	1.4	47.2	0.89	19.8	27.1	7.3	4.4×10^{-4}	610	1.60
1	2.63	1.6	39.5	0.65	18.4	23.0	4.6	5.7×10^{-3}	188	1.71
3	2.63	1.6	40.0	0.67	22.0	28.4	6.4		202	3.80
4	2.63	1.7	37.6	0.6	18.7	44.7	25.0		>900	7.40

注:$F-R=E, n=\left(1-\dfrac{\delta}{s}\right)\times100\%, E=\dfrac{n}{2-n}$

黄土含水之量按 Scheidig 之试验,重率百分之二十七,容律百分之四十,其吸收水分极速而蒸发则缓。Scheidig 曾以上试验所压之块周围通干气经二十小时蒸发二十五克,五十小时蒸发六十克,七日始全干。又按 Keilhark 真正黄土可吸收至百分之五十五之水,土内含草根管者,吸收水量大于冲积土。

黄土中所含之草根管,为水在土中循环之要道视第五图可知。此管宽至一毫米,无毛细管升力,只能泻水向下,毛细管之升力,则在土中之细隙中。

第五图

黄土下有黏土层(色红,俗名垆土)者,于农业最利,因其可以蓄水也。谚云:"黄盖垆,力量大似牛。"

黄土土粒之大小,分配如第六图。黄土略含沙质,缺乏胶质。

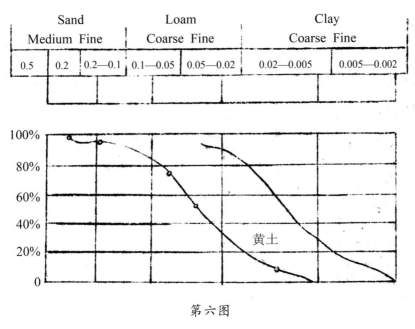

第六图

黄土耕作数千年可无 Humus 发生,此皆其特征也。

陕北黄土沙质较重,且多半仍保存沙丘(Sand Dune)之形态,陕北耕地论垧,约合三亩,一垧之收获,与渭河流域一亩相当。

陕南汉江及其支流之大者,如西乡河、月河等流域,其土质与四川盆地相若,为黄土之所不及至。

六、陕西灌溉扩充之可能性

论灌溉扩充之可能性应问:是否有许多地土面积,可以施灌溉者是否有许多水量可以供其灌溉者。第一问题可施灌溉之地土面积可分为四种。

第一种,河床两岸之滩地,寻常洪水不致淹没,而非常洪水则可致淹没,若制驭河床兼筑堤防则可免。是种地面滨河,引溉自易,计渭河两岸可得二百万亩(宝鸡至潼关),黄河两岸(龙门至潼关)可得二百万亩。

第二种,各河流之冲积带为洪水所不及者,为最便于灌溉之地面,但以碎石堆低堰便可引水,引水不能至高处。凡旧有之灌溉面积,大抵皆属于此类,其面积为现时灌溉所不及者尚属〈寥〉(辽)阔。合诸大小河流计之,当在百万亩以上。

第三种,较高之平原,大半为黄土原,如泾、渭、洛三渠所灌溉者是也。其引水须筑坚固之堰,开渠亦长,引水可至较高之地,渭河两侧此类平原最广。但就渭北一带计之,已在五百万亩以上(论其形势为水流可及者)。汉江较狭,然可扩充灌溉之地亦多,约有四十万亩。

第四种,坡地,引山洪为灌溉。或名雷公田,其面积有限,兹不计。

概括论之,陕西之灌溉问题,不在可溉地面之不足,而在水量之不敷。兹计算陕西各河水量,概括计之。但计其出口之量,计陕西诸水其出境之口有四:一为潼关之黄河,一为雒南之洛水,一为荆紫关之丹江,一为白河之汉江。除洛水细流不计外,计其平均流量(嘉陵江未计)为:黄河一千二百立方米/秒,汉江二百立方米/秒,丹江十立方米/秒。

此水若能全用之,可得灌溉面积五千万亩,然而事实不可能也。盖减水之时,数倍低于是,且舟运需水,亦不可夺。兹先以增加灌溉五百万亩计,须用此数之百分之十,即一百四十立方米/秒,每年所需水量为:

$$365 \times 86400 \times 140 = 4415040000 (m^3)$$

此数若分配于黄河、汉江及丹江流域,按一百比十比一之例粗算之,则黄河流域应用四十亿立方米,汉江应用四亿立方米,丹江应用四千万立方米,如是,则:

黄河流域之平均灌溉给水量须为一百二十七立方米/秒,汉江为十二点七立方米/秒,丹江为一点二七立方米/秒。

泾惠渠用平均流量十四立方米/秒,洛惠渠用平均流量十二立方米/秒,渭惠渠用平均流量二十四立方米/秒,共五十立方米/秒。

其他现有之灌溉旧渠,在渭河以南者共估计为二十立方米/秒,渭河以北者共估为八立方米/秒,陕北诸河灌溉共估为二立方米/秒,总计八十立方米/秒。是已用百分之五十五,所余亦不过百分之四十五,然诸河灌溉尚未达五百万亩之百分之五十五,而用水已超过之,则水之虚耗者多也,是必于灌溉方法中求补益之。

除泾惠渠、洛惠渠、渭惠渠为新创灌溉事业外,其他各河灌溉皆有现成局面。此后问题,即是以科学方法整理旧渠,以求能达五百万亩之数。井水灌溉之现有者,尚未有确切统计,粗估之全省有井五千眼,每眼溉地以十亩计,不过五万亩,况此等井将来大有以河渠灌溉取而代之之势(如泾阳之井因泾惠渠而废,将来兴平、咸阳之井自必以渭惠渠而废),故从大处着眼可不必计。然井水灌溉仍可望扩充,以补渠水之不及。惟高原之地井水甚深,凿深井之费甚昂,农民力所不及,其将来能扩充至何程度亦难预料。

灌溉之可能既极有限制,高原之地,为灌溉所万不能及,是必用他法救济之:

(1)储蓄雨水量于地下,沟洫,堰潴。

(2)减少蒸发量,繁育植物,植树。

此二事一时俱未能做到,缘其需整个农民照目的去做也。陕西办理水利之方针,分步骤如下：

第一步，先择收效最宏之水利计划做之，如泾惠渠、洛惠渠、渭惠渠三渠。

第二步，逐一去整理旧渠，以增加其效力。

第三步，整理黄河及渭河，以保护滩地并施灌溉。

第四步，清理土地做沟洫。

第五步，设堰潴增蓄水量。

此五事大概依此步骤，但先后不必完全依之。如清理土地，随时可以做之。又培植林木之事属林务局，陕西林务颇能与水利合作之效，如河滩地之处理规章，皆由水利局与林务局合定之，彼此互助之处甚多。

又水利之进行，除泾惠渠以迫不及待早日开始，以后办理其他水利工程皆随交通前进。陇海铁路通至潼关，约距大荔水路五十公里，故洛惠工程材料运输便利，渭惠渠亦抢先一步，然时火车运材料已可至咸阳，咸阳至工地尚有约一百二十公里之路，用汽车运输，故运输一项，所用汽油已数万元。梅惠渠开始，已将在陇海铁路达郿县之时，故运输得便利最多。候铁路达宝鸡，再做汧惠渠，同时汉中各堰，亦可着手整理矣。

七、现在进行中之新灌溉事业

泾惠渠、洛惠渠、渭惠渠三渠，一引泾水，一引洛水，一引渭水，所灌溉者同为渭北平原黄土区域之地，故其性质相同，所用方法亦同。所不同者，泾惠渠以前有郑国、白公已成而废之灌溉旧规，洛惠渠以前有龙首渠方成而毁之灌溉陈迹，渭惠渠则前无古人，虽有成国渠、沣渠等，大概所引者仍为汧水、沣水，非如现在之规模。

泾河源于甘肃之六盘山，流至泾阳之仲山谷口，流域面积四万平方公里，其在甘肃境内分为马连河及泾河二系。马连河上为环县之环河，又纳庆阳之东河，宁县之大延川及他水，所排泄之地概为黄土高原，故水浊。泾河系源于平凉以西，所纳汭河、洪河、黑河、蒲河，皆同源一山，水较清。至陕西境内，又纳盘沟、黑水二河，至邠县以东之断泾入峡约八十公里，至谷口出峡，为泾惠渠首，入黄土平原。河谷之地在上游，大抵下部为岩石，上部为黄土所覆掩，故水小时可极清，以其不经黄土层也。洪水时或大雨时行，则水极混浊，以削蚀黄土故也。环河、马连河所过为吾国境内黄土极厚之处，加以地震屡现，山裂岸崩亦屡常事，故供献于泾河之泥土为最。泾河上游之支流，于泾川、邠县等处略有灌溉，下游至高陵之泾口入渭河（第七图）。

泾河流量于十二月及次年一月间例甚小，最小者至五点六立方公尺/秒，然平均流量各月均在八立方公尺/秒以上。三月以后渐增，五月以前例来小涨数次，六月则又小,最小之流量抑或见于七月。民国二十一年(一九三二年)七月竟落至三点四立方公尺/秒,然此实罕遇。洪涨之水亦自七月中起光临,非常洪涨见于民国二十二年(一九三三年)八月(一万一千二百五十立方公尺/秒),九月以后复渐减。冬季之涸水,论者以为上游地下供水之土层,为冻冰所封。迨天暖冰消,来源渐畅,复加以山上雪渐溶化,大水时来。至六、七月间之涸水,大抵由于引用以灌溉者多,故水量骤减,此现象于民国二十一年(一九三二年)之旱年特别显著。

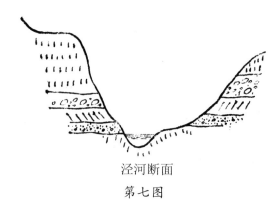

泾河断面
第七图

洛河源于靖边之白于山下,纳保安之同水、华池水,过甘泉、鄜县、洛川纳葫芦河及中部之沮水及黄梁、石门等河,过白水至澄城之老沇,为洛惠渠首。流域面积约二万平方公里,流长五百三十公里,其上游鄜县之葫芦河,洛川之寺儿河,约有灌溉,河降约为千分之一点二。所过之地,甘泉以上为山地,至鄜县、洛川则两岸为黄土高原。河谷甚深,多行峡中,平时水不甚浊,大水则含泥至百分之三十,其情形与泾河相类,至大荔绕铁〈连〉(镰)山而向东。

渭河源于甘肃渭源之鸟鼠山,经陇西、武山、甘谷、天山,纳甚浊之葫芦河,至宝鸡入陕境,左纳源于北山之汧、沣等水,右纳秦岭以北诸水,至鄜县以西之魏家堡,为渭惠渠首。宝鸡以上河在峡中宽不过五十至一百米。出峡则南为秦岭,衬以土原,北岸为黄土高原,距山较远,河谷之最宽处至十余公里。鄜县渠首处河床犹宽一公里余,渭河所含泥沙较逊。

洛、渭二水之流量与泾河完全一致,但六、七两月并不如泾河涸减之烈[民国二十三、民国二十四年(一九三四年、一九三五年)两年]。其原因大抵由于洛渭上游引水灌溉者少,故其影响微也。洛水最小流量为三点七一立方公尺/秒[民国二十三年(一九三四年)六月],最大流量为二千四百一十三立方公尺/秒[民国二十二年(一九三三年)八月]。渭水最小流量为十八点六立方公尺/秒[民国二十三年(一九三四年)七月],最大流量为二千八百零八点九立方公尺/秒[民国二十四年(一九三五年)九月]。洛水之各月平流量最小者为六点八七立方公尺/秒[民国二十四年(一九三五年)一月]。渭河则各月皆在三十立方公尺/秒以上。

泾河、洛河之洪涨皆来之极骤,尤以泾河在谷口为最。其洪波传播之速,每小时可四五公里,此种现象对于渠首及渠身之保护颇为繁难。

八、三渠工程综合论述

(一)三渠之位置

泾惠渠起于泾阳县仲山谷口(泾谷)泾河左岸,终于临潼栎阳、雨金,尾入石川河及高陵钓鱼沟,尾入渭河,与后汉白公渠规模相类,首尾高差约七十公尺。溉渭河以北醴泉、泾阳、三原、高陵、临潼五县之地六十五万亩。

洛惠渠起于澄城县之状头、洛河左岸,终于朝邑之小伏坡,尾入黄河及大荔刘家斜等处,尾入洛河,首尾高差六十公尺。溉黄、洛二河之间大荔、朝邑(冯翊平原)二县地,预计五十万亩。

渭惠渠起于郿县余家堡渭河左岸,终于咸阳以东,首尾高差八十公尺。溉渭河以北郿县、扶风、武功、兴平、咸阳五县地,预计七十万亩。

(二)三渠之供水

泾河水量以十六立方米/秒设计,洛河以十五立方米/秒设计,渭惠渠以三十立方米/秒设计,盖渭河水裕,可以多取,而泾河、洛河则否也。

(三)三渠之工程性质

三渠工程性质皆同,皆于河中设堰,抬高水面以增水领(Vorflut Command)。穿渠引导,由干渠分入支渠,由支渠分入小渠以入田间。在堰之上设进水渠,进水渠下设退水槽及操纵机关,干渠分支处设分水闸,干支等渠于适当处设斗门以入农渠(第八图)。

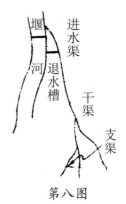

第八图

(四)三渠之堰址

泾惠渠及洛惠渠设堰之处河床皆为坚实之灰岩,两岸亦然,且岩层向上游倾降,而河谷窄狭,适于做堰。渭惠渠做堰之处河床址则为沙砾丸石,且河床亦较宽(一千公尺)。

(五)三渠之堰工

本以上之情形,故三渠做堰根本不能相同。泾惠渠用混凝土,以无大块石故。洛惠渠则取石甚易,故用 Cyclopean Masonry。惟以堰之表面易受滚水冲刷,故泾堰之面复用钢筋混凝土镶厚一英尺。洛惠渠则用五面修平之片石,以洋灰浆砌之。二堰之式俱为反弧形曲线,堰址更设隔断墙(Cut off Wall)以抵抗平横推力(第九图)。渭堰则不然,该处河中有沙石洲甚高,其南有一河汊,即用沙土堆填为坝,其表面砌石护之,北股正槽宽五百公尺,则签打钢板桩①二道,深三公尺,即于其上做混凝土,而堰面则用块石镶砌。三渠堰尺寸如第六表。

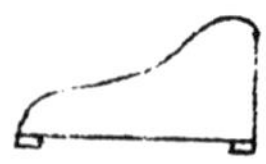

第九图

第六表　三渠堰尺寸

单位:公尺

渠名	顶长	顶宽	最高	基宽
泾惠渠	68.00	4.00	9.20	17.00
洛惠渠	150.00	5.00	16.20	22.50
渭惠渠	500.00	2.00	3.20	8.00

堰址之前须做跌水床(Apron)挡板以防冲袭。泾、洛二堰皆处于一跌水之上,跌水床质为石灰岩,年年后退尤为可虑。幸此时尚有相当距离,故跌水床虽有计划尚未施工。渭惠渠则以方一公尺铅丝笼装石平铺为跌水床,宽十五公尺。跌水床之前端,又为混凝土横墙一道,厚一公尺。

河中泥沙不免淤积堰后,以致浸入渠中。泾堰于施工时为改水方便,留有二孔,后加修理,塞其一,只留一孔,宽二公尺,以助刷沙。洛惠渠即以进水渠中距堰二百公尺之退水闸为冲沙之用,故堰身未留有闸。渭堰则于左端与进水闸相邻处,设一冲沙闸,有二孔,宽各二公尺、高二点五公尺,其槛较低于进水闸槛零点五尺。

堰之两端做翼墙,以与河岸固结,在三堰皆同。

堰之设计泾堰滚流之高为十五米,洛堰为四点七五米,渭堰为三点四米。

(六)三渠之操纵机关

泾惠渠之操纵机关本设于堰上进水洞口,分三孔,每孔高一点七五米、宽一点五

---

① 软钢含铜百分之零点四,35.39kg/m,$d=0.09$m,118.6kg/m²。

米,以钢门用齿轮螺杆启闭。后以其启闭不灵,致洪水不及操纵,乃于堰下游二公里处,设操纵机关,进水闸二孔,退水闸三孔,孔各二公尺宽,其旁更设一滚水堰,顶长八公尺,以防不虞,堰顶低于闸柱顶零点五公尺。

洛惠渠鉴于泾惠渠之失,故其操纵机关即设于堰之下游进水渠内二百公尺处,进水渠底深于堰顶二公尺,底宽五公尺。进水闸二孔,退水闸三孔,以及滚水堰同泾惠渠孔各宽二公尺,退水闸同时亦作冲沙之用。

渭惠渠之操纵机关则紧设于拦河堰之左端,冲沙闸二孔,孔各二公尺宽,用 Sector Gate 关闭。进水闸六孔,孔各宽二公尺,此处无退水闸,惟进水闸之下游五公里处,另设渠闸二孔,各宽四点九三公尺,以及排洪闸一孔,宽亦同,用弧形门 Sector Gate 以防不测,其启闭机三渠皆大同小异。

(七)三渠之水首

水首者,自进水口以下至可供灌溉处,三渠各不相同。

泾惠渠首为石渠,长一千八百七十九米,内有三洞,洞之横断面为十四点八二平方米。为新凿者,一长三百五十九米,一长二十五米,一长四十一米,余为拓宽旧龙洞石渠(由宽二点五米拓宽至六米)。渠上有排山洪之桥十一座,石渠之下为土渠九千三百五十一米,内有深至二十米之堑三千七百米。大桥二座,小桥五座,颇糜巨款,渠之坡度二十分之一(第七表)。

第七表

大渡槽二	沟深/米	沟宽/米	波槽长/ft.	波槽宽/米	建筑式
夺村	30	50	213	11	二穹,宽八十米钢骨混凝土
曲里	25	110	440	11	架框及一穹,宽八十米钢骨混凝土

洛惠渠首长至二万零四百公尺,凿洞五:一洞长二百六十四点五六米,二洞长七百七十七点四米,三洞长五百七十四点九二米,四洞长一百八十四点四一米,五洞长三千零三十七米。四洞已成,五洞尚未。洞之横断面积为六点三七平方米,高二点七米,宽三点六米,降千分之一,洞周七点四一米,$R = 0.846 \mathrm{m}$,$n = 0.12$,$V = 2.36 \mathrm{m/s}$,$Q = 14.8 \mathrm{m}^3/\mathrm{s}$。

洞之所过大半为黄土,然亦有遇沙层致工作困难,洞皆用石料镶砌。

此外,小渡槽桥梁多处。

渭惠渠首为土渠,其下间有沙砾,计自进水闸起至郿县白家村止,无山洞亦无渡槽,惟荷池村一段干渠填土颇多,故建渠闸及排洪闸于此,以资操纵。渠降为二千五百分之一,其上架桥七座,借以排泄地面雨水及利交通。

(八)三渠之分水法

泾渠渠首而下分为总干渠(即首渠)长十一点二三公里,南干三十八公里,北干十七点二公里,一支二十一点三公里,二支十二点八八公里,三支二十四点零五公里,四支二十点五五公里,五支三十八点五公里,六支二十二点九七公里,七支六点四八公里,八支三十四点六公里。各干支俱以其供水多寡渐减其宽度,由六米至一点五米,降度最大千分之二,最小三千六百分之一。民国二十四年(一九三五年)灌溉成绩如下:

总干一万二千七百一十七点六亩,南干十二万七千八百一十六点九亩,北干二万八千零八十三亩,一支三万零九百一十五点三亩,二支二万四千零八十三点八亩,三支十一万二千三百六十八点三亩,四支八万一千八百五十四点六亩,五支八万四千零五十五亩,六支三万四千七百一十七点六亩,七支一万二千七百六十七点六亩,八支八万一千四百八十四点一亩。

洛惠首渠(至义井堡)而下分为(第八表):

第八表

项目	中支	东支	西支	中东支	中西支
长/千米	6	28.3	12.4	21	11
流量/(立方米/秒)	15	9	6	10	5

渭惠渠暂时(第一期)进行者,为第一支渠,长四十公里,渠降一比一千至一比二千五百,普通一比二千,渠底宽七至九米,侧一比十。

第二期中将扩充第二、第三(第四、第五各干渠),以达于咸阳(东郊)。

(九)三渠之其他建筑

泾惠渠建设时交通未便,经费短缺,故桥梁跌水等建筑皆不甚坚固。桥梁多以木、砖为之,跌水亦以砖为之而敷以混凝土。洛惠渠、渭惠渠多加改良,桥梁多以钢筋混凝土为之,桥面铺⊔铁轨以利大车行走,跌水则以砖及钢筋混凝土混合为之,其鼻及跌水床亦改良甚多。

斗门在泾惠渠初以木制,不免罅漏,后皆改用铁门。洛惠渠、渭惠渠皆沿其制,渭惠渠更有改良之处。

渭惠渠建筑物之最大者,厥推漆水河渡槽,沟深十公尺以上,分九孔,每孔宽八公尺,总计跨度七十二公尺,用钢筋混凝土筑成。桥柱入地二公尺,上游用木板桩一道为护,四柱一排,柱之脚有木板围绕,横梁、槽底、槽壁等每三孔连为一体,备有伸缩缝二,缝间以臭油及紫铜板隔之。

蓄　水

（一九三六年）

蓄水工事,在水利上为最要,故《周官·遂人》有"陂以蓄之"之文。蓄水之方法不一,工事之大小不同,有农夫可以为力者,有必需大资本由国家经营者,因见邵主席省府纪念周注意及此,爰采拾旧日论著及最近新得,以浅俗文体,说其大概,以为吾陕农民及指导农民者建白。

冯玉祥演说水利说:"我们陕西的水,都要流到田间去,不许一滴水流到外省去。"这固然是行不下去的两句高调,但是在西北燥旱的区域,这两句话的精神,是值得采纳的。大家想想,荒旱的时月,赤地千里,不但是田禾枯槁,甚至高原之地,连喝的水,都十分困难,却眼看着河川的水,滚滚流去不回,岂不可惜！世上的水,比如人家里的银钱一般,本是流之不尽,用之不竭的,全看你会经营不会经营,会使用不会使用。会经营,会使用,只他的利息也够周转。会用银钱的没有不注重储蓄的,会用水的也是一样。我们陕西地土干燥,每年缺雨的时候多,非好好地讲求(蓄水)不可。

寻常由天空落下的雨水,大略估计,可以说有三分之一顺着地面流到河中去了;三分之一蒸发返到空气中去了;其余三分之一渗到地下去了。渗下地中的水,不过一小部分,为植物的根所吸收,长养了植物,大部分却由地下脉络流行,出了地面,便成泉水。泉水,有在河水面上透出者,有沿河岸透出者居多数,这些泉水,才出地面便归于河。泉水有在山谷中或山麓透出者,这类泉水,也只有一小部分为人所用。陕西二百余名泉,用于灌溉的不过五十,其余的仍是流向河中,还有不现出地面的下水,也就在地中流往下游去了。这类的水,也不过极少的一部分,为人掘井引出,用于灌溉及饮食。

陕西地面多山，山地又大半无林木。关中区域，虽较平坦，但是坡地也多，并且因为人民不善做地，地面坡斜，又乏植物，所以顺着地面流向河中的水，更不止三分之一，差不多大雨时节，这项的损失，可居半数。

笼统算起来，陕西境内的水，每年为陕西人所用者，恐怕不到百分之十，其余百分之九十，便听着它流出境外了。固然人们也决不能照冯玉祥的高调，完全使水一点不损失，都归人用。但是若能截留一小部分，也就享用无穷了。

截流蓄水的方法很多，雨水的三项去路，都可以截留。所以我下面分三段讲说：一是截留蒸发到空中去的水；二是截留顺地面流向河中去的水；三是截留地下的水。以下分述之。

一、截留蒸发到空中去的水

最有效力的方法，就是培植森林。因为地面上有高干的树木，有扶疏的枝叶，遮蔽着阳光，当然地面的水分，不容易蒸发。阔叶的树，降雨的时候，树叶面上，留着雨水不少，也是容易蒸发的。可是山上多风，摇动枝时，仍落地面，地面上潮润的气，凝结为露，仍为树叶保留。用这个方法所截留的水，也不能指望着作农田之用，因为树根吸用水分，为普通农田植物的数十倍至百余倍，本身用水不少。森林之中大抵地面为积年落叶所盖，可以拘留水分，不能流至田间。可是渗入地下之水，也多由泉眼透出地面，终归人用。况且林木的用途，将来势必日见发达，其利益且较农田为厚。而森林调剂气候的功用，尤不可忽视。

森林只能培植于山坡不宜耕种的地方，至于平原地、高原地，向来耕种的地方，也决莫有改为林地的道理。但是地面太缺乏树木，不但天气枯燥，并且农业受害甚多。例如六七年来，关中累次受黑霜之祸。考黑霜的来源，大抵由于春季风暴，田禾正值发育的时候，忽然风暴潮流侵入，空气的温度，因风急转为骤寒，所含的水分，已经超过结冰的寒冷，一遇着植物便立时凝结为霜，植物当然要受其害。若是地面有许多的树木，便可以和缓农田间的风力，并且寒霜多为树木枝柯收聚，可以减少田禾被害的成分。

农民大半不肯在耕地中种树，因为树木之下，土中水分，被树根吸收，田禾不长。若是灌溉有水的地方，不用官厅督劝，人民自知种树，树木也最易生长。所以推展灌溉事业，不但可增加农产收入，并可发展林木。但是不能灌溉的地方居大多数，在这些地方，更要加倍努力地培植树木，以救济地方的枯燥情形。但是这些干燥地方，植树是不容易的，一要审地址，二要择种类，三要乘时机，四要勤管理，分讲如下。

(一)审地址

自然要择树木容易生长的地方,这样的地址,不是随处可以得到的。但是连蓄水的工程一起做,可以增益便利不少。因用蓄水的方法,可以使干涸地面,有潆有波。地下水面深的地方,能加高地下水面,地土因以润泽。关乎这些,以后再说。若为补救农产起见,则平原地方,每隔百步,即须令栽树一行。树行的方向,以便抵御常行有害的风为主。栽树的行,宜挖探壕,以越过二至三尺为度,如此则树根吸收水分,在深下的壤层,不至于和田禾争水,田禾生长,不致受影响。画一个略图如第一图。

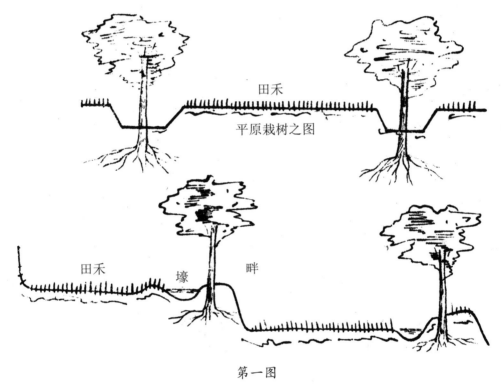

第一图

这个栽树的壕,也就是后面讲的蓄水的沟洫。壕底的宽,也以三尺为度,树的距离以一丈为度。山坡的地,大半都做成阶田,栽树宜在田畔。可是第一步,应将阶田,治得很整齐,使内平外仰,离畔五尺,开一顺壕,其说见后。即以开壕之土,培高田畔,树即栽于其上。每次大雨,水聚壕内,树易长成。有壕相隔,树根吸水,并不碍及其田禾。树身长好,田畔也愈坚固,真是一举数得。

其他栽树的地点:①围绕村庄;②池畔;③沟壑、闲地;④路旁。

(二)择种类

关中土宜树木种类,在山地有松、柏、桦、棣等树;在质适黄壤原地,有柏、榆、槐、杨、椿、柳、楸、桐等树；水果树木有枣、柿、梨、杏、桃、林檎等树。选择栽种，第一要按土性最相宜的，第二要按经济上最需要的。就目前而言，以准备材料，恢复乡村房屋农具为要。就将来言，铁路所用材料以榆木为最佳。工业发达以后，各项木料，都有相当需要。果木限于园地，不能为大林。但田间种树，则枣为相宜。枣树之下，田禾不受妨碍。枣树之外，以柿树最最普通，不但实佳，树荫亦大。其他树木，宜于田间者，当推桐、楸等类。至于附村宜槐，水畔宜柳，路旁宜榆、杨，山岭宜柏，这都是一般人所知道的。

外国树木种类，有耐旱的举几种于下：*Kasuarinen Kameldorn*（Acacia Giraffae），*Prosopis Syringa*（Burkea Africana），*Kapiok Feigenkaktus* Sisalagave。

不妨由政府所办苗圃，加以采择试验，有合乎我们关中土质的，也可提倡。树木不但可以限制蒸发水气，并且可以增加吸收渗水入地。除树木之外，有灌木草卉，凡丘壑闲地，都可种植，其功用和树木一样，并可为一般人民增加薪料。

（三）乘时机

关中苦旱时多，若遇旱年，费上九牛二虎之力，栽树不活。但须时时准备着，树苗养好，树壕、树坑挖好，一遇冬季好雪、春季好雨，立刻大批栽种，不可耽搁。

（四）勤管理

这算最难的一个问题。记得幼年时候，乡间树木尚多，如今都凋残不堪了。政府年年提倡种树，成效毫无，反来糟蹋了无数的树苗，这其故由于毫无组织的缘故。大规模植树，要人民有组织，能自己管理。

现在乡村的组织，中央已有规定，各地已经实施，我也不必多所建议，不过想起古代养老之礼，大有关于人民自治的意义。中国自古以来，乡党尚齿（年之别名，人以年次相次列），直到清末，还有点遗风。凡乡间年高有德的人，说出来的话，少有不听从的。乡间许多的自治规约，便都由这些乡老手定并执行。比如斩伐树木，罚油十斤等例。遇有不守规约的，老年人也真能负责干涉。不顺眼的，不管谁家的孩子，也就能举起拐杖去打。民国以来，革了一切的老命，不驯的壮年、幼年，横行无忌，谁也不敢对他们哼一声，乡间的树木，便毁在这些狂徒手里了。如今要重新组织，徒恃法律，法律又不完全。况且在上之人，常常戕法（枉法），又怎样责备小民守法呢？我的意思要乡村自治，根本还是教育。教育要点，莫过于尊德尚齿。一乡之中，有一善士，便可以感化一方，不过要政府提倡。有政权的人，果能留心，在每一乡村，选拔出来一个年长有德的，为一方所景仰的，举为乡老，委托他教导乡村子弟，入于正轨。县长对于乡老特加敬礼，不时存问。每年举行乡老会一次，访问各处风俗，有无改善？人民疾苦，有无减除？每人敬酒三杯，以作慰劳。有危害乡老的，力加惩戒。乡老地位既高，便敢说话；资望既隆，便肯负责。国家不费一文，而所收教化人民之功效，却非常之大。我国良法美意，自甘遗弃，徒抄袭外国成文，未见其可。并且有了乡老之制，所谓村长、团长，也有人监督，不致化为土劣。

乡老之制既立，政府提倡种树，派人到乡村，实地指导，便可借乡老的感化力，易于施行，人民也乐于听从。若但凭省政府令之各县，县长令之村，徒耗精力，奉行故事，实地上愈来愈糟。

乡老之制，可以讲不是法律的，是道德的、感化的。换言之，就是每一乡中为人民举出来一个师表，使他们敬仰的、遵从的。乡老不是官。

以上关于普通植树及保护树木说个大概。至于山间培植森林，管理保护，须另有专门计划及法律，这里不能多说。

二、截留顺地面流向河中去的水

关于这一条，我可以分开三项讲说：①在田间截留雨水；②在溪道中截留雨水；③在河谷中截留河水。

(一)怎样在田间截留雨水呢

第一要使雨水在田中多多停留，不致很快地流走了。为达到这个目的，第一要紧的事，就是将土地，要修治得平平整整，并且使田畔高仰，田中可以盛水。有几省地方，对于这项事，确实出过大力。比如山西所有阶田，都修得很整齐，惟有我们陕西土地高高低低、坡坡涧涧，非常不平整，虽然有阶田的形式，仍是坡斜，大雨的时节，不但雨水不得停留，甚至连上好的肥料，下好的籽种，都被雨水冲洗而去，农事如此，如何能盼有好收成。须使农人各修各地，限令一律，达于平整，其次则开沟洫。沟洫本是古代制度，田地统用水沟分开，水沟有大有小，即以沟洫别名，如分也不必完全仿用古法。浅近的一点说，就是要每一段田地，俱要开壕，有纵有横，壕中植树，前面已经讲过。山坡阶田，不限步数，每一段耕地必有壕，地面小的，沿地畔开壕；地面宽的，地中间再加开壕。开壕的目的，主要就是蓄水田间，增加渗入土中的水量，减少流去的水量，使地土润湿，田禾易于生长。这个道理，用简单的图证明，视图自能了解（第二图）。

每次大雨时行，田间漫水，而大部山坡流下之水，却顺着沟壑，或由道路滚下。在与田地相邻之处，可以临时掘土横栏，使水入田，这水名曰"山水"，非常肥厚养田。勤苦农民，遇见山水一发，立刻扛上镢锄，往田中去，做拦水漫田工作。我省农民懒惰，多半一遇天雨,惟恐衣服淋湿,紧往回跑,任令多么肥田的水,顺着道路沟壑,流入河中,岂不可惜!

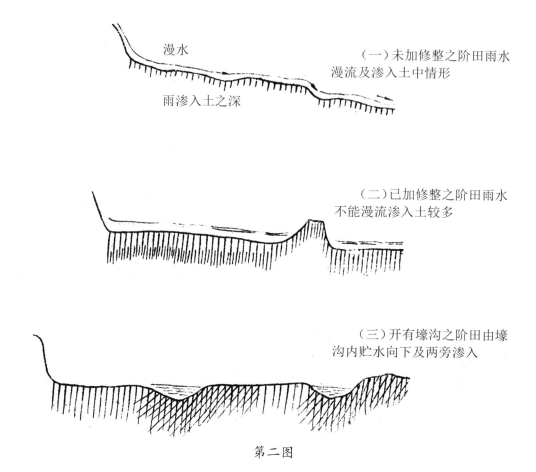

第二图

陕西高原之上,井水常常至四五十丈、六七十丈之深(例如蒲城、高陵及郃阳、澄城等地),人民用窖贮水,或用池贮水,以供饮料。窖似乎井,用砖砌筒,深一丈八尺,其下又深一丈八尺,周围削作扁圆(形类杏核)式,或用胶泥镶砌以贮水。池之大小不一,凿于收水之处,也是用胶泥镶底不致渗漏。窖水供人饮食,池水供牲口饮料。这两种法子,虽系旧法,却很可以推广。每一农家,除过大部分田地不能灌溉而外,可划出几亩至十亩,用窖和池贮水灌溉,大旱之年,也不致于完全莫有收获。农人懒惰成性,虽有成法,不肯去做,一味靠天吃饭,难怪穷得不可收拾。

若按着山水下来归拢之处,凿一广大之池,储蓄山水,逐渐引用,较之直接引于田间,更为有益。因为山水发时,同时大雨如注,农民常感觉田间,不须再加水。此种池,常须在下水一面,筑坚固之堰,以防冲毁,非一家之力所能为,必须农民能享受利益者,通力合作,始能成功。又若漫山水下,水无定向,亦可沿着山脚,挖渠一道,使水归渠,由渠引入田中。

冬季的雪,是麦田最需要的,但是常常为恶风一扫而光,农民叫苦不迭。风卷田间的雪,常常积于胡同道中,致碍交通。陕西懒农,就不会将雪由道中,再送之田间,既利行人,又利自己,多么方便。田间植树,可以减杀风力。田间开壕,雪被风卷,归于壕内,由壕内除雪,又送之田中,更为方便。即不然,于壕中之树,亦大有益。

田间植树,也是以增加水渗入土之量,故开壕植树,两者并行,一定可以救济陕西旱灾不少。

还有一层,若农家有力,将田地深耕,雨水渗入土中定多。这几年来农村破产,人畜力缺,论到耕地,深止几寸,不能言耕,直是划几条痕迹,仅能埋种。土不能多收水,壤又日失其肥,天气稍干,禾苗即死。可见农耕情形,大有关系,必须力求改良,政府须极力帮人民恢复农作力量。

(二)怎样在溪道中截留雨水

这里所说的溪道,就是水流归壑之路,我们陕西人叫做沟。原来关中地土,大半是黄土积成原,渐渐被流水冲刷,成了很大很深的沟。沟既深广,所以成为交通上最大的障碍。旅行到关中北部各县的,莫有不知其苦。沟中大半平时无水,或者只有涓涓细流,大雨时节便成了川,流入河中。

沟中既然无水,打起一条土堰来,横挡沟中水道,绝非难事。只要堰打得宽厚结实,也决不畏水冲去。堰须有根基,将地面浮土挖去,填土打夯,和打墙一样。打堰的地方,要择沟中最窄狭之处。堰的高,最好能令不过水,堰顶的宽,至少须要一至二丈宽。堰的坡面,须要斜坦,下面坦坡筑退时,即夹以矮柳或荆条,使得长成,复于坡面。若土质不甚佳,堰中可以黏土为心墙一道,使不漏水。若堰身不能筑得太高,须要过水,则须在堰身上用砖灰砌一过水道(第三图)。

这种土堰,只要乡农能合作起来,可以自为。初办可由公家做几个样子,以后只派人指导而已。堰成以后,经过多次大雨,带下的泥土,可以将堰后填平,再可以堰上加堰,其益有三:①沟中地土可以用天然力,淤得宽平,多得耕地。②地土润湿,经营果园最宜。③堰愈垒愈高,可以作跨过沟的交通道路。

若沟底有涓涓细流,则筑堰时,可留一水道用砖石甃砌。闸门可以随时关闭,以便蓄水。

关中北部沟壑既多,地土荒废的不少,若用上面所讲法子,逐渐改良,沟中的地,一律可治为上等阶田。增加耕地面积,定为不少。故此事不但是人民的事,实是国家的一种经济大事业。

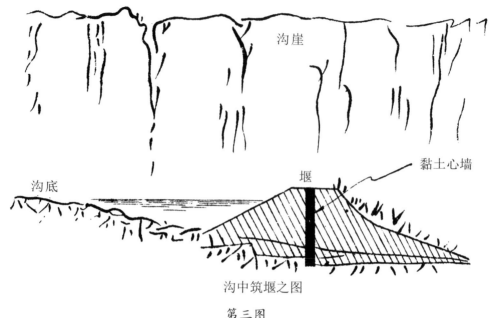

沟中筑堰之图

第三图

　　山中流出来的溪水，常常带着不少的丸石、沙砾和泥土。这些携带杂物，一出峪口因水流平缓，携带无力，便一齐堆积在峪口之外，成为扇形冲积。久而久之，愈积愈厚，遇到山水大发，冲击力猛，便将这沙石冲下很远，毁坏了良好田地，成为石田。在这等山峪中须要用石或木（俱为就近可取之材料）节节筑堰。这等小堰，不为蓄水，而为平缓山水流势，减弱它的力量，不至于冲刷溪谷，崩沙走石。堰的筑法，无论用木用石，在平面上应做弧形，拱向上流。石堰用石块干砌，分作上、下二阶，中间留一塘（第四图）分水为二跌水。无论石堰、木堰，起初都能漏水，久而久之，为沙泥淤填，便不漏水。更有一简便之法为柴堰，用薪柴成束，梢端向上流，根端向下流，排铺一层，根端压一木杆，再如前法铺第二层。如此铺上多层，其梢端俱埋地中。根端因有木杆衬压自然高起。上、下各层柴薪俱用铅丝与木杆捆扎起，堰即成功。薪柴隙缝，起初不免漏水，久而久之，亦便淤实（第五图）。以上各种小堰，都不要花什么钱，只要人勤苦，便成功了，但其功效，却非常之大。山谷荒溪，都可照此办法。

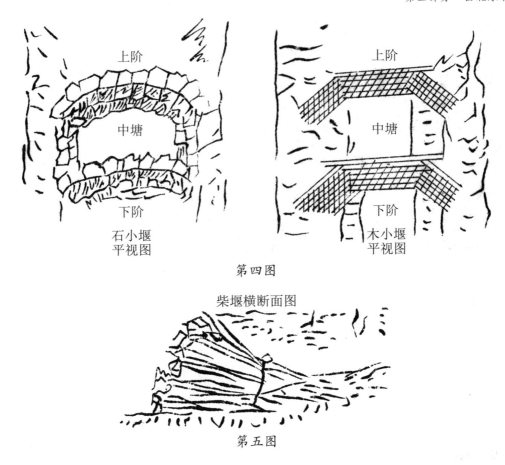

第四图

第五图

(三)怎样在河谷中截留河水

这一题目,又可分两种意义,一种是筑滚水堰,并不能蓄多大容量的水,不过可使河水下流得缓慢些,人民便可多得利润。这种拦河堰的建筑法,或用沙土,或用木,或用石,或木石合用,或用混凝土,种种不一。其建筑比较难,花钱也多,是要政府去做,不是普通人民随便可以做的。第二种是筑水库高堰,在山谷中择适宜地点,于谷之狭处,筑一高堰,由十余丈高至三四十丈高。将多余的水,完全潴蓄在水库里面,使水缓缓流出以供人民之用,这才算尽了蓄水的能事,就是建筑费太大。一个高堰,总须数十万至数百万元。建筑法用石砌或用混凝土,或用钢筋混凝土,需要有详细的研究计划,始可动手去做。此种高堰,常常附带着水电场以应水力。我们陕西秦岭以南,可筑高堰蓄水处甚多。黄渭流域,水带泥沙甚多,大半不相宜。但是这个问题,也须得研究,求一个解决法。

三、截留地下之水

地下的水,一部分透出地面成为泉水,归到河中流去。一部分潜行地底,但是由高就下,也是与地面流水一样的。故谷道川道,也就是地下水汇聚的路。要使地下水量充足。①多种树木,可以增加渗入地中的水量。②多开沟洫,多修拦截山水堰,使水归于沟洫,也可以增加地下水量,这都是前面已经讲过的。再讲到根本截留地下水的办法,就是在谷道和川道,地下水汇聚的地方,筑拦截地下水堰。这种堰工注重在拦截地下流水,堰身并不要高出地面多少,可是堰的根基要深,达到不透水石层上。这种堰多半用于时干时流的河道(俗称时令河),建筑须乘无水时或水最小时工作,故建筑容易,最简单的是挖开沙底用泥土做墙(第六图)。

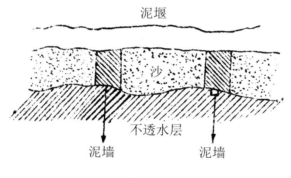

第六图

我们陕西山中下来的水,常常钻入沙中不见了,若用此法,可使钻入沙中的水不致损失。近来欧洲人在非洲殖民地,干旱少水的地方用这方法供给水量的例子很多。他们所做的堰或用混凝土为墙,或用种化学〈质量〉(物质)注入地下,使河底一道化为石质,与混凝土墙相类,或用钢铁板桩打入河底做墙,方法不同,其用皆一。地下水面,用此方法,常可升至一丈至二丈多高。第七图为混凝土墙例,墙根厚三尺余,上端厚一尺许,筑于深约三丈余之沙层内,墙露出河底四尺余,以沙砾做堰埋之。有井在墙后,井水面升高甚多。此例为英属贝川地所用者,墙长三百余尺,用以汲水灌溉。

以上所举的工程,可大可小。但无论如何小,总以觅专家考察地质,决定筑堰地点为要,免得白费金钱。用泥墙是容易办的,若用混凝土或板桩,也须要内行人包工去做。同时须要注意使墙不致漏水,混凝土墙常须敷以一种油质(Tropeniner Oil)钢铁板桩打入地中,或遇石块阻碍,须用化石法弥缝之。

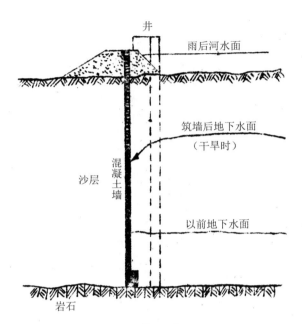

第七图

以上种种，不过将蓄水方法讲个大概，使一般民众，知道用人工可以补救旱灾损失的办法。至于择要实施，当由水利机关认真研究并指导人民可以自己办的自己办，必需政府办的由政府举办。

西北水利问题

（一九三六年）

第一章　所谓西北

西北之名，殆因东北对待而起也，所谓失之东隅，收之桑榆。近则国人注意西北更切，然西北之界限范围若何，则似尚有未确定者。以政治统属言之，则陕西、甘肃、绥远（原省级行政区，已撤销，今内蒙古自治区中部、南部地区）、宁夏、青海、新疆，一般人所指为西北也,或且记涉及察哈尔(原省级行政区,已撤销,今京、冀、晋、内蒙古部分地区)。然论及水利,则似宜以天然地理之区域为适应。盖陕西省虽为西北门户,然秦岭以南,气候土质大类巴蜀,且汉江及嘉陵江完全离黄河而自为水系,其关系远至汉榆,割裂论之,适为不美。

按 W. Wagner[①] 分中国本部面积为六区:①西北岭地;②华北大陆;③山东岭地;④华南丘地;⑤华南热带地;⑥西南岭地。其所谓西北岭地者,指山西之西部,陕西及甘肃之北部。又按 G.B. Cressey[②] 分中国为十五区:①华北平原;②黄土高原地;③山东、辽东及热河地带;④■■平原;⑤东■岭地;⑥兴安岭地;⑦中亚碛地及漠地;⑧中央岭带;⑨扬子江平原;⑩四川红盆地;⑪江南丘地;⑫东南沿海地;⑬两广丘地;⑭西南岭地;⑮西藏边地。其所谓黄土高阜地指山西全省,河南、陕西及甘肃一大部分,宁夏、绥远、察哈尔及河北一小部分。其西南以西藏高阜及秦岭为界,兰州及狄道之西为其西界,内蒙古之戈壁,奥尔多斯及阿拉善沙漠为其北限。二氏所区划地面有小大之异同,要皆以按合乎天然地理而适应于农事为原则。

水利之兴废,与河道关切最密,故为讨论水利问题而界说西北,则莫若以大河流域为准线。故本文中西北范围以孟津以上黄河流域之面积为本,故豫西之伊、洛、瀍、涧,山西之汾河,陕西之洛、渭及归黄诸水,甘肃之泾、渭、洮、大夏、大通等河流域,以及宁夏、绥远及陕西龙门下之黄河本身,皆在论述之列,至于黄河流域之外则从略焉。

西北之面积,按之 Cressey 之黄土高阜地为五十二万四千六百五十四平方公里;按之黄河水利委员会所计算流域面积(平汉黄河铁桥以上)为七十五万六千六百八十四平方公里。在此面积中之地形,可分为三类:曰冲积隰地、曰山岭、曰黄土原地,末者以为水冲蚀,多现沟壑之状。

黄土为西北区域,亦即黄河流域之主要土质,为风所携带而散布者,亦有逐于水者,淀于湖者,然其面积甚小。黄土之面积,按之 Cressey 的说法为十一万九千零九十平方英里,或三十万四千八百七十平方公里。按之翁文灏[③]的说法,兰州高原以上六万平方公里,兰州至宁夏一段五万五千平方公里,渭河流域二万六千平方公里,洛河流域一万六千平方公里,汾河流域一万一千平方公里,豫西三千平方公里,共计十七万一千平方公里。

山岭所占面积在本区内不及四分之一,冲积隰地则限于沿诸河流一带之宽,按之

---

① W. Wagner, *Die Chinesische Landwirtschaft*, Berlin, Paul Parey, 1926。
② George Babcock Cressey, *China's Geographic Foundations*, New York and London, McGraw-Hill。
③ 翁文灏调查结果。

Wagner 不过全面积百分之二。以黄土层积之厚（按之 Schmitthenner① 六十至八十公尺；Cressey 谓鲜有过一百公尺者），故地下水甚深，以林木之缺乏，故气候甚干燥。因之农业多为旱农，灌溉限于低地。既多不毛之土，农用地面甚属有限。按之前农商部所统计如下。

绥远　农用地五百五十二万五千亩，占全面积百分之十九点四，每人有地三点五亩。
宁夏
山西　农用地四千九百八十二万一千亩，占全面积百分之十九点四，每人有地三点五亩。
陕西　农用地五千二百五十万亩，占全面积百分之十五，每人有地三亩。
甘肃　农用地二千六百七十万亩②，占全面积百分之四点六，每人有地三点六亩。
新疆　农用地一千零七十万亩，占全面积百分之零点五，每人有地四亩。

统计中缺宁夏与青海，盖未分省也。一九三二年主计部所统计较为可恃。

绥远　农用地一千八百六十三万九千亩，主要农产为小米、小麦、高粱、大麦。灌溉地一百四十万亩。
宁夏　农用地二百万零四千亩，主要农产为小麦、稻、小米、高粱、大麦、大豆。灌溉地一百四十二万六千亩。
山西　农用地六千零五十六万亩，主要农产为小米、小麦、高粱、大豆、苞谷、大麦、稻。灌溉地三百六十二万九千亩。
陕西　农用地三千三百四十九万六千亩，主要农产为小麦、小米、苞谷、大麦、稻、大豆、高粱。灌溉地三百一十一万一千亩。
甘肃　农用地二千三百五十一万亩，主要农产为小麦、小米、大麦、高粱、大豆、苞谷、稻。灌溉地三百八十六万一千亩。
新疆　农用地一千三百六十九万二千亩，主要农产为小麦、苞谷、稻、高粱、大麦、小米。灌溉地（原文缺）。

---

① Schmitthenner, *Die Chinesische London Schft*, Geogr. Z, 308-322, Lepzig, 1919。
② 按《西京日报》民国二十三年（一九三四年）六月四日载《甘肃六十一县之统计》，耕地共一千六百三十一万五千六百零九亩，荒地一千七百四十九万一千八百九十八亩，与此相异，大抵近年以来有增辟者，因变乱而复荒耳。

上述中未列棉花在内，其实最近几年渭河流域、汾河流域及豫西一带已成为植棉之区。按之民国二十一年（一九三二年）各省面积统计①如下。

山西	三十万一千九百五十亩
河南	三百四十二万四千一百四十亩
陕西	一百四十一万二千六百四十四亩

上列之数，属山西者几全在汾河流域，属陕西者，几全在渭河及洛河流域，属河南者，豫西亦至少占其一半。

又按Cressey根据一九二六年邮务局调查计算黄土高阜地全域居民数为四千三百九十二万三千一百零四人，每平方公里有八十三人，农作之地共一亿三千五百八十三万三千四百零二亩，为全域面积百分之十七，每一居民平均分配各三点一亩，若但就农作之地面计算人口密度，则每平方公里有四百七十九人。全域每年平均雨量为四百一十七公厘，植物生长日期一百七十五日。各农作物小麦居百分之二十五，小米居百分之三十，高粱居百分之十五，豆类居百分之五。

周昌芸②根据史迪蛮（H. Stremme）教授计算，但泽（Danzig）（原德国属地，现为波兰）上等地五公顷（合八十一亩四分，每亩产小麦二百零六公斤），次等地十七点五公顷（合二百八十三亩八分），平均为十一点二五公顷（合一百八十三亩一分五厘），方敷中小农家一家耕种及生活之需。今西北号称地旷人稀，每户以八口计，亦不过有地二十四点八亩，与史迪蛮教授所举标准相差七至八倍，人民生活程度之相悬若此。

德国农作物地面占全国面积百分之六十二点七，林地占百分之二十七点三，水约占百分之一，其他道路、房舍及不毛之地，只百分之九③。吾国则扬子江平原，农作地占百分之七十一；华北平原，农作地占百分之六十六；四川盆地，农作地占百分之三十九，其他则未有过百分之二十者，而西北高阜地则仅占百分之十七④，林地极寥寥。又据陕西省水利局之统计⑤，本区域内之关中三十四县平均耕地占全面积百分之三十九点五，至陕北有十三县之统计，平均耕地占全面积百分之二十六点六，而有数县耕地

---

① 农村复兴委员会，《中国农产之改进》。
② 周昌芸，国立北平研究院实业部地质调查所土壤专报第九号，《渭河流域土壤调查报告》。
③ O.Schönefeld, *Der Boden inder Land -und Wasserwirtschaft*, *Der Bauingenieur Heft*, 43/44, 1935。
④ George Babcock Cressey, *China's Geographic Foundations*, New York and London, McGraw-Hill.
⑤ 陕西水利局，民国二十一年（一九三二年）至民国二十三年（一九三四年）统计总报告。

面积不及全县面积百分之一者。可见吾国地力之未尽，而在西北尤为显著也。耕地百分率最少之县，或为不毛之山岭，或为沙漠，或为碱地。例如榆林、山岭、沙漠、碱地兼而有之，故其耕地面积仅限于河流两岸之低地，未经沙漠掩盖而又无碱者，占全县面积百分之一点零一。

陕西如此，其他本区域内各省更有逊于此者。可耕面积既受天然限制，则欲开发西北，应注重以下各事。

（1）不能用于农作之地，宜尽量施用于二途：森林和牧场。

（2）农作之地可谋灌溉者，宜尽量为之作灌溉事业，原有灌溉之可扩充者，宜尽量扩充之。

（3）农作之地不能施灌溉者，宜尽量为之蓄养天然水源，其道有二：①地面上或地面下蓄水；②繁育植物以增裕空中湿气。

总之，西北之地过分灌溉之虑少，而水量不足之患多。只能就天然现况，以尽其于农业上之效用而图年有进益耳。

再就西北各地之土壤分别言之。新疆中部为戈壁沙漠所占，北部高燥而硗瘠，多属黏土及石砾。极北之绥东、绥定、塔城一带，土地肥沃，耕植其宜。西部及极南诸土，亦膏腴，宜于畜牧。甘、宁、青之西北部本为花岗岩，以寒暑过于剧烈，化成微细沙粒。东部多层黄土阶级层，延播甚广，土壤肥沃。陇山一带黄土极厚，下有沙砾层。说者谓地震之烈，盖由于是①。东南部及青海中部，山脉盘结，土壤多为沙壤，黄河两岸则为极肥沃之冲积层。绥远有阴山山脉横亘东西，为汉胡天限。山北为沙碛，间有泉流，可资畜牧；山南地势向南而陂，颇多沃壤。黄河似逐渐南徙，每次南徙南岸奥尔多斯之沙漠减一分，即北岸之黄河淤壤增一分②。大青山之南有黄土、壤土、沙质壤土。包头为沙土，五原为淤土，大青山北则为红沙土、黑沙土、纯沙土，质松而稍带黏性。陕西北部多山，沙壤居多，黄土次之。渭河两旁为冲积平原，与之相接高地尽属黄土，黄土之下间有淡红色土③及砾石层④。

西北土壤，既具有特性，故水利、农功应相辅并进。盖水土经济，互为表里，是更当施以极深切广博之研究也。

---

① 李积新《垦殖学》。

② 著者本人之观察。

③ 俗名垆土，为一种黏质壤土。

④ 周昌芸，等，《渭河流域土壤调查报告》，实业部地质调查所土壤专报第九号。

第二章　西北之水

一、地水（Gewässer）

所谓地水者，〈丽〉（附着）于地之水也。流于地面者谓之流水，在西北称之为河，为水或为川。止者为湖、为潴、为池，是在西北之黄河流域则甚缺乏。行于地下者为地下水，或曰潜水。

黄河流域以黄河为干，余者支也。自河源而下，择其与水利有关系者论列如次。

（一）黄河流域之水

黄河源于青海之巴颜喀喇山，〈拔海〉（海拔）四千四百五十五公尺①，其下一百五十余公里汇为奥敦塔喇（星宿海），又下注查陵及鄂陵二海，左右岸纳大小支流约六十，凡经一千四百五十余公里而入贵德。盖自昔日游牧民族所居，不事稼穑，且河之两岸，山岳岐峙，间有阶地②，高自二十余公尺至五百余公尺，大抵石田不毛。河滩之地，则沮洳淖泽，平沙浅濑，不适于耕。

归德堡以外之黄河，遵番名曰马楚。自积石山麓至此，古言河绕昆仑之三面如玦③，Tafel 拟之为 C④。在此段中，左岸支流特盛，尤以巴嘎嘎尔赤及呼裕云二河为巨⑤。河床宽衍，水势汪洋，且多跌水，兼富泉源，各川之谷，林木尤盛。黄河至是已降一千八百余公尺，平时宽二百余公尺。至青海山（日月山）之南麓，复经一峡，河宽仅九十至一百公尺。出此峡则河谷宽放至四五公里，入河州之贵德境矣。

河自归德堡，渐有沃土。自汉时拓地，置金城郡，屯兵务垦。游牧之民，渐为农民所代。然其后旋得旋失，迄未能宁。至清初始奠定其地，农业复著，黄河至是宽二百公尺。

贵德境内河岸虽较上游低平，然引黄河水灌溉，犹自不易。惟右岸有源于龙池山之东河（龙池河）及源于郭纳泉之西河，及煖泉河，可供灌溉甚溥。

---

① 此数 Köhler 得之于 P.Müller，见 Köhler, *Der Hwangho*, S.46 脚注，以下黄河各处〈拔海〉（海拔），俱依此书。
② 原文注缺。
③ Köhler, *Der Hwangho*, S. 49。
④ 齐召南，《水道提纲》（卷五 黄河）。
⑤ 丁文江、翁文灏、曾世英，《中华民国新地图》。

贵德县治设于右岸,其对岸即共和县也①。山涧可供灌溉者亦多,以恰布恰河为最,格拉、中郭密及龙冲等河次之。

贵德城西黄河即又入一峡,傍岸之阶地高而狭,不适耕种。右岸同仁县有保安大河,其上游为隆务河及清水河,俱饶灌溉,然皆远在上游。沿黄河皆赤灢之山也。至循化县河谷尤宽,虽无较大支流而沟涧之水甚多,以下则又为深峡入积石关矣。

河自贵德流经一百公里而至永清县,纳大夏河。是河源于打城达巴罕山之南②(拉布楞西),流长约二百五十公里,纳大小水八,经临夏至永靖入黄河。韩家集河为支流之一,自韩家集以上,即有灌溉之利③。入大夏河后,灌溉河州平原尤溥。大厦河在临夏,平时宽约三十公尺,深半公尺,流速每秒至二公尺,入黄河处又为深峡。

黄河又东行二十五公里而达洮口,纳洮河。是河源于〈拔海〉(海拔)三千七百公尺之西顷(岷山)山麓,流域面积二万九千二百平方公里,流长约四百七十公里,纳大小水二十余。临洮(狄道)右岸红土盆地宽数公里,灌溉最饶。上游产松杉甚盛。噶塞贡巴寺之北塔非尔于秋季经过时河宽九十至一百公尺,平均深约二点一公尺,流速每秒一点七公尺。至入黄河,又为深峡④,黄河在此以上流域面积为十七万二千五百平方公里⑤。

河又东北行约三十公里而至大通河口,其上至民和县歧而为二,东为大通河,其上游则称浩亹河,源出大通山,实黄河与流入青海诸水之分水岭。东南流五百公里而与湟水相会。湟水亦称西宁河,源出噶尔藏岭②,流长四百公里与大通河相会后,至达家川入黄河。大通河谷狭而深,有灌溉之利者仅亹源一县。湟水之谷则大殊。其上源河仅细流而川谷即宽数公里,至贡巴苏麻寺而入峡。至西宁而又各宽二公里,灌溉即盛,其下为小峡。小峡之下三十公里,川谷宽衍,河宽至五十公尺。其下为大峡,其下又为沃溉平畴三十公里,至老鸭驿而又狭。至享堂河宽一点八公里,而大通河谷则为极深之石峡,水深至五六公尺,于此入湟。二水相会之后,初尚受狭束,继即开展,灌溉又盛。至红古城而稍狭,至黑嘴子而又宽至五公里,河宽至五百公尺,沙屿占其大半。其下有二端为筏行之险。至达家川左岸一隅,枣树甚繁⑥,田禾丰茂,有用水车轮汲水灌溉者,其上流域面积一万七千二百平方公里。

---

① 共和县上图中所未有。按:云南省亦有共合县,与之相重。
② 齐召南,《水道提纲》(卷五)。
③ Köhler, *Der Hwangho*, S.53。
④ 曾世英摄有此处照片。
⑤ 李仪祉,《黄河概况及治本探讨》第六十九页,以下流域面积俱本此。
⑥ 著者曾亲历其地。

湟水之谷为汉湟中屯垦地，其灌溉历史，盖已古矣。不徒湟水本身多滋膏润，而其巨细支流，无虑二十余，皆可引溉，洵膏沃之土也，所溉凡六县。

黄河自大通河口上下直至新城西岸皆山，无可耕者。至新城而谷道宽放，河流由西而东，两岸水车轮之设置渐多，平番河于新城对岸（左岸）入河。此河谷中亦有两次宽放，但阶田甚高，无可灌溉。上段河身宽十余公尺，至永登则分播多股，宽布四公里，遍覆丸石，不能耕种，其下则又狭，河流急而浊，永登有灌溉之利。

新城以下经古城至于皋兰，中又经缩狭、宽放者数次。两岸黄土阶田用水车轮灌溉者益多，为产烟名区。

皋兰山间之水，可供灌溉者甚微。黄河经皋兰北门外，其上之流域面积二十一万六千一百八十平方公里，〈拔海〉（海拔）一千五百六十公尺，宽一千余公尺。有长三百公尺之铁桥跨之，以通车马①。其下十五公里，即入桑园子峡。河流东北向至泥湾而一放，至条城铺及浅滩铺而再放三放，深狭之处，不见天日，水湍石激，筏行极险。条城铺下始通木船。在此段间无农利可言。北岸逾峻岭，则为沙碛，南岸过重山，始为黄土②。至于靖远，则河谷又宽，灌溉可施，居民繁庶。祖厉河于是入黄河，其上游会宁、定西二县亦有灌溉。靖远之下复行峡中，有一窝石之险。河北流出长城，经五佛寺、大庙稍有灌溉，复于张家堡入长城而达中卫，拔海（海拔）一千二百一十五公尺，入宁夏境。

黄河在峡中其宽有至四十公尺者，至中卫则大放。然南为惠阳山所限，北为流沙所阻，故可耕之田亦不多。行渠灌溉，纵约一百公里。中经青铜山峡③，乃至宁夏大平原，河谷于是宽纵，河流自南而北，两岸广四五十公里，由青铜峡口至平罗纵一百五十公里，自汉唐以来，水利称盛。但灌溉区域之外，即为沙碛，卤地不毛。

黄河在此段亦甚宽，至三点四公里。〈拔海〉（海拔）一千零九十五公尺。洲屿甚多，有居民者。河床虽宽，然可行舟下至包头。

自石嘴子至磴口约三十公里，黄河宽三百四十余公尺，两岸高十公尺。左岸为阿拉善山，右岸为阿拉布素山，河水至是骤浊。岸上稍宽之处，左岸多为草地，右岸则为沙丘，树木甚乏，并无农耕。

出磴口后河又东行，河身骤宽至数公里，北依阴山，有五迦河绕之为后套。决渠灌田，纵横其间。其灌域纵可二百公里，广可七八十公里。各渠开口于黄河北岸，终于五迦河。五迦河则汇于乌梁素海，而通于河。至包头则有三湖河，旧亦颇有灌溉之

---

① 桥凡五孔，每孔明宽四十七公尺。
② 著者曾[乘]航空[过]此段。
③ 自此以下皆著者所亲历。

利。南望对岸则奥尔多斯平沙无垠。黄河在是,宽约一公里,〈拔海〉(海拔)一千公尺。

包头经萨拉齐至归绥,大青山各沟涧之水资灌溉者亦不少,而黑河之利尤溥。大黑河源于陶林县西南,至归绥境二十家子入灌溉区域。汇有小黑河及他山沟之水者三,流域面积一万二千零八十平方公里。河流坦弛,善于改道,亦常遇泛滥之灾。

黄河至托克托之河口镇,复入山峡,折而南流。东岸有清水河流入,亦饶灌溉。及入边墙,东岸为河曲县,有关河入黄河,稍有灌溉之利。河曲而下,右秦左晋,在东岸者有保德县之县川河、朱家川河;岢岚县、兴县之岚猗河;临县之湫河(碛口镇入河)及诸小水,离石县之三川(北川、东川、南川)河;石楼县之屈产河(夏家村入河)、高楼坪河、黑河、南柳河;大宁县之昕水河及吉县、乡宁县诸小水至出龙门以上诸水皆源远流短,灌溉利微。在西岸者有府谷诸水,有神木之屈野、秃尾二河;葭县之沙河①;流经榆林、横山、米脂、绥德之无定河,其支流为榆溪、岸河、西沙河、大理河、小理河;流经安定、延川、清涧之清涧河,其支流有秀延河、宁塞河;流经安塞、肤施、延长之延河,其支流有丰富川、宜川县之汾川、银川及诸小水室出龙门。诸水中以无定河为最大,流域二万三千一百五十二平方公里,延水次之,流域七千一百六十平方公里,神木又次之,流域九千零五十平方公里。诸水大抵皆可施于灌溉,惟不丰耳。

黄河在此段中,宽不过四百公尺,岸高谷狭,水深流急,河曲上游十五公里为龙口峡。出龙口有石洲与沙洲绫连者五,上有居人,为娘娘滩。保德上游为天桥之浅湍,上、下各有一洲。神木河口之下,谷尤深且狭,至碛口镇宽不过二百公尺。东岸至是稍有黄土阶地。吴堡县之南,河谷又由六百公尺缩至二百公尺。屈产河口又为一滩,延水关下至马头关,〈拔海〉(海拔)五百余公尺,石峡广三百公尺,两岸壁立。马头关至龙王辿,两岸石壁高至四百公尺,河水至是为九公尺之跌水,是为壶口。水流之速,在跌水之上已达每秒三至五公尺,倾注于其下宽六百至七百公尺之谷中。继之则入一宽仅二十公尺,长约五公里之深沟,出沟则河床又宽二百公尺,且中有一洲。及纳宜川诸河,又放宽至四百公尺。其下又过施家滩,而以每秒三点三公尺之流速出禹门口,其宽不过五十公尺,〈拔海〉(海拔)四百一十五公尺,出口则两岸豁然宽二十余公里,为汾、渭之郊矣。

汾河源于管涔山,其上游宽仅四公尺,深不过十公尺,已为静乐县灌溉之用。出一峡而至〈拔海〉(海拔)八百五十公尺之太原盆地,南流以过〈拔海〉(海拔)四百七十公尺平阳、锋县之郊,所纳大小水三十六而发源皆不甚流。过绛县纳浍河西流至河津入黄河,是为汾口。全河流域面积四百平方公里,流长四百四十余公里。有名泉三:一晋祠泉,二曲沃沸泉,三广胜寺泉。利有水磨,且资灌地。自清源以下,河道分歧,屡

---

① Köhler, *Der Hwangho*, S.59。于此处有上下游先后倒置之讹。

经一徙，时有水患。

黄河自龙门而下，西岸又受韩城县之盘水、濛水、芝水，郃阳县之郃水；东岸又受永济县之涑水及姚暹渠合流。以上诸水，惟濛水及芝水颇饶灌溉。

是段黄河本身两岸滩地颇广。黄河东西倒徙，成为惯例。秦、晋土地纠纷时因而起，禹门口以下舟运尚盛。

洛河源出甘肃省庆阳之白于山，流域面积二万七千零二十平方公里，流长四百五十公里，会大小水十六，经保安、安塞、甘泉、鄜[县]、洛川、中部、宜君、白水、蒲城、澄城、大荔、朝邑等县，于赵渡镇入黄河。其支流鄜县之葫芦河，洛川之寺儿河略有灌溉，洛惠渠另详。洛口以下十余公里为三河口，黄河由是折而东流，最大之支流渭河挟泾河以入黄河。

渭河源于甘肃省渭源县之鸟鼠山，流域面积十一万五千一百五十平方公里，会大小诸水四十余，以泾河为最大，汧、石头、沣、灞等次之。支流之中以泾为最大，流域面积五万六千九百三十平方公里，可供灌溉者甚多。如陇西之水，天水之藉水；汧阳、凤翔、宝鸡之汧河；宝鸡之清姜河、金陵河；鄜县、岐山之石头河；鄜县之霸王河、汤峪河；盩屋之黑水河、田峪河；鄠县之涝河；长安、咸阳之沣河；长安之滈、浐、灞各水；泾阳、三原、高陵之泾河；泾阳之冶河；三原之清河、浊河；富平之石川河、温泉河；渭南、华县之赤水河；华阴之敷水河等，而尤以泾水之利为最大，其他山涧零星灌溉者不止是也。冲积之地，南岸较狭，北岸则甚宽。

黄河至潼关，长约四千公里，流域面积七十一万二千五百八十八平方公里。潼关东流至孟津，长二百余公里，行于两山之间，北岸为中条山，南岸为华山、乾山、邙山。黄土覆于上层，厚八十公尺。河面宽六百五十至千余公尺，中有盘头之湍，阌乡之浅，三门之险，舟行不易。左岸纳小水八，右岸纳大小水十二。有灌溉之利者为阌乡、灵宝、陕[县]、渑池、新安、卢氏诸小涧及伊、洛、瀍涧诸河。北岸地高水小，灌溉无几。

洛水源出陕西省雒南县西家岭山，会有流经渑池、新安之涧水、合谷水，洛阳之瀍水，流经嵩、伊阳、宜阳、洛阳、偃师之伊水，至汜水县西北入黄河。流域面积一万三千零二十八平方公里。伊、洛所经之地，于洛阳附近平畴广阔，农利甚多。

(二)西北山岭之雪水

西北山岭，〈拔海〉(海拔)既高，故空中湿气，易于凝结为雪为冰。迨春暖日融，则油然下注，为涧为池，引于田间，膏润无比，属此例者为：

(1)阿拉善山以北，为沙漠之区。但以阿拉善(三千三百公尺)及南山(五千公尺)雪水下注，成为许多河流，或潜伏沙中，或没于盐湖。其〈著〉(主)要者有察拉台盐池、吉兰泰盐池、郭河、鱼海、长宁湖、居延海、噶顺泊、宜泽河、索克泊等。故阿拉善额鲁特旗之尚可以居人者以此。近年,内地人民前往耕耘者日多,于是草地多化为水田。东部中心定远营附近,沃野尤多。西部中心镇番一带有年宁河、永河自南山之麓灌注二百里,居民筑墙御沙而种。

（2）祁连山之北,合黎山及龙首山之南为弱水流域,皆雪水注自南（祁连）之麓,汇萃而成者也。其支流繁多,较为〈著〉(主)要者为山丹河、洪水河、甘州河、沙河等。甘（张掖）、肃（酒泉）、凉（武威）三州之富,攸赖于是,凉州产稻尤佳。

（3）新疆天山[〈拔海〉(海拔)一千七百公尺]融注而北者为伊犁河,融注而南者为塔里木河。二河流域,资其膏润,物产丰饶。

（4）青海西部柴达木盆地四面高山,雪谿环辏。其著者为柴达木河、塔塔棱河、奈齐采勒河等。故都兰之境,水利亦有可观者。

此外则有引夏季山洪以灌溉者,为阴山南北及晋北之地[①]。

二、天水

所谓天水者,自空中降落之水也,或曰降水,雨、雪、霜、露皆归之,然所可量而得者,雨雪而已。

黄河流域雨量记载甚为缺乏。大略言之,西北气候受中亚区域之影响实多,最低温度可至水银之凝结点,最高可至四十摄氏度,冬、夏温度相差甚多。例如太原一月内之平均温度为零下六点二摄氏度,七月内之平均温度为二六点六摄氏度[②],向西相差更多。昼夜温度亦相悬殊,至夏季可相差至三十摄氏度。冬季西风或西北风当权,雨量极少,四月以后雨泽渐多,全年雨量平均不满五百公厘。降于春季者占百分之八,降于夏季者占百分之八十五,降于秋季者占百分之五,降于冬季者不过百分之二。惟是旱潦靡常,最旱之年,辄赤地千里,为最可虞也。

葛得石根据下列各地之平均年雨量,计张家口三百八十六公厘,归化三百八十五公厘,潞安四百九十八公厘,大同三百七十一公厘,通远坊（陕西高陵）四百六十一公厘,制作黄土区域雨量图[③]（第一图）。

[①] Y. T. Chang, *The Economic Development and Prospects of Inner Mongolia*, the Commercial Press Limited, 1933。

[②] W.Wagner, *Die Chinesische Landwirtschaft*。

[③] G. B. Cressey, *China's Geographic Foundations*。

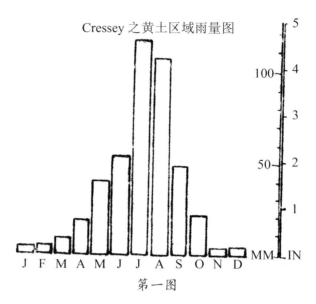

第一图

近年来黄河流域雨量测站推设渐广,民国二十二年(一九三三年)测站设于本区域者计有五十二处,后此二年续有扩充。以最近长安四年之雨量记载列第一表如下①。

第一表

单位:公厘

年份	雨量												
	一月	二月	三月	四月	五月	六月	七月	八月	九月	十月	十一月	十二月	全年
一九三二年	1.8	0.8	34.5	51.5	56.6	67.7	98.0	75.1	49.1	65.1	21.1	7.5	528.8
一九三三年	1.8	0.8	34.5	51.5	56.6	67.7	98.0	75.1	49.1	65.1	21.1	7.5	528.8
一九三四年	3.5	20.6	24.7	49.0	42.6	43.6	76.4	52.1	101.5	111.9	37.3	15.8	579.0
一九三五年	7.3	6.1	22.3	23.2	40.4	29.0	171.3	167.7	62.7	39.9	34.1	9.0	613.0

编者注:原表中各雨量栏之下,有与之对应的"降雨日数"栏,但每栏没有数据,故删去。

长安为西北之门户,雨量恒不如秦岭以南之多,而较之陕北、甘肃、宁夏、绥远则丰。试以同民国二十二年(一九三三年)之雨量相比较②(第二表)。

---

① 《陕西之水利统计》。
② 全国经济委员会,民国二十二年(一九三三年)全国雨量报告。

第二表

单位:公厘

月份	长安	皋兰	朝邑	洛阳	平遥
一月	1.8	0.6	0.0	1.0	0.0
二月	0.8	5.3	0.0	0.0	0.0
三月	34.5	13.5	18.0	16.0	26.0
四月	51.5	17.0	51.0	22.0	5.4
五月	56.6	24.3	57.0	0.0	43.0
六月	67.7	23.1	25.0	172.0	83.0
七月	98.0	124.0	12.0	47.0	220.0
八月	75.1	77.6	126.0	90.0	43.0
九月	49.1	39.5	36.0	28.0	13.0
十月	65.1	27.9	28.0	13.0	0.0
十一月	21.1	0.0	37.7	11.0	8.0
十二月	7.5	3.7	6.5	1.5	5.0
全年	528.7	356.5	397.2	401.5	446.4
备注		代表甘宁	代表渭北	代表豫西	代表汾河流域

民国二十一年(一九三二年)为西北缺雨之年,民国二十二年(一九三三年)至民国二十四年(一九三五年)西北为比较的雨泽丰足。西北各地不但雨量〈欠〉(歉)啬,为其缺陷,而蒸发量之大,颇足惊人。试列长安及咸阳二地民国二十三年(一九三四年)之蒸发量于第三表①。

第三表

单位:公厘

月份	长安	咸阳
一月	34.8	21.1
二月	25.1	30.6
三月	172.1	80.6
四月	23.8	81.5
五月	178.4	152.1

---

① 《陕西之水利统计》。

续表

月份	长安	咸阳
六月	202.2	157.2
七月	181.0	151.5
八月	131.7	27.4
九月	79.8	62.5
十月	35.6	43.2
十一月	32.2	36.1
十二月	21.0	14.7
全年	1117.7	858.6

长安与咸阳相距甚迩,而咸阳处渭水之滨,故蒸发较逊也。

西北诸地赖雪水以供灌溉者甚多,如贺兰山积雪之于宁夏,阿拉善祁连山积雪之于甘、凉、肃及安西,天山积雪之于塔里木河及伊犁河两流域,其著焉者也,惜此等处现未有气候测验。

西北气候之特别,干湿年岁之叠见,不但与西北人民关系密切,抑且波及于全国。故大旱则饥馑颠连,盗贼蜂起,如明末之流寇,颠覆国统。潦则黄河为灾,豫、鲁、冀、皖、苏常无宁岁。

第三章　西北之水利

一、灌溉

(一)黄河本身之灌溉

1.上游之水车轮灌溉　自河源以下,蜿蜒千余公里,两岸俱为高山,〈拔海〉(海拔)四千八百公尺以上。河流其间,积沙浅濑,灌草丛生,向为游牧之民所居,故无灌溉农田之可言。及入贵德、循化,为汉金城郡地,当时扩地屯田,分取黄河之水以资灌溉。后游牧民族屡侵入其地,农利久废。清初奠定疆域,黄民安居,沟渠渐辟,惟河岸高陡,引水不易。民国以来始有仿用水车轮者。计贵德二轮(拉果塘及古采寺)、循化二轮(城北及城西)、共和一轮(益中,移风二乡),然灌溉无多,合计不过二百余亩[1]。

---

[1] 张祐周,《青海已成及计划之水利建设》,载于《开发西北》第一卷第六期。

水车轮之用于黄河至洮口以下，出刘家峡而始盛。计永靖有五十三轮，溉田九千六百三十九亩，平均每轮溉一百八十一点八亩；皋兰一百七十六轮，溉田二万九千七百亩，平均每轮溉一百七十亩；靖远二十四轮，溉田一万零八百亩，平均每轮溉四百五十亩；景泰（五佛寺）轮数未详，溉田二千四百余亩①，总计溉田五万二千五百余亩。

此种水车轮②，以木为大轮，具大辐十八耦，集辏于毂，大辐之间列小轮三，联以撑框。轮周布以輼二道，附以刮水板，缀以水斗，其数倍于大辐耦数，水斗斜倚以迎水。轮径小者三丈（十公尺），大者至六丈或七丈（二十公尺），全轮倚于木轴，轴径三尺，长六尺，轴端裹之以铁，支于轴筒及档头，二者固定于夹马柱上，其高过轮之半。柱嵌于石砌龙磴，龙磴之间为水槽，河水由迎水坝、迎入水槽，击水板而掀动大轮。轮转则水斗各盛水如其量而上升。计至顶则挨次倾注其水于掌盘内，通木槽而入渠，以达田塍。皋兰轮之至大者径二十公尺，水斗二十八，计其汲水量每分钟可六立方公尺，溉田约五百亩③。四县黄河沿岸之地可汲水灌溉者当有二十余万亩，现时已经灌溉者仅及其四分之一。盖一以地势过高者水有所难及，一以水车轮之构造费昂，则有所不济也。

据谈尔益②调查五佛寺径五丈水车轮之构造费如第四表。

第四表

项目	木轴	轴筒	档头	大辐条	小辐条	撑框	夹马柱	相线	刮水板	水斗	水框	撑盘	水槽	托槽架	龙墩	引水坝	木工	导水渠	其他	共计
材料	粗柳	铸铁	铸铁	松木	松或柳	白杨	松木	白杨	白杨	白杨	白杨	白杨	白杨	白杨	石块	石块				
参数	径3丈，长6尺	径2尺4寸，厚2寸，长1尺2寸		长2丈4尺，径8尺	径3寸，长6尺	径4寸，长6尺	径1尺，长2丈4尺	宽5寸，厚05寸，长16丈	长5尺，宽1尺2寸，厚05寸	长4尺5寸，口5寸见方，厚05寸	径2寸，长3尺									

---

① 此数得之于甘肃省建设厅，洮河于沙县亦有一轮。
② 黄河水利委员会副工程师谈尔益之调查。
③ 著者所调查。

续表

项目	木轴	轴筒	档头	大辐条	小辐条	撑框	夹马柱	相线	刮水板	水斗	水框	撑盘	水槽	托槽架	龙墩	引水坝	木工	导水渠	其他	共计
件数	1	2	4	32	96	64	4	2	64	64	32	1	1	不定			500工			
单价/元	100	50	15	18	2	2	20	9									0.5			
共价/元	100	100	60	576	192	128	80	18	20	30	7	5	10	20	400	600	250	1000	20	3616
备考	80年柳木		共重18斤																	

本车溉田只一百二十亩,每亩摊费至三十元,可谓巨矣。其寿命可有五十年之久,且每岁仍须费修理。

查循化县城北及城西之二水车①,共费二千九百余元,溉田六七十亩,每亩摊费至四十元。共和县水车一架共费二千余元,溉田约一百亩,每亩摊二十元。是知水车轮之灌溉,始费甚大也,平均计之每亩摊费三十元,利息以六厘计,每年一点八元,修理费作百分之五计算,每岁为一点五元,合计为每亩每年三点三元。故水车轮之灌溉不能施之于普通田禾而必用之贵价之农作物(烟叶、鸦片、菜蔬、果木),自然之势也。

2.宁夏之水渠灌溉　宁夏之灌溉,可分为中卫、河东、河西三部②。

1)中卫部

(1)美利渠:起于中卫县河北岸城西西沙坡下石龙口尾,止于石空寺堡,长二百里,溉田四万五千亩。

(2)七星渠:起于中宁县河南岸宁安堡泉眼山,止于张恩堡,长一百四十里,溉田二万七千八百亩。

2)河东部

(1)秦渠:起于金积县青铜峡黄河东岸,止于灵武城北,长一百五十里,溉田七万

---

① 黄河水利委员会副工程师谈尔益之调查。
② 周定宣,《渠务须知》;安汉,《宁夏水利调查概况》,载于《西北问题》第二卷第六、七期合刊。

余亩。

(2)汉渠：起于青铜峡之山神庙，止于巴浪湖，长一百余里，溉田十二万五千八百亩。

(3)天水渠：起于河东巴浪湖，接汉渠之退水，止于史家场入黄河，长三十余里，溉田六千余亩。

3)河西部

(1)汉延渠：起于宁朔县陈俊堡二道河，止于宁夏王澄堡，长一百九十五里，溉田十二万八千余亩。

(2)唐徕渠：起于青铜峡河西岸百八塔旁山麓，止于平罗县镇远堡，长三百二十里，溉田十七万九千余亩。

(3)惠农渠：起于青铜峡口下愈家咀南花家湾，止于平罗县尾闸堡，长二百六十二里，溉田十一万一千一百余亩。

(4)大清渠：起于宁朔县大堰营马关嵯，止于李后堡，长七十一里，溉田一万六千二百亩。

(5)昌润渠：起于宁夏县通吉堡滔山子，止于平罗县永平堡入黄河，一百三十余里，溉田一千六百九十余亩。

以上各渠，秦渠始于秦，汉渠及汉延渠二渠始于汉，唐徕渠始于唐，美利渠及七星渠二渠始于明，或云始于元，惠农渠、大清渠、天水渠、昌润渠四渠始于清，凡十渠共溉田七十一万余亩。

(6)云亭渠：为最近所开，分惠农渠水，起于宁朔县王太堡二曲桥，至昌润渠口附近入黄河，长一百一十余里，溉田亩数未详。

中卫之地北岸限于流沙，南岸限于惠阳山，灌溉面积无可发展。出青铜峡后河东平地亦有限，可发展者仍在河西。然河东回族人民勤于农事，故土沃而收获多。河西汉民习于情佚，收获常逊于河东百分之二十至百分之三十[①]。农产物以稻为大宗，此外则小麦、青豆、黄豆、胡麻。稻获可十至十四斗，每斗四十斤。

宁夏地本沙卤，只以黄河水中含泥，一经灌淤，便成良田，河水之利溥矣。

著者估计宁夏平原约有四百万亩，灌溉者尚不及其五分之一。各渠宽深皆庞大，如唐徕渠首阔至五十余公尺，俨然巨川，然势平流缓，故溉地亦不过十余万亩。

河西各渠之首俱为引河，其长数里至二十里。由引河入渠之处，有进水闸，其旁则为滚水坝及退水闸。进水及退水闸，皆以石砌基础，留孔过水，以木桩薪土封闭，坝以石砌以消过盛之水。

---

① 著者得之于前宁夏建设厅余鼎铭。

河水含泥足以肥田,亦足以淤渠,故挑淤之工,每岁春季必举。引河之首用麦秸卷埽以御水,工竣则启。每岁修理之费按亩征收二角,以六十五万亩计凡十三万元。此外又征工一万二千夫,每夫工期一月,计三十六万工。每工以五角计,凡十八万元,二共三十一万元,每亩摊费几于五角,较之水车轮灌溉省固多矣,然不足以救人民之困也。其故则因交通不便,谷贱伤农,加以税捐重叠,民力弗胜,故黠者仍以种植鸦片为利。

宁夏水利之缺点,在有灌溉而无排水,以故积潦成湖处处皆是,而碱卤发生,无以冲洗,故田之废于是者甚多。

3.绥远之水渠灌溉　绥远水利,主要在于后套,今或称后套为河套者非也。盖套地为河湾所兜,奥尔多斯是河之套也,其对岸背湾,斯称后套。后套之干渠凡十有一①,叙列于下。

(1)永济渠:起于秀华堂渡口,至杨五长入五加河,长一百五十里,溉临河县田一千至六千顷,常年三千顷。

(2)刚济渠:起于黄家毫渡口以西,至乌摄古琴出梢,长一百三十里,溉临河县田一百至五百顷。近因渠口不利,合并于永济渠,以永刚渠连通之,资分润焉,常年三百顷。

(3)丰济渠:起于黄家湾,经协成桥入五加河,长七十五里,溉五原及临河县田五百至二千顷,常年一千顷。

(4)沙河渠:起于五原西南县惠德成,经梅令庙入五加河,长八十三里余,溉五原县田二百至一千五百顷,常年六百顷。

(5)义和渠:起于土城子,至巴总地出梢,通五加河。长一百一十五里,溉五原田三百至二千顷,常年一千顷。

(6)通济渠:起于西土城经燕安和桥入长济渠转五加河,长一百一十里,支渠最多(共一百四十二道)而灌溉不畅,溉五原、安北田二百至一千二百顷,常年五百顷。

(7)长济渠:起于东土城至伊肯补隆之东南入五加河,长一百三十里,溉五原、安北田三百五十至一千五百顷,常年八百顷。

(8)塔布渠:起于长济渠口下四里,入乌梁素海子,长一百二十里,溉五原、安北田一百五十至一千二百顷,常年五百顷。

(9)黄土拉亥渠:起于堡丰兔湾,经圣家营入五加河,长一百四十七点五里,溉临河田一千至五千顷,常年二千五百顷。

(10)杨家河:起于临河县义祥永,经板旦加浪入五加河,长二百里,溉临河田六百

---

① 绥远省政府编印民国二十二年(一九三三年)《绥远概况》(上册)及《樊库河套调查记》。

至四千顷,常年二千五百顷。

(11)民复渠:起于神北庙,北经扒子补隆入五加河,长四十四里,溉安北田二百五十至八百顷,常年四百五十顷。

以上各干渠,除杨家河外,皆属公有,有水利管理局以管辖之。渠口皆起于黄河北岸,引河水灌溉。故河水之消长,足以左右其灌溉之多寡。上举之数少者为旱年所溉之数,多者为潦年所溉之数。然一遇潦年,河水浸淫反成巨灾,故仍以常年之数为可靠,十一干渠常年灌溉共计一万三千一百顷。

灌溉地亩之负担,分经常费与工程费二种。经常费每年每亩五分,工程费每年每亩七分,共一角二分。经常费之收入半充水利管理局之经费,半充各渠之水利社经费。工程费之收入,只供岁修,若有特别工程则需另筹。私有之渠除杨家河外,尚有他渠二十八道,合计溉田约有三千顷,包西水利管理局每年征收每亩二分五厘,经营岁概修归自理。

包西灌溉取水于黄河,又无引水坝闸,纯利用河水高涨时自然流入,故不遇高涨时,水即不能入渠。计每年高涨季节如第五表。

第五表

高涨日数	高涨季节					
	春水	桃花水	热水	伏水	秋水	冬水
	清明前	谷雨前后	立夏前后	夏至至立秋	立秋至霜降	立冬前后
最长	10	15	30	45	60	10
中长	7	10	15	30	40	6
最短	3	7	10	20	30	4

冬季涨水时期长短不一,高低亦异。故不惟灌溉日数与之有关,水入渠远近,亦惟水位高低是视。按之上表每年灌溉日数可由七十四至一百六十日,而中常则为一百零八日。但春水含有碱性,民不乐用。冬水带有冰澌,但用以枯渠。最佳之水,为伏、秋二季,不惟水质肥饶,且以余入放出收冻,最利农耕。

黄河在河套,河床宽衍,故水位之涨落,不甚悬差。寻常每年最高水位与最低水位之差为二至三公尺。后套之能利用河水以施灌溉也,此亦其主因。民国二十二年(一九三三年)及民国二十四年(一九三五年)春夏季俱受水灾①,则以渠之失修,非洪

---

① 民国二十二年(一九三三年)四月五日,《大公报》载王靖国谈话。

水之如何暴烈也。初春之时河水带凌入渠,渠身浅湾处辄为冰壅。后继之水,不能畅行而前,则溃决堤防,漫淹四野矣。夏秋之水,来之过骤,亦致决堤,此等灾害,以临河为最。

各渠之口,各相河流形势而为之。有引倒漾水（回流）者,有引套水（河流弯曲之处开口）者,有筑迎水坝以兜水入渠者,而皆泻之于乌加河。乌加河宣泄不畅,则各渠皆敝也。乌加河通于套东端之乌拉素海,而不能直接通之于河亦其弊也。

黄河由后套东行至西山嘴,折为二股。北股细微,俗称三湖河,宽十五公尺,深二至三公尺,经流于西公旗带地,长一百二十公里,与黄河夹成滩地七千余顷。近已开六渠,曰东大渠,长二十公里,溉五百顷;西官渠,长二十公里,溉六百顷;西大渠,长十公里,溉二百顷;公济渠,长四十公里,溉二百顷;民福渠,长三十公里,溉百顷;东河自二道坝流来为包头城内用水及城外园艺灌溉约二十顷,共一千六百余顷。但据民国二十二年（一九三三年）《大公报》王靖国谈话,则尔时只有青苗三百顷。

最近引黄灌溉之工程,为民国二十年（一九三一年）由绥远省政府与北平华洋义赈会合作办理之民生渠,起包头县之磴口,尾入大黑河,长七十二公里。惜以工费不继至今未见成效。是渠入口采用提闸式,水之进入多寡,可以自由控制,不如后套各渠之纯依天然之力也。干渠成后,支渠尚未成,骤遇民国二十二年（一九三三年）及民国二十四年（一九三五年）夏季黄河洪涨及山水暴发,渠之淤废及堤之溃决者甚多,此亦其未能即见效之一因也,今绥远（原省级行政区）省政府方谋恢复。又至萨拉齐有公义渠,亦引用黄河之水,所溉亩数未详。又至托克托有民利渠,引河水溉田约千顷。

黄河本身灌溉之利至绥远而止矣尽矣,秦、晋之间俱未能沾其利。郃阳之灉所溉甚微,豫、鲁两省近有以虹吸管引河水淤且溉者则又出乎本题范围之外。

（二）黄河支流及其流域以外诸水之灌溉

黄河上游支流之灌溉,自青海之贵德县起,自此以上,山高河狭,而民亦安于游牧,故无水利之需求也。兹自上游起以至下游分段叙述之。

1.循化以上黄河两岸山涧之灌溉（青海）

（1）贵德县①：①引东河水（龙池河）者二渠,溉三万四千四百五十亩。②引郭约泉者三渠,溉一千九百七十亩。③引西河水者一渠,溉一万二千余亩。④上山渠四,溉八千三百亩。⑤下山渠五,溉二万五千亩。共八万一千七百余亩。

（2）共和县:①引恰布恰河水者六渠,溉八千九百余亩。②引格拉河水者一渠,溉

---

① 以下俱见张祐周,《青海已成及计划之水利建设》;安汉,《青海农田水利概况》,载于《开发西北》第三卷第五期。

八百亩。③引中郭密河水者二渠,溉二千亩。④引龙冲河水者一渠,溉二千亩。⑤引尕壤沟水者二渠,溉一千六百亩。⑥引庄北山水者二渠,溉二千二百亩。⑦引泉者一渠,溉二千四百亩。共一万九千九百余亩。

(3)同仁县:①引隆务大河水者三渠,溉一千九百亩。②引沟沟脑水者二渠,溉一千六百四十亩。③引其他山涧者二渠,溉一千零二十亩。共四千五百六十亩。

(4)循化县:所引山涧卑塘沟渠一,尕塄沟渠一,边都沟渠五,夕厂沟渠一,起台沟渠四,溉田亩数未详。渠线长共约百里,每里灌溉以百亩计,共约万余亩。

2.大夏河之灌溉(甘肃)① 　临夏,引韩家集河及大夏河水凡二十渠,溉田三万七千三百亩。

3.洮河之灌溉(甘肃)

(1)岷县一渠:溉田二万亩。

(2)定宁二渠:溉二十五万亩。

(3)临洮十渠:溉田五万四千七百三十亩。

(4)洮沙四渠:溉田一万五千五百九十亩。

4.湟河、大通河及其山间之灌溉(青海)②

(1)亹源县:①引浩亹河水,溉一万二千亩。②引老虎沟涧,未详。

(2)大通县:引北大河水分为河东、河南、河西、河北、四川渠,共溉田六万余亩。

(3)湟源县:引湟水、巴燕河、药水河、白水河、毛吉河、阿家兔河、拉拉河、仲隆河等河水,渠二十二,溉田共三万一千二百八十亩。

(4)西宁县:引西那河、云谷川、康缠河、南川、北川及他山泉,渠二十一,共溉十六万一千余亩。

(5)互助县:①第一区引沙棠川、安定河二渠,溉五万八千四百亩;②第二区引哈拉河、红崖子沟河及他山泉,溉三万九千亩;③第三区引景阳川、长宁河(北川河)及湟水,溉二万二千五百亩。共约十二万亩。

(6)乐都县:引山涧者十分之八强,引湟水者十分之二弱,共渠三十六,共溉七万二千九百亩。

(7)民和县:引湟水者十分之一,引山涧者十分之九,渠三十一,共溉一万七千二百二十亩。

(8)化隆县:引黄河北岸山涧之水,水利川五渠,溉六千二百亩;甘都工二渠,溉五千五百亩。

---

① 甘肃建设厅调查,各县溉田之数余觉其失之过大。
② 安汉,《青海农田水利概况》,载于《开发西北》第三卷第五期。

5.甘肃宁夏间山涧之灌溉①

（1）永登县：引大通河水渠十，溉十万一千六百六十亩。

（2）皋兰县：引境内诸山涧，渠十三，溉三万六千三百亩。

（3）榆中县：引大营河水，渠二，溉一千三百亩。

（4）定西县：引南北河水，渠二，溉七千九百亩。

（5）会宁县：引祖厉河水，渠四，溉一千五百亩。

（6）靖远县：引祖厉河水，渠九，溉二万七千亩。

（7）景泰县：渠一，溉二千亩。

（8）海源(原)县：①引清水河水，溉一万二千二百亩。②引山涧，渠一，溉八百八十亩。

6.绥远诸山涧之灌溉②

（1）归绥县：①引大黑河水者五十七渠，溉二十八万余亩。②引黑河水者十一渠，溉三万七千三百五十亩。③引小黑河水者二十一渠，溉四万五千亩。④引什拉乌素河水者六渠，溉二万二千余亩。⑤引水磨沟河水者四渠，溉五万一千余亩。⑥引万家沟河水者七渠，溉四万亩。⑦引哈拉沁沟水者三渠，溉五千三百亩。⑧引大东河及小东河水者四渠，溉一万三千亩。⑨引其他沟水者十一渠，溉四万一千余亩。⑩引山泉及山洪者八渠，溉六千八百亩。共计五十四万余亩。诸渠中以民丰渠为最大，长四十里，溉田八万亩。

（2）萨拉齐县：①引麦达召沟水及山洪者四渠，溉一万至一万五千亩。②引水涧沟水者四渠，溉八千余亩。③引五当沟水者二渠，溉五千二百亩。④引大黑河及黑河水者三渠，溉七千余亩。⑤引苏寨沟水及山洪者一渠，溉二千三百至五千亩。⑥自归绥入境之大黑河渠，溉四万九千一百亩。共计八万余亩。

（3）包头县：有崑都崙河，源于居延山，经包头县西入黄河。开有十渠以资灌溉，惟豳风社可引清水，余皆引山洪而已，计不过二千亩。

（4）和伦格尔县：①引县城大河水者四渠，溉一万四千亩。②引台儿河水者二渠，溉一万零一百六十亩。③引茶房沟水者二渠，溉一万六千亩。④引西沟门河水者三渠，溉一万六千亩。⑤引其他沟水者五渠，溉四千八百亩。共计六万零九百六十亩。

（5）托克托县：①引沙河水者一渠，溉一万五千亩。②引黑河水者一渠，溉一万三千亩。③引二十字河水者一渠，溉一千七百亩。④引和属银号河者一渠，溉一千四百亩。共计三万一千一百亩。

---

① 甘肃建设厅调查，各县溉田之数余觉其失之过大。
② 绥远省政府编印民国二十二年(一九三三年)《绥远概况》(上册)及《樊库河套调查记》。

(6)清水河县:①引清水河水者九渠,溉一千七百二十亩。②引其他山泉及山洪者二渠,溉四千二百亩。

(7)固阳县:①引后河水者十渠,溉一万二千五百亩。②引山中消冰水及山洪者四渠,溉四千八百亩。③引其他沟水者四渠,溉五万三千余亩。共计七万余亩。

(8)武川县:①引塔布河者一渠,溉一万亩。②引其他河沟水者四渠,溉五千七百亩。

附:此外,集宁县三渠,溉一千七百三十亩;凉城县十渠,溉四万四千五百亩;兴和县九渠,溉三万五千余亩;丰镇县十四渠,溉一万九千三百五十亩;俱系洋河上游,出乎本章范围之外,故从略。

7.秦晋间黄河两岸山涧之灌溉

1)属乎秦者①

(1)神木县:①引屈野河水者一渠,溉五百七十亩。②引三道河水者一渠,溉四百五十亩。③引四支河者一渠,溉六百亩。④引高家堡河者一渠,溉三百八十亩。共计二千亩。

(2)葭县:沙河灌溉亩数未详。

(3)榆林县:①引芹河水者一渠,溉九百亩。②引西沙河水者一渠,溉五百余亩。③引榆溪河水者一渠,溉五百余亩。共计二千余亩。

(4)横山县:引无定河水者一渠,溉六百亩。

(5)米脂县:引流金河水者一渠,溉二百亩。

(6)绥德县:引大理河水者一渠,溉一百九十亩。

(7)清涧县:引宁塞河水者一渠,溉三百亩。

(8)肤施县:①引延水者一渠,溉一百一十亩;②引西河水者一渠,溉八十亩。共计一百九十亩。

(9)延长县:引延水者一渠,溉三百八十五亩。

(10)延川县:引沙沟河水者一渠,溉一百亩。

(11)吴堡县:引清河水者一渠,溉一百亩。

(12)定边县:引阳山涧沟河水者一渠,溉三百九十亩。

(13)安定县:引秀延河水者一渠,溉一百三十亩。

(14)宜川县:引南河水者一渠,溉一百二十亩。

(15)韩城县:①引濠河水者三十六渠,溉七千六百九十亩;②引芝水者十渠,溉一千八百五十亩。共计九千五百四十亩。

---

① 陕西水利局调查。

2)属乎晋者　河曲濒黄河,有关河水灌溉亩数未详。自此以下,山西方面入河之水皆源流甚短,河陡流急,河床多为粗细石砾所掩,夏日水辄枯竭,引水灌溉者甚微。惟春季融冰之水及夏季洪水,则农民争引入田,以为大利。

汾河流域引用汾水自上游细流起,至太原盆地而盛①。兰村峡以下、清源以上无堰,有渠八十,利用春季之水自然入渠,禁用冬水,溉田三十万亩。清源至介休有堰八,渠二十,冬令枯水为之竭用;八堰轮流灌溉,共溉五十万亩。下游绛县及河津设汲水机灌溉,绛县三万三千亩,河津一万七千亩。此外有通利渠,溉七万五千亩;襄陵渠溉一万八千亩;又文峪河水即广惠渠,溉田亩数未详。又有三名泉,晋祠泉水量每秒二点五立方公尺,曲沃泉每秒一立方公尺,广胜寺泉每秒三点五立方公尺。以其水量计,则晋祠泉可溉五万亩,曲沃泉可溉二万亩,广胜寺泉可溉七万亩。

8.北洛河流域诸山涧之灌溉

(1)鄜县:引葫芦河水者八渠,溉一千零七十三亩。

(2)洛川县:引寺儿河水者一渠,溉一百五十亩。

(3)洛惠渠:另详。

9.渭河流域诸山涧之灌溉

1)属于甘肃者

渭河上游:

(1)漳县:一渠,溉二万亩。

(2)陇县西:六渠,溉五千亩。

(3)渭源县:四渠,溉六千亩。

(4)天水县:一渠,溉一千亩。

(5)秦安县:八渠,溉三千亩。

泾河上游:

(1)正宁县:二渠,溉二十万亩。

(2)平凉县:六渠,溉三十二万亩。

2)属于陕西省

(1)陇县:引蒲峪河水者二渠,溉二千一百二十亩。

(2)陇县、汧阳、宝鸡三县:引汧水者三十渠,溉陇县一千九百四十亩、汧阳四千八百六十五亩、宝鸡二千四百亩。共计九千二百零五亩。

(3)宝鸡县:引清善河水者二渠,溉三千二百亩。

(4)岐山县、郿县:①引石头河(斜峪)水者七渠,溉岐山县一万零七百亩、郿县九

---

① O. J. Todd, *Fen Ho Report*。

千二百亩。②梅惠渠,另详。

(5)盩厔县:①引黑水者五渠,溉一千八百二十亩。②引田峪河水者二渠,溉五千七百三十亩。共计七千五百五十亩。

(6)鄠县:①引涝河水者二渠,溉三千四百七十亩。②鄠县、长安县引大平河水者五渠,溉田四千亩。共七千四百七十亩。

(7)长安县:①引镐水者二十八渠,溉六千四百五十亩。②引高冠河水者十五渠,溉三千五百二十亩。共计九千九百七十亩。

(8)长安县、蓝田县:引灞水者二十五渠,溉长安三百六十亩、蓝田一千七百一十亩。共计二千零七十亩。

(9)引泾水:为泾惠渠,另详。

(10)淳化县、泾阳县:引冶河水者五渠,溉淳化八十亩、泾阳六万一千六百亩。共计六万一千六百八十亩。

(11)泾阳、三原二县:引清河水者五渠,溉泾阳二万一千六百五十亩、三原四万六千二百五十亩。共计六万七千九百亩。

(12)三原县:引浊水者三渠,溉二万一千一百五十亩。

(13)富平县:①引温泉河水者九渠,溉五千一百七十亩。②引东西河水者四渠,溉四千四百五十亩。共计九千六百二十亩。

(14)渭南县:引赤水者一渠,溉七百亩。

(15)华阴县:①引敷水二渠,溉二千五百六十亩;②引柳叶河水者一渠,溉田四十亩。共计二千六百亩。

(16)引洛水:为洛惠渠,另详。

(17)引渭水:本身水为渭惠渠,另详。

10.豫西诸山涧之灌溉①

(1)阌乡县:①引阌峪口泉水者一渠,溉一千三百亩。②引北麻庄泉者一渠,溉六百亩。③引渠上村泉水者一渠,溉一百亩。共计二千亩。

(2)灵宝县:①引好阳河水者二渠,溉八百亩。②引宏农涧者四渠,溉三千八百亩。共计四千六百亩。

(3)陕县:①引南涧河水者三渠,溉一万零四百五十亩。②引金水河水者一渠,溉三十亩。③引苍龙洞水者一渠,溉二百二十亩。④引谷水者一渠,溉三百八十亩。共计一万一千零八十亩。

(4)渑池县:①引谷水者三渠,溉七百三十亩。②引涧水者一渠,溉一千八百亩。

---

① 河南省水利处报告。

③引谷、滠合流之水者一渠,溉四百二十亩。共计二千九百五十亩。

(5)新安县:①引龙涧河水者一渠,溉五百亩。②引涧河水者一渠,溉三百零五亩。③引温唐水者一渠,溉三百亩。④其他一渠,溉二千亩。共计三千一百零五亩。

(6)卢氏县:①引朱阳河水者一渠,溉四百亩。②引涧河水者三渠,溉九百五十亩。③引文峪河水者一渠,溉五百亩。④引杜关河水者一渠,溉三百亩。共计二千一百五十亩。

(7)洛宁县:引洛水者十二渠,共溉二万一千六百五十亩。

(8)宜阳县:引洛水者三渠,共溉二万五千四百亩。

(9)洛阳县:①引洛水者十渠,共溉十一万三千五百亩。②引伊水者八渠,共溉二万四千八百六十亩。合计十三万八千三百六十亩。

11.黄河流域以外诸水之灌溉 在西北范围内黄河流域以外之水可供灌溉者,可分为五部,论列如下。

1)祁连山以北甘肃省用雪水灌溉者①

(1)民勤县:十六渠,溉三十万亩。

(2)张掖县:二十四渠,溉四十七万零七百五十亩。

(3)东乐县:八渠,溉十六万四千四百三十亩。

(4)山丹县:八渠,溉十三万七千五百亩。

(5)临泽县:十渠,溉十万七千四百三十亩。

(6)武威县:十渠,溉四万四千一百八十亩。

(7)高台县:六渠,溉十九万四千二百八十亩。

(8)安西县:六渠,溉三万三千三百亩。

(9)敦煌县:十渠,溉十二万亩。

2)青海以西用雪水灌溉者 为都兰设治以后,渐次化游牧而为农耕,引水溉田,计有八渠。

(1)引都兰河水者一渠,溉二千余亩。

(2)引哈拉哈图河水者二渠,溉二千余亩。

(3)引察卡河水者一渠,溉三百余亩。

(4)引可鲁沟及察汗乌苏河者三渠,溉四千余亩。

(5)引香日得河水者一渠,溉一千余亩。

3)天山南北引雪水灌溉者 新疆灌溉面积按之某氏西北水利计划②,三十七县凡

---

① 甘肃建设厅调查,各县溉田之数余觉其失之过大。
② 《开发西北》第二卷第三期。

有干渠九百四十四,共溉一千一百一十九万余亩。此数不敢云确,因文中所载宁夏、绥远溉田之数皆逾实际一倍至数倍也。

4)陇南及汉南之灌溉　陇南之水惟礼县康乐略有灌溉,约四千余亩。至于陕南则汉江及丹江诸流域灌溉二十九万二千六百余亩。共计二十九万六千余亩。

12.最近新兴之灌溉事业　近五年来,西北水利有长足之进展。以科学方法,做有系统之建设,在陕西有泾惠渠、洛惠渠、渭惠渠三渠,在甘肃有洮惠渠、通惠渠等渠。泾惠渠于民国二十一年(一九三二年)放水,民国二十二年(一九三三年)、民国二十三年(一九三四年)两年继续落成。洛惠渠、渭惠渠、洮惠渠三渠,则正在建设中。分述如下。

(1)泾惠渠:引泾水灌溉醴泉、泾阳、三原、高陵、临潼五县,已达五十七万七千五百亩,尚可扩展。渠起于泾阳谷口,以混凝土筑长六十八公尺之拦河堰,凿石洞、石渠共长一千九百零四公尺,接土渠为总干渠十八点六一公里。渠底坡度一比二千,水量每秒十六立方公尺,至两仪闸分南、北干渠及支渠八,渠线共长二百四十七公里。共费工款一百六十二万五千三百九十二元,每亩合二元八角,渠成之后植棉最盛①。

引泾历史于秦有郑国渠,史称溉田四万顷。以秦汉之尺当今尺七寸三分,每亩应当今亩五分二厘,是其溉田亩数实为二百万亩。然以今日泾水之量,亦决不能供溉如许之多。或古时泾水上游正宁、平凉等处尚未有灌溉,故能独多也。然郑国渠不数十年而废,后汉白公再凿渠,规模较小,溉四千五百顷,只当今亩二十三万余亩,然能维持至明季清初乃废。

(2)洛惠渠:起于澄城之状头,于洛河筑有长一百五十公尺之石堰,凿土洞〈共〉〈五〉,共长四千八百八十三公尺。最末一洞长三千二百公尺,穿铁〈连〉〈镰〉山而入大荔、朝邑平原,分布支渠,现正在建筑中,第五洞尚未完工。干渠共长一万六千公尺、坡度一比二千五百,水量每秒十四立方公尺。支渠长共约八十公里,将来可溉田五十万亩,工费估计一百七十万元。

引洛古渠:于汉时有龙首渠,已成而复毁。故千年来未有敢言引洛者。泾惠成后,人知新式工程之可恃,故未有阻难者。然其工果非易也。

(3)渭惠渠:起于郿县余家堡,于渭河筑有长五百公尺之混凝土堰,以双行钢板桩签入丸砾河址。干渠坡度一比二千,水量每秒三十立方公尺,经郿县、扶风、武功、兴平、咸阳五县,长约一百公里,地势适宜,工尚平易,惟跨漆水河渡槽工较大,现正在建筑中。筑成后可溉田七八十万亩。工费估计一百九十万元。

(4)洮惠渠:起于临洮县李家大户终山沟沿,溉南、北二川三万二千亩。干渠长二十七公里,坡度一比二千五百,水量每秒二点五立方公尺。工费估计七万五千元,现

---

①　民国二十四年(一九三五年)《泾惠渠报告书》。

尚未竣工。

二、航运

西北天然河道，旧有舟楫之利者，黄河本身，自宁夏始，以至下游，皆可勉强行之。宁夏以上，则仅通皮筏。黄河支流可通舟者，仅渭河由潼关上至咸阳一百六十公里，洛河由三口至大荔五十公里耳，此外皆无航运可言。宁夏以上所行之皮筏，以羊皮为囊，鼓以气者，为羊皮筏。十四囊缀列，系于纵横木者，为一小筏，许多小筏可合并用之为大筏。以牛皮为囊，而实以牛、羊、驼毛者为牛皮筏，牛皮筏之大者，可缀一百二十囊，纵二十公尺，广八公尺，载重万余斤。羊皮筏多用于短途，下行至目的地，驶筏者肩其筏步行而返，盖筏不能上驶也。牛皮筏则可行远，自西宁、皋兰而达包头，按季运货下行，每行三百余只，所载者为皮、毛、烟叶、药材、粮食之类。至目的地则并其筏之皮与所实之毛而货之，空人以返，或售其毛而以驼载返其皮。

舟运之盛，以宁夏至包头间为最，是段水程九百公里，行驶其间者，有民船八百余只，其行以棹，下行七八日可达，上行则需月余或数月，一年之间不过往返二次。上水货物每年三万余担（每担三百斤），下水货物四万余担①。

包宁间所行木船，有七站船、高帮船、盐城船、小五站船，其尺寸载重如第六表，包宁间运行之货物与其上游相类。

第六表

船名		七站船	高帮船	盐城船	小五站船
长/丈		4.0	3.6	5.0	2.8
宽/丈		2.0	1.6	2.5	1.2
高/尺		6.0	4.5	7.6	
吃水/尺		2.5	2.8	4.2	
载重/斤	下水	30000	30000以上	100000	8000
	上水	20000			
形式		○	○	同七站	小形

船运脚价（运费）或论担（三百斤），包头至宁夏，每担八至十元，或包船由宁夏至包

---

① 李级庵，岳亦民，《包头宁夏间黄河测量与通轮计划》，载于《西北问题》第一卷第二期。

头下水装三四万斤,运价三百元上下。

包头之船与筏,可直下至潼关,然自平绥路通后,则此道久废矣,只今间有甘草船行之。民国十八年(一九二九年)陕西大旱,绥远曾放粮船五只下至三河口,然脚价所搅,仍无余利可图。寻常包头之船下行至河曲而止,河曲以下仅有行短脚者为山陕帮船,其下行不用棹而用锚,至禹门以下船运乃盛。至潼关一百五十公里,其行以纤。所运货物下行以煤、盐、棉、铁、皮、毛为大宗,上行则为煤油、布匹、杂货。船只种类如第七表所列①。

第七表

名称	飘船	圆船	方船	行船	鸡子船
吃水/尺	1.0	1.5	1.5—2.0	2.0—3.0	3.0
载重/吨	3—8	5—15	15—30	30—50	50—70

渭河自宝鸡下行,间有木筏,咸阳以下,乃通舟楫。其所行之船多自禹门黄河而来,故无差异。此外则自豫省灵(宝)、陕(县)来之条船,其行以帆,吃水深一点五至二点五尺,载重五至四十吨。近因陇海铁路通至西安,由豫省上行之货物,尽驱于铁路,于是条船亦往来禹门、西安之间,载运潞盐。

洛河自大荔至潼关,亦通行此等条船,下行者为粮食,上行者为人口货物。近洛惠渠正在建设,工料运输,颇得其便。

第四章　西北水利问题

统第三章所述西北已有水利,约计之灌溉面积一千四百万亩。然其中甘肃、正宁、平凉及新疆灌溉之亩数,殊未敢据以为信。姑以一千万亩计之,西北人口之数作为四千万,则每四人而一亩。若除去新疆不计,灌溉面积实只六百万亩(连将成之洛惠渠、渭惠渠并计在内),则十人所有仅有一点五亩,此与甘肃建设厅每一人有一亩水田之希望,相差远甚②。至于西北人数果有如第一章所依据四千三百万之多,未敢即

---

① 杨炳堃,《黄渭航运现况及其希望》。
② 甘肃建设厅甘肃水力计划。

以为是,然无论如何不下三千万①,每五人有灌溉田一亩。至于航线施于用者实不过七百五十公里(中卫以上筏运未计),每一千平方公里仅有一公里,可谓窒塞之极矣。

开发西北水利诚为第一问题,欲讨论之,应分三点:

(1)西北灌溉是否有增加之需要及其可能?

(2)西北航道是否有开辟及整理之需要及其可能?

(3)西北水力是否有建设需要及其可能?

今且逐条解答之。

一、西北灌溉增加之需要

西北面积虽云辽阔,然可耕地面不过百分之十七,加以气候干燥,旱田每亩所入不丰,一遇旱年则收获完全无所有。故历史上西北奇灾,不绝于书。而最近民国十七年(一九二八年)至民国二十一年(一九三二年),五年陕西之大旱,尤为新经巨创,未可遽忘。若交通未便之腹地外,处粮食输入不易,倘遇大旱,人民直待死而无救。为救荒计,灌溉自有极力扩充之需要,须努力为之以尽水与土之用,以增加生产之力。

若陇海与平绥两大铁路达至西北之腹,交通便利,工业随之以兴,若生产无多,则工业亦难望其发阂。如是则交通利器适足以招外货之侵入而滋利源之外溢。故开发西北宜于铁路未及之先,迎头增加农产。

又为全国富力计,尺土任其荒芜,寸水听其虚泻,皆非计也。土之用不适于耕者,必求其用于牧;水之用不能得于溉与航者,必求其用于力,如是始可以言开发西北。

二、西北灌溉增加之可能性

1.雪水之灌溉　天山、雪山(祁连山)、阴山以及其他西北高岭之融雪灌溉,雪融则膏液下降,雪凝则沛泽中绝,此完全关于气候,非人所可为力。新疆河西之灌溉,可谓发展已尽其能②,故本文姑舍勿论。

2.黄河上游之灌溉　张祐周于其《青海已成及计划之水利建设》一文中③,拟在黄河本身开凿十二渠,上起河源(宿海渠),下止民和,共开渠线长三千余里。除所谓积阴渠(积石至山阴),云可开良田万顷外,于他渠俱未有灌溉亩数之估计。张君之计划

---

① 胡焕庸,《中国人口之分布》谓由黑龙江之瑷珲作一线直超云南之腾冲,分中国为西北、东南两部,则西北部面积七百万平方公里,人口仅一千万;东南部面积四百万平方公里,人口四千万,此不知何所据而云,然未免过于武断。原文载于《中国科学社第二十次年会纪事》。

② 张其昀,《河西之渠工》,载于《中国科学社第二十次年会纪事》。

③ 张祐周,《青海已成及计划之水利建设》,载于《开发西北》第一卷第六期。

诚伟矣,而事实之可行与否未可知也。考黄河积石(大积石)以上,河谷不宽,〈拔海〉(海拔)在三千四百公尺以上,气候严寒,以农易牧,未必遂为得计。自束藏寺(So Tsong Gombo)以北至于循化,两岸支流众多,而河谷亦犹有宽放之处,张君所谓积阴渠,亦即在其处,故此处当不少大可经营之地。然上游之地多为砾石,苟非经河流冲积黄土掩复,颇难即施耕耘。至于黄河本身,河床两侧多为治数,与相邻接者即为台地,其高自十余公尺以至七八十公尺,皋兰上下即其例也[①]。引水溉田,借水车轮以汲高,费重而难举[②]。

黄河上游之所苦者,非水源之不足而在平旷之地少,故经济委员会拟在甘、青大兴水利,而及今测勘所得者亦仅洮惠渠五万余亩,通惠渠七八万亩及皋兰附近数万亩耳,而其工程则甚艰巨。如通惠须凿五十洞,最长之洞千余公尺,几为人事所难能。

窃以为黄河上游之灌溉,仍当求其动力于黄河本身。水车轮之用即其一例也。皋兰人士以蒸汽之力运湃浦汲水,而其经济尤劣于水轮,可见他等动力之不适用矣。上游石峡不少,如洮口上下,即其一例。于此处可筑高堰以水力发电。堰之上游人烟极稀,无所损害,目的在抬高水位,非在蓄水,水库淤积,亦非所虑。水位抬高,堰之上游台地,引溉较易。电力上可达于贵德、循化、临夏、临洮、洮沙等处,下可达于民和、永靖、皋兰等处。皆以其力汲水灌溉,庶可普及于沿岸台地。一之不足,则大通河之大小峡、靖远、中卫之峡,皆可利用以做堰以尽其利也,惟堰旁必设船闸以利舟筏交通。德国方修斯教授(O. Franzius)曰[③]为尽水之利,吾德至少尚须设堰千所,以平均冬夏水量。夫德国既有高堰三十二所,滚堰无数[④],而方氏如是云云。西北面积大于德国,而今仅有滚水堰五六所,水利之相悬何如耶。

愚意开发西北当先于此着眼,即从水文、地质研究着手,其次调查黄河及其支流两岸台地可以利用水电之力灌溉者共若干亩,其虽为石砾而可以泥水灌溉者亦计之。水电场成功,则可代一切水轮,其所费当甚低廉于水轮也。

生产既丰,工业随之,皆可资此天然之力以制造。毛可织为呢,皮可制为革,一切天产皆化为成品输出于外。

水轮之制,大可变更,现时之制,水戽附于轮周,故汲水之高,限于轮之直径,且水戽至轴横以上渐渐倾倚,水之损漏于此者甚多。若易为无极练戽(Endless Chain Buckets)附于水轮之轴,上下以齿轮拖动,以第二图所示则汲水之高,不为轮径所限,而轮

---

① Köhler, *Der Huangho*, S. 84, Morphlogisohe Tabellen。
② 见第三章。
③ *Bauingcnieur*, Hoft 43/44, 1935, S. 448。
④ N.Keten, *Gewichtsstaumanern und Massive Wehre*, S. 260-287, Tabellen。

亦不必求其巨大矣。又轮接之枕，可特设法使可以垂直上下移动，则水面有涨落，可以不致停轮矣。轮周之翼，可按水理改良，使其效率增大。轮之骨干可以就地取材，而轮轴、轴枕、练戽则以钢铁制作以求其坚韧而灵巧。

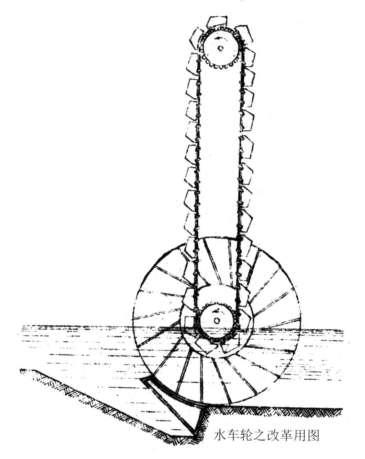

水车轮之改革用图

第二图　水车轮之改革用图

黄河上游，地土既有限而灌溉之费昂，故人以种烟叶、鸦片为利，盖不如此则收获远不足以偿所费。吾国土地广阔，人民众多，医药所需之鸦片，当亦不少。若鸦片禁绝而医药所需取材外邦，则亦非计。宜由政府划国内交通最不便之处，如甘肃、云南之地，限定若干亩为植烟之区而由政府统制，禁止私售，则医药之利不止至溢而地亦得其用矣（按美国 Appalachian 山中以农产物不能运销，乃以高渠制 Moonshine Whisky 酒行销于外与此同意）。

3.黄河中游之灌溉　黄河中游灌溉以宁夏及后套为最广，宁夏水渠众多而弊在渠口分歧，控制不易，维持之费甚昂。又排水无术，积潦难泻，卤碱不除，河水低落，水不入渠。

为统理各渠,著者曾主张于青铜峡筑渡桥设活堰,操纵黄河水面①桥堰两岸开渠分水。东岸者并括东岸诸渠,西岸者并括西岸诸渠,使成为极有系统之灌溉渠,其灌溉面积可以扩增至二百万亩以上。同时建设排水沟洫,使积潦可除而碱卤不生,如是则宁夏富矣。操纵机关,设于一处,水涨除闸,水枯上闸,则四季之水皆可以为用而无溃决堤防及水不入渠之弊。人民免终岁征徭之苦,公家得统驭指导之方,功成可以垂之永久,而桥梁亦可以利东西之交通,事之可为宜莫若是者矣。后套各渠之弊,于第三章业已言之详矣。近绥远省府之计注重开浚乌加河,使其上端可以纳黄河之进水而下端通乌梁素海,达之于河,以使余剩之水有所归泄,如此则全套沟通。复以固堤防,设闸口,使盛涨不为灾而水枯犹能用。以黄河无量之水,使全套之地普沾膏液,亦何不可。近绥远省府方事测量,切望其有满意之结果也。欲富绥西,舍此莫图。

民生渠自民国二十一年(一九三二年)放水之后,迄今犹未得灌溉之效。民国二十四年(一九三五年)绥远傅主席致华北水利委员会电谓,本年秋季民生渠人民自动提闸,灌田二千顷收获甚丰,此盖秋季水涨以之淹溉(Flooding),故有此一时之效也。考民生渠之缺点,在黄河本身之坡度(一比一万)极小,而渠身之坡度(一比八千三百)反较陡,故渠之尾深于河之尾,而水不能泻矣。民生渠以黑水河为归宿,而入黑之处犹在黑口相距四十公里之上游。平时固无所虑,而涨水之时,黄水入渠,黑水同时而涨,则不免漫溃成灾。设水涨时闭闸弗启,则渠等于无用。盖人民之所利者秋水也,而除秋水之外,他水较低,亦难入渠。至于山水无计排泄,渠平易于积淤,尤为其弊。近有心人如安立森(Sig Elliassen)②及张季春③为之煞费心计求改善其渠,使成有用,然终未有完善之策。余以为对民生集不宜求全责备,必使灌溉逾二百万亩而四季之水皆可用,殆不可能之事。即勉强如张季春之计划,设潜堰以增高河水位,因以增高渠中水深,筑长堤(二十公里)以防洪涨,则以后维持之费,尤为不赀,稍一失虞则黄河势将改徙,前功尽弃。又必使渠尾入黑水河之主张,亦大可以放弃。故余对民生渠之意见,以为可就现在干渠之线略加浚治,至第九支渠之口,不复东行,乃顺第九支渠之始向东南行穿之至循黄河旧槽下与民生渠尾相接,导之复归本河。民生渠首之闸可以不设,使黄河之水自由而入,自由而出,如三湖河之例,则渠与河间之面积听人民引水灌溉。水涨则淹溉可也,水枯则用翻车灌溉亦可也。其灌溉之面积得有数十万亩,于计已足,所求者有限而豚蹄之愿可以速偿,固不必强求其盈而靡巨款于不可恃之企图也。反之则黑水河之渠溉大可以整理以益其效,二者并行,使民生渠不与黑渠相

---

① 《黄河概况及治本探讨》。
② Sig Ellassen, *Report on the Sarotsi Project*。
③ 张季春,《绥远民生渠改进工程意见书》。

混,而其中间之余空亦可以穿沟洫以排山水,庶可以不致再为灾害。

秦、晋于黄河东、西两岸之水利,余未敢多望。然善为之,两岸增加水田五六万亩,尚可为之。

山西有自河曲引黄河之水以溉晋北及利用龙门水力发电以汲水溉河津之地①,二者皆恐难为事实。盖河曲引河,限于地形,而壶口及龙门水电问题则以种种关系(泥沙、冰)未易解决也。

汾、洛、泾、渭之间,以及豫西伊洛之区,地土宽旷,不患无田可溉,而患水之不多,之数水者其最小水量如下。

汾河	十月以后水量小至每秒五立方公尺	十二月几等于零
北洛河	最小水量至每秒五立方公尺	十二月、六月
泾河	最小水量至每秒六立方公尺	十二月、六月
渭河	最小水量至每秒四十立方公尺	十二月、六月
伊河	最小水量至每秒二立方公尺	六月
南洛河	最小水量至每秒六立方公尺	六月

渭河除渭惠渠而外,尚有可发展,惟郿县以上,北岸高原,南岸近山,颇难利用。德人巴尔格(Bargue)拟于宝鸡太寅筑高堰著水发电以汲渭水溉高原,建设费八千余万,为吾国财力所弗能几及。郿县以下渭河岸宽,颇难觅筑堰地址。除渭河外,汾、泾及南、北二洛与伊共计小水时不过每秒二十四立方公尺,其灌溉量只能达一百二十万亩,而六月之中实为需溉棉、粟最急之时,各渠之不能尽最发展者此其一大原因也。

欲扩充诸水之灌溉面积,必须蓄水。故汾河有建设四水库(下静游、罗家曲、文峪河及南关)之计划,其总容量可至一万三千八百兆立方公尺。泾河亦早有设水库之议,然皆以泥沙问题,莫之敢决。汾河含泥至重量百分之二十三,时在六、七、八月间;泾水含泥最大至重量百分之四十六,时在七、八月间;洛水最大含泥量亦至百分之二十五。泥水决不能使停留于水库中,故时人多主张蓄清放浊,即自六月以后,浊水听其流泻,至九月后始停蓄库中,如是则水库之效用大减矣。至关中之渠目前先以能做到第一步为止,至蓄水扩充,当以俟诸异日。

4. 西北潜水之灌溉　西北黄土层厚,地下水深,故用井水灌溉者,只限于各河冲积层,或黄土稍薄处。以汾河、渭河及南洛河之郊为最盛。井水灌溉在西北亦自有可以发展之余地,然而无多,充其量数万亩而已。渭河之北土地平衍,泾惠膏沃所不及

---

① O.J.Todd, *Preliminary Report on Hydro-Electric Development in Shansi*, 1934。

者颇可以井水补充,惜水含〈域〉(碱)卤能用者甚少也。

5.其他诸问题　此外,则事虽非属于灌溉而颇可以增益农地面积者,莫如治河,如汾河、渭河之下游,黄河龙门至潼关及潼关至灵宝之间,河道皆素称善徙,肥沃良田辄受其伤害。此数处者若固定河床,又能于上游设拦洪水库以减其泛滥之势,则可增加农作之地面当不下五百万亩,皆润泽而无须灌溉者,是又应注意者也。黄河及渭河中游亦有类乎此者,其面积则微小耳。

西北黄土区域,地多沟壑,愈阔润而深,农田之见废于此者不可胜计。是应仿日本及美国砂防工事大规模经营,则由沟壑中挽救之土地,亦当不下一千二百万亩(按黄土面积百分之二点五计)。此等地面距潜水面较近,润泽良多,皆良田也,且以此而减少黄河下游泥沙,功绩更大。

黄土面积之不能灌溉者当设法以多蓄雨雪,减少蒸发。是宜平治陇畔,广开沟洫,使雨雪得深入地内,不致径流或散逸地面蒸沸而去。又西北土壤特性,黄土层下多有红黏土层,若将红土层做潜堰与其倾降方向正交,则渗漉之水亦可多蓄地内。谚曰:黄盖垆(即红土)力量大似牛。盖以黄土渗入之水,有垆土盛之,以待禾根之吸收。若能广其盛量,其力不更大乎,见第三图。

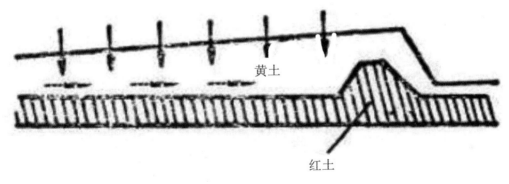

第三图

三、西北航道之需要及其开辟之可能性

西北之困苦,困于交通之不便。即令铁路通至腹地,然距海岸辽远,货运至津沪不能与纽约、汉堡来者比廉,遑论大阪、神户。近陇海铁路始达长安,而渭北土产已不能运至铁路以与豫中来货相抗,遑能运至海滨乎。故西北将来尤须就所有较大之河道尽量整理,以求其至少限度,使下行货物便利,水脚便宜。

惟整理河道非易事也,其需款恒以数千万计,使所得效果不足以偿之,则莫之肯为也。矧在黄河中卫以上无数砂礁,欲使化险为夷,轮舟通驶,万难如愿。中卫以下,河床宽衍,沙底易动。尤以绥西一带所谓破河,水流散漫,舟行其间,几不辨河槽方向。民舟且不易行,况乎轮船。窃以为求之于水道不得其便,则当求之于行水之具。宁夏以上所以盛行牛羊皮筏者以其便也,然则此牛羊皮筏者庸不可改善之以益其载量,利其行驶耶。湟河大小峡诸险,皋兰以下诸滩之险,应尽人力除其大害,以使行旅安稳,而筏制则应由能者为之设计改良。至于中卫以下则舟之构造,亦可仿牛羊皮筏为之。查欧洲船闸之巨者,其闸以钢制之,重可知矣,而能有所谓浮门(Schwimmtor)。浮门之制于门体中设有气函(Luftkammer),函中空气可以唧器虚之实之使其得浮。然则行于黄河之船徒不可如是为之也。船以钢制中设气函,其上拖力得以机器调节之,使有百吨之上拖力则可以载货百吨而浮,甚至拖船之力艇亦可如此为之。如是则吃水不深,或竟全浮于水面上下行驶,自可如意。著者以为提倡黄河交通者应特注意是点,最好详察河道情形,四时变迁及一切对行船有关系诸因素,明定要则,悬重奖以征求便利驶行黄河之造船设计,不拘中外造船专家俱可应征,则西北水道交通必有解决之一日。此问题若有完满解决,则四千公里之黄河,及其支流如洮、如湟、如汾、如渭,如南、北二洛皆灵活矣。其他小水如套中诸渠,如无定河、延河等,亦何尝不可加以整治以为内地交通一助哉。

四、西北水力之需要及其开发可能性

西北水力今之见用者不过旧式水砬(磨)以磨面榨油而已,黄河上游本身及其支流设水〈砬〉(磨)者甚多,更有设于船上者。近则人常注意及水力发电问题,壶口、龙门尤为人所重视,往调查测勘者先后已有数起,而俱未获解决途径。

水力为制造最廉之工力,日本之货物得以倾销于全世界者,可谓其近十余年来努力水电之结果。西北之天产增后,制造必兴,制造之条件,一为原料之充美,一为工力之价廉,二者兼之,庶足以得价廉物美之成品以向外推销。故西北水力之需要,较之其他各地尤切。惟以水多含泥,水力场之设计颇难,然非不可能也。尤以黄河上游如大通、如洮、如大夏,水清之时甚多,黄河本身事可为大力之源,以供灌溉及制造之用,前已言及。如善利用之则青海、兰州、宁夏一带可成为工业重要之区。其工业以皮革、呢绒、药品、化学工业及木材为主,乳酪、牛羊肉脯亦可成大宗,此数者皆可以供及全国而抵制外货。壶口之名虽震中外,然此可用之价值,远不如宁夏以上,因其地太僻而天产无所有也,龙门则较胜多矣,因河东、河西可以化为工业之区也。

关中诸水由秦岭来者建瓴之势甚多,可用以发电者以灞河为最,且地近长安尤为有利。陇海铁路若达宝鸡,则渭河、太寅或石门峡之水电场亦可兴建,要之水电之力随工业之盛而发展,工业则因交通之便而昌隆,三者相因,彻始彻终。善谋国者无失天时,无失地利,无失人和,则西北之开发庶有冀乎。

第五章　缀言

　　以上就西北水利情形略进改善之计,然西北大部分农产非出于灌溉之地亩而出于旱陆。旱陆有平原者,有台地者,有坡地者。汾河、渭河之域平原尚多,至陕北甘陇则几尽为台地或坡地也。坡地之陡有至三十八度者①,其耕耘甚难而有害于河流特甚。故西北重要问题除水利之外,尤在于治地。凡农作之地必治之使平适于蓄水及耕作。坡陡之地不能耕作者,则宁禁止农耕而使其用于畜牧及森林。

　　普鲁斯(Major G.D. Bruce)曾谓②甘肃、青海之地,虽居民甚稀,然颇有畜牧之价值,所惜者中华民族非畜牧之民族耳。窃意在古昔时代胡汉相仇,故吾华族不得不远扩疆土以为屏藩。今则中国领土之内■■一家,吾华人既不惯于畜牧,则当利用西北惯于畜牧之民,如■■、如■■、如■■,皆使尽其力于牛羊之生殖,当利用西北适于畜牧之地以补农力之缺陷。尝见欧人游历新疆、青海、甘肃、宁夏者,莫不欣羡为极乐之园,而吾华人一往其地,则蹙额嫉首以为无可开发。此无他,欲化西北为东南,决不可能之事也。西北固有其特长,利用其特长以为开发之计无不可也。今之摩登亦且习于呢革、乳酪矣,而呢革、乳酪必取之英、美,而自弃其呢革、乳酪之府藏,则何其不思也。

　　西北森林,极为需要。盖以流域之水,有行于地上者,有渗入地内者,有浮于空中者。空中之水使不逸出本流域之外,则常有复凝降于地之可能。然群山濯濯,遍地不毛,则空中之水逸出之机会多,而海洋之水驰来补缺者亦失其凝降之机会。故培养西北水源,森林不可不力加培植。至于材木之需随工艺之发展而益增,自为人所共晓。

---

① G.B.Cressey 所量,见其所著 *China's Geographic Foundations*。
② Bruce, *A Journey across Asia from Leh to Peking*, *Geographical Journal*, 1907。

西北畜牧意见书

（一九三六年）

全国经济委员会第某次会议，通过提倡西北畜牧以利黄河一议，并拨两万元作购苜蓿草种之用，诚有关切要之一举也。

年来谈治河者，莫不注重于西北岭地之护林。以森林为治河政策，在欧、美二洲，辩论之者纷纷然也。余不敢为森林与治河无关之□议，至少森林可以调节气候一部分，殆无疑义。惟待森林而治河，是犹言为痴之。待治者曰：吾将遍游灵山采集仙药，以百年为期，誓必得药以疗此疾。盖求森林之足以防止冲刷，节制洪流而有效，必其覆蔽之广，超过流域面积之半而后可。土地如是其广漠也，交通如是其不便也，为治河而植树，民人不以为利。国家如许其力，森林之功，将何由而举？

黄河之为害，不出乎二端：一为洪流之过猛，二为泥沙之过多。节制洪流，森林既不可恃，其他法则，惟有设拦洪水库及多开沟洫。沟洫之效由宁夏入大渠，及后套十大渠可以消洪水之半，可以见之。兰州之洪水峰高逾丈者，至开封几无影响，其道远而中途消纳之多故也。下游之受祸甚亟者，厥惟渭河流域之水，晋、陕山谷之水，豫西伊洛之水，其来也速，其积也厚，故足以摧堤毁防，使河上人员措手不及也。故龙门之下黄河两岸，宝鸡以东渭河两岸，多开沟洫，以消洪水，必能得其益也。惟沟洫以灌溉为主，灌溉以土地坚定为依，故固定河槽，应先乎沟洫而行之者也。

拦洪水库，余向主研究而未敢轻信。近以洛渠拦水坝淤填之速（泄水闸门关闭，库内容量八百万立方公尺，凡十四日而淤平），对于拦洪设库益加惴惴。尤以下游人民与水争地，大水不致争筑民埝，河防人员因循怠忽，一旦水库失效，则其为祸之巨，不堪设想，是殆不可轻于尝试者也。惟黄河水利委员会测量主任安立森建议于孟津之上三门之下八里胡同设拦洪库，为最可研究试行者，其优点有三：处深谷之中，无所损伤一也；水被夹□□于□□，山鼻凿洞以泻水，两岸山溪清水可以防其刷淤二也；将来库内淤平之后，虽失停蓄洪量之效，犹有平缓水势之功三也。故安立森创之，余赞助之，且为之特设计，谋以减其淤而利其刷。而将于天津第一水工试验所试验官厅水库时,决其成效也。

泥沙之来源,一由于田地之削蚀,二由于河岸之崩毁。河岸崩毁可以固定河床止之,此河工之事也。田地削蚀之防止,其事则在乎农人。耕镬而耕耨之,土圩而为大雨洗去,足以益其削蚀也。灌木丛生,细草绵芊,足以止其削蚀也。上游农夫不知河之利害,惟择其有利者为之而已。

盖太古时农业未展,人民概事游牧,西北之地遍覆草树,牛羊繁殖,其时河与渭泥沙必不如是之甚也。其后人民沿泾渭河汾逐渐乔迁,易牧而农,而平原之地渐垦矣。其后平原之地不足,而山原之地亦渐辟矣,于是黄河之情形亦大异矣。

（按：此文后半篇遗失）

整理秦岭山下各水

（一九三七年十月二十五日）

各位同人：本人今日特提出一个"整理秦岭山下各水"的重要问题,为我们技术同人讲讲。在此国难严重的今日,举办需款较多一点的灌溉工程,政府已无力来办,如黑惠渠本来工款已定,但政府因财力困难,已令缓办。可是我们同人在抗战期内,必须寻一件较为赀省效宏、可以增加生产的设计研究去做,以尽我们的职责。秦岭山下各水在平时尚无大害,但是一遇天雨稍多,山洪暴发,堤岸崩溃,淹没田禾,尤以长安附近浐、灞、沣各河为最盛。如此次灞、浐等河决堤成灾,不特冲没民间田庐,冲毁公路,即铁路亦受其威胁。关系之重大,岂仅人民生计问题。虽说现正修筑,然总非根本治导不可。值此非常时期,军运浩繁,纵铁路运输,尚较便利,但我们自己急需设法整理,使各河不再决口,不但不再危害公路运输,并可大量增加生产。惟秦岭山下各水甚多,我们整理,急应先从沣、浐、灞等为害较大者,着手筹划。兹分别说明于下。

一、预备工作

灞、浐各河,我们已经施测,绘有一万分之一平面图,并有航摄图幅即可参考。现时应做之预备工作，依据所测平面图推算。

（1）各河两堤间面积，各有若干平方公里。

（2）堤内堤外，寻常洪水可以泛滥面积若干平方公里。

（3）两堤间滩地，可以种植的有若干亩。

（4）寻常洪水，最大洪水需要断面若干平方公尺。

（5）若将各河整理以后，可以增加垦殖面积若干亩。

二、设计工作

（1）各河堤大都年久失修，堤身薄弱，须设计整理，加高培厚，使永远不再溃决。

（2）丁坝工程，尤以透水丁坝，费小效宏，应设计修筑，使河流集中。

（3）各河河口，积沙甚多，致水不能畅流。应设法整理河口，使积沙渐渐冲去，以利宣泄。

（4）各河桥梁，年久失修，桥洞泥沙满积，阻碍水流，为害甚大。须设法整理疏浚，使洪流得以畅泻。

（5）各河暴涨，大都因泥沙过多，水不能畅流。应设法在上游设拦沙坝，减少沙石来源，使下游河身，不再淤塞。

三、垦殖工作

（1）调查两堤间之滩地，官地若干，民地若干。大概河滩多属官荒，将来呈请省政府统交由水利局执管。人民垦种者，每年每亩酌量纳租。将来整理河道淤出之地，亦可招人民领种。

（2）人民垦种滩地，如遇洪水冲淹，收获受损巨者，查明情形，免其纳租，以示体恤。

（3）所收租金，即由水利经费保管委员会保管，作为治理各河专款，不得移作别用，达以河治河之效。

（4）人民种植，对于作物种类，适宜与否，一概不知，并有在河心栽植树木者，阻碍水流，为害甚大。滩地种植，须加以统制，由本局切实指导，免致妨碍水流道路。

以上所说，有关工程法律等等，由今日起，即由技术室、水功科、水政科各同人会同讨论研究筹划设计，以便审核早日施行。

第二渭惠渠

（一九三七年）

渭惠渠自客岁十二月十五日放水典礼后，第一干渠扶风、武功一带，农民引用溉田者甚多。刻第二及第三干渠虽值冬令森严，天寒地冻，工作仍未稍懈。若大局稳定，本年夏初五渠可以全成，溉田至咸阳以东，将来或可拓至泾口与泾惠渠区域相连接。

渭河水量丰裕，用之不竭。渭惠渠最大水量为每秒三十立方公尺，然渭河寻常水量总在每秒一百立方公尺左右。况鄠县以下又纳左、右两岸支流不少，任其滔滔东逝，殊为可惜，因之余又有第二渭惠渠之拟议。

余昔日主张开通渭河航槽以利农运，故未敢轻言于下游引渭灌溉，继思陇海铁路已通关中，则渭河航业颇难发展，矧河工用款不赀，一时难举，于是复言灌溉。

第二渭惠渠引水应紧于北岸交口之下游，其对岸则溪口、零口之间也。择地做滚水堰应于零河口上，并于南岸筑堤至溪水河口止，所以保障农田及铁路与公路也。堰上水面抬高三公尺，使渭河之水由石川河倒灌而入三公里许，于此开渠东北行约至铃珥镇入洛河，是为干渠。由此按地势倾斜开支渠，作东南向，除大荔沙苑地高，灌溉所不及外，统计灌溉面积可至一百万亩，其工费作二百万元。

临潼、渭南渭河以北之地多含碱质，井水多苦涩，故灌溉之外，亦须注重排水。本灌溉区域东南隅有沙苑之阻，宜经孝义、来化、羌白等镇穿一排水干沟入洛河以利排水，其西部则可径排水入渭也。

第二渭惠渠成，渭河以北将成极繁庶区域，其农产或由渭河或由陇海铁路外输皆甚便利。即沙苑本身亦可大事开发，以种花生，植桃、杏，无丝毫可弃之土也。

渭河航道因第二渭惠渠堰之故，势必分为两截。下截至交口而止，上截因水面堰高行舟更便。如有货物交通可至交口易船而载，因渭河货运未发达，故一时不能议及建筑船闸也。

泾、洛、二渭四渠合溉三百万亩，附以其他五惠及整理旧渠，关中可有灌溉面积四百万亩,则农产可裕,民力可富,以之训练士卒,广施教育,可以固西北之边防,御日人之西侵。绥远可辟之农田水利八百万亩,宁夏可辟之农田水利三百万亩,若于中卫穿贺兰之余脉,引黄河之水以灌阿拉善区域,则可辟农田水利一千余万亩。于是屯垦重兵使敌人不敢觊觎,是诚西北之要图,捍御外患之实资也。

倡办三渠民众教育议

(一九三七年)

三渠者,泾惠渠、渭惠渠与洛惠渠也。三渠既成,农田受益,人民富庶可卜。然养而不教,民智弗启,则其益难普。余乃进而倡民众教育之议,其目的有三。

第一,利用三渠职员,使其公余之暇,教民众识字,并灌输农田水利之知识。

第二,使民众与三渠职员常相接近,相敬相爱如师友。

第三,开启人民爱国合群之心理。

目的既定,乃定办法。

第一,每一渠设立民众学校若干处,凡有监工处皆设一校。

(1)泾惠渠民众学校设于社树等处,凡若干处。

(2)渭惠渠民众学校设于余家堡、绛帐、武功等处,凡若干处。

(3)洛惠渠民众学校设于洑头、曲里、河石、义井等处,凡若干处。

第二,招收学生。以失学儿童及成年以上未识字者为宜。

第三,民众学校之课程。为识字、写字、习算、公民、农民、水利常识。

第四,民众学校之教师。即以各渠职员轮流充任,完全义务。

第五,教学时间。每日以二小时为限,农忙及渠务忙时暂停。

第六,设备。每处备黑板一面,桌凳若干,由公开支。课本纸笔由学生自备。关于农业及水利上之常识由水利局编为讲本,教者依以讲述,不发课本。其他各门俱用教育部审定课本。

第七,问答。农民对于农业及水利上有不了解之问题,可随时向学校请教。

第八,学生过多者,分日轮流教之。

第九,奖励。每年终考核一次,如有聪敏勤学成绩优良者,由水利局给以奖励。教学成绩特佳者,亦由各管理局呈报水利局加奖。

第十,期限。此项民众学校并无限期,永久继续办理。

第十一,推广。成效若著,推行于其他各渠。

第十二,本办法由省政府核准施行。

巩固西北边防策

(一九三七年)

日人之志,不仅在东北已矣,盖其抱有统一亚细亚全洲之野心,则必囊括满蒙以及新疆,仿成吉思汗之遗迹,北可以驱逐强俄,南可以鞭打中国,其目的实在乎此。至其沿闽、沪、津,而骚扰,则所以乱中国使其力不暇北及耳。

日人之志苟遂,则其为中国祸,远甚于周之猃狁、汉之匈奴、宋之辽金元。盖昔时之患仅在北方一面,而此后之患则南东北被其包围也。

沿海一带日人尚有一些顾忌者,泰西诸国之势力梗之也。使吾国善于外交,犹可维其均势于一时,若北向则仅有一俄足以为日人之敌,然希特勒足以掣俄人之肘而为日人之助。日人若得内蒙古,则可以大元主义使外蒙古附〈已〉(己)。其势力既坚植于中亚细亚,则南侵大江以北之地以为己有,若泰西诸国自相争蚀,无暇东顾,则日人遂吞中国全国矣。然后以中国之富供其所训练强胡士马,以驱逐赤俄于乌拉岭之西,于是其大亚细亚主义成矣。

故满蒙政策者,日本帝国主义之基础而中国立国之所必与争也。今祸迫眉睫方起而图之,已觉太晚。然民气犹盛,政府若以全力挽救,犹可及也。

第一,宜固守华北。以北方镇□之大权畀于太原之阎(锡山),使与保定之宋(哲元)、济南之韩(复榘)、归绥之傅(作义)、宁夏之马(鸿逵),牢固联结,而以蒋(介石)委员长之精诚灌输之,中央之实力接济之,使成一牢不可破之长城;一面清除汉奸,则守领土,敌来则应,勿自戎首。

第二,中央宜以最大之力促成西北铁路交通。

(1)先筑咸宁铁路,自咸阳经乾、邠,沿泾河而上,经庆阳、环县,越山脊沿山水河而达金积,约七八百公里。所过多黄土原岭,工程较多于甘、蜀。宜尽速成之,限二年通车。

(2)由金积经宁夏、磴口、五原而接包头,与平绥相连。路线长约七八百公里,沿黄河而行,宜于通金积后即尽先成之,限一年通车(路基工程不待通金积可先为之)。

(3)由金积经中卫沿长城而西,经武威、山丹、张掖、酒泉、玉门、安西而达新疆。宜与第二路线同时开工,积极西展,限三年通玉门关,路线长约一千八百公里。

第三,积极垦殖以充实国防实力。

(1)扩充宁夏及绥远水利,移民屯垦。

金积、青铜峡口可跨黄河做一坚固之桥,以通铁路及车驼。此桥用石作基础。桥孔施以辊堰(Roller Dam)抬高水面以溉河东西岸之地。同时两岸之地施以排水、整理工作,使良田达三万顷。此桥即时着手测量、研究、设计、准备材料。石料就地取材、洋灰由包头舟运向上,或就地设厂制造。先做桥基,使铁路通至金积。桥基已就,桥梁、辊堰钢料随铁路运至工地,半年可以装就。

后套、三湖河及民生渠诸地,就原有诸渠加以整理扩充,使达良田四万顷之数。

河西诸地灌溉,随铁路之西展,大加整理,使武威、敦煌一带地良田达五万顷。

以上屯垦之地带与铁路交通相联属,共良田十二万顷。每顷每年收获百石,共一千二百万石,可养兵民四百万。河由五方寺出长城,是否可以堰其大部分灌阿拉善山以西大片面积之碛地,然使澄清之水由磴口之北复归于河,未亲历其境,殊不敢决。如其可能,则可变沙碛为良田,且沿渠遍植林木可防沙漠之内侵,而河患亦减。中央应派工程专家一勘测之,此举若成,可护良田三十万亩。

(2)除以上所举屯垦区域外,所有内蒙古草地,皆作为屯牧区。教导蒙古族人民改良品种,蕃殖经营。政府宜大规模沿铁道路线设立工厂、皮革、呢绒、乳酪,连销内地,以裕边廷人民生计。

第四,大规模移民实边。山东、河南、山西、湖南之民皆适于移处,宜分作三期移之,咸宁铁路未通,先以边防需要之兵士为额,使各携室家。比如兵额五十万,则连室家一百五十万,且耕且守。所有土著老弱及吸食鸦片之惰民,移置后防,另加教养。

所有蒙古族人民、回族人民切实指导辅助,提高其知识及生活程度,使与汉人无所歧异,回族人民列入屯垦,蒙古族人民列入屯牧,加入内地聪明才干之人为之■■。

第五,内蒙古稳固后,联络外蒙古与苏使各携分疆而治,缔结不相侵犯条约。

第六,西北实力充实武力可恃,再固恢复失地。

(1)政府宜设立西北经济建设专局(不为要委员会),以长安为中心,以上所举诸地为其工作范围,所有铁路、垦殖、牧畜、水利,皆由本局计划实施,政府宜界以庞大之经济实力。

（2）本局只担任建设工作，至于移民、屯垦、屯牧，则中央政府为之策划，重要疆吏为之实施，本局工作追随之与之一致。

巩固西北边防策略

（一九三七年）

日人之志不仅在满蒙已也，而心以满蒙为其始基。盖以中国之大，若仅恃兵船陆战队绕南北洋沿岸各地，则其流毒亦不过如明季倭寇饱掠而已，不足以致中国之死命，足以并吞中国者必据有满蒙之地，如周之猃狁、汉之匈奴、宋之辽金元、明之建虏，或扰乱中国使岁无宁日，或竟吞亡中国。噫吁嘻！是可畏也。况乎■■、朝鲜、■、■既为其所有，今又肆力西顾，若内蒙古全失，新疆、甘、宁继之，则是合辽、金、元、建虏、倭寇之势力。莫以其优越之武器，其为祸较之周、汉、宋、明不啻十倍百倍。复得蒙古西域强悍之民族以为其用，则以兵舰示威于沿海，胡马蹒躏中原，中国以政治之松懈，政见之分歧，阋墙之叠见，内争之不已，其亡可立而待。彼然[后]以中国之人力、物力厚其势力，北以驱逐强俄于乌拉岭之西，南以收拾交趾、缅甸、暹罗及马来群岛、菲律宾、爪哇等地，尤复不已，西夺五印，南扫澳洲，以与素不合一之欧洲诸国争雄海上。惟其抱如是之野心而非其三岛之力所可及，故首必灭中国。中国之亡于日本非仅如宋、如明之亡其国，且将亡其族。噫吁嘻！危乎迫哉。

国亡、族亡非任何人所能甘也，必起而抗之。抗非仅以螳臂当车之怒、匹夫血气之勇、高呼口号之所可望其有丝忽之效也，必自充其实力。实力惟何？曰民与器。民必有识，有力，有精神浩勇之气，有和衷共济之心，必其身可以壮，家可以养，志可以强，而后可谓之有民。器必求其新，求其足，求其善用而不虚耗，求其必以摧敌而不以资敌，夫然后可以谓之有器，实力之分配上为要事。就今之所急者曰沿海、曰沿江、曰沿铁路干线、曰边防、曰内腹蕴藏，皆无不急且要。而目前之尤急者，莫若西北边防。政府人民宜力图之，西北边防不守，则全国亡矣。

欲巩固西北边防必充其实力。然交通不便，实力莫由充也。即充土不可守也，故有数铁路,不可不急起修筑。

第一篇　国防铁路

第一,同蒲铁路之北段。由太原达大同,长约二百七十五公里。

第二,咸宁铁路。由咸阳经乾县、邠县、长武、宁县、庆阳、环县,越灭房堡、金积渡黄河而达宁朔,长约五百五十公里。

第三,宁包铁路。由宁朔经平罗、石嘴子、磴口、五原而达包头,以与平绥相接,其长亦五百五十公里。

第四,宁玉铁路。由宁朔经中卫,沿边城,经武威、酒泉而达玉门关,其长一千二百八十公里。

此数路者建筑之费,每公里平均以十万元计,则:

(1)同蒲铁路之北段,二千七百五十万元。

(2)咸宁铁路,五千五百万元。

(3)宁包铁路,五千五百万元。

(4)宁玉铁路,一万二千八百万元。

共计二万六千五百五十万元。

此数路者国防路也,故不能问其经济之损益,苟欲保全中国领土,所必为而无可置缓者也。

夫外蒙古已非吾有,新疆虽名为我有,而实若无有,则以俄人有铁路之迫胁,而我则辽远不相及也。故上所举四国防路若成,则内可以及边,而始可以言充实,而始可以言巩固。反之,不是之为则虽幸免危亡于目前,亦难保持于垂久,故不可不立起而图之也。

次言其方法。

第一,同蒲铁路之北段仍可依其全线之轨间及设备,令山西省政府自为之,而中央加以补助。其轨间既狭而设备简单,则每公里之值或五六万元可是也。然恒代山路惟艰,故不能不多为之筹。山西省府或已有测估,未之知也。

第二,咸宁铁路、〈咸〉(宁)包铁路、宁玉铁路三路,宜以中央之力同时并举为之。其法以咸阳及包头为材料输送起点,同时设立三路工程局。

(1)宁包铁路工程局驻包头,先办测量、路基、桥基柱工程,限三年成,铺轨之事亦可相抵而进。

(2)咸宁铁路工程局驻咸阳,同时办测量、路基、铺轨工程,限三年通宁朔。

(3)宁玉铁路工程局驻宁朔,先办测量、路基、桥基柱工程,限四年成。

（4）咸宁铁路通至宁朔后，再铺轨向包头，限半年通宁包铁路；铺轨向玉门关，限一年通车。

（5）金积黄河铁桥，宜于铁路工程自咸阳开始时，同时动工做桥基桥础，其钢架桥梁以及附设之活动堰（见后）及启闭机械，亦早于铁路通金积之前制造齐备，于铁路通金积之日陆续运到工所，即行安装。未安装之前，亦可先为便桥以运轨料于河西。

此数路者，虽曰国防铁路，而亦实有其经济之价值，盖大同为代北重镇，其重要性仅次于归绥及张家口，设一旦察省（原察哈尔省）有事，平绥中断，则所以连（联）络腹地，不能不于是赖也。咸宁铁路之所经若乾、邠、长、宁、庆、环一带，实我有周民族发源之地。邠、长二县泾水支流颇饶灌溉，故《豳风》"流火"之章，桑麻稻菽应有尽有，现时仍为产水果有名之区。宁县、庆阳、环县一带，沿马连河西北行，两岸平旷高原，地广人稀，耕作者微，畜牧者多，往往一家之计，牛、羊数百至千余头，苟交通便利，经理得其人，则卜式助漠之功不难再见。宁包铁路及宁玉铁路二路所经如五原、临河，如宁夏平原，如中卫，如武威、山丹、张掖、酒泉、敦煌等县，无处不有大规模之灌溉，稻、黍咸宜，牛、羊茁壮。如各路连通，大兴工艺，若乳酪、若呢绒、若皮革，运供全国，辅以盐、煤等矿，以供陇、秦及汉中等地，如此则兹数铁路者，亦非尽不经济者也。

复次，西北地旷人稀，铁路通后则可大事移民，居民渐庶则铁路之营业亦盛。今日西北之贫困，一由于外蒙古之断绝交易，二由于新疆之不相往来，三由于本地之苛捐杂税。人民生计愈困，愈显偷惰，然非其本性如是。凡此诸弊，皆可以铁路交通救疗之。

发展经济一以充实西北边防实力，一以裕铁路之收入，其设施虽有先后，而筹划则允以铁路相辅而行。兹分别言之。

第二篇　农田水利

西北农田水利之可发展者，一为渭河流域，二为黄河流域，三为弱水流域。

一、渭河流域

渭河流域水利之可发展，属于渭河北岸者曰洛、曰石川、曰泾、曰渭、曰汧；属于渭河之南岸者曰石头河、曰霸王河、曰汤峪河、曰田峪河、曰黑水河、曰涝、曰沣、曰潏、曰浐、曰灞、曰赤水、曰敷水，其他小焉者不之计。诸水利之中有完全新关者，曰泾惠渠、曰渭惠渠、曰洛惠渠，溉田共二百万亩，或已成，或届垂成。其他可以开发者：①就民间已有堰渠加以整理，约可增加灌溉一百万亩，需工费二百万元。②渭河若不注重航运，则于下游交口（石川河口）之下做堰，使水倒滚入石川河内一公里，开渠经固市镇至船舍入洛河,可灌田八十万亩(是段面积共一百四十万亩,除去道路、河渠、房屋及沙苑之沙所占面积),以为第二渭惠渠,计需工费二百万元。

关中为西北门户,将来对西北一切建设事业应以关中为策源地,故关中当庶宜首图之。除诸渠外,尚当辅以凿井灌溉,以补渠水之所不及。此则可由政府贷款补助,加以指导,令人民自为之。若为之得法,亦可沿渭河两岸增加灌溉面积十万亩。水利既兴,当极力改良农事,并整理土地,以增其收获。沿泾河而上,其小支流灌溉虽亦有可加整理扩展者,而极有限。至于宁、庆、环一带则河深地高,更难发展,理县之北,则水带盐质,更不相宜。于此等处,只宜广植树木,遍种苜蓿,作为牧畜场所。然平原之宜农者仍敦其农事。斯数县者地亩大抵属之强豪,往往其所有之地十倍百倍于其田赋亩数之额,铁路一通当首先整理土地,划分林地耕地,收地界限,审定地权。凡非法所占者收为国有,以畀耕农及业林业牧者,如是则人口可骤增而牧产可裕厚也。

考秦蒙恬经营河套,筑驰道,堑山堙谷,上达上郡,下通咸阳,盖沿泾、洛二流域之水脊而行,过中部之子午岭北抵河套,今其迹犹存者(合水东百余里,俗称圣人条)。然此路过于贫瘠,不知沿马连河之经过数县治也。逾分水岭保牛堡而北,延山水河而下,达金积则为宁夏灌溉区之起点。

二、黄河流域

(1)宁夏十大渠之灌溉(连中卫二渠在内),共计灌溉只七十一万余亩(据宁夏建设厅统计),然黄河东、西两岸可施灌溉之面积,按图索之,当在三百万亩以上(其面积总计有五百万亩,道峪、河渠、房屋、湖沼去其五分之二)。然现有之渠所以不能灌溉如此之广者,其原因有三:①水源利用黄河涨水,故河面低落水不能入渠也。②水领(水头)不足,流弗能及远也。③民力甚艰,弗能多辟也。此外农田收获亦未能达于完满,其因:①由于排水制度之未善;②由于农事之不精。若灌溉制度与排水制度益加改善,复改良农事,则其收获必能数倍于今日。

首言灌溉制度之改良。十大渠中之美利渠及七星渠二渠,源于中卫,且地面有限,灌溉共六万四千亩。美利渠处北岸,苦入水不畅。七星渠处南岸,苦山水冲崩,略加改良可也。若青铜峡以下东、西两岸,秦、汉、唐、清,以及最近新开诸渠,皆可归约于一系统之下。其法青铜峡百八塔处,跨黄河必须建桥,以通火车、车马骆驼。桥下石矶之间,可安设活动堰(以辊堰为便)以造水领,使低水面升高二公尺许。其形势略如第一图。

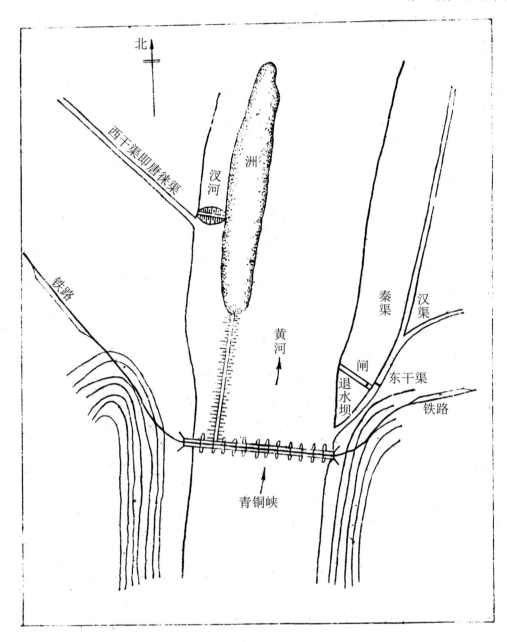

第一图

东岸延石矶做坝连于岸，于其间另开渠口，名曰东干渠。下通秦渠、汉渠等渠，洛惠渠为其支系。故其他渠口皆可废，而统于桥上操纵之。桥下二公里处，可做退水渠闸，通于黄河，以为冲刷干渠淤泥之助。东干渠之下，就旧有本渠整理，扩充可得灌溉面积至少一百万亩，较之秦渠、汉渠二渠原有灌溉增加二倍。

西岸由桥下做引水坝，按原有迎水坝址。上连桥矶，下连河洲，就唐徕渠口套河做土坝,使桥下之水为引水坝所引水者统归于渠,名曰西干渠。故凡旧有汉延渠、大清渠、惠农渠等渠口,皆可废也,而统于桥上操纵之。套河土坝靠进水渠口之侧可做冲刷闸,以为冲洗泥沙之用。西干渠下游就旧有各渠整理扩充,可得灌溉面积二百万亩以上,较之原有灌溉增加四倍不止。

宁夏各渠向来各渠余剩之水,湃之于各湖泊,故湖沼甚多,宜另做排水系统使湃之于河。如此则碱质可以去除,而良田面积可以增加。工费略估:

黄河大桥	五百万元
活动堰设置	二百万元
各渠整理(堤闸等工附)	一百万元
共计	八百万元

(2)至于后套之水利,向亦用黄河涨水,水领缺乏,毫无节制能力。水小则不能入渠,水大则破堤毁田,其灌溉面积,遇潦年则可至二百五十万亩,旱年则仅五十万亩。然按丁、翁、曾《中华民国新地图》计之,则后套全面积不下一千二百万亩。除去河渠、道路、湖泽、房屋等及沙碛不可耕种之地占其三分之一,亦约有八百万亩,然而不能达于此数者,则工事之未尽也。窃见磴口之下十余公里,河中有洲,若筑堰高三四公尺封其洲左之套河,而于套河中左岸开渠口,引渠沿汽车路东北行,至十八顷地转向东又东南,约与黄河之流始终平行,而通乌梁素海,复由海穿渠于黄河通。以此渠为供水之总脉,由此分脉络,皆由旧渠整理,整缮其堤,改良其闸,并将乌加河加以疏淤,通乌梁素海以为各渠余水之委。进水及分水处俱各有闸节制。如是则供水与排水皆有整个之系统,可以尽灌溉之效力矣,河套水利增加八倍。工费:

堰工	一百万元
渠闸工	三百万元
共计	四百万元

此外民生渠、民丰渠及大黑河、小黑河各渠,亦可加以整理,使其灌溉面积须达一百万亩之数,应估工费为一百万元。

(3)黄河自靖远北行至五方寺(海拔一千三百三十四点四七米)出长城,东北流至中卫之张家堡复入长城。在此段间,两岸皆石山,高四五百公尺,河床之宽仅一百公尺。余以丁、翁、曾《中华民国新地图》度之,黄河与阿拉善区域相隔之山,亦不过五公里左右耳。若穴而邃之,使黄河于盛水时得分其余沉以灌阿拉善沙碛之地,则变沙碛为良田,其亩数不可限量,又可以黄河流量为之限制。盖黄河低水用于宁夏后套及萨托灌溉区,面积凡一千二百万亩,已需每秒三百六十立方公尺之流量,绝无余水以灌他处。故欲灌阿拉善区,只可用春季桃花水及伏汛之水,以种春麦及稻菽为宜。设能引三百秒立方公尺之水量,则是亦可盛田千万亩。每亩值法币五元,则共有五千万元之收益。每亩每年收获十元,则每年有一亿元之收获。至其工费粗估如下:

黄河筑滚水石堰	五百万元
穿隧道	一千万元
开渠	一千万元
共计	二千五百万元

以二千五百万元之工费,可得每年一亿元之收益,事之可为,莫过于是,而因之以减少下游水患,减少黄河泥沙,其益更多。惟该处实际情形如何,尚须政府派技术人员亲历考察。窃见定远、平番等处,近年来汉人前往垦耕者不少,凡雪水灌注之地,皆成沃土。人民甚至筑墙捍沙以事耕种,其宜农事可知。若本计划能现诸事实,则与前所述宁、绥水利计划合计可增辟水田二千万亩,其所产粮食可供千万人食用,防边军饷又何待外求?

(4)皋兰及永靖之间,多以水车轮汲水灌溉,因之有人提议于黄河上游用水力发电,传电力汲水以成水轮者,其说诚是,但黄河自贵德以下利行皮筏,湟水自西宁以下亦然。西北交通困难,此惟一交通水道,不可阻之。欲用水力发电,莫若用大通河之水。其水清而有恒,无皮筏交通。若筑高堰于大通河入湟之口上,适当皋兰及西宁之中,两省可公用之也。其流量平均以每秒一百立方公尺计,水头以五十公尺计,可得五万马力。其工费粗估为一千万元。除汲水灌溉之外,电力可以供皋兰及西宁两省会之用。甘、青两省水利计划尚有多端,皆小焉者,兹不赘。

三、弱水流域

兹称弱水流域,不限于弱水,凡祁连山、龙首山两山之间之地,称河西者属之。计武威、民勤、永昌、山丹、民乐、张掖、高台等县灌溉面积,据甘肃建设厅统计,共为一百一十万亩。其灌溉水源主要为山间融解之雪水,次要为泉水,二源水量皆为天然限制,无可增裕,故欲扩增面积,须从节流着眼。又融雪之水又为气候所支配,故冬令及初春严冰未解,乏水可用。又立夏前后亦为缺水时期,而夏季亦发洪涨,为害田庐,若节流而能加以调节,则雨有益也。

节流之法有二：一为集水库以蓄水，二为地下蓄水。水库于山谷间择适当地址筑之，以能容夏季洪水全量，而备冬季之用为度。地下蓄水则仿南非沙漠地，所用之法，于河床底下做横挡墙，或用混凝土，或用化学方法化沙砾为石，使河床底沙内潜流之水，为挡墙所拦，以增高两旁地下水面，此种墙不妨多多筑之，以尽水之利。

以地理度之，整理此一带之水利，工程必极繁复而零碎。故不便做一较确之估计。兹且悬一目的，使其水利扩充约加倍，即数县灌溉面积能增加二百万亩之数，每年以二十万元为整理费，五年为期，整理完竣。此段整理见效，则可推及于新疆、青海之同样情形者，其面积更为广大也。

西北地省不患无地可耕，而患无强健之民勤于工作，故绥、宁、甘即引水甚便之地，荒芜者亦到处皆是。土广而沃，水肥而丰，而人民之穷困，乃有人意想不到者。盖苛政愈多，人民愈稀，而其负担乃愈加重，生活既苦不堪言，则演成偷惰苟安之风。三省皆然，而河西为尤甚，如是民族何以御侮？防边铁道不通，移风易俗颇不易言。铁道通自他处移民，可以渐革其弊。

第三篇　畜牧及工商

西北为最宜畜牧之地，除可兴水利以事垦耕之地外，皆化为牧地，任■■、■■从事畜牧，而改良品种，制造血清及兽医等事，则须政府设官为之助。铁路既通，则择适中之地设立毛线厂、炼乳厂、裘革厂、织呢厂，使畜牧所得原料统制，成熟货运销于外。此外，西北所富有者为煤、为盐，故开采煤矿、炼□、炼瓦斯、炼液体煤以代汽油，设立许多化学工厂以供民生及国防上之所需，皆可大规模为之。

夫边防之所最需者，曰强健之民族，曰丰富之材料。而材料之中最需要者为粮食，为煤，为盐，为衣。煤与盐皆西北所自有，粮食若行数水利计划不患不足；衣则棉帛虽缺而皮毛甚富，苟大兴制造，不但可以自供，而且以供全国之用。此外则农产之中如烟、如豆，可以制纸烟及油类。鸦片则逐渐缩禁而留一小段种罂粟地面，由政府经营，以供全国医药之用，并行销外国，如此则工商亦可于展矣。

余对畜牧及工商事业以非所专门，不敢多言，致贻笑大方，所得国内君子有以教焉。

第四篇　办法

铁路宜责成铁道部积极筹划修筑，水利则责成全国经济委员会为之，有双方关系、有合力尽筹，铁路及水利有相当进展，则继以农工商农牧等建设。宜由中央主管各部与地方省政府合力经营，而谋各事之得按计划以进展，中央宜派一大员，辅以技术专家,专司领导之责。

巩固西北边防策上蒋委员长书

(一九三七年)

日人之志不仅在满蒙已矣,而必以满蒙为起基。盖其抱有统一亚细亚全洲之野心,则必据亚洲之中心,仿成吉思汗之遗规,北驱逐强俄,南并吞中国,然后举南洋诸岛以及澳洲而囊括之,以与欧、美诸强争雄于世界。彼欧美诸国分歧而不一致,则日人之所深幸也。

故日人此时之所图,实维、满、蒙以达新疆,至其骚扰闽、沪,分化华北,则所以乱中国使力不暇北顾,且以秦越人视肥瘠之旧观念,度吾国人之心理,以为可逞其所欲为耳。

日人之志苟遂,则其为中国大患远甚于周之猃狁、汉之匈奴、宋之辽金元。盖昔时之患仅在北方一面,犹至于颠覆国家,涂炭民命,而此后之患则成三面包围之势,为祸必更烈数十倍也。

沿海一带日人尚有些许之顾忌者,英、法、美等国之势力梗之也。俟吾国善于外交,犹可维其均势,以力图自振。若夫北向则仅有一苏俄,日人所不恤也。且战端一开,则驱白俄以当赤俄,正如利用汉奸以攻我。且善用机会,知德之孤也则与德盟,知〈义〉(意大利)之据阿惟恐不稳也,则与〈义〉(意大利)相要以固其在满之势力。使日俄战起,日人即可以大元主义使外蒙古附已,且使德、〈义〉(意大利)掣其肘于西,故苏俄非其所虑也。其势力既坚植于中央亚细亚,则南侵大江以北之地,席卷而已。是时欧洲诸国犹自相争蚀不已,无暇东顾,则日人遂并吞全中国,且尽吮南洋诸藩矣。然后以中国之富,以中国之民及久经训练之胡儿铁骑,逐赤俄于乌拉岭之西,以遂其大亚细亚之主义,而中华民族从此遂沦为农奴矣。

故满蒙政策者,日本帝国主义发扬之始基,而中华民国亡国之所由也。欲救亡国存,则惟有以死力抵抗其政策使不得逞。欲抵抗其政策,则惟有充实西北实力,巩固西北边防,使敌人无从乘隙而入。今祸已迫在眉睫方起而图之,嗟已太晚,然民气方盛，政府若利用民气以全力挽救，犹可及也。

巩固之策一为军事的，一为经济的。

军事非协所知，但为日前计，则必使济南之韩（复榘）、河北之宋（哲元）、太原之阎（锡山）、归绥之傅（作义）、宁夏之马（鸿逵），联结为不可破之长城，而以委员长之精诚贯注之，中央实力接济之，人民义愤后援之。前防稳固，然后力事建设以求充实。如是则西北不空虚，不空虚则外力无由而入。

经济建设首重交通，必使边防与腹地迅速。第一宜迅速筑自咸阳通宁夏金积之铁路。此路经乾县，循泾河而上经邠县、泾川、广阳、环县，越山脊，循山河，河而下以至金积，路线长约七八百公里，所过多黄土原，非如六盘山、秦岭之险阻，而所[经]诸县皆产粮食最丰之地。现时■■方猖獗于此一带，若路成，■无所匿矣。宜限二年成之。

第二则自金积渡黄河经宁朔、磴口、五原筑铁路，接平绥铁路于包头，路线亦长约七八百公里，沿黄河而行，所过宁夏后套富庶之区，而盐、煤亦富。宜自今起限三年成之。其法路基土方与咸金铁路桥同时并起。黄河大桥钢梁材料，于计划成后即着手订购，一面做桥基工程，石料取之就地，洋灰自包头舟运而上，存积其间。务使铁路达金积，桥础已成，钢梁随咸金铁路工程车而至，半年可以安装成功。然后金包铁路之段，两头铺轨，故咸金铁路通后一年之内，金包铁路亦通矣。

第三由金积对岸筑铁路西行，经中卫沿长城而西，经武威、张掖、酒泉而达安西，以后续展至新疆，或由宁朔逾阿拉善山经定远、镇番、民勤而达武威以至安西，路长一千八百公里。宜亦同时动工，限通宁朔后二年内成之。如是则五年之中，西北边防铁路完成，且与内地相连通，亦经济线，亦国防线。然后大兴水利，大事移民，驻重兵屯守，生聚教养十年之后，可以尽复失地矣。

次言垦殖及畜牧。窃以西北广漠宜牧者多，宜农者少。宜农而牧，则失地利。宜牧而农，则失人和。盖蒙古族人民之生活以牧为适，夺牧为农，蒙古族人民不愿，而皮毛、乳酪及牛、羊肉食实亦全国人所必需，故宜农牧并重，分别之为屯垦、屯牧。

（1）言屯垦。分绥远、宁卫、河西三区。欲农业之发展，必水利之扩充。于绥远宜整理黑河灌溉，改善民生渠，恢复三湖河水利，浚拓乌加河，改善后套诸渠，并施排水制度，使本为灌溉之地达四万顷。

其次，宁夏金积之黄河大桥于设计时，即以通铁路并做桥堰为条件。桥础以石为之，使其坚固有余，而余桥孔设活动辊堰（Roller Dam）。此桥建于青铜峡之口，其上游处峡中百余里，不虞涨湮。低水面抬高一公尺许，则水入两岸，秦渠、汉渠、唐徕渠诸渠可丰而畅。复整理两岸诸渠，使成完善之灌溉及排水系统，涸其沼泽，而河水不时涨落，桥堰可以启闭操纵之，使洪水不潦而枯水不竭，如是则宁夏良田可增至三万顷。

河西诸地素饶水利,复随铁路而加以整理,使武威、敦煌一带良田达五万顷。

以上沿东西铁路线,共良田十二万顷。每顷每年收获百石,共一千二百万石,可养兵民四百万。

至于沿咸金路线,如邠县、泾川一带,尚有可以灌溉之地,整理扩充,亦可增加收获。而正宁、庆阳一带则因地势较高,山雨(Orographic Rain Fall)不缺,故俗有"兰州靖远水浇田,不及正宁洞子原"之谚。铁路若通,则其粮食皆可供边防之助。昔冯氏据甘、陕以有事中原,其兵食大半取之此地,其为民食重要之地可知也,故此路线较之逾六盘通皋兰意义实为重大。至于阿拉善山以西,南山以北之地,沙碛并见,而雪水融注变为膏沃者亦不少,故定远、镇番等地,汉族人民往耕者年有增加。黄河自靖远而北行至五方寺出长城,北扼于流沙,西行八十余公里复入长城至中卫。是否五方寺之外可以做堰,分河水之流以灌阿拉善沙碛之地,协未亲历其境,未敢断言。如其可能,则变沙碛为良田,可获三千万亩。且沿渠植树,可免沙漠之内侵,则宁、[甘]、绥黄河,病患以减。

(2)言屯牧。除以上所举屯垦区域外,所有蒙古草地皆作屯牧区。就原有之旗加以编制,教导蒙古族人民改良品种,蓄残蓄养,以增其产息。政府宜沿铁路线大规模设工厂,皮革、呢绒、乳酪大事制造,复为运销全国,使代替外货,如是则边民生计充裕而国力以厚。

凡实边者无论为垦、为牧,皆于农牧之隙大事教练,使民即兵,兵即民。复由内地山东、河南、山西、湖南等省移民以增之,宜分作三期移之。①此时随战士而往,经营农作,战士亦可令携眷属,则其御敌卫国保家之心并切,战必得力。且使作战之暇,休养其身心。②咸金铁路通后,移民充实河套宁夏。③河西铁路通后移民充实河西,至于蒙古族、回族人民教育宜力图之,使其知识及生活,俱能提高,一切同汉族人民同等,以泯争端。

边防民气尤须注重。民气有资于民体,近年以来绥远、宁夏之民受鸦片之毒最深,故多疲弱怠惰不堪。宜严禁烟毒,其老弱不堪者则移之腹地,务使边廷之民皆赳赳雄壮,令人不敢存蔑视之心。

如是经营五年之后,内蒙古稳固,则外蒙古可招抚而至也。然后与苏俄分疆而治,定不相侵犯之约。失地若复,则日本亦予兄弟之邦也。东亚局势,亦以安矣。巩固西北,尚可缓乎。

至于实施经营以上计划,则宜专设西北经济建设局,专任一人以责其成,不取委员会之制以无分其权。其中心机关设于长安,其工作范围达于陕、甘、绥、宁四省。招青年建设人才之有志者,锻炼其身体志趣,而惟以各项工作,举凡铁路、水利、垦牧诸计划皆由本局出,政府界以大权济以实力,以策其成。如是为之,方可望成。谨上言。

第四部分　黄河水利

黄运交会之问题

（一九二〇年一月载于《河海月刊》）

吾国之言治水者，莫亟于淮、运、黄，欲导淮必先治运，欲治运必先解决黄运交会之问题。吾国研究河工者，意见既极分歧，而于此三点则主张无不相同，盖黄足病运，运病则淮卒不能清其源而疏其流，自然之势也。顾黄运交会之问题，如何解决，则多不能答，盖以黄河之巨，流势之猛，挟沙之盛，淤底之深，涨岸之宽，令整其漕渠，横而过之，诚非易言治功，且诚世界水工至难之问题也。欧美漕渠之制，凡漕渠与他流横交者，或穿地道以渡他流，或架横桥以渡漕渠。地道之制，只可以施之于小水不通舟楫者，若二水均须通航，则架桥之制或可用，然皆不宜于吾国之黄运。乃阅报章载：南运所聘美国工程师发抒伟见，谓须穿地道于黄河之底，令运河通过。此真痴人说梦之谈。在外邦人不知吾国河道情形，为是说固无足怪，而吾国士夫，辄本其平时信仰外人之心理，从而附和之，赞誉之，真不思之甚矣。无论黄河淤沙之深，至地面下四五十米突（国际度量衡制度，即公制）（津浦铁路黄河桥工钻探至四十余米突尚为松沙），无可做地道之基础，运河之巨，非铁管所能泻，即用铁筋三合土做穹洞，亦必非常坚厚以胜压力。而地道之长（黄河涨岸之宽千余米突），施工之难（河底渗漏水不易除），工费不赀，且欲以运河之巨流，胜压阻之力，穿一千余米突之地道，其流速又须在每秒二米突以上，以免淤沙积塞地道中，则其水头（即运河在黄河南岸水面高于在北岸之数）以水理公式计之，当在二十至三十米突，断为形势所不许。且即可为之，而使运河航船，至黄河而中断（航船又焉可行地道中乎），则又何取焉？诚令人大惑不解。

然则地道不可用，架桥之制亦不可用乎？曰：非不可为，其费不赀，不如另设他法之为得也。欲架桥则桥下之空须宽裕，无碍黄河之航船。其位置长短，当与津浦铁路黄河桥相同，而其经费则必且数十倍于津浦铁路黄河桥。何则？铁路桥所行列车之重量不过千余吨，而漕渠之重，若以四十平方米突之水幂计算，则每米突即重四十吨，千余米突之桥，即载重五万余吨，且须使涓涓不漏，固密之工程及桥两端船闸之工程，以及平时养护之费，皆非徒托空言者之所可想到。即使中国富若美合众国，此项工程,且须考虑,况穷困如我国今日耶?

然则黄运交会之问题,终不可解决欤? 曰:鄙人之意,欲以最简单之法济之于今日。运河入黄,上游辟新渠,穿棘梁山与北岸运河口相对。于黄河两侧、运河两端各筑一船闸,船闸用厢闸式,而上、下水门皆用重门制,一门向上游可启,一门向下游可启。其所以须用重门制者,黄河水涨,河高于运,则用向下游可启之门,以防河水侵入也。留黄河南岸之故运入黄支道,以泻运入河,亦设上下游各可启之门,以便蓄泄。黄河北岸,则依黄运之堤,另筑坚固月堤,使黄水由涵洞灌入月堤内成水库,而由水库另以涵洞灌水入运。如是则黄水澄清再入运河,不致淤浅运河。运河下游与漳水相会处,亦设一闸,使临清以上运河之水,足通航船而止,不必多由黄河输水北至天津也。航船之南北交通,渡临河闸后,可用〈练〉(链)拖船法摆渡,横越黄河。〈练〉(链)船法者,设汽船一。汽船非用寻常航行之轮制、螺翼制,其上须有蒸汽机关一具或二具,有轳辘二具,以汽力转动之,方向则相反。以铁〈练〉(链)二条,长较河中洪水面宽略有余,一端各固定于两岸坚壁上,他端则各绕一轳辘上。二轳辘转,则一〈练〉(链)从下,一〈练〉(链)绕上,而船自行矣。摆渡之船,系于拖船之后,则亦安稳渡矣(第一图)。

用此法则黄自黄,运自运,不相害而相济。运水入黄,则以助黄力以攻沙;黄水入运,澄其沙而利其水。且所谓工费者,不过临河二闸、泻运支渠一闸、临漳一闸而已;购备之物,不过一〈练〉(链)拖船及铁〈练〉(链)而已。运河交通,南北无阻,黄河上下航行亦无防隔,而其利之所在,尤有益于直隶治河问题。直隶所谓南运河挟沙甚盛,淤浅日甚,考漳水上游不若是也,则其沙必多半来自黄河无疑。若河运之间,间一人造河泊,而临清以上除放闸外,又不许黄水下泻,则直隶之南运,乃为漳水之独有尾闾矣,流既节而沙又减,天津不且大受其益哉?

予蓄此计划久矣,以搜集参考资料未备,迟迟未遽发表。今见运河问题日急,乃先言其大略,待予参考资料搜齐,当有详细计划发表。

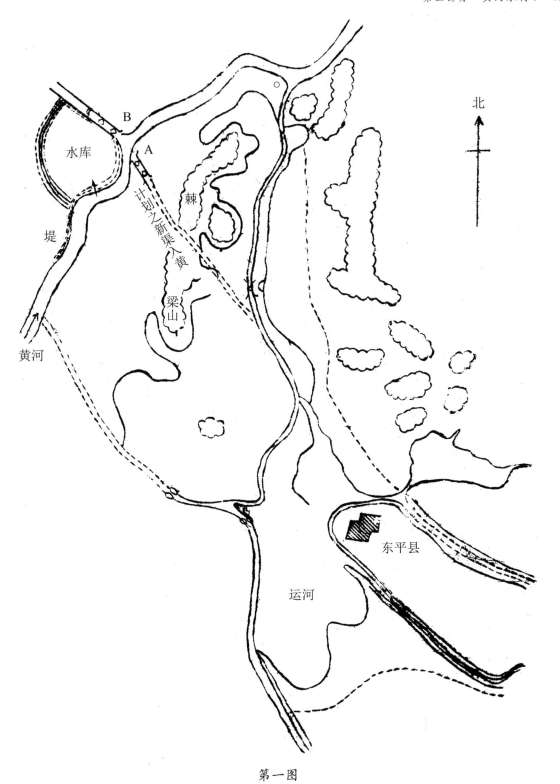

第一图

黄河之根本治法商榷

(一九二二年)

第一节 以科学从事河工之必要

昔者欧洲治河,与吾国同,未尝有科学之研究,与有条理之治导,故迄未能尽得河之益,而去其害。中世纪意大利科学家名哲辈出如 Galileo、Poleni、Torricelli 及 Zendrini 辈,于发明物理外,兼留意于河道之改良,故 Po 河之堤防,始得有秩纪之建设,而为法、英、德、奥、荷兰诸国遗范。近世纪科学愈阐,而治河之术亦愈精进,如法国之 Du Buot、Du Bois 及 U. Fargue 倡于前,德国之 Hagen、Schlichting、Franzius 及 Engels 等继其后,而中欧各国几无不治之河,航运之外,兼利及农工等业,噫!天然河道之非尽可恃,而人为之有效也如是。

今之欧美治河者,大抵宗自然之论(Natural Theory),谓中叶治河者,迷信科学,可以统驭一切;惟水亦然,指之东则东,指之西则西,乃施之实际,而无不失败,于是继之者乃知人之才力,究属有限,而人定胜天,为弗可能之事也。然所谓自然之论,非舍弃科学,乃正需科学以阐明自然,因乎自然,以改良水道。所谓自然者无他,即孟子所谓"水之道",而今人之所谓"水性"(Charactesistics of Rivers)也。因自然以治水,所谓由水之道,而禹之所以称行所无事也。科学之研究愈切,则因乎自然者愈多,而愈能行所无事矣。杞柳梧槚,科学者也;削足纳履,非科学者也。

以科学从事河工,一在精确测验,以知河域中丘壑形势,气候变迁,流量增减,沙淤推徙之状况,床址长削之缘由;二在详审计划,如何而可以因自然,以至少之人力代价,求河道之有益人生,而免受其侵害。昔在科学未阐时代,治水者亦同此目的,然而测验之术未精,治导之原理未明;是以耗多而功鲜,幸成有卒败,是其所以异也。

第二节　中国治河所取之方针

吾国自神禹治洪水,奠山川,其治功迥非其他文化古国所可比拟,而疏浚排决,悉行所无事;统筹全国,四海为壑,使深明科学之治水家,无以异其辞。江淮河汉,水由地中行,历千余年不弊,且《禹贡》浮济漯达河、浮汶达济、浮淮泗达河、沿江海达淮泗、浮江沱潜汉逾洛至南河、浮洛达河、浮潜逾沔入渭乱河、浮积石至龙门西会渭汭等文,足征昔时运道纵横,往来无阻,禹之功诚伟矣!周室衰微,诸侯各自为政,间有言治水者,大抵白圭之流,以一隅为利,无所论乎治功。而此时必盛筑堤防,壅遏无已,且复以水攻敌,如智伯攻赵等事,尤足以虐水而病国。夫治水之事,凿智者尚不可为,况乎以邻国为壑,其居心不可问耶?

周定王五年(前六〇二年),河徙砱砾,自宿胥口东行漯川,塞未有筑。汉武帝时,河决瓠子(今濮阳),则塞之而已,而复归禹河故道(大河北渎由章武入海),余波仍归漯川,遏其南袭之途,论者归功焉。自此后历汉成时二决,王莽时一决,而河复东犯,北渎以废。盖此时河敝已甚,北渎馆陶决口,已积淤高仰不可复循故道也。汉哀时贾让主决黎阳(今河南浚县东北)遮害亭,放河使北入海,以为上策;多穿漕渠溉冀州田,以分杀水怒,以为中策;缮完故堤,增年培薄,以为最下策。其所取上策者,盖欲以复禹故道,且使河西薄大山,山间诸水,皆分股引取之以得借清刷沙之助;所谓中策者,即鄙人向所主张施之于此时之黄河者;而所谓最下策者,即现时河防所奉之不二法门也。贾氏之上中策,既不能用,仅用其最下策,以苟延日月,于是河之敝益甚!至后汉明帝时,王景始一修治之焉。景之治河,修渠筑堤,自荥阳(今河南荥泽县西)东至千乘(今山东高苑县北)海口千余里,凿山阜,截沟涧,防遏冲要,疏决壅滞,十里立一水门,功成历晋唐五代千年无恙,其功之伟,神禹后所再见者。而胡氏〈渭〉(谓)斥其仅从事汴济,不知复禹旧迹,此则未免有胶柱鼓瑟之见。夫河之变迁,自虞夏〈讫〉(迄)后汉,且二千余年,故道之淤塞高仰,势所必尔。治导之法,自必因利乘便,未可责其今必如古也。且景之治河,必大有规划,非如寻常治河者可比:凿山阜,截沟涧,欲河道之有规律也;防遏冲要,疏决壅滞,固其防而除其碍也;十里立一水门,更相洄注,以减洪也。其治法虽不可详考,然必有深合乎治导之原理者。

历代治河,大抵不外塞筑以维现状。东汉以前治河目的,在维持禹河故道,及王景后而此议破矣。及宋河决又屡见,或南犯淮泗,或北流,治河目的,则在维持京东故道(欧阳修所名,即唐五代以来之河道,由千乘入海者)。至〈景德〉(景祐)时横陇决,庆历时商胡(皆属澶州)决,而河道北徙。其后虽塞商胡,开六塔河以引归横陇故道,而因六塔河不能容,即夕复决。后又开二股河导东流,北流闭而河复南溃。元丰时复北决,绍圣中回河,元符二年(一〇九九年)河复北。盖自商胡决后,至绍圣〈三十〉(四十)余年之间,河南溃北犯而东道终不可复,则可见故河高仰,地势之不便回复也明矣。欧阳修曰"大河已弃之道,自古难复",不其然哉!

金明昌五年(一一九四年),河南徙入淮,犹一部入北清河。迨元至元二十六年(一二八九年),会通河成,而全河入淮。是时因运河关系,河不利北行,故贾鲁治河,不外乎恢复入淮之道,防其北决。元末河复北徙,自东明曹濮下及济宁,而运道坏。明洪武初引河至曹州,东至鱼台入泗以通运,是时北流仍未断也。明都北迁后,视运尤重,而严制河之北徙。宏(弘)治中筑断黄陵冈支渠,而北流永绝。黄淮既合,则治河之功,惟以培堤堰闸是务,其功大收于潘公季驯。潘氏之治堤,不但以之防洪,兼以之束水刷沙,是深明乎治导原理者也。固高堰以遏淮,借清敌黄,通淮南诸闸以泻涨,疏清口以划一入海之道,治河之术,潘氏得其要领。盖自王景以后,贾鲁虽智术胜人,而遭逢乱世,未能扩展,乃至潘氏,而再收治河之功者也。

清初河道复渐敝,顺治十六年(一六五九年)至康熙六年、康熙七年(一六六七年、一六六八年),归仁堤、古沟、翟家坝、王家营、二铺口、邢家口等处,屡决不塞,河流散漫,下流淤塞,黄淮交病,于是靳辅治之而大效,是则又有清之有潘氏也。靳氏之功,在修复潘氏之黄淮故道,通漕运,又开中河以避黄河百八十里之险。其治导原理,亦一本诸潘氏。其曰:"黄河之水,从来裹沙而行,水合则流急,而沙随水去;水分则流缓,而水漫沙停。沙随水去则河身日深,而百川皆有所归;沙停水漫,则河底日高而旁溢无所底止。"故其治绩,挑浚清口,培固高堰,慎防堵决,无非以潘氏为师。盖清初海运未开,运道关系至重,故以因有明治法为利也。

靳氏而后,河道复渐敝,时复北决。至咸丰五年(一八五五年),铜瓦厢决口,而河复北徙,夺大清河由利津(即汉之千乘)入海,而王景之故道,复见于今日。清季诸臣,有主张挽之复南者,如文彬、丁宝桢辈;有极力反对者,如胡家玉、李鸿章辈。卒之以国库空虚,且海运大通,而运道不复为国家所注重,乃于东省黄河两岸筑堤渐定,而南流遂断。东南志士,多拟借此机会,黄不南犯,恢复淮河入海之道,以减水患者。其持论最力者:前有丁显,后有张謇。盖黄昔夺淮,黄去而淮之故道亦淤,尾闾不畅,而徐扬之属困于昏垫者久矣,于是导淮之说,甚嚣尘上。然自黄河北徙后,及今六十余年间,导淮既属空谈,而河道又复敝甚。同治十年(一八七一年),河决郓城、侯家林,复南侵南旺,旋即合龙。同治十二年(一八七三年)东明、石庄漫口,河复南趋,李宗羲力请堵口。光绪时河屡决,十三年(一八八七年)大决于郑州,河趋东南,自豫而皖,东省河涸;十四年(一八八八年)郑又合龙,河复由利津入海,是后至清末犹复六决。民国二年(一九一三年),濮阳大决。民国十年(一九二一年)复决宫家坝,淹没利津,口门宽二百丈余,至今未堵。说者谓昔河夺大清,深入地内,今则复现墙头行舟之状,若不根本图治，奔突溃决，不南病徐淮，即北犯冀州，南则皖、苏之灾不堪设想，北则天津商埠，将成泽国。而目前状况，妨运病漕，犹其次也。

历代治河名臣，虽于测验之事不精，建筑之术未善，然其名言谠论，深合乎治理者，可取者甚多也。略举之如下：

后汉明帝诏曰："左堤强则右堤伤，左右俱强则下方伤；宜任水势所之，使人随高而处，公家息壅塞之费，百姓无陷溺之患。"

宋神宗语执政曰："河决不过占一河之地，或东或西，若利害无所较，听其所趋如何？"又曰："水性趋下，以道治水，则无违其性可也。"

按上二说，本于大禹行所无事之主旨，然不善行之，则不免于流弊。夫使地球上无人类，则固无治河者，而河亦无所谓治不治也。盖河出山泉以汇于海，中途或滞或湍，或潴或泻，或歧或一，其于床址崖岸，或蚀或积，一皆本乎自然。河之有治有不治，则自有人类之关系始。人类之利害因于河，治则利，不治则害。若专以趋避为事，则又何以治河云之？惟明帝使人"随高而处"，则适合欧人都邑择地之旨，而可为吾华人居住苟简之针砭。常见吾国南方都邑，大抵逼水而处，岸旁无余地，大抵趋于交通之便；然稍有涨漫，便遭泛滥，是岂水逼人哉？实人自投水耳。更有妄筑圩堤，侵踞湖荡，使水无游移之地，此贾让所谓与水争咫尺之地者。宋神宗谓宜顺水所向，徙城邑以避之，其言不免有过。然如此等城邑，则真应徙者。盖滨沙沮洳，不惟城邑妨河，亦且不适卫生。管子曰："凡立国都非于大山之下，必于广川之上，高毋近旱，而水用足；下毋近水，而沟防省。"试观欧洲建立都会，毋不合于此旨，而吾华人反忽之，惜哉！

苏辙曰："黄河之性急则流通，缓则淤淀，既无东西皆急之势，安有两河并行之理。"

潘季驯曰："河之性宜合不宜分，宜急不宜缓；合则流急，急则荡涤而河深。分则流缓，缓则停滞而沙淤。此以堤束水，借水攻沙，为以水治水之良法也。"

上二说皆主河不宜分，西人治河亦以堵塞支流（Closing Secondary Arms）为要，其义一也。苏氏之说，则言其势，其意谓溜趋于左，则其右淤，故河分为二支，必致一通一塞，不可并存。潘氏之说，则言其理，盖水挟沙之力，视其流速之大小，急则水力挟沙之外，兼可以攻沙，缓则力弱，并所挟之沙，亦不能远致而停置焉。

禹、䟽二河，后世学者拘于泥古之法，则以为河不可不分。故自汉以后，治河者莫不以分水为长策，惟张戎反对之，潘氏则尤深知河分之弊，盖自来决口不堵，则正流断绝。靳辅论黄河下流之淤高，亦归咎于决口不即堵塞。顾河非绝对不可分也，不分亦未可即能免其淤也。使河身宽弛，则虽合亦淤，使其狭深而整，则虽分亦可不淤。散漫之支歧，固必封闭，然因地势流量关系，亦非必强之使不分。故禹之䟽河，无弗当也，谓河必分，过也，谓必不可分，亦未为得也。

以堤束水，其意甚善。盖必有束水之能，而后有治导之效。若但以防泛滥，则宽缩无律，沙之停积失当，必致河道荒废也。德国著名水工如 Paul Ehlers、Tolkmitt 皆主此说。然近观吾国今日之黄河，人皆以河之病由于堤，噫！是岂堤之咎哉？

嵇曾筠曰："治河之要，深其槽以遂其性而已。治河之方，相势设坝以作溜势而已。潘氏之前，河流歧出，沙分停而不厚，潘氏导而一之，然后河得集力以攻一道之沙，是谓以水治水。"又曰："夫河之败，不败于溃决四出之日，而败于槽平无溜之时。河性激而善回，深与回常相待也。槽浅则溜不激，水无以回而为淤，浅者益浅，激者益平，河性怫矣，能毋怒乎？怒而无以待之，则必成事，成事则河底垫高，而潘氏所创之滚坝，日形卑矮，不能不封土。遇急去土以减水，减水既多，则河仍歧出。其堵合也，常在冬令力薄之时，不能刷去前淤，淤日高则河日仰，溜日缓。故近日墨守潘氏之法，仅足以言防，稍弛，则防之而不能矣。故能言治者，必导溜而激之，激溜在设坝，是之谓以坝治溜，以溜治槽。"

嵇氏此论，深得潘氏治河之旨。盖水性就下，惟槽淤浅，则水过之无异堰坊，而不得遂其性，势必横决；惟欲深其槽，徒事浚渫，必无效也。且黄河挟沙之盛，淤淀之速，绝非浚渫所可及，惟以溜攻沙为最良之法。做溜之法，惟有筑坝。所谓坝者，即英文所谓 Dyke，德文所谓 Buhnen 及 Parallelwerk 等是也。以坝束狭河身，则坝上水高而降陡，其溜自急而沙可攻矣，槽可深矣。溜之缓急方向无律，则河槽病，以坝治之，即可使其缓急方向适宜矣。溜既得其适，则河槽可自治。故善治河者，在与河以机会，使之自治，非钳制束缚之也。

潘氏创设滚坝（Over-flow Weir）以减水，所减者盛涨之水也。河床日高，则培堤之益高，而滚坝之底日形其低，不足以范常流，故必以土封之。迨水涨抉去土封，则不惟涨水泻而常流亦移，而致水分歧矣。

陈潢曰："河之性，约而言，则曰就下；分而言，则避逆而趋顺也，避壅而趋疏也，避远而趋近也，避险阻而趋坦易也。涨则气聚，聚不能泄，则其性乃怒。分则气衰，衰不能激，则其性又沉。"数语可谓深识河性！又曰："治河必顺水性，必也度势也，如有患在下，而所以致患在上，则势在上也，当溯其源而塞之。又有患在上，而所以致患者在下，则势在下也，当疏其流以泄之。苟不知势，用力多而成功少；若审势以行水，则事半而功倍。"数语尤为治河之要！所谓势者，即英文所谓 Tendency of River 者也。愚尝解释之曰：河之无律而病，以有障碍故也，治河者去其障碍而已。而施功之始，必审定河线（Alignment），定线必先审势（Tendency）。审势之法，须假设河中障碍去除，则水之趋向当若何，然后按其趋势以定工程先后，则事半而功倍。

以上略举先哲治河要语，而加以评释。至吾国言治河之著作，汗牛充栋，不〈暇〉（胜）枚举也。

河道经行之地,亦为历代河工所争论之点,其别可约为三:一主恢复禹河故道。东汉以前,此说为最得力。及河改东道后,后世虽有言及禹河者,然已皆不能考其所在,徒作空谈而已。二主维持现状。历代治河,大抵趋向此旨。三主测量形势,完全改道。如清之冯桂芬改河道议,应请下前议绘图法于直隶、河南、山东三省,遍测各州县高下,缩为一图,乃择其洼下远城郭之地,联为一线,以达于海。冯氏论治河知用算学,是科学治水传吾华人之嚆矢,然改辟河道之议,则难见用于世也。

历代治河者,虽不乏成功,然未能永绝河道迁徙之患者。第一图,为历代河道沿徙之图,自孟津以下,北薄天津,南犯淮阴,数千里之面积,适如河口之三角洲,河道奔突荡驰,如汉港更番,而治河者亦仆仆随河南北奔走,以有限之人力,应无常之河变,守故辙而不改,欲其长治久安也难矣!

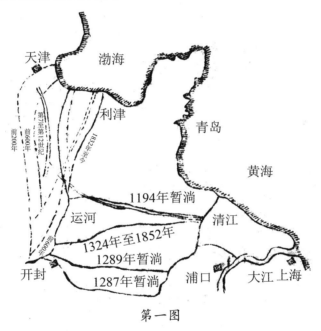

第一图

潘氏、靳氏之功,苟有以维持之,亦未尝不可使河历久不替;无如后继者,或怠忽将事(如决口不塞),或不知因时变通,人亡政亡,良可慨已!

今后之言治河者,不仅当注意于孟津—天津—淮阴三角形之内,而当移其目光于上游,是则予此篇最注重也。

第三节 黄河之所以为害

言黄河之弊,莫不知其由于善淤、善决、善徙,而徙由于决,决因于淤,是其病源一而已。陈省斋云:"夫河之决者,皆由黄水暴涨,下流壅滞,不得遂就下之性,故旁流溢出,致开决口。决口既开,旁流分势,则正流愈缓,正流愈缓,则沙因以停,沙停淤浅,则就下之性愈不得遂,而旁决之势益横矣。"此言也,深得肯要。盖凡河流,未有不挟沙者也,而黄河斯为甚。至挟沙之多寡,则因水位之高低而异。低水时,水力微,则挟沙甚少,故水或湛然可鉴。盛涨至,水力强,则挟沙甚多,故水混浊。是力也,法人名之曰 Force D'entrainement,日人冈崎文治译为押转力,今因之。因水位之高低,故知其与水之深有关系焉。然湖泊之中,亦有深逾于恒者,何以清而不混,则因湖泊之中无降(Slope)而河流之中有降故也。降大者其动能亦大,降小者其动能亦小。力生于能,故押转力之关系,水深之外,降亦同有力焉。故西人论河流中相持均势者,厥惟三事:曰水量,曰沙量,曰降。水位高则水量增,故沙量亦增也。

河中所挟之沙,英人以 Load(负荷)目之,负荷过重,则水惟有舍之而已。涨水至,其力固足以挟浮游之沙以行。是沙也入于海者一部,而其余尚未能达,迨水落深减,押转力削,则积滞中途,于是而河床日高,于是而河口日仰,于是而河流散漫日益甚,于是虽盛涨时其深犹且不足,而沙愈无可推泄之途,水益失归海之势而决屡矣,决不能塞而徙不可免矣。盖自周砱砾徙后,二千余年,为患繁复,而河所演之剧,则周而复始,始终如出一辙也。

黄河所挟沙量,据津浦铁路于泺口测验如第一表。

第一表

含沙量/以水重百分之若干计	水位/公尺	时间/一九〇二年某月某日
0.52	28.76	6月23日
0.57	28.76	6月23日
0.60	29.14	11月28日
0.55	29.14	11月28日
0.65	29.57	7月17日
2.60	30.59	8月15日
2.63	30.59	8月15日
2.93	30.71	7月27日
4.07	30.71	7月27日

一八九八年,河堤决口,山东境内王家梨行地为黄沙所掩,地面占三百方公里,厚自零点六至二公尺,取其中,以一公尺计算,则有三亿立方公尺之土积,可谓巨矣!

夫如许巨量之沙,何自来乎?曰:黄河流域,厥土黄壤者多,河中之沙,即雨潦刷削取之地面,而带入河中者也。

考黄壤之为物,即德人所谓 Loess,按 V.Richthofen 之释 Loess 曰:"Loess 之为物,似只限于适温之带,而传布极广(按传布之区最著者为中国北部,其次则德意志之莱茵谷,美利坚之密西西比谷)。其性质纯一,不因高出海面及高出川谷之底之高低不等而相异。其化合质,为富于石灰质之泥土,色黄而极罅疏,内含类草茎根遗留之细管,不能盛水,善吸收雨水,及因毛管收力,吸聚大气之湿气。于其底基或有细泉流出,而于其中绝无水泉,无层垒,而因内含垂直细管之关系,管内又多含石灰质之内着物,易致壁立圮裂。"又曰:"其质甚绵细,黏之于手,其棕黄之色可入肤,仅留细硅粒于外。其形角砾无定式,直径可零点零二六至零点零五公厘。又含云母之片,但非平衡排列而参差无定律。"又曰:"Loess 积累之厚,由极薄之层以达数百公尺。Loess 为甚肥沃之农壤,尤适于麦黍等类,惟其积太厚者,因不能盛水,故雨泽失期,辄易旱枯。"(V.Richthofen, *Führer für Forschungsreisende*)

Loess 之在吾国,按《禹贡》名之为黄壤,俗名黄土。其成立之自,按 V.Richthofen 大抵因于风力。然亦有湖泊及流水沉淀者,V. Richthofen 名之曰 Teeloes, Alluvialloes,亦统名之曰 Loesahnliche Bodeuarten〈义〉(意大利)为类似黄壤之土质,盖以别于风积正式黄壤言之也。其可以鉴别者,湖泊黄壤(Teeloes)内含盐质,洪积黄壤(Alluvialloes)内含水介,与陆介相混。

Bailey Willis 之论中国黄土之生成曰:"中东亚细亚因天气由湿濡变为干燥,深厚之腐化石层上,植物消绝,常受风力剥蚀,有时亦为雨所击洗,被剥之石质为风及水所搬运而类别之(谓按其粗细分别沉淀之也)。风之力于干燥季候,广漠平原之上,最为得力。水则限于雨期,在川谷之中与有力焉。类别之,搬运之,风及水交互为用而更迭之,而石质渐变为极细之尘埸,即为黄土。风及水皆可致巨积之黄壤。然二者常相混淆,故常有沙砾为洪水所携者,间于黄壤之中也。"(Bailey Willis, *Research in China*, Vol I -P. 185.)

黄壤之累积,常依山岭之侧,或填坑谷,惟其绵细,故易为雨潦所刷洗,以流入河中。且黄壤带半沙漠之性质,树木不易生长,若雨水愆期,则甚至草亦不生,赤地千里,地面失维护之物。然犹有幸者:①黄壤渗漉极易,若地面平衍,则完全可无径流。②黄壤之域,农田大抵作阶级状,名曰阶田,故得便斜迤之坡,变而为平阶。然大雨之时,地面沾濡,渗漉不暇,则径流入川谷矣。地面既无维护,则壤之被刷去者自不少。尤有一事,足以助黄沙之入河者,则道路是也。黄壤之区,道路多深处地面之下,深者至十余丈,北方名之曰胡同,西人比之为 Canon。Canon 者,深狭之谷之名也。未至黄壤区域者,可以想得其形象矣。每乘骡车,蹒跚闷行其中,仰窥天只一线,遇旱则虚土埋轮,尘堁扑鼻,几闭呼吸;遇潦则泥泞没胫,马蹄不前,或两崖崩坍,浃旬阻碍交通,其苦难喻。夫道路之至于如是,岂其固然,亦渐有以致之耳。盖蹄轮之下,土被践磨成为极细之沙,风激雨洗,则其被侵蚀较两侧田地其速倍之。道路既深,故雨潦时田中之泥,归于道路,道路之泥,归于河溪。故名为道路,实与支河无异。夫使一河床之底,有人捣其石而扬其沙,则其河床之质,宁堪受其剥蚀哉?而胡同类是。

河流以黄壤为岸崖者,尤易致坍岸之患,而使沙入河流甚多。盖黄壤壁立如削,高出河面有至数十丈者,观第二图,可见其一般。

黄河黄土岸

第二图

是壁立之岸,若无他力侵袭,本可屹嶷不变。然河水刷洗其下,渐致腰足内洼,上部伸突,及至支点太弱,上重偏侧,则颓然而圮,第三图示坍岸之次第,A 为原岸状,B 为刷削已渐入,lm 面之牵合力,渐弱而离。C 为刷削已深 $G×a$ 之力 Force Moment,几过于 lm 面之面幂系数,与牵力相乘之积($S×F$ = Section Modulus×Tension)而致 lm 处,裂为深隙,D 则岸前一部倾圮入河矣。

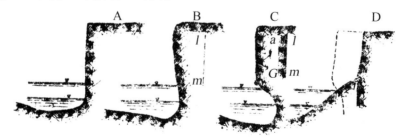

第三图

岸既倾颓,其倒下之土质,或被水溜洗掘下移,溜力复及岸壁之脚,刷洗颓坍,愈进不已;或倒下之质甚多,足以改移溜向,使趋对岸;然一处虽暂免圮掘,而下流复受其祸,及至他处倾圮,溜仍趋是处而复不免矣。

黄河之支流大者,若洮、若渭、若汾、若洛,以及河东西两岸秦、晋诸水,洮、渭、汾、洛所属诸支流,其所溉洗之区,十之六七非黄壤,即所谓与黄壤类似之湖泊黄壤也。加以流经河套,虚沙无际,荥渭以上,谷狭降陡,流速足以挟所有之沙,而归之下游,及至由豫东骤遇下原,于是黄沙淤积,河道靡常矣。

观黄河者,须知孟津—天津—淮阴三角形,直可以三角洲视之。鲁地山岭,其昔海岛也,则此三角形面积中,俱黄淮诸流淤积而成也。其所以淤积如是之广者,迁徙之功也。

第四节　治导之要图

尝谓吾国治河历史,虽数千余年,而及今尚未有一就治之河也。盖吾国河功,主要在黄,其次乃运,其次乃与运河有关系诸流,淮、沂、汶、泗诸河,又其次乃直隶五河,而江汉等流,则仅有及之者焉耳。然江之通航,恃其自然;汉之行舟,仅通艑艇;运河航行,渐至废弛;直隶诸河通航尚优者惟大清、子牙二河,而黄河废吾全国之精力,历数千年之历史,至今犹不能通一小汽艇,民船间断行之,上下不过数千里耳。夫是谓之已治可乎?夫所谓治导者,不仅祛其患害已也,亦且欲因其利。而所谓黄河下游者,农无益于灌溉,工无济乎砲碾,商无惠乎舟楫,千古劳劳,惟思防其泛滥而犹且不能。噫!治河如是,亦足悲矣!

今欲使黄河就范,且可为人所利用,则所须考虑者,当不出乎以下各端:①如何使河床固定。②如何使河槽保其应有之深,以利航运。③如何以减其淤。④如何以防其泛滥。⑤如何使之有利于农。

下当逐条讨论之。

一、如何使河床固定

今日之河床,可以使之固定乎?抑必另辟一新床,而后使之固定乎?另辟新床,冯氏桂芬之议也。然其工程浩大,用费不赀,万非今日之国家,所可议及。且即另辟一渠,以容纳河流,而欲使之积久不敝:①必使其横断面得当。②必使维护得法。若横断面不得其当,则必蹈宋六塘二股之覆辙。使维护之法,不能历久不弛,则如潘氏、靳氏之功,亦势必人亡即败。维持今日之河床,非必不可行者,然以今之人,由今之道,决不可能也。今之河床,已较昔日大清河淤高甚多。据 Taylor 之观察,河址之淤高,每岁三寸有余。比岁河决屡现,国家已有穷于应付之象,则不及十年,河之不复改徙而他往也难矣!欲使河床固定,必与以适宜之横断面。是横断面也,范常流,泄洪涨,挟所有之沙,直注海洋,无随处淤塞,侵削岸址之弊;是横断面也,浚渫之不能为功,必仿以坝治溜、以溜治槽之意行之。惟问者必谓:"今之河工,固有埽也坝也,何以愈防愈敝也?"则答曰:"是无他,其设施之不当耳。"盖流水之中,相持均势(Equilibrium)者,凡有三事,一曰水量,二曰沙量,三曰河降(Slope of River)。水之于沙,或取或舍,视乎水量及河降若何。低水之时水清,沙被舍也;洪水之时水混,沙被取也。水量可以其深浅表之,命水之深为 t,命河之降为 i(即水面上、下二点高低之差,与其平衡距离之比),流水取沙之力(即水过平衡土面,侵取其沙,挈而走之力,即日人冈崎文治所谓押转力)之大小命为 S,以公尺计水深,则: $S=1000i \cdot t$ 为施于一平方公尺之押转力,以公斤计者也。

按德人 Franzius 所立之算式: $G = \mathrm{X}(1000i)^2 \cdot \int_0^b (t-t_0) \cdot t \cdot dx$,式中 G 为河之一横断面中,可以输过之沙量,以立方公尺计之。X 为一系数,关乎沙质之种类,须由本河观测试验而定之。i 为河降,t 为水深,以公尺计之;t_0 为极限水深,即水深小于 t_0,则 $S=0$,水无挟沙之力也。dx 为自河水面上自一岸量向他岸所取之分段距离也。b 为河面之全宽,以公尺计之。

$t<t_0$ 则沙停留,$t>t_0$ 则河床不免洗掘,惟 $t=t_0$,则无停沙无洗掘焉。故河身太浅者,将欲深之,欲增其 t,使大于 t_0,则水力可以刷沙。河床洗掘太过,而其深 $t>t_0$ 者,必设法保护之。欲增 t,无他法,缩其 b 而已。不能尽缩河面,则维以坝缩之耳。而缩之多寡,坝之位置疏密,皆须精审计算而定之,非贸然从事也。

岸坡之陡易,亦颇有关系焉。按 Franzius,命 S_0 为押转力之极限值,即在平衡面上 $S=S_0$ 公斤时,水无洗掘之力也。S 为岸坡前水深 t 下之押转力,$t=t_0$,则 $S=S_0$;ϕ 为岸土于水面上之静止角(Angle of Repose),∞ 为岸坡面对于平衡面之角,则 $\dfrac{S}{S_0} = \dfrac{t}{t_0} = \dfrac{\sin\phi - \sin\infty}{\sin\phi + \sin\infty}$;若 $\infty = 0$,则 $t=t_0$,按此式则岸坡坍毁者可坦其坡以止之。然过坦则又恐淤积焉,必得其宜,然后可以使岸坡久而不生变。若无良法以得适当之坦坡,则坡面须加掩护以防洗掘。

吾国河防书,言及此理者,惟刘成忠《河防刍议》曰:"溜力之重轻,因乎水势之深浅,愈深则力愈重,渐浅则力渐轻。假如中港之水深有二丈,滩比堤低一丈,河水输滩而上,仅一丈之水之力耳。若外无此滩,则堤前水深三丈,而攻堤之溜,挟三丈之力矣。以三丈之溜力,视一丈之溜力,其守之难易为如何也。"善哉此论,所缺者,惟科学上之实地观察耳。

河流之横断面,有所谓单式(Single Profile)、复式(Double Profile)之别焉。低水、洪水同纳于一槽者,名曰单式。寻常水位,纳于一槽(名曰本槽),洪水或非常洪水令回旋于较宽之槽者,名曰复式。单式之槽,岸坡蝉联;复式之槽,岸坡顿折。盖洪水之来骤而不常遇,其流量顿增甚多,利骤宽其槽以放之,黄河两面筑堤,即为此式。考黄河两岸,先由巡抚胡家玉奏兴堤工,相距十余里,继光绪十一年(一八八五年),东省人民,耕于堤外者(靠河一边曰堤外),请筑缕堤,巡抚张曜许之。及今言河防者,莫不归咎。盖缕堤筑,遥堤遂致无用,缕堤太狭,河无回旋余地,则易兆溃决耳。其实缕固有失,遥亦未为得。总之两堤距离,关乎河之成败,甚为切要,过宽与过狭,皆足以使河防失效。欲使堤工得治导之效,当以科学方法观测之,计划之,维护之。黄河至今未有水事之测量报告,可以依据以代谋改良计划者。津浦铁路计划黄河桥工之前,所测结果,低水为正二十八点五公尺,高水为正三十一点九一公尺。同处本槽中,洪水至正三十二点七六(一九〇三年)处洪槽中,而堤顶之高,为正三十三点二六公尺,则高于一九〇三年之洪水面不过正一点三五公尺。其时低水降度为零点零零零一一,高水降度依所测每秒三点二公尺之速率计算为零点零零零二四二,低水泻量为一千零七十立方公尺,高(正三十一点四一)水泻量为四千二百二十立方公尺,洪水泻量水位(三十二点七六)为六千八百立方公尺。其所拟糙率(Roughness)在本槽为零点零二,在洪槽为零点零二五。及今将近二十年,黄河变迁,想已多矣。将欲为之计划横断面,除诸水位、降度、流量外,尤须审察河沙流动之情形,以及水位高低不同时,其自上流所挈之沙之多寡之量,尤须就上下流各处细加测验,非仅一二处可以为功也。

既知河流泻水挈沙之详情,则据之以定其适宜之横断面焉。至水位(如年必一至者)处之于本槽,非常洪水(如数年或十余年必一至者)处之于洪槽。惟洪槽不宜使宽狭失宜,以致积淤或溃决。于冲要处设减水之门,或用滚堰,或用虹引,惟不可使牵溜而弱正河之势。岸坡、堤坡之薄弱者,加以防护。筑坝束河,浚渫积沙,俱按所定横断面而行之。坝料宜用柳及石,勿以秫秸或苇料塞责。河线宜使自然有律,划一不紊。督工者须深明学理,富有经验之人;监修者须艰苦卓绝,奉法惟谨之士,尤须严立政纪,赏罚不偏,培植人才,期于不坠,为国家肯立志刷新,黄河问题,非绝无解决之法者也。

二、如何使河槽保其应有之深,以利航运

按欧洲之莱茵河小于吾国江与河者甚多,而航二千吨以上之汽船。其他如 Elbe、Oder 等河,下游亦航行一千三百至一千五百吨之船,其中上游亦数百吨。以扬子江之

巨流，上海、汉口间航船不过二千吨。黄河之大，竟无航政之可言，此宁非治河家之所宜自引为辱也。黄河低水泻量一千零七十立方公尺，拟其速率，为每秒一公尺，则其水幂亦有 $A = \dfrac{Q}{V} = 1070$ 方公尺。范低水之宽为五百公尺，即亦可得 $\dfrac{1070}{500} = 2.14$ 公尺之平均水深，则可行船四百吨以上，寻常水位亦何不可航行至千吨以上之船。果能如是，则郑州可化为中国之第二汉口，而陕、甘、豫内地之粗货，不难输出矣。顾如何而可以达此目的？曰："无他，治导与维持而已。"黄河与大江发源之地相类也，其经流之长相类也，其下游之低原广漠相类也；所不类者，河之挟沙多于江耳。然而江足以富国，而河足以患国者，是宁无救济之法哉？无以为之者耳。若能减其沙量，固其床址，治导得宜，维护不弛，则化敌为友，亦何不可遂之有？

　　黄河至今日已病剧矣，治之之法，当一面从上游减沙，一面从下游浚治。予甚佩朱熹治河当从最低处起之说，以为治黄河即当从入海处起。昔潘、靳之治河，最注重于清口。盖尾闾不畅，全河厄逆，徒固堤防，毫无所益。疏口之法，当一其流，畅其波，筑海坝伸出口外，达之深处，使河所携下之沙，得为海水之力攫而去，则海口不致淤塞矣。然后自下而上，相势做坝，以激水力而刷沙。一节生效，复进一节，如是而上，以达郑洛，使寻常水位不出地中为止。至若三门、龙门等险，可以炸力去之。昔者汉时曾凿砥柱，石倒河中，不能除去，而废其功。然今日工程之得力，非昔日可比也。昔人之所不能者，今人可竟能之也。降势太陡者，可做堰闸以节制之，务使数百吨之船只，上达晋、陕之边，而汾、洛、泾、渭诸河，亦从此可化无用为有用矣。大功告竣，河中常备有力之浚船数只，上下游弋，除其偶然之淤。堤坝等工俱用专门人才维持防护。如是行之，其费固不赀，而转祸为福，其利尤不可思议也。

三、如何以减其淤

　　西人来游吾国者，睹黄河之状，莫不曰欲治黄河，非培植森林不为功也。森林治水，其效甚微，曩曾于《河海月刊》论之。况复黄壤区域，麦田所凭，林木根深，培植不易。少植之则完全无效，遍植之则妨碍民生。窥主张森林之说者，欲其减暴雨径流之量也。径流减则黄沙之被刷入河者亦减，是不但洪水之灾可免，而黄河之淤塞，亦可减少多矣。予以为森林固应提倡以为工业发展之预备，而勿以为治水之希望也。欲减径流与其所挟沙量，予拟有三途，以代森林，有大益而无碍。三途惟何？曰：植畔柳，开沟洫，修道路。

　　何言乎植畔柳？曰：黄壤区域，其田大抵皆为阶田。每次暴雨，上田泻水，下田承之，逐段而下，以至于河，而所刷田间之沙，亦随水而去。若于每田之三畔，植所谓矮柳一行,则水自柳间流出,速率因碍物而顿滞,则沙停其后,不啻滤器。迨田畔高仰,柳根繁殖,则畔亦固矣。矮柳之为物,直隶省多种之,出土便为细枝,无碍于农,而以作筐篮之物,利亦甚溥,以之劝农,当可乐从。矮柳之外,若陕省所长之荆条,亦可同用。第四图示阶田植畔柳之横断面,第五图示其平面。

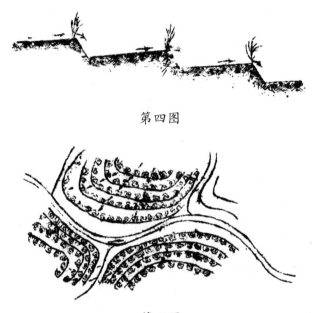

第四图

第五图

何言乎开沟洫? 曰:此吾国古法失传者也。昔者禹治洚水,兼尽力乎沟洫。后世儒者均颇有谓禹、酾二渠。后至周定王五年(前六〇二年),凡千余年,而河始一徙。且当时未堤防,其所以能安澜不犯者,皆沟洫之功。而河之敝也,亦自周衰,井田废,沟洫之制始弛。此说也,虽未或尽然,而亦颇有扼要之见也。兹列举名贤论说于下,以资参考:

(1)胡氏《禹贡锥指》曰:"禹尽力乎沟洫,导溪谷之水以注之田间,蓄泄以时,旱潦有备,高原下隰皆良田也。自商鞅坏井田开阡陌,而沟洫之制废矣。"

(2)徐氏《潞水客谈》曰:"东南多水而得水利,西北少水而反被水害。沟洫一开,则少水而受之有所容,多水而分之有所渫,雨旸因天,蓄泄随地,水害除而水利在其中矣。"

二氏意见不同之点:胡氏以为昔者沟洫制兴,故雍州厥田上上,自沟洫制废,水泉泻出,而渭北之田变为斥卤,后世穿渠溉田,为智之凿为不足贵,而行所无事,乃圣人之智所以为大,是胡氏以沟洫为有灌溉之功也。徐氏则谓如为灌溉而设,则沟洫之内,必如东南稻田,常常有水然后可。而绝潢断港,既无本原,土燥水混,尤易涸竭。孟子云:"七八月之间雨集,沟浍皆盈,其涸也可立而待也。"人见其无灌溉,遂并沟洫而废之，而水患至矣。是徐氏以为沟洫无裨灌溉，但以为除水患者也。二者各有所偏，当于后日论之。

施氏《近思录发明》云："周定王以前，沟洫制行，千余年无河患，向以为臆度之言，今知可计数也。"（其详见后）

乌程沈梦兰氏《五省沟洫图》说，言沟洫之利甚详，曰："陕西之泾渭，山西之沁汾，直隶滹沱、永定等河，皆与黄河无异。故其涨也，则浑流汹涌而冲决为患；其退也，则河泥滞淀而淤塞为患。古人于是作为沟洫以治之，纵横相承，浅深相受。伏秋水涨，则以疏泄为灌输，河无泛流，野无燥土，此善用其决也；春冬河消，则以挑决为粪治，土薄者可使厚，水浅者可使深，此善用其淤也。自沟洫废而决淤皆为害，水土交病矣。"又曰："凡河经入海诸故道，皆可广为疏辟，以为宣导之地。诚使五省举行沟洫，河之涨流有所容，淤泥复有所溁，而其入海者，又可任其所之，不择东南北大道，皆得畅流而无滞（按此说有弊，河流归宿，须有划一之道，已论之于上）。如是而河尤为患，未之有也。"

综观以上诸说，皆谓沟洫可以容水，可以留淤，淤经溁取可以粪田，利农兼以利水，予深赞斯说。夫井田之制，不可复已。后儒有必欲复之者，胶固之见也。沟洫遂浍之广深，不必深考，要可师其意耳。治水之法，有以水库节水者，各国水事用之甚多。然用于黄河，则未见其当，以其挟沙太多，水库之容量减缩太速也。然若分散之为沟洫，则不啻亿千小水库，有其用而无其弊，且有粪田之利，何乐而不为也。汉人之歌曰"泾水一石，其泥数斗，且溉且粪，长我禾黍"，可见黄壤粪田之功，为古今人所同认，听其入海而去，亦殊可惜！而阶田之制，田面肥沃，尤为可珍。使上田沃土，以粪下田，犹得失两消。若听其刷洗，尽入河流，非计之得者也。兹略拟一图，如第六图、第七图，以示沟洫之布置。

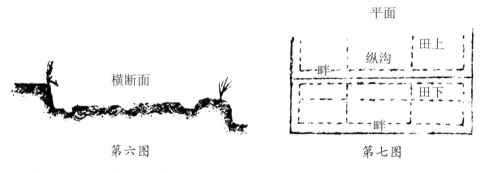

第六图　　　　　第七图

施氏《近思录发明》云："黄河自河南荥泽至江南清河，长千三百余里，河面阔七八里，至三四百丈不等，折算五里。临河堤高一丈，乘阔五里，得九百丈，以乘长千三百里，积二万万余丈。自有明以来，不惜财，不惜力，四防二守，以待伏秋之异涨者，恃有此数也。今以沟洫广深计之,地方二十里,乘积二万六千七百八十四丈,地方百里,容积六十六万八千六百丈。黄河所经之地,除边外不计,及河南开归以南,河高于地,水皆由京索入淮,不能注河外,甘陕晋豫四省,约方千里者三,可容二万万丈。直隶、山东一带运河所经,又可分道沁流,以减河势,虽逢水涨,仍属平漕,无患者一。以堤束水,水无旁分,淤泥亦无旁散,冬春水消,淤留沙垫,河身日高,地势日下,加堤之外,更无别法。筑垣居水,岂能久长。如是淤泥散入浍洫,每亩岁挑三十尺以粪田亩,则地方二十里,岁去淤土六百四十八万尺,余水注入中流,刷深河底,虽逢水消,仍得畅流,无患者二。"此说计算,颇可依据。今黄河既已改道东流,荥泽以下,两岸夹堤,无水可入。其上受田区域,估为一百万方公里,河流之长四千五百公里。黄壤易于渗漉,每秒入河之雨,估为每一方公里有零点零零八立方公尺。全域总量每秒入河者,共为 $1000000 \times 0.008 = 8000$ 立方公尺。全域之中,指二分之一为黄壤熟田,即共五十万方公里。$\frac{8000}{500000} = 0.016$ 立方公尺,为可贮于每一平方公里之沟洫者,每一方公里为亩者,约一千六百,则是每亩每秒之所受者,万分之一立方尺耳。暴雨之事,延持一昼夜,共有八点六四公尺之水量。沟广平均零点五公尺,深零点四公尺,则每亩有 $\frac{8.64}{0.4 \times 0.5} =$ 43.2 公尺之沟可以容纳矣。

何言乎修道路?曰:北方胡同之害,前既言之,欲减其患,惟有修治道路。路身坚固,车辆改良,道旁有水沟,亦可以减入河之沙量。而为交通计,岂非甚得耶?今全国道路,颇有人倡之者矣。予深感黄河流域,尤急起而直追,以减河患也。

四、如何以防其泛滥

黄河异涨,既不能全纳于本槽,则堤防以固未可免也。然今日之堤防,惴惴然惟恐其不能保者。设有沟洫以减其径流,复有治导之功,以保持其深槽,则所恃乎堤防者甚微,而溃决可易免也。

五、如何使之有利于农

著者尝著《治水与救农》一篇,载之《同济杂志》第一期,言吾国河之不治病农甚详。黄河之为农民患,尽人皆知,果能根本图治,祛农患即所以利农也。至其直接为利者,宁夏五原之灌溉,早著历史。河经秦晋之界,下至荥泽,岸高水深,颇难取用。惟沟洫一开,则本应入河之水,可以转留而为农田所用。或谓黄壤疏而易渗,沟浍既盈,其涸也可立而待,何能借以灌溉?是诚有之!然使潴于沟浍之中,即使渗漉,亦渗漉入田间,不较之径流入河者为得乎?颇见乡人治田,卑洼之处,积水兼旬,其旁即孳殖倍多。可见沟洫之于农,不为虚设。农民众多,每岁只需挑淤一二次,亦不为劳,而两利可收。为国家计,非胜算乎?荥泽以上,河身渐高,凌伏涨期,减水灌田,亦自足大裨农业。独是今之防河者,惴惴然莫之敢尝试,何耶?亦河未就治,防患且不暇,遑言利农耶?

六、结论

治导之功,欧美各国,若 Rhein、若 Mississippi、若 Elbe、若 Oder、若 Danube 等,足为吾国取法者甚多。苟得其人,不患不成功。惟沟洫、畔柳之制,视若简易,而实难行。盖地方广阔,人民众多,强迫其一律设施,非政治法律之强有力不为功也。然若特设一总机关,予之以黄河行政之全权,可以指挥各省于河务有关系各地之县知事,由此总机关畀各省水利局以分权,以督促其进行;又于陕州、大庆关、兰州等地,各设河务学校一所,指授沟洫、畔柳及道路之方针,一年毕业,每县各派学生四至十人,视其辖境之大小,及与河务关系之广狭,毕业归里,授以田畯之职,优其俸饩,使之指导农民。其奉行惟谨者,言于县令,劳之酬之;其有不率从者,惩之罚之。夫如是,则政令修明,一二年即可以收其功也。

议辟黄渭航道

(一九二三年)

黄河航道在开发西北为第一先决问题,盖西北地土辽阔,敷设铁道既需长久时期,利用公路亦非永久之计。汽车、飞机俱不适用于粗重货物,惟黄河迂绕青海、甘肃、宁夏、绥远,及陕、晋、豫、冀、鲁各省以达于海,贯穿腹地既如是之广,若有通畅划一之航道,则西北土货可以顺流而下,其运脚之廉,当非任何他项交通路所可比拟。

导渭河水下通黄河,上连洮河,复与黄河相连,此为西北航道之捷径,其缩短皋兰、潼关间航路不止三分之二。

将来如二路全辟,则新疆、宁夏、绥远及陕、晋北部之货物循北路,西宁、兰州、陇南以及陕西中道之货物循南路,西北辽阔地面,可以二航路改注之矣。

渭洮航道与陇海铁路平行,实亦非计,盖西北于未发达之先,同时有平行二交通路,势必两败俱伤也。余于此则宁主张陇海铁路行邠涑北道,以免与此航道冲突。

西北航道在五十年内可不主张行驶大轮,但能使民船及小轮拖船通行,于愿已足,盖吾国商战防御线薄弱,腹地通货,以土货下行为主,不望舶来外货鼓轮而上行也。目的既如此定,即工程费可省倍蓰,惟工程设施,须留有将来扩充之余步,无使后来之人讥前人不为留余地也。

工程之性质,在黄河中不出乎除滩碛,浚浅淤,湍流瀑布之处设斜坡或船闸,以壶口、龙门工程为最大;河床宽衍无定之地建筑堤防,束驭河身,以韩城、潼关间工事为较多。

渭洮航道工事在宝鸡以下注重保岸束驭河身,宝鸡以上设闸坝以渠化河身。更于渭源穿水脊渠以与洮河相通,洮河亦须渠化之也。

但余之意即欲从此二段着手,使黄河在延河口下达潼关先可通航。其故何在?良以延长石油为吾国惟一石油宝藏,以交通阻塞,国人企业者莫敢轻于尝试。其下游又有韩城之石煤矿,质地之美,产量之富,已经许多矿学专家披露于世。若此段开通,下联铁道,则可望成一工业中心之地。

货物交通,以现时西北情形而论,大抵全为生货皮毛、药材、矿质、食盐、棉花、麦粟、水果之类,有短行者,有长行者。但航道若通,则许[多]工厂可望林立于河之两岸,如呢革厂、纺织厂、冶铁厂、水泥厂、面粉厂、榨油厂、碱厂(神木)、纸厂,皆以原料之富,人工之廉,可大望发展。若无此需要之交通路,则以上各业,发展几于无望。

壶口水力究否适于大规模发展,现尚未敢定。若有可能,则可以供延长石油,韩城煤矿之开采及提炼,以及其他待发展之工业。而大批电力可用之空气中取〈窒〉(氮)素工业,以为陕、晋两省农业之福。

潼关以下以及郑州铁桥之侧,起初亦仅以行驶民船及拖轮为目的,一以免与陇海铁路利益冲突,一以限制洋货内侵。郑州以下以达海口,则希望驶行千吨以上之大轮,其海港则希望以小清河口代黄河之口。

为筹划黄渭航轮呈

(一九二四年)

呈为筹划黄渭航轮事。

谨呈省长钧鉴：

窃协前承钧座面嘱：

以关中交通滞涩，陇海通车尚需时日，宜设法使黄渭通轮，下自陕县，上达咸阳，则水通之便捷，可以补陆运之不足，仰见提倡商实至意。窃考秦中漕道古曾有之。汉郑当时建言引渭穿渠，起长安并南山下，至河三百余里，令齐人水工表悉发卒数万人为之。当时帝都所在，物力雄阜，故易为之。窥其所以不径由黄渭而另辟漕渠者，其故约有二端：一渠漕平易，而河漕艰险；二渠漕可以并南山诸水兼施灌溉，而河漕则否。有此二便，故舍河而就渠。迨后时异代更，都会转移，漕政渐废，渠道亦湮，而雄伟之迹，不可复睹。今者海外通商，货物懋迁，达于腹地，漕政之兴，当不复以政治之枢纽为重轻，而视商业之盛衰为权衡。考陕西与外埠通商，输出者有棉花、皮革、羊毛、水烟、药材等类，输入者有丝、茶、布匹、盐、煤、煤油、洋货、机器等类，每岁皆为额甚巨，而其运输情形有牛车载者，有骡驮者，有肩负者，有手车推者，困滞之状，不可言喻。若有便利航道，自足以补救甚多。惟是漕渠之复，为功太巨，不易举办。为今之计，惟有利用天然河道，加以疏治，自可通航。协久存此志，前曾呈钧座请设黄渭测流站，以为治道黄渭之预备，幸蒙赐允，当即着手筹办。至于航驶汽轮之举，协以为宜分三期举行。第一期为试行期：宜先探验渭河上下接黄河达陕县之航线，究否可以通行吃水若干之船，有无流沙障碍及其疏除之难易。一面协已向汉沪各造船厂洋行函询订造适当拖输价格，俟探河事竣，船价商妥后，即由省政府先购吃水浅、吨位小拖轮一具，试行陕咸间，搭客运货，以为商民倡导。倘其成效可观，则进入第二期，为实行期：组织船业公司，官商合办。添购船只，设立码头于陕县、潼关、交口、草滩、咸阳等处，并辖办各等轮渡事宜。河中安设简易符号，有沙障处，用简易方法加以疏浚，其成效更著，商货愈多，则更入第三期，为扩充期：筹巨款治导黄渭，延长航线于渭之上游，及其支流之巨者。凿渠由渭直通西安,增加吨位至五百吨位以上;设良好符标,改良码头,广增船数。如此行之,由小而大,渐求发达,庶航政大通,商民攸利,而公家款项亦易筹充矣。谨此上陈,并拟办法及预算表一份,另开附呈。伏祈察核施行。

为报告测勘黄渭航道呈

(一九二四年)

呈为报告测勘渭黄航道事。

窃协前承面谕:

计划渭黄兴办轮航事,当即以欲办轮航,须先测勘二河航道一次,免蹈前人覆辙,继呈黄渭试行拖轮办法及预算书。旋于本年(某)月(某)日奉批……(照抄)。兹者测勘渭黄航道事已竣,谨以所得及疏浚二河航道预算书呈报,以资采择。协为测勘渭黄事,先于四月二十二日由三原动身往咸阳,在该处测渭河断面一次,立水尺一具于南门外石岸上,令该县知事按月呈报水之涨落于水利分局。旋以该处未有相当之船,乃复返省。继于五月六日由草滩乘民船下驶,十二日至三河口,十四日至潼关,十六日由潼关换船顺黄河下行,十八日至陕县,十九日往阅三门底柱,五月二十七日返省。测勘期内,二河之水俱为小水之时,未曾涨增,故所测实为可靠而有用。一路河道情形,大抵俱苦沙浅处太多,平时即吃水尺余之民船,亦屡患搁浅,况乎汽轮!欲图畅行,非加疏浚不可。由草滩至陕县,依河道情形可分为三段:第一,草滩至交口,受沣、灞、泾支流影响,河道分歧,沙洲丛生,港汊繁多,行舟者辄至迷惘莫定方向;第二,交口至三河口,河形大致划一,浅处皆在溜槽趋易方向之处,加以疏治,易成整齐有律之河槽;第三,河口以下至陕县,为黄河性质,岸宽水急,练洲接续不断。航槽中水深大抵俱在一公尺之上,惟阌底镇阌乡县及北岸南原之附近沙浅,其广有碍航行。北岸葛超以下河底石砾质居多,幸水尚深,可望无碍,惟黄河沙质较渭河沙质更为浮动,且岸宽溜散,必频加疏浚,始可利航。所有渭、黄二河中,水之深浅及应浚沙积,另列一表(原文缺表)附呈。至渭、黄现今航务情形:渭河中现有盐炭民船二千余只,每只大约宽十五尺,长四十至五十尺,深四尺上下。空船吃水仅四五寸,重船亦不过一二尺,每船可装盐二石,每石二万七千余斤。下行顺流而放,上行全靠纤拉,每船需纤夫八至十人,篙夫十余人。由陕县至潼关航行条船有四五百只,利用风篷,每船可载一万五千余斤,船身狭而长,行动便利,吃水亦不过尺余,有时亦行至渭南。由陕县至潼关之货,以布匹为大宗,他等洋货次之。由潼关至渭南或草滩之货物,煤盐为大宗。由交口下行者棉花为大宗,其次则水烟、药材等。目下商务疲滞,航运萧条,而沿途驻军额外要挟需索,亦航业之大碍也。至于整理河槽,使适航运,救急厥惟疏浚,而常久之法尤须治导。治导之要则河溜分歧者划一之,河幅太宽者缩狭之,河岸崩坍者维护之,节制其沙,畅通其流,实百年之大计,非仅求效于一时也。三门虽称险害,若借石施〈练〉(链),以绞轮上下施船,实易放工,但目前航务尚不及此,姑缓言之。又者汉郑当时建言凿漕渠,谓渭河迂折九百余里,开渠只三百里,实系古人测术不精,言过其实之辞。今考渭河由草滩至潼关,固极迂折,然不过四百里,旱道则为二百八十里,何至相差如许之甚。黄河由潼关至陕县几成东西直线,弯折甚微,故潼关、陕州间,水道与旱道相比,无甚出入,或者水道尚较短捷。故今日言航务,只有治导之可言,实无另开漕渠之必要。即欲缩短航道,亦不过由渭河曲折太甚处,如白杨村、渭南县仁义村西仓等处,裁弯取直可矣,何必另辟新渠?所有测勘情形及末见,理合……

(按:原文未完)

治黄研究意见

(一九三〇年二月)

国府以治黄研究之责任,畀之建设委员会,将拨英俄庚款一部分,以供其用。仪祉鄙见,以为数千年来治黄,专事下游之塞筑疏治,而无根本之法,以兴利去弊。即有效力,亦仅维持于一时,而非长久治安之策。及今科学昌明,工事镜新,而十余年来国内外人士于黄河稍有研究,仍专注重下游,其上游无人过问也。故本年二月二十三日,华北水利委员会议席中,特提出治黄当注重上游之议案。盖黄河为患之原素,非黄河本身所自有,而乃自其□传递者也。支流首在荥泽以上,则研究黄河,不应舍上游不顾,为毫无疑焉。西北地势,大抵一言括之曰"土厚水深"。而黄河及其支流之降度,亦大抵陡□。惟降度陡,故水流急。惟水流急,故挟泥沙多。游历西北各地者,目睹沟壑冲刷之深且阔,可以知黄河之泥沙所自来矣。故今后治河之策,当在于荥泽以上,河身之降度,无论其为黄河本身,或其支流,均宜节节筑坝,使水面成为阶级式。是在土厚水深之地域,无洪溢浸淹之患,而有节蓄水量、化干燥为润泽之功,更加以田间沟洫之助,极力推广行之,可使浊流化为清流,暴洪化为安澜,永绝河患。国家□治之功,无急于是者也。故仪祉敬竭诚建议除破数千年来河防之迷梦,树立治河之新方针,望政府及注意河工等,深加注意也。

政府所拨黄河之款为数不多,而退还庚款用材料机器抵补,尤苦于机器材料一时难变为现款。故仪祉主张先以是项机器开发西北实业,择□获□□远利益最厚者为之。即以其所获利益充治河经费,可以使治河之资源□□□□。西北实业可开发者甚多,就目前所最易为者言之,莫若在陕西开办纺织厂。盖陕西为产棉最富之区,而棉质又极优美。民国十七年、民国十八年(一九二八年、一九二九年)两年陕西大荒,产棉极微。而今年陕西棉价犹不过二十七八元,以视上海六十余元之价,不及二分之一。西北之地,若甘肃、青海、新疆以及陕北、陕南,广漠地面,人民衣着,皆仰赖沪汉。论者谓陕西值价七八元之棉花,至沪汉一绕,化为布匹,仍运至陕,使值价二三十元。故在陕办纺织厂,其利益之厚可必,虽至愚之夫,莫不知也。计一万锭之纺机,每年获利可近百万元。陕西棉业推广十万以至二十万之锭子,不为多也。故仪祉建议以黄河之款先拨一部分首建是厂。民国二十年(一九三一年)筹办,民国二十一年(一九三二年)即可开厂,民国二十二年(一九三三年)即可大获其利。以年年所获之利,拨为黄河之用,可以永永存在、永永继续。且纺织厂以此法成立愈多,其款项亦愈积愈厚,则黄河不悲其不能正本清源,化大患为大利。较之年年由国库拨款,枝枝节节,以补苴罅漏,款虚靡而无功,劳力多而祸患仍存者,孰优孰绌,不待智者可立辨也。黄河流域占中国领土之半,中国数千年治乱之关键,亦多在乎是。河永治则民生永裕,民生永裕则乱源永绝。其关系治安尤非浅鲜。仪祉不揣谫陋,倡为是说。凡我同志,加以赞助,使得实现,所深望也。二月二十四日在天津作。

免除山东水患议

(一九三〇年)

鲁西一带，向苦昏垫。就山东全势而论，东为山东半岛所阨，南为淤黄高床所障，北为今河堤所阻，于是泰山诸水，若汶、若泗、若邹、滕诸小水，皆西归于大运；曹州府诸水，若洙、若五福、若顺堤，益以黄河决口之水，皆东汇于运。此众流之所归所恃以入海者，北为黄河之口，南为灌河、瓜州（洲）、三江营诸口。而黄河之床，本济河故道，在黄河北徙以前，河床深下，排水顺利。自黄河北徙而后，河床淤高，堤顶已高出背河地面四公尺以上，于是大运以西，今旧黄堤与运堤，形成一三角式匣，所恃以为水之出路者，仅微山湖一双闸耳。于是运西九县，平时亦苦水患，大水之年，昏垫不堪矣。其在运河以东者，以地势较高，为患较轻，而东平一县，则为汶水所浸，永为巨泊。姜家沟、清水口以黄河床高，平时泻汶之支派已不畅，若河水涨则倒灌焉。其他诸水，则皆经运南流，而苏人苦于水患，时时以鲁人浚通湖河为虑，斤斤相争数十年于兹。治水划疆，其弊如是。不本之谋，为鲁人计则邻国为壑，为苏人计则遏堤曲防，如之何其可也？

其在黄河以北，卫河以南，莘县、聊城、阳谷等数县之地，南阻于黄河，东阻于运河。二者皆河床高仰，形如倚甑，大雨之后，西来之水无所排泄，常苦昏垫，亦急待援拯也。

说者以为冀、鲁、苏三省之水，多为大运所困，甚至主张废运，以为南北交通，既有海运之便，复有铁道之捷，漕运既废，则运道又何所需？况事实上废弃已多，黄河又为之中梗，势不可通，则又何爱乎此余骨？断然废之，使三省东注之水，畅流出海，无复阻障，诚上策也。宗子嘉禄，主张最力，其说诚有所见。但为中国前途计，如此皇大古迹，不惟应事保持，抑且宜力事扩大（见著者《中国北方之水道交通》）。且河道之为运河所阻者，在蓟最多，曰大清，曰子牙，曰卫，皆为大运所逼，以出章武；在鲁则以马颊为范，汶、泗及邹、滕诸山之水，本为西流，汶则古北大清（济河），泗则昔由今运河道入洪泽入淮。黄河北徙之前，与运河相捣掚，致治黄护运，功绩难施。今运河变迁，远非昔比,淮为黄夺,非可罪运。沂、沭之水,可以病运,非运害沂。淮阴以南,则径达于江。高宝诸湖,为运所贯,非由运而聚也。

兹专就山东一省而论,黄河以北,排潦之途,穿运而过,尚易为力。盖本无大川,但为雨水,做涵洞于运河之底,按泻潦之量,以定涵洞之广深多宽,非难事也。且已有先我而为之者[民国十一年(一九二二年)东陵道尹某君为之,惜其涵洞尚太小耳]。

山东水患难题,厥在黄河之南,且其致患之由,咎不在运,前因后因,都在于黄。盖半岛西下之水,大纲惟在汶、泗,泗归淮入海之道,既为黄淤,汶归济入海之道,亦被黄夺。六百年间,而黄河筑崇、堰两道,为南北诸水之阨,使其为患,近百年而莫之救,惜哉!

东平之水,惟在于汶,黄河水盛,亦可倒灌。减除此处水患,不外两途:一为修理戴村坝;二为治导黄河。将就二者分而论之。

戴村坝建于明永乐中,居汶上县东一百二十里,汶河右岸。自宋礼而后,万恭、潘季驯继之,各有增加(第一表)。逊清以来,后多改修。自漕运废后,任其敝坏,兹据山东建设厅去年查勘戴村坝现状报告,坝长四百三十五公尺,自北而南(疑漏字)。

第一表

单位:公尺

坝名	长	顶宽	底宽	高
玲珑坝(宋建)	173	5	8	1.9
乱石坝(万建)	140	4	8	2.0
滚水坝(潘建)	70	7	13	1.7

今破坏者,玲珑坝最甚,计冲毁长二十公尺,中间两矶心垛亦崩坏,基桩暴露朽腐,估修补费三万元。若完全改造,需九万元。若改造活动坝,需二百七十万元。

戴村坝本为漕运而设,今漕运既废,戴村坝因之无人注意,将来运河恢复,一旦以通数百吨至千吨之轮,自必根本改建。但其关系于东平水灾甚切,有不能不先行补修之势。且现时运河,虽无漕挽,然上下货物,利舟之便者,仍非少数。当仪祉去年查勘时,见南旺分水口几于绝流,分入蜀山湖者亦甚微细,致柳林闸、安山闸间完全枯竭。柳林闸下水浅胶舟,夏镇以下,又完全枯竭,微山湖几于全涸。是以有用于南之水,移而为害于北,东平之灾,所以重也。故戴村坝之修补,需费既无多,东省可速起为之,不必待乎导淮,其利益亦专于东省。

但戴村坝修补后,东平水灾,即可免乎? 曰是又不然。盖戴村坝之目的,本以遏水济运,然洪水仍滚流而过。原出水三尺。乾隆十四年(一七四九年),高斌等落低玲珑坝一尺,乱石坝七寸,而乾隆三十六年(一七七一年),伏秋盛涨,过水一丈五尺有奇。当时黄河仍在南方,东坝口泻水尚为畅利。今则黄河日高,汶水入运一股多半淤塞,洪水之时,欲水不入东平,不可得也。入东平矣,求其速泻出海,不可得也。黄河水涨,求其不倒灌而入,不可得也。故赖修筑戴村坝以减东平水患者仅耳,若遇汶水全量而南,以祸丰沛,则以邻为壑,又岂治水之道哉?

然则所可以救东平者,惟治导黄河,以求河床之刷深耳。中国国内民生发展,所需乎运道日殷日宏,则贯彻南北之运河,自所必求恢复。不惟恢复,且必依次发达,以至通千吨以上之艘。但黄河天堑,南、北二运(指黄河南北运河)势为中断。欲求航道贯通,则此段黄河,在所首先施治。方修斯教授曰:治河宜从此段着手,以为试验,但欲得宏效,入海之口,宜同时并治。欲以治河为东平拯溺之策,则治河何时可以施工?施工矣,何时可以收效?殊难断定。古人曰"俟河之清,人寿几何",诚如是矣。

二者俱不可恃,东平殊陷于困境。按东平之地,向多薮泽。梁山之泊,为五代、宋、金、黄河浃注之区,后河移退地,始成平陆。安山之下,本为旧湖,漾洄数十里。戴村坝未筑以前,汶水于此合济。窃以为河流之大且长如黄河者,诚需要湖泊,以缓其势。东平沮洳之地,前本为湖泊,今则再成黄河湖泊之地,其势已成,当以因之。占地一区,而于河有利,则河上下游人民,因此减危而安者,不可数计,何得目注一隅,而眛于远也。曹君子仙瑞芝,欲做移湖之计,涸它湖以处东平灾民,诚有所见也。果如此,则宜首禁他湖涸出之地,为强豪所占据,为狡猾所蒙领,使受灾之民,得有所归始可;然亦不能以此遂缓治河之举也。

运河本身,不能以为排洪之道也。以运河为排洪之道,则运河行将废矣。故消除曹州府之水患,非另有一排洪之道不可。此道必经南旺、南阳、照阳、微山诸湖,下汇沂而出灌河,舍此道莫他由也。贯诸湖之道,则旧有牛头河,沟而通之,使诸湖以次消纳。然此为苏人慄慄畏惧,合力反对者也,尤凛凛然于黄河之南犯,不能不力争者也。山东之水,不能不觅一出路,苏人阻之,亦岂可以常久相持。淮北之人,以导淮出灌为虑,鉴于沂、沭之患,已不可当,恐更以益之,如水益深也。今导淮之计,已趋注于江无碍尽量入江,则入灌者甚微耳。其入江之途,则由三河穿高宝,出三江营,而运河则专作航运、灌溉之用,不以排洪。如此山东之水惟一尾闾,惟有灌河耳。至防黄南决改道,亦必图谋良法,不能因噎废食。

窃以为江苏中运,当上达台庄为止。中兴之煤,由此可运于南方。台庄以下,设两船闸(水面差共十一公尺),可以达清江浦。台庄以北,有铁道与津浦相连。运河航运,可由徐塘集(台庄下)仍循不牢河至上坝镇。此路河道平坦,不如台庄以上之陡险。上坝镇则一高闸(水面差十公尺),可达微山湖。山东南运,自夏镇以下,运河本身受十字河之扰（十字河带沙甚多，淤塞运道，航道避徙入湖，已累次矣），已不能通。舟行由夏镇南三孔桥入湖，绕越彭口闸回运，此现时之情形也。十字河既无法避免（其上游山中，必筑洪堰防沙），则夏镇至台庄镇一段之运河，可以废之，而今航道由此经湖出蔺家坝行不牢河。盖昔时运河，本由此道，明万历以黄河累次决口，每已危及运河，乃开泇河，改运道东行，过韩庄、台庄以避之，非运河本道，东愈于西也。今黄已远飏，则运河可复古。不牢一道，虽远于徐塘至韩庄，而可省闸一至二座。梁山直趋夏镇，由湖中行，则更捷于韩庄至夏镇。如此则韩庄至徐塘集，完全可以作导洪之用。自徐塘集起，则可以会沂而下穿骆马湖，直趋六塘入灌河，而纳之海中矣。惟所须注意者：①韩庄闸坝须完全改造，废闸而做坚固石坝，使平时水量可蓄湖中，洪水可越而过，以注之海。非常之患，不致危及江苏。②徐塘集旁筑一坝，使运河所需之水，不致旁溢，洪水可以滚过。③沂河之芦口坝废除，另于其与上述洪水道相汇之下游，建坝及供水闸，以济运而遏洪。④徐塘集以下，运河东岸各口（二道河、沙家口、磁湾、五花桥等），皆完全堵塞之。⑤除自徐塘集开河汇沂河外，沂河下游经黑河、老运河自五花，经大兴集入六塘河，皆须疏浚宽深，以敷排洪。

如此则洪水航水，各趋一路，两不相妨。微山湖为两路交叉之点，湖面宽广，两水相汇，毫无影响。

台庄至徐塘一段，专供煤运。即常有水流，下游有闸，水面亦较平坦。且运煤之船，空上重下，亦殊自如。若上游无来水，闸上之水，远可漾及台庄以上数十余里，足载煤舟。故徐塘集下，完全渠化。徐塘集经不牢河至微山湖，亦完全渠也。微山湖经台庄至徐塘集，渠化之河流也。下经六塘入灌，因有武障、龙沟诸坝，亦渠化之河流也。今黄以南，废黄以东得此一道，可以永免沉淀矣。

微山湖面必求落低少许，以减丰鱼之灾。湖中须特辟一航道，由蔺家坝直对夏镇。泗河之水，放之独山湖中，由独山湖入运，由运入昭阳湖。

韩庄之闸，如坚固合用，黄水无南犯之虞，不牢以西，有旧黄床及山所阨，黄河不易南袭。此后淮河流域所虞于黄河南犯者，厥在东明以上之决口耳。

山东诸河流量及沿运河一带雨量之记载，运河纵断面，诸湖地势，虽曾请求，尚未经山东建设厅寄来，故难为详细之计划。只就仪祉所见，言其大概耳。至此后研究此问题，尚须于山东方面，做相当之测验工事耳。

小清河航道整理管见

(一九三一年)

第一，海船港宜设于桓台闸以上金桥闸之下。

理由：①海船入陆愈深，则商运愈省。盖外埠之船驶入小清河，泊于羊角沟，与泊于金桥闸毫无以异，而内地运输因之已缩短四十八公里。②商埠距海岸较远，水好风和，草木繁茂，市政易于发达，商民适于居处。③土质较佳，一切建筑易于设施，泊船港池易于布置。④居博兴、广饶数县之间，交通顺利。⑤留羊角沟但作盐码头，与他项商市分立。

第二，小清河船闸自海口至济南共设四闸。①金桥闸：新船闸位置当在金桥闸之上约三公里处（在预备河及湾头口之上游）。此闸之上水约居正十二点二米之高，其下水则无定，当以测验所得潮水位结果，定闸之悬降（Lift）如普通潮水位能及正七点三零七米，则河底宜浚深至正三点三零七米或正二点三零七米，以通航吃水三四米之巨轮。金桥船闸之悬降不及三米。如普通潮水位只及正六点三零七米，则河底亦须多浚深一米。此闸宜添设捍潮之门，以备上水放空时（修理渠道）捍御潮水，或仅用船闸上必须有之闸板（Flash Boards）由海口至此闸命为海段。②安庄闸：新船闸可用旧闸址。下水面高正十二点二米，上水面高正十八点二米，悬降六米，本渠段亦长约四十八公〈尺〉（里）。渠底之高应为正九点七米，以通行吃水一点八至二米之渠船，其载重可至六百吨。自此以上各渠段同此。金桥闸、安庄闸二闸间之渠命名为下渠段。③孟庄闸：新闸址可设于旧闸之下约二点八公里处，居绣江河口之上游，下水面高正十八点二米，上水面高正二十四点二米，悬降亦为六米。各闸悬降一律，建筑与养护上方便甚多。本渠段长亦约四十八公里，名之曰中渠段。④黄台桥闸：紧设于黄台铁路桥之下游，此闸上水以不知黄台桥之高[此次所携小清河五柳闸至林家桥纵断面图所用数据（Datum）与小清河纵断面图又不一律]，无从规定。渠船至此，宜设终港。大渠船无须过桥，可由港池起卸于小船，以入济南商埠。但他时可由黄台之下，穿同深之渠，以与黄河航道设闸相通，惟黄河须先加以治导始可。本段渠长约四十三公里，黄台桥以上通济南商埠之渠，以吃水一米为限。

第三，排洪之路可沟通绣江河与清河沟及孝妇河，俱相连贯，大部分山洪可由之以放于海段。然各闸仍须有活动坝之设备，以泻积余之水。此坝不必过大，其大小须详细估计排洪之分配而定之。

白云湖、麻大湖皆备为停留山洪，储蓄渠水量之用。清水泊可治为储备清水，以冲洗港槽之用。

各湖河皆备有进水闸与小清河相通，上级水段与下级水段亦另有调节水量之渠闸相连。

第四，水源。中下渠段水量当无问题，以所纳河流多也。上渠段若能以绣江河之水蓄于白云湖，以供渠水，亦可敷用。至黄台桥以上，有济南诸泉接济，限制开闸（黄台桥为终港，渠船不越雷池一步）。货物至此，皆由驳船或铁路转运，耗水既微，亦何愁水之不足。

第五，海口仍以羊角沟出去之口为宜，以海潮进出畅利也。海口之门槛沙固须除之，以后口内河槽逐次加以整理工程，可望得良果。

第六，渠船吃水 T 定为二米，船身之宽 B 及长 L 定为 $B=8m, L=50m$，其载重可 $2×8×50×0.75=600$ 吨。小清河固可多行拖船，而此种轮船亦不能不为之准备也。

第七，船闸。闸之宽不宜小于十米，闸厢之长以能容拖轮一只、驳船二只，或如第六下轮船，或较大之轮一只为度。闸厢先用"Natural Bed"，以后经费充裕改为石工。或用"Steel Sheet Pile"（Larssen），若干年后商务繁盛，再另辟新闸，以通行千吨轮船为准。

第八，五柳闸、林家桥间之闸，为济南附近之所必需者，但须与全部计划相应。例如黄台桥之闸上水面应升至若干，则黄台桥以上更应何处设闸，悬降应为若干，可以迎刃而解矣。各闸若设，不特航运赖其利益，农田灌溉亦水有余裕，诚哉其利无穷。

第九，小清河与黄河连通，虽一时骤难实现，然即宜做种种测量设计，以为预备。黄河水面之涨落，津浦桥下河床之变迁，尤须长久察验，作为确实记载。

三省会派工程师往德国做治导黄河试验之缘起

(一九三二年)

黄河为害二千余年。自汉至迄今,治河之书,汗牛充栋,而河之不治今犹昔也。盖吾国不乏聪明特达之士,对河工具有卓识长才,而无专门之研究,仅邀一时之成功,辗转数年,河患仍昔,前功尽弃。国家经济损于是者不知凡几,人民命产毁于是者不知凡几,故研究治河为最急最要之图也。

近代水功规模之大者,多先之以试验,治河亦然。其法先依天然河床流势,以及其挟带泥沙之轻重,依例设比以为模型。治导规划亦按比例设施其间,而以觇其效用之若何及河流变更之情态,于是有所得,则以为实施治导之标准。数十年来,试验之效,彰彰大著,于是水工试验场之设,遍及全欧,不下数十处。斐礼门游欧遍访之,普为之记,而倡其用于美国。而试验场之鼻祖,则特莱斯丹教授恩格尔斯是也。

恩氏今年近八十矣。治河名家,多出其门下。素以研究黄河为志,二十余年,搜集关于黄河资料,孜孜研讨不倦。其所著《制驭黄河论》,见郑权伯译本。斐礼门自华游归,过欧访之,相与讨论治河之策。见沈君怡《治河之商榷》。民国十二年(一九二三年),恩氏年七十,曾欲来华,游历黄河上下,以中国内乱而未果。

民国十七年(一九二八年),导淮委员会成立,电聘恩氏为顾问工程师。恩氏以病来电谢之。继改聘方修斯,方亦恩氏之高足。方来华,恩氏电会曰,方来与其亲来等也。方修斯在华半年,于赞助导淮计划之外,兼研究治河,其书尚未刊行。

方氏与恩氏对治河之见解,大同小异。其不同之点,在方氏则主以缕堤束水、刷深河槽;在恩氏则以固定中水位为主。二氏往来函件,互相讨论者甚多,其函且俟异日发表。

方氏教授于汉诺佛亦据有在欧洲最大之水工试验场,对治黄之策,亦自行试验。

恩氏最近则更进一步,倡为大模型试验(Grossmodell-Versuche)之法。利用天然流水,改造之以为试验之模型。其地点则选择巴燕邦之奥贝那赫谷(Talder Obernach)瓦痕湖(Walchensee)之南,约二公里,其创设[时间]为一九二六年。合力经营者,有德国政府、巴燕邦政府及威廉帝公司（Kaiser-Wilhelm-Gesselschaft），名其试验所曰水工及水力试验场（Forschungsinstitut für Wasserbau und Wasserkraft in Obernach am Walchensee），而以恩氏主其事。开办以来，以试验解决水功大问题甚多。

一九三一年十月恩氏来函，附赠该试验场刊物数种，且曰："予对于黄河之兴趣，始终不衰。最近以斐礼门及方修斯之来相质论，益触研究兴致。敝场为用天然流水做水工试验之首创。昔年对黄河虽曾于特莱斯丹大学做种种试验，而迄未得有如是大规模之设置。贵国人士对治黄河，当较鄙人为尤切，此良机也，望勿失之。"予答之，盛称其试验场设备之优点，合乎试验黄河之用。且曰："现敝国政府方组织一黄河水利委员会，俟该会成立，即与相商，委托以试验治河之事。"一九三一年十二月十四日，恩氏继来函曰："承十一月十二日大示，敬悉不弃，以瓦痕[湖]试验场合乎黄河试验之用，并允做试验准备，幸甚。此试验所欲证明者，为缩狭堤距之究否能刷深河槽，而因以降落洪水面也。欲达此目的，依鄙人之见，应将此间现有之弯曲试验槽长一百公尺、宽二点五公尺者，均改造为直槽。两岸各以相对距十一公尺、八公尺及五公尺之防洪堤界之。在此槽中应以按合黄河实在情形含泥之水量注入，试验槽之坡度应做特别试验以定之。此间有现成水槽以供此项试验。须使低水约当五公分水深时，泥质尚淀槽底，水深稍过于是，泥质即能浮起为度。至试验河床先为平衡之梯形横断面式，床底敷以四十公分厚之河泥。岸坡为一比一，以混凝土一薄层护覆之。河堤以混凝土为之，滩地以碾实之土为之，不与任何护覆。中水位及洪水位时，河床底所输下之泥沙质皆收集于一塘。至其浮游之泥质，则随流而去。其他设备详情参观一九三一年二月出版予所著之《水工试验报告》。本试验场对中国付托之试验事，愿尽义务，不收酬劳。惟试验设备及工作费约需一万六千马克。希望能于〈本〉（？明）年四月间赐下，以便早日着手。最好中国政府能派工程师一人来此，共同试验。试验期限约需百日，并可请方修斯教授参与。"

此函寄沪，时予正以父丧在籍，及再来沪，乃商之于黄河水利委员会朱委员长子桥，请设法襄成此举。朱以黄河水利委员会未成立，款亦无所出，乃提议请鲁、豫、冀三省政府合力担任试验费，并荐派李赋都前往巴燕，参做试验。继得三省复电，深与赞荷，并允分任费用。李赋都为汉诺威大学毕业工程师，方修斯之弟子，民国十七年（一九二八年）回国，先后供职于重庆市政府渝简马路巴县段工程局、三姓东北水道工程局、导淮委员会、华北水利委员会，为工程师，现任西安市政府工程师。最近恩氏来函（一九三二年六月八日），谓治导黄河试验预备工作，已经起始，请促李赋都来德。

此其经过情形也。现李赋都拟于本月十日以前启行云。

鲁、豫、冀三省会派工程师往巴燕邦做治导黄河试验定约：

第一，三省会派李赋都工程师前往巴燕邦奥贝那赫与瓦痕湖水工及水力试验场，合作[做]治导黄河试验。

第二,所有该工程师来往川资及驻德旅费,由三省政府担任。

第三,该工程师到德即与该试验场定一合同,填写四份,代为署名,寄呈国民政府及三省省政府。

第四,试验费定为一万六千马克。

第五,试验经过情形及其结果由该工程师详为记录,完全译为中文刊印,分呈国府及三省省政府暨内政部及其他与水利有关系之政府机关。

第六,此约由该工程师签名,分寄三省政府存案。

洛口猛涨时发表治黄谈话

(一九三三年八月二十五日载于《大公报》)

民国二十二年(一九三三年)八月二十四日晚,济南大雨,洛口黄河水续涨,险工迭出,先生发表谈话,大公报特拍专电如下:

〔南京二十四日下午(晚)十时发专电〕李仪祉发表谈话,谓黄河大水,为近五十年所未有。秋汛从来即畅旺,须至霜降后方可希望无事,故以后灾情是否不致扩大,诚不敢必。水利会现着手办理事项为:①王应榆乘机勘查灾区实况,现正在济与鲁当局筹议救治办法。②召集六省防汛会议,预料对筹济善后办法,如技术的及财政的必有圆满解决。③实施堵塞决口。因秋汛如何尚难逆料,所有漫决处所,应从速堵塞并修筑倒塌堤坝,已派许心武主持办理。本会成立目的,不仅以办救灾工程自足,俟此治标工作告一段落后,即将从事于根本工作之治导,用期久远。

力争黄河水利委员会经费电

（一九三三年八月）

　　仪祉病未健复，遇黄河大灾，不能□□□□□□□。八日赴豫视工。目下各处堵口工程，进行正急，□□□□□，深为焦虑。尤□□者，黄河为患二千年，历代水官仅有补□□□，而无□□之谋，并无根本治理转害为利之策。民国以来，河上废弛，虽求苟安亦不可得。至于测量研究，江淮早经举办，黄河则一切阙如，其根本治河，自非旦夕所可成功，鲁莽所可幸致。仪祉盱衡大势，以为须先维持河防，使十年之内不致为灾。一面探讨全河形势及水文，以为治本计划。盖欲求治，必先求知，期以三年，可得大计。流域广大，尤其堵口工作，始可有成。故黄河水利委员会经常费预算，中政会议定为每年六万元，实非过奢。因多年系利用于测量水文站及试验工作□□，财部现减半发给，设施方面□成困难。既欲根本治河，乞勿惜此小费。且治河工程，款项尤须预为筹划。数年以还，高唱水利，而工程事至注□□，款项辄难为继，以致□□治河，几等虚设。延搁多年，情形变异，则原有计划将不尽通，所用之财等于虚耗。窃思国库纵然支绌，然洪水猛兽，同在必除。民生所系□□攸关，似不宜一筹莫展，坐视沦□。仪祉生长僻陬，非欲委邀官爵。既承中央付以治河重任，亟思实地做事，安敢缄默不言。仰乞俯察并候示遵。

治 黄 关 键

（一九三三年九月三日载于《大公报》，黄河水势两歧时谈）

　　民国二十二年（一九三三年）黄河大水成灾，九月二日先生发表谈话，大公报发电如下：

（南京二日下午六时发来电）李仪祉谈，黄河此次泛滥，纯为下游堤防不固，急流直下，致冀、豫两省决口甚多，下游波及，豫省灾情最重。目下救灾方面，已由政府责成许世英会同各关系机关负责办理。工程方面，本会当会同六省当局，努力进行。工程经费虽核准五十万元，亦属杯水车薪，故上次已呈请续拨一千万元，为治标治本之工程经费。倘能照准陆续拨付，预料今年过去，明年绝无重大危险；倘经费无着，敷衍工程，则未来灾象非惟本人不能担保，即任何人亦难预测云。

黄河水利委员会开幕典礼中答词

（一九三三年九月）

今天是黄河水利委员会各委员宣誓就职日期，蒙中央派刘主席监誓，并指导我们对于黄河治法，本会委员均异常感激。原本会并不是立时产生的，为时已有五年了。最初是十八年，中政会决议设立，那时会长是冯焕章先生，去年换成朱子桥先生。朱先生因救济东北难民，接济义勇军，非常忙碌，未曾就职。今年兄弟正在卧病时，中央忽以斯职见委。当时以学识太差、身体病弱，不敢当此大责，屡欲言辞。后经多方友人劝勉，复想我国数千年来，未得治黄根本办法，必须竭毕生之力，冀免永久之害，遂毅然出任巨难。我以为要治黄河，必先从认识、知道工作做起。民国二十二年（一九三三年）过去了，黄河水利委员会亦过去了。因内忧外患，求治河之基本工作尚未实行。现本会成立，是集中治河人才及热心之专家，各竭其所长，先把黄河怎样为害弄清楚，然后进行治河计划。惟望各界人士，各本所知，尽心贡献职责本会，共救沿河各省之大患。

谈治黄进行状况

(一九三三年九月)

本人此次因视察冀、鲁、豫黄河水灾情形及筹设黄河水利委员会,奔走南京、[天]津、济[南]月余。现在黄河水势已复常态。堵口、善后两项工作,已由黄河水灾救济委员会负责。至此次黄河泛滥原因,实因民国以来,国人对黄河多不注意,年久失修,致酿成灾。本人返陕时,黄河水利委员会各委员均已就职,大会已开幕。再关于治黄工作、进行现况,黄河水利委员会为彻底明了沿岸实在情形计,前特在天津组织测量队一队,内有工程师二十余人,由安立森为该队主任,月底即可抵郑州,由厅工处沿黄河岸往上游测量,至龙门再折回郑州厅工处,往下游测量,至海口为止。现在治黄,必须先把黄河怎样为害弄清楚,然后实行治河计划。至于对治理黄河上游工作,刻下分两步进行:一是引渭。引渭灌溉农田的,把渭水一部引到田间去,供浇地之用。但这并不是治黄的步骤,是借便给民众谋点利益。二是导渭,就是治黄工作的初步。这两年工作,当然先须从测量着手。现在测量队已组成两队,十月一日即行出发测量。至于其他泾、洛等河,当逐渐计划治理。黄河水利委员会会址已决定设西安,但因交通不便,一切均感困难,下游工作尚较为多,故办公人员,暂不来陕,均驻开封。西安先组一导渭工程处。现在开封方面,由秘书长张含英负责。导渭工程处处长由本人自兼。治黄工作大致如斯。至本省水利事,现泾惠渠支渠工程,已将完成。对引洛事,本人在京曾谒汪院长及宋部长商洽工款,均已允为之筹付,但尚无具体答复。现初步测量工作,已告完成,一俟工款筹有办法,即可兴工。至汉南之水利方面,已派技士陈靖前往组织水利管理局,将来对汉南各河拟具治理计划,徐图兴办。

黄河治本之探讨

（一九三三年）

要讲治河，先要决定治河的目的何在，有了目的，然后可以对着目的下功夫。试问我们对于黄河之目的何在？以前的治河目的，可以讲完全是防洪水之患而已。此后的目的，当然仍以防洪为第一，整理航道为第二。至于其他诸事，如引水灌溉、放淤、水电等事，只可以做旁枝之事，可为者为之，不能列入治河之主要目的。

先言防洪。中国河工千余年来历史，惟有防洪一事。当然可以宝贵的经验不在少数。要是莫有别的企求目的，而现在所用的河防方法可以认为满意，则根本上可以墨守成规，不必多事更张。无如现在的河防情形，实在是不能满意。不能满意的事实如下。

（1）每年河防费三省要担任到近百万元，是否有一比较完善的办法，可以减少此浪费？

（2）河防虽然花了许多钱，而差不多每隔一年或二年仍免不了出险一次或多次，摧毁的人民财产辄在数百万元至数千万元。

（3）河床历年加高，说不定什么时候便有改道之虞，其祸害更不可胜言。

（4）历来河防，专重下游。上游、中游的河害，如绥远，如秦、晋，亦自不少，无人顾及。

由此看来，我们专对于河防，亦必要改弦更张。

其次再言整理航道。现在的黄河，不过支支节节能通几只牛皮船及木船而已，用现代的交通眼光看起来，直可谓之不通航。所以 George B. Cressey 在他的著作 *China's Geographic Foundations* 对黄河直以不通航目之。可知现代通航之意义，是以能通行汽轮，有大批货物为前提。黄河在吾国是否有加以整理使能通航之需要及需要整理到什么程度，是值得研究的。我国古时航道作用，是偏于政治的，故《禹贡》上说浮于济漯，浮于淮泗，浮于洛，俱达于河。不能直接与河相通的，亦由济、淮、泗、渭转达，而俱以黄河为贡道之集中，可见古时黄河实为重要之航道。后来经过汉唐数代，黄河之航运重要性仍然不变。宋代建都汴梁，于是漕运重心移到汴河。元、明、清建都燕京，漕运重心又移到运河。但自海道交通以后，内河航行趋势，也随之大变。国都所在，似乎莫有莫大关系，而货物交通之趋向，则视商港之地位如何。黄河航道之所以为国人所忽略，一半是黄河本身治导之难，一半是入海之口不能治为良港的缘故。

论黄河本身，占流域面积约一百万方公里，流长四千余公里，附丽于河者凡九省，居民一〈万〉(亿)四千万，而不得其用以利展交通，殊为可惜。并且西北辽远之地，政府方事全力开发，则交通为第一需要。开发的事业，无非在当地振兴农产，开采矿产，再则利用本地物产制造成工艺品，运到沿海口岸以与外洋争雄，才能得其富用，决不是如上海商人希图减免货税，以二三成之所谓国货行销于向来自补自给之内地，为开发西北也，但是农产物、矿产物以至工艺品尽管发展，而莫有最便宜的运输方法，则决不能行。黄河一道，所过之地，如宁夏、绥远，皆苦积谷太多而不能出，虽有平绥铁道，不足以调剂；陕、甘的药材、皮毛骨革，神木之碱，延长之油，韩城之煤，又都是黄河沿岸的出品。若更沿河山坡，遍植林木，则洴流而下，材木不可胜用。修一条铁路以沟通此等地域，固然于此时有些说不到，但沟通河道，却是很可以为的事。此就开发西北而言，黄河航道有整理的需要。

潼关以下虽然有陇海铁路，与黄河平行到兰封，但兰以东却失了交通。潼关上接渭河，许多的粗重货物，如棉花、皮骨等类，仍是行黄河到郑州铁桥为止，郑州以下沿河出产的粮食、花生，以及巩县的石料，仍须黄河转运。现在虽然觉得货运疲滞，但如果鲁省将小清河口的海港整理好了，又将小清河与黄河设法联络，整个的运河以及卫河的航道都开通好了，则我敢断言黄河下游的货运，亦必要大活动起来。所以黄河下游的航道，为国家经济计、人民生计计，亦是必需整理的。

整理到什么程度，更须值得我们注意的。我国积弱之下，事事辄受制于外人。尤其是交通利器，为外人把持得厉害。扬子江流域不惟外货充斥，国产衰败，而且外商轮舶深入内境，又以保护为名，兵轮继其后，直如不是中国地方一般。西北以交通不便，幸而还未到如此程度。我们惩前毖后，又何忍令西北再陷于东南万劫不复之危境呢？所以我对黄河航道，有如下之主张。

(1) 黄河本身海口不设港(工程上也难实现)。

(2) 利用小清河羊角沟为商港，而于济南附近使小清河与黄河相联络。最好不用船闸，而设起卸场坞。

(3) 大洋轮船限制行于黄台桥以下或黄河起卸场下。

(4) 由利津至郑州黄河铁桥以通行拖轮为度，铁桥处设火车及民船转载场(由火车卸货于船)。

(5) 潼关至郑州铁桥，整理河床令民船易行；不行拖轮，以免与陇海铁路相妨害。

(6) 潼关上至禹门，以能通行拖轮转运煤、盐、铁为度。

(7) 由包头以下至禹门，暂以整理河床，能令民船及木排畅行为度。

（8）包头至兰州，以通行拖轮为度。其目的有五：①全部航道注重在下行货物之畅利，上行者稍感不便，以阻洋货之侵入。②凡有铁路或其他航道相联络之处通行拖轮，以期转运，便利国货灵通。③下行之船应除去一切障碍，如浅滩、乱石、陡坡，苛捐、陋规及■■。④下行之船到了目的地，即连船带货售脱，人由铁路或公路而返。⑤沿河培植森林，使黄河为西北上输出木材孔道。

黄河航道与他道之联络，作简明图如下（第一图）。

计黄河本身通拖轮者三段，兰包段长九百四十公里，禹潼段长一百二十公里，荥利段长七百二十公里。通民船者包禹段长六百七十公里，潼荥段长三百一十公里。

如此安排，则可得合乎目的之交通，而工费不致甚大。

河防与河道交通，成为两事。全河之长，除最上游不能通航者外，整个的为交通段。而河防之段，则限于下游孟津至利津，长约七百公里。潼关至河津，历年累有河患而未有河防，绥远河套则河道亦屡有变更，而地旷人稀，更无人注意。

其次我们要研究的是根本防洪工程，与整理航道工程，是否可以打成一片，一举两得呢。我们得先研究这两项事所需要的条件，是否相同。

根本防洪所需要的条件	航道所需要的条件
(1) 河床固定，岸不崩，河不徙	河床固定，岸不崩，河不徙
(2) 河床刷深	足深水槽
(3) 洪水量有节制	洪水量有节制
(4) 不要歧流泛滥	河槽划一
(5) 河床坡度要有规律	水面坡度要适宜
(6) 水势不可太弱	枯水时不要太浅
(7) 行凌要畅利	冰期要缩短
(8) 减除泥沙	减除泥沙

由此看来，防洪与航道虽然二事，而所需要之条件完全相同的，莫有冲突的。所以孟津到利津一段治河工事，可以打成一片，并筹兼顾。不但孟津到利津一段如是，潼关到禹门一段，亦是如此。河套一段，性质稍有些不同，当另论之。黄河按它的天然形势可以分作：

(1) 兰州至广武城为缩狭段。
(2) 广武城至石嘴子为宽放段。
(3) 石嘴子至磴口为缩狭段。

图中粗线为通轮者细线为通民船者

第一图

(4) 碛口至河曲为宽放段。
(5) 河曲至龙门为缩狭段。
(6) 龙门至潼关为宽放段。
(7) 潼关至孟津为缩狭段。
(8) 孟津至利津为堤防段。

缩狭之段，苦于滩多水急，兼有跌水；宽放之段，苦于河流分歧散漫，水浅沙多，迁徙靡定。前者只碍航行，后者兼危害居民。堤防段则已有堤防，虽有保障而危险性更大。河防靡款甚多。三者性质不同，故治导之法不一。

河道各段治导之重要，可以如第二图判断。

一、海口段

我国向来论治河者，莫不注重海口问题，以为尾闾不畅，便要全河受病。本人十余年前所著《黄河之根本治法商榷》，也是如此主张。据本年本会派遣副总工程师许心武、主任工程师安立森、工程师高钧德等勘查海口归来报告，都说现在利津以下入海之黄河浤道，莫有什么不通畅，并且河床坡度是很陡的。出口时门槛沙当然同其他各河如海河、灌河、临洪河等一样，免不了的。行舟出入，须待潮而行。门槛沙与航船有碍，是不用说的。但是否与黄河之排泄有碍，论者不一。方修斯则以为海口工程与治河宏旨莫有大关系，安立森亦如是说。他们的意思，以为河水到此，已同入了大海一般，虽然浅些，然尽可放宽，还有什么不畅？假如我们废弃了黄河口的海港而采用小清河口，岂不是海口段用不着再费什么工程吗？

无论怎样说，小庞庄、石头庄等处的决口，决不能归咎于尾闾不畅。因在此等处决口时，洪水的前波，尚未到了济南，当然离海口还远。

著者的见解，是海口的情形，可以支配潮溜的，而潮溜之出入畅利与否，可以影响潮界以上的河道的。假如海潮之溜进来得快，出去得快，河床带下的泥沙自然冲刷得快。所以主张海口还得用功夫去研究，用什么方法可以使潮溜进出得力，能使泥沙得随到随即冲去。按现在情形，海口门槛沙上水深不过一公尺，潮水之高亦不过一公尺余，潮水进口，当然是不爽利。潮界在口门的上不过能到二十几公里，比较小清河、大沽口都低，但是这个原因，我们还不十分清楚。

山东人主张在利津以下接筑两岸河堤。这堤接筑到海潮所不能到的地方，只要能容纳自上而下之洪水，莫有别的问题的。若继续筑下去到海潮界内，则堤的距离、方式都要研究，不可冒昧的。山东人的意见，是以垦地为主。著者又以为即利津以下

第二图

或者可以不先用筑堤方式，而在两岸多植柽柳或其他土宜植物，使两岸逐年淤高，不比较堤来得更结实吗？什么时候河堤不到临海，海坝当然谈不到。关于这项问题还须许多时的研究，但也不是至急问题。

二、河防段

河防段指孟津以下到利津，长七百余公里的黄河一段。南、北两岸都有堤防。自沁河口以下，一直到海惟一个支流，流入黄河的只有由南岸来的汶河一部分水。但黄河水位稍高，仍然倒灌入东平一带。

全段堤工受保护之地可分为若干区如下。

（一）北岸

1. 温孟区　孟县至沁河口河堤迤北之地。
2. 原封区　沁河口至大车集河堤迤北之地。
3. 长范区　长垣至范县河堤迤北之地。
4. 博利区　博平至利津河堤迤北之地。

（二）南岸

1. 郑开区　老黄河右堤以西河堤荥泽至兰封迤南之地至淮河为止。
2. 巨野区　老黄[河]左岸以东运河以西考城到十里堡河堤迤南之地至微山湖为止。
3. 济南区　济南附近一小部分。
4. 青城区　济南以东小清河以北至灌口河堤迤南之地。

又金堤与山东民埝（耿密城至陶城埠）之间，亦可别自为一区，即名曰金堤区。

各区保护之面积，很不容易计算。因为决了口之后，常常会冲破范围以外。比如说巨野区向南以微山湖为止境。但是灌入运河，运河再决，灌入六塘，则要泛滥直到黄海为止。要按历史上黄河累次迁徙泛滥所到过的地面，合计起来有三十多万平方公里，被保护的人口有八千多万。

河堤关系如此之大，所以此刻要将防河工程完全舍弃，另想别的办法，是谈不到的。惟有一面维持河防，一面从有效力的治导方法着手去做。

治河的各种意见，上面已经略加评判，不必再谈了，以下只就最有研究价值的提出来讨论。

一指河床是不可不固定的。河床固定了以后，才可使它刷深。恩格尔斯主张固定中水河床，也是同一意义。但是洪水在中水河槽以外，奔突无定，则仍是危险。恩格尔斯说，中水河床固定以后，使河槽永不近堤，则不发生险工。但洪水大溜方向，常常不按中水、低水河槽方向。往往河槽方向向东北，大溜方向偏趋向东南。故说中水床固定以后，便永远不会发生险工，也是靠不住的。并且黄河决口，平工多于险工，而漫决多于冲决。所以即能保莫有险工，而仍不能保莫有决口。

但是恩格尔斯这项主张，著者是最表同情的。因为有了固定中水河床以后，才能设法控制洪水的流向。不然便如野马无缰，莫如之何，只有斤斤（明察意）防守而已。

究竟黄河将来的横断面，是以单式为宜，还是以复式为宜呢？恩格尔斯最近与著者来函说："使河槽日刷深而滩日长高，则久而久之，洪水中水，容纳在一个槽内，复式横断面可变为单式的了。"可见他是主张单式横断面，这项著者也有同意。

这是什么理由呢？因为所贵乎有复式横断面者，因为洪水流量太大，单式河槽内不能容纳，使之向外发展。但是河床上的横断面，常常因为太浅，或者崎岖不平的缘故，失掉了排泄的能力，不过做了个临时停蓄之地。尤其是黄河含有多量泥沙，使它的力量不能集中，将一起的泥沙借洪水的力量输送入海，是很可惜的。故著者也是主张使黄河横断面逐渐演变为单式为优，前在《黄河之根本治法商榷》文内说："既知流水挈沙之详情，则据之以定其适宜之横断面焉。至水位年必一至者处之于本槽，非常洪水数年或十余年必一至者处之于洪槽。"是主张寻常洪水，与中水同槽的。非常洪水是人们常顾虑不到的。若能于上游设拦洪库，则下游可以莫有非常洪水，一个单式的河床横断面更为相宜。

按陕州历年流量如第一表（共有记载十三年）。

第一表

单位：立方公尺/秒

年份	最大流量	年份	最大流量
民国八年（一九一九年）	6900	民国十六年（一九二七年）	*4200
民国九年（一九二〇年）	4300	民国十七年（一九二八年）	*3500
民国十年（一九二一年）	5600	民国十八年（一九二九年）	*4700
民国十一年（一九二二年）	*4800	民国十九年（一九三〇年）	缺
民国十二年（一九二三年）	*6300	民国二十年（一九三一年）	缺
民国十三年（一九二四年）	*3200	民国二十一年（一九三二年）	5500
民国十四年（一九二五年）	*6700	民国二十二年（一九三三年）	**14300
民国十五年（一九二六年）	*5000		

＊未实测流量根据最高水位推测而得；＊＊陕州所测据安立森推测不止此数。

第一表中所记流量之频数率如下：

每秒一万立方公尺以上者	一次	百分之八
每秒六千立方公尺以上者	四次	百分之三十（强）
每秒五千立方公尺以上者	七次	百分之六十（强）
每秒四千立方公尺以上者	十一次	百分之九十（弱）
每秒三千立方公尺以上者	十三次	百分之百

用最低的水量计算河槽是不对的，河槽应要绰乎有容些。最大的洪水流量，超过普通洪水三至四倍，当然是不常有的。它的机会或者三百年至五百年一次。为工程经济计，不能依它为根据的。再者用一个单式的河槽，容纳过大的洪水量，一恐事实上做不到，二恐即做得到，亦无益处而反有害处。盖河槽如旅舍一般，常常有客人来往，便会修理得整齐；若多年无人顾问，则自然荒废。所以著者主张常至之洪水处之于本槽。此等洪水不致为下游灾害，而有冲刷河槽的用处。但也不可过于狭小。兹姑定为每秒六千五百立方公尺，以后还须再加研究更正。

以每秒六千五百立方公尺为准，再按各处洪水面、比降及河床糙率而计算，标准横断面式（抛物线式）得标准河幅宽度。则在此宽度之内，要河刷深至与标准横断面相符为止。标准宽度以外，要使河滩地逐渐长高。

这样的伟大工作要用人力去挖河槽是绝对不可能的，但用河水自己的力量，著者想不是怎样的难事。因为黄河本来具有这样的能力。只要我们驾驭有法，总可以达到目的。请看第三图至第五图（原文缺图），便知河床自治的能力不小。

潘季驯用堤束水治溜的主张，近世同样主张的人不少。中国不用说了，在外国如〈但〉（丹）瑟工科大学教授爱礼斯（Ehlers）及汉诺佛工科大学教授方修斯（O.Franzius）皆如此主张。方修斯又拟有治黄计划，并且用模型做过试验，曾经发表于《水利》杂志。密西西比河于一七一七年，即本以堤束水策略治河。所谓 Confinement Theory 是也，为意大利人苦格力米尼（Gugliemini）所主张，但密西西比河至今犹未得以堤治河的大效，正与黄河从潘季驯、靳辅奉一样的方略治河而未能根本治导的功效相同。

著者以为以堤束水治河理论一部分是对的，就是我们对于堤这样东西难保操纵自如。并且筑堤的时候，不能完全按照治河目的规定的堤线。有许多事实，如筑堤的基址，可用与否，村舍城郭的避免等等，是不能不顾虑而使堤线绕越的。

还有一层：方修斯所拟的内堤、外堤办法，内、外二堤之间是预备放淤的。而内堤低薄，方氏以为只要束水，非求保障，故内堤漫决是不要顾虑的。但著者恐河道因此更加紊乱。最近恩格尔斯与著者来函谓使滩地增高,则束水之功,正与堤相等,或且过之,何必一定要筑堤。著者也深以此语为然。

第三图至第五图又可以证明恩格尔斯在奥贝那赫做黄河试验的结果,与实际是相合的。因为这三个横断面都是很宽的,但河槽反得刷深许多。恩格尔斯试验的结果,证明宽河床的刷深与狭河槽的刷深为十六与一之比(见《工程》黄河问题专号),许多人以为奇怪,大概拘于向来习用公式,水之押转力 $S=OIH$(H 为水深,I 为水面坡度)之见。以前 F.Kreuter 的理论,说河床之深度,过了极限深度 T_0,则河床的泥沙必被刷动。又有主张河底流速的大小,与泥沙的刷动的多少有关系。但按 S.Kurzmann 在 Tirol 所做的 Ache 河中的实际测验,证明这两种说法都不可靠。

著者以为即按以前的理论,水之押转力,与平均水深及水面坡度成正比例。筑堤束水,可以增加水深,但同时也减少了水面坡度。尤其是下游束水,上游水面必致平缓。其刷深较少于宽河床的缘故,或即因此。据 A.Schoklitsch 的试验,水面坡度 I 的关系最大。每一公尺宽的河床,其被刷动的泥沙量与水面坡度之平方及流量 Q 超过极限流量 Q_0(为恰可以推动河床泥沙质的流量)为正比。他的计算每年运输的泥沙总量的公式为 $G=CI^2M(Q-Q_0)$,C 为系数。

由此式可以知道,恩格尔斯试验结果,是有道理的。

如何可以使滩地长高而河槽刷深呢?著者之意以为不要先拘执于固定中水河床,而应先从滩地着手。什么理由呢?一因黄河河床太不规律,中水河床颇难规定。二因希望河槽刷深,水面降低,将来之中水位必不是今日之中水位。三因要将普通洪水纳于一槽,则徒固定中水河床,反与河水刷深之工作有碍。

固定河床之法有好多种:①用顺工[顺坝或如巴燕邦所用长辊(Endless Roller)]②用丁工(丁坝、透水丁坝、浮坝等)。③潜坝(以制止河床之过于刷深)。④护岸各种工程。⑤塞支工程。⑥裁弯工程。丁、顺两种坝,工料或用石,或用梢,或梢、石、沙、土杂用,设施之后,都不容易改变。所以用时不可不加审慎。比不得黄河现在的坝,专为护堤,莫有治导的关系,可以随便着用。并且这些工程,都是很费钱的。

著者以为要达"河滩长高,河槽刷深"的目的,所施的工程,须具四种条件:①工价极省。②具伸缩性,随河床之变迁而不失其用。③不妨碍河床刷深之天然工作。④可以随时按环境需要而增益。因之拟了一种方法,名曰固滩坝。

比如河床横断面有如第六图实线所示为现在之河床及两堤与水面;虚线所示为将来治导后之河床与水面,河槽的宽为 B,所以我们就在 B 宽以外,两侧滩地,设施护滩工程。此项工程很简单,只打木橛于滩地,单行或双行,与河流方向成一个七八十度的角,向上挑着。单行橛上编柳枝篱笆,双行橛间添柳枝,用石块镇压,用铅丝牵锁。坝出地面不要过高,以零点五至一公尺为度,如第六图中┼┼┼┼┼线所示。此种坝工,上、下相距每五百至一千公尺一个。坝之前端约三十至五十公尺长,不用打橛入地,而做成铺地坝,一部分埋入地中深四五公尺,上面用石镇压,以候河槽冲刷,到此处为止境,如第七图虚线所示。

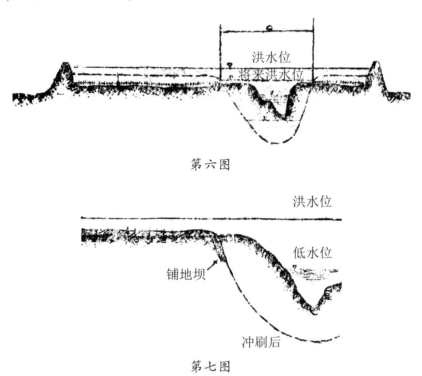

第六图

第七图

若坝长达到现在河槽的岸边,则设施如第八图铺地坝段,覆在河岸,如经冲岸,则随岸内徙,如第八图虚线所示。

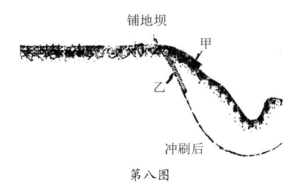

第八图

固滩坝的功用:①制止滩地被河溜侵削。②漫滩洪水,被坝所阻,其流滞缓,所带之泥,即淤滩面。欲使此项效力增强,可再沿河岸设施顺坝,同样做法,则淤泥留于滩上,清水滤入河槽,可以帮助河槽冲刷,如第九图所示。

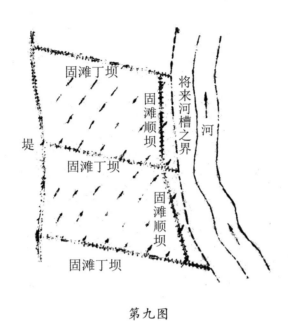

第九图

固滩坝一次设施之后,滩地最高,则继续设施,以河槽刷深,滩地长高符于计划为止。此种工程遇河床变迁须更改时,亦自容易。

坝两旁及坝间滩面多种树木,可以增加效力。此外于河槽冲刷到达了目的以后,再加以护岸工程,则河床永远可以固定。保滩之法,古人也有主张的:吴大澂在荥泽泛立了一个石碑,上镌着下面几句话:"老滩土坚,遇溜而日塌,塌之不已,堤以渐圮。我今筑坝,保此老滩。滩不去,则堤不单,守堤不如守滩。"若干年以后,河槽深入地中,有些过深的地方,还需要设施潜坝,使河槽深浅一律,所有的水、所有的泥都能顺利下去。

[一是]黄河的水有自辟河槽、自然治导的能力,所以我们要利用机会。河工经费准备充裕,一有机会即速利用,则用一分力,可得百倍之效。比如去年大水之后,有许多地方,河水归于一槽了,河槽自然刷深了,河滩长高了,但是不乘此机会加以保护,这种万金难买的机会,转瞬又将失去,实是可惜!

二是洪水量须有节制的。非常洪水莫有节制,则下游仍须泛滥。我们预备在中上游黄河支流山谷中设水库,停蓄过分的洪水量。比如说,下游河槽,只计算容纳每秒六千五百立方公尺,则如去年的洪水量每秒二万立方公尺,得停蓄一万三千五百立方公尺。此数分作几处停蓄,渭河至少停蓄四千立方公尺,泾河至少停蓄六千立方公尺,北洛河至少停蓄二千立方公尺,汾河至少停蓄一千立方公尺,此外沁、洛二河,也可令停蓄若干。洪水之时,互通消息,迭为控制,使流到下游的水量,不能超过每秒六千五百立方公尺,则非常河患,可以从此莫有了。

各河停蓄水库,大汛以前预先放空。大汛期中,须有相当的水量,由底孔泻出。①使库内不致淤积。②使下游水量不致太弱,有病河床。③不致发生河患。这水量是要按水力及含泥情形详细计算,而加以模型试验,才可确定的。各停蓄水库未经设置以前,洪水停蓄之地,即为尚未长高之河滩。希望河滩长高之日,即为各停蓄水库完全成功之时。不然,非常洪水,仍不免漫滩,我们的目的仍莫有达到。

许多人顾虑到停蓄水库将要很快的淤满,失了效用。但著者所虑的不是库内淤积,而是库外积淤。水库设于小峡之内,水急而陡,总可使冲刷净尽。但如二十四小时的水量,分作十日或二十日放下,水势变弱而带出之泥平均于逐日流下之水中,恐水库以下的河床,反受其淤。所以下游治导与上游水库,要同时并举,并且要精密的计算。

三是孟津以下河床坡度,还算有规律的,只是陡弯和歧流的地方不少。陡弯要裁削,歧流用柳坝堵塞,使洪水漫过填淤。歧流堵塞,河槽划一,低水之时,自无过浅之虑。去了陡弯和浅滩,水流畅利,行凌自然无碍。

四指最费研究的是泥沙问题。孟津以下为患的只是泥、沙两种,泥也叫做淤。我们要解决这个问题,须先要考究泥沙的来源。泥细而浮于水中,随着水行,当然来得远,去得远;沙粗而泥于水底,被水押上顺着河底转,当然来路不远,去得也不远。所以河南境内多沙,山东境内沙便少有。泥则不然,直到入海为止。由下而上推,河南的沙难得到山东,则硬说河南的沙,都是由河套来的,这话便有些武断。因为黄河自孟津以上,两岸山谷流水都是,何必一定来自河套。河套的沙是细的,壶口的沙都是很粗的。由上游而至下游,沙只有由粗变细,决莫有由细变粗的道理。可知河套的沙,若是沙的形态不变,连越过河曲都不容易,何况河南。原因是绥远一带,地势平衍,水势宽放,所以沉重的沙,便停搁在那里了,除非是磨细了的沙,才可行之及远。

黄河两岸的支流,源头离河远的,带入河中的沙细;源头离河近的,带入河中的沙粗。所以汾、洛、泾、渭,带入河中的沙较细,而龙门以上山、陕两岸的水带入河中的沙较粗。山西方面大石块儿更多。以渭河说,渭河以北诸支流带下来的沙细,南山诸支流带下来的沙粗。龙门以上所来的沙,出了龙门,河势宽放,又停搁了。潼关以下阌乡、陕州等处,河底又是粗砾,可知不是上游来的。河南的细沙,大半也就出在潼关至巩县一带两岸山谷中,由上游来的或者反在少数。

不过这种理想,仍待凭据来证明。我们所需要的是实地的观察。我们得对研究泥沙一样事情,有一个具体的计划,按着计划实地的工作。

泥的来源可就远了,因为泥和着水以一般的速率向下行。我们只看甘肃、陕西各个大小河床莫有停积下的泥,可知是泥都到下游去了。

我们知道了泥沙的来源,便可研究去减免泥沙,减免泥与减免沙应分作两事。沙是山谷中来的,所以要在山谷中设置谷坊,平缓水势去减免的;泥是黄土地面来的,所以要平治田畴,开辟沟洫去减免的。

开辟沟洫,农人不愿意,一因为占地面,二因为每年要挑挖。所以著者感到不便,又想了一种办法,治田,如第十图所示,将田分作沟、塍、畔。畔须高,沟宽五尺、深一尺,塍宽二至三丈,顶面做弧形,易于耕耘。沟中可以植树,并可栽种菽谷,亦不必每沟中都要植树,斟酌情形办理。雨雪水量可以停蓄在沟中,田面土壤,不致冲刷,于农人大有利益,于河道大有帮助。这法推行于西北各地,只要政府认真执行,想非难事。

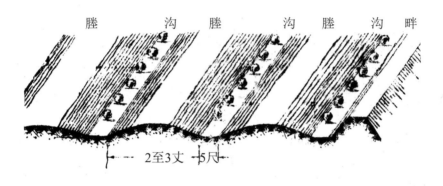

第十图

利用森林来减免泥沙,功效甚微且缓。我们决不可存一依赖森林来治河心理,但是我们仍应当努力地去提倡西北山中植林。

以上所说的,主要是为减除下游的河患,同时使河道得以整理,兴复航运。潼关到韩城一段虽然不是河防段,却也常受水害,所以固定河床、刷深河槽,要同下游一样的办法,希望可以达到通行小火轮的目的,最要紧不要忙着修堤防。宁夏到包头的一段,河势宽衍处,也要用固定河床的办法。窄狭之处,水深可够,只去了石滩障碍,便可通行轮船。至于包头到禹门,潼关到孟津,只希望通行民船的两段,主要的工程是除去壶口与三门两险。壶口可设一斜坡船道(Incline),上安铁轨,用机器放船而下。三门可在"照我来"石上及入门石上设一无头〈练〉(链)(Endless Chain),用机器转动,以拖带上下行驶之船(第十一图)。潼关以下阌乡附近有一段湍流,须治之。还有许多太宽的地方,也得参酌用丁坝束驭河床,使不致散漫,致碍行舟。

至于西北各省倡办灌溉事业,当然是最有利于人民的,但是不要迷信灌溉可以减除下游水患。因为灌溉之渠,不要洪水进去的。洪水一进渠,渠便要淤。河套一带,情形稍为两样些。要之水利是水利,水害是水害,不是上游有了水利,下游便莫有水害了。

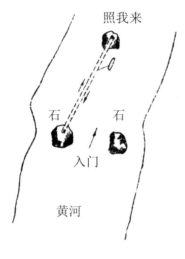

第十一图

下游用河水放淤、灌田，也是一种极大水利。但说是要靠着放淤，减少河中洪水量，却能减得几何？有人怕放淤分水，减弱河水势力，致河床淤积，也是过虑。

最终要讲到试验了。现在科学这样发达，但是治河的工事，可以讲仍然是幼稚。河道是有伸缩性的，有演变性的。河道在地面的流通，比如人身上的血脉。我们对于河道的研究，远不如生理学家、病理学家对于血管的研究。自从恩格尔斯提倡用模型试验以来，欧洲的学者，对于行水的研究，可算是有相当的进行了。美国密西西比河，多年以来墨守成规，乃自二十世纪以来，迭遭大水。一九一二年、一九一三年、一九一六年、一九二二年，各年都经很大的损失，而尤以一九二七年洪水更为非常：干堤决口十一处，支流之堤决口无算，被淹二万八千平方英里以上，灾民七十万口，可与民国二十年（一九三一年）扬子江的洪灾，民国二十二年（一九三三年）黄河的水灾相提并论。不过人家救护的方法多些，所以莫有我们的灾大。

人们觉悟了以前的成法不够应付，于是群起而研究妥善的方法。维克斯堡水工试验所（U.S.Waterways Experiment Station of Vicksburg）于是应运而生，将以前的政策，许多不妥的地方，根本推翻。对于河沙的运输情形、岸坡掩护方法，做根本的研究。停蓄水库也在研究之列，可以作为我们借鉴的当不少。

我们的力量薄弱得很，由许多机关，合力在天津设立第一水工试验所，正在建筑中。专为黄河计，最好在平汉铁路黄河铁桥北岸庙工的地方，设一大规模试验场。可以仿照恩格尔斯在奥贝那赫（Obernach）所设的试验场办理。庙工属武陟县境，距黄河北岸车站十里。房屋伟大，可以利用作办公厅。黄河的水或沁河的水都可以引做露天试验。此外，对于黄河的泥沙的研究，黄土的研究都可设在里面。若干年后，或者我们对于黄河认识得更清楚而能治导得法。

请测量黄河全河案

(一九三三年)

黄河历史与中华之史相并而行,盖吾华族源于黄河之上游,循黄河而繁衍,故民生利害关切于黄河者实深。自汉而后,河失其轨,治导无良策,河患无宁日,盖历代治河皆注重下游,而中上游曾无人过问者,实则洪水之源,源于中上游;泥沙之源,源于中上游。故本年二月华北水利委员会大会时,仪祉特提出治黄河须从上游设法,请即派人测量研究。惟是事关系重大,非厚集赀力人才,难于实行,特请公决列为专案,以促政府之实行。

办法:

(1)取消以前未能成立之黄河水利委员会,以测量研究黄河之职权属之华北水利委员会。

(2)黄河分为三段:由海口至荥泽为下段,由荥泽至中卫为中段,由中卫至星宿海为上段。测量研究先从中、下二段起,再及上段。

(3)黄河各支流由各省建设厅分任测量研究,与华北水利委员会一致改进。

(4)利用飞机拍照测量术以速其成。

黄河水利委员会工作计划

(一九三三年)

一、引言

吾华数千年来河工历史，几为黄河所独据，而黄河仍以最不治称。不独根本治导素未弗及，即以河防论，亦补苴罅漏，朝夕弗保。河之难治欤？抑人智力之有未及耶？

今欲治河，其目的焉在？敢为之悬拟曰：

(1)维持黄河现有入海之道，使不迁徙。

(2)巩固堤防使不致溃决漫溢为害人民。

此历来河防之所固守者也。进一步言之，则又曰：

(3)使河槽刷深，河防益固。

(4)使海口通畅，排洪顺利。

(5)使河床整一，帆樯无阻。

此历来河工之所有志而未能达者也。更进一步言之，则又曰：

(6)使洪水之来量有节制，险工不生。

(7)使泥沙之来量大汰减，河床不淤。

此历来言治河见有所及而行有所未逮者也。更进一步言之，则又曰：

(8)使黄河远达腹地，上以联(连)贯其〈著〉(主)要支流，下以错综乎淮运，使成一良好之航道。

此则历来人所未敢言，而以为过奢之望者也。

然使循序而进，定策而行，河不徙矣，岸不圮矣，槽深而床一，水恒而沙少，则以黄河之源远流长，何遽无成为优良航道之望？是则在人为之已！况乎时至今日，科艺猛进，远非昔比，今日之治河固不能仍自屈于汉、元、明、清之世，而仅以王、贾、潘、靳之功自限也，亦不宜神视禹功，以为后人所不能及也。用古人之经验，本科学之新识，加以实地之考察,精确之研究,详审之试验,多数之智力,伟大之机械,则又何目的之所不能达?

然何以趋赴此目的,其要件有五:①全河应有统一之管理,不宜以省区割裂。②河工人员应有专一之责任,不宜兼摄他职。③河工人员应长久其职务,不宜频于更调。④河工经费,应常使稳固充裕,不宜侵挪减扣。⑤保持长久之和平,政事、军事不宜扰及河工。

盖河工之见效,非短时可期。若一教而众咻,一曝而十寒,国家縻款于虚掷,河员负罪于不白,是又岂国家建设之初意哉?

二、组织

行政机关之组织,在乎统系分明,手续简单,呼应灵便,如一优良机器然。河工机关之组织,需要此数点尤甚。况乎全河之长四千余公里,交通之不便如是,社会之不宁如是,欲一机关而统理之,使上下兼顾,收效宏速,诚乎难矣。是固须有极完健之组织,上得中央之信倚,中得地方之协力,下得人民之乐从,始能望其成绩。

今黄河水利委员会已以明令改组矣,以委员会管理全河,所以严其组织者,应注意以下二点:

(1)委员不宜滥,人数不宜多,宜就于黄河水利有深切认识者、重要关系者、宏运计谋者委之,勿以名器为酬庸之具也。

(2)委员长之权宜重。欲使全河就理,而委员长之命令,不为人所重视,则委员会将等于虚设也。

委员会所管者,为关于治河之行政,宜设一秘书处,管理会议记录、文书、统计、任免、考成、会计、出纳及庶务等事,分列四科:

(1)文书科;

(2)会计科;

(3)考核科;

(4)庶务科。

秘书处下设科长四人,荐任科员每科四至八人,并得雇用书记。

秘书处之职务分列如下:①关于会议场中之报告及记录事项。②关于文书之收发编列及保管事项。③关于文书之分配、撰拟及编译事项。④关于职员任免及奖惩事项。⑤关于典守印信事项。⑥关于编制统计事项。⑦关于交涉庶务及警卫事项。⑧其他非工程事项。

本会既为水利机关,则组织上宜趋重于工程,务使健全,不受任何方牵制掣肘,致使发言多而实功不易见。故宜设一甚有力之工程处,以统辖全河工程及关于河防之管理事项,并设五工程局以分段为治,其地点分列如下:

(1)第一分局设于济南,管辖海口至濮县一段黄河及其支流。

(2)第二分局设于开封,管辖濮县至孟津一段黄河及其支流。

(3)第三分局设于潼关,管辖孟津至吴堡一段黄河及其支流。

(4)第四分局设于包头,管辖吴堡至石嘴子一段黄河及其支流。

(5)第五分区设于皋兰,管辖石嘴子至贵德一段黄河及其支流。

工程处之组织,须使管理及工程人才集中,能担任上述任务,分列五科:

(1)管理科;

(2)交通科;

(3)设计科;

(4)测绘科;

(5)实验科。

总工程师下设副总工程师一人,荐任秘书一人,科长五人。工程师、副工程师、助理工程师无定额,视事务之繁简增减之,分掌各科职务。普通科员每科四至十人,并得雇用书记。

管理科掌处内与各工程局往来事务,监视关于河防及水利一切法规之遵守,对上之报告及人民之宣示,以及一切与社会上交涉事项。

交通科在本处之需要,良以河身远长,辖区广大,故道路及通信须特加重视,以利于报洪、视察及运输等事。三省河堤,须整之使通行汽车,安设电话。其他各处,皆须有通电之便利。黄河本身及其支流之航运事业,亦归其管理。

设计科掌凡关于河防、治导、水利及与有关系之一切工程设计。各工程局不自设计,设计之事皆集中于本科。工程局有何意见,可书陈之以作设计之参考。本科宜设备一极完善之水利图书馆,以供参考。

测绘科掌指导全河之地形、水文及气象、测量、绘图等事,一切测绘章程方案格式皆归其厘定,以期一律。实地测量之事,由本科直接办理者:①沿河水准测量;②沿河三角点之测量;③飞机照相测量。其他地形河床等测量,委之各工程局为之,而由本科核其成绩。

实验科掌水工试验场之设备与实验工事所得良效果,以供实施工程之采用。

各工程局之组织,不能强使之相同,下游二工程局兼有河防事务,故宜就三省旧河务局改组,局之下并设营汛(另有规定)。中上游三工程局,则无河防关系,间亦有之,或在黄河本身,或在其支流,而情形不如下游之严重。利害仅关乎一区,则宜由工程局指导人民设立堤工会管理之。

各工程局相同之组织如下。

局长下设：

(1)总务股,掌局内文书庶务事项；

(2)测绘股,掌测绘事项；

(3)材料股,掌购买、保管及发给材料事项；

(4)会计股,掌编造预算、决算、保管及收支款项事项。

各股各设主任一人,工程师、副工程师、助理工程师各若干人,视事务之繁简增减之。股员每股四至六人,书记若干人,实施工程之际临时雇用人员不在此例。

三、工作计划

本会之工作计划大纲举之如下。

1.关于测绘者

(1)由海口沿黄河至河源,测精密水准,分三步为之。第一步海口至包头,第二步包头至贵德,第三步贵德至河源。

(2)由海口至河源,沿黄[河]两岸设三角点,与精密水准同时为之。

(3)飞机照相测量全河形势。

(4)支流之测量工事,由本会指导兼协助地方政府为之。

(5)沿河及其巨要支流于主要地点设水则,并择设流量站及气候观测站。

2.关于河防者

(1)由海口至荥泽两岸河堤设记里石桩,每一公里设一大桩,每百公尺设一小桩。

(2)沿堤敷设电话。(电话只设于一面之堤,对岸用符号通报)

(3)中上游于通电报处,如陕州、潼关、碛口、包头、宁夏、兰州,设报洪站,于汛期内按日通报。

(4)沿河之堤整治之使能通行汽车,以便巡视及运输。

(5)定上下一律整齐严肃之河防编制,训练河员及河兵。

(6)厘定河防法律,赏罚严明,荡除积弊。

(7)改革河防不适宜之旧法,充实河防需用之器具及材料。

(8)沿河两岸仿宋制责成人民多多植柳,以充裕河防材料。

3.关于研究及实验者

(1)在济南设一大规模水工试验场,以做各项治河工程之试验。

(2)于济南及开封上下择一河段做天然试验。

(3)设黄河图书馆。

（4）设黄河地质研究所。

（5）于山陕区域内做沟洫之天然试验。

4.关于设计者

（1）黄河两岸改良堤防。

（2）筑楗束水。

（3）整一河身,刷深河槽。

（4）护岸。

（5）通达航道。

（6）三门、壶口等处设闸。

（7）支流护岸。

（8）川谷堰〈坊〉（防）。

（9）田塍沟洫。

（10）灌溉放淤等工程。

5.关于工程者

工程已经设计,有立时可实施者,有需加以试验者,亦有工程不待设计者,俱经总工程师核准,重大者呈请委员长核准,分由各工程局按步实施。

河防及治导两工程之外,本会所应注重者,一为灌溉工程,一为垦殖。灌溉工程,无害而有益于河工。垦殖之事,西北可为者甚多,皆附丽于黄河,充实边防,裕厚民力,是亦本会应代国家所负之一大责任也。

黄河之所以甚劣于扬子江者,以其含泥沙太多故也。泥沙之所以特多,一由于西北黄壤之广播,二由于西北地面秃露者多,蓄殖者少。故宜指导人民山间植林木,平原设沟洫,以节制洪水之泻,兼以汰除其泥沙。

泾以渭浊,载之于《诗》,然平时之泾,固清于渭也,洪水之时,遽变混浊,谷口之下,盛水之时流量达六千立方公尺以上,含泥重量百分之六十以上,而泾不过渭之一支流已耳。可见若治泾渭,已治黄河不少之病。此根本治河,须兼注重中上游之理由也。

四、经费

本会经费由中央财政部按预算拨付,工程事业费之来源:①英俄庚款三十分之二;②荷兰庚款(作试验场及测量用);③三省原有河工经费(仍限用于三省河防);④酌收河工地亩附加;⑤发行河工公债;⑥实业利益庚款之一部分,可用以发展西北实业。盖如英庚款之退还,只限于机器而乏现款,则以机器发展西北实业,以其所获利益,用之于河工,则河工财源,可以不绝。而西北实业可发展者多矣,择其收效宏速者为之,立于不败之地。例如陇海[铁路]已达入陕境,则纺纱厂及韩城黄河岸煤矿,皆为立可获利之事业。又如包头、归化等处设立纺织毛呢厂,皆足以应国人之急需。此种办法,并非移河款以营他业,实欲为河工作根本之基础。譬如以二百万元之机器办一纺织厂,每年即可获利近百万元,以后即年年获利不绝,较之以二百万元急遽投于河工而后不能继者,得失可判然也。况乎英庚退还只有机器,销售颇难,而一挹注间,即两得其益,又何惮而不为？至于垦殖,亦为获利之一大宗事业,地方富裕,民康物阜,河工经费又何愁不充裕哉?

导治黄河宜注重上游请早期派人测量研究案

(一九三三年)

一、理由

(一)关于黄河泥沙之取缔

黄河自府谷南下以至潼关,东折而达巩县。其间黄河本身及其两岸支流,类多河深岸高,水流湍急,含泥甚多,侵蚀日加,河槽、溪谷刷削益深,影响于西北农事交通者甚多。倘能于巩县设坝闸,二百里而及三门;三门设坝闸,二百里而及潼关;潼关设坝闸,黄河上达禹门,渭河上达咸阳,可使舟楫便利。河水降度粗略以万分之一计,则每一水级高十至十一公尺,可是级水返漾达如是之远,所举三地点皆黄河槽逼狭之处,距离相若,而尤以三门石矶天然,施设闸坝形势为最便宜。此功告成,其利有五。

(1)黄、渭合计有长达千里之遥,可使轮舶相通,东接河卫以达千乘、章武,南接贾鲁、颍、淮以达皖、苏,货物委输,乃极利便。

(2)西北各地向苦水深土厚,地方干燥,得此可致水面升高,地方润泽。

(3)黄河下游冲决之患,由于泥沙过多,河床淤高。而河水泥沙之多,由于中游湍急之故。若分为水级,平其降度,则水势缓弱,下游淤沙之患,可以减除。至于巩县以上,岸高槽深,固不患其淤,且可以淤而增加肥沃之地不少。

(4)少数低下之地邻依河身,因设坝闸,不免湮没,然其面积甚小,且大半为沙碛。以沙碛之地,易为湖泊;以不毛之土,易为保障,非有所害,乃大为利。

(5)巩县至潼关,可使东西亘直,如坝闸设置得宜,使水溜方向有定,可使河床之中,常能维持一航槽。

有此五利,故愿我会深加注意,早施实测加以研究。

(二)关于壶口水力

查黄河自马头关以下至龙王潭,水行于高约四百公尺之深峡内,四十公里余。至龙王潭一跌而成九公尺之瀑布,是为壶口,下盛以宽六七百公尺之宽槽,而壶口之宽不过二十余公尺。壶口以上水之速率,亦达每秒三至五公尺之多。水之流量虽未曾有测记,而约略估计平均当不下五百立方公尺。其所生电力,可以电化秦、晋两省。此固多年以来,中外人士所同注目者也,惟精细测量未曾为之。可否请吾会早日派员前往实测,以明真相,昭示国人。

(三)关于黄河支流

据吾会前工程师安立森云:黄河之水在绥远并不甚浊,则其浊也,受秦、晋支流之影响特甚,可无疑义。包头、萨拉齐之间,河宽二十余公里,弥漫汪洋,即有泥沙亦大半沉淀矣。其下东西之水,自晋方来者多短而急,所挟多凡石;自秦方来者多长而迂,所挟多泥沙。其较大焉者则为洛、为汾、为渭,而泥沙之多,以渭为最。盖渭源远流长,其支流大抵冲洗黄壤,而渭之本身,尤惯冲圮河岸,甚至一小木船纤引而行,其波浪亦足侵刷岸土,溃崩如倒墙,其增加黄河泥沙之量,不可渺视。故治黄之策,不宜忽视支流,而支流之中,尤应重视渭河。现渭河拟由陕西建设厅施测,希望吾会于潼关上下之黄河,早日施测研究。将来与渭河工事,互相连(联)络,庸非至要之举哉?其他支流,亦可多派人调查,以为研究黄河者之裨助。

黄河委员会迄未成立,研究黄河之责仍界建设委员会。建设委员会当然以是项职务仍委之吾会。诚以导治黄河,在下游无良策。数十年来,但注重下游而漠视上游,毫无结果。故惩前毖后,望吾会是后研究黄河知所取择也。且黄河资料,下游较为充裕,而中上游完全无有,尤不能不急起直追者也。

二、办法

(1)实测荥泽县以上至萨拉齐水准河图。

(2) 设水标于巩县、三门、潼关、禹门、碛口等处。

(3) 实测安设水标处之横断面,计算流量。

(4) 详测壶口上下形势、水量、降度,并调查具岩石地层及河水所含泥沙之量。

请由本会积极提倡
西北畜牧以为治理黄河之助敬请公决案

(一九三三年)

理由:黄河之患,在乎泥沙。泥沙之来源,由于西北黄土坡岭之被冲刷,欲减黄河之泥沙,自须防制西北黄土坡岭之冲刷。防制冲刷,论者多以为宜在西北遍植森林。

但森林之效颇不易获。其理由有三:①西北气候干燥,树木不易生长。②交通不便,木运困难,植林者无利可求。③面积广漠,遍植林木,非百年不为功。

窃以为与其提倡森林,不如提倡畜牧;与其提倡种树,不如提倡种苜蓿(Alfalfa)。陕北黄土坡岭,遍植树木不易,遍植苜蓿则甚可能。树木交通不便无法运输,则归于无用;苜蓿则可以牧牛、羊,牛、羊肥壮,可以驱向之都会求售,其毛可以制裘织呢,其肉与乳酪,可以供人食饮,不患无利。

苜蓿宿根甚深,纠结土质牢固,防制冲刷之力,胜于树木;其性耐旱,不用灌溉,只须种一次,年年可以滋长,无养护之费,每年只需镰割三次,存干亦可供刍料,或放开牛、羊自食,其嫩芽人亦可食。故美国西方干旱之地广种苜蓿,良有以也。

诚能使西北黄土坡岭尽种苜蓿,余敢断言黄河之泥至少可减三分之二。

吾国人衣料宜改服呢革,以利工作;食料宜多增肉乳,以强身体。西北畜牧发展,不惟黄河受其利,国人衣食亦受其大赐也。

办法:①先择西北水草地大设牧场。②宜于西安、平凉、天水、榆林、绥远、宁夏、韩城等地,各设大规模之织呢厂及制造炼乳厂、牛羊肉罐头厂。③由行政院通令陕西、甘肃、宁夏、绥远、山西等省,凡山坡之地或未经垦种,或经垦种五谷而生长不丰者,一律劝人民易种苜蓿,从事畜牧。④牛、羊由政府收买,以为②项下各种工业之用。⑤由中央颁布西北畜牧政策,分期举办。

关于治导黄河之意见

(一九三三年)

关于治导黄河之愚见,敬陈内政部十一月三日黄河河务会议,以供参考。

第一,治导黄河应同时举办下列各事。

(1)郑州至海口之河防工事,以免决徙。

(2)下游治导工事,以整一河槽而济航运。

(3)各支流之护岸工事,以免崩削而减浊淤。

(4)各川谷之堰防工事,以平山水而拦泥沙。

(5)流域中指导农民治田地,开沟洫,修道路,兴灌溉,植林木,以改善黄河流域而除黄河病源。

(6)疏浚海口,以利排泄。

(7)利用河水,以泻淤斥卤之地。

(8)沿河设报汛站,使各处水之涨落,皆得预知,以便防备。

(9)全河之测量、研究、工事,以审确河性。

(10)沿河广植榆柳,以准备河工材料。

第二,为有责任、有系统地担任上条所列工事,须设一统一而有权力的治河机关。

第三,委员会制不大适用于河工机关,于已有各水利机关已深感其不便。今欲设治导黄河机关,则不必更设委员会而设一专署,如卫生署制,名曰治导黄河专署。

第四,专署设一署长负行政之责,其下设秘书处及工务处。

第五,治导黄河专署设于潼关,其理由有:

(1)约居河系之中心。

(2)擅铁道、航道交通之便。

(3)可以为报汛站之极点。

(4)适当黄河最大支流泾、洛、渭之交。

(5)〈绾〉(统)晋、秦、陇、绥四省黄河上游之地。

（6）设署于此，示人以今后治河改变方针，不复专顾下游而漠视中上游也。

第六，专署之下分设四局于泺口、开封、包头、皋兰四处，名曰治导黄河工程局；潼关专署亦掌一局事，每局设局长一人。

（1）泺口局辖黄河自利津至东明。

（2）开封局辖黄河自东明至陕州及其间之黄河支流。

（3）潼关局辖黄河陕州至府谷及其间之黄河支流。

（4）包头局辖黄河府谷至五原及其间之黄河支流。

（5）皋兰局辖黄河五原至大通河口及其间之黄河支流。

将来有需要时再增设青海局。

第七，旧有之各省河务局废除改组，以统一事权。

第八，治河之事，与其他内政及建设行政息息有关，故治河专署宜与各省取合作制。重要通行计划由内政部召集有关系各省民政厅、建设厅、财政厅，与治河专署集议之。工事计划，但与一省有关系者，由专署与该省政府会商之。

第九，治河专署及治局经费，由中央按月拨付，并由各省分担。

第十，治河工程费以下列各款充之。

（1）已经国府核定之英俄庚款三十分之二。

（2）各省向有之河工费。

（3）发行治河公债。

（4）黄河流域之地酌加河工附捐。

第十一，黄河及其支流之航运泞木等事，归治河专署管辖。

第十二，培养河工人才及指导农田、沟洫及森林人才，宜设专校。

第十三，治河之事非一二年所可见功，主其事者宜专一其职，不宜兼他职；宜长久其任，不宜轻于更易，如是始可望有成功。

治理黄河工作纲要

(一九三四年一月)

一、测量工作

(一) 地形河道测量

测量为应用科学方法治河之第一步工作,盖以设计之资料多是赖也。然黄河各段之情形不同,故所需测量之详略亦异。例如巩县以下,河患特甚,测量宜详;巩县至韩城次之,韩城至托克托则山峡之间又次之;托克托至石嘴子较为平坦,有灌溉航运之利,宜较详,石嘴子以上则次之。

巩县至河口一段长约八百五十公里,两堤间之距离有十五公里,有四公里,今估计测量之宽度为三十公里,测定河床形状及两岸地形,绘制一比五千至一比一万地形图,若组织四大测量队,约三年可以竣事。巩县至韩城一段,长约四百公里,测绘一比一万地形图。韩城至托克托一段,长六百公里,亦测绘一比一万至一比二万地形图;于山峡处,测量区域可窄,于欲修工程处如闸坝等,则测量较详,二队约二年可竣。托克托至石嘴子一段,长亦约六百公里,亦测绘一比一万地形图;二队约二年可竣。石嘴子以上,则暂作河道纵断面及切面测量,一队,约二年可竣。黄河上游之地形及河口之状况,概以飞机测之。如是则组织五大队测量,五年内即可竣事。

(二) 水文测量

水文测量,包含流速、流量、水位、含沙量、雨量、蒸发量、风向及其他关于气候之记载事项。其应设水文站之地点如下:皋兰、宁夏、五原、河曲、龙门、潼关、孟津、巩县、开封、鄄城、寿张、泺口、齐东、利津、河口及湟水之西宁,洮水之狄道,汾水之河津,渭水之华阴,洛水之巩县,沁水之武陟。其应设水标站之地点如下:贵德、托克托、葭县、陕县、郑县、东明、蒲台及汾水之汾阳,渭水之咸阳,洛水之洛宁,沁水之阳城,并令各河务局于沿途各段,设水文站。

于河源、皋兰、宁夏、河曲、潼关、开封、泺口各设气候站,测量气温、气压、湿度、风向、雨量、蒸发量等,并令本支各河流域之各县建设局,设立雨量站。

二、研究设计工作

治河之事,环境复杂,其受天然之影响亦至巨,故必有充分之研究,方可作设计之依据。河床之变迁,河道冲刷之能力,沉淀之情形等测验,流量系数之测定,泥土试验、材料试验、模型试验等工作,举凡一切工程于实施之先,必有充分之探讨。对于采得之张本,必加深切之研究。

于开封、济南,各择一段河身,做天然试验。又择适当地址,设模型水工试验场一所,以辅助之。

三年之后,上项测量与研究工作大半充足,即可根据以计划治导之方案,以便工作之实施。举凡黄河之根本治导工作,即可于第五年起实施次第进行。

三、河防工作

黄河之变迁溃决,多在下游,故于根本治导方法实施之前,对于河之现状,必竭力维持之,防守之,免生溃决之患。欲各河务局之工作与将来计划不冲突及其防护合理起见,冀、豫、鲁三省河务局,统归黄河水利委员会指导、监督,委员会并常派员视察指导,改良其工作。举凡埽坝砖石之应用,增镶新修之工程,皆应努力为之。查我国治河有四千年之历史,其成绩与方法,殊可钦仰,惟防决之法,似有更进之必要。对于汛员兵弁,宜加以训练,俾得明了新方法之应用。同时并训练新工人,以作递补之用。

四、实施根本治导工作

按照上项计划,约四年之后,即可实施治导之工作,其项目如下。

(一)刷深下游河槽

刷深下游河槽,换言之,即对于下游河道横切面,加以整理,河口加以疏浚。河水含沙过多,为黄河之一大问题。欲河槽不淤垫,则流速与切面必有合理之规定。如是则河槽刷深,水从地中行矣。其法或用束堤,或用丁坝,因地制宜。

(二)修正河道路线

河道过曲,为下游病症之一,故应裁直之处甚多。惟同时亦应顾及现有之事实,相势估计。规定之后,于何处应裁直,何处宜改弧,亦当次第兴办也。

(三)设置滚水坝

于内堤之适当地点,设滚水坝,俾供洪水暴涨时,可以漫流而过,流入内堤、外堤之间,既可免冲决之患,且淤高两堤间之地,以固地形。惟必加以测验,审慎处置,以免河水因疏而分,因分而弱,因弱而淤河床。

(四)设置谷坊

山谷间之设防横堵,既可节洪流,且可淀淤沙、平丘壑,应相度本支各流地形,以小者指导人民设置之,大者官力为之。

(五)发展水力

沿河可发展水力之地甚多,宜利用之,而以测量壶口为第一事。

(六)开辟航运

黄河上下游,必整理之,俾便航行。凡比降过大,或礁石隔阻之处,可设闸以升降之,或炸除其障碍。

(七)减除泥沙

于泥沙入河之后,应使之携淀于海。然为治本清源计,以能减少其来源为上。其法为严防两岸之冲塌及选避沙新道,再为培植森林,平治阶田,开抉沟洫(参看六、七两部分)。

(八)防御溃

于各项工程实施之后,则水由地中行,水患自可逐渐减除,惟仍应竭力防护之。

以上工作,有须待四年之后起首者,有随时可以兴办者,期十年小成,三十年大成。

五、整理支流工作

支流之整理,与干流本为一体,惟各支流之情形不同,则治导之方法与利用,自当因地制宜。例如渭水，航行及灌溉之利与其含沙量，是当特殊注意者，其他若汾、洛、沁等支流，亦皆应加整理，以清其源也。

六、植林工作

森林既可减少土壤之冲刷，且可裕埽料，防泛滥，故沿河大堤内外及河滩山坡等地，皆宜培植森林。造林贵乎普及，非一机关和少数人所能为力者，故必与地方政府及人民合作之，严定赏罚条例。

七、垦地工作

垦地工作，一则有利河道，再则增加生产，实为有益，兹分述之。

(一) 恢复沟洫

治水之法，有设谷闸以节水者。然水库善淤，若分散之为沟洫，则不啻亿千小水库，可以容水，可以留淤，淤经漯取，可以粪田，利农兼以利水。惟西北阶田，必须以政府之力，督令人民平治整齐，再加沟洫，方为有效。

(二) 整理河口三角洲

河口三角洲淤田三百万亩，且河道迁移不定，水难畅行，弃富源于地，亦殊可惜。应即着手治理，则工程农田，两收其利。

(三) 整理河滩荒地

沿河两岸，荒地甚多，或由于河道之变过迁，或由于两岸之淤高，多为未垦之地。如豫省之洛河两岸及陕西韩、郃、朝、华一带是。

(四) 碱地放淤

沿河碱地，多为不毛，每亩价极低，即以山东而论，已有近十万顷之数，其他若河南、河北两省，沿岸亦甚多。若能整理得法，则荒田变佳壤，其利甚溥。

(五) 河套垦地

河套一带，未垦之地尚多，宜垦殖之。

(六) 灌溉田亩

黄河上游及各支流，宜施行灌溉工作，况上游雨量缺乏，尤宜行之，惟在下游，颇有考虑之必要。盖以巩县而下，支流无几，若引多量之水以资溉田，则所取者多为水面及河边之水，含沙量必较少，因之河水之含沙量百分数必增加。是故下段灌溉，应于河道切面设计时，加以考虑也。

八、整理材料工作

我族沿黄河而东，开拓华夏，其于黄河之关系，尤为密切。而黄河又具有难治之特性，泛滥变迁，时有所闻，故益为人类所重视。是故史册所载，私家著述，汗牛充栋，极为丰富。今者各实业家及水利机关，或派员视察，或施行测绘，研究亦不乏人，惟以分地保存，散失不完，若不早日搜集而整理之，则恐年久无存。且昔人之经营，可作今日之借镜，是以应将各种材料，搜集整理之也。

治 黄 意 见

(一九三四年三月)

一、治黄理由

民国以来河工废弛，惟求苟安，亦不可得。至于测量研究，江淮早经筹办，黄河则一切阙如。根本治导，自非旦夕所可成功，鲁莽所可幸致。为今之计，需先维持河防，使十年之内不致为灾，一面探讨全河形势及水文，以为治本计划。盖欲求治，必先求知。期以三年，可得大计，流域广大，尤须倍力工作始可有成，并通电全国，征求治黄意见，虚心求知。惟治黄意见，自古迄今，主张不一。总其扼要，不外疏、导、防、束，大都皆以囿见，不能顾及全局，此所以河患不已也。河患症结所在之大病，是在于沙，沙患不除，则河恐终无治理之一日。是此沙患症结之所在，不得不知也。本委员数在西北方面，研究沙患之由来，溯其原委，其最大原因，由于黄河流域缺乏森林，每年各处山洪暴发，各岭之积沙顺流入河；又以黄河地层，黄土为壤，最易于冲走，土随水行，河无保障；加以西北方面，北有戈壁大沙漠，常年多属西北风，尽量将沙侵入黄河，成为大患。按绥远境内,全在沙漠之区,在洪水期内,每立方公尺水中所含沙量,在五六二格。在平时如刮大风一夜,置一长方纸片于院落空器中,大四百八十方寸,尘土将落其上,一夜可得土重十三零十分之七格。以此比例计算,每亩合计沙土五百四十余斤,其沙量之大,可想而知。现在绥远之沙,由西北风于每年间,将沙移南如陕西榆林、山西、河北各处,长城等处沙已移至墙根,即河南开封、郑州等处,城墙西北多被沙积。沙之为患,岂止河流?即华北各省,终恐变成沙漠之区。所以欲图根本治黄,必须由治沙起。如能将沙治除,则患自可消灭矣。

二、治黄办法

(一)人力补救

其补救之法,应分为两步:第一步,在上游绥远沿河造林,遏止下游沙患。第二步,应在宁夏、绥远、山西、陕西各省黄河流域及各省内支流,广开渠道,振兴水利。上游能引用多数水量以资灌溉,下游河患当可消除。

(二)设法治沙

治河不外治沙,治沙方法有二:第一,断绝来源;第二,代谋出路。欲图断绝沙路之来源,应须从速在黄河沿岸积极造林,广蓄水灌溉。地既开沟引水,使风不能起沙,可使沿河不良之田变为可耕之地。所栽之树又易于成活。但森林力量,仅能遮蔽风沙,不致远飏,欲断绝来源,势不可能,已入河床之沙,自应设法寻其出路。出路之要点,应将尾闾河口广为浚治,使水畅流入海,沙无积成,河患可减。

总之,治河之要,在上中游,应速广开渠道以分水量,借资灌溉,并应广为造林,以遏沙患;在下游应认真堤防治导;在尾闾应修挖河口,使水畅流入海,不致在中下游沉淀为害。分工合作,兼顾并施,治河前途,利赖实多。

函德国恩格尔斯教授关于黄河质疑之点

(一九三四年四月,托沈君怡转)

第一,黄河洪水据本会经验:

自河套绥远南下者	百分之十五
自渭河及其支流来者	百分之六十
自汾河来者	百分之二十
伊、洛、沁等	百分之五

又查渭河及其支流之大者,如泾、如洛,皆有极佳之地址以供筑停蓄水库(Rückhaltungs Becken)之用。是黄河洪水之患,但筑二、三水库,即可完全消除。现在本会正在测量各库地形,但最可虑者,即为洪水时河中泥沙之量太大。渭河最大泥量为百分之二十余,泾河最大泥量为百分之四十六,若不为之设法,则水库之淤废甚速。故计划谷堰(Talsperre)拟多留泄水底洞(Grundablässe)以排泄洪水。例如二十四小时之洪水峰,分为二旬至三旬排泄之。每年于洪水将来之前,即预将库内放空,及洪水期过后,再将多数洞关闭,以蓄较清之水,其含泥量不过百分之一至百分之五,以济航运及农田之需。不知用此法可以解救水库之淤废否?

第二,固定中水河床,固为治黄之妙法,惟应用何法、何料以固定之,颇费研究。盖黄河除洪水外,多为低水时期,中水时期甚短。中水床之护岸物若为石料,则因沿河六百余公里,产石之地甚少,所费不赀。如用梢薪,则低水面上易于腐烂,且难免不再为河水所冲决,致前工废弃。盖黄河滩岸,或为淤,或为沙,俱轻细易为水侵削。若专固定中水河床,洪水大溜或超出中水床之外,而于滩上另辟一槽,亦非不可能之事,宜如何避免?(第一图、第二图)

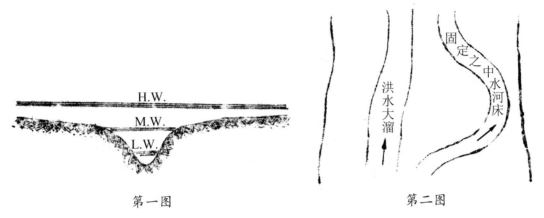

第一图　　　　　　　　第二图

第三,方修斯(O.Franzius)缩小堤距束水刷深河床之论,固似偏于理论。但吾国四百年前明代潘季驯亦主是说,并实行之。虽未全部奏功,而部分生效者已经显著。后清代靳辅亦依其理以治河,亦颇见功。缕堤有治导之功能,德国学者所见亦多略同(如Ehlars Janzic),惟所难者,黄河治导之段过长,上流刷深,其土不免淤于下流,决不能通匀一致刷深也。淤积之处,横断面狭隘,势必决堤,河复他徙,结果此刷彼淤,此决彼溃。方氏谓决不必虑,而吾恐河床因之更加凌乱也。究竟缕堤对于黄河可望有治导之功否?有何法以免其弊否?请先生明为指示!又,先生之试验,宽床之刷深,反较狭床为过,愚始终未明其理,敢祈明教!

第四,黄河河床之淤,决不能以人力或机力浚之,但有时裁弯取直或切滩,不能不以工力为之助。人力有限,而机力亦颇难施,水浅则用船机(Nassbagger)不可能也,滩软则用陆机(Trockenbagger)亦难行也。不知此种困难,有无良法以解决之?

第五,近日言治河者,议论纷纷,多主分疏。但昔潘季驯力辟是说,谓河分则力弱,力弱则不能攻沙,结果正流、分流必至皆淤。宋时黄河受分疏之害最多。惟吾国人议论多趋于是,不知大试验中,可附带试验及此以释群疑否?

第六,近二年来,小清河已经山东省政府极力经营,加以渠化(Kanallzioren),业已由上游起建船闸(Schiffsschleuse)及堰(Wehr)二处,仍继续进行,并谋浚深河床及海口,且设计沟通小清河与黄河航道于济南附近,是黄河海口无须再去经营为海港。但专为治河计,是否有展长缕堤及筑海口坝之必要?是在方修斯以为无需要,但吾国人主张于海口施功者甚多,方氏之言,是否可为定论?希以见教。

第七,制止黄河上游黄土地面削蚀以减少河中泥沙,先生对此点有无见教处?

第八,近沿河下游各省盛倡以虹吸管(Heber)取用黄河之水,以淤沿河沙地,且已有实施者,尚未见大效。盖人民畏黄河如虎,惟恐防之不力,故数千年无敢言利用河水于下游以放淤或灌溉者。近人思利用矣,而又恐设减闸(Entlastungsschleuse)或涵洞(Ablässe),易牵引河患,故乃不得已而用虹吸管。但即此已引起苏、皖人疑虑不少,纷纷反对。先生对于此事,可赐一言否?

附:恩格尔斯复函

(一九三四年七月二十三日,恩格尔斯时居德国瓦痕湖)

李先生足下:

沈生君怡来,以一九三四年四月二十七日书见示,承慰问勤恳,兼虚怀下问,甚为感佩。谨裁答如下:

(1)渭河及其支流筑库拦洪问题。余审视宝鸡峡万分之一平面图,见其诚为拦洪库最优最适之地址,停蓄量甚大,得二或三如是良库(高堰)而附以多数底涵洞,以泄洪水,则二十四点钟之洪峰,可以二十日至三十日泄之,化险为夷矣。

洪水期前尽开底涵洞,泻空库内之水。洪水期后,复行关闭,自属正常办法。尊函询库内积淤是否可以此法涤除,所虑甚是,前于一九三三年十二月十八日函中已及之矣。至用库堰蓄含泥沙之水以济灌溉及航运之需,诚有见地。

(2)保护河岸及滩地问题。保护低水及中水间一带之岸,除潮汐界情形相异外,用薪梢护岸,四季中露水面之时多,屡加更新为不可少。关于此点,予与尊见相同。予以昔时用薪梢于细沙岸工之经验,亦颇知梢工被梳刷之利害。故主张中水岸工,用填石之梢工(沉梢)。盖完全用抛石,则必向下凭抵于低水护岸工上,太靡费也。

尊函又言仅固定中水河床固甚善,而在弯曲之处,不免河溜冲换潮地另成新槽,则前功尽弃,又有何法以防制此弊,则请视第一图,是名"翼堤"。翼堤者,吾北德河堤设置常用者也。洪水之冲决,以"翼线"AB、CD 防制之。予于一九三一年模型试验,曾对翼堤加以注意。现予模型槽中亦按于一九三二年十一月十二日书中所述者,设备翼堤,其高上端与正堤顶平而逐渐降落,以至与滩地面平。但翼堤之用,固可使上、下二曲之间过渡段内,增加流水之冲刷力,以刷深过渡段之浅处,但同时亦可拦高洪水之面,而肇危害(如一九三三年十二月二日尊函所论用"海滩坝"之做法),挖一深狭之沟于滩上,而做坝其中,使不致高超出滩面,则可免其弊。沟中做坝,用石或沉梢之法,亦可用十公分之密排圆桩代之(第一图 o 至 i)。翼堤创造航槽之力虽多,然予深信尊意护滩办法,为较善于筑翼堤也。

(3)尊函谓缩狭堤距,则此处冲刷而起之泥沙,不免又填淤于其下游邻接之段,增高下游河床而致淤决,所见诚是。狭距之新堤不能沿长河而两岸并举,亦事实也。

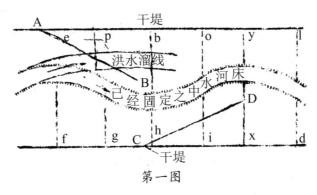

第一图

尊函所询黄河上可否用低堤,予审知尊意所指者为吾北德所用之夏堤。在北德田禾发育时期为夏季,夏堤与冬堤（干堤,译者按德国之冬堤、夏堤有类吾国之遥堤、缕堤）间之滩地,实赖夏堤以保护其田禾,其功用只在利农而非以治河也。在德国最大洪水期为春季三月及四月,故夏堤甚便,而在中国则与相反。最大洪水期为七月及八月,与田禾发育期同时,故不能与德国强同也。

故黄河滩地,在田禾发育时期,不能以低堤为护,使洪水可以浸过,而必用高出洪水面之堤。若新筑狭堤,其顶亦为高出洪水面,而不宜使之低于洪水面。故予以为治导在潮汐界以上之黄河,不能用低堤也。（译者按：此系对方修斯计划而发。）

尊函注意及予一九三二年之试验结果,宽堤距之河床刷深较大于狭堤距之河床刷深,但予之一九三三年七月十日试验报告中第三十七面所述者为宽洪断面对于河之速遽刷深,较优于狭洪断面,非云对于较大之刷深也。此者为足下所忽。其理可如下解释之：

狭堤距中之与宽堤距中相反者,水流其间所挟泥质总量,不能以之淤高滩面,盖滩面狭,则停淤之机会少,如是则全输之于沉淀池中而已。在两试验中,河路中之洪水深相差不过百分之十二,洪水流速相差亦如是,故与狭堤距中流过之水量中所含之泥量几至倍大于在宽堤距中者。狭堤距中于同等时间内,其床址刷深不能与在宽堤距中者相比,以此故也。设使狭堤距之试验,尚能延长几度模型年——现行试验中当能达此目的——则将见其床址刷深较大于宽堤距者矣（译者按：参照译者所著《黄河治本之探讨》,第二图）。故宽洪断面仅于急遽刷深一段河床较优于狭堤距,视余一九三三年七月十日报告第三十七页,以河水之泥在此短途中致之于滩面故也（译者证,以译者所著《黄河治本之探讨》所附第三图、第四图及第五图三横断面）。

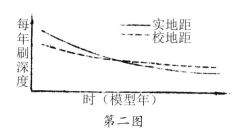

第二图

(4) 浚泥工事今已发展甚多，所谓湿法浚泥中之吸泥机，已可运用与极浅之河段。松软之浅滩亦可用相当设置施用干法浚泥工事。关乎此点可询吾德有名之建筑公司，如 Burger-Tiefbau, Berlin; Goedhart, Düsseldorf; Philipp Holzmann, Frankfurt am Main 及 Lübecker Maschinenfabrik Lübeck 等必能得满意之答复。

(5) 分疏黄河以减洪水为大错，万不可行（译者按：与吾国潘季驯主张符合）。分之是以人工造成河岔也，予视消减河岔为治河要图，矧引能造成之乎？

现予所进行之模型试验程序，预计至冬季开始为止，时间全被占用。如尚有余时及余款，则与模型槽中，亦可设备一河岔试验之，但予以为不必也。但河岔之影响必致两股河床全行淤高，可断言也。又予念知两股之河，河幅之宽不相同者，其细者必淤之又淤，非用浚挖，终不能维持两股并行也。

(6) 设于业经渠化之小清河及黄河间，能凿成一不致淤塞之运河，而小清河海口可治之以通航轮，则黄河海口可以不必设海港矣。但以治河眼光察之，兼据由安立森一九三四年五月十二日报告中所得来之知识，则海口治导为仍不可少也。其治导之目的，在解除潮湿之障碍而发扬其本能，使涨潮时进水量与落潮时出水量，俱得增加，以冲刷入海干槽中之沙而使之深阔，不致再塞，视第三图。

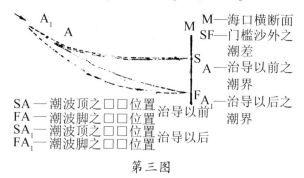

第三图

新成海口两旁须筑低引坝以限之，引坝穿过门槛沙以及海中，使海岸溜能刷拂出口之沙至海深处。关于潮界内河情之资料，应与其相邻接以上之河后，分别探求之。

(7) 关于上游黄河防制黄土侵蚀问题，予对所指之地，缺乏相当知识，不敢妄加论断。足下可参考荷兰人 P. G. van Schermbeek 之论说，见 *Tijdschrift von Het Kon Inst. V. Ing.* 1891/92, *Notulen der Vergadering*, 10 Nov, 1897。但 Schermbeek 游踪所至，仅及于

出广武山至海口一段。河之上游,固未尝涉足也。伊固云:"黄土岸壁几为垂直,以至低水线上下,始变为坦缓之坡,以达河底。汜水县中低水与洪水间之黄土岸壁,高约三公尺,必须保护之。保护之法,当以掩护最低水位与最高水位间之岸壁凡约四公尺,用天然石料为最相宜。"

黄土之性质,可允许大于四比一之陡立掩坡工,石工亦可嵌入黄土壁内。掩护工之脚,须用抛石护之。抛石出岸远近,须由经验定夺之,但求适可而止,普通约及低水下一公尺足矣。

(8)河堤上安设虹吸管以淤内塘碱地较用涵闸为优,盖皆不致使河堤间断而成弱点。予赞成用虹吸管也。予等刻缔造模型河槽甚忙,沈君怡在此一同工作,甚可喜也。谨白。

黄河上游视察报告

(一九三四年十月)

余欲明了黄河下游水患之主因,亦即周历下游各省河干矣,而上游黄河情形,独听诸人言,见诸简篇,未之亲历,爰于本年[民国二十三年(一九三四年)]九月亲往一行。

九月十九日,由西安乘欧亚航空一号飞机,飞往皋兰。随行者万技正晋、李秘书赋林。万则考察上游是否有植林之可能及植林对于改善河流是否可收相当之效果;赋林则伴余历河干,搜资料,借备参考。八时抵皋兰。

二十日、二十一日,在兰与地方人士接洽,并视察铁桥上下之黄河、水车灌溉及水文站工作。上游测勘队曾世英君与谈尔益自唐王川归,晤谈测勘经过。

二十二日,乘驮轿沿黄河上行,晚宿新城。次日更上行至达家川,即大通河口,距皋兰城约百里,归仍宿新城,二十四日回皋兰。二十五日兰州教育界延余在教育会讲演,为说水之功用。本日调兰州水文站站长孙方烜回汴办事处工作,即以水文站观测事委托兰州测候所代办,得其允许,并限孙于九月底移交;令万技正由陆路循洮渭回陕,沿途考察。

二十六日,与赋林乘飞机往宁夏,沿途循黄河而行,各峡谷形势历历可睹。十时至宁夏,遇刘景山、何之泰两君南归。邱锡爵留此,办理云亭渠。

二十七日,乘车视察各渠,建设厅余介彝厅长导之,越汉延渠、惠农渠,晚宿小坝,汉延渠口所在也。二十八日至大坝,唐徕渠口所在也。至青铜峡,渡河历汉渠、秦渠各渠口,晚宿吴忠堡。二十九日,阻雨,往金积一行,仍回吴忠堡。

三十日,东行至古城湾,改乘羊皮筏顺流下行四十里,至杨和堡登河西岸,晚宿宁朔县署。

十月一日,乘汽车回宁夏,路泥泞难行,十一时入城。

二日,乘车北行六十里,越唐徕渠、汉延渠、惠农渠至通义堡登舟。同行者有张东生君,系三原人,通蒙、藏、印、番各语,且精医术。晚启碇。

三日,晨至石嘴子,晚宿磴口,天甫明,仍行。四日,过三盛公,晚达临河官渠口。五日,过狼山前,沿途所历渠口甚多,晚望西山在即。因风逆且劲,六日甫至西山口,岸上驻军一排,以前途有■■,恐行舟为■所利用,奉令扣船。被扣于此者凡六船,派人至帕资泡龙营部请放行。七日又派人促之,晚归云:请示五原团部,已获许可,遂定次晨启碇。两日来,逆风狂雨甚烈。遇闽人周君云藏有包宁铁路测量图,承允见示。八日,驻军金排长率兵士二人送过东河头。

九日,早到包头,休息一日。令人往磴口水文站召站长徐汇潆,则因公往归绥。其助理高长福来,经询以测事进行状况。

十日,乘火车往归绥,与地方人士接谈,详询后套各渠及本年被灾情形。徐汇潆来见,陈述工作大要。

十一日,乘车出城南行,过小黑水河、民丰渠、大黑水河,视察本年漫溢情形。黑水河决,民丰渠夺流,故道淤平,漫溢宽十余里。十二日,乘平绥火车,至北平,略事休息并整理报告。

综计此游凡历三省,一路承各省政府主席、各厅长、各委员及地方人士款接殷隆,保护周至,铭感无已。兹报告于大会者,撮其要端分为四项,容再另草详细报告。①上游河道之概况。②甘、宁、绥水利状况。③森林状况。④对于黄河上游交通及水利之意见。以下分别述之。

一、上游河道之概况

余溯河而上仅达大通河口,西宁皮筏木排,均由此出。自此以上,黄河交通仅运输木材而已。询之曾世英及谈尔益,知洮河入黄之口,正在极深且狭之峡中。峡宽仅六十余公尺,而高则倍之。洮河之峡仅二十余公尺,岩石为花岗石。水流急速,人行难及,木材自洮河上游来者,至此皆解散其排,使零木流下,而于下游水缓处收集之。自洮口上行三十里,洮河即宽衍至一公里,泥洲甚多,流量于测勘时,至每秒六百立方公尺。但水小时按旧时考察,于十一月初,于宽衍谷中,河宽三十六公尺处,流速每秒仅一点六六公尺,则其流量,约得每秒十余立方公尺而已。水平时甚清,涨时则混浊。洮河上游狄道至渭河上游渭源甚近,故多有主张沟通二河,或竟有欲由此引黄入渭者。但狄道高出洮河口,约在四百公尺,凿山移河,人力安及?且亦毫无目的。若贯通航道,另是一事,则视经济上之需要如何耳。陇南富庶之区,青藏交通要道,若于黄河峡中筑堰,以平水势,渠化洮、渭,以达关中,则青藏与陪都为比邻,中央地方,息息相通,巩固统一,又何待言。

大通河口以上一百一十里为民和县,湟河与大通河汇流于此。湟河亦名西宁河,由湟源经西宁流入大通河。实则湟流巨而大同微。询之谈尔益,于本年夏季测勘时,湟河水量,约每秒一百立方公尺,而大通河则仅居其百分之六十。湟河可行皮筏,青海皮毛、粮食、药材,皆赖以运输。大通河则入湟之口以上,即在峡中,仅以输木材耳。

西宁河自西宁以下,亦经数峡,最著者为小峡及大峡。与大通河汇流之后,又经急湍数数,木排、皮筏俱以为险。至达家川以上,则岸高而固,水势平稳。大通河在是宽约一百公尺,河口之前有一小沙洲,然无碍交通。大通河口溯黄河上至刘家峡八十里,即不能通航。

黄河东北流至新城,改为由西向东。此段三十余里,处于峡谷之中,河流整一,情势甚佳。至新城河势略展,河中有大洲,上有民居,河分二股,其势平均,河水至此尚清。新城之下四十里至柳沟,纳平番河。平番河水急而浊,不能行筏。柳沟以下,经古城陈官营至皋兰,约四十里,则河床散漫,沙洲罗列,其大焉者皆有民居耕种。两岸高山相距,由一二公里至四五公里,岩石大抵为沙岩及红色页岩。

山势至兰州稍狭,出西门至黄河铁桥附近,河流划一。其上游二公里许,即有沙洲。铁桥石矶凡五孔,宽各四十六七公尺。询之水文站,河最深七点九公尺,平均四点六公尺,而流速最大每秒四点八公尺,平均每秒二点六公尺。含沙百分量通常在零点下。本年洪水最大含沙量不过百分之三,本年最大流量(八月二十七日)每秒五千三百二十五立方公尺。

皋兰以下,河势仍散漫,沙洲罗列(十八家滩)。二十公里至桑园子入峡,继之者,为响水子峡(一名小峡)及大山峡,至条城凡八十公里最险。峡内之险有大煮锅、小煮锅、大照壁、小照壁、月亮石、树虎狼胡同、观音崖、一窝石、老两口、七姊妹诸名。又至靖远,过红山峡最险之处,为大浪儿(马子寅语)。至老龙坑出峡为靖远湾子。河北行经五方寺,复南行至中卫,出黑山峡。经沙坡头、新墩、黄家楼、石崆、广武而出青铜峡,即为宁夏平川地矣。由条城至青铜峡凡三百五十公里间,以靖远及中卫为大开放地,余则小束小放,筏行不如小峡、大峡之多险,而亦为畏途。中卫以上不能行木船,中卫以下则可行之。

河出青铜峡,又复大放,沙洲蝉联如练。河床最宽之处,可二至三公里(杨和堡带),舟行虑胶浅。古城湾以下,两岸坍削亦甚烈。约一百五十公里,至石嘴子而河势复为之一束。

石嘴子至磴口约一百公里,南、北两岸皆距山不远。而河岸为石砾所成,上覆黄土或沙,高四五公尺,河身宽五六百公尺。石嘴子以下三十五里,为头道坎,又五十五里为二道坎。舟行称险境,水大时不觉其险。河中亦有洲而较固定,河床亦不甚迁徙。惟石嘴子以上,河水仍不大浊,而入石嘴子则骤浊。其故:一因西岸贺兰山脉断,而阿拉善之沙漠可以攻入,东岸阿拉布素山低,奥尔多斯之沙可越而过也。二因河身束缩,水流急激,故削岸蚀床,其力倍著。西岸多为草地,东岸多为沙丘,树木极罕觏。磴口在河之西岸,岸高而坚。右岸之山,愈行愈低,以至成为沙梁,平长一线直至包头,左岸之山,则继贺兰山之后者,为阴山、狼山、西山、大青山,距岸远十余公里,以至四五十公里。河出磴口,骤展宽至千公尺以上,最宽处三公里以上。两岸皆沙,沙粒粗细相间,并有块石,河水仍浊。

沿左岸山脚有乌加河,盖蒙语乌兰加令之略也,一云老黄河。上游赖以与黄河连通者,为乌拉河、杨家河,下游则通入乌拉素海子。乌加河与黄河之间,即后套地也。开渠道甚多,最著者有十一,临河、五原二县之地,赖以肥沃富植,而本年洪水则颇受淹没之害。各渠之大者,亦可通舟。

自磴口至包头,约三百五十里,河身宽衍而沙洲不多见。但滩嘴突出甚长,致河道曲弯甚多。

以形势论之,则包头、宁夏间之交通为更切要。现所行之木船,一律平底方形带圆,长二十四公尺,中阔十二公尺,首尾较狭,吃水六十公分,载重不过三万斤。由宁夏下行,水畅时七八日可到,加夜行四五日可到;上行则一月半至二月不定。每年来往二次,于愿足矣。行于包宁间之木船,三百余只,皮筏则千只以上。二类航行时期不同。盖皮筏多自西宁下驶,而木船则多自宁夏下驶也。结冰时期,约占四个月之久,去年绥远人拟从冰上运货,计划失败。

阎锡山新购一机船,平底两轴,吃水线二英尺深,并制三木拖船,长十八公尺,中阔五公尺。闻系一德人为之设计,正在构造中,祝其成功也。

至货物之交通,则由西宁下行者,主要为皮毛、药材及粮食;由兰州下行者,主要者为烟草、枸杞;由宁夏下行者,主要为甘草、皮货;由磴口下行者,主要为食盐。上行货物,棉布、煤油为大宗。

二、甘、宁、绥水利状况

甘肃水利之〈著〉(主)要者分为四部：①大夏河；②洮河；③西宁河；④黄河。余于前三者以时间匆促，俱未暇及。黄河上游勘测队曾世英、经济委员会工程师何之泰，当有详细之调查。万技正归，又委托以沿洮、渭调查之事，余所及者，仅沿黄河上下百余里用水车轮灌溉。水车轮直径大小不一，视当地需要汲水之高而定。最大者当推兰州西门外，直径约七丈，上载水戽二十八。计其给水量，每分钟约六立方公尺。

水车之用，沿黄河上至刘家峡，下至靖远。此外西宁河及洮河亦有用之者。通计上下水车之数，当不下二百具。灌溉面积，当在十万亩左右，农产物百分之七十五为烟草。

水车开用之期，每年只有八个月。十一月结冰至三月解冻，中间不能使用，然亦无需要。水磨之用亦广。

黄河之适用此种水轮，实地势使之然。其条件有三：①岸坚固而平，易于引水；②河底坚实，适于筑引水坝；③木石材料易致。此三条件甘肃黄河俱有之。

宁夏水利分为三大区：①中卫区；②河西区；③河东区。其灌溉之法，皆用水之天然流动力引入田中。在中卫者，北岸为美利渠，南岸为七星渠；在河西者为唐徕渠、大清渠、汉延渠及惠农渠；在河东者为汉渠、秦渠及天水渠。各渠沿革及详细情形，有余鼎铭所著《宁夏全省河渠水利沿革图表》，兹不赘。表中统计各渠灌溉总面积共七十一万一千余亩，然估计宁夏平川地面可溉者，当不下二百万亩。现宁夏省政府正办清丈，预计清丈之后，灌溉面积当有激增也。惟年来地土荒芜甚多，尤以河西为甚，恐过半数。河东回民稼穑力勤，农村尚有可观，而河西则困苦不堪也。多年扰乱，人民逃亡，为其主因。

现宁夏拟开新渠共有五，惟云亭渠以经济委员会协助之力，不久可望实现。云亭渠亦名民生渠，介于黄河与惠农渠之间与之平行，或竟用惠农渠口，现正在测量中。

各渠通病在坡度太小，故一经通水，辄淤垫甚高，每年必须挑渠数次。挑渠之前，又须卷埽堵塞渠口，而汉唐渠、惠农渠各渠口，俱极宽大，俨如巨河，故费工不小。旧例皆计亩征夫征料，以应其事。计每岁每亩负担在半元以上。七星渠屡为山水所累，所耗尤多。管理之法，为官督民修，有周廷元著《渠务须知》，记载甚详，兹不赘。

绥远水利渠道甚多，而以后套为最著，可耕面积约一万七千顷。计有大干渠十一：曰永济、刚济、丰济、沙和、义和、通济、长济、塔布、黄土拉亥渠、民复，以上归公有；曰杨家河，归私有。各设有水利公社以管理之（永济与刚济合组水利公社），每年收租修渠。

河套各渠皆自黄河引水,或引倒漾水(引回流),或引套水(河流弯曲之处开口),或设迎水坝以引水,而皆泻之于乌加河,乌加河宣流不畅,则各渠俱苦壅塞矣。本年洪期,因河水较高,灌入各渠,致酿五原、临河一带水灾,亦由于排泄不利也。各渠方向,大抵与黄河成六十度,向下游倾斜之角,易致壅塞,亦其一弊。

民生渠至今未见其利,而山水排泄被阻,托克托、沙拉齐间,本年颇受淹没之苦。黑水河本年洪涨甚烈,民丰渠为其所夺,故道淤平,淹没甚广。现经济委员会派人测量民生渠地形,谋有以成全之。

关乎后套水利,有阎伟所著《河套调查记》,论述甚详,兹不多述。

三、森林状况

余等由飞机下窥,惟渭河上源陇南一带,林木葱郁,遍山谷皆是,此外皆如牛山濯濯也。甘省木材,皆自大通河、洮河、大夏河泖排而下。余沿黄河行千余里,可谓毫无林木之可言,关乎此点,万技正当有详细报告。兹余所欲言者为,一般人士动欲恃上游植林以治黄河,则恐俟河之清,人寿何及。盖以西北山岭面积之广阔,居民之稀少,即积极造林,亦非百年以内所可成功,况乎障碍正重重未易克服也。再就中卫以上而言,则黄河之水本不甚浊,森林之有益于河,亦颇难显。中卫以下,凡属沃土,自必耕种。沃土之外,非沙丘即碱碛,林木不易繁殖,故造林颇为难望。惟可以造林之地,固余所深望其早日成林也。

余嘱万技正注意泾渭上游之造林,以黄河泥沙之来源,多半由此也。甘省山坡之地,耕种者颇多,收获无几,而使冲刷增剧,河流受害,甚失算也。反是,沟壑之地则皆荒废,余以为政府宜劝人民垦沟壑地以代坡地。沟壑之地,平之治之,润湿归于是,肥沃聚于是,其收获必倍于坡地,而一转易之间,山坡沟壑冲刷侵蚀俱以减免,河流受其益无穷矣。美国垦殖局有 *Reclamation & Gullies* 一书,可借以为师也。

四、对于黄河上游水利及交通之意见

绥远、宁夏、甘肃、青海俱为边防重地,必有一便利之交通线以连贯之,始可首尾相应,以策捍卫之效。而此数地者,尤必民康物阜,始有实力以御外侮。政府欲开发西北,宜有整个的计划,积极的经营,而政治上的整理尤为切要。

交通与水利虽然二事,而在西北颇可融合为一,做一贯的计划。

第一应先除障害。如西宁至中卫之水道交通,为西北人民生活所赖,而险滩重重,舟筏屡受其害。宜炸除之,使舟筏下行平易,西北货物易于运出。

包宁铁路不知何时始可建筑,而常使西北交通无法利展,殊属有碍国步。黄河本身,欲治导之,使行汽轮,其困难与耗费,较之建筑铁路更有过者。盖河身宽泛,而治河材料最感缺乏也。舍此二者而外,惟有开运河一法较易得效。

宁夏各渠以唐徕渠为最长、最大,宽处有二百公尺,由青铜峡口至平罗县镇远堡,长凡三百二十里,与石嘴子相近,渠尾尚阔数丈,此可用以作航运也。绥远之乌加河,绕北山而行,蜿蜒数百里,东距包头二百里,西距磴口不过数十里,此亦可以治为航道也。

贯穿唐徕渠北至石嘴子达于黄河,贯穿乌加河东及于包头,西及于磴口,达于黄河,使河身俱合乎航行汽轮条件。需要之处,设船闸以为节制。如是则二百吨以上之汽轮,由包头至宁夏,以达青铜峡当非难事。

青铜峡宜造一跨河铁桥,此桥甚为需要,有此桥则宁兰公路可于此处过河,行河之南岸,不必绕越渡河至三次矣。

黄河结冰三四个月间,交通几至全阻,尤于封河及开河时期,渡河危险不堪言。骆驼一队平时渡河,十余日始渡。有此一桥,一切困难可以解除。造桥之费,不过百余万元足矣。

桥孔之间,设活动堰以蓄高河水,则河东、西两岸之灌溉渠,可以统由此节制管理。河西以唐徕渠为母渠,河东展长汉渠为母渠。由母渠分给各渠水量,不患不给,渠身不患淤,堰后积淤可由中泓排泄之。如此则各渠养护之费,可以大省。旱潦不虞,宁夏灌溉之田,可增至三百万亩,水利交通益莫大焉。

此外尚可利用水电以发展呢革等工业。

航行由包头经运河至磴口入黄河,至石嘴子复入运河以达青铜峡,峡口必成巨埠,代吴忠堡而兴矣。此处交通陆路西及皋兰、西宁及甘凉,南至平凉,东至陕北,北至内蒙古,一最重要之点也。

绥远河套之运河,航运而外,亦为灌溉母渠,使黄河之水由西端入渠,由包头附近复入于河,各灌溉渠由母渠分出,分润田亩,其势顺利,且渠不易淤,灌溉面积亦可增加甚多。

运河之长,统计不过六百公里,连石嘴子至磴口一段黄河在内,而旧渠道之可利用者,约长四百五十公里,应新开者不过一百五十公里,开凿土工利用民力兵力,建设之费可省甚多。

西北人民稀少,欲大事建设,必须移民。移民之先,必须革除苛政,消灭■患,则人归之如市矣。

农产既丰,交通便利,工业振兴,民康物阜,然后可以置重兵,然后可以言边防。以上略申鄙见,将更做较详之计划焉。

黄河水文之研究

(一九三四年十二月)

一、中国西北部降雨及流量与气象之关系

　　黄河流域之降雨，由于旋风进行时大气之震荡，如夏季之大陆、太平洋，双方高低气压之交流是也。夏季之时令风，有时亦能降雨，其雨量之多寡，则视此风所受旋风之影响为定。沿东海岸北进之台风，不恒影响内陆暴雨之下降，然一旦侵入内地，则暴雨洪水必随之而生矣。但遇过强之台飓，其中心虽在海岸，固亦能影响及于内地甚远，而使暴雨骤至。如民国二十三年（一九三四年）八月七日至九日台风中心经过上海以北海岸时，绥远、山西及陕西北部之暴雨发生洪水，十一日至十二日间经过开封，即其证也。然一究民国二十三年（一九三四年）七月初黄河第一次涨水，或者其为大陆性高气压流，至一定低压区时，降雨所致。

　　自秋徂春，中国西北部之气候，干燥极矣，西伯利亚高压所生之时令风，不复带有微雨，有之，必自西北至西南方向，为大陆性低压所挟持者。此低压之产生，或远胎于大西洋上，否则由印度洋或东京湾，与西藏高原气候之交换，或更由他种原因所酿成，顾虽频频吹来，但未必时时降雨，则其未抵中国之先，在太平洋上风速过高，无充分时间，足以吸收水分，而干燥之西北风，有时且掠夺之，故即能降雨，其量亦甚稀少，不足影响流量之显然变动。然在四月之后，有时亦能发生轻洪。

　　四月之末，河源积雪消融，流量增加，然亦不甚为害。以该处积雪本不甚多，且在干燥之气候中，其蒸发消失之量，固犹多于融化者也。

　　中国内地气象记载，异常缺乏，欲借之以研究一时一地降雨之成因，殆不可能。本会于第三次大会时，曾提议于开封或西安等处设立一等测候所，借以研究黄河流量，与气象之关系，盖惟有一等测候所，乃能直接收受远东各处之气象消息，而远胜于仅恃各方之报告。本会为谋适应于河道进一步之研究起见，且将谋所以改良递传气

象之方法,俾与西北气象学上发生异彩。数载之后,研究益有所得,必能于先期数日,预测洪水之发生。此与下游数千万生灵财产,所恃以为保障之八百公里长堤修守,实有莫大之关系者也。若彼报信站,实不足与语预测黄河之水文,至现今所能收受上游数处洪水之电信,不过能使下游可得十二小时之预警。若在暮夜,电信不能拍发,曾十二小时之不足,益感预警之太促矣。

二、流域之性质

地理学家计及黄河流域时,恒括华北广大之冲积层平原在内,如此非特现时经流天津以入渤海之卫河、子牙、大清、永定以及源出泰岱之支流均在内,即入淮各支河亦将囊而有之矣。但为研究现时黄河,必须就现时经流之道计算,至于平汉路线以西为止。该路线以东两岸,实受堤埝约束,至泰岱山麓止,已无支流之注入,不能归纳流域中也。自丁文江、翁文灏及曾世英三君所编地图,以圈量流域面积,至平汉线止,为七十五万四千零三十六平方公里。三氏地图,系汇集中外各种地质测量,以 Polyconic Projection 法绘制之,比例为一比二百万,以精确详明言,此时盖无出其右者。由本会技正高钧德博士所著黄河图圈量之,得七十五万三千一百二十平方公里(是图以 Lambert's Zenithal Projection 法绘制之,比例四百万分之一)。两者出入无多,故定平汉线上,黄河流域面积为七十五万四千平方公里,盖近之矣。泰岱区域之属于黄河流域者,约一万二千平方公里,惟此区域因受运河南北分流影响,畛域不甚明晰,第未能得充分时间以研究之。要其入黄流量,民国二十三年(一九三四年)七月,曾有六百立方公尺/秒之记载,以此观之,实亦不可侮也。

三、流量之情状

黄河水位高低悬殊,六月、七月间流量渐增,倏涨倏落。九月、十月之后,涨落渐减,十一月中低水始现。民国二十三年(一九三四年)十月之初,犹有盛涨,流量几至一万立方公尺/秒,盖稀见矣。冬月流量最小,天气严寒,几尽结为冰,解冰之后,流量复次增加。春令时有涨发,后此又渐下降。五月、六月间低水重现,然不及冬季之低也。低水位时,含沙较轻,盛夏暴涨,含沙特重,此黄河流量大概情形也,后将再论及之。兹为便利研究起见,依照特性,暂行分段如下。

(1)自海口至平汉路桥。

(2)自平汉路桥至潼关黄渭合流处。

(3)自潼关至绥远包头。

(4)渭河系。

(5) 自包头至宁夏金积。

(6) 自金积至河源。(此即所谓黄河上游也)

潼关以上黄河流域,形势奇异,自皋兰以迄潼关,迂回远绕,而纳其最要支流之渭河流域于环抱之中。此处黄河本身涨水流量轻微,常在一万立方公尺/秒以下,绝不能超过二万立方公尺/秒。视彼宜昌以西扬子江流域,面积虽稍大于是,涨水流量,常在三万立方公尺/秒以上,有时且增至七万立方公尺/秒,诚瞠乎后矣,即较其低水流量,亦为十一之比。宜昌以西扬子江低水流量,约三千立方公尺/秒,陕州黄河低水流量,曾不及三百立方公尺/秒(冰冻时期犹不及此数)。虽冬季西北雨量绝少,不及中部之多,足使低水时期流量悬殊,然在夏季,固亦大雨时行不让中部,而仍复相差如是之巨者,则其流域形势特殊,有以致之也。骤观潼关以上黄河流域,形似蒲葵,总支箠聚,宜若可以发生巨大流量者矣。第一细考之,则其所聚者为渭水,而黄河本身固犹带环其外,其在宁夏、包头五百七十公里之间,无流域之增益。故黄渭涨水,能否洽调,关键属于包头以下流域问题,包头以上若有涨发,必来自兰州以上,受害亦在彼处。兰州以下,长槽涵贮,平缓益多,以故包头涨水时期,延长升降差少,迥不若兰、潼、陕等处之涨落倏忽,即其含沙量低减,对于下游汾、渭等河混涨,发生稀溶作用,亦甚显著。间尝有以兰州以上黄河流量,大半来自洮河者,是说不无可疑。按洮河流域面积计二万九千平方公里,约为其本身上游流域十四万四千平方公里之五分之一。以五一相比之流域面积,谓能生相等之洪水已奇矣,况乎过之。迨本会考察团出,然后知黄河本身流量,超过洮河远甚,其最高最低相较,固均为一与三至一与四之比也。距兰州上游不远,湟及大通二支流会合,自西来汇,与低水流量甚关重要。兰州以下,东岸来汇之支流,面积亦甚可观,以其经流不毛之地,情形仅亚于鄂尔多斯,故不为世人注意。再下经宁夏、绥远以迄山、陕交界之河曲,几无来汇之水,一岁之中,除盛夏暴雨时间,稍有水流注入外,它时或者反自河水分出,研究绥远灌溉及绥、宁交通问题,必须注意及之。河曲以下迄潼关止,两岸流入之水甚多。涨水期间,流量含沙,均属可惊,关系至巨。然一交秋冬,咸就干涸,即如汾河流经晋省中部,受灌溉需水影响,有时亦复断流。惟渭河经年不涸,虽其最低流量,仅及十五立方公尺/秒,然当其涨发,实为下游泛滥主要原因。考其流域面积,差与包头潼关间各支流之和相等。陕潼以下,洛、沁等河洪水量亦颇巨,但所含泥沙,视包潼间各支流减轻多矣。南洛终岁通流,低水丰裕,实支流中之佼佼者。

四、低水时流量

以春季各支流干涸情形,则知黄河于春夏低水之间,流量减至四百立方公尺/秒,非偶然矣。此低水时之流量，一部来自兰州以上，经流宁、绥，自然减少，至晋、陕重复增加。包头镇下十五公里，过去四载间，华洋义赈会水文记载：每届四月间流量，减至二百立方公尺/秒以下，其最低记载，则为民国二十年（一九三一年）四月之一百七十立方公尺/秒，同时陕州水位记载，推得流量，约为四百五十立方公尺/秒。故知低水位时，兰州以上流量，尤关重要，此盖河源一带积雪之赐也。

陕州以下黄河最低流量，每因严寒而产生。北风凛冽，六出纷飞，沿河渐被封冻，流量时减至一百五十立方公尺/秒以下。山东泺口流量，恒减至一百立方公尺/秒以下，有时竟减至五十立方公尺/秒。三数日后，结冰已厚，水流藏热，不复散失。迨结冰停止，流量重复加大。二月中旬，豫、冀上游逐渐解冻，下游未及融化，冰凌壅积，水位抬高，竟致发生溃决惨祸。至若擦伤堤防，挤动埽坝，尤数见不鲜。绥远冰凌壅阻，亦常为害，惟为时较迟，约当四月之末，乃其地位居北使然。然在潼关，四月中旬以降，不再见有凌块漂浮，则在途中已经消融故也。有谓龙门附近五月犹见冰凌者，此或当解冻时，被埋于沙，后遭冲刷而出耳。

春日黄河，常有一二日之涨发，流量约及二千至三千立方公尺/秒之数。苟遇雨量充足，则五月中旬之前流量，不再低减至一千立方公尺/秒以下。五月、六月间流量，必重下降，在潼关间常至三百五十立方公尺/秒，犹稍高于冬季最高流量。其在泺口，亦曾低至二百立方公尺/秒。

五、涨水时流量

西北周率性长期旱季，于民国二十年（一九三一年）暂告结束以来，雨量已见增多。民国二十二年（一九三三年）洪水，为黄河北徙以后八十年来所罕见。民国二十三年（一九三四年）涨水流量，只及上岁之半，而源泉汨汨，各支干收受四周浸泌甚多，当能维持流量。迨是岁十二月之始，方降至一千秒立方公尺之下，则亦雨量充足之功也。

黄河洪水之奇特，以其性悍非以其量大。此于平汉路桥之上游，可以见之，既入平旷，受宽阔河床平缓作用及渗漏影响，凶猛之势已杀，抵山东已较过汴时为驯多矣。故泛滥之洪水，必于上游决溢，以肆凶焰，山东实未尝当其锋也。溢出之水，仍逐渐汇入正河，如民国二十二年至民国二十三年（一九三三年至一九三四年）两岁之例，驾之驭之颇易易耳。尝就今日之河床堤埝形势研究之，自一万三千至一万四千立方公尺/秒以上之流量，难期安全通过豫、冀交界之处，欲其安然导过巨量洪水，以抵于海，尤不可能。所幸洪水不常，自过去之记载观之，平汉桥下流量，恒不及一万立方公尺/秒，抵山东已不及八千立方公尺/秒，堤埝之所以不常决溢者殆以此。

华洋义赈会观测绥远黄河春、夏、秋三季水文,始自民国十九年(一九三〇年)四月,迄今已四阅年矣。今夏改由本会接测,同时兰州水文,本会亦曾派员施测,后以人事之调动,暂时停顿。今已商请甘肃气象测候所接续观测水位,所可借以研究上游涨水影响及于下游之情者此也。

绥、宁长槽,平缓上游涨水之功,前已言之。参以过去记载,吾人敢谓包头流量,不能超过四千立方公尺/秒,非属武断。该处夏期流量,常高至二千立方公尺/秒,民国二十三年(一九三四年)夏最大流量为二千二百立方公尺/秒,其在兰州则为五千四百立方公尺/秒。民国二十二年(一九三三年)兰州最大流量为七千立方公尺/秒,在包头则为三千六百立方公尺/秒。是故上游涨水,不能认为下游泛滥主要原因,必将于包头之下黄河流域中求之。兹姑分为两区域以研究:一为自包头至潼关两岸各支流域;二为渭河流域。前者约为十二万平方公里,后者约为十四万五千平方公里,两区面积,固无甚出入,即自所得资料观之,其影响于下游洪水量,实亦相等。下列各处,关于民国二十二年(一九三三年)八月洪水记载,不难骥索之也。

(1)绥远民生渠口水位及含沙之记载,自曲线图(从略)推算之流量颇可恃。

(2)陕州水文站水位流量及含沙之记载。

(3)其他沿河各处之水位:本会已抄录一部分,但多数水尺,咸被大水冲去,记载中断。其中因位于决口之下,正槽不复走溜,记载失效者有之,亦有位在决水复归正槽之下,可借以研究决口溢水处与平缓洪水峰之关系者。

(4)洪水时渭河水位记载之一部:咸阳记载站,距黄渭交会处,约一百五十公里,水尺被洪水冲去后未能补立,故记载中断。然渭河最大洪水,老年人犹能道之。

(5)泾、洛二河记载,颇称精详。泾河入渭之处,在咸阳之东三十公里。洛河入渭,则在黄渭交会处之上十五公里。

(6)南洛(即河南之洛河):亦有水位及流量记载。其入黄处,约距平汉路桥之上六十公里。

(7)太原汾河水位流量记载:太原距汾河口约四百公里,汾河入黄处距潼关百公里。

汇集上举之记载,吾人勉可分析民国二十二年(一九三三年)洪水之成因。所惜附近潼关以上,黄河本身记载终付阙如,否则研究之结果,将不止此。

陕州实测最大流量,系于民国二十二年(一九三三年)八月九日以浮子测得之。八日午夜水位忽告上涨,水尺即遭没顶,惟九日观测时尚称平稳。于是临时施测水准,得水位高出大沽基点上二百九十七点八公尺,计算流量一万四千三百立方公尺/秒。是夜水复上涨,翌晨猝然下降,犹与昨夜齐平。迨十一月间,本会派遣工程师施测标准断面上下遗留高水位痕迹时,固犹宛然知其高度,较施测流量时之水位,高出一点一五公尺,即最高水位为二百九十八点二三公尺。由是推算是夜最大流量为二万三千立方公尺/秒。本会副工程师刘钟瑞,曾亦推解该处最大流量,并其糙率 n 之值亦计算之。该站低水时断面之宽,约二百公尺,最高水位时,宽约八百公尺。河底满铺自上游山溪冲来之砾石,状颇稳固,上被薄沙层,流速迅疾,在流量八千立方公尺/秒时,犹过三公尺。河底沙浪时现游动,常生急流状,故在先后同一低水位之流量,终不能等。然就大体言之,河底之变化比较犹小,即涨水前后及逐年断面之变迁,亦不甚著。至大水时,水位流量,关系之不符,则其原因更多,如纵坡因涨落不常而发生变化及含沙多寡等等,更难一一举之矣。十余年来,陕州流量之记载,未曾超过八千立方公尺/秒,而民国二十二年(一九三三年)洪水流量突然推定为二万三千立方公尺/秒,于是疑之者甚多,然一究收集各方之因素,盖又无足疑者。陕州耆老,犹能历数涨水之年中,且不乏较民国二十二年(一九三三年)之流量犹高者矣。参以最近所得关系各支流洪涨报告,则此二万三千立方公尺/秒之数盖不足奇。兹姑以渭河论之,其支流泾河流域面积,仅五万五千平方公里,计算其最大流量,可高至一万五千至一万六千立方公尺/秒,距泾渭交汇四十公里之处,设有测站,并制有流量曲线图(图略)。自此曲线估计,民国二十二年(一九三三年)流量为一万二千立方公尺/秒。北洛河乃渭河之第二重要支流也,流域面积仅二万五千平方公里。洛惠渠工程局测得最大流量,约二万五千立方公尺/秒。洛域长狭,未若泾域之篦聚,两支合流,其流量盖将及一万五千立方公尺/秒矣。渭河上游之猛涨,比于泾河,其自南岸秦岭来归各支情形,亦相仿佛。所不同者,含沙之量较轻,足与绥远以上来水,共成稀融大功,俾黄河混涨,长能东逝,否则如民国二十二年(一九三三年)兰封以下之沿途沉淀,河槽之淤阻,益不堪问矣。

数载以来,关于渭河流域水文记载之搜集,约如上述。至关于潼关包头间,两岸来归众支流水文之情形,盖犹阙如。此众小支流,类皆流经峻陡黄土山谷之中,于绘制夏季雨量曲线时,实不能忽视之。无定河乃此众支流之最巨者,流经陕西之北部,东流抵青涧入河,流域面积约二万五千平方公里。其他小支流,虽巨细悬殊,要其倾泻巨量流量,饱携泥沙情形则一。

民国二十一年(一九三二年)夏季龙门流量,据地质调查所方君俊勘查壶口、龙门报告,计约八千至一万立方公尺/秒。是年八月十二日,陕州流量估为一万一千立方公尺/秒,同时泾河流量,为四千立方公尺/秒。方君龙门流量之估计,实颇近似。观察民国二十二年(一九三三年)龙门之流量,几与民国二十一年(一九三二年)相同。该处河面宽约六百公尺,两岸壁削,洪涨时水深约十公尺。据土著称:河底被洪水刷深,自十至十二英尺。则最大流量时,水深为六公尺或七公尺,然其过水断面积,至少为四千平方公尺左右,或竟增至六千平方公尺。平均流速以每秒三公尺计,则最大流量,将为一万二千至一万八千立方公尺/秒。根据华洋义赈会绥远水文记载,估计来自绥远以上之流量，约为二万至二万五千立方公尺/秒，是故包头龙门间，众小支流，同时涨发，流量增至一万至一万五千立方公尺/秒，非不能也。

汾河流域带长面积，约五万平方公里，流量不能超出二千五百立方公尺/秒，含沙亦较其他支流为少。

潼关以下入黄较大之水，南洛北沁而已。洛较大，洪水量均不能超过六千立方公尺/秒，且以地位关系，涨发咸不能与上游支流同时。

综合各支河流量情形以观，黄河能否发生更巨洪水，当视各支流洪水峰，能否同时相遇为断。民国二十二年（一九三三年）各峰先后抵潼，相差实均数小时耳。设竟不幸同时互遇于潼，将发生三万立方公尺/秒之洪涨，机会虽稀，然终非不能之事也。

六、含沙问题

黄河洪水量之奇特，不若其涨发凶猛之甚。而其涨水时含沙之多，实为病患之源，致成世界上最难治导河流之一。每岁十一月中旬之后五个月间，潼关含沙不过为重量千分之五至千分之六，严冬期间，曾不及千分之一。于是发生局部冲刷，以增重之。惟刷于上，仍淤于下。循序东进，不致逐步增加，春令涨发，含沙立现增加。数小时内，即能加重数倍。此后含沙，虽有增减，总在百分之一以上，不复再减。如冬季含量之轻，然遇春令重旱，流量长期在五百立方公尺/秒以下时，偶亦降至百分之一以下。

黄河含沙，咸属细沙与黏土，源于上游黄土及红壤之冲刷，大半来自晋、陕、甘三省，少数则由青、绥、宁、豫供给之。冀、鲁两省实为淤淀区，泰岱山之区，或亦供给些微之量，与上游无关。

上游黄河含沙之情形，前此固未常深究也。自有华洋义赈会绥远水文观测，始知该处黄河含沙，鲜有超过重量百分之二。该处民国二十三年（一九三四年）本会施测结果，亦复相同。盖与龙门、潼关含沙增重情形，绝不相类。兰州含沙施测之结果，亦同于绥远，故知上游含沙与流量大半来自兰州以上也。

泾惠渠灌溉工程处，观测泾河水文之结果，低水时甚清。春令稍涨，沙重可至百分之三十；夏季盛涨，竟重至百分之五十。洛河与渭水情形相似，然自南岸秦岭发源入渭各河，其含沙实较自北入渭各河，减轻甚多。惟大体言之，渭河流域，实为供给潼关以下黄河含沙主源之一。

昔尝以为潼关、包头间众小支流，对于黄河含沙，不甚为患，为患者或属来自晋西之汾河。细考汾河大都含沙，来自太原以上，太原虽有重量百分二十之记载；太原以下，流经本省四百公里之河床始行入黄。沿途拦贮，流量含沙，实不能与泾、洛等河等量齐观。证以民国二十三年(一九三四年)夏本会龙门水文报告,然后知龙门包头间各小支流,其流量及含沙,差比于渭河流域。龙门水文之记载,始于民国二十三年(一九三四年)六月,八月八日测得洪水流量,为六千立方公尺/秒,同日最大洪水流量,推估约一万一千立方公尺/秒,最高含沙重量可至百分之三十八。以后将于其间添设一站,并于重要支流,添站以研究沙之所自来。

潼关以下,两岸不乏含沙甚多之溪流入黄。沁与洛含沙颇少,洪涨之时间,增至百分之七点八,平时恒不及百分之一。

综合含沙记载观之,洪水时间,潼关以下依次减轻,颇形显著。惟民国二十三年(一九三四年)陕州记载,有重于潼关者数日,是否由陕潼间溪流倾入,抑系记载错误,颇难断定。但是年七月、八月中,该处降雨甚多,或者为其差异之因,亦未可知。平汉桥东以迄洑口,流量含沙亦依次递减,再东含沙量有时显形增高,但仅凭一岁记载,难下肯断之词。姑举于是,容后日详行研究可也。

七、洪涨时间河槽之冲刷及淤淀

民国二十二年(一九三三年)洪涨期间,河槽之变动甚多。龙门河底,据称刷深三四公尺,潼关刷深约二公尺。平汉路桥下之刷深,约与相等。该处洪涨之前低水位,约与旋纹桩顶等高。涨后低水,低于桩顶约二公尺。比较民国二十二年(一九三三年)本会施测及民国十八年(一九二九年)华北水利会,实测铁路附近断面刷深情形,亦甚显然。惟潼关以上之平民及兰封与石头庄间,河槽反淤淀甚多。后者或因漫决所致。民国二十三年(一九三四年)八月以后,全河河底逐年淤淀,颇有恢复民国二十二年(一九三三年)洪涨以前原状之势,龙门已淤三公尺,潼关淤高一公尺余,陕州无甚变动,秦厂淤高约一公尺,高村陶城埠间所淤尚微,洑口则自民国八年(一九一九年)以来淤增约一公尺。山东河务局职员云:洑口以下河床,自经民国二十二年(一九三三年)冲刷,排水之畅,为向所罕觏。

关于黄河含沙及行水情形,所应研究之点甚多。过去考察所得,仅属一斑,非为全豹。然其重要之性,对于研究黄河已导其源,循此益进探求,当得疏治之道。现今吾人所能言者,仅为黄河一部分水理,可当研究南针,据以遽定如何如何云云,有似武断,无价值可言。勉力探求,数年之后,当必益有所得,可以贡献国人之前也。

八、黄河创造冲积平原之速率

以地质学之眼光观之,黄河河床之变迁,异常迅速;足使沿河人民不遑宁处,对于一般居住问题,日趋简陋;土版茅茨,苟避风雨,不求安适。实因每遭淹设,泥沙辄高积栋宇,必须平基再造,或迁地重建,故不容计及坚久。至研究黄河冲积平原之速率,则颇饶兴趣。第一表列平汉桥下平均流量含沙,亦颇近似。

第一表

月份	平均流量/(立方公尺/秒)	平均含沙/以流量之重百分计
一月	300	0.4
二月	500	0.6
三月	700	0.8
四月	700	1.0
五月	600	1.5
六月	800	1.5
七月	2000	3.0
八月	4000	5.0
九月	2500	3.0
十月	2000	2.0
十一月	1500	1.5
十二月	700	1.0

通盘计算,每年平均流量为一千三百二十立方公尺/秒,含沙为流量百分之三点四,即每秒输沙量为三十立方公尺,日计二点五九兆立方公尺,年计九百四十六兆立方公尺。试观平汉路桥以东及泰岱南北之广漠平原,莫非黄河所创造,计其积沙至海平面下十公尺止,将为七百万兆立方公尺。若过去之流量含沙,较今日无甚轩轾,则造此广漠平原,历时七千四百年之久,即在神禹治水三千年前,海岸线或犹在平汉路左近。尔时泰岱诸山,不过海上之群岛耳。顾有足使上项计算不能精确之二因:①过去流量含沙不同于今;②当地壳之绐陷,积沙愈深,下降愈烈,吾人今日可证者,但见其海岸线向前推进之速。彼地壳之下陷,彼自他部地壳绝无变动之处,辕测精密水准,或比较多年后之平均海面亦可证实之。长时期之海岸线测量,或亦可为测验之用。

计算泺口每年平均流量为一千二百立方公尺/秒,含沙量为百分之一点五,以是知今之黄河自上游山谷挟带之泥沙,半淤淀于平汉路桥与运河之间,半入于东海。

黄河冲积平原之速率,亦可于自沁河口下至兰封一段现行河道之淤淀证之。此段河道,行水迄今逾六百七十年,两堤之间,河床面积一千一百二十平方公里,堤内堤外高低相差平均六公尺,计算淤沙约六千七百二十兆立方公尺,平均每年约淀十兆立方公尺,约超黄河每年东输百分之一之量。河床之淤增,每年似为一公分。

淤淀进展之速率,颇受决口之影响。每一决口发生,口门上游已淤之沙,必恒遭严重之冲刷,下输被淹区域。铜瓦厢决口之上,昔年两岸常遭淹没之老滩,犹出民国二十二年(一九三三年)最高洪水位两公尺,足证决口后河床冲刷之深。现虽逐渐淤淀,犹未及恢复原状,倘无决口发生,淤淀之速,当不止年增一公分也。

当民国二十二年(一九三三年)非常洪水之时,平汉桥上游河床之冲刷亦颇甚。惟开封附近反多淤淀之处,兰封以下淤淀尤多。本会水文观测,亦颇能证明龙门、潼关河床渐淤,有恢复洪水前旧状之倾向。彼龙门以下河床之宽仅六百公尺,两岸壁削,民国二十二年(一九三三年)刷深虽及四五公尺,最近数月之间,已淤淀不少。故知流量含沙及河床之纵坡,在均与河床之高度有关,不仅河宽而已,专事增培堤身,是否足以长保输沙入海,维持河防于不败,实为疑问矣。

严密之水文测验,暨水工试验,以研究泥沙沿河沉淤之状;与夫何以不能长维洪水冲刷后深广河身之原因,实为当务之急。而研究河床之变迁,是否由上展向下游,抑由下游向上退收。变迁之机,是否受新生弯曲或裁弯取直所操纵,亦属重要。所惜本会目今经济情形,不能担此重责耳。

九、水文研究之估计

黄河水文之研究,惟泺口与陕州两站具有稍久之记载。以如此不规则之河道,仅恃两站以研究之,是犹操豚蹄而祝满篝,何济于事!即就两站记载观之,在同一水位,陕州昔年之流量仅及民国二十年(一九三一年)后百分之六十,断面虽有变化而倾向淤增,流量理应减缩,前后记载适得其反,已属不类。民国八年(一九一九年)南运河工程局,于姜沟测量最大流量为六千七百立方公尺/秒,同时顺直水利委员会,所测泺口最大流量,不过为四千五百立方公尺/秒,两站相距仅一百公里,并无决溢于其间,而流量相差至二千二百立方公尺/秒之多,尤为不伦。为解释两站前后矛盾,并透彻研究水文,俾他日计划,有所根据起见,仅拟黄河水文观测估计表于此(第二表)。不有此观测,则黄河之真相,终为世界神秘之一页,求施合理治导工作,盖不可能矣。

民国十八年(一九二九年)一月华北水利会实测和民国二十二年(一九三三年)十一月黄河水利委员会实测见第一图。

第二表　黄河水文观测估计表

站名	河系	每月估需经费/元		合计/元	附注
		水文站	水标站		
利津	黄河	330	50	380	
泺口	黄河	330	50	380	
陶城埠	黄河	350	75	425	
汶河	汶河	250		250	
高村	黄河	350	75	425	
秦厂	黄河	330	100(汽船)	430	
沁河	沁河	250	250	500	
南洛河	洛河	250	50	300	
陕州	黄河	330	50	380	
潼关	黄河	330	50	380	
华州	渭河	250	25	275	
咸阳	渭河	330	50	380	
太寅	渭河	300		300	
龙门	黄河	350	125(汽船)	475	水位站每标占25元
汾河	汾河	150		150	
吴堡	黄河	350		350	
绥德	无定河	250		250	
川河	川河	250		250	
延川	青涧河	250		250	
延长	延水	250		250	
民生渠	黄河	350		350	
金积	黄河	350		350	
兰州	黄河	350		350	
开封办公室				1500	
川旅				500	
仪器维持费				200	
雨量站				200	
巡察雨量站				300	
共计10530元(每月)					

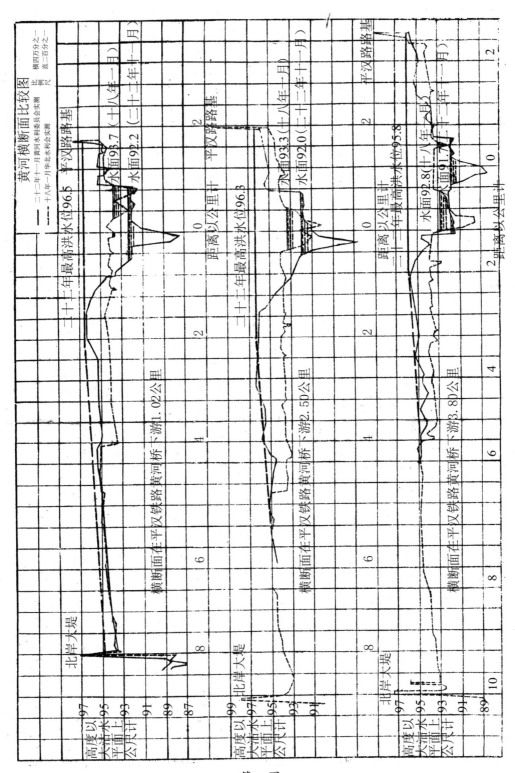

第一图

豫省河堤远距原因之推测

(一九三四年)

按史载秦孝公用商鞅之法，废井田，开阡陌，引河水以灌田。始皇元年，复用韩人郑国之策，凿泾水注洛。禹修故堤，十去五六，而豫境独未大变者，以河阔流急，不敢操切从事也。据此，则豫省南北堤，似在秦以前即经修筑，惟时地广人稀，犹存禹迹，堤距自必较宽，此一原因也。

查豫河自荥泽以东，从大禹治水以来，约经两大变迁：一为金章宗时，河决阳武改道入淮；一为清咸丰间，改由铜瓦厢北流入大清河。在北宋时，大河由荥泽向东北流，所有原武、阳武、延津、滑县等县均在南岸，及改道后，以上各县均居黄河北岸，河身由北南移，多者百余里，少亦数十里。据《治黄史》载，在宋初已有南、北大堤，则彼时之南堤，或已变为今之北堤，此亦堤距加阔之原因也。

又查明嘉靖十四年(一五三五年)，总理河道刘天和奏"臣等以为黄河之当防者，惟北岸为重，且水流湍悍，冲徙不常。其堤岸去河远者，间或仅存，而濒河者无不冲决，当择其中去河最远大堤及去河稍远中堤各一道，塌者增修，缺者补完，断者接筑，使北岸七八百里间联(连)属高厚，则应修谷堤，举在其中"云云。按是时天和方增筑原武、祥符及铜瓦厢各堤，因上条议如此。可见豫省河堤，当历代修筑时，各因漫决所在，筑堤堵防，两堤间距原无统一之规制。惟以豫省地势平衍，水流得游漾其间，因而近水各堤，相继塌陷，治河者不得不退守较远之堤，此间距辽远之又一原因也。

又按豫省河堤，率由官厅修筑。金代自章宗时改道后，成宗、仁宗两朝，叠次差官修筑南、北土堤，并于仁宗延祐时，制定汴属筑堤条例。其由民间私筑者较少。清乾隆十七年(一七五二年)，并严禁民间增筑私堰，故不致与河争地，此亦一原因也。

鲁省河堤近距原因之推测

(一九三四年)

鲁省河流变迁最多，历次徙河，大半由鲁境入海。堤防沿革，头绪甚繁，颇难整理。姑就今河言之，则其堤距较近之原因，约有二端：

查鲁境多系民埝。自咸丰五年（一八五五年）铜瓦厢改道后，适值军兴，帑藏奇绌，不能遽兴大工，仅命张亮基勘查被水州县及穿运入海情形，劝民筑堰切滩，堵截支流，为暂救目前之计。咸丰七年（一八五七年），鲁省官厅复劝民筑堰，逐年加增。同治间，李鸿章奏，力主大河不能挽回故道，应将原有民埝保护加培。民间爱惜耕地，沿河滩岸，自不肯轻于放弃，此一原因也。

铜瓦厢改道后，鲁省大河所经，其北岸均属昔年城市，人烟稠密，无余地可让，而其南岸自安山下抵利津，多傍泰山之麓，实逼处此，拓展无方，此亦一原因也。

宋以前河堤之概况

(一九三四年)

经义治水无堤防壅塞之文，而《禹贡》称九泽既陂，或谓陂即堤。又称既修太原，论者谓即堤之始。盖鲧以障洪水，"相传河朔金堤即鲧所筑"，禹因其址而修之。

贾让谓堤防之做，近起战国。齐与赵、魏以河为境，各做堤以乏他国。河内（今河北）、黎阳（今浚县）、魏郡（今安阳）、东郡（今滑县）皆为石堤，激使河流不得安息，于是水患肇兴。

汉成帝建始四年（前二九年），以王延世为河堤使者，筑东郑金堤。

后汉明帝时，复遣王景筑堤，自荥阳东至千乘（今利津）海口千余里。

后唐明宗天成四年（九二九年），修治北岸，自酸枣（今延津）至濮州，广堤防一丈五尺，东西二百里。

后周世宗显德二年（九五五年），谋伐唐，因浚仪（今开封）故堤疏导，东至泗上。

按：此可见豫省南岸下游，旧有大堤，至金堤则于汉文帝十二年（前一六八年）已有河决酸枣、东溃金堤之文，非王延世所创作也。

宋以后河防沿革摘录

（一九三四年）

宋太祖乾德二年（九六四年），遣使将治古堤。议者以旧河不可卒复，力役且大遂止。但诏民治遥堤，以御冲注之患。

按此时河患，因朱全忠决滑县堤分为二河，散漫千余里。此所云遥堤，当在滑县以东豫、冀之交。

真宗大中祥符七年（一○一四年），诏罢葺遥堤，以养民力。八月河决澶州大吴埽，役徒数千，筑新堤至二百四十步，水乃顺道。

天〈喜〉（禧）三年（一○一九年），滑州河溢，历澶、濮、曹、郓，东入于淮，即遣使赋诸州薪石楗橛茭竹之数千六百万，发兵夫九万以治之。天禧四年（一○二○年），西南堤成，乃于天台口旁筑月堤。六月，复决天台，下走卫，南浮徐济，害如三年而益甚。是年祠部员外郎李垂疏言：臣请于决河而南、决河而北两难之间，辄划一计。请自上流引北，载之高地，东至大伾，酾为二渠，一逼大伾（在浚县东）南足，决古堤正东八里，复澶渊旧道；一逼通利军城北，由北曲河口至大禹所导西河故渎，正北稍东五里，开南、北大堤，入澶渊故道与南渠合。观此，是南、北大堤，由来已久，非宋所筑明矣。

天禧五年（一○二一年），知滑州陈尧佐以西北水坏，城无外御，筑大堤。又叠埽于城北，护居民，置木龙以护岸。

仁宗庆历八年(一〇四八年),河决商胡,合永济渠注乾宁军入海,是为北流。

按:此第三次河徙。

自庆历八年(一〇四八年)河徙后,自澶州下至乾宁军,创堤千有余里。见神宗熙宁元年(一〇六八年)都水监奏议。

神宗熙宁元年(一〇六八年),都水监丞李立之请于恩冀深瀛(是年此等处均决)等州创生堤三百六十七里,帝不听从。宋昌言议于二股河西置上约,擗水令东,拟塞北流。

司马光议在沧德界有古遥堤,当加修葺。

神宗元丰元年(一〇七八年),决河塞,新堤成。

按:前此二年,为熙宁九年(一〇七六年),河决澶州曹村,河道南徙,一入淮,一入北清河,是年乃塞。所谓新堤,殆指张村至庞家庄古堤之一段,长五十里二百步。

元丰四年(一〇八一年),河决澶州小吴埽,自大名至瀛州筑堤,分立东、西两岸。

绍圣元年(一〇九四年),都水使者王宗望奏:筑金堤七十里,障北流,使东还故道。

徽宗崇宁五年(一一〇六年)八月,葺阳武副堤。

重和元年(一一一八年)三月,诏滑州濬州界万年堤,全借林木固护堤岸,令广行种植。

金世宗大定八年(一一六八年),河决李固渡,诏于李固南筑堤。

章宗明昌五年(一一九四年),河决阳武,大河第四次徙。分南、北二支,一由北清河入海,一由南清河入淮。

元成宗大德元年(一二九七年),河决杞县蒲口,旋徙而北,自陈留入兰阳仪封。命河北、河[南道]廉访使尚文视察,奏言:陈留抵睢百有余里,南岸高于水计六七尺或四五尺,北岸故堤水比田高三四尺,或高下相将。大概南高于北约八九尺,堤安得不坏?水安得不北?

大德三年(一二九九年),河南省言河决蒲口等处,差官修筑土堤二十五处,共长三万九千零九十二步。

仁宗延祐元年(一三一四年),河南等处行中书省上言:黄河涸露,旧水泊污地,多为势家所据。忽遇泛滥,水无所归,遂致为害。拟差员相视,预筹疏辟堤岸之方。又一堵防决口,都水分监修筑障水堤堰,所拟不一,宜勘验计议。又拟于开封县小黄村决口,修筑月堤,以资障蔽。自是,凡汴梁所属州县修筑河堤,始具条例。

延祐五年(一三一八年)正月,河北、河南道廉访副使奥屯上言:近年河决杞县小黄口,滔滔南流,莫能御遏,陈颍濒河之地,悉遭浸没。今水逼汴城,远无数里,其害匪轻。于是大司农下都水监移文汴梁分监修治,北至魏疙、瘩两旧堤,下广十六步,上广四步,高一丈六尺为一工堤;南至窑务汴堤,通长二十里二百四十三步,创修护城堤一道,长七千四百四十三步;下地修堤东二十步,外取上内河沟七处,深浅高下阔狭不一,内疏水河沟,南北阔二十步,水深五尺;河内修堤,底阔二十四步,上广八步,高一丈五尺,积十二万尺,取土稍远,四十尺为一工,计三万工。

延祐七年(一三二○年)七月,河决塔海庄东陡苏村及七里寺等处,修堤四十六处。

明宗至顺元年(一三三○年),河决大名路,济阴新旧堤俱决,兴工修筑,并于成武、定陶两县,创筑月堤一道。

顺帝至正十一年(一三五一年)四月,命贾鲁治河,挽河归入淮故道,塞专固决口,修堤三重,并筑凹里减水河南岸豁口,通长二十里三百一十七步。其创筑河口前第一重西堤,南北长三百三十步,而广二十五步,底广三十三步,高一丈三尺。筑第二重正堤,并补两端旧堤,通长十一里三百步。缺口正堤长四里,两堤相接,其岸上土工修筑者,长三里二百一十五步,广狭不等,通高一丈五尺。筑第三重东后堤,并接修旧堤,高广不等,通长八里。于是堤塞黄陵全河,水中及岸上修堤长三十六里一百三十八步。其修大堤束水者二,长十四里七十步。其西复筑大堤束水者一,长十二里三十步。内创筑岸上土堤,西北起李八宅西堤,东南至旧河岸,长十里一百五十步,颠广四步,趾广三尺,高一丈五尺。

明成祖永乐九年(一四一一年),工部尚书宋礼督开会通河,用老人白英策,于东平戴村筑坝,遏汶水西流,尽出南旺。又侍郎金纯从汴城荆隆口下达塌阳口,筑堤导河,一入会通北流,一入淮泗南流。

按:其时河决原武,东经汴城,北由项城及颍寿,全入于淮,故道遂淤,因有此役。

景帝景泰四年(一四五三年),河决张秋,以沙湾久不治,令徐有贞治之。治渠起张秋金堤之首,经澶渊以接河沁,内倚古金堤为固,外恃梁山泺(俗称梁山泊)为泄,凡河流旁出者,筑九堰以障之。堰长袤皆万丈。

孝宗弘治五年(一四九二年),荆隆口复决,泛张秋,掣漕河与汶水,合而北行。弘治六年(一四九三年),命刘大夏治之,沿张秋两岸,立表贯索,网连巨舰,决而塞之。既塞,复缭以石堤,隐如长虹。

弘治七年(一四九四年),大夏又起延津,经滑县、长垣、东明、单、曹等县,下尽徐州,做长堤三百六十里,即今太行堤,北流遂绝,以一淮受全河之水。[此]为第五次河徙。

世宗嘉靖十三年(一五三四年),河复淤庙道口,命御史刘天和治之,于曹县梁靖口东岔河口添筑缕水堤,上自原武,下迄曹单,接筑长堤各一道,均有坚厚重堤,苟非异常之水,北岸可保无虞,计筑长堤缕水堤一万二千四百丈。

清世祖顺治十年(一六五三年),筑考城芝麻庄堤。

圣祖康熙二十四年(一六八五年),靳辅疏请添筑考城、仪封、阳武三县河堤七千八百丈有〈奇〉(余),封丘县荆隆口月堤三百三十丈,荥泽县埽工二百一十丈,以防上游异涨。康熙六十年(一七二一年),又筑曹单太行堤。

世宗雍正二年(一七二四年),加高豫省南、北两岸堤,北岸自荥泽至山东曹县,各筑遥堤、月堤、隔堤。雍正四年(一七二六年),于曹县芝麻庄大堤后,就原有月堤,接筑隔堤二百八十丈。北岸卫家楼大堤,距河切近,于旧月堤后,添筑隔堤五百四十丈。

高宗乾隆四年(一七三九年),于曹州赵家来集西新筑月堤七百一十丈。乾隆十七年(一七五二年)谕:豫省黄河两岸大堤之外,旧有太行堤一道,由直隶连接山东,年久失修,着动工修理。乾隆二十三年(一七五八年)谕:豫东黄河大堤,相隔二三十里,河宽堤远,不与水争。乃民间增筑私堰,致河身渐逼,一遇水涨,易遭冲溃,即成险工。着严行查禁。

宣宗道光十五年(一八三五年),栗毓美为河东道总管。其时黄河北岸,自武陟至封丘,南岸自祥符下泛至陈留六十余里,皆地势平衍,多串沟,于是远河之堤,亦变为近河之堤。栗乃创为砖坝,共六十余处。水涨时,卒未为患。

文宗咸丰五年(一八五五年),河决兰汤汛铜瓦厢,黄河于此六徙。时值军兴,不能遽兴大工,命张亮基查明山东被水州县及穿运入海情形,劝民筑堰切滩,堵截支河,为暂救目前之计。咸丰七年(一八五七年),齐河县知县蒋士潢请于张秋至鱼山一带筑长堤四十余里,自是数年,张秋以东,自鱼山至利津海口,地方官劝民筑埝,逐年补救,民地可耕。惟兰仪之北,张秋之南,黄河自决而出,夺赵王河沙河及旧引河,泛滥平原,汪洋一片。

穆宗同治五年(一八六六年),阎敬铭奏:濮州旧城四面被水,以工代赈,修筑金堤,堤座约宽三四丈,高亦二三丈不等。同年冬十二月,直督刘长佑奏:大溜日北,逼近京畿,惟有上修长垣之太行堤及接筑新堰,下修开州金堤,中间无堤处所,一律接筑,加高培厚。寻谕:直境即着刘长佑将险工堤口一律修办。东省濮、范、馆、观等县,着苏廷魁妥筹办理。

同治十二年(一八七三年),李鸿章奏大河不能挽回故道情形。内云:查大清河原宽不过十余丈,今自东阿鱼山下至利律,河道已刷宽半里余,冬春水涸,尚深二三丈,岸高水面又二三丈,是大汛时河槽能容五六丈矣。奔腾迅疾,水行地中,此人力莫可挽回之事,亦祷祀以求而不易得之事。目下北岸自齐河至利津,南岸齐东蒲台,民间皆筑护埝,迤逦不断,虽高仅丈许,询之土人(当地人),每有涨溢出槽,不过数尺,并无开口夺溜之事……此时治河之法,不外古人因水所在,增其堤防一语。查张秋以上至开州境二百余里，有古金堤可恃为固。张秋以下抵利津海口八百余里，岸高水深，应将原有民埝保护加倍。南岸自安山下抵利津，多傍泰山之麓，诚为天然屏障。惟安山以上至曹州府境二百余里，地形较洼，为古巨野泽，即宋时八百里之梁山泊也。黄河由此旁注，波及徐汇（？淮），为害甚烈。现有一百余里民埝，高者丈余，低者数尺，断难久恃。

德宗光绪元年（一八七五年），丁宝桢督修菏泽贾庄大工，堵筑合龙（按黄河自改道后，曹属迄未封闭，遂有贾庄决口事）。四月，筑南岸长堤，直、东两境共二百五十余里。东省菏泽等县筑堤共一百九十里，顶宽三丈，底宽十丈，高一丈四尺。又于北岸先修金堤，以为屏蔽，全流始入大清河归海，是为今河。光绪三年（一八七七年），自直隶东明起，经河南考城十三里铺止，筑堤与下游曹属联络，长七十余里，高一丈，顶宽一丈六尺，底宽六丈。又查南堤至北面金堤，中间相隔六七十里，于濮范之村庄田亩不能保卫，复从濮范以下抵东阿，筑堤长一百七十余里。又北堤上游开州境内阔八里，亦予接筑［疑即州牧陈兆麟所筑临黄民埝，惟《濮阳河上记》谓事在光绪三年（一八七七年）］。是年八月，北岸堤工一律完竣。光绪九年（一八八三年）二月，沿河十数州县，以凌泛大涨，漫口林立，巡抚陈士杰主修筑长堤，先派员分筑长清、齐河、惠民、滨州各北岸，历城、齐东、章丘各南岸。再接筑长清之南岸，历城济阳之北岸，滨州青城蒲台之南岸。再行接筑利津两岸堤工，需款二百五十三万余两。光绪十五年（一八八九年），东抚张曜于下游韩家垣两岸筑堤三十里，束水中行，为入海之路。光绪十六年（一八九〇年），又在洛口一律修成石坝，济垣始免水患。光绪二十年（一八九四年），山东齐河迁治，于九扈镇改建土城。

李抚秉衡奏：豫省河堤两岸相去远或三四十里，近或一二十里，水得荡漾其间，故为惠较少。东省自黄河夺济，愈下愈狭，宽者一二里，隘者不及一里，一遇汛涨，漫决频仍。观此可见陈、张两抚虽经先后努力筑堤，其于两堤间距，仍属狭隘也。

关于治河之准备

（一九三四年）

今将欲大举治河,而未有其计;有其计矣,而未有其资;有其资矣,而未有其材,则将如之何?凡事预则立,不预则废。又曰:虽有智慧,不如乘时。欲图治河者,不可不早为之计也。

黄河河床,时有变迁,有时则变而极劣,有时则变而极优。其变之著也,每在洪水之后,盖洪水之力,足以破坏堤岸,亦足以刷深河槽,民国二十一年(一九三二年)大水以后,禹门、朝邑之间,河槽由散溃而划一;民国二十二年(一九三三年)大水以后,广武、开封之间,河槽由浅岐而浤深,是其例也。为治者于其有可变劣之机也预防之,于其已变优也护持之,如是则治河之事可半而功可倍也。然苟无平时之预筹,则坐失其机而莫之能为,是则最可惋惜者也。故欲乘势,必须预为之备。其要惟何?一曰人,二曰资,三曰材。

人也者,非徒有技术学识之谓也。乃使河上兵夫有训练,沿河民众有组织,一遇机会,群力趋赴,各有其所,各有其执,能者操其术,不能者供其役,领导如法,指挥灵便,使力不虚施,才不虚縻,而防劣保优之功,得以如期而现,非平时训练组织有素,何以能臻于是?

资也者,财之谓也。曲突徙薪无恩泽,焦头烂额为上客。人事颠倒,往往如是。涓涓不塞,每成江河,夫河之弊也,若有其倪,于其倪之肇也,急有以防之,则赀不多费而巨浸可免。即如河北省南、北两堤之串沟,人人知其必为堤害也,使预为之杜防,则十余万元可为功也,然而为杜串沟计则十余万元莫之可筹也,乃一决于民国二十二年(一九三三年),再决于民国二十三年(一九三四年),损失民产数千万元,赈工等款数百万元。其致祸之源,主要在乎串沟,其为失算何如哉?

治河犹用兵也:有应深谋远虑者,有应随机应变者。今无预筹之资,谋虑则以深远而姑待来年,机变则无以随应而失之一旦,故劣者听其劣,而优者无以保,则河终无可治之资矣。盖黄河有其自治之能也,用其能则河易治,反其能则虽千百人力无如河何也。今使河流自刷深划一段，以十公里计，易以人力或机力，其应浚土方即在数千万公方，而工费在数百万元矣，且既浚之而未必可保也。若因其治而护持之，则用款不出五十万而可使长治久安。然则乘势之可贵，不亦昭然乎？

复次言材：有其资，则材可储也。然则材有临时而致者，有须经年方备者，不能不分别而预为之计也。

治河之材，言其大宗者，为沙，为土，为石，为芟梢之料，为秫秸，为芦苇，为草坯。沙与土，随地可择而用，石则须于产石处采运，秫秸、芦苇，则视年岁丰歉或裕或寡，惟梢则采自榆、柳等木苟无林之计，则竟不可得也。

将来大举治河，则河料之需用最广而最要者，厥为梢与石。梢必使沿河两岸大植林木，或沿堤两岸设护堤带以之植树，年采年植，必使无不继而后可；石则须于计划施工之地，年年购存，距石过远则炼砖以代，平时裕为之备，一遇有可乘之机，则立时可用，不失良机，河始可有为。兹特论其要，至于治河材料，当更为文细论之。

巩固堤防策

(一九三四年)

凡旧日决口之处，因堵塞时所用之道不同，而其形式有如下之区别。

第一，堵塞工程仍顺原堤线方向 AB 直行（第一图）不加绕越，如是者名之曰直向堵塞。直向堵塞，其优点在堤线整齐，无犬牙出入。但有一大弊：堤后因决口冲成之潭坑，永远存在，无法消灭。因之堵塞之后，堤脚浸水无法减缓，常为危险。为巩固计，则围绕潭坑筑一 CDF 月堤。其用有二：①万一正堤出险，有月堤当之，多一层保障。②堤后浸水聚于坑潭，以为水戗，可减大河压堤之力。

第二，堵塞工程因口门过深，难于施工，向后绕越（第二图），如是者名曰后越堵塞。后越堵塞，其优点在将坑潭甩于堤外，洪水时临，可复填淤高平。但其弊在堤向不复成一整线而参差不齐，易于引溜。

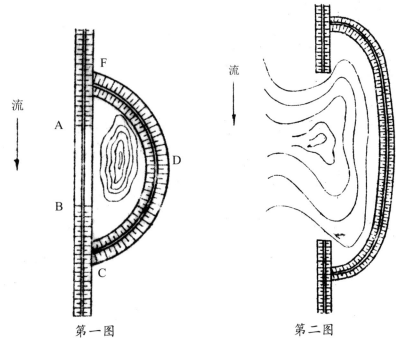

第一图　　　　　　　　　第二图

第三，堵塞工程因口门过深，难于施工，向前绕越（第三图），如是者名曰前越堵塞。前越堵塞，其弊与直向堵塞相同。此法有弊无利，故除非因特别情形不得已而有用之者，通常不用也。

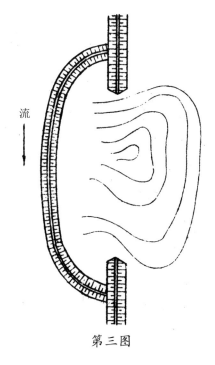

第三图

凡曾经决口之处,如堤前仍当大溜,终为弱点。今就第一、第二两项使转弱为强,以资巩固。

第一,凡有月堤之处,皆培固其月堤,而在正堤之上,建造 A 及 B 上、下二涵洞(第四图),使含泥之水得由 A 入坑潭,复由 B 出归入正河。月堤之前,沿堤种植柳树以资捍浪,使不伤月堤。若 A 及 B 二点相距不远,上下高差不多,水由 B 出不顺,则于 B 外可筑翼墙以顺水势。如此经过二三次洪期,坑潭便填满泥土,使正月堤之间成为高阜。不但堤身以固,而坑潭废地亦成膏沃良田,种桑植麻,随人所欲。

第二,凡后越之处(第五图),当开 CC 一渠道,即以所挖之土堆于其旁成 AB 断堤,上、下留有缺口。渠道宽以三公尺、深半公尺为度。复于渠道歧出 1、2、3、4 等沟,略斜向下游。越堤之前如前例沿堤种柳,以资捍浪,如是则洪水时期,泥水由 A 入内,弥漫其间。经过一次洪水,复挑沟渠加培 AB 堤。经过二三洪期,可望越堤、断堤之间完全填淤高平,成为高阜。堤既稳固,农田亦永不受泛滥矣。

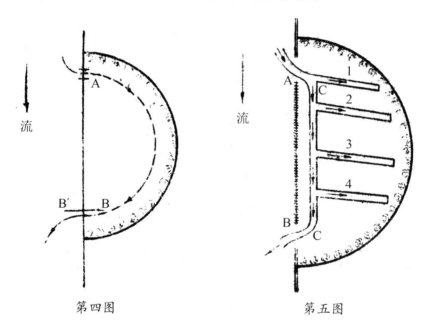

第四图　　第五图

研究黄河流域泥沙工作计划

(一九三四年)

我们要研究黄河流域的泥沙,为的是明了黄河所带泥沙的关系,寻出来可以减免泥沙的方法,为根本治河[提供]一个帮助。我们要明了的事情有以下几项。

一、流域中泥沙的种类

黄河流域面积很大,其中的土质,当然不能以泥沙两字概括无遗。泰祚溪(K. Terzaghi)两句话说得很好:"调查每一种土质,不但要说明它的外状,并须知道它的矿物的成分和它的地质上的来源。"黄河流域以内,只就黄土而言,已经可以分别到十几种,何况其他。

二、泥沙的性质

泥沙的物理的性质,分为许多类。

(一)土质的结构

土质的结构,是有许多不同样的。泰祚溪分为:①单粒结构(Einzelkornstruktur),如沙一类;②网结状结构(Wabenstruktur),如松泥一类,其中空隙大于最大土粒;③瓣结状结构(Flockenstruktur,于 Koagulierfer Sedimente)多见之;④团结状结构(Krümelstruktur)经风化,动、植物生存及含盐之水浸濡而成。这种分析法是有益的。

(二)泥沙单粒的大小和粗细粒混合的比例

按其粒之大小(度于横坐标上)及过筛之百分率(度于竖坐标上),画为曲线。如第一图。

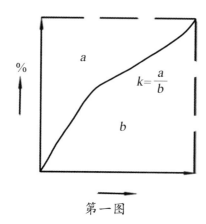

第一图

命曲线左之面积为 a，曲线右之面积为 b，则以 $k=\dfrac{a}{b}$ 为泥沙之混合性（Charakteristik）。泥沙不容易过筛的，可用葛白资基（J. Kopetzky）淘汰分析法。

又其次要知道的是泥沙中的空隙。命松积沙之空隙容量为 n_0，天然冲积沙之空隙容量为 n，湿压沙之空隙容量为 $n_{\min}$，则以：

$$\sum = \frac{n}{1-n} = \frac{\text{空隙容量}}{\text{沙粒容量}}$$

命为空隙号数，以：

$$F = \frac{\sum_0 - \sum_{\min}}{\sum_{\min}} = \frac{n_0 - n_{\min}}{n_{\min} \cdot (1 - n_0)}$$

为紧压能率，以：

$$D = \frac{\sum_0 - \sum}{\sum_0 - \sum_{\min}} = \frac{(n_0 - n)(1 - n_{\min})}{(1 - n)(n_0 - n_{\min})}$$

为比较密率。

（三）泥沙中含水之量

若是泥沙中的空隙都充满着水，便是饱和了。饱和之后，它所含的水量，即等于空隙容量。不要经过干晒而使泥沙中的水自然流出，一定有一部分水仍然存留在里面。这存留的水量，比泥沙样的容量，也用百分率算，名为泥沙的含水率（Wasserkapazität），泥沙容量减去含水率，便是含气率（Luftkapazität）。

（四）泥沙的吸收湿气量

干透了的泥沙，由空气中吸收水分，泥收的水分重量比泥沙的总重量，用百分算，名为吸收湿气率(Hygroskopizität)。

(五)沙土的渗漏率

按达瑟定律(H. Darcy'sches Gesetz)$U = K \cdot J$,式中 U 为水渗过沙土之速率,J 为水之降度,K 为渗漏率(Durchlässigkeit),关乎土之性质。伏尼梅(Forchheimer)经过许多测验,另立一个算式:

$$J = n_1 \cdot u_1 + n_2 \cdot u_2 \quad (n_1 \text{ 及 } n_2 \text{ 为系数})$$

以为比达瑟定律来得切合些,但这却与沙粒的粗细有关系。因为沙粒粗了,过水的空隙大,则水之流动,由缕动(Laminäre Bewegung)变为激动(Turbulente Bewegung),则由 u 而展为 n_2 矣。

K 之值,关乎沙粒的大小和水的温度。沙粒的大小不一致,但渗漏率却是主要关乎较细的沙粒,所以哈森(A.Hazen)定出来一个有效沙粒(Effective Grains)的名词,命它的直径为 dl(以公厘计)。所谓有效沙粒者,是混合中沙粒的一类,比它小的,其容量占全沙粒容量不过百分之十。哈森按他的测验,立一算式:

$$K = 116 \times (0.7 + 0.03 t_{°C}) \cdot dl^2 \,(\text{cm/s})$$

后来柯赉尼又试验出较温之水经过粗沙,其渗漏率较之经过细沙,增加甚多,所以另立了一个算式:

$$K = K_{10°C} \cdot [1 + 0.0745 \times (t - 10) \times 5 \cdot \sqrt{dl}\,]\,(\text{cm/s})$$

式中 $K_{10°C}$ 为水温十摄氏度时之渗漏率。

司里奚(C.S. Slichter)又于 dl 之外,加入空隙容量 n 于算式中,他测定了地下水温十摄氏度时之渗漏率为:

$$K_{10°C} = a \cdot dl^2 \,(\text{cm/s})$$

a 之值,关乎 n 如下:

$n = 0.26、0.28、0.30、0.32、0.34、0.36、0.38、0.40、0.42、0.44、0.46、0.47$

$a = 90、120、150、190、230、290、310、370、420、520、610、680$

但算出的数总不大准,不如实测。

堆土做堤,土已松动,而重新压实。测验之法,堤土入直径十至三十公分长、一公尺半至二公尺管中压实与筑堤一例,安水位量管于其上,看水位的降落,如第二图。量进出水量 Q,则:

$$J = \frac{h}{L}$$

$$Q = F \cdot K \cdot J$$

由此可以算出 K 之值。

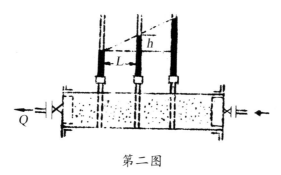

第二图

（六）泥沙的重量

每一立方公尺重若干公斤。

三、泥沙的化学分析

这项事情，不是我们需要的，却有时也用得着，尤其是黄土。若为灌溉工程计，那就更需要了。

黄河流域土壤研究计划

（一九三四年）

一、目的

研究黄河流域之土壤，其目的有七。

（1）欲明了黄河所挟泥与沙之所来。

（2）欲知泥沙与水量、流速及河床形式之关系，及如何支配使之排输入海，不致停留。

(3)欲知各川谷中泥沙输送入河之状况及用何法使之减少。

(4)欲知流域内各处土壤侵蚀之情形及用何法防止侵蚀。

(5)欲明了黄土之物理及化学性质,沟洫施于黄土地面其效益究竟如何。

(6)欲明了河岸土质用为河工材料之功力若何。

(7)欲知流域内各地土壤宜于何类有用植物之生长。

为达到以上目的计,研究之事应分为三大类:①河床泥沙之研究。②流域地壤之研究。③农业土壤之研究。

二、研究之方法

研究之事范围既广,绝非少数人力所可能为。为节省时日及经济力量起见,应如下法进行。

(1)搜集关于黄河流域内土壤已有之调查及研究资料。

(2)与其他机关合作。

(3)本会独力进行。

黄河流域内土壤之调查研究,虽属寥寥,而散见于中外各杂志书籍,可供采取者亦殊多,应搜集无遗加以整理,而供吾用。

所谓其他机关者,如实业部地质调查所、金陵大学、西北农林专校,以及本流域内各省建设厅水利局,皆可本本会所定目标及办法,与之协商合作。但本会应有独立之工作,以济各方之所不足,且得使与各方工作联(连)缀而成为有统系之研究。

本会独立工作,应以河床泥沙之研究为主。流域地壤则于有需要时研究之,农业土壤之研究则完全委之农事专家,但本会林垦组亦可作一部分。

三、组织

设主任一人,荐任技正职,主持其事,选聘熟悉地质学者充之。设助理工程师一人,谙于水文学者辅之。实验室助手一人,以做土壤之物理的及化学的分析。此外,水文站、测量队皆可委托以采集土样之事。

四、设备

本会应设一土质实验室,室内应有以下设备:

(1)土壤化学分析室,应设备定量、定性分析诸器具及药品。

(2)土壤物理性质研究室,应设备天平、显微镜、照相器、细筛、冲析器、沉淀器、容积器。

(3)野外工作,须设备土钻、水平、土样玻璃瓶、玻璃量杯、温度表。

以上各种设备,应待专任此事之技正详为规划,再行购备。

五、取土样

(1)取土样于河床者:应分为黄河本身及黄河支流。取土样于黄河本身者,自下游起以至上游,委托水文站取之,需要时特派人往取之。所取之样分为水浮、河底及滩地三处,俱须以图标定取土地点。取土样于支流者,与取样于黄河本身同,而注重在附近支流入河之口处。支流可按其性质相同者分为数类,每类之中可择其巨大者为该类之代表。取土样注重代表支流,其他可及者及之。河岸常致崩塌之处,应取其土样以供研究。

(2)取土样于流域者:应将流域内面积择其性质相同者划分为区,每区之中择数地以为代表,取土地点作图标明。

六、整理材料

所得土样及一切记载材料,寄交办公厅以供分析研究。

利津以下筑堤不如巩岸论

(一九三五年一月)

言治河者众矣。鲁省韩主席尤汲汲于利津以下两岸筑堤,亦既策其事而估其工。夫黄河三角洲既已外展数十公里,碱水所不至,苇草所丛生,则无论筑堤于海口之效何若,为增辟田土计,亦所在必为而无可置疑者也。顾余见吾国堤防之未能有益于河而徒滋岁縻巨款也,对于利津以下之堤防,窃思有他法以代之。

假令利津以下三十公里,两岸俱设堤以防之矣,其效可以逆睹者,曰两岸获其保障之田三百万亩。斯田也,永无湮没之患而可资种植之用,民生因以富,国用因以裕。黄河之利,宁有过于是哉!是则诚然矣。

顾其害亦有可以逆睹者,曰养护之费,防汛之劳,必与其上游先进堤段同一为人忧也;是使山东河防段,增加六十公里也。盖无其堤,则涨溢听于天也;有其堤,则漫决人之咎也。利害相衡,固利多而害少,然经其始者,不可独见其利而不见其害也。

抑且三角洲上之河股,决徙惯也,尾段堤防之难守,较甚于其首、其腰。盖海潮抗于是,河泥集于是,其势使之然也。

初设堤防,田之耕种者尚微,民之移居者尚稀,一有决口,则堵塞之费,辄至数十万元,或较筑堤之全费而有过之。以数十万元之巨款,保护一尚少居人之荒滩,则失算矣。即不然者,养护防泛之费施于六十公里之新工堤段,亦必岁在十万元以上。

然而尺土必须其垦也,一夫必须其获也,舍堤防不为,抑亦有他法乎?曰:请尝试之。其法为何?曰:巩其岸耳。余曾于本会月刊第一卷第七期拙著《黄河治本之探讨》一文中撮要言之,兹再申论之。

堤者为何?曰:河岸低堰,不足以范洪水,而以土筑高之,使足防泛滥者也。筑高一也,以人力为之,何如使水自为之?人力所费巨万元,而水则无所需费也。人力所为者须人力守之,而水所自为者,则无须多守也。其道为何?盖凡河之有床,皆其自为之者也,非有假借于人力者也。床之有岸,亦河之自为者也。一切俱河之自为之矣,顾谓其岸继长增高,非人力不可,则过于忽水之功,而重视人者矣。

凡含泥之河,其近槽之岸,必自然淤高,而于黄河尤著。盖惟其洪水含泥之多,故其溢出槽也,必先淤积于两旁,则其自然之性也。

利用黄河自然之性,有以速其效而保其功,则所施之人力甚微而所获甚大。

其法为何?曰:不筑堤,惟于两岸植柳而已。植柳成行,疏密高下亦惟人意,则含泥之洪水,漫溢过之而淤积成丘矣。丘上复植柳,则丘积益高,连亘不断,自然成巩固之高岸矣。斯岸也,有堤之用,而与堤异:①树为之骨,其身坚矣。②与地为一,其基固矣。③水自为之,水不易侵矣。④无堤之名而有堤之实,防守之责轻矣。

今使河槽之宽为 B,洪水流量,可于其上游有堤之段测之为 Q,由 Q 以计算洪水河床须有之宽为 B_1,两岸于 B_1 河床之外,各划一宽五十公尺(以后可逐渐扩增至一百公尺)之地带为植柳带。于是按计划植柳于带中,如第一图。

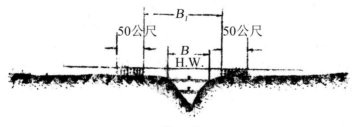

第一图

植柳之始,可将植柳带中之土地,略加平整,使无忽高忽低之弊,如是则洪水之漫溢者一律,而其淤积也有等矣。

复次言植柳。土质佳美者,植之自生。若遇沙土则或用包淤之法,或以梢缆纵横网结以压沙,而植树株于其网眼,则不致为风吹移徙。

柳之种类,以柽柳、矮柳为宜。插植之法:使株略斜向上游,二十公分入土,十公分露出地面,听其自长,及枝条发生,则互相编织,如篱如网,可以纠土,可以助淤。

柳之繁殖甚速,出乎植柳带以外者,则亦听之。披于岸者,顺其势使结根土中,编之织之,可以护岸,以止刷削。

洪水漫过之后,淤积其间。柳之弱小被埋没者,剔土出之,使得成活。如是继长增高,编织如前,以待二次之淤。

每洪水漫溢一次,则淤高一次,如第一图、第二图及第三图。如是不已,以至洪水不能漫过为止。

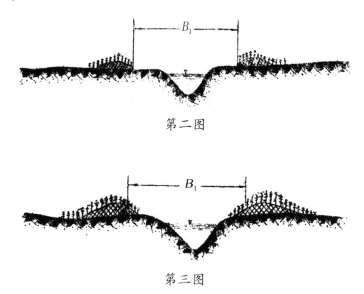

第二图

第三图

至于被其保障之滩地,宜多开沟洫,使漫过之洪水,流有所归。导其流,则不致泛滥;分其势,则不致溃决。土质之碱,赖以冲刷,不久即全化为沃壤。

如是为之,其益有四:①工费大省;②无春修夏防之劳;③利用漫水以冲碱,堤成则土壤亦化为肥沃可施耕种;④柳条丛生,兼以护岸;⑤柳枝可以供河工及他种应用。

假使黄河向来无有堤防,而年受漫溢之患,则予敢言起始即用此法,可以不使河病如今日之甚。既往者不可追矣,未来者宁可再蹈其覆辙哉。

电经委会建议黄水入苏补救办法

(一九三五年八月五日载于《西京日报》)

民国二十四年(一九三五年)八月五日,经委会召集苏、鲁当局及导淮黄河两会负责人员会商黄水入苏补救办法,先生因督促堵口事忙,不克来京出席,特电建议补救办法五项如下。

第一,董庄由江苏坝向东开挖引河可减过水量。

第二,赵王河坚筑南堤可免鲁省泛滥。

第三,归入南阳湖水设法导入东平湖。

第四,蔺家坝以不开为宜。

第五,微山湖入运之水以津、陇二桥下过水容量为准。

运河自微山湖至滩上集一带坡陡,尚可容十立方公尺。滩上集以下过量之水导入滩马湖,六塘河苏筑堤以不妨碍洪水入海之路为准。

黄河水患原因及其急切补救办法

(一九三五年八月)

本年黄河暴涨先于汛期,山东省鄄城县境董庄临濮集间大堤,竟决口数处,实堪痛心。其决口大概情形,近日已迭志报端,兹谨将决口原因及口门状况暨目前补救办法略述如下。

一、水涨原因,雨量过多

本年黄河下游,七月八日暴水之由来,雨量过多实为其主要成因,而河底淤高,乃其次焉者也。①雨量关系。查本年七月一日起至八日止,连日降雨,雨量分布之广,几及黄河流域及长江流域全部,尤以沿秦岭山脉,降雨之量为最多。在黄河流域以内,雨量最多,莫过洛河(南洛河)区域,其次为渭河流域及陕潼附近一带。在渭河之太寅、咸阳,五、六、七三天内,降雨达一百八十公厘以上,以致此次暴水百分之六十来自渭、洛两河,龙门以上,则受雨量影响较微。②下游河底淤高。自去岁十月初大水,上游冲刷较多,以致沿途淤积,河底逐渐淤高,在一公尺以上。此次大水,下游一带,水位已超过往岁记录,在零点五至一公尺之间,遂为今岁暴水成灾之次要成因也。

二、暴水提早,水位较高

按今年发生暴水,较前二年约早一月。中牟七月八日流量最高达每秒一万三千立方公尺左右,较去年八月最高流量尚少约每秒一千五百立方公尺,而水位在黑岗口一带较高,超出七公寸半。此次暴水之来源,包头以上,约每秒二千立方公尺,龙门包头间约每秒二千立方公尺,渭河约每秒二千七百立方公尺,泾河每秒三百立方公尺,陕潼间每秒二千五百立方公尺,洛河每秒三千立方公尺,沁河每秒一千立方公尺,总计流量约达每秒一万三千五百立方公尺。

三、冀堤卑薄,豫省较坚

黄河自孟津出山,始有堤防。水势虽猛,然以豫省河宽,水尚[有]回旋余地,且堤防高厚,险工处所多改石工。历年维护,根基已具,较易防守。冀省工段原为民修民守,现虽改归官办,而堤身卑薄,防护工程不如豫省之坚固,历年水涨最易出险。两岸大堤虽经培修,无如连年溃决,河床淤垫,水位抬高。此次水涨,豫、冀两省南、北两岸,迭出巨险,而尤以豫之兰封、考城、中牟、武陟、陈桥,冀之北一、北三、南一、南四各段为最,幸经抢护得力,未致溃决。

四、穴洞漏水,遂致崩溃

鲁省工段绵长,河身狭窄,水流至此逐渐抬高。河床既垫,而大堤未能依照民国二十年(一九三一年)洪水位加高。去年紧急工程,将朱口至临濮集间大堤加修,行将完工,大水骤至,即遭溃决。原由此段大堤,多年未临大河,獾穴鼠洞,在所难免,事前未加注意,堤外民埝又甚卑薄。十日水涨,先由民埝漫溢,水浸大堤,穴洞漏水,工长人少,防汛民夫尚未上堤,抢堵不及,遂致崩溃。现在董庄临濮集间附近,共有五口,第一口宽约八十公尺,第二口宽约六十公尺,第三口宽约一百十公尺,第四口宽约一百八十公尺,第五口宽约六十公尺,第一、第二、第三、第五口各口水流较缓,第四口水势汹涌。全河大溜,十之六七侧注口门,被淹灾民,多已逃避堤上,情形至为凄惨。

五、听其冲刷,势必改道

当此大汛开始水源畅旺之时,进堵困难,听其冲刷,势必扩大,恐有改道之虞。盖此段交通困难,料物云集,需时甚久,内外皆水,取土不易。为目前补救计,应于第一、第二、第三、第五口各口,堤外水浅之处,赶做柳坝,以便缓溜落淤,使口门淤闭,然后于第四口门加做缓溜工程。黄河于大汛期间,河床时有变迁,利用河流自然之力,加以人工补助,使口门落淤,大溜北趋。同时准备多量料物,以便相机抢堵。范县临黄埝外之小民埝,亦于十一日决口两处,宽五六丈。陶城埠河水倒漾已至金堤,河务局已分饬防护抢堵。观于本年雨量之多,水位之高,河防前途,诚可忧虑。吾人兢兢业业,昼夜筹划,迭促各省防汛人员,严密戒备,期尽人力减轻灾患。顾为长治久安计,深觉根本治导不可或缓,愿全国上下群起图之。

黄河流域之水库问题

(一九三五年十一月十四日晚五时,在清华大学讲演)

诸位先生,诸位同学,本人今日所讲题目为《黄河流域之水库问题》,希望诸位先生、诸位同学对水利工程发生兴趣,共同努力研究,以解决此开发西北之第一问题,亦可谓之曰先决问题。余现虽已辞黄河水利委员会委员长职,然对黄河犹发生兴趣,故犹继续研究。水库又名水柜,即英文所谓 Reservoir。水库在中国有悠久之历史,吾人恒知昔者大禹治洪水,《禹贡》有"九泽既陂"句。清陈潢谓陂即堤,目的一在蓄水于某处不使流散,一在建筑堤防(Embankwert)以防洪水。春秋楚国孙叔敖筑芍陂、东陂,皆蓄水池也。孙之做陂,用于灌溉(Irrigation)。古者陂有为天然之围墙(Reservoirwall）者，绍兴鉴湖即为一例。至于水库之用途，要言之可分为三：①储水待用，灌溉，饮料及工厂用水，航业；②水力；③防洪。

言灌溉，则因农事四季种植不同，故四季所需水量亦各异。是以水库所需之蓄水量，皆以其种植之植物所需水之多少及其季节而决定，且天时无常（指短时期内），故与其当地之降水（Precipitation）情形又有莫大之关系。盖因某时期降水多，所需之蓄水量可减少，反之则所需者多。至于饮料，在市中或一工厂中，所用水量变迁不致太大。吾人于设计时固知白天所用水量较夜间多，夏季较冬季多，要亦相去有限，即所谓最大用水天（Maximum Day）、最大用水时（Maximum Hour），其相差亦不致如灌溉方面四季所需之悬殊。若言航运，船之载量与水之深浅大有关系，而水消长与降雨量之多少有关。普通一般河在夏季雨量多时水位高，冬季因缺降水而水位即行低落，是以因降水多少，又影响及于航行，故必修筑水库。河水水位因受降水量之多少而受影响，已如前述，但水力用在发电，水位宜恒保一定位（Level）（非绝对的），是以水库又不可不设。至于防洪则更有设水库之必要。洪水之特性，厥惟其来去之凶猛。洪水峰（High Water Peak）于瞬息间奔腾而至，或于短时间内即行落下，顾防洪在使洪水之长落不致太急，则处此非设水库不为功。

中国饮水向不讲究。航渠昔有运河，蓄汶河之水如戴村坝、蜀山湖、南旺湖、马场湖等为水库，用于水力者虽有水磨（Water Mill）、水车（Water Wheel），而修高堰（Dam）使其达一高水位而用以工作者则无。至防洪水库有极大规模者，如洪泽湖，是在明朝黄河夺淮入海，明人造堰于洪泽四周以治之，即所谓洪泽大堤是。淮水清，黄河水浊，洪泽湖水可供给黄河下游相当水量冲刷其泥沙，而不致淤塞。当洪水时，黄河所挟带之泥沙经湖沉淀（Sedimentation）后再流出，如是可减少下游之含沙量，此皆吾国古时所有之蓄水库也。再者，在陕西距榆林约四百公尺处，有红石峡，两旁为岩石峻山，洪水发时，泛滥为患。山涧洪水，奔腾下泻，恒猛扑庐舍，损伤禾畜，因之榆林一带，受灾最大，清朝曾修坝以防之。此为中国古来防洪水库之好例。

今日将与诸君谈及者，为黄河流域之水库问题。吾人知中国有两大河：曰扬子江，曰黄河。二者之性质与情况迥乎不同。扬子江之流域，虽大于黄河可二倍，然长江有五个天然大水库调节江水之流量，而黄河无之。黄河下游洪水高而猛，水涨时流势太急，水落下降时流量又太小，是以不利航行，而害独多。是以黄河需要大量水库，已不待言。然现无天然水库，故必待人工之兴筑也。现在西北如泾河，最小流量每秒仅八立方公尺，秦郑国渠史载可灌溉四万五千顷，而今之泾惠渠仅可灌溉六千顷，相差太多。是以人言啧啧，金以科学进步，何收效反远不如古人？是或因记载失实，不然断不近乎情理。"尽信书，则不如无书"，良有以也。后汉白公渠史载可灌溉六千顷，犹近情理。是渠至明方废，先后都千余年。洛河流量最小时仅每秒五立方公尺，洛惠渠亦仅灌溉六千顷。渭惠渠等规模虽不少,然在低水位时,水量皆觉太小,故以灌溉言黄河流域有设水库之必要。

年来举国上下高唱开发西北,曾不知西北一切建设在需水。在陇海铁路之小工厂,虽以凿井供给水之需要,然井水用以供给大规模之工厂,必感不足。年来西安因铁路通达,人口骤增,现拟引沣河之水以供饮用。因种种之需要,亦有设水库之必要。

至于水力方面,亦有修筑水库之需要。西北交通不便,燃料无法转运,则一切工业之建设,势必赖水力发电。水电最经济吾人皆知之,日本货之所以便宜而能推销于世界各市场者,即其水电特别发达,因之成本低,物价贱。是以不开发西北则已,若言开发西北,建设水库以利用水力发电,实为当务之急!

至防洪方面,更有修筑水库之必要。盖黄河流域雨量,成一极尖曲线(Sharp Curve),因之洪水之来也猛,故几无年无灾,且每次损失极巨,动辄数千万元以上,故为防洪更有建立水库之必要。水库之需要既如上述,而从事水库之建筑,则困难颇多。

一、地质上的困难

做高堰(High Dam)必须有良好地基。以泾河论,该地之质多石灰石(Limestone)、泥板石(Shale),因化学性质关系,不利做水库。洛河亦然。渭河上游宝鸡峡,德人某主张做水库于是。此处地质多花岗石(Granite),花岗石本为建筑材料石质中之最坚实者,惜是地花岗石与外国或江南之花岗石性质不同,易受风化作用。石门石质较好,而又苦容量(Capacity)太小。壶口有十五公尺瀑布(Fall),国防委员会曾派人来此调查,皆受地质影响不采行。泾河上游,渭河上游,本人亦曾派人调查,亦未找得适当地点建设水坝,亦受地质关系。

二、地形上的困难

地形有V形、U形与⌒形,在陕西V形者极多。渭河宝鸡峡上游之流量较大,而其他各河之流量皆极小,且含沙量之多少亦有堪研究者。使用巨金建一水库,不一二年即被泥沙淤塞,实不经济,非工程师所愿为。黄河流域水库问题之难解决,即因黄河含沙量太高。盖黄河河底虽为石质,两岸皆为极松黄土(Loss),河流于洪水时恒带大量黄土奔腾而下,且河两岸于洪水退后因经水冲刷,有时巨块下坠,黄壤淤积河滩上。黄河河水含沙量以重量言,有高至百分之五十者,是则非水而成泥浆。洛河亦达百分之三十,渭河百分之四十。是以言水库问题,实不易解决。在洛惠渠曾建十五公尺坝,八日后全为泥沙所淤积,由此可想见一般矣。

永定河名浑河,又名小黄河,因其含沙情形有似黄河者。在官厅太子墓设有滚水坝(Over Flow Dam),其目的在防洪水,其设计本意拟于低水位时水由坝下部(Ground Outlet)处流出,于洪水时又可越坝顶流过,而不致淤积。然据经验所得,知距坝近处因冲刷固可免泥沙之沉淀,而距坝稍远处,犹淤积沙砾。为免除此弊,现吾个人设计一种水坝,即于总坝距不远处,设若干三角形小坝,其数目之多少,与乎小坝间之距离,当视其所设坝处河流流量与其含沙量之多少而定。其最主要目的在减泥沙沉淀机会。水流之方向,经数小坝而流过暗渠(Culvert)。河水因曲折而行,故增强其冲刷力,因之可减少淤积,容日后当做模型试验证实之。

泾惠渠用于灌溉上,其主要之种植物为豆与棉花。而在一月、六月两月内,河水因降水关系流量最小,故须设清水库以储蓄之。其意在将清水存留,污水放出,惟以经济关系未果行。但于宁夏如专以灌溉为目的,则有极好地势可供建设水坝。

青铜峡以下旧有之渠极多,其坡度极平,渠虽大而流量小,故灌溉面积不多。现拟于青铜峡做一活动坝,以供增加灌溉面积之用,现正在研究进行中,是或将为黄河流域用于灌溉建筑坝之最好地点。黄河在兰州与包头之流量,曾有记载。当兰州每秒流量为三千立方公尺时,包头流量仅一千五百立方公尺,仅前者之半数,是皆用于两地间之农田灌溉也。

最近测黄河之安立森(Eliassen),主张在三门以下五十公里处建防洪水库,予颇赞其说。因三门以上地质、地形皆极相宜,若设水库于是,而减少黄河洪水峰,诚堪欣幸也。黄河水库若一旦有办法,非独水灾可望免除,而西北旱灾亦可望减少。开发西北,其庶几乎?然目今诸建筑水库之根本困难问题,犹未完全解决,希望诸先生、诸同学努力研究。

免除大河以北豫鲁冀九县水患议

(一九三五年)

一、追溯以前历史

现封丘、长垣、滑、东明、濮阳、濮、范、寿张、东阿诸县地,为古魏郡、东郡地,汉以前,水患无所闻,自周定王五年(前六〇二年),河徙宿胥口东行后,东郡始感不安。汉文帝时河决酸枣(今延津),东溃金堤,武帝时河决濮阳瓠子口,成帝时河大决东郡金堤,灌四郡三十二县。自此以后,河复屡决,历百余年至后汉王景,修汴治河而后,河患始减。历晋、宋、隋、唐至唐末约千年,仅闻河溢数次而不闻决患也。五代后梁末帝龙德三年(九二三年),河决酸枣,东注曹、濮及郓。横陇决河,遂益东注。及五代之末又凡十余决,滑、濮、曹、单、郓五州,岁无宁日。宋初至金末三百年间,则河决三十余次,多在澶、郓、滑、濮一带,其决多历数年至十余年不塞。至元世祖至元中,河完全南徙,而此一带之水患始告终。历元、明、清以至清咸丰五年(一八五五年),河俱在南,其决多在曹、单一带,然时而北犯,波及长、濮、范、寿者,亦不下十次。咸丰五年(一八五五年)以后,河改道自利津入海,则此一带又复为河所威逼矣。然以黄河夺济,建瓴之势尚顺,故溃决之患,多在下游。其为害于开、濮等州者,惟同治二年(一八六三年)之河溢,光绪十三年(一八八七年)之河溢,民国二年(一九一三年)之濮阳河决,民国十一年(一九二二年)及民国十四年(一九二五年)之民埝决口,乃至最近民国二十二年(一九三三年)、民国二十三年(一九三四年),则长垣频年屡决,九县又罹沉灾。幸每次决口皆能于次年堵合。然河道淤高甚多,则此后之隐忧正无稍纾之日也。

二、九县被灾区域之地势

今被灾之区,可分为三段言之。

一为封丘县治以东,北阺于太行,南阺于黄河大堤,东阺于黄河,原武、阳武、延津、封丘数县之水首聚于是。黄河水位极低时尚可泻入黄河,河水稍长,则涓滴之水不能外泻,故平时即受雨水之患,河水稍涨,即受倒浸之害。及民国二十三年(一九三四年)河自贯台窜入,则倒灌之害更烈,计其被灾面积有三百六十余平方公里。

二为长垣、滑、东明、濮阳、濮五县大河以北,金堤以南之地。此段北阺于金堤,南阺于黄河北堤,二堤相距西端约六十公里,东端相会于陶城埠,形如羊角。长垣县治,近在太行堤北,长垣迤西至滑县境内,地势平衍。北近金堤,东至濮阳,西至白道口以西二十里则为洼地,迤东则沿黄河北堤地势皆高。故长垣决口后,水势北趋,直至王道口之东,然后折而东流,其向西波及者皆漫水也。长垣受灾最重,其次为濮阳,滑县甚轻,东明地处偏南,近黄河北岸,地势较高,纵有泛滥,亦多淤瘠为良。综此数县被灾之地,南北长八十公里,东西宽十余公里,被淹面积约九百六十平方公里。

三为范县以下经寿张至东阿之陶城埠,为黄河北岸民埝与金堤相遇之处。二堤相夹,由宽而狭,地势平衍,水流散漫。平时每届黄河涨水,即由陶城埠倒灌。一遇上游决口,则数县之水聚于一隅而急不能泻,以故泛滥甚宽。计被淹之面积东西长约四十余公里，南北宽由数公里至十余公里，共约二百四十平方公里。

复次言其地势之高卑，由太行堤以至陶城埠路程一百八十公里，高低之差凡二十六公尺有半。坡度平均得 $S=0.000147$ 或约一比六千八百，以如是之倾坡宜乎泻水便利矣。然而事实不然者，则以长垣城治地处最卑，形如釜底。长垣以西、以北平衍低洼，至濮阳以下，乃渐归槽。而濮阳至清河头间，则坡度太平，几于平衡，故此处泛滥尤宽。清河头以下至范县则决河水势最盛之时，宽亦不过五六百公尺，则以水有槽可归，且坡度亦陡，约一比五千也。由范县之张清营至张秋镇约五十公里间，地势仅落下二公尺有八，坡度几一比一万八千，其泛滥也固宜。复以十年九水，临河固经淹没，背河者亦复卑洼，清水寒瘠，五谷不丰，以故民生极苦，盗贼屡闻。

又次言此一带之危象，据民国二十三年（一九三四年）夏季大水，濮阳坝头黄河水面（大沽上五十九点二）高于濮阳金堤下平地（大沽上四十九）凡十公尺有余。其他可以例推，故数县滨河而处之民，不啻卧于严墙之下也。

三、减除水患之方法

今欲减除水患，无他法，惟有顺数县卑下之地势，开一深广之排水道，由长垣之东，经濮阳之南，沿金堤出陶城埠以达于河。排水道之容量，以能容每秒五百立方公尺之容量为准，使平时雨水可以不致聚积，而万一黄河北岸决口，则泛滥之期可以缩至最短时日以内。至洪峰已过，则水可归槽，无害农事。

长垣以北至冢头长约五十公里，开渠挖出之土，可尽以移填西岸卑下之地而培厚其堤，使西岸万无一失。冢头迤北至金堤则留缺口无堤，其用有二：一使长垣西境及滑县全境平时雨水可由此泻出；二冢头西北金堤之南，本属低洼之地，土质斥卤，人烟稀少，不妨以为河水缓游之地，使为金堤缓冲，而该地土质亦可逐渐改良也。濮阳以下至陶城埠，北有金堤，无须另筑。挖出之土，则以之填之金堤背河低地，易沙卤而为沃土。

排水道之东岸以及濮阳以下至范县之南岸，可无须筑堤，而用护岸方法固定其河槽，使滩地不足高者逐渐淤高。此地向来除泛滥淹没以外，首食黄河之利，每亩收获石余，若有堤则反被其害。但使水有槽可归，短时期之漫水，只有利而无害。所需要者岸地固定，不致崩毁耳。范县以下金堤距黄河北堤本不甚远，故排水渠道只宜深其槽，而不宜再于中间筑堤，其理由同上。

至于兴工程序，则先宜自范县以下至陶城埠一段起。此段范县至张秋镇甚平，而张秋镇以下，则骤落甚急，若凿渠可将一比一万八千坡度通匀改作一比一万二千一百坡度，是将门槛拆去，上游来水排泄自利矣。范县以下既通，濮阳、范县间略加凿治即可排水,然后再施濮阳以上之工。

此工土方宜以采用人工开挖,但亦可斟酌采用机器以求降低土方之价。挖出之土运填低地及培堤,亦可采用新式方法。

封丘东部之水,本可凿开太行堤,同归于排水渠道而下。使按计划为之,于长垣必无所害。但长垣人对此举必极力反对,因惧不测也,民情亦不可不顾。无已则可于太行堤上留一涵洞,黄河水涨而排水渠道又盈,则由长垣人民封闭涵洞,否则可以开启以减封丘之水。此处地势南高北低,由黄河北堤脚下至太行堤十四公里间,竟落下五公尺。封丘之水,东又不能,北又不许,则终于淹没而已矣。

向来政府及人民不知开渠排水,惟知筑堤遏水。《开州志》载州境之堤有韩村堤,在州南三十里以御滑水;旧志云此堤外为滑水,水发则入州无所泻,故筑堤御之,不知将令滑水归于何所?

考古时行经此数县之水,有濮水,有滑水,有澶水,今皆湮废。以五千余平方公里之地,竟无一水道之可寻,即无河患亦难免水灾,况乎河患正未已耶?

善乎《郡国利病书》之言曰:"凿开州之南堤,疏卫南陂之水,东北合澶渊,东注之以入张秋〈——中略——〉(……)则众水有所归,当不致一遇淫潦,横逆四出。"古人有先得我心者矣。近闻长垣县官民会议亦有疏浚引河之意,濮阳旧日引河过于狭浅,范县亦然。若欲为之,则须上下一气为之,不宜各自为政也。

四、计划

排水量但为排泄雨水计,当然无须过于广大之渠,所以定排水量为每秒五百立方公尺者,正为黄河决口后排除泛滥之水计也。盖按民国二十三年(一九三四年)泛滥面积一千五百平方公里,平均水深一公尺有五,则有二千二百五十兆立方公尺之积水。其初洪水横面之流量以每秒五千立方公尺(上下横断面不一致,此为粗估)计,经五日之流,可以使之归槽。此后决口即一时不能堵合,而黄河低水流量每秒八百立方公尺,百分之六十二可以完全归槽。即稍有逾乎此者,所湮没亦甚有限。况用固定河床之法,可以使渠道不致淤浅而更加刷深,则排水之量尚可增加。所以不筑渠之右堤者,正欲以超过之水仍有余地,使地益加高面水道益加深耳。

至排水道之坡度,自上游而下游分为三段。

第一段,长垣太行堤起,长三十七公里半,坡度一比五千九百五十,$S = 0.000168$。

第二段,第一段之终至这河寨以西,长六十二公里半,坡度一比六千,$S = 0.000161$。

第三段,第二段之终至陶城埠以西,长八十公里,坡度一比一万二千二百,$S = $

0.000082。

兹假定平均水深为 $T = 4.00\text{m}$，若脱式系数 $n = 0.025$，则得三段中之平均速率如下。

第一段　$C = 52$　　$V = 1.35\text{m/s}$
第二段　$C = 52$　　$V = 1.34\text{m/s}$
第三段　$C = 54$　　$V = 0.98\text{m/s}$

（注意上数系用齐线表约得之数，初次估计，自无须乎精确）
如是则每秒五百立方公尺各段开渠，平均之宽及其横断面如下。

第一段，应宽九十三公尺，横断面三百七十平方公尺。
第二段，应宽九十三公尺，横断面三百七十三平方公尺。
第三段，应宽一百二十八公尺，横断面五百一十平方公尺。

各段应挖之土方算之如下。

第一段，$Q_1 = 37500 \times 370 = 13875000$ 立方公尺。
第二段，$Q_2 = 62500 \times 373 = 23312500$ 立方公尺。
第三段，$Q_3 = 80000 \times 510 = 40800000$ 立方公尺。

合计，$\sum Q = 77987500$ 立方公尺。

以未经测量，故上数亦只为约数。若用人力开挖，每立方公尺以一角五分计算，则所需土方费为一千一百七十万元。此外，占民地除原有河道不论外，以一万亩计，每亩发价二十元，共为二十万元。以八十万元作工程管理费，总计需费一千二百七十万元。

以每次泛滥淹没二百五十万亩，每亩田禾损失十元计，则每次损失有二千五百万元（按《黄河水利月刊》第一卷第一期统计数县田禾损失之数相符）。政府赈济损失，据民国二十二年（一九三三年）水灾后，黄河水灾救济委员会预算为一百五十万元，河北、山东、本省政府赈济未考，大概亦不下此数，合计之当有二千八百万元，开渠工款尚不及其一半，且渠开后利在永久矣。

以上断论，自属粗略。至详细设计，须俟勘线测量后，始可拟定。

治 河 罪 言

(一九三五年)

本文系著者请辞黄河水利委员会委员长职务后以公民资格发表个人意见,与黄河水利委员会无关。

言违乎心,行违乎愿,于己为大苦,于人为大罪。东北变起,于以见言外交者之不易矣;长垣河决,于以见治河者之不易矣。盖非必外交之无术与治河之无策也,而众口之铄,辄使当局者钳口结舌而不敢主张,曲附乎众,迨事终不可为而败,则罪滋甚矣。

民国二十二年(一九三三年)河大溢,南、北两堤溃决三十余处。政府拨款事防堵,他口皆早合,独石头庄一口难合。于是河已全趋决道,经东明、濮县、范县而至陶城埠,复归于河。于堵口之前,余曾命水工履勘决口下游,若已成槽,则石头庄可不堵。归报泛滥面积方广,以堵口为便。余以病不能与,而防堵复有负责者,因不再言。

至今思之,诚失其机矣,悔之何及。盖尔时若听其改道北徙,其便实多。一为地方安危计,河改道北徙,则豫境南、北两岸河防可轻,诸险可守,冀、鲁境南、北两岸在陶城埠以上者许多险工亦完全避免。豫河安则北无决沁夺漳之危,南无决兰夺淮之虞;冀、鲁险工避免,则鲁西一带亦永无浩劫。是一改道而豫、冀、皖、苏、鲁五省人民得以高枕而卧,而此后十年之间修防之费,所省岂啻数千万哉!二为治理黄河计,夫医疡者必决其疡,去其脓积,涤其毒秽,而后疡可治。徒以药膏外敷以冀合口而不恤其内蕴之毒者,庸医也。河自石头庄夺溜后,本床淤积日甚,其为患岂止若疡之内蕴,徒知塞决,又何殊庸医之治疡哉!庸医治疡此平而彼烂,一平而百烂;治河而徒事塞决,此塞而彼溃,一塞而百溃。当其塞之成也自以为功,而不转瞬间过即随之。故河仍守其已病之道,则终于不可治也,反是若就其决而导之,则事可半而功可倍。盖决道之下,循乎金堤、濮县以下流已归槽,金堤培修,可期稳固。金堤之南则地势愈南愈高,复有本河南、北二大堤以为之限,其势如山。河经南、北二限之间,其纵坡度为一比五千,较之本床一比八千以上者,其势倍顺,其流倍畅,从而导之,不亦宜乎?三为人民生计计,自河初决后,北岸泛滥最重者为长垣、滑县,东明则淤瘠为沃,大获其利。濮县以下则河已归槽,泛滥较轻。自河再决后,则封丘受其倒灌,泛滥亦巨,长垣最重,滑县较轻。然统计其泛滥面积,约一千平方公里,受灾人民,据长垣县张县长呈河北省政府电文,城乡灾区合计不过万户,如再合封丘、滑县、濮县计之,两万户可谓极矣。我国土地广漠,未垦之地尚多,岂少移民之地哉。移卑就高,移危就安,政府为人民计不应如是乎?而且改道之后,故道自西坝头至陶城埠间淤出良田,不下一千六百平方公里,以之让于被灾之民,丰之庶之,较其处卑洼之间,日日虑患,岁岁不宁,奚啻出幽谷而登乔木?若但为目前灾区谋,曰非堵口不可。堵之而能保其不致再决、三决,以至无数决也,堵之可也;堵之而不能保其再决屡决也,徒使祸去而复来,民移而再罹,田辟而再沉,则是行宋襄之仁,召梁伯之祸,为政者固应若是乎?四为豫、冀、鲁三省修防计,河不改道,南岸兰封至十里铺,北岸陈桥至陶城埠,两面大堤民堤长凡四百二十公里,俱须固其防守,而其防守之难,与岁俱增。若顺决河之势,因而导之,则河北境内只守北岸,不过五十公里,加以连接西坝头至濮阳之新堤,共约九十公里,冀、豫二省共守,亦只一面,缩短防线三倍。河流顺轨则险少,防守亦易。山东向来所守金堤,亦不加重,河北有堤,河南不另修堤,因以固其床,束其流,治功易施,是一举而数得也。

民国二十二年(一九三三年)既失其机,政府糜款百万,幸而堵合,而民国二十三年(一九三四年)夏泛复决。今方竭力以事堵筑,即幸而堵合,而无巨款以善其后,则民国二十四年(一九三五年)之夏,河不决于石车段,必决于陈桥以下,否则必决于沁口、于中牟。盖下游淤仰,洪水必自寻出路。若大洪不临,得苟安旦夕,特幸而免耳。

民国二十二年(一九三三年)决口之后,黄河水利委员会奉行政院令召集六省会议,佥以河防善后工程非千万元不可,而政府无其力,勉强塞责,仅堵诸决口,而善后工程以乏款不能优预为之,以致再决。窃以为如必欲坚守固封,则必有巨款以厚其防守之力始可。否则不如弛其防,顺河之性,尚可以减轻祸患也。

民国二十三年(一九三四年)决口之后,河由贯台窜入,经于九股路等地,穿河北大堤而出趋长垣。近则贯台两坝日近以河溜被束,益劲其势,北向直冲太行堤,复折而东,仍出九股路决口而绕长垣。数十里之间河屡曲折,其势已不若石头庄之顺,徒事遏防,其后尚不知成何状况。

善哉贾让之言曰:"治土而防其川,犹止儿啼而塞其口。"又曰:"且以大汉方制万里,岂其与水争咫尺之地哉。"故余以为居今而再言防堵,贾让之下策也。决而导之,贾让之上策也。此理易明,毋待辞费。

然历代治河者莫不舍上策而取下策何也,是亦有故。盖每遇河患频仍之际,亦即国家财政疲敝之时,使取上策而根本治导之,则觉其太费,而无宁取下策,以图敷衍塞责于一时。然其究也,则靡款数倍、十倍、百倍,而河终不可遏,则人力终无可施而任其决,国家巨款虚縻于无用,人民财产丧失于无涯,哀哉哀哉。前车屡覆而后世莫之鉴者何欤。

尤有进焉者,余前既以医疡譬治河矣,尝见庸人之子有病,则多延医生以求子病之速愈,甲针之面乙砭之,丙燠之而丁寒之,其子焉有不死之理。今政府之对黄河亦犹是也,恤之而多设机关以治之,在政府不可谓不尽心焉尔矣,而河受其害,民受其灾。子病而亡,则群医相诿曰:"彼也,非我也。"是非医之过,直其父母之过也。

黄河善变,故其治导之工程,宜乘机而为。是非如构屋筑路之可以设计完善而待款兴筑也,亦非如其他水利工程,如建坝设闸之可以从容为之也。时机一失,形势顿变,以前计划,完全无用。故余对治河之诀曰:"审其理,察其势,款备、料备,乘机而速为,无失其利。"必如是而后可以有为,必事权统一而后可以于河有济。

凡任事者宜认清事理,无求急功,无重小仁。夫黄河之问题巨矣、广矣,岂仅一二县之关系哉?谋近而疏远,因小而失大,智者不为也。

后汉王景理水之探讨

(一九三五年)

中国治河之历史,以元泰定元年(一三二四年)为一大枢纽。在是年以前,黄河与汴河,须兼顾而分治。是年以后,则汴为黄河所夺,汴之历史告终,只有黄河而已。

汴之名始于《禹贡》,浮于淮、泗,达于汴,入于河,是汴与黄河之关连(联),自大禹时亦已有之。然《春秋》一书,未有道及汴者,则恐有商一代,河屡变迁,汴之交通,久已湮废,而楚汉之鸿沟,即其遗迹。其后汴水交通复活,则始于西汉就鸿沟遗址而治为莨荡渠,其后遂称汴渠,亦称漕渠。贾让《治河策》中言"荥阳漕渠"即指是也。

汴渠既沿于古,其后汴渠日益东侵,河复屡决,于是河与汴交相为病。汉建武十年(三四年),张汜上言"河决积久,日月侵毁",所指河决,必决在南;所谓日月侵毁,必指汴渠。又曰:"宜改修堤防,以安百姓。"盖堤防旧已有之,因河之决,汴之侵而须改移也。史称:"汴渠东侵,日月弥广,而水门〈数〉(故)处,皆在河中。兖豫百姓怨叹,而或以为河流入汴,幽冀蒙利焉。"盖汴渠过中牟即东南行,而《太平寰宇记》称古汴渠在县(襄邑)北四十五里西,从雍丘(今杞县)入考城界,则是其东侵之道也。

至永平十二年(六九年)始议修汴渠。永平十三年(七○年)乃使王景与将作谒者王吴修渠,修堤自荥阳东至千乘海口千余里。

王景所负使命为修筑汴渠,而修渠必须治河,为一定不易之理。故自荥阳筑堤东至千乘海口千余里,所以防河之南侵而害汴也。景之事功,按史书所载,为"商度地势""凿山阜""破砥碛""直截沟涧""防遏冲要""疏导壅积""十里立一水门,令更相洄注,无复溃漏之患""由是河出千乘,而德棣之河,又播为八,故水有所泄而力分,偶合于禹功"。

今一一加以检讨:①"商度地势",所以定河与汴分治之要道也。②"凿山阜",所以引渠也。③"破砥碛",所以通渠道也。④"直截沟涧",裁弯取直之功也。⑤"防遏冲要",防御溜冲之事也。⑥"疏导壅积",分疏水势也。②③为修渠事,④⑤⑥为治河事,皆不难解。所费解者,则为⑦"十里立一水门,令更相洄注,无复溃漏之患",此所谓水门者属于渠乎?属于河乎?其用若何?史载不详,辄起后人之疑。

水门之制,王景以前,则已有之矣。故史称:"汴渠东侵,水门数处,皆在河中。"言数处,非一处可知也。水门应属乎渠之左岸,渠东侵,溃袭其左岸,致水门立于河中。所谓河,指汴河,非黄河也。

至是等水门之用处,则不出乎引黄河之水入汴以济漕运。其必用许多水门者,以门制不能过大,一门之流量,不足以供给汴渠之需要水量,故多立数门也。当时荥阳以东,河与汴平行而东,故由河引水以济汴甚便也。汴自荥阳首受石河,所谓石门,在荥阳山北一里。过汴以东,绿河积石为堤,通淮口,亦号金堤,则顺帝阳嘉中(一三二年至一三四年)做也。此金堤应在河之右岸,以分隔黄河与汴渠,使不相混。盖景时尚为土堤,后以其易溃,改砌以石也。贾让《治河策》中所谓"故大金堤从河西西北行,至西山南头,乃折东与东山相属,则在河之左岸",盖汉时凡大河左、右堤皆称金堤也。东、西二山即大伾,在今浚县。

汴渠于汉灵帝建宁中(一六八年至一七二年)又增修石门,以遏渠口。水盛则通注,津耗则辍流。似石门之制为滚水堰,河水盛则越堰以给渠,水落则渠水断流,此制相沿至宋代。汴渠旧制有闭口,十月则舟不行。(见《云麓漫钞》)

但王景治河修汴所作之"十里一水门"是否与其先后之水门一律?则有可疑。

(1)使此水门仍为引河水入汴渠之水门,则须就地势而引水,按需水之量而立水门,又何必十里立一水门也?

(2)使此水门如后代运河之闸,跨渠而设,所以调制渠面坡度而节其流,则每十里立一水门,无乃太近而烦数。

(3)十里立一水门,令更相洄注,又何说也?使此水门介乎河与汴之间,而使河水与汴水更相洞注也,则不可通。盖因汴水源于河洛,无论何时,汴必下于河,是汴水无注洞于河之理也。

(4)若令河水与汴水更相洞注,则无复溃漏之患,又何说也?盖景之功,在使河与汴不相混,故必使其间之堤不致溃漏。但若令更相洞注,则又何异乎溃漏?故知其必非若此解也。

然则如之何?窃谓河与汴分道而驱,必各自有其堤。其始也,汴与河相去不远,故易受河之侵袭。今试以第一图明之:设汴之左、右均有堤,而其左堤邻于黄河。

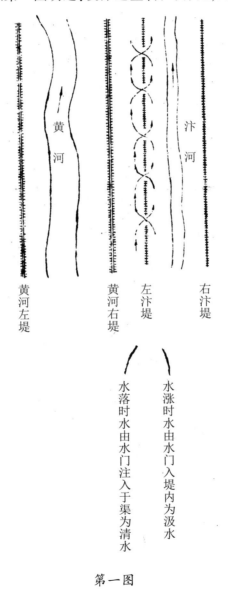

第一图

设在左堤上每十里立一水门,则河水涨时,其含泥浊水注于汴渠,而汴因以涨,水由各水门自上游而下游,挨次以注入堤内。其所含之泥沙即淀于河、汴二堤之间,水落时,淀清之水,复自上游而下游,挨次由各水门注入汴渠。其结果如何? ①汴渠之水不致过高,以危堤岸。②涨水所含泥沙,淀于堤后,使河与汴之间地势淤高。③清水注入汴渠,渠底不致淤积而反可刷深,惟其如此,故可使无复溃漏之患也。

至涨水由水门注入堤后,何以能使之淤淀?则可以第二图明其理。

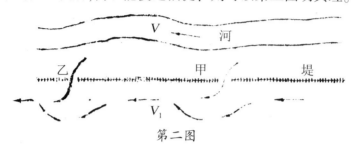

第二图

水由甲门注入堤后,其流速 V_1 必较缓于正河之流速 V,即 $V_1<V$,故甲门之水流入乙门时,正河之水亦已自乙门注入。堤后之水为其所托,其势更缓,且更向后漫旋。其所挟之泥沙,势必无力携带,而尽舍于是,愈积愈高矣,此后世放淤之理所从出也。

落水之际,堤后之水,含其泥沙而复竟注于河之正槽,则使正槽之水量激增,而得以刷深其槽也。所谓更相洄注者,正是此水门与彼水门更相洄注也。

方修斯论治黄河,主张筑近堤而卑之或缺之,使寻常洪水,得洄旋于近堤与干堤(遥堤)之间,其意亦合乎王景也。余问恩格尔斯:黄河试验曷以宽堤距之河槽刷深,能较多于狭堤距?恩氏曰:正因洪水漫滩,淀其泥沙后复入河槽,故能刷深较多也。其理与王景不谋而合。

以今人之试验,征前人之遗法,十里一水门可以豁然贯通矣。但王景以此法独施汴渠乎?抑兼施于黄河乎?则未可知也。

景既导黄河由千乘入海矣,其最后一功,则使德棣之河复播为八,此所谓疏导壅积也。盖河流近海愈平,复有海潮之顶托,河水不免壅积于此,故疏之也。

后世言治河者,对于分疏多所争辩。主河不宜分者,谓分则力弱而易淤,宋时河道之弊,以分之过多也。主河宜分者,谓河水盛涨,本床不能容,与其不分而待决,何如早分之之为愈也。恩格尔斯对于此点,与余意见完全相同,主张宜疏不宜分。顾"分"与"疏"之区别何在?

"分"是河道分岔,平时并流,洪水之时,分弱水势,自不免同归淤废。疏是用减水坝,只令洪水一部分越坝而过,以减洪水压力,而免溃决之险,其用与汽锅之安全闸相同。

减水或用滚水坝,或用实质坝顶安设活动坝,或实质坝上安设可以拆去之部,如江北运河之草坝。美国密西西比河,近亦采用此极古且旧之法,名曰 Fuse Plus。其法于堤之一段,介于石工与裹头之间,特使卑薄。洪水过度则自行冲开,而减盛涨之势。

此法较之活动坝及草坝略有区别者,彼恃人力而启,此则使水自开其道。恃人力则常以人事之压迫,情感之牵累,致使法律失其效用。

无论用何法减水,必有减水之渠道,以归于海。

余意更有所进,黄河不宜分于上游,而不妨疏之于下游;不宜分于泥沙过多之处,而不妨疏之于泥沙减少之处。盖分于上游,则易致牵掣改道;疏之于下游,则此虑少。分于泥沙过多之处,则易致淤塞;疏之于泥沙较少之处,则此患轻。

德棣处河之下游,王景播之为八,与禹疏九河,同一作用。

故王景治河,必有其切中肯要之处。以十里水门之法固堤防而深河槽,以疏导之法,减下游盛涨,下游减则在其上游溃决之患自弛。本此法也,故能使河一大治,历晋、宋、魏、齐、隋、唐八百余年,其间仅河溢十六次,而从无决徙之患。河工见于史书者,亦仅唐宪宗元和八年(八一三年)于黎阳开古黄河道一次。至昭宗景福二年(八九三年),河从渤海北至无棣入海,唐亡而河亦遂多事矣。

故余谓王景之治河,可以为后世法也。其治功几与大禹相垺,而合乎今世科学之论断。惟今世之人,但知与水争地,故只尚防堵而不求其他,于是河终于不可治已。

本年董庄决口救济水患之失机

(一九三五年)

本年[民国二十四年(一九三五年)]七月十日晚黄河在山东鄄城县董庄及临濮集间决口,泛滥鲁西、苏北十七县,为祸之巨,甚于民国二十二年(一九三三年)及民国二十三年(一九三四年)两年,吁!可悲已。

当祸之初发,苟能应机力赴,以求挽救,未尝不可以稍抒其灾。乃人谋不臧,坐视滔天之势,日益扩大,良可慨已!

查本年决口地点与民国十四年(一九二五年)八月濮阳民埝决口之地点李升屯,南、北相距不过三公里,事实上可以谓之同一处也。所异者民国十四年(一九二五年)之决口为民埝,而本年之决口为民埝而兼及大堤耳。民国十四年(一九二五年)之决口水泛滥于民埝之河套内,大堤防护得力,未致冲决,故鲁西、苏北未致受其灾,本年则泛滥不可收拾耳。

按《历代治黄史》记:"民国十四年八月直隶濮阳李升屯民埝漫决,山东上游南岸大堤民埝之河套内,适当其冲,一时水与堤平,长二百六十余里之大堤无处不险。山东河务总局局长林修竹闻讯驰往,在工督同郓城知事任师尚、寿张知事陆春元,抢护十余昼夜,卒由高堂义和庄黄花寺民埝尾扒开缺口三处,流入正河,堤外人民同免于难。否则溜势东下,必由郓城、济宁、金乡面入江北,苏皖均难幸免。"

又据同史:"九月中旬黄花寺水势已落至堤根,套内积水因西高而东低,南北溜忽变为东西溜,翻起花浪,汹涌异常,一日之间,堤根刷深两丈余,横宽刷至六十余丈。"又"终于九月二十日晚将黄花寺大堤冲溃,林局长一面督同寿张陆知事救济灾民,一面饬令东平县知事李家祺亲赴运堤,掘开缺口五道,导黄水仍由东阿之姜沟入河。时届晚秋,水深一二尺不等,故河虽漫溢,不为大灾。"

由上所记推断可知:①李升屯一带决出之水可以行套堤内由黄花寺入本河,而经民国十四年(一九二五年)之导引,堤根已有深二丈、宽六十余丈之河槽,水行其间,更应顺利。②黄花寺决口之水可导之由姜沟归于本河。抚今思昔,余甚佩林君修竹之能当机立断也。

本年七月十日晚董庄决口之后,余率同人于次早赴决口处巡视,时所决口门凡五,由西迤东,第一及第二口门尚皆过水。次早又视之,则第一口门已不过水,而第四口门过水甚多。三日之后则第一、第二、第三口门全淤为平地,而大溜由第四口门渐移于第五口门。其后又于临濮之东冲开第六口门,逼近于许庄民埝之头矣。第五、第六两口门嗣又溃而为一,第四口门亦不复过水。盖溜势为江苏坝所逼,直展而东指者顺也,为民埝所遏,不得已而南犯者逆也。

是时果有权力之人,派兵一营,驻扎其地,当机立断,立时掘开郓城民埝之头及黄花寺民埝之尾,则洪水可顺利而入套地,沿民国十四年(一九二五年)已刷成之旧道而复归本河,则其善也可挽全河,其不善也亦可救其大半。受灾者套地四五十万亩之人民,救援者鲁西、苏北千余万亩之黎庶,政府赈济亦易为力,是而不为,计大失矣。

余固知郓、寿人民难强以殉己救人之大德也,亦固知山东官吏难教以遏民之意舍小而救大也,故于七月十九日到济南先建议口门挂柳落淤,开引河导溜入本河及掘开运河堤,使已决出大堤之水有路由姜沟入本河耳。

山东方面对于余之建议,阳是而阴违之,对挂柳落淤,则曰溜势凶猛,不能挂柳;对开引河,则曰不能开;对决运河堤导洪溜出姜沟,则曰姜沟黄河水面高于东平湖,不能导出。其于本省民国十四年(一九二五年)之成绩,亦忘之矣。

余第二次与郑权伯巡视口门形势则已如第一图,水之余波已展及陈庄、马庄,与黄河本槽只隔张桥一民埝耳。开此民埝,则河流径向东北入本河矣。口门形势,可以变佳。余即令山东河务局张局长为之,张曰:斯议诚是,然余焉敢负此责,张桥人民将以枪击我矣。余曰:然则余请韩主席为之。次日返汴,即电韩主席,请一面派员购堵口石料,一面即派人往开张桥民埝(此时鲁西被淹不过二三县),又快函山东张建设厅长,附图说问求其说韩即为。隔三日韩有电应允,闻有鄄城人阻之,事竟不行。

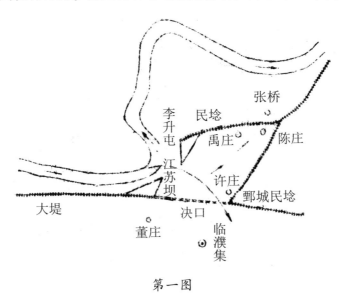

第一图

八月八日,余在京以挂柳及用船闸开引河等法示门人宋文田,令即赍回山东仿行,宋归,亦竟未行。

八日以后,余遍历黄水泛滥主流所及处,求所以弭患之策。及抵山东南运之安山等处,则运河两堤已为黄水自决,水灌入东平湖甚利。然民国十四年(一九二五年)曾掘开五口,此时运河东堤只有一口,殊嫌不能尽畅也,鲁人谓姜沟不能排泄之謷言至此以破。

八月十八日余第三次视口门,则形势全非。陈庄、马庄以至许庄,已淤深为五六尺之泥。大好良机,听其失去,为之懊恼不已。山东河务局自决口,至今除尽力率导套地人民保护鄄城民埝而外,可谓未做一事。余于十里堡晤韩主席,本欲立时劝令速开鄄城民埝,继见其对保埝事甚为注意,且听鄄乡绅王某之请,立拨二万元以助之,知余言难入,乃缓。

王某对韩主席言,河之南徙于鄄城有大益。余曰:然则若固以河决为幸矣。王某忸怩曰:是亦不然,当以多数人之利益为主。

其后洪水破微湖堤,犯徐邳,情势益急。余乃毅然电韩请开鄄城民埝,谓玉米高粱已收,水漫无害套地,而救济甚多。并电请经委会陈之行政院以明令为之,明令下而其事竟亦不能行。

余再过济南,宋文田告余曰:开埝之事,无论如何,必办不到。鲁人之意:①谓套地于民国十四年(一九二五年)已淤高,行水不利。②水入套地,大堤处处是险,必致糜烂。③鲁西已经泛滥,何忍再牺牲套地以广其灾。此三者皆非也。

套地之淤高,是漫水地面之增高,而民国十四年(一九二五年)冲刷成之深槽,必不曾淤高,且沿大堤显然可见也。

自董庄决口之后,泥水泛滥于大堤之外,临堤地面皆淤高五六尺。水行套地,固不敢言于大堤绝无危险,而安全之成分必多也。且民国十四年(一九二五年)能保之,何至本年便不能保也(黄花寺之绝无有大害)。

鲁西固已泛滥矣,然使河流早归本槽,则已经泛滥之地,亦可早日涸出以种麦子,不能以其已经泛滥而遂置之不救也。且其时苏患方始,苏与鲁之人民,固无所区别也。

且泛滥之祸,尤其小焉者也,祸之大者莫过于河久不归本床,使董庄至利津五百公里全行淤浅,则此后之患害无穷也。

余入京二日,黄河水利委员会孔副委员长往济再开堵口会议,议决鄄城民埝缓开,另以他法堵口,余于是西归。此后但望堵口工程顺利,使人民早得安居,然回想前因不能谓无失机之处也。

黄河之利害关系如是其巨,而不能使其脱离地方性,则势必省与省相逆,县与县相逆,如是尚能言治河乎?

固定黄河河床先从改除险堤入手议

(一九三五年)

恩格尔斯固定河床之主旨在于免除险工,而现有之险工,计河南境内凡若干处,河北境内凡若干处,山东境内凡若干处,不思计法以改除之,则年年春修夏防,所费甚多而为患无已。故不若先就此等险堤施工以改除其险劣之况,使险化为夷,则治工之效可以速见。

凡治河,治其一处则其上下游皆受其影响而生变也。其变化或良或劣,颇难定也。故治工之施,宜兼顾上下游,而尤须自其最劣处起手,使劣可变为良,而其良者不致变为劣。

例如,第一图甲处为险劣,若不待甲处险劣之改正,而先固子丑段之河床,则水之溜面为子丑段固定之槽所束驭,而甲处险劣永无改正之期矣。反是,若先改正甲处河床固定寅卯段如第二图,则河势向下游伸展,乙处坐湾,其势亦必改变。

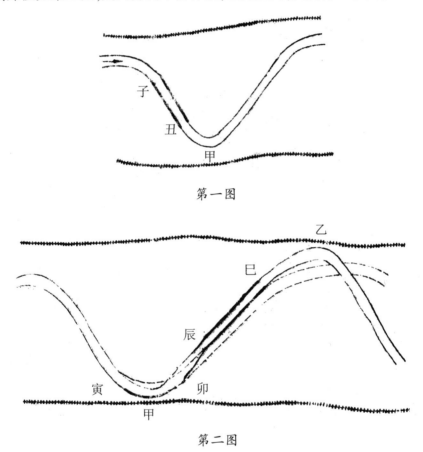

第一图

第二图

但甲处湾既平缓,则乙处之湾亦必变而平缓,是甲处施工不致乙处变劣而或可望其变良。又若先固定辰巳段而后改正寅卯段,则河势因寅卯段之拨正,势须在辰巳固定段之上端冲决改道而置辰巳段固定工程于无用之地,不如先改正寅卯段,使其下游自行演变,至其已定而后固定之,则可以一成而不变矣。

固定河床,最费斟酌者,即固定两岸之宽度。但改正险堤处之河道则可先固定其一面(即凹面),是可立时动手,徐察其对岸之演变而做后来之固定计划。

河流如富有弹性而长之钢条,振其一处,则波动传及全体。第三图甲如于钢条中,择数点而钳固之,则波动必见制于此等固定点,而推移于其间,其波距亦变而低小。故若择定三省黄河中数处险工段先为之改正,继加以固定,则以此数处为固定点或名结点(Knot Points),则结点间之河流,庶易于就范矣。

第三图

所谓改除险工者,改正之后,险工即可归于乌有,而被除去也。除去一险工,同时无使发生新险工,则少去一险工之岁修岁守费。全河险工完全除去,则全河修守之费可大省矣。

改除之法可分为二种。

一为改缓兜湾。第四图甲处兜湾可用顺水坝1、2改缓,坝以石或梢石合为之,坝后之空或拟挖河之泥填之,或坝身留缺口令自然淤填,坝后可填做3、4等土或石埂以增其强。

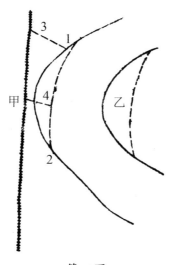

第四图

二为裁弯取直。第五图甲、乙二处险工可裁弯取直,使改行1、2之道以除去之。裁弯取直挖河道虽甚费工,但可先挖引河一道,利用水力使自冲宽。于此等工程,则挖好引河以后,再固定子、丑二处各一面河岸,需要时寅处亦可加以固定,两旁滩地加以保护,其工则埋石种树而已。

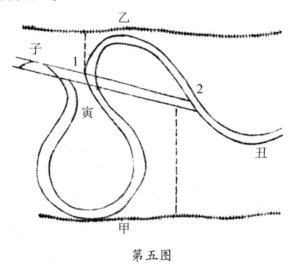

第五图

　　河防段全长二千余里,势不能自头至尾之河床完全加以固定,即能亦不能同时举办,势必有先后缓急之别。然则何处应加固定?何处可以不需?何处应先着手?何处应后着手?是又不能不加以审择。本篇之所谓结点,即以为审择先后之标的。但余之所见是否合理,亦尚未敢自必。故先提出此意,以供同人之研究。若果属可行,则可由本会工务处先行研究审度当以何处为结点,再规划改除之法,即为设计。而不待治本设计之完成,即可于最初二至三年中先从事于险工之改除,以全力赴之,庶治功得以先见焉。

固定黄河河床应以何水位为标准

(一九三五年)

　　恩格尔斯指示吾人以治河之法曰:固定河床。固定河床应以何等河床为标准?曰:固定中水河床。是盖在德国各河俱有数十年水文历史,故日日之所观察,月取其均焉,月月之所观察,岁取其均焉。积若干岁之均而均之,则所谓中水也。又有所谓常水者,则在其上者与其在下者之水位机会均等,而又与中水不同也。

在乎黄河,则中水位尚未能如莱茵河、爱尔贝河等河之早已确定也。一因除陕县水文站有十余年历史外,其他各站尚皆新设,不过一二年。二因黄河河床变迁甚速,往往去年刷深之处,今年又淤高,一隆一刷,辄在一二公尺,或更有甚焉。故其流相若也,而今年水位高于去年者已多。以是之故,研究黄河水位,较之世界其他诸河更为复杂,非有相当时期,不易断定何者为中水也。

然则吾人应拘拘于恩格尔斯之教训,斤斤于探求中水,中水未得,则固定河床之工事,姑置不谈乎?余以为不然。在余所著《黄河治本之探讨》中,姑以流量六千立方公尺为治单式河槽之标准,不过约举之以为事例耳,固云未为定论也。顾治河之工事非可久待,尤以黄河天然之事实,不许吾人从容设计,以求周密。余固有《固定黄河河床先从改除险堤入手议》一文,其意在于全河先为之固定若干结点,使结点为河槽必由之路,而于结点之间,则先固定其河床之一面,以为引导,其他一面则待事实告吾人以需要,而逐次固定之,如是则不待中水问题之决定而固定河床之工可早兴也。

且余以为恩氏"中水"之说,亦不过示吾人以概要而已,非必拘拘然惟中水是守,矧黄河挟泥沙最多者也。欲固定一槽使常守之而不冲刷,不淤填,则又焉能舍泥沙问题不顾而惟水位是求? 如是则失恩氏之意矣。

河流携带之重质(按 Singer 命名 Schwerstoff),浮游者泥也,或谓之浮游质(Sinkstoff, Schlamm, Trübung, Schwebstoffe)。转徙者沙也,或谓之转徙质(余旧译为推移质)。挟此等重质而与流俱者,河水之拖带力(日人译为押转力)也。命是力为 S,水深 t,河水坡度为 J,则按 Du Bois:

$$S = 1000 t \cdot J \ (\text{kg/m}^2)$$

水槽之狭者:

$$S = 1000 a \cdot t \cdot J \ (\text{kg/m}^2)$$

而按之 Schoklitsch,河宽 $b > 3t$ 时;按之 Leiner,$b > 10 t_{max}$ 时,a 之值已几等于 1,在乎大河 $a = 1$ 无可置问。

河幅单位(如一公尺)命为 dx,其每秒输沙之量,名曰 Geschiebetrieb,按之 Du Bois, 其量为:

$$q = \psi \cdot S \cdot (S - S_0)$$

以重量或容积计之俱可。ψ 名曰挟沙系数,S 为实有之拖带力,S_0 为限度之拖带力(小于 S_0 者沙即停)。

全幅横断面每秒所输之沙量为:

$$G = \int_0^b q \cdot dx = \psi \cdot \int_0^b S \cdot (S - S_0) \cdot dx = (1000 J)^2 \cdot \psi \cdot \int_0^b (t - t_0) \cdot t \cdot dx$$

b 为河幅之宽,只计其输沙有效之一部(第一图)。

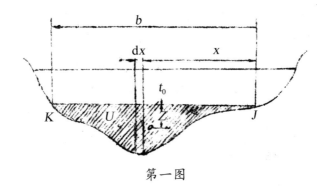

第一图

t_0 即限度水深 ($S_0 = 1000 t_0 \cdot J$) 也。Kreuter 命 $G/\psi = G'$，又命 $\int_0^b (t - t_0) \cdot t \cdot dx = S_m$ 为行沙率 (Mass der Geschiebe Bewegung)，而演为算式：

$S_m = U \cdot (t_0 + 2Z)$

U 为横断面中在 t_0 下之一部分面积，Z 为 U 面重心之深。Kreuter 以厚纸剪为 U 面，面悬秤之，以求其重心之所在。详见 Kreuter，*der Flassbau*。

Schaffernak 以为 Du Bois 之定律，仅可施于细小匀合沙粒，且 ψ 之值为难定也。伊另立一算式如下：

$G = O \cdot (U_s^2 - U_0^2)$

U_s 为底速率，U_0 在一定之沙质中为恒数。而 $U_s^2 - U_0^2$ 在细沙类不问其沙粒是否一律皆可用 (*Zeitschrift für Bauwesen*, 1923, H7-9)。Schaffernak 计算 U_s 用下式：

$U_s = K \cdot (t_m \cdot J) \cdot a$ 或 $U_s = K \cdot (b, J) \cdot a$

式中 K 及 a 皆为系数，$K = 0.45$—0.66，平均 0.63。a 之值为恒数，可计为 0.5，而 t_m 为平均水深。

一年中经过河流一横断面输沙之量，命为沙运 (Geschiebfracht)，以 Q 代之。一年中经过河流一横断面输水之量，命为水运 (Wasserfracht)，以 W 代之。

按之 Singer，$g = \dfrac{1000 Q}{W}$

g 之值，验之于各河而不同。Schoklitsch 按 Singer 所观察而立有算式：

$Q = \Delta (W \cdot F)^{0.2}$

以为粗估之资借。其中 F 为流域面积，以平方公里计；Δ 之值，按河流情形不同：

$\Delta = 100$，河流恒一，河岸固定，流域草木遍覆者适用之。

$\Delta = 600$—1000，大河流，流域由各种地质世系成者适用之。

$\Delta = 1610$—4000，荒溪类之流水，侵蚀甚烈者适用之。

以泥沙之关系求水流之横断面，可分为二纲。

一为小规模之设计,如裁弯取直、改良河流一段、引水渠三类。

于河流中觅一模范段,其水运为 W,沙运为 Q,水面坡度为 J;新河中之水运为 W_n,沙运为 Q_n,水面坡度为 J_n。

则在(a)裁弯取直段,(b)改良河流段,(c)引水渠段,应令:

(a)段	(b)段	(c)段
$W_n = W$	$W_n = W$	$W_n < W$
$J_n > J$	$J_n = J$	$J_n = J$
$Q_n = Q$	$Q_n = Q$	$Q_n = Q$

二为大规模之设计。若为长久计而使泥沙运输之量恒持一律,则须探求河流水位中之一种,在泥沙运输时期不变,其功率不变。(Kropf)

此水位也,Schaffernak 名之曰造床水位(Bettbildender Wasserstood)。Schaffernak 在奥国曾经做过许多治河计划,即以此为标准(Ö.W.B., 1913, H 41, U. 42)。

所谓造床水位者,谓在长久时期中(一年)对运输泥沙影响最大之水位也。

命在一种水位 h 或其上下若干,一日间运输过之泥沙量为 M,一年中 q 水位(或其上下若干)之日数为 J,则:

$$M \cdot J = f(h)$$

而所谓造床水位者,即可令 $f(h)$ 之值达于最大之水位也。若与 M 以与 q 相同之式,命:

$$M = G \cdot \psi \cdot S \cdot (S-S_0)$$

式中 $C = 8640$,如此,则:

$$\max(G' \cdot J) = C \cdot \psi_{max} \cdot [S(S-S_0)]$$

为求一天然河槽之宽 B 可以容纳较小之洪水计,Schoklitsch 根据一百九十计算出之河流横断面,立为下式:

$$B = B \cdot W^{0.6}$$

式中 W 为一年中之输水量,B 之值 0.000078 与 0.000282 之间,平均为 0.000134。

今为计算黄河横断面计,宜先有以下之工作:

(1)经多次测验确定 S_0 之值,确计各种水位时 J 之值,由 $S = 4000 t_0 \cdot J$ 得 t_0 之值。

(2)由各种水位之横断面求 U 及 Z 之值,并以求 S_m。

(3)由 S_m 求 $G' = G/\psi$ 之值,以按各种水位画为曲线(G'-curve)。

(4)求一定水位(或其上下若干)一年中之延时(Duration),而作水位延时曲线(Curve of Duration of Certain Water Stages)。

(5)求各种水位一年中出现之日数,而作水位频数曲线 J-curve(Curve of Frequency)。

(6)由 G' 及 J 之相乘积,作曲线[$(G' \cdot J)$-curve],其曲线之面积即为一年中之沙运。其最大值(x 处)所当之水位,即为造床水位 hx(第二图)。

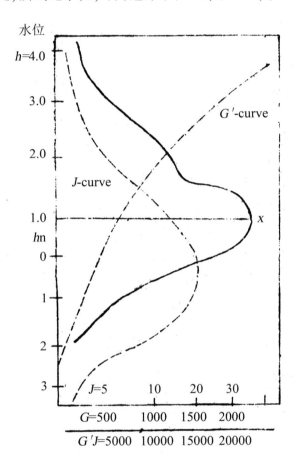

第二图

(7)根据造床水位,以转 S_m 及 W 之新值及其相当之 J。

(8)以新求得之值,由 $W = A \cdot K \cdot \sqrt{t \cdot J}$ 可得 K 之值。A 为横断面积。

(9)确定 W、J、K 各值后,再由:

$$G' = G/\psi = (1000J)^2 \quad S_m = (1000J)^2 \cdot U \cdot (t_0 + 2Z)$$

可以计算新横断面式。

以上诸算式,俱见 Weyrauch-Strobel, *Hydraulisches Rechnen*。完全计算出之实例,见 Ö.W. B.,1919, S,482ff. 故知固定河床,非仅举中水位以为标准之简单也。

培修堤防法

（一九三五年，培修金堤时拟）

培修旧堤，较之筑新堤，应行注意之事尤多。其工程亦丝毫含糊不得，稍有疏略，辄致大患，不可不深加注意。

第一，于施培修工程之前，先要审察旧堤之身有无獾穴漏洞，或天然裂缝、朽腐树根等。若有，必须挖开用好土填实。此项注意，在多年失用之堤，尤为需要。若不顾旧堤身如何，贸贸然覆培新土于其上，外视坚实而内实窍虚，鲜有不败事者。

第二，旧堤顶坡表面一层必须剖面，所有杂树乱草一概除去，现出新鲜之土，再加培土于其上，层层硪实，使新旧合一方妥。培土之法，要将旧堤坡面，铲成阶级形；培土之层，即按阶级层层相压，硪实一层再加上一层。每层之厚，以虚土一尺硪成七寸为度，如此到顶，内外坡皆然。已经层层培就，再覆面层。要用好土将各层犬牙参差处填实，加以面硪。硪实之后，上面加母土一层。母土是滋长植物之沃壤，层厚三寸，可以滋长细草，使堤坡加固（第一图）。

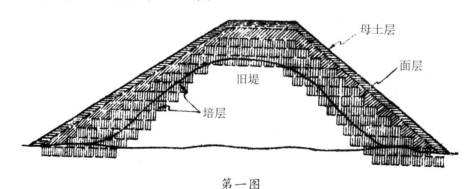

第一图

第三，若旧堤顶坡表面长有纤密细草（爬根草类）千万不可抛弃，须知是种草类，最是值钱，求之不得。若遇是草，宜连土层方方铲下，存置一旁。将堤培好后，仍将此带草之土铺砌在母土层上，一场好雨，寸草皆活，护堤之功，最为有力。

第四，培堤取土，若临河一面有土可取，必取临河之土。一则土质好，二则不害青苗,三则所挖土坑一经洪水,可望淤平。但取土仍须在堤根五十公尺外,尤必坑塘之间留有埂子,使不致为河水刷成串沟。若万一临河不能取土,则背河亦可,亦不使距堤根太近,至少五十公尺以外。

第五,选择主质,若旧堤土质坚好而培加之土沙劣,则等于不培。若无好土,宁可求之于远。若终不能得好土,则可将旧堤好土剖开,将沙土推起,层层硪实,再用旧堤好土包裹外面。仍须按照第二条阶级层次办理。

第六,培修工程,分段接头之处,亦须互相钳合,不可各顾各段而留相接处,无人照管。此等地方颇为紧要,不可不知。

第七,打硪要提得开,落得稳。硪夫要好生训练,不可使偷懒。年来看见冀、豫河堤,打硪松懈,培土鲁莽,颇失北方人忠实勤干精神,反不如我在湘、鄂所见土工、硪工之卖力气。若土工、硪工不佳,有堤等于无堤。个人一时之偷懒,常肇洪水滔天之大祸,做工者及监工者应俱抱天良,不可一毫懈怠。

第八,堤之高度、坡度,都须按照规定数目,切实办理。历来土工弊端,宜以革命精神完全剔除。培土之高应照规定数目加一,如应加高一公尺处,则须加一公尺又一公寸。因久后土性赘垫,便不够高。

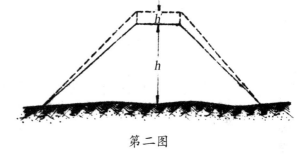

第二图

如第二图,比如培完堤式如实线所示,则加培时,须照虚线所示。$h' = 0.1h$。若是土质太虚松,或者还要加多些。

第九,旧堤遇有人行道或车马道越堤之处,往往将堤身碾成凹垭。遇此等处,都须照培修之法,培筑与通常堤顶一样。旧日越堤之坡道须加改良,道坡方向宜与堤身平行而向下游。如第三图所示。

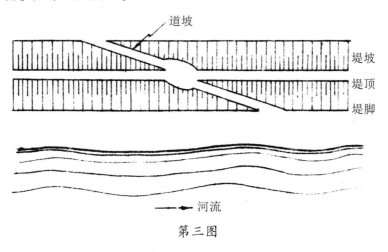

第三图

第十，旧堤紧临河边之处，难免坍刷，遇此等处，须要将临河坦坡近水之处，做得更坦，比如通例是一比三的坡，在靠河之处不妨做成一比四甚至一比五。若堤身紧靠陡弯，则更须以险工看待，妥加保护。此次培修金堤，并无险工在内，但监工人员遇有险工，应即呈报，以便未雨绸缪，设法保护。

第十一，培堤完工之后，堤顶上先栽木桩，号记公里数，以濮阳为起点，下至陶城埠，上至滑县，以便查考。

第十二，待遇工人宜一秉大公，赏勤罚惰，工资按方按时给付。计算方数，需要精确，无使工人受损。每次发价，公布方数、钱数，无使工头克扣工人。

第十三，土工、碛工人数分配须要适当，无使工挤碛间，亦无使碛挤工间。挖夫、挑夫亦按取土难易远近，配合适当。

黄河治本计划概要叙目

（一九三五年）

第一章　绪论

黄河之为患，始于周，著于汉，五代宋元以后，决溢益频，灾祸益惨。溯之史乘，以治河著称者得三人：汉之王景、明之潘季驯、清之靳辅而已。王景治河，筑堤，疏汴渠，工程最艰巨，功亦最著，自汉迄唐，河不为大患。潘季驯用蓄清御黄、借清刷浑及以堤束水、以水攻沙诸策，俱能深得水理，卒使海口深畅，挽既敝之局，惜其身后，所做尽为异党所坏，致河槽淤淀，分黄改道之说又盛，及靳辅踵行潘季驯之法，始复小康。三人以外，但有防河，少能治河。防之勤者，或暂免决溢；防之疏者，则立成滔天之祸。清季河务机关全裁，河事付之地方。民初一仍其旧，并防河之事，亦复无人负其专责，河道益坏，溃决愈甚。本会奉命成立，负统筹治河之全责。仅事防河，固非中央之意，即治河亦必探求其本。如王、潘、靳诸氏之治河，虽著殊绩，而于河之洪流，未能节制，含沙未能减少，犹之病者，标病虽去，本病未除，固难其以后不再为患。二年以来，本会在事人员,既尝周历河干,以审其利害之形势,详考载籍,以知其变迁之历史,又测量河道,观测水文,以寻其变化之迹,使洪水量得适当之分配,然后分别规划整理河槽,疏通海口,以蓄洪节流,分泄减涨各工程。并谋防沙工程与造林事业,因地方政府及人民之合作,逐渐推行,庶几一劳永逸,河患不作,水利并兴,故于干支各流灌溉、放淤、垦荒、航运及水电之利,亦连带计划。惟设计资料尚未尽量搜集齐全,先成概要,以质正于并世水利专家,再图改正充实,以臻妥善。

第二章 河道概况

黄河自甘肃大通河口以下,至利津河口,共长约四千七百公里。本会迭经派员勘查及测量,于其两岸地形、地质、土壤、河槽宽窄、流量多寡与交通情况,均已得知大概。兹以兰州至宁夏为一段,属上游;宁夏至包头为一段,包头至孟津为一段,并属中游。除磴口至包头约三百五十公里,两岸距山较远,余皆行山峡中,河身或宽或窄,随山势为转移。孟津以下,渐为平原,始设堤防。北岸自孟县为起点,南岸自广武平汉路桥为起点,由此东至利津宁海,行经豫、冀、鲁三省境之大平原,两岸皆有堤防,并以埽坝护险,是为河防段。其河槽渐淤渐高,堤亦随之,如冈如阜。堤如不守,则决溢;或溃口不可复合,则改道。北循漳卫以至天津,南至淮河及洪泽湖以东故道,俱为黄河泛滥区域。宁海以下约五十公里入海,为河口段,与河防段并属黄河下游。

第三章 河道之变迁及其利害关系

禹河故道详《禹贡》,胡氏《禹贡锥指》考证尤详。后一千六百七十七年,即周定王五年(前六〇二年),河决宿胥口,东行漯川,至长寿津与漯别。东北至成平,复合禹故河,至章武入海,是为第一次改道。又六百十二年,即新莽始建国三年(十一年),河决魏郡,泛清河平原,至千乘入海,北渎遂空,是为第二次改道。又一千零三十七年,即宋仁宗庆历八年(一〇四八年),河决商胡,穿六塔渠引河,北流合永济渠,至乾宁军入海,东流合马颊,至无棣入海,是为第三次改道。又一百四十六年,即金章宗明昌五年(一一九四年),河决阳武故淤堤,灌封丘,而东历曹、濮、郓、范诸州县界至寿张,注梁山泺,分为二派,北派由北清河入海,南派由南清河入淮河,吸胙之流遂空,是为第四次改道。又三百年,即明孝宗弘治七年(一四九四年),刘大夏筑太行堤成,北流断绝,遂以一淮受全河之水,是为第五次改道。又三百六十一年,即清咸丰五年(一八五五年)六月,河南兰封铜瓦厢河决,水由东明、长垣、开州、濮州、范县至张秋汇流穿运,归大清河,由利津铁门关入海,是为第六次改道。其间惟新莽之后,以王景治理得法,历千年而后改道,其余平均约三百五十年一改道。然自铜瓦厢改道迄今,才八十年,河槽淤垫,几已与旧槽同其高度,渐成岌岌可危之势。民国二十二年(一九三三年)以后,豫、冀、鲁三省大堤,连年俱告决溢。决于北,则自长垣东迄阳谷俱被灾,漫淹区域达一千五百平方公里;决于南,则鲁西、苏北十余县俱被灾,漫淹区域既达七千平方公里,尚未有止境。山东南岸董庄决口若不亟堵,势将改道由运河及六塘河入海。此数年之内,患之已形成者也。若在郑汴之间,北决则夺漳卫,至天津入海;南决则夺皖淮,至洪泽湖入江。南决既尝于清光绪中见诸事实,固幸而挽复旧槽,不即改道。非然者势必夺全河而注之江,岂仅豫、皖、苏三省数十县,有陆沉之危,将使江流阻塞,沿江数省,俱被其患。故黄河之病已深,不亟图之,真国计民生之巨敌也。

第四章　气象及水文

黄河流域各省气象及雨量观测,向不为人所注意。故此项记录,极度缺乏,较诸扬子江流域,相差远甚。近数年来,各省政府基于建设的需要,始稍稍从事及之,然亦甚零落,且欠精确。本会成立以后,陆续设置雨量站及流量站,并竭力与各省谋工作的联络,迄今究嫌未能普遍,且记录年限尚少。故于气象及水文之关系,尚难做精密的探讨。惟有根据已往之记录,并尽量搜集参考资料,略述黄河流域气候与雨量之关系、雨量之分布及其多寡,地形地质及地面植物生长情形,径流之研究、水位之涨落、汛水之前进、中常水位之研究、观测流量之结果、各站流量之比较、流量与水位之关系,含沙量之研究、河槽之冲刷及淤垫情形、黄河冲积平原之成因及其地形之改变等,以为设计之依据。

第五章　河床之糙率

整理河槽之设计,必须应用流速公式。克特氏公式与满宁氏公式中,河床糙率 n 之值相同。惟此数值究为若干,与整理后河槽之安全,大有关系,尤必须慎重检定。或各段河槽情形,不尽一致,则 n 之值亦异,又必就各站流量测量记录,分别检定,方能适当。惟流量测量,甚难得精确之结果,洪水时期尤甚,故于审择应用之资料,亦属重要。

第六章　洪水量及其周期

黄河测量流量,始于民国八年(一九一九年)前顺直水利委员会之陕州及洛口水文站,至民国十年(一九二一年)八月结束。所得最大流量,在陕州为民国十年(一九二一年)七月十三日之五千五百九十四立方公尺/秒,水位二百九十四点八二公尺,在洛口为民国十年(一九二一年)八月九日之七千八百八十七立方公尺/秒,水位二十九点三二公尺。民国十七年（一九二八年），华北水利委员会重设陕州及开封水文站，民国十八年（一九二九年）增设洛口水文站，是年冬均告中辍，所得无关紧要。民国二十年（一九三一年），河南河务局复成立陕州水文站，所得最大流量为民国二十二年（一九三三年）八月九日之一万四千三百立方公尺/秒，水位为二百九十七点一公尺。然据本会事后调查研究，根据各种方法推算之结果，尚在二万三千立方公尺/秒以上，似较可信。证以民国二十四年（一九三五年）八月八日本会陕州水文站所得之最大流量为一万八千五百立方公尺/秒，水位二百九十六点八九公尺，颇相吻合，更与本会在陕州上下游所设各水文站施测结果相印证，亦属合理。

洪水周期之探讨，与全部防洪设计，亦有密切之关系。本会尝依 A. Hazen 方法推算之，例如二万三千立方公尺/秒之流量，约经一百年始发生一次，大致可以资为根据，惟尚须做进一步之研究，以策安全。又有傅斯德（Foster）方法，亦可作一参考。

第七章　洪水量之分配

治河以防洪为最大目的，其方法在根据第六章研究之结果，尽量为之筹划出路，务使平流顺轨，安全泄泻入海。出路不外三途：第一，浚河槽使之宽深，以增加其容量。第二，在上游各支流建拦洪水库，以调节水量。第三，辟减河，以减异涨。就黄河防洪计划言，拦洪水库及减河，均属必需，惟疏浚河槽，使其能容某定量之洪流，势难以人力或机械之力为之，即能，亦至不经济。利用水力，较易有效，然河槽断面之大小，亦至难决定，太小则无以容，太大则低水时期流缓易淤，能在短期间毁既成之河槽，而复其故形，则失治河之意。故宜将河槽分别为低水河床及洪水河床，各配定其容量。不能胜，则蓄洪以节其源，减洪以分其流，亦各配定其容量。使上有所蓄，下有所泄，过量之水有所分，而治河之理得。

第八章　河防段河槽整理计划

豫、冀、鲁三省河防段之河槽，皆须以人力支配之，其工作约分三部分：①防御溃决，凡修缮堤防埽坝及堵塞串沟之工，皆属之。②修正河道路线，凡裁弯取直及对坝束水之工，皆属之。③固定中常水位河槽，依各段中常水位之流量，规定河槽断面，并依既修正之河线设施工程，以求河槽冲深，滩地淤高。德国恩格尔斯及方修斯之试验，皆可供参考也。

第九章　蓄洪计划

蓄洪之法，从前未有议及之者，即在欧美亦近数十年始盛行，以其最经济、最有效,兼能减轻下游之河患与上游之水患。其工程以施于陕西、山西及河南各支流为宜。黄河之洪水,以来自渭、泾、洛、汾、雒、沁诸流为多,各做一蓄洪水库。山、陕之间,溪流并注,猛急异常,亦可择其大者,如山川河、无定河、清涧河、延水河亦可各做一蓄洪水库。如是则下游洪水必大减,而施治易为力,非独弭患,利且无穷。或议在壶口及孟津各做一蓄洪水库以代之,则工费皆省,事较易行,亦可做一比较的设计,择善而从。

第十章　减河计划第一二三减河

禹疏九河,水工学者以为最古之减河。靳辅言平水之法,在乎量入为出,减河之设,务使泄溢相称,则其怒平,以溢为患而泄不为患也。然潘季驯言黄河宜合不宜分,分则流缓而宜淤,或以疑减河。靳氏又为减河以泄异涨之说以解之。其所做减河,多著效于时,可为明证。今如在北岸,自陈桥做一减河,至陶城埠还黄;又自齐河做一减河,泄入徒骇河入海,并在南岸自刘庄做一减河,至姜沟还黄,则虽有民国二十二年(一九三三年)之异涨,可以不为患。

第十一章　整理河口计划

黄河流近河口,因受潮流遏阻,含沙沉淀,淤垫甚速。自改从利津入海以来,八十年间,已屡易入海之道,铁门关、韩家垣、吕家洼、丝网口等处,皆其故迹。且下壅上溃,久成定律,故利津南、北两堤,溃决尤频。自清光绪十五年(一八九○年)以来,共决十二次,平均四年一次。而宫家坝之决,堵复工程尤艰巨。利津以上,如蒲台、滨县、齐东、章丘、惠民、济阳等县,溃决次数,亦皆视其上游为多。推之全河,为患之因,莫不如是。故当如朱熹之说,治水先从低处入手,而行潘季驯之法,以对坝束水攻沙,刷深河槽,使有固定之河口,并于两岸种树挂淤,渐成堤防。惟河口方面,因河水泛滥所及,含沙淤垫,地形北高南低,致成逐渐南移之势。今河口北距铁门关百余里,南距小清河口不过四五十里,浸假有相逼之势。参以潮流风向之关系,近海水道趋向,究以何者为宜,亦须缜密研究,始能决定。

第十二章　防沙计划

黄河之大患,在洪水来源甚涌,去路不畅,而含沙量又与洪水量为正比例。山洪暴涨,挟与俱来,及抵平原,则随地停积,尤以洪水消落之后,淤积最甚。因之河道益坏,患亦益著。如取各水文站所得含沙量记录,绘成累积曲线,则含沙量之来源,及其停积之时期、地段、数量,均易推寻。大致泾渭流域为一区,托克托至韩城黄河流域为一区,潼关至汜水黄河流域为一区,其含沙来源均极富。泾渭区及潼汜区均属黄土地带，溪涧所经，土崖壁立，或坡地垦为梯田，土质疏松，夏、秋两季，雨量最多，辄因雨水淋刷，崩裂坍陷，倾坠河流，溶解为沉淀质，间有石崖经气候剥蚀，裂成碎片细粒，亦在雨后逐流而下，故其组合成分，土多沙少，惟洪水时期沙亦稍多。托韩区干支各流，两岸多为石崖，则沙多土少。若在氾水以下，渐趋平原，河槽多因含沙停积，逐年淤高，惟洪水涨时，偶一刷深。故去河之患，在防洪，更须防沙。防沙之法分二种：①防止冲刷，以减少其来源，如严防两岸之冲塌及另选避沙新道，再则为培植森林，平治阶田，开抉沟洫。②设置谷坊以堵截其去路，山谷间之设横堵，即可节洪流，且可淀淤沙，平丘壑，应相度本支各流地形，其小者指导人民设置之，大者官力为之。

第十三章　造林计划

造林工作，在上游可以防止冲刷，平缓径流；在下游可以巩固堤岸，充裕埽料，于治河有甚深之关系。应在中游干支各流分别勘定造林区及沿干流河防段大堤内外，广植林木，并按土壤种植之宜，各为选定树木种类，分区分段，设置苗圃，分年栽植。惟造林贵乎普及，非一机关或少数人所能为力，必其他技术机关或地方政府及人民合力为之，以及保护方法，赏罚条例，均须详为筹划。

第十四章　干支各河水利计划

此分五：①灌溉；②放淤；③垦荒；④航运；⑤水电。

一、灌溉

甘肃、宁夏、绥远故饶渠利，然不尽合乎科学方法，应改良或推广，以求尽利。陕西渭、泾、洛已各做一渠，皆新式工程，溉地将近二百万亩。泾渠已著效，渭、洛两渠一二年皆可完成。其他支流多有民渠，数目多而范围不大，以渭河流域终南山麓为最多，合计亦不下百余万亩。然关中可溉之田，应根据调查所得加以改良及扩充，其利当增至五六倍。山西之汾，河南之伊、洛、沁、丹，近河地带，其人民皆知渠利，而法不尽善，或屡起纠纷，激成械斗，至十百年不能解决。若为通盘规划，分区筑渠，统一管理，庶几普沾利泽，息止争端。

二、放淤

豫、冀、鲁近河低地，泻水无路，除水面蒸发外，惟有渗漏之一途，又因土壤中蒸发作用，致使卤质上升，渐成碱地，不可种植，合计之不下三万顷。以如是广大区域，弃置不用，甚属可惜。近年山东省政府，颇致力放淤工程，改良碱地，兼事推广沟洫灌溉之利，但以经费所限，未能尽量推行，兹宜统筹，以利进展。

三、垦荒

荒地之可垦者，除上述灌溉区域、放淤区域，各包括一部分外，河套一带，未垦之地尚多，应勘明区域，由政府举办灌溉工程，采用集体农场法经营之，或移民屯垦，按户授田，采用合作法经营之，于水利、生产、国防俱为有益。其次为河口三角洲，面积三百余万亩，现以河道迁移不定，每逢伏汛，横流四溢，弃富源于地，亦殊可惜。若在河口整理之后，亦可为大规模之经营，或筑堤御潮，如江浙海塘之制，以扩展其区域，计其利益，必十倍于所费。

四、航运

黄河以小清河为海运口门，于济南附近，做黄河及小清河联运工程。并于南岸姜沟及北岸陶城埠，做黄河及运河联运工程。自济南至陶城埠，河道深窄，只需略事整理，即可容汽船航行。自陶城埠上抵韩城，河槽之整理，亦必注意使可通航。由韩城至包头及宁夏至兰州，河水急行深谷中，不可航，航路工程艰巨，强为之不经济。至于渭河航路，本可上达宝鸡，惟在陇海路通达以后，形势已属次要。雒河及沁河，可航之路线不长，不居重要形势，亦不列入计划范围之内。惟郑州或开封，可以远通淮蚌，宜择一线，联络黄淮交通，必为有利之计划。

五、水电

黄河干支各流水电之利源极富，惟水电事业，须与工业及交通联络发展，始有成功之望。以现在西北诸省之情形言之，似尚未及其时，兹为来日发展计，提议先于壶口、孟津及渭河宝鸡峡各建水电厂。

第十五章 结论及分年施工暨工费估表

关于整理河槽，建筑蓄洪水库，开辟减河，疏通海口等计划，或其他研究结果及施工方法，有二种以上之建议时，必须审择决定。又治河大业，非可于短期间全部完成，期以十年小成，三十年大成，则必分别缓急先后，配定施工程序，并使逐年工费所需为国家财力所及，方易实现。

（按：石印本中本文未见工费估表）

濮阳杂记

（一九三五年）

余出南门行三里履金堤上，见水面汪洋无际，距堤八里之东西八里庄皆宛在水中央，水溜微缓，水色极清，几疑为江南水乡，非黄河之浊流矣。盖河此时含泥本无多，出贯台及九股路后，散溢于长垣、滑县地面，所挟泥沙，沉淀净矣，河清之故如是。因思含泥之多如黄河，非有沉淀池以供其吐纳，难以使之就治也。顾居民繁衍，何由辟如许之沉淀池？非因其自决而急为移民，省堵塞之费，登民于衽席之安，而河道亦可图数百年之治安，惜乎莫之为也。

余奉命培修金堤，濮阳南门外道口以西，地高土坚，可谓无虑。濮阳以东至清河头，长二十里，沿岸皆沙岗起伏，岗之内则为渗过水潭，宽二三十丈不等，岗上大抵满植杨柳杜栎及果木，其童然者则流沙也。岗之厚百公尺许，然使当溜冲，则决溃亦极易。恃以为堤，非善计也；加以培修，则直无法可施。由沙岗退后向北约里许，则有旧二道堤址，地势较高，土质较佳。向东亦至清河头，余乃主张舍沿岸之沙堤不修而修二道堤。

濮阳之城为弦月形，弦长约七里。地势则中高而四周皆低，雨潦积为寒潭，四隅皆是，惟水尚不污臭。

余初意自陈桥起，于水小时沿水际向东北筑埝连于金堤，以缩小被淹范围，故遣华冠时调查水淹西界。华来濮阳云：封丘、长垣人民大不愿。盖封丘之人虑积水不能出，而长垣之人则虑西有屏障，其地灾益深也。且云果如此金堤亦难保。其所虑亦甚是，滑县人固所愿也。

人皆知黄河之患为泥沙，余以为泥之患尚轻，而沙之患实重。盖泥可以随洪流而出海，沙则走丸于河底，不能及远也。故河南境内多沙，河北境内次之，而山东境内则沙少而泥多。豫、冀两省南、北河堤相距之宽，洪水所占几何，大部皆为积沙所占。余又以为豫境河沙之来源，当以潼关至巩县两岸山谷中为最，伊洛当占其最要成分。故欲减豫、冀两境河沙，实有于巩县以上山谷中设拦沙坝之需要也。

河于民国二十三年（一九三四年）自贯台铜瓦厢决口窜入，东北冲河北大堤，复为孟岗小埝所阻，欲束不得，而九股路等处遂溃决。孟岗小埝者，孔祥榕所筑以保护冯楼合龙工程者也。事急，河北河务局孙局长电请抉启孟岗小埝以让水路，当事者徘徊未决，而九股路四口已溃不可救矣。十月后乃择贯台地址以埽占堵塞，东西对筑并进，口门河底日益刷深。至民国二十四年（一九三五年）三月间，深已达二十余公尺，堵塞工事益难进行。河水入口门十分之八，北向直冲太行堤，长垣官民极力防御，水不得遂，仍东折出九股路溃口，长垣县治被围于水中。水出贯台后，向西倒灌至陈桥一带，北抵太行堤，东西长三十公里，南北二十余公里。出九股路一带溃口后，泛滥长垣四周宽十余公里，至金堤下，向西漫至白道口以北七八公里。王道口为水势正冲之地，幸金堤后地势高，无虞。水沿金堤东行，至濮阳南门外，及清河头犹宽七八公里。清河头以下至柳屯渐狭，至十八郎以下，则小水之时仅宽五百公尺左右，洪水之时亦不过二公里。至范县以下，经寿张则又散漫至七八公里，至张秋镇以下则又缩狭，与正道相汇于陶城埠。

濮阳有蘧子（伯玉）墓、仲子（子路）墓，又为汉汲黯故里。

范县平时不困于水，便困于■，故人生生活极苦。城内瓦屋寥寥无几，大抵土屋草房，地址潮湿。郑板桥曾为范县令，予购得其所书《武王十训》及韩退之"猗兰操"碑帖数张。

范县以东有子路庙，塑像黑面狞目，殊侮大贤。又有子路堤，在东门外二十里。南门两旁城墙上嵌石碑二：一为"孟子自范之齐处"，一为"《商颂》所称古顾国"，"处"及"国"俱没于水中。

张秋镇有挂剑台，云吴季子挂剑徐君墓处也。徐君墓在堤下，石刻题句甚多，有乡先贤杨淳书诗五首。杨淳明正德时管理河道工部都水司郎中。一首（李东阳《挂剑曲》）："长剑赠烈士，寸心报知己。死者当必知，我心元不死。平生让国心，耿耿方在此。"二首（杨淳七言绝句）："千载悠悠让国心，新祠阶下草侵寻。定知非义都不享，未审虔诚肯一歆。"有叙云："余为延陵季子建祠于徐君墓前，虑季子亦圣之清者也，高风凛凛弗之妥也，遂小诗以问焉。"三首（杨淳《次李春山韵》）："季子重信义，挂剑徐君墓。徐君死不知，季子不忘故。所以不忘故，正以全所慕。所幕钟神学，正如挂剑树。季子信义心，千古清霜露。信义拟金石，此剑信义铸。此剑真木铎，俗淳几百度。于今齐鲁人，咸蒙此剑祚。光射牛斗间，当非神物护。张华以实讯，朱云以妄怒。每遇不平事，突突生白雾。"及乡先贤张谦（一名秋水吏）题挂剑台及张秋八景咏词。其旁为一观音庙，庙前有碑，镌清嘉庆八年（一八〇三年）及嘉庆九年（一八〇四年）漕运走东坡、西坡地图，坝闸及漫口地位俱详。下有前捕河董有恂跋，它一面则为捕河沈惇彝之《河工纪事》。盖嘉庆八年（一八〇三年）河决封丘之衡家楼，漫溢至张秋而灾及漕运者也。余令人拓之以作考证。镇中有巍然大屋一所,则陕西会馆也,想见昔年漕河之盛与吾乡商民之伟。

黄河故道按《开州志》[光绪七年(一八八一年)重修]云有二:一自滑县流入,北过之小屯庄、张家庄、聂堌等村,经戚城西转而东北入清丰县界,此西汉以前黄河经行之故道也,今州城西北有黄河故道即是。一自滑县流入,东行汇为黄龙潭,又迤逦而东过州城南门至清河店之西,东北下经临河故城,转而西北过田村等庄,又转而东北,委折五十余里,至孙固城入清丰县界汇为潞龙河。此东汉以后历晋唐五代至宋仁宗时,黄河经行之故道也,今州城南黄河故道即是。其自州昌湖(即古商胡)东北出经清丰,又北径大名元城之东者,乃宋时北流故道(第一图)。

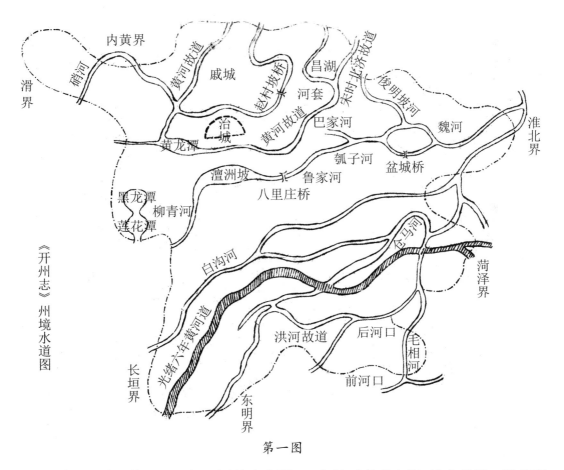

《开州志》州境水道图

第一图

周定王五年(前六○二年),河徙自宿胥口,东行至章武入海,始入州境。汉武帝元光三年(前一三二年),河决濮阳瓠子,为州水患之始。成帝建始四年(前二九年)复决于东郡,王延世塞之。至王莽始建国三年(十一年),河徙从千乘入海,州仍为河冲。历晋唐五代及宋,澶州水患屡告。至北宋仁宗庆历八年(一○四八年),河决商胡,南、北分流，由商胡入清丰，是为北流。至金章宗明昌五年（一一九四年），河愈南徙，北流闭绝，开州之河始空。是河之在州境者凡千八百余年。清咸丰五年（一八五五年），河决铜瓦厢，至咸丰十年（一八六〇年）渐入州南界。同治三年（一八六四年）北徙，抵金堤，蓬村、郎中、清河头等庄俱淹没。同治六年（一八六七年）复南徙，自竹林经毛庄至州，司马、焦邺、安二头、习城俱为河正流，南筑官堤，北有民埝。光绪六年（一八八〇年）初决自高家庄，横流东南。

濮水按《统志》（?《明统志》），自河南封丘县流入经长垣县北，又东经东明县南，又东经开州东南，合洪河入山东濮州界，俗讹为普河，又呼为毛相河，以过毛相村故。毛相河西南承漆水，由山东菏泽县北下入州界，过东西兰溪等村，西南承洪河、仓马河诸水，又西南承白沟滩之水，东北流入山东濮州界，东南承东西无名河（即濮水）之水。嘉庆八年（一八〇三年）故道被黄河沙壅十余里，河自古墩台之南急转而东而北而西，再入故河。武祥屯等村甚被其害。又北过杨家楼，西纳澶州陂、马驾河、柳青河、瓠子河诸河，流入濮州，与魏河会，此现在经行之道也。

澶水在州西南，一名繁泉，一名浮水，今名澶州陂。宋史开宝四年（九七一年）河决澶渊，河南徙，遂成大陂，南北约十余里，东西如之，盖亦大河分流也。其水由州南界流入，东经八里庄为马驾河，又东为柳青河，又东为鲁家河，又东为瓠子河入濮州界。《旧志》云至清河头分而为二，一入濮州，一入清丰，以今考之，入濮州者会魏河东下，入清丰者即俗名波河是也。

瓠子河在州东，《史记·河渠书》载，元光中河决瓠子东南，注巨野，通于淮泗。苏林曰瓠子河在鄄城以南，濮阳以北，广百步，深五丈许。《水经》瓠子河出东郡濮阳县北注，县北十里即瓠子河口也。（《太平寰宇记》）瓠子口在濮阳县西南十七里，河津是也。今瓠子河水自澶州陂来，东南注，会毛相河入濮州界。

洪河在州南（《通志》）自滑县卫南陂分流入东明县，经洪门村云台口，又经南关、东关东北至芟河入州界，经桥口、老君堂、冷家庄、永乐村、汉邺东注曹家楼、韩家岗，又东北注庄户村后史家潭会毛相河入濮州界。嘉庆八年（一八〇三年）黄河漫溢，支流入洪河者，至汉邺北分为二：一北入沙河，经陈家楼之西，习城之东，东北注穆家楼、李家窑、六市、忠陵东，注于仓马河，又东北入毛相河；一东注曹家楼至韩家岗，被黄河沙壅里余，上有所承，下无所泄。至嘉庆九年（一八〇四年）大雨连绵，水之东注者不归庄户故道，横逆四出，至十月田方涸出。

漆河（《通志》）源自河南原武县黑阳山，流经东明县西漆堤北，又东抵县北关外，又东合于洪河。今漆河自东明县北注入州境，东北流至兰溪庄入毛相河。

魏河即瓠子河下游，东流至王家桥入濮州。

清河在州东二十里，碧澄汪洋，居民造纸为业。

白沟河上承滑县诸水,入州境由吕邺店北流,又东与毛相河会仓马河。清顺治六年(一六四九年)荆隆口决冲开此河,东流入毛相河。

《郡国利病书》曰:凿开州之南堤,疏卫南破之水,东北合澶渊,东注之以入张秋。凿硝河东、西二支,一则由内黄入大名之梅内口,一则由开州之戚城寨、赵村陂、傅家口之东折者而直入于岳儒固。大者广一十丈,小者减三之一,深特十之一,而旁甃以堤。堤之左、右分疏田间水道,仿江南旱涝之法,而穿斗于堤之下,以洩堤所阻捍之处。如此,则众水各有所归,当不致一遇淫潦,横逆四出。

濮县之堤有鲧堤在州西十里。《太平寰宇记》:在临河县西十五里,自黎阳入界,鲧治水所筑。有复关堤在州南门外,《太平寰宇记》:在临河县南三百步黄河岸北。有金堤在州南,《一统志》载堤绕古黄河历开州、清丰、南乐、大名,东北接馆陶,即汉时古堤也。有宋堤在州南一里,宋熙宁间河决,明道先生判州时所筑。有南堤(《一统志》)由滑县来,经州东七十里鄄州乡分五道入山东范县界。有北堤(《一统志》)自滑县入至清丰,与南堤皆宋时遗迹。有夹堤在州南十五里。有韩村堤在州南七十里以御滑水。《旧志》此堤外为滑水,水发则入州无所泄,故筑堤御之。有司马堤在州东南。嘉庆八年(一八○三年)封邱漫口,黄河自长垣、东明流入州境,知州李符清筑堤七十余里,西北数百村得免水患。咸丰五年(一八五五年)河决铜瓦厢,至同治六年(一八六七年)司马焦、邺安二头俱为河正流,光绪元年(一八七五年)州牧陈兆麟修堤五千余丈(第二图)。

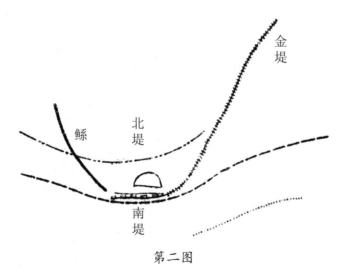

第二图

汉濮阳县在今县治西南二十里。胡三省《通鉴注》:五代以前,濮阳在河南澶州之濮阳,后晋天福四年(九三九年)移就澶州南郭。故德胜城在开州有南、北二城,今州治即北城也。其地本名德胜渡,为河津之要。五代后梁贞明五年(九一九年),晋将李存审于德胜渡南、北筑两城守之,谓之夹寨。石晋时契丹为患,遂移澶州,跨德胜津。《太平寰宇记》:后晋天福三年(九三八年)自旧澶州移于夹河,造舟为梁。天福四年(九三九年)又移濮阳县于州之南郭。后汉乾祐元年(九四八年),移州治德胜寨故基,周世宗令移今治。明《一统志》:德胜寨在开州南三里,后汉乾祐初自夹河移澶州于此,周世宗又迁于夹河,与德胜寨南北相直,故居人有南潭北潭之目。《旧志》宋初州治顿邺县,而濮阳县在州东门外。景德初契丹入寇,寇准劝帝亲征,驾至澶州南城驻驿,准固请渡河御北城门楼,盖此州治城南也。北宋熙宁十年(一〇七七年)南城圮于水,移北城。惟以濮阳县为治,明初始省入州。临河故城在州东迤北三十里。《太平寰宇记》:县在澶州东六十五里,魏东黎县也。隋置临河县,南临黄河为名。《文献通考》:绍兴临河县为黄河水淹废。澶水故城在州西三十里,隋为澶渊县,唐改澶水(第三图)。

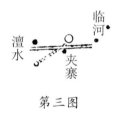

第三图

汉武帝宣房宫在州西十七里瓠子堤上。

民国二十四年(一九三五年)四月,余奉命培修金堤来至濮阳,测估竣事,招标包工,首标即为兰封金健修所得。金本土人(当地人),以家没水,包工修河,已历有年,此次无意中又得首标。金堤工程可以完健培修矣,事之巧合,有如此者。

四月十二日接齐子仁电,报告贯台口门已经合堵。此次成功如是其速,出人意料之外。

先是贯台以旧法堵塞,至三月中,情势险恶,几不可为。河工人员日事抢险不及,全国经济委员会派前内政部次长傅汝霖(沐波)来汴视察,余已退休月余,亦被召赴贯台,共图补救。三月十六日,会议于开封黄河水利委员会,余主张于口门后向东北开引河一道,并筑挑坝落淤工程,口门则以柴排堵塞;又主张于华洋坝处另堵,计皆需费甚多。时河北河务局滑德铭局长以失机被撤,改调黄河水利委员会职员齐寿安继任,余授以方针。继接全国经济委员会电以堵口之责畀孔祥榕,而令余专负培修金堤之责,遂于十七日与会中职员会商培修之事大体已定,堵口之事余遂不复过问。齐寿安(子仁)既接河务局事,孔祥榕仍委以贯台堵口工程处处长,仍仿冯楼办法,责成一切。齐欲担负落淤工程工事之责,而不欲负其他责任,孔佯应之而实不许。落淤工程进行数百公尺后效已大见,其后三月三十日往贯台省视,归报情形大转,余所拟引河之处,水已自趋,不劳人工矣。口门分溜亦自百分之八十减至百分之三十。后落淤工程进展至一千余公尺,复以连日北风之助,溜势全改方向,入口门者仅少许回溜而反以助口门之淤。孔祥榕日夜督工,以柳枝包碎石名曰春卷,抛填口门。于是十一日竟告合龙,其得天助者多也。

十日余方接郑耀西(黄委会职员,被调至贯台协助者)函,商于东坝后做领水坝,余复报可,而次日即报合龙,恐亦当事者所料不及也(第四图)。

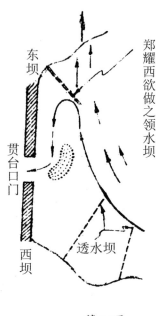

第四图

齐寿安透柳落淤之法,先用之于堵塞河北省黄河沿堤之串沟,久著成效。民国二十二年(一九三三年)石头庄决口,复用之于堵塞冯楼串沟。既已成功,孔祥榕以新接黄河水灾救济委员会工赈组主任(其先为周象贤)而无所见,于是又筑窑头二坝于冯楼杨耿坝(即齐所筑者,以纪念坠河殒命二工人杨姓及耿姓,故名杨耿坝)之后,于是以合龙为己功。石车段(石头庄至大车堤)堤本孔所培修,复筑孟岗小埝以护冯楼之工。民国二十三年(一九三四年)夏,大水冲决四口皆在石车段内,且为透漏而非漫溢,孔以罪全透之河务局局长孙庆泽,孙因以斥职被议。孙去滑继,滑为人过于忠厚,常为孔所责骂至于哭泣而不敢抗一辞。贯台一切用人行政皆孔主之,而必滑为之傀儡以为卸过计。河北省建设厅胡源汇厅长亦莅工次两月余,目睹其不平,颇为愤愤。孔并斥胡,且曰胡、滑二人,易姓则皆宜,谓一为"滑"头,一为"胡"涂也。滑终于被斥,齐继之,颇以前车为戒。后见孔仍以待滑者待己,乃向之辞堵口处处长职,孔抑其辞呈不批,及贯台甫告合龙,即日批准辞职,于是功又全归一人矣。

四月十六日余拟一电如下(此电终未发):

开封黄河水利委员会并转全国经济委员会、中国水利工程学会暨全国各水利机关通鉴：我国河工向来囿于旧法不知变通，自齐君子仁创透柳落淤之法，一试于冯楼，挽狂澜于既倒，再试于贯台，支大厦于将倾，对河工虽功不敢居，论学理则迹不可泯，研究治河者幸垂察焉。

丁宝桢《侯家林大王庙》记堵塞侯家林决口事［同治十年（一八七一年）河暴涨，决郓城侯家林，同治十一年（一八七二年）塞合］云："先是予以桃汛立至，不速且无成，因预诹二月二十四日为合龙期。至是水占十进，口窄溜湍，一夕而底沙刷深者计二丈有余，风吹浪削，两坝危立若悬崖。已而南坝门占卸塌，倾卧中流，挟巨舟沉蛰，众皆色骇。谛视之则敔埽正堵溜口，河水为之不流。引河龙须沟，亦先时以骤涨自开，掣大溜北去，似有神助。因立派营勇，分队进五料先投中泓，次补卧埽。顷刻得渡人马，不终夜而涌出金堤。稽其时则正预诹之吉也。"按此与民国二十四年（一九三五年）贯台合龙同一有天幸。河水有特性，是以成功有意外。应从研究河水特性以考究得失，作为后车之鉴。丁宝桢委其功于大王迂矣。

济河考（录《郓城志》）：

城南有枯渠，土人（当地人）名济河。自菏泽安兴墓入县境，至县西南二十里原流筑坝断绝。下流仍经县南八里河，环城东北，至安民山入运河。《水经注》：济水又东至乘氏县（故城在巨野县西五十里）西分为二，北为济渎，又北右合洪水，又东北过寿张西界安民亭，南汶水注之为清口，又北径梁山东。按济水自乘氏西东北流，至寿张西，所径无一城，时当经巨野泽中。《元和志》：大野泽在巨野县东五里，南北三百里，东西百余里。自汉元延三年（前一〇年），河决濮阳瓠子，注巨野，通泗淮，后二十年始塞，至五代晋开运初开。北宋咸平三年（一〇〇〇年）、熙宁十年（一〇七七年），金明昌五年（一一九四年），河皆决入巨野，冲决填淤，凡四五度。迨元至正四年（一三四四年），河又决于此地，巨野、嘉祥、汶上、任城皆罹水患，及河南徙，泽遂涸为平陆。济流故道，湮迷不可辨识，所赖据以得其大凡者，地为宋金运道。《宋史·河渠志》：广济河导菏水自开封，历陈留曹济郓，其广五丈。北宋太祖建隆二年（九六一年）正月，遣使往定陶规度，发曹、单丁夫数万浚之。真宗景德三年（一〇〇六年），内侍赵守伦建议，自京东分广济河由定陶至徐州入清河，以达江湖漕路，寻以水势极浅罢之。仁宗天圣六年（一〇二八年），阎贻庆言五丈河下接济州（即巨野县）合蔡镇通利梁山泊，近者合蔡以下散漫，不通舟楫，请治五丈河入夹黄河云云。今城南八里河又名老黄河，与巨野老黄河疑是一渠，盖所分亦河水，故俗以黄河名之。宋所开之五丈河即北济渎，故由合蔡而通梁山泊。阎请所云夹黄河，当即老黄河。《通鉴》：后周显德四年（九五七年）夏四月乙酉，诏疏汴水，北入五丈河。胡三省《通鉴注》：河自都城历曹济及郓，旧名五丈河，北宋开宝六年（九七三年），改名广济，《旧五代史》亦在显德六年（九五九年）。

盖五代时北济故渎,犹未尽湮塞,故可浚以通漕。此郓城济河为五代以来浚通济渎之五丈沟,北宋开宝六年(九七三年)后之广济河,又即老黄河,非复径行泽中之济水也明矣。

灉河辨(录《郓城志》):

前志谓灉河亦黄河支派,引《禹贡》灉沮会注自河出为灉。按《禹贡》灉、沮二水,诸儒聚讼,迄无定论。郑注灉水、沮水相触而合,入此泽中。德清胡氏《禹贡锥指》从之。沧州叶圭绶不以为然,谓二源相去至近,其会同即至易。少东南即雷泽,雷夏即泽,二水之治已在其中。兖州之水大于此者多矣,何独书此二小水。二小水即不会同,数里可入雷泽,又何害?郦注有云:尧陵四周列水,水泽通泉,泉不耗竭。此二小水似即此等泉水。如早有灉沮之名,道元不应不载。是知后魏时当无此名,后人以近雷泽附会之耳。水非河济可出,显有不合,不可从。按二水《汉志》不载,康成之说不知所据。玩(研讨)相触而合入之文,似由目验而得。郑说道元不应不知,其注《水经》不引用者,或亦不从其说。而叶氏遂谓后魏尚无此名,则并郑说而忘之矣。《蔡沈集传》引曾氏说曰:《尔雅》水自河出为灉。许慎云:河灉水在宋,又曰汳水,受陈留浚仪阴沟,至蒙为灉水,东入于泗。又引晁氏之说曰:《尔雅》云自河出为灉,济出为濋。求之于韵,沮有濋音,二水河济之别也。灉,《史记》《汉书》及郑《周礼注》引此,并作雍和,古本作灉,与蒙灉水不相涉,其作灉者,晋人所改。汳,徐铉曰今作汴非是。汴起周衰,至蒙为灉。禹时河由大陆,未有鸿沟,去此甚远,安得有别出之灉?且蒙灉出豫入徐,与沇何与?《曹州府志》水道源流考谓:灉河上源为贾鲁河,本黄河决口故道。自河南仪封县黄陵岗东北,由祥符县境至刘家庄入东省曹界,径桃源集、菀家桥、安陵集、张家湾,又东北至朱家桥入菏泽县界。又东北径金堤集,至县城东折而北至双河口,一支东流巨野、嘉祥达牛头河;一支东北流又分为二,一达郓城,入郓者为古灉河,又为枣林河,自双河口北径李家庄至阎什口,行一百二十里入濮州界,又东北至红船口入郓城界为西里河。又东北径殷家庙、水堡集,至五岔口、冷庄,河水入之。王晦叔云:《九域志》濮州有沮沟,即《禹贡》灉沮会同者。而二源杳无踪迹,盖五代后河流经此荡灭无存也。今州境有古黄河二道,一在州北,自开州境流入,又东北入范县界。此东汉时经流,至唐、宋皆行之。一在州东六十里,自曹州流入,此五代以后决河所经也。晦叔所云自曹州流入者,似即此河。梁末段凝于此决河水以限晋兵,其后决口日大,屡为曹濮患。后人援河出为灉文以为灉河,而与灉沮会同之灉无涉也。

濮阳人民质朴之风,他处罕见,乡间农夫见人礼貌甚周。余处此月余,从未见有斗殴诟骂者。

五月十一日大风,是日余自贯台返开封,晌午气温升至九十余度(℉,华氏)。午后余始渡河,约四时余,狂飙大作,尘沙蔽日,至晚未息,豫人皆以为十余年来所未见。

是风于同日八时至徐州，十一时至南京，十二时半至镇江，次日三时半至上海，盖每秒钟行三十公尺强也。

清观奕道人《槐西杂志》载："一僧规献县令明公恕斋语谓：且夫访之为害，非仅听讼为然也。闾阎利病，访亦为害，而河渠堤堰为尤甚。小民各私其身家，水有利则遏以自肥，水有患则邻国为壑是其胜算矣，孰肯揆地形之大局为永远安澜之计哉？"诚为见到之语。

韩城潼关间黄河滩地之保护法

（一九三五年）

禹门而下，黄河出深峡而骤涉平衍，两岸滩地宽广，由四五里以至二三十里，皆由河自创造而自毁灭之，河道左右捣徙，久无定轨，演为秦晋滩地之争，纠纷莫解。余既主张先开辟潼关上达延河航道，以为延长之石油、韩城石煤谋出路，故韩城至潼关间迁徙无定之河床，宜先有以固定之。本篇之作，即航道与农田兼顾也。

保护滩地之目的：一为固定低水及中水河床，使航槽一致，不致左右迁徙，不致中生练洲，如此则可保持航槽之应有深度，便利行舟；二为保护农田，滩地甚广，既不能禁人使不耕，则须有以保护之，使不为洪涛所毁，由二者结果，并可以永免秦晋争地纠纷，而得是段航道之繁荣。盖滩地肥沃无比，最宜麦、棉。使得有保障，则经营者必纷至沓来；农产既丰，民力阜厚，则工业必也蔚起，既有油类、煤类天然燃料，复有壶口电力，可以经营者如洋灰厂、纺织厂、榨油厂、铁工厂，势必皆应运而生。苟全力经营，不出十年，可使荒漠之黄河区域，类于莱茵河之上下。

保护滩地之步骤：一不宜先筑堤，先筑堤不能保，且以害河。二不宜先从低水床起做护岸工程，恐河袭其后，前功尽弃。三不宜仿用下游豫、鲁境坝工，其式不相宜也。河床既宽衍，滩地平坦，宜采用保护海滩之法，故定步骤如下。

第一步宜设长丁坝以为滩地之骨，平面位置如第一图：坝根起于坚固老岸向不被冲刷处，坝头至中水位水边止。坝之方向正交水流方向，或略向上游斜仰。坝身不宜高，但隆出地面约二三尺，使洪水得以平漫而过，水力不致冲击坝身而坝身足以弱其水力。坝之构造以排桩平行两行签于滩地，桩长十五尺则入地十二尺，露出地面三尺,桩与桩相距三尺。排桩行相距十至十五尺,视洪水时水势之大小,排桩之间纵横平铺芟梢,复压以石块(第二图坝身之横断面)。坝头以较密排桩锁做圆形,用芟梢石块填实,并干砌做圆锥坡面。

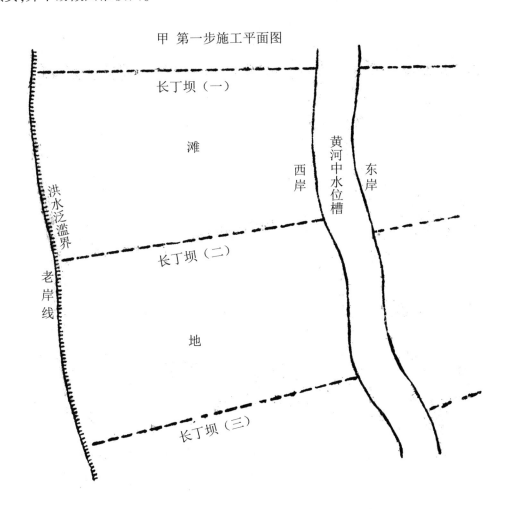

甲 第一步施工平面图

乙 横断面图

第一图

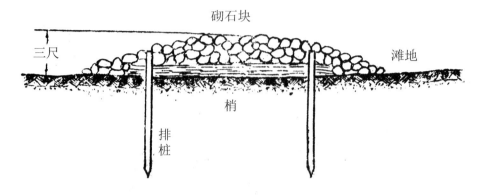

甲 丁坝横断面

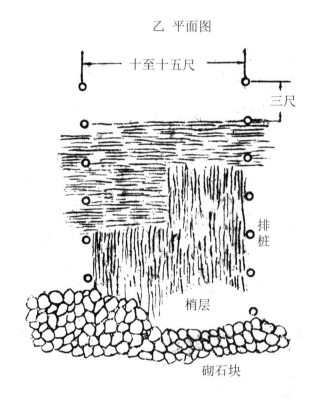

乙 平面图

第二图

坝与坝相距初办时以五百尺为准,复视其效力,若薄弱再添夹坝。丁坝建设后,经过一次洪水,可致坝间之地淤高与坝平。为加添坝力而增其功效计,坝之两侧可栽植柳树。坝以护柳,柳亦护坝。经过一二度洪水,坝身石罅亦淤填肥土,并可插矮柳于坝顶及两侧坡,既固坝身,助坝之效力,且为桖棬以助人民生计。

丁坝敷设,须黄河两岸同时并进,以免东强西弱,或西长东坍,而致两岸人民不平之争。两岸夹逼,黄河水流自力可以刷深本槽而利航道。

丁坝之设,宜先择河床之一段试验为之。若效果佳,则自上至下按序全部为之。此坝设后,滩地有骨,不易被水冲坍,而年年加高,农田保障日多。于是再进而为第二步工程。

第二步工程,为丁坝间之中水床固岸法,或用梢席,或用梢辊,或用抛石,当于丁坝成后斟酌情形为之(第三图),此时未可断定。其保护之范围,上与丁坝基相齐,下至低水面为止,低水面以下或须用定脚工程。

第三步可与第二步工程同时为之,为沿中水床河岸植柳,高柳、矮柳相间,如是则沿岸自然隆起,复再依其地势增筑堤防,则农田益加稳固。

堤防之高,以能捍御非常洪水,并兼收导流之功。故堤线之方向,堤距之大小,均须按精详之水文记载,慎审定之。堤内开南北干渠一道,既以排水,兼济灌溉。附于干渠者,沟洫纵横,通于阡陌,平时山沟之水,有闸以资蓄泄。惟河水肥沃,桃伏二汛亦可引以肥田。故堤上节节设进水滚坝,不必与干渠相通连,可径达田亩。农隙之际,督令农夫挑浚沟洫,如是则水利可以永保,水患可以永除。中水岸前是否需挑水丁坝,以再缩河幅而固河岸,亦须第二步及第三步工完以后定之。

堤防稳固以后,稍加平治,则为天然汽车大道,并敷电话,使路政、水政归一管理。

治河材料不出木、石二项,可俱取于韩城附河山岩,顺流而下,以供工用。以后沿河植柳日盛,木薪等项不可胜用矣。

此项工费,当然不少,约略估计需七八百万元,而其所获利益,则可获固定农田二百万亩,每亩增价十元,即为二千万元。航业货运税之收入,必与年俱增。其他工业昌盛,国家赋税收入,不可限量。

是段黄河滩地,起首宜概归之治河机关管理,征收地租,如是则免去地方界限,可以由治河机关统筹设施,消去一切障碍。而河工经费则取之地租,国家可不另耗库帑。又黄河航行航捐亦宜归之治河机关以增治河之费,惟起始测量设计之费可由国家支出,以两岸滩地及航捐作担保可预筹工程费借款。

禹门以上河工关系只限于航道,当另立论。

中水位河床固岸

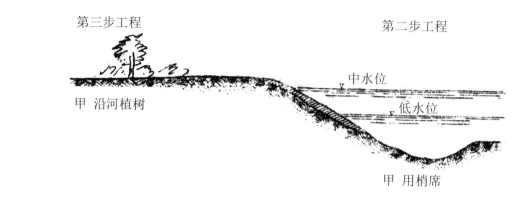

第三步工程　　　　　　　　第二步工程
中水位
低水位
甲　沿河植树
甲　用梢席

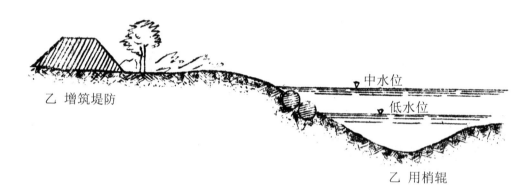

中水位
低水位
乙　增筑堤防
乙　用梢辊

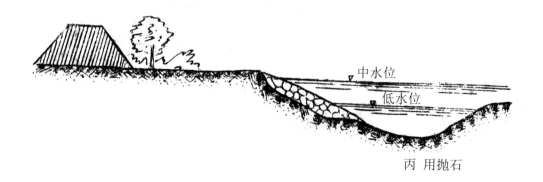

中水位
低水位
丙　用抛石

第三图

整理平汉路黄河铁桥上游河槽计划

(一九三五年)

平汉路黄河铁桥落成于逊清光绪三十一年（一九〇五年），长凡三千零一十点三公尺，计分一百零二孔。居两端者为提式桁桥，各二十五孔，孔宽各三十一公尺；中间者为托式平桁桥，五十二孔，宽各二十一公尺。相传建桥时，河中亘有老沙，高出水面，故计划如是。迨后河流变迁，沙洲洗刷，两旁向备通溜宽孔悉埋淤沙之中，而大溜反趋中段窄孔，阻遏水流，险象环生。路局人员怵于桥之或被冲毁，涨水时抛投巨量块石，以护桥矶。但所投块石，大半旋被大溜卷移下游，积成潜堰，桥矶未见巩固，而水位反被抬高，影响北岸。每届洪水，居民奔走呼号，不敢安枕，且自沁口以下，大溜走趋倏忽，下游见阻，滩嘴折向东北，疾转东南，斜冲铁桥，几成四十五度之角，矶身且被动摇，形势愈形危急。是故保护铁桥，必自改正大溜穿桥方向着手，并宜束溜归槽，不使游荡无定，故挑引河修筑挑水坝及护岸等工程尚矣。

查本会实测去年最高洪水位，在姚期营为九十八点六公尺，秦厂为九十八点一八公尺（大沽基点计算，以下仿此）。安立森主任工程师调查平汉路桥上游壅水高度为九十七点五公尺。自姚期营至平汉桥相距九公里，洪水坡度为零点零零零一二二，洪水流量据安立森估为二万三千立方公尺/秒。以满宁氏公式计算单式洪水河槽应宽一千二百公尺，整理河槽，即以是宽为准。沁口入黄之处，旧河面宽约九百公尺，宛如葫芦之头，短距撮水，无碍水行。整理工作暂定自沁河口北岸起修筑顺水坝，以范束河槽，向下渐展至姚期营，合于规定宽度。自此以下，两岸分别修筑挑水护岸，至大滩嘴挑挖引河，并于旧槽沉柳淀淤，修筑顺水坝，俾水溜归引河，直穿铁桥，分期工作，两年之内，可告成功。兹将各项工程，分别说明功用，并估计于下。

一、第一期工程

1. 挑挖引河 所以改正水溜方向，计划底宽八十公尺，长一千五百公尺，上游底高与旧河槽配平高九十二公尺,侧坡一一收分,纵坡三千分一,上口利用小沟引展成喇叭形以吸大溜,俾自然发生冲刷。估计出土八十七万一千二百公方,需洋十七万四千二百四十元。

2.修筑北岸第三挑水坝　使水流集中正槽,助长引河冲刷。估计需块石七千三百五十万公方,小石子三百二十三公方,柳箔六千公方,土工二万四千九百七十公方,需工料洋四万五千八百八十六元九角。

3.旧槽沉柳　俟引河冲刷至相当程度,于旧河槽用沉柳法栽沉大柳,逐渐垫塞,使大溜益趋引河。需大柳二千二百株,连系铅丝笼石计需工料洋七千七百元。

沁口以下,溜势靡定,黄独涨而沁不涨,大溜漫扫北岸滩地。若沁涨而黄不涨,则溜头搜刷南岸滩根。求其趋有定向,应添下列三项工作:

4.修筑沁口下顺水坝　一千一百公尺,计需块石一万七千六百六十公方,小石子一千二百十公方,梢龙捆枕七千七百公尺,柳桩二千九百三十四枝,散柳五千五百四十四公方,土工九万七千四百零五公方,计需工料洋十一万七千八百八十四元九角。

5.修筑南岸三挑水坝　一长一百三十公尺,一长二百四十公尺,一长二百六十公尺,计需块石一万二千三百十八公方,小石子七百三十七公方,柳箔四千八百九十九平公方,土工一万九千零六公方,需工料洋六万一千七百十二元五角。

6.修筑南岸护岸工程　一千四百公尺,计需块石二万一千八百零六公方,小石子二千零二公方,需工料洋八万五千七百零八元八角。

以上第一期工程共需工料洋四十九万三千一百九十三元一角。

二、第二期工程

1.修筑引河北岸护岸工程　引河经过一次或二次涨水,可望冲刷至规定界限,北岸规定界限适处凹弯,须修护岸,以防过分冲刷,计八百五十公尺,约需块石一万三千二百四十公方,小石子一千二百十六公方,需工料洋五万二千零四十一元六角。

2.修筑旧槽顺水坝　旧槽大溜归引,逐次淀淤,至低水位后,立即修筑顺水坝,并加高第三挑水坝,以防涨水时分溜重绕滩嘴。顺水坝长五百五十公尺,需块石一万零三百四十公方,小石子六十公方,柳排一万七千六百平方,土工七万六千二百三十方。加高挑水坝需块石一千二百二十一公方,小石子一百三十六公方,土工二万公方,共需工料洋十万零三千四百六十二元七角。

3.修筑北岸第一、第二挑水坝　沁口以下,虽修顺水坝,然遇黄水过涨,溜势矢直,仍有漫扫北岸滩地之虑。是可斟酌形势,以次修筑第一、第二挑水坝,以济其穷。计需块石九千五百零二公方,小石子六百零二公方,柳箔三千二百六十六公方,土工十七万九千九百公方,需工料洋八万七千八百八十一元四角。

以上第二期工程共需工料洋二十四万三千三百八十五元七角。

二期工程完竣,大溜概由引河直趋铁桥,方向既顺,危险自然减轻,北岸滩地,可望逐渐淤淀耕种,南岸滩崖,不致再被冲刷。倘能指导耕农,沿滩修筑透水柳坝,则淤淀益速;相机修筑民埝,则大堤益臻巩固,减杀黄河北徙机会,保障华北,益多所恃。兹将工程分期估计概算列第一表于下。

第一表　整理平汉路桥上游河槽工程概算表

期别	工程名称	工程经费/元	备注
第一期工程	挑挖引河	174240.00	
	修筑北岸第三挑水坝	45886.90	
	旧槽沉柳	7700.00	
	修筑沁河口下顺水坝	117884.90	
	修筑南岸三挑水坝	61772.50	
	修筑南岸护岸工程	85708.80	
	合计	493193.10	
第二期工程	修筑引河北岸护岸工程	52041.60	
	修筑旧槽顺水坝	103462.70	北岸第三挑水坝加高工程在内
	修筑北岸第一、第二挑水坝	87881.40	
	合计	243385.70	
	两期共计	736578.80	

(按:原文附图略)

纵 论 河 患

(一九三五年)

今河患如是其亟,人民沉溺如是其深,国人之稍关心民瘼者,莫不欲探究河患所以屡见之原因及如何可以减免河患之方法。仪祉将欲痛切言之,而惟自疚不已也。

中国治河历史虽有数千年,而除后汉王景外,俱未可以言治。潘(季驯)、靳(辅)者流,亦只可言半治,此外则但知防河而已,而至如今日,则防亦未可论也。

自清季及今,黄河下游三省分治,各自为风气。积习相沿,春修夏防,委之于各汛,而各汛段长大抵由河兵升迁,不识之无。任局长者,或出身军界,有干事之才,而乏专门知识;或出自学校,有专门之识,而少治事之才,皆未能尽其职责也,以言防守,则河兵久失训练,以言工事,则不惟日新法理不事研求,即古人良法美意,亦沦失净尽。盖或以不识字而不能读书,或兼通中西文而不肯读书,于是所谓河工者,只是河兵所手习目玩之成法:堤则筑之而已,其质其式,能捍御洪水与否不之问也;埽则镶之而已,其效其能,能抵挡溜冲与否,不之究也。加以河兵减缩,不敷分配,险则趋之,平则忽之,于是獾穴千百而不之察,车马陵毁而莫之问,一旦崩溃,则委之于天时,人力之所不及防,而小民苦矣。

沿河奸民但知与水争地,民埝重重以护其私产,耕种收获,丰于他地而不纳粮赋,或年年报灾,及洪水降临,险象迫至,亦惟区区一部分利益是保,而置大局于不顾。地方官吏,对于民埝,平时既纵其增筑,一旦祸至,亦惟知其地方人民是障,似竟忘却决口后下游关系数十郡县之巨。今年鄄城决口之处,洪水河面宽不及百丈,不令河决,将置河身于何地?

国家立法,其他各事当知日求严密,而对于管理天然河道,直可谓之无法。至于防洪之法,尤为重要,而至今阙如也。惟其无法,故污吏强梁,得为其所欲为。蒋委员长于民国二十一年(一九三二年)大声疾呼,废田还湖,而洞庭之垸田依然增加,樊口、金口之工事,依然前进。江河之中一有滩地,便为地方筹款之资,甚至黄河大堤坦坡亦卖作民地,故护堤无一带之地,种树无咫尺之土。如是情形,何由整治?

余自民国二十二年(一九三三年)以黄河决口扶病至京,即陈之当道,谓治河必须有专款,事权必须求统一,复又几经陈说,及今仍无所补。国家糜款岁数百万元,堵决赈灾不遑也,统一之事,愈趋愈远,不惟地方之分权依旧,而隶属于中央者,有黄河水灾救济委员会之工赈组,工赈组既已结束,复有他类似机关承其绪,此外临时种种机关不计也。夫汉有王景一人而河治,宋之言治河者纷纷然、嚣嚣然而河终不治,以是知机关愈多,政见分歧之足害事也。

至于黄河之根本治理,颇为今人之所企望。但治河与治国同一理也,欲求根本刷新政治,和平而无战事,使人民休养生息,为其需要条件。欲求根本治理黄河,黄河亦须使得享小康若干年,然后得以从容设施。不然者,年年溃决,时时有迁徙之可虞,不惟治功难施,即计划亦何从着手?

自民国二十二年(一九三三年)河决南、北两岸,余即主张留石头庄一口不堵,听河改道行金堤及现河床间至陶城埠仍归本河。盖兰封以下,经此次河决,淤积必多矣。听其改道,使长、濮、范、寿等县人民徙居今道,移卑就高,未始非策。而一转移间,冀、鲁十几处险工,尽行撤开,培修金堤,使冀、鲁四百余里只守一面之堤,而鲁西、苏北人民,从此可以高枕而卧。当时以病不能出,授方略于许心武,未及行而堵口之事,转移于工赈组,于是余赴平就医,而置此事于不顾,是余之罪也。及夫民国二十三年(一九三四年),九股路旧口全决,责任问题,复嚣然而起,当事者议堵贯台,余见解犹昔而不便于言,乃辞职而退。继以鄙见间接陈于经济委员会而莫敢主张者,余不能坚持其说而终徇乎众,是又余之罪也。继奉命培修金堤,不能不出,忆去年曾有电致韩主席曰:"豫、冀河堤幸而不决,则鲁堤必决。"孰知斯言竟不幸而中也。

余昔日之主张,乃所以求河道之小康也,河道无小康之时,则治功无可施之一日。但今年决口,则非昔比:南下之水,泛滥鲁西五千余平方公里,以视董庄以下至利津河身,只占五百余平方公里者,十倍有余,为鲁计必须堵也;沿运诸湖为黄水淤填平满,鲁西雨潦无所泄,更无所蓄,为鲁计更须堵也;苏境中运六塘弗能容纳,泛滥无已,为苏计必须堵也;津浦、陇海二大铁路被其阻断,为国家交通计,必须堵也。故董庄决口,非惟苏人意在必堵,鲁西人民望之尤殷,鲁韩主席尤有决心,中央政府亦不能听其不堵,此无可置疑者也。今之后,惟有上下一心,求其早堵而已。

至于堵合之后,则明年决口,又在意中。董庄以上经今年大水冲刷,果使堤防得力,庶乎可免;董庄以下,则经此决徙,淤填不堪,再遇大水,必弗能容。欲免后患,惟有二途:①鲁省大堤以南,自刘庄起,开河通宋江河清水河,穿运河入东平湖,由姜沟归入本河。此河之南,坚筑长堤,而于刘庄设减水坝,使得分泄洪水,如是则不惟董庄以下之危险可免,而刘庄、朱口之险工亦可消除于无形矣。此所费者多而策之上者也。②牺牲鄄城民埝内套地一部分,使河得于李升屯分泄至黄花寺入本河,而所费者少策之次者也。

以上所论非敢于各方故为不满之辞,实以所见如是,或是或非,当听之公论。若隐而不言,则罪更无可绾矣。本年决口,余自请处分者两次,而俱未蒙允。于个人为侥幸,于国纪为过宽也。

至于豫、冀河防,经两次摧折,已大有刷新之势,鲁省此后,亦须努力改革。对于河工,须有眼光明睿之人,河工款料,尤须平时储备充裕,地方阻挠,犹须有力除去。盖河事之所可宝贵者为机会,乘其良机则事半而功可倍,失其良机,则所费千百倍而其效未必可睹,是不可不知也。中央统一河政,亦当求实际有益也。

论德国堵塞决口法

(一九三五年)

昔予从学于爱理司(Ehlers Professr. für Flussbau Donziger Technsrhe Hochschule)。爱理司壮年服于爱尔贝(Elbe),河工最久。其所著《河堤之修筑养护》与 *Der Bau, Unterhaltang und Verfei digung der Flussdeiohe*,多其在爱尔贝河上经验之谈也。兹就其讲论堵口一篇,申述其大意于下,以为我国河工之借镜。

凡洪水之损堤也。分为三类:一曰漫(Uber Flufung),堤身坚固,得不成决。二曰半决(Unvollkbmmener Durchbruch),堤身已被冲去上截一部分,尚未及底。三曰底决(Grund Durchbruch),堤身冲毁及底,或径夺流而出。

一、二两类,临时抢堵,必求其示,不致演成底决,若已成底决决,水夺溜而旁出,则难矣。若临时抢堵不及,则宁可置之,静待水势低落,再谋堵筑。此时千万不可在断堤之端,用梢石裹头。盖决口口门,不患其宽而患其深,必俟口门扩展已足,再行裹头。此时所急者以实际情形报告上司机关,预备请款。水势稍退,即行测量决口中下及口内外地形,估计工料,请款购备(所谓料者指一切需要材料,非如吾国河工但指秫秸为料)。欲求堵塞决口工事进展之速,一须备料充足,二须工场布置得宜,三须利用时机,不可错过。

堵塞之法颇与吾国进占法相似,惟不用秫秸、芦苇,而用填梢工(Pack Werk)耳。

梢以任何嫩树枝为之，采下后以铅丝或麻绳束为径约一尺、长五尺之捆，填时横铺顺铺，使粗端向外，细端向内，每铺一层，络之以梢索，钉之以木橛，压之以沙土。梢索以嫩树枝套接，用铅丝束为径三寸、长无定之长条，盘于梢层上；短橛长约四尺钉于梢索上。沙土名曰重压料，使梢料塞实且重，铺于梢层上而筑之以木料。

入水之处则用 Tanglago 亦同填梢工，惟有水上与水下之别，故亦可区别之为干填梢工与湿填梢工。湿填梢工大体与干填梢工无异，惟铺梢捆先与水面，套叠前进，名曰进层（Vorlage），复套叠后退，名曰退层（Rüchlage），一进一退，成为一整层，络之以梢索，钉之以木橛，压之以沙土，一一如前。如是层层相压，自然逐渐溺入水中，以至实密到底。填梢之工堤已足高，则以土层履压其上，关乎此等工程请参阅郑肇经《河工学》。

第一图显示，从断堤两端 AG 及 BN 起，同时并进，依次做填梢工事，有如吾国河工之进占。业行两道，一正一副，有如吾国河工之所谓大坝、二坝。其宽厚视工情而异，正、副之间留空隙一通，宽一公尺许，或有加焉。随填淤土地，则如吾国之所谓土柜。两岸填梢工事进展至 CE 及 DF，留孔宽约三十公尺待堵，则所谓金门也。

但同时并进者为 GJ 及 NK 圈坝。其工事同上分别用干湿填梢工，并培以土。吃溜之处如 HI、IJ、ML、LK，并两倍或三倍其厚。正、副二坝进层至 CD，圈堤亦即同时进展至 JK。

圈坝之功用有四：①有吾国堵口工事所用挑水坝挑溜之功用而其形圆，无伤对岸，且两端并进，使河溜 HIJKL 弧线而抹过，出口门溜势自弱，且无下游回流之弊。②圈坝及正、副二坝之间成一水塘，使河水由 JK 入者其势散漶于宽面之塘。正口门之溜更弱。③口门上下水面因此不致高低相差过多，口门自不致冲刷太深，易于堵合。④合龙之际 CD 及 JK 二口门同时堵塞，不先不后，故合龙可靠。

合并之法，不用吾国所谓神仙埽而用沉排（Sinks Fuck，沉排做法参阅郑肇经《河工学》）。排按口门大小为之，预先作就。合龙时浮至二门口，用载石木船两侧夹持，一切沉排手续，准备妥当，一听号令，两口门之排，一齐沉下。排既沉下，即不能立时闭气，排上仍漫水，亦无妨碍。因其基已立，可立时抢筑堵合也。民国十五年（一九二六年）予在南京汉西门外堵塞，江堤决口即用沉排垫底，以他等材料抢筑合龙。合龙之后，复作 CD 及 EF 两道填梢工事，其用与吾国河工之关门大埽同。

兴工以先，宜将工场一切布置妥当：如办公室（1）、器具室、工人宿舍（11,12 等）、材料室（2,3,4,5 等）、取土坑（7,8）等。取土之地，因圈堤进展，塘地渐涸而渐扩（9,10 等），主工者皆须胸有成竹，按计划进行。

堵口工程动需浩大工款，故主工者宜策万全，勿作尝试。尤宜善用天时，勿失良机。凡此诸端，与吾国先进所见相同。

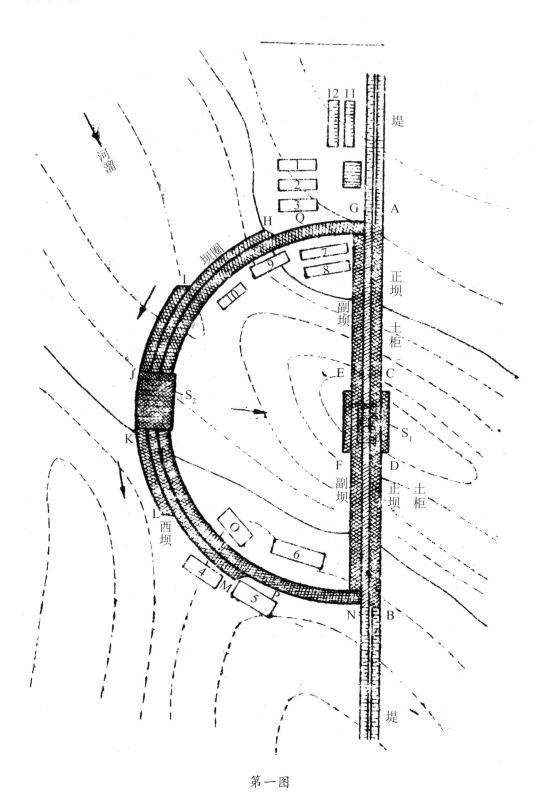

第一图

黄河修防自给论

（一九三五年）

黄河为患数千年，其决堤改道、湮没冲毁、为害之巨无论已，即以平时而论，三省每岁修防之费合计不下七八十万元，而此七八十万元仅补苴堤缺，加□坝埽，犹捉襟见肘，时虞不足。惟其不足□防之不固，大汛时期辄有圮毁。完全安稳之年，实少见也。

夫河永治，则河防不可遽废也。河防不废，则此每年七八十万元，为充裕计，须百万元，不可省也。十年之间，即千万元矣。如此巨款徒以防害而未能。而遇国家政治稍紊，地方治安未保，则款无从出，河防势必废弛。孟津以下五省土地之人民，皆失其保障，不亦危乎迫乎？

愚意以为欲图河防，必先固定河防经费。河防经费责之中央难可恃也，责之地方政府亦难可恃也。可恃者惟责之黄河本身。请申其说：

黄河自孟县以下，大堤在河南境内者，南岸一百四十公里，北岸一百七十五公里。在河北境内者，南岸六十四公里，北岸九十二公里。在山东境内者，南岸三百三十五公里，北岸四百一十五公里，合计一千二百二十一公里。为堤身安全计，堤之内外，自堤脚起，应各留宽五十公尺之地带，为护堤带（德国爱尔贝河护堤带宽二十公尺，黄河大于爱尔贝河数倍，故定护堤带宽为五十公尺）。护堤带之地理应属于黄河，禁止人民耕种，以免危害堤身。护堤带内惟可种树以护堤而裕河料。一年二百二十一公里，两面宽一百公尺之地带面积共和华亩数约二十万亩，使各为经营。十年之后，逐渐成材，每年每亩出产至少以十元计，则植树一项已可得二百万元。以应用修防之费阔乎有余矣。

目前大堤两侧惟豫省略有官地而亦不足上数。经河务局育苗植树颇□□□。冀、鲁两省，则毫官地。故须令三省逐渐收买。限十年以内……

（按：此文未写完）

电经委会开黄花寺民埝原文

鄄城黄河久不归槽,则董庄、利津五百公里之河道将淤废,海道将南迁。主张乘鄄城民埝溃决,即开掘黄花寺民埝,使河水循民国十四年(一九二五年)旧流水道以返本槽。水行套地,于鄄、寿必无大损。南岸官堤大部经此次漫溢,皆淤积五六尺,官堤亦决无险,则下游河槽不致全废,且董庄堵口非四五个月不能合龙,请经会禁止鲁省再于鄄城套地后事防堵。

黄 河 地 质

第一篇　河流工程及特性

第一节　山脉志

一、通论

Ferdinand V.Richthofen 就其论述中国地质学范围内贡献制图基本的方法并中国山脉合龙记事,当 Schmitthemer 在《中国黄土扩大解图》论说中著述东方山脉分类的事实时,据西藏群山考察,同 Trinkler 的风景画合并起在西藏东北部及华北等地概分两山脉：

(1) 自 W_2 到 O_SS 昆仑山脉；

(2) 自 SW 到 NOSini 山脉。

当黄[河]流入中昆仑东段一大部分及在较北天山山脉范围内时，在东昆仑的黄河缩转流入最北段，即今之祁连山山脉是也；在西方之奥尔多斯少来（Ordos-Scholle）（鄂尔多斯盆地）山地界限及中国底原的东山谷地亦属于此山脉。

二、特殊一部分山地的记载

（一）昆仑中支的东段（向东自九十二度至一百零四度）

当昆仑中支以流过黄土及沃田表示向东自八十六度至九十二度时，该山系趋入东段，该东段属于该山范围之缘。

东西驶行的昆仑结晶主轴，由阿尔咯他、马尔考〈跑〉(暴)老山等山绵延至阿母宜好光山之故，所以它经过西北至东南绵延的阿〈马〉(木)宜马山（Amnematschin），当黄河上游分界于可可〈瑞〉(西)里（Koko-schili）及巴颜喀拉山（Bajenkala Gebirge）等山间最大山谷向南延长时，许多山延北而行，该山系从南至北被划分下列各山。

(1) 受刚乌拉，〈布光陈〉(巴尔杭)布阿山,〈山〉(土)尔根乌拉，乌古秃山，洞茂陇，〈丸光肉〉(瓦尔如)山，岷山（Schugan-ula, Burchan Buddha-gebirge, Turgon-ula, Ugutu-gebirge, Dsun-molun, Walru-gebirge, Minschan）。

(2) 瓦河山,〈就〉(土)巴〈儿〉(尔)山，他〈肉儿〉(如尔)切山（Wahong-gebirge, Dshupar-gebirge, Tasurchai-gebirge）。

(3) 洒买〈脑〉(恼)山，土家〈儿〉(尔)山（Semenow-gebirge, Dshachar-gebirge）。

(4) 南苦苦恼〈儿〉(尔)山（Kukunor），延长到在南分界黄河的 yomi，该系的包他宜（Potanin）山能包围阿马楚〈儿〉(尔)古山（Ama-gebirge）、广山（Kwan-schan）。

当此山系在遗末(?)后因〈采打〉(柴达)木盆地沉淀〈原〉(缘)故发现于西方时，所以土巴尔山延长到他如〈儿〉(尔)切山，据 Richthofen 的调查，评此以为差误，且运用图画以证之。

夫太儿（Futterer）的〈通母龙〉(洞茂陇)（Dsun-molun）合体同〈塔辱儿且〉(他如尔切)山（Tasurchai-gebirge）是不能相类的，Dschawrek 山的位置现在遗留下荒芜破裂的石灰岩很〈明〉(显)著。

从一九〇三年 A.Stein 游历东南山山系（Nan-schan-ketten），当该地图与 Richthofen 的南山山系地图结合较证时，它经证明久矣。

在北纬三十六度至四百零五度内的南山山系，互相向东平行伸长，到南纬二十五度又届九十四度至一百零四度子午线之间。在南方接连的昆仑山系，在平时延长到 W_2NO_2S 方向之中，在一百零四度子午线上彼凝定的奥尔多斯少来，表示大屈湾于东南，彼同等大旋湾分布出许多南山分支；据地图考察大买（Ta-miao）贡献出一地质山形的南北指线。

在一百零四度子午线上且相沿于 Richthofen 的五百千米长的想象分裂线上，西藏高原的东翼分划低原的梯形地，而该分裂线即"兰州，狄道，岷州，陇康，安□"（Lantschou, Titau, Min-lung, nganbisetwaAn）等地是也。"它显示出在滑流（冰川）与沉淀地质之内，且其外形类似包藏昆仑软滩一部分于其内，及相类冰山流域的横断及崩裂。"据 Richthofen 的考察，昆仑山脉东、中两支的分界类山志，侵占式表示出一千米高差。

中东昆仑山系的枢轴，从西向东之斜降与从南到北相类，遂使由西向东的倾降到南山山脉之中。马〈儿〉（尔）考暴老山（Marco-polo）的六七千米高庄严的雪顶，突出东方阿木宜马山（Amnematschin）的五千三百至五千五百米高轮齿，而阿木宜马山的六千五百米高度冰山突出于该地黄河流入地。当一千米高的巴尔杭布阿山（Burchan Buddha-gebirge）伸高过四千八百一十五米高的土儿慨窄道（Türketse-pals）时，并当该巅降落二千五百米到〈采打〉（柴达）木盆地（Zaidam Bucken）时，花黄山巅（Wahang）升高五千至五千二百米，采买恼山（Limenow-gebirge）的山峰高度下降到四千二百米而该山窄道高度亦下降至三千八百米之低，南苦〈若脑儿〉（苦恼尔）山使高耸过苦苦恼〈儿〉（尔）的水行线四百米。该山高速的向北下降，同该山中间长谷是平行线。该山降落以直到北采买恼山的他拉高原，其高度在黄河八十千米之谱，巴颜喀拉山（Bajenkala Gebirge）总体的中峰高度暂超过五千米，在彼山间该窄道窄于梳笸（Pats Raraneimbs-la，四千九百米）。倘若山虎尔苦尔马（Horkurma）的四千六百至四千七百米高岬的深谷底沉降不过四千二百至四千三百米时，在马谭（Matang）东方莫有山顶升至四千四百米，该山山轴虽到五千米的高度，在其尾端接合捎茂（Somo）的绿陶土及沙土混合峰。

在北拉茂稿木巴（Lhamo-gomba）的黄河、长江分水岭造成三千八百至四千米高的山脊，岷山（Minschan）平均亦有四千米高度，宽坦的谷底造成阿木套（Ngamdo）的平坦山地，该山要点拉布然（Labrang）大约超过海面二千九百二十五米。

比〈儿〉（尔）晒无〈儿〉（尔）斯客（Prshewalski）在土〈奢切尔〉（家尔）山上表示峰高三千七百七十三米，而它保存，据 Futterer 之说，从四千九百米远、六百至八百米深的谷底，遗留在西入口之后。

当惟一山系特别接近它经昆仑山系的东南方折回时，这沿谷道地方推展宽度不多,类似黄河西之状态。

经过一百零四度子午线上西藏高原上陷落河底的侵蚀,不仅成为特别的深陷,但该处被东南贸易风负来沉淀物也很多,如隘谷形的侵蚀,过水道超越西谷顶形状。

南山特异地被 Richthofen 标记缩短：

单独山系有十至二十五千米宽;在其他山系中它有四十千米与五十千米宽度,长谷的宽以三十至四十千米之间为最低度。

在子午线一百度的山地处分东、西两支,而该两支关于高度、平面地形、气候、植物生长等山节又有许多分别。在该两支其山节高度是四千五百至五千五百米,其隘道高是四千至四千五百米,其山峰高度是六千至六千五百米;在该东支其山峰仅有五千七百至六千米高,而隘道降落至三千五百米低,且该山山节降落四千米低,而该山节仅高出海面四千至四千五百米。

(二)东昆仑或中国昆仑

东昆仑的宽度很显明于版图,而该系长谷差误形状的支配等,皆表写该山之形状,最南、最北的中昆仑山系向东未能扩远延长。该脉的两山系延至中国昆仑,即延成他肉尔〈且〉（切）山（Tasurchai-gebirge）介于彼林山（Peiling-schan）及〈特林〉（祁连）山（Tsin-ling-schan）的分水岭的中间,当在岷山（Minschan）抵量至凭一山（TSZ-pei-schan）之际,在塔水山（Ta-schi-schan）或南昆仑之一支接连处发现之前,而土率开山（Dschawrek-gebirge）约经过岷山,东昆仑相沿一百零四度子午线延至四百千米宽,并由西北十二度至东南十二度之间,其分支向外绵延而地在汉江南山地间,其分支亦近似视察过的平原。

此山系中断于潭江之谷（Tan-kiang）,因判分线由其东支伏牛山乃划分祁连山干支,而一部分山系分饰于北方及东北方,而该山系在太华山及嵩山之间向北潜入于石灰原中。在汉中府伏牛山（Fu-niu-schan）延伸长的秦冈线（Chinganlinie）分成靴状型,相连的昆仑山脉终止于该处,而该昆仑山,据 Richthofen 的调查,经黄土地陷落遂自分,并且在淮阳山（Hwaijang-schan）向东遂锁止,淮阳山亦终止于南京附近。

干支山脉的最高峰特别伏于最北之支祁连山,在该山系内大白山（Tapai-schan）在最高处突起三千五百五十米,该山隘路由西方从一千九百米降落到向东一千二百五十米,倘该处直接高度不能与南山同高时,而间接高度达至更大的量度;因为丰厚的沉淀物淹失其山脉干支,而其形状类似锯齿状山峰突成险阻的山峡,祁连山向北对渭河沟陷落如壁墙状,当在南昆仑坡向汉中盆地进成悬崖石壁,淮阳山的基高不到一千五百米高度时。

(三)黄河流经过的属于奥尔多斯曲弯的山环(Die Gebirgsum Randung des Ordos-Bogen des Hwang-ho)

最北昆仑山系的分支,由南北至东西如弧形包围如下各山。

大土白山(Dǎtzo-bei-schan)、牛头山(Niu-tou-schan)、阿尔山乌拉(Arschanǔla)、色山(Hsi-schan)、阿尔〈宝〉(布)司乌拉(Arbus-ǔla)、〈巧〉(卡)拉拿里乌拉(Charanarin-ǔla)、狼山(Long-schan)、奈特乌拉(Scheiten-ǔla)及东北之〈泰〉(天)山(Tsing-schan)。

当牛头山峰达至二千米的 Jsohypse 时,阿尔〈土〉(山)乌拉(Archan-ǔla)达到七百米深。但二百五十千米长的色山的花岗岩及石灰石高突布古堆乌拉(Bugutui-ǔla)三千五百米的高,在该山奇异的山峡中及最上部还有碧翠的山林,渴旱不毛的碎破的残石包围此山的西麓,而此残山向西直延经戈壁少生机沙滩中,但三十千米宽的山地在东方平坦地达到一千一百米之谱,而破碎的平原在西方陷落到三百米深。奥〈拜鲁沉〉(布肉州)(Obrutschew)估料阿尔布司乌拉(Arbus-ǔla)到一千九百至二千米的高峰上,西阿尔布司乌拉稻山的达到五百米之谱。卡拉拿里乌拉由著名的黄河谷道分戈壁高原,西一百千米宽的沙漠田由新山又分此乌拉,当斜坡在拉尔并戈壁(Galbǔn-gobi)陆续的成功时,此东南方如壁式倒落在黄河谷中。

巧尔宝土(Choir-bogdo)与拿林少扰(Narin-schoron)的最高峰达到此山之腰,南山及〈节〉(奈)特乌拉(Scheiten-ǔla)是表示〈家〉(卡)拉拿里乌拉(Charanarin-ǔla)的东支。〈节〉(奈)特乌拉山在少巧大把石灰岩山(Schochoinda Ban)内觅加入于天山(Tsing-schan)中。

在西山系对面天山比其他更高,黄玫瑰及荆榛森林郁茂,高出于该山西支木尼乌拉(Muni-ǔla),而〈普尔蛇瓦尔〉(比尔晒无尔)斯客(Prshewalski)在沙拉好老超高木尼乌拉二千五百米高。当在该山森林升在一千六百八十米高的山峡及阴密不见天日的杨桦森林中时,但大天山的花岗岩及麻石岩有二千二百米的高峰。该山如悬崖状向南坡倾斜于木尼乌拉相类,且该山向北缓升到浪式的蒙古高原之中。

苏马家大山(Suma-chada)的花岗岩可发〈见〉(现)东天山分支,而 Schara-chada 山的石灰岩特别的高,超过苏马家大山的花岗岩。

(四)在北方祁连山环围的陕甘平原及奥尔多斯陆地

钳包式地形锁围祁连山,奥尔多斯少来(Ordos-scholle)陕甘平原,奥尔〈土司〉(多斯)的南部、西北部等处,该部东界接近黄河南北流域。

中国长城从南平原之处划分出北奥尔〈土〉(多)斯陆地,该全领土的要件在特殊高度中表示出干燥区由南至北加增。

在一部分中举例如下。

陕甘平原:多奇支的高平原;高地;中国农业区;固定殖民地。

奥尔多斯:平波坦地;低洼地;蒙古游牧区;迁移的殖民地。

1.陕甘平原　二千三百米高的老山(Lo-schan)、二百四十米高的六盘山及超过海面二千米的山地,从北向南近于一百零六度子午线的山系密集于西陇,而平凉(Kein-jang)划分平原由上西至下东阶梯之中,在渭河沟而接近祁连山的东梯田判离西部的对面。当色昂(Hsi-ngan)超出海面四百六十米时,在春宁(Tschöng-ning)的黄土高原升至二千米,以致到中国长城陆续又降至六百米,禄光山(Lu-Hwa-schan)仅表示出高二千米、长一百千米、由西南西(W.S.W)至东北东(O.N.O)方的黄土山地,所以它的周围超过六百米。

2.奥尔多斯　由北至南的河套其最长度系三度十五分,其最宽度由西至东系五度,因苦辱仆侧沙漠(Kuruptschi-wüste)分判之故,吾人支配奥尔多斯同〈奥仆肉陈〉(奥布肉州)(Obrutschew)成四大地带,而该沙漠的十二至三十米高的把尔佳乃(Barchane)扩大于东方桑洮河子(San-tan-ho-tsze)。第一地带从桑洮河子的黄水向南扩至慎宜州(Tschi-Ni-tschou)。该地带系一一千三百至一千四百米高的平波状坦地。第二地带接住第一地带扩至布尔卡大巴肉(Burchan-dabassun),而第二地带标著出一百至二百米高的判分,且在奥保巴家爱尔客太(Obo-Baga-Erkite)之中突出一最高峰。第三地带在一千一百三十至一千一百五十米高度上扩占至长城之界。

在其他地带对面中,沙滩积淹 Barchane 石岩过半数。分裂平原的东地带造成高平原及草场,而小沙滩因占入该区域又退出,陆地向黄河深线以北倾占而超过海面一千米之高。

(五)北直隶的深绿山地及山西山地(Das Rostgebirge von Pe-tschi-li und das Schansi Bergland)

在 Richthofen 的中国著述第二本的第七节、第八节,亦系山脉界的根基总括。因 Fiesfen 已经贡献出 Richthofen 观察过的小计划之故,所以此节能被全体注意。

北直隶的绿色山地在大同、太县、新县同山西支奇的平原分界,而该山地的主要山脉(南谷山),对西南三十度在高过三千米的五台山中,造成华北的最高突出地。

从 NzO 至 SyW 的霍山约度向太原盆地以南伸成山西山地的长度枢轴。在霍山、太平山、小山之中,该枢轴引输出移动的汾桃山。从西南到东南,汾桃山的山巅峭峻突出开县(Kiai)盆地,且又折回在霍山后的一千四百米,而该山从霍山攀升二千六百米海面高,稿山作平行线与霍山上伸,而汾河、平阳盆地、坎县等处被稿山又判分,汾河向其西南流迁,而其原因,以太行山及其全体西方山系在特山(Tsi-schan)、南虎山(Hu Schan)的引导及浊黄的渭河沟之中而分判之故也。因为经过黄河东方山地的武土山(Wu-tu-schan)、虎克山(Hu-ki Schan)等山确妥调查,失其效力,在山西东南部及陇康(Lu-ngan),该山地著显出梯田风景的现象。太行山的六百至九百米高的壁立山坡,蜿蜒于中国平原,而造成该山地的深刻显明的东界。

二百米的大光山(Ta-hwa-schan)、迁山、沙玉山(Hsiung-ör-schan),同汾桃山平行于河南省黄河南岸。华人迷信之圣山在河南者,即花岗岩之嵩山,且为该脉的东山系是也,据地理考察该地属于伏牛山。

(六)华北低平原(Die Nordchinesische Tiefebene)

华北低平原扩大经过七纬度,而该纬度由北纬四十度至北纬三十三度,在扬子江之侧,因此该纬度由北向南增加。该纬度向西最远蔓延至淮江流域的山地,即山东省的山地,在该地上发现黄河的黄色平原之处是也。在北部、东部之间该纬度绕激北直隶的Rost山系及山西的山地,东昆仑分支等处。在陨(Yü)县该纬度穿入山西山地及东昆仑分支之间,且淮阳山伸至南阳平原,向东结局。该纬度做成黄河远平的大圆锥地形,陷侵于浅黄河中。在北纬三十七度至北纬三十四度十分之间,平坦地〈屈〉(?曲)围山东半岛,在淮县以南之处华南山地支配它为终止点。

三、总括(Zusammenfassung)

黄河的西北地带至东南地带(W_2N-O_2S)线占据于西藏的黄河上游地,当最西端潜入东南时,最北山系的东支由东北部向北部转移在奥尔多斯少来(Ordos-Scholle)的附近。

两支中央山系:受〈冈〉(刚)乌拉(Schugan-ula)、〈布尔昌布打哈山地〉(巴尔杭布阿山)(Burchan Buddha-gebirge)、土尔根乌拉(Turgon-ula)、乌古〈土〉(秃)山(Ugutu-gebirge)、〈通茂龙〉(洞茂陇)(Dsun-mo Lǔn)、瓦尔〈肉〉(如)山(Walru-gebirge)、岷山(Minschan)、慈悲山(Tey-pai-schan)及瓦〈虎〉(河)山(Wahong-gebirge)、土巴尔山(Dshupar-gebirge)、〈塔肉阜县〉(他如尔切)山(Tasurchai-gebirge)、〈北〉(彼)林山(Peiling-schan)、祁连山(Tsin-ling-schan)、伏牛山(Fu-niu-schan)。以上二山系携带诸山,棋布在黄河流经地之南向昆仑支之北,环包北部的山系向奥尔多斯少来的周围致令向东北移动。在该山系及中国昆仑之间,陕、甘险隘的高原伸扩其范围,而该高原被土地阶级划分成西高部及东低部,并向北行经过平波形的奥尔多斯。山西歧支平原仅依东方,在该平原超过二千六百米突高地,变迁成许多由北向南接连的盆地,绵亘北地带的东部（N₂O）至南地带的西部（S₂W）高地,在西三十度南部的北直隶深线山地（Ruri-gebirge）中分解成独立山系。山西的太行山由该山系之地,以壁峭式斜降至中国低原,当中昆仑东段由南向北斜降下时,在中国昆仑之中其最高巅直升到最北系。但以全部论之,昆仑由西向东暂行降落。在西藏的黄河流域的对面中呼米太形式（Humide Formenstil）,特别伸占于中国昆仑之中。在奥尔多斯山区周围及西北角干燥建造对此又占优势。

第二节 地质学（Geologie）

一、通论（Allgemeines）

对黄河流域内状态的较迟构造的浅微关系,如在特殊山谷系的变迁历史方面上,构造资料上及全地区建造的先进摘要上,古迹遗留是不灭的。

据 L. V. Loczy、W. Obrutschew、K. Futterer、A. Tafel 诸公探察的经过,揭示出西藏东部的山区构造,当在北黄土丘地及奥尔多斯等处的奥布肉州平原（Obrutschew）揭布出根基观察点时。

关于 Richthofen 的中国地质,全国遗留至今虽优卓宝贵,然而其许多观察点与今调查大异,就其中大异者即地层学较前详奥是也。

在一九一一年,F. Frech 续补 Ed. Suefs 传述的东亚地质雏形,在后列论说中黄河流域的地质,仅为此等的回顾,如该地质与河流变迁关系上,是无紧要。

二、地质构造（Der Baustoff）

古代根基型形的折纹显著的麻石在山东、辽东两地显露特著,北直隶及山西的亮明不透光的麻石及泥绿色麻石,散布于该麻石的剖蚀过的平地,大概特殊的昆仑山麻石亦属于该石类,而在淮阳山、伏牛山及祁连山的北地带中的该麻石与在兰州及新宜谷的麻石同一花岗石类。〈以〉（此）外山西的新州山、霍山、汾桃山,河南的嵩山及陕西的少华山等,亦由该石类造成。

当黑石英及无光石在辽东进化成大沽山层之时,阿尔稿克乌木（Algonkium）在山东东部代以云母石板及结晶质石灰石,在本部代以石英及沙石。

在山西北部三千米高的大石灰石初则自行造成,后则造成五台山层的强变态山系,而其绿山坡与同色的祁连山的北麻石层作平行线。

关于中昆仑的结晶干轴的奥尔多斯的周围山地的花岗岩及麻石层的太古时期调查证据阙如。

破裂土地系及石灰系的深海的四千至六千米大沉淀物横布于华北全部，且据 Richthofen 的调查，该区深湖括归于色宜的方式（Sinische Formation）。伏牛山的北山麓、祁连山等的东昆仑山特别突出类岛形，各种形状的最低地层在山东深刻成石块形石灰，而该石灰即红陶土层（据 Richthofen 调查的东云层在辽东间）。

　　在较高之处多半为卵形及蛔虫形的石灰岩层所占据，而该卵形、蛔虫形的石灰岩层，变成最纯粹的板厚极密坚的结晶体的石灰块而深藏于上层深窖中。

　　在华北未现出的上层石灰岩及代风石（Devon）等石，在南山中即南山沙石是也。

　　在山东的下石灰层表示出大陆海洋凝结层的进化。Loczy、Potanin 及 Futterer 探寻出大量的地质在南山麓，当套肉-怒尔-平原（Fossun-nor Ebene）包围的很著名石灰山的平原集藏石灰于地中，并该平原又遇黄河源如遇白石灰石一样时。

　　华北大量石炭之出产类似莫斯科（斜坡、煤田、海洋石灰层的地质及蚌壳的变形）。该石炭下的石灰上层在康州（Kan Tschou）周围经过石灰层山地。

　　从石灰上层之端的华北沿南山而绵亘，并及东昆仑大陆以至今日，因此后石层的海水凝结仅存在于南山之阳。

　　对于西藏东部很优越的永久绿灰石及陶土两物，在 Ngamdo-Kain 的旅行中，Futterer 徐缓探寻于桃河谷及平原之间。

　　在 Permischen Doliolinenschicht 附近，Futterer 侦探出 Skythische und Anisische 的三体混合于色门奥山地的斜坡之中，大陆地构造展布于以北著名山界。狭带灰黄绿色沙石的老煤层，在陕西、奥尔多斯两处特别大量的发现，在南山的北边该炭层长至一百米高。该地层在奥尔多斯为瀚海层的基，而该瀚海的基系由红土包蓄而成。在甘肃东南对该甜水储蓄犹拉税古时（Furassisches Alter）被指示一部分现象于现时，当奥尔多斯少来的东南部红土质到龙门〈失销〉(消失)时，该平原保持下流黄河的中段水势有五十米之宽，且在坡堤（Pan-tön）、何林克（Horin-Kar）之间。〈特〉(色)山（Hsi-schan）及阿尔〈宝斯〉(布司)乌拉（Arbus-ŭla）由其西南道划分北海，甜水来源在该处周围向南特别增加，并且发现大量于阿木套（Ngamdo）中，而该处红沙石、沙砾、陶土同石膏系泥灰石、峦石等，其储蓄大量有三百至四百米之厚，且发现沙石及斜坡的地平线上。该水量引导黄河由土巴尔山（Dshupar-gebirge）直到兰州，并填满各谷及盆地，Futterer 探寻出该水量于巴州谷（Ba-tschŭ Fal）。

　　在设子州地（Sche-tse-tschu-gebiet）该水量升至高水位，且于沿桃河山谷向下急流去。

　　在下游渭河谷及山西之间的第三世纪(?)新地层，迁移成黄土湖且在诸盆地之中。

　　当冲积层时代中较大湖沟在西藏东北部造成今日的地形。该种在数目上及周围面积上，不能被相类第三纪(?)地层甜水湖较多。

一百五十米高石灰岩沙丘陵因古时代甜水湖蚌壳之故,表示出该地方古时系一深湖泊,在苦苦恼尔(Kŭkŭ-nor)东南部突越现时海面五十米高的丘陵以三个较低冲积地的证据为吾人所认识,而该冲积地为今日不泄漏的盐泊,在上马州(Ma-tschu)的星海可以标示出是昔时惟一大湖泊。雄伟的河中石块填满在几道独立山间的深谷,而该河中石块用五百米高度在〈究〉(土)巴尔山(Dshupar-gebirge)的黄河谷中标示出优良证解。

第三纪(?)新地层造成的一封大湖泊,在奥尔多斯发现出,且递传至第三世纪(?)时代(Pasttertiarzeit)。

Die Unterpleistozanen San-mönn-lchichten 淤积于沿晋、豫省的黄河谷中的华北地,而该地层被十米深的沙陶土、沙砾、石堆指示明显,平均五十至六十米深的黄土地层掩盖北昆仑的全平原由兰州至山西南部,当最后高度在山西省北部单独升至一百米时,其高度超过四百至六百米而存在该处北界,且该北界与长城分支相合。

在中国低平原同南山冲积层的平原及山系裂分许多黄土盖,而该土盖在西藏东部、扬子江等处分散成惟一的黄土幕地。太克山、大同山的花岗岩火山粗石岩特别由许多的破裂岩石中推出来,所以火山粗岩石覆盖在一个特殊带油质的玄武岩盖(Oligozanen Basaltdecke)喀尔稿(Algon)上。

三、建筑情状(Tektonik)

当华北半面在石灰时期之末叶成大陆时,而中国昆仑已成其总纲领,但在西方该山构造已经亘时颇久。石灰质的绿灰色沙砾、陶土坡在败尔木(Perm)发现的强烈的折涧,因为凡游人据该古迹另一风景照耀人目之故,而评认该处为最峭壁地层,所以据常规冲积形的构造确系无迹可证,该冲积层在中国本部附近向东南方移转。

司拍太山(Spüttriassische)及犹拉山(Yurassische)偏重中世纪的折涧的循期标示不明晰,因为现在对该处吾人少认识。

在古时及昆仑并奥尔多斯的凝成华北石丘地时,该地建造很[可能]表示出地层断裂及分破,而对于该地层断裂,吾人分为两干系:东西系、南北系。古时大部分吾人不能详细分析。

汾新的中国昆仑的石灰质地纵破裂线在古时与东西移动的江州分裂线相符,其形状之详况相类淮江南之分裂线,而淮江南之分裂线判定于低原的悬崖。

在汾桃山同老河谷之间第一著名的平行发展分裂系确定为该山及谷的建造计划。

在中昆仑中纵谷陷落被设定成沟渠的分界,而该沟界支配山地成单独的山系。

当山脉折痕的构造对封围于南方时,垂直的石岩变迁确定中国昆仑北部于石灰层地之端,所以许多分界线截断北河南在向北倾的石岩中,并同伏牛山的纵破裂线平行。

据 V. Richthofen 调查大同府分裂线的端倪向北延至买梢造苦木(Mesozoikum)在第三叠世纪(?)以后子午分线才造成。汾河以西霍山的古代麻片石、花岗岩属于该地层,并于伸长破裂线作平行线,而该线在南方环围向西南方的汾桃山。在其时,奥尔多斯,陕西的南分裂线乃克成立,而该线在西方多有东西伸长之势,汾河及渭河沟在西方者其构造较此地系更古。其地周围曲弯的奥尔多斯少来已向平原陷入,该地被突截止于西方,西边界同新探出甘肃陆地合龙成为下列各山:

牛〈洮〉〈头〉山(Niu-tou-schan)、〈陇〉〈老〉山(Lo-schan)、六盘山(Liu-pin-schan)在各山之东陆地陆续下降至一千米之遥。当在该地的海面高对西藏东部之处陆续向西下降的时候,沿黄河的东西流域,该地陷落成一平原直达重渭(Tschung Wei)。

许多探险者寻出奥尔多斯的北破裂边沿该山壁而下:〈察拉—拿林—乌拿〉(卡拉拿里乌拉)(Charanarin-ŭla)、狼山(Lang-schan)、〈奢〉〈奈〉特乌拉(Scheiten-ŭla)、天山(Tsing-schan)。

奥尔多斯的东边界"向山西经过黄河,它如舞台式互相跟从的槛联;而在山西该处森林分判与色宜的方向(Sinischer Richtŭng),这是同等目的;而该目的显著出一动听于地球的外容中"。在西方向奥布肉〈陈〉〈州平原〉(Obrutschew)的探出,色宜的森林(Sinische Horste)常向南方围包宫殿。

沿西藏东部据许多地球突起点,证明该地现今为地球转位过的遗迹。地球构造不规则线的大证明,对水利学过激的声明由 A.Tafel 提出;"东北十度至二十度"裂口方向常在西藏东部西藏高原全边界相对四川红土破裂盆地情状实相类,在六盘山、〈陇〉〈老〉山的地级在阿拉山及陕省各山是关紧要,而陕省各山与黄河流域相符而行。上岷河谷(Uin-ho Tal)及奢尔土哀马色入(Schar-Dong-ra Massives)的方向,据探险家云,经子午线来的破裂处确定之。主干破裂处构造成雄伟的秦冈线,而该线即陕西南部及河南的东界线,沿此线大平原向西斜降到淮江。该界线的分裂处同时转移淮阳山于低地,并分开它与中国昆仑。

四、总括(Zusammenfassung)

在东亚的地质图上,黄河的侵占地属于中世纪凝结层及较幼的凝结层,经过该两层地结晶质山系在西藏最多。

当地面折纹的构造围封其界缘带及昆仑南部偏重时,因石灰岩及败尔木(Perm)之故,该地被石块直径转位分切成古时折纹大陆。

三个分划系确定:

(1)赤道转位能被证明当石灰岩端的压引的反动,在西方成更幼稚一部分,而该转位在太古时亦紧要。

(2)中世纪造成的子午线的陆级地相连于第三世纪(?),且在一处现尚未静息。

(3)东北十度至二十度破裂痕在其初成时亦属于中世纪,而该破痕颇关紧于现时,并在华北表面张著出折痕线。

关于黄河进化分裂系的及构造质的证明属于第三世纪(?)。

第三节 气候(Klima)

一、普通地质(Allgemeimer charakter)

大陆东边的气候因在太平洋边位,其确定情形相类由山志确定情形。大陆测量过的热度及大海周围的对照发现出贸易风,而该风确定气候符记。夏季内地的最高热度曾热于空气,且经此为空气升高流远之因,遂使潮湿海风由太平洋寒带平均流入大陆。由南及东南流入内地的贸易风被东北风补入,当秋凉之际,它用经过海面大陆的势力由北向西转,所以在冬季发生寒冷的西北大陆贸易风到海岸,到初春该风始由东北向南飘回,冬夏之间的严重对照及风的循环流行并沉淀物造成黄河区域的气候根基,主要向西陆地的渐升,同山西地的整理在惟一领土中成为大变化。下列的气候输出感应到中国及西藏气候的总括,即汉司(Hanns)的气候是也。关于中国的不间断观察点探寻出海岸地及大陆南部各驿站,而在游历斯土传教者的气象观察大纲以外,从一九一三年八月二十六日之初,而中国当时得有国立站所,传教者天文观察在中华西北省在一九一三年被徐家汇测候所公布出来,此等材料对吾国气候皆为根本贡献。一九一二年,Froc据他一九〇〇年至一九一〇年观察过的经验报告中国晴雨关系的一览。对此徐家汇测候所揭示叶申(Yi-Shen)(? 沈怡)在其论文中作气候报告,对吾人颇有价值。E.Trinkler公布全藏气候总括纲领。他的说明多半根据探险者游历报告、旅行观察的报告并至今未颁布的天文日记,对于西藏东部气候是贡献最好的确定点,其他游历者的偶一紧要天文报告回顾之下,而该报告颇近事理,该报告在当时指导于本文中。

二、东南贸易风(Südostmonsun)

东南贸易风在早春时暂由南向北流行,类似在温带地的由东向西行。当在扬子江入海处三月发现东北风时,而在黄河面已经有西北风了;当四月时东南贸易风流行于全北岸时,较弱于风行于更南地(第一表)。

第一表　沿中国海岸的流行风表

月份	黄海	扬子江入海处	Formosa-stragse
一月	N30,NW22	N35	NE55
二月	N25	N30	NE55
三月	NW18,N15	NE20	NE50
四月	SE18	SE22	NE35
五月	S25	SE28	NE40
六月	SE25,S20	SE30	SW28,NE20
七月	S25	S25,SE25	SW28,S18
八月	S15	SE25	SW18,NE18
九月	N20	NE28	NE40
十月	N25	NE30,N25	NE63
十一月	N14	NW14,N12	NE60
十二月	N32,NW25	NW25	NE55

该贸易风增加风力迅速,至七月已达最高度,而该最高度在南方发现特殊强度,到八月该风之力日减。该风在北方速度大于南方,相类九月在华北吹北风时,而在扬子江入海处还吹东北风,东南贸易风的经过在初春流行时间,较长于秋季该风日减期间。

平坦海岸促进其向南北发展,而在该海上东南风向北流行,自动的晴雨在由东向西的风道上被气象学的关系特别的左右。

页套(Yen-teon)在夏季发现东南风,当届较较弱的东南贸易风流行于西府谷(Fo-kou)之际。

对沉淀物背驰的卫辉(Wei-hwei)特殊风的关系,因向东引伸到山东山地之故,表示吾人以限制,而山东山地又占据贸易风一大部分,在涛眉(Taming)全年多半流行南北风,已著名的东南风不存在于该处。

黄河应行兴革事

第一,黄河流域必须设一一等测侯所,使能收受各方气象变化无线电报,以备警告。

第二,黄河南、北,必须相形势或沿大河道浚治排水道,以减少泛滥之灾。

第三,黄河中牟、兰封、陈桥、老坝、齐河等处,应设水闸下通排水道,以利修治河道及堵口等工作。

第四,三省河防,必须真正统一;河务人员得由一负责总机关任免;河务人员必须根本训练,破除旧习,河防汛兵必须补充。

第五,治河必须有专款存储待用,解除一切牵制手续。

第六,挖引河筑堤,必须采用新式机械。

第七,治河材料必须积极培植,以谋运输便利。

目　　录（中）

第五部分　华北水利 ………………………………………………………… /663
　　顺直水利委员会改组华北水利委员会之旨趣 ……………………………… /665
　　永定河改道之商榷 …………………………………………………………… /667
　　说明灌溉讲习班之旨趣 ……………………………………………………… /671
　　指导永定河上游民众兴办灌溉工程办法 …………………………………… /672
　　华北导淮黄河三委员会有联合工作之需要 ………………………………… /674
　　华北之水道之交通 …………………………………………………………… /675

第六部分　江淮水利 ………………………………………………………… /687
　　上新河江堤合龙记 …………………………………………………………… /689
　　太湖东洞庭山调查记 ………………………………………………………… /690
　　化兵为工之意见 ……………………………………………………………… /695
　　导淮委员会工务处勘察日记 ………………………………………………… /696
　　导淮委员会工务处查勘队日记 ……………………………………………… /708
　　导淮兵工民工之管理及编制方法 …………………………………………… /721
　　开展杭垣附郭及城内航道之研究 …………………………………………… /724
　　对于改良杭海段塘工之意见 ………………………………………………… /730
　　陕南水利要略 ………………………………………………………………… /743
　　汉江上游之概况及希望 ……………………………………………………… /745
　　汉水上游之水运 ……………………………………………………………… /764
　　淮河流域之水道交通 ………………………………………………………… /770
　　整理洞庭湖之意见 …………………………………………………………… /773

审查华阳河流域整理工程计划大纲之意见 /776
对于华阳河流域整理工程计划之意见 /779
对于襄河防洪治本初步计划之审查意见 /780
对于整理东太湖水利工程计划之审核意见 /781
关于废田还湖及导淮先从入海着手之意见 /782
对于治理扬子江之意见 /784
对于上车湾裁弯取直工程之意见 /802
视察导淮工程后发表概念 /803
一月间遨游记 /804
如何救四川之饥馑 /812
视察四川灌县水利及川江航道报告 /813

第七部分 农村建设 /839

重农救国策 /841
恢复陕西农村的意见 /848
陕西灾情与农村经济破产原因及状况报告 /850
我们须要提倡西北农村建筑 /852
如何利用土地 /854
农村与国家 /856
古代之市与今之大市 /859
清理耕地之工作 /861
论如何建设农村及培植建设农村之人才 /861

第八部分 水功学 /863

第五部分 华北水利

顺直水利委员会改组华北水利委员会之旨趣

（一九二八年十月）

中华民国建设委员会派员接收顺直水利委员会，而改组为华北水利委员会，此盖为建设统系计、为水利前途计一定之手续，特恐一般人未能明了政府意旨所在，故特揭而出之。原夫导治河流，最贵统一，盖河流之于国，犹血脉之在人身，血脉不畅，疾病随之，欲畅血脉，庸可分此疆彼界？治水亦然。禹之能行所无事，川泽奠定，统一故也。白圭之邻国为壑，非必其心之不善，列国疆域划然，尔虞我诈是防，治水之功，只及其境，而罔顾其邻，则邻为壑矣，不统一之故也。同一淮也，皖欲潴而苏欲泻，淮其可导乎？同一河也，豫溃而鲁庆，河其可为功乎？故夫河流不欲治则已，欲治之，则须上下兼筹，呼吸相应。行政虽分省县之界，而河流则无省县之界，固绝对不宜界划之也。本此原理，凡河流源委在两省以上者，非由中央管理不可。华北河道繁多，水灾迭见，频年战争不息，无可统一之机会。今兹革命成功，庶政纳轨，庸可再任河道分裂不急谋统一乎？此华北水利委员会之所以急应组织也。

华北水利委员会之范围，[包]括黄河流域及白河流域（即海河流域），为治之道，自先其水患之所最急者，如河北五河及黄河下游，但河北五河上游，多在晋境，水库之荣，即犯邻疆。黄河下游，亘延豫、鲁，疏导之功，宁限一隅？若再仿古人沟洫治河之意（此为鄙人对治黄治海治本计划，曾发表于《科学》杂志，以后当陆续研究，继续发表），以沟洫之制，潴水范泥，节淤减洪，则其事功广及于北五省之农畦，制定法则，普导农夫一律遵守，此又岂不统一之制度所可推行及广哉？故华北水利委员会之隶属中央，可无疑义。

至各河旧例，黄河历代以来，皆由国家设专官拨库帑修治，有清更特设河督以一事功。河北省之南运、北运，为大运河之一部分，向由国家管理。永定河于有清一代，以密迩京畿，亦特为国家所注重。海河为通商巨口，其价值不亚于上海之黄浦，尤非一省所可自私。故顺直水利委员会之所管辖不应以顺直自限，而宜推广其范围，由中央统筹之也明矣。熊秉三先生于其河道改善建议案中第五条，特标水利机关之统一曰："河道国有，为化疆界之见"，可见其已感顺直水利委员会之不便矣。

更进而言之，中央、地方在统一政府下，本自一家，凡事之有利于民、有裨于国者，中央、地方正宜和衷共济，互相裨助，指臂相因，自能收国利民富之效，畛域之见，所宜蠲也。

至如各地方旧有水利机关，如河北省河务局，永定河务局，河南、山东之河务局，皆暂依旧，盖各河局之所事，在乎维持各河现状，防护堤工，而华北水利委员会，则在谋各河之根本治功。于根本治功未竟以前，各河现状，固不可以不维持，堤防之守，亦不可疏也。其于华北水利委员会，亦宜彼此相资、共趋一的，如家人兄弟然。

复次，吾国水利事权之落于外人之手者，如黄浦，如海河，此在平等国家本弗应尔，收回自办，义不容辞，特外交手续先后问题耳。

海河淤塞，经年轮舶不入，商运困滞，中外人民俱受损失，其问题固应极为重视。年来海河工程局，于维持海河一隅之航道，颇尽功能，惜吾国政治未臻统一，上游工事，丝毫不能着手，致下游工事等于虚设，黄金虚耗，诚可惜也。今后设施，当以全省人民之利害问题为注重，务使各河就轨，泛滥可免，而天津商埠亦臻安全，海河航道不致壅塞，商民俱利，中外受益。凡我友邦，通商互惠，历有年所，天津商埠，既利害同关，而海河疏导事功，宜重上游，则相赖相助，使诸困难早日解决，甚有益也。但治河之权，一国有主，意见贵乎博询周采，主权不宜旁落，是则本会对外之方针也。

顺直水利委员会经熊秉三先生首创成功，擘画经营十余年于兹，测量成绩，斐然可观，治本计划，亦宏规俱定，政治纷争，无机实施，然其功不可泯也。惟开办之始，外人权重，薪水过丰，不合国民政府典制。自兹以后，当整饬内部，力从俭实，盖谋经费，力求事功实现，不负前人经营之一片苦心。凡我委员，俱同守之。

至于顺直水利委员会服务人员，多年劳绩，匪可蔑视。此次接收之际，以测队旷闲年余，暂停职务，并非对人有所不满，将来黄河测量赓续之际，自必选择其成绩优良服务勤慎者，从新征揽，以求效用。国家新造，建设多端，有用人才正苦不足，投闲置散，岂初意乎？区区之衷，略尽于是，至于治水意见，当披览已往成绩，周视各河上下，与邦人君子共商榷之。

永定河改道之商榷

(一九二八年)

永定河之必须改道,以现时形势观之,殆无疑义。主张者亦实繁有人,其理由简括如下:

一是防水患。河床高出地面数丈,失水由地中行之旨。溃崩堤埝,淹毁民地,防不胜防,不如另辟槽道,使得安澜。

二是省河工。河道陵紊,失其轨驭,春工汛守,补堤镶坝,岁岁年年,巨款虚耗,不如根本图治,河防省工。

三是保海港。永定为挟沙最多之河,下通海河,停沙积淤,海河以塞,轮舶外闭,天津商埠,大受其病。不移永定,海河终难根本清导,大沽沙槛,亦且愈长愈宽。

四是畅尾闾。海河在天津一带,宽不及百公尺,其下端复迂曲诡状,而容纳五河之水。平时诸河水小尚无显害,若遇洪涨,宣泄不及,横决旁溃,所在皆是。不如另为永定多辟一口,以畅其出海之道。

五是减阴水。由河堤渗入堤内之水,其性寒瘠,大害农植,名曰阴水。西人论堤防者,宁多用开式,而少用锁式,宁使洪涨多淹,而不欲令阴水多浸。盖洪涨水性阳,其所含泥质且足以肥田,不如阴水之有百弊而无一利也。试观永定河堤两旁之田,多成不适耕种之地,是其证也。据顺直水利委员会之《顺直河道治本计划报告书》,卢沟桥至金门闸约三十八公里之间,每秒渗入地中之水为七百立方公尺,即平均一公尺长,每日渗入地中者在一千立方公尺以上,可谓巨矣。此水渗入河床之下者,当占最少数,其大多数或直由两旁堤埝渗入堤内,或由地下浸润及远,皆大有害于农田。昔人有论永定河,清乾隆以前无堤,今年水涨农田被淹,明年则收获加倍,因田加肥故也,自有堤束防以后,大涨冲淹仍弗能免,而平时两岸皆成失耕之地,于其利弊可谓分晰(析)明白矣。今河身高仰,阴水渗漉极易,不如改低河道,使水由地中行也。

综以上五端,永定有不能不为谋改道之势,即人不为谋改,亦必有为自决自改之一日,且其为期必不远。自决自改,则逞其野性,任其所之,人民田庐生命受其害,诸河受其乱,何如及早为图,使得依计划以行乎?

改之矣,将何适从? 北行欤,南行欤? 自峪口改起,抑自中下游改起欤? 试分析论之。

(1)主张北行者曰:永定南行,则横叉大清、子牙及南运凡三河,北行则仅叉北运一河;南行则新槽线长,且无可因之河及河口,北行则新槽线短,且可因金钟河及北塘口,北行便。

(2)主张南行者曰:永定北行,则北运随之失效,平津水道交通将阻,北运河床增高,京津铁路道基随之增高,或涨宣泄不易;北塘距大沽近,海岸溜之冲带永定排出之沙,不久且延及大沽,航道仍受其弊,南行便。

至改河起点,则顺直水利委员会报告,有北行自双营起之一线,图与北运会合之便,且利用筐儿港及新开河之间,为新沙涨地也;亦有主自永定河下游,直通西河、入金钟、出北运者,图简易也。有南行自固安以下,引永定入新沙涨地,由七里浦起,辟新槽入海,其线且有二:一在小站以北,一在小站以南。主南线者,以北线妨碍减河,稻田过多故也。

余对以上诸主张,以研究调查未周至,姑不敢明辨是非,但有怀疑之点,分述如下。

(1)天津为通商重镇,北平亦司枢纽,既有奉、绥、汉、陇、浦诸铁道交通华北内地各省,远及察、绥,货物委输荩不是赖,宁可使失其地位,即将来新港成立,与北平直接铁道联络,亦不过海洋巨舰停泊得便,亦难遂使津埠搁浅无用。矧水道交通,远胜铁道,欧美各国方大事穿渠以通漕挽! 平津运河之便,且宜大事浚辟,使寻常海舶远达北平,何可防窒? 北运随永定出北塘,则运道失,虽有由新开河转入筐儿港,以达北运之说,然极不可靠也,此可疑者一。

(2)北运、箭杆之间,大水之际,辄为泽国,本以北运淤浅,潮白外附,今且苏庄、牛牧屯、土门楼设操纵以调节洪涨,若以永定和北运,且须增高北运河床至二公尺,其回漾所及,倾斜骤失,故报告书亦自声明,盛涨时新开河失其宣泄洪水之效用,殆所难免。然则其上游水患,因改道之故,有增无减,则何贵乎有此改道也。徒为海河计,而不顾人民之昏垫,计则左矣。

(3)北塘排出之沙,是否可波及大沽,则视岸溜之强弱及其方向。关乎是点,顺直水利委员会未及详测,海河工程局或注意及之,则非余所知也。

(4)南行之道,怀疑较少,然所欲切实讨论者:①沙涨地之功效;②改道起点之位置;③出海之地位。

[以下]分别言之。

顺直水利委员会所订南、北二道,皆利用沙涨地,盖因袭旧日永定河沙涨地办法,今且言其功用。沙涨地之用,盖使河得回环其中,盛涨时河道迂曲,沙坠水清,海河累轻,其效非无有也。然此种办法,不合治理性质。其地既非潴泊,可以为潴,只以供洪流驰逸,故河床仍不能治,且日益增高。永定河有甚宽广之沙涨地,二百余年而致今日之状况。今主之者曰:新沙涨地,维持新河,其寿命至少可与永定已经寿命相埒。余未之敢深信,何则?昔之永定河,未有堤防以前,尚半行地中也。迨堤防既设,自卢沟桥以下,皆由最低逐渐加高,以至今日状况,其满槽之沙,积累致之也。今则固安以上,积沙既盈,其趋新沙涨地也,建瓴而下,势倍莅易,是其一;新沙涨地面积,不及旧沙涨地五之三,是其二;昔之河沙,有北运、大清两助排泄,今则北运助失,是其三。综此三者,则新者寿命恐不及五十年,已可及今日之永定河老态,则其后又将如之何?移之更南,则交叉三河愈旷愈远,形势益复杂矣,且是岂为治之道哉!贾让治河上策,不肯与水争地,在古代地旷人稀则或可,在今日人稠地狭则不可,此余之所怀疑者一也。

改道起点之地位。永定自卢沟桥以下,河床已极凌乱不堪,故有金门等闸放洪旁逸,以邻为壑。今自固安起改河,固安以上,置之不理,亦岂为彻底之治法?且上端阴水之害,亦无法可除,此余之所怀疑者二也。

出海之地位。关乎此点,所须研究者更多:①海水之深浅;②潮波之强弱及方向;③岸溜之强弱及方向;是其大端也。顺直水利委员会,尚未有注意及此之观测记载。若以地形平面图断之,则该报告书所定第二线似较优于第一线:①线较直;②妨碍稻田较少;③距大沽口更远。然实际如何,非纸上空谈所可断,虽非怀疑,亦须更待研究者也。怀疑如斯,鄙见何如?约举如下,非敢自是,聊供关心此事者参考之一助。

(1)永定改道,自平汉路铁桥以下,约当旧草闸之位置,即开新河,沿旧河南堤而下,或即利用小清河一段,开浚足宽深以容永定。至金门闸附近遏之,令循一新开河道而行,相地势之便,仍沿旧河之堤,不与大清河相混。

(2)新河横断面式采用三叠式,其形如第一图。所挖之槽,只以容纳低水及中水,洪床不须挖掘,但增一南堤可也。挖槽所出之土,以填两旁低洼,使洪水亦为整齐有律,不用沙涨地。

(3)新河槽深广及岸式,须考察永定河流性质,各级水之流量,水之比降,挟沙多寡,按学理定为标准横断面,使水可挟沙,沙不停水,以免淤浅。

(4)永定河下汇大清、子牙、南运,按其所增水量,另定横断面式。大清、子牙、南运三河,宜改使总汇于上流,约在独流镇处。新河交叉其下,约在良王庄处。

(5)交叉之点设一船闸,平时四河汇合之水,长趋入海,有船至,仍开闸以通航大清、子牙及南运。

(6)自潮汐上达显著之点起,(约当新闸之下)放宽河槽横断面,且掘深其槽,使翕受海潮,无窒无碍,则河沙之挟至下游者,借潮汐进出之力,可以排出,输之海洋。

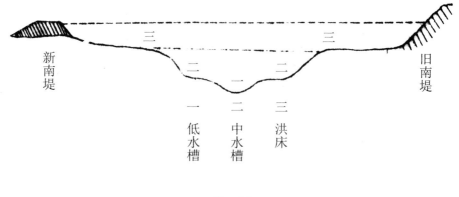

第一图

以上略叙纲目,至于详细计算,则非此处所可及也,至余所以选此线之目的,则有以下五端:①改河南行,不致危及北平。②平津航道,可大事整顿,不受牵制,惟交叉铁路,须另设法。③新河床既落低,草闸改河之处可另设旁闸,引水灌溉,固霸等数邑之地,亦可借以淤高低洼沮洳之地。④大清、子牙航道不可偏废,南运亦可开通,新闸之处,须筹百妥之法,使不致淤积。⑤新闸以下,亦资灌溉,无航运关系。

海河最急之计或曰:如子所云,款项齐备,亦须数年始可竣工,今海河淤塞,商轮不能入口,其事甚急,如何可待?对之曰:图大业者,不可以小谋妨大计。今为海河一端,而轻举妄动,不有远虑,恐贻后悔。且海河之于民国十六年(一九二七年)以前数年,航运固甚善也,今一年之间顿成此状,此必有其故矣。今曷亦探其故,而求所以改正之者欤?永定输入海河之沙,何时为最多?是亦不可不知。洪水时欤?则海河工程师且有依向例,借洪水以冲刷海河积沙之希赖,则是非洪水所效也。低水时欤?则低水何以带沙如是之多,不可不考,惜关乎此点之观测记载,皆形缺乏。余病未能远行,然以理规之,洪水时自上游所带来之沙虽多,而一因水量多,二因比降陡,故按 $S = 1000 i \cdot t$ 之理(此式中以 S 代输沙之力,i 代水面比降,t 代水深,S 以平方公斤计),沙虽多,反足以输之入海,即水势缓落时有停淀,而为时甚暂,积于海河者亦不多。中水、低水,则不然,其在沙涨地与其上流也,其槽纡,纡则降弱,降弱则流缓,流缓则沙停。其入北运也,建瓴而下,水急泻强,则停积之沙挟之而下,以入海河可及也。今使沙涨地中,迁出之道,一旦扶直于甲、乙处,如第二图所示,则中水低水槽亦陡,其降陡则其流急,流急则足以冲槽抉道,致多量之沙以入于海河,使浚之不及,果由是也。则最简之法,莫若杜抉直之口,益纡曲原槽,以恢复民国十四年至民国十五年(一九二五年至一九二六年)状况,一面严责海河工程局,厉行浚挖,以达原深,维持海河之交通。借诿不能,则收回自办,一面进行根本大计,复于永定上游,择适当地点,施潴水防沙之工,则于河北防水患、兴水利,庶有豸乎。邦人君子,曷垂察焉?

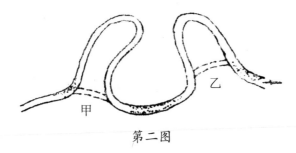

第二图

说明灌溉讲习班之旨趣

(一九二九年七月)

中国人成日成年的闹穷,外国人偏说中国最富不过,这不是成心同我们开玩笑吗?实际上中国穷不穷呢?许多人莫有饭吃,逼得无路可走,只得做盗窃、土匪、娼妓、混混、政客、滥兵、军阀一流人物,走不上这些道儿的,只得耐苦受穷,碰到荒年饿死,还能说不穷吗?但是放开眼睛一看,哪一国有我们中国的土地如此广大,如此肥美呢?资借甚好而不能生产,这又怪谁呢?

中国自古以农立国,历代相传,重农则治,轻农则乱。近来世界上虽然工艺发达,但是这农为国本,敢保在中国还是颠扑不破的道理。现在的穷,正由于不重农的缘故。

救穷之道,不在多借外债,而在力增国内生产,生产所必需的资借,一是天然,二是资本,三是人力。中国所缺乏的是资本,但是富有的是天然和人力,农业便是资借天然最多的。拿上勤俭的人力,开辟广大的天然,不需乎多的资本,生产一年一年增多,资本也就有了。有了资本,再谈工业,工业是需要资本较多的。

天然是什么呢?一是土地,二是气候。气候之中分日光、热、空气和雨水,气候是难以人力改革的,人力所加的,只是限于怎么样改良土地,但是还可以治好田地,利用地面的水,补救气候的短缺。

水是农产最不可缺少的,由经验上得来。一斤干谷子,由下种到收获,需要五百斤水,水少了当然收成就不足了,水对于农产物的重要,自不待多言。

我们中国用水灌溉农田,历史甚古,但是数千年来传到今日,灌溉事业仍是守旧,毫无进步,并且许多古代成法都废了,所以枉有许多的天然湖泊河流,不能利用,碰到天气干旱,眼看着禾苗一齐干死。这是多么痛心的事!

灌溉事业和平治田畴,是连带的,若是田畴不修,有了水也是枉费得多。在我们中国,看见农人灌溉,犯这毛病的不少。

中国农人,固守成法,不知变通改良。往往有的是良法,可以增加灌溉的量,可以使大家都得利益,他们偏固执不化,惟知甲乙相争眼前一点利益,甚至互相斗殴,杀伤人命。所以常有水利变为水害之叹。这是人的不好,非水之罪。这些去处,都在各处士夫为之开导。

这次召集几省各县的有心人,到此开这个讲习班,旨趣不外乎下列三种:一是讲讲灌溉法理,使各国成法可以为我们榜样;二是同大家研究,各处有什么水利可兴,有什么水患须除,有什么腐旧成法可以改良;三是愿大家听讲以后,回到田间,做个农民的领导,切实去做。古人说:世治则人趋于乡,世乱则人趋于市。这个意思颠倒过来说:人趋于乡则治,人趋于市则乱。中华民国乱了十多年,城里人满了,乡里人空了。要世事快太平,国家快富强,只有一个口号:"到田间去!"

指导永定河上游民众兴办灌溉工程办法

(一九二九年)

第一,永定河上游兴办水利,即所以减除下游水害,故应特加指导,便能利益普及。

第二,灌溉工程应按各地特殊情形分为下列各类:

(1)引用天然河流灌溉或放淤;

(2)凿井泉灌溉;

(3)筑陂塘、开沟洫,盖水灌溉。

第三,森林与水利相辅而行,宜并列入指导。

附注:西北森林缺乏为永定河难治主因,惟西北植树之地不外两种:①山麓。②沙隰。两种地种树皆有困难,多由指导无法。山麓之地必须将山坡治成阶坎(第一图),经冬积拥雨雪,次年始可种树或植树。沙隰能引水灌溉者,种树极易,不能用水灌溉者,先须由梢络(Faschinen Wurstmetzwerk),柳橛网络其地,防其流动,然后插柳,因雨而活,渐成林木。如此推行,可使数年之后,西北山野除农垦地外,尽成森林,永定河已治其大半矣。

第四,指导之事应分为以下步骤。

(1)搜集关于永定[河]上游之图书报告加以分析整理,先明了上游山川、地质、风土、人情之概况及已有灌溉之情形。

(2)应由本会拟具表格,分函晋、绥、察各省建设厅令各县建设局详确填报,表格附后。(表缺)

第一图

(3)(1)(2)二项工作完成以后,依为根据,制为图说,某处可溉,某处宜林,分类详列,择其需要由本会派员勘测,并为之设计估算。

(4)于可能范围以内,本会择地为做试验(如凿井、筑陂、种树等事),以为人民作模范。

(5)拟定水利及森林合作社组织办法,指导农民组织合作社,呈请地方党政机关立案。

(6)合作社成立,令人民先自行集资筹办,力不足者由本会代请其省府补助,或代谋借款兴办。

第五,本会应将第二条、第三条下列各事,分类编为浅说,广为印播。

第六,为雄厚服务能力起见,本会应与[下]列机关合作。

(1)晋、察、绥各省建设厅(为行政便利计)。

(2)北平大学农学院(为指导农林计)。

(3)北平社会调查所(为调查农民生活状况计)。

(4)某金融机关(为补助农民经济计)。

(5)华洋义赈救灾总会(为指导合作社计)。

合作办法应与各机关会订之。

第七,已经兴办之灌溉工程,本会应详考其成绩优劣,办事得失,以为新办事业之借镜,并代为筹划改善之法。

第八,除指导农民组织合作社,自办灌溉森林而外,遇工程之大者,亦可为代陈地方政府,由公家兴办。

第九,组织公司以灌溉为营业者,本会亦加提倡,惟既系商办性质,若需本会为之勘测设计,当酌收费用。

第十,本会应与各省政府商妥,凡新经兴办之灌溉及森林地亩,应豁免田赋三年,滩地、荡地经放淤灌溉勉可耕种者,十年内免与升科;官荒地经人民借种者,俟熟殖后再行分期征偿地价。

第十一,灌溉及森林事业成功以后,本会为订管理规则,请地方政府督饬人民遵守。

华北导淮黄河三委员会有联合工作之需要

(一九二九年)

华北水利委员会成立而后,继之者有导淮水利委员会,有黄河水利委员会,国民政府之注重河工,极图进行可知已。三委员会虽分任治功,而实有互相联合之必要,谨就管见所及,陈其理由如下。

第一,以地质言:淮河、黄河之下游及白河,同处于所谓中国大平原中,此大平原者,北达北平,南抵淮安,东濒于海,西薄樊城,沿太行、伏牛、桐柏诸山之麓及南京迤北诸丘陵之怀。其成立之原,为古生纪后陷入海而复出,经冲积时代(Diluuium)之削蚀,化为大漠(Desert Pcriade),继之以黄壤掩覆(Loss Pcriode),成为现陆。故凡在此大平原上,土质相若也,其面积之大,南北东西具有八度半,弥漫广漠,流水得往复游衍,任其所之。其上游崇山深谷,类多填覆黄壤,流水携带泥沙,性复相若。淮水所受稍轻,然亦不免,出山泻原,奔骋而下,降势骤弛,洪流拥遏,又相同也。淮自为黄所袭,其后黄虽北迁,淮之涓涓入海者,实为黄之遗脱。今之黄河,行于高堤之中,与永定河复一致,则三河又相若也。故三河虽南北中间千里而遥,而不啻一家三子,有联合管理之需要!况复黄河为三子中之最顽劣而强悍者,肆其野性,辄侵及兄弟,欲使毫无关系,乌乎可得?

第二,以气候言:大平原中南北温寒相异,而同处恒风势力之下,降雨之有定期,夏冬雨量分配之相悬殊,皆相类也。雨期稍愆,便误农事,雨潦一至,河患即生,故人民之困苦相若也。言治功者,有互相提携之需要。

第三，诸河东西横亘，贯以运河，历史上河北五河，黄、淮河以及汶、泗、沂、沭，无不受其影响，所有治功，先须顾及运河，因袭迁就，困难叠生。海道通行以后，津浦铁道继之，运河节节寝废，今后方针，是否运河尚有恢复之需要，诚河工一重大问题。以个人意见，则开发腹地，运河为不可少。欧洲先进诸国，铁道密缀如网，犹复力辟新河不已，况吾既有之功，历史之光，人民利赖千余年，宁可听其废弃？今之主张废运者，以眼前运河交通之需要微也，然其所以微者，内乱频仍，工业矿产，无法进展故耳。若使政府与民休息，不出十年，而运河复加整理，舟舶南北，通行无碍，行见运河之上，工厂林立，不下于莱茵、多瑙。以吾华出品之富，人民之勤，货物贸迁，又岂一单轨铁路所可济哉？况复陆昂水贱，相差辄十倍，水道之用，正无穷涯，而工商发达，人民往来频繁，铁道营业亦不愁不发达。故运河之在中国，不特不应废弃，实有大加整理之需要！但欲整理运河，而同时使不妨碍三河，则三河实有共同研究合策图治之需要！统上三原因，此予之所以主张三委员会互相联合也。

联合之法如何？曰：①三委员会每年至少应开联席会议一次，有需要时，临时互约开会，报告各会事功及互商进行之策，彼此相顾，各无相妨。②各会成绩及所辑材料，互相资借。③测量之事，互划界线，彼此分任，最好先将大平原形势平面全图合力完成，以次渐及上游。④河防有急要时，电约邻会派员参加筹防。⑤合谋筹划在大平原上三河流域之沟洫制度，使三河之水引以灌溉放淤，纵横网罗而不致危害，使大平原素为灾害所常临者，一变而为富庶之区，所补于国计民生者，岂浅鲜哉。

以上数条，虽欠详尽，实具切要，望主政者加以注意焉。

华北水道之交通

(一九三〇年)

一、引言

兹所讲华北者，自淮安以北上达北平，东薄东海，西抵西倾，包括淮河、黄河、海河三大流域，[包]括苏、皖北境以及鲁、豫、冀、晋、陕、甘数省在内。方域面积一百四十余万方公里，人口一百兆，物产丰富，民性刚毅。然而今以贫瘠称，灾荒迭见，人民流离失所，甚至转死沟壑，交通之厄，厥为其大因也。

处今日之势，非可以闭户蛰居老死不相往来者，必与环球各国经济相通，则不能不与之起相颉颃，其势必借于交通，而尤以水道为急。以一百四十余万方公里之地，所占海岸线只一千四百余公里，每方公里只分配海岸线一公尺，内地通海之困难，于此可见。若有大江巨河，深入堂奥，尚可补救，不然，则内地物产永不能与舶来者相竞，即内地工商，永无发展之一日，内地人民生计，永无优裕之可望。此国民生计症结所在，不可不注意也。

盖经济之发展，如水之流行也；运脚之耗费，如水道之有糙率也。设甲、乙二水柜之水，并可流于两渠，甲柜水面高于乙渠，而其他情形相同，则甲水先至多至，而乙水则后且弱焉。或甲、乙二水面相悬甚多，则甲柜之水或且漾及乙柜，而丙渠之水有甲而无乙矣。设乙柜水面与甲渠相埒，或且过之，而入丙渠之路，则远于甲渠，其糙率甚于甲渠（如甲渠为水槽而乙渠为砾石），则乙柜水面虽等，或高于甲柜，而及其临丙渠也，甲渠水面仅高于乙渠，则丙渠之水来于甲渠者多，来于乙渠者少，或乙渠受其反漾焉。

陕棉与美棉相若，生产之地，陕棉价一而美棉价三，及其运于上海，陕棉价二而美棉价一，则谁肯购贵而舍贱哉？如此则陕棉不能及于上海。不惟不能及于上海，美棉且反漾而侵入，是陕棉之销售地面愈促，销售地愈促，则生产微；生产微，则民计穷；民计穷，则无志无力以求精；无志无力以求精，则生产益微；生产益微，则物价愈增；物价愈增，则销售地愈促。辗转相因，美之业棉者成巨富，陕之业棉者成乞儿矣。

货物之运脚，随交通道路之糙率而增，只据奥人苏盘所考，一吨之货物行一公里，所需运脚以奥币亥尔计（合国币一分）等差如第一表。

第一表

交通道路	运脚/奥币亥尔计
人力（推挽车）	40—60
兽力（驮载）	40—80
铁路	1.6—8.0
橹船上行缓溜中	1.5—3.0
橹船下行及木筏	0.15—0.50

续表

交通道路			运脚/奥币亥尔计
汽船行天然河道	大溜中	下行	0.0—0.8
		上行	1.5—2.5
	小溜中	下行	0.2—0.5
		上行	0.2—1.0
渠中航行			0.2—0.5
海航			0.2—0.4

注：Suppan, *Wasserstrassen Binnennhiffahrt*, 1902, S. 218。

欧洲诸国水道经营，倡于义（意大利），承于法，盛于德、荷、奥，而尤以德国近七十年力事经营，无有少懈，成绩最著。兹将其已成及正在建设中诸水道列为第二表，以供借镜。

第二表

序号	渠口	建设时间
1	König-Wilhelm K.	1868—1878
2	Ems-Iade K.	1886—1887
3	Oder-Spree K.	1887—1891
4	Konigsberger Jeekanal	1894—1900
5	Brake 河下游之渠化	1877—1880
6	Breslaner 大航道	1891—1890
7	Netzei 河上游之渠化	1878—1882
8	Oder 河上游之渠化	1891—1890
9	K. Güstrow-Bützow	1895
10	Kaiser-Wilhelm Kanal	1888—1895
11	Elbe-Trave K.	1898—1900
12	Markische Wasserstrasse	正建设中
13	Planerk 改造	1890—1891
14	Ihle-K.	1868—1872

续表

序号	渠口	建设时间
15	Fulda 河之渠化	1890—1896
16	Dortmund-Ems K.	1883—1889
17	Hannover Moorkanǎle	前世纪末季
18	Neckar 河之渠化	1884
19	Main 河之渠化	1884—1888
20	Teltow-K.	1901—1906
21	Rhein-Herne-K.	1906—1914
22	Ems-Weser K.	1906—1915
23	Lippekanal Datteln-Hatteln-Harnm	1906—1915
24	Lippe 渠之 Weser-Lippstadt 一段	建设中
25	Berlin Stettin 大航道	1906—1914
26	Oder 河渠化之继续	已落成
27	Oder-Weichsel 连渠改造	垂落成
28	Celle 下游之渠化	垂落成
29	Kaiser-Wilhelm K. 改造	落成
30	Nogat 河之渠化	落成
31	Masurischer K.	建设中
32	Mitland Kanal.Hannovel-Peine Hildesheim	建设中
33	Planer und Ihle K. 新改造	建设中
34	Oder-Spree K. 新改造	建设中

欧战以后，德国河渠改造者多以前通航四百至六百吨船之河道，顿觉不适于现时之用，于是悉以一千至一千五百吨为准。德国之铁道、汽车道，可谓完密矣，然于河渠犹进行如是之急，可以知河渠之为利溥矣。乃吾国幅员辽阔，铁道国道几如无有，人民行道之难，嗟吁不绝于路。不提倡建设新水道已矣，乃有欲并古代已成之运道而废之者，是亦不思甚矣！

英、美之水道，视德、法瞠乎后矣。英岛国也，内航视为无足轻重，诚有然矣。美则为铁道所误，盖其经营铁道者皆私商性质，其目的在乎赢利，而不在乎减轻国民脚价，故凡于铁道有抗衡之嫌者，皆摧抑之。其政府初在提倡铁道，故不惜逢迎之，然今亦悟矣。据 Hansa Kanal Baltter（1930，Jan.15）报告，美国近经营河渠甚力，奥亥奥河一千英里长之闸渠（Lock System of the Ohio River）业已告成，军政部长古·介梅（James W.Good，Secretary of War）以为其功不下于巴拿马运河。自此渠告成，每年运费已可省六百兆美金。现正研究奥亥奥河与密西西比河之关系，将计划一长九千英里之运河，贯通诸大湖与墨西哥湾、宾西凡尼亚及坎萨成一互相衔接之河系。又拟直通诸大湖之一，与海相连，以湖港作海港。胡佛总统大赞是策，以为不但工业家应赞助是举，农业家亦应竭力赞助，务使十年之内成一长千英里之运渠。胡佛又谓：是策若行，于解决密西西比河水患问题益近。

内河航道为国内一切发轫之资借，故不能望其落成后即获大利也，且内地工、农、矿、商于航道成后，始能觉醒，日趋进境，年有所增，非可一蹴千里也。兹举德国道特猛脱爱姆司运河为例，以概其余。该渠于落成后，第一年上下货物不及十万吨，十年后增至一百七十万吨，二十年后增至四百五十万吨，及今三十年，一九二七年，上下货物六百五十万吨，一九二八年五百六十万吨。至于航道及铁道，国民经济发展之后，不惟两不相妨，且互相助益焉，此亦证于德国五十年来之经验而不谬。

二、华北现有水道及其通航状况

华北水道举其较大者，现时通小火轮或民船，或现时不通而可以有通航之望者，列为第三表。

第三表

河名	某地至某地	长/公里	省份	通航情形
黄河	海口至巩县	700	山东、河南	千担以下之航船
	巩县至陕州	100	河南	有三门之险船弗能通，仅轻船可放下
	陕州至禹门口	200	河南、陕西	通二百担以上之帆船及煤船
	禹门口至包头	600	陕西、绥远	以有龙门龙王潭等险船不通行
	包头至兰州	1000	绥远、甘肃	通民船有试行小轮上
	兰州以上			未考

续表

河名	某地至某地	长/公里	省份	通航情形
运河	北平至通州	20	河北	现不通航
	通州至天津	150	河北	
	天津至临清	500	河北	千担以下之民船
	临清至黄河	114	山东	现不通航
	黄河蒋家沟至袁口闸	60	山东	一百担以下之民船
	袁口闸至柳林闸	20	山东	现水涸不通
	柳林闸至夏镇	140	山东	通一百至二百担之民船
	夏镇至台庄	70	山东	现时水涸中断
	台庄至清江浦	200	江苏	通一百至二百担之民船
	清江浦至瓜州(洲)	178	江苏	通千担以下之民船并通小轮船
海河	天津至大沽口	75	河北	通海轮
卫河	临清至道口	280	山东、河南	通千担之民船
东河	天津至芦口	180	河北	通民船
西河	天津至保定	360	河北	通民船，一半通小轮船
子牙河	天津至献县	160	河北	通民船，一半通小轮船
淮河	废黄河由海口至淮阴杨庄	215	江苏	全涸
	杨庄至盱眙经张福河洪泽湖	70	江苏、安徽	通民船
	盱眙至五河	80	安徽	通民船，水大时通小轮
	五河至正阳关	350	安徽	通千担之民船及小轮
	正阳关至乌龙集	140	安徽	通民船
盐河	淮阴西坝至新浦	138	江苏	通民船及小轮
临洪河	新浦至临洪口	40	江苏	通民船及小轮
灌河	龙沟至海口	74	江苏	通民船及小轮
沂河	龙沟经六塘河至齐村	200	江苏	通民船
沭河	新浦经蔷薇河至新安镇	146	江苏	间通民船
颍河	正阳关至阜阳	100	安徽	通民船及小轮
	阜阳至周家口闸	160	安徽、河南	通民船
淠河	正阳关至六安	80	安徽	通民船

续表

河名	某地至某地	长/公里	省份	通航情形
涡河	淮远至亳县	200	安徽、河南	通民船
泚河	凤台以上	百余里	安徽	通民船
沱河	五河至宿县	100	安徽	通民船
北泚河	洪泽湖至符里集	百余公里	安徽	通民船
濉河	临淮关以上	百余公里	安徽	通民船
渭河	潼关至咸阳	130	陕西	通千担之民船
小清河	济南至羊角沟	160	山东	通千担之民船
贾鲁河	周家口至中牟	320	河南	淤浅，仅通河南小船

第三表于华北通航之道，略尽其要，所举河道，共长七千八百余公里，其中现时通航者约为七千公里，通小轮者不及其十分之一，通大轮者只海河一段，只为其百分之一。以域面积分配，每平方公里只占民船航线长五公尺，通小轮者为五公寸，通大轮者为五公分，亦剧可怜矣。

以上所举通航水道，以分省计，约计如下：

江苏　　　　一千四百公里

山东　　　　一千公里

河北　　　　一千五百公里

安徽　　　　一千四百公里

河南　　　　一千公里（其中四百公里黄河航道与山西共）

陕西　　　　一千一百三十公里（其中一百公里黄河航道与山西共）（？有误）

甘绥　　　　一千公里

至所谓小轮者，不过拖船以载客，于航业上地位殊微。所恃以转运货物，仍以民船为主要。据前清天津钞关所调查，天津每岁贸易约有七千万两，而由民船所营者占四千二百余万两，则民船航业又焉可渺视耶？其船之种类名目甚多，约计之有以下各种：①䉣子船（载客用）；②乍拉船（载客用）；③自买船（即厂船）；④胯子船（最多运货用）；⑤摇弥船；⑥莽牛船；⑦南漕船；⑧牛舌船；⑨碰头船；⑩西河对[船]；⑪西河单船；⑫上河煤船；⑬太平船（或曰南船）；⑭小粮船（一名帮船，漕运用）；⑮改造船；⑯炮划子（或曰官船）；⑰生盐船；⑱沙船；⑲宁波船；⑳改巧船；㉑登攸船；㉒小海船。

民船分等,按其大小在天津分为六等:①一等船,阔十五尺以上;②二等船,阔十二尺以上;③三等船,阔十尺以上;④四等船,阔八尺以上;⑤五等船,阔六尺以上;⑥六等船,阔六尺以下。

在山东以担数计,分等如下:①一等船,二百担以上;②二等船,一百担以上;③三等船,五十担以上;④四等船,十担以上;⑤五等船,五担以上;⑥杂等(砖石、木料、石灰、鱼、菜等船);⑦头等加一,三百担以上;⑧头等加二,四百担以上。如此例推以至千担。

豫、陕之间,载货为条子船;载盐者为盐船,形方;载棉花者为棉船,形椭圆质轻,亦名团船。

行于江皖运河及淮河之船,有以下各种:①纲子,载重千担,吃水四尺,长五十尺,宽九尺,装盐及杂粮等;②对连划,五百至一千担,吃水二至四尺,长六十尺,宽九尺,装盐及杂粮等;③小抛划,一百担,装盐及杂粮等;④江船,又名扁子,二百至一千担,装盐及杂粮等;⑤粮划、南淮子、风快子、关驳子,载粮米俱二百担以上。

各地船式大抵各依其习惯而为之,至其多寡,尚无一定之统计。各河道直接通海之口,自南而北:

1.灌河口　载二千吨行海轮船可入口至陈家港,为淮、沂二河出口,潮差在响水口约三公尺,距海口四十三公里。

2.临洪口　海船之小者可入口至大浦,距口三十公里,为沭河出口。

3.小清河口　海船难入,潮差于羊角沟约二公尺许。

4.黄河口　海船不能入。

5.大沽口　海船可入口至天津,潮差在天津为二公尺许,为河北五大河之出口。

北方大港现正由华北水利委员会设计,位于大沽口及秦皇岛之间大清河口,将来有开渠通入内地之计划,若成,华北北部一大出口也。

三、航道整理之计划

窃见中国腹地之广漠,非有河道交通不足以济民生,爰拟简略计划,以资政府采纳。河道与铁道等,应先整理总干线数条,纵横条贯以为纲。次经营其连属之支派,或开渠连通以为网。若网在纲,有条不紊。大权操之中央,划定区域,由中央派员分任整理,如是竭力经营数十年,可与德国并步矣。所拟大纲有如第一图,为干线三:曰运河干线、黄河干线、淮河干线。并列其主要附线,志于第一图中。

华北航道干线图

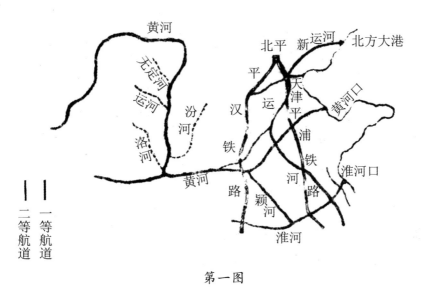

第一图

说明：

一为运河干线。南起瓜州(洲)，北达北平，其长约一千四百公里，本为古代已成之漕渠，以铁道通，听其废弃。窃以为吾国古时水道交通，多以帝王都会为趋向。故汉唐都关内，则营辅国渠、郑当时渠，注重河渭；宋都汴则营汴渠；元都燕则营会通河；明、清继之，运河赖以维持不废。但今日之水道交通，则不以帝王为主，而以国民经济发展之趋向为主。运河为贯通南北之要途，晋、〈蓟〉(冀)、豫、鲁、苏数省货物，赖以委输，工艺赖以发达，不能不求恢复，不惟恢复，且必随工商之发展逐渐而扩大之。此路现时之货物，主要者为徐属之粮食，台庄之煤，韩庄、济宁之粮食以及各种杂货。工厂前有宿迁之玻璃厂，原料甚佳，惜已停闭。中兴煤矿之煤，质美而富，运河若通，其业可大宏展，以抵制日本之煤。沿岸工厂必日有起者，不愁无货运也。初始经营，宜以行六百吨之船为准，以后工商发达，再扩展使可行一千吨至一千五百吨之船。古渠阔深，已敷初始之用，有须浚深者少数耳，但筑新式船闸于上下，计由扬州邵伯镇至清江浦(即淮阴)一闸可达(高差六公尺)，淮阴至微山湖三闸可达(高差二十五公尺)，微山湖至南旺二闸可达(高差十二公尺半)，南旺至黄河一闸可达(高差至三公尺许)，黄河至临清州二闸可达(高差二十公尺)，临清州至天津三闸可达(二十八公尺)。

全运可使完全成为渠之性质，洪水另有归纳，有闸节制，需水无多。全运有洪泽湖、微山湖、独山湖、蜀山湖，以为水柜足矣。其他诸湖，皆可放垦，水不可胜用，以是淮湾，最难之点，厥运河穿过黄河一段。黄河本身，在运河穿过两口，上下至少宽一公里，须加以治导。北运黄河以北，临清以南，渠水接济，成一大问题。其法只有二途：

①筑库淀清黄河之水以应用；②设唧水机器二处，一在临清闸，一在聊城闸，上下接替，唧卫水以济渠。二法之中，恐以后者为适用也，本河以大沽及崇明为二出口。

附于本干线者为临清至道口线，连于平汉及道清两铁路，西河（大清河）连于平汉铁路，二线为山西、河南东出天津海口之要道，亦必整理之使可航行四百吨之货船，必要时加以渠化。此外尚有子牙河，亦附依焉。

二为黄河干线。黄河须大加治导，始可通航，然非无通航之望。海口三角洲展出二百余里，海船不能入。濮州以东至海口，民船航行尚便利。小清河附丽于本干线，可望于济南附近，与黄河干线穿通，而间以船闸，小清河口或易为力，加以治导，以为出海之便。河南境内，河流散溃，所需治导之功更多，惟必山东之河及海口治，而后可及河南。三门可设闸而登，或以机器引船，炸除门口之石以除障碍，船即上下无阻。巩县以上两岸石山，黄河浅滩甚多，然平均深皆在二公尺余，两岸楗相逼，必可治一深槽以达禹门。禹门两岸煤田丰富，质地优美，河南境内三门上下，亦处处皆煤。山西潞盐聚于河滨之会兴镇，黄河在此一段，不能加以渠化，而治导之功必可实现。

马头关龙王潭间，为深四百公尺之狭谷，龙王潭之瀑布（即壶口）跌落九公尺，远射六百公尺许，其下继之六百至七百公尺之宽床，而继之则又入一狭谷五公里，出而达禹门，则又一湍流，故此段能设何法以利船行，今且难为断论，必更加以研究。壶口之上虽尚有诸瀑数处（天桥等），然易设法。延水可治之使通民船至延安，无定河[可治]之使通民船至榆林，延长之煤油，神木之碱，榆林之皮革毛织，必能随交通之便，一日千里以供全国。包头以上至兰州，更易施治。甘肃之皮革、毛织、矿产、药材、烟丝，皆由是路。总而言之，黄河航道，治之虽难，而为西北深远之地之民生计，政府不能不注意也，尤必事先研究如何可以达其目的者也。至于航船下游，可以六百吨为开始目的，以后渐扩充至千吨，上游则未敢断言。又延长石油若能大事开发，而壶口则终于难通，则可于上下设油栈，中间以铁管相接，使油天然流下禹门口下，再行装船。

附于此干线者，尚有渭河为渭北之粮食、棉花及陕西之药材必由之路。渭北产棉极富，胈来泾水灌溉功成，四百万亩棉田，加以选种择肥，必可驾美棉而上，若再于本地设厂，纺织并兴，则全国大半衣料，可以取供，故此线亦极重要。渭河低水时，平均深一至二公尺，浅滩多处，大抵由于坍岸所致。此河治法，应注重护岸，加以短楗，可得深二公尺以上之槽，以行三百吨之船。

洛河加以渠化，亦有可以通航之希望。由三河口上达甘泉、鄜延一带，可为森林畜牧重要之区，此河或先求其能泲木材以达豫境。

此后洛河之上，工农发达，再谋航船。又澄城老洑，瀑布高四公尺许，流量有恒，一水电场佳所也。中部为黄帝陵寝所存，我国民莫不欲数典忘祖，亦须有以宏大便利之，而资瞻仰焉。

三为淮河干线。江苏灌河可治之使海船直达武障镇,距海口七十四公里,于此设海闸,武障镇以上,内河航船继之。循盐河经顺河集至淮阴,凡九十二公里,中间需闸一所。过淮阴闸后,经张福河入洪泽湖至龟山八十四公里。由此循淮而上,经盱眙则有三十余公里。苇荡须行堵塞,以划一河身,否则可道由溧水河凿双沟土梁[高二十公尺,厚三公里(?)],直达五河。五河至蚌埠四十余公里,需治功甚微。蚌埠至正阳关三百余公里,则在乎缩狭低水面以治深槽,两岸并须筑堤以护岸田。颖河上至周家口二百六十公里,须施治导后加以渠化。贾鲁河与黄河可用坚固船闸,于荥泽相连通,下达周家口,扩展河身并以闸节水,期望于开始时能行六百吨以上之货船,以后扩充至一千五百吨。

淮河货物甚多,淮远以上有大通煤矿公司,煤矿颇富。六安茶、竹、丝、麻,销行颇远。通六安之淠河,亦必施治,使至少可行二百吨以上之船。惟淠河多沙,来自山上,故山谷间拦沙建筑,不可少也。

附于本干线者,淠河之外,若涡、淝、沱、濉等河,俟干线成后,皆可逐次开发。淮河上游自乌龙集以上,河曲多沙,有颖河与平汉铁路相连,故乌龙集以上之淮河,可以不须再治。

又武障镇北至新浦,亦为附于本干线主要附线之一,向南则又可望凿废黄之堤,与串场河相通。将来沿海一带地面发展,此项南北贯澈交通要道,亦不可少也。

四、管理

水道与铁道,同为一国血脉,非可划疆分界,节节截断,故德国欧战之后,于一九二一年毅然由国会议决,全国水道俱为国有。吾国法制更新,要在统一,于此处更应注意,凡通航之道,皆由中央政府直接管理。中央管理之后,于华北水道即从三干线着手,各设专管机关,定其基金,以专责成。惟运河贯彻南北,与海、黄、淮三河息息相关,各自为谋,反多不便,则不如以微山以南之运河,归于淮河主管机关,微山以北临清以南,归于黄河下游主管机关,临清以北归于河北诸河主管机关,关乎运河之事,由三机关会商办理。同理,贾鲁河与颖河相连,但颖河则归于淮河主管机关,贾鲁河则归于黄河下游主管机关。黄河全线辽远,非一主管所可及,则分之为三:①自海口至陕州为下游主管范围,兼管汶、沁、伊、洛等水利。②陕州至府谷为中游主管范围,兼管渭、洛及其各支流之水利。③府谷至兰州为上游主管范围,兼管绥远、宁夏、皋兰一带水利。如此,则此次中全会议决之开展西北水利一案,可以责有攸归,利于实施。责任既专,各在其所定范围内先做种种之基本研究,再谋贯通航道之规划,一面培养人才,以资应用,则十年之后,必大有可观矣。

第六部分　江淮水利

上新河江堤合龙记

（一九二六年七月）

民国十五年（一九二六年），余厄于北乱，辗转至金陵，仍寄迹于河海工科大学。校长杨允中，挚友也，以教务见畀。一日，赴友人刘梦锡家，亲做烹，谋午餐。忽使者至云：省长召。余方和面，急洗手随之往。省长为陈陶遗，与余素未谋面。兹见召，未审何事。至则相告曰：汉西门外江堤决口，派人堵塞三日矣，毫无效。君试往指示方略，求速合以恤民命。余曰：唯。陈曰：请留此午餐，餐罢即可行乎？曰：已与友人约，请以汽车来〈速〉(送)我可也。乃返刘寓，并约与同往，食竟即行。至决所，则见口门宽约十丈，已经裹头。水势汹涌，淹没甚广。幸决口处为江之岔道，非正河。县长曹君及其兄居舟上督工，工料皆乏。余至，令由上新河集木排二，按用数给值。令工人四处采柳枝及芦苇，及其他蒲包麻袋等物无不备。缉河底尚坚实。自内签桩做圈堤形，包抄口门。桩两排，中档六尺。桩间实以柳梢、芦苇，而压以沙袋。桩排内脚亦以柳、苇、沙袋压护，外以斜木撑之。圈堤圆半径约六丈，自口门上、下两端并进。堤顶高出水面二尺许，留金门宽一丈四尺。金门上、下加两排桩，宽其坝面至丈余。余与刘君亲自编柳梢、芦苇为沉排，长与金门口宽等，厚六尺，宽八尺。两日而成，贮堤上以待合龙。时方六月，赤日肆焰，肩背俱灼。早五时出，晚七时归。签桩至中流，困难叠生。木排主江西邱姓，县长之兄示之以威，邱大愤，工将中止。余慰以善言，动之以义，得不偾事。已及第五日，校中人无知其事者。校长以余连日出外不归，留条嘱明日勿出，余始告以实。第六日之前夕，令大小船数只载齐块石、沉包等靠上下坝以待。合龙日视金门底仍坚，加签桩数根，并架桥于金门之上。于是推沉排浮水面，挽至与金门正相对距离十余丈处，以缆拖之于簇桩，后由壮夫数人执缆徐徐放下，一人立桥上指挥之。沉排放至金门如桩塞瓶口，块石、沉包等自上下堤及船上齐奋抛下如雨，排沉，人可立其上。复用沙袋镇完顶，约十分钟合龙，官民称庆。余归已夜，以函报陈省长，且曰：余不惜筋力以卫苏民。今秦民方在倒悬中，尽救之（时西安设围已三月）！陈方病，得函，夜半走访孙巡阅使，电刘镇华缓攻且放城内难民。刘复电，定每日下午放难民一次，实掩人耳目而已，未处行也。是役也，用料多寡、糜款若干，江宁县长主之,余未之与闻。

太湖东洞庭山调查记

(一九二六年)

九月三十日,应袁观澜先生约,往太湖东洞庭山调查滩地情形,乘下午四时特别快车至苏州,宿惠中旅馆,与观澜先生及有关系各方面代表相遇。十月一日,由胥门外太平桥乘拖轮出横塘,穿石湖、横泾,而至东洞庭山下之渡水口泊焉。二日登莫厘巅,全湖形势,览其泰半。湖州吴县,如在目前。滩地情形,亦了如指掌。午后以小舟出渡水港之大缺嘴而东,视东山之南麓,将及矣,刺舟入鱼屯港,沿山麓而行,返原泊处。三日复出大缺嘴而西,穿一小港而北,至石寿港,拖轮待于是,易舟循原路回苏。中途于越来溪登岸步行五六里,登其西之吴山,盖上方之别脉也,下瞰石湖、黏鱼二口,远瞭昆山及东、西二洞庭山,回顾来路,尤为分明,抵阊门九时余矣。四日上午至太湖水利局回访彭毂孙会办,并阅其水位记载。下午游虎丘园,即晚回宁校。

一、太湖水利局七年以来之成绩

(1)环湖三角网图:比例尺十万分之一,已测者长约二百五十六公里,未测者为宜兴境太虚港内之周铁桥,至苏浙交界之黄泥嘴(亦宜兴境)一段,长约环湖全周八分之一有羡。

(2)吴淞江平面图:比例尺十万分之一,长九十公里。

(3)吴淞江纵断面图:比例尺长十万分之一,高百分之一。瓜泾至黄渡水面差四十公分,河底上端为吴淞零点上八十公分,下端为三十五公分。

(4)镇江至平望运河全图:比例尺五万分之一。

(5)七浦纵断面图:长二十五公里,比例尺长五万分之一,高百分之一,起宜塘镇至七了镇。

(6)洞庭东山全图:比例尺二万分之一。

(7)东太湖、吴县、吴江县湖滨总图:比例尺二万分之一。

末二图,所以为放垦计。

其水位雨量记载,沿江海滨及湖中各地点凡二十余处。测事始自民国八年,流量则始终未测。

工程方面,曾浚深七浦河田家桥至沙溪镇一段,长十二公里。

二、太湖之形势

太湖之面积,以太湖水利局环湖测事未竣,现尚未能确定。历来相传为六万三千顷,以太湖水利局未成之图约计之,得二千四百七十二平方公里,即二千四百七十二万公亩,合中亩四万顷。此数内东山面积已除过,而西山则未(因西山未经测量故)。东山面积约十二万三千亩,西山较大,以二十万亩计,则又去二千顷矣,和其他马迹、筲箕等山,则三万六千顷之说亦颇相近。

太湖方位,西自经度一百一十九度五十四分起,东至一百二十度三十分止;南自纬度三十度五十七分起,北至纬度三十一度三十分止。其形势西南圆而东北缺。东洞庭山自吴县西南上方、七子等山一脉,斜走约六十里,形如半岛,至北突起为莫厘峰(距吴县七十二里),高出海面二百九十六公尺;西洞庭山则又在其西,相隔一衣带水耳。二山逼近湖之南岸,俨然分湖为二,在其西者为西太湖,在其东者为东太湖。东湖以东山以东之面积计为四百平方公里,为全湖面积六分之一。全湖所滨之县,北岸为无锡、吴县,东岸为吴江,南岸为吴兴,西岸为宜兴,而太湖迤东,以其余浸,又散漫为澄湖、殿山湖等汇。此其大略也。

水之来源,自东坝筑后,安徽宁国等处之水被遏入江,西来者惟江苏境内之水,先汇于长荡湖、滆湖及东西二氿,次出百渎,分泌而下。自南来者,浙江境内东、西二苕,由天目出大钱、小梅二口入湖。运河之水,自长江东来者则与湖消息相通,湖长入江,江长入湖,方向不一定也。水之委,则向分黏鱼、瓜泾、大浦三口,分泄于吴淞、黄浦及白茆、浏河等河入长江。此其原委之大概也。

三、太湖之利害关系

兹舍军事地理关系不论,专以水利民生为题,则太湖之为利甚溥。周围数县之田,受其膏沐,予敢言无太湖,其土决不能若是之滋润也。

盖水自山间来,不即流入海,而得停蓄浸润之力者,湖之功焉。种桑之外,鱼藕菱茭之利,亦不可胜算。彼直隶沿海之地,卑下亦如苏浙,何以"鱼米之乡",独推东南,是非太湖之为功乎。则是湖者,实东南致富之源,而不可不力图保守者也。

利害相因者也,湖不涸不溢,则此方人民之福,而非常旱潦,则有时亦为巨害。据太湖备考所载灾异,统计之,得自汉惠帝五年(前一九〇年)至清雍正二年(一七二四年),近二千年之间,湖之旱涸为灾者八次,泛溢为灾者三十次,冰雹为灾者十一次,是水灾较多于旱灾也。此灾专就湖滨而言,至湖之上下游有关系各地,受灾当不止是。江苏境内,山势较平,又有长荡湖、滆湖、东西二氿以为之预蓄徐纳,又与江海近,胡其被水灾也罕。浙境以崇山峻岭,居建瓴之势,又乏湖泊预为分蓄,夏秋水盛,径以太湖为壑,故其所资于太湖者尤切,而以尾闾不畅,成灾亦易。故浙人注意此湖,更甚于苏人。

四、太湖淤浅之原因及东山涨滩情形

(1)属于天然的。凡天然湖泊以地质上自然趋势,必日就淤浅,以至于淤平为陆而止。现今原野之为古代湖泊遗迹者,不可胜计。苏浙滨海区域,本为扬子江之三角洲。太湖以四面环山,留为礁湖,水来自山田,势必挟沙而行,汇流湖中,流速停缓,势必留沙湖底,加以沿湖及湖底草荄行藻,增益其势,且淤且浅,在所必然。故今日之湖,已非昔日之状,则将来之湖,亦必失今时之观。

(2)属于人为的。滨湖之民,贪图利益,与湖争地,得寸进尺,由来已久。昔人鉴于湖面日狭,恐碍水治,悬为厉禁,良有以也。考其占湖垦田之法,先于湖中较浅处,签竹悬绳,挂芦草其上,成流连以弱水势,于其中插荄,以护其旧有之圩。增水之时,荄中积沙,更浅则继种芦苇,再继则圩为鱼池或稻田,荄为鱼食牛刍,芦可作薪,其利亦溥。大抵未得官厅许可,不敢公然筑圩,先种芦荄,透为自然生长可也。

东太湖中,此时(调查时)水深平均四五尺,小轮由东山不能至吴江。此时水面之高,按十月三日早于渡水口桥上基线北点水则所察,为高出吴淞零点三公尺十公分。太湖水利局委员谓此水位为普通高水位,以予观之,可谓为中水位。盖据其水位记载,民国十二年(一九二三年)八月,四公尺为民国十二年(一九二三年)至本年四年中之最高水位,而其每月最低水位多在二点二公尺及二点三公尺之左右,然则三点一公尺,尚不能遽谓为高水位也。此四年中,除民国十二年(一九二三年)浙西水泻不畅成灾外,余未见灾。窥东湖淤势,东山以北,上方、七子以南,概为后来淤成者,盖数山既为一脉,则其间在水底者亦必隆起成脊,水本较他处为浅,水浅则沙已聚,加以尚有较高处如凤凰山、武山(实不成为山,只可言阜)点缀其间,以益其势。故昔者东山犹西山,亦丘岛耳。今则与吴地毗连成为臂形,据同行徐君云,二百年前黄炉镇附近之庄子街以外,即为湖口。今则直抵东山,中间仅留石寿(亦名大缺口)、渡水、二港、东西二湖赖以沟通。渡水港经开竣后,较为宽深,石寿港则狭隘之至。东山以西为涨滩,

水较深,且受风浪,芰不能生,其南、其东则反是。南端渡水港口外,东、西成二尖,颇类海湾,据民三陆军测量局所绘之图,已有涨滩。今则两尖更超出三至四里。两尖之间,所以能留一壑口者,盖以渡水港时受西湖之水于此流出,略具溜势,不易成沙,其理与海湾生成之理相同。西面亦较民三陆军测量局图超出二三里,其增淤之速,实可惊人。以大势窥之,东山向西向南而增,吴江湖滨,向东而增,将来必有一日两地相接,而东湖全塞。尾闾之口全处东湖之内,东湖塞,势必漫溢〈充〉(冲)决,另辟新口以入江海而已。

五、水利上意见之分歧

数年来关乎太湖水利之纷争甚多。关乎水之研究者:有云,西太湖之水不入东太湖,自有运河以泻于江。反之者云,湖不入江,江乃养湖。有云,浙境之水专超东湖,与西湖无关。有云,江潮海潮可畏,有虞湖水经泻而涸。关乎水利者:有主张放滩田者,有绝对反对者,有主张浚垦兼施者。至于疏畅尾闾,当无异议。而有主张疏淀山湖者;有主张通白茆者;有主张入黄浦者;有主张通吴淞者。有反对之者。有主张通浏河入江者;有主张设闸防海者;有诋之为塞湖咽喉者。各执一词,莫衷一是,致治湖之道,尚乏定轨,殊可惜也。浙人反对太湖放垦尤力,以湖面日小,则浙之水流亦不畅,而水灾更防不胜防,生死关系,亦无怪其然。

六、湖田局之成立及此次调查之由来

东山放垦,民国八年已有地方人民呈请施行,未蒙许可。太湖水利局亦主张先浚后垦。近年来主张放垦者益多。官厅亦以公私两益,未尝不可通融办法,乃设湖田局,谋浚垦兼施。然浚糜费者也,目前公家万无此力。垦获利者也,故急于施行,于是反对放垦者,恐其垦而不浚。继以官厅以案已成立,持之甚坚,于是反对者让步,请缓放垦。待测量事竣,浚之计划,垦之计划,同时确定,再为着手。官厅以为田已涸出,即不放垦,人民已经私垦,何如化私为公,请苏、浙各绅联合往该处实地调查,于是有此行也。闻拟放垦之田,东山其小部耳。吴江县、吴县、平望、八尺,湖滨地,实数倍于东山。

七、调查者之意见

各绅实地调查后,其意见乃与官厅局相接近,盖局拟开浚石寿港以畅西湖之水入东湖,则可以借溜力推沙及远,调查者亦极赞成。局拟说明者,谓东山滩地,大部分已在高水位之上,即不垦亦不为湖所有,故不如垦之为宜。调查者亦极赞同,并谓不必高出，即与高水平，亦不妨垦也。局拟削去渡水口（大缺嘴）外东、西二尖，以畅南湖水流之势。调查者亦极以为然，并谓不必全行浚渫，但定一垦界，沿界开深港一道，立石为基，港外芦荻芟刈之后，听其自灭，可以省工节费，以后永远不准于港外扩展芦荻之界。可知官绅意见之一致也。

但实[地]调查，此时三点一公尺之水位，距民国十二年（一九二三年）四公尺之高水位尚差九十公分，即约三尺。湖田局所定垦线以内，芦荡荻滩之水，尚深二尺许。有已圩为稻田之水面，尚低于现时湖水面二尺。田间之水，亦深一尺许。实际上此时滩地之水，尚低于民国十二年（一九二三年）高水位五尺左右，则大部已在高水位以上一语，不免即为人执以为词。恐执此一语以重定垦线，将无田可垦也。

八、放垦之利害

垦固有利，然其利在穷民者，间接甚微，其大利在地主，而官厅得其分润耳。鱼屯港内有朱姓一家之田八千余亩，其垦也但定东、西两界，向南则随意扩展，直抵湖之南岸，莫之与争也，其他类是。垦之害，近视之似微，远度之实大。盖以东山一隅，计二万余亩，约为全湖面积一百五十分之一。湖水增一尺五寸，则以滩上之水分布于全湖，亦不过一分耳，似若无加。然此问题为可许不可许，非多寡问题。若禁例已破，则以东山一隅，民国三年（一九一四年）至民国十五年（一九二六年）十二年间沙滩之增长率计，百年以后，东湖可全淤为陆。盖湖之淤缩，天然者缓，若加以人为，则其速不可思议。且以深于此时湖面三四尺之湖地，可圩为田，则东湖之地，几无处不可成圩。诚有利害之大关系，不可不加注意焉。

九、尾闾之宜辟

众论佥以为治本要图，莫若因地势之便，特辟一通畅之槽，使洪水之足为祸害者，一泻无余。则放垦之争执问题，可以无有矣。然工巨费浩，宁有此力乎？

十、太湖水利局测量之宜补足

(1) 环湖三角网，宜即谋完成接合，并测沿湖水界及岸势。

(2) 湖中各山岛测定其面积。

(3) 水位宜逐日记载，不可间断。

(4) 去水之路宜常测其流量。此一端关系甚要，惜哉太湖水利局之竟未举办也。他日将译德人恩格尔斯之湖说，以为研究湖水者之一助。

十一、结论

余向对于地方水利问题,弗敢轻发言论。以地方贤哲之士,本历年之经验,犹纷争无息,余以无责任者,参与其间,徒多一分呶,何济于事?故宁默耳。此次随诸君子后,增益见闻甚多,对于苏浙人士深表同情,以保存此湖。闻浚浦工程师海德生言,此湖百年后必淤为陆,为不可免之事实,故主张放垦者以为天实为之,人何能抗。然此湖数千年来未见湮没,宁百年之后便尔废弃乎?若揠苗助长,何待百年,一二十年可以变全湖为棋盘式之鱼池为芦荡,非难事也。

化兵为工之意见

(一九二八年)

今者全国和平统一,所有军队应遵照编遣会议办法实行编遣。窃以为所遣之兵果能设法化之为工,其有利于国家人民当非浅鲜。本会举办导淮工程需人必多,此法自可采行。惟能实施之力,必须有充分之研究,详密之规划,务期兵士完全变其性质,安于为工,乐于为工,而不肯复为兵。兹谨陈管见数则提请讨论详细办法,俾资施行。

1. 宗旨　要完全使兵士化为良工。
2. 组织　要完全化除军队的组织,另成一种便利于工作的组织。此项包括所研究现在军队的组织,规行雇兵为工的组织及如何能编定一种新组织,免去种种工作上的障碍。
3. 训练　研究现在军队中之训练方法,与兵士之习惯及如何能施以下三种训练方法:

(1)训练军官为公务人员。
(2)训练兵士为工人。
(3)工余普遍教育。

4. 工作支配

(1) 每日工作时数。

(2) 星期日休工问题。

(3) 全用兵工拟参用民工。如参用民工,应如何参合之各项研究。

5. 卫生事项　关于工人之衣食住医药等项。

6. 工资　兵工及民工之工资按日按月应如何规定。

7. 储金　工人应得之工资应如何规定储金办法。

8. 奖惩　工人工作之勤惰,性习之良否,应如何规定奖惩办法。

9. 工余俱乐部　工人工作之暇,应如何组织俱乐部。

10. 安插　导淮成功后,对于工人之安插如何可以化工为农。

导淮委员会工务处勘察日记

（第一次,一九二九年八月、九月）

国民政府导淮委员会既成立工务处,首先组织勘查队,实地研究淮、沂、沭各河利害所在及其分合之状,以定疏导之计,同时兼筹内河交通、农田灌溉及水电工业等事。勘查队由总工程师李仪祉、副总工程师须君悌、工程师汪幹夫、刘梦锡、许心武等组织之,医师张之棠、事务员罗忠懋,亦随队出发。海陆空军总司令部并派副官胡镇随偕行,以便沿途接洽驻军保护事宜。兹将逐日经历情形,分志于下,所有水道源流及技术问题,并当另篇著录,不复详述。

八月二十一日,天气清明。勘察队自南京乘十二时三十分快车出发,午后一时五十分抵镇江。先期,本会向江苏运河工程处,借用小轮一艘,已停泊江边以待。乃相率登舟,三时五十分启碇,沿江东下至沙头,北折入沙头河,经新码头,入廖家沟河,北行至严家桥。以时晏不能更进,乃折回霍家桥停泊,同行均宿舟中。

查淮水盛涨时,其大部分水量,全恃归江十坝,为尾闾宣泄之途。今湾头、沙河均不开放,尚余金湾、东湾、西湾、凤凰、新河、壁虎、堵山、拦江八坝。本年淮运来源,不甚旺盛,故各坝均未开放,以节水量,惟西湾坝向未堵塞,为里运出江之捷径。廖家沟河当东湾、西湾、凤凰、新河、壁虎五坝之下游,实为淮水归江之一要道,时值江潮高涨,甚形通畅,惟据土人(当地人)言,冬季水落,亦略病浅涩。

八月二十二日,晴。晨四时启碇,东南行至入港口,北行入芒稻河口。晨六时抵仙女镇登岸,至七闸,闸已拆废。后人就闸址架木桥以通行旅。拦江坝、堵山坝之水,由此入江。过七闸木桥,西行三里许,至董家湾桥。金湾坝之水,经此桥下游,会芒稻河。又西行二里至石洋沟桥,东湾、西湾两坝之水,由太平河流经此桥,于桥南之四里处,会入廖家沟河。又西行里许,至万福桥,凤凰、新河、壁虎等坝之水,流经此桥下游,为廖家沟河。更西则为湾头老坝之故址,西至老坝,东至堵山坝间,有横河贯通其间,名古运盐河,传为吴王濞所开凿。所经之桥,以万福桥工程最巨,石洋沟桥及董家沟桥次之,石础尚完好,而桥面西段则均毁于民国十六年(一九二七年)之兵乱,重架木桥,勉可通行而已。

自瓜州(洲)至淮阴,计程三百九十里,除江都至高邮一段,约一百三十里外,均已修筑公路,可通汽车。江都至邵伯甚是四十里,为归江各坝所在地,筑路须通桥梁,工程艰巨,所费不赀,以是工事迄未进行。如能绕道仙女庙镇,以达邵伯,则只需将万福、石洋沟及董家沟等桥,重加修理,即可通车。果能办到,实为完成瓜清公路最简易之办法。余等注意公路交通,盖为导淮工程运输材料着想,如自八港口筑路,经仙女庙镇,过盐运河,以达邵伯,工程当更简易。

自万福桥循原路,返仙女庙镇,查勘堵山坝,复西北行三里许,至栏江坝,本日江潮最高,时坝外水面,较内河约高三尺许。十一时五十分返轮。复循芒稻河而南,经八港口,直至三江营。归江十坝之水,均由此汇入于江。旧有水标以志江潮高下,觅之不得,盖已不复有人司记录矣。自三江营溯江西行,过焦山略停。回至镇江,已近黄昏,因止宿焉。

八月二十三日,晴。晨四时开船,六时三十分抵江都,停泊福运门外。入城赴江北运河工程处,晤处长晋穌及工程科科长张树源,详谈淮运关系、下河水利及归江十坝各情形。大致运河及运东农田灌溉,均恃淮水接济。民国十年(一九二一年)以后,频年干旱,上游来源有限,运河立呈枯涸现象,高邮淮阴之间,航行濡滞,甚感不便。其由里运东堤各闸洞旁泻之水量既无多,复大半约为近河农民所截取,不得尽量东趋。滨海各县,既苦旱患,兼之海潮内侵,卤质停留,难施耕种。本年虽曾开堵山坝,迎纳江流,但为量甚微,仍不足以济运河之需要。旱年之情形,大致如此。张科长意,甚望早开张福河,以裕里运上游水量,即以济运东农民急需也。旋由该处赠以运河图多种,以供途次参考之用。单处长复以午餐,尽欢而散。船自江都开行,已午后二时三十分矣。行经沙河坝及湾头老坝,均未停轮。四时至壁虎坝,是为归江十坝中之最大者。登岸步行,至新河坝,过新河,行陇陌间,以达凤凰坝。时所乘轮船,适亦自下游驶来,以坝前多浅滩不可近岸,得一小船,渡予等登轮。北行经太平河口,旧有西湾坝，久未堵塞。故邵伯至霍家桥，帆船可以通行无阻。而江北农产，亦胥由此输运出江。西湾坝之上游，亦太平河之岔口。该坝本年并未启放，既而至金湾河，即董家沟桥之上游。金湾坝离河稍远，欲折入金湾河，鼓轮前进，以水浅未果，乃复退出。更北行，至金湾河之北，为通扬运河。河口旧有双孔闸，名六闸，今已圮坏，仅存石础而已。自邵伯至仙女庙之轮船，皆别循岔口出入。而其对岸则为邵伯湖水入运之口，以湖中水浅，致水草丛生，远望之几如平地。而在大水期间，则汪洋浩瀚，波涛万顷，如在海洋间也。七时抵邵伯，初泊镇南，两岸壁立，高出水面可二丈许，河面复狭隘，如居山谷，暑热不可耐，改泊镇北清旷之地，气候觉凉爽。是夜邵伯驻军派军在岸上站岗守卫。

八月二十四日，晴。上午六时前启程，七时至昭关坝，石工完好，毫未损坏，近年以来，不轻启放。九时至车逻坝，其上游临近处，有车逻闸，石工极缜密坚固，口门宽约一丈二尺，闸门二道，均以木板司启闭，现时闸下水面，二次降落，可十尺，底盘前排桩二列，以固闸身。惟近闸石块，被冲坏约三四尺，宜急修治，免致冲成深潭，妨及基础。十时至八里铺，觅中坝不得，盖废弃已久，并遗迹不可复睹矣。至新坝，登岸步行，经耳闸，至南关坝、新坝。南关坝及车逻坝，口门均较昭关坝为阔，而工程坚固之程度则似未逮新坝耳。闸之结构，与车逻坝略同。十时三十分至高邮，未停轮。县城西南角对岸，河湖相连，帆船往来不绝。西北通三河，南达邵伯，实以高邮为屯驻之地。正午十二时前，经过马棚湾。下午一时，过六安镇，皆未停。二时抵界首，看子婴闸，口门宽约一丈，但闸门外，做有埽工，水从下游徐行而入，足以维固闸身。子婴闸下游十余丈，复建有涵洞，厥名普济。运东农田，需水灌溉之情形可见也。三时半过氾水，旋经郎儿闸及朱马湾闸，仅就船上见之，未停轮细看。六时抵宝应宿焉。

八月二十五日，晨五时，鼓轮北行，六时三十分抵黄浦。看黄浦闸，大小略同子婴闸，上游石块已被冲去二三尺而成深潭，宜加修理。闸之上游，并有涵洞一座，结构甚好。七时一刻到双闸，复至对岸堤上视察，近堤均农田，甚繁荣。惟灌溉水量以涵洞太小，须恃天然来源。将来导淮成功以后，如在运河西堤，多建闸洞，引流灌溉，一如东堤之制，则农民受益，当不为少。此地西去湖边十余里，南去湖边二十余里，滨湖均筑有土堤，以障湖汛。据农人言，民十大水，堤圩溃败，湖水内侵，上距运河堤顶仅余二三尺，居民皆移居堤上，是此间水旱之灾，均属不可避免。若在淮河导治以后，非独此处可以免灾，即宝应、高邮各湖湖滨被水之区，均可化为良田，利益不可胜计。七时三刻至大泾河，看泾河闸及涵洞工程，均完好。自此以上，经平桥达淮城，所历东堤涵洞凡十，西堤只涵洞三处而已。午后一时抵淮阴。

八月二十六日，留淮阴办公处，议工务进行事项。

二十七日，勘查杨庄及码头镇一带淮运交会形势。上午六时由淮阴办公处出发，乘人力车北行十里至西坝镇,市街在旧黄河北岸及盐河南岸之间,长约三四里。自灌云县运盐船只,皆在此卸运,改用驳船,循旧黄河运至杨庄,复改用帆船西出洪泽湖或南出里运河,输至皖北、河南及淮南分销。自西坝至杨庄及淮阴运河东岸,旧时筑有铁路,专供转运,今已或不复用。

自西坝至杨庄,皆循旧黄河槽行,两堤相距二里许,堤间地面高出堤外丈余,土人(当地人)名曰高滩,今已全部植垦[或已升科或仍为官地。前江淮水利局虽于民国三年(一九一四年)测勘一次,未知十五年来情形有无变异],惟中余两泓,淮运高泓,始能泻水。现时西坝杨庄之间,均筑土坝,涨水尺余,供驳运之用,余水自绝,仅于低洼处间遇汪塘而已。

杨庄亦在旧黄河北岸,距西坝二十里,为淮运交会处。运河在淮北为中运河,在淮南为里运河。循中运河西北行十八里至盐河口,西南行二十里至张福河口。其间流向在大水时,并无一定,沂、泗涨则南流至码头镇时且分流经张福河,倒灌洪泽湖。淮涨则张福之来水,不能尽量排泄而南,则亦分流逆行,北注旧黄河、盐河。如遇淮、沂、泗同时并涨,两相龃龉,则淮南灾患,因益加剧烈。淮北来源涓滴不能南泄,仅恃六塘河为排泄之途,势必造成沂、泗灾区。沭河附近,抑或被其波及。筹淮北水利者,多主张淮、沂、沭河分别治理,各寻出海之道,使毋相侵犯者以此也。

自杨庄循中运河左岸,行三里许抵盐河闸,盖涵洞而以闸著称者,中运河水由此旁出,接济盐河,现时两河水面高相差约计七八尺。自盐河闸折回杨庄西南行十八里至码头镇,张福河引洪泽湖水于此汇注里运河,折向东行三里至惠济闸,又二里至通济闸,又里许至福兴闸。三闸之制作均同,并各建越闸,今已圮坏。惠济闸水面相差二尺五寸。旧时建闸之作用,在节制来源,俾淮水注运,不致过量。水流经此,因断面缩小时速度其急,上行船只,须用绞关牵挽过闸,情形极为困难,时且发生危险,而所费亦殊不赀,急需改造船闸,以一代三,以便民航也。下午七时返抵淮阴办公处,共行七十里。

二十八日,阴雨。留淮阴办公处,筹备工务进行事项。

二十九日,循洪湖大堤至蒋坝镇。上午七时自淮阴本处乘汽车出发,经惠济闸至石工头,是为洪湖大堤。至终点堤外,旧有石工闸,因淮阴修缮城垣,拆去应用,今犹见有少量乱石,堆存堤脚,盖有遗迹。至武家墩折向西南行,堤身益高厚,顶宽旧为一百六十尺,其上并筑有子堰,宽亦四十尺,今已稍稍坍削。滨湖石工尚坚固完好,堤外皆为湖滩,地甚高亢。民国十年(一九二一年),尝一度被水,其余皆多丰稔,土壤肥沃,可以想见。闻此项滩地,多为豪绅蒙领升科,每户达数千亩万亩不等,以荡地为名,尚未列入田赋,仅纳租金甚微。此亦导淮进程中应事考虑之问题。

堤内旧有运料河,当为筑堤时取给土方之地,继复引流为渠,借便转送石料,今已浅涸，无当运输，而水草丰美，颇宜畜牧。自刘家渡至高良涧间，张福河与大堤相平行，帆船往来，均可自堤上望见之。行近高良涧，始见湖面，然亦半为芦苇所掩蔽。自码头镇至此一带湖滩，在昔时因黄河之倒灌洪泽湖而致淤涨。其后复因淮河含沙，渐次沉淀，以成平陆，故向湖心为倾斜，渐近渐低，渐复扩展。今岸线已渐由顺和集附近，移至高良涧。可知洪泽湖底愈垫愈高，湖面愈缩小。大汛之际屯蓄水量，自益减少。因致水面高涨，遏阻皖境来源下泻，皖北灾情深烈，盱眙槽河附近，亦日益坏矣。过固桥以后，以次经信坝、智坝及林家西坝，均为石工，其制与里运东堤归海五坝略同。而规模宏巨，工程坚固，则又过之。

在林家西坝之南及信坝之北，筑有南、北束水堤二道，俾湖水过坝东趋，有一定范围，不致泛滥而无约束。今各坝久已闭塞，不复开放，盖洪泽湖水一时尽量泻入高宝湖，足以危及里运东堤故也。正午十二时抵蒋坝镇，洪湖大堤以此为起点。今洪湖之水，均由此江入三河，以达于高宝湖，然后分入江海。三河口筑有草坝，夏秋湖水盛涨，即行开放，冬季复行堵闭，借便蓄水运盐，岁以为常。三河口门之内，又有头河工河及四河者，均三河之岔道。头、二河旧有石坝，现均堵闭，与上述三坝统称为上五坝。盖对于里运东堤下五坝（归海五坝）而言，析言之则为仁、义、礼、智、信五坝。余等周视即竟，于下午二时，仍乘汽车循原路返淮阴。中途遇雨，进行殊艰涩。特务工乃得是日达堤游，上峰派汛官王君，领导勘查。

三十日及三十一日，留淮阴办公处，筹备工务进行事项，并准备出发勘查淮北水道源流及其利害关系。

九月一日，自淮阴办公处出发，勘查淮北水道。预计此行循盐河出灌河，至海复折回盐河北行，至新浦然后西行至沂泗交会处，循中运河南行。期以两旬，返抵淮阴，则淮、运、沂、沭各河水道分合之状与其利害关系，均可了然于胸。下午五时，乘人力车至两坝镇登舟。所雇帆船三艘，其一特大，长八十六尺，宽十六尺，桅高六十五尺，载重一百二十吨，往来盐河帆船，此为最巨，以居余等。其他二船，载独立第十三旅士兵二十人，由排长一人率领，随行借资警卫。是夜宿船中，因携有行床蚊帐应用，颇安适。

二日，晨七时，扬帆东行，午后二时抵涟水县城外大关驻泊，行六十里。查盐河系中运河之分支，在沂泗泉源盛涨之际，分泄中运河一部分水量经由灌河入海，于其入口建有双金闸，以节制水量。淮北产盐，在陇海路东段通车以前，全由此路输运西坝，转运至淮南、皖北及河南各地分销，是故兼有航运之利，惟在冬季则病浅涩，吃水较深船只，辄难行驶。现时水深六七尺，尚无若何阻碍。自杨庄至涟水县一段，与旧黄河相平行，而河底高度相差一丈五六尺。江淮水利局曾议借用盐河展辟淮水入海之道，至涟水后，仍还旧黄河槽东趋入海，借省土工。而私家著述，又多主张导淮水经盐河入灌河,东注入海,以为工程最为简省,盖皆从就下之势着想,不无理由。惟淮北水道情势复杂,究如何取舍,方为尽利,殊大有研究之价值,此时尚难漫为臆断。大关距涟水县城西北三里余,有支流绕县城,东、北、西三面来会,乃一较大之泄水沟,非正当河流也。余等在大关登岸入县城西门,旋出南门,登旧黄河北堤堤顶视城堞且略高。横穿河槽至南堤,其间相距可一公里,河槽中心尚余一线细流。南堤以外,地势亦低,弥望平原,极目无际。因少灌溉之利,土质不甚肥沃,如辟旧黄河为一部分淮水入海之道,借便沿途引流水溉田,实为两利,是亦导淮计划中应加考虑之点也。五时许回船。

三日,上午八时解缆行,下午一时抵码头。因前途无适当驻泊地点,遂止宿于此,行四十里。盐河自大关以下,始与旧黄河分向,河面亦稍宽阔,两堤相距二三里不等。时[码]头筑有草堤蓄水,维持盐运。现时尚未堵闭,幸无阻碍,否则必须在此改乘别船,始能前进。盐河交通有改良之必要也,时码头以下渐有潮流。

四日,上午六时开行,因风向不利,进步殊迟缓。晚六时抵新安镇,距码头六十里。沿途无甚可记。同人蜷伏舟中,相与讨论导淮入海及整理盐河交通计划甚详。

五日,上午六时解缆行,沿途柳堤夹岸,风景殊佳。十里至武障河口,盖南六塘河自西南来会,与盐河相交叉成十字形。过盐河以东,又为武障河。此亦沂水注灌入海之道。在盐河东岸筑有盐坝,长六十丈,每逢盛汛,水面泛涨至规定高度,始开坝泻水。本年上游来源不多,并未开放。又十里至龙潭沟河口,此为北六塘河穿过盐河以东之名,乃沂水注灌入海之正干。盐河东岸,亦有盐坝,口门开放约得全长二分之一,盐灌交通赖以连贯。时上午十时,潮流内灌,帆船遂行不易,因暂停泊。午后一时,始折向龙沟河东行,因风向不利,苦不得前,抵晚仅达陈集,距龙沟镇十五里,距新安镇三十五里。据乡民言,现时涨潮及落潮水面,在龙沟镇相差六七尺,在陈集相差可八尺,验诸所见,殆为近是。龙沟河因潮流冲刷,颇为通畅,陈集水面宽约二百五十公尺,落潮时水深一丈三四尺。夜听潮音,殊快人意。

六日,上午六时前起程,连日均苦东北风,不利下行船只,舟子又不习潮河行驶方法,进行愈觉困难。八时后潮流倒灌,愈不得前,乃就地停泊。俟至下午一时,勉强开行。此晚仅抵陈湾驿泊,距陈集四十里,至响水口镇尚有五里。望之终日,竟未得达,极为闷闷。

七日,上午五时解缆行,旋抵响水口镇。以舟子不识潮河路径,另雇潮河船一艘,拟乘之东趋陈家港及燕尾港等处,既而登岸游览街市情况。探得是间有小轮一艘,按日往返杨集一次,乃就该轮经理商雇应用,借资便捷。惟须翌晨始能成行,因候一日,拟赴大通口看旧黄河,因当晚不及赶回,亦不果行。

八日,上午六时五十分,乘轮下驶,轮名同记,系来自青岛,长七十一尺,宽十二尺,载重九吨,吃水六尺。七时三十分过田家楼,八时过双港镇,九时过海安集,十时三十分抵陈家港,登岸早饭。十二时三分鼓轮前进,一时二十分抵燕尾港,即灌河口。自响水口至此,水程八十里,共行四小时半。自燕尾港上驶至响水口,六时五十分到,行五时半。是日本拟乘轮直溯龙沟集,故预嘱所雇帆船三艘,乘风先返。比及响水口,已逾黄昏时分,驾驶人虑前途水浅,不肯夜行,只得留驻是间,同人既未携带行李,复不能得一清洁旅店投止安眠,竟多蜷伏舱中,疲倦极矣。

查灌河自响水口至燕尾港,岸线整齐,河槽深广,水流平缓,在交通有极大之价值。曩年陇海路徐海段未经勘定以前,常拟以灌河口为该路之终点,惜此议不行,致良好港口迄今未得利用之道。兹将前工程师法国沙昂调查灌河口情形,照录如下。

海州大潮河极有研究之价值,兹将此河各处深广列第一表于下。

第一表

地名	与盐河相距/法里	潮退后之深/法尺	水面间/法尺
燕尾港即灌河口在门沙	73.000	4.000	800至900
上团港	70.500	2.400	800
陈家港	62.700	4.730	350
卤安集	53.500	3.520	300
双沟集	44.400	8.880	200
田家楼	38.400	5.240	300
响水口	31.000	3.700	200

由第一表观之,响水口之距离灌河口栏门沙内约有四十二法里(法国旧制长度单位,一法里约等于四公里),而是处水深尚有三法尺七寸,水阔二百法尺。响水口潮汐之高下,每日潮汐七至八英尺,每月朔望,十四英尺,春分、秋分(每年平均)二十至二十五英尺。一九一二年秋间,中国海军炮舰曾行抵此口。燕尾港(即灌河口)之东,有内栏门沙长约一法里,横约二法里,潮退后,口内水深仅五六英尺,滩上水深仅三四英尺。此沙外尚有无数沙滩,大半在口门及开山之南(开山距内门沙约三法里),故汽船偶近开山,必行驶开山迤北之路,而停泊于山之东北,距栏门沙三四英里。上年冬季,上海信恒公司汽船名亚细亚者,曾至灌河口装盐四万包,计净重二千五百吨(可见全重四千吨之船可由海外或入连岛驶至开山附近之说,信不虚也)。

同时有政府巡洋舰一艘,同前炮舰亦驶至亚细亚所泊之处。彼处水深约五寻(一寻等于一点六米),该舰停泊于此,并不驶入灌河口内。灌河口之栏门沙甚广大,潮退后,即中国帆船亦难行过,并有数次现出水面。由开山至河南岸仅半华里,倘河底非淤泥，竟可以步行。

开山只一岩石，其东南有沙滩数处，近南有暗礁，一名船山，潮落时即露水面，一名陶峨山，潜伏水底。大潮河现势如斯，此间五十海里（一海里等于一点八五公里），直与天津海河相等。苟数百年来无此阻塞，则此河堪为山东省东南部众流所汇，盖潮水每日两次，退潮时增其速率，夏秋盛涨，均足以浚深河底、刷去淤沙。今口门淤塞日甚，皆由近百年来以人力破坏天然形势所致。自山东来之沂、沭两河，应为大潮河之源，惜被人力迫沂河向西入骆马湖以济运河，又用堤遏沭河入青伊湖以济海丹河，遂使沂、沭下流，不能与南、北两六塘相通。

淮北之人专顾海州、杨庄运盐之便，筑塞五丈、龙沟两河之西口，使两六塘之水不能东流，逼全体之水入盐河，造成淮北之岁患，而大潮河潮流阻迟转运，莫出其途，乃成盗薮。人皆知其害而无敢言者，使无此弊，则大潮河潮可为海兰铁路之起点，运输最捷。今如欲作为起点，必先拆其前筑各堤坝，规复大潮河天然形势，方可成良港，否则不合于目前之用。

又，灌云武霞峰民国五年（一九一六年）会勘江北运河日记述灌河口形势，亦有足供参考者，兹摘取如下：

同人乘兵舰勘灌河口门。此处余昔岁曾测勘一过，制有详图。口门宽约里许。全河宽度平均在六十丈以外，枯潮深度一丈五尺左右。旧地重游，颇动海行游兴。途次凉风拂面，朝雾未销，开山一点渐逼渐真。此山不大，矗立口外（距陆十余里），开港后，可建灯塔。前岁洋员沙海昂履勘，许为无口伟渠口同一价值，因有海兰铁路终端之规划。惟潮涨时水几平岸，若上源太旺，必致漫漾为患。舰抵口门，容与中流，极海阔天空之慨。滨口渔舟，棋布罗陈，骈列北岸，燕尾港都数百家，复迤北有公济运盐码头。此偌大赤卤区域，旧属海州学田范围之内，数千项，租隶于海赣垦牧公司，开设大行于此，岁收四万费而已。大源附设之大田垦牧公司，在济南各盐圩之西南，旧为苇荡营留营草地，尚未开办。乘小舟循圩河赴大源总公司（十二里），纵目四顾，盐圩栉比如古井田之制。余昔岁过此，弥望海滩，四无人迹，曾几何时，气象一新，实业之伟力，令人惊绝。大源河东盐场之面积，南北宽十里，东西长二十里，共盐圩三十六墭。另有河西四墭，每墭略成方形，每方边约三百尺，计大源圩河总线之长，约得六百余里，为济南各盐场之冠。

兹记济南各公司之大概，列第二表如下。

第二表

公司名称	创办时期	盐河总数/堍	坐落地段
大德	清光绪二十四年（一八九八年）	21	河西
大阜	清宣统元年（一九○九年）	10	河西
公济	民国二年（一九一三年）	24	河西
大源	民国三年（一九一四年）	40	河东三十里至河西四坝
裕通	民国四年（一九一五年）	20	河东
大有晋	民国四年（一九一五年）	10	河东、西各五堍
广日新	民国四年（一九一五年）	10	河东

就第二表观之，共计盐圩一百三十五堍，其势日下。还顾淮北旧有各场，黯然无色，浸浸乎有夺主之势。淮南煎盐，亦日渐退化，此盐业大变局也。导淮由盐河出灌口之说，固为海境农区所不憙，果淡水盛注，亦颇与淮北各盐场有关系。盐税一千五百万[元]，为国家岁入大宗，投鼠忌器，安可轻举？

余等此行勘查灌河口之目的，在明了灌河对于淮河流域交通水利及防灾各问题之关系。导淮由盐河出灌口之说，主之者不乏其人，颇有一部分理由。然观武君所记，则提出两项问题，以待质证：第一，灌河涨潮时水几平岸，若上源太旺，必致漫漾为患；第二，灌河淡水盛注，颇与淮北各盐场之产量有关系。此固为设计时应行注意考虑之点，现在尚不能为具体之决定。但在导淮工程施行以后，盐河纵不容纳淮水，亦必加以整理，使成有用之运河，北通新浦与临洪河连接，西通杨庄与淮河及运河连接，则灌河在形势上自成为内地水路交通之口门。以余等所见，灌河现在情形，与沙里昂调查时尚无大异，口门开阔，河槽深广，足容四十吨之轮船往来停泊。栏门沙面积不大，疏浚甚易，至沂河来源含沙虽多，然到处停积，为患实在内河（如中运河及六塘等河），而少在海口，将来沂河整理通畅以后，亦必不使含沙为淤塞口门之患。现在响水口为转输杂粮出口之地，陈家港及燕尾港间，且已建筑新式轮埠多处，载运济南食盐（旧日淮南产运销湘、鄂、赣、皖四省。自淮南开辟荡滩，煎盐产量较昔减少，上述七公司乃继起。灌口附近，接济淮南，故称济南所有产量均由此用海轮装运至十二圩，然后改用帆船，溯江而上），均有蒸蒸日上，逐渐成为内河商埠之势。将来便就燕尾港及陈家港一带地方，建设港埠，并使水路接通淮运，陆路接通海兰铁路，南至上海，北至青岛，均一日可达。非惟未来之新浦墟沟所不及，其形势实较海河、黄浦，或闽江尤为优美。乃总理实业计划中之二等港也。

九日，晨七时，鼓轮上驶。至东门河口以上，河槽稍形浅狭，乃度量水深，从容前进。十一时方抵龙沟集,途程五十余里,历四小时始达,其速度尚不及帆船乘风行也。十一时三十分开行。按盐河在龙沟以南,河流北向,龙沟以北,河流南向。两方来源,皆由此会合入灌河。惟是时潮水高涨,溜势甚急,兼苦风向不利,历一小时之久,方渡龙沟。又历三小时抵张店,计程不过八里,舟子苦甚,勉令停泊休息。晚七时半,风已平息,在月下纤挽而行。十里至杨集,又十里至大伊镇,已午夜十二时三十分。盖自徒司沟以北,河槽殊形浅狭,故舟行亦缓。

十日,上午五时解缆行,过大伊镇,其对岸为东门河。南、北二口门均筑有盐坝。南坝现仍开放。北坝旧为滚水石坝,废坏后改为土坝,已堵闭。大伊山在镇市西北,乡人凿山采石,运往盐河上下游,以供建筑之用。石系片麻岩,纹理较粗,质地不甚坚固,小伊山所产较佳。余等停舟登山,参观石厂,询知工人二百余。各人所采石料,均自行出售,并无何种组织。乱石每方价约二元,条石较昂贵。过大伊山以后,东北风忽又紧张,每小时计程不过一里。午后风速稍减,勉可进行。薄暮抵大莱市,距大伊山三十里,至灌云县城尚百十里之遥。

十一日,河道弥形浅狭,不利行船。晨餐后,舍舟登陆,步行至灌云县县城。旧为板浦镇,建国后始设县治,四周仅筑土围,并无城墙。城南盐河及烧香河交会处,泊盐船甚多,淮北产盐皆从此起运。盐河西岸设盐务稽核所,以绾征权。从灌云至沭阳及东海、新浦、大浦等处,均可通长途汽车,为省公路局所经营,车站设城北。余等雇用汽车二辆,北行三十里至新浦镇,历时四十五分钟,分两次运送完毕。沿途所经,皆赤卤之地,不宜耕种。由此东北至海岸,皆同此情形,云台山亦绝少林木之胜。抵新浦镇,寓东亚旅馆,房屋颇整齐修洁。舟居旬日,殊形局促,至是为之神怡气爽。午饭后,周行全市,借知概况。新浦镇位于临洪河之右岸,距海口六十里,市街由西南展至东北,长约三里余,自龙海路东段通车以后,商业渐繁盛,惟商埠经营有年,绝少成规,市面纯系私人自由发展,故道路崎岖、污秽,殆未设市政机关总司计划、建筑及管理之事也。陇海车站在市梢,每日有客货往来徐州一次。西行车上午八时半开行,东行车下午五时到。

十二日,上午七时乘公共汽车至大浦镇。此为陇海路之终点,亦为往来上海或青岛海轮停泊之地。但除龙海路车站码头及货栈外,只转运公司十余家,尚未兴辟商业区域。余等初意,由此间乘人力车至临洪口,不果通行。闻海州转运公司有汽油船一艘,可以出租,仍附汽车折回新浦,与该公司接洽雇用。于十一时十五分乘该轮下驶,历二小时抵临洪口,行六十里。临洪河上承沭河之水,含沙量极巨,水色混浊。至新浦以下,并汇注五龙河及朱稽河之水入海,而青口河则单独入海。源皆甚近,长不过百余里。自新浦至海口,河道由一百五十公尺逐渐度阔至八百公尺。而在新浦与大浦之十八里间,河形殊弯曲,大浦以下,较为平直,岸线亦整齐。近口处北岸较高,南,岸浅滩，都为潮流所被，一片汪洋，直抵云台山下。口门外有栏门沙，时亦沉没水面以下，落潮时高出水面可三四尺。轮舶往来，多为阻碍，惟高潮时始可出入，倘途径不熟，或行驶不慎，仍时有搁浅之虞。余等并见有海轮一艘，浅搁滩尾，闻已数日不得下矣。栏门沙之东为秦山，大似灌口形势。即近海水道，亦颇相同，惟沭河来源，含沙特多，随处沉淀，辄致淤浅。故以交通上的价值论，临洪河不及灌河佳也。在临洪口之东南三十里海岸上，有地方名墟沟者，为陇海路计划的终点，路线已勘定，尚未展筑。该处以东，连岛为屏蔽，形势天成，可以屯船，可以避风，适于建筑港埠。余等本拟鼓轮前往，惟在落潮时轮船不得进口，如此时驶出口外，须俟午夜涨潮方能进口，遂不果行。午后三时十五分，返抵新浦。

十三日，晨六时三十分赴陇海车站。八时二十分列车自大浦来，夜车西行，遇副段长林君盛承招待，并为述地方状况甚详。据云："新浦镇地价涨至三十元一亩，但在铁路以南仅二十元一亩，相去咫尺，而价格之悬殊如此，究其原因，则以路北为建筑用地，兼已筑有土圩，不虞水患。路南全为荒地，夏、秋两季，潮流旺盛，近海平原，多被淹没，而在大水减退之后，卤质停留，亦复难事耕种。"车行至东海县城附近，始见树木及种植物。蔷薇河在东海县城西，桥凡六孔，每孔三十公尺。当河水涨发时期，自东海县至白塔埠及曹浦一带地方，均在灾区范围，平地水深，自二三尺至六七尺不等。此段路基特高，盖为避水计也。曹浦以西，地势渐高亢，就路旁土坡观之，地面泥土深只二三尺，以下即为砂礓。牛山以西渐为平地。十二时五十分至一铁桥，三孔，每孔二十公尺，桥下无水，盖沭河之支流。一时十五分过沭河铁桥，六孔，每孔三十公尺，现时水面宽约十公尺，含沙不多，惟山洪暴发之际，泥沙俱下，始为浊流。下午二时许过沂河，桥六孔，每孔十五公尺。林君告余等，民国十四年（一九二五年）七月大水时水面距桥梁一公尺。四时抵运河车站，是即本日行程目的地。余等相率下车，雇手车运行李至大榆树，乃一小村落，北距瞿塘集八里，南距庄楼三里，觅旅店不得，假用自卫团余屋过宿，尚无所苦。

十四日，至沟上集看芦口坝沂水支干分流情形，以明沂、运关系。黎明觅人力车不得，雇手推车行。九时抵官湖镇，过减河大桥，长约一百二十公尺，凡十一拱。其大部分均为含沙淤塞，大汛将阻碍河流影响不小。十二时三十分，抵沟上集三叉河口。沂水自各村来，其正干本东行直下六塘河。芦口坝之作用，在节制注运水量，其后正干河槽逐渐淤塞，宣泄不畅，芦口坝亦圮坏，沂河来源乃全部泻入减河，分为三股，由瞿塘口、沙家渡及二道口注中运河。而正干河槽，非至盛涨不能有水。以余等所见，沂河正干河槽最高，第一减河（经由官湖镇至瞿塘口注运）次之，现在均无水，第二减河（经由邳县城至沙家口注运）又次之。第三减河（自邳县城东北分出至二道口注运）系沂河自行冲决，其深度如何，尚待测验。但以当前事实而论，河槽之高低与其年纪为正比例,则知此途应较深也。现在沂水既全部侵入中运,若在汶、泗来源,同时涨发,中运容量有限,不及吐纳,辄成灾患。谈治运者多主沂、泗分流之计划。芦口坝东岸有决口数处,系民国十四年(一九二五年)冲决。当时瞿塘以南,磋湾以北,沂、泗之间俱成泽国,平地水深六七尺,灾情之烈,可想而知。今决口犹未堵塞,伏汛下注,殊多危险。一时许,取原道返大榆树寓所。四时过官湖镇,得换乘人力车,借以休息疲劳,六时抵寓。是日本拟纤道往邳县二道口,沙家渡及沙塘集等处,以时间忽促,不果如愿。

十五日,雇帆船四艘循中运河南行,视察沂、运分合之状。沿运河面甚宽阔,可一百五十公尺,现时来源减退,水不甚深,仅可行驶民船。两岸高出水面二丈余,颇呈年久失修之状,如遇大水,势极危险。十一时半抵磋湾镇,由沂河正干南行之水,至是全部注入中运。现时干涸无水。其入口旧有竹络坝,节制西趋水量,今已圮坏,遗迹仅存。大汛时由周家口分一支东南行,并由钱家口分一支西行,与周家口之水汇注骆马湖。但湖身今已淤为平陆,不复具有停蓄功能,而其来源,均由墨河经五花桥凌沟口至鲍河头,入总六塘河。如水面益高,并由凌沟口分流入砂礓河,至十字桥,注入沭河。惟沭河盛涨之际,反西流至凌沟口□□沂河成交浸之势。余等在磋湾登陆,循沂河东岸行二里许,至钱家口支流。沂河较高于中运河,钱家口支流又高于沂河,均可一目了然。十二时二十分返抵原船,张帆南下。三时过皂河镇,五时过九龙庙,有支渠分泄中运河水。六时至五花桥亦分支,与九龙庙之水,同注总六塘河。现时均已断流。五花桥以下,河流顿狭,倾斜亦大,水流湍急,舟行甚速。七时抵宿迁南门外。河流复归平缓,是日行一百里。

十六日,上午四时三十分解缆行,至漾流闸以下,河流渐成狭窄。十时至刘老涧,登岸视察。此为中运河水分注六塘最大之口门,旧时建有九孔闸,嗣改为滚水坝,今滚水坝已废坏,仅余石块散乱堆置而已。右岸墙尚未全坏,其上树立前清道光二十二年(一八四二年)碑记,已汗漫不可卒读。滚水坝之西,并有土坝遗迹,想系继石坝以后所筑。四时三十分过滚水坝旧址,盖亦通六塘河之口门,今已堵闭,久不开放。六时三十分抵众兴镇,距宿迁九十里。

十七日,上午五时,所乘帆船载随行士兵及辎重先行。余等赴汽车站候车,径返淮阴办公处,九时半开行,十一时半到,行七十里。溯自八月二十一日出发以来,已将淮南、淮北两个区域勘查略遍。惟旧河近海一段及里下河一带,为踪迹所未到,尚待继续勘查。此外并拟继续勘查皖境淮河、山东运河及汶、泗、沂、沭河上游情形,以做统筹全局之计。

导淮委员会工务处查勘队日记

(第二次,一九二九年十月)

国民政府导淮委员会工务处既已组织查勘队,查勘蒋坝以下之洪泽湖、张福河、淤黄河、盐河、中运河、里运河、沂河、沭河以及灌河、临洪河等海口,其日记已经陆续发表。展以导淮工事,宜上下兼顾,淮河上游如皖、如豫无论已,即鲁西诸水归还而下壅于淮,亦无不与淮息息相关,于是乃继续勘查。以路程关系,先及于鲁,次及于皖。

十月二日,工务处长兼总工程师李仪祉偕副总工程师须恺乘津浦路车北上,本欲由徐州下车,改车赴韩庄。嗣以华北水利委员会电告会档,并将会期改前,恐弗及,乃决计归途详细勘查,径赴津。四日至津,六日、七日在津出席华北水利委员会第六次会议。复以清江浦来电催副总工程师回办公处,乃决计令须副总工程师先期回淮阴,另约副工程师王凤曦与总工程师偕行。当以王君交代华北水利会流量测站事,待之二日,十日动身,随带勤工一名、测工一名,乘津浦路快车南下。十一日于济南下车,寓北平大旅社。

访山东省政府建设厅与会商会同查勘山东水道事。值其正开山东全省各县建设局长会议,未能即会。电约黄河调查员刘钟瑞及流量测站副工程师王仁荣来济,询问黄河流量站所测洪水位水准处,其约数如第一表。

第一表

地名	最高水位(大站零点上)/公尺
潼关	325
陕州	265
华县	106
郑州(黄河桥)	95

续表

地名	最高水位(大站零点上)/公尺
开封	78
兰封	69
濮州	54
十里铺(运河口)	45
濮口	28.54

黄河与导淮无直接关系，但宋时河南徙，夺据淮道七百余年，淮因以敝。惩前毖后，不能不为之周虑。况〈蓟〉(？冀)豫河工险象频生，寿、濮等地决口则泛巨野，薄运入淮。铜瓦[厢]决，则循故道入淮；开封、中牟决，则侵惠济，袭涡，侵贾鲁，袭颍入淮，在在伏有危机，导淮焉能不有北顾之忧也。故淮黄水利宜兼筹并顾，而秉其事者宜互相联络成为一气，所有事工计划彼此筹商，而前对于河防之事，导淮者尤不能不多加注意也。

下午，建设厅派技正宋文田、技士张君森来，询以小清河情形。据云：小清河通航由济南通至羊角沟三百二十五里，距海尚有三十里，海潮上达桓台庄(有闸名桓台闸)，距羊角沟一百里。所航之船大半为梭子船，吃水一尺余，载重三万余斤，船身长二十五公尺。船运以盐为大宗，因羊角沟为产盐之地也。在羊角沟规定盐一千号，每号收税一万元，实际只有八九百号。河身自桓台以下渐宽至五百公尺，桓台以上则仅三十公尺。羊角沟口外有滩，水浅，海轮不能入。潮差六七尺。现由山东建设厅设立小清河工程局，其目的在整顿河身，设闸通航，以利转运。

十二日，山东运河工程局局长张华甫，及河海同学约会餐于石太岩，与约会勘山东诸水办法。

十三日，往访建设厅长孔繁蔚，与该导淮与山东诸水之关系，当蒙指定技正曹瑞芝、技士张君森、技佐赵旭村同往勘查，约明日动身。赵君于运河情形最为熟悉，曾供职运河十余年。下午赴开元寺，中国工程师协会约讲演导淮之主旨及导淮与山东治水之关系。

十四日，上午十一时，建设厅所派诸人来，并加带测夫一名，由寓所动身，乘汽车出发往陶城埠。由马家道子渡河至北泺口，即循黄河北大堤(俗名金堤)西行。下午二时抵齐河县，稍憩。五时半抵香山，六时十分抵陶城埠，宿于汽车站。由济南抵此汽车路凡二百八十五里，河路由泺口抵此凡二百七十三里。此段河水整一，金堤完固，汽车路可称最优，虽土道而平如砥也，黄河在此段大弯曲者。再金堤之外又有民堤，寻常所守护者为民堤，人民自行防守，官为之助。逼水之处石坝鳞次栉比，概以石工垒砌，其形或圆形⌒或梯形⌂，或做菱形◇；其轴或正交河身，或斜倚向流，其高在洪水面上；其两侧陡而非坦，其内填土，亦有以埽为之者。有坍陷者，抛乱石护其脚。防河之功尽于是矣。

河防组织在鲁境内分三游，每游设分局长，中游分局长由河务局长兼之。局长下分总务、工程二科。所用材料为石与秫秸，石料上游产自沈屯，亦有来自巩县者。下游产自望口山，由石料采办专员采办，归工程科，秸料由总务科就近采办。上游分三营，中游七营，下游八营，每营分五汛，每汛兵弁共十八名，皆循旧制也。每汛所辖约为二十里，营长月薪一百四十元，汛长三十元，汛兵十六元。往例大汛期届，每营添夫五十名，近年来多未照办。

黄河此时水面甚低。据土人（当地人）云，冬令水最低时，亦不过再减二尺许。此时水面尚高出金堤里地面。金堤外滩地肥美，居民亦多，每亩地价至八十元，而堤里地则多枯瘠。凡河之有堤防者，堤内土地受堤身漫水之害，性寒而瘠，多成不毛，堤外则受河水漫溢，成为沃壤，此一定之例也。

河中上下航帆甚多，往来货物以粮食、枣子、花生、瓜子为大宗，其次则为煤及杂货、布匹等。最通利者为濮州下至海口，近有试航小汽轮于泺口、开封间者，以讼事暂止。船之大者可载重八百担，每担一百六十斤，上达濮县，远之可及汴、巩。小船可由姜家口通南运河，至袁家口北运河则久不通矣。昔年以盐窝为产盐之地，故黄河盐船亦多。光绪二十五年（一八九九年）前，盐窝距海面不过六十里，后以沙洲大长，今距海面至二百里，海潮不复能至盐窝，而盐场遂废。今则以小清河之羊角湾为产盐地，而盐之运输则多由小清河转于铁路，泺口以下航船亦较小，最佳之航道厥惟泺口至濮阳一段。

距泺口十余里油房赵庄有张耀所建减水闸一座，凡三孔，工甚固，尚如新，每孔宽二丈余，闸高二丈余，石十六层。闸成后以人民反对，迄未启用，现摈之土堤之外，成为废工。然此闸实可利用以引水溉地，余水放之徒骇河，惜人民畏黄如虎，莫敢轻试。

齐河县黄水逼近堤脚，坝工甚密。近建设厅技正曹瑞芝计划用虹吸引水发电，兼事灌溉。下由赵牛河通徒骇河，据其计划虹管径五十八英寸，冬令水最低时，上下高差为一至二英尺，普通四英尺者，每年约有二百日，六英尺者一百六十日，拟以水力发电，可得马力一百七十余匹。所采地址为齐河西门外二坝之间，水静沙少。发电后水归于潭，引出灌溉，而潭中之水亦可用电力引以灌较高之地。按黄河及永定河无不可引以灌溉者，河高地低，天然一灌溉渠也。无如向来河工政策防河是务，有言引河者辄掩耳而走。今曹君先以虹吸管试之，其效著，可推广矣。惟黄河弯曲，可得适宜为虹吸管设施之地址不多，若做引渠又易淤填，是不能不热祝曹君之成功也。成效既见，添设虹吸管其利甚溥。虹管上端随水升降，而齐河县黄河高水、低水之差至十八英尺，构造稍有不善，辄易敝坏。吾华人之于事功喜成恶败，成则汝悦，败则汝毁，故图始尤不可不慎。曹君曾于河南试为之，而河南柳园口之高低水差，最近三年中未有过三尺者，以前亦未有过五尺者。盖河面于豫境阔，而于鲁境狭，故水之涨落亦大殊其致，是又不可同观也。闻曹君云，虹管涡轮电机业已由济南陆大公司承办，实施不远矣。

由香山迤西黄河沿墨山山脉而行，其在姜家口（即大清河口）上为庞家口，亦有山介于姜家口及十里铺（南运河口）之间。下为鹅山，河之北岸亦有其余衍，名渔山，而至香山则河滩亦有小山，居民宅其上如堂阶，诚佳地也。

北运河口昔在张秋镇，与南运口之十里堡相对，在陶城堡上游十八里。自黄河北迁，横绝运河北为南北，而张秋口渐致淤废。于是开辟新道出陶城堡，而南运河来船亦出姜家口，十里堡运河闸亦遂常闭。近则漕运久废，北运口亦全塞矣。

晚，台北一营第一汛长至，询河防情形。据云河防秸料每年获秦后，始由局中派人调查市价，定料价焉。本营河防甚稳，无险工，故亦无多事。

十五日，早七时，余同人出循黄河滨东行。河堤外旧有清水河一道，由濮州至此入河，可行粮船，今已淤为平地。而今年大雨，寿莘等处水无所泻，乃于濮州决堤，遂致冲成新河，仍于陶城堡入黄河，是可以见北运以西，黄河以北，人民之所苦矣。

由河滨折往运河口，是为新运河口，其口不一，昔年通漕时，于运口筑有草坝。盖自黄河断运，北运苦于无水，赖黄水接济，则其性善淤，故筑草坝御之。每年春二月、夏六月开坝放漕，黄水放入漕，船随而进，一二日过完，仍封坝焉。然即如此，运口仍屡为黄水淤填，致高仰不能通行，则只开一岔口。如此者不止二三。今则金堤之内崎岖起伏，运河之底柳树成林，不辨为河槽矣。其淤塞之处长可三里许，今测黄河水面与运河底最低之处，高低相较为六十九公分，约二尺余。

按山东南运河工程计划书所载北运河河底倾斜见第二表。

第二表

起点	止点	相距公里数	河底相差公尺数	倾斜
新运河口	新旧运河交汇处	6.5	6.577	100000∶101
新旧运河交汇处	七级镇下游	17.5	1.540	100000∶9
七级镇下游	聊城北坝	27.0	3.151	100000∶11
郓城北坝	魏家湾	31.5	1.374	100000∶4
魏家湾	临清三元关	31.5	2.489	100000∶8
总计		114.0	15.131	

临清以北有卫河给水,水源可无问题,而临清以南一百一十四公里水无来源,高低则相悬二十五公尺。引卫而南其势不可,引黄而北则淤塞可虞,诚工程上一至难问题。据历来经验,卫河水盛倒漾可至聊城,则聊城以北用卫供给,事实上可以办到,所难者聊城至运口之五十一公里耳。将来此段交通,若有需要,或设水库淀清黄水,乃以入运,而建船闸四座,分为三段渠以节水量,则水量之消耗不过蒸发、渗漉及过闸三项,庶亦可为。总工程师于民国十年(一九二一年)有《黄运之交会》一文,载于《河海月刊》,即本是旨。现山东建设厅设立运河工程局,拟先从北运着手,加以疏浚,引黄河水放入马颊[河],其意盖在灌溉及排水,一时尚谈不到交通也。

自运河开通,筑堤为范,加以河底淤高,遂为河北、山东东流诸水之大障碍。莘、范、寿张、阳谷等地之水东阻于运堤,南阻于黄堤,每逢大潦,数县浸淫,今北运交通既废,仍留此障碍,使人民昏垫无已时,是岂为治之道哉!民国十一年(一九二二年),东陵道尹创修涵洞于聊城,穿运河底而过,以泄积潦,洞宽二公尺有半,并挖河十余里放水入马颊河归海,而华洋义赈会实助其款,窃以为此法宜推行之也。

由运口北行,至金堤过陶城闸,亦一减水闸也。乘汽车西行,至香山觅一乡人引导,复返至姜家口渡河。渡河后遣汽车返,另雇小船二只,于下午二时入大清河口(即大汶河)。入口后水渐清,惟浅甚,舟吃水不能过二尺,流亦弱,想为黄水所顶托故也。晚宿团山之珠山寺内,设有初级小学校。山在东岸,为东阿墨山之余脉,逼临水滨,形若圆丘,故以团名。岩为青色石灰岩,西岸亦有山,大清河出其间。

十六日,早七时,登舟南行,风甚顺利。两岸山距渐遥,所谓东平灾区者毕现目前。居民皆依山为村,被淹平地已出水面者甚鲜。各村之前皆有小沟,借以排水,河道仍可分辨,宽十余丈。过杨谷店则一片汪洋,皆成渔村。过路村、李村,则四无边际,俨成大湖,风波甚厉,而俗仍以波河名之也。至窦家庄水又成槽,至安山镇则归入运河。由大清河口至此凡七十里。运河正口入黄在十里堡,与张秋镇(旧为北运口)相对,在陶城堡上游二十里,距安山镇约五十里。运河行船以张秋口废,故舍十里堡而入波河,出姜沟入黄河。安山以北一段运河废置不用久矣。运河西岸堤工尚完整,东岸则残缺与湖相通。安山镇昔为运河繁盛之区,今极萧条,有节水闸一所。

东平地势低洼,东南为山,西为运河,北为黄河。昔者黄河未北,大清河独流入海(亦即济河)。自明尚书宋礼筑戴村坝遏汶水,至南旺七分归南,三分归北以济运,洪水仍可由戴村坝滚过,循大清河入海,东平一带不致肇灾。自黄河北徙,夺大清故道,而运河又废,黄河淤高,戴村坝圮坏无复修理。此时汶河之水几全归于北,东平地势恰如承水之釜,焉得不灾?欲减此灾,根本上尤在导淮,盖淮有尾闾,则运河洪水乃可使下泻。运河之水可以下泻,乃可修复戴村坝,使汶水多数归南入蜀山、南阳、微山等湖以济运,仅留少数北入黄河。昔者黄河未北之前,三分汶水归北可以济南旺至临清间之运河,长三百余里。今运河既为黄河所中断,则北归之水一分可足。戴村坝在汶河分水口上游一百二十里,建于右岸,分为玲珑、乱石及滚水三段,以鸡心石垛相间隔。玲珑及乱石两段坝顶高相若,滚水一段则较低四十公分,共长三百一十七公尺。民国八年(一九一九年)补修一次,未能完工,而以汶上东平人民争持,因循依旧,不能革新,是宜完全改造,节配水量,使水归于有用,不以民地为壑,是在导淮治运合谋同力为之而已。现时山东省政府正筹划涸东平以西、靳口以北湖地之法,分为四区办理。

汶水流量记载甚缺,民六所量由戴村坝下行之水最大流量为三百二十七立方公尺,至何家坝又分去三分之二,北流仅三分之一,入蜀山湖及由分水口入运,但此时东平所受之水不啻为汶之全量也。汶水自戴村坝下分为二流,至东平城北复合为一,名波河。

将来恢复运河交通,会黄之口仍在十里堡,抑即用姜沟,亦一大可研究之问题。以此时事实论,十里堡既不能与新北运相衔接,则舟行以出姜口为顺利,下达泺口路亦较近。波河既已成湖,则湖之而已,湖产之利不下农田,惟所宜注意者,疏浚航槽以利交通,节北流水量以减水患而已。

安山南行至王庄口十八里,运河甚形弯曲。仅西岸有堤,东岸离山愈远,无堤,岸外一片汪洋如故也。至王四口河顿狭,仅宽三丈许,又至靳口闸,距安山三十里,镇市亦萧条,东平灾区止此。沿运运输石料甚多,为沙岩,略带红色,产自杨谷店迤东之火山。运河闸工石料多出于此。又二十里至袁口闸,由靳口闸至此河身宽可十丈,河床整一,两岸高出水面七八尺。至此运河之水不复能行舟,辞舟宿焉。

遣人问船捐局捐例,据云:十里堡至台儿庄凡二十四闸(节水闸),此外无闸,而与闸同视者三处,共二十七闸。行船按闸抽捐,分为六等:

一等	二百担以上	每过一闸收捐零点四元
二等	一百担以上	每过一闸收捐零点三二五元
三等	五十担以上	每过一闸收捐零点二五五元
四等	十担以上	每过一闸收捐零点一五元
五等	五担以上	每过一闸收捐零点一二五元
杂等(砖石、木料、鱼茶、石灰等)		每过一闸收捐零点一元
此外大于上船者		
头等加一(三百担以上)		每过一闸收捐零点四七五元
加至千担以上		每过一闸收捐一元

船捐以外又有附捐,加色各一成。袁口闸以下现时只能行三等以下之船,行船期为旧历四月至十月。十月以后水涸航停,所行货物,上行为煤及煤油与杂货,下行为麦、高粱、豆、麻、蒜等。

十七日,早,测运河水面宽仅十七公尺,两岸相距四十公尺,水深十九公尺。八时雇小车四辆,傍运河南行。赵旭村言,今春查灾至此,见有盐船自分水口下不能前行,乃雇人于戴村坝用席障水,并上柳林闸板八页,水乃可通舟北行,凡费时一月,钱七十元。航道废弛,商民所感之痛苦可知已。运河所收船货等税捐,不以之修河道何哉?运河两岸湖地收入亦甚巨,湖地大抵为土豪租种,出租甚微,与洪湖等。苟政府出而整理,以凡附于河道之租税,举办河工,岂不甚佳?袁口闸以南五里为刘家口,有由汶河分出之汊河由此入运,且东平灾区积水亦可倒灌入运,故袁口以下尚可勉强行舟,而袁口以上则完全涸竭,仅土人(当地人)坝河为塘,蓄鱼而已。

过南旺湖,有堤围范,湖内地平与湖外相若,已经土人(当地人)完全耕种,不复有湖迹,运河东岸之马踏湖亦然。

过开河闸距袁口十二里,十里闸距袁口二十五里,与前所见诸闸俱为节水闸,其制皆一律,以后所见者亦然。其平面图如第一图,俱以条石为之,口宽约二丈,高丈许,留有闸板槽,水小时则上闸板以节水,船麇至乃启闸放水,而船随之过。

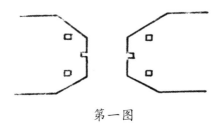

第一图

十里闸之北有减水闸,运河水盛则由此减水入南旺湖,口宽一丈五尺,高丈许。其制与节水闸相等,不过其用不同耳。运河两岸如此闸者甚多。由运减水入湖则名为减水闸;由湖洪水入运则名为进水闸(如下文所举之利运闸)。

南旺湖除运河水盛分潴以外,亦为菏泽境洼地(十二连洼)雨水之归宿。近数年来未经雨潦,故湖中干竭至是。

十二时至南旺镇,即往分水龙王庙参观。

由开河闸而南至柳林闸以下,运河河身开于高阜之中,南旺适在阜下。推想昔人所以采此线者,以其为水脊,取屋脊之势,两端分流也。其形势如第二图。汶河斩山而出,南北分注,但北端河床淤淀甚高,有细流倒泻汶河分下之水,其量甚微,故南流亦弱。

由分水口北至十里闸,南至柳林闸(距分水口三里),中间一段为水脊段。南段地势较下,故向例柳林上闸板八页,水始可至十里闸以下。

1 《尚书》宋礼祠
2 大禹庙
3 龙王庙

第二图

步行至柳林闸,登东岸望蜀山湖。汶水自杨集而下除分一股入马踏湖外,又分三股入蜀山湖,每股各有石闸,名永泰、永安、永定。前二者此时皆干涸,惟永定尚有水,永泰为单闸,永安、永定则为双闸。远瞩湖中有水在数里以外,然规其形势,蜀山湖当为运河以东惟一之可靠水库也。雇小船南行,水浅,舟屡搁里许,始可篙而进。至小店子始见有大船多只泊于此。过利运闸,水自蜀山湖注运尚旺,闸宽一丈二尺许,由柳林闸至此十里。湖中产蒜甚多,其价每百斤约三十余元。又过寺前闸,闸以南数里有己圮之进水闸,蜀山湖水由此注运亦甚旺。沿途两岸护岸石工甚多,大半圮毁,乱石堆积岸脚,甚至滚于河中。六时至长沟,泊焉。由柳林闸至此二十里,长沟一大镇也。运河有木桥,以单石柱分为二孔。距长沟三里余,两岸有匡山,产青石,运河南段石料大半取之于此。现时之价,乱石一方运之河滨五元有奇。

十八日,早六时启碇。二十里河头湾闸,又前为漕井桥。运河堤后有石桥七孔,以排上水入南阳湖。再前龙凤闸。再进为安居镇,以前为盐码头,今凋敝矣。运河至此折为东西向,其折腰处即为马场湖,有闸进水入运。再进为十里堡,东堤有缺口通马场湖,盖进水闸之圮坏者也。下午一时抵济宁,由柳林闸至此凡六十里。一路水最深不过二公尺,济宁附近水深亦只零点八公尺。现时运河行经济宁南门外(其旧道更在其南),复由南西向变为南北向矣。

马场湖兼受汶、泗二河之水。汶河于宁阳之罡(堽)城坝,分水出坝为洸河入湖。泗河由兖城(滋阳)东门外金口坝分水为府河入运,更一旁支入湖,现时皆涸竭矣。抵济宁后,以运河东道不能通下至韩庄,乃决计舍水登陆。视察府河入运之口,有石闸相通。府河石堤岸亦颇整齐,惟水亦枯竭。

十九日，兖济铁路车未至，济菏公路局长王心畲允以汽车送同人等至兖州。十时到，即往访金口坝。坝在津浦铁路铁桥上游三里处，其用为遏泗水归府河以济运。府河之口在坝之上游半里处，地名黑风口，有石闸，皆杰构也。其形势有如第三图。

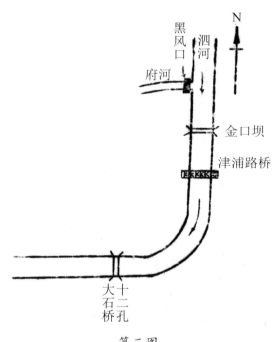

第三图

金口坝创修于元延祐，再修于明成化，三修于清乾隆。其先盖为土堰，至明改为石工。据明成化癸巳碑，坝东西长五十丈，下阔三丈六尺，上阔二丈八尺。由平地起垒石五层，高七尺。堰北分水二，雁翅二。堰南跌水石直五十丈，横四十丈。共用石三万余方，桩木八万余根，石灰百万余斤，糯米、铁钉、环木、石灰等不下千万，夫匠三千五百有奇。其督工者为宜兴张盛（字克谦），碑文言堰身留有秋口三。但现时之实有涵洞五。其平面图及横断面图如第四图。

涵洞宽不一致，中间一洞（3）三公尺，其次（2、4）宽二公尺半，最外二洞（1、5）宽一公尺半。

泗河之水此时甚清，平均水深一公尺，惟河中沙滩甚多，河因之左右屈曲。现府河无水，水全量由坝洞泻出，而五洞又非全有效，故泗河水量甚有限也。上行至黑风口，观其闸，其平面图如第五图。

闸为石工，甚坚固，有涵洞二，上端有闸板槽，备有闸板，此时则以土拥塞，完全不通。盖运航无人注意，遂令古人成法废弃无余，良可惜已。闸河之北为龙王庙，庙后为津浦铁路车站取水之井，府河在此处宽不过十余公尺，然河下游渐宽。至与泗水支流相会名曰会通河,下达济宁。若疏通之,而以闸节之,不惟以水济运,亦足以为济、兖交通之助也。

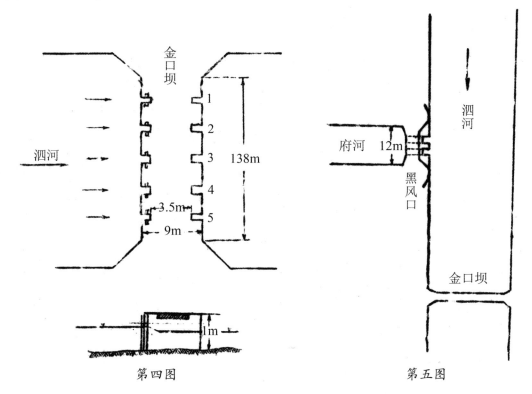

第四图　　　　　　　　第五图

泗河由金口坝下泻至张家桥(济宁东南二十五里)分为二支,曰东泗河及西泗河。东泗河入独山湖,河身已淤。西泗河由鲁桥(济宁下游五十里)入运,为现时泗河惟一之出口。至其流量,据民六大榆树测量,最大者为八十六点四七立方公尺,最小七立方公尺余。运河自济宁以下虽未得亲往,然探其现状有可记者。济宁及鲁桥之间,在运之东为缓征地,泗河水涨则潴于此,故其地旱则收获,潦则成灾。省政府每岁派人调查有获则征,无获则否,故名为缓征地。济宁以下二十里,石佛闸及南阳镇之间,在运之西为沉粮地,上承由牛头河泻下南旺湖之水,面受洙水,则以其地被水时多,征税极微,故名为沉粮,然近年则皆成沃壤矣。南阳镇以下,运河以东,为独山湖,受滕、邹等县诸山之水,常年不竭,堪为济运水柜。东岸十八水口入运,皆仅有堤之缺口而无闸。运河以西则为南阳湖,受运河减水,凡十四单闸,但近则通畅者仅五七里单闸,余则淤塞。南阳湖下连昭阳湖,亦仅有水。昭阳湖水接微山湖,中间有安家口,淤高三十里,两湖不通,大水仍可漫过。山东人每欲开通两湖以泻南阳湖水,而以安家口地属江苏,始终不能洽。运河于两湖之交为夏镇。夏镇下游十余里为西湾,为十字河穿运入微山湖之处,因其十字交运也,故以十字名此河。平时无水,而大水时含沙甚多,辄淤运身,航不能通。于是改道而西,又受其穿,则又名双十字。于是运河改道至一至再。现时航道则自夏镇南头三孔桥入湖,绕越至彭口闸郗山左右回运。此其大概情形也。

访金口坝后,山东省建设厅所派职员欲往勘戴村坝。坝距兖州一百七十里,小车可通,一推一挽而行。余等则乘津浦车往韩庄,勘微山湖。

下午五时半与曹、张、赵三君车站分袂。十时五十分至韩庄,以友人介绍即宿车站。此处无客寓也。

二十日,循铁道南行三里许,至运河铁桥,桥长四十七公尺。河中无流水,舟楫不通。运河桥之南里许,为废河(俗名新河)。盖昔时古运河本由夏镇直趋梁山,入不牢河,至矍塘集与今运相会。明万历以黄河决口每易危及运河,乃开泇河改运道东行,过韩庄、台儿庄以避之。当时出微山湖开河,以土质尽为石礓,凿而难通,复北移里许。先开之河遂废,即是河也。津浦路桥于此有三孔,长三十公尺,石矶二座。国军北伐时,被炸其一,现正修理。

不牢河废后,于湖口梁山处筑蔺家坝,防水逸出,而以济新运。由新河入湖中,至韩庄镇北端之湖口闸,湖中此时水量极微,滨湖无水,十余里外始有水。所谓微山者在湖中心,距岸二十里。湖中长草名水红,高五六尺,色赤,为本地薪材之供。

湖口闸之形势平面图如第六图,湖口双闸口宽各七点五公尺,高八公尺,一具单闸板槽,一具双闸板槽。与闸矶相连有十四孔滚水坝,已全圮坏。规其旧制,其底较闸底为高,亦各有闸板可以启闭,盖所以调节运河水量也。按江北运程,滚水坝[于]乾隆二十四年(一七五九年)建,长三十丈,两头各修裹头五丈,共长四十丈。准湖口闸金门深一丈为度建,高二丈四寸,宽一丈四尺四寸,中砌石垛十四座,上搭铁桥以通纤挽。乾隆三十年(一七六五年)总督杨锡绂以微山湖内之水一丈为度,不足济运,于石坝添修石槽闸板多收水一尺,以水深一丈一尺为度。

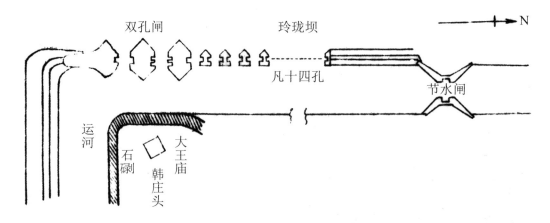

第六图

韩庄镇昔为繁富之区，水陆交通，盐粮码头，颇占要害。微山湖除受昭阳南下之水，并纳万福河，今昭阳阻断，而今年特旱，西来之水亦竭，故湖水大涸，运河航业废寝，而湖产亦销沉焉。人民穷困有加无已，加湖中■■出没无时，扰及镇市视为恒事，政府振导人民，胡可漠视？故治运之事宜附于导淮，借[苏]、鲁二省协助之力，同时并进，使交通无阻，庶业繁荣，人民安居乐业，■■自然消减矣。

二十一日，上午四时，登南行火车。六时过徐，九时半过符离集。濉河北股、中股在车站之北，无多水，南股较大。铁路桥以东有闸，行船甚多。下通洪泽湖，上通永城。十二时过固镇。浍河船集甚多。下游通五河双沟。一时至蚌埠，下车寓东亚旅馆。

往观津浦铁路桥，桥凡九孔，每孔长六十公尺，共五百四十公尺，石矶八座，亦不过占其四十公尺。矶高十二公尺有奇，此时水面不过占三孔又半，凡二百余公尺。桥之两端，南面倚蚌埠高地，北面倚堤。堤高三公尺余，堤面有砌石护覆。河水在桥之上下深四至五公尺。大水之时桥下明孔不能过船。本年未发大水，最大水位（八月十六日）不过海面上十四点六公尺，较以前记载之最高水位一九点八公尺，实低五点二公尺。

淮水最大洪水之时，蚌埠、怀远之间无有泛滥之灾，可知津浦路桥孔宽泻水畅有余，不致束缚淮流也。

二十二日，乘福淮公司汽油船富波循淮上行二十里至怀远。涡河自北岸汇于淮。涡河宽不及淮河三分之一，而上通蒙城、涡阳以及亳县，亦交通要道也。淮河至此，由东西向折而南北，出荆、涂二山之间，山中岩石为石灰岩，山峡在此时不见其狭。淮河两岸尚有滩地，然大洪水时实为一厄，故怀远以上泛滥甚宽也。现时航道循淮本渎经马头城，傍黄柏山而行，至洛河街折而西，而在大洪水时，被水之面宽十余里，马头城以南与十二门荡混为一片，以北则与淮河不分涯际。故行舟者失淮之本道，避风波之险，循水之边际北绕而行，出荆山湖、里湖，由高皇寺岔道出，返淮河本渎，至店子集淮河分为两股。现时航道行其南股，由石头埠西北行，至王营子折而南至凤台，而在大洪水时船则行其北股。过杨集至王营子与南股合，此段河身平时惟苦宽浅，新城口（马头城洛河街之间）尤浅甚，辄至搁船。所乘汽油船吃水不过二尺，至此亦几不能过。又沿岸民居绝少，大都以避水皆居高处也。晚宿洛河街以西五里之炭窑。大通煤厂采煤于是，规模甚壮，荒僻之区顿成繁庶之埠。由蚌埠至此一百二十里，本日行程以船中老贵失足溺于怀远附近，故耽误甚多。

二十三日，早六时发，七时抵石头埠。河面稍狭，航槽深一至二公尺。至此循黑石山而行，山中亦产煤，以畏水故，无敢尝试开采者。由石头埠南行旱道二十五里，即为寿县，而水道须绕越凤台县，路程八十里。倪嗣冲曾开河由石头埠经捷通瓦埠湖，西北达寿县,未能竟工。十一时经过超河口,为淮河通凤台捷道。小船可行,大船则否。至凤台县城以北,为超河出口。十一时半过凤台,船路折而南,过夹山峡,河两岸皆有山,上有毛仙洞。北岸山为沙岩,而南岸则为薄层之页岩。此处山峡较怀远为狭,洪水当受逼缩不少,故凤台以上泛滥面积亦极宽广。凤台、怀远之间,南岸有山,北岸无堤,而凤台以上,则北岸有堤。一时至河口,即由淮河通寿县之河口,距寿县城十里,西距正阳关六十里。岸上有沙石板堆放甚多,可知寿县山中所产。四时过颍河口。颍河为淮河最大支流,小轮上可达颍州,民船则上达周家口。四时一刻至正阳关,上岸晤正阳关总办李兆源,询商税情形。据云:淮河上下货物甚为繁多,以米、麦、黄豆、茶、麻、竹、木为出口大宗,以盐及杂货为入口大宗,出口之货多于入口。正阳关税旺月每月可收三万余元。每大船一只所载之货可征税至百余元。惟苦水浅舟胶,现时尚有大船千余只在上游六安一带,不能下行。

正阳关淮河上行三百二十里可达乌龙集,淠河可达六安,颍河上达豫省,四达之衢,淮河上游最要之地也。本欲继续上行,以顾问工程师佛氏行将来华,不能久稽时日,乃决计于次日返棹。

二十四日,九时开船,十时半抵鲁口集,由正阳至此遇浅二次。晚七时新城口又搁浅,泊焉。

二十五日,船主雇人推船,始出浅前行,下午一时抵蚌埠,仍宿东亚旅馆。

蚌埠行淮轮船公司凡九家,有轮船十六只。船捐有水上捐、盐上捐。每船一只水上捐七元,盐上捐十元,票捐每售一元抽五分,此外每开船一次抽一元。民船分大小五等,其捐不一。大船可装盐包二千八百包,每包一百一十五斤,粮包二千包,每包一百六十斤。

二十六日,以津浦铁路车误点,恐赶不上临淮轮船,乃乘汽车赶临淮关,即登华顺汽轮,循淮下驶。蚌埠以下河两岸有堤,河槽整一,河水不如上游之宽泛,航槽平均深一点五公尺,浅者一点二公尺。十二时过毛团集,此处河较狭,水较深。二时过安淮集,此处河面更狭。三时过小溪集,有小溪自花园湖经太平集至此入淮。淮河至此循黑山山脉折而北行。午后四时至五河,登岸,宿淮泗大旅社,实一茅屋也。

五河沿淮、浍两河,市廛甚盛。浍河小船上达固镇及南宿州等处。五河无下行轮船,乃包用同济小轮,下送至花园嘴。

二十七日,七时登船开驶,九时半过浮山集。〈石〉(右)岸山逼近水滨,左岸山较远,山峡较怀远更宽。然五河浮山之间水极深,则其扼缩洪水之力亦非小也。潼河自右岸入淮,此河上游分两路,一通固镇,一通潼山窑(产磁缸),河口甚宽。航道出浮山分两股,南股为大柳巷,水细而深,可通航。北股为窑河,水宽浅,不易行。故小轮径由小柳巷抵双沟集,窑河亦于此与小柳巷复合为一。相会之处以淤沙甚浅(一公尺许),船几不能过。以小划上岸,登山之脊,右抚淮河,左瞩洪泽,两面相隔四五里,山亦非石,乃石礓土埂耳。低处高不过二十公尺。若开穿之,令淮河航道径通蒋坝及张福河,可以避盱眙滩浅。过双沟,淮河折而南行,河面渐行渐宽,至罗嘴近千公尺。至此而东则成湖滩苇荡。小轮不复进,辞之,另雇小船而行。花园嘴至罗嘴避淮河宽浅,而行一小港中,出小港即马过嘴,其西有港入七星湖,小舟行三十里,泊焉。

二十八日,早五时开船,八时行于荷叶滩及南岸间之夹道中。九时到盱眙,以风不顺,舍舟登陆。登山巅望鲁山、老子山一带形势,如在目前。即日乘人力车赴蒋坝,宿第二测量队驻所。

二十九日,乘人力车返淮阴,勘查事竣。

导淮兵工民工之管理及编制方法

（一九二九年）

1.导淮工人之来历

(1)民工:本地人民务农或做小工者为首选。

(2)兵工:退伍之兵士为次选。

(3)灾民:各处灾民移在本处以工代赈者为末选。

2.招用工人　上条民工尽先招用。初开工时,民工招用至少三分之二,兵工至多招用三分之一。以后视察情形变通办理。灾民视为例外,如有工赈之需要特别加入。

3.待遇　民工和兵工一律以工人待遇,灾民另订。

4.编制　导淮工人以十一人为一棚,以其一为棚头。九棚为一组,另以一人为组长。三十组为一分段,设分段工程处。十分段为一段,设段工程处。每组派监工员一名,每分段派检查员一名。

5.招工方法

(1)民工:开工以前由工务处出示招工,先招棚头。报名者须具保经组长核准后,由各棚头每人各招十人。经组长验视合格后,听候排置。

(2)退伍兵工:各军队经编遣时,由编遣委员会按本处需要人数咨送,惟咨送以前须将各兵士经历调查清楚。应行调查之事如下：①姓名；②籍贯、年岁；③家中有无恒产；④入伍前操何业；⑤入伍若干年；⑥有无宿疾、嗜好。

咨送时先将名册及调查册一齐送交本处管工事务所，加以审查再行收用。

收用之退伍兵士择其优良者派为棚头。凡招工事宜由管工事务所与各段工程师会商办理。

6.分配　做工时宜将退伍兵士与本地民工参合排置，公务人员之排置如第一表。

第一表　公务人员之排置

排置	公务人员
第一棚	民工
第二棚	民工
第三棚	退伍兵士
第四棚	民工
第五棚	民工
第六棚	退伍兵士
第七棚	民工

每组百人，用本地民工六棚，用退伍兵士三棚，合九十九人，组长一人帮助监工及管理零碎事项。每组二年可做土方工程约二十万立方公尺，故各组之分配应以此为标准，使一组驻在一地，两年内无须迁转（每组约占长一里）。

7.棚头　棚头择退伍兵士中之优良者充任之，加以指导。棚头应督率同棚之人一体做工，不得怠忽。全棚工具归其负责保管。工人有逃逸、疾病由其报告。

8.组长　以略知书算之工人，加以训练后充任之。当一组成[立]之先，组长先将组内各棚分派定妥。每棚工作范围、出土地点、放工地点，各志桩签定，与相邻之组互相连接。组长随时就近视察。

9.工作成绩　各组工作成绩由组长每五日估量一次，报告于分段工程处。分段工程处应以累积曲线表明各组进行状况，并汇报其成绩于段工程处。

10.工资　工人之酬报用工资制。假定土方工作按土质性状、取土难易分为等级，作价临时酌定。假定每一立方公尺给银一角，按各组每五日之工作成绩，由分段工程处汇计核算发给各组，按棚分发。每棚应得工资，由棚头及工人十名平均分发，俱由组长直接发于本人。

棚头除平均分得该棚应得工资外，每月另给津贴二元。为便利工人计，得请中国银行特别发行一角纸币于导淮区域,并遍饬各商店通用。若委员会自设银行,则可自发银元角币,由工程处代为兑现。

11.给养　由管工事务所设给养经理,以供全段之粮食、服用品及消耗品。各段设粮食仓及储货产并设商店。一切价值总比较外面格外便宜,听工人自由购买。

工人伙食每三棚合办一厨,每组三厨。由组长代为经理伙食,费用得于发工资时扣除。

12.奖励　每五日比较成绩一次。一棚之工作超过规定累积成绩限度六次者,由分段工程处重加估量确实,给以其应得工资百分之二之奖金,由棚内十一人均分。每半年举行总考核各组成绩一次。成绩最优之组,由分段工程师报于段工程师,呈明总工程师、副总工程师加以特别奖励。(另行细订)

13.惩戒　一棚之工作有一次落于最低限度,即由组监工员考查其原因,报告于分段工程处。若由于工人偷惰所致,应按其轻重罚扣棚头月薪若干。若三次不能改良,则将该棚重加汰选、改编、移驻或遣散之。如有发生违犯纪律等事,随时由分段工程处报于段工程处处置之。若工有违法事件,棚头隐不报告者,与犯法工人同罪。

14.房舍　每组设工人卧室十间,每间容十人。附有厨房、食所、组长室及储藏室一所,菜园一处。每一分段设分段工程处办公室、储藏室、材料场及职员宿舍、商店、粮食、车房、修理机器场等所。

15.运输　为运输材料器械速便计,设置道路及码头,使水陆相接,达于工所。备汽船、汽车及民车以供运载。

16.各组与各分段　各段与总工程师办公室均以长途电话相接,以互通信息。各组设邮箱一,各分段设邮务支局一所,以处理邮件。

17.警察队　设护工警察队,沿工所布置。每段设警务长一人,巡长五人,巡警五十人,事务员若干人,由导淮委员会派发,发给需要军备以资警卫。

18.卫生　每段设医院一所,每分段设诊所一所。每一医院中有常住医生,有巡行医生,视察各组卫生事宜及诊治病人。

19.娱乐　各组设一俱乐部,设置书籍、画片、报章、乐器、留声机,以供工人娱乐。每二分段设电影场一所,凡工人勤奋工作者,每月每人给入场券一张,棚头二张,轮流往观。

20.储蓄　凡工人所得薪金,劝其储蓄,由给养经理部按银行章程为之办理储蓄、汇兑等事。如工人欲在将来涸出地内置买田亩,可发给田亩代价券,以代工资之几成。积有若干元之券时,得分给良田一亩。

21.灾工　各地灾工来工就食者,准按以工代赈办法供给伙食,令之做工。候其做满若干月时,遣送回籍。

开展杭垣附郭及城内航道之研究

(一九二九年)

浙省建设厅欲谋杭垣货物委输之便利,议及整理附郭及城内航道,问计于余。以所需要之测量工作及调查,尚未完全,未能决定计划,然其概略,并应如何继续研究,可以简略述之如下。

一、杭垣水道交通之情形

连(联)络杭垣之水道,可分为七路:①运河,北达吴县、无锡、武进、丹阳、镇江与长江相接;南入浙境,至平望分为二路,西达吴兴,南越嘉兴、崇德,抵杭垣武林门外之拱宸桥。②由上海黄浦江上接吴淞江入境,过嘉善、嘉兴,接运河至拱宸桥。③由海道入钱塘江及杭垣望潮门外之三郎庙及闸口等处。④由建德、桐庐、富阳沿富春江出浦阳江口至闸口。⑤由诸暨沿浦阳江至闸口。⑥由嵊县、绍兴、萧山沿绍兴运河至杭垣之对岸。⑦由海宁循上塘河过长安、临平两镇至艮山门。七路辐辏,可谓极水道交通之便矣。由南来各水道皆源于诸山,所来货物,以木材为大宗,其次则石料、药材、酒及他货物。由钱塘江入口者以潮势猛烈不易行舟,但有由宁波来运石之船,间亦有由他处来之货物,随潮而入,但为数甚少。由苏州运河来者,则但有旅客往来行李,无他货物,主要货物则由上海沿吴淞入运河以达拱宸桥。

各河大抵不能彼此相通。闸口与拱宸桥之间,虽有闸口至三郎庙之一段河渠,及沿城东之贴沙河及城北之诸河网,而以蓄水关系,节节有土坝或石坝阻隔,故货物至闸口,大多皆径由铁路运之上海,或由闸口由铁路运至拱宸桥而由运河、吴淞江达上海。货行铁路者居大多数,由水道行者,仅其一小部分耳。以此之故,由闸口至拱宸桥仅有木排运输,遇坝则零拆木条,自上水掷之下水,复整束为排而前进,其不便孰甚?由三郎庙至拱宸桥凡过三坝:其一为望江门外迤南之永昌坝,水面上下约差二公尺;其二为艮山门外迤西之石坝,水面上下约差一点二公尺;其三为王家缺口上塘河之坝,上下水面相差约零点八公尺。上塘河支汊西连运河者,皆节节以坝隔断。仅于王家口设一斜坡道,由拱宸桥至艮山门之小船至此,须过斜坡道,用绞关拽之上下(第一图)。较大之船,则禁绝往来。木排另从一坝越过。由拱宸桥至武陵门及艮山门之货船,则大抵驶穿江涨桥、华光桥而至日辉坝。货物由此起卸,由下水船转之上水船,或反是。是坝上下水面约差一点五公尺。又由拱宸桥直南行越新河坝,可至西湖滨之圣塘坝,石沙等料大抵由此过坝,坝上下水面约差一点五公尺,西湖水面则高于圣塘河三点五公尺(注意以上各坝水位之差,皆大约估计,非准确数)。

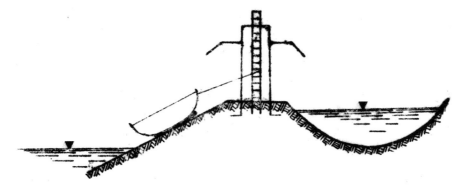

第一图

各河中货船之种类形式大小不一。由南来泊闸口上下者,其船为河船性质,其底圆锐,大者长约二十公尺、阔四公尺,吃水一公尺,载重二百余担(第二图甲)。运河中之船则为方底,长约十五至二十公尺、阔六至八公尺,吃水零点六公尺,载重不过数十吨(第二图乙)。以汽轮拖船载客者凡三路:①运河由拱宸桥至苏州或上海。②由南星桥至临浦。③由南星桥至桐庐,桐庐以上有行滑艇者。

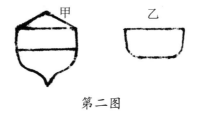

第二图

二、建设厅之计划

建设厅之意,在将钱塘江及其南北各水道完全打通,使船只可以彼此往来,不用过坝。但此中有许多困难问题,条列如下:①各河行船性质不同。如上所述,由富春及浦阳江来者为河船性质,决不能以行之于运河,运河之船,系渠船性质,亦难行于南路各河;由钱塘江来者,则为海船性质,亦难行于内河及运河中。故若各河道打通,实际上仍不能令各船往来自如也。②水源问题。杭垣附近水面,以西湖为最高,上塘河次之,运河最下,而令各河相通,则须设一船闸,其上下水面之差,至少须有三点五公尺。假定闸宽六公尺、长五十公尺,则每次放闸须耗水量 $3.5 \times 6 \times 50 = 1050$ 立方公尺,每日平均放闸十次,则须耗水量一万零五百立方公尺,一年中须有四百八十万以上立方公尺,而蒸耗及漏失,尚未计入。以西湖之容量(约估一千万立方公尺)言之,则仅供放闸之用,可以耗干,而杭州甲于全国之名胜从此减色,且于杭垣人民生计问题,必大有亏损。此不能不先为妥筹完善者也。③经济问题。现时货物,经由铁路运输者多,由水道运输者少,其不能与铁路竞争之原因,非杭垣局部问题,而为苏、浙水道交通之全体问题,盖吴淞江运河不能拓大以通较大航轮,则仅杭垣局部改良,殊难收多少效益。关于此点,尤不能不特加注意。

三、研究之方针

窃以为此项计划,应分为两种研究之:①大计划;②小计划。

(一)大计划者

将由上海及镇江、苏州水道通杭垣,越钱塘接绍兴运河,直达镇海做一整个的航渠计划。如此则为国家计划,宜由中央机关(建设委员会或交通部)领导,令苏、浙二省分任研究。研究之事应分为下列各项:①测量。运河由镇江起至平望,黄浦、吴淞二江至嘉善,由苏省担任;平望、嘉善以南至绍兴、宁波,由浙省担任。平面图须比例尺五千分之一,并需各水道纵断面、横断面。②调查及研究各水道之地质及地下水之深浅。③各水道节节水源之接济。测量其最大及最小流量,并各港汊之泻水情形。④各水道附近之工厂、矿产已经开办者及可望开办者,货物委输之方向及每年统计。⑤现行各水道中之船只种类、大小及其约数。⑥将来拟通行船只以何为标准,其大小吨位应由①至⑤各项研究结果,斟酌定之。

有此项研究之后,交通计划乃可决定。鄙意以为此条水道,至少以能通行五百吨船只为标准。若东方大港成立,钱塘江治导得法,则此条水道,有可以通行千吨轮船之需要,当视交通发展状况,逐渐扩充之。

(二)小计划者

但为杭垣附近计,谋船只木排通行之便利也。窃以小计划所得利益甚少。因钱塘江与内河及运河现行船只之性质完全相异,已述之如上,即令各河完全打通,船只仍不能彼此通行。至多利益,不过令富春、浦阳、钱塘三江之船,直接至拱宸桥,仍须转卸于运河之船,而闸口至拱宸桥之铁路,将成虚设。窃以为大计划将来终必实现,即令现时不能开始,而暂做小计划,亦必从大计划着眼,使小计划即为将来大计划之初步。本此原则,敢为以下之建议:

1. 水源　西湖之水,不敷供给,已如上论。计西湖受雨面积只二十平方公里,每年雨量平均之最小者,为五百公厘,计全面积每年受雨共十亿立方公尺,而蒸耗渗失去其半,所余不过五亿立方公尺。西湖风景及其利益尤须维持(常需十亿立方公尺),则航道以不借西湖之水为最善。若引钱塘江潮水以供航道之用,则难免害及农田,盖运河两旁支港如网,海水灌入,正不啻医生打药水针于人身,周身血脉,俱可遍达。虽盐水至下流,可以逐渐冲淡,而日复一日,年复一年,有加无减,恐不免多少田地化膏腴而为斥卤。此则鄙意所深不以为然者也(钱塘江水含盐最多时为百分之一点零五)。然则水源将于焉取?按之地势,惟有东苕溪之水,由余杭引至武林门外,可以供给航道之用。此河在余杭以上受雨面积为六百八十三平方公里,至余杭分两道而流,一往北泻于太湖,为东苕溪本身;一往东为余杭塘河,至卖鱼桥流入运河,分泄入太湖及吴淞江。卖鱼桥以上,只算河身以南之受雨面积,亦有一百五十五平方公里,合余杭以上者共计为八百三十八平方公里。每年所受之雨,除供给农田灌溉以外,供给航道之用当绰乎有余,故航道水源,以此河为最宜。此河宜由余杭西门外筑一活动坝引而南行,沿山脚经闲林埠、留下镇、松木场至武林门外,旧本有渠道,只需沟通整理,不费大工也。

2. 航道水面　在杭垣附近之河湖水面,可分为三级:①西湖水面,为最上级,不必令与各船只航道相通,但以水闸泻余水,且以调剂下级水量。②上塘河,指由钱塘江通入以达海宁之河。③拱宸桥运河。运河之水面,以旱潦涨落不定,此外钱塘江水面,亦随潮之大小,时有变化。三级水面,并与钱塘江互相比较,按此次调查所得约如下列(第三图):若按三级分水面,则上塘河水面须以钱塘江最低潮位为标准,使冬令潮水最低时,船只可通入(即高于现时王家缺口上塘河水面约四英尺)。永昌坝即须拆除而挖深其河道,使通匀深八英尺。上塘通运河船闸上下面之差最大时约十一点二英尺,约等于三点五公尺,最小时约逊于三英尺。西湖水面,可以维持现状,因与各河不通船只往来也。

3. 航道及闸、坝　由钱塘江通入内河,以三郎庙下游三里许为相宜。其理由有四:①由此处入口,穿过汽车道循已有河沟过花枝桥、三板桥而入贴沙河,穿过铁道只一次。永昌坝拆除,此段河水面落低六英尺,则船只由桥下通过更易。反之,若自闸口或三郎庙入口,则须穿过铁路三次,铁路改造不易,所费必多。②此处口外淤沙情况较上游为微,河口维持,较易为力。③此处地面宽旷,修筑泊船港、堆栈等等,不虞无地。④闸口三郎庙间留为河道及铁路间之转卸地,可免与生冲突。入河之处,设一泊

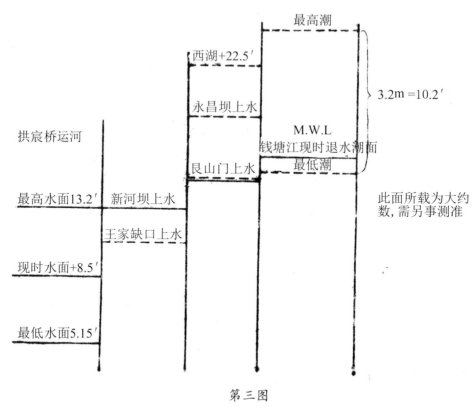

第三图

船港,其布置可如第四图为之。

第四图中1为捍潮门,此门以能捍御最高之潮为准。而于最低潮位时,尤须使船只吃水七英尺者能驶入内,故门之高,须约有五点八公尺(须详加测量确定之)。此门可用衡推式,Sliding Gate 以铁制之。另设一涵洞5,以作平剂港内水位用。港外之船,随时于可能时启门入港。启门之时,须先开涵洞之闸板,使港内外水面相平。冬日水位低小,须候潮来灌入港内,船随潮入港,秋季潮高而江水面亦不过低,船可于潮来之先,先入港内,潮来即可避其锋。2为过船闸,亦为衡推式。船欲入此闸,则于潮退后,启涵5闸板,令港内水面低落至与内河水面平,乃开闸过船,此闸之门,其用在港内灌入潮水过高时,御碱水入内。故其高只如水深而略强($10' = 3.05m$)。门亦无须过厚,以木制之可也。船闸之左,另设一木排路,因木排吃水甚少,另开一路免于船只拥挤。其口门另设闸板,隔断港潮,过木排时启之。其闸板可用悬式(Lifting Gate),木排路过水一点五公尺,闸板之高三点五公尺足矣(第五图)。内河水面,直抵海宁(上塘河),虽以雨水供给不一,下游灌溉用水多寡随时而异,亦难使守一固定水位,但可调剂之使其高低之差,不过二英尺。又此河至海宁,以下游处泻水关系,亦非完全平衡,而略近于平衡(须实测后定之)。此河循贴沙河至艮山门外北折,至金丈坝向西分支穿过铁路于英领署对过入运。设一厢式船闸,于分支中,此闸上下水面之差,前已言

之,最大时为 3.5m = 11.2′。其他上塘河两旁支港,皆用坝隔断。农田引水可用涵洞。东苕溪引河入运河之口,可改于新河坝以南,由湖平桥另开新河通入运河,即借新河坝原址另建一较高石坝。此坝之高,须能令抬高水面与上塘河平,再于马塍庙南将运河与城北之河挖通,得胜、日辉等坝亦各升高,与新河坝新坝等。如此则余杭来水由新河坝上运河通入贴沙河及上塘河,供给航道必须之水,有余,则由新河、日辉等坝泻入运河,而各河贯通之计划,可以成立矣。

西湖之水,流出凡有二途:①流于城外者有二口。其一为圣塘坝,在昭庆寺东,向北直接滚过新河坝流入运河。其二为昭庆寺西之水闸,绕弥陀山北,与由余杭来之渠水会合入运。②流于城内者有二口。其一为开元路之明渠,东流至东浣纱路北折,至西浣纱路经过十四尺高之跌水闸至钱塘路,复东流至同春坊,复南流出新宫桥、通江桥,分二路,一由车驾桥出城,一由凤山门出城,俱流入贴沙河(永昌坝之上)。其二由圣塘坝迤南之涵洞流入,在第一监狱前南门分流。南流者出长生桥东南汇于东西浣纱路

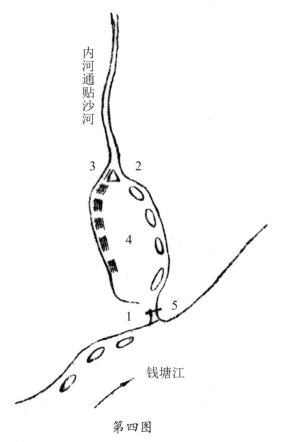

第四图

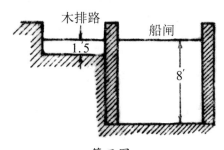

第五图

之水渠。北流者经过一尺余高之跌水闸,循西大街又分数途:①循宝极观巷汇于同春坊之南北水渠。②循大营盘路汇于木场巷与忠巷之南北水渠,与前一水渠同一出路。③由青龙桥流出城外。又有由贴沙河分流入城内之一股,由清泰门北流入,穿金洞桥北流于艮山门之西出城。城内之水道以此一股为较大,运货船只亦多,大抵皆由艮山门来者。其次则为木场巷与忠巷之一股,至浣纱路等水渠,则为供水渠性质。间有运石小平船往来,皆节节盘剥而交通者。同春坊南北水道河身窄狭,多秽污。

将来城内水道可整顿之分为二级。一为上级,与西湖水面平,为东西南北浣纱路诸供水渠。二为下级,与上塘河水面平,为艮山门铜洞桥一股。此股可向南开通与城

外贴沙河相接。又木场巷与忠巷一股,亦属此级,亦加以整理,使成整洁水道。浣纱路供水之渠,可由同春坊向东开通与此股直接。而同春坊南一小水股,可以填平,以广街面。

四、应行着手之预备工作

1.调查 ①钱塘江水位曲线(三郎庙)已有。②杭州降雨量逐年记载。③沪杭铁路统捐局及拱宸桥海关分所逐年报告。④运河及富春江、浦阳江通航船只之大小、形式及载量,木排之大小。⑤闸口转载货物之种类及每年统计。⑥西湖及余杭塘河之受雨面积。

2.测量 ①自三郎庙水标起测一多角形导线,沿江岸经过大通桥、泗板桥,沿贴沙河至艮山门外,沿上塘河经过太平桥东与关金丈坝经万年桥、茶汤桥西至运河,折返沿运河经万佛桥、新河坝、混堂桥、昭庆寺东至湖边,沿湖至开元路,沿开元路至三元坊,沿三元坊、保佑坊、太平坊至新宫桥,经望仙桥、通江桥、凤山门,回至三郎庙水标站,比例尺五千分之一。沿此导线测所过诸河道之平面图,比例尺五千分之一,隔五十公尺测一河道之横剖面,河岸及水面高低俱由导线水准测量定之。遇有桥坝,则测其宽长、跌水之高、过水之宽狭深浅,定其流量,桥洞之宽狭及高低,俱须详加测量。石岸、土岸俱须详于图中。②自混堂桥起经弥陀山北、松木场、留下镇沿靠山河道至余杭测一导线,所沿河道平面图,比例尺百分之一,及其横剖面、纵断面,所有水口俱须详记图中,并逐一测其流量,并测余杭南湖之平面图及其容量。③沿泗板桥、三板桥、花枝桥等桥及新开园及江边一带测一平面图,比例尺二千分之一,广约一千公尺,并测江底深浅,出岸至水深四公尺为止。④其他需要零图俟总计划定后再测。

对于改良杭海段塘工之意见

(一九三一年七月)

民国十九年(一九三〇年)秋,浙江省建设厅以杭海段塘工险象频生,防不胜防,非谋根本改良不可。时周君伯勋代长水利局,朱君一洲长建厅第四科,俱各以塘工历史及其现况与出险之由,尽情相告,复偕周君亲历险所,细加探究。章君锡绶方主抢险工程于海宁,指点各段塘工病害及抢险施工方法甚悉。谨以数日研究所得,参诸本人经验,具为改良塘工意见书,以供参考。

一、塘工历史

据各志乘所载,钱塘江塘工起源,远溯秦汉。唐时盐官捍海塘堤,已属重筑。厥后历代相继,随水道变迁及岸线出入,塘工或重修,或新筑,不一其致,而筑塘之法,最初用土塘(唐以前),其后土塘不足以捍怒潮,则以竹笼纳巨石,以大木植之横为塘(梁、宋)。竹笼石之寿命不数年即毁,后改试用新土埽岸,其利大抵袭黄河沿用之法(宋),其寿命与石笼相等。石堤始于宋之张夏,田瑜继之,是后相沿,而土塘、石囤亦作为临时抵御之计。历明及清,土石并用,但以前塘石不免薄小,难捍潮力。康熙时始改用巨石,纵横嵌砌,始于张泰,继以朱轼。石长五尺、阔二尺、厚一尺,重约零点八吨。塘石缝用油灰灌抵,接合处用铁䥽嵌扣,以生铁为之,形如×。塘根密签梅花桩三路,以三合土填筑结实。塘之外兼筑坦水,此即现时袭用唐制,名曰"鱼鳞大石塘"。此法之外,则为乱石砌边土塘,而于土塘之顶铺石条,名曰"乱石塘"。正塘之上加筑土埝,以御非常高潮。塘身薄弱处,外加草塘(或曰柴塘)或草坝(盘头),其工大多成于康熙、雍正之间。乾隆时以千字文编号,每二十丈一字,计仁和塘工一千四百二十三点五丈,海宁塘工一万二千七百九十四丈。此后土塘、乱石塘以其力不足,陆续改建鱼鳞石塘者甚多。自乾隆以后以至清末民初,兴修之事,大抵以石塘为主,柴塘、盘头为附。其坦水之制,以排桩顺筑三道,分为头坦、二坦、三坦。坦面或抛块石,或填石篓,或铺柴埽,或铺石条,历二百余年,因袭旧制不替。坦水所以护塘,坦毁则危及塘根,故凡主事塘工者于保坦一事,鲜不尽心。块石及柴埽质轻易徙,渐致见废,及今所用者惟有条石,而条石平铺,亦辄为怒潮所卷。民国以来,乃改为靠砌与竖砌二种。民国十五年(一九二六年)于石塘之后,新建混凝土塘四十丈(微旦二号),为塘制一大变更,所以试新效也。但前有石塘作藩屏,湖水从未至新塘前,其效如何,尚未可知。

二、旧塘之制

鱼鳞石塘旧制,《志乘》记载甚略,无可详考,实地考察,兼以询访老成,其规模大抵如下。

1.塘基　塘之基面,宽十二营造尺(约三点八米),其下密布梅花桩三道,每道间以单排桩一道,而塘之前趾,则用双排桩一道,其排列大抵如第一图。桩之大小不一,其用自十三至十七营造寸(径四至五点五寸,即十至十二厘米),每塘长一丈,其下签底桩二百四十根,桩之长大约十六尺(五点一米)。

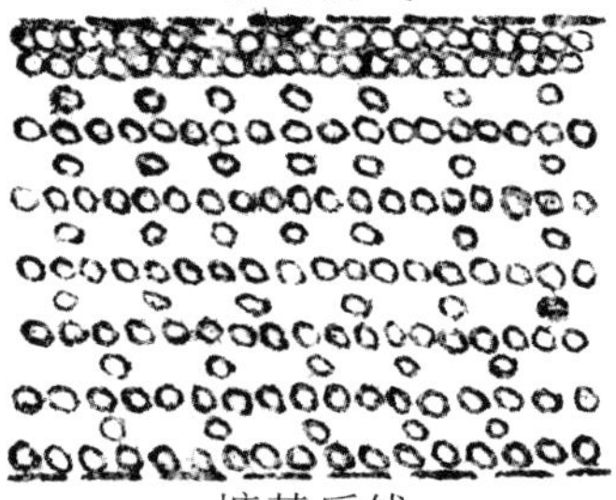

2.塘身　塘身横断面做圭形,上薄下厚,顶宽四点五尺,高二十尺,分二十级,每级厚一尺。塘面收分稍多于塘背,面收分一比四点五,背收一比六点六,形如第二图。其叠砌法丁顺相间,故名"鱼鳞"(第三图)。石条之缝用油灰加捣浆(未考)抵缝,接合处用铁钁嵌扣(第四图甲)。铁钁年久损失,现多以混凝土灌补之。又石条上下相贴,亦有用铁杆牵连者,亦有上下对穿孔而以铁杆贯穿之者,如第四图乙及第四图丙。

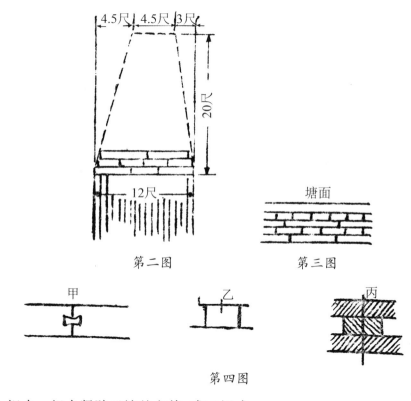

第一图

第二图　　　第三图

第四图

3.坦水　坦水紧贴于塘基之前,或二坦或三坦,以双排桩相间,以条石靠砌或竖砌或平砌其间,以为坦面(第五图)。其下以片石为基,坦面向水做斜坡,约十分之一,排桩之深十五至十六尺。

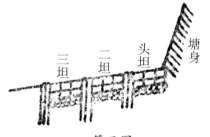

第五图

三、塘病之源

查塘之旧制缺点甚多。

(1)塘之基址未坚固也。塘基下底桩每一点二平方丈(等于十二平方公尺)用桩二百四十根(约等于每一平方公尺二十根),不可谓之不多矣。但桩细而浅,未达坚实土址,不能载重,且桩愈多,其下签时必此入彼出,早失其与土之摩擦力。且闻老年人云:当时签桩,此入彼出,不易签打,且摇且下,谓之插桩。故此等桩址,完全不可恃。塘址排桩为圆桩排列,潮水自易逼入,浸洗基下之土。康熙、雍正时所建之塘有至今未毁者,则完全以塘前柴塘、石篓等保护之力,使潮水不致薄及塘根。一至塘根,危险生矣!又旧塘基址桩顶高出冬令最小水位至二公尺,难保水面以上之木质不因年久而朽腐。但据前海宁塘工工程师须恺云:曾于冬令挖开塘根,伏察其内,见桩顶尚皆完好,惟桩间土质完全梳空,亦未有三合土。关乎此点,尚须俟冬令再加详细察考。

(2)坦水虽以护塘,而其排桩之间亦疏漏易为水侵入,虽面水可资防捍,而底水难借其力。

(3)古时无静力学之研究,故所用塘堤横断面式,大不适宜,以之抵抗土压力,显然不足。

(4)坦水面石铺石犹嫌过轻,或铺砌不得法,不能抵御潮力,辄为掷徙。平砌既有此弊,竖砌亦复不免,靠砌石条覆掩,潮来时为顺批,故得其相压之力而有二弊,不可不知。①靠砌石条之下不免翘空,则潮力之大而猛者,可以剪断之。②潮退时水为逆批,逼缝而入,则适足以梳刷坦下之土。较为优者,厥为竖砌,惟费料甚多,且亦非完善之法也。

(5)疏漏之弊,细察现时塘堤倾圮形状,推究其理大抵如下:

潮来至临坦水,则可以由排桩之间逼侵坦水之下,而及塘基之下,又可以由坦面侵入,又可以穿塘身石缝侵入(据前须工程师云:曾经细察旧塘石工,并无满堂胶灰,不过抹缝而已,想系当时偷工减料之弊。塘身内罅隙,到处皆是)。潮高至与塘顶相埒,则浪花翻顶而过,可由塘身之背侵入(第六图)。于是塘后塘基之下及坦水之下,土质完全浸透;及潮退时,则侵入水量复搜隙而出,其所浸透之土质,亦被随带而出。塘基之下,土稀且濡,则桩无力,或下陷,或动摇,塘身因之陷落,或前后倾倚。潮退时后拥之土,推塘身向前倾,迨塘后之土为侵入之水漱空,二次潮来,则潮力推塘身向后倾圮。以目前现状观之,塘后之土常致蛰陷为坑窝,坦水之面,常致凸突而起(第七图)。知塘背塘底,水和泥土成浆,自由出入,故旧塘至是完全不足恃矣。

塘顶盖石大抵长六尺,阔、厚各一尺,以胶灰丁砌(近时修理均用洋灰、胶灰)。遇潮高及塘顶或更过之,则此种盖石常致为潮水所卷起,则其石之重不足以抵抗潮力无疑义。

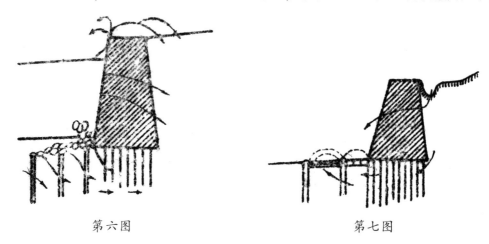

第六图　　　　　　　　　第七图

四、潮之状况

关于潮浪之情形,惜以前绝乏测验,未能明悉,但知其大致。其先潮之顶冲最大者在海宁以上,近则移至海宁以下第七、八堡处,盖由河势变迁,沙滩消长之关系。现时之潮以由尖山沿北岸内趋者为东潮,以由曹娥江口外沙滩阻遏,冲向北岸者为南潮。二潮或先后至,或同时并临,则其势更猛,遇东北风则更长其凶锋。九月二十三日午二十时,是日略有风,立于八堡处,远望二潮分道扬镳如白练,俄顷南潮先至,至塘岸则几及塘顶,浪花飞溅,而一击便平。十余分钟后,东潮又至,以已高之水面,加以更厉之潮,石塘灭顶,新做未完埽工以及硪架,俱冲浮而起。而二十二日之夜潮,则更大于是,验其迹,盖已越石塘之顶一点八公尺矣。

九月二十二日夜潮之影响,阔、厚各三十公分,二公尺长,重约五百公斤之石条,在堤顶上有被潮平推至三十到五十公尺之远者,又有翻过石塘后之土塘高约五尺者,又有冲击于径约二十公分之柳树而压倒之者。据塘工工程师章锡绶之测验,潮浪临岸之速率约二十五秒行二百公尺,则每秒为八公尺,以 $P=0.105V^2$ 算式计之,则 $P=0.105\times 8^2=6.72$ 吨/平方公尺。故如上之石,潮力推而举之,实有余力。而据水利局长周君之估计,则潮之冲击力且不止此,恐可至十吨/平方公尺。如上举之石条,即以其最小一面等于零点一平方公尺迎受潮力计之,亦有 $P=0.1\times 6500=650$ 公斤,而石之抵抗力止为 $500\times A=500\times 0.6=300$ 公斤。惟翻过塘顶之潮力,其力因受塘之摩击已减少许多。要之潮力大小,尚须细加测验,以求知其确数。

五、本年秋季塘身出险情形

潮之最高者,据本地人谈,以前清光绪二十七年(一九〇一年)为最,但无详细记载。当时石塘之外，尚有柴塘壳子，故石塘未曾出险。由磻字号以下，凡长二万尺（约等于七千多公尺），石塘节节倾陷者不少，最厉者为溪伊、时阿、并岳、义密等号连贯，共长约一千公尺，危急非常。

此段之塘，闻清乾隆时行有塘捐，以塘鬻官。凡欲听政海宁者，须捐筑石塘二百尺，以此其工不免草率。如此之塘，长约二千丈，皆不可恃，其弊之尤大者，筑塘取土，即紧在塘后（距塘沿不过十余公尺）。及今塘后成一平均宽四十公尺、水深一公尺许之长沟。水面高在石塘根基上约四公尺，雨潦时当更高。此水长期停积，塘后及塘基之土，永远湿濡（第八图），故不待外潮浸入，塘所依借之土，已成虚软，加以外潮翕吐，不空何待？故水利局周君主张填实此沟，颇中肯要。

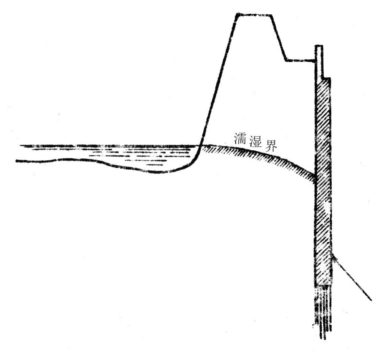

第八图

石塘之上旧有土埝，其顶高于石塘之顶约五尺。此次潮头越过石塘之顶，土埝被啮甚多。稍低之处，潮水并可滚过土埝。塘身及塘顶，因无排水去路，故塘顶之水，由石塘缝寻隙而出，塘后之土，即为刷陷成坑。

六、根本改良计划

旧石塘至今，不但已出险者已完全不可再恃，即未出险者亦迟早之间，必同样倾圮。向来修理塘工，只拆去上数层，从新修砌。塘之下基从来未经改动。塘之病源完全在下，未能去除，终非善法。今再不可敷衍，必须从新改造，期其永固！

改造新塘计划，宜先决定塘身之式，或用斜式，或用立式。斜式用于钱塘江，自古以来即已有之（明成化时塘圮，副使杨瑄以意改旧塘为坡陀形）。前须工程师亦有斜式之计划。本年奥工程师Brandl始用于溪伊二号，其坡面斜度为一比二，坡面即用条石与岸平行平铺。初用干砌法，下垫片石一层（第九图）。坡脚即依旧日坦水及旧塘残根。此塘成后，半月之后，其弊立见：所铺之石为潮水打落，每次涨潮弗能幸免，塘面已成凹凸不平之状，其石条被打落程序如第十图所示。

盖一石条上受力不均，则致一端陷入，一端伸出，潮水入内卷之而出。其弊一在石条太轻，二在底基不匀实，三在石缝可为水逼入，但此为已现出之弊，尚属小焉者。其弊之大焉者，虽此时尚未出现，而将来实可虑者，为塘面下之土，仍可为水漱出，致成空穴，而人不之觉，久之石下空虚，则全塘面可以骤坍（第十一图）而莫可收拾。

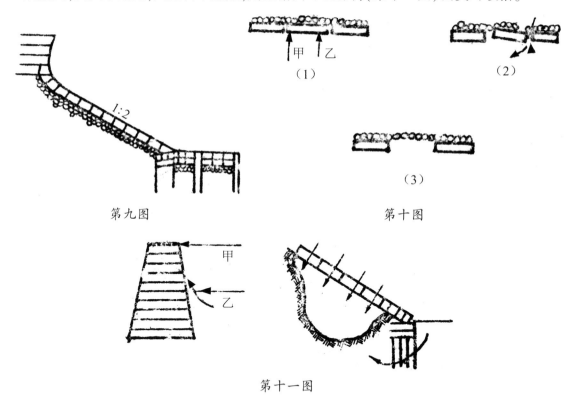

第九图　　　　　　　　　第十图

第十一图

予意无论斜式或立式，塘脚皆非拦土法不可，此法以用板桩为最宜。今再以立式及斜式之塘比较其优劣之点如下：

1.立式　优点：①石层叠压，愈在下层愈不易为潮力动摇。寻常常至之潮，只及塘身半腰，故下部绝对稳固，但高潮及顶，则顶层之石，弗能抵御，辄致为潮流所卷。以今年潮水观之，石塘应须加高，顶层之石，应须加重，或以重十吨以上之混凝土块为顶沿。②石缝若用洋灰、胶灰满砌，可以严密御水，使不致侵及塘身之内。③砌做得法，可以一成不易,减省岁修,石条绝不致脱落。绌点:①塘身之基址须签桩。②石工较贵。

2.斜式　优点:塘基下不需桩址,石工较省。绌点:坡面之石易于被水打落,水易侵入。周局长拟易平铺之石条而用竖砌法(第十二图),自较妥善,但用一比二之斜坡,仍恐不免坡面被水冲击成凸凹不平之状,因石条无相压之力也。且其需用石料,较之立墙式,则反过之[以旧塘式1与新斜塘2相比,1之横断面为 $A_1 = (\frac{4.5+12}{2}) \times 20 = 165$ 平方尺, 2之横断面为 $A_2 = 5 \times \sqrt{20^2 + 40^2} = 223.5$ 平方尺, $A_2 - A_1 = 223.5 - 165 = 53.5$ 平方尺, 即 A_1 之33%]。斜坡之石,干砌(不用胶灰)则石条松动,水易侵入。若用胶灰满砌,则恐底土未实,坐陷成空。若先干砌,而灌以灰浆或洋灰浆,其效甚微。坡面一经冲击,稍有凹凸,则灰浆与石完全脱离失效。两种塘式各宜做一最妥计划,比较其工费与其耐久之性,加以实验更佳,以后全塘工程便择其最佳善者为之。

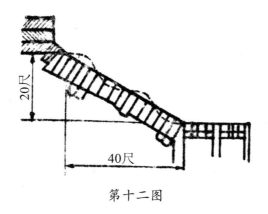

第十二图

无论立式或斜式计划,除底脚用板桩外,根基尤须深下。板桩之顶,须在最低水位下,塘脚之底,须更深一公尺许。

但旧塘脚高出最低水位至二公尺,若将塘脚一律做深二公尺,增加工料不少。板桩圆桩本应一律用于最低水位之下,方可使不致腐朽,但据前工程师须恺云:旧日塘桩顶部,至今尚属完善(乾隆至今二百余年)。果如是,则因冬令每日两潮,仍可埋没塘桩,因排桩不能隔水,故塘基之上常被濡湿而能使桩木不朽。但是项情形,仍须确实考察以明真相。据汪幹夫言:盐平旧塘址桩上端,朽坏者不[少],且有虫啮之患。

新塘可做于旧塘之后。新塘基础,即紧依旧塘基而下,冬令水小时,先于旧塘内挖基,仍借旧塘御潮水,不严密而漏水者,临时以板及土堵塞之。新塘基奠好,一面折旧,一面做新,则旧塘之石完全用于新塘,迨旧塘折到潮水位下,新塘已高出潮水之上矣。如此可以省工料不少,其步骤如下(第十三图)。

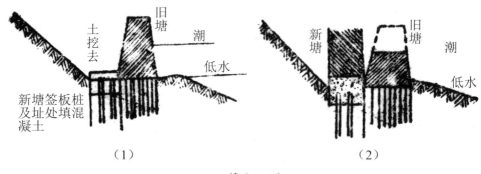

第十三图

兹拟为立式及斜式二种设计,以相比较。

1.立式　如第十四图,塘顶较旧塘高出二尺许,然仍低于本年最高之潮者,良以此种大潮,隔二三十年始遇一次。若必令石塘高而过之,则工费增加甚多,但使塘顶保护得法,土塘稳固,可保无虞。塘之横断面式,面斜而背直,塘面坡度十比三,横断面积较旧塘略增,而高深过之。对土压力之抵抗力较旧塘式为强(新塘内必使土无漱空之虞,故此式只以抵抗土压力为准)。

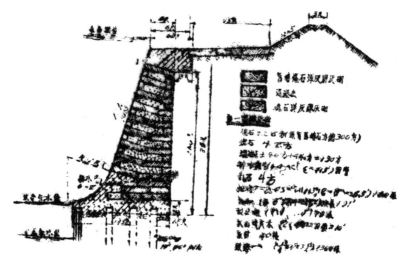

第十四图

塘址之前趾,签板桩一道厚六寸、深十三点二尺,以御潮水侵入塘根,而免塘内之土冲出塘外。塘基每长一丈,签址桩九根,每根上径二十五公分,受竖力二十吨(签址桩能受力多少,须加以试验,此不过约略估计耳)。桩顶露土二点五尺,垫以一点五尺厚之块石,灌以灰浆,然后做二尺厚之混凝土底(一比三比六),而塘面下部高约五尺许,以混凝土为之,做弧形(半径十尺),且其混凝土之成分必较优(一比二比四),全塘面形做S式,其下部所以做弧形者,所以减底溜之冲挟力也(与须恺工程师同意)。塘身以旧塘石条砌之,而内部间以块石,俱用洋灰、胶灰砌之。面部石条仍用旧日鱼鳞式,丁顺相间,而石条层级则与塘面成正角。其取意有〈二〉(三):①若用平衡层级,则塘面必做犬牙形,改为与塘面正交,则塘面光平,行水顺利。②平衡层抵抗土压力或潮力之平推较弱。今面部及背面石条,互相抵角,推动不易。③平衡层级面部顺砌之石条,易为潮水打落,今改做仰式,则不易坠落。关于此数点,曾再四推究,决其可用。至条石之间,夹用块石者:①使面部及背部石条,借块石以牵合。②以增石层间之摩阻力。③以省出石条作为塘顶铺盖之用。计算旧塘石条,作新塘应用之后,尚有余剩,惟旧塘之中,是否完全整齐石条,殊不敢必,故只可做八折计算耳。

面部顺砌石条,加以铁锃,一端入石条凿孔中,一端嵌入胶灰块石中。每石条长五尺用锃二个,前后牵合,潮水更无从施其威。塘顶额部用混凝土做成巨块,额做弧形,每块长一丈,重约十五吨,其后又有平砌之盖石相抵,潮水决不能撼动分毫,塘顶石固,其下层自无不稳定。塘顶做一比二十坡度,丁铺石条三条,共阔十五尺,自塘额起算共阔二十一尺。最大之潮即高逾塘顶,一经弛展,其势平缓,不致危及土塘。有缓坡势,水退流易,不致渗入塘内。塘身下部更为预备排水铁管,以排塘后积水,管口端堆以乱石,覆以沙砾,以防土被洗刷而去。土埝高四尺、顶宽三尺、内外坡一比一点五,坡面种草①。

2.斜式　①斜坡度定为一比一,因以石上铺面,足以镇压底土,无须更坦也。②塘顶至塘基,高与甲顶立式所拟相等同为二十五尺。③斜坡脚下,仍做弧形,以弱水下回流之力,此式在斜坡塘尤为需要。弧形坡脚以宽四尺、高四尺之混凝土块(A)为之。

---

① 原注计此项工程价目,以每一字号长二百尺论,需:

条石壁工二百二十方,每方拆旧做新工价四元	八百八十元
需用洋灰、胶灰(一比三)三十点四方,每方五十元	一千五百二十元
块石工七十二方,每方连工料、胶灰合计三十五元	二千五百二十元
混凝土工一百三方,每方四十元	五千二百元
乱石四方(排水管口),每方工料合计八元	三十二元
址桩一百八十根,每根连打工四十元	七千二百元
板桩纵长一百九十一尺,每尺连打工十元	一千九百一十元
板桩柱十九根,每根连打十九点五元	三百七十点五元
板桩横夹木二面共长四百二十尺,每尺连打零点五元	二百一十元
铁锃一千三百六十个,每个零点五元	六百八十元
铁管四个,每个二点五元	十元
共计	二万零五百三十二元

此外土工一千二百方,每方零点八元(填河不在其内,但为塘上修理土方),共九百六十元。
工程设备百分之二十,每字号共需约二万五千元。

④塘脚下签板桩一道同前。⑤塘顶额亦以宽三尺、高四尺之混凝土块（B）为之，每长一丈，重可八吨。⑥塘顶铺石条同前。⑦因斜坡塘若遇过顶之潮，波浪之卷向上者多，故土埝坡脚亦以宽三百零二尺、高二尺余混凝土块（C）稳定之。⑧土埝式同前。⑨塘面。塘面做法无论用石条或平铺或竖砌，俱难免为水冲动，而竖砌尤为费料。无论如何，周局长之主张亦不妨做一段试其功效。兹所拟者为另一做法，以前未经用过，亦可试用。如效果良好，不妨施用于其段水。其法：旧塘土身削为一比一之坡度，老土已经垫实者可勿动，一被水冲虚者，填实夯筑，要与老土同一实在。土面之上，铺垫石一层，厚一尺，灌以灰浆。上再做混凝土一层，亦厚一尺，其嵌入铁鐢做几字形。混凝土层上平铺石条，石条阔十二寸，层批间留缝阔三寸，铁鐢即伸于各缝间，石条上下层铁找钳入石上压以纵长铁条一根，此铁即贯入铁鐢之中，故石条以铁爪牵制之，铁爪以纵长铁条压之，而铁条复以铁鐢嵌入底层混凝土中，然后各缝间俱用优良混凝土填实，则各件牵合成为一体，不致为潮力扫动矣（第十五图甲、乙）。全横断面视第十六图。

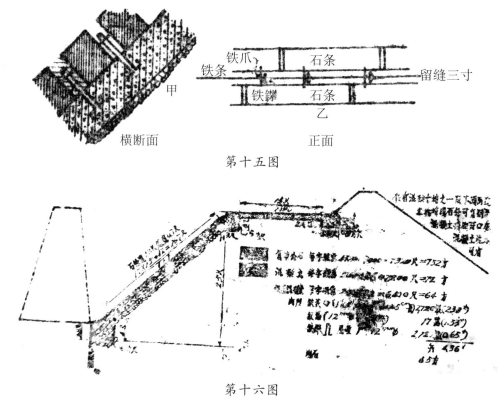

第十五图

第十六图

本设计特别之点，即塘面分为三层：第一层片石作底；第二层混凝土作衣，而同时为铁鐢之钳牢基；第三层条石工作外衣。条石及铁件皆互相牵合而并非死固。设遇另个石条有为潮水打活时，只需以灰浆重灌其缝而已，亦不致以〈零〉(另)个石条损及周围。计工、料费如下：

旧塘条石七十四方，每方拆旧做新四元	二百九十六元
混凝土七十二方，每方四十元	二千八百八十元
铁筋混凝土六十四方，每方连工六十元（除铁筋）	三千八百四十元
铁条另计共四点五吨，每吨二百元	九百元
块石六十五方，每方连工及浆二十元	一千三百元
板桩工（同甲）	二千四百九十二元
共计每一字号需工费	一万一千七百零八元
此外土工一千六百方（填河不在内）	一千二百八十元

工程设备百分之二十，每字号共需一万四千三百元。

在有混凝土塘之段，新塘顶石条斜面，可直铺至混凝土塘脚下，略费石条，而省土埝脚混凝土块（C）。

1、2两项设计相较，2较1省费每字一万零七百元，每百字即省百万元余，其所省者大部在于址桩，故若能打钻探验塘基之土质，能用他法而免用址桩，则1式尚可力求节省。若用2式则旧塘石除作新塘外，尚余剩不少，可以拆卖或存贮，以为后来补缮之需。若今年冬季细加考察，旧日木桩朽坏者多（据前汪工程师幹夫云在所难免），则塘基无论1式或2式，尚须再深下六尺，增加工费，在1式每字增加一千三百元，在2式每字增加一千九百二十元，但同时桩费亦可节省若干。

塘工本身之外尚须言及坦水。无论立式或斜式，坦水皆不可少。盖回冲底溜之力，足以危及塘工也。坦水应如何做法，当深加研究以求费省而工坚，两种塘式坦水亦可一例做法。

旧日所用坦水上已论过。平铺则易为水卷。靠铺则其表面成犬齿形，为水冲击，亦易被卷起。竖砌较好而太费料，且亦非能常稳固。此外坦水上之弊：①为石下之土常为水所冲洗成空，致石落陷。②排桩不胜土压力，倾移向外。今欲免去一切弊病，设计如下：

旧塘既已拆去，即借旧塘基为坦水。旧塘基下排桩及址桩如何排列不得深悉，然大致如第十七图，在三道排桩中，间以梅花桩。排桩之距，估作三尺。将各桩上端腐朽之段截去。梅花桩截去较深二尺，靠外者至三尺或五尺，桩间以土及碎石填实，上铺以柴，悉以碎石子压平，其上再铺砌混凝土块。坦面做一比二十之坡，完全光平使易行水（第十八图）。混凝土石块做法如第十九图。

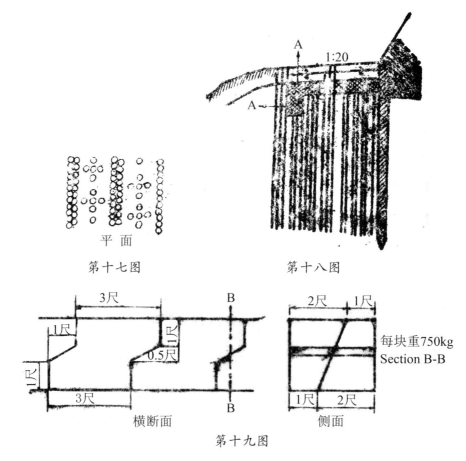

平面　　第十七图　　　第十八图

横断面　　侧面

第十九图

按工程师某君前有同类计划,并已范混凝土块多数未经实施,该混凝土块前后钩牵,而坦面仍不免做锯齿形式,窃以为未尽善也。

约略估计每一字号需:

土工三十六方,每方八角	二十八点八元
截桩打桩工	二十元
柴四万斤	四十元
堆柴工	二十元
碎石十二方,每方连工八元	九十六元
混凝土块两路	一千六百元
铺砌工	一百元
共计	一千九百零四点八元

坦水利于深下,愈深下则受潮力愈微,故塘基深则坦水可以愈深而愈稳固也。

以工费而论，自以斜坡塘为宜，但斜坡塘之弊在其下情形为塘面所盖，难以觉察。若塘后之土有蛰陷等情形，则塘面必至陷空，故起首工作须加倍小心，使底土坐实。或谓将来钱塘江经整理后，恶潮消失，则塘工归于无用，此言亦甚有见地，但江河整理见效，须待十年之后，而目前塘内农田焉可失其保障？若虞将来作废，则无宁择其价廉者为之，然冲要之处，亦可采用甲式也。

[按：此文于民国十九年（一九三〇年）十月一日完成]

陕南水利要略

（一九三一年）

一、水运

汉江在陕西境内可航行者，自沔县至白河凡一千二百八十五华里，可分为三段：第一段为沔县汉中段，长一百五十华里，行驶较小民船，行旅称便。第二段为汉中安康段，长七百七十八华里，行驶一万余斤艇艐子。此段在汉中、城固、洋县间苦宽浅，在洋县石泉间苦滩险，尤以黄金峡内二十四滩为最险恶，故须水大时始可行驶，而破舟之患，年年不免，损失辄以百万计。第三段为兴安白河段，长五百零七华里，行驶二万至五万斤大艐子，可直放至汉口，中间虽有滩不少，而不为大患。此水道为陇、陕、蜀三省货物委输要道，昔时商运极盛，惜四五年来，鄂省■■盘踞，下游交通断绝，以致陕南物产，积滞无销路，人民生机因之困竭。倘能使陕、鄂两省肃清莝苻，加以工程，大力整顿航道，自汉口上达沔县，应堤者堤，应浚者浚，应堰者堰，而上下以船闸沟通之，则千吨轮船可使由扬子江直达汉中，内地物产，得以畅销外洋，然后工业赖以兴，商务赖以繁。此诚国家经济之大企图，其重要不下于导淮，愿政府国人同注意之。

二、灌溉

陕南灌溉之利，自汉迄今，已极发达。有开堰渠以利用天然重力者，以南郑、褒城之山河堰(溉田七万余亩),城固、洋县之五门、杨填等堰(溉田八万余亩)为最。其次冷水河等堰(溉南郑田三万余亩)、濂水河等堰(溉褒城、南郑田一点五万余亩)、文川等堰(溉城固田三点三千余亩)、小沙河等堰(溉城固田一点二万亩)。再其次则为西乡等河堰,溉田近万亩。其他则为山间之小堰,以及利用筒车、水车之堰。最著者为汉阴之恒口、石泉之池河,各有稻田万余亩。总计陕南水田,虽不能得其确数,约近三十万亩,虽山间小坪,有水可用,无不用之,惟堰制窳旧,管理不得其宜,讼案纷出,水量不知储蓄,虚耗者多,是不能不为设法以改革者也。

三、水力

陕南可利用者甚多,惟须随工业及交通逐渐发展之,且须有多年之水势观察,始可下一断语。目前所用者,仅为水磨,汉江上游,更有碇舟河中,安设水磨者。将来工商发展,汉中可用褒水,兴安可用黄洋河水,洵阳可用洵河水,以发电力。惟其计划,须与航道及灌溉计划并为一气为之耳。

汉江流域之美,不但汉江本身可以辟为良好航道,而其支流可以通航者甚多。一为丹江,于湖北肃河口入汉。民船上越荆紫关至龙驹寨二百余里,若筑治之,可使轮舟达于商县(此次考察未及)。二为夹河,民船可上行至山阳一百八十里。三为坝河,民船可上行至神河六十里。四为洵河,民船由洵阳通至两河关一百七十里,惟中间有辘轳把滩阻隔为二段。若筑治之,可使小轮由汉江经两河关上达沙河口以上,而其他股乾佑河,则由两河关上达营盘以上。营盘此处距西安不过一百五十里,中间虽越高出海面二千公尺之秦岭,然为汉水与西安交通捷径,货物经负挑者络绎不绝。若水道可成,其他百余里,可以他项交通方法补济之。故汉江本身而外,此为最要之道。五为黄洋河,民船可上行至大贵坪三百余里。六为月河,民船可上行至汉阴二百里。七为岚河,民船可上行至岚皋一百八十里。八为任河,民船可上行至四川大竹河二百八十里。九为西乡河,民船可上行至西乡约三百里。总计汉江支流,可航行民船者约二千里。若依次加以人工筑治,皆可通驶小轮。其他各河,虽不能航,亦多可泭木,为林木出山之助。此诚西北发达之极便。惜乎时至今日,船运艰难,犹不殊二千年前也。切望政府特加注意,先从测量入手,以为开发之准备。

汉江上游之概况及希望

(一九三二年)

叙

此次考察旅行所及者,为柞水、镇安、安康、汉阴、石泉、洋县、城固、南郑、褒城、留坝、凤县、宝鸡各县,归途巡视凤翔、岐山、扶风、武功、兴平、咸阳各县灾情兼水利,以及长安,足迹所未到者,则周咨博访以得其实状。分为航运、灌溉、水力三项,志之如下。

第一章　航运

陕西航运之利,以汉江流域为最,而渭河次之。近年以来,以■■盘踞要害,交通梗塞,商货停顿,汉江航业遂完全隳败。昔日帆樯林立之地,今则变为荒凉之区。然而汉江航道之重要,终不可掩也。其重要非仅一地方民生之所系,实全国经济之所属,我政府人民不能不深加注意也。

汉江水道之原委叙述如下。

一、汉源至南郑十八里铺

汉江源于宁羌嶓冢山,亦称漾水。经一幽邃之峡,至宽川铺出峡,而达大安镇,合诸山谷小水,至新浦湾之下,玉带河自南来会。又至沮水铺,沮水自北来会。是称沔水。东流纳南河、黄沙河及其他北来小水,而至褒城长林镇,会褒水(一名黑龙江,为秦栈道所自出),乃称汉水。东流纳濂水、池水(一名冷水河,俱自南来)而至南郑。又东为十八里铺。汉水在大安镇以西行乱山中,阔不及丈,狭才二三尺,走石嶙峋。至大安镇,河幅宽有十余丈。增水之时,两岸颇受损害,而沙多水微,不能行舟,沮水口以下,间有民船。至沔县河幅大增。沔县南郑间水程一百五十里,舟行便利,下水一日可达，惟只限于两地交通，无远行者。南郑县治踞汉江北三里，为陕南第一要镇。据人云，承平之时，汉江民船甚多，然河幅广（至千尺）而浅（调查时，人可徒涉，深处仅没膝），河岸皆砂土，增水易于崩坏，以致河床多变迁，两岸山脉相距五六里，以下渐展至十余里。

褒水多湍石，不可漕。汉孝武帝曾拜张汤子邛为汉中守，使开褒斜道，卒成陆道而水道不可行。故谚有"汉水不田，龙江不船"之语。然褒水除灌溉（见第二章）大利外，仍以为泲木之用，汉中木材多取给于是。濂水、池水亦皆仅有灌溉之利，而无舟楫之便。

南郑东行十八里铺，为汉中至下游行第一停泊地，故商市较盛。

二、十八里铺至兴安（即安康县）

十八里铺为自下游上驶之船之终点。由此东行经城固及洋县，北岸纳汶川、湑水河、溢水河、马鬣河（亦名马步河）、灙水河诸水。北岸山脉距汉江约二十里，南岸山脉距汉江则仅三四里。其注入汉江者，则不过山谷间之小泉及大雨时之山水耳。由汉中至洋县共一百四十八里，河道宽浅而多沙，在调查时宽一千五百尺至二千余尺，平均深不满三尺，增水之时，可涨至三丈余高。

南郑、城固、洋县间，汉江诸支流多适于灌溉而无航运之利。湑水河、溢水河均泛滥极宽（一千余尺）。汉江东行距洋县城稍远，两岸山脉渐次迫近，河水团结，河腹迫狭，甚至有不满百尺者。两岸皆为陡起之断岩，狂涛怒石，舟行最险。自洋县城东行约百里，纳西水而入黄金峡。峡始于药树下，经渭门镇，凡百余里，中间险滩甚多，居民谈著名大滩凡二十四：一为游滩，二为大罗滩，三为大溜口、小溜口，四为羊角滩，五为页窝滩，六为囚滩，七为扫箕坑，八为九斗米，九为锯滩，十为大麟滩，十一为小麟滩，十二为金溜子，十三为仙人掌，十四为金河口滩（金水河会汉江于此），十五为龟滩，十六为龙滩，十七为新滩，十八为大瓦滩，十九为小瓦滩，二十为锅滩（铁白铺），二十一为戴阳滩，二十二为高白洋，二十三为低白洋，二十四为四郎滩，至渭门镇。

诸滩中以囚滩、龟滩、戴阳滩为最险。所谓滩者，皆乱石至于河中，迫水成一狭道，形势不一，或仅一细流，或歧为数股，或穿行于乱石中，船之上行需数十人牵挽而上，其下行也亦需数十人自上游牵挽徐徐放下。稍一不慎，辄肇覆舟之患，计每年船货损失不下二三百万元。水大时下水三四点钟可以过峡，水小时则需二至三日。至上水则无论水之大小非二三日不能过峡。然水过大时，水流甚急，船亦不敢行焉。

金河口滩，在金水河口之上游十余丈，河中有三巨石并列，分流为四，而金水河之流复承其下，故船之上下甚难。龟滩在金水河口下约半里许，右岸有石突出，是为龟石,而左岸与右岸相距丈余,河中亦有巨石分流为二,其前又列石数个,上下百余尺间,滩流甚急,船行不慎误触石上,则立覆没。其他尚有小石,水小则现,水大则隐,皆为行船窒碍。

黄金峡在平面图上,适为一大轭形。汉江由药树下北行至金水河口,折而东至铁白铺,复折而西南,由药树下至渭门镇陆行仅三十里,而水道则百里余也。由宁陕发源经关口镇迄两河口西流之温河,来会汉江于渭门镇之水。下行五十里,则牧马河(亦名西乡河)自西乡来会,汉水与牧马河合后,水量又大增。东南行五十里,至茶镇,仍处于山峡中,河幅一百二三十尺,水深有逾二丈五尺者,流速至每秒二公尺。但普通增水期,水深不过一丈内外。冬季则水深仅七尺。舟行甚速,下水一日可二百里。牧马河口之对过即为散花石,亦一险滩也。乱石罗列水中,如散花然。其上游至渭门更有青石、黄龙二滩。其下游至茶镇更有侧鼓石滩。茶镇距洋县一百七十六里,距西乡一百三十四里,有小水自镇之右侧合流于汉。茶镇为汉江重要停泊地,然水流湍急,停泊不便。将来航运发达,非加修治不可。

汉江由茶镇东行八十里,至石泉县,仍处于深峡之谷中,宽不过六十至一百丈。两岸并无平地,情形与散花石至茶镇相类。两岸岩石为被风化已深之花岗岩。水流静缓。惟有月亮、红石二滩,以红石滩为更险,滩中石大水急,舟行不易。旁流入汉之水,惟缯溪稍大,红石滩即在缯溪口下,其他仅干沟而已。汉江支流在洋县、石泉间,供灌溉之利者甚多,湑水、灙水、酉水、金水其最著者也。可航行者惟牧马河,通至西乡百十余里,河水清浅,增水时水高不过六尺,而不满一尺之濑甚多。故较大时船不能行,河幅在西乡县城附近宽四百尺左右。其下三十里,两岸山势渐迫,有凸突之岩石,激水成浪,舟过此直下八十里,即入汉江。

石泉位汉水左岸。此段河幅逾百尺,流不甚急,为良好停泊地。由此罄折南流,其下四十五里,两岸山势又迫,怪岩陡出,舟行危险,更甚于前。又下四十五里为油坊坎,又二十五里为汉阳坪(由此入汉阴界),又二十五里为汉王城(由此入紫阳界),又东南八十三里达紫阳县城。紫阳、石泉间滩险更多,计有红花滩、雁滩、毛家站子、莲花石、油房坎、西河(即梅湖)、汉阳坪、汉王城、滚子滩、虾蟆滩、怯滩、高紫阳、低紫阳、长滩(紫阳东四里地近汝河口,滩不甚险,为停泊之地)、女王滩、炉子滩(紫阳下三十里,其下即为岚皋、安康交界地)、小炉子滩。诸滩中之最险者为莲花石。九月间增水最大时逾二丈五尺。普通增水逾一丈。冬季水浅,尚有隐于水中之岩石。河幅不满百尺。其下流即对梅湖。有一奇石,中流仅通舟楫,舟子畏惧。汉阳坪下滩险更增,远则十余里,多则三四里,蝉联相续,而以女王滩(上距石泉二百一十八里,下距紫阳十五里)为汉水第一急湍,行人为之咋舌。

汉水支流在石泉、紫阳间者,以池河为最大,发源太山庙上,经池河镇西流至莲花石南入汉江,颇擅灌溉之利。其次则任河及汝河,俱发源四川,北流入汉。任河可通航至四川大竹河二百八十里。蜀中板木结筏,多由此出。汝河则仅供灌溉而已。其他南北诸流,则皆小溪无通航者。

汉水由紫阳而东,至杨家湾而东南流,至流水店复折而东北流至安康,长一百六十二里。其间紫阳至小道河口仍处峡谷,河幅仅一百五六十尺至二百余尺。小道河口以东两岸山丘稍为平坦,河道亦广,眼界为之一宽。至岚河口上三四十里,谷道又狭,两岸山丘亦形高峻,河幅三百余尺。然水势不甚急,至岚河口下二三里河道曲折之处,河幅增至千余尺。自此而东,两岸山丘渐小,至安康则弥望平原也。紫阳、安康间,汉江中所有滩险,为撅斗滩、越池、插儿湾(大道河口下)、磨盘滩(小道河口下)、丝滩、冬瓜滩、南瓜滩、五块石(流水店下)、高房子、低房子、大山嘴、织女湾、火神岩、福滩。

汉江支流较大者,为自四川发源经岚皋县之岚河,可通航上自岚皋一百八十里。其次为源出月岭之月河,由安康上游五里会汉江,可通航经恒口镇至汉阴二百里。其次则为大道河、小道河、吉河,亦可供运木筏。

由汉中十八里铺至安康水道里程如下:

十八里铺至城固	六十六里
城固至洋县	六十四里
洋县至牧马河口	一百五十二里
牧马河至茶镇	二十三里
茶镇至石泉	五十九里
石泉至油房坎	九十里
油房坎至汉阴坪	三十五里
汉阴坪至女王滩	九十三里
女王滩至紫阳县	十五里
紫阳县至安康	一百六十二里
共〈八百六十〉(七百五十九)里	

安康位汉江之南岸,而屡受汉江洪水之害。缘安康城下游五里即为黄洋河口,上游五里即为月河口,又十五里为吉河口。每值山水涨发,吉、月二河增益汉江水量,乘怒而下,复为黄洋河涨水所拥,则水势绕出城后,安康县城即不免于湮没之患。水最大时,可涨高至五丈,为居民趋避计,故县城以南另筑新城一座。旧城东、西门外皆有护城堤,为三合土筑成,高两丈许。新城、旧城之间,亦有堤一道,以便交通。各城门亦皆高其址,以免水侵入城内。

按汉江流域地势多山高谷狭,水灾甚鲜。见于志书者,以清同治六年(一八六七年)水灾甚重,安康旧城被淹,房屋尽没入水中。光绪二十一年(一八九五年)闰五月五日,紫阳任河水灾。又六月二日、三日,汉阴水灾。又五月二十八、二十九等日,砖坪、安康、紫阳、镇坪水灾,汉江、月河同时并涨。又同年六月十九日安康水灾。民国十年(一九二一年)水亦甚大,但未入城。

三、安康至白河

汉江由安康东行至洵阳,凡一百零七里,两岸丘陵低小,不如上游之险峻。安康附近河幅宽一千余尺,河中有一沙洲名曰州身滩,颇为行舟之苦。其下左岸仍为小丘,右岸化为平地,所经之滩,有立石滩、二郎滩、神滩,以二郎滩及神滩为最险。神滩右岸为突出之水成岩所成。左岸小石堆积,流水道只一百一十尺。明成化间,知州郑福曾用火烧石疏凿以杀神滩之势,舟行稍利。神滩在神滩河口之下,为西安至安康道路所经,此外尚有小滩,不足为险。汉江至闾河口(又名坝河)河幅宽七百余尺,更西则河道又狭。至洵阳城附近,河道又增至一千余尺,但流水道亦不过三百余尺,河中有二三沙洲。

汉江支流在安康、洵阳间者,一为黄洋河,发源平利县,北流入汉,通航可至平利之大贵坪百余里;一为闾河,发源于平利县,北流入汉,通航可至神河街六十里;一为洵河,发源于秦岭山,南流入汉,通航可至两河关一百八十里,惟中为辘辘坝巨滩所隔,故航行分为二段:上段由两河关至辘辘坝四十五里,下坝自辘辘坝至洵阳一百三十五里。洵阳之下至白河二百五十里间,河幅又狭,超过三百尺者甚少,水急滩多。滩之著名者,为狗窝子滩、蓝滩、新滩,而以蓝滩为尤险。滩在白河上流七十里,河幅约三百尺,左岸为绝壁,右岸岩石倒落,横于河边,仅余小道一条,可以行舟。舟人穿岩石为穴,引绳曳船。过此即入湖北境矣。

汉江支流在洵阳、白河间者,有蜀河、仙河、冷水河、白石河、红石河,以甲河为最大,通航可上至漫川关二百六十里,余皆无通航之利。

安康、白河间水道里程如下:

安康至洵阳	一百零七里
洵阳至蜀河铺	一百五十里
蜀河铺至蓝滩	三十里
蓝滩至白河	七十里

总计汉江航道在陕西境内者,共一千二百八十五里。汉江支流航道在陕西境内者兹列如下:

牧马河	一百一十里	任河	二百八十里
岚河	一百八十里	月河	二百里
黄洋河	三百里	间河	六十里
洵河	一百八十里	甲河	一百八十里

共计〈一千五百〉(一千四百九十)里

此外尚有丹水与龙驹寨河相会。该寨素为襄、汉舟楫要埠。丹水水大时,民船可至商县;水小,则舟楫不通。

汉江河道倾斜之度,未能详细考察,惟于洋县黄金峡下散花石上至峡内金水河口长约百里,高差约为三十公尺(一千九百分之一)。

四、白河至汉口

汉江在白河以下,虽非陕境,然同一河道,息息相关,则其河流大势亦不可不知,惟出考察团范围之外,但略记之。白河下至襄樊之间,所历滩亦不亚于陕境内者。其最著有老鸹滩(天河上)、金鸡料(险要)、黑滩垭(险要,水道在此若走左面为河,舟行尚易;水道若走右面则为乱石,舟于乱石中觅路颇难通过。汉江在此常左右迁徙不定,故为航行之碍)、走马出洞、董家门上(由此入峡)、磁瓦子滩、虾蟆口(由此出峡,峡长六十里。虾蟆口下为香炉石,对面即郧阳府)、石灰窑(郧阳府下,汉江至此又入峡,峡内尚有青草石、黑石诸滩)、张古澜(均州下)、黄官驾滩。均州以下,丘陵渐少而小,河中亦有险滩。至樊城则山丘绝迹,然在樊城上游虽无险滩,而苦沙濑,河幅在此宽无限制。沙随水行,水随风转,常拥船至岸坡胶搁其上。船行至是,需觅浤而行。行船之时以旧历腊月、正月、二月为最宜,迨四月至九月则不惟沙濑多险,风暴亦堪虑也。沙濑上下凡二十余里。

由白河至汉口水道里程如下:

白河至老河口	五百里
老河口至仙桃镇	七百二十三里
仙桃镇至汉口	二百四十七里

沔县至汉口共计二千七百五十五里。

五、汉江航运状况

汉江流域物产丰富,货物之委输以汉口为中心点。连年以来,汉江下游,在湖北境内者为■■所盘踞,交通断绝,以致货弃于地,商行倒闭,而汉江之舟楫亦几绝迹。细询商人及老于行舟者,汉江航运,在昔时固甚盛也。汉江航运以天然地理分为三段。第一段为沔县汉中一百五十里,河道不大,仅小民船上下行驶,为地方交通之便。第二段为汉中十八[里]铺至安康八百六十里,所行之船分为四种:①平头老鸹,载重一万余斤;②鳅子,载重一万至三万斤;③鹅耳,载重三万至四万斤;④鸭艄,载重四万斤以上。普通吃水之深一尺五六寸。四类之中以平头老鸹为最适用,载客载货俱可,惟短脚者多,长脚者少。沿途停泊码头之最要者,为十八里铺、城固、洋县、渭门镇、牧马河口、茶镇、石泉、梅湖、油房坎、汉阳坪、女王滩、紫阳、兴安。兴安一处往日停泊之船二千余号,今则寥寥矣。此段所行之船,以兴安为终点者多,间有径达于汉口者,然为少数。因汉中、洋县间水浅,洋县以下多滩,故行舟之时,以水大时为便,低水之时,航运中止。第三段为兴安至白河径达汉口,所行之舟与第二段相类,惟鳅子之最大者,可载七万斤,普通亦不过三四万斤,吃水一至二尺。兴安以下,水道虽不如洋县、紫阳间之险,然遇浅处亦须提滩。提滩者,提货物于岸上,放空舟而下也。是段停泊码头之最要者为洵阳、蜀河铺、蓝滩、白河。

货物之下行者以药材、枲麻、漆、油、桐油、木耳、皮纸、牛羊皮为大宗。上行则为棉、布、糖及洋货。水脚自汉中至兴安每担货(一担一百斤)约十元,紫阳至兴安每担三至四元,兴安至汉口水脚,每担货三至四元。桐油每篓二百斤至汉口水脚七元。兴安以下纤路均甚平坦,不若上游之险峻也。

六、汉江水道将来之希望

汉江源远流长,横贯中国西北蕴藏丰富之区,而直达长江最大商埠之汉口。历来航运出口,仅为当地表面之农产物,舟舶往来,已极繁盛。若再尽力经营,使兴安各县森林得普遍繁殖,汉中各属矿产尽量发挥,工商蔚起,加以西川北部、甘肃南部货物亦均聚集于此,则汉江一渎,将为国家经济极重要之航道。数千年来航运不绝,但从未加以人工修治航道,故滩险重重,为患年年,而从无补救之策。况时至今日,轮舟便捷,民船纤挽,已早落后,而汉江行驶小火轮,仅及老河口。以如此天然航道,不能享轮舟往来之利,诚可惋惜。窃考汉江上游滩险虽多,而河床则尚整一,固宜节节筑堰,附以船闸(此之谓河流渠化),则一切滩浅,皆可无虑。汉江、洋县间河道宽泛者,宜束之。洋县以下河中之石于河道渠化后仍碍航行者,炸去之,否则听之。湖北樊城以上与陕境同,樊城之沙滩,另筑固定航道以通过之。樊城以下则高筑堤岸,束驭河身,水深不足处亦可筑堰闸以蓄之。如此则五六百吨之轮船,不难驶由汉口直达汉中,其与国家经济所裨,岂浅鲜哉。

汉江既通,再及其支流,使山间货物委输便利,由汉达江以及外洋。诸支流中最有希望者,当称任河及洵河。任河通至四川。洵河通至两河关,与乾佑河相接,上达秦岭附近,为汉江通西安最捷之径。当另章论之。

七、洵河及乾佑河

陕西南北为秦岭山脉所阻隔,不惟气候风土。陕南与关中道迥殊,而交通障碍,一切政治与商业,均极感困难。车马不能通行,货物转运,皆恃人力背负,以致脚价极昂,行销不能及远。西安通汉江之路虽有多条,而最捷之径,则为穿大峪谷,逾秦岭,循乾佑河至两河关,复循洵河至洵阳。由西安经引驾回至大峪谷中之半庙,共一百零五里,坡度之最大者,约百分之十五。半庙以南至分水岭三十里中,二十五里仍沿大峪河,路尚较坦。其他五里,则过岭甚陡,各地高点如下:

西安	四百公尺
引驾回	四百八十公尺
半庙	一千四百八十公尺
分水岭	二千一百八十公尺

秦岭南面十五里急下最陡,又十五里至龙潭则较坦,盖已循乾佑河上游。又二十五里至营盘镇,则乾佑河已成巨流矣(宽六十尺以上)。

乾佑河即柞水,以其发源于乾佑山,故亦名乾佑河。流经柞水县、镇安县至两河关与洵河合,东南流至洵阳入汉。计自营盘至洵阳共五百五十里,河身处于时宽时狭之山峡中。河身之宽在营盘以上不满五十尺,自营盘以下则渐增至百余尺。水深由二至三尺,河床坡度由一比二百至一比三百。营盘至柞水间,山谷狭处六百至一千余尺,宽处则四五里。水之流量在营盘以上每秒不过二立方公尺,至柞水附近,每秒可至十立方公尺。所纳支流多为山涧泉水,惟柞水县治以北五里万安桥纳芦柴沟水及柞水南门外一小河,水量较大。两岸山岩自秦岭分水岭以下至营盘下四十里,完全为花岗岩。过此则变为水成岩(石灰岩、沙岩及蛮岩)。柞水以南五里之石嘴子则又有由右岸突出之花岗岩。河床中流水道时为沙砾丸石所成之洲,分歧为二。有时遇两旁山涧干枯无水，而冲下之石碛甚多。石嘴以下乾佑河行于甚曲折而狭隘之谷中，以此两旁碥路亦甚峻险。其下三十五里纳磨沟水为兴安通蓝田便道。乾佑河至此亦增宽深，至圪塔寺（柞水县下六十五里）山谷亦稍宽，河床坡度一比三百至一比三百五十。圪塔寺以下三十里入七里峡，两岸岩石壁立，仅余五百至六百尺宽之峡谷。河身至此先东南向，入峡则转折而西北，至镇安县城东门外，与镇安河合，复东南流。镇安以下九十里至青铜关，河道行于深狭曲折之谷中，与上游相同。河床坡度至一比六百，两岸岩石概为页岩。青铜关以下又八十五里至两河关，河谷情形与前相似，所纳支流以小河铺由东来之小河为较大，小河铺即在两河关之对岸上游约二里许。两河关为较大镇市，停泊船只二十余只，以转载货物，行向下游，其船约三丈长、五尺宽，吃水一尺余，载重二十个背子。每背子约一百二十斤。每船水手八人，棹夫二人，纤夫六人。下行至辘辘坝四十五里，费时两点钟，上行则费时六点钟至一日。船价两河关至辘辘坝五至六元。此四十五里路中亦有滩数处，而不为害，河身坡度约一比一千。辘辘坝下之滩名皇庵滩，隔滩航道多为上、下二段。皇庵滩以下二百里至洵阳，则舟可直下。

闻诸土人（当地人），乾佑河亦名运粮河，元时曾可通舟至柞水县以上，而西面之洵河河道宽深与乾佑河相若，亦可通航至云盖寺。其后以山间树木砍伐日甚，山坡垦地日益加多，于是崩沙走石，冲入河中，以致河道荒废，不复通舟。

余意洵河及其上游之乾佑河，俱可筑堰做闸以渠化之，使汉江之船直达营盘之上，非为难事。因河谷中天然形势甚佳，河床又完全石质，施工甚便，所缺少者洋灰材料耳，然可以以他料代之。陕南石灰质地甚佳，所见用三合土筑成之堰，皆永久坚固，颇似洋灰，若能自制洋灰更善。

此路上行货物皆以运往西安者，以板木、药材及纸张为最多，下行则药材、纸张、木耳等运往汉口。兴安一带山中，为植林最佳之地，惜沿大路两岸山顶皆成濯濯。若能广植森林以供国家之用，则下行航道木材亦可为大宗货物也。航道若能通至营盘以上，则与西安相距不过百余里，以过山轻便铁路连之，使汉江与西安交通极其便捷。乾佑河及大峪河皆可用之以发生水电，由轻便铁路行驶车辆之原动力，可以不费而获。

总之，汉江及其支流航道关系极为重要，国家宜即时注意及此。先设水道测量局从事测量，以为他日建设基础。更有可以注意者，汉江为长江巨大支流，洪水暴发，最为扬子江之害，证之民国二十年（一九三一年）之水灾，尤为显见。故治汉江上游，亦即为治江要事。例如遍植林木，修筑山涧，限制崩沙走石，不致冲积河中，为修筑汉江及其支流航道所必需之工作，亦即减少汉江水患之工作也。

第二章　灌溉

秦岭以南之灌溉事业,与在秦岭以北者异。盖秦岭以北可溉之地甚多,而可供灌溉之水量则甚少。岭南各川较岭北无不流长水旺。可惜平地甚少,故灌溉地面颇受限制。陕南水田分为三类:①山坡平坦处,加以人工制为平畴,取用山泉及蓄收雨水。②河坪,沿河两岸高出河床之地制为平坦,引用山涧之水。以上二者大抵叠石为岸,面积甚狭,以地形关系多做阶级式。③平原,如汉中、汉江两岸平原,宽数十里,绵延百余里。其灌溉规模亦较宏大。

汉江与渭河同,其本身之水用以灌溉者甚少(褒城谚云:"汉江不田,龙江不船。"),灌溉之利,尽在其支流。近有提倡引用汉江之水以供灌溉者,计有二处:一为沔县城外。民国十三年(一九二四年)陕西水利局曾派工程师前往测量设计,引汉江水以溉定军山前之地数千亩,尚未实施。民国二十一年(一九三二年)经陕南政治专员姚丹峰开渠未竟。二为洋县湑水河口附近汉王城之旁。前清道光时曾有人以沙包筑堰以溉汉江南岸之田,为水冲坏而废,堰名铁桩堰。近洋县建设局长华定泰复提倡之。旧日堰址紧在湑水河口之下,湑水河冲下之沙甚多。河口以上汉江右岸有花岗岩突出成矶,名曰鸥鹬嘴,颇利筑堰。惟对岸则为沙质,河身平浅而宽(千余尺)。所拟灌溉之田为小江坝下至黄安坝五十余里。南岸山脉迫近河岸可溉之田狭长一道,为数不过千余亩。若用巨大工程筑堰,恐得不偿失,不如用机器引溉尚为易行。惟燃烧汽油或煤油之引擎,于此决不能用,木料或木炭化为气体,以为发动之燃料,可以推广行之。

汉江支流不论大小,几无不有灌溉之利,就其中最著者言之,则为沔县之养家河、褒城南郑之濂水、褒水、冷水、城固洋县之湑水、洋县之灙水、马步河、酉水、金水、西乡之牧马河、洋河、小峡河、法西河、法东河、丰渠河,石泉之池河,汉阴之月河及其支流,安康之恒河及黄洋河,洵阳之坝河。

灌溉之法:

(1)有利用天然重力筑堰截河流之一部分或其全部,引渠流至田间者。堰之大者可供灌溉千亩以上至万亩,名曰大堰。筑堰引溪涧之水,仅可灌溉十数亩至数百余亩者,名曰小堰。大堰之最著者如褒城之山河堰,城固之百丈堰、五门堰、杨填堰,南郑之芝字堰、班公堰,安康之千工堰。其堰为垒石填沙土为之(山河渡),或编竹为长笼,纳石于笼中,纵横铺于河床,以木桩定之,如班公堰、五门堰、杨填堰等。小堰则皆垒石为之,甚为简易。著名各堰,后当分别论述之。

(2)有筑堰抬高水头,靠河岸留一水道,而安设筒车轮以汲水至田者。此法用于较高之水田，以洋县之酉水、金水，石泉之池河，安康之黄洋河为最多。筒车之制以竹为轮，大者径可三丈，轮周安设齿板及竹筒五十至六十个，每筒容水之量半升至四分之三升，轮齿为水力冲动与水车同。轮周之筒汲水而上，至最高处，泻水于一木槽内，流至田间。筒车堰有为一家所私有者，亦有许多家合力为之者。

（3）有翻车以汲水至田间者，间或有之，而不多见。

（4）有在山间筑池蓄水以供灌溉者。所蓄之水，大半恃山坡流下之雨水。雨水缺乏则田亦旱干，故乡人名此等田曰雷公田。

陕南各县水田数表如下（第一表至第八表）。

第一表　城固县各堰名称暨灌溉田亩一览表

河名	堰名	灌田亩数	备考
湑水河	高堰	1300余亩	
湑水河	百丈堰	2700余亩	
湑水河	五门堰	37000余亩	
湑水河	杨填堰	2600余亩	
汶水河	向小堰	320余亩	
汶水河	土官堰	3000余亩	
汶水河	枣儿堰	300余亩	
小沙河（汉江南）	上盘堰	1200余亩	
小沙河（汉江南）	二盘堰	1700余亩	
小沙河（汉江南）	导流堰	4100余亩	
小沙河（汉江南）	沙河堰	4300余亩	
小沙河（汉江南）	小沙河堰	850余亩	

第二表　西乡县各堰名称暨灌溉田亩一览表

河名	堰名	灌溉亩数	备考
洋河	金洋堰	4500亩	
小峡河	圣水堰	600亩	
法西河	高头坝堰	1700亩	
法西河	五渠堰	1700亩	

续表

河名	堰名	灌溉亩数	备考
法西河	项家堰	1700 亩	
法东河	法东堰	1000 亩	
丰渠河	空渠堰	800 亩	
丰渠河	侯家堰	700 亩	

第三表　褒城县各堰名称暨灌溉田亩一览表

河名	堰名	灌田亩数	备考
褒水河	山河堰	8000 余亩	
褒水河	金泉堰	300 余亩	
褒水河	凡河堰	1200 亩	
濂水河	青龙堰	2500 亩	
濂水河	荒溪堰	1700 亩	
濂水河	流珠堰	1400 余亩	
濂水河	鹿头堰	1800 亩	
濂水河	铁鹿堰	2700 亩	

第四表　南郑县各堰名称暨灌溉田亩一览表

河名	堰名	灌溉亩数	备考
褒水河	山河堰	31600 余亩	
冷水河	冷水堰	18940 余亩	
濂水河	源水堰	10500 余亩	

第五表　永康县各堰名称暨灌溉田亩一览表

河名	堰名	灌溉亩数	备考
月河	千工堰	7800 亩	
月河	万工堰	3000 亩	
月河	永丰堰	700 亩	
南沟水	南沟堰	1000 余亩	
黄洋河	黄洋堰	100 余亩	用筒车汲水

第六表 洋县各堰名称暨灌溉田亩一览表

河名	堰名	灌田亩数	备考
溢水河	溢水堰	1500 余亩	
湑水河	杨填堰	18000 余亩	杨填水利洋县城固共之,洋县域三水□□水□洋县□八大□□□
溢水河	二郎堰	800 亩	
溢水河	三所堰	300 余亩	
灙水河	灙滨堰	1800 亩	
灙水河	土门堰	1300 余亩	
灙水河	斜堰	300 亩	

第七表 石泉县各堰名称暨灌溉田亩一览表

河名	堰名	灌田亩数	备考
珍珠河	七里堰	100 余亩	
硗峰河	硗河堰	200 余亩	
大坝河	大坝堰	100 余亩	
双乳河	双乳堰	100 余亩	
月河	月河堰	460 亩	
池龙沟水	池龙堰	90 亩	
中坝河	中坝河堰	100 余亩	
父子河水	父子河堰	100 余亩	

第八表 沔县各堰名称暨灌溉田亩一览表

河名	池龙沟水	灌田亩数	备考
旧洲河	山河东堰	3000 亩	
旧洲河	山河西堰	4000 亩	
黄河水	天分东堰	3600 余亩	
黄河水	天分西堰	1500 亩	
养家河水	养家河诸堰	6000 亩	

第一表至第八表中所记，略择其大者，其他小堰灌溉不在内也。

诸河堰中，以褒水一堰较为整齐统一。褒城东门外之山河大堰为第二堰，实即惟一堰耳。盖先有筑堰于褒城县治上游鸡头关下为第一堰，今已全废。今之所谓山河堰者，传云汉萧何、曹参所创。有古刻记其建筑法，巨石为主，锁石为辅，横以大木，植以长桩。今所筑之堰，则为垒石中填泥土。堰长约八百至九百尺，堰址宽一丈二尺，顶宽八尺，出水一尺，高约三尺。修堰费约三四百元。上游任其三，下游任其二。堰之东端即为渠，渠口宽八十尺，旧日以石矶分为五洞，上搭桥板。某年以泻水不及，毁其三，今存东边二洞。渠与河身以石壁相隔，建筑颇为坚固。渠岸上即为河东村，渠绕村东行，凡七十余里，沿渠开洞口灌田。第一口名高堰子，在渠口下五里，洞凡四十二，分上十八道，中六道，下四道及三皇川二十四水口。由高堰子起至汉中以东十八里铺，可灌田二十余万亩。志书所载及人民所报者失之过少，诚汉南水利之止巨者也。水量甚富，而限于惯例，致水不能尽其利。向例褒城拦河堰最迟于旧历正月十五日以后动工。工分五段，共须八百余工，由各洞分任，近则用包工者多，以致堰工颇形潦草。二月中堰成，清明以前开水，开水后四十日名曰秧水。夜灌下游三十里，昼灌上游四十里。四十日后，先尽上游用水，水不能下，至五月初一起始封水。封水者，封上游十四道之洞口（但高堰子在外永不封闭），令水流下以灌下游，初六上游各洞口复开。自此每逢一日则封（初一、十一、二十一），逢六则开（初六、十六、二十六），至七月十一为止。但插秧若迟，或时令过晚，则下流水不足用，辄向上游借水。

洞口以金华堰为最大（金华堰为第二洞口），宽八点四尺，水深三尺，洞之最小者宽不及一尺。洞口皆以石壁为之，以木板封闭。有洞口之下分为数支者，如金华堰下分小堰七者，舞珠堰下分小堰五者。各洞上水灌溉有余，则以排入汉江，名曰溅水。上游水量有余，宁以溅入汉江，而不以补下游之不足，盖人民狃于习惯，恐成新例也。褒水大水之时，冲下泥沙及石砾甚多。石砾尚鲜入渠，而泥沙则堰流而入，辄淤渠数十里。沿渠口并无闸门，河水不论大小皆得畅然入渠，故每岁挑淤亦为极苦工事。向例渠中挑淤，上、中、下各道皆自行挑挖，惟上游得水较易，不挑亦无大害，而下游则深受其弊，故每逢挑淤之时，上下游辄有龃龉。清制汉中水利自留坝厅同知监管，故每岁筑堰挑渠，均按时巡查督责为之，颇称便利。民国后无专管水利专官，而以其权归于各县县长。县长限于辖境，各顾其境内，以致水利区域之包括两县以上者，支离分裂，百弊丛生，任人民互相推诿争夺，讼案纷起，不可不为注意。褒城拦河堰漏水甚多，且堰之中间留有泫口，流量亦有每秒四立方公尺之多，盖褒水下游虽不通航，而常用以泝北山之木，至汉中，故河中亦不可无水。拦河堰下游约十里有第三堰，即利用此溅水灌田二千余亩。又有第四堰者为新计划，尚未成功。

冷水河在汉中以南，源出汉山。汉山下有石池，俗名小南海，即水源也。又与红花水相合，南流入于汉江。灌田之堰凡五：①杨公堰（杨大坦箐），堰以垒石堆沙为之，灌左岸田四百亩，渠长四里。②复润堰，堰址在郭家坝，亦垒石堆沙为之，灌右岸田四千余亩，渠长三十余里。③隆兴堰，堰址在祖师箭，亦为垒石堆沙所成，并编有竹坝，河底沙质。此处适当冷水河与红花河会口之下，筑堰形势甚为便利，渠长十五里，灌左岸田约四千余亩。本堰址在复润下约十五里。④芝字堰，堰址李家营，在祖师箭下二十里。堰以扎石笼为之，灌左岸田二千余亩，渠长五里。⑤班公堰，堰址在芝字堰下，扎石笼为之，灌左岸田一万余亩。

各堰或由人民自动为之，或由地方官提倡，上、下各不相谋。而芝字、班公两堰相距太近，时有水利纠纷。芝字堰与隆兴堰同灌左岸之田。隆兴堰颇易构造，而芝字与班公堰则河岸甚宽，筑堰颇难。故若以芝字堰所灌之田归并于隆兴堰，不惟每年筑堰工费可省，而管理亦较整一。班公堰址以河中有沙洲分水为二股：东面一股筑拦河堰长一千二百七十五尺、宽十四尺、高四尺；西面一股为正堰，长一百五十尺、宽三十二尺、高约五尺。留四洞口以溉余水。堰之西端，即为渠口，分为二洞，每洞宽约六点五尺，水深一尺余。每岁筑堰费约三四百元，分为八工，每工首事一人，每堰堰长一人，合力为之。

汉中水利次于山河堰者，即为湑水河各堰，但其工程则艰苦数倍。每年修理堰费，所耗不赀。湑水发源于太白山，南流至庆山出山谷而莅平地。湑水河第一堰名曰高堰，即在山口以内约五里，堰以垒石为之，长三百余尺。渠口即就左岸山角凿石为之。渠之东岸则砌石填沙砾所成，渠身宽十五尺，水深二尺。入渠之水每秒约二立方公尺，但沿途仍溉放河中者甚多。谷由河底颇平衍，山口两山相夹，谷宽七百余尺，两岸山岩系花岗岩。庆山则当山口外之左方，屹然独立。河水流量，此处每秒约八立方公尺。高堰灌右岸伏牛山以下田一千八百余亩，其下游十里为百丈堰，灌左岸田三千七百余亩。其下游又五里为五门堰，灌右岸田二万八千余亩。五门堰渠沿伏牛山角而行，复折斗山山麓，其渠最长，分九洞八溉，附以水车九辆，工程最巨。其渠口堰以石壁为之，留有五门，故名五门堰。其下又十里则为杨填堰，灌左岸田约三万亩。百丈、五门、杨填堰，拦河之堰，皆以石笼、木橛为之。河床俱为沙质，每遇洪水不免冲毁，或至完全被水冲去，故每岁修堰之费少则数千元，多则数万元，常为民累。杨填堰下又有汉兴堰，距河口不远，在汉王城附近，其堰即旧河底之沙挖起堆高为之，灌田二百余亩。湑水河各堰用水，向例先尽上游，以次及于下游，故高堰及百丈堰灌溉最为沾足，□堰禾旱，则杨填堰之水则颇感困竭。今年洋县杨填堰渠稻田多改种包谷，以缺水故也。民国十七年（一九二八年）杨填堰以被旱灾，居民逃亡甚多。以水田最多之处，犹然如此，殊可慨也。按湑水谷口内，其地形地质颇适于筑水库。杨守正《百大堰干沟议》曾曰："余循山麓相水势议以灰石塞山之南口，自东而西挑渠长二百丈、深三尺、阔二丈,由庆山北归升仙口河内,一劳永逸之利也。"余意若谷内筑成水库,则两岸开渠分引五堰所灌之田,皆由此库供给,不必复于下游河势宽衍之处支节筑堰,而水量时有储蓄,即遇干旱亦永无感水不足之苦,是大可改革者也。又近年来百丈堰拟增开灌溉田亩,为杨填堰所反对,讼案累累,各执其事。若水量不足,此等纠纷殊难解决。若筑一水库而取消各堰,则一切纠纷迎刃而解矣。

附五门堰说明书一件,其工程困苦,可见一斑,其他两堰类此。

城固县五门堰说明书:

城固县北三十里有五门堰,创自莽汉居摄年间,接湑水河流,灌田三万七千余亩,为城固县人民养命之源。湑水河发源陕西太白山,汇集众派,出升仙口。沿河堰堤凡四五门,堰居第三。在湑水河之右,承流建筑石梁,梁底辟列五洞,东二西三。洞口高逾五尺,宽比高少数寸,为下游九洞入溉进水咽喉,故名为五门堰。又于二洞角东边截断河流,修长堤一道堵水入洞灌田。堤约一百五十余丈,斯为堰坎,即岁岁所修理者是也。每当旧历仲春,首人赴堰购竹编笼,外圆内空,径二尺二三寸,长短不一。迎水置顺笼,顺笼后摆丁笼,如丁字形,横直辅佐,并力捍御。笼中实石块,隔三尺许,窜插木桩一根透过笼身,使不得动摇。如遇滩壕,必先填石下榴。榴以木造,四角四大柱,高一丈一二尺,柱之两端各用木橾四根,四面穿卯联络,并于两边密贯小橾,以便关栏。石块有方式、有长方式,与房屋之间架相似,惟榴柱下端略宜开展,取其磐安稳固。将榴界于河底上,以重物压定,迅速填石,倘水深湍急,可并置数榴,名为马道榴。榴后如再竖榴,名为倍榴。即依前法,榴上挨次摆笼,一层不足再覆一层。皮面之笼,总以高低适宜,平坦无阻为合格。然后与笼榴之接水方面,铺草筑沙,弥缝隙漏,名为沙坎。沙坎宜与笼齐,堰坎宜与五洞口上唇齐。老农云:"水满五洞,尽能敷用。"五洞的容纳流行之处,曰官渠。离五洞里许,官渠左坎,设退水龙门四河。不数武横架官渠,设倒龙门四洞,疏通沟洫时,遮封倒龙门,开放退水龙门,水可归还大河。需水时,遮封退水龙门,开放倒龙门,水可直注官渠。河水暴发,则将两处龙门完全揭启,以泻水势,堰坎可保无虞。但五门堰附近,河底概系游沙小石,一值(直)惊涛奔浪,堰坎即被冲刷。有一载溃数次者,有终岁或数年无一溃者。因农田灌溉无常,旋溃旋修,不敢迟滞。此历代相沿修理之旧法也,并无何种新法,可以改良。有谓不用竹木,建石墩若干座,留龙门若干道,另制闸板,司其启闭。有谓以优长柏木,林立排列,打入河底。最深之处,用洋石灰筑紧,上砌石条。俾灰石木混结团体,可望坚如筹铁。然此均因用项浩繁,猝难筹措,欲作辄辍。是以历任首人,限于经费奇绌,视堰务如传舍,只好因陋就简,培薄增卑,暂为维持而已。现在物价腾涨,工资昂贵,即照平常修法而论,岁需不下六七千元。若见险工,或一万元或数万元不等。民贫财困,前途即不敢设想。堰在辖境广袤五六十里,其田亩之多,工程之大,为诸堰冠。县城四面,皆是堰田包围,如不栽秧收谷,即成绝大年荒。关系人民生命,殊非浅鲜。当路伟人,如能俯念同胞,拨助巨款,改良修理,全堰农民,自当踊跃争先,通力合作,来尽义务,刻期蒇事。堰坎永无崩裂之患,闾阎常有盖藏之乐。衣食既足,礼义自兴,则国富民强,长治久安之道,未始不予提倡水利为嚆矢也。谨具说明,聊备考察。五门堰总理张文锦、田培桢。

此外地方人士拟开之水利,则有安康之黄洋河。黄洋河稍有灌溉之利,皆用筒车汲水,为利无几。黄洋河入汉江之处,两岸地势平衍,宽四五里,长七八里,名曰东坝。黄洋水穿过其间,而不能引以灌溉,殊为恨事。地方人士拟于上游鸡冠山筑堰引渠。光绪二十一年(一八九五年)县令曹公曾捐廉开渠,款绌而止。余意筑堰可在鸡冠山下游约二里处,两岸石岩较近,约一百五十公尺,利于筑堰,下接所筑旧渠,亦易为功。此堰高五公尺,即可引水入渠中,下游溉田可二三千亩。

陕南各县除倚汉江略有平坝外,余皆万山重叠,人民就其涧谷略制坪地。有水可引则以种稻,无水可引则种包谷,故其灌溉之地,皆零碎片段,然合而计之,亦颇可观。洵阳县灌溉之田有三千六七百亩,就中以洵河之水为利甚多(水坪田三千亩)。镇安灌溉之地有三千余亩,以洵河及金井河之利较多,乾佑河次之,而诸涧谷之水为数甚多。留坝灌溉之地不及千亩,以武关河及紫金河为较多。闻县长言,该县可辟水田尚多,如郑家坝、黑羊坝,人民稍有力皆能自行垦辟。而凤县则仅有水田约五百亩,大半皆属安河之水,至古道河则平衍多沙而乏灌溉之利矣。

吾国人民无官师指导而垦殖田畴,修筑河道,其智力颇有令人钦服者。余由茶镇逾山岭而至新铺镇,穿锅板沟、砚子沟及云沟,沟底皆制坪为稻田,而沿一面山脚凿为水渠,渠堤则为行道。山水不致冲毁稻田,而灌溉之利源源不绝。由南星至留凤关,循清洋河两岸密植柳树,保护河岸上下十余里,河岸甚形整齐,两岸之田资以保护,皆良法也。

秦岭以北灌溉之利可分为二系:①渭河以南,灌溉之水皆源出秦岭,大半为稻田。②渭河以北,由北山来诸河水或泉水灌溉,但无稻田。

属乎第一系者,宝鸡县有清涧河,灌溉数十亩。岐山县之崛山沟水,灌溉朝阳里(俗谚有云:"东西崛山水,灌遍朝阳里。不需人之力,天公浇到底。")稻田若干,未考。又斜谷水,亦名石头河,有岐水渠及茹公渠,灌溉一千六百余亩。又有美荔渠灌溉七百二十亩,郿县斜谷水、梅公渠灌齐家寨一带三千余亩,石头河灌田四千余亩,汤峪河灌田四千余亩。此外有泉十数,亦灌田七八百亩。盩厔黑水河贯州渠灌田三千余亩,黑河渠灌田一千一百亩,田峪河渠灌田五百二十亩,清水河渠灌田二千余亩,耿峪河渠灌田四百二十亩,苇源渠灌田六百亩,蛔蜓渠灌田二百亩,芦河渠灌田七百二十亩,仰天渠灌田三百六十亩。鄠县太平河灌田八千八百六十余亩,涝峪河灌田四千七百八十余亩,曲河灌田六十余亩。长安太平河灌田三百余亩,高官峪水灌田七百余亩,沣河灌田约三千亩（咸阳在内），潏河灌田百余亩，浐河灌田约五百亩，镐水（即石鳖峪水）灌田一千三百余亩，大义峪水灌田三千余亩。此外尚有泉水灌田甚多，合计亦在二千亩以上。

属乎第二系者，以汧阳县之汧水河为利最溥，灌汧阳县地近四千亩，又灌凤翔地四百亩。凤翔周围有凤凰泉及龙王泉灌田二百亩，又有他处二泉灌田数十亩。宝鸡虢镇附近有数泉灌溉约二百亩。岐山有雍水太慈渠灌田五百八十亩。扶风有漆水无灌溉利，韦水（由岐山入境）灌县城附近二百余亩。武功贾赵河沿河略有灌溉，但用井水者多。兴平及咸阳无引河流灌溉者。兴平沿黄山麓有泉数眼灌溉数百亩，而凿井灌溉则甚发达，估其全县灌田之井当不下五千有余眼，井深由丈余至三丈余。咸阳、长安、渭河两岸灌田之井为数亦不少也。

以上仅就此次旅行范围略记梗概，至陕西其他各处之水利，以后再为考察云。

第三章　水力

陕西境内利用水力者可分为二类：①利用水力以汲水升高，其名为筒车，已见于上。②利用水力以磨谷榨油，其〈利〉（名）为水轮。水轮有立式有平式，其径皆丈许，周围安设齿板。在立式轮则为辐射方向，在平式轮则板略斜以利受水。立式轮用中击或下击式。平式轮齿板之外周复缘以木，成轮廓。轮轴安设齿轮相啮以转动磨轴，并有附以杠杆以筛麦粉者。利用水力以转动水轮，皆先垒石筑堰引河水入渠，以通至水轮之处。此法无论秦岭山南山北皆通用之。大抵秦岭以北水势陡急用之者多，秦岭以南用之较少。然遇陡急河流可利用者，乡人亦皆能利用之也。南郑南门外更有碇舟于汉江之中，安设磨具于舟中，水轮于舟旁，而以江流激动之者。该处恰在一滩下，故有急流可以利用也。

秦岭以北水势陡急，然可以利用发生水电者甚少。因其山谷狭峻，适于筑水库者甚鲜见也。秦岭以南则可以发生水电之处甚多。岭南石灰缺乏，将来便利交通，兴发工业，非用水电之力不可。汉江流域可利用以发生水电者，一为汉江本身，一为汉江支流。汉江本身之流量在兴安附近，估计低水时每秒不下六十立方公尺，普通洪水时每秒须在五千立方公尺左右。平均计算，汉江在兴安流量每秒应有一百五十至二百立方公尺。汉江由沔县至白河长约六百公里，其降度应有三百公尺（未经实测，约略估计平均降度一比二千），是汉江本身之能力，至少约四十五万至六十万马力。汉江流域水不结冰，每年以六个月用水计算，每年能力产量可有一千八百兆千瓦时。其水力可分布于数处：由沔县至洋县城附近，无设施水力相当地点。洋县以下，经紫阳、石泉而至女王滩，则可以筑高堰之处甚多。兴安以下至洵阳河道较宽，而洵阳白河间，则可以筑高堰之处又甚多也。

汉江将来发达水力，须以两点为权衡：①工商业；②交通。

汉江将来工商业集中之地，一为汉中沿南郑、城固、洋县岸上，一为兴安沿安康至洵阳岸上。所有工业大概不出乎以下数类：①木厂。将来大植林木，以兴安一带各县山地为最宜，盖气候、土质无不宜林，而且交通较便焉。②纸业。镇安、洵阳一带产楮甚广，为造纸最佳之料，其他竹木亦可造纸。③采矿业。沿汉江之沙金及其他各种金属矿物，可以开采者甚多。④丝业。汉中、兴安各地向利蚕桑，以后更可改良推广。⑤制造桐油及漆工业。⑥制造各种药材工业。⑦其他制造品各种工业。以缺乏燃料，须待水电而发达之，而水电工业又必恃工商需用而后可进展，故二者宜相辅而行也。

第二点为交通。汉江若筑高堰过多，则反足为交通之累。余意由白河至兴安，可以不筑高堰，即以普通渠化河流之堰发生水电。此等堰之水级，高者可至十公尺，低者以弗下七八公尺。兴安上游由女王滩至黄金峡上口，可以筑四十至五十公尺之高堰一处或二处，以为汉江流域电力之大中心场。上可以供给至南郑，下可以供给至兴安。此等高堰在河床较陡之处，有其一可以省去不少水级，而船只至此则不能用普通之船闸，而须用升降机以升降之。此等设备，固甚昂贵，然平时工作，则本用堰所发生之电力，无须他求。

汉江流域电化，不惟农工业可以发展，即交通一事，亦利用电力极多。船舶行驶可用电力牵挽，船闸机门可用电力启闭。如此则在陕西境内，汉江之中亦无须行驶汽轮，一切以电力为之可也。

汉江筑堰无须筑昂贵之活动堰，但筑滚水实堰可矣。沿汉江各处大半两岸岩石陡高，不致发生水灾，惟有数处如兴安县治常虑水患者，须留心避免之。

汉江支流可以发生水电者甚多，择其能率较大者：①洵河，流量估计平均每秒二十五立方公尺，河床降度千分之一，其电力场可设于两河关及洵阳之间，以为交通之助。又洵河之上游乾佑河营盘镇以下，流量估计平均每秒十立方公尺，河床降度五百分之一至七百分之一。此处亦可设电力场一所，以为越过秦岭电车交通之助。②黄洋河，兴安以上上游二十余里可以筑堰，既利灌溉，且可发电。流量估计平均每秒六立方公尺，河床降度约千分之一。③牧马河，流量及降度与黄洋河相若。④湑水河，若筑水库于山中，以利灌溉，亦可发生电力，流量估计平均每秒十二立方公尺，河床降度约千分之一。庆山山口内筑堰可高至三十公尺以上。⑤褒水，褒城山河堰可移向上游四五里，筑较高而永固之堰，以利灌溉，且可发生电力也。褒水流量估计平均有每秒二十立方公尺，惟褒城以上，河床较陡，且流石坡虽多，非发生水电最适宜之河流，然亦未尝不可利用也。

结论

此次旅行为期甚促,详细察验,势所未能。以上报告除就个人亲历者外,并沿途咨询父老,兼参考以下各国书为之:①《陕西通志》及各县县志。②各县建设局报告。③王渔洋《秦蜀日记》。④Willis, *Research in China*。⑤Richthofen, *China*。⑥中央研究院地质调查所《秦岭及四川地质图》。报告中所述之数目字,多系大概估计。至于对交通、灌溉、水力各种计划,亦仅能就其大概言之。详细设计,须俟有精详之测量及观察。然汉江流域为中国工商经济重要之区,则可断言,所望政府及人民有志开发西北者,不河汉余言也。

汉水上游之水运

(一九三二年)

上流、洋县间。汉水发源宁羌峤家山,名大安水。经俗称七十二道脚下不干,至宽水铺之幽峡,过大安驿,至新铺湾,下流合玉带河。又至沔县上沮水铺合沮水,入沔县,河幅大增。东流至褒城境,合黑龙江(即褒水为秦栈道所出)而至汉中,称汉水。大安驿河幅宽五十公尺,水微而沙洲多,增水时沿岸见湮害,行舟不便。沮水铺、铜钱铺间,始有民船停泊。沔县、汉中间,舟行颇便,上水一日半,下水一日,舟行安全。沔县、洋县间。沔县下至汉中一百一十里。南郑县位汉水北三里,沿岸民船甚多。上下百里关运货颇贵,下行约四百元,上行殆倍之。

汉中之下,河幅增至千尺。两岸山脉相距五六里至十余里。水田茂盛,农产甚繁。惟河岸皆土沙,增水时,辄崩坏而淤于下游,致河床屡变迁。汉中下行八十四里为城固,城固至洋县亦八十四里,其间民船较少。沔县至此共二百九十八里。再下三十二里,入西乡境。洋县、石泉间。逾洋县城稍远,两岸山渐迫近,百里之间,河水湍急。河幅逼狭,甚至不满百尺。两岸皆突起之断岩,狂涛怒石,舟行颇险。其下三十二里,入西乡境。又二十一里,牧马河自西来会。牧马河即西乡小河。西乡县城位其上流百十里之左岸。码头至今尚完,昔时民船集中于是,惟以河中生有浅濑,且产物少，故至今但有堤防之效。河水清浅，增水时水高不过六尺，而不满一尺之濑甚多，故较大之船不能行。河幅于县城附近宽四百尺左右，其下三十里，两岸山渐迫，有凸突之岩石，水当之辄碎。舟行渐下，再下八十里入汉江。

汉水合牧马河后益大，河幅一百二三十尺，水深逾二点五丈，其速一日可行三百里，但普通增水期一丈内外，冬季水深七尺，舟行不速，一日二百里且甚困难。合流点下二三十里为茶镇，距洋县一百七十六里，距西乡一百三十四里，人家二百许。水流湍急，不便碇泊，然实重要碇泊地，民船常有三四十只。下行五十九里，达石泉县。石泉、紫阳间。石泉位于汉水左岸，水至此磬折南流，人家一千户内外。汉水在此河幅逾百尺，流不急，民船碇泊不下百只，附近惟一之好碇泊地也。其下四十五里，两岸山渐迫，怪崖突出，舟行之危险，较以前有倍之者，有名莲花石。九月顷增水最大时逾二点五丈，普通增水逾一丈。冬季水浅，尚有隐于水中之岩石小滩。河幅不满百尺。其下流对梅湖之奇石，中流仅通舟楫，舟子危惧。石泉下九十里，为油房坎，人家百许，碇破民船十余只。再下二十五里，至汉阳坪，人家二百许，民船停流者不少。山上有要塞，驻兵把守。河幅宽二百四十五尺。石泉以来，滩险渐增，于此附近为最多且大。远则十余里一过，多则三四里相连续，而以出石泉二百一十八里之女王滩，为汉水第一急湍，行人咋舌。其下十五里，达紫阳县城。白河、紫阳间。白河县位于红石河入汉水之处。红石河幅三十间，流水路不足十间。红石河无水利，市街于城外为发达，有沿岸一条街。码头即本河岸砂，原无何等设备，系留民船三十只，其长大者十间，小者五间。其种类有鰍子、鸭艄等名，载纸、桐油下航。白河至洵阳之水路，比湖北郧阳至白河间两岸之小丘，益为险峻，而山丘杂草繁茂，少赭土秃头。河幅渐狭，超过一町（约等于十三米）者皆少，流水愈急。有多数之滩，舟行比之下流，困难多多。此间所最难者为蓝滩。蓝滩距白河百里，河幅不满一町。右岸为绝壁，左岸岩倒落，横于河边，余小道一条，穿岩石为穴，引绳曳船，地名亦为蓝滩。两岸人家二十余户。白河、洵阳间之大小滩，列举如下。

距西白河八里	大洪滩	舟行不难。
距西白河三十里	蘇胡滩	左岸户数二十。无急流。
距西白河四十里		无急流。
距西白河五十里	日兔滩	左岸人家四十。无小滩，舟行不难。更四五里又有小滩。
距西白河七十里	冷水河	左岸人家约四十。有内南来之小溪水注之，即冷水河。此处之滩，又称观音滩。两岸民船十只。冷水河之上流二里，有小滩。

距西白河八十里	西岔潭	两岸人家十数户。有白河县保安团兵船四只驻此。
距西白河一百里	蓝潭	两岸人家十数户。有白河县保安团兵船四只驻此。
距西白河一百一十五里		右岸人家十数,有由北来之溪流会之。
距西白河一百四十里	蜀河	有由北来之蜀河会于汉水,河幅二町,流水道不满一町,左岸为小石砂原。蜀河亦地名,位于蜀河会于汉水沿蜀河之小山麓,人家约五百户。商业比白河更甚。附近产物集此有桐油、生漆、五〈倍〉(味)子、木耳等。码头位于二水会合之上侧。穿岩石为穴,以系留船只。蜀河之口,河幅约一町,流水不足十间,深不没膝。无何等舟运。流水清,其上流有双河口、关防铺等池。
距西白河一百五十里	老鸦三滩。	
距西白河一百八十里	魁福滩(为小滩)	左岸人家十余户。
距西白河一百九十里	要滩子(小滩)。	
距西白河二百一十里	泉棋滩(小滩)。	
距西白河二百三十里	泥沟儿	右岸人家十余[户]。

洵阳下流三十五里有大滩,名狗窝子。洵阳下流三十里有小滩,人家十数户。汉水在此(构园铺)又如老河口均州间两岸山丘化为赭土秃山多。而由此地达洵阳三十里间有滩四。下流十五里之高店铺,人家二十数户,有名新滩之大滩,为白河、洵阳间第一大滩。白河、洵阳间。河幅狭,水急滩多,舟行困难甚著。路程与郧阳、白河间略同,而溯江时日则倍之。小滩甚多,以新滩、蓝滩、狗窝子、上滩为最。白河、洵阳间。注入汉江之水有甲河、白石水、冷水河、仙河、蜀河。甲河有达上流二百六十里之漫川关之水利。他则溪间小水,时有干涸之虞。洵阳县城内外户数约六百。汉水来自西南,洵河来自北,于西门外而水仅隔一条小丘,合绕成垣。至东门外,始相会合。洵河河口约一町,其流水部分不过河道之一部。民船上达一百八十里赵家湾,二百里两河关。两河关以上,水中滩多,不便航行。

由洵阳至兴安一百四十里,赵家湾一百八十里,两河关二百里,镇安三百里。洵阳、兴安间。洵阳与兴安之间,两岸丘陵低小,有类老河口、均州、湖北间之丘陵,赭土秃山,不如白河、洵阳间之险峻。河道在白河、洵阳间,广一町以上,处处因砂小石之州,而成小滩。此间一百四十里,舟行无大困难。洵阳县城汉水,河幅宽三四町,流水道不足一町。右岸为砂及小石堆积。河中有二三沙洲,溯江而上,河道渐狭。洵阳上水二十里有小滩,名朱家滩。又一二里有小滩。右岸有小石成洲,水道不满二十间,岩石横于河身,至间河口河道再广约二町,以受南来之间河水故。右岸成沙洲,水道一町。汉水至此会合点北西曲折。间河在河口当汉水曲折点,虽广约三町,而上行一町程,即为不满十间之小溪。河口之宽虽有三町,而水道不过二十间,水深仅及踵,无何等水利。间河口位左岸下侧,人家八十户,对岸亦有数十户。间河口之上流二三里有碛,河水二分,中央小石堆积,其上十里有稍大之滩名松柏滩。其他滩碛如下。

马家碛(浅濑)　　　　　由洵阳六十里
神家滩　　　　　　　　由洵阳八十里
二郎滩　　　　　　　　由洵阳九十里
立石滩　　　　　　　　由洵阳一百二十五里

此外马家碛与神家滩之间有小滩,水中一巨岩突起,水道缩至二十间。神家滩为洵阳兴安间第一大滩,虽不足以当白洵间之小滩,而左岸为巨大之水成岩所成,右岸小石堆积,水道二十间,水势稍急,无急浪。兴安下流三十里,左岸为十里铺,人家数户。两岸山丘益低,河身有沙洲及巨岩突出。由立石滩渐展眼界,遥望西方大山重叠,河道次第扩大。右岸一带小丘,左岸化为平地。安康城位其平地中,下流二三里,河幅五六町。又有一碛所,舟行稍苦。有堤防,以厚三寸、长一尺燦瓦式之土块积成,其高五间,以护县城。安康旧城沿汉江九里,沿江有街,无何等码头设备,系留民船鸦艄、五儿子等五六十只。城市人家六千余户。兴安、紫阳间。汉水在安康,河幅二三町,向西南,两岸小丘陵,时逼近,时稍弛。河幅时宽二三町,有广一町半,有狭至三四十间不足一町之处甚多。安康城附近有沙洲。距安康城九十里岚河处,两岸小丘渐大,其倾斜稍缓。岚河水之下流二三里,汉水由南而向南东曲折之处,河幅五六町。由岚河口河道西折,两岸丘陵益峻。其在河巨岩所成之水势不急,河幅不足一町。距岚河口三四十里,而岸山丘倾斜稍缓,眼界稍展,河道亦广。至小道河而成峡谷,河幅仅三四十间内外。由此地达紫阳间,直经过峡间,紫阳附近丘山交相,左岸大山脉,峦峰相连,为巴山脉。兴安、紫阳间一百六十二里水路,碛滩数十处,水势急湍,舟行困难,列举如下。

由安康至月河　　　　四十五里
由安康至大石岩　　　六十里　左岸丘陵中腹绝壁之上,人家数十户。其下滩河
　　　　　　　　　　　　　　　幅一町,流水来西南,曲折向东,中有沙洲。

由安康至郭家河　　七十里　右岸十数家。

由安康至岚河口　　九十里　西岸人家八九十户。岚河自南来会河口二十间。

郭家河、岚河口二地二十里间,有碛二处。水中巨岩突出,增水际甚危险。由岚河口更三四十里,有碛二处,河幅一町,两岸砂小石堆积。

1.流水店　一百五十里。河幅一町半,人家百户。流水店小道河三十里间,有东瓜滩、丝滩二险。东瓜滩河幅一町,两崖小石堆积,水道三十间,无何等危险。丝滩在小道河之下游五里,无滩,上流河幅约二町,河底勾配甚急,水势急分为二濑。中央小石堆积成洲,一道之濑幅约二十间,左岸无碛。丝滩上流两岸为狭谷,丝滩人家四五[户]。过此处之碛,为磨盘滩。

2.小道河口　一百八十里。此地为峡谷山腹。人家二十数户散居一带。产石炭,有炭坑数所,供给下江老河口一带。小道河河口十间,流水不足一间。由小道河口至大道河口百二十里间为峡,河幅三十间,其间有小滩。

3.大道河口　二百里。右岸人家三十[户]。河幅一町,水道三四十间。大道河亦不过峡间一小河,水清。河口上一二里有碛,名月池滩,右岸为岩石,中央小石堆积,小道二三十间,又名石门滩。左岸水道有三四十间之碛。

4.洞河口　二百五十里。左岸绝崖,沿洞河小川人家百十[户]。洞河由东南来注。河口十间,水流三间,清水。于洞河炉子滩,其上流二三町,有禹王滩。此二滩为安康、紫阳间最困难之所。炉子滩其濑长约三町,右岸小石,河幅二町,水道二三十间,左岸绝壁。禹王滩河幅一町,右岸小石,水道三十间,右岸有斜岩层横切水道,舟切十间位之岩层通过。禹王滩至紫阳之间,有钟鼓滩、长滩等。紫阳城外河幅二町,水道二十间,有高紫阳、低紫阳二碛。汉水于城西端向北,至汉中,任河由西南来会。二河幅一町,不辨何为汉,何为任,惟汉水比之任河水量多耳。紫阳位于河边之丘陵,人家二三百[户]。码头有上码头、下码头二所。下码头在城之下方,河幅二町,水道二十间,无何等设备。上码头在城之西端山麓任河与汉水分歧之处,亦无何等设备(第一表、第二表)。

第一表

地点	附近各地之距离/里	
	由紫阳至	各地间
洞河口	30	30
庙沟	60	30

续表

地点	附近各地之距离/里	
	由紫阳至	各地间
银珠沟	90	30
一口印	150	60
砖坪城	180	30

第二表

地点	水程/里	
	由沔县至	各地间
汉中	150	150
城固	234	84
洋县	298	64
牧马河口	451	153
茶镇	474	23
石泉	533	59
油坊坎	623	90
汉阳坪	658	35
女王滩	751	93
紫阳县	766	15
兴安	928	162
洵阳	1035	107
蜀河铺	1185	150
蓝滩	1215	30
白河	1285	70
老河口	1708.5	423.5
仙桃镇	2508	799.5
汉口	2755	247

淮河流域之水道交通

(一九三三年)

本篇所论及者,除淮河干流及其支流外,与淮河消息相通诸流,如黄河及扬子江间之运河,沂、洙二河,通杨运河,串场河,皆列在内。作者之意在使吾国人注意整理上列诸河道,使在苏、鲁、皖、豫境内成一交通灵便之交通网,使内地货物得以流畅,可以抵制番舶东品。其于民生问题为最切要之一事,作者是篇庸可缓耶?

作者之梦。作者伏处淮阴办公室,栗碌终日,出而散步,目之所接多窭人子,雪后道路泥泞几不能步,运河中上下船只无几,有之皆革蓝小艇,合家男女老稚处于斗舱之中,鹑衣垢面,不似有生理者,悽然而感,喟然而叹。噫!吾国运河长二千二百一十里,非欧美人所惊叹以为世界之一奇功耶?清江浦非运河与千里而来之淮河交汇之地耶?使此地而在欧美,则其繁庶富丽应为何如,不幸而在中国,乃以贫瘠名,谁之咎欤?倦而归,归而寝,思之所积,成为幻梦。噫嘻!梦耶?抑二十年后清江浦之真状耶?醒而记之,以质诸二十年后之清江浦游客。

作者时方处一小楼之上,启轩临槛,对岸淮阴城市,峻阁杰楼,巍峨奇突,锦章琼树,掩映其间,赤阳照耀,璀璨庄严,不可言喻,俯视则运河中商船林列,蒸汽如云,河面宽阔,港池旁出,轨道交错,驳岸之上货栈如栉,俱七八层楼。起重大机百步一架,但见货物上下不绝,行舟往来如织。小楼之下,则周道如砥,电车、汽车络绎道上,秩序井然。道中植花树两行,绿草如茵。步行者穿错其间,似各有所事而各不失雅度。推挽工人众皆衣冠整洁,码头之上无嚣声,市廛之间无俗气,顾而乐之。噫!此非余之所素志耶?孰实成之?忽阍者报以客求见,阅刺则关中故人也。急延之入。客入,曰余自渭北贩棉花万包,以汽船拖载,浮渭及黄,转颍而淮,三日至是。将之上海,忽念旧雨,匆匆过访。君犹不知吾陕之棉业自经引泾告成,灌溉四万余顷,加以选种择肥,其品质驾美棉而上,每年所产不下千万担,其价在渭北每担五元,每担至沪运脚税捐与原价相埒,则在沪售价亦不过十余元耳。今沪上纱厂皆用国产,美棉已无复过者。舟泊新码头镇,曷往一观乎?喜而涉履从之。汽车十分钟到,则见无数巨舶正在起卸,大者千余吨,小亦三百余吨。有经载以由灌河出洋者,有转之沪、浙者。冀、鲁、豫之粟豆,陕、晋之麦、棉,皖北之稻、茶,以及其他矿植物产种类繁复,不可胜计。而制造品如布帛、器物尤应有尽有。尤其者,则与友舟相邻二舟,一来自泾凉,一来自兰皋,亦皆载五百余吨,满载甘肃呢革及西域出品。噫嘻!盛矣。吾友之舟泊于新闸之下,既登舟,茶已,复同观新闸。闸之深阔有容,机器之开闭灵敏,千吨之船二十分钟即过。闸以上北通燕、冀,以接北大港,西通豫、陕以抵甘、凉。闸以下南通京、沪,东达灌口及海州。两处盐舶来者尤多。其盐亦皆精洁如玉屑,不似昔日之黑浊其质矣。询此闸上下货物,则下行者每年值四五亿元,上行者亦每年值二三亿元。作者喜极,握友手曰,余不图今日得见居于此,二十年相隔,风物顿异,此何人之功也!友以手指示曰,君不见彼处广场之中,巍然高立,蔼然可亲者,非孙中山先生之遗像乎?其《建设大纲》一书,非已指示民生建设之途径乎?其先以军阀送私作乱,国政不一,无法实施。后有人扩而清之,军阀泯迹,统一告成,于是上下一心,政府人民合为一体,奉行孙氏遗教,不遗余力,始有今日。君何以不之知?岂二十年中在梦中生活乎!一言提醒,作者真犹在梦中也。瞿然而醒,陋室风寒,凛冽在背,揽衣出户,淮阴犹如昨也。

水道交通之需要:

今吾国患贫其因何在,物价腾贵其因何在?晰而言之,所得有二:其一军阀为乱,以有用之人力做戕贼之事业,农辍其耕,工弃其矩,商裹其足。夫使百万人而为农,每人年生产百元,则所值一亿元。今一亿元既已弃矣,复坐而衣食仰给于他人,每年耗产倍之,合而计之,每年损失三亿元。耗之不足,加以战争军械子弹之损失,铁路桥梁之破坏,商业停滞,■■抢掠,皆因而来。复合而计之,全国物力财产损失每年当不下五亿元,超过全国国计,则虽欲不贫,岂可得乎?此其最大原因也。其次则交通,不但困难而常断绝。内地货物不能流通,工商无由发展,以致外货充斥,金钱外溢,绝大病厄川流不息。工艺品无论已,甚至国民生活必需品,如米、麦、布、帛、丝缕以至油、煤等物,及日常用品举多资乎外洋。每岁出入口货相比,亏损以数千万计。而此输入之品,何莫非吾国人可自谋?食粮不足,农惰耕也。布帛不足,工疲织也。惰疲之原,商情困也。商困之因,行道难也。渭北之棉在产地数倍廉于在沪而不能及沪,则美埃之棉不能禁其长驱直入也。延长之油蕴藏之富,质地之佳,不下于西美(美孚合同受人欺耳),无法以挹注全国,则美亚之油不能一日拒之也。国人日以提倡国货抵制外货相号叫,但提倡抵制非上海一埠所可能,必合全国之力以为之。外货之来也遍由世界各埠,巨轮破浪,一樯航之,我国块然一物而罅隙其中,通商大埠不啻堤塘决口。外货之来建瓴而入,行销遍于全国,如海禽水。吾国金钱亦遂建瓴而出。岁岁日日,货物则消耗矣,金钱则难返矣,此岂商埠商人所可恃以当关!不求充实国力,虽屠口烂舌,日夕号叫,以责商埠商人爱国,其效直等于乌有。

国内各地亦常振兴工艺矣,而乍起辄蹶,一蹶不振。试遍游内地各行省,停歇之矿场,倒闭之工厂,废置之机器,失业之工人,所在可睹。其原何在?固由于不肖子孙逞私作乱。即使承平再见,闾阎相安,然农工赖乎商旅,商旅赖乎道路,以负贩之徒与纽约汉堡大轮船公司相较,如蚍蜉撼大树,雀卵敌泰山,不待智者可决其必败矣!

交通之道自生民始惟水与陆。人本陆栖,遇水未济,刳木为舟,水乃可行。陆路艰于水路,故伊古之时人多傍水而居。文化之兴亦皆在水道交通便利之地,及铁道发明,车运较捷,于是陆路重要几超越于水路。然未几而汽船畅行,河渠大治,于是水路陆路乃有各不相下之势。

水运之较优于陆运即在其吨位可大,耗力甚微,故水脚之轻远非铁路所可比。按奥人苏盘所考,一吨之货行一公里,其运脚以奥币亥尔计,等差如下:

人力(推车、挽车)	四十至六十
兽力(驮、载)	三十至四十
铁路	一点六至三十
橹船上行缓溜中	一点五至三十
橹船下行及木筏	零点一五至零点五
汽轮行天然河道	
大溜中下行	零点三至零点八
大溜中上行	一点五至二点五
小溜中下行	零点二至零点五
小溜中上行	零点二至一
渠中航行	零点二至零点五
海航	零点一至零点四

故天然河道航行运脚平均廉于铁路者一至七倍。渠中航行则平均较廉于铁路七倍。故欲求货价之低廉,必求运脚之减低。欲求运脚之减低,必须注意于水道也。

今吾民生计日蹙,辄呼号曰,生活程度高,不易维持。此误言也。吾民处于今日生活程度,普通论之,不见高于二千年前也。所苦者生活昂贵,而非程度高也,考察民生者,不必远游内地,但出沪埠数十里,或渡江而北,其人所居处,所冠服,所饮食,所行践,在欧美人眼目中何以非乞丐?欧战以后,欧洲下级人民生活大见进益。工厂工人工毕出厂,散步园林,其衣服整洁与缙绅无辨,其饮食亦相若。此真所谓生活程度提高者。若吾国民除少数席丰履厚豪奢子弟,及剥削人民以自肥者外,衣则鹑结,食则糠秕,居则蓬荜,行则偃蹇。此可谓生活程度高乎?而其昂贵则十倍逾于昔日。不只经济之高潮循乎海洋各途而来,无海塘以防之,而其潮流则远届于离海岸数千里之内地。全国之小民固仍习于固陋不堪之生活,而受生活昂贵之潮压,则无可避免,故在昔日尚可以陋巷安居,在今日则皆饥寒交迫。哀哉吾民,胡为而至于斯耶!

盖货物之生产与其销路为正比。销路滞则生产疲,生产疲则民偷惰。销路畅则生产盛,生产盛则民勤奋。销路之畅滞,则惟交通道路之良否及其运脚之低昂是视。今有甲、乙二地同产一种货物,而销于丙地,使其产量同、成本同,而论其距离,甲丙远于乙丙,则乙货销而甲货滞。使甲丙与乙丙距离同远,而乙知改善其交通,平易其道路,甲则否焉,则乙货销而甲货滞。使甲丙之距离近于乙丙,而甲丙为陆路,乙丙为水路,则乙货销而甲货滞。如此焉者久而久之,则丙地全仰给于乙地。而甲地之生产亦渐归消灭,而或亦反仰给于乙地或丙地焉。于是乙地之民日益富,甲地之民日益贫,中外之商业竞争不类是乎?

交通之三原(元)素,曰重量、曰空间、曰时间。以一单位之重(如一吨)移动以单位之长(如一公里),则成一转运单位(名曰一吨公里)。转运论价以之为准,交通言效以之为衡,中途之必要停滞,轨道之。

(按:此文未写完)

整理洞庭湖之意见

(一九三三年)

缘起

扬子江水利委员会有于松滋、太平、藕池、调弦四口设滚水坝之意,其目的有三。
(1)限制泥沙之入洞庭湖,以保持湖之容蓄量。
(2)盛涨时期,仍得分泄相当水量入湖。
(3)在危险水位以下集中水流,以期刷深江床,增加流量。
著者甚以其意为是,惟如何实施,须与洞庭湖内部设施,互相呼应,不能不相为谋,而各行其是也。

著者于本年九月九日至汉口循天门河而上至钟祥,复顺汉流而下至沙洋。由北西至沙市,乘舟遍视四口,共阅一周抵岳阳。蒙湘人士忕迎至长沙,导游湘、资、沅各水,西至益阳。复登南岳,得窥湘中山川大势及湘江上游之状,获益匪浅。

著者于视察四口之后,知松滋口虽大,而距湖较远,其所挟泥沙中道即舍,入湖者微。太平口较之略近而水量甚小,所挟泥沙即已舍于口门或洲浅,不啻天然之坝。冬季水小则全涸。调弦距湖最近而最小,入湖水量少而暂,寻常皆湖水由此出流耳。四口之中,惟藕池最大,其水其泥,皆与湖之生命相关至切。故以言筑坝,藕池可先,松滋可缓,太平可罢,调弦则或可做闸,拒其入而利其出。目前扬子江水利委员会于藕池已派队测量,他口亦将次第及之。最终设计,仍有待耳。

洞庭湖在沿江诸湖中为停蓄洪水最有力者。然上有湘、资、沅、澧四水直接入湖,赖以停蓄。四水主也,故停蓄应以主为先。扬子江虽大,然客也,必主能容而后可及容。

凡欲以湖泊为蓄洪之计,则必使其内不多积水,积水易于排泄,洪水未至之先,必使其内水位降落至低,夫然后可以有容。

近百年来湖中积淤日高,遂为民众筑垸垦种不少,湖之面积损失约三分之一,此等已垦地面或竟高出寻常洪水位以上,无可挽回使废田还湖也。

现存之湖面,不惟中央为扬子江本身计必欲保持,鄂人为北岸安危计,不肯令之淤废,即湘人为其整个经济计,其保湖之心当较他省人为更切。其经济关系有如下列:①无湖则是湘、资、沅、澧四水无出路,即有出路亦宣泄不及,湘北之地必永陷沉劫。②无湖则航道亦随之堵塞,湘中出产无法运出。③现有农产以湖中垸田为最优,无湖则此等垸田之价值亦减损矣。农业之外,渔业损失亦必不少。

故整理洞庭湖之主要目的有二:①保持现有湖面使不致再被侵占。②增益湖身容水之力量。

其整理之效果应使:①使湘、资、沅、澧洪水同时并至,湖中绰有余空,尚可以容纳江洪一部分,而不使成灾。②使沿湖航道交通便利。③使沿湖农田受其灌润。

一、防灾问题

以言防洪,向来沿湖及湖中之块田非经政府或人民集团有计划之经营,乃任意圩垦,各自筑垸以保其私,或与水争地,妨碍洪水道路亦所不顾,因此遂演成今日凌乱无章之结果。若视其平面图,大圈、小圈有如蜂巢,既不经济,又难资保御。故一遇大水,如民国二十年(一九三一年)者,一齐破毁而无遗。盖平时各顾其私,至于保堤御患,责任不知谁属。政府即欲代民负责,亦不知从何负起。

湘、资、沅、澧四水同归于湖,而水道交错紊乱,至相触碍。故澧可以乱沅,沅可以乱资,而资又可以乱湘。又加以扬子江洪水由四口倒灌而入,纵冲横碰,四水之流更乱。其乱也或两流对逆,或错综倒向,泥沙之沉淀多在是等处。水既彷徨若失路,则其归于湖也不顺。归于湖也不顺,故其入江也不利。

湖中水位之涨落,一视进水之多寡,一视出水之多寡。

湘、资、沅、澧四水之最大洪水量,今尚无可考。四口之进水量,虽有数年之测量,但尚未精确。尤以松滋口之倒灌流量,显然有疑,盖其测站地点有误也。今后扬子江水利委员会及湖南省政府当于是努力。

今假定先于松滋及藕池二口做滚水坝,而其他二口则否,又假定湘、资、沅、澧四水最大洪水同时而至,则湖中所受之水为:①四水之水;②太平及调弦二口之水;③松滋及藕池二口调节之水,此数水共为若干,须测验及计算确定之。同时由湖中减去之水为城陵矶之出水量,由前者减去后者,则为湖中存贮之量。以此定湖中水位之增高可至若干。

洞庭湖已有测量之图,故湖之面积可以确定。

目前可即着手之事为:

(1)定湖界。不必往溯历史陈迹,但以现今事实为标准。①凡天然淤高而已垦种多年之田,则以为田,不以为湖。②凡仍在寻常水位之下强垦而不成之废垸,则以为湖,不以为田。③凡现存之湖,则永以为湖,不以为田,如此则必定其界。定界之事,可由扬子江水利委员会与湖南省政府会同为之。定界之后,备案于中央,公布于报纸。于是可依其界筑堤,名曰"湖堤"。此堤之筑,以有许多滨湖之垸堤可以利用,且沿湖取土亦不费事,以劳动服务力役为之,可以早举。其高可按以往湖中最高水位加二公尺为之。将来不足,续培亦易。湖堤若成,并可以做环湖马路,此后越界圩垦,悬为厉禁。

(2)定洪道。湘、资、沅、澧四水须使各有独立排洪之道路,直接入湖,各不相乱,四口入水亦然。凡此诸道名曰"洪道"。宜就其两岸原有之堤加高培厚,命为"干堤"。其两岸堤距太近,则扩而宽之。陡弯不利行水,则裁而直之。浅阻之处,则浚而深之。使各河槽皆足自容其洪水,而径输之于湖。凡他水与洪道交错之处则闸之,以无乱系统。

干堤及湖堤既成,其修守之责可由公家任之。其他各河之堤,各垸田之垸,既皆受湖堤及干堤之保障,则其兴废毫无关系,数十万户田主可以省其做垸之力,而移以助公家修守湖堤、干堤之事。故少于民以作修守之费,而民力犹可省数倍也。

(3)四口调节之水量,以能免荆河之出险,而无害于湖为准。宜由扬子江水利委员会详审计划,而湖南省政府可以为之协助。

二、航道问题

湖南物产丰盈,利于水运者甚切。目前所有之航道不惟须极力维护,且须扩展之,使其吨位增加。四水之洪道亦作航道。其他航道穿综交错,须以船闸济之,或做简单水门平时开放,大水将至则紧闭之。航道亦可分作三等级,按其交通之重要性定之。公家须一一为之整理,使其交通无碍,而按货物运输之吨里取值焉。交通若能臻于完善地位,则长沙不难跃而为扬子江中游第一商市。

三、农业问题

除上言垸田之烷可以弃废改为畦而外,湖中蓄水可以接济灌溉源源不绝,故农民所受之益特大。

以上所述皆据个人愚见,贡献于湖南当局及人民。自民国二十一年(一九三二年)蒋公介石倡废田还湖之议,迄今鲜有能行者。若鄙人之策可以望诸实行,则亦蒋公之意也。谨陈。

审查华阳河流域整理工程计划大纲之意见

(一九三四年)

第一,本计划之原则甚是,即拒绝江洪倒灌,使湖内常能保持相当容量,以备需要时,使江洪得以有节制的分泄入湖也。此法不特可施之于华阳河流域,而且可施之于一切沿河低洼之湖泊。

第二,江水所含泥沙用同法使之减少入湖,以免湖底淤高,其收效如何颇难断定,惟至少可使河底流沙得被拒绝入湖。

第三,沿湖筑堤使江水涨时水量分泄入湖以蓄之。则存贮之湖水尚可以作冬春灌溉之用。其原理用简图示之如下(第一图、第二图)。

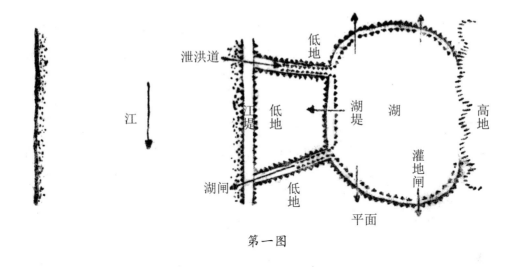

第一图

江水入湖，湖水灌溉低地，低水之水排之于江

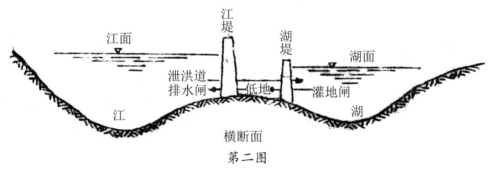

第二图

湖堤亦可设闸，使其所贮之水得分润田间。此端原为计划中所未提及。

第四，湖泊所占面积（即所指定以分蓄江洪者）之外，所有低地之已垦或待垦者，须设法逐渐淤高其地面。此可于利用湖水灌溉时，用机器或人力搅混其水，使湖底淤淀之泥质随入田间，既可以肥田，又可以浚湖，所谓一举两得也。

第五，湖中蓄水不竭，则流域中诸航道及洴木之道可以通畅。有窒碍处挖深其槽，内地物产可以畅利输出。

本以上数端，可见本计划意义非常重大，为之而善，则可以为沿江各地之模范，供其仿效；为之而不善，则其他各处因之而生疑惧，皆裹足不前矣。

以此之故，故审查者对于本计划主张先做充分之预备工作，然后依据以做完善之全部计划，使政府、人民俱可以相信，则施行之时自然顺利。

其全部计划中应包括以下各事。

（1）全流域中排水计划。欲利用湖泊面积以分蓄江洪，则于洪水之前，必使各湖中之积水，除维持需要之航道而外，尽量排出，故各湖泊间彼此相通之水路及排水入江之水路，皆宜沟通。排水系统实占本计划之重要成分，湖堤以外之低地排水，应另由涵洞排之入江或华阳河之下游，不入湖泊。

（2）江堤及湖堤计划。江堤就现有之堤整理之，使高厚可恃。马当、北泫如经堵塞，使水经南泫，则马当以上之北岸江堤，尚须加相当之高厚。江堤于需要之处，留做坚固涵洞，以备排内塘之水。湖周筑堤以增蓄洪之量，其需要之高，以泄洪之量为标准。须将所有湖泊之面，精确测量，计算其大小，并确计每年洪水之前、排水以后之湖面水位及最高蓄洪水位，以计其蓄洪之容积。湖堤之厚则与湖堤内外水位之差有关系。

（3）垦殖之面积原有若干，可以增辟者若干，利用湖水以灌溉者若干，利用湖中泥水以淤高者若干，皆须俟有精密地图以做统计。此种面积如何灌溉，如何放淤，如何排水，如何分期耕种，可以从容设计。

（4）航道计划。就流域中重要市镇，调查其货物原委，做一交通网之计划。须研究湖中停蓄之水量及雨水、山水供给航道之程度，以定每年放闸应留之水量及各部分之水位。

（5）泄洪道。其宽狭高低似乎尚不能于此时确定。其地位尤为重要，似应多采数点，测量后互相比较，以求其有利无弊。

（6）华阳河闸为全计划中之最小一部分。此时筑之，若能启闭适时，亦未尝不可，但恐与后来各种建筑不能呼应一气，而为地方一部分人民所把持操纵，尤为可虑。

以此之故，故余主张宁缓毋急。目前先积极做以下各事。

(1)全流域地形测量，五万分之一至二万五千分之一。

(2)沿江堤每五百公尺做水志，测定其水平，以验上下洪水时期之水位高低，并详细研究湖口流量对于江水位上下之影响。

(3)流域内之雨量记载。

(4)特别测量预备建筑闸堤处。

(5)流域内航道测量。

(6)流域内排水系统测量。

(7)湖堤测量。

(8)各种应有之计算。

(9)全部计划。

(10)分别计划。

对于华阳河流域整理工程计划之意见

(一九三四年)

第一，华阳河为鄂、皖十余县之惟一泻水要道，似应将整个流域做详细之研究，缜密之设计。如何整理其排水系统，如何巩固江堤，如何保障农田并增垦新地，如何停蓄江洪，以期成一完善计划，有利而无弊，则整个流域当须做详细测量，并求补充水文知识。如是则预备工作，须有两年之久。

第二，泄江洪入湖之道似有可商榷处。计划大纲中所指之道，其地位似偏下游。其蓄洪之效，恐不甚著，而洪波所及，又恐危及泄水闸。此要道关系甚大，似可于湖口上游另觅适宜地点，一求江洪泄入顺利，一求工程费省。诸湖宜彼此皆有整齐之水道联络，以达于华阳河。滚水坝之地位既易，其坝顶之高亦应再研究。

第三，滚水坝过水之量，似应以诸湖蓄水之量为准而计算之，不宜以华阳河曾经倒灌之量为准。

第四，华阳河口之泄水闸宜先行建筑，以便利皖省附近数县农民，使麦收不为江洪所摧毁。惟闸旁似可附一滚水坝，其用有四：①使闭闸时期，而江水骤涨，一部分水可以有节制的流入；②使闭闸时期，而内塘因暴雨或上游破堤发水，得以越坝而出，不致因开闸不及，而致危及闸身；③内塘木材可以由坝顶放过，船运货物亦可盘驳过坝；④免人事之争执，于危急之时，闭闸、开闸相将不下。

此滚水坝顶似可比原计划中之滚水坝略低（半公尺左右），而坝顶之长亦可大减，因其用在保一部分之险，而无关蓄洪宏旨也。其过水量再加以斟酌，以江水滚入无大害，而内塘之水滚出水面不致及水闸孔之下沿为度。

此项工程于将来全体计划无有冲突，而为其一部分先事兴工亦可。

对于襄河防洪治本初步计划之审查意见

(一九三四年)

第一,本计划注重建设防洪库,而轻略减河。若防洪库可以完全收效,自可如此主张,但若不能,则减河仍有详加考虑之需要。

第二,本计划不以上游支流分设水库为得计,而主张于钟祥四口之间,设一总库。若地势得宜,工程可恃,自为最好办法,但鄙人对此不能无虑。

查钟祥大堤按图量之,二十一公里有奇。如此绵长之土堤,以遏六千余兆立方公尺之水,其危象可想而知,万一有失,则下游人民所遭之害必十百倍于既往,武汉三镇为其摧毁,亦属可虞。其严重之原因:①由于洪量总汇一处;②距汉口近;③堤为土筑而防线过长;④湖面广阔,风浪必恶。此种情形殆与江北运河之堤及洪湖大堤相类,但其危险性实有过之。若堤高而固,管理养护丝毫不懈,未尝不可一试。但世局人事安能保始终如一,获一时之功,贻百世之害,不可不慎也。且此大堤已有八九公尺之高,再加三公尺,则为十一二公尺,而堤顶高出最高水面亦只一点六公尺,浪花袭击,处处堪虞。初步估计土堤增高培厚及延长已需八百余万元,若再加护岸石坡,则应护之面积(以堤高十二公尺计)为七十九万八千平方公尺,每平方公尺以工料十元计,亦需款约在八百万元,合计一千六百万元,其他尚不计也。

鄙人主张利用钟祥大堤做一部分拦洪,其拦洪之担任,勿使过全洪量三分之一。现在之大堤可以培厚,不须再加高。

其他三分之二洪量须求容纳于上游,分为二处或三处。上游筑拦洪库工料俱艰,固然不易,然可由其他方面求得利益(如水电工业)以弥补之。下游仍须开减河以利排泄,本计划之天门河即其一例。

第三,唐白河流域甚大,关系汉江之水量及沙量独巨,应再查勘研究,至少此河流域应施荒溪整理工事,以平其水势,而减其输沙之量。

第四,水利处之审查意见,俱为得当。

对于整理东太湖水利工程计划之审核意见

(一九三四年)

民国十五年(一九二六年)曾应袁观澜先生之邀,周视东洞庭山一遭。尔时湖田局虽正在进行放垦,而所围垦之范围,尚未至今日之十一。当时曾为文以反对放垦,载在该年《国闻周报》。国民政府成立以后,有扬子江水道委员会,太湖水利委员会,江、浙两省之建设厅,历九年之久,何以竟任强豪之侵占湖地不已,以至成今日之现状?此时欲废田还湖,恐其困难之点,不在工程,而在人事,尤视江苏省政府有无决心及毅力以成此举。

本计划大体妥当,鄙人之意见附志于下。

第一,湖边界线之酌定。以东太湖洪水时期应有之蓄水面积定湖边界线,于待遇上为不平均,盖同为侵湖,或则得容许可,或则竟遭削除者,何以服人心?不如定为自某年[例如民国十五年(一九二六年)]起以后所围之田,一律削除。

第二,两湖泓线认为需要可利航行,并使湖水泻出有主向。惟深一点五公尺似嫌过小,可加深一公尺。两泓合后亦应加宽,至出湖之口,不妨做一堰以调节湖水,堰旁可附一船闸及泻水道。泓旁应做志号,以示航路。

第三,灌溉渠。鄙人以为多数灌溉渠,仍皆无需要。东洞庭山南端之田,可由深泓线下通大横港以灌溉之,则第六灌溉渠无用之。其他诸灌溉渠,与岸上诸港,亦无系统连属。若为灌溉岸上之田,则十余港而一渠,渠水究归何港?若以溉渠两旁湖中围田,则与本计划宗旨相悖。总而言之,若欲使湖水灌溉成一良好之系统,计划不当如此简单。

第四,界河之计划。滨湖者可无界河。岸田有围田者削除之后,则亦滨湖矣。欲界限分明:①应认真削除。②应固定湖岸。专为明界而凿界河可不须也。且即有界河而无有力之统制,越界而田,谁其御之?

关于废田还湖及导淮先从入海着手之意见

(一九三四年)

关于蒋院长在第四十次国务会议提议废田还湖及导淮先从入海着手以防水患之案,敬陈管见,以供十一月二日内政部审议会之参考。

一、废田还湖

水政之在一国最关重要,因其为民生所系,国脉所维也,工事、法律应相辅而行,以期尽其利而去其害。民国以来,诸端废弛,水政尤毫无所有,一遇灾祲,上下惶惑,尚不知其来之所由,致无所措手足。惩前毖后,修明水政,应为政府第一要事。

洪水之时,溢槽毁岸,致成泛滥。水所波及之地,应分别之为行水区(Hochwasserabfluss Gebiet)及泛溢区(Überschwemmungs Gebiet)。前者有关于河水流泻之区,后者则衍溢之区,必候河水低落,由该水区始徐徐流入河中,或竟无天然出路。前者供流泻,故凡可以减少水头 Verflut(水因天然坡降下泻之可能性)、障碍水流者应去之。后者供停蓄,则必审洪水之情形以定合理之措置。所谓泛溢区者,指寻常洪水需要停蓄之地,而非所论于非常洪水灾及之地也。

德国普鲁士水律(Wassergesetz)第二八四条载防洪灾条文:

(1)得地方议会之允许,由地方长官宣布,始可以为下列之事。

第一,于行水区内挖深地面,在沿岸地内及岸后地内掘取泥、沙、石及其他等质料。

第二,于洪水不及之地种植树木灌丛以防汕削。

(2)地方议会得禁止下列各行为。

第一,在行水区内堆置泥、沙、石、炭〈碴〉(渣)、木材等料,而致妨碍水头者禁止之。

第二,于正当洪水溜线之地,于一等及二等河川沿岸之地,并于需要时连岸后之地亦许在内,于此地内耕种、树艺等事而致地址松弛者禁止之。

第三,于一等及二等河川用岸地上下滚输木料或他物禁止之,但能设法以防损害者不在此例(下略)。

又第二八五条关于在洪水为灾之河川,于其泛滥区内非得允许(允许之权载于第二八六及第二八七等条)不能为以下各事。

第一,填高地面及超出地面建筑,如堤、埝及相类升高建筑(房屋、墙垣、砖瓦场、栏栅、树木、灌丛等)之设置、扩充与迁移。

第二,堤埝及相类升高建筑全部或一部分之拆除。

第三,洪水危险时期防险临时设置,无须得有允许。但险期已过而欲保存其设置者,须追请允许。

又第二八八条:

第一,请求设置,但能以防洪为理由而批驳搁置或限制之。

第二,请求设置者,如自己出费而能免去所顾虑之妨害洪水流泻者,不得批驳。

第三,如所请求之设置为旧有设置之一种代替,而对于流泻不如旧有之妨害,则必于有而能加以赔偿时始可批驳之。赔偿由反对者担任之。赔偿之数由地方委员会定之。不服者得于三个月内在国会控诉之。

又第二八九条:

反对管理官所关于允许之批判者及不服批驳、搁置及限制之办法者,可于四个星期内陈诉于农部土地局及森林局。

所以列举上列各条文者,以见其事之重要,故各国法律不惮审重详订之也。既不欲妨害水性,尤不宜害及民生,则必有妥允之法律以辅助工事而行,初非可冒昧从事者也。

按普鲁士水律河川之定义,其所附丽之泉源湖泊并包括在内(第一条)。

湖泊中泛滥区亦当指寻常洪水停蓄需要之地,而非常洪水为灾之地不在内。

又湖中有入口、出口,亦有行水之路,则行水区亦可规定之。

民国以来无所谓政治,尤无所谓水政,而军阀侵据,官吏为奸,惟求多多放垦,售地得利为主,与水争地而贻后患不之计也。今蒋院长鉴于此次大灾,毅然以废田还湖为请。诚洞鉴历来之弊。然为之不慎,辄恐别酿事故。况值此大祲未过,国难方殷,人心危惧,政纲未固之时,尤不可轻于措施。兹拟办法如下。

第一,责成扬子江水道整理委员会及导淮委员会确定各地各等水位之高低(低水位、中水位、洪水位、寻常水位、寻常洪水位、最高洪水位、最低洪水位),确定江淮及其支流之行水区、泛滥区,确定各地各河寻洪水停蓄需要之地。

第二,责成二会悉心考察江淮二川中及其支流湖泊中多年来已垦之洲,已置之圩,及其他各项建置,有正常洪水溜线者为某处,减少水头者为某处,妨碍停蓄者为某处,绘图列表,核其面积,估其价值,呈报内政部审核。

第三,内政部定一方针,凡各河湖中未放尽者不得轻垦,已放垦者,经审核之后,分别其缓急、无害、有害、害之大小列为等级,分别废除之,或改更之,或以他法避免其害而免其废除。其手续当另详订之。

第四,由立法院召集水利专家及法律家拟定详密之水律,以便以后有所遵守。

第五,限制田垦之外,应速行根本治导之策。

二、导淮先入海

查导淮委员会计划,入江、入海皆为防制水灾之设施。入海者,本不入海而另辟一道以入海也;入江者,本已入江而整理其道,完备其防而节制其入江也。其作用全在乎洪泽湖之水柜,三河之活动坝,使江淮增水以前,水柜得排空以备停蓄。淮涨而江未涨之时,得于无害于江之限度内尽量入江。江淮并涨之时,得使淮水滴水不下,以免江水过高。入海之途,可以减轻洪湖负担,故亦期并举。此次大灾之后,以土工代赈先导入海固自甚善,而一限于工费、泻量不宽,二为三河活动坝不修,入江之道未加整理以前,入海之道无多效益,此可断言者。盖淮已以高堰以南之地为壑,而入海之路则决辟之,如其宽畅,无操纵之机,无节制之道,虽有入海之路,亦难望淮之舍此而就彼也。至高宝诸湖,于入江之道整理以后,自然消灭,非有意废湖也。以上愚见,敬希公鉴。

对于治理扬子江之意见

(一九三六年)

查得利博士关于减除扬子江洪流之报告,甚佩其见解深得要领。凡治河之事所费皆不赀,要视其目的如何以审度得失。今欲治理扬子江,是否专为改良其航道,抑主要在乎保护两岸农业?若目的属乎前者,则诚如查博士所言,长江自汉口以下航道本已不劣,无所需乎改良。强事改革,诚恐所得不偿所失,且海关未全自主,内河航权未复以前,外人势力因交通之便,益侵入内地,似不必更为之推波助澜。若为内地货物输出计,则于枯水之时,改用浅水拖轮,亦无不便。故鄙意若为航道而治江大可不必。且如查博士言治江之事,须出于农田附加,以收之于航船所得无几,然增加农人之负担,以利外商之航轮,宁可为乎?

若舍航道不谈,专为利农而治江,则其要在乎坚堤、护岸,消除洪水之暴涨而已,航道之或浅或深,或平或陂,非所计也。然洪水之际,设法消纳其过溢之量,实为要图。

余同意查博士之见,谓如丁坝等工不适用于宏深如扬子江之河流。堵塞河之歧股为有效办法,且不为航运计,丁坝亦无所用之也。以丁坝护岸在南通似已见失败。水深之处,丁坝伸入深槽益远,似不能胜水溜之冲急。为护岸脚计,用潜坝似较为妥稳,且较省费。

丁坝及潜水坝迎当水溜之情形,视第一图可以明了。丁坝有缩狭河幅、刷深河床之作用。但在扬子江概括言之,两种作用,似都不需,所需者岸脚之稳定耳。且丁坝在河床尚未刷深之前,有增高洪水面之可能,则似又增一危险。要河床宽泛之处,丁坝非绝对不可用,但须极加审慎耳。

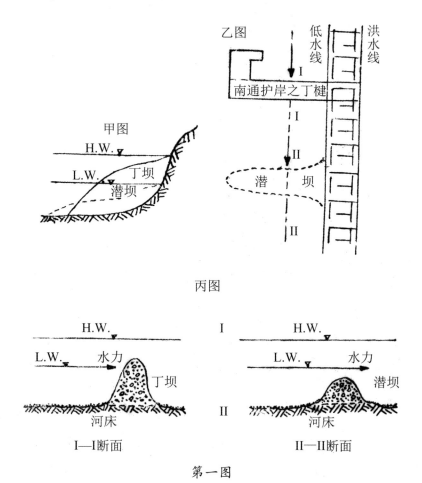

第一图

江中练洲甚多，港汊分歧，择其可塞者塞之，以一其流，自可深其槽。

扬子江两岸之堤，是否尚须一律加高培厚，尚待研究。然以民国二十二年（一九三三年）至民国二十四年（一九三五年）之经验，其现有之高厚及坡度，必须善为维持，毫无疑问。至其洪水面用何法可以减低，大可研究。

扬子江两岸，自宜昌而下本多湖泽。自堤防日展，湖泽与江隔绝者多，非尽由淤淀也。此等被隔之泽地，虽可免于洪水之泛滥，而亦永失膏腴之播覆，永为瘠土。试以荆州北岸堤内之地，与南岸鄂、湘之地相比可知也。

扬子江洪水河幅有许多段尚不足以容纳天然非常洪水之量，而不免使之溃决堤防，则利用两岸湖泽，消纳洪涨，为不可少之事。且此消纳于低泽之地，害固有而利亦随之，非可深闭固绝者也。天然势力亦不容人之深闭固绝，治水者惟在设法减轻其害而增益其利而已。

各湖泽未与江水隔绝者，因洪流挟泥沙而入湖，渐就湮淤，亦天然趋势，不可免者也。然其湮塞之速率，绝非如查得利或其他学者所计算之大。盖入湖之流其泥沙多已舍置于入口处而成门槛沙，迨水位低落，仍为清流扫刷而去，深入湖中之流水所挟泥沙，必较江中洪流少数倍。盖其道则迂，其流则细，挟带之力自弱也。果如诸贤所计算之速，则沿岸湖泊于千年之前，早已悉成平陆，尚能待至今日乎？今之好言垦湖者，每喜云湖地不以人力垦亦迟早数百年间天然淤废矣。此种妄言，不可不辟。

各湖之消纳洪水之功用仍然存在，盖消纳之量在低水面上，湖之淤填限于低水面下，阻洪水之路者乃在堤圩之加多。查得利之言深得其实。

扬子江入海口一段，其以往与将来之变迁如何，查得利之推测是否有当，以其于为利农而于治江之宗旨无多关系，可以不谈，海口以内高水位之增加，似与整个海边地面地质上之变动有关。

查得利对于扬子江之其他见解，余皆认以为是。关于其所讨论减洪诸法，谓远设蓄洪水库于上游山间，在今日为不可能。此盖就扬子江本身而言。若就其支流而言，如汉江上游，余以为未尝不可能，扬子江上游余足迹所及甚少，不敢轻议。然若能解决汉江洪水问题，则武昌以下泛滥之灾，已可减轻大半。森林对于防洪有无多大效用，不必管他，然中国需要林木，则遍植之而已，且此亦有连带关系焉。盖筑库蓄水但以防洪，人多认为不经济，若用以发展水电，则可以弥补其损失。水电之用，利乎工业，工业发展资乎原料，如木、如竹决不可少者也。

洪水河床若赖浚深以增扩其横断面，事实上为不可能，如裁弯取直可得其利益于一段，如通盘计之，仍未得益。故增加洪水河床之横断面，舍退后堤线与增加堤高无他法也。然二者皆所费不赀，尤以退后堤线为甚。

分疏水道入海，或取道海安，或取道宜兴、太湖，皆为地方人民所死力反对，历史上有成案，必不可行。

然则减洪之法，仍须赖于：①上游觅相当地点设水库；②利用江堤两岸湖泽低地以消洪。惟鉴于是等低地农业发展之状况，利用须有节制，一面仍高固堤防，以求备患于无穷。窃以为扬子江水利委员会，即宜本此目的以进行预备工作，候有详确地形及水文之考察记载再做计划，未为晚也。

江河之有宽放与缩狭，江河之通例也。缩狭之处必为山峡，宽放之处必为浅原，河流每经一峡之后，由束驭而向两旁骤展，至两旁而复折而回，交错贯综，是生横溜，避溜之处，遂生练洲，此皆天然理势，似难以人力完全改善，视第二图。且巨流如扬子江巨船通行，有此天然险要，又似为国防上所必需。若必欲去险为夷，所济于交通者无几，而国家之损失多矣。

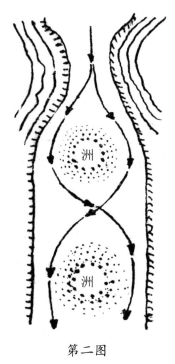

第二图

弯曲之处，诚足以损耗水之能力与山峡相等。然弯曲亦为流水天然之性，强事改革，必难收效。至于弯曲过甚，有害农田、糜费护岸工程之处，似有裁直之需要，然亦不可不慎，当于后详论之。

关于查得利所拟之方案，如导治、堤工及不主浚渫而主用治导之法，余皆深以为是。至于模型试验，本国已筹设有试验所，自无须乎求之于外。

襄河入江之口的确过狭。其过狭之原因，由于襄河自钟祥以下，西岸低地皆古云梦，分泄洪水量之大半。然近年两岸筑堤，封锁严密，汉江洪流全部流经汉口必所不容，其结果仍于汉口以上溃决散漫耳。至于绕汉口之背做一减河，实有详加研究之必要，余意此减河太近汉口，必属无用。然若于沙洋以上减水入天门河，似可考虑，当于后详论之。

襄河下游之高水位，自沙洋而下，以情理规度，必较长江高水位坡度为峻。盖襄河至此而狭，势如一堰，堰上水位抬高，堰下坡度必峻，自然之势也。以下分别数事论之。

第一，用沿江湖泽以蓄洪。①华阳河流域整理工程。②藕池等四口水流调节工程。③其他。

第二，裁弯取直。①上车湾。②簰洲。

第三，襄河之治理及其水库问题。

第四，扬子江水利委员会工作方案。

一、利用沿江湖泽以蓄洪

利用沿江湖泽以蓄洪水，应从两方面着眼。①使扬子江之非常洪暴，有迂回之地以和缓其势。②使沿江农业不惟不因蓄洪而受摧残，且得以坚其保障，增其利润。本此目的以为之，虽不言可收百分之百之效果，然苟使为之得法，必获益甚多。

昔日之海关测量专为交通计，故江堤间江床之外所不顾也。今本吾治江宗旨，以利农为主，则不能不于两岸低地及湖泽多加注意。然若樊口及金口之工程，专求农田之增加，而不顾长江之利害，亦偏也。且此种办法，亦未必遂为农人之益。

扬子江水利委员会有利用沿江湖治，以调节洪水之计划。如所谓华阳河流域整理计划，扬子江与洞庭湖间藕池口水流调节工程计划，皆属乎此类也。窃以此实为吾国技术家对于扬子江整理思想之一大进步，以后治江工作，颇可本此旨而切实研究以实行之。

论其原则尚有可以补充者，原计划之目的为：

(1) 在寻常高水位以下拒绝倒灌，以保持湖之相当容量，而免泛滥。

(2) 限制泥沙入湖。

(3) 分泄寻常高水位以上之江洪。

(4) 沿湖筑堤圩增垦面积。

余之所补充者，则为利用此湖泽面积以蓄水，以为灌溉及航运之便，并利用入湖泥沙以肥田也。请分别言之。

(1) 江洪入湖之时，必其水位增高之时。沿湖之周筑有围堤，使可以范其最高之水。此水将俟江水大落以后，由闸排出以归于江，其排出颇需时月。则莫若多设数闸于湖堤，如1、2、3、4、5、6等，开渠引导，使灌溉湖周之地，而由江堤涵洞 a、b、c，排之于江，既可助闸之不足以供排水，又可利用以灌溉，是一举而两得也，视第三图。

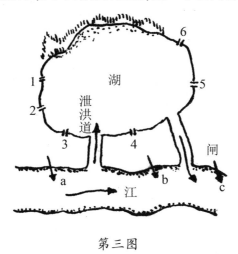

第三图

（2）沿江低地若无江中混水灌入，则永为低地。同时江水分泄入湖，亦难全免其淤。盖沙行于底，滚水坝可以御之，而泥融于水，随水而行，未能邀水而拒泥也。向来为洪水泛滥之地，一年不收，次年即大丰收。故惧泛滥而完全拒水，亦受损不少，所谓免祸于目前，而贻害于无穷也。今若以入湖之水蓄以供溉，入湖之泥随灌溉之水以肥田，则是湖可以免淤，而田可以增高而增沃，是又两得之计也。

凡湖之淤，其质之来源有二：一为江洪所带入限于洪水之时，一为山间倾下之质，大雨时辄有之。其淤淀之地位可以视第四图。

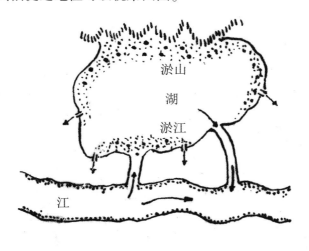

第四图

无论淤之来自山或自江，要皆在沿湖之际，非在湖之中心，故于引水自湖以溉低地之时，用搅混机以扬起其已淀落之泥，使随水流出以达田间，颇易办到。是不过多一番功力耳，而赖此以浚湖肥田，所得颇足以偿之。所应注意者为引湖水闸之位置，须使便利于引淤。

泄洪道所拟滚水堰似不必拘定使寻常高水位一概拒绝倒灌。是必将所有一切湖泊面积及容积测算精确,并计算所有低地面及航道需水之多寡,除雨泽供给者外,缺乏若干,再定泄洪道调节之量。需要时亦可将滚水堰分为二部分:一部分为固定式,为拦寻常洪水之用;一部分则作为活堰,以为调节之用,使寻常洪水不得滚而越堰者,得以调节入湖,则防害收、利两俱臻矣。

欲得湖泽蓄水之效,先须使其排水顺利。秋水之后,须用湖水故盈之,夏汛之前,须用湖空故竭之,凡是皆须按时办到,故其一张一翕,须如鞲鞴之灵活,始可得其大效。故此项工程,当以内部排水系统为先务。排水之事分为二:一为排湖中之水,目的在使湖中有空;一为排田间之水,目的在使不害稼。湖中之水由闸排出,田间之水由涵洞排之于通江之河流,或直接排之于江,需要时亦可用抽水机排之,荷兰及意大利其例可仿者甚多也。

意大利新兴水利工程,于排水及灌溉之渠分为三级:一洪水渠,一中水渠,一低水渠。末者之排水大抵须用机械之力,其制亦可仿用于沿江。

由大处着眼,则须将宜昌以下,江阴以上之扬子江本身及其两岸支流及湖泊作一整个之生命物体观之。此长彼消,此盈彼亏,其迂回,其停蓄,其消纳,其归壑,按时与地,无不了然于胸。可制为图表,张之壁上,使水之所归,所经,所与他水穿错,皆如火车之轨刻,列于表上,其时其地,其高低不爽,沿江各站电信灵通,启闭堰闸,皆可由总站命令行之。惟欲达到其目的,尚须若干年不断之测验及建设。

(一)华阳河流域整理工程计划

扬子江水利委员会有整理华阳河流域之计划,惜关于全部之测量,尚未竣事,其他可资依据之设计资料,尚嫌薄弱。余对本计划,前已有数书陈述意见,兹再补充之。

本计划中所附之华阳河流域西部查勘图如可征信,则图中之感湖、龙湖、大官湖、泊湖等,皆可以资消纳江洪。太白湖或以形势不顺难以利用。然此皆待有精密之地图乃可确定。

由武穴以至安庆大小诸湖不下十余数,成为一线。以上四湖其大焉者耳。诸湖之北面有山不愁泛滥,其南则人民依江堤以为圩,已成一复式堤网,今宜就此等圩堤之临北界者,整筑之为湖之南界堤。计自孔龙镇至复兴镇长六十公里,其间不无出入之处,而大半皆可利用圩堤。自复兴镇至华阳河堤之上端,添筑一道堤长二十五公里。又孔龙镇向北筑堤一道,即与官道为一,与太白湖之南堤相连。如是则诸湖连而为一,其面积余未确量,大约估之,至少当不下五百平方公里。若高低水面相差以三公尺计,即有一千五百兆立方公尺之容量(若按本计划每秒泄洪二千立方公尺算之,则可支持九日夜)。

进水口,即本计划中所谓泄洪道,以平面图视之,其地位莫如程家营。此处旧本有一水口,距湖亦近(不过三公里余),且处于江流之分汊中,江堤在此非受全江之力,堤易于受保障。江水由此滚入,首达感湖、龙湖,以次及官湖、泊湖,然后再由华阳河泄出,其势亦顺。

或谓于此做泄洪道,地方人民必起而反对,此可不必虑。若必瞻徇地方一部分人意,则全国水利工程将一事不能为,一步不可行。

鄱阳湖从来不受倒灌,然扬子江水盛,其流出之量自减。泄洪道移于湖口之上,其影响如何,大可研究。或谓江之洪量于湖口以上减少一分,则湖口出水多一分,其结果等于零,此说亦极有理。然以具体论之,江之洪波所至,于家地泄之,其波线如第五图中1,于程家营泄之,其波线有如第五图2,加以湖口流出之水其波线有如第五图中之虚线3,绝不致涨高如原未泄者也。至湖口出量之影响实际至于河等,则须待精审之测验及计算。

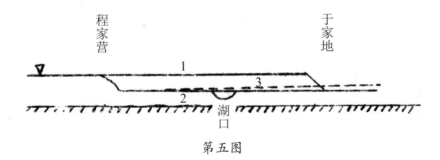

第五图

华阳河流域中除地形外,其雨量须实际测验若干年,然工程计划亦不必等待,附近雨量记载尽可斟酌采用,地形测量须达分水岭。

华阳河之外,安庆西门外之皇江河,似上可做一同一系之排水出路,华阳及安庆间诸湖,可联(连)贯之而成一排水路。

总之,本计划非常有意义,而不可不审慎从事,以为其他各处之模范。

(二)藕池等四口水流调节工程

扬子江水利委员会交下审查有《扬子江与洞庭湖间藕池口水流调节工程初步计划》,在该计划中兼及松滋、太平及调弦三口。此项计划在现在亦只可审定其原则,至于实施工作,尚须待有详确可靠之预备工作完成以后。

四口之水及流量,虽已有四年之测验,但松滋口之流量站位置显有错误,其他虽不敢云有误,而亦须待补充。

松滋口之形势如第六图。流量站设于水汊 A-A 处,由松滋流入洞庭湖者只其所测流量之一部分。测流量站员只知奉命而自无审断力,亦大弱点。

藕池口之形势如第六图。测流量站宜在洲汊口下,又宜在两分股中各测之以做校正。

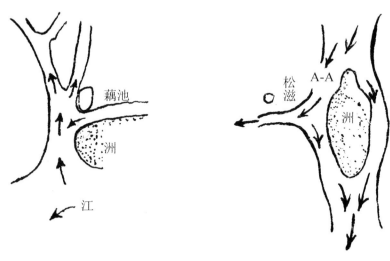

第六图

泥沙测验,不宜仅在各口测流量处,而宜远及于三至四公里之下游,盖入口泥沙多舍弃于口门或附近处也。

以实事征之,各口之门(除调弦口外)无不淤浅成一门槛,故其形势有如天然之潜堰。有此潜堰,则泥沙入湖更受限制。

余以情理窥度,松滋及太平(即虎渡)河距湖甚远(八十至一百公里),所挟泥沙,入湖者甚微。调弦口距湖虽近而水小,洪水时入湖之水量有限,而平时则为由湖出水之路。故即有江洪泥沙挟之而入,亦即随出水而复洗出。故调弦口不见淤沙,惟藕池口倒灌入湖之流量最大,且距湖较近(四五公里),所挟泥沙入湖者最有关系。

本计划之性质与华阳河流域整理计划相类,然大有不同者如下。

(1)洞庭湖容纳湘、资、沅、澧四大水,与华阳河流域只受流域中山水者异。

(2)城陵矶湖口不能设闸,与华阳河口可以设闸者异。

故本计划之需要预备工作较为广泛,除扬子江水文而外,湘、资、沅、澧四水水文及洞庭湖各处水位之变迁,城陵矶出口之流量,皆须详知也。其工作则须扬子江水利委员会及湖南省政府合力为之。

关于扬子江水利委员会及湖南省政府应如何合作及应做何事,见余所拟之《整理洞庭湖之意见》一文。在此文中,余谓藕池口之滚水堰可做,松滋口之滚水堰可缓,俟藕池口之效力不足,再斟酌为之。太平口之滚水堰可以不做,调弦口则可以闸代堰,江洪至则闭之,平时则启之以泻湖水。兹专就藕池口一处调节水流工程而言,亦觉计划之根据尚嫌薄弱。但本会现已努力于此项预备工作。余所希望者,更进而做整个洞庭湖之研究耳。所急需解决之问题为:

(1)确定可用之湖面。

(2)确定可用之蓄水容积。

(3)计算湘、资、沅、澧水之进水量。

(4)计算城陵矶湖口之出水量。

(5)计算扬子江入湖之安全水量(即不致发生水灾之流入量)。

(6)此安全入湖水量,分配于松滋、太平及藕池三口各若干。

(7)根据以上做藕池滚水堰之设计。

用滚水堰以调节水流,诚然有效,但是否可以减少入湖泥沙,或其减少程度若何,殊未敢定。以计划中藕池口水文曲线中之丙线观之,堰顶高于三十六公尺,可以拦去大半之泥。至松滋口水文曲线中之丙线,则显然不可恃。余疑四十四公尺以上之曲线反折,颇不自然。如事实果如此,则只可如下解释,盖流水所含之泥,与其溜线方向有关。松滋水文站既设于一河汊中,则所量之含泥量亦此河汊中之含泥量耳。水位尚低时水分两股,水位愈涨高则漫滩之水愈多,大溜线之方向因而转移(第七图)。因而河汊之中水之流势反较缓,含泥量因之减少耳,然是否如此,亦未敢断言。

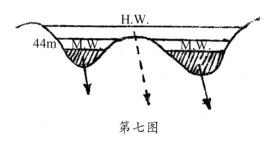

第七图

依余所见,四口中如松滋及太平,欲求堵合甚易。盖各口有自然淤塞之势,若筑透水坝数道拦于河口之内,则颇可以促其淤塞。待其淤垫有相当之高,再修整其面而砌之以石,省工多矣。藕池口是否可如此为之,尚未敢决定,然另开引河,滚水堰不筑在原河之上,所加工费不少,应做两种计划以相比较。

各口堵塞以后,荆河河床自将因其流量增加,而有逐渐扩展之势,然其进展之速率若何,为煞费研究之事。关于此端,不妨以模型试验解决之。

荆河所以弯曲如是之甚者,盖以是段原为大泽之性,下受大军、禹观两山之厄,江水行其间,不能畅遂其东行之势,只可蜿蜒以伸其所需之长,而低地之面南北辽阔,亦可以任其所之。然湖南四大水汇出城陵矶,加以湖水益其势,使东下之江水,至是骤高而受遏抑,亦其一大原因也。

(三)其他

洞庭湖面既蹙,此时划界保湖,必不能恢复往昔原状。倘若湘、资、沅、澧四江洪水同时并至,湖之容量是否尚可以容纳江洪,或容纳少部分而不足免荆河之险,此亦可虑者也。故利用沿江湖泽以蓄洪,应不限于洞庭湖及华阳河流域。

樊口、金口封锁政策,余自始至终持反对主义。纵其有利,亦不免以邻为壑之过。为一部分人利益计,亦可云得计,而为扬子江全体谋,不应持此偏囿之见。然即为一地方计,其利亦不过在目前,且甚有限。

扬子江北岸自江口而下,自宋明以来筑堤封固,惟恐不严。江水大涨危迫之际,则舍南救北。北岸固免一时之害,然今日视之,南岸之地多半淤高而变为肥沃之田,北岸则仍守其卑下洿池,永为瘠土。将来南岸诸湖泽以浚淤平,则北岸势不能免为江水之壑。故一为江洪多一调节计,二为淤肥江北洿地计,三为免将来必不可幸免之大患计,此时宜即着眼于是,使江水得于调节统制之下,流入北岸诸湖,而并为之筹谋排水之路,是在今日科学发达时代,必可使为之有利无弊。此言一发,必遭鄂人之激烈反对,然余固本余研究之所得以立论,世人唾骂所不恤也。

二、裁弯取直

裁弯取直,亦治河之一有效法也。其目的有四:①为治河而裁直,可以避免险工,缩短水路,畅其排泄;②为农田而裁直,可以增加农田面积而与以保障;③渠化天然河道,常于弯处取直以设船闸;④发展工业,常取直以发生水力。然裁弯取直之事,利害并见,故用此法者,多于施工之前,加以几度详审,更正(?证)之以模型试验,而后敢举。

欧洲各国治河先例,有成功者,亦有失败者。即如裁直之后,河流已舍之旧道,应会自然淤平,然有裁直后数十年旧道如故者(德国 Mittlere Oder),盖河流之性质亦有异也。吾国如黄河裁直后,旧道易淤,若扬子江则未敢知,且以如是巨流,实令人不敢于轻试。

余前言治江应为农业而治江,不必注重航道。裁弯取直之工程亦非小,若为航运而举此大工,则应先问此工费于何取偿?是否各轮船公司肯担任此费?若不能,则直可以不举,盖取人民血汗以利外商,识者不为也。

若为农业计,则先问所保障之农田面积有几何?是否有他法以代之而较为经济?用裁弯取直之法,是否所得可以相偿?取直之后,旧道是否可于数年中淤平以供农用？凡此皆属应当考虑之点。

若为免除险工计，如上车弯裁直之目的，则应考虑裁直之后，是否有新险工发生而更甚于前？以往例证之，裁直之后，河道缩短过甚，必自求伸长，故裁直之后，护岸工程尤为需要。

余前对上车湾裁弯取直之意见书，已详于答周尚一书，内述研究此问题所应为之事尚多，而以上下游江底砂质种类与比降互为比较，亦为切要之事。兹再补充数语：①余以为松滋以下至大军山一段河道，应做具体的研究，欲做治江计划，亦应先做具体的计划，而一二处裁弯取直，只能做此具体计划中之一部分，如此似不致有大失。②此段旧有天然裁直（Natural Cut off）之段，如入口一带，其故道痕迹，应犹有存者，应派技术人员加以测量并询父老考订其年代，而其上下游之变迁（如他处弯度增加，故道淤垫情形）亦应详为考察，此等陈迹，颇可为新建设之师。假如能研究出宜昌至大军山江流必需之长度，则可以知所取舍矣。

（一）上车湾

上车湾裁弯取直之目的，为免去上车湾每年一二十万元之护岸工程。以治河原理而论，此处实有裁直之需要，其现状亦不易维持也。

天字一号至砖桥距离虽最近，然余以不如于大马洲取 A-B 线（第八图）截直之为佳。盖于裁直之收功，莫若视河流之自然趋向。大马洲 A、B 二处，有相向相就之势，天、砖二处，则仍为相背之势。且 A-B 成自然弧形，而天、砖裁直以后，大马洲 A 处仍不免日展向东。

岳阳绅士向余言，钟支门（王公桥）处距洞庭湖口八千三百八十公尺，若天字一号及砖桥裁直而后，水流湍急，不难于钟支门洞穿至湖，而又多一入湖之口矣。此言亦颇有见，不能不加之考虑（第八图）。

至于裁弯之工程计划书主张，先开一引河，宽八十公尺渐缩至六十公尺，深达低水位以下一公尺。但水之力向旁阔展难，向深阔展易。故引河狭而深，势难望其自然向两旁加宽。

余以为不若先挖一浅而阔之槽，使寻常洪水年年可以穿而过之，则据密西西比河之经验，此越岸（Over Banking）之水，可以抉其槽日深，Blue Holes 渐成天然裁直。比较工力似乎为省。

或虑如此办法，恐于航道有碍。余以为可无虑。盖洪水所抉之泥，必能挟之较远，较之恃低水以刷深者妨碍尚少。

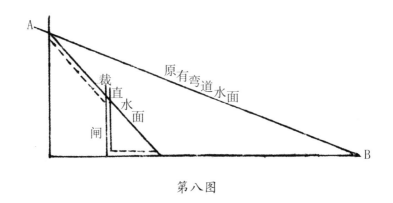

第八图

（二）簰洲湾

此项裁弯取直工程，余以为尚未至应行用人工裁弯之时，尽可以从缓。勉强为之，于农业毫无所获，于航业则为害为利颇难断定。与其糜费而功不可恃，不如节劳而为其他确有把握之事。上车湾若经裁直以后，一定有许多经验可以为师，故同时不必并举也。

若为避免船运迂回计，而但在湾颈处开一通船渠道，设船闸以调剂水面，弯道仍旧且不必设堰，盖原有河道迂回而平缓，不啻有堰之作用（第八图）。如此则有二益焉：①水涸时此段仍可行舟；②缩短路程。但亦有二损焉：①多一过闸之烦累；②航渠上下不免生淤，须加浚除，或大水时开闸以洗之。此节亦不过略具意见，以供参考耳。

窃以为吾国国步艰难至是，治江治河，均不能不于国防上着眼。现时之江道，不利于航行者，如峡、如浅、如湾，若在必需时，则又为国防上所不可少。若能将治江工程做到可以由吾国统制方便，防患严密，始可以为尽治河之旨趣矣。

簰洲之裁弯取直工程，虽可缓做，然其预备工作，仍可继续进行，尤望不限于簰洲一处，以为研究之资，于将来颇有用处也。但此项研究，仍须归纳在前所述整个计划（包括宜昌—大军山间江湖治河蓄水等）之内。

三、襄河之治理及其水库问题

襄河即汉江，鄂人以襄河名之，则是汉口可名襄口矣。襄阳以上不名襄河，现所需要治理工程为襄阳以下，故仍以襄河为言。

考之历史，汉江之为灾，多于扬子江，而江之为灾，可分为三部：①忠洲一带；②汉口上下；③南京上下。第一为上游山洪性质，水之涨也猛，而退也速，为患面积不广；第二为中游，宜昌至汉口一带为低地，所恃江、汉两岸堤防以资保障，一有溃决，则淹没最宽；第三为下游，江水并受淮水及海潮之影响。水灾之最重而发现最多者为中游,尤以江汉并涨水灾为至烈。由此可知汉与江关系之切。治江必须治汉,汉不治则江亦不治,殆定论也。

扬子江经多年之观测,尚有可以足资依据者,而汉江则全无所有,故今后宜努力于整个汉江之测量及水文研究,且不必急于任何设施。

至于治理之原则,则应兼重航道及农利二事。盖汉江之上游通甘、蜀、陕、豫、鄂五省腹地,为内地物产输出要道,非扬子江可比。将来航道整理,亦易由我国政府统制。

吾国诸河流若欲举办渠化(Canalization of Rivers)工程,则应从汉江先办起,因此项工程费用浩大,必物产丰盈如汉江上中游者始值得也。

汉江中游苦于多沙,为航行大厄,故沙防工程为最需要。杨思濂先生所拟具之《调节汉水支流初步计划》,主张山谷荒溪,节节筑坝,余甚以为得要。此项工程,日本人近为之甚力,宜仿效之。其功用在平缓水势,防止冲蚀,减少河中泥沙,至于停蓄水量,则无关也。

为农业计,主要在防洪,惟欲完全免除襄河下游之泛滥,其势至难,盖按杨思濂先生之报告,民国二十四年(一九三五年)襄阳襄河流量,每秒达三万五千立方公尺,漫淹钟祥、天门、汉川、沔阳等十余县。又谓钟祥以下河槽之最大限度,仅能容纳每秒一万五千立方公尺之流量,相差一倍有余,欲其不溃决泛滥,何可得乎?

姑舍水库拦洪问题不谈,仅就下游防范洪水,舍培修堤防外自无他法。然据杨君估计,若钟祥以下之堤防,使能容纳民国二十四年(一九三五年)之洪水,须培高六公尺,此不惟土工过大,抑且堤愈高愈险,人民之生命愈危,且令两岸低地沼泽永无淤高希望,终古如斯,亦非计之善者也。

若不加高堤身而增宽河床之横断面,则须退后堤址,另行筑堤,此项工程恐亦太大,而且须舍弃若干地亩,恐沿河人民不肯乐从,又放宽堤距,亦非全体可以通行。

余之意以为仍宜本余治江宗旨,做有节制的蓄洪计划。天门之下如汉湖、西湖、白水湖等及其沮洳淖泽,仍可以为蓄洪之用,惟须沿湖筑堤,以资防范。又排水系统尤须完善。汉水若涨,使有节制地泻入天门河归入汉湖,由汉湖令排入涢水,涢水若涨,可使泻入西湖、白水湖,由湛家矶排之于江。

余极力反对现时盲目筑堤之政策。明知河床之不能容,置之不问,而惟求堵塞严密。此固可邀功于一时,而后来必不可免之溃决泛滥,谁负其责?

为下游低地人民生命财产计,兹有两途,请为抉择何去何从?

(1)不问河身之能容纳洪水与否,堤身之可保与否,溃决之能免与否,而但为之堵筑严密,使人民惟知有堤防御水而依赖之,一旦溃决,居民尚在睡梦之中,惊起呼号,不及下床着衣,而水头已至,不惟田庐什物随洪流而荡洗,妇孺老幼,甚至壮丁登高攀树不及,亦概遭没顶,此一途也。然人民决不怨筑堤者,惟知天灾难逃,自叹命薄而已。

(2)于堤防相当处,设有减水之路(闸或减坝),使洪涨至得有相当流量由之泻出。同时据水文研究,知洪波何日何时可至某地,其地水面可增高若干,报汛设备完全,用电报(或无线电)传递,径达民间。民间有严密之组织,一得惊讯,立即使家家户户知晓,总使洪波未达到二十四小时以前,人人皆知危险将至,于是摒挡迁徙,尽可以及。即使防范不周,田庐不免淹没而生命及动产要可保护,此又一途也。然人民不免切齿怨恨,以为不应故泻水以殃民。

聪明之河官,必取第一途,然为国为民之实在利益计,则应如何?

民国二十四年(一九三五年)所遭淹没之地,民国二十五年(一九三六年)收获奇丰。若使自古以来,有堤防护周密而不遭一次泛滥,则云梦之泽,至今犹尔,何得有如许膏沃之田!

今任其泛滥淹没固不可,然使洪水贮之诸湖中,逐渐排出,或利用以淤高沮洳之地,亦何惮而不为?

然低地人民,惟知依赖堤防,主管河工者亦惟知堤防是固,实际能固与否,不之问也。余所主张亦必为其所嫉视耳,然有识之士必能辨别利害得失也。

兹再扩论拦洪水库,除河之两侧有天然湖泽,可以利用者外,尚可以人为之堰作拦洪水库。然在汉江正流筑库堰,不若在其支流分筑之之为愈,在下游筑库(如襄阳以下)尤属不可能。

查得利以为水库远在上游,难以控驭,诚有所见。然各国用人工所筑水库不远在上游山间者有几?且电讯灵通,公路便捷,亦无不便之处。

水库若分化而距汉口远,实较之距汉口近而总为一库者易于控驭。盖分之则此收彼放,可以由人,远之则计道路分水,可使先后有次第。分固分矣,然用之者犹一也。

至水库之地点、大小,皆尚非此时所可择定,应恃预备工作之收获耳。

四、扬子江水利委员会工作方案

余对扬子江之治理既以农利为主旨,而忽去扬子江本身之航道,故本会之工作,根本上应改变方针。

以前所有地形测量,不出乎江之本身,此后则宜推及于沿江两侧之低地。

以前所有水文测量,亦只限于江之本身及附于江之河湖之口,以后则应顾及两岸蓄水、排水,择其需要者测验无缺。

以前本会事业与海关发生关系者多,而与农民发生关系者少,以后则应反其道而为之。

以前舍去支流不问,以后则应多从事于支流。

以前本会工作,似无与地方合作之需要,以后则应处处与地方合作。

以下分为工程、测量、水文、气象四端,拟具工作方案。

(一)工程

1.两岸江堤之整理　沙市至江阴扬子江两岸大堤,既经国家以巨款兴筑,两岸农田大得其保障,然其高厚是否可以抵抗如民国二十年(一九三一年)大水之再至,殊为疑问。沿江两岸湖沼有自然淤浅者,有人工堵闭者,洪水失其蓄泄,则水面势必增高。较民国二十年(一九三一年)汉口以下,因上游决口而降落水面尤有过之,故不免仍有若干处可以漫越或溃决堤身之虑。

本会应对此项堤防通身加以研究,按每年普通洪水及最高洪水面之所及,推算其面上与堤顶间所余之空尚有多少,据此以推算民国二十年(一九三一年)洪水面之超过情形。如第九图,某年最大洪水 Q_1 水面已至Ⅰ—Ⅰ,所留Ⅰ—Ⅰ、Ⅱ—Ⅱ之空是否尚可以容 $Q_2=Q-Q_1$ 之水量[设 Q 为民国二十年(一九三一年)上游未决口应有之水量]。若不能,其水面或须升高至Ⅲ—Ⅲ,则此处堤身必相当高并培厚焉。此项研究,可分段为之。

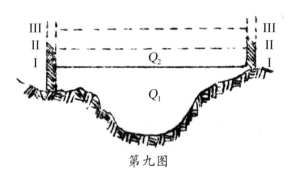

第九图

堤身有单薄之处,调查记载,以便汇列,估计土方。以上加高培厚工程,由本会研究估计,与地方政府合力督率当地人民劳动服务为之。

2.江堤建设涵洞工程　民国二十一年(一九三二年)工赈专办土工,以期实惠遍及于灾民,故工程限于筑堤,而于涵洞则略。以后皖北淮堤补设涵洞,两江堤则未,堤以防江洪侵入内塘,而内塘积水则借堤闸或涵洞以泻出。人民亦有自建涵洞者,而启闭不灵,简陋不可恃,若不善为之谋,则亦足危及江防。本会宜相度需要之处,为建设涵闸,并为计划完善之法(最好用铁门),由公家备款兴设,交地方人民组织团体管理。使启闭以时,则内塘之水可以按时排泄,洪水之时亦资捍御矣。

3.闸工　本会白茆闸之建设,大得其益。江苏境内湖河通江之口甚多,平时利江水倒灌以润田野,有时亦受洪水及潮水之害,泥沙之累,江水低落,又苦枯浅,有碍行舟。故宜与地方政府合作,一一加以研究,为之妥为设计,立新式闸门,使内港之水蓄泄以时,其工程费由中央及地方分任之。

4.整理内港交通　苏、皖、湘、鄂诸省,湖港交错,所恃以交通者全为小舟航行。农产物恃以委输,故其关系甚要。此种港道利湖水以不竭,然港淤湖枯,则航道窒废,且小舟运输亦极笨滞。为发展沿江农产计,宜将附江两岸内港交通分区为之大加整理,使一区之内各有一主干航道,足以吸注全区之货物通于沿江某码头,其交通必使航行四百至五百吨以上之轮船。此项计划较为广大,非立可施行,然可积极做预备工程,使逐年实现,若完全做到,则此后富力不必在扬子江本身而在内地。今长沙之富已过汉口,可以证明余所见之不谬。故余不主张整理扬子江航道,而极力主张开发内地之航道。扬子江航道有利于外货之侵入,而内地航道有利于内产之输出也。此项工程亦可分两期行之:第一期先谋现行民船之交通无碍,第二期再谋改为轮船航道。通江之口需要时设船闸焉。

分区整理可分为以下诸区:

(1)洞庭区——湘、资、沅、澧及通松滋、藕池等河。

(2)江陵区——宜连贯长湖、白鹭湖、洪湖及其中间诸小湖为一内航系统。水源不足,并可引沮水以济之,首通江口,尾达新堤。若整理得法,设有完善船闸,亦可以代替新堤江口间之迂回江路。

(3)天门区——连天门河及汉湖、西湖为一航道系,由砧家矶入江。二、三两区并可与涢、汉相通。

(4)华阳区——见前(华阳河流域整理工程计划)。

(5)巢河区——通合肥、巢县之运漕河。

(6)芜湖区——就原有水道通高淳、溧阳、宜兴、太湖。

(7)江北运河区。

(8)江南运河区。

以上举其大焉者,其小于是者如金口、樊口内诸湖系,白兔湖及白湖、西河诸系,亦皆为内地农产输出要道,乃以筑坝堵隔,宜设法使与江相连通。

5.整理沿江两岸排水系统　此项工程最要而繁,宜详细设计,分区设施。排水之路,不必一定采用通航水道。盖通航水道欲其迂回而平,所过之地以经济为原则,而排水之路,则欲其径捷而流速也。至其分区可同上。设计时与航道一气为之,使彼此不相冲突。

4、5两项工程皆非与地方政府合作不可。

6.护堤、护岸工程　此项工程可交于各省政府自为之,而本会处于督察及协助地位。养护岸堤尤须使人民有组织,不能专赖官力。湖北之江汉堤工,亦以交还湖北省政府自办为便。

7.湖堤工程　沿各湖筑堤以增加其蓄水量,湖界若定,湖堤工程即可开始。

8.整理扬子江支流工程　宜先从汉江、湘江、赣江入手,目的以防洪及通航运为主。四川诸支流,可缓及之。惟各支流正在测量中,计划且未可谈及,整理工程自当有待。

(二)测量

(1)就以上所述分区,各区皆用航空照相测量,以尽其地形之真相,各湖港、堤圩、道路之位置,所制之图须有等高线。

(2)按所拟定之内航及排水系统线做精密水准测量,以做设计之基础。

(3)测定各湖泊之容量及湖周地形以为计划湖堤之基。

(4)测定各主要水流之横断面。

(5)施测汉江及湘、资、沅、澧四水,并测赣江全体河床及其主要支流,选择水库地点。

(6)施测洞庭四口内通湖水道之地形及水准。

(7)其他区部测量如有临时工程,做设计测量。

以上测量工作可统由本会为之,如省政府愿自为以促其成者,本会可协助指导之,以期与本会工作一致。

(三)水文

扬子江水文及湘、鄂湖江水文测量,照前继续进行。此外应就上所述分区中各湖、河、港添设水标站,以及各地水面高低俱了然于目。鄂之汉江、涢水、天门河、沮河俱宜添设水文站(流量及水标),湘之湘、资、沅、澧,赣之赣江,皖之华阳、西河等河亦然。江苏湖、港自办者不少,亦似有当添设之处。汉江下游各支流如南河、唐河、杜河、甲河等能设站更佳。四川诸支流如嘉陵、沱、岷等江,亦宜即行设站测其水文。

(四)气象

气象测候沿江诸商埠多已有之,本会不必如何注重。惟沿江各县雨量,宜令各省县地方不断测验,而本会可择数地点,设核对雨量站,以为校正各县雨量记载错误之资,尤要者为诸大河流之中上游各地。

其他工作如地质测验、土质分析、农作物之调查、人口密度之调查、货物出入之种类及多寡之调查,凡此皆与各项计划有关,应按其需要随时为之。

对于上车湾裁弯取直工程之意见

(一九三六年,函扬子江水利委员会周伯熏先生)

寄来上车湾裁弯取直工程计划及图数纸,俱已再三细阅,不敢轻于裁答。裁弯之事于密西西比河,百余年未敢行之者,亦未敢有言之者。自一九二七年大水以后,始改弦更张。其勇气胆力,与其谓由于工程学识之进步,则无宁谓由于维克司堡模型试验之得力也。扬子江巨流也,与密西西比河相类也。裁弯之事亦前此所未尝闻也。贵会毅然创办,其卓识宏力,至可钦佩。计划中于断面之审择,水文之核定,降度之如何变迁,防洪及航道之双方并顾,亦可谓无微不至矣。然犹有未至者,则河底之质是也。缺此一端,则举一切断面降度之讨论皆为虚悬,而不能为之下一断语。计划书中论引河线路所经土壤,尚未经钻探。此固必为之事,然河底之泥沙在裁弯两端上、下至少各一二百公里之间者,先须探取其样(或扬子江水道委员会已曾有此一番工作更善)而加以检定。其沙粒之大小,细为分析之,于是可以研究河床在现况之下,河底质与水深及其降度之关系如何,最好用曲线表之。既确悉现势如何,然后可依之以推测裁弯之后,降度陡变,上下所生变迁(冲刷淤淀等)如何。犹不能自信,最后必须付之于模型试验,以察其效果是否可如吾人所望,夫然后可以断然行之也。盖以扬子江所需横断面之大,裁弯之后,冲刷之力使上下运输不利,则引河下口之下颈时即生航道上之阻碍。冲刷愈速,则下游淤垫愈多。尔时则恐浚渫之力有所不及,丁坝之力亦未宏著,反贻人以诟病。是不可不慎审为之也,望贵会于是特别加之意焉。全部计划俟此问题得有详细解答,始可核夺。可参考 R. Winkel, *Die Grundlagen der Fiussnglung*, S.34-37。

视察导淮工程后发表概念

(一九三六年)

　　导淮计划自经国府审定后,国人方虑其需款之巨,不知何时可以实现。乃自民国二十年(一九三一年)大水后,国府水灾救济委员会既以工赈之力,大修皖淮之堤,培筑中裹运堤,复浚治东台诸入海口,建闸防潮,导淮之事,已成其一部分。近数年来,复经陈副委员长并苏主席果夫先生,合会与省之力,推动导淮工程。于是张福、六塘等河,先后开浚,邵伯、淮阴、刘老涧三闸,次第告成,而工程之最艰巨者,如入海水道及三河活动坝,亦竟于两年之中,成其先,举其后,此不能不令观者惊叹不已也。余以导淮计划,经余手所成,故久欲知其进行状况。承陈主席不弃,导之参观,历时七日,凡已成及未成之工,或以车或以飞机,毕览无遗。工程之伟大,会、省两方任事者之努力,为此次同往诸人所共见。各记者已有记述,无劳余赘。入海工程以民众劳动之服务,其初劳而生怨,自(在)所难免。然视成之后,则又易咨嗟为叹颂矣。此次征工所为,有仅当原计划横断面三分之一,其他三分之二,则俟通流之后,逐渐冲刷,以足原计划之数。此为极可能之事,盖河流之床,皆其自力所辟,但用人力去其障碍,水自能为之也。河道所经,为废黄旧址,盖不欲占人良田,为极经济办法。惟以此故,所挖土方,多为细沙,所虑者风卷沙质,填于新河,致使前功尽弃。然此次视察,此等情形尚不显著,即如土质最劣之芰陵一段,亦颇完整。且入海工程处,已积极在滩地岸坡种草植树,必可免是弊。至于通流之后,水力冲刷,或虑其此冲彼填,致使河床凌乱,此亦不足虑,盖杨庄既有节制,放水时可以由小而渐大,加以临时防护必可有成。七套之下至入海一段,本可不必挖槽筑堤,任水泛滥,且可以冲深碱地,久之则自辟一道。但沿海岸业盐者多数以人力为之,可使略有防范,不致侵犯盐场。然滨海之处,以潮水顶托关系,易生变化,以后宜注意防范。至各闸坝工程,皆按原计划之定则而为之,无可饰词。航运与灌溉防洪同时并顾,本为极难之事,原计划于此点煞费斟酌。目前三河活动坝未成,入江水道未凿,洪泽湖水位尚不能操纵,故不免于航运、灌溉两方有使人不满之处。然三河活动坝成功在即,入江水道亦将举办,则目前稍有不便,亦最短期内事耳。对于千年工程,何必责效朝夕？刘老涧运河以经费不足,故暂于船闸之旁,设以土坝,而另建一泄洪闸,以便泄洪入六塘,并建二涵洞,以输中运河之水下注裹运。然微山尚未能操纵六塘河容量,不足以防黄河意外之变,此土坝有改为活动之需要。盐河亦应及早加凿横堤,并设相当之闸,以备蓄泄。欲求导淮成绩之完满,除本身而外,尚望航业及农业不断的改良。在航业方面,宜即改造船只,使其形式大小适合于运河之用,定其载量,增其速率。在农业方面,如裹下河一带,宜为有系统之灌溉组织,有条理之灌溉方法,节省水量而增益农产。此又不能不望导淮委员会与苏省府为之领导也。为增加排洪泻水及供给裹运以资灌溉水量计,张福河仍有增拓之需要。

一月间遨游记

(一九三七年)

客岁渭惠渠放水典礼之前,余在京主试经委会出国实习人员毕,民国二十五年(一九三六年)十二月九日专返长安,十一日出视渭工,十二日返至咸阳被阻,车弗能进。濡于咸阳者二日,一切交通中断,咸阳城门不启,惟见岸上兵士,时而布防,时而掩息,空中飞机盘翔频且密,而莫明其故。十四日晨,岸上兵忽去而之他,询路也无阻,乃前进入长安,始悉有所谓"双十二之变"。

二十五日后,各方函电频至慰问,且速余出避。余以乱邦不居,非所论于父母之邦,且思乱世正可以援救人民,皆婉谢之。虎城素重余,或有一二言之可听。然长安城内实淆杂,幸中枢制驭得法,两月而变止。余幸得免,而两月中之苦闷已极,思惟遨游可以解之。

客岁卢作孚先生至长安,曾邀余做灌县之游。至是又得傅沐波先生电,谓江水极枯,蜀江航道可趁此机会一加考察,并视打滩工作,乃欣然应命。

民国二十六年(一九三七年)二月十四日至京。十七日,附欧亚翼至宜昌,同行者荷人蒲得利、戴祁经委会所派,张任则扬子江水利委员会所派以助余者。

十八日,乘巡江司小轮峡安上驭巡江,丹人福兰森(Franztn)及副者顾君导之,破雾而行。入宜昌峡,已朗。两岸青山仞立,水饶一带,涛声如雷。历黄猫峡、红石子诸险抵黄陵庙。左岸有大石三,如缀珠,舟人呼之为头珠、二珠、三珠。巡江司拟以石填之为堤,断其夹流以缩江面,谓如此则水面可以升高,上漾至新滩,新滩之险可免。余等乃泊岸登高处视其形势,虽觉其言之有理,而乏水文根据,未敢下断语。

  红石子与黄陵庙相去甚近,其间又有渣包、无义、黄牛诸滩,水舟视之为畏途。俗谣有"朝发黄牛,暮见黄牛,朝朝暮暮,黄牛如故"之语。杨慎诗"无义滩前风浪收,黄云开处见黄牛,白波一道青峰里,听尽猿声是峡州"。

  过黄陵庙又历锡笼子、白洞子、斋公石诸滩,而至小崆岭及大崆岭。小崆岭为石梁二,踞江心。其下南岸为铜钱堆,石盘作半圆形由岸突出。小崆岭之上即紧接大崆岭,有巨石盘,长百余公尺,踞中流,分江为二,曰北槽,曰南槽。南槽乱石林立,舟弗敢试,仅行北槽。而北槽之尾,石盘斜出曰鸡翅膀,又有和尚石伏水底,复有头二、三珠斜列槽口前,故舟之上驶,曲折而行,左迁右避,稍不慎即触石覆,轮舟之沉没于是者屡矣。巡江司议炸除南槽间乱石,则舟行南槽较顺,工事正进行中。出崆岭即庙河口,上驶经牛肝马肺峡,至新滩,碇焉。

  新滩亦名青滩,又分为头滩、一滩、二滩、三滩。三滩无甚险。二滩乱石块占南岸半江,余舟即碇于二滩及三滩之间。登岸越石矶,往视头滩。头滩乱石由北岸起,占江面十之七,天然一堰,上下水面悬二分尺许,留南端一槽,宽仅二十余公尺,复不幸有老蜀通沉没其下,烟突露水面。滩上水面深泓,静如湖,至滩则白浪翻腾,狂奔而下,声震耳鼓,时方有木舟下滩,委蛇穿石齿而行,电飚随瀑布而奔,忽湮没入浪中,观者方惊顾错愕,一闪灼而舟复出,履坦境,舟上人衣尽濡如落汤鸡,噫嘻险矣。俄复有民康轮下驶,其委蛇有类木舟,惟不没耳。岸上方以石筑堤,为引纤之便。继又一木舟上滩,岸上曳者无虑数十人,邪吁之声震山谷。

  楚蜀之间山易崩,江中乱石,皆由崩圮而来,自汉晋以来已然,新滩其尤著者。苏东坡诗:"扁舟转山曲,未至已先惊。白浪横江起,槎牙似雪城。番番从高来,一一投涧坑。大鱼不能上,暴腮滩下横。小鱼散复合,瀺灂如遭烹,鸬鹚不敢下,飞过雨翅轻。白鹭夸瘦捷,插脚还欹倾。区区舟上人,薄技安敢呈。只应滩头庙,赖此牛酒盈。"形容尽致。

  两岸居民颇多,皆以拉滩为生,而川江中之领江亦十九产于此。轮舟过此即不须拉滩,亦须纳重费,故以此业致富者多。利之所在,反有以旅人之险为幸者。许儒龙诗:"楚蜀足千古,此滩尤不测。乱石挟巘屼,深涛看洞黑。盛夏水奔流,严冬行复塞。两岸夹民居,赖此长滩食。水作雷霆声,人有鲛鳄色。十夫奋篙橹,祸福付顷刻。我来值冬季,有路在江侧。登崖看行舟,快于生羽翼。理水称昔贤,谁能举其职。嗟尔往来人,但颂江神德。"纪实也。北岸坡上有蒲兰德(S.C.Plant)纪念碑,记其创始蜀江行轮之功。晚宿峡安。

十九日晨,民康复上驶,急起视其上滩。舟抵滩下即停,以铁索掷岸上,岸上十余人引索至上流数十丈处,有穿岩环孔,安一滑车,引索者以索套滑车上,绕舟上绞盘,复有一索专以系舟,滑车索套定后,舟上以汽机力绞动,曳舟上滩。时舟上旅客,多已下舟上岸,以减舟重。岸上观者如蚁,盖有轮至新滩,居民如蚁集,冀分拉滩费。舟摇摇如浮冰山,鹢首及两舷白浪高卷丈许,舟前端有人指挥,左之右之,张之弛之惟其命。至半滩索忽弛,舟稍欹而右,复紧曳而直之,舟乃上,计费时可一点钟。舟至稳处,旅客之下者又上,余等亦复登峡安返至崆岭。

崆岭炸滩—英人笛可森(Dixen)主其事。笛为矿工技师,富于炸石经验,睹予等至,以小舟来迎。其办公室设于一木舟上,示予等以图及模型,已乃导余至所炸石尖观之。石尖上以钢骨混凝土立三柱作架,架上安滑车,曳铁索钻石如凿井法,钻孔下钢管径八寸。所凿石屑,自岸上以橡皮管压水涤之。凡钻十四孔,深十余尺,俟孔备,实以火药,引电炸之。下游复有一石梁,用同一法,先是一年前曾炸一次,未见全效,闻将作罢,值此次水枯,各石俱露,以为机不可失,乃续为之。既上下观竟,乃循岸归舟。蒲、戴二君以原舟返宜昌。余及张任乃至庙河口,待附轮西进。

斯时水枯,各公司轮俱停驶,驶者惟民生公司之轮,然不能直航宜渝。于是分为三段:宜昌至庙河,庙河至万县,万县至重庆,各以所宜之轮行其间。复为便利旅客计,以民铎轮停泊庙河口作旅舍,故余等宿民铎上,食宿甚优。登北岸山顶,下瞰崆岭形势,俯摄一影,不啻飞机中所摄也。民铎中遇民本船主周海亭,即新滩上滩作指挥者也。民本于公司中为最巨,此时不能行驶,公司以周驾驶最精,使常驻于此,作各轮上滩导师。周奇士也,余曾为文记其事迹。又遇甘兰亭,民生公司重要职员也。

二十日,附民主轮西进,上新滩,于舟上睹周居指挥如意,凡二十分钟已上滩。盖民生汽机力强,故速于民康。余握周君之手,赞其英武。

舟行穿兵书宝剑峡,经金盘碛,下石门、屈原沱、屈大夫祠,遥吊之曰:"魂兮知何处?怀王负汝心!至今三峡水,犹带楚骚音。"

过秭归,又经乌牛石、人鲊瓮诸险,亦曰叱滩,水石相激,作叱咤声。黄庭坚梦李白作《竹枝三叠》:"命轻人鲊瓮头船,日瘦鬼门关外天,北人堕泪南人笑,青壁无梯闻杜鹃。"又陆游诗有:"恶滩不可说,石芒森如锯,浪花三丈白,吹沫入窗户。"皆于是作。

又上行过独石子至洩滩。北岸乱石堆积洩溪之口,南岸有蓑衣石斜对。两岸之石,水大时逼水成漩,而此时殊不知险。俗云"有新无洩,有洩无新"。盖新滩之险在枯水时,水盛则平,与洩滩正相反也。民国十六年(一九二七年),余经此遇盗劫船,舟困于巴东者四日。

又过上石门、八斗诸滩,皆两岸突石,逼成漩流。八斗之上为牛口,亦称上八斗。北岸为大碛,有巨石峙江心为牛头。过巴东为东瀼、西瀼。东瀼口对岸为青竹标,水流急湍，如青竹蛇然，故名。又过火焰石、下作牛诸险，逾万流，穿铁棺峡，历巫山十二峰而至巫山。其间又有库套子、刀背石及跳石诸滩，无大险。此处风景极幽美。

巫山以西有下马滩、宝子滩、猫须子等滩。入瞿塘峡，有黑石夹，北岸黑石与南岸黑石对立，江面缩极狭，左、右各成大漩。其上又有石板夹，险稍逊。峡中景色极雄壮。其中一段名风箱峡。洞庙罗列。过孟良梯，入夔门，北岸为白帝城，有讬孤亭、观音洞，极山水之胜境。江中有石，类小孤山，即滟滪堆。此时舟行甚捷，各景纷过于前，目不暇接，回顾青山叠翠，高插云天，呼绝不置。

滟滪堆此时出水面，约高二公尺许。回忆前度经此，几不可见。堆之北为青龙嘴，一股斜伸，使岸做环形。水小时急流自上来直触于石，水高则石没顶而流更急，故亦为木舟之险。东坡作赋谓其功在斯人，以为苟无此堆，则瞿塘之险更甚。余弗敢必其是。杜子美诗："滟滪既没孤根深，西来水多愁天阴，江天漠漠鸟双去，风雨时时龙一吟。舟人渔子歌回首，估客胡商泪满襟。寄语舟航恶年少，休翻盐井掷黄金。"成都郭女士云："何不炸去此堆？"余答以大煞风景。若虑石没难认，何不筑塔其上？夔府之前为臭盐渍，居人穿井取盐者甚多，盖唐时已然也。晚宿夔府。

入城一游，乞丐塞途。川东旱干特甚，饥民甚多。往观鲍超祠，大厦连云，已衰落矣。其公文衣物犹存，陈列以供游人览赏。人传鲍不识字，见幕友书门字带钩，以为门枢焉有钩，大怒批其颊。后见曾帅来令，书门字亦有钩，乃大悔谢过。观毕而返，街中烟馆仍林立，市人十之九带烟容。买柑尝之，多汁而寡味，识者云此名稀饭柑，劣品也，君上当矣。

二十一日，西行，穿关刀峡，过老马滩及高桅子、磁庄子、庙基子、虎刺子等滩，经云阳县，又有马铃子滩及兴隆滩。前者不俱述，兴隆滩险称最，与新滩齐名。水愈枯愈险，盖亦山崩所致。北岸石碛突伸，南岸石梁亘列，为金子梁。又有豆腐石峙江心，其下左右成漩流。民主破浪而上，浪击鹢首，掀涌高丈余。夜泊彭溪。

二十二日，西进，穿巳阳峡，过徐那洞滩及猴子石滩，皆非大险，不及午抵万县。民生公司陈经理及各机关人员忭接至城内榻。

二十三日，未成行，游万县公园。园为杨森所建，花木极盛，惜梅英遍落铺地，芭蕉皆秃，询知为饥民所食。天干泉竭，居民饮料取之江中，上下百余丈，日有饿毙者。

二十四日，改乘民来西行。自此以上滩险较少，可称者惟涪滩，亦名胡滩，即杜子美诗"不是怕胡滩"所指。南岸石碛称阎王背，北岸为莲花背，其下石块缀列称三珠。莲花之名，因石系石灰岩，壁立若堵墙，水镌凿其面，玲珑成纹，亦奇观也。自此而上有磨刀滩、双鱼子、老鹳碛、毛椎子、穿石鼓峡。北岸为石宝寨，有寨借石而筑，高十余丈，矗立江上甚伟丽。近忠州又有烟邱子、折桅子等滩。至官溪场，对岸为柳叶浩，江面至是骤宽，中有大碛曰官碛，分江为二，其北者称三坝河，此时无水，水大时则分流。

官磺为忠州旧制，故亦称老忠州。江流至此而上为一大弧，其颈不过七八百公尺，而弧则十五倍之。有人主张穿其颈，可得大水力。以水降度之，其上下高差在二公尺上也。俄抵忠县。忠县以上无多险，河道多宽，两岸多磺，江中多坝。如所谓唐童坝、南竹坝，皆甚广大。河谷亦有缩狭处，故扬子江本身要设水库，当于忠县以上求之。两岸淘沙金者甚多。

丰都之上有蚕背梁，为北岸向下游伸出一巨石梁，夏秋水盛，石没于水则成险，再上则为大佛面、观音滩，皆为北岸伸出之石盘，皆水盛时成险，此时不觉也。夜泊南沱。

二十五日，西进，过平西坝，更广于昨日所见者。其上即为白纤之险，两岸有石伸出，水盛时上水牵挽为难。行近涪陵，东岸有和尚石，或曰群猪。此时无险。涪陵城东，即黔江之口，自南来汇于江。口前石墙亘列，皆河床天然石，黔水因之折向东北流。舟筏出入颇绕越，水大时当不如是。

涪陵、长寿之间无多险，可称者惟磨盘滩、黄牛、马绊。磨盘滩之下，为陡磺子，由北岸横铺江面，使江道南屈，而其上则为鱼肠子，石梁由北岸伸出，中水时成险。黄牛、马绊亦为北岸突出之石，相对南岸为反水磺，逼狭河道，水流急劲。过长寿县则为台盘子，北岸石梁，江心又有乱石磺。水小时无险，水大时水没石梁，则溜掣北岸，行舟为其所掣，辄触石而沉，轮舟之失事于此者亦多。现巡江司筑砌石堤于石梁，高于洪水面，使水溜顺堤而下，不致北掣，诚善法也。江中他处，险滩类是者，宜仿行之。夜泊乐磺，岸上晒制榨菜者甚多。

二十六日，西行，经苏家坝、白鹤梁，亦为险滩，广元坝、温塘峡、状元坝、铜锣峡，峡内有黑石背、莲花背等险，然皆水大时始有。出峡即为唐家沱，约九时余，至江北。岸前河床石顺列，似颇整齐之驳岸而经圮废者。舟泊于江北之对岸，重庆亲友来忭迓者甚多。民生公司以小舟接至渝市，住蜀德公司。于此晤德领事余福来（Scheffler），旧交也。下午往观重庆大学，校舍新筑，规模略具，矿冶一科为其所重。

二十七日晨，民生公司宋经理约至其公司朝会讲演，讲演毕，宋经理报告，始悉前在民铎所遇之甘兰亭先生忽病故。噫！人生何瞬忽也。宋悲填于胸，误言甘先生身后为李先生身后，听者不禁失笑。

余于民国十六年、民国十七年（一九二七年、一九二八年）两年，在渝任市政工程总工程师及渝简公路工程处工程顾问。巴县一段公路线为余所手订。渝人对于老鹰崖工程之设计，景佩若狂。公路越一大山，余为择老鹰崖地点，其前有一小山丘，使路线绕之一匝成螺线式，以桥接于大山，其坡度不逾百分之七，而由平地陡陟于五百余公尺之山上。后闻蒋委员长莅此极赞赏之。外人来此游观者亦多。此工也余创之，命胞侄赋都成之，门人申以庄督修之。今余再至渝，前通远门外之荒丘，已俱成尘阛。老鹰崖脍炙人口，而渝人对余忭迎之热烈亦极矣。余前尚计划有江岸工程，尚未施工,渝人以为恨事,但交通情形已异于昔,其计划须改为之也。

亲友争相酬酢,本欲明日即行,为众所强留。参观渝市自来水厂,余同学、友税西恒君所建也。

二十八日,友人刘静之邀游其花园。园在虎头山下,前对化龙桥,亦赋都所设计也。尽兴而归。

三月一日,乘汽车西行,张任君及门人左汉灵偕行。左服务四川行营,任工程事,渝中亲友六七人送至老鹰崖。蜀德公司经理德人舒哈德建有别墅于此,亦先来招待,此处竟成一游览名区矣。路线至山巅穿一洞,立洞前下视公路弯环,穹桥飞跨,青山冉冉,嘉江隐隐皆在望中,景致绝佳。

过青水关入璧山境,路行狭谷中,经荣昌、隆昌,路尚平妥。山上松林皆新植者,葱葱可爱。至柏木镇,渡沱江,水极小,盖都江堰方淘内江,流几断也。晚宿内江。中国银行渝分行副经理王君韧托其内江分行招待。内江为糖业、盐业荟萃之所。

二日,西行,经资中、资阳,一路所过皆沿沱江丘陵地,颇显干旱之象。至简阳,余昔日曾由北路经合川、遂宁、乐至来成都,于此渡沱。越龙泉驿大山,至成都平原,大改观矣。下午五时至成都,建设厅及水利局派人相候于汽车站,导住建设厅招待所,卢作孚厅长及邵吉安水利局长来晤。

三日,会亲友,游览市区。成都一切仍旧,无一新建设。惟市上行人较九年前拥挤十倍。

四日,往灌县。左、张二人外,邵局长及水利工程师一人同行。路不甚平善。沿路田原麦绿菜黄极可爱。种苕菜者甚多,以作青肥。十一时抵灌,止于水利局之都江堰工程处。灌县市民亦众多,街面整洁。城依玉垒山而筑,前临岷江。

出南门,经百济桥。桥跨内江,即为离堆公园,谒李冰庙,有其塑像。出庙后即离堆,一小石山,亭亭玉立,为李冰所凿。内江出其左,宽仅二十公尺,名曰宝瓶口。左岸岩上刻水志十有四格,以匀水量。

由离堆而下,堆前有石如象鼻,即以名。沿内江上行为飞沙堰。内江宽约一百四十公尺,水过大时,由此湃入外江。堰长四百五十公尺,盖内、外二江之间,本为一冲积沙丘,连于离滩,遂成天然形势。李冰因以凿引江水,遂为灌溉之利便。再前为石笼所筑之金刚堤,长三百公尺,有宽约二十公尺之水槽,名曰平水槽,由内江通入外江,所以平匀内江之水量也,槽长一百二十公尺。再上为鱼嘴,长四百七十公尺。鱼嘴为尖形,以分岷江之水,使内、外别流。昔者以石笼筑成,前年大水冲坏后,改用石砌,以木桩定其址。外江宽约九十公尺。鱼嘴之上,有竹索长桥,跨江而过。

内、外江底皆垒垒丸石,径至尺许。水利局钻探其深,云已五公尺,尚未见底。此石每年须淘。此时外江已淘过,现以马槎堰堵内、外之口,淘石工作正在进行中。渡内江,岸上为二王庙,以祀李冰及其子二郎,极壮丽。入庙,壁上镌李冰治河格言"深淘滩,低筑堰"六字。前为象魏,绘都江堰水利图。历阶而上,为正殿。殿前之右有石像七,名七怪,形态怪异,云昔时助李冰成功者。道人恭迓,午餐于此。客廊之下,梅花极盛。游毕,乘花杆循江而上,过白沙河,亦有竹索桥跨之。白沙河丸石特多,当为下游丸石之所自。岷江稍逊。西行经观音嘴,河谷于此宽约二百公尺。流量此时每秒八十余立方公尺。两岸皆石灰岩。再上行,距滩约十五里为杨柳湾,河谷于此宽放。左岸有采煤及炼石灰者。路上遇■■■■男妇二人,云自峨眉归。其足皆着皮靴,圆如马蹄,可怪也。杨柳湾以上为厚子坡,河谷更广。以天色已晚未往,返宿灌县。归途越陡山入西门,舆夫甚苦。晚餐后观川剧,咿呀不甚可解。

五日,乘花杆往游青城山。出南门,渡内、外二江。外江水浅而急,以竹筏渡之。两江之间有塔一,甚都丽。途经外江分流甚多。过千佛宫入山。谷极狭,溪水细弱。两岸皆砾石,倾倒谷中,破裂为丸石。树木极盛,以杉、楠为最多。过五洞天,石磴极陡,止于天师洞,建筑甚雄伟。观中花木繁多,观外梅花尤盛。有粉白、粉红、大红、绿诸色。更有多瓣者,名台阁。观后有巨石裂为三缝,曲径石磴,曲折穿其间。有亭有潭,修竹笼罩,入其中可为幽人矣。

六日,登朝阳观,第一峰循他径下山,满山梅英,想邓尉观梅,必不及此。山中产茶,于清时为贡品。产量每年不过数百斤。于山上下瞰都江堰内外江形胜,一一了然。

青城山山内固佳,然自山外观之更美。返灌午餐后,乘汽车回成都。

七日,与亲友游宴。少城公园内无可观,茶寮甚多,皆满座。乞丐扰于前,殊不知其乐趣何在。青羊宫花会方始,建设厅于此开物产展览会,正筹备。草堂祠为壮丁训练所所据。华西大学以星期日闭校。

八日,四川大学约余讲演。九日,应亲友宴于望江楼,风甚厉。成都素无风,惟春季间有之。此处游人亦众,俱慕薛涛井之名而来者。望江楼殊敝败,前临江水枯,远不若昔时来此之优美。是日,张任往嘉定,即令循江途返京,便道视察水道情形。左亦归渝。余又讲演于四川大学农学院及成都广播电台。

十日,整理文稿。

十一日,附欧亚翼至汉中。初则成都平原,菜黄麦绿,错杂相间,如锦绣斑斓,越涪江则丘陵起伏,皆作褐色,如卧牛;越嘉陵江,则翼突起数百丈,下瞰千峰万壑,尽为雪蔽,所谓琼楼玉宇,皆落眼底。俄至汉水流域,廉泉让水,现于眼前。十一时,飞栖于南郑相距十里之飞机场。张专员与汉南水利管理局杨厚山局长及各机关来迎者甚众。酬酢半日。沔县县长傅启楷及宁羌县长邓剑鸣亦来。

十二日,参加总理逝世纪念及植树典礼。下午学校忾迎会讲演。

十三日,乘汽车往沔县,杨厚山、张嘉瑞工程师及沔县傅县长偕。渡褒水,经黄沙河及旧州河,至沔县新城。城以土筑,昔为菜园镇。民国二十四年(一九三五年),■■破沔县城,治移此。城外碉堡甚多,建筑雄固,皆傅县长所手营。政府所在,为一古庙。

乘花杆渡汉水,往定军山,谒武侯墓。庙中有二桂。高大得未曾睹。墓有二,前者云为假墓,后者乃真。云有汉主书碑一,仍埋土中。出庙西行,渡汉水至旧城。复上行,越白马江。又数里至汉江峡中。昔者地方人士请求引汉水溉定军山前田约三万亩。民国十三年(一九二四年)曾派门人胡竹铭测量,案卷图册存县府,后以乱失佚。民国二十年(一九三一年),姚丹峰任陕南政治专员,余命杨厚山佐之。姚主开渠甚力。渠成数里,工终止。余此次视察,拟移堰址至峡口上,于北岸开渠,越白马江。出旧城后,经丞相祠前,跨旧州及黄沙二河而达褒城。可溉之田,约有三四十万亩,惟汉水此时水量甚小,可否足用,当续研究之。计划定后,当定名为汉惠渠。

归途至褒城对岸,循公路上行至石门对岸。公路于褒水左岸凿山而行。至鸡头关上渡河。路工甚壮观。山河堰址拟移之向上。归南郑。

十四日,乘汽车往西乡县,杨厚山偕。经城固渡汉江入山。过沙河坎,至牧马河流域,公路盘绕山间颇危。牧马河水浅沙多。近城十余里,谷骤宽。两岸平原可四五万亩。居民谓以前有在鲤鱼峰前筑堰引水而毁,后无继者。前陈靖为汉南水利管理局长曾施测焉,余视其工尚非难事,当早为之,可命名牧惠渠。西乡县长杨一如率各机关人员迎于西郊。入城午餐后,出西门游鹿龄寺,为〈回教〉(伊斯兰教)之别派,不娶妻,诵经礼拜如沙门。寺前树木参天,寺宇雄伟。有小园,花木皆百年或数十年物。胜境也。出寺东行十余里,至公路桥,睹河中三舟,以水浅沙拥难行,用刮木刮沙,略得槽乃迤逦而下。牧马河东流至茶镇入汉,在黄金峡之下端。晚宿县署。西乡产桐油、竹木甚多。昔多造纸业,今微。

十五日归,南郑。中途城固县县长余正东率各机关人员迎于河干。入城为各学校学生讲演。午餐毕返郑。五门等堰,前已游过,故此次未往。城固产橘柑甚甘美,甘蔗不甚佳。

十六日、十七日,整理日记。

十八日附欧亚翼飞回长安。是日阴晦,鼓翼后,仅渭水河谷口略可辨。河于谷内作三折。过此则云雾蔽日,一无可睹。翼振起四千五百公尺,既逾秦岭,始落至三千六百公尺。抵长安,盘旋空中七八周始下至平地。入城略有雨。

如何救四川之饥馑

(一九三七年)

四川号称"天府之国",而人民之穷困颠连,乃有非外人之所意想得到者。盖数十年来在军阀淫威之下,鸦片毒雾之中,一般小民之生活已非人所能堪。加以三载以来屡次歉收,民国二十五年(一九三六年)秋收尤薄,小民本已枵腹,复何能度如此奇荒?故一入夔门,即见灾民到处乞食,鸠形鹄面,其状甚惨。闻各县灾民以树皮及观音粉供吞食,普遍皆是,而万县公园之内,本有芭蕉甚多,亦罹饥民之灾,几于绝株。穷民之窟,其所食与豕食无异。据建设厅长卢君函述,受灾之区,凡一百零五县,占全川三分之二而有余,如此奇灾,胡可漠视?

窃以四川此次之灾与陕西民国十七年至民国十九年(一九二八年至一九三〇年)三年之灾相类,其致灾之原因,亦复相同。盖旱干其近因,而其远因则由于军阀之苛政,土劣之剥削,鸦片之害稼,民力之衰微。故欲救此奇灾,赈济不过其标也,根本救济则在如何以消除其大因,使民生得以稳定,不致以偶尔天时之变,遂陷于不可救援之苦。中央及地方当局,其注意之。

第一,宜痛切铲除鸦片之毒。禁绝毒品,本为国民政府极要之政策,乃行之于边省,便有许多瞻顾。曰缓禁,曰分期,曰分域,皆不彻底,不干净,不以民生为重,而犹有私利之见存于其间者也。夫人民之所缺乏者,所恃以养者五谷也,所不需而受其害最深者毒卉也。今使良田遍植毒卉,五谷之产不足,民焉得不饥!政府为利民而设,有害于民者去之当惟恐不力。今日以待来年,是何异于攘鸡者之所为!且其所以主张缓禁者,不过以军人饷馈之无出。以中国之大,军馈必使出于毒民之所攫获,民苦而军亦焉得整?况一考其实际,则又岂真如是。毒卉一日不绝,民一日不饱,余敢断言之也。

第二,宜令各银行贷款农村。四川农村经济可云破产矣。高利贷款利率至少在五分以上。小民幸而田中少有所获,未及登场,即已完全为人所卷而去。迨官府催征,不得已而再举债。故挖肉补疮,年年如是。宜令各银行以利民为心,贷款民间以轻其负累。

第三,各大工程宜速举办。四川苦于交通不便,今岁江水奇枯,商民尤感不便。即以平糴而论,今岁湘、鄂丰稔,米价极廉,而湘、鄂之米,无轮船转运,以木船上输,宜、渝之间辄需时两月,如何能救急需?故此后四川交通不能专恃水道,而铁道必须速建。湘蜀、成渝、宝成三路宜即行动工,使小民得有工作,生活有藉,而铁道成后,交通便利,即遇凶年,移民移粟,亦易为力,不致坐而待毙矣。

其次则为水利工程。四川之地仅成都平原十余县资都江堰之水以灌溉,数千年不替,其余各地则为山地,仅恃山谷筑塘蓄水以利农田。虽向来俱有成规,而经十余年之骚乱,复经■■之蹂躏,堰圮,塘废,渠堙,田荒,想必不少。是宜由政府领导,规复前功,而由银行贷款以利兴作。

至于水利工程之大焉者,需款孔多,非民力之所能为,则需政府为之倡办。然必熟加考究,详慎设计,再事兴工,非可贸然轻举。其事非工赈所可及,当另论之。

以上略举大端,望政府之采施。至于目前救急,自不能不望于赈施。然须施之有方,使饥民受其实惠。十余年来,本省以掌军致富者不少,应解囊鸿施以为慈善者倡,政府尤不能以其边徼之区而忽视之也。

视察四川灌县水利及川江航道报告

(一九三七年,与张任合著)

一、灌县水利之商榷

(一)概述

灌县岷江水利,自秦太守李冰开凿离堆后,至今二千二百五十余年,民享其利不替。据四川水利局长邵吉安言,都江堰溉川西平原十六县共计五百二十余万亩,其中游合沙沟、黑石、羊马诸河余水,与西南两河汇于新津,又设通济堰灌新、彭、眉三县,计三十余万亩,合计两堰共灌五百五十余万亩。灌溉之外则农民利用水力以舂米榨油为数甚多。

岷江自灌县至成都虽不能行舟，然上游木材，赖之以泲之出山而达各县，故水运之利亦不可没。

离堆为砾石所成，翁文灏君曾言之，其周围地质则为红沙岩。出灌县西门上行数里则为沙岩，间有煤层，又上行至杨柳湾则为石灰岩。

离堆在灌县南门外，李冰所凿之口名曰宝瓶口，宽二十公尺。岷江自上游分一支出其间，曰内江。有桥跨之，曰百济桥。岷江原脉曰外江，内、外之间为一冲积锥，丸石之所积聚也。此锥上下长约三四公里，岷江分歧，错贯其间，成为极不轨则之乱流。今之正南江，金马河下汇扬子江于新津，盖为岷江正流，羊马河其歧流也。至其他由内江分者为走马、柏条、蒲阳三河，其下又各分为数河。由外江分者为沙沟、黑石、新开等河，其下亦各分为数河，而河又分渠，如网在网，密布成都平原，则皆人力所开凿以引溉者也。

柏条及蒲阳两河下会于赵家渡而为沱江。或疑《禹贡》伪造于李冰凿离堆之后，以为岷山导江，东别为沱，即意指沱江为岷江之别出者。然天然形势，岷江于离堆之下漫溢西流而入于沱江，至本身上承绵竹、什邡、彭县诸山之水，下达泸州俱行于两山之间，绝非人力之所开凿也。离堆既凿，其下游以堤堵隔，于是岷沱之界定矣。

各河之中又节节筑堰以引水入渠，其灌溉区域第一表。

故内江系之堰凡一百三十有一，外江系之堰凡一百五十有一，合为二百八十有二。灌溉之所及者凡十六县，若合齐堰言之则利在十八县，然仁寿、大邑居于边，所得无几。内江之泽所及凡十一县，外江之泽所及凡七县，故内、外二江之分配水量，以内六外四为

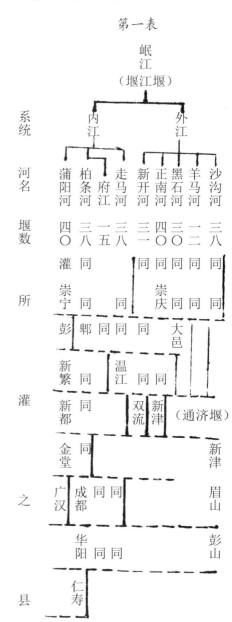

第一表

标准。

灌县城在岷江之左岸，城倚玉垒山而筑，南对青城山，风景极胜。岷江于此出山苴大平原，形势优便，李冰之所以易于成功者在是，李冰之工所以能维持二千余年不废者亦在是。

岷江在灌县以上，据税君西恒根据一年中之调查，流域面积二万八千平方公里，河流降度千分之七至千分之八，流量最小为每秒一百立方公尺，最大为每秒一千二百七十五立方公尺，平均为每秒三百九十四立方公尺。本年视察时，其流量落至每秒八十立方公尺许。[民国二十六年（一九三七年）三月四日]

山中居民甚少，松潘以上多草原，松潘以下多森林。

沿河沙岩及石灰岩层倾斜向上游，倾角约七十度。

余于青城山谷中所见多为砾岩，倾圮河床则多为丸砾，料其他河谷中砾岩不少，尤当以彭、茂各县山谷中为最多，河中走石之多，此当为其大因。距灌县东北二公里为白沙场，有湔江亦名白沙河入岷江于此。此江中之丸砾较岷江尤厉，白沙江口之下即为极大之沙碛。

今则名内外江分水处为都江堰。此名肇于何时未曾考。其义则以其通成都而得，《史记·河渠志》则称为都安堰。分水之处旧以竹笼填石工构成锐角形，名曰鱼嘴，长四百七十公尺。今鱼嘴之尖以砌石工代之矣。

由鱼嘴循内江之右岸向下游第一段名为金刚堤，长三百公尺。第二段名为飞沙堰，长四百五十公尺，其下即接离堆。堤与堰皆以纵列填石竹笼、木橛插底为之，堤高而堰低。堤与堰之间留平水槽一道，由内江斜通至外江，长一百二十公尺，口宽二十公尺。平水槽者所以调匀内江之水，水盈则自平水槽泻出，水朒（不足）则以杩槎封闭外江一部以增内江之流，使宝瓶口通过之水合乎水度为标准。鱼嘴及金刚堤为都江堰工之最要者。洪水时，水挟沙盛至，则由飞沙堰顶溢出归外江，故飞沙堰者防洪及防沙之具也，堰顶平沙眯目，非复丸石矣。

岁修之工曰淘河，曰修堤堰。例先以杩槎闭外江，使水流内江而淘外江。外江淘毕则闭内江，使水流外江而淘内江，清明以前须蒇其事。

杩槎者以木作三脚架，排列河床，以索相维，架后档以木板，以土拥掩，固一临时之堰也。此法与印度恒河中所用之法相类，架中搁板，压石以稳定之。

所谓都江堰者尽于是矣，有格言六字曰"深淘滩，低筑堰"云，李太守所传，至今奉为圭臬。每次岁修约四五万元，然大修则至三四十万元（第一图）。

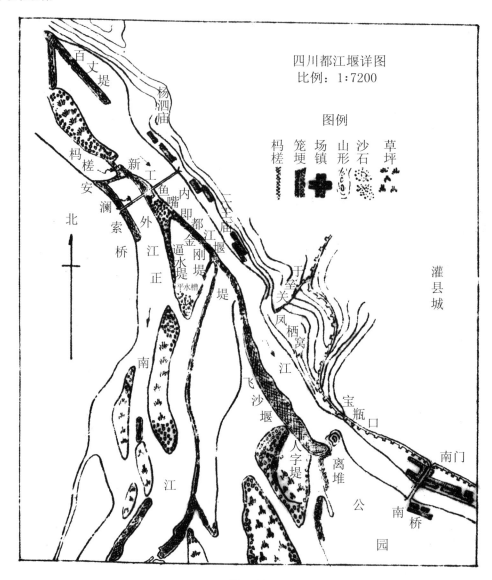

第一图

蜀人之贤者多欲使此项工程近代化,使各项建筑物有永久性以减岁修之费。又有人提倡兴修水力以之生电,税西恒君提倡尤力。

荷人蒲得利曾奉经济委员会之命来此视察,意谓古法行之二千余年,以数万元岁修,享五百余万亩灌溉之利,不可谓不优且美矣,强为改做,或恐不及古人。

以下将于各项问题,逐一做商计焉。

(二)关于灌溉者

灌溉工事最大之累即为岷江、湔江中之石砾,其为害不仅在都江堰附近,而远及于下游，故成都距灌口已五十公里，而河床中仍石砾垒垒。故每年岁修以淘江工事为最劳。且淘出之沙石，势必堆积两岸，沃美良田，为其覆掩，殊至可惜。至于都江堰本身之鱼嘴、堰堤以竹笼石所成工程，亦辄为流石冲毁。故欲求都江堰工程之改进，淘河工事之减少，则首应设法制止岷、湔石砾之下输。此则应用修筑荒溪工事者也。

修筑荒溪之主旨在平缓山溪流势以杀其冲刷之力，则沙石不至于下走，盖流水在山中降度甚陡，则其力足以挟沙走石。若于溪谷中节节筑小横堰，则陡坡水面变为阶级式，步步跌下，各堰之间流势自缓，且即有沙石亦节节为堰所拦，不致冲出谷口矣。

此种小堰即就溪谷中或两山坡采取石块或薪木为之，其构造法举二例如下：

1.石墙　如第二图甲、乙、丙，用块石干砌平弧形堰墙于溪道，分为正堰及前堰，正高前低，正、前二堰墙之间，底及两侧亦砌以石为引堤下流之水，使其水幂集中，不致冲毁引堤。如此之堰由上至下，节节做之如石磴然，水力自缓。溪之深者亦可做高石壁以拦沙石，名曰谷坊。

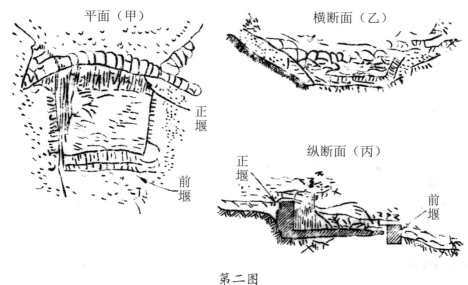

第二图

2.木堰　如第三图为牙杈堰，即以木之牙杈顺溪向叠压多层，各层之间又各用横杈支垫，使前端高仰，水流先穿其罅隙而出，迨为沙泥淤实，即成实堰而水越其上矣。

第三图

又如第四图甲、乙、丙为桤木堰，以短木桤顺溪纵向排叠，每层支垫横木桤，其两端须深埋入两旁岸坡,一横木之长不足者用二木或三木以螺钉结连之。

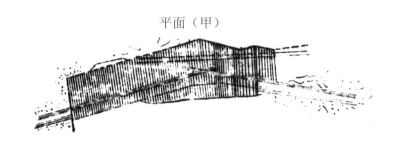
平面（甲）

横断面（乙）

纵断面（丙）

第四图

修筑荒溪工事在奥国应用最多,且有筑较高之堰以拦沙石者。日本亦对此最努力。

沙石有节制,始可以言改良都江堰本身工事。其旧有规则应以不轻加改革为原则,以其有二千余年之历史,必有特优之点也。所可改良者,惟鱼嘴堰堤之构造及量水之法制而已。兹分别言之。

(1)鱼嘴分水工:现跨于分水鱼嘴工之上有竹索桥,一名曰安澜,以利行人。此种索桥桥面既上下不平,行其上者亦闪动不稳,且外人游此者多,观之殊觉不雅,宜改建新式桥梁,桥址即择现在鱼嘴尖端,约在竹索桥上游三十五公尺。左岸抵二王庙之北,右岸抵高岸,长共三百五十七公尺,中间接长鱼嘴之尖以为分水矶,宽十二公尺。左为内江,分为三孔,各以宽四公尺之石矶界之,右二孔各宽四十六公尺,设活动辊堰,以为调节水量并封闭内江以便淘江之用,左一孔宽四十五公尺设固定堰,只滚洪水。右为外江分为四孔,左二孔宽同内江右二孔,设活动辊堰,右二孔宽各四十八公尺,设固定滚水堰以泄洪水。

桥梁下沿,须高出最高洪水位。灌县水位差约为三公尺,兹拟桥梁之高约为低水面上六公尺,固定堰顶,使高出低水面上半公尺,活动堰顶亦然。辊堰之直径拟为二公尺,此堰之两端备有齿,可用机器之动力设备于石矶侧旁之齿杆斜轨上,引而上之则堰启,落而下之则堰闭矣。灌县水电若经设立,则活动辊堰用电力启闭,甚为便利。以上数字皆姑为粗拟,仍待详细计划以定其尺度(第五图)。

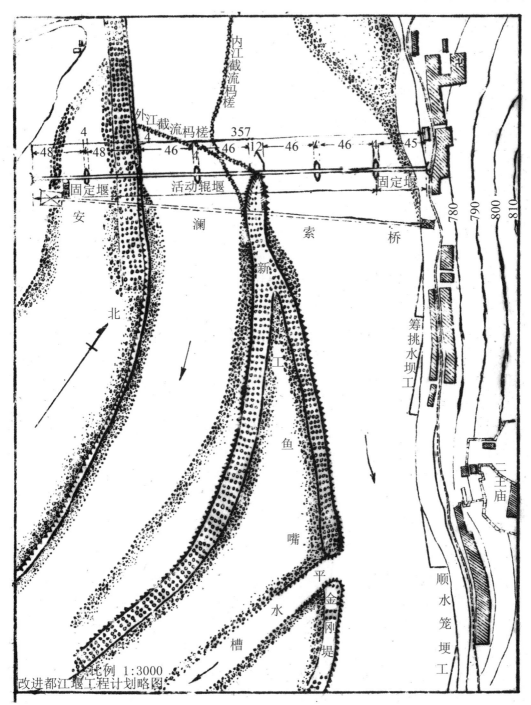

第五图

内、外二江水量之调节,多开一堰,多闭一堰,或半启其堰,其下流水孔道皆可由人操纵。

此项工程之设施,须将河中石砾挖净,基址建于石底上。淘挖石砾,可用抓石机器（Grabing Machinery），以余揣测石砾之厚度当在六公尺左右。其设施必在防止石砾有效以后。

（2）金刚堤平水槽及飞沙堰工：上自鱼嘴之尖，下至离堆，应作为一全体工程视之。金刚堤一段，利在于高而坚，使洪水不可凌犯。飞沙堰一段，利在卑而坦，便洪水得越而过之。平水槽在改用活动辊堰以后，是否尚有需要？以余之见，殆无也。然既有此槽，则亦不必废之，但于其入口为做一低堰口，堰顶之高足以平水为准，使内江水量已符规定需要，则水面即高过其堰顶，滚而过。

金刚堤及飞沙堰俱可改用砌石工，如现用之鱼嘴尖石工，其基址工程虽不免过费，然一劳永逸之计也。

飞沙堰滚过之砂辄填入平水槽及外江，使平水槽失其功用，而于外江适当要冲，致使河道紊乱，影响不小。宜用石工做一介墙与平水槽相隔，而导洪流向下游。

平水槽之岸能用石砌修整齐更妥。金刚堤一段平水槽两岸既免洪水侵犯，则其上可大植林木，以增其固。此项设施，即可逐渐为之。

（3）宝瓶口：宝瓶口天然佳构，宜仍其旧，惟河底宜维持一定高度，岩石水尺则改用公尺制，并安设于易于观察之处。此处水位涨落，若能用电力自动报于活动堰管堰处更善。宝瓶口之流量，则按其水位高低制为流量曲线表。

（4）下游之整理：内、外二江下游各支河应施整理处甚多，以未经勘测，姑置不论。此项整理工程，所费亦当不赀，其利益则在农者少而在航者多，故宜考察水运情形及将来发展如何，以定整理工程之进行与否。若为航运计，则许多地方，或可采用渠化法，惟须用活动堰。既设堰闸，则兼资灌溉，而免各处之支节堰工。故其计划宜与灌溉合并筹之，方合经济。

（三）关于水力者

以成都之地势而论，既有五千平方公里之广漠平原，农产丰阜，复有铜、盐、煤、铁诸矿，人口每平方公里逾五百人，成渝、川陕铁路通，则其发展之速，可预卜而知。然成都平原距产煤地较远，故燃料之价倍昂于沿江他处。蜀中以地理及水理之适宜，在全国中为开发水力最有希望之地，税西恒君计划水电分为三区。第一区为东川区，以乌江下游之龚滩为中心，枯水流量每秒三百立方公尺，倾斜甚大，可用水力由十五万至三十万马力，送电范围为直径三百公里之圈。第二区为西川区，以灌县为中心，枯水流量每秒一百立方公尺，可用水力由六万五千至十二万七千马力，然其上游可有五十万至六十万马力。第三区为康建，未经调查。

税君之计划分为二种。

1.集中计划　集中水压于关口，高六十三公尺，用岷江平均流量每秒三百九十四立方公尺之百分五十,可发生十二万七千五百马力,每年有二百二十八日用枯水流量,每秒一百立方公尺,全年发电,可得六万五千马力。

2.分段计划　①关口至油溪为一段,水压力高二十四公尺,可发生二万马力。②油溪至漩口为一段,水压力高四十三公尺,可发生四万马力。此则专用枯水流量,全年发电,共为六万马力。

余于岷江谷中惜仅由灌口上行十余里。税君谓其上游可有五万至六万马力,想必有所依据。若能于上游觅得优良水库地址,可供将来发展之用。岷江流域面积据税君计算为二万八千平方公里,就余所行经之一段而言,以紫坪铺山峡为最狭,各宽约五百五十公尺,两岸岩石为沙岩,倾斜向上游,倾角约七十度,用以为水库高堰之址,就表面观察可谓优良,然河之床岸里部如何未可知也,可以钻探试之。

余赞同集中计划,以河中聚积石砾甚深,筑堰工费大半在基址工程,做两堰不如做一堰之经济也。税君之意以为经费难筹,分段举办,易于为力,故姑作是议耳。

兹应研究者,第一为水库内之容量,其容量当视所欲调节之水量而定之。按税君根据民国二十三年(一九三四年)及民国二十四年(一九三五年)之实测所制岷江全年流量分配图,最小者为每秒一百立方公尺,十二月、一月及二月之流量皆相当于是数。最大者为二千四百立方公尺,为民国二十三年(一九三四年)八月三日所测,全年平均为三百九十三立方公尺。五月、六月、七月、八月、九月等月皆在此平均线上,四月及十月则为渐涨或及渐落时期。税君计算用平均水量可发生二十五万五千马力,得一百六十五日,用一百立方公尺之流量,可发生六万五千马力,供给全年。若用平均数之百分之五十,一百九十六立方公尺,则可发生十二万五千七百马力,得二百二十八日,所缺之日须蓄水补充。

若用全年平均流量三百九十三立方公尺,则须蓄水补充之量约为六千兆立方公尺,事实上万不可能。若用其百分之五十,则所缺者约为五百二十兆立方公尺,额亦颇巨(税君估计为七百七十五兆立方公尺,系按三个月计算,然十二月及三月,流量尚各可敷半数,故余以两月计)。若筑六十五高堰,则堰顶之长达一千一百余公尺,水库中容量亦不过二百五十兆立方公尺(未能确计)以之弥补,仍缺三十八日。若筑二十四公尺高堰,则堰顶长五百五十公尺,而容量减至仅六十兆立方公尺,毫无调节之效力(第六图)。

余以为可用每秒一百九十六或二百立方公尺之流量,所缺之两月或一月又半,若有需要,则用蒸汽机补充之。若电力之销路,大半在农,则冬日用途自少。不足之两月,仍可维持八万马力。计算每年可产一千九百八十万度(千瓦时),每度电售二角,可得三百九十六万元。

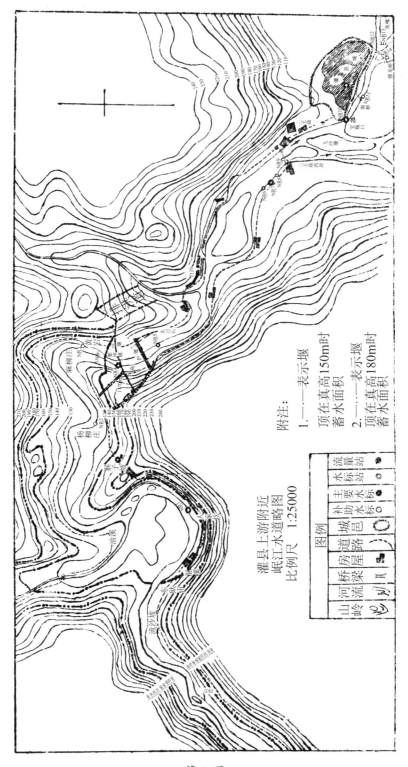

第六图

人民有极廉之原动力,一切可以发展矣。然建设费恐亦在一千万至二千万元之间也。

惟此水库容量既有限,不能赖以完全蓄洪,则必为足辟排洪之道。除底洞及两旁山洞总泻量以每秒八百立方公尺计,仍需开每秒一千六百立方公尺之洪道。此等工事所费不赀,且电厂设于堰下,仍须有对于洪水之相当保护。若于上游能觅得其他地址筑栏洪水库,兼以蓄水,则灌县水库受惠多矣。

税君所测不过二年,若欲完善计划,至少尚须有三年以上之水文测验,并可于此时间在岷江上游及其支流,多事考察。此时尚未至建筑成熟时期也。且其建设亦必在成渝铁路通后,并四川省自设厂制造洋灰有良果,始可为之顺利。

二、川江航道改善商榷

（一）宜渝段及渝宾段水道情形

扬子江自宜昌以上,水道情形与中下游迥异,盖两岸多山,水行峡谷中,坡降既大,流速因增,而水位涨落之差度亦甚可观。又以滩礁碛石等险,均为中下游所无者。故航运之困难,远非中下游可比,尤以宜渝间滩险最多,航行最危。再上则两岸较为宽展,虽险滩减少,但碛坝增多,致航道多浅狭之处,亦为航行之累。故重庆以上在低水期中,仅吃水五英尺以下之小轮,可抵宜宾。兹将宜昌至宜宾段水道(第七图)情形分述如下。

1.宜渝段　宜昌、重庆间,水道长六百五十公里(三百五十浬),水流湍急,滩险密布,尤以宜昌至奉节一段,滩险最多,而诸大峡道,亦均在此段内。奉节以上,两岸渐宽,险亦渐少,过忠县则水道更多宽处,但两岸多碛,江中多坝,低水期中航道浅处不过三公尺左右耳。宜渝间之岸石以沙岩、石灰岩及砾岩三种为最多。水道宽处约六百公尺,狭处百余公尺。深度之变迁甚大,最深处多在峡道中,百余公尺。最浅处于低水期中,三公尺上下。其河底深处为淤沙,浅处多系石质,间亦为砾石。水面之坡度,平均约五千分之一(每浬下降一点二尺)。

宜渝段可记载之滩险,约二百八十余处(详见宜渝段水道图说),但险况则因水位之涨落而异,往往在低水时期成险者,至中高水位则消失,故水位之涨落,与航运有密切之关系。大约在重庆附近,平均低水位与高水位之差约四十五尺（英尺旧译名,一尺等于零点三米）,万县约九十尺,宜昌约三十二尺,尤以在奉节附近峡口,水位之差异最大,可达一百九十尺。

流速之大小,因地点及水位之涨落而异,通常在中高水位期,每秒二至四公尺(每

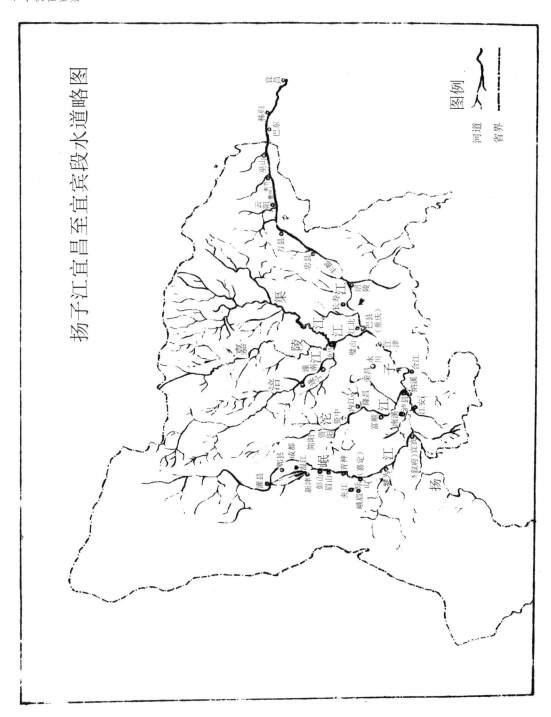

第七图

小时四至八浬),最大可达每秒七公尺(每小时十三浬)。故航行上游之轮船,其马力须较航行于下游者,大五六倍,平均每净载一吨需十马力,可谓费矣。

普通航行于宜渝间之轮船,大别为三类。

(1)较大之轮船:其长度约二百尺,速度为每小时在静水中十四五浬,吃水量七至九尺。通航时期,为每年四月中起至十一月底或十二月中止(即自宜昌水标十尺起,至重庆水标降至六尺止)。

(2)中级轮船:其长度约一百五十尺,速度每小时十四浬,吃水量六至七点五尺,通航时期,除最低水位外,几可全年无阻(即自宜昌水标一尺以上起,至三十五尺止)。

(3)较小之轮船:船之长度在一百四十尺以下,速度约每小时十二三浬,吃水量五至六尺。通航时期,为每年十月半起至次年六月中止(即自宜昌水标二十五尺起降至零点为止)。

今年水位奇枯,为数十年所仅见,往岁没于水中之礁石,此时皆露出,洵属难遇。兹就观察所及之著名滩险,约述如下。

(1)宜昌至奉节段,长二百零四公里(一百一十海里),滩险最多,著名之峡道为宜昌(即黄猫)、牛肝马肺、兵书宝剑、巫山及风箱峡,以巫山峡最长(二百四十五浬),风箱峡最为雄丽。

重要滩险为獭洞滩、崆岭、新滩、冰盘碛、方滩、洩滩(低水时无险)、乌牛石、青竹标、火焰石、下马滩、宝子滩、滟滪堆等处,以崆岭及新滩二处最险,为川江低水时期中航行之最大障碍。

崆岭:位于小崆岭上游。小崆岭为石梁二,距江心。其下南岸为铜钱堆,石盘作半圆形由岸突出。小崆岭之上紧接大崆岭,有巨石盘,曰大珠,长百余公尺,踞中流分江为南、北二槽。南槽乱石林立,舟弗敢试,仅行北槽,而北槽之尾,石盘斜出,曰鸡翅膀,又有和尚石伏水底,复有头珠、二珠、三珠斜列槽口前,故舟之上驶,曲折而行,左迁右避,稍不慎即触石覆,轮舟之沉于是者屡矣。故较大轮船(长度在一百四十尺以上)在低水期中,皆不敢通行。现下南槽之乱石,已经炸除,将来舟行其间,应较北槽畅顺也。

新滩:新滩亦名青滩,又分为头滩、二滩、三滩。三滩无甚险,二滩乱石占南岸半江,头滩乱石由北岸起,占江面十之七,天然一堰,上下水面悬二公尺许,留南端一槽,宽仅二十余公尺,为轮舟上下之惟一途径。滩上水面深泓,静如湖,至滩则白浪腾翻,狂奔而下。在宜昌水位零点时,轮船经此,均待拖曳。如水位再降落尺许,上下水轮舟悉停于滩旁,旅客皆登岸换舟,货物亦须搬过,时间之损失与运费之增加,均属不赀。但此滩为山崩所致,恐未便轻易炸除也。

(2)奉节至万县一段,长一百六十公里(六十二点五海里),两岸渐次放宽,其间滩险亦多,惟大抵不甚凶急。较著名者,有关刀峡、喇叭滩、磁庄子、庙基子、虎刺子、马铃子、兴龙滩、巴阳峡、黄脑碛等处,以兴龙滩[险]最称,与新滩齐名,盖亦山崩所致。其北岸石碛突伸,南岸石梁互列,为全子梁,又有豆腐石峙立江心,其下左右成漩流,马力较小之轮,过此均待拖曳。

(3)万县至重庆一段,长三百三十公里,虽河道较宽,滩险较少,但碛坝较多,航道深度大减,尤以忠县以上为甚。其低水时期之浅险水道,有下列诸处:折尾子(深十一尺)、鱼洞子(深十三尺)、蓝竹坝(九尺)、平缓坝(十二尺)、柴盘子(十尺)、洛碛(十二尺)、鲊人坑(十一尺)、黑石子(十二尺)。

柴盘子险最称,海关在此施以改良工事,详见第二节。此外有狐滩、蚕背梁、观音滩、群猪滩、广元坝、铜罗峡等处,但均在中水位以上时成险,此时则不觉也。

2.渝宾段　由重庆至宜宾,水道长三百九十公里(二百零一浬),两岸地势,较宜渝段为平坦,且多为砾岩。最初一百三十公里一段,两岸石礁,多伸入江中者,航道致多浅窄处。次一百五十公里一段,水道较宽,但碛坝甚多,有广至一二公里者。最后一百一十公里一段,情形又大致与初段相仿。

渝宾段之滩险,虽远不及宜渝段为多,但航道则多浅狭处,极易搁浅。通常在春冬低水时期,航道浅处深度,只六七尺,致吃水五尺以上之轮船(长度在一百三十尺以上)皆须停航。而急滩及急流,又颇为木舟之累,故低水期之航运,最为稀少。航行最畅时期,为水位升至重庆水标十尺左右时,再涨则险滩前流速加剧,致较小之船,驶行困难。渝宾段航道,由川江航务处管理之,沿途设水标站二十余处。于滩礁上,亦设立标志。

此段低水时期航行之最大困难,即为航道之浅狭,诸险以筲脊背最著名,该处砾石碛横贯江心,航道经其上,舟须沿最深处曲折而行,偶一不慎,即致搁浅。(渝宾段滩险表附后)

岷江宜宾乐山段水道情形:

宾乐段水道长一百六十公里(八十六浬),其情形大致与渝省(?宾)段相仿,但水道较狭,航道较浅,而险则较为密布。冬季航道浅处,深度只三尺许,故只能通行民船,下水约二日,上水则需四五日。较小之汽轮,于中高水位时期,可达乐山,间能通成都,但须在洪水时期也。此段较重要之滩险,以雷劈寺、叉鱼子、猪圈门最著名。(滩险表附后)

(二)海关炸滩筑堤等工程之功效

宜渝段航道之改进,由海关方面主持,于民国二十四年(一九三五年)十一月成立川江打滩委员会,负责进行,其已经施设之工程如下。

1.柴盘子筑堤工程　柴盘子位于长寿迤东,距宜昌三百一十海里,江流至此分为二槽。南槽曰三家滩,为中水位以上之航道。在当地水标十尺以下时,轮船须经北槽,即柴盘子水道也。其北为礁岸,低水时期半没于水中。航道沿礁岸做一硬折,致湾之下游,发生漩流,尤以当礁岸恰没于水时,一部分流水,由其上北趋,转返下游正槽。轮船至此,因受水流之牵掣,苟转折稍为迟钝,即触礁沉没。现沿礁岸砌一石堤,长一千五百尺(第八图、第九图),堤顶高度与中水位齐,不独为航道做一显明之指导,且使水流集中,速流方向渐变,漩流因之大减。该项工程于去年十二月初动工,至今年三月间完工,工费约二万四千余元。此工程用意颇佳,而工作亦简易,川江他处同样情形者,谅必不少,大可仿为之。

2.新滩拖纤便道工程　新滩之头滩,为宜渝段低水时期之最大凶滩,如何根本改良,必先得详细测量。现打滩委员会所拟者,仅为局部之改善,工事包括修筑砌石拖滩便道及添置掷绳、接绳及绞车等器具。现下仅于南岸上,用块石砌一便道,长四百二十尺,宽五六尺,由附近居民为之。本年二月间开工,阅月余告竣,工程甚为简单,工费约二千元。其他设备,尚未添置,尤以绞车,有便于民船甚大,似宜及早备齐也(第十图、第十一图)。

3.崆岭炸滩工程　今岁崆岭南槽之炸滩,系赓续前崆岭打滩委员会之未竟工作。缘该会费数年之力,将南槽有碍航道之礁石,轰除太半,惟尚余一巨石,未能炸去,今春水位奇枯,石尖露出水面,遂趁机继续进行,以竟全功。于三月初旬先后轰炸三次,用去炸药二千余磅,除石约七八十吨,并于航道两边,树立混凝土标杆,以作指导。据测深度已敷用,惟上口尚不时发生横流耳。南槽之炸滩,虽经宣布成功,但领江人仍狃于积习,不肯通行其间,须俟水位稍涨,方肯尝试,想一经习用后,当不致再生问题矣。此处炸滩所得之经验,颇足为将来之助。但大体言之,炸除石礁之事,难于完全收效,故于不得已时,可一为之,以除其障碍航路者而已(第十二图)。

此外打滩委员会拟有一升高枯水位计划,于黄陵庙附近,筑二长一海里之平行堤岸,将低水时期水流遏制,预计可升高水位二十四尺,使其上獭洞、崆岭、新滩诸险,尽行淹没。此计划非不可能,但其成效如何,殊不敢必。在所有应需之水文及其他资料未齐备前,难下断论也(第十三图、第十四图)。

(三)改善航道议

查宜渝段水道之险,共计二百八十四处,而属于低水时期或中低水时期者,占一百九十处,是低水之险最多也。又按低水之险以急滩石礁为最多。故若能维持常年水位不致过低,则宜渝段川江之险去其大半矣。

渠化之法,在宜渝段几无实施之可能,且即可能,于轮航上实多不便。查每年水位高时,宜昌至重庆上水船四昼日可达,反之下水二昼日可达。若筑堰闸,则至少须分为十二水阶(一百二十五公尺),每次过闸及开车、缓车之耽搁以一小时计,则已一昼日,绝非航行者之所愿也。虽水位高时闸门可以不闭,然为避免水阶上下危险,亦必费相当之时,且须格外注意,其实际与增加十二处险滩无异。

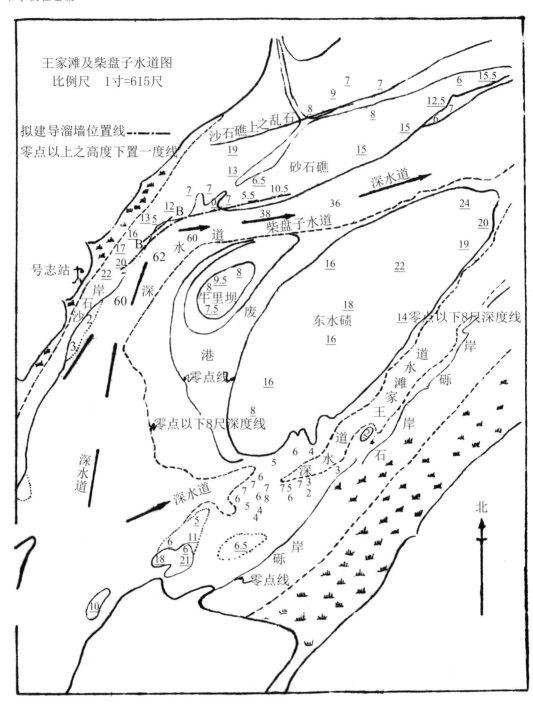

第八图

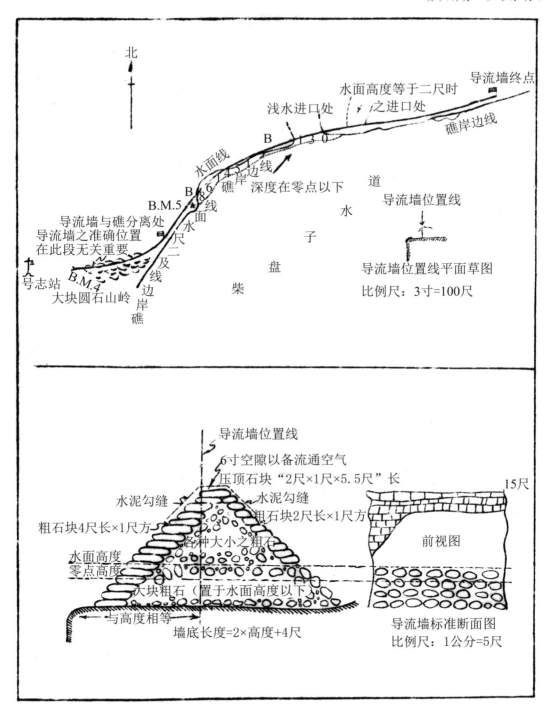

第九图

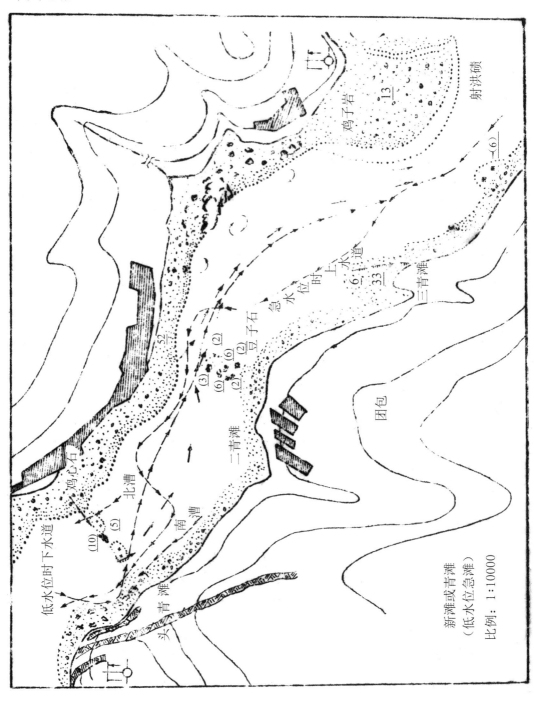

第十图

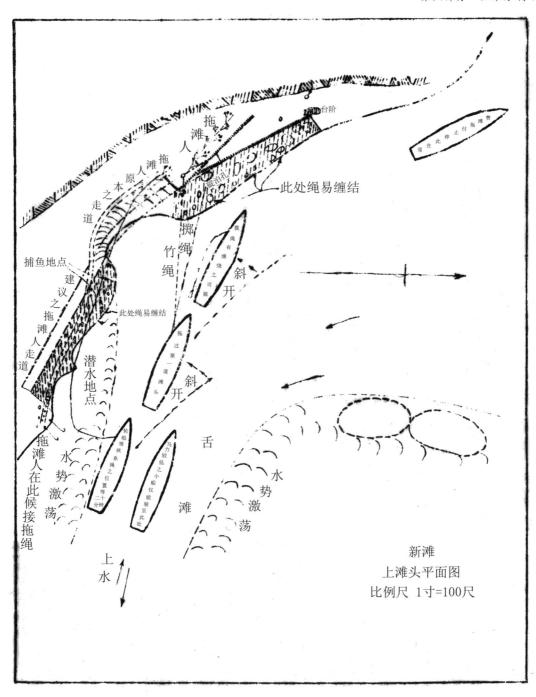

第十一图

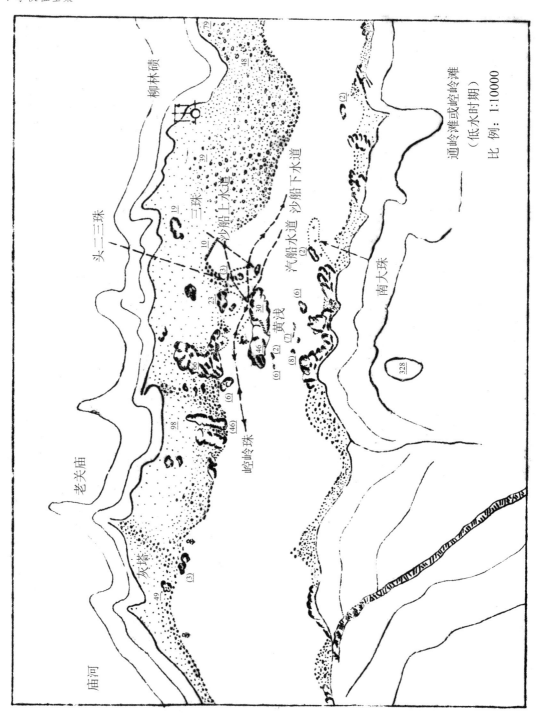

第十二图

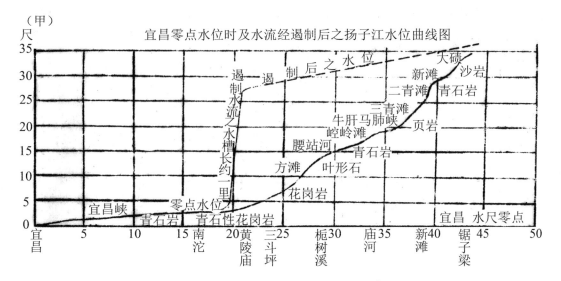

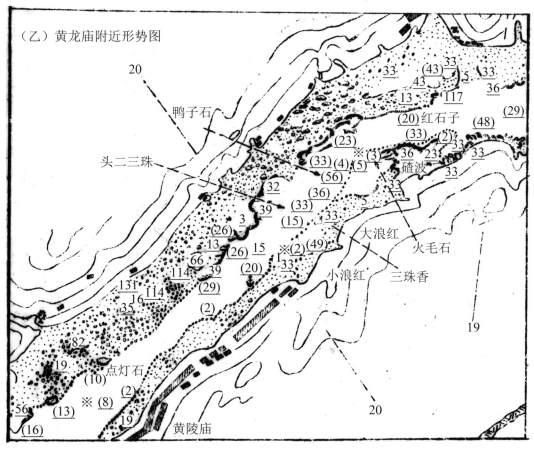

第十三图

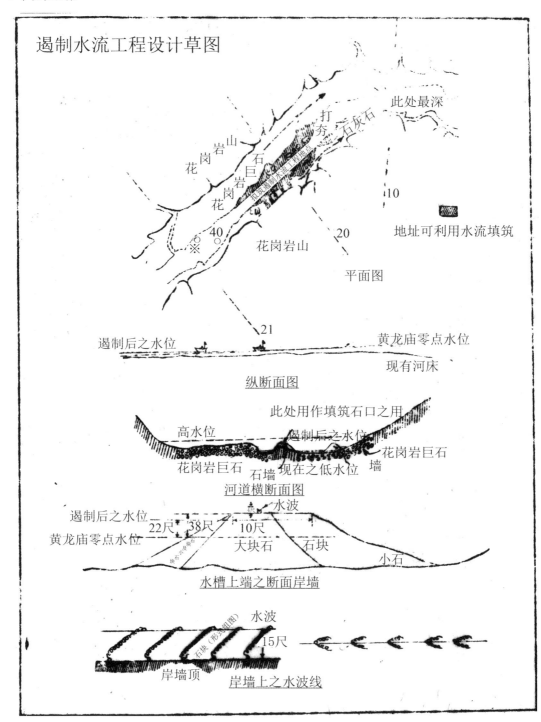

第十四图

渠化之法既不可行,则惟有于上游支流中多筑水库及增裕地下水量,以裕低水时期之水源。今须研究者,水位至如何高时,全段之险处为最少,名之曰川江中最惠水位。增裕水源,则须以此最惠水位为标准,而计算其所需之流量。上游蓄水,即应蓄足此量。蓄水之法可分为地面上与地面下的两种。

1.地面上的为于小谷中筑高堰为蓄水库(人造湖)　可筑水库之地址当分头于黔江(涪陵以上)、高滩河(长寿以上)、嘉陵江(阆中以上)、涪江(绵阳以上)、岷江(灌县以上)、青衣江(洪雅以上)、大渡河(沙坪以上)、金沙江(雷波以上)觅之,每一支流应建设者不止一水库。此等建设需费甚多,然改良扬子江之水操,所得益处实不可以数计,尤以免除下游水患为莫大之惠,且对于蜀省防旱及水电事业皆有莫大之实益。

2.地面下的为增裕地下水量　此法德国近数年水利界极力提倡之,蜀省最宜仿效。据 W.Koehne 之估计,德国全境地下水旱年与湿年平均水面之差为一点五公尺。以此计算之,其水量之差则较之德国全国水库蓄水总量大逾百倍,全国航道,给水实赖于是,故增裕地下水量,实为最智之法。

增裕地下水量之法:①山溪中多筑小堰,引至渗漏石层;②多凿沟洫或井,引水至地下层,其工事至碎细而收效实宏大。查四川农人在山〈洰〉(垇)中不易排水之处,多凿所谓阴井以资排水,此水排入地下,实法之最善者,宜多为之。增裕地下水量不惟有益于航道,尤有益于农事。盖四川农业,百分之八十在丘陵地之阶田,其所需之水,一候雨水,二候地下水之浸出。雨水以塘蓄之,其量有限,而所需于地下水量者实多。若地下水量充裕,则虽旱年仍可源源自石层中浸出,可以救济旱灾不少。故四川农人宜于筑堰塘之外,于此努力,而其实施则非政府指导及协助不为功也。

宜渝段水道之险,属于中水者四十处,中水及高水同有险者二十八处,中水及低水同有险者二十九处,合计则为九十七处。其性质则为急流、石岛及礁岸三种,亦间有漩流者,然甚少,盖水位稍高于河床稍狭之处,便成急流。河中有石岛者此时多湮没,不易辨认,岸上有礁亦然,尤以有牵溜处,易于扯舟触礁。急流之险大抵为木舟之厄,若轮船则其力足以胜之不足为险。河中石岛,可为水湮没者(如滟滪堆),可于其上筑永久性或安设临时信号以辨认之。至傍岸之礁,则如柴盘子之筑堤,可以完全免之。向来航行者惟于天然河床中觅道而行,毫无改善河道之建筑,如为之,亦非难事。

河床过深之处,亦为航行困难之一因。如新滩及崆岭之间,石板夹及黑石夹之间,恒有过当之深,若做潜坝于其底,或可以平缓水〈声〉(势)而减少滩险。

万县以上河床宽浅之处,可利用天然石碛筑顺坝或丁坝以缩狭河床而增加水深。顺坝较丁坝为优,以丁坝易致漩流也。

以上略举原则,至于详细计划,则有待于实测之河道全图。测量河道图时,须河工与航业两专门人员共同为之,以便于双方应注意之点,皆能顾到。

宜渝水道之险，属于高水或高水及中水者共三十四处，且多在下游峡中或江面，以两岸有石突出而逼狭，其性质为急流及漩流二种，亦有因砾岸而成险者，急流因水道逼狭所致，若由狭而骤宽，则成漩流矣。故漩流多在石门及峡口之下，行舟之精熟者皆可以避之。

江河中回流之处甚多，上行木舟多利赖之。改良川江宜兼顾木舟航运之便利，勿独着眼于轮船也。

渝宾段水道之滩险，远不及宜渝段为多，但于低水期内，航道多浅狭之处，致稍大之轮船无法驶行。根本改良方法，自以增加低水时期之流量为主也。其他所拟诸法，亦可应用于此段。

第一表　扬子江渝宾（巴县至宜宾）段滩险表

地名	距巴县/海里	险况	水位时期	备考
兜子背	4.5	急流	低	
九龙滩	7.0	急流	低中	
舀鱼背	7.8	急流	低	
青岩子	9.0	漩流	低	航道浅狭
水银口	16.0	急流	低	
小南海	22.6	石岛	低	漩流
大猫峡	24.0—26.0	峡道	低	水道宽约550公尺
矶戊石	27.5	急流	低	
石牛滩	36.5	急流	低	
龙门滩	45.6	急滩	低中	
高上滩	57.0	急滩	低	漩流甚大
羊卵岩	59.8	急滩	低	航道浅狭
蓑衣滩	64.5	急滩	低	
石门滩	66.2	急滩	高	
落魂台	69.0	漩流	低	右岸为石崖
小河口	11.0	急流	中高	水道宽约100公尺
大吉老	73.8	急滩	高	

续表

地名	距巴县/海里	险况	水位时期	备考
羊角滩	77.0	急流	全年	航道靠近右岸，道内多礁石
黄甲石	81.5	急流	低中	
黄石龙	82.5	急流	低	
莲石三滩	65.5	急流	低	航道狭窄
石鼻子	104.0	急流	全年	
雷溪溪	109.0	急流	低	航道狭窄
大中坝	112.0—114.0	险道	低	航道在碛碛北岸，有弥背岩及桃竹子二急流
两条牛	119.0	急流	中	
民窑滩	125.0	急滩	低	
龙溪	127.5	急滩	低中	
小米滩	130.6	急滩	低中	航道靠近左岸
马家湾	141.0	急流	低	
观音背	143.0	急流	全年	
野猪牙	149.0	急滩	低	
金扁担	154.5	急流	低	
黄角碛	167.1	急滩	低中	
金鸡尾	167.1	急流	高	
车贞子	176.2	急滩	低	
筲脊背	181.0	急滩	低	水道浅狭弯曲，最难航行
郭宾滩	183.0	急滩	低	
黑石滩	184.0	急流	低	
龙龙场	186.2	急流	低	

第二表　岷江(宜宾至乐山)滩险表

地名	距宜宾/海里	险况	水位时期	备考
雷劈寺	3.5	急滩	低	水浅为二凶滩
红崖子	7.0	急流	低	
歇马滩	8.0	急流	低	
门坎滩	12.0	急流	低	在龙漩子上游
关刀峡	13.0—19.0	峡道		峡道中最浅处浪甚大
石鸭子	18.0	漩流		
王家场	22.0	急流	低	
麦子地	24.0	急流	低	
南瓜滩	28.0	急流	低	
萧家湾	35.0	急流	低	
老鸟溆	43.0	急流	低	
猪圈门	49.0	急滩	低中	
猪屎滩	57.0	急滩	低中	
叉鱼子	62.0	急滩	低	长约半公里为第一凶滩
黄口鸟	63.0	急滩	低	
木子场	69.0	急流	低	
新窑子	71.0	急流	低	
道士罐	73.0	急流及硬弯	低	中水位时最为危险
竹根滩	76.0	急流	低	
老母滩	78.0	急流	低	
南瓜滩	80.0	急流	低	
古牛滩	83.0	急流	低	
九龙滩	86.0	急滩	低	航道浅狭

第七部分 农村建设

重农救国策

（一九二四年）

一、叙

国家兴亡，匹夫有责，宗周之陨，嫠妇恤忧。昀昀禹甸，沦作莽榛，皞皞良氓，化为盗贼。伊谁之咎？我欲无言，宁得已乎！

予昔未习法政，以为秉钧者之侧，才智辈出，其主张，其经纶，自必千百倍于我，故缄默久久也。然而十余年以来，事实之效果亦已易矣。

出将入相，此起彼伏，翻云覆雨，循环代替，国若何，民若何，凡为国民实共见之，彼辈宁不自知？宁不自戚？宁不自愧耻！然而操国家之柄，握地方之权，如狗含骨，肉尽不舍，旁狗怒目猘猘相争，豕奔狼突，不自知其愧，而国不可收拾矣，民不堪命矣。然则予尤焉能忍默耶？

国竟不可为乎？曰：不为而已，如为之，拨乱反治，如反掌也。为之何如？曰：探其致乱之原去之而已。致乱之原何在？曰：今之政客，大抵农家子弟之略知诗书者也，不屑于农而乃以挑拨为生活矣。今之武人，大抵农家子弟之桀骜倜傥者也，不逞于农而乃以征伐为生活矣。今之兵■，大抵农家子弟之顽劣不驯者也，不安于农而乃以劫掠为生活矣。乱之原不出乎此三者，则去乱之道可知也。曰：何道？曰：使是三者悉归于农而已。曰：何术以归之？曰：不屑者使之屑，不逞者使之逞，不安者使之安而已。曰：何以使之屑，使之逞，使之安？曰：不屑于农者，为其不尊也，吾尊之；不逞于农者，为农无可抒其才也，吾抒之；不安于农者，为其果不安也，吾安之。故吾谓救国之策无他，重农而已。

昔者历山之隈，有莘之野，南阳之田，亦不尝有圣王贤相寄迹其间乎？顾今之人则舍农而他趋，若恐浼焉者，无他，农之人为人所贱，农之业为人所妨，农之位为人所抑故也！今使全国之人以农为宗，为农则荣，为食客则耻，庸有不就荣而畏耻者乎？

今使耒耜耰锄之外，文治之方，防卫之功，亦悉令农自为之，则不羁之才，亦自可消纳于闾阎之中，庸虑其屈抑而不伸乎？今使农强盗熄，非法之婪索，无厌之诛求，无可施其伎俩，农民安居乐业，庸肯冒杀身之祸以他图乎？

中国以农立国，凡属国人，莫不知之。盖吾古昔建国圣哲，非他，即出类拔萃之农人也。轩辕、神农、禹稷、启益，教民稼穑，开拓原隰，而国本以固，降及商周，图治之法，罔出是义。故《洪范》八政，以食为先。国本既立，虽历数千年治乱相因，纷更多端，而中国不失为中国。历朝政事，重农则治，轻农则乱，凡稍留心史鉴者，类能见之。古云世治则人趋于乡，世乱则人趋于城。换言之：人趋于乡则治，人趋于城则乱。民国十余年骚乱不已，职是故也。军阀政客日日口言归田，而无一肯归者，横目所睹，但见略识之无之士，联袂入都而求厕身糊口于政界，否则摇尾乞怜，求容纳于武人旗下。素日安分之民，弃锄荷枪而应招募，否则为兵■亦复铤而走险。生之者日益寡，食之者日益多，焉患其不贫？贫则越轨蔑法，焉得而不乱？吾陕地旷人稀，清末以来，鲁、豫之民伦耕于是者，年日加增，北山之田，渐以垦辟。数年来则弱者逃亡，强者为兵■，而已辟之田，复全荒矣。今年麦禾不收，斗麦至三千余文，而佣工之资，年非百余千不可，农工之稀，于此可见。长此不已，势必至全国无农。举国之人皆变而为伟人，为政客，为议员，为军阀，为师旅团长，为捍首，为科员录事，为兵为■为乞丐，耒耜化而为枪械，人民化而为鬼蜮，为野兽，相争、相杀、相吞、相食，致使黄帝神明之胄，无孑遗噍类而后已。必如是，于今之好乱之人心始可为快乎。

汉龚遂之守渤海也，使人卖刀买牛，卖剑买犊，曰：何为带牛佩犊！一买卖之间而齐已治。销兵以铸耒耜，何难之有？谓时局无法收拾者，不欲收拾也，无诚意收拾也。远如某氏之三不主义，近如某氏之和统政策，乃为野心者数语威吓，辄相俯首噤若寒蝉，庸不能舍头颅以申大义于天下？然而今人之头颅价贵，廉耻道轻，丧师者若尔人，误国者若尔人，奸回邪鄙赃露罪昭者若尔人，曾闻有愧悔舍生以自尽前愆者乎？不宁惟是，丧师者浸假而复统师干矣，误国者浸假而复操国柄矣，赃露罪昭者浸假而复高爵厚禄矣。国中自命为上流社会之人，大抵如斯也，而守硁硁之节，惜耿耿之名，乃尚见于闾阎鄙夫鄙妇之间。噫，今之守农不舍者，其犹不失为君子乎？亢仓子曰：农业非徒为地利也，贵其志也。农志之可贵，如是哉，如是哉。

今欲根本解决国是，消弭乱源，曰惟有重农；砥砺廉耻，敦厚风俗，曰惟有重农；裁撤兵额，收束军事，曰惟有重农；发展工商，大昌实业，曰惟有重农；普及教育，大开民智，曰惟有重农；奠国家于磐石之固，置人民于衽席之安，曰惟有重农。行吾之策，不惟目前可以拨乱反治，并且可以图长治久安，不惟可以上希三代隆世，并且可以永绝乱源。行吾之策，不言社会主义，而社会主义之真精神自在其中。社会主义，他国所不能行，我能行之。他国行之而多弊，我国能行之于自然，资本劳工之争，自无从起。

行吾之策，不言当兵义务，而当兵义务之真精神亦在其中。当兵义务，他国行之而败伤，我能行之内以奠本国之安宁，外以保世界之和平。穷兵黩武之祸于焉可免。行吾政策七年而其效可著。十年之后，世界各国，将群起以吾国为师矣。

读者必疑吾言为夸也。谓拨乱反治，虽使管乐再世，尧舜复生，亦不能如今日之世局何。是以未之思也。譬如医然，不得其剂，虽和缓亦为之束手。苟得其剂，病与药应一剂病愈矣。曩在江宁与德人佘福来谈。余谓中国之乱，犹病人乱投药剂也。欧美良药，不必尽合中国之病，投之失宜，其病愈剧。然吾谓以中国人之聪明才智，终必有研究试验而得最宜之药剂，一投而安。是须多年之经验耳。今距尔时又六七年矣，经验亦多矣，药剂犹未得耶？

章君士钊《论代议制何以不适于中国》[见民国十三年（一九二四年）四月《申报》]，亦经验之言也。其论末言，今图改革，请从农始。吾骤闻此言，突起距跃，以为难觅难逢之同志。顾章君之策略，尚未得闻之也，亟欲闻之，请有以教之，顾同力合作之，愿得海内贤明赞和之，愿使重农政策不失一弹不戮一人而实行之。国治则全国之人民共享之，非一人之功业。若终于不能行，而乱无已时，则吾之身亡，吾之主义或永不能亡；而以争夺为事，以仁义为仇，以农本为牺牲者，亦终于速亡而已矣！

二、论何以使农贵

"民为贵，社稷次之，君为轻。"此国家之根本定理也。独是历古以来，能言之而不能行之。今既为民国矣，而民之屈抑愈甚，徒见奔走之政客，跋扈之将军，电报往来，日日言民意，言卫民，而民之被戕贼、被侮辱乃愈甚。四民之中，以农为本，无所谓兵也。盖古者兵即寓于农之中。今之称民者，政客而已，军阀而已，又焉乎有农在耶？故吾谓全国之人须认清楚农乃真正之民，民国即农之国也。

既以民国为农之国，非农者得无被摈于国之外乎？但以全国皆农之主义言之，皆农也。若果不农，则为失其为国民之资格矣。

一国元首加以农首之衔，一省长加以司农之号，使知其所务当以农为急，他政次之。

行奖农之策。仿汉时孝悌力田之制，凡农之试验有得，有新发明者奖之；耕耘得力，出产特多者奖之；仕官归农者奖之；商贾归农者奖之。孟子曰："上有好者下必有甚焉者。"荣誉所归，人必趋之。

限制田产。井田之制，虽不能行于今日，然田产售买一无限制，则拥多田者不农，愿农者无田。宜立法令，凡有田者必须为常农，非常农而有田者，限其子弟须归农。拥田产过多者，须平价分售于肯农者。佃人之田者，若干年后，准分有其田。如是庶足以调制贫富不均乎？既有服农义务矣，凡习农者无论富贵才智，于义务期内对于受容之农家，须以主人待之，而自处于佣。农之见贵也，不期其然而自然矣。

农之位既贵，全国之人将以农为荣。以农为荣，则以游食为耻。农既丰矣，由农而工，由农而商，由农而士，其根本俱出乎农，其实力亦焉有不厚之理？

三、论化兵为农

孙中山持兵工主义，主张化兵为工，善矣，但未为透彻之主张也。是犹囿于伦敦、纽约之空气，而未审中国之国情也。不然，亦但见广州、上海间之珠澜浦浪，而未习内地之山水情形也。余以为化兵为工为一偏的，化兵为农为普遍的；化兵为工如营新家，化兵为农如归旧舍；化兵为工难，化兵为农易。何则？工之用曰工厂、曰筑路、曰开渠、曰导河，是数者固亦须为之也，然其消纳工人，能有几何？欧美工厂之最大者，工人数亦不过数万人，道路河渠之工充其量为之，亦不过容纳十余万人。然而建大厂，兴大工，资本胡出也？借款政策，即使国家濒于破产，人人闻之，嫉首蹙额，胡可轻试？筹之于本国，农产销微，国力薄弱，何以应之？且全国之兵数不下百余万人，何以容之？考各省之当兵者，大抵皆出于农。有舍田而不耕者，有无田可耕者。有田者使之归耕，以资遣之劳而已；无田者使之佣，佣不足则西北边荒。满蒙闲地，宁不足以安插耶？

裁撤军队，极不为难之事。然而不能裁者，非兵不乐裁，带兵者不肯裁也。带兵者不屑为农，而拥兵以为自肥利器。裁兵后，兵为农，其如师旅团营长何哉？今吾有农军之制，兵为农矣，犹须训以武事，则军官之才器（气）优长者，以之统练农军，不患无置身之地，均之一统练也。在此则农隙训武，人不劳而生利多；在彼则无事拥兵，游闲而饷虚糜，何去何从，可以决矣。

兵固亦有可以消纳于工者，然而甚少数也，其大部分尤须以农为归墟。

四、论全国皆农

全国皆农，非尽舍工商及他有用职业不为而悉为农也。但无论如何项职业，皆须有一年或二年之习农义务。其目的在于：

(1)使重农心理普遍于全国之人。人人既皆可自命为农矣，宁有轻贱视农者哉？

(2)可以化除阶级之见。无论富贵贫贱，在农则完全平等，尚有何阶级哉？

(3)可以增农力，降佣值，厚产生。素不农者而农，则生之者众矣；习农为义务，佣值自低矣；生众食寡，产生有不厚哉？

(4)可以使富贵子弟知稼穑之艰难，化骄逸之气习。

(5)可以使知识界与农相亲,增农人之知识,图稼穑之改良。

(6)可以全国根本团结,不畏外侮。

或虑全国皆农,农将逾额,无田可耕,事实捍格。抑知今日不农之人,居全国之民数二十而有一,以二十而一之数,人耕一年或二年,所加亦有限矣,何虑地方之不足耕哉?况乎今日之中国地利果已尽耶?农产力果不能增加耶?行此政策又有何疑义耶?

或虑有田之人习农之易,无田之人无农可做若何。曰:或就其戚友,或就其佃户,万不得已亦可由官家指拨。须知人人既有习农之义务,农家亦既有受容之义务,果其肯耕,又何忧乎无田!

或虑农有义务,则有妨工商。曰:德法之数年服兵义务,且无妨乎工商,谓务农独足以妨之乎?

五、农宪

第一章　大纲

第一条　全国以农为基础,选叙、教育、军事、实业皆由农出,分别为农选、农教、农军、农实。

第二条　全国国民除工人外,至少有做农一年之义务。

第三条　全国农民分为:①常农;②习农。常农者,一生专门做农者也,习农者操他职业在义务年限见习做农者也。常农分为自农及佃农。自农者自有田产,自耕耘者;佃农者已无田产,佃人之田以耕者也。习农有一年义务者,食用完全自供;有二年义务者,食用由主农供之。主农或为自农,或为佃农,由习农者择之。习农于本人父母之家者,亦义务一年。凡习农者,主农得以佣工待之。

第四条　习农义务之期,定为十五岁以上,二十四岁以下。

第五条　习农义务年限毕,向县长领空白证书,由主农签字,田畯盖印,以为执照。

第六条　全国职业界俱须由国家领有执照。按其职业之大小,以等差纳执照费,农人、工人可免执照费。星相巫祝之徒,不列入职业界,不发执照,严为禁止。商艺学徒可免执照。

第七条　无习农证书者,无选举及被选举权,无入仕途及充寺院僧、神父之权。无论其操何项任何职业,除工人外无习农证书者,不得享公民之权。

第八条　大总统应兼"农首"之衔。

第九条　农部宜与工商分立,自成一部,以农部为他部之首。

第十条　全国之地,以农业关系,按其形势、土质、气候、居民多寡,分为若干省,每省之长官，命为省长兼司农衔。每省分为若干县，每县之长官，命为县长兼农正衔。每县分为若干农区，每区置田畯一人，自上而下，互相统属。

第十一条　田赋由人民交于田畯，以其三分之二作为本区政费，三分之一呈于县长。县长以其二分之一作为县政费，二分之一呈于省长。省长以其二分之一作为本省政费，二分之一呈于中央财部。

第十二条　各官薪俸皆由地方政费出之。

第二章　农选

第一条　田畯由本农区常农选之，由农正任之，任期二年。农正由各农区田畯合选之，司农委任之，任期三年。司农由农首任命之，任期五年。农部长与他部长由农首任命之，任期五年。农首由全国各农区共组大选会选举之，任期五年，再被选者，得续任。

第二条　每一农区由常农、习农合选区议士四人。以其二为代表，充县议会议士。县议士任期满者，由各区评议全体择其最负乡望者一人，选为省议会议士。省议士任期满者，由各县议士全体择其最负省望者二人，举为国议士。

第三条　国议士任期二年，每省议士二人，蝉联递补之。省议士任期一年，县议士任期二年，每区议士一人，蝉联递补之，区议士任期二年。

第四条　国议士有溺职者，得由省议会通过撤回改选。省议士有溺职者，得由县议会通过撤回改选。县议士有溺职者，得由本区常、习农开特别会通过撤回改选。

第五条　区议会有弹劾田畯之权。县议会有弹劾县长之权。省议会有弹劾省长之权。国议会有弹劾大总统及各部长之权。又由区至国各议会，俱有受人民理诉，代为弹劾各官长之权。

第三章　农教

第一条　规定划一学制，男女俱须入学。

第二条　自六至十岁为义务学年。每村设一初级小学，相当之家塾并取之。

第三条　每区设一高级小学。十岁以上儿童入之，家塾不能代。

第四条　每县设一中学及一农学校。十五岁以上之儿童入之，他等职业学校、美术学校视其需要设之。

第五条　每省设一大学。先立农科，他科如文、理、法、工、商、医等，视其需要设之。

第六条　以农业经济法制为国民应具之常识。自初小以至中学皆须由浅入深依次授之。

第七条　县农学校中附设气象测候所及苗稼昆虫试验等场。

第八条　大学农科中附设完备观象台及农艺研究所。

第九条　每区政费划若干以为教费。教费之中划若干以为辅助教费。凡农民子弟聪颖而贫寒不能升学者辅助之。县省亦然。

第四章　农军

第一条　凡男子二十岁以上四十岁以下有恒业者,有受农军教练之权利。

第二条　凡无恒产者或未曾习农者得被强迫令服役于农军。

第三条　每岁农隙为教练之期。各地皆以本处气候农期定之不能一律,每日以教练三时为限。

第四条　教练农军,同时对于农民吸食鸦片及其他恶习严加制止,并施行平民教育。

第五条　每区设立一教练官。选退伍官弁有相当学识无嗜好者,由县署及总教练官委会充之。教练官下可酌设教练助手。

第六条　每县设一总教练官,由省署委委员充之。

第七条　每县亦可酌地方情形,设农军教练官养成所,以培师资。

第八条　教练官之薪俸,由地方款项支给予教育一例。

第九条　农军自食其力,设备由地方款项置办。

第十条　农军平时以自己保卫为职,不受内争调遣。

第十一条　有外寇侵迫,得受军事长官之调度,以同心御侮。

第十二条　每县农军皆有军符,每区亦有分符,平时藏之省长处。有外侮时由省议会同意,可交军符于军事长官,资其调度。

第十三条　省长虽有军符,不能调度农军。

第十四条　农军军械责成总教练官收藏分布,随时呈报省署。

第十五条　地方不平靖(静)时,可分散军械于农间,编成保甲,守望相助。所散军械,责成有恒产殷实农家保藏,平定时复呈交总教练官。

第五章　农实

第一条　每省设一农实银行,每县设一分行,以为各项实业发达之助。

第二条　银行及其分行兼办农民储蓄借贷及保险等事。

第三条　农民储蓄为义务的,其每岁储蓄之率,定为如其田赋十分之一,随田赋交纳银行。

第四条　农民向银行借贷之利息,不得高出储蓄存款利息之倍。

第五条　储蓄之款不得随意提回,积之以为发展实业之用。

第六条　实业有私立者,有公立者。公立者为铁道、水利、大规模工厂,得由实业主管官厅计划妥当,由省县议会通过,提用储蓄款项百分之几以为资本。营业所得红利交银行,按成数分配还于储蓄者。

第七条　私立实业得由个人或团体计划妥当,呈实业主管官厅立案,向银行提用己身所储蓄之款或借贷以为资本。

第八条　农民保险为自愿的,无论盗贼、水火、蝗蝻等灾,保险者有确实证据,银行认赔损失。其未保险而遭损失几于破产者,亦可由本区十家以上之担保,向银行以最轻之利息借款救济。若遇水旱普通荒灾,银行担任贷赈。

第九条　各项商业品之输入,宜择其朴实利农者畅行之,其奢侈品以重税抵制之。

第十条　一切厘税除去之。

恢复陕西农村的意见

（一九二九年）

吾国以农立国,至今仍是农业社会,此在西北,尤为显著。惟自海通以来,外受资本国家之经济侵略,内因政治之紊乱而人民不能安居乐业,遂致农村经济破产,社会全呈衰颓之状况。加以灾祲迭见,内战发生,因农业之破产,而工商各业无不受其影响以濒临于危境。故于现在欲图农村之复兴,当按全国之天然地理、土质、气候、农产物分布区域等相类者,区分为若干农业区,调查其经济背影及破产原因,而求复兴之途径。例如陕西一省,可分为关中区、陕南区、陕北区,设为许多问题而研究其结果,自然能得具体方略也。秦汉时关中富甲天下,无非农产丰饶,近虽以交通之梗塞,文化中落,工商业不振,市面不景气,然而社会全部,仍为农业经济所支配。人民生活,十人而九农,其辛劳坚苦之精神,实为长江流域人民所不及。惟对于农业,墨守旧法,一般老农,仅凭多年来遗留下之经验,辗转相效,不事研究地质土宜,不察耕耔气候,农具拙笨,肥料缺乏,不知耕地换合,不明土地改良,无农业教育,无农林试验场,现代新式农业,则绝未之梦见。在昔闭关时代,勤劳终岁,无有旱干水溢之偏灾,差足温饱自给。迨至近年,世界各资本先进国家,以生产之过剩,经济之恐慌,失业之日增,廉价农产尽量输入,以与吾农相角逐,波动的结果,已影响及于陕西。在农业经济崩溃半封建社会之落后省份,而为资本主义者之工商业出品之倾销场,无生产做而消费多,遂使生活程度日渐增高,自己少数农产物之收获量,反日落一日。故一遇特殊变故,几全赖大宗输入之食粮,以苟延残喘,而贫农即不免于饿毙流亡之惨剧。林政不讲,水利不兴,河流不整理,水库不设备,因水源之涸竭,使气候干燥,雨量缺乏,耕田荒芜,村舍墟废。更以政局不安定,兵■纵横,赋税苛征,毒苗遍地,豪绅压榨,军阀搜刮,无有底止,竟至酿成空前未有之奇灾大荒,原有农村经济完全破产,真所谓十室十空,靡有孑遗,言之痛心,闻之怆神矣!兹将平时考察所及,拟具方案,谨陈如下,以备采择。

(1)全国宜按天然、地理、土质、气候相类者,区分为若干农业区。例如陕西一省,可分为关中区、陕南区、陕北区。

(2)每农业区,派专门人员调查:①现时农业经济状况破产情形及破产农村多寡,逃亡户口数目及荒废田亩多寡。②破产原因。③复兴之途。

(3)按农村破产多寡及程度别为三级:①宜尽先救济者。②宜次及者。③宜从容设施者。

(4)每一农业区,宜选择于人民最有利益之事业,由政府扶持建树。以其利益设立一复兴农村银行,不足者由政府扶持补助之。即以此银行,为复兴农村之基础。

(5)复兴农村银行,担任指望人民组织事业,合作社由银行备资本代购籽种、牲畜、农具、机器,给予已有组织之合作社。由其收入,每岁取还其值。

(6)复兴农村银行,宜由一健全组织之中央复兴农村银行统辖之,指导之,扶助之。

(7)此项银行,于普通农业而外,兼可扶持农民作副产事业。

(8)复兴之事,宜由委员会于调查后,按每区为之设计,定为复兴年序。第一年应复兴至如何程度,第二年应复兴至如何程度等,先以恢复至破坏以前常态为目的,次言振兴推广。

(9)农村破产之大原如下:①外货侵掠。②军阀剥削。③土寇滋扰。④水旱虫灾。前三项俱关内政,如政治无办法则复兴农村无从下手。

总之,陕西农村已完全破产,欲求复兴之方略,必先洞悉现在经济现象之矛盾症结所在,不外下列综述之四种:①生产不发达;②交易不便利;③分配不平匀;④消费不进化。因此四种恶因所致,全社会即无一非没落之状况,旧的经济组织既已破坏,新的经济又无由成立,来日艰难,不堪想象。孔子谓"不患寡而患不均,不患贫而患不安",其对于分配的均等和社会的安宁,若何注意!故拙见以为在今日忧患之中国,灾难之陕西,求复兴农村,增加生产之效率,仍不外以此训为实施救济之最高原则焉。

陕西灾情与农产经济破产原因及状况报告

(一九三二年)

一、陕西灾情之重大及农产崩溃情形

陕省自民国十七年(一九二八年)夏以至今春,历岁凶旱,灾祲极重,蝗虫、冰雹、黑霜、毒雾、恶风、黄沙,循环降临,演成空前未有之浩劫。流亡死伤,元气匮竭,就中以关中区为最甚。自省城以西、渭河以北如咸(阳)、醴(泉)、乾(县)、陇(县)、兴(平)、武(功)、扶(风)、岐(山)、郿(县)、邠(县)、凤(县)、高(陵)、耀(县)、泾(阳)、三(原)、盩(厔)、蒲(城)、富(平)、临(潼)、渭(南)、大(荔)、郃(阳)、朝(邑)、韩(城)等县,尤系受灾最重区域。至陕北榆林区,虽稍有收获,而丘陵绵亘,农田无多,加以雹灾最厉,损伤亦巨。汉中区虽有川河大堰,可资灌溉,而旱霜普降,收入歉薄,加以去冬■■经过,劫掠烧杀,备极惨酷。若省西河北及南山各处,又遭巨■之扰害,以故无地非灾荒,无村不破产。饥民之多达千数万,农村间十室九空,都市中哀鸿塞途,掘草为食,剥树充饥,既卖房舍,复鬻妻女,残喘饿毙,情况极惨。在此僻处西北地脊民贫之陕西,有是极度之荒歉饥馑,又复延长四五年之久,而农村于是崩溃而不堪言状矣。

二、造成农村经济破产之原因

陕西土质坚劲,气候干燥,交通梗塞,民智幼稚,加以连年亢旱,遂使农村经济,陷于破产。兹分述其原因如次:①水利未兴。陕西南、北二区,地多丘陵,关中为西北黄土高原一部,境内虽有汉、渭、泾、洛诸水,而水利工事,近始实现一部分。汉中川流交错,且多堰坝,但工程未修,溉田无多;泾渠自干线告成后,虽可灌田五万余顷,而第二期工程尚在计划进行中。以此之故,在过去荒旱中,不能借水利之灌溉,而补救灾荒也。②农村缺乏教育与新技术。陕西农民,多未受过教育,缺乏常识,耕种为本旧法。对于土质、气候、种植、肥料种种,毫无研究改良之能力。政府对此亦不施以教育指导之助力,而耕作器械除旧式之耒耜锄犁等外,绝无采取新农作机械者,故终岁劳苦而获益甚微,生活艰难,日甚一日。此亦趋于颓衰之一原因也。③收获减少。中国以农业为经济基础,而所产食粮,不足供半数人口之消费,到处发生恐慌。大宗食粮,仰给外国,足证中国农村经济之根本破产。陕西农田,多系卤质,水田极少,愚笨无识之农民,对于土地,平时并不注意人工修造,如凿蓄水池,广植林木,以备燥旱,惟以靠天吃饭为主旨。在雨泽平匀时,每亩收获最多五六斗,仅足生活,尚无储蓄,一遇荒旱,则立现歉薄,发生饥寒,流为乞丐■■之类,而生寡食众,隐患至巨。尤足痛心者,则多数已耕之地面,为鸦片种植事业所侵占,愚民为图微利,受官府重税之剥蚀,使食粮产量锐减。陕省此次灾荒,虽遍全省,而产烟之区,以素不注重食粮之积蓄,兼负巨大之罚款,遂致无法生活。过去如汉中民家种鸦片者,年收二十两,每两值洋四角,计全年收入八元,而征收局则征罚款十六元一角。现今盩(厔)、鄠(县)、岐(山)、凤(翔)、扶(风)、武(功)各县,流离死伤,遭劫最惨,胥受种植鸦片之大害也。④地租增高。中国耕地,分配极不平均,土地集中大地主,农民迫于生活之艰困,将其土地贱价典当于土豪及官吏,农民复向地主租种,反受重租之剥削。从此地主压迫程度日剧,而农村经济遂沦入瓦解境地矣。在陕西普通纳租情形,多在收获时以谷麦代租,或先订立契约,以收得贱价卖出,而与田主交纳现金。总之,此种方法皆由农民以心血耕种之润利,仍被田主吸收无余,使农民复陷于贫苦境况,而租额之重,尤以汉中区为最甚。田农又须向地主纳顶首,而其数常超过田地总收获之半。上等水田每亩收三担,租款竟须纳二担。总之,土地分配,不设法平均,终不能救济农村痛苦也。⑤赋捐繁重。中国地粮,每于正赋而外,军阀官吏辄依环境,任意增加。陕西过去数年中,正粮除提前征收数岁外,而杂捐苛征,如粮秣费、柴草费、保卫费、维持费等名目繁多,一般贫农竭其岁入,不足供其敲剥,渐至变卖田舍,并负高利之压迫,其穷苦遂至不堪言状。此亦造成农村经济破产之一因素也。

三、灾后农村破产之现状

陕省经此次重大灾荒后,关中区河北及省西一带,受灾最重各县,赤地千里,饥民遍野。衣物器具牲畜,除售罄一空外,房屋已尽拆毁。现在咸阳河岸堆积之木料,延长数十里,均扶(风)、武(功)、岐(山)、凤(翔)等县拆卖之房舍木材也。农民家产既荡,则逃亡迁徙。充满西安城庙之饥民,系由省西逃来,而河北各县之灾民,则逃往北山乞食,河南多窜徙南山谋生。夏初雨泽虽降,荒田仍无人种植,惟在河北少数村野,见有三五成群以人代畜之农民耕植而已。至榆林区则因冰雹及鼠疫,多数农村,亦成衰退现象,不能恢复元气。而汉中区除受荒旱外,历遭军■之苛敛与劫杀,受灾过重,几无一完整农村。全省工商业,现经此疮痍,贸易衰落,凋敝特甚。于是农民经济益(亦)无借贷途径。故今日救济之道,设立农村银行,以流通农村经济,周转农村金融,渐次以谋土地平均之整理,实为刻不容缓之计。

我们须要提倡西北农村建筑

（一九三六年七月,在农校讲演）

建筑是一种实用科学,同时也是一种美术学。可惜建筑学在今日的功用,完全是为高级的人享受了,乡僻农村直无人过问。建筑师完全成了有钱阶级的仆役,所以演到我们中国目前的矛盾状况:都会中便是壮伟奇丽的高楼大厦,近世文明的设备,应有尽有;乡村中便是卑秽不堪的茅舍泥屋,人类所居,和牛马差不多,既不能讲究美术,更无所谓卫生,致使人民疾病丛生,性情乖僻。使外国人看来,几要疑惑我们的都会和乡村,不像是一国的地,一国的人。这是何等可耻的事!

一国之内,最多的是农民,最为国家出力的也是农民,所以古人说民为邦本,又说是以农立国。要国家富强,须得增厚农民的能力;要增厚农民的能力,须得改善农民的生活;要改善农民的生活,须得农村有适宜的建筑。

国家当然不能拿出一笔大款子,来替农民个个盖房子。但是我们学术界人,应当替农民计划计划,怎样可以改善他们的居住,使他们的生活,进于较佳境地。

第一,是农民居住的房屋,须得改革,令光线充足,空气流通,不潮湿,不污秽,使居住的人少生疾病。

第二,农民工作的地方如油房、磨坊、豆腐房、纺织的地方,安置农具的地方,存贮谷米的地方,以及各项农民需用的地方,都得替他们计划改革,便于应用,增加他们的工作效率。

第三,农民饮水的供给,须要有合乎卫生的方法。水或汲之于井,或引之于泉,或取之于河,或蓄之窖中,或贮之池内,都得我们替他们计划。

第四,农民养牲畜的地方,牛棚、马厩、豕圈、鸡房,都得我们替他们计划改良,使牲畜不传染疾病得以茁壮。

第五,农民公共的地方,在一个乡村中,也少不了大家聚会聚会,会议些事情,又免不了闲暇无事大家消遣消遣,任凭他们随便吸烟聚赌。我们得替他们想想法子,使他们有完健的组织、正当的消遣。还有公园一类的东西,也是要的。小孩们玩耍有花有草有树,不至于在灰土堆里打滚。

第六,农村学校,我们得替他们设计,使合乎教育的使用。譬如课室内的光线充足,空气新鲜,是建筑农村学校时一切不可不注意的。

第七,农民自卫的建筑,如堡寨、壕沟、炮垒、地道等,我们得详细研究,按着农村地势,做有效力的计划,使他们的保障得力。

第八,农村堆肥料的地方,以及农家的厕所,虽然小事,却关系极大,既要不消耗肥料,尤要不碍卫生,我们得好好地为他们设计,改变不良习惯。

第九,农民的运动场,我们国家处于如此危急状况之下,非全国人民操身习武不可,运动场、操场是需要的。

第十,农村的公共仓库,为防免旱潦灾荒起见,农村的公共仓库,是需要的,我们也要替做计划,使合乎保存积仓之用。

以上十条,大略农村所需要的建筑都有了。但是在农村破产情况之下,纵有好的计划,如何能实行呢?只要有心,没有做不到的事。

(1)须要养成农民节俭的性情。农民的钱冤枉花得也不少,除过苛捐杂税而外,如敬神、吸烟、赌博,为数也不少,这些钱应当叫他们省下。

(2)须要使农民有储蓄的可能。近来农民有钱便不肯积蓄,由于■■扰害治安不保的缘故。治安是头一样要紧的事情,有了治安便可每县由政府办一储蓄银柜。要根基很固,章程严密,保障得力,使农民安心储蓄。

(3)须要养成农民合作的性质。有许多公共事非大家合作不可。还有,虽然是私家的事而有害于公益的,非取缔不可。要农民都知道公共利益即是个人的利益。每一农村,须有整个的合乎目的的组织。

(4)须要养成农民清洁爱美的习惯。他们有了高洁的性情,自然不安于卑污的生活了。这须要靠教育的力量,去陶冶成功的。

(5)须要养成农民的实力。莫有钱万事谈不到。使农民安居乐业家给人足,完全靠政治的力量,去帮助他们。

(6)一切建筑的设计,要本着下面的原则:①极经济的;②利用已有的基础,现成的材料;③合于当地的情形;④合乎卫生不失美观。

除过上面所讲的农村建筑而外,还有最大的三件事:一是道路的平治;二是沟洫的开辟;三是树林的植栽保护。

本校水利组学程设计中,对于农村建筑学,特设一讲座,道路、沟洫都各有课程,森林专成一组。希望我们大家竭智尽力地来谋农村建设。

如何利用土地

(一九三七年四月五日,在国立农系专校讲演)

关于土地问题,从古到今我国多未加以注意,但外患紧张,内部多乱,恐终不免要详做讨论。因为强敌压境,是使我们的土地面积渐缩小。天灾人祸,则表示我们的土地未得其用。所以蒋委员长特高唱"国民经济建设运动",其意义即在重视土地,用来强国富民。

《大学》上说:"有人此有土,有土此有财。"前者是说假设无人,即有土地亦不能生产。换言之,有人不能生产,亦可说是无人或人不够。由此言可深发吾人猛省。我国土地并非不大,但所生产物不惟不充分,而且不够用。这实在是全民所急应致力的一点。

如果我们注意世界大局的话,便可知道欧美各国因为土地不够使用,是如何的在向外发展,开拓殖民地。大战以后,德国藩篱尽失,其需要土地之殷切可见一斑,于是便只好开发本土,借供使用。中国近五年来,据海关报告输入多于输出数倍。可见我国土地之丧失,对于本身关系如何重大。然而我们是一个弱国,我们到哪里去找寻殖民地?所以也只有仿照战后德国,自发本土,励精图强,使民族生养之要素克尽其力。

现在我将此题分为三段来说:

第一,保守土地问题。对于保守土地问题,是指武力防卫和是否利用两者而言。知德、意等国在欧战以后,因武力防卫之不足,顿失良田无数,而人口增加,并不因土地缩小有所锐减。因此缘故,意民视土地如黄金,德元首亦常大声呼吁"保守土地"。

环顾中国,土地不但未全尽用,且天然荒废者不知凡几。考其原因,大概不外:①崇山峻岭上所堆积之岩石,一遇雨水即行冲出,遂占有平原坦土。此种情形,由宝鸡到临潼,渭河南岸,无处无之。试问秦岭山口,何处无大批岩石?所以浩浩平原,几不能有所耕种。②渭河自咸阳以下常遭水塌,而黄河下游,一日之间,竟有陷下两里宽者。③洪水侵害。黄河决口,流沙一泻千里,良田人家,尽成湖水泽国。近数年来,长江流域,淮河流域亦常发生此事,但如是灾劫,从未见有用整个人力来制止,故深望政府当局,水利同学,齐心努力注意及此。

谈到防止方法:①将山筑坝,使成阶段,坡度减低,则水自平。其能力亦不致如是湍急,催动岩石外流。②要做河岸工程,筑堤、修防,上游造林,俾能阻挡水倾,含蓄水源。

以上所说乃天然荒废。现在再谈人为的侵占。因为公路、铁路、渠道、工厂等,皆应时代之需要日渐加多。我们为顾及将来土地问题之紧张,对此实应深切注意。所以我希望工程家、水利家、企业家、乡建运动者能够联合起来,帮同政府组织一种审核机关,去研究占地的面积及不甚切要的侵占等。总之我们不要使土地有所浪费。工业发达与交通进步,要使他的效用和占地成正比,并不因此而减低生产。

此外如何节制土地,亦为水利学者所应研究。例如德、意等国,均在设法使无用之土变成有用之地。在我国长江、珠江流域间,湖沼星罗棋布不可胜数。我们不仅利用它灌溉,而且还应该借排水方法,使之部分变成良田。西北亢旱,黄沙漠漠,我们如能擅自利用河水(指黄河),使冲刷地上之碱,则浩瀚无际之旷野,均可成为膏腴肥地。如宁夏中卫,面临黄河,背靠贺兰,彼地所居汉人,皆利用夏季山雪溶化,借资灌溉。设若能引水自黄穿透贺兰,则"天下黄河富一套"之古话,则定有扩大至宁夏、甘、青数省之可能。

第二,整理土地问题。以言土地整理,必先将他略加分类。以我历年奔走考察所得,可分为:①补绽式,因为土地极不整齐,当似道士所着衣服。此种土地现象在陕、鲁、豫三省随处可见。②蛛网式,江苏、安徽及浙北各县,皆溪流纵横,块块稻田,在飞机上望之又似蜂窝,故亦可名曰蜂窝式。③鱼鳞式,江西、四川、贵州各省山地之梯田,整齐排列,有如鱼体上之鳞片状。④蓑衣式,云南、广西之山地,恒极不整齐自上而下,排列杂乱,好似渔翁披衣。

中国中下农家极多,故土地多各自分种,政府亦无统计。古时虽有井田制度,但亦不过理想实现之片断。但此种土地不集中之现象最为大害,人力、财力既不经济,时间又多无形浪费。渭惠渠之灌溉问题,即因土地分散,感到极大困难。

日本自明治维新起,方开始整理土地,到现在止,土地生产之丰,已超过原有百分之十五。至于我国土地整理之法,可按以下所分四种样式,着手切实加以修正。①将一地测定后,可作交换式,各择所近,以利耕作,生产自然能够增加。②蛛网式土地之围堤,多不整齐,且必费金钱,不如化零为整,沿河湖筑一大堤,再沿前法实行交换。③外国人对此种梯田,特加奇怪。整理之法,最好沿边修路,然后施行部分交换。④此种田地本应由政府制止耕种,改为造林。但问题复杂,靠此衣食者一旦失此,即无法过活。希望大家能照学者研究的精神,共同想出一个美好的办法来。

第三,农制改革问题。我国既以农立国,所以各种事业,即应完全建筑在农业社会上。无论工商学宦,皆应如服兵役一样习农相当年月,并明定法律,全民之最高领袖,亦即阶级最高之农官。其下省县官吏,皆应如此。务使耕者有其田,全国皆重农。此乃我十年前重农富国论内之计划,不料战后德国,竟由希特勒领导实行。

德国自农制改革后,土地生产已有神速进步。在最近二十五年间,生产量业经增至百分之六十。如续加研究,则仍有更富希望。苏联自新五年计划开始,集体农场实行以来,成绩之佳,早已为世界各国所注意。各位既皆因有志农村而入住此校,即应上体政府当局经营之苦心,下思西北大众对诸君之期望,利用环境,勤读不倦,乃我中华民族方有一线寄托之希望。

同时,德国甚注意地下水,因为它能循流不息,随时取用,虽然在雨多及天旱时,蓄水量相差甚多(约差一米五厘),但彼利用人工法,可常使地上水与地下水保持十与一之比例。我国西北荒旱,容易蓄水,可多造广大森林增加水量,不使洪水流出。另外在山地尚可依山筑坝,俾大量水渗透地下,如此则天然荒废庶几可免,兼可除去大部灾害。

今天所讲之话,即止于此。不过我望诸位能深思先宗创业之苦与经营之艰,来共同努力,保守土地如黄金一样。我们更应想方法使已失之土地如何收回,未失之土地怎样管理。这是目前中华民族谁也不能摆脱之责任。"迎头赶上""解除民疾",最末谨以此语勉诸君。

农村与国家

(一九三八年二月十一日,在西安青年会为陕西合作委员会事工研究会讲演)

中国向来的社会秩序是以家为单位的,一个家庭替国家担任了教养国民之责。所谓"家齐而后国治""求忠臣必于孝子之门",都是这个意思。

可是〈國〉(国)字之意似乎不是一家为单位的,"囗"是国界,里面一个"或"字便是国内任何一个人,所谓国内一分子,可见国是以国民本体为单位。"或"字说到小处,便是国民中之一,说到大处,便是整个民族。这个"或"人,更有他的十分的资格,一个"囗",表示表示每一个人都有说话之权,便是民权;一平画,表示每一个人都有一片土地之权,便是民生;一个"戈"字,表示每一个人都有执干戈卫社稷的义务,便是民族。

三大主义全包括在内。

至于"家"字，"宀"表示一个屋宇，其下却不是豕字而是亥字，亥有二首六身，正合乎八口之家之义。

中国把 State 叫做国家，正因为国由家组合而成，所谓家庭制度。但是几千年下来，人人知有家而忘国，知有家人妇子而忘却民族，演到如此散弱被人鱼肉。

现在的识者知道这个弊病，所以许多人主张废除家庭制度。但一个国太大了，下面莫有一个单位组织，也是不行的。

单位组织的需要，不仅是为的社会秩序安宁，国家稳定，而并且是为的国有生命，有生机，能健康生长，能开花结实。这个道理发挥起来，便是一部《国家生理学》。

拿植物比起来，一个国比方一棵大树，民族便是长成这棵大树的生长资料。国内的文化、教育、美术、工艺、科学发明，便是开花结实，成为民族在世界上的光荣。动植物的生长都是以细胞为基本。那么从前是以家庭为细胞组织，现在却要以农村组织为细胞组织了。

要树能生长，须要细胞能生长。要树能健康，须要各个细胞健康。所以我们现在提倡农村，便是要各个农村能合乎一个细胞的生长条件，不仅是农民能饱食暖衣而已。细胞的生长由于有一核子，核子又能分而二，由二分四，仿佛"太极生两仪，两仪生四象"，如是生生不穷。农村生长亦当如是。

植物生长所需要的是光、气、热、水及土。农村生长应以民众文化教育为光，民族体育为气，民族精神为热，民族发展需要的资财为水，土地及工艺的基本为养料。

农村以农为本业，也是中国历史上所视为国本。但是处在现在的时代，专靠农业立国，自不免落后，而自处于为工业国家作殖民地之地位。然而大兴工厂，成立资本主义国家的病态，使得贫富相悬更甚，又是不宜的。要补救两者之偏，应当在农村中附以工业，是全国工业分散在各地农村中。

这个办法有许多好处：①小农小工不致演成贫富阶级悬殊状态；②工厂分散各地，不使集中一处，免遭外敌破坏；③农闲可以做工，工闲可以做农，人力可以利用得当，机器可以互相利用；④农的出品以利工，工的出品以利农，农村可以普遍殷实起来；⑤莫有实业及罢工的扰乱。

或者说交通不便，工业不会发达，这也不然。大工厂需要最便利的交通，小工厂则不需，因为行销不要太远，各地方都有自给自足之道。工商品有的是国内必须流通的，比方有的地方出煤，有的地方不出煤，有的地方出铁，有的地方不出铁，这是需要便利交通道路以相委输的。有的是须在国际上竞争的，如出口货物，须要便利交通道路的，但是日用物品，比方毛巾、肥皂、纸张、布匹，陕西人何必要用上海、天津来的货物呢？假使这些制造厂能分散在各地农村，又何必一定有铁路才能办呢？

教育是农村发展需要的光。农村教育应分作两层：一是基本教育，使得幼童都能受到国民至少需要的教育，成年失学的能补受民众教育；一是技术教育，应当选择农村中的优秀青年，指定农村需要学才由农村供给，就各专门学校或大学求学，学成要回农村服务若干年。比如学农的，学成以后一定要回来指导农人改良或研究当地农业以三至六年为限；学文学的学成以后，一定要回来担任小学教师三至六年，以后方准他自由职业。比如农村里要办一个织布厂，便选择一个好青年去学，学成以后，便在厂里服务三年以上。农村有此在外求学的人，对于农村需要研究的事情，也可以在学校请教教授们做实地的研究。

民族一般的体格要强健起来。多年以来，只知道在学校里提倡运动选秀，而忘却了农村农□缠足，吸鸦片，营养不良。这个生长第二重要条件的气，需要输遍普在一切农村里面，使各个农村的各个人，都得呼吸着。除农村学校注重儿童体育以外，应当使学校以外的男男女女都有练习体育的机会。

第三个生长条件的热，便是民族精神。这个现在讨论的人很多了，关于民族的著作文字也很多了，都是莫有输到农村去。现在国难当头，临急抱佛，绕下乡宣传。宣传的效力，仅在一时，过去仍旧忘了。应当以一贯的民族精神，常川不住的灌输在各个农村的各个人，使他们知道保护民族的重要，各个人都有自尊、自重、不甘为人奴隶的心理。这就在乎小学教育及民众教育加以注意了。

第四个生长条件的水，便是资财。农村缺乏资财便如植物缺乏了水一样，不能生长。农村贷款，便如同灌溉一样，但是贷款的目的，需要使农村中财能生财，财不枉费。所以合作社贷款办法，最好能加上使农民储蓄的一层。储蓄的款，渐渐变成为贷款资本，以致演到农村本身自给自足不需要向人借款为止。

比如在农村中办一小工厂之起首需要的资本由政府拿出，或由银行借出，或由有钱人投资。厂成立后，农村中人可以每年加入资本，农村工作的人可以工资的一部分每年加入资本。每农村加入一部资本，则政府或银行或资本[家]便退出一部分，以至渐渐的这个厂完全为农村所有。政府银行及资本家以退出之款去发展别的事业，资本便越来越多。

第五生长条件主要是土地。一个农村里的土地，或仿照俄国集团办法，或用平均地权办法，总须使不偏不倚，恰得其当，土地能尽量生产为主。平均地权先须清丈。清丈之事最繁难不易办，全国如许大的面积谈何容易。如果农村划定界限以后，政府只要测定全国三角网线。每一农村之中将来都要有懂得简单测量的人，各在农村自行清丈，便轻而易举。农村之中所设工厂，以家常日用品能自给自足为主。一农村之力不足则许多农村合办一厂。除非地方有特别出产，有通行全国或流入外洋的需要，再用国家的力量办大工厂。

能如是,则全国的农村即各个细胞能健康生长起来,国家何愁不富不强?细胞健康,国体坚固,自能开花结实放大光彩。

树身的外皮粗硬的一层,也是细胞生长化成的。保护树的全身,比如一国在边境上的防御一样,一处破坏了,则全树的细胞定都输送营养补充,恢复保护层为止。各个农村对于国防上应尽的责任,也是如此。当然要农村健康生长对于国家能尽责任,农村的组织最关重要。现在的组织显然未合需要,应当极力改善的。

诸君都是办农村事业的人,农村的利弊情形当然知之甚悉。希望能领导农村的人做上这个生命的路线上来。

(按:此文为先生最后之讲演)

古代之市与今之大市

一、古代之市

市之名由来久矣,但《易》曰日中为市,不过为临时贸易之所,非以为工商所寄托,居民所栖止也。故曰交易而退,各得其所。至民之聚居,则随政治为中心。故尧有至德,五年成聚,十年成都。然古昔之民大抵皆农,圣王为治,亦重乎乡。故曰世治则人趋于乡,世乱则人趋于市。农之所依,在乎邑井,邑井则散在乡间者也。

邑盖有大小之别,孔子曰十室之邑,其最小者也。较大之市,称之为都,盖皆有雉堞以为保护者,百雉即为大都。市之为制,《管子》言之极详,工商分列,衢逵四达,但市之大小,则从来有以人口为统计者。自汉以后疆土日拓,文化仍趋重西北。西北交通不易,故大市仍难发展,规模之最宏者,自以首都为最。自明迄清,海外交通渐盛,于是沿海沿江,商贾辏集,渐成大市。此吾国市史之大略也。

其在泰西,亦类乎是。谈市史者,分为古今。一八三二年以前,称为古史,是年以后迄今,称为今史。古时犹弗立及尼尔河滨,曾有大市,但其人数不可详考。其所谓市,大抵为战场也,或依已毁之市而成立,连缀于田邑寺院林木之间耳。

欧洲古市，亦同吾国。关于农者多，关于商者少。故市内居民之多寡，视乎环市农产之丰啬。亦有政治中心，加以人为，如罗马为全欧最大之市，居民未尝过百万。商业之市，多在水道便利之处。中古名市，如哥伦居民三万（一四〇〇年），伦敦四万，艮脱六万，佛劳伦资十九万，维内第为当时世界商业中心，亦不过十九万而已。

一五〇〇年至一七〇〇年，欧洲各市居民，可谓毫无进步。盖其交通之状况犹昔，农产之可维持者犹昔，市无可发展之机也。至一七〇〇年以后则大殊矣。国土分立，贸易渐兴，修道路，治河渠，交通大改，旧市制亦因之扩展。

古今居民之相悬殊，非特市内为然，境内亦如是。昔者萨克逊及柔尔境内居民寥落，今则以商业之繁兴，而成人口最密之处。亦有虽非工商重心所在，人口依然稠密，则所受乎天赐者多也。地土丰沃，气候温和，人自趋之矣。

二、今之大市

吾国市史，上既略述。欲别古今，亦当在一八〇〇年以后。盖如汉口、上海、天津、广州等大市，皆海通以后之所资生发展者也。其在欧洲一二三〇年以后，国土由小邦而合大，工商由零星而汇展，百货群集，交通利捷，大市因以成立。

大市之发展也，一因乎天然，亦由于人力。地理之便利，文化之根基，皆天然者也。天然之利，利乎工商，人为之力，趋于政治。故美洲东岸各埠建立于大海湾中，成为商业重镇者，天然者也。伦敦、巴黎、柏林以工商言，其地不必较邻市为优，而能成为大市者，人为之力多也。建筑之雄丽，文化美术品之繁聚，游娱之设备，皆居民繁盛之原因也。惟其为帝王所都，政治所仰，故当铁路创兴，工业发轫之始，必以斯数地为先，无惑乎其发展之速且伟也。

大市及实业区域扩展之速，在市学中成为重要问题。探其主要原因，不出乎以机器之力，改良工业，便利交通，而人民之经济生活，大受其赐者也。盖自来农业利于乡，工商利于市。故重农之国，市之发展也迟，重工商之国，市之发展也速。工厂林立，生产繁多，生活既易于乡，居之民趋而之市，工多农寡，故大市之居民生活，与环市地土之丰啬，无甚关系也。

伟大之市，一国之荣也，盖文化之薮，学识之府，多在乎市，市成为一国之重要成分矣。然五方杂处，品类复杂，藏垢纳污，弊害百出，湫隘嚣尘，不可以居，上海一市，几为吾国万恶荟萃之区。欧美诸大市，亦莫不为世人所诟病。故市之生活问题，为科学家所亟须研究者也。

亚里士多德曰：市之建设，以使居民安谧而健康为目的，故建市非独工程家事，美术与卫生各宜兼尽其力也。

清理耕地之工作

清理耕地在樊译《田中贞次农业土木学》名曰"耕地整理",余由德文 Feldbereinigung 译为"清理"。

耕地之清理殆未有如吾国古代井田之制之完善者也。井田制废,以各有其私产、辗转相售、割裂分歧而田制大乱。复加以道路不修,沟洫破坏,侵占争夺而田制愈紊,以至如今日之状况。试举渭河两航测之图一观,无处不见其陵紊也。

田制纷乱,则耕作之效率大亏。其情形如下:

第一,一家之耕地分散于各处,使耕作者往来奔走,失时废事。

第二,无划一之道路,常有耕地杂于邻地之间,欲入田耕作,必践履他人之田,深感不便。

(按:此文未写完)

论如何建设农村及培植建设农村之人才

农村破产,呼吁之声盈耳矣。建设农村建议之文充栋矣。顾农村之建设有几?曰:无几也。盖国家之财力有限,而全国农村几无不破产者。欲以国家之力普遍建设之,其何能济?

草木自有向荣之心。气候得宜,风霜不杀,土壤肥沃,害虫不侵,莫不茁然挈长者。惟人亦然。故为政者去掊克,薄赋敛,除盗贼,明刑政,则民渤然兴矣。

中国农村之必须建设，不徒于二十余年破产之后有其需要。即使本无破坏，而值兹时代革新，各国人民生活，俱随科学而日进，使我国人除居处通商大埠少数殷富者外，大抵仍本千余年前之故饥陋生活，毫无改善之机。其须建设已属急需，而况乎经至残酷之破坏，有如今日之状况者耶？

建设之策，言之者众矣。余则欲舍末节不论，而先探其本：一曰去害，二曰厚基，三曰植才。

何为去害？夫一日曝之，十日寒之，未有能生者也。致治之不良，法律之不严，■■之不除，苛敛之不止，皆使人民无路以事建设，无略以谋建设，无术以保全其建设。故害弗能去，则不必谈建设。强谈之，必饰无益而反为累。此为建设农村第一条件。

何为厚基？夫建设完备无凭借，不可能也。农村建设，则有其凭借者也。天时、土地及农民之躯力，皆其资本而未尝或缺者也。有天时而不知利用，失其资本之一；有土地而不善用，或更任其荒芜，则失其资本之二；有躯力而妄为之，则不惟资本全失，且倒行逆施焉。如是者焉得不败？

厚其基者，不外乎上三者多加之意而已。不违农时，使民不失时，则天时之资本厚矣。善用土宜，深耕易耨，则土地之资本厚矣。善用其力，垦(？殖)有方，则躯力之资本厚矣。

(？是)吾民工作之所需，苟善用之，则所耗者仅其利息而已，与资本固无所损。故天时之运转不息，雨赐以利万物，而天时无所损也。土地之(？载)育无穷，(？地厚)以长万物，而土地无损也。躯力以衰病老死之故，似自损矣，然合民族全体观之，则此项资本，日增而益宏，毫无所损也。然不善用利息，则利息转瞬失去，资本空芜，所谓守亿万之资，而穷殖以死者也，不亦大可哀乎？

（按：此文未写完）

第八部分 水 功 学

# 水工學

李儀祉著

1938

中國·陝西·楊凌·西農路6號
NO.6 XINONG ROAD, YANGLING
SHAANXI, P R.CHINA 712100
HTTP://202.100.20.178
E-MAIL: JM@NS2.YANGLING-AGRINET.COM.CN
FAX:86-29-7012971
TEL:86-29-7012948

楊凌農業高新技術產業示範區管委會
ADMINISTRATIVE COMMITTEE OF YANGLING AGRICULTURAL
HIGH-TECH INDUSTRIES DEMONSTRATION ZONE

序　一

　　虞書，濬畎澮距川，周禮稻人以瀦畜水，以防止水，以溝蕩水，以遂均水，以列止水，以澮瀉水。蓋井田之制，本有溝洫澮川，而又有瀦之，畜之，止之，均之，瀉之之法也。自阡陌既開，封洫遂廢。旱澇無備，饑饉頻仍，尚賴有賢智之士，因地之利，以成疏治之功。故河渠有書，溝洫有志，謀國者豈得略焉弗講。秦漢晉唐，千百年間，代有興治。自斯以降，政窳人亡。江河湖身，日淤日高。鮮謀疏治，競相堰圩。圖目前之安，歆升科之利。溝渠湮塞，水田漸成龜坼。以致潰澇常作，旱荒無時。民罹其災，國受其硋。若關中素稱天府。自鄭白渠廢，旱魃時虐。稽考史蹟，恒十年一小旱，二十年一大旱。黃河潰決，長江氾溢，禍害尤烈於猛獸。無賢智之士，以研求修治之道之過也。吾友蒲城李儀祉先生，早歲留學德國，專究水功。民國初年歸國後，主辦河海工程學校。今之治水利者，多出其門。勘究各省江河湖渠，以驗其學，而求其適。憶十二年計畫關中引涇工程，余適考稽同耀富白煤田，嘗相聚於鹿原，稍參末議。時以民生福利相期許，迨今二十餘年，先生志未稍異，功不稍弛。先後成涇惠渭惠梅惠諸渠溉田萬頃。洛惠黑惠，方正修築。其利之溥與鉅，未可以數計。導治淮黃江湖，以時局擾攘，尚未觀成。今年春余入甘過陝，與先生始一面，竟至不起。是豈陝西之不幸，實國家莫大之損失。使天假之年，吾知先生所成，必將溥利於全國也。其門人等，輯梨先生所著水功學。冀行於世，而傳其志。以余友先生逾三十年，相知較深，求序其端。先生性行忠懇，學問淵邃。其所論著，充實宏備，均從學理與歷驗中得來。積二十餘年之心血，冶新舊於一爐。如斯創製，誠吾國言水利者，承先啟後之導師。有志斯學者，皆宜本此以發揚光大，則斯學必昌，先生必不朽。國家復興大業，尤有利賴焉。爰述所感如此。

中華民國二十七年秋渭南嚴莊識於金城使署

序 二

　　李師儀祉，於本年三月八日逝世後。門人等以儀師一生盡瘁水利事業作育水利人才發展水利建設功在國家，且德器深純著作宏富，久為全國人士所景仰。而水功學一書，更為儀師一生心血結晶，全國水利建設之模範，在遺著中最寶貴者。特先校刊付印四百冊，藉供門人及研究水利諸學者，以發揚學術，借鏡先哲永續事功者也。此書係儀師於民國四年所著，未嘗自足。去歲秋召王君伊曾來長安，整理著作，並面語以酌入新學說，及國內外工程實況，以為例證，不應僅將原本刊行。茲以無所仰承，故未敢率爾參雜，然中國水道中之揚子江系，即係儀師所授之英文本，由王君漢譯之資料。經胡步川君筆削加入。此外儀師並有水力，給水，灌溉，水電，地下水道，海港等學，集成一水事全書目錄，亦於雜稿中發現。則本書之刊行，去儀師遺志尚遠。未敢侈為完備也。校刊時紹宗雖時加閱讀。而關學術疑難及文字研討，大體由王君與劉君鍾瑞，胡君步川商決，其繪圖抄寫者，有張琦，李成信，羅以禮，關芳鄰，楊純諸君。承印者西安和記印書館，而石經理亦能以學術為重，鏤版三五次，力求精進。均應誌謝。茲值刊行之始，爰敘顛末，並策將來。尚希海內鴻儒，加以指正，尤為深感。

中華民國二十七年十月三十日門人孫紹宗謹序於西安水利局

校　印　卮　言

一、此書據以儷校者有下列五種稿本

　　(一)白礬紙抄本計上下二册曾經儀師批閱
　　(二)戴祁藏油印『水功學』講義
　　(三)儀師最近重寫之稿如第一卷第一章及第二章之一部分
　　(四)張琦藏『水功學』講義分上下二册上册係河海月刊中抽出之鉛印單行本下册係毛邊紙油印講義
　　(五)儀師手寫之講義原稿

二、上列稿本互有詳略如第一種有渠化工程一篇爲其餘各種之所無惟繕寫者未解外國文字故英德文及算式多空白儀師校閱時尙多未及補入者第二種有治河通論各篇而無渠化工程此種稿本抄寫時似未詳校故訛字脫漏在所不免又有航海水工重要名辭法英德華對照表五頁惟對於本書各專門名辭多未列入故此次付印全數從略第三種係民國二十三年後儀師以戴藏本爲據而重加整理之新稿現刊本完全照新定稿本付刊第四種係第二種之藍本故用以校正第二種之筆誤第五種雖殘缺甚多然用之校正各本舛誤多處

三、本書刊行時正值國難嚴重爲節篇幅計一律改用五號字將二十餘萬言之巨著約束於三百餘頁中圖幅亦以原料困難未克製大量鋅板故以石板套印凡此均與讀者以不便祗以限於環境僅求便於保存俟再版時當加改進

水 工 學

目　　錄

序　一

序　二

校印厄言

導　言

第一卷　河工學

上篇　水功學之基礎

第一章　論水 …………………………………… 1—27
　第 一 節　概說 ……………………………………… 1
　第 二 節　地上水之工作 …………………………… 2
　第 三 節　地上水之區別 …………………………… 3
　第 四 節　地下水 …………………………………… 4
　第 五 節　水之循環之理 …………………………… 6
　第 六 節　論降水 …………………………………… 8
　第 七 節　中國之降水 ……………………………… 14
　第 八 節　晞耗 ……………………………………… 18
　第 九 節　滲漏 ……………………………………… 23
　第 十 節　逕流 ……………………………………… 23
　第十一節　論流域及河水之供給 …………………… 24

第二章　水力學及量水之法 ……………… 28—59
　第 一 節　通論 ……………………………………… 28
　第 二 節　水之靜壓力 ……………………………… 30
　第 三 節　壁面之水壓力 …………………………… 30
　第 四 節　水之流動 ………………………………… 33
　第 五 節　測量 ……………………………………… 34
　第 六 節　計算 ……………………………………… 40

第三章　論流水之通性 ……………………… 60—86
　第 一 節　水位 ……………………………………… 60
　第 二 第　河流及河床 ……………………………… 65
　第 三 節　比降 ……………………………………… 71
　第 四 節　挾沙 ……………………………………… 76
　第 五 節　冰凘 ……………………………………… 85

水功學目錄

下篇 河之治導

第四章 治之預備及治導之要旨 …… 87—117
- 第一節 治導之預備 …… 87
- 第二節 治導之要旨 …… 90
- 第三節 標準斷面之規定 …… 94
- 第四節 複式橫斷面與簡式橫斷面比較 …… 111
- 第五節 餘論 …… 112

第五章 治導功事 …… 118—148
- 第一節 整理荒溪 …… 118
- 第二節 縮狹河身 …… 122
- 第三節 整飭河床 …… 135
- 第四節 堵塞支流 …… 136
- 第五節 沙欄及透露功 …… 138
- 第六節 裁灣取直 …… 146

第六章 河料 …… 149—164
- 第一節 石類 …… 149
- 第二節 沙土類 …… 151
- 第三節 薪木類 …… 151
- 第四節 鐵料灰料雜料 …… 163

第二卷 治河通論

第一章 論堤 …… 165—174
- 第一節 總論 …… 165
- 第二節 兩堤距離 …… 165
- 第三節 堤之高卑厚薄 …… 167
- 第四節 堤坡 …… 169
- 第五節 加戧 …… 170
- 第六節 堤之名稱 …… 170
- 第七節 護堤 …… 172

第二章 論土功 …… 175—182
- 第一節 尺制 …… 175
- 第二節 量土積法 …… 175
- 第三第 取土 …… 176
- 第四節 土質 …… 179
- 第五節 加磕 …… 180
- 第六節 培土 …… 180
- 第七節 加高培厚 …… 180
- 第八節 土牛 …… 181

水功學目錄

第九節	土功價	182
第十節	土工辦法	182
第十一節	雜述	182
第三章	**論甎壩**	**183—193**
第一節	概說	183
第二節	材料	183
第三節	建築法	184
第四節	功費	185
第五節	打樁	185
第六節	參考資料	186
第四章	**論埽**	**194—199**
第一節	概述	194
第二節	埽料	194
第三節	構造	195
第四節	簽樁	197
第五節	加鑲	197
第六節	功效	198
第七節	功費	198
第八節	餘論	198
第九節	挑水壩	199
第五章	**論塞決**	**200—206**
第一節	汎論決口	200
第二節	緝口	200
第三節	北三形勢	201
第四節	派委官吏	201
第五節	工程計劃	201
第六節	預備物料及開工	203
第七節	功程詳節	203
第八節	結論	205
第六章	**論引河，閘，減水壩及橋**	**207—213**
第一節	引河	207
第二節	閘	207
第三節	減水壩	209
第四節	論橋	212
第七章	**戌午夏季直隸旅行報告**	**214—232**
第一節	叙	214
第二節	日記	214

第三卷　渠工學

上篇　漕渠工程

第一章　論漕渠………………………………231—270
　第一節　小叙………………………………231
　第二節　渠與船閘…………………………233
　第三節　船隻及行船法……………………234
　第四節　船隻與渠身及其他漕渠建造物之關係…236
　第五節　船之速率及行船阻力……………238
　第六節　漕渠之分類………………………242
　第七節　渠水橫剖面………………………243
　第八節　渠之灣度及渠閘水差……………244
　第九節　漕渠定線…………………………246
　第十節　土功………………………………255
　第十一節　渠岸之保護……………………257
　第十二節　渠身之固密法…………………260
　第十三節　渠與其他交通道路及流水之交叉…261
　第十四節　漕渠上之他項建築……………264

第二章　渠水之靡費及其供給………………271—273
　第一節　消費………………………………271
　第二節　損失………………………………271
　第三節　供水溝及供水閘…………………272

第三章　渠閘及其周圍………………………274—278
　第一節　廂閘………………………………274
　第二節　渠閘之地位及附屬品……………275

下篇　渠化工程

第一章　論河之渠化…………………………279—284
　第一節　渠化之目的………………………279
　第二節　渠化之優點及劣點………………279
　第三節　水級之地位………………………280
　第四節　航行水深…………………………282
　第五節　懸降………………………………283
　第六節　閘，船徑及其他設置……………283

水功學目錄

第二章　論堰之水理 …………………………… 285—299
　第 一 節　堰之流量 …………………………………… 285
　第 二 節　維克司新算式 ……………………………… 289
　第 三 節　返水算式 …………………………………… 292
　第 四 節　水力渠之計算 ……………………………… 298
　第 五 節　虹吸滾流 …………………………………… 299

第三章　堰之建設 ………………………………… 300—328
　第 一 節　通論 ………………………………………… 300
　第 二 節　固堰 ………………………………………… 302
　第 三 節　活堰 ………………………………………… 308
　第 四 節　論魚礅 ……………………………………… 326

附　　錄 …………………………………………… 329—350
　一　論中國之水道 ……………………………………… 329
　二　柏燕豪學說 ………………………………………… 343

水功學

導言

　　水功歷史，於吾華古矣。昔者行水之官，名曰水工。(1) 行水之事，名曰水功。(2) 水功二字，與德文 Wasserbau 荷蘭文 Waterbou (3) 之意義確相符合。故此門學術，予即為定名曰水功學。以視他本之譯為河海工程，水利工程者，當更為渾括而鮮遺義矣。

　　德國學校，關於水功教授，大抵分為二部，以教授二人分任之：曰 Wasserbau 渠閘及基址等功屬之，曰 Flussbau 則專言治河之術，而堰壩等功亦屬之。二者實可統名曰 Wasserbau 不過以其範圍廣闊，一人不能任，則分任之，因別其名也。予書則統而一之。

　　中國治河之術，非不博且盡也。著述記載，非不多且善也。惟因測繪之事未精，計算之術未工，故其為治也，蠢而不密，略而不周。支支節節而為之，愈治而愈不治。本書於水事測量，不憚詳盡。借西人之所長，以補吾國之所缺。至治導方法，中西並舉，參伍比較，以見優劣。至於灌溉工程，運河制度，在吾國發展更早。(4) 水利一端古今並重。然水利之學，古或有之，(5) 今則失傳。故尤不能不多取材於外邦也。

　　本書以供大學土木學系教學之用為目的，然可作工程師參考之用。於學理不厭推求，於例題不厭多舉，尤注重於本國實際情形。

著者李　協識

（1）　史記河渠書，乃使水工鄭國說秦令鑿涇水為渠
（2）　晉書傅巽傳以水功至大與農事並重
（3）　英文 Hydraulic Engineering 之意義殊嫌混軍。
（4）　見著者所著 Die Geschichte des Wasserbaues in China 載 V. D. I. Betrage zer Geschichte der Technik,
（5）　蘇東坡雞策禹之所以通水之法故三十餘年之間而無一人能與水利者，其學亡也。

水 功 學

第一卷 河 功 學

上篇 水功學之基礎

第一章 論 水

第一節 概 說

水爲一切生物生命之所繫。老子曰：水善利萬物而不爭。(6) 德文學家歌特之詩曰：(7)

萬物生於水，亦復養於水。
大哉海若，統治之權乃在爾。
爾不遣雲行，爾不令溪流，
…………………………
山原何所有，世界何所求？
一切新生命，實受爾之酬。

地球上之水量據柯呂格之估算共有 1,270,000,000 立方公里。(8) 計現世界人民爲一千六百兆，每人分配 0.8 立方公里＝800,000 立方公尺。然資水以生者，扁獨人類。動物，植物之發育以及礦石之養成，何莫不藉乎水。然能用之

---

(6)　道德經
(7)　Goethe, Faust, II. Teil (Thales)
(8)　E. Krüger Kulturtechnischer Wasserbau, S. 5. Julius Springer 1921. 又 O. Krümmel 估計爲 1300 Mill km³ + 100 Mill m³, 見其所著 Handbuch der Ozeanography, Stuttgart 1907

不竭者，則以地球上之水，自有其銓衡運轉之法，正如善操家政者，持籌握算，運用無窮。故能使家口繁榮而家產無所耗蝕。德語名之 Wasserhaushalt。直譯之爲「水之家政」。簡譯之名曰水操。故一切生物之用水不過用其利息已爾。至其資本則永久不變。至水之利息何以能溥及於世界上各處以供其生物礦物之需要，則以水有循環故(9)。

水之循環可別之爲小循環及大循環二系。小循環者以海洋爲水藏。(10) 其循環之功全屬於地。海洋之水蒸發而爲雲，爲雨，爲霜，雪，露，雹以降於地。(11) 地上之水循途就下復歸於海。其循環力之源則爲太陽。說者謂太陽之能力不減，則地上水之循環如故。(12) 反是若太陽之能力減少，則地上水藏之量雖仍不變，而其循環之量必隨以減。然幸太陽能力之量猶未見有減少之迹也。大循環者根據最近廿年來奧人霍畢克所創之宇冰學說。(13) 其循環之功在乎宇宙。霍氏謂地上之水量損失於礦岩之酸化，水經分解其氧化合於礦物而氫則無用而散失。其次損失於動植物之構合組織。又其次損失於火山之常噴氫氣，其氫之來源亦發出於水之分解氫氣以其最輕而上升必至逸出大地重力之外而不返。地上水藏必日有減少。減少之量必求補還於宇宙。其補還也爲暴雨，爲大雹等等。其水藏之所在霍氏假定爲天河。(14) 宇宙所來之水名之曰宇宙水(15)。

此外尚有一生水之源爲地殼深層之固質分解，亦可因新化合而成水。故地下常有噴出之氣體，而所謂「爆氣」(16) 之結果，即爲水也。此水名之曰幼文水(17)。

然任水功則仍以海洋來水關係爲最多。其循環之理，詳論於後。

第 二 節　地上水之工作

昔者地熱未減(18) 灼石流金。水之爲質，自不能附麗於地。（因熱全化爲

---

(9)　Kreislauf des Wassers. Circulation of Water.
(10)　水藏 Wasservorrat, provision of water
(11)　海洋所來之水名曰週遊水 Vadoses Wasser.
(12)　細論之亦不然，蓋川流洗洗岩石間之鹽質以入海，海中鹽質愈濃，則水之蒸發愈不易，是其蒸發將日見少。
(13)　Hötbiger, Welteislehre. 中文譯著見李儀祉宇冰學說，載黃河水利月刊第一卷第五期。
(14)　霍氏之大著爲 Glacial Kosmogenie, Kaysers Verlag, Kaiserlautern. 是說攻擊之者尚多，然 O. Franzius 頗信其說，見 O. Franzius, Der Verkchrswasserban S, 17, J. Springer 1927.
(15)　Kosmisches Wasser.
(16)　Knallgas, $2H_2 + O_2 = 2H_2O$
(17)　Juveniles Wasser, Juvenile 幼稚之義
(18)　Theory of Kant and Laplace.

第一章 論水

汽浮於空際）迨地壳漸凝，水亦降集。邱壑不同。陸海攸分。論水之面積，約 375,550,000 平方公里。即約地球表面73%。夫以浸潤若此者，水工之事，所及幾何。幸吾人陸棲動物也。所志乎水功者，不過隨山導川，以期免巢穴之苦。鑿井穿渠，以得遂生活之適。故望洋興嘆，可不必也。

惟洋海之水，雖可為吾人事事所弗及。而其與山泉谿澗，息息相通，則理論亦不可缺也。大地形式，按洪鈞運轉之力。固應為橢圓。而因積塊內部膨脹收縮之力，乃現為犀顏嶇峿之狀。水性就下，則舍高而趨卑。此陸海之所以分也。然天下事物，不平則動不息。地表既如是之不平矣，則必有以平之。平之者誰？則水是也。故源泉滾滾。逝者如斯。問其碌碌何事，則可代答曰：不過欲效愚公之移山以填海耳。此非過言也。其力實足以及之。今日吾窗上玻璃之一露珠。勿謂其已忘本來志趣。及其蒸發空際，會合雲雨，則又成山間洪流矣。於時石被圯剝。土被衝刷。鑽屋潰山，淫蕩而下。至棄險履平。迤邐入海。則所挾泥沙填之於海矣。

以上所述可謂水在地上之主要工作。自雨著地面及水從源出以至入海，可謂告一段落。於是海水復蒸發，散降陸地，其工作週而復始。在其循環途中，則以之利潤萬物，使動植物賴以發育，岩礦賴以生成，則又其工作之副者也。至於人藉其力，施於交通，用於工藝，則又副之副矣。

第三節 地上水之區別 內水

上節言海洋為吾人水工之力所弗及。間有及之者，不過築海岸以防波。理海口以通航耳。至水工所常事者，則別於海洋。而名曰內水 Binnengewässer。(19) 內水別為止水 (20) Stchende Gewässer，及流水 (21) Fliessende Gewässer。止水聚於拗坎。或天然低陷。或人力開挖。天然者。大則曰湖 Seen，或曰淀，或曰泊。小者曰池 (22) Teiche, (或曰沼)，曰塘 Weiher。水源地內，出地不流者，名曰淵水。(23) 止水甚淺，潦時有水，旱水或涸或灣，若葦滋長其間者，名曰澤 (24) Sümpfe。澤或本為湖沼，因沙泥淤澱而致涸淺。或因他故，致地下水面增高，乾填化為泥濡。然水草繁生。腐化為泥。積久澤平。其土質即為霾土 (25) Moore。流水出於山而入於海者曰瀆 (26) Hauptflüsse。別

(19) Inland water
(20) Still water
(21) Flowing water
(22) Lake
(23) Pond
(24) 管子度地篇
(25) Swamp
(26) Moor land

於他水入於大水及海者曰枝水(27) Nebenflüsse。枝水之溝一有水一無水者，曰谷水。(28) 按其大小別之曰濚(29) Rinne，曰溝(30) Gräben曰澗(31) Bäche曰河(32) Flüsse，曰瀆(33) Ströme。流水亦有以人力成者曰溝瀆(34) Gräben，曰渠(35) Kanäle。流水有可以行舟楫者(36) Schif{bare Gewässer。有僅能浮木者(37) Flössbsre Gewässer。有絕不能通航者 Nichtschiffbare Gewässer。人造之渠，有用以洩水者(38) Entwässerungs Känale。有用以灌漑者(39) Bewässerungs-Känsle。有用以供水於水力場及運渠者(40) Speisungskanäle。流水以其特別性質言之。則澗水有泉澗 Quellbäche (澗水有泉接濟者)山洪。wild· od-Gebirgsbäche 野溪Wiesenbäche（流於野田之間）之別。河流亦有在山 Gebirgsflüsse在平原 Flachlandflüsse 及近海 Küstenflüsse 之分。在吾國則又有習慣之別名。如流水在北多以河名。在南多以江名也。

第四節　地下水 Unterirdisches Wasser (41)

夏雨沛至，百川皆盈。觀者莫不謂其水自天空降落來也。然久晴之際，大川小谷尚滔滔涓涓不止。嚴冬之際，有雪無雨，冱凝不消，輒經旬日。河流亦源源不絕。其水奚自？曰：來自地下。惟河流上通湖泊，停瀦漸放，(42) 則不全由於地下水耳。蓋水之伏行地下也，不若其在地上也。穿岩觸石，摩阻之力多，故浸浸然而緩。不若地面上之水，涸可立待也。地下之水，流出地面則為泉(43)。凡泉多在山谷間。蓋流水之所經，削蝕地面，至流水面低於地下水

(27)　或曰幹流 main river。管子度地篇名之曰經水。
(28)　或曰支流 tributary
(29)　英文所謂 intermittent river. 以上命名，俱本管子度地篇。 又夏有水冬無水謂之濚。
(30)　說文絕小水也。
(31)　Creeks.
(32)　Brooks, riverlet
(33)　Rivers.
(34)　江淮河濟是謂四瀆，今借以表水之最大者，吾國南方多稱江，北方多稱河。streams.
(35)　Ditches.
(36)　Canals.
(36)　Navigable water
(37)　Raftable water 說文編木以渡曰泭，今人稱編木曰木筏
(38)　Drainage canals or ditches
(39)　Irrigation canals or ditches
(40)　Feeding canals or ditches
(41)　Untergrundwasser, ground water
(42)　如歐洲之萊因河，水源上部仰給於寶丹湖，又吾國西北各河如新彊之塔里木河，青海之柴達木河，其水仰給於山嶺積雪。
(43)　Quellen

第一章 論　水

面，而地下水乃潺出。如第一圖。顧水之在地下，亦有止者，有流者。供給河川亦惟流者。其止者則不能也。即流者亦非常可恃。蓋河川之水必低於地下水

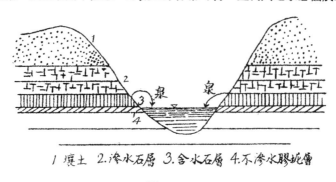

1. 壤土　2. 滲水石層　3. 含水石層　4. 不滲水膠坭層

第　一　圖

面，而後可受其供給。河川之水與地下水二面相平則止。及河川增漲，高出地下水面反倒施焉。（河川水流入地內，山谷地須愈疏鬆此象愈易顯）(44) 如第二圖。1與4為地下水。於地面水漲落時常持之二位虛線。5示泉高川低，水流自內。2及3示川高泉卑，水流自外。

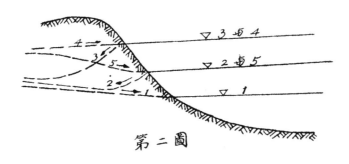

第　二　圖

地下之水。何自來乎？此疑問至今尚未能全了解也。以為天雨降落，滲入地中，聚積於不透水石層，順石脈而流徙，主此說者甚多。夫疏礫之土，罅裂

---

(44) 通常謂之伏流入地，或潛流

之巖，其下積水，來自地面無疑。若他處則有不盡然者。蓋吾人目之所閱，即久雨後，水之滲入地下者，不過數寸。快犂深耕，尺許厚乾壤見矣。謂地下蘊蓄之水，悉自地上滲入，於此竊有不能自信者。又有一說，謂地下亦有雨。但此雨非如地上之雨，由於溫度變易，乃由於地內空氣所含濕汽，與地質相接觸，因着附之力，而生沈降也。此說頗可信。(45)

地下水蘊藏之量按德來司 M. Dellesse(46) 之估算為1,278,900,000立方公里。是與地上水量相掠。然與人生及生物有關係者，亦不過第四紀 Quartär 之上層。據福里才 Fritgsche (47) 之估算，其蘊藏之量約為 800,000立方公里。約為每年雨量之 1.5—2倍(48)。

地下之水可別之為地基水 Grundwässer 及地下水流 Unterirdische Wässerläufe。前者乃積聚於多少滲透之土石質，其流動也循乎濾動之定律。(49) 後者則循山岩中之罅隙裂縫，其流動也與地上水槽中之河水一致。又積聚於土壤罅隙中之水以供植物吸收者，農業家名之曰壤水 Bodenwässer, 則與此異。壤水不能流動，惟可以毛細管吸力上下移動或蒸發而去。

地下水亦參與循環之運動，與地上水一致。泉水入於河流供給其低常水量。其供給之多寡可測河中流量與該流域雨量以定之。以全年中流量減去雨量之逕流歸於河者即為泉水供給之數。

地下水除與河水流量有關外，與溉灌及航運渠工及基址工程關係皆為重要，應於後分別論之。

第五節 水之循環之理

上既論及水之循環及其與生物之利潤關係矣。茲再論明其理。太陽之熱與地球之重力，實為水之循環之原動力。液體之水或屬之海面，或為壤水，皆因太陽之熱蒸發為汽，隨大氣之流或瀰散 Diffusion 之力，瀰漫於大氣中，遍佈各地。及其凝結則又因重力降於地面，是為降水。(50) 又水之成為固體者如冰如雪，亦不可斷蒸發。在此循環之中水之形態可為洋，為海，為江，為河，為

---

(45) Zeitschrift des Verbands deutscher Architek-und Ingenieur-Vereine N. 5. Ueidanbauer, die Entstehung des Yrundwassers. 又 Volger 亦倡此說，名之為 Kondensationstheorie, 以別於滲漉之說名曰 Versicherungstheorie. 見 O. Volger, die wissenschaftliche Lösung der wasser-inobes, der Quellfrage, Z. d. Ing. 1877.

(46) M. Dellesse, Recherche sur l'eau. Bull. de la Soc. de ge'ol de France 1861/62

(47) R. Fritzsche, Niederschlag, Abfluss und Verdunstung. Halle 1916 a. d. s.

(48) 地形，地質俱有關係。例如伯林地下水藏為全年雨量之4/5倍而萊因川谷則至五倍。

(49) E. Prinz, Hydrologie S. 4. Berlin, 1923

(50) Niederschlag, precipitation

第一章 論 水

泉，爲壤水，爲地基水，爲地下水流，爲植物水，爲動物水，爲雨，爲雪，爲冰，爲汽，爲一切種種水可有之狀。若按霍畢克之說，則又可爲宇宙。

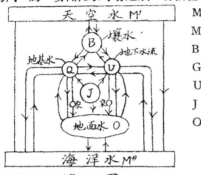

M' 天空水
M" 海洋水
B 壤水
G 地基水
U 地下水流
J 幼文水
O 地面水

第三圖

按之福里才(51) 每年因蒸發而復降落於大地之水量爲 465,300 立方公里。按之哈斯每年降落於大陸面積 145,000,000 平方公里之雨量爲 122,500 立方公里。(52) 其中流歸於海者爲 27,200 立方公里，其餘 95,300 立方公里，則蒸發焉。準此則在全地上平均雨量每年爲 850 mm。按之布呂克納(53) 命 R 爲每年海面上之雨，V 爲每年海面上之蒸發。R_1 爲每年陸面上之雨，V_1 爲陸面上之蒸發。F 爲每年地上之逕流。（或地面上或地下）則

第四圖

$$V + V_1 = R + R_1$$
$$V - R = R_1 - V_1 = F$$

由此得 $V = F + R$，故 $V > R$
         $V_1 = R_1 - F$，故 $V_1 < R_1$

又 $V_0 R_0$。爲無逕流區域（如新疆戈壁等地）之蒸發及降雨，與大局無關，惟限於地方耳。

按地面上之位置以審察其蒸發，降雨及逕流之多寡，福里才分之爲三大部：

1. 大海，面積 361,000,000 平方公里。在此部 $V = R + F$，因大海容積應不變也。

---

(51) 同 (47)
(52) Haas, Geologie, 1906.
(53) 同 (8) S. 7.

2. 沿海，面積 117,000,000 平方公里。在此部 $V_1 = R_1 - F$。

3. 無逕統一部，面積 32,000,000 平方公里，在此部 $V_0 = R_0$。

三者之值按上三部分別計之如下表：

部	V mm	R mm	F mm	面積 平方公里
大 海	1060	980	—	
沿 海	610	870	260	
無逕流	330	330	—	
全陸面	550	750	200	149,000,000
全地面	910	910	—	510,000,000

第六節　論降水（雨，雪……）之發生及其量法

凡自天空降落之水，皆名之曰降水。(54) 而雨可爲其代表。故計其量統曰雨量。雨何自而生乎？蓋空氣中無時無地不含有水汽也。濕潤之氣，蒸而上升。愈高則其所受壓力愈減。故氣體得伸漲而生功焉。(55) 按物理定律，凡功由同價之熱而生。熱由何取？取之空氣。故冷因以生。韓氏(56) 曾設一例。以數計之曰設空氣於地面溫度爲百度表 30 度，比較濕度爲 50%。上昇至高於海面 1400 公尺，則其溫度已減至 16 度。水汽已漸凝結，雲因以生。再昇益高，熱愈減，凝結愈密。初成無數水珠，懸於空際。迨彼此相撞觸。由小珠衍爲大珠。至其重量爲空氣所弗能勝，則飄然而隨地，所謂雨也。上昇至高於海面 4800 公尺，則其熱減至〇點。雹於是見。然降雹之空氣層，實更高 200 公尺以上也。高至此際，則一點鐘內降落之水。可得 37 公厘。下降之空氣流適與上相反。距地愈近，其壓力愈增，而熱愈加。故其距露點愈遠而愈乾燥。故雲益淡雨益稀，而至全無。(雨墮地之速率並不甚大每秒鐘爲 5.03 公尺)。

設有濕潤之空氣流自海面生，流入大陸遇一山系，則山系距海愈近，氣流上昇愈高，水氣之凝結愈多。且與風向及山系亦有關係焉。凡山迎風之面，水氣之凝結最多。背風之面，水汽之凝結最少。但空氣流遇山系，如水之遇堰，有反漾之力，有停瀦之功。故平原之上未及山脚已多雨矣。

嚴冬之時，水汽飄搖空際，溫度較低。得凝結而爲六角系之晶是爲雪。雪

---

(54) 著者又曾稱之爲天水。

(55) Arbeit, work 或譯爲工

(56) Hann, Lehrbuch der Meteorologie

第一章 論 水

之下降，或直或斜。中途彼此挫礙成團而較硬者曰霰。凝結於地面寒冷之物者曰露。但露所需之水，非逕取之空氣。乃多半地中水汽(57) 蒸發上昇被阻於寒冷之物耳。故地中濕氣不足者無露，凝露之時。溫度大減。則結而爲霜。

霧之源按苦利爾 Goulier 及愛特肯 Aitken 之研究(58) 由於水汽凝結，黏着於飄搖空際之微塵。每一立方公分所含微塵之數，在山巔高嶺少（不過二百），而在都市多（十萬有餘）。無微塵則水汽不能凝結，斯無霧無雲無雨無雪。故里特爾 Ritter (59) 云：霧凝重則爲雲。雲者水珠所聚，而非水泡也。

霧體至冰點之下仍存。液體甚至百度表0點下十度至十三度，仍爲過冷液球狀。若驟接物體。亦即凝而爲稜霜。有結晶之狀(60)

量雨 方修斯以爲量雨之事，氣候學者之事也。水功而必藉量雨有若干年之結果而始可斷定泉源之出水量，溪，河之流量，是徒爲遷延時日耳。(61) 方氏望有一切溪，澗流量皆經量過而能斷定其何時有何等水量之一日。然水功之事，關於農事者最切。故測候之事尤爲水工不可不知。矧吾國土地寬廣，河流衆多，焉能一一從事測量流量。則若能以其流域面積，雨量大小，地形狀況測度其流量，頗有益處也。測候之事以後尤賴氣象學者與水功界切實合作，以求有相當之效果。

量雨之事所欲知者，爲天空降落之水無蒸發，無滲漏，無流洩，則其複於地上也，爲若干厚？以公厘（密厘米突）或其十分之一計之。英美諸國則以英寸計之。所用之器名曰量雨器 Regenmesser。量得之數，盈月則計其總數，盈年則計其總數。積有多年，則共總之，而以年數除之，得若干年內一年之平均雨量。惟觀測之事，求其精確甚難。欲免疵累。不可不注意下列數事：

普通量雨器量得之數皆不免較實際爲小。受雨口面之大小形式頗有關繫也。風向亦爲其累。以各種量雨器量雨，則其得數最大者，自必爲最精者。在普魯士王國測象台所用者皆爲亥爾滿制(62)。（如第五圖）A爲受器。以白漆鐵片製之。高 46 公分。上口鑲黃銅圈磨成尖銳之沿。其口面積恰爲 200 平方公分。其下端作漏斗形。套於積雨器B。此器置於套器 C 中。周圍俱以空氣隔絕之。每早七時以積雨器內所盛之雨，（若係雪，雹等類先嚴閉器口置於稍暖之室中融之）傾入一量杯內。量杯每容 2 立方公分，作一劃。適等雨量高10分之

---

(57) 壤水由毛細管吸力上陞至地而蒸發。
(58) J. Aitken, on the number of dust particles in the atmosphere with remarks on the relation between the amount of dust and meteorological phenomena.
(59) Ritter, über die Natur der Wasserteilchen, welche die Wolken zusammensetzen.
(60) 著者之家鄉名此爲龍鬚。空中霾霧著體便成于餘長針狀之霜晶，剌肌欲裂，多見於凌晨。
(61) O. Franzius, der Verkehrswasserbau 5. 19.
(62) G. Hellmann, Berichtüber verschiedene Beobachtungen an Regenmessern versch. Konstruktion zu Gross-Lichtfelde in Berlin. 1890

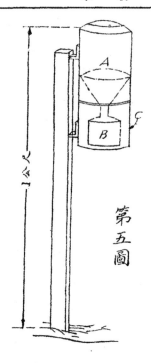

第五圖

1公厘。(200平方公分×0,01公分＝2立方公分)故雨量之高低，可以一目瞭然矣。惟觀察時所應注意者，應以杯內水面之中部為準。而視其與若干畫相齊。

2. 量雨器之安置　據維爾多 H. Wild 亥爾滿及拜貝爾 Jvan Bebber 之試驗，(63) 凡安置量雨器，必顧慮風之情形。否則測驗結果必大差。風加於量雨器上愈力。則其所受之雨愈少。蓋風薄受氣口面激成旋飆，則雨難入積器。而尤以雪鬆為易受風入而復出。凡地勢愈高。則風愈烈。昔有以量雨器置於高搭上者。其償甚矣。適當之安置量雨器位置如第六圖

3. 觀察時之失檢　每日量雨須按定時。若遲緩推移。則必至今日雨量移記於明日，而雨量按日弗準矣。然此與水工之事尚無大害也。若燠暘之日，雨後不即量，致雨積受器中，則蒸發可虞。或冬令雨雪積中過滿而至吹耗。皆為足致大差之源，不可不慎也。尤以每次安放受器歪斜不整密，或大意以己之職務任託他人，皆莫大之弊，不可不戒者也。

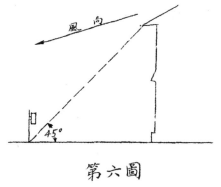

第六圖

---

(63) J. van Bebber, Vergleichende Regenmessungen an der deutschen Seewarte XVIII Jahrg. 1893

H. Wild, Regenverhältnisse des russischen Reiches, st. Petersburg 1887.

以下所記皆採取於 Keilhack, Geologie

第一章　論　水

測驗結果之檢察

凡測驗結果。必檢察之，始可用以製雨量圖。韓氏 J. Hann 及維爾多氏 H. Wild 曾以多年觀察斷定一理曰：凡相距不遠之鄰站其雨量之高低，由月及月，由年及年，皆多寡互相平行焉。故取各相近鄰站一年中之雨量表而比較之，作一橫基綫。分爲十二月。以各站每月雨量總數，按比例尺作豎綫，而以不同之色聯其端點，則各色聯綫幾於平行也。若有某站某月與他鄰站出入太甚者，即宜查閱該站詳細紀錄。細詢其原，有無疾雨或降雹等事？若無合理解釋，則必有誤。或用介接法(Interpolation 詳後)求其應有之數。或舍棄該站該月不用。又凡各站查得其量雨器安置不合法，其所得結果必不可靠。亦可棄而不用。檢查後以所得結果查出之錯誤，用介接算法所得某月之空缺總數，以及各站地勢之詳情，高出海面之數，佈告於相當機關。

韓氏之還原算法 Reduktion nach Hannschen Regel.

欲以多年觀察之雨量結果製爲雨量圖。須取一壹致之節期以爲本。如是則各年燥濕之影響始可免。晉奧等國所用壹致之節期爲五年。名曰 Lustrum (64)。或用其複倍數（十年十五年等）每一 Lustrum 皆自陽曆十二月一號或六號起算 (65) 所以須用五年或其複倍數者。以其能合於布呂克納氣候軒輊定律也。(66) 凡某站記載不足五年者，則用還原法算之。

凡測站記載於標準節期內，完全無缺，且其觀察俱細心爲之，切實可靠者以爲標準站 Normalstation。以標準站所量爲本而以韓氏之法計算他法之缺者。凡氣候變化，如空氣溫度及其壓力，在地面上較大部分，皆有同升降之理。雨量亦然。故俱可用還原法計算。惟此法之可施於雨量者。其範圍較小耳。其法如下。

命 Sa ＝ 爲任一站所量之雨量總數，
　　Sn ＝ 標準站所量與 a 站相當之雨量總數，
　　SN ＝ 標準站於標準節期內所量之雨量總數，
　　SA ＝ 所算 a 站於標準節期內應有之雨量總數，

則　　$SA = SN \cdot \dfrac{Sa}{Sn}$

凡擇標準站須極注意(一)所擇標準站不可距所欲測算之站太遠。(二)凡高地宜擇高地之站以爲標準。低地宜擇低地之站以爲標準站。(三)所算之站若爲

---

(64)　卽五年之義，古詩所用
(65)　水工及氣象界計年皆自十二月一日起，名曰水年 Wasserjahr.
(66)　Brückner 發見氣候之軒輊五年週而復始名曰 Brücknersche Klimaschwankung

迎風者。或背風者，則其所擇之標準，亦必爲迎風者或背風者（如兩站須同一山脈之陽或其陰）

普通論之，凡所定標準節愈長。所測時期愈久，則用還原算法所得結果愈近於眞値。若欲知其相差之界限，可於一標準站內任意去其數年所量得之數，而以相隣他標準站爲本用還原算法補之。試其與原數相合與否。

若一站用還原算法補足者，不足依據以爲標準站以算他站。蓋徵差積累。即成大差矣。

上言：量雨之法及其還原補足之法，略盡其梗要。若測算結果已足，即可以製雨量圖矣。製圖法覓現成可靠之地圖，塡各量雨站其上。其地位其數俱期準確無漏。量雨站愈密，則得圖愈詳。站若稀少，得圖即略。以各站若干年（十年）測算結果比例，而得各處雨量相同之點。以曲線相聯，名曰雨量等高線。(Clsohyeten) 各線之差以 200 公厘至 250 公厘爲準。若圖之更精者。如下所舉例。則以 100 公厘或 500 公厘爲準。

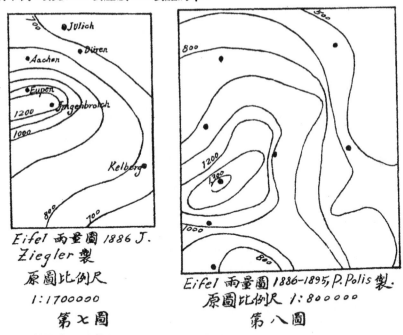

Eifel 雨量圖 1886 J. Ziegler 製
原圖比例尺 1:1700000
第七圖

Eifel 雨量圖 1886-1895, P. Polis 製.
原圖比例尺 1:800000
第八圖

雨量圖非但可令各地平均雨量之多寡瞭然於目，且可以覘雨量與山川形勢之關係焉。故製圖時須同時注意下列三事：

（一）雨量之數。常隨各地距海面之高度而變。地勢愈高，則空氣流亦升高，常易致雨。但雨量增高有一定之界限。達一定之高，則又復跌落。高至若

全年雨量分佈圖

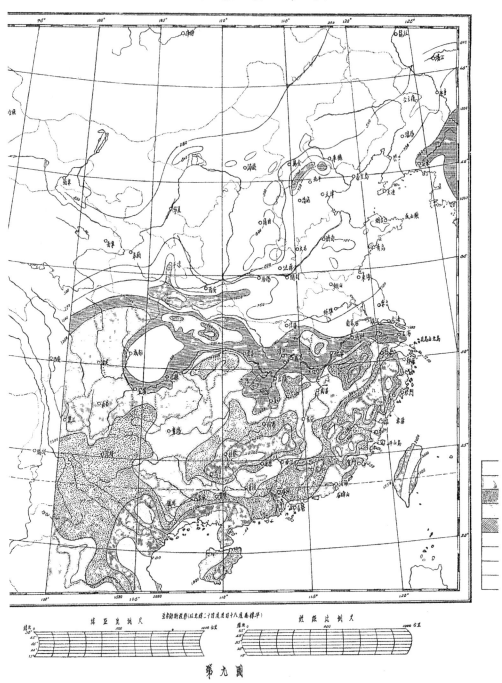

第九圖

第一章 論 水

干，即可以達雨量增高之極限，則又關於溫度之變遷。蓋空氣於一定溫度其所保存水汽之量有定限也。且地勢過高時，輸入之濕氣甚鮮。或至於無有也。

(二)濕潤空氣流過山則有反漾之力。如水之過堰也。故平原之上，距山近時雨量已增。

(三)山之兩面。地勢雖同高，而迎風之面則多雨，背風之面則少雨。

明乎此三者，則審山川之形勢，可以定雨量等高線之趨向矣。製圖時若能有地圖之帶有等高線者，令雨量等高線分別顏色並現圖上最佳。若不能得，則以陰線法或烘染法。誌山川形勢其上，亦殊有益。第七圖，第八圖，舉 Eifel 雨量圖以為例。第九圖為中國全年雨量分佈圖(67)。其等高距離為 250 mm。為竺可楨根據民國十二年至二十二年之觀測所製者。又分月雨量圖俱見原著。

平常雨量圖皆以每年平均雨量為憑。但一年之中冬夏風向常易。故雨量之分配必此季多而他季少。(一山兩面常有迎風之面變而為背風者)。欲顯此理，亦可製各季雨量分圖。但須注意者氣象之分季自十二月始。由十二月至二月為冬。三月至五月為春。六七八月為夏。九十十一月為秋也。又有因大雨沛降，一日之間雨量甚多，而製日期雨量圖者，則更細矣。

尋常量雨器但能記逐日雨量。以其觀察於一定時為之，非連續者也。但夏雨時至，澎湃泛灑。俄頃之間，溝澮悉成江河。蓋其數時間之雨量，有逾於盈朝盈月者。欲按時記之，使不爽黍刻，則非尋常量雨器之可為功。而非用自記量雨器不可。自記量雨器，西名 Pluviograph, 可記二分鐘間之雨量。其類亦多。而用於世最多者，為 Hellmann-Fuess 所製之 Registrierender Regenmesser 如第十圖。雨自器口落入一筒。筒內有浮子上連一筆 S。筒內水面高，則浮子上昇而筆畫曲線於按時轉動之記載筒 T 上。若 G 筒水滿，則水由曲管自流瀉出。故記載不至停頓。

此器若值寒冱之日，則不能用。然有他器可以代之。亦為 Hellmann-Fuess 所製。名曰量雪器(Schneemesser)其量法，用權代量。備一秤形如書信秤。上連受器。雪落器內，筆自畫曲線記載筒上。其

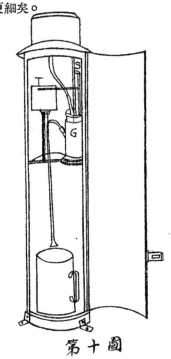

第十圖

(67) 竺可楨中國之雨量，廿四年九月資源委員會印行

為用較寡。茲不詳論。

雹之降也，常於夏期，即時融解。故其量法無殊於雨。若雪霰則降於冬季，連日不消，故須特別記算。且雪之積也，疏密不一。其始降於地也疏，久則密。故其厚雖同。而密者所含水量必多於疏者。故量雪者不但須得其厚。且須知其所含之水量焉。

雪積若干公分厚。其水量與水層一公分厚者相等。名曰雪之比厚 (Spezi-fische Schneetiefe) 比厚之倒數。名曰雪之密率 (Schneedichte) 由各地多數觀察得雪之平均密率為0.10至0.08。依此則10或12公分厚之雪。其水量與一公分厚之水層相等。

新降之雪其密率小於久落之雪。寒暑鍼當冰點或冰點以上所落之雪，其密率較大於冰點下所降之雪。其出入平均密率，有時頗多。密率之算法用下式。

$$\frac{am\ \text{融雪水厚}}{bm\ \text{雪厚}} = cm\ 水與\ 1cm\ 雪厚相當。$$

故欲得雪之密率，須先知雪之厚及融雪所得水之厚焉。量雪之厚，宜於每早七點鐘行之。用一空心圓桿，上劃公分及其分數。一端有柄。量時宜擇不受外力變遷處。(如迎風或背風之處)垂直插桿入雪至底，而觀其沒入之厚。至量雪之密率，亦用一器，為 Hellmann 所創。器為一圓筒如第十一圖。底端有橫柄以便手執。又有一平鏟。用時先以鏟貼地面，平插入雪內。乃以筒倒插下，至筒口與鏟面相接。取出其內之雪而融之。以量其高。筒口徑與 Hellmann 量

第十一圖

雨器口徑相等。故量融雪水之高，亦可徑用該量雨器所附屬之量杯。此器名曰密率計 (Schneedichtigkeitemesser)

第七節 中國之降水

按竺可楨(68) 謂中國降雨之源或為山陵 Orographic, 或為氣滿 Cyclonic。其生也或由於大陸低氣壓 depressions, 或由於颱風 Teifoons, 或由於雷雨 Thunderstorms。至於恆風雖常帶有溼氣然無力致雨於乾燥之地，須藉上三者以為其機械之助焉。

中國東部之降雨，低氣壓為其主因。春季佔 80%，夏季佔 50%。颱風雨

---

(68) Co Cheng Chu, Climate factors of China 中國科學社第廿次年會紀事

第一章 論 水

在華南最多，入北漸少，沿海者多，入內地漸減。然在香港亦不過佔全雨量三分之一。雷雨在夏季少於颱雨而在春季則較颱雨爲多，華西則山陵雨佔重要成分。

雷雨亦在華南多於華北。按之劉衍淮(69) 每年雷雨日數在天津爲17.9,在南京爲19.8,在徐家匯爲22.4,在杭州爲25.6,在香港爲34.9。雷雨之期多在四月至八月中。

下表爲中國沿海數地各種雨之成分(70)

地 名	季	低氣壓	颱 風	雷 雨	測驗期
香 港	春	88.9	2.2	8.9	十八—廿一
	夏	46.8	34.7	18.5	十八—廿一
廣 州	春	82.5	6.8	10.7	十九—廿二
	夏	53.6	31.2	15.2	十九—廿二
上 海	春	61.5	25.7	13.4	十五—十九
	夏	65.7	27.8	6.5	十 一—十四
京 南	春	83.8	0.9	15.3	十八—廿二
	夏	81.6	8.1	10.3	十八—廿二
青 島	春	94.8	0.0	5.2	十九—廿二
	夏	69.3	19.9	10.8	十九—廿二

以全國論，華南雨量多於華北，沿海多於內地，山岳地多於平原，低氣壓進途附近之地多於較遠之地，颱風光臨最多之地雨量亦多。

按之劉衍淮(71) 颱風之強度向其中心而加。其雨量總數之多寡又視颱風之繼續前進，抑或卽地銷滅。後者之雨多於前者。民國十二年八月二日彰德廿四小時內降雨至449.7 mm，即颱風所致也。

下表爲竺可楨所輯之中國各地逐月平均量雨表。表中數字爲 mm 之數。

---

(69) Jan Huai Liu, Studien über Klima und Witterung des südchinesischen Küstengebietes. S. 23
(70) The Chinese Year Book 1935-36. p. 105
(71) 仝 (68), S. 26

中國各地歷年逐月標準平均雨量表

地名	一月	二月	三月	四月	五月	六月	七月	八月	九月	十月	十一月	十二月	總數
大同	0.6	4.4	7.4	15.1	35.3	41.0	99.5	91.9	32.3	18.3	2.9	2.0	350.7
長治	6.8	6.5	10.8	31.4	46.4	46.2	183.2	91.9	54.2	18.0	4.9	7.5	507.8
太原	7.3	1.1	5.6	7.9	17.0	53.8	109.8	97.0	45.1	15.7	4.2	5.2	369.7
煙台	14.6	10.3	16.7	25.8	37.8	55.8	166.4	156.1	62.5	28.0	27.6	20.0	621.6
青島	9.4	8.6	18.9	31.4	43.9	89.2	147.6	152.2	86.1	36.7	20.9	16.7	661.6
濟南	8.8	8.0	10.6	19.5	35.7	71.5	195.1	179.6	55.4	18.6	15.2	11.5	629.5
重慶	17.8	19.6	37.1	99.7	145.5	182.7	138.5	128.0	148.4	110.4	48.7	21.3	1097.7
成都	7.7	10.2	13.6	48.0	46.5	102.7	220.6	202.6	114.9	43.5	12.3	3.8	826.4
九江	61.8	82.0	139.3	174.1	172.7	226.5	145.1	124.7	88.8	83.2	63.3	43.3	1409.8
太平嶺	3.9	3.9	10.0	23.5	55.9	93.0	119.2	99.2	86.7	34.8	20.5	6.4	560.0
卯春	3.3	3.9	12.0	26.0	71.8	81.5	93.5	136.2	90.1	47.1	19.5	3.1	588.0
康定	11.3	10.3	18.7	59.2	82.9	159.4	85.3	97.7	140.0	62.8	7.4	2.3	737.3
蕪湖	52.1	56.0	98.8	125.8	126.8	204.8	156.0	124.7	82.4	71.2	57.7	36.8	1193.1
上海	49.5	59.4	84.0	92.7	93.9	179.7	148.5	145.2	127.8	72.5	49.7	35.5	1138.4
南京	39.8	46.7	62.1	96.9	80.2	164.6	195.9	111.1	84.6	44.3	35.5	40.7	1002.4
南通	30.3	38.8	53.6	69.1	65.5	157.9	178.7	138.9	129.3	24.6	37.1	37.1	960.9
淮陰	20.0	35.4	29.5	62.0	57.0	136.4	184.7	178.8	118.8	25.3	21.7	25.1	897.7
徐州	22.3	25.0	19.9	33.5	27.2	74.4	137.9	155.3	65.4	12.2	22.0	18.4	618.5
鎮江	41.2	44.2	69.8	90.0	89.7	167.9	186.8	120.2	93.5	45.6	42.7	30.7	1022.3
天津	4.6	2.7	6.2	14.3	33.0	48.2	230.2	163.4	30.0	10.8	8.8	5.2	557.4
北平	4.1	4.2	9.0	16.1	33.1	82.6	255.4	146.8	57.1	17.7	8.8	2.2	637.1
保定	0.7	3.1	5.6	6.3	23.9	88.9	157.2	135.2	25.3	9.4	10.0	5.9	471.5
陝州	8.7	6.2	12.8	29.5	48.8	36.2	90.0	93.8	53.0	22.4	7.4	8.4	417.2
開封	8.9	17.8	20.7	23.5	31.3	18.9	306.8	137.4	80.7	33.9	7.0	7.0	693.9
溫州	48.0	89.9	125.6	143.4	187.6	263.1	200.4	252.7	213.0	87.4	55.5	43.1	1709.7
杭州	70.4	93.6	117.7	129.5	140.4	234.5	139.4	194.2	166.1	84.8	73.2	58.5	1502.3
西安	3.4	3.7	17.4	40.8	57.9	63.7	74.6	103.1	89.6	52.3	8.9	3.0	518.4
宜昌	21.8	29.8	52.6	101.0	125.3	158.9	209.3	180.6	101.8	74.3	34.4	16.6	1106.4
漢口	46.6	47.6	93.3	148.6	171.8	211.8	148.7	109.0	75.0	74.3	49.4	29.2	1226.2
長沙	46.8	94.5	139.1	141.9	222.6	220.4	120.3	115.8	73.0	70.6	68.2	43.9	1347.1
岳陽	37.5	69.4	122.7	146.1	193.8	194.1	120.8	116.0	78.3	79.3	94.9	41.3	1294.2
貴明	24.7	27.1	34.3	71.4	169.1	215.5	212.9	123.5	150.8	110.9	51.0	22.0	1213.2
昆明	12.6	11.6	11.3	17.6	93.6	153.0	254.6	236.1	134.5	97.7	50.8	15.3	1093.5
愛琿	3.2	3.9	4.3	7.0	31.8	92.5	101.1	136.6	80.8	20.2	15.6	5.1	502.1
齊齊哈爾	6.8	5.9	9.4	5.0	31.9	43.1	111.9	67.4	36.3	15.6	7.5	10.7	351.5
綏遠	0.7	2.0	2.8	5.8	33.2	55.0	58.7	110.4	47.6	11.7	6.0	0.6	334.5
廈門	31.5	68.1	91.4	133.4	169.5	174.6	126.9	161.4	109.9	37.6	33.4	35.1	1175.6
福州	44.5	92.3	118.8	126.4	151.0	195.7	167.0	199.6	205.9	46.8	41.2	47.7	1436.9
桂林	41.7	94.0	120.5	236.5	379.4	349.3	203.6	174.7	64.6	74.1	50.6	42.1	1831.1
龍州	20.4	34.5	48.3	81.0	177.4	217.0	227.3	231.6	140.3	62.4	31.7	21.0	1292.9
汕頭	31.9	58.4	84.2	146.0	216.2	256.4	205.6	213.9	133.1	67.2	42.8	36.8	1490.5
香港	27.4	38.7	75.1	132.3	294.3	396.5	390.4	367.5	293.2	127.5	38.6	26.6	2208.1
廣州	45.4	73.6	94.8	154.7	254.9	265.1	263.5	245.9	139.0	57.5	44.4	36.6	1675.4
安東	11.1	10.9	25.9	37.8	89.5	89.4	268.6	233.7	128.4	62.2	38.4	10.5	1006.4
瀋陽	4.2	7.0	21.5	-23.2	56.7	92.0	140.0	156.8	85.2	39.3	28.6	6.5	666.0
公主嶺	5.5	5.3	11.8	18.8	51.3	82.5	167.6	142.3	56.1	36.9	12.1	4.7	597.9
大連	12.9	7.6	20.9	26.0	44.6	49.5	178.7	125.1	113.5	32.3	25.4	9.2	645.7

按前第九圖計算其曲線間之面積，則中國每年平均雨量在

  0—250 mm 者 佔有面積 1,017,000 平方公里
  250—500 mm 者 佔有面積 1,155,000 平方公里
  500—750 mm 者 佔有面積 837,000 平方公里
  750—1000 mm 者 佔有面積 465,000 平方公里
  1000—1250 mm 者 佔有面積 442,500 平方公里
  1250—1500 mm 者 佔有面積 1,054,000 平方公里

第一章 論 水

1500—1750 mm 者	佔有面積	796,000 平方公里		
1750—2000 mm 者	佔有面積	316,000 平方公里		
2000— mm 以上	佔有面積	114,600 平方公里		
	共計	6,197,100 平方公里		

中國面積廣大，南北氣候相懸甚多。故最好按天然氣候略相同者分爲若干區。據張寶堃按四季之長短分爲十區如下表：(71)

	冬	春	秋	夏
華南	0.0	4.0—7.0	（春及秋）	5.0—8.0
雲南高原	2.0—3.0	10.0—9.0	,,,,,,	0.0
揚子江上游	2.5—3.0	2.5—3.0	2.5—3.0	3.5—5.0
揚子江中游	3.5	2.0—2.5	2.0—2.5	4.0—4.5
揚子江下游	3.5—4.5	2.0—2.5	2.0	3.5—4.0
華北	5.0—6.0	2.0—3.0	2.0	2.0—3.0
西北漠地	5.5—6.5	2.0—3.0	1.5—2.5	1.0—3.0
新疆	5.0—6.0	2.0—3.0	2.0	2.0
南滿	6.0—7.0	2.0—2.5	2.0	1.0—2.5
北滿	8.0	4.0	（春及秋）	0

表中之數爲月數

若按上表區別之，則華南每年平均雨量概在 1,200 mm 以上。最多者爲香港至 2,163 mm，最少者爲廈門，亦有 1,175 mm。雲南高原亦然。騰越爲 1,494 mm。揚子江上游，中游及下游雨量均富，普通皆在 1,000 mm 以上。最多者爲常德 1,619 mm，最少者爲成都 826 mm。沿海雨量甚富而海島之孤立者雨量則少差。華北沿海多爲 600 mm 以上。最多者爲泰山 900 mm，以其高故也。開封、太原、蘭州則不及 400 mm。西安以渭河流域鄰於秦嶺，有廻漾作用，雨量得超過 500 mm。南滿雨量爲 550 至 650 mm 而安東竟超過 1,000 mm。北滿雨量多者至 500 mm 以上，然普通爲 350 至 450 mm。滿州里竟少至 234 mm。西北漠地以庫車代表之每年僅 85.3 mm。新疆迪化則有 345 mm。全國最多之雨爲峨眉山至 7,902.5 mm。沙漠之地常有終年無雨者。然天山、雪山、賀蘭山、祈連山、陰山等嶺則終年積雪，融化爲水以供河流灌漑者甚溥。峨眉山之雨不純爲山陵性質而西北諸山之雨雪則純爲山陵降水也。

(71) 張君以平均溫度在 10°C 以下者爲冬，22°C 以上爲夏，居其間者春與秋也，原文見中國地理學會月刊第一卷第一期南京 1934. Pao Kun Chang, the duration of four seasons in China.

第八節　晞耗(72)

哈根 Hagen 謂降落之水，晞耗三分之一，滲漉三分之一餘三分之一則逕流入江河而歸於海。此所謂拳估法 (Faustregel) 不過概略得之耳。以全地球論之逕流約為降水量三分之一。然就各地而論則大不相同。逕流與滲漉兩者量之多寡，關乎地面之情形甚多。地面平坦則滲漉多，坡斜則逕流多。地質堅密則滲漉微，疏鬆則滲漉多。地面不毛則逕流多，多薇（草木豐薇）則逕流少。至於晞耗則主要關於氣溫之高低，有風或無風，以及空氣中水分飽和之程度如何。地面上與水面晞耗之量亦不同。逕流濡緩，水停積途中，則多與晞耗以機會。水已滲漉入地，亦可因毛細管而上升，復晞耗於空中。或為植物生長所用。其他部分則行於地下，泌為泉源，流入於河。暴雨如注或山上積雪驟融，則平坦之地亦可水高數尺，所謂洪流 (Sheet flood) 逕流激增。若地面封凍，亦可為逕流加多之因。

1. 晞耗　空氣中可容水分多少在同樣氣壓之下，隨其氣溫而增。容水達於其極限者謂之飽和。一立方公尺空氣中可容水量 w 以（公分）g 計之在各級溫度 t 之下為：

$t°$ =	—20	—15	—10	—5	0	5	10	15	20	25	30
w =	1.1	7.6	2.3	3.4	4.8	6.8	9.4	12.8	17.2	22.9	30.2

氣溫之適足以令空氣中之水分達於飽和程度者名曰飽和點或曰露點。氣溫低於露點則空氣中水分由汽體而凝結為露。氣溫高於露點，則地面上之水得以蒸發為汽混於空氣中。命 m 為空氣中之絕對溼度，以 g/cum.（每立方公尺若干重公分）計之。M 為飽和量。r 為比較溼度。則 $r = \dfrac{m}{M}$。r 之值愈小，則溼度之懸差愈大，即晞耗愈強。按美國農業局(73)之試驗得

$$\frac{V(mm)}{M-m} = \frac{1}{12.3}$$

晞耗於任何氣溫皆所不免，而氣溫愈高，晞耗愈多。設令 t = 25° 時之晞耗為 100，則各級氣溫之晞耗有如下之關係焉(74)：

t =	25	20	15	10	5	0	—5	—10	—15	—20°C
V =	100	74	54	39	28	20	13	9	6	4

---

(72) Evaporation, Verdunstung 或譯為蒸發。茲本詩「白露未晞」譯為晞耗。

(73) U. S. A. Department of agriculture, Bureau of Plan industry, Bulletins 284 and 285.

(74) 仝 (73)

第一章 論 水

若以曲線表之，則如第十二圖。由此可見溫度高時，晞耗之增加激速也。勒薩氏 Leather 在印度之實驗(75) 得露天水面之晞耗

$$V = 2.0(\ln t - 1.74) + 0.33(\ln D - 1.60) + 0.36(\ln w - 0.125)$$

式中 V 爲 24 小時內之晞耗以 mm 計。

D = 100 減去空氣中之比較溼度。

w = 每日之平均風力 ln 爲自然對數之符號。據勒薩氏之聲明，由此式計算所得之數與實測者比較，相差不過百分之二至百分之七。

通常晞耗之量隨雨量而漲落。但各次之雨愈小，則所受晞耗損失愈大。故量雨者若降雨在 2mm 之下則不之計，因其不敷晞耗之損失也。

地面之形勢亦足以影響晞耗。據柯呂格(76) 命光平之地面晞耗爲 100，則

波縐之地面	V = 121
隆起之地面	V = 114
粗糙地面	V = 106

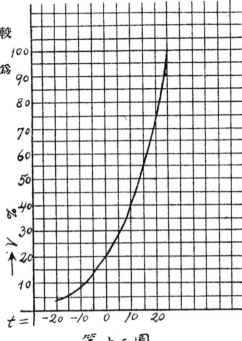

第十二圖

其他如土壤顆粒之大小(77)，土壤之色澤(78)，土壤涵水之多寡(79)，皆與晞耗之量有關。壚土晞耗多於沙土，霾土(80) 晞耗多於黃土，潭澤晞耗多於乾地。(81) 地下水面愈深，則晞耗之量愈減。最大晞耗發生於地下水面略低於地面之時。蓋水面有晞耗而土粒足以增其晞耗面積也。

通常水面晞耗大於赤裸之地面，而植物豐蔽之地面其晞耗又大於水面。在

---

(75) Biedermanns Zentralblatt fur Agrikulturchemie, 1914, 433)
(76) Kruger, Kulturtechnischer Wasserbau S. 18
(77) 粒愈細晞耗愈大，徑 1mm 以之土，晞耗可大於徑 0.07 之七百分之三十。
(78) 色愈暗晞耗愈大，黑土之晞耗可大於白土百分之三十二。
(79) 晞耗之量與涵水量成正比例。
(80) 霾土 moor 或譯爲蕪土。
(81) 漳深沮洳之地多寒多霧，亦此故也。

20　　　　　水　功　學　卷　一

英國(82) 以十三年之實驗，得653 mm 降雨之量
　　　　　　在草蔽地　滲漉193mm　晞耗460mm
　　　　　　在赤裸地　滲漉574mm　晞耗 79mm
故晞耗與滲漉在草蔽地爲77與29之比，在赤裸地爲16與84之比。然若赤裸之地飽和涵水，草蔽之地水給不足，則亦適得其反。腐草乾藁以覆地面，則又足以減少晞耗。甘肅，青海等處以凡石覆蔽地面以減少晞耗，以種瓜豆。

陸地晞耗關於水功者爲折減雨量，而得逕流之量，以計畫水功設施。其次則爲灌漑及排泄工程所必知也。

巴燕（Bayern）所用之器如第十六圖，爲一矩形之箱。用鋅片製成。底面爲一巴黎尺見方(83)。深二十公分。在箱底五公分以上，另設一節形之底 DD。箱旁有圓筒形之容水器，套入圓筒 B 內。容水器由 B 筒取出仰之。自活塞孔 E 實器以水。復放入 B 筒內。活塞之座與節形底同水平高。活塞開後，水流入箱至水面高及 DD。水被箱內土壤吸收。其面落下仍爲容水器內之水流入補足。

觀察時先令箱內之土因毛細管吸力自箱底吸收水分，至以指試之覺涇潤爲止。乃扭開活栓F 而放其餘水。開閉活栓，而以預知定量之水加入箱內至一定時後，復扭開活栓，令水流入一量杯內而驗其損失若干，以得晞耗之量。唯須注意者箱內之水不可使之缺乏耳。

又含鹽質之水晞耗遜於甜水。故海水之晞耗，只約得甜水晞耗70%。

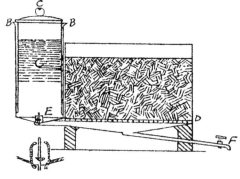

第十三圖

晞耗之量爲從事水功者所必求知。尤於農功溉灌及開闢運渠，計算應需水量關繫甚大。且必求知各月晞耗之量及熱季最大之晞耗。計算晞耗，莫若用與雨量之同一單位而計其損耗。計雨量者用英寸或公厘，計晞耗亦然。名曰晞耗之高（Verdunstung Shöhe）晞耗之高有以年算者，有以季算者，有以月算者，有以日算者。如曰一渠中晞耗之高一歲中爲 500 mm，其意即謂渠中之水在一歲中因晞而耗者其量爲渠水之總面積乘以 500 mm 之高也。

（82）　Der Kulturtechniker, 1906, 101
（83）　巴黎尺爲法國昔時所用其長等於 0.324839 m

第一章 論 水

量唏耗之器。名曰唏耗計。或曰蒸發計。西文名 Atmidometer。或曰 Atmometer。或曰 Evaporimeter。量水面唏耗器之簡單者若美國地質測量會所用，名曰 Evaporating pan。如第十三圖所示。以鍍鋅之鐵為之。面積 3 英尺見方。深 1 8 英寸。置之水中而繫木製或金類製之浮子以防其沈。器中懸置黃銅量尺，劃度於數斜桿上以顯極小之度數。如第十三圖。

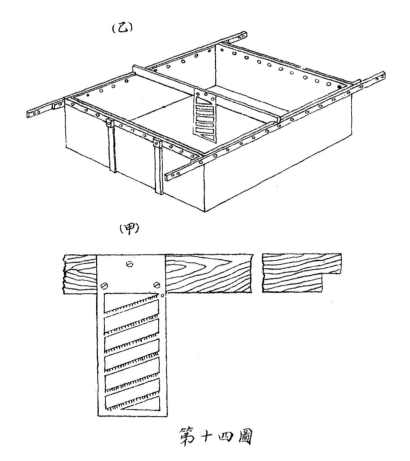

第十四圖

安設唏耗計，須極注意器內之水，令與周圍之水同一溫度。其地位須令器內水面受風情形與所量水面平均受風情形無貳。器內外水面須低於器壁上沿者三四寸，以免波浪侵入。而器內之水不至翻出。

維爾多 (H. Wild) 在聖彼得堡創製一器。顧慮周詳。如第十四圖。A 為晞耗盂以鋅片製之。盂沿鑲以黃銅邊。精密劑圓直徑357.2mm(公厘)。盂口面積為1002.1□cm(平方公分)，而盂中之塞B佔去2.1□cm 故盂中水面積恰為一1000□cm。盂塞B為一圓筒。由盂A通至C筒上有缺口h。所以盂內受雨過多，水面過高時，使其過多之水得由h流入C內。而C內之空氣則自旁管D而逸。C及器之他部亦皆以鋅片為之。其下更連一筒。有活栓E以放水。有加重F以定其浮沈。F之重以使全器加水一公升而沈下，至器沿高出水面15 mm為準。器沿有鉤SS懸於固定於兩岸之二金類絲上，以免器之沈落。盂內

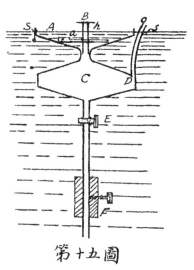

第十五圖

附有寒暑針G以驗水之溫度。其水銀球用金類罩護之，以免受日光照射。晞耗水量亦用量杯。杯上每5 cu.cm.劃一線。故每一劃線，合晞耗之高為 $\frac{5}{1000}$ =0.005 cm = 0.05 mm。全器安設已就，則閉活栓E，加盂內以水恰一公升。

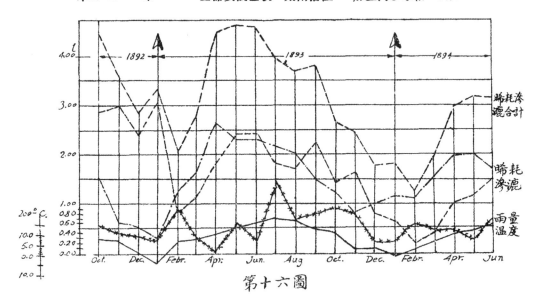

第十六圖

第一章　論水

觀察時先驗寒暑針若干度。去孟塞 B，令孟內水盡流入受器 C。取出全器。置于一特製架上。以量杯盛於器下端筒口。開活栓 E，令水注入盅杯而量之。若觀察以前未曾落雨，則器內水之損失，即為晞耗之水量。若曾落雨，則於器內水中減去雨量，再計其損失，而得晞耗之量焉。欲得雨量，最好於晞耗計旁更設一量雨器，大小相等為宜。

寒沍之期。觀察晞耗可以暫止。因結冰之際，晞耗幾為無有。而器則大易受損傷也。

第十五圖為道特蒙脫愛姆司渠 Dortmund-Emskanal 1892十月至1894六月之記載，可作顯示雨量，晞耗，滲漉之模範。試驗所在里倍 Lippe 附近。表內含每月平均晞耗。兼示每月平均溫度及雨量與滲漏焉。

第九節　滲漉(84)

滲漉者雨降及地滲入土中之謂也。

滲漉之量。或量降洩之水量而知之。或用滲漉計 (Lysimeter, versickerung-messer) 量之。

閔欣(München)大學教授窩爾內(85)(Wollny)曾製一器以量滲漉。如第十六圖。為方形之鋅器寬20 cm，深30 cm，中容一節形之底。以盛土壤及一漏斗。漏斗以橡皮管連於一瓶器。周圍用木作筐。兩壁相距 15cm. 內實以土，以防外熱侵入試驗器內。窩爾內以是器兼驗滲漉晞耗及容留土內之水量焉。

窩爾內由試驗得滲漉之量常隨雨量而增減。且知晞耗量少者滲漉量常多。土質容留水量少者滲漉常多。土質愈疏漏，滲漉愈多。而尤足以影響滲漉者則為地面為草木掩蔽之情形云。

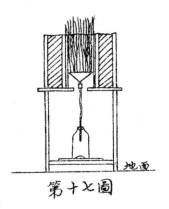

第十七圖

第十節　逕流(86)

凡降落之水不歸於晞耗及滲漉二途者，則歸於逕流。滲漉之水一部分猶可再及地面，復晞耗於空中。晞耗之水苟不逸出本流域之外，猶可一部分再凝降於地。此大循環中之小循環也。惟是逕流之水，則由地面而溝澮，由溝澮而溪澗，由溪澗而江河，由江河而歸海，完全在大循環之途中。

---

(84)　滲漉 Versickerung, penetration，史記司馬相如傳「滋液滲漉」

(85)　Wollny, Forschungen a. d. Gebiete der Agrikulturphysik.

(86)　逕流 Abfluss, run off.

逕流之水雖趨河中，而河中尋常流量（低水時）則非資乎逕流，乃取給於泉源（地下水之露出地面者）。惟河水漲溢乃受逕流之賜。故計算逕流爲防洪及排水工程所必要。

第十一節　論流域及河水之供給

周禮考工記云：凡天下之地勢，兩山之間，必有川焉。慎子曰：兩水夾行，其中必有山。蓋山之於水，相互而成。山之顚崎，水削之也。水之回曲，山限之也。河水之源，不外乎雨。雨之入河，以地面逕流爲直接，以滲漉及潛流（地入水）爲間接。間接之供較爲有恆。直接之供消長無定。凡河水漲落實逕流司其樞紐。逕流多寡，一則視雨量高低，再則視流域大小。何謂流域？夫兩水夾行之山，雨降其上，必兩途分流。一歸此川，一歸彼川。分流之界必在山脊。其理與屋脊之水分流屋之兩面無異。故名曰水脊。一名分水嶺（wasserscheide）(87) 今自一河之口，左右兩側，各沿其分水嶺線窮源竟委，以達其最上泉源。則左右分水嶺線必交過一點，而成一連瑣之式。其中包括之面，是爲此河之流域。（Niederschlagsgebiet）(88) 其面積則名流域面積（Flächeninhalt des Niederschlagsgebietes）。流域面積愈大，即此河承受雨水之面愈大，則此河承受之雨水愈多。故有事水功者於雨量外，尤必知流域面積。

流域面積之大小欲準確定之，須有適用之地圖。圖之有等高線(89)者尤佳。凡河流自任何點起，皆可定其流域之大小而計其所受雨水之多寡。如第十七圖 (90)。欲知河流甲點所承受之雨水若干，則自甲點起向左向右各作正交線於其相隣之等高線。（此線不必爲直線）自其交點復作正交線於次隣之等高線。如此例推，蟬聯遞上，以至於其上端丙點交遇而成分水嶺線。則此線之內爲此河甲點以上之流域也。蓋雨循山坡而下，必覓逕直之路。各等高線以正交線相聯，則在此聯線內之雨水必流於甲點之上，復流過甲點。而在此聯線外之雨水則不能流至甲點也。（作分水嶺線時必注意於山峯之聯絡。每至一峯分水嶺線必隨山脊曲折聯絡。若誤則混入他水流域，不可不愼。）

以已知每年平均雨量之高（以公厘計）減去晞耗滲漉之損失，以與流域面積相乘，則得一年中流入此河之雨水凡若干。以月以日以時計之亦可。

凡河水於一秒間流過一橫剖面之量，（以立方公尺計之）名曰瀉量(91)。

---

(87) Water shed
(88) Catch basin
(89) Hohenlinien, contour lines
(90) Breed and Hosmer, the Principles and practice of surveying.（圖中甲處爲壩，其上陰線面爲水庫，
(91) Abflussmenge, discharge, debit

第一章 論水

亦有稱流量者（Abflussmenge）瀉量須量而得其確數。（法詳下章）若已知每年平均流入該河水量，而以秒數除之，則得平均雨水瀉量(92)。（地下潛流未計在內）盛雨之季。以最大逕流量乘流域內受雨面積。（可以估計）亦可得可慮之最大瀉量。凡此皆有事水功者，不可不知也。

若以流域面積（以平方公里計），除該河瀉量（以公升計），則得流域中每一平方公里每秒中平均流水若干公升。名曰瀉量係數(Abflusszahl)(93)。以實降雨量總數與瀉量相較，即得啼耗滲漉之損失總數，（亦算作公厘之高與雨量同一計法），名曰損失之高。(94)

茲舉德意志數河實例。以顯瀉量與水位及流域面積之關繫

河　　　名	地　　名	瀉 量 係 數			流 域 面 積
		低水	中水	高水	
凡 克 塞 爾 Wveichsel	Montauerspitze	2.3	5.0	54	192,814　SqKm
奧　　多 Oder	Kosel	1.6	5.0	154	9,103　,,
愛　爾　貝 Elbe	Magdeburg	1.0	5.3	45	94,944　,,
維　　塞 Weser	Hoya	2.1	7.8	134	22.300　,,
萊　　因 Rhein	Röhn	4.6	14.4	71	44,612　,,

右表中瀉量係數以每平方公里（Sq.km）若干（Liter）計。流域面積以平方公里計。低水（N.W.），中水（M.W.），高水（H.W.）(95)指水位而言。詳下第三章。由此表可見瀉量流域及水位之關繫焉。各河低水中水，其瀉量係數較為有恆。至高水則增減相懸甚。其故由於低水中水河水供給，由於湖泊及潛行地下之水者多。各河相差無甚。至高水則逕流軒輊為最。至表中萊因河中水低水之瀉量係數所以獨較他河為多者，其故有三。(一)夏時阿爾布冰川融解流下。(二)高山夏令多雨。(三)寶丹大湖(Bo-densee)容蓄甚多。山中雪雨翕受滿盈，而逐漸泌流入河，故特多也。又由表中高水瀉量係數與流域面積比較

(92) Oberirdischer Abfluss.
(93) 向有以公畝，或英制計算者，今為劃一計，統用平方公里
(94) Verlusthohe
(95) 亦稱洪水

，可知流域面積鉅者其瀉量係數反減。此例不但於數河相比爲然。即一河域之中，分而論之。亦莫不然。蓋大水至時支流漲波未能與幹流最高水位即時相遇。而下游地勢平衍，氾濫愈寬，亦足以滯其流瀉也。

稻克米脫 (Tolkmitt) (96) 由多數測量結果。求得下表中適中之數。若河之瀉量未經測量，可以用此數按其流域大小，估計其瀉量焉。表中之數爲河域中每一平方公里之瀉量係數以公升計。(97)

適中瀉量係數表

一、低水位
(甲)平衍或培塿之地土質不甚疏漏者每平方公里　0.5—12.0 公升
(乙)平衍之地多湖及林者每平方公里　1.2—2.0 公升
(丙)山地植林與培塿之地土質疏漏者　1.6—2.4

二、尋常夏令水位

三、平均高水位流域面域過 500 平方公里者
(甲)平衍之地多湖且汎濫區廣者　15—40
(乙)平衍或培塿之地土質疏漏者　30—80
(丙)同上土質不甚疏漏者　60—150
(丁)山地無不毛之石面者　80—200

以流瀉之量與總雨量相比，名曰瀉量比率。(98) 其法以流域內面積除總有瀉量，得流瀉之高(99)，以公厘計之。（蓋設想以總有瀉量勻佈於流域內而計其高。再以與總雨量高相比，即爲瀉量比率）。設 Q 爲某一處每秒之平均雨量以公升記之。F 爲該處以上之流域面積，以平方公里計之。R 爲一年中雨量之總高，以公厘計之。則流瀉之高爲

$$f = \frac{Q \times 86400 \times 365}{F \times 1000 \times 1000} \text{ mm}$$

瀉量比率爲　$U = \dfrac{f \text{ mm}}{R \text{ mm}}$

瀉量係數爲　$K = \dfrac{Q}{F}$ liters/sqkm

而　$f = 31.536 \, k$

若以月計，則　$f = 2.628 \, k$。以日計，
則　$f = 0.086 \, k$。以小時計　$f = 0.0036 \, k$。

---

(96)　Tolkmitt, Grundlagen der Wasserbaukunst, Berlin, 1907
(97)　在中國當然不適用，且南北氣候遠不相同，須按各地氣候及地質情形，另作估計。
(98)　Abflussverhältnis
(99)　Abflusshöhe

第一章 論 水

瀉量比率亦可以百分計之。德意志七大河流瀉量爲雨量之 31.40%。法國塞因河爲 33.50% 又薩隆河爲 38%。美之米細細比河平均 15% 至 25% 而其小支流則至 90%。山嶺之地雨水之逕流者多，如瑞士阿爾河(Aar)爲 82%，而日本狩川則至 92% 及 98% 焉。

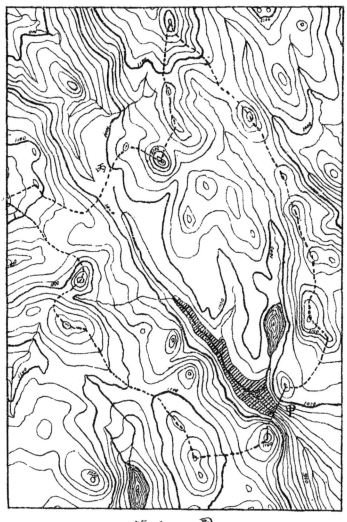

第十八圖

第二章 水力學及量水之法

第一節 通論

水工之事或以利農，(1) 或以產能(2)，或以便交通(3)，要皆非洞悉水之力之作用不可。水之機械力不出乎三類，曰壓力 Druck-，曰碰力 Stoss-，曰摩擦力 Reibungskraft。

水號爲流體而非爲理想之流體(4)也。故其內體有摩擦，名曰內摩擦 Innere Reibung, (5) 與他物相接有摩擦，名曰外摩擦 aussere Reibung。水流於管內或河及渠內，則與管及渠之壁相接所生之外摩擦，名曰壁摩擦 Wandreibung，與河床相接之外摩擦，名曰床摩擦 Bettreibung。水之流動爲外摩擦力所影響者，水愈小愈著。若大水則受其影響甚少。故若江，若淮大水之時，外摩擦之影響，幾乎微矣。至於海岸之海溜，則岸與底之摩擦更可不計。若小水則不然，尤以水管中流水爲甚。

水中所含之坭如黃河中之坭，常有脂膩之性而減少外摩擦(6)，此又不可不知也。

水力學(7)者力學(8)之一支派，端以研究流體靜動之態，凡力學上之基本定理如紐頓定律(9)，答郎貝爾之定則(10)皆與固體相同而莫之違焉者。水力學亦分靜力學及動力學二種。本書非耑門水力之作，故但擇其要端常用於水利工程者槪略述之。

水之物理的性質如下：

(甲) 重量　尋常之水每 $1 m^3$ 重 $1000 kg$ 或 $1 t$ (啢) 海水以含鹽之故略重，約爲 $1.025 kg/m^3$。

---

(1)　灌漑 Irrigation 及排水 Drainage
(2)　電能 Electric Power
(3)　航運 Navigation
(4)　Ideale Flüssigkeit 無絲毫摩阻力之流體
(5)　分子間之互相摩擦
(6)　見 O. Franzius, Regelung des Huangho
(7)　Hydraulik, Hydraulics
(8)　Mechanik, Mechanics
(9)　Newton's law
(10)　Princip d'Alembert

第 二 章 水力學及量水之法

水之重量因溫度高低不同而略有差異。蒸溜過之水其重如下[11]：

溫度 C°	(kg/m³)	溫度 C°	(kg/m³)	溫度 C°	(kg/m³)
−3	999.59	16	999.00	55	985.85
0	999.87	18	998.65	60	983.38
+3	999.99	20	998.26	65	980.74
4	1000.00	22	997.83	70	977.94
5	999.99	25	997.12	75	974.98
6	999.97	30	995.76	80	971.94
8	999.89	35	994.13	85	968.79
10	999.75	40	992.35	90	965.56
12	999.55	45	990.37	95	962.19
14	999.30	50	988.20	100	958.65

又冰水及雪之比重關係如下：

冰	C°		
溫度	−20	−10	0
比重	0.9203	0.9186	0.9167

水	C°						
溫度	0	+4	10	20	30	40	50
比重	0.99987	1.000	0.9997	0.9982	0.9958	0.9923	0.9882

雪　　比較乾者　　比較含水分多者
比重　0.1—0.13　　0.2—0.3

水之彈性系數在 0°C 時為

$$E = \frac{1.0333}{0.00005} = 20,666 \text{ kg/cm}^2 = 21.00 \text{ kg/cm}^2$$

水之粘性隨溫度 T (C°) 而大異，其粘性系數 η 之變化，有如下式：

$$\eta = \frac{0.0000\,1814}{1 + 0.0337T + 0.000\,22T^2} \text{ g.s.cm}^{-2}$$

(11) 以下二表見日本農業土木學所編農業土木ハンドブツク 又 Forchheimer, Grundriss der Hydraulik S. 4 所載之數第四第五小數與此有參差。

T	8°	10°	12°	14°	16°	18°	20°	22°	24°
$10^6 \eta$	14.13	13.35	12.63	11.97	11.37	10.81	10.30	9.82	9.31 g. s. cm^{-2}

第二節　水之靜壓力

按尤勞氏（Euler）之定理施於單位容積之物質 μ 之外壓力 dp，按十字交軸系其分力爲 X, Y, Z, 則

$$dp = \mu(X\,dx + Y\,dy + Z\,dz).$$

在靜止之水只有重力順 Z 軸方向施於其上，故 $X=0, Y=0, Z=g$,

$$dp = \mu g\,dz = \gamma dz,$$

若 $\mu g = \gamma =$ 水之單位容積之重量。

故靜水表面（Niveau）之下，等深之處，壓力皆相等，因水之深度而增。又按巴司咯（Pascal）定律在均衡狀態（Equilibrium）之下，任何一面分之水所受壓力與其方向無關，此由於水分之易於滑動也。

靜水表面只受大氣壓力 $p=C, dp=0$，又 γ 之值在工業上亦可作爲一定，$\gamma = 1\,t/m^3$，故由前式得

$$p = \gamma z + C.$$

若水面上之大氣壓力可以不計，則

$$p = \gamma z.$$

依此故水面下任何處之壓力皆等於水柱之重，以面積單位爲底，以該處之水深爲高，其壓力之方向常正交於任何方向之面上，俱如上述。

大氣壓力亦作重量單位名曰氣壓[12]別爲新舊二種：

舊制　1 氣壓 $= 1.033\,kg/cm^2 = 10.33\,m$，在 4°C 溫度下水柱之重，或 $= 760$ mm，在 0°C 下水銀柱之重。

新制名曰米突制氣壓 $= 1.00\,kg/cm^2 = 10\,m$，4°C 下水柱之重，或 735.5 mm 0°C 下水銀柱之重。

第三節　壁面之水壓力

甲）平面壁　設 AB 爲水面，BC 爲壁面，二平面之交角爲 ϕ，則 $Z = y\sin\phi$（視第十八圖），

$$p = \gamma \int z\,dF = \gamma \sin\phi \int y\,dF,$$

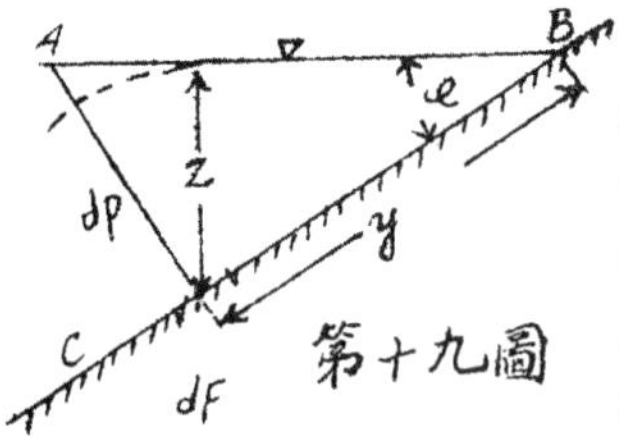

命 BC 壁面之重心與水面及壁面之交線相距爲 e，則

$$\int y\,dF = eF,$$
$$p = \gamma F \cdot e \cdot \sin\phi.$$

第十九圖

（12）Atmosphäre, atmosphere

第二章　水力學及量水之法　31

惟 p 之着點(合力(13) 之着點)不在 BC 面之重心點而在其下若干，命其距水壁二面交線爲 Ya

按伏希亥梅 Forchheimer(14)

$$Ya = \frac{Is + e^2 F'}{eF} = \frac{Is}{eF} + e,$$

式中 Is 爲壁面之安力率(15) 以穿過壁面重心而平行於水壁交線之一直線爲軸。

例題一　壁面寬 b // 水面，高 $h \perp$ 水面，所受壓力 $p = \gamma ebh$,

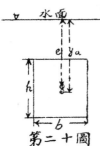

第二十圖

着點距水面 $Ya = \dfrac{\frac{1}{12}bh^3}{ebh} + e = \dfrac{h^2}{12e} + e$

例題二　若上題中之壁面，易矩形爲平圓，則

$$p = \gamma \pi er^2,$$

$$Ya = \frac{\frac{\pi}{4}r^4}{e\pi r^2} + e = \frac{r^2}{4e} + e,$$

乙) 曲面壁　1) 單曲面如圓柱面 BC, 在水深 Z 之下其面分 dF 所受正交壓力爲：

$$dp = \gamma z dF,$$

可分之爲二分力：

$dp_x = dp\cos\phi = \gamma z \cos\phi \ dF$

$dp_z = dp\sin\phi = \gamma z \sin\phi \ dF$

命 $\cos\phi \ dF = dF_x$, $\sin\phi \ dF = dF_z$ 則

$P_x = \gamma \int z dF_x , P_z = \gamma \int z dF_z$

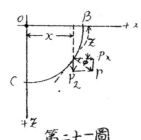

第二十一圖

$P_x = $ H 爲平衡分壓力，等於施於 BC 壁面在垂直面 OC 上之投影面上之水壓力。其着點可按甲下平面壁所論一例求之，在水面下

$$Z_0 = e + \frac{Is}{eF_x},$$

P_z 爲垂直分壓力，等於以壁面，水面及經過 B 及 C 二界線之兩垂直平面爲界之水體之重。其着點即爲該體之重心點。

---

(13) Resultierende Kraft, resultant force
(14) Forchheimer, Grundriss der Hydraulik, S. 6.
(15) Trägheitsmoment, moment of inertia, 水利處水利工程名詞草案作慣性力率

水功學 卷一

二分力合之力 $P = \sqrt{P_x^2 + P_z^2} = \gamma\sqrt{(\int z dF_x)^2 + (\int z dF_z)^2}$

其方向角之餘弦爲：

$$\cos\phi = \frac{P_x}{P} \text{ 或 } \cos\left(\frac{\pi}{2} - \phi\right) = \frac{P_z}{P}$$

例題（第廿一圖）BC 爲堰面一部分，其所受水壓力可分爲平衡分力 $P_x = H\gamma e F_x$（e 爲壁面投影重心在S水面下之深，F_x 爲壁面之投影AD），其着點在水面下 $Z_0 = e + \frac{k^2}{e}$，$k = F_x$ 之安力率以爲軸之半徑，$(F_x k^2 = I_s)$，其次則爲垂直分力 $P_z = V = $ BCFE·1 水體之重，其着點即爲該體之重心點 Σ。二分力之合力 P 經過二分力之交點 N。

2) 複曲面如球面等，水壓力着於此等曲面之面分，可分爲三分力，一垂直，二平衡而皆相正交。垂直分力又等於垂直水柱體之重，上以水面爲界，下以壁面爲界；平衡二分力則各求兩垂直平面上之壁面投影而算其水壓力加上。三力合爲一力，若曲面對兩垂直平面中之任一能對稱則可能。否則爲兩交叉之分力或一單力及一力偶[16]所代。

例題（第廿二圖）八分之一球體面，頂面齊於水面，其所受水壓力分爲三分力，互相正交：

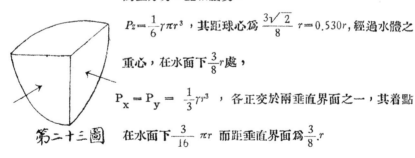

第二十三圖

$P_z = \frac{1}{6}\gamma\pi r^3$，其距球心爲 $\frac{3\sqrt{2}}{8}r = 0.530r$，經過水體之重心，在水面下 $\frac{3}{8}r$ 處，

$P_x = P_y = \frac{1}{3}\gamma r^3$，各正交於兩垂直界面之一，其着點在水面下 $\frac{3}{16}\pi r$ 而距垂直界面爲 $\frac{3}{8}r$

（16）Kräftepaar, couple of force.

附註 Plenkner 在 österreichische Wochenschrift für Bandienst 1912, S. 600 著文謂尋常所用計算曲面水壓之法所得結果失之過小。

第二章　水力學及量水之法　33

丙）**上拖力**(17) 加以一固密之物體沈之水中，則該體所受水壓力之平衡分皆互相抵消無餘，而垂直分力則合成一向上之力，無論此物體之形態如何，此力皆等於被該物體所個出水體之重。(Archimedinhes Prinzip)

$$A\gamma = \cdot V$$

式中 A 命為上拖力，可拖物體向上，γ 為水之單位重，V 為個出水體之重。

以此之故，凡建築物體之奠基於水下者，必須注意及此。按沙白(18)Schaper 之試驗不僅全上拖力之一部分有效而其全力或近於全力有上拖之效也。

第四節　水之流動

甲　**貝努利定理** Bernoulisches Theorem. (19) 水由高就下，如第廿三圖由 A 至 B，二點位置之高相差為 h，則按物理學物體墜落，其速率至 B 為

$$v = \sqrt{2gh} \quad , \quad h = \frac{v^2}{2g}$$

假令水為完全流體，設其重為 G，則由 A 至 B 後，流體內蘊蓄之「能」為 $Gh = G\dfrac{v^2}{2g}$ 設水於 B 忽然被阻，則其蘊蓄之「能」，可以激水至其原有之高。

水力學計算「能」量流以高（公尺）計之。如自同一平衡面算起 h_A 及 h_B 為流體在 A 或及 B 時之位能，h 即為流體由 A 至 B 之動能。今以 h_k 泛代動能，以 h_p 泛代位能，又以 h_d 泛代流體在其位置所受超過氣壓之靜壓力之高，$h_d = \dfrac{P}{\gamma}$；P 為壓力，γ 為流體本重，則

$$h_d + h_p + h_k = 恒$$

即三種「能」之總算，在任何處皆相等也。此為貝努利定理。

(17) Auftrieb, buancy, upward pressure
(18) Zeitschrift für Banwesen 1912, S. 469 u. 522.
(19) Daniel Bernoulli, Basel 1738.

第五節　測量

測量流速流量之術亦多矣。茲但述其常用者四端如下。

一　直接量法　水量之甚小者，導而入之於已知容量之器內，測定其注滿所需之時。

二　滾水堰量法　用於水溝及小溪。其流量不甚大者甚宜。法如第二十四圖，以木板上削方口，安入水中，傍岸及底，俱用土及薪草掩覆嚴密，使水不致由旁及底浸出。但須預先將板下水眼填塞完固，土質之疏漏者，此法多難施行

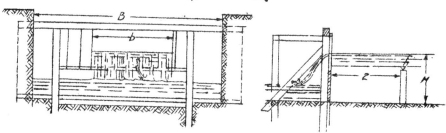

。若測量之事須常用者，（如灌溉渠類）則可設堅固耐久之堰，但其費較多，不適於普通用也。滾水沿作尖削形，劈斜向下，且須準確平衡。堰口可隨意加卸豎板，以定其寬狹。堰上相距至少 2 公尺處打一方椿入地，使其頂與滾水沿齊高，名曰量水椿。滾水之高 h 即於此處量之。滾水沿之寬，須限制之，使滾水高至少不下 10 公分。既知滾水之寬 b 及其高 h，則其流量 Q 可由公式

$$Q = \frac{2}{3} m\, b\, h\, \sqrt{2gh} \quad \cdots\cdots\cdots\cdots\cdots\cdots (1)$$

算之。式中 b 及 h，俱以公尺計之。$g=9.81$ 為地重加速率。m 為一係數，關乎水堰口之逼縮強弱。堰口寬而低，則 m 之值增，堰口高而狹，則 m 之值減。昔者水理未精 m 之值多粗略估為 $m=0.665$ 罕腦勿教授佛里司[20] 以多年之測驗。定為下列各算式以求 m 之值。

$$m = e \cdot M_0 \quad \cdots\cdots\cdots\cdots\cdots\cdots\cdots\cdots (2)$$

$$M_0 = 0.5755 + \frac{0.017}{h+0.18} - \frac{0.075}{b+01.2} \quad \cdots\cdots (3)$$

---

(20) Prof. Frese in Hannover

第二章 論水　　　35

$$e = 1 + \left[0.25\left(\frac{b}{B}\right)^2 + K \right] \left(\frac{h}{H}\right)^2 \cdots\cdots\cdots(4)$$

$$K = 0.025 + \frac{0.0375}{\left(\frac{h}{H}\right)^2 + 0.02} \cdots\cdots\cdots\cdots\cdots(5)$$

式中 B 及 H，爲堰上灘高水面之寬及深，以公尺計之。算法先由 (5) 得 K，再由 (4) 得 e，又由 (3) 得 M_0，終之則由 (2) 得 M。算式 (1) 須滾水上水之速率甚微始能合用。(2) 至 (5) 各式須常令 B 大於 b 令水兩旁亦受過縮始能合用。

三　流速器測量法　流水之大者，欲確定其流量，須先測其流速。測流速器之最通用者。在歐則爲窩爾特滿。(21) 制。在美則有布萊司(22) 制。茲分論之如下。

(一) 窩爾特滿制，如第二十五圖。器具橫軸一 (a)。其端有螺翼二葉或多葉 (b)。軸身有無端螺旋。(圖中爲軸套所蔽弗現)另有二輪記數器 $(c.d)$。其軸竚於橫桿 (e) 中。(e) 點一端爲彈條 (g) 所牽。更有一線 (i) 繫於其上。器入水自水面上拉其線，則二齒輪之一其齒銜入無端螺旋中適軸而轉。h 爲舵面，所以使流速器之位置，順乎流向也。全器套於一豎圓桿上，可上下推移，用螺挾箝緊，以測水中深淺各處。測時或由

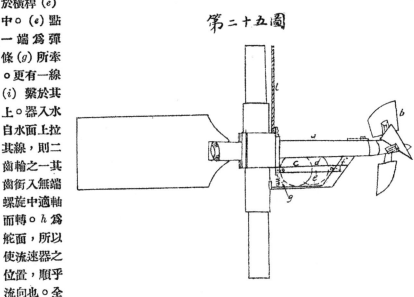

第二十五圖

(21) Woltmann
(22) Price

橋上，或由投錨之船上放器下水。豎桿之一端，帶一圓盤，以免桿深入鬆泥。若水甚深，則可以鍊或鐵絲繩代之，並懸一重物，以免器爲溜所搖不能垂直。器自垂入水中，則螺翼隨水之速率而轉，測者以手拉緊 i 線，令記數齒輪隨同旋轉，同時觀察時表（最好用止表）之秒針。按流速之緩急，歷過五十秒百秒或一百五十秒，復放鬆之。探器出水察記數輪所指旋轉次數。（記數輪上須預先撥令指 0 點）以經過之秒數，除旋轉之次數，即得每秒之旋轉次數。惟每旋

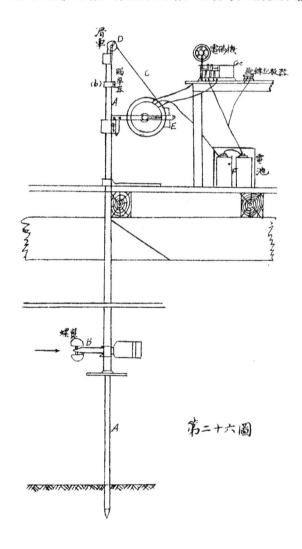

第二十六圖

第二章 論 水

轉之數,可當水之速率若干,則須預先校對之。其法以器入止水中,令依預定不同之速率行動,則器行水止,與器止水流,其效相等。視察其螺翼旋轉之次數,由已知之速率以驗其旋轉。反之則由旋轉,可以推知其速率。由校對之結果,可以推得速率與旋轉次數相關之算式。若速率之大者可命

$$v = an$$

速率之小者可命

$$v = bn + \sqrt{Cn^2 + d}$$

式中 v 爲每秒速率以公尺計。n 爲旋轉次數。$a, b, c,$ 及 d 則爲次數。須用多次校對之結果以定其值。

用此器測量流速。每次須探出水面而驗其記數。頗形不便。第二十六圖爲哈拉惡氏改良之器。AA 爲一筒捍。流速螺翼器套於其上,可上下滑移。其橫剖面如第二十七圖。筒身有豎長隙子。螺翼器滑動其間。可令螺翼軸線與河之橫剖面正交。螺翼套筒 a,下連一盤,以防器陷入泥中。螺翼器以鐵絲吊繩 K 繫之繩上。由一滑車 D 繞於一轆轤 E 絞上而轉之,可使器上下動。轆轤上有指針。以示器入水之深。螺翼器之軸上有一盤,半鑲以鉑,半鑲以象牙,有接觸彈條二置於其上。彈條俱以金類質製之。但一用硬橡皮絕緣一則否。另有一導線由絕緣之彈條,亦絕緣於吊繩而達於上。螺翼每轉一週。即生一電流傳於水面一電碼機上。螺翼旋轉之次數。即書於一紙條上。

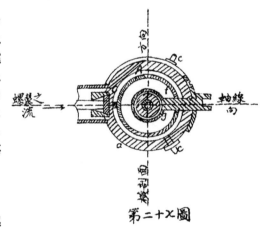

第二十七圖

布萊司之器。如第二十八圖。頗輕靈。以渦輪代螺翼輪。具錐形滴斗六。旋轉於平衡面上。至其用分二種。一用電話制。一爲聽筒制。渦輪之軸枕伸入二皿中。內含空氣及油。令水無由入。上端軸枕之上。有一小氣房。輪軸伸入其內。水不能入此電室。軸上有無端螺旋以動轉一二十齒之小齒輪。輪上有小釘一。每旋轉十次。則撥動一小鎚擊氣房上隔膜。其聲由空筒經相連之橡皮管。以傳於接耳之聽筒。

電話制以絕緣之二導線,一端連於器柄上及渦輪軸之二接觸彈條,一端則

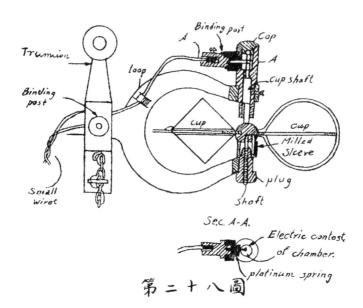

第二十八圖

由弔繩上連於電池及聽受器渦輪。旋轉之次數。可於聽筒中數而計之。

計算流量，先須測知水之橫剖面冪。命該面冪爲 F 以平方公尺計。流速爲 V 以每秒若干公尺計。則流量爲

$$Q = FV \dots\dots\dots\dots\dots\dots\dots\dots\dots\dots(6)$$

此式假定橫剖面中水之流速俱相等。但實際則不然。水之速率，各處俱異。須於各點測其速率。而與其所屬之分面積 f 相乘積而加之則得

$$Q = \Sigma\ fv \dots\dots\dots\dots\dots\dots\dots\dots\dots\dots(7)$$

或用平均速率 $Vm = \dfrac{v_1 + v_2 + Vn}{n}$

而仍用 (6) 算式　　$Q = F\ Vm$

用流速器測量。法將河之橫剖面豎分爲若干段，如第二十九圖。於每一段之中線，用流速器測不等深各點之速率。自河底附近起，以次而上，每次提高至多一公尺，以至切近水面。豎分段之多寡，按河身大小及測量之時間而定。無論如何，須於一日內測完。近兩岸處宜分之較中流者密，因速率至此變易甚驟也。以一乖線中各點所測之速率，用一比例尺，以每秒 1 公尺等於 2 公分。

第二章 論　水

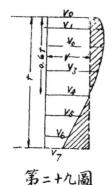

第二十九圖

畫之於紙上。則所得之圖大抵如第三十圖所示。水面速率 V_0 及河底速率 V_8 不能實測。可延伸速率曲線以得之。最小之速率在河底，最大之速率按風力強弱及其方向，在水面下 10 至 30 公分。若將垂線與曲線間之面積，變作直方形，則其寬為該垂線內之平均速率。又將各豎段之平均速率度之於水面上則得圖如第三十圖所示。又將水面直線及曲線間之面積，變為直方形，則其高即為全橫剖面之平均速率 V_m 由此計算流量

$$Q = F V_m \cdots\cdots\cdots\cdots\cdots(8)$$

流速在橫線上之變異，不如在垂線上之變異，蟬聯有律。且因河底凸凹，時有驟大驟小之態。惟所可必者，愈近兩岸，速率愈減小耳。流速最大之處，名曰溜線。

四　浮子測量法　用流速器測量誠速矣。但手續繁而費時，故常以浮子測量水面之流速代之。其法覓河身整齊一段，以無彎曲為宜。相距至少 100 公尺。探測橫剖面三處。若河流急，河身廣，則其距離宜更長。而中間一橫剖面，尤須探測準確，用以入算，名曰中剖面。浮子用圓木盤，厚 7 至 8 公分，直徑 20 至 30 公分，下附以鐵或石，以加其重，使浮子露出水面，僅 1 至 2 公分，則所受風力極微

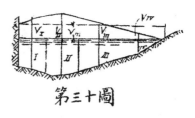

第三十圖

。自距第一橫剖面上游約 20 公尺，將浮子拋入水中，而驗其自第一橫剖面流至第三橫剖面，所需之時以秒計之。以其秒數除橫剖面之距離，則得浮子於中剖面，上下二段之速率，取二段速率之平均值命為浮子經過中剖面之速率。此種測量，可反復多次。在較小河道中，雖拋浮子不一其處，而浮子因自然流向，順同一道路流下。由多次測量結果，取其最大者，名曰最大水面流速。命為 V_{max} 而命平均橫剖面流速為 V_m。瓦格內(23) 氏由多數之流速螺翼器及浮子測量實驗。得一算式如下。

$$V_m = 0.705\ V_{max} + 0.0001\ V^2_{max} \cdots\cdots\cdots\cdots(9)$$

流量 Q 即為平均橫剖面流速與中剖面冪 F 相乘之積

$$Q = V_m\ . \ F \cdots\cdots\cdots\cdots\cdots\cdots\cdots(10)$$

若河道較大，則浮子拋後，其所行之路常不同一。每次浮子經過中剖面，

---

(23) Wagnor

其位置須由岸上測量角度以定之。每一路浮子並須測量多次，各取其平均值。中剖面可分之爲若干豎段，其面積爲 f_1, f_2……等。每分段剖面流速之平均值 V 可由其水面流速 V_0 用下式算之。

$$V = 0.836\ V_0 \quad\quad\quad\quad\quad\quad (11)$$

而其流量即爲

$$Q = \Sigma\ f\cdot v \quad\quad\quad\quad\quad\quad (12)$$

此法較他家算式(如直博阿 Du Buat 布柔尼 Prony 喀寧哈姆 Cunningham 哈拉惡 Harlacher 茲不贅)俱爲可恃。

又有各家實驗平面橫剖面流速與平均水面流速之關係，得二者平均約相等。但有時則相差甚多，故寧不用。

第六節　計算

與水之平均流速有關係者頗繁。其最重要者有三。(一)河床之性質，或光滑，或糙澀，皆足以增減流速。水之流於光滑之槽者暢，流於糙澀之槽者滯，其理甚顯也。(二)河身剖面之形狀，河身淺者，摩擦阻力強，深者摩擦阻力弱，故流速亦因之減增也。命河身橫剖面積爲 F 以平方公尺計之。河身之潤周(橫剖面中河床貼水之線)爲 U 以公尺計。則命

$$R = \frac{F}{U} \quad\quad\quad\quad\quad\quad (13)$$

爲水纍半徑(24)。水纍半徑者所以定河身剖面之形狀者也。F 大而 U 小，則水纍半徑大，水之流也暢。F 小而 U 大，則水纍半徑小，水之流也滯。(三)水面之比降，凡水面上游一點，高於下游一點若干，名曰淨降。(即二點高低之差)(25) 二點高低之差，與其平衡距離相比，名曰比降。(26) 尋常以 T 代之。比降或用比例式。如曰比降爲 1:2000，即每相距 2000 公尺，其高低之差有一公尺也。或用小數式，如上之比降亦可書之爲 $\frac{1}{2000} = 0.0005$ 也。以上爲習用之式。亦有用百分式如 $\frac{1}{2000} = 0.5\%$ 也。如水面上下二點相距 800 公尺。其淨降爲 0.44 公尺。則其比降爲

---

(24)　Mittler Profil, Hydranlic Radius
(25)　Absolutes gefalle, Head, absolute fall.
(26)　Relatives gefalle, Relative fall

第二章 論　水

$$J = \frac{0.44}{800} = 0.00055 = 0.55\% \text{ 或}$$

$$J = \frac{0.44 : 0.44}{800 : 0.44} = 1 : 1818$$

英美諸國。以每英里若干英寸計。比降頗匯整易。讀英美著述者，欲化其比降為易於了然之數，如每英里為 X 英寸。則用下式。

$$\frac{\text{英寸}}{\text{英里}} = \frac{0.0254}{1609.3} X = \frac{0.01578}{1000} X$$

欲以上所述之三項關係，定一流速算式，須假設水自一點至他點之為流動等速者。但天然河流中等速流動，實所未有。然為便利算計，可推廣等速流動之定義而命凡中溜之速率不變者，即為等速流動(27)。於人造水槽如渠類，此種假設定義，頗能吻合。若天然河流，則惟於其守恆壹態度(28) 時，始可適用此例。恆壹態度者，河上下相接之橫剖面無大差異，其面積略同其流量相等也。

計算平均流速之算式夥矣，茲舉其習用者如下。

甲　瑟氏及愛太爾維因算式(29) 命 V 為平均速率，C 為係數，R 為水羅半徑，U 為潤周，J 為比降瑟氏及愛太爾維因之流速算式為

$$V = C\sqrt{R.J} \quad m/set \dotfill (14)$$

此式實為流速算式之基本公式。但瑟氏命係數 $C = 50.93$ 未能全合。蓋水流時之阻力，非盡與速率同比例也。且 C 亦因 R 而異，R 增則 C 亦增。又與潤周 U 之糙率(30) 及比降 J 亦有關繫。在巨流中 J 之值增，則 C 之值減。而河中所挾之沉澱物及橫剖面之形式，亦能使 C 之值隨之而變。凡此皆瑟氏算式所未計及者也。

乙　項福勒及阿葆脫算式(31) 此式為大川中所察驗而得，故亦但適用於大川。

---

(27)　Uniform motion, gleichformige Bewogung
(28)　Verharrungszustand
(29)　Chezy Eytelweinsche Formeln
(30)　Rawness, Rauheit
(31)　Humphreys und Abbot

$$V = (\sqrt{0.0025n} + \sqrt{68.72R}\sqrt{J}\ 0.05\sqrt{n}\ )^2 \ m/sec \cdots\cdots(15)$$

式中 $n = \dfrac{0.933}{\sqrt{R} + 0.457}$　餘同上 $\cdots\cdots\cdots\cdots\cdots\cdots\cdots\cdots(15a)$

丙、格雷卜滿算式(32)

$$V = n\, 8.28972 \cdot \sqrt{R}\sqrt{J} \cdots\cdots\cdots\cdots\cdots\cdots\cdots\cdots(16)$$

式中係數 n 之值如下。

小水溝水羃小於 1 平方公尺者	0.8543
小溪水羃 1 平方公尺至 5 平方公尺	0.8796
大溪水羃 5 至 10 平方公尺者	0.8890
小河水羃 20 至 400 平方公尺者	0.9223
大河水羃大於 400 平方公尺者	0.9459

丁、高克萊算式(33)　高氏之式，按比降之大小分為二。其一為比降大於 0.0007 所用者。其一為比降小於 0.0007 所用者。水槽糙率亦計及之。

$$V = a2 \cdot \sqrt[3]{R^2}\sqrt{J} \cdots\cdots\cdots\cdots\cdots\cdots\cdots\cdots(17)$$

比降大於 0.0007 之渠用之。

$$V = b4 \cdot \sqrt[3]{R^4}\sqrt{J} \cdots\cdots\cdots\cdots\cdots\cdots\cdots\cdots(18)$$

比降小於 0.0007 之渠用之。
係數 a 及 b 之值列如下表。

渠槽性質	a	b
水泥砌條石	8.5 至 10	8.5 至 6.0
尋常砌壁連底	7.6 至 8.5	8.0 至 8.5
石砌壁天然底	6.8 至 7.6	7.7 至 8.0
不用石砌之水溝無水藻	5.7 至 6.7	7.0 至 7.7
不用石砌之水溝岸坡生草	5.0 至 5.7	6.6 至 7.0
河流		6.4 至 7.0

（32） Grebmann
（33） Gauckler

第二章 論 水

戊、葆內滿算式(34)

$$V = \frac{1}{a} \sqrt[3]{R^4} \sqrt[5]{J^4} \quad \cdots\cdots\cdots\cdots (19)$$

式中係數 a 之值如下

木槽	$a = 0.000623$
石砌水溝	$a = 0.001090$
不用石砌水溝	$a = 0.001600$
河槽	$a = 0.003900$

此式不適用於比降之弱小者。

己、哈德算式(35)

$$V = K_1 \sqrt{RJ} + K_2 R \sqrt{J} \quad \cdots\cdots\cdots (20)$$

式中係數 $K_2 = 7.254$ 為不變數。K_1 則因水槽糙率變異如下。

渠之壁甚光滑者　（水坭塗）………………………… 70.5
渠之壁光滑者（石砌、甎砌）………………………… 56.0
河底為沙土及用粗糙亂石砌工者………………………… 36.27

庚、哈根算式(36) 用於小川者其算式為

$$V = a R \sqrt[5]{J} \quad \cdots\cdots\cdots\cdots\cdots (21)$$

式中係數 $a = 4.9$，用於大川者其算式為

$$V = b \sqrt{R} \sqrt[5]{J} \quad \cdots\cdots\cdots\cdots (21a)$$

式中係數 $b = 3.34$ 用於渠者其算式為

$$V = 43.7 \sqrt[6]{R} \sqrt{RJ} \quad \cdots\cdots\cdots\cdots (21b)$$

---

(34) Borneman
(35) Harder
(36) Hagen

44　　　水　功　學　卷　一

辛、巴參算式(37)　此式於 R 之變異，及潤周之糙率，皆計慮周密。故為適用最廣之算式。（巴氏算式有新舊二種，茲但錄其新者）。

$$V = C\sqrt{RJ} \qquad C = \frac{87}{1+\dfrac{a}{\sqrt{R}}} \cdots\cdots\cdots(22)$$

式中係數 a 之值如下

甚光滑之渠壁及底（光滑水坭塗，刨光木板）⋯⋯⋯⋯⋯⋯ $a=0.06$
光滑渠壁及底（修整合縫之甎砌及條石砌，未刨光木板）⋯⋯⋯ 0.16
渠壁及底不甚光滑者（尋常甎砌及亂石砌）⋯⋯⋯⋯⋯⋯⋯ 0.46
土渠石砌岸坡⋯⋯⋯⋯⋯⋯⋯⋯⋯⋯⋯⋯⋯⋯⋯⋯⋯⋯ 0.85
略為整齊之河槽⋯⋯⋯⋯⋯⋯⋯⋯⋯⋯⋯⋯⋯⋯⋯⋯⋯ 1.30
挾石不整齊之河槽⋯⋯⋯⋯⋯⋯⋯⋯⋯⋯⋯⋯⋯⋯⋯⋯ 1.75

附表七所以應用巴參算式有 R 之值，以求 C 之值者也。

壬、剛貴崖及苦脫算式(38)　此式較巴參之式所顧慮者更廣，蓋 C 之值除河槽性質水離半徑而外，又關係於比降也。

$$V = C\sqrt{RJ}. \qquad C = \frac{\dfrac{1}{n}+23+\dfrac{0.00155}{J}}{1+\left(23-\dfrac{0.00155}{J}\right)\dfrac{n}{\sqrt{R}}} \cdots(23)$$

式中 n 之值如下表。

甚光滑之渠槽⋯⋯⋯⋯⋯⋯⋯⋯⋯⋯⋯⋯⋯⋯⋯⋯ $n=0.010$
木板成之渠槽⋯⋯⋯⋯⋯⋯⋯⋯⋯⋯⋯⋯⋯⋯⋯⋯ 0.012
條石砌成甎砌渠槽⋯⋯⋯⋯⋯⋯⋯⋯⋯⋯⋯⋯⋯⋯ 0.014
亂石砌之渠槽⋯⋯⋯⋯⋯⋯⋯⋯⋯⋯⋯⋯⋯⋯⋯⋯ 0.017
小溪及河流情形甚佳⋯⋯⋯⋯⋯⋯⋯⋯⋯⋯⋯⋯⋯⋯ 0.025
河槽略挾沙石及小有水藻者⋯⋯⋯⋯⋯⋯⋯⋯⋯⋯⋯ 0.030
河槽挾沙石甚多及生水藻甚盛者⋯⋯⋯⋯⋯⋯⋯⋯⋯ 0.035

用剛氏苦氏之式計算頗費時。故苦氏製有一圖表如第三十一圖。用此圖表

---

(37) Bazin
(38) Ganguillet und Kutter

第二章 論 水

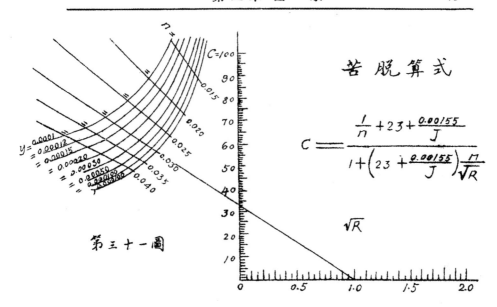

第三十一圖

苦脫算式

$$C = \frac{\frac{1}{n} + 23 + \frac{0.00155}{J}}{1 + \left(23 + \frac{0.00155}{J}\right)\frac{n}{\sqrt{R}}}$$

若已知 n 及 J 之值，可檢得 C 之各相當值，其檢法如下。在圖表左端檢得所設 n 線與 J 線之交點，與右端橫線上所與 $\sqrt{R}$ 之值相當之點相聯為直線，交中間豎線於一點，即得之 n 值於豎線上。茲設一例題以明其用法。

例題　設河之橫剖面如第三十二圖所示 $J=0.0005$，$n=0.03$ 求其流量。

解　橫剖面積　$F = \frac{1}{2}(10+14.8) \cdot 1.2 = 14.88$ 口公尺

潤周　$U = 10 + 2\sqrt{1.2^2 + 2.4^2} = 15.36$ 公尺

水羅半徑　$R = \frac{F}{U} = \frac{14.88}{15.36} = 0.97$；$\sqrt{R} = 0.985$. 依上法檢之

則得　$C = 33$（視第三十一圖中虛線所示）

流速　$V = 33\sqrt{0.97 \times 0.005} = 0.728$ 公尺

流量　$Q = 0.728 \times 14.83 = 10.83$　立方公尺

（附注本書以口爲平方記號。以後仿此）用剛氏苦氏算式者，欲得數精確，當覓苦氏原本之圖表(39)。巴參及剛苦二氏之式在 $J<0.0005$ 者甚合用。

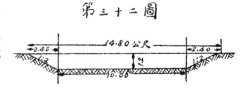

第三十二圖

附表八爲應用剛氏苦氏算式，有 n, J 及 R 以求 C 者。

$$C = 25\left(1 + \frac{1}{2}\sqrt{R}\right) \quad \cdots\cdots\cdots\cdots (24)$$

設有 R 則 C 之值可由附表九中檢之

子　徐戴克算式(40) $\cdots\cdots\cdots\cdots (25)$

徐氏計慮頻密，以流速 V 關係於水面寬 b 及水深 t 之比，關係於受摩擦阻力之範圍，面積之大小，關係於水槽之性質，關係於比降之大小。故其算式。凡分爲類數，以求密合乎各種情形。誠流速算式中之甚密者也。其算式視附表十及其副表甲，乙，丙。

徐氏之式，尚有一特點異於他各式者，其算式中不用水羅半徑 R，而以平均水深 $t = \dfrac{F}{b}$ 代之也。蓋

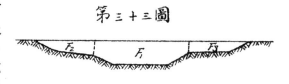

第三十三圖

R 者，所以表水槽橫剖面之形式，而有時即異於混淆。如有二渠。其橫剖面俱爲直方形，其一深 3 尺，寬 4 尺。其他深 2 尺，寬 6 尺，則二渠之橫剖面積俱爲 12，潤周俱爲 10，水羅半徑俱爲 1.2。然一則深，他則淺，其流速必不能一律也。若以平均水深代之，則其一 $t = \dfrac{12}{4}$，其他 $t = \dfrac{12}{6}$ 自不相同。

欲得極周密之流速算式比降 J 水面寬 b 及平均水深 t。須包含於式內，而水槽之糙率，則已附帶於三者之中。三者皆可實地量而得之。而一切臆擬之值，皆不許攙雜其內。蓋臆擬之值，常遷就以求得所欲之值，而不能任施之於一切情形也。

---

(39) Kutter, Die Bewegung des wassers in Flussen und Kanalen, Verlag von Parey, Berlin.

(40) Siedeck

第一章 論 水

以下二式皆根據此理想者。

亞、林德博氏算式[41] 視表十一 ....(26)

寅、馬答啓維算式[42]

$$V = \frac{116.J}{2.2+t\left(\frac{2}{3}+\frac{0.15}{t^2}\right)} \cdot \frac{0.493+10J}{} \cdot t \ldots\ldots\ldots(27)$$

附表十二為應用此式有 t 有 J 以檢 V 之值者。一切入流速算式，皆但能施之於連續之橫面式。（或梯形或拋物線式其岸坡非斷折者）若剖面式為複折式，如第三十三圖則因其深淺於各部分相懸太甚，故其流速亦相懸殊。須將全面 F 分為 F_1, F_2 及 F_3 而各單獨算之，然後總其流量，以得全面之流量。

第 七 表

巴參公式係數 $C = \dfrac{87}{H\dfrac{a}{\sqrt{R}}}$

水靐半徑 R	a=0.6	a=0.16	a=0.46	a=0.85	a=1.30	a=1.75
0.05	68.5	50.7	28.4	18.1	12.8	9.9
0.06	69.8	52.6	30.2	19.4	13.8	10.7
0.07	70.9	54.2	31.7	20.6	14.7	11.4
0.08	71.8	55.6	33.1	21.7	15.5	12.1
0.10	73.1	57.7	35.5	23.6	17.0	13.3
0.12	74.1	59.5	37.4	25.2	18.3	14.4
0.14	75.0	60.9	39.0	26.7	19.4	15.3
0.16	75.6	62.1	40.5	27.8	20.4	16.2
0.18	76.2	63.2	41.8	29.0	21.4	17.0
0.20	76.7	64.1	42.9	30.0	22.3	17.7
0.22	77.1	64.9	44.0	30.9	23.1	18.4
0.24	77.5	65.5	44.8	31.8	23.8	19.0
0.26	77.8	66.2	45.7	32.6	24.5	19.6
0.28	78.1	66.8	46.5	33.4	25.2	20.2
0.30	78.4	67.3	47.3	34.1	25.8	20.7
0.35	79.0	68.4	48.8	35.7	27.2	22.0
0.40	79.4	69.4	50.4	37.1	28.5	23.1
0.45	79.8	70.2	51.6	38.4	29.6	24.
0.50	80.2	70.9	52.7	39.5	30.6	25.0
0.55	80.4	71.5	53.7	40.5	31.6	25.9

(41) Lindboe
(42) Mataklewiez

48　　　　水　功　學　卷　一

0.60	80.7	72.1	54.6	41.4	32.5	26.7
0.65	80.9	72.6	55.4	42.3	33.3	27.4
0.70	81.1	73.0	56.1	43.1	34.1	28.1
0.80	81.5	73.8	57.4	44.6	35.5	29.4
0.90	81.8	74.4	58.6	45.9	36.7	30.6
1.00	82.0	75.0	59.6	47.0	37.8	31.6
1.10	82.2	75.4	60.5	48.0	38.8	32.6
1.20	82.4	75.9	61.3	48.9	39.7	33.5
1.30	82.6	76.3	62.0	49.8	40.6	34.3
1.50	82.9	76.9	63.2	51.3	42.2	35.8
1.70	83.1	77.5	64.3	52.6	43.6	37.1
2.00	83.4	78.1	65.6	54.3	45.3	38.9
2.50	83.7	79.0	67.4	56.6	47.7	41.2
3.00	84.0	79.6	68.7	58.3	49.7	43.3
3.50	84.2	80.1	69.8	59.8	51.3	44.9
4.00	84.4	80.5	70.7	61.0	52.7	46.4
5.00	84.7	81.2	72.1	63.0	55.0	48.8
10.00	85.3	82.8	75.9	68.5	61.6	56.0
15.00	85.6	83.5	77.7	71.3	65.1	60.9
20.00	85.8	84.0	78.8	73.0	67.3	62.5

第 八 表

剛貴崖及苦脫算式中係數 C 之值（小數不計）數末十為略強之記號一為略弱之記號

R 以公尺計	n=0.024 100 J =					
	05	0.1	0.2	0.3	0.4	0.5	1.0 以上
0.1	—	20—	21—	21+	22—	22—	22
0.2	—	25	26	27—	27—	27	27
0.3	—	29—	29+	30—	30	30	30+
0.4	—	31	32	32	32+	32+	33—
0.5	32+	33	34	34	34+	34+	35—
0.6	34	35	36—	36—	36	36	36
0.7	36—	37—	37	37	37	37	37
0.8	37+	38	38	38	38	38	38
0.9	39—	39	39	39	39	39	39
1.0	40	40	40	40	40	40	40

第二章 論 水

1.2	42	42—	41+	41+	41+	41+	41+
1.4	44	43	43—	43—	42+	42+	42+
1.6	45	44+	44—	44—	43+	43+	43+
1.8	47—	46—	45—	44+	44+	44+	44+
2.0	48	47—	46—	45+	45	45	45
2.2	49	47+	46+	46	46	46—	46—
2.4	50	48+	47—	47—	47—	46+	46
2.6	51	49	48—	47+	47—	47	47—
2.8	52	50—	48	48	48—	47—	47
3.0	53—	50+	49—	48+	48	48	47+
3.2	54—	51	49	49	49—	48	48
3.4	54	51+	49—	49	49	49—	48
3.6	55	52	50	50—	49+	49	49—
3.8	55+	52+	50+	50	50—	49+	49
4.0	56	53	51	50	50	50—	49
4.2	57—	53	51	51—	50+	50	50—
4.4	57	54—	52—	51	51—	50	50
4.6	58—	54	52	51	51	51—	50
4.8	58+	54+	52	51+	51	51	50
5.0	59	55	52+	52—	51	51	50+
5.2	59+	55	52+	52	52—	51	51
5.4	60	55+	53	52	52	51+	51
5.6	60	56	53	52+	52	52—	51
5.8	60+	56—	53+	53—	52	52	52—
6.0	61—	56	54—	53—	52+	52	52+

R 以公尺計	n = 0.030					
	1000 J =						
	.05	0.1	0.2	0.3	0.4	0.5	1.0 以上
0.1	——	16—	17—	17	17	17+	18—
0.2	——	20	21	21+	22—	22—	22
0.3	——	23	24	24—	24+	24+	25—
0.4	——	25	26	26+	26+	27	27—
0.5	27—	27+	28	28	28	28	28+
0.6	28	29	29	29+	29+	29+	30—
0.7	30—	30+	30+	31—	31—	32—	31
0.8	31	31+	31+	32—	32—	32—	32—
0.9	32	32+	32+	33—	33—	33—	33—
1.0	33+	33+	33+	33+	33+	33+	33+

水功學 卷一　50

1.2	35+	35	35	35—	35—	35—	35—
1.4	37	36	36	36	36	36—	36—
1.6	38	37+	37	37—	37—	37—	37—
1.8	39+	39—	38	38—	38—	37+	37+
2.0	41—	39+	39—	38+	38	38	38
2.2	42—	41	39+	39	39	39	39—
2.4	43—	41	40	40—	40—	39+	39
2.6	44—	42—	41—	40	40	40	40—
2.8	44+	42+	41	41—	41	40+	40
3.0	45	43	42—	41	41	41	40+
3.2	46	44—	42	42—	41+	41	41—
3.4	46+	44	43—	42	42—	42—	41
3.6	47	45—	43	42	42	42	41+
3.8	48—	45	43+	43	43—	42	42—
4.0	48	45+	44—	43	43	43—	42
4.2	49—	46	44	43+	43	43	42+
4.4	49	46	44+	44—	43+	43	43—
4.6	50—	47—	45—	44	44	43+	43
4.8	50	47	45	44+	44	44—	43
5.0	51—	47	45	45—	44	44	43
5.2	51	48—	46—	45	44+	44	43+
5.4	52—	48	46	45	45—	44+	44—
5.6	52	48	46	45	45	45—	44
5.8	52+	48+	46	45+	45	45—	44
6.0	53—	49—	46+	46—	45	45	44

R 以公尺計	n＝0.035 1000 J ＝						
	.05	0.1	0.2	0.3	0.4	0.5	1.0 以上
0.1	——	13	14—	14	14	14	15—
0.2	——	17—	18—	18	18	18	18+
0.3	——	19+	20	20	20+	20+	22—
0.4	——	21+	22	22	22	22+	23—
0.5	23—	23	24—	24	24	24	24
0.6	24	25—	25	25	26	25	25
0.7	25+	26	26	26	27	26	26+
0.8	27—	27	27	27	28	27	27
0.9	28—	28—	28	28	28	28	28
1.0	29—	29—	29—	29	29—	29—	29—

第二章 論 水　　　　51

1.2	30+	30	30	30	30	30	30
1.4	32—	31+	31	31	31	31	31
1.6	33	32+	32	32	32—	32—	32+
1.8	34	34—	33	33—	33	32+	32—
2.0	35+	34+	34+	33+	33	33	33
2.2	36+	35	34+	34	34	34	34
2.4	37	36	35	35—	35—	34	34
2.6	38	37—	36—	35	35	35—	35—
2.8	39—	37	36	36—	36—	35	35
3.0	39+	38—	37—	36	36	35	35+
3.2	40	38	37	37—	36	36	36—
3.4	—	—	—	—	—	—	—
3.6	—	—	—	—	—	—	—
3.8	—	—	—	—	—	—	—
4.0	—	—	—	—	—	—	—

第 九 表

赫司萊算式 $C = 25(1 - 1/2\sqrt{R})$ 之值（小數不計）

R=	.05	.10	.15	.20	.25	.30	.35	.40	.45	.50	0.6	0.7	0.8	0.9
C=	28	29	30	31—	31+	32	32+	33	33+	34	35—	36—	36	37

R=	1.0	1.1	1.2	1.3	1.4	1.5	1.6	1.7	1.8	1.9	2.0	2.2	2.4	2.6
C=	38—	38	39—	39+	40	40	41	41+	42	42+	43—	44—	44	45

R=	2.8	3.0	3.5	4.0	4.5	5.0	5.5	6.0	6.5	7.0	7.5	8.0	9.0	10.0
C=	46	47—	48—	50	52—	53	54+	56—	57	58	59	60—	63—	65—

都市中瀉除污水之水溝 C 之值當倣之

第 十 表

徐戴克算式

水槽種類	水面寬 b	平均水深 t	$b < 15t$ 或 $b > 15t$	求平均流速之算式
人造之水槽	由1公尺至3公尺	1公尺以下	—	$V = \left(\dfrac{Fiw}{\sqrt{t}} + Fk \right) \dfrac{V_1}{F}$
		1公尺以上	—	$V = \left(Fiw + Fk \right) \dfrac{V_1}{F}$
	3公尺以下	1公尺以下	$b < 15t$	$V = \left(\dfrac{Fiw}{\sqrt{t}} + Fk \right) \dfrac{V_3}{F}$
			$b > 15t$	$V = \left(\dfrac{Fiw}{\sqrt{t}} + Fk \right) \dfrac{V_1}{F}$
		1公尺以上	$b < 15t$	$V = \left(F_1 W + Fk \right) \dfrac{V_3}{F}$
			$b > 15t$	$V = \left(F_1 W + Fk \right) \dfrac{V_2}{F}$
天然水槽	由1公尺至3公尺	—	—	$V = V_1$
	3公尺以上		$b < 15t$	$V = V_3$
			$b > 15t$	$V = V_3$

$$V_1 = \dfrac{t \sqrt{J}}{20 \sqrt{b} \sqrt{0.001}}$$

第二章 論 水

$$V_2 = V_1 + \frac{t-tn}{r} + \frac{J-Jn}{S(J-Jn)} + V_1 \frac{t_1-t}{K} \quad \begin{cases} r, s \text{ 及 } K \text{ 之} \\ \text{值俱於副表} \\ \text{甲中檢之} \end{cases}$$

$$V_3 = V_2 + \frac{tn-t}{\sqrt{\cdot b}}$$

$W=$ 阻力係數可由副表乙中檢之
$Fi=$ 0.5 公尺寬之感受摩擦力之 範圍面積（視右圖）
$Fk=$ 餘留之面積（視右圖）

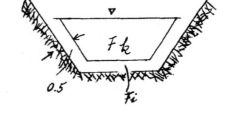

$$tn = \sqrt{0.0175\ b - 0.0125}$$

$Jn = 0.1165 - \sqrt{0.0000582 + 0.00000552\ b}$ 水面寬 10 公尺以下者用之

$Jn = 0.0010222 - 0.00000222\ b$ 水面寬 10 至 415 公尺者用之

$Jn = 0.0001$ 水面寬 415 公尺以上者用之

副 表 甲

若 $t > tn$ 則用 tn 之值 若 $t < tn$ 則用為 tn 之值	α 之值	水面比降 J 由	B 之值 $J>Jn$	B 之值 $J<Jn$	$tn-t$ 之差	$J<Jn$ $J>0.001$	$J<Jn$ $J<0.001$
由 0.3—0.5 m	1.5	0.006 — 0.005	6—5				
0.5—1.0	2	0.005 — 0.004	5	4	1.0 至 $+0.7m$	2	1
1.0—1.5	3	0.004 — 0.003	4—3	5	$+0.7$ 至 $+0.5m$	2	0.75
1.5—2.0	4	0.003 — 0.002	3—2	5	$+0.5$ 至 $+0.0m$	1	0.5
2.0—2.5	6	0.002 — 0.001	2—1	5	-0.3 至 $-1.0m$	10	1.0
2.5—3.0	10	0.001 — 0.0009	1	5	-1.0 至 $-2.0m$	15	1.5
3.0—3.5	15	0.0009—0.0008	1.5	5	大於 $-2.0m$	20	2.0
3.5—4.0	20	0.0008—0.0007	2.0	5			
4.0—4.5	30	0.0007—0.0006	2.5	5			
4.5—5.0	40	0.0006—0.0005	3.5	10.0			
5.0—5.5	60	0.0005—0.0004	4.5	∞			
5.5—6.0	80	0.0004—0.0003	6	∞			
6.0—6.5	100	0.0003—0.0002	8	∞			
ubor 6.5	∞	0.0002—0.0001	10	∞			
		小於 0.0001	∞	∞			

水功學卷一

副表乙
人造水槽所用之阻力係數 W

Nr.	潤周之種類	W 于直方形之橫剖面寬不過1.6公尺	於他種一切情形爲
1	光滑石砌	2.05	2.25
2	水坭塗甚光滑	2.05	2.25
3	甎砌壁水坭底光滑	2.00	2.20
4	水坭尋常塗法	1.80	2.00
5	甎砌	1.45	1.65
6	刨光木板	1.70	1.90
7	未刨木板	1.40	1.60
8	亂石細工推礱	1.20	1.40
9	亂石簡單	1.15	1.25
10	亂石粗工	1.00	1.10
11	亂石礫底	1.00	1.10

副表丙

於此表中可檢得水面寬 1 至 500 公尺 $\dfrac{1}{20\sqrt{b}\sqrt{0.001}}$

t_n 及 J_n 之值

b 以公尺計	$\log\dfrac{1}{20\sqrt{b}\sqrt{0.001}}$	t_n 以公尺計	J_n	b 以公尺計	$\log\dfrac{1}{20\sqrt{b}\sqrt{0.001}}$	t_n 以公尺計	J_n
1	1.50000	—	—	55	298	975	0.000900
2	1.4845	—	—	60	109	1.019	889
3	1.47614	0.200	0.00300	65	1.40935	1.061	878
4	1.46990	240	269	70	774	101	867
5	505	274	239	75	625	140	855
6	107	304	209	80	353	215	833
7	1.45775	332	181	90	229	250	822
8	485	357	153	95	111	285	811
9	229	381	126	100	000	318	800
10	000	403	100	105	1.39895	351	789
11	1.44793	424	0.000998	110	794	333	778
12	604	444	995	115	697	414	766

第二章 論水

13	430	464	993	120	605	445	755
14	269	482	991	125	516	475	744
15	120	500	989	130	431	504	733
16	1.43979	517	986	135	349	533	722
17	848	534	984	140	370	561	711
18	724	550	982	145	194	589	700
19	606	566	980	150	120	616	689
20	1.43495	0.581	1.000978	155	049	643	678
21	389	590	976	160	1.38980	669	667
22	288	610	973	165	1.38913	1.696	0.000655
23	191	625	971	170	848	721	644
24	099	638	969	175	785	746	633
25	010	652	966	180	724	771	622
26	1.42935	665	964	185	665	796	611
27	843	678	962	190	607	820	600
28	764	691	960	195	550	844	589
29	688	704	958	200	495	868	578
30	614	716	956	210	389	914	556
31	543	728	953	220	288	1.959	534
32	474	740	951	230	191	2.003	511
33	407	752	949	240	099	046	489
34	343	763	946	250	010	089	467
35	280	775	944	260	1.37925	130	445
36	218	786	942	270	843	171	423
37	1.42150	0.797	0.000940	280	764	211	400
38	101	808	938	290	688	250	378
39	045	819	935	300	614	289	356
40	1.41990	829	933	350	280	472	245
41	936	840	931	400	1.36990	643	134
42	884	850	929	450	734	804	100
43	833	860	927	500	505	956	100
44	783	870	925	550	298	3.100	100
45	734	880	922	600	109	238	100
46	686	890	920	650	1.35935	345	100
47	639	900	918	700	774	498	100
48	594	910	915	750	625	621	100
49	549	919	913	800	485	740	100
50	505	929	911	850	353	855	100
				900	229	967	100
				950	111	4.076	100
				1000	1.000	182	100

第十一表 林德博示算式

	$J < 0.00006$		$0.00006 > J < 0.005$		本算式適用之界
	$\dfrac{t}{b} < 0.028$ V 以公尺計	$0.028 < \dfrac{t}{b} < 0.1$ V 以公尺計	$\dfrac{t}{b} < 0.028$ V 以公尺計	$0.028 < \dfrac{t}{b} < 0.1$ V 以公尺計	1. $t \leqq 10$ 公尺 2. $b \leqq 140$ 公尺 3. $\dfrac{t}{b} \leqq 0.1$ 4. $J \leqq 0.005$
$t < 1.12\,m$	$23.37\left(0.822-\dfrac{t}{b}\right)^{0.9} j^{0.42}$	$8.19\left(2.293-\dfrac{t}{b}\right)^{0.9} j^{0.42}$	$33.86\left(0.822-\dfrac{t}{b}\right)^{0.9} j^{0.47}$	$11.86\left(2.293-\dfrac{t}{b}\right)^{0.9} j^{0.47}$	
$1.12 < t < 3.65\,m$	$42.11\left(0.822-\dfrac{t}{b}\right)^{0.63} j^{0.42}$	$8.45\left(2.293-\dfrac{t}{b}\right)^{0.63} j^{0.42}$	$34.94\left(0.822-\dfrac{t}{b}\right)^{0.63} j^{0.47}$	$12.24\left(2.293-\dfrac{t}{b}\right)^{0.63} j^{0.47}$	
$t > 3.65\,m$	$27.45\left(0.822-\dfrac{t}{b}\right)^{0.53} j^{0.42}$	$9.62\left(2.293-\dfrac{t}{b}\right)^{0.53} j^{0.42}$	$39.77\left(0.822-\dfrac{t}{b}\right)^{0.53} j^{0.47}$	$13.94\left(2.293-\dfrac{t}{b}\right)^{0.53} j^{0.47}$	

第 十 二 表

馬達啟維算式 $V = \dfrac{116 J^{\sqrt{0.493+10J}}}{22+t} \cdot \dfrac{1}{\frac{2}{3}+\frac{0.15}{t^2}} \cdot t$

平均橫剖面流速

V 以公尺計

平均水深	1000. $J =$							
	0.025	0.05	0.1	0.2	0.3	0.4	0.5	0.6
0.1	0.028	0.040	0.056	0.080	0.095	0.108	0.120	0.129
0.2	0.056	0.079	0.111	0.159	0.189	0.215	0.239	0.258
0.3	0.082	0.115	0.161	0.230	0.275	0.312	0.346	0.374
0.4	0.101	0.141	0.198	0.283	0.338	0.385	0.426	0.461
0.5	0.119	0.167	0.234	0.334	0.399	0.454	0.503	0.544
0.6	0.136	0.190	0.266	0.381	0.455	0.517	0.573	0.620
0.7	0.151	0.211	0.295	0.422	0.504	0.574	0.635	0.687
0.8	0.166	0.232	0.325	0.465	0.555	0.631	0.699	0.756
0.9	0.180	0.252	0.353	0.505	0.603	0.686	0.760	0.822
1.0	0.175	0.273	0.383	0.547	0.653	0.743	0.823	0.890
1.25	0.231	0.324	0.454	0.649	0.775	0.882	0.977	1.056
1.50	0.264	0.369	0.517	0.739	0.883	1.004	1.112	1.203
1.75	0.296	0.413	0.580	0.828	0.990	1.126	1.250	1.349
2.00	0.326	0.456	0.639	0.913	1.091	1.241	1.374	1.486
2.50	0.383	0.536	0.751	1.074	1.283	1.459	1.616	1.748
3.0	0.433	0.606	0.850	1.214	1.451	1.650	1.827	1.979
3.5	0.480	0.672	0.942	1.347	1.610	1.830	2.026	2.192
4.0	0.525	0.734	1.030	1.471	1.758	1.999	2.214	2.395
4.5	0.567	0.794	1.113	1.590	1.900	2.161	2.393	2.588
5.0	0.605	0.846	1.186	1.695	2.026	2.304	2.551	2.760
5.5	0.641	0.898	1.258	1.799	2.149	2.443	2.706	2.927
6.0	0.677	0.947	1.328	1.898	2.268	2.579	2.856	3.089
7.0	0.743	1.039	1.458	2.083	2.489	2.830	3.134	3.390

第 十 二 表（續）

馬達啟維 $V = \dfrac{116\,J^{0.493+10J}}{22+t} \cdot \dfrac{1}{\dfrac{2}{3}+\dfrac{0.15}{t^2}}\, t$

平均橫剖面流速

V 以公尺計

1000 $J =$								
0.7	0.8	0.9	1	1.25	1.5	2	2.5	3
0.139	0.148	0.155	0.163	0.179	0.194	0.217	0.236	0.252
0.278	0.295	0.309	0.325	0.356	0.386	0.433	0.471	0.503
0.403	0.428	0.449	0.472	0.517	0.560	0.628	0.682	0.730
0.497	0.527	0.554	0.581	0.636	0.690	0.774	0.841	0.899
0.586	0.622	0.653	0.685	0.751	0.814	0.913	0.991	1.060
0.668	0.709	0.744	0.781	0.856	0.927	1.040	1.130	1.209
0.741	0.786	0.825	0.867	0.949	1.029	1.154	1.253	1.341
0.815	0.865	0.909	0.954	1.045	1.132	1.270	1.380	1.476
0.866	0.940	0.987	1.036	1.135	1.230	1.380	1.499	1.603
0.959	1.018	1.069	1.122	1.229	1.332	1.495	1.623	1.737
1.138	1.208	1.269	1.332	1.459	1.581	1.773	1.927	2.051
1.297	1.376	1.445	1.517	1.661	1.801	2.020	2.195	2.347
1.454	1.542	1.620	1.700	1.862	2.019	2.264	2.460	2.631
1.602	1.700	1.785	1.874	2.052	2.225	2.496	2.711	2.900
1.884	1.999	2.099	2.193	2.413	2.616	2.934	3.188	3.410
2.130	2.260	2.374	2.492	2.729	2.959	3.319	3.605	3.856
2.362	2.507	2.633	2.764	3.027	3.281	3.680	3.998	4.276
2.581	2.739	2.877	3.020	3.307	3.585	4.021	4.368	4.672
2.790	2.961	3.109	3.264	3.574	3.875	4.346	4.721	5.050
2.975	3.156	3.315	3.480	3.811	4.131	4.634	5.034	5.384
3.154	3.347	3.515	3.691	4.041	4.381	4.914	5.338	5.710
3.330	3.534	3.711	3.896	4.266	4.625	5.187	5.635	6.027
3.654	3.877	4.072	4.257	4.681	5.075	5.692	6.183	6.614

第 十 二 表 （續）

馬達啟維 $V = \dfrac{116 J \sqrt{0.493 + 10 J}}{22 + t^{\frac{2}{3}} + \dfrac{0.15}{t^2} t}$

平均橫剖面流速

V 以公尺計

1000 $J =$								
3.5	4	4.5	5	6	7	8	9	10
0.266	0.278	0.288	0.297	0.311	0.323	0.331	0.338	0.343
0.530	0.554	0.573	0.591	0.620	0.643	0.661	0.674	0.684
0.769	0.803	0.831	0.857	0.900	0.932	0.958	0.978	0.992
0.947	0.989	1.024	1.057	1.108	1.149	1.180	1.204	1.223
1.117	1.167	1.208	1.246	1.307	1.355	1.392	1.420	1.442
1.273	1.330	1.376	1.420	1.490	1.544	1.586	1.619	1.644
1.412	1.475	1.527	1.575	1.653	1.713	1.760	1.796	1.823
1.555	1.624	1.681	1.734	1.819	1.885	1.937	1.977	2.007
1.689	1.763	1.825	1.883	1.976	2.048	2.104	2.147	2.180
1.829	1.910	1.977	2.040	2.141	2.218	2.279	2.326	2.361
2.171	2.267	2.347	2.421	2.540	2.632	2.705	2.760	2.802
2.473	2.582	2.673	2.758	2.894	2.999	3.081	3.144	3.192
2.771	2.894	2.996	3.091	3.243	3.361	3.453	3.524	3.577
3.054	3.189	3.302	3.407	3.574	3.704	3.806	3.884	3.943
3.592	3.751	3.883	4.006	4.203	4.356	4.475	4.567	4.636
4.062	4.242	4.391	4.530	4.753	4.926	5.061	5.165	5.243
4.505	4.704	4.869	5.024	5.271	5.463	5.612	5.728	5.814
4.921	5.139	5.320	5.489	5.759	5.968	6.132	6.258	6.353
5.320	5.555	5.751	5.933	6.225	6.451	6.628	6.764	6.867
5.671	5.923	6.131	6.326	6.636	6.878	7.066	7.212	7.321
6.015	6.281	6.502	6.709	7.038	7.294	7.490	7.648	7.764
6.349	6.630	6.864	7.082	7.430	7.670	7.911	8.073	8.195
6.967	7.276	7.531	7.771	8.152	8.449	8.680	8.859	8.993

第三章　論流水之通性

水之流藉天然之力，其疾徐通滯，俱皆順乎自然，名之曰水性。治水者非明其性，不足以言治功。孟子所謂禹之治水，水之道也，亦即此意。本章就流水通有之性，分爲水位，河床，比降，挾沙，氷澌言之。而其觀察之器具法程亦附及之。

第一節　水位

天空降落之水，足以左右河水流量，已於第一章言之矣。而水面之高低，亦隨流量而增降。盛則或兩淡渚崖之間不辨牛馬，瘠則或褰裳可涉。其變異之多寡，實與治水之事，息息相關。故有事河功者，非常加以察驗不可也。

水面之高低，名曰水位(1)。測量水位之器，名曰水則(2)。水則之設，始見於宋史河渠志。（景祐二年楊懷敏知雄州請立木爲水則以限盈縮）。又河工器具圖說有水誌之名，以竹竿紮樓爲之，然只可用以暫時探水，而不能作永久誌水之器也。永久水則，宜以堅木爲之，豎立或斜倚，上畫尺度。每二公分作分畫。若水則斜倚，則其尺度須按其直高準確分之。尺度分畫，以顯明易察爲主。第三十四圖爲普魯士所規定之水則分畫法。公寸以阿喇伯數字誌之。公尺以羅馬數字誌之。左右參列，以期明顯。第三十五圖爲法國所用。安設水則宜擇不受逆溜，及氷澌浪擊所不及之處。安設求其穩固不易動移。最好安於岸壁或橋磴之上。懼浪擊者於壁間作隙以處之。而尤必期便於觀察者。斜倚水則，因無立岸，故設於斜岸之上面亦隨之以斜也。如第三十六圖甲爲水則之正面，其旁爲一階，乙爲階之旁切面。階及水則俱以三合土啣鐵爲之。水則上下兩端，俱用特別基址以期穩固。階及水則之間，以深槽相隔，使踐履震動無及於水則也。水則零點，宜深達最低水位之下，以免觀察之數雜爲負值。又其高亦須達最高水面之上，以期最高洪水可得量之。但欲達此目的，困難殊多，水則須甚長，而所設之處，洪水時或至人履所不能及，不便觀察。如是則須分水則作上下數部分，各分設於適當之處。若遇非常漲水，水則沒頂，即須設一臨時水則，誌其高低，而臨時水則之零點，須於水退後用水準儀測準其高位，而其上所觀察之值，即須改算作正水則所觀察者。又無論正副（臨時）水則，其位置皆須令其安穩，不至爲船隻及氷澌所撞觸。其高位其斜度必須確定不移，故須設於基址深固之建築物上或深簽之樁上。無適當倚靠之處，（橋磴石岸）亦可設於鐙

---

(1) Wasserstand
(2) Pegel

第三章　論流水之通性　　　　　　61

椿(3)之上。如第三十七圖。然其零點之高位，水則之斜度，尤須每年校正至少一次。校正之法，設校正點三，其位置各不相屬。校正點以可鍛之鑄鐵作球頭釘長 40 公分，安於石砌壁內如第三十八圖。或安設於三合土墩之內，如第三十九圖。三合土混合比例爲 1：4：4 (水泥一沙四石礫四) 球頭釘徑 14 公分之圓盤爲足，以鑄鐵爲之。第四十圖爲普魯士工部所定者。校正水則，每年至少須聯用二點，三年須盡聯用三點。

視察水則，每日以上午十一時至下午一時爲宜。所得結果登入表冊上，按月一結。觀察之數，以得準確公分數爲足。有潮汐處，最高之潮，最低之汐，亦須記錄。在一月表冊上最高及最低水位下作橫畫以特誌之。積一月各日水則之數以日數除之，得一月之平均水位。積一年各日水則之數以三百六十五除之，得一年之平均水位。積多年所察之數以推得下列各種於水功最有關係之水位。

一、 低水位(4) 爲多年中所觀察最低水位之值。若河之橫剖面及比降未變，則最低水位，亦常有再現之虞。

二、 平均低水位(5) 爲多年觀測中各年低水位之代數平均值。（即以各年中最低水位相加以年數除之）治河功程，常用以爲治導水位。(6) 準此水位，加以治導，以得航深。

三、 中水位(7) 即多年觀測中一切水位之平均值。此水位在河功上亦殊重要。蓋治導建置物(如楗壩等)之頂，其高多以中水位爲準。

四、 夏令平均水位(8) 爲多年觀測中各年夏令一切水位之平均值。夏令於河功上爲陽曆五月以至十月。（十一月至四月屬冬令）

五、 常水位(9) 常水位與中水位不同。中水位爲計算而得者。常水位則爲多年中所觀察之最尋常水位。高乎此者與不及此者之水位數兩相捋也。有潮汐處則以尋常潮水爲常水位，關於河功亦殊重要。

---

(3)　Dalben
(4)　N. W. Neidrig Wasser, 英文 L. W.＝Low Water
(5)　M. N. W. Mittel Niedrig Wasser
(6)　Regulierungswasserstand
(7)　M. W. Mittelwasser
(8)　M. S. W. Mittlerer Summer Wasserstand
(9)　G. W. Gewohnlicher Wasserstand

六、高水位亦曰洪水位(10) 即於無碍滯流水中,（如河中築壩等類）觀察所得之最高水位也。

七、平均高水位(11) 即多年觀測中各年高水位之代數平均值也。
高水位又可分爲冬令高水位(12) 及夏令高水位。(13) 此在隄功,頗爲重要。沿河農功,尤與之有密切關係。通航河流中又須知最高通航水位。(14) 蓋水位太高,橋下明空不足,則碍及舟楫焉。河槽不深者,由中水位充至高水位,則漲與岸齊,名曰滿槽水(15) 繼則抹岸而過氾濫爲災。(16)

水位觀察之所得,記載表册中。若欲令其逐日變更,瞭然於目,則可更列爲圖表如第四十圖。以橫標記日,豎標記水位之高,畫爲曲綫,名曰水則曲綫(17)。衝要之處,水位變更頻數之處,（有潮汐處）則常用自記水之則以代人之日觀察。其所畫曲綫,更爲密切可恃。水位之隨時漲落,皆得顯然表示,不僅每日之變更也。

自記水則(18) 其製之種類雖多。然其大要可論之如下。以鐵或銅製一浮子,（如四十一圖 S）內空酌加鉛粒,以與反重 N 相衡。浮子用細鋼絲懸之橫滑輪 Sr 上。反重 N 懸於與 Sr 同軸相連半徑較小之輪上。水面增高,則反重扳輪使轉,其轉因齒輪捍 r 及 T 而傳之於鉛筆 C,致上下移動。鉛筆之尖（有用墨水筆者）着於纒繞於圓筒之圖紙上。圓筒內含鐘表機,使圓筒轉動,大約每二十四時或一星期轉一遇。而水面高低之變更,即隨時畫於紙上,成水則曲綫矣。又有將滑輪轉動傳之於一指針,有類時晨鐘之外表,以便遠望。名曰鐘表式水則(19)。一年中一處之水則觀察,畫作水則曲綫,名曰週歲水則曲綫,最爲有用。多年中一處水則之觀測,各以不同之色畫作曲綫於一表上,則可以見水位因季候之漲落,週而復始。第四十二圖爲南京金陵關四年之水則曲綫。若將各年同日中之水位平均值,度之於該日縱綫上,則得平均週歲水則曲綫

(10) H. W. Hochwasser
(11) M. H. W. Mittelhochwasser
(12) Winterhochwasser＝W. H. W.
(13) Summerhochwasser＝S. H. W.
(14) H Sch W＝Hochster Schiffbaverwasserstand
(15) Bordvoller wasserstand
(16) Uberschinemmung
(17) Pegelkurve
(18) Lelbstschreibende Pegel
(19) Pegeluhr

第三章 論流水之通性

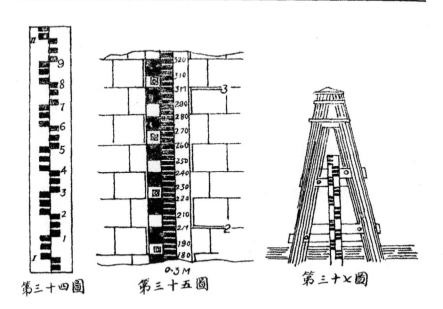

第三十四圖　　第三十五圖　　第三十七圖

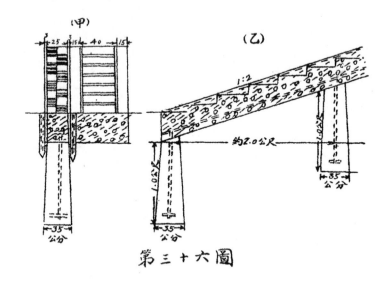

第三十六圖

水功學卷一

第三十八圖

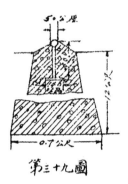

第三十九圖

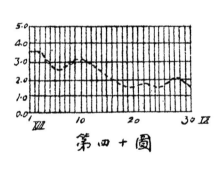

第四十圖

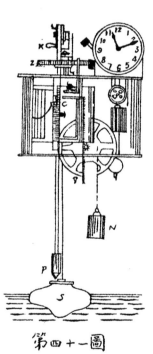

第四十一圖

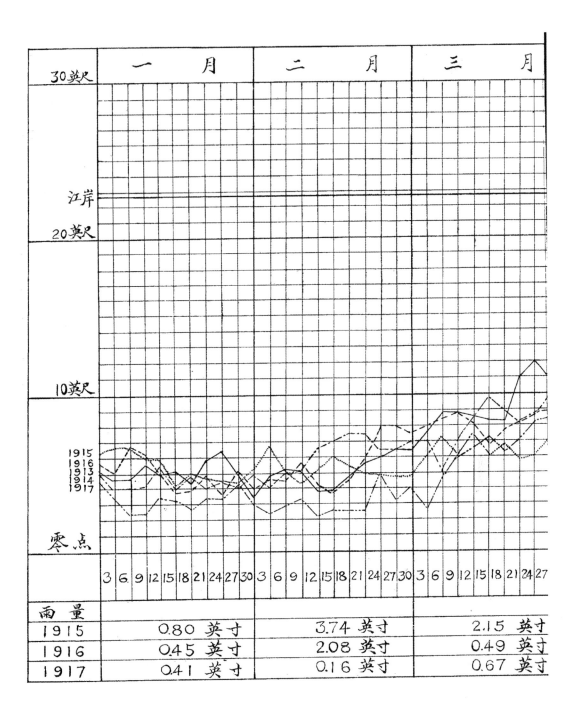

第四十二圖　揚子江1913

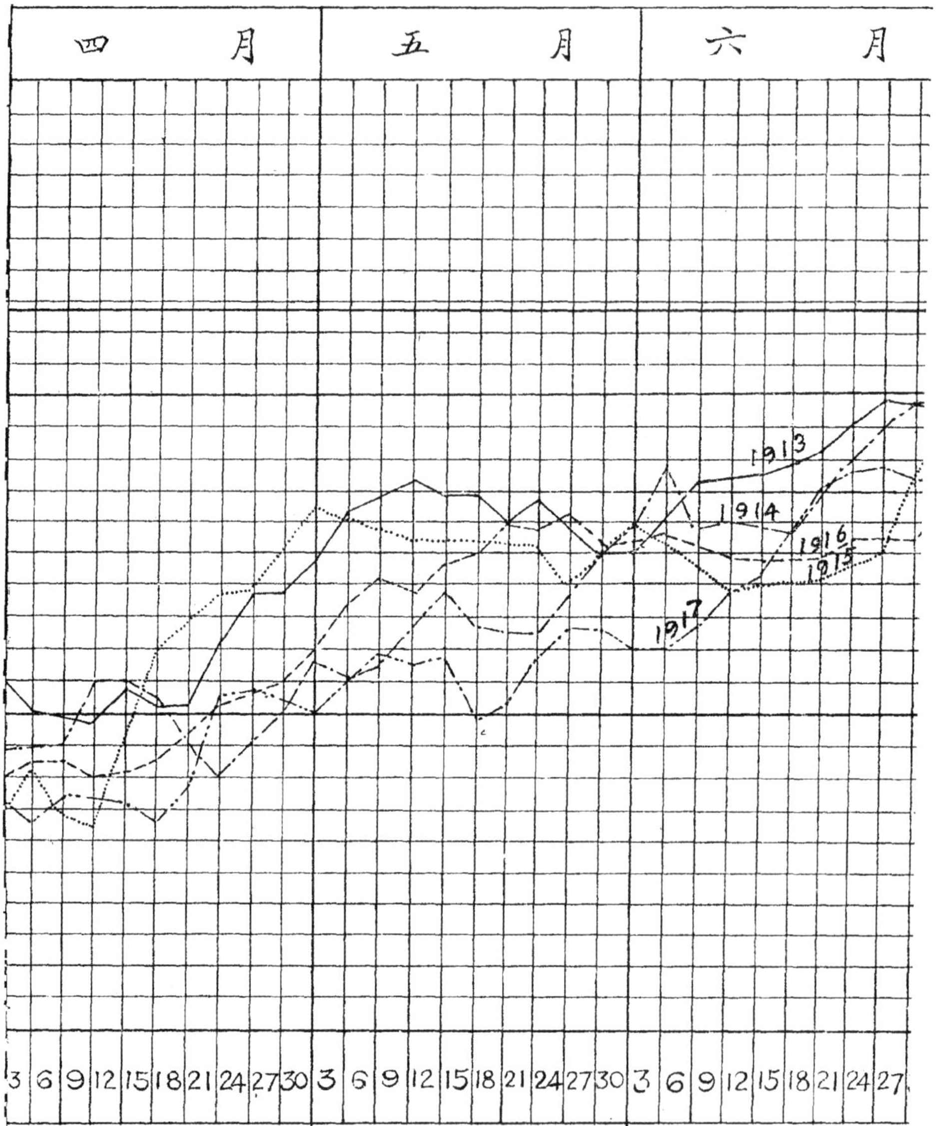

	四　月	五　月	六　月
	6.35 英寸	3.03 英寸	13.86 英寸
	3.21 英寸	5.32 英寸	11.95 英寸
	0.29 英寸	0.94 英寸	9.20 英寸

1917年漲落表

七　月	八　月	九　月
5.04 英寸	6.32 英寸	2.75 英寸
10.78 英寸	5.19 英寸	4.24 英寸
5.69 英寸	2.18 英寸	1.10 英寸

6 9 12 15 18 21 24 27 30　3 6 9 12 15 18 21 24 27 30　3 6 9 12 15 18 21 24 27 30

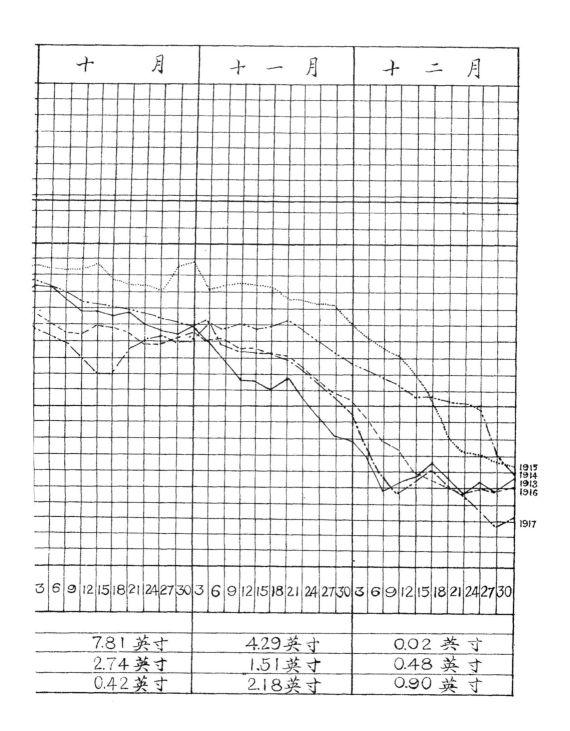

第三章　論流水之通性

(20)。若將一河中上下之水則。按其次第，其距離，度於橫線上，而其同時之水位，度於縱綫，則彼此比較而見水位變更傳播之狀況矣。而尤以洪水傳播之關係為尤鉅。德國奧多河中測得洪水浪之平均傳播速率，為每點鐘 22 至 29 公里。洪水不出槽，則其速率最大。氾濫則速率減。洪浪低矣，枝流漲落，霏雨延時，亦足為下流水位與上流水位不相應之原因。但水事觀察之組織完善者，中游下游之水位常可於數日前決之。（如奧多河六日前可斷定某處水位漲落，其差不爽 20 公分。

我國黃河之漲縮，逐季而異。河工按月別其名稱。宋史河渠志黃河漲落故舉物候為水勢之名。自立春後東風解凍，河邊入候水初至凡一寸，則夏秋當至一尺，頗為信驗，故謂之信水。二月三日桃華始開，冰泮雨積，川流猥集，波浪盛漲，謂之桃華水。春末蕪菁花開謂之菜華水。四月壟麥結秀，擢花變色，謂之麥黃水。五月瓜實延蔓，謂之瓜蔓水。朔野之地，深山窮谷，因陰沍寒，冰堅晚泮，追乎盛夏，消釋方盡，而沃蕩山石，水帶礬腥，併流於河，故六月終旬後謂之礬山水。七月菽豆方秀，謂之豆葉水。八月葵花亂華，謂之荻苗水。九月重陽紀節，謂之登高水。十月水落安流，復其故道，謂之復槽水。十一月十二月斷水雜流，乘寒復結，謂之蹙凌水。水信有常率以為準。非時暴漲，謂之客水。按此種名稱，其源當甚古。漢書溝洫志杜欽說大將軍王鳳且水執各異如使不及今冬成來春桃葉水盛必羨溢，是漢時已習用之也。凡江河流域廣遠者，其水位之變更愈複雜，覩於黃河可見。

第二節　河流及河床(21)

凡河流之發源於山間者，大抵可分為三游。曰上游(22)。中游(23)。及下游(24)。上游處於山間，比降陡，床址堅(大半巖石)以山谷兩坡為岸。流之方向，不出乎谷向，盡壹而不分歧，惟至谷身低部寬處，則分流歧注。谷岸巖石為風水浸蝕，隨流而下，至谷口比降驟減，則細沙石礫，俱為停積，上銳下寬，名曰沙錐(25)。水流被阻，旁衝橫決，則多改易其道，或分作歧流，蜿蜒至下而復合一。然每經洪漲，其歧道輒因之遷易。中游行於高原，比降大減。河床之址，其下多為卵石，至上層則由粗漸細。蓋山間之石，冰川時代（冲積層）

---

(20) Mitteler Jahresswasserstands kurve
(21) Flusslauf und Flussbett
(22) Ober lauf
(23) Mittel lauf
(24) Unter lauf
(25) Alluvial Cone, Sedimantkegel

為流冰所挾而下，其上則復以洪積層，為近紀所沉澱者也。有時亦因地質特別情形而異。如第四十三圖，為山西汾河在霍州附近之斷面，其下層為沙嚴丸

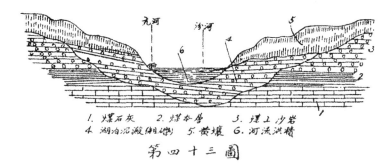

1. 煤石灰　2. 煤本層　3. 煤上沙岩
4. 湖沼沉澱（附礫）　5. 黃壤　6. 河流洪積

第四十三圖

礫。利奚芬(26) 以為昔汾陽湖泊之沉澱，其上層則洪積淤壤也。中游河道，不如下游及上游峪口之易於遷徙，亦鮮分歧。下游比降更弱，河床全處於鬆弱易勁之洪積層上。灣曲甚多，杜曲搏毀。（管子度地篇言水行至曲則衝而觸有所毀傷）。其曲愈銳，且向下流遞展。蓋水勢曲則溜驅凹岸，充其離心之能，（凡物體行曲道皆有離心力水亦然）故致凹岸愈傷，則凸岸反填闊。馴至屈而愈屈，形若垂瓠，（樂史太平寰宇記）亦似牛軛(27)。曲之首尾，相接愈近，成一狹頸，洪水至則直決衝斷，頸去而水復直，名曰天然裁決。(28) 其舊日彎道，上下二口，漸次淤塞，有時僅留乾槽，有時尚有水聚其中，名曰牛軛湖。(29) 如第四十四圖，為美利堅及墨西所接境瀘河(30)之前後變革圖。其形如牛軛之斷汀，皆昔日河道遺跡，尚可認取者也。

天然河道未有直而不曲者。蓋岸之強弱不一，則水勢避強而攻弱，不易之理也。且水亦利曲而不利直。曲則其流可一。直則易分歧。上流屈而左者下必屈而右。上下二曲相接以直，名曰過渡。(31) 法國水功視河流為有彈性之物。如彈性鋼條，扼其一端，則全條波顛。水之流也，頗與相似，故名曰流水之波顛(32)。

---

(26) Richthofen
(27) Oxbow
(28) Natural cutoff, Nattrilicher Durchstich
(29) Oxbow lake
(30) Riogrando del Norto
(31) Crossing Ubergang
(32) Oscillation, Des Fleuves

第三章 論流水之通性

河床中水之深淺，頗不一致。最深之處，猶近凹岸。曲愈銳流愈急，則水愈深，而凸岸則愈淺。至過渡則水深之懸異較微，而大抵較淺於河曲。河之橫斷面，在過渡中常至縮扁太甚。水流滯而蓄高於上，而過渡之比降大增。故於過渡屢成河檻(33) 其勢有如檻故名之。河檻之上，水流急者，則名曰河湍。（亦曰湍流即急流）(34) 而低水之時，過渡多為徒涉之所。(35) 第四十五圖，為河床一段之平面圖，以等深曲線示河床各部之水深。其實線之粗者為中水抹線（即中水時水面與岸相交之線）。實線之細者為低水抹線，（即低水時水面與岸相

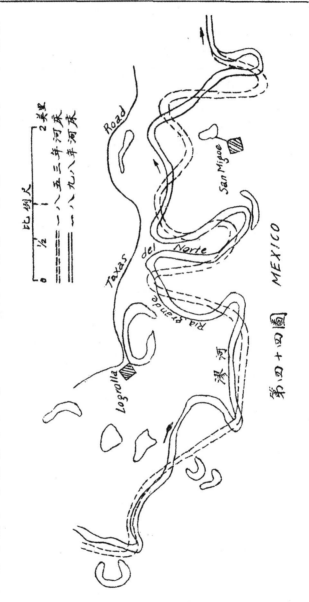

第四十四圖

---

(33) Strom Schwelle
(34) Stromschwelle Rapid
(35) Furten Ford

交之線(36)。由圖可見低水抹線與中水抹線在凹岸相距甚近。而在凸岸則低水抹線遠離中水抹線，且猶向河床之中央。故低水時二抹線間沙礫堆澱出乎水面之外也。圖中等深曲線以虛線繪之。中央點畫虛線(i)爲谿線(37)（直譯爲谿路日本譯爲澪筋）。谿線者，聯河床中最深諸點之線也。隨河曲轉移，由此凹岸經過渡以至彼凹岸。中央點畫虛線之兩旁二點畫虛線爲槽線(38)。槽線者在該線內水深可以通航，在其外則否也。槽線之內名曰航槽(39)。航槽常依隨谿線。又河中流速最大之處相連成線，名曰溜線(40)低水之時，溜線常與谿線相重。水位較高時，溜線不如谿線之屈折強甚也。

河曲之處，凸岸增而凹岸損。顧水非蝕凹岸之土而積於凸岸也。所蝕之土，在曲處水力固足以挾之，至過渡而其力乃驟減，故沙土多澱於此。河床日淺而成淺瀨。舟行至此，輒虞擱淺。又過渡有有律者(41)如第四十五圖中甲處，谿線經之，蟬聯不斷。有無律者名曰無律過渡(42)或推移過渡(43)谿線經之，斷離不續，如圖B處。船行至此，尤多危碼。蓋在該處橫斷面中，最大水深，分爲二處也。若於I, II, III, IV V等處，各取一橫斷面，則I及V之橫斷面如第四十六圖所示。橫斷面III亦與相似。惟易水深在右者而在左耳。II爲有律過渡，其橫斷面如第四十七圖所示。IV爲無律過渡，其橫斷面如第四十八圖所示。無律過渡之弊視圖即顯然矣。蓋航線須經二深槽間之高脊，斜伸河中。上下與凸岸淤沙相接。故低水時船須橫交溜向，越過此脊以就深槽，其危碼可知。

河床又可分爲大河床(44)及小河床(45)。大河床爲洪水所據，小河床則低水中水所宅者也。而論河之斷面則分爲河斷面(46)及谷斷面(47)。谷斷面爲洪水之時，凡水所可及者，而河斷面則不然。（如第四十九圖所示）。河旁洪水所可及之地，名曰低田(48)。低田之廣漠者，多以人工築堤，束水以保護之。或

---

(36) Streichlinie
(37) Talweg
(38) Channel Line
(39) Fahrrinne Od Fahrt
(40) Stromstrich
(41) Normaler Ubergang
(42) Annormaler Ubergang
(43) Verschobener Ubergang
(44) Major bed
(45) Minor bed
(46) Flussprofil
(47) Talprofil
(48) Niederungen

第三章　論流水之通性

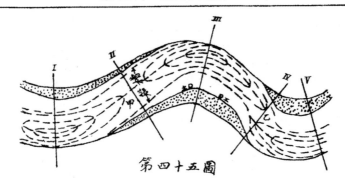

第四十五圖

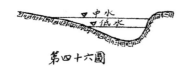

第四十六圖

第四十七圖

第四十八圖

第四十九圖

築於一岸，或兩岸並築。低田接於高田，（洪水所不及之田）以爲河之高岸(49)。洪水面與高岸相交之線，名曰洪水界或曰氾濫界(50)。不曰洪水抹線者，因洪水斷面非全可瀉水者也。蓋低田高下隆汚不一，氾濫時多有積潦不流。至水退後乃緩緩下瀉者。故於是須別之爲洪水斷面(51)及洪水流瀉斷面(52)。若欲計算流量，則洪水斷面不可用也。必先估計流水與死水（積潦）之界準確可恃，乃除去死水所佔之面積以爲洪水流瀉斷面焉。

洪積河床，每經氾濫，水溢出槽。挾沙積其兩旁常成特別形狀。如第四十九圖右側所示。河身兩旁之地，斜迆向外。美之米細細比，日本之石狩川，吾國之黃河，不少此例。故洪水退後，過渡之段，每成副槽，至下流變曲處，始復歸入正槽。

兩岸設隄之洪積河道，疏治失宜，則河床淤墊，輒至高於兩岸平地。若低地延廣，隄一潰決，不及塞築，則河身避高就下，舍正槽而他徙。吾國黃河此例之最尤者。第五十圖爲黃河遷徙歷史圖。由周及今蓋不下十徙矣。

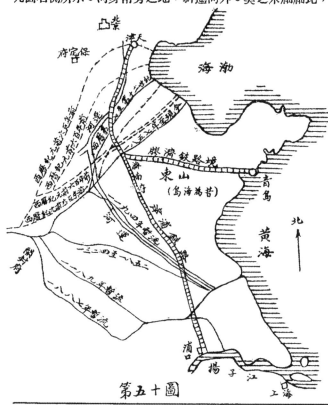

第五十圖

(49) Hoehufer
(50) Hochwasser=Od ubesschwemmungsgrenge
(51) Hochwasserprofil
(52) Hochwasserabflussprofil

第三章　論流水之通性

第三節　比降

河水之面，自泉源以至入海，陡易非一律也。欲明其上下比降之情形，莫如繪一縱斷面圖。所用比例尺，高宜多倍於縱，以期顯瞭。第五十三圖爲一縱斷面至好之例。圖爲德意志奧多(53)河拉笛保(54)上之一段。平衡基線上按距離每百公尺作分點。（圖中分點書 30 即距始點三千公尺之分點也）比例尺縱 1:12500 高 1:75。圖上所表者爲 (1) 河底。(2) 低水面。(3) 中水面。(4) 洪水面。(5) 左右二岸。（人面下流，左手所指爲左岸，右手所指爲右岸）。有隄者並列其隄。支流入口，跨河橋梁，以及裁灣取直之段，亦舉誌之其上。安設水則處，亦特別作誌。各點之高，標於該點縱線之旁。橋梁上下沿之高，亦書其記號之側。一切視圖可明。

凡河水面之比降，上游最陡，至中下游以次漸緩，已如上論。茲舉揚子江之比降列下表以爲例。（表見次頁）

由高趨卑，比降漸緩，固爲通例，但有時亦遇下流較陡於上流者。例

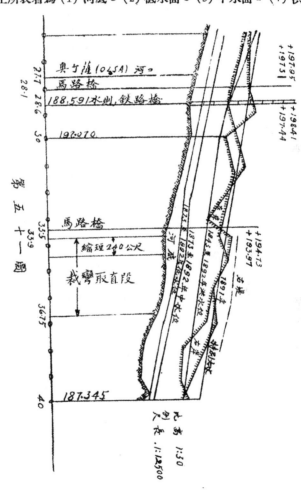

(53) Oder
(54) Rotibor

水 功 學 卷 一

如河身由寬趨狹，則狹處之流速，必過於其寬處。蓋橫斷面無計寬狹，其流量不變也。流速增則其比降亦陡矣。又河岔(55)河分流至下流復合處之下，常有此例。蓋二歧合併以後，其斷面積必不若二歧流斷面積之和之寬也。又河床以

大江川谷比降表

自	至	距離（公里）	比降 以每公里若干公尺計		平均比降	備註
			最小低水	最大洪水		
唐格拉山	三昂貢巴	730	—	—	0.00029	(Prjevalski)
三昂貢巴	巴 塘	315	—	—	0.00710	(Little; Gill)
巴 塘	Wa Wu	1464 {334 / 1130}	—	—	0.00200 / 0.00135 / 0.00116	Cataracts
Wa Wu	楊 柳 樹	189	—	—	0.00154	(Baber)
楊 柳 樹	葛 川 潭	65	—	—	0.00043	(Baber)
葛 川 潭	屏 山 縣	101	—	—	0.00028	航船上界
屏 山 縣	叙 府	615	—	—	0.00027	
叙 府	重 慶	294	0.306	0.263	0.00024	
重 慶	宜 昌	730	0.216	0.240	0.00020	川漢鐵路水準測
宜 昌	岳 州	456	0.0605	0.069	0.000057	
岳 州	漢 口	224	0.0270	0.0287	0.00024	粵漢鐵路水準測
漢 口	九 江	246	0.0246	0.0360	0.000026	
九 江	蕪 湖	352	0.0265	0.0416	0.000030	
蕪 湖	吳 淞	464	0.0068	0.0177	+0.000011	
吳 淞	蕪 湖	464	—	—	−0.000008	最大高潮之倒注
（高 潮）	（低 水）					

---

(55) Stromspaltung

第 三 章　論流水之通性

巖石爲址者，其比降常陡。於其上下相接非巖石之段。有時因下流鬆址，刷蝕日深，壁址不易，且演爲湍流或瀑布矣。支流入幹河，屢變易其比降。假使支流濁而幹流清也，則支流所挾之沙輒沈墊於其入口之下，而幹河於入口以下之比降因以增，入口以上之比降因以減。假使支流清而幹流濁也，則支流入幹流後，可以助之攻沙，幹流於入口以下之比降因以減，入口以上之比降因以增。例如美之米細細比上游，水較清而米藪里(56) 則挾有多沙，二流相匯以前，米細細比之比降較小，及其相匯以後，入口以下之比降較米細細比則增，較米藪里則減。而俄亥奧(57) 與米細細比相比則較清，二水相匯以後，其下之比降，即大於俄亥奧而小於米細細比上流。其變易之情形。示於下圖。

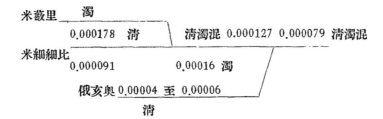

法國之龍河(58) 勞亞爾(59) 意大利之波河(60) 有同類之經驗。

水位高低異，則比降亦有伸縮，如第五十三圖低水面之比降，頗與河底相依隨。河底高則水面亦高，河底低則水面亦低。而水深者比降弱，水淺者比降強。中水面比降，其依隨河底已不如低水面之甚。至洪水面則幾至與河底無關。其比降但爲平均比降。洪水面平均比降較之河底平均比降略陡。蓋河底循低水之槽，蜿延曲折。而洪水則經而越之，取道捷也。在 $J = \dfrac{h}{l}$ 式中。l 縮短，故 J 增也。洪水流速之所以增加者亦以此。又洪水至時，由上游傳播而下，洪水浪(61) 所及之處，其比降亦驟增。然傳播遠，則其浪益低，如第五十五圖，1 爲洪水未至以前之水面，2,3 及 4 爲相連三日洪水浪傳播之情形。傳播速率至下流愈緩，亦由此圖可了然。

河水之比降，除驟然更易者外，與河底質料，頗相關連。蓋河水侵蝕河底

---

(56) Missouri
(57) Ohio
(58) Rhore
(59) Loire
(60) Po
(61) Hoch wasserwelle

水功學卷一

第五十二圖

之力，視乎比降，而河底質料，則視其抵抗力，或留或被淘汰耳。倫達爾(62)於印度有關乎是類之考察如下。

河床完全爲塊石者其比降爲	0.00275 至 0.00350
河床爲堅壤及石相混者其比降爲	0.00095 至 0.00114
河床爲一律堅硬黏土者其比降爲	0.00095 至 0.00114
河床爲飁沙混礫者其比降爲	0.00038 至 0.000568
河床但爲飁沙者其比降爲	0.00020 至 0.000380
河床爲細沙者河岸不穩定其比降爲	0.000063 至 0.000190

河流不但於縱向無平衡之理，且於彎曲處橫向亦非平衡。蓋凹岸之水流速，凸岸之水流緩，故水之趨於凹岸者多，而趨於凸岸者遜。以此之故，水面在凹岸者高於在凸岸者，如第

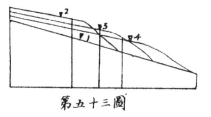

第五十三圖

圖所示。高低勢異，水必復自凹岸流回凸岸，以返其平，而橫溜(63)以生。又縱向之比降，凹凸兩側亦復不一律，河之中流，則適爲平均比降焉。凹凸兩岸水面之失平，關乎彎曲之強弱及水流之緩急。彎曲半徑愈小，水流愈速者，其失平亦愈甚。

(62) General Rundall, R. E.
(63) Querstromung

第三章　論流水之通性

水面於普通比降順溜而外，有時亦生逆溜。其原因（一）有潮汐處高潮之時，潮浪自海口倒流而入，至潮流之力與河流之力相抵消爲止。海口與抵消點間之比降，則爲反向。（二）幹流盛漲，倒漾入支流，則支口以上若干距離，亦得反向之比例。（三）河水遇有阻碍物，亦生短距離之逆溜。

第五十四圖

其他所應論及者，則爲漩溜(64)。漩溜分爲豎橫二種。豎者亦名沸浪(65)。低水之時，水行本槽，比降有律，故水流安舒。洪水至時，本槽不足以範圍，屈折之道經而越之。如第　　圖所示，其床址忽高忽深。因其不平，故水扼而上騰，成爲沸浪者一也。鬆動床址，質爲細沙，水之力適與其抵抗力相若。稍勁則沙隨波起，稍弛則復墜落。一起一落，演成波形沙梁，其縱橫面如第　　圖所示。a 面迎溜，沙粒被拖帶而起。b 面被溜，沙粒復墜落。故此等沙梁非固定而時時前進。如圖中虛

第五十五圖

線所示，成起伏之狀，名曰沙波(66)。水被其扼，亦生沸浪。漩溜之橫者亦分二種，一曰吸力漩溜，(67)一曰壓力漩溜(68)如第　　圖（一）。河床於曲折處，岸上 A 點特別堅剛之質，不易刷蝕，B 處則刷蝕甚深。水溜自右岸趨而向左，A 之下適成一水空，故水迴流而補其空，以成漩溜。名曰吸力漩溜。反之 B 處因正溜橫亘河中，餘水不能驟下，偪而向上，成一漩溜，名曰壓力漩溜。第圖（二）亦爲吸力漩溜之一例，是種名稱，俱首得於美之米細細比。

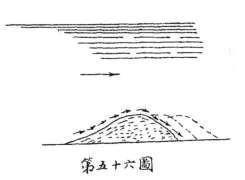

第五十六圖

(64)　Wirbel, Eddies
(65)　Roils
(66)　Sand Waves
(67)　Suction eddies
(68)　Pressure eddies

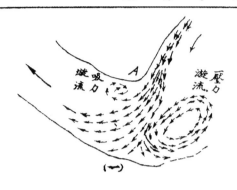
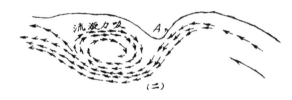

第五十七圖

第四節　挾沙

今所謂沙統言河之荷重也，然可分爲二類，一曰推移質(69)，一曰沉澱質(70)。河之床址，惟於山間岩石之間爲固定的，其餘則爲沙礫或丸石等物。水位高，則是等質料被推向下流而動，名之曰推移質。推移質之最麤者爲丸石，大多只見於上游，其生成由於風化及水之侵蝕作用。其先自懸崖崩岩，繼則流丸觸摩，而成碎礫。其摩落之細粉，則輕而浮搖水中。培塿及平原之地，每經大雨，疏輭細質，亦被冲刷入河槽，浮搖水中。至水溜靜止之水面，始爲沉澱。是爲細泥(71)。細沙於強溜中亦浮搖不墜，故與細泥同名曰沉澱質。沙之生成，非由於碎礫再加觸摩，而實爲岩石風化之最細產品。故不僅見於下游，於中游上游亦與推移質雜見。下游水中所含之沙，多半卽源自洪積河床中。

河流一段中，推移質之大小，關乎水流之緩急。流急則其所推移之質亦大。流緩則其所推移之質亦小。貼床址之水流速率不一，而在溜線者爲最大，故推移之質，中流大於兩岸。惟其大小分類，必在推移質常川流動之處。否則麤粒細沙，亦常混合。故河床之礫取以爲三合土，每無須再加以沙焉。

---

(69) Geschiebe
(70) Sinkstoffe
(71) Schlick

第三章　論流水之通性

水流速率可以推動大小石礫及冲刷土質者。按方修斯(72)之經驗，有如下表。所謂流速，則指平均橫斷面流速而言。

細沙及泥	每秒 0.5 公尺
尋常沙及黏土	1.0 公尺
黏土結合之沙或礫沙	1.5 公尺
礫粒或固結黏土	2.0 公尺

又法國勞窩爾(73)河中所得經驗如下。

礫徑 0.1 公分	每秒 0.5 公尺
徑 0.4 公分	1.0 公尺
徑 1.0 公分	1.5 公尺
徑 1.7 公分	2.0 公尺

莒博阿氏(74)所得經驗，則較上數爲小，列之如下。

細黏土	每秒 0.08 公尺
黏土座沙	0.16 公尺
稜角沙粒	0.20 公尺
小豆大礫子	0.16 公尺
大豆大礫子	0.30 公尺
丸石大如拇指	0.65 公尺
稜角燧石大如鷄卵	1.00 公尺

由上數經驗，可知沙石土質之被水冲動，不盡關乎水之速率。各地情形相殊，其所得流速與荷重之比率亦異。尤以水之流量關係尤鉅。凡大川以同等流速所可推動之質，在小溪中則不能也。其詳見後。

又卜克勒(75)之經驗，凡質料之未動者，可抵抗之流速如下：

沙壤	每秒 0.3 至 0.7 公尺
尋常黏土	0.76 公尺
固結黏土	0.5 至 1.8 公尺
礫子及丸石	0.5 至 1.8 公尺

以上所謂流速，皆指平均橫斷面流速。至河底流速，則須其半，便可令各項質料移動。

---

(72) Franzius
(73) Loire
(74) Du Buat
(75) Buckley

78　　　　　水　功　學　卷　一

　　河流各段，或大要爲丸石，或大要爲礫子，或大要爲沙，然其間無顯明之界限也。蓋洪水相繼而高下强弱有差，則足以混粗細石粒，使其更也以漸。凡河流一任天然，不加治導，則沙石停積，足使河流荒廢(76)。沙石停積，乃在洪水降落之時。使停積之後，而橫斷面視洪水前無甚變更者，則尙不至爲害。然實際變更者甚多也。而尤以過渡段中爲尤易。沙石常停積河中成梁，(77) 至低水時則出水面。草卉繁殖，愈益鞏固而成洲渚。筆直之段，倚岸停沙，則又生新灘。尋常易於停沙之處爲凸岸，支流入幹河口，幹河入海口。如揚子江黃河且生鉅大之三角洲(78) 也。

　　上旣言沙石曁土質之被水冲動，不盡關乎水之速率。究其實際關係可得而詳討論焉。

　　押轉力之定律(79) 假設一勻等有律之河流，守其恒壹狀態。水面斜降，河底與之平行，比降爲 i，水深爲 t。設想一瞬間，一方柱水體底面一方公尺，靜息其間。若河底毫無阻礙。水體之力，則此方柱水體滑動於比降爲 i 之斜坡，按力學定例其動能(80) 必增。命 m 爲一水線之質量，其速率爲 v，則其於短時間 dt 所增之動能爲

$$\frac{m}{2}\left\{(v+dv)^2 - v^2\right\} = mv\,dv \cdots\cdots\cdots\cdots\cdots\cdots\cdots (一)$$

　　但旣假設水流爲恒壹狀態，則眞動能必見消於阻力之工(81) 水之加速率爲 $\frac{dv}{dt}=gi$。其於最短時間 dt 所行之路爲 vdt，阻力之工，即等於減速之力，與路相乘之積。即等於

$$m(vdt)gi = m\,v\,dv$$

　　而減速之力，即爲 mgi。與此力相等而方向相反者，即所以敵床址之抵抗力而致之使動者。是爲押轉力。予始譯爲拖帶力，繼見日人岡崎文吉氏譯爲押轉力，覺較長，故從之。然猶覺未盡原義也。蓋沙石雖隨水而轉，其速率遠不及水，其情形頗似一無盡端柔輭重壓之被，蓋於推移質上而押轉之使走也。

　　今因比降率 i 甚小，故可以上所設方柱水降之質量 m_0 代 m，以公斤計之則

---

(76) Verwilderung
(77) Sandbank
(78) Delta
(79) Das Schlepkraftgesetz
(80) Kanetic Energy
(81) Work of resistance

第三章 論流水之通性

$$m_0 = \frac{1 \times 1000 \times t}{g}$$

式中 t 為水深。g 為地重加速率等於 9.810 由此得押轉力。

$$S_0 = \frac{1000 t}{g} g \cdot i = 1000 \, t \, i \quad \cdots\cdots\cdots\cdots\cdots\cdots\cdots\cdots\cdots\cdots\cdots\cdots (二)$$

此式中之押轉力。但關係於水深及比降，皆得準確測定。較之流速難於測準，(而尤以河底流速為最)，為便多矣。假如在一變河流中，其水深及比降已測定，而觀察其床址，無所更變，則由理論可推得他等水深河床同質者之比降應為若干，始可令其床址穩固。

故水深，比降及推移質之抵抗力實相持均勢。河流對於每一種推動質，各有一押轉力之極限值 S_0，與均勢相應。但因天然變故或人力更革，輙令水之押轉力或過之或不及，而均勢即失。押轉力過於其均勢之極限值者，河床即被冲掘，不及均勢之極限值者，即停積沙礫。

河床變動之定則，假設一平衡未被冲掘之河床，勻舖礫子一層，其大小形式俱相等，每一礫子之容積命為 K，而其舖於一平方公尺面上之數為 n，其比重為 s，則每平方公尺面上礫層所受之竪力為

$$P = 1000 \, (s-1) \, n \, K \quad \cdots\cdots\cdots\cdots\cdots\cdots\cdots\cdots\cdots\cdots\cdots\cdots (三)$$

又受一橫力 S，二力之合力其方向與垂直線成角 w。則

$$\tan w = \frac{S}{P} = \frac{1000 \, t i}{1000 \, (s-1) \, n \, K} = \frac{t i}{(s-1) n K} \quad \cdots\cdots\cdots (四)$$

若河底非平衡，乃向下流斜降，則推移質更易轉動。若向下流斜陡，則難於轉動。命 u 為礫子之靜止角，即在靜水中適使礫子靜止不致滑動或轉動之傾斜角，則 u 之值關於礫子之形式及其接觸面之情形。故 u 為礫子遷動之符號，若 $w > u$ 或

$$\tan u \leqq \frac{S}{1000 \, (s-1) \, n \, K} \quad \text{即}$$

$$n \, K \geqq \frac{S}{1000 \, (s-1) \, \tan u} \quad \cdots\cdots\cdots\cdots\cdots\cdots\cdots\cdots\cdots\cdots (五)$$

則礫子必致移動。設想 n 數礫子之質量勻布於一平方公尺之面上，其厚為 e 公尺，則 e 為礫子層之平均厚而

$$n \, K = 1 \, e \quad \text{故}$$

$$e \leqq \frac{S}{1000\,(s-1)\,tanu} \quad \cdots\cdots\cdots\cdots\cdots\cdots\cdots\cdots\cdots\cdots\cdots (六)$$

即知礫子層之平均厚愈薄者，其被押轉亦愈易也。

今設想礫子分為若干層其平均厚為 d, d', d'' $\cdots\cdots\cdots\cdots$ 則按公式(六)

$$d < \frac{S}{1000\,(s-1)\,tanu}$$

設使押轉力之大，不僅使第一層礫子徐徐遷動而且過之，則其餘力，可使其動增速。但其速不至增，因有第二層礫子之抵抗力足以耗其餘力也。故第一層與第二層礫子之間有一押轉力，其大小以每平方公尺若干公斤計之，與第二層之抵抗力相等為

$$1000\,\{\,ti-d\,(s-1)\,tanu\,\} \quad \cdots\cdots\cdots\cdots\cdots\cdots\cdots\cdots (七)$$

式中 d 及 t 俱以公尺計之。若此力之大足以致第二層 d 公尺厚之礫子遷動，而猶不止，則更及於第三層其力為

$$1000\,\{\,ti-(d-d')\,(s-1)\,tanu\,\} \quad \cdots\cdots\cdots\cdots\cdots\cdots (八)$$

如此例推。若遷動礫子各層之總厚為則

$$e = d+d'+d''+\cdots\cdots\cdots \text{則}$$

$$e = M(d) = \frac{ti}{(s-1)\,tanu} = \frac{S}{1000\,(s-1)\,tanu} \quad \cdots\cdots\cdots (九)$$

與上公式(六)計礫子為一層者相同。但一層礫子厚 e 公尺者，其致動較緩，而若干層礫子其總厚為 e 者，則其各薄層易於押轉而出，其動較速也。

又已鬆動之推移質較之凝結不動者，易於轉徙，故其所需之押轉力亦小。故押轉力對於每一種推移質有二極限。一小者使已動者續動。一大者使未動者動。按(82)(德文工程袖珍書)草地可以抵抗押轉力於短少時間，每平方公尺二至三公斤。沙受每平方〇‧二至一‧〇公斤之押轉力即動。碎石子受押轉力每平方公尺二至五公斤始動。

---

(82) Hutte

第三章　論流水之通性

假使有石子 q 層其均厚為 d。各層合之，總厚為 e。則

$$e = qd = \frac{S}{1000(s-1)\tan u} \quad \cdots\cdots\cdots\cdots\cdots\cdots\cdots\cdots (十)$$

最下一層，其速率為零。設每層對於其下層以速率 v 而動，故最上一層其速率為 $(q-1)v$。如是則每秒鐘通過流羃(83) 每一公尺寬之推移質量為

$$Q = qd\frac{(q-1)}{2}v \text{ 或}$$

$$Q = e\frac{(q-1)}{2}v \quad \cdots\cdots\cdots\cdots\cdots\cdots\cdots\cdots (十一)$$

又命另一押轉力為 S'，層數為 q'，總厚為 e'，則得

$$q'd = e' = \frac{S'}{1000(s-1)\tan u}$$

及 $\quad Q' = e'\frac{(q-1)}{2}v \cdots\cdots\cdots\cdots\cdots\cdots\cdots\cdots (十二)$

由(十一)及(十二)得

$$Q = Q' \times \frac{e(q-1)}{e'(q'-1)} \quad \cdots\cdots\cdots\cdots\cdots\cdots (十三)$$

又命 S_o 為對於單層之押轉力之極限值故

$$d = \frac{S_o}{1000(s-1)\tan u}$$

則 $\quad \dfrac{e}{e'} = \dfrac{S}{S'} \quad (q-1)d = \dfrac{S-S_o}{1000(s-1)\tan u}$

$$(q'-1)d = \frac{S'-S_o}{1000(s-1)\tan u}$$

---

(83) Durch lass flache 流瀉面羃

故 $\dfrac{q-1}{q'-1} = \dfrac{S-S_o}{S'-S_o}$ ……………………………………(十四)

而 $Q = Q\dfrac{S}{S'} \times \dfrac{S-S_o}{S'-S_o}$ ……………………………………(十五)

命 $\dfrac{Q}{S'(S'-S_o)} = x$ ……………………………………(十六)

則得 $Q = x\,S\,(S-S_o)$ ……………………………………(十七)

因 $\dfrac{Q}{S(S-S_o)} = \dfrac{Q'}{S'(S'-S_o)} = x$

故知對於每一種 S_o，即對於每一種類之推移質，其 x 之值不變。故名 x 曰排沙系數[84]（註茲所謂沙即推移質之概言）

S_o 之值可由水工試驗場或即於河流中實驗得之。既得即可算得 x 之值。（註此種實驗在歐洲已履行多年，尚未得精確結果，今但知 x 爲最小之值耳）

以上所論之 Q 乃爲通過流羃中一公尺寬之推移質。但河槽之寬爲 b 者，其深 t 則各點相異。故押轉力之總總爲

$$1000\,i \int_o^b t\,dx = 1000\,iA$$ ……………………………………(十八)

式中 A 爲流羃面積。x 爲自 O 點起之橫標。故押轉力之總值與流羃面積 A 及比降 i 爲正比。但依公式（十七）排沙總量非簡單與押轉力爲正比也。故徒恃公式（十八）尚不足以定其量。每秒排沙之總量（所謂沙者即推移質之概言）爲 $\int_o^b Q\,dx$ 或

$$G = x\int_o^b S\,(S-S_o)\,dx$$ ……………………………………(十九)

或以 $S = 1000\,t\,i$，$S_o = 1000\,t_o\,i$ 代入則得

$$G = x\,(1000\,i)^2 \int_o^b (t-t_o)\,t\,dx$$ ……………………………………(二十)

（84） Apfuhrziffer für Geschiebe

第三章　論流水之通性

在此積分中 t 之值以 $t > t_0$ 為限。蓋 $t \leqq t_0$ 之處，其推移質不動，即無沙見排也。河槽橫斷面積同為 A 者，其排沙總量因河床形勢相殊即便不同，積分值之算法見下章。

由公式(二十)可見排沙之量與比降 i 相關最多。比降若倍則排沙之量由理論推之即四倍。以上之理論係摘譯德文工程全書(85) 沉澱質為細泥細沙一種已論見於前。細沙則洪水降落，即復沉澱於河之本床各處及入海之口，而細則泥隨流較遠，至入海口或入海若干遠而沉澱。欲定其量，法用取水樣器於洪水將落時在河身橫斷面中不同點不同深各處取水樣多種。先將水之分量稱準，乃濾去其水，膌沙烘乾，而用天平秤之。得其重為水與沙共重百分之幾於多樣中取其平均值焉。取水樣器(86) 之製不一，第　　圖為其一種，水不甚深者用之。a 為錫筒，下端封閉，上端有孔，孔旁有竪桿二架一橫梁，中有孔。活塞桿 b 通二孔中得以上下。仝器以螺旋鋏子鋏於一桿上，持以放入水中，活塞桿用繩拉開，其閉也以水壓力自閉，

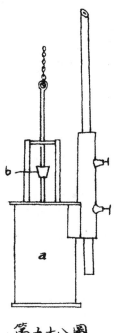

第五十八圖

濬浦局所用之器如第　　圖(一)。V 為水瓶，以鎳鍍鐵為之。C 為軟木塞連於蓋 d 上，蓋頂有竪桿通於頂平板 P 之中孔。以繩引之上下以啟閉瓶塞。竪桿四根通頂平板四隅之孔，下通鉛版 $LMNQ$ 四隅之孔，上下管以螺旋成一座架。水瓶置其中。鉛板可任意增加。隨水深淺以增減其重。全器以繩墜入其中。濬浦局取水樣於水深百分之八十處取之。蓋沙之浮搖於水中近河底最多，然太近則恐與推移質相混淆也。

取水樣器之用於甚深之水(海中)者，如第　　圖(二) a 為卵形之瓶。頂底俱有孔，亦各有活塞。底活塞桿下連鉛重 d（同時用以接觸海底）中通導孔。桿之上端與頂活塞桿之下端於瓶內兩相接築。全器用繩墜入水中，至 d 與海底相觸。底活塞 c 被推向上開，其桿端並推頂活塞 d 亦向上開，而水即自下孔入內。乃引繩而上，c 因 d 重復閉，b 因水壓力亦閉。

吾國河流挾沙情形因地而異。茲舉黃河與揚子江之沉澱質以為一例。

---

(85) Handbuch der Ingenieurwissenschafte n. III. Teil, Bd. IV

(86) Hydrophore

黃河之沉澱質重要者厥惟黃壤。(78) 水位低時亦為推移質。黃壤者風積土質之一種，來自戈壁。漫蔽北方數行省，適當黃河流域。（參觀本人黃壤論科學第二卷第十期）。

黃壤之質細而鬆，易為水襲。故大雨之後輒見黃壤田原洗掘溝穴甚多，隨流入河。且不但此也，河岸為黃壤質成者，為水侵淘刷，輒能壁立（為黃壤之特性）。甚至岸脚深入，上部空懸，猶能不倒。然其重無以持之，內裂漸成深隙，一旦崩潰，全壁直下，墜入河中。故黃河所挾黃壤之量甚盛，水色亦黃，瀉入海中且成黃海。其

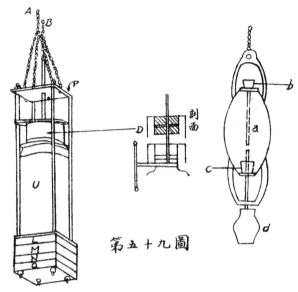

第五十九圖

勢多矣。一八九八年河堤決口，山東境內王家梁為河沙所掩，地面約 300 平方公里，厚自 0.6 至 2.0 公尺。取其中以 1 公尺計算，則有 300,000,000 立方公尺，可謂鉅矣。黃河入海口之三角洲，據瓦岑及黎司(88) 其圍擴凡 200 英里，可謂遠矣。(按此指昔口而言)。

津浦鐵路於造黃河橋之先，曾探驗黃河含沙之量如下表：——

一九〇二年 月　日	水　位 以公尺計	沉　澱　質 以水重百分率計
六月二十三日	28.76	0.52
同	”	0.57
十一月二十八日	29.14	0.60
同	”	0.53
七月十七日	29.51	0.65

(87) Loess
(88) Watson and Riess Engineeving Geology

第三章　論流水之通性

八月十五	30.59	2.60
同	〃	2.63
七月二十七	30.71	2.93
同	〃	4.07

揚子江之沉澱質，亦間有黃壤。源自敘府及蕪湖附近(89)。但其主要之源，則爲四川東部廣約十萬英里之紅盆地(90)。該地石質以有層累之含沙黏土層爲最多，帶有紅色，疏軟易爲水侵。揚子江行經其中，多數支委，纖細縷分，散布於盆地之上。故其所刷蝕之質，匯流入江。江水下游，於洪水至時，輒帶紅色，執是故也。但揚子江之沉澱質，中途沉澱於其所連之湖泊者多。其他源則爲南北二嶺。

據浚浦工程局報告書揚子江之流量每秒由 6500 立方公尺至 56500 立方公尺。平均 29000 立方公尺。(據蕪湖海關水則記錄)江水所含沙量於蕪湖測驗得爲重量百萬分之 56 至 1412。每歲平均當爲百萬分之 500。設令其比重通匀計之爲 1.4，則其容積得百萬分之 357。卽每秒輸沙 10 立方公尺，每歲卽可輸沙入海 3,150,000,000 立方公尺。以如此鉅積之沙，沉墊於入海之口，每年卽可成小島。故揚子之口，每歲淤淺有加，而航海者頗以爲苦也。

以上所論河水荷重二種(推移質沉澱質)爲人目所視者。故亦總名顯荷重。(91) 此外更有溶化於水中之礦質爲人目所不可睹者，名曰隱荷重。(92)。是種荷重遠至深入大洋，始得沉澱，於河功無甚關係，故不詳論。

第五節　冰凘

止水(湖泊)之中，結冰自水面始。因沍寒空氣與之相接觸也。若流水則不然。逝者不息，上下水層，溫度變於一致。故溫度降於冰點時，先自河底結冰。其始成之冰晶必附着於沙礫之上，名曰底冰(93)。底冰漸結漸厚。卒之其上浮力勝，不復爲沙礫所牽繫，脫離之而上浮。零星浮於水面。名曰浮冰(94)。浮冰之所以常帶有沙粒者，以此故也。浮冰愈聚愈多，漸結爲一，於河身狹處，灣曲處，橋礅之間，壩上及他相適之處，遂積結而不復流動。又凡河流近口

---

(89) H. von Heidenstam Report On Yantze Estuary
(90) Roter Becken
(91) Visible Load
(92) Invisible Load
(93) Grundeis
(94) Treibeis

處，其流速遲緩，亦為積冰之所。馴致河之全面凍結，且向上流擴展。設天氣蘊寒日久，積冰增厚，甚至黃河之闊，秦晉相隔，可蠻以通。

春初水漲，水於冰下不能容，冰蓋坼裂暴潰，遂復流動。名曰冰澌。（風俗通積冰曰凌，冰壯曰凍，冰流曰澌，冰解曰泮）

至河身狹處，橋磯處，灣曲處，冰凌聚積常致阻滯，壅不能前。愈擠愈密，至阻礙河流，名曰冰障(95)。河流全被塞止者，名曰冰塞(96)。因冰障塞，遂使河流逼漲，其力復推冰凌前行，至水屜無力復止。冰積成堰，水漲於上，溢槽抹岸。（宋史河渠志漲濫蹟防謂之抹岸）遇堤防弱點，即衝決之，自低地下瀉，至冰障下，始歸原槽。有時冰塞之下，水落遂成乾陸，因以改移河道者。欲免此患，宜及時鑿冰令碎，速其下注，以免障塞。我國河工，向有凌汛。當冬至前，天氣偶和，凌塊滿河，擦損掃眉，其病尚小。所慮忽值嚴寒，凡河身淺窄彎曲之處，冰凌壅積，竟至河流涓滴不能下注，水勢陡長，急須搶築，而地凍堅實，簣土難求，每易失事。所以須備打凌器具，分撥兵夫，駕淺如舢艖小如艀艋之舟各攜器具，上下往來以鑿之。但船底須用竹片釘滿，凌遇竹格格不相入，庶幾可以禦之(以上見麟見亭河工器具圖說)其打凌之錐，用鐵或石為之，以柳枝為柄。但此法之效甚遲。歐美各國，昔者亦用錐鑿或炸藥爆裂。近則用鑿冰汽船，其製與尋常汽船同，但外甲特別堅厚，行於河中撞碎其冰蓋。

---

(95) Eisversetzung
(96) Eisvestophung

第 四 章　治導之預備及治導之要旨

下篇　河之治導
第四章　治導之預備及治導之要旨

　　河功分二途，一曰治導(1)，二曰渠化(2)。治導者，改正河流，袪其弊而興其益。渠化者，築堰與閘於河中，分河流為段落，以得深漕，化天然之河道與漕渠相類。由本章至第六章專言治導之事。至第三卷下篇乃言渠化之法，及各種堰閘之構造。

第一節　治導之預備·

　　欲治導河流，須先事預備功。預備之功(3)可分為地形測量，及水事測量二種。水事測量(4)曰測水位，曰測流速，定流量，已見前章。地形測量屬測量術，茲但撮要言之。

　　所欲治導之河，既以頻年之觀測，得其雨量，得其流量，尤須確知其流域面積之大小，河流之情勢（瀦曲，分岔，停沙，降度等）。所須製之圖為平面圖，縱斷面圖，及橫斷面圖。測量之事能概括全河，有首有尾最善。蓋如此始能通盤籌畫，各處分區之設計，得上下相呼應，不至有顧此失彼之偏也。測量之時，以低水或常水時為宜。低水綫尤為關於航運計劃治導之所必需。用常水之益，則在其水位持久，一切計算可以同一水位為準，不致屢更。但測量範圍擴大者，水位漲落，勢所不免，則平面圖上之水綫，須用橫斷面定之。所繪之圖，以能用一律之比例尺為宜。二千五百分之一，或五千分之一，或更密至千分之一。有地方經界圖，其比例尺如上者可借用。河流方向，常令自左而右，指北之針切不可缺。若治導之功，但施於一段，不欲測量全河，亦須測量該段相連之上下流，其長須足以盡與該段治導有切要關係者。平面圖繪就，再畫河之中綫於其上，等分距離焉。復次依河之中綫作縱斷面圖，其比例尺長即如平面圖，而高則十倍之或多倍之，以求顯明。河底及兩岸或現有堤頂，俱須畫入圖中。其各點之高，可取諸橫斷面圖中。河底之高，或取其平均高，或取最深之槽即谿綫底高。左岸用實綫，右岸用虛綫畫之以誌分別。此外如水則，堰，閘，橋樑，等俱須豎入圖內，誌其高。支流之入口亦須註入。諸重要水位之水面（洪水，中水，低水）亦不可缺。（參觀第五十一圖）此等水位須用縱向平測(5)以得其高。其法於河水中近岸處簽樁記各水位之高，而平測之（即水準測

---

(1) Regulierung, Regulation
(2) Kanalizierung, Canalization
(3) Vorasbeiten
(4) Hydrometsische Ermittelungen, Hydrographic Surveying
(5) Langennivellement

88　　　水　功　學　卷　一

量）。各樁頂之高，用平測法定準。於是以一定時刻齊驗上下各樁頂高出水面之尺寸，則得水面之比降。惟洪水時此法難施，只可驗之水則及平測洪水之標，以得洪水面之比降。

　　橫斷面測量，過平淺溪流，可亂流而過，即用平測儀（即水準儀）可也。若河水不能徒涉者，則須用探深法(6)探水之深淺。其所用器具深不逾5至6公尺者用探水尺(7)為木製之桿上劃公寸，其端帶一圓盤以免桿插入河底。公分之數，可估計之。水深6公尺外者以探水繩代桿。繩端懸鉛錘。公寸數以彩色布結繩上誌之。欲定探水處之位置，若水面寬不逾300公尺，可用畫分公尺之鋼絲索一端錨繫於一岸上，他端在他岸繞轆轤上，絞而展之。其下撓力甚重不能展者可用小舶數支，按適當距離支撐之。橫斷面宜常與河流直交，探水時之水面高，須平測以得其高。此外則最接近水則上之水位亦須註入。若以後河槽有變更，須重新探水，則視水則上水位之高，以得該斷面水面之高足矣。第一次探水時宜於岸上深簽一樁，以為該斷面之標誌。由該樁點起，目一直綫與河流正交。探水樁點俱自該樁點起量其距離。後有重測者則原日各點猶可覓得而驗其深淺之變更。下舉一例，所列探水表式係抄諸德意志貿懇水道管理局(8)所頒發之「橫斷面探水指南」(9)此表若填得詳確，則如第六十圖所示之手圖可缺。備考一行最重要者為記土之質類。

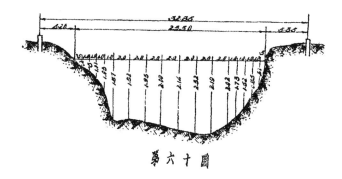

第六十圖

(6) Peilung, Sounding
(7) Peilstunge, Sounding Pole,　或曰探水桿
(8) Verwaltungsberliche dermarkischen wasserstrassen
(9) Anweisung jur, Peilung Von Duerschnitton

第四章 治導之預備及治導之要旨

(探水表式)

呂德道夫河第 2.450 公里
'13 年 8 月 22 日 8.30 至 11.20 上午
受克納水則　　　　　　　　　1.78 公尺
窩特道夫補助水則　　　　　　　1.74 公尺
左岸標點爲公里石　　　　　右岸爲樁

兩標點距離 ══ 32.9 公尺
水面寬 ══ 23.3 公尺
橫斷面蕊 ══ 37.7 公尺

距　　離	深	備　　　考
4.20	0.00	左岸水際
0.80	0.42	積石
1.00	0.30	沙風甚強向上流
1.00	0.60	〃
1.00	1.03	〃
1.00	1.87	〃
2.00	1.82	石
2.00	1.93	石
2.00	2.00	沙
2.00	2.14	沙
2.00	2.32	沙
2.00	2.19	沙
2.00	2.02	坭
1.00	1.73	坭
1.00	1.52	坭
1.00	1.78	坭
1.00	0.68	梢功
0.50	00.0	右岸水際
0.35		丈標
總 32.85 － 9.55		兩岸距離 4.20 + 5.35
23.30		水面之寬

河面甚寬一索不足以濟則用二索。一端各纜於岸上，一船投錨中流，上有轆轤二，繞二索各於其上而絞展之。否則須用經緯儀或平面量桌自岸上以角度定探水之點。（其詳此處不贅）繪圖時，須令左岸在圖上仍為左。其比例尺深可較大於闊以求醒目。如欲將河之深淺誌於平面圖上，則如第六十一圖將橫斷面於平面圖上該處搬倒畫之。但此法不如等深綫之為優也。

第二節　治導之要旨

吾國向來治河事功以黃河為最鉅。其次則運河。又其次則江淮漢及直隸之五河。顧所謂治導，但斤斤以防患免災為已盡能事。除運河外，無一顧及於通航問題者也。夫以我國幅員之廣，百川經緯，通之以利舟楫，內地農產，無遠弗屆。富國之謀，寧有逾是。惜乎昔人往迹，既有所蔽，而今之言治河者仍不外補苴罅漏之策，是以吾國至今日尚無一就治之河流也。

故治導之目的，非僅以防禦氾濫橫決已也。宜馭之使適於航運，營之使利於農業，成為有用之河流。他如護岸防洪，亦無非隰此二目的也。

然河流非盡可以通航者也。治導之功亦非竟限於通航之河流。故治導之所事：

一、在使河流有畫一固定之床址洩水寬裕之斷面為通航河流及非通航河流之所同。

二、在袪除通航之障碍為通航河流之所獨具。

通航之河流其治導之所事，詳分之則

一、除洲淺，塞支河，使成畫一之槽。

二、去急灣或裁灣而取直。

三、河流所挾之推移質（沙礫）或導之遠下。或使積於適當之處以免沙嶼橫生。

四、使河槽之深於低水時足以通航無碍。其寬使上下船隻往來無阻。

河之未就治也，有如野馬之難馴。非河性之野，其境遇有以廹之。停沙成洲，其負荷太重也。港汊紛岐，其谿綫不壹也。隄灣重疊，其溜勢太偏也。潰溢漲漫，其槽不能容洪也。崩崖坍岸，土弱水急也。淺不容舳艫，其寬無限制也。故治河者非於河之本體有所桎梏，不過改易其境遇而已。境遇善則河性舒，不言治而自治矣。

顧境遇天然者也。欲改易之，是欲以人勝天者也。人力幾何，談何容易。故治河者尤非順天然之理與勢，藉天然之力，以改易天然之境遇不可。所謂天

第四章 治導之預備及治導之要旨

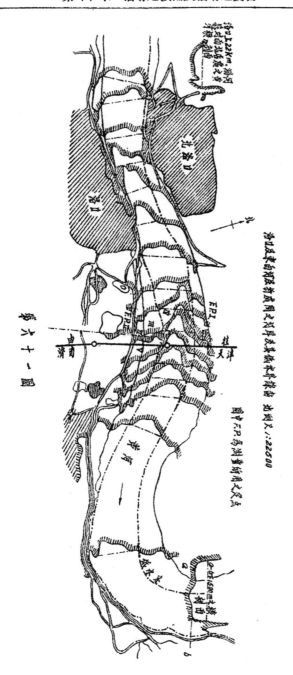

第八十一圖

然之理與勢者，第三章所論即是。名曰水性。或曰河流之自然趨勢(10)。天然之力者即河中流水之力也。質言之即順水之性，以水之力，改良水之境過而已。孟子所謂禹之治水，行其所無事也。昔者歐洲學者恃其科學之昌明，謂水亦可以人力駕馭之，指之東則東，指之西則西，及施之實際而無不失敗。於是繼者乃知人力之究屬有限，而倡自然之論。乃適合乎吾國古聖王行水之深旨。

法人法格(11) 因河流自然之趨勢，定為導河之方針如下：

一、欲使河槽安穩固定，河之兩岸須使成蟬聯曲綫。一凸一凹，中間以直綫。

二、欲使河槽有壹致之深，其灣度不宜過大或過小。

三、欲使河槽整齊不紊，其曲綫須使成漸替式(12)即曲綫必自直綫(切綫)兩端始，漸增其灣度，以至極點。復次逐漸減弱，以至覆合於次一直綫（切綫）之端。

四、兩岸之距，須隨地勢及彎度而變易。灣之急者其距宜增，灣之緩者其距宜減。故灣頂之處，河身宜最寬，以次減縮，至直綫過渡處而限之極狹。

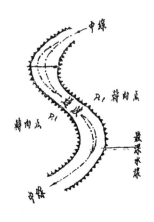

第六十二圖

五、曲直換易之點，兩岸不宜使兩相對立。由凹易凸之點，宜使稍當由凸易凹之點之上。(以上俱視第六十二圖)其上下之多寡似關乎換易點處河之寬狹。惟治水旣恃乎天然，而天然之變狀，又有非全可以人謀測度者。故治水者，須以漸見效。施以治功而觀其繼。因其繼之推厥成功。未有一施而不易者也。若求速效，反致僨事。

與治導相連之惟一困難問題，厥惟財政。稍一不慎，百萬貨財，便委諸谿壑矣。故設計之始必先審計將來所得之益，足以抵所耗之建設費養護費乎。必確有把握始可從事。

---

(10) The regimen of flow of rivers
(11) Fargue
(12) Transition type

第 四 章　治導之預備及治導之要旨

治導之事，宜與護岸工事相附而行。岸若動圮無制，則治導之功頗難設施。反言之，若無治導，護岸之功，亦不能持久也。

河槽增深之算法。增深河槽，其法有二(一)用挖濬法。詳見下章。(二)用束縮法，如第六十三圖，自所欲增深之段上流起，兩岸築堤以束水。其上之水面，因以暫時潴高，而得較陡之比降。水流增速抑轉增力，而河床得致刷深。及至刷深所成之橫斷面與原有之橫斷面，冪積相若，潴面降落，比降減消，而刷深之動作亦止。(視第六十四圖)

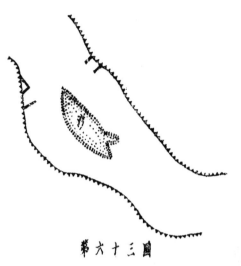

第六十三圖

第六十四圖

欲預算束縮若干，則河槽可增深若干，其法如下。設水之流動為等率者使水之流量 Q 比降 J 不變，則 F^3/P 亦不變，式中 F 為水之斷面積，P 為橫斷之潤周，若以水面寬 b 代 P 則 F^3/b 不變。使河面之寬由 b 束縮至 b_1，在原水面下河之斷面積由 F 縮至 F_1 則若河底不變，水面必增高 $\triangle Z$。

因 $\dfrac{(F_1+b_1\triangle Z)^3}{b_1}=\dfrac{F^3}{b}$

故 $\triangle Z = \dfrac{F\sqrt[3]{\dfrac{b_1}{b}}-F_1}{b_1}$

又因 $b_1 \cdot \triangle Z < F - F_1$ 故知縮狹之河斷面瀉同一之水量 Q 其所需水冪較小於其未縮狹時也。若束縮之外，更助以濬抉，河之斷面 F_1 因濬抉而增加 Fa。則

94　　　　　　　水　功　學　卷　一

$$\triangle Z = \dfrac{F\sqrt[3]{\dfrac{b_1}{b}} - F_1 - Fa}{b_1}$$

若水面不應使更改則

$$F\sqrt[3]{\dfrac{b_1}{b}} - F_1 - Fa = 0$$

第三節　標準斷面之規定(13)

天然河流，寬狹不一，洲島橫生，港汊紛歧，床無整律，流非盡一，欲治導而壹之，非先定一適當橫斷面以為施功之標準不可，是斷面名曰標準斷面(14)。其寬名曰標準寬(15)。顧是斷面非可以人意強定也，必仍取則於該河流，蓋每一河流各有其特性。比降也，流量也，挾沙之多寡也，河床之性質也，岸土之強弱也，水位變遷之緩急也，非詳察而熟慮，冒然從事，未有不償敗者。故曰取則於河流，亦即所謂法自然者也。其道維何。曰河流雖荒廢，然迹而求之，其上下游必可得較為整飭有律之一段。其寬深足以通航，其挾沙不至淤積，其流溜不至洗掘河床，崩潰岸坡，是則該河流之可以取則者也。名曰橫範段(16)。於是測其段中橫斷面若干處，如第六十五圖 I II ……N。量其面冪為 $A_1, A_2 …… A_n$，按其距離以適當之比例度於正交 I N 直線之豎線上於其上方（視第六十七圖）聯其端點為 $a, b, c …… n$ 曲線。化 $a I N n$ 不規則曲線面積為 $a_1 I N n'$ 直角四邊形 其長為 $I N = l$，其面積為 F，可

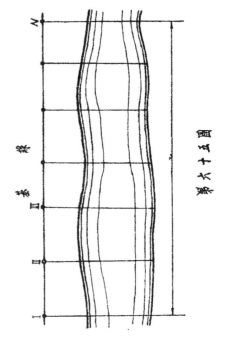

得該段中之平均橫斷面冪為 $A = \dfrac{F}{l}$

。又量各橫斷面之潤周為 $P_1, P_2, ……$

---

(13)　本節大半取材於德國工程全書水功部第五卷
(14)　Normal profile
(15)　Normal Breit
(16)　Musterstreeks

第四章　治導之預備及治導之要旨

Pn。以適當比例度於 IN 直線之下方，如上法。同上法得各橫斷面之潤周 P。則其平均水裏半徑爲 $r=\dfrac{A}{P}$（但實際上 r 得以由各種斷面平均深之平均

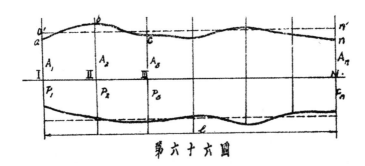

第六十六圖

數代之）。又量其比降 i，其平均流量 Q，則其平均流速爲 $V=\dfrac{Q}{A}$ 此外則其有無挾沙，挾沙之多寡，沙之種類，各種情形，皆詳爲觀察。於是標準橫斷面之規定可分爲兩端如下。

（一）不計挾沙，但計其流水之量。欲定一標準橫斷面，以施之於所欲治之河段。其比降爲 i_1。必使治導以後，其橫斷面瀉水之量，與前無所增減。

（附註　模範段與治導段之間，有支流加入者此例不適用）。命新橫斷面暴爲 A_1 其流速爲 V_1 則 $A_1 \cdot V_1 = A \cdot V = Q$。按瑟氏及巴參算式 $V=C\sqrt{r \cdot i}$，

$C = \dfrac{87}{1+\dfrac{a}{\sqrt{r}}}$ 其中 a 關乎河床之性質（其糙率）。命此數在模範段中爲 a，在

治導段中爲 a_1。流速系數在模範段中爲 C 可由 $C=\dfrac{V}{\sqrt{r \cdot i}}$ 式中求得之。在治導段中爲 C_1。則

$$A_1\, C_1\, \sqrt{r_1 \cdot i_1} = A \cdot C \sqrt{r \cdot i}$$

而 $A_1 \dfrac{r_1}{\sqrt{r_1}+a_1} \sqrt{i} = A \dfrac{r}{\sqrt{r}+a} \sqrt{i}$ ……………（四）

上式右端俱爲已知之數。左端性 a_1 爲該段河床有關係之數，可按第二章巴參式中估之。至 A_1，i_1 及 r_1 則爲互有關繫之數。任擬其一以求其他俱可。但尋

常可命 r 或其平均水深為視模範段無所變更者，即 $r_1 = r$。如是則上式（四）可簡之為

$$\frac{A_1}{A} = \frac{\sqrt{r+a_1}}{\sqrt{r+a}} \sqrt{\frac{i}{i_1}} \quad\cdots\cdots\cdots\cdots\cdots\cdots\cdots\cdots\cdots\cdots（五）$$

又因 $\dfrac{A_1}{P_1} = \dfrac{A}{P} = r = r_1$ 故亦 $\dfrac{A_1}{A} = \dfrac{P_1}{P}$

若兩段河床之糙率又相等，則 $a_1 = a$ 而

$$\frac{A_1}{A} = \frac{P_1}{P}\sqrt{\frac{i}{i_1}}\quad\cdots\cdots\cdots\cdots\cdots\cdots\cdots\cdots\cdots\cdots\cdots\cdots（六）$$

尋常治導河流所擬之橫斷面式，多作梯形式。蓋壩面岸坡作直綫式或築或濬俱易施功也。天然河流，按其自然之理其橫斷面大半近於拋物綫式。然以人工為之，則不易也。以下就梯形式分為簡式複式二種論之。

（甲）簡式　如第六十七圖 A_1 及 P_1 由公式（五）得之。命 S 為河底之寬，t 為河深，B 為岸坡之斜率（高比橫）則

$$A_1 = (S+Bt)t,\quad t = \frac{S}{2B} + \sqrt{\frac{A_1}{B} + \left(\frac{S}{2B}\right)^2}\quad\cdots\cdots\cdots（七）$$

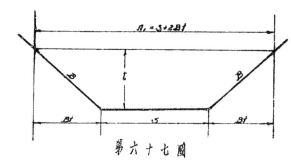

第六十七圖

$$P_1 = S + 2t\sqrt{1+B^2}$$

$$P_1 = S + 2\sqrt{1+B^2}\left(-\frac{S}{2B} + \sqrt{\frac{A_1}{B} + \left(\frac{S}{2B}\right)^2}\right)$$

$$P_1 = -S\left(1 - \frac{\sqrt{1+B^2}}{B}\right) + 2\sqrt{\frac{1+B^2}{B}A_1 + \frac{1+B^2}{4B^2}S^2}\cdots\cdots（八）$$

第四章 治導之預備及治導之要旨

$$1 - \frac{\sqrt{1+B^2}}{B} = a, \frac{1+B^2}{4\,B^2} = b, \frac{1+B^2}{B} A_1 = C.$$

$$P_1 = a\,S + 2\sqrt{c + b\,S^2} \quad \cdots\cdots\cdots\cdots\cdots\cdots\cdots\cdots\cdots\text{(九)}$$

$$P_1{}^2 - 2a\,P_1\,S + a^2\,S^2 = 4C + 4b\,S^2$$

$$S^2 - \frac{2a\,P_1}{a^2-4b}\,S = \frac{4c - P_1{}^2}{a^2-4b}$$

又令 $\dfrac{a}{a^2-4b} P_1 = g,\ \dfrac{4c - P_1{}^2}{a^2-4b} = h$

則 $\quad S = g + \sqrt{h + g^2} \quad \cdots\cdots\cdots\cdots\cdots\cdots\cdots\cdots\cdots\text{(十)}$

旣得 S 即可由公式(七)以得槽深 t。

(乙)複式　欲令中水低水共流於一梯形槽內，而洪水則令容於堤，壩所成之寬槽中，則利用複式，如第六十八圖。

規定複式最要之事，爲求洪水岸(堤，壩)之高 h，須不令洪水越過。再計算洪槽底之寬 $S_0 = S_1 + S_2$（視圖）中低水槽斷面之式 $EFGH$ 可如上法定

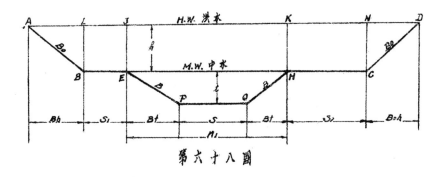

第六十八圖

之。其面積爲 A_1 其潤周爲 P_1。其標準寬爲 n_1。複式河床之糙率，每不一致。其糙率之影響在水深處微，而在水淺處著。但計算得約略估計之，不能太求精詳也。

以下舉二法以為規定複式斷面之例，其基礎則不出以下之算式：

$$A \cdot \frac{87\sqrt{r}}{\sqrt{r+a}} \sqrt{ri_0} = Q \text{ 或}$$

$$A \cdot \frac{r}{\sqrt{r+a}} = \frac{Q}{87\sqrt{i_0}} = M \ldots\ldots\ldots\ldots\ldots\ldots\ldots(十一)$$

式中 i_0 為洪水之平均比降。

第一法 此法為舊日所常用者，以垂直線如 EJ 及 HK 又 BL 及 CN 分洪水量為數段，而算出中側數段分量相當之 M 值。其總數由與洪水總流量 H 相當之值 $Mo = \frac{H}{87\sqrt{i_0}}$ 內減去即得屬乎 S_0h 斷面積之相當值 Ms。由此可算 S_0。

例如第六十八圖中間分段之面積為 $A' = A_1 + n_1h$；$P' = P_1$ 其糙率為 a 由此願得 r_1：

$$A' \frac{r'}{\sqrt{r_1+a_1}} = M'$$

兩側分段之面積為 $A'' = 2\frac{B_0h^2}{2} = B_0h^2$；$P'' = 2h\sqrt{1+B_0^2}$；其糙率為 a_2，$A'' \cdot \frac{r''}{\sqrt{r''+a_2}} = Mn$；洪水床 $Ms = Mo - (M'+M'')$；$As = S_0h$；$Ps = S_0$ $r_s = h$ 其糙率為 a_s 則

$$S_0 \frac{h^2}{\sqrt{h+as}} = Ms；S_0 = Ms \frac{\sqrt{h+a_s}}{h^2}\ldots\ldots\ldots(十二)$$

第二法 用一平均水深及一平均水深糙率算全斷面積，命 A_0 為瀉水全段面積，P_0 為其潤周全長，則

$$r_0 = \frac{A_0}{P_0}\ldots\ldots\ldots\ldots\ldots\ldots\ldots\ldots\ldots\ldots(十三)$$

其平均糙率為 $a_0 = \frac{\Sigma(a.\triangle P)}{P_0}\ldots\ldots\ldots\ldots\ldots(十四)$

第四章　治導之預備及治導之要旨

式中 a 爲各分段 $\triangle P$ 所有之糙率。按第六十八圖

$$A_0 = (A_1 + n_1 h + B_0 h^2) + S_0 h$$

$$P_0 = (P_1 + 2h\sqrt{1+B_0^2}) + S_0$$

先算出括弧中之數及 M_0 之値

$$A_0 = \frac{r_0}{\sqrt{r_0 + a_0}} = M_0 \quad\cdots\cdots\cdots\cdots\cdots\cdots\cdots\cdots\cdots\cdots\cdots\cdots（十五）$$

由此得 A_0 及 S_0

凡複式之中低水槽與洪水槽轉折赫然者可用第一法。若中低水槽之深較洪水槽之深相差無多，可以取其平均値者則可用第二法。

(二)挾沙並計　凡河流中挾沙者，規定新橫斷面，必並慮及排沙之量。使新治槽中不至淤填，不至刷抉，亦取則於模範段。須使新治河道與模範段同一恒壹態度。於各水位之下，其瀉水量與排沙量兩無所異也。

上章既論及排沙之量爲

$$G = x.(1000\,i)^2 \int (t-t_0)\,t\,dx$$

令分此式爲三因子，曰 x 爲排沙系數，其値由實驗而得。$(1000\,i)^2$ 爲每公尺若干公厘之比降之平方，可量而知之。至 $\int (t-t_0)\,t\,dx$ 則關乎河槽橫斷面式，其値當以立方公尺計，名之曰沙動率(17)，以 T 代之。化此因子式爲 $\int (t-t_0)\,t\,dx = \int t^2\,dx - t_0 \int t\,dx$。使 $t = t_0$ 則 G 之値爲 0。即水深止於 t_0 沙即不能動也。使 $t < t_0$ 則 G 之値爲負，即水深小於 t_0 不但不能動河床之沙，其已動之沙，亦必墮落也。故此積分之値必以河槽橫斷面中 $t > t_0$ 之處爲限。蓋必水深大於 t_0，G 之値始爲正，即沙可以排動也。如第六十九圖及第七十圖中畫陰線之面積，爲 t 大於 t_0 之處，名曰排沙面。第一項 $\int t^2\,dx$ 可作排沙面之(18)靜力率之倍觀之。以水面線爲軸。第二項 $t_0 \int t\,dx$ 可作以排沙面爲底以 t 爲高之柱體積觀之。

如第六十九圖 AB 爲水面，GH 爲河床，於深等於 t_0 之處作橫綫 jk 與水面平行，自 kf 與河床線各交點 J, L, M, k 等作垂直綫，則在 $CjdL$ 及

---

(17)　Mass Der Gesiebe-bewegung
(18)　Statical moment

$EM\ FK$ 以內者，水深皆大於 t_0，其外皆水深小於 t_0，所謂沙動率者惟於 t 大於 t_0 之處，即所謂排沙面始有之。排沙面

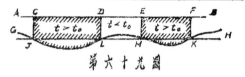

第六十九圖

以 JK 分爲上下二部，上部爲直角方形易於計算，命其面積爲 R，下部爲床址曲綫與直綫所合之面積，可任用算面積何法或量面積器定之，命爲 U。其重心 P 與 JK 之距離命爲 d。如是則沙動率之值可書爲

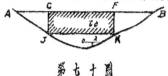

第七十圖

$$T = 2\left\{R\frac{t_0}{2} + U(t_0 + r)\right\} - (R + U)t_0$$
$$= U(t_0 + 2) \cdots\cdots\cdots\cdots\cdots\cdots\cdots\cdots\cdots\cdots\cdots\cdots\text{(十六)}$$

式之第一項即排沙面之靜力率之倍，第二項柱體積也。

用此式須先知 t_0 之值。欲知 t_0 之值須知 S_0 之值，即所謂押轉力之極限值也。（見第三章）。定 S_0 之值最簡之法，莫若於模範段中各橫斷面測驗排沙起始（水由清漸濁）及排沙終止（水由濁漸清）之水位以定之。由各橫斷面中所測驗得之結果以定 S_0 之平均值如前定 A 及 P 之平均值法。

既於模範段中定 x, i 及 T 之值矣，假如新河段中相當之值應爲 x_1, i_1 及 T_1 則欲使其排沙之量不變必

$$x_1\, i_1{}^2\, T_1 = x \cdot i^2\, T \cdots\cdots\cdots\cdots\cdots\cdots\cdots\cdots\cdots\text{(十七)}$$

x_1 之值因新河床之質而定。i_1 之值多半爲設定者。故標準橫斷面之式即可由

$$T_1 = \frac{x}{x_1}\left(\frac{i}{i_1}\right)^2 T \cdots\cdots\cdots\cdots\cdots\cdots\cdots\cdots\cdots\text{(十八)}$$

之沙動率定之。

（甲）簡式（第七十一圖）命挾沙每秒 G 立方公尺之流量爲每秒 Q 立方公尺，流霑面積爲 A_1，潤周爲 P_1。T_1 用上法算出。欲使標準橫斷面洩水之量與前無異必

$$A_1\frac{v_1}{\sqrt{v + a_1}} = \frac{Q}{87\sqrt{i,^2}} = M \cdots\cdots\cdots\cdots\cdots\text{(十一)甲}$$

第 四 章　治導之預備及治導之要旨

挾沙之量亦無所變。命

$$to_1 = \frac{S_0}{1000 i_1}$$

則　$U(to_1 + 2z) = T_1$ ……………………………………（十九）

因河之深與寬相較比例甚小，故可命

$2z = t - to_1$。又 $U = \{S + B(t - to_1)\}(t - to_1)$

$$T_1 = \{S + B(t - to_1)\}(t - to)t \text{………………（二十）}$$

由上式（十一甲）及（十五）凡可以預定之量皆預定之，則標準斷面之寬與深，自可相因而求矣。但用時仍須繪圖計算累試以求其適當者。按第六十九圖

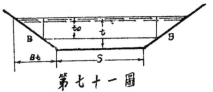

第七十一圖

$$\left.\begin{array}{l} A_1 = (S + Bt)t \\ P_1 = S + 2t\sqrt{1 + B^2} \end{array}\right\} \text{………………（七甲）}$$

由公式（二十）得

$$S = \frac{T}{(t - to_1)t} - B(t - to_1) \text{………………………（二十一）}$$

先擬 t 之值令略大於 to_1 代入（二一）。B 之值亦按岸土之性質定之。可即算得 S_0 次用（七甲）以求得 A_1 及 P_0 復次用（十一甲）算出 $A_1 \frac{r_1}{\sqrt{r_1 + a_1}} = M$。再略增 t 之值以求上各數。如是此次替換者多次，乃作縱橫軸，度 t 之各值為橫標，M 之值為縱標，即得一曲綫。於是由此曲綫度取與所設 M 相當之值。若槽形為直角方形，則命 B 為 O。

並計挾沙所算之標準斷面與但計流量者常至相差甚大。若比降愈陡，則其差更甚故不可不計也。裁灣取直之處，常因忽略此節而致失敗。

（乙）複式　取模範須於河流恒壹之段，驗其洪床被淹而沙仍由河本床輸運之水位。若模範段中為簡式，則常可定一簡式之標準斷面而勿以與模範段中平均斷面同值之複式代之。

用複式者河之本槽應令能容尋常漲增，而運輸其沙。

以上各式定標準斷面，所未可知者惟河岸之斜率 B 耳。蓋同一土質，在費坡則其受水力侵削也較河底為甚易。岸坡愈陡，則其受侵削也愈烈。若土質強弱不同，則岸坡之斜率可以抵抗侵削之力者亦異。凡土質有一定之性狀與一定

水 功 學 卷 一

之構合者其坡面皆須有一定之角使其土質適可穩定而不至坍溜是角名曰界角。其大小關乎該土質粒粒相黏附之力與其間之摩擦力。故土質不相同者其界角可相懸殊甚。其黏附力甚大者界角或至九十度，甚且過之。如黃土岸坡大半壁立，或且危崖懸仞（參看前章第五十二圖）。若土粒完全鬆離黏附力幾等無有，則其界角等於該土質之擦摩角，或命曰天然坡角，亦曰靜止角。

設土積依靜止角成坡，而坡脚被挖，則坡面下坍。而其動也，始於下端，漸及於上端。故岸坡之依靜止角傾斜者，當其角脚之水流押轉力必合等於 O。即靜止角只可及於水面。河底平衡之處則其押轉力可增至其極限值 S。

故以理論推之，岸坡之橫斷面式當為曲線與河底平衡綫相切。即岸坡糙率因押轉力之增而減。押轉力因深而增，故岸坡宜因深而坦也。但事實上則因曲綫不易施功，以折綫代之而求其抑點。

今命 ϕ 為土質在水面上之界角。α 為岸坡於水面下深 t 公尺處之坡角。該處之押轉力為每平方公尺 S 公斤。河底平衡處之深為 t_0 其押轉力為 S_0。則因 $S : S_0 = t : t_0$ 而水面下任何深 t 處之坡角 α 俱可用下式求之。

$$\frac{S}{S_0} = \frac{t}{t_0} = \frac{\sin\phi - \sin\alpha}{\sin\phi - \sin\alpha} \quad \cdots\cdots\cdots\cdots\cdots (二十二)$$

若 $\alpha = \phi$，則 $t = 0$. 若 $\alpha = 0$ 則 $t = t_0$。

命岸坡之斜率為 $B = \text{Cotang } \alpha$ 即以橫比高之率，用上式可列 t/t_0 之比例數如下表。

$B = \text{Cotang } \alpha$	$\alpha =$		$\sin\alpha$	命 $\phi = 90°$ $\sin\phi = 1$ 則 $t/t_0 =$	命 $\phi = 60°$ $\sin\phi = 0.866$ 則 $t/t_0 =$	命 $\phi = 45°$ $\sin\phi = 0.707$ 則 $t/t_0 =$
50	1°	10'	0.020	0.961	0.955	0.945
20	3°	00'	0.052	0.902	0.886	0.863
10	5°	50'	0.102	0.815	0.790	0.748
5	11°	20'	0.197	0.671	0.630	0.564
3	18°	30'	0.317	0.518	0.464	0.381
2	26°	30'	0.446	0.384	0.320	0.226
3/2	33°	40'	0.554	0.287	0.220	0.121
5/4	38°	40'	0.625	4.231	0.162	0.061
1.0	45°	00'	0.707	0.172	0.101	0.000
4/5	51°	20'	0.781	0.123	0.052	——
2/3	56°	20'	0.832	0.092	0.020	——
1/2	63°	30'	0.855	0.055	——	——
1/5	78°	40'	0.980	0.011	——	——

第四章　治導之預備及治導之要旨

由此表可知水面下之岸坡，由峻變坦甚速。又可見 ϕ 之值關係甚少。因即以令 ϕ 由 90^0 降至 60^0，或更小焉，其岸坡小，斜率之變異尚不能及 1:10，於其抵抗力影響甚小也。岸坡斜率之為 1:10 者，其抵抗力較平衡河底不過小二十分之一。故若用複式橫斷面，在其平衡之床址可以底抗押轉力者與洪床 1:20 之斜率即不虞其洗掘也。

例題一　有一河流經一都會中，其床已荒廢，洪雨時越岸為災，低水時停積為淖。今欲治理之以免其弊害，驗得該河流水未挾有沙，其床為累澱堅實之九礫所成，足以抵抗最大洪水之流量，每秒 300 立方公尺。其壓轉力每平方尺 10.5 至 11.0 公斤。比降為 3/1000。故最深之處洪水面不能高於河底過 3.5 公尺，低水流量甚少，擬作一溝於河底以容之。或用天然溝床（低水床不加護蓋者）而令洪水面至溝底不過 3.5 公尺其兩旁則更形穩固。或令洪水面高於溝外河床為 3.5 公尺，而溝中低水之床則加以護蓋。今用第二法，如第七十二圖。溝之橫斷面作直角方形杵築膠灰為之。寬 1.7 公尺，深 0.85 公尺，溝中水深 0.20 至 0.25 公尺，其壓轉力為每平方公尺 0.6 至 0.7 公斤，可以除去纏沙，故溝中不虞其淤塞而常保潔淨。溝外河床應有 1:50 之斜率。但入算時可作平衡觀之。洪床岸坡上為 1:1.5，下為 1:3，按上表命 $\phi = 90^0$

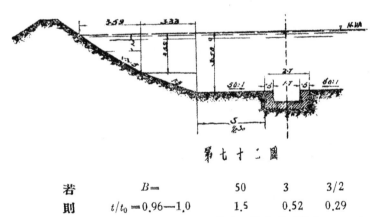

第七十二圖

若	$B =$	50	3	3/2
則	$t/t_0 = 0.96$—1.0	1.5	0.52	0.29

即得各處之深如圖中所示。1:1.5 之岸坡至洪水面下深 $0.29 \times 3.5 = 1.0$ 公尺處始改易之。若欲上下用一律之岸坡，則求 1.5 坡脚之折點令其所受押轉力與下部三坡之脚相同其深應為

$$1 + (3.5-1.0) \frac{\dfrac{1}{0.52}}{\dfrac{1}{0.29}} = 2.39 \text{公尺}$$

計算之次序如下：

(甲) 流蘿之各部

在溝內者　　$1.7 \times 0.85 =$　　1.445　　口公尺

在溝上者　　$2.7 \times 3.5 =$　　9.450　　口公尺

在兩旁者　　$2 \times 2.39 \times 3.33 = 15.920$　　口公尺

$$2 \frac{1.11}{2} 3.33 = 3.696 \quad \text{口公尺}$$

$$2 \frac{2.3}{2} 3.59 = 8.580 \quad \text{口公尺}$$

共計　　　　　　　　　　　39.091　　口公尺

故　　$A_0 = 39.1 + 3.5\ S_0$ ……………………(甲)

潤周之任

中間者　　$P_1 = 2.7 + 1.7 = 4.4$ 公尺 ………………(乙)

在岸坡者　　$2 \times 1.11 \sqrt{10} + 2 \times 2.39 \sqrt{\frac{13}{4}} = 15.64$

故　　$P_2 = 15.64 + S_0$ ……………………(丙)

$P_0 = P_1 + P_2 = 20.04 + S_0;$

$$r_0 = \frac{39.1 + 3.5\ S_0}{20.04 + S_0} \quad\text{……………………(丁)}$$

命膠灰溝中之糙率爲 $a_1 = 1.0$　洪水床之糙率爲 $a_2 = 2.1$

$$a_0 = \frac{37.24 + 2.1\ S_0}{2004 + S_0} \quad\text{……………………(戊)}$$

$$A_0 \frac{r_0}{\sqrt{r_0 + a_0}} = M_0 = \frac{H}{87\sqrt{i_0}} = \frac{300}{4.70} = 63 \quad\text{………(己)}$$

第 四 章　治導之預備及治導之要旨　　　　　　　　　105

遞更 S_0 之值而求 M_0 之各相當值如下表：

$S_0=$	$A_0=$	$P_0=$	$r_0=$	$\sqrt{r_0}=$	$a_0=$	$M_0=$
0	39.1	20.04	1.930	1.396	$\dfrac{27.24}{20.04}=1.858$	$39.1\dfrac{1.930}{3.254}=23.4$
10	74.1	30.04	2.468	1.571	$\dfrac{58.34}{30.04}=1.939$	$74.1\dfrac{2.468}{3.510}=62.1$
20	109.1	40.04	2.725	1.650	$\dfrac{79.24}{40.04}=1.980$	$109.1\dfrac{2.725}{3.730}=8.17$

乃作縱橫軸量 S_0 之各值爲橫標，量 M_0 之各相當值爲縱標，聯其端點爲曲線，乃由曲線度取與 $M_0=63$ 相當之洪床址寬爲 $S_0=3.60$ 公尺。由此得

$$A = 86.70 \text{ 公尺}$$

（乙）若用前述複式橫斷面之第一法。以垂直線分橫斷面爲數部。則因 $h=3.5$，$n=2.1$ 按公式（十二）

$$S_0 = \frac{3.97}{12.25} Ms \cdots\cdots\cdots\cdots\cdots\cdots\cdots\cdots\cdots\cdots\cdots\cdots\cdots\text{（寅）}$$

又在中間一段　　$A' = 2.7 \times 3.5 + 1.7 \times 0.85 = 10.895$　□公尺

　　　　　　　　$P' = 4.4$　公尺

　　　　　　　　$r' = 2.478$　公尺；$\sqrt{r} = 1.575$，$a_1 = 1.0$

　　　　　　　　$M' = 10.895\dfrac{2.478}{2.575} = 10.48$

下部岸坡　　　　$A'' = 5.89 \times 3.33 = 19.62$　公尺

　　　　　　　　$P'' = 7.02$　公尺

　　　　　　　　$r'' = 2.795$　公尺；$\sqrt{r''} = 1.672$；$a_2 = 2.1$

　　　　　　　　$M'' = 19.62\dfrac{2.795}{3.772} = 14.53$

上部岸坡　　　$A'' = 2.39 \times 3.59 = 8.58$　口公尺

$$P'' = 2.39\sqrt{13} = 8.62 \quad 公尺$$

$$r'' = 0.995 \quad 公尺 ; \quad \sqrt{r'''} = 0.998 ; \quad a_3 = 2.1$$

$$M''' = 8.58 \frac{0.995}{3.098} = 2.76$$

$$M_8 = 63 - (10.48 + 14.53 + 2.76) = 35.23$$

故　　　$S_0 = \dfrac{3.97}{12.25} 35.23 = 11.42$　公尺 ; $A_0 = 79.1$　公尺

用此算法較上算法所得流冪小 8.8 % 較上為適用。

例題二　設在模範段內測驗得

　　$Q = 123.2$ 立方公尺 1 秒

　　$A = 60.42$　公尺 ; $P = 39.49$　公尺

　　$i = 0.002525$

　　$a = 2.31$

　　$s_0 = 2.98$　公斤/口公尺

　　$t = 41.82$　立方公尺

在新治河段中應令

　　$i_1 = 0.0025, \quad B = 3, \quad a_1 = a = 2.31$

因之　$\dfrac{i}{i_1} = 1.01, \quad \left(\dfrac{i}{i_1}\right)^2 = 1.02 ; 83 \sqrt{i} = 4.35$

$$M = \frac{123.2}{4.35} = 28.3 ; \quad t_{01} = \frac{2.98}{2.5} = 1.19 \quad 公尺$$

$$T_1 = \left(\frac{i}{i_1}\right)^2 T = 42.7$$

擬大於 1.19 之值如 1.6, 1.8 及 2.0 求其相當 M 之值如下表

第四章 治導之預備及治導之要旨

t	$\dfrac{T}{(t-t_0)}t$	$R(t-t_0)$	S 公式 (二十一)	A 公式 (七甲)	d_1 公式 (七甲)	$r_1 = A_1/P_1$	$\sqrt{r}$	$M = A_1 \dfrac{r_1}{\sqrt{r_1}+a}$ 公式 (十一甲)
1.6	$\dfrac{42.7}{0.41 \times 1.60}$ $=65.10$	$3 \times 0.41 = 1.23$	63.87	(63.87×4.8) $\times 1.6 = 109.9$	$63.87 + 10.10$ $=73.97$	1.486	1.219	$\dfrac{109.9 \times 1.486}{3.529}$ $=46.8$
1.8	$\dfrac{42.7}{0.61 \times 1.8}$ $=38.90$	$3 \times 0.61 = 183$	37.07	(37.07×54) $\times 1.8 = 76.4$	$37.07 +$ $11.37 =$ 48.44	1.578	1.256	$\dfrac{76.4 \times 1.578}{3.566}$ $=33.8$
2.0	$\dfrac{42.7}{0.81 \times 2.0}$ $=26.43$	$3 \times 0.81 = 2.43$	23.92	$(23.92 + 6.0)$ $\times 2.0 = 59.84$	$23.92 +$ $12.64 =$ 36.56	1.637	1.279	$\dfrac{59.84 \times 1.637}{3.589}$ $=27.3$

作縱橫二軸度 t 為橫標，M 為縱標，聯其端點為曲線。乃與曲線中度取與 $M=28.3$ 相當之水深為 $t=1.96$ 公尺由此得 $S=26.00$ 公尺；$A_1=62.5$ 公尺；$P_1=38.40$ 公尺。以此數入算返校之得 $M=28.38$。若 $B=3$；$t_1=0.0003$，沙之類，流之量同上則

$$t_{01} = \frac{2.98}{3.0} = 0.994 \text{ 公尺}$$

$$\frac{i}{i_1} = 0.842 \; ; \; \left(\frac{i}{i_1}\right)^2 = 0.709 \; ; \; 87\sqrt{\frac{i}{i_1}} = 4.77$$

$$M = \frac{123.2}{4.77} = 25.83 \quad T_1 = 29.7$$

依前法算得 $t=1.462$ 公尺；$S=41.83$ 公尺；$A_1=67.60$ 口公尺；$P_1=51.08$ 公尺，較之得 $M=25.87$

以二次所得結果相比較則有如下表

比降 i	深 t	河址寬 s
2.5/1000	1.96 公尺	26.00 公尺
3.0/1000	1.46 公尺	41.83 公尺

若更增其比降則所得橫斷面相懸更甚。可見挾沙河流，其流量雖不變若比降異則應有之橫斷面即相殊。忽略此節者多無良果。

例題四（甲）設於模範段中量得挾沙河水之流量 $Q=98.9$ 立方公尺 1 秒 押轉力 $S_0=3.65$ 公斤/口公尺。新河段中令 $i_1=0.0025$；$a=2.31$；$B=3$；$t_{01}=1.46$ 得 $M=15.78$；$S=25.2$；$A_1=43.2$；$P_1=34.4$ 此河底之寬當保存之。（觀第七十三圖）

（乙）該河槽尚須容納尋常小漲其流量為 $Q=123$ 立方公尺秒運輸其所挾之沙使不至淤澱。在模範段中所量得較小之押

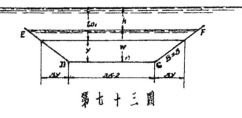

第七十三圖

第四章　治導之預備及治導之要旨

轉力為 $S_0 = 2.98$ 公斤/口公尺。按前例題下所算之法 $i = 0.00025$ 得 $T^1 = 42.7$。因面積 U 尚完全在簡式斷面中故按公式(二十)以 W 代 t 得

$$T_1 = \{ S + B(w - t_{01}) \}(w - t_{01})W$$

代入 $t_{01} = \dfrac{2.98}{2.5} = 1.19$；即得 $W = 1.974$ 公尺。(視第七十四圖)

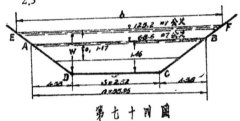

第七十四圖

$M = 28.5$；　$S = 25.2$　得　$A_1 = 61.45$　口公尺

$P_1 = 37.68$　公尺　　$b = 37.04$　公尺

(丙) 在模範段中測驗二十年來最大之流量為 $H = 250$ 立方公尺/秒，未曾有重大越岸之氾濫。又驗得 $T = 153.83$ 立方公尺

故新河段中當為 $T_1 = \left(\dfrac{i}{i_1}\right)^2 T = 157.0$ 立方公尺按第七十四圖

$$U = (25.2 + 3y)y$$

$$T = (25.2 + 3y)(1.19 + y)y$$

由此得

$y = 1.75$ 公尺　$h = t_0 + y - w = 1.19 + 1.75 - 1.974 = 0.966$ 公尺

第七十三圖中 $EFCD$ 面積以 Au 代之其潤周命為 Pu 則欲研究其應用複式斷面與否。

命　　$A_0 = Au + (b + s_0)h + B_0 h^2$

　　　$P_0 = Pu + S_0 + 2h\sqrt{1 + B_0^2}$；$B_0 = {}^3/_2$；

　　　$P_0 = 4.116 + S_0 {}^3/_2$；　　$A_0 = 98.63 + 0.966\,S$

複式斷面於此尚非需用。因若令 $S_0 = 0$，則 $M = 61.3$ 其值已增 6.8%。

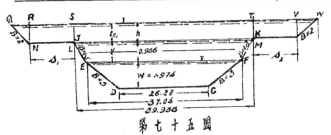

第七十五圖

但此種算法原未能過求精密，故小差亦非重要。河槽之式可如第七十五圖中之 $JKFCDE$ 以代複式。設該河容有越出本槽極大之洪流每秒 H_0 立方公尺之流量。欲定其挾沙率命第七十五圖中 $EFCD$ 之面積爲 Uu，$LMFE$ 之面積爲 U_0 則必

$$T_1 = 2U_0\left(t_{01} + \frac{y_1}{2}\right) + 2Uu\left(t_{01} + y + \frac{W}{2}\right) - (U_0 + Uu)t_0$$

又因　　$U_0 = (b + By)y$

$$T_1 - Uu(t_{01} + W) = (b + B_0 y)y(t_{01} + y) + 2Uuy$$

由此式可以算得 y

(丁) 設 $H_0 = 450$ 立方公尺/秒，模範段中 $T = 258.8$

故　　$T_1 = 263.9$；　$t_{01} = 1.19$,

又　　$b = 37.04$；　$B_0 = 3/2$；　$Uu = 61.45$；　$W = 1.974$

由此得　$y = 0.38$ 公尺；$h = 0.38 + 1.19 - 0.966 = 0.6$ 公尺

本床外之洪床不宜使受河溜衝刷。若治之使平，鏟除其間之雜蕪，則其糙率自較挾沙之本床中爲小。在模範段中驗得糙率 $a = 2.31$。新河段中洪床之糙率按苦脫[19] 估爲 $a = 1.75$。因本床中水深達 3.54 公尺。而洪床之上水深只 0.6 公尺。故知於此不宜以 r_e 及 a_e 之平均值入算，而宜用前論複式下所述之第一法。如第七十五圖。

中間一段　面積 $STKCDJ$：　$Am = 122.59$　口公尺

　　　　　潤周 $JEDCFK$：　$Pm = 41.16$　公尺

　　　　　$Mm = 90.5$

兩側　　　面積 $Ae = 0.72$；

　　　　　周潤 $Pe = 2.68$

　　　　　$Me = 0.09$；　$Mm + Me = 90.59$

---

(19) Kutter

第四章　治導之預備及治導之要旨

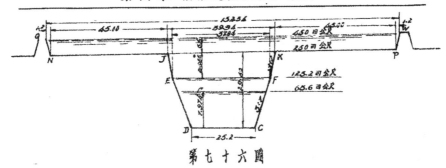

第七十六圖

命 $i_0 = i_1 = 2.5\%$ 不變，因 $H_0 = 450$ 立方公尺/秒；故 $M_0 = 103.6$

而 $M_8 = 12.91$

故 $S_0 = 12.9 \dfrac{2.52}{0.36} = 90.0$ 公尺

按上法所得之複式橫斷面（第七十六圖）須假定本槽中折線河坡可覆以石。禦洪之堤坡不用疏鬆土質。堤坡之脚亦宜坦斜。

第四節　複式橫斷面與簡式橫斷面比較

非常洪漲，其來也甚罕。或數十年而僅一見焉。為防以範之，固可以為萬無一失之計，然由他各關係觀之，是否有益，尚待考論。

蓋用複式橫斷面，則其洪床但備水之迴旋而不宜為水所刷襲。故其在水面下之深不宜過度，至深以 t_{01} 為限。洪溢之量不能納之於深，自必展之於寬。如上例題為根據里因抵(20) 河模範段為算者。200 立方公尺之流量（本槽中所容流量 80%），容於洪槽中所需洪床之總寬至 90 公尺。由上例題之挨次算法觀之，則可見其始例根據流量及根據挾沙之量皆相符。所不能相符者，惟流量由 250 立方公尺易為 450 立方公尺河之斷面式由簡式易為複式之間耳。蓋水之迴旋於洪床間也，其量既非確估，僅能猜擬，過深則刷侵床址。本槽岸坡不加護覆，亦必崩坍。過淺則又隨處淤積。由此可見河床之質疏浮易動者，用複式橫斷面非全為得計也。範圍罕遇之洪流，而破壞本槽，其迴旋之地，適足為其荒廢之因。若更進而用參式（三折之式）其害更大。

罕遇之洪流使之溢出河槽，淹及田原之一部，其害尚未如坍削河岸，隨處淤積致全河荒廢之為害甚也。欲防河之荒廢，必使罕遇洪漲仍有節制挾沙之效。此無他法，惟有設置洪水之防使非常洪漲得漫越其頂以入谷原。谷原受淹為

---

(20) Rienz

害非甚有時且獲其益。因隄防之處水所挾之沙非矗礫瓦石而爲細泥，足以肥壅農田，而無其害也。昔者計拉敦(21)之治龍河(22)即根據此理而見功者也。其他關於束馭洪水者見後。

第五節　餘論

押轉力之極限値 S，不能嚴定爲若干。於其最大及最小二限之間任擇一値可也。

至比降 i 則關係較鉅。今使治河槽之比降 i_1 視模範段平均比降 i 而異，則其橫斷面之宜變更者多矣。蓋 i 者水之所憑籍以天然守其恒壹態度者也。故取 i 以爲計算標準必於河流上下連續情狀不變之處。

設天然河流之比降太陡，則河於該處必荒廢。或演成階段，或繞迂其路以求恢復其恒壹態度。若於比降太陡之處施以人功以求其恒壹，必得極寬極淺之河床，亦易於荒廢者也。

若縮短河道（裁灣取直）而比降過於天然適宜之比降，則惟有建設階段一法。分水爲數段，每段之比降皆無過於天然適宜者。設天然適宜之比降爲 2.5/1000。而必有 3.0/1000 之比降以縮短河道。則每相距 500 公尺，設一潛水壩詳後(第五章)高出河底 0.25 公尺。不然裁灣取直之上流必刷日深，其下必淤日高，使非有多年糜費之人功以漸强固其河床，則甚難善保其取直之段也。若更由 2.5/1000 之比降改爲 4/1000 之比降，則欲使瀉水輸沙如模範段，須每相距 500 公尺以潛壩設階段，壩高出河址 0.3 公尺。保護河址及岸坡所需經費較改作千分之三者，輒大至二又二分之一至三倍。

但天然河流，比降陡險之處，大半有較矗重之沙，則河床性質固迥相殊，此亦不可忽者也。故必新治河槽之流量及其所輸之沙量與其性質與某段河床相若者，始可取以爲模範。但於此亦須力謀使新段之比降 i_1 與模範段之比降 i 相近。

押河流變遷復雜殊甚，未可盡以算學之理準確繩之。所施功程亦未能盡按合算理所推得者絲毫無出入也。完滿之恆壹態度，永遠之牢固床址，即極科學能事亦未可達到也。

然有科學根據，其距天然眞理必較爲接近。治河者本此知所以護床之方。如何可行，如何不可行，皆預有成竹在胸。以此施功，其收效也必捷。比之昔日治河者預無所知。先以試探爲策，新功及補修之功，必經多年之閱歷，始可稍得其當。而廢時糜費，不知幾何不，已多乎。

（21） Girardon
（22） Rhoen

第 四 章　治導之預備及治導之要旨

所謂標準橫斷面者，即可以為施治之標準。若改修全河之橫斷面，使無所而不遵所算者，亦人力之所不能至也。

顧本此科學之理以施功，補修改正亦所不免，然可限之於極少。且可預為決料，此則科學之功也。

若能按理論以施功。功竣則常施以觀測以事實證理論。如是則所得經驗之數不少。更可以闡發科學焉。

又有須知者河水之漲落，大抵皆出之以漸，故橫斷面亦不宜變折太驟。岸坡洪床俱宜使之倚斜。挾沙量增減之關係，假使河之流量相同，而所挾之沙量相異，其影響於橫斷面者如何？

命 g 為每秒輸出一橫斷面之沙量，以立方公尺計。河床亦即為同樣之沙所成者。按公式

$$g = X(1000\ i)^2\ T$$

若挾沙之量由 g 變為 g' 則

$$g' = X(1000\ i_1)^2\ T_0$$

沙之種類未變故 X 之值亦未變。兩量相比為：

$$\frac{g'}{g} = \left(\frac{i_1}{i}\right)^2 \frac{T_1}{T} \quad\cdots\cdots\cdots(二十三)$$

或

$$\frac{g'}{g} = \left(\frac{i_1}{i}\right)^2 \frac{u'(t_0 + 2z_1)}{u(t_0 + 2z)} \quad\cdots\cdots\cdots(二十四)$$

若比降又相同則：

$$\frac{g'}{g} = \frac{u'(t_0 + 2z_1)}{u(t_0 - 2z)} \quad\cdots\cdots\cdots(二十五)$$

故在新河段中欲增其挾沙之量，則須使 u_1 與 z_1 之值大於模範段中 u。其法則在縮狹河之橫斷面，使兩旁水淺不能挾沙（t 小於 t_0）之面併入中間一部以擴充其挾沙之面耳。蓋橫斷面縮，則水面高而 u 與 z 自增矣。若因此而比降亦加陡，則挾沙之力更大。

故如已就治河流之一段，因工作或崩岸而其挾沙量頓增，則可暫時縮其橫斷面以增其挾沙之力。迨其過量之沙已輸盡，則恢復其合於恆壹態度之標準斷面。昔者窩爾福(23) 之治毅薩河(24) 即本此理以見功者也。

（23）　Cugult wag
（24）　Ftal

比降變更之關係　設挾沙之量不變，而比降變更，其影響於橫斷面者如何？

命　　$g' = g$

則　　$\dfrac{i_1}{i} = \sqrt{\dfrac{T}{T'}} = \dfrac{u\ (t_0 + 2z)}{u'\ (t_0 + 2z_1)}$ ……………………(二十六)

故比降之相比，如挾沙係數平方根之相比。設河中有淺灘不便行船，而欲增加該處之比降以益其深，則該處必縮狹之。昔者稽頓[25]之治導龍河[26]也，即本此定則也。

推移質漸次磨細之關係　河中所挾之沙在上游本為巒重，向下游則漸次磨細焉，其影響於橫斷面者如何？

凡天然河流，大抵上游細而下游闊，亦由於求適宜於恒壹態度故也。其橫斷面之所以變更者，則推移質由巒變細使之然也。蓋河床者水之押轉力所開闢者也。使其橫斷面之平均深為 t 而令

$$t = k t_0 \qquad\qquad\qquad\qquad\qquad\qquad (二十七)$$

k 可擬為一平均值，在恒壹之河段中非甚遼長者，可作為不變者也。

又假設河流之途，無新推移質之加入。一巡輸去之沙，即復由其上流來沙補之。故沙之量 g，其比重 S_0，其穩定角 u 俱不變。

命 S_0 為押轉力極限值施於平均厚 e 之礫子單層。則按第三章公式(十)在均勢情形下：

$$e = \dfrac{S_0}{1000\,(s-1)\,\tan u}$$

由此式可見同類之質，若其層之積厚見削日薄，則其所需之極限押轉力 S_0 以維持其恒壹徑度者，亦減少矣。

尋常河流之寬 b 較其平均深 t 為甚大。故可以水面寬 b 代潤周 p 而以平均深 t 代水器半徑 r 而每秒之流量，可書為

$$Q = b\,.\,t\,.\,v = b\,.\,t\,.\,e\,\sqrt{t\,i} \qquad\qquad (二十八)$$

$$S_0 = 1000\,t_0\,i = 1000\,k\,t\,i \qquad\qquad\qquad (二十九)$$

河流趨向下游，則 t 或 i 或二者俱漸減。使 i 減而 t 未或變，則即使流量不加多，其橫斷面 bt 亦必加大，即其寬 b 必增。若 t 更減，則 b 之值必更增。

(25)　Gitargo
(26)　Raont

第四章　治導之預備及治導之要旨

及至下游，推移質已磨之極細，而不見其再加細焉，則其效驗輒與上相反。蓋磨擊之功已停止，即其層積之平均厚 e 不復變，故其極限轉押力 s_0 亦不變。及至三角洲，一切沉澱質，俱已沉澱。其比降為 O。而向上游漸增。故應於推移質磨細停止之處，其深向下游復增，而其寬 b 復可減矣。

美國米細細比之下游由格林威爾至新粵梁(27) 791 公尺之河段其最佳之例也。那赤(28) 巴塘魯(29) 之間，紅河(30) 注入。雖增其押轉力於那赤而復減之於巴塘魯。於此段內取其均值，則見其河流甚合乎天然定律者也。視下表：

地　　名	距　離以公尺計	水　滿　槽　時			押轉力以平方公尺公斤計	
		水　位〇點上以公尺計	河　寬以公尺計	谿線處水　深以公尺計	平均值	谿線處
格 林 威 爾 Greenville	99.2	11.1	1450	73.8	0.97	1.39
湖　　省 Lake Providence	98.8	13.4	1420	81.6	0.87	1.23
維　克　堡 Vicksburg	159.5	11.1	1380	85.0		
那　　赤 Natchy	98.4	11.1	1230	92.0	0.74	1.25
紅　　河 Rod River	116.0	10.0	994	100.3		
塘　巴　魯 Baton Rouge	219.0		994	101.5	0.73	1.02
新　奧　梁 New Orleans						

由此表可見各分段中之押轉力以其段之長比之，可謂變更甚微。最大者亦不過每公里 16 公分耳。故事實上不當無有。就 7890.9 全段論之，其平均押轉力為 0.79 而在谿線下者為 1.20。至新奧梁以下，則此等有律之現狀，為海中風潮所陵紊矣。

(27)　Greenville to Orleans
(28)　Natchey
(29)　Baton Rouge
(30)　Red Rives

116　　　水　功　學　卷　一

航運之關係。河流供航運用者，則河之橫斷面，須於低水洪水時俱不礙及航運為宜。航運所需要者，一為航運之深，一為河寬。航路之深以河中通航吃水最深之船為標準。河寬以往來船隻不相觸礙為標準。凡河中行船吃水深者，則其商務必勝而有增加河寬之必要。故治河者不宜但求深而其寬受限太甚也。按舍利溪庭(31)之經驗凡河低水時之深為 1.2, 1.5, 2.0, 2.5, 3.0, 公尺者 其寬須不下 36, 40, 45, 50, 60, 公尺。計劃標準橫斷面須計最小之流量，盛於低槽中，可以達所需航路之深否。又需審所需航路之深，是否足以危及河床之穩定否。若通航所需之深過於以上法所算得適宜之深，則或須設法固定床址。於是須切實查驗以決定計劃，勿但以估擬之值塞責也。

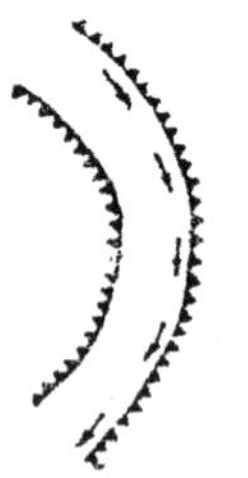

　　審勢　法語 re'gime de feuve 無以譯之，譯之曰河流之勢。審勢之道亦有事河功者所不可不知也。蓋規定標準斷面，根據於科學。而設施之功，必慮及財力。使設施而當，則所省者不貲。設施而不當，則所耗亦不貲。當與不當，亦惟河流之勢是視耳。審勢之法若何？曰河流於上下二點之間所以不規則以至荒廢者，因有以阻之故也。設使無阻，則其流當若何？又曰河之由甲處趨乙處也，其趨向(32)將欲何若？其不能何若者，何物阻之；今使所設之功去其阻而順其勢，則易於為功，功成而易保。去其阻而逆其勢，則難於見功，功成亦易復毀。故有事河功者當視河流為有意識之物。達其意識，遂其天然，則凡功之所施，所以助其流者也。不顧其意識，拂乎天然，則非或無益，且又害之，不可不察也。

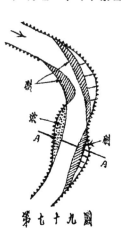

第七十七圖

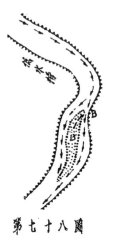

第七十八圖

壩以壩溜者也。使順其勢而導之，則溜不浸壩而壩得其用。使當溜而激之，則壩為溜毀而溜不可卒遏。

　　茲設例如下以明其理。(33) 第七十七圖示河流至彎曲處應有之趨向。其溜沿凹岸欲順不欲強，欲續不欲斷。若第七十八圖，則失其趨向者也。治河者在使河流得遂其趨向而無枉費

第七十九圖

---

(31) Lchlichting
(32) Tendance
(33) 以下取諸 B. F. Thomas and D. A. Watt's The Improvement of Rivers

第四章　治導之預備及治導之要旨

能力焉。若築 B—B 壩以塞支，使河專攻一槽以得航深，爲省欵項計未或不可。而爲河流根本圖，則不如第七十九圖及八十圖所示治法之爲得也。B 之處爲堅岸，所以致河流如第七十八圖者，主要原於此點。第七十九圖是堅點卒未去而使以衝削其右岸，第八十圖則削去是點而右岸無傷。應用時須審視情形何法適宜，未能執一。前一法可使河彎曲率略緩而後一法則曲率不變。第八十一圖爲 A—A 之橫斷面示築壩河床之改變。溜匯于中流刷深而右岸淤長也。用壩治水之功效將詳于第六章。

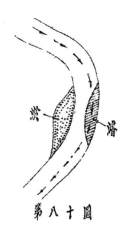

第八十圖

　　治河之功，將于焉始？亦一可深研究之問題也。吾國朱熹有云治河當從最卑處起，朱子雖非治水專家，而是語實可作名言。德國普魯士水功參議稻克米脫(34)亦云治河之功當于所治段之下端起始。(35) 蓋如是則治一段，該段之水即覓得一有律之委，不至復演成無律之狀也。或以爲始自下流不若始自上流，意謂自上流始者其所刷之沙漸推而下，俟全段告終，則所挾之沙，可完全出此段矣。若始自下流，則該段之下流已治者或復爲上流所刷之沙所淤(36) 著者以爲始自下端其勢較順。若虞上沙淤下則沙不致出海者必在其下游，寧有不淤所治之段，即以爲功之理

第八十一圖

。蓋治河者以使沙出海或淤在適宜之地爲的。欲使上沙淤下之弊得免，全在橫斷面之適宜。

（34）　Baurat or Toermitt
（35）　見其所著 Gruudlagender Wasserhaukunst
（36）　Thomas and Watt, Lmpr, of River Chat. II 10-58

第五章　治導功事(1)

　　前於論河性篇中分爲上中下三游，治導之事在三游中亦不能無所異。大抵上游水行山地，承納許多小水，來自山嶺，勢陡流激，碎石沙礫隨之而下，名曰荒溪(2)上游凡受荒溪之影響者，統可稱之曰山水(3)。山水無裨航政，但或用以生水力，利灌漑，泲木排，則亦不能令之不治。且荒溪所帶之推移質，下逸平原，足以毀田舍，廢膏腴，則爲救弊而治山水，尤須先整理荒溪。護岸之功，在山水中有時亦屬需要。惟護岸必先固底，蓋河床之底受猛烈之流水，易於深蝕，底不固，則獨事護岸無益也。荒溪上之無數小谷可用繡石法固底（見下），而不適用於山水。固山水之底，宜用底檻（見後）。水力遜者檻用填梢，沉梢，或拋石爲之。若過猛，此種質料不足抵禦，則宜用臥弧式之石梁，或以石函(4)爲之。石函之製，以縱橫等木叠成架格，中填碎石，其詳見後。導正河流亦適用丁順等壩（見後），惟其料多用石，鮮用梢。能使河之橫斷面得如適當之標準斷面，在此亦屬要圖。巴燕(5)治導山水之下游，常用一種浮壩，名曰窩爾夫浮壩(6)頗可採用。其詳見後。中下二游，已可資航行，其治導功事，大抵相同。下游之有潮汐關係者，當於他章論及之。本章先就上中下三游治導之法列爲五類，曰整理荒溪，曰縮狹河身，曰整飭河底，曰堵塞支流，曰裁灣取直。其所用功事，曰戤沙壩，曰浮壩，曰丁壩，曰順壩，曰透水壩，曰潛壩，曰塞支壩，將以次詳論之。

第一節　整理荒溪(7)

　　水發泉源，流行山中，川谷兩巖，石質暴露，氣化侵蝕，罅裂剝圮，及過暴雨，山洪陡發，則崩石潰沙隨水而下。迨達峪口入平原，則其比降驟減，水力頓微，故向之石之沙走於斜坡而不可遏止者，至是則水力弗能推而不能不堆棄於中途。故凡峪口多見石礫淤積錐(8)皆由於是也。（視第八十二圖）是等淤積，可以防禦水路，水不能暢行於中道，則閃避爲旁歧，至下流復合爲一。迨至淤積再加，旁歧之道亦阻，則水聚勢增，不得不衝開石礫另闢一途，以供其下瀉。石礫遂爲水所推及遠。良田沃野所過輒爲石礫所蔽，以至不能耕種，有

---

(1)　Regulierung Des Flusses　　　(2)　Wildbäche
(3)　Gebirgsfluss　　　　　　　　　(4)　Crib, Steinkasten
(5)　Bavaria　　　　　　　　　　　(6)　Wolfsche Gehange
(7)　Wildbachbau
(8)　Schuttkegel, Alluvial fan, 或 Alluvial Cone.

第五章　治導功事

時廬舍橋梁亦爲摧毀。犖确之質，波及中游又適足以增河患。欲使不爲患，宜有以防之。防之之法，曰減弱水勢，曰襲截石礫，其所用功事名曰囊沙壩，亦或名曰坊(9)。此種治理，無關航事，而亦爲治水切要之圖，所謂正本清源之計也。德奧諸河上游皆重視之。

囊沙壩爲吾國運河工程所名，實亦即堰坊之類也。以下皆以坊名之。坊之用，在將陡峻之谷床，分爲若干階段，每段之間，其水面比降皆得和緩，而沙礫則爲坊所攔截，不得直下。坊之多寡視

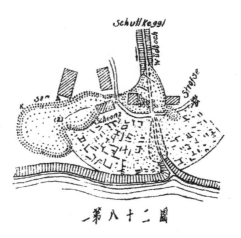

第八十二圖

第八十三圖

谷床之陡夷，要必使每坊之脚，適當其下一坊上所攔沙礫之終點。如此法所成之階段，以上達谷址圮裂之所及爲度。設坊有爲溪水所旁越之險，則必更設引隄上連岸坡，下連坊頂，以導水過坊頂。第八十三圖爲一荒溪所用坊之縱剖面圖。坊之製，有用石功者，有用木功者，有混合木石用者，分論之如下。

(9)　Barren oder Sperren

（甲）石坊　大抵皆用乾砌壁功，作臥弧形，凸向上流。其厚須使穩重不至為水力傾推。坊頂須用重大石料。坊之地位宜擇川谷狹處，兩岸得石崖更善。或藉天然石址之隆起者，建設易於得力。如無天然石崖，則坊之兩側，必砌石為塊以連於崖岸。

溪川之底非石質，築坊兼須固溪底。最好坊分上下二部分。如第八十四圖及第八十六圖。上部名曰正坊，下部名曰前坊。二坊相距為正坊之高二倍至三倍。前坊較正坊為低。其前溪底則用石鋪墊以為跌水。坊下流水面需束縮之，使正前坊間兩旁引隄不至被水所衝毀為要。

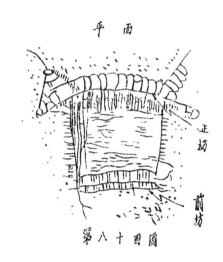

第八十四圖

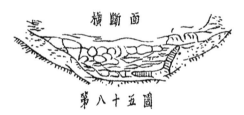

第八十五圖

坊身高者欲免跌水功程之費，亦可分為數段作階級狀為之。如是則水力破分而受攻擊之面積增大，故可不用鋪石等功也。

川谷之深者，亦有砌作石壁甚高，以攔留沙礫者名曰谷坊(10) 其構造法詳後。

（乙）木坊　木之壽命雖不若石，但以木為檻，糾結牢固，不若石塊之易於走鬆。故用之得法，木之耐久且較石為者且過之。山中多木，取材尤易。木坊又可分為三類，曰材木坊，如第八十七圖以枝枒之木順溪流疊壓多層，各層又以橫枒支墊，

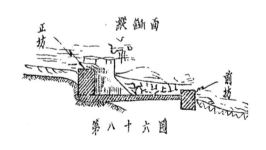

第八十六圖

(10) Talsperro

第五章　治導功事

使前端高仰。坊成後水先穿罅隙流出。待其間罅隙為沙泥淤實，水即越流。曰筐木坊，無長木者可用之。如第八十八至九十圖。其構造法亦為排疊

第八十七圖

總向筐木，每層支墊橫木，橫木深埋入兩旁岸坡。橫木為一根者名曰一分的。為二根三根用螺釘結連者，名曰二分的三分的。總木與橫木相交大抵成正角，用長釘釘於橫木上。上

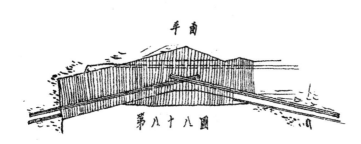

第八十八圖

流與谷址相連。木之隙填以細枝及兩旁挖出之土。若用二分坊，則於其下先造

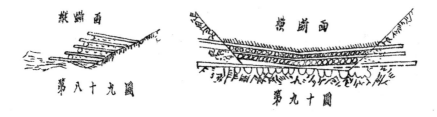

第八十九圖　　第九十圖

一分坊一層，上再覆以二分坊以成跌水。用木時粗者用於兩旁，細者用於中間，則坊形自然旁仰中陷如第九十圖而水流不至旁逸去。曰嫩木坊，用活嫩之木編籬，或概釘嫩梢為之。礫石過多者不適用。

(丙) 木石混合坊

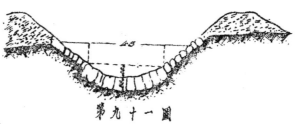

第九十一圖

坊之大要，以木構成架格而填以石塊，以臥式撐木代石功之臥弧。欲使溪流由小谷入大谷，其所帶石礫不至沿途滯留，則其方向宜直，其降度宜一律，故小谷不修整者，宜用人功以石舖修，其橫剖面作梯形而圓其底，如第九十一圖。底之石宜用大塊。

第二節　縮狹河身

茲分窩爾夫浮壩，丁壩，順壩，及透水功論之。

（甲）窩爾夫浮壩，窩爾夫創設者名也。其先用於德意志之巴燕，大著成效。中歐河功家遂認為縮狹游河身之一良法。其構造如第九十二圖及第九十三圖。樹椿河底，徑約20公分，相距約2.5公尺。上端與橫圓木徑約10公分用鉛線結連。橫圓木之上以一層或二層之梢組縛縶其上。梢之近末端處，更用一橫圓木結連之，使不至散開，而浮於水面。溜急勢猛，或挾冰淩多者，立椿之後更打椿一排，而用

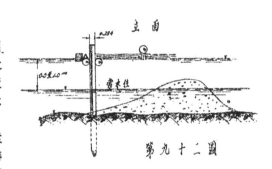

第九十二圖

斜木結連前後椿排以為牽制。浮壩之高，宜與平常水面相齊。其應用之理，為水流過浮壩，則流速頓減。流速減，則其押轉力弱，而所帶之沙勢必沉淤於壩下，如第九十二圖。若欲使淤沙高出尋常水面，則浮壩亦可高出尋常水面至1公尺。

椿之排列行，尋常使略出所定河線標準斷面之界線之外若干公尺而與之平行。如第九十四圖甲。亦有用斜向浮壩或每一單壩或二壩相並，斜伸向上游與河線成30度之角，如第九十四圖乙丙。

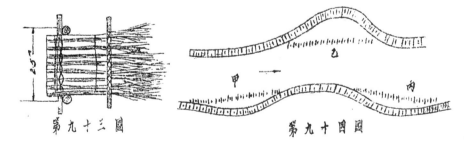

第九十三圖　　　　　　　　第九十四圖

第五章 治導功事

（乙）丁壩或曰橫壩德人名之曰 Buhnen 或曰 Abweiser 取其足以揮撥河溜也。美國河功名之曰 Spur Dikes 吾國河功之挑水壩亦是類也。其方向與河向橫交，分為三種，曰下挑丁壩(11) 曰正挑丁壩(12) 曰上挑丁壩(13) 如第九十五圖甲、乙、丙所示。

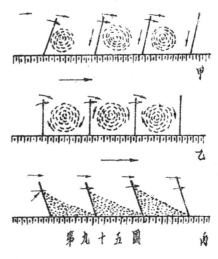

第九十五圖

下挑者水面高出低水，越壩身而過，則正交壩身而向內，是壩間之淤沙又不免為水所刷去。故下挑者見用甚寡也。正挑者較下挑者為善，然不如上挑者，惟有潮汐之河流，水之流向轉易者用之。上挑者最合普通河流之用。水面高出低水則越壩身過流而向外，故淤沙最易。其方向尋常為與岸相交成 $70°$ 至 $80°$ 之角。丁壩之距離頗難準確酌定。總以使急流不至入內而緩流之以停卸其所含之沙。故丁壩在凹岸者宜較密於直岸。德意志奧多河所用之法為 $L = B - b_0$ 式中 L 為壩距，B 為壩處河身之寬，而 b 為標準斷面之寬，視第九十六圖。他處則多有定壩距如壩頂之長者。德意志水功名家方修斯(14) 定丁壩之距為壩長之 $1\frac{1}{2}$ 至 $2\frac{1}{2}$ 倍。壩距過長則失停沙之效，補救之法或先築壩略短，後驗其不足再延長。或先築上下二壩距離

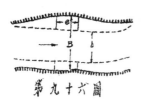

第九十六圖

第九十七圖

較遠，後驗其效弱，再於上下二壩之間添築短丁壩如第九十七圖甲，乙所示。

近日丁壩多有於丁體之前連一順堤以為頭者。印度河工名家第內亥論丁壩如下

(一)沿岸用丁壩之功效可約束河身而生淤於壩間。但壩間一部常為漩溜所侵入

---

(11) Deklinante Buhnen　　(12) Rechtwinkelige Buhnen
(13) Inklinante Buhnen　　(14) O. Franzius

，成一曲蜒狀。其侵入之最深，按在印度二十年之觀察爲壩距四分之一。如第九十八圖壩距 2640 ft. 其侵入之最深爲 660 ft. 也。

(二) 壩身全長以成直綫爲佳。

(三) 壩頭宜平行河流正交壩身，全壩正交岸綫。

(四) 壩面宜平整，凡不規則伸出之物如樹如樁如石函皆宜免之。

(五) 凡汊港漲水之宜遏者皆須阻遏於壩線之內，即壩頭靠岸一方。若河中遏阻，功不易施，且違壩功。

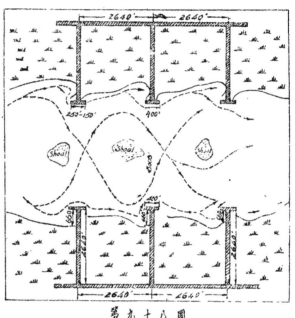

第九十八圖

(六) 設應築壩頭之處爲一深潭，勿邅避以圖免塡坑之功，而致壩之地位失當。塡坑勿用石，須用沙塡至低水面，以爲壩基建築壩頭。用石多費無益，且易使溜失律。若水急不易塡沙則可用柴薪爲埂以弱其溜，用及磚石者須留心使壩頭之前不留伸出之硬體物。

(七) 遏塞港汊(於計劃壩線之內)須從兩岸起同時動工興築，聚水流於中，無使繞越壩後。中間口門須工料充足，連船橫亘河中，作爲往來之路，於最短時間塞之。

用丁壩在第二壩以下若其間已停有沙，則即可免於溜之攻擊。惟上流第一壩上無掩護，適當強溜，最易出

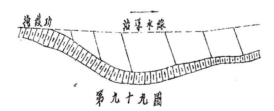

第九十九圖

(15) Dechwork

第五章　治導功事

險。故第一壩須用掩護功(15)連於岸上如第九十九圖。掩護功之材料及築法可與壩相同，惟其方向與岸相貼耳。

直段兩岸之丁壩宜使兩相對列，其方向相交於河之中線如第一〇〇圖。蓋如是則水溜始能匯聚於中流，不至東蕩西逸，否則如第一〇一圖兩岸壩向參差，河流不免生有橫溜忽左忽右，航行者感其苦兩壩亦承其弊矣。但若河面寬闊則此弊亦微，故亦不必過事拘拘也。

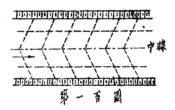
第一百圖

丁壩之建築法　丁壩之體可分以下諸部。曰壩根為壩身與岸相連之部，須抉土深埋，無使水繞其後，致壩岸斷離。曰壩頂，為由壩根至壩頭一段，露出中水面上者，貼岸處最高，與洪水面齊，以次斜降至壩頭，與中水面齊。曰壩頭，為壩身前端沒入中水面下者。其坡度較壩頂陡而亦不可過陡，致水衝擊。曰壩基，為壩身貼河床之基址，或直接河址，或水深過度，或河址過陡，或土質鬆軟時以沈排墊高之，使壩頭不至太陡。曰壩址為壩之脚點。曰壩腰為壩上下水兩側之旁坡。

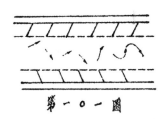
第一〇一圖

以材料言有用梢功者，有用石功者，有梢石混合用者，茲各舉數例如下：

(子) 潛梢丁壩如第一〇二圖，左為丁壩之縱斷面，右為其橫斷面。下部為

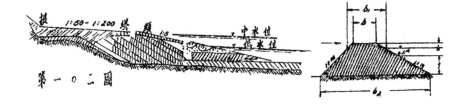
第一〇二圖

潛梢所成。上部為尋常填梢。壩頂於壩頭處高與中水齊。由壩頭向岸以緩坡度 (1：30至1：200) 漸高至與洪水位相齊。如是則凡高於中水之水，其溜皆不能即近壩根矣。壩頭坡度為 1：5。下部墊以梢排，潛梢之坡度為 1：2。潛梢過陡，則重料輒致滾失故不相宜也。平坦之潛梢最宜，惟其建築較難耳。蓋潛梢愈長則愈易為水溜所推移。故平坦潛梢惟於順壩用之，因梢之方向與溜大抵平行也。壩頭之較緩坡度，可以拋石成之。兩腰坡度則多半為 1：1。然亦以

愈坦爲佳。蓋在兩腰下層潛梢不爲上層潛梢覆壓之處，其重料更易走失也。近來水工多半將下水腰坡做得較坦，如第一○二圖例上水腰坡爲 1:1，下水腰坡爲 1:1.5。所用重料須用小石子或粗礫子。

樁根之造法，先抉岸土爲槽名曰壩槽，愈深愈佳，以低水時將錘鍬所能及爲度。壩槽之寬須使低水時壩成得全寬。其高則按地勢高低及壩頂之高而定。壩根與高岸之間不宜有低陷之處，有則洪水時易致歧流，甚危壩功也。壩頂貼岸高出中水位，故壩根連岸亦略超出中水線。造壩時宜先審定潛梢之尺寸，使沈下時恰合所定壩之大小及坡度。第一○三圖上爲平面下爲立面視潛梢下沈之次序。其前後數梢尚未完全沈下。末一梢則尚浮水面。沈就潛梢不能與低水面準齊而高出 30 至 50 公分平均 40 公分，備其墊墊也。壩頂之寬爲計畫時所設定。上水腰坡 $1:m$ 下水腰坡 $1:n$。(第一○二圖)亦計畫已定者 中水低水二位之差亦爲已知之數。水深 t 則令壩手隨時用尺桿探之。如是則潛梢之上寬 b_1 可由下式算得

$$b_1 = b + (m+n)(h-0.4) \cdots\cdots\cdots (一)$$

此式視第一○二圖即明。但因壩頂須有縱向坡度，故 b_1 於壩根應用較大之值，向前則漸減，至壩頭適如所算得之數。命 $1:m=1:1, 1:n=1:1.5$，$b=2.5$ 公尺 $h=0.9$ 公尺則

$$b_1 = 2.5 + (1+1.5)(0.9-0.4) = 3.75 \text{ 公尺}$$

潛梢之下寬 b_2，關乎 b_1 與 t_1 之大小及兩腰之坡度。

$$b_2 = b_1 + (m+n)(t+0.4) \cdots\cdots\cdots (二)$$

設 $t=2.5$ 公尺，則

$$b_2 = 3.75 + 2.5 \times 2.9 = 11.00 \text{ 公尺}$$

潛梢之長 L，則關乎其沈下後應有之坡度 $(1:P)$ 及水深 t。

$$L = (t+0.4)\sqrt{1+P^2} \cdots\cdots\cdots (三甲)$$

此式帶有方根不適於實際之用，故通常以下式代之。

$$L = P(t+0.4) \cdots\cdots\cdots (三)$$

命　$L:P=1:2$　則
$$L = 2 \times 2.9 = 5.8 \text{ 公尺}$$

潛梢之梯形式，以 u, w 二角定之。由第一○三圖可見

$$\tan u = \frac{AC}{L} \quad \tan w = \frac{BD}{L}。$$

第五章 治導功事

因　　$AC = n(t+0.4), \quad L = P(t+0.4)$

故　　$Tanu = \dfrac{n(t+0.4)}{P(t+0.4)} = \dfrac{n}{P}, \quad Tanw = \dfrac{m}{P}$ ……………（四）

在前例中　$Tanu = \dfrac{1.5}{2}, \quad Tanu = \dfrac{1}{2}$

兩腰坡度不變，則 u 及 w 二角在各層潛梢亦不變。有此二角及 L 之長，則 A 及 B 二點自得。故 b_2 之值，亦非必須預算者也。

設河址深淺無律潛梢下沿非平衡而斜，則梯形之式，須改為無律四邊形如第一〇四圖所示。C 及 D 二處深淺不一，故 L_1 及 L_2 亦非等長。A 及 D 二點可由 CD 延長線及 u, w 二角腰之交點得之。此種情形，在丁壩不多遇，而在掩護功，順壩則幾於每潛梢層皆然，因 AB 橫交河向也。

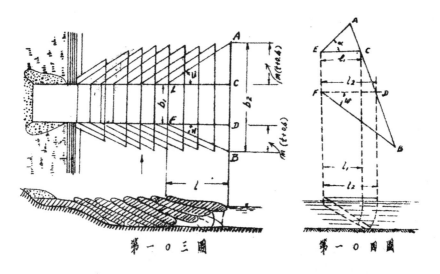

第一〇三圖　　　　　第一〇四圖

潛梢功事之進行法如下：第一排梢舖於壩槽中，令其梢端向前，以次各排，每排各向前推移60至80公分舖之。若末一排之梢其梢端已浮水面，前則繼舖，各排即須令成梯形之式。其法將第一組梢，從上流起以儘大之角擲出向外，以次各梢則漸就與壩軸線平行之方向，而其末數排之梢，則亦向下流展開作扇形如第一〇五圖。續加之各排，則愈益伸入河流中（視第一〇七圖）。設本梢層之長已足，則又倍其層，而第一排之梢從前面起，以次退而向後。故每一潛梢實由二梢層而成。曰前進層，(16) 曰後退層(17)。前進層成只可見根端。後退

(16) Voroder Ausschusslage　　(17) Ruckoder Ruckschusslage

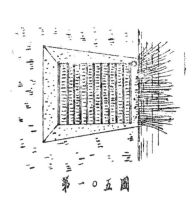

第一〇五圖

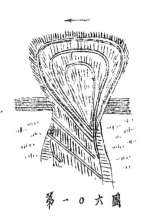

第一〇六圖

層成只可見梢端。潛梢已成，乃以梢龍盤其上，相距60至80公分。最外之龍名曰邊龍(18)宜以雙龍盤之。盤龍宜使多交梢組爲要。（視第一〇六圖）龍短而須相接者疊其端1公尺而以鉛絲紮之。每隔60公分以梢橛打入龍內，上端伸出20公分，使次一潛梢得與本潛梢有所箝制也。於是加重料於潛梢上，其着岸一部分，則以碱砥之。重料不宜加之過多，致潛梢卽時沈下，

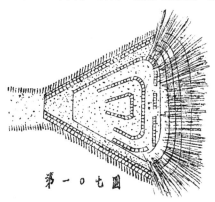

第一〇七圖

第一〇八圖

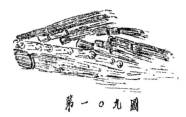

第一〇九圖

但須使之略爲潛下，候再加各潛梢增其重而得完全下沈。視第一〇三及第一〇七圖。第一〇七圖中加重之潛梢於前端猶可見梢龍之未全後沒入者。並可見次潛梢之前進二層。第一〇八圖爲三層梢之橫斷面。設第二潛梢亦達其所應有之長，則亦添加後退層，退至其前一潛梢之固着部分，或直達梢根（視第九十九圖）以後各潛梢則但須退至其前一潛梢之固着部分足矣。

(18) Randwurst

第五章 治導功事 129

　　設水流急，有碍難梢層進行事，則可用種種方法爲助。最簡易者爲用浮木，上端繫於岸上或立椿上，下端繫於鉤船上。而前進層之第一梢之梢端即可憑依其上，第二排亦然。以次各排，則須漸移浮木向前以爲梢之憑依。候梢層已盤龍就，則浮木可抽出。水不甚深者（2公尺以下）亦可打多數椿橛於前進層所及之處，以爲梢之凭依。但於加重料以前，須拔出之，每層前進隨即盤龍亦爲防水溜之一法。

　　潛梢有上厚而下薄如劈者名曰劈梢(19)或曰鼠尾梢，欲使已沉之潛梢坡度由坦而變陡者用之。岸陡者多需用此等梢。岸陡者造壩頭欲使潛梢沉下由陡變坦者用上薄下寬之梢，名曰杵梢(20)

第一一〇圖靠岸者爲劈梢，其前端則爲杵梢。每潛梢之厚未加重料以前厚 1 公尺完全沉下後厚 0.6 至 1 公尺。

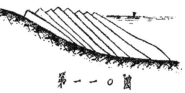

第一一〇圖

　　丁壩有全用石料者，如第一一一圖爲萊因河所用者。壩身由底至中水面下 30 公分，下流一邊，完全用碎石抛積，建壩時着功最先者也。中間爲礫子，繼下流一邊碎石梁而堆塡之。上流一邊則用碎石掩蓋一層，以爲中間礫子

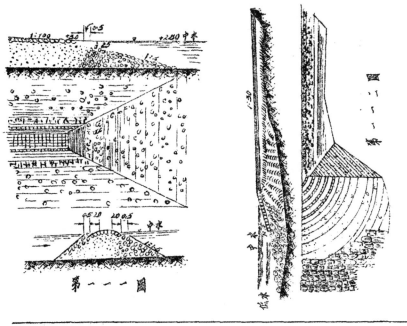

第一一一圖

(19) Keillagen　　　　(20) Pülvlagen

之掩護。此種掩護或可不需。但其坡度則須極坦。壩頂及坡之上部，用碎石乾舖法覆蓋之。舖石之脚，須留寬50公分之平台(21)視圖。丁壩有埽石料合用者，名曰混合構造法(22)如第一一二圖為細塞(23)所用。壩身至低水高俱用潛壩。其上加以尋常填壩。壩頂用縱舖梢功護之。壩頭用沉梢及拋石為之。又第一一三圖為買麥爾(24)所用大部亦填壩所成。壩頭着於沉排之上。壩身之寬與水

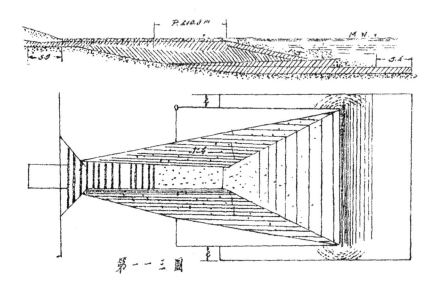

第一一三圖

深相等3公尺有除。壩頭上面作梯形式。以類同沉排作法之填梢蓆(25)加以拋石覆蓋之。低水面上壩頂前部10公尺為舖石。舖石之周緣，編籬範之。壩頂之後部覆以舖地縱梢功。其與岸相接之角，作成鈍角，如平面圖所示以防水削洗。又奧多河所用之制亦與此相類視第一一四圖。其壩頭則作圓錐面形。墊底之沉排略在低水面下伸入溜中長約30公尺。低水橫

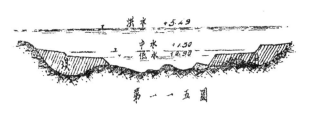

第一一五圖

(21) Berme
(22) Gemischte Bauweise
(23) Weser
(24) Memel
(25) Packwerkmatte, Fascinemattres

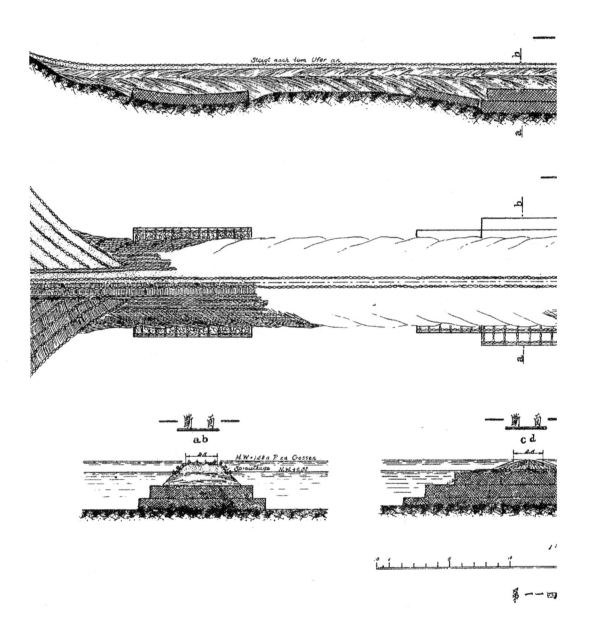

第一一四

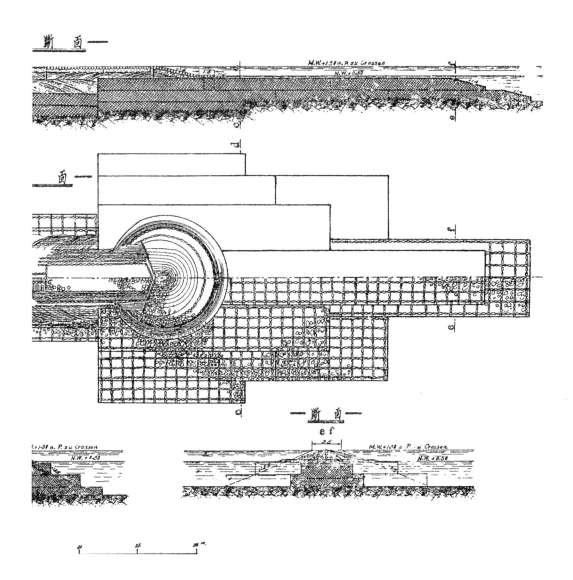

第五章　治導功事

斷面因此更加狹縮以用於過渡段中，逼溜攻槽。對岸之壩亦如此作之，則河之橫斷面作成複式。中水之槽寬於低水。如第一一五圖所示，爲奧多河在奈瑟(26)支流入口下之一橫斷面。是等伸入向前之沉排名曰前占。愛爾貝河壩之前占用沉梢爲之。亦名之頭枕。(27)壩頭前壩址覆以沉排或沉梢即在水淺於3公尺時有時亦屬需要。因鬆動之河址常因與工時刷深，致施工困難而用費輒過於估計。不若先有以掩護之也。凡丁壩成後，須加意察閱及養護之。壩頭尤關重要。每春汛後或行淩後必用探水尺探查一次。設其間有逾常水深，必修理之使復原狀。壩頭坡度因墊墊致過壩者須即拋石其上使之坦緩。壩料用填壩功者，常因墊墊過低，須加廂以增其高。奧多河拉笛保(28)凡過墊落之丁壩，加窩而夫浮壩於上如第一一六圖亦頗著成效。丁壩間之生淤亦易見功。凡壩間之淤土，不乘時種柳，則易爲洪水所復掘去。用

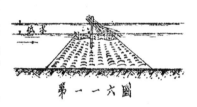

第一一六圖

浮壩亦可資防禦。防此患之又法，爲下流側坡做得坦緩。以 1：1.5 或 1：2 代 1：1 之坡。但坦緩之坡不易施功論已見前。

吾國挑水壩亦多用混合式築者。如第一一七圖爲河北北運李遂鎮上之壩身。爲疊薪所成，以椿簽釘河址內，上以土覆掩，兩旁亦作坡形。浙江海寧護岸之壩其制相仿，惟兩旁及頭部皆削直，易爲水攻襲。亦有用砌石功或三合土爲壩者，如湖北萬城隄之石磯，南京下關之水箭是也。磯形寬而短，箭形長而銳，其下多打椿爲址。黃河埽工有遠伸入溜中者，亦可名爲丁壩，但所以

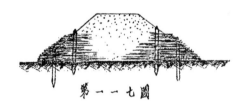

第一一七圖

無丁壩之功效者，用之不得其當也。歐式丁壩用於吾國者自黃浦江始。其製法用沉排墊底，上拋以碎石，其式多作 π 形，蓋以河流海潮，上下交攻，故空其中使一次洪淹淤滿，遂成强厚之壩也。南通護岸仿其制而變通之。改其式爲」形。壩頭與低水面齊。壩頂向岸漸仰至與洪水面齊。惟壩根不埋之岸土以內，結連嫌不得力。其所以與橫壩之前，加以順段，欲減漩溜之力也。然漩溜實不因此而減。壩身之旁，有仍受其刷抉，甚至壩致毀裂者。壩間不見生淤，反日見其深，此則由於壩頭壩腰坡度之太陡故。估計丁壩所需之材料，法探壩軸線所在之河

第一一九圖

---

(26) Gorlitzer Neisse　　(27) Koffockwellen　　(28) Ratibor

底深淺，作其縱斷面。壩之橫斷面或由橫向探水定之。或以壩頭所在水深為根據以計劃壩頭。計算沉梢層先於橫斷面特目力略定其重心點，算出橫斷面積以沉梢層之平均長 Y（視一一八圖）乘之即得需用梢量。

壩造成時壩頭上堆積之碎石須能持一或二年之久，候壩墊落堅實，再加舖石。欲算堆積石料之容積，可用下式：

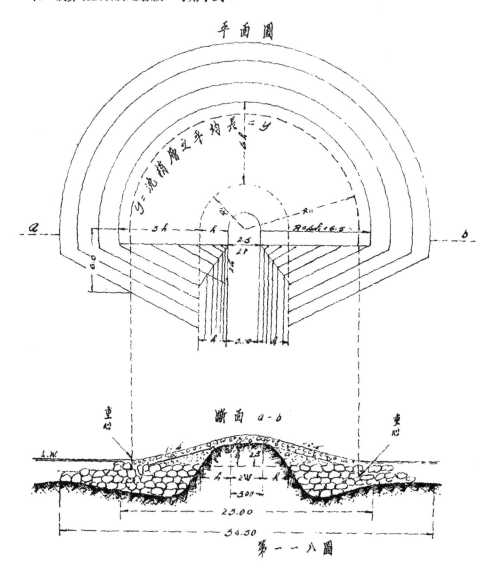

第一一八圖

第五章 治導功事 133

石料容積 J = 石壩頭之半圓錐殘體 — 丁壩之半圓錐殘體 + 稜體 + 尖稜形
按第一一八圖

$$J = \frac{1}{2}\left\{\frac{\pi h}{3}(R^2+Rr+r^2)\right\} - \frac{1}{2}\left\{\frac{\pi h}{3}(R_1^2+R_1r+r^2)\right\}$$

$$+ 2\left\{\frac{3h \cdot h}{2}r\right\} + 2\left\{\frac{3h}{2} \cdot \frac{1}{3} \cdot 1.5h\right\}$$

其中 $R = 4h+1.5$ 公尺
$R_1 = h+1.5$ 公尺
$r = 1.5$ 公尺

由此得一簡單之式

$$J = 9.36h^3 + 11.56h^2$$

丙順壩　(29) 順壩方向與河流平行，即按治導河線建設之。其頂應與中水面齊。水位高於中水時，可越壩頂而淹於壩後，常致壩岸之間生一分溜，則壩且危矣。故順壩長者須以隔壩(30) 若干連之岸上，使壩後不至生溜。隔壩之方向及距離與丁壩同法選用。第一一九圖示用順壩修築一較大坍岸之佈證。壩後之生淤必俟洪水至始有淤沙澱落，故甚濡緩。若同時有疏濬之功，最好即以濬得之泥填之壩後，以使其速成實岸。若欲使自然生淤較速，可於每一隔壩之後留一缺口（第一二〇圖）其處順壩之壩身較低，中水以下之水亦可入壩而卸其沙泥於壩間焉。水位高時流入壩後之水較深，故其挾沙更富。又許多缺口當生淤未完滿時亦為魚類產卵適宜之所。

順壩多用於法國，丁壩多用於德國，然薩克遜(31) 之治愛爾貝(32) 則多用

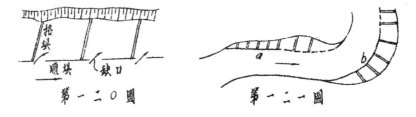

第一二〇圖　　　　　　第一二一圖

順壩也。普魯士則惟於特別情形處於丁壩相合為用耳。隄灣之處利用順壩，以水趨凹岸遇丁壩，不寧之流，足致行船生危也。遇此等情形亦有先築丁壩，後乃連其端以順壩者。丁壩短而設置須密者，亦可以順壩代之。第一二一圖所示即其一例也。大河灣處亦常有築一順壩開其下端不用隔壩以為船舶避風之所如

(29) Parallelwerke, Longitudinal dikes.　(30) Traversen
(31) Sachsen　　　　　　　　　　　　　　(32) Elbe

第一二二圖

第一二三圖

第一二二圖。於是則壩堤須高出洪水面。河岔之處，亦有時用順壩以為分水之用如第一二三圖。惟是等壩須加意築之，使其速於成田。又支流河口之不整齊者，亦可用順壩築之。

順壩之為縮狹河面用也，實優於丁壩。因其刷深河底較易見功，而水沿壩面，不致迭生漩溜。但其不如丁壩者壩後生淤遲緩。且丁壩功初築之過短易於延長，初築之過疏易於加密，而順壩則不易改正也。又其養護費亦較丁壩為昂。順壩之築法自上而下，如此則受溜衝最少，且已築壩段之前常為沙淤淺而工料可省也。丁壩之建築

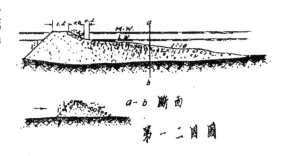
第一二四圖

常得與此相反之效果已見前論。建築順壩所用之料與丁壩同。第一二四圖為萊因河所用之石壩。壩前並連有潛壩見下。壩後之坡所以不用石子掩覆而露沙礫於外者，緣該處不久即擬以濬河之泥填於壩後也。第一二五圖為萊因河所用之分水壩（

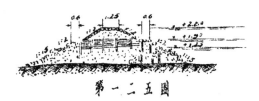
第一二五圖

河岔用）二面俱為歧流，故壩坡二面相等也。其建築法為混合式。第一二六圖為一填梢順壩外坡1：4通常則由 1：1 至 1：5 按溜勢斟酌擇用。用潛梢時沈下之潛梢層，其斜度可比丁壩所用者較為平坦。其式則大抵為不規則四邊形(見前)。

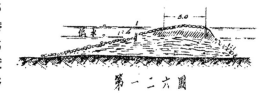
第一二六圖

第五章　治導功事

其他視圖自可明瞭。隔壩之建造法視大壩。其頂向岸漸高與丁壩同。順壩之下端開者，壩頭須做得堅固，與丁壩頭同一做法。

方修斯氏於布里門用順壩輔助丁壩以治理維塞(33)其橫斷面爲長方式如第一二七圖所示。寬2公尺厚由0.6至1.2公尺，爲一沉排所成。其造法排之兩面各有船多隻上載梢料　排即造於各船之間浮水面上。排之長即盡壩之所應得長。該處中水以下之河面本已用丁壩治理。再加順壩以縮狹低水以下之河面。順壩用緩斜之橫功連於丁壩頭上以方修斯氏以爲用此

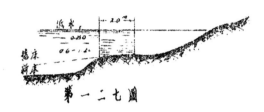

第一二七圖

法沿低水較用前所述之頭枕（前占）爲優。其成績果佳。故愛爾貝河亦仿用之。

第三節　整飭河底

潛壩　潛壩始用於德意志之魯爾(34)河繼推施於愛爾貝等河。(35)其用在使河床成有律之降度。凡急湍之下河床必爲深潭。致河之深淺不一律。潛壩者爲一種橫功，建於河底過深處，其頂高若所定標準橫斷面之底高，或稍低下。總使最低水時不碍行船爲要。潛壩之前自能生淤長高河底。其前後距離不宜過遠。在愛爾貝河得萊司敦(36)處其距離爲38至50公尺。若同時有疏濬之功，則

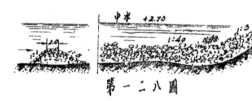

第一二八圖

以所挖泥土塡淤潛壩之間可速河底之長高。用潛壩所治河底自然趨向與低水面成同一降度。故有碍船行之急湍因此可除。深潭之前河床必過高，名曰河檻，(37)多半須用挖泥法除去之。第一二八圖爲萊因河首塞道夫(38)處拋石潛壩之縱斷面及橫斷面。用沉梢功時其尺寸與石功相若，惟壩頂按梢組之長較寬耳。潛壩展及河之全

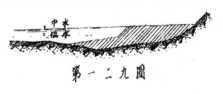

第一二九圖

(33) Weser
(34) Ruhr
(35) Grundschwellen 美人譯爲 Submerged Sill
(36) Dresden
(37) Stromschwelle
(38) Dusseldorf

水　功　學　卷　一

寬者，其頂或爲平衡，或由兩邊向中流漸降至縱線爲其最低之點。設同一處兩岸有丁壩則設潛於相對丁壩之間。附於丁壩順壩或掩護功之前，伸入溜中一段者，亦爲常用之法。第一二九圖示是類之佈置。亦萊因河首塞道夫所用者。凹岸前以是法減其深，凸岸前之淤灘亦自減少矣。若淤灘堅硬，則須挖出之，而潛壩之功則可防其再生。

第四節　堵塞支流

塞歧壩(39) 凡河流不壹，分歧爲港汊，則溜弱床淺，船行有碍，故歧流須塞之以壩。名曰塞歧壩，或曰封支壩，其實即堰功也。壩頂之高與當地情形與治導之目的有關繫。大半高與中水面齊或略高而上之。然壩愈高則歧流中愈難生淤。故有留缺口以使推移質越入者。是壩於平面圖上多作弧形如第一三〇圖，所以使越壩之水趨於中央不致傷及兩岸也。造壩頂兩側高而中陷，亦可得同一效果。壩之計畫與堰功同(詳三卷)與兩岸相連必深必固以防洪水時衝決旁岸繞越壩側而流入歧河，或竟毀壩。如河北李

第一三〇圖

遂鎮民國二年之決口是也。(40)

塞歧之壩亦有斜交於兩岸者，大概因爲縴挽船隻之便，縴路由壩頂過也。如第一三一圖水越壩頂直衝左岸，a

第一三一圖

處必甚危。最好另作一段工連之於岸上如 a。壩址須建跌水(41) 不然，越壩之水滾跌而下，壩基被扶襲成空，則壩不堪問矣。

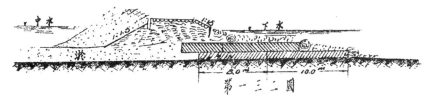

第一三二圖

塞支壩亦可完全用石拋積成之。若欲止其漏水，則以沙礫蔽其前。用塡梢功，因河縮流急，河趾易致刷深，功事較難。最好先以沉排遮護河趾。第一三

(39) Sperrwerk, Closing dike.
(40) 詳見附錄戊午夏直豫旅行報告及附圖六
(41) Sturzbett, apron

第五章　治導功事

二圖)。功事之次第，先沉最下一層之排。至排前河底淤高與排平，再沉上層之排。再俟其前河底淤平，乃起始作塡梢功。塡梢功前拋積礫子一層，所以止梢功之漏水且防梢上重料滾失。礫層面以鋪地橫梢功護之。沉排之稜坎用沉輥及拋石平之。用潛梢作壩，哈根(42) 所介述之興功次序頗多見用於德意志。有時河底不用遮護，亦可成功。潛梢之功事始於溜勢最強之岸，以次前進，

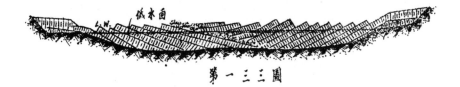

第一三三圖

使河面不致十分受縮。梢層之在前者，坡度須極坦緩，約爲 1:4。用石完全沉下。於是復從他旁起沉梢層，用尋常坡度 1:2。最末數層，則以其脚着於第一次所已沉斜梢層上，如第一三三圖。靳文襄論黃河堵塞支河法，亦頗可採用。所用之壩爲土壩，內外坡皆甚坦故同內外大坦土壩。造坦之處，擇歧河內

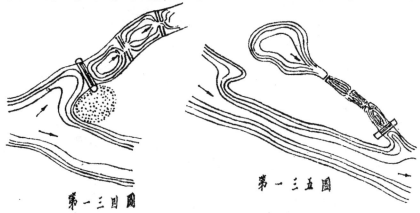

第一三四圖　　　　　　　　　第一三五圖

去大河百十丈或數十丈有崖岸之處。外坦面護之以帚。名曰防風裹頭。又於大壩下相去里許作束水小壩，中間留口門數尺以過水。河水初漲未至漫灘，遇大壩即止，而 A 處可先生淤。及至漫壩而過復有束水小壩逐段爲之阻滯，不至成快流，而大壩以穩。水高壩低其用與潛壩同。故小壩之間漸淤漸積而永斷歧流之路矣。如第一三四圖所示。靳並謂河水出槽之時匯歸於低窪之內聚而成溜，日刷日深轉折廻旋於灘地之內，或數里或數十里復歸入大河，但有河尾而無河頭。乘其河頭未成塔之尙易。若不早謀，亦必成爲歧流。塔之之法堅築

---

(42) Hagen

138　水功學卷一

內外大坦土壩一條遮其去路。再於灘內淺溢處亦間斷做束水小壩。中間留口門距窪地愈遠口門愈小。窪地淤河形平矣。觀第一三五圖。又歧流盛而正流消，幾全奪流者，築壩堵歧歸正名曰攔河壩，將論之於第二卷茲不贅。

第五節　沙攔及漏露功(43)

以上所論壩功，建成之後，其生淤或未能完滿，或過於遲滯，則可用一種簡易功事以助之，名曰沙攔。其生淤之功效或在已經生淤未曾封口之小溜槽，或加淤於原淤之上以增其高。前者須有一種功事與丁壩潛壩同一效力即停沙是

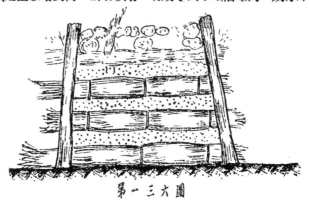

第一三六圖

也。後者則沙攔之狹義者也。有時亦可用於凸岸及直段中或其他溜勢微弱各處，以代正式之壩。

沙攔構造之粗重者如第一三六圖，打樁二行，樁相距 1.5 至 2 公尺，中填梢層。梢之方向與攔工縱軸略成斜角。梢組之根端俱向外，而角層錯易其方向焉。至頂須令成緩斜坡面而覆壓以拋石。水深溜急者，亦可打樁三行如第一三七圖。上流二行中填梢層石礫與上所述法同。第三行則與首二行以斜橫木相結連以助強固。亦有打樁二行而縱向疊沈梢於

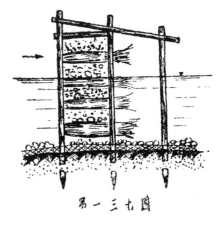

第一三七圖

(43) Schlichfange und durchlassige werke, Silt-arester and permeable work

第五章 治導功事

其間者,如第一三七圖,為製之較輕易者。第一三八圖為其立視,第一三九圖

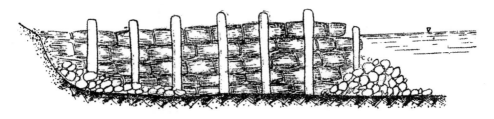

第一三八圖

為其平視。沙攔之根部及頭部最好以拋石護之。若嫌是種沙攔太弱,亦可打樁三行而並疊沈梢二排如第一四〇圖所示。

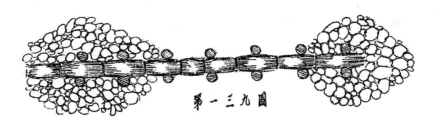

第一三九圖

沙攔又有編籬製者(44) 英法德等國均盛用之。第一四一圖為複式。第一四二

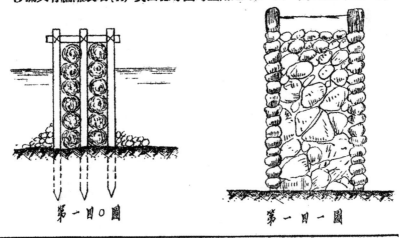

第一四〇圖　　　第一四一圖

(44) 英名 Hurdle

圖爲單式。單式挑水之力甚弱，因水易於透過攔身。但溜經攔孔及攔後即弱，而其所挾之沙可停。堆薪或植柳亦可致其效。沙攔愈低，其效愈易見。故初作沙攔，宜使極低，生淤之後，再逐漸加高。吾國河功所用水簾子亦編籬類也。不過其所用編籬之料易薪梢而用葦纜。其水深溜急者，則常須打樁二行以爲編籬功強固之助。美國水功按其經驗所得論

第一四二圖

斷如下。單行樁編籬功只可用於水深不過 1 公尺者，水深 1 公尺至 2 公尺，則須用二行樁編籬功，如第一四三圖。尋常水深用標準編籬功(45) 如第一四四圖。水深過 6 公尺或急溜中則須用甚強固之制如第一四五圖。若水深 5 公尺以

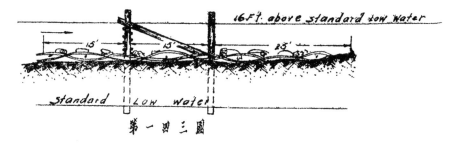

第一四三圖

上而編籬功須進行者則其功須伸出水面之上始可。無論何項制皆須有護床之蓆功，如上各圖所示。靠岸處須有護岸之功達於岸頂，編籬功上下流各至少遠及 30 公尺。編籬功之構造宜從岸起，以次向外，其樁入土之深當如水深。至少亦須 3 公尺。用三行者，中行編籬樁相距 2 公尺。外二行樁距可倍之。第一四六圖爲編籬功之縱視。又美之米藪里河 1908 年創用鐵筋三合土樁架，式與木樁

(45) Standard Hurdle

第五章 治導功事

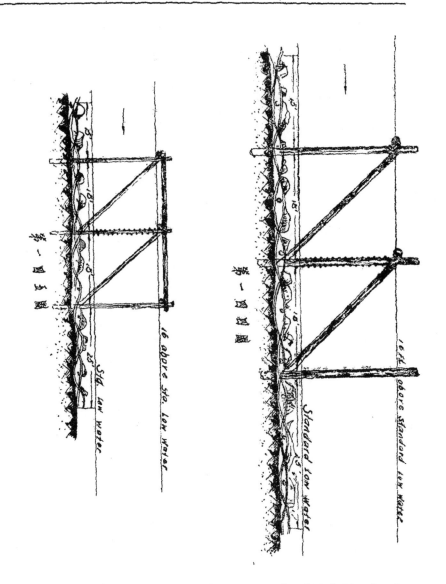

架相同，而中行之編籬則以並列條木為籠以代之。樁相距及行相距，皆3公尺餘。三合土之混合比例為水泥1沙2石4。樁之橫斷面為方 2.6 公寸，長約 10公尺，鐵筋為4鐵條，徑 1.9 公分，每隔 0.6 公尺以鐵絲繞之。此等樁架皆製之於當地。

第一目六圖

第一目七圖

第一目八圖

第 五 章　治導功事

編籬之制已由沙欄而近於透露功矣。透露功之異於上述各功者，其孔隙較鉅。水流其間，因摩阻及停瀦而滯其流速，故沙得停於其後。若透露功因停留沙泥漸致密實，則與沙欄等矣。吾國河工所用掛柳之法如第一四七圖，可屬此類。其法伐大柳樹，連根梢繫之隄岸上，令隨水上下以破嚙岸浪。惟其用僅在一時搶護之用，非有關於治導也。印度有伐樹以其根埋於水泥三合土塊內而植之於河底者。德意志常用樹之枝梢為透露功名曰欋枒橛(46) 如第一四八圖所示。打樁一行略正交河岸。樁相距 2 公尺。上端以橫木相結。以欋枒綁結其上。欋枒之梢端，壓以梢龍而以橛釘之於河底。橛之上端，伸出中水約 0.4 公尺。印度四十餘年前，用布勞恩薪橛(47) 如第一四九圖。美之米藪里河師其意而變更之如一五〇圖及一五一圖。以索或木條為網，其橫斷面如第一五二圖所示。每 3 尺以繩牢繫之。以樹薪夾入網隙中成 X 式。網上繫於浮標，下端以石為錨沉入河底，以保其位置。

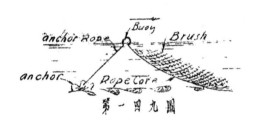

第一四九圖

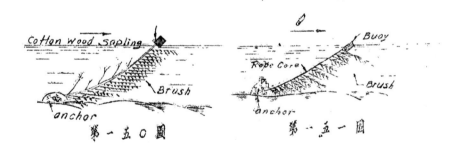

第一五〇圖　　　第一五一圖

以鐵絲網為透露功近亦多矣。如第一五三圖為德意志之鐵網橛(48) 與一四八圖之欋枒橛同用於葆拜耳(49) 河及他處，以鋅鍍之鐵絲網結於立樁上，高出中水

---

(46) Strauchbubne　　(47) Brownlow weed
(48) Deahtbubne　　(49) Bober

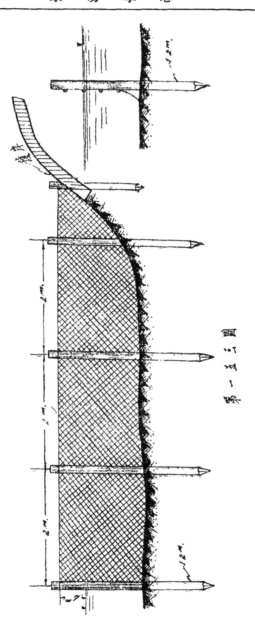

第一五三圖

第五章　治導功事

面約 0.4 公尺。第一五三圖為其橫斷面。美制以鐵絲織為簾狀上端繫於浮標，下端以石為錨如第一五四圖。亦有用鐵絲緯，柳經織為簾，如第一五五圖。皆用於米藪里河。以上數種，用於沙多之河流皆能見速效，惟溜過急者，須慎用之。

透露功之較為持久者，如第一五六圖所示，名曰鹿砦(50)。以木為架。相距 2 至 3 公尺，以木條相連結，如橫斷面所示。架中平衡木條之上覆以梢蓆，而加石以增其重。另有鑲纜一端繫於架之底部，他端繫於鑲樁打入河底中。架因石及鑲，故可不致動離地位。以樹薪或細圓木

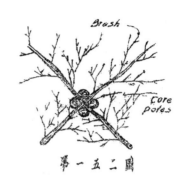

第一五二圖

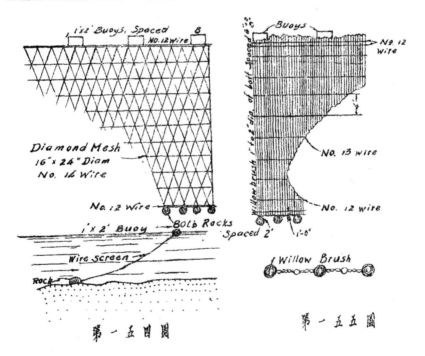

第一五四圖　　　　　　第一五五圖

條織成之簾舖張於架之斜面木條之上。架之斜度無定。要以使透露之上部有適當之高為準。

(50) Abatis

146　水　功　學　卷　一

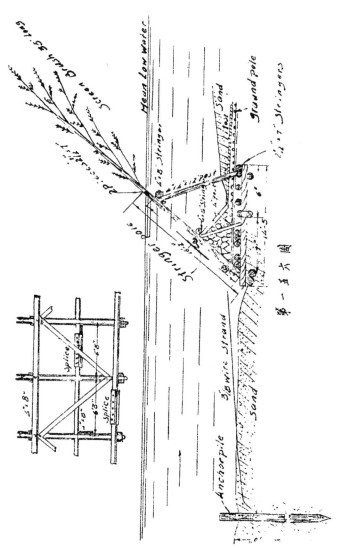

第一五六圖

第六節　裁灣取直(51)

河灣曲勢太陡者其弊有四。(一)行船艱滯有時且易出險。(二)養護岸功甚難為力，欲使持久，經費必鉅。(三)行淩之時，易肇冰壅。(四)水路既迂，流

---

(51) Durchstich, Cut-off

第五章 治導功事

速滯緩，易致停沙而淤河道。欲除此弊，則裁灣取直之功倘焉。

裁灣取直之理，可以第一五七圖明之。圖爲平面，該灣之長爲 L，取直之後其長爲 l，則水之流路由 A 至 B 縮短 $L-l$ 之長。然直段初闢之後，由 A 至 B 之淨降（即 a 高於 b）h 未變也。假使河床堅實，則水臨 A 處水面闕高，勢如一堰，其上之水面比降爲 i_1 踰 A 則水面驟落，勢如斜坡，其水面比降爲 i 大於 i_1 矣。此時水之均勢一失河床不免生變遷焉，必俟河床侵削於上，淤塞於下以恢復其均勢始止。故計劃直段之橫斷面，必按其流量比降及河床質之關係以求保其均勢，如第四章所論。裁灣取直非常有益無損也。有時計畫失當

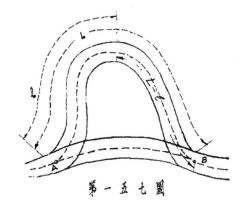

第一五七圖

，反致牽及上流下流有所侵碍，不可不愼。若取直之比降過陡，或致舟楫上駛艱難，尤不可不知。

裁灣取直旣有降落水面之效故河兩岸田地排水不易者因裁灣取直而得較高之水頭，利於排瀉積潦，亦大益也。

裁灣之法。新開之河，其方向必須上下連於舊河，自然而順軌，無强拗之弊。

開河之法若河身狹小，則可全面開挖，上下兩端，先各留一土梁，以防水入阻工，俟中間全功告竣，再溝通之。若河身較大時，可先開一溝或二溝於旁，其寬約爲全河十分之一，如第一五八圖而所留之心土，則藉水力衝刷以省人工。但用此法，則由新河衝下之土質，不免又淤於下流，河床及水面增高又復生弊。又若土質堅實不能恃水力衝洗者，此法亦不適用。新河溝通之前，兩

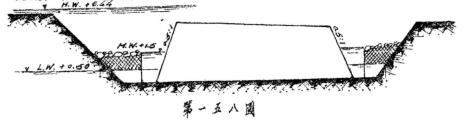

第一五八圖

岸宜保護堅牢。庶不致向兩旁衝洗。第一五八圖即示其一法。岸坡之脚用梢料平舖保護，高與低水齊，上壓以石。通水之後溝秖衝洗加深約在低水下 30 公分，而梢層亦隨之下沉，開溝宜自下流起，以次向上，使地下水及積水得有流路。上流僅留狹薄土梁，增水自可抉開，以俟水自關流路。新河之水日增則舊河之水日減，即可漸致淤平。若欲速令新流成功，亦可杜塞舊河，用上所述塞支壩功。但若航船上下甚多，則此法頗足爲碍，必用濬抉全河之一法。

第六章　河料 (1)

茲章所論物料但取其與河功有關者。至屬乎建築所用者皆附論於各篇，此不及。

治河鉅功也。經費所需，動輒億萬。故其所需物料，以省費而適用為主。大概分之為石類，沙土類，及薪木類。以下分而論之。

第一節　石頭

一、天然石　以堅硬不易凍裂，質重不易為溜力衝襲者為適用。石料方經長大六方皆見平面者，名曰料石。(2) 用於河功者罕。惟堤岸，磯，礅，石壩等間用之。其計價在吾國論單長。以寬厚各一尺長一丈為單長。每單長山價大抵二元。普通用於河功者為片石。(3) 計價論方。每方長寬各一丈，厚二尺五寸，即四分之一立方丈（與土方尺寸殊）其山價每方約一元五角。（以上尺丈皆工部營造尺）。河中轉徙之丸石，名曰石子，亦曰河光石。不甚適用，以其圓滑易轉故也。然有因其取之河床不勞遠運用之者。如河北永定河之於蘆溝橋上下是。

二、人造石　地方缺乏石料，有用人功造石代之者。1900年米細細比下游實驗用混凝土頗得良果。其法範水泥及沙礫，用混合率 1:14 至 1:16（即水坭 1 沙 14 至 16）。候其乾硬，碓碎為塊。其大小以人力易於搬拾為準。用以代片石。擊碎雖不免有所損失，然其價則較遠方運石為廉多也。護砌岸坡有範混凝土為特別形式者詳後。壓覆掃之舖石，用於德意志與多河者如第一五九圖作六角形。厚 20 公分。表面圓滑，取其易於排水。混合比例，上部為 1:5 至 1:7，下部為 1:10。吾國乏石之處如河北平厚多以甋代石者。其大小形式與尋常營造所用相類，名曰河甋。舊例河甋須重 30 斤，然今所用者則輕小殊甚。亦有防人盜竊特製為三角形，或於其寬面作溝脊一道者，或缺其角者。然甋之為物，質輕易碎，不足捍溜。一二年後即凍裂撞擊為碎礫，滾入河中。故河北省諸河所為甋壩，一年之後，即失其效。甚為耗費也。計甋價以方或千雙，每方約一千五六百雙，價約十元。

石功　凡石功可分為舖石(4) 拋石(5) 墜石(6) 及壁功(7) 舖石用於河功者多為片石舖功。其舖法不用膠灰。但整理拋石，使其表面勻密者，功易而敵

---

(1)　Flussbaumaterial　　　　　(2)　Ashlar
(3)　Broken Stone, Rubbles.　　(4)　Pflasterung, Pavement
(5)　Steinwurfe, Riprap　　　　(6)　Steinschlaneu
(7)　Mauerung, Masonary.

溜力較弱。若擇塊舖砌，使成緊貼有律厚薄通勻之層，則功較費而其敵溜力強，可以持久。

凡舖石功之底層土質，因石縫疏漏，恆易為水侵入，搜洗成空。底土既失，則舖石虛懸，易於隕落。故舖石功或用膠灰灌縫，使水不能入，如第一六〇圖。或不用膠灰而以礫子一層舖於石下，以防水侵底土，如第一六一圖。或舖石之底，用石屑排插一層其罅隙仍填以碎礫，如第一六二圖，則更善矣。舖石之縫，不宜使與溜向平行。平行則水易鑽入。舖河底者宜使正交溜向。舖岸坡者宜使向下游斜仰，如第一六三圖。如是則不惟不至為水所搜空，且為沙所填實。舖石之面，亦宜光平。否則冰澌漂木，觸擲石塊。一塊拔鬆，全面圮裂矣。

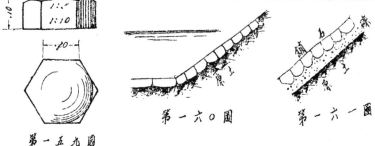

第一五九圖　　第一六〇圖　　第一六一圖

拋石　石塊須粗重。一一拋入水下。或以為建築基址。或以之防禦下溜刷抉。用以為基址者，須堅穩不可移動。用以防刷抉者，則以鬆動為宜。蓋鬆動，則隨其底土之溜坍下陷立可填其虛空也。

欲使拋石堅穩，如第一六四圖，須留意拋下，使石得如所期之位置。更以木桿探撥，使得成層疊。其表面則粗砌片石，使成平面，以為建築物之所憑倚。設建築物虞為水溜所侵，則以最重大之石拋於靠水一面而以較輕之石拋於不受溜面。

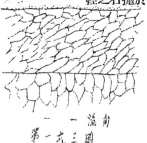

第一六二

一一溜向
第一六三圖

第一六四圖

第六章 河　料

第一六五圖

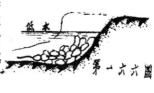
第一六六圖

鬆動拋石，石塊之大小，視所擇之工程定之。須使各不相結連，一有傾陷，即可自已填實，在河功甚為有益也。

墜石　拋石之別法也。如第一六五圖及第一六六圖堆片石於沿岸使成直形垛積。待岸崩時石隨之墜下以為暫時岸坡之蔽護。

壁功　河功所用壁功，與他等建築如道路橋梁等無異。將詳論之於岸壁篇中，此不贅。

第一六七圖

用人造石類作拋石墜石用，與上法相同。河北省河功用輥，亦分砌法拋法二種。砌則層疊成壁（但無膠灰）。拋則不成層疊，蔽覆岸坡如第一六七圖。輥六面平整，故拋之之後，其中罅隙甚寬。遇溜衝擊，虛實不一，自易粉碎。

第二節　沙土類

黏土用於水功者，取其不漏水。鋪石之下，壁功之後，畏水侵入者皆可用黏土為底層，襯貼等。吾國河功名之曰膠土。或曰淤坭，或曰淤土。名之為淤者，蓋河之下游，所淤多為黏土也。而又別之曰新淤，老淤，硬淤，稀淤。新淤嫩灘之土燥烈易圻。老圻積壓之淤，柔靭不裂，河功喜用之。硬淤則水竭而乾，稀淤則飽水而為稀漿。沙用於壁功，宜取其粒堅銳而純潔不染土質者。沙礫用之壓掃名曰壓料(8)。須取粗重之粒。礫之粒能如胡桃大者佳。太輕細，則不免漏於枝梢之間為水所衝襲矣。吾國河工，凡含沙質滲透之土名曰素土，沙多土少者名曰沙土，輕細粉屑之沙名曰流沙，不適於工程之用。隄功所用土料詳後。土功價在吾國以方計。其方則長闊各一丈而厚一尺也。就地取者每方五角。好土遠運有價至三元以上一方者。

第三節　薪木類

河功用薪，其原甚古，詩揚之水不流束薪不流束楚，著者即以為成周之際

---

(8)　Beschwerungsmaterial

152　　　　　　水　功　學　卷　一

，已用薪治河，故詩人見以起興也。慎子茨防決塞，說者以為茨防即今之埽功。漢武帝塞瓠子決口，以東郡之薪，斬淇園之竹以為楗，可知薪之為用，漢以前已習矣。歐(9)美河功用薪亦由來已久。昔用以為箠楚者，今則為河功重要之名辭矣。宋史河渠志凡伐蘆荻謂之芟。伐山木榆柳枝葉謂之梢。

一、梢(10) 梢為束細嫩樹枝成組。組長 2.5 至 3 公尺。各枝之厚於其根端，不宜過 2 至 3 公分。能得長枝足一組之長最佳。否則短枝參差相接。枝之根端，俱向一面，以鉛絲或細嫩柳枝紮縛之，如第一六八圖。通長者紮縛二處。短枝相接者，紮縛三處。每梢組成後其組端須厚 30 公分。

一切樹枝俱可用以為梢。採枝時宜於六月之末或深秋之際，則不致傷木。採下即用為佳過久即乾脆易拆。若以根端沈之水中，亦可久存其嫩性。

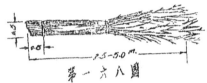
第一六八圖

用梢計容積，或計其組數。計容積法，累二層為垜積，根端俱向外，而以梢端於長三分之一處相疊。如梢組長 3 公尺則二梢組相疊 1 公尺而得長共 5 公尺。垜積新堆，以高 2.30 公尺為度。只計 2 公尺（0.3公尺為墊墊之補備）。若計組數，則梢每組根端之厚，須驗之。每 1 公尺容積，可有七至八梢組。每組之價約銀五分至一角。

吾國埽工用梢蓋古製也，自後森林缺乏，梢料無從給，而黃河埽功及河北省諸河及運河為壩，乃以黍稭代之。稭黍者俗名高梁桿。用之者或帶根或不帶根，然多半為不帶根者。亦有用蘆荻者名曰葦料。葦有大葦，三剪，單剪之別。大葦幹粗質堅略耐久。三剪單剪則細弱不堪用。又葦採於秋季者佳冬季者否。購黍稭及葦吾國向慣用束稭。束稭以圓徑三拿（約二尺）為一束。葦以長10尺徑 5 寸為一束。後此改而用方（每方 38 束重 570 斤），近則又棄用垜。每垜五十餘方。各處定例不一。稭葦每束價約一分至五分。

黍稭及葦只可名之曰芟而不宜名之曰梢。其質輕弱，易於墊墊。故以是等料物所為之埽，每年必須加鑲，耗費甚多也。細軟之草亦有用於梢功者，但以之墊心而非獨立應用。

二、紮料　紮縛梢組或梢龍（見後）昔者在歐洲用柳條，分為大小二種。小者長 50 至 60 公分，厚 0.5 公分以紮梢龍。大者長 1.0 至 1.25 公尺，厚 1.0 公分以紮梢組。供給柳條，每百條為一組。近則多用熾熱之鐵絲代之。厚 1.2 至 2 公厘。細者以紮梢龍及梢組。粗者以紮沈梢（見後）。最近則多用鍍鋅

（ 9 ）　法文 Facine 亦本束薪之義，德文 Faschinem 亦本此。
（10）　日文譯曰粗朶

第六章 河 料

之鐵絲,(俗名鉛絲)以免銹蝕。更有用厚3公厘之鋅鍍鐵絲以代梢龍者。亦有用石炭油浸透之麻索者,但其用不如厚2公厘之鉛絲。吾國埽功所用紮料舊為蘂蔴等索,更有用葦草等索者。然近今則鉛絲為用亦廣。大抵以紮縛木橛。鉛絲之供以磅計。吾國河功繩纜以重三十斤為一盤計。

三、橛 釘梢龍於梢功上用梢橛。長1.25公尺厚4至6公分。釘梢龍於縱橫舖梢功,(見前)橛長1公尺。沉排所用之橛厚4至6公分長因排之厚無定。用以範圍舖石之橛長1公尺。厚1公分。一切橛料,宜用光滑圓直之松木。舖梢功則嫩柳木橛亦宜。昔時多用鈎橛,如第一六九圖。但鈎橛不易得,可用二橛相乂代之。橛以百根計價。

第一六九圖

梢功 (11) 凡以薪梢所施設之功,名曰梢功。河功上所常用者在歐洲為梢龍,沉梢,石籠,沉排等。在吾國則有各種埽功。

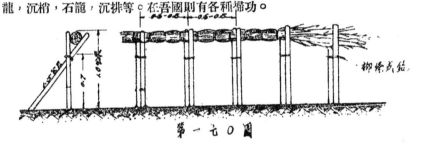

第一七〇圖

梢龍 (12) 厚 10 至 15 公分。長無定,臨用時當場製之。尋常所用者長 20 公尺。用柔韌樹枝。製法先搭梢龍架(13) 如第一七〇圖。每相距 60 至 80 公分樹二棒,一斜一豎。作×形。用鉛絲幫紮。工人置梢料於×內。拍之繫之。分折枝條,令其理順,厚薄適宜。枝之根端,俱藏於內。每相距 20 至 30 公分,以鉛絲紮之。亦無過緊。過緊時則當打入樁橛時,易致破裂。

沈梢 (14) 梢料內裹碎石形如圓枕,長 35 至 6 公尺,經 60 至 120 公分。製法先搭沉梢架如第一七一圖。在此架上舖開梢料,枝之根端俱須向外,打作凹形,填以碎石塊或碎甎塊。兩端以梢料作塞塞之,以防石塊滾露。石塊填足作凸面形,再以梢料覆之,以鉛絲紮束。第一七二圖示沉梢之縱斷面及其表

---

(11) Faschinenwerk　　(12) Faschinenwurst woip
(13) Wirstbank　　　　(14) Senkfaschinen 日本譯名包柴

水功學卷一

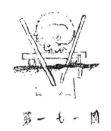
第一七一圖

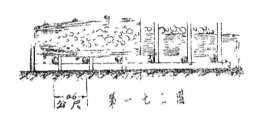
第一七二圖

面。紮法用鐵練繫於二桿上，名曰勒桿，(15) 以練施於沉梢體上，桿交其下，二人各握一桿之上端，向外搬之如第一七三圖，則沈梢體被勒緊，第三人隨以厚2公厘之鉛絲紮之每長1公尺三紮。製成後放去斜樁。用於岸功者即順岸坡

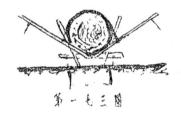
第一七三圖

第一七四圖

滾下。用於河中者以船載往沈所沈之。沈時必極謹慎，蓋其質重，故必先看定地位方向而後沉之。第一七四圖示由船上放下沈梢之法。

古賓貝 (16) 在巴燕(17) 治河用不斷之沈梢亦名沈輥(18) 其用所以護岸。製法如第一七五圖（橫斷面）及第一七六圖（正面）所示自下流起，連續向上流製輥。下流已成之段一面下沈而上流一面接續。其長有達100公尺至200公尺者。若河底穩定，則此法甚佳。但若河底土質疏動則輥之下沈不勻或至折裂。遇此情形，則輥不宜過長。岸高者有用三輥如第一七七圖圖中虛線示舊日河底及輥初下之位置。實線則示輥底刷深，輥落實之位置。

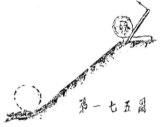
第一七五圖

---

(15) Wurgkett
(16) Gumppenbery
(17) Bavaria
(18) Sinkwalze

第六章 河 料

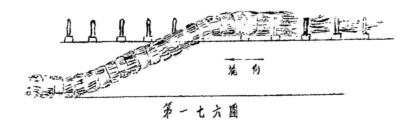

第一七六圖

石籠 (19) 以粗枝為骨子，用梢料編成籠形，中填碎石，而編合之。其用與沈梢同。(視第一七八圖一七九圖一八○圖)。吾國河功有用竹絡或柳囤裝石者制殊而用相仿。

第一七七圖　　　　　第一七八圖

編籬 (20) 以 0.7 至 1.5 公尺長之木橛打入土內。木橛以生嫩尚可滋長之木為佳。相距各 0.3 至 0.5 公尺。上露 0.3 至 0.6 公尺。以柔靱之枝編籬其上。其抵抗力強於梢龍而無其屈伸自如之優點。編籬之法，亦可用於他等梢功之上如沈排等功，(第一八一，一八二兩圖)

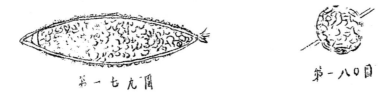

第一七九圖　　　　　第一八○圖

沈排 (21) 大要為方式，高 1 至 2 公尺，其大小視其用途。最長者可至 15 至 20 公尺。製於用沈排處之上流沿岸。製沈排塲削平作 1:10 之斜坡。

---

(19) 日文譯為粗粹　　　　(20) Zäune Fence
(21) Sinkstuck, Fascine Mattres 日文譯為沈床

156　　水功學卷一

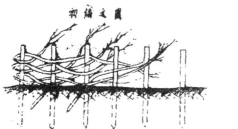
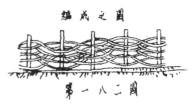

（或更較陡）。製排先搭排座如第一八三圖。舖矩形木梁於地，方向正交河流，長如沈排之寬，相距各 1.5 至 2 公尺。欲令排座堅穩，亦可先打短樁若干，上釘橫板，再以木梁加之其上。次以圓木名曰楎子，相距各 2 公尺，順河流方向加於木梁之上。楎子兩端各打木橛一根以止其楎移。（視第一八三圖）或如一八四圖以釘於木梁上可以旋轉之木栒代之。於楎子之上，又安放 5 公分厚之板條正交楎子，相距各 1 公尺。楎子及板條俱以長繩繫於岸上，使排成楎下時不至

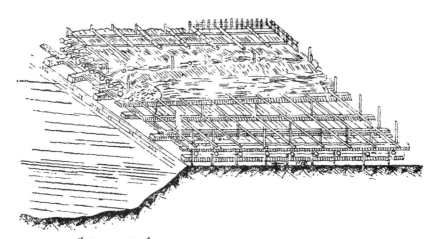

失落。排座既成，乃起始造排，先以梢龍舖於每一板條上，其長須如排之全長。再以梢龍之短者長如排之寬，橫加其上，相距亦如長者相距。縱橫梢龍構成方格網，每方格縱橫各 1 公尺。名曰下格子。每一十字交點各以尋常紮料紮縛之。於是以木橛長如排之厚或過之名曰排橛，打入十字交點。排邊每一十字交點一橛。其中間則每隔一十字交點一橛。打橛之十字交點，再以長 2 至 4 公尺

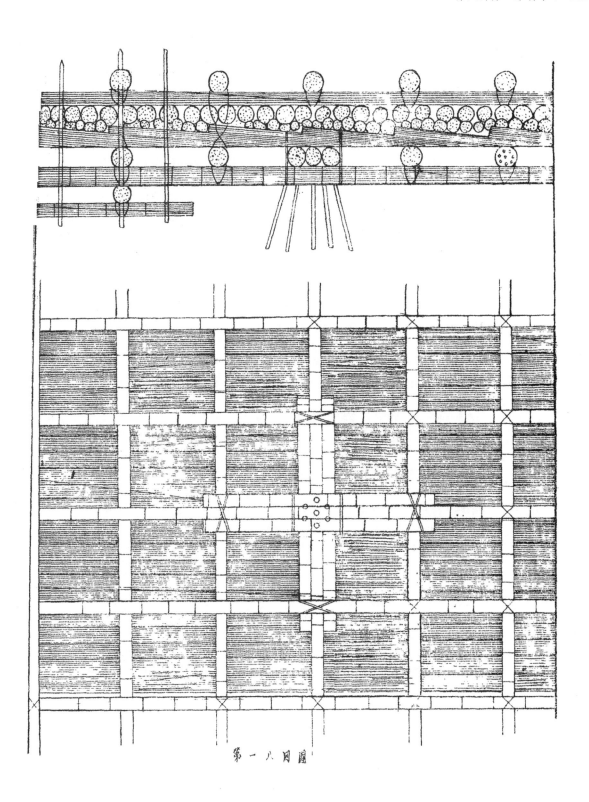

第一八圖

之麻繩或較優用 2 公厘厚之鉛絲縈縛之，而以其末端暫繫於排橛之頂上。於是起始舖陳梢組。先橫向，次縱向，而排之四圍所可見者非排組之根端即其縱面。每層中梢組相登者為其長三分之一。若組長只 2.5 公尺，則於半方格中須加以特別梢龍，以為梢組梢端之倚藉。縱橫梢組，層累而上，以足排厚為止。有時於梢層之間更舖軟草或蘆葦一層，以減排重而密排隙。若梢已舖足，再以侎梢填排面低凹處使其平整。於是再以排龍構成方格網於其上面，與下面方格網平行，而其十字交點上下相當，是曰上格子。每一十字交點亦如下格子縈縛之。復次拔出排橛而將其上所繫之縈料（麻繩或鉛絲）扯展，幫結於上格子之十字交點。於是排之全體乃成圓圖一塊。排之周圍編離笆一匝，排之大者隔二方格再編內離笆一匝。或更編縱橫離笆數道，以使沈排所用之重料（碎石）不至傾失。編離笆之法打小椿於排內，上露其半，相距各 15 公分，而以柔軔之樹枝如編籃法編之。

排之中，上格子十字交點打一椿其周圍更以小椿數枚（尋常六枚）斜倚打入名曰梅花纜椿。排之大者梅花纜椿亦可有數箇。其用乃所以繞大纜其上，以為拉排之需。又有用繩繞下格子之十字交點，其兩端暫繫排椿上，候排成幫結為環，以為繫纜之用。較用纜椿簡易而妥穩。海潮通入之河流，於潮退時造排於水可及之處。潮來則排自上浮。故不必用排座及幌子等。如黃浦江及南通造櫈等成法是也。

濬浦局造沈排細則(22) 錄之如下。

大小　沈排之大小視其用途，惟不能過於 80×120 英尺。蓋過大則難於引置至適當之處而沈之也。

造排場　擇堅實沙土之微斜岸坡為淺潮所能掩覆者為造排場。使每日潮來，皆能自然浮起。排未浮之前，須以錨纜等維繫之。

梢料　梢料須用鮮嫩山木，縈縛結實，成組供給。梢組距根端 $1^{1}/_{2}$ 英尺處，其周匝須長足 18 英尺。其所用嫩枝，俱須足長 8 英尺。

葦料　填墊沈排所用之葦料須乾燥潔淨質地良好。長 8 英尺至 10 英尺。

橛　橛須鮮嫩堅木，挺直有力者。每根至少須長 4 英尺。其直徑在大端至少須 $1^{3}/_{4}$ 英寸，在小端須 $1^{1}/_{2}$ 英寸。

梢龍　梢龍之長適用為止。每 10 英尺用至少長 2 英寸之十七號鉛絲繫之。梢龍之直徑須有 16 英寸。臨用之時，須有抵抗十二人（每六人一端）拉力之強。

格子　沈排為以梢龍構成上下二格子中實以梢料葦料緊結而成。梢龍相距各 3 英尺。下格子周匝一切十字交點及其中間一切十字交點之半數須與上格子

---

(22) 1919年，上海。

第六章 河　料

相當之十字交點用長 8 英尺之十七號鉛絲通過中間稍葦料緊結之。其餘各十字交點則以本地蔴繩各自緊結之。

實料　實料分三層。下層用葦料，按縱長方向舖之以助其上浮力而速其淤沙功效。第二層及第三層則用梢組。第二層正交下層方向。第三層則與之平行。

雛笆　最外周匝之梢龍上編雛笆，名曰舷路[23]。舷路之中每第六梢龍亦編雛笆成為分筐，以盛重壓石料。雛笆為加梢龍用鉛絲繫於上格子梢龍之上，而以木橛打入通及下格子。舷路之雛笆，則更用七股扭合鉛絲幫結於上下二格子。

纜樁　每一排至少須有六纜樁，以為繫餘纜之用。纜樁用七根至九根挑選之堅木橛，長 4 英尺厚 6 英寸者。以四捆木條四隅對列為底基。打入木橛。中心十字交點用二股纜四根緊結於格子。其他交點用繩二根幫結（視第一八四圖及一八四圖甲）。

吊繩　沈排時載石之船，各靠於排之一邊。每隔 10 碼用二十七股蔴繩（名曰吊繩）繞周匝上下二格子十字交點而繫於船上。另繩之端有環，留出梢料之上 6 英寸。

沈法　沈排至少須用六錨纜以引導至適當之所。石船左右夾之。待潮退，溜停，急投石其上，使之下沈。

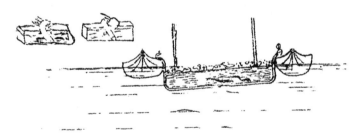

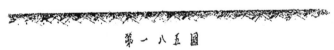

第一八五圖示排下沈之狀。投石時先排之中間次及四圍，則排不至偏倚。未沈之前，排之四隅各插長竹竿，或以長繩繫竹筒，則排沈下後，其地位不至失迷。排受壓沈下後　其墊墊約為其高八分之七。

與沈排相類而用異者名曰沈薦[24] 用之護覆河岸。沈薦又有他種製法當詳於後。

---

(23)　Gangway　　　　　(24)　Sinkmatte

水功學 卷一 160

　　填梢 (25) 爲治河及護岸最要之功程。其高宜與中水齊，或稍過之。其最簡之式爲累多層梢組而成。厚 30 至 60 公分。梢層之上盤以梢龍。梢龍相間 60 公分。每層填以沙礫。以木槭槭之，令沙礫盡入梢之空隙。梢之稍端須令向水。但若欲得陡岸坡勢，亦可令根端面水。（視第一八六圖）

潛梢(26) 爲用於低水下之填梢。先舖梢組浮於水面，上加以重料而沈

第一八六圖

下之。尋常用於 3 公尺深之水。太深則以沈排或沈排墊高其底。施功之時以低水時爲宜。其用法詳於壩功篇。

　　附誌　梢功用料每立方公尺沈梢需 1.1 立方公尺梢料， 0.3 立方公尺石子，及 0.4 公斤鉛絲，每立方公尺沈排需 1.25 立方公尺梢料，四根排橛，五根麻繩，七公尺梢龍， 0.3 立方公尺片石。每立方公尺填梢需 1.25 立方公尺梢料，六根排橛， 0.4 立方公尺壓料，及 2.8 公尺梢龍。

　　埽　埽者吾國治河固有之功程也。大者曰埽小者曰由。其用甚古。其見於宋史河渠志者曰凡伐蘆荻謂之荄，伐山木楡柳枝葉謂之梢。辮竹糾荄爲索。以竹爲巨索。長十尺至百尺有數等。先擇寬平之所爲埽場。埽之制，密布荄索舖梢，梢荄相重，壓之以土，雜以碎石。以巨竹索橫貫其中，謂之心索。卷而束之。復以大荄索縶其兩端。別以竹索自內旁出。其高至數丈。其長倍之。凡用丁夫數百或數千人。雜唱齊挽積置於卑薄之處，謂之埽岸。既下以橛臬圍之。復以長木貫之。其竹索遏埋巨木於岸以維之。遇河之橫決，則復增之，以補其缺。凡埽下非積數壘，亦不能遏其迅湍。其見於至正河防記者曰以蒲葦絢腰索徑寸許者縱舖，廣可一二十步，長可二三十步。又以拽埽索絢徑三寸或四寸長二百餘尺者衡舖之，相間。復以竹葦麻縈縛長三百尺者爲管心索，就繫帛索之端於其上。以草數千束至萬餘勻布厚舖於帛腰索之上。橐而納之。丁夫數千，以足踏實。推梢轉高，即以水工二人立其上而號於衆。衆聲力擧，用大小推梯，推卷成埽。高下長短不等。大者高二丈，小者不下丈餘。又用大索或五爲腰索。轉致操管心索。順埽臺立踏。或掛之台中鐵錨大橛之上，以漸縋之下水。埽後掘地爲渠，陷管心索渠中。以散草厚覆。築之以土。其上覆以土牛雜草

---

(26) Tauglagen

第六章 河 料

草小埽。梢土多寡厚薄先後隨宜修叠爲埽台。務使牽制上下，續密堅壯互爲犄角埽不動搖。日力不足，夜以繼之。積累既畢，復施前法，卷埽以壓先下之埽量水淺深，制埽厚薄，叠之多至四埽而止。按二說相類。惟元時已以梢不足用

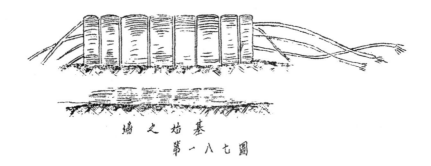

埽之始基
第一八七圖

，易之以草如今之用黍稭耳。其從舖常腰索之用，與密布芟索同。即今所用葦纜亦名光纜。管心索即心索，亦即今俗所謂揪頭。拽埽索絢，與宋制別以竹索自內旁出者同。壓土雜石嘗謂最要之事。至正河防記恐缺略也。簡要言之，埽者以索捲梢雜土石其內而捆結之。橫貫之心索，別出之竹索，下埽時以爲牽挽錨纜之用。埽己下時則鑽之土中，令掃岸牽連，不致脫離也。此係水埽之制。其構造當如第一八七及一八七圖甲。若旱埽則與上所謂填梢相類其用詳前。又埽之制甚複雜，茲不能續述。

　　鋪地梢功多用於護岸或加於他種功程之上以爲護面。分縱功橫功二種。

　　縱功 (27) 如第一八八圖，於岸坡削成相距 1.5 至 2 公尺，與溜向平行之溝，以梢之根端填入溝中。從上起首，以此向下。每層加以拍擊令得適當之厚，可至 20 公分。以梢籠盤其上相間60至80公分。以二橛交×釘之。第二層覆壓其上者三分之一。如此類推。末乃覆之以土。橫功(28)與縱鋪梢相同。惟其溝非與溜向平行而與之正交耳。如第一八九圖。縱

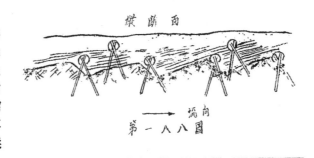

橫斷面

→ 溜向
第一八八圖

(27) Sprentlagen　　　(28) Rauhwenh

横舖梢作工時，俱以春季及秋季為宜。

梢功之種類殆不止是。以上不過舉其要者言之耳。

四樹木　大樹有用於河功者如吾國之掛柳以遏溜波。歐洲亦有用之者。種植柳樹，吾國向以為護隄之必要。然其功效尚須討論也詳後第二卷第一章。

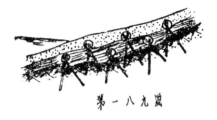
第一八九圖

植柳以護岸。各國用之者多，德國(29)所用者如第一九〇圖。以長 50 公分厚 2 至 3 公分之柳秧插入土中約深入 40 公分。柳樹長成需時，故柳間宜暫

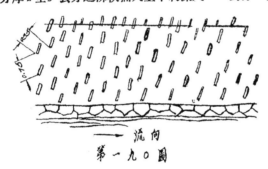
第一九〇圖

護以草地皮或薄撒礫子一層。柳以矮柳為最宜。每二三年須剪柳一次。貼地剪之，使無成粗幹。如是則柳根蟠結。柳枝披拂洪水之面，可以禦波浪，可以遏冰凘，使無傷岸。

五草　用於護岸功程甚為重要。分為二法。一曰舖草地皮(30)　擇地皮之長草芊綿者剪取成方，每邊 30 公分，厚 8 至 10 公分。舖於岸坡，自下而上。舖法分二種。一曰平舖如第一九一圖及第一九二圖。舖好拍實有時以30公分長之木釘之，以肥土填實其縫。若底土不肥，則以10公分厚之腐壤。(草已滋長之污土)墊其上，再舖草。

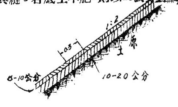
第一九一圖

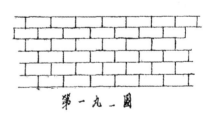
第一九二圖

(29)　Stecklinge　　　(30)　Sode

第六章 河　料

二曰疊舖如第一九三圖，用於較陡之岸。令草之根端向上，其所留二角空須以肥土填實。階狀之表，亦須削平而拍實。是法較平舖為善而費多。

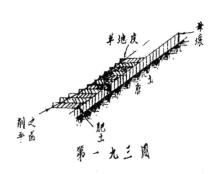

第一九三圖

種草宜擇草種。在吾國多用芭根草，其芭根地滋長結合甚力。歐洲所用者多以數種草(31)混合種子。混合法關於天氣及土質。若底土不宜長草，則以20公分厚之母壤覆其上。每一公斤之草種，可用於250至300平方公尺之地面。

六木料　木板木條或用以擋土，或用作護岸之功程。或用作石函。其他用尚處多。以松榆楊等木為宜。木樁用以護岸脚，釘梢簽帚俱詳前。

第四節　鐵料灰料雜料

鐵料　如鐵錠，鐵柱鐵攀之用於石功，鐵條之用於混凝土。其他打樁等功用鐵者甚多。鐵條之鋅鍍者除作紮料外，尚可為網以為沙障。

灰料　石灰除用於牆功以為膠灰外，吾國功程更有所謂油灰，以桐油與灰相和以為修艙料石石縫用。更有以灰漿（四十斤）合江米（二合）白礬（四兩）以為料石石功灌漿用。以灰（八十斤）合蔴刀（二斤六兩四錢）名曰蔴刀灰以為片石石功拘抿石縫用。又有以石灰黃土相混合名曰灰土以築岸壩者。以石灰黃土搗樟葉（或用江米白礬代樟葉汁）一處勻和打成坯基則曰三合土。

雜料　竹頭木屑皆為有用之才。河功所用雜料，有極冗瑣者。舉其較為要者如蓆片，蔴袋，蒲包等之用於護岸坡及土功。以沙盛蔴袋或蒲包中而結其口，名曰沙袋。在護隄功程中為用最廣。盛沙不宜過飽（以留20%餘空為宜）。飽則沙濕而漲，袋不免裂。蔴袋蒲包亦可以盛混凝料，以為水下之用。

---

(31) 如Raygras, Zimothygras, clover

164　　水　功　學　卷　一

第二卷 治河通論

第一章 論隄

第一節 總論

隄之於河，利害所在，聚訟者紛紛矣。自潘印川以前，人多以築隄為咎病者。潘氏辭而闢之，主張固隄以導河，導河即以濬海之策。大著成效。後之治河者，始趨重於隄。直隸五河，無不有隄，以會於津，近年水患頻仍，議者又多歸咎於隄之為患謂南北兩運之隄，阻諸水緯路，而眾流俱匯於津沽一處也。謂永定河有隄，而後河身淤高，以至下口全塞，奪鳳入北運。將來之患，且必至塞運下口，為禍不堪設想也。謂東西二淀之淤淺，由於堤也。謂兩運大清，皆因堤致淤，以至宣洩無力也。且因堤而致生功，每歲塌壩經營，皇皇無已時也。現勢若是，不能謂其說全非。然同一政也，施之當者收其功，施之不當者承其弊。堤之於河，亦必施之有方，其功始見。若但知築堤防漲，毫無學術，以研究其用之得失，徒曰堤實禍河，堤豈任咎乎？

隄之為用，固以防漲為主，然亦具治導之功。潘氏主是說最力，而德意志水工愛勞氏(1)之論，亦與相符。其言曰，隄之為用，非專以防漲水之漫溢田舍也，亦有時為防溜衝。亦非僅為保護田舍用也，且為治導之要方。蓋低水有槽，漲水失槽而汎流，，則必橫決濫停，歧岠不壹。有處置得宜之隄以束之，則其流壹，流壹則泥沙淤殿，可得適當之地，而免潰岸之虞(2)，由是觀之，隄之功效，決不可忽也。苟用而不得其效，則蓋亦究其無效之故焉。在勿僅怨隄也。今請縷述吾國隄工之弊焉在。

第二節 兩隄距離

兩岸隄之相距，(或一隄與對面高岸之相距)，名曰隄距。隄距因地形利便，固不能常守一律，然亦必力求其無大差異。其距離之遠近，應以水之流量為標準，而河床之大小與其情形，外灘（按隄之兩側，靠田者西人謂之曰隄內，靠水者西人謂之曰隄外。丁豐曾隄工篇曰，外坦內險，所謂外指靠田者而言，所謂內指靠水者而言。然亦有分別內外，與西人同者，如徐心如安瀾紀要，指靠水灘地為外灘，靠田者為內塘也。蓋以田為主，則內田而外水。以水為主，則內水而外田。堤以護田，故應以田為主，而靠水之側為堤外，亦可曰堤前。堤外之灘，則為外灘也）。之隆卑與其性質，以及漲水面之斜度，亦皆與有關

（1） Ehlers,
（2） Ehler, Bau Unter-haltung und Verteidigung der Flussdeihe; SI

者也。過狹則束水太甚，而隄易被刷，過寬則水勢太緩，易致停淤，且被棄於水之地亦多。故隄之距離得宜，則其力得中。既不致毀岸，且不致停淤，惟審勢奪理，本之經驗，頗難得中。若欲以計算而得之，則可用下法。令 A 為水之剖面積，Q 為最大之流量，J 為河流斜度之平均值，R 為水壓半徑。按水理公式 $Q = AC\sqrt{RJ}$，式中 C 為與河身性質有關之係數，須實驗而得之。

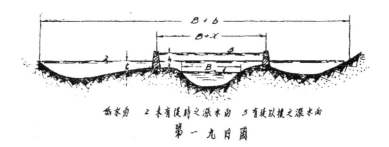

第一九四圖

設作新隄，欲得適當之隄距，第一九四圖先量尋常水位時槽寬 B 及水深 T。無隄時盛漲所及之寬為 $B+b$。及漲槽平均水深 t，上式 R 可以水深平均值代之。

則由上式得 $\dfrac{Q}{\sqrt{J}} = BC\sqrt{t^3} + bC\sqrt{t^3} = BC\sqrt{(T+h)^3} + XC\sqrt{(T+h)^3}$

式中 h 為漲水，被隄束所增之高。$B+X$ 為兩隄之距離。選一適宜之 h 值，由上式可算得 X。上式中之 J 及 T，設為不變者，若二值逐段更易，則隄距亦須逐段定之。

外灘亦何與乎兩隄之距離耶？曰設隄距不變，外灘隆則漲水面亦隆，外灘卑則漲水面亦卑。水面之高不一，則甲處水或被擁而不前，乙處水或落空而驟瀉。速度屢變，則沙或停或刷，其不良之影響，尤以冰汛時為甚。（詳第三章第五節）故欲免流速之屢易。當使水面無驟更。欲使水面無驟更，常使漲水之剖面積劃一。欲使漲水之剖面積劃一，或斬削外灘使相等齊，（但所費太鉅）或灘隆者寬其隄距，灘卑者縮其隄距。寧使漲水面之寬狹略有出入，較勝於其速度之驟更也。已成舊隄其距離適宜與否，可用下法驗之，法伏汛至時，於隄之外坡（中國河工習慣指內坡）每相距 500 尺打一概，與漲水最高之界相齊，（最好漲前即量好距離，將概預備好，漲來即打概）漲退時，以經久之低水位，或尋常水位為準，而量各概頂之高低差及隄頂之高低畫於紙上。長用 $1/500$ 比例尺。高用 $1/50$ 比例尺如第一九五圖。若隄距不得宜，則漲水面線，忽起忽

第一章　論隄　　　　　　167

落，如圖內(甲)。若隄距得宜，則漲水面線及隄頂線與經久水位線，幾於平行，如圖內(乙)。設試驗後知隄距不得宜，則補救之法，或另築翼隄，或斬削，或堆墊外灘，擇其費之省者爲之，以期其適宜。蓋此爲隄防切要之事，得其宜則得隄力。失其宜反受隄弊，不可不察也。設因地勢關係，不能牢守上例，亦須使其變易，綏而弗驟，微而弗彰。

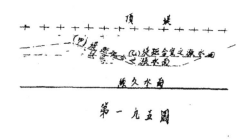

第一九五圖

　　直隸各河，就余遊歷所及者論之鮮有注重於是者。隄距寬狹，皆任意爲之。兩運隄距，南運隄狹，尙屬一律。北運則闊者至二三里，狹者不及一里。子牙河自藏家橋以下，隄縷於岸，至王家口則忽縱闊至二三里。至獨流而又狹。永定則最不整齊。蘆溝橋以下，初本闊至四五里。至金門閘一束而至二里餘。求賈壩以下，又縱至三四里。旣而又束之，而又縱之。至惠元莊以翼隄束之，而其下則縱至二十餘里。是處蓋所謂渾河沙洲，爲盛漲迴漩之餘地，停瀦之汚池，所携之沙，俱沈殿於是。海河實受其益，而永定深受其害。蓋河流散漫，則沙永不能出海，沈殿愈高，下口擁塞，則周身皆病矣。夫贛江之有鄱陽，湘江之有洞庭。湖在江旁，江通湖側，停瀦有地，流向不失。且之數水者，携沙不如北地之河流之甚，故鮮病也。永定則不然，兩隄翕張作箕形，任水馳突其間，以致緩漫無力，逐處停沙。昔日沼澤，今成阜田。馴致全河淤高，有牆頭行水之歎。則隄距無方，不得謂非致病之由也。上流隄距雖寬，不出數里，然予過此時値低水，徒者涉而過，濡不及膝，兩岸隄頂，高於水面不過二三尺，可推想洪水時之狀況，一片汪洋，其深則無幾也。蓋河愈寬而淺，則水羃（河岸河床蒙水面積名水羃）愈大。水羃愈大，則摩阻力愈甚，而流緩，而停沙。設以平均三四尺深，乘寬三四里之面積改之，減其闊增其深，使其速率，適足以攻沙而不停滯，不其愈乎。然永定非僅患此也。流沙爲底，河床無定。低水之時，已港汊分岐，流水不畫一。已成痼疾治誠不易。當更作模型以試之。

第三節　隄之高卑厚薄

　　隄之高卑，自以能範圍漲水，使不致漫頂爲度。通常隄頂，宜高於漲水面半公尺至一公尺餘，以備不虞。若有凌汛，則宜更高於無凌漲水面至三公尺。蓋冰凌擁積，每至障遏水流，而成非常之漲也。予觀直隸諸河之隄，其高僅可以範尋常之漲，而不足以備非常之水。故一入汛期，守汛之官輒矜矜業業，慄恐不保。春功所事，每視隄之弱處，而培其高加其厚。顧予於此，深有所疑。閱兩運子牙，見新培之隄，誠然高矣。而其相連之舊隄，則低於新培隄頂二三尺。如一九六圖甲。2 爲新培隄頂，1 爲未培隄頂。夫使 1 之高足也，則 2 又何必培 1 之高。不足也則 2 雖高，寧足禁水不越 1 而過乎，此猶得曰新培之堤土積疏鬆，自不得不略高數尺，以防蟄墊。然又有同爲新培之隄，彼高此低，相差數尺，不知又何說也。窺其所以參差之由，或因地方人民，特別要求，或由承修員之格外見好，或由估工時意見不一。更有隄雖薄陷，而估工不及，則亦置之，如一九六圖乙。設新估之工，長五十丈，至 2 而止。1 處雖低陷薄

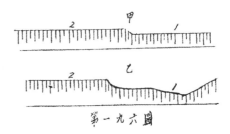

第一九六圖

弱，萬不能拒水，而以無欵置之，則 2 雖高，亦奚用。其加厚也亦然。彼厚此薄，毫不一致。尤於南運多見之。加厚之處，頂厚至三丈，未加厚之處，其橫剖面幾成三角形。薄者不保，厚於胡裨？予故謂其增修隄工，如丐子補衣，褐胸而袒背，繪臂而見肘，以之蔽體，亦云難矣。定提身之厚，當自其頂始，隄頂之寬，足以撼漲水之壓力，敷車馬交通，斯亦足矣。以此爲準，若兩運子牙大清二三公尺當已足。若永定四五公尺當無弗足。予見南運隄頂之寬，由二丈五尺至三丈，北運子牙隄頂，俱在三丈以上。永定則最寬竟至五丈，是兩運子牙有八公尺至九公尺之隄頂，而永定且至十五六公尺矣，不亦過厚乎？然而猶不免於潰漏衝決者何故？曰虛土弗碾，雖厚猶薄也。詢其弗碾之故，曰限於經費。或曰隄土肥老，可不需也。茲試驗三問題而解決之。夫隄功加費誠昂矣，例如一方之土不碾，則二角五分銀足矣。碾之則一方半始能折實一方，是土工之價已多於前一角二分五厘矣。再加以碾功之費，每方一角二分，（按徐心如安瀾紀要用腰子碾每架十人，每日可打二十五六方，設每夫每日三角，十人三元，則每方約需一角二分也）。是多於前二角四分五厘矣。若用汽機輾壓，則每方五分可矣，費可省。然頂厚三丈，不碾之隄。其效力反不如頂厚一丈碾實之隄。故碾功雖費，而土功可省也。且每歲春工取土無地，割取已熟禾田，無形損失，已不知其若干。若能省土，則此等損失亦省。第二問題在南運土誠老而肥矣。諺稱銅帮鐵底。以坍損至數尺厚尚能不漏水也。滄縣之佟家墳園，因地方紳民要求而加碾。東光之隄，土質係散沙極劣，亦不加碾。永定隄土最劣，從不加碾。以其可恃也，則何至於歲歲漫決。不可恃也，則何妨變計爲之。

第一章　論隄　　　　　169

第四節　隄坡(3)

　　隄坡或名之曰坦。即坡身內外斜坡之謂。蓋土性鬆疏堆積之，其面自成坡，名曰自然坡(4)　自然坡之角度，即坡面與平衡面所交之角度也。其大小因土質及其性情而異。例如乾淤之自然坡 $40°$ 至 $46°$ 濕淤之自然坡 $20°$ 至 $25°$ 。尋常隄土，則 $30°$ 至 $37°$ 。是其坡之峻易，應視土質如何，以求順乎自然坡勢。然隄土之自然坡，則大約同也，然其上下內外各部，或常浸於水中，或永超乎水外，或有時蒙水，而有時乾現，潤燥各異，則其坡不能株守一律也。予遊各河，見有用 1.5 坡者，謂豎一丈橫一丈五尺也。有用二坡者，謂豎一丈橫二丈也。(亦見量高一丈量坡面一丈五指如 1.5 坡大誤) 間有用三坡者。審其土質相同也而坡異。內坡外坡，上部下部，地位不同也，而坡同。何以應用一、五坡，何以應用二坡，則督其功者，亦茫然也。凡隄外坡(靠水之隄)每蒙漲水，其坡宜坦，應作三坡，即豎一橫三。內坡不被漲水應稍陡，然亦應作二坡。(豎一橫二)。漲水若持日過久，則內滲，土愈瘦滲愈甚，如第一九七圖。1 至 6 為水增漲之階級，以實線表之。7 至 12 為水退落之階級，以虛線表之。其各階級內滲之範圍，俱以同號曲線表之。

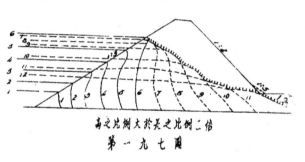

高之比例大於長之比例二倍
第一九七圖

水之增也，隄土尚乾，故其內滲之範圍狹，水面愈高，則其範圍亦愈擴。水之落也，土已滲濕，故水面愈落，而內滲愈遠，以其持時久也。此外更有毛細孔管吸力濕氣上陞，如圖中 ‖‖‖‖ 線所示。由此觀之，內坡之腳被滲最烈。若坡太陡，隄腳坍落，隄身最易毀壞。故內坡之腳，高於一公尺處，應改二坡作三坡或四坡。該內坡有截高一公尺餘，則截坡被滲先坍，隄坡雖可保無虞，而究不如預緩其坡之穩固也。若堤土係鬆沙，則其坡更應如第一九八圖。(5)

　　以上據理論言之，事實上亦不出乎是。惟直省諸水，則有特別情形。例如南運子牙並漲，子牙漫決，水鄰南運，西隄左右被水，於是則內外隄坡應相等

---

　(3)　Boschung, Slope.　　　　(4)　Naturliche Boschung
　(5)　以上二圖取自 Ehlers' Bau Unterhaltung und verticidigung der Flussdeiche

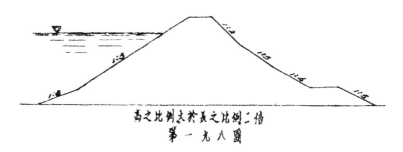

高之比例大於義之比例二倍
第一九八圖

○然此其變非其常也。又如永定隄頂高於內塘二丈，高於河床五尺，則其內滲不在腳而在腰。若有不虞，自以加戧爲良法。

第五節　加戧(6)

戧之爲言護也。所以護正隄也。蓋水壓力愈深愈增，至於水面其壓力微矣。故隄身之橫剖面式，其上端不妨甚薄，能捍禦波浪足矣。其下端則惟恐其不厚，不惟以膀靜止壓力，且以防滲漏坍損。故戧其下而缺其上，足補弊且可省土。尤有用者，則人行其上，不如隄頂之多風，且檢驗隄身者，得其便也。以此之故，歐美河隄幾無不有戧。直隸各河大抵無戧，間有加戧者，則因隄無外灘，水逼隄身，不能施帮功或培土於外坡，則加戧於內坡。以此之故，所加之戧，散亂無章。且順此以往，河日益逼，隄日益避，必致隄愈不整齊。

第六節　隄之名稱

我國河工向分隄爲五類。曰縷隄。臨河曰縷，所以逼河之游，以速其流者。曰遙隄。遠河曰遙，相地勢因高而聯絡之，以備大漲者。直隸諸河隄，類皆爲縷，惟永定下游無縷有遙。黃河多遙縷兼設。如第二三六圖1爲縷，2爲遙。3曰越隄，或曰夾隄。

其用有二。(一)地當頂衝，慮縷有失，復作一隄於內以防未然。(視第一九九圖1)
(二)薄而爲重門，或內或外，以備放淤。(放淤論於後)越隄不能綿亘，規而附於縷隄之內，形若牟月，曰月隄。是又越之別名者。(視第一九九圖2)。曰格隄

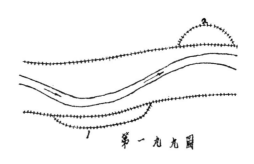

第一九九圖

(6) Bankett

第一章 論隄

。越隄與縷隄相比而長，又築一小隄，橫格其中。以備縷隄被衝，則流遂長驅於兩隄之間而不可遏。遙隄之間，亦有為格者。（視第二三六圖3）曰戧隄。論已見前。凡縷遙並立，大抵因地當頂衝，縷不守則退而守遙。然縷不失，則遙如贅物。故修守之功，但施於縷，而遙則忽之。馴致陵夷廢弛，雞穴浪窩，周身皆是。一旦縷失，守遙亦無用。若平時遙縷並護，則又覺黃金虛牝，徒耗國庫。故予以為與其糜欸築遙，不如注全精神防縷。苟築縷有方，守護不懈，縷已足矣，何資乎遙。

予游直隸各河，所見月隄無數。大抵皆因正隄不能保，趕築月隄以護之者。如第二〇〇圖。是固為一時搶救之策。然水退後即應築復正隄，堵合漫口。若聽其侵入月隄，勢成入袖，則彎曲愈甚，月隄之上，生功更多矣。不惟是也，一彎變甚，則他彎俱變，河道因之愈不整齊。惜乎各河此種情形甚多，而尤以北運之范莊為甚。其中甁壩帚壩之功，皆因是而生也。

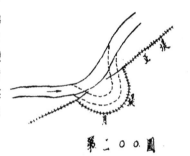

第二〇〇圖

歐洲隄之分類，與此略異。曰冬隄。隄之最重要者，蓋北歐冰泮之際，凌汛最大，非堅固之隄以防之不可。曰夏隄。但防伏汛，較低於冬隄。但山川形勢，氣候風雨，彼此相異，則甲處名稱，不能強用於乙處也。以上二者，總名正隄。其方向與河流約相平行。又隄之止點，遠離河身，以連於漲水不及之高阜者曰連隄。（7）如第二〇一圖1。支流之旁防幹流水漲倒灌入支流，以致泛濫者，曰倒隄。（8）如第二〇二圖2。

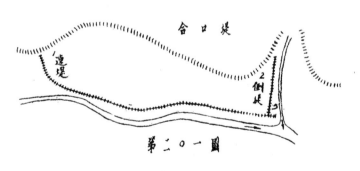

第二〇一圖

短隄以引正流向者曰翼隄。（9）如第二〇一及二〇二圖3是也。隄身彎曲處，正隄不能隨之彎曲者，築翼隄可免其流向走失，其用甚廣。舊日灣隄因裁灣取

---

(7)　Auachlussdeick　　　　(8)　Buckstandeichoder Buckdeich
(9)　Flugeldeich

直，或河道自改，而失其用者，曰廢堤。(10) 圍堤以周護田廬者曰圩，(11) 正堤之內築橫堤，分內塘爲數段，以求洩山水之便者，曰裹堤。(12) 臨頂衝者曰險堤(13)。若河流治導得法，則險功可免。又堤有開口合口之制。堤之上下二端，俱連於漲流不及之高地者曰合口堤。如第二〇一圖所示者是也。上端連於高地，下端不連者，曰開口堤。如第二〇二圖。開口者任漲流倒漾淹及一部，而堤內瀉水亦易，合口有閘通內外，漲來閉閘，漲水不能掩入，而堤內山水不易洩去也。予另有專篇，詳論其利弊，因論吾國堤制，偶及以備閱者參照。

第七節　護堤

南運兩堤鑵穴甚多。靳官屯減河亦然。堤頂堤坡洞口現露於外者，不可勝計。其洞口大如臂如椽，其深或數丈，穴內更寬。有前後二門，以爲逃逸之計。按此種動物，乃嚙草之類。喜穴堤根墳墓等處，其穴或至洞穿堤身，水灌其中，浸淫日廣，以至潰決，爲害弗淺。吾國河工向來視之甚嚴，熏網趨捕，不遺餘力。何以直隸各河，竟視之無睹也。將謂不能爲害，則南運及靳官屯之堤，因堤穴而致決者屢聞矣。子牙河堤間亦遇之。北運永定尙屬罕見。

動物中鑵之外，足以爲堤患者，尙有兔鼠蟻等。亦穴於堤身。此外若沿堤居民，牧牛馬豬豚其上踐踏堤坡，毀傷草皮，亦應厲禁。而在直隸各河，則甚廢弛也。羊蹄輕而嚙淺，牧於堤上，則反有益。

更有一害堤動物，則人類是也。以予所見，各河堤身任意行踐，車馬穿渡，致堤身成壑口之狀。一遇大漲，焉能免焉。夫橫越河堤之交通，固不能免。然應內外築堤道，以便行人。使堤頂無傷則善。若任其殘缺，豈所以護堤之道乎。橫越交通，限令坡道之外應一律禁止行人車馬上下穿堤爲是。堤頂行車馬，便利交通，且堤身因輪蹄交錯，亦以愈固。然軌轍積水，滲入堤身，若堤土質均勻，尙無大弊，若土質下肥上瘦，下淤上沙，則水常停積堤心，致成水溝，如第二〇三圖。過漲水以H高之水壓力堤欲不漏不得也。此理亦不可不知。

堤頂利於傾斜向河，以便令堤面雨水易於流洩。其傾斜作十五分之一足矣

(10)　Shlaufdeich　　　　(11)　和蘭文曰 Warther
(12)　Binnendeich　　　　(13)　Scrhadeich oder Gefahrdeich

第一章 論隄

○餕堤之面，亦宜傾向內。但吾觀直隸諸河之堤，鮮有計及此者。○隄頂之面，或兩側平衡，或凹凸不平。甚有邊仰腹凹，作仰釜形者。尤有壩後隄前，頂面留溝，如第二〇四圖甲處。詢其用意，但省土工。

第二〇三圖

然其為害當可想矣。南運尚有一事足以危隄者，則沿隄居民之屑河水以資灌溉者，其法削隄外坡為阱，引水其中，復鑿隄頂及內坡或尺許深之溝自阱屑水瀉之隄頂，令自溝流下。隄身被斬削，危薄殊甚。守官明知其害隄，而莫之或禁。竊以為必不得已而須以河水供灌溉，亦當砌甎為阱，斬木為槽，如第二〇五圖。且槽宜通之遠，以免水漫隄腳。如是庶於隄無傷，若聽其自然隄毀無負責者，則何貴乎有隄也。

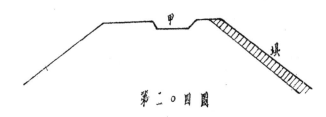

第二〇四圖

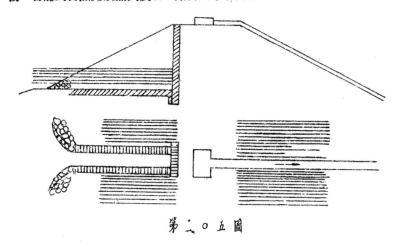

第二〇五圖

更有沿岸居民，結廬隄上，人畜牛馬，住宿其間。此習慣亦於南運為甚，其害隄自不待言。蓋鄉民無知，踩躪毀殘，所不能免，應懸爲厲禁。

隄坡種草自爲護隄善法。北運隄坡草色藤蕪。南運子牙，則減色矣。向來無加之意者，聽其自生自長而已。樹木種於隄身本不相宜，因其根粗易圮，若樹死根腐，更留一入水之道。而中國河工，則於隄身內外，種植楊柳，奉爲護隄之金科玉律。清乾隆樹碑永定河金門閘，言種柳事。但云隄柳以護隄，宜內不宜外。內則根盤結，禦浪隄弗壞。外惟徒飾觀，水至隄仍壞。此理本易曉。倒置尙有在。而況其精微，莫解亦奚怪。所謂內外，係指靠水爲內，靠田爲外。文宗自恃聰明天亶，希落河臣而不自知其爲謬論也。蓋樹根盤結，固足以束縛土脈，惟若遇汛漲急流，風撼波搖，其根鬆動，甚至拔起，此時尙足恃以固隄身乎。故予以爲種柳內外皆可。而不宜種於隄身。宜種於坡脚下數丈以外。米細西此凡坡脚下百尺以內之樹皆除之。種於靠水坡面，尤屬荒謬。然若永定河隄，夾道青青，於沿途風景固足生色多矣。

高柳種於外灘，距隄數丈以外，足以撼浪減侵蝕之力。而隄身亦遙受其利。若在隄身，則害多而利少。高柳之外有所謂矮柳者，根細無幹，枝葉叢生，高四五尺，灌叢之類也。種於隄坡者多，剪其枝織筐笝，利甚溥。矮柳而外，又有紫荊。亦爲灌木生長於隄坡，不若矮柳之多。然南運子牙亦不乏。凡灌木宜令生長於隄坡否；論者尙有異見。歐美河工，向例與高樹同在擯除之列。以其足致土脈圯鬆，且妨草之生長也。然印度及中國，則多用力種植滯柳於坡面。或以爲尙可恃。予之意以爲矮柳種於外灘，必得其益。若坡面則以種草爲宜。高樹則宜遠去之也。至劉天和所創六柳之法，臥柳編柳。思想周密。但後人遵用者甚少。其效如何，則未可知也。漲水至時，溜擊一面，隄之一部，適當其衝。名曰溜衝。護隄身須用特別功料。名曰險護，關乎此端見後。

第二章 論土功

第一節 尺制

計算土功，以方論値。每方修廣各丈，而厚一尺。尺爲前淸所定工部營造尺。（乾隆二十五頒發部尺）予較之以法國米突尺，每尺得 0.318 米突。然其尺粗糙，不能得精確之比較率也。德人化學敎師愛爾德滿(1)所著無機化學，定每尺爲 0.3181 米突。淸光緒三十四年，頒發上論，則定每尺爲 0.32 米突。今姑以予所較得者爲憑，並與英尺比較，列表如下：——

$$1 \text{ 尺} = 0.3180 \ m = 1.043 \ ft$$

$$1 \text{ 方} = 100 \text{ 立方尺} = 3.2157 \ cum$$

$$\text{略爲} \quad 3.2 \ cum = 1113.46 \ cuft = 4.46 \ cuyd.$$

按胡明經祖翮土方定價論，凡土橫一丈直一丈深五寸，爲一筩。橫一丈直一丈爲一方。橫一丈，直一丈深二尺五寸爲一圈。則是方之外，又有各種名目也。

第二節 量土積法

直隸各河隄功，但有修繕之事，而無創新之擧，故其功不出乎加高培厚帮戧等事。量施功之段，共長若干丈，量其橫剖面積，而以長乘之，計得若干方。若橫剖面積不一，則量其上中下三處而平均之，名曰三平均法。上中下者，即功長之上下游二端及其中部也。若原有坡面未損，新加土功坡率同舊，則名曰以坡還坡。茲擧一例，餘可類推。

子牙河陳家門口險工隄岸沖塌補還。（一）工長三十一丈五尺。

舊堤頂寬一丈（視第二〇六圖），外高三尺五寸，坡二・五又舊外戧頂寬二丈五尺，高一丈五尺，坡二・五。

今估舊戧加高三尺五寸，與舊隄平。又以新舊隄頂作底，加高二尺，新頂寬二丈五尺，內外坡各二・五每丈土十四方七分五厘。，計土四百六十四方六分二厘。

---

(1)　Prof. H. Erdmann, 氏曾遊歷中國多年

176　　水功學卷二

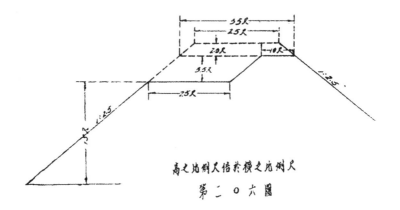

高之地側尺倍於橫之所側尺
第二〇六圖

按圖算之

$$25 \times 3.5 + \frac{25+35}{2} \times 2 = 147.5 \text{ 平方尺}$$

$$147.5 \times 315 = 46462.5 \text{ 立方尺} = 464.625 \text{ 方}$$

其量距離也用長一丈或五尺之尺桿，手持一端，他端落地，手持之端離地尺許，即用食指作畫退步量之。如此量法，每丈差舛一二寸，極為易事。其量坡也如定坡率為二·五，以繩長二丈五尺，繫於尺桿之顛，一人持桿豎立坡下，(深一丈處)一人持繩端按之隄沿。監工者立坡面視繩擋展，是否平衡。

第三節　取土

凡隄功取土，宜外不宜內。蓋外灘取土，漲至即復淤平。內塘取土，水淌且成長溝，足以傷隄。況內塘愈低，水自隄滲入愈易，甚可慮也。徐心如安瀾紀要云：外灘土塘，一經黃水漫灘，便可淤成平陸，乃取之不盡者。內塘則取一筐少一筐，自應留存，以備搶險。故外灘取土者善法也。內塘取土者，不得已而為之，而不可為訓也。直隸各河隄修理之功，其取土也，大抵十之七八取於內塘，而十之二三取於外灘。其所以必由內塘取土之故，(一)修理之功多在於內。(大凡隄之薄弱，皆曾經水襲，故此處外面多難施工)故取土於內便。(二)外灘少餘地，內塘則多。(三)外灘即有餘地，而較隄頂甚深。取外補內，勢必越隄頂，名曰過梁，則功值必增。以此三因，故間有取土於外灘者，必其隄高勢便也。其取土於內塘也，以距塘五尺為最短之限，亦嫌太近。粟方伯取土議歲修取土，必須離塘二十弓。按三步為一弓，約七尺五寸，二十弓是十

第 二 章　論 土 功

五丈也。若挽修取土，更應去隄二十丈。又云隄外無土可挖，方取隄內。靠隄挖土，損傷隄脚，必致貽誤。即或幸免，日後加面靠脚，又須枉費補坑。晚近之人，識力不宏。圖苟安於目前，而不恤移禍於將來。1888 年腦嘉河(2)於約納士村(3)決口。其運土也，因附近外灘無土可取，乃大半取之於八公里（約華里十四里。其運法自不能用挑夫）外仍爲外灘也。然中國河工，則動曰惜費，烏肯爲此遠大之計劃哉。

　凡功分之則專，專則進步速。合之則紛，紛則進步滯。此晚近計學一定不易之則也。土功亦然。使挖者專挖，挑者專挑。按其難易，度其距離，配其夫數，則無荒功無廢時。直隸各河土功，則槪責之一夫。肩筐而往，舍筐抉鍬而挖，繞盈復舍鍬肩筐而去。其廢時荒功也甚矣。今以相距五丈論之。運土場折中至土身折中，作爲七・五丈。每夫挑擔重去輕來，每分鐘行十五丈，用二夫挖土，每夫三點二十分鐘，挖一方。二夫三點鐘，共挖一、八方。挑夫每次擔重約以百斤計，命爲百分之一方，每點鐘行六十次，則三點鐘一百八十擔，可挑完一方。是三人之力，每三點鐘可作土功一・八方。每日十點鐘，即得六方。若一夫且挖且挑，其來去所費之時，仍舊爲一分鐘，挖土連含擔拾鍬牧攔之時，至少尙需三分鐘。則每夫每點鐘，僅得十五擔。十點鐘一百五十擔。三人之力，亦不過四百五十擔，即等於四方半。與前所計者，相差一方半矣。（以上就上等土夫論之。土夫之力不及者，亦可以同例比較之。挑夫挑土計十點鐘不過行五十里路，亦不爲過多也）。

　盛土用筐，亦名土筐。圓式以矮柳條編之。口徑 40 公分，底徑 25 公分，深 15 公分。然大小亦不一律。筐口寬而內隆。其容量與予所計百分之一方密近。然土質有重輕，夫力有强弱，則每擔之多寡，亦不能定爲準數。筐以柳條爲繫。以套挑担。

　挖土用鍬，木柄鐵頭。長約 30 公分，寬約 20 公分。亦名鐵鍬。

　挑土之法，甚不經濟。以其用夫多而作功少。然向來習慣，不易破也。吾國舊日雖無新式運土器具。然土狗之制，較挑夫勝多矣。土狗者，獨輪小車。有類於英美所用之 wheelbarrow。予於津見之。用於三汊河至全家窰裁灣取直土功。車用木格作平床。有二把推者手持之。車床下安一木輪，高尺許。車床上舖筴筐以盛土。筐底之前端繫車上，而後則否。推到時，自後扶車把豎立，筐自傾而土出矣。每車之功，可抵二挑有餘。按靳文襄小車運土議，則抵三夫。若用土狗行於板路上，其功更著。此間所用者，尙有一車，其式較新矣。如第二〇七圖，一鐵盤具四小輪，上舖木板甲，放木筐乙於其上。廣 1 公尺，縱 1.45 公尺。深 0.35 公尺。其容積爲立方公尺之半。人力推之，行於輕鐵軌上。此外各河上土功皆一律用挑夫。予旅行時，正值麥田將稔，見春工取

(2)　Nogat 德意志河流　　　(3)　Jonasdorf

土，劃抉農田，傷損禾稼，正復不少。夫隄屬民田，於養護隄功時，自應負一部分義務。然使監修者指揮有方，不至濫傷民田，則其爲德薄矣。土夫頗有刁惡者，田主賄之，則狹其取土之範圍而深抉之，甚至舍而他取。若賄不至，則抉淺而闊，非取土直揭地皮耳。

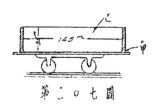

第二〇七圖

吾國水政，向無一定法律。惟抉官力爲之，民弗敢抗。考普魯士 1913 年 4 月 7 日所頒水律第五章第三百十二欵有二條錄如下：

一、對按隄防定制賠償損失後，

（甲）凡築隄或養護隄身所需用之巖石沙礫草皮泥土，及他類土質，取之隄屬田地或外灘。其田無論爲農業林業所用，或荒田或水區，地主俱應讓與。

（乙）因築隄或養護隄身，致外灘田地，於安全排瀉灌溉等計畫受限制者，地主不得反對。

二、第一條乙則下外灘地主所應受之限制會議詳定之。賠償損失之多寡，有爭論時，由地方所舉長官判斷之。此種判斷於三個月內，許其反對上訴。由此觀之，隄屬人民對於隄防，應負之讓與義務爲法律所認也。然其損失不能不酌與賠償也。土石尙然，而況禾稼乎。試思小農深耕易耨，勞勞終歲，所佃不過數十畝，而因春工取土，於望稼將熟之時，加以戕剝，不以忍乎。然而處無憲法之國，則亦無理可論。

各處土塘，平均以二尺深計之，每方土須劃地四十平方尺，每一百五十方須劃地一畝。每方丈出土二方半，每畝賠償三元，每取一方土，不過多費五十分之一元，即銀二分。極爲有限。何苦虐民也。若依俞昌烈土工利弊議土塘以挖深五尺爲度。每丈出土五方，則所費又不過上所舉之半。然各河功人員，則曰舊例如此，不肯更改也。徐心如安瀾紀要云，築隄首重土塘，工員稍不經心，外灘則挖成順隄河，致成隱患。內塘普面坑窪，一雨之後，積水汪洋。過搶險時，無簣土河取。故開工時，即先定土塘。務離隄根二十丈，各塘留埂界。每十丈留一丈土格一道。每三十丈留寬二丈大土格一道。此善法也。惟土塘不必過寬，太寬則土夫繞越者多。予旅行所見，惟於子牙河楊柳靑築漫隄取土。本此法意，如第二〇八圖乙爲土塘，甲爲土格，但見土夫由乙處取土，循甲路而奔隄，復循甲路而歸。魚貫循序，無紛挐撞觸之弊。惜予於此處未下舟，土塘土格，尺寸未詳。然以目度之，見其小也。予在普魯士見取土之法，大約同此。土塘距隄脚 20 公尺。（六丈五尺餘。）挖深近隄者淺，近河者深。由 0.8 公尺至 1.0 公尺。（二尺五寸至三尺）且每隄留魚道，使漲水入塘之魚，

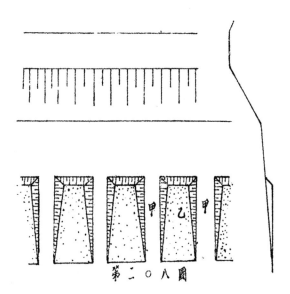

第二〇八圖

得尋歸路，不致困於污泥也。聞大清河美紅十字會所築隄，土功亦頗井井不紊。若他處則可云取土毫無定章耳。

第四節　土質

築隄之土，沙泥混合之質也。以沙一坭二爲佳。沙多無坭，則易滲漏。坭多無沙，則易坼裂。沙以麤粒者爲宜。過細則易爲風雨侵襲。坭即粘土。淤土多含坭，故亦名淤。築隄之時覓土，有天然限制。尤以河之上中二游難覓好土。然土質至沙二坭一尙可用也。惟輕細之沙，則最不適宜。

予上篇論隄中已言及南北運河土質最佳。然北運自通州以上，南運自東光以上，亦時遇輕沙之患。每新隄朝成，暮輒被風雨浪渦滿身。章君嵐於東光以肥土（即多淤少沙之謂）被沙隄坡面以護之，得免其患。迨坡面生草，庶可無虞。惟沙隄終易滲水，能用肥土築實心於隄身內部以防之，如第二〇九圖則可防滲漏。

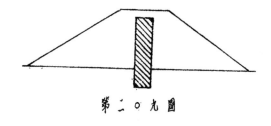

第二〇九圖

土之墊墊爲不可免

之事。加硪之土，尚須按隄身之高，多加十二分之一至八分之一。（如隄高 h 培土時培高爲

$$\left\{ \left(1+\frac{1}{12}\right)h \text{ 或 } \left(1+\frac{1}{8}\right)h \right\}$$ 。若不加硪，其蟄墊更甚。培土者未嘗慮不及此，培頂每多高二尺。坡面隆起，以防蟄墊。然猶苦不足，予屢見承修員已完工者，惙惙然惟恐收功之不速也。蓋收功愈緩，則蟄墊愈多。其原估之尺寸，且不敷矣。然試思收功若早，以後蟄墊不敷原估，則不之計。此之謂粉飾目前。

第五節　加硪

予上篇已言加硪爲必要之事。蓋水之靜壓力益以溜勢，使隄爲完然固隄雖數倍之，無弗能抵禦者。（予嘗擬一隄式。頂寬四公尺，高四公尺，外坡三內坡二。長一公尺。其重百噸水之靜壓力加於一公尺長之隄，不過二十五噸。而陡加於坡面之溜力，若水面斜度千分之一，亦不過每平方公尺三四啟羅。於隄之穩定毫無所動也）。惟隄工難使完凝如一，故水勢部分攻之，即覺難恃。而尤以滲漏爲壚炭。一有滲漏，雖如髮之微，涓涓不遏，便成巨流。虛土易滲，硪實便堅。故堤之所以必須加硪者，全爲防滲故也。予讀吾國先賢著述，於加硪之事，無不諄諄致意。而直隸諸河功，則慨不加硪。不知何故。若曰可恃，則漏口漫決屢見也。若曰惜費，則予可反質曰，不築隄豈不更省乎。

間有見新隄之功，加以硪者。則於隄成後加於頂面坡面。是皆爲粉飾表面計。於隄之堅實，毫無所補也。其所用之硪爲片子硪。鐵質圓盤，徑 60 公分，厚 8 公分，重二百餘斤。亦有小於此者，重數十斤百餘斤不等。硪夫由二人至數人不等。硪沿有孔套繩爲繫，手持以行硪如附圖。

第六節　培土

直隸各河，隄工既無加硪之事，猶幸其於培土時，尚略注意。凡加幫之功，土夫挑土，須自新估隄脚起傾土，以次向舊隄根。如是則已傾之土，爲土夫往來所踏實，再加新土其上，仍如前法。反是由隄根起傾土，以次填至新坡脚，名曰倒拉筐，爲土夫積弊。又若土功一段，兩端加意築高，而中間漸低，名曰昂頭隄面。兩端做高，中間低凹，名曰凹心。又若加幫一面邊高內低，名曰歪戴帽。又有新坡，脚底加以犁鏟，以冒稱隄高，名曰截坡。皆興隄功者所嚴禁也。防蟄墊法見前。

第七節　加高培厚

丁愷曾隄功篇云，"凡增高培厚，能合一乎。舊隄可附，能勿捍乎。故逸

第八部分　水功学 | **1063**

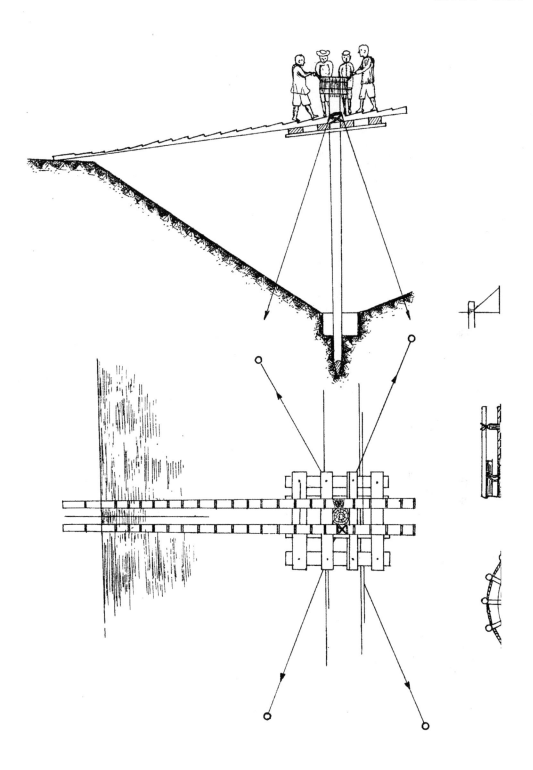

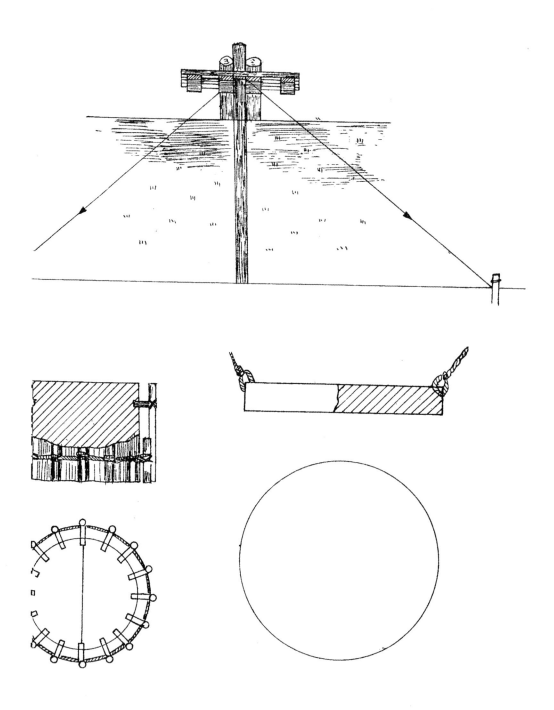

第二章 論土功

者勞之占也。舊者新之媒也。法當視如平地而築之，則不遠焉。行硪同也，鏟草根同也，切坡成階各廣尺，犬牙制伏。新舊吞吐，舊顛剷寸有奇，覆以新土。築而高之，則補接化。其不裂者以此" 此法良也。普魯士增高培厚之法，與此相埒。如第二一〇圖。法先鏟去舊隄坡面草皮及所存之生殖土(4) 將舊坡面鏟作階狀，厚各約 20 公分。階面作一比十五之斜度。乃以新土按階層舖

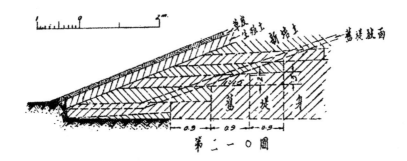

第二一〇圖

之，層舖層硪。新坡成坡面，再敷以生殖土，厚 20 至 30 公分。上舖草皮，厚十公分餘。直隸諸河，加高培厚之功，守先哲垂訓者，殊為罕見。堆新土於舊隄，毫不加以割削。予曾親見一段新培之隄土墊墊，新舊二面盡然割離，如第二一一圖。默料此等功程，一經汛漲，雖有如無也。

按清同治甲戌春，季家堡雷震隄裂數十丈，寬寸許，深不過數尺，探之則土縫新舊不黏，其為鑲築未鏟草可知。(5) 又新幫之隄，宜幫於向水方面。而予旅行中見所

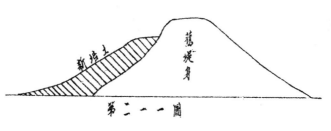

第二一一圖

者，多幫於後面。在辦理功程者，為避難就易。而水進我避，愈退讓隄愈不整矣。

第八節　土牛

汛漲之際隄內外皆水，無處取土。險象一生，必至張皇失措，失機誤事。故平時於隄頂多儲土積堆作方垛，名曰土牛，每一土牛由不足一方至二方餘。各土牛相距約二丈。此法最善。其土功責之汛兵或雇民夫為之。

(4) 德文 Nutterboden 內含草種易於生殖之土也　(5) 見荊州萬城隄志

第九節　土工價

土工價以方論，以取土遠近及難易定其高卑。大約五丈外取土，每方價二角五分。十丈外取土者，每方價二角六分，二十丈外取土者，每方價三角。三十丈以外者至六角。按吾國人工甚廉，故方價低。計較歐洲戰事前低至五六倍。而較前清中葉，亦已增加許多矣。

計算土方，以新堆者爲憑。夫土經掘鬆堆積之後，雖有蟄墊，亦難還原狀。計其容積，約增十分之一至二。以新土積爲憑論方，若不加硪，在土夫固爲便宜。土若加硪其折實常十之二三。若仍與未加硪者同論，則土夫喫虧太鉅。若增其方價，則硪功之虛實，難得定準。使查察不周，硪夫與土夫通全作弊則損公，使硪夫得力，則常招土夫之恨。據徐堯報告，陳家門口一日土夫與硪夫大起衝突，互相鬥毆，至於流血，不得不調兵彈壓。其原因硪夫即隄旁鄉民，自任義務，故略勤奮。而土夫即嫌其加硪太多，土積縮少也。以爲若接土塘挖取土積論方，則此等爭端自息。但土塘之土，塙壞不同，亦宜按其取挖難易區爲等級，分別價格。則旣不損公，復不虧夫。事理之至平者也。

第十節　土工辦法

隄功某處宜加修理，俱由各河防局或工賑署，派員承修。承修員勘估後，督察員覆估，呈報督辦處，分別緩急，尅期督行。招攬土夫，則由承修員委之夫頭名曰櫃上。工人飯食亦由櫃上照料。其發給工薪刻扣多寡，承修員向不過問。督察更無從察及。然而土夫之被虧損如何，櫃上之肥己如何，可想而知矣。

第十一節　雜述

土夫作工爲就功便利起見，以蓆搭臥棚於隄頂上，舖麥楷而寢處其內。又於棚外掘土爲灶支釜薪爨，炊烟起於土牛之間。惟此抗灶於隄功竣後，即宜補好塡實。

第三章 論甎壩

第一節 概說

吾國河工，建築異其形而名壩者甚多。大抵其功用足以堵水改溜者，皆名曰壩。直隸各河所名之甎壩，則護岸功程之性質多，而壩之功用殊微也。然若上述范庄之壩，其建築時出隄身，則其挑水之功頗顯，足以名壩。若他處甎壩，則僅拋甎於隄之坡面。雖有時亦略具改溜之力，然無寧謂之護岸工程也。

甎之爲物，輕而易碎，本不適用於河功。然直隸低原平坦無山，二三百里內無產石區，故不得已而用甎，所以代石之劣等質料也。若以爲築壩非甎不可則誤矣。

壩之設皆在坐灣隄身受頂衝之處。如第二一二圖甲處，隄身與溜向交接，故作壩以抵之。乙處雖在坐灣而已能避溜，則不作壩也。

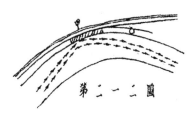

第二一二圖

第二節 材料

築甎壩所用之材料，爲甎，樁，板，鉛絲四項。甎取之於附近甎窰，其尺寸以長八寬四厚二寸爲率。質佳者每甎重可四斤七八兩。而近年所收之甎，則僅能四斤一二兩，或不及四斤。其甎與尋常建屋所用者，無甚區別。以色清亮，敲之聲清脆者爲佳。若色灰黃，音啞，斷裂處沙眼不勻者，皆因土未拌勻，火力不透之故，不能耐久。舊式煉甎，積堆盈窰，火力不能遍及，尤以窰底頂水爲甚。故購甎者避之。然亦不能全免也。講明每百搭變塊耳。其破裂不整之甎，亦講明每百搭几塊。(七八塊)以免爭論。每甎容積爲六十四立方寸。故積一千五百六十甎，可得一方。然拋甎積內，空隙約占三分之一，故甎千塊即盈方矣。然各處之甎，尺寸略小於此者，亦有之。甎價每千塊自六元至八元不等，以運路遠近爲準。北運河甎壩，亦有用通縣拆城垣舊甎者。甎雖殘破而質較佳，價較廉，而運費亦不省也。甎之貴於整塊者，以其重而不易於轉徙也。然拋之時，破碎者寧能免。若以實際論，則破甎彼此嵌壓，而空隙少，且不至爲人所盜竊，較優於用整甎也。然甎壩已成，以拋擲破碎上特覆以整甎一層，則取其收工時美觀瞻耳。

拋甎積隄坦破竊，乃爲常事，昔年有特訂製三角形甎，或缺角以爲河甎者當有成效。何以其法見廢也。予於北運河見壩表面所覆之甎寬面上有縱溝一道，想亦防盜竊之弊者。

每冬季冰洉塊甎碎裂，滾落如走丸。此狀予於北運下游舊椿壩屢略之。

椿分二種。一曰護崖椿，乃簽之於壩基之前，以當甎塊者。其長自一丈二尺至一丈六尺，徑四五寸。一曰拉椿，簽於壩基內，經鉛絲其上，以拉護崖椿者。其長不及護崖椿半，俱以附近楊木爲之。椿之價，護崖椿每棵一元至一元二三角。拉椿每棵四角至五角。亦以運到功所距離爲準。

護崖板者寸厚木板松木爲之。橫貼護崖椿後以擋甎者也。南運河用之。他處則否。高三尺，每寸加荒料一分五厘，連運價八分。

鉛絲名爲鉛絲，實即鋅鑛之鋼絲。徑約二公厘。每斤連運脚價二角六分。

第三節　建築法

先削平隄坡面，作一、五坡度。於隄脚下挖槽深三尺，廣三尺。若隄前有灘，即自槽內起拋磚。第二一三圖一出槽後仍厚三尺以上，漸薄至收頂僅厚一尺。（但其厚係平衡量之，非正交隄坡面量之也）收頂時或平砌甎二排，與隄頂相平，或即拋甎收頂。若隄前臨水，則槽挖就後於槽內前簽椿一排，相距各一尺餘至二尺，名曰護崖椿。入地深約一丈，露出五六尺。有於槽內全砌甎出槽始拋甎者，第二一三圖二。有築椿較密，（每丈六椿）而靠椿砌甎一排。如槽之深內爲拋甎者，須用鉛絲纏縛椿上。交叉砌磚前面以攔之。每護崖椿五根上之鉛絲，總繫於拉椿上。拉椿較短，築之槽裏或隄坡之根。（第二一四圖及二一六圖一）有

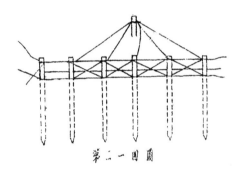

第二一四圖

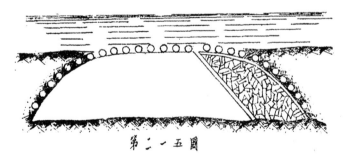

第二一五圖

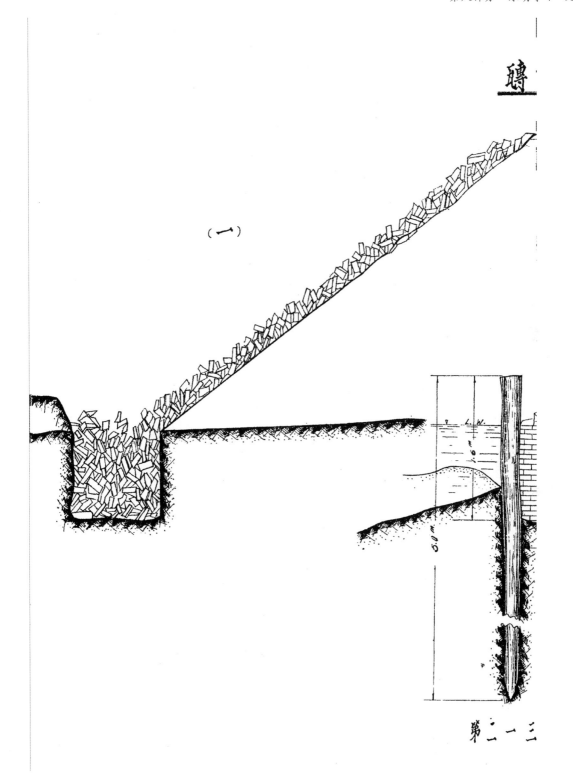

第二一三圖

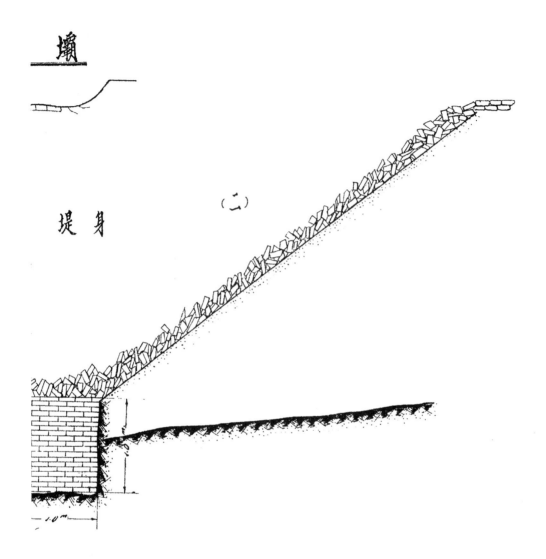

坝

堤身

（二）

图

第八部分 水功学 | 1071

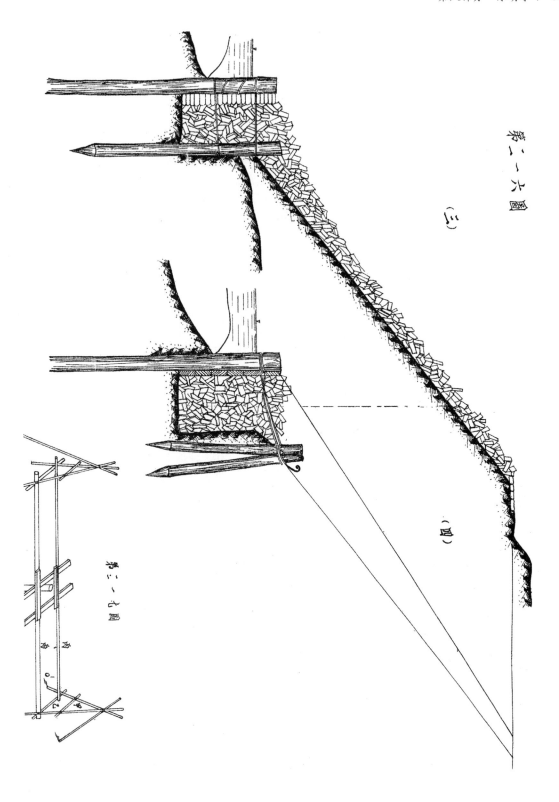

第二一六図

第二一七図

(三)

(四)

第三章 論靱壩

靠護崖椿木板椿距較疎，而亦用鉛絲繫於拉椿者。第（二一六圖二）出靱拋靱法具同。拋靱恐碰碎，以木板鋪坡面，俟瓶從上溜下。拉椿有不得好椿並二細椿以代之者。

靱壩要在藏頭，藏頭云者，於溜之上端挖槽深入隄身，填之以拋靱也。如第二一五圖(1)藏頭不善，則水襲壩後易於傾圮。

靱壩築就後，漲水挾沙，淤積其上。則填實空隙而使靱塊穩定，不致滾移，可以耐久，名曰掛淤。不得，壩之壽命頗促也。

第四節　功費

茲摘錄南運河南皮縣屬楊家壩靱壩估冊，以爲例。他處靱壩與此大同小異。此處工長凡四十三丈。原隄頂均寬二丈七尺，均高水面一丈二尺。今估拋靱壩頂寬一尺五寸，底寬三尺五寸，均寬二尺五寸，高一丈二尺。挖槽深三尺。每丈磚三方七尺五寸。共磚一百二十三方七尺五寸。每千塊連運力價八元。核洋九百九十元。護崖椿每丈五棵，共一百六十棵。每棵連運力一元三角。核洋二百一十四元五角。護崖板一千四百二十三寸一分。每寸加荒料一分五厘在內。連運力八分，核洋一百一十三元八角四分五厘。拉鉛絲小椿，每丈五棵。共一百六十五棵。每棵連運力四角。核洋六十六元。拉椿鉛絲共二百三十斤。每斤連運力二角六分。核洋八十五元八角。釘板洋釘共二十斤。每斤二角四分。核洋四元八角。拋磚放坡，挖槽卯夫，每方三工。共三百七十一工。每工價洋三角五分，核洋五十七元七角五分。釘拉鉛絲小椿，並拉鉛絲，每丈三工，共九十九工。每工三角五分，核洋三十四元六角五分。釘板木工計二十二工。每工三角五分，核洋七元七角。脚手繩每丈一元計三十三丈，核洋三十三元。打椿雇船，計二十五天。每天一元五角。核洋三十七元五角。共一千七百四十一元零八厘。以方計之，每方磚壩，需十四元二角也。

第五節　打椿

打椿之法甚簡易(2)。如第二一七圖，搭三足架二座，以丙木搭於橫木甲上，人立板上打之。打至不能及爲止，再打他椿，亦至相等之高。俟架內（即二丙木內）椿已簽滿，移丙木於乙上再打之。若椿間隔太狹，須每尺一椿棵者，則先打二尺一椿完後，加一排於兩椿中間。此法打椿，架脚常隨之入土，移架時須拔出架脚，費時甚多。

打椿所用之礅，多爲石礅。圓式，重百餘斤，周圍列孔二重各十餘孔，上下相當。以短橫木插入孔，名曰礅筋。一端抵於墊木，名曰礅肘。以蘇繩周圍

---

(1)　圖由兪漱芳實習報告摘抄　　(2)　節錄兪漱芳實習報告書

水功學卷二

固結，另以蔴繩作辮，連於磯肘上為打磯工所手持，名曰磯辮。打磯之人，名曰樁手。由六人至八人。

打樁之事，進行甚緩。平均計之，每日二十四人，分班合作，可打五樁至六樁。有時遇舊壩之甎滾入岸底，則打樁不易。

又有一法。用雲梯打樁，多用於塌功。於甎壩亦有用之者。詳後論塌壩篇。予於甎壩，不欲多有所討論，以其質輕脆不適於河料也。

甎壩之外，又有所謂灰壩者。以土質七分，石灰三分搦和而舖之。每厚二尺，澆之以糯米汁，而加以磯。亦保岸可採之一法。其厚大約底三尺，頂二尺。永定河石隄上之短壁，亦以此法為之。記者見其頗堅牢也。亦有灰壩之外，加以木板者。

近石之處，亦有累石為壩者。然實不多覩。

第六節　參考資料

直隸河工積弊(3)　(一)土工　承修方面人員，與大夫頭聲氣相通。而大夫頭與二夫頭，亦息息相連。是以承修與二夫頭間接相連者也。表面雖官樣文章。大聲呵斥，其實處處照應。為他日伸手受錢之預備耳。大夫頭係富紳為之。每段設有大掌櫃。掌櫃者，亦係紳士，工人故甚畏之。畏其異日仗勢欺凌也。工作時工人米麵，由大櫃發給外，稍發零用錢耳。米麵價值，自亦較昂。即工人用具臥棚，亦由工資中扣算。不啻專制皇帝也。此次定章，本按做工成數發欵。然土夫時有來告所領之錢不敷柴油等之零用者。蓋夫頭所散給者，與其已承領者，相差幾至一倍。至於方數方價，其弊更甚。何則？老章雖有估簽，亦不過蒙上欺下之具。蓋只書明高寬丈尺耳。方數若干，方價若干，則均未明示者也。（此次北運第六段，則明榜示，督察員竟實行干涉土夫與大櫃間之受授，土夫均歡欣不勝矣）。且算帳時有明折，有暗折。明折為土夫應與夫頭之成數，（大概一成）。暗折則以大丈量工與減方價是也。此次春工，總尚不能免此弊。何則？做工時夫頭亦未能按做工成數發給及工完竣後，工人如鳥獸散，督察員亦無從監視，恐尚不能算賬。芳六月二十八日離工，尚有工人請求督察員，令大櫃早算賬者。蓋遲一日，則督察勢力即遠一日，彼等能行其方便矣。是故土夫實得之方價，亦無從聞知。工竣前大櫃從未宣明，土夫安得而知之耶。此則大夫頭尅扣情形也。工人二，三，四十人為一棚。在一棚睡臥飲食，有三夫頭一人掌理之。三夫頭亦用一管賬者。與大櫃算賬及領米麵等事，均由三夫頭與其管賬者為之。此中手續又生暗尅扣矣。然不似大櫃之仗勢欺人，直可名之為偷竊，亦如婢僕之欺主人等耳。至於夫頭亦有為難之處焉。夫頭招領土夫時先按名給以安家費。及到工時。人數不滿前定，或被其領欵潛逃矣。且

（ 3 ）　此係摘錄民國七年河海工程專門學校派赴直隸五大河練習員俞澍芳許止禪二君報告書

第三章 論埽壩

招夫時尚未發欸，此欸須自行墊出，所以大夫頭非富紳不能為也。工作時土夫頭者，心存被夫頭尅扣，無論如何不能餘錢回家。故緩工作多報每人之食糧須若干若干，可多領米麪。或賣之，或藏之，以工資盡易其米麪以去耳。今歲春上迫近麥忙，工作中途土夫有以農忙紛紛散回者矣。夫頭東叫西呼，招人亦甚難者也。至於工程上之弊端，有凹心裁脚倒拉筐歪戴帽等。凹心者，坡不飽滿之謂。裁脚者，於新堤脚下挖掘之謂。倒拉筐者，幫寬土自舊堤根堆起始，至新堤脚，如此所作泥土鬆浮，自當禁止之。自新堤脚處堆至舊堤脚處，則土往來踐踏，可期結實。歪戴帽者：不留金邊有如二一八圖．

靳埽壩 靳埽承修對於工人無甚尅扣情事。工價亦無大弊。其弊蓋在料中矣。偷工減料以此為甚。倘督察不力無有不受其欺朦者。椿有易以楡柳等樹混作楊木。收過後簽椿做尖時易有削短之弊。以短則省工也。收椿時自以樹幹直而少彎，近尖不太細者為佳。磚規定二百為一堆，堆稍離開，否則有架空之弊。此次靳收過後蓋以紅色椋印，蓋恐被竊也。磚壩壩底，每有不足估册尺寸。蓋磚壩工竣後高長坡足，即可敷衍收過。非熱心辦事者，不發掘驗看也。減底之弊，省錢最多。承修倘能作得一次，數百銀元不難吐手得也。

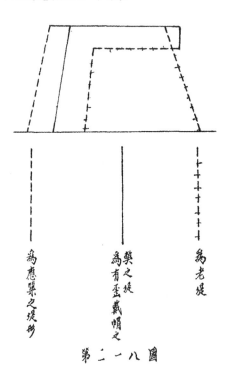

為應築之堤抄

築之堤為有歪戴帽之

為老堤

第二一八圖

埽則偷工減料無磚壩之甚。蓋葦稭無磚價高也。然埽椿甚大，削短一根，省工甚多。葦稭論方或斤。論斤時每垜擇其大小各五十束秤之，然後計其束數而推算耳。秤時束之大小，務當留心。勿大多小少。論方數命其堆成垜數，量其尺寸，算其方數而已。堆時最易有架空之弊。必留心觀察，站於高凳為佳。廂掃時稭葦束須打開平舖，否則不易結實。

(二)謂河工可以無弊乎？雖當局者亦不能諱也。夫事必在情理之中，然後可行。迫於飢寒，良民亦挺而走險。雖嚴刑法，不能禁也。故辦工人員，薪薄事繁，不能自給而舞弊，當局者不能辭其咎矣。如北運河春工。向例以兩月計薪，承修每月自四十至五十元。而余嘗竊考其用度則月包騾車一輛，需三十元。益以伙食及僕役工資。早有入不敷出之虞。況河防局所委監修監工。每有掛名而不到工者。長隄百里，非親友邦忙不可。試思此項用度，苟非侵蝕公欵，費將安出。廉潔者遇此，早謝不敏。而告奮勇者，必善於吞剝者也。承修人往往兩月從公，而一年瞻家之費，即出於此。以此言弊，弊可知矣。且承修於購料雇工，既有全權，即係包工性質。則工價估定後，但得丈尺相符，工程堅實，儘可不顧問其財政。今規定餘則繳還，虧則不准另支，辦法毋乃不公。曰當局者明知辦工者必欲賺錢，故薄薪嚴法，以為補救。蓋已猜防為懷，不開誠相見矣。而作偽者，遂愈多也。

　　將欲取之，必姑與之。余謂當局宜放棄其監督財政之權，倣包工辦法，估計必確，驗料必嚴，監工必勤，以防偷工減料之弊。一面復實行保固年限條例，使負責任。則辦工者顧全名譽，工程自求堅實，盈虧視各人能力為準。辦法亦較公允矣。

　　河工弊病，不外偷工減料兩種。偷工有二端。一對於工夫言，即工人交工時須用大尺，且明加折扣是也。一對於公家言，即收工時量直線，則使尺左右行，量高度則使竿斜出是也。減料亦分兩端。一為減少工用料數，如軋壩少拋甎數之類。一為減低質料物價。例如行甎，原估九圓，而購五元之劣磚是。總之苟估計精確，價無虛浮，檢驗詳續，劣料不入。監察勤慎，工不草率。收工認真，丈尺必符。則諸弊可盡除矣。

　　有左右春工之權者，其惟估計員乎？何處應培寬，何處應加高，何處須築甎壩，何處宜列險工，非洞悉本河歷史，知淺水至何點，漲水至何點，水流何何處吃緊，胸有成竹者，不能勝此重任也。然以余親歷所知，竊有疑焉。第一估冊不指明一定地點，工處又不作標識。但曰某村東，某莊西。承修人將自何點興工耶。第二估冊動曰五丈十丈。塌圯處一何整齊乃爾。蓋估工者沿河巡察一周，以欵之盈絀為支配。覺某處太低，隨意一量。即曰某莊北工長二十丈，加高若干。某處似薄，又隨意一量。曰某村南工長四十五丈，培厚若干。固未嘗有遠大之眼光，真確之丈量也。（開估工例須稍盈使承修人得活動云）。是以工竣之後，往往有新修之處，與舊隄不能銜接，突然呈階級狀者。亦有低陷甚顯，而未經估入者。或同一情形，此修埽壩　而彼築甎壩者。高低不齊，估工者似未諳水平之理也。妙夫李師之言曰，隄形已似檻褸衣衫，年年補綴，不足禦寒矣。敷衍塞責，早視工事如兒戲。雖然工乏材，計估人員亦正難其選也。

第三章　論堤壩

(三)錄直隸五大河春工及防汛要件。

　　甲　隄壩須知十六條：

一、存磚地點必距工較近為合宜。先預算通工用磚若干，每垛若干塊，占用面積幾何。不得有礙往來通衢車道。

一、存磚處所於兩頭各搭一小窩舖以便看守。

一、收磚成色，天津南窰之甎最佳，北窰次之。其價自有分別。甎色青亮，擊之聲音清脆為佳。灰色黃色暗音啞，斷裂處沙眼不勻者，均係未拌勻，火力不透之故，不能耐久。其頂水窰底，定購時講明每百搭幾塊。（監修須知數目，收時方不齟齬）如能不搭更好。

一、磚已收過。船隻車輛，即令其開行，不能任工次逗留。凡運到工甚晚，當日不及收者，該船不準靠近工次停泊。防其就近偸竊壩上已拋之磚。

一、磚已收過即遍刷石灰水，次日到工先行驗明灰印。

一、大船運來之磚，為數甚多。其出艙垛於隄上者，適天氣已晚，趕緊收過刷印灰水。即令移泊距壩較遠之處，並照原來發貨單核計，除已收下，餘未出艙之磚若干數。次日接收對照無訛方為核實。

一、行磚分量尺寸，寬四寸，長八寸，厚二寸。前十數年重量在四斤七八兩，近來模改小。市儈故智。分量較輕，不過四斤一二兩，竟有不到四斤者。窰戶詭稱柴草太貴，實在近年用煤末為燃料者居多數。不過米麵人工貴於往年。是以貨低價貴。至收買舊磚不能一例。

一、磚壩以藏頭為首要。藏頭地點，與溜勢若不合宜，溜由壩後淘空，甚為危險。必地勢能擋溜不吃溜為宜。能有憑依遮蔽，藏而不露，更為得法。

一、磚壩貼底一層本在水下，人每不甚經意。亦且不易審察。應於磚到六七成可以做工進行之時，先雇小船一隻，或調用附近擺渡，員司派工夫指定地點，細細探摸。儘貼河底，是硬坎，是坦坡。量出底寬若干，以便簽樁。硬坎必深，用磚宜多。坦坡稍平，用磚較少。寬厚合宜，承修監修隨時註記。

一、樁已簽定，即可拋磚。河底有水有泥，磚可少破。做到出水，以磚碰磚，不免損破。用跳版二三塊，磚由版上溜下，自可少破，整磚擋溜，抵力較大。至舊磚重量，逾於新磚。不過兩節缺角等類，即有零星碎塊，塡於整磚縱橫夾縫之間，亦甚得力。

一、收拾堤坡，可以拋做。但原隄頂坡不應勖其尺寸。倘估冊有放坡補坡各做法。放坡或限於地勢，稍為變通，究非出於正格。補坡加以新土，表面整齊，但新土浮鬆，磚塊易於存立。一經大雨，溜勢漲發，壩後新土，必定隨溜淘刷下坐，磚必勖移，無不露空。究竟不如就原有之老坡坎硬行拋磚方為得力。

一、護槽樁原估每丈六七八棵不等。查拋磚壩創造始做法，就河底近坡坎處，挖深槽三五尺，寬亦三五尺。用磚填滿再行加磚出水。現在各河水大，坡坎未能露出，挖槽不易，不得不特護椿槽。（原名護牙椿）迎溜處多簽，溜緩處可少。

一、磚壩之堅固與否。應視簽樁之深淺而定。簽樁之先，應將水下之坡形量過，或陡或平，繪具草圖。將安設樁木之地點定准，查視有無妨碍，方能簽樁。不然如水面坡度甚小，（坡度甚陡之謂）此等排樁，勢必將水內之坭土切去。所有打下之樁，毫無保護之力，甚為危險。簽樁地點，須視土質為沙為泥，方能定用樁之長短，及打樁之深淺，至何等程度，方不致搖動，此皆應預為注意者也。

一、隄工作法。去年水災奇重，隄坡淘刷，今年春工加培做法，似宜研究。每隄對於使工取土，土塘宜留土格。每土塘寬八丈，長十丈，深五尺，即留一土格寬四丈。塘格相間，以防大雨。如不留土格，伏秋霖雨積水一片。便成兩水夾隄，更為危險。且搶險取土，亦應籌備。均應由辦工及監工人員酌量該河情形辦理。

一、隄工收工，應按原估尺寸丈量。如原估幫內寬幷加高，收工時外坡舊隄頂留金邊應若干尺寸。或於每估適中處留一小缺，露出舊頂，以便考驗。收工後填齊。幫外寬，加高者亦然。如原估册內外幫寬並加高，舊隄尺寸土方：原册自必註明，收新除舊，以重工欵。

一、隄工弊端。應予嚴防如下。（一）禁截腳。即新坡腳地點，分毫不准挖剷之謂。（一）禁凸心。即新坡宜飽滿之謂。（一）禁歪戴帽。所有作幫內幫外各工，必留金邊。（一）禁倒拉筐，倒拉筐者，係於舊隄根先倒土，以次填至新坡腳，則所築之隄，新土浮鬆，此弊最宜禁革。應先量明新坡腳應占地點，即在該處倒土平舖，層層填加，則各工夫往來踐踏，自然可期堅實。

（四）子牙南運大清北運收料簡章

一、丈尺以工部營造尺為標準。

二、無論樁料葦料，以及條磚各料，到工時由承修員知會督察員臨廠，眼同經手人按照單據驗收。如尺寸數目不符，照實核收，取具發單填給三聯票，以一票交承修員為本處收料之証。

三、三聯票，一聯交承修人員，一聯報督察長，一聯存根，由各段督察員存查，至工竣後，報由督察長核對。所有收料數目，應五日報督察長一次。

四、葦料由料方堆好，按方丈收數。如按斤者，提出大小各葦捆衡之。所得之數，平均分之，以昭公允。仍由督察員抽查原堆，有無架空情弊。

五、驗收樁料，由料戶逐號排齊。頭號樁按三丈二尺，二號樁二丈八尺，三號

第三章 論靛壩

椿二丈四尺。如比原定數少至二尺以外，應遞號減收。至護崖椿應以一丈一尺爲度。

六、收椿時由督察員距椿頭木三尺處加打鐵印。砍椿尖時，務將鐵印留存，以便查檢。

七、條磚由料戶堆好，每堆二百塊，按堆點收。仍由督察員點查架空情弊。每百塊對接至多不得過十塊。如有破碎，概不驗收。

八、如用舊磚，不得過碎。如碎磚超過十之一二，應由驗收人員註明於收料三聯票內，以便核減價值。

九、驗收均照實收數目填給聯票。料戶交料時，隨帶價值清單交驗收員收存。

十、驗收新舊各磚，周圍均蓋紅土棕印。又料垛已收後，應刷灰水，以防偷賣等弊。

十一、督察員每五日將全段工作程度報告一次。關於督察範圍一切事務，三日報告一次。如有特別事件，隨時專報。

十二、各段材料驗收後，應由承辦員派人看管，以專責成。

以上各條如有未盡事宜，隨時呈請更正。

(五)督辦京畿河工處伏秋兩汛五河監防章程

第一章 分路

第 一 條　五大河仍按春工督察區域分爲五路。
　　　甲、　永定河爲一路。
　　　乙、　北運河爲一路。
　　　丙、　子牙河爲一路。
　　　丁、　大清河爲一路。
　　　戊、　南運河爲一路。

第二章 員額

第 二 條　每一路設監防委員長一員，監防委員自一員至四員，練習生若干員，由委員長按照各路河程途之遠近分段設置。

第三章 職務

第 三 條　委員長專司監視各汛如何防備，有險如何搶辦。並指揮各監防委員，分段巡查一切事宜。

第 四 條　各監防委員，承該管委員長之指揮，分途監察一切防汛事宜。

第 五 條　各河佈置防汛等事宜，應由主管河務河防等局理事或工警長等完全負責。監防人員，得往來視察。遇有必要時，並得商用河工主管人員接洽辦理，或呈處核示。其專管工汛員弁，遇有格外勤奮，臨時確有把握，果能化險爲夷者，應詳細登記。隨時呈候查明存記。准於安瀾後，從優請獎。其任事不力各員，並應隨時揭報，不得稍沙諱飾。

第六條　每值大風雨，防汛人員及監防人員，均應格外注意防務。倘防汛人員仍有從前隄已潰該決管人員尙在城內私宅情事，應由監防處立即報告該主管局，嚴飭上汛。並呈明本處核辦。

第七條　向來防汛水大時挨（舖號）傳簽日夜不停，上下遞傳，周而復始。如簽任某（舖號）停壓，一經查出，分別送究。現在是否仍照向章辦理，應由監防員商同主管局署，參酌本河情形辦理。

第八條　本年春工，較之歷年加做之處實多。深恐各員，以爲有備無患，漫不加意。監防人員，應注意提倡，並監視進行，俾各激發天良，認眞防守。如果伏秋兩汛，新舊各工，並無出險情事，除照咨呈辦法，於三汛安瀾後，從優請獎外。並可將此次本處防汛準備金，提獎掩護得力各員，以示優異。

第九條　各汛防備稭料樁橛繩纜磚塊土牛，監防員應隨時查明險工頂溜等處備置情形，與在事各員，分別研究辦法，切實進行，並隨時呈核。

第十條　每日河水漲落尺寸，逐日註記，水大一日一報，水小五日一報。有通電報電話之處，即隨時電稟。

第四章　經費

第十一條　五大河防汛事宜，仍應由主管局按照向章就原有防汛經費，認眞備防。另由本處籌備臨時預備費二萬元，以備各河遇有險工，各監防委員懸賞獎犒。並爲萬急時，由監防委員長認可後通融借墊之用。准各監防委員長隨時據實呈請核撥。

第十二條　各河防汛，向多兼用民夫。應查永定河現定官民聯防會辦法，預行會商該河官紳劃分地段，約集民夫帮同防護。

第十三條　各監防委員長及所屬員司薪費另定之。

第五章　期限

第十四條　自奉文之日起，至白露節止。

第六章

第十五條　本章程自奉准之日施行。如有未盡事宜，得呈准修正。

（六）防汛須知十條

一、相度隄埝是否頂衝坐灣。

　　（說明）頂衝坐灣河溜直逼，最易出險。大隄批裂，在在可危，應預先備料捲大由子（即水枕）掛好，以壓溜頭。或做順水帶。如緩不濟急，即掛柳壓磚，暫救眉急。

第三章　論　隄　壩

二、隄外浸出之水，其色必清。若見渾水流出，趕緊防漏。
　　（說明）　一曰腰漏，應預備花稭，（即麥稭）或軟草。由隄頂挖至漏處，（見活溜）即舖一層草，上一層土。用多人踐踏，逐層舖築。再加蔴袋裝土堵塞，另外預備棉被（新舊均可）多床塞漏。以不見渾水為止。一曰底漏，凡底漏必河底有灘嘴溜勢入袖。趕緊搶做護帶。（在河裏面）如溜頭直逼隄外仍見渾水，即應掛柳，再用蔴袋裝磚壓于柳上，追插到底，庶可廻溜掛淤，便易進行補救。但底漏乃為危險，全賴克盡人事，挽回天災，萬勿張皇，或可無事。

三、河流逼近堤脚，久雨以後，加以風暴，無不出險。平時留心該處村莊，距險工遠近，村正村副，應事前妥籌聯防辦法，以便臨時招集民夫，方不誤事。

四、堤坡貛洞鼠穴。
　　（說明）　貛洞鼠穴，外口小而內裏大，最易忽略。細心踏看，挖開到底，塡築加夯。

五、隄坡浪窩溜溝。
　　（說明）　久雨大雨，必有浪窩。（多在坡脚）溜溝由上而下，應令該管工兵民夫補齊。

六、水大與隄頂平，再長即行漫溢。
　　（說明）　防水漫溢，應排築子埝高二三尺、寬一丈（臨水一面挑築），底寬二丈。總宜擋住河水，不至漫出為要。但水埝純據浮土，又是濕泥，倘沙質較多，決不保固。應多備蓆片包掛子埝方可禦水。

七、隄頂隄坡不准刈草。緣草根可以護隄。

八、隄上不准放牧牲畜。

九、隄上不准攤晒肥料。（恐生虫鑽穴）與隄防有碍，且于衛生不宜。

十、大雨狂風，應由主管員弁往來奔走察看河隄形勢。盡得一分心力，自收一分效果。但各汛老兵目汛兵，終日河干，多經練。聞平日薪糧頗薄，汛期或并無津貼。即令確有見地，往往不過照例奉公，不肯盡其所長。倘在事員弁，又不能隨時留心受益，彼此復無甚感情，一經過險，該目兵除照例奉公外，自未必效其死力。是在各汛員弁，平時妥籌撫御，庶臨時易收指臂之助。

第四章 論埽

第一節 概說

　　河功用薪，是在歐亞斐美等國，無不習然。且歷史甚古，傳至今不替，以其本輕而效著也。吾國用薪治河之始，在春秋時已著。毛詩揚之水不流束薪，不流束楚。著者以爲即當時詩人見河功所用者即景成興也。而管子度地篇，常以冬少事之時，令甲士以更次益薪，積之水旁。又愼子治水以茭防決塞注，茭防即今黃河之埽，尤爲用薪明證。漢武帝時河決瓠子，下淇園之竹以爲楗，因東郡乏薪故也。按法文 Fascine，德文 Faschine，其義即束薪之謂。爲歐洲治河需用要物。雖其法與吾國所用者略有不同。而其利用薪之原理一也。薪之優點有四。一價廉易致。二積水下不易腐。三柔靱易曲可接合河床形勢。四疎隙過水不致激生漩流。有此四優點，故人多用之。埽之爲名，始見於宋史河渠志。凡伐蘆荻謂之葦。伐山木榆柳枝葉謂之梢。辮竹糾葦爲索。以竹爲巨索，長十尺至百尺有數等。先擇寬平之所爲場。埽之制密布葦索舖梢，梢葦相重，壓之以土，雜以碎石。以巨竹索橫貫其中，謂之心索，捲而卷之，復以大葦索繫其兩端，別以竹索自內旁出。其高至數丈，其長倍之。麟見亭河工器具圖說，謂埽即古之茭防。高自一尺至四尺曰由，自五尺至丈曰埽。大抵埽無定制，凡用薪施於河功者，皆可名曰埽。而其形式，則以各種名目別之，予於直隸所見常用之護隄工程，即其一也。

第二節 埽料

　　此種功程，名曰魚鱗埽壩。其所用之材料，則非榆楊枝梢，而爲高粱稭。永定下游，間有用柳枝者，然甚微。黍稭之外用葦者亦多。高粱類屬 Sorghum。據 Williams 則以爲與 Barfados millet 之同類植物穀實也。盛產於直隸山東等處。故河功利用之。幹高約二公尺，厚不及二十公釐。皮殼甚薄，內實以髓。但其根則緻須成毬，徑約十公分，質尙堅靱。W. Fer. Tyler 以爲高粱稭質甚輕弱，本不適於河功之用。倘必用之，惟其根可利用。（1）但用之於河功者，其根多已截去。

　　黍稭之最不適宜者，由於質輕故也。輕則易爲溜襲，易於蟄墊，歲鑲歲失，黃金虛牝，誠可惜也。葦，（2）各國河功用以爲附助物者有之，專用於一項功程者甚罕見。以其質之輕弱與黍稭相類也。葦產於直隸境內甚多。淀泊不能

---

(1) W. Fer. Tyler, Notes on the Yellow River; Extracts from a Report on the Condition on the South Bank of the Hwangho immediately below Lo-kou.

(2) Reed

第四章 論壩

種藝五穀者，皆資魚葦為利。其用於河功者有大葦，三剪，單剪之別。大葦幹粗質堅，長丈餘。以每方重七百斤者為最佳。尋常則四五百斤。又葦採於秋季者多堅實。春季所採，則不如也。三剪，單剪則細弱不堪用矣。(永定隄塘有由河防局自行種葦者名曰官葦惟不敷用)。

填壓料　凡河功用薪，填壓之料最關重要。填壓料亦名重料。(3) 其料或為碎石，或為沙礫。若尋常土壤，則易被刷洗。浸假壩內梳空，以致墊落。凡用填壓料，每舖薪一層，加填壓料一層。必用木硪椎實，令沙礫填入薪料，充實飽滿，始能得其實效。若疎鬆無力，亦易坐墊。直隸各河壩功以地處低原，河近下游，沙礫固不易致，而于填壓工夫，亦頗嫌未能周至。是以已成之壩未經多日，即墊落數尺。或以基址不固，低水刷根，壩下空懸，尤易致墊塌。永定河功人員告予云，該河壩功不畏漲水而畏落水，其故由是。

纜　壩壩用之或以繞壩層，或以牽壩身。以葦製者名曰葦纜。以黍稭製者，名曰草纜。經七八公分，長無定。椿多用楊木，亦有用榆木者。分頭號二號三號。頭號徑約一尺，長三丈五尺。二號長二丈八尺，三號長二丈四尺以下。

第三節　構造

直隸各河所用壩功，有龍尾壩，魚鱗壩，水簾子，磨盤壩等派別。用途最多者，厥惟魚鱗壩。磨盤壩則附于魚鱗壩尾，以為收藏作磨盤式耳。

魚鱗壩壩以類比之，其近於歐洲沿河所用之 Packwerk 乎。但所用之料，則彼用榆柳枝薪，而此則用黍稭或葦之輕質也。形式及構造法亦略有不同。然 Tyler 則以 Packwerk (荷蘭文)稱之，取其近似也。

魚鱗壩壩俱用多段相連。由三四段至百餘段。長四丈，(12.70公尺) 其寬兩端不等。如上端寬一丈，則下端寬一丈四尺，均寬一丈二尺。故各段相連成鱗次形，因以得名。構造法先削平隄坡及底基坡面，略近垂直。乃自底基起，向上舖壩料。(黍稭或葦)大端向外。每層之下，舖有葦纜多條。(或草纜)壩料舖好厚約尺半。(48公分) 即以舖底之纜，返繞其上。加土一層厚約八寸。(26公分) 上復舖壩料。料土相間，積至四五層，乃簽椿五根，(二號椿)名曰底椿。(亦曰槽椿)入土一丈五六尺。上端削尖，以便加壩層。壩層工作法同前。至高已足，再簽頭號椿三棵，(簽于壩面中線)名曰面椿。上露數尺，仍削尖其端，以便墊墊時加鑲壩。面舖土厚一尺半。壩前坡度亦略近垂直。(1:20)用木片十字相交，名曰木馬。(或曰騎馬)緊貼坡面以纜繫于壩後所釘之橛上。每段約用木馬四五個，須於舖壩時加入壩後與原隄相接處，用土築梁以壓其縫。以免水自後露入，名曰壩崇。

舖壩稭葦外又有用軟草于其間者。

---

(3)　Beschwerungsmaterial

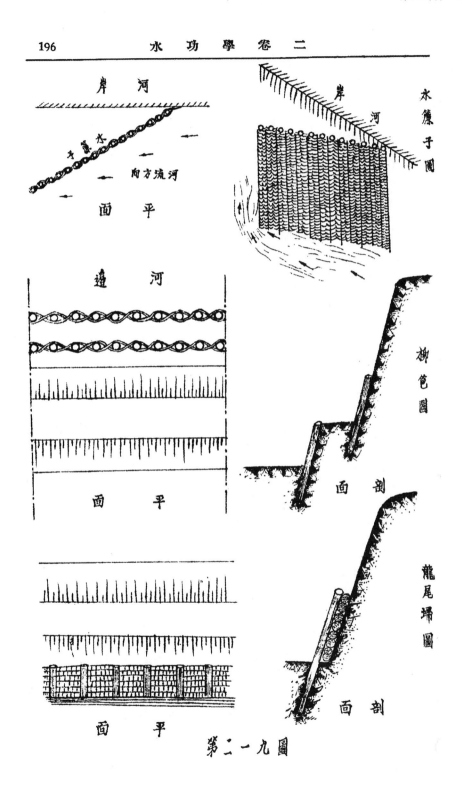

第二一九圖

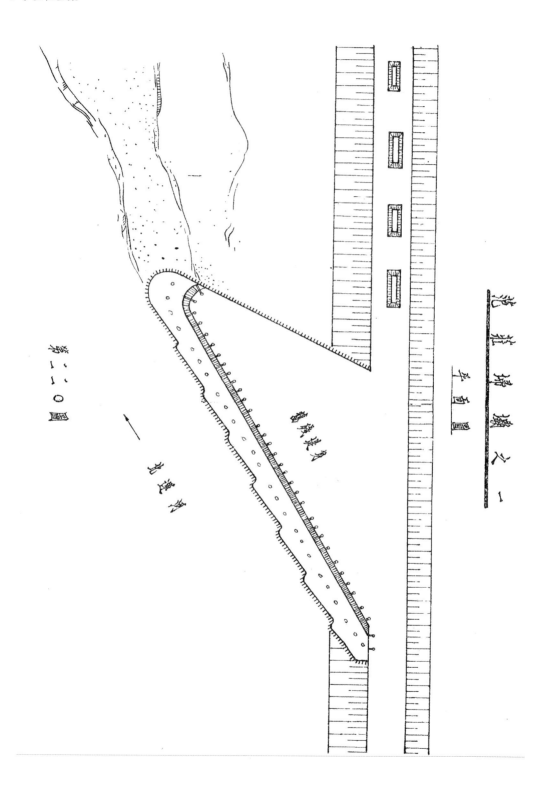

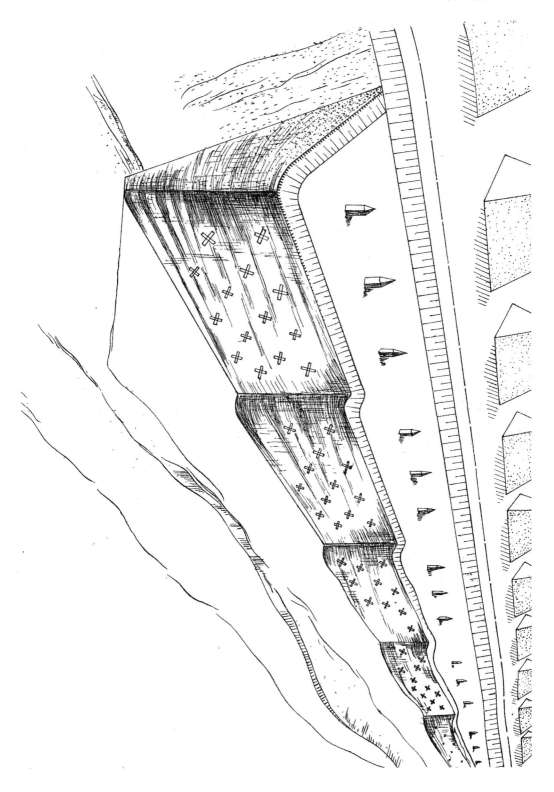

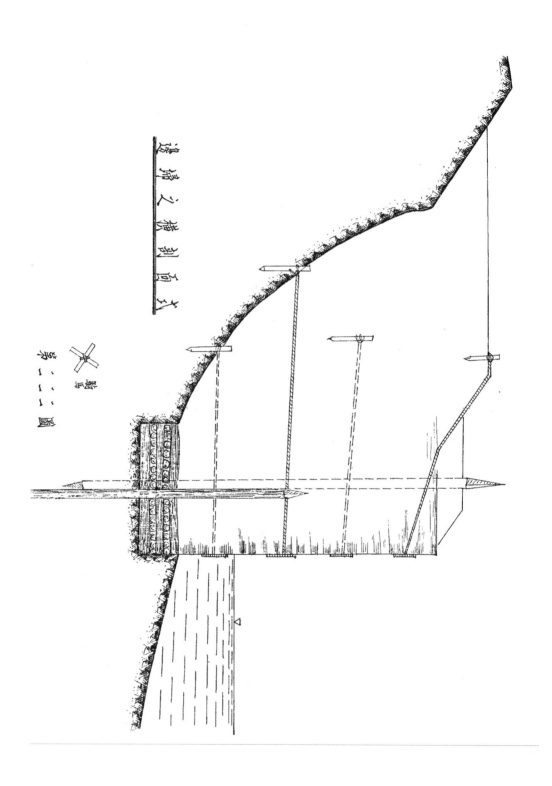

第四章 論埽

第二二〇圖為范庄埽壩之平面圖。第二二一圖為其透視景，並示隄上土牛。第二二二圖為其橫剖面，並示騎馬之制。

第四節　簽樁

簽樁之法，亦極簡單。法用二木，長約四五丈，以楊木製之。背面鋸作級形，以便履而上。樁夾于雲梯端二木之間用繩鎖繫，雲梯斜立，樁直後以鎖繫樁梯之繩，分兩端扯緊，繫於兩側所釘之橛上。（名曰千劤橛）。雲梯之足，作尖形便插入地內，以免動搖。近足處亦用繩鎖緊，繫於兩側二橛上。（名曰鎖梯橛）。鎖繫穩，硪夫乃踏履雲梯而上，其上有用井字架者，有用踦板者，以為硪夫容足之地。亦有不用，令硪夫即立于雲梯之端者。樁簽下若干，則放鬆鎖繩，移千劤鎖梯等橛，另緊繫。視第二一九圖。所用之硪，多以石製作礎形，重數十劤至百餘，名曰雲硪。周圍上下有穴，內插短橫木，名曰雞腿。每上下二雞腿，抵于一短豎木上，名曰硪肘。共用牢繩盤旋鎖繫結實，名曰盤硪。其所用之繩，名曰硪筋。硪肘上繫小繩，以為人手持之用，名曰硪瓣。打硪用硪夫六人或六八以上，手持硪瓣，聽領硪者唱號，齊力揮舉空中令之落下，有似雲落，故曰雲硪。每日硪工分作三班。每班六人。則凡十八人。三班每日打樁亦不過二顆至四顆。此外尚有襄助者二三人。

第五節　加鑲(4)

已成之埽，經過若干日即蟄墊。經年蟄墊更甚，高不足撼浪焉。於是拆去舊埽面若干尺厚，上加新埽料新土，名曰加鑲蟄墊。如係平衡坐墊，尚易加鑲。但埽下經低水刷洗，或其內之土被水流空，或其底甚懸空，則埽傾塌，如第二二三圖不問下部情形而漫加埽土其上，則其功甚危。

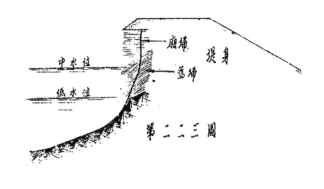

第二二三圖

---

(4) 簡書作加廂者多

第六節　功效

　　埽壩改溜之力，與軼壩蓋塌耳。而易蟄墊，年年增修，則足爲累。魚鱗分段，蓋取易於設施。而鋸齒之形。則易致漩溜。埽下易爲水所刷襲，未始非其一因。埽須用椿，蓋古制也。然麟見亭河工器具圖說，謂自乾隆三十六年以後，槪不簽椿。緣椿木極長五六丈，大河埽前水深，每至四五丈。加以埽高水面二丈，計高深六七丈。簽椿斷難入土，即或水淺之工，入土亦不過丈許。埽大椿淺，何能歧立。是埽之簽椿，亦非必要也。然上下埽層如何牽連。鄙意若免去大椿，易以繩纜，短橛層層維制，較爲省費而易爲功。然根本之圖，則尙非此也。

第七節　功費

　　茲摘抄大淸河李家營估冊，(5)以見埽功需費之一般。第三估原估加廂埽七段，湊長五十丈，均寬一丈，均高五尺，今復勘擬做加廂埽七段，湊長五十丈，均寬一丈，均高四尺。

　　　　估需葦料二百方（每方價洋連運力五元）　　　　核洋一千元
　　　　估需頭號楊椿二十一棵（每顆價洋四元）　　　　核洋八十四元
　　　　估需埽手二百工（每方一工每工價洋三角五分）　核洋七十元
　　　　估需椿手一百四十七工（每棵七工每工價洋三角五分）
　　　　　　　　　　　　　　　　　　　　　　　　　　核洋五十一元四角五分
　　　　估需壓埽工一百五十方　層面土二層厚二尺　每方價洋三角　　核洋四十五元
　　　　估需靠土八十方（均寬四尺高四尺每方價洋三角）　核洋二十四元

　　共核洋一千二百七十四元四角五分。由是計之，則共二百方之埽壩，需洋一千二百七十四元四角五分。每方之價爲六元三角七分，他處埽功與此軒輊無多。

第八節　餘論

　　永定河春功汛工，俱以埽爲主。長隄之上，土牛而外，所見皆埽料也。埽料者，以葦料或稭料堆成直方形。梁積定例爲二十九方四尺，重約萬斤。每埽舊例官價四十元。惟去年水災之後，葦稭缺乏，彙之京兆區各河經費向發中交京鈔，自二行不兌現後，其價跌爲八折六折，以至五折餘，是四十元不過三十餘元，以至減爲二十餘元。而埽料之價，則漲至每千斤六元餘。在上者既不肯

(5) 見金銘愚報告書

第四章 論壩

破除舊例發實價，承辦者又不能無米之炊。故不得已，仍按垜論價，而改實垜爲空垜。重萬斤者變而爲五千斤矣。上下相朦，掩耳盜鈴，莫此爲甚。

聞黃河之埽，因埽料質輕，而易受刷襲。有用碎石護其脚面並壓其頂者。而直隸河功，則未之聞。

第九節　挑水壩

中國河功，用壩以改溜者亦有多端，如李逯鎭前之挑水壩是也。是處爲潮白所襲，全鎭幾陷爲水國。乃於民國二年，建二挑水壩。其大者長二十四丈，橫剖面如第二二四圖。功效頗著，溜逼而西，鎭以免。而淤出之田，且數百畝。

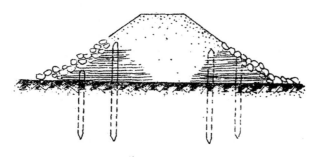

第二二四圖

第五章　論塞決

第一節　汎論決口

塞決一事為河工所視為至難而最有興趣者。在治導就範之河道，決口誠罕睹。而在未治之河，則數遇之。然予尚未曾得機會以目睹躬經所謂合龍大功，甚憾事也。今夏遊永定河至去歲北三決口處，考其形勢，詢之河員，得其梗略，論之如下。

凡隄之決口其原有五。(一)隄身之高不足，漲溢漫決。(二)隄身有非穿獾洞走漏穿決。(三)隄土不良或坦坡太陡坍潰塌決。(四)隄面當頂衝漲溜衝決。(五)狗私害公有意毀決。

隄身養護得力，則決口之原於(二)者可免。築護得法，則決口之原於(三)者可免。治導就範，則決口之原於(四)者亦罕睹。水政修明，則決口之原於(五)者不易有。惟漫溢之決，較為難防。蓋堤身之高，有本已充足，因河身淤淺，而致缺陷者。有非常漲汛，為平時之所未能預測者。故漫隄決口，發現較多，河員因決口所受處分亦較輕。而各河隄決口，觀其呈報，則無非漫也。然原於(二)(三)(四)者，豈無有哉！而去歲大漲，民間私鬥竊毀，亦殊有駭人聽聞者。

靳文襄治河方略分為三類。(一)頂衝決口。溜直橫隄，大溜全奪溜走中泓。(二)帚彎決口。名帚灣者，灣處多有帚。溜向斜交，於堤溜非全奪而被分。其深溜不在口門之左，即在其右。(三)疏防決口。則予所歸類第(二)者是也。奪溜正河下游立見淤乾，分流則歧流兩注，其塞治法各異。詳原著。

西普魯士省工科大學教授衣勞氏(1)按決口之形分為四類。

(一)頂決(2) 堤身但潰上端一部分隨時可補者。
(二)整決(3) 堤身自頂至腳完全衝毀，而基址未動者。
(三)底決(4) 隄基已決，開漲不止，且即演成。
(四)流決(5) 河流已奪入隄。

第二節　緝口

決口已成，臨時搶築已屬無用，則急宜緝量決口形勢，口門寬狹，水流深淺。估計塞築用料多寡，塞築所需時日及經費若干。繪圖立說帖趕報政府。候得覆準，即準備料物，以圖興工。料物最好於呈報時即時籌備。蓋塞決之功，政府未有不即覆準者也。

(1)　Ehlers　　　　　　(2)　Kapsturz
(3)　Einfacher Deichbruch　(4)　Grundbruch
(5)　Strombruch

第五章 論塞決

第三節　北三形勢

永定河上自求賢壩先衝南岸，繼折而北，至北三十四號，北岸堤勢，隨岸作弧形，而水溜直衝其凸。此處隄頂高於內田二丈餘，而高於河底，則不及丈。每見低水時徒涉而過者沒不及膝，且灘淤時見，河面雖寬，其過水之處實狹也。去歲七月間連日大雨，山洪暴發，永定上下游出險者屢矣。皆搶築平穩，而水勢不止。至七月二十八日，遂於北三決口，一發而不可收拾。暴漲洪流，汎濫於安次武清一帶。民間損失，可想而知矣。決口凡寬二百七十餘丈，至去冬始塞築完妥。

第四節　委派官吏

塞決之事關乎國計民生。政府旣視爲重要。故每興大功，必特派督辦經理其事。其他重要職務，則爲總局官，總理錢糧料物。掌壩官，總理築壩事宜。正料雜料各廠官，以及收買料物管理小廠各委員，巡查及壓彈地方各員弁兵丁，皆預期派委。分其職務，令各盡責任，不致有臨時惶惑之弊。

第五節　工程計劃

吾華於塞決功程，向守成法。徐心如廻瀾紀要，論之詳矣。惟河功名謂有非素習其事者所能了解。茲作圖論其要略。

如第二二五圖，甲乙爲決口隄端。其間名曰口門。斯時河溜已奪正河下游淤閉。欲過溜歸漕所不可少之事二。（一）築壩以塞口門。（二）挑引河以利正流。二者同時興工。壩凡二層。臨河曰大壩。（圖中甲乙丙丁）。與大壩平行而築於內曰二壩。（圖中戊己庚辛）。兩壩相距約一丈至二丈中塡塞沙土。壩自決口兩端舊隄根築起。以次向前，漸束水身，至尙餘約五丈之空而止。壩端丙丁，名曰壩臺。丙丁之間，名曰金門，亦曰龍門。大壩之前用邊埽。邊埽於金門處所留之空寅卯，較金門更寬一丈。合龍後乃築埽補實，名曰前關門埽。二壩之後，於金門二側，各讓退五尺，亦各築埽一段，以順溜勢。合龍後亦築埽補實，名曰後關門埽。（圖中辰巳）。午未申酉以土築月埝。申酉處留門，名曰養水盆。兩壩築至壬癸處，則養水盆亦同時起築。其用意在使流出之水蓄高於養水盆內，使壩內外水勢，不致相懸太甚，則合龍易也。合龍者即末次功程塞合金門也。時引河挑挖已竣，但留上端戌亥一段未開。至合龍時，金門狹隘，水勢驟高，乃抉開引河上端。憑建瓴之勢，使水勢一瀉而下。而塞築之功，大壩二壩及養水盆同時並舉，一氣呵成，而功告竣矣。此其大略也。其詳見下。

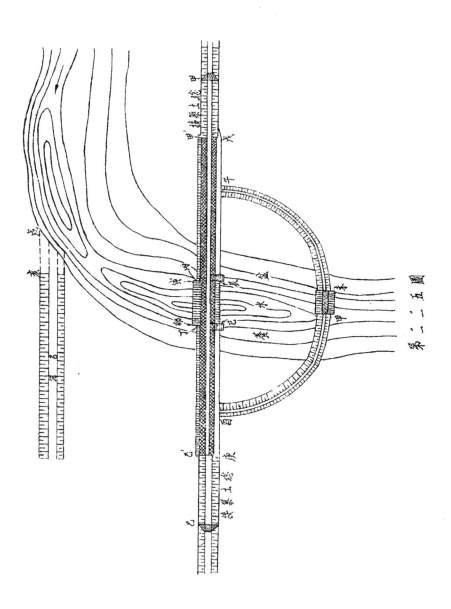

第五章 論塞決

第六節 預備料物及開工

緝口以後，估計需用料物若干，即着手預備所需之料。不外土沙葦稭，以及蘗麻椿橛等。與平時隄埽之功無異，論已見前。所用器具如捆廂船隻，檸繩打椿，堆土挖土各器，以及司員兵丁工人日用之品，俱預為運設備廠存儲。估計物料已齊，乃擇期開工。至日督辦以下各委員俱蒞工所，祀河神鳴爆竹，於是督辦首先抛稭料一束。各委員以次繼之。工人繼之。而工於是興。

第七節 工程詳節(6)

永定河決口合龍大工，全賴稭料築壩，中間丈餘之土規，實以沙土，合龍時以麻袋裝沙實之。惟年久稭腐。則此丈寬土規。殊屬危險。

河工規例，決口合龍所需欵項，私四公六分攤。特估工敷衍統計不精，於清銷時所需欵項，須抬高四成。故失事者有賠償之名，而無賠償之實。塞決口時，於口之兩端，各作頭二兩壩。頭壩寬五丈。二壩寬三丈。兩壩中留丈寬土規，實以沙土。壩由大占成之。與各鑲埽無異。此特其規模之大者耳。初築之占離大溜過遠。且大半任沙灘之上。故常減小其寬度。所簽之椿，亦不過五六番而已。（五六番者五椿一排，繼以六椿，餘類推）。如此以次加寬至壩台，則達規定之寬。所簽之椿，為十一十二番不等。占之作法，於地上先舖麻束與隄並行。束之一端，繫於橛上，於其上舖以稭料，垂直於麻束。頭壩寬五丈，二壩寬三丈。占之長一丈五尺至三丈不等。高亦因勢而異。大抵水愈深，則占愈短。然後翻其束之一端捆之。再理其束，短則連長。如前臥於地上。於其上再舖稭料如前。高度既達再捆束，惟此時須間花為之。即一半捆結，一半剩下也。所剩而未捆者，不動而已。捆之束扣於橛上。橛植於第一占中，半露半沒。稍斜依於壩根。其所以半露之故，則為占上廂埽扣束處，正在橛之中端，而其兩端皆在埽中愈形穩固也。束既扣後，仍理直而舖之地上，其原位置與未扣之束並行，於其上舖料如前。高度既達，乃提未扣之束而扣之。如此繼續築占至壩台之端，則束皆行提起扣之。所用之束在頭壩者四十根。二壩者二十四根。開工時則不必如是之多也。在占之兩邊，必雙束靠行。蓋一束扣結，猶剩一根也。在沙灘上束舖於地，水中支於架。深則支於船。在壩台端扣束不必過緊。

金門之寬無定，大抵在三丈至五丈之間。壩頭之外，隨附邊埽，壩台成後，此邊埽稍短於壩者五尺，上下游皆然。兩壩之間所餘之地，即合龍後築前關門埽之處也。二壩之外，於壩台成後築戧埽以順溜。其中間即築後關門埽之處

---

(6) 摘錄民國七年河海工程專門學校派往直隸五大河實習員陸克銘筆記

也。占子以上，廂用丁廂法。即以稭料之根端向水，而其梢皆藏之廂內，用十字之騎馬橛以繫之。

壩台旣築，其左右前三緣捆稭料以廂邊而固繫之。前緣較左右緣爲尤要。蓋合龍時過門繩皆重壓其上，不固則前緣或陷下，而重傷壩台也。緣成後於台上舖膠土而重硪之。土規之中，亦於此時塞寒。膠土旣硪，乃簽龍門橛。頭壩每台四十根成一排。二壩每台二十四根。過門繩在頭壩者四十根。二壩者二十四根，跨於金門之上，而活繫於龍門橛者也。頭壩過門繩，須繫龍鬚繩，遠扣於對岸之樁上，所以防合龍水壓力。有所謂倒拉繩者。即合龍時恐水壓過大，用騎馬橛抗於兜之背水面，而他端與龍鬚繩同扣一樁上。頭壩之長，與決口相等。二壩之長，合四十丈左右。其金門之寬，與頭壩相等。

頭壩過門繩，長三十丈，重三百二十斤。二壩過門繩，長三十丈，重二百斤。由東西料場分派趕做。東西料場雖互有委員以相商。實則委員等於探目，各探他料場之細情以報之本部。過門繩同跨千金門上，易受旁人之品較。故委員對於過門繩之偵探，尤不遺餘力。

養水盆者，圍於二壩之後。用以蓄清水者也。長七十丈，寬二丈餘。蓄水面擁以三坡，背水面以二坡。以軟草作占被以泥土。其所以用軟草而不用稭料之故，則以軟草堆後，孔隙較稭料爲密。水之透滲，較稭料爲難也。養水盆之過門繩爲十六根，各長十餘丈而已。大工開始之時，一面挑挖引河。蓋堤旣決口。其下淤而不流。必待引河而後水可以下。引河之挑，在決口之下。其寬約二十丈。深則視淤沙之高度而異。要之以能容洩水爲度也。引河之底，規定爲水平。而其長則以引河底與原河底平爲止。惟老河工無精確之測量，徒恃眼力爲準。故工人常取巧漁利，即以所挑之泥堆諸岸上。旣可以顯引河之深度，又可以省挑路之過遠。是以引河之形。常成倒挂式。引河之口留一壩，待金門旣合，水勢養高，乃掘而通之，使洩水愈暢。

挑水壩者，所以挑溜使之直注引河也。其位置在決口之上游。築法則與二壩無異。此壩於金門合後毀去。其長度則因勢而異。

過門繩之上舖以龍衣。（龍衣以麻綫結成網形，蓋以防軟草之漏下也）。近亦有用葦箔者。（葦箔以葦結成箔以代龍衣）。而一般河工人員，則以爲葦箔無龍衣之光潔，舖之不甚雅觀。其實則葦箔較龍衣爲省，而龍衣則較葦箔爲軟，利弊各等也。

壩臺之設備旣畢，乃進而合龍。惟合龍甚勞，故事前必與工人以充分之休息，即停工一二日是也。合龍初無艱難。其最緊要最危險之期，乃在將合未合之際。蓋屆時工人之倦已甚。兜旣着地，洩水之隙減。水勢漸高，兜受水壓甚大。而壩台之平墊，亦於是時。故合龍之始，恆以夜半。俾最危險之時期，得在日落之前，而易措手足也。合龍時號令極需分明。欲稭料者，必不錯以土。

第五章　論塞決

欲土者，不可錯以料。需稭料時則擔土工人必担土以待，不許置筐以開遊也。需土時則抱料工人必抱料直立，不許橫置料物，以事他顧也。開始合龍以前，司事者對於工人，恆多方曉諭。期於最危險時之推誠相待也。

龍衣之上，先舖軟草一二尺。草上加稭料。一步厚一步，厚二尺。其上再被以土。土之上以稭料層疊相疊。至塞住為止。料物堆高三四尺，則司令者，傳令放鬆過門繩。屆時工人恆不肯即聽令以鬆繩。其亦有故焉。蓋兩壩工人，人數相均。一壩放鬆，則兜偏倚他臺，而此台之需料多。即此台之工人勞苦，較他台為甚。又此台放鬆繩，則他台下水隙小。水隙小，則台不易蟄也。而此台則因過分之平蟄，須過勞之搶廂焉。又兩台工人堆料物時，恆堆於龍鬆繩之間。則誰亦不願多堆也。故此丈餘工程，恆較他處為低。惟過門兜既經着地，則兩台工人之鬆繩較前倍速。蓋兜既着地，則不能東西移行，鬆繩愈多，則水隙愈小。壩台愈形穩固，所謂最危險之時亦過矣。

頭二兩壩既同時合好，乃趕築前後關門壩。其築法與邊壩壩相同。特所簽之樁，較邊壩壩為壯耳。（金門壩恆長至四丈餘）。前後關門壩未築之先，頭二金門間之土規用袋沙塞住。養水盆之合龍，在頭二壩既合之後。其手續與頭二壩相合無稍異。其所用之料為軟草。既合之後，外附膠土以搪漏。盆內之水漸次加高至一定之限。乃挖引河壩以洩水。

過門繩於合龍後，其剩餘之端，即行截去。龍門亦行拔去，分派各汛零用。按永定河塞口大工，為相沿之舊規。河工人員，墨守而不肯稍事通融。即以龍衣改用葦箔而論，多數人員，以為此乃先賢遺規，萬不可輕於改用。且謂葦箔無龍衣之光潔，於工程之體面攸關。夫歲行決口，不聞其有失河工之體面，而乃於此區區之龍衣孜孜不休，亦云惑矣。

第八節　結論

吾華合龍之功，與予在普魯士所聞者大略相同。惟彼則用沉排。(7) 日人岡崎文吉所著「治水」譯為粗朶沈柴而吾國則用稭料之埽占耳。其詳已見於前卷。

---

(7)　Sinkstuck

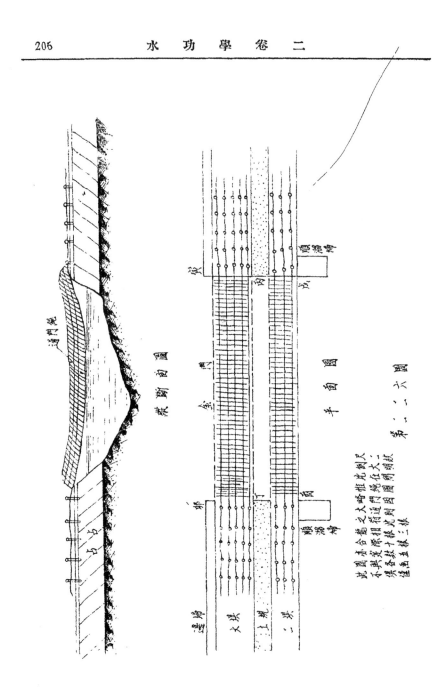

第二二六圖

第六章　論引河，閘，減水壩及橋

第一節　引　河

引河者，人力所濬之渠，其用有二。(一)塞決時引流入正槽，挽險綏衝見上篇。(二)洩盛漲固隄防，茲予所論者也。亦名減河。(1)

直隸諸水，南運則有捷地與濟引河由歧口入海。靳官屯引河於茅家橋入沽河(海河)北運有王家務及筐兒港引河入北塘，永定有蘆溝橋及金門閘諸引河入小清河。其他短渠備洩漲者不一。

非常漲汛如去歲所見，正河宣洩不及。引河之用，誠非輕小。但尋常輕啟，則水力一分，攻沙不易。正引二河，兩受其弊。

今南運引河，惟靳官屯尚得其用。北運引河惟王家務尚堪過水。餘則完全淤廢矣。

引河之最無理者，莫若永定之二引河。移渾漲注清流，去甲禍乙，所謂鄰國為壑者非歟。

引河之用，全賴適宜堰壩以節之。堰宜活動，不宜固定。捷地，筐兒港兩引河之廢，壩亦有咎焉。

直隸各引河與正河相接，有用閘者，有用滾壩者，詳論於後。

第二節　閘

前言引河自幹河分出，其端用閘或用減水壩連之於幹河。所謂閘者非船閘，不過單式水門可以啟閉者耳。水落則閉之，水漲則啟之。余此次旅行中所睹之閘凡二。曰南運河九宣閘。曰永定河金門閘。

(一)南運九宣閘　閘設於靳官屯減河上端。木為橋，石為磯。閘板即安於石磯間。凡分五孔，每孔寬各六公尺二十公分，深約五公尺。

磯以花岡石為之，式與尋常橋磯同，惟較長耳。兩端尖，中直方，厚約三公尺。每兩磯對立，壁上各開竪隙一，彼此相面。隙居橋梁上游，磯頂伸出而平，當隙之上。左右兩端各立斜石柱一。柱有圓孔，貫以圓木，上安木臂，作十字形。用人力搬而旋之。

閘板以木製之。其橫剖面寬厚各一尺。橫鉗二隙之間。按水勢之高而疊焉。板之旁端有環鈕，以備繩扣其中，引而升之。繩之上端，繞圓木上。若用轆轤，如第二二七為磯端閘隙及斜石柱之況。

---

(1)　德文 Entlastungskanal

208　水 功 學 卷 二

閘孔平時全開者二,開放一部分者二。其一即全淤蔽矣。現順直水利委員會擬易以鐵閘板,於礅上作橫梁,架絞盤其上;以引升閘板。預擬平時閉其四孔,而留其一孔以過水。又擬於萬家碼頭,另開支河入海,而減河下游小站居民,大起反對之。蓋在順直水利委員會,以減河下游淤塞不易疏,且病海河,

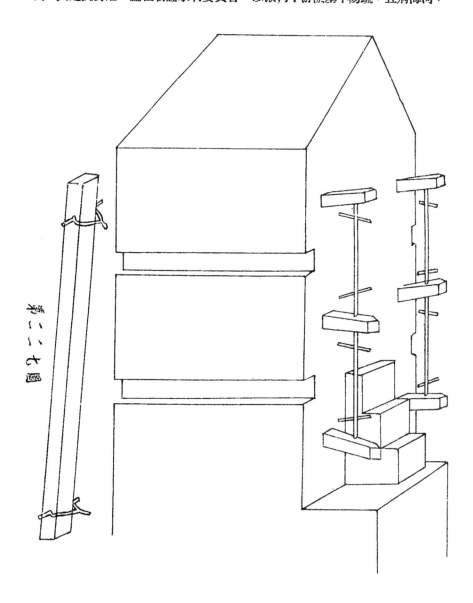

第六章　論引河，閘，減水壩及橋

不如另開新河爲便。而小站居民，則向賴減河灌漑植稻田，恐水被分奪於己大不利也。

（二）永定河金門閘　金門閘在南三工第一號。閘亦用石礅，分十五孔，各高八尺，寬一丈四尺。上覆石板爲橋。爲淸末呂佩芬所造。有自撰碑文，摘抄如下。（永定河南岸之有門閘也，始於康熙四十年，築草壩於竹絡壩北。越六年而易以石。其時爲引牡牛河之水，借淸刷渾而已。厥後河高於牡牛河，淸不復入而閘遂廢。乾隆三年，移建於南二工。今之九號，改爲減水石壩。（中略）去夏五月，余巡至此。測其壩之龍骨，寬五十六丈，外高於引河不及二尺，而內卑於河灘者且尺許。僅將一小埝橫障之，一旦埝不足恃，勢必懸流直瀉，其患不可勝言。（中略）張輔廷謂余曰，間所瀉盛漲。其龍骨無須。今縮爲三十二丈，而闢閘洞十三於其上，是亦足以暢其流矣。（下略）　建閘於宣統元年，工費五萬餘金）。今閘之龍骨已沒泥中，平時不過水。據閘委員云。永定河水漲至七尺，（蘆溝橋水標）閘始過水。

閘旁有乾隆癸巳御題詩，附錄於下。渾河似黃河，性直情乃曲。順性防其情，是宜機先觸。而此尤所難，下流阻海屬。殺盛蓄厥徵，在洩復在束。金門倣毛城，減漲賴滲漉。然後去路遙，（謂毛城舖）此則去路促。（閘口減河自黃家河分支由津水窪達淀僅一百四十餘里路近勢促，故沙易停淤。）遙者尙廻瀾，（毛城舖去路旣遠，且有倒鈎引河口，口下之水澄淸緩瀉，故賴宣洩之利，而無他患。非若此渾流直下，一往莫遏也。）促者橫流速，斯誠非善策。驚心見粥粥，亟籌救患方。謂宜挑壩築，（水旣直下，勢須驟挽金門閘上作挑水壩，遏其廻溜，成倒鈎之勢，斯後舒徐歸淀，庶幾補偏之一策耳。）倒鈎抵金門，餘溜逼歸谷。非不圖屢悶，終弗如親目。然予試擊矩，九寓廓員幅。一人豈徧及，滋用增愓忶。

觀此知當時寫水太速，築壩以迂之也。然其址弗可睹已。

予閱中國閘屢矣。其閘板之制。概無出乎橫梁式也。此種阻水之法。在歐洲亦有用之者。(2) 或以爲灌漑用遏水之堰。或以爲修理水事建築閉水之埧。若用以爲水門調節漲流則未有也。蓋其啟閉遲滯，漲至汛速，或不及宣洩而因以肇災者有之。

平疊之閘板，又有一弊。全放則慮宣洩過多，僅去其上數層，則閘後常易壩淤。去之輒不易也。

第三節　減水壩

所謂減水壩者，或曰滾水壩，卽固定堰。予於此次旅行中所睹者四。一南

---

(2)　Langbalken

210　水功學卷二

運河捲地減水壩，已廢。二北運河青龍灣河減壩。三筐兒港減壩，亦廢。四永定河盧溝橋減壩。各壩地名，常稱閘口。是稱者常混閘於壩也。捲地引河已全不過水，其減壩以土擁之，無可紀。紀其後三者。

（一）北運河青龍灣引河減壩

壩以花岡石建築二塊。壁面斜交作雁翅式。其間曰金門壩。身當金門，如門之有閼。以堅石砌之。上下水皆作斜坡形。上曰迎水，下曰跌水。迎水坡陡，跌水坡綏。金門寬約一百三十餘公尺。塊高約五公尺。壩身高於低水若干未詳。第二二八圖為青龍灣河減壩略圖。第二二九圖為其正面立視。第二三〇圖則其橫剖面也。

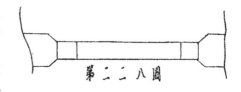
第二二八圖

壩旁有乾隆癸巳御題碑錄于下。

金門一尺落低均，疏濬引河宣漲溢。盡策測同捲地閘，（是地減水壩口高於正河過甚不足洩漲，某某等用建捲地閘落低之制亦落低六尺）大都去害貴抽薪。（以下字不清晰）

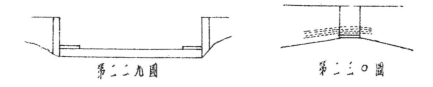
第二二九圖　　　　第二三〇圖

（二）筐兒港減壩，金門寬約九十公尺，壩身僅露中間十餘公尺，餘則全被土掩。厚達一至二公尺。壩制與青龍河減壩全同。壩旁亦有乾隆御題碑錄於下。減河制誠善，日久注為坑。前度命修築，今來閱接成。港春流則斷，漲夏消其盈。原始宣防意，不因一簣營。又　遵流還濟運，聖訓久昭垂。夏備減漲用，春來斷港時。酌中誠已善，籌外小資治。（北運河遇夏秋減漲時藉筐兒港王家務兩減河分洩由塔河淀七里海入海舊時壩身出水處，高於引河七尺以致減水跌落成坑今諭方觀承接築十五丈使坦坡漸下以導其勢）。故曰繼繩凜，安民意厪斯。

滾水壩跌水石坡，最易受損。故宜斜綏而殺其餘威。由上詩觀之，乾隆丁亥之前，曾因跌水成阬而修築矣。今此壩固瀕於廢，而跌水亦傾圮不堪。青龍灣河減壩亦稍傾圮，而捲地減壩，則尤圮敝不堪。蓋歲久失修者也。然下所紀之盧溝橋減壩，其跌水坡亦俱條石翻起，縱橫亂列，距造壩時不過數年耳。其致敗之由。蓋（一）由於坡度未善，未能順水之性。（二）砌石不堅，膠灰不固也。吾國向來石工，多恃鐵錮。然以予之閱歷，鐵之可恃者實微。壩以禦水，兼以

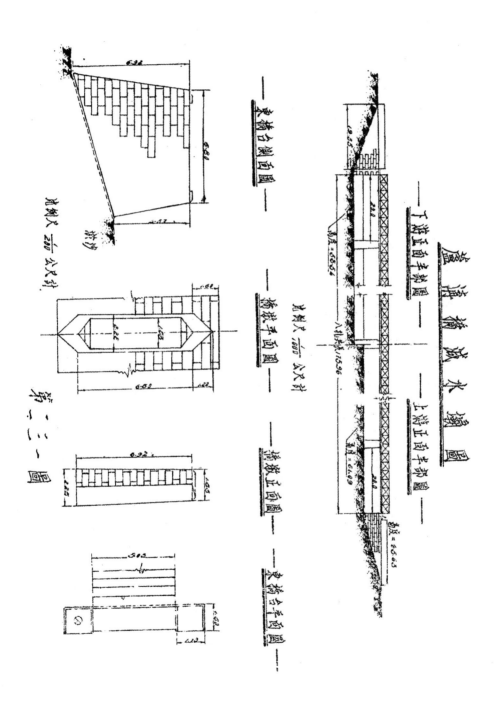

洩水，故其頂宜利瀉，而其根則宜緻密不漏。吾國造石壩之法，大抵釘地有樁，樁頭鋸平，上舖龍骨木地平板灰麻艌過乃砌底石。迎水跌水各用攔門排樁，豎立石，然未使水不下漏也。跌水坡之易圯，是亦當爲其一因。

(四)永定河蘆溝橋減壩　此爲最新建築者，(宣統時)凡分八孔，孔寬十六公尺有半，至十八公尺，深四公尺餘。上舖鐵橋。壩後被淤，全爲平底，與壩頂齊高。壩前石砌，跌圮殊甚。橫剖面式如第二三二圖所示。固定堰之用於減漲，易致淤閉。若與濟，若撐地，若筐兒港，已全淤廢。若靑龍河，若蘆溝橋，不久亦即淤廢。凡河流之挾沙多者，固定堰尤不適用，然苟有議改革者，起而責論者且嘵嘵矣。

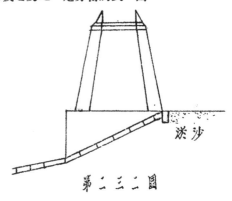
第二三二圖

第四節　論橋

茲篇所論，但限于予於子牙河所見者，因予略睹其修築也。橋塊柱梁，俱以木爲之。分論如下。

(一)橋塊　釘圓木樁於地，入地數尺，留高與岸齊，內釘木板，塡實以土，成雁翅式。樁頂連結以橫木。

(二)橋柱　橋柱以八根木料順列（與橋之軸線正交）爲之。中二根直立，在外者

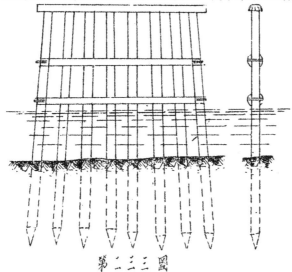
第二三三圖

第六章 論引河,閘,減水壩及橋

漸斜。木釘入地數丈,上端相齊。連結以橫木。中腰用二套夾木,左右夾之。夾木之端,用鐵葉並包,而釘之柱木。水面以上又用木片,周圍包裹,蓋恐腐蝕也。柱在中流者最高,向兩岸以次漸低。故橋作穹形。視第二三三及二三四圖。

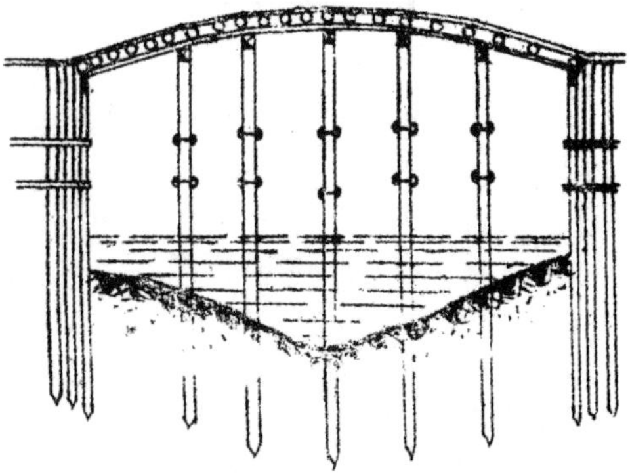

(三)橋梁 柱旣成以木梁擔其上。(因柱之高低不同故梁除中孔外皆斜倚)釘錮牢固,上舖木板,再舖柴土其上成路。

(四)立柱 立橋柱於水中,用二船夾柱。而列以橫木相連結,構架其上,如第二三五圖,以爲打樁構木之用。

此種木樁,弱而易毀,非常久策,述之以見吾國橋工之守舊。

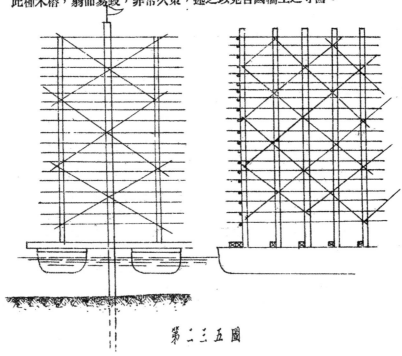

第二三四圖

第二三五圖

第七章　戊午夏季直隸旅行報告

第一節　叙

　　予此次出行，係受南京河海工程專門學校委託旅行直隸各河流域。其目的有二。(一)調查向來相沿舂工作法。(二)考察各河性質，探其致病之由。計自五月二十七日由南京動身，八月四日返南京，歷時凡六十有九日。考察所及，爲南北運河，潮白河，榆河，滏陽河，子牙河，永定河，海河之一部分。考察外又在天津招考學生，北京濟南附近遊歷數處耳。

　　予隻身旅行，既無僕役，又無儀器，故於各河未能作詳細觀察，只能得其大概。且詳細觀察，亦必窮年累月始能爲之，非匆匆一度之所可及也。

　　予欲達余旅行目的，先至京謁全國水利局總裁李頤遠先生，請得護照一紙。又晋謁督辦京畿一帶水災河工善後事宜處熊秉三先生，請其通令各河職員隨時招待，俱蒙慨允。故旅行之中無絲毫障碍，皆二先生之惠也。感之念之。

　　旅行中辱荷各河督察長，工營長，及各段督察員河防委員，優渥歡待，剴切指導，獲益甚多。並誌於此，以示不忘。

　　予自愧學識謭疏，所得無幾。然就足迹所及，分類記錄，加以鄙見，考其優劣。作私人之研究，抑或爲行水大家作芻蕘之採。斯亦所深幸也。民國七年八月十日識於南京

第二節　日記

　　民國七年五月二十七日星期一下午自南京動身往濟南。津浦鐵路車中遇故交沈衡山，相別十餘年矣。偉儀修髯，幾於不相識。對坐傾談宗教，哲學，社會，時政。縱橫馳騁，批要抉微，車中一宵不能臥。不苦而反覺快適，無擬途短時促。無何朝暾已上，車抵濟南府矣。約衡山北京相晤而下。

　　二十八日吾友陳大我遲予於車站。亦闊別三四年矣。握手音歡，即邀至其館令。陳君時任職津浦鐵路，故寓鐵路職員館舍即在車站旁。於此又因陳君得識胡漸逵，戴子孚，黃虞臣三君。並遊商埠公園。下午入城至第一師範學校。晤朱實甫陳定川葉石笙。吾校(河海工程專門學校後倣此)於此設有預備班。詢其辦理情形。石笙又導予往觀趵突泉，砌石爲池，水深二三尺，湛然澄潔。泉三眼，晶瑩如噴珠。濟南城處黃壤平原，而依近山陵，故潛行之水，建瓴於上，噴沸於下。歷下以泉著稱，以此。管子所謂山陵岑巖淵泉閎流者是也。趵突泉自有可賞。惜雜肆繁列。乞丐塞途，惱人意致不淺。

　　二十九日陳大我約戴子孚及予同遊大明湖。湖居濟南城之北部。衆泉之所委，通於小清河。面積幾及全城之半。湖中祠宇多處，輕舫一隻逍遙遊，亦自

第七章　戊午夏季直隸旅行報告

樂事。惜荷葦幾蔽全湖。留以通舫者僅有狹道。如美人紛披瓔珞，亂插簪珥。明珠皓齒，隱不可見矣。由歷下亭望千佛山，氣象巍然若雲屏。

三十日早戴子孚遊濼口。乘壓車往。壓車者鐵路上以人力壓行之車，用以探路者也。濼水出歷山，於濟南北二十里入黃河。今之黃河，即昔之濟水也。濼口為濟南航運要港。今津浦鐵路黃河鐵橋即建於是。距黃河入海口約六百餘里。河南北岸有遙堤，而南岸又有縷堤。遙堤為清光緒十年山東巡撫陳世杰所築。自東岸至海兩岸堤相距約十餘里。後至光緒十三年，繼任巡撫張耀珣堤內

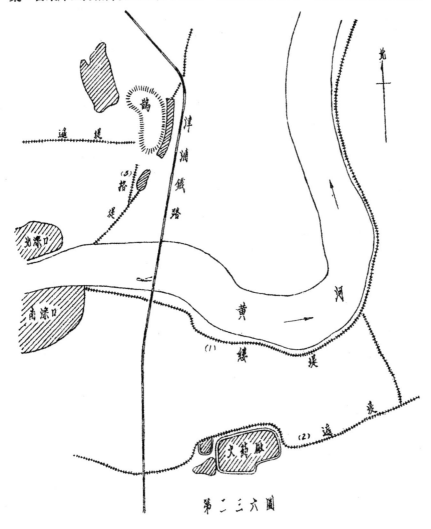

第二三六圖

種田人民之請，又築縷堤與河身緊相貼，而遙堤遂成贅物。歲久失修，一旦縷潰。遙不可恃矣。南岸堤頂高於堤外平地約五公尺，寬十二公尺。縷堤頂高於遙縷間灘地亦約五公尺，寬九公尺。遙縷相距約一千五百餘公尺。縷低於遙者約二尺餘。南岸相對爲鵲山。由山根至河有格堤而無縷堤。河至此處先東流，繼北向屈折。故北岸之堤，亦作聲折形。而鵲山介於其腰。其與河身相距與南岸遙堤相埒。其形勢視第二三六圖。黃河鐵路橋建於 1910 年。爲德國 M. A. N. werk, Gustavburg, 所承築長共 1255.20 公尺。凡十二孔。計自北而南寬 91.50 公尺者八孔。寬 128.70 公尺者一孔。寬 164.70 公尺者一孔。又寬 128.70 者一孔。寬 91.50 者一孔。兩側皆用連柱式，(1) 惟最寬三孔用轉樑式。(2) 其斜度中平衡（最寬三孔），向兩端傾降，各爲 $1/150$。橋之幹梁爲 Thru warren 式。幹梁上端以交叉格梁聯結之。橋身寬 9.40 公尺。容單軌，兩旁有步行路。而今以戒嚴禁止行人矣。橋墩橋塊以石爲之。其下基址用鐵管，內實混凝土，以代尋常之樁。因其深非尋常木料所可及也。最深者入河底 29 公尺餘。昔日基址之功，用壓氣工作箱(3) 爲之。予在伯林時，曾於德國工程師協會雜誌(4) 讀其計畫及施功全文。惜書篋至今尚羈留彼邦，欲檢舊籍以爲考證，不可得也。橋床之下，有懸車一，橋工師乘以檢查橋段者也。子孕導予下乘之，軌上車下，輪倒倚軌，以齒輪槓桿人力搬引而行。仰窺橋床下部，一目瞭然。推至涙點處，觀涙點之結構。乃復攀援而上。予於是攝影三幅，橋柱安有水尺。縷堤之頂高於零點 32 公尺。開近多年來最高水位 (1902 年) 不過 25 公尺。是時低水不過 22 公尺。然 1898 年曾漲至 32.72 公尺。1903 亦漲至 32.51 一公尺。河身寬約 500 公。河水流速據津浦鐵路公司 1902 年 7 月 21 日測定水面中流最大速率爲每秒 3.20 公尺。又其斜度距當時所測定者如下。

低水位 129.263 至 129.295　　　　斜度爲 0.0001

高水位 因風緊未測準故轉由最大速率 3.20 算出　　斜度爲 0.000242

黃河挾沙之量甚多。1902 年亦曾測驗一次。以爲橋工之計畫。今附列於後以爲行水者之參考。

黃河自 1852 年(民國前 66 年)開封決口後，奪濟入海，至今尚無恙。然自濟南北行，平原沃壤，大抵皆昔日黃河游行地。蓋細膩之冲積泥質，足證其

---

(1) Contineuous beam　　(2) Cantilever beam
(3) Pneumatic Caisson
(4) Zeitschrift des Deutschen Ingenieur Vereins

第七章 戊午夏季直隸旅行報告

1902年	6月13日	6月13日	11月28日	11月28日	7月17日	8月15日	8月15日	7月27日	7月27日
水　位 以公尺計	28.76	28.76	29.14	29.14	29.51	30.59	30.59	30.71	30.71
含沙量 以含沙水量 百分之一計	0.52	0.57	0.60	0.53	0.65	2.60	2.63	3.92	4.07

為西北壤土為河流所帶來者也。黃河上下往來船隻，其大者長二三十公尺，寬五六公尺。

至濼口車站，俄有一貨車下駛，乃附其機車回濟南。

下午陳大我，戴子孚乘壓車偕往大槐樹，觀津浦鐵路機廠。唔陳仲滔。陳子畢業於德意志哈腦弗大學機器專科，今任該廠工程師。曩於伯林唔之，亦契闊多年矣。該廠專為修理津浦機車車輛而設。內分電機部，打鐵部，翻砂部，車輛部，車機部。內有汽機三架，一架馬力三百，二架一百五十；發電機三架，一架馬力三百，二架一百五十。俱西門子廠所造。工人凡四百餘人。與陳君談移時，乃別歸。大槐樹在濟南之南，相距約七八里。枕木注射廠亦在是，現停工。其內容曾見於鐵路協會雜誌，茲不贅。

晚無事，詢大我津浦鐵路之組織法。經述之如下。

全路分六機關。曰總務處，內分文書課，材料課，彙管濟南及浦口材料廠；通譯課，營業課，編查課，警務課，庶務課，及駐津駐浦二事務所與港務。曰車務處，內分文書課，運輸課，電務課，計核課。駐有第一，第二，第三，三段及七分段。曰工務處。內分文書課，工程課，地畝課，轄有天津至韓莊三正段六分段，韓莊至浦口四分段。曰機務處，內分文書課，工事課，轄津韓及韓浦二總段及天津，濟南，浦鎮，三機器廠。曰會計處，內分文書課，綜核課，出納課，檢查課，又分段會計處，分計核科，簿記科，客帳科。此外有警備天津濟南徐州浦鎮醫院各一所。

日人橫行濟南商埠，幾成慣事。數日前因中國軍隊斃漢奸董某，日人大憤，兵士行於市上輒為所刼去，私刑拷掠。津浦鐵路亦時見日兵荷槍往來，國人見之忍氣吞聲，而莫之如何。

到濟時輒見日本旅館之招待者強攜客商行李令宿日本旅館，煩噪不堪。

三十一日星期五。早八時由濟南動身往天津。火車所見，禹城北徒駭河兩旁有隄，鐵橋三節惟水則全枯矣。黃河涯南老黃河支流鐵橋三節，馬頰河鐵橋七節，亦乾涸無水。

德州以北農田被水漫淹，水雖退而麥苗未有。至滄州一帶，始見麥田茂盛。由車上觀兩旁形勢，黃河附近鐵路涵洞尚多，其北則涵洞誠苦太少。

下午四時五十分至天津。寓樂利旅館。六月一日星期六。移寓青年會五十五號。是日往順直水利委員會謁熊督辦及其他諸君俱不遇。

二日星期。遊公園商品陳列所。至遊藝部投壺中有初貫耳觀習射及干羽戚篇之舞。聽古樂亦不解。合乎三代否耶。晚遊大羅天。三日又至順直水利委員會晤魏冲叔，楊豹靈，及顧世楫，章錫綬，馮旦，王鳳曦四生。熊督辦聞往北京未歸。往觀三叉口開河，略感傷寒。

四日早九時二十分，由天津動身往北京。十二時到。至西城油房胡同，寓余友張季戀宅。病加甚，季戀強余遊中央公園，從之。晤舊同學數人。

五日病猶未減。

六日略愈。隨友人遊北海。遇一烏克蘭人。與之接談自稱喀西陽 Kassian 氏，曾任一六〇阿布哈司步軍聯隊長。國事日非，內亂熾烈，家產盡燬，因而逃遊東方。

七日往全國水利局謁李總裁，請給護照。並晤第一，第二，第三，各科長及汪胡楨吳樹聲二生。

八日吳汪二生來，全國水利局所給旅行護照送至。

九日至京畿水災籌賑處，謁熊督辦。見之，請其指令各河道機關於予參觀所到處允為招待。熊君允次日到津即辦。

十日由京動身往天津，十一時到。寓天津旅館。

十一日至順直水利委員會。熊督辦派周少如出與接洽。云所請事已辦。聞劉夢錫已至津，寓青年會。夢錫盡辭吾校事而就此間測量師者。往訪之未遇。回寓俄頃夢錫已來。晚同遊大羅天，遇王鍰賓。允借以直隸河道參考資料多種。

十二日同夢錫至教育會晤孟仙舫預與接洽借地為吾校招考事。

十三日端陽節。夢錫已往北京，招顧章馮三生聚餐公園中，並遊博物院。發一信寄吾校許主任請寄旅費。

十四日七時，辭津乘火車往靜海。九時至。隨即雇騾車至河工督察處。晤督察員王琴浦及吾校練習生王仁榮。下午同王生沿運河西隄向下步行。至鄭家隄。距縣城六七里。對岸有葦塲一，攝一影。此處河工屬第五段，俱為培厚加高之土工。沿途所見已有專論，茲不及。此時低水水面與隄外平地相埒。河身寬不及百公尺。流甚緩。兩隄切近於河。

十五日雇一民船，由靜海至唐官屯。王仁榮偕至陳官屯。沿途視雙塘，楊家碼頭等處隄功。亦俱係土功。中途於楊家碼頭曾攝一影。由靜海至唐官屯，河身尚整齊，過此以化至馬廠，則曲折甚厲也。十六日早，由唐官屯雇驢子二，

第七章　戊午夏季直隸旅行報告

一載行李。一自乘。至靳官屯觀九宣閘攝一影。閘旁有乾隆御碑紀建閘歷史。九時至馬廠火車站，乘火車往滄縣。十時四十分至滄。乘驟車至督察處，唔督察員趙君及吾校練習生盧德瑜。又減河練習生杜裕魁因公畢亦歸。山東亦派有練習生在此。午後乘驟車沿河而上。此處河線曲折，幾成 U 形。督察處在河東岸，出門擺渡二次，所履仍在東岸也。所視之隄爲蓮花池許家淺等處，亦俱土功。至捷地觀減河壩。減河全淤，涓滴不能瀉，金門以土擁之矣。兩旁雁翅依然，而跌水坦坡拋擲鬆圯，亂雜無章，攝一影。此處初本爲閘，乾隆時改爲減水壩。旁有御碑，記其所以改閘爲壩，以免芬園減水壩功之由。減水壩後有灰壩，長十三丈。又引河以下有輥壩一段，其作法俱詳專論。輥壩中距減水壩不遠，有木橋一所，頗便致，攝一影。歸途視佟家淺隄爲土加碱者。捷地距滄十餘里。至滄閒督察長王豫生歸，往見，爲予談靳官屯減河及永定河情形甚詳。其人和藹而富於經歷，聽之忘倦。滄縣附近麥田甚盛。

十七日由滄乘火車往東光。至馮家口時爲王蔭樾留一片，令明日遲予於泊頭。二點二十分到東光，步行至河務局。局設於堤上華嚴寺，圮廢不堪矣。唔督察員張叔紀，及承修員章嵐峯。章桐城人，於各項工程估勘，富有經驗，且能潔己奉公，吾校練習生朱浩在是。午後章朱二君偕予往觀小圈隄功去歲決口處。有縷有遙有格及掃功五段。是處河身低於地平，水槽頗深。隄土質係鬆沙，不如下游老土遠甚。東光一僻小縣也，戶口稀少，市面蕭條，麥田亦稀。

十八日早，乘火車至泊頭。宿第三汛所。唔汛官苗雨蒼及鹽修沈仲翔。王蔭樾亦自馮家口來此。泊頭爲運河要埠。商務甚盛。午後沈王二君偕往五里屯觀輥壩處。長五十丈。是處水面仍低於地平約二三尺。南運河中往來船隻以剝子爲多。昔年曾試辦火輪一次，因難與鐵路競爭中上，今航運蕭條極矣。十九日雇驟車往獻縣藏家橋。路程九十五里。距泊頭十八里，過老漳河，河身全枯，遍種麥田。兩旁隄亦幾圯廢無迹。有橋八孔，支石爲柱，長約十餘丈。午尖於郝屯。郝屯西有滹沱遺迹。木橋距浩屯十二里，其東爲大鹽河，亦名運粮河。按滹沱舊流由獻縣完固口東下逕縣南單家橋。又東北經河城街抵交河東北境高川街，納淸河漳河。亦昔漳河漫流。更東北入靑縣東南境杜林鎭古漳正流自西南來匯。又東抵鮑家嘴合於運。今此道久塞，所見其遺跡也。河城街距泊頭七十五里，其西二里卽河間獻王墳。下午四時至藏家橋，距邑城八里。下車悅來店，詢知流量測站長蕭開瀛君(吾校特科畢業生也)寓恒豐店，以名刺約之相晤後，卽移寓於彼。藏家橋爲南北通商孔道，火車未通。此處想亦不寂寞。今則僅商店數十家耳。唔督察員任瑾存及吾校練習生沈在善。任君溫文爾雅，與人相接，誠意懇然。

二十日偕任沈二君同沿滏陽河上行，至飮馬坑，距藏家橋二十餘里。藏家橋上數里爲新河口，滹沱滏陽相會於是。名爲新河者，滹沱自饒陽至是，爲前清光緒七年清河道史寬所開。蓋滹沱上於深澤，饒陽，無有定槽，漲流遷徙，瀁漾於豬龍，滏陽，漳衛之間。而肅寧，河間，任邱，大城，文安等州縣無寧日。自新河開後，而是患以免。然新河初闢，子牙河身不能容滹滏二流。青靜文大諸地，常受淹沒歷二十餘年。各境因漲掛淤，始脫水患。而滹沱滏陽之間為四十八村，則終年被水。蓋滹沱有北隄而無南隄，滏陽有東隄而無西隄。史道之意，以此處為二水漫淫之地，甯捨四十八村以救方圓數百里州縣者也。而史竟以此獲罪被免。四十八村居民，村鎮皆履高阜，田禾雖淹，房舍可免，田賦悉蠲。每年又放賑二次，永著為例。體卹之意，不可謂不周矣。而水淹之後，又常得稔收一次。民亦無苦。惟是養而不教，遂令是處人民依賴成性。秋稔之季，輒老幼男婦相率乞食於天津。壯者又習為肱篋刼掠之術。而大水至時，又輒聚集壯丁，毀堤禍鄰以自免。械鬥之事時見。去歲汎漲之時因毀堤械爭，斃數人焉。官且莫能禁。去年大水之後，今歲麥收甚豐。余至是時各處場功垂畢，而四十八村尚鎌鉤未舉。離離遍阡陌，豐穰倍於他處可卜也。再上為八里橋，已毀。今謀重修。再上十餘里為買莊橋，亦一小市鎮也。於是晤監修徐朔先及吾校練習生謝昶鎬。天午炎陽正烈，憩息數時，同往飲馬坑。距買莊橋二里許。新靳壩二段，長三十丈，正在工作。其下有舊靳壩五十丈，前三年所築也，幸尚完好。大風起，恐雨至，步歸，稍覺涼爽，竟無雨。獻縣菓樹甚繁，梨棗李杏之屬，到處成林。是時正杏黃時。將至買莊與同行諸君趨至一杏園，一老嫗守之，云七十餘歲矣。以銅元數枚，問應得杏若干枚。曰纍纍滿枝，任取之可也。想見風俗古樸。

二十一日前日由泊頭來，自獻王墳側過。初不之知。但見土圍百餘畝內，樹木葱蘢，有高阜房宇整齊。詢車夫何地，曰雲台山。問雲台山有名祠宇否，曰在堂者所居也。（在堂者謂天主敎民也）。余素不喜天主敎，遂不欲入。迨至藏家橋，問獻墳何處。曰君來途所經，胡不之知。內實為天主敎人所據，然入而遊覽尚可也。余聞之喟然。該處距此二十餘里。時忽遊興勃然。喚車夫與蕭沈共乘而往。行約四五里，東方天際忽陰晦。急呼返轅，風且起，馳驅至街，而大雨沸然至。幸未濡溼，而與獻坆遂歎無緣矣。晚枕上聞呼呀之聲長而銳。詢之人云，保標者呼以警盜，言我來請勿破交情也。

二十二日早附下流民船，至陳家門口。距藏家橋約六十餘里。有女子三人亦附船後至，見艙中盡係男客，寧受風雨坐艙外不肯入。聽其言亦女學生也。噫此與滬上女學生大異矣。藏家橋以下彎曲甚。隨處有舊靳壩，亦有二三年尚完好者。高旦村距藏家橋約八里，新設靳壩數段。昨日雨，夜更厲。今日水漲約尺許。子牙河上橋工多，而大半毀壞，藏家橋已缺一柱，而尚行人馬，險矣。邊馬橋已毀，沙窩橋毀而重建，正在工作，康擬屯橋已毀無蹤。其造橋之法，俱用木柱木梁同一式。詳論橋。子牙橋梁之所以多毀壞者，想亦去年大水之故。

第七章　戊午夏季直隸旅行報告

堤內灘田淤積甚厚，俱已種為熟田。而其岸坍削殊甚，詳前論堤章。

河中航行之船有剝子，長四五丈。有艙以搭客商。有梭子係二船各作半梭形，前後並繫長十餘丈，宜於淺水。以載輕貨。有霸王頭則較巨重，用以載重貨者也。小火輪於水漲時可上駛至藏家橋，水淺則僅至沙河橋耳。

子牙河身較南運略寬，水亦不若南運之濁。低水面已大抵高於平地兩岸。堤距頗不一律。狹則緊靠河身，寬則相距數里。惟堤身尚完整，蓋每歲皆修，不如南運之荒廢久也。南運堤身獾穴甚多。此則罕見。南運兩岸居民戽水灌田者甚多，危害堤身不淺，此則無有。堤之土質不如南運，然亦足恃也。高旦以下至沙窩，兩岸楊柳青青，頗足令行人寄娛。下午二時半至陳家門口一小邨，在沙河橋之南，相距約二里許。吾校練習生胡品元徐尨余誠誤同居此一土屋中。往見之同往觀陳家門口前之靭壩。長七十餘丈，堤身加高培厚而加以磯。去歲此處被水冲毀，堤身僅數尺寬，繼沙河橋決口而此處以免。

晚飯後胡徐余三君伴余至沙河橋。橋已毀折，而人尚行其上。余宿小火輪公司票房內。三君歸，俄大雨。恐其不免沾服濺袍矣。

二十三日早五時，乘津磁內河小輪下駛，船名河達。今日水更漲，沙河橋堤距漸遠，經念祖橋，張各橋，龍華橋已毀。留客莊橋至白洋橋兩堤復一束。又經南趙扶橋，子牙集，岸上有太公廟，河名因是十二時半至王家口，亦有一橋，俱與上下各橋同式。王家門口為河間文安大城等縣入津要口，商市頗盛。自此北即入東淀，亦名三角淀，已大半淤為平陸。僅徐港汊矣，四周俱隔以堤。其右為兩泊，南泊北泊，又名蓮花淀。子牙行東淀兩泊之間。二堡三堡之間有渠通淀至獨流鎮。與南運相距甚近。彼此可望。有隔堤相接。獨流當城之間，有大淸入子牙南口。其北口則會於楊柳靑。由此同流至大紅橋，會北運入海河矣。客歲楊柳靑上下決口甚多，現正塡塞。其取土法有可採者，詳論堤章。

下午四時半至天津，寓新旅社。往順直水利委員會晤顧世楫，章錫綬馮旦三君。沈寶璋練習於大淸河上，事畢歸此。

二十四日沈寶璋來，令移行李同寓。下午至敎育會訪孟仙舫。午後與沈寶璋同往閱駁岸工程。

岸以混凝土板樁為之，內以鋼為筋，其橫剖面如第二三七圖，縱面如第二三八圖。寬 40 公分，厚 15 公分，長 8 公尺。兩端凹槽作月形。板板相接，凹槽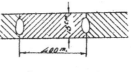

第二三七圖

合作雙凸形孔，椿築下後以水坭塡實之。板樁前築方樁低於岸頂約 2 公尺餘，相距二公尺，上加橫梁。俱以水坭敷面。板樁之後，即為沙土。板樁用三公分厚鋼條拉之，拉樁有用方樁後砌磚牆者，亦有用混凝土樁者。

222　　水　功　學　卷　二

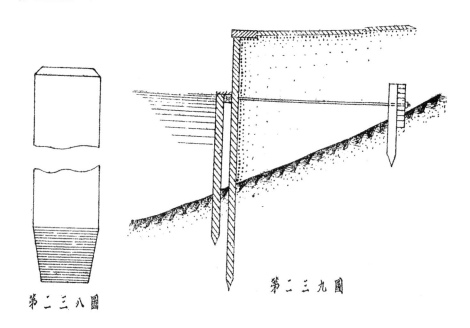

第二三八圖　　　　　第二三九圖

二十五日早往北京，沈寶璋偕。
二十六日休息。
二十七日下午四時往通縣，沈寶璋偕。乘騾車入城，寓與盛店。至督察處，督察長鄭燕亭未歸，晤會計專員張西崖。晚至河防局，晤河防局長王鶴年。吾校練習員俞潄芳，劉維藩，張崇基在是。訪予於旅，又晤督察員朱特生。
二十八日河防局派理事孫君志清導往李遂鎮觀決口處。沈寶璋偕。孫無錫人，久居天津，篤實而謙挹，熟於北運地勢歷史。出東門渡楡潮河，沿潮河

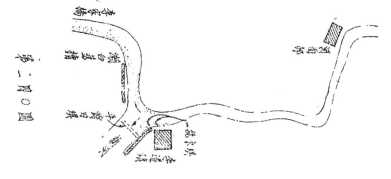

第七章　戊午夏季直隸旅行報告

之東岸而行。榆河瘦小，涓滴無多。潮白一望白沙，僅賸細流。沿途見穀苗被蠟虫螃蝕殆盡。虫黑色，軟體類曲蟮，爬於穀幹榮榮然遍畝。食穀幹葉，漱漱有聲。聞麥田收後種穀多生是虫，非麥田則否。下午十二時餘，至决口處，在李遂鎮東約二里。李遂鎮距通縣四十里。是處潮白形勢略如第二四○圖。河流自河南郜折而東，復折而南，蜿蜒十餘里。至李遂鎮復折而西。至李家格復折而南。自永定奪鳳入北運後，永定水漲，輒踞其下游，令北運水不能下瀉而反倒灌。以是故流阻沙停，北運全身淤閉大牛。而尤以潮白本身爲甚。蓋潮白上源若潮河，若黑河，若獨石龍門，白河所過，地質俱爲黃壤。挾沙之盛，所由來也。自牛攔山以下，已入平原。北運不暢，則潮白早淤，其勢然也。而李遂口之决，即源於此。决後政府謀塞之。乃求計於海河工程師意人平爵內，築壩以遏水入原槽。去歲壩成後，初經伏漲即復决。予考平爵內之壩不可謂不固。如第二四一圖。該壩共用坂樁四層，厚 7 公分。每層坂樁後，俱用橫木豎樁支之。豎樁徑 25 公分，橫木 12 公分見方。各板樁間俱以混凝石塡之，水泥敷面。壩頂低於最高水位若干尺，以爲瀉漲之用。故壩後 6.5 公尺牛，仍舖混凝石以爲滴水台。豎樁每列各相距 1.4 公尺，共長 70 餘公尺。以如此堅固之壩，而不能抵禦悍流，其故何歟？(一)壩雖固兩岸係鬆沙入之不深，故無可恃之岸基。(二)潮

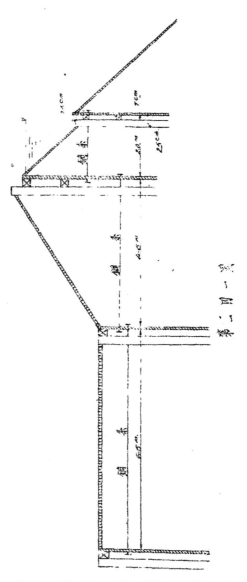

白北運淤塞仍昔，水無所歸，非決不可。乎爵內此次失敗後，歸罪於北運之不疏淤，是也。但北運未經疏淤，則此口決灘堵塞，先後之間，未免顛倒。又聞其歸罪於李遂兩挑水壩。查李遂鎮年年因河溜東侵，岸塌不止，鎮市三分之一已入洪流。不得已挑水壩以抵之，李遂全鎮，乃得免於為魚。挑水壩之力，可以挑水而西，而非以挑之入新河方向也。故是說非乎。爵內壩尚未全毀，水自壩之右端（向下流視）奔岸基而下，壩身一部因不勝其暴，而被衝陷。今新河之身寬且二百餘丈，刷深丈餘。水流湍急，較之舊河，一如猛虎，一如羸羊，不可同日論也。新河下奔箭捍河入薊運，弗能容則泛淹左右。寶抵香河逾經年被水，無涸出之日矣。問壩既，入李遂鎮小店內憇息。時頃復出觀鎮外二挑水壩詳前。三時歸，中途過雨。至雙碼頭，街道水深尺許，因乘人力車來，故不能前，宿於一小店內。雞蛋外無可得食。孫君遣其僕乘馬歸。雇車令翌早來接。蓋預料大雨後道路泥濘不易行也。是處距通尚十二里。

二十九日早駄車至。復行至范莊觀埽壩。是處亦於民國二年決口。通城大危，乃後加月隄以護之，今水遂順月隄勢彎折入內，乃築埽壩五座，䂞壩二座以護隄身。視第二四二圖。

三十日乘車沿北運西岸下行。先出東門至喬莊測流量站處晤鄭筦，張，俞，劉三練習生亦伴予至是，往觀白榆交會處。榆清淺，白几全涸矣。辭乘行至張辛莊。去通十二里。由通至是，與隄相距半里許，俱為沙邱。昔時決口河道遺跡也。晤縣佐陳蔚卿，觀䂞壩工程。至良果莊觀䂞壩工程。武窰渡河，至沙固堆，晤承修李劍秋，觀䂞壩埽壩工程。工程堅固。沙固堆人曾登報頌揚之。至下河庄觀䂞壩工程。馬頭渡河，晚宿安平。安平之北二里為卡城，又北四五里為大柳樹。

北運隄土大多沙多黏少。然隄坡細草勻密，為他河所不及。河身低于地乎，灘地高水底丈餘。然甚狹隘。兩隄相距里許，河流蜿蜒其中，寬不過數十丈。東擊西侵，累生險功。現潮白他徙，故北運下游殊不混濁。前日小雨，水增高尺餘，然仍低淺。行船只有梭子划子，而無剝子。

七月一日由安平動身至水牛。觀水牛䂞壩渡河觀青龍河閘。閘工詳前論開壩。閘旁樹大理石碑，鐫乾隆御題詩錄後。閘右草壩五十餘段至土門樓。河工局督察所人員因工畢俱去。南行十餘里渡河至河西務，距安平十八里。兩岸俱有䂞壩。沙邱甚多，高與現隄相捋。街市即在沙邱之後，市面繁盛。有織布工廠一所。午後啟行往蔡村，其北三里為䂞場，正築䂞壩。是處河道情形頗劣。如第二四三圖。狹頸不過十餘丈。稍加浚削，當較勝於築䂞壩萬萬也。宿南蔡村。街衢頗長，閎宇壯第，比戶數十家，頗皆望族。前清是處科第之盛，可想也。晚宿于是。二日北蔡村動身。十里至卡兒屯渡河。閱匡兒港閘，制與青龍河閘同。旁亦有乾隆御題詩碑。港淤塞甚，全歸無用。迎跌水石設土內一二公

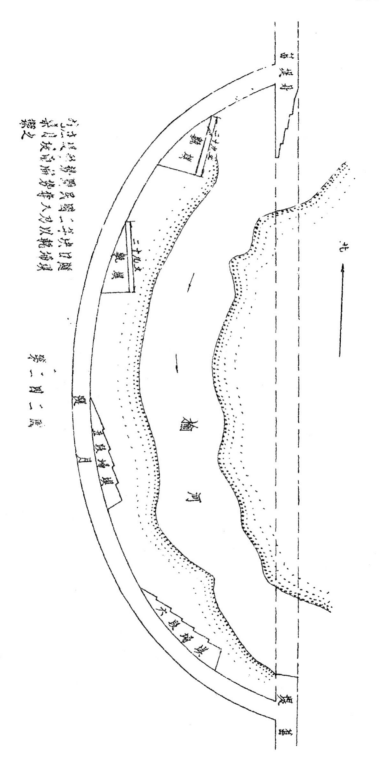

尺。午至楊村，乘火車至天津宿中國旅館。

三日至敎育會唔孟訪仙齊紀古。再閱金家窰工程。唔顧世揖。

四日至大紅橋。雇小艇溯北運而上。至唐家灣閱永定引河口。自韓家墅分流十餘里，至此寬不過二三丈。高於北運水面數尺。水流甚急。至屈店閱永定河口。永定口寬不過三十丈。北運過之。水位則北運低而永定高。故永定之水，傾瀉急下。

第二四三圖

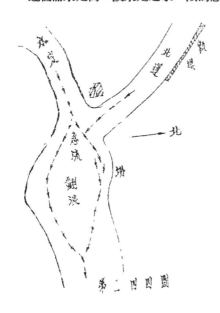

第二四四圖

而北運之水處其下流且緩。兩相激而成浪，如沸鼎然。至兩水交叉，一則急射東岸致坍削，一則緩攻西岸成緩弧。尤爲特別有致。視第二四四圖。永定之隄至此處則十里以外，然岸高丈餘，其土質亦永定淤洲也。是處設有水則以英尺計。屈店上孫新庄爲永定舊口，出水無多。返取道北倉一帶，舊甎壩甚多。椿出甎逸，僅有其迹。晚歸寓。

四日至六日無事可紀。因承吾校委託天津招考期近，留此待之。

七日吾校寄來招考應用諸物。訪章筌嵐新自南運歸。

八日訪子牙河督察長林豫生。林君年六十餘歲矣。任事於河工者垂四十年。經驗富足，知識宏博。爲河工人員所推重。

九日聘吾校練習員朱浩，新自南運歸者，爲招考輔助員。同往敎育會談治唔敎育會長張君，及副長劉君。吾校寄來招考試題三束。

十日至十九日辦理招考事，日記從略。

二十日早乘京漢火車往蘆溝橋。至流量測站唔許心武。午後與許乘車同遊石徑山。沿永定北岸石隄而行。途觀迴龍廟有二碑，明正德正統時鐫。紀石隄歷史。蓋永定自出石徑山，驟失羈絆，東突西竄，所至堪虞。而神京適在其東，故築石隄以護之。清時接築自石徑山起至蘆溝橋下，長二十餘里。每有石椿爲誌。石隄上寬五尺，下寬十六尺，高二丈九尺，採用石徑山石，灰漿灌縫，

第七章　戊午夏季直隸旅行報告

鐵錫縮，頗爲牢固。石隄後擁以土隄。隄頂又以灰土築掩。臨岸又灰土築短牆。高三尺，厚尺餘，以防石隄之不足。視第二四五圖。現隄頂高於河底約丈餘。西岸馬鞍山脈迤邐而下，接近蘆溝橋，故無需乎隄。西岸亦有石隄。清光緒時所築也。自蘆溝橋附近，上接山麓，下至南一工第五號止。長五里餘。上寬二尺，下寬五尺。弱於東隄遠矣。石徑山距蘆溝橋二十里爲西山前一孤峙小巒。西便門鐵路出其後。山石爲雲母之沙片岩層。利溪安芬，所謂琉璃河系者也。厚一公尺餘。走向西東，傾角約二〇度。山下有採石場。上有寺宇，數僧守之。履山顚望京畿，歷歷如足下。永定出山後若匹練，越蘆溝橋驟張作箕形，尤爲奇景。日昃後復歛段而歸。永定出山後即分作二岐。一貼西岸山根而行。一貼石徑山。兩山相距約七八里。下流數里，復合爲一。又下則又汊港分岐。至蘆溝橋見阻於鐵路橋柱，中流又淤爲大洲，流復分爲二。水流湍急，每秒可達四五公尺。有時激而爲浪，哮然怒湍。所挾之重沙石俱見隄外之田，丸石纍纍，至成不毛，皆河決之遺跡也。歸途遇雨，鞭衛疾走，俄復杲杲。

蘆溝橋建於金大定二十九年。明昌三年三月成。勅命名曰廣利。即今之蘆溝橋也。迄今八百餘年矣。根基穩固。橋凡十一空，連虹長踞，雄壯中兼㒹麗焉。橋欄二百四十節，每節闌楯上鐫獅首，形態無相重者。其北爲京漢鐵路石柱鐵橋。凡十五空，長四百八十公尺，與蘆溝橋相將也。橋西有河引通小清河，所以洩永定之漲。有減壩分作八空，每空寬十六公尺半，高約四公尺半，上鋪橋梁。橋欄倣盧溝橋制，清末所築也。詳論閘壩章。此處有水則，以誌水之盈縮。河上下俱以爲準。尺埋淤沙內太半。減壩過水，當水則一丈五尺。岸上有大理石碑，鐫乾隆祭永定河詩錄如下。「源從自馬邑，溜轉入桑乾。渾流推濁浪，平墅度沙灘。廿載爲民害，一時奏功難。豈辭宵旰苦，須治此河安」。晚至河防局晤河防廳理事范序東，南三監防員彭介臣在是，並晤之。至南一三署晤縣佐曹樂園，協防員王錫九，卞秀泉。吾校練習員陸克銘在是。予未至，接予十餘里。永定河防，分三廳十四工署。廳有理事，一駐盧溝橋，一駐南岸大公館，一駐北岸北四。工署自上而下，在南岸者曰南一南二至南七。在北岸者

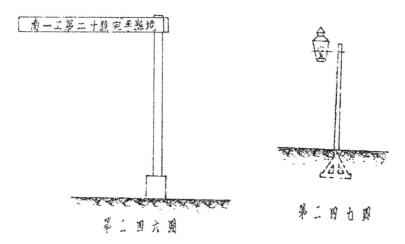

第二四六圖　　第二四七圖

曰北一北二至北七。每工段長大抵二十五里。每里有木牌爲誌。如第二四六圖。有汛房一所，土磚爲牆，茅葦爲屋，寬約二間。門前豎一燈桿如第二四七圖。工段交界處有界碑，里號即復從一起。各工署俱以電話相通，並連於京師，彰儀門設有分局。

河堤頂寬三丈至五丈不等。外高於平地由一丈至二丈餘。內高於低水面不過四五尺乃至五六尺。隄坡草柳甚盛。隄外田野多作牧場用。地常潤濕，間有種稻者。

永定護堤之法所恃者埽而已。兩岸舊埽新埽櫛比鱗次，幾於無處非埽。埽俱黍稭爲之，亦有用柳枝者。防汛搶險，亦惟恃埽。故掃楷堆積隄上，以備不虞。南一長凡三十一里。中間十號十一號之間，地勢高阜無隄。里號以隄身長短計，與路之距離無關也。

二十二日大雨終日留住南一。

二十三日至南二晤縣佐陳克昌。午後一時至金門閘晤協防委員查潤甫。金門閘亦爲引河通小清河之閘。龍骨寬三十二丈，閘洞十五，高各八尺，寬丈四

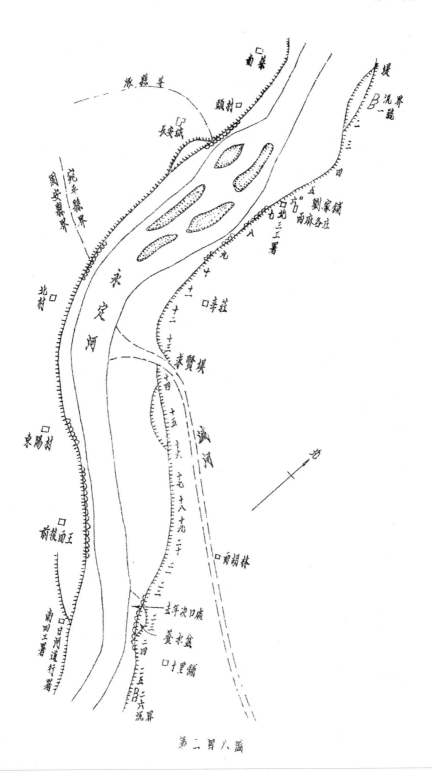

第二四八图

尺。閘上舖橋，餘詳各論。閘壩旁有石碑甚夥。乾隆御製詩若干首。餘為道光同治時重修。紀事俱殘毀不可讀。又一碑則呂佩芬撰，改閘歷史見前。永定水高七尺，閘已過水。閘在南三第一號。

南二工署在第八號。自第十二號至第二十五號，水溜全歸北岸。淤灘寬三四里，無埽工。至南一則溜奔南岸勢甚驟。岸勢凹甚。故此處工特鉅要。南二自二十一號帶工，即多用柳枝。南一隄坡矮柳外，高柳無多。南二南三以下，則隄身俱種柳數行，游絲橫路，頗足為行人愉目也。曾寫其景，如第二四八圖。午後至南三工署晤彭介臣。昨始來此。高錫九縣佐以友王養廉喪，出門未歸。晚乃至。工署整潔。署築有小舍，圖書碑帖棐積，架閣几席，什物，位證井井。亦可見其為人矣。

二十四日早至南四。晤理事陶仲梁汛官薛瑞堂監防長（前督察長春工竣後督察處改為監防處）趙君及吾校練習生孫鐘琳，午後渡河至北四。晤崔翰綠君，趙齊王君，趙相儒君。觀北三二十四號去歲決口處，大壩邊埽七十三段。詳論塞決章。晚宿固安縣城內。

二十五日乘騾車至涿洲。距固安六十里。固安種矮柳極多。婦女採折去皮，作等長之條成束徑二三寸，發於販商，以作筐籃之用。沿途所見，車載人負者甚多也。高粱極盛。三十里過小清河，亦名玻璃河。水清且漣，不愧其名。河身寬而淺。擺渡方底船外，見有小划撐水中流，阻淺，推曳始過。今日水較平時尚漲增數寸也。午後至涿州。下午六時半回北京。

二十六，二十七日休息。

二十八日由西直門乘火車至門頭溝觀渾河山中情形。是處河身被束，流不失範。兩旁各修渠引水，以資灌溉。南岸以水坭成渠，即沿河畔導流十餘里。聞係公司組織貸民灌田，每畝收水租若干焉。返至下黃村束，厲衛遊八大處。旋沿山脊越數嶺至碧雲寺，臥佛寺。所行之路，寬幾不容足，坡立而陡，荊榛塞途，下臨絕壑，深數十丈，雖有代步，弗用焉。徒步跋涉三十餘里，所見石質俱與石徑山同，宿距臥佛寺三里村廟中。

二十九日乘衛至萬壽山，遊頤和園。復乘人力車回京。

三十日至全國水利局總裁處辭行。作書呈熊督辦致謝：因其尚在病假中，不便親往也。此書至濟南乃發之。

三十一日遊武英殿古物陳列所。

八月一日乘火車往濟南。下車時大雨如注，全體皆濡。仍宿陳大我處。

二日往第一師範晤陳定川，詢濟南招考狀況。訪同鄉復大雨。

三日仍雨未出門。

四日乘火車回南京。晚許主任來訪。予之日記止是。

第三卷 渠工學

上編 漕渠工程

第一章 論漕渠

第一節 小叙

漕水運(1)也。西人分渠為二類。曰(一)內航渠。曰(二)海渠。所謂漕渠者，應屬於第一類。緣吾國向來無通海之渠。所謂漕渠，皆為內航。本書專論漕渠。而於海渠，則附論於末章。以其功甚鉅且非吾國之所急也。

漕運之在吾國古矣。禹貢浮於洛，達於河。說者以為即當時之貢道(2)。然穿渠則猶未也。漢鄭當時建言引渭穿渠，起長安終南山下至河三百餘里。令齊人水土表息，發卒數萬人為之(3)。當為穿渠鉅功之祖始。後歷唐宋元明清，漕轉不廢。而南北運河之大通則始於明尚書宋禮。泰西穿渠始於埃及，在耶穌紀元以前。則穿渠之功，先後俱見於意大利，西班牙，俄羅斯，瑞典，荷蘭，法蘭西，諸國矣。

渠之有閘，幾如房屋之有階戶也。而吾國閘功發源亦早。後漢王景修汴渠，築隄自滎陽東至千乘海口千餘里。景乃商度地勢，鑿山阜，破砥績，直截溝澗。防遏衝要，疏決壅積。十里立一水門，令更相洄注，無復遺漏之患。當為渠功用閘之完全創制(4)。然運河之閘，至今日尚為極簡單之制，則當時之水門可想見矣。歐洲閘制當在十四紀。其創始或云荷蘭，或云義大利，未可考也。而古時渠功之可稱鉅大完美者，則首推法蘭西。蘭暨道渠第十七世紀路易十四時所穿。竣功於年 1681。蘭渠通畢士克海灣及地中海。長 240 公里，其水脊段高於海面 180 餘公尺。凡用百閘，以陟其巔。自此以後各國相繼而起，渠制日臻完美矣。

世界交通，或於水，或於陸，至今則又及於大氣界。(飛行機及飛艇)。大氣界航路現尚未能為普通人所用。伊古以來，互相較爭，互相利助者，厥惟水陸二者而已。人陸棲者也。交通之始，必自以陸為先。及古能人見竅木浮而為舟，而水運以興。見飛蓬轉而為車，而陸運以捷。而舟車之用，舟必先於車。其故有二。(一)陸行非車亦可，而水濟非舟不能。困則先通，其勢然也。(二)水面平易，鼓楫已行。陸路崎嶇，非鑿山填壑不為功。難易相殊，故用之有先後也。故古昔文化之興，必肇於大川左右。委輸易，貿遷速，商務易盛，亦歷史之所必然也。

（ 1 ） 前漢武帝紀穿漕渠通渭。註水轉曰漕，水運也。
（ 2 ） 顧棟高漕運小叙。
（ 3 ） 史記河渠書。
（ 4 ） 王景前水門已應用于前漢。參觀漢書溝洫志賈讓治河策。召信臣傳"起水門提閼"後漢書明帝紀。築堤理渠，絕水立門，河沛分流及王景傳。

自水陸運興，而舟車之製亦相驅並進。然舟之製，自簽木方版而至舳艫巨舡，其載量常當數十車至數百車。車之製雖由麤而精，然服牛乘馬今猶昔也。輦車騈駕，終不敵連檣挾櫓，亦勢使然也。乃自十六紀後鐵道發軔，而陸運大盛。千里一日，山川弗阻，說者且謂內航之事從此可廢也。幸汽船之製亦同時並進，衝波截海亦足以相抗。

海洋交通固非舟不可，而內陸往來則鐵路河渠常成競爭問題。顧鐵路運輸速矣，而其運脚之昂終不降劑與河渠等。茲就普通情形比較如下。

設運脚在衢路為　　　1
則　在鐵路為　　　$1/5$ 至 $1/6$
　　在水路為　　　$1/50$ 至 $1/70$

是河渠運脚常十餘倍小於鐵路也。

或謂有鐵路之地，若添闢航路則足以奪鐵路之利益。而鐵路營業，不且因之大受損失乎。是又不然，二者非但不相妨，且足相助。蓋旅客之往來圖速，而貨物之貿遷圖廉。河渠與鐵路並行，則舟運其貨，車轉其人。貨物之委輸繁，則旅客之往來亦便。證之滬寧交通，知此說非謬。證之歐洲水陸運行各地。（如伯林至司太空）亦莫不然。歐洲鐵道密布如網，而穿渠之功 亦歲歲不輟。（德國學生學土木者專研究水功者多，而專研究鐵路者少。詢其故則曰鐵路之於吾國已應有盡有，水功則方興未艾也良以此耳）。我國運河之廢，由於海道之通，而不由於平漢津浦鐵道之成。然海洋洪濤，時召危險，何如內航之平易。今之主張恢復運河者誠為卓見。且內地運輸，艱苦萬狀。苟能多穿渠道以相聯絡。其便民利國，豈淺鮮哉。天然河道非隨地皆有也。有矣非盡可通航也。河道之水資於天然。河床形勢亦屬天然。故旱潦不時，漲落不恒，而航運或因以阻。或因陡險砥石，上下維艱。故不得已而穿渠以濟之。渠之為用，或獨立，或為河旁引渠，以濟其不通航之一段。其寬狹有定，深淺一律，水面平衡，牽挽上下均易，是渠之優於天然河道者也。惟水屬靜止。寒冬易凍，結冰阻航，實其缺點。然有破冰汽艇以除其冰，故停航之期亦可減短。其又一缺點則在過閘時之延綏。漕渠若與河道多相連通，則其為用更廣。

渠中運脚。(一)關於船隻之大小。船隻愈大，載貨愈多，則運脚愈省。

(二)關於運力。或為人力，或為馬力，或為汽機，燃氣機，電機等力。其力之代價愈廉，則其運脚愈低。

(三)渠段之長短及渠閘之多寡。段長則閘省，閘省則運速，運速則價廉。

(四)渠捐之輕重。渠捐者所以徵於渠中往來各船，以償造渠及養渠等費。無使過重以便行旅。

漕渠若成，通航而外，且可以為農業工業之用。

第一章　論漕渠

第二節　渠與船閘(5)

凡人造之渠，或有閘，或無閘。地勢平坦，渠身橫穿兩河，則可無閘。若地勢陡峻，渠行山坡或越山脊，高低相殊，則常需閘。用閘之渠，分渠長為若干段，每段以閘相隔。如第二四九圖為山坡渠，第二五〇圖為越脊渠。每段之中水面平衡。船隻上下，皆由閘中升降，如拾級然。

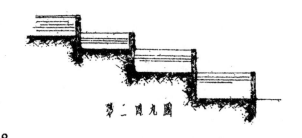

第二四九圖

閘分單船閘及拖船閘。上下二門相距較遠，可容多船於內，中國舊式船閘屬是類。單船閘但容一船，如第二五一圖。閘之上為上水，閘之下為下水。A

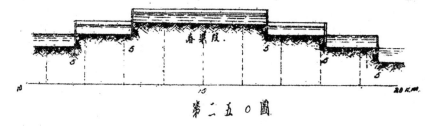

第二五〇圖

為上水門，B為下水門。二門之間為閘廂。上下二門俱另有涵洞，由上水通至閘廂，由閘廂通至下水。各有牖可以啟閉。牖之構造見後茲不贅。

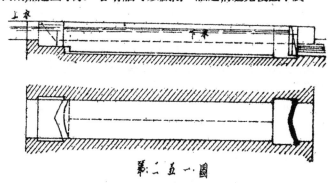

第二五一圖

過閘之法，如船由下水行而上，船待閘外。先啟下水門涵洞，令水由閘廂

---

(5) Kanal und Schleuse, Canal and Locks.

流入下水。俟廂內水與下水齊，乃啟下水門，船行入閘廂。乃閉下水門及其涵洞。並開上水門涵洞，俟上水流入閘廂，水面相齊，乃啟上水門，船出閘廂上駛。船自上水下行時反是。

第三節　船隻及行船法(6)

（一）泭木(7)　編木以渡曰泭。大抵用以運送木材。以圓木幹或剖就木板編結成排，順流而下。亦有先由山上以隻木放下，至下流寬處收聚之編成排。上兼載他貨，有時亦附客商。排前後有槳，以隨意左右。繩纜鉄錨，亦所必備。其所需水深泭板木須 0.25 公尺。泭圓木須 0.6 公尺。

（二）船制　漕渠船制與內河船制相仿。乘客之船欲便而捷。載貨之船欲重而穩。我國舊式之船，乘客者多名剝子。兩端銳而穹底，中為艙。載貨之船則平底者多。行於運河者有西河牛，楊木頭，大小糧划，鹽划，如意頭，大小黃艜，大小黑艜，廠口，團頭等名。其載重由五六噸至二三十噸。又有名梭子者以兩船縱接，可拆可合。俱以木製。近者新式之船有用鐵者。黃河及揚子江上下民船，其載重有由百餘噸至千餘噸者。

汽船之行於我國內河及漕渠者，揚子江上海至漢口，載重最大者至三千九百餘噸。漢口至宜昌載重最大者二千餘噸。其他航路若天津之白河大清河，江蘇之蘇鎮淮揚航路，南通餘市呂四航路，南通如皋泰縣邵伯鎮江航路，瓜州至清江浦航路，安徽之淮陰亳州壽州等十餘處航路，江蘇浙江之蘇嘉湖紹航路，廣東廣西之廣州梧州南甯肇慶等航路，湖南之長沙湘潭岳州常德至漢口航路，江西之九江至淮陰等處航路，則皆屬小汽船。載重數百噸。且多半為搭客拖船，而貨物仍行民船者。

凡船之大小與水之深淺有關。船載滿重其身入水之深名曰喫水。較大之船，其喫水之深由 0.8 至 2.4 公尺不等。水淺則吃水不宜過深。蓋船底渠底之間，須有充足之空餘也。尋常船制其吃水深名為 T。船身上寬命為 B，船之長命為 L。則 $T : B = 1 : 4.5$，$B : L = 1 : 8$，故 $T : B : L = 1 : 4.5 : 36$，

渠中航行之船，其喫水較之等深河水中航行之船可稍大。因渠中水深一律，河中則深淺無定也。

船在水中喫水之量(8)，以立方公尺計之。其重以噸計之。以船之長闊相乘再乘以一係數，"K"。

$$K = \frac{船身實際入水之容量}{B \times L \times T 之長立方形}$$

即得其運水量。K 名完滿度(9)。其值由經驗而得。由 0.8 至 0.9。漕渠

---

(6)　Schiffe und Schiffbeforderung. Vessels and Shiping.　　(7)　Flössen
(8)　Displacement　　　　　　　　　　　　　　　　(9)　Völligkeitsgrad

第一章 論漕渠

航船之完滿度可較大於河中航船。亦以渠身寬狹有定故也。既知船身逼水之量爲若干立方公尺，則其爲若干噸，（每立方公尺之水重一噸）。船之載量，（即其可載之重量）爲比重之 75% 至 82%。蓋船身本重，及其上之什物設備亦占該重之 18% 至 25% 也。

載貨鐵船底平，兩舷直立而圓其下。船之前端作匙形。後因舵之位置形式而異。但水線(10)在該處仍作弧形。

(三)行船法　無論河中渠中行船之法，大概可分下述六類。

(甲)乘流　河身降度陡處，船身下駛，其速率較水流爲速。故乘流而下，不藉他力。有時且助以帆。

(乙)撐篙　但爲輔助船動之具，不能專恃。

(丙)引縴　漕渠用之者多。河中航船，惟上駛時有用之者。昔者歐洲引縴多用人力，近則易以馬力。惟吾國尚多用人力者。縴在吾國多以箎竹製之，堅靱可恃。船之小者縴即繫於船首，船之大者，則繫於桅桿。漕渠用馬引縴者，其速率可至每點鐘 3 公里至 4 公里。

渠之旁必設縴路，以爲人或馬引縴行走之用。河中用船引縴者，其縴路但設於一側。漕渠則須兼設於二側。因漕渠上下並用引縴也。縴路之寬在歐洲 3 公尺至 4 公尺。但此數不免太寬。若縴路通過橋下，其寬以不過 2.5 公尺爲宜。

岸上於需要之處，宜設繫船椿，如第二五二圖。河中急流難進處，尤爲必要，以便維舟其上，令人馬稍息。若慮椿掛縴繩爲引縴之碍，則可安設滑木於椿之上，如第二五三圖。令縴繩滑之而過。河渠灣曲太甚處，宜於凸邊岸上設導縴轉轆(11)如第二五四圖。高 2 公尺至 3 公尺。轆徑 25 公分，使牽繩滑行其上。以導正船之方向。轉轆昔多用木，近則多以金類質爲之。

第二五二圖

(丁)駕風　帆亦爲輔助行駛之一種。上駛時以助牽力，下駛時以助水力。

(戊)用汽　河中航行用汽力者其法有二。(一)爲汽船，可自由行駛。其進行之機或用螺旋或用輪。輪汽船穩利乘客，螺汽船則利於貨運。汽船之後繫船若干，名曰拖船。拖船於上下貨物稱便。蓋貨品裝卸需時頗久，另有貨船泊岸，則拖船之汽船不必久稽也。(二)練拖船(12) 船上有轆二，以汽機轉動。用鐵練自一轆綻下而繞於他轆上以曳船而上。此法但用於河中水坡陡處，或河中通過山峒處，不常用也。亦有以鐵索代練者。

---

(10)　Wasserlinie，船身靜止時水面切船身之線。　　(11)　Leilsolle
(12)　Kettenschleper

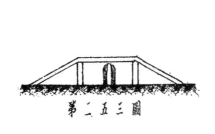

第二五三圖

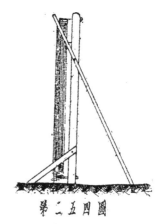

第二五四圖

漕渠用汽船，若渠段短則頗苦不便。所用者全爲螺旋汽船。輪汽船鮮有入渠者。新造之渠，宜力節閘之數而求渠段之長。

（己）電縴　歐美各國漕渠有用電力引縴者。在德意志則首用於司太定。(13) 而工程諮議魯道爾夫(14) 實爲其創設者。1904 年美國用電力引縴法於愛里(15) 漕渠。德意志則更推廣於泰爾稻。(16) 及其他各渠。其制有二。（一）於岸上設軌，電力機車行其上。機車後有一長而斜倚可以伸縮之鐵桿，其端有滑車。曳船之縴即拖其上。此爲却特根氏(17) 制。其（二）則船段兩端各設盤輪，以電機動轉繞，以鋼索繞兩端盤輪，沿岸栽桿以承其索，名曰動索。另有索當動索之下，與之並行，名曰定索，則定而不動，作軌道用者也。以一小車帶二滑輪，緣定索鉗於動索，隨之轉行。引船之縴亦繫於此小車上，故船亦行矣。

第四節　船隻與渠身及其他漕渠建造物之關係

漕渠及附屬於漕渠建造物之大小，視航船之大小而定，而尤以喫水之深爲要。喫水與船身寬相乘之積，即以渠水之橫剖面而定。又船閘入口之寬，以船身之寬而定。閘廂之長，以船身之長而定。渠身灣曲半徑，亦與船身之長有關係焉。（詳後）

商務日隆，船身大小日見其增，而舊日漕渠遂有不能不隨之增長之勢。如法蘭西北部漕渠，昔時深 1 公尺者，近年增至 2 公尺。德意志漕渠昔時深 2 公尺者，近且增至 2.5 公尺。

渠上橋梁之下沿，高出常例水面之尺寸，須視（一）空船甲板之高，（二）堆

(13) Sietlin　　(14) Baurat Rudolph　　(15) Erie
(16) Teltow　　(17) Kottgent

第一章 論漕渠

積粗貨如乾草黍稭等之高，(三)汽船煙筒之高而定。在歐美昔時定爲 4 公尺之明空，近亦見其不足而加增矣。

船閘中船底渠底之間，至少須有 0.4 公尺之餘空。若水深 2 公尺，則船之最大喫水不能過 1.6 公尺。假令船身之寬五倍於喫水，其長七倍於寬，則寬爲 8 公尺，長爲 56 公尺。設其完滿度爲 0.85 而船之載量爲逼水量重之 0.7，則載量爲

$$1.6 \times 8 \times 56 \times 0.85 \times 0.7 = 426 \text{ 噸}$$

整計之即爲 400 噸。

設水深 2.5 公尺，用汽力行船，則船底渠底之間須留 0.75 公尺之餘空。船身寬 8 公尺而載重 600 噸者，其喫水得

$$2.5 - 0.75 = 1.75 \text{ 公尺}。$$

設渠身須並容兩船，兩船之間須留 2 公尺之餘空，則渠底之寬得

$$2 \times 8 + 2 = 18 \text{ 公尺}$$

若渠岸坡度爲 1:2，則水面之寬應爲

$$2 \times 2 \times 2.5 + 18 = 28 \text{ 公尺}$$

若岸坡帶一戧坡。兩岸各增寬 1 公尺，則共爲 30 公尺。船之橫剖面如第二五五圖所示。船身寬 9 公尺者此渠身亦可用。

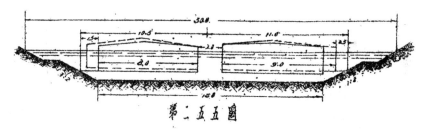

第二五五圖

渠水之橫剖面積，與入水船身橫剖面積相比，不能下於 $1/4$ 以減行船阻力。(詳下章)

試以第二五五圖渠式論之，渠水之橫剖面積爲 $18.0 \times 2.5 + 2 \times \dfrac{2.5 \times 5.0}{2} +$

$2 \times 1.0 \times 0.75 = 59$，入水船身橫剖面積爲

$$8 \times 1.75 = 14 \quad \text{其相比爲} \quad 59:14 = 4:1$$

船閘中水深宜較深於所連渠段 0.5 公尺。蓋渠段易於浚深，而閘底則不能也。閘門閘廂亦須計及後日擴充。於起始計畫時，須令其長闊餘裕。俟詳論船閘。

第五節　船之速率及行船阻力

船行於河中，其速率上行與下行異。在中歐航船中速率有如下表。

萊因河快船：下水每秒 6.5 公尺，　即每點鐘 23.4 公里。
　　　　　　上水每秒 4.2 公尺，　即每點鐘 15.2 公里。
尋常客船，下水每秒 5.5 公尺，　即每點鐘 19.8 公里。
　　　　　上水每秒 3.5 公尺，　即每點鐘 12.6 公里。
拖船：上水每秒 1.3 至 1.4 公尺，　即每點鐘 4.8 至 5.0 公里。

渠中行船其速率有定限。喫水愈深則速率愈宜限制。茲就道特孟脫愛姆司(18)渠舉例如下。

喫水 1.75 公尺深者，其速率不能過每秒 1.4 公尺。
喫水 2.00 公尺深者，其速率不能過每秒 1.1 公尺。
小渠中用人力引縴者，其速率為每秒 0.3 至 0.4 公尺。
用馬力引縴者，其速率為每秒 0.5 至 0.75 公尺。
下表中又舉世界有名漕渠航船之速率。

渠　名	水深 以公尺計	餘空 以公尺計	引力	速率 以每點鐘若干公里計
Erie 愛里 (enlarged)	2.14	0.30	馬	2.7
upper Escaut				
St. Quentin 聖昆庭				
Lateraloise 拉特爾	2.20	0.39		
奧哀司（以上北美）				
Dortmunt Ems 道特孟脫 愛姆司（德國）	2.50	0.50	拖船	5.0
Uerueds 美爾維德（荷蘭）	3.60	0.35		7.5
Brussel to 布縷塞爾至 Rupel 柔倍爾（比利時）	3.20			6.0
Gent- 艮脫—泰爾能參 Terneuzen（荷蘭）	6.30	0.46		8.7

(18) Dortmunt Ems

第一章 論漕渠 239

Amsterdam 阿姆司脫達（在最近擴充以前荷蘭）	8.58	0.60	汽船	9.0
Suez 蘇彝士（在最近擴充以前）	9.50	1.24		10.0

行船阻力　船行水中所受阻力，不但爲航業家所須知，造渠亦所必知也。行船阻力與船之速率之正方約爲正比。又與船身入水橫剖面積及受水之面爲正比。尋常船制受水舷面與船身入水橫剖面積同率而增，故但計其次者可以該括之矣。

命船身入水橫剖面積爲 f，其速率爲 V_1 則若行船於靜水中，其阻力爲

$$W_1 = k.f.V_1{}^2 \tag{1}$$

式中 k 爲經驗所得之係數，在新式構造精良之船其值約等於 11 至 14。在奧國多惱河中試驗所得 V_1 之指數以 2.25 代 2 較爲適當。

$$\text{故}\quad W_1 = k.f.V_1{}^{2\cdot 5} \tag{2}$$

若船行水中向上航駛，則水之速率亦適足增船之阻力。命水之速率爲 V_2 則船之阻力爲

$$W_2 = k.f.(V_1+V_2)^{2\cdot 5} \tag{3}$$

水面降度太陡，則水下流甚速。船上行所受阻力已爲不小。且船行斜面其荷重(本重及載重)之一部分，須耗力引之向上。又輪汽船之輪，螺旋汽船之螺葉，因速流滑漾，亦運動弗靈。尤以拖船爲甚。以是之故，水面降度爲航船經濟計，當以 $\dfrac{0.5}{1000}$ 爲極限。過此則不若用練拖船之法矣。

渠中水面平衡，雖無流水速率以增其阻力。但渠身狹隘，船行時亦常有一廻溜，當說明之如下。

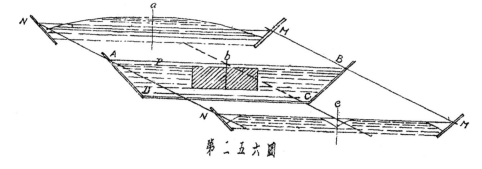

第二五六圖

如第二五六圖船身之前水爲船所逼高起，（圖中 a 處）名曰船頭浪。船身兩側因水被逼而前，水面反低落，（圖中 b' 處）。a 及 b 二處水面高低旣殊，故生一溜，其方向與船行方向反對，名曰廻溜。上世紀中道特孟脫愛姆司渠所作試驗甚多，用各種式之船以各種之速率航行，而求低落之度 S。哈克[19]因之以求低落水橫剖面之面積 f_3，又命渠水之橫剖面積爲 F。

以 f_3 與船身入水橫剖面積 f 同視之。命船行時所逼而前之水量爲 $(f+f_3)V_1$，等於廻溜之水量 $\{F-(f+f_3)\}V'_2$ 則

$$V_2^1 = \frac{f+f_3}{F-(f+f_3)}V_1$$

爲廻溜之速率。此式以

$$V_1 = \frac{F-(f+f_3)}{F-(f+f_3)}V_1 \quad 相加。則得$$

$$V_1 + V_2^1 = \frac{F}{F-(f+f_3)}V_1 \tag{4}$$

式之右端分母子俱以 f 除，而命

$$n = \frac{F}{f},\ y = \frac{f_3}{f} \quad 則$$

$$V_1 + V_2^1 = \frac{n}{n-(1+y)}V_1 \tag{5}$$

而行船阻力即爲

$$W_3 = k.f.\left(\frac{n}{n-(1+y)}\right)^{2.25} V_1^{2.25} \tag{6}$$

道特孟脫愛姆司渠之寔驗，可作上公式應用之一例。該渠水深 2.5 公尺，渠水橫剖面積 F 爲 59.5 平方公尺，實驗之船名愛姆丹[20] 喫水之深爲 1.75 公尺，其入水橫剖面積 f 爲 14.1 平方公尺。故

$$n = \frac{59.5}{14.1} = 4.22\ 係數\ k\ 在此結算作每平方公尺爲 12.5 公斤，愛姆丹船$$

身前作匙形。載重 600 噸，航行速率平均在每秒 1 公尺至 2 公尺之間，y 之值係應用哈克所驗得低落水橫剖面積而求之如下。

$$V_1 = 0.96 \quad 1.23 \quad 1.54 \quad 1.75\ 公尺$$
$$y = f_3 : f = 0.06 \quad 0.13 \quad 0.24 \quad 0.37$$

若如第二五七圖作縱橫軸線以 V_1 度於橫軸而以 $y = f_3 : f$ 之值度爲豎標，

---

[19] Haag [20] Emdon

第一章　論漕渠

而聯其端點，則成曲線。此綫可以拋物線代之。其方程式為

$y = 0.15 V_1^2$ （按上圖中拋物線

高出該曲折線若干，蓋此拋物線為由該渠中許多試驗折中而定。茲所舉者，但其一例，自不能完全吻合也）。以此代入上公式(6) 則得

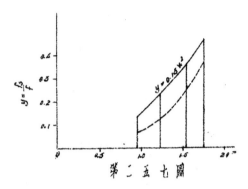

第二五七圖

$$W_3 = 12.5 \times 14.1 \left(\frac{4.22}{4.22 - (1 + 0.15 V_1^2)} \right)^{2.25} V_1^{2.25}$$

例若航行速率，每點鐘為 5 公里，（新渠中可許之速率）則得

$V_1 = 1.4$ 公里 1 點鐘　　　　　$W_3 = 863$ 公斤

哈克實驗所得 W_3 為 810 公斤。

設無迴溜則 $W_1 = 12.5 \times 14.1 \times (1.40)^{2.25}$ 公斤 故知渠中航行迴溜之力，其阻力增加一倍有餘。

上所言水面低落之度 S，若非由實驗所得，亦可由笛勒(21)公式。算出之。

$$S = \frac{(V_1 + V_2)^2 - V_1^2}{2g}$$

又係數 k 亦與渠身橫剖面式有關係。同面積之橫剖面愈深者，其阻力愈少。

係數 k 又與船之喫水及船底間之餘空有關係。設船之喫水為中等，船底間之餘空為 d，又實驗得其阻力係數為 k，則他船之餘空為 d_1 者，其阻力係數為 $k_1 = 0.95 k \dfrac{d}{d_1}$。

k 之值由經驗上所得，列舉如下。

道特孟脫愛姆司拖船	12.5 至 13.1	公斤
汽船	9	公斤
構造精良之河航汽船	8 至 10	公斤
構造精良河中及渠中平船(貨船)	11 至 14	公斤

(21) Thiely's formulae

愛爾布河中平船(貨船)　　18 至 20　　公斤
　　　　　小船　　　　　　20 至 25　　公斤

平船之完滿度不同者，其阻力可由下式算之。

$$We = kf \left(\frac{n}{n-(1+0.252 V_1^2)} \right)^{2.25} V_1^{2.25}$$

完滿度 $K = 0.75$ 至 0.90

渠船之完滿度較河船大故阻力亦較大，且較滯笨。(使舵較難)。其優點惟在載貨多耳。

若船行於狹隘之流水中，則既有流水之速率 V_2 與船之方向相反對，又有廻溜之力以增其勢，故其向下之速率爲：

$$V_2 = \frac{nV_3}{n-\left(1+\frac{f_3}{f}\right)} + V_2' = \frac{\left(1+\frac{f_3}{f}\right)V_1 + n_2 V}{n-\left(1+\frac{f_3}{f}\right)}$$

而其阻力爲
$$We = k.f.V_1^{2.25} \left\{ \frac{\left(1+\frac{f_3}{f}\right) + n\frac{V_2}{V}}{n-\left(1+\frac{f_3}{f}\right)} \right\}^{2.25}$$

反是若船于流水中下行，則其阻力減爲：

$$W_e^1 = k.f.V^{2.25} \left\{ \frac{\left(1+\frac{f_3}{f}\right) - n\frac{V_2}{V}}{n-\left(1+\frac{f_3}{f}\right)} \right\}^{2.25}$$

數船前後連接者，其阻力爲各隻船阻力之和。各船若短繫連接，其阻力可小于長繫接。但至彎曲處，其阻力則更大。又船自拖之其阻力小於用汽船引者約百分之十。

第六節　漕渠之分類

漕渠之用有專事航運者，亦有兼爲灌漑洩水用者。論其地勢則有穿於原隰者，有沿山谷行者，亦有越過山脊者。地勢既異，則其建築功程亦不一。原隰之渠大抵近海岸，地勢平行低下，渠段只一。水面平衡，但因洩水情形，其地面高低不能守常不變，而有規定高水低水之差別焉。沿谷底行者，名曰邊渠。(22) 大抵用作引河者多。由正河上游分出，下流復歸入正流。下流入正河口高于正河低水，而底于正河高水。故此種渠大低作階段式，而帶一方之降度。

---

(22) Seiten Kanal

第三章　論漕渠

渠之越過山脊者，名越脊渠。(23) 或以連通兩河，名曰連渠。(24) 由一川谷躋升高地，至分水嶺又降入他川谷。故是渠亦作階段式，而有兩方之降度。又幹渠分出小渠者，名曰支渠。(25)

第七節　渠水橫剖面

漕渠之橫剖面前已略論之。水之深由船之喫水而定。在德意志尋常爲 2.5 公尺。最高水面在橋下須 4.0 至 4.5 公尺之明空。有數渠則爲 3.7 公尺。

漕底渠底間之餘空，須得充足。蓋有時供水缺乏，不能補足耗去之水，則致餘空太少，有礙航行。故例若水深 2.5 公尺，喫水 1.75 公尺者，其餘空爲 0.75 公尺。

水之橫剖面積至少宜爲最大入水船身橫剖面積之四倍，能至五倍或六倍更安。其式多爲梯形式。列如奧多司布里(26) 區水深 2.0 公尺，底寬 14 公尺，兩岸坡度爲 1:2，故水面之寬爲 22 公尺。計畫新渠須慮及將來航業日增，務使他日增益寬深不致作難。

渠之作梯形式，以其易於施工也。但通航而後，苟渠底非屬堅址，則不衡之底，必於中間漸致刷深。其結果必致渠底受損，而致滲漏。故欲防此患，有數渠如泰爾稻渠(27) 於創始時，即改用複折綫式。其中間較深於兩旁。用此種改良渠式，不特可免上言之弊，且船行渠之中間，其阻力亦較小於同水面積之用梯形式者。

渠之兩側岸坡本以 1:2 或 1:3 之斜面與渠底面相接。通航而後，因船之動力，(尤以螺旋汽船爲甚)故中間刷深，而刷起之士即沉墊於兩側。故久之渠之底面坡面漸改作曲綫式。計畫新渠者，亦不可不慮及此也。

格爾哈德(28) 以漕渠天然漸改之式近於拋物線，故新渠能造作拋物線式最善。但此種工程頗不易施。尋常以梯形式之密近於此拋物線式者代之。例如漕渠須並容三船者。船各寬 4.6 公尺，二船滿載，相間 2 公尺與一滿載停船相間一公尺傍之而過，(如第二五八圖) 則三船共占寬 16.8 公尺。船之吃水爲 1.4 公尺，兩

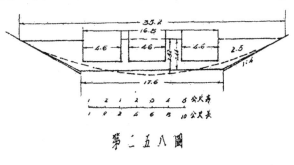

第二五八圖

---

(23) Scheitel Kanal　　　　(24) Verbindungs Kanal
(25) Zweig Kanal　　　　　(26) Oder-Spree
(27) Teltow　　　　　　　　(28) Gerhardt

側之船，其外船之底與岸坡相離擬作 25 公分。（按船之大小由 30 至 35 公分）。拋物線之矢定爲 2.52 公尺，則此拋物線式可以一梯形式寬 17.6 公尺，坡度 1 比 4 面寬 33.2 公尺者代之。

水面之高低，在普通渠中大約有定，以供給水量有定則故也。惟原隰渠有高水低水之差別。然普通渠中水面因放閘之出入，亦不能無小漲落。又渠中臨時瀦水面至高時名曰盈水面。(29) 高出尋常水面可至 0.5 公尺。渠身在塡土段可深其底以省土功。且得增其水橫剖面，而減行船之阻力。渠底之寬亦可減至 7.8 至 7.4 公尺。

第八節　渠之灣度及渠閘水差

（一）渠線須整齊有律，與衢道鐵道線同也。故渠之中線亦爲直線曲線接合而成。彎曲半徑至少須爲航行渠中最長之船之五倍又半。故船之長爲 35 公尺，45 公尺，及 55 公尺者，其最小彎曲半徑須爲 200 公尺，250 公尺，及 300 公尺之整數。彎曲愈緩則行船愈易。故近時所開之渠，尤事力增其彎曲半徑，以求便於最長之船。船行船閘及橋樑上下之相距 750 公尺之遠，爲航行穩妥計，以力免灣曲爲宜。

渠之寬於彎曲段須增之，以利航行。其增加之度視彎曲半徑之大小。半徑愈小者增加愈多。大抵彎曲半徑大於最長之船六倍以下必須增加。命增加之數爲 e 彎曲半徑爲 R，以船之長 AB 爲弦，渠之中線爲弧，其矢爲 h，則 $e \geqq 2h$。第 圖爲依此

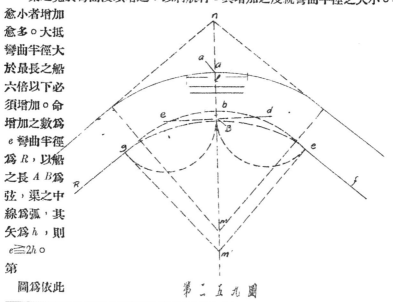

第二五九圖

(29) Angesparents Wassesspiegel

第一章 論漕渠

式求增寬 e 兼定弧線之法。l 為船之長度，$f'f$ 等於 aa' 之二倍。作 ed 線與 mn 正交，乃度 cg 等於 eb，度 de 等於 db（亦即等於 eb），得 g 及 e 二點。再作 gm_1 正交 eh，及 e_1m 正交 fd 即得增寬弧之中心點 m_1。以 m_1g 為半徑，作弧連 g 及 e 二切點，即得弧線。

荷蘭艮脫泰南參用一公式求增寬 e 如下。

$$e = 4(R - \sqrt{R^2 - 200L})$$

式中 e 及 R 以英尺計之。

又凱撒威廉渠所用公式如下。

$$e = 85.3 - 0.01R$$

式中 e 及 R 亦以英尺計之。

道特主脫愛姆司渠其增加渠寬之例如下。

R 在 2000 公尺及 1800 公尺之間者	$e = 0.5$ 公尺
R 在 1700 公尺及 1000 公尺之間者	$e = 1.0$ 公尺
R 在 950 公尺及 700 公尺之間者	$e = 1.5$ 公尺
R 在 650 公尺及 550 公尺之間者	$e = 2.0$ 公尺
R 在 500 公尺及 450 公尺之間者	$e = 2.5$ 公尺
R 在 400 公尺者	$e = 3.0$ 公尺

愛姆司渭塞渠所用之例如下。

$R \geqq 2000$ 公尺者	$e = 0$ 公尺
$2000 > R \geqq 1500$ 公尺者	$e = 1$ 公尺
$1500 > R \geqq 1200$ 公尺者	$e = 2$ 公尺
$1200 > R \geqq 900$ 公尺者	$e = 3$ 公尺
$900 > R \geqq 700$ 公尺者	$e = 4$ 公尺
$700 > R \geqq 500$ 公尺者	$e = 5$ 公尺

增寬之起點須在彎曲起點終點 100 公尺以外。

渠身應增寬之處除彎曲段以外，尚有以下各段須加注意。（一）支渠之入口。（二）船舶所。（三）農田衝要之處。（恐渠身太狹水侵岸上農田）。（四）船閘上下。（五）行船法換替處（如以纜代汽）。（六）廻船處（詳後）。其應增寬之度各與行船所用之法及船隻大小有關。

（二）渠段之鄰渠之出口者，其地位之高，須視相連通水道之高而定。至若山脊渠段及中間渠段欲定其地位高低，須視供水情形。高地供水不易者，其渠閘降度（即上下水面之差）應小於低地之供水易者。

渠段長則省閘即省航行之時，而使汽船易於通行。此則計畫新渠者不可不知也。相連屬之渠閘，若能得畫一之降度，則於建築及養護皆便。故萊因馬內渠定標準降度為 2.5 公尺。馬內薩翁渠定標準降度為 3.5 公尺。而與多司布里渠有三閘其降度俱為 4 公尺。過閘所費之時，依向來所用之法至少須二十分鐘。現所用新法則極力求縮短此時。

第九節　漕渠定線

定渠線與鐵道定線所應注意者同。可分經濟定線法及工程定線法。經濟定線法在審度商務情形以及航務等費用以斷開渠之有利與否。工程定線法則審查比較工程等費以求最合宜之渠線。

（一）經濟定線法，第一先須調查當地現有之貨物交通如何，及渠成後可希望貨物交通之增加若何。

第二項計算航船費用。航船之總費，為航船本費副費及捐稅之和。航船本費又分為利息養船費準備金及營業費。（備貨煤及油脂等類）副費則分為港稅保險稅起卸及裝貨等費。捐費則所以償養渠費及建設漕渠基本之準備金者也。一切費皆析為每噸每公里若干計之。而計航行之長短，則以渠閘軏軀亦算作相當距離加入之。例如航行速率每點鐘 5 公里者按桑費爾所算如下表。

閘之種類	單船閘	單船閘	單船閘	拖船閘
航　　船	單　船	拖船為二貨船一汽船組成者	拖船由二貨船組成者	拖船一列
軏軀以分鐘計	30	95	72	43
渠段加長以公里計	2.5	8	6	4

捐稅則按實在渠長及過閘次數而定。又行船費用與營業狀況，（有晝航者有晝夜俱航者）及每年營業時與船之大小亦有關係。

每年營業時因結冰及他種情形，故不能終年無間。吾國如運河每年十二月及及一月二月皆在停航時期。在德意志則萊因愛爾貝區域每年航行十月，得 270 營業日；與多區域每年航行九月得 250 營業日；維克塞爾區域每年航行八月得 230 營業日。

桑費爾假設一汽拖船二貨船，滿載，向一方向五分之一廻向，速率每點鐘 5 公里，航於無阻隔無交叉點之渠段。晝夜兼航者作二十四點鐘計算。晝航而

第一章 論漕渠

夜不航者作十三點鐘計算。則行船之費有如下表。

表中 n 為航行所經公里之數，費以德幣芬尼計之。

讀者須知歐戰以前平時德幣一馬克合華幣半元而值百芬尼也。

平均行船費以每噸每公里若干芬尼(30) 算之按船之載重為

營業時日	150 噸	200 噸	300 噸	400 噸	600 噸
1. 270 日					
a) 晝夜	$\frac{150}{n}+79$	$\frac{125}{n}+0.63$	$\frac{100}{n}+0.48$	$\frac{95}{n}+0.41$	$\frac{90}{n}+0.30$
b) 晝航	$\frac{105}{n}+0.77$	$\frac{90}{n}+0.62$	$\frac{70}{n}+0.47$	$\frac{70}{n}+0.40$	$\frac{70}{n}+0.33$
1. 250 日					
a) 晝夜	$\frac{160}{n}+.84$	$\frac{135}{n}+0.67$	$\frac{110}{n}+.49$	$\frac{100}{n}+0.42$	$\frac{90}{n}+0.33$
b) 晝航	$\frac{115}{n}+0.79$	$\frac{95}{n}+0.66$	$\frac{75}{n}+0.51$	$\frac{75}{n}+.44$	$\frac{75}{n}+0.37$
3. 230 日					
a) 晝夜	$\frac{180}{n}+0.87$	$\frac{150}{n}+.69$	$\frac{120}{n}+.53$	$\frac{105}{n}+0.46$	$\frac{95}{n}+0.37$
b) 晝航	$\frac{130}{n}+0.86$	$\frac{105}{n}+0.71$	$\frac{80}{n}+0.53$	$\frac{80}{n}+0.47$	$\frac{80}{n}+0.39$

上表只可作建設新渠者參考之用。蓋吾國經濟情形迥殊中歐情形。吾國現尚乏渠制，故未能作精當之調查也。

行船副費平均計之如下。

港稅	每噸 30 芬尼	華幣 0.15 元
由鐵路起卸裝噸	每噸 20 芬尼	華幣 0.05 元

粗重貨由船起裝鐵路貨車用特設機器或無此項特設

    每噸 22 至 40 芬尼   華幣 0.15 元至 0.20 元

裝卸少量之優等貨物

    每噸 100 芬尼   華幣 0.5 元

---

(30) Pfeney

保险费平均为货物价值千分之五。

渠捐须令能偿利息养渠及准备金等费，按货物之价值低昂之。

桑费尔在德意志曾拟捐例如下表。

货物种类　　（一）六百吨之船

　　（A）　装件货

　　　　　每吨公里应捐　2.00　芬尼合华币　　1　分
　　　　　Ⅰ　″″″″″　1.00　″″″″″　　5　厘
　　　　　Ⅱ　″″″″″　0.75　″″″″″　　3.8　厘
　　　　　Ⅲ　″″″″″　0.50　″″″″″　　2.5　厘

　　（B）　额外税

　　　　　每吨公里应捐　0.25　芬尼合华币　　1.25　厘

　　　（二）四百吨之船

货物种类

　　（A）每吨公里应捐 1.2 至 0.8 芬尼合华币 6 至 8 厘
　　　Ⅰ　″″″″″　0.6　″　0.8　″″″″″　3 至 4 厘
　　　Ⅱ　″″″″″　0.45　″　0.6　″″″″″　2.25 至 3 厘
　　　Ⅲ　″″″″″　0.3　″　　　　″″″″″　1.5 厘
　　（B）　″″″″″　0.15　″　　　　″″″″″　0.75 厘

凡货物交通必有其源，必有其委，源者何，农林矿产工厂是也。委者何通都大邑是也。于源则货物之出发者多而收纳者少。于委则货物之收纳者多而出发者少。故于一平地图估计各地每年之货物收纳出发吨数而以蓝色表出发数，红色表收纳数，一平方公厘表若干吨数，（如千吨），作圆面于图上，则各地之交通了然于纸上矣。引源就委，渠线大约定也。

各地已有之交通，不足以为漕渠交通之限制也。盖渠未成时商务尚未盛行。矿产安眠于地下，人民游佚于国中。迨漕渠成功则眠者醒，佚者勤。矿产络绎于途中，工场林立于岸上。商务之繁何啻倍蓰。道特孟脱爱姻司渠可为之例。

　　　1899 年　　　运货　　200,500 吨
　　　1900 年　　　　　　　476,400 吨
　　　1901 年　　　　　　　680,900 吨
　　　1902 年　　　　　　　876,000 吨
　　　1903 年　　　　　　1249,000 吨

是是五年之后货物交通六倍于第一年矣。

故计划新渠者无斤斤于现有之交通，而必思及将来之交通，至少必四倍于

第一章 論漕渠

今日也。有時漕渠之與同時可資為灌溉之用。農業受利亦足為計劃新渠者之所注意焉。

(二)工程定線法　漕渠所需者水，故第一問題須先計劃及水之來源如何。是否充足。用取之難易如何。(詳後)此問題解決後再及其他。

渠之橫剖面以航行最大船隻而定，已如前第六節所論。但計劃新渠者須計及將來商務發展船之載量必且日增。故寗使水幕有餘裕也。在歐洲新渠常為四百噸及六百噸船渠之爭論。四百噸船需水幕 40 平方公尺。六百噸船則需水幕 50 平方公尺。故造渠之費六百噸船較四百噸昂貴。如在歐洲平均例六百噸船渠，每公里建設費為 170,500 元，四百噸船渠為 143,500 元，相差二萬餘元。然船閘之費則所省無多。至言其營業費則堆棧起卸稅捐等費二者無異。而航行之費則在六百噸船渠為省。如歐洲平均例行船速率每秒一公尺，則六百噸船渠每噸公里運費為 0.518 角，而在四百噸船渠，則每噸公里為 0.546 角。故須比較其出入而定取含焉。歐洲各渠有用升降機以代船閘者，可以勝用甚大之降度，而免閘數，省光陰，省水量不少。但其建設費甚鉅。如安得吞(30)(兩船並容)用水力升降載重 100 噸，建設費凡 477,500 元。來方笛內及拉魯維爾，(兩船並容) 載重 330 噸，建設費 655,000 元。享利欣堡(32) 浮子升降機載重 600 噸，建設費為 1,300,000 元。

漕渠定線與鐵路略同已如上言。例如欲開渠由甲地至乙地，則甲乙之間有多線可用。於多線之中，擇其商業最富，工程等費最省者而用之，是定線之目的所在也。

定線時工程上應注意者，約有以下十端。

(一)閘之數宜力求節減。因閘數過多不徒增建設之費，且足以耽擱行船時刻，即並增營業費也。

(二)分水嶺宜從最低處過之。不然適足增渠閘之降度，或須穿峒以引渠也。

(三)渠段愈長愈佳，因段長則閘省也。

(四)每段水量因開閘所受損失，可由其上一段補償之。但在水脊一段則不然，故水脊一段尤須較長，且供水須充裕。

(五)供水有定率而用水無定率。在水脊一段水之漲落無定。以此之故，第四條尤為必要。

(六)經過都邑可令幹渠繞越都外而另以支渠入都，則過路之船可免耽擱。

(七)船閘之位置因地勢及閘之降度而異。通常上水水面高出地面無過中水深之半。

(八)高隄宜力求免之。蓋渠身在高隄之內，易於決滲，不如深抉入地也。

---

(31)　Aanttam　　　　(32)　Heurichenbury

但因第一及第三條欲求船閘渠段修須長，則渠身處高隄必不可免。

（九）渠線與鐵路線相同，亦爲切線弧線聯接而成。最小之弧半徑關於渠線所經之地勢船隻及弧線之長短。道特孟脫愛姆司渠限量最小弧半徑爲 200 公尺。

反弧之間宜連以直線一段，至少不下 200 公尺。船閘上下 150 公尺以內，亦不宜遽起弧線。

（十）渠線與鐵路或道路交叉，寧使越渠，無使渠越路。

定線次序可分三部

第一步踏勘。在歐美各國，各地俱有精詳之地圖者，踏勘之事常可省。比較適用之線已於圖上可得之。若無此項地圖則踏勘之事爲不可少。踏勘主要目的，在求得渠線所必經之點，如商務彙集，分水嶺最低處，工程上最辣手處。定各點地勢之高卑及其距離，以定設閘之數。所用儀器則爲羅盤儀，氣壓儀，標竿，帶尺等。需要時亦用水準經緯儀。地質及地下水情形，尤須調查確悉。土質之疏密，築隄及固密，工程之原料。於何取之，混凝土所需石礫料於何取之。踏勘者凡爲幾線，製一簡明圖。比例尺二萬五千分之一至萬分之一。以踏勘所得標之於上。

第二步則就踏勘所得各線實行較細平面及水準測量。製有平圖。比例尺萬分之或較更大，弧線亦準確畫之圖上。縱橫面圖，比例尺長萬分之一至五千分之一，高則二十倍之。於是畫各渠線於平面圖上。法自起點起定渠線所行之方向。（與都會及交通道路聯絡之趨勢）畫一直線，愈長愈佳。渠中水面以能令不出地面爲宜。方向轉乃聯以弧，地勢高卑懸甚，乃間以閘。閘之降度以不過五公尺爲宜。

歐洲各國船閘慣用之降度列之於下。

荷蘭（處於低地）所用降度爲 0.3 及 0.8 公尺。

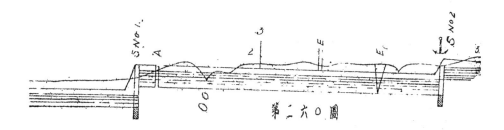

第二六〇圖

萊因馬內渠中以 2.6 公尺爲標準降度。大乎此者爲 2.72 公尺。用於閘數六分之一。小乎此者爲 2.49 公尺至 1.50 公尺，爲五小閘所用。愛里渠內平均

第一章　論漕渠

降度為 2.81 公尺。最大之降度為 4.72 公尺。最小者為 0.91 公尺。馬內薩翁渠所用者為 3.5 至 3.67 公尺。

上游萊因渠中以 3.0 公尺之降度為最合用。又經驗得 2.5 至 3.5 公尺降度之間，其建設及營業費無大差別。

奧多司布里渠所用降度為 4 至 5 公尺。道特孟脫愛姆司渠所用降度 6.14 及 6.20 公尺者凡二閘。其餘相連六閘其降度為 4.10，4.00，3.8，3.6，3.5，3.36 公尺。

渠段船閘與他項建設並畫入縱斷面圖上，其圖例如第二六〇圖。

渠段及閘編號記列，S 為船閘，A 為放水閘，D 為涵洞，W 為越渠道路，E 為越渠鐵路，E_1 為進水閘，至為渠港。(碼頭) 計算土功宜用面積圖(33) 及土積圖(34) 與鐵路建設計算土功法同，茲不詳贅。但舉渠功特殊之點論列如左。

如第二六一圖 A 為渠之軸線，其上 B 為面積圖，其下 C 為土積圖。渠之軸線按距離每百公尺或二百公尺作分，以阿刺伯數字記之。每千公尺作大分，以羅馬數字記之。面積圖上亦作一軸線，與渠之軸線平行，亦分如渠之軸線。於是將每相鄰二分點所計算得渠之橫剖面積之平值，按比例尺一公厘等於一平方公尺度之於軸線上下二分點間之縱線上，作渠之橫剖面。為墾(35)則度之軸線之上者，若為堤(36)則度之於軸線下。其端點各以平衡線聯之，則成階段形。界線及縱線所包括之面冪，即為土積。(剖面積平均值乘距離)

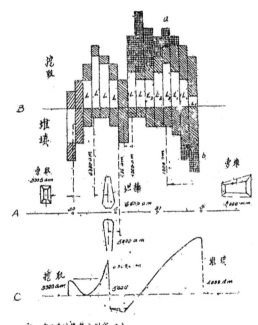

第二六一圖

---

(33) Area Profile　　(34) Mass Profile.
(35) Cut, 挖取　　(36) Fill, 堆填

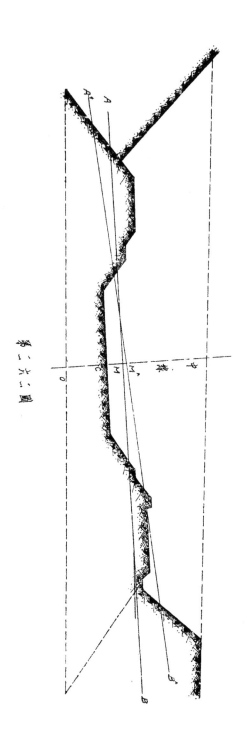

第二六三圖

第一章　論漕渠

。自界線起向軸線將挖取之量與堆填之量，彼此可和抵者，畫作陰線記之。其所騰空白在堆填線中其土須取之兩旁。在挖取線中其土須堆棄兩旁，不適用於堆填上。在挖取綫中須減除之。用於他項工程之土，如礫石需用於墊渠底，或造混凝土，黏土需用於固密工程，在挖取堆填綫中，各以方格縱橫線記之。再則挖取之量，適用於土坡路者，量其土積重心點與土坡路軸線距離，而誌於圖上如 a。兩邊挖取及兩旁堆棄與土積重心之距離亦然，如 b 及 c。

　　土積圖亦畫一軸線，與渠軸線平行。亦如上分法。乃計算除彼此相抵及特別工程需用土積外，剩餘及不足土積，堆填向下，挖取向上。以相當比例尺如一公厘等於五百立方公尺度之，則得曲線。示土積縱向搬運及兩旁挖取兩旁填堆之量及其距離焉。

　　著者於此未能多述，他日當特述土功學以補助之。

　　算土功之價及各項建設於各線之中擇一最適宜之線，是則第二步定線法之目的也。

　　第三步則為終決定線法。於此將已選定之線上閘之數，段之長短，再審查覆校一次。

　　一綫旣選定，然仍可左右推移，以求最簡省辦法。於此可分二端。(一)若橫交渠線之地勢平坦不陡，則線之位置大要可在平面圖上定之。從起點起畫一直線能愈長愈佳，而必審查其地價地質越叉道路之多寡。至挖取堆填之多寡比較，則不必多注意。蓋渠身宜深入內地，以免水量損失，不得已始用隧功。渠與道路或鐵路交叉路之位置宜高。渠之位置宜低。若二者等高，則須改移路線。如荷蘭建設買爾維得渠，凡改移三鐵路。改移之路線，凡增長 12 公里。(二)若橫交渠綫之地勢甚陡斜，(例如渠線沿山谷之麓而行)。則地勢高低須計慮之。

　　其法如第二六二圖畫渠之標準橫剖面於紙上，以橫交渠線之地面斜線 AB，AB 等畫入標準橫剖面圖中，使挖面與堆填之面積兩兩相等。而定 CM，$C_1 M_1$ 等高。(CM 為中線，C 為渠底與中線交點，MM' 為地面斜線與中線交點)。以 CM，$C_1 M_1$ 等高 h 加於渠底位置之高 h_1。再於平面圖上沿渠線求得其高等於 $h+h_1$ 諸點，而聯為曲線。名此線曰引線。(37) 普通之例於相隣二橫剖面之間用其中剖面。(38) 故 h_1 可作為不變。用此法得土功搬運最要之綫。土功大小不必斤斤計慮。因渠身欲深，而挖取之積寬多於堆填故也。

　　渠之軸線即沿引線或左右之而行。至渠與他河流相交時，則渠之軸線必與引線相離較甚。若渠設近谷底處，則渠須高出洪水位氾濫區域之外。如第二六三圖 NO 為上段之引線，在其下更覓一引線 PQ，其位置之高視閘之降度而定。PQ 須在洪水氾濫區域之外。沿該線所設縴路，須永不至被水。於 PQ 線

---

(37) Leitlinie　　　　(38) Middleprofile

254　　　水　功　學　卷　三

中，求得與 NO 相距最近之線 ab，以 ab 線之中點作爲閘之中點。閘之軸線方向須斜交 ab，令閘上下各有 150 公尺之直線段。

若依上法（但計土功之搬運）求得閘之位置，按之他各問題，（隣接道路，河流房屋及土質情形）皆可合用，即作爲終法選定之線。

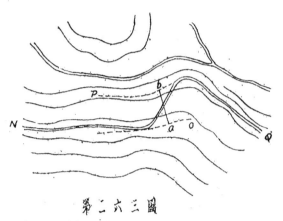

第二六三圖

但因各項情形，常有尙須改移者。茲再須補論者。渠底雖粗作平衡觀之，但亦有斜度，蓋非斜則過瀉水一時不易瀉也。其斜度每公里爲 0.003 至 0.08 公尺。但太陡則水之流速顯然，而航船受其影響不少。

茲舉一已成之渠爲例以爲計畫新渠者參考。德意志泰爾稻渠於 1900 之末起開始浚，至 1906 年告成。其經費爲泰爾稻地方所擔任。上接引布里河於伯林附近，下達哈非爾河於泡茨達姆，凡長 37 公里。其建設費與電力引綫及沿途貨棧等設施費約二千四百萬元。如第二六四圖，泰爾稻渠起自泡茨達姆附近，經

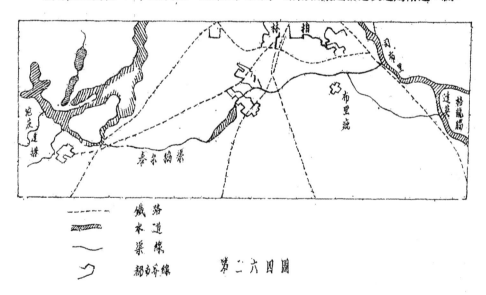

------- 鐵　路
～～～～ 水　道
⌒　　　 渠　線
⌒　　　 都市界線

第二六四圖

第一章 論漕渠

大小湖泊者四。在布里疵附近爲哈非爾及上司布里二河之分水嶺。渠線向東南以與司布里河之轉支達相連，並作伯林南區瀉水之用。另開支渠長 4 公里，由布里疵東與司布里本河相連，以便伯林地方交通。

哈非爾泡次達姆之中水面高於標準零點者 29.76 公尺。達美河於格龍腦中之水面高於標準零點 32.3 公尺。故但設一船閘足矣。船閘寬 10 公尺，設於馬赫腦，其均常降度爲 2.74 公尺。而哈非爾水位最低時，則增至 3.33 公尺。閘爲雙閘式，二閘廂相連並。廂長 67 公尺。二廂互相爲儉水池。(見後)過閘時一廂之水一部分流入他廂以儉水。閘門爲垂直上下啟閉之式。

第十節 土功(39)

開渠土功與普通土功所用法則無異。此等功事須極愼重。舖軌運土及令土車輾越埝身，省所弗宜。萬一用之，必將輾下之土翻起重新層累填平始可。若土質疏漏，則埝內必用黏土一層爲心壁(40)見後。

築渠埝之先，須將埝底草木腐土鏟除淨盡。最佳土壤須用於潛水一面。運填土積，不宜用頭前堆土之法。(41)(謂已填高埝身之頭端加土，以次向前也)最好依全埝之寬層累相加。每層土厚約 0.30 公尺。中部略高，兩旁略低，使成大約 1:10 之斜度。每層土以重 25 公斤之碾碾之。或用輾壓法。土質墊墊築埝時須計及之。若埝底地甚堅實，不至下陷，則但計埝土之墊墊沙土約爲其高 5%，泥土，埴土約爲 8% 至 10%。若埝基疏軟，則常不勝其重而至下陷，其墊墊可至 10% 至 15%。若遇霉土則亦可至 15%。抉出之土，較生土爲疏，堆填以後雖漸次坐實，而實不能恢復原狀。計其恒住疏率，(42)即堙土坐實以後，其容積猶大於生土之原容積百分率如下：

細沙	1—1.5 %
鬆礫	1.5—2.0 %
尋常土	2—3.0 %
輕泥及埴土	4—5.0 %
堅礫，丸石，及碎石	6—7.0 %
岩石	8—12 %

河堤受水不過洪水之暫期，而渠埝受水則爲長久無間者。故埝之厚，其內外坡之坡率，省尤須審愼定奪。按霍希(43) 土受水潤濕，其滑動角在 17° 至 20° 之間。若爲 17° 則 $Tan\ 17° = 1:3.3$ 爲其應有坡率。但爲穩安計，必使橫斷面中外坡最高水面點與內坡腳點之聯線，名曰穩安線。對平衡線之角小於該潤

---

(39) Erdarbeiten (40) Tongschlag
(41) Schüttung vor Kopf. (42) Bleibende Auflocherung
(43) Hoch (44) Sliding Augle

土之滑動角。故坡角之坡率宜為 1:4.4, 1:5 至 1:6。桑費爾籌一最完善之堤

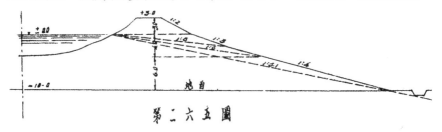

第二六五圖

埝式，如第二六五圖。埝頂為縴路。高於水面 3 公尺。自頂至水面內坡，坡率為 1:2。以下 4 公尺為 1:3。再下則為 1:4。圖中渠水面高於地面 10 公尺時，穩安線出埝身交地面。大半渠段則自水面作 1:6 至 1:8 之斜線，亦可不出渠身即交地面。埝內排水溝須在穩安線以外。如圖中所示。拿亢氏(45) 以為霍希所擬之穩安線只適用於埝土之均勻一質者。但渠身之在堙填段者，大抵例須加以固密（詳後）。如是則穩安線不應以一直線自外坡水面聯與內坡腳點，而應自固密層後即向下墜落。其墜落之大小關乎固密層之效力強弱。如第二六六圖為好赫藻勞渠(46) 之橫斷面。內坡為 1:2。若按霍希，則埝址應寬四倍。縴路之高出水面

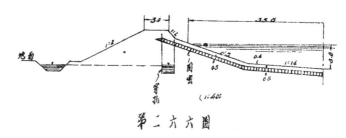

第二六六圖

在塹削段以 3 公尺為宜。在堙填段亦勿下 1.5 公尺。路面宜使升降有律，勿專隨依地勢而致隆卑不定。

縴路之面與隄頂同，宜使斜降向內，使雨水內瀉。勿使順埝面或隄坡面直注渠中，以致殘傷坡身。內設排水溝，由水面下通入渠中以排積水。第二六七圖為英國所用之法。溝水由涵洞

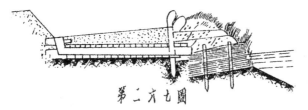

第二六七圖

（45） Nakong　　　　　（46） Hochgllornkanal

第一章 論漕渠

通入渠中，其口用梢薪以弱流出水勢。最好溝下設有攔泥坑如圖中虛線所示，以免涵洞為沙泥所淤塞。

第十一節　渠岸之保護

渠岸之被毀，由於浪襲及船行時水之流動使之然也。船行渠中，擁水而前，則船首之前生浪，名曰船頭浪。(47) 被擁之水復沿船身流而向後，兩舷之側，水面低落，近船尾船側生浪名曰舷浪。(48) 船尾之後，劃為長溝，名曰船尾水。(49) 由此演出蟬聯不斷之浪。船行速時輒致翻瀾，（浪頂高而翻越）推波兩岸，甚足以毀岸坡。名曰襲岸浪(50)。據道特猛脫愛姆司渠之實驗，知浪之下陷者約深 0.35 公尺，而上騰者約高 0.20 公尺。故岸坡應加保護之處，在標準水面之下深 0.5 公尺，在盆水面之上，高 0.30 公尺足矣。深於 0.5 公尺者，浪力不足為害。但迴溜下浸，或可及之。故寧可保護較深於 0.5 公尺或設水下戧坡。(51) 但戧坡有利亦有害。蓋迴溜之刷洗，其勢可弱，而襲岸之浪，反增其强。欲免此弊戧坡可種蘆葦以弱浪力。除以上之問題外，當地之形勢及經費之問題，亦頗有關係也。保護之質料，又求其耐久而且富於屈撓性。遇岸坡滑移墊陷，不致毀裂也。以下舉數例所

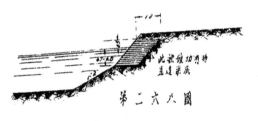

第二六八圖

以示各種情形適宜之保護焉。第二六八圖及第二六九圖為菲腦勿渠(52) 所用之法。第二六八圖用塡梢為護功。梢長 1.0 至 1.5 公尺，根端向外。塡梢尋常高出水面 30 公分，深入水面下 70 公分，有時亦深達渠底。第二六九圖為種莖護岸之法。渠身寬闊之段岸之坡度為 1:2 至 1:3 者用之。水面下至少 60 公分打入土內木橛一行。靠橛頂旁，安放寬 20 公分之板條。板條坡面間之隙，以碎石塡平。抵板條坡面，舖草一層。舖草茹足以為暫時之掩護，亦且以

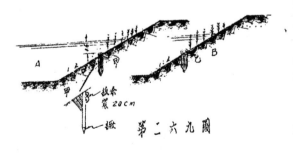

第二六九圖

(47) Bugwelle　　(48) Heckwelle
(49) Kielwasser　　(50) Brandende Wellen
(51) Unterwasserperme　　(52) Finow Kanal

為幼葦之基址（第二六九圖甲）。又他處則以橛釘梢籠代板條，如第二六九圖乙。奧多司布里渠用相類之種葦法。惟岸坡於水面下 20 公分加以寬 50 公分之戧坡耳。第二七〇圖至二七四圖為道特猛脫愛姆司渠所用之法。

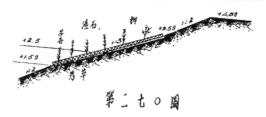

第二七〇圖

愛姆司河渠化之段，凡設閘之引河中，（德意志渠化之河大半另開引河處閘）以及本渠中數段大抵用第二七〇圖之法。岸坡亦用舖草茹法，以為暫時掩護。下部種葦，上部種柳。草茹面上，又拋舖石渣或煤煙一層。第二七一及二七二圖用石功保護。坡度為 1:1.25。水面下 60 公分有戧坡，寬 2 公尺，坡度 1:5。舖石功高出盈水面上 40 公分，石之厚平均 28 公分。下墊礫層 12 公分。第二七一圖所示定腳之法，但可用於堅固之生土。若生土而為輕沙，則用第二七二圖之變通法以梢籠定腳，有如上第二六九圖甲之例。若岸為堰埠之沙土，則用第二七二圖之變通法。以梢籠定腳，有如上第二六九圖乙之例。若岸為堰埠之沙，用第二七二圖之法。築板壁土中以為定腳，填礫舖茹如上。有時亦用 8 公分厚之水泥三合土板代乾舖石功。渠段連於建造物（如橋，閘，等）則其岸之坡度須漸次變陡以至 1:1。橋下之岸坡為 1:0.2。於此等處

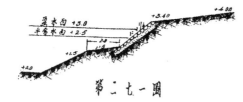

第二七一圖

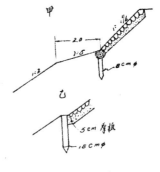

第二七二圖

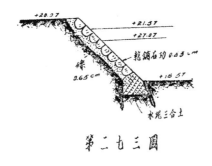

第二七三圖

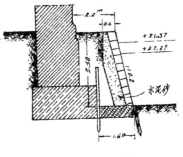

第二七四圖

第一章 論漕渠

所用石功保護直達渠底，而用水坭三合土為脚。岸之坡度至 1:1。石功仍用乾舖以礫石為底。(第二七三圖)，再陡則用片石舖功，以水坭三合土為底。石縫用水泥膠灰灌之。(第二七四圖)。此法可稱為舖石岸坡與岸壁中間之過渡式。

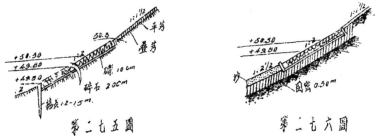

第二七五圖　　　　　　第二七六圖

愛姆司綁塞渠護岸之法如第二七五圖及第二七六圖所示。為厚 20 公分之碎石，下墊以厚 10 公分之礫層。碎石層之上端接以疊舖法之草茹。定脚之法

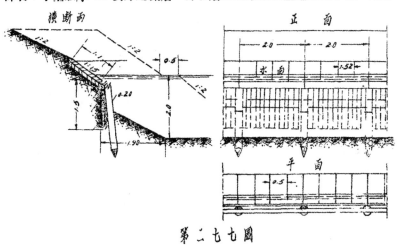

第二七七圖

在堅實土壤，則用垂直疊板二。板厚 4 公分，寬 20 公分，長 5 公尺。接縫處以板條鎖定之。土質輕疏者簽樁以為板之依靠樁長 1.2 至 1.5 公尺，徑 12 至 14 公分，相間 1.5 公尺。若岸坡有固密層者，則簽樁不適用。於此可用第二七六圖，以勾股形木板為依靠。第二七七圖為奧多司布里渠拓廣後所用之一法。斜簽木樁於岸前相距為 2 公尺，樁徑 20 公分，斜率 $1:1/_{10}$。每樁簽下，先令樁頂

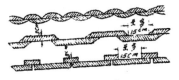

第二七八圖

留出水面上 30 公分，乃削樁頂作筍而安橫木其上。每六樁以橫木連就用汰

管(53)六根以汽力唧器(54)順水送樁下至木功降水面下 20 公分為止。樁後為擋板，靠於樁頂橫木亦以汰管送入土中。板頂加鐵以速其下沉。擋板為 3 公分厚之板條如第二七八圖所示各式。木功之上至出標準水面上 40 公分用水泥三合土範版護之。版長1.10公尺，寬 0.50 公尺，厚 8 公分，內夾厚 5 公厘之鐵捍。三合土之混合率為水泥 1 沙 2 礫 4。版下墊以 10 公分厚之石礫層。

第十二節 渠身之固密法

若渠水高於地下水面，則水易滲漏。損渠中水量致給水不足，且隣渠田地亦受其害。渠水面與地下水面高下之差愈多，土質愈疏，則此弊亦愈大。若在堙填段中，則浸漉之水更危及埝身。此等渠段，必須加以固密之法始可。

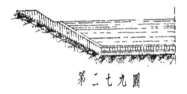

第二七九圖

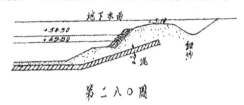

第二八〇圖

(55)固密之法，最佳者用埴土或泥一層，其厚視當地情形變通為之。埴土層上，須有沙土一層遮護之。使固密層不至因水之盪動受損，且渠水放乾時不至受日光而坼裂也。

第二七九圖為愛姆司維塞渠固密層布置之法。第二八〇圖至第二八三圖為道特猛脫愛姆司渠所用各法。第二八〇圖用於渠身之完全在塹削段者。第二八一圖渠身半處堙填，因土質之輕疏需壯厚固密層者。第二八二圖及第二八三圖渠身皆完全處於堙填。第二八二圖下址不漏水，故固密層在渠底為不需要。第二八三圖則因下址

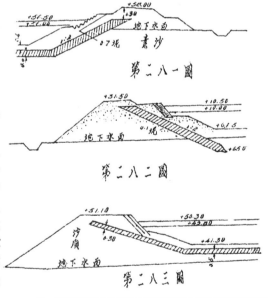

第二八一圖

第二八二圖

第二八三圖

(53) Spulrokre, Water Jet Pipe　　(54) Damffpumpe, Steam Pump
(55) Dichtang Tightening of Canal Prism

第一章　論漕渠

疏漏，故渠底固密層亦不可少。

第二八四圖亦為道特猛脫愛姆司渠中所用之一法。渠坡前有纜船樁，樁址完全埋於泥層中，其上用水泥三合土範為肋版以範制之。

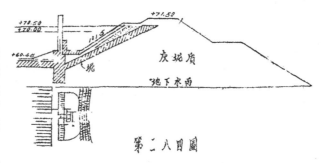

第二八四圖

以水泥三合土代埴土亦有用之者。用埴土心壁如第二八五圖，所費較上為省。a, b 處小部固密適用堅填與生土相接之處。因是處易有水脈外逸也。心壁上端亦須以尋常土質覆之。

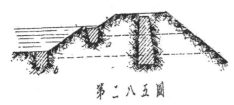

第二八五圖

意大利昔日渠功，大抵用膠灰塗敷渠面厚 20 公分，或用膠灰舖石以為固密，渠已成功，久乃覺其滲漏，常可用渾水及播沙二法以補救之。渾水法應用較多。奧多司布里渠用此法尤多。其辦法以各閘所用牖梁編為筏，埴土自岸上運堆筏上。筏行工人立筏上犀水澆土自梁縫漏下，則水變渾濁。俟其淤澱渠底及坡，以塞其罅漏。

播沙法用較少。以含埴之沙揚入渠中，以器攪之，使舖漫渠面。

第十三節　渠與他交通道路及流水之交叉

凡渠與道路交叉多行其下。若不得已而令渠越道路，則須以橋濟之，名曰渠橋(56) 渠橋之橫斷面大抵皆作方形。水冪之至小須為入水船橫斷面之二倍。尋常但須容一船足矣。他船之對面來者，須候於橋外。縴路設於渠側，須高出水面至 0.5 公尺。寬 2 至 3 公尺。第二八六圖為道

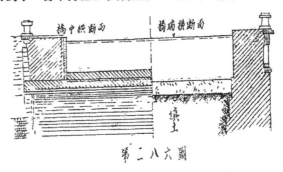

第二八六圖

---

(56) Kanale brucke, Canal Bridge

特猛脫愛姆司渠越衢道之橋是其一例。是橋為拱橋。渠身在橋上壁功，上鋪板條，而敷以水泥，渠與他流水交叉，若為大川，則仍以橋架渠越之。若為小水，則開涵洞渠身之下，使流水橫貫之。涵洞上掩蓋最高之點，須在渠底下至少 60 至 70 公分。因其間須有餘地以施固密功也。若渠身低涵洞不能直穿，則須低落涵洞之底，如是則涵洞於垂直面作曲形，名曰倒虹(57)。流水之床落低以為渠下倒虹之底，其法有二。一垂直落低，用落水井(58)以達最深之底。一紆曲而下則不用落水井。反虹及尋常

第二八七圖

之小涵洞者，以鐵管為之。但其圓徑至小以 60 公分為限。使人尚可傴匍入內，以事潔除。圓徑在 90 公分以下者，以鑄鐵套節管(59) 為宜。90 公分以上，則宜用鐵管。斷面積大者可以壁功作洞。其斷面式可任擇上列各式。（第二八七圖）用之。一洞或一管不足以盡水之量，亦可並列二箇以上之管或洞以至六洞並列者有之。土質不佳，此法尤為適用。

倒虹中淤沙過多，則須汰洗之。汰洗之法，可用放水機關由渠中放水入倒虹內以汰洗之。此機關並可同時作放乾渠水之用。或於上水臨時設堰蓄高水勢，而得強力水溜以除其淤。若流水含沙甚多，則可設攔泥坑以免淤沙及虹內。攔泥坑即落水井，更深其底使沙積其內，隨時可以除去之也。第二八八圖為鐵

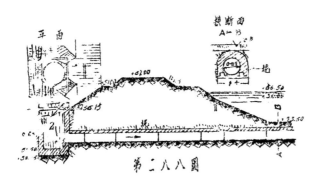

第二八八圖

管倒虹帶有落水井之一例。管以鑄鐵為之，內徑 0.85 公尺。管壁厚 22 公厘俱為節套式。惟於內渠坡下間以關緣(60) 式之管一段長 2 公尺，所以為修理虹管便利起見也。管在渠垯下與在渠底下受力不同。若地址不堅，則可致拆裂而害全渠。故倒虹之下址須使穩固。穩固之法，以格床(61) 為基足矣。（視二八八圖橫斷面 A— B）管周圍築以 30 公分厚之泥

(57) Ducker, Inverted Siphon　(58) Fallkessel　(59) Bell and Spigot
(60) Banged　(61) Schwellenrost, Grillage

土包裹周密。落水井用沉井法(62)為之。其底以水泥三合土為之。管口高於井底 50 公分，故井底有攔泥之功用。井上圍以鐵欄，以防人物陷入。第二八九圖為鉄管倒虹不用落水井之一例。並附帶汰洗機關。管在渠底下以格床為基

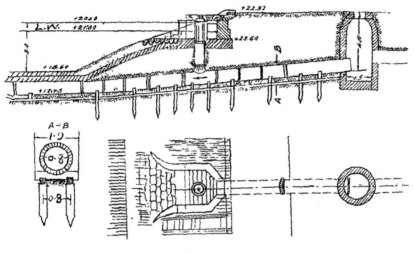

第二八九圖

址。在渠垱下則格床之下以樁為址。汰洗機關為寬 0.6 公分之筒狀活門。(63) 岸坡上以壁功作廂處汰洗機關中，下連一直管通入倒虹管內。倒虹之前，為水泥管，所以排瀉渠旁道路內之水者也。是管及倒虹管之間，間以攔泥坑。以上二例俱道特猛脫姆司渠所用。

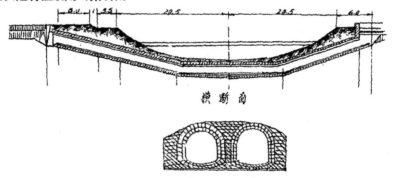

第二九〇圖

第二九〇圖為較大之壁功倒虹。落水井攔泥坑俱缺。倒虹之橫斷面為並列二半圓，或窪底穹窿，各寬 2.35 公尺。工料用堅甎及水泥膠灰。倒虹之上端有

(62) Method of Sinking Wells　　(63) Cylinder Valve

針堰(64)設備，以備於需要時閉水入路。此例為愛姆司維塞渠所用。用落水井之益在使虹管不易淤塞且易潔除。然直角轉折，水入管之阻力大增，而致水面瀦高太多，則其弊也。

　　倒虹管之算法　水流經倒虹處於壓力之下。其入管時先有一入口阻力(65)算為水壓之高為。

$$h_1 = C_0 \frac{V^2}{2g}$$

式中 V 為虹管中所有水流速率。G 為地重加速率。C_0 為一係數，平均可作 0.50 計之。管內之阻力按維司巴赫(66)算作水壓之高為

$$h_2 = \frac{V^2}{2g} \times C \frac{u}{4F} \times L$$

式中 $C = 0.0144 \times \frac{0.0025}{\sqrt{V}}$

u 為管內周。F 為管內之橫斷面積。L 為管長。又欲令管內水流速率達於 V 則須有水壓之高。

$$h_3 = \frac{V^2}{2g}$$

三者合之為

$$H = h_1 + h_2 + h_3$$

$$H = \frac{V^2}{2g}\left(C_0 + C \frac{u}{4F} L + 1\right)$$

即為水面於入虹及出虹應有高低之差。管內水流速率須令於最大洪水時達 $V = 1.5$ 至 $2.0 \, m/$秒。如是則虹內始見汰洗之功。H 之值亦不過 030 至 045 公尺為宜。尋常夏令洪水只有 5 至 8 公分之水面差可矣。但當地情形亦有關係不可拘執一見也。

第十四節　漕渠上之他項建築

(一)進水機關(67)　縴路旁之排水溝及他小水溝可用水坭管由縴路下通入渠內。其入口尋常作井狀帶有攔坭抗。井口須圍以欄或安鐵柵以免人物墜入。第二九一圖為其一例。圖中渠身附近一橋為舖石陡坡，故水坭管出口與岸坡平齊，用一特別範成之管可矣。若在尋常渠坡出口則須如第二九二圖為之。管口垂

---

(64) Needle dam　　　　　　(65) Resistance of Entrence
(66) Weisback　　　　　　　(67) Einlass, Inlet

第一章 論溝渠

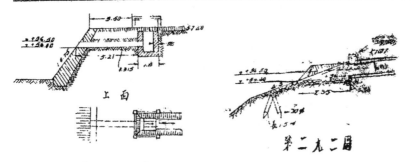

第二九二圖

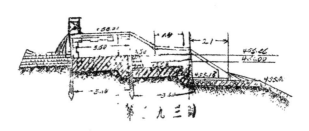

第二九一圖

直嵌於壁中。兩旁有翼壁。管口前坡削平以片石舖之。舖石深入水下一段。較大水溝須於縴路下用壁功作涵洞以導入渠中。第二九三圖是其一例。涵洞寬2.70公尺。上有橋以通縴路。洞底高於溝底所以攔坭也。出口作階狀以弱其溜勢。

第二九三圖

(二) 放水機關(68) 放水機關所以減渠中水勢或放空全渠段。尋常與涵洞或倒虹相連通。前第二八九圖所示汰洗機關亦可作減水機關用之。過涵洞則可設

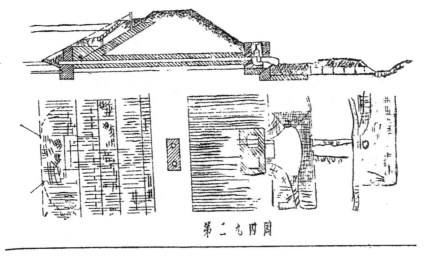

第二九四圖

(68) Auslass, Outlet

水 功 學 卷 三

適當機關以為放空渠水之用。因渠底常高於溝底也。第二八九圖所示之筒形活門，亦可一旁孔活門或滾水代之，以減過分水量。但俱不若用吸虹管(69)或底孔(70)之為得力也。放水孔之大小及其數須以能令一公里長之渠水，於三小時放完為準。第二九四圖為鐵管放水機關之不與涵洞相連者，為道特孟脫愛姆司渠所用。鐵管有二，為鑄鐵闊綠式。徑各 50 公分，兩相並列。管之周圍用泥築裏與固定渠身泥層連為一氣。開閉機關安於特設之井廂內。

（三）保安門(71) 渠身在堰墳之段萬一決毀，水悍莫禦，則渠旁田舍受其害者不淺。欲減此患，則須設保安門。紐約漕渠(72)定例每十英里設一保安門。萬一有失，即速閉此門，則水之氾濫，不過二門之間者矣。又一用途，例若渠中一處工作須放乾渠水，若有保安門限制之。則放乾二門間之水可矣。以免妄費水量也。以此之故，渠身在塹削段之遼長者，亦設保安門。

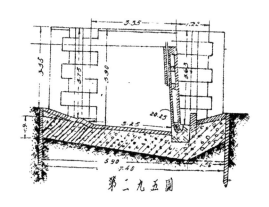

第二九五圖

保安門之製在歐洲各舊渠中多用雙扇式。(73) 奧多司佈里渠，則每保安門有二孔，各寬 8.6 公尺。用翻拍式門(74)開閉。第二九五圖為其橫斷面開閉俱用水力。

道特孟脫愛姆司渠開割圓式堰(75)為門，可向兩方開閉，門孔寬 18 公尺。開時其轉臂垂直上立，轉臂過轉點向後延長帶有反重。門之開閉蝸輪機(76)以人力動之，大半只設於一面。第二九六圖及二九七圖示其概略。門之放下約費時三分鐘。亦有懸立式門(77)如伯林司太定大漕渠(78)所用是也。是處為一橋，其下孔寬 28 公尺，以懸立之牐閉之。牐身之重有反重與之相對消。反重略輕於牐重，故牐之閉也，但去其阨止(79) 即以本身餘重而下降。惟以止器(80)節制之而已。開牐時利用反重上之加重，故不須旁力而牐可自陞起。插陞起後，加重復由工人絞陞高處。

---

(69) Sangheber （70） Grundablass
(71) Seiherhutstore, Safety gate （72） New York Barge Canal
(73) Stemmtore, Miter gate （74） Klapptore
(75) Segmentwehre, Segmentdam （76） Schneikenrad, Wormgear
(77) Habtore, Lifting gates （78） Berlin Stetin Grasschiff Kanal
(79) Hemmung （80） Brems, Brake

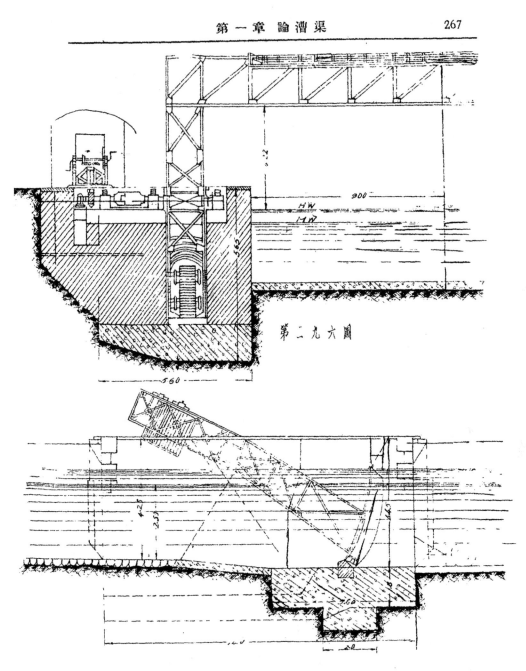

第二九六圖

第二九七圖(甲)

(四)橋梁 衢道鐵路與渠交叉者，多行其上，以橋濟之。有時不得已亦行其下。用橋梁者，其下於渠中盈水時，須有放船行過之充分明空明空之高以 4 公尺為準。昔者中歐渠上橋梁多用中柱以減橋孔之寬。近則概免中柱。又昔者渠身之橋下則縮狹之，且不設絆路。近則橋下亦須行二船，且左右設絆路。道特孟脫愛姆司渠至橋下絆路之寬縮為 2 公尺。渠身之明寬用陡坡縮至 3.2 公尺。愛姆司維塞渠，則寬 3.50 公尺之絆路。至橋下僅縮至 2.25 公尺。故橋下明寬為 41 公尺。

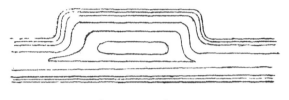

第二九八圖

第二九七圖

(五)迴船塲(81) 渠港(82) 渠口(83) 迴船塲即渠身放寬處可以令船迴向，亦同時可作泊船所用，一小港也。其式或為直方形如第二九八圖。或作梯形如第二九九圖。其狹邊須至少容一船停泊或作三角形如第三〇〇圖 A, B, C。其迴塲之向，俱用虛線示之。亦有作圓形者如第三〇一圖。

(六)渠港者所以停船舶起卸貨物。小者或但容一船隻，大者則多數船隻並容一處。故港之大小以交通之繁

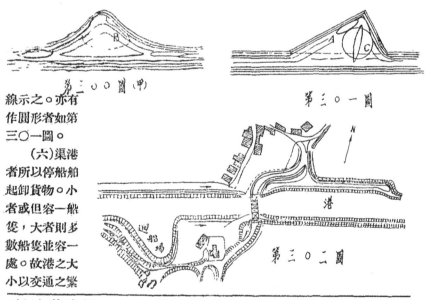

第三〇〇圖(甲)

第三〇一圖

第三〇二圖

(81) Vendeplatz　　(82) Kanalhafen　　(83) Mundungen

第一章 論漕渠

簡爲衡。港之小者即放寬渠身如第三〇二圖，大者常須另闢一港池(84)如第三〇三圖。港之位置及其形式，亦視當地形勢衝道鐵路之關係如何。渠港之軸線方向，則可任意處置，因水爲止水故也。又港分爲私港官港。私港爲開港者自營商業，官港則修造之責屬諸政府量入抽稅焉。

官港之大小，大抵容四船六船以至八船，容二船者鮮。每船之長在中歐以 65 公尺爲準。起

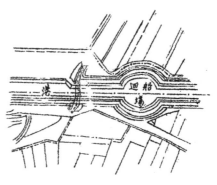

第三〇三圖

卸馬路高於渠中盈水面 1 至 2 公尺。渠底在港應增之寬以 12 公尺爲準。

渠港之岸以片石舖坡。坡斜 1:1 至 1:1.5。木砌之坡可更斜坦，以便淺水。陡立之岸用板頁岸功或壁功堧岸。岸坡台階及繫船椿等皆須備。

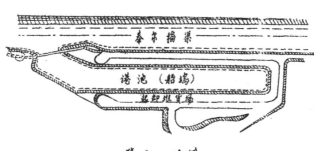

第三〇四圖

第三〇三圖爲容二船渠港。起卸馬路連一迴車場以便命貨車分向各處。迴船場設於橋之他側。第三〇四圖爲較大之港，特設一港池。港池之口設一橋以便引絆。港岸之入深 t 在岸上起卸者爲 25 公尺。有一行房屋貨棧者 40 至 80 公尺。兩行房屋者約 120 公尺。(物棧之入深 15 至 25 公尺)有堆貨場者爲 100 公尺至 200 公尺。若有鐵路聯絡至少須設雙軌帶有旁軌，堆貨場之大小可按下舉各數定一。

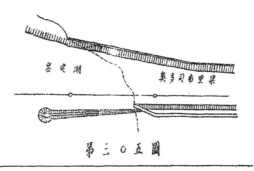

第三〇五圖

(84) Hafenbecken

270　　　　　　水　功　學　卷　三

　　每一平方公尺堆木料可 0.4t，堆煤可 1.5t，堆鐵可 3t。交通繁盛者每長 100 公尺之駁岸可堆糶貨至 60,000t 堆雜貨至 30,000t，其他應有各節與河港同例。

　　渠口　渠口或入湖或入河，設置俱為簡易。第三〇五圖為奧多司布里渠入塞定湖(85)之設置俱為簡易。渠身在湖中一面為帚功保護之岸，一面為完全墦工所成之垼，頂寬 2 公尺。第三〇六圖為尼勿內(86)渠入老內(87)河且與相交叉之設置。此河為渠化者。此處通在堰上，故其例與入河相仿。若無堰則渠之兩口不宜相對，因河槽之深處，無兩岸相對之理也。總之渠口設置相勢變通，無執一之道也。

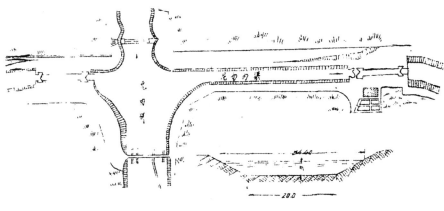

第三〇六圖

---

(85) Sedin See　　　(86) Niverneis　　　(87) Roune

第二章　渠水之靡費及其供給

第一節　消費

渠水之靡費。一在消費(1) 一在損失(2) 消費者放閘之所減也。其多寡關乎交通之繁簡及懸降之大小。損失者晞耗滲漏之所失。其多寡關乎渠之長短及其水冪之大小。此外土質及地下水亦不無關係焉。

（一）消費　設一船過閘上行，則閘內須添水至水面與上水同高。其所添水量爲

$$F = Ah$$

A爲上下二閘門及廂壁間之平衡面積，h爲懸降，F之名曰盛水。(3) 設再有下行之船過閘，則盛水量F損失於下水矣。故每二船反向過閘一次則所消費之水量爲F若有n次則所消費之水量（視第三〇七圖）爲

$$W = n \cdot F$$

若但有下行之船，則每過閘一次，須一次盛水F。船出閘時，上水又流入一部分入閘，其量爲V。故所消費水量爲

$$W = F - V$$

計算消費，須估計每日過閘之次數。再審查交通偏重之方向。更須注意者，往往上行與下行之船載重不同。例如下行所載者重，而上行所載者輕，則其喫水深淺不同，故進閘出閘逼水還水之量V有大小之別。又一年之中交通狀況亦不同。例如冬季交通冷落或至停歇，而春季則大發達焉。放閘之消費，惟於水脊爲要。以下各渠段，則放閘時有所失亦有所得。故計劃新渠者，宜先注意於水脊。

第三〇七圖

第二節　損失

晞耗之量隨水面大小及溫度高低而異。普魯士漕渠計晞耗之量在熱季六個月每日爲 $4\,mm$，即每年損失於晞耗者爲 $6 \times 30 \times 4 = 720\,mm$。設水面寬 $25\,m$ 即每日損失之平均量爲

$$\frac{25 \times 0.72}{360} = 0.05\ Cu.\ M.$$

愛姆司維塞渠計算每日晞耗爲 $11\,mm$，滲漏爲 $34\,mm$，又因閘孔及活門之不嚴密水之漏失以每一公尺懸降，每點作 5 公升計之。

（1）Wasserverbrauch　　（2）Wasserverlust　　（3）Fallung, Filling

272　水功學卷三

歐洲舊渠計算損失多以渠長每一公尺爲 0.40—0.65 $Cu. m.$ 計之。但新開之渠，損失必鉅。如萊因馬內渠第一月水之損失於滲漏者每一公尺長之渠爲 0.8—1.0 $Cu. m.$。後則減至 0.4—0.9 $Cu. m.$ 焉。關乎吾國渠水損失，尙未有適當之調查。

渠水之供給。渠水之源，或出自天然河流。水面低者設堰以蓄高水勢，或取之湖泊，或於山谷間築高堰（谷坊）以爲水庫。其引水也，開溝以導之渠中，名曰洪水溝。(4) 或利用天然重力，或以唧器唧水。又近來各渠亦多有匯聚地下水（泉）以供渠水者。

用唧器唧水最便。遇有天然水力，以水力發動機取之。無此機會，乃用機器。第三〇八圖爲道特孟脫愛姆司渠於奧爾芬(5) 由里泊河(6) 用唧器取水之設置。此處因泉水溪水之供給不足，且無適用水力，故用汽力以動唧器焉。唧器每秒可供水 3.4 Cum，尋常則用每秒 1.7 Cum。唧器設置即直接在越里泊河渠橋之上。平均唧之高爲 1.6 m，最大約可至 1.75 m。

唧器設置爲導水渠，導里泊之水入機器室。機器室，鍋爐室，吸水及壓水管等。機器室中有旋輪唧器(7) 三 o' 各具平均，0.86 $Cu. m.$ 最大 1.7 $Cu. m.$ 出水之能力。尋常用二唧器機已足，第三者所以備不虞。

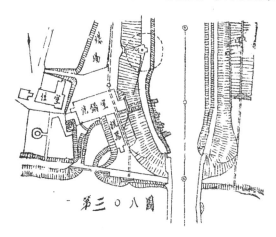

第三〇八圖

水之入渠防其溜勢過速，故陞水管之上端，皆安置於特設之水廟內。水溜自管中瀉出，在渠中常水面下 3.5 公尺。至水廟而阻折，出水廟其速率不過每秒 0.18 公尺。

唧器之設置費約四十萬元。每年經營費約六萬元。每一立方公尺之値約吾國一文有餘。

第三節　供水溝及供水閘

供水溝及供水閘　供水溝可分三等。
(一) 一等溝爲自水源導水入水脊所用。
(二) 二等溝爲自水源導水入水脊以下各渠段所用。

---

(4)　Speingraben　　(5)　Olfen　　(6)　Lippe　　(7)　Kreiselpumpe

第 二 章　渠水之糜費及其供給　　　273

(三)三等溝爲各渠段互相連絡以分劑水量(有餘以補不足)之用。

溝之制亦須求其滲漏最少，流水通暢。第三〇九圖三一〇圖爲一等溝橫斷面之二例。前者於疏漏石址所用，後者爲輕質土址所用。

　　　第三〇九圖　　　　　　　第三一〇圖

二等溝與一等溝同，不過其橫斷面可縮小耳。且可以多數溝代一大溝，因分爲多數，則其有用於工場者，不致於渠損失太鉅也。

供水閘(8)之設置分作三類。第一類設于供水溝入渠之口，其構造與水牐無異。以時啟閉以節制水量。又於附近宜設一放水閘，連於放水溝，以便放瀉過多之水或帶沙質太多之水，流入就近河中。

第二類設于渠與河之交點，尋常亦用以減渠水。馬內薩翁渠是其一例。供水溝通於下水，另用圓井以減上水。

第三類水溝入渠在絳路之下。渠旁有水溪與之並行者用之。

---

(8)　Speiseschleuse

第三章　渠閘及其周圍(1)
第一節　廂閘

船閘之制已略於第二章論之。茲章略舉渠閘之種類及其地位，再論及附屬於閘之各種建設。

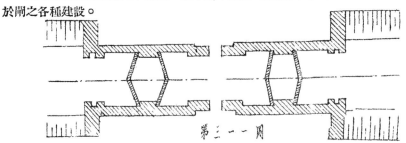

第三一一圖

閘之種類

（一）尋常廂閘(2)　上下二門之間，以壁功或水坭三合土為廂。但容一船上下，二門俱一向開閉如第二五一圖。（見第二章）有因上下二水漲落不定（例如通河之渠閘因河水漲落或高於渠水或低於渠水）設置雙向開閉之門者如第三一一圖。有並容二船於廂內者如第三一二圖。

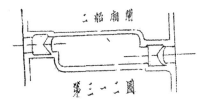

第三一二圖

（二）偶廂閘(3)　上下二水高低懸甚，用一閘不足以勝之，則順連二廂，分

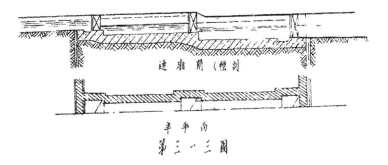

半平面
第三一三圖

水面為二級，分懸降為二，用上中下三門隔之。如第三一三圖。懸降更大者，

(1) Schlensen und ihre Umgehungen　　(2) Kemmerschleuse
(3) Kuppelschleuse

第三章　渠閘及其周圍

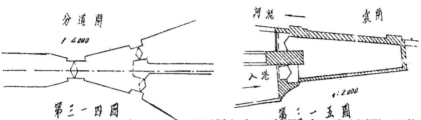

更可分爲二廂以上之多級。如用 n 廂則須有 $(n+1)$ 門。每一廂之下門，即其下一廂之上門。

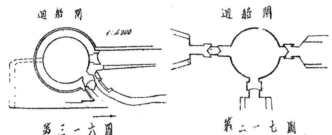

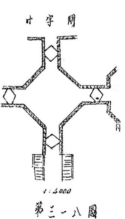

（三）叉閘(4) 如第三一四圖，爲船行分歧二路而設。閘凡三門，航向有三。

（四）囊閘(5) 如第三一五圖爲叉閘之簡式航有二向。閘凡二相鄰並列。叉閘囊閘之缺點在使船隻之長者不能廻轉於閘中。必退行以出閘，以冤特設廻船之處。

（五）廻船閘　第三一六圖至三一八圖皆可以廻船閘內，故名廻船閘(6) 第三一八圖亦可名十字閘(7) 計劃渠閘者須審較經費多寡。以定或用（三）（四）下閘式而設廻船場於閘外。或用（五）下各式。

（六）拖船閘(8) 上下二門之間，距離較長。天然渠岸並不設廂。使拖船可以容納入內者名曰拖船閘。

第二節　渠閘之地位及附屬品

渠閘之地位　縱向者大抵於定線時已可定。橫向之地位，在昔歐洲各渠多令閘之軸線相合。近世則因交通之繁，閘之上下須擴展渠身以爲多數船隻停待放

（ 4 ）Weichen Schleus　（ 5 ）Kopf-Oderlachschleuse　（ 6 ）Wende Schleuse
（ 7 ）Kreuzungsunl Weichen Schleus　（ 8 ）Schleipsibf Schleuse

閘之所。名曰閘港(9)。閘港之長與闊，應按預備停船之數及其大小定之。又須計及船之行動。有時閘港且作迴船場之用。第三一九圖爲奧多司布里渠凱士村閘足爲其例。閘之下端放水時常有激流漩溜，故下閘港底非保護不可。奧多司布里渠所用之法爲1公尺厚之梢筵（填梢）壓之以石。閘外設引船架(10)繫纜樁，(11)足以便船之出入。閘之兩旁須有餘地以備船員及工役往來，放閘養護等功事所用。於閘之一面，地勢較高處，設閘長住所。其場地之寬以20至25公尺爲準。於他一面則設閘役住所，其場地以15公尺爲準。

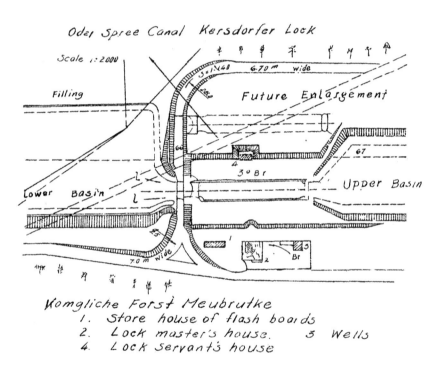

第三一九圖

(9) Vorhafen　　(10) Leitwesk　　(11) Dükdalben

第三章　渠閘及其周圍

屬於渠閘之各項建築所佔地面略舉如下。

閘長住室	$10^{1}/_{2} \times 9$ M
廚房	$6^{1}/_{4} \times 5$ M
廚房與貯存器具房合併	11×9 M
閘役住室	$5^{3}/_{4} \times 4^{1}/_{4}$ M
閘梁(12)庫	$12 \times 4^{1}/_{2}$ M

此外有時亦附於閘而非常有者有下三種。

（一）路橋　設閘之附近有路須越渠身者，則於閘之下端設橋以濟之。橋下明空可容一船而橋墩之壁功可省。

（二）涵洞　設於閘之附近有小溪水須交叉渠身，則最好移其交叉點於閘之上端而作倒虹或涵洞以濟之。

（三）供水渠(13)　由上水劑水於下水常設供水渠與渠閘並列，或即設於同一壁功內。第三二〇圖為其一例。此處為灌溉之渠而可以航行者。欲求灌溉之水由一渠段引之他段無碍閘務，故閘廂之供水及放水皆由廂旁平行渠為之。

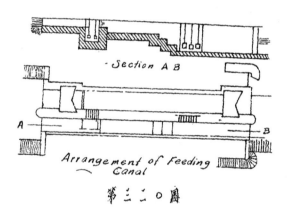

第三二〇圖

（12）Dammbalken　　　（13）Splisekaudle

278　　　水　功　學　卷　三

第三卷 渠工學

下篇 渠化工程

第一章 論河之渠化

德文 Kanalyzierung，英文 Canalyzation 亦名 Slackwatering 頗難確譯，不得已譯作渠化。渠化者化天然河流有類乎渠也。Slackwatering 爲緩水之意。蓋河中築堰其流自緩因以得名也。

第一節 渠化之目的

凡河流於低水時太淺，施以治導之法，仍不能達航運之目的者，則可築堰河中蓄高水面，以得適當之水深。水面天然之降度，因以匯萃於各點，而成階級之狀，名曰水級。(1) 各堰之間，水面上下分闊，名曰水段。(2) 各段之水，雖仍爲流水，而比降甚緩，有類乎人造航運之渠，故名之曰渠化。水面既蓄而高，故瀉水面冪增加，而流速減緩，比降無須其陡也。

每一堰之旁或其附近，須築一廂閘，以通航船。蓋船越堰而過，勢頗危險也。木運繁盛之處，並須特設一渊木之閘。(3) 堰之大者又須特設一孔或多孔其底落深足以放船出入。名曰船溜。(4) 蓋水位高時，水深足以航行，則不必使船定由閘出入，以免耽擱時間，而可徑由船溜通過也。低水之時船溜亦用活堰閉之。堰上他孔，則用之瀉洪，名曰洪門。(5)

船閘船徑及洪門，或相隣安置，成爲一體，如第三二一圖。此法多用於美國。在歐洲則閘與堰多分離設置。

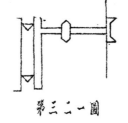

第三二一圖

凡渠化之法，大半施於河流之中游。蓋下游大抵可治導以遂航運。上游則比降太陡，渠化亦不適用也。

有時堰旣設後，水面蓄高，自堰後導水下流，用以灌漑，或勘水輪，渦輪，以生力，則其利又不僅在航業已。

第二節 渠化之優點及拙點

欲使不通舟之河流得通舟楫，須就渠化及治導二法審擇其一焉。渠化之法，可使最低之水通航，治導則不能也。用渠化法，堰閘建築之費以及平時養護

---

(1) Wasserstuffen　　　　　　　(2) Wasserhaltung
(3) Flossehleuse, Lumbering Lock　(4) Schiffsdurchlass, Ship pass
(5) Flutgirinne, Weir

之需，皆可預爲準確估計，而治導之工程則不能確估也。渠化工程之所費，常可施行船捐以使補之。而治導之費，則無可索還也。渠化於船運之外兼可以利灌溉，生水力，（非常如此者）而治導則不然也。以上言渠化之優點。至其拙點則亦有不可掩者。（一）堰閘建設之費皆需耗甚鉅。（二）船行過閘恆躭擱時間。（三）堰上易於積淤，河址漸高，致生漲溢。欲溶除其淤，則所費亦多。（四）未渠化時下行之船甚捷，設堰以後，下行亦滯。（五）建設之時，有碍航行。（六）洪水之際或冰澌之時易致氾濫。或用固堰，或用活堰，其寬不足，其脊太高，皆有此虞。（七）凡河谷非高出中水面甚多者，用渠化法常致兩岸田原排水不易。有以上各紐點，故凡河流可因治導以達航行之目的者，則先盡治導之功。治導之術窮，而有通航之需要，乃以渠化之法濟之。有時河流乏水，可由水庫供給，而渠化之功可省，亦須斟酌及之也。荒廢之河川，不稍加以治導，則渠化之功亦難施。流之分歧者，須盡壹之。灣之陡銳者，須平緩之。寬綬之河身，須束縮之。陵萦之降度，須輕仿之。然後渠化之效可著，而其弊可免。渠化之後，其先治導所設之丁壩，順壩，等或須除去，或須落低，或須增高，固所不免，而大要皆有益於河流足以防淤墊而利排沙。低水之時，堰閘得其用。洪漲之際，（堰大半或全開）舟楫不碍其行，是渠化之所期也。

第三節　水級之地位

凡堰宜力求設於支流或排水渠入口以上，以無妨其漲流。宜設於急湍或陡降以上，而開引河置閘，令引河下端繞越該難點而入正河。如是則行船危難之點可免，而堰閘之懸降可減。宜設於岸田卑下之段以上。公園，水力工廠及他貴重建築物以上，以免蓄高之水旁致傷毀。設堰之處，宜擇河流整齊之段。凡瀉水面藉太大，或太小者，都不相宜。河身太寬，則需築之堰亦寬。所費必鉅，且易淤積。河身太狹，則洪漲之際水勢太高。欲擴展河身以免以弊，所費去亦多。設水級於河床之外，其費必眥。設於陡灣，則洪漲之際，船易趁趨堰礆。且易肇冰障沙積之累。行船400噸至600噸，彎曲半徑不宜下於500公尺。又以下各條，亦爲選擇水級之地位者所必知。

一　河床必求適用於建築。
二　閘之上下有足長之直段，使船之出入便利。
三　岸須高而土質固。
四　岸上須有寬適地址，以建築管理閘員之住宿。

閘與堰相互之位置，亦有須討論者。堰閘相隣設置者在歐洲多用一長堤隔之。如第三二二圖爲普魯士與多河亢底(6)水級之位置。其堤名曰隔堤(7) 隔堤內之槽，（名曰閘槽）爲渡閘船隻停泊待渡之良所。左岸上爲管閘員住宿所。

(6) Staustufe Konty an der Oder　　(7) Trennungsdamm

第一章　論河之渠化

其前留餘地以備設一拖船閘。歐戰前已開竣矣。亦有不用隔堤者如第三二三圖為甫爾達(8)河所用。蓄水之面高，及最高行船水位而止。不用隔堤，經費甚省。但船之入閘須極小心。否則船易趨溜碰於堰上。溜急或閘向不與溜向

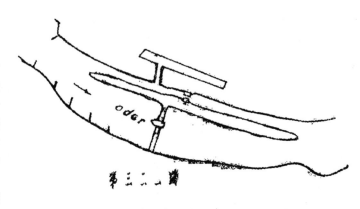

第三二二圖

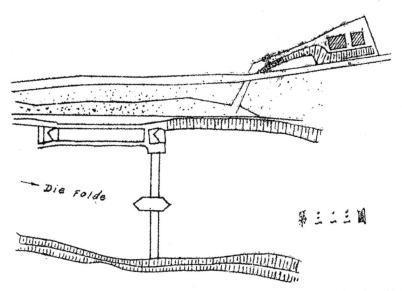

第三二三圖

平行者，尤易有此失。必不得已而堰閘並設於河曲者，則有謂設閘宜於河曲下端之凸岸者，其益在洪漲之際漂木浮冰得免壅積閘上。然上水來船入閘不易。且閘易為沙淤。有謂宜設於河曲下端之凹岸者，其益在便上水船之入閘，無沙淤之患。而漂木浮冰之侵閘則不免。二者孰去孰從，當依河流性質及當地形勢而定。未可拘一偏之見。著者以為水級不設於河曲為是，必不得已，以另闢引河處理為宜。雖經費稍貴其益實多也。

(8) Fulde

堰閘相鄰，不用隔堤，堰或連於閘之上端，或連其中部，或連其下端。如第三二三圖爲連於下端者。連於上端，則上水來船險而出閘則穩。連於下端，則上水來船穩，而出閘則溜太急。然此弊俱可以引墻(9)免之。引墻者，閘之河墻(10)上下延長之段。或用砌壁，或用格木(11)填石爲之。其法多用於美國。

河中有洲，析爲河岔，(12)則分設堰閘於二支中。

裁灣取直之處，於未直之前，堰閘以一牆相隔。俱乘未放水前建設於直流之中。如是則工費所省不貲。且堰之建設於直流中，瀉洪排沙俱易，亦鮮冰障之虞，其益甚多也。

若灣不甚陡，而取直之工費甚鉅，則處堰於舊灣中，而另闢引河以處閘。此法盛於歐洲。予在奧多河所見多爲此例。如第三二四圖。第三二五圖爲拉姆(13)河水紕，堰處於一急湍之上，另闢引河以處閘，引河下端入正河即已越過湍流見上論。

第四節　航行水深(14)

最低水位時應蓄水至深足通航，自以航行於該河喫水最深之船隻爲標準。但人文日進，商務益繁，舊時之船隻，用於今日已覺太輕，則今日之船隻，至他日亦必嫌不適。是則計畫渠化之功者，所不能不遠視者也。1840 年法國賽

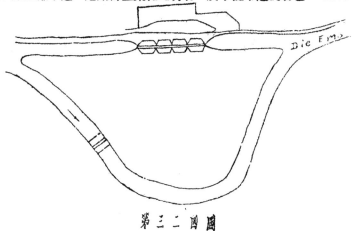

第三二四圖

因河之下流，通航之船，喫水僅 0.8 公尺，故水深 1.3 公尺而足。至 1846 年則需水深 1.6 公尺。至 1854 年則需水深 2 公尺，至 1872 年則需 3 公尺。渠

(9)　Leitdamm, Guard Wall　　(10)　River Wall　　(11)　Crib
(12)　Stromspaltung, River Parting　(13)　Lahm　　(14)　Fahrtiefe

第一章　論河之渠化

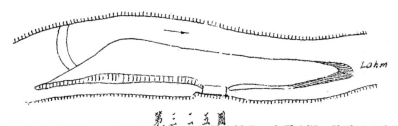

第三二五圖

化之後增水深至 3.2 公尺。但使較大海船得達巴黎，尚需水深 4 公尺至 5 公尺。若但以目前為標準，則必貽悔將來矣。

第五節　懸降(15)

懸降者一堰之頂高於下一堰頂之淨降(垂直距離)也。堰愈高則水級愈省。建設固可省許多工費，而航船亦得免許多過閘耽擱。但堰頂過高之弊，亦不能不計之。(一)蓄水過高，易致氾濫。(二)水壓鉅大，堰之起落閘門之啟閉，俱需多力。(三)水頭過高，堰下易致侵刷。故定懸降之大小，一須審河岸之高。二須審流量之容積。三須審河床之性質。四須審應用起落活堰啟閉閘門之器具。此外尚有其他種種關係。例如橋梁高低。(蓄水過高則船不易通過橋下)。水力場之附設。皆不能不加以計慮。

通常用固堰者，其懸降較大。用活堰者其懸降較小。德法兩國所用多活堰，故其懸降大半為 3 公尺至 5 公尺。美國固堰之懸降鮮有小於 10 英尺者。甚至有 41 英尺，(13公尺)(16) 至 63 英尺(20公尺)(17) 者。

第六節　閘，船徑及其他設置

本卷第二章以下，專論堰之建設。故此處不贅，而但論船閘，船徑及其他設置之大略。惟閘於本卷上篇論過。此處但舉其與渠閘不同之點耳。渠以省水為要事，故閘廂之壁須力求近於垂直。渠化之河，無乏水之患，故閘壁不必其垂直而求得靜力關係適宜之斷面。甫爾達河之廂閘其壁之前面欹斜。奧多河由奈瑟河口(18) 至布萊司老(19) 其閘壁前面概為圓彎。因閘壁之欹斜，故有時可以鋪石(20) 代砌功。(21) 尤適用於拖船閘。下水門閘之位置與渠閘同。而上水門閘，則必深使高落之上水尚足航為度。故上下二閘高低相懸甚微。有時且同高焉。船徑於水位高時，無需蓄水，深可通航即啟之。其寬以能並容三船為度。其閘不可過高，致使下水流急，不便上行之船，定閘之高，須審谿綫河址之高。

(15) Gefall, Lift　　(16) Tennesses River　　(17) Black Warrior River
(18) Neisemundung　(19) Breslew　　　　　(20) Pavement
(21) Masonary

284　水功學卷三

湍木閘址爲 1 比 200 之斜面，由上而下。尋常設船閘之對岸，與堰之下水以隔堤相隔。址寬 10 至 12 公尺，以石舖之。其縫用水泥膠灰灌搗。恐舖石之易於推離也。以木爲橫闌擋之。木闌爲數不一，相距可 2 至 3 公尺，與石平舖。湍木槽之湍端用鼓堰(22) 閉之。湍木水深須充足。鼓堰下部石脊必深於上水面有餘。蓋水入槽時，水面因址高而有低落（其理見下章）之虞也。德國買因(23) 河之湍木槽水深 0.9 公尺，槽之上端水面高於石脊 1.70 公尺，是其例也。

其他附帶建設之最要者，則排水之事是也。蓋河水面蓄之而高，則岸上低地之排水勢成困難問題。必特設水溝與岸平行而通之於最近堰之下水。第二三六圖爲一渠化河岸排水法之略圖，未設堰前排水溝通過堤身橫流入河。設堰後乃以順溝橫越舊溝而自最近堰下，通入河中。惟昔者分洩之水今薈聚於一處，洪水時每致新水門以內之田淹沒愈廣。故於舊水溝間分水嶺 S, S 等處設次等水門。洪水之時一律關閉，以止禦來水。

水級已設，尚有農田利用其水以資灌漑而酌量納捐焉。茲舉德國渠化之愛姆司(24) 河熊泰彌愛買納(25) 灌漑爲例。灌漑之田凡廣 350 公頃。灌漑之水令無碍於航運。每秒可供 5 立方公尺。水由閘槽設水門取之，如第二三七圖。水門爲三鑄鐵管幷列，每管直徑 1.2 公尺，周圍培壅以泥土。管相接處用枕木及樁支之。基址兩端用板樁以防被水洗掘。水門用鑄鐵板閉之。其啓閉用螺旋柱及一槓桿啓之如第二三八圖所示。

近世多利藉水級水頭以生電力者。但活堰作此用者，惟板堰適宜。針堰則不適也。其建設此處不贅。

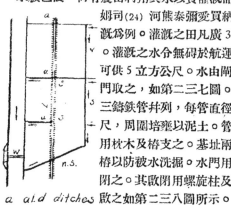
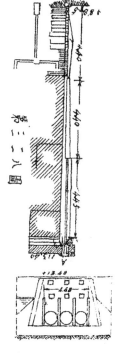
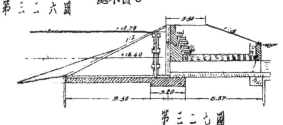

第三二六圖
第三二七圖

(22) Trommel-Wehr, Drum dam　　(23) Main　　(24) Ems
(25) Humtel-Emmelner Niederung

第二章　論堰之水理

本章非水力學專書，故但舉設堰之水理計算應用諸算式。不能爲詳切之論證也。所論及者爲設堰後流量之計算，水則之變更，蓄水效力，更旁及於水力工事開渠之計算。

第一節　堰之流量 (1)

如第三二九圖假設水由一孔流出。CD 爲水面。水面下深 Z 處一水層寬爲 b（即孔之寬）。高爲 dz，在交堰半面 DB。流出之量按之舊日計算法爲

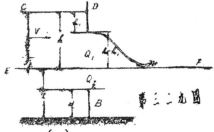

第三二九圖

$$dQ_1 = m_1\, b\, dz \sqrt{2g\left(Z+\frac{V^2}{2g}\right)} \quad \cdots\cdots\cdots (一)$$

式中 $g=9.81\,m/sec^2$ 爲地重力。V 爲來水速率。(2) m_1 爲束縮係數。(3) 命與 V 相當之水頭 (4) 爲 k 孔中流出之水分爲二部。一在下水面 EF 上者。一在 EF 下者。而上部之流出量即爲：

$$Q_1 = \frac{2}{3} m_1 b \sqrt{2g} \left\{ (h+k)^{3/2} - (h_1+k)^{3/2} \right\} \cdots\cdots\cdots (二)$$

h 及 h_1 俱示於圖中。EF 下之水層，其水頭俱爲 $(h+k)$。故下部之流出量爲

$$Q_2 = m_2\, ba \sqrt{2g(h+k)} \quad \cdots\cdots\cdots\cdots\cdots\cdots\cdots\cdots (三)$$

式中 a 亦於示圖中。爲 $t-h$ 而其流出之全量即爲

$$Q = Q_1 + Q_2 \quad \cdots\cdots\cdots\cdots\cdots\cdots\cdots\cdots\cdots\cdots\cdots (四)$$

昔者維司巴赫 (5) 呂爾曼 (6) 愛太爾維因 (7) 俱主張此式。而束縮之係數則上部爲 $m_1=0.67$，下部爲 $m_2=0.65$。

---

(1)　Die Lieleistungs fahrgkeit der Weher
(2)　Geschwandigkeit Desonkammenden Wasser, Velocity of Approach　即水流臨堰頂之速率
(3)　Coefficient of Contraction　　(4)　Druckhohe, head
(5)　Weissbch　　(6)　Ruhlmann　　(7)　Eytelwein

(甲)滾流堰(8) 下水面低於堰頂，而算式(二)中之 h_1 亦消去，故其流量為

$$Q = \frac{2}{3} m_1 b \sqrt{2g} \left[(h+k)^{3/2} - k^{3/2} \right] \quad \cdots\cdots (五)$$

h 為滾流之高。(即上水面高於堰頂之數)視第二三〇圖若 Q 為設定者則

$$h = \left\{ \frac{3Q}{2 m_1 b \sqrt{2g}} + k^{3/2} \right\} - k \quad \cdots\cdots (六)$$

命堰上之水深為 T。則堰之高為 $H = T - h$。按愛太爾維因堰無翼牆(9)者，$m_1 = 0.632$。有翼牆且堰頂修圓(去稜角)者 $m_1 = 0.855$。按維司巴赫 $m_1 = 0.8$。按稻克米脫(10) 堰頂修圓且有翼牆者，$m_1 = 0.83$，$\frac{2}{3} m_1 = 0.55$ 堰稜方折者，$m_1 = 0.675$

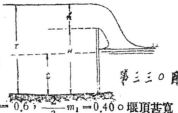

第三三〇圖

$\frac{2}{3} m_1 = 0.45$。堰頂狹短且無翼牆者，$m_1 = 0.6$，$\frac{2}{3} m_1 = 0.40$。堰頂甚寬者，按德國工程袖珍書(11) 其流量為 $Q = 0.356 \sqrt{2g} (h+k)^{3/2}$。式中 h 為上水面高於堰頂之數。但水面至堰頂上則低落若干。其實際之高為 $e = \frac{2}{3}(h+k)$。若來水流速甚微，則略去 k 不計而

$$Q = \frac{2}{3} m_1 b h \sqrt{2gh} \quad \cdots\cdots (七)$$

此式為菩博阿之算式。其所用束縮係數 m_1 為 0.55 至 0.65。

佛賚惡(13) 所用之 m_1 之值，則由其經驗算式而得(參觀卷一第二章)。若堰為完成滾流(12) 而 $b > h$，則 $m_1 = \left(0.6150 + \frac{0.002}{h}\right)\left[1 + 0.55\left(\frac{h}{t}\right)^2\right]$ 此式適用於 $h = 0.1$ 至 $0.5 \, m$。

(乙)潛堰(13) 命原水深為 t，上下二水面之差為 h，如第三三一圖。則流出之量亦可分為上下二部：

---

(8) Uberfall wehre, Overflow weir　　(9) Flugelwande, Wing Walls
(10) Tolkmitt　　(11) Hütte　　(12) Froso
(13) Volkommener uberfall, Complete Overfall　(14) Grumkwehr, Submergeed weir

第二章 論堰之水理

上部 $Q_1 = \dfrac{2}{3} m_1 b \sqrt{2g}\left[(h+k)^{3/2} - k^{3/2}\right]$

下部 $Q_2 = m_2\, ba \sqrt{2g(h+k)}$

全部 $Q = b\sqrt{2g}\left\{\left[\dfrac{2}{3}m_1(h+k) + m_2 a\right]\right.$

$\left.\sqrt{h+k} - \dfrac{2}{3}m_1 k\sqrt{k}\right\}$ ……………………(八)

堰頂沒於下水面下之深 $a = \dfrac{Q + \dfrac{2}{3}m_1 b k \sqrt{2gk}}{m_2 b \sqrt{2g(h+k)}} - \dfrac{2m_1}{3m_2}(h+k)$ …(九)

堰之高為 $H = t - a$。束縮係數之值按維司巴赫 $m_1 = m_2 = 0.8$。按費坦巴哈(15) $m_1 = 0.855$，$m_2 = 0.620$ 按稻克米脫則堰頂修圓無兩旁束縮者

$m_1 = 0.83$，$\dfrac{2}{3}m_1 = 0.55$，$m_2 = 0.67$

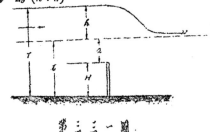

第三三一圖

無兩旁束縮而堰稜方折者，$m_1 = 0.83$，$m_2 = 0.62$。若潛堰用以為活堰之下部建築上有活堰立柱者，$m_1 = m_2 = 0.60$ 至 0.65 若活堰用以為深口(15) 因堰之口深及河底以便除沙者，或船運，其兩旁牆壁光滑者，$m_1 = m_2 = 0.75$ 至 0.85 若堰之方向斜交於河流，則求 k 之值不適逕用來水流速 $V = \dfrac{Q}{F}$ 而但用其正交堰向之分流速 V_0 若堰向與河流之向相交成 α 角如第三三二圖則 $V_0 = V\sin\alpha$。

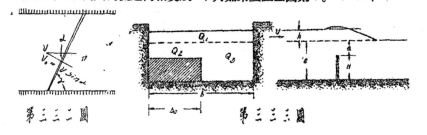

第三三二圖　　　　第三三三圖

---

(15) Redtenbacher　　　(16) Grundoblass, pass

288　水功學卷三

(丙)非完成滾流堰(17) 流瀉之面有部分阻隔，如第三三三圖假設其阻隔為一潛堰，則流出之量可分三部 Q_1、Q_2 及 Q_3。命 b_0 為潛堰之寬。H 為其高。b 為堰口全寬。則

$$Q_1 = \frac{2}{3} m_1 b \sqrt{2g} \left[(h+k)^{3/2} - k^{3/2} \right]$$

$$Q_2 = m_2 b_0 (t-H) \sqrt{2g(h+k)}$$

$$Q_3 = m_2 t (b-b_0) \sqrt{2g(h+k)}$$

而其全部流出之量

$$Q = Q_1 + Q_2 + Q_3 \quad \cdots\cdots\cdots\cdots (十)$$

堰之高即

$$H = \frac{\frac{2}{3} m_1 \left[(h+k)^{3/2} - k^{3/2} + m_2 t \sqrt{h+k} \right]}{m_2 b \sqrt{h+k}} b$$

$$- \frac{Q}{m_1 b_0 \sqrt{2g(h+k)}} \quad \cdots\cdots\cdots\cdots (十一)$$

(丁)板堰算法同(四)

(戊)堰礅(18) 活堰之礅足以增蓄水之高。礅愈厚其數愈多，則蓄水面之增高亦甚。其算法與尋常橋礅同。欲免洪水之漲溢，須定一蓄水增高之界。洩水諸孔(礅閘之空)之總寬 $b' = b_1 + b_2 + b_3$

(視第三三四圖)須令足瀉水無踰此界

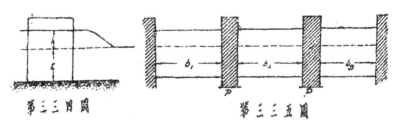

第三三四圖　　　第三三五圖

$$Q_1 = \frac{2}{3} m_1 b \sqrt{2g} \left[(h+k)^{3/2} - k^{3/2} \right]$$

(17) Unvollkommener uber fall Weher　(18) Wehrpfeiler, Piers of Weir.

第二章　論河之渠化

$$Q_2 = m_2\, bt \sqrt{2g(h+k)}$$

$$Q = Q_1 + {}_2 = b\sqrt{2g}\left\{\frac{2}{3}m_1\left((h+k)^{2/3} - k^{2/3}\right) + m_2 t\sqrt{(h+k)}\right\} \quad\cdots\cdots(十二)$$

已定蓄水之高 h 則

$$b' = \frac{Q}{\sqrt{2g}\left\{\frac{2}{3}m_1\left((h+k)^{3/2} - k^{3/2}\right) + m_2 t\sqrt{(h+k)}\right\}} \quad\cdots\cdots(十三)$$

命河之總寬爲 B，磯之厚爲 P，其數爲 n 則

$$P = \frac{B-b'}{n} \quad\cdots\cdots\cdots\cdots\cdots\cdots\cdots\cdots\cdots\cdots\cdots\cdots(十四)$$

第二節　維克司[19]　新算式

維克司以舊算式計慮未周至。如水之壓力，翼墻之方向，堰面之傾降，皆足以致流量變更，而舊算式都不計及。乃本其多年之實驗，定以下諸算式。

（甲）滾流堰命 Q, b 及 h 所代同上。S_1 爲堰頂上所受一切水壓力之和。S 爲堰面所受一切水壓力之和。V 爲來水之速率。e 爲翼墻與流向之交角。d 爲堰面之傾降角。H 爲堰之高。則

$$Q = \frac{2}{3}mb\sqrt{2g}\left(\frac{h}{S_1 - S}\right)\left(S_1^{3/2} - S^{3/2}\right)\cdots\cdots(十五)$$

$$\left.\begin{array}{l} S = \dfrac{V^2}{2g}\left(1 + \dfrac{B-b}{b}Cos^2\dfrac{e}{2}\right)\cdots\cdots\cdots\cdots\cdots\cdots \\[2mm] S_1 = S + h + \dfrac{4BH}{bh}\dfrac{V^2}{2g}Cos^2\dfrac{d}{2}\cdots\cdots\cdots\cdots\cdots \end{array}\right\}(十六)$$

式中 b 爲滾流之寬。B 爲河渠之寬。m 爲束縮係數。維克司本方修斯[20]福泰勒[21]及司特恩[22] 諸家實驗之所得，定爲下之算式。

$$\frac{2}{3}\,0.3655 + 0.02357\left(\frac{b}{B}\right) + \frac{0.002384}{h} + 0.00305\,b\cdots\cdots(十七)$$

若 $b = B$

---

(19) Wex　　(20) Franzius　　(21) Fteley　　(22) Stearns

$$\frac{2}{3}m = 0.4001 + \frac{0.0011}{h} + 0.00048\, b \cdots\cdots\cdots\cdots\cdots\text{(十八)}$$

(乙)潛堰 亦分為上下二部，Q_1 流於原水面之上，Q_2 流於其下。

$$Q = Q_1 + Q_2$$

$$\left.\begin{array}{l} Q_1 = \dfrac{2}{3}m_1 b\sqrt{2g}\left(S_1{}^{3/2} - S^{3/2}\right)\cdots\cdots\cdots \\[1em] Q_2 = m_2 b\sqrt{2g\left(\dfrac{t-H-n\dfrac{C^2}{2g}}{S_2-S_1}\right)}\left(S_1{}^{3/2} - S^{3/2}\right)\cdots \end{array}\right\}\text{(十九)}$$

$$\left.\begin{array}{l} S = \dfrac{V^2}{2g}\left\{1 - \dfrac{B-b}{2}Cos^2\dfrac{e}{2}\right\}\quad S_1 = S_1 + h + \dfrac{nc^2}{2g}\cdots\cdots \\[1em] S_2 = S_1 + \dfrac{2v^2\, B\, H\, Cos^2\dfrac{d}{2}}{bg\left(t-H-n\dfrac{C^2}{2g}\right)} \end{array}\right\}\text{(二十)}$$

式中 C 為流出之速率，而 $n\dfrac{C^2}{2g}$ 為因速率 C 所致之吸收(22)。$n = 067$，t 為未蓄河水或即下水之平均深。若堰孔沒入水下之部分，較之全孔甚小，則可命

$$Q = m_2\, b\left(t - H - \frac{nc^2}{2g}\right)\sqrt{2g\frac{S_1+S_2}{2}}\cdots\cdots\cdots\text{(廿一)}$$

水頭之高 $h = 0.196$ 至 0.341 公尺者，其束縮係數可用下式求之。

$$\left.\begin{array}{l} \dfrac{2}{3}m_1 = 0.4001 + \dfrac{0.00316}{h} + 0.00048\, b\cdots\cdots \\[1em] m_2 = 0.5274 + 0.00038\, b\cdots\cdots \end{array}\right\}\text{(廿二)}$$

水頭之較大者，其束縮係數為

$$\left.\begin{array}{l} \dfrac{2}{3}m_1 = 0.4001 + \dfrac{0.00244}{h} + 0.00048\, b\cdots\cdots \\[1em] m_2 = 0.5346 + 0.00048\, b\cdots\cdots \end{array}\right\}\text{(廿三)}$$

(丙)板堰及深口 若下水面在板堰孔最上稜之下，命孔之高為 y 則

$$Q = Q_1 + Q_2$$

---

(22) Nachsaugung

第二章　論堰之水理

$$Q_1 = \frac{2}{3} mb \sqrt{2g} \left(\frac{y + n\frac{V^2}{2g} - t}{S_1 - S} \right) \left(S_1^{3/2} - S^{3/2} \right) \cdots$$

$$Q_2 = m_1 b \left(t - H - n\frac{C^2}{2g} \right) \sqrt{2g S_1} \cdots\cdots\cdots\cdots$$

(廿四)

$$S_1 = \frac{V^2}{2g} \left\{ 1 + \frac{1}{2b}(B-b) \frac{B}{2b}(t+H-y) \right\} + h + t - y \cdots$$

$$S_1 = S + y + n\frac{C^2}{2g} - t \cdots\cdots\cdots\cdots\cdots\cdots\cdots$$

(廿五)

若下水面高出板堰孔之上，命 H 爲水閾之高，則

$$Q = \frac{2}{3} m \sqrt{2g} \left(\frac{y}{S_1 - S} \right) \left(S_1^{3/2} - S^{3/2} \right) \cdots\cdots\cdots\cdots (廿六)$$

$$S = \frac{V^2}{2g} \left\{ 1 + \frac{1}{2g}(B-b) + \frac{B}{2gb} \left[t + H - (H+y) \right] \right\} +$$

$$h + n\frac{C^2}{2} \cdots\cdots\cdots\cdots\cdots\cdots\cdots\cdots\cdots\cdots\cdots\cdots$$

$$S_1 = S + \frac{V^2}{2g} \cdot \frac{4BH}{yb} \cdot C_{os}^2 \frac{e}{2} \cdots\cdots\cdots\cdots\cdots\cdots\cdots$$

(廿七)

若上水爲一大湖泊 $V = 0$，則上諸算式可大減簡。

狹小板堰設有寬渠中，水自由流出於堰孔周圍，俱受束縮，其係數

$$m = 0.5708 + 0.01355 \sqrt{\frac{y}{h + \frac{y}{2}}} + 0.02109 \sqrt{\frac{1}{y}} + 0.00431 b \cdots (廿八)$$

板堰設於渠中，其寬如全渠之寬，而無高起之閾者，水自由流出，其束縮係數爲

$$m = 0.5751 - 0.01898 \sqrt{\frac{y}{h + \frac{y}{2}}} + \frac{0.00144}{y} + 0.00048 b \cdots\cdots (廿九)$$

又按葆內滿[23]之實驗

$$m_1 = 0.4988 + 0.14965 \frac{\sqrt{y}}{t - H - \frac{y}{2}} + 0.00305 b \cdots\cdots\cdots\cdots (三十)$$

---

[23] Bornmann

292　　　　　水　功　學　卷　二

維克司所掀諸算式。目下尚鮮爲一般水力學者所注意。美國康奈爾大學敎授瑳奇(24) 稱爲奇特。德國水工世夫滿(25) 已採用以實其所著 "Leitfaden des Wasserbaues" 著者於此但能舉其應用諸算式。學者欲究其詳可參考下列二書

Hafrat von wex, Hydrodynamik

David. A. Malitar, Hydroulics of river weirs and sluices.

第三節　返水算式

河中設堰，堰上水面蓄高漾及上游，名曰返水(26) 返水在堰後。於原水之量，名曰蓄水之高。由堰後往下至返水之終點，河曰返水之距。其間名曰該堰返水之區。

凡上一堰，必設於下一堰返水區內，其深尙足行船處。第三三六圖 AB 平衡線名曰靜力返水

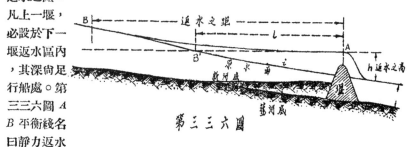

第三三六圖

(27) 使河水不流，則其返水如是。但河水之流未有因堰而或息者，故返水之面非平衡而實爲曲面如 AB。名曰動力返水。(28) 命行船所需最小之深爲 T，原水之比降爲 i，原水之深爲 t，蓄水之高爲 h，若以靜力返水面爲準，則 $Li+T=h+t$ 而水段應得之長爲

$$L = \frac{h+t-T}{i}$$

動力返水與靜力返水於低水時相差無幾何。故不妨以靜力返水代動力返水，以入計算。但增水時則二者相差愈遠。所算蓄水之高，不免太大，而致田原受淹。故須用活堰以便適時啟卸不致漲溢。

欲確定返水之距及其面上任何處之水深，則可用以下各法，求返水曲線(29)。返水曲線者，返水面之縱剖圖也。

（甲）探試法　設有一河流，其關深俱知。兩旁以直立之壁爲界。河之寬皆一律而水羃半徑可以其平均水深代之。如是但取一公尺寬之水量計算可矣。

設原水（未蓄之水）於平常水位時其平均深爲 $t=R=0.9$ 公尺。其比降爲 $i=0.00075$。用巴蓉流速算式

---

(24) Church　　　(25) Schiffmann　　　(26) Back-water
(27) Hydrostatischer Stau　(28) Hydraulischer Stau　(29) Staukurve

第二章　論堰之水理

$$C = \frac{87\sqrt{t}}{1.3+\sqrt{t}} = \frac{87 \times 0.95}{1.3+0.95} = 37$$

$$V = C\sqrt{R.i} = 37\sqrt{0.9 \times 0.00075} = 0.9 \text{ 公尺}$$

寬 1 公尺深 0.9 公尺之水冪為 0.9 故流量為

$$Q = 0.9 \times 0.9 = 0.81 \text{ 秒立方公尺}$$

若設堰而蓄水高至 1.8 公尺則水於堰後之深增為 $t+h=0.9+1.8=2.7$ 公尺。而每寬 1 公尺之水冪為 $F_0 = 2.7$ 公尺。其流速減為 $V_0 = \dfrac{Q}{F_0} = \dfrac{0.81}{2.7} = 0.3$ 公尺。與 $R_0 = t_0 = 2.7$ 公尺相當之 C_1 之約畧整數為 50。故由

$$i_0 = \frac{V_0^2}{C_0^2 R} = \frac{0.3^2}{50^2 \times 2.7} = 0.0000133$$

為該處之比降。由如斯微小之比降，向上漸增以至復其原有之比降。故決其必為曲線。以理論言之。原水面當其漸近線。而返水實無終點。但事實上至蓄水面高與原水面相差不及水深百分之一者，即指為返水之終點。

今先懸擬返水之距為靜力返水距 $1^1/_2$ 倍。按上所設例題 $h = 1.8$ 公尺 $i = 0.00075$ 靜力返水距即為 $\dfrac{1}{0.00075} = 2400$ 公尺。而返水之距即可先擬為 $L = 1^1/_2 \times 2400 = 3600$ 公尺。如三三七圖先畫河底及原水面於紙上。其比例尺高大，而縱小。在原水面與靜力返水面所成鈍角之間先任意畫一曲線。分 L 為若干等分段。在本圖上為九等分段。各長 400 公尺。

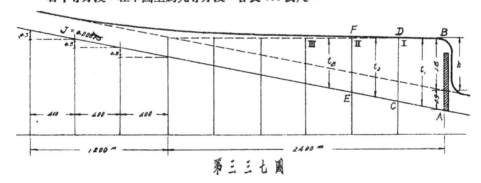

第三三七圖

於是從第一分段 I 起，以次向上，算出各分段返水曲線之絃線比降。即用下各公式：

294　　　水　功　學　卷　三

$$i = \frac{V^2}{C^2 R} = \frac{V^2}{C^2 t}, \quad V = \frac{Q}{t}, \quad J = \frac{Q^2}{C^2 t^3}.$$

按上所設例 $Q=0.81$ 立方公尺。在 I 分 $t_1=2.7-0.00075 \times 20 = 2.7-0.15 = 2.55$。而在此處之比降甚小可以略去不計。與 $t_1=R_1=2.55$ 相當之巴參公式 C 之值爲 $C=48$，故

$$i_1 = \frac{0.81^2}{48^2 \times 2.55^3} = 0.000017$$

$CD = 2.70 - 0.30 + 400 \times 0.000017 = 2.41$ 而此處返水之高即爲 $2.41-0.9 = 1.51$ 公尺

同法第二分 II 處

$$t_2 = 2.27 \qquad i_2 = 0.000032 \qquad EF = 2.13 \text{ 公尺}$$

返水之高爲 1.23 公尺。

至第三分段 III 仍可用 i_2 以求 t_3（因其比降變更甚微）故

$$t_3 = 2.13 - 0.15 + 200 \times 0.000032 = 2.13 - 0.15 + 0.006 = 1.99 \text{ 公尺}$$

自此以上則因比降之變更漸强，故計算時須遞次推求相鄰之比降如上法。計算至返水之高僅膛數公厘而止。上所設例其所得返水之距爲 3100 公尺。

但河道之實際情形未有如上所擬之簡易者也。欲定其返水曲線須將河流在一定水位（最好夏令之中水位）之界畫線於一平面圖上。而按河流形勢分作適當（不等長）之分段。於每分段之中及其界端各測河床之橫斷面。更須製一等高綫圖將河中各要點之中水深俱載其上。在該水位河之流量 Q 亦須算出。再算各橫斷面之流冪(30) 及其平均水深。其餘一切算法同上例。自堰後起每分段算其流速由 $i = \frac{V^2}{C^2 R}$（R 以平均水深 T 代之）得其降度。以定返水面之位置。如是節節爲之以至返水之面與原水之面相差僅數公厘爲止。

（乙）用呂爾曼(31) 返水算式，其式如下

$$l' = \frac{t}{i}\left\{ f\left(\frac{z}{t}\right) - f\left(\frac{Z}{t}\right) \right\} \quad \cdots\cdots\cdots\cdots\cdots\cdots(\text{卅一})$$

式中 l' 爲任一點與堰頂之平衡距離。

　　z 爲該點蓄水之高
　　Z 爲上下水面之高差
　　t 爲未設堰時之水深
　　i 爲未設堰時水面之比降

---

(30) Dischorge Area　　　(31) Ruhlmann

第二章 論堰之水理

$f\left(\dfrac{z}{t}\right)$ 爲與 $\dfrac{z}{t}$ 相關之函數可在第一表中檢其值。無相當值者用介接法(31)求之。

茲設一例以明其用　如有水深 0.9 公尺水面比降爲 0.0006。欲蓄高至 1.8 公尺。求定堰以上各河斷面之返水面。法解算式(卅一)得

$$f\left(\dfrac{z}{t}\right) = f\left(\dfrac{Z}{t}\right) - \dfrac{l'i}{t}$$

設欲求距堰 300 公尺返水之高，則因 $Z=1.80, t=0.9, l'=300, i=0.0006$

故 $f\left(\dfrac{Z}{t}\right) = f\left(\dfrac{1.80}{0.90}\right) - \dfrac{300 \times 0.0006}{0.90} = f(2.0) - 0.200$

由表中檢得 $f(2.0) = 3.3594$

故 $f\left(\dfrac{z}{t}\right) = 3.3594 - 0.200 = 3.1594$

與此值相當之 z/t 於表中覓之在 1.80 及 1.90 之間，用介接法得

$$\dfrac{z}{t} = 1.80 + \dfrac{(1.9-1.8)0.0086}{0.1045} = 1.80 + 0.01 = 1.81$$

而 $z = 1.81\, t = 1.81 \times 0.9 = 1.63$ 公尺

如此例推以得各斷面之返水面。返水之距可依(卅一)算之。假定返水之終點 $z = 0.03$

則 $l = \dfrac{0.90}{0.006}\left[f\left(\dfrac{1.8}{0.9}\right) - f\left(\dfrac{0.03}{0.9}\right)\right] = 1500\left[f(2) - f(0.033)\right]$

$\hspace{6em} = 1500(3.3594 - 0.4205)$

$\hspace{6em} = 4408$ 公尺

（丙）用稻克米脫算式　命 $l', i, t,$ 所代同前，h 爲堰後蓄水之高。至距堰 l' 處其高減爲 z。稻克米脫之算式如下

$$l' = \dfrac{t}{i}\left[f\left(\dfrac{t+h}{t}\right) - f\left(\dfrac{t+z}{t}\right)\right] \cdots\cdots\cdots\cdots\cdots\text{(卅二)}$$

其中函數

$$f\left(\dfrac{t+z}{t}\right) = \dfrac{t+z}{t} - \dfrac{1}{4}\, n\log\left(1 + \dfrac{2t}{z}\right) - \dfrac{1}{2}\, anctg\left[\left(1+\dfrac{z}{t}\right) + \dfrac{\pi}{4}\right]$$

其值可由第二表中檢之。同法用(乙)下例。(三十一)(及三十二)二算式俱適

---

(32) Interpolation　　　(33) Talkmitts formula

用於拋物綫式橫斷面之水道。若其斷面爲梯形式或他等相類之式，則可改爲同水面寬之拋物線式。以定其平均水深 t 仍用上算式算之。其詳可參考 Handbuch der Ingenieurwissen Schoften, Abt. III Bd. I.

Rühlmann's Table

$\frac{z}{t}$	$f\left(\frac{z}{t}\right)$	$\frac{z}{t}$	$f\left(\frac{z}{t}\right)$	$\frac{z}{t}$	$f\left(\frac{z}{t}\right)$	$\frac{z}{t}$	$f\left(\frac{z}{t}\right)$	$\frac{z}{t}$	$f\left(\frac{z}{t}\right)$
0.01	0.0067	0.22	1.1821	0.43	1.5583	0.78	2.0254	2.00	3.3594
0.02	0.2444	0.23	1.0240	0.44	1.5734	0.80	2.0495	2.10	3.4631
0.03	0.3863	0.24	1.2254	0.45	1.5884	0.82	2.0735	2.20	3.5664
0.04	0.4889	0.25	1.2461	0.46	1.6032	0.84	2.0975	2.30	3.6694
0.05	0.5701	0.26	1.2664	0.47	1.6179	0.86	2.1213	2.40	3.7720
0.06	0.6376	0.27	1.2861	0.48	1.6324	0.88	2.1449	2.50	3.8745
0.07	0.6958	0.28	0.3054	0.49	1.6468	0.90	2.1683	2.60	3.9768
0.08	0.7482	0.29	1.3243	0.50	1.6611	0.92	2.1916	2.70	4.0789
0.09	0.7933	0.30	1.3428	0.52	1.6893	0.94	2.2148	2.80	4.1808
0.10	0.8353	0.31	1.3610	0.54	1.7170	0.96	2.2380	2.90	4.2226
0.11	0.8739	0.32	1.3729	0.56	1.7444	0.98	2.2611	3.00	4.3843
0.12	0.9098	0.33	1.3964	0.58	1.7714	1.00	2.2839	4.00	5.3958
0.13	0.9434	0.34	1.4136	0.60	1.7980	1.10	2.3971	5.00	6.4020
0.14	0.9751	0.35	1.4306	0.62	1.8243	1.20	2.0584	6.00	7.4056
0.15	1.0051	0.36	1.4473	0.64	1.8503	1.30	2.6179	8.00	9.4097
0.16	1.0335	0.37	1.4638	0.66	1.8759	1.40	2.7264	10.00	11.412
0.17	1.0608	0.38	1.4801	0.68	1.9014	1.50	2.8337	15.00	16.414
0.18	1.0869	0.39	1.4962	0.70	1.9266	1.60	2.9401	20.00	21.415
0.19	1.1119	0.40	1.5119	0.72	1.9517	1.70	3.0458	30.00	31.415
0.20	1.1361	0.41	1.5275	0.74	1.9765	1.80	3.1508	50.00	51.416
0.21	1.1595	0.42	1.5430	0.76	2.0010	1.90	3.2553	100.00	101.420

第二章 論堰之水理

第 二 表

$\dfrac{t+h}{t}$	$f\left(\dfrac{t+h}{t}\right)$	$\dfrac{t+h}{t}$	$f\left(\dfrac{t+h}{t}\right)$	$\dfrac{t+h}{t}$	$f\left(\dfrac{t+h}{t}\right)$	$\dfrac{t+h}{t}$	$f\left(\dfrac{t+h}{t}\right)$
1.00	$-\infty$	1.16	0.865	1.37	1.221	1.90	1.850
1.005	-0.102	1.17	0.887	1.38	1.235	1.95	1.904
1.01	$+0.074$	1.18	0.908	1.39	1.249	2.00	1.957
1.015	0.179	1.19	0.928	1.40	1.262	2.1	2.063
1.02	0.254	1.20	0.948	1.41	1.276	2.2	2.168
1.025	0.313	1.21	0.967	1.42	1.289	2.3	2.272
1.03	0.362	1.22	0.985	1.43	1.302	2.4	2.376
1.035	0.403	1.23	1.003	1.44	1.315	2.5	2.478
1.04	0.440	1.24	1.021	1.45	1.328	2.6	2.581
1.045	0.473	1.25	1.038	1.46	1.341	2.7	2.683
1.05	0.502	1.26	1.055	1.47	1.354	2.8	2.785
1.06	0.554	1.27	1.071	1.48	1.367	2.9	2.886
1.07	0.599	1.28	1.087	1.49	1.379	3.0	2.988
1.08	0.639	1.29	1.103	1.50	1.392	3.5	3.492
1.09	0.675	1.30	1.119	1.55	1.453	4.0	3.995
1.10	0.708	1.31	1.134	1.60	1.513	4.5	4.496
1.11	0.738	1.32	1.149	1.65	1.571	5.0	4.997
1.12	0.756	1.33	1.164	1.70	1.628	6.0	5.998
1.13	0.793	1.34	1.178	1.75	1.685	8.0	7.999
1.14	0.818	1.35	1.193	1.80	1.740	10.0	10.000
1.15	0.842	1.36	1.207	1.85	1.795	∞	∞

$\dfrac{t+z}{t}$	$f\left(\dfrac{t+z}{t}\right)$	$\dfrac{t+z}{t}$	$f\left(\dfrac{t+z}{t}\right)$	$\dfrac{t+z}{t}$	$f\left(\dfrac{t+z}{t}\right)$
1.0	∞	0.90	1.103	0.70	0.739
0.995	1.889	0.89	1.075	0.69	0.726
0.990	1.714	0.88	1.049	0.68	0.713
0.985	1.610	0.87	1.025	0.67	0.701
0.980	1.536	0.86	1.002	0.66	0.688
0.975	1.479	0.85	0.980	0.65	0.676
0.970	1.431	0.84	0.960	0.64	0.664
0.965	1.391	0.83	0.940	0.63	0.652
0.960	1.355	0.82	0.922	0.62	0.640
0.955	1.324	0.81	0.904	0.61	0.628
0.950	1.296	0.80	0.887	0.60	0.617
0.945	1.270	0.79	0.870	0.55	0.561
0.940	1.246	0.78	0.854	0.50	0.506
0.935	1.224	0.77	0.838	0.45	0.454
0.930	1.204	0.76	0.823	0.40	0.402
0.925	1.185	0.75	0.808	0.35	0.351
0.920	1.166	0.74	0.784	0.30	0.300
0.915	1.149	0.73	0.780	0.20	0.200
0.910	1.133	0.72	0.766	0.10	0.100
0.905	1.117	0.71	0.752	0.00	0.000

第四節 水力渠之計算

計算水力渠之斷面式，以應得之流量爲準。水於渠內之流速，關乎渠身之糙率及其平均水深。第二章諸流速算式任擇其相宜者用之。

(甲)半圓式　理論上最適宜，惟實際上只可用於甎石砌成或混凝土所成之渠。命水冪爲 F，半徑爲 r，潤周爲 P，水冪半徑爲 R，比降爲 i，則

$$F = \frac{r^2 \pi}{2}, \quad P = r\pi, \quad R = \frac{r}{2},$$

$$\frac{Q}{\sqrt{i}} = \frac{r^2 \pi}{2} \times C \sqrt{\frac{r}{2}} = 1.11\, c r^2 \sqrt{r}$$

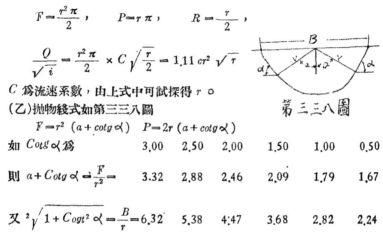

第三三八圖

C 爲流速系數，由上式中可試探得 r。

(乙)拋物綫式　如第三三八圖

$$F = r^2 (a + cotg\alpha) \quad P = 2r(a + cotg\alpha)$$

如 $Cotg\alpha$ 爲	3.00	2.50	2.00	1.50	1.00	0.50
則 $a + Cotg\alpha = \frac{F}{r^2} =$	3.32	2.88	2.46	2.09	1.79	1.67
又 $2\sqrt{1+Cotg^2\alpha} = \frac{B}{r} =$	6.32	5.38	4.47	3.68	2.82	2.24

如渠中盛水較常增高 $\triangle Z$ 則水冪增加爲 $\triangle F = B \cdot \triangle Z$ 潤周增加

$$\triangle P = 2\sqrt{1+Cotg^2\alpha}, \quad \triangle Z = \frac{B}{r} \triangle Z$$

(丙)梯形式　如第三三九圖

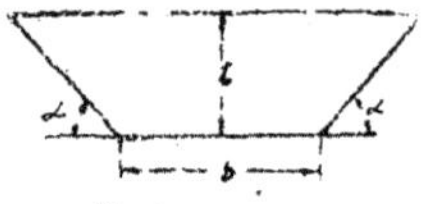

$$F = bt + t^2 Cotg\alpha, \quad P = b + 2t\sqrt{1+Cotg^2\alpha}$$

第三三九圖

如已知 α 而 P 之值亦爲不可變者，則斷面式以能得 F 最大之值爲最適宜。

命 $dF = 0$ 則得 $F = 2t(Cotg\alpha - 2\sqrt{1+Cotg^2\alpha})$

第二章　論堰之水理

(丁) 凡水由河中引入渠內，在進水閘後流速由小而驟大，則水面低陷如第三四〇圖所示。其低陷之量爲

$$t - t_1 = \frac{1}{2g} \cdot \frac{V^2}{m^2} - \frac{V_1^2}{2g}$$

式中 t 及 t_1 爲水深之變更。V 及 V_1 爲流速之變更。m 爲係數其值在 0.73 及 0.9 之間。取其中爲 0.85 若進水閘設置堰旁 $m = 0.85$

$$t - t_1 = 0.07 V^2$$

第五節　虹吸滾流

第三章末所論之虹吸流堰，欲算其流量則用：

$$Q = mF\sqrt{2gh}$$

第三四〇圖

公式，而 F 爲吸管之橫斷面積 h 爲其水頭 (視第三章虹吸滾流下之圖) m 之值在 0.65 及 0.95 之間。取其中爲 0.80　若

　　$F = 0.4$ 平方公尺，　　　$h = 4$ 公尺　　　$m = 0.8$

則　$Q = 0.8 \times 0.4 \sqrt{2 \times 9.81 \times 4} = 2.84$　立方公尺

若欲將如許水量用尋常簡單滾流堰滾下，其滾流之高爲 20 公分則按上算式來水速率不計

$$Q = \frac{2}{3} m b h \sqrt{2gh}$$

堰頂之寬須 $b = \dfrac{Q}{\frac{2}{3} m h \sqrt{2gh}}$

$$= \frac{2.84}{0.55 \times 0.2 \sqrt{2 \times 9.81 \times 0.2}} = 13 \text{ 公尺}$$

其建設費必鉅而滾流之高亦必不能下於 20 公分。由此可見用虹吸滾流之利益 (其理論見後第三章)

第三章　堰之建設

第一節　通論

堰式之最古者爲固堰。固定而不能起落。建設費及養護費俱極儉。不需人供事。有此大益而其弊亦甚大。上水位不能調節。洪漲之際勢必至淹及岸上。否則堰頂必甚低，而堰之功效大減。惟於深谷高岸之處乃可無此虞。更有一弊亦爲固堰所不可免者，河底常因沙石壅積而增高。水冪縮小而懸降因以不足，勢必有延長返水距之需要。

活堰則不然。洪水將來之際可落卸堰之一部分或其全部以減水勢。故凡固堰因其絀點不適用之處，皆可以活堰代之。但其養護費鉅於固堰，且須人謹愼供事。

上述固堰之弊可設法減之。其法（一）固堰做低而其頂上加以活堰以得蓄水之高。洪漲至則其上部可卸落而放水滾過也。（二）固堰之旁一部分設活堰以便瀉漲。其固脊深未及河底者名曰淺口(1) 深及河底或略較高者名深口(2) 以上數種或總稱洪門。淺口於洪漲時開其活堰，水滾而下，水面自然低降。而口下溜急亦可衝刷淤沙於兩旁以免河底淤高。若蓄高之水用水力渠引導以生水力，則用深口最宜。蓋洪漲自深口瀉下，排除其上積沙，水力渠自不至日見淤高也。

堰之平面設置可分爲以下數類。一直堰。或正交溜向名曰正堰(3) 或斜交溜向名曰斜堰(4)。斜堰之益在堰頂伸長。故洪漲時水滾流之量可多。同一設置，用正堰不可過高者用斜堰則略高無害。因其流路(5) 寬也。設堰後有水力渠歧出，則於斜堰水之入渠也易。於正堰水之入渠也難。（視第三四一圖）但斜堰亦有大弊存焉。滾下之水其方向非中流直前，而偏擊一岸。故其所對之岸受其攻襲易於崩損。欲防其弊則養

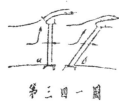

第三四一圖

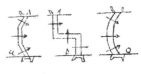

第三四二圖

護之需又必甚鉅。以此之故斜堰已不見用於今日。凡固堰或設爲正堰。或設爲磬折堰。或設爲弧堰（視第三四二圖 a 磬折堰 b 之字堰 c 弧堰）用第三四二圖各式有斜堰之益（流路寬）而無其弊（衝岸）。但正堰猶有爲人所喜用者則以節省建設費故耳。用之字堰流路可以伸長洪漲之際瀉漲最得力。但建設費則鉅。故但用於特別情形相宜之處。凡堰或堰之一部分與流向平行者名曰順堰(6)

(1)	Freiarche, Weir	(2)	Grundablass, pass	(3)	Orthogonal dam
(4)	Oblique dam	(5)	Spill way	(6)	Streich wehr

第三章　堰之建設　　　　　　　　　　　　301

欲明固堰各部分深口及水力渠相互之位置，請視第三四三圖。A為固堰。B為深口。C為水力渠進水閘。D為水力渠。固堰本身 a 為迎水坡，或曰堰背(7)。b 為堰頂(8) c 為滾水坡，或曰堰面。(9) d 為跌水床，(10) 所以防滾跌之水衝毀河床堰根也。e 為堰礅(11)，所以收結堰之兩端而連於兩岸也。f 為翼牆，深入岸中以防蓄高之水，由岸旁衝決尋路而下。若岸上生土疏漏則須簽板樁 f 連於翼牆，高及水所不及處為止。以防決岸。固堰及深口尋常以石礅 g 隔介。h 為小橋人履其上以安卸活堰及啟閉進水閘。礅上及間壁上留立槽 k'k 以便安放閘板其中，屏乾其間之水以便修理活動件有損壞處。深口所以設於進水閘之旁者（一）因其近岸人最易及（二）得其衝刷之力，水力渠不至積淤。深口淺口所用之活堰尋常為牖(12) 但亦有用他種堰者。渠設於固堰之旁無深口者，則渠之積淤勢必不能免。常加濬除，人工費鉅，工作停頓，損失必多。水力渦輪亦易受損。但有法焉，以滌除淤沙不至令其為害。如第三四四圖於適宜處另設一門 b。於此處用正渠

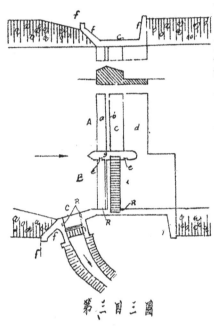

第三百三圖

分出一支渠通入下水。尋常於 c 處設門閉之。ac 一段渠底較深。b 處設一橫閘。b 以下則渠底較高。若 ac 積淤高與閘平則閉 b 門，開 c 門使水放入下水。滌除其沙流入河中。

各種堰之建造，將遞次詳於以下各節。茲更舉其普通應注意諸點論之。

對於水壓力須令堰身穩固，不至傾側，不至推移，不至因趾壓(13) 過大而致破裂。有所不能決，即須以靜力算法驗之。堰趾若有水眼

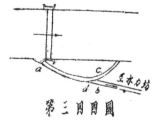

第三百四圖

（ 7 ）Vorboden, back　　　（ 8 ）Brone, Crown　　　（ 9 ）Abachussboden, face
（10）Sturzbete, Apron　　　（11）Wangen, Abutment
（12）Schutzen-wehre, gate dam　　（13）Kantenpressung, toepressure

302　　　　　　水　功　學　卷　三

則堰極危。是等水眼洗掘堰趾。涓涓不塞便成漏巵。馴致堰身圮裂不可收拾。欲免其患，必於造堰前細心搜求。有水眼即設法防之。堰之上下深簽堅固不漏水之板樁。基趾若為堅實厚積之壤或礫子亦可用鐵板樁。基趾若為岩石則堰身直接建其上。若遇丸石巖礫則即不用板樁亦必用甚深之突墻(14)（見後）。防水自兩岸穿越，則翼墻必深入於岸。並加以翼板樁，該板樁高，及上水不至腐朽。再上則用堅築之土或三合土代之。堰之斷面由水之下部至於滾流須令變更以漸。否則水線之由兩旁及下部轉折以達堰頂者束縮太甚，其流量，其功力必至減少。（參閱第二章）本此理，故堰之上兩旁岸坡須令由漸加陡而翼墻之在堰上者亦令斜交溜向。磯之上端須作銳圓形或尖角形。堰之迎水坡令向下流斜仰，亦可減束縮之力。堰背直立者，其頂必使斜仰而修圓其稜角。有時堰頂橫斷面亦可作為弧形。其益在可使漂下浮物不至留滯堰頂之上。翼墻之在水下者最好正交岸線。（參觀第三四三圖）其益在使下水不寧之流動限制於極短之段。而岸坡之須加保護者亦可短也。建造時須將水道改引他出，建一臨時堰(15)過水。以板樁作圍埂築之。若水道不能遷改則正堰必分數段築之。第一段儘可能力使長，以其易於施功故也。其繼續各段則因水漸蓄高故圍埂亦必加高。若堰設於裁彎取直之直段中，則但有地下水之問題其建築最為方便。

第二節　固堰

固堰按其建造所用之材料可別之為三種（一）實堰(16)（二）木堰(17)（三）混合堰(18) 實堰有以甎砌成而以修石砌面者。有用亂石砌成或三合土功其面或用修石或不用修石。近則更有用鐵筋三合土者。至

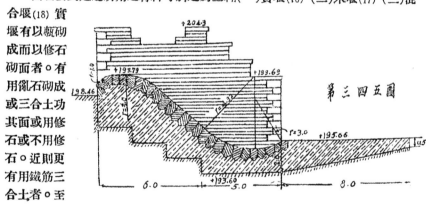

第三四五圖

實堰之斷面式則有二派。第三四五圖為其一派。其頂修圓。跌水坡作曲屈式。下部曲線之頂點略低於跌水床平面。所以使滾下之水有迴挽之勢而因以削其動能(19)也。但水勢增高，則此功效不顯。而其弊則足使下水起伏宕漾不寧之態

（14）Herdmauer, Cut-off wall　（15）Temperal dam　（16）Massive dam
（17）Timber dam　　　　　　（18）Composite dams　（19）Kinetic energy

第三章　堰之建設　303

波及甚遠。若再跌水床不甚大，則足使河址洗掘成潭，危及堰身。且此種式亦較爲過費。蓋其屈曲之勢砌石頗費功也。第三四五圖爲格拉(20)河所用。地址堅實故堰之基址作階級狀而不用板椿焉。

第三四六圖爲第二派爲奧多河布里格處(21)之堰。堰面陡斜，水滾而下，碰擊跌水床上。而其動能幾可全消。下水不寧之態波反較短

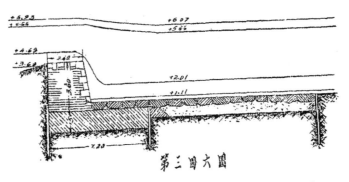
第三四六圖

。故跌水床亦無需過長。跌水床面之舖石宜粗糙以減水流之速率。跌水之水碰擊跌水床上其力若過猛，則足以傷床。欲免此弊可將堰跟前之床面做深 30 至 60 公分而逐漸增高以至與河址平。名曰水墊(22)第三四七圖爲佛賁華多(23)比勒(24)河上柔特費司脫(25)紙場所建之堰。全以三合土築之。其所用水墊之式亦爲上所述之一變式。該堰所處地址爲礌磔。不能用板椿，用

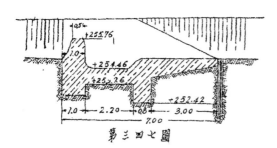
第三四七圖

二突墻各深 2 公尺代之。跌水床之下端用方木爲橫闌擋之。支於圓椿上。床之厚向下流漸減。其益在床下被水洗掘時床身猶可支撐不至斷裂也。若其中加夾以鐵更爲可恃。圖中所示之下水翼墻爲平行於溜向者。

鐵筋三合土堰近世有實現者，大抵用於美國。迎水坡坦斜，安於各磯上。磯以三合土爲之。迎水坡則三合土內間以鐵焉。迎水坡之傾斜，取令水壓方向適當以得靜力之穩固。此類式建築之最古者爲紐約邦(26)泰來薩(27)處之堰如第三四八圖。三合土之混合比例用於迎水坡者爲水泥 1 沙 2 石灰石塊 4 用於磯者爲水泥 1 沙 3 石 6 鐵之夾入法視圖。磯之中點相距各爲 1.83 公尺。厚 30.5

(20) Gera　　　　(21) Brieg　　　　(22) Wasserpolater, Water Cushion
(23) Freiwaldan 德地名　(24) Biele　　(25) Rothfest
(26) New york state　(27) Theresa

公分磴與石址用 90 公分長 3 公分厚
之鐵桿相連。故不至推移。第三四九
圖亦為美國所用之他式。地址非石故
堰之尺寸甚大。跌水坡作屈曲狀。跌
水床以鐵筋三合土為之。其前更接石
床長 30.5 公尺厚 90 公分。堰址前後
簽鐵板樁兩排。以防水流經堰下。更
前後用突牆二及突腳四以抵抗推移之
力。全堰如一箱內空。堰址下之水用
直立之管導入箱內而由旁孔 O_1 流出。O_2 則為人入之孔，可以入內視察。b
為橫梁數凡五亦以鐵筋三合土為之。所以支撐堰身以增其強也。堰面有三孔

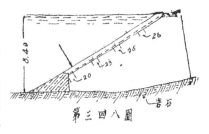

第三四八圖

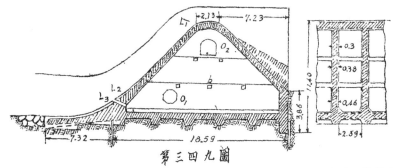

第三四九圖

L_1 所以出納空氣使水線堰面之間不至演成真空。L_2 所以使苜聚於堰箱內之水
得覓出路以達下水也。L_3 為一橫開之縫所以免堰及
跌水床間不整齊之裂縫也。此種堰式用於美國成效頗
佳。

堰墩之構造所應注意者既論於(一)下。茲再有增
述者。凡建墩須用板樁圈圍基址。與其令板樁依隨墩
址成多角形式如第三五〇圖中虛線所示，無寧使板樁
依逕直線如 ef 而其間通用三合土鋪底。蓋前一法雖
足省基址功及土功而後者足省板樁功較多也。

水堰 堰高不滿 1 公尺者用第三五一圖所示之構
造法已足。堰壁為板樁所成。其頂上枘接脊梁以為堰
頂。跌水床以樁連橫木上釘木板構成。其下端亦用板
樁封閉。各樁之間木板之下以填石或三合土為底。恐
跌水床之不勝底水上壓力，故樁之枘用楔枘。其鑿孔

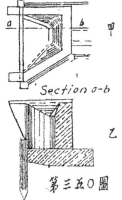

第三五〇圖

作燕尾形，枘入其中以二楔劈入，使枘緊貼鑿之四週如第三五二圖。

第三章 堰之建設

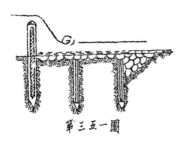

第三五一圖

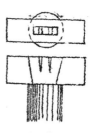

第三五二圖

堰高至 1.5 公尺者上法亦可用，但堰壁須用斜木撐之。第三五三圖為是類之堰。堰壁非板樁上伸，而用橫板釘於引樁上。此板或於造堰時即釘上，或以後再釘上。板於堰址抵於一橫闌上。橫闌則加於板樁之夾木上，與夾木用螺絲釘或鐵錨相連結。板與橫闌亦以枘相接，並用鐵錨或鐵頁與橫闌牢固結連。蓋底水上壓力傳於斜撐之木，其垂直分力足令板與橫闌脫卯也。板樁夾木與橫木筍接須吻合無間。先用石炭油浸透之蔴布蒙蔽其上，再加橫闌，以手鎚打之安緊。跌水床之構造法與上同。樁相距 1 至 1.5 公尺。橫木鋪板之外若嫌不固，可再用夾木與

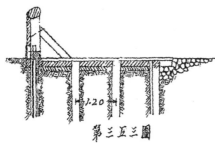

第三五三圖

橫木用凹口(28) 或頁接法(29) 相結合。

堰高逾 2 公尺者第三五四圖構造法最為合用。曰愛太爾維因式，或曰老普魯士式。(30) 其迎水滾水兩面俱為斜坡。前中後用板樁三排。中空以黏土塡之。層土層礫，令其壓緻。迎水坡斜度約 1:3。滾水坡斜度為 1:3 至 1:6 迎水坡最低之點於建築時但令略高出地下水面，則堰成時其深自穩定，不至為冰凌塊礫積滯其下。滾水坡之下沿，須深達下水最低水面之下。樁列相距約 1 至 1.5 公尺。列內各樁相距可較寬。樁承橫木或底梁(31) 用頁接

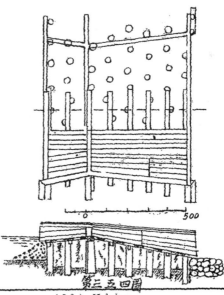

第三五四圖

(28) Notching　　(29) Haluing
(30) Das Eytelweinsche oder Altpreussische wehr　(31) Grund bolken, Ground beam

法一左一右，參差遞換。脊梁上之樁在圖上偏右，其左則為板樁。其用意在使板樁易得嚴密，擋土有力。若脊用樁二列支承則其結構如第三五五圖。板樁與脊梁枘接處固密之法與第三五三圖中堰板與構闖相結連法同。迎水滾水坡面鋪板厚 7 至 10 公分。堰兩頰(翼牆)斜豆，故坡面鋪板近兩頰者宜上狹下寬使鋪縫合密。而板之兩端皆須支於脊梁及底梁上。鋪板不用舌溝，(32) 及屈摺(33) 等法，惟使倚靠緊密。在脊上則用屈摺法。滾水坡有時用板二重

第三五五圖

舖之。欲使堰身橫連堅固，坡面更可用火木釘其上。板樁及填土宜深入兩岸之內以防水之繞越。脊梁下之板樁至兩岸則延伸之為翼板樁。其結構視第三五六圖。脊梁亦令深入岸內一段。翼牆之起始三樁板但上達脊梁下沿。其他則高出最高上水之面而與脊梁用頁接法相連結。其上則加以橫木。第三五六圖中陰綫所誌之處所留之空，須用短板對合。上與橫木，下與脊梁俱用枘相接。而其第一板則以舌溝連於安設脊梁上之短板。堰之兩頰用木製者，即岸土不甚滲漏，亦須用此板樁。因頰面之長板不能擋土嚴密也。欲使木料經久，可將堰頰及翼牆之上端，用土掩護。其後亦用土填實。

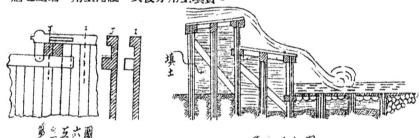

第三五六圖　　　　第三五七圖

堰之更高者則可用階級式。(如第三五七圖)每級高 1.0 至 1.5 公尺最下一級可略較高。級太高則亦必太寬。級太低則級數多，構造繁，堅性減，工費多，俱非所宜。前中後板樁之引樁須用斜木彼此結連。堰頂略向上流傾斜而各級之面則向下流傾斜。若有時水低不能滾流，則此種構造尤為必要。使級面平衡則其木質必易朽壞。凡一切時接水，時接空氣之木料，須用堅緻木質如櫪樹。

凡木堰之頰及翼或用實工，(砌壁三合土類)，或用板工。用實工者，頰翼尋常用格床樁架為基礎其高須在下水低水面之下。脊梁深入砌壁而鑿(34) 於壁內。(視第三五八圖)。堰頰下樁架之前，或用縱板樁，或不用。視堰之構造法如何。用愛太爾惟因式堰，此板樁常可省去。木頰及翼構造法用疊板壁功。(35) 其外面亦釘疊板，其縫離開使空氣流盪，則木質霉朽較遲。(視三五九圖)

(32) Tongue and groove　　(33) Folding
(34) Anchored　　(35) Bohlwerk, planking wall

第三章 堰之建設

疊板下靠安放底梁上之一縱木，故雖開縫而擋土仍嚴密也。若不用此縱木，疊板所靠短柱直接立於底梁上，則必另設法使嚴密。或外面疊板不用開縫而用合

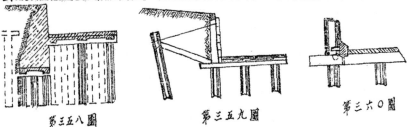

第三五八圖　　　第三五九圖　　　第三六〇圖

縫。第三六〇圖所示之法，為以螺釘釘木塊於梁柱之間，而釘木板 b 其上。此法擋土嚴密不若第三五九圖之法。而短柱安於底梁上，其抵抗土壓力則較上法為勝也。

混合堰　為木石混合者。第三六一圖為最簡單之式。堰小而不求甚嚴密者可用之。構造法密築排樁一行，其後堆填石塊。第三六二圖法築樁兩行不必密

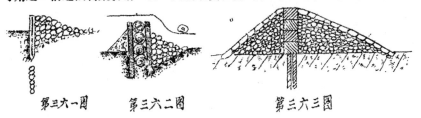

第三六一圖　　　第三六二圖　　　第三六三圖

排，而以樹幹或沉梢累置其中，堆填石塊如上。此種構造或類此構造用於正式之堰者甚少。多半用為谷檻(36)以束取山水。用為正式之堰者，第三六三圖為其一例，河址為岩石質。堰中嚴密之部為木梁疊累成心壁，以長螺釘鑽於石址中。先於石址中鑽一深穴，其底安置鐵劈 h。螺釘下端分叉作燕式。以椎擊下

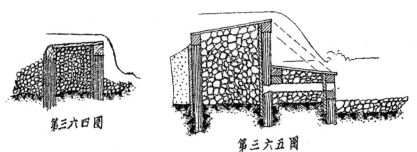

第三六四圖　　　　　　第三六五圖

，令於劈相入，周圍灌以三合土，則螺釘穩固矣。若河址非石，可以打樁，則

---

(36) Sohlschwellen

308　　水　功　學　卷　三

可以疊板代累木作心壁。其餘俱可照第三六三圖構造。若用疊板心壁二重，則其制如第三六四圖。若堰較高，亦可構成階級式如第三六五圖。階面須鋪木條，以護其下各木件，使不爲漂流之物所傷。並結連堰之上下使分外得力。至跌水床之構造與上論者大致相同。多半跌水床即與堰身直接相連。或用礫子爲底，鋪石樁行之間。或用礫子加以梢薪或沉排爲底，鋪石編籬之間，或即拋亂石已足。堰成之後，每經一次大水，須查驗跌水床一次。視其有無衝陷，若有即拋石，陷深者更須沉梢及拋石塡平。

第三節　活堰

按其構造之法可分爲六類。曰牐，(門堰)，曰疊板堰，曰針堰，曰拍堰，曰鼓堰，曰轆堰。牐(37)爲活堰之最古者。水之損失量極省。用此堰常分河之斷面爲多孔。水之小者亦祗一孔。每孔各以牐版閉之。每二孔之間，以木壁或石礅相隔。其構造法見後。無論用木壁或石礅，於上水方面兩旁須各有豎溝(38)或褶(39)一道，以爲牐板上下行動之倚靠及引導，其寬8至10公分。礅之構造用石或三合土者，其溝受摩擦處用鐵鑲之以減其摩擦。水壓力大者更用鐵條鑲

第三六六圖

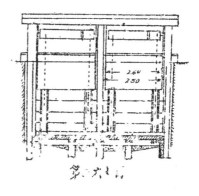

第三六七圖

牐版之邊，以利其行動。鐵條用平頂之木螺釘釘之。（第三六六圖所示）。礅之構造用亂石或磚等砌工者，其溝褶處並鑲以修石。牐版之甚大者，更可用輥轢以減其摩擦。牐版以木爲之。大者亦或用鐵。其下部結構用木或磚石及三合土等。以橫梁爲脊。牐版閉時其下沿抵橫梁不用溝褶。但相摏接。因溝褶易停滯沙礫，反致關閉不密而易受損。

木壁之構造法（視第三六七及三六八圖）用一縱木就地安於下部結構之上。其前爲一立柱，與堰口橫梁枘接。其上有溝或褶以靠牐版。除立柱外，更用斜木短柱撐接成架。架兩面各釘木板條以防各木料爲漂流物觸撞，架上支小橋，人履其上以啓閉牐板。

(37) Schutzenwehr, gate dam　　(38) Groove　　(39) Fold

第三章 堰之建設

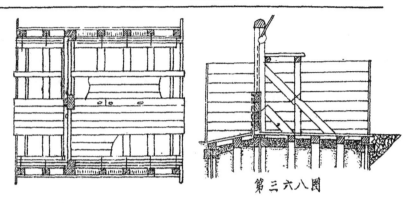

第三六八圖

木壁居水中，常爲流水之礙，以致盛漲時瀉漲不利。欲免此弊，可用活動柱代之如第三六九圖所示。柱之下端插於安設橫梁內之鑄鐵屨中。其上端則低於橫楣上。以螺釘與橫楣相結連。隨時可以拆卸。若牐版用鐵製，則立柱無論活動者，固定者，亦可用 T, I 或 匚 等鐵代木爲之。柱之計算法，如第三六九圖。可支於二點受不同等荷重之梁視之。命根孔中心之距離爲 b。則如於柱上之全壓力 D 爲

$$D = r.b.h.a + r.b.\frac{h^2}{2}$$

或 $D = \dfrac{r b.h.}{2}(2a+h)$

式中 r 爲水之比重。若以 A 爲轉點，則其靜力率

$$M = r.a.b.h\frac{a}{2} + r\frac{b h^2}{2}\left(a+\frac{h}{3}\right)$$

$$= \frac{r.b.h}{t}(3a^2 + 3h.a + h^2)$$

$$= \frac{r.b.h}{t}\left\{3a(a+h) + h^2\right\}$$

B 點及 A 點之壓力爲

$$B = \frac{M}{e} = \frac{r.b.h}{e.t}\left\{3a(a+h)+h^2\right\}$$

$$A = D - B$$

上水面下行之處其 Bending Moment 如下。

若 $x < h$

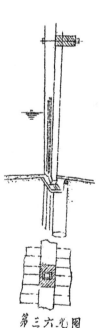

第三六九圖

水功學卷三

$$M = B(m+x) - x \, b \frac{x^2}{2} \cdot \frac{x}{3}$$

$x = \sqrt{\dfrac{2B}{r.D}}$ 時其 Bending Moment 最大，故以之代入上式得

$$M = B\left(m + \frac{2}{3}\sqrt{\frac{2B}{8.7}}\right) \quad \cdots\cdots\cdots\cdots\cdots\cdots\cdots\cdots\cdots (一)$$

若 $x > h$

$$M = \frac{A^2}{2.r.b.h} = \frac{(D-B)^2}{2r.b.h} \quad \cdots\cdots\cdots\cdots\cdots\cdots\cdots (二)$$

由(一)(二)兩式以算柱之橫剖面積。

凡通航河流築固堰以生水力者，昔時多於其間設深口以牐閉之。遇船泊至，則啓之以放行。近世則多用鼓堰代牐，以放泭木而船則由廂閘放行。非至漲

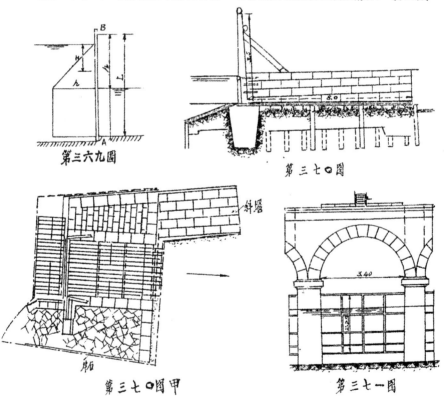

第三六九圖　　　　第三七〇圖

第三七〇圖甲　　　　第三七一圖

第三章　堰之建設　　311

水時，船不由深口出也。第三七〇及三七〇甲圖爲那高爾(40)河上之泔木閘。孔寬4.7公尺。以鐵鍊懸膈版閉之。橫梁安於三合土基址上。用易於拆換之板條覆護之。旁壁爲石功，築於樁址格床(41)上。以三合土填擁。

蓄水建設不用固堰而附於橋者以膈爲合宜。因人立於橋上啟閉膈版較啟卸他種活堰方便多也。且膈亦最適於蓄甚高之水。橋孔之寬者以立柱分作數孔各以一膈閉之。橋孔狹者用一膈亦可。第三七一圖爲亢得(42)拱橋附近之膈。膈版用鑄鐵製成。滑動於橋礅二面之溝線中。提上時高出洪水位。

分橋孔爲數分孔，立柱居水中礙及瀉洪及排冰障者，則可用活柱。該柱絞連於橋上部結構。人在橋上得用鐵鍊及絞盤將柱絞上以關水路。

膈版之構造用木者須擇有彈性文理直整之針葉木板條用之。其厚在小堰不下5公分。堰之大者隨水壓力增厚。板條按其文理方向平衡相疊，用鐵條鑲釘成一整板。絞提器件逕繫其上。

蓄水甚高，水壓力過大者，亦可用雙膈版上下參列。其上下動或在一豎立平面上，或在二豎立平面上。若用末一法，則每膈版各有其絞提器件。二版行動於複褶中，或一版行動於褶線而他版行動於溝線中。（如第三七三及三七三甲圖）。有時上版但用鍊懸於堰楣，而於下版之脚安⊥鐵，使其絞上時亦帶而上。

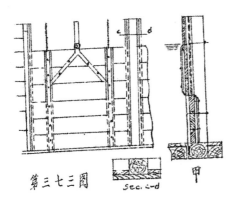

第三七三圖　　Sec. c-d　　甲

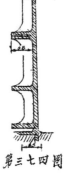

第三七四圖

鑄鐵膈版，或鑄成一整版上有凸肋(43)以增其強（如第三七四圖）或爲多塊拚成。每塊上亦有凸肋而以螺旋連結爲一。

鍛鐵膈版以鐵版製，以帽釘(44)釘凵鐵於其上，以增其強。計算膈版之厚如下。命上下水面之差或下水乾涸命膈版下沿在上水面下之深爲 d 公尺。膈孔之寬爲 $2l$ 公尺則深 d 公尺處一公分膈版之高所受水壓力爲 $0.01 \times 2ld\,r$，r 爲一立方公尺水之重量等於一千公斤。準此則膈版寬一公分，高一公分，於深 d 處所受之水壓力爲

(40) Nagal　　(41) Pile gritlage　　(42) Conde
(43) Rib　　(44) Rivet

$$P = \frac{0.01 \cdot 2l \cdot d \cdot 1000}{2l \cdot 100} = \frac{1}{10} d$$

命 k 以每平方公分若干公斤計之，爲材料所可允受之應力。(45) 則牐版之厚 e 可由

$$\frac{1}{2} \cdot P \cdot l^2 = \frac{1}{6} b \cdot e^2 \cdot k$$

式中 b 爲入算所計牐版之高。l 爲牐孔半寬以公分計之，以 $b=1$，$P = \frac{1}{10} d$ 以代之入上式，則得 $e = l\sqrt{\dfrac{3d}{10k}}$

木材之 $k=60$ 公斤/口公分 故 $e = \dfrac{l}{10}\sqrt{\dfrac{d}{2}}$ ················(三)

式中 d 以公尺計，而 e 及 l 則以公分計。

鍛鐵之 $k=700$ 公斤/口公分 故 $e = \dfrac{l}{10}\sqrt{\dfrac{3d}{70}}$ ················(四)

（四）提絞牐版之器，爲木桿鐵桿及鐵練。牐版之甚小者，或僅懸於一點，而大者則必懸於二點。懸點必在通過牐版重心之竪平面內。

絞提機件應用何種，當以啓牐版時所勝之重 Q 爲準。Q 爲牐版之重 G 及摩擦力 R 之和，即

$$Q = G + R \quad \cdots\cdots\cdots\cdots\cdots\cdots\text{(五)}$$

摩擦力爲水壓力 W 及摩擦系數 f 相乘之積故

$$Q = G + wf \quad \cdots\cdots\cdots\cdots\cdots\cdots\text{(六)}$$

摩擦系數於牐版由靜而起始動時最大。在新牐版大於舊牐版，故計算時估 f 之值，寧過大毋過小。其值可由下表取之。

摩擦面之種類	摩擦系數	
	動時	由靜而起始動時
木與石	0.50	0.70
木與木	0.40	0.60
木與鐵（微帶銹）	0.35	0.50
鐵與鐵（微帶銹）	0.30	0.40
鐵與青銅 (Bronze)	0.25	0.30

(45) Allowable Stress

第三章　堰之建設

若以輥轆代滑動，則所需之力以勝摩擦阻力者為

$$k = \frac{w \cdot f}{r} \quad \cdots \cdots \cdots \cdots \cdots \cdots \cdots \cdots \cdots \cdots \cdots \cdots \cdots \cdots \cdots (七)$$

式中 w 仍為水壓力。f 為摩擦係數或輥轉摩擦力之臂(46)。在金屬質與金屬質其值約為 0.005 公分而 r 則為輥轉之半徑。此外尚有軸頸(47)之摩擦阻力。欲勝此阻力所須之力命為 K_1 則

$$K_1 = \frac{w \cdot m \cdot r_1}{r} \quad \cdots \cdots \cdots \cdots \cdots \cdots \cdots \cdots \cdots \cdots \cdots \cdots (八)$$

式中 m 為軸頸摩擦係數。r_1 為軸頸半徑。r 及 w 同上。m 之值關乎軸頸中所用之膏油種類。在牐版可估為 0.08 至 0.10 但若用鋼珠軸頸，則其值可降至 0.0015

簡單之絞提機件，用於小牐版者，可分為以下四種。

（甲）牐版提桿作梯棍式，以木桿入棍間起之如第三七四圖。

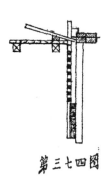

第三七四圖

（乙）肩桿如第三七五圖工人二人熟練其事者可啟之甚捷。

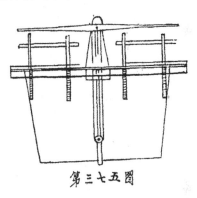

第三七五圖

（丙）鐵練及絞轆(48) 木製或鐵製。轆端有二孔。以二木柄入其中攀而絞之如第三七六圖。轆端有止輪(49)以阻牐版提上時復下墜。或於轆旁安手搖曲柄(50) 用傳力齒輪或不用傳力齒輪以代木柄絞轆更便捷。用練轆之缺點在牐版放下時缺乏由上而下之壓力。故於放下時若其本身重不勝摩擦阻力，須以桿壓放之。轆之直徑以小為宜。但不能小於練厚之 20 倍。不然則練繞轆上不能著實。計算練之厚以每平方公分可受 600 公斤之重為準。轆以鐵製者，其上宜鑄成練溝。(51) 以便練之旋繞。

（丁）螺旋桿及手輪如第三七七圖。牐版提桿上端有螺練。一手輪中箝母螺套其上。旋轉之則牐版自起。

牐版之大者須用以下二種

（戊）桿齒及一重傳力齒輪或二重傳力齒輪，(52) 與一人或二人之手搖曲柄

(46) Lever arm of Rabling fricts　(47) Tournour　(48) Chain and drum
(49) Holding gear　(50) Hand crank　(51) Groove
(52) Rack Spar with Single gearing or double gearing

314　　　　　水　功　學　卷　三

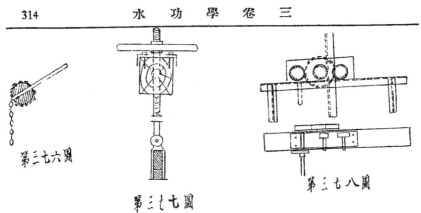

第三七六圖　　第三七七圖　　第三七八圖

○防牐版之下墜，亦須用止輪。齒桿須用壓輪(53)二壓之，令抵齒輪（第三七八圖曲柄之半徑 35 至 40 公分。曲柄之軸高於橋板上沿 0.9 至 1.05 公尺。曲柄重力以每人 10 至 15 公斤爲準。但初搖時其力增 20 至 25 公斤。牐版寬過 1.5 公尺者，須用二齒桿。其傳力器則設於二桿之間。而以用

(己)齒桿及蝸輪與無盡螺旋(54)爲便。第三七九圖中上爲簡圖。下爲放大比例尺之橫剖面。b 爲輪軸 a 爲牐楣 c 爲與二齒桿相接之齒輪。

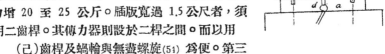

計算曲柄之力 P 用於傳力齒輪者可用下式

$$P = \frac{Q \cdot r}{a} \frac{r_1}{R_1} \cdots\cdots\cdots\cdots (九)$$

式中 Q 爲所勝之重。其他並視第三八○圖可了然。若用二種傳力齒輪則

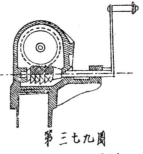

第三七九圖

$$P = \frac{Q \cdot r}{a} \frac{r_1}{R_1} \frac{r_2}{R_2} \cdots\cdots\cdots\cdots (十)$$

實際上所須之力因齒間摩擦阻力每一重傳力須以 $1/n$ 乘之。n 之值爲 0.9 至 0.95。r/a 之比其分母須爲整數。如 $\frac{1}{2}, \frac{1}{3}, \frac{1}{4}, \frac{1}{5}$, 或 $\frac{1}{6}$。r/a 之比在 $\frac{1}{8}$ 及 $\frac{1}{10}$ 之間

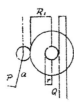

第三八○圖

計算無盡螺旋及蝸輪所用曲柄之力可用下式

$$M = 1.1 \, pr \, \frac{h + m \, 2r\pi}{2r\pi - m\,h} \cdots\cdots\cdots\cdots (十一)$$

(53) Press roller　　(54) Rack Spar and warm gear

第三章　堰之建設

其中 $M=$ 曲柄之靜力率(55)

　　p 爲蝸輪上之齒壓力以公斤計

　　r 爲螺旋半徑至蝸輪分齒圓周(56)之半徑以公分計。

　　h 爲螺紋高(57)以公分計。

　　m 爲摩擦系數其值可估計爲 0.1

螺紋高 h 之值視蝸輪之齒距 t。單紋者 $h=t$ 。n 紋者 $h=nt$。t 之值視齒壓力 p 以公斤計之。

$$t=\frac{\sqrt{p}}{6}$$

蝸輪之寬爲 $b=1.5\ t$

p 之值則由下式算之

$$p=\frac{Q \cdot r_1}{R}$$

式中 Q 爲所求勝之重。r_1 爲與齒桿相接齒輪之分齒圓半徑。R 爲蝸輪之分齒圓半徑。

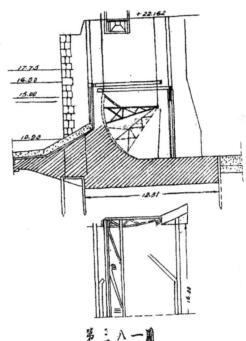

第三八一圖

割圓牐(58) 亦牐之一種。可用於較大之結構。水壓力加於鐵製弧形之牐版上而傳於安設堰頰內之衡轉軸。牐之本重可用反重節之。反重固着於向後延伸之牐版轉臂，或懸於練。練拖滑輪上，以繫於牐版上。如是則牐動時但有轉牐版之摩擦阻力，須用力勝之耳。牐之啓閉或提高或落低如第三八一圖所示。圖爲維賽(59)河多勿屯(60)處之堰之最外兩旁孔所用之牐。孔各寬 16 公尺。牐孔之上下兩端又各有豎溝一道以安梁，見下。

疊梁堰 61) 如吾國水閘所用。堰壁以橫疊之木梁爲之，亦名堰梁。堰孔可寬於牐版之孔，但亦不能過於 6 至 8 公尺。孔之兩旁壁各有豎溝或摺一道以納木梁之兩端。如第三八二圖(溝)及第三八三圖(摺)所示。木梁之放入自上而下。此種堰用以蓄高水面者甚少。用於船閘兩端以便唧乾閘內之水爲修理者則多

(55) Moment of Crank　　(56) Division Circle　　(57) Pitch
(58) Segmentschutzen　　(59) Weser　　(60) Dowerden
(61) Balken wehr, Flashboards Dam

316　　　　　水　功　學　卷　三

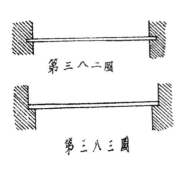

第三八二圖

第三八三圖

○因其安卸頗費力也。其最下之一梁頓接於一脊梁或實工脊上。第二二七圖為直隸運河九宣閘之一部分。（閘磯之一端及木梁之式）。吾

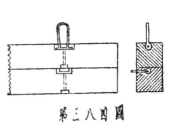

第三八四圖

國起卸堰梁舊法有如上（丙）下所述絞轆之法。視第三八〇圖甲自可了然。堰梁之上下或用鉤桿，或用吊練。梁之兩端兩側面，安釘橫找或如第三八四圖安一鉤於梁面而其上之梁下面挖空以容此鉤。或如第三八五圖安釘可以撥轉之環於梁面。凡此皆以着鉤桿之鉤或吊練之環也。其絞提器具亦可擇用上甲至己所述各法。堰梁提上時，裝於供事橋上一車運之入堰梁儲藏室。

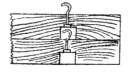

第三八五圖

堰梁之安卸頗不易已如上言。堰梁提出時以在下之數梁為最難。梁處水中必先用鉤桿探其鉤環。得之始能着練上提出。漲水之際更為困難。誤機失時水已暴溢，不可不慎也。若用第三八六圖所示之簡法。可以免此危險。梁所抵之摺刻於竪立之轉柱上。柱之上端用帶鐵繞頸。下端有樞扭。柱用桿 a 維持其位置如圖中所示者，若御鬆 a 桿則梁受上水壓力，逼柱而轉。桿即失其依靠而滾下。水得放出。但用此法則梁須用繩繫之以防其流失。總之堰梁不適於蓄水之用。除船閘隔水外用者甚少也。

第三八六圖

針堰　　上述二種活堰但可用於小孔蓄水不甚高者。用之最廣而最要者，厥惟針堰。針堰之用主要在渠化之河流以蓄高水面。其優點在當深水或冰澌時，可完全卸去以裕水路。而其安卸器具方法並不繁難也。且用此堰以得通常蓄水之高，亦非難事。堰壁用斜立之木梁緊相依靠為之，名之曰針。(62) 針之斜度約為 5:1。針之下端抵於安設堰脊之橫閫上。上端則靠於一橫梘名針梘(63) 連

────────────────────
（62）Nadeln, Needles　　　　（63）Nadellehme, Clamp bar

第三章 堰之建設

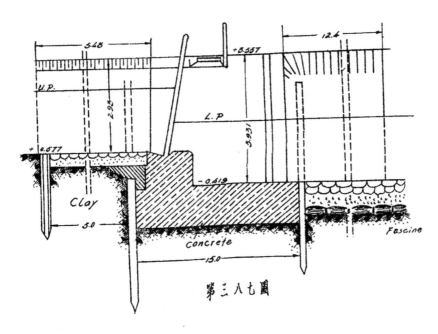

第三八七圖

於供事橋。針堰最簡之式，如第三八七圖所示，為達買[64]河司布里[65]支流於布里柔司[66]所用針堰之橫斷面。此處本用固堰。高0.98公尺。而針堰則加於固堰之上。針之長為3.75公尺。其厚闊為10×10公分。針榥為平置之格子梁，同時並以載供事椿板。堰孔門闊6.9公尺，固脊以三合土為之。其上面深削鑲鐵為閫。如第三八九圖。供事椿脊結構，則視第三八八圖。針之料多半用落葉松。取其堅性足比松，而質較輕也。針之安卸俱用手力，故不宜太長及太重也。在德意志所用針之最大者，為奧多河渠化所用。長4.56公尺。橫剖面為9.6×13公分。重36公斤。欲使針相密排無間，須用一器名曰擠針器。[67] 其用法觀第三九〇圖自明。

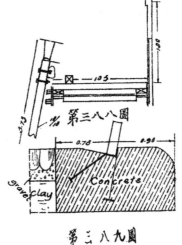

第三八八圖

第三八九圖

(64) Dahme　　(65) Spree　　(66) Prieres　　(67) Nadelrucher

其密若未足須更用木屑煤灰類質以揪順針縫揪下，則可使不至漏水。

上例所用供事橋為固定者。若針長逾 4.5 公尺則固定之橋不適於用。橋之下沿須高出未蓄之洪水面 0.5 至 1.6 公尺。非用過長之針不能應此要求者，則須用活動之橋。橋以鐵製之架上拖鐵版為之。架址鉸連於固脊。橋板一端鉸連於此架上棍，而他端跨於彼架上棍。增漲之際，卸去堰針，則橋可拆離而放倒於水下也。第三九一圖及第三九二圖為其一例。前一圖為針堰之縱剖面。以中磁二分為三孔。後一圖為其橫剖面並示左端岸磁。內設魚巡（論見後）。管堰員之住室地位，須視拆橋之順序而定。例如管堰員住於左岸則必自右岸去拆放橋架，以次倒退，磁旁一架放倒於磁身中空內。起立堰架則自左岸始。堰之右孔所特深者，為漲水時作船巡用也。堰長不滿 50 公尺者，中磁可

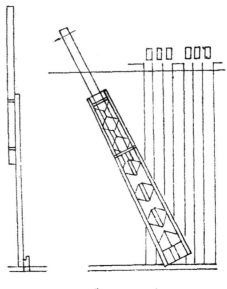

第三九〇圖

第八部分 水功学

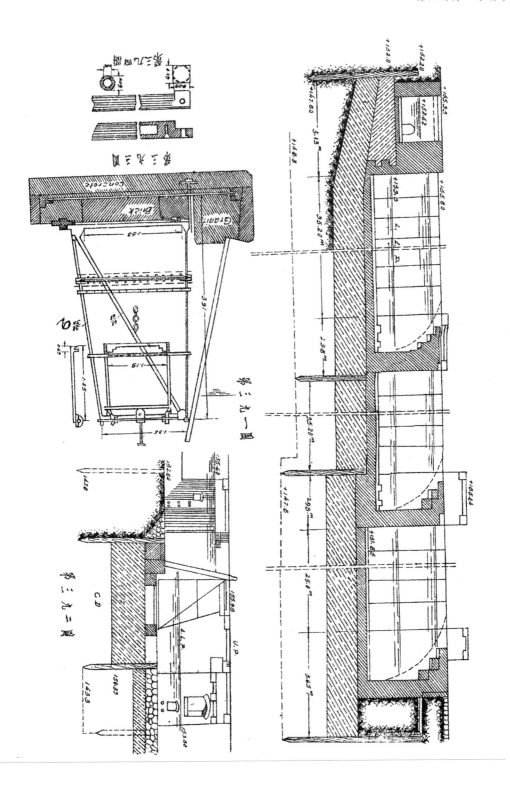

缺。上所舉例爲與多上游亢底水級所用。第三九三圖爲該堰所用橋架之旁視圖。橋架立起時以針梡彼此相連。針梡以鍛鐵或鑄鋼製成之圓管爲之。其兩端則成扁頁有眼如第三九四圖套於架頂之栓上。針梡之外所以連結橋架者則恃橋板，以鍛鐵爲框綱摺之版鐵(68)爲心。其一端連於一架之上，梡而他端作冂形以便

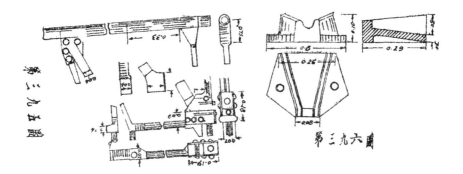

跨於他之上梡（視第三九三圖 a）。惟末一架在角一礅之側者，其橋板鉸連於礅上。針梡亦然。而在他各架則於放倒橋架時須先取下。而橋板則隨架放於水下。第三九三圖將橋板懸垂於架上取易醒目。橋架以鍊鐵桿製之，其橫剖面或方或圓。分別爲上梡，下梡，前柱，後支柱，中支柱。又有二扁橫釘架身，以增其強。各鐵件隅角之結連法視第三九五圖。架之外框四隅以型鍛(79)之鐵煉合爲一。斜支柱則鬆處鐵頁之中。僅其上端用螺釘按緊。栓 b 所以套桿柱其上。欄桿手楣以鋼繩代之。架之軸頰須令舊架之敝者易於折下以換新者。其前一軸頰爲鑾於基址內環形之拉力軸頰。如第三九六圖所示以便引頸易於納入頰內。愛姆司河堰則以第三九七圖所示之鐵

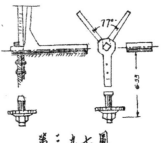

角代之。後一軸頰爲壓力軸頰，以鐵角及一劈鎖代鐵履如第三九八圖所示。用石螺固結於石內。下部建築視三九一至三九三圖可明。恐所用花崗石塊爲水壓力所推移，每相距 2.5 公尺用鑾條一根，其長與堰孔之長相埒，將下部建築石功，鑾銛爲一。

欲除蓄水，則卸去一切針而置之橋上。若因洪水溯冰之故並須放倒橋架，則先將卸下之針搬運入針庫，或堆存岸上。於是除去針梡，欄繩及欄柱。繼則

(68) Sheetiron　　(69) Swaged

第三章 堰之建設

將末一針棍及末一橋版卸下懸於岸礅。再由其前一架卸下其橋版，則末一架可放倒。放倒之法，以絞盤及常着架上之鐵練，徐徐放下。每一架上之練端有鐵環 c（第三九三圖）以套入着於其次一架上架短鐵練之柄 d，故練墜下而於起架時可相因以牽上以免於水中撈尋也。其他各架同法放倒。絞盤置於橋上不妨稍遠，以免每放倒一架即須向後移動。架放倒後不免相壓覆。故斜依而不平。但堰脊高處足以防護之不至為冰漸及漂流物所損。水漲猛速時，卸針放架亦須極其捷速。起立橋架，其手緒與放倒時適相反。

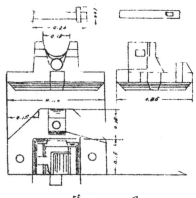

第三九八圖

橋版高出尋常蓄水面之數，視增水時水面漲高之猛漸如何。若增漲甚緩，可以從容放倒橋架，則高出 15 至 30 公分可矣。若猛則可高出至 50 公分。若水漲猛速，易致危險，則可用第三九九圖所示之法。於針背安一鈎 a，帶一鼻 b，俱以鐵版為之。用螺釘釘於針背。以鐵桿一條曲其端入鼻下向上拉之。使

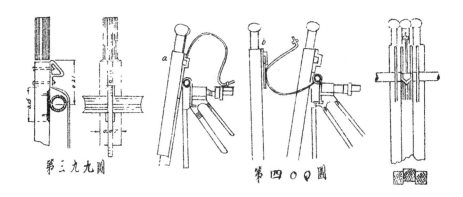

第三九九圖　　　　　第四〇〇圖

針尖其趾端支點，則針為流水所推，鈎懸於針棍，向下流浮於水中。而水路以闢。候水勢抵落，再卸其針放倒橋架。又買因河之渠化所用針棍，可以推離原位針懸於棍，棍離針堰則開一部分，水自下瀉，不至漲溢。再由棍上卸其針。此法用後，繼未有仿效之者，因其多費而構造繁，益則不甚大也。

河之流量時有變更者，欲調節蓄水之面，或去其若干針，或又加入，頗為困難。若用第四〇〇圖所示之法則較易多矣。法將針之一部分（約百分之十）背

322　水功學卷三

面安以可壓轉之鉤，若蓄水面應使低落，則安一桿於鉤柄上推之。使該針由 a 之地位移如 b，則水自其開縫流出，水面降落矣。

針堰之建造雖有多少變異，而其大要不出乎此。

鼓堰(70) 所以為閉淺口或深口之洪門船道，洑木閘等用。其明距可 12 公尺，其構造之最新式者為一可封閉全口之拍板。茲舉買因河衛疵堡(71) 堰洑木閘所用之鼓堰為例以說明其構造法。如第三九九圖為該堰之橫剖面。拍板具二翼，下者大，上者小，共一轉軸。下翼處於封蓋不漏水之窪空中，即所謂鼓者是也。鼓以下翼隔為前後二部。上翼之方向向下流傾倚，約出垂直綫 16 度即為堰壁。鼓中翼前有連通上水之渠由 A 通入。翼後有連通下水之渠 B r 由支渠 C 通

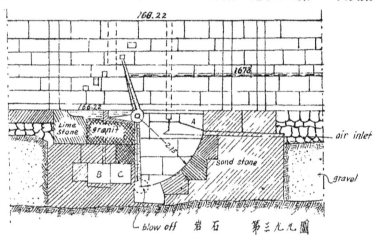

第三九九圖

入。故前部為上水壓力而後部為下水壓力。因上水壓力大於下水壓力而壓力中心在轉軸之下，故堰壁得直立不倒。A 及 B 二渠於通入上下水前相交叉於堰礎中一處。其交叉點置一四路活栓(72) 焉。如第四〇〇圖。活栓之位置如圖中所示，則上水通入 A，下水通入 B，以至 C。與第三九九圖所示拍版之位置相當。若轉活栓使其位置如第四〇〇圖中虛綫所示，則上水流入後部，下水流入前部，下翼所受水壓力適得其反而拍版倒臥矣。欲使堰復起立，則轉活栓如前位置。下翼之所以須較上翼大者，因堰未起時上下二翼之每單位面積所受壓力相差甚少也。下翼大則其壓力偏重堰易起。上翼所以傾倚者使堰倒臥時下翼不礙 A 口之通入鼓之前部也。上水入口以鐵櫺隔之，使粗礫漂木不至入內。細軟泥質，沉澱鼓內，則啟冲洗管（由鼓底通入下水）冲洗去之。冲洗管以喉栓(73) 閉之。堰口兩頰設通氣管以通氣入鼓內前部。堰長 10.85 公尺。頰面上下水亦設疊梁溝以為修理時去水用。修理時上下水入口亦須分蓋。

(70) Trommel wehr, drum weir
(71) Würzburg
(72) Fourway Cock
(73) Throttle Valve

第三章 堰之建設

拍版之構造法以平鐵(74) $(200 \times 10\ mm)$ 一及角鐵(75) $(100 \times 100 \times 10\ mm)$ 四為臂，長 1.15 公尺，定於轉軸上。另以角鐵五橫向結連。其上蒙以鐵板厚 10 公厘。上翼之沿鑲以木，皆定於橫角鐵上。視第四〇一圖。轉軸 a 以鑄鐵為之。其軸頰 亦為鑄鐵製，作筒形而加以頁形 c，並帶凸肋 d 以鑽螺及石螺固結於堰之固脊內。b 為圓柱形而內空，有一孔 e 所以於構造拍板時入轉軸 a 其內，而以劈 f 固定之。堰壁二軸頰 g，為鑄鐵製匝形，有凸肋以增強，有 h 以承軸。堰壁軸頰，係用石螺固定於壁中。轉臂二殼 k 以螺釘四與臂所用平鐵相結連。軸頰內墊 m 以青銅鋼(76) 為之。軸頰臂殼之間亦間以青銅鋼板 n 以減摩阻之力。

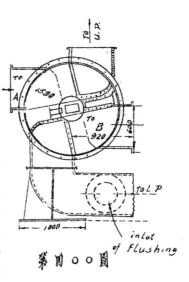

第四〇〇圖

利用水壓力以啟閉堰壁，鼓堰當為最完善之一法。所用人力不過扭軸四路

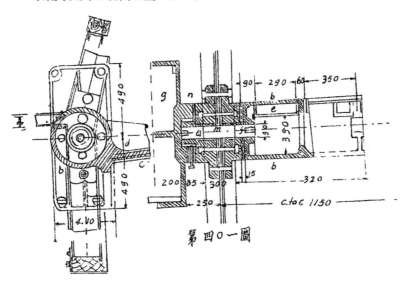

第四〇一圖

活栓之勞耳。鼓堰落下只須費時二至三分鐘，起立只須四至五分鐘。

---

(74) Flatiron　　　(75) Angleiron　　　(76) Bronze

324　水功學卷三

拍堰　此種堰遇水漲逾一定水位（為事實上可許之水位）亦能自開。關乎此點實較優於鼓堰，但其起立時仍須用人力。此堰之構造或用木，或用鐵，無關切要。故下但以略圖示其定理。尋常拍堰如第四〇二圖所示。

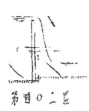

第四〇二圖

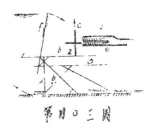

第四〇三圖

上下二水壓力之合力着點上逾轉點，其靜力率[77]已足勝堰重及軸項摩擦之靜力率而有餘，則為水力堆壓而自落下。欲使其自動起立須令拍堰之下部較重於上部。此堰之最大紕點在已啓之堰，仍懸浮水中。其支架亦立水中，並足為瀉漲之阨。且易為漂木流物撞觸致損。故其用但限於小孔而為固堰上之活動部分。

沙脇阿[78]所創拍堰盛用於法比二國。以渠化河流，實足免上所言之一切紕點。堰壁以許多拍板寬各 1.0 至 1.3 公尺，相依傍而成。其橫剖面如第四〇三圖 a 與 b 合為支架。a 受拉力名曰架腿[79] 受壓力名曰架撐。[80] 架腿下端鉸連於堰之固床（石工或三合土工之下部建築）上端與架撐及拍板相鉸連。堰床之面設一溝[81] 令架撐趾端得滑動其中。溝有坎，架撐滑至此，即支撐其內，架得直立。設拍板反水壓力已至 a 之位置則用一桿 c 將架撐之足順圖中箭所示方向（圖之右上角平面）牽移之。c 桿為施於一孔中一切架撐之通桿。自堰磯以齒桿齒輪使動之。架撐之足，一經牽移，失其依點，則自旁溝 d 滑下，而臥於斜面溝 e 中。拍板亦隨之放倒水中。拍板相旁依，勢不能免有左右搖撼之弊，故其間須留 5 至 10 公分之空，於起堰後其縫更用木板蓋之。堰之上建一供事橋，其構造與針堰所用活動橋無異。木板可自橋上放下。起堰時亦利用定於拍板上下二端之鐵鍊自橋上用轆轤絞起之。有時亦用船代橋。拍板之上有一窗另以小拍板 f 閉之，亦節小漲。

德意志西北渠中多用一種捲簾式之堰如第四〇四圖。以蓄 20 至 30 公分高之水。其寬 2 至 3 公尺。倚於堰頰上所設堰靠。為水力壓其上，故得不下落。小船底平面前端上翹者，可越堰而過，不問上下水俱可。

第四〇四圖

拍堰構造之制甚夥，然大半為各地特別之因革，非有甚廣之用途也。

輥堰　其制創於德國 Augsbury Nurnberg. A. G. 機器廠。為近代活動堰

(77) Moment　　(78) Chapoine　　(79) Horse
(80) Prop　　(81) Hutter

第三章 堰之建設

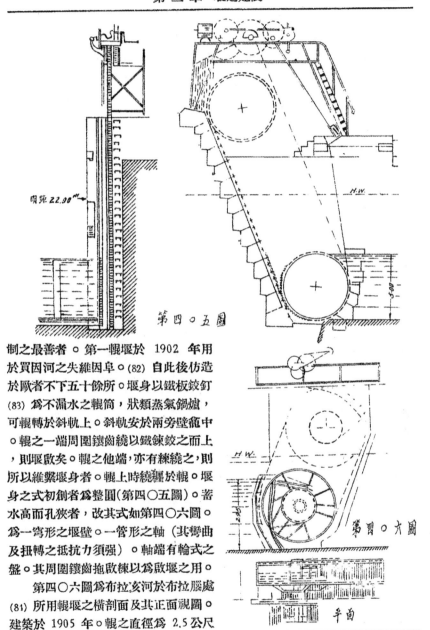

第四〇五圖

制之最善者。第一輥堰於 1902 年用於買因河之失維因阜。[82] 自此後仿造於歐者不下五十餘所。堰身以鐵板鉸釘[83] 爲不漏水之輥筒，狀類蒸氣鍋爐，可輥轉於斜軌上。斜軌安於兩旁壁龕中。輥之一端周圍鑲齒繞以鐵鍊鉸之而上，則堰啟矣。輥之他端，亦有鍊繞之，則所以維繫堰身者。輥上時繞鏈於輥。堰身之式初創者爲整圓（第四〇五圖）。蓄水高而孔狹者，改其式如第四〇六圖。爲一穹形之堰壁。一管形之軸（其彎曲及扭轉之抵抗力須強）。軸端有輪式之盤。其周圍鑲齒拖啟鍊以爲啟堰之用。

第四〇六圖爲布拉亥河於布拉腦處[84] 所用輥堰之橫剖面及其正面視圖。建築於 1905 年。輥之直徑爲 2.5 公尺

(82) Weinbei Schweinfurt　　(83) Sheetiron riveted
(84) Bei Brahnau in der Brahe

○堰孔明距 22 公尺。為輥底不漏水計，用一木閘鑲釘於輥身之上。堰閉時輥身之重壓木閘貼固脊自然封閉嚴密。堰身兩旁之固密法，用蔴製圓帶浸以石灰油，繞於輥之兩端，亦因圓之本重壓之緊貼於壁龕內面。此種固密之法，頗為完善，但亦有弊端。堰啟之際，漂木浮材易入龕內。雖非十分棘手，但新造之堰務欲免之。如第四○七圖，不用蔴帶而用有彈力之鐵版，安於輥端壁龕之前。鐵版之緣，再鑲以木。因水壓力緊貼於壁。其貼面無太寬以減摩擦阻力。第四○六圖亦此固密法甚明晰。此堰為寶帶河(85) Neugattersleben 處所用。堰孔明距為 17.5 公尺，蓄水高 2.95 公尺。

歷來所造輥堰，其成效無弗佳者。洪漲冰凘俱無損碍。失維因阜所用之堰，堰孔明距至 35 公尺，萊馨壕處之薩拉合堰(86) 蓄水高至 8.5 公尺。

虹吸滾流(87) 近來有用虹吸之理以節蓄水之高者，名曰虹吸滾流。為亥因(88) 氏所創。其構造法如第四○七圖所示。虹引管之橫部面為直方。上口 A 開向下。下口 B 開向上。上口之緣，適可許增高之水面，（與標誌樁 D 之頂齊）。若水過此限，則先有一縷水線 F 入管內流下，盛滿下盂 E。而管內空氣為水衝帶而出。但上下口俱為水所隔，無補入空氣，故管內倏成真空而有虹吸之效矣。下盂 E 有一小孔 L，所以使水由盂內流罄。蓋寒凍之時，盂內以無水為宜也。虹吸瀉水

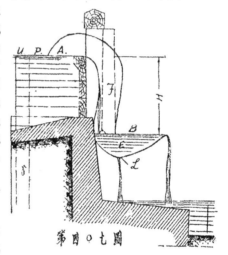

第四○七圖

之量甚大，因其水頭不僅如尋常滾流為上水面高出堰頂之數而為上下水面之差也。

第四節　論魚磴

凡築堰壩河內，遊魚輒不能往還自如，而漁業家且起而仇視堰壩。故魚磴之設，所不可少也。魚磴之構造法視乎魚之狀類，鮭魚(89) 體大浮於海而鯍於江河，則魚磴之大小即以之所需為準。而蹲鱔之屬亦可出入其間。支河細流，雖無大魚川海往來，而亦不能遏其從容上下之樂，故亦宜備設魚磴。磴之至狹者以能容鱔為度。鱔遊於于江河而鯍於海。其幼子上游以及細川，長大則又順流而下。為鱔作磴，尤為需要。堰壩之處有水力渦輪而不設磴者，鱔輒易隨流

(85) Bode　　　　　　　　　(86) Saalachwehr bei Reichenhall
(87) Siphon Over falls, Sanguber falle　(88) Hegn　　(89) Salmon

第三章 堰之建設

入廠，為機輪軋碎。非特有害於魚業經濟，抑且大悖於鱔道主義。夫堰上堰下水面相懸有似龍門，魚也非盡河鯉，焉能登之。曰是有法焉。水面之相懸雖甚，若迂其路，則峻坡可化為坦途。魚磴之構造，本是理也。舊制分魚徑為數池，如拾級然。其高各相差 20 至 40 公分以橫壁相隔，魚必漸次躍而上。新制則橫壁之端留缺口，犬牙相錯，如第四〇八圖 a，使魚迂曲迴繞泳而上。或橫壁之端，又連短縱壁，如圖 b 及 c 尤足以迂其途。b 不如 c，因 c 之短縱壁斜倚激流之徑較短也。缺口之大小，由 40×40 至 45×45 公方各池之寬 1.8 至 2.5 公尺，長 2.1 至 3.5 公尺，水深 0.5 至 0.7 公尺。

第四〇八圖

構造魚磴最宜注意者，為最下一級。蓋水瀉於下流太急，則魚不易近。Gerhard 建議魚磴出口宜較之上口為寬。50×50 至 50×60 公分而最末一池與下流亦較上各池高差略遜。約 10 至 15 公分然水之瀉出亦不宜太緩。蓋魚性喜溜，故須有顯然可覺之溜以誘致之。德國 Oder 河針堰，魚磴且用四管由上流通下，二管出最末池中，二管出下流，生溜以誘魚。魚磴之有効與否，全視其出口之位置適宜與否。設置宜偪近河溜而從其方向。若不能則設於壩墩上，而堰前磴口二溜之間須無障礙物阻魚之路。魚至堰前不能躍上，則循堰旁泳以至磴前，稍御行而遇磴口。由此可通行無礙而達上流矣。墩前御行之路，不宜太長。Gerhardt 以為堰之高者魚磴出口距越流(90) 最遠不宜過 12 公尺。

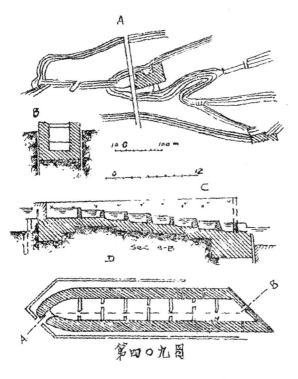

第四〇九圖

上流出口，可備閘版。便於漲水時關閉，以免魚磴為沙所淤。且可以節水

---

(90) Over flow

輸入礎內之量。水最低時或竟無魚跡，則可關閉牘板以減水之損失。鮭礎所耗之水每秒約 0.3 立方公尺。魚性喜明且喜暖，故魚礎頂上宜開不宜封閉。礎內若黑暗則魚不入。其上但用鐵條作欄格，以免無恥之人來此偷魚。又有旁礎窗牖以透明者。總期日光可照入，能得魚之歡臨。

第四一一圖為德 Weser 河 Hameln 處魚礎之制可以為法。魚礎設置於中間石礅內。舊有一礎設於堰之一端，魚不肯入。新礎成後，即見多魚出入。漲水至時新礎受其漫流，亦不至淤塞，因河底低於最高魚池 1.5 公尺。堰頂用 T 形鐵作欄格以防冰澌及偷魚之賊。旁壁設有管以得漲水時洩水之助。堰旁有水力磨廠，其所用水力不因魚礎而致有可覺之損失。故礎常開。但於上流高過水尺 ×2.15 時，以牘閉之。水高 ×2.80 時，魚即可自躍而上。下流高 ×1.50。礎所處之地位為尋常人所萬不能到。

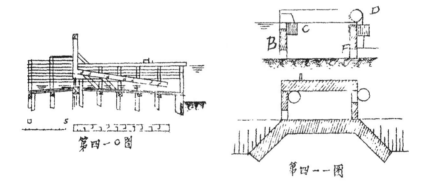

第四一〇圖

第四一一圖

第四一〇圖為德國 Haval 河上游 Regow 水閘所用之魚礎。為河中鮭魚及鱒所用者。其效甚佳。倣造者甚多。法用一木槽上端靠於滾水木牐之孔內，下端用鐵懸於一橫木上。最上缺口（魚所出入者）有牐啟閉。

又有魚閘之制如第四一一圖上流之水由 A 滾入閘箱。斯時木牐 B 尚閉，及閘箱水面漸高，將浮子 C 飄起，B 連於其上，因其上浮之力而啟。於是箱內之魚，可以游至上流。若閘箱水面更高，由滾水筒 D 溢出，流入木桶 E 內。至桶水漸滿而下墜，因木牐 F 與木桶以繩連繫，托於一滑車上。故桶墜而木牐下啟，於是箱中放出浮子 C 又下墜，木牐 B 閉而由下流可入閘箱矣。

附 錄 一
論 中 國 之 水 道 (1)

中國之水道可分之爲十一系：
(一) 黃河及其支流，
(二) 揚子江及其支流，
(三) 淮河及其支流，
(四) 珠江及其支流，
(五) 太行山流下諸水，
(六) 河淮間入海諸水，
(七) 江淮間入海諸水，
(八) 東南入海諸水，
(九) 東北失地諸水，
(十) 西北無尾閭諸水，
(土) 西南流於他國諸水

凡直接入海之水道按古義應名之爲瀆。在昔以江淮河濟爲四瀆。然淮與濟已失其道，而直接入海者其實又不止四瀆。今爲正名計應別之爲三：

(一)巨瀆，揚子江，黃河，珠江，白河，松花江屬之。

(二)亞瀆，遼河，薊運河，小清河，臨洪河，灌河，錢塘江，馬江等屬之。

(三)沿海山溪，其他小水屬之。

按方脩斯之定義(2) 凡入於幹流者爲一等，入河於一等河者爲二等河。今變通其義以適合於中國情形定爲以下等級：

(一)凡直接入巨瀆而流巨而長者爲一等水道，如渭，漢，嘉陵江等是，

(二)凡直接流入巨瀆而流較細或入一等水道者爲二等水道，如入遼河之太子河，入臨洪河之沂，沭河，入渭之涇，洛河，入漢之丹，甲河等是。

(三)凡入於二等河者爲三等水道。

(四)山溪細流不成爲河者，無論其入何水系，俱以溪名之，列入四等。

以下就上所擧之十一系分論之。

---

(1) 中國之水道原列入第一卷第一章第十二節因原著祇有黃河系全部及揚子江系之一部份此後由胡步川王伊曾補述一部份因全國水道之概念爲治水功者所應知故改列入附錄

(2) O. Frauzins, Der Verkehrswasserbau, S. 27

第一系　黃河(3)

　　發源於青海之巴顏喀喇山，(4) 拔海4455m處。流長約四千公里。自河源而下，經星宿海及查靈，(5) 鄂陵(6) 二海。一千四百五十餘公里入中國本部貴德境。兩岸皆山，間有台地(7)。其下流經甘肅，寧夏，綏遠，山西，陝西，河南，河北，山東等省於利津入海。自河源而下以至孟津，河兩岸形勢可分為三類：

　　1. 深峽，河身寬100m以下，無台地，無灘地，流急，以∨表之。
　　2. 隘谷，河谷寬1.2至4.5公里，河寬200至500m，有台地有灘地，以⌐⌐表之。
　　3. 寬谷，河谷寬5公里以上，有寬廣灘地，河寬500m以上，以～表之。

　　又河之通皮筏者以☉誌之，通木船者以⊥誌之。列表如下：

河源至積石山麓 ∨⌐⌐ 相間，
積石山麓至歸德堡 ⌐⌐，
至青海日月山南麓，∨
貴德縣境 ⌐⌐
貴德城西∨經夏口，洮口，大通河口至新城，☉
新城至皋蘭以下十五公里桑園子，⌐⌐☉
桑園至尼灣∨，尼灣⌐⌐，中間∨，條城舖⌐⌐，
中間，∨淮灘舖⌐⌐，中間∨，靖遠⌐⌐，以下又∨中衛⌐⌐，☉，⊥，
中衛河谷已寬，然南限於惠陽山，北限於流沙，故可用之地不廣。中衛以下經青桐峽∨，至寧夏～。
寧夏以下經石嘴子至磴口∨，⊥，
磴口經綏遠後套至河口～，⊥，
河口以下至龍門∨，⊥，
龍門以下至潼關～，⊥，
潼關以下至孟津～，⊥，
孟津以下則北岸有隄起於孟門，南岸有隄起於滎澤，直至利津海口千餘公里，成為河患之地矣。

　　黃河在青海境內循番名名曰馬楚(8) 遠積石山北流始稱黃河。馬楚支流特

（3）蒙人名曰 Altangol，此言金河，番名 Machu，
（4）Bayenkala，此言大雪山
（5）Odentala，此言星宿海
（6）Jaringnol
（7）Oringnol
（8）Tafelland

附錄一　論中國之水道

盛，以巴嘎嘎爾赤及呼交裕云二河為較鉅。黃河之支流可稱者為：

河　名	縣　名	河岸	發源地	民生關係
東河	貴德	右	龍池山	灌溉
西河	仝	右	郭納泉	仝
煖泉河	仝	右		仝
恰布恰河	共和	左		仝
格拉河	仝	左		仝
中郭密河	仝	左		仝
龍冲河	仝	左		仝
保安河	同仁	左	隆務河 清水河	仝
大夏河	臨夏 永靖	右	達巴罕山	仝
洮河	臨洮	右	西傾岷山	仝，木筏
大通河	民和	左	浩亹河 湟河	灌溉，木筏 仝，皮筏
平番河	永登	左		灌溉
祖厲河	會寧 定西	右		仝
烏迦河	五原	左	黃河古道	仝
黑河	歸綏	左	陶林	灌溉
清水河	托克托	左		仝
關河	河西	左		仝
府谷河	府谷	右		仝
嵐猗河	興縣	左		仝
窟野河	神木	右		仝
禿尾河	仝	右		仝
三川	離石	左		仝
無定河	榆林 米脂	右	榆溪 芹河	仝
清澗河	清澗	右		仝
延河				仝
澽水	韓城	右		仝
芝水	仝			
汾河	太原 河津	左	管岑山	仝
涑水	永濟	左		仝

水功學

河名	縣名	河岸	發源地	民生關係
洛河	大荔	右	白于山	灌溉，船運
渭河	寶雞 華陰	右	鳥鼠山	灌溉，船運
洛水	洛陽	右	澗水 瀍水 伊水	灌溉，船運
沁河	沁陽 武陟	左	沁源	灌溉
大清河（大汶河）	東平	右	徂徠山	船運

本系中諸流水別為等級則大通河，沁，洛（？本水亦可視為渭之支流）渭，洛水可列為一等，

大夏，洮，浩亹，黑，無定，延，涇，伊水可列二等，

其他上列諸河俱列三等，

又黃河在主要各支流入口處及要地所有流域面積如下表：

河口或要地	支河流域面積 方公里		黃河流域面積 方公里
洮河口		29,220	144,280
			173,150
大通河口	湟河	17,200	
	浩亹河	12,120	202,820
皋蘭			216,180
金積			268,580
黑河口	黑河及	12,080	394,780
	民生渠		406,860
禹門口			515,305
汾河口	汾河	40,240	555,545
潼關	渭河	144,760	712,588
鄭州			768,684

附錄一　　論中國之水道　　　　　　333

本系諸水流量情形如下表：

河　名	地　點	最小流量	最大流量	平　均
涇河	張家山	8.00	11,600.00	72.32
渭河	咸陽	18.00	5,600.00	236.82
黃河	潼關	164.00	10,590.00	1352.18
	陝縣	125.00	14,300.00	1,767.00
	濟南	200.00	8,050.00	1,640.00

黃河自中衛以上稱上游，其降度約為 0.0004. 中衛至孟津稱中游，其降度為0.0006 孟津以下稱下游其降度為0.000265至0.000110

第二系　揚子江 (1)

揚子江發源於青海崑崙山拔海5000公尺處，長約4800餘公里，與黃河源為比鄰；其初二水並行東南趨，至巴顏喀拉山東限，河趨而北，江趨而南。河至大青山下，復折而南，江至昆明，復折而北，及潼關巫山間，江河又遙遙相對。自此而下，則復並行東趨入海。又江出宜昌，即奔注于平原，兩岸均恃隄防，以禦洪水；與河出龍門入平原，恃隄禦水，正復相同；故河與江兄弟行也。然江之上游，係石地，其中下游有洞庭鄱陽兩湖，可資蓄洩，而河之上游，經廣大黃壤區域，其中下游無一蓄洩湖沼，致河之淤澱速率，遠過江。又河之中下游最低水位，均高出兩岸平地；不若江之僅在夏秋之洪水，始沒及兩岸；故河之水患，久成詬病，而江則向以水利稱。且江於上海漢口間1600餘公里，可行駛萬噸巨艦，自漢口至宜昌，至重慶，至宜賓，均可通行汽輪，即支流之航道，鮮與幹流相若；較諸河除河套及海口以上四十餘公里可通航運者，相去更遠，亦猶兄弟間，有先後天之不同耳。

江初名木魯烏蘇河，繼名通天河，行抵川省特區之巴塘，易名金沙江，南流至雲南麗江，經川滇毗界，北入四川境之屏山縣，始通航運。東行約60公里，至宜賓與岷江合，吾國古籍，以岷江為江之上游故自宜賓以下，始稱大江，或稱長江，而無揚子之名；大抵英籍地理學者，名之為揚子，歐西各國因之，近時學者多從西籍，而揚子乃成通稱矣。計自江源至巴塘約 1000 公里，坡降為 2309 公尺，自巴塘至宜賓 2800 公里，坡降為 2500 公尺；自宜賓至重慶 400公里，低水位之坡降為每公里150公厘；其下 25 公里，為揚子江山峽

---

(1)　本篇大半取材於"Yantze Kiang Pilot 1926中國海關出版

，出峽至宜昌，是爲大江上游。宜昌以下地勢平衍660公里至漢口，坡降爲每公里40公厘是爲大江中游。自漢口達海，計程1180公里，坡降爲每公里10公厘，是爲大江之下游。茲將上中下三游河通航者分述之。

1. 上游，（a）自宜賓至重慶一段，長400公里，兩岸多礫岩。最初110公里，江岸之石礁，多伸入江中，致航道多淺險之處。次50公里，較爲寬坦，但磧壩甚多，有廣至2公里者。最後130公里，其情形又大致與初段相若。（b）自重慶至萬縣一段，長330公里，雖河道較寬，灘險較少，但磧壩較多，航道深度大減，其低水時期，淺險航道，有下列數處；黑厚（深12呎），鮓人坑（深11呎），洛磧（深12呎）紫盤子（深10呎）平絞壩（深12呎），藍竹壩（深7呎），魚洞子（深13呎），折尾子（深11呎），就中以紫盤子爲最險。（c）自萬縣至奉節一段，長160公里，兩岸漸次開放，其間灘險亦多，惟大抵不甚凶惡，較著名者有：黃腦磧，巴陽峽，興隆灘，馬鈴子，虎刺子，廟基子，磁莊子，喇叭灘，關刀峽等處，就中以興隆灘爲最險，乃山崩所致也。（d）自奉節至宜昌一段長204公里，其灘險最著者爲：巫山及風箱峽，兵書寶劍峽，牛肝馬肺峽，宜昌峽（即黃貓峽），就中巫山峽長39.4公里爲諸峽之最長者。又重要險灘爲；豔澦灘，寶子灘，下馬灘，青竹標火焰石，烏牛石，方灘（低水時無險），冰盤磧，新灘，山空嶺，獺洞灘，就中以山空嶺及新灘二處爲最險。

2. 中游，（a）自宜昌至城陵磯一段，長450公里，航道極爲曲折，以調絃及監利兩大灣爲最；盖江至石首時，中流既有天星洲之橫亘，南北復扼於東岳山及士磯頭，遂致流向遷徙無常。監利以下，至城陵磯，又有大小數十灣。此段江流常自太平，藕池，調絃各口，注水入洞庭湖者，約三分之一，因是流緩沙積，約計有沙灘五十餘處。（b）自城陵磯至漢口一段，長210公里，大體平直，惟嘉魚縣東有簰洲灣，長50公里，而灣頸直距不過四公里，在高水位時，此段坡降，爲3/4公尺。

3. 下游，自漢口至海，共長1130公里，每年有五個月，可航巨鑑；至低水時，以沙洲關係，不能行吃水4.7公尺之汽輪。計礙船沙洲之大者，有十一處；漢口沙（在漢口下游劉家廟），湖廣沙（距漢口55公里），蘿蔔鴨蛋洲（距漢口70公里），得勝洲（樊口上游距漢口85公里），戴家洲（距漢口116公里），江家洲（九江上游35公里），張家洲（九江下游10公里），馬當（距九江73公里），姚家洲（安慶上游10公里），太子磯（安慶下游41公里），崇文洲（安慶下游53公里），綜上各洲之長約35公里。

揚子江之支流所經，大都係寬廣之平原，宜於農產，上游山地，復富於林石礦。其常年水位，則宜於航運。茲列其重要者如下表；

附錄一　論中國之水道

河　名	縣　名	河岸	發源地	徑流地	民　生　關　係
雅礱口	鹽邊縣	左	青　海	西康四川	
普渡河	祿勸縣	右	雲　南	雲　南	
橫　江	鹽津縣	右	雲　南	雲　南	
岷　江	宜　賓	左	四　川	四　川	灌溉,水電,航運,輪航800公里船航390公里
沱　江	瀘	左	四　川	四　川	灌溉,船航488公里
赤　水	合　江	右	貴　州	貴州,四川	
嘉陵江	巴縣(重慶)	左	甘　肅	甘肅,四川	輪船 96 公里 船航1900公里
黔江(烏江)	涪　陵	右	貴　州	貴州四川	
小　江	雲　陽	左	四　川	四　川	
分水河	奉　節	左	四　川	四　川	
靖　江	宜　都	左	湖　北	湖　北	
香　溪	秭　歸	左	湖　北	湖　北	
沮　水	江　陵	左	湖　北	湖　北	
澧水 沅江 資水 湘江 (洞庭湖)	澧　縣	右	湖　南		
	漢　壽	右	貴　州	貴州湖南	
	益　陽	右	湖　南	湖　南	
	湘　陰	右	廣　西	廣西湖南	
漢　水	漢　口	左	陝　西	陝豫鄂	幹枝合計 輪航 500 船航3000公里
舉　水	黃　岡	右	鄂		
巴　水	黃　岡	左	鄂		
浠　水	浠水縣	左	皖	皖鄂	
蘄　水	蘄　春	左	鄂		

修水 〉鄱陽湖	永 修	右	江 西		
贛江	南 昌	右	江 西		
武陽水	餘 干	右	江 西		
信江	餘 干	右	江 西		
樂安江	鄱 陽	右	江 西		
皖 水	怀 宇	左	皖	皖	
貴池水	貴 池	右	皖	皖	船運灌溉
西 河	無 為	左	皖	皖	
須濡水	無 為	左	皖	皖	
青弋水	蕪 湖	右	皖	皖	
滁 水	六 合	左	皖	皖, 蘇,	
秦淮河	南 京	右	蘇	蘇	航運灌溉
運 河	江 都	左	皖 魯	皖魯蘇	航運灌溉
運 河	鎮 江	右	蘇	蘇	航運灌溉
孟 河	武 進		蘇	蘇	航運灌溉
黃田港 〉太湖	江 陰	右	浙 蘇	蘇 浙	航運灌溉
白茆河	常 熟	右	浙 蘇	蘇 浙	航運灌溉
瀏河	太 倉	右	浙 蘇	蘇 浙	航運灌溉
黃浦	上 海	右	浙 蘇	蘇 浙	航運灌溉

漢江為揚子江最大之支流，長 1500 公里，其航道自沔縣至南鄭十八里舖為第一段長70公里，船隻載重不及一噸。自南鄭至安康，為第二段，長 510 公里，船隻載重自五噸至二十五噸。吃水不過七公寸，枯水時斷航。自安康至老河口為第三段，長 290 公里，船隻載重可至四十噸。自老河口至漢口為第四段，長 570 公里，在汛期內，吃水 1.2 公尺之帆船可通行。又自襄陽至漢口則通汽船。若合幹支流航道計之，長至3000公里 為西北至中部之惟一水道，吾國文化之南移，大都循此途徑。故附述于此，并列其支流重要者如下表。

附錄一　論中國之水道

河　名	地　名	河岸	發源地	河　長	關係民生
南　河	沔陽寺	右	寧箭羌竹嶺	100公里	胡家壩上下七十餘里可運小船
沮　水	沮水舖	左	紫柏山	200公里	茶店子下三十餘里可通小船
養家河	胡　家	右	橫担梁	80公里	阜川鎮上下五十餘里灌溉
褒　河	長林鎮南	左	太白靈漱	150公里	灌溉
廉　水	石咀子	右	巴山北老龍池	70公里	溉田數萬畝
冷　水	魚東營	右	小南海	50公里	灌溉
壻　水	漢王城	左	太白山南	160公里	灌溉
濫水河	馬舖南	左	漾縣三道梁	70公里	灌溉
灙　水	洋縣西門	左	三道梁東	50公里	灌溉水力
大沙河	營安壩	右	挖斷嶺	50公里	灌溉
酉　水	黃金峽	左	佛興龍坪鎮	110公里	
金　水	黃金峽	左	佛小秦坪嶺	50公里	
子午河	白沙渡	左	秦嶺南	100公里	兩河口以下可以通航
牧馬河	三花石	右	白雄關	120公里	航運灌溉
池　河	蓮花石	左	寧陝腰嶺竹口	50公里	灌溉
任　河	紫陽縣城西南	右	城口箕山陝老嶺	300公里	航行
洞　河	洞河街東	右	川陝界老嶺	80公里	航運
大道河	大道河街東	右	川陝界嶺	100公里	
月　河	月河口	右	漢陰西嶺分水化利山	65公里	
黃洋河	黃洋河口	右	平龍利關子	80公里	
閭　河	閭河口	右	平堰	94公里	
洵　河	洵陽城	左	秦　嶺	200公里	灌溉航運
蜀　河	蜀河口	左	鎮皮羊山	50公里	
仙　河	仙河口	左	秦樹嶺園嶺	85公里	

冷水河	冷水河街	右	竹山河界白山	70公里	
夾 河	夾河關	左	西陽秦嶺山北	210公里	
石 河	白河縣東	右	竹山河界白山	80公里	
將軍河	將軍河口	右	左關滄吉山	52公里	
天 河	天河口	左	陽縣北天橋山	100公里	
曲遠河	曲遠河口	左	界牌北	43公里	
堵 河	堵河口	右	巴 山	200公里	
神定河	神定塘	右	雞鳴山	53公里	
遠 河	遠河口	右	房縣泉山	46公里	
曾 河	曾河口	右	武當山	82公里	
浪 口	浪河口	右	毛家山	53公里	
丹 江	小江口	左	終南山	270公里	
南 河	南河口	右	將軍山	180公里	
清 河	新打洪	左	鄧縣淅川界杏兒山	50公里	
白 河	張家灣	左	伏中山	170公里	
淳 河	鹿門灘下灣河口	左	大峯頂	44公里	

本系諸水別為等級，則岷江，嘉陵江；漢江，運河等水道，可列一等。雅礱江，沱江，黔江，丹江以及洞庭湖之湘水，鄱陽湖之贛江，可列二等。其他上列，諸水道，則俱列三等。

本系幹枝流所有流域面積如下表；

流　　　　　域	流 域 面 積 平 方 公 里
揚子江上游沿江：	
1. 宜賓以上	479,974
2. 宜賓至涪陵江南部	69,676
岷江及沱江	133,152

附錄一　論中國之水道

嘉陵江	163,737
黔江	85,858
揚子江中游沿江：	
1. 重慶至漢口	85,371
2. 漢口至蕪湖	81,878
洞庭湖	252,297
漢口	175,754
鄱陽湖	181,282
揚子江下游沿江（蕪湖至吳淞）	55,876
太湖	20,023
總計	1,784,878

本系諸水流量情形如下表

河名	地點	最大流量 (秒立方公尺)	測定年月日	最小流量 (秒立方公尺)	測定年月日	平均流量 (秒立方公尺)	年份	備註
揚子江	江陰	64,495	21.9.6	19,405	21.8.23	54,145	21	據21年7月29日至9月30日所測流量
揚子江	大通	67,670	20.9.1	6,988	25.12.8	32,583	25	
揚子江	湖口	65,880	13.7.8	5,595	12.1.30	33,973	13	
贛江	南昌	14,880	19.52	292	181213	2,818	18年1月 20年6月	
揚子江	九江	64,350	20.9.8	4,818	12.2.9	25,70	13	
揚子江	漢口	60,750	13.7.29	5,208	12.1.26	25,672	13	
漢江	鐘祥	18,985	24.7.7	233	23.1.27	2,213	25	
洞庭湖之口	岳陽	56,540	20.8.14	626	25.12.8	10,805	25	
湘江	湘陰	10,550	15.7.3	69	221015	1,178	18	
湘江	湘潭					3,393	25	

資江	益陽	6,207	241026	12	23.7.22	845	25
沅江	常德	23,900	22.6.18	18	25.12.9	1,857	25
澧江	澧州	10,531	20.7.7	8	251211	567	25
華容河	調絃	1,477	24.7.3	14+	23.1.9	222	25
藕池河	藕池口	10,618	25.8.7	3+	18.3.6	1,558	25
安鄉河	藕池口	6,330	15.7.24	19	221230		
太平河	太平口	4,151	25.8.7	1,511+	18.8.12	453	25年度

附註：流量數字右上角有+記號者係逆流

第三系 淮 河 (1)

淮河源出河南省桐柏山，東行會皖豫之洪，汝，灌，史，淠，潁，淝，渦，澮，池諸水至龜山注洪澤湖。而後由三河，張福河分途洩入江入海。黄河於1324年至開封附近決口，乃奪淮河之水道入海。至1852年又決口北流，而淮河故道已為河水所挾黄壤淤塞。至1938年在河南中牟附近花園口決口，改流，乃自裏下河一帶汊港入海，並假道運河入江。自民國二十三年至民國二十六年導淮委員會於運河沿線邵泊，淮陰，劉澗各建船閘一座使載重600噸之汽輪可自江湖運直達隴海鐵之運河站。閘寬10公尺水位差邵泊間為9.7公尺淮陰，劉澗兩閘各為9.2公尺並於洪澤湖之三河口建築活動壩以控制洪水流量。自黃淮會流，功能全非，水道形勢亦未能定論也。

第四系 珠 江

黃河，長江，珠江為橫貫吾國，單獨入海三大水道，河與江均長至四千餘公里，稱為伯仲，珠江雖較短，然亦少兄弟也，故列為第四系。此系水道為東，北，西三江之總稱，而以西江為最長，故定為幹流，其入西江之水，及入珠江之水則稱支流。西江發源于雲南滇池附近之霑益縣，拔海2000公尺處，流長1840公里。自發源地至宜良後，循滇越鐵路南行，山谷間，既折向東，為南盤江。經黔桂邊界760公里，會北盤江，易名紅水河。曲折東南行580公里，柳江自北來匯，復行100公里至桂平，鬱江自西南來匯，改稱潯江。東行140公里，東至蒼梧，會桂江入粵境，始稱西江。復東行180公里，至三水，會北江，復東南行，約80公里，經廣州，始稱珠江。于獅子洋，復會東江，入於南海。計自江源至海可分三類：

(1) 參閱導淮委員會導淮工程計劃二十一年月出版

附錄一　論中國之水道

1. 西江上游，自霑益至桂平，多行山地，富急流，航運不甚著稱。
2. 西江下游，桂平以下，江流浩瀚，入粵境，航利更大。
3. 廣州三角洲，合東北西三江之水，流量劇增，而水寬而深，其平如鏡。洋海巨艦，終年通行，且四圍平原，河流珠網，農商稱便，實為廣東財富之源。

珠江之支流可稱者為：

河　名	縣　名	河岸	發　源　地	民　生　關　係
曲　江	曲　溪	右	至溪縣	灌溉
瀘　江	建　水	全	異龍湖	全
北盤江	關　嶺	左	八大山	船運
青水江	賓　陽	右	大明山	灌溉
柳　江	武　宣	左	牛皮山	船運
鬱　江	邕　寧	右	寶月關	全
桂　江	桂林　昭平	左	靈　渠	灌溉　船運
賀　江	開　建	全	鳳源山	船運
綏　江	四　會	左	龍門山	全
北　江	南雄，清遠	左	大庾嶺梅嶺關	灌溉　船運
東　江	惠　陽	左	尋鄔，安遠	全

本系中諸水，別為等級，則鬱江，北江，東江可列為一等。北盤江，柳江，桂江可列為二等。其他上列諸河俱列三等。

又西江上下游幹枝流，東北二江幹枝流，及廣州三角洲各流域面積如下表：

流　　　　　域	流域面積 平方公里
西江上游桂平以上，包括北盤江柳江鬱江等。	177,651
西江下游，桂平三水間包括桂江，賀江等。	42,930
北江，包括連州江，翁江，綏江等。	31,255

東江，包括新豐水，秋香江，增江等。	24,250
廣州三角洲	7,052
總　　計	283,138 平方公里

第五系　河北省諸水 (1)

河北省境內之大河流凡六，曰薊運，曰北運，曰永定，曰大清，曰子牙，曰南運，其中惟薊運於北塘（距大沽口上約 16 公里）入海，餘五者皆會於天津一隅入海河。五河之中，南北運河為航路要道，大清，子牙亦可通航。惟永定亦稱渾河。流猛沙多，有類黃河，無舟楫之便而常虞潰決之災。五河流域面積及流量，據前順直水利委員會報告如下表

河　　名	流域面積(平方英里)	最大流量(立方公尺)
白河(即北運)於箭桿河交叉口上	7,430	3,115
白河於箭桿河交叉口下	0,844	0,355
永定河	20,431	5,000
大清河	8,272	3,468
滹沱河	9,650	4,050
子牙河	2,844	1,192
衛漳河(即南運河上游)	9,870	4,145
共　　計	59,341	21,324

　　五河流域面積共約十八萬平方公里，其中有十三萬平方公里為山地，高屋建瓴，每當汛漲之際，流勢甚猛，計海河容瀉之量，最大者不過每秒 850 立方公尺而每一河洪水量無不大於是，永定河且六倍過之，海河所可瀉者不過五河總量百分之十五。昔者分瀉減漲。特各河減河，如北運之筐兒港，青龍灣，南運之四時與濟撥地，馬廠等。減河迴旋容納特東西二淀，南北二泊。而淀泊逐年淤澱。清康熙，雍正乾隆間曾大施疏濬。同治中葉曾國藩，李鴻章重加治導如馬廠減河，永定蘆溝橋減河，金門閘功皆當日治導功事也。

---

(1) 本節大半取材於原著者所著五十年來之中國水利登於申報館發行之最近之五十年

附　錄　二

水面之橫降及橫盪足以致天然河流形式之沿革說(1)

河流之屈折　河流曲處，水以離心力多趨凹岸，而致水面有橫降；(2)因生橫溜。(見譯者水功學卷一第三章)在學理可推，任事實可證，明其故者當不鮮也。然此橫降對於下流相連直段(過渡)之影響，則尚未有論及之者。或以其微而忽之歟？殊不知其關繫之遠且甚也。察河之變者，其目力但施於一向；但見順溜及順向之水面高低壓力之差，而曾不少加眄睞於橫向，籍得謂之弗偏。余以爲河流之天然變狀及今尙有未能完全了解者多半原因於橫降，例如水之蜿蜒(3)如蛇之屈曲行動是也。凡曲中之水咸以離心力生橫溜自內曲(凸岸)流向外曲(凹岸)但此溜因曲處橫降之故，漸致消滅(有數例外詳後)。蓋橫降亦致橫溜，其流向乃自外曲向內曲也。繼河曲而入一直段，則離心力之効至此驟然消失而其所致之橫降，則不能驟然消失，故其効至直段內仍存。而順橫降之方向仍生橫溜。此橫溜延至橫降恰消滅處止。但其所致之橫向流速，則仍不能驟然消失也，而因之以生反向之橫降。檢降積增至橫向流速消失爲零止，而又一橫溜沿其方向以生。至橫降消失處，橫溜亦達最高之度。如是展轉相生，故水於槽中有橫向之盪動，有類蛇行。使無摩擦阻力以抵之，則其盪動當嬗演至無窮。設使渠床或河床堅實不毀，則此等盪動受摩擦阻力漸至消矣。若河渠之岸非堅實不毀者，則迎受橫溜處必致漸見侵削，退却向後，而致橫溜之力愈强，其侵削河岸亦愈甚。岸質愈疏無論起始橫溜之力若何微弱，亦足以召是等變化，積久愈甚，馴至曲者愈曲，似騰蛇蠖蚪而向下流推展。惟是岸受橫溜攻擊者固日見侵蝕，而橫溜所捨去之岸則日見淤塡。故常於外曲之下，直岸之首，見有日加之淤積，其遏溜之力，亦逐日增强。

第四一二圖爲瓦布龍納谷坊模型(4)實驗，所得水流及速率之結果曾見 Zeitschriff fur Bauweren 1914 Blatt 160 由此圖可見河曲下直岸受溜之情勢。凡此理論所推者之天然事實亦無或爽，在德意志水功及造船試驗場已經以許多極精細之觀察，證明之矣。至橫溜橫盪所致河流變遷論列於下。

（一）遷徙之沙礁(5)　溜勢衝向一岸，則岸前河址亦可爲水所洗掘，深削下陷。設岸之保護得力，不致見攻即却，而河址疏動易毀，則水不遏勢於岸，必出其全力以下攻而址日深。岸愈陡，則其削也亦愈甚，故其河段雖直，而苟有微弱屈折之溜入其中，即足以演成屈折加深之溜槽，往返於保護得力之兩岸間

（1）　柏燕豪 Beyerhau 著原文見 Zeitralblatt der Bauverualtung 譯文本附於第一卷上篇第三章第二節後
（2）　Querneigung, Cross Slope　　　　（3）　Serpentinieren,
（4）　Model der Warmbrunner Talspeere　（5）　Wandernde Banhe

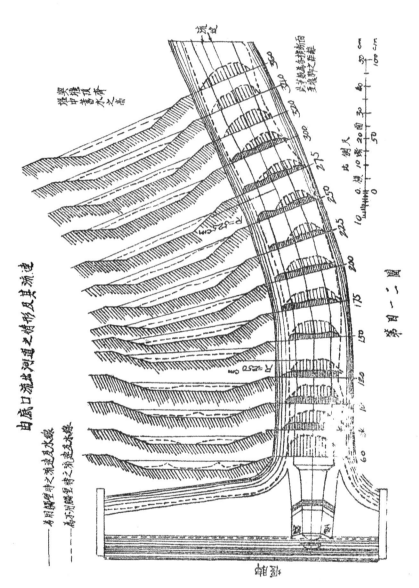

第卅一圖 由底口流出河道之情形及其流速

———為川腾登時之流速及水線
- - - - 為小水淮至時之流速及水線

○槽既屈折，則更足牽溜攻槽而槽益加深。屈折之勢，亦逐愈演愈強，而其初固不過微弱屈折者也。其微弱屈折之原則仕復之橫溜與順溜之合生效果也。

遷徙之沙礁，常生於兩岸已經保護河址疏動易襲之河中，其原亦不出乎上

附錄二　柏燕豪說學

所論者也。蓋礁之上端為溜所攻削，挾之以驅於溜所自闢之槽中，及槽之上端為沙所塞，則又逼溜向下游推徙。而衝向此岸之溜與受該岸反降影響衝向對岸之溜相會之點，亦因之向下游推徙。岸前溜槽亦更因其上端愈益向下游填塞，其下端愈益向下游擴闢。而溜槽上下之間較高之沙礁，亦隨溜槽日見遷徙。溜槽愈深，則水趨之愈急，而河流斷面中他部流速必且大減，故沙積亦日高。

在直段之試驗槽中，其上端並無曲段相連而有時亦可發生遷徙沙礁，其原則由於疏動河址之特性然也。蓋流速之在全斷面者不能一律。設某處流速稍急，則疏動之沙，易於轉徙，而河址刷深。河址稍一偏深，即足以牽溜而深者愈深。由此"不寧之水動"(6)亦即足以演成橫溜，而遷之沙礁亦所不免矣。

洲練(7)　上所論者橫溜發生於曲段，波及於直段，亙於河之全寬，往復兩岸之間。然河身之甚寬者，亦有橫溜發生於河之中流，同時向兩岸波展者。此種現象，在河寬更變處有之。

設有河流由寬段入於狹段，則在狹段中生橫溜，由兩旁趨向中流。而必有兩岸趨向中流之橫降以為之原。此橫流之動能，必有由中流向兩岸之反降以抵之，始歸消失。有此以降，中流隆起，正溜減勢。此橫降若達其最高點，溜向兩岸至此消失為零，而反對之溜復即同時由中流趨向兩岸。因此正流勢弱，中流淤沙，而兩岸被攻，河身漸闢而闊。兩岸被攻，退却愈甚，則溜趨之益強，而中溜更弱，故沙淤愈橫而成洲島。然對兩岸之橫溜，又生反向之橫降由兩岸復折中流，而由兩岸趨向中流之橫流繼之。

橫流由兩岸趨向中流則兩岸溜勢又弱而正溜復強，河址當者又被刷深然趨於中流之橫溜，又馴至中流水高而斜降向兩岸，則繼於刷深段之下者又積淤成洲島，其理如前。以此演成相繼洲島，名曰洲練。

天然河流中其左右橫溜未有兩相對稱，不偏不倚，強弱相等，毫無低昂者也。其強者闢槽之力亦強，故能奪弱者之水以自益而其勢乃益強。故二支河中其始相比較稍遜之溜，必至日以積弱，水量益減，積沙日多。至支溜積弱之甚，正溜得之不足為其勢力輕重者，則侵奪之事亦止，故洲與岸之間猶得有細流不絕如線。又若兩向發生之橫溜，因上之情勢變而為一向之橫溜者，則其蜿蜒之勢又足以演成遷徙之沙礁。

然在天然界中錯綜變化，複雜甚矣。故於主要蜿蜒河流（一向橫溜）有時復雜以洲島之生成（兩向橫島）而於主要洲島叢生之處，有時復作蜿蜒之勢。

(二)三角洲之生成　河流入湖泊或一寬闊海港，則順向之比降大弱，而正溜之速度頓減。速度減則所需之斷面積必增益始可。但積弱之流速不能攻深河址以益其斷面積，其勢乃不得不先積高水面而生一反向壓力，其效在中流為最大，因在中流有兩旁之水積相抵而在兩旁則水尚可逸於寬闊之港中也。故演成一

---

(6) Dieturbulente Bewegung　　　(7) Inselreihen

346   水　功　學

橫降由中流向兩旁而橫溜繼之。因中流潛水最高，故其流速亦減弱最甚，而沙之墜落亦始於。此沙積則潛水高愈甚，流速更減而又益積沙。由此水益避中流而趨兩旁，而三角洲發生焉。兩旁之溜入於寬港，非復在兩夾岸尚可合一而增強正溜者可比，故兩溜無復合日而從此分汊。但每汊中又復演同一之變遷，故汊港中又分汊焉。卒之則左汊之右支汊與右汊之左支汊，漸加闊展而至相合，則亦成爲洲島。然此河流洲島之生成，則完全異致也。上旣將河道天然變革之式一一探抉其原理，而知其俱原於橫降矣。茲再詳論流水中橫降及橫溜之所以生成之理。

欲明其理請借比動(8)之理以爲助。設想流水中加一動力，其大小與水中順溜(主溜)同，而方向則相反，二者相消，所餘者橫流而已。

使此水流入一曲段內，以比動之理喩之。則假設一寬淺之盂盛靜止之水，水固不動而盂則偏倚也。水與盂底之附黏力姑不計，則盂之動必由兩旁壁增益之壓力傳之水。命此壓力在左者爲正，在右者爲負，水之流動必也在左壁前，其始也水面少高，繼則漸益高焉，而在右壁前則同時水面低落，以成橫降，始於兩岸，而漸傳及中流。由此可見水由直段入於曲段，其中部猶欲保其直線方向者若干時，繼乃與由曲線首端岸前傳至中流之橫降遇而不得不受其影響耳。河道愈寬者，其在曲段順溜之由中流而牽入凹岸者愈多。水面之增高於外面而低於內曲也，以理推之，其潛漾之勢，亦可向上返播，則河曲上段之直段內，亦即應於岸前生沿橫降方向之橫溜矣。但考之天然界斯狀實鮮睹。其原維何，蓋近岸之處，流速縮小，則其(與流速平方爲正比)離心力自亦甚小，故其所致之潛漾及橫溜在上流者亦微也。至若河水以中流最大之速率，浩浩之水量，逼於彎曲之岸形，捨凸趨凹，則勢力非可渺視也。故水之侵蝕岸土也，不在曲凹之上部而大多在近其下端之處或且越過之。由上述理由，知河之溜線(9)非如尋常人所擬，按河床中線之曲勢作圓弧之行動也。乃於河曲之始猶依直線方向行動而前，繼乃漸漸增其屈率耳。故溜線之方向實對凹岸而行，交河床弧線而愈益逼近凹岸也。以此之故，橫降之勢亦在外曲之始者弱，繼乃漸強。由此並可見溜線之曲勢若已達河床之曲率尚不能與河流方向相切者，則其勢仍趨向外岸，而必欲更甚其曲焉。其始也所失之方向，必於其終也追補之。(有主張河之曲岸應於上端加強而向下端漸弱以此故也。要之凡曲岸必設法使其曲溜之率分配得當）補之於曲以內者不足，必且再求償於曲外，即與河相連直段之內，故攻岸不僅河曲之下端，並且波及於直段之首。由此並可明河用曲之半徑總相同而曲之長者受攻甚於曲之短者之何以故，皆由來人所難解之問題也。

河之流速在橫面中，大小殊異，此凡事水功者所共知也。其影響於上所述之事者亦非小，而尤以垂直方向流速之變異爲甚。水近河底之流速，僅有河面

---

(8) Relative Motion　　　　(9) Strommstrich

附錄二　柏燕豪學說

流速之半，故其離心力之近河底者亦不過水面離心力四分之一。平均估計，可命水之下半部其流速爲上半部之十分之七。欲明此理，請視第四一三圖，河之

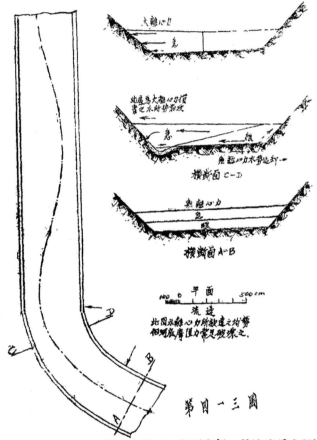

第四一三圖

斷面 AB 分爲上半部，其流速爲 V，與下半部，其流速爲 $0.7V$。命水之共深爲 h。水面之寬及深各以單位爲準，則水之質量在上半部者爲 $\dfrac{\gamma}{g} \cdot \dfrac{h}{2} \cdot V$ 而在下半部者爲 $\dfrac{\gamma}{g} \cdot \dfrac{h}{2} \cdot 0.7V$。式中 γ 爲水之比重 g 爲地之加速率。故上半部之動能爲 $\dfrac{\gamma}{g} \cdot \dfrac{h}{2} \cdot \dfrac{V^3}{2}$，而下半部之動能爲 $\dfrac{\gamma}{g} \cdot \dfrac{h}{2} \cdot 0.343 \cdot \dfrac{V^3}{2}$ 而其離心力在上者爲 $\dfrac{\gamma h}{4g} V^3$ 在下者爲 $\dfrac{\gamma h}{4g} 0.343 V^3$ 可見動能及離心力之在上

348　　　　　　水　功　學

半部者大於下半部者幾於三倍。欲恢復其均勢(10)　則在上半部其橫降亦宜三倍於在下半部者。但實際上下之水，俱在同一橫降勢之下，則均勢爲必不可能之事。水之在上半部者，至河曲則常以加速力趨向外岸而下半部則不即而反離。故如第四一三圖 CD 橫斷面所示，水之上半部在曲岸急流向下深抉，而在內岸則緩流上升，至河之橫斷面如第四一三圖最上一橫斷面所示。按水流之緩急不能分爲上下二部而只能別爲急流之外半部（如圖之右）及緩流之內半部(一)（如圖之右）。而垂直方向流速之分配，可約略以平面當水深之半爲對稱面焉。上半部橫斷面之水據有全體能力四分之三者，於離心力及橫降間均勢未復以前其重心乃移出斷橫面中線至河寬四分之一，偏近外曲（有因後起橫降之影響例外者詳後）實際之均勢終不可得，因趨於凹岸深抉向下之上層急流又不住爲河址摩阻力滯緩之也。凡以上所論着者皆於萊因河各處彎曲實際測其流速而證實之。外曲流速之最大者約在河身之半而近河底之流速則與河面約相等。(二)距凹岸遠者則河址摩阻力滯緩流速之效又顯。

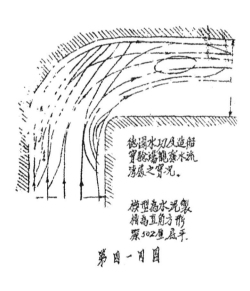

第四一三圖

附註(一)假使無摩阻力，水之入於曲段也，其垂直方向流速之分配全相等(11)則至內曲因橫降所定之深水層亦應有比在外曲較大之速率在水力學所謂 Potential Strömung 也。故可知因深而異之速率分配，完全由於摩阻力，在天然界實爲 Potential Strömung 反對。凡於摩擦効力甚小之處，切實試驗，即可見余言之不謬。如柏林工科大學工科碩士柯第(12)受敎授寶歇爾(13)指導所作之實驗發表於 1910 名曰"曲管中水流之實驗"如第四一四圖所示 水之流速 在內 曲爲 6.5 公尺而在外曲則爲 3.0 公尺。但向下則急流愈趨於外曲而緩流則逼逐內曲。蓋溜之起

(10) Equilibrium 或譯平衡
(11) Potential Theorie
(12) Dipe-Eng. With. V. Cordier
(13) Prof E. Reichel

附錄二　柏燕豪學說

始也罔不欲合乎 Potartial Theorie 而其繼也則爲摩阻力所更變矣。此種 Poteutial Theorie 於水坭管中試驗之更顯而易見。(著者著此篇時,此試驗方在德國水功及造船試驗場中進行中) 於此試驗見強溜在內曲之流速更大於外曲,蓋水遇光滑之水坭管壁摩阻力亦甚微小也。

附註(二)　由精確之試驗,可見天然界中水流至彎曲處實有求使其垂直方向之流上下對稱之勢也。其曲離心力所生之壓力在上與在下者略相均等。河道大抵皆多曲少直,即此一端已可見最大流速不在近水面處而在水面及河半深之間。此端尚未爲人多所注意。最大流速至河曲則移而向下至河之半深止,至直段則無他力以推之向上,必俟河底摩阻之力顯,始移而上。故於其未入下一彎曲之前最大流速實不易移近水面也。由此可明凡河深而比降弱者如米細細比,其最大流速離水面甚近。此在直段之長者尤近顯,於萊因河雷堡鎭(14) 實際測量已證實此理。

前旣言水流入河曲因離心力所生之橫降,起始於岸前,漸達至中流矣,茲又知橫降之起始也其勢薄弱,不能抵禦離心桿急之力,必至河流主要質量移出河之中必約河寬四分之一,則二者始可相持均勢。

流水主要質量 (15) 之情狀,可如第四一五圖以一浮球之情狀明之。球初沿水槽中線而動。及入彎曲之段,始也尚保守其直線方向,而已佚出灣曲段中線之外。繼則以銳角交外曲之岸坡,而沿行其上。至比較的橫向流速消失而橫降之反對力乃起。球所行之曲線路,較之水槽曲線爲銳其起點終點亦較後。故球至曲段下相連之直段內,仍以銳角進行,與中線斜交而趨向對岸,又沿對岸以行,至反對之効力顯則又捨之而去。觀斯球之蜿蜒浮動可以明河流之行動焉。河流由寬趨狹其理亦相類也。河身遇逼狹之處,生橫流由兩岸趨向中流。中

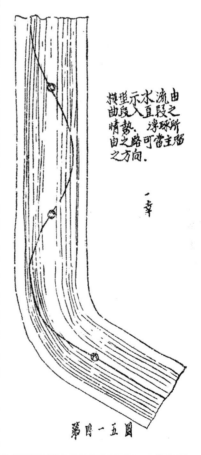

撥墨示水流由曲段入直段之情勢。浮球所由之路可當主溜之方向.

第四一五圖

---

(14) Leubsdorf　　(15) Die Haupt masse des fliessenden Wasser

流水面潆漾而高，則又生橫流由中流趨向兩岸。故於逼狹之處亦生中趨向中流之離心力，其動能可使上層急流於中流深入向下而下層緩流則為所逼趨於兩岸。其理蓋於河寬之各半面不啻如上述之全河焉。

故河流天然沿革之形式，不出乎橫降之動能按自然之定律所生之效果焉。橫降之動能愈大，河床愈輕疏易動者，其效果亦愈顯。

河岸未經保護者，遇強溜，則凹岸被攻愈却，河曲愈甚。河身較狹而深者尚得保其劃一之床。此岸所被侵蝕之所，可爲橫溜運送以達彼岸而淤澱焉。淤澱之處之所伸出即爲侵蝕之處所退却者也。惟若河身寬而淺者，則橫溜力弱，不能運送此岸侵蝕之沙以達彼岸，故沙中途沉澱焉。而河中沙洲以上，河流分歧，而畫一之道失矣。

河岸已經保護則生於兩岸橫澄之動能，及其施於河床之効力，約與河寬之平方爲正比。故所謂遷移之沙惟見於甚寬之河中。前所述適宜於此現狀之一切，曰疏動之河址，曰流速，因此二事河床深處愈足牽溜而淺處則致淤。河床愈淺，其平均流速愈近於適足進移沙質之大小者，此理勢亦愈可恃。由此可斷言曰，遷移之沙礁河身大寬之所致也。砂礁之沙大半皆由岸脚攻取而來，岸愈走則洗掘之力愈強。故平緩岸脚坡度而固以狹其河址，實所以求免遷移之砂礁之要法也。河岸保護得法，灣曲適宜，寬無過度，則必也流弊自可免矣。

河身太寬者，中流淺瀨亦足滯礙橫澄，使至中流便遏止而返。如是則橫澄之往復限於一岸與中流之間而所謂洲棘於焉以生。又順向之比降太微者，亦足以致比。蓋比降微則順溜弱而所蝕此岸之沙輸至中途即無力再前矣。

| 中華民國二十七年十一月初版 | 水功學 全一冊 |

版權所有 翻印必究

著作者	李儀祉
發行者	李張孟淑 西安崇義路六號
印刷所	和記印書館 西安北院門八一號 電話二百六十七號
經售所	商務印書館

每冊定價國幣拾元
外埠酌加運費匯費

目　　录（下）

第九部分　水利教育 /1243
　　工程学生与新中国 /1245
　　水利道路工程技术传习所改组水利道路工程专门学校宣言书 /1247
　　水利道路工程专门学校章程 /1248
　　水利道路工程专门学校学科说明 /1250
　　西北农林专校水利组规划 /1251
　　学生勤业教授课程考核细则 /1257
　　在武功农专之演词 /1258
　　应将工程及水文记载赠予武功农校水利组条谕 /1260

第十部分　学术译文 /1261
　　土压力之新理论 /1263
　　通用流速算式之误点 /1270
　　推算流量之新法及其应用之经验 /1277
　　水理学之大革命 /1289
　　湖之停蓄 /1298
　　中国水利前途之事业 /1306
　　海港之新发展 /1309
　　卫乐赫-司徒培液体计算 /1315
　　灌溉有无自动方法之可能 /1344
　　中国现有之生产力 /1345
　　弯曲河道挟沙之大模型试验 /1349

波河之水文及其治导方略 … /1364
关于变迁河床河流治导之模型试验 … /1373
日本水利略述 … /1381
水土经济 … /1391
水之家政 … /1409
复式横断面渠中之水流 … /1415
凿深井之在中国 … /1416
德国学者说易 … /1417
黄河及其治导 … /1419

第十一部分　信函翻译 … /1421
译莫贡内来函 … /1423
方修斯之子 Klaus Franzius 来函照译 … /1424
译魏凯 Hans Weicker 来函 … /1425
重庆德国领事会佘福来先生来函照译 … /1426

第十二部分　附录 … /1429
附录一　公文函电 … /1431
附录二　自述家书 … /1514
附录三　工程日记 … /1583
附录四　人物旧事 … /1651
附录五　悼文 … /1675
附录六　铭序 … /1682
附录七　遗嘱年表 … /1698

后记 … /1709

第九部分 水利教育

工程学生与新中国

(一九二八年十月三十日下午七时在河海同学会上演讲,沙玉清记)

诸君,这是一个真实改革的时期,这是国家新生命的创造、工程家服务社会的时期。我们的谈话亦和以前不同了。以前的谈话,讨论的不外是关于学术的研究、人格的修养和笑话稽谈。对于政治方面,往往不喜欢谈。因为见解不同,易受政潮的影响;并且对此腐败的政治,种种空谈实无裨益。倒不如实事求是,反能做些实际工作。

现在的同胞之间,都充满着发扬光大的气象。回想过去的社会情形,军阀的跋扈,政员的贪污,使人民扰攘终日,不得安其所业。工程家不愿将一生的名誉事业,随同彼等牺牲,所以很少涉足社会事业。现在,军阀的末日已至,国人践多少的刺痛重创,也渐有觉悟了。经过这次轰烈的改革,将一切阻止社会事业的恶势力根本铲除。新中国的前途是无限量的,要以国人之能否奋勇向前,努力建设为断。

现在是一个新国家,各方面都呈着新气象。新国家的建设,虽不易谈,然而希望很大。诸君是将来的工程家,应当格外努力向前。要把自己的知识范围扩大。对于工程以外的学问,都要随时留意,因为要担负较大的责任,须有较广的知识,是无疑的。

历史上的事实告诉我们说:古代为国主政的,有很多的工程家。不讲旁的,大禹王就是个水利工程大家。他把我们一个整个中华,从水里援救出来,舜就让他做皇帝。周公也是一个大工程家,最有名的指南车就是他发明的。他并著有《考工记》一书,开我国工学的鼻祖。同时他是个政治大家。墨子与公输子亦是两个工程家。他们彼此发明了许多战器,互相对垒。墨子也是个大哲学家。诸葛亮也是一个工程大家,发明了木牛流马,许多机械,保卫国家。从此看来,古代许多政治家,是工程家做的。工程家可以治国的明证,是无疑的了。我可以说:工程家治国,虽不能个个都成良相,毕竟还是个良工。

在我国中古时期,政府对于人民非常接近。社会上的一切建设事宜,甚至百姓居家房屋,都由国家来代为计划。但是到了汉代以后,政府对于人民的事业,都抱着一种放任主义。除赋税纳粮之外，一切人民的疾苦，社会的建设，均置之不相过问。千百年来，直到今日，社会公共事业，一无进步。

现在的社会与以前大不同了，许多大规模的企业，绝不是人民有强的经济力量所能办的。铁道、马路、浚河、灌溉，以至大工厂，均须国家的力量来兴举。将来，"三民主义"的实现，"民生问题"的解决，公益建设事业之完成，工程家的心虑热血，对于新国家前途的责任，非常重大。

"工程学"是应用各种科学的科学，它的范围很大。工程家不仅对于它的基本科学——自然科学——要有精确的研究，就是对于其他科学——社会科学——亦须有相当的训练。这一点，在前次的工程家，往往不加注意。因为以前的工程家，所做的不外是为着某几个军阀，或资本家，伸张利益。社会的情况，与他们无关痛痒的。现在的工程家，要为国家干事，为民众谋利益，工程家不仅要能运用工程学理，并且同时要能领导社会，开拓利源，企图实业。譬如创办一所水力工厂，同时就发生三个问题，就要定三个计划：第一，工务方面的计划；第二，资本来源的计划；第三，全厂消费的计划。解决第一个问题，当然依据工程学理。至于第二、第三两个问题，那就非得有充分丰富的"经济知识"才能把它解决了。

一个大工厂往往雇有千百工人。工人将他全部的生活交给工厂。工厂对于工人的居住、娱乐、卫生等问题，应当加以十分的注意，使工友们都能安心的工作。我国的社会情形，如此之复杂，工程家更当格外的努力，勇于研究，考察各方情形，把它安然的解决！

工程一经建设完成，工程家决不可随意丢手，听其自然。因年复一年，不久，现在所有费尽心血财力的结晶，就将完全化为乌有。所以，工程家在工程告竣之后，即当负责研究保管之法，严订条规，俾得就范处理。工程的寿命，方可尽其天年，不致受意外的摧残了。譬如，浚河已毕，即当定有水运的条规，方不致复淤。它如较大的灌溉工程，更当严为组织，使处理有方，运用得体，才能够享受到工程的实惠。所以，关于工程的保护和处理方法的研究，也是工程家分内应尽之责。晚近工程事业很多，较大的像铁道、马路、市政等，每行都有一定法律。这种法律和他种不同，绝非无工程知识的法律家，所能随意拟定。工程家应当自己起来，研究考虑，把它依法的决定。

从此点看起来，做一个工程家——为民众谋幸福的工程家——对于经济学、法律、社会等科学，均应当加以注意。虽然不必要有精专的研究，至少对于于各科的原则，当有充分的理解。过去的工程家，都缺乏这类知识。他虽充满了血诚，想为国家效力，结果因能力太小，不幸的失败了。

诸君，要自己知道自己责任的重大。工程家是建设新中国的灵魂，是建设新中国的导师。苟能奋勇尽智为社会做一番事业，前途是多么光明，多么伟大！敬祝诸君，努力向前!

水利道路工程技术传习所改组水利道路工程专门学校宣言书

(一九三〇年)

协避地数年,获旋梓里,承长官重托,父老优瞻,以全省水利见委。受命以来,日夜惶惶,未遑宁处,思如何始可以不负宠渥。乃时已半载,经济、人才两形缺乏,计划多端,一筹莫展。窃思时局敉平,经济自有充裕之日。而培养无素,人才终无敷用之时,乃汲汲设一水利道路工程技术传习所,业限三年,意取专成,不愿草就。所授功课,切实简要。全国水利局总裁阅之几加叹赏,谓合乎国内情势,得当务之急,为他校所不及。乃招生以来,负笈而至者殊不踊跃。窥其原因,大抵不出乎以下数端。

(1)工程学术,设校传授,于吾陕为开创。事未前,闻识者自寡,既不知工程之为何物,即不免徘徊而裹足。

(2)社会无律,幸食者多。无才既可以登庸,又何须乎专门学识? 故中学毕业之士汲汲先谋利禄,学之可贵视为瞀言。

(3)未明本局设学真意,以传习所三字见轻,果有志于远达,乃不屑乎卑就。

(4)数年戎扰,教育多弛。入学资格本非峻悬,而合格者反不多觏。

(5)旱荒成象,薪桂米珠,生计萧条者多,长安居大不易。

有此五端,致未能〈副〉(负)我所望。然协决不以此灰心也。将以毅力持之,诚心处之。吾陕既不能终以〈固闭〉(故步)自封,学术必有昌明之一日。今者,上峰刘公留心内治,干戈载戢,建设开端。水利道路,民生攸关,交通所系,尤深注重。设局分理,责任〈匪〉(非)轻。曾面询得失,深以才难为叹。嘱多收学生,以广储蓄。传习所既有滞碍,即不妨改为专门学校,量力扩充,以图永久。协谛听之下,深为悦服。乃决计改组,易名称为水利道路工程专门学校,并将此校之需要理由,备陈于下。

国之昌兴,在乎建设。建设之为人所易睹者,工程而已。游欧美名都,眩其营造之奇伟,叹其居住之安适,惊其转运之灵捷,孰为之？工程家为之也！化榛莽之荒区,成庄严之都市。探穷谷之绝流,开天然之利府。堑巉岩之巇崿,成如砥之坦途。整分歧之港汊,兴便利之轮航。竭泉涧之润泽,益畎亩之膏沃。孰能之？惟工程家能之也！地方文塞之分,工商否泰之机,皆于工程家系之。然则工程家之责任,不亦綦重乎？是以欧美先进诸国,对于工程学术,鼓励提倡,不遗余力。大小工程学校无虑数十处,每校每岁毕业无虑数千人,无一不得展其才,竟其志。是以铁道、马路、市政、航务无一不举。无一举者而不求愈益精进优美,充其工程家之能力,且扩施于国外。眛弱若吾国者,铁道人代造之,航途人代辟之,市政人代理之,权自人操,遂成太阿倒持之势。《孟子》曰:"国无人才,则国空虚。"吾国既然,吾陕尤甚。道路不治,人惮于长征,货困于滞积。水利不兴,农田有旱干之虞,河流失舟楫之利。乡间赤地千里,都市秽恶薰人。觇国者入境,得谓陕宁有人乎？协不敏,窃领鼓励学风,竞新事业,破除玩愒积习,进研高尚学科。学之有素,志亦团结。务使境中山河之秦地,蔚为庄严灿烂之大观。事非一人所可为,故赖群力以赴。时非一日可期,必须继续有人。斯校之不能不设,诚有如此者矣。水利、道路,实系土木工程中之二科。因其为吾陕特要之需,故颜之以为校名。然既表曰专门,当亦务竟全业。今厘定课程,第一年为基本教授,第二年、第三年为注重水利、道路二项工程及他项工程切用之教授。第三年毕业,即可以服务于水利、道路各项事业矣。更缀以第四年为研究科。凡属土木工程中需要之科,高深之理,皆于是年补足之,以成土木工程之全才。是则就本地情形,参酌部定学制,而稍加变通者也,邦人君子其留意焉。

水利道路工程专门学校章程

(一九三〇年)

一、定名

本校定名为水利道路工程专门学校。

二、宗旨

培植土木工程需要人才,注重水利道路二项工程学术。

三、地址

设立陕西省水利分局内。

四、办法

目前设二班:一为正科有初级中学程度者入之。二为补习科程度不及者入之,补习及格再升入正科。两班学生以招足百人为度。相邻友省如山西、河南、甘肃、新疆之学生,一律收纳。

五、经费

由陕西水利分局节存项下月拨五百元。又请陕西省行政公署及邻省之赞助本校者,每年各校补助费若干元。无补助费者分之学生,每年须纳学费四十元。

六、毕业年限

补习科以补足初级中学毕业程度为准,不定年限。正科又分本科三年,研究科一年。本科毕业者即可服务国家社会,愿深造者入研究科。

七、学生之待遇

学生免纳学费及宿舍费。用品制服等费自备。

八、教授

延聘国内通人教授。常做实地考察练习。假期游历山川,探察各处山脉、地质、河道、涧泉,以为将来实地做事之预备。于各项工作如土功、石功、木功、铁功、〈贝磴〉(？坝塘)功等,皆须身习工匠操作。

九、服务

学生三年毕业,由本校咨各水利道路机关派差实习,酌给薪水。

十、奖励

学生之毕业,德行超群者,给以奖励。

十一、学位

本校成立后,当呈教部立案,授毕业生以相当之学位。

水利道路工程专门学校学科说明

(一九三〇年)

一、补习科

以补足初级中学毕业程度为准。所授科目不另详。

二、正科

1.正科之甲　本科三年。

第一年,上年期(以下各科目下所列时数,皆为每星期授课之时数)。

图文:二时,多读关于水利工业之文字,以练习能实写工程事务为目的。

数学:十二时,代数、平面立体几何、三角,须于本学期内根本探。

灌溉:四时,授潴水、修渠、牌闸、治田等法,以及沟洫、排水之法。

给水:四时,授都邑工场供给用水之法,凿井、筑池、水塔、水管诸工事。

都邑排水:二时,授都邑内设沟管排去浊水之法。

水力:二时,续前。

桥功:二时,授简易之铁桥工程。

经济簿记:二时,授簿记之学。

模型功:二时,自造各种工事模型。

计划传习:六时,续前。

2.正科之乙 研究科一年。

(1)上学期。

数学:四时,授较高深数学,以及最小二程式。

测量学:二时,授大地测量(亦名高等测量术)及简易天文。

结构学:二时,授较繁复之钢铁结构。

铁〈磴〉(？塘)功:二时,授较高深之学理及较繁复之铁〈磴〉(？塘)结构。

桥功:二时,授较繁复之桥术结构、活动桥梁及其静力学等。

电机:二时,授电机原理及各种发电机、电动机之构造,电灯之设置。

市政:二时,授改良都邑、居住、路政等。

计划实习:六时。

(2)下学期。

铁路功:四时,授铁路定线、筑路、设轨、信号、行车等工事。

电机铁路:二时,授用电机以代汽机之原理及法术,与种种设备。

桥功:二时,续前。

研究:无定时,出一范围扩大之题,令学生自行研究计划制图著说,以为研究科毕业之准备。

西北农林专校水利组规划

(一九三四年九月)

一、缘起

吾华以农立国,而水利实为立农之要图,故农功、水利自古并重。况西北地势高亢,旱灾时见,不有水利,农于何赖？政府既轸念西北农民之苦,农事之拙,特设西北农林专科学校于武功。武功为先农后稷教民稼穑之所,实吾华族农业之发源地。立校于斯,良有深意。校址张家冈,太白为屏,岐渠为扆,渭水一带,萦而绕之。滨河千亩地,俱为校产,诚佳地也。顾水利废弛久矣,农村破产特甚。现渭惠渠正在设计,不久可以实现。是渠即由校前而过。所有陂田,不惟可为农事试验场,且可作灌溉研究所。对岸南山,即为本校林场。石头河及霸王河,夹而朝之。将事导引,可灌□田千顷,是为梅惠。此外有"关中八惠"之议,可以使关中无复饥年。由是推及甘、宁、青,西北农功水利,将于是乎发轫。本校特设水利组,良有以也。先是泾惠、洛惠,共复兴□。余感于人才之缺乏,乃于民国二十一年(一九三二年)呈准陕西省政府,设立水利专科一班,由高级中学代办。民国二十二年(一九三三年)春季开始。民国二十三年(一九三四年)春季续于一班。以经费不裕,设备未周,且西北农林专校既有水利组之规制,则以得之于本校,实为至便。因商于校长于公,请将现有水利专科二班学生移归本校。蒙其许可,即复函商陕西教育厅,请其提出政务会议。旋经省政府一百次政务会议议决照准。民国二十三年(一九三四年)六月十九日,由省政府公函拟据查照。于是移迁之事定。余即赴京面谒于公请示,蒙面示□会余接续□□,本校之水利组得以提前成立。

二、水利组之使命及其规划原则

(1)本组以造就农业上应用之水利工程人才为主旨。

(2)本组课程先授以基本科学及农林需要学识,次授以各项水利工程以及他项工程,尤注意于农村建设。

(3)本组学科不务高远,而求切于本国之实用。

(4)学生求学除校课外,注重实地练习。

(5)本组授课以用中文讲授为主,西文书籍作参考书。

(6)本组另设水利研究所,以研究实用为主。

(7)本组学生于假期中从事工程练习,或分散农村中服务。

三、本组学程表

本组插生以初级中学毕业者为合格,入本组预科二年,继入本科三年,共五年毕业(第一表、第二表)。

第一表　水利组预科学程表

第一学年				第二学年			
第一学期		第二学期		第一学期		第二学期	
学科	每周时数	学科	每周时数	学科	每周时数	学科	每周时数
党义	1	党义	1	党义	1	党义	1
国文	6	国文	6	国文	2	国文	□
英文	6	英文	6	英文	4	英文	4
高中代数	4	立体几何	3	高等代数	4	微积分术	4
平面几何	4	三角	3	解析几何	4	物理实验	4
高中物理	4	高中物理	4	高中物理	4	化学实验	2
高中化学	4	高中化学	4	物理实验	2	投射几何	4
几何制图	2	机械制图	4	化学实验	2	气象学	2
军训	1	军训	1	投射几何	4	天文学	1
体育	4	体育	4	土壤学	1	农学	3
				矿物学	2	地质学及岩石学	3
				土木实习	1	金工实习	1
				军训	1	军训	1
				体育	4	体育	4

第二表　水利组本科学程表

第一学年				第二学年				第三学年			
第一学期		第二学期		第一学期		第二学期		第一学期		第二学期	
学科	每周时数	学科	每周时数	学科	每周时数	学科	每周时数	学科	每周时数	学科	每周时数
党义	1	党义	1	党义	1	党义	1	党义	1	党义	1
国文	2	国文	2	德文	4	德文	4	德文	4	德文	4
德文	4	德文	4	土地测量	2	农村建筑学	4	给水工学	4	道路工学	2

续表

第一学年				第二学年				第三学年			
第一学期		第二学期		第一学期		第二学期		第一学期		第二学期	
学科	每周时数	学科	每周时数	学科	每周时数	学科	每周时数	学科	每周时数	学科	每周时数
英文	4	英文	4	水文测量及实习	4	木构学及实习	6	石构学及实习	6	钢构学及桥梁	4
定积分	2	应用力学	4	材料强弱学	2	木构桥梁学	2	石构桥梁及混凝土桥梁	2	市政工学	2
应用力学	4	材料学	2	力构学及实习	4	混凝土及钢筋混凝土	4	钢筋混凝土	4	水力工学	4
测量及实习	6	测量及实习	6	土工学	3	水力实验	4	河渠工学	4	工程机械	4
水文学	2	水力学	2	电工学	4	灌溉工学	2	排水工学	2	水利工程设计	4
森林学	2	棉作学	2	道路力学	3	凿井工学	2	铁道工学	2	农村建设设计	4
机械原理	2	原动力机械	4	基址力学	3	农村经济学	1	荒政学	1	工程经济	1
地理	2			军训	1	军训	1	军训	1	军训	1
军训	1	军训	1	体育	4	体育	4	体育	4	体育	4
体育	4	体育	4								

四、学科之说明

1. 国文　文言及白话求能做切合实用之文字，兼能参阅古籍。教授之时，讲作而外，须多读古人及近人关于农功水利文字。

2. 英文　以能读阅普通文字及农工书籍、杂志为主，教授时于学生普通文字通顺后，宜令多读关于农工文字。

3. 德文　德文书籍关于农功水利者最多,故令学生多学一国文字,以为读参考书籍之用。

4. 数学　代数、几何、三角,宜令学生彻底了解,以达高等程度,并多做练习题。解析几何、微积分及定积分,以切于工程实用为主。益多做工程上应用练习题。

5. 物理　由高中程度进而至于高等,须彻底了解,并多做实验。注意力学、水力学、热学及磁电学。

6. 化学　注重无机化学,兼授有机化学。并须详于各实用化学工业,如冶金、炼灰、陶植等等之方法,为矿物学及土壤学之基础。化学实验注重定性及定量分析。

7. 图画　先练习几何图画,次机械图。习书法及制图法。用机械原件车其模型为标准。同时明了机械原件之体与用。投射几何学习正、斜阴影诸投射及透视等法。

8. 矿物学、岩石学、地质学　矿物学教学生以各种矿物之成因、物理性质、化学成分及其产地与用途,以实地观察为要。岩石学教学生认识各种岩石之构造性质、采取及用途。地质学详授地层之构造及变化,并与农业上之工程上各种关系。

9. 天文学　讲授普通天象、各行星及著名恒星之运转位置,以为学习测量之助。

10. 气象学　讲授气候变化之由来及其定律,尤须详于东方气候之成因及其时令,并学习观测气象之法。

11. 土壤学　授土壤之成因、分类、分布及其与农事关系,尤须注重西北土壤情况、黄土之特性。

12. 农学　授普通农事学知识,育种作物等,并及西北农业状况,以棉为西北最要农作物,故另授棉作学。

13. 林学　授树木之分类及造林法。以适宜于西北者为重,并授林场管理法。

14. 木工、金工、石工之实习　练习学生使用工作器具及方法。木工练习木材结构,金工练习煅铁及翻砂,石工练习砖石墙壁等工。

15. 应用力学　授动力及静力习用于工程诸原理,并多讲例题以事练习,并授图解静力学。材料强弱学授各种材料之坚性。

16. 材料　授沙、石、灰、洋灰、木材及各种金属之性质、制造及应用,并及其他建筑材料。

17. 测量及实习　授各种仪器之娴习及使用。平面测量、测高、测地形及制图等法,大地测量授经、纬度测法及大三角网测量。水文测量授测流速、流量等法。

18. 水力学　授水之静力学、动力学及水在河床、筒管、堰、闸等流动之计算。水力实验于实验场中示学并以测验之法。

19. 机械学　原动力机关,如蒸汽机关、内热机关之原理、构造及其使用。工程机械授升高机械、缓炼、滑车、起重机、唧水机,以及工作机械如打桩机、和灰机、转运机等。

20.电工学　授电工理论、发电机、摩托之构造及使用,以及电报、电话等。

21.基址工学　授基址土性及其荷重力、壁脚、桥、机桩及各种水下工作之法。

22.木构、石构、铁构　授木材结构、房架、格墙及门窗等法。木构、桥渠同时并授,一起实习。石构,授砖石壁工、穹工、石构桥渠及涵洞等工,同时并授,一起实习。铁构,授钢铁结构房屋,并及简单铁桥之造法。混凝土及钢骨混凝土工,授□□、基凝、桁、柱、穹、架等结构及计算法。

23.土工学　授各种土性,挖土、运土、堰土等法,以及计算土方之法。

24.道路工学、铁道工学、隧道工学　道路工学,授测定路线,道路基、路面以及养护之法。铁道工学,授测定路线,造路基、铺轨、车站符号等法。隧道工学,授开凿隧道及其镶固等工事。

25.灌溉工学、排水工学、凿井工学、给水工学、河渠工学、水力工学、水利工程设计　灌溉工学,授筑堰、开渠、分水及用机械引水等法。排水工学,授排去农田积水,冲洗碱性,改良土质等法。凿井工学,授地下水之流动状况及凿潜井、深井等法。给水工学,授都市饮水、水质分析、引水、滤水、蓄水、分水、机械、引管等法。河渠工学,授治河防洪、开渠通航及闸坝等工。水力工学,授利用天然水力发电工程。水利工程设计,于最末一学期,由教授出题,使学生做具体之水利设计,并估计工程。

26.市政工学　授市政设计、市政法规及地下水道工事。

27.农村建筑学、农村建设设计　农村建筑学,授平民住舍之改良、农村给水,以及农业应用之各种建筑。农村建设设计,就西北农村状况,令学生研究设计改良。

28.农村经济、荒政学、工程经济　农村经济,授农民经济状况及应如何改良、合作社方法、农民储蓄等事。荒政学,授调剂民食、仓库及救荒等政策。工程经济,授工程估计、利息计算、包工章则及其余等事。

五、设备

1.图书室　由本校作大规模设计,本组暂设备一小图书室,配备需要参考图书、杂志,以供师生阅读。

2.水利研究所　设水工实验室一所及灌溉试验场一所。另拟详细计划,兹不赘。

3.机械设备　本校应有给水、电灯及制造农具种种设备。其机械可供学生参考。本组拟设备各项水利机器,如各种唧水机、□电机及各项工用机械之模型。另拟详细计划。

学生勤业教授课程考核细则

(一九三四年)

(1)教员室设有一簿,以为考核教授课程及学生勤业之用。簿式附后。

(2)教员须将每日所授门类及细目,并将缺席学生之号数,登入表内。

(3)学生因故缺席须预在舍务管理员处请假。

(4)学生未请假而缺席须于十二点钟内在学务督察员处声明缘故,有充分理由者准其补假,否则以无故缺课论。

(5)学生无故缺课满三次以上者除名。

(6)学生平时成绩不佳者由教员加以警告。

(7)每星期由学务督察员考核学生缺课次数。

(8)学生因故请假缺课满一百点钟以上者,不得〈与〉(于)学期考试,不得升级。

(9)每学期之始开学后三日尚不到校,并无挂号函通知理由者除名。

(10)教员因故不能授课者必须有相当之代课人。

(11)平时试验学生学业成绩及其勤惰,由教员酌办,分别记甲乙丙丁戊,别其优劣。学期终举大考,亦以甲乙丙丁戊甄别等第。与平时成绩合均,授以修业证书。

(12)各门成绩俱为甲者给上等奖。甲乙参半者得中等奖,俱在丙以上者升级。不能升级之学生酌量令之补习,或退学。有家业贫寒而屡得上等奖者,其用品书籍等费得由公支给。

(13)学业外学生之性情、行为,亦有教员、学务督察员及管理员随时考核,报告所长,加以奖励、警劝。有严重过犯者得加以惩戒或退黜。

(14)本细则有欠完备处随时修改。

在武功农专之演词

（一九三五年十月二十七日）

适才王主任称奖兄弟道德、事业、人格，至不敢当；不过兄弟只知切实做事，还亏了环境的赞助，虽则小有成功，也是大家的帮助。

本校水利组的经过，是上年兄弟感到本省灌溉工程水利工程乏人，建议请设水利专科，即在西安高中附办。后联本校计划，也将设水利组，因同于院长、邵主席商请将水利专科移入本校。兄弟虽应组主任名义，但事实上，各处工作甚忙，不能常住校内；王主任、陈先生，各位负责进行，到还很好。

诸位同学！你们在本校求学，我应当为你们贺！我很庆祝你们，很羡慕你们！你们听到了我这话，怕以为有些过实罢？想来到本校求学，地方偏僻，交通不便，物质上感受困难；在这样的地点上求学，有什么可贺的羡慕的呢？你们且听我说：国内有名的大学不少，我约说几个有名的：南京方面，中央大学、金陵大学，规模未尝不大，设备未尝不周；但两校均在冲繁地方，逼近尘嚣，车马的喧闹与形色的纷扰，游泳池、电影院，各娱乐场所，常常见有许多的学生供给他们，在这地方求学，能用功的学生，固然不少；而不用功的学生，因了环境的诱引，大概也流荡的不少。上海更不用说了，北平、天津方面，北洋大学、南开大学，还有几处私立大学，办得到也不坏，地方到也适于求学；可惜近年华北失利，边患日深，在那地求学的人，处处感到强敌压境，心内不安！本校呢：地面广阔，气味清新，绝无湫隘嚣尘之苦；襟渭水而对太白，形势伟大。关于农林场所之设备：有山坡，有滩地，有广大地亩，头二三道原不同之地层，可做种种土地试验。关于工程方面：本校建筑伊始，有大楼，有平房，有电灯机器，自来水管机器等；渭惠渠一年后可告成功，陇海路明年亦可到达，凡建筑、水利、铁路，种种工程，实地练习考察，他校绝少有此机会。诸位能于此时此地，在此校求学，能不庆祝可贺而羡慕么？诸位同学！兄弟今日所以勉望于诸位者，约有四端。

（1）求学要切实：这几年中国社会上失业人多；问失业的人，都是当先在学校不切实求学的人；因为没有切实学问的人，社会上绝对很难插足。昨天在本校农场，见农科几位同学,手把锄头,头戴大草帽,实地在田间播麦锄草,这在其他农校很少见到的;他们多半是专讲说空理,不实地去做,结果很少效验的。中国现在不需要研究高深学理的人,而是需要能实地去干的人!我们有了这样好的机会,并能实地深入民间,指导他们的工作,改良他们的作物,复兴农村,富强国家的责任,便在切实两字上为起点!

(2)思想要高超:我们求学固然要切实,但是要指导农民,复兴农村,我们的思想便须高超;要须站在他们的上边,才能领导他们。不要从井求人,和他们一样的见识,所以要提高思想。这里一举目看见终南太白之高,渭水之大且深,我们须常想睡觉时以终南山作枕,写字时以渭水调墨,写毕字以太白最高峰作搁笔架,有凌云步虚的气呀。

(3)胸襟要广大:我们的面前,看见终南山,仅仅只一段,要去想秦岭之西起昆仑,东达海岸,其绵亘不知几千里?我们的面前,看见渭水,也仅仅只一段,要去想渭水的鸟鼠同穴,投入黄海,波涛浩荡,汪洋而不可得其涯矣。事事感觉如此,即时时胸襟开朗,养成恢宏的气量,亦不负此江山伟大之成就。

(4)须有坚卓不拔的精神:在此地单就历史上说,在周有太王,书称太王居邠,狄人侵之,太王曰:"我不欲以其所以养人者害人。"去邠踰梁山,依于岐山之下居焉;休养生息。至武王伐纣,统一中国。今日我国困于强邻,中央一再退让,人或以为非是,不知仍以"我不欲以其所以养人者害人"之心为心也。此时或力不足胜,且姑存隐忍尔。又如姜太公曾钓于渭滨,至开周室八百载基业。秦穆公以关内之地,而富国强民,并吞六国,使秦成帝业。汉高祖起泗上亭长,入定关中,不数年而统一中国。苏武牧羊北番,穷愁十九年,至饮雪吞毡,旌旄尽落而大节不失。班定远出使西域,身入虎穴,扩地数千地,播汉威德于四夷。班固、曹大家兄妹一生相继着汉书,称文学上的巨制。凡此诸哲人,皆或生于斯地,流风未远;我们求学于此,领略山川的秀气,适仰古人的高纵,其亦必有坚卓不振极之精神,继而兴起者。

诸位同学!得此机会,来此读书,既能切实的求学,又有高超的思想,养成广大的胸襟,继以坚卓不拔的精神,将来学成,全到民间,改良农作物,指导农民复兴农村,挽救我们岌岌危亡的国家;这么大的责任,都要放到诸位的肩膀上,是多么大的使命,诸位其各努力勿懈!

应将工程及水文记载赠予武功农校水利组条谕

(一九三七年十月八日)

武功农林专校水利组为本局培育水利人才之始谋。该组关于水利之教授材料,应尽量用本省各渠工程及水文记载之成绩,应由本局并函泾洛、渭惠二工程局,泾惠、汉南二管理局,随时搜集材料,赠予该校水利组为要。

第十部分 学术译文

土压力之新理论

(Zenfralbl.A.Bauverw.1920 pr. 100,德国 A-Freund 著,
载于《河海月刊》四卷三号,一九二一年四月)

一、旧理论之矛盾

计算拥壁后之上压力,向来所用之法,颇嫌疏略,不如力学静力学中其他各部之进步甚多也。一九〇六年柏林工科大学教授 Müller-Breslau 所著《土压力及拥壁》(*Erddruck und Stützmauern*)出版,已郑重声明向来求土压力之不可深恃。该书著者以极精密之法术器其测验土压力之实在大小。虽其所量得结果与所算得者,相差非多,而有时所量得之土压力,实较大于所算得者。但土压力之算法所惟一假设者,厥惟以拆面(Gleitfläche)为平面,其他皆无可訾议之数学演式也。故 Müller-Breslau 即以为算法之差误即在是。而由其实验亦实际得土之拆面非平而曲。以曲面算之,所得土压力较为大也。

但以拆面为曲面,即可以消除一切矛盾否? 著者以为未也。即如 Kankme 以为土压力着于垂直之壁上,其方向常平行于土积表面,显然矛盾,而 Müller-Breslau 未曾说明之。拆面为曲之说,不足以消除一切矛盾者,则尚未探得其矛盾之源也。

二、矛盾之真源

Müller-Breslau 以为数学演式无可訾议,土压力算法惟一歧之点,厥在拆面为平面之假设,则是于其所祖述诸人如 Coulomb,如 Ronkine,创立该算法之基础,本一探究而考验之也。

矛盾之真因,即在算法之始基。著者之研究将完全发表于一九二一年 *Zeitschrift Für Bauwesen*,题为《土压力理论之新实验》(*Neue Untersuchungen zur Erddruchtheorie*),兹于此先述其节要。

夫诸家于创立算法之始基，其缺点果乌在乎？曰惟其于土质物理性质之假定未为得也。今试问以松土认作固体可乎？不待辨而知其不可也。松土之物理性质，殆近于流体。故松土体质之静力均势定例，当与固体之静力均势定例相去甚远。然而 Coulomb、Ronkine、Müller-Breslau 固皆以土质认作固体也。此非诬人将证之于后。

其又一缺点，则松土之弹性，未有考虑及之者也。亦以理论不周，不能考虑也。各种土质之弹性，虽未能得其确率，而不相同则可断言也。该土压力之算式，不能谓与土质之弹性无关系，即应含一系数，足表此弹性之影响者。

三、旧理论舛误之证

第一图取诸 Müller-Breslau 所著 *Erddruck und Stützmauern*（S.35，Abb.32）。试以之第二图相较，即知固体与土体之不宜同视以论其静力矣。土圭 $AABB$，其深（垂直于纸面者）为一。按 Ronkine 为外力 E_0、$E_0{}'$、S 及 V 所加。而其自力则为其本重力 G。以固体之均势定例为据。Ronkine 断其 $E_0{}'$ 与 S 必为零，而由此推得平行于土积表面之 E，为加于垂直面之惟一旁力。但 $AABB$ 圭体除非固体而为无数甚小之固体力所积。则 Ronkine 之说，未为得也。固体之静力均势基本定律，曰凡外力之和为零及其关于任一点之 Moment 之和为零，则为均势，是理也。施于松积之固体一粒则合，而施于其全积，则未得也。试思第一图中若去 E_0 之力，即由土中取出该土圭，置之于地面，则必不能巍然悬立，而势必颓唐作倾斜之坡面，如第三图所示。反是若为固体则必保其固有之形体不变也。土粒堆积，任其自然之性，必合乎其天然坡面。若置之于垂直之面，必角粒皆加以旁施之反压力，使能固着于其下层之土粒也。

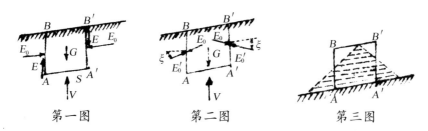

第一图　　　　第二图　　　　第三图

松土有界限之积，其均势定例，当如下云云：凡有界限松积之各点皆均势，则其全积始能均势。试思第二图中有界限土积各粒所施于 $A'B'$ 及 AB 二平面一切旁力，合之为 E_0 及 $E_0{}'$（虚线所示者），则必土圭 $AA'B'B$ 所施之原力 E_0、$E_0{}'$ 及 G 必有相等之反应力（实线所示者）E_0、$E_0{}'$ 及 V 与之相对抵，始可令土圭均势。故土圭之均势定例，简言之可如下云云：凡土圭必在每一界面诸内力之和及诸外力之和相均势，始可均势。

本此则 Ronkine 以为 E_0 必平行于土积表面之说，不攻自破矣。盖 E_0—E_0 与 $E_0{}'$—$E_0{}'$ 本不相关，其方向无一定之条例可以限制之也。故予之理论，必先求合乎名理，本乎事实,而以为 E_0 及 E_0' 于一定界限之内,其方向可以不同也。第三图中土压力对于界面垂直线之角 E 以土积之摩[擦]角或倾斜角定之。设土压力施于拥壁之面,则以填土及壁面间之摩擦角定之。Coulomb 观察 ABC 劈形土圭,其缺点与 Ronkine 同,亦忽略 AB 及 BC 二界面所施以 E_0 及 Q 为合力之诸力。Coulomb 视此土圭与固体一例,而由二外反应力 E_0 及 Q 与 ABC 三角圭之重 G(并其上所载之量)求其均势。实则真均势之定例当使 AB 及 BC 二界面诸力之和 E_0—E_0 及 Q—Q(第四图)自已各均势。而土圭之本重则不必计也。Müller-Breslau 先合 Q 及 G 二力而因以求 E 之方向,谓 E 之方向不可任意定(参视 *Erddruck und Stützmauern* S.26u., Abb.18),亦惟不以松体视土圭而以固体视土圭也。实则 E 与 Q 之方向可以任意定,如第四图所示 *Erddruck und Stützmauern*, Abb.16,错误同此。

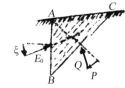

第四图

四、新理论之基础

旧说既不可恃,则攻而破其说可也。著者本其多年之研究,所获之知识,创立新说,将详尽发表于来年 *Zeitschrift für Bauwesen*。兹特布大要,故算式之布演从略。著者对于土压力之观察,不限于拥壁上所施者。以为土体受重,其内应力在土体内各处皆有,而施于拥壁之土压力,则特其一部分耳。故可普通名之曰松地基之理论(Die Theorie Losen Baugrundes)。由松地基理论以得施于拥壁之土压力之理论,不过取土体之一边而以拥壁代之耳。松地基之理论,根据于松土之二重要定律如下。

(1)凡松体得均势,必其各粒俱均势。

(2)凡有界限之松土体积得静力均势,必与其界面内每一点之土粒俱均势。

由此二基本定律知松土之静力算法,必先研究其(无限小)之一土粒之均势。而固体之静力定例可施之于此。欲求沿松土积一有界限之面所施之旁力,必先知一(无限小)土粒所施于该面之压力而其积分。由此推想而得下二问题:①所欲研究之小粒,当有如何之性质?其性质与全土积之性质有何关系?②有何外力加于该小土[粒]?而何者当作为设定者(已知者)观之?

欲答此二问题,须先有一定土质之物理性质之假定。顾土质之性质为吾人所知者复杂之甚。而为理论计,则择其有律者可也。凡事之偶然者皆摒去不论,则足以为松土之恒久而适用于演算之性质,约得下四条。

(1)松土积之一粒与全土积相较可作无限小观之。

(2)土积应为均匀堆积于与表面平行之底面上而成。

(3)松粒为有弹性之固体。

(4)各粒互施之力惟有压力、剪力而无牵力。

第一条之义曰:凡土积任自何方向均可剖分作平面。但该平面有较为光平者,有甚为粗糙者,则是土粒之实际,但可谓甚小而非可谓为无限小也。土质糙率之关系,实已含于该土质之摩擦或天然坡脚之内。第一条之义又可解说之如下曰:吾所欲研究其均势之土粒,理论上可作无限小观者,其形式则可不拘。盖以上形式之关系微也。

第二条之义,于吾题之演算,关系最切。土质内部剪应力(Shearing Stress)之算法,以是为基础。由是条可断定凡堆积后从来未经更动之土积,其垂直剖面上,无剪应力之发生,即凡加于垂压面之土压力,其方向平衡。凡土积合乎第二条假定者,必为均匀之土积,其中之应力情态,可名之曰均匀应力情态(Gleichformige Spannungszustand)。

欲立上压力理论,须假定凡土质之初态,皆为均匀。但实际天然界中,则有然者有不然者,无论其为有律之应力状态,或为无律之应力状态。然吾不欲于布算之初步即加入均匀状态以外之土积情形,因如是则算式将愈益繁杂而其益甚鲜也。俟均匀状态之算式已得以后,再由此以推土积受荷重压力或他种牵掣而生之不均匀应力状态。

欲研究不均匀之应力状态,须注意土粒之弹性,而上所举第三条及第四条不可忽也。

五、均匀土积中之应力状态

土压力理论(或曰松地基之理论),第一要事,即为求均匀土积中任何方向面之应力状态。凡均匀土积内等深之各点,即与表面平行同平面或同面上之各点,其应力状态皆相同。此理显然,可无劳解释也。

欲解此题,须设经过土积内一点之二面,二面中面压力之方向,其一面中之面压力大小,须设定之。按第五图:

(1)平行于表面之面 P—P,其面压力 r 为垂直。

(2)垂直面 S—S 之面压力 t 为平衡。

(3)面压力中之大小角一面积单位为 $\gamma \cdot h \cdot \cos\alpha$,其中 γ 为土质之单位重量,h 为 P—P 面在表面下之深,α 表面之倾斜角。

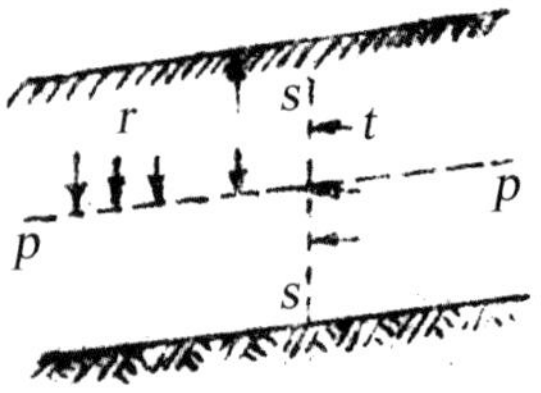

第五图

故此题可以解之。试思于深 h 处绕 P 点设一无限小之土圭(第六图),一边为 AB = do 平行于表面,其第二边 AC = dh 垂直,其第三边 CB = ds,则取任一方向 α。设该土圭之高（垂直于纸面者）为 q，则施于该土圭三边之面力为：

$\mathrm{d}G = \gamma \cdot h \cdot \cos\alpha \cdot \mathrm{d}o$

$\mathrm{d}E = e \cdot \mathrm{d}h$ 及 $\mathrm{d}Q = q \cdot \mathrm{d}s$

式中 e 及 q 为每一单位面积之面力及 $\mathrm{d}Q$ 之方向角 φ 皆须求而定之。

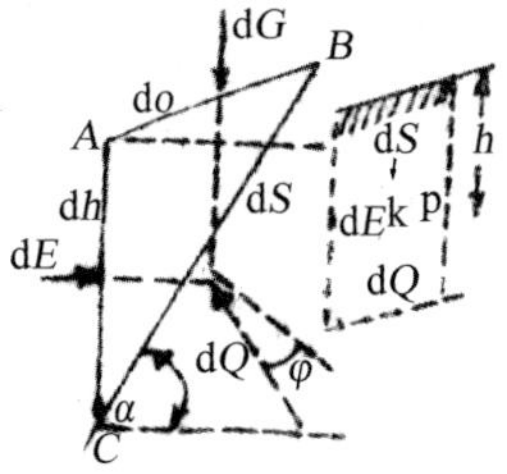

吾所拟设之土圭与 Coulomb 异者，彼之土圭为有界限之大小，而吾之土圭（第六图 ABC）则为无限小而为固体者也。土圭 ABC 均势，必 $\mathrm{d}E$、$\mathrm{d}G$ 及 $\mathrm{d}Q$ 三力相均势。而各面所施之单力（作各面面力之合力观之）之着点所在，则无其关系也。设想 $\mathrm{d}E$ 及 $\mathrm{d}G$ 各着于 $\mathrm{d}h$ 及 $\mathrm{d}o$ 之中点，则若 $\mathrm{d}Q$ 仍着于 $\mathrm{d}s$ 之中点，必不能经过 $\mathrm{d}E$ 及 $\mathrm{d}o$ 二力之交点 S（第七图），而生一外心力之 moment $\Delta \cdot \mathrm{d}Q$，但因 Δ 及 $\mathrm{d}Q$ 皆为无限小量，故此 moment 亦必为第二级之无限小量。择 o 为极点，而命 $\mathrm{d}G$、$\mathrm{d}E$ 及 $\mathrm{d}Q$ 三力方向与 o 之距离为有限之值 a_1、a_2 及 a_3，则得 moment 之均势方程式（符号正负不论）如下：

$\mathrm{d}G \cdot a_1 + \mathrm{d}E \cdot a_2 + \mathrm{d}Q \cdot a_3 + \Delta \cdot \mathrm{d}Q = 0$

其中 $\Delta \cdot \mathrm{d}Q$ 为第二级之无限小值，可略之不计。由此可知无限小土圭之均势，不以外心 Δ 而失。即命 $\Delta = 0$ 可也。而 $\mathrm{d}Q$ 之着点，则任取 $\mathrm{d}s$ 何点皆可也。

其他演算各程序皆与 Coulomb 相类，而得其中间各值如下：

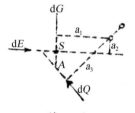

第六图

第七图

$$K = \left(\cfrac{\cos\varphi}{1 + \sin\varphi \sqrt{1 - \cfrac{\tan\varphi}{\tan q}}} \right) \tag{1}$$

式中 q 为土质之摩擦角。

$$C = K \cdot \gamma \cdot h \tag{2}$$

$$q = \frac{\gamma \cdot h}{\cos d} \cdot \sqrt{K^2 \cdot \cot(\alpha - \varphi) + \cos^2\alpha \cdot \cos\varphi} \tag{3}$$

$$\tan q = \frac{-K}{K \cdot \tan\alpha} \cdot \frac{\sin(\alpha - \varphi) + \sin\alpha \cdot \cos\varphi}{\sin(\alpha - \varphi) + \cos\alpha \cdot \cos\varphi} \tag{4}$$

其他关于均匀土质之研究，特见于前所举之杂志中。

六、不均匀应力状态之源起性质及施取法

凡不均匀应力状态生于土中，由于均匀状态之土积加以外力故也。其外力或施于表面之上为土荷重（Auflast Surcharge），或施于其内而为剪力及压力。然二力同时

并见者其常例也。不均匀应力状态与无律应力状态(Wilder Spannungszustand)有别。无律应力状态者与剪力起于土积之内无一定之法则,无理论可以取之,故置而不论。不均匀应力状态则不然,可以数学之理绳之也。

在均匀应力之土积中垂直面上之面压为平衡(第八图甲),在不均匀应力之土积中则其面压力在垂直面上与平衡线相交成角 E(第八图乙),在不均匀应力之土积中施于垂直面者有剪力 $T = I \cdot \sin E$,而在均匀应力之土积中则 $E = 0$,故 $T = 0$。

不均匀应力状态与均匀状态之又一区别,则在其与土积表面平行之剖面。每一单位面积之压力非为 $p = \alpha \cdot h \cdot \cos S$,已知之大小而为一未知待定之量。而定此压力之大小,即为施取不均匀应力状态之第一要题。此题之解法须计及土粒之弹性。著者以土桁理论(Theorie des Erdbalkens)已实行解之。土桁理论《基于均等弹性支着的

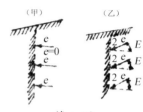

第八图

物体之理论》(Theorie des Gleichmässigen Alastisch Gestützten Köroers),此理论著者已发表于 Beten u. Eisen Yahrgang,1919,S.105 und 1917 S.0144。土桁为由松体所成之桁,支着于均等弹性的倚点者也。而其所亦异于著者于他处所论之固体桁者,则以其不能受屈应力,而但有剪应力也。兹且以应用最要、最广者二例言之。如第九图及第十图两图。第九图示一两方无限扩长之土积,上加以长匀布之重 g,而其面压力于深 h 处之变异情形也。第十图示一方无限扩展,一方则为拥壁所限之土积,土与壁相贴之面因生于向下之剪力 T,其用与一外力着于土积相同,故面压力 p 在贴面上因以增大。而向无壁一方则渐减小至 $p_0 = \gamma \cdot h \cdot \cos \delta$ 为止也。p 之外若土积内剪应力之大小及其方向,皆可以土桁理论求之。于拥壁后之土压力,寻常所可设定者非剪力 T 之大小及为土压力之大小及其对壁之方向角 E。由方向角 E 可以求 T 之大小,于数学亦非难事。设如与土积表面相平行之剖面上之面压力 p 之大小及其方向(寻常为垂直)为已知,垂直剖面上面压力 e 之方向 E 为已知,则由此三已知之量,以求任一剖面上之面压力 q,为不均匀应力状态之第二要题。此题之解法与均匀应力状态者同,兹不再赘。

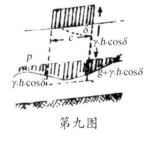

第九图　　　　第十图

七、按弹性理论以驭拥壁后之土压

以下略建按弹性理论以求拥壁后土压力之法。为简单计,假若拥壁后面为平直之面,填土之上加以荷重,如第十一图所示。土压力对拥壁后 AB 之方向,假设等于土与壁之摩擦角 E,与寻常所用计算土压力法同。所求者为深 h 处 p 点每一单位面积之土压力 e。算法:先设想离去拥壁而以土积代之,其表面即为填土上表面之延长(第十二图)。假设一剖面 pp' 过 p 点,平行于土积表面。大设想除去上荷重,则为一均匀土积。然于均匀应力状态施于过 p 点平面 AB 之面压力与该面非以 E 角相交,欲致 AB 面上应有之情形,必更加以剪力 T(第十二图)。T 之大小,必令其所生面压力对 AB 面之剪角(Schubwinkel Shearing Angle)如已知之 E。于是土积于 pp' 剖面之上为一土桁。其高为 h,而为一上荷重 g 及一剪力 T 而外加其上。每一外力皆为之求得一曲线表示在 pp' 垂直面压力。第十二图中二曲线一画于上,一画于下,图显明故也。于是求得 p 点由上荷重所致之压力 p_1 及由剪力 T 所致之压力 p_2,则所求 pp' 剖面 p 点之垂直面压力为 $p=p_1+p_2$。但须注意者上荷重 g 亦足影响及 e 之方向。由 p 及 e 可得 $e=K_x \cdot P$。式中 K_x 为须用数学求定之系数。用此法非无难点,但皆可以战胜之而达目的。

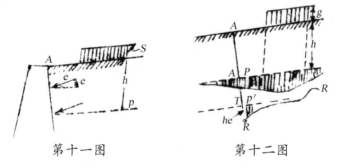

第十一图　　　　第十二图

所谓拆面者于此似无关切要,因按弹性理论,土压力之大小与拆无关系也,但此理论对于拆面亦加以讨论。新理论对于拆面之解释当作一面其上一切点之面压力皆有,等于摩擦角 g 之方向也。拆面之在均匀应力状态为平面,在不均匀应力状态则为曲面,亦[新]理论与旧理论见解不同之点。但土积之在天然界中,大抵皆为不均匀应力状态或为无律应力状态,故 Müller-Breslau 实验所得非偶然也。反言之,实验所得之拆面,或平或曲亦可断定土积之为均匀应力状态或不均匀应力状态。

八、土压力理论之将来主题

欲使新理论完成无缺憾,必须实行许多之实验,或小试之,或于已有之建造实察之,以求各种土质之弹性系数,盖非知此则新理论不能应用也。各处有以是种实验结果报告者所甚愿也。数学方面之事业,著者亦不敢谓已尽已足。于松体内部应力理论的研究外,能更求得一简便之法以施之于实用,亦将来需要之事功也。大概 Rebhonn-Ponzelat 之法仍须保存其应用于新理论中,因其用不过以求 $I = K \cdot p$,式中系数 K 之几何法。而 $p = K_1, a = h \cdot I \cdot K_2 \cdot g$ 之值,则可定一表以求之。定表法以 K_1 及 K_2、深 h 及土与壁摩擦角 E 之函数而各种土质之相当系数皆实验定之以列入表中。若弹性系数已实验而得,则 K_1 及 K_2 亦可算而得之。

在过渡时代,则 Müller-Breslau 于其所著 *Erddruck und Stützmauern* 所示之法可用以求土压力较 Ronkine、Coulomb 旧法为优多矣。其法惟何?曰:假定土与壁间之摩擦角为 $E = 0$,先依 Coulomb 之法以定其土压力所得之数,再以各种土质不同之摩擦角代入之。

译者按:土压力之求定法,虽经嬗递多次,而至今弗能令人满意无疑者,则凡土木工程学者,同此心理也。Müller-Breslau 为现今最著名静力学者,其土压力与拥壁之著述列举其数年实验图解清晰,亦最价之作也。然犹不能示人以无缺憾。今得是论,始觉有一曙光。译者将候著者所指定发表此理论之杂志到时将再译之,以饷吾国学者。其已见于 Botonu Eisen 之理论,亦将函购该杂志译出以供研究。并望吾国学者共同研究,以期此新理论之完全成立也。

通用流速算式之误点

[一九二七年译;德国柏林工程咨议柏燕豪著,原名《论项福来(Humphreys)及阿宝特(Abbot)密西西比测验之误断刚贵苦脱(Ganguillet-Kutter)流速算式之讹点》,载于 *Zentralblatt der Bauerwaltung* 二十七号一六八页]

项福来及阿宝特发表密西西比测验之结果后,格莱贲脑(Grebenau)以德文研究之(一八六七年,Munick),当时水工界颇重视之。今各国所通认之刚贵苦脱算式,其式颇烦,则所以力求与密西西比测验结果相吻合也。该式之究可靠与否,人罕有疑之者,大抵以详细推勘为不必或以其为几不测可能之事也。但以关于密西西比如许丰富之资料，正大可资以研究也。按刚贵苦脱著述中能通用流速算式之成立于密西西比测验十种结果中，推喀柔顿（Carroliton）四测验所为最重。而于此四者中又以比降甚小（零点零零零零零三四二及零点零零零零零三八四）之二处为着重。由最小之比降零点零零零零零三四二得最大之流速系数为 $C = 1404$，且即以此为创立算式之起点与基地。故今即就喀柔顿四测验所之结果一推勘之，其结果如第一表。

第一表

序号	日期	面积/□ft.	宽/ft.	润周/ft.	最大水深/ft.	平均流速/ft.	比降/1
1	洪水 1851 年	193968	2633	2693	136	5.9288	0.00002051
2	洪水 1851 年	195349	2656	2696	136	5.8869	0.00001713
3	3.2v.1851 年	183968	2421	2461	133	4.0338	0.00000384
4	3.1u.1851 年	183663	2409	2469	132	3.6775	0.00000384

据密西西比报告书第三二二页知，号数 1 及 3 为 AB 段，长约八千六百〈公〉（英）尺，号数 3 及 4 为 AC 段，长约一万零六百英尺。表中面积一项之数为一段中各横断面面积平均数，因 AC 段中含有特大之二断面 91 及 92，故号数 2 之平均横断面积，大于号数 1 者百分之零点七，而其平均流速则较小（百分之零点七），盖号数 1 及 2 同根据最大之洪水流量一百一十五万立方英尺（cuft.），乃以此流量归属于喀柔顿水则所量水位十五点四英尺（ft.）之洪水面积，而实际则该处水位本为十四点八英尺（ft.）。测验之事，则于水位正增长时为之所得之数自必较大也。水位至最高时十五点四英尺（ft.），实际之流量只量得一百一十一万三千立方英尺（cuft.）。最可注意者，同一水位时，二段之长仅由八千六百英尺（ft.）增至一万零六百英尺（ft.），而号数 2 下之比降小于号数 1 者竟如是之多，号数 4 及 3 六月间之测验水位为十四英尺（ft.），流量得七万三千立方英尺（cuft.），至五月三十一日〔水位一百零六英尺（ft.）〕，按之其一切测量之报告全书并未曾测其流量，大概只用水准仪测水面耳。由其所报告之流速，按时增长，图表则明言五月三十一日之流量与六月三日者相等。此流量以 AB 段水位十点六英尺（ft.）之面积除之得平均流速四万零三百三十八英尺（ft.）。由此可见，密西西比之测验，实乏精确，而水工界所以重视之故，或因其带有多位之小数而过视其价值也。若以润周除面积算其水幂半径 R 及流速 V，变为米突制则得第二表。

第二表

序号	喀柔顿水位/英尺	水量/立方英尺	R/米	比降/1	V/(米/秒)	C
1	15.4	1150000	21.95	0.00000021	1.81	85.1
2	15.4	1150000	22.00	0.00001713	1.79	92.2
3	10.6	730000	22.41	0.00000342	1.23	140.4
4	11.0	730000	22.57	0.00000381	1.21	129.9

观第二表其最可奇异者为 R 之值，盖 R 之值与平均水深之值相去无几，而何以十五点四英尺(ft.)水位之 R 反小于较低四英尺之十点六英尺(ft.)水位及十一英尺(ft.)水位之 R。其因非他，盖洪水时洪水所淹之滩地平均约二百一十英尺(ft.)宽，其深则较本槽小之甚多，于水之流泻完全无关系也(参观译者所著《水功学》卷一第三章)。以此之故，其所用入算之横断面之宽与其润周皆较大百分之 $8R$ 之值，即不能不较小百分之八也。如此其法，其所得之结果焉足恃乎？实际应得之值在号数 1 与 2 当增加百分之八，初据之以求等于 $C \cdot V \cdot n \cdot i$ 中 C 之值，自必较小百分之四。

由上表可见 R 之值，于四种测验结果之下皆颇相近，即 zzm(？)是也。故喀柔顿报告之结果，实未能指出水之流速与其深之关系，但此实利于昔人以遂其所欲得之判决，以表流速在若大之水深若小之比降，与比降之关系因其所报告最小之比降为最大者之的六分之一也。

设立一方程式明流速与比降之关系。

$$\frac{V_1}{V_2} = \left(\frac{I_1}{I_2}\right)^Y$$

变之为：$Y = \dfrac{\log V_1 - \log V_2}{\log I_1 - \log I_2}$

则按：

$V_1 = 5.5288 \qquad I_1 = 0.00002051$

$V_2 = 4.0338 \qquad I_2 = 0.000000342$

得：

$Y = \dfrac{0.16725}{0.77794} = 0.215 = \dfrac{1}{4.65}$

故比降之值应在四次或五次之方根之下，实际上格莱贲脑由密西西比测验结果立一算式，带有比降之四次方根，又哈根(Hagen)之算式亦带有五次方根，而刚贵苦脱则惟知向来测量流速一切结果,未有如许多次之方根可容以入算式者,于是折中立一算式,其所算得 V 之值能于一米突水深合乎 I 之方根（Y=0.5）,而在密西西比则合乎 I 之四次、五次方根,以为如此立式,极可通用者矣（第一图）。

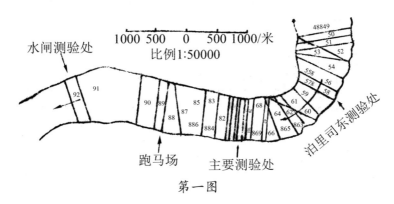

第一图

试再推勘密西西比所发表测验比降之值,其可信恃之程度如何,则可测量比降所用号数 1 及 2 所在之 AB 段,长约八千六百英尺（ft.）或二千九百米,至其终点高低之悬差为零点零三英尺（ft.）或九毫米,抑凡事水工于较大河流者,莫不知洪溜至时水面曾无一息之平静,乃常起伏无定河愈宽。此象愈险,名之曰水之脉奏（Pulsation of Water）,其流速因已缩展无已。项福来及阿宝特于其著述中亦言及之,且曰河之宽者于风力猛大时水面所受影响固多,即视若风静时水面之波动,亦无时或息。更有他焉,观第一图（平面图）知测验四所之所在,适当一陡锐河曲之下,按之柏林水工及航船建造术试验场实验之结果,知水于弯曲之下,尚推宕做往来横溜,至遇岸翻触而衍成触向之波动（参观《河海月刊》第□卷第□期本人论著）。由此可知,在一弯曲之下,长直段之中（至少须为宽之五至十倍）欲沿岸以水准仪测其比降,使可为算流速之用,决不可能之事也。水面之溢动,水愈深者愈甚,以水量多而摩擦少也,密西西比量水面之高定例须续至十分之一英尺,但各处水则之报告实多未能合符者。即就变异甚少之水则言之,同一日中于流量结果表中及其图表中常有与水则报告之数相差十分之一英尺以上者,由种种原因可断言以简单法打桩河岸以定水位之高,必含有降差约十分之一英尺（第二图）。使此降差于八千六百英尺（ft.）长段之一端为正而它为负,则此比降必较为过大或过小者,$\frac{2.0}{8600}=0.000232558$,故其所发表之比降零点零零零零零三四二,实际或为零点零零零零二五五八,即较不准确之测验所得者几大八倍,使昔之人早见及此,则无论何人,必不敢根据之以立通用之算式矣,即使该段之测验极微精细。始、尾二点水面之高定至千分之一米突或更细焉,亦不敢谓其即可用以成立算式或考验算式之用。盖使河之横断面稍有伸缩,即其流速自始至尾或减或增,已可致

上下水面之差 $V_2 2G$ 加入上所得九毫米成一完全不同之比降焉。

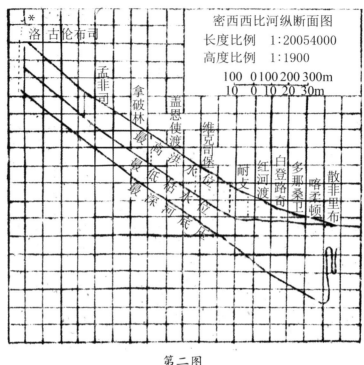

第二图

由以上所论,知河流之大如密西西比欲定其比降,则至少须取较长十至二十倍之河段所得结果始云可恃。按喀柔顿之上 75mile = 38000ft. = 116km 为多那桑卫水则（Water Gauge Station at Donoldsonoille）,喀柔顿之下 8000mile = 443500ft. = 135km 为散非里布水则（Water Gauge Station of Fostllphylipp）,三水则于喀柔顿处实行全数一百三十八水量试验之时,无不有完备之水位报告。此种报告若根据之以定水面比降,宁不较短及四五十倍之喀柔顿段所施不精确之水准测量为可恃乎？试观第三图（为密西西比之纵断面）至第六图,由多那桑卫至喀柔顿,更由至散非里布水之深皆常续增加,而比降则在喀柔顿上者大于喀柔顿下者,无论如何在喀柔顿之比降,不应小于喀柔顿至散非里布在同上水位之平均比降。且喀柔顿至散非里布只于上流四分之一有若干弯曲,而其以下之长段则为直线,其流亦较为有律。设想于少数弯曲中增加之阻力,与因水深增加减失之阻力两相抵消,则喀柔顿至散非里布之平均比降,不假思索可知其堪为喀柔顿测验所作为根据比降之用,多那桑卫至喀柔顿一段则弯曲甚多且水之深浅亦多殊,有数处则较喀柔顿浅甚,故多那桑卫至喀柔顿一段之平均比降以作喀柔顿测验之根据,则过大不适用也。又密西西比报告书第一〇四页,据精密之水准测量,谓喀柔顿水则之平均距海面高为零点一四英尺,而在散非里布水则则为三英尺（ft.）,据此则按两处逐日水则报告或按多日之平均水则报告,可以定二点间之比降矣。例如一八五一年五月三十一日喀柔顿水则表为十点七英尺（ft.），在散非里布为六点九英尺（ft.），故喀柔顿水面之高于是日为 10.7+0.14＝10.84 英尺（ft.），同日散非里布水面之高为 6.9-3.0＝3.9 英尺（ft.），则前者高于后者为六点九四英尺（ft.），其距离四十四万三千五百英尺（ft.），除之得 $\frac{6.94}{443500} = 0.000015648$，为其比降，而据八千英尺（ft.），长段不准确之水准测量，则其比降为零点零零零零三四二，相差几五倍也。由此可见评八万六千六百英尺（ft.）长之短距离中，以密西西比河流情势，虽测量之事审慎行之，亦难得准确之结果也。水之涨落也洪流以波动速率传播，以密西西比水势之盛，是等波动速率当可同日而达于相继之水则点，然即用次日散非里布之水位七点二英尺（ft.），则所得比降退至零点零零零零一四九七，犹大四点五倍也。多那桑卫水则之零点低于喀柔顿水则零点四点四英尺（ft.），一八五一年五月三十一日之水位为二十二点一英尺（ft.），以二地水面高低之差以与其距离相比，则得比降 $\frac{22.1 - 4.4 - 10.7}{380000} = 0.000018421$，是更大于喀柔顿至散非里布也。六月三日多那桑卫之水位为二十二点七英尺（ft.），在喀柔顿为十一点一英尺（ft.），在散非里布为七点三英尺（ft.），由此得多那桑卫至喀柔顿之降为 $\frac{22.7-4.4-11.1}{380000} = 0.000018947$，而由此至散非里布之比降为 $\frac{11.1+0.14-(7.3-3)}{443500} = 0.000015648$，可见末一段六月二日之比降与五月三十一日相同也，较之用水准测量施于长一万零六百英尺（ft.）之 AC 段所得之比降零点零零零零三八大四倍有余也。若以大四倍之比降与所发表五月三十一日及六月三日 R 与 V 之值相连比之前，则 $V = e \cdot \sqrt{R \cdot i}$ 之 C 必较刚贵苦脱所根据以立其算式之 C 之值小一半始可。又密西西比报告书中之资料若细加研究，可见深至二十米突以上之水中，其流速与比降之关系与在甚小之水微中无所甚异，即略大于 I 之平方根相合也。

号数 1 之测验水则为十五点四英尺（ft.）时，得喀柔顿至散非里布之比降为零点零零零零二四，即大于号数 3 所得者约一点六倍也。然据八千六百英尺（ft.）长段之水准测量结果，则号数 1 之比降大于号数 3〔水则为十点六英尺（ft.）时〕者约六倍，号数 3 之比降 $I = 0.0000342$，按之水则比较，应至水位低落八英尺（ft.），至水则为二十五英尺（ft.）时始可有之。此时之水幂半径为 $R = 20.8m$，流速为 $V = 0.60m/s$，其系数应为 $C = 71.3$，而由刚贵苦脱算式算之，则命 $N = 0.025$ 时得 $C = 142.5$，命 $N = 0.030$ 时得 $C = 123.2$，由此得流速为 $V = 1.20m/s$ 及 $V = 1.04m/s$ 较之零点六米/秒大且一倍。必至命 $N = 0.057$，始能于比较为零点零零零三四二时得正确之流速零点六米/秒，然 $N = 0.057$ 则几为绝不能至之值也。

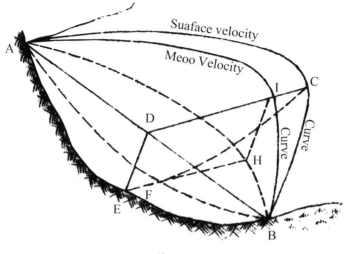

第三图

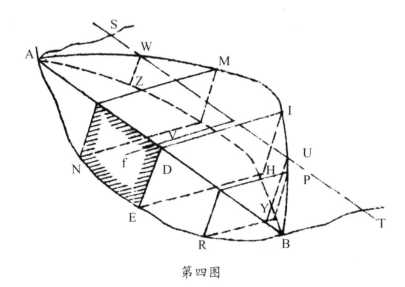

第四图

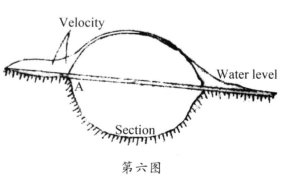

第五图　　　　　　　第六图

译者按：流速之算式多矣，而其为水工界习用者，于欧则为巴参，于美则为苦脱，译者向谓吾国江河之巨，绝非法、德、奥诸国河流可比，惟类之密西西比可与相若，故流速算式留用密西西比所恒用者，今观此论，知凡事不可盲从，非详加讨究不可，所望将来江河测量成绩足供是项研究。是论一出，苦脱算式在美之信用或不致减，而他国将皆生疑虑矣。苦脱之式与巴参相较水深在六公尺下者，相去不远，而在六公尺以上之水深则歧异渐多。凡经验算式固难求合一切事物，要须于其创立之始，有可信恃之基点耳。

推算流量之新法及其应用之经验

(一九二七年译；Dr. Natermann, Dr. Möhlmann 著 *Neue Wege für Abflussberechnungen in offenen Gerinnen und die Erfahrungen bei ihrer erstmaligen Anwendung*,
载于 *Die Bautechnik Jg*, 14, Heft 55)

维塞(Weser)河于阿来(Aller)河口下，中维塞渠化段范围内新事建筑之郎维德(Langwedel)水阶(Stanstufe)，其全部适当维塞洪水泛滥区域内。水阶中之船闸渠长八公里，行经右岸沮洳之地，堤防不甚完备，其地大概用以作牧场，藩篱纵横皆是。维塞堤在此段有长五百公尺之缺口及长十公里之漫堤，使洪水能入内塘。

闸渠之上段长五点五公里，须使渠堤顶超出洪水面上，不免为洪水流泻之障碍，故于此须将洪水流泻情形细加复算以求无讹，用向来最可恃之推方法不免有多少障碍及困难。其尤甚者，一为河槽及滩地间之水流错综，使推算各段之流量常有更易；二为堤后之地及流泻横断面之时时变迁，有时此横断面大于其邻接之横断面辄至数倍。

因此种种困难，遂不得不另想他法，而用之颇得良果，因述其法如下。

一、推算新法

(一) 布拉姆(Brahm)流量算式之变通

推算流量之基本算式即为人所共知之布拉姆算式：

$$v = c \cdot \sqrt{R \cdot J} \tag{1}$$

此式该括全横断面之流泻作用。其式除降度 J 外,关于水幂半径 $R = \dfrac{F}{U}$ 及流泻系数 c,而 c 又与 R 及流槽涩度等有关系也。

布拉姆算式之外及今所立流量算式尚有多种,与布拉姆算式或相似或不相似,然求其用以推算完全满意者,殆无有也。

其原因大抵在乎 R 之值,或以代替 R 平均水深 J 之值,由全槽求得,其实不足以标志复杂之河槽,而尤以溢槽河流,因其代面组合之不同而致得果之参差。

欲求较妥之新法,最好不要笼统去看全横断面,而在极细之垂直分面 $t \cdot \mathrm{d}b$ 着眼,其 t 即为该处实在之水深。

兹将布拉姆算式用在这等极细分面上,而以 $\bar{v}$,$\bar{c}$ 及 $\bar{R}$ 代流速,流泻系数及水幂半径之限于分面者,则:

$$\bar{R} = \frac{F}{U} = \frac{t \cdot \mathrm{d}b}{\dfrac{\mathrm{d}b}{\cos\alpha}} = t \cdot \cos\alpha$$

其中 α 为横断面底与平衡面所成之角,常为正,故:

$$\bar{v} = \bar{c}\sqrt{t \cdot \cos\alpha \cdot J} \tag{1a}$$

由此极细分面流过之水量自为:

$$\mathrm{d}Q = \bar{v} \cdot t \cdot \mathrm{d}b = \bar{c} \cdot \sqrt{t \cdot \cos\alpha \cdot J} \cdot t \cdot \mathrm{d}b$$

而:

$$J = \frac{\mathrm{d}Q^2}{\left(\bar{c} \cdot t^{3/2} \cdot \sqrt{\cos\alpha \cdot \mathrm{d}b}\right)^2} \tag{2}$$

或以 $\bar{c} \cdot t^{3/2} \cdot \sqrt{\cos\alpha}$ 作为一面积 L 之垂直坐标,此面积即由横断面以 $\bar{c} \cdot t^{3/2} \cdot \sqrt{\cos\alpha}$ 代 t 而得,故:

$$J = \frac{\mathrm{d}Q^2}{\mathrm{d}L^2} \tag{3}$$

一河段中之降度为:

$$h = \int_0^l J \cdot \mathrm{d}l$$

以前 J 值代入得:

$$h = \int_0^l \frac{\mathrm{d}Q^2}{\mathrm{d}L^2} \cdot \mathrm{d}l \tag{4}$$

用此式可将一槽之水面线,即令水量及横断面积有变化亦可求出。

(二)直线河槽段

在直线河段中,一时之流水量设为同样不变的——例如当洪水稳定时——各横断面中之水面亦作为平衡的,每一横断面中之极细分面之当比降度 J 亦作为同样的,即全横断面只有一样降度:

$$J = \frac{\mathrm{d}Q_1^2}{\mathrm{d}L_1^2} = \frac{\mathrm{d}Q_2^2}{\mathrm{d}L_2^2} = \cdots\cdots = \frac{Q^2}{L^2}$$

式中1、2等小字为各分面之号数,若以全横断面而论之,则:

$$J = \frac{Q^2}{L^2}$$

因:

$$L = \int_0^b \bar{c} \cdot t^{3/2} \cdot \sqrt{\cos\alpha \cdot \mathrm{d}b}$$

故算式(4)在直线河段中应为:

$$h = \int_0^l \frac{Q^2}{\left(\int_0^b \bar{c} \cdot t^{3/2} \cdot \sqrt{\cos\alpha \cdot \mathrm{d}b}\right)^2} \cdot \mathrm{d}l \tag{5}$$

由横断面推出之 L 面为:

$$L = \int_0^b \bar{c} \cdot t^{3/2} \cdot \sqrt{\cos\alpha \cdot \mathrm{d}b}$$

其中 c 值姑且作为已知,L 面积可用求面积仪或列表求得之。又因横断面中每一分面其流量:

$$\mathrm{d}Q = \sqrt{J} \cdot \mathrm{d}L$$

故 L 面同时可作为横断面各分面之效用尺度看,故名之曰"效用面积"(Leistungsfläche)。

在效用面积中,水深与流泻能力(即其效用)之关系得以显明标出(水深增加则其流泻增加更速,水深减小则其流泻减少亦更速),河槽横断面之不同情形用效用面积所顾到的,比历来用 R 值顾到者周切得多了。历来遇横断面之大者,每多于流槽及滩地之间任意分为多分,在此可以不必。但为 $\bar{c}$ 值计,至今尚未有可以供用之算式。

$\bar{c}$ 之值与河流之宽及全副横断面之平均深度不相关系,与之有关系者只为当地之实在深度及该处之实在降度,并或河底之状况。由量得之垂直流速曲线,可以求得其值无疑,由此亦可推得壁摩擦之定律。因壁摩擦可以减少效用面积,故可作特别影响推求之。其他凡足以妨碍流泻者,如河滩上之藩篱种种,亦各可推求其影响大小,由效用面积中减去之。用此方法,凡外物之可以影响及流泻者皆顾虑周到,较之历来但以摩擦系数之大小任意计算者,应较胜多矣。

在新算法中,L 之值相当于旧算法中 $c \cdot \sqrt{R \cdot F}$,两值可以互相比较。在实在水深 t 中,其 $\bar{c}$ 之值尚未知晓,先用平均水深相当之 c 值代入,逐步试验求之。

如此求得两值之差在大而有律之横断面及溢出河岸之河流大横断面,以全横断面而论之,极为有限,大约不出 $c \cdot \sqrt{R \cdot F}$ 值之百分之正负二至正负四,此差远在历来所用算法可以达到之精确率之内。在河流之中泓中 L 之较大于 $c \cdot \sqrt{R \cdot F}$ 之值,在滩地则较小。

在小横断面中壁摩擦与斜岸之影响较在大横断面中分外显著,两值之差可至百分之十,而在沟渠内则竟达百分之二十。此盖 $\bar{c}$ 之值,其规律尚未确定,故不能以准确之值代入之也。假使将其规律研究明白,则其影响可由效用面积中减去,如第一图,则所求得 L 值亦可得较大之符合。

既以 $\bar{c} \cdot t^{3/2}$ 曲线求得效用面积,则算式(5)之含义可以一种面积如第二图表示之。此图做法以河流段长 l 为横坐标,以每一横断面之当地降度 $\dfrac{Q^2}{L^2}=J$ 为纵坐标,连其端点为曲线即得。第二图之全面积即该河流段中之全降 h,亦可作河槽中之阻力观之,故名之曰"阻力面"(Widerstandsfläche oder W-Fläche)。

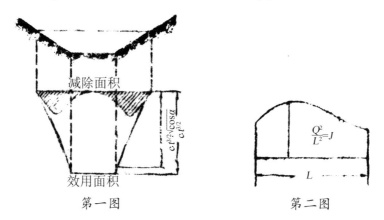

第一图　　　　　　　第二图

阻力面积可如下法求之:

在两相邻河槽横断面之间,其水量与河流横断面之增减当作连续式(非跳跃式)观之。故两横断面间之阻力面,可作为梯形式如第三图,其面积易求如下。

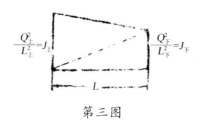

第三图

$$h = \frac{Q_{上}^2}{L_{上}^2} \cdot l/2 + \frac{Q_{下}^2}{L_{下}^2} \cdot l/2 = J_{上} \cdot l/2 + J_{下} \cdot l/2 \tag{6}$$

式中之上、下等字所以标示 Q、L、J，各属乎上、下两横断面者。

在河槽段 l 中之下一横断面，其水深之高及 $J_{下}$，设为已知其上一横断面，则可假定各种水位，按与横断面相当之水量而求之值。

$$\frac{Q_{上}^2}{L_{上}^2} \cdot l/2 = J_{上} \cdot l/2$$

做一纵坐标轴，如第四图，而以所求得上一横断面诸 $J_{上} \cdot l/2$ 值，各按其水位高低而度之于轴之左方，联其端点为曲线，而将已知之下一横断面之 $J_{下} \cdot l/2$，亦按其水位之高度之于右方（注意水位之高最好用其高出海面点之真高）。

上一横断面之水位可以不用试探而直接求出。其法由 $J_{下} \cdot l/2$ 值之端点 A 向上以四十五度之角做直线，至与 $J_{上} \cdot l/2$ 曲线相交于 B 点。由是垂直向下至 C 点，则 $\overline{BC}$ 距离即为所算之一段之全降（证明 ABC 为等腰直角三角形，勾股相等，故 $h = \overline{BC} = \overline{AC} = h_{上} + h_{下} = J_{上} \cdot l/2 + J_{下} \cdot l/2$）。以如此所求得之值，按序布列，即得全河槽之水面线。

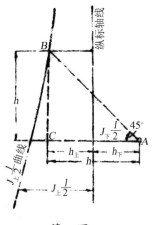

第四图

此等推算法宜自下游向上游为之。

(三) 曲线河槽段

河槽在曲线段者，亦可用上观察点以求其流量。

在河流中若短时内其流泄量无所变更，则虽在曲线亦可假定其水面在各横断面中为平衡，不致有大损于计算之准确率也。

但曲线段中之水面降度，则在每一横断面中之每一部分皆相异，水面在曲线段中有如螺旋面，各点各自有其降度：

$$J = J_m \cdot \frac{r_m}{r}$$

式中 J_m 为横断面中几何的平均水面降度，按槽宽 b 与内岸之弯曲半径 r_i 之比率，约在距内岸为槽宽之零点四六至零点五处（设 $\frac{b}{r_i} = 1$，则为 0.46；设 $\frac{b}{r_i} \leq 0.3$，则为 0.50，在不出岸之河流可用 0.50，因普通皆 $\frac{b}{r_i} \leq 0.3$ 也）。

r_m 及 r 为横断面中各处与 J_m 及 J 相连,属之水面弯曲半径。

至有旋流所显出之对于流水之转向阻力,亦须计入。此种阻力与离心运动之旁压力定有若何关系,故可书之为 β：

$$W = \beta Z$$

其中 $Z = m \cdot g \cdot \omega^2$ 为流水以弯曲半径。g 为运动之离心力,β 为系数。河槽中一极细垂直分段。其：

$$m = \frac{t \cdot \mathrm{d}b \cdot l \cdot \gamma}{2g} \qquad \omega^2 = \frac{v^2}{Q^2}$$

故此分段之弯曲阻力为：

$$\mathrm{d}Z = \beta \cdot \frac{v^2}{2g} \cdot t \cdot \mathrm{d}b \cdot l \cdot \frac{r}{Q}$$

今以布拉姆流速算式施之于此分段,于水流阻力中,加入弯曲阻力,并以 α 为槽底对于平面之横向倾斜度,则得：

$$t \cdot \mathrm{d}b \cdot l \cdot \gamma \cdot J = x \cdot \frac{\mathrm{d}b}{\cos\alpha} \cdot l \cdot \frac{v^2}{2g} + \beta \cdot \frac{v^2}{2g} \cdot t \cdot \mathrm{d}b \cdot l \cdot \frac{r}{Q}$$

$$= x \cdot \mathrm{d}b \cdot l \cdot \frac{v^2}{2g}\left(\frac{1}{\cos\alpha} + \beta \cdot \frac{t}{Q} \cdot \frac{r}{x}\right)$$

$$v^2 = \frac{2g}{x} \cdot \gamma \cdot t \cdot J \cdot \frac{1}{\dfrac{1}{\cos\alpha} + \beta \cdot \dfrac{t}{Q} \cdot \dfrac{r}{x}} \tag{7}$$

因 $\dfrac{2g \cdot r}{x}$ 即为布拉姆算式中之 $\bar{c}^2$ 值：

$$\frac{r}{x} = \frac{\bar{c}^2}{2g}$$

故(7)式可化为：

$$v = \bar{c} \cdot \sqrt{t \cdot J \cdot \frac{1}{\dfrac{1}{\cos\alpha} + \beta \cdot \dfrac{t}{Q} \cdot \dfrac{\bar{c}^2}{2g}}} \tag{8}$$

算式(8)之构造与直线河槽之通用流速算式(1a)无异,只是在方根下除了槽底倾斜度以外,又加上弯曲影响。

上面怎样改变(1a)算式,现在又如法改变(8)算式,则横断面中极细垂直分面流过之水流为：

$$\mathrm{d}Q = v \cdot t \cdot \mathrm{d}b = \bar{c} \cdot \sqrt{t \cdot J \cdot \frac{1}{\dfrac{1}{\cos\alpha} + \beta \cdot \dfrac{t}{Q} \cdot \dfrac{\bar{c}^2}{2g}}} \cdot t \cdot \mathrm{d}b$$

$$J = \frac{dQ^2}{\left[\bar{c} \cdot t^{3/2} \cdot \sqrt{\dfrac{1}{\sqrt{\dfrac{1}{\cos\alpha} + \beta \cdot \dfrac{t}{Q} \cdot \dfrac{\bar{c}^2}{2g}}} \cdot db}\right]^2} \tag{9}$$

又以 $J = J_m \cdot \dfrac{r_m}{r}$ 代入，则得曲线段河槽之算式：

$$J_m = \frac{dQ^2}{\left[\bar{c} \cdot t^{3/2} \cdot \sqrt{\dfrac{1}{\sqrt{\dfrac{1}{\cos\alpha} + \beta \cdot \dfrac{t}{Q} \cdot \dfrac{\bar{c}^2}{2g}}} \sqrt{\dfrac{r_m}{r}} \cdot db}\right]^2} \tag{10}$$

又或以 $\sqrt{\dfrac{1}{\sqrt{\dfrac{1}{\cos\alpha} + \beta \cdot \dfrac{t}{Q} \cdot \dfrac{\bar{c}^2}{2g}}}} \cdot \sqrt{\dfrac{r_m}{r}}$ 补充之 $\bar{c} \cdot t^{3/2}$ 值代替直线段之 $\bar{c} \cdot t^{3/2} \cdot \sqrt{\cos\alpha}$

值，以为效用面积中一段之纵坐标，则又得前所得之算式：

$$J_m = \frac{dQ^2}{dL_k^2} \tag{11}$$

式中之 k 所以为曲线标志。

按假定全横断面中之 J_m 相等，故：

$$J_m = \frac{Q^2}{L_k^2} \tag{12}$$

其他推算步骤皆同前。

效用面积 L_k 可以作图画出，故若 Q 为已知，则 J_m 可以算出。

为求 h 所用之水路，为效用面积重心点之距离。

洪水时河流蜿蜒行于平行直线两堤之间 L_k，算式之 $\sqrt{\dfrac{r_m}{r}} = 1$。若过区部的 $Q = \infty$，则 L_k 面与 L_g（直线段之效用面积）相等。

洪水漫滩时，内岸滩地之 L_k 面大于其 L_g 面，外岸滩地反是，故内岸滩地泻水效力远大于外岸滩地，此与喀而斯柔工科大学（Karlsruhe Technischen Hochschule）所做试验结果相同。

第五图示一例，弯曲阻力系数 $\beta = 0.2$，上为流泻洪水之河槽横断面 $\cos\alpha$ 之影响小，略去不计，若河流以此横断面由直线转入曲线段，其弯曲半径如所设，则与 L_g 值变为 L_k 值。设曲线段长四百公尺，由其阻力面求得越外消耗之降为二点零四公分，与实际甚相近。

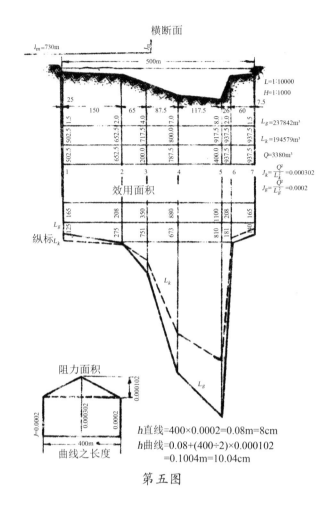

第五图

二、新法应用于郎维德水阶之洪水推算

(一)求基值

一九二六年在郎维德水阶之洪水较之一八四一年大洪水只逊百分之二十。一九二六年之洪水线曾用测水平法确定之。经过此一次大洪水实为幸事,盖一切现于天然之流洿障碍及流洿之特别状况,皆得以顾虑周到,不啻一最完美之模型试验,故其水面线即可以按新法推求一切需要之基值,而算出水阶建设以后之最大(为灾)洪水使其正确可恃。

假定一段水量不变,且无漫堤旁溢之河流,用刚贵苦脱算式(Kutter U. Ganguillet-sche Formula):

$$c = \frac{23 + \dfrac{1}{n} + \dfrac{0.00155}{J}}{1 + (23 + \dfrac{0.00155}{J}) \cdot \dfrac{n}{\sqrt{R}}}$$

以索尔旦（Soldan）所求维塞河中泓及滩地之摩擦系数 $n = 0.03$ 代入，又取平均降度 $J = 0.2\%$ 及 $R = t$，又以 $\bar{c} \cdot t^{3/2}$ 代 $\bar{c}$ 在效用面积中，如是逐步以推算是段各横断面之水面，所得与天然事实水面甚相符合。以如是所求之辅助 $\bar{c}$ 值所度得之 $\bar{c} \cdot t^{3/2}$ 线，与里布克（Lippke）所衍得维塞河流速定律亦甚相符。（如第六图所示）

在为篱笆所占据之段，可按其所占百分数由效用面积中减去。又在陡弯之处亦有一特别之降度损耗，为当作直段计算法所不能求得，推算之结果又可为漫水各处流入、流出水量之推求可靠根据。

（二）推算最高洪水

以上求得之系数，可以推求出水阶建设后为灾洪水之流泻如何。

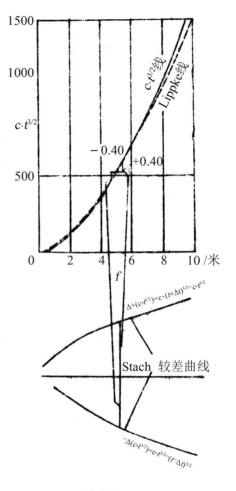

第六图

先用试探法求得一九二六年之洪水结果，以之估计向旁面流入及流出之范围，再用新法分作两部试验推算河流中及内塘中之水面线，由此可得滚流处内外之水位，而以滚流之水量作为先估计之水量分配之校正。此种推算逐步复习，以至得相符合之数为止。

新法对于此等复算法、水量及横断面不时变更，最为合用。若用向来沿用之旧法以算每一横断面之水面线，必须有许多的夹算（Zwischenrechnung），盖先须假设许多不同之降度，一一求各横断面分之流量而加之，而其与实在流量相当之降度须经过许多尝试乃能得之。用新法则不须用夹算，而正当之 J 即用作图法由此横断面挨次求得，而全体水面线可以连合的画出矣（第七图）。

水面线之作图法可以一段表演之如下。效用面积之求法可以维塞三百三十点零一千米处之横断面（第八图）为例。水位在 $NN + 12.48$（零点上十二点四八）时其 $\bar{c} \cdot t^{3/2}$ 之值于第六图取之，以作第八图中之效用面积（图中实线向下者），其面积之大小用求面积仪求之。左岸滩地一段 A 与全面分开求之，因其间有篱笆，须减去一部分效用也。中间河槽一段 B 及右岸滩地并为一起算之。

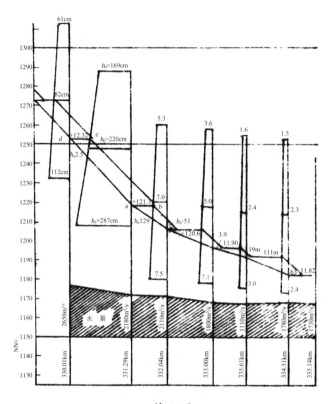

第七图

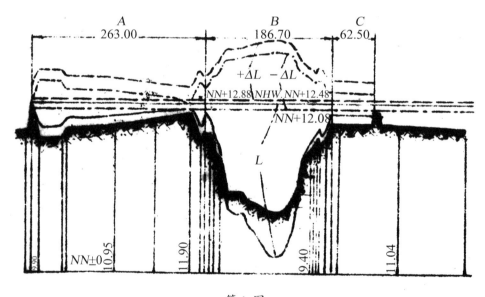

第八图

在第八图中,又有为较上所用水位高零点四公尺及较低零点四公尺二种水位(一为虚线,一为带点虚线),所作面积(向上者虚线及带点虚线二种)系用第六图。

$$+\Delta(c \cdot t^{3/2}) = c \cdot (t + \Delta t)^{3/2} - c \cdot t^{3/2}$$

$$及:-\Delta(c \cdot t^{3/2}) = c \cdot t^{3/2} - c \cdot (t - \Delta t)^{3/2}$$

二值所成以表示效用面积之增长或减削,命为面较 ΔL,其作图比例尺则放大五倍。

由此种特别求出之面较所得之值,较之为较高或较低水位直接所求得者更为准确。

第一表中所列为三种不相同水位下全横断面中各分段之 L 值,第二表中所列为三百三十点零一千米断面 $h_上$ 之值及三百三十一点二九千米断面 $h_下$ 之值,所以为作 $J_上 \cdot l/2$ 线(第四图)之用。二段面中水量不相同。

第一表　求效用面积 L(Profil Weser-330.01km)

横断面段 1	水面 2	效用面积 3	篱笆减效 4	项 3—6 5	全段中之 L 和 6	全横断面中之 L 7	▼$\overline{NN}$ 8
A	$\Delta h = +0.40$	$\Delta L = +8400$	2400*	+6000			
	NN+12.48	L = 21000	4000*	17000	23000	163000	+12.88
					17000	143000	+12.48
	$\Delta h = -0.40$	$\Delta L = -7200$	2200*	-5000	12000	125000	+12.08
B 及 C	$\Delta h = +0.40$	$\Delta L = +14000$	—	+14000			
	NN+12.48	L = 126000	—	126000	140000	—	+12.88
					126000	—	+12.48
	$\Delta h = -0.40$	$\Delta L = -13000$	—	-13000	113000	—	+12.08

*约为项3的百分之二十。

第二表　求 $h_上$ 及 $h_下$ 之值

横断面	▼$\overline{NN}$	L	$Q/(\text{m}^3/\text{s})$	$\dfrac{Q}{L}=\sqrt{J}$	J	$l/2$/m	$J\cdot l/2=h_上$ /m	$h_下$/m
330.01	+12.88	163000	2650	0.0162	0.000264	640	0.169	—
	+12.48	143000	2650	0.0185	0.000342	640	0.220	—
	+12.08	125000	2650	0.0212	0.000449	640	0.267	—
331.29	+12.18	154000	2170	0.0142	0.000202	640	—	0.129

L 之值最便用推算尺算之，每一种水位只需一次位置，下可以读 $\dfrac{Q}{L}=\sqrt{J}$，上可以读 J 及 $J\cdot l/2=h$ 之数。

水面线之作图法按照第七图进行如下：

三百三十一点二九千米之横断面求得其水位为 $NN+12.18$，在此水位高线上由垂直横断面线（a 点）出向右至点 b 量度第二表中之：

$$h_下 = J_下 \cdot l/2 = 0.129\text{m} = 12.9\text{cm}$$

横断面直线之左则各为假设之水位 $NN+12.08$、$NN+12.48$、$NN+12.88$，由横断面三百三十点零一千米量度第二表中 $h_上 = J_上 \cdot l/2$ 之值，连（联）络所得各 $h_上$ 之端点，则得 $h_上$ 曲线。自 b 点所处之四十五度角线与 $J_上\cdot l/2 = h_上$ 曲线相交于 c 点，在 $NN+12.52$ 水位线上，即为三百三十点零一千米横断面之水面高。由 c 点平衡推展至三百三十点零一千米横断面 d 点，实线 ad 即为三百三十点零一至三百三十一点二九千米中间一段之水面线。在 d 点又度横断面三百三十点零一千米之 $h_下$ 以继续推算。

用同一法各横断面所作之图挨次排列，即得河流及由塘各一段之水面线。在弯曲河段于试探作一九二六年洪水曲线时，须将所应加入之降度消耗加入之。

三、附言

第一章所述之推算新法，用于郎维德水阶特别困难情形之下结果最好。

寻常用时，最好按各种不同水位预将横断面之效用面积一一算出——此项工作实为计算中之主要工作——已经算出，则填入水文簿内。有了效用面积，则随时可将眼前所有流量之河水面线于短时间画出。

水理学之大革命

(一九二七年译)

向来水理学家及水利工程家莫不以堰口算式(Weir Formulae)为繁重,兹于 *Der Bauingenieur* 杂志中睹 Dr. Ing. Bundschu 之文,题曰《滚流跌流及出流》(*Überstroemen Überfall und Ausfluss*),则直斥历来普通应用过繁之算式为错误,而另立极简式。氏之推论根据最新理学,而以实验证明之。则此等改革,实水工界之所最受欢迎者也。急译之,以飨吾国人。

一、历来应用算式之推演

兹先将历来应用诸算式见于水理学著述中,推演①如下:

假定水之来流为一无限宽大之池,故来水速率(Velocity of Approach, Zuflussgeschwindigkeit) $V_0 = 0$。池之一边假定以壁为界,壁面留有广横深竖矩形之孔,孔之广命为 b,上沿在池面下之深命为 h_2,下沿之深命为 h_1(第一图),水自孔流出,成为自由射线。

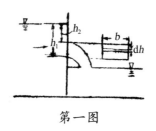

第一图

设想出流之口分为若干平衡带,各高 dh,则每一带中出流之水量为:

$$dQ = b \cdot \sqrt{2g \cdot h} \cdot dh \tag{1}$$

式中之 h 为带之重心在地面下之深,因之全孔流出之水量为:

---

① 此等算式之推演原始于 Marchese G. Poleni, *Forchheimer Hydraulik* 2. Aufl Teubner 见 Leipzig, 1924, S. 286。

$$Q = b \cdot \int_{h_2}^{h_1} \sqrt{2g \cdot h} \cdot dh = \frac{2}{3} \cdot \sqrt{2g} \cdot b \cdot (h_1^{1.5} - h_2^{1.5}) \tag{2}$$

设再想 h_2 之值,小之又小,至最末 $h_2 = 0$,则得自由跌流之水量(第二图)为:

$$Q = \frac{2}{3} \cdot \sqrt{2g} \cdot b \cdot h_1^{1.5} \tag{3}$$

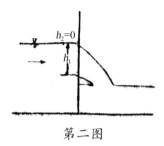

第二图

设下水不在孔之下沿之下,如第一图及第二图所示,而在其上,成为不完满之出流或跌流(第三图及第四图),则可商榷之如下。

第三图　　　　　　第四图

设想出流之工程分为二层:①水下出流(孔分 $h_1 - h$);②自由出流(孔分 $h - h_2$)。按此得:

$$Q_1 = \sqrt{2g} \cdot b \cdot (h_1 - h) \cdot \sqrt{h}$$

$$Q_2 = \frac{2}{3} \cdot \sqrt{2g} \cdot b \cdot (h^{1.5} - h_2^{1.5})$$

$$Q = Q_1 + Q_2 = \sqrt{2g} \cdot b \cdot (h_1 - h) \cdot \sqrt{h} + \frac{2}{3} \cdot \sqrt{2g} \cdot b \cdot (h^{1.5} - h_2^{1.5}) \tag{4}$$

又命 h_2 渐小至于零,则算式(4)变为不完满之跌流:

$$Q = \sqrt{2g} \cdot b \cdot (h_1 - h) \cdot \sqrt{h} + \frac{2}{3} \cdot \sqrt{2g} \cdot b \cdot h^{1.5} \tag{5}$$

二、新算式之推演[①]

以上诸式推演中,含有各种根本上之错误,可解说之如下。

---

① 著者第一次发表于 *Deutsche Wasserwirtschaft*, 20, Apr. 1927.S. 115。

假定水之比重为一，流于真空内，其"能"无丝毫损失。设想无涯之水池壁上，留有按合理想凿成之孔（第五图），孔之高为 h_t，其广为 b，孔之上沿在池面下之深为 h，孔外连一平衡之水渠，其长任为 L，而其横断则与孔之横断面相符，流动阻力假设于次渠中无效，水至渠之末端自由跌下，又假定 $h > \dfrac{h_t}{2}$。如是则渠中流动之水，按水理学新理论在"进射"情形（State of "Shot", Zustand des "Schiessens"）之下。按照"进射"定义，因水之流动速率大于波动速率，故下游流动过程之变易，不致传播及于上游。

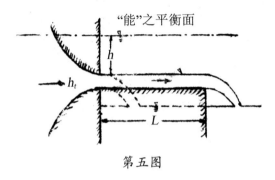

第五图

渠中水之平均流动速率达于：

$$V = \sqrt{2g \cdot h} \qquad (6)$$

故其流量为：

$$Q = b \cdot h_t \cdot \sqrt{2g \cdot h} \qquad (7)$$

再设想渠身，短之又短，则因其水为"冲射"之水，故下游变易不致影响及上游，故可令渠短至 $L = 0$（第五图虚线所示），亦不生何影响于流动过程。但 $L = 0$，则成为自由流出，故上之算式亦可用于此例为：

$$V = \sqrt{2g \cdot h} \qquad (8)$$

$$Q = b \cdot h_t \cdot \sqrt{2g \cdot h} \qquad (9)$$

试为每一种跌流之高 h，计其相当之速率 $V = \sqrt{2g \cdot h}$，作为图则得所谓 V 线（第六图）。在此 V 线中，可将水量 Q 分明表出。由抛物线定理，可知按历来沿用算式所得之 Q 面，如第六图中阴影；而按新算式之 Q 面，则有如第七图中阴影之矩形面。

由此可见，历来沿用算式之第一错误，盖水线之厚已因乎与水柱 h_t 相当之水压力，故出流之下沿，有效者非跌流之高 h_1，而但为 $h_1 - h_t = h_2$ 至出流之际，紧在出流孔后，水压力 h_t 始为消弛，其理又可如下解之。

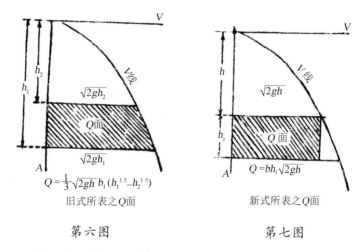

第六图　　　　　第七图

车行轨上，至临一沟而轨尽，则车轮所受之压力，亦至轨尽为终，离轮轨之际，其压张告弛而车坠矣。

又回视第五图，设想将上插板提高，高之又高，则按水理学中习知之推演法①，至 $h = \dfrac{H}{3}$，达以出流水量最多之界限。插板于此时刚贴水面，谓之刚入水也可，谓之刚出水也亦可。在 $h = \dfrac{H}{3}$ 时，水之流动在"进射"（Shot Schiessen）与展流（Stream Stroemen）之间，故亦可视恰始到"进射"情形之下，下游变易不致传播及上游。再设想水渠缩短至 $L = 0$（第八图中虚线所示），则成自由跌流②。

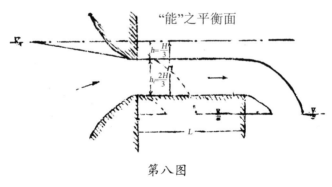

第八图

由算示（9）令 $h = \dfrac{h_t}{2} = \dfrac{H}{3}$，得：

---

① 参照 Weyrauch, *Hydraulisches Rechnen*, 5 Aufl. S. 176. *Wittwer Stuttgart*。

② 参照 Rehbock, *Betrachtung über Abfluss, Stau und Walzenbildung*, Springer, Berlin, 1917 und Boess, *Berchnung der Wasserspiegellage*, VDI-Verlag, Berlin, 1927。

$$Q = b \cdot h_t \cdot \sqrt{2g \cdot h} = b \cdot (\frac{2}{3}H) \cdot \sqrt{2g \cdot \frac{H}{3}}$$

$$Q = \sqrt{g} \cdot b \cdot (\frac{2}{3}H)^{1.5} \tag{10}$$

今再做历来沿用算式(3)及新算式(10)之 V 线而表其 Q 面,则可见在旧式中,Q 面为完全一抛物线分面;而在新式,则亦一内接于抛物线中之矩形面耳(第九图及第十图)。

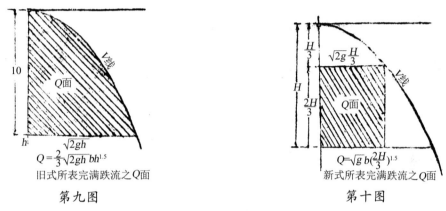

第九图　　　　　　　　　　　第十图

由此可见,历来沿用算式之错误矣,算式(2)中之积分由 h_1 展至 $h_2 = 0$,但所失算者,为至 $h = \frac{H}{3}$ 时已达一界限,插板至此,因水流加速而水面低陷,已刚出水(第八图),再高提插板,则不复生影响于水之流量。但历来沿用算式,水量增加直至 $h_2 = 0$ 为止。依此则插板提高至池面始行出水,始为合理,其假设与实验所得,不相符合。

既发现历来沿用算式之二大错误,兹再按统系方法,推演新算式:滚流及跌流(Overstream and Overfall, Überstroemen und Überfall)。

设想有一按合理想制成之堰,分隔上、下二池(第十一图),池深及广,既其容积俱假定为无限大,池中满容之水假定其性状按合理想,而其比重等于一,由上池至下池,其"能"不致有何损失。

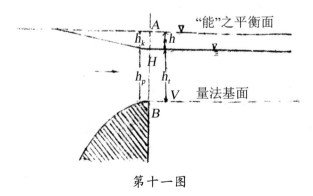

第十一图

先假设一切流动过程，在真空中经过，二池面先为同高，高于堰顶为 H，水在二池中均静止，二池之间，无流动发生。于是今二池之一其面落下 h（第十一图），则水由上池流至下池不已。

今再试做"能"之计算（Energiebilanz）于 AB 断面，"能"之平衡面（Energiehorizont）即与上池面同高，量法基面（Geodätischer Horizont）令与堰顶齐，因假定为"能"不损失之流动，故"能"之计算为：$h_p + h_k = H$，即位能及动能之和必等于 H 也。

但因 $h_p = h_t$，又 $h_k = \dfrac{v^2}{2g}$，故：

$$h_k = H - h_t = h = \frac{v^2}{2g}$$

即：

$$v = \sqrt{2g \cdot h} \tag{11}$$

由此得滚流之水量为：

$$Q = b \cdot h_t \cdot \sqrt{2g \cdot h} \tag{12}$$

但因 $h_t = H - h$，故算式（12）又可书之为：

$$Q = b \cdot (H - h) \cdot \sqrt{2g \cdot h} \tag{13}$$

再因算式（13）以微分法求其可得最大水量之 h（第十二图）：

$$\frac{\mathrm{d}\theta}{\mathrm{d}h} = b \cdot \sqrt{2g} \cdot \frac{H - 3h}{2h^{0.5}} = 0$$

故：$h = \dfrac{H}{3}$

与此高相当之流动速率为：

$$v = \sqrt{2g \cdot \frac{H}{3}} = \sqrt{g \cdot h_t} \tag{14}$$

由此可见，水之流动速率达一定界限，即在 AB 断面中水恰始由滚流变为迸射之际，水量最大。在迸射情形下，下游变易不致传播及上游。试将下池面落低 $h = \dfrac{H}{3}$（第十二图），不致生何影响于上池。若令 $h > \dfrac{H}{3}$，即成为自由跌流时亦然（第十二图）。

故于凡 $h \geq \dfrac{H}{3}$ 之时，其出流速率为：

$$v = \sqrt{2g \cdot \frac{H}{3}} \tag{15}$$

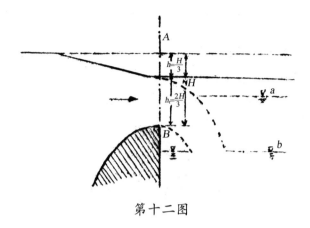

第十二图

而其流出水量为：

$$Q = b \cdot \frac{2H}{3} \cdot \sqrt{2g \cdot \frac{H}{3}} \tag{16}$$

或书之为：

$$Q = b \cdot \sqrt{g} \cdot \left(\frac{2}{3}H\right)^{1.5} \tag{17}$$

故根本上水之流状，$h > \frac{H}{3}$ 或 $h < \frac{H}{3}$ 分别之。若：$h < \frac{H}{3}$，则为滚流；$h > \frac{H}{3}$，则为跌流。

上所推演诸算式，与下水之底低于堰顶若干，毫无关系，故〈若〉(当)下水之底高与堰顶相齐时，即水由堰口流入渠中时，是诸算式亦同可用也。

历来为不完满出流及跌流所设沿用之旧算式，在新算式中完全脱出。

出流：

设想与前相同，两无限大水池，而其中以插板相隔(第十三图)，插板上留有按合理想之孔，宽为 b，高为 h_t，孔之上沿低于"能"之平衡面者为 h_0。

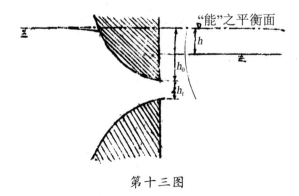

第十三图

兹落低插板处下池之面,使低于"能"之平衡面者为 h,则水自上池经过插孔而流入下池,其中速率为:

$$v = \sqrt{2g \cdot h} \tag{18}$$

因之出水量为:

$$Q = b \cdot h_t \cdot \sqrt{4g \cdot h} \tag{19}$$

下池再加低落至 $h = h_0$(第十四图),则:

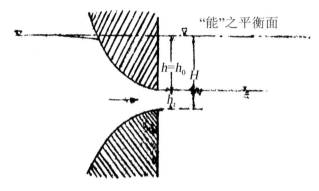

第十四图

$$v = \sqrt{2g \cdot h_0} \tag{20}$$

$$Q = b \cdot h_t \cdot \sqrt{2g \cdot h_0} \tag{21}$$

前面已由第八图断定出流之上为迸射情况。设再低落下池面(第十五图)之 $h > h_0$,则不致影响于出流过程,因迸射情状之水低落时,上游不能觉也,故尚可将下池面低落至在出流下沿之下,而成为自由出流,亦不致生何变动于出流水量(第十五图)。故根本出流之水可按 $h > h_0$ 或 $h < h_0$ 分别之;若 $h \leq h_0$,则命为水下出流,若 $h \geq h_0$,则命为水上出流。

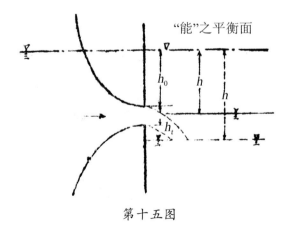

第十五图

三、Q 线

上已求得滚流水量之算式为:

$$Q = b \cdot (H - h) \cdot \sqrt{2g \cdot h} \tag{22}$$

今设有各种 h 之值,而逐一计算其 Q 之值。度之于该时下水面上,则得所谓"Q 线"者(第十六图),探而究之,可以证明新算式之性情焉。

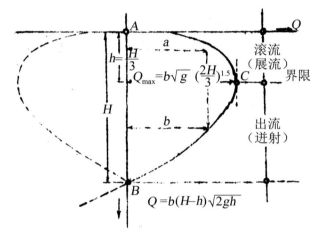

第十六图

"Q 线"之探究:

(1) 使 $h = 0$,则 $Q = 0$,故合乎点 A。

(2) 使 $h = H$,则 $Q = 0$,故合乎点 B。

(3) 按 h 求 Q 之微分。

$$\frac{dQ}{dh} = b \cdot \sqrt{2g} \cdot \frac{H \cdot 3h}{2h^{0.5}} = 0$$

命 $h = 0$,则 $\frac{dQ}{dh} = \infty$

可见 A 点之切线为平衡。

(4) 当 $\frac{dQ}{dh} = b \cdot \sqrt{2g} \cdot \frac{H \cdot 3h}{2h^{0.5}} = 0$,即 $h = \frac{H}{3}$ 时,Q 值为最大。

当 $h = \frac{H}{3}$ 时,深达"迸射"及"展流"间之界限,故速率达其界值时,Q 之值最大。

(5) 因 $h = \frac{H}{3}$,则 $\frac{dQ}{dh} = 0$,故 C 点之切线为垂直。

(6) 由算式(17)得最大水量 $Q_{\max}$:

$$Q_{\max} = b \cdot \sqrt{g} \cdot (\frac{2}{3}H)^{1.5} \tag{23}$$

(7)曲线 AC 一段为功率之界域,至 $h = \dfrac{H}{3}$ 变为跌流。曲线 CB 一段为出流之界域,试在算式(21)中,命 $h_0 = h$ 及 $h_t = (H - h)$,即可证之。

又由"Q 线"可见每时皆有两可能,以达一定之出流量(第十六图)。

第一,滚流(水自由"展流",速率较小而水深较大)。

第二,出流(水"迸射"而出,速率较大而水深较小)。

至达于最大水量,两种情形互相过渡(水之流动临于"迸射"及"展流"之界,或由"迸射"恰始变为"展流",或反之)。

湖 之 停 蓄

(一九二七年译;译自 Engels, *Handbuch des Wasserbaus*. L.Bd. Zw. Teils)

洪水每秒增加之量,遇河流宽放为湖泊,了见大减。湖泊之大者,其进水之源大抵甚多,而尾闾则限于一而已。

以湖中水位 h 度于纵横轴之纵坐标,其相当之时 t 度于横坐标(第一图)。〈联〉(连)其端点,即得湖位线。其式为:

$$h = f(t) \tag{1}$$

一刹那间湖水之涨落,可以(2)表之。

$$\frac{\mathrm{d}h}{\mathrm{d}t} = \tan\alpha \tag{2}$$

湖水涨或落至极点而达于恒一状态(即过此许久不见涨落之谓),湖位线达其最高点或最低点 $\alpha = 0$,即 $\dfrac{\mathrm{d}h}{\mathrm{d}t} = 0$,湖位线变为直线。

湖位线外尚有以下各事,亦研究湖泊不可不知:

(1)湖面 F,湖岸大抵峻陡,湖位轩轾亦不甚多,故 F 可作不变观。

(2)湖之进水 Qz 及去水 Qa,二者均以单位时准其量,即亦皆为时 t 之函数。

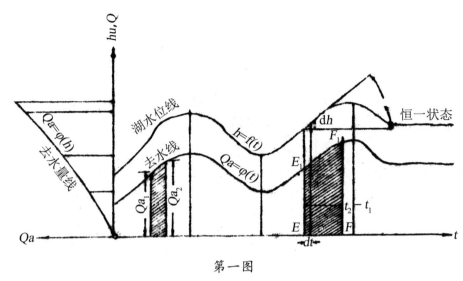

第一图

$$Qz = \phi(t) \tag{3}$$
$$Qa = \psi(t) \tag{4}$$

进水之源难测,既一一测其各口之来水量矣,而来源之潜流地下者,抑又有何法以测之?故测湖以测去水之流量为已足。但湖水若有潜流地下而去者,则所测地面流量之结果亦有遗憾也。湖面雨水之供给与蒸发之耗损,则多从略。以一年统计湖水之所得自两者与其耗于蒸发者可为相等观也。

以 F 作不变观,则所余须行测定之事:

(1)湖位线:$h = f(t)$。

(2)进水线:$Qz = \phi(t)$。

(3)去水线:$Qa = \psi(t)$。

三者之中 Qz 之变化为独立的。而 h 及 Qa 则关系于 Qz,每 Qz 有变,则 h 及 Qa 亦不得不随之而变。

恒一状态时:$Qz = Qa$,即(3)=(4)。

进水增,则湖面先增高,而去水复随之而增,增至进水去水相等时乃止。

以湖面之广阔,其因进水而增高也甚缓。故去水之增加,亦因之甚缓。去水之增加恒后于进水,故有一定之水量停蓄于湖中者若干时。其量之大小以第二图中阴线之面积表之。而由下之关系求得之:

面积:$AA_1C_1B_1B = \int_{t_1}^{t_2} Qz \cdot dt$

面积:$AA_1C_2B_1B = \int_{t_1}^{t_2} Qa \cdot dt$

故：$\int_{t_1}^{t_2} Qz \cdot dt - \int_{t_1}^{t_2} Qa \cdot dt = V = F(h_2 - h_1)$ (5)

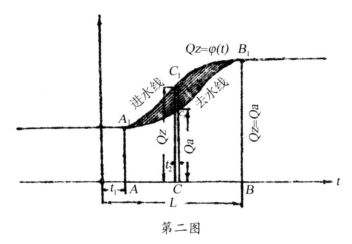

第二图

式中 F 为湖面积，h_1 为观测期始湖位之高，h_2 为观测期终湖位之高。

设于时间 dt 中湖位增高 dh，则停蓄之水量为 $F \cdot dh$，故方程式：

$Qz \cdot dt = F \cdot dh + Qa \cdot dt$ (6)

可以表湖泊停蓄之功也。

停蓄之值或为正或为负，各按 $Qz < Qa$ 或 $Qz > Qa$ 而异。如已知湖位线 $h = f(t)$ 及去水流量线 $Qa = \emptyset(h)$，则可因之以求去水线 $Qa = \psi(t)$（第一图）。既得去水线，即可以于一定时期 Δt 去水之量为：

$$\frac{Qa_1 + Qa_2}{2} \cdot \Delta t$$

又于 $(t_2 - t_1)$ 时期去水量为：

$\int_{t_1}^{t_2} Qa \cdot dt =$ 面积 EE_1F_1F

恒一状态时：

$Qz = Qa$

故：

$\int Qz \cdot dt = \int Qa \cdot dt$ 或 $Qz \cdot dt = Qa \cdot dt$ (7)

设如第三图。

已知：

$h = f(t)$ 及 $Qa = \phi(h)$

求其相当之进水线：

$Qz = \phi(t)$

则由上式(6)：

$$Qa \cdot dt + F \cdot dh = Qz \cdot dt$$

或：

$$Qa + F \cdot \frac{dh}{dt} = Qz \qquad (6a)$$

式中 $\frac{dh}{dt}$ 为湖位于时间 dt 之增高，$\frac{dh}{dt} \cdot F$ 即其于此时之停蓄量。但 F 不变者也，而 $\frac{dh}{dt} = \tan\alpha$。

$\tan\alpha$ 之值，随湖水位线之增涨而变，至其变换点达于最大之值，或用算法，或用图法，皆可得之。

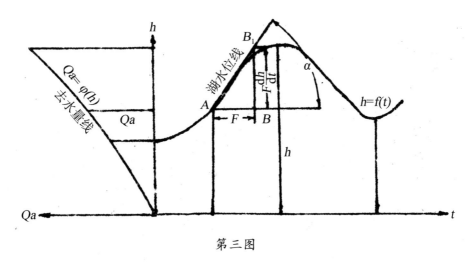

第三图

(1)算法：以每秒若干立方公尺计 $\tan\alpha \cdot F$。例如湖之面积为五百平方公里，于二十四点钟增长零点五公尺。则

$$\frac{dh}{dt} = \tan\alpha = \frac{0.5}{86400} = 0.000006(公尺/秒)$$

而：

$$\tan\alpha \cdot F = 500000000 \times 0.000006 = 3000(立方公尺/秒)$$

(2)图法：如第三图，度 $AB = F$。则

$$BB_1 = AB \cdot \tan\alpha = F \cdot \tan\alpha = F \cdot \frac{dh}{dt}$$

此做法可施之于湖位线各点。

以如是所得之：

$$BB_1 = F \cdot \tan\alpha$$

加于其相当之：

$Qa = \psi(t)$

如第四图甲。

即所求之线：

$Qz = \phi(t)$

以上各点所得之 Qz 度于另一新轴上，如第四图乙，则得湖水停蓄线：

$R = F \cdot \dfrac{dh}{dt} = F \cdot \tan\alpha$

由此结果可知 F 愈大，湖之停蓄亦愈多。由算式(6) $Qz \cdot dt = Qa \cdot dt + F \cdot dt$ 可知，若 $F = 0$，则 $Qz = Qa$；若 $F = \infty$，则其流泻永为恒一，即进水之增益不足以影响其去水之量也。

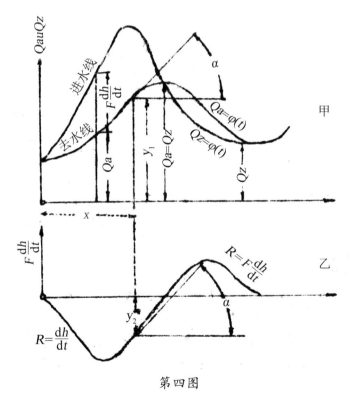

第四图

又由算式(5)知，若 $h_2 = h_1$，即 $h_2 - h_1 = 0$，则：

$$\int_{t_1}^{t_2} Qz \cdot dt = \int_{t_1}^{t_2} Qa \cdot dt \tag{7}$$

即由两时间之间湖位之高不变者，进水与去水相将也。

又由第四图甲及乙知以下各事。

(1)最大之去水量适见于湖位最高之时,即进水线及去水线之交点,但较后于最大进水之时。

(2)量水之进水量 $y = \max$,见于:

$$\frac{dy_1}{dx} + \frac{dy_2}{dx} = 0, 即 \angle\alpha_1 = \angle\alpha_2$$

是时,即在湖位线转换点及顶点中间之时。

(3)最大之停蓄见于湖位线之转换点,因此处:

$$\frac{dh}{dt} = \tan\alpha = \max$$

设已知:

$Qz = \phi(t)$ 及 $Qa = \phi(h)$

求:

$h = f(t)$ 及 $Qa = \psi(t)$

命时间 Δt 之始进水量为 Qzi,Δt 之终进水量为 Qa_2,时间 dt 之进水量为 $Qz \cdot dt$,则时间 Δt 之进水量为:

$$\Delta Qz = \frac{Qzi + Qz_2}{2} \cdot \Delta t \tag{8}$$

于此相当去水量为:

$$\Delta Qa = \frac{Qai + Qa_2}{2} \cdot \Delta t \tag{9}$$

又因:

$$Qa = Qz - F \cdot \frac{dh}{dt}$$

故:

$$F \cdot \Delta h = \frac{Qzi + Qz_2}{2} \cdot \Delta t - \frac{Qai + Qa_2}{2} \cdot \Delta t \tag{10}$$

此方程式中未知数凡二,Δh 及 Qa_2 是也。若估拟 Δh 之值,以求相当之 Qa_2 适合方程(10),则此题解矣。

或已知 $Qa = \psi(t)$,$Qa = \phi(h)$ 及另一去水线 $Qai = \phi(h)$(石印本原文)。

兹所应研究者为未者去水情形,即 $Qai = \psi(t)$ 及湖位 $h = f(t)$ 应作何状。

按基本公式:

$Qz \cdot dt - Qa \cdot dt = F \cdot dh$

故:

$$Qz \cdot dt - Qai \cdot dt = F \cdot h \qquad F \cdot (dh - dhi) = (Qai - Qa) \cdot dt \qquad (11)$$

$dh - dhi$ 为先于时间 dt 之湖位微有增长,在有限时间 Δt 内:

$$(Qai - Qa) \cdot \Delta t = F \cdot (\Delta h - \Delta hi) \qquad (12)$$

若旧有及新有去水量在时间 Δt 之始为 Qai 及 $Q'ai$,在此时间 Δt 之终为 Qa_2 及 $Q'a_2$,则:

$$\frac{(Q'ai - Qai) + (Q'a_2 - Qa_2)}{2} \cdot \Delta t = F \cdot (\Delta h - \Delta hi) \qquad (13)$$

由此得:

$$\Delta hi = \Delta h - \frac{(Q'ai - Qai) + (Q'a_2 - Qa_2)}{2F} \cdot \Delta t \qquad (14)$$

在此方程式中未知数凡二,Δhi 及 $Q'a_2$ 是也,其解法又同上例推。

以上诸算法,亦皆可以图法为之。凡此皆哈拉瑟(Harlather)所指示者也,其功甚大,今由其作中更举出以下数则。

湖之去水可变更之,使于同一湖位时较向时增加或减少。欲使之增加,则或浚深或拓宽其去水之处,或二者兼施。

第五图为浚深去水处之例也。第六图为拓宽之例也。其变更之状,均示于图中。

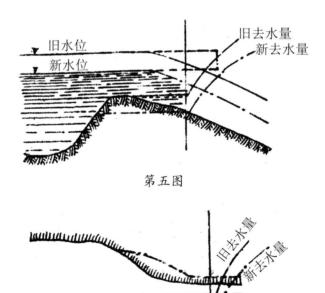

第五图

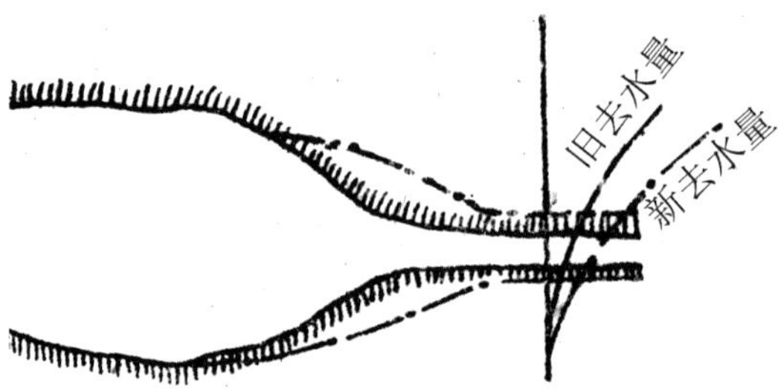

第六图

拓宽去水横断面,但所以求降落洪水位也。故拓宽之功但限于低水或中水之上部,如第七图。

欲使去水之量在同一湖位时较前减小,则可筑堰以潴高湖位,如第八图。

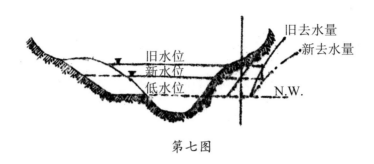

第七图

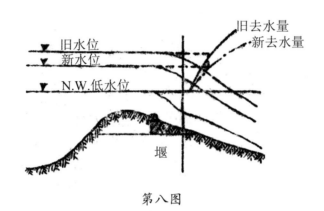

第八图

如用活堰,则去水之量可以随意调节,亦可以升高低水位。

亦可浚深及拓宽减落洪水湖位,而以堰保持其向有之低水位。欲再深研究湖水情形者,则 O. Z. Ekdahl 所著 *Uber die Bewegung des Wassers in Kanalen und Naturlichen Wasserverhaltnisse in Seen* 不可不读也。

译者附言:太湖水利问题,国人中注意之者多矣。政府特设本局以督办其工程,而对于治湖目标及研究湖水情形,似未得肯要。或闻竟有浚湖之说,汪洋数百顷,浚功焉可施耶?且浚亦何益乎?治湖在祛有害之湖水,中水、低水之下无问题也。减低洪水位惟有拓辟去路,以畅去水之量而已,舍此又何法乎?译此为国人研究湖水事者之一助。

中国水利前途之事业

(一九二九年)

　　水利事业之大有可为者,殆莫如中国。无论言及交通及水利工程,中国犹可称完全一新国家也。欧美各国所视为极难解决之问题,在中国皆极易解决,盖在中国铁路尚未至超越地位也。水工为一切工程学术之母,此言可于中国证之。四千年来,中国即以名水工著闻。各盛代所曾经解决之水工问题,大抵皆极伟大。如黄河之堤防,如明堤,迄今四百余年犹保存完善,为洪湖蓄水之高堰,如延亘于山东及扬子江间之海堤,如钱塘江之海塘,如大运河等等,无一不足为中国水工能事之明证。黄河塞决之法,各国塞大决者,殆皆无其巧。灌溉之事,在中国二千年前已开其端,即至今日文化昌盛诸国,亦无以过之。广大无垠之黄壤平原以及山地,因得陂蓄渠溉之泽,乃成为沃土。今欲研究中国目前之水利情形及察其将来发展之可能,则于〈已〉(以)往中国人民之工程才识,各代以民力兴大工之政策,不能不先有所知也。

　　今日之中国对于水工及水利,视诸欧美各国,不能不谓之落后一百至二百年。■■封锁政策,实使中国人不能与欧洲诸国共做科学之竞进盖■■不思利用科学抵制列强,如日本之例,而惟恃封锁以自保其富,不能遂谓中国人无研究科学能力也。然以封锁政策之故,中国水利亦遂落人之后。于是黄河依然常为大患,使其下游六百公里之地面屡受其灾,淮河受黄之病,亦早失治,运河功绩,号称巨伟而几于全废,百吨下之小舟亦不能全通。全国沿海数千里,亦仅大商埠几处有海港发展。海航除少数例外,几完全为外人所经营。海港亦几全为外人所建设。可以发生伟大水力之处虽多,而水电之设等于无有。居今之世,机器发达,中国古法,已不适用。历史上中国之发明虽多,而厢式船闸偏未发现于中国。噫嘻!百年悠梦,全待醒矣,可为之事,正多多也。

　　若论交通,中国犹完全新造之国家也。其交通道路,如何设计,完全无拘束障碍。在欧洲则不然,每开一水道,皆有铁路与之竞争,或竟因此竞争而不能开。扬子江之伟大,实为天赐,他国罕有其双。其运输之廉,陆路交通绝对不能及,故修治扬子江,实为水工巨大事业之一,而上海巨埠与之关切至密。此项事功,不仅在修治通海之口,而其中游、下游航路亦时生障碍,皆须修治。世界任何国[家]铁路之运输,亦决不能办到如扬子江运脚之廉。故此后开辟许多渠道以与扬子江相连通,亦为需要之事。每一渠道皆可省起卸之烦劳,即其本身运输或较贵,然合而之,亦必廉省。吾德国阿痕之莱茵渠(Aachenes Rheinkanal)即其模范。此渠运输本较贵,而以省却起卸之故,终为廉省。开渠通江,即此一端,中国工程师,已有不少事业。至扬子江口能终维持其海船深航之槽与否,须待将来经验断定之。但海口亦可另开河以通海,不虑其断绝交通也。所须研究者惟在比较维持现有之航槽工费之大小如何耳。以现在工程学术之精进,此等问题不难解决。惟以经济衡之,若工费过巨,是否另开河以待之,较为适宜,应事研究也。

　　黄河及其入海口之治导问题,与此相类。予对中国政府做一报告,证明以现代工程学术,可以能胜任之经济力,使黄河永免溃决迁移之患,若据毛利森(Morrison)之计算,黄河每年寻常溃决之损失,以一百万美金计。再若以特别大灾,如一八五一年、一八五三年及一八八七年等年所遇者,加以生命之损失,平均摊于各年,每年亦以百万美金计。合而计之为百分之四之息金,则其资本与二百兆金马克相当。再计每年昂巨之养护费,与三百兆金马克之资相当,合计之为五百兆金马克。若再如文化昌盛诸国,计算生命损失之例,则更为不赀。若仅以此损失资本之一小分数,用以治河,则可使河患永除,而成为富国利民之河。即治此河使成一千五百公里之一等航道,亦属可能之事,并不需惊人之费。无论如何,决不能至百兆金马克之数,而其利益则无穷。中国有两大航道并行深入内地,复有大运河南北连通,其前途何可胜祝。

　　大运河之修治,并非难事,其岸堤大半尚皆完善。第一次工程,扬子江通至黄河,只需船闸七处,由清江浦至海州之盐河以及灌河,可与大运河连通,故灌河可成一极有价值之海港。治运及盐,为导淮必经是事也。

　　淮河为灾,与黄河相拟。此河性质,本与黄河相殊,但其下游为黄河所占,至一八五三年,河床淤高,超出平地,与现今黄河完全相同,于是淮河因之频为大灾。导淮之计划按工务处长李仪祉之意见,应以洪泽湖为钥点。此湖本为明代以人工筑长堤所成,其用在停匀黄河之洪水,兼蓄清以敌黄。现在之用,则停蓄淮河洪水以减轻下游泻量。淮河之最大洪水泻量(每秒一万五千立方公尺)在黄河(每秒八千立方公尺)与扬子江(每秒八万立方公尺)之间。淮河中游洪泽湖以上降度极小(六万分之一)。故淮河本身及其〈著〉(主)要支流,均须筑堤以治,成为河网,而干流在洪水时期,其宽可达四至五公里。洪泽湖可以减缩洪水峰一部分,使洪水时期泻入江海者每秒不过一万二千至一万三千立方公尺。若浚治旧河口,亦可办到,惟工费过昂耳。

　　淮河治导后,洪泽湖中,由秋及春,可以存蓄巨大水量,使江北春季灌溉之水不虑缺乏。盖今日之江北,已有巨大之面积不能享受灌溉之利益。此种缺乏,按导淮委员会之计划,可以设施大规模之灌溉渠系完全救济之。其计算每年四个半月每秒须有五百立方工尺之水量,以供其用。此水量等于吾国爱尔贝河(Elbe)于马格戴堡(Magdeburg)之流量,可见其事业非小可也。

与此工作并行者为山东半岛向西向南流之诸水治导,如沂、如泗至今犹频为灾。此二水当分治之,使不致侵袭大运河如其现况然。

洪泽湖修好后,同时可得一极大之水力场。第一期功成每年均可得二亿五千万千瓦时之电量。中国现计划之大电力路网,可以得所供给矣。

杭州钱塘江之修治,亦为最要之一事。此江以潮著名于世。每日二次来潮,于大潮时高至五公尺。孙中山所计划之东方大港,即在其附近。但此潮不为消除,则只能设置阖港(Closed Harbour),而杭州湾之潮溜迅急(至十二公里),故海港亦须用特殊建筑。但此港若实施,再加以钱塘江修治得法,经济上亦殊有益。盖其腹地(Hinterland)甚宽广,且富庶也。江潮之消除,所费不赀,且不但金钱浪掷,而著名世界之潮观,亦将消灭。最好对此天然之景,不加摧残,而设法以解决交通难题。倘设置得法,并可以利用江湖。要而言之,此处地形与天然形势,俱极特别,不能用他处习用港式,必求与本地适合之计划。洪泽湖应有之利用法,亦可推行于鄱阳、洞庭、震泽等湖,以及大运河与沿海岸中间各湖。扬子江及他流之水,可以大量存贮于此等湖中,以供春季及干季灌溉之用。机器工业盛行,则人之注意,不必在天然引水至田间,而在储蓄应用之水量。扬子江及黄淮各河流域可以新法汲水之处不少,或用电力,或用风力,使田禾收成倍增,可以救济民食不少。而水灾生殖,亦可富裕民生。

中国水利发达,则德国之工厂机器俱可为之助。孙中山博士曾提倡与德国合作,现蒋主席亦同一主张。中国现所缺乏者经济以外应付此绝大事业之人才耳。吾德国当力助之,以培植此项工程及工业人才。

中国政府自有历史以来,大抵皆以水利为注重。其人存,则水利兴,其人亡,则水利废,必待再有人起以振兴之,利国泽民事功最大者也。论民族之文明,如电灯也,水门汀也,不足以为评断。惟能兴利除弊,厚裕民生,使社会有秩序有和平,乃为真实文明。蒋介石有言,恢复和平,振兴水利,俱为政府最高任务,其言诚然。国民党政府对于水利能如其前贤之努力,是所切祝者也。

海港之新发展

(一九三〇年译;*Neuere Entwicklung in den Seehafen*,
Dr.Ing.ehr F.W.Otto Schulze,原著见于 *Die Bautechnik*,1929, Heft 31)

《北方大港纪念册》行将出版,主其政者索文于下走。下走虽曾受北方大港筹备处主任命,时方卧病,未能尽拾芥力,不弥月即调赴淮城,旋辞筹备主任职,得允以李耕砚博士代。今对于此洋洋巨帙,既无往迹可述,复兴新猷可献,乃李博士必欲得下走笔迹厕其列。无已,读作师寿尔慈《海港之新发展》一文,觉其可为计划新海港者助,译为华文以塞责可乎?

译者识

海港工程,近十年来以机械之日新且精,工料之益求美备,良亦受其影响,然具体论之无大变更也。反是,海港内部工程,若港池(Hafenbecken),若港岸(Ufern),若其界连地面,则多有新迹可征,是亦可以为之述其大略已。

港池之量,因船身之增大,不能不随之以增其阔与深,但其长则不尽然。凡铁道起卸之处,池长一点七至一点八公里,已达极限(Bremen Freihafenu Ⅱ U.Ⅰ),若铁道列车排挂神速,所需池长不及其半。

池之阔不但必满其所需之量已也,或有更阔之船至,或海船与内航船相附而至,必求其绰然有容也。

港岸之制,凡巨大海船所集,仍以历来所用之石岸(Kaimauern)为多,惟小船所集之岸,则渐以铁〈磟〉(?塘)(钢骨混凝土)所制板墙(Bollwerke)或板桩(Spundwande)代之矣。抑板墙、板桩均不可无镴(Verankerung),拥土深者镴亦远,故于背面地之使用,不能谓无所碍也。

石碌岸之基址做法种种,今尚无异于昔,惟浮水铁〈磟〉(?塘)〈沈〉(沉)函(Schwimmende Eisenbetonkasten)法,多为人所喜用。不惟碌岸然,海坝(Molenbauten)建筑亦如是。良以用此法时,水下工作完全可免,而善为组织,成功亦最速也。基址若深,求且长且阔合乎需要之桩,颇难如数而得,反不若用此新法之为得当也。

在最近落成多数碛岸中,有一特可注意之点,即碛岸贴水之线完全垂直是也。足以为例者,如 Bremer Kaimauern、如 Königsberg。直岸之利:①岸面衬木(Fendex)或固定的,或活动的,得免于船体在水面下相触;②船体可以紧靠于岸,是在昔日因岸墙稳定之关系,用倾斜之式者所不能及,或难及者也。

因船体增大,系船环(Schiffshalterringe)、缆桩(Poller)、簇桩(Dalben)等之构造,因之亦有改革,然则本论略及而已。

再言及与岸界连之地面,简言之曰碛面(Kaiflachen)亦多有更新者。

碛面之布置,举其要者有四:曰轨道、曰马路、曰栈房、曰堆栈。

轨道之铺设,至近十年来,愈见其广,且必求其完全,使工暇之际,挂卸货车,无所滞碍;使海港起卸设备可为之事,铁路亦优为之,推阐既久,遂成一定之轨道布列式,为世所用。各港池之轨道,各统合为组,由其所属车站支配之,而皆连接于海港总车站。海港车站中所派往各碛岸之列车,驭入分区车站,视其需要,先驭入钝轨(Stumpfgleisen,一端中止之轨道),乃遣入起卸场,起卸完毕即挂列之。

用此法,则属于港用之轨道,占地颇广,而一切动作皆循轨叉,可使整个车列挂卸自由。以视许多旧式之港(尤在外国之港),但有少数轨叉设于轨道,而以转盘侵零个车辆滴滴以达使用之地者,其进步为何如哉!

轨道设置之范围,自必合乎海港交通之性质。若巨舶多数碇于流中,内航之船或小艇承运其货,则轨道之用自少,若往来运送,恃乎铁道者愈多,则航道之设置愈广,故识者一观海港设置平面图,即可知其交通之种类,何者较胜矣。海港者非他,海陆间一起卸机器而已,故陆上交通要道,与海船相接愈密,机器之效用愈周密。所谓陆上交通要道者,为铁道、马路、河流及漕渠。

漕渠之与海港连接,须使自上游来船,直达港池,不致渠船之路与海船之路相交叉。本此原则,亦可使渠船港之设置分立,二者皆于汉堡(Hamburg)行之有效。

若将一港池所属之轨道,统合为组,如上所述,则马路可设置于舌形碛岸(Kaizunge,两面碛岸伸入海中如一舌形者)之中,不致与轨道相交叉,自属易事。马路由此可达自由起卸场,可达钳砌之轨道之场,可达货栈之旁或通入栈中,如在 Stettin 及 Bremen 者。然钳砌轨道之场所,其设置有新纪录,碛岸轨道与货栈横向连(联)络以避火险,多利用推盘(推动移车盘,Schiebebühne)。

交通道路以外,货栈及堆栈及其机械设置皆为港中起卸货物最关重要者。

碛岸货栈(Kaischuppen)之用,今不与昔同。昔者如东海各港久已习惯以碛岸货栈作堆栈(Layerschuppen)用,今则全体认之为分类樨(Sortiertisch),其用但在将往来货物展布开而输将之。以此之故,船中堆叠之货物,须力求展布之如船之长,而因之货栈之阔与长,不能不增加。昔之阔三十米者,今则以六十至七十五米代之,至其长则为迎合各种船类长短不一之故,增至四百米者,非罕见也。新式货栈直为一广大而庇护之碻面耳。一切碻岸交通,皆受其庇护,以避风雨而防盗贼。亦有铁道及道路交通,直通如内,亦受房荫者。故栈面中房柱间之空,成为重要问题,昔者每一百平方米栈面一柱,今则减至每四百平方米一柱。

货栈地板与一般地面平,然亦有做斜面向陆渐高,以兴起卸楗(Ladebühne)齐者。

凡栈地面与起卸楗面平衡者,向港一侧之起卸楗特别占益,寻常设置阔五米,或更有加。碻岸沿及港侧卸楗之间,是否应安设轨道一至三条,或竟不设,成为海港管理问题之一争点。其关系在乎碻岸之定目标及铁道起卸之普通需要。亦有安设二至三条轨道于陆侧起卸楗旁,而港侧起卸楗直设之至碻岸之沿者,但此为少见。

货物之出入于港侧栈壁也,其行动欲速,故栈壁之设置,必无使有碍于货物之行动。必达此目的,则用分为几部分之推动门房(Mehrteilige Schiebetore)。栈之前面,用此法可以豁开一半至三分之二,更佳者,为美国习用之卷〈簾〉(帘)式百叶门(Jalosietore),除其支撑外,全栈前面可以豁开,近来德国亦多效用。至于向陆之面,则用寻常铁路上货栈之门可矣。由上观之,可知碻岸栈房之用,要在有一宽拓之台,使由各方可达,其所获之租,在乎频多,而不在乎昂贵。

堆栈则与碻岸货栈相反,货物堆放须经过久之时期。最适宜之设置,为堆栈即在碻岸货栈之后,而亦与之同长,如在 Bremen 及 Stettin 所见。如是则碻岸货栈所分出之货,可以最短距离达堆栈。但若大部分货物,须起卸于小船,如在 Hamburg 之例,则碻岸及堆栈完全分离亦可。

堆栈之阔,为易得光线及空气计,不能使如碻岸栈房之阔大,多以二十至三十米为限。但为以有限之地面多得租益计,故其楼层增加甚多,以升降机器之完善,今有增至八层楼者,且犹不止此也。

陆路交通之引达堆栈,较之碻岸栈房,尤为重要。

通常碻岸货栈及堆栈之间,设置马路一条,而堆栈之后,则为轨道数条。栈之建筑料,以铁〈碏〉(?塘)为最为人所喜用,以其可以防险也。

堆栈之形式,按当地所行货物种类之特别需要而异。现所最多用者,仍为地平堆栈(Bodenspeicher),因各种货物俱可以利用也。分室堆栈(Zellenspeicher)限用于一定之货物,如粮米、煤炭等,亦有一栈房中合用二制者。为冻肉、蛋酪等用,则须有特备之冷室(Kühlhousern)。

港址若有余地,自然以货栈及堆栈分立为最适宜,但在地址逼狭之处,亦有建造几重楼之碻岸货栈者。于是重楼碻岸货栈,成为现今讨论之问题,关乎是类之著述甚多,兹不赘举,惟可断言者,起卸交通与堆栈交通(Umschaysverkehr und Layerverkehr)

显明分立，实为工作最有效力之布置，若不得已，混而一之，其工作效益必远逊也。重楼货栈之弊，固亦有法避免。例如二重楼栈，可设一足宽之上层起卸樗，较之下层起卸樗，略为退后，货物来者堆于其上，去者由其上发出，使上、下两层与船上交通，两不相妨。然若上层所堆货物，移送于马路或铁路时，则上、下交通互相接触，在所难免。故凡用此式者，多半以上层为堆存用，而若栈楼在二重以上，以至三重、四重，则其不便益加显然。更有不可不知者，重楼栈之起卸樗，每层必向下层退后若干，故至上层，栈面益狭，而其建筑费不廉于多设一简单之地平栈也。盖简单之货栈，仅四周围墙及其所托之屋顶，需要基础，而地平则可设于獿（用泥涂墙壁）沙之天然地面上，而重楼则楼板之重，加以荷物之重，统须有稳固之基础以载之，而地址不良，又为港地所习见，所需基础工费甚大也。

抑至两层楼之基础，常对于两层楼之荷重而有余力，若层数加多，则下层不能利用天然光线。

最近 Stettin 落成之栈（Schuppenspeicher），可为货栈与堆栈混合之一例。该栈除三点五四米高之地室层而外，有一个五米高之栈层，其地平与起卸樗同高，而此层之上，又有高三点一米者三层及高四米之屋顶层一层。全栈凡占长二百一十米，宽四十点二五米，建筑于桩床（Pfahlrost）之上。

若货栈及堆栈各自分立，则每种工作各有其独立之升降机件。

如是，则碌岸交通可为设备八具半门式起重机（Halbtorkrane），而堆栈交通可为设备三具可以行动之屋顶桥（Dachbrucken），另设电动旋转起重机，行于其上，可以由水上起货卸于陆，或由陆致之水上。向碌岸一边，设二条轨道，向陆一边，设轨道三条，中间一条为通行道，靠货栈一条为货栈交通用，靠外一条为运送堆货用。为不妨碍货栈交通计，于外轨道与马路之间，设一起卸樗，则由屋顶起重机，可直接卸放堆货于其上，以便即转载于铁道车辆或马路车辆。在机房之内，更为设备四大梯、二保险梯、四提升货物机、二货袋溜板，以利栈房内之交通，而池室一层亦安设覆板，以能直达。用此新法，可以在固定地平面，多得货栈及堆栈之面积。

以上所述海港中不动部分，虽觉发展甚缓，然其进境亦自可睹也。此等设置，动需巨额之款，其改革之不易，可想而知。若论港中设备活动机件，则进步甚速，能使运输灵便，效益极大。

碌岸上由水面起货，转之陆上铁道车辆，或货栈起卸樗，或反之由陆而水，仍多习用跨过二至三条轨道之半门式或全门式（Halbtor oder Ganztorkran）起重机，其动力昔用液体压力，近则多用电力。至于门式起重机之构造，则改进甚多。昔者起重机之臂（伸出之部）为固定的，其不便为起重钩只能行于有限之圈上，而圈以内则为其所不及，致机下之碌面，成为无用之地。

为救此失，在 Hamburg 有所谓重门式起重机（Doppeltorkran），在此机架上设有可以推移之轨道一条，有一行猫（Laufkatze，往来行动提取货物之小机件）行其上。更有三重门式起重机（Dreifachtorkran），用此法在同一地段，昔仅可供起落机一具工作，今则可三具同时工作。

但此起重机之臂，仍为固定者也。故若数机会合一处工作，则必致互相妨碍，若用此种机，同时由一船空起货，必难办到。

近年来德国起重机建造厂（Deutschekranbauanstalt）〈另〉（别）出心裁，以各种方法建造新式起重机，名曰进退起重机（Wipp oder Einziehkrane）。寻常旋转起重机之臂，制之使能进退，故凡机臂所可及之一周圈内之面积，除车盘下以外，皆为货钩之所及。有制造更妙者，能使进退时货物所行之路为平衡的，则进退时所费于加速及抵抗风阻与摩擦阻之力甚微。

海港之中起重所需条件，此种进退起重机可以全有之矣。一船起货，容此新机，可较历来所用旧机加倍，且船上突出之固定部分，用此新机亦易避让。水上起卸，用浮水起重机，此种新机亦极有功助。

碌岸货栈中之动作，沿用旧制之推车（Steehkorren）者久矣，近有以悬空车代之者，如美国数港中所用。但悬空轨道为固定者，其建设费甚大，而效用有限制，是其所短。碌岸起重机固亦含有此缺点，但以其行驶之效，可以补救若干。以此之故，德国海港中，未能仿造，但推车则多以电车代之，亦可挂车使货物由起卸槎输入栈中，或由栈而槎，其为灵便。货物之往来栈中，用推车则栈面易敝，今则以可以行驶之货栈起重机及各种之盘带输送机（Bandforder）与货袋输送机（Sackforder）代之。

碌岸货栈之陆一方面，亦用半门式或全门式起重机，与碌岸一面同例。其用在由起卸槎起货而装之于铁道或马路车输，或装于堆栈层楼中所悬下之提货活箱（Ladeklappe）。若货栈与堆栈前后并列，中间但隔轨道数条及马路一条者，则可用可以行驶之平衡桥或斜倚桥跨其上，而以旋转起重机或行猫行其上。用此法装货于上层楼，可以免去货物在起重钩上摇晃触碍之弊。

堆栈中之动作，仍以货物升降机，与电车或他等车连合并用。按货之种类，亦有用货袋输送机及货袋溜板者。

谷货类之动作，在近来大有进步。谷货无论来自海船，或内航船，或铁道车辆，皆由戽子机（Becherwerk）及盘带输送机（Bandforder）经过自动车辆，送于分配场（Verteilungsstelle）或经过洁净机，任送于堆栈何所，完成不赖人力。更有用吸气管设备（Sangluftanlage）者，可将谷货由船中、由管中吸取而输送之于堆栈中，可以防盗窃，使无所施其伎俩。在 Bremen 及 Genna，特为此种设备建有登岸桥（Landungsbrucken）。

至于由海船起至内航船或由内航及海，亦有用上两种方法，建设浮水起谷机器

(Schwimmende Getreidcheber)者。

至于煤矿石之类,则用可以行驶之起卸桥(Fahrbare Verladebrucken)加以行猫或旋转起动机于其上以起之,使其效力可及宽大之面,而其所用之抓子(Greifer)则较以往为更吃重而完备。倾煤栈(Kohlenkipper)亦常有新式出现,由最简单之重力倾机(Schwerkraftkipper)以至升降倾机(Aufzugkipper)、摆动倾机(Schwingkipper)而转盘倾机(Drehscheibenkipper),进步不少。起卸煤类之设置,常倾向于如何保护是类货物,故加用装斝(Fullrumpf)及节套管(Teleskoprohre)于其间。在Danzig最新设置,煤由倾机先倾入特制斝内,由斝底导入盘带输送机,斜迤而上至碌岸,而倾卸其所有于同碌岸平行之输送盘带上,更以它输送盘带及节套管,取而致之船中。此种设备之优点,在能保护煤货,而所用斝子又能与铁道车辆之安挂,不相妨碍。近亦有可以行驶跨于一轨道上之装斝于起卸桥上者,可以不间断地用抓子装满,而倾卸之于下行之铁道车辆上,其用意良同。

由上观之,可见近年来对于海港中输送之进展,使起卸之时用机器之力愈加缩短,而不致使船只久滞港中也。古人有言曰"船行始见其功",今之进步,即所以速其行而已(Ein Schiff Verdient, Wenn es Fahrt)。

再进则为海港中安全设备之日夜及雾中所用之符号,不能详述,但略举之如下:

自汽状气体(Flussiggas)炽灯及电炽灯见用而后,照海灯光大强,而为电火(Elektrischer Feuer)更有自动关机之发明,若电流一断,则有液状气体炽灯可以代之。在雾中行船,则有新发明之电模传送机(Elektrischer Membransender),由空气中或水下传播符号,更有火花雾中符号(Funknebelsignale)。若在船上设备有探火花机(Bordfunkpeiler)则不但可以定其方向,并且依借同时由同一处所发之火花及水下发声符号,可以断定其船与发符号处之距离焉。

卫乐赫-司徒培液体计算

(一九三一年)

卷一 液体静力学
第一章 液体压力

一、基本等式

设有许多外力加于一液分子，液之"比质"为 u，外力之合力复按"角十字轴系"析之为 X,Y,Z 三分力，则因外力而施于液分子之总结压力为：

$$dp = u \cdot (X \cdot dx + Y \cdot dy + Z \cdot dz) \tag{1}$$

此即液体力学中著名之"犹劳"基本等式也。设液体各面俱有界而为比较的静止，加于其上者又只有顺 Z 一方向之重力，则：

$$X = 0, Y = 0, Z = g \tag{2}$$

即等于因地重力所生之急率。

凡许多质点成一绪统者，以求汇集其各分，使绪统中之重心点距离地心最近而后止，液体之具有此性，可谓完善者也，故其表面必为一球面，而以地心为其中心点。但观一部分之水，则其表面直可目之为平面，故液面（液体表面）下等深之液点，其向下之压力必相等，而其大小惟视其在液面下之深度而定。但按液体分子易于移动之性，尤可断定施于任一面分之压力，在水静止（均势状态下）时，与其方向毫无关系也。此即所谓巴司喀定律也。

由（1）（2）两式得：

$$dp = u \cdot g \cdot dz = \gamma \cdot dz \tag{3}$$

式中 γ 为水之容量单位重，在液面中，$dp = 0$，即 $p = C$"压力为恒"，故为等压之。

为实用计,γ 之值可作为恒数,故由等式(3) 得单位面积之压力为:

$$p = \gamma \cdot z + \beta \tag{4}$$

命 $p = p_0$,而其相当 z 之值为 h,则:

$$\beta = p_0 - \gamma \cdot h, p = \gamma \cdot z + p_0 - \gamma \cdot h \tag{5}$$

若再以 X 轴置于水面,则 $h = z = 0$,而:

$$p = \gamma \cdot z + p_0 \tag{6}$$

式中之 p_0 即为施于水面之压力也。

设水在器(建筑于地中之池,或露出地外之水箱) 中,一方面为其外壁,一方面为水面(即水平面),俱处于大气压力之下,则在 $z = 0$ 处,亦必 $p = 0$,按之等式(4),即为 $0 = 0 + \beta$ 之特例,故:

$$p = \gamma \cdot z \tag{7}$$

即谓水下任何处每一面积单位所受之压力,等于以面积单位为底,以该处在水下之深为高,所成水柱之重,此压力恒为正压力,即常为正交于面分者也。

上已言之,压力 p 在水中向任何方向俱相等也。命面分为 dF,则正交于 dF 之压力为 $p \cdot dF$,凡 $p \cdot dF$ 面分压力之着点,俱不出乎该面分。

二、大气压力

实水银于一端封闭之玻管中,倒插之于水银中,则管中水银降至高 H(第一图) 为止。管之下端所受压力一方面为:$p = \gamma \cdot (z + H)$,又以一方面为:$p = \gamma \cdot z + p_0$。式中 γ 为水银比重,故:

$$p_0 = \gamma \cdot H \tag{8}$$

H 即名之曰"大气压力",而命 $P = \dfrac{p}{F} = \dfrac{总压力}{受压面积}$,曰"比压"。

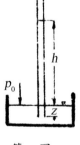

第一图

以大气压力为单位而以之计重量,简称之曰"气压",有旧、新二用之别:

1 旧气压 = 1.033kg/cm² = 10.338t/m² = 10.33m 4℃ 水柱之重 = 760mm 0℃ 水柱之重 = 1.0333 新气压(西文中以 atm 代之,译者以气压代之)。

新气压(米突制气压) = 1.000kg/cm² = 10.000t/m² = 10m 4℃ 水柱之重 = 735.5mm 0℃ 水柱之重 = 0.968 旧气压。

三、加于壁面之压力

1. 曲面壁　水下层 z 处于面分 dF 之正压力为：

$$dp = \gamma \cdot z \cdot dF \tag{9}$$

其分力则为(第二图)：

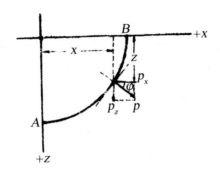

第二图

$$\left.\begin{array}{l} dp_x = dp \cdot \cos\varphi = \gamma \cdot z \cdot \cos\varphi \cdot dF \\ dp_z = dp \cdot \sin\varphi = \gamma \cdot z \cdot \sin\varphi \cdot dF \end{array}\right\} \tag{10}$$

命：

$$\cos\varphi \cdot dF = dF_x, \sin\varphi \cdot dF = dF_z$$

则：

$$\left.\begin{array}{l} p_x = \gamma \int z \cdot dF_x \\ p_z = \gamma \int z \cdot dF_z \end{array}\right\} \tag{11}$$

即谓水压力按平衡方向及垂直方向，或任何方向，其分力俱可受压而之投影与其重心点与水镜之距及比重 γ 相乘得之。

设 p_x 之着点在 x 轴下深 z_0 处，p_z 之着点在与 z 轴相距 x_0 处，则必：

$$\left.\begin{array}{l} p_x \cdot z_0 = \int z \cdot p_x = \gamma \cdot \int z^2 \cdot dF_x \\ p_z \cdot x_0 = \int x \cdot p_z = \gamma \cdot \int x \cdot z \cdot dF_z \end{array}\right\} \tag{12}$$

由此式得因水压力所生许多分力之中心点，其纵、横坐标分别为：

$$z_0 = \frac{\int z^2 \cdot dF_x}{\int z \cdot dF_x} \text{ 及 } x_0 = \frac{\int x \cdot z \cdot dF_z}{\int z \cdot dF_z} \tag{13}$$

压力之总结为：

$$p = \sqrt{p_x^2 + p_z^2} = \gamma\sqrt{\left(\int z \cdot dF_x\right)^2 + \left(\int z \cdot dF_z\right)^2} \tag{14}$$

其方向角之余弦为：

$$\cos\varphi = \frac{p_x}{p} \text{ 或 } \cos\left(\frac{\pi}{2} - \varphi\right) = \frac{p_x}{p} \tag{15}$$

罗伦曾将上理简而化之，见 Lorenz. S. 153。

蒲兰纳（Plenkner）谓计算圆柱形壁上之水压力必加注意，寻常所谓 Normalmethode，但以直线分量度受压面积之法只可以用之于极平坦之曲面，其中心角甚小者。若割圆形之闸及辊堰，则不宜用此法以计算水压力。蒲兰纳为此曾立一较确之算法（见 Ö.W. B. 1912, S. 600），并举数以证明用 Normalmethode 所求得之结果失之过小。

备考：欲辨水压力及重力之异，可以一体其重等于水之单位重，其形界于两轴（X 及 Z）与任一曲线之间而其厚（正交于 $X - Z$ 面）为不变数 b（第三图），如是，则其重为：

$$G = \gamma \cdot b \cdot \int x \cdot dz = \gamma \cdot b \cdot \int z \cdot dx$$

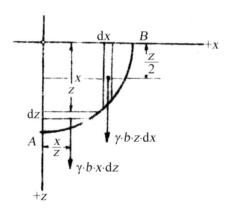

第三图

在此体中重力着点之坐标为：

$$x_0' = \frac{1}{2}\frac{\int x^2 \cdot dz}{\int x \cdot dz} \text{ 及 } z_0' = \frac{1}{2}\frac{\int z^2 \cdot dx}{\int z \cdot dx} \tag{19a}$$

因对于 Z 轴每一体分其重为 $\gamma \cdot b \cdot x \cdot dz$ 者，其杠臂皆为 $\frac{x}{2}$，对于 X 轴每一体分其

为 $\gamma \cdot b \cdot z \cdot dx$,其杠臂皆为 $\dfrac{z}{2}$ 也。

试举等式(19)及(19a)(石印本原文)中之 x_0、x_0' 与 z_0、z_0' 互相比较,可见 $z_0 = 2z_0'$,而 x_0 之式更大殊于 x_0' 也。

即谓施于任一曲面上之水压力,非相平行,亦非常可,总之为一总结数也,通常多得一总结数及一力,偶或反向之两力。

总结水压力之着点与施压力水体之重心,未有合于一点之时,压力施于斜面者压力之中点,恒深于重心点。

2.平面壁　在平面上角 φ 及其正弦余弦皆不变,故由等式(10)可以得:

$$p_x = \gamma \cdot \cos\varphi \cdot \int z \cdot dF \quad 及 \quad p_z = \gamma \cdot \sin\varphi \cdot \int z \cdot dF \\ 及由(9)得: \quad P = \gamma \cdot \int z \cdot dF \tag{16}$$

即谓施于平面之水压力(即正交此平面之正压力),常等于该面积之绝对值(非投影)与其重心在水面下之深及比重 γ 相乘之积也。

此外又得:

$$z_0 = \dfrac{\int z^2 \cdot dF}{\int z \cdot dF} \qquad x_0 = \dfrac{\int x \cdot z \cdot dF}{\int z \cdot dF} \tag{17}$$

试将受压之面 AB 翻转而覆于图面上,则 $z = y = \cos\varphi$,由此得:

$$p_x = \gamma \cdot \cos^2\varphi \cdot \int y \cdot dF \qquad p_z = \gamma \cdot \sin\varphi \cdot \cos\varphi \cdot \int y \cdot dF \tag{18}$$

又命 $z_0 = y_0$ 及 $p = \gamma \cdot \cos\varphi \cdot \int y \cdot dF$,得:

$$y_0 = \cos\varphi \cdot \dfrac{\int y^2 \cdot dF}{\int y \cdot dF} \quad 及 \quad x_0 = \dfrac{\int x \cdot y \cdot dF}{\int y \cdot dF} \tag{19}$$

在对称于一垂线之压力形象中,压力即着对称轴上,故 x_0 之值可不需也,若其形象为矩形(正角形)而其宽为 b,则 $dF = \gamma \cdot dy$,因之得:

$$p_x = \gamma \cdot b \cdot \cos^2\varphi \cdot \int y \cdot dy, \; p_z = \gamma \cdot b \cdot \sin\varphi \cdot \cos\varphi \cdot \int y \cdot dy \\ 及 \; p = \gamma \cdot b \cdot \cos\varphi \cdot \int y \cdot dy \tag{20}$$

又:

$$y_0 = \frac{\int y^2 \cdot dy}{\int y \cdot dy} \tag{21}$$

他种形式之受压面,详见于吕格思百科全书《水学》下(Luegers Art, *Hydrologie*)。

以上所举诸定理,亦惟于 $\frac{p_0}{\gamma}$ 为正数而异于零时为有效,如其不能,则 z 可自高出水面上 $\frac{p_0}{p}$ 之一平衡面向下度之。

例题:求在一谷坊上浸入水中一矩形面(坊壁之面或闸板之面)所受之压力。矩形面之阔为 b,高为 a(第四图)。

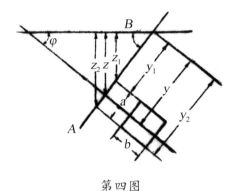

第四图

先求得:

$$a = \frac{z_2 - z_1}{\cos\varphi} \text{ 及 } dF = \frac{C \cdot dz}{\cos\varphi}$$

由等式(16)及(17)得:

$$p = \frac{\gamma \cdot b}{\cos\varphi} \cdot \int z \cdot dz = \frac{\gamma \cdot b}{\cos\varphi} \cdot \frac{z_2^2 - z_1^2}{z} = \frac{a \cdot b \cdot \gamma}{z} \cdot (z_2 + z_1)$$

$$p_z = b \cdot \gamma \cdot \frac{z_2^2 - z_1^2}{z} \text{ 及 } z_0 = \frac{2}{3} \cdot \frac{z_2^3 - z_1^3}{z_2^2 - z_1^2}$$

若该面上达至水镜,则:

$$p = \frac{a \cdot b \cdot \gamma \cdot z_2}{z}, p_z = \frac{b \cdot \gamma}{z} \cdot z_2^2, z_0 = \frac{2}{3} z_2$$

四、上托力

沉一无罅隙之物体于自由水面(不受压抑,与空气相接之水面)之水中,则施于此体之水压力,其平衡分力皆彼此相消,而其垂直分力之总结则常向上,不论物体之形式如何,此上之总结力 A 常等于为该物体所侵占容积 V 水体之重。

$$A = \gamma \cdot V \tag{22}$$

此即所谓阿希美得原理(Archimedisches Prinzip)也。A 之值名曰上托力(详见其他水力学)。

凡建筑奠基于水下者,按沙培(Schaper)之说(ZBL. der Bouverw,1912,S.592),基址下向上之总托力(与基址下之空隙大小相当),非特须计一部分,而须计其全数,或近乎全数者(Z. f. Bauw,1911,S. 469 发表之试验结果于证实)。

附第一表　本卷所用术语中西对照表

译名	德文	英文
水力学或液体力学 (按 Hydraulics 内包括气体流动,应为流动体力学)	Hydraulik	Hydraulics
液体计算	Hydraulisches Rechnen	Hydraulic Calculation
液体静力学	Hydrastatik	Hydrostatics
液体压力(水压力)	Drusk des Wasser	Water Pressure
基本等式	Grundgleichung	Fundamental Equation
外力	Äussere Kräfte	External Forces
合力或结力	Resultant	Resultate
分力	Komponenten	Components
正角十字轴系	Rechtwinklges Koordinaten-system	Reghtangle Coordindte-system
地重力	Erdshwere	Gravity of Earth
急率(或加速率)	Beschleunigung	Acceleration
绪统(或系、绪统兼译音)	System	System
重心点	Schwer Punkt	Center of Gravity
均势状态	Gleichgewichtszustant	Equilibrium

续表

译名	德文	英文
等压之面	Fläche Gleichen Drucks	Level of Equal Pressure
壁	Wand，Wandung	Wall
水面	Wasserspiegel	Water Level
大气压力	Atmosphäredruck	Atmosphere Pressure
正压力	Normal Druck	Normal Pressure
比压	Spezifische Pressung	Specific Pressure
气压	Atmosphäre	Atmosphere
割圆形之牐	Segmentschütz	Segment Gate
辊堰	Walzenvehr	Roller Dam
着点	Angriffspunkt	Point of Application
杠臂	Hebelarm	Lever Arm
力偶	Kräflepaar	Couple of Forces
谷坊	Talsperre	High Dam
上托力	Auftrieb	Upward Pressure
露镜（露天水镜），即露天水面	Freispiegel	Free Surface of Water

附第二表　本卷所译人名中西对照表

译名	原名
卫乐赫	Robert Weyauch
司徒培	A.R.Strobel
犹劳	Euler
巴司喀	Pascal
罗伦	Lorenz
蒲兰纳	Plenkner
吕格思	Luegers
阿希美得	Archimed
沙培	Schaper

卷二 水在槽中及引中之流动
第二章 水在"碰"与"颤"

一、水碰

欲使重九点八一千克之一物（其质 $\mu=1$）得速率 $V=1\mathrm{m/s}$，则须有一力 $p=1\mathrm{kg}$，欲使容积为 Q，比重为 γ 之一物得速率为 V，则须有一力：

$$p = \mu \cdot V = Q \cdot \frac{\gamma}{g} \cdot V (\mathrm{kg}) \tag{1}$$

1.浮游分子　其力可以使分子浮游水中，不致沉坠，则分之，则水中之重 G 必等于此力 p 也。所需要者为一反向之速率：

$$V = \sqrt{\frac{g \cdot G}{\gamma \cdot Q}} \tag{2}$$

设使 $\gamma=2200$（分子比重），$Q = F \cdot V = \dfrac{\pi \cdot D^2}{4} \cdot V$；$G = \dfrac{4.189 D^3}{8\pi}$；$V = 2.804\sqrt{D}$，则得（第一表）：

第一表

分子径 D/mm	速率 V/(m/s)	分子径 D/mm	速率 V/(m/s)	分子径 D/mm	速率 V/(m/s)
5	0.196	0.5	0.063	0.05	0.020
3	0.155	0.3	0.049	0.03	0.016
1	0.089	0.1	0.028	0.01	0.009
0.8	0.078	0.08	0.025		

水槽之壁不免常有极细分子，欲免其脱离，须限其速率为上数中四分之一。例如细泥分子其径为零点零一毫米者，使其速率限于零点零零二五米/秒以代替零点零零九米/秒也。参观本卷第二章柯雪算式。

2.加于壁面之碰力　设为一物所碰中之壁，其方向同碰力之方向成斜角（第五图），则正交于壁面之力为：

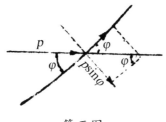

第五图

$$N = p \cdot \sin\varphi = M \cdot V \cdot \sin\varphi = \frac{\gamma}{2} \cdot Q \cdot V \cdot \sin\varphi \tag{3}$$

或命 F 为水股之横断面,则 $Q = F \cdot V$;又因 $V = \sqrt{2g \cdot H}$,故:

$$N = \frac{\gamma}{g} \cdot V^2 \cdot F \cdot \sin\varphi = 2F \cdot H \cdot \gamma \cdot \sin\varphi \tag{4}$$

设水为已动之水,碰于竖壁之上,则因水线不免有转倚及溅散,即在降射之水股,有紧束之状,而转倚及溅散亦在所难免,故上(1)(3)及(4)等式所求得之碰力,非能完全有效也。

于是须加以校正系数 n,按卫巴赫 n 之值用于水及空气者应为零点九二至零点九六,故流水有效之碰力应为:

$$p = n \cdot M \cdot V = 2n \cdot F \cdot \gamma \cdot \frac{V^2}{2g} \tag{5}$$

或:

$$N = n \cdot M \cdot V \cdot \sin\varphi \tag{6}$$

利用此种碰力以施于实用者为水力机器,水股方向使逐渐转倚,免去碰击而加于特制之滑行面(水轮、行轮、戽等)上,以使流水之工力完全见诸应用,若使水股转移 $\varphi = 180°$,即碰于一虚窝之面,如匙轮或白尔登涡轮所用,则水之碰压能力按理论可得 $p = 4F \cdot H \cdot \gamma$,而事实上之实用在今日涡轮之精制亦可超过 90%。

跌水工程为免去跌水碰力有所伤毁计,常于水股所投之处设一套池(跌水池),或曰"水枕"(见后第二十八章),流水或射水至此起有"水辊"以须其"能",使不致有害。

3.斜面上之滑行　谷坊所以挡水,然有时则水越坊顶而过,顺其在空气一面之斜面流下(坊身一面为水,一面为空气),是则所谓斜面滑行也,其关系如下。

按第六图及第七图左、右:

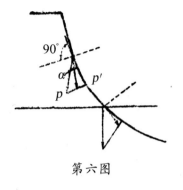

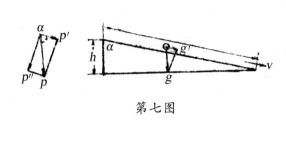

第六图

第七图

$p = M \cdot g$

$p' = M \cdot g' = M \cdot g \cdot \cos\varphi$

$g' = g \cdot \cos\varphi$

在等率急动时，$V = b \cdot t$，故速率之在：

(1) 垂直落下，为 $V = g \cdot t$，

(2) 斜面下降，为 $V' = g' \cdot t'$。

若 $t' = t$，则 $V' = V \cdot \cos\varphi$，于 t 时所行之路为 s。

$s = \dfrac{1}{2} b \cdot t^2$，因之 $t = \sqrt{\dfrac{2s}{b}}$

故在：

(1) 垂直降落：$s = h, b = g$，故 $t = \sqrt{\dfrac{2h}{g}}$

$V = g \cdot t = \sqrt{2g \cdot h} = 4.43\sqrt{h}$ （7）

(2) 斜面下降：$s = L = \dfrac{h}{\cos\alpha}, b = g' = g \cdot \cos\alpha, t = \dfrac{1}{\cos\alpha} \cdot \sqrt{\dfrac{2h}{g}}$

$V' = g \cdot t' \cdot \cos\alpha = \sqrt{2g \cdot h} = V$ （8）

由(7)(8)两等式可见，速率在斜面之下端只与斜面起数与终点间之高差 h 有关，而与滑行路形式毫无关系也。

因坊面之摩擦，速率因之略有减小，应打一百分之十之折扣(E.f.B.,1909,S.333)，故宁用(第八图)：

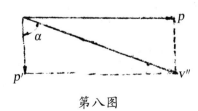

第八图

$$V'' = 4\sqrt{h} \tag{9}$$

坊脚所吃之力，在水流方向与垂直线或 $\angle \alpha = 90° - \varphi$ 角之处，按等式（4）及（7）（9），则：

$$\left. \begin{array}{l} p = 102Q \cdot \sin\varphi \cdot 4\sqrt{h} = 408Q \cdot \sin\varphi \cdot \sqrt{h} = 1632F \cdot h \cdot \sin\varphi \\ N = p' = 408Q \cdot \cos\varphi \cdot \sqrt{h} = 1632F \cdot h \cdot \cos\varphi \end{array} \right\} \tag{10}$$

巴燕豪士对此问题所做之试验，颇为重要（Z. f. B., 1913, S. 663; 1914, S. 146）。该试验证明壁面之糙涩及设置水枕，皆为需要。水枕之深 t 以等于堰顶滚流之高 h，至等于 $1.15h$ 为适当，深于 $2h$，可无须也。其长应视 t 而增，由 $8t$ 至 $9t$，水枕之下端，做成阶级形，最为有益，其级宜由坦而渐陡，以一比二十至一比十始，渐减至最末一级之高至少为其宽之五分之四（立方抛物线或四次抛物线定律）。它一法则为设置极低而亦作阶级式之底槛，其中点距壁脚为其距跌水池终端之三分之四。若水枕之具体形式有如正交于谷轴（谷之轴线）之一水槽，则用此法为最有益。按最近之法及试验，则但将池底做成向下游高仰而设置一楔形之底槛，所有堰之下部（下水方面）设置于下水河底之下，楔形之底槛亦可设置于池之末端，造成齿形（雷葆氏齿槛），更有用浮游或定之 Flossfedern 于堰脚之下以得甚佳之效果者。盖因在河底发生之逆流，可使堰下之涮坑得以收淤填之功也。

关乎涮坑之经验可视 Roth S.B., 1917, S.30, Pfletschinger, Puckner, Hofbaner Ze. d. Österr Ing. u Arch. – Ver. 1915, S. 109 及喀尔斯柔（Karlsruho）、雷葆（Rehbock）、伯林（Berlin）、路庭－朋胄（Ludin – Bundschu）及布隆（Brünn）、邵励志（Schoklitsch）等工科大学试验（末者亦见于 W. K., 1926, S. 108; 1928, S. 217）。

以上防止涮坑之法，可用于谷坑，亦可用于各种之堰。又可参考黎定格"涮坑之理"（Die Theorie der Kolkbildung, Wien Leipzig, 1920）。

4.破浪堤　按盖雅德浪之击力 p 以正交方向打于破浪堤上之 F 面，则：

$$p = m \cdot \gamma \cdot \frac{F \cdot (\frac{4V}{3})^2}{2g} \tag{11}$$

系数 m，1.3—1.8。寻常估计浪之击力有 20—30t/m^2（Z.f.B., 1910, S.76）。

5.浪之高度（浪高）　在内湖（或水库）中浪之最大高度通常按司太芬生算法为：

$$h = 0.762 + 0.0106\sqrt{e} - 0.0465\sqrt[4]{e} \tag{12}$$

式中 e 为湖面按风向最远之距离，以米计；h 为浪峰及浪谷之高差，以米计，由上式得（第二表）：

第二表

单位：m

e	h	e	h
100	0.72	2000	0.93
500	0.78	3000	1.00
1000	0.83	4000	1.06
1600	0.89	5000	1.12

二、颤动之水面

在水力场中，水之碰击现于"水宫"及"压力水道"者最关紧要，不可不知也。当流水进入涡轮之量有变更时，辄起所谓"消沉"或"起节"之颤动。

凡颤动之波距常相等者名之曰"和穆"颤动。颤动遇阻力当前，则其浪距减小而成"消沉"颤动。若阻力甚大，使颤动不能静悠回步，而须经（理论的）无限长久时期使得即于"零线"，则名之曰"起节"颤动。

事实上以能知第一次，最大之"轩轾"为已足。

有两问题，须先说明：

第一，在水力场中，流水经过压力隧道或自由水面隧道或明渠以达水宫，由水宫而达于涡轮，当电机有须由力场网中"装电"或"卸电"时，涡轮因之有"开"或"关"时，于时分零或数秒钟内水量由 Q "增加"或"减少"至 Q_0，水宫之水面自不免因之有变更，其变更又如何？

第二，压力水管中之压力变更及水管吃力如何？

（1）在"一致状态"下水量，经过压力隧道（$f \cdot V$）入水宫而达涡轮于长 L 之途中消耗其压力水头之总量 h。设入涡轮之水量变更至 Q，则水宫内起有颤动，同时或因 $Q_0 < Q$ 而致工作水面上涨，或 $Q_0 > Q$ 而致工作水面下落。

计算时设为已知之数为 Q、Q_0，水宫之横断 F，隧道之横断面 f，隧中流速 V，隧长 L，水幂半径 R 及系数 K，以及一切水头之损失总量（损失于入口者可以不计）：

$$h = \left(\frac{1}{2g} + \frac{L}{K^2 \cdot R}\right) \cdot V = \beta \cdot V^2 \tag{13}$$

设横断面有变更，则由 $f_0 \cdot V_0 = f \cdot V$ 得其代替之长 $L = L_0 \cdot \dfrac{f}{f_0}$ 及另求之系数 K。

蒲若瑟（Pressel）算水宫中之"卸""装"水位线用逐步法，如下：

$$\Delta z = \left(-\frac{f}{F} \cdot V + \frac{Q_0}{F}\right) \cdot \Delta t \text{ 及 } \Delta V = \frac{g}{L} \cdot [z - (\beta \cdot V^2)] \Delta t \tag{14}$$

式中 z 为水面之升降,以向下者为正,向上者为负。V 为隧道者流速,以由水池至水宫之方向为正,$\beta \cdot V^2$ 为摩擦损失,其方向常与隧道中流向相反,故于"卸电"时之颤动线(第九图)上其向上之枝为正,其向下之枝为负。而于"装电"时之颤动线上则常为正。隧道中之糙率,必须研估,为安全计,最好于计算最高水面(卸)时,估算隧道糙率宁失之小,时间若短宁可不计其糙率,而于计算最低水面(装)时,则估算隧道糙率,宁使失之回大也。

第九图,水面涨落之途径(括弧中之数视 □□□□)(原文缺失)

吕梅岭(见其所著 Rümelin, *Wasserkraftanlagen* Ⅱ, S.88 ff) 依梅雅之说,对于忽然全"卸"之情用下式算起:

$$T = \left(1 + \frac{0.005f}{F}\right) \cdot \frac{\pi}{2} \cdot \sqrt{\frac{F \cdot L}{f \cdot g}} \text{ (s)} \tag{15}$$

此为"近似"算式,其中 T 为颤动至第一次最远之值所经之时间,F、f 及 L 同上并视第九图。T 之值可分为许多等分 Δt,而以入等式(14)算之,又令 $Q_0 = 0$,即 $\Delta z = -\frac{f}{F} \cdot V \cdot \Delta t$。吕梅岭之算法列之有表,见伏希梅之《水力学》(Forchheimer, *Hydraulik*),邹励志之文载于《水利年鉴》(*Wasskraftjahrbuch*, 1925)及司特莱之《水工算题》(Streck, *Aufgaben aus Wasserbau*)。

水宫之特征合乎 $W = \frac{2g \cdot F}{K^2 \cdot R \cdot f} = \frac{2g \cdot F \cdot h}{L \cdot f \cdot V^2}$ 时,其最大之轩轾可用以诸式近似计算之。

● 按蒲拉西,用于骤关涡轮时(水面升高):

$$W \cdot Z + e^{-W \cdot Z} = W \cdot h + 1 \tag{16}$$

● 按伏希梅,用于骤关涡轮时(水面升高):

$(W \cdot Z + 1) - \text{lognat}(W \cdot Z + 1) = W \cdot h + 1$

骤关时(水面下降):

$$Z_{b_{max}} = 0.178h + \sqrt{\frac{2h}{W} + (0.178h)^2}$$

$$= 0.178 + \sqrt{\frac{f}{F} \cdot \frac{L}{g} \cdot V^2 + (0.178h)^2} = y_b \tag{17}$$

● 按斯密翰 – 哈雷,用于骤关涡轮时(水面升高):

$$Z_{e_{\max}} = \frac{h}{2} - \sqrt{\frac{2h}{W}} = \frac{h}{2} - \sqrt{\frac{f}{F} \cdot \frac{L}{g}} = y_e - h$$

骤开时(水面下降)：

$$Z_{b_{\max}} = \frac{h}{4} + \sqrt{\frac{2h}{W}} = \frac{h}{4} + V \cdot \sqrt{\frac{f}{F} \cdot \frac{L}{g}} = y_b \tag{18}$$

● 按李西失,用于骤关涡轮时(水面升高)：

$$Z_{e_{\max}} = h - \sqrt{\frac{2.4h}{W} + h^2} = h - \sqrt{1.2 \frac{f}{F} \cdot \frac{L}{g} \cdot V^2 + h^2} = y_e - h \tag{19}$$

骤开时,可用于 $\frac{h}{2}$ 之值不太悬殊于 1 时。

● 按约生,用于骤关涡轮时(水面升高)：

$$Z_{e_{\max}} = h - \sqrt{\frac{2h}{W} + h^2} = h - \sqrt{1.00 \frac{f}{F} \cdot \frac{L}{g} \cdot V^2 + h^2} = y_e - h \tag{20}$$

● 按陶玛、艾舍-莒布司,用于骤关涡轮时(水面升高)：

$$Z_{e_{\max}} = -\sqrt{\frac{2h}{W}} = -V \cdot \sqrt{\frac{f}{F} \cdot \frac{L}{g}} = y_e - h \tag{21}$$

骤开时,摩擦力未计入。

● 按艾舍-莒布司,用于骤关涡轮时(水面升高)：

$$Z_{e_{\max}} = \frac{2}{3}h - \sqrt{\frac{2h}{W} + \frac{1}{9}h^2} = \frac{2}{3}h - \sqrt{\frac{f}{F} \cdot \frac{L}{g} \cdot V^2 + \frac{1}{9}h^2} = y_e - h \tag{22}$$

在以上诸式中(并视第九图)：

y 为水宫中水面起落之绝对值减去原来水宫之水面(y_e, y_b),故 $y_e = h + Z_e$,$y_b = Z_e$[b 为装电(Belastung) 之记号,e 为卸电(Entlastung) 之记号]。

$\pm Z$ 为水面之起落减去水池中之水面(名之曰水均)(Z_e, Z_b),向下者为正,向上者负(max 为最大之记号,如 $Z_{e_{\max}}$,即为卸电时最大之水面轩轾也)。

事实上,水面轩轾不致如以上诸算式所求得之大,盖开关机器非一瞬间事,虽其时极短,而即于极短时间已足消灭若干颤动。

第一表(原文缺失) 为按伏希梅算式所算之数,因 $W \cdot h + 1$ 而即得 $W \cdot Z + 1$ 之值。

求水宫之横断面 F 可按博朗(S.B.,1925,Nr. 6,S. 67) 或陶玛不计隧道中之摩擦损失 h,而：

$$F = \frac{f \cdot L \cdot V^2}{g \cdot Z_{e_{\max}}^2} \tag{23}$$

但于此须注意者欲免去因调整涡轮而发生之"增长"颤动或"常住"必须求一最

小之水宫横断面 $F_{\min}$,而符于"稳定"之条件:

$$h \geqslant \frac{\psi}{Z} \cdot \frac{Z_{e_{\max}}^2}{H} \qquad Z_{e_{\max}}^2 = \frac{f \cdot L \cdot V^2}{g \cdot F_{\min}}$$

$\psi = 2.0$,用于佛兰西司涡轮;

$\psi = 1.0$—1.5,用于自由水股涡轮。

故在佛兰西司涡轮,$\psi = 2.0$, $h > \dfrac{Z_{e_{\max}}^2}{H}$ 或在限度上 $Z_{e_{\max}}^2 = h \cdot H$,因得:

$$F_{\min} = \frac{V^2}{g} \cdot \frac{f \cdot L}{H \cdot h}$$

在自由水股涡轮,$\psi = 1.0$, $h > \dfrac{Z_{e_{\max}}^2}{2H}$ 或在限度上 $Z_{e_{\max}}^2 = 2h \cdot H$,因得:

$$F_{\min} = \frac{V^2}{2g} \cdot \frac{f \cdot L}{H \cdot h} \tag{25}$$

为安全计,择用水宫之横断面 $F = 8F_{\min}$,亦常有令 $F = 30f$ 者(参阅 Vogt, *Berechnung und Konstruktion des Wasserschlosses*,Stuttgart,1923)。

又为求算 $Z_{e_{\max}}$ 之近值按上列算式(18)或(21)制为算表 Ⅷ(列后附卷)。

为消灭水面轩轾计,水宫之构造亦可分为三段,在上、下二段各有宽大之横断面而中间一段,只为一升管,以联络上、下二段者,升管之横断面不减于隧道之横断面,而亦非超过甚多,故水宫之构造费因此大为节省。下端亦名容水箱,其底可使达水宫最低之水位,即约高出隧道下口二米,上段亦名升水箱,则由"水均"线以下起。此种多箱式水宫,虽较复杂,然可逐步算法(参阅 Pressel, S. B. Bd. 53,1909,S. 57)或图解算法(Presil,S. B. Bd. 52,1908,S. 336;Strickler, S. W., 1914,S. 175;Johnson, Eng. Record, 1915,P. 379;Braun, S. B., 1921;Nrlli Winket. ZBL.1923, S. 440;Schoklitsch,S.B. Bd. 81. S., 1923, S. 147;*Wasserkraftjahrbuch*, 1925/26,S. 214ff;Rümelin Ⅱ,Leiner ZBL., 1925,S. 1637ff;Tillmann, W. K.,1921,Bd. 16;Streck)。此外,可参考 Forchheimers "Hydraulik" "Hutte" 及 Wittenbauer "Aufgabe"186,186;Enher‑Bubs‑Vogt 等著,计算升管与水宫相同。

例题:设有一连于压力隧道之水宫,其水量 $Q = 37.71\text{m}^3/\text{s}$,流速在"一致"状态下,$V = 3\text{m/s}$,隧道横断面 $f = 12.57\text{m}^2$,水宫横断面 $F = 62\square.5\text{m}^2$,隧道长 $L = 4000\text{m}$,水头损失 $h = \dfrac{V^2}{2g} + \dfrac{L \cdot V^2}{K^2 \cdot R} = 7.318\text{m} = \beta \cdot V^2$。

水宫特征:$W = 0.1995\text{m}^{-1}$

按 Pressel 算式(14)逐步推算得以下之值(参阅第九图)。

机器骤关时(第三表):

$\Delta t = 10\text{s}$ $\dfrac{f}{F} = 0.02$ $\dfrac{g}{L} \cdot \Delta t = 0.0245$

第三表

$\Delta t/\text{s}$	ΔZ	Z	$\beta \cdot V^2 = h$	ΔV	V
0	− 0.6000	+ 7.3177	− 7.3177	0.0000	+ 3.0000
10	− 0.5971	+ 6.7177	− 7.3177	− 0.0147	+ 2.9853
20	− 0.5917	+ 6.1206	− 7.2455	− 0.0266	+ 2.9587
30	− 0.5840	+ 5.5289	− 7.1168	− 0.0389	+ 2.9198
⋮	⋮	⋮	⋮	⋮	⋮
330	− 0.0093	− 4.4176	− 0.0197	− 0.1087	+ 0.0469
340	+ 0.1023	− 4.4269	− 0.0018	− 0.1085	− 0.0616
350	+ 0.0339	− 4.4140	+ 0.0031	− 0.1081	− 0.1697
360	—	− 4.3807	+ 0.0243	− 0.1079	− 0.2776

用(6—22)诸算式,得下列最高值:

关机器时:

按蒲拉西,为负四点四三米(16);

按伏希梅,为负四点四四米(17);

按斯密翰－哈雷,为负五点一四米(18);

按李西失,为负四点七六米(19);

按约生,为四点二一米(20);

按陶玛、艾舍－莒布司,为负零点八五米(21)(得数过大,因未计摩擦力大);

按艾舍－莒布司,为负四点二九米(22)。

机器骤开时(第四表):

$\Delta t = 30\text{s}$ $\dfrac{f}{F} \cdot \Delta t = 0.6$ $\dfrac{Q}{F} \cdot \Delta t = 1.80$ $\dfrac{g}{L} \cdot \Delta t = 0.0735$

第四表

$\Delta t/s$	ΔZ	Z	$\beta \cdot V^2 = h$	ΔV	V
0	+ 1.8000	0.0000	0.0000	0.0000	0.0000
30	+ 1.7206	+ 1.8000	0.0000	+ 0.1323	+ 0.1323
60	+ 1.5660	+ 3.5206	− 0.0142	+ 0.2577	+ 0.3900
90	+ 1.3471	+ 5.0866	− 0.1237	+ 0.3648	+ 0.7548
⋮	⋮	⋮	⋮	⋮	⋮
240	+ 0.1230	+ 9.1604	− 5.5036	+ 0.3018	+ 2.7950
270	+ 0.0063	+ 9.2834	− 6.3512	+ 0.2155	+ 3.0105
300	− 0.0905	+ 9.2771	− 7.3683	+ 0.1403	+ 3.1508
330	—	+ 9.1866	− 8.0711	+ 0.0820	+ 3.2328

按算式(16)至(22)诸算式,得下列最高之值：

开机器时：

按蒲拉西,为正九点二八米(16);

按伏希梅,为正九点八七米(17);

按斯密翰－哈雷,为正十点四九米(18)。

(2) 水宫之水系经自由水面之隧道或明渠流入,于涡轮或水管关闭时其工作之水忽然停留,则致水宫之水面隆起如阶而已向上游传播,名之曰"水涨",别之曰"漾涨""闭涨"。

关乎涡轮工作渠中水面之颤动,蒂飞尔曾研究其性质与实阶上之关系(参阅 Teifel in Z.f. Turbinenwesen, 1916, S.357; Forschungsarbeiten H. 205, S. O. Z., 1917, S. 48; Engels, Hdb. Ⅰ, S. 124)。

当未行关闭之前水宫中来水与去水之量相等,命之为 Q,而其相当速率为 V,又命 V_s 为"水涨"向后传播之速率,按伏希梅在矩形之纵断面 $(F, b \cdot t)$：关闭不完全者,设 Q_0 及 V_0 为关闭过程经过以后之流量及流速(活闸、虹吸),则：

$$V_s = -\frac{V + V_0}{2} + \sqrt{g \cdot \frac{F}{b} + \frac{(V - V_0)^2}{4}} \tag{25}$$

关闭安全者,设 $Q_0 = 0$ 及 $V_0 = 0$,则(按蒂飞尔)：

$$V_s = -\frac{V}{2} + \sqrt{g \cdot \frac{F}{b} + \frac{V^2}{4}} = -\frac{V}{2} + \frac{1}{2}\sqrt{V^2 + 4g \cdot t} \tag{26}$$

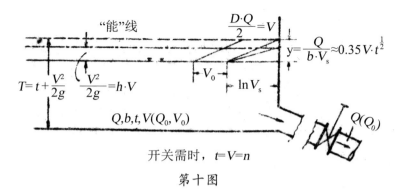

第十图

假令于关闭涡轮时间 τ 流水量为直线式的减少以至于零(第十图),则于 C 时总流量为 $\frac{\tau}{2} \cdot Q$,因照常流法为 $\tau \cdot Q$ 也。同时于水宫中因流量之减而壅积者亦为 $\frac{\tau}{2} \cdot Q$,即成水涨之波以掩加于水面。经过 τ 秒"涨波"之长达至 $l = \tau \cdot V_s$,其形式在纵剖面上可以三角形目之。在完全关闭之一瞬时(τ 之终点)"水涨"之高等于"水涨"三角形之高 y。命水面之宽为 b,则已 $\tau \cdot V_s$ 为长,y 为高,b 为宽之楔形容积即等于关闭时间 τ 来水量与去水量之差,即 $v = \frac{\tau}{2} \cdot Q$ 或 $\frac{\tau}{2} \cdot Q \cdot V_s \cdot y \cdot b = \frac{\tau}{2} \cdot Q$,由此得"水涨"之高 $y = \frac{Q}{b \cdot V_s}$,及已关闭完全,则"水涨",三角形以 V_s 速率向渠之上游传播。三角形后之空 $b \cdot V_s \cdot y$ 倏焉如来水 Q 所填满,则是又一 $Q = b \cdot V_s \cdot y$ 也,名之曰"漾涨",其高:

$$y = \frac{Q}{b \cdot V_s} = \frac{t \cdot V}{V_s} \left[若关闭一部分则 y = \frac{Q - Q_0}{b \cdot V_s} \right] \tag{27}$$

以上所得 V_s 之值代入,即得完全关闭时(视 $V\text{Ⅲ}a$ 算表)(石印本原文):

$$y = \frac{t \cdot V}{-\frac{V}{2} + \frac{1}{2}\sqrt{V^2 + 4g \cdot t}} = \frac{V}{2g}(V + \sqrt{V^2 + 4g \cdot t})$$

$$= 0.051 V \cdot (V + \sqrt{V^2 + 39.24 t}) \tag{28}$$

实用上于 $V \leq 1.5\text{m}, t \leq 10.0\text{m}$ 时,可以下之近似算式代之,亦够精确:

$$y \approx 0.375 V \cdot t^{0.45} \approx 0.35 V \cdot t^{1/2} \tag{29a}$$

按彭胄(Bundschu, *Angewandte Hydraulik*)用于完全关闭。

$V_s = -V + \sqrt{g \cdot t}$ 之近似算式为:

$$y = V \cdot \frac{V + \sqrt{16 g \cdot t}}{\Delta g} \tag{29b}$$

蒂飞尔计算 bei Resonary 最大之"水涨"高,不计来水之摩擦,按理论为:$y_r = 1.7T$。

其中：

$$T = \tau + h_r = t + \frac{V^2}{2g}$$

第三章　压力线及能力线

在水管上安设许多垂直小管，上端开通（名曰毕叟量管），则水管中流水上升小管中之水面连为一线，名之曰"压力线"。压力线关系于水管之径 D 及管中流量 Q。

设诸小水管上端俱如气压表之封闭，则得一新压力线，超出第一压力线之上 $h_0 = p_0/\gamma = 10333/1000 = 10.333 \mathrm{m}$。

若将每一横断面所有流量高度 $h = \frac{V^2}{2g}$ 加在第一压力线之上，而连其端点，则得所谓能力线（简称"能线"）。"能线"之坡度 J_e 为计算水管及水槽之要件（参阅第四章），视第十二图 b（石印本中没有出现第十一图位置及图；第十二图 a 水管和 b 水槽原图缺失）。

水之流不生漩、湾，则"能线"之坡绝无成跳跃形之理。跳跃之"能线"按其性质为摩擦工作之成象。

以下按照博司之法——设令一明槽中之水深为 t，其"能线"超出槽底为：

$$H_e = \frac{V^2}{2g} + t \tag{1}$$

参阅第十二图 b，又设槽之横断面为矩形，其宽为 b，则 $V = \frac{Q}{b \cdot t}$，流水之动设为一致的，故：

$$H_e = \frac{Q^2}{2g \cdot b^2 \cdot t^2} + t \tag{2}$$

又设 $F = b \cdot t$ 及 Q 为已知数，而 $Q^2 \cdot 2g \cdot b^2 = C$，为恒数。 $\tag{3}$

得：

$$H_e = \frac{t^3 + C}{t^2} \tag{4}$$

此式之三实数根，正二负一，二正根之大有为 t'，为"流"水之深，小者为 t''，"射"水之深（第四章）。H 之值愈减小，则两种流态亦渐相即近，H 之最小值 $H_{\min}$ 于 $h \cdot V$ 及 $\frac{\mathrm{d}H_e}{\mathrm{d}t} = 0 = 1 - \frac{Q^2}{g \cdot b^2 \cdot t^2}$ 处，可由等式（2）得之。由此得临界深度（即"流态"转为"射态"之界限）：

$$t_{gr} = \sqrt[3]{\frac{Q^2}{b^2 \cdot g}} = \sqrt[3]{2C} = t \cdot \sqrt[3]{\frac{K^2 \cdot J_t}{g}} \tag{5}$$

盖在正常之水流 $Q = V \cdot F = K \cdot \sqrt{R} \cdot \sqrt{J} \cdot b \cdot t$，而水幂半径 R 又可以水深 t 代之也。此临界深度亦即为一横断面中已知 H_e 之值而与其最大流量相当之水深也。

以等式(5) t_{gr} 之值代入(3)(4)，得：

$$H_e = 1.5 \sqrt[3]{\frac{Q^2}{b^2 \cdot g}} = 1.5 t_{gr}$$

再与等式(1)相比较：

$$\frac{V^2}{2g} + t_{gr} = 1.5 t_{gr}$$

即：

$$\frac{V^2}{2g} = 0.5 t_{gr} \text{ 或 } t_{gr} = \frac{V^2}{g} \tag{6}$$

若梯形之河床其侧坡角度为 φ，底宽为 δ，则：

$$t_{gr} = \sqrt[3]{\frac{Q^2}{(\delta + t \cdot g' \cdot \cot\varphi)^2 \cdot g}} \tag{7}$$

"能线"之准确计算在理论的临界深度附近至为需要，盖流态之变最易发现于此处也(参考第四章)。通常以下三例可施之每一横断面式。

(1) 已知水量 Q 而其流正在乎临界深度处得 $H_{e_{min}}$。

(2) 已知 H_e 而水流适在 t_{gr} 处，得 Q_{max}。

(3) 每一横断面式中皆有一与其水量相当之 $H_{e_{min}}$，不然则不能容偌大之 Q。

附第一表　本章所译述语中西对照表

译名	德文	英文
压力线	Druklinic	Pressure Line
能力线(简曰"能线")	Energielinie	Energy Line
毕史量管(简曰毕史管)	Piezomoefei	Piezo Tube
流量或水量	Abbflussmeng oder Wassermenge	Discharge Atonality or Water Atonality
坡度(降度斜度比降)	Geföll	Slope
漩	Wirbel	Eddy
滚	Walzen	Rolling
水槽	Wasserrinnc	Water Channel

续表

译名	德文	英文
水管	Geschlossene Wass Orleitung	Water Pipe
一致动	Gleichformige Bencegung	Uniform Motion
"流"态	Stremender Zustand	Flowing
"射"态	Schiesscder Zustand	Shew
水幂半径	Hydroulinhes Radurs	Hydraulic Radius
临界深度	Greuztiefe	Critical Depth
侧坡	Böschung	Side Slope
底	Sola	Bottom

附注:博司(Böss)著有 *Berechnung der Abflusmengen und der Wasserspiegellage bei Abstürzen und schwellen unter besonderer Berücksichtigŭng der dabei Auftretenden Zusatzspannungen*。

第四章 水之流动

一、水流之状态

水流状态简约分之为二：

1. 一致的　在此状态下，流水经过之一横断面中所有关乎流状之事（面积、形势、流量、及时经过同一点水分子之速率、方向及其内力），俱不以时而变更。若经过之横断面彼此相等，则为等速之动；彼此不相等，则为不等速之动（横断面由小而及大者为缓动，由大而及小者为急动）。

2. 变化的　在此状态之下，每一横断面中，所有关乎流状之事随时地变。按雷葆分流水之态为以下数类。

(1)流:①滑动（缕流，平行流动，柯勒谓之带流）；②流动（寻常河流，葛林谓之静流）；③射动（山溪之流，葛林谓之激流）。漩流、混流、激流，柯勒谓之绞流。

(2)倾:按雷葆之解释，"流"之动由于重力及动之理，水之横断面或四周皆有壁为依，或为自由水面，下有床址相承。若壁与床忽而失去，无所承依，则水完任外力之驱使而"倾"矣。

二、滑与流

水之滑动所需抵胜者只有水之黏着性,流动则需抵胜较大之阻力。由滑动而转至流动及射动时,速率名为临界速率。临界速率关系于水管径之大小(D)、液体之温度(t,摄氏度)及其水层互相贴滑所起之黏液性(又与混度有关)。温度增加则其影响减少,按莱瑙得水之临界速率:

$$V_{kr} = \frac{1}{43.79 \times (1 + 0.0337t + 0.0021t^2) \cdot D} \text{(m/s)}(D \text{ 单位为 m}) \tag{1}$$

特例:

若 $t = 8℃$,则 $V_{kr} = \frac{0.0176}{D}$;

若 $t = 10℃$,则 $V_{kr} = \frac{0.0169}{D}$;

若 $t = 12℃$,则 $V_{kr} = \frac{0.0153}{D}$。

故令(第一表):

第一表

D/mm	V_{kr}/(m/s)(8℃)	V_{kr}/(m/s)(10℃)	V_{kr}/(m/s)(12℃)
80	0.220	0.210	0.199
100	0.176	0.168	0.159
200	0.088	0.084	0.079
300	0.058	0.056	0.053
400	0.044	0.042	0.039
500	0.035	0.033	0.032
1000	0.018	0.017	0.016

在河床所得结果与此相类,故在工业上所遇,只有流动("流""射")而无滑动,其所遇摩擦阻力近乎与 V^2 为正比,而非如缕动之阻力与 V 为正比也。至流动时所起之压力升降,则名之曰"脉动"。

三、"流"与"射"

两种流态,可识别如下:

"流"(河流),$t > t_{gr}, V < \sqrt{g \cdot t}$ 或 $\dfrac{K^2 \cdot I}{g} < 1$ 或 $\dfrac{V^2}{2g} < \dfrac{F}{2b} > h \cdot V$

"射"(山溪流),$t < t_{gr}, V > \sqrt{g \cdot t}$ 或 $\dfrac{K^2 \cdot I}{g} > 1$ 或 $\dfrac{V^2}{2g} > \dfrac{F}{2b} < h \cdot V$

其中临界速率 $V_{gt} = \sqrt{g \cdot t}$ 与水深为去时与波动之传播速率相当。

"流"态之流其因在所观察横断面之下;"射"态之流其因在所观察横断面之上。

临界流速 $\sqrt{g \cdot t}$ 在矩形河床发现于所设之 $H = H_e$,水量 Q 为最大时之水位(第十三图),在梯形河床,河床为 s,侧坡为 e,得最大水量 Q_{max} 时之 t_{gr} 为:

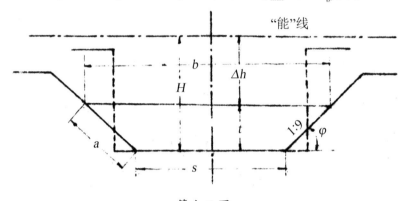

第十三图

$$Q = V \cdot F = (s \cdot t + \cot\varphi \cdot t^2)\sqrt{2g \cdot (H_e - t)} = \max \tag{2}$$

命 $\dfrac{dQ}{dt} = 0$,由上式得矩形横断面($\varphi = 90°$)之 Q_{max} 在 $t_{gr} = \dfrac{2}{3}H_e$ 处,抛物线式横断面之 Q_{max} 在 $t_{gr} = \dfrac{3}{4}H_e$ 处,三角形横断面($S = 0$),Q_{max} 在 $t_{gr} = \dfrac{4}{5}H_e$ 处。

若 $\varphi = 90°$,得在 Q_{max} 而宽为 b 时之:

$$\Delta h = h_V = H_e - t_{gr} = \dfrac{t_{gr}}{2} \tag{3}$$

按之普通算式:

$$V_{gr} = \sqrt{y + g \cdot t_{gr}} \tag{4}$$

在矩形横断面即为:

$$V_{gr} = \sqrt{\dfrac{2}{3}H_e \cdot g} = \sqrt{2g \cdot H_V}$$

又 $Q_{max} = b \cdot \sqrt{\frac{8}{27}g \cdot H_e^3}$，故：

$$t_{gr} = \sqrt[3]{\frac{Q_{max}^2}{b^2 \cdot g}} \tag{5}$$

与第三章等式(5)符。

贝朗瑞曾经推演宽顶滚跌堰流不计其摩擦(第十四图)而得同样之关系。

正圆式横断面应求其极限或水角度 φ_{gr}(第十五图)，由下式：

$$H_e = t + \frac{V^2}{2g} = t + \frac{Q^2}{2F^2 \cdot g} = r \cdot \left(1 - \cos\frac{\varphi}{2}\right) + \frac{2Q^2}{g \cdot r^2 \cdot (\varphi - \sin\varphi)}$$

命：$\frac{dH_e}{d\varphi} = 0$

得：

而：

(原文缺失计算过程)

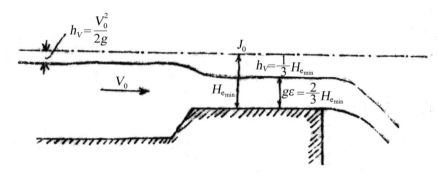

第十四图

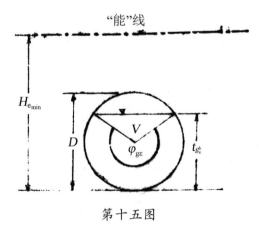

第十五图

极浪盛水角度与适宜的成水角度 $\varphi_{ge} = 308°$ 不同。

在流态之水面及"能线"俱在,"漾水起因"之上游升高,在"射"态之水水面,在"漾水起因"之下游降低而"能线"升高。在"流"态之水下游河底陷落而横断面扩增之处常成一负向坡度。在"射"态之水,则正与相反。

在水量富裕之河中,以能免除其演成"射"态为宜,因其流泻过程尚多为人所未悉也。

在临界深度 t_{ge} 附近水之倾向或由"流"而转为"射",或由"射"而转为"流",而于"射"转为"流"时常发生立浪,因之其深度变更,常在 t_{ge} 之百分之三十。

发生临界深度 t_{ge} 处之临界坡度 I_{ge} 可由等式(4) 令 $t = R$ 及

$$V_{ge} = \sqrt{g \cdot R_{ge}} = k \cdot \sqrt{R_{ge} \cdot I_{ge}}, 得:$$

$$I_{ge} = \frac{1}{k^2} \cdot g$$

雷葆曾由模型试验求得 I_{ge} 之值。按其结果,则小水道如山溪中之水以"射"态为多。

由等式(6)(7) 及 $V = k \cdot \sqrt{R \cdot I}$,得:

$$I_{ge} = \frac{28Q^2 \cdot \varphi_{ge}}{k^2 \cdot D^3 \cdot (\varphi_{ge} - \sin\varphi_{ge})^3} \quad 〔(\varphi_{ge} - \sin\varphi_{ge}) 疑误〕$$

水渗之生成于雷葆书中,S.26 览之。

译名解释:

余于本书中所译之名间有自创者,恐读者读之莫能解,因先为解择于此,并举德文、英文注之,以便读者。

附第一表

译名	德文	英文
实用水力学	Angewandte Hydraulik	Applied Hydraulics
量法单位	Masseinheiten	Unit of Measuration
水流之状	Fliessqustände	State of Flow
恒一状	Beharrungszustand	Steady State
变易状	Anderungszustand	Changeable State
一致动	Gleichformige Beweyung	Uniform Motion
缓动(减速动)	Verzögerte Beweguny	Retarded Motion

续表

译名	德文	英文
急动(加速动)	Beschleunigte Beweguny	Accelerated Motion
横截面	Querschuitt	Cross Section
水量	Wassermeng	Water Quantity
颤动	Schwingung	Oscillation
水流之态	Fliessarten	Kinds of Flow
"流"	Strömen	Flowing
"射"	Schiessen	Shooting
流动速率(简曰流速)	Fliessgeschwindigkeit	Velocity of Flow
波动速率(简曰波速)	Wellengeschwindigkeit	Velocity of War
上游	Flussauf	Upper Flow
下游	Flussab	Down Flow
水道(流水之道)	Leitung, Wasserlauf	
压道(水被压行之道,如水管等)	Druckleitung	
露天水面道(河渠等)	Freisfiegelleitung	
地重急率(地重加速率)	Fallbexhleunigung	Acceleration of Earth
弹系数(弹性系数)	Elastizitäts Modul	Modulum of Elasticity
明径	Lichtdurchmesser	Clear Diameter
水深(水之深度)	Wassertiefe	Water Depth
"能"	Energie	Energy
"能"之总算	Energiebilong	
位能	Doteilielle Energie	Potential Energy
动能	Kinetische Energie, 以前用 Energievernichtung	Kineric Energy
耗能	路庭改为 Energieverzichrung	Killed Energy
高(水头)	Höhe	Height, Head
恒(恒数)	Konstante	Constant
水平	Horizont	Horizon
能水平	Energiehorizont	Horizon of Energy

续表

译名	德文	英文
水面	Wasserspiegel	Water Surface
地水平	Geodätischer Horizont	Geodetic Horizon
流速之高（流速水头）	Gesthwindigkeitshähe	Velocity Head
"能线"	Energielinic	Line of Energy
漩（水平衡面的漩流）	Wirbel	Eddy
滚（水竖向的滚流）	Walzen	Rolling
内擦（内部摩擦）	Innere Reibung	Internal Friction
壁擦（壁部摩擦）	Wandreibung	Wall Friction
涮坑	Verkolkung	Scour
削岸	Uferabbruch	
推移质（沙石数之为水所推移者）	Geschiebe	
滚流	Überströmen	Over Flow
滚跌	Überfall	Over Fall
出流	Ausfluss	Exfleux
不完全滚跌	Ünvallkommener Überfall	Incomplete Over Fall
完全滚跌	Vallkommener Überfall	Complete Over Fall
孔	Öffnung	Orifice
池	Becken	Basin
水胶	Wasserstrahl	
头露滚跌	Freier Überfall	Free Over Flow
头露出流	Freier Ausfluss	Free Exfleux
水头（之高）	Fallhöhe（路庭始用此者以别于 Gefälle）	Head
坡（坡度，比降）	Gefälle	Slope
V-线（速度曲线）	V-Linie	Velocity-area
Q-面（水量面）	Q-Fläche	Quantity-area
阴影面	Schraffierte Fläche	Shaded Area
闸（蔽孔之板）	Schütz	Gate

续表

译名	德文	英文
上闸	Obares Schütz	Uper Gate
限度	Grenz	Limit
堰(分隔水建物)	Wehr	Weir
堰顶	Wehrkrone	Crown of Weir
水流过程	Fliessvorgang	Process of Flowing
进流	Einstrommen	Inlet, Inflow
起流	Wasserauflaufen(彭胄始用此名)	
Q-线(水量曲线)	Q-Linie	Quantity Curve
临界深度	Grenztiefe	
临界速率	Grenzgeschwindikeit	
堰口算式	Wehrformeln	Weir Formula
模型试验	Modelversuch	Model Experiment
流系数	Ausflussbeiueert	Coefficient of Exfleux
堰口束缩	Kontraktion	Contraction
来水速率	Zuflussgeschwindikeit	Welocilg of Approach
回吸功用	Ejektorwirkung	Ejector Action
堰流算法	Wehrborechnang	Calculation of Weir Flow

灌溉有无自动方法之可能

（一九三二年译；此文载于 La Science et la Vie, No.141, 1929, 已阅数年，偶尔检阅旧籍，觉其尚可译出，以供同人研究，因译之）

自动灌溉方法系前俄人彼得堡大学教授高内夫（Korneff）之理想，利用土壤吸收之力不相等以为之者也。例如，以罅管安设土中而盛满以水，则因土质缺乏水分者管中之水为之吸空，于是有灌溉之二法基于此理：一为环式（Circuit Ferme），一为玦式（Circuit Ouvert）。

环式灌溉者，抉地为池以为灌溉。池水之深维持之，使常在零点五至一公尺，水可自一虹吸管流出通入灌溉罅管。灌溉罅管埋于深三十至四十公分之壕底，而覆以黏土及石灰之混合物，使之不透空气，于是实水于罅管，关上龙头以闭绝空气，于是全式成矣。若土质缺乏水分，则吸收水分自通管中，管内之水自必降低，池中之水自然流入以补其缺，而浸淫于灌溉网间矣。若土壤中之水分充足后，则不复自管中吸收水分，而水亦停流（第一图）。

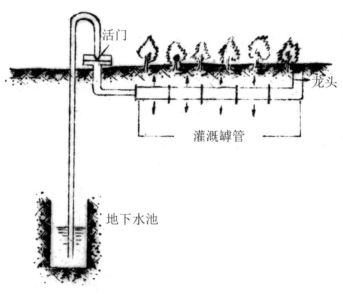

第一图

土壤中缺乏水分与否,一关乎气候之燥湿,一关乎植物生长之需耗,亦可用一种特别器具,确定土壤需水之量,以定水池中应有之水深。

珙式灌溉基于上同一原理,但不同者为所用之罉管以无宽缘之节管首尾连接,置于一洋灰壕底。壕沿止于与土壤有一定之距离处,供水盂之水由地外一水池供给之,备有一浮子以维持水面使有一定之高度,其高与灌溉管相同,而管与盂联成一连同管(Vase Communicant)式。

小管以洋灰砌之,实以沙子,覆以宜于植物之土。土中缺乏水分,则索之于小管中之沙。沙以有吸收之效,索水于盂,盂水降落,则浮子下坠,外池之水自然流入以补之。

二法俱以自动供灌溉,不用动机而维利用土壤之需水。其法曾试验之于尼斯测候所(La Station Météorologique de Nice)及阿未央试验所(La Station expérimentale d'Avignon)。在阿未央灌溉地面凡五百平方公尺,以四列环式管及一珙式管供灌溉,结果在此灌溉区之植物,较之区外用寻常法表面灌溉者,发育甚速;且证明在此区中土壤之表层,尚有五至十公分之厚仍干,而草之丰茂,已视区外为胜。同时自动灌溉用水之量,较之寻常灌溉法减少十至十二倍。

自动灌溉法若能用以开垦荒漠之地,如撒哈拉之地向未垦种者,则其功伟矣。

中国现有之生产力

(此文载于一九三四年十一月二十四日《上海德文日报》。吾国建设方始而全国所有力源,虑可不知,因译之)

一、机械力源

中国地质调查所根据较可靠之调查,估定十六省煤田,蕴量总数为二百五十亿(千兆)吨,其中四五亿吨为无烟煤。总量之半数在山西,百分之三十在陕西,百分之四在四川,百分之五在河南,百分之一点七五在湖南。产煤之地,大抵皆在西北山境,交通不便,输出惟艰,而本地又无大用途,故不能开发。沿江海一带皆便于开采运输,惜其蕴量远不能与西北相比。河北省占全国煤产量约百分之一点二五，而闽、粤、桂、黔则共不过百分之十五至百分之二十。江苏为工艺中心而煤量不过二百一十七兆吨，浙江超过一百零一兆吨，山东则超过一千六百兆吨。以全国计之，中国煤之蕴量，不如美国、坎〔加〕拿大及苏俄，只可居第四位。

再论石油，按美国地质研究所估计，陕西、甘肃、四川及新疆蕴油之量为一点三七五亿桶。中国全国石油蕴量合富顺油页岩约三点二五亿桶计之，应居世界第七位。但中国之石油开采甚微，亦以其僻在西北故也。但煤油之消耗量除用于灯者逐渐为电灯所抵制外，皆日见增加，液体燃油输入之量，一九二七年为十五万七千吨，至一九三三年增至三十三万六千吨，同年汽油由十三兆增至三十一兆加仑。

更言水力，按美国人民估计，中国全国水力约可有二十兆马力，居全世界百分之四。按中国人自己调查之数，则可至三十一至四十一兆马力。第一表详列：

第一表

省别	河名	市名	水力/(兆/马力)	
			最少	最多
云南	晋渡河	昆明	1.50	2.00
云南	澜沧江	大理	0.70	1.00
贵州	乌江	思南	0.25	0.35
广西	西江	梧州	0.60	0.75
广东	东江	广州	0.25	0.35
广东	北江	广州	0.25	0.35
福建	闽江	福州	0.80	1.50
浙江	钱塘江	杭州	0.15	0.15
浙江	曹娥江	宁波	0.17	0.17
江苏	淮河	清江浦、江都	0.13	0.15
安徽	青弋江	芜湖	0.20	0.25
江西	赣江	南昌	0.12	0.15
湖北	汉江	武昌、汉口、汉阳	0.35	0.50
湖北	扬子江	宜昌、沙市	80.00	100.00
湖南	湘江	岳阳、长沙、衡阳	0.25	0.30

续表

省别	河名	市名	水力/(兆/马力)	
			最少	最多
四川	岷江	成都	0.50	0.70
四川	扬子江上游	万县、重庆、成都	15.00	20.00
陕西	黄河	三门、龙门等处	0.35	0.50
甘肃	黄河	兰州	0.22	0.28

按国际电力会议所定算式改算之，以上所举□□□□□□。□□三点三七二亿瓩（启罗瓦特）时。假定：每一启罗无烟煤或约三启罗褐煤等于六千喀罗利，煤油之效率大于无烟煤□□□□□，一点三四马力时等于一瓩时。中国人数以四百兆计，每人分用四百二十瓩时（为现时美国所发生动力之半数），则可支持五百六十年，若按现时日本标准每人一百六十六瓩时计之，则可支持一千四百年。〈柯论〉（哥伦）比亚大学教授李德（Professor Reud of Columbia University）按照中国一九三〇年所用之瓩时计算如下（石印本原文第二表无法看清，故未此处未列）。

此计算未免失之过估，盖煤及石油之用于家用者多，用以生力者微也。

（一）电厂及工厂之动力厂

一九三一年中国全国所产电量总额为二点五亿瓩时，其中一点五亿瓩时为公家电厂所产，其余则各工厂及矿场所有。以电厂□□□而论，为欧美人所经营者，只占百分之四。但以资本而论，则为欧美人所经营之电厂占中国全国电厂资本总数之百分之六十四，而其所产之电量亦占全国所用电量总数百分之五十。

（二）机关车及力车

□□□二年来铁道及公路俱有□□，故运输力源亦□□。据一九三一年铁道部统计共有□四□□□机关车，□□□共有一万七千吨。每一机器之引力以十□吨每点钟行四十公里计之，共得二点五兆马力。以工作三点钟及二百五十工日计之，得每年一点八八亿马力时或□点四二兆瓩时。

一九三一年中国共有力车四万一千八百五十三辆，其中约半数为运货力车及作运货用之小汽车类。平均以载量二吨及百匹马力机力计算，得货车功率为二兆马力，人坐车及公共汽车功率为一点一兆马力。合一切力车以三百工日每日工作二时计之，共得一点八五亿马力时或一点三九亿瓩时。

(三)船

一九三一年在交通部注册者凡汽轮三千二百八十一艘,吨位共计四十五万二千五百八十八吨,机力共三十四万六千二百五十四马力。以每年三百工日每日八时工作计算,得功率总额为八百三十兆马力时,或六百二十兆瓩时。中国船只亦见增加。

以上但就有簿可考者论之。至各小工厂为政府统计所不及者,则未记之。此等小厂机器之力合计之当亦不在少数,尤以上海及各大市为最。近更推及于农田,以电力或油动机转动水车以供灌溉。本年江南大旱以后,政府更有力以国力助民唧水灌溉之举。又各建筑场所之机车亦未计入。要而言之,中国机器之应用,方兴未艾也。

二、人力及畜力

中国统计家统计普通人力约当十分之一马力。农夫则可当六分之一马力。平均以每一人当十五分之一马力计算,次数由中山大学教授巴瑟勒(Adolph Basler)得之。

(一)农业

中国统计局统计全国农户之数为五千八百五十六万九千户。每户平均以有三成人计,则有农夫一百七十八兆人。每年以一百工日每日八点钟工作计之,其功率总额为二十九亿马力时或二十一点八兆瓩时(以上之数连东北四省在内)。至于畜力按美国人之估计全中国引车载重之畜共约三千一百一十七兆头,每年功率为十六点八亿马力时或十二点六兆瓩时。

(二)工厂矿场交通及运输工人

按一九三〇年之统计,中国工厂及铁道与公路工人俱为激增,其总计如下:

工厂	一百二十万四千人
矿场	二百二十八万九千人
铁道	十万人
电报局	一万人
邮局	一万九千人
共计	三百六十二万二千人

各项工作互异,平均以每人当十分之一马力计之,每年以三百工日每日八时工作

计之,得功率总额为六亿五千万瓩时。

(三) 分工

按中国劳工年报统计全国业□工者整一兆人,每人当十五分之一马力,得每年功率为一百五十兆瓩时。又人力车夫以四十万人计之,得功率为二兆□□□。又有许多不少揣摩之手工统计之为四亿瓩时之功率。

综合计算,则中国所有可用之力源属于机械者,只百分之十二点九;属于畜力者,百分之二十七点六;而属于人力者百分之五十九点五。

弯曲河道挟沙之大模型试验

(一九三四年译;恩格尔斯著,载于 *Wasserkraft und Wasserwirtschaft*, Heft 3/4 1932, *Grossmodell-Versuche über das Verhalten eines geschiebe fuhrenden Wasserlaufes unter der Einwirkung Wechselnder Wasserstände und Verschiedenartiger Eindeichungen*)

本篇先论以前所做过之试验,再述奥贝那赫之试验设置及所做试验,以试验结果,比较大模型与小模型对于河工问题试验之优拙。由新试验得明了河湾处泥沙之转徙,并证明床址于洪水时最无规律,翼堤有益于航水及缩狭堤距并不能降落水面。

一、试验之题

在予所著之《水工全书》(H.Engels, *Handbuch des Wasserbaues*)第三版补编 *Erganzungsheft zur 3 Auflages S. 14/15* 中曾论及河湾之处推移、转徙之状及增水、减水改造河底之情形,时人对此争论尚多,应在天然河流中详加测验,而同时做模型试验以求解释其谜。昔予在特莱斯登(Dresden)曾做关于此题之第一试验,其模型缩尺为一比四百,其河湾系与爱尔贝(Elbe)河在四百二十三公里及四百二十五点五公里间之弯曲相符。所决定之试验槽尺寸,限制模型段之长为十二公尺,平均宽四十二公分。河址起首平衡,横断面做梯形式,水深五公分;河床之质为净沙,沙粒大小平均零点九一公厘;试验水量每秒五点八八公升。及通流经过五十四小时,达于恒一态度,乃用水准仪平测其水面之坡度,而将受通流影响改变之河床模型用型式画器(Profilzeichner)

摄取之。试验之时,令沙之注入量与其输下量相平衡。模型之水面坡度及天然河流之水面坡度,俱与推移质经之直径为正比,而与平均水深为反比。沙之转徙状况以染色之沙粒辨之,所得结果为:推移质由凸弯河岸之下端起,脱离其下毗之凹岸,即过上下二弯曲顶点间之过渡段,而渡越于其下紧相之凸岸(第一图)。溪路(Talweg)之位置视第二图。

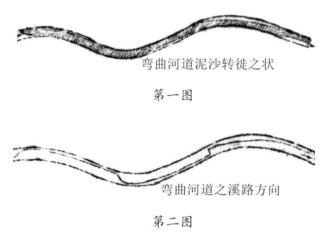

弯曲河道泥沙转徙之状

第一图

弯曲河道之溪路方向

第二图

第二问题为增水及减水改造河底之情形。予曾一九二三年于现在特莱斯登河工试验所用一模型河床试验之,其弯曲情形同上。所得结果为:河址之不规律情况于增水时加甚而减水时减轻。第三图至第五图为于长二十五公尺模型中取其平均长六公尺一段所得结果。洪水量为每秒八点七公升,恰其满槽水尚未至溢出。低水量为每秒三点五公升,迨经过十四小时之低水通流以后,两岸洋灰所成中间之梯形式横断面,改变形式,于是再通流两小时之洪水,复维之两小时之低水面摄取其状。

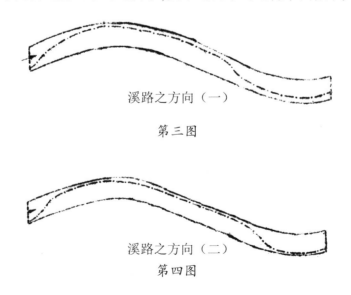

溪路之方向(一)

第三图

溪路之方向(二)

第四图

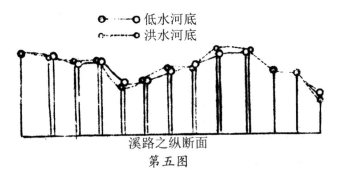

溪路之纵断面
第五图

此次试验虽足以证明坚实河岸之间，弯曲河流改造河床之理，但以种种理由不能认为强有力之证明，而其结果亦为许多专家所认为不满。一因模型横断面之比例较之天然者"参差"（Verzerrung Distortion）太多，平均四十公分之宽，水深至五公分以上，不免太多。再因试验时低水量与洪水量相比为一比二点五，与天然不相应，而予之第一试验，仅以一种水量为之。又试验用何床以洗过之沙成了，粒之大小不一致，亦与天然不符。复以试验洪水仅限于满槽，而实际上洪水常致溢出也。按予之意见，欲以模型试验证明河床改造诸问题，必须有较大而近于天然之比例尺，水量亦须用其大焉者，河床素质亦须求其与天然相应者。兼之为试验洪水堤防对于河床之功效，亦深知非有大规模之模型不可。因之予以得为帝维廉公司所属之水及水力试验所工程顾问，利用其时机而建筑作用大模型试验于"瓦痕"湖之"奥贝那赫"。本次试验于一九三一年七月至九月完成之。

二、试验设置

试验所之成立，以下简单述之：先是奥司喀·米勒（Oskar von Miller）建议设一大试验所，拟有计划，于是德国政府，巴燕邦政府，帝维廉科学公司（Kaiser-Wilhelm Gesellschaft zur Förderung der Wissenschaften）及几地方机关与巴燕大水力公司合力提倡，建设本试验所。在"奥贝那赫"川谷中"瓦痕"湖南端以下约二公里处，购地十公亩（第六图）。试验于露天之下，水量至每秒八立方公尺，可以无偿取之瓦痕湖水力场。该场于"克龙"（Krün）镇之上，堰"伊萨"（Isar）河之水而注之瓦痕湖之南约二公里处，"伊萨"渠注入扩宽之"奥贝那赫"。试验需要之水即由"伊萨"渠中取之，如第七图所示，而注之于容量二千五百立方公尺之分水池中。各试验槽，由此分歧。试验所之建筑始于一九二八年，其夏已可做试验。以杞识梅（O.Kirschmer）主任其事。杞识梅现任特莱斯登工大教授。

至为予之试验所定之河型，建设于一池形之槽中，其地位视第七图。槽之有效长为一百公尺，址宽十公尺，两岸坡度为一比一（第八图至第十图）。槽址及坡用沥青层以止渗漏。址之坡度为零点零零五,将来用模型做山水试验者亦可用之。地形槽之位置,处于一隅者以免与将来其他各试验槽之分布生冲突也。又因十公尺宽之槽,不便直接向分水池中岔出,故以一引水渠宽三公尺者间接于其间。此渠由直而曲,逐渐展宽至十公尺,越过一十公尺之滚水墙而跌入一套池(Tosbecken)中,乃入之于槽。槽之终端,又有第二跌水,并备有套池及池栏,与之相连者为一宽二点五公尺之混凝土渠,其横断面为矩形而具有量水堰。水由此渠出,又跌入一套池中而流注于"奥贝那赫"。凡跌水及进水建筑俱以钢铁及药水浸过之木料为之,较之用混凝土实工者所省甚多,且使将来各部分有应变更时易于改换。

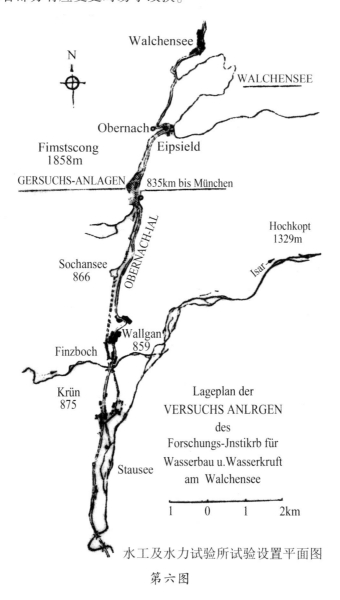

水工及水力试验所试验设置平面图

第六图

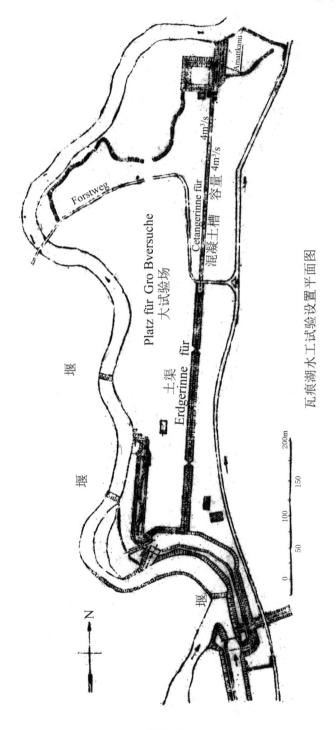

第七图

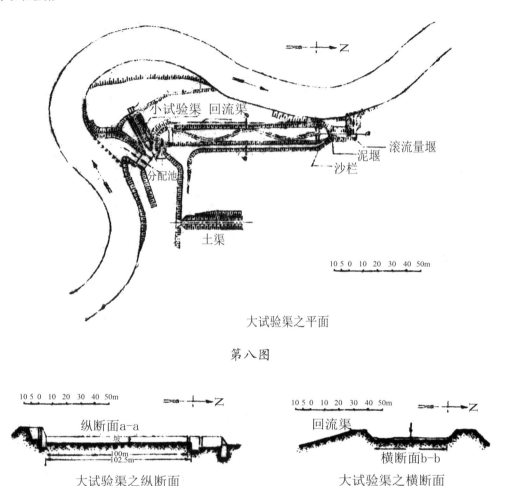

大试验渠之平面

第八图

大试验渠之纵断面

第九图

大试验渠之横断面

第十图

三、试验

在此试验槽中所建筑之河型，平面上与前在特莱斯登河工试验所所用模型，即与爱尔贝河弯曲相似。但其比例尺与天然相较则为一比五十五。新型之横断面亦为梯形式，其上宽因试验槽之宽及弯曲率之限制，定为二百五十公分。

初拟河型底之坡度，与大试验槽底之坡度相同，即零点零零五，但经过在一水槽中特别之试验（试验所另有关乎此之报告），知此坡度适应于过筛之"伊萨"河沙粒径六至二十五公厘。如此粗沙施用于规定之模型横断面中，实嫌过巨。故改变方针，先由"伊萨"河筛出较细之推移质，试验之于水槽，得水深五公分，坡度零点零零一时，推移质犹不动。水深再增加，则已渐动。准此故制河型之底及两岸滩地使其坡度为零点零零一不变,通流时水面坡度亦加之。河床质之情状视第十一图。

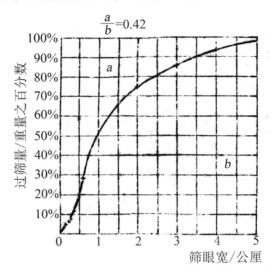

第十一图

所用于河型之推移质通匀铺厚二十公分,而平其底。低水之深在起首横断面平衡底上为五公分,水满槽时,深十四公分定为中水,而洪水则因堤防之异,致漫没滩地十至十二公分。中水时之平均流速每秒为零点五公尺,低水时为每秒零点一四公尺,一切试验中水流俱为激流(Turbulente Strömung)。河床之岸坡为一比一,以混凝土薄层固定之,干堤及引堤亦然。

如此所得之模型横断面,其低水深与河宽之比为一比五十,较之昔日余所用之比例一比八为减少"参差性"不少。以此之故,新试验结果可适合乎天然者之程度增高,而不能与昔日试验相比。

试验按三种不同堤制,别为三类,而各类之试验程序完全相同。其低水、中水,与洪水之量,通流时间皆同,且一切水位俱保持同一之水面坡度一比一千。又推移质之加入及输出,亦与可能范围内令其一致,惟如此故其试验结果可以互相对勘也。

正试验以前,须先做许多预备试验,以求得需要之经验,乃开始做正试验。

试验包括三类:

(1)堤制Ⅰ,直线洪堤,相距十一公尺。(第一图幅,第一类试验,第十二图至第十五图)

(2)堤制Ⅱ,直线洪堤如前,而加以滩上翼堤。(第二图幅,第二类试验,第十六图至第十九图)

(3)堤制Ⅲ,缕堤(随河身弯曲之洪水狭堤)相距四点五公尺。(第三图幅,第三类试验,第二十图至第二十三图)

第一幅图　第一类试验

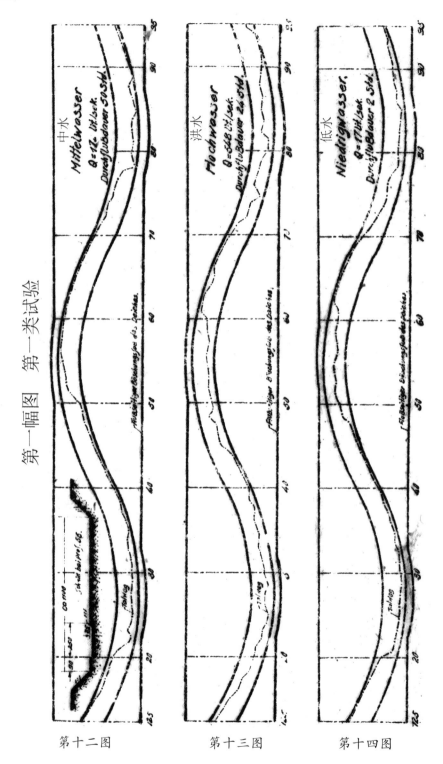

第十二图　　第十三图　　第十四图

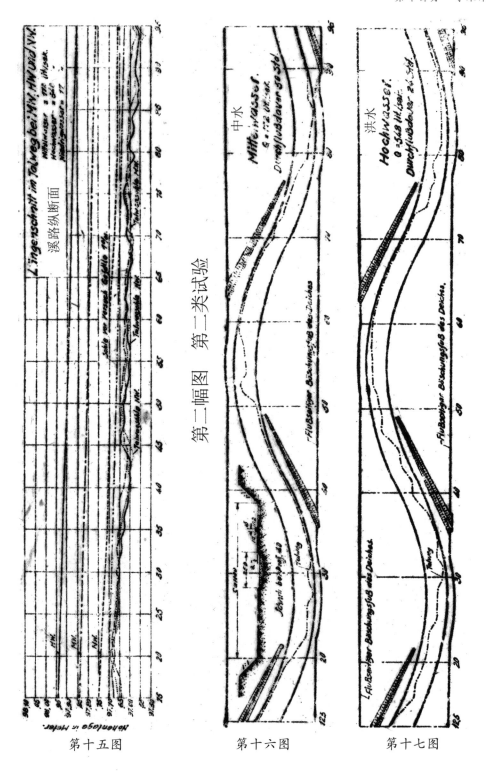

第二幅图　第二类试验

第十五图　　　　　第十六图　　　　　第十七图

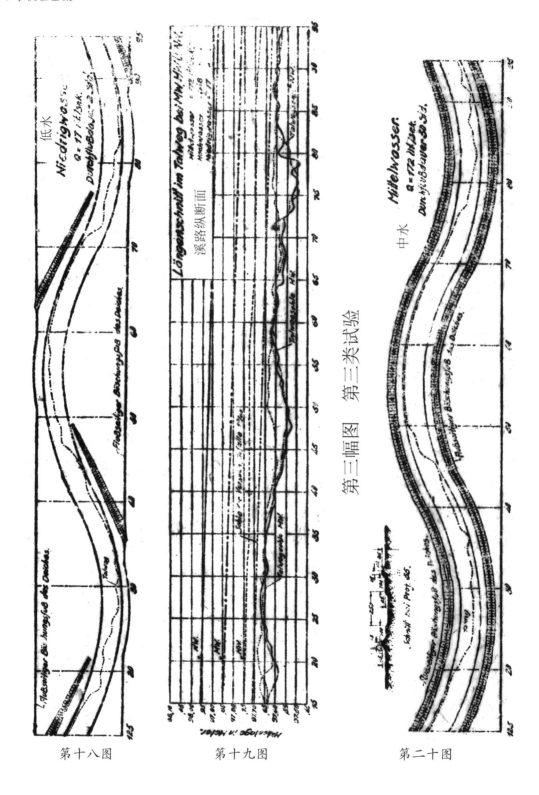

第三幅图　第三类试验

第十八图　　　　　第十九图　　　　　第二十图

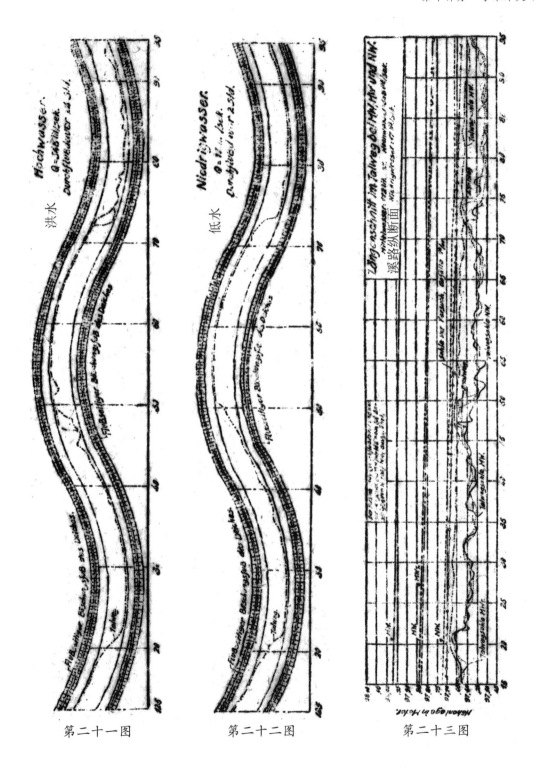

第二十一图　　　　第二十二图　　　　第二十三图

每一类中之试验程序如下:

(1)注水至中水位,经过五十点钟之中水通流,平测(水准测量)水面空干河床,测横断面,摄影图。

(2)再注水至中水位,经过六点钟中水通流,由中水增高至洪水位,经过二十四点钟洪水通流,平测水面,空干河床,测横断面,摄影图。

(3)再注水至洪水位,经过十二点钟之降落,由洪水降至低水,再经过两点钟之洪水通流,平测水面,测横断面,摄影图。

各水位流量在各类中俱为一致:低水每秒十七公升,中水每秒一百七十二公升,洪水每秒五百四十八公升。

水量在一矩形横断面式之渠中用一量堰(不受两旁迫缩之滚水堰)量之。滚流之高 h 自堰顶(锐削的)起上游二点五公尺处定之。流量以简单算式 $Q=1.9\times2.5h\cdot\sqrt{h}$ 算之。算出之流量以"盐液冲淡法"(Salzverdünnungsmethode)校正之。所得之差不过百分之一,无关紧要。

第一类试验及第二类试验,皆能使推移质之加入与输出几近均等,乃第三类试验则推移质输出之总量超过加入总量约百分之五十,虽第三类试验中水之推移质加入及输出之量仍与第一类试验及第二类试验相等,此在比较洪水试验结果时不可不注意也。在泥拦中所淀之推移质在各类试验中俱不再用以加入,因通流时经过冲洗最细之成分被洗去也,但存留于河道之推移质则无须更替,故事实上推移质所含之细成分不免减少,于加入新推移质时补充之。

以经过许多预备试验所得经验,推移质之加入完全以熟练助手按照定时定量而行之。洪水之推移质加入,亦仅限于河道以内而不及滩地,滩地以富于粘连性之土质堆成之,谨慎夯筑之,使虽于流通极小时,亦不致隙裂。

河床空干后,再行注满,则用一木槽由下端注之。木槽由分配池中分歧,沿试验场之西面,而会于下端套池内。(第八图)河床空干后,水面及横断面皆加以平测。全体试验技术之详目,试验所另有特刊说明,兹不赘。

施测之横断面,上下相距,至多不过一点二五公尺,为满槽河宽之半。但于关系评断河床改造最要之过渡段及河底大不规则之段,则横断面测之较密。至每以横断面内施测之点,按横断面形式相距不等,最大为二十公分。第一类共施测二百三十五个横断面,第二类二百三十三个横断面,第三类二百九十八个横断面,总计共施测七百六十五个横断面。根据测过之横断面制为河图之等深线。每一类各制低水、中水及洪水河图各一,共成九图。第十二图至第十四图,第十六图至第十八图及第二十图至第二十二图各图不过示溪路(最深点之连线)之方向地位,而等深线以其过密(零点五至一公分)略去。第十五图、第十九图及第二十三图为溪路之纵断面图,第二十四图及第二十五图为横断面之二,第二十六图及第二十七图为试验槽之摄影(原文缺失)。

上述各图缕堤以顺坝法做之坝后用汲泥机填实。

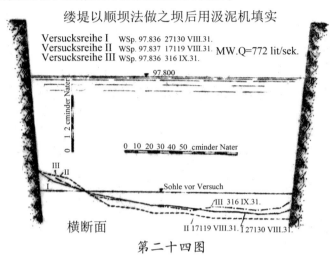

第二十四图

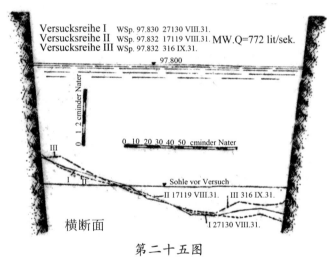

第二十五图

四、试验结果

(一)推移质之转徙

试验之时,推移质之转徙,以目力追随之,又屡以红砖末撒入而观察之。观察所获与余昔时试验之结果,完全相符。即推移质由凸弯河岸之下端起,脱离其下毗连之凹岸而渡越于其下紧相对之凸岸。其渡越也,以缓曲之势跨过河床,且于此时推移质比类分聚,凸岸之前,尽成细沙,而凹岸之下,为粗粒所聚,亦与天然河流状况相符。

第四幅图 第二十四图

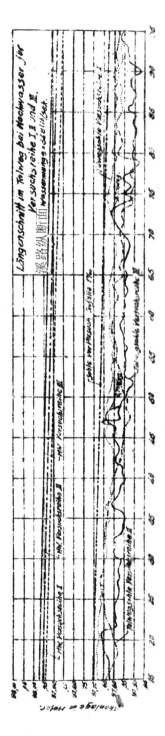

第二十六图

此种结果,惟于大模型可得之,昔日余所用之小模型所不及也。

昔余以细沙试验于小模型也,河床常起短而不规则,无定律可寻之沙楞,必于所用之沙特别选择,始免此现象。而现时之大模型试验,则河床表面,始终光整。推移质之转徙,但成长脊,上游坦缓,下游陡峻。水量增加,则"潭"(水最深处)与"槛"(水最浅处)之高低差别,在过渡段加大。但过渡段之涨,顺溜向计之则缩小。此等现象亦维于大模型试验可获,盖以"参差性"较微少也,故其结果必较切合于自然。推移质转徙之速率,平均为点钟三十至四十公分。沙楞之象,惟现于细沙凸岸之处。

(二)堤之效用

由第十二图至第二十三图可见各类试验结果,皆于洪水时沿溪路线之床址截面不规则最甚。继洪水而至之底水,仅能消除此不规则现象少许。又由第三类试验之结果,知继底水而通流五十点钟之中水亦不能消除此不规则现象之大部。评断溪路之纵横面时,须知每类中水试验所得之河底标高,皆为临时的;惟洪水流通以后之河底,乃得大体决定之平均标高。此可于第三类试验中补加通流中水后,再通流洪水二十四点钟,未见河底再行刷深证明之。但为比较堤之效用计,此点无关重要。

洪水对于河底之影响,在堤制Ⅰ为最小,在堤制Ⅲ为最大。盖"潭"与"脊"高低之差在Ⅲ为最大,而在Ⅰ为最小也。同时由第二十六图可见"脊"之长度,在Ⅰ及Ⅲ为最小,而在Ⅱ为最大。堤制Ⅱ之过渡段,延展最长,对于航水为最适宜。故知翼堤能使河溜聚集于过渡段,其益甚多也。若就堤制Ⅰ及Ⅲ比较其过渡段,则堤制Ⅲ对于航水反不如堤制Ⅰ。最小之低水深度,在堤制Ⅰ及Ⅲ约为五公分,而在堤制Ⅱ则为八公分,亦受翼堤之益也。洪水河床受堤制Ⅲ之缕束,不惟不能降落洪水面,反增高之。但论推移质之行动,则堤制Ⅲ之输出量大于加入者,是以有其优点也。又按上所述:补加通流中水后,再继以二十四点钟之洪水通流,其时推移质之加入与输出亦约相均等,洪水面未见再低落。此次结果,对于讨论治河方法而求洪水面之降落者,甚为重要。故此类试验,仍当就所欲治之河流,按其特性,其所挟泥沙而大规模行之,如黄河如密西西比皆有此需要也。

五、结论

以上所得满意结果,惟于大模型试验可有之。河床之变化,亦惟于大模型中能显著之。

河工之模型试验,须模型之横断面深与宽相比,与天然者一致,即无"参差性",始可以言大。但若遇宏大之河流,此目的颇难达到。因有经济的及技术的限制,所得河型常使水之深度太小而致生"层流"(Laminare Strömung)也,且试验所需之时间及其赋予之材料亦有关系。

但小模型试验之价值,非可以有大模型而遂贬损也。余身为创设模型试验之人,积年以小模型试验所得极有价值之研究结果甚富,此不待辨而知者。即此时大模型试验所得结果,与以前小模型试验所得者,亦多相合。

波河之水文及其治导方略

(一九三四年译;原文载于 *Zeitschrift des Internationalen Ständigen Verbandes der Schiffahrts-Kongresse*,为 Hugo Müller 所译,Jan,1934,Nr.17)

一、概论

"波"(Po),意大利巨川也,发源于"蒙菲苏"(Monviso)山之"比亚得勒"(Piano del Re),拔出海面约二千公尺。其始流于极细之峡谷中,所纳流注之水甚多,以次阔大。及其行于"阿尔布"(Alpen)与"阿宾尼"(Apenninen)二山间之冲积平面,长约七百公里,其流渐趋平缓,入于"阿得札海"(Adriatiches Meer),成一三角洲,其流数股。大者有五,名曰:"Po Von Maestra""Von Pila""Von Tolle""Von Gonocca"及"Von Goro"。

支流之来自左方者,皆源于"阿尔布"。大焉者有七,名曰:"Dora Riparia""Dora Baltea""Sesia""Tessiu""Adda""Oglio"及"Mincio",末四支流各流经巨湖,分别论之为:"Laggo Maggiore""Comosee""Iseosee""Gardasee",故沉淀之后,入于"波"者恒为清流。

支流之来自右方者,源于"海阿尔布"(Seealpen)及阿宾尼,大焉者有九,名曰:"Tanaro-Bormida""Trebbia""Nure""Taro""Parma""Enza""Crostolo""Secchia"及"Panaro"。诸流皆短于来自左方者,洪涨之时猛而厉,入于"波"者恒为浊水(第一图)。

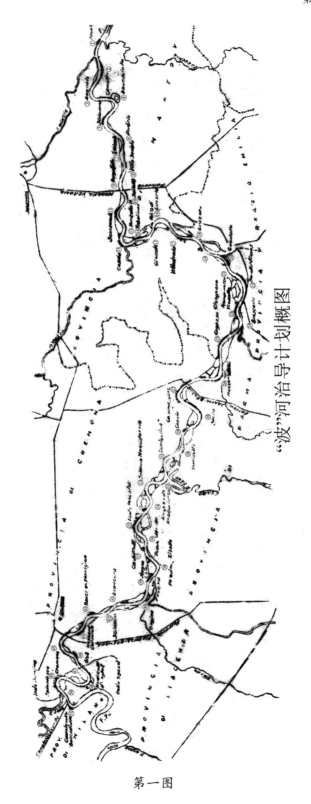

第一图

"波"之两域,总括为七万零九十一平方公里,增之其三角洲上最外河股之间三百八十一平方公里。"波"之床由源起至"Piacenza"上"Trebbia"河口为块石及砾,以上则为沙,行愈远愈细,至"Ostiglia"再下则为泥为黏土至入海。"波"所流经之地面,其土壤之性质及构造,使"波"床在"Piacenza"及"Ostiglia"之间者非常变迁。

"波"之洪涨在葛老桥(Gerolobrücke)(Pavia)上者,皆受范于天然河岸。自此以下则两岸有堤,堤为头等堤,由国家防护。两岸毗连之地面类低于最高洪水位七至八公尺,赖此堤保护。沿河两岸之堤至海口长四百公里以上,又有横堤,相距不等。最远者为"Taro"(Parma)以下,相距五千八百公尺,最近者为"Mincio"河口之处,相距五百公尺,Ostiglia 以下亦然。堤距较大之处,河床有广大滩地(Golene),由地主自筑二等堤以保护之,较大洪水可以漫过。"波"之流水状况,每周岁洪水二发,一次发于秋季(十月、十一月),一次发于春季(五月),冬、夏二季则为低水。夏季低水较盛于冬季,则上游湖水及阿尔布山冰川之赐也。

秋季洪水完全因雨所致,阿尔布域之雨关系尤多;春季洪水则有阿尔布山之积雪溶解以增其势。秋季洪水恒浊,而春季洪水则清。秋季由阿宾尼山诸水带入"波"河之泥沙,淤淀于河床者,恒得阿尔布诸清流以冲洗之,故河床不致淤填。

以下就"波"河行水之特有性质及其主要段雨域之状况,列为简明之表。饶有兴趣者为观察洪水及低水水位之悬差,或按之水标,或按之单位水量。"波"谷二等堤之间容水之量,亦须加以重视。由第一表中数字可见在 Piacenza 当最高水位时之流量,远过于其下游各段,虽其间仍有支流灌注而不能使下游量与上游者相垺也。

第一表

波河特性	Moncalieri	Piacenza	Casal-Maggiore	Borgoforte	Revere	Pontelagoscaro
雨域/平方公里	4885	42030	53460	62453	67900	70091
每年雨量/公厘	1008	1091	1121	1294	1092	1119
水位轩轾/公尺	5.40	10.70	7.47	8.87	11.13	9.43
平均流量/(立方公尺/秒)	92	896	1214	1266	1425	1464
最低水流量/(立方公尺/秒)	21	233	265	228	235	140
寻常低水流量/(立方公尺/秒)	57	437	527	534	662	703
寻常洪水流量/(立方公尺/秒)	425	3301	3728	3766	3107	3587
最高洪水流量/(立方公尺/秒)	1100	13755	10076	10264	10240	8900
每年泥沙总量/千〈顿〉(吨)	1100	13134	12868	4292	14017	17807

"波"河之坡度,除"Moncalieri"与"Piacenza"以上"Tessin"河口之间,低水及洪水坡度达于每公里降一点六公尺外,余皆甚坦。Piacenza-Cremona 间为每公里降零点一八公尺,Casal Maggiore-Borgoforte 间每公里降零点一六公尺,而 Revere-Pontelagoscuro 每公里只降零点一公尺。

坡度变异既小,故河中流速亦殊有律,Piacenza-Pontelagoscuro 之间,平均流速低水时为每秒零点五至零点七公尺,大洪水时为每秒一点一至一点九公尺,通常河面平均流速在每秒一公尺以下。

二、治导之研究

凡治河计划,必以本河之地文的及水文的研究为基础。

"波"河在 Adda 及 Mincio 二河口之间,长凡一百四十公里,其地文的情形如下:

河道甚形弯曲,弯曲之顶点,常因滩地之进展而推移,循乎河湾长成及发展之天然轨则。

河床之质由极细之沙而成,其粒不过公厘之分数,河床因之极善变迁。其变迁完全显著循乎天然轨则,河址或隆起或低陷,适应于水标之升降,其差常至四至五公尺。河深与水位之关系,因此而显复差。洪水时泥沙由最深处(弯曲处)移动至沙槛(上、下二曲之间过渡段),水落时及低水时泥沙又由沙槛移动到下游深处,其移动也自成段落。由试验可以确定移动于河底之泥沙量,约为"波"河输入海中泥沙总量百分之十。

莒博(Du Boys)之沙质移动定律,经沙飞拿(Schaffernak)之证明,亦可用之于"波"河。河床之抵抗力系数按劳克静(Loktine)之法计算之为三点三,颇近于维克赛尔(Weichsel)河,盖亦同为挟沙之河坡度相若,而经治道之以通航者也。"波"河之床于深处及沙槛之间,有一反向坡度约千分之一,较之平均水面坡度为千分之零点一五者陡甚矣。

自水文学立点观之,可以证明"波"河之寻常低水量,在 Adda 及 Oglio 两河口之间者为每秒五百立方公尺,在其下一段至 Mincio 河口为每秒五百六十立方公尺。寻常洪水均高出低水为四点五公尺,最高洪水高出低水为七至八公尺。各段停蓄之量不同,故此数值因之有增减。

"波"河之治导方案,根据河床长成平面的及空间的相互关系及其地文上与水文上各情实而立。为实施工程便利计,故计划采用本河实地之数值以为标准,而以天然轨则律之,以本河特性证之,而见其不谬也而后用之。又各河段经多次河床变迁而有其不易之特性，则必顾虑及之。

"波"河弯曲之处，其弯典半径与其深处之关系，确定之如第二表。

第二表

弯曲半径 R/公尺	深 H/公尺	切线交角 c/度
300—400	10.50	291
400—600	7.10	284
600—800	6.20	307

根据此项研究结果及上述之河床反向坡度，又沙槛处须有水深至少二点五公尺之需要，以定"波"河之治导计划。但采用弯曲半径则至张其较大者一千公尺或一千公尺以上，有时至二千公尺。弯曲顶点之距离，则为五百至二千公尺。

流量为每秒五百至五百六十立方公尺时，河底流速为每秒零点四公尺，此数值为直接测验于本河及由他邦已治之河流所测结果推算得之。又计算得平均流速为零点七公尺，而以计算 Adda 河口与 Oglio 河口间，以及 Oglio 河口与 Mincio 河口之间横断面积，一为七百三十平方公尺，一为八百平方公尺。又设拟横断面为抛物线式，深为二点五公尺，则上二段河面之宽，应一为三百公尺，一为三百四十公尺。由此得"波"河应有之新坡度为千分之零点一四六，与原有千分之零点一五平均坡度甚相近。虽如是而治导段以上毗连之河段，其低水面不免仍有零点六至一公尺之降落，但可试以延长低水河床之法，免去此弊。

"波"河未治之初，洪水两堤之间，颇不整一。滩岸被水侵蚀，现出各种土质之层积，尤以沙为多，崭然壁削；低水河床宽狭颇不一致，俱须节缩之使宽三百至四百公尺。治导方针，须就现有河床而整理之，使不违乎上所举之特性。以言治法，则凡保留之岸，必须保护之；应缩狭之处，则按计划之岸线施以顺工而用横坝连于旧岸。此等工应有之高，使出寻常低水面不过一至一点五公尺。河水所带泥沙，逐渐淤充其间，则成新滩地矣。如此则将来全治之"波"，其成分：一为宽三百至四百公尺之低水河槽，二为高出低水面一至一点五公尺之新成滩面，三为高出低水面三至四公尺之老滩，四为洪水堤以容泻最大洪水。其间一切障碍悉去，不致以沙槛移徙而妨排洪之横断面，故危机可免。削平陡弯，使有适宜之弯曲半径，不致再生过深处至二十公尺如现时状况。洪水堤临河堤脚亦须保护，以坚其效力。

由以上所论，可知"波"河治导工事之必经许多困难而不可稍忽者也，必也常川探验，新工施后，河床之平衡的与垂直的改造，是否如所预期者。欲达此目的，必有极微密之组织,以测验流量、河底流速,河床及水面之纵横断面而时时加以比较,又须测验河水所挟泥沙,一切俱以预先精密测定之三角点为依据。近世水工试验所之研究结果,亦可以为治导工程之大助。

三、治导工程

治导工程之主要部分,为设施于凹弯处之护岸工及顺工。凹弯之所在,两岸次第交替,故治导工事,亦即按弯设施,或在左,或在右。第二图可见采用之治导工程一斑。凹形之中部大抵侵削及于高岸,而岸两端则伸入河之本床。凡弯曲靠于高岸者,可用历来之护岸法,在昔时多用其法以护堤。

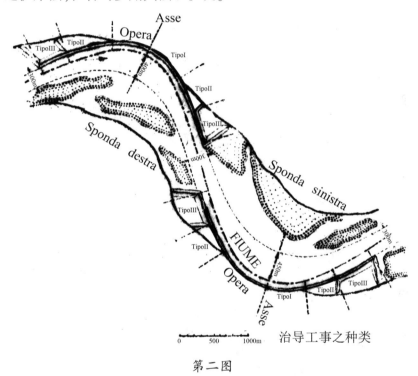

第二图

但治导定线有时行于河床之底,则须做顺工,其横断面为梯形而以横坝连于高岸,其做法与堤与丁坝无异。

(一)顺护工

"波"河中游,施以顺工,最为相宜。水面之上皆用长四公尺、径零点四五公尺之梢辊,以柳枝包裹河谷为之,以铅丝扎缚之。梢辊之上,盖以抛石成砌石。

此等设施,宗旨在乎治导,故须假定河岸已在计划中所定之弯曲中。如不然,则采用喀塞鲁法(Cassero-Vefahren)。其法维何? 按所应保护之段之方向,抉地为壕至于低水线齐,水面上应有护工预为做好,而抛石于抉深之壕底,俟河水冲刷至此线,则所抛之石,滚入水下,而防止继续冲刷。

用此法可使河中一定之段得按预期之水边线冲刷,而完成其护工于恰当之时。(第三图)

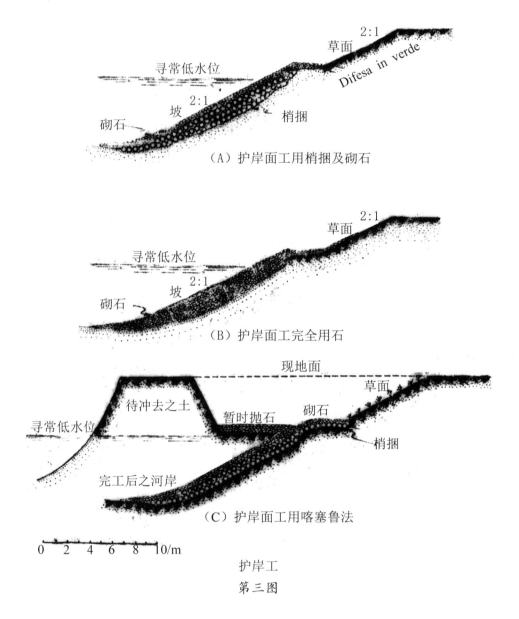

护岸工
第三图

(二)河床施工

施顺工于"波"河床底的困难甚多,盖此等工事须足以抵抗洪溜大力,且其高多仅超出低水面二公尺,而须为洪水漫过也。

此项工程,本应按梯形式横断面之坝工设计,以梢辊及石建筑之,其侧坡至少须有二(横)比一(竖)之坡度,其高至少超出低水面二公尺,其深平均至八公尺,顶宽须五公尺,其横断面积为二百五十平方公尺。以梢及石建筑是坝,每立方公尺须费六十里尔,每一公里须费一千五百万里尔,工费之巨,令人可惊。经济之力,如何可及。

于是技术委员会(Genie-Korps)工程师葛里耀(Gorio)特思一法以救其缺,其法如下:

第一步用浮水之打桩机沿坝之计划线,每纵向隔二公尺签一木桩,桩顶须超出河底二公尺。(第四图)

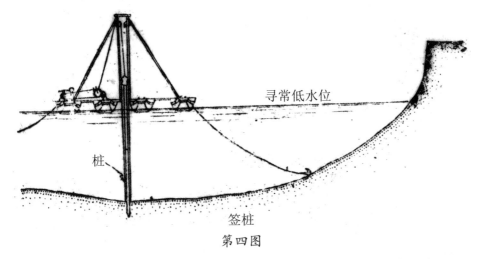

第四图

第二步用特制之浮水沉梢机,靠达于已签之桩,沉下制好之梢龙,一面靠桩,一面由桩顶至河底成二(横)比一(竖)之斜坡。(第五图)

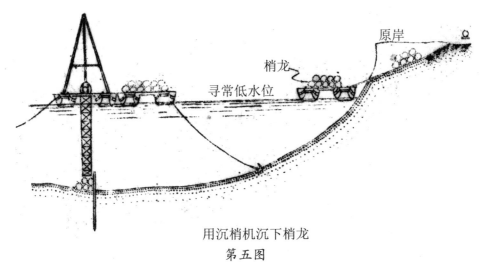

用沉梢机沉下梢龙
第五图

第三步用吸水挖泥机,吸河中之沙而喷于桩排及河岸间,以填其空,填高河底二

公尺。每填高一层(二公尺)则从新签桩,沉梢,放淤如前,至高齐水面为止。(第六图)

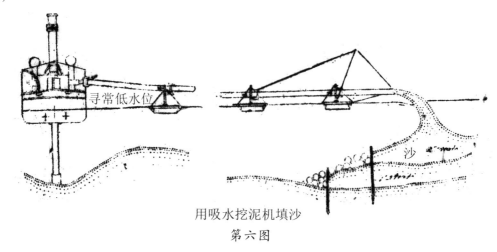

用吸水挖泥机填沙

第六图

第四步做成水面以上之工,坝顶及坝之内坡(向河岸一面)用梢护之,其上再加砌石固定之。(第七图)

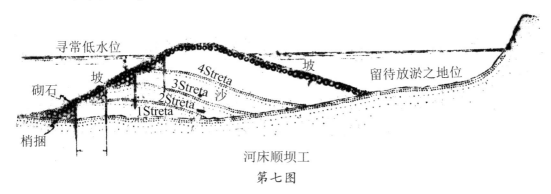

河床顺坝工

第七图

如此坝工,现已做成多段。靠近数年之最高洪水,亦捍御得力,故由经验而知此法之推行也。

工费每一公里为四百万里尔,较之完全用梢石者只百分之二十六强,所省多矣。

按目前物价论,堤岸工费每一公里为一百五十万里尔,用新法所做之顺工,每一公里工费为三百四十万里尔,横坝工费每一公里为二百万里尔。

治导 Adda 及 Mincio 两河口间之河段,共需工费为三百兆里尔。

关于变迁河床河流治导之模型试验

(一九三六年译；*Essais sur Modèles en vue de L'étude de la Régularisation des Revières a Lit Mobile*, Par M. Callet, 原文载于 *Annales des Ponts et Chaussées*, 106ᵉ Ann. 1936, Tome Ⅰ)

最近数年水工模型试验异常发展。但若试验中固体之面与流体相接触而不变其形态者，则试验原则可以完全成立[1]，反之若做形态试验(Les Essais Morphologiques)固体之面与流体接触必变态者，则不然[2]。尤以纯粹形态试验(Les Essais Purement Morphologiques)，专以研究其变态为目的者尤须注意[3]。

在形态试验中欲使模型中各部与天然者完全几何的形似，不可能之事也[4]。故普通须变通其模型而用不同之比例分施之于平衡及垂直两方向，所谓参差法(Distorsion)是也。如是，故模型中之降度亦与天然者异，一言以蔽之，已失其相似矣。如是，则所得结果但有质之价值而无量之等第。

以模型试验研究变迁河床河流之治导，即是类也，在第十六届国际航运会议(Congrès International de Navigation ⅩⅥ)中各试验专家对于此问题所见互异，辩论极烈[5]。最近，M. Chadenson 对此问题研究颇有兴致，曾为文载于 *Annales des Ponts et Chaussées* (1935, Tome Ⅵ, Page 988)，以下所论但限于所用方法之探讨。

为便于探讨计，专注意于一种研究如下：求以模型试验确定一种工程对于改变低水河床以改善航运情形之效力(确言之即研究其减水时河床形态之变更如何)。

兹进而言试验时须充之各条件。

命：

μ 为平衡向之缩尺比例；

v 为垂直向之缩尺比例；

η 为平均流速之缩尺比例；

σ 为纵向降度之缩尺比例；

ζ 为流量之缩尺比例。

(1)几何形似(La Similitude Géométrique)之条件为 $\mu=v$ 及 $\sigma=1$。即普通知其不

可能矣[6]，不得已而用参差法，变通其纵向降度，则不免牵起水流情况之显著变更，尤以影响于水幂（La Section Mouillée，水横断面）中流速之分配及曲线河段之横溜（Courants Transversaux）为尤甚[7]。故以能免去参差及极其重要纵向降度之变通为宜[8]。

（2）欲减除以上所举种种之不便，须令横向降度与纵向降度相等[9]，即令 $\sigma = \dfrac{v}{\mu}$（Ⅰ），惟如是始可保所施工程对于水流之功效情况一致。

（3）在横型中亦如天然，遇有激流（Régime Turbulent），其流况应使一致而黏糊性（Viscosité）之影响应允(?)略之[10]。如此则须令模型中平均流速 V 与水幂半径 r 之相乘积，不可太小，$V \cdot r > 0.007 \mathrm{m}^2/\mathrm{s}$，此为与 Reynolds 数约为五千相当之值，黏糊性之动系数（Le Coefficient Cinématique de Viscosité）于水之温度为十八摄氏度时为 $1.37 \times 10^{-6} \mathrm{m}^2/\mathrm{s}$[11]，若 $V \cdot R$ 为天然中与 $V \cdot r$ 相当之值，则应 $v \cdot \eta > \dfrac{0.007}{\sqrt{R}}$（Ⅱ）。以此故模型之垂直向长度须有相当之大。

此条件诚为需要，但以它方面观之，则为河状形态便于观察而不受表面波状影响计，为水流不受毛细管力扰乱计，通常又以采用参差法为便[12]。

在模型中亦如天然，又须使其流速小于临界流速（Vitesse Critique）$\sqrt{g \cdot r}$ [13]。但此条件常能实现，由此更得第四条件如下所述，使平均流速与临界流速之比不致有所变更。

（4）对于一大激之河流其形似条件为[里失-福鲁得]Reech-Froude[14]之条件，动压力（Pressions Motrices）及压力损失（Le Pertes de Charge）用液体之高表示之者，与速率之正方成正比例，应使其与在模型中及天然中水深度之比分数相同。但速率不能完全用同一缩尺，至少须令平均流速合乎应有之条件，换言之即须令 $\dfrac{v^2}{h} = \dfrac{V^2}{H}$，平方即 $\eta = \sqrt{v}$（Ⅲ）。

（5）液体流量在模型中应规定之使与天然中有同一之完满度（Degrés de Remplissage），即须使有相当之水面高度也[15]。但若细校量之，则可证明其与天然者非能常循一定之比例[16]。为方便计，须采用一定流量之缩尺，使流速缩尺须合Ⅲ之关系者，亦得因之规定。故必须使模型中流量与天然流量之比，相应于同一完满度于低水及高水间不致相差太甚而能以一定之平均值驭之。$\zeta = \mu \cdot v \cdot \eta$ 因之规定。按照舍瑟算式（La Fomula de Chezy），$V = C \cdot \sqrt{R \cdot I}$ 及 $v = c \cdot \sqrt{r \cdot i}$，其中 $\dfrac{\eta}{\sqrt{v \cdot \sigma}} = \dfrac{c}{C}$（Ⅳ）。但因模型中之凸凹（Rugosité）远甚于天然[17]，故 c 之值显然较小于 C；$\frac{c}{C}$ 之值可用巴参（Bazin）[18]、温开尔（Winkel）[19] 或满宁（Manning）等算式估计之[20]，由末一算式得 $\frac{c}{C} = v \cdot \frac{1}{\sigma} \cdot \frac{N}{\eta}$。其中 η 及 N 为模型中及天然中之凸凹系数，与土粒之大小相关者也。但上各算式中求其完全精确，则无一也。且更有岸壁凹凸之影响，使水流经过建筑物之阻力更无法推算。如是则 $\frac{c}{C}$ 之值须直接测定之；事实上此值常在零点三及零点八之间。又可适当地变通岸墙及建筑物凹凸率加入一定相当之量于系数 c，使之合用，然无论如何须令 $\frac{c}{C}$ 于可能范围内变更极微也。

（6）至于固体物质之流动更无法使之神似，又大半不能直接量度。但至少须令押转力（La Force Déntrainement）对于河床物质平均比阻力（La Résistance Spécifigue Moyenne）之比在模型中及天然中彼此相同，此为得相当均势式之需要条件[21]。按照莒博（Du Boys）之定律，押转力与水之深度及水面降度之相乘积为正比[22]。至对于押转力之阻力，则有各种算式以求之，而以柯雷（H. Krey）[23]、邵克力（A. Schoklitsch）[24][20] 及柯拉么（H. Kramer）[25] 为最著。但此诸算式亦不过于最狭之界限中有其价值，且只能用于等匀之物质。于是又不得不求助于实地观察以求得是阻力 F 在天然之值，其值须于推移质开始移动之际定之，用同一经验以求定横型中与所用物质相当 f 之值。二者必使合乎条件：$\frac{h \cdot i}{f} = \frac{H \cdot I}{F}$ 或 $\sigma \cdot v = \frac{f}{F}$（V）。

模型中必须采用以为河床物质，大概为极细之粉末，欲求定其几何的相似，殆不可能也。盖以其凝合性（Cohésion）之故，其性状与天然河床中所有之质完全相异，以此之故，不能不为另立条件使其床质移动得相符合也。在事实上欲求得一模型中合用之物质，其对于押转力之阻力有适可之小，使 $\frac{f}{F} = \mu$ 殆为极罕可能之事，于是又不得不求助于参差法及变通其纵向降度。欲使其纵向不致太陡，使 σ 与一之差微小，使 v 与 μ 不致过甚悬殊，必须（于 F 极小，即河床质极易移动时更须）一方面于可能范围内为平衡方向亦采用尽大之缩尺，然为地势所限，为经济所缚，于此常不能如愿以偿，故在模型中不得不求采用亦为极流动之物质，但于此必须求免沙埌（Riffel-Riffels）之发生，以致影响模型与天然河床之相似而受限制[26]。能合乎是等条件而且实有适足之流动性之物质，亦常可遇得，且以天然异质之沙做适当之混合，可以得对于押转力不超过每平方公尺四十至五十公分（Grammes）之阻力，而即使押转力大至二三倍，亦不致发生沙埂[27]，亦可用密度轻弱之物质，如浮石（Pierre Ponce）、砂粉或碎砖细末[28]等。

采用模型所用物质之混合，亦非尽可任意为之也。故在可能范围内，须力求其复杂性（Hétérogénéité），与河床之质可相比拟，视其混合曲线相类，盖因河床中物质之混合对于该河床之生成甚关重要，河床所有之质，即由其洗刷沙粒按其大小分类之作用所由成也[29]。

（7）依上所述关乎押转力之条件，按照邵克力（A.Schoklitsch）[30]、梅佩德（E.Meyer-Peter）[31]及柯雷（H.Krey）[32]等所立之输沙算式，可以得模型中及天然中固体物质输量之比，但其所求得之比数各不相同。盖实际上无一算式可以确定固体之流动；且固质输量不仅关系于平均比阻力而又有其他种种性质与之有关，故为之强求一定之比数，实觉无谓，反不如直接由模型与天然间定之，而无须乎搜求其他性质。故观察之事，较之利用算式更为需要，固不论其为河底转动之沙或浮游于水之细沙，尤以在大水时期为重要[33]。

固质输量（Débits Solides）之相似问题，非能解决吾人所欲研究者也。吾人所欲知者为在低水时期有一定建筑物之效能施于河床而变其形态，在是时期大量固质之迁移，大抵已经停止，或至少已达微弱程度，于是时期河床之均势与固质之量失却关系，而在此以前曾为则不可忽视者也，或亦可于模型之上游添加固质使其量常能饱和，其剩余者则自沉淀，于是而无须乎再加观察也。

（8）最后则为时间问题之缩尺，关乎此问题曾经讨论与平均流速相当之缩尺或用与流量相当之缩尺，即求一液体分子在模型中与在天然经过一相当路径所需时间之比，或为 $\dfrac{\mu}{\eta}$，或为 $\dfrac{\mu^2 \cdot v}{\zeta}$[34]。但事实上颇难采用如斯之缩尺，因试验时期将因之过长也[35]。又曾经讨论采用与固质输量相当之缩尺，即一沙粒在模型中及天然中经过相当路径所需时间之比，命 ζ 为固质输量之比，则时间之缩尺为 $\dfrac{\mu^2 \cdot v}{\zeta}$，此缩尺较之前者常为更大，故更不能适于实用也[36]。又有试验家以其所观察沙梁（Banc）之移动作现时间缩尺之标准，换言之，即观察模型中及天然中各一沙梁各移动相当之距离而求其所需时间之比。此种缩尺施之实用，感觉过小[37]。

然而做试验者于时间之缩尺大多以意为之，盖凡试验皆拟定一前提，谓每一种水位各有其相当之河床均势式，故试验之所求稍确以为目的者，在于模型中依水位以实现其流量耳。设使水位之低落适足的迟缓，则其结果可不问试验时间之长久[38]，故恒先做预备试验以决定正式试验应经历之时间[39]。

今再讨论以上所论条件应如何？

必也：

$$\sigma = \frac{v}{\mu} \tag{I}$$

$$v \cdot \eta > \frac{0.007}{\sqrt{R}} \tag{II}$$

$$\eta = \sqrt{v} \tag{III}$$

$$\frac{\eta}{\sqrt{v \cdot \sigma}} = \frac{c}{C} \tag{IV}$$

$$v \cdot \sigma = \frac{f}{F} \tag{V}$$

$$\sigma = \left(\frac{c}{C}\right)^{-2} \tag{VI}$$

$$\frac{f}{F} > \left(\frac{0.007}{\sqrt{R}}\right)^{2/3} \cdot \left(\frac{c}{C}\right)^{-2} \tag{VII}$$

$$\mu = \frac{f}{F} \cdot \left(\frac{c}{C}\right)^{4} \tag{VIII}$$

$$v = \frac{f}{C} \cdot \left(\frac{c}{F}\right)^{2} \tag{IX}$$

其式按照方程式Ⅵ，要免去参差及降度之通变是不可能的，参差变通欲其不甚，模型中流量系数欲其加强而平衡缩尺则欲其不致过小。例如 $\frac{c}{C} = 0.5$，则得 $\sigma = 0.4$，至不等方程式 Ⅵ 则示吾人以比数 $\frac{f}{F}$ 不能缩小至一定值以下，故平衡缩尺亦有最低之界限等于 $\left(\frac{0.007}{\sqrt{R}}\right)^{2/3} \cdot \left(\frac{c}{C}\right)^{2}$，例如 $\frac{c}{C} = 0.5$，又 $V \cdot R = 7 \mathrm{m^2/s}$，则此界限应为四百分之一，如 $V \cdot R > 20\left(\frac{c}{C}\right)^{3}$，则应采用二百分之一之缩尺。

最终按照方程式 Ⅷ 模型中河床之质应令满足 $\frac{f}{F} = \mu \cdot \left(\frac{c}{C}\right)^{-4}$ 之关系。例如 $\mu = \frac{1}{200}$，又 $\frac{c}{C} = 0.5$，则必 $\frac{f}{F} = 0.08$，设如所试验者为一底质不甚松动之河，如莱茵（Rhin）河之在司特拉司堡（Strasbourg）附近（$F = 1.8 \mathrm{kg/m^2}$），则求相当之物质以为小缩尺模型之用，比较得容易。如 $\mu = \frac{1}{200}$，而 $\frac{c}{C} = 0.5$，则求得 $f = 140 \mathrm{g/m^2}$ 之物质以

为模型之用，可以满意。反是，若所试验者为一甚松动之河流，则此问题颇难解决。例如 $F = 0.2\text{kg/m}^2$，如柯雷（H. Krey）在中爱尔贝河（U Elbe Moyenne）所调查者，若为 f 取一最低之值如 40g/m^2，则 $\dfrac{f}{F}$ 至小之值亦需为零点二，又若 $\dfrac{c}{C} = 0.5$，则缩尺至少应为八十分之一。

质言之，如采用平衡缩尺有适足之大，则所有各条件可以应付。此种缩尺欲其不致过大以溢经费，又不使其过小以符条件，自须用摸索法（屡次试验）以求定其相当之值，使模型之参差及所用质料之性质合乎上所举Ⅳ及Ⅸ之条件。此即为预备试验之目的所在也。先假定一平衡方向及一垂直方向之缩尺，求量得其流系数 C，又以所能得到之质料试验于各种水深求定其对于押转力之相当阻力 f 而不致生起沙埌。

设试验之目的已定，则试验手续如下：按照天然河床一段之形式作模型，模型即立，各种设备既成，乃放一次水相应于一次洪水之经过而观察河床形式之演变。此洪水可图摹之，以后则逐步按一定周期河中流量之增减以察验其变化，以审度各流量所经时期与天然相比，是否适用。最佳宜用洪水之一年周期，平均流量则取多年视察之值平均计算所得者，即认识其变化，则移用之于正式模型，而时间之缩尺不妨以理解力任意定之，而必须有适足之长久。

设有一个或多个支流汇入所试验之河流，则无可疑义的支流在模型中其平衡缩尺（μ），其垂直缩尺（v）及其速率缩尺（η）皆应与干流相同。其纵向之降度（σ）自亦无二致。欲研究支流入干流涨滩之条件，一面须使每一支流所有对于定质押转力之阻力与干流中之阻力之比在模型中及在天然中相同，一面又须使每一支流合乎条件Ⅴ，于是每一支流中须采用其适当之质料，使条件Ⅰ及Ⅲ得以满足；条件Ⅱ亦然，在事实无多大困难也。若专就支流一小段试验，其对于河口邻近之影响，而水面在是则假定以设于上游之堰城为固定的，如是则第Ⅳ条件可以免除。

试将已经发表之各种试验研究其所用方法，则可见其对于条件Ⅱ（急流）、Ⅳ（完满度）及Ⅴ（押转力与比阻力之比例）之顾虑，多少不能一致，而于条件Ⅲ〔里失－福鲁得（Reech-Froude）〕则大抵略与顾虑。而最普通者为条件Ⅰ（横向降度及纵向降度之比例），再论及模型中所用质料及其性质，以及试验需要之时间，则各试验家意见相差甚多。

试验者似宜先悬各种条件，以为皆不可避免者。若观察一切条件遇有困难，特别如需要之平衡缩尺太大，则各种条件之中则似以纵向的及横向的降度之比例（Ⅰ）为须均守；其次则为方程式Ⅵ及Ⅸ及不等方程式Ⅶ，亦应维持。至于平衡缩尺之值，则于其可许界限之内任择之可也，要之勿令参差过大而已。

在一切例中，不可忘试验之结果处处须以极高理解力诠释之也[40]。

参考文献

［1］Rapports sur La S^e Communication du XVe Congrès International de Navigation (1re section).

［2］J. Smetana, Rapport au XVe Congrès International de Navigation.

［3］J. Smetana, pages 40 et Suivanés.

［4］G. de Uarchi, Rapport Général au XVe Congrès International de Navigation.

［5］Brunelles, 1935, 3e Question de La 1re section.

［6］R. Winkel, *Die Wasserbaulaboratorien Europas*, 1926, P.58.

［7］H.Krey, *Modelversuche für Einen Fluss mit Starker Geschiebebewegung ohne Erkennbare Baukbewegung*, avec annotation de B. Körner, 1935, Pages 5 a 7 et Pages 44.

［8］H.Krey, Page 6.

［9］L.Chadeuson, *Annales des Ponts et Chausseés*, 1935, Pages 998.

［10］Th.Rehbock, *Die Wasserbaulaboratorien Europas*, Pages 176.

Compte Rendu des Travaux du XVe Congrès International de Navigation, Page 343.

(L.Escande) R. Winkel, Page 58.

［11］R. Seifert, Rapport au XVe Congrès International de Navigation, P8.

A. Rohringer, Rapport au XVe Congrès International de Navigation, P6.

L. Bonnet, *Annales des Travaux Publics de Belgique*, Juin 1935, Page 410.

［12］Th.Rehbock, Page 178.

［13］R. Winkel, Page 60.

［14］Ch. Camichel et L. Escande, Rapport au XVe Congrès International de Navigation.

［15］Th.Rehbock, Page 176.

［16］N.Konovaloff, Rapport au XVIe Congrès International de Navigation.

H. Engels, *Die Wasserbaulaboratorien Europas*, Page 50.

［17］Ch.Camichel et L. Escande, Page 36.

［18］A.Rohringer, Page 11.

［19］R.Winkel, Page 60.

［20］L.Chadeuson, Pages 992 et 1000.

［21］H.Kramer, *Sand Uintures and Sand movement in flurial Modeles*, *Proceedings of the American Society of Civil Engineers*, Avril 1934, Page 464.

R. Winkel, *Die Wasserbaulaboratorien Europas*, Pages 59 et 60.

H. Krey, Pages 15 a 18 et Note 15.

［22］H. Kramer, Page 474.

［23］H. Krey, Page 17.

［24］A. Schokalitsch, *Geschiebchewebung in Flüssen und au Stauverlen*, 1926, Page 15.

［25］H. Kramer, Page 480.

［26］R. Winkel, Page 59.

H. Kramer, Page 453.

［27］H. Kramer, Page 471.

［28］Compte Rendu des Travaux du XVe Congrès International de Navigation, Page 224.

(Th. Rehbock) O. Franzius, *Zeitschrift des Vereins Deutscher Ingenieure*, 13 Juin 1931, Page 745.

［29］Fr. Kreuter, *Der Flussban*, (*Handbuch der Ingenieurwissenschaften*), 1910, Page 49.

H. Wittmann, *Deutsche Wasserwirtschaft*, 1927, n 12, Page 301.

［30］A. Schokalitsch, *Über Schleppkraft und Genhiebebewegung*, 1914.

S. Shulits, *The Schokalitsch Bed-load Formula*, Engineering, 21 Juin 1935.

［31］E. Meyer-Peter, *Neue Versuchsresultate Über Geschiebetrieb*, *Schweizerische Bauzeitung*, 31 Uars 1934, Page 147.

［32］H. Krey, Pages 25 a 27.

［33］U. Glandotti, *Le Service Hydro-graphique Italien*, 1931, Page 310.

［34］A. Konovalof, Page 19.

H. Krey, Page 28.

［35］Compte Rendu des Travaux du XVe Congrès International de Navigation, Page 224 (Th. Rehbock).

［36］H. Krey, Pages 28 et 29.

［37］Compte Rendu des Travaux du XVe Congrès International de Navigation, Page 225 (Th. Rehbock).

［38］H. Winkel, Page 62.

H. Krey, Page 29.

［39］H. Krey, Page 30, Note 25.

［40］Conclusions sur La 1ʳᵉ Question de La 2ᵉ section du XVIᵉ Congrès International de Navigation.

日本水利略述

（一九三六年摘译德人 Helmrich 所著，见于 *Der Knlturtechniker*, Heft 2/3, 1936）

一、土地

日本本部（■■及■■不计在内）面积凡三十八万二千三百一十四平方公里，人口六千七百九十万（据一九三三年统计）。

全国分为三岛：曰九州岛、曰本州岛、曰北海道。（现四岛）连缀如〈练〉（链），长凡二千二百公里。其气候由半赤道至于北极圈。其地脊为一极彰著之火山线竟其全长，国之气候，大受其影响。最高之山为富士山，〈拔海〉（海拔）三千七百七十公尺，此外〈拔海〉（海拔）逾三千公尺者尚有十五山。国境即如此多山，故可耕之地面不过百分之十五点五，多为低原，其成立则受山上沉淀物之赐也。是等低原在横滨、东京间，约一万三千平方公里，而居民一千一百万；在名古屋（Nagoya）一千八百平方公里，而居民三百万；在神户（Kobe）、大阪（Osaka）、京都（Kyoto）间者一千二百五十平方公里，而居民五百万。由此可见，日本居民至少有五分之四生活于〈拔海〉（海拔）一百公尺以下之平原。盖山地使内地交通不易，而伸长之海岸线（三岛间共二万七千公里）则利于海面交通，无惑乎居民繁殖于海港都市者称最也。

山上林木繁殖，占全国面积百分之五十，阔叶林、针叶林及混合林俱有。

国内河川几全发源于高山而向两侧分流，其由山间河流而变为平原河流，也为径亦捷。最长之河流为本岛（Hondo）北部之信浓川（Shinano），长三百七十五公里，及北海道之石狩川（Shikari），长三百六十五公里，而二河之流域面积不过一万二千二百六十及一万四千二百五十平方公里耳，以较之德国之维塞（Weser）以长四百三十二公里之河流，而流域面积占四万五千五百四十八平方公里者渺乎小矣。〈通〉（统）计全国河川流域面积之大于一万平方公里不过有四。上述二者之外,有北上川(Kitakami)与利根川(Tone)二河。

全国气候若但论其气温,则因伸长之岛〈练〉(链)不能一致,而带雨之风影响力颇大。夏令半年中北风及西北风当令,冬令半年中则为南风及西南风。夏令之风为恒风,经过日本海所带湿气甚多及与山〈练〉(链)相接触,降而为甚大之雨,亦多为雪,在北部则低原之地亦多为雪所覆。

夏令六月、七月两月中例有特强之雨数次,时为桃子成熟之期,故名桃雨。八月、九月两月中又辄有暴雨降临,致肇泛滥之灾。以通例言之,沿北海岸夏令及冬令各有暴雨一次,沿南海岸,夏令例有暴雨一次。此等雨皆因气涡及台风所致,前者来于北极(西伯利亚),后者来于赤道(墨西哥海湾)。二者之频率,有如第一表。

第一表　一八九三年至一九一八年二十五年中雨之频率

项目	一月	二月	三月	四月	五月	六月	七月	八月	九月	十月	十一月	十二月
台风	101	114	157	165	159	123	60	37	50	87	97	114
气涡	30	17	18	14	33	34	90	93	109	96	52	43

平均每月雨量颇大而分配于一年中亦颇均匀,有如第二表。

第二表　雨量

单位:公厘

地名	一月	二月	三月	四月	五月	六月	七月	八月	九月	十月	十一月	十二月	全年	降雨日数
大阪	49.3	60.1	105.0	142.1	129.0	201.4	155.0	107.6	181.6	130.5	75.6	48.1	1385.3	139 日
名古屋	59.6	70.5	125.7	165.3	162.9	229.0	191.2	177.2	246.0	154.1	87.2	55.8	1724.5	145 日
东京	56.6	70.7	111.5	131.7	155.4	166.6	141.6	160.5	228.2	192.4	101.5	53.3	1570.0	148 日
函馆	62.6	58.5	66.2	69.2	83.6	94.8	133.7	128.4	166.8	120.0	102.0	75.9	1161.7	193 日

最大之每年平均雨量降于金泽(Kanazawa),为二千五百五十六公厘,最小者降于根屋(Nemuro),为九百七十七公厘;每日最大之雨量曾在■■量得二百八十七公厘,沿日本海海岸降雨日数超过二百日,沿大洋岸之市如东京、名古屋、大阪得一百四十五日。

土地之利用，分为农耕、草地、森林及荒地四种，其分配见第一图，并与他国做一比较见第二图。

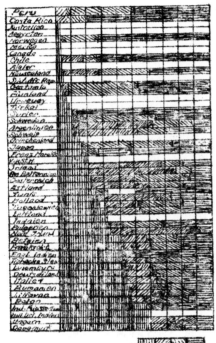

各国土地利用之比较
第一图

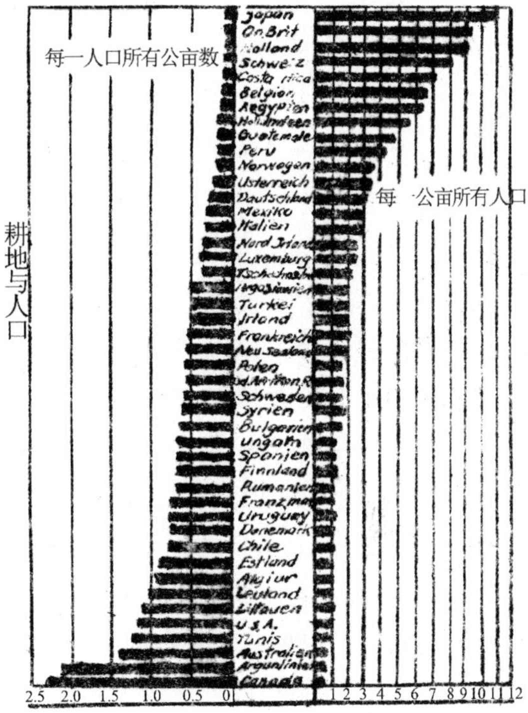

第二图

土地之分配与人民密度有关系。一九二五年，日本人口密度为每平方公里一百五十六人，若但以耕作之面积计之，则为每平方公里九百六十九人，以视德国每平方公里一百八十五人、意大利三百零五人、比利时三百九十四人，皆远为超过。若以工、农二者相比，工人之数为二百一十九万，农人之数为二千六百九十四万，可见日本虽已倾向于工业国，而以其土地之适于农业，农人之数犹未大减。一九一六年农人之数占全国人口百分之五十五点三五，一九二一年犹占百分之五十一点六三，至一九二六年则降为百分之四十八点六九。

日本可耕土地如此之狭，而须以之供不可少之食料，故其耕作之地，虽极小面积亦不舍弃，而牲畜之鲜少亦由于此。盖凡可以树艺稻谷者，决不肯以之为牧场也。而以宗教信仰关系，人民不肯多宰牲，同时鱼价最廉，故食鱼者多而食肉者少，亦其一因。

若更视其田产分配情形，则益可见日本农民给足之情况何似。下列叙述中之一町（Cho）等于九千九百一十七平方公尺，一段（Ton）等于九百九十一平方公尺。

田产在五段以下者，占农民数百分之三十五；五段至一町者，占百分之三十四；一至二町者,占百分之二十二;二至三町者,占百分之六;三至五町者,占百分之二;五町以上者,占百分之一。

平均大农之经营者,仅足十段,因之农民中百分之八十八尚须兼营其他副业,或工,或林,或禽,或鱼,以资生活,而农家生活之由自给者占百分之四十一,农耕面积之属于自业者,只占百分之四十八,佃种者占百分之五十二,亦不安之象也。

二、河工

地面之不平,加以屡现之暴雨,为水灾之主因。由五六六年至一八六六年之间,水灾不下四百二十六次,即每三年一次。最近最大之水灾为一八九六年,摧毁之地面达一百万公顷,损失二万七千五百万马克。自此灾发现,同年即颁一《河律》,以三十二干流及四十七支流修守之责,归之于地方长官。但以经济困难,河律之收效甚微,于是一九一一年政府又成立一治河大计。按此计划应于十八年之内,治理河流二十处,总计共工程费为一亿七千六百七十万日元,此外待修治之河流尚有四十五处。若第一期工程实施之后,估计只稻之收获一项,获保障者及增加者,每年可值四千三百万日元。此等工程不在停蓄洪水于山间,而在培缮堤防于低地。盖日本多火山、地震,故筑高堰以蓄洪水之工程殆未敢轻举,然沙防工程,则办理甚多。此外山地及丘地间按规式以整理河流,亦不少为之。

一九二二年治河计划加以扩充,又增加六河,而河工经费之由政府担任者亦增加。

一九二四年以后,至一九二六年水患损失及治河工费,见第三表。但应注意者,日元之值初为二马克,至一九三一年之九月降落百分之五十五,不久又降至原值百分之三十四。

第三表 一九二四年至一九二六年水患损失及治河工费

单位:日元

年份	水患损失	河工经费	共增负担
一九二四年	16.2兆	21.5兆	37.7兆
一九二五年	11.7兆	22.6兆	34.3兆
一九二六年	13.4兆	28.8兆	42.2兆

一九二四年至一九二六各单位河工经费投入情况,见第四表。

第四表　一九二四年至一九二六年各单位河工经费投入情况

单位：日元

年份	国家	县	社会	组合	补助	总计
一九二四年	7.6兆	23.0兆	5.8兆	0.7兆	0.6兆	37.7兆
一九二五年	5.1兆	19.7兆	8.3兆	0.7兆	0.6兆	34.4兆
一九二六年	6.6兆	22.8兆	11.1兆	1.1兆	0.6兆	42.2兆

一九二七年又做应由国家担任之河工费，见第五表。

第五表　一九二七年至一九三四年应由国家负担河工经费

单位：日元

年份	总工费	国家负担	其他
一九二七年	23.9兆	16.0兆	7.9兆
一九二八年	23.6兆	18.0兆	5.6兆
一九二九年	20.2兆	18.0兆	2.2兆
一九三〇年	19.1兆	18.0兆	1.1兆
一九三一年	18.6兆	18.0兆	0.6兆
一九三二年	11.6兆	11.4兆	0.2兆
一九三三年	4.5兆	4.2兆	0.3兆
一九三四年	1.5兆	1.1兆	0.4兆

在低地中时遭洪水，地震及炎灾之损失，摧毁户屋动以千计。惟其房屋多以木制，无甚大者耳①。

内河航运上限于一地方近海口一段，供转拨之用耳。天干则水浅难行，遇洪水亦难行，又加以河中多丸砾，俱为航运之碍。潮汛洗刷之力远不及丸砾输下之力之伟，治海岸之河堤高至八公丈而河床甚宽，可征其水量之大。春季融雪，台风及风暴皆为洪水之主因。

建设近代化之海港始于一八七八年，渐扩增至四十港，所用建设费至五百兆日

---

① 一九二三年九月一日地震之灾，东京震死人口七万零五百，毁屋四十万八千；横滨死人二万六千六百，毁屋七万八千六百。

元,其中以横滨及神户所费最巨,其建港之目的使最大海洋轮船出入无碍完全达到。①

海港亦时受地震之险,如一九二三年横滨一整个海坝崩陷,一海船连同数百人因之丧失于波涛中。

三、排水及灌溉工程

排水工程甚少视为重要者,最大者惟名古屋一处,组织有协会,以抽水机器排去低塘之水。

灌溉工程则甚盛行,盖国内多水,加以雨量分配甚宜,林木甚丰,皆适宜于灌溉用水使之终年不竭也。又以协会之力兴修许多小堰,蓄水库容量至一百万立方公尺以资灌溉,其建设费由国家资助,以促其成。

一九二四年全国灌溉地面统计为三百零二万八千町,其中分为三等。

(1)灌溉丰裕者,占百分之二十五点七。

(2)灌溉给足者,占百分之五十五点二。

(3)灌溉次足者,占百分之十九点一。

灌溉面积中因排水不善未能达完满程度者有百分之十九,常受洪水之损失者,有百分之十七。以此之故,日本政府曾按计划实施改良之工,但只限于三百町之一片面积,此外应代谋者:

(1)三百二十九区之给水,面积共二十七万七千八百町。

(2)三百四十七区之水领设备,面积共三十六万零七百町。

(3)一百九十七区之排水兼灌溉,面积共十八万九千二百町。

又按区面之大小分别之如下:

(1)三百至五百町者三百二十二区,面积共十一万七千三百町。

(2)五百至一千町者三百一十六区,面积共二十万八千八百町。

(3)一千至五千町者二百二十一区,面积共四十一万零五百町。

(4)五千町以上者十四区,面积共九万一千一百町。

此种土地改良之计划,期按所定步骤一一见诸实行,故最近数年,日本政府划拨经常费九百万日元及意外费一千二百至一千四百万日元以为补助。

四、给水及排除污水工程

日本都市之给水最古者为东京,约为三百年以前。其水取之于东京上游相距十

---

① 横滨一港,可停二十一海洋大轮于码头,此外三十三轮可系于浮碇上。

公里之多摩川，但用近代方法以给水者则为横滨市，始于一八八五年，继之则为函馆及长崎。至一九二七年已有公共给水厂一百七十处，而正在建筑者尚有八十处。共计二百五十处自来水厂，建设费一百八十七点五兆日元，由国家担任者四十三点二兆日元。

每人每日用水之量由三十至九十公升，最大及最小之限度为一百八十公升及十公升，各大市中非尽房屋栉比，四郊居民仍多稀少。

给水之源大抵取用滤过之河水，有损卫生之弊端尚未发现。一九三一年各给水厂共给七百二十九兆立方公尺。

一九二三年之大地震，东京及横滨给水设备亦完全被其摧毁，内河中引水之明渠因岸崩而壅塞，淀池及滤池因圮裂而生漏，清水库完全崩毁，水管震移，所有固定铅料被其挤出。

嗣后恢复此项工程完全采用钢筋混凝土，对于地震之抗力较之填实壁工为胜也。

至于都市中排除污水之管工在日本尚为落后，盖以人之粪便用作肥料，尚为重视故也。

每日所见者，仍为由各家运往田中之挑粪担，至于小镇及大都市之延展部分，则寻常并无所谓建筑计划，类皆木构小屋错杂无章，并乏路网，公共排污，更谈不到。

东京及横滨之下水管，亦完全毁于一九二三年之地震。

五、水电

日本虽国境多山，雨量充足，大适宜于发展水电，然其发展初颇迟疑，至一八九一年始设有第一水电场，用天然储水之琵琶湖为水源。是湖面积九百一十平方公里，较之瑞士宝丹湖（五百三十八平方公里）实有过之，其所发之电则以供诸京都，自是后发展仍迟。虽其国缺乏石煤尤以本洲为甚，而尔时日人尚不大与西人交通，电工知识甚短，乃至一九一四年而大变。井那和代湖水电厂发电有十一万五千伏特之电压，以供诸相距二百四十公里之东京，或于是年，其水源则取之于井那和代湖也。自此以后发展最速，及至于今，水电工业在各种工业中已登峰造极而尽其用矣。

最重要之水电场设于本州岛之中心，可称为日本之阿尔布山，由此四播，以供东京、横滨、京都、大阪、神户、名古屋等市。

按其山国之性质，适用以发生水电之源甚多，其数约可达三千，低水之时发生电力可六百四十万马力，中水之时，可发生一千一百九十万马力。实施之工程至一九二八年之末，达二百二十九万千瓦，尚有一百八十四万千瓦在建筑中，至一九三二年则实施者已达四百九十万千瓦。

流入日本海之十一河流中，以信浓川水力为最优，平均每年可发生一百二十万马力；流入太平洋之十三河流中，以木曾川为最优，平均每年可发生一百一十六万马力。

日本水电事业占有最优之利益者，为各河之流量于四时中轩轾甚微也。每年冬、夏两季中，虽各有旱干时期一次，但低水与中水之相差至多不过百分之四十，而论其总平均不过百分之二十。以此之故，其水电场之设立皆以中水为基，而低水不足之时，则以汽力补之。以此优点，故建设高堰以蓄水亦所不需。

六、清理土地

日本政府在往世纪中已认识清理土地为最要之举，所以便利灌溉与排水，所以减省无为之界畔，所以集同一业主分散之田于一处而图其经营之便利。农林省于一九〇一年特设一司专管清理土地事，所用职员达二百人，其中技师三十六人，下级技师六十四人，清理工作并及于东京、横滨经一九二三年地震毁坏之地。

日本国家经济之利便除由政府立一便利纳税政策外，并订有借款规约。最小之耕地面积，不能下于一段（九百九十一平方公尺），经过清理之土地共有七十九万一千九百町，共费去三百八十二兆日元，每段平均费五十日元，至今清理过之土地为其所预计者五分之一。

本司所管尚有垦荒及监视垦荒之事。自一九一九年起，国家补助垦荒事业百分之六，但地面必过六町始得蒙补助。至一九二七年垦熟荒地八万四千七百町，其中百分之八十可以灌溉。

七、种稻

稻为日本自古以来最要之农产物，日本亦称为"瑞穗国"，以此故也。空中湿气之足，雨量之丰，夏季气温之和，使日本无地不适于生长植物。耕种之地不限于常可灌溉之低地（田），抑且及于高至〈拔海〉（海拔）一千公尺之旱地（畑）。统计稻田约占耕地全面积百分之五十五，然仍可望增加也。

种稻面积及收获见第六表。第六表中一町等于九千九百一十平方公尺，一段等于九百九十一平方公尺，一石等于一千八百零八公升。

第六表 一九二五年至一九二九年种稻面积及收获情况

年份	面积/千町	收获/千石	平均每段若干石	出口/千石	进口/千石
一九二五年	3154	59704	1.893	1908	12088
一九二六年	3158	55583	1.760	529	9543

续表

年份	面积/千町	收获/千石	平均每段若干石	出口/千石	进口/千石
一九二七年	3172	62101	1.957	1269	12677
一九二八年	3192	60303	1.889	983	11253
一九二九年	3210	59669	1.859	539	8909

统计前七十年中每段平均之收获为一点一七石,至今二十年中增加为每段一点八四石。旱地收获只有水田四分之一。按专家那次教授之意见,可耕面积已无大增之可能。

由第六表中末二项观之,可知国内所产粮食,不能供其需要。出口之稻米为上等细米,价值较昂,进口者则为粗米,输自■■、■■、暹罗以供穷民之食,成人日食米约一公斤。

兹再以日本及意大利"波"河平原之收获相较,一九三二年在日本以三点二兆公顷收获一百零八点七兆公石(百公升),即每一公顷为三十四公石,而在意大利则以二十万公顷收获十兆公石,即每一公顷为五十公石。

日本稻田既不敷用,故其价甚昂。一九三〇年之市价水田每段值四百八十九日元,高地三百日元。佃水田者出租过其收获百分之五十,佃高地者百分之三十至百分之四十。

米价之轩轾尤为惊人。一八七二年东京米价每石只值三点八八日元,至一九一八年涨增十一倍,值四十五点九九日元,政府因之大设仓储以平均米价。东京之仓可储米三百兆石,大阪之仓可储二百兆石,然米价并不因是而增高,盖由■■及■■之输入完全免税故也。

日本之米用以酿酒者所费亦不少,名曰"サケ",为日本惟一含有酒精之佳酿,一九二七年酿酒所耗之米三千八百九十八千石。

北海道除稻米以外,便无所产,他岛则并产小麦或大麦,亦经灌溉。至于燕麦、荞麦、珍珠米等虽亦有之,而无关紧要,山芋、大豆及豌豆亦然。一九三四年小麦产量达最高峰为十兆石,南方各岛每年收稻二次。

稻之需水甚多,冬季即需放水于田,直至次年五月田面水深一手宽不断。四月间带水耕耙,不然则田面太硬。耕耙毕,放干田中之水播种,四日田中无水使稻根着实于土。六月之初水中插秧,插后再屡加灌溉以至成熟。耕耘之事皆男人为之,插秧之事则妇女为之,且作且歌,以畅舒其气力。

各项农作物所用肥料仍多为人粪,畜粪则甚少,此外则用豆饼、木灰、丝屑、鱼肥,最近亦用氮化钾由欧美输入,以地产业之零碎,按大计划施肥颇不易为。

八、林业

日本自昔以来,对保护森林即为注意,非经许可不许〈刊〉(砍)伐,然森林面积犹不免减少。一九〇七年森林尚占全国面积百分之六十,大部分在中部及北部,至今则减为百分之四十八。森林面积之缩小,由于人口之激增、工业之发展(造纸、自来水、造船)及房屋之多为木构,以及石炭之缺乏。故至今每年由外国输入木料益增,一九二〇年输入木材值十六兆日元,至一九二四年,则增至一百一十九兆日元。高山之上难以运输之老林尚未动,盖惟较大河流之中游如天龙川、木曾川、大井川始可以行木排。

但至今日本森林犹可步芬兰(百分之六十)、瑞典(百分之五十五)之后,而列于第三位。其业主之分配,见第七表。

第七表 森林的业主分配情况

单位:町

年份	属于天皇	属于国家	属于团体	属于寺庙	属于个人
一九二一年	1420000	7277000	4117000	130000	9096000
一九二四年	1375000	7755000	4328000	132000	9623000
一九二七年	1361000	7764000	4279000	131000	9361000
比例/%	6	34	19	1	40

可注意者,日本皇族之产业,几完全在乎森林。

政府鉴于洪水屡肇之灾,由于团体及个人对于林业之不注意,乃于一九二二年颁布一防护法律,其中含有二十三年之计划,使属于团体三十五町之荒地,尽培植为森林。其法如下:

团体划拨其地以应用,国家代值林木,林木保护之责归团体,林木收获则国家及产主均分之。又分森林面积为防洪及与洪水无关者二种。一九二八年防护森林不下三十八万一千处,合面积一百九十万二千町,等于全林面积百分之八,其区别如下:

(1)防水淹者,二十一万二千面,共计八十五万八千町。
(2)防风者,一万三千面,共计四万九千町。
(3)防洪者,七万六千面,共计八十七万八千町。
(4)为养鱼用者,二万四千面,共计四万六千町。

(5)为风景用者,九千面,共计三千町。

水 土 经 济

(一九三六年译;O.Schönefeld und F. Alten 著,原文载于 Der Bauingenieur,
16 Fahrgoug, Heft 43/44, 以其颇有可资参考处,急译之。译者志)

试一盱衡世界大局,则知德国之所最急要者,为解决食粮及原料之生产问题,即求如何可以增加有机物之原料生产也。政治局面若能佳转,此问题或可以稍〈为〉(微)和缓,但亦非一朝一夕之所可企也。

一、农产物生产之进程

数年以前,德国科学界犹以为在本国求农业物之大增,为不可能之事,盖以为德国农产已达乐观之极限,凡其土地之力所可及者,已莫不及矣。此种意见,盖鉴于三十五年间生产继续激增之后,经欧战及货币膨胀期间每单位面积之平均生产复又大减。论者为以其弊在于过用人造肥料而使土壤中之腐殖质(Humusstoffe)为之剥损,惟此论亦只可作假定云然耳。自德国兽畜大增以后,厩肥亦复大用于农田,故按统计之数迹考之,使无其他条件以影响及于田禾之收获者,则其收获尚应再加也。

土壤之性、肥料及育种,又皆以为增加田禾生产之三要素。但三者之外尚有一最要者,水是也。

普鲁士由一八一五年起至于现今田禾收获之发展,视第一图可知。此图出于普鲁士实业研究局(Institut für Konjunkturforsehung)所公布之报告。在此报告中,芬肯司太因(Graf Wolfram Finck von Finckenstein)以为自一八〇〇年以来田禾收获之升降,由于三区制(Dreifeldersystem, Three Fallowing System, Triennial Rotation of Crops)之取消及轮种法(Fruchtwechselwirtschaft)之采用。至饲料之增植,兽畜之扩充,厩肥之加多,以及掘种谷类(Hackfrucht)(山芋之类)之强增与人造肥料推用之日广,亦皆有关系,而解除法律上对于农民之束缚,尤为莫大之助。

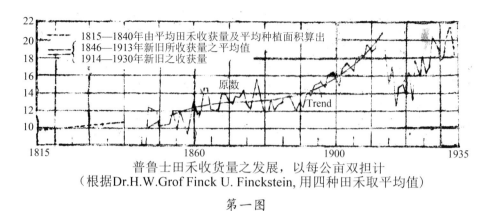

普鲁士田禾收货量之发展，以每公亩双担计
（根据Dr.H.W.Grof Finck U. Finckstein，用四种田禾取平均值）

第一图

一九一四年至一九二四年之退步，则以欧战及膨胀时期所得之数，多可疑也。大战期间人畜之力用于农事者减少，加以不充足的或单面的施肥，皆使徒用坏水以使农业者不能合理化，但所可幸者膨胀期后虽时农业上之滞碍尚多，而收获已能骤增也。

但实业研究局之报告中，于农业化学对于增加农产之特别效力及其与人造肥料发展之相互关系未经述及，殊为美中不足。

今德国之重要问题为在其气候之下，于最近若干年中能增加农产至如何程度？徒据历来之生产统计，此问题未易答复也，但此问题在水利家殊有欲知之需要。盖每一种谷一单位重量之生产皆各需一定之水量，故产量增加一部，水量亦必多耗一部，而于自然界之水钓亦有相当后应也。（注：Wasserhaushaltung 直译之为水之家政，即水之天然施循环以羡补不足，兹译为水钓）。

著者等曾于论文《技术及土壤学对于水利之重要》(*Die Bedeutung von Technick und Bodenkunde für die Wasserwirtschaft*)中言及依物理学、化学之眼光观察土壤中之作用，以做量的评判，可以推测各种土壤与各种谷类，加以适当之治田工作施肥及轮种次序，于本国气候下可得之最大产量。以下将详述之。

二、土壤为水之施主(Wasserliefrant)

研究土壤中之作用，则水为其最重要之一因，分析之如下：

（1）对于农业最需之壤水〔注：所谓壤(Boden)指植物之根所及之层深一至二公尺〕：亦名悬细管水(Das Hangende Kapillarwasser)。

（2）停潴之地下水与其细管水沫(Kapillarsaum)：塞克拉(Sekera)分别壤水为三。①润湿水(Hygroskopische Wasser)；②濡动水(Träge Bewegliche Wasser)；③活动水(Frei Bewegliche Wasser)。

在各种土质中塞克拉所得之测验如第二图。

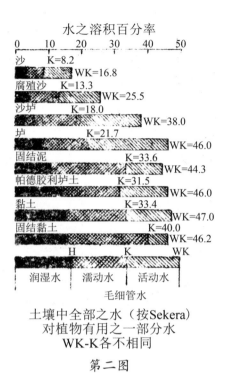

第二图

筏格来(Vageler)及阿尔泰(Alten)之分类法似更精密。二人所发阐之"水之层积研究"(Erforschung der Hydratation)可望使此问题于物理、化学领域中得获进展。

按其分类法,悬细管水又分为三类。

(1)在土壤中可能之水,简曰"可能水"。

(2)静力的可用之水,简曰"静用水"。

(3)对植物动力的可用之水,简曰"动用水"。

"可能水"者当土壤饱和以水时为土壤所挟持之水量也,亦即所谓最低〈涵〉(含)量(Minimale Wasserkapazität)也。在无发胀能力土壤中,其量常小于罅隙容量(简曰罅容,Porenvolumen)。在较重土壤中如带泥或黏土成分之壤中,可能水量大抵大于罅容(指在干燥情态者),盖此类土壤内其胶质特性可以发胀也,故其吸收水量可多于其最低〈涵〉(含)量所相当者。但多吸水量之壤层,不能过深。按之格冷(Greene)深逾一点五公尺之土壤,即因受上层压力之故,所〈涵〉(含)水量不能超过其罅容。

土壤所吸收之水量非尽可用之于植物也。一部分水因受扶持而为层积水(Hydratations Wasser),对于植物不能应用,故筏格来、阿尔泰二氏名之为"死水"(Das Toto Wasser)。死水不能为植物之根压力(五至四十五气压)所吸收,其量按植物种类为一点五至四倍于润泽水。

土壤之润湿性依其重而增，依壤粒之大而减。第三图示对于各种润湿性及根压力之死水量。吾德农产植物之根压力，通常在十至二十五气压之间。

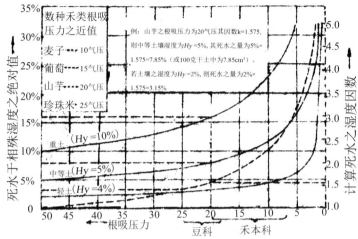

计算死水于相殊湿度Hy时为湿度之倍数及绝对值亦可作为禾类根吸压力之函数

第三图

由可能水量中减去死水量，即所谓静用水量。在吾德土壤中静用水量实际亦即对于植物之动用水量，但在重土壤中则不然。亦其善胀，故在一定单位时中之可用水量不免减少。

在实验室中可以测定此减少之水量，由此可用物理方法以确定每一项土壤之"动用水量"。

此事可举例证明。如第一表及第四图为数种土壤，由零至九十公分深层探取者，第一表中详列其水量与成分。

第一表 土粒大小之天然分配

号数	土层构成之状况	样本深度			
		粗沙 0.2—2m/m	细沙 0.02—0.2m/m	泥 0.002—0.02m/m	粒土 0.002m/m
1A	耕土层	44.6	49.1	6.1	0.2
1B	腐殖层	42.0	50.9	6.6	0.5
1C	丸粒混杂之冰川积沙	68.9	24.8	4.5	1.8
2A	耕土层	46.6	47.4	5.8	0.2

续表

号数	土层构成之状况	样本深度			
		粗沙 0.2—2m/m	细沙 0.02—0.2m/m	泥 0.002—0.02m/m	粒土 0.002m/m
2B	腐殖层	41.7	51.0	6.9	0.4
3A	耕土层	48.0	46.3	5.5	0.2
3B	腐殖层	45.0	48.2	6.5	0.3
4A	腐殖耕层	36.4	60.7	2.6	0.1
4B	腐殖沙	43.6	54.0	2.0	0.4
4C	黄沙	70.0	29.6	0.2	0.2
5A	腐殖耕层	36.5	59.8	3.4	0.3
5B	腐殖沙				
6A	泥质耕层	7.5	62.7	25.6	4.2
6B	沼土沙	47.5	49.1	2.5	0.9
7	耕土层	9.8	68.4	18.9	2.3
8A	褐泥	9.2	55.6	27.8	7.4
8B	青泥	0.9	45.0	35.8	18.3
8C	芜土及砂（Moor）	46.7	44.0	7.4	1.9

第一，第一表中之数出于荷兰土壤之实验。

可注意者为德土壤除过少数最重者外，其中静用水同时亦为动用水。第四图之例中除土样 4C 及 6B 而外，静用水处处皆与动用水相等。

土样 6A、7、8A 及 8B 之胀性，视第五图河泥及海泥之情形可以明了。

普通言之，审定土壤性质以确定土壤之水衡，以毛细管升高率之临界层厚以算死水之量，最少〈涵〉(含)水量，线式的收缩以及极少的罅容(注：Wasserbilanz 为水之结算之意，兹译为水衡)。但在地下水中，此等农业问题，多置之不论，所尤需者为实存或尚在空闲之罅容。

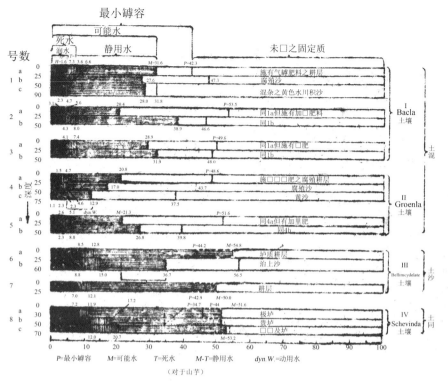

在几种土壤中之各种水 a) 洪积层

第四图

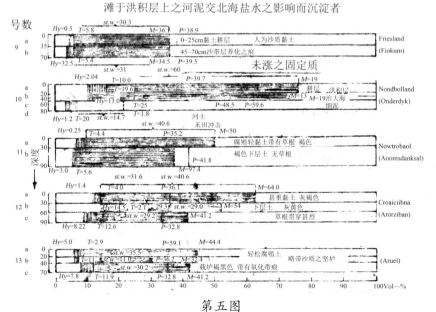

在几种土壤中之各种水 b) 冲积层

海土

滩于洪积层上之河泥交北海盐水之影响而沉淀者

第五图

筏格来曾按吉恩(Keen)之研究计算,含矿质土壤之罅容各按其或为柱式或为立方式之堆集,为容积百分之四十七点六五或百分之二十五点九五,或为土壤重量百分之三十四点三或百分之十三点三。此数略为土壤层垒中可能之界值,由松土以及最深之层。

三、壤水及生产增加

天空降落之水为壤土(所谓壤土者为植物根所及之层,其厚视植物种类及土壤性质各不同)所维系者,所谓悬着毛细管水者,在水量填充至"可能水"限度之前,不能下渗而为地下水。此即水之蕴蓄以供旱干时植物之需以资发育。考察壤水之量,可知就用水一方面亦可致禾量增加。在里溪特费尔达(Lichterfelde)之农业试验场曾经试验有结果,不用人工灌溉但亦适当之经营及施肥,而禾量之增加可以使一年中之雨量百分之六十用于植物之呼吸。由此可本诸理论及实验,已推断二十年内德国农产可使达于应用每年雨量平均百分之四十之效率,而无须乎人工灌溉也。

以数字表之,谓如德国每年平均雨量为七百零二公厘,现时之收利量(粮、果、藁、秸之干质)按一九三二年之统计为平均每公亩四点五一吨。按阿尔泰之估计,其所需水量平均为每吨干品三百五十立方公尺。又按米柴里(Mitscherlich)之估计为四百一十立方公尺,按筏格来之估计为四百四十立方公尺。

依此则农作地内在一九三二年因植物呼吸作用所费之水,其高为一百五十八(按阿尔泰)或一百八十四(按米柴里)或二百公厘(按筏格来)。

若按全年雨量百分之四十计算,则 $702×0.40=280.8mm$,应收获之干品应为 $\frac{280.8}{350}×10=8t/ha$(每亩八吨)。据此田禾增加之可能映射,引起许多新的问题,而为水利家尤应从事考究者。第一当先考究此种预料是否可于若干年后实现。工程师之设计,常以对将来发农最不适应之情形为著点,故应即以八吨收获量为计算标准,则在农用地面中植物呼吸用水之增加应为 $280.8-158=122.8mm$。

黑森纳扫(Hesson-Nassau)农民协会曾经多年之试验所得结果,刍料、萝卜之收获超出一九三二年全国平均数百分之九十二,其他谷类超出约为百分之二十三至百分之八十九。

农获增益因植物呼吸而蒸发之水量增强,同时因叶荫加多,治田合理而地面上之蒸发减少,前者之一部分为与后者相抵销。但地面蒸发之减少至多为百分之二十五至百分之三十,而叶面之蒸发则因叶愈茂增加愈多。在德国国境内农作地面占全面积百分之六十二点七,林地占百分之二十七点三,水约占百分之一。假定各种地面之单位蒸发为相等,则其他各地为房屋、院宇、道路、不毛之地等等之蒸发只余百分之九。德国国境内平均蒸发高为四百四十二公厘,则农林地面之蒸发约得四百六十公厘。但按上所述,蒸发高之增加在农林面积须算为百分之六十,在全面积须算为百分之四十。

四、收获增加之影响于气候

按照 Brückner、Keller 及 Fischer 之所云,雨量及径流量二者之差在长久年中之平均数,必等于地上之蒸发量。如能由公式 $V=N-A$ 于多年之平均数中求得蒸发年量之近值,则一加考察天然之"水钩"(Wasserhaushalting),半年或每月的进程,亦不难判定。

天然界之水的交易如何?

费舍(Carl Fischer)在其名著《维塞河之水钩》(*Über den Wasserhaushalt der Weser*)中,根据 Seelhorst Köhne Göstingen 及 Mayr München 选定蒸发年程与月程比,例如第二表,表中之数甚为可靠。

第二表 Fischer 与 Seelhorst Köhne 及 Mayr 关于选定蒸发年程与月程的比较

项目		十一月	十二月	一月	二月	三月	四月	五月	六月	七月	八月	九月	十月	冬	夏	全年
V%按 Mayr 1917/1927		1.2	0.4	1.4	2.1	4.4	7.8	20.1	15.3	17.7	17.6	8.7	3.1	17.3	82.7	100.0
V%按 Seelhorst Köhne 1904/1905		0.9	0.9	1.3	0.4	4.7	8.3	18.6	23.3	19.9	11.3	5.9	4.5	16.5	83.5	100.0
V%按 Fischer		1	1	1	2	8	19	19	19	15	7	4	17	83	100
Weser 流域按 Fischer	V/mm	4	5	5	9	18	36	86	86	86	68	32	18	77	376	453
	N/mm	51.7	57.8	55.9	49.9	57.7	48.9	63.8	65	87	70	58.8	50.4	32.2	395	717
	A/mm	16.7	25.7	31.7	31.7	41.8	28.9	21.9	14.4	13.4	12.1	12.2	13.6	176	88	264
$N=V-A=R_0$ 留存减去耗用		+31	+27	+20	+9	−2	−16	−44	−36	−13	−10	+15	+19	+69	−69	+0
$N=V=M-E$ 海洋输入减去逸失		+47	+53	+51	+41	+40	+13	−22	−21	+1	+2	+27	+23	+245	+19	+264

海洋输入,按费舍大气中所蕴湿量甚少(一月最少九公厘,七月最多二十五公厘),则每月所降之雨不能立时以蒸发补充,必远自外方——海洋——输入。每月蒸

发之量，不能于同时间以降水补充，必逸为出于其他流域而损失。$N-V=M-E$，即为海洋输入超于该地上蒸发水量，逸出而不复降于该地面者。

故 $M-E$ 在维塞河流域于七月至[次年]四月中为三百零四公厘，为正数，而在五月及六月为 $-(22+21)=-43$，为负数，即在两月中蒸发水量之一部分逸出流域之外而不复返也。

在哈非尔（Havel）亦然。一九〇二年至一九一〇年五月至六月各为负三十二点三毫米，故为耗月，其蒸发者不能再降落而逸去。

按第二表每月蒸发以计算其逸耗之量如第三表。

第三表　按第二表每月蒸发所计算逸耗之量

单位：mm

河	地点	月份				总计
		五月	六月	七月	八月	
爱尔贝（Elbc）	Tetnhen（？1882/1890）	-32.0	-8.0	-6.0		-46.0
漩勒（Suaie）	（？1882/1901）	-23.8	-15.8		-6.9	-46.5
奥多（Oder）	Hochensauten（1891/1905）	-20.0	-22.0	-3.0	-5.0	-50.0
泰斯（Theiss）	Szegelin（1891/1906）	-28.0	-5.0	-3.0	-2.0	-38.0

此种耗失可以土壤中或地下之水藏补还之。

在第二表中之末前一列为每月之 $N-(A+V)$ 之值，其数为正者示冬季之存余超于土壤中之水或地下水之耗用，其数为负者为夏季水量之耗用。

维塞河流域中冬季留存之一百二十一毫米于三月至八月间则完全耗用之。中欧各河流域中大抵皆与此相类，如第四表。

第四表　中欧主要河流流域留存或耗用比较

河名	地点	留存或耗用/mm
Elbc	Tetnhen	±114
Suaie		±103
Theiss	Szegelin	±136.5

续表

河名	地点	留存或耗用/mm
Havel	Rathenow	±112（四月至八月）
Oder	Hochensauten	±108

凯劳（Keller）已经指示在中欧海洋输入平均每年有二点七倍以再次蒸发而化为降水，于降水之高中其小者且可至五点七倍，以达于全年降水之高。故冬季降水多由于海洋输入，而夏季降水则大半由于就地蒸发也，视第二表可无疑义。九月至[次年]三月或至四月之间，中欧以有对大陆吹来之热海风，输入雨量可以操全年之左券。冬季之输入，只有一部分流入河中。其留存之量不但供给夏季河流之常水，且可以蒸发凝结迭互变化以为夏季之降水，非如此则农业为不可能也。反之，若使无植物之繁育，则此迭互变化以及夏季降水之多，亦不可能之事也。

故土壤及其耕治实可以左右自然界之水钧，必有土壤之关系，始有真正之水钧。

设以变化之加频而使夏季蒸发与时俱增，则多年之平均降水量亦必增加，有如上数之比较。惜在北德五、六两月间有蒸发之损失愈向东愈大，故降水量之增加于植物繁育时期之希望无可道者。然北德有许多城如 a.a.o. 已经指明在以下各年段一八五六年至一八七五年、一八七六年至一八七八年、一八七九年至一八九五年皆连续有增加者也。设使此增加与前已述过之过去田禾收获量之增加非由于宇宙之关系而由于因呼吸作用而致之蒸发增加，则所得到之降水增加，必限于植物发育时期。按寿贝特（Schubert）根据多年记载所得爱贝林（Eberswald）之结果如第五表。

第五表　不同时间段降雨量之统计

单位：mm

年段	全年降水量	半年降水量（四月至九月）	半年降水量（十月至[次年]三月）
一八七五年至一八九五年	540.0	301.6	238.4
一八七六年至一九二五年	554.0	318.0	236.0
一八九六年至一九二八年	572.5	337.0	235.5
一九二六年至一九二九年	621.0	383.0	238.0

五、气候与径流之参差

按以上爱贝林之例,则因农产之变易而致气候之变易为不相背之事也。但因降水之增加并不足以防止因蒸发增加而致河中流水于低水时期之缺乏,于此亦可以最近多年中之实例证之。

以各种几率及系数凡为吾人今日所已晓者比较之,已足以判定。

(1)因农业之发展,可以增加重蒸发量而使海洋输入多增变化。

(2)可以增加(夏季)降水量。

(3)可以使德国各河流低水更减少,而不致各河流之各个中水减水。

欲救济各河乏水之困难,有人议及如何可以增加德国水库之量至十倍,故方修斯主增修一千高堰以完成平均冬夏水流量之使命。

德国每年流量在国境内者计为一千二百二十亿立方米(122Milliarden m^3),来自国境外者为三百六十亿立方米(36Milliarden m^3)。冬季流量比之夏季流量(按凯劳计算中欧)为百分之五十九及百分之四十一,则所需以平均流量之水库容积应为一千四百二十亿立方米(142Milliarden m^3)。若再计及不平均之输入,则水库容积更须加大。关乎此点已有许多建议,而地下之储蓄计划尤值得注意。(注:德国之 Milliarden 为千兆,即 1000000000)

六、地下储蓄

关于研究如何增裕地下水量以供给水问题者,丹诺(Denner)曾举出以下诸人:第穆(A.Thiem)、李侠(Richert)、世哈士(Sheelhaase)、卜朗士(Bruns)、柯毅(König)、林克(Link)、厉士(Reese)、贲希尔(Reichle)、桑菲尔(Sympher)、石华次(Schwarz)。丹诺曾作一简明之图示,如何用人力以增裕一河城中之地下水量。其法利用地质上适宜之储水区,使多雨之季河中之水积储于区中(第六图)。按其设计,每一河域皆可分为泉源区、潴潡区及分布区。

或者以为水引往区经过多年,区中土壤将为密结,此可无虑。君纳(Köhne)曾证明伯林格龙之什拉赫吞湖(Schlachtensee)自一九一三年为沙老乔堡水厂唧哈非尔(Havel)河水注之以为滤池,一九一八年经五年之使用,所注水量至七点三四公尺之高,然除因其本分所受雨雪渗入地中,未尝致湖面增高。

选择地水储水之所以求充裕地下水量,必知地下天然层垒中容水之量(以无地水流者为限)。其多寡不能专恃采取之土样以定之。因壤层与其湿度大有差别也。有地下水流之层,大抵由沙砾而成。

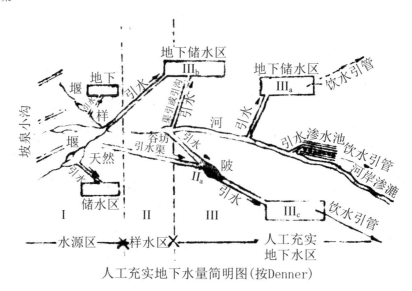

人工充实地下水量简明图（按Denner）

第六图

按君纳之研究，地下存水之量可以达其大容积百分之二十。若在其四周对壤层细加以研究，上自表土，下达地下水层，必能得相当之结果。

至于充实地下水量超过给水之需，并以补充低水时河中流量，能达如何程度，则完全视地质之情形如何，为解决此问题，地质及土壤有扩大研究范围之必要。但研究问题超过居民之需要，则其经费何从出，又是否可以得有他种利益如增加农产等，均须周密计虑。在德国，合理化之灌溉应以调节沮洳低地土壤中之水钧，而使达到最高收获量为准。

七、人工灌溉问题

本以上所述，知：

（1）以农业化学之发达，可致农产收获量继续增加，至更有显著之增加时，则可望更得优良影响于水钧。

（2）为防免缺乏水量或为平均地面流水量计，应注意于地下储水之设置，其事可以谷坊补之。

必待农业发展之程度已冲破现有之天然气候所可及之范围以外，始可进而采用人工灌溉。

灌溉制度必求其能以少数费用而适合于天然条件，始可收大效果，于是请再加注意于土壤中水之变换。

如第二表中所示，在维塞河流域及中欧全境于九月至[次年]二月间，雨量 N 超过

$V+A$ 之消耗者,平均为一百二十一公厘及一百一十五公厘,存积而为壤水及地下水,至夏期则又多次变换蒸发于降落,卒之则消耗于径流及逃逸两路。

表中每月之 $N-V=M-E$ 数,不但可示海洋之输入,且以见水在壤中之流动,在五月及六月中北德之 $N-V$ 之值为负数,七月及八月中之值,亦超出零点无几,则其壤中水之流动,亦必与之相当。九月至[次年]四月中水由上直流向下,五月至六月间则水流由下而上,水之流动也挟其所溶解之质以俱。故在冬季上层壤土有溶解之状,而在春季则养料自下输而向上。此种过程,关乎在干燥气候及湿润气候下土壤之生成者甚要,但在德国气候似亦不为无关系:一则土壤之融化不以人工灌溉而招致或令加强,二则因地下水因毛细管而上升,实可以证明低地土壤在有毛细管部分以内者,即遇雨量不充足时,亦随时可得其所需之水量,无恃乎人工灌溉也。

农业所用之地若经过分灌溉,可以致上层土壤之强烈溶蚀,又常因过分灌溉致土壤溶蚀而发酸,或发生盐层及淀泥密封等事。故于采用人工灌溉之时,必先审慎研究,本多年之经验以设施之,庶无大弊。

第七图示润湿气候及干燥气候下土壤中盐层之行向(Dr. H.Pallmann, Zurich)。

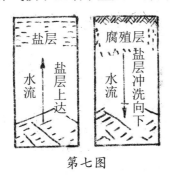

第七图

八、不列颠国灌溉之经验

欲论不列颠国灌溉之经验,宜注意于其有关经济之各因素,以研究其于现有土壤及气候所有收获量之可能各因素如下。

生产费、转运之可能性及市面情形。

灌溉问题之实际解决,无论在何处必求适合乎各项准线。

基本之前提为科学的因素,即化学的及物理的土壤性质、水之成分及水量。

有时保持已有灌溉面积之肥沃之问题,较之增加新面积问题更为切要。

尼罗河川经过数百年乃至数千年之灌溉历史,其地土肥沃已不如前,最近则变更其种植方法矣。

故以不列颠国之经验为前车之鉴,则过分灌溉应以为戒。应研究各种灌溉方法,以资普通农业采用,并时请专家审视,以免土壤之劣化。

九、灌溉之三条件

理想之灌溉,只需令土壤——即植物根所及之层——充实其所需之悬着毛管水,恰到好处为止。如此则需常常灌溉,土壤中可以潴存静用及动用水量之空愈小,即〈涵〉(含)雨量愈小,则需浇灌愈勤。反之,若〈涵〉(含)雨量愈大,则需灌溉愈微,壤中较之沙壤中此种关系愈显。

第二条件,应使保持田面状况不变,以为理想的灌溉制度所应有者,收获以后至播种期间每次农作,皆应有极要之要求。

用犁及耙,可使土壤中之电解物发动,可使将就槁死之微生物复活而发生〈炭〉(碳)酸,以化石灰质而为〈炭〉(碳)酸钙,以此作用可使土壤化为熟土。但尤为重要者,为因耕耙而将土壤之毛细管破坏,为土壤中增加不少容气之空,使蒸发大为减少,此外则可以除去杂草。但若过分灌溉,或更人工降雨法灌溉,则在黏土及垆土中,颇有密封壤空,致空气缺乏之虞。

能增加壤中之水量而使其表面之组织不受碍损,惟有自下层湿润。此目的惟有增高地下水面可以达到。

在德国之农作植物,于冬季需要最深之地下面,至少须深于地面一至一点五公尺,而在夏季植物正发育时,叶面表土过宽之蒸发,且超过水面之蒸发,此时则需要较高之地下水面。有几种植物需要地下水高仅低于地面五十公分,但天然界地下水在各季中之进程,不如是也。故欲农产乐观,有操纵地下水面之需要。除以上条件之外,理想的灌溉制度,尚有合乎经济原则之需要。

但经济之原则如何顾到?关于此问题,荷兰颇有数百年之经验,故谈荷兰灌溉于下。

十、荷兰之灌溉经济

荷兰地面百分之三十八在普通潮水位之下。故筑堤圩以御水,用唧器以排水,为荷兰之生命工作。孰料其极单纯之排水制度,竟成为理想的灌溉制度哉。

荷兰土壤对于几种谷类其单位生产量,直不能觅得其他与之相拟,其土壤多数又皆常见于德国。荷兰固有其他较优于德国之点,论平均温度,则为十点九摄氏度,较高于德国者二摄氏度。论雨量之分配,则较德国为平均。十一月至[次年]四月间降雨量为三百一十公厘,五月至十月间降雨量为三百九十七公厘。气候既非常适宜,而渠堰之制又极完善,故地下水面可以随人意操纵,使旱季雨量缺乏之时,地下水升高

适可以补其缺。所不能得此利益者,惟过高之沙壤及泽地之埴壤耳。(第八图略)(石印本原文)

按福劳斯特(Frost),荷兰面积共三万四千二百二十三平方公里。与德国相较,有如第六表。

第六表　荷兰与德国各地型占比的比较

项目	德国全面积 470680 平方公里各地型占比/%	荷兰全面积 34223 平方公里各地型占比/%
水面	1.0	4.5
荒地	9.1	21.9
林地	27.3	7.3
农地	39.6	26.0
草地	22.3	37.2
园地	0.7	3.1
共计	100.0	100.0

两国作物种类之不相同,试一研究荷兰二十五年中垦殖之发展,可以明故矣。自一九〇〇年至一九二七年荷兰各种作物面积之增减如下:

粮谷类	减百分之七点六
芋类	增百分之二十四
特别农产及商品植物	增百分之三十八点四
刍类植物及其他	减百分之十八点一

又玻璃下之种植,在荷兰于一九二七年增加至十八点三四平方公里之面积。故能生产最有价值之植物,而占世界商场第一位。

一九一二年至一九二七年十五年中,农产之由用玻璃箱者增加百分之七十五,由用玻璃房者增加百分之四十二点七。

又荷兰土壤除少数例外,皆含养料甚富。此皆由其人民勤励,善为培养,合土与水之利而为之。今以农业模范称,岂徒然哉。荷兰佣价亦高于德国,地亩价及佃价亦甚高。

当业务发达之时,平均圩田每公顷售五千至六千七百马克(合华亩每顷一千五百元左右),近则平均犹值四千二百马克。在园艺中心区每公顷昔时值六千七百至一万三千四百马克,欧战之后且至一万五千至三万马克云。

水利既盛兴,则经营之范围,势不能过大。在一万八千八百园艺家之中有地一至三公顷者,占百分之四十九,过三公顷(约华亩十二顷)只占百分之二十三点五。

可惊者,经营农业者百分之四十八为佃户,皆用甚高之佃资。其佃资平均如下:

	一九一三年至一九一四年每公顷/马克	一九二〇年每公顷/马克
农舍	一百四十五至一百六十	二百九十至三百四十
农田	一百一十	五百二十
草场	一百一十五	四百八十五
园地	三百五十五	五百七十五
工作场	三百零五	四百六十五

反之则在德国每年佃资只约六十五马克,即用水灌溉,每公顷每年亦只增加三十马克。

观于荷兰百余年之进步,知德国凡条件与之相符之处,亦宜步其后尘。

十一、附论德国灌溉

在德国奥多沮沏(Oderbrüchen)之地面积七百平方公里,水之情形,多类乎荷兰。大半地面,皆在奥多旧河中水位下,高出中水位者仅为少数。寻常多用唧器排水,在地势稍高之地,亦设堰以升高夏季水面。格老皋(Glogan)之黑角灌溉及排水协会,近闻亦从事于升高地下水面之工事矣。该协会灌溉之建设费,每公顷三百二十马克,计溉一千二百零四公顷。排水建设费,每公顷一百四十马克,计受排水者七百公顷。此等建设费,只限于干渠。

德国之柯赍物堤防协会(Deichverband von Bleve Landesgrenze)及荷兰之尼梅艮——水利协会(Watershap Nijmegen-Duitsche Grens)曾合作建设二国边境之排水事业,计其建设费为每公顷一百五十三马克,受排水者六千二百公顷。此可作两国合作事业之一模范也。

德国灌溉事业之最著者,当推布柔赫好参低地(Bruchhausen-Syke-Thedinghauser Niederung)之五千公顷。按该地农田水利协会之报告,在一八九六年及一九一五年之间,冬季由维塞河中引出之水量以资灌溉者,凡十六亿立方公尺,自一九一五年以后,并引用夏季之水。

在德国实施灌溉建设之所以困难者,因农民之意见不一致也。例奥多低地其居民大抵由德国各方徙居者,一切风俗习惯,各守其旧,欲实施一种改良土地之新制,则颇难得其一致之同意。一九〇七年上浑脱(Oberen Hunte)改良土地之一部分,竟至停顿,其原因则因该地有地权之农民,不肯赞助。每年由其担任三分之一岁费——计每亩半马克之议也,似此之例,不一而足。灌溉建设费,通常甚大,由于每一灌溉制度,皆须有经费甚多之排水制度以补之。例如阿铺第任(Aptieren)虽其排水范围甚大,且连市中排泄下水在内,及今犹不下每顷一千五百至二千马克也,而渠工尚未在内。

十二、司铺里林为对照之例

司铺里河(Spree)在靠头堡(Kottbus)之下,港汊分出。至吕贲(Lübben)又合而为一。各河股于水平岸时,总计流量不过每秒四十立方公尺。流经一面积二万公顷之区域。水量稍过恒度,便致淹没,其中惟有五千公顷农田及六千公顷沿河地有堤防捍卫之,其余则自昔至今,皆设有堰漾水以资冬季淹溉,夏季漾水,则一部分始于五月一日。该地农民以泛滥一次为幸,盖得水之外,并有肥田之功也,此则与荷兰相为对照之例。

近有御防有害洪水以保护司铺[里]林之设计,拟于舍卫洛湖(Schwielochsee)之南,设水库而导引洪水蓄其中。其条件以能保留冬季之淹溉及维持向来之农业方法,以免因改种高价之农作物而增加生产费,故虽完全防洪之工费并不加多,而有所不取也。

在此泛滥区中土既肥沃,易草地牧场以种菜蔬,岂不佳乎?低价之草,仅足农家自用可矣。然农地多离人家太远,行路辄需数点钟,故欲完全利用经营高价之植物势有所不能也。司铺里林为低芜地(Moor),本可移民住居以经营园艺,但必能于排水之外有灌溉之设备,设堰及唧水之具,如荷兰圩田中所习见者,始可以达此目的。司铺里林距伯林甚近(约百公里),使能改植园艺,不愁无市场也。

似此有价值之地面,今仍以荒芜视之,殊可惜也。望政府注重于是,化荒芜为珍卉。不特水土经济可以发展,且可以训练农民,使娴于所农艺也。

十三、德国灌溉之方针

引河流之水以事灌溉,可于已有相当经验及已有一部分排水设备之处始之。排水设置无论在何情形下,皆为农业所不可少,不然地面过湿,则成为沮洳淖泽矣。

排水有效则在夏季农产发育甚盛时,水之需要增多,而致水量缺乏,必以充裕地下水量或间时之堰水灌溉以补足之,使可望收获丰盛。此可以仿照荷兰先例为之。除有特别情形外,凡事师古,较之创立新法为廉,尤以利用市居之粪水为尔。

按之宗恺(Zunker)在德国未垦之地统计如下。

(1)芜地：二百二十万公顷，未垦者一百五十万公顷，为全国面积之百分之三点二。

(2)矿荒：一百五十万公顷，百分之三点二。

(3)矿荒之适于植林者：五十万公顷，百分之一点零六。

(4)无充分排水之地：一千万公顷，其可免于沮洳者六百三十万顷，百分之十三点三。

芜地、无充分排水之地两项合计七百八十万公顷，设使排水有效，以后在低水期内仅需加水二百公厘之高，则所需水量为 $7800000×10×200=15.6 \text{Milliarden m}^3$（即一百五十六亿立方米），设并一切应须排水面积计之，则需二百三十亿立方米之水。

设想德国全国河流水量使之冬、夏两季之水得以平匀，则应储蓄水量为一百四十二亿立方米。于此可见平匀一切河流所得之水量，尚不足以敷因低洳地排水而需要之灌溉水量，但此亦非必需要也。盖一部分面积或可因本身漾水而无须乎外加之水，又一部分则因地势不宜因经济关系不能灌溉也。

但上所拟加之水量二百公厘亦不足也。巴尔德(Bartels)及寿贝特(Schubert)之土内蒸发测验，地下水面低于地面四十至六十公分，每年蒸发量约得八百六十公厘，爱贝林(Eberswald)、佛忍慈(Frentze)由司铺里林所得相同。德国农用之地每年平均蒸发量为四百六十公厘，则在干热之半年灌溉所需之量应为四百公厘，地下流量未之计也。

由以上之数可知，德国灌溉可能之界限，当使许多计划不免在裁去之列。

设堰及排水，二者宜并行不悖。"无灌溉即不能有排水"，反言之"无排水亦不能有灌溉"。其他灌溉之例，在德国不甚重要。所谓漾溉、畦溉、坡溉(Stau-，Beet-und Hang-berieselung)，若非费巨款以使设备不能达目的者，可以从缓，惟于地势相宜近于水之源渠者，可以试之。其经营之可能范围，不甚广大，除利用市居粪水按之宗恺其面积可增至一千五百平方公里(为全德国农田地面之百分之一点二)即可使园艺地增加百分之五十。

十四、结论

德国农业经济问题自实行工役制后，观念已大改，工资成分较之以前自由工制已减百分之十，此与物价消长问题，关系甚大。

经济问题由国家解决之，技术科学问题由技术家解决之，合作之效足以创宏大之业，地上地下之水，可参合以为用也。风之力可用以汲大量之水由此域以及彼域也，实施之困难,则在乎农民之不一致与缺乏经验。至于经验学识,宜各方并重。如治地之法,改良土壤之术,以及税收等等问题,皆宜并进,不能拘于一方面之偏见。在今日强有能力德国政府之下,固不难一一解决而促其实现也。

水 之 家 政

(一九三六年译;Wasserhaushaltung,直译之为水之家政,
即水之自然循环以羡补不足,简译曰水钧或水操)

一、概论

为研究水利及地理与地文学之用,须明了降水、径流及蒸发之关系,而此关系最好作为收入与支出间之结存(Bilanz)视之。此结存常限于地上一定面积计之,且须假定其无他项地上或地下之加入,而其中所蕴蓄之水实在长久,年期中计算其均值应无增无减。降水降于地面上,先作为结存柱(Bilanzposten)视之,空气中如何演进姑且不计。供输于降水之水汽,或由外境蒸发,或蒸发自所论地域境内,皆无关宏旨,但降于此地则为此地之收入。若更能将一切量雨器所不能概括之降水,如地上并地中由气体变为液体或固体之水量,统为计入,则得该地水量之总收入。兹以 N 代降水,A 代径流,V 代蒸发,降水之一部分,或为雪为冰暂时停积,或渗入土壤上层为其拘系,或渗至下层为地下水,或流入湖泊停蓄其中,凡如此者皆命之为积存水,以 R 代之。积存之水迟早亦将归于径流或蒸发,若就一定时限中观察之,则欲适合 A、V 及 R 三柱之数,除本有之 N 柱外,尚须加入以先降水之耗用于此时限者,以 B 代之。

故　　　　$N + B = A + V + R$

即　　　　$N = A + V + (R-B)$

其整个计算法与会计簿相类。会计簿之变更无论其时限如何,总不外乎收入与支出之差。收入者为 N,支出者为 A 及 V,故会计簿之变更为 $R-B = N-(A+V)$。

至于支出之数出自新收入(N)者若干,出自旧存者若干,亦无关宏旨。为结算计,

不论其积存账或流水账皆一也。在中欧之大部分以干湿天气常互相替换，故两种账簿，常能互相换用。如曰$(R-B)=0$，非谓在某一时限中其积存之数未常动用，而谓新入之数与动用之数适相合也。

如已往之水已经用罄，则在此时限中，径流及蒸发只可出之于本期降水之中，而B无有焉，如是则：

$N = A + V - R$

如降水甚微无积存可言，则：

$N = A + V - B$，即 $A + V = N + B$

若完全无降水，则：

$A + V = B$

准此，则在若干时限中，径流及蒸发之支出可大于降水之收入，至此种情形在各种天气变化之下能支持若干久及至如何程度，则土壤之受水及授水能力大有关系也。

用结算法则各时限自然分为过去、现在及将来，如链相连接，最终之目的将使由此链中得分析出任何时限中之结算。但结算中所有之量在一河域中所可量而知者，惟N及A，至V及$(R-B)$，则以其常混结一起而为$V+(R-B)$，故不能只凭N与A已知之数而分析之也。V及$(R-B)$惟可于试验场中分析之，在天然河域中，其分析有时可凭臆断，臆断固有充分理由而究不能实证其必是，然降水及径流之量于此不受牵制，故一切凭臆断而得之结果，久而久之，则使之与降水及径流分界愈明晰矣。

为将一切近似观察分为系统计，可择一尽长年序中所得之平均值作为出发点，但在此期中之观察工作则须有同等之优良。于此其结算可简单化为$N = A + V$，因可令$(R - B) = 0$故也。因之$V = N - A$虽在n年之长序中，积存R与耗用B能完全抵〈销〉(消)，亦殊罕有，然由n年所得之平均年计算，其间所有$(R-B)$之差，则亦为全数$\dfrac{1}{n}$。因R常小于N，故此差忽而为正，忽而为负，但使n有相当之多，则此忽正忽负之差对于N、A及V常为正之数，实可略而不计也，长年序亦为无限长时链中之一而已。

在相当注意之下，$(R-B)$一项亦可于较短之年序如"十年"取得年平均中省略之。所须注意者为此十年之年序，约能以正常情形始、以正常情形终。设于此年序之始即遇非常久旱，所积存水耗费一空，则必继起有非常洪大之积存，始可恢复正常状态。设继此积存与耗用以正常态交换，则在所加研究之若干年之总数中R比较大于B。在此情形下，降水及径流之差归于蒸发者必至太大，因$V = N - A - (R - B)$故也。设于湿年之后继之以正常年度，则但由$N - A$所算出之蒸发必至太小。但此种舛差，不必一定于定平均各年中，有一特别湿或特别干之年，方可发现。所须论者，惟视其域内原存之水藏,于所加研究诸年中通盘计之,是被增多或被减少。设被增多,则于各年之总数中,必 $R > B$,因之 $V < N - A$。设被减少,则必 $B > R$,因之 $V > N - A$。湿与干在一年序之终发现者,必其仍在本年序之内,始可以发生影响。但其影响及于$(R - B)$ 之总数,亦只如 A 及 V 之支出,仍在本序之内者,与收入变更不相适合之程度而已。遇不适情形,至少其始或其终情形特劣。设于其本序之平均值中,加一年或去一年而即呈显著变更者,则以勿加勿去为宜。故若仅有较短之年序可供用者,则莫若选正常之年以为其始终,使其所得之平均值与由长年序所得者相差无多,然年序少于十年者则以勿用为便。

一序中之内部衔接必由其平均值推至各年之比求之,但常历之年度不适于水事之用。在德国北部及其他许多地方,皆定由十一月一日起至次年十月三十一日止为"水年"(Abflussjahr),其计年之法则仍照常历一月至十月所属之某年为准,如由本年(一九三六年)十一月一日至次年十月三十一日止,为一九三七年之水年是也,十一月至[次年]四月为冬季半年,五月至十月为夏季半年。其所以如是规定者,缘霜降之后,不独河中流势大变,拟且于结冰行凌之时,水位及流量间之关系亦迥异也。常历之岁终,撕冬季为二段,其不便实甚,德国以外同此情形者亦多。

吾国黄河向以霜降为安澜期与此暗合,故"水年"亦似应由十一月一日起,至次年十月三十一日终。

水事研究超过于所计长年序之 N、A 及 V 之平均值者,亦应均按水年为之。除有例外情形以外,皆可以每五年为一段,如一九〇一年至一九〇五年、一九〇六年至一九一〇年等。所研究之长年序应使尽可能于每五年始、每五年终,如是则统计及比较之工作较简易多矣。所须注意者,惟在乎气候转变之确定,因其对于水利至切要也。设五年平均有主要变异,应详考其时及变异状况,于五年段落之中亦可作他等之分段以补救之。于五年平均之中,更以一年递嬗推算,如一九〇一年至一九〇五年、一九〇二年至一九〇六年、一九〇三年至一九〇七年等。设证明用其他年数较之用五年为合,则于照其数分段之外,仍列五年段落,如一九〇一年至一九〇五年、一九〇六年至一九一〇年等。

再论蒸发数量。所谓蒸发者专指一域中或一地之蒸发,在全面所受降水中由地面蒸发于空中者,而由域外河流所带来之水则不计也。盖河流所占面积仅为全面之一极小部分,故水面或冰面蒸发之出于河湖者,以之与全地面之蒸发相较则微乎其微矣。在有植物掩护之地面,其水量之返于空中者有时一大部分,甚至一最大部分。由于植物之叶面蒸发(Transpiration),此外水则之由地面直接蒸发入空,在植物稀少或竟不毛之地更著,故一域或一地之蒸发亦为极复杂之过程所合成者,用物理、气象学之算式所不能推算者也。但可由相当年序之平均值中,由降水之量减去径流之量以得之。以下即论如何求定此等数值。

二、求降水之高度

（一）雨量之观测

所谓雨量者，只指在一定地面上所降之雨量，而非谓与雨丝正交之平面所受之雨量也。所谓地面者，又非指其天然形态之面（$ABCD$），乃指其垂直投摄于一平衡面之面（$A'B'$）言之也（第一图）。

此投射面通常即以地图上之水脊线所包围之面积当之，以此面积与降水高度相乘之积，即为降水之容积。量雨器之平衡受雨面即为此平衡投射面之一部分，设雨垂直降落，即自然为垂直之投射。但若雨斜落，则不然。在第一图中设 ABC 为一山脊之横截面，AC 为山脊下之平衡面，若但论地形而假设空气流不受扰乱，如

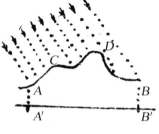

第一图

图中所示雨丝方向，一切雨量器之受雨口面俱为平衡的，故降于 AB 斜坡面上者皆经过平衡面 EB，降于 BC 斜坡面者皆经过平衡面 BF，故 AB 所受之雨量为 $\gamma \cdot BE$；BC 所受之雨量为 $\gamma \cdot BF$。若以其垂直投射面计之，则：

在 AD 降雨高度为：

$$\gamma_1 = \gamma \cdot \frac{EB}{AD} = \gamma \cdot \frac{AG}{AD}$$

在 DC 降雨高度为：

$$\gamma_2 = \gamma \cdot \frac{BF}{DC} = \gamma \cdot \frac{GC}{DC}$$

在 AC 全面上之雨量，与无山脊在是无丝毫异也，其量为：

$$\gamma_1 \cdot AD + \gamma_2 \cdot DC = \gamma \cdot (AG + GC) = \gamma \cdot AC$$

但山右域中之雨量一部分为山左所夺，其量为 $\gamma \cdot DG$，此则为平衡受雨口面之量雨器所未察觉也。

设雨丝斜射如第二图（原文缺失），则山坡 BC 以及山脚 CB 根本受不到雨。山坡 AB 则将 AG 平衡面（若无山脊存在）应得之雨完全夺去。若将此雨量垂直投射，则 AD 面在降雨高度仍为 $\gamma_1 = \gamma \cdot \frac{AG}{AD}$，而在 AB 坡面安设之雨量器，因其受雨口面为平衡的，故量得之降雨高度乃为 γ。

故但观地形之影响，即可知量雨者必兼明了雨丝之方向，始可以合，但事实上未

必如此也。量雨器之斜向安放者,惟盖格(Rud Geiger)于其特别试验中用之。安设于高山地带之量雨器,加以空气流之影响,虽用各种方法计算,未能确符也,故计算雨量者,常以所量之雨量与径流相较,以求得可用之数。而华伦(Wallén)则竟以径流高度,估计北瑞典之降雨高度矣。

求解高山量雨之困难问题,可用哈斯－吕赤之球形量雨器(Kugelregenmesser, System Haas－Lütschy)。其器为一球形,匀密布有小孔,使雨丝任何方向降注,受雨之面皆相等。但解决问题之量器,在山仍应不废量雨器之具有平衡受面者,即巴尔戴(M.Pardé)亦不以废平衡受器为然也。因地形所生之舛差,若他域愈大,则匀消愈多。即在同一谷内,一面坡之所失,亦可与对面坡之所获相对抵也。

降水亦有平衡方向者,如山林中之行雾,几无法计算。有些地面行雾降水在其地之水操上占有重要地位,甚至有植物全恃以生长者。数年以前,颇有人主张若所量降水之量比之径流过小者,应以此等不能量得之降水加入,倡之者为德兰坎(Rudolf Drenkhahn)。然为科学研究计,此等建议实觉有害。一山中之降水与径流间之关系,应先精确研究之,再求以径流纠正降水之失。若能得一可用之法以量平衡方向之降水更佳。

本书以下各卷但论常用之降水测量如何整作。凡量雨器安放地面总不免有舛差,如何求减消此项及其他舛差,则科学研究之事也。研究一河域之水操为一种一贯的科学工作,作贵者有一致之观测更有一致之整作法。

(二) 观测序之检查及补缺

设所欲研究者但为一域中之平均降水高度与径流及蒸发之比,则但用一制成之雨量地图可矣。制此图所用之年序,亦即径流所本,不必限定用流水年,但其间之积存与消耗必须有相当之匀消。换言之,即年序须有充分之长久,使$(R-B)$可以略去之也。

设无现成之图,或所研究者不仅为平均值,则应将各站之降水高度汇列如第一表 (原文缺失),而周围附近各站必彼此相顾。有观测不及 n 年之站,其所有记录只有 m 年者,设 m 之数非甚小者,亦可引以为用。由经验而知凡各邻站之间,非有水分脊相隔者,其降水高度之轩轾,以多年之平均计之,皆约互为正比。故量站之只有 m 年平均者,其 n 年之应有平均,可由邻站之有 n 年记录者以比例求之:

$$\gamma_n : \gamma_m = \gamma'_n : \gamma'_m$$

$$\gamma_n = \frac{\gamma_m \cdot \gamma'_n}{\gamma'_m}$$

例如一九〇一年至一九三〇年年序中之雨量。设量站(Ⅰ)缺乏一九〇一年至一九一〇年之记载,一九一一年至一九三〇年之雨量年平均值为六百六十公厘,其邻近一站(Ⅱ)相等年序中之平均值为六百公厘,而全年序一九〇一年至一九三〇年,则为五百八十公厘。则量站(Ⅰ)于全三十年中应有之平均 X 可如下求之:

$X : 660 = 580 : 600$

$X = 660 \times 580 \div 600 = 638$

又可如下推之:盖二十年之平均在(Ⅰ)站大于在(Ⅱ)站者百分之十,则在(Ⅰ)站三十年之平均 X 亦大于在(Ⅱ)站者百分之十,故:

$X = 580 \times (1 + \dfrac{10}{100}) = 580 + 58 = 638$

以三十年及二十年之平均,亦可定出十年之平均,皆同一比。故见第二表。

第二表

单位:公厘

项目	一九〇一年至一九一〇年	一九一一年至一九三〇年	一九〇一年至一九三〇年
全年序(Ⅱ)站经观测者	540	600	580
不全年序(Ⅰ)站经补充者	594		638
不全年序(Ⅰ)站经观测者		600	

此种算法亦名还原法(Reduction),施之于邻近各站,其结果未必能一致,故只可用之于其间出入不大者。若出入较大,则须加以审查,是否其间有比例性。以此之故,所采用之分年序不宜过小。小于五年者只可作为临时济急之办法用之,由短年序所得之平均决不能以之推断三倍以上之年序也。

审查比例性之法,莫便于每退后一年之五年平均,但须审视有无一定之比例性。只存于平均值中,则无须如此繁复,最简之法莫若先就各站之各年雨量一一比较,在此可用各数之较数以代替商数,若互相比较年序中之平均相差不甚大,此法尤可用,并且此种较数不必计及公厘之微,上于公分可矣,公厘数四舍五入可也。如此则计算审查之工作可以简易化而速进,遇有不能符合处再重加审查。按审查之结果可以分别所用以还原之各站。某站不可用而摒弃之,某站可恃且应加以二倍或三倍之权。

若不用比较各站年雨量之法,亦可于一年序中先将各年雨量以年序中雨量平均值除之,或者由各年量中一一减去平均值。平均值自必取之于同满年序中,用商数之法较为合宜,最好以百分计之。如一点零七可作为加百分之七(+7%),零点九一可作为减百分之九（-9%），但有时用较数亦可。以此差数可以逐次侦查各站雨量变化之行动。用此法还原工作而外，尚可以得各站变化之明了情形，而易以发觉其观察之弱点，且可以此法判断各年序本身内是否为一律的。盖所用年序以长为贵，而过长则难免各观测地点有种种阻碍变迁之情形也。

计算以前，可尽所有各年序之年量以图表之。各序之图，按其地形及流域相属者上下排列。此法获益甚多，他处得便论之。

年序愈短，则对于本序中雨量应舍去应加入判决愈易。若三十年以上，则雨量之出入于平均值者，较为均匀地分配于全时期。所须留意者，若有一起一落之情形，经过长久之时期，必须考察其故。譬如一量雨器具其初安置于一果园中毫无障碍，迨后果树枝叶发育日盛，遂致雨多不入器。在图表中有同时期年序之邻近各站相比，此等量雨障碍易于觉察，然亦未能尽保其无差也。在观察网发展之时，一大域中亦常有所有之站，或大半数之站带同样舛差之事。即去其可疑者，然所有参加之序，仍不免同一倾向之不均匀。即舍此不论，而于通常轨迹之不符合，亦可证明求各序之皆均匀不可得也。

复式横断面渠中之水流

〔一九三六年译；黑格来（M.Hégly）著，原文载于 *Annales des Ponts et Chaussées*, 1936 Tome I-Fasc. V〕

第一章　试验渠

梅赀（Metz）之扫雪试验所（Le Laboratoire du Fauley）以阿尔萨斯大运渠（Le Grand Canal d'Alsace）行将建设，乃计划做种种试验以确定在复式横断面之渠中，同一横断面内各部分流速之分配情形。

为执行此等试验计，乃计定取水于毛瑟尔河（La Maselle），设有闸洞，可供每秒一点二至二立方米之流量，按季不同。

设有多数之渠,其比例尺按大渠拟用之天然大小而缩之,为五十分之一至二十分之一,其详见后。

一、二十分之一渠

首工(Ouvrage Amont)水自毛瑟尔河中以大闸洞引入,先聚于一大池内。池为抉⊂⊃所成,在是池内于同一试验之始终,水面常保持恒态不变。继入受水池,地面亦广,流量经此受有节制。水流经过此池乃入试验本渠,第一图(原文缺失)示其概略。

堰口有二设置于渠首,各为一金属〈版〉(板),削成七耗及五耗之薄壁。每一壁上端之自由水帘,受有两旁逼缩而带一压力,其流量系数与自由水帘之不受旁缩力者等。此项设备曾经柔慕兰(Moulin Rouge)于一九一六年至一九四五年所用,而精确研究其旁缩力者也[1]。其一口宽一点六米,其他口宽一点八米。堰上水最大时为零点五八米,其流量可至每秒一点四四五立方米或举其整数为每秒一点五立方米。用此全量者甚罕。

(按:此文未译完)

凿深井之在中国

天津东方铁厂经理丹内(Tances Turner)先生自开办铁厂以来,提倡在中国各处开凿深井不遗余力。民国十二年(一九二三年)曾来西安,携带验地下水仪器一具,在西安及渭北察验,并助广仁医院及东关教堂凿井。兹阅其本年四月二十七日在北京、天津《泰晤士报》一文,甚饶兴趣,故译之以飨国人。译者志。

丹内先生昨在 Y's club 讲演《凿深井之在中国》,甚饶兴趣,记述如下:

凿深井之主要目的,在公众居住之处,为供给纯洁之饮料。用河水则多污浊,用浅井则多碱苦。美洁之水,大抵隐藏于深层地下。卫生要政,须使家家得好水吃,此非求之深井不可。

李桑神父(按:神父素以研究黄河一带地质为事,在津设有黄河、白河地质博物院)告余曰:黄、白二河流域多斥卤之地,不利谷禾。若得清水时常灌溉,则可化斥卤为膏沃。

用深井之水尚有其他三优点:

(1)疫病发生之时,深井之水免去一切传染接触。

(2)深井之水温度甚低,用之于养病之宜,分外凉爽,使病者得速复健康。

(3)水质洁净不用沙滤,故供水工程费用,较之引用河水,大为低廉。

深井之水源。关乎深井水源之理论几有多种,兹但择其最近多年发表于中国者述之。第一理论为一般人旧所深信者,以为山间所受之雨水以及流出之泉水,未能达于平原而中途隐没者(大约占降雨量百分之八十),大抵觅途径于地下沙层及曾经淤填之古代河床,由此入于沙砾之古代平滩,即今河北及上海一带自流井之水源也。

第二理论为地址学家柯赉瑟(Cressy)数年前在上海所发表者,谓……

(按:此文未译完)

德国学者说易

德国莱茵河上佛兰克福设有中国学社(China Insitut)。去秋大会时,威廉丽舍(Richard Wilhelm)讲演二次,(25 U. 26 Nov. 1929)皆阐明《易》意,以西方哲理,以其颇有所见。译示国人之好《易》者。

威氏讲演总题为异与同(*Gegensatz und Gemeinschaft*) 分为二:数之循环 (*Kreislauf Des Geschehens*),《易》之八卦(*Die acht Grundzeichen des Buchs der Wandlungen*)。

要明白,《易经》和它的哲理,须得知道这本书本来是一种卜筮用的书,遇到人有疑问时,答应他一向是或者不是。是,便用连线为记;不是,便用断线为记。都是在很古的时代,中国人的思想已经超过了卜算一层,利用这种简单的法子进而做了了解世界的方法了。西方的思想认为世界为实在的,中国的思想都认它为空虚的。这种思想可以说是个介乎佛教与现实哲学二者之间的。佛教认眼前都是幻,现实哲学认眼前都是真，是两极般相反的。中国的思想认定相异者是限于一时，两种事务不能相同的可以随时互相跟上走，到了一个同化于其他一个便相同了。这个便是《易经》的基本理想，即"异"与"同"，是跟上时代成立的。

为什么必要拿一个"异"字做一个底子呢？这是由经验上得来的。知道我们所经历的全是在"异"中行动，并且无"异"便不成为世界。主和物之间，必有个"异"存在，不然便无认识，亦无经历。明和暗之间必有个"异"存在，不然便无感觉。如此，到处都需有个"异"存在，才可以引起人的感觉。但是这等"异"，按着《易经》的理去见察，不是常住的，是常在变迁态中，可以互相变化的。故可以谓"异"是相对的。若要认清"异"，不要站在一极去看他极，须要跟上时代走，自己经历着去觅适当的地位。这个关系，就全在自己内心，感觉得外物的适应。果能做得到使内心与外界能常保持着调和的状况，外界虽然复杂，又能奈我们怎么样？孔夫子得到《易经》的核点，想来大概即是如此。因为孔子称为圣之时者，他常说不要在一切情形下常固守着一定的态度（无思），因为不要固守着一定的态度强硬着干，自必引起反对的态度，势必相争莫有终止的时候，一个也解决不了一个。在一方面得胜的时候，便又是该失败的时候了。所以孔子素其位而行，素富贵行乎富贵，素贫贱行乎贫贱，素夷狄行乎夷狄，无往而不自如。

自然，要能得如此，必须有一个立脚点，这个立脚点便是中心。使知道"时候"便是"异"的所由经历，因"异"的经历使变化无穷。人从它一方面看起，知道我们不能让"时候"一味地拖带上走，我们必须有一个止息点，由此点看出才觉得"时候"是我们的。若让"时候"拖带上走，一时转一时，但觉过去的都成幻影，未来的不外恐怖与希望，我们也不过是物中之物，机械地随着命运而动，同一个机械的物体，东碰西撞而动又有何分别。

若是做得到不必离开"时候"，由一个中心去经历带着许多"异"的"时候"，如此便合成一个圈子，我们经历这"时候"便成永久的性质。因为"时候"是调和的。所以中庸上讲"致中和"，这也便是孔教的秘密被一句道破的。

今天谈到《易经》中的"异"，须知道这些"异"完全是抽象的。固然各个的象都给它有符号，但每一象后又有无数的反着的象。比如阴之象可以为妇，亦可以为子，亦可以为臣，亦可以对刚健而为柔顺，又可以对动物而为植物性，又可以在女中而为男性。括而言之，凡对原有之象而成它的配合的都可以当之，所谓"异"者如此如此。随处都有相互的关系，莫有固定的意义，但有意义的系属[有]意义的函数，所谓"异"者行动于其中。因此之故，"异"亦可使之同，因其互相求也。

万象的根本，在《易经》中名为太极，即使万象所由生，是个一，是个定位，简单说出，就是我们西方人所说的万有之源。但是《易经》的深意，更进一层，有了一，便有了异。葛特不曾说过吗？"才说是,便有非"。若在空位中央安顿个一,比如一条线,由此便生出异来,因为空位已分为上下。若将这条线垂竖起来,便分起左右和前后来。中国人所谓六方便由这条线生出来。由一生二,就叫两仪,阳用连线为符号,阴用断线为符号。两仪与太极相三,为一切之基础。老子说:一生二,二生三,三生万物,就是这个道理。

（按：原文节选）

黄河及其治导

(前导淮顾问方修斯著,原文载于 Die Bautechnik Aahrgang 9, Heft 26 S. 397-404 und Heft 30 S. 450-455)

楔子

一九二九年,予(方修斯)膺中华民国政府之聘来华任导淮及治黄顾问。在华凡七阅月,多在淮域,旁旅行及扬子江、钱塘江,并对孙中山《建国方略》中之东方大港略有建议。钱塘江潮高及四公尺半,号为奇观,最富名胜之杭州,即位其上。旅清江须得数次考察一八五三年之来黄河已变之故道,归途过津沽哈尔滨,则与白河及松花江亦结一面缘云。

一、引言

以言水利,中国□然斯□之邦也。航渠之以人工开成者□甚多矣,然以若大之国,乃其港阜仅有少数。至其幅员之广,视第一图缺与欧洲全洲相比可了然矣。

国内水道河川之情形尚与欧洲一二百年前相若也。其国民礼教之兴超越各国而独于利用天然能力乃听然而独后。盖惟其偏重礼教,轻视物质,与欧洲素不相通,故有所独先者必有所独后也。凡不善利用天然之国常为天然所摧毁,中国尚未能逃于此例。故水灾之频且剧常危害国家及人民,数千年来不可胜举。禹之所以为圣,浚川积,勤沟洫,使河不为灾。厥后二千年尚迹泾,沟洫废,而黄河历汉及今为中国患。以与其比邻欧美诸国相比,同处于二十世纪,在彼则衽席同安,在此则沉溺莫拯,噫何相悬殊也。每次泛灾,民命随之洪流者辄百万计,世界震惊。中国治河名臣远溯三代以洎于今,无虑数十人。其事功昭著多在黄、淮,沿及近日欧美名家亦渐注意。荷兰之商贝及尾登二氏著有《谈行黄河报告》,颇堪珍贵。美国费里门,则于一八八七年灾后来华考察黄、淮尤多特见,兹篇所著受益于三氏者良多。

以试验研究黄河之有治导可能性者始于名宿恩格尔斯。其所著录见于沈君怡之黄河论文。

中国内乱不已,举凡切要之图,停滞不变。水利人才之在中国,实处于恶运。设计则屡有之,实施则辄见阻,但以予所见,所与共事者若干人,而为祖国服务之精神曾不因之少减。若统一局定,地方平谧,事功发展,正未可量也。

江、淮、黄三巨川其流域在下游,实难□办。第二图(原文缺失)示三川之流域。一四九四年黄河南侵夺淮,盖黄之迁徙不下百余次而大徙者六,此则其第五次也。淮渎下游一段长百公里,因之于填河底高于两岸平地。一八五一年至一八五三年,黄河第六次大徙,复趋于此。而淮河入海之渎逐展。淮以长江及其附属□地为壑,三川流域交错因袭如是也。余主张导淮入江,□言所见。然谋之只藏,新辟淮渎,难保其不再为黄袭,前功尽弃,故谋导淮,不能不兼注目于黄。治黄之策,因是而作。

(按:此文未译完)

第十一部分 信函翻译

译莫贲内来函

(估约一九二四年)

刘、李二公鉴。敬肃者：陕州〈卫〉(渭)灞河间航道计划，果期实行，则咨议工程师一事，甚关重要。倘公等未能物色得人，则仆窃告不敏，愿以下所陈诸然相助，以期航务局之速于进行。

仆愿充伦敦及中国间之咨议工程师，职务如下：

（1）与香港或他埠计划浅水轮船，专门家商酌计划甲、乙两种轮船及拖船与驳船等，分交计划及工作细则于香港、上海及汉口各造船厂。按航务局预以书面交仆之定价，选定承揽造船人，亲汇造船厂，检验所造之船。办理已成之船，运至汉口。办理该船等运至陕州之保险。途用精练适用之钉船及装配机器管工及一外国机器工程师，检验船之载量于汉口。办理火车运脚及关税等，暨办理所有一切汉口、北京、上海、香港间应需之邮电。

（2）计划适用于渭河之挖泥机船，其价值须不出乎航务局以书面所交仆者。以所定计划及细则，分交荷兰、苏格兰及英、美各厂，选用最适宜之承揽者。办理该机器等运至汉口之保险。于机器运到时，亲身检验。办理一切需要保险，办理关税及火车陆运等事。发布投标包办渭河挖泥广告及选定投标。其价值不出乎航务局以书面交仆者及一切应要邮电等事。

（3）勘查黄河由潼关至陕州火车站六日。做经纬仪及水准测量于黄、渭。由陕州至灞河，选定浮标及指定航道等信号各点。每年由北京旅行灞河及陕州间，不过三次，期限不过三个月。为航务局指示黄、渭中应行开挖各地点，由包工者照办。

（4）所交局中之计划，因适当理由代为更订，以免局中受承造人，火车、轮船保险公司、转运公司等回扣弊端，海关侵吞及不规则、不需要之支出，暨侵蚀中饱等弊。仆于所应有邮电等费，皆不〈妄〉(枉)费，因公旅行至香港来回一次，上海来回三次，汉口来回三次，陕州二次。惟于仆在局或在陕州灞河间旅行费用由局中另行担任。

（5）一切应行付交银行、造船厂、机器厂、铁路局、保险公司、轮船公司、转运公司等款,俱照仆邮电所定日期,遂由局中交付各该行、厂、公司,不经仆手。

（6）局中限定货价,必须不出乎情理,而由仆审度承认,若所定价过低,不足以购良货,则因此发生之弊端,或因局中不能按行、厂等所定期限付款,而发生之费用及弊害,不能令仆负责。

（7）仆愿承揽以上各事,所费仆之光阴,由北京至各处不出四个月,一年中每星期不过二日,一切旅行费在内(四款下)公费,(四款下)甲、乙两种船及拖船之计划费,需银京币一万二千五百两。若局中自行付甲、乙两种船及拖船之计划费,则付仆京币一万二千五百元可矣。无论取何项办法,付仆之款,当于签订合同时,先付三千元;迨乙种船及挖泥机已经定造,黄、渭水道测量竣工〔最早民国十三年(一九二四年)六月十三日〕,再交三千元;乙种船及挖泥机已经运到汉口检验,包工挖泥合同定后,再交三千元;挖泥机及乙种船到施工地,甲种船(若需要)定后,再付三千元。

依此仆愿充咨议工程师,但除上所述外,常在京处理一切,不能常日往来奔走。

方修斯之子 Klaus Franzius 来函照译

（一九二六年五月二十一日自朗府）

李公足下:公为先父之至友,故敢以其逝世时情形,详为报告;尤以其逝世前数日间屡念及中国,使余不能已于言也。

三月之初,医者检定先父头中有瘤(Mandeln Yonsils),并云最好得机取出。其时,先父方为柏林地下电车道坍□事任审核,工作极忙,思迨事竣,再行手术。乃此案忽延缓十四日,于是先父决定即允入医院。入院前,余以将赴〈丹瑟〉(丹齐格,但泽)求学,随先父至柏林,尚以象棋为消遣,此为余与先父最后之相聚。二日后,渠返汉诺〈勿〉(威)施手术。经二十四小时,以血□致心脏拘缩极烈(Herz Kampf),其时痛苦已极,然尚望其能胜过。次日稍愈,但有时竟失知觉。及最后数日,则喃喃多为在中国之回忆,念其人物,道其文化,以不能再见为恨,似自知其生命将终也。犹幸家仲兄先一日抵家,仲兄亦医生也。先父见之,颇为欣慰。至其殁数时前,家长兄亦归,尚能认识。惟余一人,竟未能得生前所见一面,盖家人不料其竟如此速弃我等,至其终后,始电告我也。先父心脏忽而停闭,一切终矣! 使余抱痛切极! 于是公等在中国亦失一良友矣! 先父在日,常为余等道及中华人士之英秀,文化之优美,常思得再涉之贵土,顾余曰:"勉力求学以毕尔水工之业,余他日再历中土,将挈尔以俱。"此固亦余之所深愿也。但不幸而此言成空矣。余此时亦惟勉力求学,以慰先灵于地下。余初求学于丹瑟(丹齐格,但泽)Danzig,因公昔日求学之地也。本学期终,将忍心舍此而归汉诺〈勿〉(威),继续求学于彼,盖以距家近,求学之外,尚须侍奉余母也。

余敢以至诚,报告先父之哀状于其至(挚)友之前,而敬谢其夙昔对先父之惠德。并请大安。克劳期再拜。

译魏凯 Hans Weicker 来函

(一九三六年四月二十七日)

李君足下:仆之名虽为足下所未稔,然亦非全不相识也。方修斯致足下最末一函所称之敝友非他,即仆是也〔按方函称有敝友讲演"中国"于汉诺〈勿〉(威),称道中国道义不置〕。

方修斯逝世之耗,或已震惊于足下之耳。本年三月二十九日,伊竟别吾侪而逝矣。方氏致足下函,述其将入医院割头瘤,竟由是而致死。死之因,由其心脏过弱(Herzen Bolic)也。四月二日安葬。葬之日,余从其意亲临窆穴致唁辞焉。

送葬者甚众,莫不啼泪悲戚以为科学界之大损失,友朋中之大剥夺也。中国之留学于此者,特以中国绢制极精之花圈,上书中文曰:"敬献于我敬爱之先生吾国之至(挚)友"献之柩前,其平时师弟间之感情可见。

方修斯与足下非特表面之友,实心悦而诚服之。临卒之前多日常常念及。并因足下之名以回忆及中国。而且对中国之建树为其有生以来所最得意之工作。导淮、治黄二事,亦与足下之名牢缚而为一。

伊卒之前两周,仆尚在汉诺〈勿〉(威),相见时辄谈及黄河孜孜不倦。伊云本其最后之试验,伊敢云伊之建议实为解决河患挽救华北之良策。伊深望其能为中国政府所采用之。

方又云，伊曾以其最后试验之结果致之其所取信赖之友人手中，即足下是也。兹关于此事之往来函件，俱存仆处，计一九三五年十月二十八日致足下一函、十一月二日致令侄赋都一函、十二月二十四日致郑君肇经一函及数君复函。又一九三六年三月十六、十七日致足下之函，亦为其生前所书最末一函。三月十八日行手术后经十一日而卒。足下曾不能为力言之于贵国政府使其建议不致束之高阁否。盖方氏最后数年中，年继一年、月继一月、日继一日，所孜孜研究者无非黄河问题，使其苦心孤诣竟此成空，不亦悲乎。

仆承方夫人之重托谨再请于足下，使方氏最后为中国之工作得于中国获有荣誉，仆若非误记者，似郑君肇经曾提及对方氏工作，以三千马克酬劳。

按方氏十二月二十四日致足下之函，曾以全权委之足下。试一决之，此数相称否？方氏之试验经三年之久，且特别注意为之，此其所可自信也。

足下为此事之功效如何？请迳以复仆或其夫人。

足下在天津所设之试验所，试验成绩如何？令侄工作顺利否？此间之基址土及水工试验所今已易名为"汉诺〈勿〉（威）工科方修斯试验所"以志其创建者。方氏致足下最后一函，曾述及仆已译蒋夫人所著之英文本《新生活运动》为德文，并为之序。近已由柏林中国文化协会请于中国大使馆许其印行矣。魏凯谨启。

重庆德国领事会佘福来先生来函照译

（一九三七年十一月三日）

我的最爱之老友李先生：接奉十月十二日来函，且感且谢。所论中日战事关系，其切予怀。予之观念，以为日人之侵略所以助中国之统一，中国之抗战可以得最宝贵之经验，其有益于中国前途，盖莫大焉。日人虽以最新武器侵略中国，然谓其能遂并吞中国之图，任何人不能信也。此次抗战中国军人已充分证明其壮勇，为求国家存在而牺牲，在日本当亦深为震惊也。假使中国陆军能训练更多而武器更精，则其结果更当如何？

予深悉日人之所以对华大〈事〉（肆）侵略者，由于中国年来经济及政治俱日趋于自强之路也。若假以数年其进境尤不可限量,故深遭日人之忌。

至于德国与中国之关系,在两大民族间,可为极其友善。试读德国各日报,则可知我国人对中国一般之同情也。吾人所希望者,经此大难,人民奋力,在蒋委员长领导之下,筑成强健之新中国,正如吾国□□阿〈多尔〉(道)夫·希特〈拉〉(勒)使积弱十五年之德国,统一其国民意志而成一新德国也。请无忧虑,中国已存立数千年矣,必能继续存在。所要者,在能联合全民族之力,以求全。

德国与日本之协约,多由其他对德敌意国家加以媒孽,以鼓动中国人民敌德之意。其实本约舍共同■■以外无他旨也。任何政治及军事之联合,或反对中国之阵线计划,皆为此约中所未有。日本决不能以■■为理由,在德国唤起对于侵略中国之援助,德国亦决不与日本以在中国自贪私图之权。反之,德国实深望中国之复兴,而尤盼和平之速现也。

至于余个人,则亦深厌恶日人对华之横暴,而尤以轰炸无战事区域、城市及人民为甚。此种行为必将速食其报。盖今日中国之所受者,他国亦恐将不免焉。余之思想始终不忘可爱之中国。以此敬祝健康。佘福来启。

第十二部分　附　　录

附录一　公文函电

上王侍御仙洲书

（一九〇四年）

　　仙洲乡先达大人阁下。闻先生之直道也久矣。当先生之初入谏阁，晚等皆额手以为天下庆，以为朝政惟新方始，得若尔人，以为辅翼，朝廷之依托，生民之利赖者，必兴穷期矣。乃不意先生封奏之始，即以防范抵制美约为言，窃以为先生过矣。夫抵制美约之事，出于人民爱国爱同胞之举，倡起之者，皆卓识通达之士，附和之者，悉时商工贾之民，内无关乎国政，外无背乎条约。自倡起此事，至今数月矣，曾不闻一野蛮之暴动，则其办法极为文明。凡此诸端，见诸实说，登诸报纸，数见而数闻矣，先生独不知之乎？而独以庚子之事为虑，不亦过虑乎？然则先生以为美约不应抵制乎？夫国际交涉，彼此来往，皆以平等，而美人独待我民以苛刻，奴隶处之，木屋囚之，动趋之死，是而可忍孰不可忍！设使先生之子若弟，被此苛法，先生亦将忍之乎？不忍己之子若弟，而忍于同胞国民，想先生不若是之薄也！又闻先生建言加倡起人以罪名，果若是，则一网打尽之策，又见于今□□□□，圣德□□，鉴照民隐，杲日之谕，但令略加防范，而废禁□之说，□□民□□感德□既矣！天下事以千万人之力成之而不足，以一人败之而有余。历观历史，从古如斯，但不意此等事乃见于先生！先生不为全国人民计，独不为一身名誉计乎？今者，外人纷传，有谓先生受贿，有谓先生受人指使者，惟晚辈则深知先生为人，绝不至是。但谣言何以可息，不能不望先生惜之！区区之隐，干犯威严，死罪死罪！若蒙鉴于乡谊，视为朋友规劝一例，俯赐□□□，则更幸甚！大学堂陕西同学公启。

复郭希仁先生书

(一九一八年十月五日)

希仁我兄大鉴。赐寄仲山图二纸,已收讫。时值校中学期终考试,阅卷鲜暇,是以违久未复。今稍闲,乃取兄前、后二书参研之。鄙见所及,缕陈于下。

第一,泾河水利,就农业论,一定可办,惟须款甚巨,何由筹措?若借外款,今非其时。

第二,就普通地图观之,泾河下游,膏润所及,约可万余顷,若架桥渡越清河、石川河,可二万五千余顷。

第三,泾河水利工程,仲山掘洞,仅其一小部,原点对岸,宜筑坝以遏流,赵家沟下,宜筑塘堤以蓄水,以及下游之总渠工、支渠工、桥工、涵洞工等,其所费,合计之,较山洞工当以十倍计。

第四,欲做全部计划,测量结果尚须多有,最不可缺者:①由所定原点起,至凡欲灌溉所及之地,俱测详周,详志地势高低,其比例尺最小须为万分之一。②泾河于原点处之横断面图。③泾河之流速。④泾河与原点处河底地质。⑤泾河最高、最低及寻常水面高低。⑥赵家沟拟掘山洞出口处之横断面。⑦山洞线下地质。又须常测泾河流域之雨量。

第五,以上成绩,一概阙如。此次图纸,亦嫌太粗,比例尺太小,等高线间有紊乱处,故不能做全部计划,只可就山洞工程略为估算。

第六,来函云,拟掘方丈之洞,但洞面小,妨碍甚多。①掘洞工程不易施。②掘洞时,空气不易通畅。③修理时之妨碍。兹拟洞面口,见第一图。

下方之圆,阔四公尺(即四米达),高四公尺六公寸(即四米达六十生的米达),圆之半径二公尺,周石砌,洞壁厚半公尺,底四公寸。若水高三公尺,即可得十二方公尺之水面积,较之方丈,略为过之。上余一公尺六公寸之明,以便浮小艇入内查勘洞工,有无损坏。

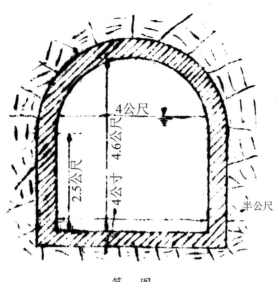

第一图

第七,泾河流速,现不能知,然以其为山水,故拟作每秒三公尺,则每秒可得三十六立方公尺之水量,或三万六千公升。渗漏蒸发,消耗或百分之三十。用于灌溉者,可作每秒二万五千二百公升。如此水量,用以灌溉麦、豆、棉花等田,可得二万五千余顷。用以灌溉稻田,只可得二千余顷。

附注:各种田禾,每秒需用之水各不同,此外尚与天气、地土性质有关,需用之量,亦必常时测定,始可确知。以上不过大约估之耳。

第八,洞之长,为四千九百公尺。洞之面积,为三十四方公尺六方公寸。土工之积,为十六万九千五百四十三立方公尺。半为土质,半为石质。

第九,土工之属土质者,掘挖用土法;属石质者,用炸药,或仍用土器。视石质之坚弱,大概以用炸药为速而易。运土用轻轨手推小车。

第十,洞甚长,若仅两端掘挖,昼夜工作,需三四年可竣工。若中尚择适宜地,掘井工作,则可省时。但洞线在地面下甚深,恐掘井亦不易。应用何法,非亲历勘察,不敢遽定。

第十一,掘洞法应用英法或德比等法,亦宜相度当地情形,未能统一。

第十二,掘洞经过土质,须用木架撑持;而经石质之处,因系板石,恐亦须木架撑持,此项经费,亦不可不计。

第十三,兹大约估算山洞工价如下:

1.土工价 一端用小工六十名,分作昼夜两班,每班做工八小时,各以工头一名领之。三十人中,二十人掘土,十人运土,掘土者兼装土于车。若用炸药,则掘土者凿药眼(装炸药为工头之事)及启装炸开之料。每小工一名,每日工价三角,工头一元。

土工属土质者,长二千公尺(地内究属土属石,莫能确知,故土质者少计,以防预算之短少)。土积凡六万九千二百立方公尺。每掘开一立方公尺,需二工时(即一小工一小时之工),每一昼夜,掘土者四十人,十六小时,凡六百四十工时,故每日可掘土积三百二十立方公尺,即掘洞深约九公尺,计二百二十日可竣事。每日小工价十八元,工头薪水二元,共二十元,二百二十日,共四千四百元。

土工属石质者,长二千九百公尺,土积凡十万零三百四十立方公尺,每掘开一立方公尺,需八工时或多(石之坚弱未知,估拟一中等须用作为之额),每日可掘土积八十立方公尺,即掘洞深二公尺,须一千四百五十日竣工,不及四年。每日小工、工头价,共二十元,共需工价二万九千元。

以上合计,共需三万三千四百元。

2.石工价　用片石五万二千立方公尺,每立方公尺价银三元五角,共十八万二千元。

用灰料五千八百立方公尺,灰料用一份洋灰、二份沙,计应用洋灰一万七千四百桶,每桶连运脚七元,共十二万二千元。沙四千六百五十立方公尺,每立方公尺价银九角,共四千二百元。石工匠,计四万工,每工五角,共二万元。

以上合计,三十二万八千二百元。

附注:以上日期,就一端开掘论,若两端开,可省时二年。

3.器具杂料　铁轨带枕七十吨(用每码二十八磅半之轨),每吨时价二百元,共一万四千元(带转盘辙及运脚恐需一万六千元)。

推车三十辆,每辆五十元,共一千五百元。

畚锸凿錾等二百元。

木架料(木架工人即以土工小工充之)五千元。

炸药(雷管火线附)每立方公尺一角半,共一万五千零五十元。

疗病药品一百元。

杂具五百元。

以上共计三万六千三百五十元。

4.技师及职员薪水　总工程师一名,每月三百元,三年共一万零八百元。

助手二名,每名每月一百元,三年共七千二百元。

庶务一名,每月三十元,三年共一千零八十元。

会计一名,每月三十元,三年共一千零八十元。

文案一名,每月三十元,三年共一千零八十元。

仆役十名,每月每名六元,共二千一百六十元。

以上合计二万三千四百元。

5.临时测量费　一千元(增补器具在内,若仪器皆须新买,则需五千元)。

上列五项,总计需银四十二万二千三百五十元。

上所估算仅为山洞一段工程,若水利全部工程,所需款项,姑拟作三百万元,每年七厘行息,凡二十一万元。所灌之田,姑拟作麦田二万顷,每年每亩加征银一钱,每年可得二十万两,合二十七万元。常年经管及修理费,估作三万元。仅余三万元,资本不易还清。若用所蓄之水十分之一磨电,可得千匹马力,以供工厂之用,方始有利。总而言之,泾域地势,未经实地测量,所言不免隔靴搔痒。因兄不耻下问,故不得不勉陈,若有实在把握之资本,坚决必行之实心,则须按上三、四两条之计划,先着实预备。不揣愚昧,是否有当?望祈酌夺。

复郭希仁先生书

（一九二〇年一月一日）

希仁我兄大鉴。顷接快示,感荷殊深!前次弟函,以两侄留学为言,迹似要求,实具不得已之苦衷。明知吾省经费困绌,而不恤一试者,一以为舍侄得有成就计,一以陕西人才太缺乏,谓宜积极培植也。试思江苏留学生,不下千余人,吾省有几。然既无法可办,而兄独肯慨借五六百元,甚感甚感!弟亦决心自费先遣大侄赴京西去。弟在此,为屏当千元,再得兄惠借数百元,即可不忧资斧矣。正月初,当遣赋京回陕,面谒座右。所借之款,即由弟担任偿还,以借后一年为期。至刘庆余学生,聪明力学,强舍侄百倍,兄必为之设法,使得遂求学之愿。弟屡承兄诚恳之言,切欲得回陕,勉效义务。水利发展计划,略述如下。

第一,水利局及其所属机关,弟愿得全权筹理,每月需有担保一定之经费。

第二,设水利工程实习学校。此校按其名称,与其他学校不同,全以实习为主。学生程度,不必其深,而求能应目前之急需。其功课,以数学、测量、力学及实用工程为主,有事则率之前往实习,无事则教授功课。学生不求其多,以足应用为主,先招四十人。第一年,每人须交纳学费若干,膳费、用品费,俱自备。第二年,则免学费,而仍须纳膳费及用品费。第三年,则一切费全免。第四年,则奖以职务,酬给薪金。四十人之中,以能甄拔优秀,得三十人为准。若需用多,则继招一班,否则停止。是项学生,须实地令做水利工程事业,不许他就。

第三,该校应聘主任教员二人、助教二人(一测量绘图、一工程),同时亦任水利局职务。此外,非主任教员若干人。

第四,主任教员,每月薪金不得下二百元。非主任教员,以钟点计。

第五,学校于授课外,并随时做调查与测验事务。平均计之,每星期须有二日之空,做调查测验事务,学生亦随之实习。

第六,经费之用于是项学校及调查测验事务者。第一年每月不得下一千二百元,第二年每月不得下一千五百元,第三年每月不得下二千元,第四年则学生悉任职务,其薪全归水利局支给。而筹备学校之资,亦需千元。

第七,水利局应着手调查计划事务:①筑坝灞、浐等川谷,以兴水电及灌溉事业。②整顿南山谷口诸水,以利灌溉事业。③引穿泾、渭,以利麻、棉及灌溉事业。④筹划西安自来水事业。⑤兴汉设分事务处,以推广及改良水利事业。

第八,水利局应即分年筹办之事:①设雨量站。②设谷口流量站。③测量各川谷及河道。④广植森林,以预备治河材料。凡此皆宜积极进行。每年经费,亦至少不得下二万元,并须逐年扩充。至兴办大工,当临时筹款。

第九,水利之外,弟意道路工程,亦宜进行,但目下不可贪多,俟水利事有头绪时再议。

弟必暑假时,始能回陕。其原因:①为合同所束缚,不能自由。②弟妇病,未能上路。③欲于四月前,适舍侄赋京动身。前所订购测量仪器,兹尚未到,千元所买无多,恐以后仍当续办。兵燹庶免,建设宜亟,弟时时常有一新陕西景象,萦绕梦中。谓弟思陕,岂其然哉。草此敬陈,顺颂道安。

致刘督军镇华函

(一九二三年至一九二四年间)

督军兼省长钧鉴。前在三原,已以英人莫贲内一函译呈左右,想已入览。兹再将其黄河报告及致协一函,意译录呈。关乎函内所云,如有商榷之处,请于最近日乘暇电召,当即趋谒请谕。又有英国公司东方铁工厂开来船价及图样,亦欲面呈。外人商业,或成或否,处斯善速。莫处大商埠,久未习内地情形,且性急,其言或有过甚之处,协邀之来此,当请钧座格外见谅也。专此,敬颂政安。

致刘省长镇华函

（一九二三年至一九二四年间）

省长钧鉴。天津东方铁工厂,寄来船样二件,其大者吃水三尺,非俟河道疏浚后,不能行使。其小者长五十英尺、宽九英尺、深四英尺。轻船吃水十英寸,若载六吨,吃水十八英寸,载八吨,吃水二十英寸（合华尺一尺半）。客舱可容客位二十余,机器为英国鸭线工厂所出。该厂以造潜水轮著名。速率每点十海里（中国三十里）,燃料用油。若用煤则速率减少一海里。价在天津银八千两,加入关税、运费、保险等费,大概需银万两以上。窃以此船行于陕州潼关间,不需开浚河道,即可无碍。以之接铁路汽车,交通甚便。每年营业盈余,粗计亦可得万元,惟须无军队骚扰始可。省长若有意购办,则协可以机器上种种须特别注意处,开示该厂,致使不致易于损坏。又莫贲内之计划,或允或否,须予答复,敬恳从中论知。此请勋安。

致于总司令右任函

〔一九二四年(?)四月十日〕

总司令台鉴。迳启者：前结束西北大学筹备中山学院委员会，关于结束事项，毫不负责，不得已乃请径拨款以清西北大学最急债务。尚蒙照拨一千二百六十元，已经分偿者，开具清单，附黏收据，特具呈阅。惟第一次所开最急债务，遗漏尚多，分偿之下，尚缺二百四十余元，亦特开列，请续拨二百四十二元整，以清此项手续。所代付各外籍教员所拨欠债，俟本人正式收条寄来，再为补交。又委员会前决议结束办法不能实行，对于西大教职员欠发之薪者，一概不理，似亦失宜。拟请于本年罚款或他税较旺款项下，为西北大学□□五百元，兹使因营经年之人员，略得余润，克结束之事，似可以了矣。专此，敬请公安。

致西安全体教职员临时委员会函

（一九二四年五月九日）

西安全体教职员临时委员会诸公鉴。昨承诸公委托，代述各学校方面意见，当以有许多话，当吴帮办面，颇不愿说，由第三者婉转代达，尚可罄所欲言。即以诸公之意，剀切陈述于潘兰生副官、祝竹岩厅长，兹得复函附呈。弟意以为凡事适可而止，即办法未尽合吾意，亦应比较利害，择轻重取舍。罢课之事，几成为西安教育界之熟戏及抵制之利器。而殊不计一般青年进步，正在一日千里之际，比如春天幼树，萌芽始生,而断其润泽,浃旬累月,宁不可虑其枯竭耶。此次之事,即不罢课,众志成城,亦可要求如是结果。现已办到此地,即再继续罢课,亦难望再有增加。若扩大问题,薪火燎原,殊为不可。故弟之意,星期一日,各校一律上课,亦勿但推诿于学生身上,因学生须听教职员命令,正如兵丁之应服从长官命令也。至于官厅办法,认为满意,满意之可也;认为不满意,对官厅再为声明不满意可也。果以后军纪,仍不整顿,横逆事继续而来,则真不可容忍,再严厉对付之,亦不为晚。总而言之,勿失我教育界真正之目的,勿希图泄愤而无遗,勿忘本题而他做。弟往华阴以前,尚有许多事预备,今日下午之会议,恐弗到场。我所以出来管此事之目的,一为公愤,二为学生勿从此失学。因我家有男女学生五口,现皆荒戏,可怜。推想人家父母,亦必如此。诸公能容纳弟意,续有驱策,无不乐从。若不然,则即辞去代表,不复过问。区区之意,尚希统鉴。

致北京朝阳门内大街八十三号英人莫贲内先生函

(一九二六年)

莫贲内先生大鉴。敬肃者:先生莅游敝地,于敝省地方困苦情形,社会缺点,知之甚悉。黄渭航运,引泾水利,为救吾陕之最要二策,急宜实行。惟敝省财政艰枯,公私俱困,特请先生代表敝局,在京与中外要人浃洽,有以襄助。有何条件,当与敝省省长相商,斟酌遵办。专此,敬请公安。

致赵宝珊先生函

（一九二七年七月十日）

宝珊兄鉴。弟自去年腊月回陕，即鉴于西安灾浮气象，早欲辞却一切。建设厅之不就职，北山之避，皆此心理所趋之也。水利局职，亦曾向右任面辞数次，右任说我给他耍脾气，不得已始有改组之举。然而所拟改组之纲，直隶□部，对各县县长，有施令权，则又为归建设厅□□，□□□□□□，近所困局势□□。而吾陕政局中人，尚昏昏昧昧□财政。□□□，事事一无问□，人民的苦日加，省府频于裹足，政令朝布夕更，人民日益惶惑。□□□□□，弟实不愿于此暂归陕，水利局长拟辞，致敬斋一函，请阅一遍，以为可致即转之，否则烧之。不尽欲意。敬问暑吉。局中同人同此致候。

致严敬斋先生函

（一九二七年七月十一日）

敬斋仁棣鉴。六月十三日手示谨悉，热诚毅力，令协且感且佩！惟协此时既已到晋。心中所汲汲者，到沪接回京侄，其他姑不暇及。吾弟必以徇私忘公相责，但协固公私兼顾者。两月来北山测勘，可望兴复者甚多。各县水利，尽先由地方筹款，崧兄亦极力赞助之。到京后，视华洋义赈会能借助若干，可促其成，否则亦不须也。渭北之款，决不动用。西安禁止一般人民阅看外埠之报，令人莫解。满街张贴之反对愚民政策者，固如此邦，能无惑乎。我弟尚昧于大势，而过于重视武汉中央。所云请中央拨四十万元,俱是梦想。冯总司令允拨之月五万元,是交建设部负责办理者,可靠固毋容置疑,但此时亦难有效。初,我向财委会索总部所拨遣散西大教员旅费,子良对我说"他一天哭几遍"。我云:"然则水利月五万元,冯总司令当面嘱咐你,你难道还能说不管么。"他报我冷笑一声。此时北伐之事,进行愈力,财政非能优于曩时也。于右公出关,只带了四十元现款,因票子使不到河南,到山西向人借钱,一般平民,更可知矣。而谓数百万元工程,能于此种情形之下,可以谋及乎? 烟款收现土,已以破坏金融严禁矣。我弟以政局枢纽,能自犯劝令乎? 综(总)而言之,陕政局有急应改辙之事:一不应受外人指挥。二勿故意为左右派之争,淆乱人心。三勿过于重视武汉政府。武汉政府之所以倒蒋者,以其■■也。蒋觉悟早,致未演出两湖任意杀人掠产,至不可收拾之暴动。武汉政府放纵之于先,继见其行为为全国人民反对唾弃,乃亦解散俄人之职,捕杀共产党人,停止党部农工等协会工作,则是自倒矣,尚何政府之可言。陕政府中,无具卓见特识之人,一味跟上人打和声,出风头,幸而地僻,尚未演出湖南惨祸,然而足趋武汉,则亦停止农工等协会活动,禁止党部干涉政治,又观一切政令之朝布夕改,其精神恍惚,举止错乱,可见急宜自定政纲,慎重行事,不可再有儿戏举动,使人民益陷于无可如何之境。四勿视人心皆如我心,以致上当。五为敛嚣张之浮气,以实心实力寻救陕之路径。见此诸条,皆我冷眼旁观,在西安所久欲言而惧加反革命之诛,缄默未发者,今乃以不忍之心,终发之矣。省政府诸人,谅其心迹,择其可从者从之,陕局庶乎尚有望。若加以反革命之罪,则协将不敢回陕矣,尚能为陕服务乎? 不尽欲言,此问暑安。

复赵宝珊先生函

(一九二八年五月五日)

宝珊仁兄惠鉴。别已经年,缅怀殊切! 忽接瑶笺,视同拱璧。弟旅中坎坷,蒙关心询问,知故人之情,原同山岳也。而尤以代弟谋划殷恳备至,感甚感甚。弟自民国十一年(一九二二年)回陕,乡人之属望愈切,弟心神之苦痛愈甚。荏苒光阴,去我如矢,前后五年,终无一事可以慰我乡民者。去春冯公来,注意郑白。弟行谷口,遍告乡中父老,谓锸云抉雨,不日可期。无如时期未至,终为画饼。于是弟弥羞见父老。本欲遁迹丘壑，而■■时方肆谷簧，无可隐踪，仍毅然北行。初本欲漫行蒙漠，继乃以友召适沪，此弟之所以离陕也。既抵沪时，旋任上海港务局长，而宁杭又多方邀聘，弟思北伐尚未竟，生民正苦倒悬，肩不能荷干戈，徒处优后方而无可报称。且去桑梓而适他方，依然仕宦又何以自解，于是决计不复入政界，不复入教育界，而求做工以糊口，此则弟去前入蜀之原也。来函谓家翁年老，不应远游，规诫甚是。弟之自知，于孝悌之道，万分有亏。幸逢慈亲，毫不见罪。而家兄又纯孝甚笃，弟辄以口原，倘徉于外，不欲遽归。年来两侄留学，负债甚多，正欲做苦数年，还清夙负。刻大侄已归，二侄亦不久返程，国中失一老朽之留学生，而得崭新之二留学生！家中去一不孝之子，而获二克承之孙，此又弟之所以自宥也。此间弟所计划堤路，尚未兴工，现总新市场工程，修造马路，至堤路之式，将来印图成，可寄上一份请正。刻以外人谋航运堆栈营业者，纷纷请阅，恐滋纠纷，尚未发表。弟在此，月薪二百八十元，减成给发，实得二百五十二元。每月以二分之一还账，四分之一寄家作事畜费，四分之一自用。今年两侄归国，旅费浩繁，是以债有加而无减，然此后易为力矣。所得诚不为优，若回西安，亦可不相上下，然弟岂斤斤较此哉？若志在金钱，则上海港务局月前复来电速就职，月俸五百元，公费五百元，建设委员会月俸六百元，亦另有公费。屡经辞谢，而未获允，复派人到此相迓，然弟终不欲往，以自坚信守。陕西父母之邦，弟何爱于涂山，遂忘泾渭？惟亦既言之矣，无面见渭北人民也。果当局有兴工之决心，聚集有可靠之经费，弟亦不再愿为局长，但界以工头之职，畚锸径施，弟即奋然归矣。蒙殷勤垂问，是以不惮烦琐而告之。专此。敬祝公安。

复赵宝珊先生函

（一九二九年四月七日）

宝珊仁兄道鉴：洪管二生来清江，示及尊函。一经久别，读之如晤故人，至幸至幸。导淮委员会不能增置人员，因荐二生于南京市工务局，已蒙许可。我兄怀瑰抱璋，不求闻达，处兹乱世，期以为得。弟以家庭负担过重，仰事俯畜，集我一身，再欲归耕，而苦未得。引泾之事，时局负我，我负希仁。他日干戈载戢，政府有意兴办，尚欲高陟仲山之顶,望小子辈努力成功也。兹以内子病剧,往平一视,过沪书复。并候道安。

致王颂臣先生函

(一九三二年四月二十二日)

颂臣兄鉴。顷接手书,种切备悉。关于前度量衡移交事,刻以派人调查真相,俟查明其中情形,再为斟酌办理。北平若紧急,钧琮可令回陕,或移住郑州亦可。专复,即颂大安。

复杨思廉先生函

(一九三二年十月十五日)

思廉仁兄伟鉴。顷奉手书,谓悉一是。鄂省工赈,事务艰巨,赖吾兄宏谋硕划,成效卓著,至深钦佩。弟以琐务牵制,东西奔驰,未能实地协助,抱歉奚似。来函奖饰,益增愧恧。现值会务结束之际,承奉函召,本应克日南来,商榷一切,借盖前愆。近因实业考察团,旅行汉南,归后痔病复发,抱疴旬余,尚未能起,焦灼莫可言状。仍恳贤劳费神处理,以成终始,毋任感祷之至。专复,敬颂勋绥。诸维爱照不宣。

致姚专员丹峰函

（一九三二年十一月七日）

迳启者：沔县堰工，关系汉南人民利益，至为重大。本局现拟商同建设厅，着手办理。惟工款一节，非有详密计划，未易筹措。前闻台端驻汉南时，对于此事颇抱热诚。素仰荩筹硕划，关怀民生至深，请将以前对该堰工筹款经过情形，详为赐示，俾资借镜，而利进行。相应函达，即希誊照，至纫公谊！此致姚丹峰先生。

致耿秘书长寿伯函

（一九三二年十一月二十二日）

寿伯仁兄秘书长大鉴。前承枉顾，俾聆教益，钦感无既！兹有提案一件，系就近日闻见所得，民间困苦情形，实在达于极点，如不急起直追，设法补救，必至险象环生，将有不可收拾之虞。□季覆辙，可作殷鉴。惟兹事体大，豁免积欠钱粮及地方杂款，关系省库县府收入，然流亡复业，生产增加，盗贼减少，得失仍可相偿也。今将提案印就，送呈吾兄，祈转陈主席鉴核。列名提议，庶几案易通过，不惟陕民之幸，抑亦国家之幸也。特此奉恳，顺颂勋绥。

致邹秉文先生电

(一九三二年十一月二十九日)

上海银行邹秉文兄鉴。弟返陕,兄已东行,相左为歉。渭惠借款合同修改后,送沪月余,尚未见复。现工程进行甚急,望即速签订,早日履行为感。弟李协敬叩。

致宋子文先生电

(一九三二年十一月二十九日)

上海中国银行宋董事长子文勋鉴。渭惠渠向沪银行团借款,承兄与虎城兄磋商就绪,渭惠工程得以实施。现已开工半年,进行甚速。而借款合同,中间以加修改,送沪月余,尚未悉签复,至为灼念。此事既蒙兄成全在先,仍希主持于后,使得早日履行,以利工事,实为颂祷,并请电示。弟李协谨叩。

复于院长右任函

（一九三二年十二月二日）

右任仁兄院长钧鉴。接奉手教，备悉种切。泾惠渠之干线及支渠，为目前应亟建修之各工程，本拟早日完成，用副人民引水灌田之渴望，嗣以工款艰绌，未克如愿，抱憾至深。遵嘱各节，深有见地，已令饬渭北水利工程处查勘许家堡至斗口一带地势，如无滞碍，当即兴办。特先奉复，一俟查复到局，再为详告。孤儿院事，诸承关垂，至为蒙感！顺颂勋绥。

致耿秘书长寿伯函

（一九三二年十二月五日）

寿伯仁兄秘书长大鉴。日前所提设立水利专科学校一案，实系鉴于年来旱魃肆虐，农村破产，陕西除兴水利，几可办事业，惟经济、人才，二者并重，再不赶紧培植，总能借才异地，终非根本之计，此水利人才不能不急为培育者也。至于经费，月需不过五六千元。查高等教育费，如烟卷特税等，每年收入逾二十万元。大学既已停办，而高中每年仅支六万余元，则分一部分，办理此项专科学校，自属应尔，并非节外生枝。再西北专门教育，中央虽有规划，实现不知何时，仍希将前所提设立水利学校案，鼎力主持，并请将需要情形，转陈主席，庶可望其通过，陕西水利前途及青年学子，当颂盛德于无涯矣。专此奉肃，顺颂著绥。

致耿秘书长寿伯函

(一九三二年十二月十五日)

寿伯仁兄秘书长大鉴。查前会同建设厅所提木柴代油炉一案,众议在本省机器局试验。嗣准该局函复,以局中向无电焊之设备,不能试验。复经议决缓办,自应遵照。惟木柴代油炉之制造,一经成功,利益甚溥,虽试验费用两千一百余元,而所省究甚多,仍不外抛砖引玉之计。协非喜事者流,愚见所及,用特不惮烦琐,一再敷陈也。请由贵处再行提出讨论,俾得通过,实纫公谊!并颂勋祺。

致陕西省政府函

(一九三二年十二月二十八日)

肃复者。接奉函开:"据机器局复称:'试验木柴代油炉,电焊为必需要品,本局向无此种设备,无法试验。'等情;查此案为贵委员同赵委员提议之件,刻据前情,未悉此外有无其他方法,堪资应用?希即核议见复!"等因;查机器局既无电焊,此外实无其他方法。特将在上海试验要点,列举数端,用备采择。

第一,制造代油炉,必用电力焊铁者,以能将数件铁器,焊到一块,毫无痕迹。与熔化铸成者无异,如此始能坚固耐用,永无破裂之虞。

第二,沪上铁料及其他材料,价廉质美,较本地差四五倍。

第三,沪上用具适宜,工作方便,且省力省时,成功迅速,便利实多。

据以上各点观察，则制造此炉，不惟电焊为特别需要，而其他材料及构造工作各事项，便利实多，非故以有用金钱，率做孤注一掷也。特此函复，并陈明制造代油炉需要各点，祈即察核，俾见实行，至为企感！此呈陕西省政府。

复王院长绲庐函

（一九三二年十二月三十日）

绲庐学长仁兄大鉴。接奉手示，领悉一是。贺□□□，忘幼留学，不□小成，洵堪嘉尚。□□□□□栽培之热诚，尤□令人□□。惟杨主席近以公务杂繁，异常忙碌，而弟又以痔疾困人，颇少晤谈一会。陕省教育厅，本定有考送留学生定章，本年暑假，或有考送之举，可劝该生且激励学业，以求获□可也。专此布复，祗颂台绥。

致于院长右任黄部长绍竑函

（一九三三年一月十一日）

右任院长、绍竑部长先生大鉴。远达渠范想念为劳。特恳者：兹有世界最著名之水工专家、德人恩格尔斯，年来甫述在德政府与巴燕邦合办之最大水工及水力试验场，引用奥贝那赫天然河流，试验挟带泥沙之河道，利用筑堤束水，刷深河床，模型伟大，成效确切，对吾国黄河根本治导问题，愿尽研究试验之劳，请中国政府，筹备工料费一万六千马克，并派工程师参加试验。当经商同黄河水利委员会朱委员长，电请直、鲁、豫三省，各担任七千七百元，派李赋都于去岁赴德，参与试验，曾得最佳结果。

现在恩氏复函,促再行一终结试验,需款约三万八千马克,并以我国工程师旅费八千马克,约合国币五万元。本局已备文呈请国府转令财部如数拨发,以促进行。素仰我公,饥溺在抱,于数千年来泛滥决口为害最烈、糜费至巨之黄河,图心尤切。今幸得有根本治导方法,则此次终结试验,关系民生国计,机会尤不可失。务恳鼎力成全,予以襄助,俾财部如数拨款,及早着手,以为他日实地治河之设施。无任企祷!顺祝勋祺。

致行政院褚秘书长重行函

(一九三三年一月二十日)

　　重行学长兄秘书长大鉴。顷接李志刚筱电,祗悉台端对泾惠渠工续修需款一节,备承囊助,至深钦感!兹奉上泾惠渠报告及第二期工程计划各四份,即请察收,仍望鼎力至成为祷。再恳者:前以恩格尔斯对吾国黄河治导问题,希望再做一终结试验,弟曾呈请行政院核拨试验费五万元一案,谅邀鉴察。此事于将来治河,有绝大关系,所请核拨之款,能否成为事实,务请速为赐示。因李赋都在德专候消息,俾便转达也。专此奉恳,顺颂勋祺。

致邹秉文先生函

(一九三三年二月二十一日)

　　秉文仁兄如晤。前奉复函,藉悉为泾渠贷款事,从旁赞助,佩慰良深。乃嗣接光甫经理复书,以泾渠贷款,纯系建设性质,数巨期长,惟与行章不合,碍难承办。惟查泾惠渠贷款,虽为完成二期工程之项,一经定议,则水利银行、农村合作、棉业合作等社拟即次第进行,于建设性质之中,仍寓商业营运之义。主席杨公,极愿与协共同出名,担负全责,以泾惠渠水捐作抵押,万不致有负信用。尚希我兄再与光甫兄婉商,或尚须有若何条件,不妨详示,以便商酌,一言九鼎,当可达到目的也。陕民生活,地方福利,胥利赖之。特再奉恳,顺颂时绥。伫候福音。协背疮近日稍好,知念附闻。

致沈百先先生函

(一九三三年二月二十一日)

百先仁兄鉴。日前托与光甫商洽贷款一事,得于本月九日接邹秉文主任函云:泾渠贷款事,光甫兄已拟约吾兄赴沪商洽。又据友人聂梦九由沪归陕云:伊在沪与秉文主任谈及此事,邹君有另种方法通融办理之说。逆料此事,当有可能希望。乃近接光甫兄复函,以此项贷款,系建设性质,与该行性质章程,均有未合,且款巨期长,碍难承办等语。惟此泾渠贷款,虽为完成二期工程之用,一经定议,则水利银行,农村合作、棉业合作等社,拟即次第进行,于建设性质之中,仍寓商业营运之义。主席杨公,极愿与协共同出名,担负全责,以泾惠渠水捐作抵押,万不致有负信用。尚希我兄再与光甫兄婉商,或尚须有若何条件,不妨详示,以便商酌,一言九鼎,当可达到目的也。陕民生活,地方福利,胥利赖之。特再奉恳,顺颂时绥。伫候福音。协背疮近日稍好,知念附闻。

致褚秘书长重行函

（一九三三年二月二十四日）

重行学长兄秘书长大鉴。去腊曾上一函，恳请台端对呈请行政院核拨黄河终结试验费五万元一案，鼎力赞助，俾早实现，并请见示一节，谅蒙鉴察。此款如限于财政艰绌，一刻无法拨付，亦可从缓计议。惟念德人恩格尔斯，对吾国黄河将来治导问题，竭诚虑智，煞费苦心，其关怀吾国河患之殷，殊堪感佩。在恩氏固非有意见好望报，然在吾国对恩氏劳绩，似不宜漠然置之，应有一种表示，以尽酬报贤劳之意。至于谢品，只要有相当事物，以抒意，亦不必专限于金钱，鄙意如此，谅亦吾兄所赞许也。尚希裁示，至为盼祷！祗颂勋绥。

致褚秘书长重行函

（一九三三年三月二日）

重行学兄秘书长大鉴。顷奉钧处第四三五号公函："以前呈治导黄河模型经过及拟行终结试验各情形请拨款五万元一案，业令财政部酌予补助。"等因，具见钧院对于治导黄河问题，关垂至切，殊深钦佩！惟查此次终结试验费五万元，经一再切实详计，钧系实在应需确数，如令财部酌为补助，诚恐于五万原数中或有减少，即不敢着手进行，致生功亏一篑之虑。事属治导黄河重要关键，不便缩减，又非他项所可挪措，此中困难情形，恳乞台端转陈院长，令财政部仍按原案五万元照拨，俾此次终结试验，得以继续完成，以为他日实施治黄之根据，实所企祷。专肃奉恳，祗颂勋绥！拱候福音。

致于院长右任函

（一九三三年三月四日）

右任学兄院长大鉴。马电敬悉。弟恙近已小愈，有劳锦注，感铭良深！泾渠二期工程计划，约需经费四十万元有奇，兹承询及，特具计划一份，略图一纸，并将项要工，用红钩出，以便查阅。尚希鼎力斡旋，俾二期工程早日蒇事，泽普灾黎，此实日夜萦怀而馨香以祝者也。特函奉复，顺颂著祺。

复吕希声先生函

（一九三三年三月十六日）

希声仁兄台鉴。顷奉瑶笺，欣悉著祺畅绥，慰甚！前寄治河探源摘要，业经奉阅，教□精致，于治黄方策，河路探源钧要，钦佩无既。彼时以背痛正剧，未克函复，殊抱歉仄。现身体已渐平复，饮食亦将增进，惟精神尚感疲乏，需时调养，大约月余，或可出院。辱承关注，至为感谢。黄河终结试验需费约五万元，刻正呈请行政院核拨，将不如能照付，即可完成此最切要之工作，以为他日治导实施之根据。尊著《治河探源摘要》，已抄寄李赋都，俾在德随时考镜，感实地之景也。专此布复，祗颂大安。

致冀鲁豫三省政府函

(一九三三年三月十九日)

迳启者：兹有德国水工专家恩格尔斯从事研究黄河模型试验，曾派工程师李赋都赴德参加，嗣据李君报告，初次试验，获有良效，并承贵政府迳予鼎助，至为钦感。李君近况，仍日与各水利专家研究治河问题，惟对于黄河资料，颇感缺乏。仍恳贵政府将关于治河意见及参考等资料，随时迳惠德国李赋都处，俾资借助，以为研究试验之根据。是所企祷，住址附阅。即请誊照为荷！此致山东、河南、河北省政府。

致沈百先先生函

(一九三三年三月二十五日)

百先仁弟台鉴。敬启者：去岁德人恩格尔斯，以进行治导黄河模型试验，吾国曾派李赋都参加。兹据函报：初次试验，结果尚佳。氏曾函促完成终结试验，计需费约五万元。协前呈请行政院核拨，嗣奉院函，已令财部酌量补助。当再函恳褚秘书长设法如数拨给，俾免功亏一篑。业已多时，未奉函示。而赋都在德专候此事结果，屡函催问。兹将过去关于治河试验报告及函件等抄本，即请鉴览，费神就近见褚秘书长，探询前请拨付五万元一节，能否迅予实行。如不能照拨，希即速为赐示，以便转告赋都，令其回国也。专此奉札，即请时安。

复井师长崧生函

（一九三三年三月二十八日）

崧生吾兄伟鉴。前奉赐书，承询弟病恙，当经专函奉复，想已荷察览。顷接手示，又殷殷以贱疾存问，当蒙关垂，至深铭感。陕北交通拙塞，兴筑汽车路，实为目今切要之图。函嘱派员一节，业经与建设厅相商，弟代电会复。至筑路经费，刻下因华洋义赈会专审可□借之款。弟思俟至本年五月间该会开第六届年会时，将此项提出会议讨论，彼时如办有成效，再为奉告。专复，祇颂勋绥。

致郑权伯先生函

（一九三三年四月十七日）

权伯先生道鉴。承手示并大著稿目及附图且以得拙序为请，弟虽大病之后，身心衰弱，未能致事，而于吾兄之书，则甚乐为之序，故勉强为之。敝局最近设立水工程专科学校，大著如能早日出版，甚愿采为课本。专此敬复，并候著安。（附《河工学·序》一纸）

致华洋义赈会引泾工程处函

（一九三三年四月二十九日）

迳启者：来函暨附件大致阅悉。贵处与渭北工程处同办引泾事宜，虽分途工作，事同一体。渭北民众，甚盼全部工程，早日完成，获到无限量利益。是吾人做事，全在人民，非为一己，其关系之重大，其责任之艰巨，有如是者。自应和衷共济，以谋事功之发展。即或工程计划有改变之处，亦当相互商榷，趋于一致，求其适合事理，方为妥善。若以文字间之小枝节，发生误会，致影响于工程，有负民众之属望，是所切盼。专此布复，诸希亮鉴为荷。此致华洋义赈会引泾工程处。

致华洋义赈会李仲华先生函

（一九三三年五月九日）

仲华仁兄伟鉴。顷奉瑶笺，并执委会文件，种切备悉。吾兄关怀陕民，至深感佩。临潼以县治位居河南，相距颇遥，故对于该县泾渠区域，时有鞭长莫及之感，已令饬该县长，切实查禁，限期犁除矣。陕省农村破产，兄所素悉，李君既拟莅陕举办合作，甚所欢迎。到陕时，自应力予协助，藉副雅怀。洛惠渠工程，宋公到陕，经数度商恳，已蒙慨允由经济委员会担任，现正筹设工程专局。一俟成立，即为□行施工。知注特复。祗颂勋祺。惟照不庄。

复朱子桥先生函

(一九三三年五月十日)

子桥仁兄道鉴。奉读手书,藉悉履祉延庥,堪慰下怀。方今灾患日殷,吾兄以擘画国事,尽力□□,勋劳卓著,良用心仪。黄河水利,事重责巨,深望时赐宏献,俾资□□。李君子中,素所专慕,但未与共处,既容推荐,必系鸿达。惟弟向政府进言,言必有物,请以李君历年事迹及平日对黄河之研究与治河之见解,赐示一二,以便据实陈荐,方不涉诸空谈。弟病后体气大虚,一刻未易恢复,更须尽量之调养,始可任事。知注附及。专此奉复,祗颂勋绥。

复黄主席旭初函

(一九三三年五月二十九日)

旭初仁兄主席勋鉴。顷奉大章,欣同良觌,想望鸿范,至用仪。协才识谫陋,经验浅薄,半生劳碌,建树尠著。兼以陕西历年荒旱,民穷财匮,惨苦情状,笔难罄述!幸赖中外仁贤,关心民瘼,捐助赈款,多方施济,而泾惠干渠,遂得以工赈修筑,粗告竣事。但二期工程,仍以款项艰绌,尚在筹划进行之中。午夜焦灼,莫名惶悚!辱荷奖饰,益增惭愧。桂中山川雅秀,名胜著闻寰宇,久拟游历,藉拓胸襟,夙愿未偿,至今耿耿。入春,又患背疮,卧病半载,刻难痊可,而精神困顿,尚须摄养,未敢远事跋涉。俟明岁有暇,当为趋谒,一领雅教。方命之处,尚希鉴原为幸!专此奉复,祗颂勋绥。

致周厅长学昌函

（一九三三年六月三日）

　　学昌厅长仁兄伟鉴。查西安孤儿院学校，自办理以来，惨淡经营，颇著成绩，诚为贫穷儿童求学惟一出路。惟经费系由各方劝募，时形支绌，倘常任其如斯，情实可惜。自吾兄掌陕教铎，对于穷苦儿童读书尤特别注意，不遗余力，伟绩热忱，令人钦仰。若该院者，自应在提携维护之列。敢请由厅每月补助二百元，并派员监督指导，令其一切合乎法规及党国精神，以图发展，而谋健全。在公家所费无几，其造福于无告贫儿，实无涯涘矣。前询北平女子文理学院学生李凤瑞应得奖学金事，想已核查清楚。肃此奉恳，统祈赐复，并颂勋绥。鹄候德音。

致于院长右任函

（一九三三年六月四日）

　　右任学长兄道鉴。报载兄行将入京，想健康已复，可以闻政，不胜喜慰。高中代办之水利班，已请教育厅根据兄来函意，提出政务会议，待其议案通过，当有公函致专校，请其接收也。弟亦拟于本月十五日前后，来京或沪，与兄面商。刻下所急需设备者，惟测量仪器数件，以供实习，其余于专校校舍未成前，仍借高中地址，一切俱可相借。日前到武功校址及郿县林场视察一次，其地果伟大。归途曾至太白山下汤峪一沐，风景壮丽清穆，为吾陕最。又谒横渠祠，道貌庄严。兄拟在太白山养疴，意志超乎一般,但不知山上有适宜庙宇否。寿君天章,筹备专校,不无效力。其人通德、英、法三国文字,且曾研习农业经济,专校不免有许多外国文字,需要译才,可否留之校中,供职秘书而兼教授相当课程。请析裁夺!专此,敬祝勋安。

致蒋委员长函

（一九三三年六月八日）

蒋委员长钧鉴。顷奉钧会第八六零号令内开:"任命李仪祉。本会工程处技正,听候呈简。此命!"同时又奉第五六号聘书内开:"兹敦聘先生兼本会工程处总工程师。此致。"各等因,奉此。窃协才识谫陋,久邀知爱,感难言喻。本应谨遵钧命,藉效〈棉〉(绵)薄。惟自入春,身患疮疽,卧病半载,刻虽日渐痊可,而精神委顿,稍涉劳碌,即感不安,非数月摄养,未易恢复。导淮工程,事重责大,虚名徒膺,贻误堪虞,情出至诚,非敢矫饰。谨将聘书令文奉还,伏乞鉴察愚悃,俯赐矜允。须先生恺,识量卓越,学有报祉,亦我委员长素所深悉,用故不揣冒昧,掬诚推荐,恳请将总工程师暨技正各职,以须恺充任,俾尽所长,庶于导淮前途,不无裨益。专肃奉陈,祗颂勋绥。

致华洋义赈会执行委员会函

（一九三三年六月十四日）

北平华洋义赈总会李仲华转执行委员会鉴。贵会此次慨捐巨款,完成三道泾惠支渠,救灾兴利,感荷弥深。惟南大支渠土工,自□复即由渭北工程处暂行代管,款亦由该处垫付。北一支渠,现几停顿,北四亦进行迟慢。建筑工程,则尚未筹备。似此情形,深为焦虑。请速派有经验之工程师,来陕负责进行。渭北工程处,仍尽力协助,以期速成,而慰民望。特函奉达,即请核办,并盼示复!祗候公绥。

复孙庆泽先生函

(一九三三年七月七日)

润甫仁兄大鉴。顷奉瑶章,欣同晤貌。黄河自数千年以来,氾滥溃决,为害至烈。言治河者,率多治标之谈,兼少欧美科学新法,以故历来靡费至巨,获效甚微!协猥以菲材,缪荷中央推重,事关国计民生,深恐弗克胜任,固辞不获,勉事承乏。值此民贫财匮,库帑空虚,措施艰难,陨越堪虞。素谂台端,才识卓越,经验深湛,前著束水刷沙计划,悉属探源治本之要,施诸实际,奏效必宏,钦仰之忱,莫可言喻,今得同舟,益深庆幸。尚希宏献时赐,俾资考镜。黄河试验图表,以久因病榻,未及详阅,至深怅歉。暇时奉为赐示,使得详览,藉增见解,尤所翘盼。协病躯仍未健全,尚须数月调养,始可恢复。日前黄河水委会已电请莱庭副委员长旋归,从事组织,刻下一切正在筹备进行中,成立日期,当在莱庭归陕后也。知注特及。专复,顺颂台绥。

致邵主席力子函

(一九三三年七月八日)

力子主席钧鉴。顷据本局科长张光廷称述:日昨会议席间,主席以曾闻泾惠渠区域内，夏禾收获，不甚丰足，询及水捐宜否减免情形。具见垂念劫黎，体恤子民之至意。惟查泾渠区内，夏禾收获，虽多歉薄，而较别县则优。至于秋禾，则自播种后，得随专之甘霖，与灌溉之辅助，生长畅茂，将来收成，定有可观。兼之每亩水捐，仅征收五角，如以本〈包〉（？息）计算，需麦二升有余。且系初次开征，设予全免，诚恐一般无知愚氓，每援为例，以后收成稍减，即生觊觎之心，动辄呈请豁免，反将政府体恤善意，视为借口之资，将来于养护工程、管理经费，不无障碍。然劫后余生，元气未复，若念民生艰难，缓至秋后征收，亦无不可。仍祈卓裁赐示为祷！专肃布复，祗颂勋绥。

致陕西民政厅胡厅长毓威函

（一九三三年七月十九日）

毓威仁兄厅长大鉴。前泾阳县长田伯荫聪明质朴、办事爽直，前在泾县任内，一切政事，多能主持公道，不避嫌怨。对泾惠渠水利事务，尤能认真办理，竭诚襄助。年来泾惠各支渠之修筑，得力于田君之助理者，其功最多，泾民至今思之。吾兄履新伊始，澄清吏治，整顿官方，深所钦佩。若田君者，如能仍委泾阳篆务，俾其尽心治理，不惟造福地方，而泾惠渠工程前途，亦可获到最终利益。弟为地方择人起见，不敢阿其所好，故为游扬。可否之处，仍希卓裁见复为祷！专此奉达，祗颂勋绥。

致绥靖公署杨主任虎城函

（一九三三年七月二十六日）

虎城主任钧鉴。敬启者：陕省火犁垦荒，自蒙亲力提倡以来，进行尚属顺利，堪以告慰锦注。惟该犁附属各件，偶有损坏，修理时颇感困难。窃闻贵署汽车修理厂，范围宏大，机件完备，而工师技艺，更将高出商营各厂。拟请嗣后该犁如有损坏，须配制修理时，即径行送请该厂代为修配，工资料价，仍如数照给，以利进行，而免误事。闻主任提倡垦荒，当然予以赞助也，如蒙俞允，即请转知该厂知照，无日无盼！肃函奉恳，敬请鉴察赐复！顺颂勋绥。

致王葆庭先生函

（一九三三年八月十七日）

葆庭兄道鉴。长安别后，知兄往来京卢，辛劳备至。兹接八月十三日赐函具悉。治河卓识，谋国至意，无任忻佩。会中用人，自宜审慎，将来工务人员，皆用征选之法，事务人员，皆出考试之途，庶可得当。至于取决，仍可由常务委员会可矣，不必全体。盖大会每年两次，而用人则随时有需要也。不知吾兄以为何如。第一次大会，重要有二点：一为本会组织。二为本会工作计划及推进步骤。凡兄所提，如整个见效速而普遍之工程计划，如随测随做，皆可由各委员举出事实，一一分析其性质而审定之。惟不可不深刻注意者，黄河水利委员会之主干任务，在根本消除河患，其次乃及航道交通，又其次乃及农田水利。国家特设此机关，必求其能策进主干任务，若仅维持河防，则有三省河务局足矣；如但及农田水利，则各省有建设厅足矣；又何须特设此重大机关哉。所谓随测随做者，亦视何等工程。吾人造一房屋，测量、设计、估工、探验地基、选择材料，亦费许多手续。治河工程，视建屋重大多多矣，谓独可以潦草为之乎。故随测随做，施之于小工程无上下游关系之局部工程可也，而非施之于根本治河。治河之道，虽一裁弯取直之小工程，亦必详审测度其上下游之结果，何况全体治导。协之意，不欲邀一时之小功，而在为国家奠永久之大计。小功利在一时，设计未周，或一二年而弊又见，是岂治河之道哉。且更不必虑及政局之变动，盖果吾人之事业，确实为国为民，则人事虽有变更，而事业必不可毁。昔冯焕章在陕，刘治洲为其建设部长，命协于六七个月内，为咸阳渭河上造一铁桥。协答以不能，转询其何以如是其急急，刘曰："现时政局变化，瞬息万端。吾人在此地位，亦不知能保几月，不急做出一二事，何以表见。"其意固佳，然未可行也。协意吾人最要者，须从人才、经济两方着眼，将本会基础奠定于磐石之固，使组织健全，各项应推进之事，得以循规推进。盖协自大病以后，身体亏弱太多，及今四肢疲软，不能恢复。本无意于勋名。受国府任命之时，方在病床，自念如此孱躯，何能任国家大事。继念黄河水利委员会由民国十八年（一九二九年）至今，阅四年三易委员长，若再推却，恐此后黄河无人过问矣。况有吾兄精审耐劳，协虽怯弱，有吾兄代劳，将本会组织健全，付托得人，则协可以退休矣。至于历年水利事业，多计划而少成功，此则国家整个病态，非有事水利工程者所可徒任其咎。盖国库捐于军事者多，建设束手，固不徒水利为然也。至导淮工程，现见诸实施者，不过开张福河一段，所费不过二十万元。开河长一百余里，每里千余元，既云已见至效矣，又云靡费，核其实，不过全国每月军费二百分之一耳。夫治河水功，固费钱之事也。他国无论已，德国一国，每岁用于水功建设者，辄在七八千万马克。独吾国人对在京华建筑私邸动辄一二十万元（协皆可数而举其名），无人敢指其非。而于民生大业，稍与唾余，则惊张其靡费太巨，可谓愦于事矣！故协之愚见，以为宁可不做事，做须彻底做之。且凡事预则立，预备工程，尤不可缺。即如本会筹备已经数月，而至最近数日，始领到开办费数万元，组织全无，设备乌有，一旦黄河大涨，决口而南，政府临时张惶，以防堵之事，责成黄河水利委员会，本会何以负其责乎。做大事者，目光在远不在目前，不避谤，不辞劳，认清事体，应如何必如何，固不必迁就以求浅薄之信悦，尤不必畏人言以自乱其衷也。顾协之意，非谓可以见速效之事，不宜做也。果认清其能见速效而行之无弊，即勇进而做之，勿稍迁延，与兄之意完全相同。惟"认清"二字，亦须多少工夫。总理云"知难行易"，不知而行不可也。数月来与兄交换意见，相得益深（彰），相知逾邃，故敢竭其愚诚，以供商榷。至大会之期，请与张华甫商相，会议内容，亦期随时商讨，使第一次会议，得有最大成果，以后便顺利多矣。此颂暑安。

致许介尘张华甫两先生函

(一九三三年八月十八日)

介尘、华甫两同人鉴。介尘两函、华甫一函，俱收到。同时接到国府文官处长魏及伯先生、又江苏主席顾等电，俱关于防河南犯事。俱复电派介尘弟往勘河患，会同各省当局，主持办理。吾会尚未组织，自难负任何责任。惟匍匐往救，亦应负天责。惜余病后，至今不能恢复，且痔漏益厉，行步艰难，不能亲历河干，是用焦灼。惟河溢走故道，以愚见推之，尚不致为大害，亦绝不致遂改道而南。盖目下情形，今道虽日高，犹较故道深畅，如改道必不于故道也。惟今年大汛以后，必须详细研究河流变迁趋势，而筹划严密防范之策。报汛之制，尤宜速事筹备，使上下消息灵通，各河汛水位，皆得于三日前预知必至若干高，则人知所虞矣。会中一切，尚未布置，创始甚难，须周密筹划，以待大会决定。王葆庭副委员长近在京师，一切可禀承办理。筹备时期，用人尤宜审慎，须具有开创精神。不需之人，勿用一人。前拟各简任技正，须经一度常务会议议决，再行呈请任用。常务委员会，可暂以副委员长、筹备主任、秘书长三人充之。唐君委员之应如何位置，亦由此常务委员会决定。在未经国府任用前，如须请其参加筹备，仍以不支薪旅、公费实报实销为原则。此间会址，尚未完全决定，藩署内因为北平研究所职员占用，不能空出。最好地方，为旧抚院，惜为省党部所占据。此外寻地甚难。最后思起简单办法，与水利局相邻，建一办公楼，其余可彼此借用，另于附近租屋一所，以为职员宿舍。会中组织要简单，工作人员，大半分布于外，亦不要若何大屋。南京方面，将来只留一人（伏金门）。开封设河防主任办公处，即设河务局内。李赋都带回之关于黄河试验、黄河土壤抵抗力等试验，请其速为译出，交于本会（赋都刻在天津华北水利委员会）。本会经常费预算，速为请求加入国家支出预算。预算决定，即进行工作。筹备限期结束，工作人员，迁至西京。此祝时安。

致山东建设厅张厅长函

〔一九三三年(？)十月二十日〕

幼山吾兄道鉴。兹有本省大荔、朝邑面积荒七八顷,地属蒲城县尧山中学所有,欲由贵省招募灾民垦种,其条件如下。

第一,灾民来此垦种,须有组织,由一能负责者率领。

第二,须年龄强壮,无(？赌)行无疾病之人,始可应募。

第三,须贫穷家,能有备农术施畜者,始可应募。

第四,灾民来此垦种,每人拨给田地二十亩以上,一切房舍农具牲畜,均属自谋。惟学校可略予补助,以后逐渐归偿。

第五,第一年免收租,第二年成熟以后,按亩收租。

第六,人数暂以二百人为限。

第七,须本县政府备文保送。

以上办法,如可实行,请代为募集,并赐示知,以便照料。专此,静候勋安。

致于院长右任电

(一九三三年)

南京于院长右任兄鉴。病后体弱,须修养。黄河水利委员会事,刻不能来京。下月初遣舍侄赋林到京请示办法。弟协叩养。

致于院长右任汪院长精卫电

(一九三三年)

南京行政院汪院长暨监察院于院长勋鉴。协以菲材,谬承担任黄河水利委员会委员长之职,事关国家大计,何敢推诿。惟初经大病,气体虚弱,尚不能任劳,非得良佐,无以推进。查现任山东建设厅科长张含英,素留心河事,学有根柢,拟请转呈国府荐为本会委员兼秘书长之职,伏希钧裁,祇祝政安。李协叩。

致须恺先生电

(一九三三年)

南京须君悌鉴。电悉,请转果夫先生,病后须休养,黄河组织事,缓日来京商办。协养。

致华洋义赈救灾总会函

（一九三四年四月二十八日）

迳启者：接到贵会大札，暨关乎民生渠中西报告文字三篇，敬悉一是。查去岁协接贵会 Edword 主席来示，嘱对民生渠表示意见，协以对该渠所知甚少，未敢遽尔发言。后此曾派安立森往绥远、包头周历视察。安归，俱有报告书，即来件所附者。协以其所拟改善该渠意见，尚属可行，转批由黄河水利委员会呈请全国经济委员会核夺，迄今未见核示。兹承大示，具见恢复该渠一片苦心，协当再加研究，续有报命。此复华洋义赈救灾总会。

致耿秘书长寿伯函

（一九三四年十二月十八日）

寿伯仁兄秘书长大鉴。兹恳者：协以鉴于农业与水利，关系甚为密切，非有全省提纲挈领之组织，不特水利之效不彰，而农产之损失，将更不堪设想。管见所及，拟急筹议设立一陕西农田水利委员会，庶几农业水利，即可望其并行发展。谨将拟就案由及规章，专函奉上，敬祈转陈主席，俯准提出省府会议，并希鼎力主持，俾原案得以通过，则幸甚矣！肃此奉恳，祗颂公绥。

计送案由及规章一份。

致钱慕霖局长电

（一九三四年）

郑州陇海铁路钱局长慕霖兄勋鉴。本局渭惠工程洋灰千吨运单，系由大浦起运。现该处水浅，船难拢岸，拟改由连云港卸船，装车起运，仍使用原运单，所增运费照付，务请通融慨允，并乞电复。弟李协叩支。

致朝邑富秦盐场霍润生函

（一九三四年）

迳复者：来函备悉。前见报载朝盐已经停办，且闻成绩不良。故泾洛工程局有改斥卤为沃壤之议，因之赞从。今接来函，知盐业尚有可望，且关民生甚巨，已电泾洛工程局取消前议矣。此致霍润生先生。

复沙玉清先生函

（一九三五年一月十九日）

玉清仁弟鉴。一月十日函悉，将赴德国实习，悉聆甚好。Karlsruhe 从 Rehbock 教习学再好不过。在该处学习半年，再至 Obernach、Hannaver、Berlin 等处考察研究若干时，更好。Freibary Institut Für Materialprü Funy 之 Eralban Laboratorium 看看，研究研究，亦有用处。此祝荣行，并祝顺风。

致邵主席力子函

（一九三五年三月五日）

力子主席钧鉴。数日未亲尘教，萦系殊深！兹有请者：查渭惠渠施工在即，所有开渠建修桥梁、涵洞、房舍等工事，不能不占用民地，若不早为妥定办法，临时难免不发异议。兹为工程进行顺利起见，特参照泾、洛两渠办法，并依据实际情况，一再审度，权衡轻重，拟就《渭惠渠收买民地章程》九条，恳请鉴核斧正。俯赐提至政务会议，并望鼎力主持，俾易通过，以利工程。无任企祷！祗颂政绥。统希朗察不既。

计呈《章程》一份。

致刘静波先生函

（一九三五年三月二十五日）

静波仁弟。手书谨悉。有现任黄河水利委员会副工程师郑耀西，颇有经验，而素行端方。已通函征其同意，候得复即以报告。此祝春安。

致张子宜先生函

（一九三五年四月一日）

子宜先生。前次所交下捐册，只有一百二十一元成绩，已另行汇上。请将捐册再寄开封河南赈务会张伯英及河南省政府刘主席各一份（余所存捐册在西安家中），弟当函托之也。此问道好。

复沙玉清先生函

(一九三五年五月十四日)

玉清仁弟鉴。五月三日大函具悉,自乐赞助。兹介绍函二封,即时查收为荷!此问学祺。

致张子宜先生函

(一九三五年六月十二日)

子宜我兄大鉴。敬启者:前为贵院地亩丈量费事,曾专函雷厅长孝实请免。顷接函复,允予从权免收,并以该厅名义,捐助贵院。私心甚为欣慰。除函复谢外,特将原函抄送,即请查照,并希见复为荷。顺颂台绥。

附抄建厅原函一份。

致张子宜先生函

(编者注：约与上一封一九三五年六月十二日同时)

子宜兄。今早晤及雷厅长，孤儿院地亩测丈图证费，已承允一概豁免，作为该厅捐款，特此通知。并候刻安。

复耿秘书长寿伯函

(一九三五年七月十八日)

寿伯秘书长勋鉴。启者：顷奉大函，以奉主席交下张主任学良真电，查询凤县以南之嘉陵江，暨西宝间之渭河，是否可通民航，装载量若何，特转嘱查复等因。兹查本局调查所悉之渭河航道，天然分为二段：三河口至咸阳为一段，长约四百里，长期通航，可行载重十万斤之船。咸阳至宝鸡虢镇为一段，大水时始可通航，长约二百里。重要停泊口岸，为三河口、白杨寨、交口镇、草滩镇、咸阳、兴平、郿县、虢镇等地。至嘉陵江航道，据调查系自略阳之白水江起，至四川重庆止，长约一千二百里，陕省境内仅通航至宁羌之大滩，长约一百八十里，水小滩多，通行载重三千斤以下之船。本省境内重要停泊口岸，为白水江、略阳、燕子砭等。兹承转询，仅就调查所得情形，分别奉复，即请鉴察转复为荷！专此，祗颂政祺。

复长安县翁县长圣木函

(一九三五年八月十六日)

　　圣木仁兄伟鉴。展奉瑶笺,备悉种切。所述各节,办理甚是。此次各河堵口工程,重劳鼎力合作,至深铭感! 惟此项河工,关系各河沿岸人民生命财产甚巨,稍一迟误,则秋汛即不易安全渡过,仍望严督所属,对于征工等事,认真切实办理,俾工程得以早日完成,则爱吾民者,实深及大矣。除转本局灞浐河总段长谢昶镐,并饬转各分段长知照外,特函复谢。顺颂公绥。

致沙玉清先生函

(一九三五年十月二十一日)

　　玉清仁弟。二十日手书悉,大慰。陈君之函,当即迳复。值此时期,运黄土到欧,无有办法也。余当照办。此复,并问时安。

致清华大学梅校长书

（一九三五年十一月六日）

敬启者：兹奉到十月二十六日赐函，嘱担任河工学门公费生刘光文君指导员，自应遵照。弟定于本月十日至十二日在天津参与中国水利工程学会，在天津居住意租界五马路二十号。该生如欲来见，可在数日内随时到津一晤可也。此复梅贻琦校长。

致郑权伯先生函

（一九三五年十一月二十日）

权伯仁弟鉴。兹方修斯寄来《黄河试验报告》及图表各一册，察其内容，对于黄土之扭转力、治导之原则，颇有可资参考者。方氏治此事已年余，去年曾以告我，我谓甚愿先读为快。今其试验已了，全份寄来，函中之意，请仅以示我，而不拟与中国政府。政府如欲得之，须付以相当之代价，以尝其所耗费者。兹特托吾弟，询请经委会当局，是否需要此项报告。若要，则我可与方氏婉商，以取得其权。恩氏、方氏之建议，各有其优越见地，吾国学者，可兼采其长，以继续探讨于吾国新设之试验所也。天津第一水工试验所，现即努力从事斯举，望经委会有以深助之也。余之出洋，甚抱决心，乃未得达。在余个人，无所损益，然于吾国治河之研究不可谓非一障碍，今后惟私自钻研，以求有益于国，所望彼此常相问益也。此候时祺。

致耿秘书长寿伯函

(一九三五年十二月十二日)

寿伯先生大鉴。水利季节,劳动服务,本应遵令于十一月办理,祇以种种困难,辗转至今,未得实施。现查各项培修河堤疏浚渠道工程,已由本局分别拟具计划,并将需用工人及工具数目,逐项列出,令饬长安、咸阳等县,迅即征工,以便早日派遣技术人员,开始工作。兹据长安县长到局面陈,关于征工种种困难情形,感于人力财力不济,难望收效。兹为应征工作顺利起见,拟具办法二项,请即交明日省府会议讨论。

第一,需用置办之工具,准由县府预用民国二十五年(一九三六年)预备费购置。关于购置工具,前虽由本局估计,所需超过一万元之多,惟查该款,为各项工程同时动工所需数目。就事实上言,将来施工,必趋于逐项实施。工具可以辗转轮用,数目与需用款项,当可大减。再查据长安县长面陈"县府本年预备费,早已告罄,购置工具款项无着"等情,特提议由省府令长安、咸阳、鄠县,准予按照征工人数实际需要工具数目,预在民国二十五年(一九三六年)县府预备费项下,作正开支。

第二,准予雇用催工人员。查征工服务,事在创行。人民对于服务意义,完全不明,若非严加催征,难望收效。拟请准长安县,雇佣催工人员十组,每组三人,工作三月,每组月付工资五十元,共需一千五百元;咸阳县五组,共七百五十元;鄠县二组,共三百元。以上数目支用办法,均与工具购置,并案作正开支。

专此,即颂大安。

致邵力子主席电

〔一九三五年(?)〕

邵主席勋鉴。渭惠渠需工款甚急,银行团合同修改后,送沪月余,尚未签订。请钧座就近催促,使得早日履行,以利渭工。

致邵力子主席电

(一九三五年)

南京邵力子主席勋鉴。昨接省府通告,军政部索还轻便铁道甚急。兹经泾洛工程局电称:现洛惠五洞石料,正在加紧运输中,无铁道则工程无法进行。请就近婉商军部,准于三个月内先还一半,余俟陆续待还。事关大工,祈鼎力斡旋,不胜盼切。

致大荔泾洛工程局陆副局长电

(一九三五年)

大荔泾洛工程局陆副局长鉴。洛渠中东、东干两渠放入盐滩主张,业与孙局长面谈,阻碍甚多,请放弃,仍泻水入河。

致全国经济委员会秦秘书长景阳函

(一九三五年)

景阳吾兄大鉴。十三日晚抵汴与傅次长沐波相晤。下午往贯台视西坝,十五日视华洋堤及东坝,下午回汴。十六日由傅次长召集有关系诸人会议,详情傅次长自有报告。以弟所视察,贯台工程,殆十九难成,其原因:①溜已全趋口门;②口门刷深至三十公尺;③东坝歪斜不整,势将坍陷。勉强挽救之法:①东坝拆除一部分另做,或另做上游边坝填土堰;②口门上设缓溜工事;③口门上向东开引河入大河;④沉排或沉梢垫底合龙。此数项工事俱为之,或舍引河不为而为其他,皆需料甚巨而成败未可必也。舍是而思其次,则惟有于口门下游,另择一宽浅溜缓河底较佳处,改用方法,以谋堵塞,华洋堤址是其一也。所需之材料,梢柳秸石兼收,石须三万公方,梢柳秸等须十万公方,土方亦十万方以上,此系粗估,未云翔实。目下距离大汛,为期只二月余,料物如期凑集,实不易言。以上两工,任择其一,勉强为之,幸而告成,贯台流邳石车段大堤工程,始得两侧水涸,取土培修。工不得完,大泛即临,则今夏决口,仍无可幸免。

即河北大堤如期完成,防守得力,得免于危,则豫境南岸之黑岗口,或兰封考城北岸之开陈段,亦必决其一或且全如盖两年改道,故道淤塞,其势然也。而政府百万金钱,等于虚掷,人民生命财产,再误三误,有河防之责者,即政府不加惩罚,人民不加咒詈,清夜扪心,能自安乎。窃见长垣县县长张庆禄呈河北省府电(见本年三月十三日《大公报》)谓:"计城乡各灾区约近万户。"夫以万户之众,欲图迁移救济,每户给等五十元,亦不过五十万元。此次再言堵口,百万元亦在意中,然则何不移彼就此也。河徙之后,防守得法,至少有十年小康可期,而河南、安徽、江苏、鲁西一带人民,俱可安枕而卧。新改之道,易就治理,政府以全力为之,必可有成。惜哉民国二十二年(一九三三年)之机已失,遏河之性,以至屡败,及今补救,尤为可及。长垣等县灾民,政府必妥为安插,淤出之地,让于受损失者,则民心亦不致怨望过甚。窃以堵口者,贾让之下策也,不堵口者,贾让之上策也,何去何从,呈叙政府之决断耳。至于弟者,滥□□事,屡有贻误,对国对民,负疚实深,政府不加谴[责],犹复屡次慰留,然自问实不敢再居高位也。承委以培修金堤之责,事关河北安危,何敢推诿,自应力任其难,惟愿以公民资格,指导黄河水利委员会同仁,努力趋附。三省建厅,自必竭诚襄助。至于借此复职,未之敢闻。本拟赴京面陈一切,以傅次长回京,借以馨述。此请勋安。

呈邵主席函

(编者注:一九三五年至一九三六年间)

主席钧鉴。协昨日自渭工归,渭惠渠拦河坝已成三百公尺,改水堵围,已于本月八日合龙,刻下又开始打钢板桩,做底工。此后无复难事,预计六月中,全部坝工可以告竣。工场布置,规模颇壮,而井井有条,皆因刘主任工程师钟瑞,布置有方;孙总工程师,调度得力,目前工作极有可观者。拟请主席并同各省委党委,于本月二十日(星期三)前往参观。兹代拟行程如下:

二十日早七时,由省乘汽车动身。十一时,抵漆水河监工处,用茶点毕参观漆水渡槽毕,乘汽车沿渠岸行。一时,至郿县余家堡监工处,午餐毕,参观坝工。四时后,茶点。五时,至农林专校。晚宿农校。二十一日,返省。

凡往参观者,略带被毯,亦不必多。如日期不适,请另改期,但无论如何,须在本月二十五日以前,否则打桩工事已完,少看一部分矣。以上之意,请钧座于政务会议时宣布,各委如愿往参观,人数已定,请赐示知,以便示知工程处。专此,敬颂勋安。

函渭惠渠借款各银行经理

（编者注：一九三五年至一九三六年间）

迳启者：渭惠渠第一期工程,承贵行鼎力赞助,兹以凿成过半。而郿县拦河坝工程,亦届垂成,现工作情形,颇有可观。拟请于本月二十日,莅临参观指导。省府各委员,亦将前往。倘蒙赐允,无任忭迎。

兹将路程列下：

二十日早七时,乘汽车出发,经咸阳、兴平、东扶风,至武功附近,另取他道赴漆水河渡槽工程参观。本局届特在汽车路政赴漆水河路口,派有人执欢迎旗招呼,以免误路。十一时,在漆水河工程处用茶点。参观漆水渡槽工程后,汽车沿渠岸至郿县。下午一时,郿县大坝工程处午餐。餐后,参观坝工。四时茶点。六时,至西北农林专校晚餐,宿一夜。

二十一日回省。又：本局汽车不敷用,诸公有汽车者,请自备。若无汽车,本局亦可代备。请复函,一并示明。

致邵力子主席函

（编者注：一九三三年至一九三七年间）

力子主席钧鉴。大示敬悉。西安观象台，前本拟小有建筑，嗣以若设于城内，无高阜地址，则必有相当之高，始可不受阻障。兹承来命，本省财政既如斯困难，只可缓图。前所呈亦不过请核夺耳。上次中央研究院开评议会议决，与经济委员会合作，汉口、西安各设头等测候所，则此事或可望之中央，但亦不敢必也。专此为复，并请道安。

致郑权伯先生电

（一九三六年一月十三日）

南京经济委员会水利处郑权伯弟鉴。偶感不适，时发寒热，不能来京出席，祈陈明景阳兄鉴宥。

致全国经济委员会秦秘书长函

(一九三六年一月十四日)

奉到一月十一日快函暨附暂行办法及考选办法各一份，具见大会注重水工作育人才至意。仪祉以谫薄之职，谬蒙派充主任委员，何可胜任。惟念考撰隆□，自当随诸君子之后，勉尽〈棉〉(绵)薄。试题拟妥后，即密封呈上，使于本月三十日前赶到。届考试期，若贱恙已痊，当赶至京。此致全国经济委员会秘书长秦。

复岐山县县长田子平函

(一九三六年一月二十二日)

子平县长鉴。来函备悉。查梅惠渠原订计划，在石头河西岸不开支渠，嗣为维持原有水利计，决定在西岸另开支渠，使原有水田，即在旱季亦能得到相当水量，绝不致因范围扩之，致使旧有水田，感受丝毫影响。希即转知当地人民，并为详加解释可也。此复，即颂筹祺。

致邵主席力子函

（一九三六年一月二十八日）

力子主席吾兄鉴。去岁浐、灞、沣决口，为灾甚巨，赍承主席面谕，必须极力培固堤防，使灾不再见。惟政府财力不济，全恃民工，而长武、咸阳民力有限。今春若集中全力，专修河防，或可有济。若分其力于他项工作，则恐河工不能完善，而招人民之怨，致夫政府之威信，尤为可虑。祈本去岁以征工全力做水利工程之决议，始终不变，凡有其他工作，在水利征工范围之内，而与之有抵触者，概从缓举。祈加核夺。专此，敬请勋安。

致李仲华先生函

（一九三六年二月二十一日）

仲华先生道鉴。关于民生渠之改善，经详究诸家之意见，觉求一至完且善之法，颇不可得。盖是渠之特性，与其他各渠，根本不同。其根结，在黄河本身降度太缓（万分之一），而渠之降度反较陡也。惟其如是，故渠愈行而愈低，尾入黑河，犹在黑河口四十公里之上淤，是渠之本身，即以出水不易。迨秋水时至，黑水涨溢，渠水更无法前行。加以长堤东、西两横亘，山水被阻，其为害也以是。欲舍秋水不用，则根本无灌溉之可言。张君季春之民生渠工程改进计划，可谓周密之至矣。然依其计而行之，前途尚未可遽卜。盖在民生渠口之下，设弯堰以增高水位，复于其上，筑长堤以防洪，苟求斯渠之有效，必须如此也。如此，则此后之维持费，颇难预计，稍有疏失，河即溃决改道，全工尽弃矣。至于排除山洪入渠，亦非良法。盖如是，则渠之受影响者太大也。然似又无他较善之法以代之，则地形限之也。绥远省政府之报告，谓民国二十四年（一九三五年）秋，民生渠人民，自动提闸放水，灌溉二千顷，收获甚丰。查是年秋季，黄河水位，多在九八九（？[公厘]）以上，其能淹灌，可无疑义。虽二千顷之数殊未敢必，然民生渠之适于秋季淹溉，可以证明矣。愚意对民生渠不必求全责备，令其四季可以引水，而灌溉达二百万亩，殊可不必也。与其投巨款求其不可必，不如稍加整理，以收其小效。愚意干渠之尾，不必令入黑河，而自第九支渠，即东南行，连民利渠尾，一同导之入黄河，民生干渠，加以浚治，使水可畅行，渠首之闸，常令开启，使黄河之水，自由而入，自由而出，如三湖河旧例。但使渠水不竭，人民引溉，听其自为淹溉亦可，用水车汲引亦可。能得数十万亩灌溉利益，亦可以踌躇满志矣。至于黄河泛滥，侵及渠之附近，张季春欲令人民自行筑堤，恐难办到。且即筑堤，而渠尾与黑河相会处，泛滥仍不可免。故不若令民生渠与黑河不相连接，而其中间之余空，开沟洫以为排潦之计。以上所云，纯出愚见，未敢即自以为是，华北水利委员会既任测勘研究之责，则候其得有结果，再为定夺可也。尚希会内诸公详究而核定之。专此，敬祝春祺。

复邹秉文先生函

（一九三六年二月二十四日）

秉文吾兄大鉴。接奉手示，敬沈一是。陕省泾、洛、渭三渠工程，洛、渭两渠，刻正积极施工，尚未完成。泾渠则自去夏已竣后，浇地六千余顷，灌溉情形详载《泾惠渠报告书》中，每年维持费约六万八千余元。关于开渠灌溉，与开井灌溉，需□比较。本局近日编省水利宣传讲演集内，刊《用井水浇地与渠水浇地之比较》图文，宋〈之〉（希）尚译，可请参阅。至若西北水利问题，弟近为商务印书馆作有《西北水利问题》等篇，不过仍属研讨性质，非敢云整个计划。此文刻下尚未脱稿，缓日发表，吾兄定可寓目。兹将《泾惠渠报告（书）》及《水利宣传游行队讲演集》两书先为奉上，即希察阅，借资参考。专复，祇颂时绥。

附《泾惠渠报告书》及《水利宣传游行队讲演集》各一册。

复南京全国经济委员会郑权伯处长函

（一九三六年四月七日）

权伯仁弟鉴。快示具悉。沐波不弃老朽，以千金重聘余为顾问工程师，抑何可感！惟余之志趣，已趋转于农民方面，念西北民生特别艰苦，立志扶持。年来承经委会大利相助，吾弟在水利处又多方计划，俾成其志，此真千载难遇之机会，何可放弃。近于公务之暇，编辑水功，注重农利，日夕鲜暇，若就他职，必多耽误。在陕西工作之技术人员，完全以精神相团结，忠诚努力，而彼此毫无间言，此不能不谓有一人领率之关系也。若我一去，不免人心涣失。余在水利局，每月仅支一百五十元已颇敷家用，而此等精诚相济之人心，则万金难买，故宁舍彼而守此也。扬子江如有难决问题，尽可以资料相示，鄙见所及，莫不竭诚相告。如大车湾裁弯取直之例。然欲我常住南京，则不可能也。为我婉谢傅公！专此敬复，并颂春安。

致邵主席力子函

（一九三六年四月二十日）

力子主席钧鉴。敬启者：本省年来以财政艰难，力持节俭，故各机关人员薪俸，均较中央规定，减少二三倍。惟建设事业，方在积极进行，不能不仰赖专门人才。若待遇过薄，则来者裹足。以是年来公路、水利之专门人才，多不拘于各机关恒例。但其待遇,则各自规定,未有成规可守。本局年来深感此苦,新进人才,经半年或一年之训练,知无升迁希望,则辞而他去,遂不免年年为人做训练工夫,时时感人员不足。至服务本省历有年所劳力资格甚深者,亦永无优俸希望,徒赖精神以始终维系。似此情形,不免于工作上发生障碍。想其他建设机关,谅亦不免有此同样困苦。且同在一政府之下,对于技术人才,似应有一统一待遇之法,庶免彼此参差。弟鉴于既往,为利来兹计,拟请钧座于政务会议席上,提出统一服务本省技术专门人才之待遇一案,听诸公决。如属可行,并请由政会拟一规章,由钧座核布,俾资遵守。可否之处,敬祈钧裁!专肃,祗颂勋绥。

致财政厅宁厅长升三函

(一九三六年四月二十八日)

升三厅长仁兄大鉴。敬启者:顷据渭惠渠工程处呈报,工款短绌,有影响工程进行等语。查渭渠工程,正在进行紧张之时,需款孔急,工款倘稍短绌,则工程进行,即受巨大影响。万一大水以前,不能完工,则工程上损失,难以数计。用特专函奉恳,请兄务须按照合同,将截至三月底止,短交水费十万元、营业税一万一千六百零九元五角七分,迅由贵厅补交代表银行,俾便支领,庶免贻误工程。兄对水利事业,夙具热诚,谅能俯准所请也。专肃奉恳,祗颂勋绥。并候复示。

复邹秉文先生函

（一九三六年五月十二日）

秉文学长兄鉴。五月五日手示祗悉。吾兄关心民瘼，无微不至，深为钦佩。农民银行，本其服务社会之精神，肯为农民援助，贷款凿井，此福音也。邵主席所以不愿多谈借款者，以省府负债太多，恐贻后累，故不敢轻举。且借款抵押，动成问题。不知农民银行借款之条件如何。能仿各银行农贷办法，不用政府负责偿还，而令人民组织合作社负责，则事易举。惟农民还贷之期，则必候井成利兴，有所收获，而后可分期还清，且利息亦须轻微。省政府可以技术为之助，是否可行？祈兄与农民银行一商酌也。此致大安。

复景莘农先生函

（一九三六年五月十八日）

莘农学长兄鉴。示悉。甚佩卓见。昨晚与芬次尔谈，渠亦力表赞同，并谓此问题宜早解决，不然人民争恳已定，则势难收回也。所示原则数条，惟第一条，恐将来颇费唇舌，余俱易办。飞机测量，若能由两省合办，实根本之计划，如是则水利林业，俱易着手设计也。将来政府会议此问题，最好召水利林务两局列席，悉加意见，吾兄以为何如？来函已转达孝实，并嘱其征集林务局意见矣。此复，并候时安。

复曾养甫先生函

（一九三六年六月二十四日）

养甫仁兄先生勋鉴。接奉大示，敬悉先生膺任国民经济计划委员会主任委员，此后中国经济建设前途，益臻发展，可预卜也。钦仰曷极。协狻以菲材，辱承聘为专门委员，本应勉尽〈棉〉(绵)薄，用副知爱之厚！顾以主持陕西水利工程，任重事繁，鲜有暇晷，来京开会，既非时间所许，势不能尽襄助之责，乞将委员一职，俯允辞谢。此后当本所知能从旁赞助，以尽国民之责。方命之处，敬祈鉴原为祷。专复，祗颂勋绥。

致杨主任虎城函

（一九三六年七月九日）

虎城乡兄大鉴。日前面聆教诲，兹复接瑶笺抐挹之衷，令人钦肃！碑文经宋菊老庄端书就，全文千余字，书之于七旬老人，颇为不易。若复增改，另劳老人，殊觉不安。兹以日前所示之意，另作碑阴文，署弟之名，其言稍激，以不自兄口出为宜。特录就正，倘以为可，即希赐示。专此敬白，并祝勋祺。

致景莘农先生函

（一九三六年八月十五日）

莘农仁兄大鉴。前奉函送山、陕划界说帖，嘱为签注意见。当即函复，以事体繁重，发交各科研究后，再行奉陈，谅邀鉴及。兹综合各研究意见，详加核阅。佥以山、陕交界纠纷之主要原因，由河床不定，时而东移，时而西迁，诉讼械斗，永无已时。欲求根本解决，自当以固定河床为首图。至河道位置之采择，尤不应迁拘于已往之规定，而须根据精密测量之结果，选择合理之河道，以期永纳河流于正范，而免再蹈改道之虞。河床一经固定，两岸滩地，一律收归公有，政府尽事垦殖，经营森林、牧场，兴利除弊，实为一劳永逸之良策。兹将应行办理步骤列下：

第一步，山、陕两省，合组测量队，从事精密测量河道形势，并合组调查团，调查历来地形变更及历史上之材料，以作设计划界、固定河床之依据。

第二步，山、陕两省，合组一永久机关，办理固定河床及其他技术上之设计，两岸滩地清丈，省界之划分，土地之整理，以及以后林垦之管理。

以上所陈，是否可行？仍请吾兄卓裁，是所至盼！专此，即颂公绥。

复景秘书莘农函

（一九三六年八月十九日）

莘农学长仁兄鉴。惠函奉悉。兄为日前事实须急求解决起见，煞费苦心，老成卓识,尤所钦佩。盖精密测量,固定河床,需时费日,收效甚晚,诚如来示所云,不能应目前之急。弟可以捐弃成见,并愿力助吾兄计划之实现也。专此奉复,即请鉴察!并颂公绥。

致行政院秘书长翁咏霓函

(一九三六年九月一日)

咏霓先生道鉴。本年十月十五至二十四日,在 Jena 举行 *Photogreun* □□□□□□(德文,不清,无法辨识),有名家讲演及仪器表演甚多,Zeiss Aerotopo Groph 函余约请参加,弟不能往。窃念此 Kulrs 关于航测学术,增进必深。查□世英现在德国专学航测,可否电请其参加此会,并报告于中央研究院。此请大安。

致刘依仁先生函

(一九三六年九月二日)

依仁贤弟鉴。兹有泾洛工程局工程师郑耀西之子右泉,向在上海光华大学附设高中肄业一年,因军事无法继续,拟请准插入西北农专高中二年级。祈加允许,以免青年失学,是为致谢。此问时安。

复王子元先生函

(一九三六年九月二十五日)

子元老弟鉴。奉九月二日及十四日华函,内情备悉。祗以赴京,致稽裁复,至为歉仄。证明书已盖章,特附函奉送,祈即查收。至贵乡人请求添修泾渠袁家堡北跌水斗门事,自应设法办理,藉副雅望。惟查泾渠各斗,均系经泾惠渠管理局依据地形地亩水量等项,详为规定,实行已久,倘复另开斗渠,不特影响于该支渠全部,势必惹起纠纷。第三、第五两斗渠线,如有不适灌溉之处,该局当必另为设法改善,以期适用。利益普及,实无再另开斗必要。老弟明达,当能鉴原。尚祈善加解释,俾免误会,是所至盼。专复,并颂台绥。

致沙玉清先生函

(一九三六年九月二十五日)

玉清仁棣鉴。来函已悉。在海外工作进步,大以为慰。农林专校水利组,已为我弟留一教授地位,明年归国,请即径来陕。此处计划设立水力实验室及灌溉试验场,待弟归而创设也。国外考察时,对此二事留意为祷。此复,并问旅安。

复秦秘书长景阳函

（一九三六年十月十三日）

景阳先生道鉴。兹奉贵处 30799 公函，辱聘弟为水利技术委员会委员，曷胜恐悚。窃谓此委员会之组织，诚有需要，且所聘者，皆一代贤才，深为庆幸。惟弟个人，以性情□□，见于殊特势力之开展，将来技术委员会□□□□□□，尚属疑问。且其职限于擘讨，而核定之权，属于何人？是否为水利委员会，俱未明定。以往事论，冒昧施工，国款虚縻，动辄数十万元，而工程中废者，不知有几。全经委会对此等工程，有何办法，将来又有何法统制，此岂仅设一技术委员会所能补救。故弟为个人出处计，不敢就技术委员会委员之职。谨璧还聘书，伏希见谅。

致傅沐波先生函

（一九三六年十月十三日）

沐波仁兄大鉴。董、朱二工程师克后到陕，接谈数次。朱君并示以对华阳河最近之研究，并述我兄之热诚，诸如尊示。弟前在京，对华阳河工程签注之意见，以本会意在亟于兴工，故未先做闸工。但如尊意与泄洪道同时并举，则以为仍须多加研究，盖其关系者大也。本会水文之研究，亦可采取，固不必为此工程再等一民国二十年（一九三一年）之大水。惟华阳河以内之诸问题尚多，既以停蓄江洪为目的，则内部排水问题实关重要。盖排水顺利，则洪水期前，可以尽量排出积水，仅余一农事及航路需要之水位。迨洪水时至,则有余空,以资停蓄。不然者,排水不顺利。洪水期前,□水及雨潦已积满内塘,江洪又何所容之。泄洪之道,在上在下,或略易其地,亦宜多拟数点,以作比较。弟亦非谓泄洪道非处于上游不可也。惟计划中所拟之道,实有未妥。且洪流滚堰直冲而上,去水镇当冲必危,此不可不加以注意。马当以上,堤虽坚固,然若北面夹河堵塞,则其堤亦危。上游一决,则下游所设工事,全归无用。窃以为本计划能待一二年,将内部地形测量明确,江水情形再加探讨,然后将马当工程、水库工程、水库内之排水系统及航路与堤防等工程、水闸与泄洪道工程,融纳为一,彼此相顾,拟成一完满计划。上可取信于政府,下可取信于人民,然后定为步骤,分期兴工,策之上也。若此时即欲为之,弟亦不敢言其必不可如,然其将来成效,或得或失,正未可必。恐工成之后,待补救者必多。此犹小事,而计划未能完满,使一般人士不免生疑,徒为华阳河口附近一部分人民之利益,殊觉不值。弟既承以国士相勖,愚见所及,不敢不质直言之。弟自南归,即值家中丧事,又逢家兄痼疾未复,一切营葬,不能不亲服其劳,葬事甫毕,即为水利工程学会年会之期,纷劳数月,今始稍暇,故稽于复命,甚以为歉。会中所托审查诸计划,当赶于本月内做成报告寄上。专此敬复,并颂勋安。

复竺藕舫先生函

(一九三六年十月十七日)

藕舫仁兄所长大鉴。顷接台函,敬悉一切。西安测候所,于民国二十年(一九三一年),由弟创设,先归建设厅办理。嗣于民国二十三年(一九三四年),经本省政府由建设厅拨归本局直辖,以与水利事业有密切关系,便于直接指导耳。数年以来,惨淡经营,由本局撙节余款,并捐私款,不时挹注经费,为所得深切效益故也。前于中央研究院评议会及全国经济委员会水利委员会会议,建议扩充为头等测候所,蒙两机关嘉纳。嗣在京几度与兄及郑权伯弟相商,由中央机关,委托本局,权衡办理。故不惮鼎力筹划,冀以切合事实,并允以本局测候所作基础,以节经费。兹阅来函,细审其旨趣,似此测候所将成直属中央之独立机关,而与本局脱离,与前议委托办法,显然有异,实难同意。究应如何办理之处,仍候示复为盼!专肃,顺候台绥。

致蒋院长代电

(一九三六年十月十九日)

国民政府行政院蒋院长钧鉴。伏读钧院秘书处十月二日函闻：院长于本年国历十月二十九日，恭值五十整寿，以国难严重，不事铺张等因；敬维中枢宰治，国家奠磐石之安，薄海扬威，土宇庆苞桑之固。经文纬武，声震友邦，载德歌功，心倾民社。兹届大衍纪年，图弗□欢祝嘏。肃此申贺，伫候勋禧。陕西省水利局长李协谨叩。

复东北大学法学院周院长鲸文函

(一九三六年十月十九日)

鲸公院长勋鉴。久钦榘范，时如□□，惠奉瑶函，弥深驰系。协以碌碌凡材，适蒙副司令谬采虚□，聘为东北大学委员，自惟学乏根柢，议鲜宏通，叨陪群贤，愧难胜任。兹又承须藻轮，崇其逾恒，敢不勉效驽骀，仰答盛意。肃修寸柬，祗颂台绥。

致沙玉清先生函

(一九三六年十月二十一日)

玉清仁弟鉴。西北农林专校辛树帜校长嘱致意足下,明年归国,务恳至该校任教授职。许多研究事业,待足下归而主持。闻经委会亦约至该会服务,然不如西北事业之有实际。辛校长望早决定,聘书亦可于未归国前早发。此问近好。

致刘依仁先生函

(一九三六年十月二十三日)

依仁贤弟如晤。敬启者:小儿赋洋,经医检验肺部实弱,故令其学习园艺,但医嘱勿令做剧烈运动。请吾弟于此注意,勿以一般学生同样待之。余之意,在使略读书,而娴于国艺实际工作,以无成废人而已,不欲其勉强求升级毕业,而致身体愈坏也。请体察此意。此问秋祺。

复陕西省政府秘书处函

（一九三六年十月二十六日）

敬复者：顷准贵处抄送主席交下行政院来令一件，嘱查照。等因；窃以厉行绩学、儒士奋进修之功，显微阐幽，国家具追崇之典，盖表彰已往，所以勖勉来兹，意至深也。协等于先伯父之毕生学行，自愧弗克缵述，仰赖钧府弘扬，藉叨中央褒显。拜读惠简，感戴莫名！肃此函谢，诸希誉照！此致省政府秘书处。

致全国经济委员会秦秘书长景阳函

（一九三六年十月三十日）

景阳先生道鉴。敬启者：窃以钧会派员出国，实习水利工程，丁今已第二年，此后年年有送出者，于吾国水利人才之宏就，其效曷可胜言。惟所定暂行办法，今年仍与去年所定无大出入，其中第二、第三两条，弟深以为不当。去岁以时间匆促，且名暂行，故未之言；今年时间充裕，且以为该条有修改之必要。夫钧会既以统一全国水利行政自命，则全国水利事业，无论直属于钧会，或为地方政府所办，皆在钧会指导督率之下，且事实上亦复如此。钧会所有命令，全国水利机关，孰敢不听从！独派遣学员，而必限于钧会所属水利机关，所见似隘也！是全国水利机关，并不敢自外于经济委员会，而经济委员会，乃自外于全国水利机关，无乃不可乎！去年第一年，先尽钧会直属水利机关派员，犹可说也；今将年年如是，人将疑其区别之心，未免过甚！且经济委员会之款,是中华民国全国之款,非经济委员会之私款!款出于国联,又系全国人民负担之款,经济委员会自当以全国水利机关之人才为中心,乃为公溥,乃可以对全国耳!清华大学,昔者派遣出洋留学生,专指定该校,物议纷起,后乃公开考试,全国大学毕业学生,皆可参与。钧会为全国水利之中心机关,何于此反不清华大学之如也。尚望俯纳愚言,将第二、第三两条,改为"出国实习水利工程人员,由全国水利机关保送考选之",是否有当?伏希卓裁!并侯勋绥。

致邵从燊先生函

（一九三六年十一月三日）

从燊先生大鉴。台从莅陕,招待不周,方引以为歉。乃蒙赐示称谢,益觉不安!四川水利,向极发达,胜于陕西不知若干倍。而执事谦恭,反来枉顾。窃念秦蜀唇齿,若互相联合,则可以为国家富强之基,微思往昔,莫不若是。近来政府力举两省交通,正有深见。吾辈亦宜仰体政府之惠,于水利一方面,力求合作。光蜀北汉南,气候土质,皆相类似,可资借镜者必甚多。以后望时常赐教,凡测验之记载,灌溉设施之方法,土质之研究,彼此交换,是所至愿!此请大安。

致邵主席力子函

（一九三六年十一月九日）

力子主席钧鉴。筑铁路通同官以销本省之煤,自以采取渭南一路,线短工省,为合乎经济原则。若必欲取咸同一线,则不如由咸阳北行,越汦河至北屯,渡泾河,经王桥、石桥等镇,而至三原之北,渡清峪、浊峪,而达耀县、同官。其优点有如下四端。

第一,北屯、泾河,河床狭小而固定,筑桥便;汦河为一至小之河,不必虑。

第二,完全避免穿过泾惠灌溉区域。

第三,王桥旧为通甘省大路。

第四,三原以北,清河河床较浅,筑桥便。

若采旧线,其不便甚多,而铁道工费,以地价及路身必须加高而增加不少,且难免以后常为渠水冲毁。增加其养护费。请以鄙见陈诸铁部供参考。专此,祗请钧安。

复沙玉清先生函

(一九三六年十一月九日)

示悉。甚为欣慰。已函辛校长,早为致送聘函矣。本年华北较旱,渭惠一期工已竣,十二月中放水,农业藉可获救。余十二月中将有四川之行。专此问好。此复,沙玉清仁弟。

致邹秉文先生函

(一九三六年十一月十一日)

秉文先生大鉴。前承垂询本省井渠计划,欲以农本局之大力相助,嘉惠农民,实非浅鲜。今年入冬,天气亢旱,麦苗渐槁,益思先生盛意,为不可违。兹经本省农田水利委员会议决,组织陕西凿井合作事务所,推弟等二人主其事。以事关重要,须与先生接洽详商,方有条理。兹定于本月底,派协到京,面谒请示。现拟有陕西省推广农田凿井计划书,俟印就即呈上请政。特先肃达,祗颂勋祺。

致甘肃水利工程处王仰曾先生函

(一九三六年十一月十七日)

仰曾先生鉴。新古渠计划书,细阅一过,颇见擘画之周密。惟此最要之部分,厥在进水闸一段。本计划中,进水闸设在柳阴村之西北角,虽借黄河石岸之便宜,而渠身沿河边行至八公里之长,殊为不妥。①渠身易为河水冲坏;②易为洪水沙淤;③工程过费。且进水闸之前,无领水坝,则水之进闸实不顺,此皆其绌点也。窃以所拟进水闸下游八公里瞿家营前,有天然练州(瞿家滩),何不利用之以为领水。两洲断离处,可做坝连之。复于夹河中做坝。此坝或完全堵塞夹河(堰),或只做排水,再为酌定。进水闸须远在渠口以下二三公里,泄水渠闸,即附其旁。是在印度之 Jmdus River 及宁夏黄河引渠灌溉,莫不如是。即有沙淤,亦易挑除,不知尊意以为然否。如以为可取,请即派人测量该夹河中水之宽狭深浅及流量。至其地质,无关紧要,因做坝系用柳枝及石砾,无须坚固根基也。附草图一纸,以作参证。又山洪渡槽,过水之面,切不可用木,缘山水洪暴,挟石裹沙,木质决不能挡,可改用料石铺砌。其他工程诸点,如有所见,再白。此问时安。

复杨主任虎城函

（一九三六年十一月二十一日）

虎城主任吾兄勋鉴。顷奉钧函，承示富平石川河沿岸公民等，以灾祲迭见，吁恳提前开办耀惠渠，以慰民望。嘱力为主持，促尽实现。协司全省水利事业，又为桑梓服务，日夜图维，深欲所在应与水利之处，及时举办，以尽职责，以祛灾荒，使吾三秦区域，概免饥馑，庶可以问世问心。惟本省人力财力，俱极有限，不能无量（限）发展，乃多仰助于全国经济委员会。而会款民国二十五年（一九三六年）度，早分配无几，必至民国二十六年（一九三七年）度始可言及。现因天旱，纷纷请修水利甚多，俱难一一应时即办，盖以实无可如何耳。明达如兄，当能谅其苦衷也。肃此函复，藉颂勋绥。

致西北农专倪毓灵君函

（一九三六年）

迳复者：顷由唐校长转示阁下手书，询前购复印机事，不胜惶惑。此事已将经年，余以为该机早到。业已函各方询问真相，严先生处亦托人询问，以期水落石出。此致倪毓灵先生。

致钱天鹤魏明初先生函

(一九三六年)

天鹤、明初先生道鉴。查教育部每年补助公、私立优良职业学校办法，提倡职教，用意最佳。以弟所知，西安私立培华女子职业，成绩卓著。该校校长吴云芳，为本省名流宋聚五之夫人，毕业于北平女子师范大学，热心于社会事业，十余年如一日，该校为其手创。历经十余年之困苦艰难，始有今日，先后蒙教育部派督学□□□周庆尧视察，勖为最优。又民国二十四年（一九三五年），陕西中小学校劳作成绩展览会，该校亦判甲等。陕省女子教育，素极闭塞，私立学校，尤不多见。去岁该校呈报成绩，竟为本省教育厅公文迟滞所误，以致未得教育部之实惠，殊为可惜。本年教育厅呈报之学校较多，窃以为对此私立而历经坚苦卓绝著（卓）有成效之女子职业，应予特别注意。望于审察时，赐以考虑，是为至盼。专此，敬颂大安。

致李书田先生函

(一九三六年)

耕砚仁兄。经委会秦秘书长来电附呈，惟水工试验所不足之费归下年度水利事业费，缓不济急，奈何！尚有他法以借补否。前托足下为西北农专代聘副教授，是否物色已有人，尚祈见示。此请时安。

致沙玉清先生函

(一九三七年五月十八日)

玉清仁弟如晤。自南京归,得阁下二函,知已返国到校,不胜喜慰。农专事属草创,水力及灌溉试验,望尽力筹划,使得在西北放异彩,而有切实功效于农民。至祷至祷!此候时安。

复沙玉清先生函

(一九三七年五月二十八日)

玉清仁弟鉴。二十七日手书收到,大为学校慰。兹得余君景苏函,附上。余君早向我声明过数次求他就,此次恳辞,是欲了其夙愿,非对人关系。惟余君授课,尚能认真,学生亦翕服,可切实慰留。至其所建白数事,亦关重要,祈斟酌采行。余本拟明日来校,以有友人 Baker 星期日将来此,须招待,缓期来武。此候时安。

致赵宝珊先生函

（一九三七年六月二十日）

宝珊兄鉴。已将榆林一带水利勘毕，昨回米脂，将在此滞留一星期，尚将他往。总司令部拨款兴办水利及水泥厂，催农洋是否可以汇沪作□，购买机器，令人不能不踌躇。拟面建设厅长，切实□商。若能办到，则款可汇沪，我即由此速赴沪，购买机器。如果不能，一则归省亦无能为，尚不如略□小□，□□□无人处。兴办小规模水利之为有道耳。呈奉一纸，□□□绥颂肃为荷。祗颂时安。

致顾济之先生函

（一九三七年九月十四日）

济之仁棣鉴。九月六日来函具悉。古洛定来此，以其未持有任何公文及水利处或气象研究所任何本人介绍函，许多不便。盖在非常时期，伊欲到外县各□农林视察，并要求本局派人相陪及找雇翻译等□□□皆认为做不到，□分向权伯及藕舫函询办法，未得要领，□□已□□，□非本局之不与合作，而为水利处、气象研究所之手续太不周到也。至于西安设立之头等测候所，为办事统一起见，可仍照汉口方面办理，□□□□□□□，第□条由全国经济委员会水利处及中央气象研究所，会同陕西省水利局，得其同意，委托西安测候所，协助本所进行，其协助条件，由三方面商订之。附条件如下。

(1) 西安测候所，随时供给本所以研究需要之材料。

(2) 西安测候所人员，于需要时，可于其襄助本所工作。

(3) 头等测候所需要之仪器尚为西安测候所未备者，由本所尽量补充，其他已有仪器，可彼此通融公用。

(4) 本所需用办公房屋，暂由陕西省水利局借给，如有不敷，以后再由本所扩充。

(5) 西安测候所所长，由本所聘以名誉职。

请本此意与权伯相商可也。此复，并问时祺。

致孤儿教养院张院长子宜函

（一九三七年九月二十日）

子宜院长仁兄鉴。前承面示，欲收养抗战将士孤儿，甚为钦佩。兹代拟办法数条，请加指正。如系可行，请即为筹备，弟可在报上，代为鼓吹也。此上，并问刻安。

致王植槐先生函

（一九三七年十一月二十九日）

植槐先生鉴。手书敬悉，具见慈怀，不胜佩仰。刻下难民救济委员会，正拟义户收养办法，大抵皆本阁下所拟概要，此事若能提倡起来，造福不浅。弟已请领难民一家五口，他方继起者，亦颇有人，皆阁下提倡之力也。此复，并候时安。

致杨虎城先生函

（一九三七年十二月七日）

虎城兄英鉴。雨苍弟来，悉兄已安抵香港，并拳拳垂询颙蒙故人之情，何湛然深也！兄历异国，半载有余，而国步艰屯，竟至于此，普天悲愤，何日雪耻！兄素志切救国，历观外国之强隆，近视吾国之危急，更不知如何切齿矣。请缨誓师，自必不后于人。时局之危，如悬崖危石，措置稍有不慎，即一落千丈，莫可救药。故一切宜秉承蒋委员长之旨，听其指导，全国将领及士兵，能如臂指相使，则敌虽强极甚，必有颠破之一日。又闻，兄曾道历马德里，亲睹西班牙人民及政府之如何整一抗敌，同时国防建设，因战事而益雄厚，可以为吾国取法者定之不少，定知陈之委座，以为效法。总之，国人及乡人所期待于吾兄者，甚多甚多，望其勉之！故乡尚安谧如恒，惟西路及南山，时闻■■，交通阻滞，有谷贱伤农之势。内人尝拜谒伯母，见其康爽有加。革命公园，已垂竣工，雨苍当可以相告。继兄捐款者，尚有孙蔚如二千元，大华纱厂一千五百元。国难时期，此工似若可缓，然不损国力，出自捐款，尚可以救失业工人，而为市人游览观感之所寄，则亦大有意旨矣。兹因雨苍弟来汉之便，敬以芜笺致候。此请勋安。

致西安行营蒋主任函

（一九三八年一月八日）

铭三主任勋鉴。敬肃者：协等以值此抗战时期，诸多建设，大半停顿，工程技术专门人才之失业者,流亡陕西甚多。爰与中国工程师学会西安分会同人,商议救济,以免其流离失所。且拟编为工程队,加以训练,以备国家需用时,可以随时调动。截至现今,请求登记者,有六十余名,而源源继至者尚未止。至救济办法,业与西北农林专校当局商妥,借用其西安办事处(即考试院西安办公处腾出之地)房舍,并蒙考试院西安办公处,允借用其家具,使流亡之工程界人员,到此得有所栖止,聚居一处,便施训练。侧闻行营亦有占用此屋之意,祈主任裁夺,如非属急需,请仍允鄙会留作救济之用,实为德便。此请勋安。中国工程师学会西安分会会长李协。

致翁咏霓部长函

（一九三八年一月三十日）

咏霓部长勋鉴。寇患日深,吾国沿海工商农矿等业,非毁灭于炮火,即失陷于敌手。政府为抗战持久计,退而守腹地,并恃西南西北为奥府。然西南西北素乏建设,欲恃之以为抗战之根据地,自非谋所以充实其力不可。前读领袖讲话,谓:"一面抗战,一面建设,抗战终结之日,亦即建设完成之时。"以目前战事之剧烈,吾国民生之凋敝,同人等窃疑何以实现是等壮语!今读我公对于经济建设之谈话,知建设事业,果有可为而且必为也。同人等素以工程学术为职志,亦感觉若不迎头赶上,积极建设,则持久抗战,将何所凭恃!盖必使国内民生及抗战之所需,不必依赖于他人,而后可永立于不败之地也。爰就同人商讨所得,贡之左右,以供采择。

第一,国防工业,宜即在云南各地树立也。云南地处隅奥,绝非敌寇摧毁之力所可及,且有国际交通之路,复富湖泊水力之源,而铜、铁煤矿,亦均充裕,宜即在是择地建设伟大水力场,以发动各项重工业,而足以完全应战之大兵工厂及飞机制造场,亦即设于此省。云南以一省而邻三国之地,此等建设,将来亦属需要,趁此时修好邻邦,请法、比两国,以物力人力相助。此等工业,必可早日成就重工业及兵工业要区,将来中央以实践指导,方可□□建设。

第二,以昆明为中心,北出宜昌,以接巴县,及东出邕宁,以达钦州。所谓钦渝铁路,宜急动工,限期完成。加以无海军防守,则此先不急于达钦州,而由百巴与镇南关相接。已经动工之成渝铁路,亦宜早成。如是,则西南数省,连贯一气,一切政令设施,可以无碍。此路不妨仿以前京汉及正太两路办法,与法、比等国,订立合同,利用外资兴修,限若干年赎回。

第三,成都至西安,昆明至长沙,铁路虽不必及时兴修,而公路必须极力改善,使可以应付抗战时期运输之用。

第四,四川地大物博,蕴藏极富,宜积极发展各种制造工业。各民生所需者,除棉纱而外,皆可仰给于是。尤可发展岷江、黔江水力,以应工业之需。政府宜择定多处稳固之地,特定条例,招纳内资,以事建设。想值此沿海工商无可发展之时,必有群起而应之者。

第五,西北矿产无多,而煤藏甚富,宜急开发数处,以应急需。棉织、毛织、皮草、纸等业,亦可奖励提倡。

第六,西南各省河道,凡可以略加整理而能通航或改善航运者,宜择要为之。

第七,继续推行农本局之计划,以济农业。

第八,扬子江、岷江、嘉陵江上游,大事采金,以裕军用。

以上不过择要言之,至各方之详细计划,当由大部分别召集各门专家计划设施,而本会同人,亦愿各抒志力以相助。

至于水利行政,素患机关庞多而溃弛,宜借此非常时期,裁去各委员会,而并其政权于一部。黄河及扬子江河防之事,值此军事时期,处处与军事有关,宜统归军事机关节制。承平以后,再议分域管辖。目前可集中水利人才于农业水利及水电二途。

今者失陷各省,人民逃窜,工程技术人员失业者多,若听其困顿无事,青年有志,报国而无从,学力体力,不免因之荒废,皆为国家莫大损失。若各项建设,能排百难而进行,则不惟国防有恃,民生有赖,而此可贵之青年技术人才,亦不患无工作矣。

至于建设之资本,除政府自筹,招纳内资,并可大批由英、美、法、比等国借款,吾国虽目前战事失利,而国际信用犹坚,加之日寇行为,举世同愤,苟吾许以稍优条件,借款必有可成。

以上所陈,想俱在筹划之中,未免蛇足,仍希公鉴。中国工程师学会陕西分会会长李仪祉。

致张子宜先生函

(一九三八年二月十五日)

子宜兄鉴。兹因街上幼童跪乞者甚多,呼号之声,惨不忍闻。乃有提倡"设立灾童义养会"之动念。拟呼吁社会慈善家,担任养费,每一灾童,每月二元五角,分交孤儿教养院及灾童教养院,请求代养。弟如提倡此事,特请我兄〈与〉(予)以赞助,首先代弟收养二十人。兹奉上一月养费五十元整,请即日向街上择最可怜者拾养,是为至荷。此请仁安。

致陈孝开先生电

(十二月四日)

武功西北农林专校陈孝开先生鉴。水利组教员课程更动事,请全权处置。李协。

复太湖水利局会办彭榖孙先生书

(十一月十五日)

子嘉先生伟鉴。顷读大札,奖饰逾恒,自审樗栎,汗颜无地。日者,承我公介绍,得与丹翁前辈相面,窥其仪度整闲,论理透彻,诚不愧为名贤也。又赠图书多种,无任感佩!而我公之先容,亦至所感谢。太湖水利,被泽甚广,民生国计,所赖者多,叨在上邦,又忝讲水利,自应勉随诸君子之后,切实研究,以期报称。然水利之事,问题复杂,即如我公之说,吴郡下游不虞水患,岂有嘉湖上游反遭水患之理。然山川形势,随地有异,即如长江,皖苏安流,荆襄亦常被患,未遽可以上下游断之也。丹老之意,协大致钦佩,而下愚之质,于环湖筑堤之策,亦未大明了。长江湖水出入之口,恢复闸工,拒浊蓄清,其见甚是。而常锡一带,既利用江水以资灌溉,则闸之位置高低及启闸之时期,尤须妥为审定,以期两益。窃思太湖工程,所关于浙西者亦必甚多,不然其利在吴郡,即于浙无损,浙人亦将袖手旁观之而已,而两省合组湖局,并设会办,共任经费,其所图者何耶?总之,协于此事,愿随诸君子之后,深切研究,以其有愚者之一得,可作刍荛之献。而于一切情形未能明澈之前,实不敢妄发议论,以为人所诟病也。鄙意如此,祈转达丹老,不弃愚顽,将赐教诲,并多假以研究资料,是所深祷!祗颂道安。并请代达诚意于丹老先生。

致郑耀西先生函

（三月二十五日）

耀西仁弟。兹杭州审计部浙江审计处需一土木工程师，素品端方而有经验者，月薪一百二十至一百八十元。素稔吾弟一切不苟，愿以推荐，不知在如何条件下，可以俯就？祈即来函见告。此问好。

复赵宝珊先生函

（一月七日）

宝珊仁兄鉴。本日以省府会议，□□遭□，□□□□，顷承赐书，谆谆指教，且感且愧。□□□因人做事，□□□□，青年□事之精进，致□吾陕□□之□□。至今思之，犹深引痛。此次□于吾兄礼数太缺，省□检点，日来方自引□，□□□□，候有机会，仍思□□。吾二人青年知己，兄更能以肺腑见示，或□今世友□中，实为鲜□。此次忠告各端，尤为恳切，当永以为圭臬，□望常加教诲，以匡愚昧。孔教会通电，深纳广大，可为警世宏镜，佩忱之至。所存舌下仪器文誊，已奉建设厅收借，较之存于私人家为妥当。打字机一具，现为华洋义赈会引泾工程处借用。希仁世兄，已录为本厅办事员，□人之子，必特加注意。知问注念，并以奉闻。此候晚安。

致赵宝珊先生函

(十月三日)

宝珊仁兄大人鉴。竹铭来,道及弟去省后,局中承我兄维持,诸事有条不紊,虽经费竭蹶,而仍做许多事情。兹又接来函,读之倍增惭愧。弟自北山出发,即函请拟辞。到南方后,虽未就此间任何职务,而并未思归。良以省中罗掘已空,建设无力。弟又为债务所累,不能常此枵腹从公,且如流通券取消于翌晨,而今夕以常务委员而不知一点消息,使弟为之,其可乎。故此复,决不复服官,但觅工做,何图□□人□□使味同嚼蜡之职,仍复赘于□□。无功受禄,滋增罪过。望言于敬斋,速准辞职为妙。致敬斋函,请代呈。一二日内将入川中。以后望常通函,时赐教诲为幸!此请秋安。

复中央党史史料编纂委员会函

(二月六日)

迳启者:承嘱向陕西省医院领前邵委员翼如遗衣,曾往询两次,当□答复:如所附该院函称,闻有内衣一件,当时为治疗方便计,已剪碎除去,为院役抛弃,不可寻觅矣。谨此函复,并将该院复函附呈,伏希察鉴!此致中央党史史料编纂委员会。

致邵力子主席转雷孝实电

南京邵主席勋鉴并转雷孝实兄鉴。本省首次应还军政部小铁轨，已由大荔拆卸十公里，运至潼关缴还，尚差三公里。前承慨允由建委会所购新轨拨借十公里，祈即电该会先拨借三公里，凑足归还。又大荔所拆轨，运至潼关后，交通队要求运至西安。运费过巨，无法筹措，祈邵主席商诸军政部，仍允在潼关交还。

致雷厅长函

孝实厅长仁兄道鉴。兹以渭惠渠运输材料，向系包于商行，及按公用汽车成例，向汽车管理局领有车牌。今以材料堆积，工程紧急，加以宝记汽车行及西北汽车机器贸易商行包运，需车牌七副。曾向汽车管理局请按前例发给车牌三次，未蒙发给。因此特请吾兄嘱该局即日如数发给车牌，以便运输，而利工程，是为至要。至渭惠渠工程处运输材料车辆，曾订有严格取缔办法，以免有妨公路营业，当不必以此为虑也。专此，敬祝勋安。

致孔庸之电

南京全国经济委员会孔庸之常委勋鉴。文示敬悉。本应趋赴水利大会,日来适感冒极重,时发寒热,万难道途,祈加谅恕。李仪祉谨叩元。

致全国经济委员会水利委员会孔主任委员代电

全国经济委员会水利委员会孔主任委员勋鉴。窃仪祉蒙辱聘为本会常务委员,已三年于兹,毫无建树,思之惭颜,请准辞职,以让贤路,肺腑之言,希赐垂允。李仪祉叩元。

致汪院长精卫电

南京汪院长钧鉴。辱承聘协为农村复兴委员会委员,仰见视民如□,须怀在抱至意,下风合起,急思努力赞襄。惟病后虚弱,不能即日□□,一俟气力稍复,即趋来京。李协。

致秦秘书长景阳代电

景阳学长仁兄道鉴。黄河水利委员会弟任七、八、九、十四个月中,以正当防汛时期,兼有许多工程同时并举,以致舟车旅费油脂等,每月各超出预算二千余元。前派二科科员罗孝估到京与钧会第三科商有挹注办法。兹特代电呈明,祈与核准为荷。

致陈孝开先生函

孝开先生鉴。兹接本校职员倪毓灵君来函称：前托杨允中代购、严敬斋寄运之复印机器，始终未寄到学校，不胜惶惑。查此事已将经年，未见先生提及。究竟前在高中收到与否，祈来示见告，以便向他方追询。此颂春祺。

致井崧生师长电

太原绥署转井崧生师长兄鉴。寒电谨悉，昨晤塔德，□于□□□□视察工程。特开。弟协叩养。

附录二 自述家书

硖石遇盗记

（一九一二年）

辛亥前，余负笈柏林，已二年余。忽武汉义旗举，全国革命军蜂起。余思此次革命不成，国将亡矣。购枪弹携之返国。至日内瓦遇张继、褚民谊等，同舟东发。抵沪则浙军已定金陵，黄兴组织元帅府以待孙总理归。南北战事已停，余于是在沪制造厂日事练习步枪射击。浃旬，总理归，南京临时政府遂以成立。参议院亦经召集，登进者忙于仕途。南北议和，惟陕西战乱未已。时于右任任交通总长，欲派余任津浦铁路局长，余以学未有成却之。又电陕督举余为参议员，亦辞不就。盖一心欲西归耳。

时有豫、晋、秦、陇红十字会之组织，留日回省学生所倡也。闻将西发，余欲借之回陕，而欲促其速行，乃以旅资所剩三百先令捐之会中。乃迟久不发，余资斧垂罄矣。乃之金陵。闻父来，又云已往沪矣，急又回沪见之。时已腊残，父犹御薄棉衣。父盖奉陕都督命沿汉水南下，以求救援者也。沿途历险受苦不少。至武昌闻黄兴已在南京，故又东来，而囊亦空矣。余乃售枪与弹为父购羊裘。而红十字会亦发有日，乃奉父回归。

舟行至汉口，由豫人王榑沙电商诸项城，特开专车一列，驶至洛阳。时平汉交通断绝已四阅月，沿途车站兵士见有列车至，皆讶曰："太平乎？车通矣！"至洛阳，雇大车八辆载医药品。医生四人及附以行者，共十余人行之。次日早，由观音堂发。余以看山之险，轮毂颠簸，乃步行而先。从我者复四人：吴博山，亦陕人；其他三人，一湘籍，一蜀籍，一■■籍，皆医士也。时为旧历之正月十三日，雨雪方霁，云溶溶然出石间。余行而歌,三医士皆留日者亦作和歌。

将抵硖石镇,忽闻枪声,众愕然。余曰:"无虑,且行之镇。"清晨步趋二十里,众皆饿矣,就市肆而食。博山惊呼曰:"嘻! 有■,杀人。"众避不及,群■已及前。一乘马者呼曰:"是诸人何为者?"众曰:"余等红十字会会员也。有公事。"示以护照。■曰:"狗屁公事! 绑了走!"于是诸人皆就缚。缚至余,余曰:"且缓待,偿肆值。"数钱与之,被反缚焉。一■欲脱余足上皮鞋。告之曰:"至若巢,赠若。"■促余等速行,以刀击背。途中水涧石砾,有履袜全被夺者,赤足践之,血皆出。■犹击不已。迤逦上山。距大道远,乃缓缓行,■盖惧有追者也。

有御坎肩背书"陕州地■"者,初以被缚,至此■乃扶之上马,居然■之指挥者矣。始悟其早与■通也。行至半山,迎面一丐者来。■喝之曰:"干什么的? 绑了!"丐曰:"我讨饭耳。"祈饶命。余为之缓颊,乃舍丐行。约二十里,越过山顶,有一寺,寺前有一广场,遛马者数人。寺名崇明寺。前一照壁,似有榜文。入其门,两旁戈矛林立,气象森然。余等被缚殿柱上。一盗持刀试余头。余笑谓曰:"杀即杀,勿戏!"余身上复细被搜,掠望远镜一、小刀一及其他诸物皆被夺,裤亦剥去。盗为二股乌合。一股属洛南,主张即杀余等;一股即东道主,属宜阳县,不从。又因分赃不均,两相斗,洛南者败遁。余等乃被送入一土窑内,盗燃麦秸为余等御寒。余请其释余等缚,曰:"不敢专,当请命于元帅。"余令召元帅来。俄而至矣。戴缎小帽,着蓝布棉袍,羽绫马褂,目御眼镜,指着扳指,手持水烟袋,入门而偏揖曰:"对不起诸位老拜兄。"余知其为哥老会人也。即告以红十字会之性质及南方革命之真相,且劝之弃暗投明。盗曰:"且休,明日将往探君等车。"移余等居寺中楼上,与一薄被,五人共之。食余等以窝窝头。余等被盗胁走后,大车旋至硖石镇,不见余等,询之镇人,无敢言者。遇前丐者曰:"我曾遇之,今在禁处。"父闻之失色,不语者移时。继而曰:"救在丐者!"乃赏以酒食,与钱一串。书一信令丐送至盗巢。次日信至,盗无识字者,余为读之曰:"宜阳革命党同志伟鉴,"盗闻之喜而踊跃。"张某(硖石镇被杀者)为富不仁,同志等铲而除之,替天行道,大快人心!"盗闻之更喜。以下便及余等误被捕拿,请即释放等语。盗有允意。惟曰:"已派人往探,且俟其归。"至晚,探者至,曰:"至张茅相遇,颇蒙优待。"盗患疥者多,且蒙赐疥药。盗首曰:"必送君等下山。惟明日适为元宵节,当屈留一日。"予等虽弗欲,然亦不敢强违其意。翌日,杀羊煮荞面以享余等,盛酒以大碗,轮传而饮,亦云尽欢。盗以所抢得之自鸣钟示余,云不知其用法。余为之扭上发条,八音齐鸣,盗喜而舞。盗首曰:"余尚有抢获之快枪若干,尚不知其用法,请教我等。"余谢以文人未习武事。盗又欲留余共事。余告以当至西安见张都督为诸君先容,共事革命。盗乃悦。十六日,以马三匹、健者二人送余等下山。一路逻者甚多,皆躲闪于石后。从余之盗呼一声,即出,持刀傍余马,一揖而过。已出山,则乡民望马蹄掀尘至,皆惊避入寨。

余告从者,将过一村,请先行告乡人以余等非盗,乡人益惊。一乡人持鞋于手而奔。余马及之,询何故持鞋于手。曰:"惧奔不速耳!"询何故奔?曰:"君非■■乎?"余笑而慰之。行近陕州,遣从者返,曰:"必送君等入城。"是日行九十里,时已昏暮。呼门,幸先余等至者亦有嘱,得启。再面余父,如同隔世。次日厚赏盗从归山。时陕州知事已逃,州政无主者。一路所过州县类此者不少也。有数人不敢西行返而东矣。余等则仍前进。途中则残骸断臂及树上悬人头累累。幸此攻陕之清军已退,得安然抵长安。

自　供

（一九二七年）

我今年四十有五了。这四十五年间,我也不知道我活的算个什么人。人类里说是有君子,有小人,我也不知道像我这样人,还是算君子,还是算小人。不过年已半百,寂寂无闻,将来还不是与草木同腐吗？我今天起,把已往经历的事情,凡我所记得的,一一从实写出,也只算自己背诵一遍履历罢了。

我姓李,清光绪八年(一八八二年)正月初三日早未明时,生在陕西省蒲城县距城五十里一个小村,庄名叫富原村。富原村分作好几部分,有郭家、有王家、有沟西李家。我们那一部分王郭家,称做南堰上;沟西李家,称为东堰上。各因方向,称叫不同。全富原村住的不上百家人,南堰上只有八家人。原先本来也是大村子,遭■■,又遭光绪三年(一八七七年)大荒,人死家绝,过大半了。我生后,我的家庭里有一个曾祖母,有祖父、有祖母、有伯父、伯母、有父和母,有一个哥哥。我哥哥名博,长我三岁。我名协。后来又生了一个弟弟名协,小我五岁。后来还有两个弟弟,活一半岁都死了。有一近族,是同曾祖的,住在对门。我李姓一族,本是微族,前代也记不清楚,听祖辈传说,是明末有一位李十三,原籍山东,行侠好义,杀了人逃在陕西,因而落户的。村中原先住的是曹、温、杏三姓,后来李、王、郭迁居渐盛,曹、温、杏渐渐衰微,差不多莫有人了。

我常常听祖母述说,原先我们同对门本家莫有分家的时候,我祖父弟兄三人。祖父号蔚然,名智盛,行二;伯祖父号巍然,名智成;叔祖父名智信。伯[祖父]、叔祖父,我都莫有见过。三弟兄本来很好的,家业在一村中也算最盛,别家都很羡慕。自从我那伯祖母去世,伯祖父续娶了渭南郭氏,家中从此多事了。

我祖母系出尧堡王氏,我所看见中国的妇人,再莫有比她好的了。虽然莫读过书,却是性情再温厚不过,才艺再细密不过,处事再公允〈有〉(又)决断不过。我祖父是一位老农,心地忠厚,惟知勤苦做事,仁厚待人,得我祖母内助,实在不少,我家后来发达,全是我祖母的力量。

那时候,伯祖父有一个前房儿子,即大伯父。郭氏出一子,即四叔父。大伯父生子二。我伯母及母系都出马氏,也都到我家来了。自从郭氏来到李家,我伯祖父性情就大变了,待两个兄弟,一味刻薄。我祖父只是每天地里做苦,我祖母也是一切忍受。我伯父及父同我那大伯父都跟着一个先生读书。我大伯父性笨,又荒懒,我伯父及父,勤奋上进。先生常说大伯父没出息,不如两个兄弟好。以此惹起我伯祖父之怒,立地教小孩子都不得读书了。我祖母寻常的百般冤苦是受了,惟是小孩读书一事,不肯屈从,非令读书不可。后来莫有办法,送到尧堡王吉庵先生那里上学。王先生是王子端先生的父亲,人甚和蔼,看见我祖母热诚,我伯父及父勤学,我伯祖父不肯任学费,情愿不收学费。我祖父推车子卖瓮,供给伙食。

可是我伯祖父气愤不过,以我祖母有意违抗他的意思,遇事生风,咒骂凌侮,不堪言状。我祖母又是给他永远不计较。后来大荒年来了。那个荒年,提起真可怕。饿死的人,过了大半,人吃人的事,常见不鲜。连着三年,莫下透雨。到光绪三年(一八七七年),索性连草也不长了,树都莫皮了,一村一村完全死绝的,也不知有多少。可是我家还有存粮七八十石,大伯祖父不但不周济人,连自己兄弟也不管了。他们一家自己吃饱,每天分给祖母一茶盌麸面,做些面汤,六口人吃。我祖父那时大病不能起床,我父饿的走路跌倒爬不起来。我伯父不知为什〈末〉(么)事,给大伯祖父头上冷打了一铁箸,几乎脑袋打破。幸而我祖父所住窑中,还存的有些枣子,祖母每天分给两个儿子充饥。不知怎〈末〉(么)一天,吐的枣核,给大伯祖父看见了,立地打发大伯父拿斗来,要夺去枣子。我祖父每天病的人事不省,祖母一人侍病,什〈末〉(么)话也不敢说,看见来装枣子,不由得不着急,才把祖父叫醒,说这一点枣子,给他们拿去,眼看两个儿子,都要饿死了。我祖父说,你把我扶起来,给我手里一条棍,说:丁亥(是我大伯父的小名),你来,我就打你一棍,不然,你把我打死。大伯父不敢进来,我家一家人的性命,就是那些枣子救出来的。后来实在一块儿过不成了,我祖母动议,不如另过者好,才从本户逃出。一家人各拿筷子一双,饭盌一只,搬在对门马房,就是现在我们的庄子。荒年也出来了,天下了雨了,亲戚们说公道话,分了些薄地,都是离家五六里远山坡沟沿。莫有牛马,领些粮种,一家男男女女,拿上镢锄,挖着去种,受的辛苦真不少。却是伯父及父,始终莫有废读,都是祖父卖瓮,祖母针指供给的。后来伯父及父,同时中了秀才,大伯祖父越发因妒生仇了。

我叔祖父无所出,早死了。大伯祖父硬说是伯父及父将他叔父害死,告到官上,立地火签将我伯父及父拘去。后来将我父放回,伯父坐了多天监狱。县官是张兰亭,说这两个书生,文弱样子,那会杀人,又莫有证据,将案子批驳不准,将我伯父也放回来了。

大伯祖父的仇恨,完全注在祖母一人身上。有一天,他藏在我家门外车套,看见我祖母出来喂狗,突然出来,从后面双手扼住我祖母脖项,想把她捏死。祖母大喊,邻家人经过,大伯祖父跑了。

后来大伯祖父不久死了。死的却也可怜,衣裳都莫有,还是祖母领上两个媳妇,给他去缝的。他死的时候,良心发现了,很说了些痛心的话,并且大骂郭氏及大伯父不已。他死以前,我哥哥已经生上世了。

大荒年以前,遭■■的时候,不用说也是最伤心的时候。村中房屋被烧的,人被杀的,不知道有多少。祖母领上儿子媳妇逃难,窜山匿谷。■■凡经了七年,受的罪苦真不忍提了。只说有一次,■■忽然来了,一家人跑在一个谷中地窖子里去避。已经几日,常常听见上面人喊声、马蹄声,往来不断,震得地窖子里土沙坠落。不知道我祖母怎么一时心中慌闷,一刻不可耐,觉得那个地方总是不吉,立地要搬到别处。那里藏的人也不少,都说这里再稳当莫有了,别处哪儿有好地方。祖母不应,领上一家人,二更时候,出来就走。路过一个小村,村中便扎的■■营盘,一大锅油,胳膊粗的灯心,点着照天通红。一家人从村头摸过,不敢立着走,一个一个,提心吊胆,伏地而行。听见■■正在短刀长矛的操练,好容易走过去,藏在另一个所在。谁料得就是那一夜里三更多时,那个窖子,给贼踏破,是在那儿藏的,一个也莫留下,都[被]杀死了。我祖母在逃■■的时候,还生了一女,后来活到几岁,死了。

一家人罪孽也受够了。赶到我生下以后,世事也好了,家里的境况也慢慢好起来了。盖了窑前面几间房子,也有了牛、骡子。伯父及父坐个小馆,接连着几年丰收,家里也不愁莫有吃穿了。

我看见的那位曾祖母,原来是祖父的继母。因为大伯祖父不愿意养活她,随着我祖父过活。虽然是继母,可是我祖父对她孝顺极了。每天晚上,必是亲自来问安,看看炕热不热,添些柴火,才去睡觉。

曾祖母那个老样子,我还记得很清楚。她喜欢一个灰色猫,每天我同那个猫坐在曾祖母的左右,她抚抚猫,抚抚我,一天老坐在炕上不下来。记得有一天,一家人都去地里收荞麦去了,我饿了,曾祖母说,我也不会动,他们留下有馍馍在锅里,一个竹算

(是用竹子编成盛馍的),你自己去取去。我踏着一个小板凳去拿,算翻了,馍掉在水里,还是莫有吃成。

后来曾祖母死了。那时我大概有三岁光景,很知道哀哭。我做小孩的时候,小名叫王臣,又叫臣儿,又叫刨针。因为什么叫刨针呢,原来我母亲有一次不留神,将一个绣花针揎在我的衣裳去了,怎么下一个全针,完全刺进在背上肉里去了。我又不会说话,整天只是哭,连哭了两三天。祖母说,这孩子平时是不爱哭的,怎么会这样。又看不出有甚么病症,才把我衣服脱光,身上齐齐摸一摸,才摸出背上细细一条硬东西,就用刀划开肉皮,刨出一个针。为这一点小事,母亲倒给祖母打了一个耳光。从此人家把我便叫做刨针。后来我又生病了,几几乎要死,许多人都说这孩子不济事,预备埋了罢。可巧来了我族间一个曾祖母,她看了看这孩子几天也不吃,也不喝,她说,让我试试吧。她用一指搬开我的小口,拿一粒石榴子,用指捏破在口中,我居然将那石榴汁儿咽了。再试一试,咽得很好,连试了好几粒,我慢慢地有点生意了。哪知从此就会病好了。

我祖母称我那位堂曾祖母叫二婶,后来我慢慢学着说话了,也跟上叫二婶。二婶抱上我,唱着说,"我个哥哥乖得很,见我就先叫二婶,今天天气热得很,二婶给你吃凉粉。"这种曲儿,做小孩儿听下,竟然一生不会忘。

我年纪渐渐长了,记得我哥哥时常有病,肚子鼓起多大,脸上黄瘦的。人说大概是肚子有虫,后来给一个医生,叫做郭骡子,医治好了,果然下了一丝窠儿的小虫。

我哥哥长大读书,我一天只是玩耍。祖母爱我特甚。因我举动语气,傻气太重,大家都叫我做凉凉子(就是傻瓜子的意思)。又都说,王锁(是我哥哥的小名)将来会读书成名,王臣预备赶牛。我到七岁上,才一个一个学的认方字。

七岁以前,又有过一次灾难。我在外家门前玩耍,立在石头上往下跳。外家村中,有一个半瞎子,名叫富太,他本来在灯影戏上拉胡琴的,这一天挑一个空水担立在石头旁,同别人说话。我不留神跳下去,刚好他水担上一个铁钩子,由口里插进我喉中,插出血来了。因此上,受惊发热,病了好几天,又几几乎死了一次。

伯父在洛河东永丰镇坐馆,哥哥跟他上学。我时常想念哥哥。一天刮大风,我问伯母要哥哥,伯母说你站在门外去叫,风会把你的声传到哥哥耳朵去。我当真出力出喊,但是隔着二三十里路,那里会叫得应。

父亲在华州坐馆,不常回来。有一次回来了,才叫我认字。他将字整整齐齐,一格一格,写在一个本子上,却另用一纸,中间剪成一个方孔,按在字本上,只露出一个字,教我认。他恐怕我跟上念口歌,认不得字。

父亲又出门外。八岁上,我跟伯父到永丰镇上学。他说看我不是会读书的样子,跟上,多少认几个字罢了。学房在城西门外。我〈合〉(和)哥哥晚上就跟上伯父在学房睡觉,吃饭时到城内一个老亲戚任老老家去吃,任老老是祖父的舅父哩。任老老还有母亲,后来我长到差不多二十岁的时候,他母亲还活着哩。此外就是任老妗,他们一个儿子也上学,还有五个女儿,三个嫁了,两个还没有。

我第一天进学房,一个字也莫认,一句书也莫念。赶吃饭的时候,学生都回去了,我也要去吃饭。伯父说,臣儿,来。我问什么事。他问,你吃过麻糖板板莫有。我说,莫有。伯父说,你要吃不要吃。我说,要吃。伯父说,要吃,张开手。我便张开手。伯父便轻轻打了我一板子,问还吃不吃。我说,还吃。[他]便加重些再打了一下,问还吃不吃。我说,还吃。[他]便更加重些再打了一下,问还要吃吗。我哭着说,不要了。你说这顿打,冤枉不冤枉。

有次伯父回家去了,预先告诉学生,好好念书,不许胡闹。他随出门以后,学生就像猴子反了,跳桌子,翻板凳,各尽其能。学长说,我们打社虎罢。大家都说好。一时间闹得沸噪喧天。第一天闹到晚,第二天又是半天,谁还动一动过书本儿。我那时候也不知道我念的是什么书,简直等于莫念书。下午,伯父回来了。召集学生,问问功课。一个一个眼睛瞪得门框一般大,一声儿都吭不出。伯父问,你们都怎么样胡闹〈顽〉(玩)耍来。大家都说莫有。问我。我说,学长生华当社虎头,鳞鳞打鼓,成儿放炮,卯儿打锣,平生拍铙钹,一个一个都说了。问,你做什么来。我说,学长叫我打旗。好,这一来,每人都被责了十几板子。莫有哥哥的事,他向来是不闹〈顽〉(玩)的。我因年小,并且不造诳,也免了。从此后,全塾的学生,把我恨死,莫有一个人同我说话。

到夏天,馆散了,伯父及父亲,都为柯巽庵学使选为宏道书院上舍生,都去了。我同哥哥回到家中,〈顽〉(玩)耍了一夏。

我家里虽然穷,却是对小孩子教育,一毫不苟。有一次,我同哥哥出去玩,看见邻家地里扫菜长得很好很嫩,另有别家一个小孩子说,王锁,这菜好吃,你拔一个回去,请你妈妈给你蒸着吃。哥哥果然拔了一根拿回去。伯母及母亲知道不是自己的,叫他还给邻家,不许他吃饭。哥哥哭着,拿上送还邻家,才算完事。

麦收了以后,天气渐凉,自己村里立了一个书塾,请马户冀六斤来当先生。给我头一本书读的是司空图《诗品》,这是父亲离家前,盼咐他的。"大用外腓""真体内充",一天哇啦哇啦喊着念,也莫名其妙。学生中顽皮的真多,一天最盛行的是弹皂胡牛儿(皂荚子)。哥哥又是一个顶乖的学生,我为先生所溺爱,念书不念书,都不在乎。书塾离我家有一里路,我同哥哥上学去,照例拿一个棍,棍头有一反钩。有一天,哥哥正在先生面前背书,我急着要回去吃饭,说,先生把我哥哥放了,我们要回去。先生不准。我从先生后面,偷着拿上那钩,钩着先生的嘴,要求他放。先生喊着说,放,放,放,这才我把他饶了,拉上哥哥就走。冬天冷了,路上怕天晚了有狼,祖父叫我弟兄俩晚上不要回来,就同先生一块儿睡。拿的有烧馍,饥了就吃。有一晚我起来小解,把放在炕墙上一个烧馍,撞掉在溺盆里,捞出来。先生第二天教我吃,我不肯吃。先生说,不吃,撩了太可惜。先生擦擦干净,自己吃了。

到年下,父亲回来了。知道冀先生教书不行,于是自己另外组织了一个家塾,就在我家对过,是从前老家一个偏院,请马户刘时轩先生为师。刘时轩是一个秀才,三原贺复斋先生的高足弟子,学问很不错,就是道学气太重。父亲安置好,就走了。书塾里,亲戚朋友子弟来上学的也不少,都说因为有好先生,难得的机会。

头一次进学房,哥哥把家里许多书带到学房,摆在书架上,内有西厢记一部,先生看见大怒,责斥哥哥一顿,其实哥哥还不知他是怎样一个书呢,多冤枉。

司空图《诗品》,就算跟着冀先生给我念完了。刘先生起首就给我念《毛诗》,并且念叶韵的字,都要念成古音。比如"爰居爰处,爰丧其马,于以求之,于林之下"。马字读母,下字读户,以求与处字叶韵。这也是父亲吩咐先生这样教的。

先生是讲宋学大家的弟子,每日里坐必端端正正,行必圆规方矩,对人和蔼可亲,做事一毫不苟,村上人莫有不喜欢的。我同哥哥的书桌,摆设在先生同一房间里,耳习目染,也都成了小道学先生。有一次,祖父因为与别人生气,回家来看见我在门外未归,怒声叱我。我居然拿出不迁怒的道理,对祖母说起祖父的不是来哩。哥哥更为迂腐,看见村上人有丧事婚事,就拿上古礼来批评,因为他正读礼记哩。先生是个孝子,因为丁了母忧,从来不饮酒,不食肉。有许多人以为他是个居士,不过太得古板。有一次,我私下学得画人物,画了一个老头儿,反穿皮马褂。不留神,夹在书中,拿上背书去,给先生看见。等我背完书转过来,先生问这是谁画的。我说,我画的。先生问,穿的什么。我说,穿皮马褂。先生说,画得好,应该赏,人家有赏金银的、玉帛的,我都莫有,我赏你几根麻糖板子罢。于是打了我手心十下。这是我第二次捱(挨)打,你说又是冤枉不冤枉。

先生于人,无所不容。常来拜访的,有两个人最讨厌。一个叫做行运,是个假居士,吃斋念佛,劝人为善,人家说他修行的快成仙了。有一次,驾着云上天去,走了一半路,摔下来了,因而走路有一拐一拐。他来,便整日连宿不走,说是喜欢同先生谈道,其实为的混饭。先生虽然讨厌他,又不好下逐客之令。有一次,他口里胡诌说,天地之道,造端夫妇,夫妇者,阴阳之谓也。先生问,什么是阴,什么是阳。他说,清为阳,浊为阴。先生又问,什么是清,什么是浊。他说,大便为浊,小便为清。哈哈,先生也不好意思同他胡说了。另一个叫做昼夜忙,也是一个教书的,人家说他白天教书,夜里回去还要忙家事,因而叫昼夜忙。这位先生,人大声大,粗喉咙,烂嗓子,乱喊,更叫人讨厌。他对先生表示,自己的道学也了不得,念他作的得意的诗歌。题目是戒色。一面手指上下指点,一面摇着身子,喊着念道,"美而艳,不得看,不得看,心中私欲一刀断",念到不得看两句,就像口边有十匹马力的劲。我正读着书,倒被他吓了一大跳。

乡下的学房,照例农忙时放假。我们农家子弟,也就在地里帮忙,割麦、打禾、下种等事,都是习惯了的。收麦的时候,地里送饭,所吃的是馍馍、面筋、豆芽菜、扁豆汤。吃的时候,还要撮些菜,倾些汤,祭祭地,这还是古风。

我家打禾场中有一个大楸树,蔽荫甚广,那是我们小孩子最好的地方。

场以南,有一片地,有五个大杏树,都是祖父手栽的。有两个小梨树,有一个小杏树,有一个小桃树。此外还有林檎树、椒树。每年再种些黄花菜。果子多半给村上小孩子们偷的不得成熟。有一次,我同哥哥跟祖母到场中,桃杏时期已过了,我望着桃树还寻桃,哥哥笑我痴,那里还会有桃呢。居然给我找着一个了。祖母攀着枝条,令哥哥摘下来。祖母自己舍不得吃,分做两半,给我弟兄俩吃了。那桃才熟好了,以后吃的桃,总再莫有那一个桃又香又甜。

伯父及父亲,年下都回来了。这时候,陕西设了一个舆图馆,测量各县地方。伯父及父亲,都为馆长,招致测量。伯父本来具有一种特别天性,他自读书时,便不喜八股、帖括,喜研究艺术,莫有师授,都是自己研究的。先从算法统宗入手,慢慢地几何原本,以及梅定九、李士叔、华衡芳等书,无所不读。家中的算术书籍,旧的新的,真算不少。又自制经纬仪、天象图等。父亲向来是研究古文的,也稍微涉猎些算术,所以也就都知名于上宪了。他们过了年,便都去了。

我十岁了。我弟弟劦五岁了。小名人叫天赦。天赦年下的时候,父亲叫他认字,给他订了一个本子,书皮上写了几句话说,"日知其所无,能乎?曰:不能。月无忘其所能,可乎?曰:不能。月计不足,岁计有余,可乎?曰:不能。曰:恶!是何言耶!是不为也,非不能也。"他生的时候,查查黄历,是个天赦日,故叫天赦。他的性情,很不和顺,但是伯母溺爱他。这一年,也跟上我们念书,先生因为他不乖,拿指头拧他的肉。他说,先生拧我哩。你听,大伯来了。我把你先生,为嗄地拧我娃。都是他一个人在那里说话,惹的先生也笑了。

这一年夏天,我记得父亲回来过一次。还有一位周心斋一块儿来,带了几匹马夫役,是到蒲城测地路过的。他们那时候用的什么仪器,我都不知道,只记得那位周心斋先生,侃侃而谈,仿佛深通测量似的,其实后来听人说起那时候的测量,不过到处走走,大约记载各村位置、道路方向,就是了。

夏秋以后,天气旱干得很,我们那个穷苦的地方,最苦的就是水不方便。黄土层高原,都是这个样子。水井深至三十到五十丈余,水还不见旺。我们村中,统共只有两眼井,平时都是用窖贮雨水。还有邻村地方,索性打不出水井的。天一旱干,吃的且不用问,喝的先短缺了。这一年有一个老妇人,费了多少气力,从洛河里打上一罐水来。她虽然住在洛河旁边,可是二三十丈的河沟,教她爬下去,又爬上来,可也够受的了。刚上了岸,放下罐子歇一歇,就遇见路上过来一莽撞生客,呻吟着说,老太太,我渴的喉咙里冒起火来了,教我喝一口。老妇人说,这是我预备做饭的。客人不管三七二十一,抢过来一口气喝得滴点不留,放下罐子,扬长而去。老妇人这一气,想了想,何必活着,翻身跳入河中死了。当地乡约,捞上尸首,呈报县官。官来验尸,莫茶莫水,官怒声骂乡约,为什么连点心都不预备。乡约见责,急忙给官端上来一盘干炒莞豆。官更怒,这不是把我当驴吗。乡约回道,大老爷息怒,本地缺水,虽有米面,不能成饭。官拍案而起,急速催轿进城,尸也不验了。

有一个事,叫我们感激我那刘先生得很。因为水短,家中饮食,无论大人小孩,都有定额。给先生每日晨膳,菜四碟,馍一盘,豆汤两盎。先生每顿只用一盎,留一盎置之案上,用纸盖住,等到天午正热的时候,赏给我弟兄两个分用。那汤比甘露琼液,好得多哩。

种麦时候快到了,天还是不下雨。乡下人着急的不得了,龙王庙、观音庙到处求雨。居士婆子,一天儿在庙中,守香念经。我们村东,便是一个大沟壑,地方名叫东沟。沟里有一个堡子,名叫东沟堡子。莫有住人,是个逃避贼乱的所在。堡内有一个庙,分上、下两层砖窑。下层供观音,上层供的什么神,我忘了。那庙是伯父少年,因哥哥生病,许愿修的。庙成以后,在村东搭台子,唱了几天大戏敬神。那时我只三四岁,还记得唱戏时候的情形。这庙里的观音,人传说有灵有应,远近各村,到那里祈雨的很多,可是还不下雨。有一天,我约会三个同学,一个是哥哥,一个是郭珍,一个是成成,连我四个,说我们祈雨罢,管保比他们一干神婆子灵。大家赞成。吃完晚饭,月光下面,我们就祈起雨来了。我们祈雨的法子很简单,哥哥拿一个铁箸,敲着铁铛;我拿一个苇子去舞;其余的人,一齐跟上都唱"旱既太甚"之章。唱完去睡。事真凑巧,这夜果然雷声震厉,大雨滂沱。我正睡中,听见雷声,赶紧起来,端肃静坐。到第二天早晨,雨停了。我问祖父,雨够不够。祖父说,不够。第二天晚上,照样又来。又是下了一个整夜,天明又住。我问祖父,雨够了么。祖父说,够了,不要下了,放晴一天,我们就好收拾地。却是这一天下半天,又下起来了。到晚上,我说我们谢雨罢。于是改唱"大田甫稼"之章。这一晚,雨又住了。次日大晴,人民欢呼,一班神婆子自居其功,得意的了不得。好在谢神,必得演戏,也是我们小孩子最欢迎的。

我弟兄俩自从在本塾读书以来,晚上,总是跟祖父母睡觉。祖父性刚燥,祖母性温柔。自然两个都欢喜祖母。可是祖母仿佛为我一个独有,不教哥哥亲近,把祖父分给他,他睡在祖父旁边。有一夜,祖父梦见出游,路上有一小牛犊。正疑谁家小牛犊走失了,忽迎面来了一个狼扑小牛,祖父着急,一面喊狼,一面抢着拳头就打,一拳正打到哥哥面上,大声号哭,我听见好笑。

我祖父每天起身甚早,冬天天冷了,他老人家照例早早起来,点上油灯,烧起火盆。祖母也跟着起来,帮我们穿衣服、梳辫子,祖父就送我们去上学。到书房,先生照例坐在炕沿上,一面黑摸着自己梳头发,一面口吟邵尧夫及程朱等诗。我们去点上灯,念念几篇书,天才明了。

这两年间,念的书倒不少。四书五经,完全通了本了。通本就是从头到尾,可以背诵得下去。并且学的作诗、作论,我开宗明义第一篇论文,题目就是《颍考叔论》,居然就作了百余字。其中有两句说:"凡事贵有本,有本乃有恒,颍考叔之孝,无本者也,故夺伦而忘其亲。"居然给先生赏识,圈得密密的。第一首诗是"满城风雨近,重阳首尾吟",那诗直是满口胡说,写不出来。

后来天气冷得很,我左脚冻肿生疮。这时候,是同母亲睡觉,一早起来,袜子穿不到脚上。母亲一看脚肿得不成样子了,又烂下两个大窟窿,这才告诉祖父,给先生说,请假养病。母亲每天给我洗洗,包裹。有一个多月,才能下来走路。在这个时期,并莫有废读,功课寄到家里来做,我又自无事,随便阅着诗句玩,给先生寄去看,先生夸赞的了不得。快过年时候,父亲也回来了。刘先生因为别处出重金来请,父亲第二年也莫事,就决意准先生辞馆,自己教书。家里旁边盖了一个书房,过了年,就搬进新屋了。

我现在十一岁了。我生来面白股长,额准俱高,做孩子的时候,头发又是黄的(后来才长黑了),村上人都叫我洋娃儿。我外家人叫我做黄毛儿。我做娃子时候,有一个牛牛脾气,就是不喜欢女子,除过祖母、母亲以外,莫有一个我喜欢的妇人,女孩子都别想同我一块儿〈顽〉(玩)耍。却是我伯父有一个义女,姓郭,名冬娃,我是喜欢得很。冬娃到我家来,我一定同她〈顽〉(玩)耍。她母亲自己又托人给祖母说来说去,要把冬娃给我做媳妇。我当时也不知媳妇是怎么一个关系,只听说把冬娃给我,我就喜欢透了。可是祖母说冬娃比我岁数太小了,差个五岁。冬娃一个姐姐叫桂华,我也不喜欢,祖母也不说好。祖母的意思,说是把冬娃给弟弟,冬娃的母亲说道,谁愿给你那烂眼孩子。因为弟弟眼睛时常有病,因此上亲也莫说成。我也不介意。谁料这年,冬娃竟然得病死了。父亲也很伤心,我也哭了几次。乡下有一种恶风,叫做鬼婚,比方一家死了一男孩子,一家死了一个女孩子,两家父母情愿,托媒说合,叫两个鬼魂约婚,合葬一处,免得泉下孤寂。永平村有一人家,儿子长得粗陋,死了。托媒来求婚于冬娃的父亲,他父亲贪图一点财礼,就允准了。父亲很说她父亲不对,我听见也生气得很。但是无可如何,又自哭了一场完事。这一年,大概有乡试,父亲应试去了,临行时,给我一本《步天歌》,限我到他回来时候,要完全背诵得过。

有一宗怪事发生了。我们族间有我一个五堂祖父,亲近的莫有人了,就算我家离的较近一点。五堂祖父年纪比伯父还小,他的妻也还是祖父看着给他要的。他在县西兴市镇有一个花炮房做营生,家里就是一妻一女,住在我村之东。有一晚,祖父也不在家,哥哥跟伯母走亲戚去了,我一个跟祖母睡。祖母向来睡觉很好的,这一夜里,忽然惊醒,起来把灯点着,并且把我推醒,叫我坐下,说她心中很觉惊慌,我莫名其妙,也觉得与平常不同。似闻门外呼二嫂者三声,祖母搂着我,四只眼相瞪,都不敢应声。接着又是一种怪声,呼啸而去。我们更觉森然。挨到天明,有人叫门,开门看看,就是报丧的。五堂祖父死在外边,几个人抬棺材送回来了。原来祖母夜里做梦,看见两个人,都戴着红缨凉帽,闯进房门,背着炕沿,磕了两个头,就出去了,也莫看清是谁。就此惊醒。心中惊慌,接着又听见怪声。天明听人报丧,也便因此怀疑,人在外边死得不明。便诘问送灵柩的,人因何死。说是得猛病死的。祖母动起族人,说人不便就埋,须禀官相验。送灵柩的很执强说,"验就验,是福不是祸,是祸躲不过。"后来果然报了官,官来验尸,是中毒死的,浑身发青。因此打起官司,罚该铺唱了几天大戏,葬埋祭奠,并恤死者寡妇孤女。这事我也记不清楚了,大概是五堂祖父因事与掌柜口角,气愤服毒自尽了。谁料想这掌柜的,就是哥哥的未来的老丈人。

父亲回来了,正是人命官司热闹的时候,我《步天歌》一点儿莫有念熟,提心吊胆,惟恐怕父亲问起。其实父亲也很忙,就此忘了,好不侥幸。

以后我就慢慢地学起作八股合八韵了。起初只作个破承题,作两韵四韵诗,慢慢八股全篇、六韵八韵诗,也作起来了,可是我把这些事,全不当意,胡闹的笑话很多。

书塾里每逢五与十日子,为作文日。逢到这一天,我就高兴了。因为下午以后,不要念书,题目出下,赶到晚上,或第二清早,交卷就是了。一切动作,父亲、先生一概不管。题目出下来,我就一溜,到野外荒村野草间,随意倘徉。到晚上,随意纸上写些东西就好了。有一次题目是"其父攘羊,而子证之",碰巧给我找出来明文铭上一篇合题的文章,完全抄写,给父亲骂得好不羞愧。

十二岁的时候,父亲竟然领上我弟兄俩到县里去应小考。住在父亲的朋友王居亭家。王家有一位老太爷。居亭及他的弟卓亭,都是孝廉。还有一个老三,是个猴儿王,不好生念书,一天只是胡玩耍。我那时自视也是个小先生,给老三把我随便欺侮,他有力气,动不动把我抱上跑了。我因为他把我当小孩子,又羞又恼。他后来跟他二哥到甘肃,不知为什么事,自己上吊死了。那时候,蒲城连一个正式考院也莫有,在城隍庙里考试。天未明进去,点上蜡烛,坐在狰狰可怕的小鬼判官旁边,吓都吓够了,哪里作得出好文章。

小考共分五场。每场发榜,删去些人名。应考的童生,有一千多名,第一场榜出来,就没我了,也莫有哥哥了。

父亲说,这不过教你们经场而已,谁认真要你们当事做,就领上孩子们回去了。

伯父也回来了。我那时莫名其妙。只听说舆图馆保举进京,回家不几日就收拾上路。我只记得伯母一面收拾行李,一面哭得眼睛通红。

伯父去了。十三岁、十四岁两年,正正经经学八股八韵。此外,父亲给我教的学九数通考、九章之术,也算会了。

有一个堂兄,名叫正理,就是大伯父的第二个儿子,也一块儿读书。我叫他二哥。为人性子又笨,又刻薄,又喜胡闹。有一次,父亲出一个诗题,赋得"秋云暗几重"。二哥诗做的不通,不用说了。他竟将题写掉了一个云字,又将秋字错成我字,成了一个"我暗几重"。父亲给他批了一个"你暗千万重,岂止几重而已哉"。父亲平常喜欢读《楚辞》,桌子上又摆一种洋版书,天天看得很勤。我去一调查,原来是一部《西学大成》。上面有什么重学(力学)、声学、电学等。后来,父亲也把那书的内容,给我们讲讲,又给我们讲《梅氏丛书》等算书。

当时莫有邮政,伯父出外,家里得到一封信,直是至宝一般。伯父到京的希望,被一个捷足者夺去了。陶中丞模荐他为徐季和督浙学政幕宾,伯父于是又到浙江去了。临行前,托人给我弟兄俩带回铜字尺、墨盒,上面镌的"仲特为阿博作,为阿协作",我们多高兴哪。又有几首诗,我记得一首是"都门一别上征骖,仆仆风尘苦亦甘。正是杏花新雨后,沿途饱看到江南"。还有给父亲的诗,我记不全:"×××××××(李仪祉先生在杂文中记有此诗,该句是:去家千里远慈亲),大水名山始识真。富贵无求遵母训,江湖多水谨吾身。"有两句是:"膝下承欢全赖汝,窗前攻苦胜求人。更有一言应记训,先贤忧道不忧贫。"

这一年夏天,收麦的时候,我生病了。别人都忙得很,祖母专心服侍着我。病是寒热病,稍微好些,吃东西不小心,又犯了,危险得很,几几乎死了。有一夜,发抖不会说话,祖母抱着我只哭,发了一身大汗,又好了。将养的日子很多。伯母又生病,症候相同,人家把这病叫疫症。疫症是传染的,可是已经害过的,就再不会被传染,所以叫我伺候伯母的病,多日子也好了。

中国同日本■■■■,打起仗来了。我们住在乡下,外面的世事,实在莫名其妙。那时候也莫有报,上海的《申报》,许有了,可是乡下人,怎样看得见。只有听人谣传,说的洋鬼子多凶。祖母莫有读过书,也不知外面地势,挂念起伯父,愁的了不得。父亲每天给她解说,并且在地面上用手指画着地图,这是北京,这是山东,这是杭州,这是日本,这是台湾。祖母说,那都不是紧靠在一块儿吗。父亲说,远哩。我在地面上画一寸,就有五百里。祖母心才稍微心宽些。后来伯父的信,从杭州回来,又寄相片,祖母才放心了。

给哥哥定的汉村秦家的亲事。定亲不久,其女生病,祖母同父亲去看了一次,女自知道病不会好,祖母带的有一个戒指,她拉着祖母的手,卸下来带在她的指上,请死后得葬于李氏之茔。后来就死了。于是秦氏送女灵柩,我家里又热闹了一次。后来媒人又来给哥哥说永平韦氏之女,不料想此女的父亲,就是从前打人命官司的三和炮房掌柜的,居然一说就成。

县里又小考了。父亲带上我们又去考了。三场,我就落榜了。到第二年,我叫十五岁了。居然又到同州府去应试。那时候,知府是一个旗人,姓英,很〈妄〉(荒)诞。他出的题目,乖谬极了。同州府共辖十县,十县童生,一同应试。有一场题是"一、二、三、四、五、六、七、八、九、十",一县一字。"一"为"定于一"的"一"字。"二"为"二吾犹不足"的"二"字。我们蒲城县序居第七,便是"善人教民七年"的"七"字。有一场的题目,也是一县一字,蒲城是"蒲芦也"的"蒲"。这样的题目,教人怎样能作好文章。所以我也就一场之后,便落了榜了。

有人来给我说媒了。老实讲,我还不知为什么一人一定要给说一个媳妇,又不知哪里来许多羞气,媒人一来,我就一溜出门,不给他见面。到吃饭的时候,家里寻我吃饭,还不敢回来,倒不如从前冬娃的母亲要把冬娃给我做媳妇的时候,心里也喜欢,也莫有一点儿羞气。这一次所以然者,因为有许多讨厌的同学,他们故意地羞我。

这个亲事,居然一说就成了,连我问都莫问一声。祖父说好,祖母说好,父亲说好,他们就给我定了。我糊里糊涂,并不知人为什么要媳妇,哪里知道嫌好不好。老实讲,直是装在闷鼓里一般。后来听见父亲对祖母讲那姑娘相貌好端正,就是皮肤黑一点,好像是说她的,我也管不着。

父亲领上我们,又赴院考去了。我们懂得什么,还不是瞎闹。有一天,街上碰见一个老头儿,他问我话,我随便答话,我也认不得他,他拉我到他的寓所,给我吃茶点,我亦不知其所以然。后来那老头儿来看父亲,人家才告诉我,那就是我的岳父。院考落第了,哥哥倒中了一个佾生,人家叫半个秀才。

十六岁上,伯父回来了,一家人好不欢喜。我见了伯父,生疏的不敢说话。伯父把父亲抱怨,怎么把孩子教成这个样子了。伯父莫有儿,哥哥给他过了继,伯父待我们是一样的慈爱。他回来带的箱子不少,打开一看,十有九都是书。亲戚朋友来看的很多,家里接待了多日的客。

伯父想看给我们定的媳妇,祖父就到他们的娘屋,用车子接将来,这我也才看见她了。又不敢公然看,偷偷看看,也不敢〈合〉(和)她说话,也莫有人给我们介绍。我心里也毫无一点爱憎,就是一个羞。她几天回去了,后来又来过一次。

给哥哥娶亲了。家里又是番热闹。我也不知道哥哥为什么忙着要媳妇。

我们又去县里应小考了。这一回进城,直然就住在我那岳翁的铺子里。他做的是土行生意,代客买卖。他对我们考试,热心的了不得。我这一次,居然五场莫有落榜。最末了录取的人,照例由官管待一顿酒饭,名叫吃官饭。其实那饭也莫有什么好,不过岳翁他喜欢得了不得。这时我记得是冬天很冷的时候,蒲城县的新考院,已经修过,很整齐了。现在的高等小学校,就是考院改的。

自从伯父回来以后,给哥哥几何原本,讲代数。后来看见每次讲时,我就跟上留神地听,于是问我懂不懂,他讲的我大概都回答的对,伯父大喜,才给我也讲起算学来了。先讲几何原本,后又给我讲李士叔《四元细草》,晚上灯下,一讲便会。第一晚天元会了,第二晚地元会了,第三、第四晚人元、物元都会了。伯父喜欢得了不得,说从前他是想了七日七夜,才把四元想通的,孺子真可教。命我自演《四元玉鉴》上各题,居然得心应手,都做得来。伯父再教我演代数,此外还有什么八线啦,勾股啦。伯父带回来的书真不少,江南制造局的,湖南官书局的,新书很多。此外关乎八股的类书,诸子百家,四史,通鉴,任我去看。还有一部很好,一部铅印《红楼梦》,我也偷着去看。还有一副很好的黄杨木象棋,我连哥哥也常常偷着玩。可是伯父不许,《红楼梦》也藏起来了。有一回看见我们下棋,他要把那些书都烧了。后来隔了几年,他要教我下围棋,我偏不学。我最喜欢是看诸子百家,可是这个时候八股要紧。后来中了秀才,才索性把八股束之高阁,诸子百家给我涉猎完了。此外《十三经注疏》《皇清经解》,伯父也教我看,可是我对它莫甚趣味。

又过了一回府考。到同州住在一个姓周的家里,周家老头儿是个怪人。他本是卖粥为生的,略略识得几个字,到处眩卖,家里无处不是字画,都是自写自画。墙头上也捏成许多人物异象,所以他的房子很特别,使人老远看见就注意。他喜欢掉文,有一天门外杀猪,他去看回来,叹一口气说,"死生有命,富贵在天"。可是他的记性真好,街坊的人,叫他半截黄历。父亲有一次试试他,问他清代各皇帝登极及大行那年的干支,他竟能应答如流,一点不错。

二哥不是好人。父亲不在寓,他尽的胡闹,欺侮人。有一晚,人家都睡了,他一个人张狂地乱喊乱跳,把这一个人身上碰一下,把那一个人头上弹一下,人都恨他,忽然他给一个大蝎子美美地蜇了一刺,痛得他妈呀妈呀乱喊。我们都笑了。

父亲每次带我们考试,他自己是个廪生,保童生,童生来请保,磕一个头,拿上揭,请保人画一个押,入场点名时,保人随唱,某人保。每一童生求保时,进贽敬钱一百文或五十文,用红纸包裹,这个钱就够我们在州多日的盘费了。一场、两场,落了名了。父亲叫我们先回去,结了五六个人的同伴,走回永丰镇。走得慢,路上又迷失道路,天索性黑了,看见地里不远,磷火的光很多,俗名鬼火,时大时小,时远时近,时发青,时发黄,大家都怕得了不得。我在家看过些格致书,知道是磷火,但是也怕得很。大家都不说话,只是往前走。一个人领头,其余的都鱼贯跟着。走的不是路。忽然一个人大喊说,"你看,走到哪儿来了还走",这大家才一醒,看看走到二十多丈深沟的边沿儿来了,好不怕人。赶紧退后,好容易找着大路,看看永丰镇也不远了,大家鼓力向前只跑。有一个老亲戚,是祖母的外甥,身胖足小,走得实在慢不过,大家都不管他,只有哥哥仁厚,一步一步跟着他。夜深了,永丰镇已经封了门,我们到王家湾一个亲戚家去投宿。

　　还有一件事情,我要补述一下。同州有一个大寺院,里有褚遂良写的"圣教序碑"在寺里面,因为文好、字好、刻工好,所以大家称它做三绝碑。内面有一座大佛殿,佛像庄严。热月天气,我们常到里去纳凉,年轻无知,不知哪里学来的破除迷信,指着佛像,斥为异端。回到家中,在母面前说起来,给母亲大申斥了一场。同州府井水碱苦,只有一个药王庙吕祖洞前,有一个井是甜水井。与庙之间,有石条砌的两个方塘,也是人喜欢游玩的地方。有一个财东,他从外面买回一个手压唧水机器,拿在塘边试验。这是我们头一次看见机器。城内有一福音堂,父亲领我们去看看,又听了一回讲,主讲的是瑞典人柏教士,还有女人、小孩子,是我头一次看见洋人。他送了我们几本书,父亲带回来,给我们讲讲,里面有恒星、行星的系统,我们听见很有趣。

　　母亲时常的生病,怎么那时我那么样傻,也不知道母亲害的是什么病,也不知道安慰,也不知道忧愁,大概是给书念呆了。母亲她是为儿辈的劳过甚了,又连着殇了两个小弟弟,哀伤坏了。事后思量,终身贻痛。可是那时候完全不知道。母亲对儿辈,从来也莫有表示过一次有病的样子。

　　十七岁上,同哥哥及一伙同学,跟上父亲,又去赴院考。伯父也去了。岳父年已半老,也发了兴趣,练习武艺,去赶武考。我在半路上,冒了雨感寒,一到同州,便发热病卧。父亲赶紧延医生来看,医生开了一个方子,给我吃了药,到晚上,热更甚,头昏脑晕,口里胡说。有两句话,倒给人家做笑柄。我说:"我的病,要天减甲,便减热。若是天加甲,便更热了。"人家说这孩子给算学学迷了,害病都是算学,岂不可笑。我的意思,说医生的药,给我不但没减热,反加热了。这一夜里,出了一身大汗,次早便神志清醒。将养了几天,幸而还赶上下考古场。我们住在姓冯一家的房子,一个老太太,人甚和善。督学是仁和叶伯皋先生(名尔讯),颇有志于提倡新学。这时候八股虽然尚未废黜,他老先生就借考古这一场,加上许多新学,什么算学、格致、历史、地理,五花八门,应有尽有。只害苦了一般童生,向来这些名词,梦也莫有梦见过,怎样教他们去考。然而大着胆子去报名的,也不少,想来笑话总不少。有一个做"致知在格物论",文有"铁路亦物也,轮船亦物也,格之而已矣。"有的做"秦始皇、拿破仑",当作"秦始皇拿个破车轮"。却也难怪,盖科举时代,东南开通地方,或者人还有些新见识,陕西固蔽之区,哪有一个人想得到这些洋学,会加入试典里。我们家中,因为伯父去了南方一次,带回许多新书,父亲又喜欢同人谈新学,有益实用,一班人都目为怪物,却不料这一次考试,居然给我们用着了。我们考算学,几何是证半圆中之周角常为直角。代数,一个一元一次方程式,都做对了。还有同学郭珍,也勉强做了一下,三个人都居然高高录取。正场八股,胡诌一场,也不在乎。三个人居然都获售了。而李氏兄弟算学之名,大震于关中。我正场的密封号是西阙六。发榜时候,我偷去一看,见西阙六首列第一，三哥（李博）的号数列第七，郭珍第二十八。不言不啧回来，炕上一坐，父亲及许多的人，都在同一房间等候看榜的人回来，一会儿回来一个人，喊叫博中了。问，协呢。说，莫有看见。一会儿又回来一个人，还是同样的话。大家都替我惋惜。我才说，你们莫有向第一名看，怪不得看不见。又进来一个第三的人，才证实我的话。大家都怪我看过榜回来的，为什么不说。这一场，不用说老丈人多高兴，忙着给我们买青衫，买靴帽，他自己不进学，倒不管了。

我总是怕羞，有一个父执老头儿，他不知忙的为什么也赶到同州来，每在街上碰见我，便拉着手说，走，走。我也不知道走到哪里去，谁知他多远地跑到考院门前壁上，指着我的名字，说，这就是你。问了便去。连着有好几次。我疑惑他有点疯病，实怕碰见他。我还记得这一次复试的题，是"我为之范我驰驱"我做了两大股，也不知道胡说些什么，怎么会考第一，可见叶宗卿有意提倡新学术。面试的时候，询知我们的算学，是跟伯父学的，很为敬仰，愿得一见。榜后，又将我们提为崇实书院上舍生，并加了很好的评语，是"年少识算，气度大雅"，从此李博、李协的名榜下无人不知了。

亲戚朋友，助趣的很多。这一次回家，便与前几次大不相同。骏骡绸车，一路风采，到自己村里，乡人锣鼓欢迎，我母也坐在门首张望，我心里想她的病好了。

一番亲戚朋友的庆贺热闹，刚刚过去，接着又是给我迎娶，又是一阵忙。我也不知为什么这样忙忙碌碌的，糊里糊涂，人家教我怎么样，便怎么样。最可笑的是一对小夫妻，虽然从前也都见过面，但是直到结婚以后几个月，还是谁不敢碰着谁，不敢同谁说话。

可怜母亲越发瘦弱得不成样子。过了麦秋，病乃大发。我到了这个时候，才知道着急忧愁了。祖母说，母亲病是肺痨，传染人的，特邀一婢扶养。外祖母也来侍候，禁止两个孙妇及我等入侍。我不肯，又害怕祖母，大哭大啼一场，惹起祖母发气，父亲罚我跪。然而不一两日，母亲竟自长辞而去了。此种大痛心事，固然人人在世所不免的，然而我母亲太苦了，又居乡间，风气不开，也没有留下一个像。至今回想，莫胜惆怅。不知历劫历世，还有和母亲再见的时候莫有。

十八岁，过了新年，父亲领我们兄弟连郭珍三人，同到泾阳县，住崇实书院。书院是新设立的，即在味经书院之旁，建立新屋。去年是请味经书院山长刘古愚先生主讲，先生告老，新聘山长是刘之弟王绍庭先生。又设两教员，一景第光，出同文馆，授英文；一张星藩，授算术。不分教室，即在大堂，中间为山长桌案，东、西分设两教员案。就是学校，不成其为学校。然而与味经并立，则已分新、旧门户矣。

大堂前面，左面设一大斜石面，中心立一橛，划有度数，上书午初、午正、午既、未初等字，询之知为日晷。右为砖造之台，高约二丈，上立立横大铜圈各一，可相随横转竖转，各划有度数，立圈上并有瞄孔，询之为经纬仪，夜间可以测天。再前，左、右为两斋,我等住在东斋第八号一个大房子,前后有窗子。父亲说,这间空气通畅。寝室、自修室不分。晚间同卧在一个大炕上。这山门第一晚上,又有点怪异。

房门用杨木板做的,很粗,两扇合后,留一条缝,有并指宽。别人都睡着了。月光照得通明,我颠来转去睡不着,忽看月光之下,门缝里透进来一股气,带点蓝色,进门后,还是扁的,直扑我胸前,一时便觉魇魔,呼息强抑,喊声不出。心中想它是一股气,一定风煽得动,便两手用力掀被使成风,果见那一股蓝气,离开我胸,仍从门缝钻出。咄咄。

书院里的功课,英文、算学,轮流着。每二天,各上一次课。山长初一、十五讲一次书。英文第一次课,教了四个真书大体字母。第二课真书小体同字母。〈以〉(依)次草书又是两课。二十六字母,便是二十六课。接着 ba 彼 be 比。半年完了,算学也莫有上几次课。人家送他们二位教员一副对联,是"朝三暮四,暮四朝三,张星藩何足算也。南腔北调,北调南腔,景第光是何言欤。"又有人给添了一幅额子,是"世德作俅"。世德是山长的讳。

每月又有各大宪轮流月课一次,书院内诸生,倒看得比院的功课要紧。因为这些课,是有奖赏的。那时生活最便宜,包饭每人每天五十制钱,每两银可换一千三四百文,故每月能得一二两奖赏,便可维持生活了。父亲过许多日子回去了。书院里那叫用功,直是胡〈顽〉(玩)而已,真可惜我那时候的光阴了。

书院中不少淘气的学生,我也算一个。隔壁味经彭山长,嗜好甚深,八股习气太重。他看着一个驴子,每天便教他的〈用〉(佣)人放驴到崇实荒院中来,我们生气。我们书院,岂是放驴之地。由我提倡,前者挽,后者推,竟将驴由曲曲折折一层一层的台阶,送上观星台去了。驴夫寻不见,一看在台上观星啦,费了多大的劲,才将驴又抬下来。

有一次,同学朋友赵义先被蝎子蜇了。大家发怒,排起队来寻蝎子。一会儿工夫,便捉了三十余尾,放在一釉瓷盆中,听它们自咬自杀。十余日以后,不见死蝎,乃用开水冲毙。

有一位陈会亭,年纪最轻,是十三岁上入学的,人甚聪明,而口甚轻薄。有一位赵重九,年纪最长,去年是他三十三岁寿辰,会亭送他一副贺联,是"菊卮丁寿筵,良辰九九;松龄甲书院,妙算三三"。不料重九大怒,说会亭有意嘲他老大无能。这一副对联,从此便令我忘记不了。

我于诸同学中,同赵义先感情最厚。他的夫人有孕,便要指腹寄给我,我也就答应了。这年果然举一麟儿,照地方规矩,给干儿买了一双箸、一个碗,加送了些别的东西。

是年风声鹤唳,谣言最多,义和拳的风声很紧。时魏光焘抚陕,陶子方自甘督任归,留陕助魏主持大计,力禁邪谣,■■■不致蔓延于陕。然而乡下的谣言,还是不断。祖母心小,这年又是天旱麦薄,秋未种,粮价大涨,人民饿死者颇有。祖母说,今年不要上学去了,令我到泾阳将行李搬回来。家中尚存有麦六十余石,祖母以大半周济亲族中孤贫者,自己家中人也夹杂吃麸皮树叶槐豆。有一次上杏树采叶,不留神跌下来,跌得昏晕,灌些童便,睡了两天才好啦。后来〈喧〉(宣)传皇太后、皇帝西巡来了。接着外省供应粮米,皇太后施赈。一个荒年,才算轻轻过去。这年秋,哥哥得了一个儿子,伯父由甘肃寄信回来,因为两宫西巡,赐名赋京。

这一年幸而麦种还下得好,人民有了来年的希望。祖母恒以伯父乏嗣为念,买了一个河南人的女子为婢,预备给伯父收房。后来打听得这女子是已许字于人的,其未婚夫亦在,于是原人退回,七十多两银子,算周济他们了。其人来叩一头,并挂一匾而去。匾为"衿全节命"四字。

寒冬,家居无事,日以读诸子百家为事,并学着著书,又读了严几道先生的《天演论》,非常倾仰。自著一本《权论》,力言社会之偏敝,满纸尽是天演论的话头。又辟驳迷信鬼神及宗教,著了一部《神道设教辟》。稿子都失去了,现在思想也完全同那时候不一样了。

第二年,我们兄弟,又到泾阳书院中。山长毛俊臣先生,为诸生请了些仓谷米,体恤寒畯,每餐炒豆第一盘,香稻饭倒很好。毛先生是汉学家,可惜我不喜研究,枉做了他的学生,但是我也很蒙奖识。这时候,学界风气,又是一变,梁启超的清议篇、康有为的几上书,有些人偷着带来。又有一派,则已倾慕孙文之风。陕西风气不开,妇女裹足之习,牢不可破。我同赵义先等,复组织天足会,到处演说裹足之害。我曾作了一个《女子不缠足歌》,又曾作了一篇乐府,叫《新闺怨》:

> 夹幕重帘深院垂,美人闲坐颦蛾眉。
> 不怨薄幸郎,不怨久别离,
> 只怨枝头唧唧鸟,朝朝暮暮语侬痴。
> 汝语侬痴侬实痴,侬痴更有不尽辞,
> 朝来见汝冲霄去,阿侬正守窗前曙。
> 岂不羡汝天际翔,恨无六翮轻风御。
> 侬还戒汝避纲罝,俱勿陷入人樊笼,
> 笼中饮食亦供具,笼中天日似阿侬。

毛先生见之,颇为称许。

这一年春天,有岁考。我已免了母服,也预备同哥哥去往同州赴考。行李已经收拾好了，第二天预备走了，哥哥清早起来，忽觉头昏脑晕，坐立不稳。我一摸，发大热了，当然都不能去。书院中人，差不多都走了，我昼夜间侍候哥哥的病，整十多天。明知是传染症，也一毫不顾避。慢慢地，病好了，我又接着病，于是哥哥交换义务，又侍候我。我的病更加厉害，前后二十余日，始恢复了。两人的病，都是请算学教习张星藩先生看的。张先生自己研究西药，他所有的西药也不多。我记得，我初病时，头眩，张先生给我一瓶〈阿么尼亚水〉（氨水），叫我闻着。第二天，给我吃了些〈镁磺养四〉（泻盐）。发大热的时候，给我吃了两大粒金鸡纳丸，病也亏他看好了。从此便迷信西医，又因我在家中看过《全体阐微》，知道西医实在是细密得多。

  病好了，耽误了考试。这时候，督学是嘉兴沈淇泉先生，好才爱士，他预先打听得人说李博、李协是可造之士，这一次考，等不见我们的名字，他不知我们病了，倒以为我们清高，无意八股旧业。这时候，各省已纷纷改办学校，西安已设了一个高等学堂，是关中书院改的。沈先生因自己辖有三原宏道、泾阳味经、崇实三书院，不能听其都废，乃合三书院并为一高等学堂，迁于三原宏道书院旧址，名为宏道高等学堂。这年夏天，把三书院的诸生，一起召集到三原，甄别了一次。我当然报的有算学考试。在察院内场中，每人预备一盏肉丝面，我吃过面，正做算题，忽然头眩，痛如裂，急急请假，沈先生叫人给我送出来两包药，我一面出场，且走且吐，到了寓所，开水冲下药，连吐泻了七八次，乃觉清醒。自以为这一下决不会被录取，谁知揭榜之后，还高高取在前面。沈先生奖掖之德，实在不忘。

  这一年冬，便搬到宏道与哥哥、赵重九、赵义先同住一号。年假将届，伯父从甘省回来了，路过三原，遣人招我兄弟到南关店中相看。伯父在甘省纳一妾同回。我等以新年将至，到学堂请假，随伯父早归。此次回到家中，才渐渐同我妻有了感情。过了年，匆匆又同哥哥西去。这时候我忽然有点不喜欢我亲家赵义先，嫌他说话声音太大，又喜欢和别人辩论。给哥哥说，我们同他分号而住罢。谁知义先他不放，硬把我们行李搬在他一号里，说，你要同我分家，告诉你，一辈子也分不开。这时候，学生中有一派，大抵都是三原朱素芳先生的弟子，倾向革命一方面的于伯循（即右任），为其中翘楚。我倒想同他们接近，而赵义先单力阻之。义先是刘古愚一派。我是莫有派。朱素芳一派，有茹怀西及卓亭兄弟，清节高标，是我最钦仰的。朱先生的儿子志筠，实在不是好东西，我恨他恨极了，但是这人已早死，我的恨也早消了。这一年，陕西新通邮政，宏道高等学堂总教，是咸宁薛寿轩先生，张星藩仍任算学，景第光任英文，王绍庭任物理，毛俊臣任历史、地理。虽改办学校，但书院旧习仍未脱，每月还是有课，课有奖赏，且其时科举仍未废，身列学校中，日日咕哔作举子业的，大抵皆是。总教的课，我连应了三次，每次不出第一二名，所以薛先生也颇垂青睐。但是他讲经学及《汉书·地理志》，又强学生背书，背不过要打手心，我不以为然，因为我颇知这学校不是如是办的。我于是托祖母有病,向他请假,他不准,说,今年有科场,正好用功,何得荒嬉。我力请,他命限日回学堂,我写限三十日,不准,改写十日乃准。从此一溜回家,不再来了。沈督学闻之大怒,命哥哥写信来叫,还是不去。暑假中,荆姚张〈百〉(拜)云约父亲到同州办一求友学堂,撺掇富绅李乾生兄弟出款,学堂设于双池上之药王洞。〈百〉(拜)云先生是从北京回来的,曾在《顺天时报》当过主笔,颇知道些办学堂的规矩。我也跟着上去看。学堂开学,招不下几个学生。沈督学曾来看过一次,我不敢见他的面。后来八月间乡试时期到,父亲命我去应试,我便回到家中。这时候伯父在省,哥哥是三原去的,父亲不去。我因为祖母老了,未曾到西安,并且时常有病,请她同去省城看病,祖母亦允,乃雇车奉祖母入省。不幸路上遭雨,连着几天,骡子不得力,走得很慢,路上苦楚不堪。到渭河不远,祖母下车,到一家小憩。其家一妇人、一女子。妇人忽谓祖母曰,适睹小郎清秀,以小女攀附高门,愿否。祖母目余而笑,继曰,甚善,候归途再商量。到御桥,水大不能渡,宿店甚卑陋,风雨急,深为祖母危。次日渡河,到灞桥镇,浐、灞皆溢。灞桥又宿,雇二骡帮曳,乃得入省。城内石条铺路,坎坷甚,车震簸殊响,余前坐挺身为祖母凭倚。即宿伯父至(挚)友李耀先生家,主人待遇殷勤。后,祖母病渐加,孙镜湖延之其家。后又为同村郭辅臣家接去。郭之妻,余以婶呼之,侍祖母疾,不啻亲女,余家人感之不忘也。

西安传教外人,亦以医药济人,但实不识医药。祖母病系蛔虫作累,西医治之无效,祖母后亦不愿再服其药。曾一次梦洋人以飞机载之上天,但是时尚未有飞机,而祖母以是梦,更不信洋人。场毕,嘱即归。是科父子俱不得意,匆匆奉祖母归。至家而疾更甚。余一次往永丰镇为祖母取药物回来,遥望门前幡旌张矣。大痛。而父亲之痛,更为难忍。伯父尚能自持。自后一年中父亲哀毁失形,余心虽痛,又不能不勉强承欢。

当我到西安应乡试的时候,因未曾考等,例须考录遗。点名时,沈督学责我逃学,嘱我场头赶紧到学堂来,我答应即来。后因祖母丧,到第二年学堂开始,乃同哥哥又去。

这时学校请来了两个日本教员,一个是小山田建南,一个是早崎梗桔。小山田年少,好中国文学,慕陆建南,故以自名,担任英文、日文。早崎担任图画、体操。沈督学听见我到学堂来了,问学堂监院,李协果然又来了。监院答,他怕大人革他衣襟,不敢不来。沈督学说,他哪儿如此,他知道有两个日本教员来了,所以才来。其实我那时候,本是要来的,倒不在乎日本教员之故,因为我答应了沈,说必来的。伯父于这年春到四川随×××学幕去了。伯父本任关中高等学堂算学教习,与总教屠仁寿不合,一月而去。学了半年的アイウエオ,便翻译了一部冈田雄治《日本国史》。英文是不长进,日本人也不会教。跟上早崎学习体操,一天シニアシニノシリエシタリ乱喊。图画还比较的有样子,几何画,自在画。上了半年课,沈督学又大事甄别,居然又取我一个第一名。这时候,我的同学中赵义先是去年得霍乱病死了。榆林张季鸾也是一时英秀,丁母忧未考。于伯循为商州时尹杨吟海聘为西席,早离了学堂了。沈督学复来见了张季鸾,说,可惜你莫有来考,不然,第一怎让李协。

早崎好古董,以之营利,到陕西大概以此为目的。闻日俄战事起,大恐,因须被召回充兵务也。后百计运谋免役。而早崎后遂以此致富。小山田〈皮〉(脾)气很坏,教职员学生多不喜之,乃由沈辞退。沈退任归南,挈之同去。这一年冬,父亲亦在三原任胡家西席。这时候,我颇以学堂功课腐败为憾,印传单指陈之,决计明年不入学堂矣。于伯循帮助杨州尹在商州办一中学堂,招我及茹卓亭同往任教员,允之。到了次年,时年二十三岁了,便三人同往也。哥哥亦由学堂退出,任三原教谕王右益西席,课其子。这一年,内人生了一女子,难产殇死了,内人体因此受伤,人道阻绝。哥哥也得了次侄赋都。伯父之妾也生一女,也殇死了。到了商州中学堂,开了学,于伯循便匆匆到开封应会试去了。原来因经庚子之变,各国联军,不准在京开会试科,乃改于开封举行,也是科举的末运,余下这一次。我那时候也不自知愧耻,居然腼颜为人师,其实懂个什么。混了有两个多月,忽得哥哥一封信,说于伯循曾作了许多诗,印出来,题为"半哭半笑楼诗草",中多攻击满政府及满大臣之词,又曾照了一个相片,披发下垂,手执长刀,旁题"换太平以颈血,爱自由如发妻。"事为省中大宪所闻,饬三原县知事严查。瞩予告之杨吟海,为之备。我去见了杨,说明,自己想想,我们都是伯循介绍来的,不安其位。适又接家函,祖父病危,乃亟亟请假同去,过省转家,祖父病已愈。以我迂道入省,多耽误一日,大加申斥。其实我因为走潼关路径不熟,胆小不敢走故耳。祖父好了,我又去到三原。听哥哥说,县知事德某奉省札与王教谕商,王知于与兄友,密告之,乃与同学友程榑九商,雇一捷足者送信到开封,于接到信,即逃往沪,次日乃有缉者至,亦险矣。

这时候,京师大学堂开办师范馆及预科,请各省考送学生。陕省由关中、宏道两学堂各送六人,我同哥哥又去应考,居然不以已出学堂被驳,并且被录取。督学朱益藩且对人讲,李协之文与于伯循同一水平,而予怜其才,欲造就之,故录之而抑之中等耳。只要被取,优等、中等,倒是一样。于是同哥哥又回到家中,给祖父辞行。祖父送我们一里之外,落了两点老泪,谁知此行竟是末次相见乎。人生奔波,真是何苦,倒不如乡农,老死相守,好得多哩。到三原,又给父亲辞了行,父亲平时不吸烟,家中禁止儿辈吸烟亦极严,忽买了一大匣云龙牌纸烟,让我们上路带上,说是一路防防瘴气。慈亲爱子,竟会通权达变。辞过了父亲,然后到省,谒见了各大宪。车辆雇齐,有一个姓袁的委员,护送我们到北京去了。这时京汉铁路,北段只修到顺德,骡车整整走了半个多月。人多,路上很热闹。上了火车,同行中有一个姓赵的,到处寻觅,问火车之火何在,他人笑之,其实何必笑人,哪一个知道火车是怎么一回事呢。现在给火车坐的都厌苦了,那时初次坐了个三等车,便如列子御风而行,不胜高兴之至。

到了北京西车站,照例被检查一次。雇了一个骡车,出车站不远几步,有一个人伸手说,拿钱来。我问,要的什么钱。那人口里呜喇,我也莫听清楚。问要多少钱。那人说,四毛。我说,二毛行不行。那人说,也行。我便给了他二毛钱。你说傻不傻,冤不冤。

同人齐住在关中会馆里,大学堂复试之期,尚有几天,只得在外等候,一面用着功。

这时候的北京城,不是现在的样子。马路是除过交民巷,所有的大街上,中间一条甬道,宽仅一轨,高有三尺,两旁尽是污水坑。前门大街,被小生意搭着木棚开小铺,一个街道,分作三条。土质尽是黑的、臭的,一下雨,泥深尺许。也莫有电灯,也莫有警察。街道是五城御史管的,晚间,听见各处呜呜地响,说是夜间巡守的。街道的路灯,同莫有一样,乞丐非常的多。有一次我们到天桥去游玩,辈中有一个年长的叫侯敬初,都称他作侯爷。来了一个花子,侯爷扔了一个大(那时候,北京的钱一个抵外省两个制钱叫个大,四十九个大,便是一百钱),又来了一个,再扔了一个,又来了一个,又扔了一个,不得了,二三十个花子,一齐跟着来了。侯爷一看不好,扔了一把乱钱,撒腿就跑,才跑出花子围。还有的花子,自称考过秀才,口里背他的入场起讲不止,说,善心的老爷,你体上天好生之德,赏一个大罢。我们住的关中会馆,是在顺治门大街。菜市口决囚,是必经之地,常常看见囚车经过。山东王维勤的案子,也是这一年秋决的。王维勤是山东某县一个举人,害死一个亲戚家生命十二口。判定王凌迟处死,其子斩决。还有一因奸害死本夫的妇人,也陪着凌迟处死。这是末一次凌迟之刑,因为已有上谕废了这野蛮刑法。王的案情太大,所以自此案后起,停止此刑。行刑的前多日,便有许多人在刑部打听,到了行刑那一天,由顺治门大街到骡马市大街,人山人海,房顶上都被人租遍了。凌迟王的时候,有一个洋人,在房顶上看,吓得滚下来。我看见王维勤他坐在车子上过去,神色倒自然。这一天推出去十几个车子,顺治门大街上,有一家酒铺,照例给死囚每人敬几杯酒,以醉为度,或云只三杯耳。

那时候,不但现在许多公园莫有的,想找一个洁净无污散步之地,亦不可得。同人每日晚饭后,便到西车站月台上,踱来踱去。幸而那时出入车站,不要月台票,很自由的,站台上也有几杆煤气灯,但是站台长,离得远,便黑的看不见了。有一晚,诸人照例月台上散步,侯爷领头,脚底下漆黑,我说侯爷小心,不要踏空,跌到台下去。侯爷说,何至于同王老先生一样。我们不懂王老先生有怎么一回事,便请他说给大家听。他说,王老先生,郃阳县一个乡学究,教的有几个大童生,王老先生自己也是一个老童生,每年科岁考,照例领上一群学生,到同州去应试,半路里过一个街镇,得歇一宿。有一次,仍过那个街镇,天气暖热,王老先生提议,不住店,街上买的吃些东西,晚上便宿在过街戏楼上,众学生都赞成。睡的时候,王老先生特别吩咐学生们,夜里起来小解,不要失足跌下楼去。不料半夜间,学生正睡好觉,给咚的一声,刚说到此,我们果听见咚的一声,原来侯爷意思,正要说学生正睡好觉给咚的一声惊醒,〈吊〉(掉)在楼下的,不是别人,就是王老先生,不料一时大意,竟然现身说法,当真咚的一声,我们已听见侯爷在月台下哼啊哼呀的。大家一直笑得肚子疼。

看见街上有卖鲜蟹的,从来莫有吃过,命长班买了十数个,不知怎么吃法,难过了半天,仍赏给长班吃了。

侯爷独宿一房,哥哥也淘气,夜里乘侯爷睡熟,便溜手溜脚用刀子将侯爷门闩子拨开进去,偷了侯爷一只鞋,沿个板凳,藏在破烂承尘之上,出来仍替他把门关好。第二早,侯爷起来,觅了一只鞋,到处搜寻遍了,莫有影子。一看门关得好好的,非常奇怪,对大家讲,恐怕有狐仙。十多日后,才请了一个侦探,给他探出来。

有一个同邑徐海门先生,在八旗学堂教书,学堂就在煤山跟前,请我们去到煤山上游玩。煤山不是禁地吗?他说,不要紧。我们便跟他去。看门的兵不在那儿,我们跟上徐先生,一直跨进了门。看门兵回来,问干什么的。徐海门撇京腔说,我们八旗学堂。看门兵说,不让进去。徐说,瞧瞧就出去了。看门兵生气,把门用杠子上了。徐着急,又求他,我们不用去了,放我们出去。说了多少好话,他才开了门,瞪着眼,伸着指,喊说,就是洋鬼子来,也不让进去,你们好大的脸。无谓的抹了鼻子灰,晦气。

于右任时在上海,想起哥哥给他送信,救他的命,做了四首七律,赠我兄弟,托同乡雷竹山转达,感激之情,达乎辞表,那诗词我也忘了。

沈淇泉先生,时在北京,看见他的门生来,很高兴,请我吃饭。是西餐,第一次尝尝〈皮〉(啤)酒,牛奶油的味儿,真不好吃。又到琉璃厂一个花园里,合照了一个相。

大学堂考试期到了,我们便去考了三天,什么英文、算学、历史、地理、国文、物理、化学都有。还记得历史一个问题是"维也纳会议是哪一年"。

侥幸都录取了,除过一个乾州姓赵的向隅。姓赵的本来就不通,火车上寻火的就是他。他懊丧之极,做了一首辞别诗,头两句是,"有兴赴京来,无兴回陕去"。发榜之后,仍隔了好多的日子,不见让我们进学堂,因为新号舍莫有修好。好容易等到八月里,才搬进去。起首把我们兄弟都拨在师范馆,我不情愿,搬起沈老师的情面说话,改拨到预科德文班。哥哥以后也改到法文班。英、德文是第二类理工预科,法文是第一类法政预科。榆林高晋炜,和我同班。学堂监督是张亨嘉。那时住学堂便宜得多了,伙食、课本、书籍、洋烛、制服,〈同〉(统)统是学堂供给。每月还有考试,可得奖赏,好了十元、二十元,不好也有二三元,还不脱书院之制,本省又有津贴,每月每人银八两。一个学期后,才将奖赏一事裁了,学生还闹的不肯,真是人心不足。

同班中有萧县王霖之(烈),最年轻,最聪明,最勤苦,大半每月考试,第一总是他,我间或也陪个一次、二次,寻常总是名列第二的多。有丹徒王仰先(祖训),最干能,当过好几次班长,都是我最好的朋友。有两个德国来的教习,G.Schendler 先来,年纪很轻,是个动、植物学家,来教德文,很严厉,同人进步都很快。Phaiper 次一个学期来,教物理、化学、地质、矿物、天然地理、化学实验,人也很好,教授很勤。一年之后,大半学生,嫌 Schendler 太凶,硬要求监督将他辞退,很是可惜。他到上海,就了同济学校教员,后来德文,请直隶薛镜山来教,〈皮〉(脾)气太好,学生进步反慢。后来又添聘了一个 Behagel,也是一个矿师。我们来京之前,有人谣言说伯父病故四川,父亲说决莫有的,是因为他心上向来很安静的,让我们放心上京去。到京之第二年,我二十四岁了,荆姚张振之由四川来引见,带着伯父的信,我们才放心了。

光阴荏苒,我的学业,进步也算不慢。因为那时候,用功心很专,也无家庭系念。到了北京第三年,哥哥回家去了,我送到长辛店,不由泪落如雨。哥哥回去,买了许多纺织机件,是父亲所命。父亲又派郭珍之弟宝田,到天津学习纺织。这时候铁路通到郑州。郑州以西,路上遭了大雨,受了一路的罪,到开学后多日,才又来。说起来伤心,祖父竟于一年前逝世,我到此时才得知道。祖父一生辛勤治家,俭朴严厉,儿孙之福,都是祖父母白手造出来的,怎教人不哀痛呀。这年冬,伯父由四川回陕西了,[被]关中高等学堂,聘为算学教习。

我四五年一直莫有回家。大学陆续换了四个监督,张亨嘉、李家驹、朱〈一〉(益)藩、刘廷琛。朱、刘都曾任过陕西提学使。这几年所经过的事,有日俄大战,有王三春被刺案,有抵制美货风潮。少年气盛,为此事我得罪了同乡王御史。有吴樾炸五大臣案,有预备立宪事。京城内也改革了许多,修马路,设电厂,修前门楼、东西交民巷、二牌楼,裁总理衙门,设学部、警部、外交部、实业部,办警察,慢慢有了新气象。而人民革命的风声,也越来越凶,陕西井勿幕,云南李根源,都在北京会过的。各省几次大闹,如徐锡麟、吴成基案,辄使京内人心惊惶。袁世凯北洋大练其兵,真热闹呀。有一次,德国公使馆军械库失火,我已寝床,忽的轰的一声,震得我床子动,接着哔唎叭喇,响声不绝,人人惊说,不得了,革命党来了。我睡着不管它。第二天,打早骑着一个自行车由东交民巷过被阻,才打听出来是怎么一回事情。学堂里也有许多闲谈事情,我也记一记。

同寝室中有一个西安驻防旗桂君丹午,他老把我叫水兽。侯爷也同寝室,他年纪大了,最害怕学英文。他们师范班都是些老先生,英文都是起首才学,所用的课本,名叫泼拉买,Primer。侯爷最怕的就是这个东西,他年老而淘气,喜欢惹我,我急了便拿上一本泼拉买,一吓唬,他就跑了。这个法子很灵,所以我常摆一本泼拉买在床头,专为对付侯爷的。又有一个山东人刘星楠,两个眼眉长成一横,人甚好怪,松松地梳了一个辫子。我说他这个装扮不大相。他说,你管着。后来刘监督见了,从后面抓着他的松辫说,你这根辫子太怪。他马上去改过了。他功课不当事,十月间单衣不离身,皮衣又穿到三月间。有个贵州人王孔滋,好逛胡同吃酒。我也规劝他。他发起〈皮〉(脾)气说,各人有自由之权,别人不能干涉。从此我不说他了,他也不同我说话了。有一次,他吃得醺醺大醉,拉洋车的拉他到学堂门口,他一点知觉莫有。拉洋车的叫开门,十点多钟,我听见听差的用抬雪土的木箱,把他抬进来,放在床上。半夜间咚的一声,把我惊醒,听见哼啊哼啊的,我知道王孔滋〈吊〉(掉)下床,下了床,扶起他,问他要什么,他说,我要小便。我扶他到外边小便处,便了又扶回来,放他在床上,又把我的一个被儿给他搨上。第二天早起,一看床下一堆血,王孔滋一个牙碰掉了,他身上八块洋钱、十两银票,也丢了。他对着我说了一声谢谢,从此以后,直到毕业,两个人还是彼此不交谈。

同班中有个湖北学生王黼伟,公子派儿,喜欢玩,不用一点儿功。有一次把 Schendler 气的说,王黼伟,我不为我两只手插在袋中非打你一下不可。这人不久退学了。

有个地理教员林传甲,福建人,真会吹牛。他的地理讲义中,连前门、大智门火车时刻表,都抄入在内。他的令弟传树,桌子上摆一本五国会话,自命能通英、德、法、俄、日五国文字,都在我们一班,后来降在乙班,后来我们毕业了,他又从头起,又学了四年,还是莫有毕业。学堂中有两句流言说,"林传甲牛皮甲天下",林传树牛皮大于林传甲,预科有"大牛皮三,而林传树不与焉",盖吹牛亦须会吹,若二林者,殆笨汉耳。以我所知,大牛皮三,王仰先居其一。

人都以我相似猴,Schendler 讲 Affe 一字,又说像李协,从此 Affe 又成了我的名〈子〉(字)了。一个汪助教,原先是为洋人对学生不能直接通语,作翻译的。后来,学生程度高了,用不着翻译,而汪先生之位置如故,学生反觉得讨厌。讲堂上他也有一〈坐〉(座)位,王仰先搬它在屋外,汪先生搬进来。如此者屡次,汪亦不怒。

光绪三十三年(一九○七年),曾由 Kaiper 领上同班学生,到汉口、汉阳、武昌、大冶各处旅行,参观各工厂、学校、矿山。时张文襄督鄂,梁鼎芬任布政司,宴我等于其署内亦鸥亭,并摄影留纪念。去时由海道经天津、上海,到汉口,我第一次看见海,同学中多笑我者,然而我莫有晕船,他们大抵都晕了。到上海,海船换江船,上岸,只在四马路一跑。其时人力车可乘二人,妓女出局时,一人扛之肩上而行,纤足垂于扛者胸际。到一家饭馆吃饭,蛤鱼等,样样不可我口。

到汉口住迎宾馆,蚊子多的可怕,买了一个窝弓帐子。由大冶回到汉口,改住迎宾江馆,窗临江,风畅无蚊,未施帐,是晚额上竟为毒蚊所叮,而面肿及鼻下,到京请一日本医生割治,数日,瘳。

末了一年,我做了班长。有一个江苏学生陈锡畴,文辞颇纵横。其文有"自汉以后,君臣之分愈严,上下之隔愈甚,后儒之罪,可胜诛乎"。为刘廷珍所见,硬说这学生不纯正,立地开除。各班学生,推班长去求情,当然我也在内。别的人都会说话,我不会说,听刘说陈生如何不纯正,我说,就那句文论题,也不见得其人便不纯正。刘大怒,瞪了我两牛眼(学生都呼刘为老牛),说,你叫什么。我说,我叫李协。刘半响不语,继而摇头吟曰,后儒之罪,可胜诛乎,这还说不是不纯正。我尚欲辩,一个同学肘了我一下,我便默然。从此李协之名,被老牛记在心里了。

我们学堂的制服,还是李柳溪(字驹)时制的,吴全印藤草帽,冬天罩上一层蓝布,蓝布长衣,腰间一带,说是仿深衣之制,皂靴,大学堂学生出去,人家一看便知。

这一年,蒲城出了一个学案。蒲城小学堂,本是父亲作校长,聘常铭卿、陈会亭为教习,劣绅原烈与诸人不睦,他们又得罪了县令李体仁。忽一日,派役到校,捕去常铭卿及学生多人,大堂上拷打,说是有革命嫌疑。打了,上起脚镣手铐。父亲在省任咨议局长,陈会亭逾垣逃至省中,报状。父亲给我一封信述冤。我急往求同邑周权伯御史,上了一奏折,上谕县劣绅革职,被诬者释放,事乃寝。

慈禧、光绪两宫,相继而崩,马神庙街外面景山街,搭了无数的经棚。我们学生每天也得哭两次,腰里勒一条白带子。刘廷珍哭的真恓惶,学生中也有哭出笑来的。不久,就毕业了。同学中举动很有些不可对人言之处,有一个学生考算题,甲题答案,写在乙题之下,这是〈只〉(怎)么一回事。

这几年中,我师学的是德文、物理、化学、定量分析、地质、矿物、岩石、几何、代数、解析几何、微积分、图画。英文,〈给〉(跟)英人 Nixen 学了一点儿,后来那一年我翻译了一本平面几何,及 Withelm Tell,都莫出版。同班中还有廖能同、罗勿四、陈献廷、毛耀东、李守正,都很相得。总而言之,我们班中的人,都很正派。它班中后来政治上的捣乱分子,出的不少。考毕,哥哥留京等榜,我预先得伯父信(伯父时任西潼铁路筹备局秘书),荐我与闫成叔(西潼铁路总办闫元介公之孩)派赴德国留学,便先回家去了。到家,到祖父及母亲坟上痛哭一场。在家里住到二三月,嫂嫂自生了第三侄赋林之后,便得了干血痨症,无有良医,竟于此时逝世。哥哥由京回后,即任省视学,被派往商州去了。我看着将嫂嫂埋后,先到县城,县令陈次云,办小学很热心,留我开了一次运动会。这时我住在井嵩生家,一天同嵩生、勿幕玩着很热闹。他兄弟二人,每天长枪短棒,打个不休。嵩生的女人,名叫狮子。后到省,也莫得同哥哥见面,留了一封长信,便与伯父、父亲拜别而去。父亲这时任咨议局长,郭希仁副之。

在省同井勿幕、陈会亭往参观健本学校。勿幕指我一学生,硕然肥者,曰,此子名胡景翼,是好的。健本是伯父同张百震(张拜云)创的,时人多目为革命学校。还有同邑李襄初,他劝我到德国学制炸裂品,又同学商量个打密电的方法,我后来一概未行。

我上了路以后,早行晏宿。走到河南地界,遇见一个车子,插着河南陆军学校的旗子，学员有三个人坐着。他车慢人多，我的车轻而快，每次下店，总是我先到，占了上房，那几个陆军颇露愤愤不平之色。路上买的吃，给人家小钱，人家不要，便瞪起眼睛骂，旁边一个老头劝卖物者莫与之争，说，"你都不看那是干什么的吗"。有一次，我又下了店，幸而有两个上房，我占了一所，他们后来，一下车便怒冲冲闯入我的房子，我看见他们进来，便很和气地招呼他们，他们不理，又出去到隔壁那房间去了。这一晚，听见他们舞拳试剑，闹了大半夜。第二天，我的车户才告诉我，昨晚店中幸有二上房，不然，他们预备打你。我愕然说，以后我再不占上房就是了。车户说，他们有什武艺，昨晚的伎俩，我也看得来，幸而没有打架，若要打起来，不但我帮着你，连他们的车户也都帮着你。盖车户一路受他们的辱骂也够了。我由此知道，中国前途，要受武人之害。

京师大学堂发榜后，我本样样功课都是最优等分数，因为物理不及格，降为中等。然而我考试时，物理答案，无一不对，并且画的图很工整。到京见Kaiper询之，Kaiper云，哪儿的话，你的物理答案很好，怎么会不及格。毕业试卷，教席评定甲乙后，复由学部会同学堂监督、教务提调复评，抑之扬之，上下其手。王仰先与我同例，德文不及格降为中等，大闹一场，要索原卷交众公评，主试者又复提为最优等，这多笑话。毕业同得举人衔，最优等以内阁中书任用，中等任七品小京官，分发我某部录事，我哪有心做官，所以也不争究。领了毕业文凭。举人官照，得花十二两银子取领，我也不要了，即此便到上海去。

这一次到上海，还是循京汉而下，由汉口转往上海的。有羌白李君厚生要到上海读书，与我同行。到汉上，栈房里替我们定了一个野鸡船（三大公司之外，尔时皆名为野鸡船），官舱每位只七元。到上海，下在名利栈，就在公馆马路。那个时候，这个栈房还很小，房屋卑陋。每人每天，连火食只四角钱。

西潼铁路局同时派出洋的，还有刘梦锡赴美。他祖父在上海候补道。我同梦锡还莫有见过面，他听见我来，晚上便到栈房访我，一见面投机的了不得。第二天，我到梦锡家里回访，拜见他的祖父同他的叔父文卿，留我吃便饭。现在想起那老人家精神矍铄、和善可亲的样子，真是一位年高有德的人。此后，又访见了于右任（即伯循），同乡商人义厚、宋子才、刘鸿臣。又到中国公学去访同乡严敬斋、张奚若、王岐山；又会见了吴希真。严、张那时候在学堂拘谨得很，他要请我吃饭，出得校来，遇见一个蕃菜馆，三人占了一个桌子，仆役送上菜单，严敬斋一看，牛扒、猪扒，一概不懂，说是什么扒什么扒，怎样吃法，只看蛋炒饭还[不]知道是什么东西。说，好，来个蛋炒饭吧。仆役果然送上一盘蛋炒饭，带一个铜质羹匙。敬斋大怒，说，三个人，一个匙，怎么吃，混〈帐〉(账)。我一看他们还莫有吃过蕃菜哩，我在北京吃过两次，也不好意思说，只是暗笑。仆役果然又添了两个匙，三人同吃，吃完了，问还吃什么呢，我说，算了吧，再吃也吃不饱,于是结了〈帐〉(账)出来,他们向我道对不起而别。王岐山一天说,他们请你吃大菜吃不饱,我请到一个徽州馆子吃面吧。我说,好。倒吃了一个痛快。吴希真那时更拘谨,作了一首古风赠我别,推勋太重,我不敢当。

这一年甘肃大旱。于右任在上海办《民呼报》,替甘肃筹赈。九亩地新舞台唱义务戏,我同李厚生去看了一次。演饥民杀子供父母食,太觉残忍刺目。我告诉右任,这戏虽足动人,但上海中外观瞻之地,未免太显野蛮,右任亦以为然。到同济学校访Schendler,见了面很欢喜,他引我参观医学校,又到宝隆路参观新校址在建筑中,连着几天忙碌,替我订船票,办西装,又教我怎么样穿着,热心友谊真可感。临行,又给我两封介绍信,一致其父(在Bremen),一致〈伯〉(柏)林某君,嘱为照应。

我的长辫子,到上海后已自行剪掉了。在本省及北京住学堂时,每天打早起来梳头,甚觉讨厌,恨不得剪去,这时剪去,又自觉相随二十余载,一旦抛却,甚是惋惜。后由梦锡领我到百老汇路一家日本人开的理发馆修修,才像个洋头了。那时差不多上海人都不会讲官话,我一句上海话不懂,街上买东西,真是作难,梦锡帮我忙不少。

我送梦锡先上船去了。送他还到吴淞,又乘送客之船而回。那时候外洋大船,还不能进吴淞口。

约我同行往德国的,还有一位同学徐子寿,他是前相徐郙之子,气概阔绰。德国公使、德华银行总办,同他家都有交情,一切出洋事情,早由京办的妥妥当当了。开船的前几日,他由北京赶来。他订的头等舱位,我订的二等,到上海会过了面,约船上再见。船名Luiow。

时为一九〇九年(宣统元年),我年已二十七岁。西历七月间,我也放了洋。送行者同乡诸学生。挥别后,我便整顿行李入舱,洋仆役来,先与以墨饼二元,役大喜,此后便特别地招呼我。

一路乘风破浪,意兴甚豪。徐子寿时常到二等舱同我谈,好在都不晕船,他告诉我许多笑话。船中的便桶很特别,上面的坐板,有弹簧,时常翘起,一坐压下去,便有水浑浑流出,子寿一坐,听见屁股下面浑浑,吓得跳起来,一看什么又莫有,后大着胆子去便,才知不过如此。他们头等舱最讲究,吃饭非穿礼服不可。子寿他慌慌张张就了饭位,大家都对着他看,他自己一瞧,外面的大衣莫有脱去,赶紧脱了,又坐下,大家还是对着他看,他自己再瞧,不好,连燕尾服一齐脱掉了,不由自己大笑。

船上二等舱的仆役,都会奏乐,每日到头等舱去奏一次,其余都在二等舱上,一路非常快活。

船到了福州附近,男妇登舟卖物,以雕像漆器为多。头等舱上,有一个姓刘的,是个华侨,住槟榔屿,营锡矿,家甚富。这人的本事不小,不但会说中国话,并且广东、福建、上海、北京的口音,都通畅流利;外国语言,英、法、德、日、意语,都可算通,马来语不用说是他的方言。他先认得了子寿,由子寿再认得我。船到了新加坡,他说,我在这儿事忙,不能奉陪,我请一个招待罢。他便打电话请中国领事馆派一个人来,不久,便来了一个穿着短装制服,带着领顶大帽一个人来。刘君说,我有两个朋友,请你招待他们各处看看罢。那人奉命维谨,可知刘的为人,牛皮不小。于是我们跟上那位招待员,逛了许多的地方。一个博物院里面,陈列最特别的是鳄鱼最多,是本地的出产。

新加坡,除■■中国人外,印度人很多,有长得很■■■的样子,不似上海红头■■漂亮多矣。

船到了槟榔屿。那位刘君说:"这到我自己地方了,非我亲自招待不可。"他先领我到他的铺子里,一坐下,便有许多伙计前来请示。有讲马来话的,有讲英国话的,纷纷然。刘君一一应付甚简捷。事毕,吃了个便饭,便领我们去游玩。还有一位美国少年,一个印度人也跟到一块。先坐上马车,跑了许多街道,进了一回戏园子,听了两出。刘君说:"你们从北京来,还看得上这个戏吗?"便复出。天晚了,走到一个街上,差不多家家门户都挂一个碌磻大的红纸灯笼,我很觉奇怪,刘君领我们直入一家门,一样也有红灯笼的。上了楼,一个大堂屋里,有许多粉白黛绿的,我才明白是一个妓院所在。可怜我生长〈只〉(这)么大,还是头一次进妓院,又在国外。刘君进了一个房门里面,早有一妓迎接,刘君又开了几条子,一同儿人又来了两个。可笑这些妓女,都是乌黑脸蛋儿,硬抹上粉,又抹不匀,一道一道的黑印露出来,又都是赤足穿草鞋,每足胫上带一个多粗的银圈。一时摆上酒席,燕菜席面,我还是头一回吃。刘君把三个妓女左右及怀中拥上抱上,自乐其乐,说:"我们商人,便如此随便,你们求学上进,切不可学我的坏样,我也不过给你们见识见识。"我笑了笑,子寿很[是]眼中出火。子寿是富贵子弟,曾对我说:"他一夕不与妇人同寝,便要手淫,不然,便要生病。"我倒不信,世上果有如此特别的人吗? 俄而酒席散后,他送我们上船,又送我们一大篓菠萝蜜。萍水相逢,如此隆厚,甚为谢谢。第二天开船了。南洋岛中,船上的珊瑚求卖者甚多。马来人坐极狭之船,仅可容足,一长木横其上,向大船行乞,掷钱海水中,便一跃而入,泅没水中如虾蟆然,一握得钱,衔于口中,复跃而上,百难失一。

船到了锡兰岛之〈哥〉(科)伦坡,才看见许多可怕的人形,上了岸,拉人力车的争来兜生意,说:"I bring you to Japanese Hotel,Japanese music."他们把我们当日本人的。我们雇了一个作引导,看了一个佛寺,前有佛冢,云内葬一佛牙,殿内金玉佛像甚多,楼上有贝叶经无数。又有一人,专在那里用小刀刻写经文,非常之快,一元印度钱买一叶,我曾买了一叶。又逛了许多地方,我都忘了。随即上了船。第二天开船,又走了差不多一个星期,到了阿丁(Aden),这地方也归英国人管。岸上一望沙漠。莫有多少上下货物,装煤炭的尽是黑人,装完了煤,一群黑人在驳船上大跳其舞,且舞且唱,也不知唱些什么,煞是可笑。煤上好,船就开了。过红海,两岸仍是沙漠,蒸热得人脑痛。走了四天,到苏〈彝〉(伊)士河口。这时候,苏〈彝〉(伊)士还莫有放宽,只能容一个船,分站往来。对面如有船往来,先用电话通知,此船须候到那船过来,方始放行。一天出去了,到了〈泡采〉(波特赛德)(Port Soid),是埃及地方。上船做买卖的,尽是土耳其人,多卖的东西,如土耳其花边、埃及式铜链、鸵鸟蛋、鸵鸟毛扇。我买了扇子两把。徐子寿他上岸到开罗游了一次,在亚历山〈得〉(大)登船。〈泡采〉(波特赛德)停了一天,又走了三天,到意大利的 Noapel,同一个德国人上岸,游玩了一天,饿了,到一饭馆吃了一盘 Goulonn,一盘面,又到了一个高山上吃了一杯酒,酒甚佳。上了船,又一天到 Gonna,中欧大半的人都由此上岸陆行了。偏我同徐子寿不下船,一直出 Gioraltor,经英国海峡,过比利时的 Antwerp,搭火车到比京(Brüsscl)游玩了一回。一直到 Bremerhaven,方才舍舟登岸。有江西王颂臣到此来接,他是徐子寿的朋友,随即搭了火车到 Bremen。刚下了车,有一位德国老先生上前问道:"有位李协君,是哪位?"我答道:"在下就是。"他说:"是 Schendler 老太太派来招待的。"随即招呼我们到一个客栈歇,每客一宿三马克。

　　Schendler 先生当我在上海启行以前,给我写了许多介绍书,有一封是介绍给他父亲,住在布里门(Bremen)的,等我们的船到了意大利,他有一封寄到船上说,可以不要到他家去了,因为他接到家信,他的父亲已死,所以我也就不打算到他家中去。谁知 Schendler 老太太特托了布里门中学校一位老先生姓卫的来车站招呼我们。当晚,把我们招呼在旅馆里,说是今天已晚,明天可同往访沈(Schendler)老太太,他老先生便去了。第二天打早,又来领我们去到沈(Schendler)家。老太太看见我们,想起她已经去世的丈夫,不由得泪落,随即重托卫先生,领我们去到布里门(Bremen)几处地方游玩,并参观卫先生的学校。第二天,沈(Schendler)老太太又同我们去逛了一回公园,吃了些点心,于是我们便辞去布里门(Bremen)往柏林去了。沈(Schendler)老太太、卫先生又送我们到车站。到了柏林,又有王颂臣的二位朋友——路××和蒋钊禹到车站来接,路和柏林 Unhide Limon 一家大旅馆 Hotel Westminister 相熟,就招呼我们住到这旅馆内,房间非常阔气,但每天只算三个马克。住了三天,我们就另租赁房屋,住在 Grohlmonnsh,先同徐子寿合住,住了一个月,两人要分开住,于是又辞了房子,另找地方。我便找到 Leihmitgstr.c 一间房子,房东姓 Makagki,他的夫人非常贤惠,房钱每月二十五马克,另加灯费三马克,早点亦在内。

　　这时候,中国驻柏林公使是荫昌。使馆设在 Karfürlchclam 187。使馆中有个参赞名叫向子和,帮我的忙,办了入学手续。我便于十月间,报入 Charylo Henbury Königliche Tochnoche Hocnschule 的土木工程科,不久就上学了。在柏林认识的朋友不多,除过王颂臣外,有广东的吴佩基,我们都叫做小吴。又有陈之达,号大我,我们都叫做小陈。此外有马君武、夏元㮚、阮介藩。还有一位老先生薛君,夫妇两个,是我们从前在北京一位德文先生名叫薛敬山的父亲，老两口常常请我到他家吃饭。其他还有许多中国的同学，后来都不相问闻，我也免叙了。德国同学中来往最密切者，只有一个 Münler Paul，是 Poscn 人，其他都泛泛而已。

第一年教师中有 Lampe 主讲 H.Mathematik Kulboum，Experimentalphysic，Grünbach Physikalische Experimente；Kötter，Mechanik；Boost，Baukonstruktion；Weihe Maschinen Kunde；G.Scheffers，Darstellende Geometrie；Werner，Geodbsie；Hirschberg，Geology Mineraloggy 诸教师大抵皆年六七旬者。就中以 Lampe 为最老，而教授最有精神。Werner 亦老健。Scheffers 年最幼，而教法甚佳。Kötter 身粗矮而嗜饭，最不善讲书，听者寥寥。

学校的费，是以钟点计算的。每星期一点钟功课，讲义出四马克，练习出三马克。如每星期有二十点钟讲义，十点钟练习，则此学期纳一百一十马克。外国学生另照出外国人税五十马克。入学费三十马克，以后即免。此外尚有零零碎碎的花费。

入学之始，学校监督召集新入学生训话，讲些工业上的经验，又送每人学校的章程规则，又新一本书，名《科学与道德》(*Wissenschaft und Sittlichkeit*) 是告诫青年的。我曾把它翻译出来，稿子寄与郭希仁，后来他忙着革命，这稿子便失遗了。

我在学校中很显出一番勤奋的精神，一离课堂，便入绘图室，常常熬到晚上八点钟才回寓所。学校是八点钟各绘图室、读书室一齐熄灯。管理绘图室的校役，便进来说："先生晚安！"(Guten Abendrneine Herren) 就是请还莫[离]去的同学出去吧。这种声，我听惯了。晚上回到寓所，还要做算题、计划题，到十点钟就枕。

星期日，便觅中国的同学们去玩耍。柏林是好耍的地方，附郭有 Tiergarlen、Grüncwald、Polsdam、Wannsee、Werder，等等胜地。或登山林，或泛扁舟，说不尽愉快的景趣。我是除用功外，最喜欢游览，即觅不得伴，也常以独游为乐，并且觉得独趣胜于同许多人一块，寂寞之中，自有天然的景象做伴。常常一个人星期日携一本书到树林中睡觉，尝吟曰："一卷相随势不孤，林中偃卧鸟相呼，醒来神识忽颠倒，误认青天作碧湖。"山水而外，凡柏林所有的宫殿、寺观、园囿、博物馆、美术院，都游历遍了。因为别的朋友都喜欢作狎邪游，尤其是与我同来的徐子寿，到德以后，直是与我不能同道而行了。他说"他有需要非如是不可。"我素来想静，就不懂。有时晚间，我到同学处去耍，十点钟一定回寓去休息。因我种种特异的性情，他们又给我送了一个徽号，叫"圣人"。也有说我相貌像猴，把我叫"阿非"的。计我读书以来，在私塾中，刘时轩老师一次因我常常笔下写不出来的字，便臆造一个字写上，骂我说："你是圣人吗？"于是同学们呼我叫"圣人"。在泾阳书院宏道学堂亦有此称呼。到北京因为我不肯随大家去逛，同学们亦呼我为"圣人"。而到柏林犹不免，"圣人"与"猴"两个徽号，竟是与我不相离了。我自己给我起了一个号，叫"葫芦"，还有一号，叫"脱然"。"脱然"本来是同同县李襄助商量秘密通信用的，后来不大用了。而"葫芦"又给人叫起来了。有一次，我梦中作诗,说"未知葫芦里,卖的什么药。老王同我好,他也不肯说。"写信给三哥说,三哥回一封信说:"葫芦自葫芦,管它什么药。本来无一物,何必要人说。"我看见大笑。朋辈中小陈的徽号,叫"南蛮"。小陈颇聪明,他十三岁时,曾在香港主笔办报,长于诗词,后来他的词,更大进步了。他的曾祖,便是前清大学者陈兰甫澧先生。小吴年最幼,而德语最娴精。王颂臣、我替他起了一个徽号,叫"妖怪"——因为他的脖子是红的,后来就这么都叫起来了。小陈后来对我感情尤厚。他科学的根底太浅,我曾于到德的第二年暑假中一个月内教会了他三角和解析几何。

德国同学中,来往的不多,因为他们都有个团体,什么 Germania,Teutonia,等等的学生会,吃〈皮〉(啤)酒、舞剑、比斗,弄的满脸都是刀痕,便是他们的生活,我是不欢喜的。他们也不大欢迎外国人。不得已,我便与基督教学生会接近了。但是同时我又研究佛学,我的研究佛学,并不是如何费工夫去用功,不过为看见德国 Breslan 人 Mark Graff 等提倡佛学,出有杂志,叫 *Die Buddhishsche Welt*,我心中好奇,便订购了一份看看。同基督[教]学生会接近,也无非去听听他们讲的道理,并不想入教。而会中人常与我辩论耶佛之是非,他们却又辩不过,我现在想起来,当时又何必呢。后来,我翻译了一本 Mark Graff 的佛学问答,又自著了一篇涅槃解,都是胡闹,其实我又何尝解得涅槃呢。然而因此颇生出很大的影响,后面再谈吧。

德国学生中,信教的也颇少,大半信教都不过是个虚表。有一次两个同学问我:"你想这儿莫有 Mädel(意即情女)吗?"我说:"莫有。我们学校监督不是于开学时发给我们每人一本叫做《科学与道德》吗?"他们俩笑说:"谁管它呢,你们中国人也如是道学气吗?"我问他们每星期也到礼拜堂去吗,一个笑说:"是我们常常路过。"

德国气候,较之我们中国北方还冷,到冬天下雪很多。有一年,说柏林市街因积雪竟致电车三日不通。雪晴之后,太阳放光,柏林的人空城而去,都到山间去看琼楼玉宇般的世界。有滑雪木屐,有溜雪车,也有驾小马的雪车,男女老幼,络绎道上,非常愉快。我走到一处山隈,一个少女扑面来,手团雪球,在我身上面乱打,我也不怪,因为已经习惯了他们的风俗了。

这时候,柏林又盛行轮履(Rolln Huke)之技,差不多成了人人必有之物,不论青年男女,四五十岁的人,也常常都各备一副,因为柏林的街道宽平如砥,并且不像我们中国街道人的拥挤,于是街上走路的人,十个人中,倒有三四个人着的轮履,男女学生去上学,便一路滑转得去。有时成群结队的在街上滑,可算一时的风尚之最了。

我闷了的时候,也去看戏。柏林的戏最讲究,因为他们德国人是以音乐自豪于世的。最高贵的戏,是 Operá,先是柏林只是一家。我到柏林一年以后,又添了 Deutsche Theater Haus 一家。其次为马戏 Zirkus,有两家。其他时戏 Operetle Haus 很多,每年总有一个时调出来,出来以后,到处都听人唱。而与科学最有关系的是柏林 Lichter Fell

的 Untly,常常演解各种科学,并演关于科学的电影。音乐会很多,最大的有几百人奏乐。此外有月园 Lone Park,如同上海大世界的样子,都是最好消遣的地方,偶然去去,颇可畅兴。

第一次过耶稣圣诞节,在房东家。他们买了一个 Tannenbaum(仿佛中国的鱼鳞松一样),挂起五彩丝线或蜡烛,并许多水果在上面,可惜他们两口莫有小孩,一点也不热闹。

德国青年中,有喜欢学飞的,自己造些飞行器,也没有机器,骑上由山上往下飞,他们联络我入飞会,我不愿意,婉谢之。

房东的女人颇是贤惠,一天勤勤苦做裁缝工。她的男人,喜欢吃酒,常常被人把他抬回来,放在门外,扯铃叫开门。我帮她忙抬进去放在床上,但是始终莫有听过他们两个口角过一声。待房客也好极了。所以我从此以后,再莫有搬过家。

柏林过年的情形,我可以谈谈。柏林街道,本是宽敞清洁可爱,每街两旁都有菩提树两行。过年的时候,满街树上,都挂起五色纸条作彩。平时规矩很严,每晚十时以后,即不许大声说话。这一晚,大有金吾不禁的景况,满街人乱喊:"Protif Nenjanr 而 Fried Richsts。"尤是热闹拥挤。由晚十到十二点,随便怎么,莫有人见怪。见了女子,抱着亲嘴,她也无如之何。要是戴一顶好阔气帽子,就会忽飞在半空中。种种狂谲不可胜述。但是一到十二点,秩序立即恢复,整齐如常。

过了新年,又照例学校的生活,不用说了。又一月后,又过中国年。中国的同学们聚到一处胡闹一场,也不过海外无聊的一种纪念。光阴荏苒,不转瞬间,又过了第二个学期了。

柏林附近 Verder 河上,有一个小山,名叫 Bismarkhöh。二三月间桃花盛开,同了几个朋友,〈连〉(联)袂去逛。遍山尽是卖酒的,有苹果酒、桃酒,游者也专以饮为事。此外有种游戏。此处山水本占优胜,加以和风丽日,士女如云,出入花丛间,人心快乐,可想而知。可惜不知节〈止〉(制)的人很多,到了下午四五时后,遍山又尽是醉汉,叫呶呼号,又成可厌之状。我不耐,便早些回去了。这样的会,要连着十五六天不散。

这一学期内,我参观的工厂工事倒不少,计有:石矿、石灰厂、柏林马路工作,地下电车路工作,Borsich 和 Schwargkopf 等机器厂,Gross Lichterfeld 材料试验所。到了夏季,更要大旅行了,地质学教师 Hirschberg 年已老迈,不能行了,他派了 Prof Wagner 结合了一个旅行队,统共有十几个,我同马君武加入,去上巨人山(Rie Sengebirge)。

教授 Hirschberg 年老而颇饶兴趣,惜他老的腿不行。大旅行以前,我们已经在距柏林不远的地 Mudorsdorf 一个采石场参观一次了。我生性喜欢天然,对于岩石矿物,虽非专门,而喜欢考察,所以遇见这种旅行,最高兴参加。Rudorsdorf 地质属 Dyas 所谓 Zechstein 啦,Muschelkalk 啦,经助教指点,非常有兴趣,不过此处不便长谈科学。德国青年最喜欢的是酒,考察已毕,即去饮酒,白〈皮〉(啤)酒酒杯,径有四五寸宽,深二寸多,有个细柄,须要一饮而尽,好不作难。我本也可勉强能饮,因在外邦,常存珍护身体之念,不敢跟上乱来,然而处在一块,也不能不饮,不过分就是了。

Hirschberg 他又吩咐助教要学生每人作一首诗,记述游事,给他看,这个更是作难。诸人所作的诗,乱诌胡说,煞是可笑,由此我就预推这次大旅行的兴趣了。

我们晚上,齐集在 Lehr Bahnhof 车站,包了两厢,十多个人上去坐定,他们便大谈大笑,大打其牌,我就隐几而卧。三等车非常之不舒服。到了第二天早晨,便到了鹿山。Hirschberg 下车以后,第一先进酒馆,然后再用早点。由此便上山了。同行的人,行装都简,每人披一斗篷(Pelerie),持一山杖,背一背袋(Rucksack),应用诸物都在其中。

巨人山是德国中部最大的山。鹿山在其脚下。有一条河,名叫 Bober 河,上面分着几个支流,流虽不远,却是大山之中常兴暴雨,鹿山村适当其下,常遭水患,上游本来有两个水库,不敷容纳,所以一九〇七年,因为经过一次很大的水灾,才由人民呈请政府,修了一个很大的水库,这就是德国有名的 Maner Tabspere 了。我们把九处水库都参观,并且有一水电厂,有六百多匹马力。参观以后,我们便徒步上山。整整的步游了十天,每天都走有六七十里路。

许多我都记不得了。只记得入山之始,先过一个假山。这个假山,不是中国花园式的假山,乃是地质学家用天然石片仿照大山的地质情形,缩小做成的,所以全部大山的地质,我们一看这假山,便了然于胸中了。巨人山是熔岩成的花岗石外,又有片麻石、黝绿石等。山上游人不少,男男女女,不管相识不相识,见面便呼 Heil。这还是奥国的派头。我很佩服他们路上的整齐,仿佛一个公园一般。路上都有记里石、公共座椅。每一岔路口,便有一木牌,指此路至何处,若干里,步行几分钟,节节都有特别风景,所以行者不倦。

有一天,早晨起来,便是大雾,一路用山杖摸索而行。走到一个山脊上,云雾里忽然一处开朗,现出一个少女,赶一头驴子,都现出半身。我走的地方既多,遇见美色的女子,固然不少,而这一次所遇的,我敢说是绝色了。虽然昙〈华〉(花)一现,能使我一生不忘。尤其在这个地方,这种景色中,一现我前,真有神仙的态度。我感激了此行,真值得千万次旅行。可惜我不会画,然而脑海所存的一幅图画,时时刻刻可以默探得的。这一天,差不多完全在雾里行走,我的脑子也常常想象这一个无名的女子。忽然一个大屋当前,雾有点消,我也顿然清醒,原来到了一个旅所了。晚间旅馆中男女甚多,于是大开其跳舞会。我是不会跳舞的,枯坐以视他们跳舞。音乐是有讲究的,普通是男子请女子跳舞的多,忽然换了一种音乐,却是女子来请男子。有一个少女,走到我跟前,请我和她跳舞。我正惶急,无以应。原来欧洲社会上,不能跳舞,人家都以为怪。我正要学古人"不能射，辞以疾"的法子去应付那位女子，马君武忽然跳起来说："此位先生，不善跳，我来相陪吧。"那女子莫有法子，便和马君武去跳去了。我很以马君武鲁莽样子为不然，然而我很感激他与我解围。又一天，大家上到一个山上研究什么 Angle 变 Olivine，随手由一个较陡的山坡上跑下，大家都疾驰而下，独有马君武跬步艰难，颤颤矜矜，不是连着屁股一块儿走，几乎走不下来。我在暗地里笑，你会跳舞，却是不会跑路。

有一个德国同学，他偏同我好，一路行必与我并肩，宿必与我同室。有一天，到一个地方，名叫雪沟。沟甚深，盛夏的时候，沟底的雪，还是很厚，下去并无有路，平时也莫有人下去。我们中间三个人，要冒险下去，其中一位是我，一位便是 S。他们两个往下爬得快，我走错了路，爬到一处不可着及的地方，脚底下的石头，又是松动的，忽然一脚不慎，向下滑了几尺，坡是壁陡的，撞的石头乱滚。他们俩在下面大喊："李先生不要闹着〈顽〉（玩），会碰破了脑袋。"我说不是有意的。从此我赶紧睡下，一步不敢动，想了想，我数万里求学，还记得《礼记》"孝子不登高，不临深"之训，又何必冒此险呢。于是一脚换一脚，身背不敢离地，尺蠖一般地又爬上来。回到旅馆中，等了有三四个钟头，还不见他们回来，心里只是担惊，出来望了几次。又隔了许久，才看见 S 回来了，面色灰土一般。我赶紧问那一位呢，说随后就来，我才放心。他喘吁着气说，一辈子再不敢冒这险了。

巨人山最高的峰，名叫雪冠顶（Schneekope），也算是德国中部最高的地点了。上去路很陡，上面地面也不宽大，有客舍两家，观象台一所。饮食等料，都是由山下负运而上，颇不容易。有几只大缸，是盛雨水的。我到了此处地想起了我们陕西的终南岱顶。

在雪冠顶住了一宵，狂风怒吼了一夜，旅舍完全用木造的，我觉得板壁门窗都忽闪闪着，摇晃不定，有点害怕，因此睡不稳。又回想到昨天遇见那回风景，自己想想，也觉得好笑。城中绮罗锦绣，声伎音乐，漠然远之，偏偏到这荒僻山中，赏识一个赶驴子的赤脚婢。可惜那女子一瞥而过，也从不会想到有一个异邦之人欣悦她哩。总之，天地间事，便如是如是。有时夕阳将落的时候，云山缥缈间，放出霞光异彩，其美无比，然而刹那之间，夜色沉沉，一无所有，还不是同这个一样吗。人的灵魂，总是有深越固有的调谐（Harmony）性，所以好好色，喜韶乐，正是圣人所不免，不惟不免，且更较凡俗超越一等。我固凡庸，平生不接近女色，并且对于音乐是门外汉，然而天色天籁，偶尔寓目入耳，便终身不忘。回想起来，总觉如在目前，胡思乱想，倦不可支，也便沉沉入梦了。

次日早起，下山，仍是云雾沉沉，以山杖探路而行。走到一个乡下地方吃饭，说是锅饼（Pfan Kuchen）（如我们乡下的煎饼），最著名味道，我也不觉得怎么样，却是真大一个饼,吃不了,卷而怀之。一路上所最快乐的,便是学生的天趣,一面走,一面唱。过一个村落,便有许多人家妇女听见学生来了,一齐出来看。学生唱,她们也便跟上唱。唱到一处,欢笑丛生。学生走了,她们也便回去了。有一天,走到一个地方,名叫石城(Steinsladl),地方风景好奇怪。有一人引导我们去游玩,行来行去,所见的尽是数丈石岩,屹立如柱,又如林木。引导的人,指给我们说,这是某王之冠,那是犹太人的鼻子,想象成趣。要而言之,不可不谓造化之奇文也。有一晚上,歇到一处小地方,旅舍建筑,非常奇异,门窗之式,古异非常,室内七床并列,仰视穹窿,有如我们故乡石窑一般,量它的墙壁,竟有一米达余厚,据说还是十六世纪的建筑物。

一路最困人的,便是吃〈皮〉(啤)酒。不吃不行,并且订下许多罚则,我也被罚了好多次。比如有盖的〈皮〉(啤)酒杯子,不饮之时,若不将盖盖上,也就要罚。罚者罚锾也。每次镍币一枚。所罚之钱,仍以买酒。Wagner教授,兴尤不浅,什么笑话,都是他领头的,他又最善说笑话。记他笑话一则:"女教员说,脚是行走的,鼻子是嗅的。一个犹太小学生,举手说,不对不对,我的父亲完全相反。女教师惊讶着问,怎么回事。小学生说,我的父亲鼻子是行走的,脚是嗅的。"这个笑话,翻译出来,不解其意。德语原文是"Belmeinem vater Pönft die Nusc und Riecnen die Füssen"。盖鼻子行走 die Nusc Lonlr 即是常常流鼻涕之意,脚嗅 die Füssen Richen 即脚嗅之意。大家哄然大笑,便要多吃一杯酒。

有一天,我们走到Bronau,此处有一个大〈皮〉(啤)酒厂,我们便去参观。厂址靠山而设,穴石方数丈做酒库。一入酒库,清洌芬芳的气味,便要不饮而醉。参观一周,主人以高尺许大瓶一打饷我们,大家吃了个不亦乐乎。主人又赠一木桶,使人送至寓所。学生们半醉了,街道里遇见女子,便去同她耍笑。谁知此间风气,与柏林不同,女子见学生来和她调戏,便趋而避之。学生不识风头,还要赶着去胡闹。因是惹起一个人,勃然大怒,呻呻而詈。教授Wagner愤然不平,赶上那人去理论,开口闭口,我们是学生,喜欢打趣,并非歹人。这事比方出在中国,调戏人家妇女,挨打受辱,还有什么说的,偏他说得理直气壮,加上学生一群,跟上助威,骂得那人理屈词穷,避入一家门内,学生一群,还要赶到门口,叫他:"你出来……"哈哈,岂不可笑。

第二天好了,不要跑路了,雇了一辆乡下拉草的大车,驾着两马,学生十余人,分两行坐上,又把昨天〈皮〉(啤)酒厂主赠送的那一桶〈皮〉(啤)酒,用绳绑在车上,凿了一个孔,安上龙头,每人买了一个厚玻璃杯,预备摔打不破的,一路且吃且唱,毫不歇气。每逢路旁有酒店,还要停车下去,换饮白酒、红酒等。这一天,总是沿着德国和奥国边界走,出境入境,有好多次,都无话说。不料走到一处,车子已经过去了,我回头一看,有一个木牌,悬着鹰旗。我说这儿有德国税关吗?就在这时,后面有个官儿来赶,叫车停住。那官走到跟前,气势汹汹,教授Wagner急忙跳下车子,赔小心说:"我们大家都未留神，莫有看见旗子。"那官儿拍着胸膛说道："哼，德国王家怎么大的旗子，都会看不见，好大的眼孔。车上有违税的货物么？"Wagner 说："我们都是学生，并无货物。"那个官儿说："打开你们的背袋看看。"有几个学生，带着面包、香肠等物，预备路上充饥的。那官儿看见，喝道："输入外国的肉品，是我们王家章程严禁的。"学生们发气说："我们带上，一面向肚子里送，这也是犯了禁章吗？"大家一齐将所带的肉食，纷纷扔在地下，说："送给你狗吃吧。"Wagner 指着自己的鼻子，说道："柏林王家工科大学教授某是也，犯了国法，到普鲁士法庭去告去。"学生们随后附和着，一齐向那官儿臭骂，那官儿无可如何，跑回他的官署，学生们赶着一直骂到他的门口方才回来。坐上车子，又走，走不多远，遇见另一个官子，帽有金鹰，知道是上级的，Wagner 又跟他说了一回怎么回事情，那个官儿，赔不是不迭，我们便去了，酒也醒一大半，将所有余酒，一饮而干，于是到了冶山（Schmiedberg），许多的学生，酒力不胜，中途都跑了。我们在这里参观了处铁矿，深入矿穴，有二百多米达深。矿穴中间，岩尽系（Gabro）矿系（Spatheisen），从前本有日记，丢了。厂主请我们吃酒，很好的白葡萄酒，有一个同学真喜欢喝，一面同教授 Wagner 谈话，他接连不断地 Zum Wihli Herr Birekter。当然学生大半都是〈皮〉（啤）酒肚子，换换肠子，更是一番佳趣。第二天，大家都鸟兽散，我也就搭火车回柏林了。

回到柏林以后，见了小陈、小吴，大家又商量去游瑞典海滨，海浴一个月，于是便预备起来。不几天，我们三人便由柏林乘火车到 Rügen。此处铁道轮渡，渡船上有铁轨，火车一列，直上了船，船上又有寝舱。一夜之间，飘过北海，次早已竟在瑞典的 Möller 泊岸，换乘火车，直到目的地 Kullen 的 Rullergolten。海边乡村，又是一番风景，气候也最凉爽。旅舍虽然是茅草盖屋，里面却是整洁。每日的饮食，也是很丰富适口。新鲜牛奶，尤是甘芳。沿海都是花岗岩、长石，俱显肉红之色。有许多岩，完全是长石所成。我们在这里住了一个月，天天洗海澡。

三人中，小陈胆最小，又怕狗，山坡稍微陡点，就不敢下。我给他照了一个像，而题其后，曰："背山而立，滨海而处，眼大如轮，胆小如鼠。"他怄气极了。他常常把我叫 Tante（是姑母的意思），小吴也跟上叫。我因小陈的名〈子〉（字）是陈之达（Chen Cheta），要用德国音念起来，便是哼哈大。说，古有哼大将、哈大将，莫有看见你这哼哈大而不将。又把他叫有来有去，南山而穴居。小吴的笑话更多，他是一个傻子，曾在柏林恋爱一个德国女子，我们几个朋友看那情形不对，硬给他拆散了。可是他很聪明，居然不几天学会了许多瑞典话。有一天遇见一个德国人，操着德语向一个瑞典人问路，瑞典人不懂，他居然加入其间，给当翻译。德国人向瑞典人冷笑而去，瑞典人愤怒说，德国人笑他不懂话。我们在这里的趣话很多。有一天，几个瑞典丫头，硬要拉我去跳舞，把我们吓得赶紧跑得远远的。不会跳舞的，到处受陋。又有一天，我在小陈山上(什么叫小陈山,原来小陈胆小,稍微危险点地方,都不敢去,惟此山低平易上,他再上便是此山,因而我们把它叫小陈山),正自伫目望着海,忽然听得脚声嗒嗒地响,回头一看,大吃一惊,原来是一头响尾蛇,有二尺多长。我一跑,便跑开去。迎头遇见几个女子,我好意告诉她们小心,她们硬不信,叫我指给她们看。蛇自然见人也钻入石缝了,哪里还有等着人看之理。后来又向一个男人讲,他也不信,硬说我们欧洲文明地方,哪里还有这种东西。又说你为什么见了它不赶紧打死呢,气得我说不出,我岂是个造谎的人。

瑞典地方,文明可真算文明,听说不识字者的百分率,比之德国还要小。无论什么乡僻地方,都通电话,风俗也非常朴厚。我们耍够了,就由此过 Hessing Ford 搭船到丹麦京城,搭火车回柏林上学去了。

这一学期里,莫有特别可述的,不过换了些较实在的功课,如:Boort, Eisenbetonban; Boort, Brückenbanin Stein und Holz; Brist, Strassenban; Lampe, Bestimte Integrab und Diffenrentinl Gleibung; Wemer, Hönene Gecdane und Methode der Kleincten Quadraten Weihe Maschimenbani-archilekisnr Formeln; Müller, Fried, Eissen ban。

这一年,来了一个四川学生,是个■■,名叫刘庆恩,好说大话,常常夸他在台湾的战功,也不知是真是假。凭恃自己有点力气,随便就打人,德国人也被他打倒几个。夏元㤚在学会中吃过刘■■一个巴掌,羞愤得声张要比手枪。我正在阅报,刘■■坐在我旁,述说夏元㤚如何可恶,说他怎么怎么打的不亏。我俯首看报,一毫不睬,他说了有半点多钟,我始终头也不抬一抬,刘■■意兴索然而去。同人都说,人人都怕刘■■,刘■■就是不敢欺侮李某。我也不知其所以然。快过 Weihnachten 的时候,柏林有一位侯爵,高起兴来,请了多少基督教学生会的学生,我也被邀,晚上在他家里吃茶点。同桌有一个 Dr.Moll,对我甚为轻侮,问我许多不相干的话,我置之不答。他又向我说,Herr Li 我唱一歌你听,于是德人常以侮谩中国人的歌。

…………

流水一般的,出诸其口了。我依然完全不理。等到客散的时候,正向主人道谢,他忽走到我后面,向我脑后一摸,说:"你怎么莫有帽根呢?"不由我勃然大怒,斥说:"滚开些,关你什么事!"他扫兴而去。第二天,我越想越愤,于是找那一晚,[找]介绍 Dr.Moll 于我的人 Münter 去说话。我问:"Dr.Moll 住在什么地方?"Münter 说:"你莫非寻他决斗不成。"——他看见我神色不对,所以如此问。我说:"有需要时,决斗亦所不辞。"Münter 说:"不必,我替你们调解,令他收回那晚那些轻薄的话。"当时,我也希望和平,便听 Münter 和解去了。

过了几天,果然 Münter 领上 Moll 向我来说了许多知罪的话。一天风云,就此散了。此事过了,我又同下雪沟一样的发悔。孟子所谓"一朝之愤忘其身以及其亲",不是说的就是我么。

转瞬之间,又是一年。过了新年后,春假中因为 Lebzig 开一个建筑工程博览会,我要去看,小陈也要去,于是我们给萧友梅写了一信,托他给我们觅一个住的地方。萧友梅是小陈和小吴的同乡,在莱城学音乐,住在一个 Pension。他得我们的信,就给我们二人在同寓中订了两间房子。我们等回信到,就去了。最可笑的,是我们未到之先,萧已向同寓的诸男女宾,夸称有两个同国的人,快要来了。我们第一次上食堂吃饭的时候,大家的目光,不约而同地都注射在我们二人身上。萧貌本黑,小陈亦黑,众人视其与我太不类,问何面色不一。萧说我们中国面积甚大,有如欧洲全洲,当然气候不一,所以肤色也不能相同,李君生地中国极北,我与陈君生在极南,所以白黑不一。一女宾说,李君同俄国人。萧说,他住的地方,便和俄国交界。其实是胡说八道。

博览会规模很大,里面分铁道、桥梁、水功、电功、城市、卫生、工程、工程材料等部,模型、标本、图画甚多。各工厂有新制造,各技术家有新发明,皆争陈于此地。看了好几天,得益不浅。陈列之外,又有花园点缀,有日本花园一所,又有中国式客堂、住室、厨房等设置,都甚精美。尤可笑者,有一极大的〈皮〉(啤)酒桶,桶端有门。我们启门而入,里面原来是一个啤酒肆,并且有楼,陈列桌位数十,招待的尽是女子。我们一进门,一群女子,便同我们戏谑丛生,我们不快而出。

萧友梅整天地嘣嘣弹 Flügel,也不陪我们耍耍,他真用功。中国人到德国学音乐的,就是他一个,无论学的好歹,我都赞成佩仰。因为有一次一个德国人向我说:"我想你们中国人错了,并没真意想输入西方的文明,无非想勉强成一个强国,抵抗列强,即如我们德国学术,可以算得超越世界各国的,一是医学,二是音乐,日本人来学的很多,你们中国来学的,直无一人。来求学于我们德国的,问起来,不是学陆军,便是学机器。"我听了这一席话,觉得很中国人的弊病,何幸而得有萧君一人,为我们撑体面哩。在莱城耍了几天,又回柏林上学。

这年暑假,我又到 Frankfort.a.M. 一个铁路去实习,工作几个月,小陈也跟到去耍了几天。小吴是打去年年下就回国了,替他哥哥在天津办了一所榨油厂,今年夏后,才又来了。我们在 Frankfort.a.M. 住在一个 Villa 中。我每天早去工作,回来便同小陈耍。此处是大文豪 Götte 的故里,有一个 Göltes Hous,陈列 Götte 的遗品甚多。德国崇拜先贤之风,甚是可法。有一个很大的公园,叫做 Polmgorten,里面最好看的是一大池塘,有一个绳造的悬桥,池旁有假山,山有一洞临水,洞口瀑布,立洞中望之,如喷珠泻玉,我们称它为水帘洞。又有一处,有五个柳树,下有岩石可坐,我们称它为五柳先生处。又有一大动物园,虽不如柏林动物园之大,也就可观的。最奇的,是有一个巨狮,和一个小犬,同处一槛内,我看见小犬很亲热地跑在狮前,狮以口吻之,犬得跳跃入石穴内。

我所实习的工程,是一个混凝土桥及一个铁桥的工程。小陈住了几天回去了。有一天,Villa 的丫头,竟向我调戏。我正在看小徐给我寄的相片,她忽然来爬在我肩后,攀着看,说:"他好胖,不像你的瘦样子。"说着,用手捏我脸一下。我笑着把她打发出去了。

快开学了,我又回去考预考,考了两个星期,幸都通过。这一年秋,中国的革命,乃大发而不可收拾了。

学生们对革命事,都狂热得很。下了学,便一群聚在学会中谈论,一天一天越热闹,说得真好响。有一天,〈项〉(向)子和来说,革命军大败,刘庆恩便给他一巴掌,大喊大闹。我说,有本事要革命,回去革去,在这里打人嚷仗,算革命吗。我本来有一杆手枪,于是收束行李,挟上枪,回国去,也参加革命。本来想走西〈北〉(伯)利亚的,有人说走大连危险,于是一个人乘火车过瑞士 Huzern、意大利 Nilon 而达 Genna。到了 Genna,住在 Hotolo Riental,搭了一个德国船三等舱。上了船,遇见革命的同志很多,有张继等,还有由法国、由德国、由英国来的。但是后来验出真革命的很少,有好几个后来都完全官僚化了。在船中,很热闹,有一个美国人是做医生的,同我住在一个舱里,他初见我便问,Do you speak English? Parlog Vons Fransaise? Sprecnen Sie Deotsch? Parler Moliant? 连珠夏问下去,我不由得发笑。这个老汉,夫妇两个,一同上道,说他通七国语言,周游地球已三匝。有一天,特别开了一个演说会,请我们中国人和许多外国人演说中国革命事。我演说中有说,我们首领孙中山有社会主义的思想。惹得一位荷兰的老太太,第二天同我大发争论,说是社会主义要不得。但是,我那时在德国常看 Vör Varts zei Tung,颇倾向社会主义。船上有一个德国少年,是 Bremerhaven 人,据说是共产党,也不知犯了什么法,被德国政府驱逐出境。他的父亲,同这船船主有交情,托船主照料到东方来。无奈这个孩子太淘气,有一次假造些中国革命党人在武汉、在东三省失败的电报骗我们;又有一次,他吃完饭,先出下舱上甲板,故意把门盖放下,他的本意是想作弄他一个朋友的,无奈山西回族人马骏,跟跟匆匆,步上楼梯,他的步数本急,再加上不留神,一头碰到板上,头顶流血不止。后来船主知道了,到锡兰,便将这淘气的孩子赶下船去。

再 生 记

(一九三二年)

民国二十一年(一九三二年)春,先君见背(旧历正月十五日)。葬毕,遵遗命,仍驰赴国府救济水灾委员会服务(时予任总工程师)。皖省工程纠纷,多亲往整理。堤工未浚,夏滥已至,麻华堤决口。驰往督塞。暑气正盛,霍乱盛行,医者束手,目睹工人死者相继,心戚戚然,合龙后即令停工,免尽为疫鬼。赴沪复命,旋入京,航空而返陕。

时余已辞建设厅厅长职,泾惠渠凿成,思休息半年。陇海铁路组织陕西实业考察团,邀余加入,允之。八月十五日入秦岭,荷肩舆者无力,甫半日肩已赤肿,目不忍睹,觅代者不得,步随之而行。跋山涉水,日以六七十里为常。亲丧食素,山中饮食尤难。备尝艰苦。至安康而小病,至南郑而大愈。然游兴则尚未减也。私愿溯汉漾而上,越蟠冢而南,循嘉陵江而下。穷蜀道之奇险,探巴渝之芬芳。乃军事骤起于当徽,赤气又炽于郧商。同人虑大难之将至。兼徒程以出山。夜陟栈道,两渡渭河,泥淖险阻,一步一颠,九月之终,乃达长安。

人事纷纭,心况愈劣。于是病矣。疽发于直肠,初以为痔也。疗之三月未愈。而恶疽复发于腰于背。自料不起,捡箱箧得旧日诗文、日记等稿阅之,觉悉庸劣不可以传世,乃尽焚之。扶妻肩入医院。告之曰:"身付于医,命交于天,勿恐勿惑。"医施刀割,旬日后,病愈重。嘱妻预备身后事。衣衾必以布,棺无过百金,葬于董子墓侧。余何爱于董子?顾生平欲究天人感应之理而未得也。欲近其居,以求教。诚思想之愚痴,冀骸骨之有托。且日夜私祝得与先君同月同日同时死,莫幸相遇。谆谆以询者此日也。家人知余意所在,不以实告。时发大热,见有二我,相继离躯壳,坐于床际。一大一小,私语良久,大者忽语小者曰:"吾先去,汝暂留更忍受数日也。"径去。次日病更厉。疽毒延播上及颈,下及腰,旁及胁。体温由四十二[摄氏]度忽将至二十四[摄氏]度,四肢皆冰。三医互视,看护者轮班守候。视疾者踵相接至,皆止于户外。

斯时也,友人之奉佛教者诵经于一寺,信耶教者礼拜于堂,其他祝于庙、问于卜者纷纷然也。省府电话询疾,每隔小时必一次。长安市上人无论识者与不识,往来相遇必相询李仪祉病状。泾惠渠农民举父老入省问疾两至。有妹在渝,久未得余消息,忽神惊悸不知所措。惟余兄持之以静,谓其弟绝无死理,对余曰:"正月十五日已过矣,吾弟可无虑已。"余曰:"唯。"是日大渐,自念父之讳日已过,父不余待矣,追之将无及。于是心境顿改。昨日者神志空明,万念俱寂,静以待死。是日则不然,誓于病菌斗。力不足,求助于天。见有面颊腐烂之人屡入室,斥之不使近,逡巡而出。床头时闻人窃窃语,类道我生平事,此昏愦之所致也。然余自忆神志尚清醒,见人喜作诙谐语,从未呻吟一声。日灌盐水针及清血针、营养针多次。如是者多日,疽毒乃渐消。而全身各肌,尽失其能。目之所睹,耳之所接,俱如在他一世界。肌肉尽失,肠胃无力。日饮糯浆,甫下咽即遗。家人皆以为绝望。服药即吐。余曰:"此非药石之所可为力也。"友人赠苹果及印茶,日煮苹果数片食之,饮茶二次。如是者又数日,胃渐复,遗渐止。背疮以太阳灯照之,渐生肌肉,饮食亦渐进。凡四阅月而出医院。然腰背之疽已去,而附肠之疽仍存,动作不适。以身体虚弱不敢割治。

旋以黄河决口,被召防堵。力疾从命,履汴视工。病益加厉。乃请假辞归。于是年冬乃至北平,入德国医院再施刀割。又四阅月始愈。余诚再世之人也。曾寄妹函曰:"余膺恶疾,自作孽,不可活。赖天恩祖德人愿,得以不死。"纪实也。而今而后,庶几免矣。

二十二年大病经过情形

(一九三三年)

余自民国二十一年(一九三二年)八月十五日,参加陇海铁路陕西实业考察团,旅行陕南八大峪口。经柞水、镇安、安康、汉阴、石泉、洋县、城固等县,以达南郑。时九月中,即觉小病。由南郑经褒城、留坝、凤县、宝鸡、凤翔、岐山、扶风、武功、兴平、咸阳,而返西安。时九月底。未抵宝鸡前,在益门遇雨,车行泥泞路,渡渭入城而愈,复半肩舆、半步行归省,至十月四日即卧不起。肛门骤痛,初以为痔也。用省医院坐药,复服用姚文伯方,兼以鲜荸荠碎汁敷之。三月余,肿始消,而复坠,日流黄水。谢绝宾客,不出门。后白龙博士(Dr.Brawrl)至,勉至新城与谈陕西水利。民国二十二年(一九三三年)一月之末,腰右侧及背上当中各出一疮,疼肿又生痒。继杨叔吉、石介人来,为割腰际一疮。祭灶日,移住省立医院,内子侍病。二月五日,复由姚尔□割开背上一疮。十一日大渐,十二日病回发。于是静养至四月底,始出医院,移文庙养病。在医院时,武牧师来接洽北平华洋义赈会助款八万元,顾长生来接洽上海华洋义赈会助款四万元,开泾惠支渠,俱议妥兴工。将出医院,俱传安立森、全绍周被苗家祥■■■■,为之营救,四月五日出险。

予虽腰背痈疮已愈,而下部之痔如故,不能治事,住文庙凡四阅月,而泾渭暴涨,黄河大水,豫冀之间,决堤漫溢至二十灾处。

南园忆胜

(一九三五年)

序

颜之推曰:"祖考之嘉名美誉,亦子孙之冕服墙宇也。"予家本农氓,贫寒之况,万为子侄辈所想不到。今子侄辈席先人余绪,若以为自然,庸讵知若非祖考等之奋勉勤修,焉望有今日乎?予惧子孙之逐忘之也,因为此书,以提醒若辈,抑今日之士侈言摧倒家庭之制矣。然家庭、社会、国家之兴盛,正如农夫治田。农夫治田,不能无畛畦垅畔。设使全国农业以苗为单位,则苗无存焉者矣。全国民政以人为单位,则人将无所寄矣。故有垄畦而农事可相较而争胜,有家庭而民德可相比而互励。《易经》曰:"积善之家,必有余庆;积不善之家,必有余殃。"是其相比也。《孟子》曰:"人人亲其亲,长其长,而天下平。"吾国社会素以家庭为基础,容有所短,而实有其至长。今之学者,不思吾国数千年之根基,骤欲废弃之以效法他人,是无异自撤冕服墙宇也。家庭不可废,则《南园忆胜》,非无为而作也。民国二十四年(一九三五年)二月李协自序。

南国忆胜,予小子协追念先德而作也。予家世居蒲城富原村,其先处北园,世以农为业。先王父兄弟三人,而己为其仲。勤于田亩,兄弟翕然。迨伯氏继室至,而勃豀生矣。先王父王母事事隐忍,独于二子就傅求学事力与之争,必遂其志而后已。析居南园,此其主因也。

南园本吾家厩所,有窑二面,磨房数间。时正值光绪三年(一八七七年)大荒之后,饥馑颠连。所谓析居者,直被逐而出耳。无牛畜,无耕器,家人妇子相率畎亩间,镶土以种,如是者累年,乃渐得免冻馁。虽处是苦境,先君兄弟未尝一日废学也。

先君桐轩公生于逊清咸丰十年(一八六〇年)十一月初二日。是年也,实为清代中国最多事之一年。■■方猖獗于淮阴,太平军正炽于江浙,英法联军陷天津,逼帝都,清帝北走热河,作城下之盟。盖世之难极矣。吾乡虽处穷壤,而亦一夕数惊也。

嗣是即■■入陕,■■接踵而起。时大军方劳于东南,陕西一隅,未之暇及。间阎之间,■■纵横驰骋,任意焚杀,莫之顾恤。故先君生后十余年间,几无日不在随先王父母避难中。百姓死亡者过半数,予家卒无所损。

先君幼年之事,闻诸先王母口述,略知其一二。笃于孝友,是其性成。与村童嬉戏,口不出恶言,足不践虫蚁,其貌视之若愚,其言未尝一□。

予村临洛水之上,东西皆沟壑,■至则村人相率遁避其中。壑中隧穴蜿〈延〉(蜒),绵亘数里。如是者固不止一处也。时乱已数年,强■频至,居民闻警辄择穴而入。村东有最称隐僻一穴。穴口临深渊,以板作桥始可入。口之外,树草丛生,外人莫能得其迹。一夕,避居其中者甚众。先王父母率二幼子亦在其内。亦既一日余矣。而先王母忽方寸大乱,觉其地不可一刻居,急欲他徙。人皆曰:"舍此又焉得较安之地?况穴外即贼,无如蛾赴焰也。"而先王母不听,即促先王父携二子同出穴。昏暮中过一村,贼方据村为营,燃火炬,照耀如白昼。贼众方操练,刀剑相击,人喧马嘶,声闻数里。既无他道可避,家人匍匐自村外堰下过,竟不为所觉,而遁之他所。是夜其穴果为贼所陷,避居其中者尽遭毒戮。予家之得以至今日,岂偶然哉。

尤有一次,先君随先王父母避贼,时方数岁,奔于险坡,下临深壑,几将坠焉,而为石所颠踬,得免倾覆。先王母口呼菩萨不置。

先君与伯父仲特公,初受书于同族五先生,继就学于近戚刘先生,终则受读于同邑王吉人先生。家贫束脩弗能继,师者谅之。在塾以秕谷和黑豆为食,冬日足冻裂至不能脱袜,刻苦攻读不稍懈。先王父推车货甄瓮,先王母以纺织针巧助之,得不致辍学。

饥馑中先慈马孺人来归,时光绪三年(一八七七年)也。家中尚有余粟。伯祖靳不授食，先君饥饿跬步欲跌。先王父有疾，先王母朝夕侍之，藏枣斗余仅以济饥，而伯氏思夺之。力抗得保。其不同为饿殍也，盖亦幸矣。

光绪四年（一八七八年），先君及伯父入泮。至是，乡邻之视之者稍异矣。五年生博。然伯氏忌之愈甚，诬讼牵连，必欲置先王父及其两子于死地而后已。幸县令贤明，得以昭雪。及伯祖父临危，始悟前非，愧泣痛悔，屡欲自挝。及其卒也，先王母率子妇助其殓沐，丧葬尽礼。

是后，先君与伯父皆以授读为事。华州某富贾延先君教其子。其子庸劣，而富贾促读甚急，则常以药饵供之。曰：吾家非贫不能买药者，只忧儿不能读，不忧儿病。先君以所见不和行去。

光绪八年（一八八二年）生协。时伯父尚无子，奉先王父母命，以博为之嗣。先君及伯父俱以优异，为学使拔为上舍生，肄业于三原宏道书院。一时关中知名之士，莫不乐与之交。予家对子弟言行，于其幼时，即律之甚严。兄年数岁，误拔邻人田中一菜，归送厨中。先伯母诃之，不与之食。予尚在抱，为人抱至北园，拾取一制钱归，先母亦责之，必令抱予仍还钱原处而后已。

予初有记忆之时，先君在外时多。岁一二归，则以方字授予。或以硬纸镂为方孔，露书本上字令予读。而予幼时甚愚鲁，且耽嬉戏，殊不乐为。先君亦弗之强。故予至八岁尚不知书，予兄则随伯父读耳。

先君及伯父游学外方，其学尤进，而皆鄙科举制艺不屑为。伯父耽历算之学，搜求中西天文、数学诸书，孜孜研习。即无师资，多出自悟。其后虽衰老，著述不休。先君则好为古文辞，尤究心于社会风俗之纠正，民间教育之普及。当时士庶，群以为怪而不之顾也。

予初受书，先君授司空图《诗品》一册，羡塾师教读之。先君之意，以为教儿童宜首歌谣，而四字短韵，童口易读，故有是命。然亦审知儿性之所宜也。予尚有一弟，幼予三岁，骏鲁甚于予。先君自为字课，编为俚句，定为一册而授之。先君见弟之鲁也，戏书课本面云："日知其所无，能乎？曰：不能。月无忘其所能，可乎？曰：不能。月计不足，岁计有余，可乎？曰：不能。曰：恶！是何言也！是不为也，非不能也。"后弟学终无所成，先君每曰：吾早为之谶矣。

先君为儿辈择师最慎。后得马户村刘时轩先生以为师，乃大喜。刘时轩，贺复斋先生之高足也。复斋先生倡导性理之学于关中，及门甚众，而言行无亏，如时轩先生者亦颇难得。先生遵先君嘱，首授予《毛诗》，而韵必依古，义必疏解，不做盲读。《毛诗》既终业，乃继以《四子书》而及其他经。二年之内，讲贯无遗。先生言笑不苟，立必正，坐必庄，周旋中规，折旋中矩，学生化之。先生虽崇宋儒而无门户之见，故予兄弟于《六经》之外，于宋元明儒亦略有所窥。而邵尧夫、朱晦翁、许鲁斋、王阳明等之诗此二年中,伯父及先君俱供职于陕西舆图馆中。先君曾一二次因测地图及蒲城,道过家中,一考功课而已。迨光绪十八年(一八九二年),先君乃辞职归里,设幛授徒。予兄弟皆从学焉。至是乃多读古文词,治《四史》及《通鉴》《文献通考》,旁及九章,历象、格致等学。而以科举尚行,犹不废制艺。时伯父南游于浙,光绪二十三年(一八九七年)始归,载书盈车,乃恣余兄弟读。百家诸子以及同、光间所出西书译本,几无不有。伯父更亲授以四元几何代数之术,予兄弟终获其力,得于光绪二十四年(一八九八年)同时入泮,被拔入崇实书院肄业焉。

先君督课子弟甚严,而导诱有方。于其善也必奖之,甚至趋庭之礼、洒扫之仪,极细微曲折处,亦必留意。教学之外,吟诵不辍。于古文词中最喜《孟子》及《楚辞》,常以苏老泉所批《孟子》教予等,数回不厌。

先王母好园艺,先君暇时则助之种菜。晚间则于先王父母前娓娓道故事。以予思之,尔时盖其最愉快时期也。伯父远游浙杭,而中日战起。先王母以久不得长子耗,时切念虑。先君为聚土做地图模型,指论山海形势、战争地点以解释之。

"莲舌居士"之号,盖早已有之,非于其晚年好佛时始也。予初识书见新年题灯,已有此号。其自号之原因,见其自传。然先君亦可谓善于辞令。每与友谈,庄谐并至,听者不倦,而析理至精,启人不浅。

堂兄某学作六韵诗,题为《赋得秋云暗几重》,而讹"秋"为"我",又漏"云"字,其诗更不必问矣。先君批之云:"汝暗千万重,岂止几重而已哉!"

予家固穷,而能安穷。旧历正月初五日送穷。先君以韩愈送穷之文为予等讲授,既毕,复自占送穷诗以教子:

送穷三章

恶穷送穷穷不去,去到何方能免恶?作穷穷人转自穷,何苦往来人间世?

莫怪送穷穷不去,去我适人心已误。不如不送由他穷,穷到十分便自住。

穷言:"我在人心住,无所从来无所去。果尔心通穷自无,送穷韩愈殊多事。"

先君诗文甚多,尤擅仿"离骚体"。惜不欲眩世,辄自抛弃。至今四处搜求,仅能得其残稿一二而已。

纪事之文,则酷好纪晓岚。其数年日记,于乡间极平淡之事,皆为之析理义以明是非。其学不拘宋明,尤不喜考据。惟就眼前实际,求事之宜、得心之安而已。

先君交友甚多,而能各取其长。常为予等历指各友之何节可学,何节不可取。而谓持身操行,莫如学刘时轩。至于乡间匹夫匹妇,有一艺之长,有一行之佳,必皆对子弟称誉之,评论之,以为效法。

书法崇颜鲁公,而不责予等以善书。谓"平正通达可矣,不望汝等以书法名家也"。

先君淡于功名,绝意仕进,又味于张仲景"不为良相,必为良医"之言,时复殚习岐黄,并以之教予等。平时救济亦甚多矣。所收奇方尤〈夥〉(多)。予一日左拇趾忽肿胀剧痛,先君取黑白鸡粪,入于杏核壳内而敷之趾梢,予即觉通趾之血,向趾梢而注。顷刻间,趾肿全消而汇为一泡,破之即愈。又伯祖母臂被毒蜇,先君命搜索蟹虫之饿扁者十余数,剪其头而按其腹于蜇伤之口,毒液和血即为蟹腹吸收,腹饱即倒,如是更易十余次,毒尽肿消。先君常谓极贱之物,有时可以获大用;极微之事,有时可以收大功,不可忽也。

先君处己,以谨以约,常谓为文之道,在不说多余话;涉世之道,在不做多余事。谓踵事增华,浮伪者多矣。

先君居于乡,则乡里辑然。举年老有德者以为乡董,即有争讼,皆自处息,故村民翕然;有频年不到县城之乐,自治之精神,盖早已具之矣。

予幼时惯随祖母,年已弱冠,犹复骀痴。已婚年余,童稚犹昔。尝作一文,自述所感,为先君所见,批其后云:"各尽各心,各行各道。亲惟知慈,子自尽孝。翁姑痴聋,古人垂教。儿女闺房,不管为妙。"

先慈沉疴已久,先王母以其为肺痨也,禁孙辈侍侧。予因之大哭,触王母怒。先君罚予令跪而责之,复怆然而泣曰:"予知非儿罪也。"

先慈竟不起矣。此固予兄弟等之至不幸,而先君之悲尤甚,然于王父母前,未尝失其怡然之色也。

先是,先君于数年前,曾梦游山林,月夜之下,阒无一人。忽闻女子泣吟云:"风劲枝欲折,泉流石欲咽。谁拨七弦音?使妾肠断绝。"及最迩又梦见一树,枯萎婆娑,生机殆尽。然其下则有两叶挺秀而起,醒告王母曰:"儿妇不起矣,然两孙有厚望焉!"是两梦皆成谶矣。

两妇至后,多不识书。先君念家庭教育,妇人实为始基,乃设法教之。其课本皆自编,创为声母二十一,韵母十三。声母肖舌喉颚齿之位,而分为开口、合口读法;韵母则作为方位图以纪之。不识字者,一经指示,半日可通。从此音韵翻切,毫无滞碍。以之注于正字之旁,不须人指教,自可读其音。以之解字义,亦一读便晓。所编课本,皆用本乡俚语。其字其文,皆求家庭及农间切实应用。此实为先君创设平民教育之始基。其详见所著《民兴集》(印刷中)。盖以其试验于乡间而得实效,知其法可通行也。方今侈言普及教育,而普及教育之工具,则未曾有,是何异于无营馔之具,而责人之不食也。先君早注意及是矣。

既令妇女略识文字矣,其次则提高其地位,明其教育。向来妇女之恶习,皆为之一洗而不使丝毫沾染。常曰:"妇女而不好虚饰,则可以为良母矣。"乡人化之,故蒲城东乡妇女不缠足之风,较之他处,开发特早。

先君亦尝以《五种遗规》《小学弦歌》《烈女传》等书教家人子妇矣,而注重性情陶冶,不以宋儒之"饿死事小,失节事大"为然。于此点讲解甚切。

光绪二十五年(一八七九年),先君率予兄弟至泾阳入崇实书院,半年后,乃返。先君尝谓"己非曾参,子非华元",决不欲再娶。乃先王母虑其晚年苦寂,必欲为之续弦。不听,则对之泣。先君不欲伤母心,是年继母至。

明年关中大饥,■■肇乱,人心惶惑。先君召予兄弟还家静处。对村民力辟邪教,说明世界及吾国大势,使不致为异说所惑,徒增乱源。时予家中存谷尚多,以之散给村中乏食者,而自和糠秕,杂树叶蒸熟食之,与饥者共苦。予因上树采杏叶,叶尽,攀枝甚高,倾跌昏闭。先君急灌以药始苏。然不以此气沮也。

先君忧时之非,见当代士大夫之锢蔽,口占一诗,令予等记之:

庚子口占

攘攘复纷纷,番舶来海上。莫傍我郊圻,我国有良相。
大界严华夷,斯文赖不丧。藐彼蛮夷人,敢与大邦抗。

蛮夷真蛮夷,德威两难施。黜邪崇正学,符咒有神奇。
率我义和拳,请我张天师。神兵自天降,兴高不可支。

兴高不可支,神兵人难用。焚掠徧京邑,朝士跪乞命。
血流成川渠,血骨邱山壅。西洋数百人,中华千万姓。

万姓莫怨嗟,良相谋猷远。欲宣背城战,先送妻孥返。
大将提重兵,京城围使馆。月余未能克,啧啧称勇敢。

勇敢复何如?一战失京都。相臣欲走避,挟君作护符。
荒古未缢者,闻风卷甲趋。不道败北来,只道保路途。

途路迂且长,平明逾太行。郡有知名士,献赋声琅琅。
上颂銮舆过,下斥维新狂。年来无一事,涕泣说国亡。

存亡国家事,儒生未可言。奕奕长安城,我来自中原。
闻说燕京里,夷人庞以繁。演枪文华殿,牧马颐和园。

殿是列圣座,园是太后宅。如何惩祸首?反被西邻责。
皤皤二三老,相顾无颜色。的诏委罪已,臣终不误国。

上诗盖纪实也。先君忧时之心,于以可见。既遭乱世,复值饥馑,痛国哀民,情殊悲已。

两宫西奔,赈款随至,饥民再苏。先君鉴于大旱之堪虑,复以余粮捐之村中以为仓谷,使食之者每□□合益之。其制行之数年而败。时伯父为陶子方制军延聘主讲兰山书院。予兄弟被拨入宏道高等学堂肄业。越年,伯父自兰州归,与先君及张〈百〉(拜)云先生,倡办同州求友学堂。时光绪二十八年(一九〇二年)也。

先王母于是年秋逝世。自是之后,先君完全陷入悲境矣。二年之中,予常见其哭泣不时也。予兄弟实无以慰之。形销骨立,气逆于胸,因得吞吼之疾。其毁甚矣。后乃自悟其非,力加改正,兼用八段锦工夫得以渐复。有《夜口慕》一首志其哀思:

先母弥留之际,云:"将往'夜口'。"痛中吟此。时壬寅之秋也。
天光渺无际,山色深复深。"夜口"在何处?母去无遗音。
迟迟北汜道,瑟瑟树叶凋。十月满地霜,阿母在寒郊。
白日落西山,光影随风飘。戚友对我泣,谓我毋太劳。
万物塞两间,大化与长消。从古多圣贤,阴阳莫能逃。此理宁不识?中心实切切。
母也过怜儿,儿心何太痴?只知傍母乐,不知有此时。今忽值此时,泪尽声欲嘶。天地甚寥廓,穷人无所之。
"夜口"在东方,褰裳涉扶桑。"夜口"在极西,跋涉到崦嵫。"夜口"在天上,引领徒怅望。望母时来归,慰儿切切哀!

自是之后,先君馆于三原胡家,教学为生。

伯父入蜀,久无讯。人谣传其且有不讳矣。予告先君愿入蜀寻觅伯父,先君曰:以尔祖母之德,伯父之器,绝不致有此。姑待之,信且至矣。越数日,果得吉报。

予兄弟被考送入京师大学堂肄业。先君平时不准儿辈吸烟,至是时,乃购纸烟一打,赐予兄弟曰:"是物余素所恶,但长途跋涉,店房污秽,稍吸之,庶可以避瘴气。"其爱子之情,可谓无微不至。

予入京师大学堂后,致家函称学堂饮食佳盛。先君报责之曰:"予遣汝等千里求学,岂哺啜是图耶?"然同一馔也,予穷家子弟受宠若惊。他省同学则有敲桌谩骂,甚至有推翻碗盘者。是其养尊处优惯欤?拟其父不若予父也。

先君送予等出外就学,作诗励之,录之如下:

惟华人兮神明胄,不可奴兮不可虏。我心之忧忧如何?上失其道民散久。
四千年来自陶唐,设都禹迹渺茫茫。闭关绝使不可得,遂乃厕身争竞场。
场中争竞浑不见,农工商业皆剧战。华山蒙耻华水羞,华人骄气犹满面。
封豕长蛇肆荐食,人方刀俎我鱼肉。宛转求脱几不脱,顽彼昏童又箝束。
人生自古谁无死?死于愚弱甚可耻!雀鼠临迫能返啮,况有气性奇男子!
男子立身戒自轻,要知科第非功名。英雄事业一念定,再休大梦度浮生。

其所以勖予等者至矣。予等抵北京之次年,先王父去世也。先君恐乱予等求学意,竟不之闻。

先是,先君曾为本县绅士公举修订《蒲城县志》,主其稿焉。尽改向来志书惯例,注重于山川、地理、物产、风土、气候、民俗、农工等项。不主轻彰节烈而推重任侠。稿已成矣,县令李体仁阅之以为悖逆,令派他人改窜之。以故蒲城志书,无可观者。于是先君以家居为乐,自辟一园培植果木,并筑三窑,隐栖其中,若将终身焉。然非遂忘世也。观其题扇《扇画五鲤》云:

利薮名场嚣且尘,
频阳野老自闲身。
为愁霖雨苍生事,
池上殷勤养细鳞。

其意可知已。

光绪三十二年(一九〇六年),[先君]出任蒲城高等小学校校长。时朝政日非,先君知清室不可以有为,已加入同盟会。故所延教职员多其同志。蒲城县令李体仁探悉高小为革命策源池,捕同志常铭卿等数人,杖几死,而未有搜获。先君适在省,未及于难,为之竭力营救。同邑周政伯侍御史,力为之助,全校得免。

先君念乡民之无业,思提倡家庭纺织,出资派学生往天津留学。并购纺织器若干种。后未能畅其志,令其器捐赠于本县孙家庄职业学校。

又率为畜牧矣,尝闻开煤矿矣,皆以世乱停办。

予兄弟于京师大学堂毕业后,兄奉先君命服务本省教育界,予则被本省公费派往德国留学。时先君被举为陕西省咨议局副议长,遇事侃侃而争,不稍畏缩。当道惮之。

其在省也,又与同志密结,并设立健本小学,以培养革命人才。及辛亥武昌起义,陕西响应最早,盖准备有素也。

革命方始,清军东西侵迫,陕西孤立无援,其势甚危。统军者欲联络东南而难其使。先君乃自告奋勇,道出汉襄以达于鄂。中途屡频于危,出死入生。记其《商州道上作》如下:

商州道上作

辛亥九月朔陕西反正。升允以甘肃兵来侵,赵倜以袁世凯命来攻潼关。余自请乞援于湖北。时兄自省归办乡团,次子协留学德国。道中马上成此。

■盗东西来,弟兄南北去。翘有游子怀,飘零慨身世。
山经雪为冰,风寒侵野渡。岂不惮行役,美人恐迟暮。
西方有鸿鹄,闻飙频振翅。荡空瞩九冲,徘徊且延伫。
未信羽毛丰,敢轻南溟逝。长泪彻云衢,昊苍应眷顾。

事有奇巧,当予父念子之时,正其子闻飙振翅之日也。盖予在德,忽焉不安,既念祖国之危,复思家门之难。浩然思归。时柏林东方学院延予教授中土文学。合同已定,毅然辞之。于是购枪弹自携,登船东驶。

到沪之日,先君亦适抵鄂。时黄兴已驻军南京,武昌无可与谋,遂复来宁。公事毕,闻予在沪,急来沪相会。而予亦闻父来宁,亦急车往谒。途中相左。予急电请在沪相候。次日相见,悲喜交集。时已天寒,先君犹衣袷衣。而予亦旅赀告罄,盖初尚余三百余先令,尽捐之豫、晋、秦、陇四省红十字会,欲附之以回陕也。于是货其枪弹,为父购皮衣焉。

南北议和,予随父附红十字会返陕。乘汽轮至汉。时平汉铁路断绝交通已五阅月,请于袁氏,开一专车,北驶至洛阳。时同行者二十余人,药箱、医具载大车八辆,迤逦西进。过观音堂,予与他四人步行前趋,中途遇■,缚匿深山。后车得讯,先君初时丧然失色,继则泰然自处,曰:"必无不测也。"后因一丐者给信山中,以大义晓谕■首。■无识字者,予为读之。■为感动,以马送予等至陕州。拘留山上不过三日耳。与父相见,不啻隔世。

大局告定,群相争功,先君寂然归里,仍事田园。后当道聘之至省,令修革命史。先君据事直书,不做隐饰,未尽合当道意,故其史与《蒲城县志》同一命运。继念社会教育为振兴民族之先务,于是联合同人组织易俗社,改良戏曲为己任。当时人多乐助之,故其成功最捷。先君蓄此志久矣。家居时即编有《黑世界》,痛砭缠足、吸烟恶习及贪官污吏之害;《鬼教育》,痛诋世之夤缘无耻者。及是时,乃得畅行其志,快慰殊甚。观其《赠易俗社友》及《答长公》二作可知已。录如下:

赠易俗社友(甲寅作)

凿空辟奇境,与子共居诸。丝竹洋盈耳,不乐复何如?
终南临户牖,欲往意踟蹰。泉石良足慕,惜为■盗踞。
选声制新曲,与子共推敲。老妪称耳顺,怡然兴致高。
元昆阳春调,莫妄学缦操。瑚琏岂不贵,适用是陶匏。
诸伶憨且稚,与子共携持。饮食以为母,教诲以为师。
饥寒求援手,惟此贫窭儿。权门才济济,何事效驱驰?
喧闹长安市,与子共翱翔。莫复闻妇孺,呼吁愁人肠。
晨兴教歌舞,亲履粉墨场。知我谓我乐,不知谓我狂。

答长公

我本出世人,忽做入世想。寄迹在梨园,游神在渺茫。
不能为菩萨,化现满空像。不能为如来,说法舌长广。
结社得良朋,易俗传清响。寻乐且偷闲,敢希识者赏。
何期有长公,啧啧相嘉奖。遗貌取其神,评无毫发爽。
赠我以诗篇,珠玑喜盈掌。何以报知音,前途励吾党。

观于前诗,知先君之所以耽戏剧,亦我佛心肠也。先君学佛因缘,见其自传。

先君先后长易俗社凡七八年,所编新戏不下十余种。其尤著者,为《一字狱》《如皋狱》《黑世界》《孤儿记》《双姤记》《瓜地打狼》《贺家坟》等,观者受其感动最深,盖至性流露于辞间者多也。至于旧剧曲本,亦一一加以甄别,著有《甄别旧戏草》一书。善者存之,恶者屏之。谓非孔子删诗之意乎?

予于民国二年(一九一三年)之始,复往德国继续留学。时先君在北京参与读音统一会,注音字母之成立,与有力焉。欧战中予归国,授水利工程之学于南京河海工科专门学校。中经白狼之变,陆建章帅师入陕,奉袁世凯之命,捕戮革命党人甚多。先君亦为其所欲得而甘心者。友人窃以告予兄,兄密禀先君,避匿经年,幸脱虎口。陆凶被逐,始复来省,仍以社会教育为事。时国事蜩螗,深自韬晦,虽应督军署顾问之名,虚与委蛇而已。观其《感时》之作,可以见志:

感时

古盾悬通衢,青黄启纷辩。不是心理差,云何目光眩?
阶下饲群鸡,阶上支鼎镬。鼎镬煎已亟,鸡食尚相攫。
鹓雏翔云中,欲下迟不下。腐鼠非所甘,寒鸱莫相吓。
蜗角有蛮触,连年战不休。涧底拾碎壳,使我心悠悠。

予执鞭南京,以其薄获,供三侄读书,先君不责以仰事。及予定计遣两侄赴德留学,先君以书勖之曰:"壮哉志也!"及民国十一年(一九二二年)来游南京,见两幼孙,喜曰:"汝夫劳苦不虚矣。"先君盖先率易俗社甲班学生至汉口演剧,迂道来视予者。旋予以已应陕西水利局局长之命,乃于是年夏奉父回陕。行至中途,灵陕为■所据,乃绕道太原,陟越霍山之坂而达风陵渡。此行亦殊苦矣,然先君尔时犹矍铄也。

回陕后,居于三原。时班妹隼弟尚皆幼小,教子为乐。隼弟以十岁耳聋,而先君教之,能不使失学,得成有用之器。教女以朴实无华,训诲谆谆。

民国十五年(一九二六年)全家困于西安围城中。时京、都两孙犹在德国。予先一年出省,得免被围。先君自慰曰:"协在外,两孙学费必无忧,吾滋慰矣。"日惟虔诚礼佛。虽炮火喧天,八月之久,予家又处火线下,而全家妇孺,泰然处之。先君之化深矣。

民国十六年(一九二七年),国民军入陕。少年党人,思想多左,任(为)所欲为。当道不能制。将毁文庙以建公园焉。先君乃单衔上书曰:"民国约法,信教自由。中山先生言犹在耳。今国民党人行与中山先生相背,殊深诧异。昨《国民日报》载以文庙改建公园,是废文庙也,即废孔教也,是又以一人专制众人皆不得信孔教也。大背中山之旨,即不得为国民党,自失人格尤其小事。孟子所谓为政在不得罪巨室者,以巨室所慕,国人慕之也。曾、胡、左、李之为清倒洪者,岂不知汉族之可爱,而爱满人哉?盖恐其天地会之夺孔教耳。今也专听无学无识之少年,而不顾大局所受之影响,吾为此惧矣。"文庙竟以保存。先君虽笃信佛教,而一切言行,并不背乎儒宗。

是年,予以西北尚未能无事,辗转之蜀。其明年先君来函云:"逆睹天兆,大劫将至。非寻常灾祸可比。"命予设法移全家于外。予乃于应华北水利委员会委员长之后,迎养伯父及先君于北平。

先君至北平后,得皈依格西喇嘛,精研密乘,心中大慰,以为此行不虚。惟以年已迟暮,不及修持为惜。又遥奉潮州王宏愿为师,时相问难。得密乘课本,命予兄抄写一部,奉为至宝。其后以人民劫运太深,祷于佛,愿舍一身以减众生之罪,遂至寝疾病中梦吟诗曰:"本是金刚不坏身,缘何复被病魔侵。病魔寻觅无踪影,上下四旁惟一心。"盖医院中以 X 光检查之,而不得其病之所在也。

时予妻亦病，先君命予妻至西湖养病而自与继母回陕。继是予即回陕任建设厅长，复迎养焉。先君教予妻以咒，令日持诵，并朝夕礼佛。数月之后，多年沉疴，竟以霍然。先是数年，有旧仆之子病剧，其父请于先君，一临视之。先君为持咒语，以手抚其身。其子迷蒙中见金面临前，大惊而醒，病顿失。人且讶先君有此奇术，胡不自医？先君曰："吾不畏死，奚必逃死。惟吾志未竟，须及时为之耳。"所谓未竟之志者，即其著作数卷也。

先是，民国十四年（一九二五年）孙禹行督陕，聘先君为顾问，先君为集《孟子》句而加以疏解以讽之，名曰《谐文孟子疏要》。既而悔之曰："是恶可以谐乎？"改为《集孟政谈》。于是时又著《兵农说》，主建设先从下始。复古邑制与农村之须要，先君于数年前已见及之矣。然此尚皆非其焦点所在也。其主要之点，仍在民间教育。于是强疾而起，日夕孜孜，书写不倦，力有不继，乃祷于佛，请延时日，以完其愿。于是精神大爽，目力亦强，缮写小字，工整不苟，名曰《民兴集》，取"庶民兴则无谗慝"之义也。书分文编及行编，文编教人如何识字通文，法皆自创；行编则分为法与戒，皆为教育儿童之箴言。既已脱稿，乃喟然长叹曰："是殆我佛引渡之期乎？"遂卧床不起。

时予任国府救济水灾委员会总工程师，方往来江汉。先君以予奔波劳苦而所事多波折，而以虚舟一诗慰予曰：

　　一身为虚舟，自在放中流。漫天风浪起，无怨亦无尤。
　　榜人怜漂泊，携缆相追求。追求良足感，去去不回头。
　　既脱帆揖轭，谁复转自投。愿言净舱舷，空无一物留。
　　汎汎河中影，随波载沉浮。南溟清且广，逍遥适所游。

予得家中急电，急请假归里。先君见予悲喜交集，既而悔曰："儿女之情，久已忘怀，何复出于不自禁？甚矣，魔障之难去也！"自此以后，即复怡然泰然。卧床三月之久，始终无烦恼状，遂于民国二十一年（一九三二年）二月二十日申刻逝世。临危尚口占曰："不作还家万里梦，浑忘为客五更愁。辞别亲朋无一字，接引老病有孤舟。"其神志清明如此。嘱予以后仍往继江淮工务。又切嘱家人不许哭泣，但须念佛。

是年也，先君卒，泾惠渠成。江堤告竣予即大病，几频于死。其于予也，识可为最深刻之纪念矣。

先君于晚数年思归住南园。同邑张东白告之曰："君欲之，斯足矣。"噫！南园终于一忆而已。

附录

莲舌居士传

居士,除旧布新时代人也。吐舌并作三瓣,出唇外寸许,如莲状,因以为号焉。淡泊恬退不喜俗,持一主义,曰,凡事必起于不得已则为之者,人不厌其为。是寂灭相有为之法,非出自然,机心相应,烦恼随之,是则谓之多余事。所视天下纷纷,几无非多余事者,读书,不乐举业,故习以弗工,以其为多余事也。亲没,遂尽弃之,壮不如人,老复何为?追天地否?塞道魔莫辩,则维持自主义,不落党派,曰,舍其见而苟同于人者,耻也;无其意而假其名者,盗也。曹操之拥汉室,不如伊尹之放太甲,其意则余窃取之矣。周旋各军长间,少所许可,曰,利国者不顾家,福民者必忘身。恶有问舍求田而为英雄者乎?恶有利己而不害人者乎?恶有以慈悲假面示人而非恶魔者乎?是故不可与言者,则终不与之言焉。谓其取诸民者,不义。有毒性,有怨气,非慈心能化而以养身者,不祥莫大焉。是故不就征辟,与同好者组易俗伶社以自隐。先是少从师读,夜深恍若在山洞中,一灯荧然出见,皓月当空,万山雪白,随诵一词,曰:

雪满山,

月满山,

鹤唳风声半夜间。

清光入面寒。

既觉,

即悟,

前身为僧然。

尔时,深入儒家言而不信佛也。及是于长安市上,恭逢阿弥陀佛瑞像,光射百步外,惊喜请而供诸斋室。夜就寝,忽面前黄光一现,有声曰:"授汝陀罗尼。"此时中国密教久绝,故不知其为何语。翻阅经典亦未得,然因是得窥佛法之大。后遇善知识者,蒙其开示,欢喜无量,遂皈依三宝,专心密典。愍众生,故颇有为于灵觉中若。或告云:"毋多人。"曰:"人多心多,心多事毋多。人多人多情,多情多累。"始犹疑之,曰:"此非所以慈悲救世也?"既乃悟,曰:"此即所以慈悲救世也,今世人尚竞争,与有言焉,则争论起矣;与有行焉,则意见纷矣。无事无累,游于寂灭,而后可以有为,必也其为文章乎?"故所以报佛深恩者,但以笔代舌云。

赞曰:淡食取味,静境寻乐,平情得福,闲心应物,以终其身,处乐与约,天半孤云,深山野鹤。

忆 祖 母

祖母王氏,非常人也。性聪颖,识见卓超。祖父为一谨愿之农夫。祖母辅之。经同治回乱七年、光绪大饥三年及家庭变故,极人世不堪之苦,终抚教二子成人,知名于世。而遇大难当前,辄若有神护。一日闻■至,率家中男妇,窜匿壑中。壑中有窨,曲折长数里,其出入口,当悬崖之半,丰草掩之。匿其中者甚众,俱以为安。忽一夕,祖母心悸神慌,不可一时待,立率男妇六口出窨,众劝止之不可。过一村前,时贼众正张炬操练,喧声四播。匍匐潜行过其前,得不为所获,而避匿他所。是夜贼破窨,匿其中者尽歼焉。其他如是类事迹不一。饥年家中存粮尚数十石,而掌家政者靳不与食。六口濒饿毙。后知不可共居,率子妇另处。无牲畜,无犁镬,男妇持锄破土以种。农暇则祖母业针黹,祖父推车贩瓮以售,得赀供两子读书,及孙辈长成,犹操劳不少懈。二子成名后,谆谆诫以勿求仕进云。

记 梦

(记梦一组。此题为编校者加,以下各文标题为原题)

梦诗

先君日记中记其梦一则云:游山中,怅惘迷途。忽闻女子歌声,歌曰:"风劲枝欲折,泉流石欲咽。谁拨七弦音?使妾肠断绝。"余母寿之不永,此诗或其谶欤?

余在柏林,一夕梦中作诗曰:"未知葫芦里,卖的什么药。老王同我好,他也不肯说。"醒而异之,柬以示兄。兄复曰:"葫芦自葫芦,管它什么药。本来无一物,何必要人说。"

又旅蜀时,梦游,复梦作记游诗而未就,醒乃续之曰:"夜长梦境奇,多是旅行事。梦踏自由车,履险如平地。(以上梦句)忽如登大车,停车场待驶。车中正张筵,阒其无人至。又为全家人,或生或已逝。上自祖父母,下及宁洋(二儿名)稚。并辔者伊谁?绰约是吾妹。忽焉临水滨,无舟不得济。歧路且徘徊,乃有老人至。指我向上游,上游深可历。"

记异梦

民国十三年(一九二四年)十二月九日夜,梦有使者来云:奉阎罗王命召公,即有人以冠服加余身,颇类剧中之包拯。余随使者行至一处,有井深莫测,使者既入,余从之。身飘如落叶,空气稍觉寒浊,俄而至阴界矣。使者导历诸狱,不忍睹,闭目以行。至一广场,无路,血肉狼藉铺地,立不稳,闭目止息,滚而过,亦不觉腥臭,衣上未着一点血污。使者赞曰:"纯洁哉!此公也。"乃引见王,王执礼颇恭,曰:"先生倦矣!其导之就浴。"使者引余入浴室。有方池数四,顺列一排,榻椸巾栉俱备。池水湛然。每一池前,铺以草垫。余入水,温和适体。出坐垫上,以巾拭垢,复入浣之。浴竟,求再见王。使者曰:"已备驾,王待送于国门矣。"余随使者出一大门,则王果拱候道左,而一长途汽车停其旁。于是握别登车而返。王之见召,殆为一浴乎?

忆行年四十五时,曾作一打油诗云:"少莫喜来老莫愁,人生原不几春秋。阴间塘子洗回澡,老骨头变嫩骨头。"其为此梦之远因乎。

又记异梦

昨夜风,睡未稳,曾梦至一地,题有匾额曰:"堆恨成山移山成爱之馆。"不解何意。中有一女极高雅致。余牵裙与语,赠以物不受,反以一物置余头上为赠。余取下视之,为一宋磁美人首。修眉盼目,口含一巾而笑。嘻,是何梦耶?

记梦三则

三日夜。梦至一大工厂,许多零散仪器都停发动,独有大、小电扇旋转无已,亦无一人。最大者扇叶长几二丈,旋动极速。试当其前,反令飕不可当,几于吹人而逸,急避之。

四日夜。梦至一塔下。塔顶有杨伸入云端,似乘飞机而上。达妹随之至,曰:非飞机,乃升降机,以极有力之动机提升之者也。楼中为雕刻人物像皆极有神致。最有精彩者为一小佛像,坐岩石中。余曰,昭觉寺中所见之罗汉也。妹曰,不然,矍昙也。妹旋与其友品茶。余先下,见所乘者果升降机。而机为多节制,每节乘一人。余思探首察之,则上节坠下,急承以手,仅乃不致坠压。及地,出,则变为一椅。复入一深井,妹亦随之。井极深。缘梯而下,至底。水不深,亦不冷。坐而浴极适。浴竟复升。

复梦在蜀,有华阴宫,蜀之韩叔向者,其女公子(名广澂)为人诬以共产党,拘之去。叔向求救于我,我□之出狱,叔向感之不尽。

无 病 而 呻

余十四岁时,忽作《客愁吟》曰:"茅屋檐上月,柳池树间风。月即昨夜满,风从何处通?疑从故乡来,藉兹夜月明。故乡非故乡,秋风总多情。

"忆昔别故乡,月黑风凄凉。故乡千里隔,风峭月彷徨。月似鉴而悬,何无故乡影?风可御而行,何不入乡井?

"月光不可扫,风来不可倒。宇宙一风月,偏兹令人老。

"待晓月将落,客眠风亦歇。城南听击柝,客愁时又发。客愁自愁客,岂必愁风月。"

伯父见之而叱曰:何无病而呻?!

八股怪题

余两应府童子试,俱曳白而归。其试题之怪诞,实出情理之外。同州府属十县,一次即以一、二、三……十等字命题。"一"为缓其一之"一"。"二"为二吾犹不足之"二"。诸如是例。吾蒲城为第七县。试题为善人教民七年之"七"。又一次则以县名一字命题。吾县得题为蒲芦也之"蒲"。白水县得题为源泉滚滚之"泉"。无理取闹,可谓已极,亦八股之末运也。

禀伯父书

(十一月十九日)

伯父大人膝下。敬禀者:儿等自此次入都,于学堂功课,日夜攻苦,不敢自佚,上负亲心。随以无事可禀,久未奉问,未审近况何如,伏维万福。自儿拜云叔入京,凡三约同乡,商议路事,而至者终寥寥。不得已,自上书邮传部,陈陕路办法及可筹确款。而批辞又着陕抚查核,是路事已无可望矣!不意同乡京官,受江浙路事之刺激,大动热心,□□□于十□□□□乡□会馆,议设铁路研究会,到会者六十余人,公举晏□□[观澜]为议长,□延发、张春慈为书记,定每月两次开会,然将来之无效,已可概见。当开会之初,虽曰绅办□办,众口一词,然不敢以必成自满,惧落去年研究社之故态,遂不敢以研究铁路会为名,名之曰同乡会。名曰推广范围,实则为将来推诿地步也!学界中为书以驳之,未知其会听否耶!江浙代表,十五日入都,商学界人,欢声雷动。十八日在湖广会馆开会欢迎,至者千余人,以此观之,其结果或不致甚恶。学部于大学堂学生,张以为颇有根底,欲展限两年,就造通才;崇以为嚣张澹忘,不堪造就,欲使速毕业,而另招新班,目下尚未定议也。总之,学部对于学生,近日甚为憎恶,一则由于不成才者过多,一则由于学生议论时政也。江浙路事,学界曾上一书,大犯政府之怒,传旨申斥,陈骧遂乘此隙而有条陈学务一折。陈骧初为商部实业学堂教务长,以弗讲学务,妄逞威福,为学生所逐。此次条陈,欲各省学堂,皆业云南提学使办法。云南高等学堂,有学生以犯病请假不许,不得已而逃归,比至家,则已死矣,而提学既知该生私逃,立即开除,复饬差至其家,迫交学费,家人问须多少,曰:五十金,盖开学始十五天耳。家人愤然与之。后以全堂学生代为不平,学使遂全堂开除,另招新班,故陈骧欲借此案以大泄宿愤也。大学堂前教务提调,学生与有所商,稍不合意,则曰:"诸君亦知学部,学部的意思,开除一班学生,并不可惜,既有学堂,不愁莫学生。"后有一生亦作色答曰:"我辈来此,亦想学成为国家办事耳,谁愁在家莫饭吃耶!"提调遂语塞。夫上之疑忌若此,下之贿赂请托不绝,将来学生之价值,亦可想见矣!故儿等谨遵伯训,绝不以功名为念,将来学成,□于国民少尽义务,亦所以慰亲心也。儿每日于功课之外,与同学译化学、物理诸书,约明年八月,可以脱稿。余俟续禀。肃此,顺请福安!

〔光绪三十年(一九〇四年)五月二十三日〕

伯父亲大人慈鉴。自正月至今,蜀中信息竟绝,谣言纷纷,家人愈惶愈恐,恨不能肩生两翼,飞渡岭道!二十三日,博到省发电,次闻侯敬初被召往彼,又不致我一纸,而谣言滋甚,闻之令人肠断肝裂!伯父公务匆烦,劳无空闲,然书一家信,当亦不致所耽误。何惜顷刻之精神,而令家人受无穷之苦恼耶!儿等被宗师荐至京师大学堂肄业,动身在即,而不得一平安之报,何能一慰!乞速赐回音为祷!此请尊安!

(二日)

伯父亲大人膝下。前李佩实归,言伯父近日身体不适,不知是否感冒,月下能够大愈否。佩实又言,伯父以儿等遣号颇操心。儿等所遣之号,虽系新设,然墙屋自去年建起,已大干矣。至于一切谨慎,一尊应命,万乞放心。此月语言文字榜,博列第四,协列第三,堂课榜尚未出。刘煦廉现在此,言阿爷精神如故也。专此,敬请金安!再者同州求有学堂需粉锭,此处救世堂无有,省垣能求得少许,以应目前之急需。

禀父亲书

（六月二十一日）

父亲大人膝下。金安。前呈书两次，并《日本文明史》一册，想□□矣。兹我伯父在河郡与否，儿久不见信，中心惘然。乞早赐音为祷。《日本文明史》下编亦成，□我□□□焉，故未假句点，急呈慈览。儿意刷印时，定为四本，上□□及举业之先，再呈于宗师，不知已改窜及缮写就否，就则令我亦预采之。儿独居一院，久觉寂寂，望父亲嘱我兄早来一二日为是。□药□□，稍有外感即嗅之，颇有效验。益丰□发卖□□者德药物，皆系配成治专病者。伯父、父亲或家人欲有所用，可函赐求之。现此间学堂所以聊慰人者，差胜于关中学堂耳，而究不满儿意，伯父尝言遣我等到山西学堂，不知何日可遣也。儿之志，欲以哲学为终身之□名，以工学为平日之生计。漫漫秋思，何时可遂耶！我祖父精神何似！赋京脑力可试其优劣如何。此子方有知识，正赖母教，而家中妇女，无不野蛮若何？王茂斋处胎内教育，不可不为我家买一本。兵书虽贵，关系□□□问□卖完□。儿与我兄秋闱不应之心已决，将以此暇改习他业。且以省无□□赀费，不□□于已乎。十三经若不用，令我兄带来，学堂犹有经学一班，而我并无其书何以应考。专此，敬请福安。

（十月八日）

父亲大人膝下。十月初七日，接到九月初四日信，又知儿伯信息，欣喜之情不自禁。儿等自托右嵩带信后，投邮柜者一次，托袁□□者一次。名鸿达护送学生委员计今者尚未达知其人矣。儿等十月初一日，始由会馆移入大学堂□□□□，住址内城马神胡同大学堂，内中一切住宅、器用，均极精洁。有寝室、自习室、盥漱室、食堂、憩息室、阅书楼、浴室。每晨六点半钟，鸣锣起，盥漱、赴食堂食粥。七至十一点上讲堂。皆何功课，刻下未上学尚不能知。十二点午餐，一至四点功课，六点晚餐。饭均大米，

□儿得惜,量不□少。菜八味,极精洁,每席六位,各有定位。教员、办事员亦同席。九点半钟,摇铃就寝。最好者,教员、办事员,有监督、教务提调、斋务提调、监学等官等,尚无居尊自大、上下隔阂等弊。初见面,不过便衣三揖,后来情形,虽未□□,□目下一切章程观之,颇惬人意。至于用功勤惰,是在人耳,□□□□□□□。儿等此次承祖父、父亲厚望,不惜远离,临行诸友之诫(？诫)勉,在此又享莫大之福,以后或留京,或出东洋,必以学成为期。闻我同胞智识□□□□大事,责任不能委之他人。日俄战事,俄人现已困急不堪,沈阳久已陷落,旅顺不日又将失守,现相持于奉天。英人利用此役,兵□西藏,改立合约,驻藏大臣(有泰),并不与闻。既成,乃使□知政府,政府以有损主权,责有泰,亦贼去关门而已矣!英人既获西藏主权,□复怨俄人,乃曰亚洲有地,可容两国,明以此□□□蒙古相让也。□□□例瓜分,落实地矣!闻泾阳姚姓者,集股承办陕西铁路,已禀□□,□事大好。近湘、粤等省,均各争回本省路权,不意各省亦□明□□□□□,或无其事,父亲可与诸同志相商以鼓励之。事虽远神,然不可不言。既不自办,必归外人。既归外人,路所至之处,即权力所至之处。第一彼以护路为名,□处可□设兵,利权外溢,犹小焉者。湘、粤有见乎此,故外得罪美国,内得罪盛宣怀而不顾,必争回粤汉路权也。此语告知张、毛等教习,办不办亦使知之。汪青生欠银三两余,可追收之。书局书银其账包代为还过。儿在此购得药物数种,无便人皆不能捎。同日亦为我伯父捎信,学堂设有邮柜,带信极便,以后续秉。肃此,顺请福安!

(一月二十二日)

父亲大人膝下。兹儿已晤穆藕初,据云:上海、通州各处棉种,俱退劣,远不如陕西,陕棉可纺二十支纱,上海棉则仅能纺十六支纱。伊之植棉改良试验所,第一年成绩无所见,因雨潦旱干不时,故失败也。又云:买种不如选种。但按伊所著植棉改良法为之,当有速效。兹又寄上新学会所出植棉法,以供参考。挂面机器,刻不能买,因过年后诸儿学费需数甚〈夥〉(多),无暇及他,京已考入同济,每学期即需一百二十元,已大费踌躇。年假中赶译一部教学材,卖稿以求接济,尚不知卖得脱否。此次来上海,为避风云计,租居虹口兆丰路澄衷学校后面寿昌里三百三十七号,月租六元,□捕捐一元五角,已粗买家具数件,暂作安栖计,都林令考澄衷插班,考期在阴历年后,能考上与否,亦未可知也。儿左邻为四川朱姓,老儒也,今诸儿随时从之习国文。右邻许先生,即河海校长。今晚儿往南京,家事已安置妥帖矣。专此,敬请福安!并请继母大人尊安一家好!

(十二月七日)

父亲大人膝下。十月十日赐示敬悉。所命买好棉种,年假赴沪时即为之。挂面机器,一时未能骤买,以钱未能足也。年假将近,已托季鸾在沪僦居一所,不日将迁居于彼,以渡年关。好友相聚,庶不寂寞。林儿读书,理解力颇富。京都则头脑甚不清,尤缺者国文,故时督令读《左传》《毛诗》《唐诗》,兼看《东周列国》,令其多识字外,则演算,读德文。最妥令随儿读德文,等一年再送入校,以同济首年功课,亦不过德文、国文、算学,而进步甚缓也。上海二日前,忽炮声隆隆,起于南市,传闻肇和兵轮变,攻制造局未克,而兵轮受损,结果尚未悉。南京镇静如恒,校中一切照常。一星期余,天气晴和,非常和暖,今日忽大风乍冷。昨为隼、班、田、兰、萧各买冬帽一顶。今日付邮寄省。专此,敬请福安!并请继母大人尊安一家好!

(六月十三日)

父亲大人膝下。两次慈示,俱已领悉。所嘱两事,放暑假后,即往为之。今黎公即总统任,天下熙然望治,战事不致再启,从此太平矣。吾省时局,想亦较前大佳,惟■■仍然猖獗,儿岳家竟亦被抢,吾家不知如何,悬念之至!上海地方,远不如南京空旷清闲,世局稳后,将仍搬儿妇至此耳。林自然亦随在此读书,都则或入上海学校,或入此间学校,未定。洋楼之图,略有端倪,惟半年来,以世事捣乱,知一般人民求护其身命之不暇,焉能及此,故久置之。兹暑假当成之,即寄归呈览。下半年事情仍兹,惟薪水廉薄,劳碌一年,毫无羡余,为可叹耳。世情如斯,又不好意思求加薪水,只可贮待承平之日耳。专此,敬请福安!并请继母大人福安诸弟妹好一家好!

(五月末日)

父亲大人膝下。兹接到三月二十三日慈示,先两日曾接博函,已悉吾省中情形大局变动,而吾省乡家中俱获无恙,诚为天降之福。如慈示所云,惟望天道好和,使乱事早息,生民乐业,旦夕祝之。吾乡于干戈之际,又加之以饥馑,不知乏食者人数众否?吾村不知尚过得去否?北院得无已仓囤空竭否?不胜悬念。此间田禾尚好,目下正栽秧耳。妇孙等又早移居上海,与季鸾、西堂及刘〈孟〉(梦)锡俱为比邻。京在同济德文校中,颇能刻苦用功,亦不忘费一钱。吾家子弟,性质虽鲁,所可取者此耳。都林于此,暂时间随杨西堂读中文,随季鸾读英文,校事如恒。儿妇身体甚好,惟喜思家乡,常致不快耳。董雨麓已归陕,其家在汉,儿不时周助之。刘〈孟〉(梦)锡亦在作教员,系儿所推荐。张大成□来函云,已入大学分科。中交两行停兑之乱命下,此间中国银行,不受其令,商市得以如恒,然亦受影响不小。昨报又云:湘亦独立,计宣布独立者,已有八省,尚未宣布独立者,中央命令亦多不奉行,俨成割据之势。安徽停办学校,专以养兵。凡此现象,皆为乱事未能骤已之兆。而强邻窥其侧,毫不之顾,若之何哉。书此时,正值朝曦初上,园林好鸟,歌啭不已,若不知中国之今日危象者。则此区区园中,固一太平世界也,安之可也。幸邮之尚达。专此,敬请福安!并请继母大人尊安!

(三月十九日)

父亲大人膝下。兹接到正月二十六日来示,敬悉种种。吾乡■气不熄,悬念之至。南京恃有柱石冯将军,安谧如故。年假时,往上海小住月余,送京入同济文医工学校。都、林考澄衷插班,未考上,即得携返南京学校,俟暑假复再送入此间学堂。京儿学费,上学期百二十元,当时未能全措,借义源厚百元,此月已还五十元,下月再还五十元即清。暑假前寄回百元,以为煤井之补助。暑假中即可又为诸兄积学费,诸儿天资顿极,惟尚肯用功。现家中雇一女仆,系江北人,每月工钱二十[元],尚勤实。□□之校中厨房,每月上下五人共十八元,以其尚较自□廉也。早粥、午米、夕面。目下正为一家缝袷单衣裳。京儿来信云:校中上午四时德文,下午中文,读古文、名传,又有地理、算术,亦□德文;饮食尚佳。都儿喜读英文,即令读英文。现今都每日读《左传》《毛诗》,读史论略及古文选本,中国图会公司所出,唐诗,并演算术;林令读《国文》《唐诗》《□近古文》,并习算。儿现在校中所担任者,为地质学、图画及物理实验,尚不恒通。刘〈孟〉(梦)锡亦在,是教化学、物理。今日天阴,昨日星期六则佳,曾携都、林上紫金山一游。专此,敬请福安!并请继母大人并一家好。班、隼何不早令识字。

(五月三日)

父亲大人膝下。前以偕嫂,送妇及诸孙至沪。然此间近日局尚已大稳妥,立于中立之地位,以为讲和余地,故万无可虑之事。全国大局,不久当快解决,从此后各方既□天良,庶治业之日,尚不为无期。校事仍旧,惟议事会成立日,不无患迁移耳。金郎来信言:欲从谦梅等归,但儿劝其不必。闻吾乡岁复大歉,民生若之何,麦秋不知尚有二三斗之希望乎。欧战不已,物质愈贵。惜吾国人专事捣乱,不知借此时提倡国产,失此大好机会。德人攻法之勿尔敦,既不得志。近复图东、苏〈彝〉(伊士)河畔,行复见炮烟弹雨矣。京儿读书,为校中先生所称,而以老实著名,终日寡言语,不问不说话。专此,敬请福安!并请继母大人福安!

致 胞 兄 书

〔宣统元年（一九〇九年）〕

约之三哥鉴。兄先一日赴雒，弟后一日至省，交臂相失，如是者屡，岂有鬼神播弄，何吾兄弟相见之缘如是真涩也！弟之耽搁，以嫂自县归，病体莫支，医药经营，种种需人。弟行时已见其实无可望，大概不出半月之内。衣衾棺椁，已预备妥帖，不必挂念。林林日夜依其祖母，颇驯适。都都愚骏，尚含饴笑跃。惟京京知啼哭，令人酸鼻嗟嗟！吾兄弟失恃早，观诸儿情状，忆往感昔，五内欲裂矣。乃决然而去，舍之弗顾，车马登途，稍觉慰矣。或者万一有复生之幸，今我见于尺素而欢跃也。至城内逗趋一日，父亲精神甚好，惟事烦恐不能久待。弟已劝其归家休养者屡，未见俯从。近日桀犬吠尧者，颇不乏人，等吾家事静后，兄可力劝之。兄悼亡后，目下且勿续弦，三年后诸儿渐长，乃娶可也。弟妇心颇诚厚，恐愚鲁有照顾诸儿不到之处。幸伯母尚健爽，颇厚爱诸儿。继母亦慈祥人也。何诸儿见之不甚亲爱，实加训饬。兄外边事若好，可携京、都至外求学，林林且交弟妇教之。父亲无事，亦难静居，可劝其编小学书籍。弟闻兄在雒，须耽搁一月，故不待一面而行。别后二十日以内，致弟函，且交于右任处。以后之函，托王祖训（顺天中学堂）寄之柏林使馆。兄若归家时，可为家中买大豆菜若干，冰糖一斤，青斜布若干尺（缝棉衣用）。敬候近安！弟协拜上。

〔宣统二年（一九一〇年）〕

约之三哥鉴。近况未呈报者，两星期余矣。此两星期间，身世之变象亦〈夥〉（多）。先有博士毛尔，前信言与之愤致忿，几至决斗，今其人已负荆谢罪，归于无事矣。有闵脱者，福音教人，询弟何教，答以佛。极力劝弟改为福音。与之辩二教之优劣，伊弗能胜。伊云：佛以寂灭为主，引人入不幸。驳曰：耶以求福为主，贪妄之所由生，求而获，则我幸而人不幸；求而不获，则我更不幸。佛之归点，曰无幸无不幸，所以云尔者，人世之幸不幸，不足以形容之也。伊问弟如何是涅槃？诘以上帝之天国是何状况。答曰：弗能言，然即是乐地。曰：涅槃亦如是。伊云：人死魂必付，帝容听审判，□□□。诘曰：今有人至柏林，未问其时焉往，先问其何自来。今汝知人之灵魂死必付上帝处，敢先问其来何自。沉吟久之曰：其来何自，必死然后能知。曰：其往何所，亦必死然后能知。然则基督欺世否。曰：不敢言。至弟本非佛教，胡以佛教应。缘近世民贼，动据孔说，以谄上害下，弟不屑与为伍。中国危亡之机，人尽皆知，而近日其机则现若不可终日！日俄联盟复，俄皇又亲至德之泡贡达姆，与德皇会，与德订好，使无内顾之忧，乃肆力于东。波斯之俄兵，尽撤而东矣。■■等处，俄人肆添兵队，炮步马兵，不下二万二千人。中国驻东三省之兵，则奉天□城子各八千人，吉林约二千，齐齐哈尔五千，合计之不过一万八千五百人，军械亦不精备，山炮野战炮俱缺，以之故□一国尚不足，□□必有日本之助耶。日人以中国之亡与俄人等，甘附异议，以德同文同种之国，居心□□可问，□□□俄以兵力要约，闻外部已满口答应矣。但伊犁之俄兵，则尚未□□撤退也。日人[于]德、俄之后，以□□等之利权，□可断言。他国继起，不知何辞以谢。名曰自由行商，实断绝□人之生命。又俄人以虿蝎其心，近来专诬造谣言，云中国有排外之□□。尤可笑者，哈尔滨鼠疫盛行，□人死者，日数百计。欧人前役死者，不过数人。俄人虽有防疫之队，毫无功效之可言，其人医士及兵卒则尽力，甚至欧洲各报多称之。乃□□兵教师司攸里臣考诬中国政府□□□杨子红患疫之人，迁至东省，以为驱逐外人之计。弟曾于德国有名报纸，登报攻击之。日人于柏林设一报，名曰《清月报》，实中国人与之毫无关系。日前著一论，题曰《果有黄祸乎》，其痴笑中国，□人发□。亦意淫日人以和平为主，决不与各国启衅，至中国则俟之清，亦莫望其强也。但中国处无心肝无面孔政府之下，危亡在所必，尚何望其强！又何忧人言之如斯。总之，中国现在无一可望。所默祷者，人心之不死耳。窑有倾势，处之极险，且于卫生亦不合。依弟之意，不如□两院庭隔成两屋，令伯父住其间。最好把窑拆了，窑后之墙，不坚实者，另筑之。以窑之砖，籓墙之遗物，设为花场。若舍不得，或仅将两面一窑拆去，□东窑贮粮亦可。拟如弟有一天回来，非把两窑都拆了不可。中国万一无事，则弟将于今年□预考，明年暑假旋里一次。暑假三月，由柏林至北京十三四日可至，由北京至家五六日可至（潼洛铁路成后）。在家住一个月，在省住七八日，各处游逛二十余日，旅行之第二目的，调查地质、建筑料物价、人工及□□□目下之情形。再来此，一年后考毕业，游历□者一年回来，此弟之奢愿也。专此，敬请迁安。代请伯父、父亲大人□□福安！伯母、继母大人尊前福安！京都□□念书何所适来正月五日赐片敬悉。弟协谨启。

致 妻 书

窈妻爱鉴。我是前日到南京的,住在河海学校里面。昨天早晨,到刘梦锡家里去,刘大嫂一看见我,就说:"你怎么脸上有黄有瘦!家里人都有天保佑,你再不要常常牵心罢。"本来我这几个月光牵心多了,看见百姓受罪牵心,想起家中大小牵心,为京、都求学牵心,还有凤妹妹□丁大嫂,无人帮忙,账户催账,家里受窘,不成器的两个伯叔哥弟,一天吃闲饭、抽大烟,还总谋约分家当,却教他一个人为难受气,也为牵心。可是我精神很好,就是瘦些不要紧。现在到了南京,我总要疏散疏散,好好养几天,看看一个月后能回来不能回来。杨嫂嫂也说我瘦得很,我自己倒不知道。现两个□发痧子,□荫儿也□□。这儿也天旱得很,塘都干完了。乡里正收麦子,不知我们乡里本年麦子能收不能收?你好吗?附与两儿书:宁宁、洋洋两个小臭货!你们耍得好吗?园子里桃、杏结下了莫有。你们再不要欺侮聋子叔,他聋得可怜。可是他听不见炮声,倒好。再过一两个月,世事好了,我回来把你抱上,给你们讲故事。替我问候二爷、三爷、三婆好!爹爹阴历四月二十二日。

(一九二六年六月十六日)

窈妻爱鉴。我想伯,我想爹,我想娘,我想三哥,我想你,我想隼、班,我想宁宁、洋洋,全家人我都想该。天热了,班娃说:"四哥你吃凉粉啊!"隼娃说:"你岂有此理。"如果,如果,我天天想,心里难过,难过,难过,难过,难过,难过,难过,难过。行李收拾起,不管他兵咧、火咧,冒着险回来罢。却又想,回来难,出来更难,怎么好?想来想去,难过,难过。还是把我预备的路费寄回来,救救家中的急罢。该怎么办,索性不回去罢。老人家年纪老了,想到不孝的儿子在外胡闯,心中不知怎样着急。难过,难过,难过。我去到安庆,看看刘建侯,问问他的主意罢。行李索性带上,他说我该冒险回来,就回来!回来那一路闯得通,并不知道。他说不该回来,再看罢。姓刘的都是我的好朋友,刘建侯、刘〈孟〉(梦)锡、刘鸿臣、刘静波,这些人多好呀!半个多月又莫有见家信了,报上也不见陕西消息。得□韩□说,刘又打到省城周围,打到东关,又打过了,也不知怎么样。陕西是地狱!我一家人都在地狱中!我好难过呀。这封信给邮件检查员拆拆看看,他们爱打仗的人,心里不知道怎么想呀。世上的路给他断完,人给他们杀完,才甘心吗。

(一九二六年阴历七月十日)

窈妻爱鉴。一封一封的信,投在邮柜,都如投在井中一般,□□莫有回信。西安城中,不知成了什么样子。无辜人民,饿也饿死完了。朋友们劝慰我说:"你家世代积德,□又一赐多好,常济人之急,决不会有什么凶险。"但是我的心,岂是这些空语安慰得来,我给□□去一信,打听消息,也无回音,焦急□□耳。我的身体甚好,就是心不宁,□□即速回来看看,但是军阀们炮一天会□□呢。南方天旱之后,转以大水灾,亦不轻!

(一九二六年八月十八日)

窈妻爱鉴。近几个月以来,想□□惊受够了!苦受尽了!我屡次做坏梦,深恐怕你活不出来。你现在莫有怎么样吗?我求归不得,致伯、父、兄及继母尊前无法尽养。你这几个月,无米之炊,是怎样的做法。刘太太总牵挂你,杨嫂嫂提起都哭了。如果能写信,赶紧复我的信,家里大大小小,一个一个地说个详细。三个月前,我曾经邮□寄回八十元,收到么?邮汇通,即赶紧再寄回二百元。我身体甚好,莫有愁坏了。

附录三　工程日记

己酉年赴欧日记

（民国纪元前三年，一九一〇年）

余自戊申于京师大学堂毕业归里。次岁正月十一日，入省垣省余伯父。伯父鬓已全斑而矍铄尤甚。着湖绉皮袍，青缎马褂，好吸卷烟及弄牙牌。时余出洋公事尚未办妥，居省月余，复归至邑城。父亲又主教育会事。父亲体不甚壮，而教育会事繁难，余甚忧之。抵家后又往来于蒲、白二邑者数次。时已四月南风，大麦黄熟矣。余兄于二月归家，至是已在省教育会尽义务。伯父则走入北山勘股，并查看石油。时余家最不幸者，则嫂病垂危〈乙〉（矣）。阿京年十岁，阿都年七岁，阿林年三岁，皆嫂所出，睹斯情况，五内焚灼。余临去家则棺椁衣衾已预备妥帖。乃决然舍去，以解烦恼。至拙荆之嘤嘤别语，揽襟啜泣，反置若罔闻。是日四月初八日也。①

初九日，为城内同人挽留话别者一日。

初十日，登车就长安道。晚宿富平，别会亭。

十一日，至三原，别宏道诸旧友之在此者。

十二日，至省垣，宿教育会。则阿兄又往〈雒〉（洛）南矣。彼此参差似有鬼神拨弄者，良用弗怡。晚至高等小学晤张季鸾等。

十三日，至铁路处谒阎成叔，领公事二份，一付江海关道咨文，一付公使咨文。

十四日，谒子端叔。至健本小学晤薛林伯、刘泉生。林伯招饮。

十五日，雪亭招饮。下午雨。

---

① 此部分四月至六月的记日有误。

十六日,大雨。

十七日,晴。

十八日,晚又大雨。

十九日,晤贺珍甫。

二十日,晤李海楼、竹子良。子良招饮。

二十一日,子静招饮。十一时与襄初启行。晚宿临潼堂子。

二十二日,由新丰与襄初分道。余绕道回家,晚宿田市。

二十三日,午后至蒲,见众大人方孜孜办选举事。

二十四日,至家。见诸儿尚欢怡,大慰。

二十五日,至羌白。晤李厚生及李果如。

二十六日,李果如招饮。午后偕厚生东行,晚宿同州。晤□特仲杰。与襄初别。

二十七日,由同州启行,晚宿潼关。

二十八日,由潼关启行,晚宿靾子营。

二十九日,宿陕州。

三十日,宿英豪。是日微雨。

五月初一日,宿新安。

初二日,宿洛阳。

初三日,乘汴洛火车至郑州。约厚生在人和昌稍候数日,乃改乘京汉火车北上。晚宿彰德。

初四日,至北京,晤李福海。宿关中馆。晤王吉如,以己之纱马褂及己之其文书若干赠之。

初五日,晤廖能同。

初六日,晤王仰先、范一麟、徐子寿、陈献珍。仰先招饮。与徐子寿约同行,令余俟于上海。

初七日,晤秦亮工。能同招饮。

初八日,与能同、仰先、献言、子厚、亮工合拍影于华美医院后楼。毕,同饮于醉琼林,姚幼之与焉。

初九日,搭车往郑州。能同、言如、福海,亲送于车站。晚宿彰德高升。

初十日,十一时车到郑州。李厚生亲迎于车站。宿人和昌。

十一日,与厚生偕行赴汉。晚宿驻马店。

十二日,至汉。本拟住人和昌,为迎宾馆使者所诱,宿其馆。

十三日,早亟至义聚正晤王明德,托以汇钱事。午大雨,写东方公司立丰船官舱,每人七元二角。七点搬至船上,晚八点钟,船始开。

十四日，七点至九江。

十五日，五点至南京。三点余至镇江。

十六日，十点钟至上海，寓名利栈。往虹口中国公学（新范子路）晤同乡王岐山、王霆宣、张虞卿。往开泰栈访孟益民不遇。往望平街民呼日报馆访于右任。晚，刘梦锡来。

十七日，往萃华码头土捐局访刘梦锡。留早膳。十时后偕出至东升成衣店商缝洋服，出同至问春栈见孟益民。二时归栈。雨。

十八日，雨。待洋服成衣不至。午大雨，六点钟出，买应用物数件而归。于右任来访，值余出，留名片而去。

十九日，阴。午饭后至德国轮船公司询船票价。知二等舱约需五百五十元，下次船约需二十日后始开。至东升洋服店定做洋服一套。至民呼日报馆晤陈非青、徐德云，孟益民亦在焉。定印名片百张。至商务印书馆买书数本。至稻香村买点心数事而归。时近二[点]钟矣。

二十日，王岐山、张虞卿招饮于同庆阁。以上海道咨文托右任投之，并托代请护照。至新世界晤周伯言，潮州人。

二十一日，往同济德文医学堂晤 Schendler。

二十二日，早出至兴仁里，承裕庄取汇银弗得（汇兑庄规则须待一日，并觅商人妥保，始交银）。乃托刘梦锡办之。以办护照事托于右任。二时半往见 Schendler，请其指示为洋服诸法。Schendler 书一函，托 Melcher 照料余购船票事。买腰带一条，三角。三时半归。

二十三日，十一时至民呼日报馆见刘梦锡，言所托事尚未妥。至北德轮船公司约定房间。归寓。二时，刘梦锡来，与之同至一林丰号验所换洋共 $ 一千五百五十六点三元，归。与厚生同往中国公学。晚，严敬斋来。

二十四日，与刘梦锡兄弟及厚生往新舞台听戏。表演甘肃灾状，令人酸鼻。余代会四人票费。厚生掷洋六元作赈款。归至一林丰取洋七百元。买西游补一本，二八子一部。

二十五日，购船票。至王顺昌试所缝衣服。

二十六日，买杂物数事。午饭后，出游，循江而行。

二十七日，徐德云、孟益民招饮。

二十八日，往王顺昌试衣。Schendler 不至。颔下生疮甚厉。

二十九日，与刘梦锡往东洋理发室理发。购书数种而归。午后偕厚生出取所镌〈象〉(橡)皮图章。

六月初一日，至王顺昌取所缝衣服而归。

初二日,至丽章照相馆拍四寸小影。十时后,至中国新公学晤同乡数位。

初三日,送刘梦锡至吴淞口,晚十时始归。刘楚材、刘文卿约至承叙园晚餐。

初四日,早,益民来云,沈淇泉已由南京归沪。至 Nord L. D.索行箧、表托单数张。访 Schendler 不遇。

初五日,早膳后,至丽章照相馆取相片四张而归。以其不甚似,故不再印。访 Schendler,约礼拜五九时往会。晚,张子明(朝邑人)、徐子寿来。

初六日,与徐子寿偕出,至德国银行,并寄往柏林汇票一纸。访沈淇泉不遇。

初七日,与徐子寿偕出买物。

初八日,早整行装,三时领护照,午后五时上小火轮,六时至大船。将至时音乐大作。厚生送至船上。晚有广东杨姓与子寿会谈,不能官话,谈以英语。

阳历六月二十五日(阴历初九日),以鹰洋六元赏给茶房。(编者注:自今日始以公历日期与括号内农历日期并记)

二十六日(初十日),早七点半停船,三点又行,下午六点至福州。土人(当地人)以货携至船上,陈列如肆。大概不出乎雕漆、瓷器、铜器之类。

二十七日(十一日),早四时,由福州开轮。

二十八日(十二日),一点至香港,岛屿环列。至晚上,山上灯火辉煌,真奇观也。与子寿上岸一游。有一德人上船,与余同屋。

二十九日(十三日),六时,由香港开船。经过海南。以《吕氏春秋》一本借与子寿。

三十日(十四日),无事。借子寿《聊斋》二本。

三十一日(十五日),经过西贡。

七月一日(十六日),午后忽起狂风,大雨一阵而过。

二日(十七日),十[点]钟至新加坡。与子寿及广东刘姓登岸一游。刘姓又介绍一北京翟姓。谈顷,偕广东梅怡勤乘马车骋而归。此处商人皆为广东、福建人,土人(当地人)为马来人,又有黑人做苦工。船初到时,有无数马来人荡日舣索钱。掷以小洋,投入水中,拾之,霎时即出。其声曰,瓦尔筛,瓦尔筛,咿唔如豺狼吼。同室德人迁去他室。

三日(十八日),早,大雨一阵。八时半与子寿登岸至博物院一游。购小帽一顶,发刷一个,须刷一个。有暹罗钦差赴美,带学生十人,分游英、德、美三国。有名 Noi-choute 者,与余谈甚相得。

四日(十九日),书家书。早大雨一阵。午后五时至槟榔屿。偕子寿及一美人,一〈坎〉(加)拿大人登岸步行。遇刘,邀至该店晚餐,又强邀至某校书处备晚酌,至某戏院略观广东戏。十点半送余回舟,又赠余等鲜菠萝蜜类一篮。槟榔屿出产甚富,产锡、煤,果品类不计其数。是夕食所谓早洗者,非常甘美,较西瓜为上。海产与新加坡同,经商者多为闽、广二省人。晚一时开船。

五日(二十日),早,雷电大雨,当午霁。昨与子寿登岸谋买象棋一副,某妓闻而赠之。余以纸制棋盘,从此以后有消遣之资矣。是日至马六甲峡口。

六日(二十一日),早雨。舟颠簸,稍觉不快。

七日(二十二日),舟中开运动会。

八日(二十三日),书家信。晚十时至哥伦坡,与子寿及〈坎〉(加)拿大人某登岸一游。时夜已深,街已静无所见闻。

九日(二十四日),印人以货来船所售者,大抵为镂银器(与中国器仿佛)、雕乌木器(最多刻作象形玩具者)、镂花织物、宝石饰品。卖物者多,以成买卖则索名片书奖语于其上,以为示人之资。余见荫昌名片,上书"为人管辖,情殊可悯,聊买其货,以表此意"。此间海水不甚平静,泊船之处,作弓形长堤以御澜。此处产一果类荔枝,而皮外有毛,又如麻油子状,肉少带酸味,核甚大。橙橘皮厚与肉相连而多汁。二时开船。余所住屋有新上船女客,因病求让住。盖余屋占外沿,明亮而空气易输入也。因迁至二百十一号。

十日(二十五日),借船上小说阅之。

十一日(二十六日),风波仍稳,然船上病者已多人矣。余初远涉,竟不解晕船,亦幸矣。

十二日(二十七日),早,大雨两阵,虹现。晚九时舟中开跳舞会,桅及甲板上悬彩旗,挂五色电灯。晚风浪大作。

十三日(二十八日),船颠簸甚厉,幸弗病。

十四日(二十九日),十二时望见 Sokotra 岛。至三时半傍该岛而过,岛上景色,历历在目。是日船行甚稳。

十五日(三十日),行过 Cap Quardafin,是日海波平息,舟行甚稳,而天气渐暖。书家书。

十六日(七月初一日),早六时至〈亚〉(阿)丁(Aden),三岛鼎足,舟泊其中。遥望亚陆,隐隐在目。岛山多沙,风辄迷目。舟停顷刻,未获登岸。土人(当地人)为〈亚〉(阿)拉伯人及黑人。以土物登舟售者,为鸵鸟卵,或翎为扇,价值昂贵。予购小扇二,价四马克。空鸵鸟卵一枚索价至五先令,亦不甚大,如荚瓜然,外则以小蜗壳贯珠作饰物,及羚羊角、钜鱼齿骨等。始见海燕,形类鸢,飞翔海中,捕鱼为食。四时,凭栏南望,山峰隐然,非洲地也。北向则岛屿层出不穷,接近波斯。又行二时后,过一岛,上有炮台,英属地也。欧人谓地中海锁钥,英实司之,诚哉是言。盖地中海东侧之苏〈彝〉(伊)士及西侧之直布罗陀,皆英地。设某国失和,不愿其出入此地,则一夫当关,万人莫摧矣。

十七日（初二日），余病，大便结数日矣，是日索泻盐饮之乃下。

十九日（初四日），书家书。午后三时，两岸青山瞭然，盖已行近苏伊士矣。

二十日（初五日），早三点半至苏伊士。余眠正稳，侍者唤起，盖在此例须验病。然其验法特应卯而已。先集客厅，由船主唤名，一一鱼贯而过。余及某二教士最后至，则医官已不知何所矣。乃集客厅饮咖啡而罢。此地距埃京开罗甚近，乘客多往游览。先致电该处命开快车一次（但须满三十人，否则亦须出三十人之资）。至开罗后，可乘快车直往波特赛德（Port Said）。船由苏伊士至波特赛德须历十七时半，故时间可够游览也。但费甚巨，来往需三英镑。余以无力不得游斯盛地，余友徐君则往之。土人（当地人）为阿拉伯人，以土物登船售者为贯珠、珠斜披、蚌壳钱夹、葡萄（最佳）、红呢帽（阿拉伯人所戴者）、埃及织物，上有埃及风景及古代图绘，碎珊瑚等。余购葡萄少许，明信片十二张，风景图册二本，植物标本册一册，风景相片十二张。七时开船。七点三刻入苏伊士运河口。运河甚窄，只容一船。近岸水中列煤油灯，岸上置油箱。非岸间有灌溉之处，树木丛生。亚岸尽一片沙漠也。途中有黑人弄胡弦，弗成声（细听之，只有三音），跳跃岸上索钱。岸上有铁道，盖通至波特赛德者。是日炎甚。

二十一日（初六日），早二时至波特赛德，以岸上无可观者，遂亦不登。有西人男妇子女乘小船弄胡弦乐琴以行乞，傍舟而歌，声韵颇入耳。有土人（当地人）泅水行乞者，于水中拾钱，与新加坡所见之马来人同。而又无舟，忽出忽没，与鱼无异。徐子寿归，闻其病往视之。七时开船。

二十二日（初七日），行过 Krefa 岛。此岛属土耳其，远望之亦无甚可观。

二十三日（初八日），晚过墨西拿海峡（die Strasse der Messina）。是晚十一时，见两岸灯火辉煌，即墨西拿（Messina）也。闻此间风景颇佳，乃行于夜间，山川景色亦鲜悭吝也。

二十四日（初九日），早七时半，望见喀泼里（Capri）岛。十时半经过其旁，而〈威苏维〉（维苏威）（Vesuv）火山已在望矣。〈威苏维〉（维苏威）现已平息。二年前爆发一次，伤人甚多。此处云山缥缈，甚有仙意。喀泼里岛瘦削壁立，尤为奇观。十一时半，至奈波尔（Neapel），〈威苏维〉（维苏威）亦显然在望，而山顶微烟一缕，尚隐隐焉。此火山前甚大，盖经震裂而削小矣。此处亦有歌舞行乞者，亦有泅水拾钱者，皆意大利人也。十二点半，偕德人数人、瑞士人一人登岸同游。至旧王宫，至一〈皮〉（啤）酒馆少饮〈皮〉（啤）酒，乃雇马车遍游奈波尔诸胜地。登山下睐，全市在目，云山缥缈，尤为奇胜。归船已近八时，而船已将开矣。尚未晚餐，乃索面包牛肉一味充饥。此处产水果最佳，予以[一]先令购一篮，葡萄尤〈夥〉（多），故酒最有名。意大利街市甚胜，商业发达，惟不洁，常见污秽之物，乞儿亦多。书家书。此间人以雕刻石像著名，盖自古已然。

二十五日(初十日),过吉格辽(Giglio)、爱尔巴(Elba)诸岛。沿意大利而北,岸上群峰拱护,岛屿亦多,争艳斗奇,实胜地也。晚餐舟中行庆祝,食堂张万国旗,案上以饽食作楼台人物状,杂以纸花,颇似中国供祭物。食毕,侍者捧饽食前数人持伞,提中国彩纸灯,环行三周。同时奏乐。毕,乃用饽食。六点钟至热内亚(Genua)。是处群山耸列,尤胜奈波尔。商业亦盛。晚独行登岸,遇同舟之〈坎〉(加)拿大人某,招与同游。乃历大街数处,购呢帽一顶。又至一处,饮荷兰水一瓶而归。

二十六日(十一日),复登岸。乘电车过石洞二,改乘他车上山。观天主教埋葬地,以大理石刻为人物花草之像,精工绝伦,仍乘电车而归。此处街道较之奈波尔稍洁,而乞儿亦不免。城市亦依山临海而立。七点半开船。

二十七日(十二日),是日早起,风甚厉,舟行颠簸。

二十八日(十三日),早五点至阿尔及尔(Algiers),与子寿登岸一游。凡登游者须购票一张,价一先令。是处为法属,阿拉伯人甚多。产水果,菜蔬极盛,雕刻铜器绝类中国物。街市依山而立,街道与山脉平行,一层高于一层。七点半乘小筏而归。书家书。九点半开船。

二十九日(十四日),午后三时至直布罗陀(Gibroltar)。此处为西班牙之一隅,英汤沐邑。山势峥嵘,诚要地。船停不盈一时即发,晚大雾。过直布罗陀峡(die Strasse der Gibraltar),是处欧非相距甚迩,岸上一望瞭然,两岸皆山。

三十日(十五日),海水平如镜。阴晦终日。

三十一日(十六日),书家书两封。

八月一日(十七日),行过勃勒斯特(Brest)。连日天气寒甚。

二日(十八日),早四时至扫色屯(Soutnampton)。是处田禾葱蔚,树木繁植(殖),颇类扬子江滨风景。有小河一道,自岸流入海,询之数英人,亦不知其名。是日寒甚。晚沿比利时海岸行,岸上电灯辉煌,甚盛观也。

三日(十九日),至安特卫普(Antwerp)。是处工业繁盛,为最大海埠。沿岸里余皆德船也。天气稍暖。

自此以后,尚有数十日日记,断续不全,不知月份,且多德体草字地名,不易辨识,故从略。(此句为石印本原注)

民国十年日记之一段

（一九二一年，在河海工程专门学校时）

一月一日，科学社开幕，下午往照料。

二日，是日雪盈尺。挈宁在本园中拍照一张。

三日，雪。

七日，高师学生会长钱芝生以学生对陕赈款四百元交来，内有支票三十五元待取。又云，尚有三百四十元陆续交来。

八日，往下关阅电灯厂。

九日，早，赴科学社。上海陕西义赈会派荀子英来取高师学生赈款三百六十五元。是日陆漱芳宴客。为林儿买帽子、鞋，拍照（金陵照相馆）。

十日，以陕义赈会七百四十元收条（荀子英所带来者）往高师面交钱芝生，并言望其余三百四十元早日交付。往高师附中访学生会长徐若济，希望以所筹赈款交陕义赈会。徐赞允，并言一星期内可交款。以旧（一九一二年）Merriman's am-civil Engineers Pocketbook 托赵汉文卖出，价四元五角。买新者一本（一九二〇年）。

十三日，还用品室 Merriman's Pocketbook 账七元。胡刚复送还 Lömmel Exp. Physik。取回交通银行支票三十五元（钱芝生所交）。

十四日，教务会议。会计处开来九年购书、月刊及他等费账目共二十九元九角七分五厘。接家电云，季鸾、嫂、丰、髦奉伯母于文日启行。

十五日，发家函一，致汪栋丞函一。召木匠，买料隔房间。赴徐南骆汤饼会。下午往科学社，竺可桢讲演地质。

十六日，早，往科学社。下午往下关电厂。

十七日，还学校书籍。高师附中学生会长徐若济交来陕西赈款一百五十元。与沈奎侯约请让房一间，沈允。

十八日，早大雾。木匠来做隔板。交房钱。买床三架及他物数事。往金陵关监督处询陕西赈款事，云已定拨三千元，数日可付款。

十九日,复陕西义赈会函。

二十日,布置房间,买灯及藤椅。是日有大总统令,全国水利局总裁李国珍、陕西省长刘镇华呈请任命李协为陕西水利分局局长,应照准。此令。

二十一日,下午往浦口接家属,未来。季鸾有快函自潼关来,知已抵潼关。

二十二日,是日报载大总统令,陕省长及水利局总裁会呈请任李协为陕西水利分局局长,应照准。晚赴吴伯衡新婚筵。

二十三日,早,赴科学社董事会,伯父亦往参观。下午与杨允中至慎昌拍卖行买椅子六个,台子一张,价二十一元,为堂屋用。又自买茶几一个,价一元。

二十四日,上午考试。下午天晴,且热。往浦口接家族,又未来。高师附中续交来陕赈灾款五十元。

二十五日,上午考试,下午在家未出。

二十六日,上午至科学社整理图书。下午,又往浦口接家族,又未到。前定做藤椅送来。

二十七日,上午往校。下午又往浦口接眷,又未到。至九时方归。是日午后数学考试曹伯权代。下午雨。

二十八日,上午阅卷。是日伯母、嫂、季鸾、吴髦娃、丰侄俱到。嫂病甚,晚延胡润德博士诊之。

二十九日,早,赴校交割多事。午季鸾延 Sudo 诊嫂病。下午季鸾回沪。以三百一十九元托季鸾交沪陕西义赈会。下午又往校。

三十日,早,科学社开编辑会议,担任文稿二篇,七月十五日前交卷。在莘华买物若干。下午延医诊嫂病。孙老太太招作竹戏。

三十一日,早,都来。往校中整理图书室。

三月一日,早及下午俱在科学社。京儿寄来直隶、山东地图二十张。

二日,雨雪。延须藤来诊嫂病。刘梦锡归。

四日,季鸾来,是日仍用须藤药。

五日,是日延张韵琴女医士来诊嫂病。又与季鸾决意送病人入贵格医院。同往该医院订头等房间。是日服贵格医院药。

六日,早,季鸾归。午送病人入医院。

七日,下午在贺勉吾家作竹戏,杨允中、刘梦锡与焉。

八日,未出。园内各家互相往来。(本日为旧历元旦)

九日,欲往上新河未果。往医院视嫂病。季鸾偕其夫人来。病人欲随往上海。是日用车钱二百文,买豆腐干五百文。

十日,早,同季鸾往医院。病人又不欲往上海,欲回大仓园,接回。冯荣翰、高子和二君来。季鸾归,其夫人留此。是日,余四十诞辰,刘梦锡、杨允中,送腊及面。是日接到陕西省长公事通知水利局事。三哥自汉口来函云,因易俗社事到汉。即为回函。

十一日,早,往华牌楼及北门桥等处,为病人买饼干。下午偕家人往夫子庙游。病人今日稍愈。曹伯权、韩国祥、伏谨仲三人来。

十二日,病人今日又不好。伏约明晚饮于金陵春。

十三日,与梦锡游栖霞山。误早车(八时十分),乃乘十一时四十五分车往。山上遇栖霞寺僧若舜,留午餐。晚九时归,至夫子庙食面乃回。是日都儿、髦娃、上吉偕。失伏谨仲约。

十四日,往校见伏谢失约。晚与梦锡公宴杨允中、伏谨仲、曹伯权、冯荣翰、高子和于金陵春。季鸾来函,嘱送嫂往沪就医。

十五日,早,往科学社查书。

十六日,早,往校出题。午归。遣都儿、髦娃送嫂往沪。

十七日,早,往校补考地质,文运泰、朱士俊二人到。朱士俊未及格。午回。是日刘梦锡往沪。晚,沈奎侯来。

十八日,早,往校,午归。孙绍宗招往下关阅视工程,同晚餐于致美楼。季鸾来函云,将嫂送入宝隆医院。

十九日,早,往校中整理图书。

二十日,早,往校。晚杨允中宴客于金陵春。

二十一日,早,往校。晚,沈奎侯招饮。

二十二日,是早梦锡行,往天津。晚,孙洪春宴客于金陵春。任叔永来南京,奉教部令视察金陵大学。

二十三日,是日校中开课。

二十四日,上午校中授课。

二十五日,是日同伯母、丰侄往沪,晚七点半到,寓季鸾家。

二十六日,为京儿汇钱四百元,合九千一百六十马克。下午,第一台听戏。往筱崎医院视妇。晚游新世界。

二十七日,早,往访杨西堂。午后游半淞园。晚,西堂请吃饭。病嫂由医院回季鸾家。是二日热甚。

二十八日,是日早九时半,乘火车回宁。下午三时四十五分到。是日仍热甚。是晚,何奎垣招饮于金陵春。

三月一日,上午校中授课。寄京儿信。

二日,上午校中授课。

三日,上午校中授课。三哥今日来此。

五日,是晚予请高师诸友于金陵春,三哥在座。

六日,三哥往沪。

十一日,以五元寄北京市政公所,应征改良市区图。

十三日,同学生游栖霞山。早八点出,下午三时余归。

十四日,捐入校友会五元。三哥由沪回,病嫂偕。

十五日,北京市政公所平面图及章程寄来。同三哥出,游学校。学校开纪念日。晚风,校中开纪念会,予演说。

十六日,三哥往汉口,送至下关。

十九日,上午校中授课至三点钟。下午设计、画图。

二十日,上午科学社开会。下午画图。

二十一日,是日还刘太太洋一百元整。郭希仁来函云,省长允筹五百至六百元,以为养成水利学生需,惟不赞成急于设科。

二十二日,上午校中授课。下午画图。

二十四日,上午校中授课。下午开教务会议。

二十五日,上午校中授课。下午职教员学生开谈话会。

二十六日,上午校中授课。下午画图。

二十七日,是日未出,画图。季鸾来省其妹。晚孙绍宗来,请其帮我画图,以底图交令放大。

二十八日,上午校中授课。下午画图。是日季鸾归。

二十九日,上午校中授课。下午画图。京儿来信,并以买书细账开来,共计三千三百九十七马克。请板坂(栗林医院)来诊嫂病。

三十日,上午校中授课。下午画图。父来书。

三十一日,上午校中授课。下午开教务会议。

四月一日,上午校中授课。下午画图。丰娃病。

二日,上午校中授课。下午画图。陕西省长寄来荐任书。下午送丰娃到栗林医院看病。

三日,下午科学社开校友会。晤秉农山。季鸾来看丰娃病。

四日,早校中授课。下午画图。复陕西省长呈文二通。与允中、季鸾同往皇陵游。下午延板坂诊嫂及丰娃病。季鸾去。

五日,送丰娃随其祖母入贵格医院。丰娃哭不肯留,下午又回。

十日,是日未出,画图。

十三日,上午校中授课。下午画图。延傅焱诊嫂病。

十四日,上午校中授课。下午画图。晚赴杨杏佛招晚餐。顺开科学社董事会。

十五日,上午校中授课。下午画图。孙绍宗来。郭希仁来函。

十六日,上午校中授课。下午收拾行李。晚饭后乘马车至下关,宿第一旅馆。将往黄石港,同行者沈奎侯及学生十六人。举邱葆忠、王元颐为庶务,曲鹧新为会计,胡步川为书记。以平面图三张,剖面图二张,交孙绍宗代画。

十七日,早,上德和汽轮,伏谨仲送行。

十八日,航行。晚十时,抵黄石港。上岸宿高升旅馆。

十九日,早,打电话至石灰窑铁厂,请派汽轮来接。汉冶萍大冶矿局派小火轮接予等至石灰窑,宿金湖旅馆。上午参观华记水泥厂。下午参观新冶铁厂。午、晚餐俱在石灰窑事务处。

二十日,八时半,乘矿车往得道湾,观狮子山及剑山铁矿。湖北官矿局所开之象鼻山矿即与狮子山邻,可以遥望。午餐在得道湾。继往铁山。三时后乘火车返石灰窑。

二十一日,乘汉冶萍驳船(萍福)往汉口。十一时动身,晚泊三江口。

二十二日,下午二时至汉阳铁厂码头。入厂晤吴任之厂长,约明日参观。至汉口往山陕里百川隆访兄。晚在易俗社听戏。

二十三日,本日在铁厂参观。晚同学生在易俗社听戏。戏毕,大雨如注。

二十四日,本日学生自由游览。下午与兄游息。晚仍在易俗社听戏。

二十五日,本日在扬子江机器公司参观。下午往兄处谒见魏三爷。晚,上船回宁。

民国十一年日记一段

(一九二二年)

一月一日,帮刘太太整理家事。晚约孙文卿晚餐。

二日,早九时,孙文卿、刘静波来寓,留午餐。同游清凉山,同访吴希真,晚共餐于绿柳居。

三日,早九时,至校。午后三时回寓,布置客厅。

四日,早九时,到科学社。

五日,早九时,到校。寄包裹至新村。三哥来信云,办《易俗日报》,且言年后来此。H.Scheidemann 来信,愿助力寄回在德书箱。

六日,科学社开编辑会于农场菊厅。

七日,买痔锭四枚。

九日,结束水功四、五。痔犯,行动甚难。

十日,结束力学四。痔愈痛肿,且即卧床。

十一日,卧床不起。用热汤灌肠,晚痛稍止。

十二日,又卧一日。灌肠,以后日用此法。

十三日,卧床。

十四日,早强起,至高师晤尤怀皋,约十八日后赴无锡,归即复卧。

十五日,卧床。下午强起,至沈奎侯家茶会。

十六日,往校中出题。痔复痛(是日未灌肠),午后复卧。下午刘太太来,交四百元令付缪顺兴。

十七日,是日未出,静卧终日。林汝哲来,请借二十元,因往萍乡无旅资也。书借据,令于校中会计处取之。痔略愈。

十八日,往校中考。借校中十元,付陈锡赓五元,付厨房三元五角。午归。下午,刘太太来,交四百元令付缪顺兴。

十九日,往学校交成绩表。收学校薪水二百四十元,还校方账五十元,午归。途中买铅笔,六角五分。省刘静波病。都儿来,吴志诚不来。

二十日,早赴校。代理校长严(善坊)及沈(奎侯)、杨(允中)、徐(?)共谈校事。下午开校务会议,沈接受副校长职,予辞谢校务会议主席。高师送来十二月份薪六十元。牛怀皋言感冒,缓赴无锡。

二十一日,早出游。午膳于刘梦锡家中。晤其叔父文卿。赴科学社,归遇秉农山于路,同归至家。农山以某氏之德文翻译求正。是日早以百元付都儿,令交下关上海商业储蓄银行,以五十元换马克,以五十元换英镑。

二十二日,早买点心,二包馈沈奎侯,二包馈王幼农。午赴王幼农世伯招餐于山东馆。买蜡梅三枝。至校中与沈、杨会议校事。归途以蜡梅一枝赠刘静波(病已愈),以一枝赠吴雨生。

二十三日,是日未出门。刘梦锡来。

二十四日,往梦锡家。缪木匠算账毕。往访王幼农、杨允中。杨允中招同往小乐意晚餐。

二十五日,往梦锡家赴午餐。

二十六日,下午往科学社与同乐会。交王季良科学文稿一篇《论河沙之可宝》。

二十七日,是日未出。(除夕)

二十八日,是日未出。(元旦)

二十九日,往梦锡家中贺年。

三十日,邀曹伯权来,梦锡及其夫人来,午餐。

三十一日,刘文卿二叔、杨允中家人来。

二月一日,吴雨生邀餐于农场菊厅。

二日,与家人往杨允中家及曹伯权家。

三日,刘梦锡来。刘静波携其子女来。

四日,到刘梦锡家,与其家属同到刘静波家,同逛夫子庙。晚赴伏谨仲招饮。

五日,刘梦锡招饮于其新宅。

六日,午请客于菊厅。汇四千七百马克于京儿。

七日,赴上海,同行者杨允中、刘文中、刘梦锡、刘静波之妹。七点至上海,送刘妹至哈同路民厚里,其干娘沈宅。与刘、杨同寓振华旅馆。

八日,上午与刘同往义源厚,继往访张季鸾、叶伯皋。午季鸾招饮于大雅楼。继同杨往访沈淇泉。晚义源厚邀餐。叶伯皋、沈淇泉来寓。叶赐书二种。晚同刘梦锡听戏于大舞台。刘梦锡赠予家庭药库。

九日,早往访曹柏权。在中华书局、商务印书馆买物。下午一时回南京。

十日,是日与荆人往访秉农山。下午未出,晚往刘梦锡寓。王清泉、梁绍昆(鼓楼公园筹办专员)来函。

十一日,是日往高师。三元巷谒王〈右〉(幼)农先生。下午刘梦锡来辞行北上。三时半与荆人往任叔永宅,应茶会招。

十二日,下午,全家至山上步游。晚,蒋姆来。

十三日,上午赴校出补考题。沈奎侯来函约同赴[南]通。下午乘特别快车往沪。动身前,在校支旅费二十元。晚十时半到沪,寓振华[旅馆]。

十四日,早往访沈奎侯,午餐其家。午后同往江新订舱。夜观戏于大舞台。一时上船。

十五日,午至南通。先至芦泾港,保坍会见孙寿培,后入城寓桃之华。饭后至淮海实业银行见张孝若。晚,孝若招餐于俱乐部。

十六日,同沈往见张三及四先生,谈校长事,无结果。午后与沈同游狼山及军山观气象台。四时归。往医学校访曹继南,未遇。晚,陈葆初、薛秉初招餐于友益俱乐部。餐后与沈往南通剧场观戏,有欧阳予倩之百花献寿。

十七日,开旅馆〈帐〉(账)。早点后,乘汽车至芦泾港,午餐于保坍会。晤孙凤培及孙支厦。下午,三时半登江顺。

十八日,早六时抵南京。上午访刘太太寓,又往校开校务会议。下午回寓。璧恒代购书帐至。向校借四十元。华晓康在河南被劫,假二十五元赴粤,留晚餐。

十九日,早未出。陕学生曹炳堃、杨生滨、王治岐来。曹、杨求保缓交寄宿费,允之。王〈柏〉(伯)秋来以译事相托。下午往校。严饴庭、黄伯雨来访,亦为译事。发家信二封,陈大我信一封。

二十日,上午河海。下午高师。回访黄伯雨未遇。

二十一日,上午河海。赴法政访王伯秋谈。校中补发去年十二月份薪一百二十元,还校债一百四十元,校中发本月半月薪一百二十元。

二十二日,上午至校,下午高师。至邮局取书,理发。晚应王清泉、梁绍昆招餐于四牌楼梁寓。葛敬中、王〈柏〉(伯)秋、陈浩商鼓楼公园事,定星期一、三、六日下午三时半在予寓开会。

二十三日,上午在校。下午开教务会议。六时归寓。

二十四日,早在校。曹伯权来函,言订船票事。下午至高师取薪六十元。往访北区警察署长,未遇。

二十五日,上午在校。向校中支洋二十元,寄七十五元与都儿。下午回家。四时至科学社开编辑会,六时归。是日因往科学社,致葛敬中、党惠波来,失迎。

二十六日,是日未出。下午党惠波来。六时前王伯秋来。

二十七日,上午在校。下午在高师。三时回家,葛敬中来。

二十八日,上午在校。下午四时回寓。原颂周来,约星期日往查高师农场堤工。

三月一日,上午在校。下午在高师。下午三时半在北区警署。

二日,上午在校。往正谊中学交上吉学费五十五元。下午邀刘钟瑞测定鼓楼公园路线。韩栋臣约晚餐,未往。

三日,上午在校。访柳叔平家。下午回寓。原颂周约星期六晚餐。

四日,上午在校。下午回寓。警署会议公园。晚赴原颂周招。

五日,是日未出。

六日,上午在校。下午高师。三时半北区警署会议鼓楼公园事。晚八时回寓。

七日,上午在校。下午三时回寓。郭天民来取其所寄之行李去。警厅送来三等免票一张。

八日,上午在校。父来函。下午高师。又返校介绍刘伯明演说。发信三封。

九日,上午在校,下午开教务会议。步行回寓。有陕人二遣法工人来乞助回家川资,给以五元。

十日,上午在校。湖北派来代表易君与学校商量送学生事。下午三时回寓。还周刊告白费五角。晚学校宴易于金陵春。

十一日,上午在校。杨允中约与湖北派来代表易君共订代办学校合同。往访王〈右〉(幼)农、刘太太。

十二日,下午三时半警署开会。

十三日,上午在校。下午高师。三时半回。是日接到父、班、隼函各一。

十四日,学校停课。邀刘钟瑞、胡步川至鼓楼测量。

十五日,本日学校七周[年]纪念。原颂周邀同往大胜关勘堤。乘洋车往,下午四时回,乃雨。晚与校中大会,充主席。

十六日,是日停课。下午刘钟瑞来继续测量。

十七日,上午在校。下午五时回。

十八日,上午在校。陶行知邀在菊厅午餐,开会。拟组织国际教育通讯社,予赞成之。陶赠新教育一册。科学社开聚餐会,未与。二时乃往,会已毕。任叔永嘱予讲演治水与一国文化之关系。三时王清泉招在其公馆开会。有法人 Jeansome 者大改予之鼓楼计划,予不之怒,且云愿赞助之。五时与鼓楼公园同人及 Jeansome 踏勘鼓楼地。

十九日,下午亲自平测鼓楼 Jeansome 之路线。本日刘静波招餐,未往。

二十日,上午在校。下午高师。三时回寓。

二十一日,上午在校。往政治学校访王伯秋,借书数本。午后三时回寓。

二十二日,上午在校。下午高师。

二十三日,上午在校。下午步行回寓。

二十四日,例事同前。理发。

二十五日,例事同前。往访刘梦锡。

二十六日,早赴校。湖北学生行开学礼。下午三时往王清泉公馆开会。

二十七日,上午在校。下午高师。

二十八日,例事同前。吴希真来邀共往盛昌买家俱。

二十九日,上午在校。下午高师。买糖(为伯母)、牙粉。

三十日,上午在校。下午五时回。以包裹一件寄家。

三十一日,上午在校。下午同杨(允中)、张(云青)往西园打球。下午六时回。

四月一日,上午在校。下午五时回。

二日,上午在鼓楼定路。下午阖家同往紫金山观桃花,杨允中、柳叔平阖家亦与往。

三日,上午在校。下午高师。父有函托王伯平(三原人)寄来,命林儿往下关取回。父函嘱还王债十元。

四日,早在校。王伯平来,还其债,代出往下关车钱。

五日,清明。未出。

六日,上午在校。下午四时回。买甘蔗、馒头。

七日,上午在校。下午四时回。五时至北署开会。

八日,午科学社开会,欢迎丁文江。三时半,丁演说。

九日,法人 Jeansome 来,同勘鼓楼工。午北署长刘请午餐。下午二时开会。

十日,上午在校。下午高师。三时归。

十一日,上午在校。下午四时归。

十二日,上午在校。下午高师。四时在一中演讲《新旧文化是否相冲突》。

十三日,上午在校。下午开校务会。五时归。借学校十元。是日有陕人段绍岩来校参观。

十四日,上午在校。下午六时归寓。

十五日,上午在校。下午往萧叔侗家观婚礼。

十六日,早乘包车至华牌楼任记修理,言定十七元五角,带一铃。下午著文为科学社。晚杨生宾、曹乃堃、王治岐来辞行,将往郑州。

十七日,上午在校。下午高师。

十八日,上午在校。修皮鞋,买鞋油一盒。下午三时乘火车至下关天然池浴,五时回。

十九日,赠秉农山女绸一方。

二十日,上午在校。五时归。

二十一日,是日因事未往校。璧恒寄来书一包。买橡皮膏。

二十二日,上午在校,午后归,往高师观运动会。晚六时接家电伯母逝世。

二十三日,率诸子为其祖母成服。快函家中。往刘老太太家中。午后往访曹伯权、徐南骥。刘静波、沈衡珊来访,俱未值。王伯秋来函约会吴雨生。

二十四日,上午在校。下午高师。三时半归。

二十五日,上午在校。下午三时半归。

二十六日,上午在校。下午高师。

二十七日,上午在校。下午四时归。

二十八日,上午在校。往访吴希真,云往沪。下午四时归。

二十九日,上午在校。中午十二时归。发信三封。

三十日,晚吴金声约谈于□□□(石印本原注为"原文潦草不可辨")。秉农山在。

五月一日,上午在校。下午高师。三哥来函述家丧况。

二日,上午在校。下午三时半回。晚公宴任叔永夫妇(回四川)。

三日,上午在校。下午高师,四时回寓。杨允中来看房子。

四日,本日五四,停课。上午在校。下午归。

五日,上午在校。下午四时归。晚餐于海州商埠筹备处。

六日,上午在校。十二时归。下午科学社开编辑会。

七日,本日为鼓楼马路测量。

八日,上午在校。下午高师。以测量鼓楼交刘文卿。

九日,本日为国耻纪念。

十日,上午在校。下午高师。四时回。

十一日,上午在校。下午开校务会。六时归。

十二日,上午九至十时在校。十时往下关接父亲。十一时父亲乘江安到。坐马车回。都儿亦偕。以三十元为京儿换四千五百六十马克。

十三日,上午在校。下午在家。

十四日,随父往访王〈右〉(幼)农先生,未遇。游高师农场。午归。下午未出。

十五日,上午在校。下午高师。四时归。

十六日,上午在校。下午四时归。为京儿寄四千七百六十马克。

十七日,上午在校。下午高师。

十八日,上午在校。下午开教务会。五时归。

十九日,上午在校。下午四时归。吴希真夫妇偕其子女来。

二十日,上午在校。收校五月半薪。午归,付家用一百元。

二十一日,午随父往王〈右〉(幼)农先生处午餐。三时归。朱墉、郑庆云、胡步川、邱葆忠先后来。

二十二日,上午在校。下午高师。四时归。

二十三日,上午在校。下午四时归。汉口方面招父,父谋行,为买物品,预备旅费。

二十四日,父今早乘船往汉口,命都儿往送之。上午在校。下午高师。四时归。买邮票。

二十五日,上午在校。下午五时归。汇曹伯权三十五元,托代都购订船及请护照。

二十六日,上午在校。午参与欧美同学会欢迎顾少川、周季美、赵××、纽××,会于高师农场菊厅。下午三时回校。四时回寓。

二十七日,上午在校。午归。下午往贵格医院。

二十八日,为请医生出奔走半日。

二十九日,上午在校。下午高师。四时归。鼓楼公园开会。

三十日,上午在校。下午四时归。

三十一日,上午在校。下午高师。晚科学社欢迎范静生。

六月一日,上午在校。高师送来五十元。下午四时与公园同人至〈督〉(警)署应约拍照,晚餐。刘梦锡归,来此。

二日,上午在校。下午四时归。

三日,上午在校。杨允中约陪刘梦锡午餐。测量鼓楼公园一部分。

四日,早,朱永成来。为公园绘图,交Jeansome。

五日,上午在校。下午高师。

六日,上午在校。下午四时归。

七日,上午在校。下午高师。由商务印书馆取所订书六册,归。买花露水。为京汇七千五百零四马克。

八日,上午在校。下午六时归。学校补发二、三两月薪二百二十元。凤运为都寄来白绸数尺。

九日,上午在校。下午四时归。

十日,上午在校。下午科学社开编辑会。

十一日,希仁学生惠汝波来此,借十元去。

十二日,上午在校。下午高师。三时约妻及赋都在菊厅吃冰。

十三日,上午本三实验h.7。下午三时归。

十四日,上午本三实验h.3。下午高师。四时归。

十五日,上午本三实验h.6。下午与静波游胡园。三时开教务会议。五时归。

十六日,上午至校。目疾剧。午归,买眼药二瓶。

十七日,上午在校。沈诚还五元。午时归。借杨允中眼镜戴之。以京照片二张赠允中。

十八日,请沈诚午餐于鑫裕,都儿陪。三哥来函云,乘江顺往沪。希仁来函索账。

十九日,上午至校。十时乘火车至下关,图晤兄于江顺。至时未至,乃归。学生邢传周病故。

二十日,上午在校。陕省长电召,复电(号)。下午三时归。本月校中发全薪。赙赠邢传周十元。理发。

二十一日,上午在校。下午高师。访仲三,未遇。

二十二日,上午在校。下午开教务会议。访仲三,仍未遇。

二十三日,上午在校。领四月补薪一百二十元。午归。

二十四日,上午八时前在鼓楼看路。八时十分乘洋车往校。遗失钱夹,二十五元在内,又有陕甘新实业协会徽章及他物。十一时与静波往访仲〈珊〉(三),即同往金陵春,盖静波今日请予全家也。饭后乘舟至复成桥地方公会游览而归。

二十五日,未出。

二十七日,上午在校,陈绍唐来。午归。李仲三来与同访刘静波。

二十八日,上午在校。惠济浊来,借洋三十五元。午归,买桃三斤。下午又来。付庶务处书账一元七角。

二十九日,上午在校。午约希真、仲三素餐。下午开教务会议。晚惠济浊来。还前所借共五十元。

三十日,上午在校。买钟,一元六角。下午校中开同乐会。

七月一日,本日早九时本校行毕业典礼。午至高师农场聚餐。

二日,早往访陈绍唐。

三日,上午至校出题。午归。有都儿同学徐有禄来。

四日,上午考试。午归。下午为鼓楼测量,并约胡步川相助。

五日,上午至校出题,午归。

六日,上午考地质。午至仲三处午餐。下午三时开校务会议。四时归。晚招徐有禄、刘师克二人晚餐。

七日,上午出访魏××、杨允中、王右农。王、魏不遇。下午未出。

八日,早往校。午归。三哥来。

九日,上午,王〈右〉(幼)农先生来,约予兄弟晚六时餐。下午同兄至菊厅科学社。晚至王〈右〉(幼)农处晚餐。李仲三、吴希真、吴雨生俱与。

十日,上午往校。汇还郭希仁六十元。校中发薪一百二十元,还校三十元。

十一日,早,有事鼓楼。吴希真夫妇来。下午未出。接到渭北水利工程处邮汇六百元。

十二日,上午至商务印书馆订名片、信封,至大功访邮局取六百元。至校。至通济门李仲三处。午归。晚李仲三来,往沪。父来函云,明日来。

十三日,上午十时至太古码头迎父。下午未出。

十四日,上午至校。至大功访取陕西汇来六百元。为都儿买皮箱、洋袜及自买皮夹、钱夹。

十五日,早往下关为京、都兑往柏林一千元〈正〉(整)。并以百元买金镑。理发。(兑票约星期二来取)下午二时归,接三原水利局汇票八百元。

十六日,上午随父往王〈右〉(幼)农先生处。下午未出。买西瓜二枚。

十七日,早赴校。往大功坊取回八百元。买时表一只(四元)。归。吴希真来,约明日早饭。拨一百元于李仲三。

十八日,未出。

十九日,早至校招考。与考者八十六人。午餐招校。璧恒寄来书一本,价四元。

二十日，又至校招考。午归。至商务印书馆取所订书五本。晚秉农山来。

二十一日，上午未出。裁缝为都送衣来，付五十元。

二十二日，是日未出。

二十三日，下午至校。五时鼓楼公园开会。

二十四日，父亲失和。

二十五日，早为父亲买食物。下午六时应杨（允中）、刘（梦锡）二家约，餐于菊厅。

二十六日，未出。

二十七日，同家人至美丽生拍照一张（六寸）。予复至学校收拾。午归。

二十八日，是日著《黄河之根本治法》，稿寄科学社。下午静波来，赠予玉图〈书〉（？章）一枚。是日招木匠来钉箱。

二十九日，上午允中来。下午同静波至芹香居订菜。买零碎若干。段书云、黄柏禹（？伯雨）送礼若干，赏使四角。

三十日，下午往访刘太太、杨允中。五时至梁绍昆处开会。

三十一日，早赴黄伯禹处。驴子市买纸，为毛师买书。至学校以纸求仇四先生书。买佛经偿弘和尚债。买挽联赠陈鹤州。命都取相片三张。

八月一日，奉父携都往沪。乘七时四十分车，下午三时到。寓四马路振华旅馆一百一十九号。往商务印书馆订购物件。晚同父、都进新世界。

二日，付都十元，补船票费。随父往访烔帮同乡，又往访季鸾，不遇。晚季鸾来，邀餐于功德林。晚同父游大世界。

三日，早命都往日本邮便局。自往访巨籁达路王治平，悉仲三已往南京。归寓，李光庭、穆梦楼来。宋子才邀午餐。午后随父游半淞园，晚季鸾又邀晚餐。被骗三元。

四日，早随父往访吴子敬，未得其门。归寓。又往访张云青，归。赴穆梦楼功德林素筵。为父买鞋、都买雨衣等物。晚李光庭又招宴于功德林。

五日，早六时雇马车送都至南满码头，吴子敬、季鸾亦来。九时同归寓。午餐于美丽川菜馆。下午一时乘车来杭，七时到。寓清泰第二旅馆。

六日，雇船游湖一周。买送人礼物，剪刀、藕粉、笋干、扇子各物。

（以下为同年返陕后日记）

九月二十二日，九时至二时在局办公。派易俗社庚辛赴观音堂取行李，携有督署函件及护照提单等。

二十三日，同李仲三及胡步川、刘钟瑞二生赴三原。

二十四日，访田润初、范卓甫及他友。下午，草水利工程局章程。

二十五日，与李仲三及胡步川、刘钟瑞二生至东里堡。下午归。田润初邀晚餐。

二十六日，往游仲山，宿西苗家。

二十七日，逾妙岭，视泾河谷。沿谷下行，未得通。复逾山往视龙洞。晚回，宿苗家。

二十八日，往勘冶峪。晤刘仲山，回三原。

二十九日，拟渭北水利局预算。

三十日，往参观平民义务学校、民治学校、渭北中学。下午侯仲厚来。一时，至渭北中学讲演。

十月一日，渭北各界开欢迎会。下午水利工程局开董事会。

二日，草英文函，致各外人。

三日，往玉口山访茹卓亭，至清凉山访宏纯上人。至复斋书院见张鸿珊。

四日，同仲三往富平，寓团长冯子明处。往谒张懿安墓，并为打碑塔墓门图样。

五日，往访县知事伯厚甫。冯子明约晚餐。

六日，县知事请早餐。往庄里参观立诚学校，并讲演。晚至觅子镇，宿明道学校。

七日，在明道学校讲演。回三原。

九日，雇车入省。

十日，访郭希仁、南友松。上午在局。下午易俗社观剧。不终而归。

十一日，上午在局办公。下午谒省长。汇百元于杨允中，托代缴永年保险费。还曹家利息五十元。

十四日，督署有电话云行李将到。

十五日，晚行李到。

十六日，整顿行李。

二十日，在第三中学讲演。

二十一日，在民立中学讲演。

二十三日，督军在易俗社宴二十师［师］长，陪。

二十四日，往三原，家眷随。

二十五日，料理测量队出发事务，安排人员。

二十六日，草测量职务章程。

二十七日，草测量职务章程。往访田润初，张扶万在座。又访范卓甫。

二十八日，往口子头，宿该地学校。教员名刘浩然。晤刘仲山，晚观戏一时。

二十九日，由口子头往淳化，宿县署。

三十日，往咸仓视察泾、冶二支谷相近处，又下至泾河畔，察泾河水势。饭于南胡同。晚仍宿县署。

三十一日，回口子头，宿学校。

十一月一日,刘仲山以车送余往岳家坡。

二日,往北屯安水则。

三日,越妙儿岭,登最高峰。沿泾河绕龙洞渠。归。

四日,与刘辑五定三角点。

五日,由岳家坡晋省,宿泾阳。会县知事、韩乙峰、赵荣堂、王麟编。

六日,回省。晚晤三哥。

七日,上午至局办公事多件。宿局中。

八日,呈全国水利局请国务院拨赔款余数充渭北水利经费。晤董健吾,交阅保证渭北水利书。

九日,草水利传习所及冶峪造林章程草案及呈文。

十日,同县委庄子兆往马王廒查验沣河堤工利害。十二时至。晚宿严家渠村国民学校。

十一日,查验河堤。

十二日,查验河东去岁决口处。归查验丈八沟龙渠岸毁坏处。

十四日,上午往访董健吾、杨叔吉、杨荐、郭怀学工学士。

十五日,上午在渠办公。下午在圣公会讲演。

十六日,上午谒毛师、吴母。午佛教会欢迎。晚应王子端、胡文卿招餐(迎宾楼)。草上省长文。

十七日,来三原。

十八日,开董事会。交泥水匠二十元。

十九日,谒秘师。访田蕴如、高佑农。

二十日,往钓儿嘴,视察团六人同行。

二十一日,陪视察团六人游山。晚郭晓岚来送船。

二十二日,同郭晓岚往冶峪镇。放船北屯。

二十三日,立水则(No3)。回岳家坡。

二十四日,船上拉至赵家沟下。

二十五日,风,寒。测事进行甚难。觅人曳船,急湍不能上。

二十七日,刘仲山来。李寿亭来。

二十八日,回三原。

二十九日,交泥水匠二十元。杨允中来函谓林儿退学。

三十日,进省。

十二月五日,参与教育会行开会礼式。张辉元招餐于迎宾楼。

六日,水利局人员聚餐于迎宾楼。

七日,草《再论引泾》,成图五幅。

八日,早旁听教育行政会议。以所领水利局十一月份薪,以一百票交父,以二十五票交兄。

九日,早访董健吾。下午三时开水利研究茶话会。省长代表及各机关人员俱来。

十日,省长设宴请各行政机关商进行事。

十一日,渭北水利局设筵请客于曲江春。

十二日,以关于水利之问题,条致于教育行政会议议员。往访 Jordan。

十三日,省长来教育行政会议谈备荒事。

十四日,晚宿三原。

十五日,晚宿王辽镇。

十六日,晚宿蒲城。

十七日,由蒲城动身至家。晚开吊。

十八日,安葬伯母。

十九日,谢祥供。

二十日,往后村一游。

二十一日,游沙畛田中。

二十二日,往马湖。

二十三日,携眷来蒲城。继母及妹、弟偕。晚访周养元代知事。

二十四日,往晋城观洛河,秦智初偕。

二十五日,由晋城归,宿锡盛源。

二十六日,是日由蒲城动身,晚宿到贤镇。

二十七日,至三原新寓。

二十八日,送弥百川。寄家函到省。

二十九日,同三哥、仲山往观高锡山所办纱厂。

三十日,三哥夫妇回省(及丰娃)。

三十一日,李仲三请客。

民国十八年日记一段

(一九二九年,按:此段日记可与江淮水利中淮委会第一次勘查日记互相对证)

八月二十一日,十三时半,离南京。同行者,刘梦锡、须君悌、许介〈忱〉(尘)、穆芝房、罗勿四、谈觉农、张医士、胡副官、陈书记,仆役八人。至镇江登新春轮。人员共数,刘梦锡、须君悌、汪幹夫、许介尘、李仪祉、何幼良、马登云、雷晓峰、穆苓园、罗勿四、胡副官、张医生、陈镜夫、谈觉农,仆役李天才、张仁、朱福(谈)、王家福、许凤武、令述宏(胡)、赵振山(张)、尹发(穆)、李戴野(胡)。三时五十分离镇江,四点半至沙头。口门宽不过一百余米。至口内,则展宽至二三百米。绕沙头岸而东,两岸皆有堤。五点二十三分入霍家桥口。口外视江流,由沙头而东。内港水自北而南,与之相遇,清浊分然。循二道沟上至严家桥,水道益狭。折回(六时十分)霍家桥宿焉(六点三十三分)。

二十二日,上午四时,离霍家桥,六点五分,到仙女庙。芒稻河桥长八十四米,两端有 Stone Conancre(?),有竖槽二道,系旧时闸板用,中间备 Ricrs(?),间坝水不利则卸去,左为芒稻镇。西行三里至董家沟,桥长一百米。又西行三里至石洋沟桥,桥有名 Piers□□□,中段可开,长一百五十米,上通东湾坝,通邵伯,下通霍家桥,通三江口。又西行里余至万福桥,□□□通霍家。水自二桥经一横河流下,桥长一千三百九十尺,由万福桥归至仙女庙,往阅褚山坝及拦江坝。十二点半开船。下午四时余,路过焦山,匆匆登临。即解缆,晚仍泊镇江。(第一图至第三图)

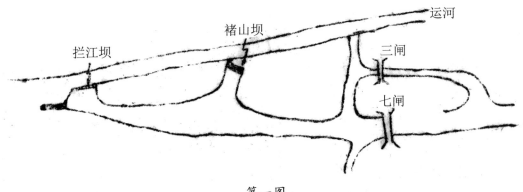

第一图

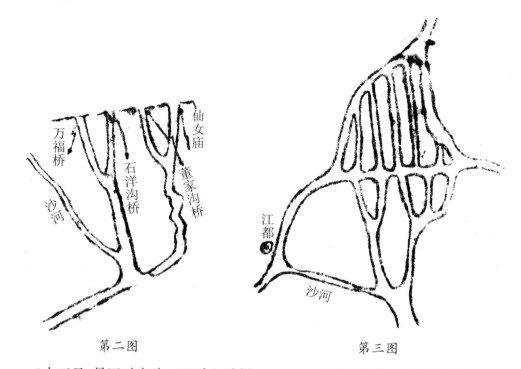

第二图　　　　　　　　第三图

二十三日，早四时启碇。五时入瓜州（洲）口，六时半抵扬州。泊东门外。入城，至运河工程处，访问单味仁处长（年七十）、张科长（字佰远），询问运河工程情形。其余有高性澄股长、向在常股长（测绘），承赠图多份，并邀餐于美丽西餐馆。三时开船。沙河坝甚长，久已不开，坝外积淤而已。扬州以上，两旁堤岸尚固，以此时水面而言，高出水面丈余。惟岸坡不整齐，行十五里至河头镇。镇中有闸，镇上端即为壁虎坝，形若爪曲，盖其外冲刷益深，遭避为之也。又过新河口，登岸阅新河坝。坝身直，横交河身，长一百二十米。越岭（此处砖窑多）循凤凰河会至河口，关凤凰坝，屈曲与壁虎坝相持。登船上溯，过西湾坝口、东湾坝（口门）至金湾，入内视其坝。复出，越大闸至邵伯镇泊焉。（第四图）

第四图

二十四日，五时四十五分启碇。行十里至韶关镇，坝门石工甚固。宽六十六米，门面石条铺地甚平整。下有河形，但闻下游无河，向来未有开过。八时半，至车路闸，引河宽畅，两岸高堤。新坝、五里坝，二坝相距不过二里，五里坝之下端有闸，制作与车路闸相同。此时□□about 一百人一千(?)□□□。十时至高邮,热。十一时四十分,至马棚湾□西、□□东,二地相距三十里。子婴闸下通射阳湖。此时闸启,宽二十六尺,构造与前两闸等。晚六时抵宝应,泊于城之西北隅。（第五图至第七图）

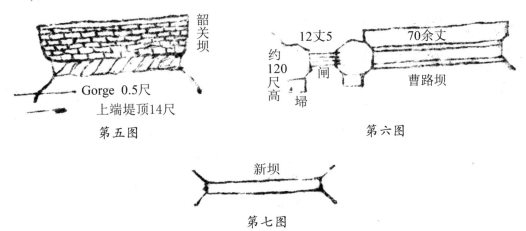

二十五日,早五时开船。六时三十分抵皇甫,阅皇甫闸及工闸,下通射阳湖,闸制与前所见略同,头至底石条五层。此时启闸,留四五层。（第八图至第十二图）

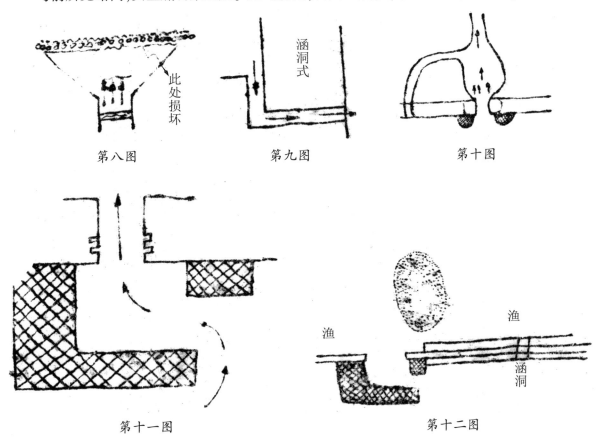

运河之底,以界首之下,六安之上,清水潭处为最低。清康乾时,曾决口,水上下游俱流于此,堵口甚难。避Kalkung致河身缩狭,其下游则易致淤。以昨日所见,高邮以下,水势甚大,盖三河来水多也;高邮以上,水势甚小;至六安则水色混,泻量颇大,盖山东来水多也。所遇湖口水皆向湖流。七时半,阅左堤一涵洞。旋登右岸,视草芜肥美。西至湖滨,已距十二三里矣。一老人云,以右岸涵洞缺乏,水不足用。下午一时,抵清江大闸外泊焉。步行至第一工厂,即导淮工务处办公处。沈百先、王颂臣、刘工辉、顾济之等见面。

二十六日,料理许多公事外,入城晤郭县长、徐旅长。傍晚,步行出圩一游,至清江铁路车站附近。

二十七日,偕梦锡、介尘、君悌、幹夫、百先,乘人力车至西坝,视黄河、盐河,巡河,至杨庄视盐河闸。又巡顺清河至马头镇午餐。黄河西坝杨庄之间,以土坝隔成□□□,以供建设之用。河身宽四十五米,水深二尺许。两岸官地,宽约一里。原惠渠闸已坝死,此为越闸。(第十三图、第十四图)

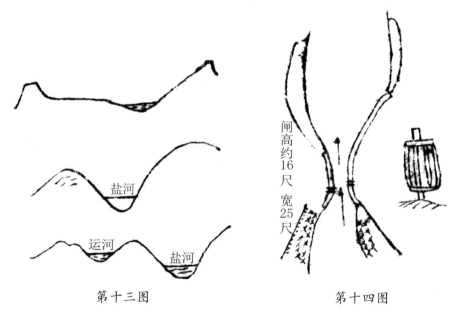

第十三图　　　　　　第十四图

二十八日,在office办公,沈百先回京。

二十九日,在office办公。

三十日,同刘梦锡、须恺、许心武及H.E.Wood乘汽车往洪泽湖三河坝查勘。沿洪湖大堤已垦之地甚多,皆属租种,每亩年缴七八百文。即未出水而长草之地,亦概经人民领用,每顷年缴五百文,有□领□□百顷以上者。□福河宽约五十米,水尚可用,舟楫甚多。□□□□约六十丈,水深七八尺。晚七时归。(第十五图、第十六图)

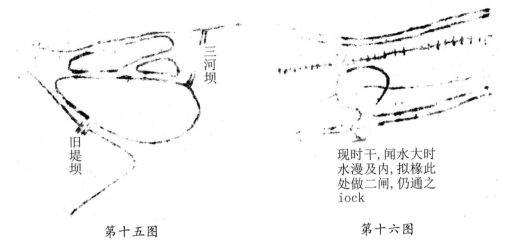

第十五图　　　　　　　第十六图

三十一日,停一日,在 office 办公。

九月一日,遣雷洪基往京、沪。下午六时同原四人至西坝登舟将东发。

二日,早七时发西坝二十里,□坝。登岸,视黄河及其黄、盐二河间之洼地。一时抵带沙坝以上三里地。向南有水口一道,为迤南地面水大时浅入盐河之路。带沙镇距涟水十里。二点一刻至大关。登岸,穿涟水县城,出南门,视黄河。涟水城内甚空旷而整洁。黄河岸甚平。登南堤视淮南弥乃平,□□于河可丈许。五时回船。

三日,早七时五十分开船。下午一时余至时码头。冬季水小。此处为坝河之地,下水船未必过坝行船,故此码头较其他码头为大。本日河水又落近尺许。舟子不愿前进。以蔡工渡(下游二十里)有三位大爷,地方不靖而辞。实则时码头有刘大爷有交情,刘新故□应为守也。自涟水以下,两岸堆积石块甚多,碓、碌、门墩俱有。石质为□□□□□□(德文,无法辨识),内含 Crivie 极多,出自小俍山者最细,大俍山者次之。出自房山者有□□□□□□(德文,无法辨识),有□□□□□□(德文,无法辨识)之外,□□□□□□(德文,无法辨识)亦不少。

四日,早五时五十分开船,十二里[至]新工。昔黄河曾于涟山决口,由此形成盐河,土人(当地人)或名之曰□盐河。又八里[至]蔡工渡,岸上有可疑人二三,□□□。□生上岸与招呼,民不能防。十二时半,行至平安河,逆风益厉,舟子停舟用饭。二时余,舟发。四时早,至袁家闸。此处有已涸河口,向东通窑河(由涟水民便河下分窑河,便民河至响水口)。闻船主言,涟水境有孙七、张八、王五,合为二十点,雄霸一方。现张八已死,余十二点矣。袁家圩西有界牌为沭、涟、灌三县交界处。船□云,过此地,地方年靖,因乡人有连庄会合□土□也。自时□□以下,河身渐大,至顺河集已有潮水旺盛,河面已较上游宽多矣。六时到新安镇泊。兵士巡岸上。见有人便衣乘自行车,撞倒一孩,其父母出与理论,该人反出手枪威吓。兵二拘之,询其姓名知为惠某,收其枪。然而本地公安局保卫团来保,谓系该团巡长,乃还其枪。既而询之,此人亦恶霸也。

五日,七时发。八时二十六分至南六塘河口,其对过即武障河。武障河坝长约六十丈。南六塘水大时船可抵刘老涧。此时只可及广六子。北六塘则常通。武障、龙沟之间,盐河西岸有一山沟通六塘河。十时至龙沟,正值涨潮时,潮高六七尺。此处盐[河]、北六塘、涟河成一十字形。龙沟坝已启,坝处河宽十余丈。北六塘承沂、沭二水,水势较盛。十二时,潮满,移舟,越过坝基。一时潮落,舟发,逆风甚烈,舟行滞,又无□路,行五里许,泊于吴庄。四时三刻又行,五时半,过□泽河口(河宽不满十丈)。吴庄岸上,闻土人(当地人)云,盐河以东,不遭水湮。民十之水,□□以下,水距岸尚二尺许。此处河中流深六米,水涨时当有八米以上也。

六日,五时开船,六时十分过武障河下口(三叉子),口不如上口之宽,而弯曲多泥滩。八时,潮又上涨,舟不能进,泊焉。十二时余,潮落复又前行,逆风仍力,进甚缓。二时过东门河口,此河通五图河。舟子用船不得法,盖行由河惯,不适于□河也,竟不能达响水口(朝至),距镇三四里泊焉。命吴事务员往镇另雇船。(第十七图)

第十七图

七日,早五时移船至响水口,是日以交□□船未能行(本定雇一灌河航船,言明来往盐家港五元。既见有一轮船可租乃改计,而往返交涉已下午四时余矣)。响水口尚称繁盛。河面在此宽四百米,槽□低水时六米。□□河宽四十余米,向上至周小集子二十里,可行小船。周小集子至大通口二十里、马港五十里,通至普□□、磡河口,在马巷口上三里。

八日,六时余,乘小轮东发,六时三刻到。双港,亦南岸一□□,距响水口三十里。河南北岸地价相悬甚少,北岸五亩约三十元,南岸□三十吊耳。南岸土质多沙粒,农人常翻掘深层黑土于面,收获可倍。十一时抵陈家港,岸上军队放枪要求停船。乃靠船登岸午餐。陈家港有太古运盐码头,一大轮靠岸,装一千余吨。盐以蒲为包,每包可[装]一百五六十斤。陈家港下白沟,有相对码头二,北岸有运盐轮静顺靠焉。再下则为燕尾港。二时余抵港前。下驶视开山及两洪口形势,即返轮。七时前抵响水口,舟主以天暗路生,不复敢前进,乃泊焉。仍催翌早速发。

九日,七时舟发。磡河口不大,有操划子者,雇而领江,开向龙沟。其人言曾随原佑安测量下游各河,情形熟悉。云,大通口附近尚为熟地。东下二十里,则为草滩,引洋河两岸亦皆草滩。有陈家港人言,海线三十里内皆不可耕之田也。此轮由青岛来,名同记,载重四十一 tons,九十五 reg tons,Fory Dranght 六尺,七十一尺长,十二尺宽,来灌河不久,行驶于响水口、杨家集之间。此次租以探察灌河口,并上驶至龙沟共四十八元,雇领江一人二元。自东门口以上,该轮未曾驶过,一路探水潮半涨时,大抵八尺至十四尺以上。直驶至龙沟过坝(早十时)乃遣之归。换登原船,即催启发,风逆而劲,舟行缓极。过义泽河口,至张庄,行程八里。时四时,舟子以风大不肯行。六时风定,令仍进。十二时余,至距大伊山一里许。闻镇上枪声,恐致误会停止。盐河自龙沟以北,河面很宽。但至距大伊镇六里许,既狭且浅。盐河通灌河各河口,一武障河,一龙沟,一义泽河,一东门河,河口俱为十字式,两面有坝。东门滚水石坝已地毁不堪。

十日,移舟大伊镇。早餐后,风逆且厉,舟不能前,雇农夫三人加纤,不数里逃去。大伊山产 Gnaiss,含 Micn 多,非建筑良材也。山上有二百余工人,自开自卖。所有船只,大抵皆运石者。下午五时,风定,前进至大柴市停泊。(第十八图)

第十八图

十一日,早开发大船,令两小船载行李,登岸步行。车轴河即在镇之北端。河身淤浅几于干涸,宽千余丈,有土灞拦潮。十五里至灌云,即板浦。九时,乘汽车东行至新浦,计程四十里,需时三刻。汽车,一大载十余人,一小(Dodge)载六七人,言明送两次共三十二元,酒资五元,在新浦寓东亚旅社。临洪河落潮时平均七八尺深,水大时,大轮可载二千吨。但平时不能满载,因不能过拦门沙也。沙上涨潮时水深一丈五六。落潮时只数尺耳。大船满载时,吃水一丈五六,平时载七分,吃水一丈二三尺。下午三时,舟返新浦,餐于九如饭店。晚,许介〈忱〉(尘)约刘及余观剧于更新舞台。

十三日,早,同上陇海车,站上刘梦锡遇其故友林秉珪副段长,言朐口实为一天然良港,陇海路将以此为终点焉。托觅陇海路上各种与导淮有关系之图。八点三十五分开车,往海州。过临洪河桥(六孔,每孔三十公尺),河中沙滩甚多。东海迤西白塔埠,再西曾埠。此处为一较高之, Tafai (cnt abont 3m) 再西牛山 (cnt 4m) (Stniok NWSE, dip abont H9° SoA sgncfin af shates, arglilite veryrics of miea layer in the skales)。再西有一小河,自北来交过铁路东南流,似人开之河。再西阿湖镇,迤西有一小河。西北来交铁路。东南流又有小水沟数道。再西徐塘站,前年被毁于■(cnt 3m),再西过一河,宽约百米,全干涸(桥三孔,每孔二十公尺)。干河桥以西 Long cnt 俱为 Detritus,再西沭河桥(六孔,每孔三十公尺),水不急不浊。再西行一时半至新安镇。镇在站之南约里许。塔山在南相距十五六里,向为■■巢穴之地。迤西一带皆为平原。再西草桥,再西沂河,两岸有堤(桥六孔,每孔十五公尺),水势甚小。再西砲口,四时[至]运河站。一时雇不到船,乃于大榆树借保卫团房暂住。(第十九图、第二十图)

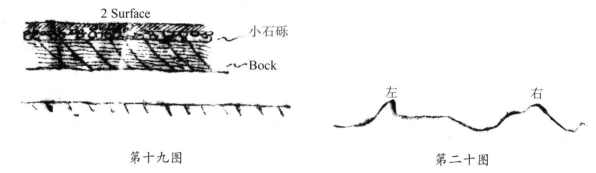

第十九图　　　　　　　　第二十图

十四日,早五时,乘推车往沟上集。九时,路过官河镇。沙河为沂河分水入运最大之一支。官河镇外桥宽二十余丈。此时河干无水,河底尽细沙质。十二时半至三叉河石坝处,石坝已全毁。沂河舍弃正河,完全由自己新辟之槽下至沙家渡入运,水甚清徐,小船可上行至沂水县。一时返。至宫湖镇恐天暗不能达大榆树,换乘人力车。六时到,舟已雇好,准备明日下行。

十五日,下行。运河之闸,上八闸(韩庄以上)、中八闸(台庄以上)、下八闸(台庄以下)。①台庄。②莲花城。③大王庙。④新河头。⑤马庄。⑥磙湾。⑦宿迁。⑧下口。十一时抵磙湾,上岸视沂河分叉竹络坝。下午风顺,行甚疾。六时过五花桥,七时抵宿迁泊焉。(第二十一图至第二十六图)

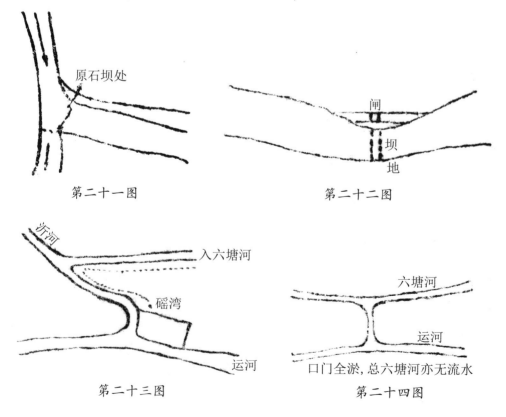

第二十一图　　　　　　　　第二十二图

第二十三图　　　　　　　　第二十四图

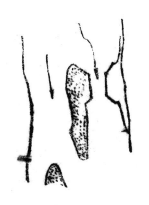
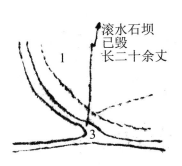

第二十五图　　　　　　　　第二十六图

十六日，四时半发。七时半抵陆圩，八时过下口闸，十时过刘老涧。晚泊众兴。

十七日，命舟早发。至杨庄与须、刘、许、汪登岸。十时乘汽车归淮阴，午后大雨。

民国十八年日记又一段

（一九二九年，按：此段可与淮委会第二次勘查报告互相对证）

九月二十三日，由京赴沪，寓新惠中210号。

二十四日，上午访杨允中于科学印刷公司，于科学社，皆不遇，乃访于其家，则患伤风未出门也。与商购电灯机器，决用新通所投。十一时半，访新通（22 Kiu Kiaoj Rd.），买办余昌菊，与商照所开原价九折订，约计 \$一千九百五十五（原开 \$一千五百五十一）。午后一时，访陈霭士，为书五千元收据一纸。访求新厂，询订购 Motor Boat 事，承其介绍海洋社陈谷声。往访陈谷声不遇，与其职员黄佳秋、于诗鸢谈，约明日来寓所谈，海洋社在英外滩八号。

二十五日，收须君悌快函一件。上午，商务印书馆购物，计：

2　Steel Tapies 50ml　　2　Steel Tape 30ml
2　Hand Levels　　　　1　Polor Planimeter

共计二百三十二点二元。午赴陈霭士约,餐于功德林,同席者王一亭、宋汉章、孙某、William E.Soutek、R.Jen Kee Rd.,皆华洋义赈会中人也。下午二时,余昌菊来,签订订货合同,付清总数＄一千九百五十五,又付驳运四十元。朱埔来访,未遇。顾宗杰来访。收沈百先快函一件,内有张医生所开药单。访刘梦青于新华大药房,不遇。购物数事而归。晚与顾宗杰、朱士俊、朱埔、宋某共餐。八时,于诗鸢来云,TAN Engine 需二千八百两,船太小,求新不肯造,另托合兴,约明日午一时再来。

二十六日,上午往鲁麟洋行,视其 Hermenek Tachymeter 与其议事人 C.Bradus 决洽,令开一实价。午餐于青年会。下午一时,于诗鸢来云,合兴 Dock 不定,另托大中华造船公司,持一船样云,三十六尺长,十尺宽之船,需银四千两,以其估价太大,命打一样寄南京商定。往访陈霭士云,已往杭。往中行存款三千元,立存折。往义源厚托代交转运书箱五件于南京。买零物数事而归。晚餐于会宾楼,出遇陈君演、吴怀先。

二十七日,回京,阅家函,知三哥来南。

二十八日,电三哥。接华北电六日开会。

二十九日,君悌来。偕许介尘往淮阴。

三十日,礼拜。

十月一日,三哥来。

二日,下午五时与三哥、君悌往下关过江,五时车发,仆人徐钰随。

三日,早过徐州未下车,恐不及六日华北开会也。

四日,早七时,抵津,见李耕砚、吴思远、徐恩大、陈夙之诸人及 Gni。

五日,下午赴平。雨终日。住平一日未出门。

六日,早车来津,下午二时开会。见王季绪、孙奂轮。陈温(静菴)不至,朱延平代,彭济群未至。

七日,早继续开会,下午休息。君悌夫妇往平。

八日,早会。借阅 O.Franzius 之 *Der Verkebrswasserban*,晚约 Gni 餐,并听戏。

九日,未出门。晚至 Gni 所便餐。Gni 约仿兰、进化及余听戏。

十日,午在 Gni 处,下午五时到车站,王耀丹同行,并偕一测夫王,六时发。李耕砚、徐泽昆、Gni、仿兰送至站,握手而别。清江有电,催君悌早来,转之。

十一日,早五时抵济,住北平大旅社。访陈大我、胡渐逵。下午,河海同学来访者有宋文田(砚耕)、张君森、吴际春、张殿珍、张孝敬、孙钟琳、刘辑五,王亚尊亦自洛口来会。晚,大我约在其家餐。向子和、胡渐逵、王耀丹与。张华甫以建设局会议未克来。

十二日,与辑五、耀丹,游大明湖。晚张华甫及河海同学约餐于 Hotel Stein,并晤曹瑞芝、朱一民。接清江二电,发一电到南京,一电至清江。

十三日,往访孔建设厅长,谈数十分钟。与张华甫、朱一民、曹瑞芝约明日往勘运河。十一时,应中国工程师学会同人邀往开元斋(Plcnie)。时逢千佛山九月庙会,游人甚众。会中讲导淮旨趣及进行状况,下午四时归。张华甫并介绍赵旭村同勘运河,以其熟悉情形也。阅报见战事又起,颇以导淮前途为虑。

十四日,早十一发,公寓前动身。同行者,曹瑞芝、张君森、赵旭村(建设厅长派)、王耀丹,仆役三人,乘公共汽车一辆。十一时前所有不需行李托陈大我由津浦径寄浦口。路过南洛口,由马家道子渡河至北洛口站中少息。带汽油六〈筒〉(桶),循北堤西行,是日风甚大。路过油房、赵庄,观张耀所减水闸三孔,工甚固,尚如新。石十六层,当时以人民反对是举未用。沿途两岸,河中石坝甚多如鳞,俱用石块层砌周面,内为埽及土。有坍陷者抛石其脚护之。河中航行,帆船上下甚多,河流亦一致,水面高出堤内地面。下午二时至齐河县,稍憩,进午餐。河防组织分三游,中游兼总局长。每游一分局长,局长下有总务、工程二科,此外有石料采办专员,归工程科,秸料归工程科。石料产自沈屯(上游)、望口山(中游),亦有自巩县来者。防河兵即土夫(循旧制)有营长管理。汛兵(即防河兵)每汛约二十人。齐河城紧靠北堤,城墙全以砖石砌。城外绕以牛角河,下通赵牛河(下去二十余里),再下则通徒骇河(下去八十里)。现建设厅拟设 Siphon 于此,以事灌溉。Siphon58″,水面上下差,冬季最低,1′—2′,普通4′者,每年二百日,6′者,一百或八十日。拟以水力发电后灌溉,下水池中水以电力车出 Water Range,最大者18′。为曹君瑞芝计划。曹君言开封都园口最近三年中 Water Range 不过三尺,以前亦不过五尺。五时半抵香山,以无宿处,再进。六时十分抵陶城埠,宿于车站。陶城埠滨河在内堤侧,居民十数家。有店,盖大渡口也。由香山迤西沿河多小山,有在河滩者,居民宅其上,若阶梯然。陶城埠为新运河口,亦名新河头。其旧口为张秋镇,在陶城埠上十八里,与黄河以南之运口十里堡相对。姜沟在陶城埠下游南岸约二十里,为现时船行出入之口,而十里〈埠〉(堡)则不通焉。黄河以北,运河由陶城〈堡〉(埠)至临清(一百一十里)完全无水。水大时,黄河可灌入。卫河水大时,由临清可倒灌至聊城(五十五里)。陶城〈堡〉(埠)至聊城有蓄水闸五,进水、减水闸三。运西之地,寿张范县等处皆为洼地,常恐雨水不得出,乃于民国十一年(一九二二年)、民国十二年(一九二三年)间,穿修涵洞(宽二点五米)排水(东临道尹倡修,华洋义赈会助款,并挖河十余里),穿运东入马颊河。现山东建设厅拟修浚运河,由聊城放入马颊。引黄水灌溉,兼济运道。中游七营,河北五营,南二营。一营五汛,每汛,并汛兵约十八名。下游八营,上游三营。北一营管辖五十里(张秋至陶家嘴),第一汛,管二十里。汛长每月三十元薪金,汛兵五至六元,但欠发甚多。营长每月一百四十元。大汛来时,昔年每营添夫五十名,近年来以款项绌未添。昔年运河行船时,运口闸以草□堵之。每年春、夏二季挖开二次,以放船过(一二日过完)。春二月挖,夏六月挖。民堤归各乡地自管,归里长管领。河滩地价每亩七八十元,堤内地劣价廉。黄河潮上不能至盐窝。光绪二十五年(一八九九年)前,盐窝距海六十里,海潮可至,出盐。现盐窝以外淤出二百里,盐窝虽不复产盐。黄河航船以粮为大宗,下行粮食,上行煤、杂货。

十五日,早,七时三刻,同人出循黄河东行,一老人章姓引导。旧有清水河一道,由濮州至此,在河北坝外可行粮船,已于七八年前淤为平地。今年雨大无所泄,濮州人决堤泻水后,冲成新河一道,至陶城埠入黄。陶城埠以东大门有石门。测黄河水面与运河底相差六十九米(运底高)。闻父老言,冬令黄水减低,最大二尺。运河口门淤高甚多,并分叉歧,大抵以旧口寨另开新口以济漕。上测之六十九米,系指运河槽一条横过车路,与两河平地同高。闻口淤可三里许。汽车由陶城埠通济宁,须过郓城,但以目的不在运民,乃令于姜沟过河。十二时入渡。渡河后,遣汽车归济,雇小舟二只,驶向大清河。二时一刻入大清河口。河水较黄水清多,惟甚浅,不过二尺。晚宿团山之珠山寺内,一初级小学也。山为墨山之脉,岩为 Lime Stone,青色。(第一图、第二图)

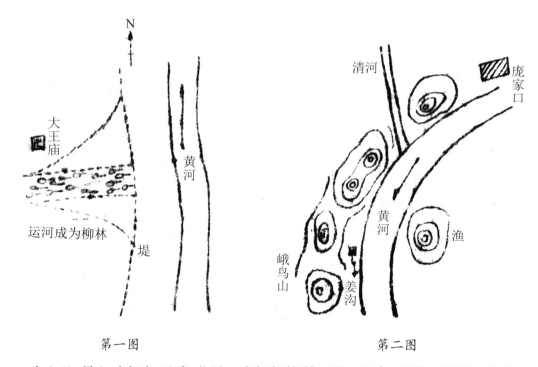

第一图　　　　　　　　　　第二图

十六日,早七时启碇,天晴,北风。张帆行甚利。团山以南,两岸山渐宽。地被淹未出水者尚多。居民大抵依山而村,平地鲜有村庄。每村各有小沟排水入河,河水仍混如清河口河水,面宽十余丈,此处即所谓东平灾区者是也。八点五十分至杨谷店,两岸一片汪洋,□中□记鱼□矣。杨谷店之东为九顶凤凰山。九时过路村、李村,则入□湖,风波益紧。十点一刻至窦家庄,水入成槽。十一时半抵安山镇,镇在运河岸上。有桥闸一所(照相),昔为运河繁盛之镇,今以运道不通,市面萧条矣。船行经由坡河至此入运河本河。一时前启碇入运河,运河在此为大弯。安山镇即在弯之上,运之西堤尚为完整,东堤则在此处残缺,与湖相通矣(第三图)。二时抵王庄口,由安山镇到此,运河甚形弯曲,概无东堤。向东离山渐远,而一片汪洋如湖也。王庄口北,距安山十八里,南距蕲十二里。二时三刻至王四口,河顿窄,有三丈宽。三点三刻至蕲口闸,闸在镇之南,镇市亦极萧条。闸顶高出水面丈许,宽丈许。沿运有运输 Sand Stone 石条及石板,略带红色,云产自杨谷店之火山。该山亦出火石。沿运柳树甚盛,亦有白杨。蕲口闸以上,河身又宽可十丈,且甚整一,两岸高六七尺。六时至袁口闸。闸在镇之北端。台儿庄至十里〈埠〉(堡),凡二十四闸。此外鹅山、团山等三处与闸同视(实无闸)。船分:

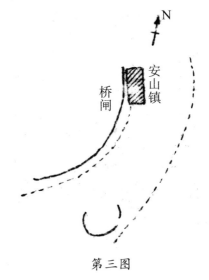

第三图

头等	二百担以上	每过一闸[征税]零点四元
二等	一百担	每过一闸[征税]零点三二五元
三等	五十担	每过一闸[征税]零点二二五元
四等	十担	每过一闸[征税]零点一五元
五等	五担	每过一闸[征税]零点一二五元

杂等(砖及菜、鱼、石灰、木料等),每闸征税零点一元外加二成(附捐加包各一成)。

此外,每过一闸,头等三百担以上加零点四七五元,千担以上加一元,外附捐加包各一成。

袁口闸以下,只能行三等以下之船。行船期,阴历四至十月,十月以后水干。船捐局设于袁口及鹅山。上行为煤、煤油、杂货;下行为麦、高粱、豆、麻、蒜等。民国十年(一九二一年),袁口一年共收一千元。袁口以南一二里为侯家口,再南至分水处三十里水浅,最浅处已干。最近有粮船由济宁来搁浅。乃于侯家口堵坝聚水,昨始开放小船三只,共花费六七十元。

十七日，早八时，雇小车四辆前行，九时三刻至开河闸。闸距袁口十二里，距南旺十八里。南旺分水以南为柳林闸。二闸为 Water Shed Reach，柳林闸上板八页，水始可至开河。袁口以南有刘家口，有汶河分出汊河，分水北流。故袁口以下，尚不致缺水。而此时尚有东平灾区倒流之水入运。刘家口以上，则为死水，土人（当地人）坝河捕鱼而已。今早，量袁口水面宽十七米，水深一点九米，岸宽四十米。赵君言渠今春来此查灾，有盐船至分水口下不能行，乃雇人于戴村坝用席堵水，并上柳林闸板八页，水始可行舟。费时一月之久。十一时二十分至十里闸，村北有减水闸。运河水泻入南旺湖之闸，闸内但余水坑一条，湖底高于河底多矣。减水闸凡有七所，减水闸宽一丈五，高丈许，今已以土堵死。十里闸乃为 Watershed Reach 闸，前言□□闸为 Watershed Reach 者误也。十二时半至南旺镇，少餐后，即赴分水龙王庙处参观。（第四图至第六图）

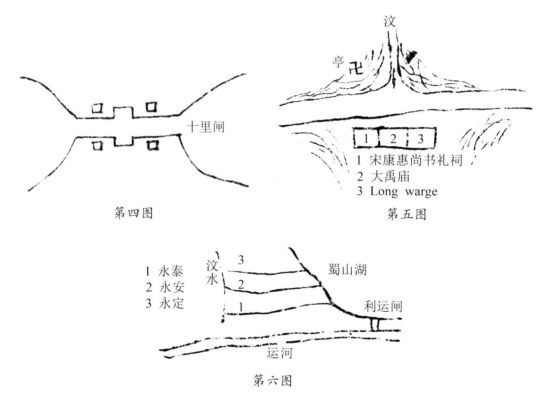

第四图

第五图

1 宋康惠尚书礼祠
2 大禹庙
3 Long warge

第六图

1 永泰
2 永安
3 永定

步行至柳林闸，雇船南行。汶河于分水处之上，入湖闸，一为单闸，二、三为双闸，现各渠都淤泥无水。三点三刻启碇。马踏湖与南旺湖等，成为农地。蜀山亦在闸上望不见水，窥此情形，必戴村坝毁坏，水量全泻入东平矣。船离柳林闸，水浅不能前，人俱下，舟子推而前，里许，始可篙而进。至小店子始见有许多较大之船如淮河船制，多载粮者。至大店子。四时二十分至利运闸，闸宽一点二五丈，水流入运河尚利（$V = 2m+$）。立闸上可望见蜀山河，水面不甚大也。利运闸在太平庄（柳林到此十里）北，庄上有富户张可亭有湖地八顷,索价每百斤一百五十六吊(三十六元)。四时五十分至寺前闸。沿途石岸甚多,大半已毁,乱石堆于河旁,到处皆是。寺前闸以南数里,有一破闸,已无闸形,乱石堆于堤之缺口,两头水流入运甚旺。六时抵长沟,镇市甚可观,有桥一所。村中正有庙会,演戏。晚,即宿船上。

十八日,早六时前令开船行。距长沟三四里,西岸有匡山,产青石甚佳,运河石料大半取之于此。乱石一方,采后运之运河岸,价五元余。八时半至河头湾闸(距长沟二十里)。八时五十分至漕井桥,堤里有桥通大路,故名。其下不过潦水一泓。上端不通,下端通南阳湖,大抵为排水用也。桥七孔。二时五十分至龙凤闸,距济宁二十里。十时四十分,抵安居。昔为盐码头,今凋零矣。岸东为马场湖,此处有闸入运。十一时一刻,至十里〈埠〉(堡),此处东堤有缺口通马场湖。盖进水闸之圮毁者也。马场湖受汶、泗二水,汶河于堽城坝(宁阳)分水出坝为洸河流入湖中。泗河由兖州府至东门外金口坝分水入湖(府河)。泗河由张家桥(济宁境东南二十五里)分为二支,东西泗河入独山湖,已淤。西泗河由鲁桥(济宁下五十里)入运。泗水由兖州府穿城而过,城内三大桥(东阳中隅、西隅)跨之,城内河甚深,岸高不致为害。泇河即十字河,因横穿运河入微山湖(夏镇南),后因运河被淤改道,再被泇穿,故又称双十字。是河平时无水而挟沙甚多。十二时半至济安桥。沿运所量水深为一点八至二米,普通零点六米,济宁附近水深亦只零点八米。现运由济宁南门外穿过为新运道,旧运道更在其南。下午一时至济宁。寓连升栈。午餐后,同曹、王乘人力车游行城内一周,中西高小学校为德人天主教所办。德人 Meyer 为董事。浣笔泉为李太白浣笔处。御碑亭有乾隆御碑。府河在东门外,有闸通运河,此时水干涸。王心畲为济〈荷〉(菏)路局长,招待甚殷。

十九日,八时余上汽车,十时到兖州。中饭后,访金口坝。发一电致韩庄沈仲丹站长。黑风口为泗水分水与府河处,即在坝上游约一百余米。其北有龙王庙,庙后为津浦铁路取水之井。泗水此时甚清,惟河中沙滩甚多。水深平均二三尺。府河下与汶河合流,名曰会通河,所以济运。隋唐以土为堰,明成化间,始改造石堰(有明成化癸巳碑)。东西五十丈长,下阔三丈六尺,上阔二丈八尺,平地起石五层,高七尺。堰北分水二,雁翅二。堰南跌水石,直五十丈,横四十丈,共用石三万余斤。桩木八百余根。灰百万余斤,糯水、铁钉、镶木、石灰,合计不下千万。夫匠三千五百有奇,皆在公之人,赏劳钱数万缗,皆宜兴张盛(克谦)所自措置,始修为元延祐,再修为明成化,三修为清乾隆。戴村坝距兖州一百七十里。坐小车一推一挽,二人可坐,来回八元。不牢河亦名老运河,盖昔时运河由夏镇直趋不牢河,后以黄河改道,每易决口,伤及运河,乃改运河而东,不牢河遂废。后筑蔺家坝以蓄高微山湖水以济运。下午五时半,与曹、张、赵分手,乘火车南行,曹、张送至车站。十时五十分到韩庄,沈仲丹站长在假

中,屠副站长代为招待,即宿票房中。(第七图至第十一图)

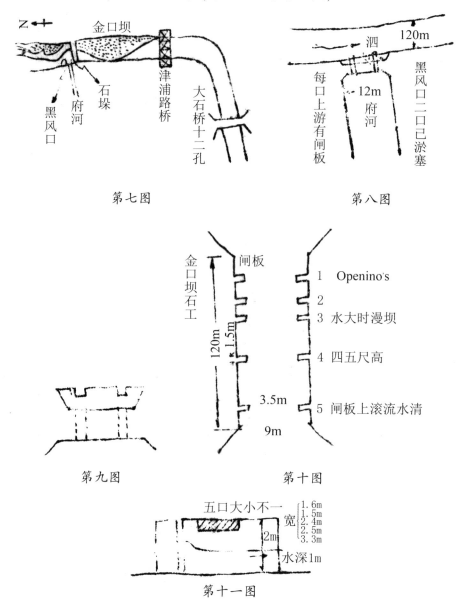

第七图

第八图

第九图

第十图

第十一图

二十日,礼拜。运河桥(韩庄)长四十七米,现时无流水,舟楫不通。运河桥之南,有一新河,系清时所凿,以地势走不通,乃改而北行现运河。此河上津浦路桥(Girder Bridge)前年战时被炸,现正修理。有石矶二,其一被炸毁。桥长三十米,此河底岸尽为乱石。土人(当地人)言,昔之开此河者,苦于石底难挖。夜梦舵樯无数行其北,乃就北开河,果无石,易挖,以为神助。韩庄柿子甚佳,色正黄,形圆而长,无核,中心有窍,味佳。湖中全干。据土人(当地人)言,十五里外,始见水,亦不过数寸深。(第十二图、第十三图)

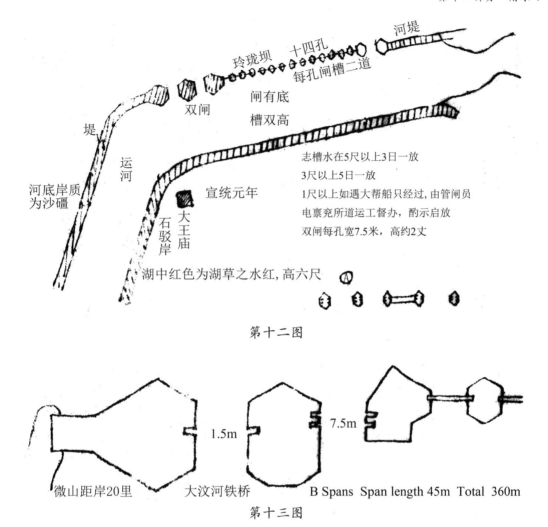

第十二图

第十三图

　　下午，滕县刘监工来访，伊盖受大我托至晚餐于车站中，在座有驻韩之罗营长，甘肃人。自罗营长驻韩后，地方■■敛迹。但伊（马鸿奎部下）今早奉命即开往徐州地方，人民留之不得。一次车误点。系因车头在滕县损坏，乃电徐州调用车头故。

　　二十一日，上午四时始登车南发，六时过徐。九时半，过符离集。淮河北股。中股在站之北，无多水，不过一 Creek 而已。南股较大。津浦铁路桥东有闸，闸以西，水面较宽，有行船，想闸下涸也。九时三刻至南宿州。十二时至固镇，过浍河。固镇船只甚多，上游则寥寥，恐浅不胜舟。河道至固镇上游为一巨弯，岸浅而宽，无堤，水清。过新桥，望见南〈肥〉（淝）河之漫荡。十二时三刻至曹家集，一时半至蚌埠，寓东亚旅馆。淮河上津浦路桥九孔，每孔长六十米，此时水面占三又半孔。据云，水大时仅余二孔。水大时船不能过。此时水深四至五公尺。桥矶高十二米以上，Plain Coucret 造 Coison Fondation，左堤有 Stone Paved 坦坡，堤内地占约一丈许。本年发大水为八月十六日下午六时□正十四点三米,八月间含沙最重,因史河发水。蚌埠原街在淮河北,今之蚌埠在河南者新发展者也。五时渡河,觅德华楼饭馆就餐。电话约陈三奇来共话。陈住总商会中。发电至南京,请汇款百元及淮阴报告行止。

二十二日,早六时登福淮公司汽油轮富坡[号]。八时发(耀丹同行),徐文玉偕,留王会玖于蚌埠总商会中。此间船只吃水论扎(拇指、食指展开之长),余等所乘船吃水四五扎耳。自蚌埠至怀远,河面划一,宽而浅,洪水无泛滥之灾。二十里至怀远,为涡河自北来入淮处。淮至此由西东改为东北行,由两山间出,左荆右涂,皆□□□。舟行至怀远附近,船上老贵沉入水中,救治不及,噫。船长回蚌埠报告去了。船不能开。人用滚钩将溺者捞上来了。死了。他年二十一岁,九岁由广东到上海,尚未娶妻,家有老母。每月数十元薪金,除自用五元外,悉汇家奉母。今如此,他的母如何过呢? 十二时半,船长尚不来,船客命船开至怀远等着。一时半,船至涡河口,船即行。二时出西峡,荆、涂二山中间 Pass 甚宽,不为 Narrow Gorge。涂山上有禹王庙,古柏甚巨,相传以□有禹,□先有□为疑问,不幸民国二年(一九一三年)毁焉。现在山下不指望见矣。山中岩石为 Lime Stone。船出山峡往南折。三时一刻,到马头城,其南为黄柏山,有小沟通入十二门,荡及荆山湖,但此时不□无水。沟涧不至丈,想湖中□涸矣。河中小划不少,惟大船较少。岸上有砖窑数处。怀远及马头城间芦苇甚多,想为湖荡产地。四时三刻到新城,在右岸黄柏山脚下,岸坡亦现岩石,村中墙垣多以片石为之。新城上游有水口,上通窑河,傍山之一湖也。此时亦干。此处岸甚阔,水特浅,舟行极难。由蚌埠以上,淮河整一,所患者水浅耳。淮河转运,上水以盐为大宗,下水以粮为大宗。河底为细沙,冬时水量亦较现在少不了许多,且沙亦渐可刷深。故无绝对不能通船之时。七时半至洛河街,船上人以洛河街无驻军,恐■■扰乃前进。九时半至炭窑泊焉,由蚌埠至此一百二十里。

二十三日,早六时发,七时抵石头埠。淮自此以上,河面渐狭,航深一至二米。淮自凤台县王营子分为二股,东南平行与店子集复合为一。船行其南道,由店子集至石头埠,折而西北,沿黑石山脚。据本地人云,山产煤,以近水无人开采。南岸有一水口,入超河,小船可行。较正道至凤台捷十余里。而淮河绕此山而行,由石头埠至寿县,旱道较水道捷五十余里(水八十里,旱二十五里)。十一时经过超河出口。南岸上有石矶一段,似是 Sand Stone,上种石榴林,至此凤台县不远矣。十一时半至凤台,十二时经过凤台后,过一山口,两面有山,〈北〉(南)岸山上有庙为〈毛〉(茅)仙洞。石壁有大字"明德远矣"。北岸亦有山,过此山后,北岸有堤甚高整,想见堤后地势低也。南岸则山势绵延颇长。惟北岸之山为 Sand Stone,而南岸则为薄层之 Shale,似非本相连者也。一时至河口,即纪家集。由此有一小河,小船可通寿县计十里(以南尚可通至二百里),距正阳关尚有六十里。岸上有沙、石板堆放,可见此山所产。淮河货物,以米、黄豆、麦、茶、麻、竹、木为出口大宗。正阳关税收旺时,每月可三万余。每大船一只,可征税百余元。现因上游水浅,交通阻塞,闻尚有大船千余只,在上游六安一带不能下来。四时过颍河口,颍河水亦不小,小轮可上行至颍。四时一刻至正阳关,上岸至关署,晤其总办李兆源,询商税情形。晚,仍宿舟中。

二十四日,九时开船,鲁口集上有浅滩。十时半到鲁口集,此处亦浅。盐每包一百一十二斤,大船可装二千八百包。粮每包一百六十斤(七斗一包,十七桶一斗,一桶□斤半)。大水之时,怀远以南以东,以至凤台,一片汪洋。行船如□涯□,漫无边际。故不行淮河本路,而由荆、涂以南□向东南,循荆一□,巢湖而折往高皇寺、胡集、店子集,循里河转入淮河本身,以至凤台。正阳关至三河尖一百八十里,三河尖至乌龙集一百四十里,乌龙集以上不通大船,仅通小船。五时半至炭窑,有大通煤公司码头甚□□,距洛河街十二里。淮河轮船公司共九家,有船十六支。船捐有水上捐及盐上捐,每轮船一支水上捐七元,盐上捐二十元。票捐,每元抽五分。此外每开船一〈躺〉(趟),抽一元,亦不知其捐为何名。民船分大小五等,其捐不一。晚七时,船搁浅于新城一二里处。

二十五日,早,船家雇人推船,八时余,始能开行。一时回到蚌埠,仍宿东亚旅社。陈三奇,出往凤阳收工。南京汇来百元,由其同事胡君垫付,准备明日东行。陈三奇晚归。

二十六日,八时,包汽车一辆,往临淮关。八时三刻到,即登汽轮(华顺),十一时开船。临淮河面不如上游之宽,只有百余米突。过临淮水面,又宽可二三百米。航槽深者一点五米,浅者一点二米,左右岸有堤,相距甚宽,至二三里,滩甚宽坦。华顺draught三十五尺,十二时半到毛关集。此处河面较狭,水较深。一时半到新集子。二时到枣卷集(南),对岸为安淮集(北)。河面将近此处又一狭。午后,到小溪集,有小溪自花园湖经太平集,至此入河。淮河至此过黑山山脉,折而北行。午后四时至五河。五河沿淮、浍、市廛甚盛,□□寥□。浍河小船可上达固镇、南宿州。宿怀泗大旅社。包同济轮下送至花园嘴。

二十七日,七时半开驶,九时半过浮山。右岸山逼近河,左岸较远。潼河自左岸流入。此河上通固镇及五河及潼山窑(口内十里),出磁镇河口甚宽。淮河至五河一狭,水深不能探。至浮山更一狭,水□深。出浮山,舟行经大柳巷,它一股分出为窑河。至双沟与窑河又会分处一而南行。十一时到双沟,窑河大□一至一点五米,船至此,甚感两难。双沟集登岸,上兵冈来望,洪泽湖一片田畴。冈不甚高,而有狭处。地质为石礓及土混合。自双沟以下,河身渐行渐宽。至罗嘴则宽近千米。自此以下,东折宽泛成湖矣。此处渔业甚盛。西望为女山,其后为女山湖。三时至罗嘴。船至此避大河浅,驶入一小港,小轮至此不能复前。无奈之另雇小船,驶往盱眙。四时三刻过马嘴,其上为石山,有红色石礓。一埂斜伸出为马过嘴。嘴前水中有石,俗名龟头。马过嘴之西有港入七里湖,与张凤滩相邻。舟下行,距罗嘴三十余里处泊焉。(第十四图)

第十四图

二十八日,早,五时开船。小雨旋晴。八时,行于荷叶滩及南岸间之夹道中,距盱眙二十里。九时到盱眙。县市依山,而设有石堤障水,乱石铺路。颇荦确不平。街二条,因山阶级,石为青石。由双沟以下,滩地甚多,大抵皆植芦苇。现值割苇之期,故河中苇船络绎不绝。因风不顺,舍船登陆,雇人力车四辆奔蒋坝。六时到,晤马天宾及第二队诸职员,宿青龙庙队中。

二十九日,雇人力车回淮阴,下午四时到。

民国二十三年日记一段

(一九三四年,参阅《黄河上游视察报告》)

西安至兰州:

九月十九日,早四时半出城赴飞机场,送行者水利局数职员及娘与妻。机场遇Mr.Omdraws及Mr.Pran同赴兰州,有Mr.& Mrs.Cupel送行。与予同行者为万技正及赋林。六时登机西行。过沣水后,渡渭,沿汽车路之北而行。过武功,临岐山山脊而行。过凤翔,渭河已不可见,而望见宝鸡峡之山。所行者皆高原地。过清水,仍沿渭河。过天水,入山至陇西折而北,山中树木丰满,苍翠可爱,而毫无人迹,崖谷绝陡。逾分水岭,即变为土山,尽种坡地,牛山濯濯,绝少树木,居民亦稀。过定西,沿榆中河(甘草店),川道甚好,约数里宽,农田肥美。又逾一梁而至黄河之谷,抵皋兰矣。一路所过土山,冲刷之沟壑甚多,概致荒废,而居民尽种坡地。余意若能使人民改垦沟地

(Reclaim Gullies),以代坡地,必为有益,当著一书论此。甘省本年雨量之丰,为历年来所未有,截至现在已逾三百八十毫米,往年全年只三百五十毫米(指兰州附近)。山坡长草,据云,历年未有。兰州飞机场遇刘景山、Stanbarr。来接者有水厅长、许厅长(建设)、朱厅长(财)及省政府代表南君(雷亭之侄)、范少朴(通利公司)。十时访朱一民主席,许、朱二厅长,邓宝珊军长。赴南关访端妹及妹丈。归,又访赵其相(官钱局)。黄河北岸有山,下为 Sand Stone,上为黄土,山中庙宇多,山名水塔山。黄河铁桥:

S spans,宽 223.6,cach span;46.7m
Water depth, max.7.9m megn. 46m;
Velocity （Surface） max. 4.84m/s;
　　　　　　　　mean.2.61m/s;
　　　　　　　　min.1.51m/s;
Silt Sand Containing Quartz Miea Feldspar。
Diseharge, 8 月 27 日 5325cu.m/s;
　　　　　5 月 24 日 1100cu.m/s。

〔至此,石印本第八、九册(合集)第 52 页续接第 53 页页码无误,但日记内容中断,明显缺少一部分〕

谈尔益言,大通河口上至湿源约二百里,民和县距河口一百一十里,河口名为达家川。湟河流量大(一百[立方米/秒]),大通河小(五十[立方米/秒])。湟河浊,大通水清。湟河由西宁以下可行羊皮筏。河口前有小滩。洮河河口在黄河峡中(六十余米宽,高百余米,洮河峡二十余米),岩石为 Granlte,唐王川在洮河口上游三十里。唐王川至洮沙县八十里。洮河水浊。洮口为峡,以上则甚宽(一千米),浅滩甚多。流量六百立方米/秒,水不甚急。大夏河口亦有小滩,流量不出一百立方米/秒,河口宽三百余米。永定至临夏四十里,水浊,两岸黄土,距河口三十里处有峡,岩石为 Granlte。

二十二日,八时出西门,沿黄河南岸行,一路为黄土崖岸。枸杞甚多,农作物 Fobbaco(?)居大宗。果树成林(梨),结实甚繁,中植一木,悬绳系其枝柯。行二十里至徐家岩,有极寿山,山头有白云观,极巍丽。乘驮轿,逾一山岭,下视黄河,则又散漫,岸上皆为丸石田施耕种。行十五里,至古城,见有棉田,结桃尚可,则可知陇地非尽不产棉也。古城甚高坚。又行四十里至柳镇,摄二影。人行又五里至新城宿焉。

二十三日,仍沿黄河南岸西行。新城北关甚繁华,长二三里,即临黄河。对岸积石山，石层赭绿相间如虹，彩如色旗，甚为美丽。北岸自柳沟至是，皆 Sand Stone Snole，河面宽约二百米。行二十里至小石口，沿路皆行山碥，有甚狭处。过青石关洞门，河面宽只百余米，有渡口。岩石为 Sonbotzne 及 Reb Snoles，居民甚稀。农作物几尽为 Fbbould(?)，枣园甚多。小石口过河即为大通河口——达家川，渡河至达家川早餐(第一图)。沿大通河上行数里，河内停木排甚多，再上有水车磨一只。西宁河(即湟河)河身，宽约不及一百米，两岸山高在河口约百余米，为 Vedshales 所成。达家川全为枣园，河之对岸亦然。黄河东北流，至新城改为由西向东。此段三十余里，处于峡谷之川，河流整一，形势颇

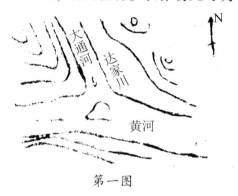

第一图

佳。至新城河势略展。黄河右岸，在口上有水磨一，仍于原渡渡河。乘驮轿返，仍宿新城。新城之前河中有一大鸡心滩，上有人家。河分二股，两股平均。右岸有水车五，左岸有水磨一。石沟以下十里陈宫驿，河分数股，中有数洲，皆有居人，且以水车□□，树木茂盛。

二十五日，裁撤兰州水文站。调孙方烜回开封。以水文测事委托兰州测候所办理，月津贴三十至四十元。访水楚琴、邓绍元于其寓。下午在教育会应教育界约讲演。晚餐于水楚琴家。访邓宝珊商测勘队保护事。

二十六日，早，许厅长来送行，八时到飞机场，端丰妹妹及妹丈、寿天章、万科长、曾文英、谈尔益俱来送行，九时余开飞(欧亚一号)。黄河自兰州下三十里即入峡，河面甚窄，且甚屈西，入峡出峡者三次。至靖远河北折，形势又大散漫，复东南折至中卫。中卫居河之北岸，沿河稍有灌溉。迤北即大沙漠，飞机由此沿河北岸行，所过尽为草地。而中卫、宁夏间之渠道可远望而不甚了然。十时余，至宁夏。遇刘竹吉、何之泰，将乘机飞兰。马主席、余建设厅长、杨财厅长、邱锡爵，俱候于飞机场。贺兰山望之甚近。飞机由皋兰至此，方向几全为 N.E.。除河之宽处有水车农田外，所过之地非山丘重叠，即不毛之地。贺兰山有松林，但长不高。晚，马主席约餐于其家，各厅厅长俱在座，教郭、财杨、建余介彝、民孙、秘李。

二十七日，阴。余介彝厅长陪往视河西诸渠，乘汽车沿宁夏至中卫省道而行，过王元桥、宁柏县、叶暑堡而至小坝。越过之渠，有汉延渠、惠农渠。观惠农渠首及汉延渠首。汉延渠宽约十米，此时量约十立方米/秒，溉田十余万亩。惠农渠宽倍汉延，流量未测，溉田八万亩。每渠首皆有进水闸及退水闸，每孔宽约二米，以木杙及草绳杜之(第二图)。沿渠所见农作物，以稻为多，而长不甚高，穗亦不长。其次则高粱、糜子尚可，地多荒草。小坝为各渠渠长总会之地。汉延渠首，在是建有办公房屋甚雅观。

是日正过会事,村民男女观戏者甚众。渠旁有柳树四株,高七八丈,干色白,颇类吾乡之白杨,夫叶向上,名曰插善柳。余介彝为陕西安康人,自幼游宦甘肃、青海等地,甚有才干。在宁夏招待余处,即其公馆,建筑颇壮丽。各渠经其整顿,颇有恢复旧观之望。余能操青海番语。余见□□岐山之甘

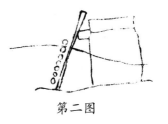

第二图

棠,颇似蒙古之沙枣树,是树结实色黄白似枣,木质截之,为花纹甚美丽也。修渠之草,以麦秸为大宗,次则产于蒙古之芨芨草,其合龙处,亦以草为扫而塞之,马少云甚赞其法(第三图)。

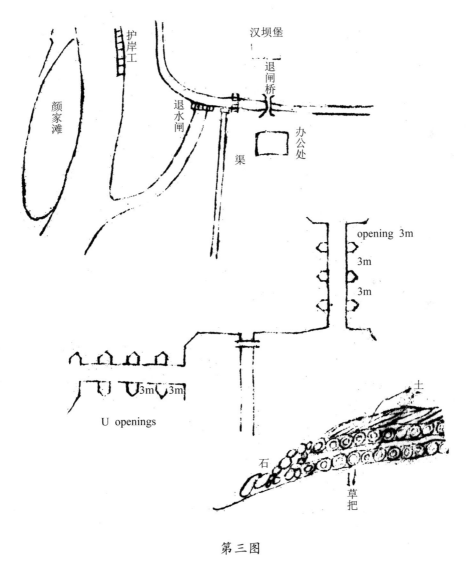

第三图

二十八日,昨夜风甚厉,早十时未息,阴。早循汉延渠上行里许,视护岸工程。晨

餐后,乘汽车上行五里,过陈俊堡,视大清渠闸,又十五里至大坝视唐徕渠闸。再上行数里至燕子窝,唐徕渠口上船,渠宽在此处约二百米,俨然大河。西岸即紧贴贺兰山脚,纤夫上拽而行。芨芨草,如吾乡之莎草而高,土人(当地人)用以渠墙修鸻(坝)。筑墙不用版筑之,(凿)而通常用椽,两面以芨〈吉〉(芨)草拴之,实土其中而夯之(第四图)。甘草遍地野生,土人(当地人)随意挖采,粗者可以为杖,价每担二百四十斤,约二元,宁夏出口每年百余万担。宁夏没有厂制练甘草膏。唐徕渠口居最上游,占地势最佳,故灌溉之利亦广。渠口门淤积有沙洲数处。河西之渠,渠闸多在渠以内,远至二十里。河东之渠,渠闸多在靠河之处。兰州下七十里最险。兰州过十八家滩,三十余里到峡口(桑叶峡)。峡内诸险有大小煮锅、大小照壁、月亮石。出峡口虎狼胡同、观音崖、一窝石、老西口、七姊妹。过红山峡,至老龙炕出峡,为靖远湾子(出梨)。河流行经五方寺,复南行至中卫。经沙坡头、新墩、莫家楼、石崆、广武而出青铜峡。渡河为秦汉渠办公处。唐渠引水湃长五六里(第五图)。视汉渠及秦渠入口,俱用石为洞,以木代泥草为Woir。紧临河滨,有引水湃。河东俱回民,人稠地狭,农口甚勤,田禾较之河西茂盛多多,土质亦佳。三十里过金积县未停,马子寅师长驻此。又二十里至吴忠堡,灵武县马县长及马旅长迎接,宿于此。金积城内街道房屋俱整洁,两行树木甚美。吴忠堡城内有水渠一道。吴忠堡为水陆码头,下水货物为甘草、毛皮、枸杞等物。兰州下水之货,主要为烟。西宁下水之货,主要为皮毛、药材。商会王会长及王、马二人来见所询如此。去年水土运货办法,询之并无其事。

第四图

二十九日,雨。马子寅师长命马旅长代候,乃与余厅长往金积见之。马有腿疾,留饭,谈颇快。晚归。吴忠堡人民开欢迎会,为演说爱国。应商会主席宴。晚又雨。马子寅谈,兰州以下诸峡中诸险皆不足称,惟红山峡中大浪,见河水跃下涌出,其势凶怒不可当。然其旁可另凿一槽以通船过而非难事也。又云,伊昔在大荔时,天旱,为民遏洛水以供灌溉,而民不乐用。谓一施溉,禾即不长,不知何故。余言水有碱性,果然欤。余言该人民不惯用水,不知治田,不知施肥,故以水为无利。

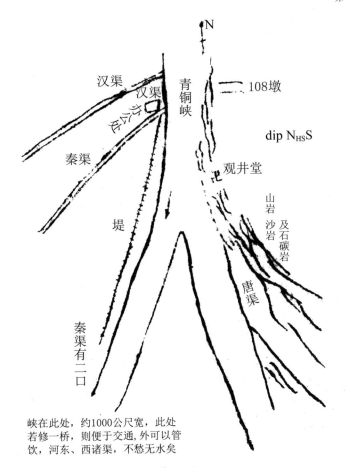

第五图

三十日,早,应马旅长代马子寅约。步行五里至古城湾,无渡船。余等为宣武公安生所卖,令伊等二人来此扣船,乃私受贿五元,放去三船。余及余厅长与赋林乃乘羊皮筏顺流而下至杨和堡登岸,宿于县署。此段河中沙洲甚多,以马家滩为最大,至杨和堡则河宽至二三千米而甚浅,杨和堡岸亦坍削。宁朔县在此两岸筑有待渡室,在东岸者已为水冲去,在西岸者亦岌岌乎矣。(第六图)

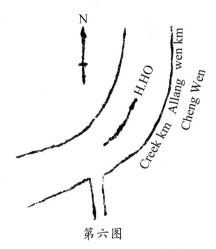

第六图

十月一日,早黎明,即启行。乘汽车,路泥泞不易行,入城已一时矣。晚餐于马少云主席处,又赠物几样。

二日,早八时启行。同行者张东生,三原人,曾在西藏为僧官(资中)十五年,精医。马主席约来治病,同船东归。乘轿出城,马主席及各界送之北门外辞别。行五六十里及通义堡,又河中登船。路中越过汉延及惠农二渠,水仍不小,而两岸荒地不见边际,诚可怪也。副官三人,马文焕、邓汝麟、朱登科送行。晚七时开船。

三日,八时过石嘴子,登岸遇马玉贵约至其家便餐。又遇郑海峰老人,年七十岁,此间一巨富也,张东生为之诊疾。黄河在此岸宽约一千米。西岸贺兰山尽。东岸为石矶,上有石建之蒙古关,盖过此即鄂克托属地。再向下游十余里,则两岸为石岸,水色大浊,河宽约六百米,山石为 Sand Stone,又产石煤。西岸山上有大庙宇,云是蒙古王宫,分东、西王宫。石嘴子下三十五里为头道坎。又五里即二道店,有一孤店左岸上。岸上离贺兰山脚十余里。左、右岸被冲刷处,皆显丸砾上覆黄土。此段河中亦时有洲,亦冲刷陡峭,其质盖与西岸相同(丸砾)。石嘴子以下九十里为二道坎。自头道坎以下,右岸距山近,左岸距山远,岸上皆为沙丘,植物为细叶柳、红柳及芨芨草。晚十时至磴口,县长哈尔义,来船相候。磴口在河之西岸,岸高而坚,〈人民〉(住户)五百余家,俱临河以盐为业〔磴口之西百余里为吉兰泰盐池(Koratai Dobasu)〕,其周围仍为沙碛地,毫无农产。东岸仍有山,其形低矣。自磴口以下,河身展宽约一千米。东岸山相距二十里。西岸则概为沙丘,有时距岸稍远,有时临岸,河水仍浊。再下则展宽至二千公尺,两岸皆沙,沙粒粗细杂间,并有尺块。磴口下五十里(陆路)为粮台,又十余里三道河子,即三盛公。北望见 Charo Narin 山。磴口下二十余里,傅家湾子 Ulon Chofun,再下为三道河子(三盛公)。再下为渡口堂。河面至此宽在三公里左右,距磴口百余里矣。北岸所谓后套,一片平沙,村落树木,点缀其间。三盛公为最堡子,天主堂所设。沿河所见渠道故迹甚多,想是退水入河者。见牧马者甚〈夥〉(多)。至杨家河〔乌拉河(Ko lom faro)附近河口 S.S.W.–N.N.W. 转向 N.O〕河身缩至一千公尺,而至杨家河口,则又展至二千公尺以上。杨家河宽十余公尺,此处有大滩。杨家河为后套一带粮食出口,通乌伽河。乌伽河即 Ulan Chaticoe,船只甚多。八道渠:①杨家河(乌拉河)。②□□□(德文,无法辨认)。③临河宫渠。④谢城(□□□□ □□□□□□,德文,无法辨认)。⑤沙河渠(□□□□)。⑥五原渠(王同春,即辖通水,其子为王英)。⑦老郭渠(郭圣人开)。⑧长盛渠。乌伽河亦可行船,宽狭不一致,宽处为大河,窄处则如一渠。□Choca Naren 山脚而行,距山脚南二三里至二三十里不等,下游通 Wantupe,晚八时抵宫渠口(即临河官渠,距河二十里,北岸有卡收船捐货捐)(第七图)。

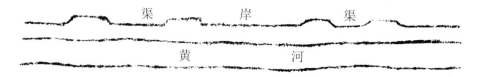

第七图

五日，昨夜下行约六十里，早过谢城渠口，靠河岸上皆为荒沙，上产地骨皮（枸杞）、地厥明（含水分略多）及野荞麦。土质沙。过两狼口前，近河岸，有蒙古人所筑之塔四，毁其一，名曰 Warnito 塔。过皂花渠口，见有船纬行其中。南岸概为积沙，无树木。有一地名七棵树，则有人开渠垦地，盖此处为一滩地也。下午一时，过五原码头，此处距五原县城七十里。下午风起，波浪汹涌，舟以颠甚。上水帆船甚多。望西山不远。晚风益劲，舟停西山嘴上十余里。

六日，早行，至西山口，有驻军。以前面有警，不放行。金排长查船来访，令派人请示营长，允即晚得复。营长住 Patg Polsosc，距此五十里。

七日，金排长言，送信人归云，营长派人至五原团部请示，本日下午可得复。昨夜曾雨，今晨风仍未息，且阴有雨意，寒甚。午派朱副官同排兵一人往 Patg Polsosc 索放行令。晚十一时归云，令已至，明早可行。是晚东风更急厉。

八日，早行，金排长偕兵士二人送过东河头，云过此无事矣。同被扣者，尚有五船。有十五路南京办公处周君，由三盛公搬其兄灵柩一船俱同发。周君闽人，曾学于美国 Wisconsin 化学工业。云伊处有曾□测量之□□□路线图。东河头距西山口约五十里，自此而下，河面愈宽。北岸距山甚近，南岸则为长亘之□渠，甚平而齐，南岸亦自此有村郭树木矣，包头上七十里有中军峰，在南岸上石岩做圆形，河中无险。包头下至河口二百八十里，平平无险。河口南山与包头一带无殊。北岸山与大青山□，水急多浪，水中有石，须换艄公。包头之船，下行而至碛口，碛口以下所行之船，与包头之船大小相若，惟不用棹而用艄。河口至河曲，二百八十里，经过喇叭湾、榆树湾、（绥远）城湾、大鱼□子、下城湾、窑湾、老牛湾、湾河口、镇口、榆树湾（河曲县）、土地街湾、河堡营、河曲，至碛石口。河曲下九十里有天桥。本日天气甚佳，晚船仍进。（第八图）

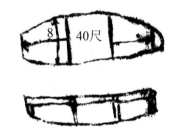

第八图

九日，天黎明。至包头宿焉。此处岸上有新购之柴油引机拖轮一只，尚未安设。又正作拖用木船，18×5m。

十日，至绥远，李子正（居义）、曾秘书长、周秘书及徐汇清皆来车站相迎，入城宿绥远饭店。下午，游舍利阁台及五塔寺。冯子和厅长来访。晚李子正约餐于南古丰轩。

十一日，往游青冢，省府派军警随行，路过小黑河及民丰渠。大黑河本在青冢之南，本年夺渠，旧道淤平，渠身不能容，两岸淹后，宽十余里，受灾之长，百余里。十二时，归。下午往观赛马。

民国二十四年日记一段

(一九三五年)

一月一日,雪。由潼关乘火车东行,下午三时余至洛阳,下车寓十九号。洛阳士绅迎余于车站。郭芳五往沪未归。

二日,晴。出南门,视洛河,沿堤上行,至天津桥。下午三时半,乘车往郑,九时至郑下车,寓鑫开。往视三哥,已归西安。买铜算盘一支,手套一双(郑州)。洛人主张修桥于南关外,并主张造桥须挖河。余为勘定桥址于上游天津桥之下,并省去许多无益之挖河工程。

三日,晴。午十二时乘车东行,二时半至开封。

四日,晴。

五日,晴,暖。早往赋京处,并治项上疖子。

七日,晴。晚,国联专家聂育夫(Nyhoff)及柯德(Coode)来,经委会派蒲得利及张炯(洞若)与之偕。聂携一助手 Geresima,又有西北办事处李君同行。余命张含英往迎于车站,馆之于大金台。

八日,晴。以英文黄河报告三份交于国联专家,供其参考。晚,宴国联专家于本会,邀省政府委员全体作陪。

十日,聂、柯二人往视黄河北岸,至贯台,派安立森、陈汝珍偕之往。晚归。国联专家奥摩度(Omodeo)及秘书(Ohatole)来,章骏声偕。豫省府招宴诸专家于省府。胡品元由京来,有事相商。本晚于右任、张继西行过此。

十一日,奥感寒,聂、柯亦未出。

十二日,大风,雪,寒。上午往天主堂与奥摩度晤谈,奥不通英、德语,谈法语。余不全解,章骏声助之,晚九时与国联专家等同行往陕。奥摩度主张治黄河须注重上游,与余所主张相同。派张含英往京。

十三日,雪。车行误点。一时钟始至潼关。下午十时始至西安。绳斋、辑五、幼良、赋林、竹坪、得源来迎于车站,国联诸专家住训政楼。

十四日,上午局中。午后至经济委员会晤国联诸专家议行程。函竹铭令其来陕。呈省府请设南郑、榆林两处测候所。

十五日,早阴。午后晴,寒。早局中会张炯、高钧德。派姚玉崑、张鑫测渭河水准。至省政府会议报告国联专家行动。奥摩度对淮黄泾洛工事,俱有准备。余所订行程,伊亦接受。聂、柯二人则只欲到泾阳,即返,仍回开封。林务局有函来,请会呈省府请保留渭河滩地造林,有建议书,渭河低滩地造林计划,设立育林园等。胡品元有电来,谓若二十二日水利委员会大会不能出席,可电派张含英行。

十六日,半阴晴,寒。奥摩度、柯德、蒲得利,往泾阳;孙绍宗、安立森、郑士彦,偕往。局中晤辽宁黄某,为刘辑五所介绍来陕谋办林场,为函介绍往见雷孝寔。电胡品元及秦景阳允出席水大会。高钧德、高彤庭呈其账,交会计核。往西北饭店访李子逸未遇。仪妹来函,言川事危急。复函,并函勿四嘱为汇 Ywel Hiorden 于成都。往高中访陈士骅,值其正考试。往与红十字会理事会,议决女子职业学校继续维持。往省府应力子约请李子逸,与坐着有郭英夫、寇胜浮、成〈伯〉(柏)仁及王某。华甫来电,言黄会副座事。

十七日,晴。寒甚。早局中,温君伟来谈冰场事。晚沈诚约餐于南京大酒楼,见其妇焉。捐尧山中学《万有文库》第一期全部,第二期预约价九百元。入赀二千元于造冰厂,托勿四汇回交华峰收存。函刘辑五,劝投资。函东方铁厂及李吟秋,询打井。权伯来电请署名议案,复允。芬次儿来函,拟有民人领购官荒植林规章。

十八日,晴,寒。早入省府,列席政务会议,渭惠渠全案通过。代邵主席拟致孔庸之一函。午宴李子〈彝〉(逸)及蒲同乡。下午与老妻及幼子共摄一影。往省伯父。

十九日,晴,寒。派何幼良为技术室主任。命傅健测西安地下水。晚十时半,乘火车东行,往京赴全国水利委员会第一次会议。去岁十月间,国府命以全国经济委员会为统一水利行政机关,旋组织水利委员会,聘余为常委;辞之数次不得,勉为一行。

二十日,晴。早六点四十至潼关。晚九时过郑州。华甫上车来谈,至开封下。慰儒、仰恭上车东行。车中遇朱湘甫,陕西实业合作社事务局代理主任也,安徽桐城人。

二十一日,晴。八点零五分过徐州。换车。十一点四十分南行。晚八点三十分至浦口。耕砚、朕旡、权伯、谨仲、香泉迎于车站,宿办事处。

二十二日,阴。早往经委会,晤权伯、唐臣、秦景阳。致邵主席公函及渭惠渠计划函图。访韩紫石、陈果夫。午应梦锡约,白季眉来献其所著《测量学》。下午三时开水利会议,晚应孔主任委员约。

二十三日,晴。早访陈君衍。午应唐臣、权伯约。晚应谨仲及仰恭约。刘梦锡约观剧(《路易十四故事》)。托马登云代聘李松龄任陕水利局测量职务(李现在杭州水利局）。

二十四日，晴。早赴经委会，赴陆地测量局访李景璐，询渭河图。午宴君衍、颂臣、静波等于陶乐春。晚应君衍、鲁易、江澄、伯敏约。十一时与耕砚、慰儒北行。

二十五日，晴。早十一时过徐州。慰儒西行。

二十六日，晴。七点三十至天津车站。赋都、华堂迎于车站。刘辑五亦来。午应彭志云约于登瀛楼，遇李吟秋、高镜莹。下午视水工试验所。访季鸾未遇。魏校长来访。往访丁午桥。购书数种。

二十七日，晴。午应丁神父约，遇安神父。下午，志云、耕砚约同游于俄国花园。与耕砚、行健、赋都谈水工试验所事。

二十八日，早九时，华北水利委员会开会。下午六点二十与赋都、晟、辑五同行西返。

二十九日，晴。晚九时至开封，予一人下车。

三十日，早，聂育夫来谈。晚奥摩度与孙绍宗自西安来。孔祥榕被任本会副委员长。

三十一日，晴。处理要政数件。呈国府请辞职。晚与慰儒、陆克铭赴郑州，车中遇郑辅华及铁部派员毛、金、许、徐四人。先是余在京与郑辅华相约二月一日会勘平汉铁桥上游黄河。铁部派郑。本会余以外，并派陆克铭。豫省府派陈慰儒。平汉路局派王金职。十二时抵郑，王金职亦来。孙绍宗西返。

二月一日，晴。七点三十乘火车同往黄河南岸，换压车过桥，沿河视察至沁河口。午餐于刘总段长家。开会，予主席，议决桥址及护岸工程，分报主管机关。归郑已五时，钱局长宴予等，周处长代。访三哥，共浴于万年春。慰儒返汴。辅华返京。予返西安。

二日，晴。十二时五十分抵潼关，换车，晚七时五十五分至西安。都、林、洋迎余于车站。

三日，晴。早谒伯父。本日会客数人。

四日，晴。早，局中办公。谒伯父。下午，家中会客。

五日，晴。早，局中办公。谒邵主席，呈省府请假十五日。下午高钧德来局，询谈数事。本日上午郝世德、刘履之来，谈造冰事。郝以美国凿井刊物见示。在省府时见杨叔吉，托以假佛化社行禅祭礼事，并在该社包素席三十余桌。

六日，雪，寒。假中。下午，都、林为予称觞于林家。以河工图五十幅赐都，并为之讲明，并赐以《安澜纪要》及《回澜纪要》二书，又《河上语》一书亦借与阅之。

七日，阴，寒风。假中。整理父之手泽。起草《南园忆胜》。晚，刘履之以所拟西京造冰厂招股章程见示。函勿四请代为父作纪念捐。赠佛化社大正全藏一部。

八日,阴。杨虎城归来,南山来视余。晚,赋都携晟东行。

九日,阴。著《南园忆胜》脱稿付印。陈联旡、刘竹君奉经委会命来挽予。以秦景阳、张华甫书至。马登云来函云,李松龄不能来。

十日,阴。以父亲遗像交林制铜版。王菜庭来,将往甘肃履新。安立森来书留予。

十一日,晴。以父亲手泽三种交德斋装订。命林为王菜庭饯行。三哥回省。复安立森、张华甫书。复宋达庵书。前经手卖出达庵之书共约六部。

十二日,晴。早,娘、隼夫妇回蒲城。宋希尚之欧、美水利考查记十余部,林儿取书,托何幼良寄归。

十三日,晴。下午,请知客在佛化社。

十五日,阴。假中。

十六日,晴。假中。

十七日,是晚家祭。

十八日,晴。先君桐轩公禅祭假佛化社举行,待客素筵四十桌。佛化社印有先君纪念。

十九日,阴。拜谢宋聚五、吴敬之、王怡然、王子端、王卓亭、杨叔吉、培迁介、赵宝珊、高戒忍、康寄遥诸人,晚宴罗勿四及水利局帮忙诸人。

二十日,阴风,寒。郗世达及刘履之来,纳新履红利三十四元。与孙绳斋及刘辑五议渭惠渠组织。

二十一日,阴。本日销假,局中视事。下午访邵主席。黄膺白有函来,劝勿辞黄委会事,即复。

二十二日,半阴晴。早,局中视事。

二十三日,早,局中,分别聘委渭惠局职员,孙绳斋总工程师,刘辑五副之。命谢昶镐组织测量队,测沣惠引水入城渠线。下午二时,开省水利经费保管委员会议。刘辑五归。晚应胡文卿、耿穀臣约。

二十四日,晴,下午微雨。谒伯父谈数时,以伯父及父家书交隼整理。晚民光观电影。

二十五日,晴,暖。早,局中。拟农田水利委员会议案数件。批以南郑测候分所经费兼办榆林分所。华甫有函来报告会事。下午,省银行开董监会,众推余及冉寅谷向省府有所陈述。

二十六日,晴,暖。早,局中。下午,徐家汇天文台龙神父 Priest Gherzi. S.J 来谈测候事,甚久始去。冉寅谷来约明日九时半待于省府。命傅健、陈靖、谢昶镐明日踏勘沣渠路线。

二十七日,晴,暖。早十时,省府农田水利委员会第一次会议。下午起草《中国年鉴水利门》，应蔡子民等约也。

二十八日，早，局中。委张光廷、谢昶镐为渭惠渠工程处副工程师。李乐知介绍沈某来，将任以渭惠渠工事。下午，家中著述。

三月一日，上午，局中。下午，家中著述。

二日，上午局中，下午家中著述。

三日，早九时，同绳斋、辑五、健哉、应波同往武功农校。下午一时到。午餐后，同往勘漆水河桥址。晚宿校中。王子元允拨房屋一幢作渭惠渠武功监工处。勘漆水桥时，中途过唐王洞，云是太宗生处。有一庙，庙有一朽木，如化石，云是唐王系马处。

四日，晴。由农专往郿，相度工地。午归，王子元招宴。晚，回省，王子元同来。

五日，晴。早，局中。下午，家中著述。章元善来访。晚，宴客于南京大酒楼，章元善首座。本日，秦景阳有书来，责以大义，劝即赴汴。复辞。以再辞呈稿寄开封嘱发。近日来贯台堵口，工情险恶，几将失败。平时河事权不统一，余无权以过问，今以责我何能为。

六日，晴。早，局中。下午，家中著述，晚赴刘竹君家宴。

七日，晴。上午，局中，下午，访章元善。四时，至大保吉巷刘履之家，谈冰场事。留饭不允。至省银行开会。连仲玉夫妇自杭归来访。以《对黄河工意见》一书，付章元善。余主不堵口，而顺河现势筑堤防范，余不能启诸口，章元善愿以华洋义赈会名义发之。本日早，绳斋往大荔。下午，辑五来。晚，章元善东行。

八日，晴。上午，局中。下午，家中著述。陈应波来，言欲辞职，慰勉之。

九日，晴，暖。渭惠渠工程处刘辑五率二办事员出发往郿。陈应波上辞呈，请赵宝〈山〉（珊）劝之。以年鉴移交何幼良嘱代译英文。高钧德呈勘渭报告书附图及照片。

十日，晴，暖。修理房屋。往省伯父。访李乐知。访渊龙门，不遇。园中桃花发。

十一日，晴。早，局中。汪丹五归，委为渭惠渠文牍。下午，在家著述。晚，秦景阳有电来，谓河工紧急，贯台堵口不利，嘱来京商挽救。以高钧德报告交高彤庭令译汉。兄来函，命将《密乘课本》交李乐知寄郑。

十二日，晴。园中桃李盛开。早，局中，复景阳电。处置局处事。本日完成年鉴水利稿，交何幼良译好，即寄上海。孙绳斋归。批允汉南水利局加技工一名。缐润民偕刘明初来访，明初栎阳人，谓催开该地渠。派樊明初为代表出席十四日农田水利委员会。刘梦锡来函，允入西京造冰长五股。以《密乘课本》交李乐知遵兄命也。

十三日，晴，热。早六时过潼关，到郑时华甫、亮工同上车，谓宜先到河上一看，再入京。因于十一时至汴即下车。寓河南大旅社。

十四日，晴，风暖。早，研究黄河堵口形势。内政部傅次长沐波、陈朕旡科长同来，与谈数时。午同餐，并约孔仰恭。下午二时与华甫、亮工往贯台堵口处，即往西坝视察。晚宿贯台。齐子仁被调为河北省河务局长亦在工。郑耀西亦在是。

十五日，晴，暖。早，乘船往华洋堤处视察，或将以此处为堵口处。乘推车（俗呼小土牛），往东坝视察。大河之溜分南、北二股，屈绕而南，而溜已停缓。口门溜过急，刷深三十公尺。昨夜东坝又垫三公尺。余视此处堵口失望。主张向北移另堵，而改换方法，口门外拟引河。但恐溜势已平，引之无力。经委会来电，堵口工程，责成工赈组，命余督修金堤，以为万一不成，防河北徙之备。下午归汴。

十六日，晴，暖。晨，傅沐波召集会议，午有山陕同乡会聚餐于小大，遇张东生。下午，访傅沐波谈，傅劝余复职，仍辞。蒲得利及张洞若归自长垣，云水之趋势如第一图。

太行堤极劣，目下正抢护。九股路一带四口已堵其一。其他两处皆水岸取土，水有冲破太行堤之可能。今早阅报，长垣，议徙城，城乡灾区，约计万户。往赋京家，俱未归，家中只叟一人。晚陈慰儒约餐。张东生来寓，赠药二包。傅沐波、陈朕旡回京，托致秦景阳书一封。

十七日，晴，暖。上午会中召集修缮金堤会议，予主张沿今决道西岸筑堤一道，自太行堤起，向东北至开州与金堤相接，分令河南、河北民修；金堤自陶城埠至开州有测量图，计约长一百公里，土方一百三十万公方。午与张东生、赋京会餐，出城至禹王台游览。

十八日，阴。本日处理会中事务数件。晚，动身西返。华甫、安立森、慰儒、胡源汇所长导至车站。

十九日，雨，寒。上午，整理书籍。下午，至局中视事。

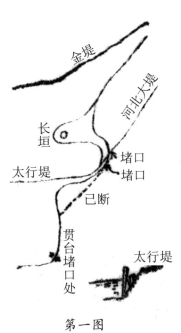

第一图

二十日，往省伯父。

二十一日，阴，寒。早 Haus 来，往访与谈黄河问题。晚邵、杨宴 Haus，陪宴。家荣来。

二十二日，阴，寒。晚与刘景山会宴 Haus。

二十三日，孙绳斋、刘景山陪 Haus 往泾洛。函杨主任请拨发富原民团枪十支。

二十四日，窦荫三来云，允送枪弹。

二十五日，阴，寒，微感寒。刘辑五归。孔庸之、秦景阳有函来慰留。军械处送枪十支，弹五百发，护照一纸，交家荣带回蒲城。

二十六日，阴，风，冷。小有疾，卧。致孔庸之一电，声明对金堤负责堵修。本晚东行。孙绳斋自大荔归。Todd 来函，求黄河论文。

二十七日，六时五分，至潼关换车。天雨。过灵宝时兰卢公路工程师张境上车，将往洛阳。张，郑人，日本留学生。八时过郑州，车站已西移。十一时，至开封，华甫及郑权伯至车站相候。权伯，经委会派来参加明日会议者也。宿会中。税西恒来函，请做蜀游，研究灌县水力。

二十八日，阴，寒。室中生炉。早十时开会，参加者三省河务局局长。鲁，张子元（联甲）；冀，齐子仁（寿安）；豫，陈汝珍（慰儒）；中央，郑权伯；及本会各要职员孔仰恭、张华甫、蔡亮工、陆丹石、罗、顾二秘书。议决以四十六万[元]堵修金堤，五十四万[元]辅助三省紧急工程。上午未完，下午继续。

二十九日，阴，寒，大风。室中生炉。早，张光斗来。光斗系清华考送出洋学生，来求实习。命留此二日，前往泾渠实习。十时，开金堤工程会议。金工分二段，以赵深绥为一段（道口至豫、鲁交界）段长；以文宗魁为第二段段长（豫、鲁交界高集至陶城埠）。电冀、鲁省政府，请各派协修委员一人；令委沿金堤各县县长为协助委员。函Todd并寄《治河罪言》一篇。函税西恒答不能来。函季鸾附《治河罪言》一文。晚陈慰儒邀餐。函谨仲为翥妹定朝报一份；函赵铭新约四月二日在郑州中国旅行社相会，三日同赴道口。

三十日，晴，温和。会中办公，筹备金堤工程。赋都来函云，眼疾复发。噫！孺子何不幸也。郑权伯、张子元往贯台视察，云情形变后，大溜趋于余所拟开引河之一路甚多，目下口门只过水百分之三十，深亦减至十八公尺，惟材料毫无，可惜此大好机会。晚赴孔仰恭宴。郑、张归。遣张光斗至泾洛工程局实习。

三十一日，晴，温和。早处理事务。下午与张东生及赋京夫妇游于北城上。赋京携幼儿昂，长得可爱。东生赠《谢瑞阶人物画法简述》一册，鹿参一支。派华冠时自陈桥北行，调查水淹之西界。

四月一日，晴，温和。早行纪念周礼，处理会务。齐子仁自贯台归，云堵口事仍一切由孔主持，而令齐负其责，恐为滑复，决辞工程处处长。郑耀西归自贯台，该与齐意同。盖孔向来做事，人则其人，事则由其人主之，而必以他人居其的，功则己归，过则委之人。余对此事不欲多谈，故欲长住金堤免是非。下午，张东生以孙续来。孙年六十余，曾参与郑功，询其历史则弗能评。

二日，晴。早，处理会务。金堤工款汇来十万元。三省大堤紧急工程[款]汇来二十万元，即转汇各省，计鲁、豫各五万元，冀十万元。下午，与刘世音西行往郑，张世立随，住中国旅行社。与三哥晤，共餐于鑫开。赵铭新竟未至。

三日，早与世音乘七时四十五分车北行往新乡。至河见烧香妇女渡河者甚众，胸前挂一条红布，或黄土上书数字，并有打红旗者。及渡河直至新乡，满境满谷，沿途皆是，每一车站，拥挤甚众。以中年以上之妇女为最多，男子及少女则甚少。十一时至新乡，游其公园，餐于福顺楼。下午一时二十五分换道清车东行，四时余抵道口。游至卫河滨，在道口北门外，宽四五十公尺，水甚清漪，天津至此可通航。宿鸿宾栈。

四日，晴。乘人力车，由道口往濮阳，八里至滑县，遇第一段工所诸员，乃以行李交汽车，仍乘人力车前行。经双庄、于村、闯王庙，五十里至白道口。白道口倚金堤为城。西南门外，皆黄河漫水，路为冲断，以舟济之。询之土人（当地人），水向北至大李园、白村等地。午餐于白道口。仍前行经赵杨、中赵集，是间地多沙城。汽车来接，乃遣人力车回。下午二时，入濮阳城，县长张（树勋）子仁出城未归。公安局局长招待余等于第一工厂，以房太少，改租南街周姓房。以设备未安，宿县政府。

五日，晴。令收拾办公地所。早和世音及张县长出南门至金堤视察。南关以西地高土好，以东至清河头则沿岸皆沙岗，无法培修。电汴会令再派测量员二人启就二道堤测线。二道堤退后约里许，通清河头二十里。下午，张县长邀余就浴景龙泉，尚清洁。房屋收拾就绪，晚移入。巡河队来将派各段监工。雇车十辆，派明日往坝头拉硪。

六日，部署工事。草《后汉王景理水之探讨》文，竟。濮阳县各绅来见。派地方乡绅充事务员者三人，助理员者六人，分各分段，今日来见。华冠时来，以所调查被淹地面之西界见告。

七日，同世音乘汽车东行，沿金堤。赵段长亦同往。历清河头、柳屯，这河寨至高堤口入山东境。午餐于此。赵段长至此止，余及世音仍东行，历〈焉〉(鄄)陵集至范县。第二段王段长办公处在县党部，即旧城隍庙。张县长来访，馆余等于进德会，屋矮地湿。河务局北第二段许段长来访。

八日，半阴，凉。同世音及王段长沿金堤东行，历寿张，周县长迎于城外。韩主席派兵一连驻此保护金工。未停，又东行，历张秋镇，访察运河古迹挂剑庙。又东至陶城埠，河务局汛长来迎，餐于汛所。电话与济南张子元局长谈约明日来范。东河县长派秘书科长来见。步行至运河口，仍乘车返范。张县长约晚餐。

九日，昨夜雨。处理公务。下午三时子元来。子元为东省所派金堤工程协修委员。晚，邀子元、张县长及党委柳君共餐。

十日，半晴，凉。早八时半，乘车西返，路上在各分段稍耽搁。至〈焉〉(鄄)陵，冠城县长派秘书科长来见。一时余，至濮阳事务所。赵铭新来，派充文牍兼收发。汴会派蒋、吴二君来测量。收到高钧德报告，图表未收到。收到华北水利委员会寄来图六张。

十一日，晴。处理公务。译《彭胥氏水力学》四面。由清河头借来《清州志》阅之。张华甫来函云，军事委员会有电邀赴鄂会议兵工建设事，派张出席。张县长来访。下午，登城一游，城墙薄弱，且多窟窿。

十二日，晴。华冠时返汴。河北省政府派协修委员王藏山（任虞）到差。齐子仁来电,贯台口已合,致仰恭电贺之。张华甫来电报告工事。本日译《彭胄氏水力学》四面。

十三日,早晴。孙绍宗来电,安利钢电加铜百分之三点五,可否定购。电复,考察确实。王聚五来电,请电韩主席允借用鲁长途电话及河工专电,俱照行。译《彭胄氏水力学》二面。本日起始设工段,首承包者为金健修。晚宴客。

十四日,阴,风,略雨。沐浴。译《水力学》八面。都来一函,拆之,空无所有,复之。

十五日,晴。译《水力学》十四面。电华甫,定六月二十日在绥远开第四次大会。

十六日,晴。发电致各水利机关,彰表柳坝之功。译《水力学》九面。步行至河岸,见水落甚多。晚,齐寿安来,以贯台工程图及用料工表(指柳坝二道言)见示。

十七日,派世音及王藏山往清河屯、柳屯视察。齐子仁归。晚,偕赵段长出南门至河滨游,入东门。接到张华甫函,报告会事,仪二函。Adler 一函并附证明书照片,Todd 一函,Engels 一函,Edwards 一函,嘱对民生渠表示意见。

十八日,早复Todd、Adler、仪、李绰云信。与世音步行至风雨视察。归,令第一段派人去测量算方,即招工去补修。译《水力学》四面。第二段平工包出十分之七,难工未放。夜梦与人做牌戏,其牌式如下:每三张凑成一动物,便为一付。余凑一鸭一狗,而皆变活,跑到邻座牌堆乱啄乱咬,余大笑而醒。

十九日,范秀山来(河海归生)。遣世音往第二段视察,并取汽油。译书五面(改译 Wayrauch-Strolel H.R.)。清河头以东,第一段工放完。夜梦吟诗:欲缮清风佳,却教野云间;一笠(暗然)江上叟,独立钓寒泉。

二十日,收到《双剑誃尚书新证》二册(赋都寄)。Edward 以 Todd 三函见寄,询余对绥远民生渠意见,复以无材料不置可否。

二十一日,小坐车驶至,为 Plymouth 也。刘世音回,带来二段公事多起,批还。张华甫来函报告会状云,明晚往京。书函令汽车夫带归。本日收到《水利》《中国营造学社汇刊》《江苏建设月刊》《镇江气象台落成纪念册》《晋省水电测量及初步计划报告》各一份。

二十二日,晴,热。与张县长、赵段长、王委员出视工,至高堤口返。天久不雨,尘盛。归倦。聂育夫来函云,将返欧,现往上海 Cathy Hotel,求晤一面,谈黄河问题。电华甫代往。中美工程师协会来函云,举余为董事。

二十三日,忽冷忽热。早阴雨数点,下午又晴。又有民人二起请修闸。《柳絮》:春尽濮阳不见花,惟看柳絮落人家;多情无寄还怜尔,却恼东风吹散它。

二十四日,晴。赵段长及刘世音赴工。

二十五日,大风。风雨塘土方算出招包。王段长来电,水涸,多数难工化为平工,惟工人难致,仍有数段未包出。电张子元令派代表驻工,并代募工头。

二十六日,晴。草《免除豫冀鲁黄河以北水患议》成。王秀文包工十公里,二十二万余方,而能力不足,管理不得法。令赵段长责令亦分包于他人,并令范秀山助王秀文整顿。赵、范今日赴工。《郓城县志》寄来。有勤务受工头贿十元,追还其贿,逐之。

二十七日,晴。蒋涤泉归。令移队测濮阳以西诸道口,计算土方。函滑县政府,令派员来此商议工事。恩格尔[斯]黄河试验报告寄到。又有请修闸事。张子元来电云,代表难觅,工头正物色。达陆来电,电台已送西安。

二十八日,晴。赵、范二人归云,王秀文工代为整理,已有好办法。

二十九日,晴。派蒋涤泉测量濮阳以西,令濮阳建设局局长来询察,刘世音今日同往,即日归。滑县派技术员张君至。坝头派车送花及水果至。

三十日,早寒,大风。蒋率测队出发。山东子路堤及张秋、陶城段尚未包出,有濮县工头张姓来,遣之范县。子路堤亦有人求包,遣往范县。赋京来函,言赋杰事。

五月一日,晴。王秀文工程进行颇慢,令赵段长出视。戴季陶赠《周陵志》一部。新购《双剑誃吾金文选》一部寄到。三哥来函,劝资助赋杰,即复。会中大车来,送来濮阳中小运动会奖品及水果罐头若干。

二日,偕世音、吴毅、陈绍裘、路小康赴工视察,赏硪之佳者四盘,工程不如法者斥责之。以金健修成绩最佳,传令嘉奖。

三日,派刘世音、吴毅往二段视察。

四日,赵段长往视工,归做报告。

五日,雨几点。叶振民、贾苕孙来。本地各机关约午餐,并于党部内留影。

七日,早,齐子仁及欧阳惟一由坝头来。欧阳为京及都在德同学。下午,刘世音归。接经委会电,派余及傅汝霖验收贯台合龙工程,国府又派严庄、褚秘书验收,何郑重其事也。

八日,同齐子仁到老大坝。园中月季及芍药正盛。

九日,热。早自老坝头发,齐子仁偕。至九股路第十七口门,待傅等未至。一路观去岁决口三口门堵塞工事。下午四时傅、孔等始至,同往观察二十一号口门,皆正在堵筑。陈朕无偕来。傅系奉命复估,随即经贯台往开封。至贯台已八时,略进食,渡河已十二时半,抵开封已三时半。

十日,热。孔祥榕就黄会副委员长职,为之主席成礼。午餐于常君家。晚请客。

十一日,午前热甚,午后暴风,至夜不息,晚雨。早七时发,九时至河。渡河至贯台。一时,完毕验收手续。二时,渡河至东头坝,乘汽车归。中途大风起,掀尘蔽日,至夜不息。至开封已七时。

十二日,大雨,寒。早与严庄、傅汝霖、孔祥榕会商贯台合龙工程之保护及修复华洋堤问题。华洋堤改称贯孟堤。午齐子仁来见,有大荔董仁华来见求事。刘世音以妻病归。电令濮阳县县长召民工三千人,电河北省政府促濮阳县县长遵办。陈朕旡与侯君来辞行,陈讲昨日大风,渡河及中流不敢行□投锚,危险万分。傅、严今日行。

十三日,□和。下午三时开会务会议。令孔祥榕督修贯孟堤。十一日之风,四时半开封、八时徐州、十二时镇江、三时半上海,计风之速率,每秒三十公尺。购藤田丰八著《西北大地研究》、周兆沅《文字形义学》《国音字典》,共七角七分,在商务印书馆付十五元预约券。

十四日,小新堤标出一万三千三百余元。晚,秦景阳偕蒲得利宅。汇宁宁五十元。

十五日,半阴,微风,雨数点。早,秦景阳等来会参观,开谈话会。午复往贯台。购《说嵩》一部,二元;胡哲敷《老庄哲学》,一元一角;《幽然小说集》。

十六日,晴。今日与秦景阳、蒲得利及吴某经九股路往坝头,孔仰恭随。早九时出发,至柳园渡河,二车俱坏,乃乘孔之车东行,十二时半,至贯台。午餐后,行四时,至九股路十七号口门,又往八号口门参观,同乘河务局火车东行,孔以其车返汴。九时至坝头宿焉。晚,予之座车追至,盖返汴修理后,至坝头南,以天晚未渡河。

十七日,晴,温和。车至。早,同秦景阳等至河上一行。九时发,十一时至风雨堂,同入濮阳城。午餐后,乘车往东,一路视察堤工。至山东〈焉〉(鄄)陵附近转回,张县长随。又,华冠时亦先以大货车自范县来亦随,七时返濮阳。

十八日,晴。令座车送秦景阳坝头返汴。蒲得利、吴某、华冠时乘火车往二段视察。

二十日,刘世音自汴归。

二十一日,张子元来,有所请示。决计濮阳以西涵洞暂不做,而先做土方。留一口堆土两旁,以备紧急时填堵。

二十二日,张子元归。下午往滑县,滑县县长谢随安入省,第一科科长王来寓相候。刘世音偕来。

二十三日,早,刘世音送余至道口上火车,伊回濮阳。七时半,开车,十时余,至新乡,入中央旅社稍憩。下午,七时半,乘平汉车往郑州,即转陇海车。张华甫来,车误,遣张世立随归,十二时余,开车。

二十四日,雨,由热转寒。早十二时,入潼关,便雨。晚八时余,至西安。孙绍宗、胡竹铭、刘钟瑞来站相迎。

二十五日,大雨终日,寒。上午家居未出。下午,视伯父、三哥。晚何幼良来,送报告书数种,有引沣报告。

二十六日,阴,早微雨。早谒邵主席、王〈右〉(幼)农。访宁所长,请拨泾洛款四万元,即拨。

二十七日,晴。

二十八日,晴。

二十九日,晴。

三十日,晴。早八时,发西安同刘视君、孙绳斋、张光廷往泾阳。渡泾,刘辑五接于河干。入城,餐,同往谷口视坝工、闸工及民生桥。刘、张二人系奉令验收工程者也,又有经委会助理工程师顾姓偕。

三十一日,晴。早遣张光廷返西安。同孙、刘、顾自泾阳至老沵视龙首坝工。后坝上踏石不稳,颠焉。伤唇、齿及右臂,晚宿沵头。

六月一日,早,家荣、狗娃、阜子、戊申来视。自老沵视夺村曲里桥三四洞工,返大荔。

二日,经渭南回西安。

三日,早,至省医院,检查身体,请假休息三日。何幼良来,以高钧德报告译文呈阅。早,李乐知来索渭河平面图,令渭惠渠晒付。

四日,早游览一周。赋都来函,索书"中国第一水工试验所"额,书就发寄。

九日,晴,热甚。车中遇徐仲迪、刘如松;渭南交行经理曹欣庄;东北人,黄剑秋;西北大学学生,张省山。本日热不可当(一百零三华氏度)。至郑州有新闻记者四五人登车访谈,尤苦。晚十一时至汴。

十日,晴。张华甫之父在此养病,遣人送食物少许。处理会务。晚京以昆、旻来。

十一日,晴。陈汝珍请假,准。周承濂自工归报告近况。

十三日,阴。午,门齿一落。晚,许介尘来。

十四日,晴,热甚。赴濮阳,晚到。

十五日,早雨。视工至范县,刘世音从。

十六日,视工至陶城埠,返宿范县。

十七日,返濮阳,晚宿坝头。

十八日,由坝头归开封,十二时到。

十九日,本日上午,开中国水利工程学会董事会,张自立、李书田、须君悌、彭志云、汪幹夫、郑权伯、沈百先等俱到。晚,赋都来,携有试验计划稿。

二十日,本日开第四次大会。下午开审查会。五时,开中国第一水工试验所董事会。晚,沈君怡讲演恩格尔斯试验。用活动电影。晚,余请客。

二十一日,本日继续开大会,下午继续。午餐于联欢社。

二十二日,赋都、权伯、君悌、君怡等往视黄河。晚,赋都归。

二十三日,汇五元于张自立,求代觅人搨大禹庙碑。

二十四日,北平琉璃厂邃雅斋有李大镛著《治河所闻录》抄本八册,索价三十二

元,本日为汇去,令寄来。(同治抄本)

二十六日,晴。延杜元为洋教太极拳。杜年六十五岁,每早六时半来,本日起。

二十七日,本日热甚,九十八华氏度。下午四时暴风一阵,雨数点,旋晴。续作《改造中国文字书》。买冰酪票五元,以一元赠崔用岩。高晋赴灵宝。

二十八日,胡竹铭寄樊作哲所译日人著《农业土木工学》,为之校阅。著《固定河槽应先从免除险工入手》,脱稿。

二十九日,函樊作哲,令将所译日本书绪言及底图寄来。《治河所闻录》寄来,令再抄缮。

三十日,下午六时大风,起尘沙,天雨数点,旋晴。早,率洋至勿四家,留午餐。金堤一段工程告竣。

七月一日,昨夜大雷雨,今早仍有雷雨,下午雷雨。本日起早七时办公,至十二时。下午三时至五时。

二日,晴。下午,刘光普来,商为洋补课。樊作哲寄来《农业土木工学》绪言及底图。

三日,是日起,刘光普及吴君每日来为洋补课。金堤二段工程告竣。晚王华棠来。张华甫著有《黄河志·水文与工程》荐为校阅一遍。

四日,经委会派韩复榘、刘峙,验收金堤工程。晚宴王华棠。会中安设电扇,装改电压器一座。

五日,经委会派孔祥榕、郑权伯督华河防汛。著《巩固堤防策》,脱稿。

六日,阴凉。早,王华棠就总务处长职。是晚,王赴京。《黄河志》还华甫,并以《泾惠渠报告书》一册借之。

七日,阴雨。早,同家人游禹王台农场。林来函,报竟病。陈汝珍自京来函云,诉冤于经委会,现经委会派张华甫查。著《防止黄河流域土壤培植森林,不如恢复西北畜牧说》。

八日,昨夜通夜大雨,今日又大雨。今日本拟往濮阳,以雨止。验收金堤改期。电韩主席金堤以雨缓期验收。

九日,雨未已。本日中牟汛已涨一万三千立方公尺/秒,陕州九千九百立方公尺/秒。

十日,阴。各处报急电讯纷至。著《固定黄河河床应以何水位为标准》,脱稿。晚得电,山东董庄临濮集危急。

十一日,有风。早得电,董庄决口。即同仰恭、华甫、郑耀西乘汽车前往视察。十一时,过戈营兰考,泛水与堤平,正抢堵。十二时,至南一午餐,至南四乘舟下行。至董庄已六时,略视四口形势,晚宿此。山东河讯段长杜书田,一碌碌无能者也。

十二日,早,乘小舟,沿各口门一视。第四口门最厉,漫水百分之七十,摄影一打。(第二图)

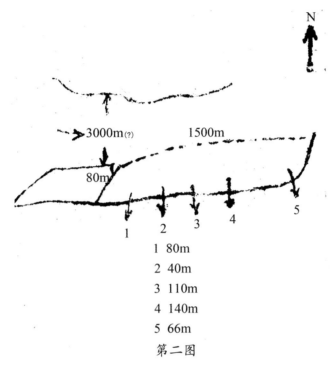

第二图

十三日,热。

十四日,晚,离开封往京。孔仰恭未及登车。

十五日,是日下午九时至京。

十六日,热极。早往经委会晤郑权伯,往中央饭店晤张鸿烈(山东建设厅长),商致韩主席一电,请派张为代表,定二十日验收金堤。下午三时开会。晚与谨仲游玄武湖。

十七日,热极。早,凤瑞来谈二时。下午三时继续开会。

十八日,热不可当。下午至导淮讲习会讲演半小时。遇陈果夫。陈果夫欲电蒋,决北堤口免苏、鲁水患,为之力陈利害。业之,忙与张鸿烈、孔佩卿、郑权伯及 Budeey 与 Vande Hof 同车往济南。

十九日,早,至徐州,遇张含英、张广兴登车。是日下午八时至济南,宋砚耕、潘科长及省府李秘书迎于车站,宿济南宾馆。途中至泰安遇韩主席往济宁。

二十日,雨。因雨未能往金堤。搜求材料,讨论减轻水患办法。晚,开谈话会。闻韩主席已归,决明日往见。下午,游大明湖及趵突泉,视察边庄及西柳闸工。

二十一日,雨。是日与权伯及华甫见韩主席,面商定董庄堵口办法数条。下午登千佛山一游。决明日与权伯、Budeey、Vande Hof、吴又新同返开封,再至口门。验收金堤事,委之三张。

二十二日,是日暴雨。本日早三时半,离济南,同权伯、吴又新及二西人(Budeey、Vande Hof)来豫,王华棠迎于车站,至会中,与蔡亮工、顾科长略谈。

二十三日,是夜大雷雨。早,同权伯、吴又新、Budeey 与 Vande Hof 及刘某同往董庄。六时车发,十一时过南口,遇河北周利生监察使、东明县长信纲、监察署尹科长敬让,进午餐后东行。二时抵贯口。菏泽县长陆亚之在是抢险。三时抵董庄,张子元局长出迎。乘小舟巡视各口门一周。一、二、三口门已淤,四、五、六口门展宽至五百余公尺。张子元神志甚丧。

二十四日,闷热。电韩主席,请开张桥民埝。早六时离董庄归汴。下午三时半至。一路堤身被雨冲成浪窝甚多。本日三张验收金堤完整。晚,宴权伯等。八时起迅雷暴雨不住。夜仍暴雨。早五时始止,降雨一百八十三公厘。

二十五日,晴。快函张幼山所长,请开张桥民埝。早,与权伯至仰恭家议定统一河防办法七条,晚权伯归。

二十六日,有曹县代表三人来云,即往济谒韩,付以图,请促韩主席开张桥民埝。

二十七日,是晚大雨倾盆,由晚八时至次早五时始止,降雨一百八十毫米。

二十八日,院中如湖。

二十九日,开甄署会。是晚又大雨。卒得西行。

三十日,晚至西安。

三十一日,谒邵、杨。

八月一日,往视沣河党家桥工。

六日,离西安赴京。

七日,至京。

八日,早,至经委会。晚离京,汪幹夫、孔佩卿及王、薛二技士偕。

九日,早,至徐,午后往苗家坝,循不牢河至茅村,归徐。

十日,往韩庄视微山湖闸,往运河乘舟至台儿庄,宿中兴公行。

十一日,乘火车至运河栈,过徐州。

十二日,往济宁,宿于专员公署。

十三日,乘舟循运河北上,晚露宿。

十四日,晚,露宿开河。

十五日,晚,露宿安山。

十六日,至十里堡。

十七日,早,韩主席等乘车自东来,偕赴董庄。

十八日,早视江苏坝对岸正河槽李计屯前后,下午董庄会议。往视朱口,回宿董庄。

十九日,东行十里堡渡河下行,又渡河视姜沟新运河,回宿陶城埠,露宿。

二十日,返济南病。

二十一日,腹泻终日,省医院院长来诊,下午稍愈。

二十二日,稍愈。

二十三日,晚,离济赴津。

二十四日,早至津,都、宁迎于车站。

二十六日,赴平,晤陈孝开、王毓明。

二十七日,午请客。

二十八日,回津。

九月三日,天津,牙痛。

四日,离津,赴济南,晤宋砚耕、张华甫,下午同游大明湖。

五日,早离济赴京。晚至京,宿中央。

六日,迁会中。

七日,中央研究院开评议会。晚接电,仪妹乘民贵东下。

八日,乘轮赴汉。

九日,芜湖。

十日,九江。

十一日,十一时至汉,宿太平洋。询知民贵已至,至福昌晤仪妹,迁之太平洋。

十二日,汉口邂逅李龙门、周烈宗。

十三日,与仪妹在汉渡中秋节,午餐杨思濂家。

十四日,由汉至郑,罗勿四、刘世音迎余于此。仪妹之定。

十五日,早,与罗、刘散步公园。午餐于广东小馆。晚,罗、刘返汴,余西行。

二十四日,余家洵(景苏)来。

二十六日,由西安至武功,宿农校,新聘水利组教授余景苏偕。

二十七日,早往郿县视工。午归校。下午视园艺场。

二十八日,武功校中,早对全校师生演讲。午复视东关林场。

二十九日,早往视漆水河水桥新址。午由武功至泾阳,即往社树视渠。

三十日,视泾、原、高溉田状况,并视金大、棉进两试验场。

十月一日,由泾阳至大荔。略雨。

二日,一路视工至老沇。

三日,早,搭船渡洛至原上省墓。孙绳斋、盛颂文、李曼五随。下午仍返老沇。

四日,自老洑返大荔。

五日,自大荔经渭南归省。

六日,本日重九,隼弟生日。

七日,蒋介石自成都飞来。早偕辑五至陇钱局晤龚继成,商筑路与渭惠渠有关数事。

八日,辑五赴郿。下午宴亲戚胡、唐二家。

九日,上午赴西京市政建设会议。午,访蒋于新城。下午,赴水利经费保管会议。访靳志未值。

附诗一首

当日我仲哥,孔门称胆大。

孔子要浮海,他便要随驾。

哪知他先生,也会说瞎话。

不但不惟行,反落一场骂。

附录四 人物旧事

甲寅夏修学旅行记

(一九一四年)

余治工程学业于德国之但泽,西普鲁士省都也。甲寅夏学期竟,校中工程科有修学旅行之举,余随之往。所往地为失赍西恩省,本科长寿尔册为旅行主导。寿尔册,治水工程教师也,其他教师与者尚有工程顾问额牢氏,河工经验最富,奥多铁路工程名家,著书论停车场制甚富。余从之学校熟密。柯恩克以铁〈贝磄〉(?坝塘)建筑名。校中助手三人,学生从者二十五人,分四队,余属第一队,与余友司道尔策同队旅行,始终居处相共。旅行用费皆预交之,有助手专主其事,故一切购车票、问旅馆等事,皆预商办妥帖,无临时周章之劳。

七月十九日早九点十分,由但泽车站动身,五点三十五分至布莱司劳。憩息顷时,六点十八分换其他汽车,九点零三分到播吞,始晚宿于凯萨客馆。终日车尘,晚甚劳。是日,日曜日(星期日)也,馆外有跳舞会,喇叭声至翌日五六点不绝,喧嚣终夜不成寐。播吞临俄属波兰境,产煤铁,故德、俄境内工艺皆繁兴,俄境奔津(后德俄战衅开时为德所据,俄之最大煤井在此)一望可见。

二十日早七点五十分,乘汽车往科尼溪冶厂,八点五分到。此处地即以厂名,居民多半皆该厂工人。观冶厂中高炉之制及炼钢铁等工作。

厂中高楼七座,现只用其四。每日所出生铁可有四百至四百二十吨。昔时失赍西恩产铁供本地用,虽不足但不敷之百分之十一,近则不给日甚。故其矿除本地外,或由失米德山采之,或仰给于俄及瑞典。但二国近皆以生矿出口有碍本国工业,严其税则,故出口亦不甚利。高炉之制如雨漏斗,上下以宽口相合,以砖为内,为耐火砖,中层间以软质,以防其内骤热,外层尚冷而生损裂。下部有孔接鼓风管,上端之口以送入矿料、燃料及附加料。燃料为骸炭,与矿料每层相间加入,已熔之铁沉而下,成上下层。上层轻,杂炼石渣,下层纯铁也。亦有上、下二孔,炼石渣由上孔流出,熔铁由下孔流出,孔口以铁杖每间数时凿通之。铁流出则流于预成沙沟中,沙沟可任意范为形式。炉周围以铁为架,矿煤由升梯送上。又有梯行而上观其送矿炭法,炉内所出之气,以管接引之可燃所用骸炭,以寻常石炭捣为末送入炼炉,与外面空气相隔绝。炭被炼,其内所含杂质蒸为气,经过水槽,气因以洗洁。所余水内为迭而油等类,又有阿莫尼亚盐质以作肥料用。气以管导之以作暖气用。盖鼓入高楼之空气,皆须预暖之使热,则铁之熔解不致费时。厂中所用之煤亦由公司自采,附近处有一井,翌日所观又其一也。

厂中炼钢但有马丁炉十数,套马氏炉其所缺也。马丁炉与套马氏炉之异,套马氏炉作贝色麦梨形,炉内涂以燃化之×××石灰石及迭尔生铁送入炼之,则磷质与之相合,成套马氏炼渣,铁中磷质以去。马丁炉则以生铁与酸化之旧铁合炼之,以去其所含碳磷等质。有二马丁炉,特制之令可转动,加以相当之附加料,亦可得相类套马氏钢。又观其用辊铁机器制铁轨,ΤΙ等铁,圆铁、带铁等法,厂中动力用蒸汽,其锅炉皆无房,盖以省费。运送等项,皆用小机关车装现成蒸汽机关车上,无炉火以免不虞。

余曾观汉阳铁厂及克虏伯炼钢厂,所观冶厂并此而三矣,规模之大当以克虏伯为最。厂中尚附属有铁路车辆辙义及铁桥制造厂,午餐后往观之。

布莱司劳迩处之奥多河道略如第×图(图缺)所示,河由城东而向西北流,穿城而过,城中有码头数处,上下货物大抵为煤、木、麦豆等。又有小工厂数处,引水为用。旧日于城东穿渠绕城北面,至城西复与原水相合。一九〇三年,水之涨高为从来所未有。其中冲刷之宽,南北十余里。城东方尚有堤为界,西方则无有也。当时量河中水之泻量,一秒中有二千四百可(?)米。以如此泻量之巨,仅得一小渠分泄,余全入城,河道之不能相容势所必然,故城中不免受泛滥之祸。此二端,且奥多河中冬令冰澌最多,向时于入城处做水堰御之,令由绕城之渠流出,不惟渠中航道因之受碍,而冰澌多时亦非小渠所能容,以此故政府决意改修河道。改修之法惟何?曰增浚渠道,添设堰闸。计所增之渠:①由了恼维兹至司太耐,因旧日河道曲折太甚,行舟不利,故浚新渠,设闸一,旧河道中设堰一。②奥特维兹其原因同上,设闸一,旧河道中设堰一。③由奥特维兹至城北面,开平行二渠,一曰涨渠,一曰航渠,涨渠以泻过高水量,航渠以通舟。故每秒二千四百可米之泻量至奥特维兹分为二千八百七十可米归于涨渠,一千三百八十可米归于旧河,至城又分五百三十可米于旧远城渠,余八百五十可米入城,不虞冲溢矣。涨渠中设堰二,航渠中设闸二。④兰塞渠,其原因同①②,设闸一,旧河道中设堰一,此其大致情形也。

新设涨渠航渠上有拱桥通过，以铁〈贝磲〉(？坝塘)为之,正修桥基。渠之横剖面式俱为梯田式⌐。两岸以花园石砌之,倾度一比二,车轮之制所观皆实轮(无辐),分内盘外圈。内盘之缘加以弹带。烧外圈使热,加内盘上,冷则束缩。加以弹带之力,故无脱落之虞。其上轴法,以轴端入毂孔量好轴应入毂尺寸,乃以压空气力逼入之,轮轴俱以钢制。车盘之制俱以⌐字铁为之,外缘做直方形,内以两斜铁X形相交,若为长货车则附以前轴转动器件。

又公司制革厂以各种油色涂板上,悬置露天,令其经年以试验何种色耐氧化最久。辙义有新制之弧线辙义,推动颇简易。

铁桥制造厂依定办之图算制其件后,乃运于建桥处安设之。其机器为斩切铁板,凿孔及上卤钉等机。

六点二十九分复乘汽车回播吞,六点四十六分到,晚仍宿原馆。

二十一日八点三十三分由播吞乘汽车往劳拉冶厂,观其采煤工程,八点五十三分到。此处煤层东西斜上入俄境,延幂甚广。在德境者,最厚之层达九米突,在俄境者至十二米突,故俄境之煤更富。公司中有四井,已述于前。兹所入观者为黎希脱第二井。井垂直入地,深二百十六米突。其横洞运矿,用贡澡尔动机及电机二种。前者为旧式,其所泄之气颇足以令井内空气不洁,故大半悉改用电机。惟引电等线即安设洞脊上,不用绝缘料包裹,故行其中须小心,不然则易触电受伤。电车路皆双轨,余等即乘其运矿之车而入,横行十余里。洞用砖甃成者为多,或用大〈磲〉(？塘)做成穹形。

新辟之洞则用木,以二棍木为柱。一木为梁,名曰立座。立座并列,上以木板衬之。井内绝无险气(即碳氢气致爆裂者),故井中做工即用寻常何赛第伦灯,不用安全灯也。去水之法,每洞中两旁设水沟,令各洞之水汇于一处,而用抽水机抽去之。洞中安设换输空气机,入其中空气清爽,毫无所苦。煤层之表面为填土及沙等,用机器压激水以洗去之,汇于一处,复排而出地,磨碎之以作他用。采煤之法用钻凿孔,置爆药其中,而以引火线炸之。其所用之钻为压气钻,盖用管通入压气以击钻,并致之使转动,其器长不过丈余,按之廾口上,而握其柄上之机,则压气自输入,不用多力而钻之甚速,近日开凿小石者多用之。观竟复出井,地上有蒸汽锅炉十二,俱为二火管制。其所生之力以为升降梯各机器之用。矿运出地有各种采矿机器,形如网节。矿经其上则粉者下,大块者留,而运于他处,矿块中有杂劣等之质者以手捡去之。

昨日所观之冶厂及今日之检矿机器厂,多用妇女做工与男子相杂。盖此处贫民多,妇女价尤廉,故公司多用之。然种种粗劳之工于妇女万不相宜。昨曾以此端问该公司导者,伊闻之颇有愧色,云此劣政当议速除之。盖不惟此等工作于妇女不相宜,而男女相杂亦殊不雅也。此处矿井虽无险气,而频遇火灾,故井内力免用木。又特组织一保险队,队中十余人,曾为余等试演一次救火车,驾车一闻号令,各执其事,进行甚速。救火之衣难于传热,身手四肢包裹甚密,不致受烟气熏迷。面部为玻璃罩,颔下有氧气袋,口中所吐碳、氧二气通入背后一器。器内贮苛性加里,碳、氧二气入其中,化为碳酸加里不复有损于人。又有通音之管连于耳际,水管注射方向及停止俱由第二人令之。

昨今两日俱由公司备设午餐,甚丰腆。今日诸人饮酒欢,故启行过晚,已逾三点钟矣,乃乘汽车复回播吞。由播吞至格赟维沉,诸人于此观一旅客停车场及一装卸停车场。惟德国停车场内多设军事秘密,向禁外国人入视。教师奥多为余请之,不获许可,故余即由此辞众而往布莱司劳,约明日与奥老相会。又考塞尔奥多河上之商港,亦未获与同参观,其原因一也。晚八时至布莱司劳,即往余友廖君能同处,适值其不在家,坐以待之。即赁其旁一屋,为数日居留计。

二十二日下午两点十八分,由布莱司劳乘汽车往奥老,两点四十三分到,复与诸人相遇,步行至奥多河旁,观一已成水闸。乃乘汽车向布莱斯劳进发,汽舟治河公署所派,以款接余等者也。

今余欲述布莱司劳左近治河之大略,请先略论治河最要之二建筑物,庶一般读者得明其要领。二者云何,曰水闸,曰水堰。水闸者所以通船舶之往来于不等高二水面也,故余又曾名之为水阶。其制为一港道,以砖石或〈贝磧〉(? 坝塘)为之,亦有以木为之者。分三部,曰上部,曰中部,曰下部。中部及上部之间有门阻之,上、下部略阔于中部,以备门启时容门之位置。中部为闸箱,上部通于上水,下部通于下水。另有回道以通上水于中部及中部之水于下水。譬如船来自上水,则先启通上水于中部之回道,令水自上水流入中部,则闸内之水与上水等高,乃启上部之门,船乃驶入,于是闭上部门,闭上水通中部之回道,开中部通下水之回道,则中部之水复流出,以渐与下水等高,船因亦落下。乃启下部门,船可以驶出矣。如船由下水至者,反例推之。

水堰者,阻水之建筑物也。富流而设,令水可被阻而涨起。其制有多种,有以砖石建设者,名石堰。有以木铁建设而可随时动置者,名曰动堰。动堰又有针堰、防牌堰等。令余所观者,但有针堰一种,故后亦但述针堰之制而已。

盖船舶之行因其大小所需之水深亦有一定。如水过浅,则惟有设堰阻之,令其涨高而已(第一图、第二图)。河水之深本为 t,不足以行船。设堰 a 于甲处,则水被阻而涨至与堰高相埒。其水之深,因距堰愈远而愈减,至乙处,其深为 t',尚足以行船,则又深堰 b 于乙处,则 b 堰之后,水亦涨高,足行船矣。今如河水至甲处太浅不足行船,则可另辟一旁渠乙,设堰于丙处,设水闸于丁处。闸闭之时,上游之水因阻于堰而涨高,故得相当之深以通舟,而其水面遂以此高于下游,故有水闸以通之。观于此图,可见闸于堰两两并行不可缺一也。

第一图　　　　　　　　　　第二图

余等乘汽舟行经一水闸,下舟观其闸门之启闭,闸之建设。又行至原河,旁观其水堰,兹略述其建筑法如下。

(按:此文未写完)

记伯父诗二首

伯父仲特素少吟诗,惟见其光绪乙未(一八九五年)南游时寄弟诗二首:

其一
都门一别上征骖,
仆仆风尘苦亦甘。
正是杏花新雨后,
沿途饱看到江南。

其二
去家千里远慈亲,
大水名山始识真。
富贵无求遵母训,
江湖多水谨吾身。
膝下承欢全赖汝,

窗前攻苦胜求人。
更有一言堪为训，
先贤忧道不忧贫。

储 大 年

光绪三年（一八七七年），秦大饥，民间女子被贩至他地，为之一空。及饥年已过，欲成室家者，非出重资不可。

有储大年者家贫窭。妻方少艾，生一女，才周岁耳。乃异想天开，羡媒氏许以重贿，伪言女已十四五，妻于某家。某家聘礼已全致矣。择吉议娶，则辄以他故却之。如是者屡。某家疑之，且略闻储女正婴婗耳，而苦不得其实。于是伪称姑病甚，必欲生前一见子妇，死方瞑目。媒氏告之储，知无女往，事将败。于无可如何之中，乃饰其妻若女，令随媒氏往。嘱以当日必归。姑见之，大喜曰："吾以女尚稚也，今如此苗条，尚何待。"令即为之髻（余乡俗女子嫁始髻）。召其子，即与行交拜礼。媒氏不可，曰："婚姻大事，何可不与其父母商？"姑曰："吾侪小户，何拘礼节？明日以告其家，可也。"媒氏不能阻。

储待妻至夜不归，虑有虞。翌日乃探，则其妇已为他人妇矣。忿而鸣之官。官欲责男家，则无可错；责储，则储已丧其妻。于是重责媒氏，而罚令代抚储之女焉。

月　月

渭南有女名月月，父母俱逝，遗一孤尚幼。月月葬亲已竟，于是饰男子装，荷锄犁，事田亩以抚其弟，健若与男子等，人且忘其为女子矣。月月令人称己以大哥，称姊则不应。迨弟已长成，为之婚娶，委以家政，终老于其家焉。天下有至性之奇女子，惟民间可偶一遇之，月月其可传矣。

于右任之获罪

于右任初名伯循。与余兄弟同学于宏道高等学堂。醉心于革命思想，著有《半哭半笑楼诗草》，内容大半抨击■■语，有好事者为之印行。右任少年英爽，发长且美，尝披发委地，右手握刀而摄一影。有同学为之题曰："换太平以颈血，爱自由如发妻。"然右任已中式辛丑科乡试，方汲汲于科第矣。

时商州太守杨宜翰（字吟海）创立商州中学堂，延右任为总教，右任因荐余及茹卓亭为分教。开学后，右任即赴汴应壬寅科会试。有忌之者得《半哭半笑楼诗草》及披发握刀影，献于省宪。省宪震赫，行文三原县密捕右任。三原县令为德锐，旗籍也。奉令惶惧，不知所措，召儒学教谕王友益与谋。王与余兄约祉善，且延之课其子。自县署归，即泄其事于兄。兄大惊，急觅程抟九谋救右任。程亦右任故交也。相议拍电不可，乃重赏觅一急足者，送信于右任。长安至汴千余里限九日达。信至开封，右任方连场得意，迟疑未决。友人力劝之逃，乃遁迹上海。次晨逻者即至，亦云幸矣。

右任感余兄救护,曾吟成七律四首以志谢。诗竟失传,亦见余兄之善忘也。

崇实书院之同学

　　光绪戊戌,仁和叶伯皋(名尔恺)视学吾陕。奏设崇实书院于泾阳味经书院之东,讲授新学。时咸阳刘焕堂(名光蕡)主讲味经,即以兼任。余及余兄约之于己亥被拨入院,则刘已退休,而以咸阳王绍庭代。时所授新学只英文、数学二种。诸生二十余人,大半仍孜孜于八股不倦。诸生年龄最不齐。最长者为赵重九,名序阁,以重九日生,故以为字。时年已三十三。最幼者为陈会亭,方十三龄。值重九生辰,同人共谋祝贺,会亭赠以联云:"菊卮丁寿筵,良辰九九;松龄甲书院,妙算三三。"对仗颇工,而重九大恚。会亭后早卒。

　　茹氏兄弟,长欲可,字怀西;幼欲立,字卓亭。与余兄弟称二茹二李。余甚佩怀西之气度风雅。清末以举人大挑官于广东,民元病卒,余甚悼之。卓亭不如其兄也。

　　范紫东亦当时同学,与余兄以编秦腔曲本齐名。崇实书院设立五年后,嘉兴沈淇泉(名卫)督学奏,与三原宏道书院合并为宏道高等学堂。于右任、张季鸾、李子彝辈,皆由此学堂出。

书李东才事

　　李东才,残杀余至友井勿幕者也。余恨之弗能忘,记之者记恨也。
　　东才与勿幕及余为同邑人,距余里甚迩,然余初弗识其人。

陆建章者，袁世凯之爪牙也。督陕，残害革命同志无算，余父当时亦几不免。勿幕遁迹上海，而陆氏忌之。袁氏称帝，陆氏更肆其虐，时遣侦探出，踪迹党人。

余旅居金陵，一日方食，有客贸然入，呼余"二哥"，云，初来自长安，述余家人近况甚详。余让之食，即食，曰："余生计无聊，将往沪觅友求升斗之获。"旋询余诸乡人在外省者住址及所事业。所指者皆党人，而尤谆谆采勿幕踪迹。时勿幕已入滇矣。余告以余舌耕于此，与诸人素不通信，东才无所得而之沪。数日余适沪，又与友人处相遇之。东才告余曰："求事之难如此，余将归矣。过南京，尚欲再访二哥谋资助也。"余漫应之，然东才未再至。

陆建章以舐犊之爱，弃地而逃。袁氏之灭忽焉。黎氏继之，党人有复得志者，勿幕亦弹冠为关中道尹。靖国军与陈督树藩相持不下，勿幕处其间，为陈氏所疑忌。郭坚诱勿幕论事，勿幕坦然往，及门，即为东才所掩杀，献首于陈，得巨金匿迹汉口租界中。

勿幕之兄崧生镇守榆林，闻之恸欲绝，誓复仇，遣死士踪迹之。一人伪与东才善，日诱与做声色饮食之酬酢，久而不疑。某日与之并行于歆生路，越路之中，即出租界，是人肩推东才，即有伏者四人，起而执之，槛送于榆林。崧生闻其至，陈刀俎鼎镬以迎，缚之于马桩，活剥其皮，肢解其体，剜其心肝，而以皮蒙马鞍，出入乘之。东才自始受刑至死，未尝出一声。

泾惠渠之首功者郭希仁

陕西泾惠渠凿成矣。而世人不知首其功者，乃郭希仁也。

希仁，临潼郭村人，幼而笃学，关中受李(二曲)、贺(复斋)之化，士人多纯谨，拘礼法，而希仁尤甚。初入西安高等学堂，以教习所讲不合己意而去，乃遍谒乡曲有贤名者以为师。

光绪末年，结粹学社于长安，其所以引为同调者，渭南曹寅侯也。时井勿幕自东归，物色可与共谋覆清者，以为郭、曹可与共事，而与之无素，不敢冒昧，浼余及陈观说之。余固不善于辞，而陈则能言。至其学社，值希仁不在，寅侯肃客而入。甫坐，则孔孟之学、程朱陆王之辩,滔滔不绝,无客置喙也。余与陈相视而笑,旋辞而出,曰:"此迂儒也,焉足与谋?"归述于勿幕,勿幕不以余等所见为然。后余出适异国。余父任咨议局长,希仁副之。拘谨如初。乃革命导火线始发,希仁即投笔握刀,率众杀敌,寅侯佐之,每战必先,一时骁勇无出其右者。事定后,希仁副陕政,而寅侯仍掌兵,见忌于都督张凤翙,勒令解甲。当时之兵,皆以义气相结合者,闻主帅劝,人给五七百文,即襆被归里,一夕散尽。寅侯于是遨游江浙间,竟郁郁卒于西湖。希仁悼之,葬之于华山之下而恤其家族。

于是亦释政权,与余结伴,游于欧洲。在法、荷诸国,睹其水利之修明,劝余曰:"与其学其他艺,不如学水利。吾乡之郑白渠,废弛久矣。曷弗于吾辈手兴复之?"余曰:"唯。谨受命。"希仁旅欧,将及半年,初意犹思道历美洲。时在巴黎,忽一日曰:"余方寸忽乱,心旌摇摇然,急思归国。"乃匆匆返柏林,摒挡行李,余送之布里门上船而别。迨余再至柏林,则希仁家中来电,其母病逝矣。此后,希仁时与余通函,询余所学,谆谆以勿忘水利相告。著有《水利谭》。

陈树藩、刘镇华相继督陕,希仁任陕教育厅长,提携后进,不遗余力。而笃守孔教,为新潮流所诟病。后又任陕西水利局长,曰:"余守此位以待能者也。"派人施测泾河钓儿嘴,寄金陵嘱设计,其图虽简略,而实为引泾首次之测量。民国十一年(一九二二年),召余归,胡笠僧亦遣李仲山来金陵敦促,余即应之。至陕,希仁肺病已深,不能言,以笔书曰:"余以支离之身,勉守此位以相待也。勉成大业,余无恨矣!"未及一月而逝。余感之而恸,汲泾干之泉以祭。

今泾惠渠告成矣,得告慰于先贤。固多方协助之力也,而余不敢忘希仁。希仁著作甚多,《平见》一书,尤为谈理精至(?致)。

宋 相 宸

辛亥武昌起义,陕西响应。军政府成立,以宋相宸司外交。时巷战方烈,而邮务局长德人某,乘马出观,飞弹掠过,微伤其额。某觅外交司,叫嚣不已,索赔偿十万元。宋曰:"若仅肤伤,何索巨款?"某曰:"肤伤耳,然稍入数分,余之性命已矣。余白种优贵,岂若华人之性命不值钱哉?"宋曰:"若然,则若之性命,亦非无价者也。请留君头,十万元即如命以付。"某抱头鼠窜而去。

董 雨 麓

董雨麓,湘之永州人。任侠有奇气,而待人之忠实和婉,同辈皆以为不及也。

民国元年(一九一二年)前,在西安与邵力子共事教育数年。迨革命军起,毅然前驱,于潼关却清军,衔刀于口,自城垣跃下,奋杀敌人。众继之,敌大惊溃,直蹿出函谷关外,无敢回顾者。事定不言功,禄亦弗及。

民国元年(一九一二年),与余合办三秦公学,任体育主任多年。旋游日本,专研究体育。嗣余任教职于南京河海工程专门学校,复荐董君任体育教员。

民国五年(一九一六年),袁氏称帝。有党人邀余及井勿幕与董君密谈于沪之〈余〉(豫)园,谋倾帝制。旋,井赴滇。董赴陕。助陈树藩逐走陆建章。

事后,董君即任成德中学校长。而凶耗忽至,其父及全家人在永州籍为■■所残害。董即寄妻子于溪口,驰回永州团练,一方■众尽为所歼。执其不共戴天之仇二人,燔祭于父母墓前。仇既报,即弃刀于地,复往陕西仍从事教育。乃祸不单行,所有二子相继病死。妻因以癫,无何亦死。仅遗一女。董以大受刺激,遂厌世而迷信韩神仙,拜之为师。

韩传道于西京,其法但令人静坐思过而为摩其顶,则有光现于眉际,以之愈人疾病,信者颇多,董入之颇深。一日,于静坐中见己前生为郿县某村某家人,因走访之。召村中父老询某家过去事,果有其人,与董所谈历历不爽,一村惊异。俄而,其前生之子若孙俱来拜,邀至其家,酒食供养。惟其子孙甚贫,董赐以金而归。

民国十三年(一九二四年),董宴康有为于成德中学,邀余作陪。召关中国术家十余人校武于广场,提倡体育之兴致尤不浅。时,康谋盗卧龙寺碛砂藏经,为余所阻,董或不满余所为。未几,即卸校事于他人,而专为韩神仙宣传。后至北平寄某寺中,与有朋不复有函件往来。后走访之,则又不在北平而不知所之矣。噫!其人之遭际何可悲哉!女已嫁,著有《白克满呼吸法》,中华书局出版。尚有研究《说文》及其他著述，则未经印行，而其稿亦不可得矣。

康有为盗经记

刘镇华为陕西督军兼省长，喜结纳名流。民国十二年（一九二三年），康有为至洛阳，吴佩孚款之。刘因电康忻迎入陕。康果来，遍游关中名胜。登太华后，赠刘一联云："华为五岳首，海纳百川流。"嵌刘名与其自号（南海）无痕迹。议者叹其拍马吹牛俱臻胜境也。

至西安，求书者麇至。康有一仆专司捺印，例索二十元。教育厅长景延桢求书，忘捺印费，持联归，则印赫然倒置。康之才美，惜在得不戒。尤癖嗜古物。时维九月，询刘曰："陕西皮货佳，某肆为最？"刘命数名肆择货之最佳者，赍往康所供选择。康留九十余件，而令向省署支钱。刘莞尔曰："康先生殆欲自张皮货肆耶？"

与刘游终南山，访知刘瑾墓所在，购其地十亩，而令长安县长给价。雇工人十数，挖掘十余日，无所得，嗒然若丧。游于三原市上，见古董摊有可爱之物，即拱手称谢，持之去。刘所派导者自后付其值。余友董健吾有极珍之古钱一，有郑姓者借持以示康，求其鉴别。康拱手笑曰："诚珍物，谨谢领矣！"郑无如之何，返而以三十元偿董，董不愿也。

游卧龙寺，住持静慧启寺中所藏龙藏示之。康阅之喜不自持，曰："六行十三字，不错不错。"因与议换经。许僧以明智本、北平某藏、哈同刻藏及商务印书馆所印全藏各一部易之。僧以其督军之上宾，且以一易四，竟应之。

余偶闻于人：长安县长代康购皮箱数十具，将以运卧龙寺藏经。廉之，果有其事。因函询西安佛教会知其事否，则尚无所闻。次日，成德中学校长董雨麓宴康于其校，邀余作陪。余先至，告主人将于筵间质康易经事。董连揖余，恳缓发。席间，余依康而坐，康侈言无忌，叹三原古建筑之美，曰："此不可不善为保存也。"余曰："先生之言诚是。不特古建筑，古物亦然。不特古物，善书亦然。"康不悟，仍谈如故。又曰："昔沪上有富豪胡雪岩，卒后，其巨屋以七千两求售，余靳其值而为他人所得，惜哉！惜哉！盖非其屋之可贵，而屋中之字画古物，靡不可宝。他人得之弗能识，余精鉴别，得其佳者售之外洋，可得巨赞。"余几为之喷饭。噫！名闻海内者，乃一市侩耳！饭毕，邮一函于康，劝勿欺骗寺僧，巧夺古藏。康得书大怒，掷书于地，曰："谁敢阻我！"其夜，即以大车由寺运经去，遗数册于路。狼狈之状，可想而知。

余乃与杨叔吉、高介人等商，设立古物保存会，立呈警察厅备案。召静慧至，责其索还。寺僧次日泣跪于康前，求保命。康曰："汝何虑者？随余之南，大寺院方丈可做也。"静曰："僧律全国一致，不能容于陕西，岂能容于他省？"康曰："余遣汝出洋，何如?!"僧竟不得请。

余等因以古物保存会名义控康于地检厅。厅即出拘票拘康。康狂怒申申詈不休。时刘伪称病，拒见客。康访之数次，俱弗得见。乃将强辇所盗经以去。余见事急，乃电话数十人次日拦舆。刘见事益扩大，乃嘱招待者缓康待一日行，而潜以经本送回原寺中。给康曰："经与行李先发矣。"康后始知被骗。函责刘，且索名誉损失赔偿费二十万元。

兹事当时哄传外埠各报。普陀寺印光法师，陕人也。驰书责吾等污蔑名贤。且曰："君等陕之望人，行且如此，光虽死，不敢回陕矣！"经余及杨叔吉告以事实。乃曰："不闻圣人乃如斯！"渭南名宿武念堂亦赠康一联曰："国之将亡必有！老而不死是为？"又额之曰："寿而康。"

张　东　生

张东生，三原人也。昆弟三人，生其季。伯兄于清季随友人庞海亭赴皋兰县令任。未到任，革命军起，逃之白野川，商焉。母在家，思念不置。时，生方十五岁。自塾归，见母垂泪，知为思子，自请入甘觅兄。母以其年稚，不许。生乃挈买饼钱六七百文及缝制服布一匹，不告而行。行至醴泉，县警疑而阻之。生告以实，泣请放行，警不之阻。适有豫人业贩草帽者，亦将适甘，闻之，愿结伴焉。贩闻生言，知其兄随宦，冀有依附，一路善视生。辗转至白野川。遇兄，厚酬豫人。请其归，则曰："兄以读书典卖先人遗产殆尽，今适外无所获，不欲归也。"但以土药若干授生，令归待善价而贾，以赎田产。生如命，田产皆复。复与仲兄偕之甘，跽请伯兄。谓："赎产之谋，幸如兄愿，可即归慰母。"而伯适有所欢。坚不允。生愤曰："兄不念母,弟又何以家为?"尽以资斧与仲,而只身逃之西宁。

生有友迟某,任宁海军协统,因往依之。迟委以差官。未几,宁海军李统领卸职,马麒继之。生以卫护同乡,刺杀马部下差官,易服而遁。列骑追及,以智得脱。追者渐远,行乞至毛塔刺,见城门口坐一老人,蔼然可钦,向之乞食。老人唾而他顾。生复转就之。如是者三。老人斥之曰："若凶气溢于面,肇何祸而逃至此?"生骇,背而驰。老人追及,挽其袖以归,饮之食之。并易其服,而婉慰之。生俱以实告。老人赠以十金,指途令逃之窑街,入一火柴厂学为工。

时,■■遣扎胄派古携贡物入清。至兰州,闻清帝已逊位。折而返。骆驼行李至窑街,为叛人吕广所扣。生为之力解,得以放行。扎胄派古德之,问:"愿入藏乎?"生欣然从之。

至拉萨,见■■。■■曰："此予前生资中(僧官名)也。"因委以资中,赐采邑三百户。管理外交,兼司佛库,甚得■■宠信,封为见寨(亲信之官)。任职六年。英人请■■派遣学生,留学印度,因派生领之前往。生遍游五印度诸胜地,复返拉萨。

川人彭月升率兵犯藏。■■遣生至江塔借军火,率师御敌,擒彭而归。■■欲死之。生以其为同国人,复为之缓颊,放之于印度。英人谮生,■■不为动。

民国七年(一九一八年),返国省亲。民国十年(一九二一年),又入拉萨。民国十一年(一九二二年),为■■派往东省,遍谒各寺。复至蒙古,欲说卢占魁入藏,以免中土之祸。卢委以参谋,而不听其言。后卢败绩逃南府。生以善蒙藏语,为■■拥往果尔络斯前旗王府,遇之甚优。

一日,生乘雪橇游至后旗王府,乍遇驮龙(著名女■■张素珍)偕其妹亦乘雪橇出游。掳生去。将以侵蒙。生伪言善相,誉驮龙,允为说■■。驮龙为所动,因善遇之,遣胡卒护送返果尔络斯。后,驮龙之众为张作相所败,驮龙不知所终。生遨游蒙古,复为海娄尔蒙王所赏,强以女妻之。生不肯,遁入中国。时,民国十三年(一九二四年)九月也。

生邃于医,熟悉蒙藏边事。返国后,专以医济世。闻■■没,返藏之念以灰,然思念■■纯厚之风不置也。

王　义

　　有德人教士夫妇宣教于湖南某县,结庐郭外,远绝尘世,山景清幽,而时有虎患。

　　一日,教士夫妇往视教友疾,临行,谆嘱阿妈善视襁褓中儿,无失有意外夫。及归,天色已暮,甫入门,见一物庞然循廊下走出,襁褓累累委颔下,视之,赫然虎也。夫人眼捷,疾走相前,径夺之虎口中。虎愕然,不意人乃如是其强梁,目夫人,遂逸。

　　夫人视襁褓中物,幸无伤。觅阿妈,则方鼾卧厨下。呵之。以手揉目,欠而起。闻主人詈己,则亦申申詈虎,谓孽畜如是无礼,必觅王义哥除之。问王义何人?曰:"城中一铁工也,善打虎。"反身径出,曰:"予速王义来。"须臾,果偕一男子至。视之,身材中等,面黧黑而瘦削。问之曰:"汝果能打虎乎?"曰:"能。惟须允我与二助者偕。"问何时可往?答以诘朝昧爽,言已即去。翌晨果来,一猎者及一童子与之偕。猎者挟一土枪,似十年生锈未尝一用者,一烟斗含于口内。童子则骏然总角。见教士请行,赐以酒不受,竟去。

　　教士终疑之,乃施从其所之。见王义与猎人并肩蹒跚缓步,且行且语,如不知其将有所为者。童子随其后,亦毫无怖色。俄而,至一山坳,三人止步。教士急匿树后觇之,见猎者坐石上,复燃其烟斗而吸。童子立于其前,王义撮口而呼,俨兽鸣,如是者频。忽闻吼啸一声,山谷响应,秋树黄叶,摧然震落,一赭色斑虎猛跃而出。王义闻虎声,急闪于旁,童子立弗动。虎窜至童子前,人立而起,舞其前爪,张其巨吻,倏将及矣,王义猛自虎后以两手握虎前爪,紧抱虎身。虎大惊,头摆动,吻左右翕张,怒而吼,后爪挖地,尾鞭土成深穴。王义持之紧,弗能脱。童子怡然。猎者仍坐石上吸其烟斗如故。王义曰:"速起鸣枪!"猎者仍弗动。虎跳踯挣扎,几不可制。王义呼至再,至三,至四,猎者斗中烟已燃尽,始徐徐自口中取下,挈于石上,去其灰,纳之于袋,系之于腰。王义又速呼曰:"速放!速放!"猎者始欠身而起,俯视其枪,纳药及弹,乃对虎首而瞄。虎首左右摆动不已,王义又频呼,猎者瞄之久久,乃轰然一声,虎休矣。教士于树后窥之移时,至是瞠目而归,莫知所云。

崆岭峡与周海清

周海清，今为民生公司"民本"船主，余遇之于崆岭峡中，与谈，知为奇士也。

民国二十五年（一九三六年）冬，江水降落极低，川江各公司轮俱停，独民生公司轮，大小支配，自宜昌至重庆，分三段行，崆岭及万县，易轮二次，商旅称便。使无民生公司，则蜀中交通，完全阻断矣。是固公司之经理得法，而其网罗英才，人乐为之用命，亦其大原也。

崆岭之险，舟之小者可过，不致触礁，大者则不能也。其上游五里为青滩，三滩之险，中、下二滩尚易过，上首一滩，则巨石无数，横卧踞江面，十之八如长堰，惟南端可容一舟，而巨涛汹涌，水急如箭。低水时，险称最，轮舟无敢轻试者。前有老"蜀通"贸然一试而沉，至今烟筒尚露水面，于今操舟者寒心。

民生公司之轮，上下新滩无碍，周君之力也。新滩可容舟处，以水急，人莫测其深，或言数丈，皆臆说。周君率舟子之勇者数人，各衣泅水衣，护以救生船，许以重赏，操木舟，径入急流中，而探其深，始悉宜昌水位最低时，此处犹深十尺。于是操轮而试，安然而济。其上行也，于岸上石岩中穿环孔，装滑车，拖铁索于轮舟之绞盘，以机器旋动，曳舟而上。

余于民国二十六年（一九三七年）二月十九日晨，得睹"民康"轮之上滩，一切动作，皆周君指挥之，于惊涛巨浪中，借一索之力，曳巨轮而上，避其正锋，因其回力，左侧右旋，浪击舟舷如山摧，岸上观者，莫不为之股栗，而舟实平急稳，夷然而上。川江各公司，外籍驭舟者，无虑数百人，闻之，咋舌而已！然民生公司轮，自试行此滩后，上下十余次，皆安然而过，以此得誉不少。周君于此期间，常往崆岭，以指挥各轮上滩。

周君，渝人也。出身寒苦。十一岁时，戏江干，睹第一轮舟"蜀亨"至渝，为舟上水手服奔走，因随至舟上。后乃学为水手，忍辱耐苦，既尽其所长，则转至"英笛尔"兵轮上，仍为水手，兼习外国语。有劝其为茶房，兼做生意，可得厚利；又有劝其学习领江，皆婉却之。曰："予志在尽操舟之妙术，为一船之主操舟之妙术，为一船之主，为吾华人争色。"

时各轮主,皆外籍人为之,有华人而为轮主者,则保险公司不为之保险,且乘客闻船主为华人,皆无敢就其舟者。然周君技术实精,复遍游沿江上下各码头,细考各地水势、码头位置、大小各轮种类及舶碇方法,纤细靡遗,故其技更进。以此卒为三北公司所用,为"吴兴"船主。勤慎无私,暇则读书,时年不过二十余,各外籍操舟皆窃笑之。后以引水不慎,"吴兴"轮覆于二良滩,周君急救之,得免沉没,然公司总经理闻之,以责任关系,竟免其职。周君乃自请于公司曰:"舟覆,余之咎也,免职,罪应得也。然救护之工作,尚未竣事,仍请假我以指挥之权,愿却酬而尽其责。"公司许之,舟以全。周君既失职,浩然归渝,旧时相厚之友,加以白眼,周君乃闭户读书,发奋自勉。后川江新轮日增,知其才者,复争延之。三北公司后又失数轮,舟主皆不能救而逃,于是始知周君之贤,召之归,不可。

周君服务于轮航二十余年,卒归民生公司,见其制度之善,气象之新,曰:"此足以为吾终身服务之所也。"周君感己奋斗之苦,而中国航业人才之不易得,乃上书公司,注意于宏造人才,为所嘉纳。如周君者,可以为青年之出身穷苦者风矣。

鲁卫方修斯及高悌哈根合传

历史之名人多矣,而占篇幅最多者,厥惟秦皇、汉武、拿翁、铁相之流。至于挟一能、专一业,而惠泽及于民,功利著于国者,则史略之。夫使功如大禹而不□舜禅□,则亦久湮而不彰矣。德意志之强,吾华人所素弃道者,然具伟人其姓,除〈毕〉(俾)斯麦、威廉第二、兴登堡、希特〈来〉(勒)外,为吾人所知者九人。是可□也已。

吾囊游于德,见其川流元□轨,□梁之维□,商港之发达,知水工之学大有造于是邦焉。继研其学,则知德国水工而有二人为其鼻祖:一为鲁卫·方休斯(Lodwig Franzius);一为高悌哈根(Yorltilf Haggcn)。二氏均已作古,而今之学者,犹奉为圭臬焉。方休斯以治下谓□Unferweser,及筑布里门商港(Brimen M.B)有功;哈根则多以顾问资格参与本国及外国水工之建证。二氏均能以其所为,阐其所学以倡导青年。二氏之前尚有约翰宝拉(Johann Gottfried Julla)为破天荒首治莱茵河者。然论提倡学系之盛,莫如二氏。

鲁卫·方休斯于一八三二年三月一日生于维特孟(Wittmund)。父喀尔爱伯特·方休斯(Carl Egbert Fransius)为一公务员。维特孟为东夫里昔阗(Ostfriesland)省一小市,地滨海,时受波涛之害。鲁卫祖父曾为地方议员兼都水监。毕生事功经一八二五年二月三日及四日之大风浪,毁于一夕。鲁卫感其祖父所受之痛,且习于海,深有志于平成事业。十六岁半,已升入汉诺威之高工学校,选水工为其专门。

(按:此文未写完)

民国十五年北京围城记

冯胡倒戈,子玉欲得而甘心,起兵汉皋。关外之敌,化而为友。三路并进,二军摧败。直奉会师燕郊,一军独挡其冲。北京被围,凡三阅月。时余栖旅西城,衣食尚未受困。惟震耳之炮声,惊目之伤兵,晨夕必遇,令人心怖。加以飞机日临,炸弹四掷,更使居民不安。所幸者警察之严整,城中治安得以维持耳。政治大变,尤于此时迭出。如执政府前之惨杀,如段执政之被逼出走,其最著者也。继而一军不支,退却北走。

关外之师,群拥入城,而民心大恐。商市廛肆,皆预将货物移藏,展架上略陈粗品以备人攫夺;饭馆酒肆,则皆毁灶掩门,标一纸帖,曰:"修理炉灶,暂停交易。"市上持银圆票不能易得一铜币。于是寄居之人,生活大苦矣。余曾有诗纪其情况云:

  天天刮大风,到处灰尘眯。
  不能不出门,两餐须料理。
  街沟秽气充,触鼻呕欲死。
  又惊市虎来,扬尘可五里!
  市廛尽掩门,俨如正初里。
  外方初来人,何从觅食止?
  幸我有常餐,得免饥饿死。
  包子馒头面,六七十铜子。

食饱疾步归,呼仆取盆水。
眼目口鼻舌,尽情都一洗。
怡然立镜前,这才又像你。
执卷卧床头,沙沙风震纸。
一觉到天明,明朝又复尔。

三十年前之北平

北平今为游览胜地矣。外邦人莅之,咸啧啧称羡。或竟谓为世界都市之最美者。然三十年前之北平如何?则恐国人多不能记忆。兹就所知约略记之。

余始至北京,民国元年(一九一二年)前八年也。由西安乘骡车蹒跚而行,约近两旬,始抵顺德府,可搭火车以达北京。同乡有挈眷入都作京官者,亦同行。余等苦于山水之跋涉,骡车之颠簸,见有大车驶至,车中人如登仙然。深幸已亦将厕其列。而京官之妇,甫登月台,骤间汽笛一声,大惊怖如遇虎,及奔去,号叫宁死不敢登火车。其夫无可如何,仍乘原车入都,又经旬始达。而余等则于十日之前早至矣。

出前门外西车站,雇一骡车,将往关中会馆。甫登车,突一人伸手车前曰:"拿钱来。"询何钱?曰:"出站钱。"询若干?曰:"两吊。"竟以予之。脚甫践京城地,即受京城人之愚。及今思之,其骇可笑。

关中会馆在宣武门大街。余等尚未入学校,即暂居馆中,以待开学。馆中所住者,余等七八学生外,则为京官及候选之县知事。

宣武门大街,中为驿道,道高于两旁之地约三四尺,而狭仅容车。土色黑。惟皇帝出,则以黄土铺之。两旁距市肆各数丈。空潦之地,概为污淖。夜间无灯,黑如漆。亦无警察。五城御史,实司警政。亦未审其下有何职司。夜间惟觱篥(亦作薜荔,以竹为管之乐器)之声,此唱彼和。闻之人云:则伺守者也。

前门即正阳门外一街分而为五。盖驿道两旁,又各列小肆二行。车行驿道,如入胡同。不如宣武门外驿道上有登高临深之危也。至天桥则卖艺者、鬻技者、唱戏者,星罗棋布。入其间,但闻锣鼓喧天,人声沸地,几迷方向而弗能出。

崇文门大街与宣武同,余等足迹罕及。

久居京城者,嘱夜弗出。白昼间亦须谨慎。夜行偏僻地,恐遇背羊之险。背羊者二人。一人自行者后乘其不防,以腰带拖于其颈上而背起之。他一人则剥其衣履焉。至白昼攫物尤为常事。追之,则入污淖中,拱手称谢,或辗转授于其同党而逸。

乞丐之多,甲于各省。有善乞者,口呼"善心的老爷"。余初闻之,讶其何以知余等为陕西人耶?盖其读"善心"二字音相类耳。有文乞者,口诵大篇文字:"你老有好生之德,体恤寒士,我也曾入场考试。"题是什么题,文是什么文,背诵不休。令人更生厌。有恶乞者,则扮种种恶相,以求必得。

余等中省侯姓者,众呼之为侯爷。行至天桥,来一乞,与一文。俄而四五十人至,环而进攻。侯爷大惊,急出数十文抛掷地上。群丐争拾,男女颠扑。侯爷急逸。

今日之公园坛庙,昔日皆为禁地。同乡有在八旗中学任教职者,邀余等游景山。门者适不在门口,径入,门者返而阻之,弗听。门者乃杠其门,禁余等出。哀求之,始获释。呵斥曰:"洋鬼子来,都不让进去,你等何人,敢犯此地!"

华 山 奇 迹

山水之美,映于人心。人心鉴也。鉴为尘蔽,美胡能现?余登华岳凡二次。第一次世乱方殷,避地无所,聊作偃蹇之游。而有小军阀亦率荷枪健儿,络绎登山。睥睨道左,骄盈之气,山灵望之却走矣。余所见山无色,石无态,树无姿,鸟无歌,水无韵,日无光。噫!人云华山美,美于何在?归而诉之余妹。妹曰:"兄忧时使然也。岂果华山之不足观乎?秋清月霁时,盍携妹一游,将以证兄之误也。"余曰:"唯唯。今秋太华峰头作重九可乎?"

至日携榼赍酒,健仆随焉。新雨之后,云溶溶然于足下,石突兀于目前。妹固善于游者,随时随地,皆能点破景物佳妙处。攀险跻幽,穷其佳胜,终日不觉疲。目之所触,耳之所接,莫不示游人以欢娱。山花遍地,妹撷之盈襟,插之盈头。夕阳无限,掩映于奇峰怪石间。余戏吟之曰:"鸟声穿叶碎,溪水和云流。时有攀霞女,野花插满头。"

登五云峰顶,下视渭川,为落日所照,金赤光色耀人目,蜿蜒数百里,复似天桥跃动。而渭川之北,云雾苍茫,丘壑起伏,千邑万井,静伏于不可思议之境。一切人间污垢烦恼,消于乌有。噫嘻! 生平所见风景之奇,殆无过于是者矣。有句云:"渭川落日赤龙绕,华外云腾白鹤浮。"纪实也。

次日,行至仙掌前,朝暾照射,指痕显然。当其前者,兄弟树也。双干参天,近地为一。余顾妹曰:"今吾兄妹立其前,殆可为斯树之流亚乎?"于是联吟。记其首数句云:"华山有奇松,其名为弟兄。参天双干矗,蔽日并显葱。异蒂同根出,两仪太极同。千年临绝巘,百尺声高峰……"

过苍龙岭,登玉女峰。有句云:"共跨苍龙脊,同搔玉女头。"至南峰之仰天池,有句云:"两人对立仰天池,四面山峰朝贺之。"妹曰:"好大的口气!"至南天门,庙后临深壑,不可见底,但见云雾。崖壁陡绝,相与牵裙伏地,垂望俯视,诚云海耳。岩中巢有燕子,向道人索黄表,片片抛去,则为云气所拖,扶摇空际,燕子即飞出竞逐之。俗名"燕子衔表"。余亦试之,剪表如蝴蝶数十,抛之则栩栩然飞。顷之,忽直冲向上,盘旋腾舞,仰视愈飞愈高,俄不见矣。而燕子则未暇出也。开榼倾酒,尽欢而下。噫,同一华山,何前后之迥异也。妹曰:"何如?"

绝　　对

余去岁卧病,时以诙谐示人。有文人来视疾,床上命一对曰:"人从林木竝立。"令属之,竟不能得。本年〔民国二十三年(一九三四年)六月〕往杭州视弟子胡竹铭疾,饮于湖上。余命一对曰:"胡生沽酒湖边饮。"令属之,须如胡沽湖三字拆合相应,亦竟不可得。

易 卜

卜之为道,余素不屑为。民国十四年(一九二五年)夏,余自平返陕,时值冯胡倒戈后,孙岳为陕西督办,李云龙副之,大乱未弭,民心弗安。有孙六者,眇一目,善曾山卜易,言于余曰:"孙岳将于九月离陕,李云龙将于十月离陕,段祺瑞将于腊月(指旧历)下野。"既而,孙、李果于九月、十月相继被调出。

余睹关中气象不佳,知无可为,颇思避地。忽得全国水利局总裁袁文钦电,谓冯焕章(时任绥德督办)招余调查绥远水利。余固不欲往,而思假事以出外,乃电应之。一日,询孙六余将何之?孙授余制钱六枚令摇,而口占曰:"君将南行矣。"余曰:"君误矣!余将北行。"孙曰:"北行路不通。"余明告以将投冯。孙曰:"君试为冯卜之。"余持钱再摇。孙曰:"冯之地位,且忽录(长安土语,言摇动也)矣,君焉能往?"时冯势方强,而吴佩孚已摧,然则谁与为敌。其张作霖乎?孙曰:"君试再为张卜也。"余复摇钱一次。孙曰:"果然,且东北将大乱。"余固不以其语为可信也。

过冬至六日,有亲眷欲归成都,伴余行。至郑州,阅报,则冯已通电下野。余送亲眷至宜昌,返汉,则吴佩孚出兵,京汉路断。余之资斧留于郑州,不得已借友人资往金陵,而津浦路亦断矣。阅报,则段亦通电下野(后虽强留,然时势已去,觍颜硬干,卒为人逐,则不能咎孙卜之不验也)。度岁,偕友由海道至北京,谒袁文钦,将于次日往绥,而平绥路亦适于是日断。旋战事日近都门,被围城中三月。围解,余仍至南京,供职于河海工科大学。西安被围久不解,全家性命,不知如何?革命军亦起,心烦意乱,时自掷钱以卜,所得爻辞,以意解之,俱皆极验。兹记其数则于下:

卜西安安危:得"田无禽。"解曰:"刘镇华贪陕西之地,但田无所获。后隔月余,围仍不解。"又卜之,仍得此爻。

卜余家安危:得"苦节亨。"解曰:"困于围城,苦所不免,节食减用,然得亨通。"

卜孙传芳出兵江南:得"困于石。"不用解。

卜蒋介石成败:得"利御■,不利为■。"不用解。

卜吴佩孚胜败:得"涣其躬无悔。"解曰:"涣散而至胜一身,仍不悔。"吴之性情,耀于词中。

时冯由北方出动,又为卜之:得爻辞与蒋同。

孙传芳败,乞援于张作霖,张派张宗昌移兵江南,江南人士大恐,浼余卜之。得"硕果不食,君子得车,小人剥庐"。《易注》曰:"硕石也。小人坤也。"解之曰:"石果吞食不下,而效坤之巢穴将被捣矣。"

西安围解,余将归陕,时张已陈师下关。徐鼎康代理江苏省长。南京人惴惴不知前途若何,又浼余卜之:得"鼎折足,覆公餗,其形渥。"《易注》曰:"渥,赤色也。"解之曰:"代理省长将折矣。南京各机关将破毁矣。其形渥,惨矣!"即归。次年春,果闻矣。然自此后予不再卜矣。

记　　异

余有叔祖,远族也。商于外。叔祖年次于先君,幼孤,为祖父母所抚养成立,并为之婚娶。余年十一时,随祖母眠,时祖父与先君俱外出。一夕,祖母忽打余起,抱余入其怀,戒勿复眠,且曰:"吾心滋惧,应坐以待旦也。"余视祖母面,果现惊慌状。于是相对无言。待晓,闻叩门急,始起应门,则人舁叔祖柩归。祖母疑其死不明,召族人与议,报之官。启棺验之,果中毒死者。于是冤乃白。后祖母告人曰:"是夜梦二人入室,冠红缨帽,伏地叩首而出。余惊而寤。则闻有人呼二嫂者三。惧不敢应。忽长啸一声而息。因拍孙起,未敢再睡。天甫明,凶音至矣。"

奔

乡有女子已受聘矣,而婿孤且贫,未能纳礼金如数。女母贪,不满欲壑,不遣嫁也。媒媪私告女曰:"若母惟己之囊是饱,而不计及汝之将来。使若婿悉典田宅以成聘,汝将随婿喝西北风乎?(谚语)且若婿被勒愈甚,则将恨若母以及若。良人者,终身相依者也。可令怀恨乎?"女以为然,乘隙奔之婿家。婿方砻麦,忽一女子入户,素未谋面。问之,则弗答而泣。婿异之。召邻人之母而细询之,始知其为未婚妻也。大喜,即以邻母为证,即日成礼。女母徒呼负负。

义 犬

先君日记中有一则云:"澄城某,陷贼中,所畜犬随之。某被缚树上,犬伺贼不在侧,啮断其缚,从之逸。贼觉,单骑追之。犬视追将近,则反啮马腿。贼左击则扑于右,右击则扑于左。度主人行且远,则释马而前趋。及追又近,则反扑如前。如是者屡,主人竟得脱。某自是不复以犬视犬,直兄弟之矣。食宿莫不与共。而犬视主家贫,亦不欲徒受豢养,日必获只兔以献。有客乘骏马自南来,道中见一犬衔一兔而走,欲夺之,犬疾走如飞,莫能及。俄见犬息道旁,置兔其旁,以尾扇之,追之则又逸。客随之径至其家,拜主人曰:'余之马数百金弗易也,今愿以易吾子之犬。能割爱乎?'某曰:'犬,余之生命所托也。千金不易,而况一马乎?'留客共酌,详告客以犬之故事。于是客废然而返,唏嘘而叹曰:'余诚冒昧,不知犬中有君子,可愧哉!'策马而去。"

附录五 悼　文

祭　父　文

（一九三二年）

　　维民国二十一年（一九三二年）三月十三日，不孝协谨以家常五品，致祭于我父之灵。曰：呜呼我父！极乐之国，涅槃之境，回首广寰，永留慈念。父之临世也，以救济众生为心。其罹疾也，以代众生受苦为志。今众生之劫未已，国家之难方殷，而父遽尔寂然。逝者已矣，后继之人，来日大难，道长且阻，提携遽失，其何以行？哀哉！哀哉！忆儿兄弟幼时，蒙我父教养。时王父王母尚康健，我父承欢尔之，天伦之乐，斯时为最。清季谋士，举业是尚，父力矫其偏，以实用科学授儿等。时陕西风气否塞，我家贫寒，书不易购。凡各图书能聚之者，无不力求。伯父自南归，携书甚多，□□儿辈以天尊格致之术。父复勤加督责，儿辈学业始有路径可循，不致流于空疏无用。儿兄弟负笈泾阳，父亲送至校，督课半年始归。曰："儿能不懈，吾无忧矣。"自尔一别，遂无常聚。此后儿遂游幽燕，适异国，前后十余年，但知学业之可贵，不知慈颜之弥可珍也。其间沧桑累变，丧乱频经。父身濒于危者屡，心□于国者事，虽儿尔莫之知也。迨儿返国任务，前后又七八年，父时加训诲，但期以报国，不责以怡养。儿亦遂疏定省，忽甘旨。民国十一年（一九二二年）后，虽得侍养于侧，而时复奔走南北，从未思及风树之可悲，亲年之易老也。其间复兵革屡经，围城坐困，儿远在他方，不识愁苦，徒事后追思，弥增忉怛耳。方以我父岁月虽增，精神方健，且深研佛理，摒除尘烦，冀可延年，稍遂焉爱。乃复饥馑荐臻，兵戎更厉。父悲天悯人，发矢宏愿，以身行苦，于是无端变起，骤罹沉疴。迨旱灾已过，父病亦稍痊。以为自此大劫可免，更祝康强。乃复江淮泽水，民众溺沉。辽沪■氛，山河破碎。于是我父之愿不遂，再病亦遂不起。悲夫！

悲夫！大劫之终不可回欤,抑佛法之难宏□。□□□□愁心所怙,彷徨歧路。□苍者天,如之何其。三月以前,所言验河,回□记□。父屡嘱令立赴工所,毋念老疾。然儿既疏倚养□年时,□岂及无达违前间□□□。此最遵我父之心事。在天之灵,具系□□□□,心神焉示问命。窆窆之后,即驰赴工所,以补前愆。我父《民兴集》,广为印〈佈〉(布),以宏教化。密教典籍,虽弗能窥,必善为保存。伯父残年,必善为扶护,待诸弟侄,毋敢或岐。候水灾工赈告竣,引泾成功,即返隐田园,耕耘著述,以终其身。凡父所申嘱者,不敢一息或忘。抑■■益深,民患愈烈,我父在天之灵,其亦能仗佛之力,宏施救济否耶？是祝是祷,伏惟尚飨。

追念芬次尔文

芬次尔博士,德人,毕业于闵欣大学,专林业,与现任西北农林专校林艺组主任齐坚如博士同学而同事者。为戴季陶院长所赏识,介绍来陕,任农校之林场主任,并陕西省林务局副局长。芬无室家,专于任事,足踏遍秦岭关山。恒一人出,穷山谷间,虎狼盗匪非所虑。尝至太白山,日暮未归,群虑其有意外变,次早乃返,则以日暮不能出山,寄宿于乡民茅屋内。或质戴院长："吾华人习林业者多矣,何必用外人？"戴答曰："华人之中孰有如芬次尔之勇敢者？"本年春,徒步由汉中至成都,转而至京,既复返陕,农校林场易主任,改聘芬为林艺组主任,省政府亦易其林务局副局长之职而改聘为顾问。芬颇郁悒,辞校职,局职亦不愿就。尝告余曰,林场为其亲手经营,愿始终成之。余未之可否。自是精神错乱,恒出呓语。本月十四日夜,竟自刎于西安广仁医院。先是,芬次尔曾一度以剪自刺其股,为其助手罗特(亦德人)所夺。见其类发狂,乃送至医院。至晚,芬令向罗特索修面器具,罗竟以剃刀付之。噫！罗诚糊涂,而医院对于病狂之患者竟不一检其行李,亦可谓不尽职矣！芬遂以剃刀毕其命,伤哉！是时,余方在武功视工。十五日晨,农校以条见示,谓接芬次尔电话,嘱余在武功相候,并云与他一德人同来,上午必至。余待至十二时未见其至,乃返西安。阅当日报,则先一夕已死矣。余遍访孰为余打电话者,而卒不得其人。意者接电话者之有误欤？不然,特为奇事。国外人使发展其技术于国内事业,于吾华此时人才缺乏之时诚为需要。但以一机关之行政权付之,则为失策。芬既卸林场主任职,其病狂实有未必不由于此,此亦可以为任用外人之殷鉴焉。民国十五年(一九二六年)九月四日。

悼前导淮委员会顾问工程师方修斯先生

民国十八年(一九二九年),曾由蒋委员长聘请任导淮委员会顾问工程师、德国汉诺〈勿〉(威)工科大学教授方修斯(O. Franzius),于本年三月二十九日逝世。氏在导淮委员会与余参订导淮计划,历经中外专家讨论,认为最合经济,有利国计民生之大计。氏又留意于黄河之治导,研究不辍,著有治河计划。又于其所手创之汉诺〈勿〉(威)水工及土工试验所,两次试验治导黄河,俱得有最佳效果。除第一试验已经发表外,第二次试验未得本人允许,尚未发表。兹竟溘逝,使氏赍志以殁,曷胜痛哉!氏生于一八七八年,享年五十八岁。为德国著名水工、曾手治维塞河之方修斯之裔孙,受业于恩格尔斯。幼而聪慧,长而好学,任汉诺〈勿〉(威)工大教授,前后十余年,所著《交通水功学》及《基础工程学》二书,为近代名著。论文之发表于各种杂志者甚多。常患胃疾。自一九一八年返国后,与余通信不绝,互相勉勖。最近来函云,将有美国之行。乃项上生瘤,须入医院割疗。方冀其速瘥,惠我佳音。乃竟得其家族讣告,失我良友,痛哉!痛哉!氏与余来函,关于讨论治河者甚多,将一一为译述而发表之。忆民国二十二年(一九三三年),余大病后,接氏来函云,为余忧虑,寝食不安者多日。今余犹存人间,而竟以余泪哭余友,何人事之翻澜如此也。氏之治河意见,与恩格尔斯不同,而互有发明。恩格尔斯,其师也,为氏所素极推重。但所见不同,卒不肯曲为附和。此科学家治学之精神也。故恩格尔斯亦极重视之。

悼阿尔贝脱·塔菲尔

（塔菲尔事迹采自高钧德报告）

谈吾华地质及地理之学者，罔不知有利溪妥芬（Ferdinand V.Richthofen）。知利溪妥芬者，则不应不知阿尔贝脱·塔菲尔。塔菲尔者，利溪妥芬之高足，继利之志，承利之事，于吾华西北地质及地理，深察最力者也。

探黄河之源者，汉之张骞及于葱岭，唐之刘元鼎达于吐蕃之闷磨黎，元之都实始真抵河源，清之拉锡则更为详尽。然昔之考察者，仅得其山川地理，至于地质之缔构、流水之强弱、〈拔海〉（海拔）之高低，则非有科学家实履考察之不可。有之，自塔菲尔始。

塔菲尔余向往之久矣，而终以未能与一面为憾。去岁六月间，余得博尔士满（Boerschmann）教授自洛阳来电云：将与塔菲尔先生来做西京之游，恐与余相左，约时以会。予大喜，复电约日，会于洛阳，旋于次日，博、塔二人已下榻西京西北饭店矣。则以恐予他行急相晤也。予急访之。博乃建筑名家，蔼然可亲，而塔则面褐而身颀昂然如长颈之鹿，一望而知，其为久经风尘、坚苦卓绝之士也。聚谈一夕，未罄忾曲，而次日予即东行矣。方冀再觏有缘，而忽接塔菲尔逝世之噩耗，噫嘻悲夫！

塔菲尔于一八七六年十一月六日生于德国之〈司土脱噶特〉（斯图加特）（Stuttgart）。其父正为该地工程大学教授，母瑞奇来氏（Reuchollf）。塔幼时即喜大自然，及长欲为地质之学，而为其父所阻。盖当时之地质家□不得一饱。为谋生计，改而学医。于是负笈学于闵欣、柏林等处，□喜遨游。入闵欣之阿尔布山社，求学之暇便做山中游戏，尤善滑雪。躯体既强，学问亦进。医学之外，并殚力于自然科学。至柏林得遇利溪妥芬，听其讲说，而壮游之志因以奋作，当其求学时期即屡游外国。才力丰富，天性高尚，尤深谙医药，通晓事物，皆足以为壮游是助。一九○二年至一九○三年，德利噶司基探南极失踪，塔菲尔被举为营救队长，待将发而德氏归讯忽至，因以中辍，塔氏以未往南极引为终身憾事。于是为庐山（Lushan）推举为研究人种族姓之旅行。但其师利溪妥芬及地质学名家瑞斯（Edward Sugss）则劝其随费尔希纳少尉（Leutnant Wihelm

Filchner）夫妇旅行中国北部及东印度。一九〇四年夏,达于黄河上游奥陆脑儿至松潘厅之马沮河湾,途中为■所狙击数次。后费尔希纳归本国,塔菲尔乃践行其志,再转入中国北部之腹,而由此入东印度。又经其师利溪妥芬之函示,复游秦晋交界黄河中游之深峡,以及内蒙古与奥尔多斯考察其地质,由此越宁夏沿河谷以达兰州。一九〇七年,达苏藏冈巴之黄河湾,实为欧人至此地之第一人。其在青海为■伤其头,在马可〈孛〉(波)罗山南,〈拔海〉(海拔)四千五百公尺处为■尽夺其资斧牲畜,又遭■劫于买干寺,凡此举不足以灰其志。塔氏游历既久,通中国及西藏语,归欧著《余之藏游》（*Ileine Tibet Reise*）一书二册行世。一九二三年缩为一册,非其意也。

塔氏藏游归后与米娄之女结婚,生一子一女。

一九〇八年至一九一四年,塔氏居于柏林,壹肆力于中藏语言之学,整理其考察所得资料,制为地图,惜出版者,仅有中国一部凡三十一张。其西藏一部之图,业已制就而至今未出版,存〈司土脱噶特〉(斯图加特)家中。其所搜集之地质及动物标本则存之〈祛病根大学〉(图宾根大学)（Universitat Tubingen）,所获之民族资料则捐赠与[斯图加特]林丹博物院（Linden Musseum Stuttgart）。以欧战骤起,未获手自整理,诚一憾事。

欧战中,塔氏尝被任为〈司土脱噶特〉(斯图加特)大学教授,但未就职,而屡做新旅行之谋。柏林学术界公推之为吐蕃考察队队长。准备已定,而欧战忽起,塔氏应征赴战。由一九一四年至一九一八年转战东西战线及波斯境,不下十余次,功绩甚伟,但绝不言功,其战绩非其亲友弗能道也。氏善骑射,经许多战仅一次受戈伤而归。欧战后,氏郁郁不得志,乃就荷兰政府之聘,任医务于荷属印度,订约五年。后其夫人卒,乃归德国。得胃癌症,割疗后,复事远行,入荷属印度。一九三四年,至上海,后即同博尔士满来西安。复至北平温习中文,将做西南之游,以探求未悉之奥。乃忽膺疾病,不得已乃返德国。一九三五年五月十三日,离中土西行。归国未久,即卒于春节星期五日,哀哉。

嗟乎！塔菲尔未竟之业,在德国自有人续之,而吾国方盛倡开发西北,乃如塔菲尔之人者竟难一遇,致吾本国地理借阅外国地图始可明了,亦可耻也。

哭伏谨仲

数月之前闻伏君癫,就医于沪。旬前闻伏君瘥,返京销假。三日前闻伏君投江死。时余方丧余伯父,悲痛重叠,胸炽弗能容。今且为文以痛哭之。谨仲伏生之裔,生于高邮。生而颖悟,善书画,尤工篆刻。又善奕,能歌,声裂金石。然此皆不足以为谨仲饰也。其才优于治事,其德足以感人,凡遇盘根错节之难务,委之莫不能迎刃而解。凡与交游者,或仅一面,或经数十年之久,莫不如坐清风之中,只感觉其愉行,而不知其所以至也。与余共事于河海工大者十年、导淮委员会八年、黄河水利委员会二年,出纳款项不下数百万之巨,而清白如洗,毫厘无失。其忠于职、笃于友,与吾友罗勿四同为余所珍。今勿四大病健康未复,而谨仲又如是终,余将何以为生? 谨仲一至情之人也。其先悦一女,娶之为妇。尔时之谨仲忼歌慷慨,文韵风流,不可一世。结婚数年,妇患疫卒。伤痛自毁,不半年鬓发尽白。自尔以后绝奕、辍歌,书画镌刻亦不多为。近为余勉刻"如蚁负山"石章,奇古华润,兼而有之。余视为至珍。谨仲以母命再娶,而十余年间始终不忾,其家事非余所能详,但知其用情之笃而已。以余素知其为人,故初闻其癫不之骇,继闻其愈不之慰,卒闻其投江,则亦似早知其必出于此而弗可免焉者。嗟乎,古圣设教,释迦示人以求解脱,耶稣示人以求救赎,盖此生在释氏观之如网缚,在耶氏观之重负。赴清流以俱往,随三闾而同逝,亦解脱自救之一法欤! 余故哭谨仲,而又不忍以轻生责之也。

附挽联:一水葬清白大澈(?彻)大悟,十年笃友爱见智见仁。

唁 戈 涵 楼

涵楼随余学河海工程时,余见其举止端方,神穆而寡言,好学而深思,与同学无弗相得者,知其将来必为大器。及其后置身建设,屡著勋猷,窃祝其功业前途之远大也。曷竟乎闻噩耗,先我而逝？天乎悲夫！此恨何枉。

附录六 铭 序

宋希尚说淮序

（一九二九年）

淮自为黄所袭，六百五十八年，而淮大病。黄北徙，淮失其道，复七十七年，而淮仍无所归，于是犯运侵江，浸淫于淮扬之间，向日鱼米之乡，沦为泽国。人民困苦流离，不知凡几。斯诚可为大悲者矣。导淮之事，自清季迄今，先后诸贤，发言倡导，继以测绘研究，亦已垂三十年，而淮之病害地方如故。以言实功，曾未施一畚一锸，斯又可为大惋惜者也。今者国府新造，注重民生。民生之图，淮功第一。亦且特设委员会以事治理，则于导淮之策，自必旁征博采（引），以求详尽。宋子达庵，毕业河海工程专门学校，而后游于美欧者有年，主工于南通淞埠者有年，留心水政，注意淮功，积其年日所得，辑为《说淮》，于淮之性状治导方略，毕举靡遗。导淮起始，其必有所取规于是书矣。于其椠也，为志数语。民国十八年（一九二九年）蒲城李仪祉序。

陕西省建设厅同事录序文

(一九三一年)

客有问余曰:"《同事录》何为而作乎？得无异封建时代之《同官录》、科举时代之《同年录》乎？"余曰:"否。坐吾语汝。"夫"事"者,是也。凡做一事,微论繁简巨细,须有意义以贯注其中,然后殚精竭虑,广义集思,合全力以趋之,以底于是而后已。古今豪杰建功立业,德被一时而泽及百世者,无不借群策群力,团结一气,勇往直前。盖和衷共济,众擎易举,固非一手一足之烈也！鄙人学识谫陋,朴纳无才,乃蒙当道贤达、邦人君子,谬采虚声,浤扬荐引,承乏吾陕建设厅长。束蒿代栋,覆𫗧堪忧。又值满目疮痍,大劫甫转,生息休养之不暇,遑言建设？然职责所在,弗敢苟安。况训政时期,百端待举。当此地方凋敝之复,民穷财尽之时,而拟开发利源,振兴实业,苟无坚苦耐劳之士,贞固沉毅之才,不避嫌怨,不计毁誉,不急近功者,出而协力同心,焉足以胜此巨任！此鄙人日夜孜孜所借助于同事而窃以自勉者也。尤有进者,属在同舟,不少英俊,他日飞黄腾达,分道扬镳,大而造国家幸福,小而谋西北乐利,为吾陕建设界放一异彩,不惟同人之幸,抑亦邦家之光。此又鄙人所企望于同事,而馨香以祝者也。岂徒为联感情、便问讯,袭同官、同年名录故套哉？汝亦当涣然冰释矣。客闻之,肃然立,惭然退。余亦为之一粲。爰泚笔书之,聊作卷头语。识者谅焉。

陕西建设厅统计特刊序

(一九三二年三月)

为政不在多言,顾力行何如耳。行之之后,踪其实迹,日计不足,月计有余,岁终则更统括计之,以与已往他岁相为比较,斯为统计。统计所列力行之得失,于以鉴其毫发焉。予不敏,承乏本省建厅,且周岁矣。值戎马仓皇之后,颠沛流离之余,闾舍成墟,疮痍满目,噢咻无能,遑言建设?然亦不敢不自勉焉,以求不悖力行之旨。王子致和长于统计之学,则嘱其不尚文饰,不稍假借,循名覆实,而成斯编,以为予之自鉴也可,以为他人之借镜也可,以为后来者之考证也无不可。将付印书以为识。时为民国二十一岁(一九三二年)二月十二日,李协。

陕西建设概况第一辑序

(一九三二年三月)

训政时期,首重建设。陕省僻处西北,人事未尽,地蕴未宣,尤应于建设工作,急起直追,特别注重。年来政府虽有开发西北,裕厚民生之宏愿,而天灾人祸,救死未遑,却勉强于建设工作,尤觉障碍横生,诸多掣肘。协于十九年冬,谬膺简命,主陕建设,情关梓桑,夙夜敬恭,而袜线之才,终鲜寸进。任职以来,所可用以塞责者,不过区区引泾水利工程之一事耳。其他各项建设,计划虽多,实施殊不容易。盖库帑既匮,时□□屋悬□之嗟,民力已痡,共感气竭声嘶之痛。上疲下困,同病相怜之不暇,人力财力,有何可以凭借者乎。近因国内名流,国(海)外侨胞,关心三辅民生,时有邮筒之间,自顾成绩,愧准□献。兹为答复各界垂询,□略布陕省建设实业□□,谨搜集各项计划,继以工作情形,编为陕西建设概况一集,备赠各方。因知雷门布鼓,莫藏鸠拙,而以此布之国人,或亦可得他山政〈错〉(？措)之一助手。中华民国二十一年(一九三二年)三月,蒲城李协序。

陕西水利月刊序言

（一九三二年十二月二十日）

陕西为吾国文化策源地,亦为西北蕴藏未发之宝库,国人悉能知之。自东北沦陷,国难日亟,开发西北,刻不容缓。但建设重要之问题,莫过于增加生产及发展交通。而生产不足,交通困塞,症结何在,则水利问题尚已。

雍梁古称天府,原为农产最富地方,但以人事废弛,遂使货弃于地,一变而成荒凉偏塞区域。近年灾祲迭现,饿殍塞途,民力竭疲,空前未有,欲求救济农村方法,舍举办水利灌溉之事业,别无他术。尝考吾国兴办水利,在陕西为最早,而收效亦最大。郑国筑渠,秦以富强,白公引泾,汉治兴盛。史迁书谓关中之地于天下三分之一,而量其富什居其六。而今之陕西何如也？岂时变代迁,肥瘠顿易,抑有水而不能旧耶？以言交通则汉唐漕运,东有郑当时渠,西有成国渠,辅渭而行,达于河汴。今则古道久淹,舟楫几废,天然利便,任其荒废,容非至可惜哉。

现在泾惠渠初期工程完成,从前原隰旱干之地,可灌溉者已数千顷。若能更完成其全部工程,则渭北平原,尽化灌溉区域,秦汉旧观,不惟恢复。至于黄渭汉洛,皆急待整治。或以开通航道,或以垦辟农田,兼及水电。如果次第兴办束驭有法,则于便利交通开发生产,更有莫大之助。又岂仅衣食万家,灌溉田地而已耶！

本局初告成立,工作初始,本其志愿,奋力前驱。于新事业则求研考之有素,计划之精确;于旧事业则求管理之得宜,革新之有术。划一法制,修明水政,兼以磨炼人才,工余则学,学理有所新得,事业有所新展,法令有所新颁,考察有所新获,皆笔而载之,以求正于时彦,以昭示于来人,是则本刊之旨也！民国二十一年(一九三二年)十二月二十日。李协识。

郑权伯河工学序

(一九三三年四月十七日)

民国二十二年(一九三三年)，余大病初回，身衰志弱，尚休养医院中，医者稍弛阅书禁，忽得余友郑权伯书，并以其最近所著《河工学》稿见示，且索序焉。余阅其书，神为之旺，志为之兴。此余十余年所欲为者，以人事纷纭，旧稿拉杂，始终未能整理，而权伯为之，实获我心。权伯留学德国，亲炙于水工著名专家恩格尔斯教授，其学所获良多。回国后与余先后同事教授于河海工科大学。曩时即已著有略稿。数年来任事于上海市工务局，而以暇晷研究河海工学不辍，今乃成此巨编。其大体本之恩格尔斯原著《水工学》，而参以本国水文研究，河工经验，甚详且富。恩格尔斯为创造水工模型试验场之人，权伯学于其门下，于水工试验之法，已尝习矣。故书尾附有《河工模型试验述要》一篇，于试验场之构造设备及应用，尤为详尽。按治河之法，吾国旧书虽汗牛充栋，而欧美科学新法，尚少传至中国，忆坊间虽有一二新书，然亦均感简略。今权伯所著，按恩格尔斯教授体例，而实以中外最新材料，犹巍然华屋之中，罗列中外珍品，诚足贵也。余病后虚弱，虽未详加披览，而窥其具体，实足以为吾国河工师资。凡有事河工者及学校教课，皆宜手此一编。四月十七日，序于西安陕西省立医院。

陕西引洛工程计划书序

（一九三三年九月二十一日）

关中沃野千里，极利于农；厥土黄壤，所虞惟旱。渭北平畴，既得泾惠之利，乃更图引洛。余，洛畔小儿也。每登高临深，辄叹逝者如斯，无以利用，鉴于汉时龙首渠之功败垂说成（请阅《汉书·沟洫志》），亦未敢空言提倡。惟郑白有先贤成绩，较易取信于人。数十年以来，专言引泾。幸赖国家之力，社会之助，得庆成功。迄今支渠未遍，而沐膏泽者已五十万亩。水利既兴，于是农业专家、实业志士，相继而来，辅助农民，以展宏业，曷胜欣幸！数年以前，有大荔士民，献策开渠，时方注重泾工，未暇东顾。去年泾渠已经放水，余乃辞去建厅，专事水利。水利局始设，即派傅健、陈靖二技士，沿洛河而上，穷探幽谷，以及白水南河。时余已病矣。傅、陈嗣归，报余概要，乃于枕上指示方略，按图铅线，使再往测于大小㳽之间，做引水之址。沿河循壑，以穿铁〈链〉（镰）山而达大荔、朝邑之平原。昔汉之穿龙首渠也，循洛之右岸，土原既高，乃穿隧。又节节为井，以达龙阳。其败也，亦以土隧无镶，水流其间，尽致塌陷。兹余之计，与古人殊，取道左岸，原势既较低平，且多壑道，易省土功。傅、陈再往，由㳽间测水准至汉村，以抵平原，旋以略图归。于是确知其可为也，乃告于主席杨公曰："泾惠由公手而成，亦复有意再成洛惠乎？"杨公大悦，促余力进，而余于是又大病矣。自知背痈凶险，乃调泾惠渠副总工程师孙绍宗，荐于杨公，使任总工程师，负其全责，余乃移入医院，嗣后淹留病榻，杨公偕其孙君及其他专门人才，亲往勘度，旋成立洛惠渠工程局于大荔测绘设计，七阅月而计划告成，杨公及孙君，时临病榻，告进行状况以相慰藉。余病稍愈，休养于西安孔庙，稍能阅读图书，孙君乃以图进。时新任主席邵公力子临视，共与批阅，见其设计之密，图算之精，大为欣赏，谓必继杨公之志，力促实施。计此渠由老㳽筑堰、引水穿渠，长二十公里余，而达平原，乃设分水闸。渠分为三：一为东干渠，东行至黄河滩，长二十八公里余；一为西干渠，西行入洛，长十二公里余；一为中干渠，南行至长家坡，六公里，自此又复分为东、西二渠，长共三十二公里。由斯干渠，分为脉络，以润田畴，可五十万亩。估计工费，只需国币一百二十一万五千元。余初计尚欲跨洛筑桥,引西干渠水,溉蒲城南境,惟水量之分配,是否允许?尚待洛河水文站,继续观测之见告也。泾渭流经之地,同为产棉之区,大、朝尤盛,棉质之佳,与美棉媲美。将来泾惠加以扩充,洛惠得早完成,可得良美棉田超百万亩,每亩收皮花一担,即每年可产百万担可纺细纱之棉,其补助于全国经济,岂浅鲜也哉!兹于该计划书付印之前,为之叙。民国二十二年(一九三三年)九月二十一日,李协叙于南京励志社。

河上语图解序

(一九三四年七月)

　　泰西人讥吾华族文化落后,独于吾国水工未敢轻视。以言水理测验,工事求新,吾先民诚不若法德英美之日有进境,而茨防塞决之经验则颇宏富。曩曾以德文著《中国水利史》,印行后颇得彼邦人士之重视。一九二七年,密西西比大水,决口无数。美国水工专家群起拟议新法,以弥水患,而得所谓 Fuse Plug 之法焉。其法于堤身置一段特低薄、两端裹头、大水逾河槽容量,则使由此处漫决,以免危及他处。此固吾国运河之减水草坝,行之千余年者,而彼邦人士以为新。噫!工事宁有新旧中西之别哉?要在用得其法、功著其盈而已。吾国河工旧籍,曩曾辑一目录,不下百余种,然大抵缺乏系统,患在辗转抄袭。尤于河工名谓分歧无定。今内政部有审订水工名词之举,予乃得荆门蒋则先之《河上语》,拟以献于当局。其文佳,具注评,而苦无图,则阅者仍不能尽瞭然,因嘱陈君汝珍、刘君秉璜校其文、复其义而附以图,更名为《河上语图解》。蒋君于清光绪中,游宦山东,精勤能治事。光绪二十二年(一八九六年),利津赵家菜园及西韩家决口,蒋君奉命堵塞掌坝,故河事固久谙矣。故能言之成章。其后升任滨州知府,又曾掌教海澜大学(即青岛大学),卒于民国初年。兹将其书重付梓,纪其大略。民国二十三年(一九三四年)七月,李仪祉序于汴垣黄河水利委员会。

会稽大禹庙碑

(一九三四年)

禹何人？斯崇之者以为神，否其为神者则并否有其人。研经者之不以科学之道，而好奇之士喜为诙诡之说以求立异，均非可以为训也。夫禹之德行，孔氏、墨氏言之至矣。禹之功业，孟轲、史迁述之详矣。后起之人，虽欲赞一词而不得。至禹崩何所，禹穴何在，论者纷然，窃皆以为无关宏旨。盖九州之中，禹之迹无弗在也，禹之庙亦无弗有也。而论山川之灵秀，殿宇之宏壮，则当以会稽为最。且禹大会诸侯于斯，其一生事功至是可谓大成，则即以斯地为禹穴所在，又何不可？同人等来瞻庙貌，缅想前勋，空怀饥渴，鲜神拯救，思天下大业非一二人所可为力，必众擎乃易举。而此所谓众者，必有一致之目的，一贯之精神，群策群力，申于一涂，乃可有济。惟目的趋于一致尚易，而精神统于一贯实难。必有一极高尚之人格，其德业可以为全国万世之所共同崇仰而不渝者以为师表，始可以合千万人而一之。吾华民族每一行业，必有其所祀之神，旨在乎斯。刾天下大业容有逾于平成者乎！亘古人格容有过于大禹者乎。方今水政废弛，旱潦频仍，民困财竭，国将不国，拯民救国，厥惟继禹而兴者有其人。禹功非一二人所可即，则在吾众，众俱以禹为宗，则千万人者一人也，四千年者旦暮也。朝夕而尸祝，为奉其旨、师其意、本其精神以治事，为旱潦容有不息者乎。同人其勉旃！

中华民国二十三年(一九三四年)，时当苏、浙大旱，黄河大水。

中国水利工程学会会长李协率同人敬泐。

渭惠渠计划书序

(一九三四年)

昔人之穿渠引渭者亦有之矣。如郑当时渠,如辅国渠,皆所以避河床之迂浅为漕挽之截径。至以渭水溉田则除滩地外,虽传记有所述,未敢尽信也。民国十二年(一九二三年),余方擘画引泾,华阴有吕益齐者,即屡以引渭之说进。时方混乱,人力物力俱极憔悴。一旦不胜,矧敢骛多,故置以为缓图。蹉跎八年,泾惠渠乃始实现。迨其有成,乃谋引洛。洛工经始之后,于是移其测队之力以测渭。嗣西安议设陪都,中央亦鉴于渭域关系之巨,特拨巨款,以为导渭之用。旋黄河水利委员会成立。秉中央政府之意,设立导渭工程处。于是中央、地方,合力为之。有德人巴尔格者,鉴于宝鸡太寅峡内之可筑水库,拟有蓄水发电扬水以溉高原之议,估工费八千余万元,实为我目前国力所不逮。且其计算亦未精也。余命傅健等实测太寅及石门等处山峡地形,知于其处拦洪以减下游河患则可,为灌溉谋,则工过巨,未可遂谋也。于是又本益齐意,命于郿县附近觅堰址,得余家堡地,以为可。又命孙绍宗、许心武等往勘之,亦佥以为可。时余病方兴,亦勉强一行,详为视察,果可图。于是计定。即命是渠为渭惠,以导渭工程处总工程师孙绍宗主其测绘设计事。时泾惠支渠工未竣,洛惠方开工,孙任泾洛工程局长,又益以渭惠之事,东西奔驰,往返千里。幸各方任事者,皆久经历练之才,同心合力以辅之,故得措置裕如。民国二十三年(一九三四年)终,渭惠渠设计告成。先是泾惠渠之成功,得于右任院长、杨虎城主席之力最多。洛惠渠之肇始也,杨公始于前,邵力子主席继其后,主持甚力。宋子文先生莅陕,赞其计划之伟,悦然以全国经济委员会之力任其工事,故有今日。洛惠殆将观厥成,其于渭惠亦然。宋子文先生曾面命仪祉谓:巴尔格计划过当非可行,若郿县引渭工款不出二百万元,必力为之助。邵公以省政府之力,倡导于上,而杨公则更力促其成。泾惠渠成效大著以后,国内各银行,群集其力以惠农民,更欲推而广之。于是对于灌溉事业,大加注意。邹秉文先生至陕与邵、杨二公一言而渭惠借款以定。国人勷助水利事业之诚心,于兹可见。此任水利工作之同人,所宜引以为至幸,而深以自勉者也。渭惠渠行将于民国二十四年(一九三五年)之春开工矣。以省政府之力,全国经济委员会之助,银行之踊跃投资,其成功可立而待。洛、渭继泾而成,则八惠之中,有其三,而灌溉面积有其半矣。五惠继之而起,必非难事。吾故于其计划书之付梓也,祝其将来,而不敢忘益齐之先驱,宋、邵、杨三公之提倡,至孙总工程师暨各同人之力,尤所嘉勖者也。兹计划书始于地理及水文之详述,继于设堰引水及布渠分溉之设计,终于各项建筑物之计算及绘图。列图凡二十幅。大体已具,精审可嘉,可以望施而行之矣。至工程中应有之细目,则可于工程进行中,按时与地为之,非此书所可尽赅也。

河工名谓叙

(一九三五年一月)

　　河工习用之名谓,繁复庞杂,各地互异,非亲历河上若干年不能完全了解也。此不惟在吾国为然,其他各国亦莫不如是。如北德称丁坝为 Buhnen,至南德则不解所谓。北德称驳岸为 Kai,至南德则称为 Kajung。第在吾国为更甚耳。堤之一物,有名埝者、埭者、埂者、圩者、垸者,诸如此类,不胜枚举。黄河横贯中夏,历程绵邈,宁朔之语不能通于千乘,固无足异,而豫、冀、鲁三省同为河防区域,称谓亦复不一致。本会欲图统一河防,宜先研究各地习用名谓,俾归划一。关于此项著述,前有麟庆之《河工器具图说》,蒋楷之《河上语》,俱称善本。惟麟氏之书限于器具;蒋氏之书偏于鲁省;且遗漏甚多。余因嘱河防组汇集三省习用名称加以注释,颜之曰《河工名谓》。庶有志河工者一览而知其所指,得以进而研究其余耳。民国二十四年(一九三五年)一月,李仪祉叙于开封黄河水利委员会。

洛惠渠工程锡名记

(一九三五年一月)

洛惠继泾惠而生,故名因之。余谓泾、洛二渠,姊妹行也。泾工既竣,洛工接踵而来。起自徵(今澄城),穿商颜(今大荔铁镰山),漩重泉以东(今大荔朝邑平原)六千顷。坝、桥、隧洞俱已兴建,将□于□。□□□□工之大焉者,各锡以名。坝者,引水之所自始也,名之曰"龙首"。□前□贤□□,东汉依严熊言:"穿渠引洛得龙骨,因名曰'龙首渠'。"作之□□□□,其□□之艰且巨可知也。桥甚众,其大焉者二:一曰"水经桥",跨于□□沟上;一曰"既济桥",跨于曲里沟上。二桥关系最要,水经之□□□□。洛惠为全国经济委员会出资兴造,故二桥以"经""济"名,意永久也。渠道所经凡四县,曰:澄城、蒲城、大荔、朝邑。因以地名命其四涵洞。第一曰"澄源洞",第二曰"溥利洞",第三曰"大有洞",第四曰"朝川洞"。夫惟水治其源,则可以溥利农田矣。农田溥利,则可以大获丰年矣。丰年大有,则余水可以朝川归海矣。洛惠之功用,于□灌溉之地见之。第五洞,亦为最终之洞、最长之洞,长三公里余,锡其曰"平之洞",非仅谓其能平水也,实以纪念张君平之。噫!言之□□□前岁洛工方谋始,余以平之主持测量事,行车自大荔返工后,堕于深壑,殒焉。悲哉!悲哉!洛工告成之后,食其惠者数县,□可志平之,践以其名名是洞。

黄河堵口工程实录序

(一九三五年二月二十日)

民国二十二年(一九三三年)夏秋之间,泾渭暴涨,黄河大溢,陕州水文站实测□流超越已往最巨洪量倍余。八月,温县、兰封、考城、东明、长垣等县溃决至五十余处。其时开封震危,徐沛告急。大河南北,运堤金堤之内,俱泛滥无遗,人民生命财产漂泊荡毁,损失最巨。详见黄河水利委员会之黄灾统计表。国民政府迅谋救济,设立黄河水灾救济委员会,于赈灾救生而外,兼事工赈,司防堵。派予为总工程师。予适病未能与,推宋达庵以自代。豫、冀之间分三区,各设一工程处。于是分段堵筑,以工地情形之相殊,工各异规,而决口最巨、工程最艰者,实惟石头庄一处。盖自其他各处断流之后,斯口实夺全河。向来堵口墨守成法,而此次则以透水柳捆枝包石做坝,坝之所至,淤则随之,其势甚顺。盖黄河含淤之富,实有利于此坝工作者也。时任其工者达庵总其成而外,为河北省河务局局长孙庆泽及工程师齐子仁。三人合谋金同,施用新法而不疑不阻,得以于成。使后此之人,知进占合龙而外,尚有其他塞堵之法焉,不可谓非河工之一大进矣也。达庵功成身退,尤见勇决。于是汇集其经过事实,成兹实录,以资参考。余未能与其劳而乐为之序。民国二十四年(一九三五年)二月二十日,李仪祉。

泾渠志稿序

（一九三五年十二月）

高子锡三，儒而善稼者，敦朴笃实，而饶智虑。常引清峪之水，激水轮以事纺织，一切机构，皆出自心裁，巧慧不亚专于此技术者，而高子固未尝学也，惟能善用其心思耳。民国十二年（一九二三年），余以龙洞渠泉多湮塞，堤多罅漏，缮治之，召高子为之助。高子以泾河水利，自郑国以来，二千余年，变更甚多，而无有系统之记载，且史志所记，又多失实，乃遍历谷口上下，不下百余次，研覆者痕水迹，参以史志，证明古人开凿之迹，历历如指诸掌。今者泾惠渠成，一切俱已。观以往陈迹，似无关宏旨，然古人之迹，可作今人之鉴，胡可泯也！余钦高子之善于用心，而耻古征之不彰也，因以付梓，以无负高子之志。民国二十四年（一九三五年）十二月，李仪祉序于长安。

泾惠渠锡名记

（一九三五年）

泾惠渠将成，请于省政府锡以嘉名。省府重其事，取决于政务会议，定名曰"泾惠"，嘱予为之记。予按郑国凿渠史称："化斥卤为膏沃，关中自此无凶年。"白公凿渠，民歌之曰："举锸为云，抉渠为雨，泾水一石，其泥数斗，且溉且粪，长我禾黍。泾之为惠，概可知已。"孔子曰："因民之所利而利之，是故惠而不费。"渭北之民，以泾为利者二千余年,不幸失去者二百余年。今幸以省政府及华洋义赈会之合谋共举,得复其利,且扩而充之,用款百余万元。费诚费矣,然此后农产丰,居民庶,旱荒免,盗贼熄,政府无烦再蠲田赋,慈善团体不须继縻赈金,食足兵去,既富六方,谷其益,何可胜言,又岂特不费而已哉。既曰不费矣,然则功孰与归,曰归于泾,故名曰泾惠。

甘宁青历代大事纪序

(一九三六年五月)

　　吾国文化,发源于西北。而历代边疆多事,尤以西北为最。盖以其民族复杂,而舍寒瘠以趋暖沃,又皆人之同情也。吾国文化,虽由西北移而东南,然西北究为其根本所在。得之则安,失之则危,历代史实,昭然告我。在昔鞑靼、契丹、〈畏吾儿〉(维吾尔)等族,利害冲突,各不相容,故西北战祸,史不绝书。今则各民族已融洽而为一家,正可以繁荣树滋,以培厚吾国国力。本固邦宁,古之善教,矧东北失陷,太阿倒持,若不急图挽救国本,非但失地难复,恐中原亦从此多事。昔之所谓中原人物,每多隔膜于西北各民族之内情,不免处理乖方,贻害国家。逊清怀远有方,然未能从根本做起。余以为西北政治,舍浑融各民族,而提高其文化,丰裕其生计,使皆知中国统一之局,实为各民族之福。西北人民与内地协助之必要,诚心合一,以御外侮,莫由也!汉唐之际,西北人才辈出。尔时西北文化,固已播布甚广,其遗迹如交通,如农垦,如水利,如寺院建筑,彰彰犹可考也。今欲继古人之坠绪,使吾国文化基深,树于黄河上源以及天山以北,则须明已往之历史,识现今之真情。明已往以为昭鉴,识现今以定轨途。举凡其山川道路、民俗物产、社会经济、政治良窳,俱不可不知。惜吾国关于西北之记载,颇乏善本。片段之记载,又鲜有能归纳于一统系,集腋成裘者。慕少棠先生,甘之宿儒也。民国二十三年(一九三四年),余游皋兰,得见先生,道貌盎然,粹然学者。皋兰优秀之士,多出先生门下,无弗称道先生之学业精邃者。向慕之久矣。今春先生之门人、甘肃省立气象测候所朱允明,以先生近著《甘宁青历代大事纪》见示,读之适惬素愿,喜不自禁。是书分正、附二编,合四十卷。于史实考核之精,山水调查之详,盖先乎此者,未之有也。不揣谫陋,谨为之序,而实不足以尽此书之美于万一也。民国二十五年(一九三六年)五月,李协识于长安。

泾惠渠碑跋

(一九三七年三月)

甚矣!成事之难也。引泾之事自希仁、笠僧倡始,继之者迭有人,然十余年未能实施。至丁民十七暨十九数年,大旱饥馑,流亡载道,而莫之救。迨虎城主席,乃毅然为之。时余任导淮要职,亦决然舍弃,归而相助,诚以救民水火之举,不容漠视之也。既蒙多方之义举,亦望庶民之子来经营之。始由泾、原、高、礼、临五县,组织引泾水利协进会,冀人民有财者输财,无财者输力。乃进行五阅月,协进会一无所展,旋以省令撤。时大饥之余,全陕各县之困苦,有十倍于五县者,各县人民含痛茹辛,省府同仁刻苦奋励,以竭蹶所得之资,不惜费之于引泾一事。第一期工费合计为款一百二十万四千余元,其后又继之四十二万一千余元,总计全工共糜款一百六十二万五千余元。[无]一不出于受惠诸县。工程进行之中,每以小故而生阻碍;功成之后,食其利者,又每以水费输纳为争持。此岂重念公益者所应有哉!且水利负担,无论政府管理与人民自管,皆莫能省免。套、宁之黄河渠,每亩负担五至七角;甘肃之水轮灌溉开办,每亩摊至三十元,修理费每年每亩亦三四角。今泾惠渠水费,多者每年每亩五角,少至一角,其有特殊情事,尚可请核减免。政府体念民生,不可谓不至,而仍有未谅解者。庸讵知全省应兴之水利尚有许多,为人民谋安阜,国家谋富庶,皆不能不以次举办,使政府年年耗巨款而无所补益,其将何以为继哉?读杨公虎城之文,不禁感慨系之。

蒲城李协跋。

兴平赵玉玺书。

中华民国二十六年(一九三七年)三月下浣(旬)。

题贺邦墉硕士论文初稿

灌溉工程最重要一事,厥为渠身横断面之设计。设计不当,则已成之渠,或淤而浅,或冲而宽。年来□□埃,印诸灌溉区域对此之研究,甚有具。

□□□□之设计所此须知者,为□□之土质与水中所挈渠沙,二者之□□□,□□□□研究水利,当能注重于此问题,可谓知吾陕水功之需要矣。

论文为该生在伦敦皇家理工大学之模型试验报告。其试验以司脱克(Sloket)算式为基,奥恭(Osscn)、阿伦(Allen)、普兰德尔(Prandtl)之试验为辅,而以实地试验证明司脱克算式之有缺。复次对于拉瑟(G.Lacay)之渠宽算式,普兰德尔之明渠流速算式,加以实地试验以探讨其得失。试验结果知:①司脱克颗粒界速之算式,只可用于粒径在零点零一五以下。②阐明粒径及沙与水之密度在任何气温下与界速之关系。③证明普兰德尔算式求沙粒大小与界速之关系较之试验所得略有出入。尤有趣味者为:④证明流水输沙等情况。⑤证明拉瑟算式之不能通用。⑥证明沙粒界速大于$\sqrt{g \cdot R \cdot s}$时,流水输沙之力顿失。⑦证明普兰德尔明渠中流速算式可用。

细查其试验设备及所用方法与各项记录,皆极有理,此诚一完备之作。希望其能获硕士之学位,以为吾陕留学界光也。

附录七 遗嘱年表

李仪祉先生遗嘱

余深感水利事业在中国之重要,幼年即以攻求水利学识自矢。民四由德返国,迄今已逾二十三年。在此期内,虽已竭尽余之所能,贡献国家,但距余素日所期望者尚远。兹病逾二周,自度天不假年,切望后起同人,对于江河治导,本余之素志,继续致力,以科学方法,逐步探讨。其他防灾航运及水电等,尤应多事研究,次第实施。本省已成之灌溉事业,须妥为管理,其未竟及尚未着手之水利工程,应竭尽人力财力,以求于短期内逐渐完成。国事至此,亟望国人信仰三民主义,服从最高领袖,以国家民族利益为前提,共赴国难,求最后之胜利。余在病中,深感基督救世精神之伟大,已受洗入教,身后丧葬,须本基督教仪。

此嘱　李协

记录:(签字)李赋林
证明:(签字)李蓁仪 李文祉 孙绍宗 刘钟瑞 刘景山

民国二十七年(一九三八年)三月五日

李仪祉先生年表

一八八二年二月二十日
李协（字宜之、仪祉）生于陕西省蒲城县马湖乡富原村。

一八八八年　六岁
始识字。

一八八九年　七岁
随伯父读书；从塾师习司空图《诗品》。

一八九〇年　八岁
师从刘时轩习《毛诗》等。

一八九一年　九岁
随刘塾师读四书五经。夏旱，与兄及友行祈雨礼。

一八九二年　十岁
能通篇背诵四书五经；学诗作论，首篇习作《颖考叔论》，颇得刘师赏识。

一八九三年　十一岁
随父习"八股"。

一八九四年　十二岁
随父继学"八股"作"八韵"。

一八九五年　十三岁
随父习《西学大成》等。

一八九六年　十四岁
夏，与新村张孟淑订婚。秋，赴同州府应县试，因题妄（荒）诞落榜。

一八九七年　十五岁
随伯父学代数、八线、勾股并《四元细草》。

一八九八年　十六岁
同州院考，与兄约祉分获第一名、第七名。督学叶伯皋将二人提为崇实书院上舍生,并加"少年识算,气度大雅"评语,致"李氏兄弟算学之名,大震关中"。生母马氏去世。与张孟淑成婚。

一八九九年 十七岁
春,与兄入泾阳崇实书院就读。秋,永平韦氏嫁父为继母。

一九○○年 十八岁
仿严几道《天演论》,撰《权论》及《神道设教辟》。

一九○一年 十九岁
学使嘉兴沈淇泉选李氏兄弟入三原宏道高等学堂。作《女子不缠足歌》《新闺怨》。

一九○二年 二十岁
祖母逝世。

一九○三年 二十一岁
翻译冈田雄治著《日本国史》。夫人张孟淑生女,难产致女殇。

一九○四年 二十二岁
春,同茹欲立任商州中学堂教员。秋,与兄考入京师大学堂,进德文预科班。

一九○五年 二十三岁
为反"中美条约",上书清廷侍御使王仙洲:"天下事以千万人之力成之而不足,以一人败之而有余。历观历史,从古如斯,但不意此等事乃见于先生。先生不为全国人民计,独不为一身名誉计乎……"经井勿幕介绍,与兄约祉加入同盟会。祖父逝世。

一九○六年 二十四岁
京师大学堂分新、旧两派展开论战。撰文犀利抨击旧制弊端。

一九○七年 二十五岁
教师带领学生实习,赴汉口参观工厂、学校、矿山。

一九○八年 二十六岁
京师大学堂毕业。创办泾阳水惠小学。

一九○九年 二十七岁
由西潼铁路筹备处派赴德国学习,进入柏林工业高等学院习土木水利。

一九一○年 二十八岁
翻译《科学与道德》(*Wissenschaft und Sitilidreif*)及《佛学问答》,作《涅槃解》《新闺怨》诗,发表于德国刊物《佛教世界》(*die Buddhistischewelt*)。

一九一一年 二十九岁
春,参观莱比锡建筑工程博览会。夏,实习于 Fronkfort G.M 铁路局设计一铁路工程。秋,闻国内大革命爆发,携枪弹回国参加革命。翻译《孩童体育》,发表于《暾社学谭》。

一九一二年　三十岁

婉拒于右任欲委津浦铁路局长,应聘"三秦公学"任教务长。回陕途中遇盗寇,作《硖石遇盗记》。

一九一三年　三十一岁

与郭希仁旅欧,考察俄、德、法、比、荷、瑞诸国渠闸堰堤;再赴德国,入但泽大学,专攻水利工程。

一九一四年　三十二岁

教师带领,行期一月夏修学之旅,著《甲寅修学旅行记》。

一九一五年　三十三岁

归国。被张謇聘为河海工程专门学校教授兼"校职",参与创建学校。"创校初期,一切课程编制,多出李仪祉教授之手……"(《河海大学校史》)。接夫人并三个侄子赴南京生活、学习。

一九一六年　三十四岁

建立教学陈列室。著《水功学》,译《诺模术》(时尚未出版,仅作教材为授课而用)。

一九一七年　三十五岁

春,带领学生参观湖北工厂、学校。夏,华北大水灾,率"正科"二十九名学生,分派到南北运河、大清河、子牙河和永定河参与施工技术与抗洪抢险。因捐助京直水灾急赈捐款二十元,其名首次荣登上海《申报》。长子赋宁出生。

一九一八年　三十六岁

沿运河北上,赴山东、河北实地考察黄河、白河、永定河、子牙河、南运河及上游,撰万言《戊午夏直隶旅行报告书》。带领学生去岁参加大水灾"督办京畿水灾河工善后事宜"工程,师、生均被授予二等河工奖章。冬,被淮扬道尹卢殿虎邀请为工程主任,测量、设计瓜扬公路;兼任南京高等师范教授授业。完成《潮汐论》《水工试验》《实用水力学》《土积计算截法》等文(此后几年所撰著作、文章、译文等,均由《河海月刊》《科学》刊载或转载)。

一九一九年　三十七岁

荣获七等嘉禾章;仍兼南京高等师范课。《科学》杂志刊登《直隶河工之讨论》,上海《申报》刊登出版消息。完成《森林与水功之关系》等篇。

一九二〇年　三十八岁

荣获六等嘉禾章;仍兼南京高等师范课。出席中国科学社南京社员(23人)全体会议。借债遣送大侄赋京赴德留学学医。次子赋洋出生。完成《电力探水器》《土压力》《固体物质在水中的行动——测量流水》《黄运交会之问题》等作。

一九二一年　三十九岁

代理校务;被中国科学社举为董事;被任命为陕西省水利分局局长,陕督催其回陕任职;被南京市工程局聘为建筑鼓楼公园工程工程师。参加科学名词审查会第七次会议,为陕灾募捐筹款。完成《北五省旱灾之主因及其根本救治之法》《五十年来中国之水利》《修楗计划之讨论》《德国水官制》等著。

一九二二年　四十岁

辞校务会议主席职;赴南通拜访张謇,面拒被委河海工程专门学校校长职;建校七周纪念庆典大会,以主席主持并演讲;参加欧美同学会。再次借债遣送二侄赋都赴德学习水利。荣获五等嘉禾章。八月中旬离南京回陕任水利分局局长、渭北水利工程处总工程师,组织测量队,设计钓儿嘴(泾惠渠)引泾水利工程。渭北各界召开欢迎李仪祉大会。作长篇报告,《论陕省水利及发展》。创办水利道路工程技术传习所;在第三中学、民立中学讲演。《科学》杂志七卷刊载《水工试验场之重要》,《申报》五十年之纪念十月十日刊载《五十年来中国之水利》,《南通年会专刊》十二月十七日刊载《黄河之根本治法商榷》。著《答渭北各界欢迎会演讲水利》《论引泾》《再论引泾》。

一九二三年　四十一岁

陕西水利道路工程专门学校正式开学;被"省督"委兼陕西省教育厅厅长。筹划陕西全省教育及振兴文化,查勘渭河及黄河水道。完成《考察龙洞渠报告》《议辟黄渭航道》《泾惠渠之首功郭希仁》《陕西渭北水利工程局引泾第一期报告书》等。

一九二四年　四十二岁

被"北京政府"正式委为陕西省教育厅厅长。任西北大学工科主任。赴北京出席全国联合总会会议。被推举为"平民教育促进会"董事长。与杨淑吉等人组织古物保存会。辞陕西省教育厅厅长。完成《呈报京沪旅行所办公文》《勘察泾谷报告书》《工程上的社会问题》《为筹划黄渭航轮呈》《为报告测勘黄渭航道呈》《引泾第一期工程计划大纲》《陕西渭北水利工程局引泾第二期报告书》《我之引泾水利工程进行计划》《请拨庚子赔款以兴陕西引泾水利说帖》《重农救国策》等著。

一九二五年　四十三岁

代理西北大学校务;仍兼陕西省教育厅厅长及水利分局局长;被"北京政府"正式任命为国立西北大学校长。赴京、津、沪、宁等处筹措引泾工款及扩充西北大学经费。著《沟洫》。

一九二六年　四十四岁

西安围城八阅月,返省垣而不得入,再赴北京兼任北京大学教授;赴南京河海工程专门学校(时已更名为河海工科大学)任教务长;应袁观澜相邀,赴太湖东洞庭山勘察滩地情形了解太湖全势,为之撰写《太湖东洞庭山调查记》。冬回陕,"省督"委以陕西省建设厅厅长,坚辞不就,仍任陕西省水利分局局长。完成《工程家之面面观》《自供》《上新河江堤合龙记》等著,并作《北京围城纪事》诗。

一九二七年　四十五岁

出席中国科学社理事会,被推为奖金审查委员会甲组委员。赴陕北调查无定河水利。夏,被"上海特别市"市政府聘为港务局长。冬,被聘为"重庆市政府"工程师,设计成渝公路山洞老鹰岩盘山公路和跨线桥,被誉"巧夺天工"之杰作。完成《请恢复郑白渠设水力纺织厂渭北水泥厂恢复沟洫与防止沟壑扩展及渭河通航事宜呈》《呈请辞退建设厅长专办水利事宜》《兴修陕北水利初步计划》《无定河织女泉水渠说略》《中国旧式之防洪堰》等篇,译《水利学之大革命》《湖之停蓄》《推算流量之新法及其应用之经验》《通用流速算式之误点》,作《由西安至米脂沿途纪事》《咏骊山雪》等诗。

一九二八年　四十六岁

被建设委员会委任建委会专任委员。夏,养病于南京中山陵园三茅山,协同刘梦锡设计中山陵陵园。秋,被任命为华北水利委员会主席(后改称委员长)。被聘整理导淮工程图案委员会主任委员。此期筹办永定河改道、测量黄河流域、勘测北方大港三大水利工程。在河海同学会上发表《工程学生与新中国》演讲。完成《顺直水利委员会改组华北水利委员会之旨趣》《永定河改道之商榷》《化兵为工之意见》等著。

一九二九年　四十七岁

受张钫之邀,在河南水利工程专门学校讲演《中国水利》。被委任北方大港筹备处主任兼任浙江省建设厅顾问。设计杭州湾新式海塘;建立河工试验场。被任命为导淮委员会委员(后为常务委员)兼总工程师、工务处处长。筹办导淮工程训练班;成立总工程师办公室;组织勘查队,前往淮河流域各河考察,历时一月;出席华北水利委员会秋季常会。完成《陕西水利工程之急要》《指导永定河上游民众兴办灌溉工程办法》《黄河及其治导》《华北导淮黄河三委员会有联合工作之需要》《导淮委员会工务处勘察日记》《导淮委员会工务处查勘队日记》《民国十八年日记》《开展杭垣附郭及城内航道之研究》《恢复陕省农村的意见》《说明灌溉讲习班之旨趣》《导淮兵工民工之管理及编制方法》等著,以及译文《中国水利前途之事业》。

一九三〇年　四十八岁

与方修斯编制《导淮工程计划》;与方氏合作出版《导淮规划概要》。被任命为陕西省政府委员兼建设厅厅长。出席三次省政务会议,并有众多提案。完成《水利道路工程技术传习所改组水利道路工程专门学校宣言书》《水利道路工程专门学校章程》《水利道路工程专门学校学科说明》《华北水道之交通》《免除山东水患议》《组织西北防旱研究会》《治黄研究意见》《陕西水利工程之急要》等著,并译《海港之新发展》。

一九三一年 四十九岁

拟征求投资文《欢迎国内外华侨及实业家到陕投资兴办各项实业》发表于《新秦日报》;成立西安市工程处,始测量西安全城;视察灞河、草滩渭河桥,制定为免决口以防水患方案;规划路政、水利、桥梁分别整理修筑、开办煤矿、油矿、纺纱种种实业。出席华北水利委员会会议、导淮委员会会议,敦请"国民政府"速发陕灾公债八百万元;向建设委员会提议,借用英庚款七百八十万元,用于陕西省农业救急。"国民政府"改组导淮委员会,仍兼总工程师。组建中国水利工程学会,被推选为会长(连任至逝世)。与同人成立陕西省弥灾水利促进委员会;引泾工程正式动工。提案于"国民会议":设立西北农民银行、设立西北农业大学或专科学院等多项建设西北之要案;对西安市民讲演《怎样能使陕西从此后不再饿死人》。筹设陕西省度量衡检定所;同李毅艇筹建西安测候所。被全国救济水灾委员会推为委员兼总工程师;救济东南水灾;呈函"国民政府"建议统一全国水利行政设置专管水政之中央最高机关;被收录《当代中国名人录》;被江苏省政府聘为"运河工程善后委员会"委员。出席内政部会议,主持黄河河务会议、导淮委员会第十三次全体委员会议、"国民政府"救济水灾委员会技术委员会会议;赴汉口视察灾情。完成《对于改良杭海段塘工之意见》《救济西北旱荒之拟议》《陕西省民国二十年建设事业计划大纲》《引泾水利工程之前因与进行近况》《陕南水利要略》《小清河航道整理管见》《中华民国水利机关组织拟议》《敬劝人民自动的禁烟》《救济陕西荒旱议》《中华民国水利行政组织拟议》等著,译《卫乐赫-司徒培液体计算》《河流试验》(上述文章及后几年论文著述等,分别发表于《华北水利月刊》《水利杂志》《河海月刊》《导淮委员会月刊》《水利月刊》《黄河水利月刊》《陕西水利月刊》《科学》《申报》《大公报》《西京日报》《西北文化日报》等)。

一九三二年 五十岁

筹建协进会;筹办西安市电力厂;劝导民众孝悌力田改良农务。父亲逝世之日。"国府"电催,负责江苏、福建等各河流水利工程而立即前往。主持泾惠渠放水典礼并致辞。请辞陕西省政府委员兼建设厅厅长职务;请辞华北水利委员会委员。中国科学社第十七届年会在西安举行,以本届年会主席致开幕词。被聘为西京筹备委员会委员。加入陇海铁路组织陕西省实业考察团入秦岭,途中罹病。归,病中撰写万言《汉江上游之概况及希望》;提议设立水利工程专科学校。中国工程师学会发行工程第七卷第3号,"工程"要目有"治导黄河试验"。完成《泾惠渠管理管见》《泾惠渠管理章程拟议》《泾惠渠工程报告》《陕西灾情与农村经济破产原因及状况报告》《灌溉有无自动方法之可能》《对渭北人民切切实实说几句话》《汉水上游之水运》《函国民政府救济水灾委员会陈述陕灾状况并请振修第二期泾惠渠工程》《三省会派工程师往德国做治导黄河试验之缘起》《陕西省水利应要做的许多事情》《陕西省推广凿井灌溉之计划》等著,并作《祭父文》。

一九三三年　五十一岁

仍任水利局长。创办陕西水利工程专科学校。设计洛惠渠;筹划将渭北水利工程处改为"泾惠渠管理局"。住院中仍被委兼高级中学校长。被聘为陕西省水利经费保管委员会委员。被任命为黄河水利委员会委员长,"国府"饬令立即组建"黄委会";被"行政院"聘为全国农村复兴委员会委员;被陕西省教育厅聘为高等检定考试委员会委员。请辞导淮委员会总工程师,并荐弟子须恺充任此职。病中赴京,对《中央日报》《大公报》《南京日报》《天津益世报》等报社记者谈治理黄河水灾具体办法。被委任黄河水灾救济委员会常务委员兼总工程师。赴豫、鲁、冀等省视察灾情。被任命为全国经济委员会委员。完成《西北灌溉工程局组织大纲》《请由本会积极提倡西北畜牧以为治理黄河之助敬请公决案》《导治黄河宜注意上游请早期派人测量研究案》《导渭之真谛》《黄河治本之探讨》《洛口猛涨时发表治黄谈话》《论涸湖垦田与废由还湖》《淮河流域之水道交通》《黄河水利委员会工作计划》《关于治导黄河之意见》《二十二年大病经过情形》《请测量黄河全河案》《黄河应行兴革事》《双十与水患》《整理洞庭湖之意见》《治黄关键》《谈治黄进行状况》《陕西引洛工程计划书序》等著。

一九三四年　五十二岁

北平(今北京)就医期间拟具《黄河决口泛滥灾后措筹修建经费办法》三项;制订《治理黄河工作纲要》。主持黄河水利委员会第二次会议。成立经济委员会泾洛两渠工程局;赴郿县视察引渭工程;赴宝鸡等地勘查,拟选定引渭地址;设计渭惠渠;拟定《西北农林专校水利组规划》。赴庐山担任暑期训练教授;视察黄河南、北岸及河防工程;视察中国第一水工试验所建造近况;视察黄河下游,制定规划;视察河工,在郑州与杨虎城共商陕西省河防。赴绍兴参加会稽大禹庙祀典,撰写《会稽大禹庙碑》碑文。飞赴兰州,视察黄河上游甘肃、宁夏、绥远各地黄河水文、水况、沿岸情形及风土人情,历时一个月。全国经济委员会第十次常务会议决议设立水利最高机关水利委员会,被聘任常务委员;主持黄河水利委员会第三次大会并致开幕词,报告赴黄河上游考察感想。出席华北水利委员会第二十二次大会,以主席报告工作;主持中国第一水工试验所董事会第五次会议。应省立工业学院院长魏明初邀请至学院讲演;出席全国水利委员会会议。《中央日报》全文刊载,由李仪祉担纲起草、由经委会加以修正之《水利委员会组织条例》。出席主持中国水利工程学第四届年会,以大会主席致开幕词。编撰《陕省水利荟要》。首次为西北农林专科学校全校五百多名师生作报告;应邀同州师范莅校讲演。报呈"省府",组织成立陕西省农田水利委员会,亲拟关于该会组织规章。完成《请省府通令墓地植树》《兴修陕北水利初步计划》《豫省河堤远距原因之推测》《巩固堤防策》《审查华阳河流域整理工程计划大纲之意见》《关于治河之准备》

《西北各省应厉行沟洫之制》《请令西北行政长官厉行沟洫之制以免旱荒而减河患案》《治水本论》《黄河流域土壤研究计划》《黄河上游视察报告》《黄河水文之研究》《函德国恩格尔斯教授关于黄河质疑之点》《渭惠渠计划书序》《关于废田还湖及导淮先从入海着手之管见》《民国二十三年日记一段》《对于整理东太湖水利工程计划之审核意见》《二十三年大病后对部属训话》《研究黄河流域泥沙工作计划》《学生勤业教授课程考核细则》《鲁省河堤近距原因之推测》《宋以前河堤之概况》《对于华阳河流域整理工程计划之意见》《宋以后河防沿革摘录》《对于襄河防洪治本初步计划之审查意见》《治黄意见》等著，译《波河之水文及其治导方略》《弯曲河道挟沙之大模型试验》文，作《航空由西安至兰州纪游》《兰州观刘生毓中一字狱》《武功农校》诸诗。

一九三五年　五十三岁

与"国联"水利工程专家聂霍夫、蒲德利等探讨治河；陪同外方水利专家视察陕西省水利。出席全国水利委员会第一次会议、华北水利委员会第二十三次常务会议，电致"国民政府"、全国经济委员会，辞黄河水利委员会委员长职务。撰写纪念父亲之《南园忆胜》，为父亲三周年祭日举行家祭并以佛化社行禅祭礼。撰写《中国年鉴水利门》；制定《陕西水利工程十年计划纲要》。成立渭惠渠工程处，被"省府"任命为工程处处长。奉命培修金堤。被中美工程师协会公举为协会董事。国立"中央研究院"评议会成立，被选为水利工程方面首位"中央研究院"评议员。被扬子江水利委员会特聘为顾问。出席主持中国水利工程学会董事会；出席黄河水利委员会第四届会议，以主席致辞。金堤工程告竣。董庄决口。与韩复榘会勘董庄。途中书写《水灾成因及救济办法》。赴蔺家坝视察，会勘湖口闸及苏北大堤；赴韩庄视察湖口双闸，沿运河下巡，视察微山湖，北上赴济宁到鲁西考察，进京出席"中央研究院"评议会会议；赴武汉，视察水况；返陕，出席陕西省农田水利委员会第五次会议。赴京转冀、鲁、豫视察指挥堵口工程；返陕视察沣、浐、灞各河堵口筑堤工程。致函"经委会"，建议筹开全国八大航运。出席泾惠渠水老第六届年会；与徐世大整理运河计划；设计商县丹江之堤埭工程、富平之温泉河暨各泉疏浚工程；视察洛惠渠隧洞工程。出席水利工程学会年会并致辞；受邀赴清华大学演讲《黄河流域之水库问题》。出席水利委员会会议。完成《在武功农专之演词》《农田水利讲义》《农田水利之合作》《利用洪水与蓄水地下》《陕西省水利行政大纲》《整理平汉路黄河铁桥上游河槽计划》《一年来之陕省水利》《泾惠渠锡名记》《免除大河以北豫鲁冀九县水患议》《黄河修防自给论》《固定黄河河床先从改除险堤入手议》《后汉王景理水之探讨》《培修堤防法》《本年董庄决口救济水患之失机》《利津以下筑堤不如巩岸论》《治河罪言》《视察导淮工程后发表概念》《固定黄河河床应以何水位为标准》《黄河治本计划概要叙目》《韩城潼关间黄河滩地之保护法》《纵论河患》《中国现有之生产力》《黄河水患原因及其急切补救办法》《论德国堵塞决口法》《濮阳杂记》等著,译《彭冑氏水力学》文,作《乘陇海铁路快车东行》《冬至视洛惠渠工至老沈园省墓》等诗。

一九三六年　五十四岁

英文《中国年鉴》创刊号出版,有李仪祉先生撰"Population"(生物物种)。被"经委会"聘为保送留学生出国考选委员会主任委员并主考。视察甘肃省立气象测候所;视察渭惠渠、梅惠渠,见工地挖掘出周、汉、唐、宋诸代古迹古物,即函告"中央古物保管委员会"西安办事处请速运回考古会。出席"中央研究院"首届评议会第二次年会;当选中国土木工程师学会理事;为清华大学水力实验馆题写馆额;作三次黄河水利学术报告;题写陕西省"武功车站"石碑额。婉拒高薪聘为"国民经济计划委员会专门委员"。中国水利工程学会陕西分会成立,以主席报告开会意义。拟就陕南各渠堰水利工程及陕北各河灌溉工程计划;拟就渭惠渠工程设计方案。伯父仲特公逝世,"国民政府"令予明令褒扬,回函省政府致谢。电呈请"行政院"蒋院长督拨工程款俾早修筑汉江水利工程;请辞全国经济委员会委员。在开发西北协会第三届年会上讲演《西北水利之展望》。受傅汝霖之邀,至汉口参加扬子江水利会议,视察长江、汉江、川江等,撰写《对于治理扬子江之意见》,刊载《扬子江水利委员会季刊》。以大会主席身份主持中国水利工程学会第六届年会并致开幕词。组建"陕西农田凿井合作事务所",向实业部农垦局借款一百万元贷放农民推广农田凿井。为西安培华学校设计校园和校舍建筑。完成《对于上车湾裁弯取直工程之意见》《我们须要提倡西北农村建筑》《全国经济委员会兴办西北灌溉事业与地方政府合作办法》《蓄水》《我国的水利问题》《西北农工水利文化史略》《陕西之灌溉事业》《西北水利问题》《西北畜牧意见书》等著,翻译《关于变迁河床河流治导之模型试验》《日本水利略述》《水土经济》《水之家政》等文。

一九三七年　五十五岁

教育部拟定教育播音节目,邀请李仪祉、赵元任、翁文灏、冯有兰、傅斯年、竺可桢、吴鼎昌等全国著名教授、学者在电台演讲有关科学、时事、教育等学科。受扬子江水利委员会电邀,赴川江视察,继赴灌县视察,青城县考察水电厂。拟定兴修汉惠、牧惠两渠计划方案及绘图。出席"中央研究院"评议会第三届年会;受陈果夫邀请视察导淮入海工程;出席全国经济委员会水利委员会第二次会议,负责审查《全国水利建设大纲及全国水利建设计划》。受"国民政府"相邀赴庐山参加谈话会。回陕组织西安军民修建防空设施;赴省地演说宣传抗日;向各方面募集捐款支持抗战;提倡秦地禁烟种麦;呼吁伤兵难民灾童之养护;募集救国公债;加紧督催梅惠渠建设,验收梅惠渠水坝;织女渠开工兴建。成立黑惠渠工程处。发表《大战期间之青年培养保护问题》等;在西安广播电台演讲"敌人飞机常来骚扰,我们要做好防空准备,要坚定沉着、机智勇敢,时刻警惕来犯之敌……""对于抵抗来犯日寇,要做十年、二十年长期抗战之准备……"认购救国公债一千元,又将一枚金质奖章变价充购救国公债;在西安广播电台演讲《国亡了,要钱有什么用?》;出席陕西省各界举行"国庆"纪念庆祝大会,会上讲演《革命必打到日本》;提倡"义户寄养制"。出席抗敌后援会第十二次常务委员会议;动员水利局同人、学生、挚友、亲属认养难民。除夕,赴兴平工地慰问并召集渭惠渠同人聚餐。完成《一月间遨游记》《如何救四川之饥馑》《整理秦岭山下各水》《倡办三渠民众教育》《视察四川灌县水利及川江航运报告》《西京市民之安全问题》《如何利用土地》《水功讲义目录》《第二渭惠渠》《抗战期间之农田水利工作》《应将工程及水文记载赠予武功农校水利组条谕》《大战后之种种建设问题》《同种同文》《敬告西安市民》《水功基础》《请建议国民政府筹设大规模材料试验场案》《请中央研究院评议会提请吾国地质学专家注重实用地质学之研究案》《重重大灾之下人民应如何图存》《告青年》等著,作《行三峡中吊屈大夫》《卢沟桥》《南岳观日出》诸诗。

一九三八年　五十六岁

赴郿县渭惠渠堵口工地指挥合龙,归途病发。致函当局,安排收留流亡专门人才;病中上书经济部条陈八条以利抗战;在西安青年会为陕西省合作委员会事工研究会讲演《农村与国家》;以大会主席身份主持抗敌后援会第十七次常务委员会议。接四川省政府邀函求其相助治理都江堰水利工程,命二侄李赋都前往治理。《西京日报》报道《李仪祉患腹病水利局电翁部长延医》;水利局兹以局长李仪祉患病,特电经济部长翁文灏请代为延医。留下遗嘱。临终前最后遗言:"处此国难时期身后丧事须力求俭约,尸体送医院剖验以探病象之究竟为医界作一贡献。继余掌陕西省水利局者以孙绍宗为最得人,可于余死后函呈省府。"三月八日午十一时五十分逝世。临终前两个月完成《函西安行营主任论收容流亡工程师拟编为大战中工程队》《函经济部论大战中经济建设八条及水利行政等事》《目前及将来重要问题》之文。

后　　记

二〇二二年二月二十日、六月二十日及十月十五日,分别是李仪祉先生诞辰一百四十周年、陕西泾惠渠建成通水庆典九十周年纪念及西北大学建校一百二十周年校庆,出版发行《李仪祉全集》,恰逢其时,意义深远。

多年以来,社会各界人士,出于对先贤的景仰,基于情怀,心存感恩,对李仪祉先生为老百姓所做出的贡献,对李仪祉先生所具有的爱国报国精神,进行了大力的宣传和颂扬,直接或间接地为《李仪祉全集》的出版,给予很大的帮助。

借此机会,我仅以个人名义,由衷地感谢我们的团队;感谢西北大学出版社、感谢出版社诸位编审暨编辑。感谢陕西省水利厅、陕西省水利博物馆(原李仪祉纪念馆)、陕西省泾惠渠管理局、陕西师范大学、陕西辛亥革命后裔联谊会等,给以极大支持,并特别地向以下社会贤达、政府部门和社会机构负责人、亲朋挚友,致以感谢:

沙际德贤伉俪、李宪中贤伉俪、孙翠华、李晴、王方明、李昉、李嘉曦、李佳仕、段睿、孙明文、任天、王锋、肖宏武、刘晓明、刘旋、王辛石、王忠建、赵鸿君、陈景云、朱海风、陈昌春、张伟兵、季山、宋坚、陈新民、李鸣、朱虎斌、姚远、柴康群、王亚兰尊夫妇、侯浩宇、赖灿贤贤伉俪、魏明贤明仁贤昆仲、李赋英、李赋汴、李婉茹、徐欢、李昊尊兄嫂、段革书、王增科、宣凯、刘军、何桑、冯会生、胡民、郝西燕、杜芳宾、张小利、李耀东、高鸿、郑海荣、赵西斌、于振莲、陈发堂、张宝强、刘克耀、韦红艺、井晓天、白磊、侯曦、区更生、翟敏、曲玉琳、邓国涛、白描、徐永田、樊哲、王冰、李恩虎、张亚军等。

如前所言,"中华丛书委员会"印行的《李仪祉全集》和水利电力出版社出版的《李仪祉水利论著选集》,均收录李仪祉先生部分学术论著,较少涉及其他著述,此次出版的《李仪祉全集》,其内容更为系统全面,如增加了公文函电、自述家书、人物旧事、悼文、铭序等。再如十三册石印本专业文章目录中,仅有标题而无正文者,若《黄壤论》;有题目且有正文但所缺文字过多者,若《十年来之中国水利建设》等。这些完整文章均在彼时《河海月刊》、商务印书馆等出版发行过,故能填补不足,努力使此次刊行的《李仪祉全集》臻至完善。

最后特别指出,编者多年花费大量时间搜集、查证资料,大部分时间和精力用在字词的辨认上,有时为一个字、一个词、一句话,为了表达其原意都要花费数小时甚至一整天来识别,以力求准确。尽管如此,毕竟十三册石印本距今时日已久,破损漫漶较多,依此作为样本收录,故《李仪祉全集》难免出现错漏,特予以说明。敬请阅读者提出宝贵意见,以便伺机改正。

李　扃
二〇二二年七月